中国语言资源集

浙江

词汇卷一

王洪钟　黄晓东
叶　晗　孙宜志　主编

ZHEJIANG UNIVERSITY PRESS
浙江大学出版社
· 杭州 ·

图书在版编目(CIP)数据

中国语言资源集. 浙江. 词汇卷 / 王洪钟等主编.
—杭州：浙江大学出版社，2023.5
ISBN 978-7-308-23128-2

Ⅰ. ①中… Ⅱ. ①王… Ⅲ. ①吴语—方言研究—浙江
②吴语—词汇—方言研究—浙江 Ⅳ. ①H17

中国版本图书馆 CIP 数据核字(2022)第 185778 号

审图号:浙 S〔2022〕27 号

中国语言资源集·浙江(词汇卷)
王洪钟　黄晓东　叶　晗　孙宜志　主编

出品人	褚超孚
丛书策划	陈　洁　包灵灵
丛书统筹	包灵灵　陆雅娟
责任编辑	包灵灵　黄静芬
责任校对	陆雅娟　董　唯　杨诗怡
封面设计	周　灵
出版发行	浙江大学出版社 (杭州市天目山路 148 号　邮政编码 310007) (网址:http://www.zjupress.com)
排　版	杭州朝曦图文设计有限公司
印　刷	杭州宏雅印刷有限公司
开　本	787mm×1092mm　1/16
印　张	105.75
字　数	1560 千
版印次	2023 年 5 月第 1 版　2023 年 5 月第 1 次印刷
书　号	ISBN 978-7-308-23128-2
定　价	480.00 元

浙江大学出版社市场运营中心联系方式:(0571)88925591,http://zjdxcbs.tmall.com

总　序

教育部、国家语言文字工作委员会（以下简称“国家语委”）于2015年5月发布《教育部　国家语委关于启动中国语言资源保护工程的通知》（教语信〔2015〕2号），启动中国语言资源保护工程（以下简称“语保工程”），在全国范围内开展以语言资源调查、保存、展示和开发利用等为核心的各项工作。

在教育部、国家语委统一领导下，经各地行政主管部门、专业机构、专家学者和社会各界人士共同努力，至2019年年底，语保工程超额完成总体规划的调查任务。调查范围涵盖包括港澳台在内的全国所有省份、123个语种及其主要方言。汇聚语言（含方言）原始语料文件数据1000多万条，其中音视频数据各500多万条，总物理容量达100 TB，建成世界上最大规模的语言资源库和展示平台。

语保工程所获得的第一手语料具有原创性、抢救性、可比性和唯一性，是无价之宝，亟待开展科学系统的整理加工和开发应用，使之发挥应有的重要作用。编写《中国语言资源集（分省）》（以下简称“资源集”）是其中的一项重要工作。

早在2016年，教育部语言文字信息管理司（以下简称“语信司”）就委托中国语言资源保护研究中心（以下简称“语保中心”）编写了《中国语言资源集（分省）编写出版规范（试行）》。2017年1月，语信司印发《关于推进中国语言资源集编写的通知》（教语信司函〔2017〕6号），要求“各地按照工程总体要求和本地区进展情况，在资金筹措、成果设计等方面早设计、早谋划、早实施，积极推进分省资源集编写出版工作”，“努力在第一个‘百年’到来之际，打造标志性的精品成果”。2018 年 5 月，又印发了《关于启动中国语言资源集（分省）编写出版试点工作的通知》（教语信司函〔2018〕27 号），部署在北京、上海、山西等地率先开展资源集编写出版试点工作，并明确“中国语言资源集（分省）编写出版工作将于 2019 年在全国范围内全面铺开”。2019 年 3 月，教育部办公厅印发《关于部署中国语言资源保护工程 2019 年度汉语方言调查及中国语言资源集编制工作的通知》（教语信厅函〔2019〕2 号），要求“在试点基础上，在全国范围内开展资源集编制工作”。

为科学有效开展资源集编写工作，语信司和语保中心通过试点、工作会、研讨会等形式，广泛收集意见建议，不断完善工作方案和编写规范。语信司于 2019 年 7 月印发了修订后的《中国语言资源集（分省）实施方案》和《中国语言资源集（分省）编写出版规范》（教语信司函〔2019〕30 号）。按规定，资源集收入本地区所有调查点的全部字词句语料，并列表对照排列。该方案和规范既对全国做出统一要求，保证了一致性和可比性，也兼顾各地具体情况，保持了一定的灵活性。

各省份语言文字管理部门高度重视本地区资源集的编写出版工作，在组织领导、管理监督和经费保障等方面做了大量工作，给予大力支持。各位主编认真负责，严格要求，专家团队团结合作，协同作战，保证了资源集的高水准和高质量。我们有信心期待《中国语言资源集》将成为继《中国语言文化典藏》《中国濒危语言志》之后语保工程的又一重大标志性成果。

语保工程最重要的成果就是语言资源数据。各省份的语言资源按照国家统一规划规范汇集出版，这在我国历史上尚属首次。而资源集所收调查点数之多，材料之全面丰富，编排之统一规范，在全世界范围内亦未见出其右者。从历史的眼光来看，本系列资源集的出版无疑具有重大意义和宝贵价值。我本人作为语保工程首席专家，在此谨向多年来奋战在语保工作战线上的各位领导和专家学者致以崇高的敬意！

曹志耘

2020 年 10 月 5 日

序

《中国语言资源集·浙江》是“中国语言资源保护工程·浙江”项目的成果汇编，是集体工作的结晶。内容包括四部分：语音卷、词汇卷、语法卷、口头文化卷。

“少小离家老大回，乡音无改鬓毛衰”，乡音即方言。许多人自孩提时代就用方言思考问题、交流思想、获取信息、认识世界。说哪种方言成为我们的特征之一。了解自己所说的方言，也是我们认识自身、认识世界的要求。

在运用方言的同时，我们创造了丰富多彩的以方言为载体的地域文化。例如浙江的越剧、婺剧、道情、山歌等都用当地方言表现，儿歌、童谣、谜语、谚语等也都用当地方言承载。方言是我们每个人拥有的宝贵的文化资源。

每种汉语方言的语音、词汇和语法都自成系统、各具特色，是汉语的具体呈现，在历朝历代都是学术研究的主要对象之一。孔子曾说“诗书执礼，皆雅言也”，说明三千多年前我们的先辈就关注到了方言与共同语的差异问题。西汉扬雄《輶轩使者绝代语释别国方言》就调查记录了当时全国方言的词汇。今天，方言学的研究更是得到重视，我们研究各种方言现象并从中提炼理论，丰富语言学的研究。

方言形成的主要原因是语言的分化。地域的区隔导致交际密度降低，久而久之就会导致语言发展的速度、发展的方向不同，从而形成方言。随着社会的发展，这种由地域的阻隔导致交际困难的现象急剧减少，方言在加快消失。可以预计，在不久的将来很多方言将成为我们记忆深处温馨的回忆，对个人和学术研究都是很遗憾和可惜的事情。为了保护方言资源，在张振兴等学术前辈的呼吁和推动下，教育部在2015年启动了以曹志耘教授为首席专家的中国语言资源保护工程，运用汉语方言学传统的纸笔记录的方式并结合现代音像摄录的方式调查和保存各地汉语方言，在全国调查了约1200个汉语方言点，实现了全国34个省份全覆盖。这项工程的意义在于：

(1)准确记录各地方言；

(2)发掘方言中保存的文化信息；

(3)运用现代多媒体技术和计算机技术保存方言文化，传承后世。

这是功在当代利在千秋的大事。

浙江方言资源丰富，自然成为中国语言资源保护工程实施的重要省份。在教育部语信司的统一部署和语保中心的专业指导下，浙江省成立了以浙江省语委办为领导核心的调查研究团队。在语保中心的领导下，浙江省语委办根据省内方言专业人员的实际情况，先后组建了20多个调查团队。自2015年开始，浙江语保团队就奋战在各个县市区方言田野调查的一线，调查、摄录、整理语料，参加语保中心组织的中期检查、预验收和验收，并于2020年年初圆满完成了任务。根据语信司和语保中心的规划，我们将纸笔记录的材料整理出版，形成“中国语言资源集·浙江”系列。

浙江省位于中国东南沿海、长江三角洲地区，东临东海，南接福建，西与安徽、江西相连，北与上海、江苏接壤，总面积10.55万平方公里。截至2019年，浙江省下辖11个地级市(其中杭州、宁波为副省级城市)，下分90个县级行政区，包括37个市辖区、20个县级市、32个县、1个自治县。

浙江的汉语方言种类众多。从方言种类上看，有吴语、徽语、闽语、畲话、客家方言、赣方言、官话方言。吴语为浙江的主要方言，分布在浙江的各个县市，使用人口占浙江人口的百分之九十五以上。《中国语言地图集》将浙江吴语分为五片，分别为太湖片、台州片、金衢片、上丽片、瓯江片。

徽语分布在淳安、建德。淳安、建德明清时期属严州府，与皖南徽州地区相邻，钱塘江的北源——新安江水系将严州府与徽州府相连。严州又是杭州的上游门户，从徽州走水路经过严州到杭州，是最为便捷的通道。可见，浙江的徽语区历史上与皖南的徽语区联系密切。

闽语分布在苍南、泰顺、平阳、文成、洞头、玉环、瑞安等地。浙江的闽方言主要分为两类。一类是闽南方言，学术界称为“浙南闽语”，分布在苍南、平阳、洞头、玉环等地，是浙江闽方言的主要种类。“浙南闽语”是明清以来福建泉州、漳州一带闽南方言区的人民移居到浙江形成的。另一类是闽东方言，主要分布在泰顺和苍南，在泰顺称为“蛮讲”，在苍南称为“蛮话”。一般认为浙江的闽东方言是唐代以来福建闽东区的人民移居到浙江形成的。

浙江的畲话是浙江畲族人使用的方言。浙江畲族人“大分散小聚居”。政府在畲族人口较多的县或乡镇设置民族自治政府。例如有景宁畲族自治县、文成周山畲族乡、武义柳城畲族镇等。浙江畲族家谱显示，浙江的畲族人主要是从福建辗转迁徙到现居地的。在与汉族人的长期接触中，浙江畲族人的畲话汉语化，目前学术界一般认为浙江的畲话属于客家方言。

赣方言、客家方言和官话方言以方言岛的形式分布。浙江的客家方言岛主要分布在金华、衢州、丽水、温州一带，大多是福建闽西汀州的移民移居到浙江形成的。浙江的赣方言岛主要分布在衢州各县市，以南丰话居多，例如常山县招贤镇的南丰话。浙江的官话方言岛比较出名的有江山廿八都官话、开化华埠的土官话以及安吉的河南话、湖北话、安庆话等。

此外，闽语和畲话有些地方也呈岛状分布。

浙江汉语方言不仅种类多，内部差异也很大。例如同属吴方言金衢片的相邻的金华和汤溪，它们的方言语音特点迥然不同，说金华话的人与说汤溪话的人也不能相互通话。基于这种特点，浙江语言资源保护工程的布点基本上为一县一点，调查地点统一选取县市区政府驻地的乡镇，有的县市区内部方言差异较大，或包含晚近撤并的旧县，则根据具体情况增加调查地点，总共有 88 个方言调查点，包括吴语 80 个点，徽语 4 个点，闽语 3 个点，畲话 1 个点。

接到编纂任务后，在浙江省语委领导下，浙江语保团队成立了编纂团队。先由各点调查负责人根据统一规范在原有的纸笔记录材料的基础上初校，然后主编进行汇总并二校、三校。为了与常规方言出版物习惯保持一致，主要做了如下改动：一是将原来的纸笔记录的零声母符号“Ø”去掉，二是将声调调值统一改为上标，三是进行了用字的初步统一。2020 年 12 月底，语保中心组织专家对《中国语言资源集 · 浙江》初稿进行了检查和审议，提出了宝贵意见。主编根据专家意见对书稿进行了修改和加工，然后由各点负责人分别核校，如是者三，最后汇总校对，形成本丛书。

本丛书共4卷11册。

语音卷(3册)：包括各调查点的音系、1000个单字的字音对照。

词汇卷(4册)：包括1200条方言词语。

语法卷(1册)：包括50条语法例句。

口头文化卷(3册)：包括歌谣、故事等。

运用现代语言学的理论和方法对浙江方言进行大规模的调查，主要有如下四次：20世纪20年代我国现代语言学的奠基人之一赵元任先生，调查了全国33个地点的吴方言，其中浙江有14个，调查成果汇集成《现代吴语的研究》一书，该书成为现代方言学的经典之作；20世纪50年代到60年代，以傅国通、郑张尚芳、方松熹、蔡勇飞、鲍士杰等人组成的方言调查组对浙江方言进行了调查，最终成果《浙江省语言志》于2015年由浙江人民出版社出版；21世纪初，曹志耘教授主持编写《汉语方言地图集》，对全国的汉语方言进行了调查，成果由商务印书馆于2008年出版；本次调查是第四次。

本次的调查与以往的区别如下：

一是组织严密周到。本次调查是全国调查的浙江部分，教育部语信司司长亲自领导，并设立了教育部语信司中国语言资源保护研究中心，从技术规范、调查条目、人员培训、质量控制都有统一明确的标准。调查任务承担者大多为具有博士学位的高校方言学教师；调查材料经过了语保中心组织的专家的中检、预验收和验收三次核实检查。

二是调查项目更多。

三是采取了现代的多媒体技术和计算机信息技术。

因此，本丛书有如下特点：

一是内容丰富。本丛书收录了"中国语言资源保护工程·浙江"项目所有方言调查点的纸笔调查材料。

二是收录了大量的成篇语料。

浙江语言资源保护工程的实施以及本丛书的编纂自始就得到中国语言资源保护研究中心的指导。教育部语信司领导和语保工程首席专家多次到浙江指导工作，省语委领导有方，做了很多协调和后勤服务的工作，各县、市、区语委在帮助物色方言发音人、寻找录音摄像的合适场所等方面做了很多工作，各点方言发音合作人克服酷暑对我们的工作大力协助，来自外省的语保核心专家对调查材料、音视频以及各种形式要件再三核实。这些是我们调查材料和音视频材料符合语保要求的有力保障。值此丛书出版之际，我们心中涌起对他们的感激之情。

编委会

2023 年 3 月 31 日

调查点分布图

1∶3 300 000

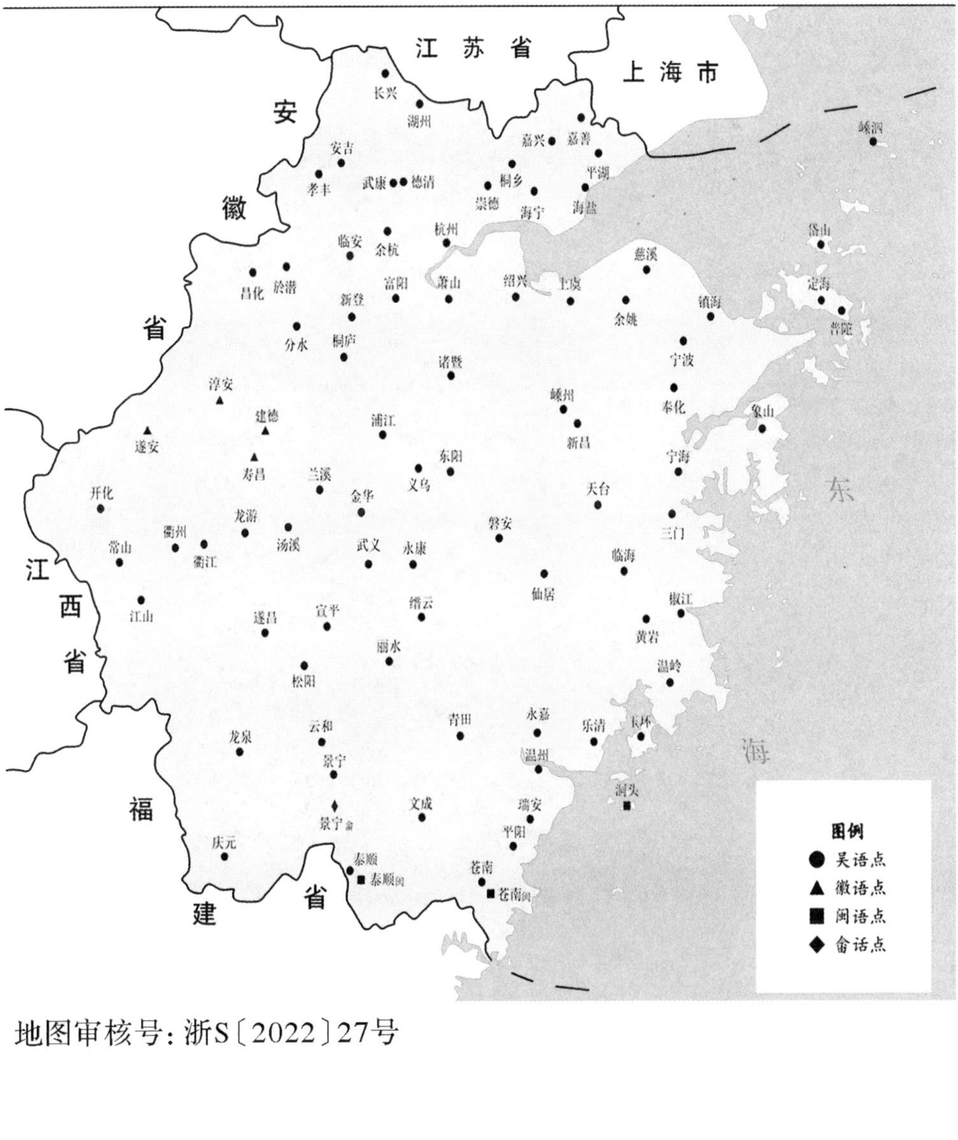

地图审核号：浙S〔2022〕27号

总目录

语音卷

词汇卷

语 法 卷

口头文化卷

目　录

分类词目

一 天文地理

(一)天文

(二)地貌

(三)物象

二　时间方位

(一)时间

(二)方位

三 植物

(一)一般植物

(二)农作物

四　动物

(一)一般动物

(二)家畜家禽

五　房舍器具

(一)房舍

(二)家具

(三)用具

六 服饰饮食

(一)服饰

(二)饮食

七　身体医疗

(一)身体

(二)疾病医疗

八　婚丧信仰

(一)婚育

(二)丧葬

(三)信仰

九 人品称谓

(一)人品

(二)称谓

十　农工商文

(一)农业

十一　动作行为

(一)具体动作

(二)抽象动作

十二 性质状态

(一)形貌

(二)状态

(三)品性

十三　数量

(一)数字

(二)量词

十四　代副介连词

(一)代词

(二)副词

(三)介词连词

概　述

一、方言点

本卷收入浙江省境内88个汉语方言点的词语材料。方言点排列顺序如下：

吴语

太湖片：杭州、嘉兴、嘉善、平湖、海盐、海宁、桐乡、崇德、湖州、德清、武康、安吉、孝丰、长兴、余杭、临安、昌化、於潜、萧山、富阳、新登、桐庐、分水、绍兴、上虞、嵊州、新昌、诸暨、慈溪、余姚、宁波、镇海、奉化、宁海、象山、普陀、定海、岱山、嵊泗

台州片：临海、椒江、黄岩、温岭、仙居、天台、三门、玉环

金衢片：金华、汤溪、兰溪、浦江、义乌、东阳、永康、武义、磐安、缙云、衢州、衢江、龙游

上丽片：江山、常山、开化、丽水、青田、云和、松阳、宣平、遂昌、龙泉、景宁、庆元、泰顺

瓯江片：温州、永嘉、乐清、瑞安、平阳、文成、苍南

徽语：建德徽、寿昌徽、淳安徽、遂安徽

闽语：苍南闽、泰顺闽、洞头闽

畲话：景宁畲

今已撤并的旧县“崇德、武康、孝丰、昌化、於潜、新登、分水、汤溪、寿昌、遂安”等10个方言点，分别排在其现在所归属的县市区后；旧县“宣平”大部今属武义，因两地方言归属不同，故另行排序。

对照表中的方言点，属吴语的地名后不加下标，属徽语的地名后加下标“徽”，属闽语的地名后加下标“闽”，属畲话的地名后加下标“畲”。即：“泰顺”“苍南”“景宁”属吴语点，“泰顺$_{\text{闽}}$”“苍南$_{\text{闽}}$”属闽语点，“景宁$_{\text{畲}}$”属畲话点。

对照表中方言点之间用单线分隔，方言小片之间用虚线分隔，方言片之间用粗线分隔，方言区之间用双线分隔。

二、词目

本书收入各调查点的词语 1200 条。

词目按照《中国语言资源调查手册 · 汉语方言》“叁　词汇”的顺序排列，依次为：天文地理、时间方位、植物、动物、房舍器具、服饰饮食、身体医疗、婚丧信仰、人品称谓、农工商文、动作行为、性质状态、数量、代副介连词。每个大类的词目再按实际情况分为若干小类。

词汇对照表每页横排三个词目，词目前保留《中国语言资源调查手册 · 汉语方言》“叁　词汇”原定的序号，词目后保留原有的小字注释及用例。

三、用字

有本字可写者一律写本字。

合音字有通用俗字形的，采用俗字，如“覅”“甮”“傈”等；没有通用俗字的，用原形加“[　]”表示，例如绍兴的“弗用”合音作 foŋ^{53}，写作“[弗用]”；富阳的“别人家”合音作 bən^{13}ko^{55}，写作“[别人]家”。

同音字的选用尽量做到各方言相对一致，采用字后加上标等号“$^{=}$”的方式表示同音，例如浦江“潮”义的“鹊$^{=}$ ts^{h}yo^{423}”，江山“看”义的“促$^{=}$ ts^{h}oʔ^{5}”。表近指或远指的“格”“葛”“介”“乙”，复数义的“拉”等，属于习用的表音字，不加同音字符号“$^{=}$”。

有音无字采用“□”表示，例如松阳“淋”义的“□ ʑioŋ^{13}”，开化“钝”义的“□ tua^{44}”。

个别含义特殊、方言学界习用的繁体字与异体字，参考《汉语方言词汇

(第二版)》(北京大学中国语言文学系语言学教研室，语文出版社，1995)、《吴语婺州方言研究》(曹志耘等，商务印书馆，2016)等书的体例予以保留，前者如"睏""隑"等，后者如"煠""搨"等。

方言词里自成音节的"儿"用正常大小的字体表示，例如衢州的"妹儿 me^{231} ȵi^{21}"，温州的"茄儿 dzɿ^{22} ŋ^{12}"；不自成音节的"儿"用小号字体表示，例如义乌"弟弟"义的"弟儿 din^{24}"，温岭"父亲"义的"伯儿 pã^{51}"。

方言词的用字遇音义不协时，一般以准确记音为先，即根据发音人的原始录音及该方言的音系确定用字，故词形未必符合通用语的规范，例如平湖的"原珠笔 ȵyø^{21} tsɥ^{44} piəʔ^{0}"，桐庐的"圆子笔 yɛ^{13} tsɿ^{21} piəʔ^{5}"。义合音近的用字，一般用小号字加注说明，例如常山"家里"义的"处里 ts^{h}uɛʔ^{4} lɪ̃^{52}"处"促化"，嵊州"家里"义的"屋里 uo^{44} li^{31}"屋"舒化"。

方言中不说的词目，栏内作"(无)"。

四、标音

轻声用"^{0}"表示。

送气符号"h"及调值数字统一上标。

所有方言词只标实际读音，不标本音。实际读音中存在的音变现象具体处理如下：

连读变调，只标实际调值，其中有的是单字调，有的是连读调。例如绍兴的"太阳 t^{h}a^{33} iaŋ^{33}"，杭州的"星星 ɕiŋ^{33} ɕiŋ^{45}"。

连读音变，只标实际音值，其中有的是单字音，有的是清音变浊或浊音变清等。例如龙泉的"戒指 ɡa^{21} tsɿ^{51}"，衢州"蜂蜜"义的"蜂糖 foŋ^{32} tɑ̃^{53}"。

小称音变，除标实际音值外，鼻尾型及鼻化型小称，方言词后加注小号字的"儿"，例如黄岩"叔父"义的"叔儿 soŋ^{51}"，宁波的"麻雀儿 mo^{13} tɕiã^{35}"；变调或变韵兼变调型小称，音标后加注小号字的"小"，例如江山"爷爷"义的"公 koŋ^{241}小"，宁波的"鸭 ɛ^{35}小"。

一词多音的，两音中间以"/"间隔，常用口语音居前。例如龙游的"铅笔 tɕ^{h}ie^{33} piəʔ^{4} / k^{h}ã^{33} piəʔ^{4}"。

五、同义词语

一词多说，一般按照常用度的高低依次排列，即通用、常用或多用的说法排前面。

注有新老、今旧的一词两说，按照先老后新、先旧后今的顺序排列。

六、注释

释例用小号字表示，并用"～"代表被注释的内容。为节省篇幅，释例一律从简，一般不超过两字。

本书约定使用以下简称：

老：老派的读法

新：新派的读法

旧：过去的读法

今：现在的读法

小：小称音

声殊：声母特殊

韵殊：韵母特殊

调殊：声调特殊

音殊：声韵调中有二者或三者均特殊

词汇对照表

方言点	0001 太阳～下山了	0002 月亮～出来了	0003 星星
01 杭州	太阳 tʰɛ^{45} iaŋ^{53}	月亮 yɛʔ^{2} liaŋ^{45}	星星 ɕiŋ^{33} ɕiŋ^{45}
02 嘉兴	日头 ȵieʔ^{3} dei^{33} 老 太阳 tʰᴀ^{33} iᴀ̃^{42} 新	月亮 yeʔ^{5} liᴀ̃^{21}	星星 ɕiŋ^{33} ɕiŋ^{33}
03 嘉善	日头 ȵieʔ^{2} də^{31}	月亮 ȵyoʔ^{2} læ̃^{13}	星星 ɕin^{35} ɕin^{53}
04 平湖	日头 ȵiəʔ^{23} dəɯ^{31} 旧 太阳 tʰa^{44} iã^{0} 今	月亮 ȵyoʔ^{23} liã^{334}	星 sin^{53}
05 海盐	日头 ȵiəʔ^{23} de^{31}	月亮 yɔ^{23} liɛ̃^{213}	星 ɕin^{53}
06 海宁	日头 ȵieʔ^{2} dəɯ^{13} 老 太阳 tʰa^{33} iã^{31} 新	月亮 ioʔ^{2} liã^{31}	星星 ɕiŋ^{55} ɕiŋ^{55}
07 桐乡	日头 ȵiəʔ^{23} dɤɯ^{44}	月亮 iəʔ^{23} liã^{213}	星 siŋ^{44}
08 崇德	日头 ȵiəʔ^{23} dɤɯ^{44} 旧 太阳 tʰa^{33} iã^{334} 今	月亮 iəʔ^{23} liã^{13}	星 ɕiŋ^{44}
09 湖州	太阳 tʰa^{33} iã^{35}	月亮 ieʔ^{2} liã^{35}	星星 ɕin^{44} ɕin^{44}
10 德清	日头 ȵieʔ^{2} døʉ^{31}	月亮 ieʔ^{2} liã^{31}	星星 ɕin^{44} ɕin^{44}
11 武康	太阳 tʰa^{33} iã^{35}	月亮 ieʔ^{2} liã^{31}	星星 ɕin^{44} ɕin^{44}
12 安吉	太阳 tʰa^{32} iã^{213}	月亮 ʏəʔ^{2} liã^{213}	星 ɕiŋ^{55}
13 孝丰	太阳 tʰa^{32} iã^{213}	月亮 yəʔ^{2} liã^{24}	星 ɕiŋ^{44} 星星 ɕiŋ^{44} ɕiŋ^{44}
14 长兴	太阳 tʰᴇ^{32} iã^{24}	月亮 iᴇʔ^{2} liã^{52}	星星 ʃiŋ^{44} ʃiŋ^{44}
15 余杭	太阳 tʰɑ^{53} iɑ̃^{13}	月亮 ȵieʔliɑ̃^{13}	星星 siŋ^{55} siŋ^{55}
16 临安	太阳 tʰa^{55} iã^{33}	月亮 yɐʔ^{2} liã^{33}	星星 ɕieŋ^{53} ɕieŋ^{35}
17 昌化	日头 ȵiɛʔ^{2} di^{112}	月亮 yɛʔ^{2} liã^{24}	星星 ɕiəŋ^{33} ɕiəŋ^{45}
18 於潜	日头 ȵiæʔ^{2} diəu^{24}	月亮 yæʔ^{2} liaŋ^{24}	星星 ɕiŋ^{43} ɕiŋ^{35}
19 萧山	太阳 tʰa^{33} iã^{33}	月亮 yoʔ^{21} liã^{42}	星 ɕiŋ^{533}
20 富阳	日头 ȵiɛʔ^{2} dei^{224}	月亮 yoʔ^{2} liɑ̃^{224}	星 ɕin^{53}
21 新登	日头 ȵiəʔ^{2} dəu^{233}	月亮 yəʔ^{2} liɑ̃^{13}	星 seiŋ^{53}
22 桐庐	日头 niəʔ^{21} dei^{13}	月亮 yəʔ^{21} liã^{13}	星 ɕiŋ^{533}
23 分水	太阳 tʰɛ^{24} iã^{21}	月亮 yəʔ^{12} liã^{13}	星星 ɕin^{44} ɕin^{44}
24 绍兴	太阳 tʰa^{33} iaŋ^{33}	月亮 ioʔ^{2} liaŋ^{231}	星 ɕiŋ^{53}

续表

方言点	0001 太阳～下山了	0002 月亮～出来了	0003 星星
25 上虞	太阳 tʰa^{55} iã^{0}	月亮 ȵioʔ^{2} liã^{31}	星 ɕiŋ^{35}
26 嵊州	热头 ȵieʔ^{2} dʏ^{231} 太阳 tʰa^{33} iaŋ^{334}	月亮 ȵyoʔ^{2} liaŋ^{24}	星 ɕiŋ^{534}
27 新昌	热头 ȵiɛʔ^{2} diɯ^{232}	月亮 ȵyɤʔ^{2} liaŋ^{13}	星 ɕiŋ^{534}
28 诸暨	日头 nieʔ^{21} dei^{242}	月亮 ioʔ^{5} liã^{33}	星亮 ɕin^{21} liã^{33}
29 慈溪	日头 ȵiəʔ^{2} dø^{13}	月亮 ȵyoʔ^{2} liã^{13}	星 ɕiŋ^{35}
30 余姚	日头 ȵiəʔ^{2} dø^{13}	月亮 ioʔ^{2} liaŋ^{13}	星 ɕiə̃^{44}
31 宁波	日头 ȵiəʔ^{2} dœʏ^{13}	月亮 yəʔ^{2} lia^{13}	星 ɕiŋ^{53}
32 镇海	日头 ȵieʔ^{2} dei^{24}	月亮 yoʔ^{2} liã^{24}	星 ɕiŋ^{53}
33 奉化	日头 ȵiɪʔ^{2} dæi^{31}	月亮 yoʔ^{2} liã^{33}	星亮 ɕiŋ^{44} liã^{33}
34 宁海	日头 ȵieʔ^{3} diu^{213}	月亮 ȵiɔʔ^{3} liã^{24}	星 ɕiŋ^{423}
35 象山	太阳 tʰa^{53} iã^{31} 日头 ȵieʔ^{2} dɤɯ^{31}	月亮 yoʔ^{2} liã^{13}	星 ɕiŋ^{44}
36 普陀	太阳 tʰa^{55} iã^{0}	月亮 yoʔ^{2} liã^{45}	星星 ɕiŋ^{55} ɕiŋ^{55}
37 定海	日头 ȵieʔ^{2} dɐi^{44} 日头菩萨 ȵieʔ^{2} dɐi^{44} bu^{44} sɐʔ^{5} 太阳菩萨 tʰa^{44} iã^{0} bu^{0} sɐʔ^{0}	月亮 yoʔ^{2} liã^{44}	星 ɕiŋ^{52}
38 岱山	日头 ȵieʔ^{2} døʏ^{45} 太阳菩萨 tʰa^{44} iã^{0} bu^{33} sɐʔ^{0}	月亮 yoʔ^{2} liã^{45} 月亮菩萨 yoʔ^{2} liã^{31} bu^{0} sɐʔ^{0}	星 ɕiŋ^{52}
39 嵊泗	日头 ȵiᴇʔ^{2} dœʏ^{45} 太阳菩萨 tʰa^{44} iã^{0} bu^{0} sɐʔ^{0}	月亮 yoʔ^{2} liã^{45} 月亮菩萨 yoʔ^{2} liã^{44} bu^{0} sɐʔ^{0}	星 ɕiŋ^{53}
40 临海	太阳 tʰa^{33} iã^{21} 日头 ȵieʔ^{23} də^{21} 日头佛 ȵieʔ^{23} də^{22} vəʔ^{23}	月亮 ȵyeʔ^{23} liã^{324}	星 ɕiŋ^{31} 星星 ɕiŋ^{55} ɕiŋ^{31}
41 椒江	日头佛 ȵieʔ^{2} dio^{22} vəʔ^{2} 老 日头 ȵieʔ^{2} dio^{41} 新	月亮 ȵyeʔ^{2} liã^{24}	星 ɕiŋ^{42}
42 黄岩	太阳佛 tʰa^{33} iã^{22} vəʔ^{2} 老 太阳 tʰa^{33} iã^{121} 新	太阴佛 tʰa^{33} in^{33} vəʔ^{2} 老 月亮 ȵyeʔ^{2} liã^{24} 新	星 ɕin^{32}
43 温岭	太阳佛 tʰa^{33} iã^{13} vəʔ^{2} 老 太阳 tʰa^{33} iã^{31} 新	太阴佛 tʰa^{33} in^{33} vəʔ^{2} 老 月亮 ȵyeʔ^{2} liã^{13} 新	星 ɕin^{33}

续表

方言点	0001 太阳～下山了	0002 月亮～出来了	0003 星星
44 仙居	日头 ȵiəʔ^{23} dəɯ^{213}	月亮 ȵyɑʔ^{23} lia^{24}	星 ɕin^{334}
45 天台	日头 ȵiəʔ^{2} deu^{224}	月亮 ȵyəʔ^{2} lia^{35}	天星 t^{h}ie^{33} ɕiŋ^{33}
46 三门	日头 ȵieʔ^{2} dɤɯ^{113}	月亮 ȵyəʔ^{2} liɑ̃^{243}	星 ɕiŋ^{334}
47 玉环	太阳 t^{h}a^{33} ia^{31}	月亮 ȵyoʔ^{2} lia^{22}	星 ɕiŋ^{42}
48 金华	日头 ȵiəʔ^{21} diu^{14}	月亮 ȵyɤ^{55} liɑŋ^{14}	星 ɕiŋ^{334} 星星 ɕiŋ^{33} ɕiŋ^{55}
49 汤溪	日头 ȵiei^{11} təɯ^{52}	月亮 ȵyɤ^{11} lɤa^{341}	星 sɛ̃i^{24}
50 兰溪	日头 ȵieʔ^{12} dəɯ^{24}	月亮 ȵyɤʔ^{12} liɑŋ^{24}	星星 sin^{334} sin^{45}
51 浦江	日头 ȵiə^{24} dɤ^{334} 日头孔 ȵiə^{24} dɤ^{11} k^{h}on^{53}	月亮 ȵyi^{11} lyõ^{24}	星 siən^{534}
52 义乌	热头 ȵie^{24} dɐɯ^{312}	月亮 ȵye^{24} lɯa^{45}	星 sən^{335}
53 东阳	日头孔 ȵiɛʔ^{22} dəɯ^{33} k^{h}ɔm^{33}	月亮 ȵiɛʔ^{22} liɔ^{53}	星 sɐn^{334}
54 永康	日头 ȵiə^{33} ɗəu^{55}	月亮 ȵye^{33} liɑŋ^{241}	星 ɕiŋ^{55}
55 武义	日头 nəʔ^{5} dɑu^{324}	月亮 ȵye^{53} liɑŋ^{231}	星 ɕin^{24}
56 磐安	日头孔 ȵiɛ^{55} dɐɯ^{22} k^{h}ɔom^{334}	月亮 ȵyɛ^{14} liɒ^{52}	星 sɐn^{445}
57 缙云	日头 ȵyɛ^{51} diuŋ^{243}	月亮 ȵyɛ^{51} liɑ^{213}	星 sɛŋ^{44}
58 衢州	日头 ȵiəʔ^{2} de^{21} 日头孔 ȵiəʔ^{2} de^{21} k^{h}oŋ^{35}	月亮 ȵyəʔ^{2} liã^{53} 月亮 yəʔ^{2} liã^{53}	星 ɕin^{32}
59 衢江	日头 nəʔ^{2} ty^{53}	月亮 ȵyəʔ^{2} liã^{231}	星 ɕiŋ^{33}
60 龙游	日头 nəʔ^{23} dəɯ^{231}	月亮 ȵyəʔ^{23} liã^{231}	星星 ɕin^{33} ɕin^{334}
61 江山	日头 nəʔ^{2} du^{213} 焙日 bᴇ^{22} nəʔ^{2}	日光 nəʔ^{2} kyaŋ^{44}	天星 t^{h}iɛ̃^{44} ɕɪ̃^{44}
62 常山	平日 bɪ̃^{22} nʌʔ^{34}	月光 ȵyʌʔ^{3} tɕiɔ̃^{44} 月光 n^{22} tɕiɔ̃^{44}	天星 t^{h}iɛ̃^{44} ɕɪ̃^{44}
63 开化	日头 naʔ^{2} du^{231}	日光 naʔ^{2} tɕyã^{44}	天星 t^{h}iɛ̃^{44} ɕin^{44}
64 丽水	热头 ȵiɛʔ^{2} dəɯ^{22} 老 太阳 t^{h}uɔ^{22} iã^{52} 新	月亮 ȵyɛʔ^{21} liã^{131}	星 ɕin^{224}
65 青田	日头佛 ȵiæʔ^{3} deu^{22} vaʔ^{31}	月光 ȵyæʔ^{3} ko^{445}	星 ɕiŋ^{445}
66 云和	日头 naʔ^{23} dəɯ^{312}	月光 ȵyɛʔ^{23} kɔ̃^{24}	星 ɕiŋ^{24}

续表

方言点	0001 太阳～下山了	0002 月亮～出来了	0003 星星
67 松阳	日头 ȵiʔ^{2}dei^{31}	月光 ȵyɛʔ^{2}koŋ^{53}	星 ɕin^{53}
68 宣平	热头 ȵiəʔ^{2}dəɯ^{433}	月亮 ȵyəʔ^{42}liɑ̃^{231}	星 ɕin^{324}
69 遂昌	日头 nɛʔ^{23}du^{221}	月光 ȵyɛʔ^{2}kɔŋ^{45}	天星 t^{h}iɛ̃^{33}ɕiŋ^{45}
70 龙泉	日头 nᴇʔ^{3}diəu^{21}	月婆婆 ȵyoʔ^{3}pou^{45}bou^{21}	天星 t^{h}iᴇ^{44}ɕin^{434}
71 景宁	日头 nɛʔ^{23}dəɯ^{41}	月 ȵyœʔ^{23}	天星 t^{h}iɛ^{33}ɕiŋ^{324}
72 庆元	日头 nɤʔ^{34}tiɯ^{52}	月亮 ȵyᴇʔ^{34}liɑ̃^{31}	天天星 t^{h}iɑ̃^{33}t^{h}iɑ̃^{33}ɕiŋ^{55}小
73 泰顺	日头 nɛʔ^{2}təu^{53}	月亮 ȵyɛʔ^{2}liã^{22}	天星 t^{h}iã^{22}ɕiŋ^{213}
74 温州	太阳 t^{h}a^{33}i^{223}	月光 ȵy^{2}kuɔ^{33}	星 səŋ^{33}
75 永嘉	太阳 t^{h}a^{33}iɛ^{21} 太阳佛 t^{h}a^{33}iɛ^{13}vai^{213}	月光 ȵy^{21}kɔ^{44} 月光佛 ȵy^{21}kɔ^{45}vai^{213}	星 ɕieŋ^{44}
76 乐清	太阳佛 t^{h}e^{33}ia^{24}vɤ^{212}	月光 ȵyᴇ^{2}kɔ^{44}	星 seŋ^{44}
77 瑞安	太阳 t^{h}a^{33}iɛ^{21} 太阳佛 t^{h}a^{33}iɛ^{13}va^{212}	月光 ȵy^{2}ko^{44} 月光佛爷 ȵy^{2}ko^{33}va^{22}i^{21}	星 səŋ^{44}
78 平阳	太阳 t^{h}ᴀ^{33}ie^{35}	月光 ȵye^{21}ko^{55}	星 seŋ^{55}
79 文成	热头 ȵie^{21}diou^{33}	月光 ȵyø^{21}kuo^{33}	天星 t^{h}ie^{33}seŋ^{33}
80 苍南	日头佛 ȵiɛ^{11}dɛu^{24}uɛ^{112} 太阳 t^{h}a^{33}iɛ^{21}	月光 ȵyɛ^{11}ko^{44} 月亮 ȵyɛ^{31}liɛ^{11}	星 seŋ^{44}
81 建德徽	日头 ȵiɐʔ^{12}tɤɯ^{33}老 日头孔 ȵiɐʔ^{12}tɤɯ^{33}k^{h}oŋ^{213}老 太阳 t^{h}ɑ^{33}ȵiɛ^{55}新	月亮 y^{21}nie^{55}	星 ɕin^{53}
82 寿昌徽	热头 ȵiəʔ^{3}t^{h}əɯ^{52}	月亮 ȵyəʔ^{3}liɑ̃^{33}	星 ɕien^{112}
83 淳安徽	日头 iəʔ^{13}t^{h}ɯ^{24}	月亮 vəʔ^{13}liɑ̃^{53}	星 ɕin^{24}
84 遂安徽	日头 i^{21}t^{h}iu^{24}	月亮 vɛ^{21}liɑ̃^{52}	天星 t^{h}iɛ̃^{55}ɕin^{213}
85 苍南闽	[日头]佛 dʑiau^{21}po^{24}	月光 gə^{21}kɯŋ^{55} 月亮 gə^{21}liaŋ^{21}	星 tɕ^{h}ĩ^{55}
86 泰顺闽	日头 niɪʔ^{3}t^{h}au^{22}	月 ŋuøʔ^{3}	天星 t^{h}ie^{22}sieŋ^{213}
87 洞头闽	日头佛 dʑiek^{21}t^{h}au^{21}pət^{24}	月娘 gə^{212}nĩũ^{24}	星 tɕ^{h}ĩ^{33}
88 景宁畲	热头 ȵiet^{2}t^{h}iəu^{22}	月 ȵyot^{2}	星 saŋ^{51}

方言点	0004 云	0005 风	0006 台风
01 杭州	云 yŋ^{213}	风 foŋ^{334}	台风 dε^{22} foŋ^{45}
02 嘉兴	云 yəŋ^{242}	风 foŋ^{42}	台风 dᴇ^{21} foŋ^{42}
03 嘉善	云 in^{132}	风 xoŋ^{53}	台风 dε^{13} xoŋ^{53}
04 平湖	云 yn^{31}	风 foŋ^{53}	台风 dε^{24} foŋ^{53}
05 海盐	云 yn^{31}	风 foŋ^{53}	台风 dε^{24} foŋ^{53}
06 海宁	云 iŋ^{13}	风 foŋ^{55}	台风 dε^{33} foŋ^{55}
07 桐乡	云 iŋ^{13}	风 foŋ^{44}	台风 dε^{21} foŋ^{44}
08 崇德	云帐 iŋ^{21} tsã^{44}	风 foŋ^{44}	台风 dε^{21} foŋ^{44}
09 湖州	云帐 in^{33} tsã^{35}	风 foŋ^{44}	台风 dei^{33} foŋ^{35}
10 德清	云 in^{113}	风 foŋ^{44}	台风 dε^{11} foŋ^{35}
11 武康	云帐 in^{11} tsã^{35}	风 foŋ^{44}	台风 dε^{11} foŋ^{35}
12 安吉	云 iŋ^{22}	风 foŋ^{55}	台风 dᴇ^{22} foŋ^{55}
13 孝丰	云 iŋ^{22}	风 foŋ^{44}	台风 de^{22} foŋ^{22}
14 长兴	云 iŋ^{12}	风 foŋ^{44}	台风 dɯ^{12} foŋ^{33}
15 余杭	云帐 iŋ^{31} tsã^{35}	风 foŋ^{44}	老风 lɔ^{13} foŋ^{55}
16 临安	云 ioŋ^{33}	风 foŋ^{55}	台风 dᴇ^{33} foŋ^{35}
17 昌化	云 yəŋ^{112}	风 fəŋ^{334}	台风 dε^{11} fəŋ^{334}
18 於潜	云 yŋ^{223}	风 foŋ^{433}	台风 de^{22} foŋ^{35}
19 萧山	云 yoŋ^{355}	风 foŋ^{533}	台风 de^{21} foŋ^{33}
20 富阳	云 yən^{13}	风 foŋ^{53}	台风 dε^{13} foŋ^{55}
21 新登	云 yiŋ^{233}	风 foŋ^{53}	台风 de^{233} foŋ^{334}
22 桐庐	云 yŋ^{13}	风 foŋ^{533}	台风 dᴇ^{21} foŋ^{35}
23 分水	云 yən^{22}	风 fən^{44}	台风 dε^{21} fən^{44}
24 绍兴	云 yø̃^{231}	风 foŋ^{53}	台风 dᴇ^{22} foŋ^{53}

续表

方言点	0004 云	0005 风	0006 台风
25 上虞	云 $i\eta^{213}$	风 $ho\eta^{35}$	台风 $de^{21}ho\eta^{35}$ 东⁼光⁼云⁼ $to\eta^{33}ku\tilde{ɔ}^{33}i\eta^{213}$ 风潮 $ho\eta^{33}dzɔ^{213}$
26 嵊州	云 $yo\eta^{213}$	风 $fo\eta^{534}$	台风 $dᴇ^{22}fo\eta^{334}$
27 新昌	云 $yo\eta^{22}$	风 $fo\eta^{534}$	台风 $de^{13}fo\eta^{534}$
28 诸暨	云 iom^{13}	风 fom^{544}	台风 $de^{21}fom^{42}$
29 慈溪	云 $yə\eta^{13}$	风 $fu\eta^{35}$	风潮 $fu\eta^{33}dzɔ^{13}$
30 余姚	云 $iu\eta^{13}$	风 $fu\eta^{44}$	台风 $de^{13}fu\eta^{44}$
31 宁波	云 $yo\eta^{13}$	风 $fo\eta^{53}$	台风 $de^{13}fo\eta^{53}$
32 镇海	云 $yo\eta^{24}$	风 $fo\eta^{53}$	台风 $de^{22}fo\eta^{53}$ 风水 $fo\eta^{33}sɥ^{53}$
33 奉化	云 $yo\eta^{33}$	风 $fə\eta^{44}$	风大水 $fə\eta^{44}dəu^{31}sɥ^{53}$
34 宁海	云 $yə\eta^{213}$	风 $fo\eta^{423}$	风水 $fo\eta^{34}sɥ^{53}$
35 象山	云 $yo\eta^{31}$	风 $fə\eta^{44}$	风飔 $fə\eta^{44}ts^hɥ^{35}$
36 普陀	云 $io\eta^{24}$	风 $fo\eta^{53}$	台风 $dɛ^{33}fo\eta^{55}$
37 定海	云 $yo\eta^{23}$	风 $fo\eta^{52}$	风水 $fo\eta^{33}sɥ^{45}$ 老 台风 $dɛ^{11}fo\eta^{44}$ 新
38 岱山	云 $yo\eta^{23}$	风 $fɐ\eta^{52}$	风水 $fo\eta^{52}sɥ^{0}$
39 嵊泗	云 $yo\eta^{243}$	风 $fɐ\eta^{53}$	风水 $fɐ\eta^{44}sɥ^{0}$
40 临海	云 $y\eta^{21}$	风 $fə\eta^{31}$	台风 $de^{35}fə\eta^{31}$
41 椒江	云 $y\eta^{31}$	风 $fo\eta^{42}$	台风 $də^{24}fo\eta^{42}$
42 黄岩	云 yn^{121}	风 $fo\eta^{32}$	台风 $de^{24}fo\eta^{32}$
43 温岭	云 yn^{31}	风 $fu\eta^{33}$	风飔 $fu\eta^{55}ts^hɿ^{31}$ 老 台风 $de^{24}fu\eta^{31}$ 新
44 仙居	云 yen^{213}	风 $fo\eta^{334}$	台风 $dæ^{33}fo\eta^{334}$

续表

方言点	0004 云	0005 风	0006 台风
45 天台	云 yŋ^{224}	风 fuŋ^{33}	台风 dei^{22}fuŋ^{33}
46 三门	云 yŋ^{113}	风 foŋ^{334}	台风 de^{11}foŋ^{334}
47 玉环	云 ioŋ^{31}	风 foŋ^{42}	风之$^{=}$ foŋ^{55}tsɿ^{42} 台风 de^{24}foŋ^{42}
48 金华	云 yəŋ^{313}	风 foŋ^{334}	台风 dɛ^{31}foŋ^{55}
49 汤溪	云 yɛ̃i^{11}	风 fɑo^{24}	台风 dɛ^{11}fɑo^{52}
50 兰溪	云头 yæ̃^{21}dəɯ^{24}	风 foŋ^{334}	台风 de^{21}foŋ^{45}
51 浦江	云 yən^{113}	风 fon^{534}	台风 da^{24}fon^{334}
52 义乌	云 yən^{213}	风 foŋ^{335}	台风 de^{22}foŋ^{45}
53 东阳	云 iɐn^{213}	风 fɔm^{334}	台风 de^{22}fɔm^{53}
54 永康	云 yeŋ^{22}	风 foŋ^{55}	台风 dei^{31}foŋ^{55}
55 武义	云 yen^{324}	风 foŋ^{24}	台风 dɑŋ^{32}foŋ^{53}
56 磐安	云 yɐn^{213}	风 fɔom^{445}	龙风 lɔom^{21}fɔom^{52}老 台风 de^{21}fɔom^{52}新
57 缙云	云 yɛŋ^{243}	风 fɔ̃ũ^{44}	台风 dɛ^{44}fɔ̃ũ^{44}
58 衢州	云 yən^{21}	风 foŋ^{32}	风暴 foŋ^{32}bɔ^{231}
59 衢江	云 iŋ^{212}	风 fəŋ^{33}	台风 dɛ^{22}fəŋ^{33}
60 龙游	云 ioŋ^{21}	风 fən^{334}	台风 dɛ^{22}fən^{334}
61 江山	云 yĩ^{213}	风 fɒŋ^{44}	台风 dᴇ^{22}fɒŋ^{44}
62 常山	云 uĩ^{341}	风 fã^{44}	台风 dɛ^{22}fã^{44}
63 开化	云 yn^{231}	风 fɤŋ^{44}	台风 dɛ^{21}fɤŋ^{44} 大风 da^{21}fɤŋ^{44}
64 丽水	云 yn^{22}	风 fəŋ^{224}	台风 dɛ^{22}fəŋ^{224}
65 青田	云 yaŋ^{21}	风 foŋ^{445}	台风 dɛ^{21}foŋ^{445}
66 云和	云 yŋ^{312}	风 fəŋ^{24}	台风 da^{223}fəŋ^{24}

续表

方言点	0004 云	0005 风	0006 台风
67 松阳	云 yn^{31}	风 fəŋ^{53}	台风 dɛ^{33} fəŋ^{53}
68 宣平	云 yən^{433}	风 fən^{324}	龙风 liɔ̃^{43} fən^{324} 老 台风 dei^{43} fən^{324} 新
69 遂昌	云 yŋ^{221}	风 fəŋ^{45}	台风 dei^{21} fəŋ^{45}
70 龙泉	云 yn^{21}	风 fɔŋ^{434}	台风 tᴇ^{44} fɔŋ^{434}
71 景宁	云 iaŋ^{41}	风 fəŋ^{324}	台风 dai^{33} fəŋ^{324}
72 庆元	云 yəŋ^{52}	风 foŋ^{335}	台风 tæi^{52} foŋ^{335}
73 泰顺	云 ioŋ^{53}	风 foŋ^{213}	台风 tɛ^{21} foŋ^{213}
74 温州	云 ioŋ^{31}	风 hoŋ^{33}	台风 de^{22} hoŋ^{33}
75 永嘉	云 ioŋ^{31}	风 hoŋ^{44}	大水风 dəu^{22} sɥ^{53} hoŋ^{44}
76 乐清	云 iaŋ^{31}	风 foŋ^{44}	台风 de^{22} foŋ^{44}
77 瑞安	云 iaŋ^{31}	风 foŋ^{44}	风飔 foŋ^{33} tsʰɿ^{44} 台风 de^{22} foŋ^{44}
78 平阳	云 vɵŋ^{242}	风 foŋ^{55}	台风 de^{21} foŋ^{55}
79 文成	云 yøn^{113}	风 foŋ^{55}	台风 de^{11} foŋ^{33}
80 苍南	云 ueŋ^{31}	风 hoŋ^{44}	风飔 hoŋ^{33} tsʰɿ^{44} 老 台风 de^{11} hoŋ^{44} 新
81 建德徽	云 yn^{33}	风 foŋ^{53}	台风 tɛ^{33} foŋ^{53}
82 寿昌徽	云 yɛ̃^{52}	风 fɔŋ^{112}	台风 tʰæ^{11} fɔŋ^{33}
83 淳安徽	云 ven^{435}	风 hon^{24}	台风 tʰie^{43} hon^{24}
84 遂安徽	云 vin^{33}	风 fəŋ^{534}	台风 tʰəɯ^{33} fəŋ^{33}
85 苍南闽	云 hun^{24}	风 huan^{55}	台风 tai^{21} huan^{55}
86 泰顺闽	云 fəŋ^{22}	风 fəŋ^{213}	风飔 fəŋ^{22} tʰai^{213}
87 洞头闽	云 hun^{113}	风 huaŋ^{33}	台风 tʰai^{212} huaŋ^{33}
88 景宁畲	云 uən^{22}	风 pyŋ^{51}	台风 toi^{22} pyŋ^{51}

方言点	0007 闪电名词	0008 雷	0009 雨
01 杭州	霍闪 xuaʔ^{5}suo^{45}	雷 lei^{213}	雨 y^{53}
02 嘉兴	霍闪 hoʔ^{5}ɕie^{21}	雷 lei^{242}	雨 y^{544}
03 嘉善	霍险= xuoʔ^{5}ɕiɪ^{0}	雷响 lɛ^{13}ɕiæ̃^{53}	雨 y^{44}
04 平湖	霍歇= hoʔ^{3}ɕiəʔ^{5}	雷 le^{31}	雨 y^{213}
05 海盐	霍线= xoʔ^{5}ɕiɛ^{334}	雷 le^{31}	雨 y^{423}
06 海宁	霍险= hoʔ^{5}ɕie^{0}	雷 ləɯ^{13}	雨 i^{231}
07 桐乡	豁=险= huaʔ^{3}ɕiᴇ^{53}	雷 li^{13}	雨 i^{53}
08 崇德	豁=险= huaʔ^{3}ɕiɪ^{53}	雷 li^{13}	雨 i^{53}
09 湖州	霍险= xuoʔ^{5}ɕie^{53}	雷 lei^{112}	雨 i^{523}
10 德清	豁=险 xuaʔ^{5}ɕie^{53}	响雷 ɕiã^{35}lɛ^{0}	雨 i^{52}
11 武康	豁=险 xuaʔ^{5}ɕie^{53}	响雷 ɕiã^{531}ɛ^{113}	雨 i^{53}
12 安吉	发=西= fɐʔ^{5}ɕi^{55}	雷 le^{22}	雨 i^{52}
13 孝丰	霍闪 huoʔ^{5}se^{44}	雷 le^{22}	雨 i^{52}
14 长兴	霍闪 hoʔ^{3}ʃᴇ^{44}	阵头 dzəŋ^{21}dei^{24}	雨 ʅ^{52}
15 余杭	豁=险= xuaʔ^{5}ɕiẽ^{53}	雷响霹雳 lɛ^{31}ɕiɑ̃^{35}pʰieʔ^{5}lieʔ^{2}	雨 i^{53}
16 临安	霍闪 huɔʔ^{5}sə^{55}	雷公 lᴇ^{33}koŋ^{35}	雨 y^{33}
17 昌化	霍闪 xuəʔ^{5}ɕyɪ̃^{453}	雷 lɛ^{112}	雨 y^{453}
18 於潜	霍闪 xuəʔ^{53}ɕie^{35}	雷公 le^{22}koŋ^{35}	雨 y^{51}
19 萧山	豁=闪 xuaʔ^{5}sə^{42}	雷 le^{355}	雨 y^{13}
20 富阳	霍闪 huoʔ^{5}ɕyɛ̃^{335}	雷 lɛ^{13}	雨 y^{423}
21 新登	霍闪 huaʔ^{5}suɛ̃^{334}	天雷 tʰiɛ̃^{53}le^{233}	雨 ɥ^{334}
22 桐庐	霍闪 xuaʔ^{5}ɕie^{33}	雷 lᴇ^{13}	雨 y^{33}
23 分水	发闪 faʔ^{5}suə̃^{24}	雷公 le^{21}koŋ^{44}	雨 y^{53}
24 绍兴	霍闪 huoʔ^{3}sẽ^{334}	雷 lᴇ^{231}	雨 y^{223}
25 上虞	霍闪 hoʔ^{5}sø̃^{53}	雷 le^{213}	雨 y^{213}
26 嵊州	霍闪 foʔ^{5}sœ̃^{334}	雷 lᴇ^{213}	雨 y^{24}

续表

方言点	0007 闪电名词	0008 雷	0009 雨
27 新昌	天打 tʰiɛ̃^{53}taŋ^{453}	响雷 ɕiaŋ^{45}le^{22}	雨 y^{232}
28 诸暨	发$^{=}$闪 faʔ^{5}sə^{33}	天雷 tʰie^{21}le^{42}	雨 y^{242}
29 慈溪	豁$^{=}$闪 huaʔ^{5}sẽ^{0}	动雷 duŋ^{11}le^{13}	雨 y^{13}
30 余姚	豁$^{=}$闪 huaʔ^{5}sẽ^{0} 豁$^{=}$闪娘娘 huaʔ^{5}sẽ^{0}ȵiaŋ^{13}ȵiaŋ^{0}	动雷 duŋ^{13}le^{13} 动雷公公 duŋ^{13}le^{13}kuŋ^{44}kuŋ^{0}	雨 y^{34}
31 宁波	龙光闪 loŋ^{13}kuɔ^{44}ɕi^{44}	雷 lɐi^{13}	雨 y^{13}
32 镇海	雷光闪 lei^{22}kuɔ̃^{44}ɕi^{44}	雷 lei^{24}	雨 y^{24}
33 奉化	散$^{=}$龙$^{=}$ sɛ^{44}loŋ^{33}	雷 lei^{33}	雨 y^{324}
34 宁海	龙光线$^{=}$电 loŋ^{21}kuɔ̃^{33}ɕie^{33}die^{34}	动雷 doŋ^{31}lei^{213}	雨 y^{31}
35 象山	龙光闪电 loŋ^{31}kuɔ̃^{44}ɕiɛ^{44}di^{13}	雷 lei^{31}	雨 y^{31}
36 普陀	闪电 sø^{53}di^{0}	雷 læi^{24}	雨 y^{23}
37 定海	龙光闪 loŋ^{33}guõ^{33}ɕi^{45}	雷 lɐi^{23}	雨 y^{23}
38 岱山	龙光闪 loŋ^{31}kuõ^{0}ɕi^{0}	雷 lɐi^{23}	雨 y^{244}
39 嵊泗	龙光闪 loŋ^{24}kuõ^{0}ɕi^{0}	雷 lɐi^{243}	雨 y^{334}
40 临海	龙烁 loŋ^{21}ɕieʔ^{3}	雷 le^{21} 雷佛 le^{22}vəʔ^{23}	雨 y^{52}
41 椒江	烁电 ɕieʔ^{3}die^{24} 火仗 hu^{42}dʑiã^{31}	雷 lə^{31} 雷佛 lə^{22}vəʔ^{2}	雨 y^{42}
42 黄岩	龙烁 loŋ^{121}ɕieʔ^{5}	雷 le^{121} 雷佛 le^{13}vəʔ^{2}	雨 y^{42}
43 温岭	烁电 ɕieʔ^{3}die^{13}	雷 le^{31} 雷佛 le^{13}vəʔ^{2}	雨 y^{42}
44 仙居	龙歇$^{=}$ loŋ^{24}ɕiaʔ^{0}	雷公 læ^{33}koŋ^{334}	雨 y^{324}
45 天台	龙闪 luŋ^{22}ɕie^{31}	雷电 lei^{22}die^{35}	雨 y^{214}

续表

方言点	0007 闪电名词	0008 雷	0009 雨
46 三门	龙闪 loŋ^{113}ɕie^{52}	雷 le^{113}	雨 y^{325}
47 玉环	烁电 ɕiɐʔ^{3}die^{22}	雷 le^{31}	雨 y^{53}
48 金华	霍刷= xuəʔ^{3}ɕyəʔ^{4}	天雷 t^{h}ia^{33}lɛ^{55}	雨 y^{535}
49 汤溪	火扇= xuɤ^{52}ɕie^{52}	天雷鼓 t^{h}ie^{33}lɛ^{33}ku^{535}	雨 y^{113}
50 兰溪	霍闪 xuɑʔ^{34}ɕie^{45}	天雷 t^{h}ia^{334}le^{45}	雨 y^{55}
51 浦江	化=闪 xuɑ^{55}sɛ̃^{55}	天雷 t^{h}iɑ̃^{55}la^{334}	雨 y^{243}
52 义乌	霍闪 hau^{45}ɕye^{44}	天雷 t^{h}ia^{33}le^{45}	雨 y^{312}
53 东阳	火闪 hʊ^{44}si^{33}	雷公 le^{22}kɔm^{53}	雨 yu^{231}
54 永康	霍闪 xuə^{33}ɕie^{52}	雷公 lei^{31}koŋ^{55}	雨 y^{113}
55 武义	霍闪 xuo^{53}ɕie^{53}	雷公 la^{32}koŋ^{53}	雨 y^{13}
56 磐安	霍闪 xuə^{55}ɕie^{0}	雷公 le^{21}kɔom^{52}	雨 y^{334}
57 缙云	霍闪 xɔ^{51}ɕiɛ^{51}	雷公 lɛ^{44}kɔ̃ũ^{44} 响～	雨 y^{31}
58 衢州	霍扇= xuaʔ^{3}ʃyə̃^{53}	雷公 le^{21}koŋ^{32}	雨 y^{53}
59 衢江	火扇= xuo^{33}ɕiɛ^{53}	雷鼓 lei^{22}kuɤ^{25}	雨 yø^{212}
60 龙游	霍闪 xuɔʔ^{3}sei^{51}	雷鼓 lei^{33}ku^{35}	雨 y^{224}
61 江山	霍闪 xyaʔ^{4}ɕiɛ̃^{51}	雷公 luᴇ^{22}koŋ^{44}	雨 yə^{22}
62 常山	索=闪 sɤʔ^{5}ɕiɛ̃^{324}	雷公 lue^{22}koŋ^{44}	雨 yʌʔ^{34} 雨 ye^{24}
63 开化	霍线= xuaʔ^{5}ɕiɛ̃^{412}	雷 lɛ^{231}	雨 yo^{213}
64 丽水	霍闪 xuɔʔ^{5}ɕie^{0}	雷 lei^{22} 雷公 lei^{22}kɔŋ^{224}	雨 ɥ^{544}
65 青田	烁龙 ɕiæʔ^{3}lio^{53}	雷公 læi^{21}koŋ^{445}	雨 vu^{454}
66 云和	火=线= xo^{44}ɕiɛ^{45}	雷公 lei^{223}koŋ^{24}	雨 y^{41}
67 松阳	霍闪 xɤʔ^{3}ɕiɛ̃^{24}	天雷 t^{h}iɛ̃^{33}lɛ^{31}	雨 yɛ^{22}

续表

方言点	0007 闪电名词	0008 雷	0009 雨
68 宣平	霍闪 xəʔ^{5} ɕiɛ^{0}	天雷 tʰiɛ^{44} lei^{433}	雨 y^{223}
69 遂昌	霍闪 xɔʔ^{5} ɕiɛ̃^{334}	天雷 tʰiɛ̃^{55} lei^{213}	雨 yɛ^{13}
70 龙泉	闪龙 ʑiᴇ^{21} liɔŋ^{21}	雷 lᴇ^{21}	雨 y^{51}
71 景宁	调=龙 diɑu^{33} liɔŋ^{41}	雷 lai^{41}	雨 y^{33}
72 庆元	龙烁 liɔ̃^{52} ɕiɑʔ^{5}	雷公 læi^{52} koŋ^{335}	雨 yᴇ^{221}
73 泰顺	龙烁 liɔ̃^{21} ɕiɛʔ^{5}	雷公 læi^{21} koŋ^{213}	雨 y^{55}
74 温州	老龙 lɜ^{31} liɛ^{21}	雷 lai^{31}	雨 vu^{14}
75 永嘉	烁龙 ɕia^{423} lyə^{21}	雷 lai^{31}	雨 u^{13}
76 乐清	闪龙 siɯʌ^{44} luɯʌ^{223}	雷 lai^{31}	雨 y^{24}
77 瑞安	烁光 ɕiɔ^{3} ko^{44}	雷 lai^{31}	雨 ʏ^{13}
78 平阳	烁电 so^{45} die^{13}	雷 lai^{242}	雨 vʉ^{45}
79 文成	雷电 lai^{212} die^{21}	雷 lai^{113}	雨 vʉ^{224}
80 苍南	闪电 ɕia^{42} diɛ^{11}	雷公 lai^{11} koŋ^{44}	雨 y^{53}
81 建德徽	霍闪 huɐʔ^{3} sɛ^{55}	天雷 tʰie^{53} le^{55}老 雷 le^{33}新	雨 y^{213}
82 寿昌徽	霍闪 xɔʔ^{3} ɕi^{33}	天雷 tʰi^{11} liæ^{55}	雨 y^{534}
83 淳安徽	霍闪 foʔ^{5} sã^{21}	雷 lie^{435}	雨 ya^{55}
84 遂安徽	霍闪 xo^{33} ɕiɛ̃^{213}	雷 ləɯ^{33}	雨 y^{43}
85 苍南闽	沙=指= sua^{43} tɕi^{43}	雷公 lui^{21} kɑŋ^{55}	雨 hɔ^{43}
86 泰顺闽	龙烁 ləŋ^{21} ɕiɛʔ^{5}	雷公 lai^{21} kəŋ^{213}	雨 xou^{31}
87 洞头闽	肆爁 ɕi^{53} nã^{21}	雷 lui^{113}	雨 hɔ^{21}
88 景宁畲	雷公阴阳 lau^{22} koŋ^{44} in^{55} iaŋ^{325}	雷公 lau^{22} koŋ^{44}	水 ɕy^{325}

方言点	0010 下雨	0011 淋衣服被雨～湿了	0012 晒～粮食
01 杭州	落雨 $\text{loʔ}^{2}\,\text{y}^{53}$	浞 dzoʔ^{2}	晒 sɛ^{45}
02 嘉兴	落雨 $\text{loʔ}^{5}\,\text{y}^{33}$	浞 zoʔ^{13}	晒 so^{224}
03 嘉善	落雨 $\text{luoʔ}^{2}\,\text{y}^{13}$	落 luoʔ^{2}	晒 so^{334}
04 平湖	落雨 $\text{loʔ}^{23}\,\text{y}^{334}$	落 loʔ^{23}	晒 so^{334}
05 海盐	落雨 $\text{lɔʔ}^{23}\,\text{y}^{423}$	落 lɔʔ^{23}	晒 so^{334}
06 海宁	落雨 $\text{loʔ}^{2}\,\text{i}^{231}$	落 loʔ^{2}	晒 so^{35}
07 桐乡	落雨 $\text{lɔʔ}^{23}\,\text{i}^{53}$	落 lɔʔ^{23}	晒 so^{334}
08 崇德	落雨 $\text{lɔʔ}^{23}\,\text{i}^{53}$	落 lɔʔ^{23}	晒 so^{334}
09 湖州	落雨 $\text{luoʔ}^{2}\,\text{i}^{523}$	淋 lin^{112} 小雨 落 luoʔ^{2} 大雨	晒 suo^{35}
10 德清	落雨 $\text{luoʔ}^{2}\,\text{i}^{53}$	落 luoʔ^{2}	晒 suo^{334}
11 武康	落雨 $\text{luoʔ}^{2}\,\text{i}^{53}$	落 luoʔ^{2}	晒 suo^{224}
12 安吉	落雨 $\text{loʔ}^{2}\,\text{i}^{52}$	淋 liŋ^{22}	晒 sa^{324}
13 孝丰	落雨 $\text{luoʔ}^{2}\,\text{i}^{52}$	沰 tuoʔ^{5}	晒 sa^{324}
14 长兴	落雨 $\text{loʔ}^{2}\,\text{ɿ}^{52}$	沰 toʔ^{5}	晒 su^{324}
15 余杭	落雨 $\text{loʔ}^{2}\,\text{i}^{53}$	落 loʔ^{2}	晒 suo^{423}
16 临安	落雨 $\text{loʔ}^{2}\,\text{y}^{13}$	落 loʔ^{2}	晒 sa^{55}
17 昌化	落雨 $\text{luəʔ}^{2}\,\text{y}^{453}$	沰 tuəʔ^{5}	晒 su^{544}
18 於潜	落雨 $\text{læʔ}^{2}\,\text{y}^{53}$	落 læʔ^{23}	晒 sa^{35}
19 萧山	落雨 $\text{ləʔ}^{13}\,\text{y}^{13}$	淋 liŋ^{355}	晒 so^{42}
20 富阳	落雨 $\text{loʔ}^{2}\,\text{y}^{224}$	落 loʔ^{2} 浞 dʑyoʔ^{2}	晒 so^{335}
21 新登	落雨 $\text{laʔ}^{2}\,\text{ɥ}^{334}$	浞 dzəʔ^{2}	晒 sa^{45}
22 桐庐	落雨 $\text{laʔ}^{21}\,\text{y}^{33}$	浞 dʑyəʔ^{13}	晒 ɕyo^{35}
23 分水	落雨 $\text{ləʔ}^{12}\,\text{y}^{53}$	打 ta^{53}	晒 sɛ^{24}

续表

方言点	0010 下雨	0011 淋衣服被雨～湿了	0012 晒～粮食
24 绍兴	落雨 $lo?^{2}\ y^{223}$	浞 $dzo?^{2}$	晒 sa^{33}
25 上虞	落雨 $lo?^{2}\ y^{213}$	淋 $li\eta^{213}$	晒 sa^{53}
26 嵊州	落雨 $lo?^{2}\ y^{24}$	浞 $dzo?^{2}$	晒 sa^{334}
27 新昌	落雨 $lo?^{2}\ y^{232}$	淋 $li\eta^{22}$	晒 so^{335}
28 诸暨	落雨 $lo?^{21}\ y^{242}$	落 $lo?^{13}$	晒 so^{544}
29 慈溪	落雨 $lo?^{2}\ y^{13}$	淋 $li\eta^{13}$	晒 sa^{44}
30 余姚	落雨 $lo?^{2}\ y^{34}$	淋 $li\tilde{ə}^{13}$	晒 sa^{53}
31 宁波	落雨 $lo?^{2}\ y^{13}$	淋 $li\eta^{13}$	晒 sa^{44}
32 镇海	落雨 $lo?^{2}\ y^{24}$	淋 $li\eta^{24}$	晒 sa^{53}
33 奉化	落雨 $lo?^{2}\ y^{24}$	淋 $li\eta^{33}$	晒 sa^{53}
34 宁海	落雨 $lɔ?^{3}\ y^{31}$	打 $t\tilde{a}^{53}$ 淋 $li\eta^{213}$	晒 so^{35}
35 象山	落雨 $lo?^{2}\ y^{31}$	淋 $li\eta^{31}$	晒 sa^{53}
36 普陀	落雨 $lo?^{2}\ y^{45}$	淋 $li\eta^{24}$	晒 sa^{55}
37 定海	落雨 $lo?^{2}\ y^{45}$	淋 $li\eta^{23}$	晒 sa^{44}
38 岱山	落雨 $lo?^{2}\ y^{45}$	淋 $li\eta^{23}$	晒 sa^{44}
39 嵊泗	落雨 $lo?^{2}\ y^{334}$	淋 $li\eta^{243}$	晒 sa^{53}
40 临海	落雨 $lɔ?^{23}\ y^{52}$	淋 $li\eta^{21}$	晒 so^{55}
41 椒江	落雨 $lo?^{2}\ y^{42}$	淋 $li\eta^{31}$	晒 so^{55}
42 黄岩	落雨 $lo?^{2}\ y^{42}$	淋 lin^{121}	晒 so^{55}
43 温岭	落雨 $lo?^{2}\ y^{42}$	淋 lin^{31}	晒 so^{55}
44 仙居	落雨 $lɑ?^{23}\ y^{324}$	淋 lin^{213}	晒 so^{55}
45 天台	落雨 $lɔ?^{2}\ y^{214}$	打烂⁼ $ta^{32}\ le^{33}$	晒 so^{55}
46 三门	落雨 $lɔ?^{2}\ y^{325}$	淋 $li\eta^{113}$	晒 so^{55}

续表

方言点	0010 下雨	0011 淋衣服被雨～湿了	0012 晒～粮食
47 玉环	落雨 loʔ^{2} y^{42}	淋 liŋ^{31}	晒 so^{55}
48 金华	落雨 loʔ^{21} y^{535}	沰 toʔ^{4} 落 loʔ^{212}	晒 sɑ^{55}
49 汤溪	落雨 lɔ^{11} y^{113}	打 na^{535}	晒 suɑ^{52}
50 兰溪	落雨 ləʔ^{12} y^{55}	落 ləʔ^{12}	晒 suɑ^{45}
51 浦江	落雨 lo^{11} y^{243}	落 lo^{232}	晒 ɕyɑ^{55}
52 义乌	落雨 lɔ^{24} y^{312}	浞 dzau^{312} 淋 lən^{213}	晒 sua^{45}
53 东阳	落雨 lo^{23} yu^{33}	淋 liɐn^{213}	晒 so^{453}
54 永康	落雨 lɑu^{33} y^{113}	淋 liŋ^{22}	晒 suɑ^{52}
55 武义	落雨 lɑu^{53} y^{13}	淋 lin^{324}	晒 suɑ^{53}
56 磐安	落雨 luə^{55} y^{334}	浞 dʑiʌo^{213}	晒 suə^{52}
57 缙云	落雨 lɔ^{51} y^{31}	打 na^{51}	晒 sɑ^{453}
58 衢州	落雨 ləʔ^{2} y^{53}	落 ləʔ^{12}	晒 sɛ^{53}
59 衢江	落雨 ləʔ^{2} yø^{212}	落 ləʔ^{2}	晒 suo^{53}
60 龙游	落雨 lɔʔ^{2} y^{224}	状$^{=}$ zuã^{231}	晒 suɑ^{51}
61 江山	断$^{=}$雨 dəŋ^{22} yə^{22}	浞 ʑiɞʔ^{2}	晒 sɒ^{51}
62 常山	动$^{=}$雨 doŋ^{22} yʌʔ^{34}	浞 zʌʔ^{34}	晒 sɑ^{324}
63 开化	动$^{=}$雨 dɤŋ^{21} yo^{213}	浞 ʑyaʔ^{13}	晒 sɑ^{412}
64 丽水	落雨 ləʔ^{2} ɥ^{544}	打 nã^{544}	晒 suɔ^{52}
65 青田	落雨 loʔ^{3} vu^{454}	打 nɛ^{454}	晒 sɑ^{33}
66 云和	断$^{=}$雨 dəŋ^{223} y^{41}	打 nɛ^{41}	晒 sɔ^{45}
67 松阳	断$^{=}$雨 den^{22} yɛ^{22}	□ ʑioŋ^{13}	晒 sa^{24}
68 宣平	落雨 ləʔ^{2} y^{223}	落 ləʔ^{23} 浇 tɕiɔ^{324}	晒 sa^{52}

续表

方言点	0010 下雨	0011 淋衣服被雨～湿了	0012 晒～粮食
69 遂昌	洞$^{=}$雨 dəŋ^{21} yɛ^{13}	浞 ʑiɔʔ^{23}	晒 sɒ^{334}
70 龙泉	落雨 louʔ^{3} y^{51}	浇 tɕiɑʌ^{434}	晒 sa^{45}
71 景宁	断$^{=}$雨 daŋ^{55} y^{33}	打 nɛ^{33}	晒 sa^{35}
72 庆元	落雨 loʔ^{34} yᴇ^{221}	淋 liəŋ^{52}	曝 puʔ^{34} 晒 sɑ^{11}
73 泰顺	断$^{=}$雨 təŋ^{21} y^{55}	淋 liŋ^{53}	晒 sa^{35}
74 温州	落雨 lo^{2} vu^{14}	淋 ləŋ^{31}	晒 sa^{51}
75 永嘉	落雨 lo^{21} u^{13}	淋 leŋ^{31}	晒 sa^{53}
76 乐清	落雨 lo^{2} y^{24}	淋 leŋ^{31}	晒 se^{41}
77 瑞安	落雨 lo^{2} ʏ^{13}	淋 ləŋ^{31}	晒 sa^{53}
78 平阳	落雨 lo^{21} vʉ^{35}	淋 leŋ^{242}	晒 sᴀ^{53}
79 文成	落雨 lo^{21} vʉ^{35}	淋 leŋ^{113}	晒 sɔ^{33}
80 苍南	落雨 lo^{11} y^{53}	淋 leŋ^{31}	晒 ɕia^{42}
81 建德徽	落雨 lo^{21} y^{213}	沰 to^{55}	晒 sɑ^{33}
82 寿昌徽	落雨 lɔʔ^{3} y^{534}	□ ɕyɑ̃^{33}	晒 ɕyə^{33}
83 淳安徽	落雨 lɑʔ^{13} ya^{55}	沰 tɑʔ^{5}	晒 so^{24}
84 遂安徽	落雨 lo^{21} y^{43}	淋 lin^{33}	晒 sɑ^{43}
85 苍南闽	落雨 lo^{21} hɔ^{32}	淋 lun^{24}	曝 pʰɐ^{24}
86 泰顺闽	落雨 to^{22} xou^{31}	拍 pʰa^{31}	晒 sa^{53}
87 洞头闽	落雨 lɔk^{21} hɔ^{21}	沃 ɐk^{5}	曝 pʰɐ^{241}
88 景宁畲	落水 loʔ^{2} ɕy^{325}	（无）	晒 sai^{44}

方言点	0013 雪	0014 冰	0015 冰雹
01 杭州	雪 ɕiɛʔ^{5}	冰 piŋ^{334}	雪雹子 ɕiɛʔ^{5} boʔ^{2} tsɿ^{45} 老 冰雹 piŋ^{33} bɔ^{45} 新
02 嘉兴	雪 ɕieʔ^{5}	冰 piŋ^{42}	冰雹 piŋ^{33} bɔ^{42}
03 嘉善	雪 ɕieʔ^{5}	冰 pin^{53}	冰雹 pin^{35} bɔ^{53}
04 平湖	雪 siəʔ^{5}	冰 pin^{53}	冰雹 pin^{53} bɔ^{0}
05 海盐	雪 ɕiəʔ^{5}	冰 pin^{53}	冰雹 pin^{53} bɔ^{21}
06 海宁	雪 ɕieʔ^{5}	冰 piŋ^{55}	冰雹 piŋ^{55} bɔ^{55}
07 桐乡	雪 siəʔ^{5}	冰 piŋ^{44}	冰雹 piŋ^{44} bɔ^{44}
08 崇德	雪 ɕiəʔ^{5}	冰 piŋ^{44}	冰雹 piŋ^{44} bɔ^{44}
09 湖州	雪 ɕieʔ^{5}	冰 pin^{44}	冰雹 pin^{44} bɔ^{44}
10 德清	雪 ɕieʔ^{5}	冰 pin^{44}	冰雹 pin^{44} bɔ^{33}
11 武康	雪 ɕieʔ^{5}	冰 pin^{44}	冰雹 pin^{44} bɔ^{44}
12 安吉	雪 ɕiᴇʔ^{5}	冰 piŋ^{55}	冰雹 piŋ^{55} bɔ^{55}
13 孝丰	雪 ɕieʔ^{5}	冰 piŋ^{44}	冰雹 piŋ^{44} bɔ^{44}
14 长兴	雪 ʃiᴇʔ^{5}	冰 piŋ^{44}	冰雹 piŋ^{44} bɔ^{44}
15 余杭	雪 sieʔ^{5}	冰 piŋ^{44}	冰雹 piŋ^{55} bɔ^{33}
16 临安	雪 ɕyɐʔ^{5}	冰 piŋ^{55}	冰雹 piŋ^{53} bɔ^{31}
17 昌化	雪 ɕiɛʔ^{5}	冰 piəŋ^{334}	雹子 buəʔ^{2} tsɿ^{453}
18 於潜	雪 ɕieʔ^{53}	冰 piŋ^{433}	雹子 bɔ^{24} tsɿ^{454}
19 萧山	雪 ɕieʔ^{5}	冰 piŋ^{533}	冰雹 piŋ^{53} bɔ^{42}
20 富阳	雪 ɕiɛʔ^{5}	冰 pin^{53}	冰雹 pin^{55} bɔ^{224} 冰片 pin^{55} pʰiɛ^{31}
21 新登	雪 ɕiəʔ^{5}	冰 peiŋ^{53}	雹子 bɔʔ^{2} tsɿ^{45}
22 桐庐	雪 ɕiəʔ^{5}	冰 piŋ^{533}	冰雹 piŋ^{35} bɔ^{13}
23 分水	雪 ɕiəʔ^{5}	冰 pin^{44}	雹子 baʔ^{12} tsɿ^{44}

续表

方言点	0013 雪	0014 冰	0015 冰雹
24 绍兴	雪 ɕieʔ^{5}	冰 piŋ^{53}	冰雹 piŋ^{33} bɔ^{231}
25 上虞	雪 ɕiəʔ^{5}	冰 piŋ^{35}	雹子 boʔ^{2} tsɿ^{53}
26 嵊州	雪 ɕieʔ^{5}	冰 piŋ^{534}	冰雹 piŋ^{53} bɔ^{24}
27 新昌	雪 sɤʔ^{5}	冰 piŋ^{534}	龙蓬$^{=}$ loŋ^{22} boŋ^{232} 正下 龙眼 loŋ^{22} ŋɛ̃^{232} 地上
28 诸暨	雪 ɕieʔ^{5}	冰 pin^{544}	雹子 boʔ^{21} tsɿ^{544}
29 慈溪	雪 ɕiəʔ^{5}	冰 piŋ^{35}	雹子 boʔ^{2} tsɿ^{44}
30 余姚	雪 ɕiəʔ^{5}	冰 pə̃^{44}	雹子 boʔ^{2} tsɿ^{44}
31 宁波	雪 soʔ^{5}	冰 piŋ^{53}	雹子 boʔ^{2} tsɿ^{34}
32 镇海	雪 soʔ^{5}	冰 piŋ^{53}	冰雹 piŋ^{33} boʔ^{2}
33 奉化	雪 soʔ^{5}	冰 piŋ^{44}	雹子 boʔ^{2} tsɿ^{0}
34 宁海	雪 ɕyeʔ^{5}	霜冰 sɔ̃^{33} piŋ^{34}	雹 bɔʔ^{3}
35 象山	雪 soʔ^{5}	冰 piŋ^{44}	雹子 boʔ^{2} tsɿ^{44}
36 普陀	雪 soʔ^{5}	冰 piŋ^{53}	冰雹 piŋ^{33} pɔ^{53}
37 定海	雪 soʔ^{5}	冰 piŋ^{52}	冰雹 piŋ^{33} bɔ^{52}
38 岱山	雪 ɕieʔ^{5}	冰 piŋ^{52}	冰雹 piŋ^{33} bɔ^{52}
39 嵊泗	雪 ɕiᴇʔ^{5}	冰 piŋ^{53}	冰雹 piŋ^{33} bɔ^{53}
40 临海	雪 ɕyeʔ^{5}	冰 piŋ^{31} 霜冰 sɔ̃^{35} piŋ^{31}	雹 bɔʔ^{23} 冰雹 piŋ^{33} bɔʔ^{23}
41 椒江	雪 søʔ^{5}	霜冰 sɔ̃^{55} piŋ^{42}	雹 boʔ^{2}
42 黄岩	雪 søʔ^{5}	冰 pin^{32}	雹 boʔ^{2}
43 温岭	雪 ɕyʔ^{5}	霜冰 sɔ̃^{55} pin^{31}	雹 boʔ^{2}
44 仙居	雪 ɕyɑʔ^{5}	霜冰 sã^{33} ɓin^{334}	龙雹 loŋ^{33} bɑʔ^{23}
45 天台	雪 ɕyəʔ^{5}	冰 piŋ^{33}	冰雹 piŋ^{33} bɔʔ^{2}

续表

方言点	0013 雪	0014 冰	0015 冰雹
46 三门	雪 ɕyəʔ^{5}	冰 piŋ^{334}	冰雹 piŋ^{33} bɔʔ^{23}
47 玉环	雪 ɕyoʔ^{5}	霜冰 sɔ̃^{55} piŋ^{42}	雹 boʔ^{2}
48 金华	雪 ɕie^{55}	冰 piŋ^{334}	冰雹 piŋ^{33} bɑo^{14}
49 汤溪	雪 sie^{55}	冰 mɛ̃i^{24}	风雹 fɑo^{33} pɔ^{24}
50 兰溪	雪 ɕieʔ^{34}	冰 pin^{334}	龙雹 loŋ^{21} bɔ^{24}
51 浦江	雪 si^{423}	冰 piən^{534}	冰雹 piən^{33} bo^{334}
52 义乌	雪 sie^{324}	冰 mən^{335}	冰雹 mən^{33} pɯɤ^{45}
53 东阳	雪 ɕiɛ^{334}	冰 pɐn^{334}	龙雹 lɔm^{22} bou^{35}
54 永康	雪 ɕie^{334}	冰 miŋ^{55}	龙雹 loŋ^{33} buo^{113}
55 武义	雪 ɕie^{53}	冰 min^{24}	龙雹 loŋ^{55} buo^{13}
56 磐安	雪 ɕyɛ^{334}	冰 mɐn^{445}	龙雹 lɔom^{22} pʌo^{334}
57 缙云	雪 ɕyɛ^{322}	冰 mɛŋ^{44}	龙雹 lɔ^{44} bou^{45}
58 衢州	雪 ɕiəʔ^{5}	冰 pin^{32}	龙雹子 loŋ^{21} bəʔ^{2} tsɿ^{35}
59 衢江	雪 ɕiəʔ^{5}	冰 piŋ^{33}	雹子 bəʔ^{2} tsɤ^{25}
60 龙游	雪 ɕiəʔ^{4}	冰 pin^{334}	冰雹 pin^{33} bɔ^{231}
61 江山	雪 ɕyɛʔ^{5}	冰 paŋ^{44}	龙雹子 liɒŋ^{22} baʔ^{2} tsə^{241}
62 常山	雪 yʌʔ^{5}	冰 pĩ^{44}	雹落 paʔ^{4} laʔ^{5}
63 开化	雪 ɕiaʔ^{5}	冰 pã^{44}	雹落 pʰʌʔ^{5} lʌʔ^{13}
64 丽水	雪 ɕyɛʔ^{5}	冰 pin^{224}	龙雹 liəŋ^{21} bɛʔ^{23}
65 青田	雪 ɕyæʔ^{42}	冰 ɓeŋ^{445}	龙雹 lio^{22} boʔ^{31}
66 云和	雪 ɕyɛʔ^{5}	冰 piŋ^{24}	龙雹 liɔ̃^{223} boʔ^{23}
67 松阳	雪 ɕyɛʔ^{5}	冰 pin^{53}	龙雹 lioŋ^{31} boʔ^{2}
68 宣平	雪 ɕiəʔ^{5}	冰 pin^{324}	龙雹 liɔ̃^{44} bəʔ^{23}

续表

方言点	0013 雪	0014 冰	0015 冰雹
69 遂昌	雪 ɕyɛʔ^{5}	冰骨$^{=}$照$^{=}$ piŋ^{33} kuɛʔ^{5} tɕiɐɯ^{334}	龙雹 liɔŋ^{21} bɔʔ^{23}
70 龙泉	雪 ɕyoʔ^{5}	冰 pin^{434}	龙雹 liɔŋ^{45} bɯəʔ^{24}
71 景宁	雪 ɕyœʔ^{5}	冰 piŋ^{324}	龙雹 liɔŋ^{55} buʔ^{23}
72 庆元	雪 ɕyᴇʔ^{5}	冰 ɓiŋ^{335}	龙雹 liɔ̃^{52} poʔ^{34}
73 泰顺	雪 ɕyɛʔ^{5}	冰 piŋ^{213}	龙雹 liɔ̃^{21} pɛʔ^{2}
74 温州	雪 ɕy^{323}	冰 pəŋ^{33}	冰雹 pəŋ^{33} buɔ^{223}
75 永嘉	雪 ɕy^{423}	冰 peŋ^{44}	龙雹 lyə^{13} bo^{213}
76 乐清	雪 syᴇ^{323}	冰 peŋ^{44}	龙雹 luɯʌ^{24} bɤ^{212}
77 瑞安	雪 ɕy^{323}	雪冰 ɕy^{3} pəŋ^{44}	冰雹 pəŋ^{33} bɔ^{21} 龙雹 lu^{13} bu^{212}
78 平阳	雪 ɕye^{34}	冰 peŋ^{55}	冰雹 peŋ^{33} bɔ^{35}
79 文成	雪 ɕyø^{34}	冰 peŋ^{55}	龙雹 luo^{21} bø^{13}
80 苍南	雪 ɕyɛ^{223}	冰 peŋ^{44}	龙雹 lyɔ^{11} bø^{112}
81 建德徽	雪 ɕi^{55}	冰 pin^{53}	雹子 pu^{21} tsɿ^{213}
82 寿昌徽	雪 ɕi^{55}	冰 pien^{112}	冰雹 pien^{11} pʰəɯ^{55}
83 淳安徽	雪 ɕiəʔ^{5}	冰 pin^{24}	冰雹 pin^{24} pɤ^{21}
84 遂安徽	雪 ɕiɛ^{24}	冰 pin^{534}	雹落 pʰo^{21} lo^{24}
85 苍南闽	雪 sə^{43}	冰 pin^{55}	凌雹 lin^{21} pau^{24}
86 泰顺闽	雪 ɕyɪʔ^{5}	冰 pieŋ^{213}	龙雹 ləŋ^{21} pøʔ^{3}
87 洞头闽	雪 sə^{53}	冰 pieŋ^{33}	冰雹 pieŋ^{33} pau^{21}
88 景宁畲	雪 sɔt^{5}	冰 pin^{44}	龙雹 lyŋ^{55} pʰot^{2}

方言点	0016 霜	0017 雾	0018 露
01 杭州	霜 suaŋ^{334}	雾 u^{13}	露水 lu^{13}suei^{53}
02 嘉兴	霜 sᴀ̃^{42}	雾露 vu^{24}lou^{21}	露水 lou^{24}sɿ^{21}
03 嘉善	霜 sã^{53}	雾露 u^{22}lu^{13}	露水 lu^{35}sɿ^{0} 小
04 平湖	霜 sɑ̃^{53}	雾露 vu^{24}lu^{0}	露水 lu^{24}sɿ^{0}
05 海盐	霜 sɑ̃^{53}	雾露 u^{13}lu^{21}	露水 lu^{13}sɿ^{21}
06 海宁	霜 sɑ̃^{55}	雾露 vu^{33}lu^{53}	露水 lu^{33}sɿ^{53}
07 桐乡	霜 sɒ̃^{44}	雾露 vu^{21}ləu^{213}	露水 ləu^{21}sɿ^{53}
08 崇德	霜 sã^{44}	雾露 u^{21}lu^{13}	露水 lu^{21}sɿ^{53}
09 湖州	霜 sã^{44}	雾露 əu^{33}ləu^{35}	露水 ləu^{33}sei^{35}
10 德清	霜 sã^{44}	雾露 u^{33}lu^{35}	露水 lu^{33}sɿ^{35}
11 武康	霜 sã^{44}	雾露 u^{11}lu^{35}	露水 lu^{33}sɿ^{35}
12 安吉	霜 sɔ̃^{55}	雾 vu^{213}	露 lu^{213}
13 孝丰	霜 sɔ̃^{44}	雾 vu^{324}	露 lu^{324}
14 长兴	霜 sɔ̃^{44}	雾 vu^{324}	露水 ləu^{32}sei^{24}
15 余杭	霜 sɑ̃^{44}	雾露 vu^{33}lu^{13}	露水 lu^{33}sɛ^{35}
16 临安	霜 sã^{55}	雾露 vu^{33}lu^{33}	露水 lu^{33}sɿ^{53}
17 昌化	霜 suɔ̃^{334}	雾 u^{243}	露 lu^{243}
18 於潜	霜 suaŋ^{433}	雾 u^{24}	露 lu^{24}
19 萧山	霜 sɔ̃^{533}	雾 u^{242}	露水 lu^{13}sɿ^{33}
20 富阳	霜 sɑ̃^{53}	雾露 vu^{224}lu^{335}	露水 lu^{335}ɕyɛ^{53}
21 新登	霜 sɑ̃^{53}	雾露 vu^{21}lu^{13}	露水 lu^{21}sʮ^{45}
22 桐庐	霜 ɕyã^{533}	雾 u^{24}	露 lu^{24}
23 分水	霜 ɕyã^{44}	雾 u^{13}	露 lu^{24}
24 绍兴	霜 sɑŋ^{53}	雾露 u^{22}lu^{22}	露水 lu^{22}sɿ^{334}

续表

方言点	0016 霜	0017 雾	0018 露
25 上虞	霜 sɔ̃^{35}	雾 vu^{31}	露水 lu^{21}sɿ^{35}
26 嵊州	霜 sɔŋ^{534}	雾露 u^{24}lu^{334}	露水 lu^{24}sɿ^{334}
27 新昌	霜 sɔ̃^{534}	雾露 u^{22}lu^{13}	露水 lu^{22}sɿ^{335}
28 诸暨	霜 sɑ̃^{544}	雾露 vu^{33}lu^{13}	露水 lu^{33}sɿ^{42}
29 慈溪	霜 sɔ̃^{34}	雾 vu^{13}	雾水 vu^{11}sɿ^{44}
30 余姚	霜 sɔŋ^{44}	雾 vu^{13}	露水 lu^{13}sɿ^{44}
31 宁波	霜 sɔ^{53}	雾露 vu^{13}lu^{13}	露水 lu^{13}sʮ^{44}
32 镇海	霜 sɔ̃^{53}	雾 vu^{24}	露水 lu^{22}sʮ^{53}
33 奉化	霜 sɔ̃^{44}	雾露 vu^{31}lu^{31}	露水 lu^{31}sʮ^{0}
34 宁海	霜 sɔ̃^{423}	雾 vu^{24}	露水 lu^{22}sʮ^{53}
35 象山	霜 sɔ̃^{44}	雾 vu^{13}	露水 lu^{31}sʮ^{44}
36 普陀	霜 sɔ̃^{53}	雾 u^{13}	露水 lu^{11}sʮ^{55}
37 定海	霜 sõ^{52}	雾 u^{13}	露水 lu^{11}sʮ^{44}
38 岱山	霜 sõ^{52}	雾露 u^{11}lu^{45}	露水 lu^{11}sʮ^{44}
39 嵊泗	霜 sõ^{53}	雾 u^{213}	露水 lu^{11}sʮ^{45}
40 临海	霜 sɔ̃^{31}	雾 u^{324}	露水 lu^{22}ɕy^{52}
41 椒江	霜 sɔ̃^{42}	雾露 vu^{22}ləu^{44}	露水 ləu^{22}sʮ^{42}
42 黄岩	霜 sɔ̃^{32}	雾 vu^{24}	雾露 vu^{13}lou^{24} 露水 lou^{13}sʮ^{42}
43 温岭	霜 sɔ̃^{33}	雾 vu^{13}	露水 lu^{13}ɕy^{42}
44 仙居	霜 sã^{334}	雾露 vu^{24}lu^{55}	露水 lu^{24}ɕy^{324}
45 天台	霜 sɔ^{33}	雾露 vu^{33}lu^{55}	露水 lu^{33}ɕy^{325}
46 三门	霜 sɔ^{334}	雾 u^{243}	露水 lu^{24}sʮ^{325}
47 玉环	霜 sɔ̃^{42}	雾露 vu^{22}ləu^{44}	雾露水 vu^{22}ləu^{22}ɕy^{53}

续表

方言点	0016 霜	0017 雾	0018 露
48 金华	霜 ɕyɑŋ^{334}	雾 vu^{14}	露水 lu^{53} ɕy^{535}
49 汤溪	霜 ɕiɑo^{24}	雾 vu^{341}	露水 lu^{11} ɕyei^{535}
50 兰溪	霜 ɕyɑŋ^{334}	雾 vu^{24}	露水 lu^{55} ɕy^{55}
51 浦江	霜 ɕyõ^{534}	雾 vu^{24}	露水 lɯ^{11} ɕy^{53}
52 义乌	霜 sŋ$^{w\,335}$	雾 u^{24}	露水 lu^{24} ɕy^{423}
53 东阳	霜 ɕiɔ^{334}	雾 u^{213}	露 lu^{24}
54 永康	霜 ɕyɑŋ^{55}	雾 vu^{241}	露水 lu^{31} ɕy^{334}
55 武义	霜 ɕyɑŋ^{24}	雾 vu^{231}	露水 lu^{53} ɕy^{445}
56 磐安	霜 ɕiɒ^{445}	雾 u^{14}	露水 lu^{55} ɕy^{334}
57 缙云	霜 sɔ^{44}	雾露 mɔ^{51} lu^{213}	露水 lu^{21} sʮ^{51}
58 衢州	霜 ʃyɑ̃^{32}	雾露 mu^{231} lu^{21} 旧 雾 vu^{231} 今	露 lu^{231}
59 衢江	霜 ɕyɑ̃^{33}	雾 mɤ^{231}	露水 lɤ^{22} ɕy^{25}
60 龙游	霜 suã^{334}	雾 vu^{231}	露 lu^{224}
61 江山	霜 ɕiɒŋ^{44}	雾 mə^{31} 雾露 mə^{22} luə^{51}	露水 luə^{22} y^{241}
62 常山	霜 sɔ̃^{44}	雾 mɤ^{131}	雾露水 mɤ^{22} luə^{22} y^{52}
63 开化	霜 ɕiɔŋ^{44}	雾露 mɤŋ^{21} luo^{53}	雾露水 mɤŋ^{21} luo^{21} y^{53} 露水 luo^{21} y^{53}
64 丽水	霜 ɕiɔŋ^{224}	雾 m^{131}	露水 lu^{22} sʮ^{544}
65 青田	霜 ɕio^{445}	雾 m^{22}	露 leu^{22}
66 云和	霜 ɕiɔ̃^{24}	雾 m^{223}	露水 lu^{223} sʮ^{41}
67 松阳	霜 ɕioŋ^{53}	雾 muə^{13}	露水 luə^{22} ɕy^{212}
68 宣平	霜 ɕiɔ̃^{324}	雾 mu^{231}	露水 lu^{22} ɕy^{445}
69 遂昌	霜 ɕiɔŋ^{45}	雾 muə^{213}	露水 luə^{13} y^{533}

续表

方言点	0016 霜	0017 雾	0018 露
70 龙泉	霜 ɕiɔŋ^{434}	图$^{=}$ dɤɯ^{21} 旧 雾 mɤɯ^{224} 今	露水 lɤɯ^{21} y^{51}
71 景宁	霜 ɕiɔŋ^{324}	雾 m^{113}	露水 ly^{55} ɕy^{33}
72 庆元	霜 ɕiɔ̃^{335}	雾 mɤ^{31}	露 lɤ^{31}
73 泰顺	霜 ɕiɔ̃^{213}	雾 mø^{22}	露水 lø^{22} ɕy^{55}
74 温州	霜 ɕyɔ^{33}	雾 mø^{22} / vø^{22}	露水 lø^{31} sɿ^{25}
75 永嘉	霜 ɕyɔ^{44}	雾 mø^{22}	露水 ləɯ^{31} sɥ^{45}
76 乐清	霜 suɯʌ^{44}	雾露 m^{31} ly^{22}	露水 ly^{31} sy^{35}
77 瑞安	霜 ɕyo^{44}	雾 mø^{22}	露水 ləɯ^{31} səɯ^{35}
78 平阳	霜 ʃuo^{55}	雾 vu^{33}	露 lʉ^{33}
79 文成	霜 ʃuo^{55}	雾 vu^{424}	露水 ləy^{42} səy^{45}
80 苍南	霜 ɕyɔ^{44}	雾 mo^{11} / u^{11}	露水 ly^{11} ɕy^{53}
81 建德$_{徽}$	霜 so^{53}	雾 u^{55}	露水 lu^{55} ɕye^{213}
82 寿昌$_{徽}$	霜 ɕyɑ̃^{112}	雾 u^{33}	露水 lu^{33} ɕyei^{24}
83 淳安$_{徽}$	霜 sɑ̃^{24}	雾 va^{53}	雾露水 va^{53} lu^{21} ɕya^{21}
84 遂安$_{徽}$	霜 soŋ^{534}	雾 vu^{52}	露水 lu^{55} ɕy^{21}
85 苍南$_{闽}$	霜 sɯŋ^{55}	雾 bu^{21}	露 lɔ^{21}
86 泰顺$_{闽}$	霜 so^{213}	雾 mou^{31}	露水 lu^{21} tɕy^{344}
87 洞头$_{闽}$	霜 sɯŋ^{33}	厚雾 kau^{53} bɔ^{24} 雾 bu^{21}	露水 lɔ^{212} tsui^{53}
88 景宁$_{畲}$	霜 sɔŋ^{44}	□露 tu^{22} lu^{44}	露水 lu^{44} ɕy^{325}

方言点	0019 虹统称	0020 日食	0021 月食
01 杭州	彩虹 tsʰɛ^{55} oŋ^{0}	日食 zaʔ^{2} zaʔ^{5}	月食 yɛʔ^{2} zaʔ^{5}
02 嘉兴	彩虹 tsʰᴇ^{21} oŋ^{242}	日食 zəʔ^{21} zəʔ^{5}	月食 yəʔ^{3} zəʔ^{5}
03 嘉善	彩虹 tsʰɛ^{44} oŋ^{53}	日食 zɜʔ^{2} zɜʔ^{3}	月食 ȵiøʔ^{2} zɜʔ^{3}
04 平湖	鲎 həɯ^{334}	天狗吃太阳 tʰiɛ^{53} kəɯ^{0} tɕʰiəʔ^{5} tʰa^{44} iã^{0} 老 日食 zəʔ^{23} zəʔ^{5} 新	天狗吃月亮 tʰiɛ^{53} kəɯ^{0} tɕʰiəʔ^{5} ȵyoʔ^{23} liã^{334} 老 月食 ȵyoʔ^{23} zəʔ^{5} 新
05 海盐	鲎 xe^{334}	天狗吃日头 tʰiɛ^{53} ke^{21} tsʰəʔ^{23} ȵiəʔ^{23} de^{31}	天狗吃月亮 tʰiɛ^{53} ke^{21} tsʰəʔ^{23} yɔʔ^{23} liɛ̃^{213}
06 海宁	鲎 həɯ^{35}	天狗吃太阳 tʰie^{55} kəɯ^{55} tɕʰieʔ^{5} tʰa^{33} iã^{53}	天狗吃月亮 tʰie^{55} kəɯ^{55} tɕʰieʔ^{5} ioʔ^{2} liã^{31}
07 桐乡	鲎 hɤɯ^{334}	天狗吃日头 tʰiᴇ^{44} kɤɯ^{44} tɕʰiəʔ^{3} ȵiəʔ^{23} dɤɯ^{44}	天狗吃月亮 tʰiᴇ^{44} kɤɯ^{44} tɕʰiəʔ^{3} iəʔ^{23} liã^{213}
08 崇德	鲎 hɤɯ^{314}	天狗吃日头 tʰiɪ^{44} kɤɯ^{44} tɕʰiɔʔ^{3} ȵiəʔ^{23} dɤɯ^{44}	天狗吃月亮 tʰiɪ^{44} kɤɯ^{44} tɕʰiɔʔ^{3} iəʔ^{23} liã^{13}
09 湖州	彩虹 tsʰei^{53} oŋ^{13}	天狗吃太阳 tʰie^{44} køʉ^{44} tɕʰieʔ^{5} tʰa^{33} iã^{35}	天狗吃月亮 tʰie^{44} køʉ^{44} tɕʰieʔ^{5} ieʔ^{2} liã^{13}
10 德清	彩虹 tsʰɛ^{35} oŋ^{0}	日食 ȵieʔ^{2} zəʔ^{5}	天狗吃月亮 tʰie^{44} køʉ^{44} tɕʰioʔ^{5} ioʔ^{2} liã^{31}
11 武康	鲎 xø^{224}	天狗吃太阳 tʰiɪ^{44} kø^{44} tɕʰiɜʔ^{5} tʰa^{33} iã^{35}	天狗吃月亮 tʰiɪ^{44} kø^{44} tɕʰiɜʔ^{5} ieʔ^{2} liã^{31}
12 安吉	鲎 həɪ^{324}	天狗吃太阳 tʰi^{55} kəɪ^{55} tɕʰʏəʔ^{5} tʰa^{32} iã^{213}	天狗吃月亮 tʰi^{55} kəɪ^{55} tɕʰʏəʔ^{5} ʏəʔ^{2} liã^{213}
13 孝丰	鲎 həɪ^{324}	天狗吃太阳 tʰiɪ^{44} kəɪ^{44} tɕʰieʔ^{5} tʰa^{32} iã^{213}	天狗吃月亮 tʰiɪ^{44} kəɪ^{44} tɕʰieʔ^{5} ieʔ^{2} liã^{24}
14 长兴	鲎 hɯ^{324}	天狗星吃日头 tʰi^{44} kei^{44} ʃiŋ^{44} tʃʰiᴇʔ^{5} ȵiᴇʔ^{2} dei^{24}	天狗星吃月亮 tʰi^{44} kei^{44} ʃiŋ^{44} tʃʰiᴇʔ^{5} iᴇʔ^{2} liã^{52}
15 余杭	鲎 xøʏ^{44}	天狗吃太阳 tʰiẽ^{55} køʏ^{53} tɕʰieʔ^{5} tʰa^{53} iɑ̃^{13}	天狗吃月亮 tʰiẽ^{55} køʏ^{53} tɕʰieʔ^{5} ȵieʔliɑ̃^{13}
16 临安	鲎 hə^{55}	天狗吃日 tʰie^{55} kə^{55} tɕʰiɐʔ^{5} ȵiɐʔ^{2}	天狗吃月 tʰie^{55} kə^{55} tɕʰiɐʔ^{5} yɐʔ^{2}
17 昌化	汉= xɛ̃^{544}	天狗吃日头 tʰiɪ̃^{33} ki^{45} tɕʰiɛʔ^{5} ȵiɛʔ^{2} di^{112}	天狗吃月亮 tʰiɪ̃^{33} ki^{45} tɕʰiɛʔ^{5} yɛʔ^{2} liã^{24}
18 於潜	鲎 xiəu^{35}	天狗吃日头 tʰie^{43} kiəu^{53} tɕʰieʔ^{53} ȵiæʔ^{2} diəu^{24}	天狗吃月亮 tʰie^{43} kiəu^{53} tɕʰieʔ^{53} yæʔ^{2} liaŋ^{24}

续表

方言点	0019 虹统称	0020 日食	0021 月食
19 萧山	彩虹 tsʰe^{33}oŋ^{21}	日食 ȵieʔ^{21}zəʔ^{13}	月食 yoʔ^{21}zəʔ^{13}
20 富阳	鲎 hei^{335}	天狗糊⁼日 tʰiɛ̃^{55}kiʊ^{55}u^{55} ȵiɛʔ^{2}	天狗糊⁼月 tʰiɛ̃^{55}kiʊ^{55} u^{55}yoʔ^{2}
21 新登	鲎 həu^{45}	天狗吃日 tʰiɛ̃^{53}kəu^{334} tsʰəʔ^{5}zəʔ^{2}	天狗吃月亮 tʰiɛ̃^{53}kəu^{334} tsʰəʔ^{5}yəʔ^{2}liɑ̃^{13}
22 桐庐	虹 oŋ^{13}	日食 niəʔ^{21}zəʔ^{13}	月食 yəʔ^{21}zəʔ^{13}
23 分水	鲎 xɵ^{13}	天狗吃太阳 tʰiɛ̃^{44}kɵ^{44} tɕʰiəʔ^{5}tʰɛ^{24}iã^{21}	天狗吃月亮 tʰiɛ̃^{44}kɵ^{44} tɕʰiəʔ^{5}yəʔ^{12}liã^{12}
24 绍兴	虹 oŋ^{231}	天狗吞日 tʰiẽ^{33}kɤ^{33}tʰø̃^{33} zeʔ^{2}	天狗吞月 tʰiẽ^{33}kɤ^{33} tʰø̃^{33}ioʔ^{2}
25 上虞	鲎 hɤ^{53}	天狗吃太阳 tʰiẽ^{33}kɤ^{53} tɕʰyoʔ^{5}tʰa^{55}iã^{0}	天狗吞月亮 tʰiẽ^{33}kɤ^{53} tʰø̃^{33}ȵioʔ^{2}liã^{31}
26 嵊州	鲎 hʏ^{334}	天狗吞热头 tʰiẽ^{53}kʏ^{44} tʰeŋ^{33}ȵieʔ^{2}dʏ^{231}	天狗吞月亮 tʰiẽ^{53}kʏ^{44} tʰeŋ^{33}ȵyoʔ^{2}liaŋ^{24}
27 新昌	鲎 ɕiɯ^{335}	雾日 u^{22}zeʔ^{2}	雾月 u^{22}ȵyɤʔ^{2}
28 诸暨	鲎 hiʉ^{544}	天狗吃日头 tʰie^{21}kiʉ^{42} tɕʰieʔ^{5}nieʔ^{21}dei^{242}	天狗吃月亮 tʰie^{21}kiʉ^{42} tɕʰieʔ^{5}ioʔ^{21}liã^{33}
29 慈溪	鲎 hø^{44}	天狗吞日头 tʰiẽ^{35}kø^{0} tʰuəŋ^{33}ȵiəʔ^{2}dø^{53}	天狗吃月亮 tʰiẽ^{35}kø^{0} tɕʰyoʔ^{5}ȵyoʔ^{2}iã^{13}
30 余姚	鲎 hø̃^{53}小	天狗咬日头 tʰi^{44}kø^{34}ŋɔ^{13} ȵiəʔ^{2}dø^{13}	天狗吃月亮 tʰi^{44}kø^{34} tɕʰyoʔ^{5}ioʔ^{2}liaŋ^{13}
31 宁波	鲎 hœʏ^{44}	日食 zoʔ^{2}ʑiəʔ^{5}	天狗拖月亮 tʰi^{44}kœʏ^{35} tʰa^{44}yəʔ^{2}lia^{13}
32 镇海	虹 oŋ^{24} 鲎 hei^{53}	天狗吃日头 tʰi^{33}kei^{33} tɕʰyoʔ^{5}ȵieʔ^{2}dei^{24}	天狗吃月亮 tʰi^{33}kei^{53} tɕʰyoʔ^{5}yoʔ^{2}liã^{24}
33 奉化	鲎 hæi^{53}	天狗拖日头 tʰi^{44}kæi^{53}tʰa^{44} ȵiɪʔ^{2}dæi^{31}	天狗拖月亮 tʰi^{44}kæi^{53} tʰa^{44}yoʔ^{2}liã^{33}
34 宁海	鲎 həu^{35}	日食 ʑyəʔ^{3}ʑiəʔ^{3}	天狗拖月亮 tʰie^{33}kiu^{35} tʰa^{33}ȵiɔʔ^{3}liã^{24}
35 象山	鲎 hɤɯ^{53}	日食 zoʔ^{2}ieʔ^{2}	天狗拖月亮 tʰi^{44}kɤɯ^{44} tʰa^{44}yoʔ^{2}liã^{13}
36 普陀	鲎 xeu^{55} 虹 oŋ^{24}	日食 zɐʔ^{2}iɛʔ^{5}	月食 yoʔ^{2}iɛʔ^{5}

续表

方言点	0019 虹统称	0020 日食	0021 月食
37 定海	鲎 xɐi^{44}	天狗拖日头 tʰi^{33} kɐi^{52} tʰa^{33} ȵieʔ^{2} dɐi^{44}	天狗拖月亮 tʰi^{33} kɐi^{45} tʰa^{33} yoʔ^{2} liã^{44}
38 岱山	鲎 xœʏ^{44}	天狗拖日头 tʰi^{52} kœʏ^{0} tʰʌu^{33} ȵieʔ^{2} dœʏ^{45}	天狗拖月亮 tʰi^{52} kœʏ^{0} tʰʌu^{33} yoʔ^{2} liã^{45}
39 嵊泗	鲎 xœʏ^{53}	天狗拖日头 tʰi^{53} kœʏ^{0} tʰa^{33} ȵiᴇʔ^{2} dœʏ^{45}	天狗拖月亮 tʰi^{53} kœʏ^{0} tʰa^{33} yoʔ^{2} liã^{45}
40 临海	鲎 hə^{55}	天狗拖太阳 tʰi^{33} kə^{52} tʰa^{33} tʰa^{33} iã^{21}	天狗拖月亮 tʰi^{33} kə^{52} tʰa^{33} ȵyeʔ^{2} liã^{324}
41 椒江	鲎 ɕio^{55}	天狗拖太阳 tʰie^{33} tɕio^{42} tʰa^{33} tʰa^{33} iã^{31}	天狗拖月亮 tʰie^{33} tɕio^{42} tʰa^{33} ȵyeʔ^{2} liã^{24}
42 黄岩	鲎 ɕio^{55}	天狗吃太阳 tʰie^{33} tɕio^{42} tɕʰyoʔ^{3} tʰa^{33} iã^{121}	天狗拖月亮 tʰie^{33} tɕio^{42} tʰa^{33} ȵyeʔ^{2} liã^{24}
43 温岭	鲎 ɕiɤ^{55}	天狗咬爻 tʰie^{33} tɕiɤ^{42} ŋɔ^{42} ɔ^{0}	天狗吃爻 tʰie^{33} tɕiɤ^{42} tɕʰyoʔ^{5} ɔ^{0}
44 仙居	鲎 həɯ^{55}	天狗吃日头 tʰie^{33} kəɯ^{324} tɕʰyəʔ^{5} ȵiəʔ^{23} dəɯ^{213}	天狗吃月亮 tʰie^{33} kəɯ^{324} tɕʰyəʔ^{5} ȵyɑʔ^{23} lia^{24}
45 天台	鲎 hø^{55}	日食 ȵiəʔ^{2} ʑiəʔ^{2}	天狗拖月亮 tʰie^{33} keu^{32} tʰa^{33} ȵyəʔ^{2} lia^{35}
46 三门	鲎 hɤɯ^{55}	日食 ȵieʔ^{2} ʑieʔ^{23} 日头天狗拖吃 ȵieʔ^{2} dɤɯ^{113} tʰie^{33} kɤɯ^{52} tʰa^{33} tɕʰioʔ^{5}	月亮天狗拖吃 ȵyəʔ^{2} liã^{24} tʰie^{33} kɤɯ^{52} tʰa^{33} tɕʰioʔ^{5}
47 玉环	鲎 ɕiɤ^{55}	太阳拨狗吃爻 tʰa^{33} ia^{31} pɐʔ^{3} kiɤ^{53} tɕʰyoʔ^{3} ɔ^{0}	月亮拨狗吃爻 ȵyoʔ^{2} lia^{22} pɐʔ^{3} kiɤ^{53} tɕʰyoʔ^{3} ɔ^{0}
48 金华	鲎 xiu^{55}	天狗吃日头 tʰia^{33} kiu^{535} tɕʰiəʔ^{4} ȵiəʔ^{21} diu^{14} 老 日食 ȵiəʔ^{21} ʑiəʔ^{212} 新	天狗吃月亮 tʰia^{33} kiu^{535} tɕʰiəʔ^{4} ȵyɤ^{55} liɑŋ^{14} 老 月食 yəʔ^{21} ʑiəʔ^{212} 新
49 汤溪	鲎 xɤ^{52}	（无）	天狗吃月 tʰie^{33} kɯ^{33} tɕʰiei^{52} ȵyɤ^{113}
50 兰溪	鲎 xɤ^{45}	天狗吃日 tʰia^{334} kəɯ^{55} tɕʰieʔ^{34} ȵieʔ^{12}	天狗吃月 tʰia^{334} kəɯ^{55} tɕʰieʔ^{34} ȵyɤʔ^{12}
51 浦江	鲎 xɤ^{55}	天狗食日 tʰiɑ̃^{33} kɤ^{53} zɛ^{11} ȵiə^{243}	天狗食月 tʰiɑ̃^{33} kɤ^{53} zɛ^{11} ȵyi^{243}
52 义乌	鲎 hɐɯ^{45}	天狗食日 tʰia^{45} kɐɯ^{33} zai^{31} nai^{312}	天狗食月 tʰia^{45} kɐɯ^{33} zai^{31} ȵye^{312}

续表

方言点	0019 虹统称	0020 日食	0021 月食
53 东阳	鲎 hɯ^{453}	天狗食日 t^{h}i^{33} kəɯ^{44} zei^{24} nei^{22}	天狗食月 t^{h}i^{33} kəɯ^{44} zei^{24} ȵiɛ^{22}
54 永康	鲎 xəu^{52}	天狗食日头 t^{h}ia^{33} kəu^{334} zəi^{113} ȵiə^{33} dəu^{22}	天狗食月亮 t^{h}ia^{33} kəu^{334} zəi^{113} ȵye^{33} liɑŋ^{241}
55 武义	鲎 xɑu^{53}	（无）	天狗食月 t^{h}ie^{55} kɑu^{445} zəʔ^{5} ȵye^{13}
56 磐安	鲎 xɐɯ^{52}	天狗食日 t^{h}ie^{33} kɐɯ^{33} sɛi^{55} nɛi^{213}	天狗食月 t^{h}ie^{33} kɐɯ^{33} sɛi^{55} ȵyɛ^{213}
57 缙云	鲎 xɤ^{453}	天狗食日 t^{h}ia^{44} kɤ^{51} zei^{51} ȵiai^{13}	天狗食月 t^{h}ia^{44} kɤ^{51} zei^{51} ȵyɛ^{13}
58 衢州	虹 kɑ̃^{53}	天狗吃日头 t^{h}iẽ^{32} kɯ^{35} tɕ^{h}iəʔ^{5} ȵiəʔ^{2} de^{21}	天狗吃月亮 t^{h}iẽ^{32} kɯ^{35} tɕ^{h}iəʔ^{5} ȵyəʔ^{2} liã^{53}
59 衢江	鲎 xy^{53}	天狗食日头 t^{h}ie^{33} ku^{25} iəʔ^{2} nəʔ^{2} ty^{53}	天狗食月亮 t^{h}ie^{33} ku^{25} iəʔ^{2} ȵyəʔ^{2} liã^{231}
60 龙游	鲎 xəɯ^{51}	天狗食月 t^{h}ie^{33} kəɯ^{35} iəʔ^{2} ȵyəʔ^{23}	天狗食月 t^{h}ie^{33} kəɯ^{35} iəʔ^{2} ȵyəʔ^{23}
61 江山	东虹 toŋ^{24} kɒŋ^{51} 西虹 ɕi^{24} kɒŋ^{51}	天狗咥日头 t^{h}iɛ̃^{44} ku^{241} tiᴇʔ^{5} nəʔ^{2} du^{213}	天狗咥日光 t^{h}iɛ̃^{44} ku^{241} tiᴇʔ^{5} nəʔ^{2} kyaŋ^{44}
62 常山	虹 kɔ̃^{324}	天狗吃平日 t^{h}iɛ̃^{44} ku^{52} tɕ^{h}ieʔ^{5} bĩ^{22} nʌʔ^{34}	天狗吃月光 t^{h}iɛ̃^{44} ku^{52} tɕ^{h}ieʔ^{5} ȵyʌʔ^{3} tɕiɔ̃^{44}/t^{h}iɛ̃^{44} ku^{52} tɕ^{h}ieʔ^{5} n^{22} tɕiɔ̃^{44}
63 开化	虹 kəŋ^{412}	天狗食日头 t^{h}iɛ̃^{44} ku^{53} iaʔ^{2} naʔ^{2} du^{231}	天狗食日光 t^{h}iɛ̃^{44} ku^{53} iaʔ^{2} naʔ^{2} tɕyã^{44}
64 丽水	鲎 xəɯ^{52}	天狗吃日 t^{h}iɛ^{44} kɯ^{544} tɕ^{h}iʔ^{4} nɛʔ^{23}	天狗吃月 t^{h}iɛ^{44} kɯ^{544} tɕ^{h}iʔ^{4} ȵyɛʔ^{23}
65 青田	鲎 k^{h}æi^{33}	天狗吃日头佛 t^{h}iɑ^{33} kæi^{454} ts^{h}ɿʔ^{42} ȵiæʔ^{3} deu^{22} vaʔ^{31}	天狗吃月光 t^{h}iɑ^{33} kæi^{454} ts^{h}ɿʔ^{42} ȵyæʔ^{3} ko^{445}
66 云和	鲎 xəɯ^{45}	天狗吃日 t^{h}iɛ^{44} kəɯ^{41} tɕ^{h}iʔ^{4} naʔ^{23}	天狗吃月 t^{h}iɛ^{44} kəɯ^{41} tɕ^{h}iʔ^{4} ȵyɛʔ^{23}
67 松阳	鲎 xei^{24}	天狗咥日头 t^{h}iɛ̃^{24} kei^{21} tiɛʔ^{3} ȵiʔ^{2} dei^{31}	天狗咥肉 t^{h}iɛ̃^{24} kei^{21} tiɛʔ^{3} ȵioʔ^{2}
68 宣平	鲎 xəɯ^{52}	天狗吃日 t^{h}iɛ^{44} kɯ^{44} tɕ^{h}iəʔ^{4} nəʔ^{23}	天狗吃月 t^{h}iɛ^{44} kɯ^{44} tɕ^{h}iəʔ^{4} ȵyəʔ^{23}
69 遂昌	山□ saŋ^{55} xəŋ^{334}	犬咥日头 tɕ^{h}iɛ̃^{53} tiɛʔ^{5} nɛʔ^{23} du^{221}	犬咥月光 tɕ^{h}iɛ̃^{53} tiɛʔ^{5} ȵyɛʔ^{2} kəŋ^{45}

续表

方言点	0019 虹统称	0020 日食	0021 月食
70 龙泉	鲎 xiəu^{45}	天狗啌日头 tʰiᴇ^{45} kiəu^{51} tiᴇʔ^{5} nᴇʔ^{3} diəu^{21}	天狗啌月 tʰiᴇ^{45} kiəu^{51} tiᴇʔ^{5} ȵyoʔ^{24}
71 景宁	鲎 xəɯ^{113}	天狗吃日 tʰiɛ^{55} kəɯ^{33} tɕʰiʔ^{5} nɛʔ^{23} 老 日食 nɛʔ^{23} zɿʔ^{23} 新	天狗吃月 tʰiɛ^{55} kəɯ^{33} tɕʰiʔ^{5} ȵyœʔ^{23} 老 月食 ȵyœʔ^{23} zɿʔ^{23} 新
72 庆元	光生囡 kɔ̃^{33} sæ̃^{33} næ̃^{33} 小	天犬啌日头 tʰiɑ̃^{33} tɕʰiɛ̃^{33} ɗiɑʔ^{5} nɤʔ^{34} tiɯ^{52}	天犬啌月 tʰiɑ̃^{33} tɕʰiɛ̃^{33} ɗiɑʔ^{5} ȵyᴇʔ^{34}
73 泰顺	虹 tɕioŋ^{21}	天狗吃日 tʰiã^{22} kəu^{55} tsʰɿʔ^{2} nɛʔ^{2}	天狗吃月 tʰiã^{22} kəu^{55} tsʰɿʔ^{2} ȵyɛʔ^{2}
74 温州	鲎 hau^{51}	太阳乞天狗吃底爻 tʰa^{33} i^{223} ha^{51} tʰi^{42} kau^{25} tsʰɿ^{323} tei^{0} uɔ^{0}	月光乞天狗吃底爻 ȵy^{2} kuɔ^{33} ha^{51} tʰi^{42} kau^{25} tsʰɿ^{323} tei^{0} uɔ^{0}
75 永嘉	鲎 hau^{53}	太阳佛士$^{=}$ tʰa^{33} iɛ^{13} vai^{213} zɿ^{13}	月光佛士$^{=}$ ȵy^{21} kɔ^{45} vai^{213} zɿ^{13}
76 乐清	鲎 hau^{41}	日食 zɤ^{24} zi^{212}	月食 ȵyᴇ^{212} zi^{21}
77 瑞安	鲎 hau^{53}	日食 za^{2} zei^{22}	月食 ȵy^{2} zei^{22}
78 平阳	鲎 xau^{53}	日食 zᴀ^{13} zi^{13}	月食 ȵye^{13} zi^{13}
79 文成	彩虹 tʃʰe^{33} oŋ^{113}	日食 za^{21} zei^{12}	月食 ȵyø^{21} zei^{12}
80 苍南	鲎 hau^{42}	日头食 ȵiɛ^{11} dɛu^{24} dʑi^{112}	月光食 ȵyɛ^{11} ko^{44} dʑi^{112}
81 建德徽	鲎 hɤɯ^{33}	天狗吃日头 tʰie^{53} kɤɯ^{213} tɕʰiɐʔ^{5} ȵiɐʔ^{12} tɤɯ^{33}	天狗吃月亮 tʰie^{53} kɤɯ^{213} tɕʰiɐʔ^{5} y^{21} nie^{55}
82 寿昌徽	鲎 xəɯ^{33}	天狗吃日头 tʰi^{11} kəɯ^{24} tɕʰiəʔ^{3} ȵiəʔ^{3} tʰəɯ^{52}	天狗吃月亮 tʰi^{11} kəɯ^{24} tɕʰiəʔ^{3} ȵyəʔ^{3} liɑ̃^{33}
83 淳安徽	鲎 hɯ^{24}	天狗吃日头 tʰiã^{24} kɯ^{55} tɕʰiʔ^{5} iəʔ^{13} tʰɯ^{24}	天狗吃月亮 tʰiã^{24} kɯ^{55} tɕʰiʔ^{5} vəʔ^{13} liɑ̃^{53}
84 遂安徽	虹 koŋ^{33}	天狗吃日头 tʰiɛ̃^{55} kəɯ^{213} tsʰɿ^{55} i^{21} tʰiu^{24}	天狗吃月亮 tʰiɛ̃^{55} kəɯ^{213} tsʰɿ^{55} vɛ^{21} liɑ̃^{52}
85 苍南闽	虹 an^{24}	天狗食[日头]佛 tʰɪ̃^{55} kau^{43} tɕia^{21} dʑiau^{21} po^{24}	猴囝食月光 kau^{21} kã^{43} tɕia^{21} gə^{21} kɯŋ^{43}
86 泰顺闽	虹 kʰəŋ^{31}	（无）	天犬食月 tʰie^{21} kʰɛ^{344} ka^{22} ŋuøʔ^{3}
87 洞头闽	庆$^{=}$ kʰieŋ^{21}	食日 ɕiek^{5} dʑiek^{24}	食月 ɕiek^{21} gə^{241}
88 景宁畲	蛟龙 kau^{44} lyŋ^{22}	天狗食热头 tʰan^{44} kau^{325} ɕiʔ^{2} ȵiʔ^{2} tʰiəu^{22}	天狗食月 tʰan^{44} kau^{325} ɕiʔ^{2} ȵyot^{2}

方言点	0022 天气	0023 晴天～	0024 阴天～
01 杭州	天公 tʰiɛ^{33}koŋ^{45} 老 天气 tʰiɛ^{33}tɕʰi^{45} 新	晴 dʑiŋ^{213}	阴 iŋ^{334}
02 嘉兴	天气 tʰie^{42}tɕʰi^{21}	晴 dʑiŋ^{242}	阴 iŋ^{42}
03 嘉善	天公 tʰiɪ^{35}koŋ^{53}	好 xɔ^{44}	阴 in^{53}
04 平湖	天 tʰie^{53}	晴 zin^{31}	阴 in^{53}
05 海盐	天 tʰiɛ^{53}	晴 dʑin^{31}	阴 in^{53}
06 海宁	天公 tʰie^{55}koŋ^{55}	晴 dʑiŋ^{13}	阴 iŋ^{55}
07 桐乡	天公 tʰiᴇ^{44}koŋ^{44}	晴 ziŋ^{13}	阴 iŋ^{44}
08 崇德	天公 tʰiɪ^{44}koŋ^{44}	晴 ʑiŋ^{13}	阴 iŋ^{44}
09 湖州	天气 tʰie^{44}tɕʰi^{44}	晴 ʑin^{112}	阴 in^{44}
10 德清	天公 tʰie^{44}koŋ^{44}	晴 dʑin^{113}	阴 in^{44}
11 武康	天公 tʰiɪ^{44}koŋ^{44}	晴 dʑin^{113}	阴 in^{44}
12 安吉	天气 tʰi^{55}tɕʰi^{55}	晴 ʑiŋ^{22}	阴 iŋ^{55}
13 孝丰	天气 tʰiɪ^{44}tɕʰi^{44}	晴 ʑiŋ^{22}	阴 iŋ^{44}
14 长兴	天气 tʰi^{44}tʃʰʅ^{44}	晴 ʒiŋ^{12}	阴 iŋ^{44}
15 余杭	天公 tʰiẽ^{55}koŋ^{55}	晴 ziŋ^{22}	阴 iŋ^{44}
16 临安	天公 tʰie^{53}koŋ^{35}	晴 dʑiŋ^{33}	阴 iŋ^{55}
17 昌化	天公 tʰiɪ̃^{33}kəŋ^{45}	晴 ʑiəŋ^{112}	阴 iəŋ^{334}
18 於潜	天公 tʰie^{43}koŋ^{433}	晴 dʑiŋ^{223}	阴 iŋ^{433}
19 萧山	天气 tʰie^{53}tɕʰi^{42}	晴 ʑiŋ^{355}	阴 iŋ^{533}
20 富阳	天公 tʰiɛ̃^{55}koŋ^{55}	晴 ʑin^{13}	阴 in^{53}
21 新登	天公 tʰiɛ̃^{53}koŋ^{334}	晴 zeiŋ^{233}	阴 eiŋ^{53}
22 桐庐	天气 tʰie^{42}tɕʰi^{33}	晴 ʑiŋ^{13}	阴 iŋ^{533}
23 分水	天公 tʰiɛ̃^{44}koŋ^{44}	晴 dʑin^{22}	阴 in^{44}

续表

方言点	0022 天气	0023 晴天～	0024 阴天～
24 绍兴	天家$^{=}$ tʰiẽ^{33}ko^{53}	晴 ʑiŋ^{231}	阴 iŋ^{53}
25 上虞	天家$^{=}$ tʰiẽ^{33}ko^{35}	晴 ʑiŋ^{213}	阴 iŋ^{213}
26 嵊州	天公 tʰie^{53}kuoŋ^{334}	晴 ʑiŋ^{213}	阴 iŋ^{534}
27 新昌	天家$^{=}$ tʰiɛ̃^{53}ko^{335}	晴 ʑiŋ^{22}	阴 iŋ^{534}
28 诸暨	天气 tʰie^{21}tʃʰɿ^{42}	晴 ʑin^{13}	阴 in^{544}
29 慈溪	天家$^{=}$ tʰiẽ^{35}ko^{0}	晴 əŋ^{13}	阴 iŋ^{35}
30 余姚	天家$^{=}$ tʰiẽ^{44}ko^{34}	晴 iə̃^{13}	阴 iə̃^{44}
31 宁波	天家$^{=}$ tʰi^{44}ko^{53}	晴 ʑiŋ^{13}	阴 iŋ^{53}
32 镇海	天家$^{=}$ tʰi^{33}ko^{53}	晴 iŋ^{24}	阴 iŋ^{53}
33 奉化	天家$^{=}$ tʰi^{44}ko^{44}	晴 ʑiŋ^{33}	阴 iŋ^{44}
34 宁海	天家$^{=}$ tʰie^{33}ko^{35}	晴 ʑiŋ^{213}	阴 iŋ^{423}
35 象山	天家$^{=}$ tʰi^{44}ko^{0}	晴 dʑiŋ^{31}	阴 iŋ^{44}
36 普陀	天假$^{=}$ tʰi^{33}ko^{45}	晴 dʑiŋ^{24}	阴 iŋ^{53}
37 定海	天家$^{=}$ tʰi^{33}ko^{45}	晴 iŋ^{23}	阴 iŋ^{52}
38 岱山	天家$^{=}$ tʰi^{52}ko^{0}	晴 iŋ^{23}	阴 iŋ^{52}
39 嵊泗	天家$^{=}$ tʰi^{44}ko^{0}	晴 iŋ^{243}	阴 iŋ^{53}
40 临海	天架$^{=}$ tʰi^{33}ko^{55}	晴 ʑiŋ^{21}	阴 iŋ^{31}
41 椒江	天架$^{=}$ tʰie^{33}ko^{55}	晴 ʑiŋ^{31}	护$^{=}$云 u^{22}yŋ^{31}
42 黄岩	天架$^{=}$ tʰie^{33}ko^{55}	晴 ʑin^{121}	阴 in^{32}
43 温岭	天架$^{=}$ tʰie^{35}ko^{55}	晴 ʑin^{31}	护$^{=}$云 u^{13}yn^{31}
44 仙居	天架$^{=}$ tʰie^{55}ko^{55}	晴 ʑin^{213}	阴 in^{334}
45 天台	天家$^{=}$ tʰie^{33}ko^{33}	晴 ʑiŋ^{224}	阴 iŋ^{33}
46 三门	天家$^{=}$ tʰie^{55}ko^{55}	晴 ʑiŋ^{113}	阴 iŋ^{334}

续表

方言点	0022 天气	0023 晴天~	0024 阴天~
47 玉环	天架= t^{h}ie^{33}ko^{55}	晴 ʑiŋ^{31}	阴 iŋ^{42}
48 金华	天公 t^{h}ia^{33}koŋ^{55}老 天气 t^{h}ia^{33}tɕ^{h}i^{55}新	晴 ʑiŋ^{313}	阴 iŋ^{33}
49 汤溪	天公 t^{h}ie^{24}kɑo^{0}	晴 zɛ̃i^{11}	阴 iɛ̃i^{24}
50 兰溪	天公 t^{h}ia^{334}koŋ^{45}	晴 zin^{21}	阴 in^{334}
51 浦江	天色 t^{h}iɑ̃^{55}sə^{423}	晴 ziən^{113}	阴 iən^{534}
52 义乌	天色 t^{h}ia^{33}sai^{324}	晴 zən^{213}	阴 iən^{335}
53 东阳	天气 t^{h}i^{33}tɕ^{h}i^{53}	晴 zɐn^{213}	阴 iɐn^{334}
54 永康	天公 t^{h}ia^{33}koŋ^{55}	晴 ʑiŋ^{22}	阴 iŋ^{55}
55 武义	天公 t^{h}ie^{32}koŋ^{53}	晴 ʑin^{324}	阴 in^{24}
56 磐安	天气 t^{h}ie^{33}tɕ^{h}i^{52} 天公 t^{h}ie^{33}kɔom^{52}	晴 zɐn^{213}	阴 iɐn^{445}
57 缙云	天气 t^{h}ia^{44}tɕ^{h}i^{453}	晴 zɛŋ^{243}	乌 vu^{44}
58 衢州	天公 t^{h}iẽ^{32}koŋ^{53}	晴 ʑin^{21}	阴 in^{32}
59 衢江	天气 t^{h}ie^{25}ts^{h}ɿ^{31}	晴 ʑiŋ^{212}	阴 iŋ^{33}
60 龙游	天公 t^{h}ie^{33}koŋ^{334}	晴 ʑin^{21}	阴 in^{334}
61 江山	天气 t^{h}iɛ̃^{24}k^{h}i^{51}	晴 ʑɪ̃^{213}	乌阴 uə^{44}ɵ̃^{44} 阴 ɵ̃^{44}
62 常山	天公 t^{h}iɛ̃^{44}koŋ^{44}	晴 zɪ̃^{341}	阴 ɪ̃^{44}
63 开化	天气 t^{h}iɛ̃^{53}k^{h}uei^{0}	晴 ʑin^{231}	阴 ɛn^{44}
64 丽水	天气 t^{h}iɛ^{224}ts^{h}ɿ^{52}	晴 ʑin^{22}	阴 in^{224}
65 青田	天气 t^{h}iɑ^{55}ts^{h}ɿ^{33}	晴 iŋ^{21}	阴 iaŋ^{445}
66 云和	天气 t^{h}iɛ^{24}ts^{h}ɿ^{45}	晴 ʑiŋ^{312}	阴 iŋ^{24}
67 松阳	天意= t^{h}iɛ̃^{33}i^{24}	晴 ʑin^{31}	阴 in^{53}

续表

方言点	0022 天气	0023 晴天～	0024 阴天～
68 宣平	天公 tʰiɛ^{44} kən^{324} 老 天气 tʰiɛ^{32} tsʰɿ^{52} 新	晴 ʑin^{433}	阴 in^{324}
69 遂昌	天意= tʰiɛ̃^{55} i^{334}	晴 ʑiŋ^{221}	阴 iŋ^{45}
70 龙泉	天意= tʰiᴇ^{44} ɿ^{45}	晴 ʑin^{21}	阴 in^{434}
71 景宁	天气 tʰiɛ^{32} tɕʰi^{35}	晴 ʑiŋ^{41}	阴 iaŋ^{324}
72 庆元	天意= tʰiɑ̃^{33} i^{11}	晴 ɕiŋ^{52}	阴 iəŋ^{335}
73 泰顺	天气 tʰiã^{213} tsʰɿ^{35}	晴 ɕiŋ^{53}	阴 iŋ^{213}
74 温州	天色 tʰi^{45} se^{323}	晴 zəŋ^{31}	阴 iaŋ^{33}
75 永嘉	天势 tʰi^{45} sɿ^{423} 天气 tʰi^{33} tsʰɿ^{45}	晴 ieŋ^{31}	帐= 云 tɕiɛ^{33} ioŋ^{21} 阴 iaŋ^{44}
76 乐清	天色 tʰiᴇ^{35} se^{323}	晴 zeŋ^{31}	阴 iaŋ^{44}
77 瑞安	天势 tʰi^{35} sei^{323}	晴 zəŋ^{31}	阴 iaŋ^{44}
78 平阳	天色 tʰie^{33} se^{21}	晴 zeŋ^{242}	阴 iaŋ^{55}
79 文成	天气 tʰie^{33} tɕʰi^{33}	晴 zeŋ^{113}	阴 iaŋ^{55}
80 苍南	天色 tʰiɛ^{44} se^{223} 天气 tʰiɛ^{44} tɕʰi^{42}	晴 dzeŋ^{31}	阴 iaŋ^{44}
81 建德徽	天公 tʰie^{53} koŋ^{213}	晴 ɕiŋ^{33}	阴 in^{53}
82 寿昌徽	天气 tʰi^{11} tɕʰi^{33}	晴 ɕien^{52}	阴 ien^{112}
83 淳安徽	天公 tʰiã^{21} koŋ^{55}	晴 ɕin^{435}	阴 in^{24}
84 遂安徽	天公 tiɛ̃^{55} kəŋ^{213}	天晴 tiɛ̃^{55} ɕin^{33}	阴 in^{534}
85 苍南闽	天气 tʰĩ^{24} kʰi^{21}	好 ho^{43}	阴 in^{55}
86 泰顺闽	天色 tʰie^{21} sɛʔ^{5}	晴 sæŋ^{22}	阴 ieŋ^{213}
87 洞头闽	天气 tʰĩ^{33} kʰi^{21}	好 ho^{53}	阴 in^{33}
88 景宁畲	天气 tʰan^{44} kʰi^{44}	晴 tsʰaŋ^{22}	阴 in^{44}

方言点	0025 旱天～	0026 涝天～	0027 天亮
01 杭州	旱 ɛ^{13}	涝 lɔ^{13}	天亮 tʰiɛ^{55} liaŋ^{13}
02 嘉兴	旱 ə^{113}	涝 lɔ^{113}	天亮 tʰie^{33} liᴀ̃^{13}
03 嘉善	干旱 kø^{35} ŋø^{53}	发大水 fɜʔ^{5} du^{35} sɿ^{0}	天亮 tʰiɪ^{53} liæ̃^{113}
04 平湖	旱 ø^{213}	发大水 faʔ^{5} du^{24} sɿ^{0}	天亮 tʰiɛ^{51} liã^{213}
05 海盐	干 kɤ^{53}	发大水 faʔ^{5} du^{13} sɿ^{21}	天亮 tʰiɛ^{53} liɛ̃^{213}
06 海宁	旱 e^{31}	大水 dəu^{33} sɿ^{53}	天亮 tʰie^{55} liã^{13}
07 桐乡	旱 ᴇ^{242}	发大水 faʔ^{5} dəu^{21} sɿ^{53}	天亮 tʰiᴇ^{44} liã^{213}
08 崇德	旱 ᴇ^{53}	发大水 faʔ^{3} du^{21} sɿ^{53}	天亮 tʰiɪ^{44} liã^{13}
09 湖州	干旱 kɛ^{44} ɛ^{44}	发大水 faʔ^{5} dəu^{33} sei^{35}	天亮 tʰie^{44} liã^{35}
10 德清	潮= dzɔ^{113}	大水 dəu^{11} sɿ^{35}	天亮 tʰie^{44} liã^{334}
11 武康	燥 sɔ^{224}	大水 dəu^{11} sɜ^{35}	天亮 tʰiɪ^{33} liã^{35}
12 安吉	旱 ᴇ^{52}	没大水 məʔ^{2} dʊ^{22} se^{213}	天亮 tʰi^{55} liã^{213}
13 孝丰	旱 ɛ^{52}	发大水 faʔ^{5} du^{21} se^{24}	天亮 tʰiɪ^{44} liã^{324}
14 长兴	旱 ɯ^{324}	发大水 faʔ^{5} dəu^{21} sei^{24}	天亮 tʰi^{44} liã^{324}
15 余杭	潮= zɔ^{13}	涨大水 tsɑ̃^{35} du^{13} sɛ^{35}	天亮 tʰiẽ^{55} liɑ̃^{13}
16 临安	旱 ə^{33}	頞 uɔʔ^{5}	天亮 tʰie^{53} liã^{13}
17 昌化	旱 ɛ̃^{243}	涨大水 tsã^{45} dɯ^{23} sei^{453}	天亮 tʰiĩ^{33} liã^{243}
18 於潜	干 kɛ^{433}	水灾 ɕy^{53} tse^{31}	天亮 tʰie^{43} liaŋ^{223}
19 萧山	旱 ə^{242}	涝 lɔ^{242}	天亮 tʰie^{53} liã^{42}
20 富阳	旱 ɛ̃^{224}	落杀嘚 loʔ^{2} saʔ^{5} dɛʔ^{2}	天亮 tʰiɛ̃^{55} liɑ̃^{335}
21 新登	旱 ɛ̃^{13}	打大水 tɛ^{334} du^{21} zɥ^{13}	天亮 tʰiɛ̃^{53} liɑ̃^{13}
22 桐庐	旱 e^{24}	涝 lɔ^{24}	天亮 tʰie^{42} liã^{13}
23 分水	旱 xã^{13}	涨大水 tsã^{44} da^{24} sue^{53}	东方调白 toŋ^{44} fã^{44} diɔ^{21} bəʔ^{12}
24 绍兴	旱 ẽ^{223}	涨大水 tsɑŋ^{33} do^{22} sɿ^{334}	天亮 tʰiẽ^{44} liaŋ^{22}

续表

方言点	0025 旱天～	0026 涝天～	0027 天亮
25 上虞	旱 ɛ̃^{213}	涝 lɔ^{213}	天亮快 tʰiẽ^{33} liã^{31} kʰua^{53}
26 嵊州	晒去 sa^{33} tɕʰi^{334}	氽去 tʰeŋ^{33} tɕʰi^{53}	天亮 tʰiẽ^{53} liaŋ^{24}
27 新昌	晒 so^{335} 旱 œ̃^{232}	頞 ueʔ^{5}	天亮 tʰiɛ̃^{53} liaŋ^{13}
28 诸暨	旱 ə^{242}	没大水 moʔ^{13} dɤu^{21} sɿ^{42}	天亮 tʰie^{42} liã^{13}
29 慈溪	旱 ẽ^{13}	頞 uəʔ^{5}	天亮 tʰiẽ^{33} liã^{13}
30 余姚	旱 ẽ^{13}	做大水 tsou^{44} dou^{13} sɿ^{44}	天亮 tʰiẽ^{44} liaŋ^{13}
31 宁波	干旱 ki^{33} ɐi^{53}	做大水 tsəu^{44} dəu^{2} sʮ^{35}	天亮 tʰiəʔ^{5} ȵia^{44}
32 镇海	燥 sɔ^{53}	做大水 tsəu^{33} dəu^{22} sʮ^{53}	天亮 tʰi^{33} liã^{24}
33 奉化	旱 ɛ^{324}	打大水 tã^{44} dəu^{33} sʮ^{53}	天亮头 tʰi^{44} ȵiã^{33} dæi^{33}
34 宁海	旱 ei^{31}	涝 lau^{24}	天亮 tʰie^{33} liã^{24}
35 象山	旱 ei^{31}	做大水 tsu^{53} dəu^{31} sʮ^{35}	天亮 tʰi^{44} liã^{13}
36 普陀	旱 æi^{13}	涝 lɔ^{13}	天亮 tʰi^{53} liã^{13}
37 定海	旱 ɐi^{23}	涝 lɔ^{23}	天亮 tʰi^{52} liã^{13}
38 岱山	旱 ɐi^{23}	发大水 fɐʔ^{3} dʌu^{11} sʮ^{44}	天亮 tʰi^{52} liã^{0}
39 嵊泗	旱 ɐi^{243}	（无）	天亮 tʰi^{53} liã^{213}
40 临海	旱 ø^{52}	做小大水 tso^{55} ɕiə^{42} do^{22} ɕy^{51}	天亮 tʰi^{31} liã^{324}
41 椒江	旱 ie^{42}	做大水 tsəu^{33} dəu^{22} sʮ^{42}	天亮 tʰie^{42} liã^{24}
42 黄岩	旱 ie^{42}	做大水 tsou^{33} dou^{13} sʮ^{42}	天亮 tʰie^{32} liã^{24}
43 温岭	旱 ie^{42}	没大水 məʔ^{2} du^{13} ɕy^{42}	天亮 tʰie^{33} liã^{13}
44 仙居	大旱 do^{24} ø^{213}	做大水 tso^{55} do^{21} ɕy^{324}	天亮 tʰie^{33} lia^{24}
45 天台	旱 e^{214}	满大水 mø^{21} dou^{33} ɕy^{325}	天亮 tʰie^{33} lia^{33}
46 三门	旱 ɛ^{213}	满大水 mø^{32} dʊ^{23} sʮ^{325}	天亮 tʰie^{55} liɑ̃^{55}
47 玉环	旱 ie^{31}	没大水 mɐʔ^{2} dəu^{22} ɕy^{53}	天亮 tʰie^{42} lia^{22}

续表

方言点	0025 旱天~	0026 涝天~	0027 天亮
48 金华	晒去 sɑ^{55}kʰɤ^{0}	满大水 mɤ^{53}tuɤ^{53}ɕy^{535} 涨大水 tɕiɑŋ^{53}tuɤ^{53}ɕy^{535}	天亮 tʰia^{33}liɑŋ^{55}
49 汤溪	大晒 duɤ^{11}suɑ^{52}	涨大水 tɕiɔ^{52}duɤ^{11}ɕyei^{535}	天亮 tʰie^{24}lɤa^{0}
50 兰溪	大晒 tuɤ^{55}suɑ^{45}	頦去 uɑʔ^{34}kʰi^{45}	天亮 tʰia^{334}liɑŋ^{45}
51 浦江	旱 ə̃^{243}	胎⁼大水 tʰa^{33}dɯ^{33}ɕy^{53}	天亮 tʰiã^{55}lyõ^{334}
52 义乌	[晒去] suai^{45}	满大水 mɯɤ^{24}tuɤ^{33}ɕy^{423}	天亮 tʰia^{33}lɯa^{45}
53 东阳	晴燥 zɐn^{22}sɐɯ^{53}	（无）	天亮 tʰi^{33}liɔ^{53}
54 永康	晒 suɑ^{52} 晴燥 ʑiŋ^{31}sɑu^{52}	满大水 muo^{113}duo^{31}ɕy^{334}	天亮 tʰia^{33}liɑŋ^{52}
55 武义	晒去 suɑ^{53}kʰɯ^{0}	頦去 uo^{53}kʰɯ^{0}	天亮 tʰie^{32}liɑŋ^{53}
56 磐安	大晒 duɤ^{21}suə^{52}	頦 uɛ^{334}	天亮 tʰie^{33}liɒ^{52}
57 缙云	晒 sɑ^{453}	落忒多 lɔ^{13}tʰei^{51}tu^{44} 打大水 na^{51}du^{21}sɥ^{51}	天亮 tʰia^{44}liɑ^{453}
58 衢州	晴燥 ʑin^{231}sɔ^{53}	涨大水 tʃyã^{35}du^{231}ʃy^{35}	天亮 tʰiẽ^{32}liã^{53}
59 衢江	旱 xã^{231} 大晒 dou^{22}suo^{53}	涝 lɔ^{212}	天亮 tʰie^{33}liã^{53}
60 龙游	晴燥 ʑin^{22}sɔ^{51} 大晒 du^{22}suɑ^{51}	霉天 mei^{33}tʰie^{334}	天亮 tʰie^{35}liã^{21}
61 江山	旱 ɒŋ^{22}	涨大水 tɕiaŋ^{44}do^{22}y^{241}	天光 tʰiɛ̃^{24}kyaŋ^{44}
62 常山	旱 ɔ̃^{131}	五月霉 ŋuə^{22}ŋɤʔ^{3}mue^{341}	天光 tʰiɛ̃^{44}tɕiɔ̃^{44}
63 开化	旱 ɔŋ^{213}	搵 uõ^{412}	天光 tʰiɛ̃^{44}tɕyã^{44}
64 丽水	大晒 du^{22}suɔ^{52}老 旱 uɛ^{544}新	打大水 nã^{44}du^{22}sɥ^{544}	天亮 tʰiɛ^{224}liã^{131}
65 青田	大晒 dɑ^{22}sɑ^{55}	水荒 sɥ^{22}xo^{445}	天光 tʰiɑ^{22}ko^{445}
66 云和	晒去 sɔ^{45}kʰi^{0}	做大水 tso^{44}du^{223}sɥ^{41}	天光 tʰiɛ^{44}kɔ̃^{24}
67 松阳	旱 uɛ̃^{13}	水灾 ɕy^{33}tsɛ^{53}	天光 tʰiɛ̃^{24}koŋ^{53}

续表

方言点	0025 旱天～	0026 涝天～	0027 天亮
68 宣平	大晒 do^{22}sa^{52}老 旱 uə^{223}新	打大水 nɛ^{44}do^{22}ɕy^{445}	天亮 tʰiɛ^{32}liɑ̃^{231}
69 遂昌	旱 uɛ̃^{213}	涝 lɐɯ^{221}	天光 tʰiɛ̃^{33}kɔŋ^{45}
70 龙泉	旱 uo^{51}	满大水 mɯə^{21}dou^{21}y^{51}	天光 tʰiᴇ^{44}kɔŋ^{434}
71 景宁	旱 uœ^{324}	做大水 tso^{33}do^{55}ɕy^{33}	天光 tʰiɛ^{32}kɔŋ^{324}
72 庆元	旱 xuæ̃^{31}	涝 lɒ^{31}	天光 tʰiɑ̃^{335}kɔ̃^{335}
73 泰顺	旱 uɛ^{55}	涝 lɑɔ^{53}	天光 tʰiã^{213}kɔ̃^{213}
74 温州	大旱 da^{31}y^{14}	满大水 mø^{2}dɤu^{31}sɿ^{25}	天光 tʰi^{33}kuɔ^{33}
75 永嘉	大旱 da^{31}y^{13}	满大水 mø^{22}dəu^{31}sɿ^{45}	天光 tʰi^{33}kɔ^{44}
76 乐清	大旱 du^{31}ø^{24}	满大水 mɯ^{22}du^{31}sy^{35}	天光 tʰiᴇ^{44}kɔ^{44}
77 瑞安	大旱 da^{31}ø^{13}	满大水 mø^{22}dou^{31}səɯ^{35}	天光 tʰi^{33}ko^{44}
78 平阳	旱日 ɵ^{23}	涝 lɛ^{33}	天光 tʰie^{33}ko^{55}
79 文成	旱 yø^{424}	涝 lɛ^{424}	天光 tʰie^{33}kuo^{33}
80 苍南	旱 ø^{24}	（无）	天光 tʰiɛ^{33}ko^{44}
81 建德徽	晒去 sɑ^{33}kʰi^{55} 旱 hɛ^{213}	涨大水 tsɛ^{21}tʰu^{55}ɕye^{213}	天亮 tʰie^{53}nie^{55}
82 寿昌徽	旱 xiɛ^{33}	頚 uəʔ^{3}	天亮 tʰi^{11}liɑ̃^{55}
83 淳安徽	旱 hã^{55}	涨大水 tsɑ̃^{55}tʰu^{53}ɕya^{21}	天亮 tʰiã^{21}liɑ̃^{53}
84 遂安徽	旱 xɑ̃^{43}	涨大水 tɕiɑ̃^{21}tʰəɯ^{55}ɕy^{21}	天光 tiɛ̃^{55}koŋ^{213}
85 苍南闽	旱 ũã^{21}	涝 lo^{21}	天光 tʰĩ^{33}kɯŋ^{55}
86 泰顺闽	旱 æŋ^{31}	涝 lau^{22}	天光 tʰie^{22}kuo^{213}
87 洞头闽	旱 han^{21}	涝 lo^{113}	天光 tʰĩ^{33}kɯŋ^{33}
88 景宁畲	旱 xɔn^{44}	（无）	天皓 tʰan^{44}xau^{51}

方言点	0028 水田	0029 旱地浇不上水的耕地	0030 田埂
01 杭州	水田 suei^{55}diɛ^{0}	旱地 ɛ^{13}di^{53}	田畈路 diɛ^{22}pɛ^{33}lu^{45}
02 嘉兴	水田 sɿ^{33}die^{42}	旱地 ə^{13}di^{21}	田埂 die^{21}kᴀ̃^{33}
03 嘉善	田 diɪ^{132}	地头 di^{35}də^{0} 小	田岸头 diɪ^{3}ŋø^{55}də^{31} 小
04 平湖	田 diɛ^{31}	地 di^{213}	田岸 diɛ^{24}ŋø^{0}
05 海盐	田 diɛ^{31} 水田 sɿ^{53}diɛ^{31}	地 di^{213}	田岸 diɛ^{24}ɤ^{53}
06 海宁	稻田 dɔ^{33}die^{33}	旱地 e^{13}di^{0}	田埂 die^{33}kɑ̃^{55}
07 桐乡	水田 sɿ^{53}diᴇ^{44}	地 di^{213}	田塍 diᴇ^{13}zəŋ^{53}
08 崇德	田 diɪ^{13}	地 di^{13}	田塍 diɪ^{21}zəŋ^{44}
09 湖州	水田 sei^{53}die^{13}	旱地 ɛ^{33}di^{35}	田埂 die^{33}kã^{35}
10 德清	水稻田 sɿ^{35}dɔ^{42}die^{0}	旱地 øʉ^{33}di^{35}	田埂 die^{11}kã^{35}
11 武康	水田 sɛ^{35}diɪ^{53}	燥地 sɔ^{33}di^{35}	田埂 diɪ^{11}kã^{35}
12 安吉	稻田 dɔ^{24}di^{52}	旱地 ᴇ^{52}di^{21} 燥地 sɔ^{32}di^{213}	田埂 di^{22}kã^{213} 田塍 di^{22}zəŋ^{22}
13 孝丰	水田 se^{45}diɪ^{21}	旱地 ɛ^{45}di^{21}	田埂 diɪ^{22}kã^{52}
14 长兴	田 di^{12}	地浪＝ dʅ^{21}lɔ̃^{24}	田埂 di^{12}kã^{33}
15 余杭	稻田 dɔ^{33}diẽ^{31}	山地 sɛ̃^{55}di^{33}	田塍 diẽ^{31}ziŋ^{13}
16 临安	水田 sɿ^{55}die^{31}	旱地 ŋə^{33}di^{31}	田塍埭 die^{31}zeŋ^{33}da^{13}
17 昌化	稻田 dɔ^{23}diɪ̃^{243} 水田 sei^{45}diɪ̃^{453}	旱地 ɛ̃^{23}di^{243}	田埂 diɪ̃^{11}kã^{453}
18 於潜	糊田 vu^{22}die^{24}	燥地 sɔ^{35}di^{53}	田塍 die^{22}zeŋ^{24}
19 萧山	田 die^{355}	地 di^{242}	田埂 die^{21}kã^{33}
20 富阳	田 diɛ̃^{13}	荒地 huɑ̃^{55}di^{31}	田塍 diɛ̃^{13}in^{55}
21 新登	田 diɛ̃^{233}	地 di^{13}	田塍 diɛ̃^{233}zeiŋ^{233}
22 桐庐	水田 ɕyᴇ^{33}die^{35}	旱地 e^{13}di^{55}	田埂 die^{21}kəŋ^{35}

续表

方言点	0028 水田	0029 旱地浇不上水的耕地	0030 田埂
23 分水	水田 sue^{44}diε̃^{21}	地 di^{13}	田塍 diε̃^{21}zən^{24}
24 绍兴	田 diẽ^{231}	地 di^{22}	田塍 diẽ^{22}zəŋ^{231}
25 上虞	水田 sɿ^{33}diẽ^{31}	旱地 ε̃^{21}di^{31}	田塍 diẽ^{21}dzəŋ^{213}
26 嵊州	田 diẽ^{213}	地 di^{24}	田塍 diẽ^{22}zeŋ^{231}
27 新昌	田 diε̃^{22}	燥壳田 sɔ^{53}kʰoʔ^{3}tiε̃^{335}	田塍 diε̃^{13}ʑiŋ^{22}
28 诸暨	田 die^{13}	地奄$^{=}$ dɿ^{33}taʔ^{5}	田塍 die^{21}dzεn^{242}
29 慈溪	水田 sɿ^{33}diẽ^{53} 稻田 dɔ^{11}diẽ^{53}	燥地 sɔ^{44}di^{44}	田塍 diẽ^{11}zəŋ^{13}
30 余姚	水稻田 sɿ^{34}dɔ^{0}diẽ^{13}	旱地 ẽ^{13}di^{13}	田塍路 diẽ^{13}dzə̃^{13}lu^{44}
31 宁波	水稻田 sɥ^{44}dɔ^{22}di^{13}	燥地 sɔ^{44}di^{0}	田塍 di^{22}iŋ^{53}
32 镇海	水稻田 sɥ^{33}dɔ^{22}di^{24}	燥地 sɔ^{33}di^{31}	田畈 di^{22}pε^{53}
33 奉化	水稻田 sɥ^{44}dʌ^{31}di^{33}	旱地爿 ε^{32}di^{0}bε^{33}	田塍埭 di^{31}ʑiŋ^{33}da^{33}
34 宁海	谷田 koʔ^{3}die^{213} 水稻田 sɥ^{33}dau^{31}die^{213}	地 di^{24}	田岸 die^{21}ȵie^{31} 田岸头 die^{21}ȵie^{0}diu^{213}
35 象山	稻田 dɔ^{31}di^{31}	山垄地 sε^{44}loŋ^{31}di^{13}	田岸头 di^{31}ȵi^{31}dɤɯ^{13}
36 普陀	水田 sɥ^{53}di^{0}	旱地 æi^{23}di^{0}	田埂 di^{24}kã^{0}
37 定海	田 di^{23}	地 di^{13}	田塍 di^{33}iŋ^{52}
38 岱山	田坂 di^{31}pε^{0}	山地 sε^{52}di^{0}	田塍 di^{33}iŋ^{52}
39 嵊泗	稻田 dɔ^{34}di^{0}	地 di^{213}	田塍 di^{33}iŋ^{53}
40 临海	水田 ɕy^{42}di^{21}	燥地 sɔ^{33}di^{55}	地块头 di^{22}kʰue^{33}də^{51}
41 椒江	水田 sɥ^{53}die^{31}	燥地 sɔ^{33}di^{44}	小田路 ɕiɔ^{42}die^{22}ləu^{41}小
42 黄岩	稻田 dɔ^{24}die^{41}	地 di^{24}	田岸头 die^{13}ie^{22}dio^{24}小
43 温岭	田 die^{31}	地 di^{13}	田路头 die^{13}lu^{13}dɤ^{24}小
44 仙居	田 die^{213}	地 di^{24}	地岸 di^{24}ø^{55}
45 天台	水田 ɕy^{32}die^{224}	旱地 e^{21}di^{214}	地岸坎 di^{22}e^{22}kʰe^{325}

续表

方言点	0028 水田	0029 旱地浇不上水的耕地	0030 田埂
46 三门	稻田 dɑu^{21}die^{113}	旱地 ɛ^{21}di^{243}	田岸 die^{13}ɛ^{55}
47 玉环	田 die^{31}	地 di^{22}	田岸头 die^{22}ie^{22}diɤ^{24}小
48 金华	水田 ɕy^{55}dia^{313}	燥田 sɑo^{55}dia^{313}	田塍 dia^{31}ʑiŋ^{14}
49 汤溪	水田 ɕyei^{52}die^{11}	山搭$^{=}$ suɑ^{33}tuɑ^{55}	田塍 die^{11}ɕiã^{52}
50 兰溪	田畈 dia^{21}fia^{45}	地 di^{24}	田塍 dia^{21}ʑiæ̃^{24}
51 浦江	水田 ɕy^{55}diɑ̃^{55} 田 diɑ̃^{113}	地 di^{24}	田塍 diɑ̃^{24}ziən^{334}
52 义乌	田 dia^{213}	地 di^{24}	田塍 dia^{22}zən^{45}
53 东阳	水田 sɿ^{44}di^{33}	地搭$^{=}$ di^{24}to^{33}	田塍 di^{22}zɐn^{53}
54 永康	水田 ɕy^{33}ɗia^{55}	燥地 sɑu^{33}di^{241}	田岸 dia^{31}ŋɤ^{52}
55 武义	田 die^{324}	地 di^{231}	田塍 die^{32}ʑin^{231}
56 磐安	田 die^{213}	地搭$^{=}$ ti^{55}tuə^{334} 燥地 so^{33}ti^{52}	田塍 die^{21}sɐn^{52}
57 缙云	田 dia^{243}	地□ di^{51}tɑ^{322}	田岸 dia^{21}uɛ^{453}
58 衢州	田 diẽ^{21} 水田 ʃy^{35}diẽ^{21}	地 di^{231}	田塍 diẽ^{21}ʒyən^{231}
59 衢江	水田 ɕy^{33}tie^{53}	埂 kɛ^{53}	田塍 die^{22}ɕyoŋ^{53}
60 龙游	水田 suei^{35}die^{21}	沙地 sɑ^{35}diɑ^{21}	田塍 die^{224}zən^{231}
61 江山	田 diɛ̃^{213} 水田 y^{44}diɛ̃^{213}	地 diə^{31}	田塍 diɛ̃^{22}ʑĩ^{213}
62 常山	田 diɛ̃^{341}	埂 kĩ^{324}	田埂 diɛ̃^{24}kĩ^{52}
63 开化	田 diɛ̃^{231} 水田 y^{44}diɛ̃^{231}	地 diɛ^{213} 旱地 əŋ^{13}diɛ^{213}	田塍 diɛ̃^{21}ɕin^{53}
64 丽水	水田 sʮ^{44}diɛ^{22}	燥地 sə^{224}ti^{52}	田岸 diɛ^{21}uɛ^{52}
65 青田	水田 sʮ^{55}diɑ^{21}	旱地 uɐ^{55}di^{22}	田岸 diɑ^{55}uɐ^{22}
66 云和	水田 sʮ^{44}diɛ^{312}	旱地 uɛ^{223}di^{223}	田岸 diɛ^{31}uɛ^{223}

续表

方言点	0028 水田	0029 旱地浇不上水的耕地	0030 田埂
67 松阳	水田 ɕy^{33}diɛ̃^{31}	旱地 uɛ̃^{22}di^{13}	田岸 diɛ̃^{31}uɛ̃^{13}
68 宣平	水田 ɕy^{44}diɛ^{433}	燥地 sɔ^{44}di^{231}	田塍 diɛ^{22}ʑin^{433}
69 遂昌	水田 y^{53}diɛ̃^{221}	旱田 uɛ̃^{13}diɛ̃^{221}	田塍 diɛ̃^{22}ʑiŋ^{213}
70 龙泉	水田 y^{21}diᴇ^{21}	旱地 uo^{21}di^{224}	田塍 tiᴇ^{45}ʑin^{21}
71 景宁	水田 ɕy^{33}diɛ^{41}	旱地 uœ^{33}di^{113}	田岸 diɛ^{41}uœ^{113}
72 庆元	水田 ɕy^{33}tiɑ̃^{52}	旱地 xuæ̃^{33}ti^{31}	田塍 tiɑ̃^{52}ɕiŋ^{52}
73 泰顺	水田 ɕy^{22}tiã^{53}	山园 sã^{22}yɛ^{53}	田岸 tiã^{53}uɛ^{22}
74 温州	田 di^{31}	园 y^{31}	田岸 di^{22}y^{14}
75 永嘉	稻田 də^{31}di^{21}	旱田 y^{31}di^{21}	田岸 di^{22}y^{13}
76 乐清	田 diᴇ^{31}	园 yᴇ^{31}	田坎 diᴇ^{24}kʰe^{41}
77 瑞安	田 di^{31}	园 y^{31}	田岸 di^{22}ø^{13}
78 平阳	水田 sʉ^{33}die^{42}	旱田 ɵ^{33}die^{42}	田岸 die^{21}ɵ^{35}
79 文成	烂田 lɔ^{42}die^{13}	旱地 yø^{212}dei^{21}	田坎 die^{21}kʰe^{45}
80 苍南	稻田 dɛ^{31}diɛ^{31}	旱地 ø^{31}di^{11} 燥地 sɛ^{42}di^{11}	田岸 diɛ^{11}ø^{24}
81 建德徽	田 tie^{33} 老 水田 ɕye^{55}tie^{33} 新	地 tʰi^{55} 老 旱地 hɛ^{21}tʰi^{55} 新	田塍 tie^{33}sən^{33}
82 寿昌徽	水田 ɕyei^{33}tʰi^{52}	山地 ɕyə^{11}tʰi^{55}	田塍 tʰi^{11}sen^{33}
83 淳安徽	田 tʰiã^{435}	地 tʰi^{53}	田塍 tʰiã^{43}sen^{24}
84 遂安徽	田 tʰiɛ̃^{33}	地 tʰi^{52}	田埂 tʰiɛ̃^{33}kəŋ^{33}
85 苍南闽	水塍 tsui^{33}tsʰan^{24}	焦地 ta^{24}tue^{21}	塍岸 tsʰan^{21}hũã^{21}
86 泰顺闽	塍 tsʰɛ^{22}	房= fo^{22}	塍岸 tsʰɛ^{21}ŋæŋ^{31}
87 洞头闽	水塍 tsʰan^{113}	园 hɯŋ^{113}	塍岸 tsʰan^{21}hũã^{21}
88 景宁畲	水田 ɕy^{55}tʰan^{22}	旱地 xɔn^{44}tʰi^{51}	田塍 tʰan^{44}ɕyn^{22}

方言点	0031 路野外的	0032 山	0033 山谷
01 杭州	路 lu^{13}	山 sɛ^{334}	山谷 sɛ^{33} koʔ^{5}
02 嘉兴	路 lou^{113}	山 sᴇ^{42}	山峡旯 sᴇ^{33} hᴀʔ^{5} lᴀ^{21}
03 嘉善	路 lu^{113}	山 sɛ^{53}	山谷 sɛ^{55} kuoʔ^{4}
04 平湖	路 lu^{213}	山 sɛ^{53}	山坳 sɛ^{53} ɔ^{31} 山沟沟 sɛ^{53} kəɯ^{53} kəɯ^{0}
05 海盐	路 lu^{213}	山 sɛ^{53}	山坳 sɛ^{53} ɔ^{21}
06 海宁	路 ləu^{13}	山 sɛ^{55}	山坳 sɛ^{55} ɔ^{55}
07 桐乡	路 ləu^{213}	山 sɛ^{44}	（无）
08 崇德	路 lu^{13}	山 sɛ^{44}	（无）
09 湖州	路 ləu^{35}	山 sɛ^{44}	山峡旯 sɛ^{44} xa^{44} la^{44}
10 德清	路 ləu^{334}	山 sɛ^{44}	山坳坳 sɛ^{44} ɔ^{22} ɔ^{22}
11 武康	路 lu^{224}	山 sɛ^{44}	山坳坳 sɛ^{44} ɔ^{44} ɔ^{44}
12 安吉	路 lu^{213}	山 sᴇ^{55}	山坳 sᴇ^{55} ɔ^{55}
13 孝丰	路 lu^{324}	山 sɛ^{44}	山弯$^{=}$ sɛ^{44} uɛ^{44}
14 长兴	路 ləu^{324}	山 sᴇ^{44}	山峡旯 sᴇ^{44} haʔ^{2} laʔ^{2}
15 余杭	野猫路 ia^{55} mɔ^{55} lu^{31}	山头 sɛ^{55} døʏ^{33}	山头坳蛇儿 sɛ^{55} døʏ^{33} uo^{33} zuo^{33} n^{31}
16 临安	野路 ia^{33} lu^{44}	山 sɛ^{55}	山弯$^{=}$ sɛ^{53} uɛ^{33}
17 昌化	路 lu^{243}	山 sɔ̃^{334}	山坞 sɔ̃^{33} u^{45}
18 於潜	毛路 mɔ^{22} lu^{24}	山 sɛ^{433}	山坞 sɛ^{43} vu^{53}
19 萧山	路 lu^{242}	山 sɛ^{533}	山坳 sɛ^{33} ɔ^{33}
20 富阳	路 lʊ^{335}	山 sã^{53}	山坞 sã^{55} u^{55} 山坑 sã^{55} kʰã^{55}
21 新登	路 lu^{13}	山 sɛ^{53}	山坳 sɛ^{53} ɔ^{334}
22 桐庐	路 lu^{24}	山 sã^{533}	坳对$^{=}$ ɔ^{35} tᴇ^{33}
23 分水	路 lu^{13}	山 sã^{44}	山坳 sã^{44} ɔ^{24}
24 绍兴	野猫路 ia^{24} mɔ^{33} lu^{31}	山 sɛ̃^{53}	山坳 sɛ̃^{33} ɔ^{33}

续表

方言点	0031 路野外的	0032 山	0033 山谷
25 上虞	路 lu^{31}	山 sɛ̃	山坳 sɛ^{33}ɔ^{33}
26 嵊州	小路 ɕiɔ^{33}lu^{231}	山 sɛ̃^{534}	山坳弄 sɛ̃^{53}ɔ^{33}loŋ^{334}
27 新昌	山路 sɛ̃^{53}lu^{13}	山 sɛ̃^{534}	山坳弄 sɛ̃^{33}ɔ^{33}loŋ^{335}
28 诸暨	路 lu^{33}	山 sɛ^{544}	山峡弄 sɛ^{21}gaʔ^{5}lom^{33}
29 慈溪	路 vu^{13}音殊	山 sɛ̃^{35}	山坳 sɛ̃^{35}ɔ^{0}
30 余姚	路 lu^{13}	山 sã^{44}	山坳坳 sã^{44}ɔ^{44}ɔ^{44} 山脚 sã^{44}tɕiaʔ^{5}
31 宁波	路 lu^{13}	山 sɛ^{53}	山脚 sɛ^{44}tɕiaʔ^{5}
32 镇海	路 lu^{24}	山 sɛ^{53}	山坑 sɛ^{33}kʰã^{53}
33 奉化	路 lu^{13}	山 sɛ^{44}	山坳 sɛ^{44}ʌ^{44}
34 宁海	路 lu^{24}	山 se^{423}	山峡儿 se^{33}gã^{31} 山峡儿弄 se^{33}gã^{33}loŋ^{24}
35 象山	路 lu^{13}	山 sɛ^{44}	山坳 sɛ^{44}ɔ^{35} 山坑峡弄 sɛ^{44}kʰã^{44}gaʔ^{2}noŋ^{13}
36 普陀	路 lu^{13}	山 sɛ^{53}	山坳 sɛ^{33}ɔ^{53}
37 定海	路 lu^{13}	山 sɛ^{52}	山坳 sɛ^{33}ɔ^{45}
38 岱山	路 lu^{213}	山 sɛ^{52}	山坳 sɛ^{33}ɔ^{52}
39 嵊泗	路 lu^{213}	山 sɛ^{53}	坑堋$^{=}$ kʰã^{44}bã^{44} 山坳 sɛ^{53}ɔ^{0}
40 临海	路 lu^{324}	山 sɛ^{31}	山坑 sɛ^{35}kʰã^{52} 山坳 sɛ^{33}ɔ^{55}
41 椒江	路 ləu^{24}	山 sɛ^{42}	山坳 sɛ^{33}ɔ^{55} 山坳窟 sɛ^{33}ɔ^{33}kʰuəʔ^{5}
42 黄岩	路 lou^{24}	山 sɛ^{32}	山坳 sɛ^{33}ɔ^{55}
43 温岭	路 lu^{13}	山 sɛ^{33}	山坑 sɛ^{55}kʰã^{31}

续表

方言点	0031 路野外的	0032 山	0033 山谷
44 仙居	路 lu^{24}	山 sa^{334}	山坑 sa^{33}k^{h}ã^{334}
45 天台	路 lu^{214}	山 se^{33}	山坑 se^{33}k^{h}a^{33}
46 三门	路 lu^{243}	山 sɛ^{334}	山谷 sɛ^{33}koʔ^{5}
47 玉环	路 ləu^{22}	山 sɛ^{42}	山窟 sɛ^{33}k^{h}oʔ^{3}
48 金华	路 lu^{14}	山 sɑ^{334}	山峡 sɑ^{33}ɡuɑ^{14}
49 汤溪	路 lu^{341}	山 suɑ^{24}	山垄 suɑ^{24}lɑo^{0}
50 兰溪	路 lu^{24}	山头 suɑ^{334}təɯ^{45}	山坳 suɑ^{334}ɔ^{45}
51 浦江	路 lu^{24}	山 sɑ̃^{534}	山沟 sɑ̃^{55}kɤ^{334}
52 义乌	山路 sɔ^{33}lu^{45} 田塍路 dia^{22}sən^{33}lu^{45}	山 sɔ^{335}	山峡儿 sɔ^{33}dʑian^{312}
53 东阳	路 lu^{24}	山 sɔ^{334}	山坑 sɔ^{33}k^{h}ɛ^{53}
54 永康	路 lu^{241}	山 sa^{55}	山坑 sa^{33}k^{h}ai^{55}
55 武义	路 lu^{231}	山 suo^{24}	山坑 suo^{32}k^{h}a^{53}
56 磐安	路 lu^{14}	山 sɒ^{445}	山坞 sɒ^{33}u^{445}
57 缙云	野猫路 ia^{51}mɔ^{44}lu^{453}	山 sɑ^{44}	山坳 sɑ^{44}ɑ^{453}
58 衢州	路 lu^{231}	山 sã^{32}	山坞 sã^{32}u^{35}
59 衢江	路 lɤ^{231}	山 sã^{33}	山谷 sã^{33}kuəʔ^{5} 山坑 sã^{33}k^{h}ɛ^{33}
60 龙游	路 lu^{231}	山 sã^{334}	山坳 sã^{33}ɔ^{51}
61 江山	路 luə^{31}	山 saŋ^{44}	山坞 saŋ^{44}uə^{241}
62 常山	路 luə^{131}	山 sã^{44}	山垄 sã^{44}loŋ^{52}
63 开化	路 luo^{213}	山 sã^{44}	山坳 sã^{44}əɯ^{44}
64 丽水	路 lu^{131}	山 sã^{224}	山垄 sã^{224}lɔŋ^{22}
65 青田	路 leu^{22}	山 sɑ^{445}	山峡 sɑ^{33}ɡaʔ^{31}
66 云和	路 lu^{223}	山 sã^{24}	山弯= sã^{44}uã^{24}
67 松阳	路 luə^{13}	山 sɔ̃^{53}	山坞 sɔ̃^{24}uə^{212}

续表

方言点	0031 路野外的	0032 山	0033 山谷
68 宣平	路 lu^{231}	山 sɑ̃^{324}	山垄 sɑ̃^{44} lən^{433}
69 遂昌	路 luə^{213}	山 saŋ^{45}	山垵 saŋ^{33} uɛ̃^{45}
70 龙泉	路 lɤɯ^{224}	山 saŋ^{434}	弯= uaŋ^{434}
71 景宁	路 ly^{113}	山 sɔ^{324}	山峡 sɔ^{55} gɔʔ^{23}
72 庆元	路 lɤ^{31}	山 sɑ̃^{335}	山弯= sɑ̃^{33} uɑ̃^{335}
73 泰顺	路 lø^{22}	山 sã^{213}	山峡 sã^{22} kɔʔ^{2}
74 温州	路 lø^{22}	山 sa^{33}	山峡 sa^{45} ga^{212}
75 永嘉	路 ləɯ^{22}	山 sa^{44}	山坳 sa^{33} ɔ^{44}
76 乐清	路 ly^{22}	山 sᴇ^{44}	山峡 sᴇ^{35} ga^{212}
77 瑞安	路 ləɯ^{22}	山 sɔ^{44}	山峡 sɔ^{35} gɔ^{212} 山坳 sɔ^{33} ɔ^{44}
78 平阳	路 lʉ^{33}	山 sɔ^{55}	山峡 sɔ^{45} gɔ^{21}
79 文成	路 ləy^{424}	山 sɔ^{55}	山峡 sɔ^{33} ga^{13}
80 苍南	路 ly^{11}	山 sa^{44}	山峡 sa^{44} ga^{112}
81 建德徽	路 lu^{55}	山 sɛ^{53}	山弯= sɛ^{53} uɛ^{53} 山坞 sɛ^{53} u^{213}
82 寿昌徽	路 lu^{33}	山 ɕyə^{112}	山坑 ɕyə^{11} kʰæ^{112}
83 淳安徽	路 la^{53}	山 sɑ̃^{24}	山坳 sɑ̃^{24} ɤ^{24}
84 遂安徽	路 lu^{52}	山 sɑ̃^{534}	山坳 sɑ̃^{55} ɔ^{213}
85 苍南闽	路 lɔ^{21}	山 sũã^{55}	山谷 sũã^{33} kɐ^{55}
86 泰顺闽	墿 teu^{31}	山 sæŋ^{213}	山谷 sæŋ^{21} køʔ^{5}
87 洞头闽	路 lɔ^{21}	山 sũã^{33}	山沟 sũã^{212} kau^{33}
88 景宁畲	路 lu^{51}	山 san^{44}	山峡 san^{44} kaʔ^{2}

方言点	0034 江大的河	0035 溪小的河	0036 水沟儿较小的水道
01 杭州	江 tɕiaŋ^{334}	溪 tɕʰi^{334}	溪沟 tɕʰi^{33} kei^{45}
02 嘉兴	港 kᴀ̃^{544}	河浜 vu^{21} pᴀ̃^{33}	龙⁼沟 loŋ^{21} kei^{33}
03 嘉善	河江 u^{13} kã^{53}	溪 tɕʰi^{53}	龙⁼沟 loŋ^{13} kə^{53}
04 平湖	大河 du^{24} u^{0}	小河 siɔ^{44} u^{53}	龙⁼沟 loŋ^{24} kəɯ^{53}
05 海盐	河 u^{31}	溪沟 tɕʰi^{55} ke^{53} 指山间的 浜 pɛ̃^{53} 一头通河，一头不通	龙⁼沟 loŋ^{24} ke^{53}
06 海宁	江 kuɑ̃^{55}	河浜 u^{33} pɑ̃^{55}	水沟 sɿ^{55} kəɯ^{55}
07 桐乡	河 u^{13}	溪沟 tɕʰi^{44} kɤɯ^{44}	水沟 sɿ^{53} kɤɯ^{44}
08 崇德	江 kuã^{44} 更大 河 u^{13}	溪沟 tɕʰi^{44} kɤɯ^{44}	水沟 sɿ^{55} kɤɯ^{0}
09 湖州	大江 dəu^{33} kã^{35}	小江 ɕiɔ^{53} kã^{13}	水沟沟 sei^{53} køʉ^{0} køʉ^{13}
10 德清	河江 u^{11} kã^{55}	溪沟 tɕʰi^{44} køʉ^{44}	渠道 dʑi^{11} dɔ^{13}
11 武康	河江 u^{113} kã^{53}	溪坑 tɕʰi^{44} kã^{44}	水沟沟 sɛ^{44} kø^{53} kø^{0}
12 安吉	江 kɔ̃^{55}	溪滩 tɕʰi^{55} tʰa^{55}	沟 kəɪ^{55}
13 孝丰	江 tɕiã^{44} 溪 tɕʰi^{44}	溪塔⁼ tɕʰi^{44} tʰaʔ^{5}	水沟 se^{45} kəɪ^{21}
14 长兴	港 kɔ̃^{52}	涧滩 kᴇ^{32} tʰᴇ^{24}	沟沟 kei^{44} kei^{44}
15 余杭	河江 u^{31} kɑ̃^{35}	溪水沟 tɕʰi^{55} sɛ^{55} køʏ^{55}	水沟 sɛ^{53} kuɤ̃^{0}
16 临安	大坑 duo^{33} kʰɑ̃^{53}	小坑 ɕiɔ^{55} kʰɑ̃^{53}	水沟 sɿ^{55} kə^{53}
17 昌化	江 tɕiã^{334}	溪塔⁼ tsʰɿ^{33} tʰaʔ^{5} 溪 tsʰɿ^{334}	水沟 sei^{45} ki^{334}
18 於潜	大坑 da^{24} kʰaŋ^{53}	小坑 tɕiɔ^{53} kʰaŋ^{31}	阳沟 iaŋ^{22} kiəu^{24}
19 萧山	港 kã^{33}	溪 tɕʰi^{533}	水沟 sɿ^{33} kio^{21}
20 富阳	港 kɑ̃^{423}	溪坑 tɕʰi^{55} kʰã^{55}	水沟 ɕyɛ^{423} kiʊ^{55}
21 新登	江 kɑ̃^{53}	溪坑 tɕʰi^{53} kʰɛ^{334}	水沟 sɥ^{334} kəu^{45}
22 桐庐	港 kã^{33}	溪坑 tɕʰi^{35} kʰã^{13}	溪坑浜 tɕʰi^{35} kʰã^{33} pã^{35}

续表

方言点	0034 江大的河	0035 溪小的河	0036 水沟儿较小的水道
23 分水	江 tɕiã^{44}	溪 tɕʰi^{44}	水沟 sue^{53} kɵ^{44}
24 绍兴	大河港 do^{22} o^{22} kɑŋ^{33}	小河港 ɕiɔ^{33} o^{24} kɑŋ^{31}	阴沟 iŋ^{33} kɤ^{53}
25 上虞	港 kɔ̃^{35}	溪沟 tɕʰi^{33} kɤ^{35}	沟埭 kɤ^{33} da^{33}
26 嵊州	河港 o^{22} kɔŋ^{53}	溪坑 tɕʰi^{53} kʰaŋ^{334}	壕沟坑 ɔ^{22} kʏ^{33} kʰaŋ^{334}
27 新昌	河港 ɤ^{22} kɔ̃^{453}	溪滩 tɕʰi^{45} tʰɛ̃^{534}	阴沟 iŋ^{45} kiɯ^{534} 地下 阳沟坑 iaŋ^{13} kiɯ^{33} kʰaŋ^{53} 地上
28 诸暨	港 kɑ̃^{42}	溪坑 tʃʰʅ^{21} kʰɑ̃^{42}	水坑 sʅ^{33} kʰã^{42}
29 慈溪	大江 dəu^{13} kɔ̃^{44}	小湖 ɕiɔ^{33} vu^{13} 指平原的 溪坑 tɕʰi^{33} kʰã^{35} 指山间的	沟埭 kø^{55} da^{0}
30 余姚	港 kɔŋ^{34}	溪坑 tɕʰi^{44} kʰaŋ^{53}	小河浜 ɕio^{34} o^{13} paŋ^{44}
31 宁波	河港 əu^{13} kɔ^{44}	溪坑 tɕʰi^{44} kʰa^{53}	水渠 sɥ^{53} dʑy^{33}
32 镇海	港 kɔ̃^{35}	溪坑 tɕʰi^{33} kʰã^{53}	阳沟头 iã^{33} kei^{33} dei^{31} 阴沟 iŋ^{33} kei^{53}
33 奉化	大江 dəu^{31} kɔ̃^{44}	溪坑 tɕʰi^{44} kʰã^{53}	阳沟头 iã^{33} kæi^{44} dæi^{311}
34 宁海	江 kɔ̃^{423}	溪坑 tsʰʅ^{33} kʰã^{33}	水圳峡儿 sɥ^{33} tɕioŋ^{35} gã^{31} 水圳 sɥ^{33} tɕioŋ^{35}
35 象山	江 kɔ̃^{44}	溪坑 tɕʰi^{44} kʰã^{35}	夹沟 gaʔ^{2} kɤɯ^{35}
36 普陀	江 kɔ̃^{53}	溪坑 tɕʰi^{33} kʰã^{45}	水沟 sɥ^{53} keu^{0}
37 定海	江 kõ^{52}	溪坑 tɕʰi^{33} kʰã^{45}	水沟 sɥ^{52} kɐi^{0}
38 岱山	江 kõ^{52}	溪坑 tɕʰi^{33} kʰã^{52}	渠道 dʑy^{11} dɔ^{45}
39 嵊泗	江 kõ^{53}	溪坑 tɕʰi^{33} kʰã^{53}	水沟 sɥ^{53} kœʏ^{0}
40 临海	江 kɔ̃^{31}	溪 tɕʰi^{31}	小水沟 ɕiə^{42} ɕy^{42} kə^{51}
41 椒江	江 kɔ̃^{42}	溪 tɕʰi^{35} 小	水沟 sɥ^{42} tɕio^{35} 小
42 黄岩	江 kɔ̃^{32}	溪坑 tɕʰi^{35} kʰã^{32}	沟 tɕio^{35} 小
43 温岭	港 kɔ̃^{42}	溪 tɕʰi^{15} 小 溪坑 tɕʰi^{55} kʰã^{31}	小水沟 ɕiɔ^{42} ɕy^{42} tɕiɤ^{15} 小
44 仙居	大溪 do^{33} tɕʰi^{334}	坑 kʰã^{55} 调殊	水坑 ɕy^{31} kʰã^{55}

续表

方言点	0034 江大的河	0035 溪小的河	0036 水沟儿较小的水道
45 天台	江 kɔ^{33}	溪 kʰi^{33}	水沟 ɕy^{32} keu^{33} 水坑 ɕy^{32} kʰa^{33}
46 三门	江 kɔ^{334}	溪 tɕʰi^{334}	峡沟 gɐʔ^{2} kɤɯ^{52}
47 玉环	江 kɔ̃^{42}	溪 tɕʰi^{42}	央⁼沟等⁼ ia^{33} kiɤ^{33} təŋ^{53}
48 金华	大溪 tuɤ^{53} tɕʰie^{55}	小溪 siɑo^{55} tɕʰie^{334}	渎 doʔ^{212} 水渎 ɕy^{55} doʔ^{212}
49 汤溪	港 kɔ^{535}	溪 tɕʰie^{24}	坑 kʰa^{24}
50 兰溪	溪 tɕʰie^{334}	溪 tɕʰie^{334}	水坑 ɕy^{55} kʰæ̃^{334}
51 浦江	港 kõ^{53}	溪滩 tɕʰi^{55} tʰɑ̃^{334}	水埂 ɕy^{33} kɛ̃^{53}
52 义乌	长江 dzɯa^{22} kŋʷ^{45}	溪 tɕʰi^{335}	水沟 ɕy^{45} kɐɯ^{335}
53 东阳	港 kɔ^{44}	溪 tɕʰi^{334}	水圳 sɿ^{45} iʊ^{53}
54 永康	溪 tɕʰie^{55}	溪 tɕʰie^{55}	水圳 ʑy^{31} ye^{52}
55 武义	江 kɑŋ^{24}	溪 tɕʰie^{24}	水沟 ɕy^{53} kɑu^{24}
56 磐安	江 kɒ^{445}	溪 tɕʰi^{445}	水坑儿 ɕy^{55} kʰɛn^{445}
57 缙云	溪 tɕʰi^{44}	坑 kʰa^{44}	水坑 sʮ^{51} kʰa^{44}
58 衢州	大溪 du^{231} tsʰɿ^{32} 旧 港 kɑ̃^{35} 今，较小 江 kɑ̃^{32} 今，较大	细溪 ɕiɑ^{53} tsʰɿ^{32}	坑 tɕʰiã^{32} 水坑 ʃy^{35} tɕʰiã^{32}
59 衢江	大溪 dou^{22} tɕʰie^{33} 较小 江 kɑ̃^{33} 较大	溪 tɕʰie^{33}	细坑 ɕie^{33} kʰɛ^{33} / ɕie^{33} kʰɛ^{25}
60 龙游	大溪 du^{22} tɕʰi^{334} 江 tɕiã^{334}	细溪 ɕiɑ^{33} tɕʰi^{334}	细坑 ɕiɑ^{33} kʰɛ^{334}
61 江山	大溪 do^{22} tɕʰiə^{44} 江 kiaŋ^{44}	溪 tɕʰiə^{44} 溪坑 tɕʰiə^{44} kʰaŋ^{44}	水沟 y^{44} kɯ^{44} 圳沟 yɛ̃^{44} kɯ^{44}
62 常山	大溪 dɔ^{22} tɕʰie^{44}	溪 tɕʰie^{44}	水沟 y^{43} kɤ^{44}
63 开化	江 kɔŋ^{44} / tɕiã^{44}	溪 tɕʰiɛ^{44}	水沟 y^{44} kɯ^{44}
64 丽水	大溪 du^{22} tsʰɿ^{224} 老 江 kɔŋ^{224} 新	溪 tsʰɿ^{224}	阳沟渎儿 iã^{44} kɯ^{44} tɔŋ^{52} 老 水沟 sʮ^{44} kɯ^{224} 新
65 青田	江 ko^{445}	溪 tsʰɿ^{445}	水夹圳 sʮ^{33} kaʔ^{4} yɐ^{22}

续表

方言点	0034 江大的河	0035 溪小的河	0036 水沟儿较小的水道
66 云和	江 kɔ̃^{24}	溪 ts^{h}ɿ^{24}	水圳夹$^{=}$ sɥ^{44} yɛ^{44} kɔʔ^{5}
67 松阳	江 koŋ^{53}	溪 ts^{h}ɿə^{53}	冷水坑 laŋ^{21} ɕy^{24} k^{h}ã^{53}
68 宣平	大溪 do^{43} ts^{h}ɿ^{324}	溪 ts^{h}ɿ^{324}	水路 ɕy^{44} lu^{231} 阳沟 iɑ̃^{43} kɯ^{324}
69 遂昌	江 kɔŋ^{45}	溪 tɕ^{h}iɛ^{45}	坑 tɕ^{h}iaŋ^{45}
70 龙泉	江 kɔŋ^{434}	溪 tɕ^{h}i^{434}	坑圳 k^{h}aŋ^{44} yo^{45} 山坑 saŋ^{44} k^{h}aŋ^{434}
71 景宁	江 kɔŋ^{324}	溪 tɕ^{h}i^{324} 坑 k^{h}ɛ^{324}	水□ ɕy^{33} əɯ^{35}
72 庆元	江 kɔ̃^{335}	溪 tɕ^{h}iᴇ^{335}	水坑 ɕy^{33} k^{h}æ̃^{335}
73 泰顺	溪 ts^{h}ɿ^{213}	坑 k^{h}ã^{33} 小	坑儿儿 k^{h}ã^{33} ȵiŋ^{33}
74 温州	港 kuɔ^{25}	溪坑 ts^{h}ɿ^{33} k^{h}iɛ^{33}	河峡儿 vu^{31} ga^{13} ŋ^{5}
75 永嘉	港 kɔ^{45}	溪 ts^{h}ɿ^{44}	水夹渎 sɥ^{33} ka^{45} dəu^{213}
76 乐清	港 kɔ^{35}	溪坑 tɕ^{h}i^{44} k^{h}a^{44}	河夹 o^{24} ka^{323}
77 瑞安	港 ko^{35}	溪坑 tɕ^{h}i^{33} k^{h}a^{44}	渎 dou^{212}
78 平阳	江 ko^{55}	溪坑 tɕ^{h}i^{33} k^{h}ᴀ^{55}	水沟 sʉ^{45} kau^{55}
79 文成	江 kuo^{55}	溪坑 tɕ^{h}i^{33} k^{h}a^{33}	水沟 sɵy^{33} kau^{33}
80 苍南	江 ko^{44}	溪坑 tɕ^{h}i^{33} k^{h}ia^{44}	水沟 ɕy^{42} kau^{44} 水渎 ɕy^{33} du^{112}
81 建德徽	大溪 t^{h}u^{55} tɕ^{h}i^{53}	磡$^{=}$板$^{=}$ k^{h}ɛ^{21} pɛ^{55}	水沟 ɕye^{55} kɤɯ^{53}
82 寿昌徽	江 kɑ̃^{112}	溪 tɕ^{h}i^{112}	水坑 ɕyei^{33} k^{h}æ̃^{112}
83 淳安徽	江 kɑ̃^{24}	溪 tɕ^{h}i^{24}	水沟 ɕya^{55} kɯ^{24}
84 遂安徽	江 koŋ^{534}	溪 tɕ^{h}iɛ^{534}	水沟 ɕy^{21} kəɯ^{33}
85 苍南闽	江 kan^{55}	溪 k^{h}ue^{55}	水沟囝 tsui^{33} kau^{55} kã^{43}
86 泰顺闽	江 ko^{213}	溪 k^{h}ei^{213}	水沟 tɕy^{344} kau^{213}
87 洞头闽	江 kaŋ^{33}	溪 k^{h}ue^{33}	水沟仔 tsui^{21} kau^{21} ua^{53}
88 景宁畲	江 kɔŋ^{44}	坑 xaŋ^{44}	水沟崽 ɕy^{55} kau^{44} tsuoi^{55} 小

方言点	0037 湖	0038 池塘	0039 水坑儿地面上有积水的小洼儿
01 杭州	湖 u^{213}	池塘 dzɿ^{22}daŋ^{45} 潭塘 duo^{22}daŋ^{45} 塘 daŋ^{213}	水汪凼 suei^{55}uaŋ^{33}daŋ^{0}
02 嘉兴	湖 vu^{242}	池塘 zɿ^{21}dᴀ̃^{33}	水潭 sɿ^{33}də^{42}
03 嘉善	湖 u^{132}	荡 dã^{113}	水潭 sɿ^{44}dø^{53}
04 平湖	湖 u^{31}	池塘 zɿ^{24}dɑ̃^{53}	水潭 sɿ^{44}dø^{53}
05 海盐	湖 u^{31}	池塘 zɿ^{24}dɑ̃^{53}	水潭 sɿ^{53}dɤ^{31}
06 海宁	湖 u^{13}	池潭 zɿ^{33}dei^{55}	水潭 sɿ^{55}dei^{55}
07 桐乡	湖 u^{13}	篓⁼潭 lɤɯ^{242}dᴇ^{44}	水潭 sɿ^{53}dᴇ^{44}
08 崇德	湖 u^{13}	篓⁼潭 lɤɯ^{55}dᴇ^{0}	水潭 sɿ^{55}dᴇ^{0}
09 湖州	漾塘 iã^{33}dã^{35}	塘 dã^{231}	水坑潭 sei^{53}kʰã^{0}dɛ^{13}
10 德清	湖 u^{113}	池塘 zɿ^{11}dã^{13}	水坑潭 sɿ^{53}kʰã^{42}døʉ^{0}
11 武康	湖 u^{113}	水塘塘 sɛ^{44}dã^{53}dã^{0}	水坑潭 sɛ^{44}kʰã^{53}dø^{0}
12 安吉	湖 vu^{22}	塘 dɔ̃^{22}	水汪凼 se^{52}uɔ̃^{0}dɔ̃^{21}
13 孝丰	湖 u^{22}	塘 dɔ̃^{22}	水凼 se^{45}dɔ̃^{21}
14 长兴	湖 vu^{12}	濠潭 ɔ^{12}dɯ^{33}	水坑潭 sei^{45}kʰã^{55}dɯ^{21}
15 余杭	湖 u^{22}	塘里 dɑ̃^{33}li^{31}	水潭乌⁼儿 sɛ^{53}døʏ^{13}u^{55}n^{0}
16 临安	湖 u^{33}	池塘 dzɿ^{33}da^{13}	水汪凼 sɿ^{55}uɑ̃^{55}dɑ̃^{31}
17 昌化	湖 u^{112}	池塘 zɿ^{11}dɔ̃^{112}	水墩⁼ sei^{45}tɛ̃^{334}
18 於潜	湖 u^{223}	水塘 ɕy^{53}daŋ^{31}	水汪凼 ɕy^{53}uaŋ^{433}daŋ^{53}
19 萧山	湖 u^{355}	池塘 dzɿ^{21}dɔ̃^{33}	水坑 sɿ^{33}kʰã^{21}
20 富阳	湖 u^{13}	塘 dɑ̃^{13}	水汪凼 ɕyɛ^{53}uɑ̃^{55}dɑ̃^{53}
21 新登	湖 u^{233}	塘 dɑ̃^{233}	水潭 sɥ^{334}tɛ̃^{45}
22 桐庐	湖 u^{13}	池塘 dzɿ^{21}dã^{13}	水坑 ɕyᴇ^{33}kʰã^{35}
23 分水	湖 u^{22}	塘 dã^{53}	水汪凼 sue^{44}uã^{44}dã^{21}

续表

方言点	0037 湖	0038 池塘	0039 水坑儿地面上有积水的小洼儿
24 绍兴	湖 u^{231}	池 dzɿ^{231} 池塘 dzɿ^{22}dɑŋ^{231} 塘 dɑŋ^{231}	水汪凼 sɿ^{44}uɑŋ^{33}dɑŋ^{31}
25 上虞	湖 vu^{213}	池 dzɿ^{213}	水汪凼 sɿ^{33}uɔ̃^{33}dɔ̃^{31}
26 嵊州	湖 u^{213}	塘 dɔŋ^{213}	水汪凼 sɿ^{33}uɔŋ^{44}dɔŋ^{31}
27 新昌	湖 u^{22}	塘 dɔ̃^{22}	水埂 sɿ^{33}gaŋ^{232}
28 诸暨	湖 vu^{13}	塘 dɑ̃^{13}	水汪墩$^{=}$ sɿ^{42}vɑ̃^{33}tɛn^{21}
29 慈溪	湖 vu^{13}	池塘 dzɿ^{11}dɔ̃^{13}	水汪窞 sɿ^{33}uɔ̃^{44}də^{35}
30 余姚	湖 vu^{13}	池塘 dzɿ^{13}dɔŋ^{0}	水汪田 sɿ^{44}uɔŋ^{44}diẽ^{13}
31 宁波	湖 vu^{13}	池塘 dʑi^{22}dɔ^{53}	水明汤 sʮ^{44}miŋ^{13}tʰɔ^{44}
32 镇海	湖 u^{24}	造$^{=}$ zɔ^{24}	水□堆$^{=}$ sʮ^{33}tʰã^{33}tei^{33}
33 奉化	湖 vu^{33}	池塘 zɿ^{33}dɔ̃^{31}	水头$^{=}$ sʮ^{44}dæi^{33}
34 宁海	湖 vu^{213}	塘 dɔ̃^{213}	水凼 sʮ^{33}dɔ̃^{31}
35 象山	湖 vu^{31}	池 dzɿ^{31}	水蟹$^{=}$塘 sʮ^{44}ha^{44}dɔ̃^{31}
36 普陀	湖 u^{24}	池塘 dzɿ^{33}dɔ̃^{53}	水坑 sʮ^{55}kʰã^{55}
37 定海	湖 u^{23}	池 dzɿ^{23}	水滩 sʮ^{44}tʰɐi^{44}小
38 岱山	湖 u^{23}	河 ʌu^{23}	水潭 sʮ^{44}dɐi^{44}
39 嵊泗	湖 u^{243}	河 ʌu^{243}	水滩 sʮ^{44}tʰœʏ^{44} 水坑 sʮ^{44}kʰã^{44}
40 临海	湖 u^{21}	塘 dɔ̃^{21}	水窟 ɕy^{42}kʰuəʔ^{5} 水窟凼 ɕy^{42}kʰuəʔ^{2}dɔ̃^{353}小
41 椒江	湖 u^{31}	塘 dɔ̃^{31}	水窟 sʮ^{42}kʰuəŋ^{51}小 水窟凼 sʮ^{42}kʰuəʔ^{5}dɔ̃^{31}
42 黄岩	湖 u^{121}	塘 dɔ̃^{121}	水窟凼 sʮ^{42}kʰuoʔ^{3}dɔ̃^{24}小
43 温岭	湖 u^{31}	池 dzɿ^{24}小 塘 dɔ̃^{24}小	水窟 ɕy^{42}kʰuən^{51}小

续表

方言点	0037 湖	0038 池塘	0039 水坑儿(地面上有积水的小洼儿)
44 仙居	湖 u^{213}	塘 dɑ̃^{213}	水窟凼 ɕy^{31}kʰuəʔ^{3}dɑ̃^{353}小
45 天台	湖 vu^{224}	塘 dɔ^{224}	小水凼 ɕiau^{32}ɕy^{32}dɔ^{51}
46 三门	湖 u^{113}	池塘 dzɿ^{13}dɔ^{31}	水坑 sɥ^{32}kʰɛ^{334} 水凼 sɥ^{32}dɔ^{252}
47 玉环	湖 u^{31}	池 dzɿ^{24}小	水窟儿 ɕy^{42}kʰuəŋ^{53}
48 金华	湖 u^{313}	塘 dɑŋ^{313}	水堰⁼凼 ɕy^{55}ie^{55}dɑŋ^{313}
49 汤溪	湖 u^{11}	塘 dɔ^{11}	水凼 ɕyei^{52}nã^{52}
50 兰溪	湖 u^{21}	塘 dɑŋ^{21}	水凼 ɕy^{55}tɑŋ^{55}
51 浦江	湖 u^{113}	塘 dõ^{113}	水等⁼ ɕy^{33}tən^{53}
52 义乌	湖 u^{213}	塘 dŋʷ^{213}	水等⁼ ɕy^{45}nən^{335}
53 东阳	湖 u^{213}	塘 dɔ^{213}	水凼 sɿ^{33}tɐn^{53}
54 永康	湖 u^{22}	塘 dɑŋ^{22}	水凼 ʑy^{31}nəŋ^{334}
55 武义	湖 u^{324}	塘 dɑŋ^{324}	水凼 ɕy^{53}nen^{445}
56 磐安	湖 u^{213}	塘 dɒ^{213}	水凼 ɕy^{55}tɐn^{445}
57 缙云	湖 vu^{243}	塘 dɔ^{243}	水凼 sɥ^{51}naŋ^{51} 水孔凼 sɥ^{51}kʰɔ̃ũ^{51}dɔ^{243}
58 衢州	湖 u^{21}	塘 dɑ̃^{21}	短⁼ tə̃^{35}
59 衢江	湖 u^{212}	塘 dɑ̃^{212}	坑 kʰɛ^{33}
60 龙游	湖 u^{21}	塘 dã^{21}	坑 kʰɛ^{334}
61 江山	湖 uə^{213}	塘 daŋ^{213}	水坑 y^{44}kʰaŋ^{44}
62 常山	湖 uə^{341}	塘 dã^{341}	水坑 y^{43}kʰĩ^{44}
63 开化	湖 uo^{231}	水塘 y^{53}dɔŋ^{231}	水坑 y^{44}kʰã^{44}
64 丽水	湖 u^{22}	塘 dɔŋ^{22} 水塘 sɥ^{44}dɔŋ^{22}	水过⁼凼 sɥ^{44}kuo^{44}ten^{52}
65 青田	湖 vu^{21}	水塘 sɥ^{55}do^{21}	水凼 sɥ^{33}ɗaŋ^{454}
66 云和	湖 u^{312}	塘 dɔ̃^{312}	水窟凼 sɥ^{44}kʰuɛʔ^{4}dɔ̃^{312}

续表

方言点	0037 湖	0038 池塘	0039 水坑儿地面上有积水的小洼儿
67 松阳	湖 uə^{31}	塘 doŋ^{31}	水窟凼 ɕy^{33}kʰuɔʔ^{3}doŋ^{31}
68 宣平	湖 u^{433}	塘 dɔ̃^{433}	水凼 ɕy^{44}tən^{445}
69 遂昌	湖 uə^{221}	池塘 zɤ^{22}dəŋ^{213}	水窟凼 y^{53}kʰuɛʔ^{5}dəŋ^{221}
70 龙泉	湖 uɤɯ^{21}	塘 dəŋ^{21}	水窟凼 y^{21}kʰuoʔ^{3}dəŋ^{21}
71 景宁	湖 u^{41}	水塘 ɕy^{33}dəŋ^{41}	水窟 ɕy^{55}kʰuœʔ^{5}
72 庆元	湖 uɤ^{52}	水塘 ɕy^{33}tɔ̃^{52}	水窟凼 ɕy^{33}kʰuɤʔ^{5}tɔ̃^{52}
73 泰顺	湖 uø^{53}	塘 tɔ̃^{53}	水窟 ɕy^{22}kʰuɛʔ^{5}
74 温州	湖 vu^{31}	池 dzei^{31}	水凼 sɿ^{42}taŋ^{25}
75 永嘉	湖 u^{31}	池 dzɿ^{31}	水凼 sʮ^{53}taŋ^{45}
76 乐清	湖 vu^{31}	池 dʑi^{31}	水凼 sy^{42}taŋ^{35}
77 瑞安	湖 vɯ^{31}	池 dzei^{31} 塘 do^{31}	水凼 səɯ^{31}taŋ^{35}
78 平阳	湖 vu^{242}	池塘 dʑi^{21}do^{13}	水凼 sʉ^{33}taŋ^{45}
79 文成	湖 vu^{113}	水塘 səy^{22}do^{113}	水凼 səy^{33}daŋ^{45}
80 苍南	湖 u^{31}	夹凼 ka^{3}taŋ^{42}较小 水夹 ɕy^{33}ka^{223}较大	水凼 ɕy^{53}taŋ^{42}
81 建德徽	湖 u^{33}	塘 to^{33}	水凼 ɕye^{55}to^{213}
82 寿昌徽	湖 u^{52}	塘 tʰɑ̃^{52}	水凼 ɕyei^{33}tɑ̃^{24}
83 淳安徽	湖 u^{435}	塘 tʰɑ̃^{435}	水坑 ɕya^{55}kʰɑ̃^{55}
84 遂安徽	湖 vu^{33}	塘 tʰoŋ^{33}	水洞 ɕy^{21}toŋ^{24} 坑 kɑ̃^{213}
85 苍南闽	湖 ɔ^{24}	池塘 ti^{21}taŋ^{24}	水窟团 tsui^{33}kʰuə^{33}kã^{43}
86 泰顺闽	湖 fv^{22}	水塘 tɕy^{344}to^{22}	水窟 tɕy^{21}kʰuøʔ^{5}
87 洞头闽	湖 ɔ^{113}	水池 tsui^{33}ti^{24}	水窟仔 tsui^{21}kʰuət^{21}la^{53}
88 景宁畲	湖 xu^{22}	水塘 ɕy^{55}tʰaŋ^{22}	水塘崽 ɕy^{55}tʰaŋ^{22}tsoi^{55}小

方言点	0040 洪水	0041 淹被水～了	0042 河岸
01 杭州	洪水 oŋ^{22}suei^{53}	淹 iɛ^{334}	河岸 əu^{22}ɛ^{45}
02 嘉兴	大水 dou^{13}sɿ^{21}	没 məʔ^{5}	浜岸 pᴀ̃^{33}ə^{21}
03 嘉善	大水 du^{35}sɿ^{0}	没 mɜʔ^{2}	河滩头 u^{13}tʰɛ^{35}də^{31}小
04 平湖	大水 du^{24}sɿ^{0}	頷 vəʔ^{5} 没 məʔ^{23}	河滩头 u^{24}tʰɛ^{0}dəɯ^{0}
05 海盐	大水 du^{13}sɿ^{21}	没 mɔʔ^{23}	河滩头 u^{24}tʰɛ^{55}de^{21}
06 海宁	大水 dəu^{33}sɿ^{55}	没 məʔ^{2}	河滩头 u^{33}tʰe^{55}dəɯ^{31} 浜岸 pɑ̃^{55}e^{55}
07 桐乡	大水 dəu^{21}sɿ^{53}	没 məʔ^{23}	河滩头 u^{13}tʰɛ^{44}dɤɯ^{44}
08 崇德	大水 du^{21}sɿ^{53}	没 məʔ^{23}	河滩头 u^{21}tʰɛ^{44}dɤɯ^{44}
09 湖州	大水 dəu^{33}sei^{35}	没 məʔ^{2}	浜岸 pã^{44}ɛ^{44}
10 德清	大水 dəu^{11}sɿ^{35}	没 məʔ^{2}	河滩头 u^{11}tʰɛ^{21}døʉ^{13}
11 武康	大水 du^{11}sɛ^{35}	没 məʔ^{2}	河滩头 u^{11}tʰɛ^{33}dø^{35}
12 安吉	大水 dʊ^{21}se^{213}	没 məʔ^{23}	河岸 ʊ^{22}ŋᴇ^{213}
13 孝丰	大水 du^{21}se^{52}	没 məʔ^{23}	溪滩边浪$^{=}$ tɕʰi^{44} tʰɛ^{44} piɪ^{44}lɔ̃^{44}
14 长兴	大水 dəu^{21}sei^{24}	没 maʔ^{2}	港边浪$^{=}$ kɔ̃^{52}pi^{44}lɔ̃^{44}
15 余杭	大水 du^{33}sɛ^{35}	没 moʔ^{2}	河滩边爿 u^{33}tʰɛ^{53}piẽ^{53}bɛ^{13}
16 临安	大水 duo^{33}sɿ^{55}	頷 uɔʔ^{5}	坑岸 kʰɑ̃^{53}ŋə^{13}
17 昌化	洪水 əŋ^{11}sei^{453} 大水 dɯ^{23}sei^{53}	满 mɛ̃^{243}	溪塔$^{=}$边 tsʰɿ^{33}tʰaʔ^{5}piɪ̃^{334}
18 於潜	大水 da^{24}ɕy^{53}	没 mæʔ^{23}	磡边 kʰaŋ^{43}pie^{433}
19 萧山	洪水 oŋ^{13}sɿ^{33}	没 məʔ^{13}	河边 o^{13}pie^{33}
20 富阳	大水 dʊ^{224}ɕyɛ^{335}	没 moʔ^{2}	港边浪$^{=}$ kɑ̃^{423}piɛ̃^{55}lɑ̃^{53}
21 新登	大水 du^{21}zɥ^{13}	没 məʔ^{2}	岸浪$^{=}$ ɛ̃^{21}lɑ̃^{13}
22 桐庐	大水 du^{13}ɕyᴇ^{55}	頷 uəʔ^{5}	岸边头 ŋã^{13}pie^{55}dei^{33}
23 分水	大水 da^{22}sue^{53}	没 məʔ^{12}	河边 xo^{21}piɛ̃^{44}
24 绍兴	大水 do^{22}sɿ^{334}	潭湿 dø̃^{22}sɛʔ^{5}	河磡沿 o^{22}kʰẽ^{44}iẽ^{31}

续表

方言点	0040 洪水	0041 淹被水～了	0042 河岸
25 上虞	大水 dʊ^{21}sɿ^{35}	潭 dø̃^{31}	河沿 o^{21}iẽ^{213}
26 嵊州	大水 do^{24}sɿ^{334}	潭 dœ̃^{24}	河岸头 o^{22}ŋœ̃^{44}dʏ^{31}
27 新昌	大水 dɤ^{22}sɿ^{335}	頞 ueʔ^{5}	磡 kʰœ̃^{335}
28 诸暨	大水 dɤu^{21}sɿ^{42}	没 moʔ^{13}	港水边 kɑ̃^{42}sɿ^{42}pie^{21}
29 慈溪	大水 dəu^{11}sɿ^{44}	浸 tɕiŋ^{44}	燥沿 sɔ^{44}iẽ^{44}
30 余姚	山洪 sã^{44}uŋ^{13}	没 miəʔ^{2}	河岸 o^{13}ȵiẽ^{13}
31 宁波	大水 dəu^{13}sʮ^{44}	浸 tɕiŋ^{44}	河磡 əu^{13}kʰi^{53}
32 镇海	大水 dəu^{22}sʮ^{53}	浸 tɕiŋ^{53}	河边头 əu^{22}pi^{33}dei^{24}
33 奉化	大水 dəu^{31}sʮ^{53}	浸 tɕiŋ^{53}	河边沿 o^{33}pi^{44}i^{33}
34 宁海	大水 dəu^{22}sʮ^{53}	揾 uəŋ^{35}	河沿头 həu^{21}ȵie^{31}diu^{213}
35 象山	洪潮 oŋ^{31}dʑio^{13} 山洪 sɛ^{44}oŋ^{13}	没 moʔ^{2}	河岸 əu^{31}ȵi^{13}
36 普陀	洪水 oŋ^{33}sʮ^{45}	满 mø^{23}	河边头 əu^{24}pi^{33}deu^{0}
37 定海	大水 dʌu^{11}sʮ^{44}	满 mø^{13}调殊	河边头 ʌu^{33}pi^{44}dɐi^{44}
38 岱山	大水 dʌu^{11}sʮ^{44}	满 mø^{213}调殊	河边头 ʌu^{31}pi^{0}lɐi^{0} "头"声殊
39 嵊泗	大水 dʌu^{11}sʮ^{45}	满 mʏ^{213}调殊	河边沿 ʌu^{33}pi^{44}i^{44}
40 临海	大水 do^{22}ɕy^{52}	没 məʔ^{23}	河横边 o^{22}uã^{22}pi^{51}
41 椒江	大水 dəu^{22}sʮ^{42}	没 mɛʔ^{2}	河磡头 u^{22}tɕʰie^{33}dio^{24}小
42 黄岩	大水 dou^{13}sʮ^{42}	没 məʔ^{2}	河磡头 e^{13}kʰən^{33}dio^{24}小
43 温岭	大水 du^{13}ɕy^{42}	没 məʔ^{2}	河近磡头 ɯ^{13}dʑin^{13} tɕʰie^{33}dɤ^{24}小
44 仙居	大水 do^{21}ɕy^{324}	酿$^{=}$ ȵia^{24}	岸 ø^{24}
45 天台	大水 dou^{55}ɕy^{325}	满 mø^{325} 浸 tɕiŋ^{55}	溪滩 kʰi^{33}tʰe^{33}
46 三门	大水 dʊ^{23}sʮ^{325}	没 mɐʔ^{23}	河岸 ʊ^{13}ɛ^{55}
47 玉环	大水 dəu^{22}ɕy^{42}	没 mɐʔ^{2}	河磡 u^{22}tɕʰie^{55}

续表

方言点	0040 洪水	0041 淹被水～了	0042 河岸
48 金华	大水 tuɤ^{53} ɕy^{535}	頚 uəʔ^{4}	磡 kʰɤ^{55} 老 岸 ɤ^{14} 新
49 汤溪	大水 duɤ^{11} ɕyei^{535}	頚 uə^{55}	岸 ɤ^{341}
50 兰溪	大水 tuɤ^{55} ɕy^{55}	頚 uɑʔ^{34}	岸上 ɤ^{24} ɕiɑŋ^{0}
51 浦江	大水 duɯ^{11} ɕy^{53}	頚 uə^{423} 淹 iɑ̃^{55}	塍 ziən^{113}
52 义乌	大水 duɤ^{24} ɕy^{423}	頚 uə^{324}	河磡 uɤ^{22} kʰɯ^{45}
53 东阳	大水 dʊ^{23} sɿ^{33}	頚 ua^{334}	溪口 tɕʰi^{33} kʰɯ^{53}
54 永康	大水 duo^{31} ɕy^{334}	满 muo^{113}	溪岸 tɕʰie^{33} ŋɤ^{52}
55 武义	大水 duo^{53} ɕy^{445}	頚 uo^{53}	溪边儿沿 tɕʰie^{55} min^{32} ȵie^{53}
56 磐安	大水 tuɤ^{55} ɕy^{334}	頚 uɛ^{334}	燥滩儿 so^{33} tʰɒn^{445}
57 缙云	大水 du^{21} sɥ^{51}	没 mɛ^{13}	岸 uɛ^{213}
58 衢州	大水 du^{231} ʃy^{35}	揾 uən^{53}	岸 ə̃^{231}
59 衢江	大水 dou^{22} ɕy^{25}	揾 uɛ^{53}	大溪边 dou^{22} tɕʰie^{33} pie^{33} 坑边 kʰɛ^{33} pie^{33}
60 龙游	大水 du^{22} suei^{35}	揾 uei^{51}	溪边 tɕʰi^{33} pie^{334} 坑边 kʰɛ^{33} pie^{334}
61 江山	大水 do^{22} y^{241}	揾 uɛ̃^{51}	大溪磡 do^{22} tɕʰiə^{24} kʰɒŋ^{51} 大堹 do^{22} tioŋ^{51}
62 常山	大水 dɔ^{22} y^{52}	揾 uɔ̃^{324}	岸 ɔ̃^{324}
63 开化	大水 dɔ^{21} y^{53}	揾 uõ^{412}	岸 ŋɔŋ^{213}
64 丽水	大水 du^{22} sɥ^{544}	没 mɛʔ^{23} 浸 tsen^{52} 頚 ueʔ^{5}	岸 uɛ^{131}
65 青田	大水 du^{22} sɥ^{454}	没 moʔ^{31}	溪边 tsʰɿ^{33} ɓiɑ^{445}
66 云和	大水 du^{223} sɥ^{41}	浸 tsəŋ^{45} 頚 ueiʔ^{5}	岸 uɛ^{223}
67 松阳	大水 du^{22} ɕy^{212}	浸 tɕin^{24}	溪岸 tsʰɿə^{24} uɛ̃^{13}

续表

方言点	0040 洪水	0041 淹被水～了	0042 河岸
68 宣平	大水 do^{22} ɕy^{445}	頞 uəʔ^{5} 漾 iɑ̃^{231}	溪沿 tsʰɿ^{44} iɛ^{433} 溪边 tsʰɿ^{44} piɛ^{324}
69 遂昌	大水 du^{13} y^{533}	浸 tsəŋ^{334}	岸 uɛ̃^{213}
70 龙泉	大水 dou^{21} y^{51}	□ dɛn^{224}	岸燥 uo^{21} sɑʌ^{45}
71 景宁	大水 do^{55} ɕy^{33} 洪水 ŋ^{55} ɕy^{33}	頞 uœʔ^{5}	岸 uœ^{113}
72 庆元	大水 to^{33} ɕy^{33}	埋 mæ̃^{52}	溪沿 tɕʰiᴇ^{33} iɛ̃^{52}
73 泰顺	大水 to^{21} ɕy^{55}	浸 tsəŋ^{35}	溪沿 tsʰɿ^{22} iɛ^{213}
74 温州	大水 dɤu^{31} sɿ^{25}	满 mø^{14}	岸 y^{22}
75 永嘉	大水 dəu^{31} sɥ^{45}	满 mø^{13}	河磡 u^{22} kʰø^{45}
76 乐清	大水 du^{31} sy^{35}	没 mɤ^{212}	岸 ø^{22}
77 瑞安	大水 dou^{31} səɯ^{35}	满 mø^{13}	河沽 vɯ^{31} kɯ^{35}
78 平阳	洪水 oŋ^{13} sʉ^{35}	满 mɵ^{45}	岸 ɵ^{35}
79 文成	大水 dou^{42} sɵy^{45}	没 mø^{12}	溪边 tɕʰi^{33} pie^{33}
80 苍南	洪潮 oŋ^{11} dʑyɔ^{24} 洪水 oŋ^{31} ɕy^{53}	满 mø^{53}	河岸 u^{31} ø^{11}
81 建德徽	大水 tʰu^{55} ɕye^{213}	頞 uɐʔ^{5}	磡 kʰɛ^{33} 小河的 岸 ŋɛ^{55} 大河的
82 寿昌徽	大水 tʰu^{33} ɕyei^{24}	頞 uəʔ^{3}	岸 ŋiɛ^{33}
83 淳安徽	大水 tʰu^{53} ɕya^{21}	頞 viʔ^{5}	岸 ɑ̃^{53}
84 遂安徽	大水 tʰəɯ^{55} ɕy^{21}	漫 mɑ̃^{52}	溪边 tɕʰiɛ^{52} piɛ̃^{52}
85 苍南闽	大水 tɔ^{21} tsui^{43}	埋 bai^{24}	河岸 hɔ^{21} hũã^{21}
86 泰顺闽	大水 ta^{21} tɕy^{344}	浸 tsieŋ^{53}	河岸 oi^{21} ŋæŋ^{31}
87 洞头闽	大水 tua^{21} tsui^{53}	满 mũã^{53} □ tu^{21}	河岸 ho^{21} hũã^{21}
88 景宁畲	大水 tʰɔi^{51} ɕy^{325}	□ ti^{51}	坑墘 xaŋ^{44} kien^{445}

方言点	0043 坝拦河修筑拦水的	0044 地震	0045 窟窿小的
01 杭州	堤 di^{213} 较小 坝 pa^{45} 较大	地震 di^{13}tsəŋ^{53}	洞眼 doŋ^{13}ŋɛ^{53}
02 嘉兴	坝 po^{224}	地震 di^{24}tsəŋ^{21}	洞洞 doŋ^{21}doŋ^{13}
03 嘉善	坝 po^{334}	地震 di^{22}tsən^{35}	眼眼 ŋɛ^{22}ŋɛ^{35}
04 平湖	坝 po^{334} 较大 堰 iɛ^{334} 较小	地震 di^{24}tsən^{0}	洞洞 doŋ^{21}doŋ^{13}
05 海盐	坝 po^{334} 较大 堰 iɛ^{334} 较小	地震 di^{13}tsən^{21}	洞洞 doŋ^{13}doŋ^{21}
06 海宁	坝 po^{55}	地震 di^{31}tsəŋ^{53}	洞眼 doŋ^{33}e^{31} 洞洞 doŋ^{33}doŋ^{31} 洞洞眼 doŋ^{33}doŋ^{33}e^{0}
07 桐乡	坝 po^{334}	地震 di^{21}tsəŋ^{334}	洞洞 doŋ^{21}doŋ^{213}
08 崇德	坝 po^{334}	地震 di^{21}tsəŋ^{334}	洞洞 doŋ^{21}doŋ^{13}
09 湖州	水闸 sei^{53}zaʔ^{2}	地震 di^{33}tsən^{35}	窟窿洞 kʰəu^{44}ləu^{0}doŋ^{44}
10 德清	水坝 sɿ^{53}puo^{0}	地震 di^{11}tsen^{13}	洞洞 doŋ^{11}doŋ^{35}
11 武康	水坝 sɛ^{35}puo^{53}	地震 di^{11}tsen^{35}	洞眼 doŋ^{11}ŋɛ^{13}
12 安吉	坝 pʊ^{324}	地震 di^{21}tsəŋ^{213}	洞眼 doŋ^{21}ŋᴇ^{213}
13 孝丰	坝 pʊ^{324}	地震 di^{21}tsəŋ^{324}	洞眼 doŋ^{21}ŋɛ^{52}
14 长兴	坝 pu^{324}	地震 dʅ^{21}tsəŋ^{24}	洞洞 doŋ^{21}doŋ^{24}
15 余杭	坝坞儿 puo^{53}u^{33}n^{31}	地震 di^{33}tsiŋ^{35}	洞 doŋ^{213}
16 临安	水坝 sɿ^{55}puo^{55}	地震 di^{33}tseŋ^{55}	窟窿洞 kʰu^{55}lu^{33}doŋ^{33}
17 昌化	坝 pa^{544}	地震 di^{23}tɕiəŋ^{544}	洞眼 dəŋ^{23}ŋɔ̃^{243}
18 於潜	堰 ɛ^{24}	地震 di^{24}tseŋ^{53}	洞眼 doŋ^{24}ŋɛ^{53}
19 萧山	坝 po^{42}	地震 di^{13}tsəŋ^{42}	洞 doŋ^{242}
20 富阳	坝 po^{335}	地震 di^{224}tsən^{335}	洞 doŋ^{224}
21 新登	坝 pa^{45}	地震 di^{13}tɕiŋ^{334}	洞 doŋ^{13}
22 桐庐	坝 po^{35}	地震 di^{13}tsəŋ^{35}	洞眼 doŋ^{13}ŋã^{55}
23 分水	河坝 xo^{21}pa^{24}	地震 di^{24}tsən^{24}	小洞 ɕiɔ^{44}doŋ^{24}
24 绍兴	水坝 sɿ^{44}po^{31}	地震 di^{22}tsẽ^{33}	洞眼 doŋ^{22}ŋɛ̃^{223}

续表

方言点	0043 坝拦河修筑拦水的	0044 地震	0045 窟窿小的
25 上虞	坝 po^{53}	鳌鱼动 ŋɔ^{21}ŋ^{213}doŋ^{31} 地震 di^{31}tsəŋ^{0}	洞眼 doŋ^{31}ȵiẽ^{213}
26 嵊州	坝 pa^{334}	地震 di^{24}tseŋ^{334}	洞眼 doŋ^{22}ŋɛ̃^{334}
27 新昌	坝 pa^{335}	地震 di^{22}tseŋ^{335}	洞 doŋ^{13}
28 诸暨	坝 po^{544}	地震 dʅ^{21}tsɛn^{42}	洞眼 dom^{33}ŋɛ^{242}
29 慈溪	堰 iẽ^{44}	鳌鱼翻身 ŋɔ^{11}ŋ^{13}fɛ̃^{33}səŋ^{35} 地震 di^{11}tsəŋ^{44}	洞眼 duŋ^{11}ȵiẽ^{13}
30 余姚	堰坝 iẽ^{44}po^{44} 坝 po^{44}	地震 di^{13}tsə̃^{53}	洞眼 duŋ^{13}ȵiẽ^{13}
31 宁波	碶 tɕʰi^{53}	地震 di^{22}tsoŋ^{44}	洞眼 doŋ^{22}ŋɛ^{13}
32 镇海	坝 po^{53}	地震 di^{22}tsoŋ^{53}	洞眼 doŋ^{22}ŋɛ^{24}
33 奉化	漏$^{=}$鼓$^{=}$ læi^{33}ku^{53}	出虫$^{=}$ tsʰoʔ^{2}dzoŋ^{31}	洞眼 doŋ^{31}ŋɛ^{24}
34 宁海	坝 po^{35}	鳌鱼转侧 ŋau^{23}ŋ^{0}tɕyø^{55}tsaʔ^{2}	洞眼 doŋ^{22}ȵie^{31}
35 象山	坝 po^{53}	鳌鱼转梭$^{=}$ ŋɔ^{31}ŋ^{13}tsɤɯ^{44} ləŋ^{13}	洞眼 doŋ^{31}ŋɛ^{31}
36 普陀	坝 po^{55}	地震 di^{11}tsoŋ^{55}	洞眼 doŋ^{11}ŋɛ^{55}
37 定海	坝 po^{44}	地震 di^{11}tsoŋ^{44}	洞眼 doŋ^{11}ŋɛ^{44}
38 岱山	坝 po^{44}	地震 di^{11}tsoŋ^{44}	洞眼 doŋ^{11}ŋɛ^{45}
39 嵊泗	坝 po^{53}	地震 di^{11}tsoŋ^{45}	洞眼 doŋ^{11}ŋɛ^{45}
40 临海	坝 po^{55}	地藏王转肩 di^{22}zɔ̃^{22}ɔ̃^{21} tɕyø^{42}tɕi^{31}	小洞 ɕiə^{42}doŋ^{51}
41 椒江	坝 po^{55}	地藏王转肩 di^{22}zɔ̃^{22}uɔ̃^{31} tsø^{42}tɕie^{42}	窟窿 kʰoʔ^{3}loŋ^{24}小
42 黄岩	坝 po^{55} 埭 da^{24} 砩 fi^{55}	地藏王转肩 di^{13}zɔ̃^{22}uɔ̃^{31} tsø^{42}tɕie^{32}	小洞 ɕiɔ^{42}doŋ^{41}小
43 温岭	坝 po^{55}	地鳌转肩 di^{13}ŋɔ^{24}tɕyø^{42}tɕie^{33}	窟儿 kʰuən^{51}
44 仙居	坝头 ɓo^{53}dəɯ^{0}	地震 di^{24}tsen^{55}	洞 doŋ^{24}
45 天台	大坝 dou^{33}pa^{55}	地震 di^{33}tɕiŋ^{55}	洞 duŋ^{35}

续表

方言点	0043 坝拦河修筑拦水的	0044 地震	0045 窟窿小的
46 三门	坝头 pa^{44}dɤɯ^{445}	地震 di^{23}tsəŋ^{55}	洞 doŋ^{243}
47 玉环	坝 po^{55}	地牛转肩 di^{22}ŋiɤ^{24}tɕyø^{53}tɕie^{42}	小洞 ɕiɔ^{42}doŋ^{41}小
48 金华	坝 pɑ^{55}	地震 di^{14}tsəŋ^{55}	窟窿 kʰoʔ^{4}loŋ^{535}
49 汤溪	坝 pɤa^{52}	地震 di^{11}tɕiã^{52}	洞 dɑo^{341}
50 兰溪	坝 pɑ^{45}	地震 di^{24}tɕiæ̃^{45}	洞 doŋ^{24}
51 浦江	堰 iẽ^{55} 坝 pɑ^{55}	地震 di^{24}tsən^{0}	洞 dən^{24}
52 义乌	坝 pɯa^{45}	地震 di^{22}tsən^{45}	洞 doŋ^{24}
53 东阳	坝 po^{453}	地震 di^{22}tsɐn^{53}	（无）
54 永康	坝 ɓuɑ^{52}	地震 di^{31}tsəŋ^{52}	窟窿 kʰuə^{33}loŋ^{113}
55 武义	坝 puɑ^{53}	地震 di^{324}tsen^{53}	洞 doŋ^{231}
56 磐安	坝 pa^{52}	地震 ti^{52}tsɐn^{52}	洞 dɔom^{14}
57 缙云	坝 pu^{453}	地震 di^{21}tsɛŋ^{453}	洞 dɔ̃ũ^{213}
58 衢州	坝 pɑ^{53}	地震 di^{231}tʃyən^{53}	洞 doŋ^{231}
59 衢江	大坝 dou^{22}puo^{53}	地震 di^{22}tɕiŋ^{53}	窟窿 kʰəʔ^{3}ləŋ^{25}
60 龙游	大坝 du^{22}pɑ^{51}	地震 di^{22}tsən^{51}	窟窿 kʰəʔ^{3}loŋ^{35}
61 江山	坝 pᴇ^{51}旧 坝 pɒ^{51}今	地震 di^{22}tɕĩ^{51}	洞 doŋ^{31} 穿 tɕʰyĩ^{44}
62 常山	坝 pɑ^{324}	地震 di^{22}tsĩ^{52}	穿 tsʰuĩ^{44}
63 开化	坝 pɑ^{53}	地震 di^{21}tɕin^{53}	穿 tɕʰyn^{44} 窟窿 kʰɔʔ^{5}lɤŋ^{44}
64 丽水	坝 puo^{52}	地震 di^{21}tsen^{52}	洞儿 dəŋ^{21}ŋ^{52}
65 青田	坝 ɓu^{33}	地震 di^{22}tsaŋ^{55}	洞 doŋ^{22}
66 云和	坝 po^{45}	地震 di^{223}tsəŋ^{45}	窟塘$^{=}$ kʰuɛʔ^{4}dɔ̃^{312}
67 松阳	坝 puə^{24}	地震 di^{21}tɕin^{24}	窟窿 kʰuɔʔ^{3}ləŋ^{24}
68 宣平	坝 po^{52}	地震 di^{22}tsən^{52}	窟窿 kʰəʔ^{4}lən^{223}

续表

方言点	0043 坝拦河修筑拦水的	0044 地震	0045 窟窿小的
69 遂昌	坝 pɒ^{334} 堰 iɛ̃^{334}	地震 di^{13}tɕiŋ^{533}	窟窿 kʰuɛʔ^{3}ləŋ^{45}
70 龙泉	坝 po^{45}	鳌鱼转侧 ŋɑʌ^{45}ŋɤɯ^{21}dɛn^{21}tsᴇʔ^{5} 地震 di^{21}tɕin^{45}	洞儿 dəŋ^{21}ȵi^{55}深 窟 kʰuoʔ^{5}浅
71 景宁	坝 po^{35}	地震 di^{33}tsəŋ^{35}	洞儿 dəŋ^{33}ȵi^{45}
72 庆元	碑 ɓæi^{33}	地震 ti^{31}tɕiəŋ^{11}	洞儿儿 toŋ^{55}ȵiɛ̃^{55}
73 泰顺	坝 pɔ^{35}	地震 ti^{21}tsəŋ^{35}	窟 kʰuɛʔ^{5} 洞 toŋ^{22}
74 温州	坝 po^{51}	地震 dei^{31}tsaŋ^{21}	窟窿 kʰø^{3}loŋ^{33}
75 永嘉	坝 pu^{53}	地震 dei^{31}tsaŋ^{42}	洞 doŋ^{22}
76 乐清	坝 pɯʌ^{41}	地震 di^{31}tɕiaŋ^{21}	洞 doŋ^{22}
77 瑞安	坝 po^{53}	地震 dei^{31}tsaŋ^{42}	洞 doŋ^{22}
78 平阳	坝 po^{53}	地震 di^{13}tʃaŋ^{45}	窟窿 kʰu^{45}loŋ^{45}
79 文成	坝 po^{33}	地震 dei^{212}tʃaŋ^{33}	洞 doŋ^{424}
80 苍南	坝 puɔ^{42}	地震 di^{11}tsaŋ^{42}	洞 doŋ^{11}
81 建德徽	坝 po^{33}较大 堰坝 ȵie^{33}po^{33}较小	地震 tʰi^{55}tsən^{33}	窟窿 kʰuɐʔ^{3}loŋ^{55}
82 寿昌徽	海= xiɛ^{24}	地震 ti^{11}tsen^{55}	窟窿 kʰuəʔ^{3}ləŋ^{55}
83 淳安徽	坝 po^{24}	地震 tʰi^{53}tsen^{55}	洞 tʰon^{53}
84 遂安徽	坝 pɑ^{43}	地震 tʰi^{55}tɕin^{213}	洞 tʰəŋ^{52}
85 苍南闽	坝 pa^{21}	地震 te^{21}tɕin^{43}	洞 tɑŋ^{21}
86 泰顺闽	坝 pa^{53}	地震 ti^{21}tsieŋ^{53}	窟窿 kʰuøʔ^{3}ləŋ^{22}
87 洞头闽	坝 pa^{21}	地震 te^{21}tɕin^{53}	空 kʰaŋ^{33}
88 景宁畲	坝 pɔ^{44}	地震 tʰi^{51}tɕin^{44}	洞崽 toŋ^{51}tsoi^{55}小

方言点	0046 缝儿统称	0047 石头统称	0048 土统称
01 杭州	缝凼 voŋ^{13} daŋ^{53} 缝埭 voŋ^{13} dɛ^{53}	石头 zaʔ^{2} dei^{45}	土 tʰu^{53}
02 嘉兴	缝 voŋ^{113}	石头 zəʔ^{21} dei^{24}	泥 ȵi^{242}
03 嘉善	缝 oŋ^{113}	石头 zaʔ^{2} də^{31}	烂糊泥 lɛ^{22} u^{35} ȵi^{53}
04 平湖	缝 voŋ^{213} 较大 路 lu^{213} 较小	石头 zaʔ^{23} dəɯ^{31}	泥 ȵi^{31}
05 海盐	缝 voŋ^{213} 贯穿的 路 lu^{213} 未贯穿的	石头 zaʔ^{23} de^{31}	泥 ȵi^{31}
06 海宁	缝缝 voŋ^{33} voŋ^{31}	石头 zaʔ^{2} dəɯ^{13}	烂糊泥 lɛ^{33} u^{55} ȵi^{0}
07 桐乡	缝 voŋ^{213}	石头 zaʔ^{23} dɤɯ^{44}	泥 ȵi^{13}
08 崇德	缝 voŋ^{13}	石头 zaʔ^{23} dɤɯ^{44}	泥 ȵi^{13}
09 湖州	缝 voŋ^{24}	石头 zaʔ^{2} døʉ^{35}	泥 ȵi^{112}
10 德清	缝缝 voŋ^{11} voŋ^{35}	石头 zaʔ^{2} døʉ^{53}	烂糊泥 lɛ^{44} əu^{44} ȵi^{35}
11 武康	缝缝埭 voŋ^{11} voŋ^{11} da^{13}	石头 zɜʔ^{2} dø^{31}	烂糊泥 lɛ^{33} u^{33} ȵi^{35}
12 安吉	缝埭 voŋ^{21} da^{213}	石头 zəʔ^{2} dəɪ^{213}	烂泥 lᴇ^{21} ȵi^{213}
13 孝丰	缝 voŋ^{213} 缝埭 voŋ^{21} da^{24}	石头 zaʔ^{2} dəɪ^{24}	泥巴 ȵi^{22} pa^{22}
14 长兴	缝 voŋ^{24}	石头 zəʔ^{2} dei^{24}	泥 nʅ^{12}
15 余杭	缝埭儿 voŋ^{33} dɑ̃^{33} n^{31}	石头 zəʔ^{2} døʏ^{13}	烂糊泥 lɛ^{33} u^{55} ȵi^{33}
16 临安	缝埭 voŋ^{33} da^{44}	石头 zɐʔ^{2} də^{33}	燥烂糊泥 sɔ^{55} lɛ^{33} u^{55} ȵi^{33}
17 昌化	缝道 vəŋ^{23} dɔ^{243}	石头 zaʔ^{2} di^{112}	烂糊泥 lɔ̃^{23} u^{45} ȵi^{334}
18 於潜	缝道 voŋ^{24} dɔ^{24}	石头 zɑʔ^{2} diəu^{24}	烂泥 lɛ^{24} ȵi^{53}
19 萧山	缝 voŋ^{242}	石头 zəʔ^{21} dio^{33}	烂泥 lɛ^{13} ȵi^{33}
20 富阳	缝 voŋ^{224}	石头 zaʔ^{2} dei^{224}	烂泥 lã^{335} ȵi^{53}
21 新登	缝 voŋ^{13}	石头 zaʔ^{2} dəu^{233}	烂泥 ɛ^{21} ȵi^{13}
22 桐庐	缝眼 voŋ^{13} ŋã^{55}	石头 zaʔ^{21} dei^{35}	烂糊泥 lã^{13} u^{55} ni^{55}

续表

方言点	0046 缝儿统称	0047 石头统称	0048 土统称
23 分水	缝 fən^{13}	石头 zəʔ^{12} dɵ^{22}	泥 ȵi^{13}
24 绍兴	缝埭 voŋ^{22} da^{22}	石头 zəʔ^{3} dɤ^{231}	糊泥 u^{22} ȵi^{231}
25 上虞	缝埭 voŋ^{22} da^{0}	石头 zaʔ^{2} dɤ^{31}	糊泥 u^{33} ȵi^{213}
26 嵊州	缝塘= uoŋ^{22} dɔŋ^{22}	石头 zɛʔ^{2} dʏ^{231}	烂泥 nɛ̃^{22} ȵi^{334}
27 新昌	缝 uoŋ^{13}	石头 zaʔ^{2} diɯ^{232}	烂泥 nɛ̃^{22} ȵi^{335}
28 诸暨	缝 vom^{33}	石头 zəʔ^{21} dei^{242}	烂泥 lɛ^{21} nɿ^{242}
29 慈溪	缝埭 vuŋ^{11} da^{44}	石头 zaʔ^{2} dø^{53}	艿=泥 na^{11} ȵi^{44}
30 余姚	缝埭 vuŋ^{44} da^{13}	石头 zaʔ^{2} dø^{0}	艿=泥 nã^{13} ȵi^{13}
31 宁波	缝道 voŋ^{22} dɔ^{13}	石头 zaʔ^{2} dœʏ^{13}	艿=泥 na^{22} ȵi^{44}
32 镇海	缝道 vəŋ^{22} dɔ^{24}	石头 zaʔ^{2} dei^{24}	艿=泥 na^{22} ȵi^{31}
33 奉化	缝道 vəŋ^{33} dʌ^{31}	瓦=乱= ŋo^{33} lø^{31}	烂泥= ne^{33} ȵi^{31}
34 宁海	缝道 vəŋ^{22} dau^{31}	石头 zaʔ^{3} diu^{213}	烂泥 le^{22} ȵi^{213}
35 象山	缝道 vəŋ^{31} dɔ^{31}	石头 zaʔ^{2} dɤɯ^{31}	艿=泥 na^{31} ȵi^{31}
36 普陀	缝道 voŋ^{11} dɔ^{55}	石头 zɐʔ^{2} deu^{55}	艿=泥 na^{33} ȵi^{55}
37 定海	缝子 voŋ^{11} tsɿ^{44} 老 缝道 voŋ^{11} dɔ^{44} 新	石头 zɐʔ^{2} dɐi^{44}	艿=泥 na^{33} ȵi^{44}
38 岱山	缝道 voŋ^{11} dɔ^{45}	石头 zɐʔ^{2} dœʏ^{45}	艿=泥 na^{11} ȵi^{45}
39 嵊泗	缝道 vɐŋ^{11} dɔ^{45}	石头 zɐʔ^{2} dœʏ^{45}	艿=泥 na^{11} ȵi^{45}
40 临海	缝 voŋ^{324}	石头 ʑieʔ^{23} də^{21} 石头卵 ʑieʔ^{23} də^{22} luø^{51}	烂泥 lɛ^{22} ni^{51}
41 椒江	缝 vəŋ^{24}	石头 ʑieʔ^{2} dio^{41}	烂泥 lɛ^{22} ȵi^{41} 小
42 黄岩	缝 voŋ^{24}	石头 ʑieʔ^{2} dio^{41}	烂泥 lɛ^{13} ni^{24} 小
43 温岭	缝 vuŋ^{13}	石头 ʑiʔ^{2} dɤ^{41}	烂泥 nɛ^{13} ni^{24} 小
44 仙居	缝道 voŋ^{21} dɐɯ^{213} 缝 voŋ^{24}	岩头 ŋa^{353} dəɯ^{0}	黄泥 uɑ̃^{53} ȵi^{0}
45 天台	缝 vəŋ^{35}	石头 ʑiəʔ^{2} deu^{224}	泥 ni^{224}
46 三门	缝 voŋ^{243}	石头 ʑieʔ^{2} dɤɯ^{113}	黄泥 uɔ^{13} ȵi^{31}

续表

方言点	0046 缝儿统称	0047 石头统称	0048 土统称
47 玉环	缝 voŋ^{22}	石头 ʑiɐʔ^{2} diɤ^{41}	艻$^{=}$泥 na^{22} ni^{24} 小
48 金华	缝 voŋ^{14}	石头 ʑiəʔ^{21} diu^{14}	糊泥 u^{31} ȵie^{14}
49 汤溪	缝 vɑo^{341}	石头 ʑiɛ^{11} təɯ^{52}	糊泥 u^{11} ȵie^{52}
50 兰溪	缝 voŋ^{24}	石头 ʑiəʔ^{12} dəɯ^{24}	糊泥 u^{55} nie^{24}
51 浦江	缝 von^{24}	石头 zɛ^{24} dɤ^{334}	黄泥 õ^{24} ȵi^{334}
52 义乌	缝 voŋ^{24}	石头 zai^{24} dɐɯ^{312}	泥 ȵi^{213}
53 东阳	缝 vɔm^{213}	石头 zɐ^{22} dəɯ^{53}	土 t^{h}u^{44}
54 永康	碱坼 kuai^{33} ts^{h}ai^{334}	岩头 ŋa^{31} dəu^{22}	黄泥 uɑŋ^{31} ȵie^{22}
55 武义	缝 voŋ^{231}	石头 zəʔ^{5} dɑu^{324}	糊泥 u^{55} ȵie^{324}
56 磐安	坼儿 ts^{h}an^{52} 缝 vɔom^{14}	石头 zɛ^{14} tɐɯ^{52}	黄泥 ɒ^{21} ȵi^{52}
57 缙云	坼 ts^{h}a^{453}	岩头 ŋɑ^{21} diuŋ^{453}	黄泥 ɔ^{21} ȵi^{453}
58 衢州	缝 voŋ^{231}	石头 ʒyəʔ^{2} de^{21}	泥 ȵiẽ^{21} 韵殊
59 衢江	缝 vəŋ^{231}	石头 ʑiaʔ^{2} ty^{53}	土 t^{h}ɤ^{25}
60 龙游	缝 vən^{231}	石头 zəʔ^{23} dəɯ^{231}	泥 ȵiɑ^{21}
61 江山	缝 vɒŋ^{31} 坼 ts^{h}aʔ^{5}	石头 ʑiᴇʔ^{2} du^{213}	泥 ȵiə^{213}
62 常山	坼 ts^{h}ɛʔ^{5}	石头 dʑiaʔ^{3} du^{24}	泥 ȵie^{341}
63 开化	缝 vɤŋ^{213} 坼 ts^{h}aʔ^{5}	石头 dʑiaʔ^{2} du^{231}	土 t^{h}uo^{53}
64 丽水	缝 vɔŋ^{131}	石头 ʑiʔ^{2} dəɯ^{22}	土 t^{h}u^{544}
65 青田	缝 voŋ^{22}	石岩 iʔ^{3} ŋɑ^{53}	土 t^{h}eu^{454}
66 云和	坼缝 ts^{h}aʔ^{5} vəŋ^{223}	磄头 dã^{223} dəɯ^{312}	黄泥 ɔ̃^{223} ȵi^{312}
67 松阳	坼 t^{h}aʔ^{5} 缝 vəŋ^{13}	礓头 dɔ̃^{33} dei^{31}	黄泥 oŋ^{22} n^{24}
68 宣平	缝 vən^{231}	石头 ʑiəʔ^{2} dəɯ^{433}	糊泥 u^{22} ȵi^{433}

续表

方言点	0046 缝儿统称	0047 石头统称	0048 土统称
69 遂昌	坼 tʰiaʔ^{5}	礑壳 daŋ^{21} kʰɔʔ^{5}	泥 ȵiɒ^{221}
70 龙泉	缝 vəŋ^{224} 坼 tsʰaʔ^{5}	磄头 taŋ^{45} diəu^{21}	黄泥 ɔŋ^{45} ȵi^{21}
71 景宁	缝坼 vəŋ^{55} tsʰaʔ^{5}	岩头 ŋɔ^{33} dəɯ^{41}	泥 ȵi^{41}
72 庆元	缝 foŋ^{31}	岩头 ŋɑ̃^{52} tiɯ^{52}	泥 ȵiᴇ^{52}
73 泰顺	缝 uoŋ^{22}	岩头 ŋã^{21} təu^{53}	土 tʰø^{55}
74 温州	缝 oŋ^{22}	石头 zei^{22} dɤu^{223}	烂糊泥 la^{31} vu^{22} ȵi^{31}
75 永嘉	缝 oŋ^{22}	岩□橛 ŋa^{22} da^{13} gy^{213}	泥 ȵiai^{31}
76 乐清	缝 voŋ^{22}	石头橛 zi^{2} diu^{24} guɤ^{212}	烂糊泥 lᴇ^{22} vu^{22} ȵi^{31}
77 瑞安	缝 voŋ^{22}	岩 ŋɔ^{31}	泥 ȵi^{31}
78 平阳	缝 voŋ^{33}	石头 zi^{21} dye^{13}	土 tʰʉ^{45}
79 文成	缝 voŋ^{424}	岩头 ŋɔ^{21} diou^{33}	土 tʰɵy^{45}
80 苍南	缝 oŋ^{11}	石条 dʑi^{11} dyɔ^{112}	泥 ȵi^{31}
81 建德徽	缝 foŋ^{55}	石头 sɑ^{21} tɤɯ^{33}	泥 ȵi^{33}
82 寿昌徽	缝 fɔŋ^{33}	石头 səʔ^{3} tʰəɯ^{52}	土 tʰu^{24}
83 淳安徽	缝 fon^{53}	石头 səʔ^{13} tʰɯ^{24}	泥 iɑ^{435}
84 遂安徽	缝 fəŋ^{52}	石头 sɑ^{21} tʰiu^{24}	泥 iɛ^{33}
85 苍南闽	缝团 pʰan^{21} kã^{43}	石头 tɕio^{21} tʰau^{24}	涂 tʰɔ^{24}
86 泰顺闽	缝团 fəŋ^{21} ki^{22}	岩头 ŋæŋ^{21} tʰau^{22}	泥 nei^{22}
87 洞头闽	缝 pʰaŋ^{21}	石头 tɕieu^{21} tʰau^{24}	涂 tʰɔ^{113}
88 景宁畲	缝 foŋ^{51}	石牯 ɕiaʔ^{2} ku^{325} 小	土 tʰu^{325}

方言点	0049 泥湿的	0050 水泥旧称	0051 沙子
01 杭州	烂糊泥 lɛ^{22} u^{55} ȵi^{213}	水泥 suei^{55} ȵi^{0}	沙子 sa^{33} tsɿ^{45}
02 嘉兴	烂泥 lᴇ^{33} ȵi^{42}	洋灰 iᴀ̃^{21} huei^{33}	黄沙 uᴀ̃^{21} so^{33} 河沙 vu^{21} so^{33}
03 嘉善	烂糊泥 lɛ^{22} u^{35} ȵi^{53}	水泥 sɿ^{44} ȵi^{53}	沙泥 so^{35} ȵi^{53}
04 平湖	泥 ȵi^{31}	水泥 sɿ^{44} ȵi^{53}	沙泥 so^{44} ȵi^{0} 旧 沙 so^{53} 今
05 海盐	泥 ȵi^{31}	水泥 sɿ^{53} ȵi^{31}	沙 so^{53}
06 海宁	烂泥 lɛ^{33} ȵi^{53}	水门汀 sɿ^{55} məŋ^{33} tʰiŋ^{55}	河沙 u^{33} so^{55}
07 桐乡	泥 ȵi^{13}	水泥 sɿ^{53} ȵi^{44}	河沙 u^{21} so^{44}
08 崇德	泥 ȵi^{13}	水泥 sɿ^{55} ȵi^{0}	河沙 u^{21} so^{44}
09 湖州	烂糊泥 lɛ^{44} əu^{44} ȵi^{35}	水泥 sei^{53} ȵi^{13}	沙泥 suo^{44} ȵi^{44}
10 德清	烂糊泥 lɛ^{44} əu^{44} ȵi^{35}	洋灰 iã^{11} xuɛ^{35}	沙泥 suo^{44} ȵi^{44}
11 武康	烂糊泥 lɛ^{33} u^{33} ȵi^{35}	洋灰 iã^{11} xuɛ^{35}	沙泥 so^{44} ȵi^{44}
12 安吉	烂泥 lᴇ^{21} ȵi^{213}	水泥 se^{52} ȵi^{21}	沙泥 sʊ^{55} ȵi^{55}
13 孝丰	烂糊泥 lɛ^{32} vu^{22} ȵi^{24}	洋灰 iã^{22} hue^{22}	沙泥 sʊ^{44} ȵi^{44}
14 长兴	烂糊泥 lᴇ^{32} vu^{12} nɿ^{24}	水泥 sei^{45} nɿ^{21}	沙泥 su^{44} nɿ^{44}
15 余杭	河泥 vu^{31} ȵi^{13}	洋灰 iɑ̃^{31} xuɛ^{35}	沙泥 suo^{55} ȵi^{55}
16 临安	烂泥 lɛ^{33} ȵi^{33}	洋灰 iã^{33} huɛ^{35}	沙泥 so^{53} ȵi^{13}
17 昌化	烂糊泥 lɔ̃^{23} u^{45} ȵi^{334}	洋灰 iã^{11} xuɛ^{334}	沙泥 su^{33} ȵi^{45}
18 於潜	烂糊泥 lɛ^{24} u^{53} ȵi^{31}	洋灰 iaŋ^{22} xue^{433}	沙泥 sa^{43} ȵi^{223}
19 萧山	糊泥 u^{13} ȵi^{33} 烂糊泥 lɛ^{13} u^{13} ȵi^{33}	水泥 sɿ^{33} ȵi^{21}	黄沙 uɔ̃^{13} so^{33}
20 富阳	糊烂泥 u^{55} lã^{335} ȵi^{53}	洋灰 iɑ̃^{13} huɛ^{55}	沙泥 so^{55} ȵi^{55}
21 新登	烂糊泥 lɛ^{21} u^{21} ȵi^{13}	洋灰 iɑ̃^{233} hue^{334}	沙泥 sa^{53} ȵi^{233}
22 桐庐	烂糊泥 lã^{13} u^{55} ni^{55}	洋灰 iã^{21} xuᴇ^{35}	沙泥 ɕyo^{35} ni^{13}

续表

方言点	0049 泥湿的	0050 水泥旧称	0051 沙子
23 分水	烂泥 lã^{24}ȵi^{21}	洋灰 iã^{21}xue^{44}	沙泥 sa^{44}ȵi^{21}
24 绍兴	烂糊泥 lɛ̃^{22}u^{22}ȵi^{231}	洋灰 iaŋ^{22}huᴇ^{53}	沙泥 so^{33}ȵi^{231}
25 上虞	烂糊泥 lɛ^{21}u^{33}ȵi^{31}	洋灰 iã^{21}fe^{35}	沙泥 so^{33}ȵi^{213}
26 嵊州	烂糊泥 lɛ̃^{22}u^{33}ȵi^{334}	洋灰 iaŋ^{22}huᴇ^{334}	沙泥 so^{53}ȵi^{231}
27 新昌	糊烂泥 u^{22}nɛ̃^{33}ȵi^{335}	洋灰 iaŋ^{13}fe^{534}	黄沙 uɔ̃^{13}so^{534}
28 诸暨	烂糊泥 lɛ^{21}vu^{33}nʅ^{21}	洋石灰 iã^{21}zəʔ^{21}fe^{53}	沙泥 so^{21}nʅ^{242}
29 慈溪	烂泥 lɛ̃^{11}ȵi^{44}	洋灰 iã^{11}hue^{35}	沙泥 so^{33}ȵi^{13}
30 余姚	湿烂泥 səʔ^{5}nã^{13}ȵi^{13}	洋灰 iaŋ^{13}ue^{44}	沙泥 so^{44}ȵi^{13} 黄沙 uɔŋ^{13}so^{44}
31 宁波	湿艿$^{=}$泥 ɕiəʔ^{5}na^{22}ȵi^{44}	洋灰 ia^{22}huɐi^{53}	沙泥 so^{44}ȵi^{13}
32 镇海	湿艿$^{=}$泥 ɕieʔ^{5}na^{22}ȵi^{22}	洋灰 iã^{22}huei^{53}	沙泥 so^{33}ȵi^{31}
33 奉化	糊艿$^{=}$泥 vu^{31}ne^{33}ȵi^{33}	洋灰 iã^{33}huei^{53}	沙泥 so^{44}ȵi^{31}
34 宁海	烂糊泥 le^{22}vu^{22}ȵi^{213}	洋灰 iã^{21}huei^{31}	沙 so^{423}
35 象山	烂艿$^{=}$泥 lɛ^{31}na^{31}ȵi^{31}	洋灰 iã^{31}huei^{35}	沙 so^{53}
36 普陀	糊艿$^{=}$泥 u^{33}na^{55}ȵi^{55} 黏土 ȵi^{55}tʰu^{0}	水门汀 sɥ^{55}moŋ^{55}tʰiŋ^{55}	沙泥 so^{33}ȵi^{53}
37 定海	湿艿$^{=}$泥 ɕieʔ^{3}na^{44}ȵi^{44}	水泥 sɥ^{52}ȵi^{0}	沙泥 so^{33}ȵi^{52}
38 岱山	艿$^{=}$泥 na^{11}ȵi^{45}	水泥 sɥ^{52}ȵi^{0}	沙泥 so^{33}ȵi^{52}
39 嵊泗	湿艿$^{=}$泥 ɕiᴇʔ^{3}na^{44}ȵi^{44}	水门汀 sɥ^{44}miŋ^{44}tʰiŋ^{44} 老 水泥 sɥ^{44}ȵi^{0} 新	沙泥 so^{33}ȵi^{53}
40 临海	烂糊泥 lɛ^{22}u^{33}ni^{51}	水泥 ɕy^{42}ni^{21}	沙 so^{31}
41 椒江	烂糊泥 lɛ^{22}u^{33}ȵi^{41}	水门汀 sɥ^{42}məŋ^{24}tʰiŋ^{42}	沙 so^{35} 小
42 黄岩	烂糊泥 lɛ^{22}u^{33}ni^{24} 小	水泥 sɥ^{55}ni^{41}	沙 so^{35} 小
43 温岭	烂泥 lɛ^{13}ni^{24} 小	水门汀 ɕy^{42}mən^{24}tʰin^{31}	沙 so^{15} 小
44 仙居	黄泥 uɑ̃^{53}ȵi^{0}	水泥 ɕy^{31}ȵi^{353} 小	沙 so^{334}

续表

方言点	0049 泥湿的	0050 水泥旧称	0051 沙子
45 天台	烂污泥 le^{33}vu^{22}ȵi^{224}	水门汀 ɕy^{32}məŋ^{22}t^{h}iŋ^{33}	沙 so^{33}
46 三门	烂糊泥 lɛ^{23}vu^{33}ȵi^{52}	水泥 sʮ^{32}ȵi^{113}	沙 so^{334}
47 玉环	烂□泥 lɛ^{22}na^{22}ni^{24}小	水门汀 ɕy^{42}məŋ^{24}tiŋ^{42}	沙 so^{35}小
48 金华	糊泥 u^{31}ȵie^{14}	洋灰 iɑŋ^{31}xui^{55}	沙泥 suɑ^{33}ȵie^{55}
49 汤溪	烂糊秃$^{=}$ luɑ^{11}u^{11}t^{h}ou^{55}	洋灰 iɔ^{11}xuɛ^{52}	沙 sɑ^{24}
50 兰溪	烂糊泥 luɑ^{55}u^{55}nie^{24}	洋灰 iɑŋ^{21}xui^{45}	沙泥 suɑ^{334}nie^{45}
51 浦江	糊泥 u^{11}ȵi^{243}	洋灰 yõ^{24}xua^{334}	沙泥 ɕyɑ^{55}ȵi^{334}
52 义乌	糊泥 u^{22}ȵi^{312}	洋灰 iɔ^{22}hue^{45}	沙 sa^{335}
53 东阳	泥 ȵi^{213}	洋灰 iɔ^{33}hue^{53}	沙 sa^{334}
54 永康	糊泥 u^{31}ȵie^{22}	洋灰 iɑŋ^{33}xuəi^{55}	黄沙 uɑŋ^{33}suɑ^{55}
55 武义	烂糊泥 nuo^{53}u^{55}ȵie^{53}	洋灰 iɑŋ^{32}xui^{53}	黄沙 uɑŋ^{32}ɕia^{53}
56 磐安	糊泥 u^{33}ȵi^{213}	洋灰 iɒ^{21}xue^{52}	沙 sa^{445}
57 缙云	烂糊泥 lɑ^{21}u^{21}ȵi^{243}	洋灰 iɑ^{44}xuei^{44}	黄沙 ɔ^{44}su^{44}
58 衢州	烂糊泥 lã^{231}u^{35}ȵiẽ^{21}	洋石灰 iã^{21}ʒyəʔ^{2}xue^{32}	沙 sɑ^{32}
59 衢江	泥 ȵie^{212}	水泥 sei^{25}ȵi^{21}	沙 sa^{33} 沙石 sa^{33}ʑiaʔ^{2}
60 龙游	触$^{=}$个泥 ts^{h}ɔʔ^{4}gəʔ^{0}ȵiɑ^{21}	洋灰 iã^{33}xuei^{334}	沙 sɑ^{334}
61 江山	烂泥 lɒŋ^{22}ȵiə^{213}	洋灰 iaŋ^{22}xuᴇ^{44}	沙 sa^{44}
62 常山	湿濌泥 tɕ^{h}iaʔ^{5}taʔ^{5}ȵie^{341}	洋石灰 iã^{22}dʑiaʔ^{3}xue^{44} 水泥 sue^{32}ȵie^{341}	沙 sɛ^{44}
63 开化	泥 ȵiɛ^{231}	洋灰 iã^{21}xuɛ^{44}	沙 sa^{44}
64 丽水	烂糊泥 lã^{21}u^{21}ȵi^{52}	洋灰 iã^{22}xuei^{224}	黄沙 ɔŋ^{22}suo^{224}
65 青田	黄泥 o^{55}ȵi^{53}	水门汀 sʮ^{33}maŋ^{21}t^{h}eŋ^{445}	沙 su^{445}
66 云和	烂糊泥 lã^{223}u^{223}ȵi^{312}	洋灰 iã^{223}xuei^{24}	黄沙 ɔ̃^{223}so^{24}

续表

方言点	0049 泥湿的	0050 水泥旧称	0051 沙子
67 松阳	田泥 diɛ̃^{33} ȵiɛ^{31}	洋灰 iã^{33} fei^{53}	沙 sa^{53}
68 宣平	烂糊泥 lɑ̃^{22} u^{22} ȵi^{433}	洋灰 iɑ̃^{43} xuei^{324}	沙 sa^{324}
69 遂昌	烂泥 laŋ^{13} ȵiɒ^{221}	洋灰 iaŋ^{21} xuei^{45}	沙 sa^{45}
70 龙泉	烂糊泥 laŋ^{21} uɤɯ^{45} ȵi^{21}	水门汀 sɿ^{44} mɛn^{44} tʰin^{434}	沙 sa^{434} 大粒沙 dou^{21} lɯəʔ^{3} sa^{434}
71 景宁	烂糊泥 lɔ^{55} u^{33} ȵi^{41}	水泥 ɕy^{33} ȵi^{41}	沙子 so^{55} zɿ^{33}/sa^{55} zɿ^{33}
72 庆元	烂泥 lɑ̃^{22} ȵiᴇ^{52}	洋泥 iɑ̃^{52} ȵiᴇ^{52}	沙 sɑ^{335}
73 泰顺	烂泥 lã^{21} ȵi^{53}	洋灰 iã^{21} fæi^{213}	沙 sɔ^{213}
74 温州	烂糊泥 la^{31} vu^{22} ȵi^{31}	水泥 sɿ^{42} ȵi^{21}	沙 so^{33}
75 永嘉	烂糊泥 la^{31} u^{0} ȵiai^{21}	水门汀 sɥ^{45} maŋ^{22} tʰeŋ^{44}	沙 so^{44}
76 乐清	烂糊泥 lᴇ^{22} vu^{22} ȵi^{31}	水门汀 sy^{34} maŋ^{22} tʰeŋ^{44}	石沙 zi^{2} so^{44}
77 瑞安	烂□泥 lɔ^{22} o^{53} ȵi^{21}	水泥 səɯ^{53} ȵi^{21}	沙 so^{44}
78 平阳	烂□泥 lɔ^{33} ɔ^{33} ȵie^{42}	水泥 sʉ^{33} ȵie^{42}	沙 so^{55}
79 文成	烂泥 lɔ^{42} ȵi^{13}	水泥 sɵy^{33} ȵi^{13}	沙 so^{55}
80 苍南	烂泥 la^{31} ȵi^{31}	水泥 ɕy^{42} ȵi^{31}	沙 so^{44}
81 建德徽	糊泥 u^{33} ȵi^{33}	洋灰 ȵiɛ^{33} hue^{53}	沙泥 so^{53} ȵi^{55}
82 寿昌徽	泥 ȵi^{52}	水泥 ɕyei^{33} ȵi^{52}	沙泥 ɕyə^{11} ȵi^{55}
83 淳安徽	泥 iɑ^{435}	水门汀 ɕy^{55} men^{21} tʰin^{21}	沙泥 so^{24} iɑ^{435}
84 遂安徽	泥 iɛ^{34}	水泥 ɕy^{21} iɛ^{33}	沙 sɑ^{534}
85 苍南闽	烂涂 nũã^{21} tʰɔ^{24}	水泥 tsui^{33} nĩ^{24}	沙囝 sua^{33} kã^{43}
86 泰顺闽	泥 nei^{22}	洋灰 io^{21} fɔi^{213}	沙 sa^{213}
87 洞头闽	涂 tʰɔ^{113}	水泥 tsui^{33} nĩ^{24}	沙 sũã^{33}
88 景宁畲	泥 nai^{22}	水泥 ɕy^{55} nai^{22}	沙 sɔ^{51}

方言点	0052 砖整块的	0053 瓦整块的	0054 煤
01 杭州	砖头 tsuo^{33} dei^{45}	瓦爿儿 ua^{55} p^{h}ε^{33} əl^{0}	煤 mei^{213}
02 嘉兴	砖头 tsə^{33} dei^{42}	瓦爿 o^{21} bᴇ^{42}	煤 mei^{242}
03 嘉善	砖头 tsø^{35} də^{53}	瓦爿 ŋo^{22} bε^{31}	煤 mε^{132}
04 平湖	砖头 tsø^{44} dəɯ^{53}	瓦条 ŋo^{21} diɔ^{53} 瓦爿 ŋo^{21} bε^{53}	煤 me^{31}
05 海盐	砖头 tsɤ^{55} de^{21}	屋条 ɔʔ^{5} diɔ^{53}	煤 me^{31}
06 海宁	砖头 tsε^{55} dəɯ^{55}	瓦条爿 o^{33} diɔ^{33} bε^{33}	煤 me^{13}
07 桐乡	砖头 tsᴇ^{44} dɤɯ^{44}	瓦锹$^{=}$ o^{242} tɕ^{h}iɔ^{44}	煤 mi^{13}
08 崇德	砖头 tsᴇ^{44} dɤɯ^{44}	瓦锹$^{=}$ o^{55} tɕ^{h}iɔ^{0}	煤 mi^{13}
09 湖州	砖头 tsε^{44} døʉ^{44}	瓦 ŋuo^{523}	煤 mei^{113}
10 德清	砖头 tɕiʉ^{44} døʉ^{44}	瓦片 uo^{35} p^{h}ie^{0}	煤 mε^{113}
11 武康	砖头 tsø^{44} dø^{44}	瓦片 ŋo^{35} p^{h}iɪ^{0}	煤 mε^{113}
12 安吉	砖头 tsᴇ^{55} dəɪ^{55}	瓦片 ŋʊ^{52} p^{h}i^{21}	煤 me^{22}
13 孝丰	砖头 tse^{44} dəɪ^{44}	瓦片 ŋʊ^{45} p^{h}iɪ^{21}	煤 me^{22}
14 长兴	砖头 tsɯ^{44} dei^{44}	瓦 ŋu^{52}	煤 mei^{12}
15 余杭	砖头 tsøʏ^{55} døʏ^{33}	瓦片 uo^{35} p^{h}iẽ^{0}	煤 mε^{22}
16 临安	砖头 tsə^{53} də^{13}	瓦片 ŋuo^{33} p^{h}ie^{55}	煤 mᴇ^{33}
17 昌化	砖头 tɕyɪ̃^{33} di^{45}	瓦片 ŋɯ^{45} p^{h}iɪ̃^{53}	煤 mε^{112}
18 於潜	砖头 tɕyε^{43} diəu^{223}	瓦片 ŋa^{53} p^{h}ie^{31}	煤 me^{223}
19 萧山	砖头 tsə^{33} dio^{33}	瓦爿 ŋo^{13} bε^{21}	煤 me^{355}
20 富阳	砖头 tɕyε̃^{55} dei^{55}	瓦爿 ŋo^{224} bã^{13}	煤 mε^{13}
21 新登	砖头 tsuε̃^{53} dəu^{233}	瓦 ɑ^{334}	煤 me^{233}
22 桐庐	砖头 tɕyᴇ^{35} dei^{13}	瓦片 uo^{33} p^{h}ie^{35}	煤 mᴇ^{13}
23 分水	砖块 tɕyε̃^{44} k^{h}uε^{24}	瓦片 ua^{44} p^{h}iε̃^{24}	煤 me^{22}

续表

方言点	0052 砖整块的	0053 瓦整块的	0054 煤
24 绍兴	砖头 tsẽ^{33}dɤ^{231}	瓦爿 ŋo^{24}bɛ̃^{31}	煤 mᴇ^{231}
25 上虞	砖头 tsø̃^{33}dɤ^{213}	瓦片 ŋo^{21}p^{h}iẽ^{53}	煤 me^{213}
26 嵊州	砖头 tsœ̃^{53}dʏ^{231}	瓦爿头 ŋo^{24}bɛ̃^{44}dʏ^{31}	煤 mᴇ^{213}
27 新昌	砖头 tsœ̃^{45}diɯ^{33}	瓦 ŋo^{232}	煤 me^{22}
28 诸暨	砖头 tsə^{21}dei^{242}	瓦爿 ŋo^{21}bɛ^{242}	煤 me^{13}
29 慈溪	砖头 tsẽ^{33}dø^{13}	瓦片 ŋo^{13}p^{h}iẽ^{44}	煤 me^{13}
30 余姚	砖头 tsẽ^{44}dø^{13}	瓦片 ŋo^{13}p^{h}iẽ^{44}	煤 me^{13}
31 宁波	砖头 tɕiʏ^{33}dœʏ^{53}	瓦片 ŋo^{13}p^{h}i^{0}	煤 mɐi^{13}
32 镇海	砖头 tsø^{33}dei^{31}	瓦片 ŋo^{22}p^{h}i^{44}	煤 mei^{24}
33 奉化	砖头 tɕy^{44}dæi^{31}	瓦片 ŋo^{33}p^{h}i^{44}	煤 mei^{33}
34 宁海	砖头 tsø^{33}diu^{31}	瓦片 ŋo^{31}p^{h}ie^{35}	煤 mei^{213}
35 象山	砖头 tsɤɯ^{44}dɤɯ^{13}	瓦片 ŋo^{31}p^{h}i^{53}	煤 mei^{31}
36 普陀	砖头 tsø^{33}deu^{53}	瓦片 ŋo^{23}p^{h}i^{55}	煤 mæi^{24}
37 定海	砖头 tsø^{33}dɐi^{52}	瓦爿 ŋo^{23}bɛ^{44} 瓦片 ŋo^{23}p^{h}i^{0}	煤 mɐi^{23}
38 岱山	砖头 tsʏ^{33}døʏ^{52}	瓦爿 ŋo^{23}bɛ^{52}	煤 mɐi^{23}
39 嵊泗	砖头 tɕy^{33}dœʏ^{53}	瓦片 ŋo^{34}p^{h}i^{0}	煤 mɐi^{243}
40 临海	砖 tɕyø^{31}	瓦 ŋo^{52}	煤 me^{21}
41 椒江	砖头 tsø^{33}dio^{41}	屋瓦 oʔ^{3}ŋo^{51}小	煤 mə^{31}
42 黄岩	砖 tsø^{35}小	屋瓦 oʔ^{3}ŋo^{42}	煤 me^{121}
43 温岭	砖 tɕyø^{15}小	瓦 ŋo^{51}小	煤 me^{31}
44 仙居	砖头 tsø^{53}dəɯ^{0}	瓦片 ŋo^{31}p^{h}ie^{55}	煤 mæ^{213}
45 天台	砖 tɕyø^{33}	瓦 ŋo^{214}	煤 mei^{224}
46 三门	砖头 tɕyø^{33}dɤɯ^{31}	瓦 ŋo^{325}	煤 me^{113}

续表

方言点	0052 砖整块的	0053 瓦整块的	0054 煤
47 玉环	砖 tsø^{35}小	瓦 ŋo^{53}	煤 me^{31}
48 金华	砖头 tɕyɤ^{33}tiu^{55}	瓦片 uɑ^{53}p^{h}ie^{55}	煤 mɛ^{313}
49 汤溪	砖 tɕyɤ^{24}	瓦 uɑ^{113}	煤 mɛ^{11}
50 兰溪	砖头 tɕyɤ^{334}təɯ^{45}	瓦片 uɑ^{55}p^{h}ie^{45}	煤 me^{21}
51 浦江	砖头 tɕyẽ^{55}dɤ^{334}	瓦 ȵiɑ^{243}	煤 ma^{113}
52 义乌	砖头 tɕye^{33}tɐɯ^{45}	瓦 n^{312}	煤 mɛ^{213}
53 东阳	砖头 tɕiʊ^{33}dəɯ^{53}	瓦 ŋo^{231}	煤 me^{213}
54 永康	砖头 tɕye^{33}dəu^{22}	瓦片 ŋuɑ^{31}p^{h}ie^{52}	煤 məi^{22}
55 武义	砖头 tɕye^{32}dɑu^{53}	泥爿 ȵie^{32}buo^{231}	煤 ma^{324}
56 磐安	砖头 tɕye^{33}tɐɯ^{52}	瓦 ŋuə^{334}	煤 me^{213}
57 缙云	砖 tɕyɛ^{44}	瓦 mu^{31}	煤 mei^{243}
58 衢州	砖头 tʃyə̃^{32}te^{53}	瓦 ŋɑ^{231}	煤 me^{21}
59 衢江	砖 tɕiɛ^{33}	瓦 ŋou^{212}	煤 mei^{212}
60 龙游	砖头 tsuei^{35}dəɯ^{21}	瓦 ŋuɑ^{224}	煤 mei^{21}
61 江山	砖 tɕyɛ̃^{44}	瓦 ŋuɒ^{22}	煤 mᴇ^{213}
62 常山	砖 tɕyɔ̃^{44}	瓦 uɑ^{24}	煤 mue^{341}
63 开化	砖 tɕyɛ̃^{44}	瓦 ŋɑ^{213}	煤 mɛ^{231}
64 丽水	砖 tɕyɛ^{224}	瓦 uo^{544}	煤 mei^{22}
65 青田	砖 tɕyɐ^{445}	瓦页 ŋu^{55}iæʔ^{31}	煤 mɛ^{21}
66 云和	砖 tɕyɛ^{24}	处瓦 ts^{h}ɥ^{44}ŋo^{41}	煤 mei^{312}
67 松阳	砖 tɕyɛ̃^{53}	瓦 ŋuə^{22}	煤 mei^{31}
68 宣平	砖头 tɕyə^{44}dəɯ^{433}	瓦 ŋo^{223}	煤 mei^{433}
69 遂昌	砖 tɕyɛ̃^{45}	处瓦 tɕ^{h}yɛʔ^{5}ŋɒ^{13}	煤 mei^{221}

续表

方言点	0052 砖整块的	0053 瓦整块的	0054 煤
70 龙泉	砖 tɕyo^{434}	瓦 uo^{51}	煤 mi^{21}
71 景宁	砖 tɕyœ^{324}	处瓦 tɕʰy^{55} ŋo^{33} 瓦片 ŋo^{33} pʰiɛ^{35}	煤 mai^{41}
72 庆元	砖 tɕyɛ̃^{335}	瓦 ŋ^{221}	煤 mæi^{52}
73 泰顺	砖 tɕyɛ^{213}	瓦 uɔ^{55}	煤 mæi^{53}
74 温州	砖 tɕy^{33}	瓦 ŋo^{14}	煤 mai^{31}
75 永嘉	砖 tɕy^{44}	瓦 ŋo^{13}	煤 mai^{31}
76 乐清	砖 tɕiø^{44}	瓦 ŋo^{24}	煤 mai^{31}
77 瑞安	砖 tɕy^{44}	瓦 ŋo^{13}	煤 me^{31}
78 平阳	砖 tʃɵ^{55}	瓦 ŋo^{45}	煤 mai^{242}
79 文成	砖 tɕyø^{55}	瓦 ŋo^{224}	煤 mai^{113}
80 苍南	砖 tsø^{44}	瓦 ŋo^{53}	煤 mai^{31}
81 建德徽	砖头 tɕye^{53} tɤɯ^{55}	瓦片 o^{21} pʰie^{33}	煤 me^{33}
82 寿昌徽	砖头 tɕyei^{11} tʰəɯ^{55}	瓦 ŋuə^{534}	煤 miæ^{52}
83 淳安徽	砖头 tsuã^{24} tʰɯ^{21}	瓦 o^{55}	煤 mie^{435}
84 遂安徽	砖 tɕyɛ̃^{534}	瓦 ɑ^{422}	煤 məɯ^{33}
85 苍南闽	砖 tsɯŋ^{55}	瓦 hia^{43}	煤 mũĩ^{24}
86 泰顺闽	砖 tɕye^{213}	瓦 ŋua^{31}	煤 mɔi^{22}
87 洞头闽	砖 tsɯŋ^{33}	瓦 hia^{21}	煤 mũĩ^{113}
88 景宁畲	砖 kyon^{44}	瓦 ŋɔ^{325}	煤 moi^{22}

方言点	0055 煤油	0056 炭木～	0057 灰烧成的
01 杭州	洋油 iaŋ^{22}y^{45}	炭 tʰɛ^{45}	灰 xuei^{334}
02 嘉兴	洋油 iᴀ̃^{21}iu^{13}	炭 tʰᴇ^{224}	灰 huei^{42}
03 嘉善	洋油 iæ̃^{13}iə^{31}	炭 tʰɛ^{334}	毛灰 mɔ^{13}fɛ^{31}
04 平湖	洋油 iã^{24}iəɯ^{53}	炭 tʰɛ^{334}	灰 hue^{53}
05 海盐	洋油 iɛ̃^{24}io^{53}	炭 tʰɛ^{334}	灰 xue^{53}
06 海宁	洋油 iã^{33}iəɯ^{55}	炭 tʰɛ^{35}	毛灰 mɔ^{33}hue^{55}
07 桐乡	洋油 iã^{21}iɤɯ^{44}	炭 tʰɛ^{334}	灰 fi^{44}
08 崇德	洋油 iã^{21}iɤɯ^{44}	炭 tʰɛ^{334}	灰 hui^{44}
09 湖州	洋油 iã^{33}iʉ^{35}	炭 tʰɛ^{35}	灰 xuei^{44}
10 德清	火油 xəu^{53}iʉ^{0}	木炭 muoʔ^{2}tʰɛ^{13}	毛灰 mɔ^{11}xuɛ^{35}
11 武康	洋油 iã^{11}iø^{35}	木炭 muoʔ^{2}tʰɛ^{53}	毛灰 mɔ^{11}xuɛ^{35}
12 安吉	洋油 iã^{22}iu^{22}	炭 tʰᴇ^{324}	灰 hue^{55}
13 孝丰	洋油 iã^{22}iu^{22}	炭 tʰɛ^{324}	灰 hue^{44}
14 长兴	洋油 iã^{12}iʏ^{33}	炭 tʰᴇ^{324}	灰 huei^{44}
15 余杭	洋油 iɑ̃^{31}øʏ^{13}	火儿 fu^{55}n^{55}	毛灰 mɔ^{31}xuɛ^{13}
16 临安	洋油 iã^{33}yœ^{13}	火炭 fu^{53}tʰɛ^{35}	灰 huɛ^{55}
17 昌化	洋油 iã^{11}i^{112}	炭 tʰɔ̃^{544}	灰 xuɛ^{334}
18 於潜	洋油 iaŋ^{22}iəu^{24}	炭 tʰɛ^{35}	灰 xue^{433}
19 萧山	洋油 iã^{13}io^{33}	炭 tʰɛ^{42}	灰 xue^{533}
20 富阳	洋油 iɑ̃^{13}iʊ^{55}	炭 tʰã^{335}	灰 huɛ^{53}
21 新登	洋油 iɑ̃^{233}y^{233}	炭 tʰɛ^{45}	灰 hue^{53}
22 桐庐	洋油 iã^{21}iəu^{13}	炭 tʰã^{35}	灰 xuᴇ^{533}
23 分水	洋油 iã^{21}iɵ^{24}	柴炭 zɛ^{21}tʰã^{24} 白炭 bəʔ^{12}tʰã^{24}	炉灰 lu^{21}xue^{44}
24 绍兴	煤油 mᴇ^{22}iɤ^{231} 洋油 iaŋ^{22}iɤ^{231}	火炭 fu^{33}tʰɛ̃^{33}	灰 huᴇ^{53}
25 上虞	洋油 iã^{21}iɤ^{213}	炭 tʰɛ̃^{53}	灰 fe^{35}
26 嵊州	洋油 iaŋ^{22}iʏ^{231}	炭 tʰɛ̃^{334}	灰 huᴇ^{534}

续表

方言点	0055 煤油	0056 炭木～	0057 灰烧成的
27 新昌	洋油 iaŋ^{13}iɯ^{33}	炭 tʰɛ̃^{335}	炉灰 lu^{13}fe^{534}
28 诸暨	洋油 iã^{21}iʉ^{242}老 煤油 me^{21}iʉ^{242}新	炭 tʰɛ^{544}	灰 fe^{544}
29 慈溪	洋油 iã^{11}iø^{13} 火油 həu^{35}iø^{0}	炭 tʰɛ̃^{44}	灰 hue^{35}
30 余姚	洋油 iaŋ^{13}iø^{13} 火油 hou^{34}iø^{13}	炭 tʰã^{53}	灰 hue^{44}
31 宁波	洋油 ia^{13}y^{0} 火油 həu^{53}y^{0}	木炭 moʔ^{2}tʰɛ^{44}	灰 huɐi^{53}
32 镇海	煤油 mei^{22}iu^{31} 洋油 iã^{22}iu^{31}	炭 tʰɛ^{53}	灰 huei^{53}
33 奉化	火油 həu^{44}iʏ^{31}	炭 tʰɛ^{53}	灰 huei^{44}
34 宁海	洋油 iã^{23}iu^{0}	白炭 baʔ^{3}tʰe^{35}	灰 huei^{423}
35 象山	洋油 iã^{31}iu^{13} 火油 hu^{44}iu^{31}	炭 tʰɛ^{53}	灰 huei^{44}
36 普陀	火油 xəu^{53}ieu^{0}	炭 tʰɛ^{55}	灰 xuæi^{53}
37 定海	火油 xʌu^{52}iʏ^{0}	炭 tʰɛ^{44}	灰 xuɐi^{52}
38 岱山	火油 xʌu^{52}iʏ^{0}	炭 tʰɛ^{44}	灰 xuɐi^{52}
39 嵊泗	火油 xʌu^{44}iʏ^{0}	炭 tʰɛ^{53}	灰 xuɐi^{53}
40 临海	洋油 iã^{21}iu^{51}	炭 tʰɛ^{55} 木炭 moʔ^{23}tʰɛ^{55}	灰 hue^{31}
41 椒江	洋油 iã^{31}iu^{41}	炭 tʰɛ^{55} 木炭 moʔ^{2}tʰɛ^{55}	灰 huə^{42}
42 黄岩	洋油 iã^{13}iu^{41}	炭 tʰɛ^{55}	灰 huø^{32}
43 温岭	洋油 iɑ̃^{24}iu^{41}	炭 tʰɛ^{55}	灰 hue^{15}小
44 仙居	洋油 ia^{353}iəɯ^{0}	炭 tʰa^{55}	灰 huæ^{334}
45 天台	洋油 ia^{22}ʑiu^{0}	硬炭 ŋa^{55}tʰe^{55} 螺蛳炭 lou^{22}sɿ^{33}tʰe^{55}	灰 huei^{33}
46 三门	洋油 iɑ̃^{13}iu^{31}	炭 tʰɛ^{55}	灰 hue^{334}

续表

方言点	0055 煤油	0056 炭木～	0057 灰烧成的
47 玉环	洋油 ia^{22}iu^{41}	炭 tʰɛ^{55}	灰 hue^{42}
48 金华	洋油 iɑŋ^{31}iu^{14}旧 煤油 mɛ^{31}iu^{14}今	炭 tʰɑ^{55}	灰 xui^{334}
49 汤溪	洋油 iɔ^{11}iəɯ^{52}	炭 tʰuɑ^{52}	灰 xuɛ^{24}
50 兰溪	洋油 iɑŋ^{21}iəɯ^{24}	炭 tʰuɑ^{45}	灰 xui^{334}
51 浦江	洋油 yõ^{24}iɤ^{334}老 煤油 ma^{24}iɤ^{334}新	炭 tʰɑ̃^{55}	灰 xua^{534}
52 义乌	洋油 iɔ^{22}iɐɯ^{45}	炭 tʰɔ^{45}	灰 hue^{335}
53 东阳	洋油 iɔ^{22}iəɯ^{53}	炭 tʰɔ^{453}	灰 hue^{334}
54 永康	洋油 iɑŋ^{31}iəu^{22}	炭 tʰa^{52}	灰 xuəi^{55}
55 武义	洋油 iɑŋ^{32}iəu^{231}	炭 tʰuo^{53}	灰 xui^{24}
56 磐安	洋油 iɒ^{21}iɐɯ^{52}老 煤油 me^{21}iɐɯ^{52}新	炭 tʰɒ^{52}	灰 xue^{445}
57 缙云	洋油 iɑ^{21}iuŋ^{453}	炭 tʰɑ^{453}	灰 xuei^{44}
58 衢州	洋油 iã^{21}iu^{231}	炭 tʰã^{53}	灰 xue^{32}
59 衢江	洋油 iã^{22}y^{53}	炭 tʰã^{53}	灰 xuei^{33}
60 龙游	洋油 iã^{224}iəɯ^{231}	炭 tʰã^{51}	灰 xuei^{334}
61 江山	洋油 iaŋ^{22}iɯ^{213} 煤油 mᴇ^{22}iɯ^{213}	炭 tʰɒŋ^{51}	灰 xuᴇ^{44}
62 常山	洋油 iã^{24}iɤ^{0} 煤油 mue^{24}iɤ^{0}	白炭 bɛʔ^{3}tʰɔ̃^{324} 硬炭 ŋĩ^{24}tʰɔ̃^{0} 硬木制 泡炭 pɤ^{52}tʰɔ̃^{0} 松木制	灰 xue^{44}
63 开化	煤油 mɛ^{21}iʊ^{53} 洋油 iã^{21}iʊ^{53}	炭 tʰɔŋ^{412}	灰 xuɛ^{44}
64 丽水	洋油 iã^{21}iəɯ^{52}	炭 tʰã^{52}	灰 xuei^{224}
65 青田	洋油 i^{55}ieu^{53}	炭 tʰɑ^{33}	灰 xuæi^{445}
66 云和	洋油 iã^{223}iəɯ^{312}	炭 tʰã^{45}	灰 xuei^{24}
67 松阳	洋油 iã^{33}iɯ^{31}	炭 tʰɔ̃^{24}	灰 fei^{53}

续表

方言点	0055 煤油	0056 炭木～	0057 灰烧成的
68 宣平	洋油 iɑ̃^{22} iɯ^{433}	炭 tʰɑ̃^{52}	灰 xuei^{324}
69 遂昌	洋油 iaŋ^{22} iɯ^{213}	炭 tʰaŋ^{334}	灰 xuei^{45}
70 龙泉	洋油 iaŋ^{45} iəu^{21}	炭 tʰaŋ^{45}	灰 xuəi^{434}
71 景宁	洋油 iɛ^{33} iəɯ^{41} 老 煤油 mai^{33} iəɯ^{41} 新	炭 tʰɔ^{35}	灰 xuai^{324}
72 庆元	洋油 iɑ̃^{52} iɯ^{52}	炭 tʰɑ̃^{11}	灰 xuæi^{335}
73 泰顺	洋油 iã^{21} iəu^{53}	炭 tʰã^{35}	灰 fæi^{213}
74 温州	洋油 i^{22} iau^{223}	炭 tʰa^{51}	灰 fai^{33}
75 永嘉	洋油 iɛ^{22} iau^{21}	炭 tʰa^{53}	灰 fai^{44}
76 乐清	洋油 ia^{22} iau^{223}	炭 tʰᴇ^{41}	灰 fai^{44}
77 瑞安	洋油 iɛ^{22} iau^{21}	炭 tʰɔ^{53}	灰 fai^{44}
78 平阳	煤油 mai^{21} iau^{13}	炭 tʰɔ^{53}	灰 fai^{55}
79 文成	煤油 mai^{21} iau^{33}	炭 tʰɔ^{33}	灰 fai^{55}
80 苍南	洋油 iɛ^{11} iau^{24}	火炭 hu^{53}tʰa^{42}	灰 huai^{44}
81 建德徽	洋油 ȵiɛ^{33} iɤɯ^{33} 旧 煤油 me^{33} iɤɯ^{33} 今	炭 tʰɛ^{33}	灰 hue^{53}
82 寿昌徽	洋油 iɑ̃^{11} iəɯ^{33}	炭 tʰuə^{33}	灰 xuæ^{112}
83 淳安徽	洋油 iɑ̃^{43} iɯ^{24} 煤油 mie^{43} iɯ^{24}	炭 tʰɑ̃^{24}	灰 fie^{24}
84 遂安徽	洋油 iɑ̃^{33} iu^{33}	木炭 mu^{21} tʰɑ̃^{43}	灰 fəɯ^{534}
85 苍南闽	煤油 mũi^{21} iu^{55}	炭 tʰũã^{21}	灰 hə^{55}
86 泰顺闽	洋油 io^{21} iəu^{22}	炭 tʰæŋ^{53}	灰 fɔi^{213}
87 洞头闽	煤油 mũĩ^{21} iu^{24}	炭 tʰũã^{21}	灰 hə^{33}
88 景宁畲	煤油 moi^{22} iəu^{22}	炭 tʰɔn^{44}	灰 foi^{44}

方言点	0058 灰尘桌面上的	0059 火	0060 烟烧火形成的
01 杭州	灰尘 xuei^{33}dzəŋ^{45}	火 xu^{53}	烟 iɛ^{334}
02 嘉兴	灰尘 huei^{33}zəŋ^{42}	火 fu^{544}	烟 ie^{42}
03 嘉善	灰尘 fɛ^{35}zən^{53}	火 fu^{44}	烟 iɪ^{53}
04 平湖	灰尘 hue^{44}zən^{0} 较小，较轻 埄尘 boŋ^{24}zən^{53} 较大，较重	火 fu^{44}	烟 iɛ^{53}
05 海盐	灰尘 xue^{55}zən^{21} 较小，较轻 埄尘 boŋ^{24}zən^{53} 较大，较重	火 fu^{423}	烟 iɛ^{53}
06 海宁	埄尘 boŋ^{33}zəŋ^{55}	火 fu^{53}	烟 ie^{55}
07 桐乡	埄尘 boŋ^{21}zəŋ^{44}	火 fu^{53}	烟 iᴇ^{44}
08 崇德	埄尘 boŋ^{21}zəŋ^{44}	火 hu^{53}	烟 iɪ^{55}
09 湖州	灰尘 xuei^{44}dzən^{44}	火 xəu^{523}	烟 ie^{44}
10 德清	灰尘 xuɛ^{44}zen^{44}	火 xəu^{53}	烟 ie^{44}
11 武康	灰尘 xuɛ^{44}zen^{44}	火 fu^{53}	烟 iɪ^{44}
12 安吉	灰尘 hue^{55}dzəŋ^{55}	火 hu^{52}	烟 i^{55}
13 孝丰	灰尘 hue^{44}dzəŋ^{44}	火 hu^{52}	烟 iɪ^{44}
14 长兴	埄丛$^{=}$ boŋ^{12}dzoŋ^{33}	火 həu^{52}	烟 i^{44}
15 余杭	灰尘 xuɛ^{55}ziŋ^{55}	火 fu^{53}	烟气儿 ie^{55}tɕʰi^{55}n^{55}
16 临安	堷尘 oŋ^{55}dzeŋ^{31}	火 fu^{55}	烟 ie^{55}
17 昌化	灰尘 xuɛ^{33}dʑiəŋ^{45}	火 xɯ^{453}	烟 iɪ̃^{334}
18 於潜	灰 xue^{433}	火 xu^{51}	烟 ie^{433}
19 萧山	埄尘 boŋ^{21}dzəŋ^{42}	火 xu^{33}	烟 ie^{533}
20 富阳	堷尘 oŋ^{423}dzən^{55}	火 huo^{423}	烟 iɛ̃^{53}
21 新登	堷尘 oŋ^{334}dʑiŋ^{45}	火 hu^{334}	烟 iɛ̃^{53}
22 桐庐	灰堷 xuᴇ^{35}oŋ^{33}	火 xu^{33}	烟 ie^{533}
23 分水	灰尘 xue^{44}dzən^{21}	火 xu^{53}	烟 ie^{44}

续表

方言点	0058 灰尘桌面上的	0059 火	0060 烟烧火形成的
24 绍兴	塳尘 $boŋ^{24}dz\tilde{e}^{31}$	火 fu^{334}	烟头 $i\tilde{e}^{33}dɤ^{231}$
25 上虞	塳尘 $boŋ^{21}dzəŋ^{31}$	火 fu^{35}	烟头 $i\tilde{e}^{33}dɤ^{213}$
26 嵊州	埲塳 $oŋ^{33}boŋ^{231}$	火 ho^{53}	烟 $i\tilde{e}^{534}$
27 新昌	垃圾埲 $lɤʔ^{2}sɤʔ^{3}oŋ^{453}$	火 $hɤ^{453}$	烟 $i\tilde{ɛ}^{534}$
28 诸暨	灰埲 $fe^{21}om^{42}$ 埲塳 $om^{33}bom^{242}$	火 $hɤu^{42}$	烟 ie^{544}
29 慈溪	灰尘 $hue^{33}dzəŋ^{13}$	火 $həu^{35}$	烟头 $i\tilde{e}^{33}dø^{13}$ 烟尘 $i\tilde{e}^{44}dzəŋ^{0}$
30 余姚	灰尘 $hue^{44}dz\tilde{e}^{13}$	火 hou^{34}	烟 $i\tilde{e}^{44}$
31 宁波	灰尘 $huɐi^{44}dʑiŋ^{53}$	火 $həu^{35}$	烟 i^{53}
32 镇海	鏖⁼糟 $ɔ^{33}tsɔ^{53}$	火 $həu^{35}$	烟 i^{53}
33 奉化	灰尘 $huei^{44}dʑiŋ^{31}$	火 $həu^{545}$	烟 i^{44}
34 宁海	灰尘 $huei^{33}dzəŋ^{31}$	火 hu^{53}	烟 ie^{423}
35 象山	埔头 $yoŋ^{44}dɤɯ^{13}$	火 hu^{44}	火烟 $hu^{44}i^{44}$
36 普陀	灰尘 $xuæi^{33}dʑiŋ^{53}$	火 $xəu^{45}$	烟 i^{53}
37 定海	灰尘 $xuɐi^{33}dʑiŋ^{52}$	火 $xʌu^{45}$	烟 i^{52}
38 岱山	灰尘 $xuɐi^{33}dʑiŋ^{52}$	火 $xʌu^{325}$	烟 i^{52}
39 嵊泗	灰尘 $xuɐi^{33}dʑiŋ^{53}$	火 $xʌu^{445}$	烟 i^{53}
40 临海	塳尘 $bəŋ^{21}dʑiŋ^{51}$	火 ho^{52}	烟 i^{31} 火烟 $ho^{33}i^{31}$
41 椒江	塳埔 $boŋ^{24}yoŋ^{42}$	火 hu^{42}	烟 ie^{42}
42 黄岩	塳埔 $boŋ^{24}yoŋ^{32}$	火 hu^{42}	烟 ie^{32}
43 温岭	塳埔 $buŋ^{24}yuŋ^{31}$	火 hu^{42}	烟 ie^{33}
44 仙居	灰尘 $huæ^{53}dzen^{0}$	火 ho^{324}	烟 ie^{334}
45 天台	塳尘 $buŋ^{22}dʑiŋ^{224}$	火 ho^{325}	烟 ie^{33}

续表

方言点	0058 灰尘桌面上的	0059 火	0060 烟烧火形成的
46 三门	墥尘 boŋ^{13} zəŋ^{31}	火 hʊ^{325}	烟 ie^{334}
47 玉环	灰 hue^{42}	火 fu^{53}	烟 ie^{42}
48 金华	灰塕 xui^{33} oŋ^{535}	火 xuɤ^{535}	烟 ia^{334}
49 汤溪	灰塕 xuɛ^{33} ɑo^{535} 塕 ɑo^{535}	火 xuɤ^{535}	烟 ie^{24}
50 兰溪	灰塕 xui^{334} oŋ^{55}	火 xuɤ^{55}	烟 iɑ^{334}
51 浦江	塕头 on^{55} dɤ^{55}	火 xɯ^{53}	烟 iɑ̃^{534}
52 义乌	塕 oŋ^{423}	火 huɤ^{423}	烟 ȵia^{335}
53 东阳	塕 ɔm^{453}	火 hʊ^{44}	烟 i^{334}
54 永康	塕 oŋ^{334}	火 xuo^{334}	烟 ie^{55}
55 武义	塕 oŋ^{445}	火 xuo^{445}	烟□ ȵie^{32} kuen^{53}
56 磐安	塕 ɔom^{334} 灰尘 xue^{33} tsɐn^{52}	火 xuɤ^{334}	烟□ ie^{33} kuɐn^{52}
57 缙云	塕 ɔ̃ũ^{51}	火 xu^{51}	烟 iɛ^{44}
58 衢州	灰塕 xue^{32} oŋ^{35}	火 xu^{35}	烟 iẽ^{32}
59 衢江	灰塕 xuei^{33} əŋ^{25}	火 xuo^{25}	烟 ie^{33}
60 龙游	灰塕 xuei^{33} oŋ^{35}	火 xu^{35}	烟 ie^{334}
61 江山	灰塕 xuᴇ^{44} oŋ^{241}	火 xuᴇ^{241}	烟 iɛ̃^{44}
62 常山	灰塕 xue^{44} oŋ^{52}	火 xui^{52}	烟 iɛ̃^{44}
63 开化	灰塕 xuɛ^{44} ɤŋ^{53}	火 xuei^{53}	烟 iɛ̃^{44}
64 丽水	灰尘 xuei^{224} tsen^{52}	火 xuo^{544}	烟 iɛ^{224}
65 青田	灰尘 xuæi^{55} dzaŋ^{53}	火 xu^{454}	烟 iɑ^{445}
66 云和	灰尘 xuei^{44} dzəŋ^{312}	火 xo^{41}	烟 iɛ^{24}
67 松阳	灰塕 fei^{24} ŋ^{212}	火 fu^{212}	烟 iɛ̃^{53}
68 宣平	灰塕 xuei^{44} ən^{445}	火 xo^{445}	烟 iɛ^{324}

续表

方言点	0058 灰尘桌面上的	0059 火	0060 烟烧火形成的
69 遂昌	灰塕 xuei^{33}əŋ^{533}	火 xu^{533}	烟 iɛ̃^{45}
70 龙泉	喷⁼尘 pʰɛn^{45}dzɛn^{21}	火 xuəi^{51}	烟 iᴇ^{434}
71 景宁	埄尘 baŋ^{33}dzaŋ^{41} 灰尘 xuai^{33}dzaŋ^{41}	火 xo^{33}	烟 iɛ^{324}
72 庆元	埄尘 poŋ^{52}tɕiəŋ^{52}	火 xuæi^{33}	烟 iɑ̃^{335}
73 泰顺	埄尘 pəŋ^{21}tsəŋ^{53}	火 fo^{55}	烟 iã^{213}
74 温州	埄塕 baŋ^{22}ioŋ^{33}	火 fu^{25}	烟 i^{33}
75 永嘉	埄尘 boŋ^{22}dzaŋ^{21}	火 fu^{45}	烟 i^{44}
76 乐清	埄尘 baŋ^{22}dʑiaŋ^{223} 埄塕 baŋ^{22}ioŋ^{44}	火 fu^{35}	烟 iᴇ^{44}
77 瑞安	埄尘 baŋ^{22}dzaŋ^{21}	火 fɯ^{35}	烟 i^{44}
78 平阳	灰尘 fai^{33}dʒaŋ^{35}	火 fu^{45}	烟 ie^{55}
79 文成	灰尘 fai^{33}dʒaŋ^{33}	火 fu^{45}	烟 ie^{55}
80 苍南	灰尘 huai^{33}zaŋ^{21}	火 hu^{53}	烟 iɛ^{44}
81 建德徽	灰塕 hue^{53}oŋ^{213}	火 hu^{213}	烟 ȵiɛ^{53}
82 寿昌徽	灰塕 xuæ^{11}əŋ^{55}	火 xu^{24}	烟 i^{112}
83 淳安徽	灰塕 fie^{24}on^{55}	火 hu^{55}	烟 iã^{24}
84 遂安徽	灰塕 fəɯ^{534}n^{33}	火 fəɯ^{213}	烟 iɛ̃^{534}
85 苍南闽	涂粉 tʰɔ^{21}hun^{43}	火 hə^{43}	烟 ian^{55}
86 泰顺闽	埄尘 pəŋ^{21}tiəŋ^{22}	火 fɔi^{344}	烟 ie^{213}
87 洞头闽	英⁼仔 ieŋ^{24}ia^{33}	火 hə^{53}	烟 ian^{33}
88 景宁畲	粉 puən^{325} □ mon^{44}	火 fu^{325}	烟 ian^{44}

方言点	0061 失火	0062 水	0063 凉水
01 杭州	起火 tɕʰi^{33}xu^{53}	水 suei^{53}	冷水 ləŋ^{55}suei^{0}
02 嘉兴	着火 zᴀʔ^{1}fu^{544}	水 sɿ^{544}	冷水 lᴀ̃^{21}sɿ^{24}
03 嘉善	火烧 fu^{44}sɔ^{53}	水 sɿ^{44}	冷水 læ̃^{35}sɿ^{55}小
04 平湖	火烧 fu^{44}sɔ^{53}	水 sɿ^{44}	冷水 lã^{21}sɿ^{53}
05 海盐	火烧 fu^{53}sɔ^{53}	水 sɿ^{423}	冷水 lɛ̃^{53}sɿ^{213}
06 海宁	火烧 fu^{55}sɔ^{55}	水 sɿ^{53}	冷水 lɑ̃^{35}sɿ^{0}
07 桐乡	火烧 fu^{53}sɔ^{44}	水 sɿ^{53}	冷水 lã^{24}sɿ^{0}
08 崇德	火烧 hu^{55}sɔ^{0}	水 sɿ^{53}	冷水 lã^{55}sɿ^{0}
09 湖州	火烧 xəu^{53}sɔ^{13}	水 sei^{523}	冷水 lã^{53}sei^{13}
10 德清	火烧 xəu^{53}sɔ^{0}	水 sɿ^{52}	冷水 lã^{35}sɿ^{0}
11 武康	火烧 fu^{53}sɔ^{53}老 着火 dzɜʔ^{2}fu^{53}新	水 sɿ^{53}	冷水 lã^{35}sɿ^{0}
12 安吉	火着 hu^{52}dzəʔ^{21}	水 se^{52}	冷水 lã^{52}se^{21}
13 孝丰	火着 hu^{45}dzaʔ^{2}	水 se^{52}	冷水 lã^{45}se^{21}
14 长兴	火烧 həu^{45}sɔ^{21}	水 sei^{52}	冷水 lã^{45}sei^{21}
15 余杭	天火烧 tʰiẽ^{55}fu^{55}sɔ^{55}	水 sɛ^{53}	冷水 lɑ̃^{35}sɛ^{0}
16 临安	着火 dzaʔ^{2}fu^{55}	水 sɿ^{55}	冷水 lɑ̃^{33}sɿ^{55}
17 昌化	着火 zaʔ^{2}xɯ^{453}	水 sei^{453}	冷水 lã^{23}sei^{544}
18 於潜	着火 dzɑʔ^{2}xu^{53}	水 ɕy^{51}	冷水 laŋ^{53}ɕy^{31}
19 萧山	火着 xu^{33}dzaʔ^{21}	水 sɿ^{33}	冷水 lã^{13}sɿ^{42}
20 富阳	火着 huo^{423}dzaʔ^{2}	水 ɕyɛ^{423}	冷水 lã^{224}ɕyɛ^{335}
21 新登	着火 dzaʔ^{2}hu^{334}	水 sɥ^{334}	冷水 lɛ^{334}sɥ^{45}
22 桐庐	着火 dzaʔ^{21}xu^{33}	水 ɕyᴇ^{33}	冷水 lã^{33}ɕyᴇ^{33}
23 分水	着火 zəʔ^{12}xu^{53}	水 sue^{53}	冷水 lən^{44}sue^{53}

续表

方言点	0061 失火	0062 水	0063 凉水
24 绍兴	着火 dzəʔ^{2}fu^{334}	水 sɿ^{334}	冷水 laŋ^{24}sɿ^{31}
25 上虞	着火 dzaʔ^{2}fu^{35}	水 sɿ^{35}	冷水 lã^{21}sɿ^{53}
26 嵊州	着火 dzaʔ^{2}ho^{53}	水 sɿ^{53}	冷水 laŋ^{24}sɿ^{53}
27 新昌	着火 dʑiaʔ^{2}hɤ^{453}	水 sɿ^{453}	冷水 laŋ^{22}sɿ^{453}
28 诸暨	着火 dzaʔ^{21}hɤu^{42}	水 sɿ^{42}	冷水 lã^{13}sɿ^{42}
29 慈溪	着火 dzaʔ^{2}həu^{35}	水 sɿ^{35}	冷水 lã^{13}sɿ^{44}
30 余姚	着火 dzaʔ^{2}hou^{34}	水 sɿ^{34}	冷水 liaŋ^{13}sɿ^{44}
31 宁波	火着 həu^{44}dʑiəʔ^{2}	水 sɥ^{35}	冷水 la^{13}sɥ^{0}
32 镇海	火着 həu^{33}dʑieʔ^{2}	水 sɥ^{35}	冷水 lã^{22}sɥ^{44}
33 奉化	火着 həu^{44}dʑiaʔ^{2}	水 sɥ^{545}	冷水 lã^{32}sɥ^{53}
34 宁海	火着 hu^{55}dʑiaʔ^{3} 回禄$^{=}$ uei^{22}loʔ^{3}	水 sɥ^{53}	冷水 lã^{33}sɥ^{53}
35 象山	火着 hu^{44}dʑieʔ^{2}	水 sɥ^{44}	冷水 lã^{31}sɥ^{44}
36 普陀	火着 xəu^{45}dʑiɛʔ^{2}	水 sɥ^{45}	冷水 lã^{23}sɥ^{0}
37 定海	火着 xʌu^{33}dʑieʔ^{2}	水 sɥ^{45}	冷水 lã^{23}sɥ^{0}
38 岱山	火着 xʌu^{52}dʑieʔ^{0}	水 sɥ^{325}	冷水 lã^{23}sɥ^{52}
39 嵊泗	火着 xʌu^{53}dʑieʔ^{0}	水 sɥ^{445}	冷水 lã^{34}sɥ^{0}
40 临海	火着 ho^{52}dʑiaʔ^{23}	水 ɕy^{52}	冷水 lã^{33}ɕy^{52}
41 椒江	火着 hu^{42}dʑiaʔ^{2}	水 sɥ^{42}	冷水 lã^{42}sɥ^{42}
42 黄岩	火着起 hu^{42}dʑieʔ^{2}tɕ^{h}ie^{0}	水 sɥ^{42}	冷水 lã^{42}sɥ^{42}
43 温岭	火着起 hu^{42}dʑiaʔ^{2}tɕ^{h}i^{0}	水 ɕy^{42}	冷水 lã^{42}ɕy^{42}
44 仙居	着火 dʑyɑʔ^{23}ho^{324}	水 ɕy^{324}	冷水 lã^{31}ɕy^{324}
45 天台	火着 ho^{325}dʑiaʔ^{2}	水 ɕy^{325}	冷水 la^{21}ɕy^{325}
46 三门	着火 dʑiaʔ^{2}hʊ^{325}	水 sɥ^{325}	冷水 lɛ^{32}sɥ^{325}

续表

方言点	0061 失火	0062 水	0063 凉水
47 玉环	火着起 fu^{55} dʑiɐʔ^{2} tɕʰi^{0} “火”调殊	水 ɕy^{53}	冷水 lã^{53} ɕy^{53}
48 金华	火着 xuɤ^{55} dʑiəʔ^{212}	水 ɕy^{535}	冷水 lɑŋ^{53} ɕy^{535}
49 汤溪	着火 dʑiɔ^{11} xuɤ^{535}	水 ɕyei^{535}	冷水 la^{11} ɕyei^{535}
50 兰溪	着火 dʑiaʔ^{12} xuɤ^{55}	水 ɕy^{55}	冷水 læ̃^{55} ɕy^{55}
51 浦江	火着 xɯ^{33} dzyo^{243}	水 ɕy^{53}	冷水 lɛ̃^{11} ɕy^{53}
52 义乌	着火 dzɯa^{24} huɤ^{423}	水 ɕy^{423}	冰冻水 mən^{33} noŋ^{33} ɕy^{423}
53 东阳	着火 dʑiɔ^{22} hʊ^{35}	水 sɿ^{44}	凉水儿 liɔ^{22} sɿn^{53}
54 永康	火着来 xuo^{334} dʑiɑu^{31} ləi^{22} 着火 dʑiɑu^{31} xuo^{334}	水 ɕy^{334}	冷水 lai^{31} ɕy^{334}
55 武义	着火 dʑiɑu^{53} xuo^{445}	水 ɕy^{445}	冷水 na^{53} ɕy^{445}
56 磐安	着火 tsuə^{55} xuɤ^{334}	水 ɕy^{334}	冷水 lɛ^{55} ɕy^{334}
57 缙云	着□ dɛ^{13} i^{0}	水 sʮ^{51}	冷水 la^{51} sʮ^{51}
58 衢州	火着 xu^{35} dʒyaʔ^{12}	水 ʃy^{35}	凉水 liã^{21} ʃy^{35}
59 衢江	火着 xuo^{25} dei^{21}	水 ɕy^{25}	浸水 tsʰɛ^{33} ɕy^{25}
60 龙游	火着 xu^{35} dei^{21}	水 suei^{35}	冷水 lɛ^{22} suei^{35}
61 江山	着火 dᴇ^{22} xuᴇ^{241}	水 y^{241}	浸水 tsʰɛ̃^{51} y^{241}
62 常山	炱火 dɛ^{22} xui^{52}	水 y^{52}	浸水 tsʰɔ̃^{44} y^{52}
63 开化	走火 tsɯ^{44} xuei^{53} 失火 ɕyaʔ^{4} xuei^{53}	水 y^{53}	浸水 tsʰɛn^{44} y^{53}
64 丽水	火着起 xuo^{544} dɛ^{22} tɕʰi^{0}	水 sʮ^{544}	冷水 lã^{44} sʮ^{544}
65 青田	火着起 xu^{55} dɛ^{343} tsʰɿ^{0}	水 sʮ^{454}	冷水 lɛ^{33} sʮ^{454}
66 云和	火着起 xo^{44} da^{223} tsʰɿ^{0}	水 sʮ^{41}	浸水 tsʰəŋ^{44} sʮ^{41}
67 松阳	火着起 fu^{33} dɛ^{22} tɕʰi^{0}	水 ɕy^{212}	浸水 tsʰen^{24} ɕy^{212}
68 宣平	火烧起 xo^{445} ɕiɔ^{32} tɕʰiəʔ^{0}	水 ɕy^{445}	冷水 lɛ^{22} ɕy^{445}

续表

方言点	0061 失火	0062 水	0063 凉水
69 遂昌	火着起 xu^{53}dei^{13}tɕ^{h}iʔ^{5}	水 y^{533}	浸水 ts^{h}əŋ^{33}y^{533}
70 龙泉	火着起 xuəi^{44}tᴇ^{51}ts^{h}ɿ^{0}	水 y^{51}	浸水 ts^{h}ɛn^{45}y^{51}
71 景宁	火着起 xo^{33}dai^{33}tɕ^{h}i^{33}	水 ɕy^{33}	浸水 ts^{h}aŋ^{55}ɕy^{33}
72 庆元	火烧处 xuæi^{33}ɕiɒ^{335}tɕ^{h}yᴇ^{11}	水 ɕy^{33}	浸水 ts^{h}əŋ^{11}ɕy^{33}
73 泰顺	火着 fo^{55}tɛ^{21}	水 ɕy^{55}	浸水 ts^{h}əŋ^{22}ɕy^{55}
74 温州	火烛 fu^{45}tɕio^{323}	水 sɿ^{25}	冷水 liɛ^{31}sɿ^{25}
75 永嘉	火着起 fu^{45}dʑia^{213}ts^{h}ɿ^{0}	水 sɥ^{45}	冷水 lɛ^{31}sɥ^{45}
76 乐清	火烧起 fu^{35}sɤ^{44}dʑi^{0}	水 sy^{35}	冷水 la^{31}sy^{35}
77 瑞安	火烧起 fɯ^{35}ɕy^{33}tɕ^{h}i^{0}	水 səɯ^{35}	冷水 la^{31}səɯ^{35}
78 平阳	着火 dʒɔ^{21}fu^{45}	水 sʉ^{45}	冷水 lᴀ^{33}sʉ^{35}
79 文成	失火 sa^{21}fu^{45}	水 søy^{45}	浸水 tʃ^{h}aŋ^{42}søy^{45}
80 苍南	烧起 ɕyɔ^{44}tɕi^{0}	水 ɕy^{53}	冷水 lia^{42}ɕy^{53}
81 建德徽	火着 hu^{13}tsɑ^{0}	水 ɕye^{213}	冷水 nɛ^{55}ɕye^{213}
82 寿昌徽	火烧屋 xu^{55}sɤ^{11}ɔʔ^{3} 火着[起来]xu^{24}ts^{h}ɔʔ^{3}tɕ^{h}iæ^{0}	水 ɕyei^{24}	冷水 læ̃^{33}ɕyei^{24}
83 淳安徽	着火 ts^{h}ɑʔ^{13}hu^{55}	水 ɕya^{55}	冷水 lɑ̃^{55}ɕya^{21}
84 遂安徽	着起来 tɕ^{h}iɔ^{33}ts^{h}ɿ^{21}ləɯ^{0} 烧起来 ɕiɔ^{52}ts^{h}ɿ^{21}ləɯ^{0}	水 ɕy^{213}	冷水 lɑ̃^{33}ɕy^{33}
85 苍南闽	失火 ɕie^{21}hə^{43}	水 tsui^{43}	浸水 tɕ^{h}in^{33}tsui^{43}
86 泰顺闽	火烧 fɔi^{344}ɕiɐu^{213}	水 tɕy^{344}	浸水 ts^{h}ieŋ^{21}tɕy^{344}
87 洞头闽	火烧 hə^{53}ɕieu^{33}	水 tsui^{53}	浸水 tɕ^{h}in^{33}tsui^{53}
88 景宁畲	失火 ɕit^{5}fu^{325}	水 ɕy^{325}	凉水 liɔŋ^{22}ɕy^{325} 冷水 laŋ^{51}ɕy^{325}

方言点	0064 热水如洗脸的热水，不是指喝的开水	0065 开水喝的	0066 磁铁
01 杭州	热水 zuaʔ^{2}suei^{53}	开水 kʰɛ^{33}suei^{53}	吸铁石 ɕiɛʔ^{5}tʰiɛʔ^{5}zaʔ^{5}
02 嘉兴	热水 ȵieʔ^{5}sɿ^{21}	开水 kʰᴇ^{33}sɿ^{21}	吸铁石 ɕieʔ^{5}tʰieʔ^{5}zᴀʔ^{5}
03 嘉善	烫水 tʰã^{55}sɿ^{0}	白开水 baʔ^{2}kʰɛ^{35}sɿ^{53}	吸铁石 ɕieʔ^{5}tʰieʔ^{5}zaʔ^{4}
04 平湖	热水 ȵiəʔ^{23}sɿ^{334}	茶 zo^{31} 开水 kʰɛ^{55}sɿ^{31}	吸铁石 ɕiəʔ^{3}tʰiəʔ^{5}zaʔ^{0}
05 海盐	暖水 nɤ^{53}sɿ^{213}	茶 zo^{31} 开水 kʰɛ^{53}sɿ^{21}	吸铁石 ɕiəʔ^{5}tʰiəʔ^{5}zaʔ^{5}
06 海宁	烫水 tʰɑ̃^{33}sɿ^{53} 暖水 nei^{35}sɿ^{0}	开水 kʰɛ^{33}sɿ^{33} 滚水 kuəŋ^{55}sɿ^{0}	吸铁石 ɕieʔ^{5}tʰieʔ^{5}zaʔ^{2}
07 桐乡	热水 ȵiəʔ^{23}sɿ^{53}	茶 zo^{13} 开水 kʰᴇ^{44}sɿ^{44}	吸铁石 ɕiəʔ^{3}tʰiəʔ^{5}zəʔ^{5}
08 崇德	热水 ȵiəʔ^{23}sɿ^{53}	开水 kʰᴇ^{44}sɿ^{44}	吸铁石 ɕiəʔ^{3}tʰiəʔ^{5}zəʔ^{0}
09 湖州	热水 ȵieʔ^{2}sei^{44}	滚水 kuən^{53}sei^{13}	吸铁石 ɕieʔ^{5}tʰieʔ^{5}zaʔ^{2}
10 德清	热水 ȵieʔ^{2}sɿ^{53}	开水 kʰɛ^{44}sɿ^{44}	吸铁石 ɕieʔ^{5}tʰieʔ^{5}zaʔ^{2}
11 武康	热水 ȵieʔ^{2}sɿ^{53}	开水 kʰɛ^{44}sɿ^{44}	吸铁石 ɕieʔ^{4}tʰieʔ^{5}zɜʔ^{2}
12 安吉	热水 ȵiᴇʔ^{2}se^{213}	滚水 kuəŋ^{52}se^{21}	吸铁石 ɕiᴇʔ^{5}tʰiᴇʔ^{5}zəʔ^{23}
13 孝丰	热水 ȵieʔ^{2}se^{52}	滚水 kuəŋ^{45}se^{21}	吸铁石 ɕieʔ^{5}tʰieʔ^{5}zəʔ^{5}
14 长兴	热水 ȵiᴇʔ^{2}sei^{44}	白开水 baʔ^{2}kʰɯ^{44}sei^{44}	吸铁石 ʃiᴇʔ^{3}tʰiᴇʔ^{5}zaʔ^{5}
15 余杭	热水 ȵieʔ^{2}sɛ^{53}	滚水 kuŋ^{35}sɛ^{0}	吸铁石 ɕieʔ^{4}tʰieʔ^{5}zəʔ^{2}
16 临安	脸汤水 liẽ^{33}tʰɑ̃^{55}sɿ^{55}	开水 kʰᴇ^{53}sɿ^{55}	吸铁石 ɕiɐʔ^{5}tʰiɐʔ^{5}zɐʔ^{2}
17 昌化	热水 ȵiɛʔ^{2}sei^{453}	滚水 kuəŋ^{45}sei^{53}	吸铁石 ɕiɛʔ^{5}tʰiɛʔ^{5}zaʔ^{5}
18 於潜	热水 ȵiæʔ^{2}ɕy^{53}	开水 kʰe^{43}ɕy^{53}	吸铁石 ɕieʔ^{53}tʰieʔ^{53}zɑʔ^{31}
19 萧山	热水 ȵieʔ^{21}sɿ^{33}	滚水 kuəŋ^{35}sɿ^{21}	吸铁石 ɕieʔ^{5}tʰeʔ^{5}zəʔ^{5}
20 富阳	热水 ȵiɛʔ^{2}ɕyɛ^{335}	滚水 kuən^{423}ɕyɛ^{335}	吸铁石 ʑiɛʔ^{5}tʰiɛʔ^{5}zəʔ^{2}
21 新登	热水 ȵiəʔ^{2}zʮ^{13}	滚水 kueŋ^{334}sʮ^{45}	吸铁石 ɕiəʔ^{5}tʰiəʔ^{5}zaʔ^{2}
22 桐庐	热水 niəʔ^{21}ɕyᴇ^{35}	开水 kʰᴇ^{35}ɕyᴇ^{33}	吸铁 ɕiəʔ^{5}tʰiəʔ^{21}
23 分水	热水 ȵiəʔ^{12}sue^{53}	开水 kʰɛ^{44}sue^{55}	吸铁石 ɕiəʔ^{5}tʰiəʔ^{5}zəʔ^{12}
24 绍兴	热水 ȵieʔ^{2}sɿ^{334}	茶 dzo^{231}	吸铁石 ɕieʔ^{3}tʰeʔ^{5}zaʔ^{3}

续表

方言点	0064 热水如洗脸的热水，不是指喝的开水	0065 开水喝的	0066 磁铁
25 上虞	热水 ȵiəʔ^{2} sɿ^{53}	开水 kʰe^{33} sɿ^{35}	吸铁石 ɕiəʔ^{2} tʰiəʔ^{5} zaʔ^{2}
26 嵊州	热水 ȵieʔ^{2} sɿ^{53}	茶 dzo^{213}	吸铁石 ɕieʔ^{5} tʰiəʔ^{3} zɛʔ^{3}
27 新昌	热水 ȵiɛʔ^{2} sɿ^{453}	茶 dzo^{22}	吸铁石 ɕiʔ^{5} tʰiɛʔ^{5} zaʔ^{2}
28 诸暨	热水 nieʔ^{21} sɿ^{42}	开水 kʰe^{21} sɿ^{42}	吸铁 ɕieʔ^{5} tieʔ^{5}
29 慈溪	热水 ȵiəʔ^{2} sɿ^{44}	白滚汤 baʔ^{2} kuəŋ^{33} tʰɔ̃^{53}	吸铁石 ɕiəʔ^{5} tʰiəʔ^{5} zaʔ^{2}
30 余姚	热水 ȵiəʔ^{2} sɿ^{44}	滚水 kuə̃^{34} sɿ^{53}	吸铁石 ɕiəʔ^{5} tʰiəʔ^{5} dzaʔ^{2}
31 宁波	热水 ȵiəʔ^{2} sɥ^{35}	茶 dzo^{13}	吸铁石 ɕiəʔ^{5} tʰiəʔ^{2} zaʔ^{2}
32 镇海	热水 ȵieʔ^{2} sɥ^{35}	滚水 kuəŋ^{35} sɥ^{44}	吸铁石 ɕieʔ^{5} tʰieʔ^{5} zaʔ^{2}
33 奉化	热水 ȵiɪʔ^{2} sɥ^{0}	茶 dzo^{33}	吸铁石 ɕiɪʔ^{2} tʰiɪʔ^{5} zaʔ^{2}
34 宁海	暖水 nəŋ^{33} sɥ^{53}	烫茶 tʰɔ̃^{33} dzo^{213}	吸铁石 ɕiəʔ^{3} tʰieʔ^{2} zaʔ^{3}
35 象山	热汤 ȵieʔ^{2} tʰɔ̃^{35}	热茶 ȵieʔ^{2} dzo^{31}	吸铁石 ɕieʔ^{5} tʰieʔ^{5} zaʔ^{2}
36 普陀	汤水 tʰɔ̃^{53} sɥ^{0}	滚水 kuɐŋ^{53} sɥ^{0} 开水 kʰɛ^{33} sɥ^{45}	吸铁石 ɕiɛʔ^{5} tʰiɛʔ^{5} zɐʔ^{0}
37 定海	热水 ȵieʔ^{2} sɥ^{45}	滚水 kuɐŋ^{52} sɥ^{0} 开水 kʰɛ^{33} sɥ^{45}	吸铁 ɕieʔ^{5} tʰieʔ^{0}
38 岱山	热水 ȵieʔ^{2} sɥ^{45}	滚水 kuɐŋ^{52} sɥ^{0}	吸铁 ɕieʔ^{5} tʰieʔ^{5}
39 嵊泗	热水 ȵiᴇʔ^{2} sɥ^{45}	茶 dzo^{243}	吸铁 ɕiᴇʔ^{5} tʰiᴇʔ^{0}
40 临海	汤 tʰɔ̃^{31}	茶 dzo^{21}	吸铁石 ɕieʔ^{3} tʰieʔ^{3} ʑieʔ^{23}
41 椒江	汤 tʰɔ̃^{42}	茶 dzo^{31}	吸铁石 ɕieʔ^{3} tʰieʔ^{3} ʑieʔ^{2}
42 黄岩	汤 tʰɔ̃^{32}	茶 dzo^{121}	吸铁石 ɕieʔ^{3} tʰieʔ^{3} ʑieʔ^{2}
43 温岭	汤 tʰɔ̃^{33}	茶 dzo^{31}	吸铁石 ɕiʔ^{3} tʰiʔ^{3} ʑiʔ^{2}
44 仙居	热汤 ȵiaʔ^{23} tʰɑ̃^{334}	茶 dzo^{213}	吸铁石 ɕiəʔ^{3} tʰiaʔ^{3} ʑiəʔ^{23}
45 天台	汤 tʰɔ^{33}	茶 dzo^{224}	吸铁石 hiəʔ^{5} tʰieʔ^{1} ʑiɪʔ^{2}
46 三门	汤 tʰɔ^{334}	茶 dzo^{113}	吸铁石 ɕieʔ^{3} tʰieʔ^{3} ʑieʔ^{23}
47 玉环	汤 tʰɔ̃^{42}	茶 dzo^{31}	吸铁石 ɕiɐʔ^{3} tʰiɐʔ^{3} ʑiɐʔ^{2}
48 金华	热水 ȵie^{14} ɕy^{535}	滚汤 kuəŋ^{55} tʰɑŋ^{334} 茶 dzuɑ^{313} 开水 kʰɛ^{33} ɕy^{535}	吸铁石 ɕiəʔ^{3} tʰia^{55} ʑiəʔ^{212}

续表

方言点	0064 热水如洗脸的热水，不是指喝的开水	0065 开水喝的	0066 磁铁
49 汤溪	热水 ȵie11 ɕyei535	白滚汤 ba11 kuã52 tʰɔ24	吃铁石 tɕʰiei52 tʰia52 ʑiɛ113
50 兰溪	热水 ȵieʔ12 ɕy55	茶 dzuɑ21	吸铁石 ɕieʔ34 tʰiəʔ34 ʑiəʔ12
51 浦江	热水 ȵi11 ɕy53	开水 kʰa33 ɕy53	磁铁 zɿ24 tʰia423
52 义乌	暖水 nən24 ɕy423	茶 dzua213	磁铁 zɿ22 tʰia324
53 东阳	热水 ȵiɛ23 sɿ33	滚汤 kuɐn44 tʰɔ33	磁铁 zɿ22 tʰia35
54 永康	热水 ȵie33 ɕy334	茶 dzuɑ22	吸铁石 ɕiə33 tʰia33 zəi113
55 武义	暖水 nen53 ɕy445	茶 dzuɑ324	吸铁石 səʔ5 tʰia53 zə213
56 磐安	热水 ȵiɛ55 ɕy334	茶 dzuə213 老 开水 kʰe33 ɕy334 新	磁铁 zɿ22 tʰia334
57 缙云	汤 tʰɔ44	茶 dzu243	吸铁石 ɕiei44 tʰia51 zai13
58 衢州	汤 tʰɑ̃32	滚汤 kuən35 tʰɑ̃32	吸铁石 ɕiəʔ3 tʰiəʔ5 ʒyəʔ12
59 衢江	汤 tʰɑ̃33	茶 dzuo212	吸铁石 ɕiəʔ5 tʰiəʔ5 ʑiaʔ2
60 龙游	热汤 ȵiəʔ2 tʰã334	茶 dzuɑ21 滚汤 guei22 tʰã334	吸铁石 ɕiəʔ4 tʰiəʔ4 zəʔ23
61 江山	汤 tʰaŋ44	大滚汤 do22 kuɛ̃44 tʰaŋ44	吸铁 xiᴇʔ5 tʰiᴇʔ5
62 常山	汤 tʰã44	滚汤 kuɔ̃43 tʰã44	吸铁石 sɛʔ5 tʰieʔ5 zeʔ34
63 开化	温燉=滚水 uõ44 dɤŋ21 kuõ44 y53	白茶 baʔ2 dzɑ231 滚水 kuõ44 y53	磁铁 dzɿ21 tʰiaʔ5 吸铁石 ɕiɛʔ4 tʰiɛʔ5 ʑiɛʔ13
64 丽水	暖水 nen44 sɥ544	开水 kʰɛ44 sɥ544	吸铁石 ɕiʔ4 tʰiɛʔ4 ʑiʔ23
65 青田	热水 ȵiæʔ3 sɥ454	沸水 ɓæi33 sɥ454	吸铁石 ɕiæʔ4 tʰiæʔ4 iʔ31
66 云和	热水 ȵiɛʔ23 sɥ41	沸茶 pei44 dzo312	吸铁石 ɕiʔ4 tʰiɛʔ4 ʑiʔ23
67 松阳	暖水 nen22 ɕy212	沸汤 pei33 tʰoŋ53 开水 kʰɛ24 ɕy212	吸铁石 ɕiʔ3 tʰiɛʔ5 ʑiʔ2
68 宣平	暖汤 nən43 tʰɔ̃324 热水 ȵiəʔ2 ɕy445	滚汤 kuən44 tʰɔ̃324	食铁石 ʑiəʔ2 tʰiəʔ4 ʑiəʔ23
69 遂昌	汤 tʰɔŋ45	沸汤 pei53 tʰɔŋ45 老 开水 kʰei33 y533 新	吸铁石 ɕiʔ5 tʰiɛʔ3 ɕiʔ5

续表

方言点	0064 热水如洗脸的热水，不是指喝的开水	0065 开水喝的	0066 磁铁
70 龙泉	汤 tʰɔŋ^{434}	沸茶 bᴇ^{21}dzo^{21}	吸石 ɕieiʔ^{3}zɿʔ^{24}
71 景宁	暖水 naŋ^{55}ɕy^{33}	沸水 pai^{55}ɕy^{33}	吸石 ɕiəɯʔ^{5}zɿʔ^{23}
72 庆元	汤 tʰɔ̃^{335}	白汤 pɑʔ^{34}tʰɔ̃^{335}	吸铁石 ɕiəɯʔ^{5}tʰiɑʔ^{5}sɿʔ^{34}
73 泰顺	暖水 nəŋ^{22}ɕy^{55}	沸水 pæi^{22}ɕy^{55}	吸铁石 səiʔ^{2}tʰiɔʔ^{2}sɿʔ^{2}
74 温州	汤 tʰuɔ^{33}	涌汤 yɔ^{31}tʰuɔ^{33}	吸铁石 ɕiai^{3}tʰi^{3}zei^{212}
75 永嘉	汤 tʰɔ^{44}	涌汤 yɔ^{31}tʰɔ^{44}	吸铁石 ɕiɛ^{43}tʰi^{43}zɿ^{213}
76 乐清	汤 tʰɔ^{44}	涌汤 iɔ^{31}tʰɔ^{44}	吸铁石 ɕiɤ^{3}tʰiᴇ^{35}zi^{212}
77 瑞安	汤 tʰo^{44}	开水 kʰe^{53}səɯ^{35}	吸铁石 ɕia^{3}tʰi^{3}zei^{212}
78 平阳	热水 ȵie^{21}sʉ^{35}	开水 kʰe^{33}sʉ^{35}	吸铁石 sᴀ^{33}tʰie^{45}zi^{13}
79 文成	热水 ȵie^{21}søy^{45}	开水 kʰe^{33}søy^{45}	吸石 sa^{33}dzei^{13}
80 苍南	汤 tʰo^{44}老 热水 ȵiɛ^{11}ɕy^{53}新	开水 kʰe^{44}ɕy^{53}	吸铁石 ɕia^{3}tʰiɛ^{3}dʑi^{113}
81 建德徽	热水 ȵi^{21}ɕye^{213}	滚汤 kuen^{55}tʰo^{53}旧 开水 kʰɛ^{53}ɕye^{213}今	吸铁石 ɕiɐʔ^{3}tʰie^{55}sɑ^{213}
82 寿昌徽	热水 ȵi^{33}ɕyei^{24}	滚汤 kuen^{33}tʰɑ̃^{112}	吸铁石 ɕiəʔ^{3}tʰiɛ^{55}səʔ^{31}
83 淳安徽	热水 iəʔ^{13}ɕya^{55}	滚水 kuen^{55}ɕy^{21}	吸铁石 ɕiʔ^{5}tʰiɑʔ^{5}səʔ^{13}
84 遂安徽	热水 iɛ^{21}ɕy^{24}	茶 tsʰɑ^{33}	吸铁石 ɕiɛ^{33}tʰiɛ^{33}sɑ^{21}
85 苍南闽	热水 dʑie^{21}tsui^{43}	滚水 kun^{33}tsui^{43}老 开水 kʰai^{33}tsui^{43}新	吸铁 hie^{33}tʰi^{43}
86 泰顺闽	暖水 no^{21}tɕy^{344}	滚汤 kuəŋ^{344}tʰo^{213}	吸石 ɕiɪʔ^{5}søi^{31}
87 洞头闽	烧水 ɕieu^{212}tsui^{53}	开水 kʰai^{212}tsui^{53}	磁铁 tsɿ^{21}tʰi^{53}
88 景宁畲	热水 ȵiet^{2}ɕy^{325}	沸水 puei^{44}ɕy^{325}	磁铁 tsʰɿ^{22}tʰat^{5}

方言点	0067 时候吃饭的～	0068 什么时候	0069 现在
01 杭州	辰光 zəŋ^{22} kuaŋ^{45}	啥辰光 sa^{55} zəŋ^{22} kuaŋ^{45}	格卯 kaʔ^{3} mɔ^{53}
02 嘉兴	辰光 zəŋ^{21} kuᴀ̃^{33}	啥个辰光 zᴀ^{33} kəʔ^{5} zəŋ^{21} kuᴀ̃^{33}	现在 ie^{24} zᴇ^{21}
03 嘉善	辰光 zən^{13} kuã^{53}	哈辰光 xa^{22} zən^{13} kuã^{53}	个将= kɜʔ^{5} tɕiæ̃^{53}
04 平湖	辰光 zən^{24} kuɑ̃^{53}	啥辰光 sa^{44} zən^{24} kuɑ̃^{53} 啥光景 sa^{44} kuɑ̃^{55} tɕin^{31}	葛显= kəʔ^{3} siɛ^{53} 葛辰光 kəʔ^{3} zən^{24} kuɑ̃^{53}
05 海盐	辰光 zən^{24} kuɑ̃^{53}	啥辰光 sɑ^{55} zən^{24} kuɑ̃^{53}	马上 mɑ^{53} zɛ̃^{213} 搿=辰光 gəʔ^{23} zən^{21} kuɑ̃^{334}
06 海宁	辰光 zəŋ^{33} kuɑ̃^{55}	啥辰光 sa^{55} zəŋ^{13} kuɑ̃^{0}	格卯 kəʔ^{5} mɔ^{55} 格歇 kəʔ^{5} ɕieʔ^{5}
07 桐乡	辰光 zəŋ^{21} kɒ̃^{44}	啥辰光 sa^{33} zəŋ^{44} kɒ̃^{0}	葛显= kəʔ^{3} ɕiᴇ^{53} 今番 kəŋ^{44} fɛ^{44}
08 崇德	辰光 zəŋ^{21} kuã^{44}	何辰光 ga^{21} zəŋ^{44} kuã^{44}	葛显= kəʔ^{3} ɕiɪ^{53} 今番 kəŋ^{44} fɛ^{44}
09 湖州	辰光 zən^{33} kuã^{35}	啥辰光 suoʔ^{5} zən^{33} kuã^{35}	界=歇 ka^{33} ɕie^{35}
10 德清	辰光 zen^{21} kuã^{35}	何时辰光 a^{13} zɿ^{35} zen^{53} kuã^{0}	界=歇 ka^{33} ɕieʔ^{5}
11 武康	辰光 zen^{11} kuã^{35}	何时辰光 a^{11} zɿ^{31} zen^{11} kuã^{35} 老 几辰光 tɕi^{33} zen^{31} kuã^{0} 新	葛歇卯 kɜʔ^{4} ɕieʔ^{5} mɔ^{31}
12 安吉	辰光 zəŋ^{22} kuɔ̃^{22}	啥个辰光 sʊ^{52} kəʔ^{0} zəŋ^{0} kuɔ̃^{21}	格歇 kəʔ^{3} ɕiᴇʔ^{5}
13 孝丰	辰光 zəŋ^{22} kuɔ̃^{22}	啥个辰光 sʊ^{52} kəʔ^{0} zəŋ^{22} kuɔ̃^{22}	介歇里 ka^{32} ɕieʔ^{3} li^{24}
14 长兴	辰光 dzəŋ^{12} kɔ̃^{33}	□辰光 gəu^{243} dzəŋ^{12} kɔ̃^{33}	难= nᴇ^{12}
15 余杭	时间 zɿ^{31} tɕiẽ^{35}	坏=事时间 ua^{13} zɿ^{31} zɿ^{31} tɕiẽ^{35}	个歇儿 kəʔ^{5} sieʔ^{5} n^{53}
16 临安	时光 zɿ^{33} kuɑ̃^{35}	啥时光 saʔ^{5} zɿ^{33} kuɑ̃^{55}	葛记 kɐʔ^{5} tɕi^{35}
17 昌化	时节 zɿ^{11} tɕiɛʔ^{5} 辰光 zəŋ^{11} kuɔ̃^{334}	大=绑=时节 da^{23} pɔ̃^{45} zɿ^{11} tɕiɛʔ^{5} 大=绑=辰光 da^{21} pɔ̃^{45} zəŋ^{11} kuɔ̃^{323}	钩=老= ki^{33} lɔ^{45}
18 於潜	时间 zɿ^{22} tɕie^{433}	啥个时间 sa^{53} kæʔ^{53} zɿ^{22} tɕie^{31}	格记 kəʔ^{53} tɕi^{35}

续表

方言点	0067 时候吃饭的～	0068 什么时候	0069 现在
19 萧山	时光 zɿ^{13}kuɔ̃^{33}	虾⁼个时光 xo^{33}kəʔ^{5}zɿ^{21}kuɔ̃^{33}	葛卯 kəʔ^{13}mɔ^{13}
20 富阳	时光 zɿ^{13}kuɑ̃^{55}	何事时光 go^{55}l^{335}zɿ^{13}kuɑ̃^{55}	格卯 kɛʔ^{5}mɔ^{55}
21 新登	时光 zɿ^{233}kuɑ̃^{334}	哪般时光 da^{21}pɛ̃^{45}zɿ^{233}kuɑ̃^{334}	格记 kəʔ^{5}tɕi^{45}
22 桐庐	时光 zɿ^{21}kuã^{35}	达⁼得⁼时光 daʔ^{13}təʔ^{5}zɿ^{21}kuã^{21}	葛卯 gəʔ^{21}mɔ^{35}
23 分水	时间 zɿ^{21}tɕiɛ̃^{44}	什么时间 zəʔ^{12}mə^{0}zɿ^{21}tɕiɛ̃^{44}	于⁼暂⁼ y^{21}tsã^{53}
24 绍兴	时光 zɿ^{22}kuɑŋ^{53}	啥时光 so^{33}zɿ^{33}kuɑŋ^{53}	葛卯 keʔ^{3}mɔ^{33} 葛歇 keʔ^{3}ɕieʔ^{5}
25 上虞	辰光 dzəŋ^{21}kuɔ̃^{35}	啥个辰光 soʔ^{5}kəʔ^{2}dzəŋ^{21}kuɔ̃^{0}	阿⁼顷 aʔ^{2}tɕʰiã^{53} 现在 iẽ^{31}dze^{0}
26 嵊州	辰光 zeŋ^{22}kuɔŋ^{334}	哪个辰光 na^{33}ka^{44}zeŋ^{22}kuɔŋ^{334}	蛮⁼兴⁼ mɛ̃^{44}ɕiŋ^{31}
27 新昌	抢⁼ tɕʰiaŋ^{453}	桥⁼抢⁼ dʑiɔ^{22}tɕʰiaŋ^{335}	猛⁼抢⁼ maŋ^{53}tɕʰiaŋ^{335}
28 诸暨	辰光 zɛn^{21}kuɑ̃^{42}	何□辰光 ᴀ^{21}tsəʔ^{5}zɛn^{21}kuɑ̃^{42}	介歇 kᴀ^{33}ɕieʔ^{3}
29 慈溪	辰光 zəŋ^{11}kuɔ̃^{35}	啥格辰光 saʔ^{5}kaʔ^{2}zəŋ^{11}kuɔ̃^{35}	毛⁼季⁼头 mɔ^{11}tɕi^{35}dø^{0} 乙毛⁼季⁼ iəʔ^{5}mɔ^{11}tɕi^{44} 乙顷里 iəʔ^{5}tɕʰiã^{44}li^{44}
30 余姚	辰光 zɔ̃^{13}kuɔŋ^{44}	啥格辰光 soʔ^{5}kəʔ^{2}zɔ̃^{13}kuɔŋ^{44}	乙顷里 iəʔ^{5}tɕʰiaŋ^{53}li^{0} 乙顷卯 iəʔ^{5}tɕʰiaŋ^{53}mɔ^{0}
31 宁波	辰光 zoŋ^{22}kuɔ^{44}	啥辰光 so^{44}zoŋ^{22}kuɔ^{44}	该晌 kiəʔ^{5}dzɔ^{13}
32 镇海	辰光 zoŋ^{22}kuɔ̃^{53}	啥辰光 səu^{53}zoŋ^{22}kuɔ̃^{53}	谷⁼尝⁼ koʔ^{5}dzɔ̃^{24}
33 奉化	时光 zɿ^{33}kuɔ̃^{44}	咋时光 dza^{33}zɿ^{33}kuɔ̃^{44}	乃⁼介 ne^{33}ka^{44}
34 宁海	顷 tɕʰiã^{53}	皂⁼顷 zau^{33}tɕʰiã^{53}	格顷 keʔ^{3}tɕʰiã^{53}
35 象山	辰光 dzoŋ^{31}kuɔ̃^{35}	皂⁼辰光 zɔ^{31}dzoŋ^{31}kuɔ̃^{35}	更⁼节 kã^{44}tɕieʔ^{5}
36 普陀	时光 zɿ^{33}kuɔ̃^{53}	啥时光 səu^{55}zɿ^{0}kuɔ̃^{0}	刚急⁼ kɔ̃^{55}tɕiɛʔ^{0}
37 定海	辰光 zoŋ^{33}kuɔ̃^{52}	啥辰光 sʌu^{44}zoŋ^{0}kuõ^{0}	各⁼晌 koʔ^{3}zõ^{44}

续表

方言点	0067 时候吃饭的～	0068 什么时候	0069 现在
38 岱山	辰光 zoŋ^{33}kuõ^{52}	咋辰光 dza^{23}zoŋ^{44}kuõ^{44}	该晌 kieʔ^{5}zõ^{44}
39 嵊泗	辰光 dʑiŋ^{33}kuõ^{53}/zoŋ^{33}kuõ^{53}	啥辰光 sʌu^{44}dʑiŋ^{33}kuõ^{53}	该晌 kiᴇʔ^{3}zõ^{44}
40 临海	时节 zɿ^{22}tɕieʔ^{5}	何物时节 kã^{35}m^{0}zɿ^{22}tɕieʔ^{5}	畅=基= tɕʰiã^{35}tɕi^{31} 囊=在 nɔ̃^{22}ze^{51}
41 椒江	时候 zɿ^{31}io^{44}	何物时候 kã^{42}m^{0}zɿ^{31}io^{44}	畅=基= tɕʰiã^{55}tɕi^{42}
42 黄岩	时候 zɿ^{13}io^{44}	几时 tɕi^{42}zɿ^{121}	畅=基= tɕʰiã^{55}tɕi^{32}
43 温岭	时头 zɿ^{24}dɤ^{41}	嘈=份=机= zɔ^{13}vən^{44}tɕi^{31} 几时 tɕi^{42}zɿ^{31}	畅= tɕʰiã^{55}
44 仙居	时节 zɿ^{33}tɕiaʔ^{5}	几时 tɕi^{31}zɿ^{213}	夜=畅= i^{24}tɕʰia^{0}
45 天台	时候 zɿ^{22}eu^{55} 时节 zɿ^{22}tɕieʔ^{5}	蛇=谷=时候 zo^{22}kuʔ^{5}zɿ^{22}eu^{35}	鹊=拔= tɕʰiaʔ^{5}baʔ^{2} 鹊= tɕʰiaʔ^{5} 拔= baʔ^{2}
46 三门	时间 zɿ^{11}kɛ^{334}	槽=枪=时间 zɑu^{13}tɕʰiɑ̃^{52} zɿ^{11}kɛ^{334}	甲=枪= kɐʔ^{5}tɕʰiɑ̃^{52}
47 玉环	时候 zɿ^{22}iɤ^{44}	几时 tɕi^{53}zɿ^{31}	畅=基= tɕʰia^{55}tɕi^{42}
48 金华	时节 zɿ^{31}tsia^{55}	哪记 lɑ^{53}tɕie^{55} 哪样节 lɑ^{53}iɑŋ^{55}tsia^{0}	葛记 kəʔ^{3}tɕie^{55} 样节 iɑŋ^{55}tsia^{0}
49 汤溪	时景 sɿ^{33}tɕiɛ̃i^{535}	迦时景 dʑia^{11}sɿ^{33}tɕiɛ̃i^{535}	猗=记 gɤ^{11}tɕie^{52}
50 兰溪	时候 zɿ^{21}əɯ^{24}	带=时候 tɑ^{55}zɿ^{21}əɯ^{24} 哪般时候 lɑ^{55}pɤ^{334}zɿ^{21}əɯ^{24}	格记 kəʔ^{34}tɕie^{45}
51 浦江	时辰 zɿ^{24}zən^{113}旧 时候 zɿ^{24}ɤ^{24}今	咯=力=时辰 gə^{11}lɛ^{243}zɿ^{24} zən^{113}旧 咯=力=时候 gə^{11}lɛ^{243}zɿ^{24}ɤ^{24}今	粥=儿= tɕyɯ^{33}n^{55}
52 义乌	时候 zɿ^{22}ɐɯ^{45}	[哪里]记儿 nai^{45}tɕin^{44} 迦时候 dzia^{24}zɿ^{22}ɐɯ^{24}	窝=记儿 uɤ^{45}tɕin^{44}
53 东阳	时节儿 zɿ^{22}tɕian^{55}	迦时节儿 dʑiaʔ^{23}zɿ^{22}tɕian^{53}	□锵= ȵiɔ^{45}tɕʰiɐn^{33}
54 永康	时节 sɿ^{33}tɕia^{55}	觑=样节 tɕʰi^{52}iɑŋ^{52}tɕia^{334} 迦时节 dʑia^{241}zɿ^{31}tɕia^{334}	样节 iɑŋ^{52}tɕia^{0}

续表

方言点	0067 时候吃饭的～	0068 什么时候	0069 现在
55 武义	时候 zɿ^{32} ɑu^{231}	待⁼拉时候 da^{13} la^{55} zɿ^{32} ɑu^{231}	阿⁼记 aʔ^{5} tɕi^{32}
56 磐安	时节儿 zɿ^{21} tɕian^{52}	迦时节儿 tɕia^{55} zɿ^{21} tɕian^{52}	养⁼节儿 iɒ^{55} tɕian^{0}
57 缙云	时节 zɿ^{44} tɕia^{322}	几[节何⁼] kei^{51} tɕiau^{453} 哪样时节 da^{21} iɑ^{51} zɿ^{44} tɕia^{322}	正[节何⁼] tsɛŋ^{44} tɕiau^{453} 以⁼□ i^{21} na^{31}
58 衢州	时候 zɿ^{21} ɯ^{231}	啥时候 sɑ^{53} zɿ^{21} ɯ^{231}	格节 kəʔ^{5} tɕiəʔ^{0}
59 衢江	时景 ɕyø^{33} tɕiŋ^{25}	何时景 guo^{22} ɕyø^{33} tɕiŋ^{25}	瞎⁼记 xaʔ^{3} tɕiəʔ^{5}
60 龙游	时景 sɿ^{33} tɕin^{35}	曹⁼时景 dzɔ^{22} sɿ^{33} tɕin^{35}	阿⁼涝⁼ ɑʔ^{3} lɔ^{51}
61 江山	时候 ʑiɘ̃^{22} ɯ^{51} 时 ʑiɘ̃^{213}	倒⁼时 tɐɯ^{44} ʑiɘ̃^{51}	[乙个]记 ia^{51} ki^{0}
62 常山	缝⁼节 vã^{24} tseʔ^{0}	倒⁼缝⁼节 tɔ^{52} vã^{24} tseʔ^{0}	乙急⁼ eʔ^{5} tɕieʔ^{0} 乙急⁼ ieʔ^{5} tɕieʔ^{0}
63 开化	时候 ʑy^{21} u^{53} 时间 zɿ^{21} tɕiɛ̃^{44}	何时间 gɑ^{13} zɿ^{21} tɕiɛ̃^{44} 何时辰 gɑ^{13} ʑy^{21} ɕyɛ̃^{53}	爱⁼歇 a^{44} ɕiaʔ^{5}
64 丽水	时候 zɿ^{21} əɯ^{52}	吃⁼时候 tɕ^{h}iʔ^{5} zɿ^{21} əɯ^{52}	乙□ iʔ^{5} tɕiaʔ^{0}
65 青田	时间 zɿ^{21} kɑ^{445}	从⁼恁时间 io^{33} neŋ^{33} zɿ^{21} kɑ^{445}	伊⁼正 i^{55} tɕiŋ^{33}
66 云和	时间 zɿ^{223} kã^{24}	责⁼时间 tsaʔ^{5} zɿ^{223} kã^{24}	乙记 iʔ^{5} tsɿ^{45}
67 松阳	时间 zɿ^{33} kɔ̃^{53}	哪□时间 na^{21} nəŋ^{24} zɿ^{33} kɔ̃^{53}	乙下先 iʔ^{5} uə^{21} ɕiɛ̃^{53}
68 宣平	时节 zɿ^{43} tɕiəʔ^{5} 时候 zɿ^{43} əɯ^{231}	直⁼时节 dʑiəʔ^{23} zɿ^{43} tɕiəʔ^{5} 直⁼时候 dʑiəʔ^{23} zɿ^{43} əɯ^{231}	爱⁼记 ei^{55} tsɿ^{0}
69 遂昌	时节 zɿ^{21} tɕiɛʔ^{5} 老 时间 zɿ^{21} kaŋ^{45} 新	哪□时间 na^{21} nəŋ^{45} zɿ^{21} kaŋ^{45}	轧⁼在 gaʔ^{2} zei^{13} 老 现在 iɛ̃^{21} zei^{13} 新
70 龙泉	时节 sɿ^{44} tɕiaʔ^{5} 歇 ɕiᴇʔ^{5}	契⁼歇 tɕ^{h}i^{45} ɕiᴇʔ^{5} 契⁼时节 tɕ^{h}i^{45} zɿ^{21} tɕiaʔ^{5}	外⁼歇 a^{21} ɕiᴇʔ^{5}
71 景宁	时间 zɿ^{33} kɔ^{324}	何□时间 ga^{113} ȵia^{33} zɿ^{33} kɔ^{324}	现在 iɛ^{33} zai^{113}
72 庆元	时间 sɿ^{52} kɑ̃^{335}	启⁼□时间 tɕ^{h}iᴇ^{33} tɕ^{h}ioŋ^{55} sɿ^{52} kɑ̃^{335}	套⁼□ t^{h}ɒ^{11} tɕ^{h}ioŋ^{55} 小
73 泰顺	时节 sɿ^{21} tɕiɔʔ^{5}	何样时节 kã^{22} ȵiã^{22} sɿ^{21} tɕiɔʔ^{5}	界⁼阿声⁼ ka^{35} a^{22} ɕiŋ^{213} 阿声⁼ aʔ^{2} ɕiŋ^{213}

续表

方言点	0067 时候吃饭的～	0068 什么时候	0069 现在
74 温州	能届 naŋ^{33} ka^{33}	几能届 ke^{35} naŋ^{35} ka^{51}	能届 naŋ^{33} ka^{33}
75 永嘉	能届 naŋ^{21} ga^{0}	狃⁼能届 ȵiau^{213} na^{0} ka^{0} 几能届 ke^{45} na^{0} ka^{0}	能届 naŋ^{213} ka^{0}
76 乐清	娘⁼间 ȵiɯʌ^{31} kᴇ^{44}	若能间 ȵia^{22} naŋ^{0} kᴇ^{44} 几能间 ke^{35} naŋ^{0} kᴇ^{44}	能娘⁼ naŋ^{44} ȵiɯʌ^{223}
77 瑞安	那 na^{0}	几能下 ke^{35} naŋ^{33} a^{0} 几那 ke^{35} na^{0}	能下 naŋ^{22} a^{21}
78 平阳	时候 zɿ^{21} au^{35}	介年⁼时候 kᴀ^{13} ȵie^{42} zɿ^{21} au^{35}	能届 naŋ^{21} kᴀ^{13}
79 文成	时间 zɿ^{21} kɔ^{33}	□时间 ȵia^{33} zɿ^{21} kɔ^{33}	能届 naŋ^{13} ka^{13}
80 苍南	时节 zɿ^{11} tɕiɛ^{223} 时间 zɿ^{11} ka^{44}	何[物样]时间 a^{11} ȵiɛ^{31} zɿ^{11} ka^{44}	能届 naŋ^{112} kia^{0}
81 建德徽	时候 sɿ^{33} hɤɯ^{33}	哪个时候 lɑ^{55} kɐʔ^{0} sɿ^{33} hɤɯ^{33} 啥哩时候 so^{55} li^{0} sɿ^{33} hɤɯ^{33}	葛下 kɐʔ^{3} ho^{55}
82 寿昌徽	时景 sɿ^{11} tɕien^{24}	奇时景 tɕʰi^{55} sɿ^{11} tɕien^{33} □□时景 tsʰæ^{55} pəʔ^{3} sɿ^{11} tɕien^{55}	格记 kəʔ^{3} tɕiəʔ^{3}
83 淳安徽	时候 sa^{43} hɯ^{53}	大⁼咪时候 tʰɑ^{53} lie^{55} sa^{43} hɯ^{53}	现在 iã^{53} ɕie^{55}
84 遂安徽	时候 sɿ^{33} xəɯ^{33}	大⁼拉时候 tʰɑ^{55} lɑ^{0} sɿ^{33} xəɯ^{33}	眼下 iɛ̃^{33} sɑ^{52}
85 苍南闽	时节 ɕi^{33} tsue^{43}	什米⁼时节 ɕi^{21} bi^{43} ɕi^{33} tsue^{43}	蜀久 tɕie^{21} ku^{43}
86 泰顺闽	时节 ɕi^{21} tsɛʔ^{5}	何物时节 køʔ^{3} møʔ^{3} ɕi^{21} tsɛʔ^{5}	这间 tɕiɪʔ^{3} kɒʔ^{3}
87 洞头闽	时节 ɕi^{21} tsue^{53}	□咪时节 ɕian^{24} mĩ^{24} ɕi^{21} tsue^{53}	蜀阵 tɕiek^{5} tsun^{21}
88 景宁畲	时候 ɕi^{22} xiəu^{51}	奚乇时候 ɕi^{44} nɔʔ^{5} ɕi^{22} xiəu^{51}	个阵□ kəi^{51} tɕʰin^{51}

方言点	0070 以前	0071 以后	0072 一辈子
01 杭州	老底子 lɔ^{55}ti^{0}tsɿ^{0} 以前 i^{55}dʑiɛ^{213}	以后 i^{55}ei^{13}	一辈子 iɛʔ^{5}pei^{45}tsɿ^{53}
02 嘉兴	前 dʑie^{242}	后 ei^{113}	一生一世 ieʔ^{5}sÃ^{33}ieʔ^{5}sɿ^{21}
03 嘉善	前头 dʑiɪ^{13}də^{31}	以后 i^{44}ə^{113}	一世 ieʔ^{5}sɿ^{0}
04 平湖	前 ziɛ^{31}	后 əɯ^{213}	一生一世 iəʔ^{5}sã^{53}iəʔ^{3}sɿ^{334}
05 海盐	以前 i^{53}dʑiɛ^{31}	以后 i^{53}e^{423}	一世 iəʔ^{5}sɿ^{334}
06 海宁	老底子 lɔ^{35}ti^{53}tsɿ^{0} 从前 zoŋ^{33}dʑie^{33}	那$^{=}$来 na^{11}lɛ^{33}	一世 ieʔ^{5}sɿ^{0}
07 桐乡	前头 ziᴇ^{21}dɤɯ^{44}	以后 i^{33}ɤɯ^{242}	一世 iəʔ^{3}sɿ^{334}
08 崇德	前头 ʑiɪ^{21}dɤɯ^{44}	以后 i^{33}ɤɯ^{53}	一世 iəʔ^{3}sɿ^{334}
09 湖州	从前界$^{=}$拉$^{=}$dzoŋ^{33}dʑie^{33}ka^{44}la^{44}	那$^{=}$脱去 na^{13}tʰəʔ^{5}tɕʰi^{0}	一生一世 ieʔ^{5}sã^{44}ieʔ^{5}sɿ^{0}
10 德清	前头 dʑie^{11}døʉ^{13}	后头 øʉ^{35}døʉ^{0}	一世里 ieʔ^{5}sɿ^{44}li^{35}
11 武康	前头 ʑiɪ^{11}dø^{35}	后头 ø^{35}dø^{53}	一生一世 ieʔ^{4}sã^{44}ieʔ^{4}sɿ^{44}
12 安吉	以前 i^{52}ʑi^{21}	以后 i^{55}əɪ^{52}	一生世 iᴇʔ^{5}sã^{55}sɿ^{55}
13 孝丰	以前 i^{45}ʑiɪ^{21} 从前 dzoŋ^{22}ʑiɪ^{22}	以后 i^{32}əɪ^{52}	一生世 ieʔ^{3}sã^{44}sɿ^{44}
14 长兴	以前 ɿ^{45}ʒi^{21}	以后 ɿ^{21}i^{52}	一生一世 iᴇʔ^{2}sã^{44}iᴇʔ^{2}sɿ^{44}
15 余杭	以前 i^{55}ziẽ^{33}	以后 i^{55}øʏ^{53}	一生一世 ieʔ^{5}sɑ̃^{55}ieʔ^{5}sɿ^{55}
16 临安	老早 lɔ^{33}tsɔ^{55}	下卯 o^{33}mɔ^{33}	一生世 iɐʔ^{5}sɑ̃^{55}sɿ^{55}
17 昌化	前头 ʑiĩ^{11}di^{112} 老早 lɔ^{23}tsɔ^{453}	以后 i^{45}ei^{243} 后头 ei^{23}di^{453}	一生世 iɛʔ^{5}sã^{33}sɿ^{45} 一辈子 iɛʔ^{5}pɛ^{45}tsɿ^{53}
18 於潜	以前 i^{53}ʑie^{31}	以后 i^{53}iəu^{24}	一生世 ieʔ^{53}saŋ^{433}sɿ^{35}
19 萧山	前 dʑie^{355}	以后 i^{13}io^{42}	一生世 ieʔ^{5}sã^{53}sɿ^{21}
20 富阳	前场 ʑiɛ̃^{13}dzã^{55} 前头 ʑiɛ̃^{13}dei^{55}	后歇来 ei^{224}ɕiɛʔ^{5}lɛ^{13}	一生世 iɛʔ^{5}sã^{55}sɿ^{31}
21 新登	前头 ʑiɛ̃^{233}dəu^{233} 以前 i^{334}ʑiɛ̃^{233}	后头 əu^{21}dəu^{13} 以后 i^{334}əu^{13}	一世 iəʔ^{5}sɿ^{45}
22 桐庐	前 ʑie^{13}	后 ei^{24}	一生世 iəʔ^{5}sã^{33}sɿ^{33}

续表

方言点	0070 以前	0071 以后	0072 一辈子
23 分水	以前 i^{44}dʑiɛ̃^{21}	以后 i^{44}xɵ^{24}	一辈子 iəʔ^{5}pe^{21}tsɿ^{0} 一世 iəʔ^{5}sɿ^{24}
24 绍兴	闲$^{=}$卯 ᴇ^{22}mɔ^{22}	下卯 o^{24}mɔ^{31}	一世 ieʔ^{3}sɿ^{33}
25 上虞	前头 ʑiẽ^{21}dɤ^{213}	后头 ɤ^{22}dɤ^{31}	一世 iəʔ^{2}sɿ^{53}
26 嵊州	老式 lɔ^{24}səʔ^{5}	后来 ʏ^{24}lᴇ^{231}	一生一世 ieʔ^{5}saŋ^{33}ieʔ^{3}sɿ^{334}
27 新昌	老界$^{=}$ lɔ^{22}ka^{53}	下边 o^{22}piɛ̃^{53}	一生世 iʔ^{3}saŋ^{53}ɕi^{335}
28 诸暨	以前 ʒʅ^{42}ʑie^{13}	后头 iʉ^{13}die^{33}	一生世 ieʔ^{5}sã^{33}sɿ^{21}
29 慈溪	前头 iẽ^{11}dø^{53}	后头 ø^{11}dø^{33}	一世里 iəʔ^{5}sɿ^{44}li^{44}
30 余姚	闲早 ã^{13}tsɔ^{44} 介间 ka^{44}tɕiẽ^{44}	下遭 o^{13}tsɔ^{44} 下回 o^{13}ue^{13}	一世 iəʔ^{5}sɿ^{44} 一世里头 iəʔ^{5}sɿ^{53}li^{13}dø^{0} 一生一世 iəʔ^{5}saŋ^{44}iəʔ^{5}sɿ^{53}
31 宁波	闲早子 hɛ^{13}tsɔ^{53}tsɿ^{0}	下日 o^{13}ȵiəʔ^{2}	一生世 iəʔ^{5}sa^{44}ɕi^{44}
32 镇海	闲早子 ɛ^{22}tsɔ^{33}tsɿ^{33}	闲散$^{=}$来$^{=}$ ɛ^{22}sɛ^{33}le^{22}	该辈子 keʔ^{5}pei^{33}tsɿ^{33} 该生该世 keʔ^{5}sã^{44}keʔ^{5}ɕi^{44}
33 奉化	前头 ʑi^{33}dæi^{31}	后头 æi^{33}dæi^{31}	乃$^{=}$先$^{=}$人 ne^{33}ɕi^{44}ȵiŋ^{33}
34 宁海	以前 i^{31}ʑie^{213}	以后 i^{33}həu^{31}	一世人 iəʔ^{3}sɿ^{33}ȵiŋ^{213}
35 象山	闲早 ɛ^{31}tsɔ^{35}	下日 o^{31}ȵieʔ^{2}	一世人 ieʔ^{2}ɕi^{44}ȵiŋ^{0}
36 普陀	前头 i^{33}deu^{53}	后头 eu^{23}deu^{0}	一生世 iɛʔ^{3}sã^{53}ɕi^{0}
37 定海	前头 i^{33}dɐi^{52}	后头 ɐu^{23}dɐi^{0}	一生世 ieʔ^{3}sã^{33}ɕi^{45}
38 岱山	前头 i^{33}dœʏ^{52}	后头 œʏ^{23}dœʏ^{52}	一世 ieʔ^{3}ɕi^{44}
39 嵊泗	前头 i^{33}dœʏ^{53}	后背 œʏ^{34}pɐi^{0}	一世 iᴇʔ^{3}ɕi^{44}
40 临海	之前 tsɿ^{31}ʑi^{21}	后 ə^{52}	一世 ieʔ^{3}ɕi^{55}
41 椒江	早先 tsɔ^{42}ɕie^{55}“先”调殊	以后 i^{42}io^{42}	一世 ieʔ^{3}ɕi^{55}
42 黄岩	头前 dio^{13}ʑie^{41}	以后 i^{42}io^{42}	一世 ieʔ^{3}ɕi^{55}
43 温岭	头前 dɤ^{24}ʑie^{41}	后 iɤ^{42}	一世 iʔ^{3}ɕi^{55}
44 仙居	前 ʑie^{213}	后 əɯ^{324}	一老世 iəʔ^{3}lɐɯ^{21}ɕi^{55}
45 天台	以早 i^{21}tsau^{325} 从前 ʑyuŋ^{22}ʑie^{22}	以后 i^{21}eu^{214}	一生世 iəʔ^{1}sa^{33}ɕi^{55}

续表

方言点	0070 以前	0071 以后	0072 一辈子
46 三门	以前 i^{32}ʑie^{113}	以后 i^{32}ɤɯ^{213}	一世 ieʔ^{3}ɕi^{55}
47 玉环	以早 i^{53}tsɔ^{53} 头前 diɤ^{22}ʑie^{41}	下遍后 o^{42}pie^{33}iɤ^{53}	一世 iɐʔ^{3}ɕi^{55}
48 金华	以前 i^{55}zia^{313}	以后 i^{33}eu^{535}	一世 iəʔ^{3}ɕyɤ^{55}
49 汤溪	前 zie^{11}	后 əɯ^{113}	一生世 iei^{52}sa^{24}ɕie^{0} 一世 iei^{52}ɕie^{52}
50 兰溪	以前 i^{55}zia^{21}	以后 i^{55}əɯ^{24}	一生世 ieʔ^{34}sæ̃^{334}sie^{45}
51 浦江	以前 i^{24}ʑiɑ̃^{334}	以后 i^{11}ɤ^{243}	一生世 iə^{33}sɛ̃^{33}ʃi^{55}
52 义乌	以前 i^{33}zia^{213}	以后 i^{33}ɐɯ^{312}	一生世 iəʔ^{3}sɛ^{45}si^{44}
53 东阳	以前 i^{45}zi^{53}	以后 i^{45}əɯ^{53}	一生世 iɛ^{33}sɛ^{33}si^{53}
54 永康	以前 i^{31}ɕia^{55}	以后 i^{31}əu^{113}	一个生世 iə^{33}kuo^{52}sai^{33}ɕie^{52}
55 武义	以前 i^{13}ʑie^{324}	以后 i^{53}ɑu^{13}	一生世 iəʔ^{5}sa^{53}ɕie^{32}
56 磐安	前 ʑie^{213} 以前 i^{33}ʑie^{213} 之前 tsɿ^{33}ʑie^{213}	后 ɐɯ^{334} 以后 i^{55}ɐɯ^{334} 之后 tsɿ^{55}ɐɯ^{334}	一生世 iɛ^{33}zɛ^{14}ɕi^{52}
57 缙云	当年 tɔ̃ũ^{44}ȵia^{453} 以前 i^{21}zia^{243}	后来日 əɤ^{51}lei^{44}ȵiei^{45} 以后 i^{21}əɤ^{31}	一生世 iei^{51}sa^{44}sɿ^{453}
58 衢州	前 ʑiẽ^{21}	后 ɯ^{231}	一世 iəʔ^{3}ʃy^{53}
59 衢江	以前 i^{33}ʑie^{212} 前 ʑie^{212}	以后 i^{33}u^{212} 后 u^{212}	一世 iəʔ^{3}ɕyø^{53}
60 龙游	以前 i^{35}ʑie^{21} 前 ʑie^{21}	以后 i^{22}əɯ^{224} 后 əɯ^{224}	一世侬 iəʔ^{3}sɿ^{51}nən^{21}
61 江山	前 dʑiɛ̃^{213}	后 u^{22}	个世 a^{44}ɕi^{51}
62 常山	以前 i^{43}zue^{341}	以后 i^{43}u^{24}	一世侬 eʔ^{5}se^{43}nã^{341}
63 开化	以前 i^{53}zuɛ^{231}	以后 i^{44}u^{213}	一生世 iɛʔ^{5}sã^{44}sɛ^{0}
64 丽水	前 ʑiɛ^{22} 以前 i^{44}ʑiɛ^{22}	后 əɯ^{544} 以后 i^{44}əɯ^{544}	一生世 iʔ^{4}sã^{224}sɿ^{52} 老 一辈子 iʔ^{4}pei^{52}tsɿ^{0} 新
65 青田	以早 iʔ^{3}tsœ^{454}	以后 iʔ^{3}æi^{454}	一生世 iæʔ^{4}sɛ^{55}sɿ^{33}

续表

方言点	0070 以前	0071 以后	0072 一辈子
66 云和	以前 i^{44}ʑiɛ^{312}	以后 i^{44}u^{41}	一生世 iʔ^{4}sɛ^{24}sɿ^{45}
67 松阳	前头 ʑiɛ̃^{33}dei^{31}	以后 i^{22}u^{22}	一生一世 iʔ^{3}sã^{53}iʔ^{3}sɿə^{24}
68 宣平	前 ʑiɛ^{433}	后 əɯ^{223}	一生世 iəʔ^{4}sɛ^{55}sɿ^{0}
69 遂昌	以前 i^{53}ʑiɛ̃^{221}	以后 i^{53}u^{13}	一生世 iʔ^{3}ɕiaŋ^{55}ɕiɛ^{334}
70 龙泉	前 ʑiᴇ^{21}	后 u^{51}	一生世 ieiʔ^{3}saŋ^{44}ɕi^{45}
71 景宁	前 ʑiɛ^{41}	后 əɯ^{33}	一生世 iʔ^{3}sɛ^{32}ɕi^{35}
72 庆元	前 ɕiɑ̃^{52}	骹静 kʰɒ^{33}ɗæ̃^{335} 后 u^{221}	一生世 iəɯʔ^{5}sæ̃^{335}ɕiᴇ^{11}
73 泰顺	前 ɕiã^{53} 以前 i^{22}ɕiã^{53}	后 əu^{55}	一生世 iɛʔ^{5}sã^{22}sɿ^{35}
74 温州	前 i^{31}	后 au^{14}	一世侬 i^{3}sei^{51}naŋ^{31}
75 永嘉	以前 i^{21}i^{31}	以后 i^{21}au^{13}	一世侬 i^{43}sɿ^{53}naŋ^{21}
76 乐清	前 ziᴇ^{31}	后 au^{24}	一世 i^{3}si^{41}
77 瑞安	以前 i^{3}i^{31}	以后 i^{3}au^{13}	一世侬 e^{3}sei^{53}naŋ^{21}
78 平阳	以前 i^{33}ie^{53}	后 au^{45}	一辈子 i^{33}pai^{53}tsɿ^{21}
79 文成	以前 i^{121}ʑie^{113}	以后 i^{121}iou^{13}	一生世 i^{21}sa^{33}sei^{21}
80 苍南	以前 i^{11}dʑie^{31}	以后 i^{11}au^{53}	一世侬 e^{3}ɕi^{42}naŋ^{31}
81 建德徽	以前 i^{55}ɕie^{33}	以后 i^{55}hɤɯ^{213}	一生世 iɐʔ^{5}sɛ^{53}sɿ^{55}
82 寿昌徽	以前 i^{33}ɕi^{52}	以后 i^{33}xəɯ^{534}	一生世 iəʔ^{3}sæ^{11}ɕi^{33}
83 淳安徽	以前 i^{55}ɕiã^{435}	以后 i^{33}hɯ^{55}	一生世 iəʔ^{5}sɑ̃^{24}ɕie^{24}
84 遂安徽	老早 lɔ^{55}tsɔ^{213}	以后 i^{21}xəɯ^{43}	一生世 i^{55}sã^{52}ɕiɛ^{43}
85 苍南闽	以前 i^{33}tsũĩ^{24}	以后 i^{13}au^{21}	蜀世 tɕie^{21}se^{21}
86 泰顺闽	以前 i^{344}sɛ^{22}	以后 i^{21}au^{31}	蜀生世 ɕiɪʔ^{3}sæŋ^{22}sei^{53}
87 洞头闽	以前 i^{21}tsãĩ^{33}	以后 i^{24}au^{21}	蜀辈子 tɕiek^{21}pue^{33}tsɿ^{53} 蜀世侬 tɕiek^{21}ɕi^{33}laŋ^{212}
88 景宁畲	以前 i^{55}ɕiaŋ^{51}	以后 i^{55}xiəu^{51}	一生世 it^{5}saŋ^{44}ɕi^{44}

方言点	0073 今年	0074 明年	0075 后年
01 杭州	今年 kəŋ^{33} ȵiɛ^{45}	明年 miŋ^{22} ȵiɛ^{45} / məŋ^{22} ȵiɛ^{45}	后年 ei^{13} ȵiɛ^{53}
02 嘉兴	今年 tɕiŋ^{33} ȵie^{21}	明年 miŋ^{21} ȵie^{33}	后年 ei^{21} ȵie^{42}
03 嘉善	今年 tɕin^{35} ȵiɪ^{53}	来年 lɛ^{13} ȵiɪ^{53}	后年 ə^{22} ȵiɪ^{31}
04 平湖	今年 tɕin^{44} ȵiɛ^{0}	来年 lɛ^{24} ȵiɛ^{53}	后年 əɯ^{21} ȵiɛ^{53}
05 海盐	今年 tɕin^{55} ȵiɛ^{21}	明年 min^{24} ȵie^{53}	后年 e^{53} ȵiɛ^{31}
06 海宁	今年 tɕiŋ^{55} ȵie^{55}	明年 miŋ^{33} ȵie^{33}	后年 əɯ^{55} ȵie^{55}
07 桐乡	今年 kəŋ^{44} ȵiᴇ^{44}	明年 məŋ^{21} ȵiᴇ^{44}	后年 əɯ^{242} ȵiᴇ^{44}
08 崇德	今年 kəŋ^{44} ȵiɪ^{44}	明年 məŋ^{21} ȵiɪ^{44}	后年 ɤɯ^{55} ȵiɪ^{0}
09 湖州	今年界= kən^{44} ȵie^{44} ka^{44}	明年界= mən^{33} ȵie^{33} ka^{35}	后年界= øʉ^{53} ȵie^{31} ka^{13}
10 德清	今年界= tɕin^{44} ȵie^{44} ka^{44}	明年界= men^{11} ȵie^{11} ka^{13}	后年界= øʉ^{35} ȵie^{53} ka^{0}
11 武康	今年界= ken^{44} ȵiɪ^{44} ka^{44}	明年界= min^{11} ȵiɪ^{13} ka^{35}	后年界= ø^{13} ȵiɪ^{35} ka^{53}
12 安吉	今年 kəŋ^{55} ȵi^{55}	明年 məŋ^{22} ȵi^{22}	后年 əɪ^{52} ȵi^{21}
13 孝丰	今年 kəŋ^{44} ȵiɪ^{44}	明年 məŋ^{22} ȵiɪ^{22}	后年 əɪ^{45} ȵiɪ^{21}
14 长兴	今年界= tʃiŋ^{44} ȵi^{44} ka^{44}	明年界= məŋ^{12} ȵi^{22} ka^{33}	后年界= i^{45} ȵi^{55} ka^{21}
15 余杭	今年 kiŋ^{55} ȵiẽ^{55}	明年 miŋ^{31} ȵiẽ^{35}	后年 øʏ^{35} ȵiẽ^{0}
16 临安	今年 keŋ^{53} ȵie^{13}	明年 mieŋ^{33} ȵie^{13}	后年 ə^{33} ȵie^{33}
17 昌化	今年 kəŋ^{33} ȵiɪ̃^{45}	明年 məŋ^{11} ȵiɪ̃^{112}	后年 ei^{23} ȵiɪ̃^{53}
18 於潜	今年 keŋ^{43} ȵie^{223}	明年 miŋ^{22} ȵie^{223}	后年 iəu^{24} ȵie^{53}
19 萧山	今年 tɕiŋ^{53} ȵie^{42}	明年 məŋ^{13} ȵie^{33}	后年 io^{13} ȵie^{13}
20 富阳	今年 kin^{55} ȵiɛ̃^{55}	明年 min^{13} ȵiɛ̃^{55}	后年 ei^{224} ȵiɛ̃^{13}
21 新登	今年 tɕiŋ^{53} ȵiɛ̃^{233}	明年 meiŋ^{233} ȵiɛ̃^{233}	后年 əu^{21} ȵiɛ̃^{13}
22 桐庐	今年 kəŋ^{33} nie^{33}	明年 miŋ^{21} nie^{13}	后年 ei^{13} nie^{55}
23 分水	今年 kən^{44} ȵie^{21}	明年 min^{21} ȵie^{24}	后年 xəɯ^{24} ȵie^{21}
24 绍兴	今年头 tɕiŋ^{33} ȵiẽ^{33} tɤ^{33} 今年 tɕiŋ^{44} ȵiẽ^{31}	明年头 miŋ^{22} ȵiẽ^{33} tɤ^{33} 明年 miŋ^{24} ȵiẽ^{31}	后年 ɤ^{22} ȵiẽ^{231}

续表

方言点	0073 今年	0074 明年	0075 后年
25 上虞	今年 tɕiŋ^{33}ȵiẽ^{31}	明年 miŋ^{21}ȵiẽ^{31}	后年 ɤ^{22}ȵiẽ^{213}
26 嵊州	今年 tɕiŋ^{53}ȵiẽ^{231}	明年 miŋ^{22}ȵiẽ^{231}	后年 ʏ^{22}ȵiẽ^{334}
27 新昌	今年 tɕiŋ^{45}ȵiɛ̃^{33}	明年 mɤʔ^{2}ȵiɛ̃^{232}	后年 iɯ^{13}ȵiɛ̃^{22}
28 诸暨	今年 tɕin^{33}nie^{21}	明年 mɛn^{13}nie^{42}	后年 iʉ^{13}nie^{33}
29 慈溪	基⁼年 tɕi^{35}ȵiẽ^{0}	来年 le^{11}ȵiẽ^{13}	后年 ø^{13}ȵie^{0}
30 余姚	基⁼年 tɕi^{44}ȵiẽ^{13}	来年 ne^{13}ȵiẽ^{13} 明年 mə̃^{13}ȵiẽ^{13}	后年 ø^{13}ȵiẽ^{13}
31 宁波	今年 tɕiŋ^{53}ȵi^{0}	来年 ne^{22}ȵi^{53}	后年 œʏ^{22}ȵi^{53}
32 镇海	今年 tɕiŋ^{33}ȵi^{22}	明年 miŋ^{22}ȵi^{22}	后年 əu^{22}ȵi^{22}
33 奉化	吉⁼面⁼ tɕiɪʔ^{5}mi^{33}	来年 ne^{33}ȵi^{31}	后年 æi^{33}ȵi^{31}
34 宁海	今年 tɕiŋ^{33}ȵie^{31}	下年 o^{33}ȵie^{31}	后年 əu^{33}ȵie^{31}
35 象山	基⁼年 tɕi^{44}ȵi^{31}	明年 məŋ^{31}ȵi^{13}	后年 ɤɯ^{31}ȵi^{31}
36 普陀	今年 tɕiŋ^{53}ȵi^{0}	明年 miŋ^{33}ȵi^{53}	后年 eu^{23}ȵi^{0}
37 定海	今年 tɕiŋ^{52}ȵi^{0} 今年子 tɕiŋ^{52}ȵi^{0}tsɿ^{0}	明年 mɐŋ^{33}ȵi^{52} 明年子 mɐŋ^{33}ȵi^{52}tsɿ^{0}	后年 ɐi^{23}ȵi^{0} 后年子 ɐi^{23}ȵi^{0}tsɿ^{0}
38 岱山	今年 tɕiŋ^{33}ȵi^{52}	明年 miŋ^{33}ȵi^{52}	后年 œʏ^{23}ȵi^{52}
39 嵊泗	今年 tɕiŋ^{33}ȵi^{53}	明年 miŋ^{33}ȵi^{53}	后年 œʏ^{34}ȵi^{0}
40 临海	基⁼年 tɕi^{33}ȵi^{51}	下年 o^{42}ȵi^{51}	后年 iə^{42}ȵi^{51}
41 椒江	基⁼年 tɕi^{33}ȵie^{41}	转来年 tsø^{42}lø^{22}ȵie^{41}“来”韵殊 下来年 o^{42}lø^{22}ȵie^{41}“来”韵殊	后年 io^{53}ȵie^{31}
42 黄岩	基⁼年 tɕi^{33}ȵie^{41}	下年 o^{42}ȵie^{24}小	后年 io^{42}ȵie^{121}
43 温岭	基⁼年 tɕi^{35}ȵie^{41}	下年 o^{55}ȵie^{31}	后年 iɤ^{42}ȵie^{31}
44 仙居	基⁼年 tɕi^{53}ȵie^{0}	下年 o^{31}ȵie^{353}小	后年 əɯ^{24}ȵie^{0}
45 天台	基⁼年 ki^{33}ȵie^{51}	下年 o^{21}ȵie^{51}	后年 eu^{21}ȵie^{51}
46 三门	今年 tɕiŋ^{33}ȵie^{31}	下年 o^{21}ȵie^{252}	后年 ɤɯ^{23}ȵie^{31}

续表

方言点	0073 今年	0074 明年	0075 后年
47 玉环	己⁼年 tɕi^{53} ȵie^{31}	明年 məŋ^{22} ȵie^{41}	后年 iɤ^{55} ȵie^{41}
48 金华	今年 tɕiŋ^{55} ȵia^{0}	明年 miŋ^{31} ȵia^{14}	后年 eu^{55} ȵia^{313}
49 汤溪	今年 ka^{24} ȵie^{0}	明年 mɛ̃i^{11} ȵie^{11}	后年 əɯ^{11} ȵie^{52}
50 兰溪	今年 tɕin^{334} nia^{45}	明年 min^{21} nia^{24}	后年 əɯ^{55} nia^{21}
51 浦江	今年 tɕiən^{55} ȵiɑ̃^{334}	明年 mən^{33} ȵiɑ̃^{334}	后年 ɤ^{11} ȵiɑ̃^{243}
52 义乌	今年 tɕiən^{33} ȵia^{45}	明年 mən^{22} ȵia^{213}	后年 ɐɯ^{24} ȵia^{213}
53 东阳	今年 tɕiɐn^{33} ȵi^{53}	明年 mɐn^{22} ȵi^{53}	后年 əɯ^{23} ȵi^{22}
54 永康	够⁼年 kɯ^{33} ȵia^{55}	下年 uɑ^{31} ȵia^{55}	后年 əu^{31} ȵia^{22}
55 武义	格年 kəʔ^{5} ȵie^{32}	明年 muo^{32} ȵie^{231}	后年 ɑu^{13} ȵie^{324}
56 磐安	今年 tɕiɐn^{33} ȵie^{52}	明年 mɐn^{21} ȵie^{14}	后年 ɐɯ^{33} ȵie^{213}
57 缙云	今年 kei^{44} ȵia^{453}	明年 maŋ^{243} ȵia^{31}	后年 əɤ^{21} ȵia^{243}
58 衢州	今年 tɕin^{32} ȵiẽ^{53}	明年 min^{21} ȵiẽ^{231}	后年 ɯ^{231} ȵiẽ^{21}
59 衢江	□年 guo^{212} ȵie^{21}	明年 muo^{22} ȵie^{53}	后年 u^{22} ȵie^{53}
60 龙游	今年 kɛ^{35} ȵie^{21}	明年 mɛ^{33} ȵie^{224}	后年 əɯ^{224} ȵie^{21}
61 江山	今年 kɒ^{24} ȵiɛ̃^{51}	明年 mɒ^{22} ȵiɛ̃^{51}	后年 u^{22} ȵiɛ̃^{51} 宏⁼年 oŋ^{22} ȵiɛ̃^{51}
62 常山	今年 kɑ^{44} ȵiɛ̃^{44}	明年 mã^{22} ȵiɛ̃^{44} / mɑ^{22} ȵiɛ̃^{44}	后年 u^{24} ȵiɛ̃^{0}
63 开化	今年 kã^{44} ȵiɛ̃^{213}	明年 mã^{21} ȵiɛ̃^{213}	后年 u^{21} ȵiɛ̃^{53}
64 丽水	今年 kɛ^{224} ȵiɛ^{52}	明年 men^{21} ȵiɛ^{52}	后年 əɯ^{44} ȵiɛ^{22}
65 青田	今年 kɛ^{55} ȵiɑ^{53}	明年 maŋ^{55} ȵiɑ^{53}	后年 æi^{55} ȵiɑ^{53}
66 云和	今年 kɛ^{24} ȵiɛ^{312}	明年 mã^{223} ȵiɛ^{312}	后年 u^{41} ȵiɛ^{312}
67 松阳	今年儿 kæ̃^{33} ȵiɛ̃^{21} n^{24}	明年儿 ma^{33} ȵiɛ̃^{21} n^{24}	后年 u^{22} ȵiɛ̃^{13}
68 宣平	今年 kəʔ^{5} ȵiɛ^{0}	明年 mɑ̃^{43} ȵiɛ^{231}	后年 əɯ^{43} ȵiɛ^{231}

续表

方言点	0073 今年	0074 明年	0075 后年
69 遂昌	今年 kei^{55} ɲiɛ̃^{213}	明年 ma^{22} ɲiɛ̃^{213}	后年 u^{13} ɲiɛ̃^{221}
70 龙泉	今年 kᴇ^{45} ɲiᴇ^{21}	明年 maŋ^{21} ɲiᴇ^{21}	后年 u^{51} ɲiᴇ^{21}
71 景宁	今年 kai^{32} ɲiɛ^{35}	明年 maŋ^{33} ɲiɛ^{41}	后年 u^{33} ɲiɛ^{41}
72 庆元	今年 kæi^{335} ɲiɑ̃^{221}	明年 mæ̃^{52} ɲiɑ̃^{221}	后年 u^{22} ɲiɑ̃^{221}
73 泰顺	吉$^{=}$年 tsəiʔ^{2} ɲiã^{53}	明年 mæi^{21} ɲiã^{53}	后年 əu^{55} ɲiã^{53}
74 温州	该年 ke^{33} ɲi^{223}	明年 maŋ^{22} ɲi^{223}	后年 au^{22} ɲi^{14}
75 永嘉	个年 kai^{43} ɲi^{213}	明年 maŋ^{22} ɲi^{21}	后年 au^{13} ɲi^{21}
76 乐清	个年 kai^{35} ɲiᴇ^{323}	明年 maŋ^{22} ɲiᴇ^{223}	后年 au^{24} ɲiᴇ^{31}
77 瑞安	该年 ke^{3} ɲi^{212}	明年 maŋ^{22} ɲi^{22}	后年 au^{13} ɲi^{21}
78 平阳	该年 ke^{33} ɲie^{35}	明年 maŋ^{21} ɲie^{13}	后年 au^{45} ɲie^{21}
79 文成	该年 ke^{33} ɲie^{33}	明年 maŋ^{21} ɲie^{33}	后年 au^{13} ɲie^{45}
80 苍南	该年 ke^{3} ɲiɛ^{24}	明年 maŋ^{11} ɲiɛ^{24}	后年 au^{53} ɲiɛ^{31}
81 建德徽	今年 tɕin^{53} ɲie^{213}	明年 mən^{33} ɲie^{33} 老 明年 min^{33} ɲie^{33} 新	后年 hɤɯ^{21} ɲie^{33}
82 寿昌徽	今年 ken^{11} ɲi^{55}	明年 men^{11} ɲi^{33}	后年 xəɯ^{53} ɲi^{55}
83 淳安徽	今年 ken^{21} iã^{55}	明年 men^{43} iã^{435}	后年 hɯ^{55} iã^{55}
84 遂安徽	今年 kəɯ^{53} iɛ̃^{33}	明年 min^{33} iɛ̃^{33}	后年 xəɯ^{55} iɛ̃^{33}
85 苍南闽	今年 kən^{33} nĩ^{24}	明年 mã^{21} nĩ^{24}	后年 au^{21} nĩ^{24}
86 泰顺闽	今年 kieŋ^{22} nie^{22}	明年 mæŋ^{21} nie^{22}	后年 au^{21} nie^{22}
87 洞头闽	今年 kin^{33} nĩ^{24}	明年 mã^{212} nĩ^{24}	后年 au^{21} nĩ^{24}
88 景宁畲	今年 kin^{44} nan^{22}	明年 min^{22} nan^{22}	后年 xiəu^{51} nan^{22}

方言点	0076 去年	0077 前年	0078 往年过去的年份
01 杭州	去年 tɕʰy^{45} ȵiɛ^{53}	前年 dʑiɛ^{22} ȵiɛ^{45}	往年 uaŋ^{55} ȵiɛ^{0}
02 嘉兴	上年 zᴀ̃^{21} ȵie^{42}	前年 dʑie^{21} ȵie^{33}	往年 uᴀ̃^{33} ȵie^{42}
03 嘉善	旧年 dʑiə^{35} ȵie^{0} 小	前年 dʑiɪ^{13} ȵiɪ^{31}	年常 ȵiɪ^{13} zæ̃^{31}
04 平湖	旧年 dʑiəɯ^{24} ȵiɛ^{0}	前年 ziɛ^{24} ȵiɛ^{53}	老底子 lɔ^{21} ti^{44} tsɿ^{53} 往年 uɑ̃^{44} ȵiɛ^{53}
05 海盐	旧年 dʑio^{13} ȵiɛ^{31}	前年 dʑiɛ^{24} ȵiɛ^{21}	前头两年 dʑiɛ^{24} de^{53} liɛ̃^{53} ȵiɛ^{31}
06 海宁	旧年 dʑiəɯ^{33} ȵie^{31}	个年 kəʔ^{5} ȵie^{33} 个年子 kəʔ^{5} ȵie^{33} tsɿ^{55}	老底子 lɔ^{13} ti^{55} tsɿ^{0} 从前 zoŋ^{33} dʑie^{53}
07 桐乡	旧年 dʑiɤɯ^{21} ȵiᴇ^{53}	前年 ziᴇ^{21} ȵiᴇ^{44}	前头几年 ziᴇ^{21} dɤɯ^{44} tɕi^{44} ȵiᴇ^{44}
08 崇德	旧年 dʑiɤɯ^{21} ȵiɪ^{334}	前年 ʑiɪ^{21} ȵiɪ^{44}	前几年 ʑiɪ^{21} tɕi^{44} ȵiɪ^{44} 前头几年 ʑiɪ^{21} dɤɯ^{44} tɕi^{44} ȵiɪ^{44}
09 湖州	上年界⁼ zɑ̃^{33} ȵie^{33} ka^{35}	前年界⁼ ʑie^{33} ȵie^{33} ka^{35}	以前界⁼拉⁼ i^{53} ʑie^{31} ka^{0} la^{35}
10 德清	旧年界⁼ dʑiʉ^{11} ȵie^{11} ka^{13}	前年界⁼ dʑie^{11} ȵie^{11} ka^{13}	前头几年 dʑie^{11} døʉ^{13} tɕi^{53} ȵie^{0}
11 武康	旧年界⁼ dʑiø^{33} ȵiɪ^{33} ka^{35}	前年界⁼ ʑiɪ^{11} ȵiɪ^{13} ka^{35}	前头几年 ʑiɪ^{11} dø^{13} tɕi^{33} ȵiɪ^{35}
12 安吉	旧年 dʑiu^{21} ȵi^{213}	前年 ʑi^{22} ȵi^{22}	老早里 lɔ^{52} tsɔ^{0} li^{21}
13 孝丰	旧年 dʑiu^{21} ȵiɪ^{24}	前年 ʑiɪ^{22} ȵiɪ^{22}	老早里 lɔ^{45} tsɔ^{21} li^{21} 往年 uɔ̃^{45} ȵiɪ^{21}
14 长兴	旧年界⁼ dʒiʏ^{21} ȵi^{21} ka^{24}	前年子 ʒi^{12} ȵi^{12} tsɿ^{0}	往年子 ɔ̃^{45} ȵi^{55} tsɿ^{21}
15 余杭	旧年子 dʑiʏ^{33} ȵiẽ^{33} tsɿ^{35}	前年子 ziẽ^{33} ȵiẽ^{31} tsɿ^{35}	前头接⁼两年 ziẽ^{33} døʏ^{33} tɕieʔ^{5} ȵiɑ̃^{33} ȵiẽ^{13}
16 临安	旧年 dʑyœ^{33} ȵie^{33}	前年 dʑie^{31} ȵie^{13}	前头两年 ʑie^{33} də^{33} liɑ̃^{33} ȵie^{33}
17 昌化	旧年 ʑi^{23} ȵiɪ̃^{453}	前年 ʑiɪ̃^{11} ȵiɪ̃^{112}	往年 uɔ̃^{45} ȵiɪ̃^{53}
18 於潜	旧年 dʑiəu^{24} ȵie^{53}	前年 ʑie^{22} ȵie^{223}	往两年 uaŋ^{53} liaŋ^{53} ȵie^{31}
19 萧山	旧年 dʑio^{21} ȵie^{42}	前年 ʑie^{21} ȵie^{42}	历年 lieʔ^{21} ȵie^{42}

续表

方言点	0076 去年	0077 前年	0078 往年过去的年份
20 富阳	旧年子 dʑiʊ^{224} ȵiɛ̃^{55} tsɿ^{335}	前年子 ʑiɛ̃^{13} ȵiɛ̃^{55} tsɿ^{335}	往年子 uɑ̃^{53} ȵiɛ̃^{55} tsɿ^{335}
21 新登	旧年 dʑy^{21} ȵiɛ̃^{13}	前年 ʑiɛ̃^{233} ȵiɛ̃^{233}	往年 uɑ̃^{334} ȵiɛ̃^{45}
22 桐庐	旧年 dʑiəu^{13} nie^{55}	前年 ʑie^{21} nie^{13}	往年 uã^{33} nie^{33}
23 分水	旧年 dʑiɵ^{24} ȵie^{21}	前年 dʑiɛ̃^{21} ȵie^{24}	前几年 dʑiɛ̃^{21} tɕi^{44} ȵie^{21}
24 绍兴	旧年头 dʑiɤ^{22} ȵiẽ^{33} dɤ^{334} 旧年 dʑiɤ^{22} ȵiẽ^{33}	前年头 ʑiẽ^{24} ȵiẽ^{33} dɤ^{31} 前年 ʑiẽ^{24} ȵiẽ^{31}	闲⁼年 ᴇ^{22} ȵiẽ^{231}
25 上虞	旧年 dʑiɤ^{31} ȵiẽ^{213}	前年 ʑiẽ^{21} ȵiẽ^{31}	闲⁼两年 ɛ̃^{21} liã^{21} ȵiẽ^{213}
26 嵊州	旧年 dʑiʏ^{24} ȵiẽ^{231}	前年 ʑiẽ^{22} ȵiẽ^{213}	前两年 ʑiẽ^{22} iaŋ^{44} ȵiẽ^{31}
27 新昌	上年 zaŋ^{22} ȵiɛ̃^{232}	前年 dʑiɛ̃^{22} ȵiɛ̃^{232}	头两年 diɯ^{22} liaŋ^{22} ȵiɛ̃^{232}
28 诸暨	旧年 dʑiʉ^{33} nie^{33}	前年 ʑie^{13} nei^{21}	闲⁼年 ɛ^{21} nie^{42}
29 慈溪	旧年 dʑiø^{11} ȵiẽ^{44}	前年 iẽ^{13} ȵiẽ^{53}	早头里 tsɔ^{35} dø^{13} li^{0} 前头两年 iẽ^{13} dø^{0} liã^{13} ȵiẽ^{0}
30 余姚	旧年 dʑiø^{13} ȵiẽ^{13}	前年 iẽ^{13} ȵiẽ^{13}	前两年 iẽ^{13} liaŋ^{13} ȵiẽ^{13} 好几年前头 hɔ^{34} tɕi^{0} ȵiẽ^{13} iẽ^{13} dø^{0}
31 宁波	旧年 dʑiʏ^{22} ȵi^{53}	前年 ʑi^{13} ȵi^{0}	早两年 tsɔ^{35} lia^{0} ȵi^{13}
32 镇海	旧年 dʑiu^{22} ȵi^{22}	前年 ʑi^{22} ȵi^{22}	早两年 tsɔ^{33} liã^{22} ȵi^{31}
33 奉化	旧年子 dʑiʏ^{33} ȵi^{33} tsɿ^{44} 旧年 dʑiʏ^{33} ȵi^{33}	前年子 ʑi^{33} ȵi^{33} tsɿ^{44} 前年 ʑi^{33} ȵi^{33}	早前子 tsʌ^{44} i^{44} tsɿ^{44} 早前 tsʌ^{44} i^{44}
34 宁海	旧年 dʑiu^{33} ȵie^{31}	前年 ʑie^{21} ȵie^{31}	早年 tsau^{53} ȵie^{213}
35 象山	旧年 dʑiu^{31} ȵi^{31}	前年 i^{31} ȵi^{31}	早辰光 tsɔ^{44} dzoŋ^{31} kuɔ̃^{0}
36 普陀	去年 tɕʰy^{55} ȵi^{0}	前年 i^{24} ȵi^{0}	前两年 i^{24} liã^{0} ȵi^{0}
37 定海	旧年 dʑiʏ^{11} ȵi^{44} 旧年子 dʑiʏ^{11} ȵi^{44} tsɿ^{44}	前年 i^{23} ȵi^{0} 前年子 i^{23} ȵi^{44} tsɿ^{44}	上两年 zõ^{23} liã^{0} ȵi^{0}
38 岱山	旧年 dʑiʏ^{11} ȵi^{45}	前年 i^{23} ȵi^{52}	前两年 i^{23} liã^{0} ȵi^{0}
39 嵊泗	旧年 dʑiʏ^{11} ȵi^{45}	前年 i^{24} ȵi^{0}	上两年 zõ^{11} liã^{44} ȵi^{44}
40 临海	上年 zɔ̃^{22} ȵi^{51}	前年 ʑi^{21} ȵi^{51}	早套 tsɔ^{42} tʰɔ^{55}
41 椒江	旧年 dʑiu^{22} ȵie^{24}小	前年 ʑie^{31} ȵie^{31}	早年 tsɔ^{53} ȵie^{31}

续表

方言点	0076 去年	0077 前年	0078 往年过去的年份
42 黄岩	上年 zɔ̃^{13} ȵie^{24}小 旧年 dʑiu^{13} ȵie^{24}小	前年 ʑie^{31} ȵie^{121}	咸⁼两年 ɛ^{13} liã^{42} ȵie^{41}小
43 温岭	旧年 dʑiu^{13} ȵie^{24}小	前年 ʑie^{31} ȵie^{31}	早范⁼ tsɔ^{42} vɛ^{41}小
44 仙居	上年 ʑia^{33} ȵie^{353}小	前年 ʑie^{24} ȵie^{0}	蛮⁼来年 ma^{21} læ^{353} ȵie^{0}
45 天台	上年 zɔ^{33} ȵie^{51}	前年 ʑie^{22} ȵie^{22}	旱⁼来年 e^{21} lei^{22} ȵie^{22}
46 三门	上年 zɔ^{21} ȵie^{252}	前年 ʑie^{13} ȵie^{31}	早两年 tsɑu^{32} liɑ̃^{32} ȵie^{113}
47 玉环	旧年 dʑiu^{22} ȵie^{24}小	前年 ʑie^{31} ȵie^{31}	早年先 tsɔ^{53} ȵie^{44} ɕie^{42}
48 金华	上年 ɕiɑŋ^{55} ȵia^{14}	前年 zia^{31} ȵia^{14}	往年 uɑŋ^{55} ȵia^{313}
49 汤溪	上年 ʑiɔ^{11} ȵie^{52}	前年 zie^{11} ȵie^{52}	狂⁼些年间 gɑo^{11} sɤ^{0} ȵie^{11} kuɑ^{52}
50 兰溪	上年 ɕiɑŋ^{55} nia^{24}	前年 zia^{21} nia^{24}	以前 i^{55} zia^{21}
51 浦江	上年 ʑyõ^{11} ȵiɑ̃^{243}	前年 ʑiɑ̃^{33} ȵiɑ̃^{334}	前几年 ʑiɑ̃^{11} tʃi^{33} ȵiɑ̃^{243} 头几年 dɤ^{11} tʃi^{33} ȵiɑ̃^{243}
52 义乌	上年 zɯa^{24} ȵia^{31}	前年 zia^{22} ȵia^{213}	每⁼年儿 mɛ^{24} ȵian^{312} 头些年数 dɐɯ^{22} sɿ^{45} ȵia^{22} su^{31}
53 东阳	上年 ʑiɔ^{23} ȵi^{22}	前年 zi^{22} ȵi^{53}	每⁼锵⁼ me^{24} tɕʰiɐn^{33}
54 永康	上年 ʑiɑŋ^{31} ȵia^{22}	前年 ɕia^{33} ȵia^{55}	头两年 ɗəu^{33} liɑŋ^{33} ȵia^{22}
55 武义	上年 ʑiɑŋ^{13} ȵie^{324}	前年 ʑie^{32} ȵie^{231}	头两年 dɑu^{53} liɑŋ^{13} ȵie^{53}
56 磐安	上年 ɕiɒ^{33} ȵie^{213}	前年 ʑie^{21} ȵie^{14}	每⁼节儿 me^{52} tɕian^{52}
57 缙云	旧年 dʑiu^{21} ȵia^{31}	前年 zia^{243} ȵia^{31}	当年 tɔ̃ũ^{44} ȵia^{453} 早两年 tɕiəɤ^{51} liɑ^{21} ȵia^{31}
58 衢州	旧年 dʑiu^{231} ȵiẽ^{21}	前年 ʑiẽ^{21} ȵiẽ^{231}	往年 uɑ̃^{53} ȵiẽ^{21}
59 衢江	去年 kʰɤ^{33} ȵie^{33}	前年 ʑyø^{22} ȵie^{53}	早两年 tsɔ^{25} liã^{53} ȵie^{21}
60 龙游	去年 kʰei^{33} ȵie^{224}	前年 ɕie^{33} ȵie^{224}	往日 uã^{22} nəʔ^{23} 往当年 uã^{22} tã^{33} ȵie^{224}
61 江山	旧年 gɯ^{22} ȵiɛ̃^{213}	前年 zuᴇ^{22} ȵiɛ̃^{213}	往历年 uaŋ^{44} liᴇʔ^{2} ȵiɛ̃^{213}
62 常山	去年 kʰe^{44} ȵiɛ̃^{44}	前年 zue^{341} ȵiɛ̃^{0}	往两年 uã^{22} lʌʔ^{0} ȵiɛ̃^{341}
63 开化	去年 kʰiɛʔ^{5} ȵiɛ̃^{213}	前年 zuɛ^{21} ȵiɛ̃^{53}	往年 uã^{53} ȵiɛ̃^{0}

续表

方言点	0076 去年	0077 前年	0078 往年过去的年份
64 丽水	旧年 dʑiəɯ^{22}ȵiɛ^{22}	前年 ʑiɛ^{21}ȵiɛ^{52}	阿⁼两年 aʔ^{5}lã^{44}ȵiɛ^{22}
65 青田	旧年 dʑieu^{22}ȵiɑ^{53}	前年 iɑ^{55}ȵiɑ^{53}	早年 tsœ^{55}ȵiɑ^{53}
66 云和	旧年 dʑiəɯ^{223}ȵiɛ^{312}	前年 ʑiɛ^{223}ȵiɛ^{312}	阿⁼两年 aʔ^{5}la^{44}ȵiɛ^{312}
67 松阳	去年儿 tɕʰyʔ^{3}ȵiɛ̃^{21}ȵi^{24}	前年 ʑiɛ̃^{33}ȵiɛ̃^{31}	头两年 dei^{33}næ̃^{22}ȵiɛ̃^{31}
68 宣平	旧年 dʑiɯ^{22}ȵiɛ^{433}	前年 ʑiɛ^{43}ȵiɛ^{231}	前两年 ʑiɛ^{32}lɛ^{55}ȵiɛ^{0}
69 遂昌	去年 kʰei^{33}ȵiɛ̃^{221}	前年 ʑiɛ̃^{22}ȵiɛ̃^{213}	霉⁼日年 mei^{22}nɛʔ^{23}ȵiɛ̃^{221}老 往年 uaŋ^{53}ȵiɛ̃^{221}新
70 龙泉	旧年 dʑiəu^{224}ȵiᴇ^{21}	前年 ʑiᴇ^{21}ȵiᴇ^{21}	夏⁼两年 o^{224}laŋ^{21}ȵiᴇ^{21}
71 景宁	旧年 dʑiəɯ^{22}ȵiɛ^{41}	前年 ʑiɛ^{33}ȵiɛ^{41}	煤⁼年 mai^{33}ȵiɛ^{41}
72 庆元	去年 kʰæ̃^{11}ȵiɑ̃^{221}	前年 ɕiɑ̃^{52}ȵiɑ̃^{52}	尾⁼年 mĩ^{22}ȵiɑ̃^{52}
73 泰顺	去年 tsʰɿ^{35}ȵiã^{53}	前年 ɕiã^{53}ȵiã^{53}	上两年 tɕiã^{22}lɛ^{21}ȵiã^{53}
74 温州	旧年 dʑiau^{22}ȵi^{223}	前年 i^{22}ȵi^{223}	闲⁼时年 a^{23}zɿ^{22}ȵi^{223}
75 永嘉	旧年 dʑiau^{22}ȵi^{21}	前年 i^{22}ȵi^{21}	前两年 i^{31}lɛ^{22}ȵi^{21}
76 乐清	旧年 dʑiau^{22}ȵiᴇ^{223}	前年 ziᴇ^{22}ȵiᴇ^{223}	当原初 tɔ^{34}ȵyᴇ^{22}tɕʰio^{44}
77 瑞安	旧年 dʑiau^{22}ȵi^{212}	前年 i^{22}ȵi^{212}	早年 tsɛ^{53}ȵi^{21}
78 平阳	旧年 dʒau^{21}ȵie^{13}	前年 ie^{21}ȵie^{13}	前几年 ie^{33}ke^{33}ȵie^{21}
79 文成	旧年 dʑiou^{33}ȵie^{45}	前年 ʑie^{21}ȵie^{45}	前几年 ʑie^{21}ke^{45}ȵie^{45}
80 苍南	旧年 dʑiau^{11}ȵiɛ^{24}	前年 dʑiɛ^{11}ȵiɛ^{24}	早几年 tsɛ^{53}ke^{42}ȵiɛ^{31}
81 建德徽	旧年 tɕʰiɤɯ^{33}ȵie^{55}	前年 ɕie^{33}ȵie^{33}	往朝 ŋo^{55}tsɔ^{53}老 往年 ŋo^{55}ȵie^{33}新
82 寿昌徽	旧年 tɕʰiɯ^{33}ȵi^{52}	前年 ɕi^{11}ȵi^{33}	往来年 uɑ̃^{33}læ^{11}ȵi^{52}
83 淳安徽	旧年 tɕʰiɯ^{53}iã^{55}	前年 ɕiã^{43}iã^{24}	往年 uɑ̃^{55}iã^{55}
84 遂安徽	旧年 tɕʰiu^{55}iɛ̃^{21}	前年 ɕiɛ̃^{33}iɛ̃^{33}	老早 lɔ^{55}tsɔ^{213}
85 苍南闽	旧年 ku^{21}nĩ^{24}	前年 tsun^{33}nĩ^{24}	往年 ɑŋ^{33}nĩ^{24}
86 泰顺闽	去年 kʰai^{34}nie^{22}	前年 sɛ^{22}nie^{22}	上年 ɕio^{22}nie^{22}
87 洞头闽	去年 ku^{21}nĩ^{21}	昨年 tso^{53}nĩ^{24}	往年 oŋ^{33}nĩ^{24}
88 景宁畲	起⁼年 xi^{55}nan^{22}	前年 tsʰan^{22}nan^{22}	往年 mɔ^{55}nan^{22}

方言点	0079 年初	0080 年底	0081 今天
01 杭州	年初 ȵiɛ22 tsʰʮ45	年底 ȵiɛ22 ti53	今朝 kəŋ33 tsɔ45
02 嘉兴	年头 ȵie21 dei33	年底 ȵie21 ti33	今朝 tɕiŋ42 tsɔ42
03 嘉善	年头浪= ȵiɪ13 də55 lɑ̃53	年脚边 ȵiɪ13 tɕiaʔ5 piɪ0	今朝 tɕin35 tsɔ53
04 平湖	年头浪= ȵiɛ24 dəɯ53 lɑ̃0	年底 ȵiɛ24 ti53	今朝 tɕin44 tsɔ0
05 海盐	年头浪= ȵiɛ24 de55 lɑ̃21	年底 ȵiɛ24 ti53	今朝 tsən55 tsɔ53
06 海宁	年头浪= ȵie33 dəɯ33 lɑ̃33	年脚底 ȵie33 tɕiaʔ5 ti0	今朝 tsəŋ55 tsɔ55
07 桐乡	过年头牢= kəu33 ȵiᴇ44 dɤɯ0 lɔ0	年底脚边 ȵiᴇ21 ti53 tɕiaʔ5 piᴇ44	今朝 kəŋ44 tsɔ44
08 崇德	年头牢= ȵiɪ21 dɤɯ44 lɔ44	年脚边 ȵiɪ21 tɕiaʔ4 piɪ44	今朝 kəŋ44 tsɔ44
09 湖州	年头浪= ȵie33 døʉ33 lɑ̃35	年脚边 ȵie33 tɕiaʔ4 pieʔ5	今朝 kən44 tsɔ44
10 德清	年头 ȵie11 døʉ13	年脚边 ȵie11 tɕiaʔ5 pie35	今朝 tɕin44 tsɔ44
11 武康	年头浪= ȵiɪ11 dø13 lɑ̃35	年脚边 ȵiɪ11 tɕiɜʔ5 piɪ35	今朝 ken44 tsɔ44
12 安吉	年初 ȵi22 tsʰu22	年底 ȵi22 ti52	今朝 kəŋ55 tsɔ55
13 孝丰	年初 ȵiɪ22 tsʰu44	年底 ȵiɪ22 ti52	今朝 kəŋ44 tsɔ44
14 长兴	初头浪= tsʰəu44 dei44 lɔ̃44	年底浪= ȵi12 tʅ52 lɔ̃21	今朝 tʃiŋ44 tsɔ44
15 余杭	年头浪= ȵiẽ33 døʏ33 lɑ̃33	年底浪= ȵiẽ33 ti53 lɑ̃0	今朝 kiŋ55 tsɔ55
16 临安	年头浪= ȵie33 də33 lɑ̃13	过年脚跟 ku55 ȵie33 tɕiɐʔ5 keŋ55	今朝 keŋ53 tsɔ35
17 昌化	年初 ȵiɪ̃11 tsʰu334	年底 ȵiɪ̃11 ti453	今朝 kəŋ33 tsɔ45
18 於潜	开年 kʰe43 ȵie223	年末 ȵie22 mɑʔ23	今朝 keŋ43 tsɔ433
19 萧山	年初 ȵie13 tsʰu33	年底 ȵie13 ti33	午=朝 ŋ33 tsɔ33
20 富阳	年初 ȵiɛ̃13 tsʰʊ55	年夜墈 ȵiɛ̃31 ia53 kɛ̃55	今朝 kin55 tsɔ55
21 新登	年初 ȵiɛ̃233 tsʰu53	年底 ȵiɛ̃233 ti334	今朝 tɕiŋ53 tsɔ334
22 桐庐	年初 nie21 tsʰu33	年底 nie21 ti35	今朝 kəŋ35 tsɔ13
23 分水	年头 ȵie21 də24	年底 ȵie21 ti44	今朝 kən44 tsɔ44

续表

方言点	0079 年初	0080 年底	0081 今天
24 绍兴	开年 kʰᴇ^{33}ȵiẽ^{231}	十二望月 zeʔ^{2}ȵi^{24}mɑŋ^{44}ioʔ^{3} 年关 ȵiẽ^{22}kuɛ̃^{53}	□朝 ẽ^{44}tsɔ^{31} 今朝 tɕiŋ^{44}tsɔ^{31}
25 上虞	开年初 kʰe^{33}ȵiẽ^{21}tsʰɥ^{53}	年脚跟 ȵiẽ^{21}tɕiaʔ^{5}kiŋ^{35}	今朝 tɕiŋ^{33}tsɔ^{53}
26 嵊州	开年 kʰᴇ^{53}ȵiẽ^{231}	年边 ȵiẽ^{22}piẽ^{334}	今朝 tɕiŋ^{53}tsɔ^{334} 今朝间 tɕiŋ^{53}tsɔ^{33}kɛ̃^{53}
27 新昌	正月头 tseŋ^{33}ȵyɤʔ^{5}diɯ^{33}	年底 ȵiɛ̃^{22}ti^{453}	今日 tɕiŋ^{45}neʔ^{3} 今日间 tɕiŋ^{45}neʔ^{3}kɛ̃^{53}
28 诸暨	年初 nie^{21}tsʰu^{42}	年夜快 nie^{21}iᴀ^{33}kʰuᴀ^{33}	真$^{=}$朝 tsɛn^{33}tsɔ^{33}
29 慈溪	开年 kʰe^{33}ȵiẽ^{13} 年初头 ȵiẽ^{13}tsʰu^{44}dø^{0}	年底 ȵiẽ^{13}ti^{0}	基$^{=}$梅$^{=}$tɕi^{33}me^{13}
30 余姚	开年初 kʰe^{44}ȵiẽ^{13}tsʰɥ^{53}	年底 ȵiẽ^{13}ti^{34} 年下夜 ȵiẽ^{13}o^{13}iaʔ^{2}	基$^{=}$末 tɕi^{44}miəʔ^{2}
31 宁波	开年 kʰe^{33}ȵi^{53}	年底 ȵi^{22}ti^{35}	今密$^{=}$tɕiəʔ^{5}miəʔ^{2}
32 镇海	年初 ȵi^{22}tsʰu^{53}	年底 ȵi^{22}ti^{53}	今末$^{=}$tɕieʔ^{5}maʔ^{2}
33 奉化	开年 kʰe^{44}ȵi^{31}	年底 ȵi^{33}ti^{53}	吉$^{=}$密$^{=}$tɕiɪʔ^{5}miɪʔ^{2}
34 宁海	年初 ȵie^{21}tsʰu^{53}	年底 ȵie^{21}ti^{53}	今敏$^{=}$tɕiŋ^{33}miŋ^{53}
35 象山	初年 tsʰu^{53}ȵi^{31}	年到月满 ȵi^{31}tɔ^{44}yoʔ^{2}mɤɯ^{31}	基$^{=}$米$^{=}$tɕi^{44}mi^{13}
36 普陀	年初 ȵi^{33}tsʰu^{53}	年底 ȵi^{33}ti^{45}	今末$^{=}$tɕiɛʔ^{3}mɐʔ^{5}
37 定海	年初 ȵi^{33}tsʰu^{52}	年底 ȵi^{33}ti^{45}	今末$^{=}$tɕieʔ^{3}mɐʔ^{5} 今末$^{=}$子 tɕieʔ^{3}mɐʔ^{5}tsɿ^{0}
38 岱山	年初 ȵi^{33}tsʰu^{52}	年底 ȵi^{31}ti^{0}	今末$^{=}$tɕieʔ^{3}mɐʔ^{5}
39 嵊泗	年初 ȵi^{33}tsʰu^{53}	年底 ȵi^{33}ti^{45}	今末$^{=}$tɕiᴇʔ^{3}mɐʔ^{5}
40 临海	年初 ȵi^{55}tsʰu^{31}	年底 ȵi^{22}ti^{51}	基$^{=}$日儿 tɕi^{33}ȵiŋ^{51}
41 椒江	年初 ȵie^{22}tsʰəu^{35}小	年底 ȵie^{22}ti^{51}小	基$^{=}$日儿 tɕi^{33}ȵiŋ^{41}
42 黄岩	年初 ȵie^{13}tsʰou^{35}小	年底 ȵie^{13}ti^{51}小	基$^{=}$日儿 tɕi^{33}ȵin^{41}
43 温岭	年初 ȵie^{13}tsʰu^{15}小	年底 ȵie^{13}ti^{51}小	己$^{=}$日儿 tɕi^{42}ȵin^{41}

续表

方言点	0079 年初	0080 年底	0081 今天
44 仙居	年头 ȵie^{33}dəɯ^{353}小	年底 ȵie^{33}ɗi^{53}	今日 tɕin^{33}ȵiəʔ^{23}
45 天台	年初 ȵie^{22}ts^{h}u^{51}	年底 ȵie^{22}ti^{325}	基$^{=}$日儿 ki^{33}ȵiŋ^{31}
46 三门	年初 ȵie^{11}ts^{h}u^{52}	年底 ȵie^{11}ti^{52}	今日儿 tɕiŋ^{33}niŋ^{252}
47 玉环	出年 tɕ^{h}yoʔ^{3}ȵie^{24}小	年里 ȵie^{22}li^{53}	基$^{=}$日儿 tɕi^{42}ȵiŋ^{41}
48 金华	年初 ȵia^{31}ts^{h}u^{334}	年底 ȵia^{33}tie^{535}	今日儿 tɕiŋ^{33}ȵi^{55}
49 汤溪	初头 ts^{h}u^{24}dəɯ^{0}	年底 ȵie^{33}tie^{535}	今日 ka^{33}ȵiei^{24}
50 兰溪	年初 nia^{21}ts^{h}u^{334}	年底 nia^{21}tie^{55}	今日 tɕiəʔ^{34}ȵieʔ^{12}
51 浦江	开年 k^{h}a^{55}ȵiɑ̃^{334} 年初 ȵiɑ̃^{24}ts^{h}u^{334}	年关 ȵiɑ̃^{24}kuɑ̃^{334} 年底 ȵiɑ̃^{11}ti^{53}	今日 tɕiən^{33}ȵiə^{334}
52 义乌	开年 k^{h}e^{45}ȵia^{22} 年初 ȵia^{22}ts^{h}u^{45}	年前 ȵia^{22}zia^{24} 年底 ȵia^{22}ti^{423}	今日 tɕiən^{33}nai^{45}
53 东阳	年初间 ȵi^{22}ts^{h}u^{33}tɕin^{44}	年底 ȵi^{22}ti^{35}	今日 tɕiɐn^{33}nei^{22}
54 永康	年初 ȵia^{33}ts^{h}u^{55}	年底 ȵia^{33}ɗie^{334}	够$^{=}$日 kɯ^{33}ȵiə^{113}
55 武义	年初 ȵie^{53}ts^{h}u^{24}	年底 ȵie^{55}lie^{445}	格日 kəʔ^{5}nə^{0}
56 磐安	年初 ȵie^{21}ts^{h}u^{445}	年底 ȵie^{22}ti^{334}	今日儿 tɕiɐn^{33}nen^{14}
57 缙云	年初 ȵia^{44}ts^{h}u^{44}	年底 ȵia^{44}ti^{51}	今日 kei^{44}ȵiei^{45}
58 衢州	年头 ȵiẽ^{13}de^{21} 年初 ȵiẽ^{21}ts^{h}u^{32}	年底 ȵiẽ^{21}ti^{35} 年尾 ȵiẽ^{21}mi^{53}	今日 tɕiəʔ^{5}ȵiəʔ^{12}
59 衢江	年初 ȵie^{22}ts^{h}ou^{33}	年底 ȵie^{22}ti^{25} 年尾 ȵie^{22}mi^{212}	国$^{=}$日 kuəʔ^{3}nəʔ^{5}/kuəʔ^{5}nəʔ^{2}
60 龙游	年初 ȵie^{33}ts^{h}u^{334}	年底 ȵie^{33}tiɑ^{35}	今日 gɛ^{22}nəʔ^{23}
61 江山	年初 ȵiɛ^{22}ts^{h}o^{44}	年底 ȵiɛ^{22}tiə^{241}	今日 kɒʔ^{5}ləʔ^{2}
62 常山	年初 ȵiɛ̃^{22}ts^{h}uə^{44}	年底 ȵiɛ̃^{22}tiɛ̃^{52}	今日 kʌʔ^{4}nʌʔ^{0}
63 开化	年头 ȵiɛ̃^{231}du^{231}	年尾 ȵiɛ̃^{21}mi^{213}	今日 kã^{44}naʔ^{13}
64 丽水	年初 ȵiɛ^{22}ts^{h}u^{224}	年底 ȵiɛ^{22}ti^{544}	今日 kɛ^{21}nɛʔ^{23}
65 青田	年头 ȵiɑ^{55}deu^{53}	年底 ȵiɑ^{22}ɗi^{454}	今日 kɛʔ^{4}nɛʔ^{31}

续表

方言点	0079 年初	0080 年底	0081 今天
66 云和	年初 ȵiɛ^{223}tsʰu^{24}	年底 ȵiɛ^{223}ti^{41}	今日 kɛ^{24}naʔ^{23}
67 松阳	年初 ȵiɛ̃^{33}tsʰɿə^{53}	年底 ȵiɛ̃^{33}tiɛ^{212}	今日 kæ̃^{24}nɛʔ^{2}
68 宣平	年初 ȵiɛ^{43}tsʰu^{324}	年底 ȵiɛ^{44}ti^{445}	今日 kəʔ^{5}nəʔ^{0}
69 遂昌	年初 ȵiɛ̃^{22}tsʰuə^{45}	年底 ȵiɛ̃^{22}tiɛ^{533}	今日 kɛʔ^{3}nɛʔ^{5}
70 龙泉	年头 ȵiᴇ^{45}diəu^{21}	年尾 ȵiᴇ^{45}mi^{51}	今日 kᴇ^{434}nᴇʔ^{0}
71 景宁	年初 ȵiɛ^{33}tsʰəɯ^{324}	年底 ȵiɛ^{55}ti^{33}	今日 kai^{55}nɛʔ^{23}
72 庆元	年头 ȵiɑ̃^{52}tiɯ^{52}	年终 ȵiɑ̃^{52}tɕioŋ^{335}	直$^{=}$日 tsɿʔ^{34}næ̃^{55}小
73 泰顺	年初 ȵiã^{21}tsʰo^{213}	年底 ȵiã^{21}ti^{55}	吉$^{=}$日 tsəiʔ^{2}nɛʔ^{2}
74 温州	年初 ȵi^{22}tsʰɤu^{33}	年底 ȵi^{31}tei^{25}	该日 ke^{45}ne^{212}
75 永嘉	正月头 tɕieŋ^{45}ȵy^{21}dəu^{21} 年初 ȵi^{21}tsʰu^{44}	年底 ȵi^{31}tei^{45}	该日 ke^{43}ne^{213}
76 乐清	年初 ȵiᴇ^{22}tɕʰio^{44}	年底 ȵiᴇ^{31}ti^{35}	个日 kai^{35}ne^{212}
77 瑞安	正月头 tsəŋ^{35}ȵy^{212}dəɯ^{0} 年初 ȵi^{22}tsʰəɯ^{0}	年底 ȵi^{31}tei^{35}	该日 ke^{3}ne^{212}
78 平阳	年初 ȵie^{21}tʃʰu^{55}	年底 ȵie^{33}ti^{35}	该日 ke^{33}ne^{13}
79 文成	年初 ȵie^{21}tʃʰou^{33}	年底 ȵie^{33}tei^{45}	该日 ke^{33}ne^{13}
80 苍南	年初 ȵiɛ^{11}tsʰu^{44}	年底 ȵiɛ^{31}ti^{53}	该日 ke^{3}ne^{112}
81 建德$_{徽}$	年初 ȵie^{33}tsʰu^{53}	年底 ȵie^{33}ti^{213}	今朝 tɕin^{53}tsɔ^{213}
82 寿昌$_{徽}$	年初 ȵi^{11}tsʰu^{112}	年底 ȵi^{11}ti^{24}	今朝 ken^{11}tsɤ^{112}
83 淳安$_{徽}$	年初 iã^{43}tɕʰya^{24}	年底 iã^{43}ti^{55}	今朝 ken^{21}tsɤ^{55}
84 遂安$_{徽}$	年初 iɛ̃^{21}tsʰu^{534}	年底 iɛ̃^{33}tiɛ^{213}	今日 kəɯ^{55}i^{24}
85 苍南$_{闽}$	年头 nĩ^{21}tʰau^{24}	年底 nĩ^{21}tue^{43}	□在 kã^{24}tsai^{21}
86 泰顺$_{闽}$	年初 nie^{21}tsʰɿ^{213}	年底 nie^{21}tei^{344}	今早 kieŋ^{21}tsa^{344}
87 洞头$_{闽}$	年初 nĩ^{21}tsʰue^{33}	年底 nĩ^{21}tue^{53}	今日 kĩã^{212}dʑiek^{24}
88 景宁$_{畲}$	年初 nan^{22}tsʰu^{44}	年底 nan^{22}tai^{325}	今晡 kin^{44}pu^{44}

方言点	0082 明天	0083 后天	0084 大后天
01 杭州	明朝 məŋ^{22}tsɔ^{45}	后天 ei^{13}tʰiɛ^{53}	大后天 dəu^{13}ei^{55}tʰiɛ^{0}
02 嘉兴	明朝 miŋ^{21}tsɔ^{33}	后日 ei^{21}ȵieʔ^{5}	大后日 dou^{24}ei^{21}ȵieʔ^{13}
03 嘉善	明朝 mən^{13}tsɔ^{53}	后日 ə^{22}ȵi^{13}"日"舒化	大后日 du^{22}ə^{35}ȵi^{55} "日"舒化
04 平湖	明朝 mən^{24}tsɔ^{53}	后日 əɯ^{21}ȵiəʔ^{5}	大后日 du^{24}əɯ^{0}ȵiəʔ^{0}
05 海盐	明朝 mən^{24}tsɔ^{53}	后日 e^{53}ȵiəʔ^{5}	大后日 du^{13}e^{53}ȵiəʔ^{5}
06 海宁	明朝 məŋ^{33}tsɔ^{55}	后日 əɯ^{13}ȵieʔ^{2}	大后日 dəɯ^{33}əɯ^{35}ȵieʔ^{2}
07 桐乡	明朝 məŋ^{21}tsɔ^{44}	后日 ɤɯ^{242}ȵiəʔ^{0}	大后日 dəu^{21}əɯ^{242}ȵiəʔ^{0}
08 崇德	明朝 məŋ^{21}tsɔ^{44}	后日 ɤɯ^{55}ȵiəʔ^{0}	大后日 du^{21}ɤɯ^{55}ȵiəʔ^{0}
09 湖州	明朝 mən^{33}tsɔ^{35}	后日 øʉ^{53}ȵieʔ^{2}	大后日 dəu^{33}øʉ^{33}ȵieʔ^{5}
10 德清	明朝 men^{21}tsɔ^{35}	后日 øʉ^{35}ȵieʔ^{2}	大后日 dəu^{33}øʉ^{33}ȵieʔ^{5}
11 武康	明朝 min^{11}tsɔ^{35}	后日 ø^{13}ȵieʔ^{2}	大后日 du^{11}ø^{33}ȵieʔ^{2}
12 安吉	明朝 məŋ^{22}tsɔ^{22}	后日 əɪ^{52}ȵiᴇʔ^{21}	大后日 dʊ^{213}əɪ^{22}ȵiᴇʔ^{23}
13 孝丰	明朝 məŋ^{22}tsɔ^{22}	后日 əɪ^{45}ȵieʔ^{2}	大后日 du^{21}əɪ^{22}ȵieʔ^{23}
14 长兴	明朝 məŋ^{12}tsɔ^{33}	后日 i^{45}ȵiᴇʔ^{2}	大后日 dəu^{21}i^{21}ȵiᴇʔ^{2}
15 余杭	明朝 miŋ^{13}tsɔ^{35}	后日 øʏ^{53}ȵieʔ^{2}	大后日 du^{13}øʏ^{33}ȵieʔ^{2}
16 临安	明朝 meŋ^{31}tsɔ^{35}	后日 ə^{33}ȵiɐʔ^{2}	大后日 duo^{33}ə^{33}ȵiɐʔ^{2}
17 昌化	明朝 məŋ^{11}tsɔ^{334}	后朝 ei^{23}tsɔ^{453} 后日 ei^{23}ȵiɛʔ^{5}	大后朝 dɯ^{23}ei^{23}tsɔ^{453} 大后日 dɯ^{23}ei^{23}ȵiɛʔ^{5}
18 於潜	明朝 miŋ^{22}tsɔ^{433}	后天 iəu^{24}tʰie^{53}	大后天 da^{24}iəu^{24}tʰie^{53}
19 萧山	明朝 məŋ^{13}tsɔ^{33}	后日 io^{13}ȵieʔ^{5}	大后日 do^{13}io^{33}ȵieʔ^{5}
20 富阳	明朝 mən^{13}tsɔ^{55}	后日 ei^{224}ȵiɛʔ^{2}	大后日 dʊ^{31}ei^{224}ȵiɛʔ^{2}
21 新登	明朝 meiŋ^{233}tsɔ^{334}	后日 əu^{21}ȵiəʔ^{2}	大后日 du^{21}əu^{21}ȵiəʔ^{2}
22 桐庐	明朝 məŋ^{21}tsɔ^{13}	后日 ei^{13}niəʔ^{5}	大后日 du^{24}ei^{13}niəʔ^{5}
23 分水	明朝 min^{21}tsɔ^{44}	后朝 xɵ^{21}tsɔ^{44}	大后朝 da^{24}xɵ^{21}tsɔ^{44}
24 绍兴	明朝 miŋ^{24}tsɔ^{31}	后日 ɤ^{22}ȵieʔ^{3}	大后日 do^{22}ɤ^{22}ȵieʔ^{3}

续表

方言点	0082 明天	0083 后天	0084 大后天
25 上虞	明朝 miŋ^{21}tsɔ^{53}	后日 ɤ^{31}ȵiəʔ^{2}	大后日 dʊ^{21}ɤ^{31}ȵiəʔ^{2}
26 嵊州	明朝 miŋ^{22}tsɔ^{334} 明朝间 miŋ^{22}tsɔ^{33}kɛ̃^{53}	后日 ʏ^{22}nəʔ^{2} 后日间 ʏ^{22}nəʔ^{2}kɛ̃^{53}	大后日 do^{24}ʏ^{44}nəʔ^{3} 大后日间 do^{24}ʏ^{44}nəʔ^{3}kɛ̃^{31}
27 新昌	明朝 miŋ^{13}tsɔ^{534} 明朝间 miŋ^{13}tsɔ^{33}kɛ̃^{53}	后日 iɯ^{22}neʔ^{3} 后日间 iɯ^{22}neʔ^{3}kɛ̃^{53}	大后日 dɤ^{22}iɯ^{22}neʔ^{3} 大后日间 dɤ^{22}iɯ^{33}neʔ^{3}kɛ̃^{53}
28 诸暨	明朝 mɛn^{13}tsɔ^{42}	后日 iʉ^{13}nie^{21}	大后日 dɤu^{13}iʉ^{33}nieʔ^{5}
29 慈溪	姆⁼朝 m^{11}tsɔ^{35}	后日 ø^{11}ȵiəʔ^{2}	大后日 dəu^{13}ø^{11}ȵiəʔ^{2}
30 余姚	明朝 mə̃^{13}tsɔ^{44}	后日 ø^{13}ȵiəʔ^{2}	大后日 dou^{13}ø^{13}ȵiəʔ^{2}
31 宁波	明朝 miŋ^{22}tɕio^{53}	后日 œʏ^{13}ȵiəʔ^{2}	大后日 dəu^{13}œʏ^{22}ȵiəʔ^{2}
32 镇海	明朝 miŋ^{22}tɕio^{53}	后日 əu^{22}ȵieʔ^{2}	大后日 dəu^{22}əu^{22}ȵieʔ^{2}
33 奉化	明朝 miŋ^{33}tɕiɔ^{53}	后日 æi^{33}ȵiɪʔ^{2}	大后日 dəu^{31}æi^{33}ȵiɪʔ^{2}
34 宁海	天酿⁼ tʰie^{33}ȵiã^{35}	后日 əu^{33}ȵiəʔ^{3}	大后日 dəu^{22}əu^{33}ȵiəʔ^{3}
35 象山	明朝 miŋ^{31}tɕio^{35}	后日 ɤɯ^{31}ȵieʔ^{2}	大后日 dəu^{31}ɤɯ^{31}ȵieʔ^{2}
36 普陀	明朝 miŋ^{33}tɕiɔ^{53}	后日 eu^{23}ȵiɛʔ^{0}	大后日 dəu^{11}eu^{55}ȵiɛʔ^{0}
37 定海	明朝 mɐŋ^{33}tɕio^{52} 明朝子 mɐŋ^{33}tɕio^{52}tsɿ^{0}	后日 ɐi^{23}ȵieʔ^{0} 后日子 ɐi^{23}ȵieʔ^{4}tsɿ^{44}	大后日 dʌu^{11}ɐi^{44}ȵieʔ^{0}
38 岱山	明朝 miŋ^{33}tɕio^{52}	后日 œʏ^{23}ȵieʔ^{5}	大后日 dʌu^{11}œʏ^{33}ȵieʔ^{5}
39 嵊泗	明朝 mi^{33}tɕio^{53}	后日 œʏ^{34}ȵiᴇʔ^{0}	大后日 dʌu^{11}œʏ^{33}ȵiᴇʔ^{0}
40 临海	天酿⁼ tʰĩ^{33}ȵiã^{55}	后日儿 ə^{42}ȵiŋ^{51}	大后日儿 do^{35}ə^{42}ȵiŋ^{51}
41 椒江	天酿⁼ tʰie^{33}ȵiã^{44}	后日儿 io^{42}ȵiŋ^{41}	大后日儿 dəu^{22}io^{42}ȵiŋ^{41}
42 黄岩	天酿⁼ tʰie^{33}ȵiã^{44}	后日儿 io^{42}ȵin^{41}	大后日儿 dou^{24}io^{42}ȵin^{41}
43 温岭	天酿⁼ tʰie^{35}ȵiã^{44}	后日儿 iɤ^{42}ȵin^{41}	大后日儿 du^{13}iɤ^{42}ȵin^{41}
44 仙居	明朝 mi^{33}tɕiɐɯ^{53}“明”韵殊	后日 əɯ^{31}ȵiəʔ^{23}	大后日 do^{24}əɯ^{31}ȵiəʔ^{23}
45 天台	天亮 tʰei^{33}ȵia^{35}	后日 eu^{21}ȵiəʔ^{2}	大后日 dou^{35}eu^{21}ȵiəʔ^{2}

续表

方言点	0082 明天	0083 后天	0084 大后天
46 三门	天酿⁼t^{h}ie^{55} ȵiɑ̃^{55}	后日儿 ɤɯ^{21} niŋ^{252}	大后日儿 dʊ^{23}ɤɯ^{21} niŋ^{252}
47 玉环	天酿⁼t^{h}ie^{33} ȵia^{44}	后日儿 iɤ^{42} ȵiŋ^{41}	大后日儿 dəu^{22} iɤ^{42} ȵiŋ^{41}
48 金华	明朝 miŋ^{33} tɕiɑo^{334}	后日 eu^{55} ȵiəʔ^{212}	大后日 duɤ^{14} eu^{55} ȵiəʔ^{212}
49 汤溪	明朝 mɛ̃i^{33} tɕiɔ^{24}	后日 əɯ^{11} ȵiei^{52}	大后日 duɤ^{11} əɯ^{11} ȵiei^{52}
50 兰溪	明朝 min^{21} tɕiɔ^{334}	后日 əɯ^{55} ȵieʔ^{12}	大后日 duɤ^{24} əɯ^{55} ȵieʔ^{12}
51 浦江	明朝 mən^{33} tsɯ^{334}	后日 ɤ^{24} ȵiə^{0}	大后日 dɯ^{11}ɤ^{33} ȵiə^{55}
52 义乌	明朝 mən^{22} tɕie^{45}	后日 ɐɯ^{24} nai^{24}	大后日 duɤ^{24} ɐɯ^{33} nai^{24}
53 东阳	明朝 mɐn^{22} tɕio^{35}	后日 əɯ^{22} nei^{35}	大后日 dʊ^{22} əɯ^{55} nei^{53}
54 永康	明朝 miŋ^{33} tɕiɑu^{55}	后日 əu^{31} ȵiə^{241}	大后日 duo^{241} əu^{31} ȵiə^{241}
55 武义	明日 muo^{32} nə^{24}	后日 ɑu^{32} nə^{24}	大后日 duo^{231} ɑu^{32} nə^{24}
56 磐安	明朝 mɐn^{21} dʑio^{14}	后日 ɐɯ^{52} nɛi^{14}	大后日 duɤ^{14} ɐɯ^{55} nɛi^{0}
57 缙云	明朝日 məɤ^{44} tɕiəɤ^{44} ȵiei^{45} 明朝 məɤ^{44} tɕiəɤ^{44}	后日 əɤ^{51} ȵiai^{13}	大后日 du^{21} əɤ^{21} ȵiai^{13}
58 衢州	明日 məʔ^{2} ȵiəʔ^{12}	后日 ɯ^{231} ȵiəʔ^{12}	大后日 du^{231} ɯ^{231} ȵiəʔ^{12}
59 衢江	明日 məʔ^{3} nəʔ^{5} / məʔ^{2} nəʔ^{2}	后日 u^{212} nəʔ^{2}	大后日 dou^{22} u^{212} nəʔ^{2}
60 龙游	明日 mɛ^{33} nəʔ^{23}	后日 əɯ^{22} nei^{51}	大后日 du^{22} əɯ^{22} nei^{51}
61 江山	明日 maʔ^{2} ləʔ^{2}	后日 u^{22} nəʔ^{5} 宏⁼日 oŋ^{22} nəʔ^{5}	大后日 do^{22} u^{22} nəʔ^{5} 大宏⁼日 do^{22} oŋ^{22} nəʔ^{5}
62 常山	明日 mɑ̃^{22} nʌʔ^{34} / mɑ^{22} nʌʔ^{34}	后日 u^{24} nʌʔ^{0}	大后日 dɔ^{22} u^{24} nʌʔ^{0}
63 开化	明日 mã^{21} naʔ^{13}	后日 u^{21} naʔ^{5}	大后日 dɔ^{21} u^{21} naʔ^{5}
64 丽水	明朝 men^{22} tɕiə^{224}	后日 əɯ^{52} nɛʔ^{23}	大后日 du^{22} əɯ^{52} nɛʔ^{23}
65 青田	明朝日 maʔ^{3} tɕiœ^{445} nɛʔ^{31}	后日 æi^{33} nɛʔ^{31}	大后日 du^{22} æi^{33} nɛʔ^{31}
66 云和	明朝 məɯ^{223} tɕiɑɔ^{24}	后日 u^{44} naʔ^{23}	大后日 du^{223} u^{41} naʔ^{23} / du^{223} u^{44} naʔ^{23}
67 松阳	明朝 min^{33} tɕiɔ^{53}	后日 u^{22} nɛʔ^{2}	大后日 du^{13} u^{22} nɛʔ^{2}

续表

方言点	0082 明天	0083 后天	0084 大后天
68 宣平	明日 mɑ̃^{43}nəʔ^{23}	后日 əɯ^{43}nəʔ^{23}	大后日 do^{231}əɯ^{43}nəʔ^{23}
69 遂昌	明日 maŋ^{22}nɛʔ^{23}	后日 u^{13}nɛʔ^{5}	大后日 du^{22}u^{13}nɛʔ^{5}
70 龙泉	明日 maŋ^{21}nᴇʔ^{24}	后日 u^{51}nᴇʔ^{0}	大后日 dou^{224}u^{51}nᴇʔ^{0}
71 景宁	明朝 mɑu^{33}tɕiɑu^{324}	后日 u^{33}nɛʔ^{23}	大后日 do^{33}u^{33}nɛʔ^{23}
72 庆元	明将$^{=}$日儿 mɑ̃^{52}tɕiɑ̃^{33}næ̃^{55} 明日 mɑ̃^{52}nɤʔ^{34}	后日 u^{22}nɤʔ^{34}	大后日 to^{31}u^{22}nɤʔ^{34}
73 泰顺	明朝日 mɛʔ^{2}tɕiɑɔ^{213}nɛʔ^{2}	后日 əu^{55}nɛʔ^{2}	大后日 to^{21}əu^{55}nɛʔ^{2}
74 温州	明朝 maŋ^{22}tɕiɛ^{33}	后日 au^{22}ne^{14}	大后日 dɤu^{31}au^{22}ne^{14}
75 永嘉	明朝 maŋ^{22}tɕyə^{44}	后日 au^{13}ne^{213}	大后日 dəu^{22}au^{13}ne^{213}
76 乐清	明朝 maŋ^{22}tɕiɤ^{44}	后日 au^{24}ne^{31}	第后日 di^{22}au^{22}ne^{31}
77 瑞安	明朝 maŋ^{22}tɕy^{44}	后日 au^{13}ne^{212}	尽到后日 zaŋ^{22}tɛ^{35}au^{13}ne^{212}
78 平阳	明朝 maŋ^{21}tɕye^{55}	后日 au^{45}ne^{13}	大后日 du^{13}au^{45}ne^{13}
79 文成	明朝 maŋ^{21}tɕyø^{33}	后日 au^{33}ne^{13}	大后日 dou^{13}au^{33}ne^{13}
80 苍南	明朝 maŋ^{11}tɕyɔ^{44}	后日 au^{33}ne^{112}	大后日 du^{11}au^{33}ne^{112}
81 建德徽	明朝 mən^{33}tsɔ^{53}	后日 hɤɯ^{21}ȵiɐʔ^{12}	大后日 tʰu^{21}hɤɯ^{55}ȵiɐʔ^{0}
82 寿昌徽	明朝 men^{11}tsɤ^{112}	后日 xəɯ^{33}ȵiəʔ^{31}	大后日 tʰu^{33}xəɯ^{33}ȵiəʔ^{31}
83 淳安徽	明朝 men^{43}tsɤ^{24}	后日儿 hɯ^{55}in^{55}	大后日儿 tʰu^{53}hɯ^{55}in^{55}
84 遂安徽	明日 min^{33}i^{33}	后日 xəɯ^{55}i^{33}	大后日 tʰəɯ^{55}xəɯ^{55}i^{33}
85 苍南闽	明在 mã^{24}tsai^{21}	后日 au^{21}dʑie^{24}	大后日 tua^{21}au^{21}dʑie^{24}
86 泰顺闽	明早 mɛ^{21}tsa^{344}	后日 au^{22}niɪʔ^{3}	大后日 ta^{31}au^{22}niɪʔ^{3}
87 洞头闽	明在 mã^{24}tsai^{21}	后日 au^{33}dʑiek^{21}	大落后日 tua^{24}lɔk^{5}au^{21}dʑiek^{21}
88 景宁畲	天头 tʰan^{325}tʰiəu^{22}	后晡 xɔn^{51}pu^{445}小	大后晡 tʰɔi^{51}xɔn^{51}pu^{445}小

方言点	0085 昨天	0086 前天	0087 大前天
01 杭州	昨□子 dza^{22}aŋ^{55}tsɿ^{0}	前日子 dʑiɛ^{22}zaʔ^{2}tsɿ^{45}老 前天 dʑiɛ^{22}tʰiɛ^{45}新	大前天 dəu^{13}dʑiɛ^{55}tʰiɛ^{0}
02 嘉兴	昨日 zoʔ^{21}ȵieʔ^{5}	前日 dʑie^{21}ȵieʔ^{5}	大前日 dou^{21}dʑie^{33}ȵieʔ^{5}
03 嘉善	昨日 zuoʔ ȵi^{13}"日"舒化	个日子 kəʔ^{5}ȵieʔ^{5}tsɿ^{0}	大前日 du^{22}dʑiɪ^{113}ȵieʔ^{0}
04 平湖	昨日 zoʔ^{23}ȵiəʔ^{5} 昨日子 zoʔ^{23}ȵiəʔ^{5}tsɿ^{0}	前日 ziɛ^{24}ȵiəʔ^{0} 前日子 ziɛ^{24}ȵiəʔ^{5}tsɿ^{0}	料⁼前日 liɔ^{24}ziɛ^{0}ȵiəʔ^{0} 大前日 du^{21}ziɛ^{24}ȵiəʔ^{0}
05 海盐	昨日儿子 zɔʔ^{23}ȵin^{24}tsɿ^{53}	前日子 dʑiɛ^{24}ȵiəʔ^{0}tsɿ^{53}	大前日 du^{13}dʑiɛ^{21}ȵiəʔ^{21}
06 海宁	昨日 zoʔ^{2}ȵieʔ^{0} 昨日子 zoʔ^{2}ȵi^{33}tsɿ^{0}"日"舒化	个日 kəʔ^{5}ȵieʔ^{2} 个日子 kəʔ^{5}ȵieʔ^{2}tsɿ^{55}	前葛日 dʑie^{33}kəʔ^{5}ȵieʔ^{2} 前葛日子 dʑie^{33}kəʔ^{5}ȵieʔ^{2}tsɿ^{0}
07 桐乡	昨日 zɔʔ^{23}ȵi^{13}"日"舒化	葛日子 kəʔ^{3}ȵiəʔ^{5}tsɿ^{0}	石⁼葛日子 zaʔ^{23}kaʔ^{3}ȵiəʔ^{3}tsɿ^{53}
08 崇德	昨日子 zɔʔ^{23}ȵiəʔ^{5}tsɿ^{0}	葛日子 kəʔ^{3}ȵiəʔ^{5}tsɿ^{0}	前葛日子 ʑiɪ^{21}kəʔ^{5}ȵiəʔ^{5}tsɿ^{55} 前头葛日子 ʑiɪ^{21}dɤɯ^{44}kəʔ^{5}ȵiəʔ^{5}tsɿ^{55}
09 湖州	昨日 zuoʔ^{2}ȵieʔ^{3}	前个日子 ʑie^{33}kəʔ^{3}n^{22}tsɿ^{0}	大前葛日子 dəu^{33}ʑie^{33}kəʔ^{5}ȵieʔ^{5}tsɿ^{0}
10 德清	昨日界⁼ zuoʔ^{2}ȵieʔ^{5}ka^{0}	前日界⁼ dʑie^{11}ȵieʔ^{2}ka^{13}	大前日 dəu^{11}dʑie^{11}ȵieʔ^{2}
11 武康	昨日 zɜʔ^{2}ȵieʔ^{3}	前日 ʑiɪ^{11}ȵieʔ^{2}	大前日 du^{11}ʑiɪ^{33}ȵieʔ^{2}
12 安吉	昨日 zoʔ^{2}ȵiᴇʔ^{23}	前日 ʑi^{22}ȵiᴇʔ^{2}	大前日 dʊ^{21}ʑi^{22}ȵiᴇʔ^{23}
13 孝丰	昨日 zuoʔ^{2}ȵieʔ^{23}	前日 ʑiɪ^{22}ȵieʔ^{2}	大前日 du^{21}ʑiɪ^{22}ȵieʔ^{2}
14 长兴	昨日 zoʔ^{2}ȵiᴇʔ^{2}	前日 ʒi^{12}ȵiᴇʔ^{2}	大前日 dəu^{21}ʒi^{21}ȵiᴇʔ^{2}
15 余杭	昨日子 za^{13}n^{55}tsɿ^{53}	前头一日 ziẽ^{13}døʏ^{31}ieʔ^{5}ȵieʔ^{2}	大前头一日 du^{13}ziẽ^{31}døʏ^{33}ieʔ^{5}ȵieʔ^{2}
16 临安	昨日 zuɔʔ^{2}ȵiɐʔ^{2}	前日 ʑie^{33}ȵiɐʔ^{2}	大前日 duo^{33}ʑie^{33}ȵiɐʔ^{2}
17 昌化	昨日 zuəʔ^{2}ȵiɛʔ^{23}	前日 ʑiĩ^{11}ȵiɛʔ^{23}	大前日 dɯ^{23}ʑiĩ^{24}ȵiɛʔ^{5}
18 於潜	昨天 dzuəʔ^{2}tʰie^{433}	前天 dʑie^{22}tʰie^{433}	大前天 da^{24}dʑie^{53}tʰie^{31}
19 萧山	□日 ya^{13}ȵi^{42}	前日 ʑie^{21}ȵi^{42}	大前日 do^{13}ʑie^{42}ȵi^{42}
20 富阳	昨日子 ʑiɛʔ^{2}ȵiɛʔ^{2}tsɿ^{335}	前日子 ʑiɛ̃^{13}ȵiɛʔ^{2}tsɿ^{335}	大前日子 dʊ^{31}ʑiɛ̃^{13}ȵiɛʔ^{2}tsɿ^{335}

续表

方言点	0085 昨天	0086 前天	0087 大前天
21 新登	昨日 zaʔ^{2} ȵiəʔ^{2}	前日 ʑiɛ̃^{233} ȵiəʔ^{2}	大前日 du^{21} ʑiɛ̃^{233} ȵiəʔ^{2}
22 桐庐	昨日 zəʔ^{21} niəʔ^{13}	前日 ʑie^{21} niəʔ^{13}	大前日 du^{24} ʑie^{55} niəʔ^{5}
23 分水	昨日 dzuəʔ^{12} ȵiəʔ^{12}	前日 dʑiɛ̃^{21} ȵiəʔ^{12}	大前日 da^{24} dʑiɛ̃^{21} ȵiəʔ^{12}
24 绍兴	上外$^{=}$ zɑŋ^{24} ŋa^{31}	前日 ʑiẽ^{24} ȵieʔ^{3}	大前日 do^{22} ʑiẽ^{22} ȵieʔ^{2}
25 上虞	上外$^{=}$ zɔ̃^{21} ŋa^{31}	前日 ʑiẽ^{21} ȵiəʔ^{2}	大前日 dʊ^{21} ʑiẽ^{21} ȵiəʔ^{2}
26 嵊州	上日 zɔŋ^{22} nəʔ^{2} 上日间 zɔŋ^{22} nəʔ^{2} kɛ̃^{53}	前日 ʑiẽ^{22} nəʔ^{2} 前日间 ʑiẽ^{22} nəʔ^{2} kɛ̃^{53}	大前日 do^{22} ʑiẽ^{22} nəʔ^{2}
27 新昌	上日 zɔ̃^{22} neʔ^{3} 上日间 zɔ̃^{22} neʔ^{3} kɛ̃^{53}	前日 dʑiɛ̃^{22} neʔ^{3} 前日间 dʑiɛ̃^{22} neʔ^{3} kɛ̃^{53}	大前日 dɤ^{22} dʑiɛ̃^{22} neʔ^{3} 大前日间 dɤ^{22} dʑiɛ̃^{22} neʔ^{3} kɛ̃^{53}
28 诸暨	上日子 zã^{13} nieʔ^{5} tsɿ^{33}	前日子 ʑie^{13} nieʔ^{5} tsɿ^{33}	大前日子 dɤu^{13} ʑie^{33} nieʔ^{5} tsɿ^{33}
29 慈溪	昨牙$^{=}$ zoʔ^{2} ŋo^{13}	前日 iẽ^{11} ȵiəʔ^{2}	大前日 dəu^{13} iẽ^{11} ȵiəʔ^{2}
30 余姚	上日 zɔŋ^{13} ȵiəʔ^{2} 上末$^{=}$ zɔŋ^{13} miəʔ^{2}	前日 iẽ^{13} ȵiəʔ^{2}	大前日 dou^{13} iẽ^{13} ȵiəʔ^{2}
31 宁波	上密$^{=}$ zɔ^{13} miəʔ^{2}	前日 ʑi^{13} ȵiəʔ^{2}	大前日 dəu^{13} ʑi^{13} ȵiəʔ^{2}
32 镇海	上末$^{=}$ zɔ̃^{22} maʔ^{2}	前日 ʑi^{22} ȵieʔ^{2}	大前日 dəu^{22} ʑi^{22} ȵieʔ^{2}
33 奉化	昨日 zoʔ^{2} ȵiɪʔ^{2}	前日 ʑi^{33} ȵiɪʔ^{2}	大前日 dəu^{31} ʑi^{33} ȵiɪʔ^{2}
34 宁海	昨日儿 zɔʔ^{3} ȵiŋ^{31}	前日 ʑie^{2} ȵiəʔ^{3}	大前日 dəu^{22} ʑie^{22} ȵiəʔ^{3}
35 象山	上日 zɔ̃^{31} ȵieʔ^{2}	前日 i^{31} ȵieʔ^{2}	大前日 dəu^{31} i^{31} ȵieʔ^{2}
36 普陀	昨末$^{=}$子 zo^{33} mɐʔ^{5} tsɿ^{0} 老 昨末$^{=}$ zo^{33} mɐʔ^{5} 新	前日 i^{33} ȵiɛʔ^{5}	大前日 dəu^{11} i^{55} ȵiɛʔ^{0}
37 定海	昨末$^{=}$ zõ^{33} mɐʔ^{5} 昨末$^{=}$子 zõ^{33} mɐʔ^{5} tsɿ^{0}	前日 i^{33} ȵieʔ^{5} 前日子 i^{33} ȵieʔ^{5} tsɿ^{0}	大前日 dʌu^{11} i^{44} ȵieʔ^{0}
38 岱山	昨末$^{=}$ zõ^{33} mɐʔ^{5}	前日 i^{33} ȵieʔ^{5}	大前日 dʌu^{11} i^{33} ȵieʔ^{5}
39 嵊泗	昨末$^{=}$ zõ^{33} mɐʔ^{5}	前日 i^{33} ȵiᴇʔ^{5}	大前日 dʌu^{11} i^{33} ȵiᴇʔ^{5}
40 临海	昨日儿 zoʔ^{2} ȵiŋ^{51}	前日 ʑi^{22} ȵieʔ^{23}	大前日 do^{35} ʑi^{22} ȵieʔ^{23}
41 椒江	昨日儿 zoʔ^{2} ȵiŋ^{41}	前日 ʑie^{31} ȵieʔ^{2}	大前日 dəu^{24} ʑie^{31} ȵieʔ^{2}

续表

方言点	0085 昨天	0086 前天	0087 大前天
42 黄岩	昨日儿 zo^{13} ȵin^{41} 上日儿 zɔ̃^{13} ȵin^{41}	前日 ʑie^{31} ȵieʔ^{2}	大前日 dou^{24} ʑie^{31} ȵieʔ^{2}
43 温岭	昨日儿 zoʔ^{2} ȵin^{41}	前日 ʑie^{31} ȵiʔ^{2}	大前日 du^{13} ʑie^{31} ȵiʔ^{2}
44 仙居	昨日 zɑʔ^{23} ȵiəʔ^{23}	前日 ʑie^{24} ȵiəʔ^{0}	大前日 do^{24} ʑie^{33} ȵiəʔ^{23}
45 天台	昨日儿 zəʔ^{2} ȵiŋ^{31}	前日儿 ʑie^{22} ȵiŋ^{31}	大前日儿 dou^{33} ʑie^{22} ȵiŋ^{31}
46 三门	昨日儿 zoʔ^{2} niŋ^{252}	前日 ʑie^{13} ȵieʔ^{23}	大前日 dʊ^{33} ʑie^{11} ȵieʔ^{23}
47 玉环	昨日儿 zoʔ^{2} ȵiŋ^{41}	前日 ʑie^{31} ȵiɐʔ^{2}	大前日 dəu^{22} ʑie^{31} ȵiɐʔ^{2}
48 金华	昨儿日儿 sɑŋ^{55} ȵi^{14}	前日儿 zia^{31} ȵi^{14}	大前日儿 duɤ^{14} zia^{31} ȵi^{14}
49 汤溪	昨日 za^{11} ȵiei^{113}	前日 sie^{33} ȵiei^{24}	大前日 duɤ^{11} sie^{33} ȵiei^{24}
50 兰溪	昨日 sæ^{55} ȵieʔ^{12}	前日 zia^{21} ȵieʔ^{12}	大前日 duɤ^{24} zia^{21} ȵieʔ^{12}
51 浦江	昨日 zo^{11} ȵiə^{243}	前日 ʑiɑ̃^{11} ȵiə^{243}	大前日 dɯ^{11} ʑiɑ̃^{33} ȵiə^{55}
52 义乌	昨日儿 zɔ^{24} nen^{312}	前日儿 zia^{22} nen^{312}	大前日儿 duɤ^{24} zia^{22} nen^{312}
53 东阳	昨日儿 zu^{22} nen^{53}	前日儿 zi^{22} nen^{53}	大前日儿 dʊ^{22} zi^{55} nen^{53}
54 永康	上日 ʑiɑŋ^{31} ȵiə^{113}	前日 ɕiɑŋ^{33} ȵiə^{0}	大前日 duo^{241} ɕiɑŋ^{33} ȵiə^{0}
55 武义	昨日 zuo^{53} nə^{213}	前日 ʑie^{32} nə^{24}	大前日 duo^{231} ʑie^{32} nə^{24}
56 磐安	上日儿 ɕiɒ^{33} nen^{14}	前日儿 ʑie^{21} nen^{14}	大前日 duɤ^{14} ɕie^{55} nɛi^{0}
57 缙云	昨日 zɔ^{21} ȵiai^{13}	前日 zia^{243} ȵiei^{31}	大前日 du^{21} zia^{243} ȵiei^{31}
58 衢州	昨日 zaʔ^{2} ȵiəʔ^{12}	前日 ʑiẽ^{21} ȵiəʔ^{12}	大前日 du^{231} ʑiẽ^{21} ȵiəʔ^{12}
59 衢江	上暝 zã^{22} mɛ^{212}	前日 ɕyəʔ^{3} nəʔ^{5}“前”促化	大前日 dou^{22} ɕyəʔ^{3} nəʔ^{5} “前”促化
60 龙游	上马$^{=}$ zã^{22} m^{224}	前日 ɕie^{33} nəʔ^{23}	大前日 du^{22} ɕie^{33} nəʔ^{23}
61 江山	昨暝 zaʔ^{2} maŋ^{22}	前日 zuᴇ^{22} nəʔ^{2}	大前日 do^{22} zuᴇ^{22} nəʔ^{2}
62 常山	昨暝 zɛʔ^{3} mɪ̃^{24}	前日 zue^{22} nʌʔ^{34}	大前日 dɔ^{22} zue^{22} nʌʔ^{34}
63 开化	昨暝 ʑyaʔ^{2} mã^{213}	前日 zuɛ^{21} naʔ^{13}	大前日 dɔ^{21} zuɛ^{21} naʔ^{13}
64 丽水	昨暝 zəʔ^{21} maʔ^{23}“暝”促化	前日 ʑiɛ^{21} nɛʔ^{23}	大前日 du^{21} ʑiɛ^{21} nɛʔ^{23}
65 青田	昨暝日 zaʔ^{3} maʔ^{3} nɛʔ^{31} “暝”促化	前日 iɑ^{22} nɛʔ^{31}	大前日 du^{22} iɑ^{22} nɛʔ^{31}

续表

方言点	0085 昨天	0086 前天	0087 大前天
66 云和	昨暝日 zoʔ^{23} moʔ^{23} naʔ^{23} “暝”促化	前日 ʑiɛ^{31} naʔ^{23}	大前日 du^{223} ʑiɛ^{31} naʔ^{23}
67 松阳	昨暝 zaʔ^{2} mã^{13}	前日 ʑiɛ̃^{31} nɛʔ^{2}	大前日 du^{13} ʑiɛ̃^{33} nɛʔ^{2}
68 宣平	昨暝 zɑʔ^{42} mɛ^{231}	前日 ʑie^{43} nəʔ^{23}	大前日 do^{231} ʑie^{43} nəʔ^{23}
69 遂昌	昨暝 zɔʔ^{2} mɔʔ^{23} “暝”促化	前日 ʑiɛ̃^{22} nɛʔ^{23}	大前日 du^{13} ʑiɛ̃^{22} nɛʔ^{23}
70 龙泉	上暝日 zaŋ^{21} maŋ^{224} nᴇʔ^{0}	前日 ʑiᴇ^{21} nᴇʔ^{24}	大前日 dou^{224} ʑiᴇ^{21} nᴇʔ^{24}
71 景宁	昨暝 zoʔ^{23} mɛ^{45} 昨暝日 zoʔ^{23} mɛ^{55} nɛʔ^{23}	前日 ʑie^{41} nɛʔ^{23}	大前日 do^{33} ʑie^{41} nɛʔ^{23}
72 庆元	昨暝日 sæ̃^{52} mæ̃^{55} nɤʔ^{34} 昨暝 sæ̃^{52} mæ̃^{55} 小	前日 ɕiɑ̃^{52} nɤʔ^{34}	大前日 to^{31} ɕiɑ̃^{52} nɤʔ^{34}
73 泰顺	昨暝日 ɕiɔ̃^{22} miŋ^{22} nɛʔ^{2}	前日 ɕiã^{53} nɛʔ^{2}	大前日 to^{21} ɕiã^{53} nɛʔ^{2}
74 温州	昨夜 zuɔ^{22} i^{14}	前日 i^{24} ne^{212}	大前日 dɤu^{22} i^{24} ne^{212}
75 永嘉	昨夜 zo^{13} zɿ^{21}	前日 i^{13} ne^{213}	大前日 dəu^{22} i^{13} ne^{213}
76 乐清	昨暝 zo^{31} m^{22}	前日 ziᴇ^{24} ne^{212}	大前日 du^{22} ziᴇ^{24} ne^{212}
77 瑞安	昨夜 zo^{2} i^{13}	前日 i^{13} ne^{212}	尽到前日 zaŋ^{22} tɛ^{35} i^{13} ne^{212}
78 平阳	昨夜 zᴀ^{33} ie^{13}	前日 ie^{35} ne^{13}	大前日 du^{13} ie^{35} ne^{13}
79 文成	昨暝日 zo^{13} mo^{33} ne^{13}	前日 ʑie^{33} ne^{13}	大前日 dou^{13} ʑie^{33} ne^{13}
80 苍南	昨夜 zai^{11} i^{11}	前日 dʑiɛ^{11} ne^{112}	大前日 du^{11} dʑiɛ^{11} ne^{112}
81 建德徽	昨日 so^{21} ȵiɐʔ^{12}	前日 ɕie^{33} ȵiɐʔ^{12}	大前日 tʰu^{21} ɕie^{55} ȵiɐʔ^{0}
82 寿昌徽	昨日 sæ^{55} ȵiəʔ^{31}	前日 ɕi^{55} ȵiəʔ^{31}	大前日 tʰu^{33} ɕi^{55} ȵiəʔ^{31}
83 淳安徽	昨日儿 sɑʔ^{13} in^{55}	前日儿 ɕiã^{43} in^{24}	大前日儿 tʰu^{53} ɕiã^{43} in^{55}
84 遂安徽	昨日 so^{33} i^{33}	前日 ɕiɛ̃^{33} i^{33}	大前日 tʰəɯ^{55} ɕiɛ̃^{33} i^{33}
85 苍南闽	昨日 tso^{21} dʑie^{24}	前间$^{=}$ tsun^{21} kan^{55} 昨日 tso^{33} dʑie^{33}	大前间$^{=}$ tua^{21} tsun^{21} kan^{55}
86 泰顺闽	昨暮早 søʔ^{21} məʔ^{3} tsa^{344}	前日 sɛ^{21} niɪʔ^{3}	大前日 ta^{31} sɛ^{21} niɪʔ^{3}
87 洞头闽	十$^{=}$木$^{=}$日 tsɐt^{21} bo^{21} dʑiek^{24}	昨日 tso^{33} dʑiek^{21}	大落昨日 tua^{24} lɔk^{5} tso^{33} dʑiek^{21}
88 景宁畲	□晡 tɔn^{51} pu^{445}	前晡 tɕʰien^{51} pu^{445}	大前晡 tʰɔi^{51} tɕʰien^{51} pu^{445}

方言点	0088 整天	0089 每天	0090 早晨
01 杭州	整天 tsəŋ^{55}tʰiɛ^{0}	每天 mei^{55}tʰiɛ^{0}	早上头 tsɔ^{55}zaŋ^{22}dei^{0} 早间头 tsɔ^{55}kɛ^{33}dei^{0}
02 嘉兴	全天 dʑyə^{21}tʰie^{33}	天天 tʰie^{33}tʰie^{42}	早上头 tsɔ^{33}zᴀ̃^{33}dei^{21}
03 嘉善	一日天 ieʔ^{5}ȵieʔ^{5}tʰie^{53}	日日 ȵieʔ^{2}ȵieʔ^{3}	[早上]头 tsã^{35}də^{31}
04 平湖	一日天 iəʔ^{3}ȵiəʔ^{5}tʰiɛ^{53}	日常 ȵiəʔ^{23}zɑ̃^{31}	早晨 tsɔ^{44}zən^{53}
05 海盐	一日天 iəʔ^{5}ȵiəʔ^{5}tʰiə^{53}	日常 ȵiəʔ^{23}zɛ̃^{31}	早晨 tsɔ^{55}zən^{31}
06 海宁	全日头 dʑie^{33}ȵieʔ^{4}dəɯ^{0} 原日头 ȵie^{33}ȵieʔ^{4}dəɯ^{0}	日日 ȵieʔ^{2}ȵieʔ^{2}	早上头 tsɔ^{55}zɑ̃^{33}dəɯ^{33}
07 桐乡	一日天 iəʔ^{3}ȵiəʔ^{5}tʰiᴇ^{44}	日日 ȵiəʔ^{23}ȵiəʔ^{5}	早上头 tsɔ^{44}zɒ̃^{44}dɤɯ^{44}
08 崇德	一日头 iəʔ^{3}ȵiəʔ^{4}dɤɯ^{44}	日日 ȵiəʔ^{23}ȵiəʔ^{53}	早晨头 tsɔ^{55}zəŋ^{0}dɤɯ^{0}
09 湖州	整整一日 tsən^{53}tsən^{0}ieʔ^{2} ȵieʔ^{5}	日早 ȵieʔ^{2}tsɔ^{35}	早上头 tsɔ^{53}zã^{0}døʉ^{22}
10 德清	一整日 ieʔ^{2}tsen^{35}ȵieʔ^{2}	日日界$^{=}$ ȵieʔ^{2}ȵieʔ^{5}ka^{0}	早上头 tsɔ^{44}zã^{44}døʉ^{44}
11 武康	一日头 ieʔ^{4}ȵieʔ^{5}dø^{31}	日日界$^{=}$ ȵieʔ^{2}ȵieʔ^{3}ka^{53}	早上头 tsɔ^{44}zã^{44}dø^{31}
12 安吉	一日 iᴇʔ^{5}ȵiᴇʔ^{23}	每一日 me^{52}iᴇʔ^{0}ȵiᴇʔ^{2}	早上头 tsɔ^{52}zɔ̃^{0}dəɪ^{21}
13 孝丰	一整日 ieʔ^{5}tsəŋ^{45}ȵieʔ^{2}	每一日 me^{45}ieʔ^{2}ȵieʔ^{2}	早起头 tsɔ^{45}tɕʰi^{21}dəɪ^{21}
14 长兴	成日 zəŋ^{12}ȵiᴇʔ^{2}	每日 mei^{45}ȵiᴇʔ^{2}	早头 tsɔ^{45}dei^{21}
15 余杭	一日到夜 ieʔ^{5}ȵieʔ^{2}tɔ^{35}ia^{13}	日日相似 ȵieʔ^{2}ȵieʔ^{2}siɑ̃^{55}zɿ^{0}	清早头 tsʰiŋ^{55}tsɔ^{55}døʏ^{33}
16 临安	整日 tsəŋ^{55}ȵiɐʔ^{2}	日日 ȵiɐʔ^{2}ȵiɐʔ^{2}	起早八早 tɕʰi^{55}tsɔ^{55}pɐʔ^{5} tsɔ^{53}
17 昌化	整日 tɕiəŋ^{45}ȵiɛʔ^{23}	每日 mei^{45}ȵiɛʔ^{23}	早起 tsɔ^{45}tsʰɿ^{53}
18 於潜	一天到夜 ieʔ^{53}tʰie^{433}tɔ^{35}ia^{24}	天天 tʰie^{43}tʰie^{35}	早起头 tsɔ^{53}tɕʰi^{31}diəu^{24}
19 萧山	原日头 ȵyə^{13}ȵieʔ^{5}dio^{33}	每日 me^{33}ȵieʔ^{21}	早间头 tsɔ^{33}kɛ^{33}dio^{33}
20 富阳	一日 iɛʔ^{5}ȵiɛʔ^{2}	日日相 ȵiɛʔ^{2}ȵiɛʔ^{2}ɕiɑ̃^{335}	清早五更 tɕʰin^{55}tsɔ^{55}ŋ^{55} kã^{31}
21 新登	一日 iəʔ^{5}ȵiəʔ^{2}	每日 me^{334}ȵiəʔ^{2}	早五更 tsɔ^{334}ŋ^{334}kɛ^{45}
22 桐庐	一日头 iəʔ^{5}niəʔ^{21}dei^{35}	天天 tʰie^{55}tʰie^{13}	早五更 tsɔ^{33}ŋ^{33}kã^{35}
23 分水	一日 iəʔ^{5}ȵiəʔ^{12}	每日 me^{53}ȵiəʔ^{12}	清早 tɕʰin^{44}tsɔ^{55}
24 绍兴	原日头 ȵyø̃^{22}ȵieʔ^{5}dɤ^{31}	每日子 mᴇ^{24}ȵieʔ^{3}tseʔ^{5} 每日 mᴇ^{24}ȵieʔ^{3}	早起头 tsɔ^{33}tɕʰi^{33}tɤ^{33}

续表

方言点	0088 整天	0089 每天	0090 早晨
25 上虞	整日 tsəŋ^{33} ȵiəʔ^{2}	每日 me^{21} ȵiəʔ^{2}	天亮头 tʰiẽ^{33}iã^{0}dɤ^{31}
26 嵊州	整日间 tseŋ^{44}nəʔ^{3}kɛ̃^{31}	每日 mᴇ^{24}nəʔ^{3}	早上 tsɔ^{33}zaŋ^{231} 早上头 tsɔ^{33}saŋ^{44}dʏ^{31}
27 新昌	整日个 tɕiŋ^{33}neʔ^{5}ka^{31}	每日 me^{22}neʔ^{5} 每日间 me^{22}neʔ^{5}kɛ̃^{33}	早上 tsɔ^{53}iaŋ^{232} 早上头 tsɔ^{53}iaŋ^{45}tiɯ^{33}
28 诸暨	原日头 niə^{21}nieʔ^{5}dei^{33}	日日 nieʔ^{21}nieʔ^{5}	五更头 ŋ^{21}kã^{21}dei^{42}
29 慈溪	整日 tsəŋ^{33}ȵiəʔ^{2}	每日 me^{13}ȵiəʔ^{2}	天亮头儿 tʰiẽ^{33}liã^{0}dəŋ^{13}
30 余姚	成日 zə̃^{13}ȵiəʔ^{2}	每日 me^{13}ȵiəʔ^{2}	早间头 tsɔ^{34}kã^{44}dø^{13} 天间头 tʰiẽ^{44}ka^{44}dø^{13}
31 宁波	整日 tɕiŋ^{35}ȵiəʔ^{2}	每日 mɐi^{13}ȵiəʔ^{2}	天亮 tʰiəʔ^{5}ȵia^{44}“天”促化
32 镇海	整日 tɕiŋ^{33}ȵieʔ^{2}	每日 mei^{22}ȵieʔ^{2}	天亮 tʰieʔ^{5}ȵiã^{22}“天”促化
33 奉化	全日 zø^{33}ȵiɪʔ^{2}	每日 mei^{33}ȵiɪʔ^{2}	黑早天亮 haʔ^{5}tsʌ^{44}tʰi^{44}liã^{33} 乌早天亮 u^{44}tsʌ^{44}tʰi^{44}ȵiã^{33}
34 宁海	全日 dʑyø^{22}ȵiəʔ^{3}	每日 mei^{33}ȵiəʔ^{3}	天亮光 tʰie^{33}liã^{24}kuɔ̃^{53} 枯⁼星⁼头 kʰu^{33}ɕiŋ^{33}diu^{31} 早上头 tsau^{53}zɔ̃^{0}diu^{31}
35 象山	一日到夜 ieʔ^{2}ȵieʔ^{2}tɔ^{44}ia^{13}	每日 mei^{31}ȵieʔ^{2}	空早 kʰoŋ^{44}tsɔ^{35} 空笋⁼ kʰoŋ^{44}soŋ^{35}
36 普陀	整日 tɕiŋ^{53}ȵiɛʔ^{0}	每日 mæi^{23}ȵiɛʔ^{0}	天亮头 tʰiɛʔ^{5}liã^{55}leu^{55}“天”促化，“头”声殊/tʰiɛʔ^{5}liã^{55}deu^{55}“天”促化
37 定海	长日 dʑiã^{33}ȵieʔ^{5}	每日 mɐi^{23}ȵieʔ^{0}	天亮头 tʰieʔ^{5}ȵiã^{44}dɐi^{44}“天”促化 早天亮 tsɔ^{52}tʰieʔ^{2}ȵiã^{0}“天”促化
38 岱山	长日 dʑiã^{31}ȵieʔ^{0}	每日 mɐi^{23}ȵieʔ^{5}	天亮头 tʰi^{44}liã^{44}lɐi^{44}“头”声殊
39 嵊泗	长日 dʑiã^{24}ȵiᴇʔ^{0}	每日 mɐi^{24}ȵiᴇʔ^{0}	早天亮 tsɔ^{44}tʰiᴇʔ^{0}ȵiã^{0}“天”促化
40 临海	整长日 tɕiŋ^{42}dʑiã^{22}ȵiŋ^{51}	日加日儿 nieʔ^{2}ko^{33}ȵiŋ^{51}	枯⁼星 kʰu^{33}ɕiŋ^{353}小 枯⁼星头 kʰu^{33}ɕiŋ^{33}də^{51}小
41 椒江	整长日儿 tɕiŋ^{42}dʑiã^{22}niŋ^{41}	日加日儿 nieʔ^{2}ko^{33}ȵiŋ^{41}	枯⁼星头 kʰu^{33}ɕiŋ^{33}dio^{41}

续表

方言点	0088 整天	0089 每天	0090 早晨
42 黄岩	整日 tɕin^{42} ȵieʔ^{2}	日加日儿 nieʔ^{2} ko^{33} ȵin^{41}	枯$^{=}$晨 kʰu^{33} ʑin^{24} 小/ kʰu^{35} ʑin^{41}
43 温岭	整长日 tɕin^{42} dʑiã^{13} niʔ^{2}	日加日儿 niʔ^{2} ko^{33} ȵin^{41}	枯$^{=}$星 kʰu^{55} ɕin^{31} 枯$^{=}$星头 kʰu^{33} ɕin^{35} dɤ^{41}
44 仙居	整日 tɕin^{31} ȵiəʔ^{23}	每日 mæ^{31} ȵiəʔ^{23}	五更 ŋ^{31} kã^{53}
45 天台	整日 tɕiŋ^{32} ȵiəʔ^{2}	每日 mei^{21} ȵiəʔ^{2}	枯$^{=}$星头 kʰu^{33} ɕiŋ^{33} deu^{51}
46 三门	整日 tɕiŋ^{32} ȵieʔ^{23}	每日 me^{32} ȵieʔ^{23}	枯$^{=}$星头 kʰu^{32} ɕiŋ^{55} dɤɯ^{52}
47 玉环	整长日 tɕiŋ^{53} dʑia^{22} ȵiɐʔ^{2}	日加日 niɐʔ^{2} ko^{33} ȵiɐʔ^{2}	枯$^{=}$星头 kʰu^{33} ɕiŋ^{33} diɤ^{41}
48 金华	整日 tɕiŋ^{55} ȵiəʔ^{212}	每日 mɛ^{55} ȵiəʔ^{212}	五更儿 ŋ^{55} kɛ̃^{334} 五更儿头儿 ŋ^{55} kɛ̃^{33} diŋ^{313}
49 汤溪	整日 tɕiã^{52} ȵiei^{341}	日日 ȵiei^{11} ȵiei^{24}	五更 ŋ^{11} ka^{24}
50 兰溪	整日 tɕiæ̃^{55} ȵieʔ^{12}	每日 me^{55} ȵieʔ^{12}	五更头 n^{55} kæ̃^{334} təɯ^{45}
51 浦江	整日 tsiən^{55} ȵiə^{0}	日对日 ȵiə^{11} ta^{33} ȵiə^{55}	五更 n^{11} kɛ̃^{53}
52 义乌	整日 tsən^{45} nai^{24}	每日 mɛ^{33} nai^{24}	五更 ŋ^{24} kɛ^{335}
53 东阳	整日 tsɐn^{44} nei^{33}	每日 me^{23} nei^{33}	五更头 n^{24} kɛ^{33} dəɯ^{33}
54 永康	成日 ʑiŋ^{31} ȵiə^{241}	每一日 məi^{31} iə^{33} ȵiə^{241}	五更 ŋ^{31} kai^{55}
55 武义	整日 tɕin^{53} nə^{24}	每日 mi^{31} nə^{24}	早五更 tsɤ^{445} n^{5} ka^{24}
56 磐安	整日 tsɐn^{33} nɛi^{14} 成日 sɐn^{33} nɛi^{14}	日日 nɛi^{14} nɛi^{52} 每日 me^{33} nɛi^{14}	五更 n^{55} kɛ^{445}
57 缙云	成日 zɛŋ^{21} ȵiai^{13}	每日 mei^{51} ȵiai^{13}	五更 ŋ^{51} ka^{44}
58 衢州	整日 tʃyən^{35} ȵiəʔ^{12}	每日 me^{53} ȵiəʔ^{12} 日日 ȵiəʔ^{2} ȵiəʔ^{12}	五更早 ŋ^{231} tɕiã^{32} tsɔ^{35}
59 衢江	一日 iəʔ^{5} nəʔ^{2}	每日 mei^{53} nəʔ^{2}	五更早 ŋ^{22} kɛ^{33} tsɔ^{25}
60 龙游	成日 dzən^{22} nei^{51}	日日 nəʔ^{2} nəʔ^{23}	五更 n^{22} kɛ^{334} 五更头 n^{22} kɛ^{35} dəɯ^{21} 五更早 n^{22} kɛ^{33} tsɔ^{35}
61 江山	成日 ʑĩ^{22} nəʔ^{2}	日戴$^{=}$日 nəʔ^{2} tᴇ^{44} nəʔ^{2}	天光 tʰiɛ̃^{24} kyaŋ^{44}
62 常山	成日 zĩ^{22} nʌʔ^{34}	每日 mue^{22} nʌʔ^{34}	天光早 tʰiɛ̃^{44} tɕiɔ̃^{44} tɕiɤ^{52}
63 开化	成日 ʑin^{21} naʔ^{13}	日日 naʔ^{2} naʔ^{13}	天光 tʰiɛ̃^{44} tɕyã^{44}

续表

方言点	0088 整天	0089 每天	0090 早晨
64 丽水	整日 dʑin^{21} nɛʔ^{23}	日日 nɛʔ^{21} nɛʔ^{23} 每日 mei^{52} nɛʔ^{23}	天光头 tʰiɛ^{44} kɔŋ^{224} təɯ^{52} 天光早 tʰiɛ^{44} kɔŋ^{44} tsə^{544}
65 青田	整日 tɕiŋ^{33} nɛʔ^{31}	日日 nɛʔ^{3} nɛʔ^{31}	天光早 tʰiɑ^{22} ko^{22} tsœ^{454}
66 云和	整日 tɕiŋ^{44} naʔ^{23}	日日 naʔ^{23} naʔ^{23} 每日 mei^{44} naʔ^{23}	天光早 tʰiɛ^{44} kɔ̃^{44} tsɑɔ^{41}
67 松阳	整日 tɕin^{33} nɛʔ^{2}	每日 mei^{22} nɛʔ^{2}	天光早 tʰiɛ̃^{33} koŋ^{24} tsʌ^{212}
68 宣平	整日 tɕin^{44} nəʔ^{23}	日日 nəʔ^{42} nəʔ^{23} 每日 mei^{43} nəʔ^{23}	五更 n^{43} kɛ^{324}
69 遂昌	整日儿 tɕiŋ^{53} nɛʔ^{23} ȵiɛ^{221}	每日 mei^{13} nɛʔ^{5}	天光早 tʰiɛ̃^{33} kɔŋ^{45} tsɐɯ^{533}
70 龙泉	整日 dʑin^{21} nᴇʔ^{24}	日日 nᴇʔ^{24} nᴇʔ^{0}	天光早 tʰiᴇ^{44} kɔŋ^{45} tsɑʌ^{51}
71 景宁	整日 tɕiŋ^{55} nɛʔ^{23}	日日 nɛʔ^{23} nɛ^{45} 每日 mai^{33} nɛʔ^{23}	天光早 tʰiɛ^{33} kɔŋ^{55} tsɑu^{33}
72 庆元	连日 liɛ̃^{52} nɤʔ^{34}	每日 mæi^{22} nɤʔ^{34}	天光头 tʰiɑ̃^{33} kɔ̃^{335} tiɯ^{52}
73 泰顺	全日 ɕyɛ^{21} nɛʔ^{2}	每日 mæi^{55} nɛʔ^{2}	天光头 tʰiã^{22} kɔ̃^{22} təu^{53}
74 温州	整日 tsəŋ^{45} ne^{212}	每日 mai^{14} ne^{21}	天光早 tʰi^{33} kuɔ^{42} tsɜ^{25}
75 永嘉	长日 dʑiɛ^{13} ne^{213}	日日 ne^{13} ne^{213}	天光早 tʰi^{33} kɔ^{53} tsə^{45}
76 乐清	整日 tɕieŋ^{35} ne^{212}	每日 mai^{24} ne^{31}	天光早 tʰiᴇ^{33} kɔ^{42} tɕiɤ^{35}
77 瑞安	整日 tsəŋ^{33} ne^{212}	每日 mei^{13} ne^{21}	天光早 tʰi^{33} ko^{53} tsɛ^{35}
78 平阳	整日 tʃeŋ^{45} ne^{13}	每日 mai^{45} ne^{13}	天光早 tʰie^{33} ko^{55} tʃɛ^{45}
79 文成	整日 tʃeŋ^{33} ne^{13}	日日 ne^{21} ne^{13}	天光早 tʰie^{33} kuo^{33} tʃɛ^{45}
80 苍南	整日 tseŋ^{33} ne^{112}	每日 mai^{53} ne^{112}	天光早 tʰiɛ^{33} ko^{42} tsɛ^{53}
81 建德徽	整日 tsən^{55} ȵiɐʔ^{12}	每日 me^{13} ȵiɐʔ^{0}	五更 n^{55} kɛ^{53}
82 寿昌徽	整日 tsen^{33} ȵiəʔ^{31}	每日 miæ^{53} ȵiəʔ^{31}	五更早 n^{33} kæ^{11} tsɤ^{24}
83 淳安徽	整日 tsen^{55} iəʔ^{13}	每日 mie^{55} iəʔ^{13}	早上 tsɤ^{55} sɑ̃^{21}
84 遂安徽	一日 i^{21} i^{24}	每日 məɯ^{55} i^{21}	朝头 tɕiɔ^{55} tʰiu^{33}
85 苍南闽	整工 tɕiã^{21} kan^{55}	每工 muĩ^{33} kan^{55}	日起早 dʑie^{21} kʰi^{21} tsa^{43}
86 泰顺闽	全工 tɕyɛ^{21} kəŋ^{213}	每工 mɔi^{344} kəŋ^{213}	天光早 tʰie^{22} kuo^{213} tsa^{344}
87 洞头闽	镜$^{=}$两日 kĩã^{21} nuŋ^{21} dʑiek^{24}	每日 muĩ^{212} dʑiek^{24}	十$^{=}$起 tsɐt^{21} kʰi^{53}
88 景宁畲	成日 ɕiaŋ^{22} ȵit^{5}	每日 moi^{44} ȵit^{5}	眼头时 nian^{55} tʰiəu^{22} ɕi^{22}

方言点	0091 上午	0092 中午	0093 下午
01 杭州	上午 zaŋ^{13}u^{53}	中午 tsoŋ^{33}u^{45}	下午 ia^{13}u^{53}
02 嘉兴	上昼头 zA^{13}tsei^{21}dei^{21}	中午头 tsoŋ^{33}vu^{21}dei^{21} 点心头 tie^{33}ɕiŋ^{33}dei^{21}	下昼头 o^{21}tsei^{21}dei^{42}
03 嘉善	上昼 zã^{22}tsə^{35}	点心 tiɪ^{44}ɕin^{53}	下昼 o^{22}tsə^{35}
04 平湖	上昼 zɑ̃^{24}tsəɯ^{0}	点心 tiɛ^{44}sin^{53}	下昼 o^{21}tsəɯ^{334}
05 海盐	上昼 zɑ̃^{21}tse^{334}	点心 tiɛ^{53}ɕin^{53}	晏来 ɛ^{55}lɛ^{21} 下昼 o^{53}tse^{213}
06 海宁	上半日 zɑ̃^{33}pei^{55}ȵieʔ^{2} 上昼 zɑ̃^{33}tsəɯ^{53}	中晚头 tsoŋ^{55}mɛ^{55}dəɯ^{55} 日中心 ȵieʔ^{2}tsoŋ^{55}ɕiŋ^{55}	晚头 mɛ^{33}dəɯ^{33} 下昼 o^{13}tsəɯ^{0} 下半日 o^{13}pei^{55}ȵieʔ^{2}
07 桐乡	上昼头 zɒ̃^{21}tsɤɯ^{44}dɤɯ^{0}	点心 tiE^{53}siŋ^{44}	下昼头 o^{242}tsɤɯ^{0}dɤɯ^{0}
08 崇德	上昼头 zã^{21}tsɤɯ^{33}dɤɯ^{53}	日中 ȵiəʔ^{23}tsoŋ^{44}	下昼头 o^{55}tsɤɯ^{33}dɤɯ^{53}
09 湖州	上半日 zã^{33}pɛ^{33}ȵieʔ^{5}	吃饭模样 tɕʰieʔ^{5}vɛ^{33}muo^{13}iã^{31}	下半日 uo^{53}pɛ^{31}ȵieʔ^{2}
10 德清	上半日 zã^{44}pøʉ^{44}ȵieʔ^{4}	晚个头 mɛ^{35}kəʔ^{5}døʉ^{0}	下半日 uo^{35}pøʉ^{53}ȵieʔ^{2}
11 武康	上半日 zã^{31}pɜʔ^{5}ȵiɪ^{13}“半”促化，“日”舒化	晚头 mɛ^{35}dø^{53}	下半日 o^{13}pɜʔ^{5}ȵiɪʔ^{2}“半”促化
12 安吉	上半日 zɔ̃^{22}pE^{22}ȵiEʔ^{23}	中饭边 tsoŋ^{55}vE^{55}pi^{55}	下半日 ʊ^{52}pE^{0}ȵiEʔ^{2}
13 孝丰	早半日 tsɔ^{45}pe^{21}ȵieʔ^{2}	中饭边 tsoŋ^{44}vɛ^{44}piɪ^{44}	下半日 ʊ^{45}pe^{21}ȵieʔ^{2}
14 长兴	上半日 zɔ̃^{21}pɯ^{21}ȵiEʔ^{2}	中饭边 tsoŋ^{44}vE^{44}pi^{44}	下半日 u^{45}pɯ^{55}ȵiEʔ^{2}
15 余杭	上半日 zɑ̃^{33}puõ^{35}ȵieʔ^{2}	吃饭大=边 tɕʰiəʔ^{5}vɛ^{13}da^{33}piẽ^{55}	下半日 uo^{55}puõ^{35}ȵieʔ^{2}
16 临安	早上头 tsɔ^{55}zɑ̃^{33}də^{33}	当晏昼头 tɑ̃^{55}E^{55}tsə^{55}də^{33}	晏昼头 E^{55}tsə^{55}də^{33}
17 昌化	上午 zɔ̃^{23}u^{453}	午时 ŋ^{23}zʅ^{453}	下午 ʑia^{23}u^{453}
18 於潜	早上 tsɔ^{53}zaŋ^{31}	午时头 u^{53}zʅ^{31}diəu^{24}	午时 u^{53}zʅ^{31}
19 萧山	上昼 za^{33}tɕio^{42}	晏昼 ɛ^{33}tɕio^{33}	下昼 o^{21}tɕio^{42}
20 富阳	早更 tsɔ^{423}kã^{55}	日中 ȵiɛʔ^{2}tɕioŋ^{335}	晚半日 mã^{224}pã^{335}ȵiɛʔ^{2}
21 新登	五更 ŋ^{334}kɛ^{45} 上半日 zɑ̃^{13}bɛ̃^{21}ȵiəʔ^{2}	日中 ȵiəʔ^{2}tsoŋ^{45}	下半日 ɑ^{334}pɛ̃^{334}ȵiəʔ^{5}
22 桐庐	上半日 zã^{13}pe^{55}niəʔ^{5}	中午心头 tɕioŋ^{35}u^{21}ɕiŋ^{21}dei^{35} 日中 niəʔ^{21}tɕioŋ^{35}	下半日 uo^{13}pe^{55}niəʔ^{3}

续表

方言点	0091 上午	0092 中午	0093 下午
23 分水	早间 tsɔ^{44}kã^{33}	正午时 tsən^{21}u^{44}zɿ^{21}	点心边 tiɛ̃^{44}ɕin^{33}piɛ̃^{33}
24 绍兴	上昼头 zɑŋ^{22}tsɤ^{33}dɤ^{334} 上昼 zɑŋ^{22}tsɤ^{334}	晏昼头 ɛ̃^{33}tsɤ^{33}dɤ^{334} 晏昼 ɛ̃^{33}tsɤ^{334}	下昼头 o^{22}tsɤ^{33}dɤ^{33} 下昼 o^{24}tsɤ^{31}
25 上虞	上半日 zɔ̃^{21}pø̃^{33}ȵiəʔ^{2}	晏昼头 ɛ̃^{33}tsɤ^{33}dɤ^{31}	下半日 o^{21}pø̃^{33}ȵiəʔ^{2}
26 嵊州	早上 tsɔ^{33}zaŋ^{231} 早上头 tsɔ^{33}zaŋ^{44}dʏ^{31}	晏昼 ɛ̃^{33}tɕiʏ^{53} 晏昼头 ɛ̃^{33}tɕiʏ^{33}dʏ^{231}	下昼 o^{24}tɕiʏ^{53} 下昼头 o^{24}tɕiʏ^{44}dʏ^{31}
27 新昌	早上 tsɔ^{53}iaŋ^{232} 早上头 tsɔ^{53}iaŋ^{45}diɯ^{33}	晏昼 ɛ̃^{33}tɕiɯ^{335} 晏昼头 ɛ̃^{33}tɕiɯ^{33}diɯ^{335}	末⁼上 mɤʔ^{2}ʑiaŋ^{232} 末⁼上头 mɤʔ^{2}iaŋ^{33}diɯ^{232}
28 诸暨	前半日 ʑie^{21}pə^{33}nieʔ^{5}	晏饭个 ɛ^{33}vɛ^{33}kə^{21}	后半日 iʉ^{13}pə^{33}nieʔ^{21}
29 慈溪	上半日儿 zɔ̃^{11}pø̃^{44}ȵiẽ^{44} 前半日儿 iẽ^{11}pø̃^{44}ȵiẽ^{44}	晏昼 ɛ̃^{44}tsø^{44}	下半日 o^{13}pø̃^{44}ȵiəʔ^{2}
30 余姚	前半日 iẽ^{13}pø̃^{53}ȵiəʔ^{2} 上半日 zɔŋ^{13}pø̃^{53}ȵiəʔ^{2}	晏昼头 ã^{44}tsø^{44}dø^{13}	下半日 o^{13}pø̃^{53}ȵiəʔ^{2}
31 宁波	上半日 zɔ^{13}pu^{44}ȵiəʔ^{2}	昼过 tɕiʏ^{44}kəu^{44}	下半日 ɔ^{13}pu^{44}ȵiəʔ^{2}
32 镇海	上半日 zɔ̃^{22}pø^{33}ȵieʔ^{2}	昼过 tɕiu^{33}kəu^{44}	后半日 əu^{22}pø^{33}ȵieʔ^{2}
33 奉化	上毕⁼日头 zɔ̃^{33}piɪʔ^{2}ȵiɪʔ^{2}dæi^{31} 上毕⁼日 zɔ̃^{33}piɪʔ^{2}ȵiɪʔ^{2}	昼过头 tɕiʏ^{44}kəu^{44}dæi^{33} 昼过 tɕiʏ^{44}kəu^{0}	下毕⁼日头 o^{33}piɪʔ^{2}ȵiɪʔ^{2}dæi^{31} 下毕⁼日 o^{33}piɪʔ^{2}ȵiɪʔ^{2}
34 宁海	枯⁼星 k^{h}u^{33}ɕiŋ^{53} 上半日 zɔ̃^{22}pø^{35}ȵiəʔ^{3}	日昼 ȵiu^{33}tɕiu^{35}"日"音殊 日昼头 ȵiu^{33}tɕiu^{33}diu^{31}	晚上 me^{33}zɔ̃^{31} 下半日 o^{22}pø^{35}ȵiəʔ^{3}
35 象山	空早头 k^{h}oŋ^{44}tsɔ^{35}dɤɯ^{13} 空笋⁼头 k^{h}oŋ^{44}soŋ^{35}dɤɯ^{13}	日昼头 ȵieʔ^{2}tɕiu^{44}dɤɯ^{13}	麦⁼界头 maʔ^{2}ka^{44}dɤɯ^{13}
36 普陀	天亮 t^{h}iɛʔ^{5}liã^{0}	昼过 tɕieu^{55}kəu^{0}	下半日 o^{23}pø^{0}ȵiɛʔ^{0}
37 定海	上半日 zõ^{11}pø^{44}ȵieʔ^{0}	昼过 tɕiʏ^{44}kʌu^{0}	下半日 uo^{23}pø^{0}ȵieʔ^{0}
38 岱山	天亮 t^{h}ieʔ^{5}liã^{0}"天"促化	昼过 tɕiʏ^{33}kʌu^{52}	下半日 uo^{23}pø^{52}ȵieʔ^{0}
39 嵊泗	上半日 zõ^{11}pʏ^{44}ȵiᴇʔ^{0}	昼过头 tɕiʏ^{44}kʌu^{44}dœʏ^{44}	下半日 uo^{34}pʏ^{44}ȵiᴇʔ^{0}
40 临海	早界 tsɔ^{42}ka^{55} 早界头 tsɔ^{42}ka^{33}də^{51}	日昼 n^{22}tɕiu^{55} 日昼头 n^{22}tɕiu^{33}də^{51}	晏界 ɛ^{33}ka^{55} 晏界头 ɛ^{33}ka^{33}də^{51}
41 椒江	早界头 tsɔ^{42}ka^{33}dio^{24}小	日昼 ȵi^{22}tɕiu^{55}	晚界 mɛ^{42}ka^{55}
42 黄岩	早界 tsɔ^{42}ka^{55}	日昼 ni^{13}tɕiu^{55}	晏界 ɛ^{33}ka^{55}

续表

方言点	0091 上午	0092 中午	0093 下午
43 温岭	早界 tsɔ^{35}ka^{55}	日头昼 ȵiʔ^{2}dɤ^{24}tɕiu^{55} 日昼 ni^{13}tɕiu^{55}	晏界 ɛ^{35}ka^{55}
44 仙居	午前 ŋ^{31}ʑie^{353}小	吃午饭 tɕʰyɔʔ^{3}ŋ^{31}va^{24}	午后 ŋ^{31}əɯ^{53}
45 天台	枯=星 kʰu^{33}ɕiŋ^{33}	日昼 ȵiəʔ^{2}tɕiu^{33} 日昼头 ȵiəʔ^{2}tɕiu^{55}deu^{224}	晏届 e^{33}ka^{55}
46 三门	苦=星 kʰu^{32}ɕiŋ^{52}	日昼 ȵi^{23}tɕiu^{55}	晏根= ɛ^{21}kəŋ^{52}
47 玉环	枯=星 kʰu^{42}ɕiŋ^{35}小	年昼 ȵi^{22}tɕiu^{55}	晏界 ɛ^{33}ka^{55}
48 金华	五更儿 ŋ^{55}kɛ̃^{334} 午前 ŋ^{55}zia^{313} 上午 ɕiɑŋ^{33}ŋ^{535}	午饭 ŋ^{55}vɑ^{14}	午罢 ŋ^{33}pɑ^{535} 午罢头儿 ŋ^{33}pɑ^{55}diŋ^{313} 下午 uɑ^{33}ŋ^{535}
49 汤溪	上半日 ʑiɔ^{11}mɤ^{33}ȵiei^{24}	午饭 ŋ^{11}vɤa^{341}	下半日 uɑ^{11}mɤ^{33}ȵiei^{24}
50 兰溪	上半日 ɕiɑŋ^{55}pɤ^{334}ȵieʔ^{12}	午饭 n^{55}via^{24}	下半日 uɑ^{55}pɤ^{334}ȵieʔ^{12} 午罢 n^{55}pɑ^{55}
51 浦江	上半日 ʑyõ^{11}pə̃^{33}ȵiə^{334}	午饭 m^{11}mɑ^{243}"饭"音殊	后半日 ɤ^{11}pə̃^{33}ȵiə^{334}
52 义乌	五更 ŋ^{24}kɛ^{335}	午饭 m^{24}pɔ^{45}	午罢儿 m^{33}ban^{24}
53 东阳	五更 n^{23}kɛ^{33}	午饭 n^{22}vɔ^{53}	下午 ɔ^{23}n^{33}
54 永康	午前 ŋ^{31}ɕia^{55}	午饭 ŋ^{31}va^{241}	午罢 ŋ^{31}buɑ^{113}
55 武义	五更头 n^{53}ka^{32}dɑu^{53}	午饭 n^{53}vuo^{231}	午罢 n^{53}buɑ^{13}
56 磐安	午前 n^{14}ɕie^{52}	午饭头 n^{33}vɒ^{21}tɐɯ^{52}	午罢儿 n^{52}ban^{14}
57 缙云	午前 ŋ^{51}zia^{243}	午饭 ŋ^{51}vɑ^{213}	午罢 ŋ^{51}bɑ^{31}
58 衢州	五更 ŋ^{231}tɕiã^{32} 上半日 ʒyã^{231}pə̃^{53}ȵiəʔ^{12}	吃饭边 tɕʰiəʔ^{3}vã^{231}piẽ^{32} 日中 ȵiəʔ^{2}tʃyoŋ^{32}	下半日 ɑ^{231}pə̃^{53}ȵiəʔ^{12}
59 衢江	五更 ŋ^{22}kɛ^{33}	食饭边 iəʔ^{2}vã^{22}pie^{33}	后半日 u^{22}pɛ^{53}nəʔ^{2}
60 龙游	上半日 dzã^{22}pei^{51}nəʔ^{23}	食饭时 iəʔ^{2}vã^{231}zɿ^{21}	下半日 uɑ^{22}pei^{51}nəʔ^{23}
61 江山	昼前 tu^{44}zuᴇ^{213}	昼日 tu^{44}nəʔ^{2}	昼罢 tu^{44}bɒ^{22}
62 常山	天光 tʰiɛ̃^{44}tɕiɔ̃^{44}	中日 toŋ^{44}nʌʔ^{34}	昼罢 tu^{44}pɑ^{52}
63 开化	上半日 dʑiã^{21}pɛn^{44}naʔ^{13}	食饭时间 iaʔ^{2}vã^{13}zɿ^{21}tɕiɛ̃^{44}	下半日 ɔ^{21}pɛn^{44}naʔ^{13}
64 丽水	上半日 dʑiã^{22}pɛ^{52}nɛʔ^{23}	日午头 nɛʔ^{21}ŋ^{21}təɯ^{52}	日午 nɛʔ^{2}ŋ^{544}
65 青田	天光 tʰiɑ^{22}ko^{445}	正日午 tɕiŋ^{33}nɛʔ^{3}ŋø^{454}	日午 nɛʔ^{3}ŋø^{454}

续表

方言点	0091 上午	0092 中午	0093 下午
66 云和	天光 tʰiɛ^{44} kɔ̃^{24}	中日午 toŋ^{44} naʔ^{23} ŋ^{41}	日午 naʔ^{23} ŋ^{41}
67 松阳	天光 tʰiɛ̃^{24} koŋ^{53}	日午 næ̃^{22} ŋuə^{22}	日午 næ̃^{22} ŋuə^{22}
68 宣平	午前 n^{22} ʑiɛ^{433}	日午 nə^{22} n^{223}	午晡 n^{22} bu^{223}
69 遂昌	天光 tʰiɛ̃^{33} kɔŋ^{45}	正日午 tɕiŋ^{33} nɛ̃^{22} ŋuə^{13} 日昼 nɛʔ^{23} tu^{334}	日午 nɛ̃^{22} ŋuə^{13}
70 龙泉	昼前 diəu^{21} ʑy^{21}	日昼 nᴇʔ^{3} tiəu^{45}	昼后 diəu^{21} u^{51}
71 景宁	天光 tʰiɛ^{33} kɔŋ^{324}	日午 nɛʔ^{23} ŋ^{33}	日午 nɛʔ^{23} ŋ^{33}
72 庆元	天光 tʰiɑ̃^{33} kɔ̃^{335}	日昼 nɤʔ^{34} ɗiɯ^{11}	昼了 ɗiɯ^{11} liɒ^{221}
73 泰顺	天光 tʰiã^{22} kɔ̃^{213}	日午头 nɛʔ^{2} ŋø^{55} təu^{53}	日午头 nɛʔ^{2} ŋø^{55} təu^{53}
74 温州	天光 tʰi^{33} kuɔ^{33}	日昼 ne^{31} tɕiɤu^{21}	后半日 au^{22} pø^{45} ne^{212}
75 永嘉	天光 tʰi^{33} kɔ^{44}	日昼 ne^{31} tɕiəu^{43}	后半日 au^{33} pø^{45} ne^{213}
76 乐清	天光 tʰiᴇ^{44} kɔ^{44}	日昼 ne^{31} tɕiu^{21}	后半日 au^{33} pɯ^{35} ne^{212}
77 瑞安	天光 tʰi^{33} ko^{44}	日昼 ne^{31} tsou^{42}	后半日 au^{22} pø^{35} ne^{212}
78 平阳	天光 tʰie^{33} ko^{55}	日昼正 ne^{13} tʃɛ^{21} tʃeŋ^{53}	后半日 au^{13} pɵ^{45} ne^{13}
79 文成	天光 tʰie^{33} kuo^{33}	白昼 ne^{21} tʃou^{33}	晚间 mɔ^{21} kɔ^{33}
80 苍南	天光 tʰiɛ^{33} ko^{44}	日昼 ne^{11} tsɛu^{42}	下半日 o^{53} pø^{33} ne^{112}
81 建德徽	五更 n^{55} kɛ^{53} 午前 n^{55} ɕie^{33}	午饭 n^{21} fɛ^{55}	午后 n^{55} hɤɯ^{213}
82 寿昌徽	五更 n^{33} kæ̃^{112}	午饭边 n^{33} fɤ^{33} pi^{112} 吃饭边 tɕʰiəʔ^{3} fɤ^{33} pi^{112}	午后 n^{33} xəɯ^{534}
83 淳安徽	午前 ia^{55} ɕiã^{435}	中午 tsoŋ^{24} u^{21}	午四= ia^{55} sɿ^{21}
84 遂安徽	上午 ɕiɑ̃^{55} n^{43}	午时 n^{55} sɿ^{33}	下午 xɑ^{55} n^{43}
85 苍南闽	上午 ɕiɑŋ^{21} ŋɔ^{43}	日佛昼 dʑie^{21} po^{21} tau^{21}	下昼 e^{21} tau^{21}
86 泰顺闽	天光 tʰie^{22} kuo^{213}	日昼头 niɪʔ^{3} tau^{344} tʰau^{22}	日昼 niɛʔ^{3} tau^{31}
87 洞头闽	十=起 tsɐt^{21} kʰi^{53}	日昼 dʑiek^{24} tau^{21}	下晡 e^{21} bɔ^{33}
88 景宁畲	眼头 ȵian^{55} tʰiəu^{22}	日昼 ȵit^{5} tɕiəu^{44}	夕=老= ɕiʔ^{2} lau^{325}

方言点	0094 傍晚	0095 白天	0096 夜晚与白天相对，统称
01 杭州	晚快边 uɛ^{55} k^{h}uɛ^{33} piɛ^{0} 夜快边 ia^{13} k^{h}uɛ^{55} piɛ^{0}	日里头 zaʔ^{2} li^{45} dei^{53}	夜里头 ia^{22} li^{55} dei^{0}
02 嘉兴	夜快边 iᴀ^{24} k^{h}uᴀ^{21} pie^{21} 夜快头 iᴀ^{24} k^{h}uᴀ^{21} dei^{21}	日里向 ȵieʔ^{5} li^{21} ɕiᴀ̃^{21} 日里 ȵieʔ^{5} li^{21}	夜里向 iᴀ^{24} li^{21} ɕiᴀ̃^{21} 夜里 iᴀ^{24} li^{21}
03 嘉善	夜来快 ia^{55} lɛ^{53} k^{h}ua^{31}	日里 ȵieʔ^{2} li^{13}	夜里 ia^{55} li^{0}
04 平湖	夜快 ia^{44} k^{h}ua^{0}	日里 ȵiəʔ^{23} li^{334}	夜来 ia^{44} lɛ^{0} 夜里 ia^{44} li^{0}
05 海盐	夜快 iɑ^{55} k^{h}uɑ^{21}	日里 ȵiəʔ^{23} li^{213}	夜快 iɑ^{55} k^{h}uɑ^{21}
06 海宁	黄昏头 uɑ̃^{33} huəŋ^{55} dəɯ^{55} 夜快边 ia^{33} k^{h}ua^{55} pie^{0}	日里 ȵieʔ^{2} li^{0} 日里向 ȵieʔ^{2} li^{33} ɕiã^{0}	夜里 ia^{55} li^{33} 夜里向 ia^{55} li^{33} ɕiã^{0}
07 桐乡	夜快来 ia^{33} k^{h}ua^{33} lᴇ^{53}	日里 ȵiəʔ^{23} li^{242}	夜够⁼头 ia^{33} kɤɯ^{44} dɤɯ^{0} 夜够⁼ ia^{33} kɤɯ^{53}
08 崇德	夜快边 iɑ^{33} k^{h}uɑ^{33} piɪ^{53}	日里 ȵiəʔ^{23} li^{53}	夜够⁼头 iɑ^{33} kɤɯ^{33} dɤɯ^{53}
09 湖州	夜快边 ia^{44} kua^{22} pie^{44}	日里 ȵieʔ^{2} li^{35}	夜里 ia^{33} li^{35}
10 德清	黄昏头 uã^{11} xuen^{11} døʉ^{13}	日里向 ȵieʔ^{2} li^{35} ɕiã^{0}	夜个头 ia^{44} kəʔ^{4} døʉ^{35}
11 武康	黄昏头 uã^{11} xuen^{11} dø^{13}	日里 ȵieʔ^{2} li^{53}	夜里头 ia^{33} li^{33} dø^{35}
12 安吉	夜快边 ia^{21} k^{h}ua^{22} pi^{213}	日里 ȵiᴇʔ^{2} li^{213}	夜里 ia^{21} li^{213}
13 孝丰	夜快边 ia^{32} k^{h}ua^{21} piɪ^{24}	日里 ȵieʔ^{2} li^{24}	夜里 ia^{32} li^{213}
14 长兴	夜快边 ia^{21} k^{h}ua^{12} pi^{24}	日里 ȵiᴇʔ^{2} lɿ^{24}	夜头 ia^{21} dei^{24}
15 余杭	夜快边 ia^{33} k^{h}ua^{35} piẽ^{35}	日里 ȵieʔ^{2} li^{31}	夜里 ia^{33} li^{13}
16 临安	夜快边 ia^{33} k^{h}ua^{55} pie^{55}	日里 ȵiɐʔ^{2} li^{33}	夜到 ia^{33} tɔ^{55}
17 昌化	夜快 ie^{23} k^{h}ua^{544}	日里 ȵiɛʔ^{2} li^{453}	夜快 ie^{23} k^{h}ua^{544}
18 於潜	夜快边 ia^{24} k^{h}ua^{35} pie^{31}	白天 pɑʔ^{2} t^{h}ie^{433}	夜里 ia^{24} li^{454}
19 萧山	夜快 ia^{33} k^{h}ua^{42}	日里头 ȵieʔ^{21} li^{242} dio^{21}	夜头 ia^{13} dio^{33}
20 富阳	夜快 ia^{335} k^{h}ua^{53}	日里 ȵiɛʔ^{2} li^{224}	夜里 ia^{335} li^{53}
21 新登	夜快 ia^{21} k^{h}ua^{45}	日里 ȵiəʔ^{2} li^{13}	夜里 ia^{21} li^{13}
22 桐庐	夜快边 iᴀ^{13} k^{h}uᴀ^{55} pie^{35}	日里 niəʔ^{21} li^{35}	夜里 iᴀ^{13} li^{35}
23 分水	快夜边 k^{h}uɛ^{24} iə^{21} piɛ̃^{33}	日里 ȵiəʔ^{12} li^{44}	夜里 iə^{21} li^{44}

续表

方言点	0094 傍晚	0095 白天	0096 夜晚与白天相对，统称
24 绍兴	夜快头 ia^{22}kʰua^{33}dɤ^{231} 夜快 ia^{22}kʰua^{33}	日里头 ȵieʔ^{2}li^{44}dɤ^{31} 日里 ȵieʔ^{2}li^{33}	夜头 ia^{22}dɤ^{334}
25 上虞	夜快头 ia^{21}kʰua^{33}dɤ^{0}	日里 ȵiəʔ^{2}li^{31}	夜头 ia^{21}dɤ^{213}
26 嵊州	黄昏头 uəŋ^{22}kʰuəŋ^{44}dʏ^{31} 夜弗脚跟 ia^{24}fəʔ^{3}tɕiaʔ^{3}keŋ^{334}	日长 nəʔ^{2}dzaŋ^{231}	夜头 ia^{24}dʏ^{231}
27 新昌	夜弗脚跟 ia^{22}feʔ^{3}tɕiaʔ^{5}keŋ^{335}	日头 neʔ^{5}diɯ^{335}	夜头 ia^{22}diɯ^{335} 夜到头 ia^{22}tɔ^{33}diɯ^{232}
28 诸暨	夜饭个 iᴀ^{13}vɛ^{33}kə^{42}	日勒 nieʔ^{21}ləʔ^{5}	夜勒 iᴀ^{33}ləʔ^{5}
29 慈溪	夜快 ia^{11}kʰua^{44}	日里 ȵiəʔ^{2}li^{44}	夜到 ia^{11}tɔ^{44}
30 余姚	夜快 ia^{13}kʰua^{44} 夜快头 ia^{13}kʰua^{44}dø^{0}	日里 ȵiəʔ^{2}li^{0}	夜头 ia^{13}dø^{0} 夜到头 ia^{13}tɔ^{44}dø^{0}
31 宁波	夜快 ia^{22}kʰua^{44} 夜快塘⁼ ia^{22}kʰua^{44}dɔ^{13}	日里 ȵiəʔ^{2}li^{0}	夜到 ia^{13}tɔ^{0}
32 镇海	夜快点 ia^{22}kʰua^{33}ti^{33}	日里 ȵieʔ^{2}li^{22}	夜到 ia^{22}tɔ^{53}
33 奉化	夜快点 ia^{31}kʰua^{44}te^{44}	日里 ȵiɪʔ^{2}li^{33}	夜到 ia^{31}tʌ^{44}
34 宁海	夜晏跟 ia^{22}e^{33}kəŋ^{53}	日里 ȵiəʔ^{3}diəʔ^{3}"里"音殊	夜里 ia^{22}diəʔ^{3}"里"音殊
35 象山	黄昏头 uɔ̃^{31}huəŋ^{44}dɤɯ^{13}	日生头 ȵieʔ^{2}sã^{44}dɤɯ^{13}当日 天亮头 tʰi^{44}liã^{13}dɤɯ^{13}	夜到 iã^{31}tɔ^{35} 夜到头 iã^{31}tɔ^{35}dɤɯ^{13}
36 普陀	夜快点 ia^{11}kʰua^{55}ti^{55}	日里 ȵiɛʔ^{23}li^{0}	夜到 ia^{11}tɔ^{55}
37 定海	夜快 ia^{11}kʰua^{44}	日里 ȵieʔ^{2}li^{0}	夜到 ia^{11}tɔ^{44}
38 岱山	夜快眼 ia^{11}kʰua^{44}ŋɛ^{44}	日里 ȵieʔ^{2}lɐʔ^{5}"里"促化	夜到 ia^{11}tɔ^{44}
39 嵊泗	夜快眼 ia^{11}kʰua^{44}ŋɛ^{44}	日里 ȵiᴇʔ^{2}lɐʔ^{5}"里"促化	夜到 ia^{11}tɔ^{45}
40 临海	黄昏 ɔ̃^{35}kʰuəŋ^{31}"昏"声殊 黄昏头 ɔ̃^{22}kʰuəŋ^{33}də^{51}"昏"声殊	日哒 ȵieʔ^{2}dəʔ^{0}	夜哒 ia^{22}dəʔ^{23}
41 椒江	黄昏 uɔ̃^{22}kʰuəŋ^{35}小、"昏"声殊	日哒 ȵieʔ^{2}dəʔ^{0}	夜哒 ia^{24}də^{0}
42 黄岩	黄昏 uɔ̃^{13}kʰuən^{35}小、"昏"声殊	日哒 ȵieʔ^{2}dəʔ^{0}	夜哒 ia^{24}dəʔ^{0}
43 温岭	黄昏 uɔ̃^{13}kʰuən^{15}小、"昏"声殊	日勒 ȵiʔ^{2}ləʔ^{0}	夜勒 ia^{13}ləʔ^{0}

续表

方言点	0094 傍晚	0095 白天	0096 夜晚与白天相对，统称
44 仙居	黄昏 uɑ̃^{33} kʰuen^{53} "昏"声殊	白日 baʔ^{23} ȵiəʔ^{23}	晚头 ma^{31} dəɯ^{353} 小
45 天台	晏落 e^{33} lɔʔ^{2}	日来 ȵiəʔ^{2} lei^{0}	夜来 i^{35} lei^{0}
46 三门	黄昏 uɔ^{11} kʰuəŋ^{52} "昏"声殊	日得⁼ ȵieʔ^{23} tɐʔ^{2}	晚头夜 mɛ^{32} dɤɯ^{13} ia^{243}
47 玉环	黄昏 ɔ̃^{22} kʰuəŋ^{35} 小，"昏"声殊	日勒 ȵiɐʔ^{2} lɐʔ^{0}	夜勒 ia^{22} lɐʔ^{0}
48 金华	靠夜干 kʰɑo^{33} ia^{53} kɤ^{55}	日里 ȵiəʔ^{21} li^{14}	夜里 ia^{14} li^{0}
49 汤溪	夜罢头儿 iɑ^{11} bɑ^{11} dəŋ^{113}	日里 ȵiei^{11} li^{52}	夜里 iɑ^{341} li^{0}
50 兰溪	夜快头儿 iɑ^{55} kʰuɑ^{55} dəɯ^{24} nə^{24}	日上 ȵieʔ^{12} ʑiɑŋ^{24}	夜里 iɑ^{24} li^{0}
51 浦江	靠夜儿 kʰo^{33} iɑn^{243}	日诶 ȵiə^{24} la^{334}	夜诶 iɑ^{11} a^{24}
52 义乌	夜根儿 ia^{24} kɯn^{335}	日里 nai^{24} li^{312}	夜里 ia^{24} li^{45}
53 东阳	午罢头 n^{24} ba^{33} dəɯ^{33}	日里 nei^{22} li^{35}	夜里 ia^{22} li^{53}
54 永康	乌荫 u^{33} iŋ^{52} 小	日奄⁼ ȵiə^{33} la^{241} 小	夜奄⁼ ia^{241} la^{52} 小
55 武义	靠夜干儿 kʰɤ^{55} ia^{55} ken^{53}	日当 nə^{213} nɑŋ^{24}	夜当 ia^{231} nɑŋ^{0}
56 磐安	靠夜干儿 kʰo^{33} ia^{55} kɤn^{445}	日里 nɛi^{22} li^{334} 日里头 nɛi^{21} li^{21} tɐɯ^{52}	夜里 ia^{14} li^{52} 夜里头 ia^{14} li^{55} tɐɯ^{0}
57 缙云	乌日 vu^{44} ȵiei^{453}	日里 ȵiai^{13} ləɤ^{31}	夜里 ia^{21} ləɤ^{453}
58 衢州	黄昏 ɑ̃^{21} xuən^{32} 黄昏边 ɑ̃^{21} xuən^{35} piẽ^{32}	日里 ȵiəʔ^{2} li^{53}	夜里 iɑ^{231} li^{21}
59 衢江	黄昏 ɑ̃^{33} xuɛ^{33}	日时 nəʔ^{2} ɕyø^{53}	黄昏底 ɑ̃^{33} xuɛ^{33} tie^{25}
60 龙游	快夜边 kʰuɑ^{33} iɑ^{22} pie^{334}	日里 nəʔ^{2} li^{231}	夜里 iɑ^{231} li^{21}
61 江山	黄昏 yaŋ^{22} xuɛ̃^{44}	日时 nəʔ^{2} ʑiɵ̃^{51}	暝时 maŋ^{22} ʑiɵ̃^{22}
62 常山	黄昏底儿 ɔ̃^{22} xuɔ̃^{44} tie^{52} n^{0}	日时 nʌʔ^{34} zi^{0}	黄昏 ɔ̃^{22} xuɔ̃^{44}
63 开化	下昏 ɔ^{21} xuõ^{44}	日时 naʔ^{2} suei^{53}	暝时 mã^{21} zuei^{213}
64 丽水	乌日头 u^{44} ȵi^{224} təɯ^{52} 乌日边 u^{44} ȵi^{44} piɛ^{224}	日埯 nɛʔ^{23} tə^{0} 日□ nɛʔ^{23} tɕiaʔ^{0}	暝埯 mã^{131} tə^{0} 夜埯 io^{131} tə^{0}
65 青田	乌荫边 vu^{33} iaŋ^{33} ɓia^{55}	日里 nɛʔ^{31} li^{0}	乌荫 vu^{55} iaŋ^{33}
66 云和	乌日边 uei^{44} ȵi^{44} piɛ^{24}	日里 naʔ^{23} li^{0}	暝里 mɛ^{223} li^{0}
67 松阳	乌日边儿 uɤʔ^{2} ȵiʔ^{2} piɛ̃^{21} n^{24}	日间 nɛʔ^{2} kɔ̃^{24}	暝间 mã^{13} kɔ̃^{33}

续表

方言点	0094 傍晚	0095 白天	0096 夜晚与白天相对，统称
68 宣平	乌日感⁼ u^{44} ȵin^{44} kə^{445}	日间 nəʔ^{23} kɑ̃^{0}	暝间 mɛ^{231} kɑ̃^{0}
69 遂昌	黄昏根 ɔŋ^{21} xuɛ̃^{33} kɛ̃^{45}	日间 nɛʔ^{23} kaŋ^{334}	黄昏 ɔŋ^{21} xuɛ̃^{45}
70 龙泉	黄昏沿 ɔŋ^{44} xuo^{45} iᴇ^{21}	日间 nᴇʔ^{24} kaŋ^{434}	暝间 maŋ^{224} kaŋ^{434} 整夜 黄昏荫 ɔŋ^{44} xuo^{44} in^{45} 上半夜
71 景宁	暗昏 œ^{33} xœ^{324}	日间 nɛʔ^{23} kɔ^{324}	暝间 mɛ^{33} kɔ^{324}
72 庆元	黄昏姜⁼ ɔ̃^{52} xuæ̃^{33} tɕiɑ̃^{55} 小	日间 nɤʔ^{34} kɑ̃^{335}	黄昏 ɔ̃^{52} xuæ̃^{335}
73 泰顺	黄昏头 aʔ^{2} fɛ^{213} təu^{53}	日间 nɛʔ^{2} kã^{213}	夜间 yɔ^{22} kã^{213}
74 温州	黄昏边 a^{23} ɕy^{33} pi^{33}	日里 ne^{21} le^{223}	夜里 i^{22} le^{22}
75 永嘉	黄昏边 a^{13} ɕy^{53} pi^{44}	日底 ne^{213} de^{0}	黄昏 a^{22} ɕy^{44}
76 乐清	黄昏边 a^{23} fɤ^{44} piᴇ^{44}	日地 ne^{212} di^{0}	夜地 i^{22} di^{0}
77 瑞安	黄昏届 ɔ^{13} ɕy^{33} ka^{35}	日底 ne^{212} tei^{0}	黄昏 ɔ^{22} ɕy^{44}
78 平阳	黄昏边 o^{13} ɕye^{33} pie^{55}	日里 ne^{21} di^{13}	夜里 ie^{13} li^{55}
79 文成	黄昏边 o^{33} fyø^{33} pie^{33}	日间 ne^{21} ka^{13}	黄昏 o^{21} fyø^{33}
80 苍南	暗边 e^{42} piɛ^{44}	日里 ne^{112} li^{0}	夜里 i^{11} li^{0}
81 建德徽	夜快边 iɑ^{55} kʰuɑ^{33} pie^{53}	日上 ȵiɐʔ^{12} so^{55}	夜里 iɑ^{55} li^{0}
82 寿昌徽	夜面⁼ iɑ^{33} mi^{55} 夜面⁼边 iɑ^{33} mi^{33} pi^{112}	日上 ȵiəʔ^{3} sɑ̃^{112}	夜里 iɑ^{33} li^{33}
83 淳安徽	夜边 iɑ^{53} piã^{55} 夜假⁼边 iɑ^{53} ko^{55} piã^{55}	日里 iəʔ^{13} li^{53}	夜假⁼ iɑ^{53} ko^{55}
84 遂安徽	夜边 iɛ^{24} piɛ̃^{52}	日里 i^{21} li^{33}	夜里 iɛ^{24} li^{21}
85 苍南闽	暗边 an^{33} pĩ^{55}	日生 dʑie^{24} ɕĩ^{55}	暗央 ɑŋ^{21} ɯŋ^{55}
86 泰顺闽	半晡墘 piæŋ^{34} pou^{22} kie^{22}	日间 niɪʔ^{3} kæŋ^{213}	暝间 mæŋ^{22} kæŋ^{213}
87 洞头闽	暝方边沿 bieŋ^{24} hɯŋ^{33} pin^{21} ian^{21}	日时 dʑiek^{24} ɕi^{21}	暝时 mĩ^{24} ɕi^{21}
88 景宁畲	好晏墘 xau^{55} ɔn^{44} kien^{445}	日间 niʔ^{5} kan^{44}	晏晡头 ɔn^{44} pu^{325} tʰiəu^{22}

方言点	0097 半夜	0098 正月农历	0099 大年初一农历
01 杭州	半夜里 puo^{33} ia^{55} li^{0}	正月 tsəŋ^{33} yɛʔ^{5}	年初一 ȵiɛ^{22} ts^{h}ɥ^{45} iɛʔ^{5}
02 嘉兴	半夜里 pə^{33} iᴀ^{33} li^{21}	正月里 tsəŋ^{33} yeʔ^{5} li^{21}	年初一 ȵie^{21} ts^{h}ou^{33} ieʔ^{5}
03 嘉善	半夜把 pø^{35} ia^{35} po^{0}	正月里 tsən^{55} ȵioʔ^{2} li^{0}	年初一 ȵiɪ^{35} ts^{h}u^{53} ieʔ^{0}
04 平湖	半夜把 pø^{33} ia^{44} po^{0} 半夜 pø^{44} ia^{0}	正月 tsən^{44} ȵyoʔ^{0}	年初一 ȵiɛ^{44} ts^{h}u^{33} iəʔ^{5}
05 海盐	半夜把 pɤ^{55} iɑ^{55} po^{21}	正月 tsən^{55} yɔʔ^{5}	年初一 ȵiɛ^{24} ts^{h}u^{53} iəʔ^{5}
06 海宁	半夜三更 pe^{33} ia^{35} sɛ^{0} kɑ̃^{0}	正月里 tsəŋ^{55} ioʔ^{2} li^{0}	年初一 ȵie^{33} ts^{h}əu^{55} ieʔ^{5}
07 桐乡	半夜把 pᴇ^{33} ia^{33} po^{53}	正月 tsəŋ^{33} iəʔ^{5}	年初一 ȵiᴇ^{21} ts^{h}əu^{44} iəʔ^{0}
08 崇德	半夜把 pᴇ^{33} iɑ^{33} po^{53}	正月 tsəŋ^{33} iəʔ^{4}	年初一 ȵiɪ^{21} ts^{h}u^{44} iəʔ^{4}
09 湖州	半夜里 pɛ^{33} ia^{33} li^{35}	正月里 tsən^{44} ieʔ^{4} li^{44}	年初一 ȵie^{33} ts^{h}əu^{33} ieʔ^{5}
10 德清	半夜里 pøʉ^{44} ia^{44} li^{35}	正月里 tsen^{44} ieʔ^{2} li^{44}	年初一 ȵien^{11} ts^{h}əu^{33} ieʔ^{5}
11 武康	午更头 ŋ^{13} kɑ̃^{44} dø^{31}	正月里 tsen^{44} ieʔ^{4} li^{44}	大年初一 du^{11} ȵiɪ^{33} ts^{h}u^{44} ieʔ^{5}
12 安吉	半夜里 pᴇ^{32} ia^{21} li^{213}	正月里 tsəŋ^{55} ʏəʔ^{5} li^{55}	年初一 ȵi^{22} ts^{h}u^{55} iᴇʔ^{5}
13 孝丰	半夜 pe^{32} ia^{213}	正月里 tsəŋ^{44} ieʔ^{5} li^{44}	大年初一 du^{21} ȵiɪ^{324} ts^{h}u^{44} ieʔ^{5} 年初一 ȵiɪ^{22} ts^{h}u^{44} ieʔ^{5}
14 长兴	半夜里 pɯ^{32} ia^{21} lʅ^{24}	正月里 tsəŋ^{44} iᴇʔ^{5} lʅ^{44}	年初一 ȵi^{12} ts^{h}əu^{12} iᴇʔ^{2}
15 余杭	半夜三更 puõ^{53} ia^{13} sɛ^{55} kɑ̃^{55}	正月里 tsiŋ^{55} ieʔ^{2} li^{33}	正月初一 tsiŋ^{55} ieʔ^{2} ts^{h}u^{55} ieʔ^{5}
16 临安	半夜三更 pœ^{55} ia^{55} sɛ^{53} kɑ̃^{53}	正月里 tseŋ^{55} yɐʔ^{2} li^{33}	年初一 ȵie^{33} ts^{h}u^{55} iɐʔ^{5}
17 昌化	半夜里 pɛ̃^{54} ie^{44} li^{453}	正月 tɕiəŋ^{33} yɛʔ^{5}	年初一 ȵiĩ^{11} ts^{h}u^{33} iɛʔ^{5}
18 於潜	半夜里 pɛ̃^{35} ia^{53} li^{31}	正月 tseŋ^{43} yæʔ^{23}	正月初一 tseŋ^{43} yæʔ^{23} ts^{h}u^{43} ieʔ^{53}
19 萧山	半夜 pə^{53} ia^{42}	正月 tsəŋ^{53} yoʔ^{5}	正月初一 tsəŋ^{33} yoʔ^{5} ts^{h}u^{33} ieʔ^{5}
20 富阳	半夜里 pã^{335} ia^{335} li^{53}	正月里 tsən^{55} yoʔ^{2} li^{224}	正月初一 tsən^{55} yoʔ^{2} ts^{h}ʊ^{55} iɛʔ^{5}
21 新登	半夜 pɛ̃^{45} ia^{21}	正月 tɕiŋ^{53} yəʔ^{2}	年初一 ȵiɛ̃^{233} ts^{h}u^{53} iəʔ^{5}
22 桐庐	半夜三更 pe^{35} iᴀ^{55} sã^{21} kɑ̃^{21}	正月 tsəŋ^{35} yəʔ^{13}	正月初一 tsəŋ^{35} yəʔ^{13} ts^{h}u^{33} iəʔ^{3}

续表

方言点	0097 半夜	0098 正月农历	0099 大年初一农历
23 分水	半夜里 po^{24} iə^{21} li^{0}	正月 tsən^{21} yəʔ^{12}	正月初一 tsən^{21} yəʔ^{12} tsʰu^{44} iəʔ^{5}
24 绍兴	半夜三更 puø̃^{33} ia^{33} sɛ̃^{33} kaŋ^{53}	正月 tsəŋ^{44} ioʔ^{3}	年初一 ȵiẽ^{22} tsʰu^{33} ieʔ^{5}
25 上虞	半夜里 pø̃^{33} ia^{21} li^{0}	正月 tsəŋ^{33} ioʔ^{2}	正月初一 tsəŋ^{33} ioʔ^{2} tɕʰy^{33} iəʔ^{5}
26 嵊州	半夜 pœ̃^{33} ia^{231} 半夜三更 pœ̃^{33} ia^{33} sɛ̃^{33} kaŋ^{334}	正月 tseŋ^{53} yoʔ^{3}	正月初一 tseŋ^{53} yoʔ^{2} tsʰu^{33} ieʔ^{5}
27 新昌	半夜三更 pœ̃^{45} ia^{33} sa^{33} kaŋ^{33}	正月头 tseŋ^{33} ȵyɤʔ^{5} diɯ^{33}	正月初一 tseŋ^{45} ȵyɤʔ^{3} tsʰu^{33} iʔ^{5}
28 诸暨	半夜 pə^{33} iᴀ^{33}	正月 tsɛn^{33} ioʔ^{21}	正月初一 tsɛn^{33} ioʔ^{5} tsʰu^{21} ieʔ^{5}
29 慈溪	半夜里 pø̃^{44} ia^{44} li^{44}	正月里 tsəŋ^{44} yoʔ^{2} li^{0}	正月初一 tsəŋ^{44} yoʔ^{2} tsʰu^{44} iəʔ^{5}
30 余姚	半夜里 pø̃^{44} ia^{13} li^{0}	正月 tsə̃^{44} ioʔ^{2} 正月头门 tsə̃^{44} ioʔ^{2} dø^{13} mə̃^{0}	正月初一 tsə̃^{44} ioʔ^{2} tsʰɥ^{44} iəʔ^{5}
31 宁波	半夜过 pu^{44} ia^{22} kəu^{44}	正月 tɕiŋ^{44} yəʔ^{5}	正月初一 tɕiŋ^{44} yəʔ^{5} tsʰu^{44} iəʔ^{2}
32 镇海	半夜三更 pø^{33} ia^{22} sɛ^{33} kã^{33}	正月里 tɕiŋ^{33} yoʔ^{2} li^{0} 正月头面 tɕiŋ^{33} yoʔ^{2} dei^{24} mi^{22}	正月初一 tɕiŋ^{33} yoʔ^{2} tsʰu^{44} ieʔ^{5}
33 奉化	半夜 pø^{44} ia^{31} 半夜三更 pø^{44} ia^{31} sɛ^{44} kã^{44}	正月头面 tɕiŋ^{44} yoʔ^{2} dæi^{31} mi^{33}	正月初一 tɕiŋ^{44} yoʔ^{2} tsʰɥ^{44} iɪʔ^{5}
34 宁海	半夜 pø^{33} ia^{24} 半夜三更 pø^{33} ia^{24} se^{33} kã^{34}	正月头尾 tɕiŋ^{33} ȵioʔ^{3} diu^{21} mi^{31}	正月初一 tɕiŋ^{33} ȵioʔ^{3} tsʰu^{33} iəʔ^{5}
35 象山	半夜三更 pɤɯ^{44} ia^{13} sɛ^{44} kã^{44}	正月 tɕiŋ^{44} yoʔ^{2}	正月初一 tɕiŋ^{44} yoʔ^{2} tsʰu^{44} ieʔ^{5} 大年初一 da^{31} ȵi^{31} tsʰu^{44} ieʔ^{5}
36 普陀	半夜过 pø^{55} ia^{0} kəu^{0}	正月 tɕiŋ^{33} yoʔ^{5}	正月初一 tɕiŋ^{33} yoʔ^{5} tsʰu^{33} iɛʔ^{5}
37 定海	半夜过 pø^{44} ia^{0} kʌu^{0}	正月里 tɕiŋ^{44} yoʔ^{2} li^{0}	正月初一 tɕiŋ^{33} yoʔ^{3} tsʰu^{33} ieʔ^{5}

续表

方言点	0097 半夜	0098 正月农历	0099 大年初一农历
38 岱山	半夜过 pø^{44} ia^{0} kʌu^{0}	正月 tɕiŋ^{44} yoʔ^{5}	正月初一 tɕiŋ^{52} yoʔ^{2} tsʰu^{0} ieʔ^{0}
39 嵊泗	半夜过 pʏ^{44} ia^{0} kʌu^{0}	正月 tɕiŋ^{33} yoʔ^{5}	正月初一 tɕiŋ^{44} yoʔ^{0} tsʰu^{44} iᴇʔ^{0}
40 临海	下半夜 o^{42} pø^{33} ia^{55}	正月 tɕiŋ^{33} ȵyø^{51} 小	大年初一 da^{22} ȵi^{22} tsʰu^{33} ieʔ^{5}
41 椒江	半夜三更 pø^{33} ia^{22} sɛ^{55} kã^{42}	正月 tɕiŋ^{33} ȵyø^{41} 小	正月初一 tɕiŋ^{33} ȵyeʔ^{2} tsʰəu^{33} ieʔ^{5}
42 黄岩	半夜三更 pø^{33} ia^{22} sɛ^{35} kã^{42}	正月 tɕin^{33} ȵyeʔ^{2}	正月初一 tɕin^{33} ȵyeʔ^{2} tsʰou^{33} ieʔ^{5}
43 温岭	半夜 pø^{55} ia^{13} 半夜三更 pø^{33} ia^{13} sɛ^{55} kã^{31}	正月 tɕin^{33} ȵyø^{41} 小	大年初一 da^{13} ȵie^{13} tsʰu^{33} iʔ^{5}
44 仙居	半夜 ɓø^{55} i^{0}	正月 tɕin^{33} ȵyɑʔ^{23}	正月初一 tɕin^{33} ȵyɑʔ^{23} tsʰu^{33} ieʔ^{5}
45 天台	半夜 pø^{33} i^{35} 半夜三更 pø^{33} i^{35} sa^{33} ka^{33}	正月 tɕiŋ^{33} ȵyəʔ^{2}	正月初一 tɕiŋ^{33} ȵyəʔ^{2} tsʰu^{33} iəʔ^{5}
46 三门	半夜三更 pø^{55} ia^{55} sɛ^{55} kɛ^{334}	正月 tɕiŋ^{334} ȵyəʔ^{2}	正月初一 tɕiŋ^{33} ȵyəʔ^{2} tsʰu^{33} ieʔ^{5}
47 玉环	半夜 pø^{55} ia^{22}	正月 tɕiŋ^{53} ȵyoʔ^{2} “正”调殊	正年初一 tɕiŋ^{33} ȵyoʔ^{2} tsʰəu^{33} iɐʔ^{5}
48 金华	半夜 pɤ^{55} ia^{0}	正月 tɕiŋ^{55} ȵyɤ^{0} 正月头 tɕiŋ^{33} ȵyɤ^{55} diu^{313}	年初一 ȵia^{33} tsʰu^{33} iəʔ^{4}
49 汤溪	半夜三更 mɤ^{33} iɑ^{11} suɑ^{24} ka^{0}	正月 tɕiã^{24} ȵyɤ^{0}	正月初一 tɕiã^{33} ȵyɤ^{11} tsʰu^{33} iei^{55}
50 兰溪	半夜里 pɤ^{45} iɑ^{0} li^{0}	正月 tɕiæ̃^{334} ȵyɤ^{45}	年初一 nia^{21} tsʰu^{334} ieʔ^{34}
51 浦江	半夜 pə̃^{55} iɑ^{55} 半夜三更 pə̃^{33} iɑ^{33} sɑ̃^{55} kɛ̃^{0}	正月 tsiən^{55} ȵyi^{334}	正月初一 tsiən^{55} ȵyi^{334} tsʰu^{55} iə^{423}
52 义乌	半夜 pɯ^{45} ia^{44} 半夜三更 pɯ^{33} ia^{33} sɔ^{33} ka^{45}	正月 tsən^{33} ȵye^{45}	年初一 ȵia^{22} tsʰu^{33} iə^{324}
53 东阳	半夜 pɯ^{33} ia^{53}	正月 tsɐn^{33} ȵiɛ^{35}	年初一 ȵi^{22} tsʰu^{22} iɛ^{35}
54 永康	半夜三更 ɓuo^{33} ia^{31} sa^{33} kai^{55}	正月 tɕiŋ^{33} ȵye^{113}	年初一 ȵia^{33} tsʰu^{33} iə^{334}
55 武义	半夜三更 muo^{55} ia^{53} suo^{32} ka^{53}	正月 tɕin^{55} ȵye^{13}	年初一 ȵie^{32} tsʰu^{55} iəʔ^{5}

续表

方言点	0097 半夜	0098 正月农历	0099 大年初一农历
56 磐安	半夜 pɯ^{55} ia^{0} 半夜三更 pɯ^{33} ia^{55} sɒ^{33} kɛ^{52}	正月 tsɐn^{33} ȵyɛ^{334}	年初一 ȵie^{22} tsʰu^{33} iɛ^{334}
57 缙云	半夜 pɛ^{44} ia^{31}	正月 tsɛŋ^{44} ȵyɛ^{45}	年初一 ȵia^{44} tsʰu^{44} iei^{322}
58 衢州	半夜 pə̃^{53} iɑ^{21}	正月 tʃyən^{32} yəʔ^{5}	大年初一 du^{231} ȵiẽ^{21} tsʰu^{32} iəʔ^{5}
59 衢江	半暝 pɛ^{53} mɛ^{231}	正月 tɕiŋ^{33} ȵyəʔ^{2}	正月初一 tɕiŋ^{33} ȵyəʔ^{2} tsʰou^{33} iəʔ^{5}
60 龙游	半夜三更 pei^{33} iɑ^{21} sã^{33} kɛ^{334}	正月 tsən^{33} ȵyəʔ^{4}	正月初一 tsən^{33} ȵyəʔ^{2} tsʰu^{33} iəʔ^{4}
61 江山	半暝 piɛ̃^{44} maŋ^{51}	正月 tɕĩ^{44} ŋoʔ^{5}	正月初一 tɕĩ^{44} ŋoʔ^{5} tsʰo^{24} iᴇʔ^{5}
62 常山	半暝 pɔ̃^{44} mĩ^{131}	正月 tsĩ^{44} ŋɤʔ^{0}	正月初一 tsĩ^{44} ŋɤʔ^{0} tsʰi^{44} ieʔ^{5}
63 开化	半暝 pɛn^{44} mã^{53}	正月 tɕin^{44} yaʔ^{5}	正月初一 tɕin^{44} yaʔ^{2} tsʰuei^{44} iɛʔ^{5}
64 丽水	半暝 pɛ^{52} mã^{131} 半夜 pɛ^{52} io^{131}	正月 tɕin^{44} ȵyɛʔ^{23}	年初一 ȵiɛ^{22} tsʰu^{44} iʔ^{5}
65 青田	三更半夜 sɑ^{33} kɑ^{33} ɓuɐ^{33} iu^{55}	正月 tɕiŋ^{33} ȵyæʔ^{31}	正月初一 tɕiŋ^{33} ȵyæʔ^{3} tsʰu^{33} iæʔ^{42}
66 云和	半暝 pɛ^{45} mɛ^{223}	正月 tɕiŋ^{24} ȵyɛʔ^{23}	年初一 ȵiɛ^{223} tsʰu^{44} iʔ^{5}
67 松阳	半暝 pæ̃^{24} mã^{13}	正月间 tɕin^{24} ȵyɛʔ^{2} kɔ̃^{53}	正月初一 tɕin^{24} ȵyɛʔ^{2} tsʰɿə^{24} iʔ^{5}
68 宣平	半暝 pə^{55} mɛ^{0}	正月 tɕin^{32} ȵyəʔ^{23}	年初一 ȵiɛ^{44} tsʰu^{44} iəʔ^{5}
69 遂昌	半暝三更 pɛ̃^{33} miaŋ^{22} saŋ^{33} kaŋ^{45}	正月 tɕiŋ^{45} ȵyɛʔ^{0}	正月初一 tɕiŋ^{45} ȵyɛʔ^{2} tɕʰiu^{33} iʔ^{5}
70 龙泉	半暝 pɯə^{45} maŋ^{224}	正月 tɕin^{45} ȵyoʔ^{24}	年初一 ȵiᴇ^{21} tsʰɤɯ^{44} ieiʔ^{5}
71 景宁	半暝 pœ^{35} mɛ^{33}	正月 tɕiŋ^{32} ȵyœʔ^{23}	正月初一 tɕiŋ^{32} ȵyœʔ^{23} tsʰəɯ^{55} iəɯʔ^{5}
72 庆元	半暝 ɓæ̃^{11} mæ̃^{31}	正月 tɕiŋ^{335} ȵyᴇʔ^{34}	正月初一 tɕiŋ^{335} ȵyᴇʔ^{34} tsʰɤ^{33} iəɯʔ^{5}

续表

方言点	0097 半夜	0098 正月农历	0099 大年初一农历
73 泰顺	半夜三更 pε^{22} yɔ^{21} sã^{22} kã^{213}	正月 tɕiŋ^{213} ȵyεʔ^{2}	正月初一 tɕiŋ^{213} ȵyεʔ^{2} tsʰo^{22} iεʔ^{5}
74 温州	半夜三更 pø^{33} i^{23} sa^{33} kiε^{33}	正月 tsəŋ^{45} ȵy^{212}	正月初一 tsəŋ^{33} ȵy^{22} tsʰɤu^{45} iai^{323}
75 永嘉	半夜 pø^{53} zɿ^{22}	正月 tɕieŋ^{45} ȵy^{213}	正月初一 tɕieŋ^{45} ȵy^{21} tsʰo^{45} iai^{423}
76 乐清	半夜三更 pɯ^{33} i^{23} sᴇ^{44} ka^{44}	正月 tɕieŋ^{35} ȵyᴇ^{212}	正月初一 tɕieŋ^{44} ȵyᴇ^{2} tɕʰio^{35} iɤ^{323}
77 瑞安	半夜 pø^{53} i^{22}	正月 tsəŋ^{35} ȵy^{212}	正月初一 tsəŋ^{33} ȵy^{21} tsʰəɯ^{35} ia^{323}
78 平阳	半夜 pɵ^{53} ie^{13}	正月 tʃeŋ^{45} ȵye^{13}	正月初一 tʃeŋ^{33} ȵye^{21} tʃʰu^{45} iᴀ^{13}
79 文成	半夜 pø^{42} i^{21}	正月 tʃeŋ^{42} ȵyø^{21}	正月初一 tʃeŋ^{33} ȵye^{21} tʃʰou^{33} ia^{21}
80 苍南	三更半夜 sa^{33} ka^{44} pø^{42} i^{11} 半夜三更 pø^{42} i^{11} sa^{33} ka^{44} 三更 sa^{33} ka^{44}	正月 tseŋ^{33} ȵyε^{112}	正月初一 tseŋ^{33} ȵyε^{11} tsʰu^{33} iε^{223}
81 建德徽	半夜 pε^{33} iɑ^{55}	正月 tsən^{53} y^{213}	年初一 ȵie^{33} tsʰu^{53} iɐʔ^{5}
82 寿昌徽	半夜 piæ^{33} iɑ^{55}	正月 tsen^{11} ȵyei^{55}	正月初一 tsen^{11} ȵyei^{55} tsʰu^{33} iəʔ^{3}
83 淳安徽	半夜三更 pã^{24} iɑ^{53} sɑ̃^{21} kɑ̃^{55}	正月 tsen^{24} vəʔ^{13}	年初一 iã^{43} tɕʰya^{21} iʔ^{5}
84 遂安徽	半夜里 pəŋ^{52} iε^{43} li^{21}	正月 tɕin^{55} vε^{24}	正月初一 tɕin^{55} vε^{33} tsʰu^{55} i^{24}
85 苍南闽	半暝 pũã^{21} mĩ^{24}	正月 tɕĩã^{33} gə^{24}	正月初一 tɕĩã^{33} gə^{24} tsʰue^{33} ie^{55}
86 泰顺闽	半暝 piæŋ^{34} mæŋ^{22}	正月 tɕiæŋ^{21} ŋuøʔ^{3}	正月初一 tɕiæŋ^{21} ŋuøʔ^{3} tsʰøi^{21} iɪʔ^{5}
87 洞头闽	半暝 pũã^{33} mĩ^{24}	正月 tɕĩã^{21} gə^{241}	正月初一 tɕĩã^{21} gə^{21} tsʰue^{21} iek^{5}
88 景宁畲	半夜 pɔn^{44} ia^{51}	正月 tɕiaŋ^{44} ȵyot^{2}	正月初一 tɕiaŋ^{44} ȵyot^{2} tsʰu^{44} it^{5}

方言点	0100 元宵节	0101 清明	0102 端午
01 杭州	元宵节 yo^{22} ɕiɔ^{33} tɕieʔ^{5}	清明 tɕʰiŋ^{33} miŋ^{45}	端午 tuo^{33} u^{45}
02 嘉兴	元宵节 ȵyə^{21} ɕiɔ^{33} tɕieʔ^{5}	清明节 tɕʰiŋ^{33} miŋ^{33} tɕieʔ^{5}	端午节 tə^{33} ŋ^{21} tɕieʔ^{5}
03 嘉善	正月半 tsən^{53} ȵioʔ^{2} pø^{35}	清明 tɕʰin^{35} min^{53}	端午日 tø^{35} øŋ^{55} ȵieʔ^{2}
04 平湖	正月半 tsən^{44} ȵyoʔ^{0} pø^{0}	清明 tsʰin^{44} min^{0}	端午 tø^{44} ŋ^{0}
05 海盐	元宵节 yɤ^{24} ɕiɔ^{55} tɕiəʔ^{21}	清明 tɕʰin^{55} min^{21}	端午 tɤ^{53} n^{21}
06 海宁	正月半 tsəŋ^{55} ioʔ^{2} pe^{0}	清明日 tɕʰiŋ^{55} miŋ^{33} ȵieʔ^{2}	端午日 tɛ^{55} ŋ^{33} ȵieʔ^{2}
07 桐乡	元宵节 ȵiᴇ^{21} siɔ^{44} tsiəʔ^{0}	清明 tsʰiŋ^{44} miŋ^{44}	端午 tᴇ^{44} ŋ^{44}
08 崇德	元宵节 iɪ^{21} ɕiɔ^{44} tɕiəʔ^{4}	清明 tɕʰiŋ^{44} miŋ^{44}	端午 tᴇ^{44} ŋ^{44}
09 湖州	正月半 tsən^{44} ieʔ^{4} pɛ^{44}	清明 tɕʰin^{44} min^{44}	端午 tɛ^{44} ŋ^{44}
10 德清	正月半 tsen^{44} ieʔ^{2} pøʉ^{44}	清明头 tɕʰin^{44} min^{44} døʉ^{44}	端午日 tøʉ^{44} ŋ^{44} ȵieʔ^{2}
11 武康	正月半 tsen^{44} ieʔ^{4} pø^{44}	清明头 tɕʰin^{44} min^{44} dø^{44}	端午日 tø^{44} ŋ^{44} ȵieʔ^{4}
12 安吉	元宵节 i^{22} ɕiɔ^{22} tɕiᴇʔ^{5}	清明 tɕʰiŋ^{55} miŋ^{55}	端午 tᴇ^{55} ŋ^{55}
13 孝丰	元宵节 iɪ^{22} ɕiɔ^{22} tɕieʔ^{5}	清明 tɕʰiŋ^{44} miŋ^{44}	端午 te^{44} ŋ^{44}
14 长兴	正月所⁼五 tsəŋ^{44} ȵiᴇʔ^{5} su^{45} ŋ^{21}	清明 tʃʰiŋ^{44} miŋ^{44}	端午 tɯ^{44} ŋ^{44}
15 余杭	正月月半 tsiŋ^{55} ieʔ^{2} ieʔ^{2} puõ^{35}	清明头 tsʰiŋ^{55} miŋ^{33} døʏ^{33}	端午 tɛ^{55} ŋ^{33}
16 临安	正月半 tseŋ^{55} yɐʔ^{2} pœ^{35}	清明节 tɕʰieŋ^{55} mieŋ^{31} tɕiɐʔ^{5}	端午节 tə^{55} ŋ^{31} tɕiɐʔ^{5}
17 昌化	元宵节 yĩ^{11} ɕiɔ^{33} tɕiɛʔ^{5} 正月十五 tɕiəŋ^{33} yɛʔ^{5} ʑiɛʔ^{2} ŋ^{243}	清明 tɕʰiəŋ^{33} miəŋ^{45}	端午 tɛ̃^{33} ŋ^{453}
18 於潜	元宵节 yɛ^{22} ɕiəu^{433} tɕieʔ^{53}	清明 tɕʰiŋ^{43} miŋ^{223}	端午 tɛ^{43} u^{53}
19 萧山	正月半 tsəŋ^{53} yoʔ^{5} pə^{42}	清明 tɕʰiŋ^{33} miŋ^{33}	端午 toŋ^{33} ŋ^{33}
20 富阳	正月半 tsən^{55} yoʔ^{2} pã^{335}	清明 tɕʰin^{55} min^{55}	端午 tɛ̃^{55} ŋ^{31}
21 新登	正月半 tɕiŋ^{53} yəʔ^{2} pɛ̃^{45}	清明 tɕʰiŋ^{53} meiŋ^{233}	端午 tɛ̃^{53} ŋ^{334}
22 桐庐	正月十五 tsəŋ^{35} yəʔ^{13} zəʔ^{21} ŋ^{13}	清明 tɕʰiŋ^{35} miŋ^{13}	端午 te^{35} ŋ^{13}
23 分水	正月十五 tsən^{21} yəʔ^{12} zəʔ^{12} u^{44}	清明 tɕʰin^{44} min^{21}	端午 tuə̃^{44} u^{55}
24 绍兴	元宵 yø̃^{22} ɕiɔ^{53}	清明 tɕʰiŋ^{33} miŋ^{231}	[端午] toŋ^{334}
25 上虞	元宵节 yø̃^{21} ɕiɔ^{33} tɕiəʔ^{5} 正月月半 tsəŋ^{33} ioʔ^{2} ȵioʔ^{2} pø̃^{53}	清明 tɕʰiŋ^{33} miŋ^{213}	端午 toŋ^{33} oŋ^{213}

续表

方言点	0100 元宵节	0101 清明	0102 端午
26 嵊州	元宵节 yœ̃^{22} ɕiɔ^{33} tɕieʔ^{5}	清明 tɕʰiŋ^{53} miŋ^{231}	端午 toŋ^{53} ŋ^{231}
27 新昌	元宵 yœ̃^{13} ɕiɔ^{534}	清明 tɕʰiŋ^{45} miŋ^{33}	端午 toŋ^{53} ŋ^{232}
28 诸暨	元宵节 iə^{21} ɕiɔ^{33} tɕieʔ^{3}	清明 tɕʰin^{21} min^{242}	端午 tə^{21} ŋ^{242}
29 慈溪	正月日半 tsəŋ^{44} yoʔ^{2} ȵiəʔ^{2} pø̃^{44}	清明 tɕʰiŋ^{33} miŋ^{13}	端午 tuŋ^{33} uŋ^{13}
30 余姚	正月半 tsə̃^{44} ioʔ^{2} pø̃^{44}	清明 tɕʰiə̃^{44} mə̃^{13}	端午 tuŋ^{44} ŋ^{13}
31 宁波	正月半 tɕiŋ^{44} yəʔ^{5} pu^{44}	清明 tɕʰiŋ^{44} miŋ^{0}	端午 toŋ^{44} ŋ^{13}
32 镇海	元宵 ȵyø^{22} ɕio^{53} 元宵节 ȵyø^{22} ɕio^{33} tɕieʔ^{5}	清明 tɕʰiŋ^{33} miŋ^{31}	端午 tø^{33} ŋ^{31}
33 奉化	正月十五 tɕiŋ^{44} yoʔ^{2} zoʔ^{2} ŋ^{31}	清明 tɕʰiŋ^{44} miŋ^{31}	端午 toŋ^{44} ŋ^{31}
34 宁海	十四夜 ʑyəʔ^{3} sɿ^{35} ia^{24}	清明 tɕʰiŋ^{33} miŋ^{31}	端午 tø^{33} ŋ^{31}
35 象山	十四夜 zoʔ^{2} sɿ^{44} ia^{13}	清明日 tɕʰiŋ^{44} miŋ^{13} ȵieʔ^{2}	端午日 toŋ^{44} ŋ^{31} ȵieʔ^{2}
36 普陀	元宵节 ȵy^{33} ɕiɔ^{55} tɕiɛʔ^{0}	清明 tɕʰiŋ^{33} miŋ^{53}	端午 toŋ^{33} ŋ^{53}
37 定海	正月十五 tɕiŋ^{33} yoʔ^{4} zoʔ^{2} ŋ^{45}	清明 tɕʰiŋ^{33} miŋ^{52}	端午 toŋ^{33} ŋ^{45}
38 岱山	正月十五 tɕiŋ^{44} yoʔ^{2} zoʔ^{2} ŋ^{45}	清明 tɕʰiŋ^{33} miŋ^{52}	端午 toŋ^{52} ŋ^{0}
39 嵊泗	正月十五 tɕiŋ^{53} yoʔ^{2} zoʔ^{2} ŋ^{45}	清明 tɕʰiŋ^{33} miŋ^{53}	端午 toŋ^{53} ŋ^{0}
40 临海	十四夜 ʑieʔ^{2} sɿ^{33} ia^{55}	清明 tɕʰiŋ^{33} min^{51}	端午 tø^{33} ŋ^{51}
41 椒江	正月半 tɕiŋ^{33} ȵyeʔ^{2} pø^{55} 正月半夜 tɕiŋ^{33} ȵyeʔ^{2} pø^{33} ia^{44}	清明 tɕʰiŋ^{33} miŋ^{41}	端午 tø^{33} ŋ^{51} 小
42 黄岩	正月半 tɕin^{33} ȵyeʔ^{2} pø^{55}	清明 tɕʰin^{35} min^{41}	端午 tø^{33} ŋ^{51} 小
43 温岭	正月半 tɕin^{33} ȵyʔ^{2} pø^{55}	清明 tɕʰin^{35} min^{41}	端午 tø^{42} ŋ^{51} 小,“端”调殊
44 仙居	元宵节 ȵyø^{33} ɕiɐɯ^{33} tɕiaʔ^{5}	清明 tɕʰin^{53} min^{0}	端午 ɗø^{33} ŋ^{324}
45 天台	十四夜 ʑiəʔ^{2} sɿ^{55} i^{35}	清明日 tɕʰiŋ^{33} miŋ^{22} ȵiəʔ^{2}	端午 tuø^{33} ŋ^{214}
46 三门	正月十四 tɕiŋ^{334} ȵyəʔ^{2} ʑieʔ^{2} sɿ^{55}	清明 tɕʰiŋ^{33} miŋ^{31}	端午 tø^{33} ŋ^{252}
47 玉环	正月半 tɕiŋ^{33} ȵyoʔ^{2} pø^{55}	清明 tɕʰiŋ^{33} miŋ^{41}	端午 tø^{33} ŋ^{53} 小
48 金华	元宵 yɛ̃^{31} siɑo^{55}	清明 tɕʰiŋ^{33} miŋ^{55}	端午 tɤ^{33} ŋ^{535}
49 汤溪	十五 ʑiɛ^{11} ŋ^{113}	清明 tsʰɛ̃i^{24} mɛ̃i^{0}	端午 nɤ^{33} ŋ^{113}

续表

方言点	0100 元宵节	0101 清明	0102 端午
50 兰溪	元宵 yɤ^{21} siɔ^{45}	清明 tɕʰin^{334} min^{45}	端午 tɤ^{334} n^{55}
51 浦江	元宵 yẽ^{24} sɯ^{334} 元宵节 yẽ^{24} sɯ^{55} tsia^{423}	清明 tsʰiən^{55} miən^{334}	端午 tə̃^{33} n^{243}
52 义乌	元宵 ȵye^{22} sɯɤ^{45}	清明 tsʰən^{33} mən^{45}	端午 tɯɤ^{33} n^{312}
53 东阳	正月半 tsɐn^{33} ȵiɛ^{23} pɯ^{33}	清明 tsʰɐn^{33} mɐn^{53}	端午 tɯ^{33} n^{35}
54 永康	元宵 ȵye^{33} ɕiɑu^{55}	清明日 tɕʰiŋ^{33} miŋ^{22} ȵiə^{113} 清明 tɕʰiŋ^{33} miŋ^{22}	端午 ɗɤ^{33} ŋ^{113}
55 武义	月半 ȵye^{53} muo^{53}	清明 tɕʰin^{32} min^{53}	端午 nɤ^{55} n^{13}
56 磐安	正月半 tsɐn^{33} ȵyɛ^{14} pɯ^{52} 月半夜 ȵyɛ^{55} pɯ^{33} ia^{52}	清明 tsʰɐn^{33} mɐn^{52}	端午 tɯ^{33} n^{334}
57 缙云	正月半 tsɛŋ^{44} ȵyɛ^{44} pɛ^{453} 月半 ȵyɛ^{51} pɛ^{453}	清明 tsʰɛŋ^{44} mɛŋ^{453}	端午 təɤ^{44} ŋɤ^{31}
58 衢州	元宵 yə̃^{21} ɕiɔ^{32}	清明 tɕʰin^{32} min^{53}	端午 tə̃^{32} ŋ^{53}
59 衢江	元宵节 iɛ^{22} ɕiɔ^{33} tɕiəʔ^{5}	清明 tɕʰiŋ^{25} miŋ^{31}	端午 tɛ^{33} ŋuɤ^{212}
60 龙游	元宵 ye^{33} ɕiɔ^{334}	清明 tɕʰin^{35} min^{21}	端午 tei^{33} n^{224}
61 江山	元宵节 yɛ̃^{22} ɕiɐɯ^{24} tɕiᴇʔ^{5}	清明 tɕʰɪ̃^{24} mɪ̃^{51}	端午 tɒŋ^{44} ŋuə^{22}
62 常山	元宵 ȵyɔ̃^{22} ɕiɤ^{44}	清明 tsʰɪ̃^{52} mɪ̃^{0}	端午 tɔ̃^{44} ŋuə^{52}
63 开化	正月十五 tɕin^{44} yaʔ^{2} ʑyaʔ^{2} ŋuo^{213} 元宵节 yɛ̃^{21} ɕiəɯ^{44} tɕiaʔ^{5}	清明 tɕʰin^{53} min^{0}	端午 tɔŋ^{44} ŋuo^{213}
64 丽水	正月十五 tɕin^{44} ȵyɛʔ^{23} ʑyɛʔ^{2} ŋ^{544} 老 元宵节 ȵyɛ^{22} ɕiə^{44} tɕiɛʔ^{5} 新	清明 tɕʰin^{224} min^{52}	端午 tuɛ^{44} ŋ^{544}
65 青田	正月十五 tɕiŋ^{33} ȵyæʔ^{3} zaʔ^{3} ŋø^{454}	清明 tɕʰiŋ^{55} meŋ^{53}	重五 dʑio^{22} ŋø^{454}
66 云和	正月十五 tɕiŋ^{24} ȵyɛʔ^{23} ʑyeiʔ^{23} ŋ^{41}	清明 tɕʰiŋ^{44} miŋ^{312}	端午 tuɛ^{44} ŋ^{41}
67 松阳	元宵节 ȵyɛ̃^{33} ɕiɔ^{24} tɕiɛʔ^{5}	清明 tɕʰin^{33} min^{31}	端午 tæ̃^{24} ŋuə^{22}
68 宣平	正月半 tɕin^{44} ȵyəʔ^{2} pə^{52}	清明 tɕʰin^{44} min^{433}	端午 tə^{44} n^{223}

续表

方言点	0100 元宵节	0101 清明	0102 端午
69 遂昌	正月十五 tɕiŋ^{45} ȵyɛʔ^{2} ʑyɛʔ^{2} ŋuə^{13} 元宵节 yɛ̃^{22} ɕiɐɯ^{33} tɕieʔ^{5}	清明 tɕʰiŋ^{55} miŋ^{213}	端午 tɛ̃^{55} ŋuə^{13}
70 龙泉	正月十五 tɕin^{45} ȵyoʔ^{3} zaiʔ^{3} ŋou^{51}	清明 tɕʰin^{45} min^{21}	端午 taŋ^{45} ŋou^{51}
71 景宁	正月十五 tɕiŋ^{32} ȵyœʔ^{23} zəɯʔ^{23} ŋ^{33}	清明 tɕʰiŋ^{33} miŋ^{41}	端午 tœ^{55} ŋ^{33}
72 庆元	元宵节 ȵyɛ̃^{52} ɕiɒ^{335} tɕiɑʔ^{5}	清明 tɕʰiŋ^{33} miŋ^{52}	端午 ɗæ̃^{11} ŋuɤ^{221}
73 泰顺	元宵 ȵyɛ^{21} ɕiɑɔ^{213}	清明 tɕʰiŋ^{22} miŋ^{53}	重五 tɕiɔ̃^{21} ŋø^{55}
74 温州	正月十五 tsəŋ^{33} ȵy^{22} zai^{2} ŋ^{14}	清明日 tsʰəŋ^{33} məŋ^{24} ne^{212}	重五日 dʑyɔ^{32} ŋ^{24} ne^{212}
75 永嘉	正月十五 tɕieŋ^{33} ȵy^{21} zai^{21} ŋ^{13} 正月半 tɕieŋ^{53} ȵy^{21} pø^{53}	清明 tɕʰieŋ^{33} meŋ^{21}	重五 dʑyɔ^{31} ŋ^{13}
76 乐清	正月十五 tɕieŋ^{44} ȵyᴇ^{2} za^{2} ŋ^{24}	清明日 tɕʰieŋ^{33} meŋ^{24} ne^{212}	重五日 dʑyɯʌ^{22} ŋ^{24} ne^{212}
77 瑞安	元宵节 ȵy^{22} ɕiɔ^{35} tɕi^{323}	清明日 tsʰəŋ^{33} məŋ^{13} ne^{212}	重五日 dʑyo^{22} ŋ^{13} ne^{212}
78 平阳	正月十五 tʃeŋ^{33} ȵye^{13} zᴀ^{21} ŋ^{13}	清明 tʃʰeŋ^{33} meŋ^{35}	重五 dʒuo^{33} ŋ^{35}
79 文成	元宵 ȵie^{21} ʃuo^{33}	清明 tʃʰeŋ^{33} meŋ^{33}	重五 dʑyo^{33} ŋou^{33}
80 苍南	元宵节 ȵyɛ^{11} ɕyɔ^{44} tɕiɛ^{223}	清明 tsʰeŋ^{33} meŋ^{21}	重五 dʑyɔ^{31} ŋu^{53}
81 建德徽	元宵 ȵye^{33} ɕiɔ^{53}	清明 tɕʰin^{53} min^{55}	端午 tɛ^{53} n^{213}
82 寿昌徽	元宵 yei^{11} ɕiɤ^{112}	清明 tɕʰien^{11} mien^{55}	端午 tiæ^{11} n^{55}
83 淳安徽	正月半 tsen^{24} vəʔ^{21} pã^{24} 元宵节 vã^{43} ɕiɤ^{24} tɕiəʔ^{5}	清明 tɕʰin^{24} min^{21}	端午 tã^{24} u^{21}
84 遂安徽	正月十五 tɕin^{55} vɛ^{33} ɕiɛ^{24} n^{43}	清明 tɕʰin^{55} min^{213}	端午 təŋ^{55} n^{24}
85 苍南闽	正月十五 tɕĩã^{33} gə^{24} tsɐ^{21} gɔ^{21}	清明 tɕʰĩ^{33} mĩã^{24}	五月节 gɔ^{21} gə^{21} tsue^{43}
86 泰顺闽	元宵 ŋuo^{21} ɕiɐu^{213}	清明 tsʰieŋ^{22} mieŋ^{22}	五月四 n^{21} ŋuøʔ^{3} ɕi^{53}
87 洞头闽	元宵节 guan^{21} ɕieu^{33} tɕiek^{5}	清明 tɕʰĩ^{33} mĩã^{24}	五月节 gɔ^{21} gə^{21} tsue^{53}
88 景宁畲	正月十五 tɕiaŋ^{44} ȵyɔʔ^{2} ɕit^{2} ŋ^{325}	清明 tɕʰiŋ^{44} miŋ^{22}	五月节 ŋ^{325} ȵyɔt^{2} tsat^{5}

方言点	0103 七月十五农历，节日名	0104 中秋	0105 冬至
01 杭州	七月半 tɕʰiɛʔ^{5} yɛʔ^{5} puo^{45}	八月半 paʔ^{5} yɛʔ^{5} puo^{45}	冬至 toŋ^{33} tsɿ^{45}
02 嘉兴	七月半 tɕʰieʔ^{5} yeʔ^{5} pə^{42}	中秋节 tsoŋ^{33} tɕʰiu^{33} tɕieʔ^{5}	冬至 toŋ^{42} tsɿ^{21}
03 嘉善	七月半 tɕʰieʔ^{3} ȵiøʔ^{4} pø^{55}	八月半 puoʔ^{5} ȵiøʔ^{5} pø^{0}	冬至 toŋ^{35} tsɿ^{53}
04 平湖	七月半 tsʰiəʔ^{23} ȵyoʔ^{5} pø^{0}	八月半 paʔ^{3} ȵyoʔ^{5} pø^{0} 中秋 tsoŋ^{44} tsʰiəɯ^{0}	冬至 toŋ^{44} tsɿ^{0}
05 海盐	七月半 tɕʰiəʔ^{23} yɔʔ^{5} pɤ^{53}	八月半 paʔ^{5} yɔʔ^{5} pɤ^{53} 中秋节 tsoŋ^{55} tɕʰio^{55} tɕiəʔ^{21}	冬至 toŋ^{53} tsɿ^{21}
06 海宁	七月半 tɕʰieʔ^{5} ioʔ^{2} pe^{55}	八月半 poʔ^{5} ioʔ^{2} pe^{55}	冬至日 toŋ^{55} tsɿ^{55} ȵieʔ^{2}
07 桐乡	七月半 tsʰiəʔ^{3} iəʔ^{5} pᴇ^{53}	八月半 pɔʔ^{3} iəʔ^{5} pᴇ^{53}	冬至 toŋ^{44} tsɿ^{44}
08 崇德	七月半 tɕʰiəʔ^{3} iəʔ^{3} pᴇ^{33}	八月半 pɔʔ^{3} iəʔ^{4} pᴇ^{44}	冬至 toŋ^{44} tsɿ^{44}
09 湖州	七月半 tɕʰieʔ^{2} ie^{5} pɛ^{53}	八月半 puoʔ^{2} ieʔ^{5} pɛ^{53}	冬至 toŋ^{44} tsɿ^{44}
10 德清	七月半 tɕʰieʔ^{5} ieʔ^{5} pøʉ^{0}	中秋 tsoŋ^{44} tɕʰiʉ^{44}	冬至日 toŋ^{44} tsɿ^{53} ȵieʔ^{2}
11 武康	七月半 tɕʰieʔ^{4} ieʔ^{5} pø^{0}	八月半 puoʔ^{4} ieʔ^{5} pø^{0}	冬至日 toŋ^{44} tsɿ^{44} ȵieʔ^{4}
12 安吉	七月半 tɕʰiᴇʔ^{5} ʏəʔ^{2} pᴇ^{213}	八月半 pɐʔ^{5} ʏəʔ^{2} pᴇ^{23}	冬至 toŋ^{55} tsɿ^{55}
13 孝丰	七月半 tɕʰieʔ^{5} ieʔ^{5} pe^{44}	八月半 puoʔ^{5} yəʔ^{5} pe^{44}	冬至 toŋ^{44} tsɿ^{44}
14 长兴	七月半 tʃʰiᴇʔ^{3} ȵiᴇʔ^{5} pɯ^{44}	八月半 poʔ^{3} ȵiᴇʔ^{5} pɯ^{44}	冬至 toŋ^{44} tsɿ^{44}
15 余杭	七月半 tsʰieʔ^{5} ieʔ^{2} puõ^{35}	中秋 tsoŋ^{55} tsʰøʏ^{55}	冬至 toŋ^{55} tsɿ^{55}
16 临安	七月半 tɕʰieʔyɐʔ^{2} pœ^{55}	八月半 pɐʔ^{5} yɐʔ^{2} pœ^{55}	冬至 toŋ^{53} tsɿ^{35}
17 昌化	七月半 tɕʰiɛʔ^{5} yɛʔ^{5} pɛ̃^{544} 七月十五 tɕʰiɛʔ^{5} yəʔ^{5} ʑiɛʔ^{2} ŋ^{243}	八月半 paʔ^{5} yɛʔ^{5} pɛ̃^{544} 中秋 tsəŋ^{33} tɕʰi^{45}	冬至 təŋ^{33} tsɿ^{45}
18 於潜	七月半 tɕʰieʔ^{53} yæʔ^{31} pɛ̃^{35}	八月半 pɐʔ^{53} yæʔ^{31} pɛ̃^{35}	冬至 toŋ^{43} tsɿ^{454}
19 萧山	七月半 tɕʰieʔ^{5} yoʔ^{5} pə^{42}	八月半 paʔ^{5} yoʔ^{5} pə^{42}	冬节 toŋ^{33} tɕieʔ^{5}
20 富阳	七月半 tɕʰiɛʔ^{5} yoʔ^{2} pã^{335}	八月半 poʔ^{5} yoʔ^{2} pã^{335}	冬节 toŋ^{55} tɕiɛʔ^{5}
21 新登	七月半 tɕʰiəʔ^{5} yəʔ^{2} pɛ̃^{45}	八月半 paʔ^{5} yəʔ^{2} pɛ̃^{45}	冬至 toŋ^{53} tsɿ^{334}
22 桐庐	七月十五 tɕʰiəʔ^{5} yəʔ^{5} zəʔ^{13} ŋ^{13}	八月半 paʔ^{5} yəʔ^{5} pe^{35}	冬至 toŋ^{35} tsɿ^{13}
23 分水	七月半 tɕʰiəʔ^{5} yəʔ^{5} po^{24}	八月半 paʔ^{5} yəʔ^{5} po^{24}	冬至 toŋ^{44} tsɿ^{0}
24 绍兴	七月半 tɕʰieʔ^{3} ioʔ^{3} puø̃^{33}	八月半 pɛʔ^{3} ioʔ^{3} puø̃^{33}	冬至 toŋ^{33} tsɿ^{53}
25 上虞	七月半 tɕʰiəʔ^{5} ioʔ^{2} pø̃^{53}	中秋 tsoŋ^{33} tɕʰiɤ^{33} 八月半 pɛʔ^{2} ioʔ^{2} pø̃^{53}	冬至 toŋ^{33} tsɿ^{35}

续表

方言点	0103 七月十五农历，节日名	0104 中秋	0105 冬至
26 嵊州	七月半 tɕʰieʔ^{5} ȵyoʔ^{2} pœ̃^{334}	八月半 pɛʔ^{5} ȵyoʔ^{2} pœ̃^{334}	冬至 toŋ^{53} tsɿ^{334}
27 新昌	七月半 tɕʰiʔ^{5} ȵyɤʔ^{3} pœ̃^{335}	八月半 pɛʔ^{5} ȵyɤʔ^{3} pœ̃^{335}	冬至 toŋ^{53} tsɿ^{335}
28 诸暨	七月半 tɕʰieʔ^{5} ioʔ^{5} pə^{33}	八月半 paʔ^{5} ioʔ^{5} pə^{33} 老 中秋 tsom^{21} tɕʰiʉ^{33} 新	冬夜 tom^{21} iᴀ^{33}
29 慈溪	七月半 tɕʰiəʔ^{5} yoʔ^{2} pø̃^{44}	八月半 poʔ^{5} yoʔ^{2} pø̃^{44} 八月上$^{=}$五 poʔ^{5} yoʔ^{2} zɔ̃^{11} ŋ^{13}	冬至 tuŋ^{35} tsɿ^{0}
30 余姚	七月半 tɕʰiəʔ^{5} ioʔ^{2} pø̃^{0}	八月半 poʔ^{5} ioʔ^{2} pø̃^{0}	冬至将里 tuŋ^{44} tsɿ^{0} tɕiaŋ^{53} li^{0}
31 宁波	七月半 tɕʰiəʔ^{5} yəʔ^{2} pu^{44}	八月十六 paʔ^{5} yəʔ^{2} zoʔ^{2} loʔ^{2}	冬至 toŋ^{44} tsɿ^{44}
32 镇海	七月半 tɕʰieʔ^{2} yoʔ^{2} pø^{53}	中秋 tsoŋ^{33} tɕʰiu^{53} 八月十六 paʔ^{5} yoʔ^{2} zoʔ^{2} loʔ^{2}	冬至 toŋ^{33} tsɿ^{53}
33 奉化	七月半 tɕʰiɪʔ^{5} yoʔ^{2} pø^{44}	八月十六 paʔ^{5} yoʔ^{2} zoʔ^{2} loʔ^{2}	冬至 toŋ^{44} tsɿ^{44}
34 宁海	七月半 tsʰaʔ^{5} ȵiɔʔ^{3} pø^{35}	八月十六 paʔ^{3} ȵiɔʔ^{3} ʑyəʔ^{3} loʔ^{3}	冬至 toŋ^{33} tsɿ^{35}
35 象山	七月半 tɕʰieʔ^{5} yoʔ^{2} pɤɯ^{53}	八月十六 paʔ^{5} yoʔ^{2} zoʔ^{2} loʔ^{2}	冬至日 toŋ^{44} tsɿ^{44} ȵieʔ^{2}
36 普陀	七月半 tɕʰiɛʔ^{5} yoʔ^{2} pø^{55}	中秋 tsoŋ^{33} tɕʰieu^{53}	冬至 toŋ^{53} tsɿ^{0}
37 定海	七月半 tɕʰieʔ^{5} yoʔ^{2} pø^{44}	八月十六 pɐʔ^{5} yoʔ^{2} zoʔ^{0} loʔ^{0}	冬至 toŋ^{33} tsɿ^{45}
38 岱山	七月半 tɕʰieʔ^{5} yoʔ^{2} pø^{44}	八月十六 pɐʔ^{3} yoʔ^{2} zoʔ^{3} loʔ^{3}	冬至 toŋ^{52} tsɿ^{0}
39 嵊泗	七月半 tɕʰiᴇʔ^{3} yoʔ^{5} pʏ^{44}	八月十六 pɐʔ^{3} yoʔ^{5} zoʔ^{5} loʔ^{5}	冬至 toŋ^{44} tsɿ^{0}
40 临海	七月半 tɕʰieʔ^{3} ȵyeʔ^{2} pø^{55}	八月十六 pɛʔ^{3} ȵyeʔ^{2} ʑieʔ^{2} loʔ^{23}	冬至 toŋ^{33} tsɿ^{55}
41 椒江	七月半 tɕʰieʔ^{3} ȵyeʔ^{2} pø^{55}	八月十六 pɛʔ^{3} ȵyeʔ^{2} ʑieʔ^{2} loʔ^{2}	冬至 toŋ^{33} tsɿ^{55}
42 黄岩	七月半 tɕʰieʔ^{3} ȵyeʔ^{2} pø^{55}	八月十六 pəʔ^{3} ȵyeʔ^{2} ʑieʔ^{2} loʔ^{2}	冬至 toŋ^{33} tsɿ^{55}
43 温岭	七月半 tɕʰiʔ^{3} ȵyʔ^{2} pø^{55}	八月十六 pəʔ^{3} ȵyʔ^{2} ʑiʔ^{2} loʔ^{2}	冬至 tuŋ^{35} tsɿ^{55}
44 仙居	七月半 tsʰəʔ^{3} ȵyɑʔ^{23} ɓø^{55}	八月十六 ɓɑʔ^{3} ȵyɑʔ^{23} zəʔ^{23} luəʔ^{23}	冬至 ɗoŋ^{55} tsɿ^{55}
45 天台	七月半 tɕʰiəʔ^{5} ȵyəʔ^{2} pø^{55}	八月十六 peʔ^{5} ȵyəʔ^{2} ʑiəʔ^{2} luʔ^{2}	冬至 tuŋ^{33} tsɿ^{55}
46 三门	七月半 tsʰɐʔ^{5} ȵyəʔ^{2} pø^{55}	八月十六 paʔ^{5} ȵyəʔ^{5} ʑieʔ^{2} loʔ^{23}	冬至 toŋ^{55} tsɿ^{55}

续表

方言点	0103 七月十五农历，节日名	0104 中秋	0105 冬至
47 玉环	七月半 tɕʰiɐʔ^{3} ȵyoʔ^{2} pø^{55}	八月十六 pɐʔ^{3} ȵyoʔ^{2} ʑiɐʔ^{2} loʔ^{2}	冬至 toŋ^{33} tsɿ^{55}
48 金华	七月半 tɕʰiəʔ^{4} ȵyɤ^{53} pɤ^{55}	八月半 pɤa^{55} ȵyɤ^{53} pɤ^{55}	冬夜 toŋ^{33} ia^{55} 老 冬至 toŋ^{33} tsɿ^{55} 新
49 汤溪	七月半 tsʰei^{52} ȵyɤ^{11} mɤ^{52}	中秋 tɕiɑo^{24} tsʰəɯ^{0}	冬至 nɑo^{24} tsɿ^{0}
50 兰溪	七月半 tɕʰieʔ^{34} ȵyɤ^{45} pɤ^{45}	中秋 tɕioŋ^{334} tsʰɤ^{45}	冬至 toŋ^{334} tsɿ^{55}
51 浦江	七月半 tsʰə^{55} ȵyi^{0} pə̃^{0}	中秋 tɕyon^{55} tsʰiɤ^{334}	冬夜 tən^{55} iɑ^{334}
52 义乌	七月半 tsʰəʔ^{3} ȵye^{33} pɯ^{45}	中秋 tsoŋ^{33} tsʰɐɯ^{45}	冬至 noŋ^{33} tsi^{45}
53 东阳	七月半 tɕʰiɛʔ^{34} ȵiɛʔ^{23} pɯ^{53}	八月半 po^{44} ȵiɛ^{44} pɯ^{53}	冬至 təm^{33} tsi^{53}
54 永康	七月半 tsʰə^{33} ȵye^{33} ɓuo^{52}	八月十五 ɓuɑ^{33} ȵye^{113} sə^{33} ŋ^{113}	冬至日 noŋ^{33} tɕi^{52} ȵiə^{113} 冬至 noŋ^{33} tɕi^{52}
55 武义	七月半 tsʰəʔ^{5} ȵye^{55} muo^{53}	八月半 puɑ^{55} ȵye^{55} muo^{53}	冬至 noŋ^{31} tɕi^{53}
56 磐安	七月半 tɕʰiɛ^{33} ȵyɛ^{14} pɯ^{52}	八月半 pə^{33} ȵyɛ^{14} pɯ^{52}	冬至 nɔom^{33} tɕi^{52}
57 缙云	七月半 tsʰəɤ^{44} ȵyɛ^{44} pɛ^{453}	八月半 pɑ^{44} ȵyɛ^{44} pɛ^{453}	冬节 nɔ̃u^{44} tɕia^{322}
58 衢州	七月半 tɕʰiəʔ^{5} yəʔ^{2} pə̃^{53}	中秋 tʃyoŋ^{32} tɕʰiu^{53} 八月半 paʔ^{5} yəʔ^{2} pə̃^{53}	冬至 toŋ^{32} tsɿ^{53}
59 衢江	七月半 tɕʰiəʔ^{5} ȵyəʔ^{2} pɛ^{53}	中秋 tɕyoŋ^{33} tɕʰy^{33}	冬至 təŋ^{25} tɕy^{31}
60 龙游	七月半 tɕʰiəʔ^{4} ȵyəʔ^{2} pei^{51}	八月半 pɔʔ^{4} ȵyəʔ^{2} pei^{51}	冬至 toŋ^{35} tsɿ^{21}
61 江山	七月半 tsʰəʔ^{5} ŋoʔ^{2} piɛ̃^{51}	八月中秋 paʔ^{5} ŋoʔ^{2} toŋ^{44} tsʰɯ^{44}	冬至 taŋ^{24} tɕiɵ^{51}
62 常山	七月半 tsʰʌʔ^{5} ŋɤʔ^{34} pɔ̃^{324}	中秋 toŋ^{44} tɕʰiu^{44}	冬 tã^{44} 冬至 tã^{52} tsi^{0}
63 开化	七月半 tɕʰiɛʔ^{5} yaʔ^{2} pɛn^{412}	中秋 tɤŋ^{44} tɕʰiʊ^{44}	冬至 tɤŋ^{53} tsuei^{0}
64 丽水	七月半 tsʰeʔ^{4} ȵyɛʔ^{2} pɛ^{52}	八月半 puɔʔ^{4} ȵyɛʔ^{2} pɛ^{52} 八月十五 puɔʔ^{4} ȵyɛʔ^{2} ʑyɛʔ^{2} ŋ^{544}	冬节 təŋ^{44} tɕiɛʔ^{5}
65 青田	七月半 tsʰaʔ^{4} ȵyɐʔ^{3} ɓuɐ^{33}	八月十五 ɓaʔ^{4} ȵyæʔ^{3} zaʔ^{3} ŋø^{454}	冬节 ɗoŋ^{33} tɕiæʔ^{42}
66 云和	七月半 tsʰeiʔ^{4} ȵyɛʔ^{23} pɛ^{45}	八月半 pɔʔ^{4} ȵyɛʔ^{23} pɛ^{45}	冬至 toŋ^{24} tsɿ^{45}

续表

方言点	0103 七月十五农历，节日名	0104 中秋	0105 冬至
67 松阳	七月半 tɕʰiʔ^{3} ȵyɛʔ^{2} pæ̃^{24}	八月半 pɔʔ^{3} ȵyɛʔ^{2} pæ̃^{24}	冬至 təŋ^{33} tsɿ^{24}
68 宣平	七月半 tsʰəʔ^{4} ȵyəʔ^{2} pə^{52}	八月半 pɑʔ^{4} ȵyəʔ^{2} pə^{52}	过冬 ko^{44} tən^{324}
69 遂昌	鬼节 kuei^{53} tɕiɛʔ^{5} 老 七月半 tɕʰiʔ^{5} ȵyɛʔ^{2} pɛ̃^{334} 新	八月半 paʔ^{5} ȵyɛʔ^{2} pɛ̃^{334}	冬至 təŋ^{55} tsɿ^{334}
70 龙泉	七月半 tɕʰieiʔ^{3} ȵyoʔ^{3} pɯə^{45}	八月半 poʔ^{3} ȵyoʔ^{3} pɯə^{45}	冬至 təŋ^{44} tsɿ^{45}
71 景宁	七月半 tsʰəɯʔ^{5} ȵyœʔ^{23} pœ^{35}	八月十五 pɔʔ^{5} ȵyœʔ^{23} zəɯʔ^{23} ŋ^{33}	冬节 təŋ^{55} tɕiaʔ^{5}
72 庆元	七月半 tɕʰiəɯʔ^{5} ȵyᴇʔ^{34} ɓæ̃^{11}	中秋 tɕioŋ^{33} tɕʰiɯ^{335}	冬至 ɗoŋ^{33} tsɿ^{11}
73 泰顺	七月半 tsʰəiʔ^{2} ȵyɛʔ^{2} pɛ^{35}	中秋 toŋ^{22} tɕʰiəu^{213}	冬节 toŋ^{22} tɕiɔʔ^{5}
74 温州	七月半 tsʰai^{42} ȵy^{2} pø^{51}	八月十五 po^{33} ȵy^{22} zai^{31} ŋ^{14}	冬节日 toŋ^{33} tɕi^{45} ne^{212}
75 永嘉	七月半 tsʰai^{43} ȵy^{21} pø^{53}	八月十五 po^{43} ȵy^{21} zai^{21} ŋ^{13}	冬节 toŋ^{45} tɕi^{423}
76 乐清	七月半 tɕʰiɤ^{3} ȵyᴇ^{2} pɯ^{41}	八月十五 pɯʌ^{3} ȵyᴇ^{2} za^{31} ŋ^{24}	冬节 toŋ^{35} tɕiᴇ^{323}
77 瑞安	七月半 tsʰa^{3} ȵy^{21} pø^{53}	八月十五 pu^{3} ȵy^{21} za^{2} ŋ^{13}	冬节日 toŋ^{33} tɕi^{3} ne^{212}
78 平阳	七月半 tʃʰᴀ^{33} ȵye^{45} pɵ^{53}	中秋节 tʃoŋ^{33} tʃʰɛu^{45} tɕie^{13}	冬节 toŋ^{33} tɕie^{13}
79 文成	七月半 tʃʰa^{33} ȵyø^{33} pø^{33}	八月十五 po^{21} ȵyø^{21} za^{21} ŋou^{33}	冬节 toŋ^{33} tɕie^{13}
80 苍南	七月半 tsʰɛ^{3} ȵyɛ^{11} pø^{42}	八月十五 puɔ^{3} ȵyɛ^{11} zɛ^{11} ŋu^{53}	冬节 toŋ^{44} tɕiɛ^{223}
81 建德徽	七月半 tɕʰiɐʔ^{3} y^{55} pɛ^{33}	中秋 tsoŋ^{53} tɕʰiɤɯ^{55}	冬夜 toŋ^{53} iɑ^{55} 旧 冬至 toŋ^{53} tsɿ^{55} 今
82 寿昌徽	七月半 tɕʰiəʔ^{3} ȵyei^{33} piæ^{33}	中秋 tɕioŋ^{11} tɕʰiəɯ^{112}	冬至 toŋ^{11} tsɿ^{33}
83 淳安徽	七月半 tɕʰiʔ^{5} vəʔ^{21} pã^{21}	中秋 tson^{21} tɕʰiɯ^{55} 八月半 pəʔ^{5} vəʔ^{21} pã^{21}	冬至 ton^{24} tsɿ^{21}
84 遂安徽	七月半 tɕʰiɛ^{21} vɛ^{24} pəŋ^{43}	中秋 tsəŋ^{55} tɕʰiu^{213}	冬至 təŋ^{52} tsɿ^{43}
85 苍南闽	七月半 tɕʰie^{24} gə^{21} puã^{21}	八月十五 pue^{33} gə^{24} tsɐ^{21} gɔ^{21}	冬节 tan^{33} tsue^{43}
86 泰顺闽	七月半 tɕʰiɪʔ^{5} ŋuøʔ^{3} piæŋ^{53}	中秋 təŋ^{22} tɕiøu^{213}	冬节 təŋ^{21} tsɛʔ^{5}
87 洞头闽	七月半 tɕʰiek^{5} gə^{21} puã^{21}	八月十五 pue^{53} gə^{21} tsɐt^{21} gɔ^{21}	冬节 taŋ^{212} tsue^{53}
88 景宁畲	（无）	八月十五 paʔ^{5} ȵyɔʔ^{2} ɕit^{2} ŋ^{325}	冬节 toŋ^{44} tsat^{5}

方言点	0106 腊月农历十二月	0107 除夕农历	0108 历书
01 杭州	农历十二月 noŋ^{22} liɛʔ^{5} zaʔ^{2} əl^{45} yɛʔ^{5}	年三十 ȵiɛ^{22} sɛ^{33} zaʔ^{5}	年历簿 ȵiɛ^{22} liɛʔ^{2} bu^{45}
02 嘉兴	腊月 lᴀʔ^{3} yeʔ^{5}	年三十 ȵie^{21} sᴇ^{33} zəʔ^{5}	历本 lieʔ^{5} pəŋ^{21}
03 嘉善	十二月里 zɜʔ^{2} ȵi^{13} ȵiøʔ^{5} li^{0}	年三十 ȵiɪ^{35} sɛ^{53} sɜʔ^{5}	日历 zɜʔ^{2} lieʔ^{3}
04 平湖	寒里 ø^{24} li^{0}	大年夜 du^{44} ȵiɛ^{24} ia^{0}	历本 liəʔ^{23} pən^{334}
05 海盐	寒里 ɤ^{24} li^{53} 十二月里 zəʔ^{21} ȵi^{213} yəʔ^{5} li^{21}	年三十 ȵiɛ^{21} sɛ^{55} səʔ^{21}	历本 liəʔ^{23} pən^{213}
06 海宁	十二月里 zəʔ^{2} ȵi^{33} ioʔ^{2} li^{0}	年三十 ȵie^{33} sɛ^{55} səʔ^{5} 年夜里 ȵie^{33} ia^{55} li^{0}	历本 lieʔ^{2} pəŋ^{0}
07 桐乡	十二月里 zəʔ^{23} ȵi^{21} iəʔ^{5} li^{0}	年夜狗= ȵiᴇ^{21} ia^{33} kɤɯ^{53}	历本 liəʔ^{23} pəŋ^{53}
08 崇德	十二月 zəʔ^{23} ȵi^{21} iəʔ^{23}	年夜里 ȵiɪ^{21} iɑ^{55} li^{0}	历本 liəʔ^{23} pəŋ^{53}
09 湖州	十二月里 zəʔ^{2} n^{31} ȵieʔ^{2} li^{13}	年三十 ȵie^{33} sɛ^{33} səʔ^{5}	日历本 zəʔ^{2} lieʔ^{5} pən^{53}
10 德清	腊月 laʔ^{2} ieʔ^{5}	年夜个 ȵie^{11} ia^{11} kəʔ^{5}	年历本 ȵie^{11} lieʔ^{2} pen^{35}
11 武康	十二月里 zɜʔ^{2} ȵi^{33} ioʔ^{2} li^{33}	年三十 ȵiɪ^{11} sɛ^{31} zɜʔ^{2}	阳历本 iɑ̃^{11} lieʔ^{2} pen^{35}
12 安吉	十二月 zəʔ^{2} ȵi^{22} ʏəʔ^{23}	年三十 ȵi^{22} sᴇ^{55} zəʔ^{23}	历本 liᴇʔ^{2} pəŋ^{52}
13 孝丰	十二月 zəʔ^{2} ȵi^{22} ieʔ^{23}	年三十 ȵiɪ^{22} sɛ^{44} zəʔ^{5}	皇历 uɔ̃^{22} lieʔ^{23} 历本 lieʔ^{2} pəŋ^{52}
14 长兴	十二月里 zəʔ^{2} n^{24} ȵiᴇʔ^{5} lʅ^{21}	大年夜狗= dəu^{21} ȵi^{21} aʔ^{2} kei^{24}	历书 liᴇʔ^{2} sʅ^{44}
15 余杭	十二月 zəʔ^{2} ȵi^{13} ieʔ^{2}	过年 ku^{35} ȵiẽ^{33}	阳历簿子 iɑ̃^{33} lieʔ^{2} bu^{33} tsʅ^{35}
16 临安	十二月里 zɐʔ^{2} ȵi^{33} yœʔ^{2} li^{33}	年三十夜 ȵie^{33} sɛ^{55} zɐʔ^{2} ia^{55}	历书 liɐʔ^{2} sɥ^{35}
17 昌化	腊月 laʔ^{2} yɛʔ^{23} 十二月 ɕiɛʔ^{5} əl^{24} yɛʔ^{5}	年三十 ȵiɪ̃^{11} sɔ̃^{33} ʑiɛʔ^{23}	皇历 uɔ̃^{11} liɛʔ^{23}
18 於潜	十二月里 zæʔ^{2} ɚ^{24} yæʔ^{53} li^{454}	过年 ku^{35} ȵie^{223} 年三十 ȵie^{223} sɛ^{43} ziæʔ^{23}	皇历 uaŋ^{22} liæʔ^{23} 历本 liæʔ^{2} peŋ^{53}
19 萧山	腊月 laʔ^{21} yoʔ^{13}	年三十夜 ȵie^{13} sɛ^{33} zə^{13} ia^{42}	历书 lieʔ^{21} sʅ^{33}
20 富阳	十二月 ʑiɛʔ^{2} ȵi^{31} yoʔ^{2}	年三夜 ȵiɛ̃^{13} sã^{55} ia^{55} “十”省略	日历 ȵiɛʔ^{2} liɛʔ^{2}
21 新登	十二月 zəʔ^{2} ȵi^{21} yəʔ^{2}	三十夜 sɛ^{53} zəʔ^{2} ia^{13}	历本 liəʔ^{2} peiŋ^{45}
22 桐庐	腊月 laʔ^{21} yəʔ^{13}	年三十夜 nie^{21} sã^{35} zəʔ^{13} iᴀ^{24}	皇历 uã^{21} liəʔ^{13}
23 分水	十二月 zəʔ^{12} ɵ^{24} yəʔ^{12}	三十夜 sã^{44} zəʔ^{12} iə^{21}	历本 liəʔ^{12} pən^{44}

续表

方言点	0106 腊月农历十二月	0107 除夕农历	0108 历书
24 绍兴	十二月 zeʔ^{2} ȵi^{24} ioʔ^{3}	三十日夜 sɛ̃^{33} seʔ^{5} ȵieʔ^{3} ia^{31}	皇历 uɑŋ^{22} lieʔ^{3} 历日 lieʔ^{2} zeʔ^{3}
25 上虞	十二月 zəʔ^{2} ȵi^{21} ioʔ^{2}	三十日夜 sɛ̃^{33} zəʔ^{2} ȵiəʔ^{2} ia^{31}	台历 de^{21} liəʔ^{2}
26 嵊州	十二月 zəʔ^{2} ȵi^{44} ȵyoʔ^{3}	三十日夜 sɛ̃^{53} səʔ^{3} nəʔ^{3} ia^{334}	皇历 uɔŋ^{22} lieʔ^{3}
27 新昌	十二月 zeʔ^{2} ȵi^{22} ȵyɤʔ^{2}	三十夜 sɛ̃^{45} zeʔ^{3} ia^{335}	台历 de^{22} liʔ^{2}
28 诸暨	腊月 laʔ^{21} ioʔ^{5}	年三十夜 nie^{21} sɛ^{33} zəʔ^{33} iᴀ^{33}	皇历 vɑ̃^{21} lieʔ^{5}
29 慈溪	十二月里 zəʔ^{2} ȵi^{13} yoʔ^{2} li^{44}	过年 kəu^{44} ȵiẽ^{13} 送年晚⁼头儿 suŋ^{44} ȵiẽ^{13} mɛ̃^{11} dəŋ^{13}	皇历 uɔ̃^{11} liəʔ^{2}
30 余姚	十二月里 zəʔ^{2} ȵi^{0} ioʔ^{2} li^{0}	三十日夜 sɑ̃^{44} zəʔ^{2} ȵi^{0} ia^{13} 廿九夜 ȵiẽ^{13} tɕiø^{0} ia^{13}	日历本 ȵiəʔ^{2} liəʔ^{2} pə̃^{0}
31 宁波	十二月里 zoʔ^{2} ȵi^{13} yəʔ^{2} li^{0}	三十年夜 sɛ^{44} zoʔ^{2} ȵi^{22} ia^{44}	皇历 uɔ^{13} liəʔ^{2}
32 镇海	腊月 laʔ^{2} yoʔ^{2}	三十年夜 sɛ^{33} zoʔ^{2} ȵi^{22} ia^{22}	皇历 uɔ̃^{22} lieʔ^{2}
33 奉化	九冬十二月 tɕiʏ^{44} toŋ^{44} zoʔ^{2} ȵi^{33} yoʔ^{2}	三十年夜 sɛ^{44} zoʔ^{2} ȵi^{33} ia^{33}	皇历 uɔ̃^{33} liɪʔ^{2}
34 宁海	十二月 ʑyəʔ^{3} ȵi^{24} ȵiəʔ^{3} 十二忙月 ʑyəʔ^{3} ȵi^{24} mɔ̃^{22} ȵiəʔ^{3}	三十年夜 se^{33} ʑyəʔ^{3} ȵie^{21} ia^{24}	皇历 uɔ̃^{22} liəʔ^{3}
35 象山	十二忙月 zoʔ^{2} ȵi^{31} mɔ̃^{31} yoʔ^{2} 十二月 zoʔ^{2} ȵi^{31} yoʔ^{2}	三十夜 sɛ^{44} zoʔ^{2} ia^{13}	皇历 uɔ̃^{31} lieʔ^{2}
36 普陀	农历十二月 noŋ^{33} liɛʔ^{5} zɐʔ^{2} ȵi^{13} yoʔ^{0}	年三十 ȵi^{24} sɛ^{33} zɐʔ^{5}	皇历 uɔ̃^{33} liɛʔ^{5}
37 定海	阴历十二月 iŋ^{33} lieʔ^{2} zoʔ^{2} ȵi^{44} yoʔ^{0}	三十年夜 sɛ^{33} zoʔ^{0} ȵi^{33} ia^{45}	皇历 uõ^{33} lieʔ^{5}
38 岱山	十二月里 zoʔ^{2} ȵi^{45} yoʔ^{0} lɐʔ^{0} “里”促化	三十年夜 sɛ^{52} zoʔ^{2} ȵi^{0} ia^{0}	皇历 uõ^{33} lieʔ^{5}
39 嵊泗	十二月 zoʔ^{2} ȵi^{44} yoʔ^{0}	三十夜到 sɛ^{33} zoʔ^{2} ia^{11} tɔ^{45}	皇历 uõ^{33} liᴇʔ^{5}
40 临海	十二忙月 ʑieʔ^{2} n^{22} mɔ̃^{22} ȵyeʔ^{23}	三十夜 sɛ^{33} ʑieʔ^{2} ia^{324}	皇历 ɔ̃^{22} lieʔ^{23}
41 椒江	十二忙月 ʑieʔ^{2} n^{22} mɔ̃^{22} ȵyeʔ^{2}	三十夜 sɛ^{33} ʑieʔ^{2} ia^{24}	皇历 uɔ̃^{22} lieʔ^{2} 日历牌 nieʔ^{2} lieʔ^{2} ba^{24} 小
42 黄岩	十二月 ʑieʔ^{2} n^{13} ȵyeʔ^{2}	除夜 dzʮ^{13} ia^{44} 三十夜 sɛ^{33} ʑieʔ^{2} ia^{24}	皇历 uɔ̃^{13} lieʔ^{2}
43 温岭	十二月 ʑiʔ^{2} n^{22} ȵyʔ^{2} 腊月 ləʔ^{2} ȵyʔ^{2}	三十夜黄昏 sɛ^{33} ʑiʔ^{2} ia^{13} uɔ̃^{24} kʰuən^{31} “昏”声殊	日历书 niʔ^{2} liʔ^{2} ɕy^{15} 小 礼日书 li^{42} ȵiʔ^{2} ɕy^{15} 小 皇历 uɔ̃^{13} liʔ^{2}

续表

方言点	0106 腊月农历十二月	0107 除夕农历	0108 历书
44 仙居	十二月 zəʔ^{23} ŋ^{24} ȵyɑʔ^{0}	三十日夜 sa^{33} zəʔ^{23} ȵiəʔ^{23} i^{24}	老皇历 lɐɯ^{31} uɑ̃^{33} liəʔ^{23} 历书 liəʔ^{23} ɕy^{334}
45 天台	腊月 laʔ^{2} ȵyəʔ^{2}	三十夜末头 se^{33} ʑiəʔ^{2} i^{33} meʔ^{2} deu^{224}	历书 liəʔ^{2} ɕy^{51}
46 三门	十二月 ʑieʔ^{2} ȵi^{24} ȵyəʔ^{2} 腊月 laʔ^{2} ȵyəʔ^{23}	三十日 sɛ^{33} ʑieʔ^{2} ȵieʔ^{23}	皇历 uɔ^{11} lieʔ^{23}
47 玉环	十二忙月 ʑiɐʔ^{2} n^{22} mɔ̃^{22} ȵyoʔ^{2}	三十夜晚头 sɛ^{33} ʑiɐʔ^{2} ia^{22} mɛ^{42} diɤ^{24} 小	皇历头 ɔ̃^{22} liɐʔ^{2} diɤ^{24} 小
48 金华	十两月 ɕiəʔ^{3} liɑŋ^{55} ȵyɤ^{14}	三十夜 sɑ^{33} ɕiəʔ^{3} ia^{14}	历书 liəʔ^{21} ɕy^{55}
49 汤溪	十二月 ʑiɛ^{341} ŋ^{0} ȵyɤ^{0}	三十夜 suɑ^{33} ʑiɛ^{11} iɑ^{52}	挂历 kuɑ^{33} lei^{24}
50 兰溪	十二月 ʑiəʔ^{12} n^{24} ȵyɤ^{0}	三十夜 suɑ^{334} ʑiəʔ^{12} iɑ^{24}	挂历 kuɑ^{334} lieʔ^{12}
51 浦江	十二月 zɑ^{11} n^{33} ȵyi^{55}	三十夜 sɑ̃^{33} zə^{33} iɑ^{55}	官历 kuɑ̃^{33} lɛ^{334}
52 义乌	十二月 za^{24} n^{33} ȵye^{31}	三十夜 sɔ^{33} səʔ^{3} ia^{45}	皇历 n^{22} lai^{312}
53 东阳	十二月 zɐʔ^{22} n^{55} ȵiɛ^{53}	三十夜 sɔ^{33} zɐʔ^{4} ia^{53}	皇历 ɔ^{22} lei^{35}
54 永康	十二月 sə^{33} ŋ^{52} ȵye^{0}	三十日 sa^{33} zə^{113} ȵiə^{113}	皇历 uɑŋ^{33} ləi^{113}
55 武义	[十二]月 ʑin^{231} ȵye^{0}	三十日夜 suo^{55} zəʔ^{5} nə^{0} ia^{231}	挂历 kuo^{55} lə^{213}
56 磐安	十二月 zɛ^{14} n^{55} ȵyɛ^{0}	三十夜 sɒ^{33} zɛ^{14} ia^{52} 三十日夜 sɒ^{33} sɛ^{52} nɛi^{14} ia^{52}	皇历 ɒ^{22} lɛi^{213}
57 缙云	十二月 zəɤ^{51} ȵi^{213} ȵyɛ^{45}	三十日 sɑ^{44} zəɤ^{51} ȵiei^{13}	皇历 ɔ^{44} lei^{45}
58 衢州	十二月 ʒyəʔ^{2} ȵi^{231} yəʔ^{12}	三十夜 sɑ̃^{32} ʃyəʔ^{5} iɑ^{231}	官历 kuə̃^{35} liəʔ^{12}
59 衢江	腊月 laʔ^{2} ȵyəʔ^{2}	三十暝 sã^{33} ʑiaʔ^{2} mɛ^{231}	历书 liəʔ^{2} ɕyø^{33}
60 龙游	十二忙月 zəʔ^{23} ȵi^{51} mã^{51} ȵyəʔ^{23}	三十夜 sã^{33} zəʔ^{23} iɑ^{51}	皇历 uã^{33} liəʔ^{23}
61 江山	十二月 ʑiɞʔ^{2} ȵi^{22} ŋoʔ^{2}	三十暝 saŋ^{44} ʑiɞʔ^{2} maŋ^{31}	通书 tʰoŋ^{44} ɕiə^{44}
62 常山	腊月 laʔ^{34} ŋɤ^{0}	三十暝 sã^{44} zɛʔ^{3} mĩ^{131} 廿九暝 ȵiɛ̃^{22} tɕiu^{44} mĩ^{131}	观历 kuɔ̃^{44} lieʔ^{34} 老 历书 lieʔ^{3} ɕie^{44} 新
63 开化	十二月 ʑyaʔ^{2} ȵi^{21} yaʔ^{13}	三十暝 sã^{44} ʑyaʔ^{2} mã^{213}	历书 liɛʔ^{2} ɕiɛ^{44}
64 丽水	十二月 ʑyɛʔ^{21} ŋ^{21} ȵyɛʔ^{23}	三十暝 sã^{44} ʑyɛʔ^{21} mã^{131}	皇历 ɔŋ^{21} liʔ^{23}
65 青田	农历十二月 noŋ^{22} liæʔ^{3} zaʔ^{3} n^{22} ȵyæʔ^{31}	过年 ku^{33} ȵiɑ^{53} 三十日夜 sɑ^{33} zaʔ^{3} nɛʔ^{3} io^{55}	皇历 o^{22} liæʔ^{31}

续表

方言点	0106 腊月农历十二月	0107 除夕农历	0108 历书
66 云和	十二月 ʑyeiʔ^{23} ȵi^{223} ȵyɛʔ^{23}	三十日暝 sã^{44} ʑyeiʔ^{23} naʔ^{23} mɛ^{223}	通书 tʰoŋ^{44} sʮ^{24}
67 松阳	腊月 lɔʔ^{2} ȵyɛʔ^{2}	三十暝 sɔ̃^{24} ʑyɛʔ^{2} mã^{13}	历书 liʔ^{2} ɕyɛ^{53}
68 宣平	十二月 zəʔ^{23} ȵi^{55} ȵyəʔ^{0}	三十日暝 sɑ̃^{44} zəʔ^{2} nəʔ^{42} mɛ^{231}	皇历 ɔ̃^{44} liəʔ^{23}
69 遂昌	十二月 ʑyɛʔ^{23} ȵi^{21} ȵyɛʔ^{23}	三十暝 saŋ^{33} ʑyɛʔ^{2} miaŋ^{213}	皇历 ɔŋ^{21} liʔ^{23}
70 龙泉	年暝 ȵiᴇ^{44} maŋ^{224}	三十日暝 saŋ^{44} zaiʔ^{3} nᴇʔ^{3} maŋ^{224}	皇历 ɔŋ^{45} lieiʔ^{24}
71 景宁	十二月 zəɯʔ^{23} ȵi^{55} ȵyœʔ^{23}	三十日暝 sɔ^{33} zəɯʔ^{23} nɛʔ^{23} mɛ^{45}	皇历 ɔŋ^{55} liʔ^{23} 通书 tʰəŋ^{33} ɕy^{324}
72 庆元	农历十二月 noŋ^{52} liʔ^{34} sɤʔ^{34} ȵĩ^{31} ȵyᴇʔ^{34}	三十日暝 sɑ̃^{33} sɤʔ^{34} nɤʔ^{34} mæ̃^{55}小	历书 liʔ^{34} ɕyᴇ^{335}
73 泰顺	十二月 səiʔ^{2} ȵi^{22} ȵyɛʔ^{2}	廿九暝 ȵiã^{21} tɕiəu^{55} mã^{22}老 三十日暝 sã^{213} səiʔ^{2} nɛʔ^{2} mã^{22}新	通书 tʰoŋ^{22} ɕy^{213}
74 温州	十二月 zai^{2} ŋ^{24} ȵy^{212}	三十日 sa^{33} ai^{2} ȵiai^{212}	皇历 uɔ^{24} lei^{212}
75 永嘉	十二月 zai^{21} ŋ^{22} ȵy^{21}	廿九闲昏 ȵiɛ^{22} tɕiau^{45} a^{22} ɕy^{44}	皇历 ɔ^{13} lei^{213}
76 乐清	十二月 za^{2} ŋ^{24} ȵyᴇ^{212}	三十日 sᴇ^{33} a^{24} ȵiɤ^{212}	皇历 ɔ^{24} li^{212}
77 瑞安	十二月 za^{2} ŋ^{13} ȵy^{212}	三十日 sɔ^{33} a^{0} ȵia^{212}	皇历 o^{13} lei^{212}
78 平阳	腊月 lᴀ^{45} ȵye^{13}	十二月三十日 zᴀ^{33} ŋ^{33} ȵye^{33} sɔ^{33} ᴀ^{45} ȵiᴀ^{21}	历书 li^{21} sʉ^{45}
79 文成	十二月 za^{13} n^{35} ȵyø^{13}	三十日 sɔ^{33} za^{21} ne^{13}	皇历 o^{35} lei^{13}
80 苍南	十二月 zɛ^{11} ŋ^{11} ȵyɛ^{112}	廿九闲昏 ȵia^{11} tɕiau^{53} a^{11} hyɛ^{44}	皇历 o^{11} li^{112}
81 建德徽	[十二]月 sən^{33} ȵy^{53}	三十夜 sɛ^{53} sɐʔ^{12} iɑ^{55}	历本 liɐʔ^{12} pən^{213}
82 寿昌徽	十二忙月 səʔ^{3} n^{33} mɑ̃^{33} ȵyei^{55}	三十夜□ suə^{33} səʔ^{3} iɑ^{33} u^{55}	通书 tʰɔŋ^{33} ɕy^{112}
83 淳安徽	十二月 səʔ^{13} əl^{53} vəʔ^{21}	年三十 iã^{43} sɑ̃^{24} səʔ^{21}	官历 kuɑ̃^{24} li^{53}
84 遂安徽	十二月 ɕiɛ^{24} əɯ^{43} vɛ^{21}	三十夜 sɑ̃^{55} ɕiɛ^{24} iɛ^{52}	日历书 i^{211} iɛ^{24} ɕy^{52}
85 苍南闽	十二月 tsɐ^{21} dʑi^{21} gə^{24}	过年暗央 kə^{33} nĩ^{33} ɑŋ^{24} ɯŋ^{55}	日历 dʑie^{21} lie^{24}
86 泰顺闽	年暝崁 nie^{22} mæŋ^{21} kie^{22}	廿九暝 nei^{21} kau^{344} mæŋ^{22}	通书 tʰəŋ^{22} ɕy^{344}
87 洞头闽	十二月 tsɐt^{21} dʑie^{21} gə^{24}	二九暝方$^{=}$ dʑie^{21} kau^{33} mĩ^{24} hɯŋ^{33}	日历 dʑiek^{21} liek^{24}
88 景宁畲	(无)	三十日 sɔ^{44} ɕit^{2} ȵit^{5}	历书 liʔ^{2} ɕy^{44}

方言点	0109 阴历	0110 阳历	0111 星期天
01 杭州	阴历 iŋ^{33} lieʔ^{5} 农历 noŋ^{22} liɛʔ^{5}	阳历 iaŋ^{22} liɛʔ^{5} 公历 koŋ^{33} liɛʔ^{5}	礼拜天 li^{55} pɛ^{33} tʰiɛ^{0}
02 嘉兴	阴历 iŋ^{33} lieʔ^{5}	阳历 iᴀ̃^{21} lieʔ^{5}	礼拜天 li^{21} pᴀ^{21} tʰie^{42}
03 嘉善	阴历 in^{44} lieʔ^{2}	阳历 iæ̃^{13} lieʔ^{2}	礼拜日 li^{22} pa^{35} ȵieʔ^{5}
04 平湖	阴历 in^{44} liəʔ^{0}	阳历 iã^{24} liəʔ^{0}	礼拜日 li^{21} pɑ^{44} ȵiəʔ^{5}
05 海盐	阴历 in^{55} liəʔ^{5}	阳历 iɛ̃^{24} liəʔ^{21}	礼拜日 li^{53} pɑ^{21} ȵiəʔ^{5}
06 海宁	阴历 iŋ^{55} lieʔ^{2}	阳历 iã^{33} lieʔ^{2}	礼拜日 li^{13} pa^{33} ȵieʔ^{2}
07 桐乡	阴历 iŋ^{44} liəʔ^{0}	阳历 iã^{13} liəʔ^{0}	礼拜日 li^{24} pa^{0} ȵiəʔ^{0}
08 崇德	阴历 iŋ^{44} liəʔ^{4}	阳历 iã^{21} liəʔ^{4}	礼拜日 li^{55} pa^{0} ȵiəʔ^{0}
09 湖州	阴历 in^{44} lieʔ^{4}	阳历 iã^{33} lieʔ^{3}	礼拜日脚 li^{53} pa^{31} ȵieʔ^{2} tɕiaʔ^{5}
10 德清	阴历 in^{44} lieʔ^{4}	阳历 iã^{11} lieʔ^{2}	礼拜日 li^{35} pa^{53} ȵieʔ^{2}
11 武康	阴历 in^{44} lieʔ^{4}	阳历 iã^{11} lieʔ^{2}	礼拜日 li^{44} pa^{44} ȵiɪʔ^{2}
12 安吉	阴历 iŋ^{55} liᴇʔ^{5}	阳历 iã^{22} liᴇʔ^{2}	礼拜日 li^{52} pa^{0} ȵiᴇʔ^{2}
13 孝丰	阴历 iŋ^{44} lieʔ^{5}	阳历 iã^{22} lieʔ^{2}	礼拜日 li^{45} pa^{21} ȵieʔ^{2}
14 长兴	阴历 iŋ^{44} liᴇʔ^{5}	阳历 iã^{12} liᴇʔ^{2}	礼拜日 lɿ^{45} pa^{55} ȵiᴇʔ^{2}
15 余杭	阴历 iŋ^{55} lieʔ^{2}	阳历 iɑ̃^{33} lieʔ^{2}	礼拜日 li^{55} pa^{55} ȵieʔ^{2}
16 临安	阴历 ieŋ^{55} liɐʔ^{2}	阳历 iɐ^{33} liɐʔ^{2}	星期日 ɕieŋ^{55} dʑi^{33} ȵiɐʔ^{2}
17 昌化	农历 nəŋ^{11} liɛʔ^{23}	阳历 iã^{11} liɛʔ^{23}	礼拜日 li^{23} pa^{55} ȵiɛʔ^{23}
18 於潜	阴历 iŋ^{43} liæʔ^{23}	阳历 iaŋ^{22} liæʔ^{23}	礼拜天 li^{53} pa^{35} tʰie^{31}
19 萧山	阴历 iŋ^{33} lieʔ^{5}	阳历 iã^{33} lieʔ^{5}	礼拜日 li^{21} pa^{35} ȵieʔ^{21}
20 富阳	阴历 in^{55} liɛʔ^{2}	阳历 iɑ̃^{13} liɛʔ^{2}	星期日 ɕin^{55} dʑi^{55} ȵiɛʔ^{2}
21 新登	阴历 iŋ^{53} liəʔ^{2}	阳历 iɑ̃^{233} liəʔ^{2}	礼拜日 li^{334} pa^{45} ȵiəʔ^{5}
22 桐庐	阴历 iŋ^{35} liəʔ^{13}	阳历 iã^{21} liəʔ^{13}	星期日 ɕiŋ^{35} dʑi^{21} niəʔ^{13}
23 分水	阴历 in^{44} liəʔ^{12}	阳历 iã^{21} liəʔ^{12}	礼拜天 li^{44} pɛ^{21} tʰiɛ̃^{22}
24 绍兴	阴历 iŋ^{33} lieʔ^{3}	阳历 iaŋ^{22} lieʔ^{2}	礼拜日 li^{24} pa^{33} ȵieʔ^{3}
25 上虞	阴历 iŋ^{33} liəʔ^{2}	阳历 iã^{21} liəʔ^{2}	礼拜日 li^{21} pa^{33} ȵiəʔ^{2}
26 嵊州	阴历 iŋ^{53} lieʔ^{3}	阳历 iaŋ^{22} lieʔ^{3}	礼拜日 li^{24} pa^{33} nəʔ^{3}

续表

方言点	0109 阴历	0110 阳历	0111 星期天
27 新昌	阴历 iŋ^{53} liɛʔ^{2}	阳历 iaŋ^{22} liɛʔ^{2}	礼拜日 li^{22} pa^{45} neʔ^{3}
28 诸暨	阴历 in^{21} lieʔ^{5}	阳历 iã^{21} lieʔ^{5}	星期日 ɕin^{33} dʒʅ^{33} nieʔ^{21}
29 慈溪	阴历 iŋ^{33} liəʔ^{2}	阳历 iã^{11} liəʔ^{2}	礼拜日 li^{11} pa^{35} ȵiəʔ^{2}
30 余姚	阴历 iə̃^{44} liəʔ^{2}	阳历 iaŋ^{13} liəʔ^{2}	礼拜日 li^{13} pa^{44} ȵiəʔ^{2}
31 宁波	阴历 iŋ^{44} liəʔ^{2}	阳历 ia^{13} liəʔ^{2}	礼拜日 li^{13} pa^{44} ȵiəʔ^{2}
32 镇海	农历 noŋ^{22} lieʔ^{2}	阳历 iã^{22} lieʔ^{2}	礼拜日 li^{22} pa^{33} ȵieʔ^{2}
33 奉化	阴历 iŋ^{44} liɪʔ^{2} 农历 noŋ^{33} liɪʔ^{2}	阳历 iã^{33} liɪʔ^{2} 公历 koŋ^{44} liɪʔ^{2}	礼拜日 li^{33} pa^{44} ȵiɪʔ^{2}
34 宁海	阴历 iŋ^{33} liəʔ^{3}	阳历 iã^{22} liəʔ^{3}	礼拜日 li^{31} pa^{35} ȵiəʔ^{3} 星期日 ɕiŋ^{33} ts^{h}ɿ^{33} ȵiəʔ^{3}
35 象山	农历 loŋ^{31} lieʔ^{2}	公历 koŋ^{44} lieʔ^{2}	礼拜日 li^{31} pa^{53} ȵieʔ^{2}
36 普陀	农历 noŋ^{33} liɛʔ^{5}	公历 koŋ^{33} liɛʔ^{5}	礼拜日 li^{23} pa^{0} ȵiɛʔ^{0}
37 定海	阴历 iŋ^{33} lieʔ^{5}	阳历 iã^{33} lieʔ^{5}	礼拜日 li^{23} pa^{0} ȵieʔ^{0}
38 岱山	阴历 iŋ^{33} lieʔ^{5}	阳历 iã^{33} lieʔ^{5}	礼拜日 li^{23} pa^{44} ȵieʔ^{5}
39 嵊泗	阴历 iŋ^{33} liᴇʔ^{5} 农历 noŋ^{33} liᴇʔ^{5}	阳历 iã^{33} liᴇʔ^{5}	礼拜日 li^{34} pa^{44} ȵiᴇʔ^{5}
40 临海	古历 ku^{42} lieʔ^{23} 农历 noŋ^{22} lieʔ^{23} 阴历 iŋ^{33} lieʔ^{23}	阳历 iã^{22} lieʔ^{23}	星期日 ɕiŋ^{33} dʑi^{22} ȵieʔ^{23} 礼拜日 li^{42} pa^{33} ȵieʔ^{23}
41 椒江	古历 ku^{42} lieʔ^{2}	阳历 iã^{22} lieʔ^{2}	礼拜日 li^{42} pa^{33} ȵieʔ^{2}
42 黄岩	古历 ku^{42} lieʔ^{2}	阳历 iã^{13} lieʔ^{2}	星期日 ɕin^{33} dʑi^{22} ȵieʔ^{2} 礼拜日 li^{42} pa^{33} ȵieʔ^{2}
43 温岭	古历 ku^{42} liʔ^{2} 农历 nuŋ^{13} liʔ^{2}	阳历 iã^{13} liʔ^{2}	星期日儿 ɕin^{33} dʑi^{13} ȵin^{41}
44 仙居	农历 noŋ^{33} liəʔ^{23} 阴历 in^{33} liəʔ^{23}	阳历 ia^{33} liəʔ^{23}	星期日 ɕin^{33} dʑi^{33} ȵiəʔ^{23}
45 天台	阴历 iŋ^{33} liəʔ^{2}	阳历 ʑia^{22} liəʔ^{2}	星期日 ɕiŋ^{33} gi^{22} ȵiəʔ^{2}
46 三门	古历 ku^{32} lieʔ^{23} 农历 noŋ^{13} lieʔ^{23}	阳历 iɑ̃^{11} lieʔ^{23}	星期日 ɕiŋ^{33} dʑi^{13} ȵieʔ^{23} 礼拜日 li^{32} pa^{55} ȵieʔ^{23}

续表

方言点	0109 阴历	0110 阳历	0111 星期天
47 玉环	古历 ku^{53} liɐʔ^{2} 农历 noŋ^{22} liɐʔ^{2}	阳历 ia^{22} liɐʔ^{2}	礼拜日儿 li^{53} pa^{33} ȵiŋ^{41}
48 金华	阴历 iŋ^{33} liəʔ^{212} 农历 loŋ^{31} liəʔ^{212}	阳历 iɑŋ^{33} liəʔ^{212}	星期日 ɕiŋ^{33} tɕi^{33} ȵiəʔ^{212}
49 汤溪	农历 nɑo^{11} lei^{113}	阳历 iɔ^{33} lei^{113}	星期日 sɛ̃i^{33} tɕi^{33} ȵiei^{113}
50 兰溪	阴历 in^{334} lieʔ^{12}	阳历 iɑŋ^{21} lieʔ^{12}	礼拜日 li^{55} pɑ^{334} ȵieʔ^{12}
51 浦江	农历 lon^{33} liə^{334}	阳历 yõ^{33} liə^{334}	星期日 siən^{33} dʒi^{33} ȵiə^{334} 礼拜日 li^{11} pɑ^{33} ȵiə^{334}
52 义乌	农历 noŋ^{22} lai^{312}	阳历 iɔ^{22} lai^{312}	星期日 sən^{33} tɕi^{33} nai^{312}
53 东阳	阴历 iɐn^{33} lei^{35}	阳历 iɔ^{22} lei^{35}	礼拜日 li^{35} pa^{33} nei^{33}
54 永康	旧历 dʑiəu^{31} ləi^{113}	阳历 iɑŋ^{33} ləi^{113}	星期日 ɕiŋ^{33} tɕi^{55} ȵiə^{113}
55 武义	阴历 in^{55} lə^{213}	阳历 iɑŋ^{55} lə^{213}	星期日 ɕin^{55} dʑi^{55} nə^{213}
56 磐安	农历 nɔom^{22} lɛi^{213} 阴历 iɐn^{33} lɛi^{334}	阳历 iɒ^{22} lɛi^{213}	星期日 sɐn^{33} tɕi^{33} nɛi^{445}
57 缙云	古历 ku^{51} lei^{13}	阳历 iɑ^{44} lei^{45}	星期日 sɛŋ^{44} dʑi^{44} ȵiei^{45}
58 衢州	阴历 in^{35} liəʔ^{12}	阳历 iã^{21} liəʔ^{12}	礼拜日 li^{231} pɛ^{53} ȵiəʔ^{12}
59 衢江	阴历 iŋ^{33} liəʔ^{2} 农历 nəŋ^{22} liəʔ^{2}	阳历 iã^{33} liəʔ^{2}	星期日 ɕiŋ^{33} dzɿ^{22} nəʔ^{2}
60 龙游	阴历 in^{33} liəʔ^{23}	阳历 iã^{33} liəʔ^{23}	星期日 ɕin^{33} dʑi^{22} nəʔ^{23}
61 江山	阴历 ɪ̃^{24} liᴇʔ^{2}	阳历 iaŋ^{24} liᴇʔ^{2}	星期日 ɕɪ̃^{44} gi^{22} nəʔ^{2}
62 常山	阴历 ɪ̃^{44} lieʔ^{34}	阳历 iã^{22} lieʔ^{34}	礼拜日 li^{22} pɛ^{52} nʌʔ^{34}
63 开化	阴历 in^{44} liɛʔ^{13}	阳历 iã^{21} liɛʔ^{13}	礼拜日 li^{44} pa^{53} naʔ^{13} 星期日 ɕin^{44} dʑi^{21} naʔ^{13}
64 丽水	农历 nɔŋ^{21} liʔ^{23} 阴历 in^{44} liʔ^{23}	阳历 iã^{21} liʔ^{23} 公历 kɔŋ^{44} liʔ^{23}	星期日 ɕin^{44} dzɿ^{21} nɛʔ^{23}
65 青田	农历 noŋ^{33} liæʔ^{31}	公历 koŋ^{33} liæʔ^{31}	礼拜日 li^{33} ɓɑ^{33} nɛʔ^{31}
66 云和	阴历 iŋ^{24} liʔ^{23}	阳历 iã^{31} liʔ^{23}	星期日 ɕiŋ^{44} dzɿ^{223} naʔ^{23}
67 松阳	阴历 in^{24} liʔ^{2}	阳历 iã^{31} liʔ^{2}	礼拜日 liɛ^{21} pa^{53} nɛʔ^{2} 老 星期日 ɕin^{33} dzɿ^{24} nɛʔ^{2} 新

续表

方言点	0109 阴历	0110 阳历	0111 星期天
68 宣平	农历 nən^{43} liəʔ^{23} 阴历 in^{44} liəʔ^{23}	阳历 iɑ̃^{44} liəʔ^{23}	星期日 ɕin^{44} tsɿ^{44} nəʔ^{23}
69 遂昌	阴历 iŋ^{45} liʔ^{23}	阳历 iaŋ^{21} liʔ^{23}	星期日 ɕiŋ^{55} dzɿ^{21} nɛʔ^{23}
70 龙泉	农历 nəŋ^{45} lieiʔ^{24} 阴历 in^{45} lieiʔ^{24}	阳历 iaŋ^{21} lieiʔ^{24}	星期日 ɕin^{44} tsɿ^{45} nᴇʔ^{24}
71 景宁	古历 ku^{33} liʔ^{23} 农历 nəŋ^{55} liʔ^{23}	阳历 iɛ^{41} liʔ^{23}	星期日 ɕiŋ^{33} tɕi^{55} nɛʔ^{23}
72 庆元	农历 noŋ^{52} liʔ^{34}	公历 koŋ^{335} liʔ^{34}	星期日 ɕiŋ^{335} tsɿ^{52} nɤʔ^{34}
73 泰顺	农历 noŋ^{53} liʔ^{2}	阳历 iã^{53} liʔ^{2}	星期日 ɕiŋ^{22} tsɿ^{21} nɛʔ^{2}
74 温州	古历 ku^{45} lei^{212}	阳历 i^{24} lei^{212}	礼拜日 lei^{22} pa^{45} ne^{212}
75 永嘉	古历 ku^{45} lei^{213}	阳历 iɛ^{13} lei^{213}	礼拜日 lei^{22} pa^{45} ne^{213} 星期日 ɕieŋ^{33} dzɿ^{13} ne^{213}
76 乐清	古历 ku^{35} li^{212}	阳历 ia^{24} li^{212}	礼拜日 li^{22} pe^{35} ne^{212}
77 瑞安	古历 kɯ^{35} lei^{212}	阳历 iɛ^{13} lei^{212}	星期日 səŋ^{33} dʑi^{13} ne^{212} 礼拜日 lei^{22} pa^{35} ne^{212}
78 平阳	阴历 iaŋ^{45} li^{21}	阳历 ie^{33} li^{21}	礼拜日 li^{33} pᴀ^{45} ne^{13} 老 星期日 seŋ^{33} dʑi^{45} ne^{21} 新
79 文成	农历 noŋ^{35} lei^{13}	阳历 ie^{35} lei^{13}	星期日 seŋ^{33} dʑi^{33} ne^{13}
80 苍南	农历 noŋ^{11} li^{112}	公历 koŋ^{44} li^{112}	星期日 seŋ^{44} dʑi^{11} ne^{112} 礼拜日 li^{11} pia^{33} ne^{112}
81 建德徽	阴历 in^{53} liɐʔ^{12} 农历 loŋ^{33} liɐʔ^{12}	阳历 ȵiɛ^{33} liɐʔ^{12}	星期日 ɕin^{53} tɕi^{33} ȵiɐʔ^{12}
82 寿昌徽	农历 lɔŋ^{11} liəʔ^{31}	阳历 iɑ̃^{11} liəʔ^{31}	星期日 ɕien^{33} tɕʰi^{55} ȵiəʔ^{31}
83 淳安徽	阴历 in^{24} li^{53}	阳历 iɑ̃^{43} li^{53}	星期日 ɕin^{24} tɕʰi^{21} iəʔ^{21}
84 遂安徽	阴历 in^{52} liɛ^{52}	阳历 iɑ̃^{52} liɛ^{52}	礼拜日 li^{55} pɛ^{43} i^{24}
85 苍南闽	农历 lɑŋ^{21} lie^{24}	国历 kɐ^{21} lie^{24}	星期日 ɕɪ̃^{21} ki^{21} dʑie^{24} 礼拜日 li^{33} pai^{33} dʑie^{24}
86 泰顺闽	农历 nəŋ^{21} lyɪʔ^{3}	阳历 io^{21} lyɪʔ^{3}	星期 sieŋ^{22} ki^{22}
87 洞头闽	农历 noŋ^{21} liek^{24}	国历 kɔk^{5} liek^{24}	星期日 ɕɪ̃^{21} ki^{21} dʑiek^{24}
88 景宁畲	阴历 in^{44} liʔ^{2}	阳历 iaŋ^{22} liʔ^{2}	星期日 ɕin^{44} ki^{22} ȵit^{5}

方言点	0112 地方	0113 什么地方	0114 家里
01 杭州	地方 di^{13} faŋ^{53}	啥地方 sa^{55} di^{22} faŋ^{53}	屋里头 oʔ^{3} li^{45} dei^{53}
02 嘉兴	地方 di^{21} fᴀ̃^{42}	啥个地方 zᴀ^{33} kəʔ^{5} di^{21} fᴀ̃^{42}	屋里向 oʔ^{5} li^{21} ɕiᴀ̃^{21} 屋里 oʔ^{5} li^{21}
03 嘉善	坞塘 u^{55} dã^{0}	哈⁼里 xa^{44} li^{53}	屋里向 uoʔ^{5} li^{55} ɕiæ̃^{53}
04 平湖	乌⁼堂⁼ u^{44} dɑ̃^{0} 地方 di^{24} fɑ̃^{0}	啥乌⁼堂⁼ sa^{44} u^{44} dɑ̃^{0} 啥地方 sa^{44} di^{24} fɑ̃^{0}	屋里 oʔ^{3} li^{44}
05 海盐	地方 di^{13} fɑ̃^{21}	啥乌⁼堂⁼ sɑ^{55} u^{55} dɑ̃^{21}	屋里 ɔʔ^{5} li^{334}
06 海宁	地方 di^{33} fa^{53}	鞋⁼里塔⁼ a^{33} li^{33} tʰaʔ^{5}	屋里 oʔ^{5} li^{0}
07 桐乡	地方 di^{21} fɒ̃^{53} 较大 湖⁼场 u^{21} zã^{53} 较小	啥地方 sa^{33} di^{44} fɒ̃^{0} 较大 啥湖⁼场 sa^{33} u^{44} zã^{0} 较小	屋里儿 ɔʔ^{3} liŋ^{242}
08 崇德	地方 di^{21} fã^{53}	□闪⁼ gã^{21} sᴇ^{53}	屋里儿 ɔʔ^{3} liŋ^{53}
09 湖州	场坞 dzã^{33} əu^{35}	啥场坞 suoʔ^{5} zã^{33} u^{35}	屋里 əu^{33} li^{35} "屋"舒化
10 德清	场坞 zã^{21} əu^{35}	鞋⁼时⁼场坞 a^{11} zɿ^{35} zã^{53} əu^{0}	屋里儿 uoʔ^{2} lin^{53}
11 武康	塘坞 dã^{11} u^{35}	鞋⁼时⁼塘坞 a^{11} zɿ^{13} dã^{31} u^{0}	屋里 uoʔ^{5} li^{53}
12 安吉	地方 di^{21} fɔ̃^{213}	啥个地方 sʊ^{52} kəʔ^{0} di^{0} fɔ̃^{21}	屋里 oʔ^{5} li^{213}
13 孝丰	地方 di^{21} fɔ̃^{24}	啥个地方 sʊ^{45} kəʔ^{0} di^{21} fɔ̃^{24}	家里 ka^{44} li^{44}
14 长兴	场户 dzã^{12} vu^{33}	□场户 gəu^{243} dzã^{12} vu^{33}	屋里 oʔ^{2} lʅ^{24}
15 余杭	地方浪⁼ di^{33} fɑ̃^{35} lɑ̃^{13}	坏⁼时地方 ua^{13} zɿ^{31} di^{33} fɑ̃^{53}	屋里 u^{55} li^{31} "屋"舒化
16 临安	地方 di^{33} fɑ̃^{55}	挂⁼时地方 kuo^{55} zɿ^{13} di^{31} fɑ̃^{31}	屋里 uɔʔ^{5} li^{13}
17 昌化	地方 di^{23} fɔ̃^{453}	大⁼只⁼地方 da^{23} tsəʔ^{5} di^{21} fɔ̃^{453} 大⁼里个地方 da^{23} li^{24} kəʔ^{5} di^{23} fɔ̃^{453}	家里 ku^{33} li^{453}
18 於潜	地方 di^{24} faŋ^{433}	啥个地方 sa^{53} kæʔ^{53} di^{24} faŋ^{31}	家里 tɕia^{433} li^{454}
19 萧山	地方 di^{21} fɔ̃^{33}	虾⁼个地方 xo^{35} kəʔ^{5} di^{21} fɔ̃^{21}	屋里 uoʔ^{5} li^{42}
20 富阳	地方 di^{224} fɑ̃^{335}	何事地方 go^{55} l^{224} di^{224} fɑ̃^{335}	屋里 uoʔ^{5} li^{335}
21 新登	地方 di^{21} fɑ̃^{45}	待⁼嘞地方 da^{21} ləʔ^{0} di^{21} fɑ̃^{45}	家里 ka^{53} li^{334}

续表

方言点	0112 地方	0113 什么地方	0114 家里
22 桐庐	地方 di^{13}fã^{55}	达=得=地方 daʔ^{13}təʔ^{5}di^{21}fã^{21}	家里 kuo^{35}li^{13}
23 分水	地方 di^{21}fã^{0}	哪里 na^{44}li^{53}	家里 tɕia^{44}li^{55}
24 绍兴	埭户 da^{22}u^{334}	啥埭户 so^{33}da^{22}u^{334}	屋里头 uoʔ^{3}li^{44}dɤ^{31}
25 上虞	许=块 ɕy^{33}kʰue^{53}	啥个许=块 soʔ^{5}kəʔ^{2}ɕy^{33}kʰue^{0}	窝里 ʊ^{33}li^{0}
26 嵊州	地方 di^{24}fɔŋ^{334}	哪块 na^{22}kʰuᴇ^{334} 哪块式 na^{22}kʰuᴇ^{44}səʔ^{3}	屋里 uo^{44}li^{31}"屋"舒化
27 新昌	屋荡 u^{53}dɔ̃^{33}	及=个屋荡 dʑiʔ^{2}ɡa^{13}u^{45}dɔ̃^{31}	屋肚里 uʔ^{3}tu^{45}li^{31}
28 诸暨	地方 dʅ^{21}fɑ̃^{33}	何□地方 ᴀ^{21}tsəʔ^{5}dʅ^{21}fɑ̃^{21}	屋里头 oʔ^{5}lʅ^{21}dei^{242}
29 慈溪	乌=堂=u^{44}dɔ̃^{0}	啥格地方 saʔ^{5}kaʔ^{2}di^{11}fɔ̃^{35}	屋里 oʔ^{5}li^{0}
30 余姚	地方 di^{13}fɔŋ^{44}	啥格地方 soʔ^{5}kəʔ^{2}di^{13}fɔŋ^{44}	屋里头 oʔ^{5}li^{13}dø^{0}
31 宁波	地方 di^{22}fɔ^{44}	啥地方 so^{44}di^{22}fɔ^{44}	屋里 oʔ^{5}li^{0}
32 镇海	地方 di^{22}fɔ̃^{53}	啥地方 səu^{53}di^{22}fɔ̃^{53}	屋里 uoʔ^{5}li^{22}
33 奉化	乌=态=u^{44}tʰe^{53}	啥乌=态=soʔ^{5}u^{44}tʰe^{53} 后岩=头 æi^{33}ŋɛ^{33}dæi^{33}问句	屋落=oʔ^{5}lo^{33}
34 宁海	乌=堂=u^{33}dɔ̃^{31} 乌=碎=u^{33}sei^{53}	鞋=胆=a^{21}te^{53} 搞=无乌=堂=kɔ^{53}m^{0}u^{33}dɔ̃^{0} 搞=无乌=碎=kau^{53}m^{0}u^{33}sei^{53}	屋里 u^{33}li^{31}"屋"舒化
35 象山	乌=岁=u^{53}sei^{44}	槽=乌=岁=zɔ^{31}u^{53}sei^{44}	屋里 uoʔ^{5}li^{0}
36 普陀	地方 di^{11}fɔ̃^{55}	啥地方 səu^{55}di^{0}fɔ̃^{0}	屋里向 uoʔ^{5}li^{55}ɕiã^{55}
37 定海	地方 di^{11}fõ^{44}	啥地方 sʌu^{44}di^{0}fõ^{0} 阿里 ɐʔ^{3}li^{45} 阿里眼 ɐʔ^{3}li^{33}ŋɛ^{45}	屋里 uɐʔ^{5}li^{0}
38 岱山	乌=税=u^{44}sɐi^{52}	啥乌=税=sʌu^{44}u^{0}sɐi^{0} 阿里 ɐʔ^{3}lɐi^{45}"里"韵殊	屋里 uaʔ^{5}li^{0}
39 嵊泗	乌=推=u^{44}tʰɐi^{0}	啥乌=推=sʌu^{44}u^{33}tʰɐi^{0} 阿里横 ɐʔ^{3}li^{44}uã^{44}	窝=里 uo^{44}li^{0}

续表

方言点	0112 地方	0113 什么地方	0114 家里
40 临海	地方 di^{22}fɔ̃^{31} 所在 su^{42}ze^{21}	哪哒所在 no^{52}təʔ^{0}su^{42}ze^{21} 哪哒地方 no^{52}təʔ^{0}di^{22}fɔ̃^{31}	窝⁼里 u^{33}li^{52}
41 椒江	地方 di^{22}fɔ̃^{42}	何物地方 kã^{42}m^{0}di^{22}fɔ̃^{42} 哪埭 lo^{42}da^{0} "哪"声殊	窝⁼里 u^{33}li^{51}
42 黄岩	地方 di^{13}fɔ̃^{32}	解⁼胡⁼地方 ka^{42}u^{0}di^{13}fɔ̃^{32}	窝⁼里 u^{35}li^{41}
43 温岭	荡地 dɔ̃^{31}di^{13}	减⁼邑 kiɛ^{42}i^{0}	屋里 uoʔ^{5}li^{51}
44 仙居	地方 di^{33}fɑ̃^{334}	矮⁼液⁼地方 a^{31}iəʔ^{23}di^{21}fɑ̃^{0}	屋里 uəʔ^{3}li^{53}
45 天台	地方 di^{22}fɔ^{33}	哪单 no^{214}te^{55} 哪去 no^{214}k^{h}ei^{55}	屋里 uʔ^{5}li^{214}
46 三门	地方 di^{23}fɔ^{334}	何物地方 ka^{33}m^{52}di^{23}fɔ^{334}	窝⁼里 u^{33}li^{252}
47 玉环	荡地 dɔ̃^{31}di^{22}	减⁼邑地方 kiɛ^{53}i^{0}di^{22}fɔ̃^{42}	屋里 vɐʔ^{5}li^{41}
48 金华	地方 ti^{53}fɑŋ^{55}	哪个地方 lɑ^{55}kəʔ^{0}ti^{53}fɑŋ^{55} 哪里 lɑ^{55}li^{313} 哪埭 lɑ^{55}dɑ^{14}	窝⁼里 uɤ^{33}li^{535}
49 汤溪	地方 di^{11}fɑo^{52}	迦地方 dʑia^{11}di^{11}fɑo^{52}	家里 ka^{33}li^{113}
50 兰溪	地方 ti^{55}fɑŋ^{45}	带⁼地方 tɑ^{55}ti^{55}fɑŋ^{45} 哪里 lɑ^{55}li^{0}	家里 kuɑ^{334}li^{55}
51 浦江	地方 di^{11}fon^{53}	咯⁼力⁼地方 gə^{11}lɛ^{11}di^{11}fon^{53}	家里 tɕiɑ^{33}li^{53}
52 义乌	地方 di^{24}fŋ^{w335}	迦拉地方 dzia^{24}la^{33}di^{24}fŋ^{w31}	农家 noŋ^{22}kɔ^{45}
53 东阳	地方儿 di^{23}fon^{33}	迦地方儿 dʑiaʔ^{23}di^{33}fon^{33}	处里 ts^{h}ɿ^{33}li^{35}
54 永康	地方 di^{31}fɑŋ^{55}	迦地方 dʑia^{241}di^{31}fɑŋ^{55}	家头 kɑu^{33}ɗəu^{55}
55 武义	地方 di^{55}fɑŋ^{24}	待⁼地方 da^{55}di^{55}fɑŋ^{24}	处当⁼tɕ^{h}y^{55}nɑŋ^{0}
56 磐安	地方儿 ti^{55}fɒn^{445}	迦地方儿 tɕia^{55}ti^{55}fɒn^{445}	处埯儿 tɕ^{h}y^{33}tuən^{14} 处里 tɕ^{h}y^{55}li^{0} 农家里 nɔom^{21}kuə^{55}li^{0}
57 缙云	场头 dɑ^{21}diuŋ^{453} 场地 dɑ^{21}di^{453}	哪样场头 dɑ^{21}ȵiɑ^{51}dɑ^{21}diuŋ^{453} 哪场头 dɑ^{243}dɑ^{21}diuŋ^{453}	处里 ts^{h}ɥ^{44}ləɤ^{31}
58 衢州	地方 di^{231}fɑ̃^{32}	啥地方 sɑ^{53}di^{231}fɑ̃^{32}	屋里 uəʔ^{3}li^{35}

续表

方言点	0112 地方	0113 什么地方	0114 家里
59 衢江	埭地 da^{22}tie^{53}	何埭地 guo^{22}da^{22}tie^{53}	缺=里 tɕ^{h}yəʔ^{5}ləʔ^{2}
60 龙游	地方 di^{22}fã^{334}	曹=地方 dzɔ^{22}di^{22}fã^{334}	插=里 ts^{h}ɔʔ^{4}li^{224}
61 江山	场地 dʑiaŋ^{22}di^{51} 地方 di^{22}fɒŋ^{44}	倒=场地 tɐɯ^{24}dʑiaŋ^{22}di^{51}	触=里 tɕ^{h}yᴇʔ^{5}li^{22}
62 常山	地方 di^{22}fiã^{44} 较大 场子 dʑiã^{24}tsɿ^{0} 较小	倒=地方 tɔ^{43}di^{22}fiã^{44} 倒=些地方 tɔ^{43}se^{44}di^{22}fiã^{44} 倒=场子 tɔ^{43}dʑiã^{24}tsɿ^{0}	处里 ts^{h}uɛʔ^{4}lĩ^{52} “处”促化
63 开化	场乌=dʑiɔŋ^{21}uo^{44} 地方 di^{21}fiã^{44}	何场乌=gɑ^{13}dʑiɔŋ^{21}uo^{13} 何地方 gɑ^{13}di^{21}fiã^{44}	处里 tɕ^{h}yo^{44}li^{213}
64 丽水	地方 di^{22}fɔŋ^{224}	迦地方 tɕiaʔ^{5}di^{22}fɔŋ^{224}	处埲 ts^{h}ɥ^{52}tə^{0} 处底 ts^{h}ɥ^{44}ti^{544}
65 青田	地方 di^{22}fo^{445}	从=恁地方 io^{33}neŋ^{33}di^{22}fo^{445}	屋里 uʔ^{42}li^{0}
66 云和	地方 di^{223}fɔ̃^{24}	责=地方 tsaʔ^{5}di^{223}fɔ̃^{24} 迦地方 tɕiaʔ^{5}di^{223}fɔ̃^{24} 撤=地方 tɕ^{h}iɛʔ^{5}di^{223}fɔ̃^{24}	处里 ts^{h}ɥ^{45}li^{0}
67 松阳	地方 di^{21}foŋ^{53}	策=埲 ts^{h}aʔ^{3}taʔ^{5} 哪□堂场 na^{21}nəŋ^{24}doŋ^{33}dʑiã^{31}	处内 tɕ^{h}yɛ^{24}lɛ^{0}
68 宣平	达=弟=dɑʔ^{2}di^{223} 地方 di^{43}fɔ̃^{324}	直=个达=弟=dʑiəʔ^{23}kəʔ^{0}dɑʔ^{2}di^{223} 直=个地方 dʑiəʔ^{23}kəʔ^{0}di^{43}fɔ̃^{324}	人家埲 nin^{43}ko^{32}tɑʔ^{0}
69 遂昌	地方 di^{21}fɔŋ^{45}	哪滥=laʔ^{2}lɔŋ^{13}	处里 tɕ^{h}yɛ^{33}lei^{45}
70 龙泉	地方 di^{21}fɔŋ^{434}	契=地方 tɕ^{h}i^{45}di^{21}fɔŋ^{434} 且=地方 tɕ^{h}ia^{45}di^{21}fɔŋ^{434}	处里 tɕ^{h}y^{45}li^{55}
71 景宁	地方 di^{55}fɔŋ^{324} 地点 di^{55}tiɛ^{33}	何□地方 ɡa^{113}ȵia^{33}di^{55}fɔŋ^{324} 何□地点 ɡa^{113}ȵia^{33}di^{55}tiɛ^{33}	处里 tɕ^{h}y^{35}li^{33}
72 庆元	地方 ti^{31}fɔ̃^{335}	厂=仰=地方 tɕ^{h}iɑ̃^{33}ȵiɑ̃^{221}ti^{31}fɔ̃^{335}	家里 ko^{335}liᴇ^{221}
73 泰顺	场地 tɔ̃^{21}ti^{22}	何样场地 kã^{22}ȵiã^{22}tɔ̃^{21}ti^{22}	家底 kɔ^{22}ti^{55}

续表

方言点	0112 地方	0113 什么地方	0114 家里
74 温州	地方 dei^{31} huɔ^{33}	何[物样]地方 a^{22} ȵi^{31} dei^{31} huɔ^{33}	屋里 u^{33} le^{223}
75 永嘉	地方 dei^{31} huɔ^{44}	何[物样]地方 ga^{21} ȵiɛ^{31} dei^{31} huɔ^{44} 何[物样]地方 a^{21} ȵiɛ^{31} dei^{31} huɔ^{44}	屋底 u^{423} de^{0}
76 乐清	地方 di^{31} fɔ^{44}	何[物样]地方 ga^{22} m^{31} di^{31} fɔ^{44}	屋地 u^{323} di^{0}
77 瑞安	地方 dei^{31} fɔ^{44} 地宕 dei^{31} do^{13}	狃= ȵiau^{212} 狃=宕 ȵiau^{2} do^{13}	屋底 ɯ^{323} tei^{0}
78 平阳	地方 di^{33} fɔ^{13}	介=年=地方 ke^{21} ȵie^{45} di^{33} fɔ^{13}	屋里 vu^{33} li^{35}
79 文成	地方 dei^{42} fo^{33}	狃=个地方 ȵiau^{21} kai^{33} dei^{42} fo^{33}	屋里 vu^{13} dei^{45}
80 苍南	地方 di^{31} huɔ^{44}	何[物样]地方 a^{11} ȵiɛ^{31} di^{11} huɔ^{44}	屋里 u^{223} li^{0}
81 建德徽	地方 tʰi^{55} fo^{53}	啥哩地方 so^{55} li^{0} tʰi^{55} fo^{53} 哪个地方 lɑ^{55} kɐʔ^{0} tʰi^{55} fo^{53}	家里 ko^{53} li^{213}
82 寿昌徽	堂子 tʰɑ̃^{11} sɿ^{24}	奇=堂子 tɕʰi^{55} tʰɑ̃^{11} sɿ^{24}	家里 kuə^{11} li^{112}
83 淳安徽	位置 ve^{53} tsɿ^{55}	大=咪位置 tʰɑ^{53} lie^{55} ve^{53} tsɿ^{55}	家里 ko^{21} li^{55}
84 遂安徽	位置 vəɯ^{55} tsɿ^{21}	哪里 lɑ^{55} li^{21}	家里 kɑ^{55} li^{213}
85 苍南闽	地方 tue^{21} hɯŋ^{55}	刀=袋=地方 to^{33} tə^{21} tue^{21} hɯŋ^{55} 什咪地方 ɕi^{33} mĩ^{55} tue^{21} hɯŋ^{55} 新	厝内 tsʰu^{33} lai^{21}
86 泰顺闽	地点 ti^{21} tei^{344}	何物地点 køʔ^{3} møʔ^{3} ti^{21} tei^{344}	家底 ka^{21} tei^{344}
87 洞头闽	地方 tue^{21} hɯŋ^{33} 所在 so^{24} tsai^{21}	□咪地方 ɕie^{24} mĩ^{55} tue^{21} hɯŋ^{33} □咪所在 ɕie^{24} mĩ^{55} so^{24} tsai^{21}	吉=厝 kiet^{5} tsʰu^{21}
88 景宁畲	地方 tʰi^{51} fɔŋ^{44}	奚乇地方 ɕi^{44} noʔ^{5} tʰi^{51} fɔŋ^{44} □节=地方 na^{55} tsat^{5} tʰi^{51} fɔŋ^{44}	寮里 lau^{44} li^{55} 小

方言点	0115 城里	0116 乡下	0117 上面从～滚下来
01 杭州	城里头 dzəŋ^{22} li^{22} dei^{53}	乡下头 ɕiaŋ^{33} ia^{45} dei^{53}	高头 kɔ^{33} dei^{45}
02 嘉兴	城里向 zəŋ^{13} li^{33} ɕiᴀ̃^{21} 城里 zəŋ^{13} li^{42}	乡下头 ɕiᴀ̃^{33} o^{21} dei^{21}	上面头 zᴀ̃^{13} mie^{21} dei^{21} 上面 zᴀ̃^{13} mie^{21}
03 嘉善	街浪= kã^{35} lã^{53}	乡下头 ɕiæ̃^{35} o^{55} də^{31}	上头 zã^{22} də^{13}
04 平湖	城里 zən^{24} li^{0} 街浪= ka^{53} lɑ̃^{0}	乡下 ɕiã^{53} o^{0}	上头 zɑ̃^{24} dəɯ^{0}
05 海盐	街浪= kɑ^{53} lɑ̃^{21}	乡下头 ɕiɛ̃^{53} o^{21} de^{21}	上登= zɑ̃^{13} tən^{21}
06 海宁	街浪= ka^{55} lɑ̃^{33}	乡下 ɕiɑ̃^{55} o^{33}	上头 zɑ̃^{33} dəɯ^{31}
07 桐乡	街牢= ka^{44} lɔ^{44}	乡下 ɕiã^{44} o^{44}	上头 zɒ̃^{21} dɤɯ^{53} 高头 kɔ^{44} dɤɯ^{44}
08 崇德	街浪= kɑ^{44} lã^{44}	乡下 ɕiã^{44} o^{44}	上头 zã^{21} dɤɯ^{53}
09 湖州	城里向 dzən^{33} li^{0} ɕiã^{44}	乡下头 ɕiã^{44} uo^{44} døʉ^{44}	上面 zã^{33} mie^{35}
10 德清	街浪= ka^{44} lã^{44}	乡下头 ɕiã^{44} uo^{44} døʉ^{44}	上顶 zã^{11} tin^{53}
11 武康	街浪= kã^{44} lã^{44}	乡下头 ɕiã^{44} o^{44} dø^{44}	上顶 dzã^{11} tin^{53}
12 安吉	城里 dzəŋ^{22} li^{22}	乡下 ɕiã^{55} ʊ^{55}	上头 zɔ̃^{24} dəɪ^{52}
13 孝丰	城里 dzəŋ^{22} li^{22}	乡下头 ɕiã^{44} ʊ^{44} dəɪ^{44}	上头 zɔ̃^{24} dəɪ^{52}
14 长兴	城里 dzəŋ^{12} lɿ^{33}	乡下 ʃiã^{44} u^{44}	上头 zɔ̃^{21} dei^{24}
15 余杭	城里 ziŋ^{33} li^{31}	乡下 ɕiɑ̃^{55} uo^{33}	上头 zɑ̃^{33} døʏ^{53}
16 临安	街浪= ka^{53} lɑ̃^{13}	乡下 ɕiã^{53} o^{13}	高头 kɔ^{53} də^{13}
17 昌化	城市里 ʑiəŋ^{11} zɿ^{23} li^{453}	乡下 ɕiã^{33} u^{45}	高头 kɔ^{32} di^{45}
18 於潜	城里 dzeŋ^{22} li^{454}	农村里 noŋ^{22} tsʰueŋ^{35} li^{454}	高头 kɔ^{43} diəu^{24}
19 萧山	城里 dzəŋ^{33} li^{42}	乡下头 ɕiã^{33} o^{13} dio^{21}	上顶 sã^{13} tiŋ^{21}
20 富阳	街浪= ka^{55} lɑ̃^{31}	农村里 loŋ^{13} tsʰən^{55} li^{55}	上头 zɑ̃^{224} dei^{335}
21 新登	城里 dʑiŋ^{233} li^{334}	乡里 ɕiɑ̃^{53} li^{334}	上头 zɑ̃^{21} dəu^{13}
22 桐庐	城里 dzəŋ^{21} li^{13}	乡下头 ɕiã^{35} uo^{21} dei^{33}	上头 zã^{13} dei^{55}
23 分水	街上 kɛ^{44} zã^{24}	乡下 ɕiã^{44} ia^{24}	高头 kɔ^{44} lɵ^{21}
24 绍兴	城里头 dzəŋ^{22} li^{44} dɤ^{31}	乡下头 ɕiaŋ^{33} o^{44} dɤ^{31}	高头 kɔ^{33} dɤ^{231}
25 上虞	城里头 dzəŋ^{21} li^{0} dɤ^{31}	乡下头 ɕiã^{33} o^{0} dɤ^{31}	高头 kɔ^{33} dɤ^{213}

续表

方言点	0115 城里	0116 乡下	0117 上面从～滚下来
26 嵊州	城里头 dzeŋ^{22} li^{22} dʏ^{231}	乡下头 ɕiaŋ^{53} o^{22} dʏ^{231}	高头 kɔ^{53} dʏ^{231}
27 新昌	城肚里 dzeŋ^{22} du^{22} li^{232}	乡下 ɕiaŋ^{53} o^{232}	上面 zaŋ^{22} miɛ̃^{232}
28 诸暨	城里 dzɛn^{21} lʅ^{42}	乡下 ɕiã^{21} o^{42}	高墩 kɔ^{21} tɛn^{33}
29 慈溪	城里头 dzəŋ^{13} li^{0} dø^{0}	乡下头 ɕiã^{35} o^{0} dø^{0}	高头 kɔ^{3} dø^{13}
30 余姚	城里头 dzə̃^{13} li^{13} dø^{0}	乡下头 ɕiaŋ^{44} o^{13} dø^{0}	高头 kɔ^{44} dø^{13}
31 宁波	城里头 dʑiŋ^{13} li^{13} dœʏ^{0}	乡下头 ɕia^{44} o^{13} dœʏ^{0}	上头 zɔ^{13} dœʏ^{0}
32 镇海	城里 dʑiŋ^{22} li^{31}	乡下头 ɕiã^{33} o^{22} dei^{31}	上登⁼ zɔ̃^{22} təŋ^{53} 上头 zɔ̃^{22} dei^{31}
33 奉化	城里向 dʑiŋ^{33} li^{33} ɕiã^{53}	乡下头 ɕiã^{44} o^{33} dæi^{31}	上头 zɔ̃^{33} dæi^{31}
34 宁海	城里 ʑiŋ^{23} li^{31}	乡下 ɕiã^{33} o^{31}	上面 zɔ̃^{22} mie^{24}
35 象山	城里向 iŋ^{31} li^{0} ɕiã^{44}	乡下头 ɕiã^{44} o^{31} dɤɯ^{31}	上面 zɔ̃^{31} mi^{13} 上头 zɔ̃^{31} dɤɯ^{31}
36 普陀	城里头 dʑiŋ^{33} li^{55} deu^{0}	岙里头 ɔ^{55} li^{0} deu^{0} 岙里 ɔ^{55} li^{0}	高头 kɔ^{33} deu^{53}
37 定海	城里头 dʑiŋ^{33} li^{52} dɐi	岙里 ɔ^{44} li^{0}	上头 zõ^{11} dɐi^{44}
38 岱山	城里 dʑiŋ^{23} li^{0}	岙里头 ɔ^{44} li^{44} dœʏ^{44}	上头 zõ^{11} dœʏ^{45}
39 嵊泗	（无）	岙里 ɔ^{44} li^{0}	高头 kɔ^{33} dœʏ^{53}
40 临海	城里 ʑiŋ^{22} li^{52} 城里头 ʑiŋ^{22} li^{42} də^{21}	乡下 ɕiã^{33} o^{51} 乡下头 ɕiã^{33} o^{42} də^{21}	上头 zɔ̃^{22} də^{21} 上面 zɔ̃^{35} mi^{324}
41 椒江	城里 ʑiŋ^{22} li^{51} 小	乡下 ɕiã^{33} o^{51} 小	上头 zɔ̃^{22} dio^{31}
42 黄岩	城里 ʑin^{13} li^{42}	乡下 ɕiã^{33} o^{51} 小	上面 zɔ̃^{13} mie^{24}
43 温岭	城里 ʑin^{13} li^{42}	乡下 ɕiã^{33} o^{51} 小	上面 zɔ̃^{13} mie^{44} 上向 zɔ̃^{13} ɕiã^{55}
44 仙居	城里 ʑin^{33} li^{53}	乡下 ɕia^{33} o^{324}	上面 ʑia^{24} mie^{55}
45 天台	城里 ʑiŋ^{22} li^{214}	乡下 ɕia^{33} o^{214}	上面 zɔ^{33} mie^{35}
46 三门	城里 ʑiŋ^{11} li^{325}	散⁼村 sɛ^{33} tsʰəŋ^{52}	上头 zɔ^{23} dɤɯ^{224}
47 玉环	城里 ʑiŋ^{22} li^{53}	乡下 ɕia^{33} o^{42}	上向 zɔ̃^{22} ɕia^{55}
48 金华	城里 ɕiŋ^{33} li^{535}	乡里 ɕiɑŋ^{33} li^{55}	上面 ɕiɑŋ^{55} mie^{14}

续表

方言点	0115 城里	0116 乡下	0117 上面从～滚下来
49 汤溪	城里 ɕiã^{33} li^{113}	乡下 ɕiɔ^{33} uɑ^{113}	上头 ʑiɔ^{11} dəɯ^{113}
50 兰溪	城里 ʑiæ̃^{21} li^{55}	乡里 ɕiɑŋ^{334} li^{45}	上头 ɕiɑŋ^{55} təɯ^{55} 上面 ɕiɑŋ^{55} mie^{24}
51 浦江	城里 ziən^{11} li^{53}	乡下 ɕyõ^{33} iɑ^{243}	上面 ʑyõ^{24} mɛ̃^{0}
52 义乌	城里 zən^{22} li^{312}	乡下儿 ɕiɔ^{33} ɔn^{335}	上顶儿 zɯa^{24} nen^{335}
53 东阳	城里 zɐn^{22} li^{35}	乡下儿 ɕiɔ^{33} on^{53}	上顶 dʑiɔ^{23} tɐn^{33}
54 永康	城里 ɕiŋ^{33} li^{113}	乡下 ɕiɑŋ^{33} uɑ^{113}	上头 ʑiɑŋ^{31} dəu^{241} 上面 ʑiɑŋ^{31} mie^{241}
55 武义	城里 ʑin^{55} li^{13}	乡下 ɕiɑŋ^{55} uɑ^{223}	上顶面 dʑiɑŋ^{55} nin^{445} mie^{231} 上顶 dʑiɑŋ^{55} nin^{445}
56 磐安	城内 zɐn^{22} li^{334}	乡下儿 ɕiɒ^{33} uən^{14}	上顶 tɕiɒ^{55} nɐn^{334} 上面 tɕiɒ^{52} mie^{14}
57 缙云	县里 yɛ^{21} ləɤ^{453}	乡里 ɕiɑ^{44} ləɤ^{453}	上面 dʑiɑ^{51} miɛ^{213}
58 衢州	城里 ʒyən^{21} li^{231}	乡里 ɕiã^{32} li^{53}	上头 ʒyã^{231} de^{21}
59 衢江	城里 ɕyoŋ^{33} li^{212}	乡里 ɕiã^{33} ləʔ^{2}	上向 dʑiã^{22} ɕiã^{53}
60 龙游	城里 zən^{231} li^{224}	乡下 ɕiã^{33} uɑ^{224}	高向 kɔ^{33} ɕiã^{51}
61 江山	城里 ʑɪ̃^{22} liə^{22}	乡里 xiaŋ^{44} ləʔ^{5}	上向 dʑiaŋ^{22} xaŋ^{51}
62 常山	城里 zɪ̃^{22} lie^{52}	乡里 ɕiã^{45} lʌʔ^{0}	上面 dʑiã^{22} miɛ̃^{131} 高顶 kɤ^{44} tɪ̃^{52}
63 开化	城里 ʑin^{21} li^{213}	乡里 ɕiã^{44} li^{53}	高底 kəɯ^{44} tiɛ^{53} 上面 dʑiã^{21} miɛ̃^{213}
64 丽水	城垟 ʑin^{22} tə^{0} 城底 ʑin^{22} ti^{544}	乡下 ɕiã^{44} io^{544}	上头 dʑiã^{21} dəɯ^{131} 上面 dʑiã^{21} miɛ^{131}
65 青田	城里 iŋ^{21} li^{0}	乡下 ɕi^{33} u^{454} 农村 noŋ^{21} tsʰuɐ^{445}	上架 dʑi^{33} ku^{33}
66 云和	城里 ʑiŋ^{31} li^{0}	乡下 ɕiã^{44} io^{41}	上面 dʑiã^{223} miɛ^{223}
67 松阳	城内 ʑin^{31} nɛ^{13}	乡下 ɕiã^{24} uə^{22}	上面 dʑiã^{22} miɛ̃^{13}
68 宣平	城内 ʑin^{43} nei^{231}	乡下 ɕiɑ̃^{44} ia^{223}	上头 dʑiɑ̃^{22} dəɯ^{223}

续表

方言点	0115 城里	0116 乡下	0117 上面从～滚下来
69 遂昌	县里 yɛ̃^{21}lei^{45}	乡下 ɕiaŋ^{55}iɒ^{13}	上底 dʑiaŋ^{13}tiɛ^{533}
70 龙泉	城里 ʑin^{21}li^{55}	乡下 ɕiaŋ^{45}io^{51} 乡间 ɕiaŋ^{44}kaŋ^{434}	上头 dʑiaŋ^{224}diəu^{21}
71 景宁	城里 ʑiŋ^{41}li^{33}	乡下 ɕiɛ^{55}io^{33}	上头 dʑiɛ^{113}dəɯ^{41} 上面 dʑiɛ^{113}miɛ^{45}
72 庆元	城底 ɕiŋ^{52}ɗiᴇ^{221}	乡下 ɕiɑ̃^{335}iɑ^{221}	上向 tɕiɑ̃^{31}ɕiɑ̃^{11}
73 泰顺	城底 ɕiŋ^{21}ti^{55}	乡下 ɕiã^{22}yɔ^{55}	上头 tɕiã^{22}təu^{53}
74 温州	城底 zəŋ^{31}tei^{25}	乡下 ɕi^{42}o^{14}	上转 i^{31}tɕy^{25}
75 永嘉	城底 ieŋ^{31}tei^{45}	乡下 ɕiɛ^{53}o^{13}	上面 iɛ^{31}mai^{22} 上转 iɛ^{31}tɕy^{44}
76 乐清	城底 zeŋ^{31}ti^{35}	乡下 ɕia^{42}o^{24}	上面 ziɯʌ^{31}mai^{22}
77 瑞安	城底 zəŋ^{31}tei^{35}	乡下 ɕiɛ^{53}o^{13}	上面 iɛ^{31}mai^{22}
78 平阳	城底 zeŋ^{21}ti^{35}	乡下 ɕie^{33}o^{13}	上面 ie^{45}mai^{13}
79 文成	街路 kɔ^{33}ləy^{21}	乡下 ɕie^{33}o^{35}	上面 ʑie^{212}mai^{21}
80 苍南	城底 dzeŋ^{31}ti^{53}	乡下 ɕiɛ^{42}o^{53}	上面 dʑiɛ^{31}mai^{11}
81 建德徽	城里 sən^{33}li^{213}	乡里 ɕie^{53}li^{213}	高头 kɔ^{53}tɤɯ^{213}
82 寿昌徽	城里 sen^{11}li^{534}	乡里 ɕiɑ̃^{11}li^{112} 乡下 ɕiɑ̃^{11}xuə^{55}	上头 sɑ̃^{33}təɯ^{52}
83 淳安徽	城里 sen^{43}li^{53}	乡下 ɕiɑ̃^{21}ho^{55}	上头 sɑ̃^{53}tʰɯ^{55} 高上 kɤ^{21}sɑ̃^{55}
84 遂安徽	城里 ɕin^{33}li^{33}	农村 ləŋ^{33}tsʰəŋ^{52}	上面 ɕiɑ̃^{55}miɛ̃^{52}
85 苍南闽	城市 ɕĩã^{21}tɕʰi^{32}	农村 lɑŋ^{21}tsʰun^{55}	顶面 tin^{24}bin^{21}
86 泰顺闽	城底 ɕiæŋ^{21}tei^{344}	乡下 ɕio^{22}a^{31}	上爿 ɕio^{21}pɛ^{22}
87 洞头闽	城里 ɕĩã^{21}lai^{21}	乡下 hiɯŋ^{33}e^{21}	面顶 bin^{21}tieŋ^{53}
88 景宁畲	城里 ɕiaŋ^{22}li^{55}小	乡下 xiɔŋ^{44}xɔ^{51}	上面 ɕiɔŋ^{51}mien^{44}

方言点	0118 下面从～爬上去	0119 左边	0120 右边
01 杭州	下底 ia^{13}ti^{53}	借⁼手边 tɕia^{45}sei^{53}piɛ^{0}	顺手边 zəŋ^{13}sei^{53}piɛ^{0}
02 嘉兴	下面头 o^{21}mie^{21}dei^{42} 下面 o^{21}mie^{13}	左面头 tsou^{33}mie^{33}dei^{33} 左面 tsou^{33}mie^{33}	右面头 iu^{24}mie^{21}dei^{21} 右面 iu^{24}mie^{21}
03 嘉善	下脚 o^{22}tɕiaʔ^{5}	济⁼手个面 tɕi^{35}sə^{53}gə^{2}miɪ^{0}	顺手个面 zən^{35}sə^{53}gə^{31}miɪ^{0}
04 平湖	下脚 o^{21}tɕiaʔ^{5} 下底 o^{21}ti^{44} 下头 o^{21}dəɯ^{53}	济⁼面 tsɿ^{44}miɛ^{0}	顺面 zən^{24}miɛ^{0}
05 海盐	下底 o^{53}ti^{53}	济⁼面 tɕi^{55}miɛ^{21}	顺面 zən^{13}miɛ^{21}
06 海宁	下底 o^{13}ti^{33}	济⁼面 tɕi^{55}mie^{31}	顺面 zəŋ^{33}mie^{31}
07 桐乡	下底 o^{242}ti^{44}	济⁼面 tsi^{33}miᴇ^{213}	顺面 zəŋ^{21}miᴇ^{213}
08 崇德	下底 o^{55}ti^{0}	借⁼面 tɕia^{33}miɪ^{334}	顺面 zəŋ^{21}miɪ^{13}
09 湖州	下面 uo^{53}mie^{13}	借⁼手面 tɕia^{33}ɕiʉ^{44}mie^{35}	顺手面 zən^{33}ɕiʉ^{44}mie^{35}
10 德清	下底 uo^{35}ti^{0}	借⁼手横头 tɕia^{44}søʉ^{44} uã^{44}døʉ^{35}	顺手横头 zen^{22}søʉ^{22} uã^{22}døʉ^{35}
11 武康	下头 o^{35}dø^{53}	借⁼手横边 tɕia^{53}sø^{53}uã^{331} piɪ^{35}	顺手横边 zen^{31}sø^{53}uã^{33} piɪ^{35}
12 安吉	下头 ʊ^{52}dəɪ^{21}	借⁼手面 tɕia^{32}səɪ^{22}mi^{213}	顺手面 zəŋ^{22}səɪ^{22}mi^{213}
13 孝丰	下头 ʊ^{45}dəɪ^{21}	反手面 fɛ^{45}səɪ^{21}miɪ^{21} 左面 tsu^{45}miɪ^{21}	顺手面 zəŋ^{21}səɪ^{21}miɪ^{213} 右面 iu^{32}miɪ^{213}
14 长兴	下头 u^{45}dei^{21}	借⁼手面 tʃia^{32}sei^{21}mi^{24}	顺手面 zəŋ^{21}sei^{21}mi^{24}
15 余杭	下底 uo^{35}ti^{53}	借⁼手边 tɕia^{35}søʏ^{55}piẽ^{53}	顺手边 ziŋ^{33}søʏ^{55}piẽ^{53}
16 临安	下底 o^{33}ti^{53}	借⁼手旁边 tɕia^{55}sə^{55}bɑ̃^{31} pie^{31}	顺手旁边 zeŋ^{33}sə^{55}bɑ̃^{31} pie^{31}
17 昌化	底下 ti^{45}u^{53}	反手 fɔ̃^{45}ɕi^{53} 左边 tsu^{45}piɪ̃^{53}	顺手 ʑyəŋ^{23}ɕi^{53} 右边 i^{45}piɪ̃^{53}
18 於潜	底里 ti^{53}li^{31}	反手边 fɛ^{53}ɕiəu^{53}pie^{31}	顺手边 ʑyŋ^{24}ɕiəu^{53}pie^{31}
19 萧山	下底 o^{13}ti^{21}	借⁼手边 tɕia^{33}ɕio^{35}pie^{21}	顺手边 zəŋ^{13}ɕio^{33}pie^{33}
20 富阳	下头 o^{224}dei^{13}	借⁼手岸 tɕia^{55}ɕiʊ^{53}ŋiɛ̃^{31}	顺手岸 ʑin^{224}ɕiʊ^{335}ŋiɛ̃^{53}
21 新登	下脚 ɑ^{334}tɕiaʔ^{5}	反手面 fɛ^{334}ɕy^{334}miɛ̃^{45}	顺手面 ʑyiŋ^{21}ʑy^{21}miɛ̃^{45}
22 桐庐	底下 ti^{33}uo^{33}	反手边 fã^{33}sei^{33}pie^{55}	顺手边 ɕyŋ^{13}sei^{55}pie^{33}
23 分水	底下 ti^{44}ɕia^{21}	反手面 fã^{44}sɵ^{53}miɛ̃^{21}	顺手面 ʑyn^{21}sɵ^{44}miɛ̃^{21}

续表

方言点	0118 下面从～爬上去	0119 左边	0120 右边
24 绍兴	下底头 o^{24}ti^{33}dɤ^{31}	借= 手面 tɕia^{33}sɤ^{33}miẽ^{334}	顺手面 zəŋ^{22}sɤ^{33}miẽ^{334}
25 上虞	下底 o^{21}ti^{53}	借= 旁边 tɕia^{33}bɔ̃^{21}piẽ^{33}	顺旁边 zəŋ^{31}bɔ̃^{21}piẽ^{33}
26 嵊州	下底 o^{24}ti^{53}	借= 面面 tɕia^{33}miẽ^{33}miẽ^{231}	顺面面 zeŋ^{22}miẽ^{33}miẽ^{231}
27 新昌	下脚 o^{22}tɕiaʔ^{5}	借= 手面 tɕia^{53}ɕiɯ^{45}miɛ̃^{31}	顺手面 zeŋ^{22}ɕiɯ^{45}miɛ̃^{31}
28 诸暨	下头 o^{13}dei^{33}	借= 手 tɕiA^{33}sei^{42}	顺手 zɛn^{21}sei^{42}
29 慈溪	下底 o^{13}ti^{44}	借= 手面 tɕia^{44}sø^{44}miẽ^{44}	正手面 tsəŋ^{44}sø^{44}miẽ^{44}
30 余姚	下头 o^{13}dø^{13}	借= 手半边 tɕia^{53}sø^{34}pø̃^{44}piẽ^{44}	正手半边 tsə̃^{53}sø^{34}pø̃^{44}piẽ^{44}
31 宁波	下头 o^{13}dœʏ^{0}	借= 手边 tɕia^{53}ɕiʏ^{33}pi^{44}	顺手边 zoŋ^{13}ɕiʏ^{33}pi^{44}
32 镇海	下登= o^{22}təŋ^{53} 下头 o^{22}dei^{31}	借= 边 tɕia^{33}pi^{44} 借= 手边 tɕia^{33}ɕiu^{33}pi^{44}	顺手边 zoŋ^{22}ɕiu^{33}pi^{44}
33 奉化	下头 o^{33}dæi^{33}	借= 边 tɕia^{44}pi^{0}	顺边 zoŋ^{33}pi^{0}
34 宁海	下面 o^{22}mie^{24}	借= 手面 tɕia^{33}ɕiu^{53}mie^{24}	顺手面 ʑioŋ^{22}ɕiu^{53}mie^{24}
35 象山	下面 o^{31}mi^{13} 下头 o^{31}dɤɯ^{31}	借= 手边 tɕia^{53}ɕiu^{44}pi^{44}	顺手边 zoŋ^{13}ɕiu^{44}pi^{44}
36 普陀	下头 o^{13}deu^{55}	借= 手旁边 tɕia^{55}ɕieu^{55}po^{55}pi^{55}	顺手旁边 zoŋ^{11}ɕieu^{55}po^{55}pi^{55}
37 定海	下头 uo^{23}dɐi^{44}	借= 手半边 tɕia^{44}ɕiʏ^{0}pø^{0}pi^{0}	顺手半边 zoŋ^{11}ɕʏ^{44}pø^{0}pi^{0}
38 岱山	下头 uo^{33}dœʏ^{52}	借= 手旁边 tɕia^{44}ɕiʏ^{0}po^{0}pi^{0}“旁”声殊	顺手旁边 zoŋ^{11}ɕʏ^{44}po^{52}pi^{0}“旁”声殊
39 嵊泗	下底 uo^{34}ti^{44}	借= 边 tɕia^{44}pi^{0}	顺边 zoŋ^{11}pi^{53}
40 临海	下头 o^{42}də^{51} 下面 o^{52}mie^{55}	济= 手边 tɕi^{33}ɕiu^{42}pi^{31} 大手边 do^{33}ɕiu^{42}pi^{31}	顺手边 ʑyŋ^{22}ɕiu^{42}pi^{31} 小手边 ɕiə^{42}ɕiu^{42}pi^{31}
41 椒江	下面 o^{42}mie^{24}	济= 手面 tɕi^{33}ɕiu^{42}mie^{24}	顺手面 zøŋ^{22}ɕiu^{42}mie^{24}
42 黄岩	下底 o^{42}ti^{51}小	济= 手面 tɕi^{33}ɕiu^{42}mie^{24}	顺手面 zøn^{13}ɕiu^{42}mie^{24}
43 温岭	下面 o^{42}mie^{13} 下向 o^{42}ɕiã^{55}	济= 手面 tɕi^{33}ɕiu^{42}mie^{13}	顺手面 ʑyn^{13}ɕiu^{42}mie^{13}
44 仙居	下面 o^{31}mie^{24}	借= 手面 tɕi^{33}ɕiəɯ^{31}mie^{24}	顺手面 ʑin^{33}ɕiəɯ^{31}mie^{24}
45 天台	下面 o^{21}mie^{35} 下头 o^{22}deu^{224}	借= 面 tɕi^{55}mie^{0}	顺面 ʑyuŋ^{35}mie^{0}

续表

方言点	0118 下面从～爬上去	0119 左边	0120 右边
46 三门	下头 o^{21}dɤɯ^{113}	左边 tsʊ^{32}pie^{334}	右边 iu^{32}pie^{334}
47 玉环	下向 o^{53}ɕia^{55}	济$^{=}$手面 tɕi^{33}ɕiu^{53}mie^{22}	顺手面 ʑioŋ^{22}ɕiu^{53}mie^{22}
48 金华	下面 uɑ^{55}mie^{14} 下底 uɑ^{53}tie^{535} 底里 tie^{53}li^{14}	左面 tsuɤ^{55}mie^{0}	右面 iu^{14}mie^{0}
49 汤溪	下头 uɑ^{11}dəɯ^{113}	细手边爿 sia^{33}ɕiəɯ^{52}mɛ^{24}bɤa^{0}	大手边爿 duɤ^{11}ɕiəɯ^{33}mɛ^{24}bɤa^{0}
50 兰溪	下头 uɑ^{55}tie^{55} 下面 uɑ^{55}mie^{24}	细手格面 sia^{334}ɕiəɯ^{55}kəʔ^{0}mia^{0}	大手格面 tuɤ^{55}ɕiəɯ^{55}kəʔ^{0}mia^{0}
51 浦江	下面 iɑ^{24}mɛ̃^{0}	借$^{=}$手边 tsia^{55}ɕiɤ^{55}piẽ^{55}	顺手边 ʑyən^{11}ɕiɤ^{11}piẽ^{55}
52 义乌	落底儿 lɔ^{24}nin^{335}	借$^{=}$面 tsia^{45}mie^{44}	顺手面 yən^{42}sɐɯ^{45}mie^{44}
53 东阳	下底 o^{23}ti^{33}	左面 tsʊ^{33}mi^{53}	右面 iəɯ^{22}mi^{53}
54 永康	下头 uɑ^{31}dəu^{241} 下面 uɑ^{31}mie^{241}	反手拼$^{=}$ vɑ^{31}ʑiəu^{31}pʰiŋ^{55}	正手拼$^{=}$ tɕiŋ^{33}ʑiəu^{31}pʰiŋ^{55}
55 武义	下顶面 uɑ^{55}nin^{53}mie^{231} 下顶 uɑ^{55}nin^{53}	借$^{=}$手面 tɕia^{53}ɕiəu^{445}mie^{231}	顺手面 ʑyen^{53}ɕiəu^{445}mie^{231} 正手面 tɕin^{53}ɕiəu^{445}mie^{231}
56 磐安	下面 uə^{52}mie^{14} 下底儿 uə^{52}tin^{52} 下头 uə^{33}dɐɯ^{213}	济$^{=}$手面 tɕi^{33}ɕiɐɯ^{33}mie^{14} 左面 tsuɤ^{55}mie^{0}	顺手面 ɕyɐn^{33}ɕiɐɯ^{33}mie^{14} 右面 iɐɯ^{14}mie^{52}
57 缙云	下面 iɑ^{51}miɛ^{213}	大手□ du^{21}ɕiəɤ^{51}yɛ^{213}	考$^{=}$手□ kʰɔ^{51}ɕiəɤ^{51}yɛ^{213}
58 衢州	下底 ɑ^{231}ti^{35}	反手边 fã^{35}ɕiu^{35}piẽ^{32}	顺手边 ʒyən^{231}ɕiu^{35}piẽ^{32}
59 衢江	下向 u^{22}ɕiã^{53}	反手边 pã^{33}ɕy^{33}pie^{33}	顺手边 ʑyoŋ^{22}ɕy^{33}pie^{33}
60 龙游	下向 uɑ^{22}ɕiã^{51}	大手边 du^{22}səɯ^{35}pie^{334}	细手边 ɕiɑ^{33}səɯ^{35}pie^{334}
61 江山	下向 o^{22}xaŋ^{51}	借$^{=}$边 tɕiə^{44}piɛ̃^{44}	顺边 ʑyɪ̃^{22}piɛ̃^{44}
62 常山	下面 ɔ^{22}miɛ̃^{131} 下底 ɔ^{22}tɛ^{44}	反手边 pã^{43}tsʰuə^{43}piɛ̃^{44}	顺手边 zuɪ̃^{22}tsʰuə^{43}piɛ̃^{44}
63 开化	低底 tɛ^{44}tie^{53} 下面 ɔ^{21}miɛ̃^{213}	反手面 pã^{44}tɕʰyo^{53}miɛ̃^{213}	顺手面 ʑyn^{21}tɕʰyo^{53}miɛ̃^{213}
64 丽水	下头 io^{52}dəɯ^{131} 下面 io^{52}miɛ^{131}	左边 tsu^{52}piɛ^{224}	右边 iəɯ^{131}piɛ^{224}
65 青田	下架 u^{33}ku^{33}	左边 tsu^{55}ɓiɑ^{33}	右边 ieu^{22}ɓiɑ^{445}

续表

方言点	0118 下面从～爬上去	0119 左边	0120 右边
66 云和	下面 io^{44} miɛ^{223}	济⁼手边 tsɿ^{45} ɕiəɯ^{44} piɛ^{24} 左边 tsu^{44} piɛ^{24}	顺手边 ʑyŋ^{223} ɕiəɯ^{44} piɛ^{24} 右边 iəɯ^{223} piɛ^{24}
67 松阳	下面 yə^{22} miɛ̃^{13}	左面 tsu^{24} miɛ̃^{13}	右面 iɯ^{13} miɛ̃^{13}
68 宣平	下头 ia^{22} dəɯ^{223}	□手 tɕya^{44} ɕiɯ^{445}	顺手 ʑyən^{22} ɕiɯ^{445}
69 遂昌	下底 iɒ^{13} tiɛ^{533}	反手面 faŋ^{53} tɕʰyɛ^{55} miɛ̃^{213}	顺手面 ʑyŋ^{21} tɕʰyɛ^{55} miɛ̃^{213}
70 龙泉	下头 io^{51} diəu^{21}	细手边 ɕi^{45} tɕʰy^{51} piᴇ^{434}	大手边 dou^{224} tɕʰy^{51} piᴇ^{434}
71 景宁	下头 io^{33} təɯ^{45} 下面 io^{33} miɛ^{113}	左边 tso^{33} piɛ^{324}	右边 iəɯ^{113} piɛ^{324}
72 庆元	下向 iɑ^{22} ɕiɑ̃^{11}	济⁼舟⁼爿 tɕiᴇ^{33} tɕiɯ^{335} pɑ̃^{52}	顺舟⁼爿 ɕyəŋ^{31} tɕiɯ^{335} pɑ̃^{52}
73 泰顺	下爿 yɔ^{55} pã^{53}	左爿 tso^{55} pã^{53}	右爿 iəu^{22} pã^{22}
74 温州	下转 o^{31} tɕy^{25}	借⁼手面 tsei^{3} ɕiɤu^{42} mai^{22}	顺手面 ioŋ^{22} ɕiɤu^{42} mai^{22}
75 永嘉	下面 o^{31} mai^{22} 下转 o^{31} tɕy^{44}	济⁼手面 tsɿ^{43} ɕiəu^{45} mai^{22} 左边 tso^{45} pi^{44}	顺手面 ioŋ^{22} ɕiəu^{53} mai^{22} 右边 iau^{22} pi^{44}
76 乐清	下面 o^{31} mai^{22}	借⁼手面 tɕi^{33} siu^{42} mai^{22}	顺手面 zoŋ^{22} siu^{42} mai^{22}
77 瑞安	下面 o^{31} mai^{22}	济⁼手该面 tsei^{3} səɯ^{35} ke^{3} mai^{22}	顺手该面 zoŋ^{31} səɯ^{35} ke^{3} mai^{22}
78 平阳	下尾 o^{45} mai^{13}	左边 tʃu^{45} pie^{13}	右边 iau^{13} pie^{55}
79 文成	下面 o^{212} mai^{21}	左面 tʃou^{33} mai^{21}	右面 iau^{33} mai^{33}
80 苍南	下臀 o^{53} dø^{31}	大手 du^{11} sɛu^{53} 左边 tsu^{42} piɛ^{44}	琐手 sai^{42} sɛu^{53} 右边 iau^{11} piɛ^{44}
81 建德徽	下底 ho^{55} ti^{213}	反手面 fɛ^{55} sɤɯ^{21} mie^{55}	顺手面 ɕyn^{55} sɤɯ^{21} mie^{55}
82 寿昌徽	下头 xuə^{33} təɯ^{52}	反面 fɤ^{11} mi^{55}	顺面 ɕyɛ̃^{33} mi^{55}
83 淳安徽	下头 ho^{55} tʰɯ^{55} 底下 tiɑ^{33} ho^{55}	反手边 fɑ̃^{55} sɯ^{21} piã^{21}	顺手边 suen^{53} sɯ^{21} piã^{21}
84 遂安徽	下面 xɑ^{55} miɛ̃^{52}	反手面 fɑ̃^{21} ɕiu^{24} miɛ̃^{52}	顺手面 ɕyn^{43} ɕiu^{24} miɛ̃^{52}
85 苍南闽	下面 e^{21} bin^{21}	大手边 tua^{21} tɕʰiu^{33} pĩ^{55}	右手边 iu^{21} tɕʰiu^{33} pĩ^{55}
86 泰顺闽	下爿 a^{21} pɛ^{22}	细爿 sei^{22} pɛ^{22}	大爿 ta^{21} pɛ^{22}
87 洞头闽	下底 e^{21} tue^{53}	左边 tso^{53} pin^{21}	右边 iu^{21} pin^{21}
88 景宁畲	下面 xɔ^{51} mien^{44}	左边 tsau^{325} pan^{44}	右边 iəu^{51} pan^{44}

方言点	0121 中间排队排在~	0122 前面排队排在~	0123 后面排队排在~
01 杭州	当中央 taŋ^{33}tsoŋ^{45}iaŋ^{53}	头高头 dei^{22}kɔ^{33}dei^{45}	后头 ei^{13}dei^{53}
02 嘉兴	当中头 tᴀ̃^{33}tsoŋ^{33}dei^{21} 当中 tᴀ̃^{33}tsoŋ^{42}	前面头 dʑie^{13}mie^{42}tei^{21} 前面 dʑie^{13}mie^{42}	后面头 ei^{21}mie^{21}dei^{42} 后面 ei^{21}mie^{13}
03 嘉善	当中横里 tã^{35}tsoŋ^{55}uæ̃^{31}li^{0}	前头 dʑiɪ^{13}də^{53}	后底 ə^{22}ti^{53}
04 平湖	当中 tɑ̃^{44}tsoŋ^{0}	前头 ziɛ^{24}dəɯ^{53}	后头 əɯ^{21}dəɯ^{53} 后底 əɯ^{21}di^{53}
05 海盐	当中 tɑ̃^{55}tsoŋ^{53}	前头 dʑiɛ^{24}de^{53}	后头 e^{53}de^{31}
06 海宁	当中 tɑ̃^{55}tsoŋ^{55}	前头 dʑie^{33}dəɯ^{55}	后头 əɯ^{13}dəɯ^{33}
07 桐乡	当中 tɒ̃^{44}tsoŋ^{44}	前头 ziᴇ^{21}dɤɯ^{44}	后头 ɤɯ^{242}dɤɯ^{44}
08 崇德	当中 tã^{44}tsoŋ^{44}	前头 ʑiɪ^{21}dɤɯ^{44}	后头 ɤm^{55}dɤɯ^{0}
09 湖州	当中 tã^{44}tsoŋ^{44}	前头 ʑie^{33}døʉ^{35}	后头 øʉ^{53}døʉ^{13}
10 德清	中间 tsoŋ^{44}kɛ^{44}	前头 dʑie^{11}døʉ^{13}	后头 øʉ^{35}døʉ^{0}
11 武康	中间 tsoŋ^{44}kɛ^{44}	前头 ʑiɪ^{11}dø^{13}	后头 ø^{35}dø^{53}
12 安吉	中间 tsoŋ^{55}kᴇ^{55}	前头 ʑi^{22}dəɪ^{22}	后头 əɪ^{52}dəɪ^{21}
13 孝丰	中间 tsoŋ^{44}kɛ^{44}	前头 ʑiɪ^{22}dəɪ^{22}	后头 əɪ^{45}dəɪ^{21}
14 长兴	中间 tsoŋ^{44}kᴇ^{44}	前头 ʒi^{12}dei^{33}	后头 i^{45}dei^{21}
15 余杭	中间 tsoŋ^{55}kɛ^{55}	前头 ziẽ^{13}døʏ^{33}	后头 øʏ^{35}døʏ^{0}
16 临安	中间头 tsoŋ^{53}kɛ^{55}də^{33}	前头 ʑie^{33}də^{33}	后头 ə^{33}də^{33}
17 昌化	中央 tsəŋ^{33}iã^{45}	前头 ʑiɪ̃^{11}di^{112}	后头 ei^{23}di^{453}
18 於潜	中间 tsoŋ^{43}kɛ^{433}	前头 ʑie^{22}diəu^{24}	后头 iəu^{24}diəu^{53}
19 萧山	中眼头 tɕyoŋ^{33}ŋɛ^{35}dio^{21}	前头 ʑie^{21}dio^{42}	后头 io^{13}dio^{42}
20 富阳	中间 tɕioŋ^{55}kã^{55}	前头 ʑiɛ̃^{13}dei^{55}	后头 ei^{224}dei^{13}
21 新登	中间段里 tsoŋ^{53}kɛ^{334}dɛ̃^{21}li^{13} 中间身里 tsoŋ^{53}kɛ^{334}seiŋ^{53}li^{334}	前头 ʑiɛ̃^{233}dəu^{233}	后头 əu^{21}dəu^{13}
22 桐庐	中间 tsoŋ^{35}kã^{33}	前头 ʑie^{21}dei^{13}	后头 ei^{21}dei^{55}
23 分水	中间 tsoŋ^{44}kã^{22}	前头 dʑiɛ̃^{21}dɵ^{24}	后头 xɵ^{24}dɵ^{21}
24 绍兴	当中央 tɑŋ^{33}tsoŋ^{44}ȵiaŋ^{31}	前头 ʑiẽ^{22}dɤ^{231}	后头 ɤ^{24}dɤ^{31}
25 上虞	中央 tsoŋ^{33}iã^{33}	前头 ʑiẽ^{21}dɤ^{213}	后头 ɤ^{31}dɤ^{31}

续表

方言点	0121 中间排队排在～	0122 前面排队排在～	0123 后面排队排在～
26 嵊州	网⁼当中 mɔŋ^{24}tɔŋ^{33}tsoŋ^{334}	前头 ʑiẽ^{22}dʏ^{231} 前面 ʑiẽ^{22}miẽ^{231}	后头 ʏ^{24}dʏ^{231} 后面 ʏ^{24}miẽ^{231}
27 新昌	当中 tɔ̃^{45}tsoŋ^{534}	前头 dʑiɛ̃^{13}diɯ^{31}	后头 iɯ^{22}diɯ^{232}
28 诸暨	中央 tsom^{21}iã^{42}	前头 ʑie^{13}dei^{33}	后头 iʉ^{13}dei^{33}
29 慈溪	中央 tsuŋ^{33}ȵiã^{13}	前头 iẽ^{11}dø^{53}	后头 ø^{13}dø^{44}
30 余姚	中央亨⁼tsuŋ^{44}ȵiaŋ^{0}haŋ^{44}	前头 iẽ^{13}dø^{13}	后头 ø^{13}dø^{13}
31 宁波	当中 tɔ^{44}tsoŋ^{53}	前头 ʑi^{13}dœʏ^{0}	后头 əu^{13}dœʏ^{0}
32 镇海	当中 tɔ̃^{33}tsoŋ^{53}	前头 ʑi^{22}dei^{31}	后头 əu^{22}dei^{31}
33 奉化	当中央 tɔ̃^{44}tsoŋ^{44}ȵiã^{33} 中央 tsoŋ^{44}ȵiã^{31}	前头 ʑi^{33}dæi^{31}	后头 æi^{33}dæi^{31} 后背 æi^{33}pei^{44}
34 宁海	中央心 tɕioŋ^{33}iã^{33}ɕiŋ^{53}	前面 ʑie^{21}mie^{24} 前头 ʑie^{23}diu^{31}	后面 əu^{22}mie^{24} 后头 əu^{22}diu^{31}
35 象山	浪⁼半⁼中央 lɔ̃^{13}pɤɯ^{44}tɕyoŋ^{44}iã^{35} 中央心 tɕyoŋ^{44}iã^{44}soŋ^{35}	前头 i^{31}dɤɯ^{13}	后头 ɤɯ^{31}dɤɯ^{13} 后屁股 ɤɯ^{31}pʰi^{53}ku^{44}
36 普陀	当中 tɔ̃^{33}tsoŋ^{53}	前头 i^{33}deu^{53}	后头 eu^{23}deu^{0}
37 定海	当中央央 tõ^{33}tsoŋ^{33}ȵiã^{44}ȵiã^{44}	前头 i^{33}dɐi^{52}	后头 ɐi^{23}dɐi^{0}
38 岱山	当中 tõ^{33}tsoŋ^{52}	前头 i^{33}dœʏ^{52}	后头 œʏ^{23}dœʏ^{52}
39 嵊泗	当中 tõ^{33}tsoŋ^{53}	前头 i^{33}dœʏ^{53}	后背 œʏ^{34}pɐi^{53} 后头 œʏ^{34}dœʏ^{0}
40 临海	当中 tɔ̃^{35}tɕyoŋ^{31} 当中央 tɔ̃^{33}tɕyoŋ^{33}iã^{51}	前头 ʑi^{22}də^{51}	后头 ə^{42}də^{51}
41 椒江	当中 tɔ̃^{33}tsoŋ^{35}小	前头 ʑie^{22}dio^{41}	后臁 io^{42}kʰuəŋ^{35}小
42 黄岩	中央 tsoŋ^{35}iã^{32}	前头 ʑie^{13}dio^{41}	后臁 io^{42}kʰuən^{35}小
43 温岭	中央 tɕyuŋ^{33}ȵiã^{24}小 当中央 tɔ̃^{33}tɕyuŋ^{33}ȵiã^{15}小	头前 dɤ^{24}ʑie^{41}	后臁 iɤ^{42}kʰuən^{15}小
44 仙居	中央 tɕioŋ^{33}ia^{53}	前面 ʑie^{24}mie^{55}	后面 əɯ^{31}mie^{24}
45 天台	中央 tɕyuŋ^{33}ȵia^{33}	前头 ʑie^{224}deu^{0}	后头 eu^{21}deu^{224}
46 三门	中央心 tɕioŋ^{33}iɑ̃^{33}ɕiŋ^{52}	前头 ʑie^{11}dɤɯ^{252}	后头 ɤɯ^{21}dɤɯ^{252}

续表

方言点	0121 中间排队排在～	0122 前面排队排在～	0123 后面排队排在～
47 玉环	中央 tɕioŋ^{33} ȵia^{24}小	头前 diɤ^{22} ʑie^{41}	后腕 iɤ^{53} kʰuəŋ^{35}小
48 金华	中央 tɕioŋ^{33} iɑŋ^{55}	前面 zia^{31} mie^{14}	后面 eu^{55} mie^{14}
49 汤溪	中央 tɕiɑo^{24} iɔ^{0}	前头 sie^{33} dəɯ^{113}	后头 əɯ^{11} dəɯ^{113}
50 兰溪	中央 tɕioŋ^{334} iɑŋ^{334}	前头 zia^{21} təɯ^{55} 前面 zia^{21} mie^{24}	后头 əɯ^{55} təɯ^{55} 后面 əɯ^{55} mie^{24}
51 浦江	正中 tsiən^{33} tɕyon^{334}	前面 ʑiɑ̃^{24} mɛ̃^{334}	后面 ɤ^{24} mɛ̃^{0}
52 义乌	中心 tsoŋ^{33} sən^{45}	头先 dɐɯ^{22} sia^{45}	后头儿 ɐɯ^{24} dɤn^{24}
53 东阳	中央 tsɔm^{33} iɔ^{53}	前头 zi^{22} dəɯ^{53}	后头 əɯ^{23} dəɯ^{53}
54 永康	当中央 nɑŋ^{33} tsoŋ^{33} iɑŋ^{55}	头前 dəu^{31} ʑia^{22}	后腕 əu^{31} kʰuəŋ^{55} 后头 əu^{31} dəu^{241}
55 武义	当中 nɑŋ^{55} tɕin^{53}	前头 ʑie^{32} dɑu^{231}	后头 ɑu^{53} dɑu^{324}
56 磐安	中央 tsɔom^{33} iɒ^{52} 中央心儿 tsɔom^{33} iɒ^{33} ʑiɐn^{14}	前头 ʑie^{21} dɐɯ^{14}	后头儿 ɐɯ^{33} dɐɯn^{14}
57 缙云	中央 nɔ̃ũ^{44} iɔ̃ũ^{44}	头先 diuŋ^{44} ɕia^{44} 前面 zia^{21} miɛ^{453}	后面 əɤ^{51} miɛ^{213}
58 衢州	中央 tʃyoŋ^{32} iã^{53}	前头 ʑiẽ^{21} de^{21}	后头 ɯ^{231} de^{21}
59 衢江	中央 tɕyoŋ^{33} iã^{33} 中央心 tɕyoŋ^{33} iã^{33} ɕiŋ^{33}	过前 kuo^{33} ʑyø^{212}	后头 u^{33} ty^{53}
60 龙游	中央心 tsoŋ^{33} iã^{33} ɕin^{334}	前头 ɕie^{33} dəɯ^{224}	后向 əɯ^{22} ɕiã^{51}
61 江山	中央 toŋ^{44} iaŋ^{44}	前头 zuᴇ^{22} doʔ^{2} "头"促化	后头 u^{22} doʔ^{2} "头"促化 后向 u^{22} xiaŋ^{51} 朏臀后 kʰoʔ^{5} dɛ̃^{22} u^{44}
62 常山	中央心 toŋ^{44} iã^{43} sɪ̃^{44} 中央 toŋ^{44} iã^{44}	前头 zue^{22} du^{24}	后底 u^{22} tie^{52}
63 开化	中央 tɤŋ^{44} iã^{44}	前底 zuɛ^{21} tiɛ^{53} 前面 zuɛ^{21} miɛ̃^{213}	后底 u^{21} tiɛ^{53} 后面 u^{21} miɛ̃^{213}
64 丽水	中央 təŋ^{44} iã^{224}	前头 ʑiɛ^{21} dəɯ^{131} 前面 ʑiɛ^{21} miɛ^{131}	后头 əɯ^{52} dəɯ^{131} 后面 əɯ^{52} miɛ^{131}
65 青田	中央 ɗoŋ^{22} i^{445}	前架 iɑ^{21} ku^{33}	后架 æi^{55} ku^{33}
66 云和	中央心 tiɔ̃^{44} ɔ̃^{44} səŋ^{24}	前面 ʑiɛ^{31} miɛ^{223}	后面 u^{41} miɛ^{223}
67 松阳	中央 təŋ^{24} iã^{53}	前面 ʑiɛ̃^{33} miɛ̃^{13}	后面 u^{22} miɛ̃^{13}

续表

方言点	0121 中间排队排在～	0122 前面排队排在～	0123 后面排队排在～
68 宣平	中央 tən^{44}iɑ̃^{324}	前头 ʑiɛ^{43}dəɯ^{231} 前面 ʑiɛ^{43}miɛ^{231}	后头 əɯ^{43}dəɯ^{231} 后面 əɯ^{43}miɛ^{231}
69 遂昌	中央 təŋ^{33}iaŋ^{45}	前头 ʑyɛ̃^{22}du^{213} 前面 ʑiɛ̃^{22}miɛ̃^{213}	朏臀后 kʰuɛʔ^{5}dɛ̃^{21}u^{13} 后底 u^{13}tiɛ^{533}
70 龙泉	中央 tiɔŋ^{44}iɔŋ^{434} 中央心儿 tiɔŋ^{44}iɔŋ^{44}ɕin^{45}ȵi^{55}	前头 ʑiᴇ^{21}diəu^{21}	后头 u^{51}diəu^{21}
71 景宁	肚央 ty^{33}ɔŋ^{324} 肚央心 ty^{55}ɔŋ^{33}səŋ^{324}	前头 ʑiɛ^{113}dəɯ^{41} 前面 ʑiɛ^{113}miɛ^{45}	后头 u^{33}dəɯ^{41} 后面 u^{33}miɛ^{113}
72 庆元	中央 ɗiŋ^{33}iɔ̃^{335}	前向 ɕiɑ̃^{52}ɕiɑ̃^{11}	后向 u^{22}ɕiɑ̃^{11}
73 泰顺	中央 tɔ̃^{22}ɔ̃^{213}	前头 ɕiã^{53}təu^{53}	后头 əu^{55}təu^{53}
74 温州	当中 tuɔ^{33}tɕioŋ^{33}	门前 maŋ^{31}i^{21}	后面 au^{31}mai^{22}
75 永嘉	当中 tɔ^{33}tɕioŋ^{44}	门先 maŋ^{31}ɕi^{44}	后半 au^{53}pø^{44} 后面 au^{31}mai^{22}
76 乐清	当中 tɔ^{44}tɕioŋ^{44}	门前 maŋ^{22}ziᴇ^{31}	后面 au^{42}mai^{22}
77 瑞安	当中 to^{33}tsoŋ^{44} 中央肚 tsoŋ^{33}iɛ^{53}dəɯ^{13}	大头 da^{22}dəɯ^{21} 门前 maŋ^{31}i^{22}	后半 au^{53}pø^{44} 后面 au^{53}mai^{22}
78 平阳	当中 to^{33}tʃoŋ^{55}	门前 maŋ^{33}ie^{21}	后尾 au^{45}mai^{13}
79 文成	中心 tʃoŋ^{33}seŋ^{33}	门前 maŋ^{33}ʑie^{13}	后面 au^{13}mai^{21}
80 苍南	中央 tsoŋ^{33}iɛ^{44}	门先 maŋ^{31}ɕiɛ^{44} 门前 maŋ^{31}dʑiɛ^{31}	后半 au^{42}pø^{44}
81 建德徽	中央 tsoŋ^{53}ȵiɛ^{213}	前头 ɕie^{33}tɤɯ^{33}	后头 hɤɯ^{55}tɤɯ^{33}
82 寿昌徽	中央 tɕiɔŋ^{11}iɑ̃^{112}	头前 tʰəɯ^{11}ɕi^{33}	后头 xəɯ^{33}təɯ^{112}
83 淳安徽	中间 tson^{21}kɑ̃^{55} 中央 tson^{21}iɑ̃^{55}	前头 ɕiã^{43}tʰɯ^{24}	后头 hɯ^{55}tʰɯ^{55}
84 遂安徽	中间 tsəŋ^{55}kɑ̃^{213}	前面 ɕiɛ̃^{52}miɛ̃^{52}	后面 xəɯ^{43}miɛ̃^{52}
85 苍南闽	中央 tɑŋ^{24}ɯŋ^{55}	面前 bin^{21}tsũĩ^{24}	后面 au^{21}bin^{21} 后沟 au^{21}kau^{55}
86 泰顺闽	中央心 təŋ^{21}o^{213}sieŋ^{213}	头前 tʰau^{21}sɛ^{22}	尾后 mɔi^{21}au^{31}
87 洞头闽	中央 tiaŋ^{33}ɯŋ^{33}	头前 tʰau^{21}tsãĩ^{24}	后壁 au^{212}pia^{53}
88 景宁畲	当央 tɔŋ^{44}ɔŋ^{445}小	前头 ɕian^{51}tʰiəu^{22}	后头 xiəu^{51}tʰiəu^{22}

方言点	0124 末尾排队排在～	0125 对面	0126 面前
01 杭州	尾巴高头 mi^{55} pa^{33} kɔ^{33} dei^{0} 拉瓜$^{=}$名 la^{22} kua^{45} miŋ^{53}	对照 tei^{45} tsɔ^{53}	眼前 iɛ^{55} dʑiɛ^{0}
02 嘉兴	末梢头 məʔ^{1} sɔ^{33} dei^{21} 末梢 məʔ^{1} sɔ^{33}	对面 tei^{24} mie^{21}	眼门底 ᴇ^{21} məŋ^{42} ti^{21}
03 嘉善	阿末来 aʔ^{5} mɜʔ^{5} lɛ^{53}	对过 tɛ^{55} ku^{0}	门底 mən^{13} ti^{53}
04 平湖	屁股头 pʰi^{44} ku^{0} dəɯ^{0} 着末个 tsaʔ^{3} məʔ^{5} kəʔ^{0}	对过 te^{44} ku^{0}	门底 mən^{24} ti^{53}
05 海盐	屁股头 pʰi^{55} kʰu^{21} de^{21}	对过 te^{55} ku^{21}	门底 mən^{24} ti^{53}
06 海宁	尾巴头 mi^{13} po^{55} dəɯ^{55}	对过 tei^{55} kəu^{53}	门底 məŋ^{33} ti^{55}
07 桐乡	屁股头 pʰi^{33} kʰəu^{44} dɤɯ^{0}	对过 ti^{33} kəu^{334}	门底 məŋ^{21} ti^{44}
08 崇德	搭$^{=}$末 taʔ^{3} məʔ^{53}	对过 ti^{33} ku^{334}	门前 məŋ^{21} ʑiɪ^{334}
09 湖州	着末来 dzaʔ^{2} məʔ^{3} lei^{53}	对过 tei^{33} kəu^{35}	眼睛面前 ŋɛ^{44} tɕin^{0} mie^{31} ʑie^{13}
10 德清	尾巴头 m^{35} puo^{53} døʉ^{0}	对过 tɛ^{33} kəu^{35}	门前头 men^{11} dʑie^{22} døʉ^{35}
11 武康	尾巴 m^{35} po^{53}	对过 tɛ^{33} ku^{35}	门前头 men^{33} ʑiɪ^{33} dø^{35}
12 安吉	尾巴头 m^{52} pʊ^{0} dəɪ^{21}	对过 te^{32} ku^{213}	眼面前 ŋᴇ^{52} mi^{0} ʑi^{21}
13 孝丰	着末个 dzaʔ^{2} muoʔ^{2} kəʔ^{23}	对面 te^{32} miɪ^{213} 对过 te^{32} ku^{213}	眼面前 ŋɛ^{45} miɪ^{21} ʑiɪ^{21} 面前 miɪ^{32} ʑiɪ^{213}
14 长兴	着末里 dzəʔ^{2} məʔ^{2} lʅ^{44}	对过 tɯ^{32} kəu^{24}	面前头 mi^{21} ʒi^{12} dei^{24}
15 余杭	搭$^{=}$末牢$^{=}$ təʔ^{5} moʔ^{2} lɔ^{31}	前头接$^{=}$面 ziẽ^{31} døʏ^{31} tɕieʔ^{5} miẽ^{13}	眼睛面前 ŋɛ^{53} tɕiŋ^{53} miẽ^{33} ziẽ^{13}
16 临安	末落个 muɔʔ^{5} luɔʔ^{2} kuɔʔ^{5}	对照头 tᴇ^{55} tsɔ^{55} də^{31}	眼面前 ŋɛ^{33} mie^{33} dʑie^{31}
17 昌化	末搭$^{=}$ maʔ^{2} taʔ^{5}	对面 tɛ^{54} miɪ̃^{453}	眼面前 ŋɔ̃^{23} miɪ̃^{23} ʑiɪ̃^{112}
18 於潜	顶末头 tiŋ^{53} mɑʔ^{2} diəu^{24}	对面 tue^{35} mie^{53}	眼面前 ŋɛ^{53} mie^{24} dʑie^{31}
19 萧山	尾巴 mi^{33} po^{33}	对面 te^{53} mie^{42}	门前 məŋ^{13} ʑie^{13}
20 富阳	末𡱣 moʔ^{2} toʔ^{5}	对面 tei^{335} miɛ̃^{53}	眼面前 ŋã^{224} miɛ̃^{335} iɛ̃^{53}
21 新登	顶末角 teiŋ^{334} maʔ^{2} kaʔ^{5}	对面 te^{53} miɛ̃^{21}	面前 miɛ̃^{21} ʑiɛ̃^{13} 前头 ʑiɛ̃^{233} dəu^{233}
22 桐庐	屁股头 pʰi^{33} ku^{55} dei^{21}	对面 tᴇ^{13} mie^{42}	眼面前 ŋã^{33} mie^{33} dʑie^{55}

续表

方言点	0124 末尾排队排在～	0125 对面	0126 面前
23 分水	最后头 tsue^{21} xɵ^{24} dɵ^{21}	对面 te^{24} miɛ̃^{24}	面前 miɛ̃^{24} dʑiɛ̃^{21}
24 绍兴	末屎 mieʔ^{2} toʔ^{5}	对照头 tᴇ^{33} tsɔ^{33} dɤ^{231}	眼面前 ŋɛ̃^{24} miẽ^{33} iẽ^{31}
25 上虞	尾巴头 mi^{33} po^{33} dɤ^{31}	对面头 te^{33} miẽ^{21} dɤ^{213}	眼面前 ŋɛ̃^{21} miẽ^{21} ʑiẽ^{21}
26 嵊州	末屎 məʔ^{2} təʔ^{5}	对面 tᴇ^{33} miẽ^{334}	面对面 miẽ^{24} tᴇ^{33} miẽ^{334}
27 新昌	末屎 mɤʔ^{2} toʔ^{5}	对面 te^{53} miɛ̃^{335}	眼前 ŋɛ̃^{22} ʑiɛ̃^{232}
28 诸暨	顶末落头 tin^{33} moʔ^{5} loʔ^{5} dei^{33}	对头 te^{42} dei^{21}	面前头 mie^{21} ʑie^{21} dei^{242}
29 慈溪	结煞 tɕiəʔ^{5} saʔ^{2}	对头 te^{44} dø^{44}	面前 miẽ^{11} iẽ^{13}
30 余姚	末脚 miəʔ^{2} tɕiaʔ^{5} 末豚 miəʔ^{2} taʔ^{5}	对面头 te^{53} miẽ^{0} dø^{13} 对头 te^{53} dø^{0}	眼面前 ȵiẽ^{13} miẽ^{13} iẽ^{13} 眼面睛前 ȵiẽ^{13} miẽ^{13} tɕiə̃^{44} iẽ^{13}
31 宁波	末脚 maʔ^{2} tɕiəʔ^{5}	对头 tɐi^{44} dœʏ^{0}	前头 ʑi^{13} dœʏ^{0}
32 镇海	压煞 aʔ^{2} saʔ^{5}	对过 tei^{33} kəu^{44}	对面前 tei^{33} mi^{22} dʑi^{24}
33 奉化	压煞屁眼 aʔ^{2} saʔ^{5} pʰi^{44} ŋɛ^{33}	对头 te^{44} dæi^{31}	面前 mi^{33} dʑi^{31}
34 宁海	窝$^{=}$瓜$^{=}$卵 o^{33} ko^{33} lø^{31} 窝$^{=}$瓜$^{=}$ o^{33} ko^{53}	两对面 liã^{31} tei^{33} mie^{24}	面前 mie^{22} ʑie^{213}
35 象山	落脚 loʔ^{2} tɕieʔ^{5}	对头 tei^{53} dɤɯ^{31}	眼前头 ŋɛ^{31} i^{31} dɤɯ^{31} 眼面前 ŋɛ^{31} mi^{31} i^{31}
36 普陀	顶压末 tiŋ^{53} ɐʔ^{0} mɐʔ^{0}	对头 tæi^{55} deu^{0}	眼面前 ŋɛ^{23} mi^{55} i^{55}
37 定海	顶压末 tiŋ^{52} ɐʔ^{0} mɐʔ^{0}	对头 tɐi^{44} dɐi^{0}	眼面前 ŋɛ^{23} mi^{44} i^{44}
38 岱山	压煞$^{=}$ ɐʔ^{5} sɐʔ^{5}	对头 tɐi^{44} dœʏ^{52}	面前 mi^{11} i^{45} 眼面前 ŋɛ^{23} mi^{44} i^{44}
39 嵊泗	压末 ɐʔ^{5} mɐʔ^{0}	对头 tɐi^{44} dœʏ^{0}	面前 mi^{11} i^{45}
40 临海	顶后面 tiŋ^{42} ə^{42} mi^{324}	对头 te^{33} də^{51}	头前 də^{21} ʑi^{51}
41 椒江	末脚儿 məʔ^{2} tɕiã^{51}	对头 tə^{33} dio^{24}小	眼头前 ȵiɛ^{42} dio^{22} ʑie^{24}小
42 黄岩	末脚儿 moʔ^{2} tɕiã^{51}	对头 te^{33} dio^{24}小	脚前头 tɕieʔ^{2} ʑie^{13} dio^{41}
43 温岭	末脚儿 miʔ^{2} tɕiã^{51}	对头 te^{33} dɤ^{24}小	头前 dɤ^{24} ʑie^{41}
44 仙居	落末个 lɑʔ^{23} maʔ^{23} ko^{53}	对头 ɗæ^{33} dəɯ^{353}小	前头 ʑie^{33} dəɯ^{353}小

续表

方言点	0124 末尾排队排在～	0125 对面	0126 面前
45 天台	落脚 lɔʔ^{2} kia^{31}	对门 tei^{55} məŋ^{51}	面前 mie^{33} ʑie^{224}
46 三门	后屁股 ɤɯ^{21} pʰi^{55} ku^{52}	对面 te^{55} mie^{55}	前头 ʑie^{11} dɤɯ^{252}
47 玉环	塔⁼懒⁼ tʰɐʔ^{3} lɛ^{53}	对头 te^{33} diɤ^{24}小	头前 diɤ^{22} ʑie^{41}
48 金华	罢⁼末 pɑ^{55} mɤ^{14}	对面 tɛ^{33} mie^{55}	面头前 mie^{55} diu^{31} zia^{14}
49 汤溪	落末 lɑ^{11} mɤ^{55}	对面 tɛ^{24} mie^{0}	面头前 mie^{11} dəɯ^{11} sie^{52}
50 兰溪	顶落末 tin^{55} ləʔ^{12} məʔ^{12} 顶后头 tin^{55} əɯ^{55} təɯ^{55}	对面 te^{55} mie^{45}	面头前 mie^{55} dəɯ^{21} zia^{24}
51 浦江	后屁股 ɤ^{11} pʰi^{33} ku^{53}	对面 ta^{33} miẽ^{24}	面头前 miẽ^{11} dɤ^{11} ʑiɑ̃^{243}
52 义乌	尾巴儿 m^{24} pɯan^{335}	对面 te^{33} mie^{45}	面头前 mie^{24} dɐɯ^{22} sia^{45}
53 东阳	尾巴儿 m^{23} pun^{33}	对面 te^{33} mi^{53}	眼前 ŋa^{22} zi^{53}
54 永康	尽后膔 zəŋ^{31} əu^{31} kʰuəŋ^{55} 尽后头 zəŋ^{31} əu^{31} dəu^{241}	两对面 liɑŋ^{31} ɗəi^{33} mie^{241}	面头前 mie^{31} ɗəu^{33} ɕia^{55}
55 武义	顶后头 nin^{445} ɑu^{53} dɑu^{0}	对面 la^{55} mie^{231}	面头前 mie^{55} dɑu^{32} ʑie^{231}
56 磐安	尾巴儿 m^{55} pən^{445}	对面 te^{33} mie^{14}	面前头 mie^{33} ʑie^{21} tɐɯ^{52}
57 缙云	末脚 mɛ^{51} tɕiɔ^{45}	对面 tɛ^{44} miɛ^{213}	面前 miɛ^{21} zia^{243}
58 衢州	末塌⁼ məʔ^{2} tʰaʔ^{5}	对面 te^{53} miẽ^{231}	面前 miẽ^{231} ʑiẽ^{21}
59 衢江	辣⁼末 laʔ^{2} məʔ^{2} 塌⁼末 tʰaʔ^{5} məʔ^{2}	对面 tei^{33} mie^{53}	面前 mie^{22} ɕyø^{53}
60 龙游	老末家 lɔ^{22} məʔ^{2} kɑ^{51}	台⁼照 dei^{22} tsɔ^{51}	面前 mie^{224} ʑie^{231}
61 江山	晚尾 maŋ^{22} mᴇ^{22}	对面 tuᴇ^{44} miɛ̃^{51}	面前 miɛ̃^{22} zuᴇ^{213}
62 常山	把托 pɑ^{43} tʌʔ^{5}	对面 tue^{44} miɛ̃^{131}	面前 miɛ̃^{22} zue^{24}
63 开化	末胐 məʔ^{2} kʰəʔ^{5}	对面 tɛ^{44} miɛ̃^{53}	面前 miɛ̃^{231} zuɛ^{231}
64 丽水	落末塌⁼ ləʔ^{2} mɛʔ^{2} tʰɔʔ^{5} 顶后头 tin^{44} əɯ^{52} dəɯ^{131}	对面 tei^{224} miɛ^{52}	门前 men^{22} ʑiɛ^{22} 门头前 men^{22} dəɯ^{22} ʑiɛ^{22}
65 青田	老末端 laʔ^{3} maʔ^{3} ɗuɐ^{55}	对面 ɗæi^{33} miɛ^{55}	面前 miɛ^{22} iɑ^{53}
66 云和	尾蔸 mi^{44} tiəɯ^{24}	对面 tei^{44} miɛ^{223}	门前 məŋ^{223} ɕiɛ^{24}
67 松阳	末落□ mɤʔ^{2} loʔ^{2} tʰoʔ^{5}	对面 tei^{24} miɛ̃^{13}	面前 miɛ̃^{33} ʑiɛ̃^{31}
68 宣平	老末塌⁼ lɔ^{22} məʔ^{2} tʰɑʔ^{5}	对面 tei^{44} miɛ^{231}	门头前 mən^{22} dəɯ^{22} ʑiɛ^{433}

续表

方言点	0124 末尾排队排在～	0125 对面	0126 面前
69 遂昌	尾蔸 miʔ^{2}tiɯ^{45}	对面 tei^{55}miɛ̃^{213}	面前 miɛ̃^{13}ʑyɛ̃^{221}
70 龙泉	末尾 mɯəʔ^{3}mi^{51} 末尾吊吊 mɯəʔ^{3}mi^{21}tiɑʌ^{44}tiɑʌ^{45}轻松意味	面对面 miᴇ^{21}tᴇ^{44}miᴇ^{224}	面头前 miᴇ^{21}tiəu^{45}ʑy^{21}
71 景宁	末端 mœʔ^{23}tœ^{45} 末尾 mœʔ^{23}mai^{33}	对面 tai^{33}miɛ^{113}	门前 maŋ^{113}ʑiɛ^{41} 面前 miɛ^{113}ʑiɛ^{41}
72 庆元	尾蔸 mĩ^{22}ɗiɯ^{335}	对面 ɗæi^{11}miɛ̃^{31}	面前 miɛ̃^{31}ɕiɑ̃^{52}
73 泰顺	零生尾 liŋ^{21}sã^{22}mæi^{55} 尾蔸 mæi^{22}tiəu^{213}	对面 tæi^{22}miɛ^{22}	面前 miɛ^{22}ɕiã^{53}
74 温州	塌⁼拉 t^{h}a^{3}la^{33}	对面 tai^{42}mi^{22}	门前 maŋ^{31}i^{21}
75 永嘉	尽后半 zaŋ^{13}au^{53}pø^{44} 尽后面 zaŋ^{13}au^{31}mai^{22}	对面 tai^{53}mi^{22}	门先 maŋ^{31}ɕi^{44} 眼正头 ŋa^{13}tɕieŋ^{33}dəu^{21}
76 乐清	塌⁼拉塌⁼t^{h}a^{3}la^{24}t^{h}a^{323}	对面 tai^{42}miᴇ^{22}	门前 maŋ^{22}ziᴇ^{31}
77 瑞安	尽后面 zaŋ^{31}au^{53}mai^{22} 最后一个 tse^{33}au^{13}e^{3}kai^{53}	对面 tai^{53}mi^{22}	眼正前 ŋɔ^{13}tsəŋ^{33}i^{21} 门前 maŋ^{31}i^{22}
78 平阳	末尾 mø^{21}mai^{45}	对面 tai^{53}mie^{13}	门前 maŋ^{33}ie^{21}
79 文成	尽后面 zaŋ^{35}au^{13}mai^{21}	对面 tai^{33}mie^{21}	门前 maŋ^{33}ʑie^{13}
80 苍南	尾溜⁼mai^{42}lɛu^{24}	对面 tai^{42}miɛ^{11}	门先 maŋ^{31}ɕiɛ^{44}
81 建德徽	顶后头 tin^{21}hɤɯ^{55}tɤɯ^{33}	对面 te^{33}mie^{55}	面前 mie^{55}ɕie^{33}
82 寿昌徽	顶后头 tien^{24}xəɯ^{33}təɯ^{112}	对面 tiæ^{33}mi^{33}	面头前 mi^{55}t^{h}əɯ^{11}ɕi^{33}
83 淳安徽	顶屁股头 tin^{55}p^{h}i^{21}ku^{55}t^{h}ɯ^{21}	对面 tie^{24}miã^{21}	前面 ɕiã^{43}miã^{53}
84 遂安徽	最后面 tsəɯ^{43}xəɯ^{43}miɛ̃^{52}	对面 təɯ^{43}miɛ̃^{52}	面前 miɛ̃^{55}ɕiɛ̃^{33}
85 苍南闽	尾溜 bə^{24}liu^{55}	对面 tui^{43}bin^{21}	面前 bin^{21}tsũĩ^{24}
86 泰顺闽	煞尾 sɛʔ^{5}mɔi^{344} 临尾 lieŋ^{21}mɔi^{344}	对面 tɔi^{21}mieŋ^{53}	面头前 mieŋ^{34}t^{h}au^{22}sɛ^{22}
87 洞头闽	尾溜 bə^{33}liu^{33}	对面 tui^{33}bin^{21}	面头前 bin^{21}t^{h}au^{21}tsãĩ^{24}
88 景宁畲	末尾 moʔ^{2}muei^{55}小	对面 toi^{44}mien^{44}	□前 mai^{55}ts^{h}an^{22}

方言点	0127 背后	0128 里面躲在～	0129 外面衣服晒在～
01 杭州	后背 ei^{13} pei^{53}	里头 li^{55} dei^{0} 里向 li^{55} ɕiaŋ^{0}	外头 uɛ^{13} dei^{53}
02 嘉兴	背后底 pei^{24} ei^{21} ti^{21}	里向 li^{21} ɕiᴀ̃^{42}	外头 ŋᴀ^{21} dei^{42}
03 嘉善	背后头 pɛ^{55} ə^{55} də^{53}	里向 li^{22} ɕiæ̃^{53}	外肆$^{=}$ ŋa^{22} sɿ^{35}
04 平湖	背后底 pe^{53} əɯ^{0} ti^{0} 背后头 pe^{53} əɯ^{0} dəɯ^{0}	里向 li^{21} ɕiɑ̃^{53}	外肆$^{=}$ ŋa^{24} sɿ^{0} 外头 ŋa^{21} dəɯ^{0}
05 海盐	背后头 pe^{55} e^{21} de^{21}	里头 li^{53} de^{31}	外头 ɑ̃^{13} de^{21}
06 海宁	背后头 pe^{55} əɯ^{35} dəɯ^{0}	里头 li^{33} dəɯ^{33} 里向 li^{13} ɕiã^{0}	外头 ua^{55} dəɯ^{53} 外肆$^{=}$ ua^{33} sɿ^{53}
07 桐乡	背后头 pi^{33} ɤɯ^{44} dɤɯ^{0} 背脊头 pi^{33} tsi^{44} dɤɯ^{0}	里向 li^{242} ɕiã^{0}	外头 ua^{21} dɤɯ^{53}
08 崇德	背脊头 pi^{33} tɕi^{55} dɤɯ^{55}	里向 li^{55} ɕiã^{0}	外头 uɑ^{21} dɤɯ^{53}
09 湖州	背脊头 pei^{33} tɕi^{33} døʉ^{35}	里向 li^{53} ɕiã^{13}	外头 ua^{33} døʉ^{35}
10 德清	背后头 pɛ^{44} øʉ^{44} døʉ^{35}	里向 li^{35} ɕiã^{0}	外头 ua^{33} døʉ^{35}
11 武康	背后头 pɛ^{33} ø^{33} dø^{35}	里向横头 li^{13} ɕiã^{0} uã^{44} dø^{0}	外头 ua^{33} dø^{35}
12 安吉	后背 əɪ^{52} pe^{21}	里向 li^{52} ɕiã^{21}	外头 ŋa^{21} dəɪ^{213}
13 孝丰	背后 pe^{32} əɪ^{52} 后背 əɪ^{45} pe^{21}	里向 li^{45} ɕiã^{21} 里头 li^{45} dəɪ^{21}	外头 ŋa^{32} dəɪ^{213}
14 长兴	背脊头 pei^{32} tʃʅ^{21} dei^{24}	里向 lʅ^{45} ʃiã^{21}	外头 ŋa^{21} dei^{24}
15 余杭	背脊儿头 pɛ^{53} tsiŋ^{55} døʏ^{31}	里首$^{=}$ li^{55} søʏ^{53}	外头 ua^{33} døʏ^{13}
16 临安	后头 ə^{33} də^{33}	里头 li^{33} də^{31}	外头 ŋa^{33} də^{31}
17 昌化	背后 pɛ^{54} ei^{243}	里头 li^{23} di^{453}	外头 ŋa^{23} di^{453}
18 於潜	背后头 be^{24} iəu^{24} diəu^{31}	里头 li^{53} diəu^{31}	外头 ŋa^{24} diəu^{53}
19 萧山	背后头 pe^{33} io^{35} dio^{21}	里头 li^{13} dio^{42}	外头 ŋa^{13} dio^{42}
20 富阳	背后 pɛ^{335} i^{53}	里头 li^{224} dei^{13}	外头 ŋa^{335} dei^{53}
21 新登	后屁股头 əu^{21} p^{h}i^{45} ku^{334} təu^{45}	里头 li^{334} təu^{45}	外头 ua^{21} dəu^{13}
22 桐庐	背后头 pᴇ^{35} ei^{33} dei^{21}	里头 li^{33} dei^{55}	外头 uᴀ^{13} dei^{55}
23 分水	背后 pe^{24} xɵ^{24}	里头 li^{44} dɵ^{21}	外头 uɛ^{21} dɵ^{22}
24 绍兴	后背头 ɤ^{22} pᴇ^{33} tɤ^{334}	里头 li^{24} dɤ^{31}	外头 ŋa^{22} tɤ^{334}

续表

方言点	0127 背后	0128 里面躲在～	0129 外面衣服晒在～
25 上虞	后背头 ɤ^{21}pe^{33}dɤ^{213}	里头 li^{21}dɤ^{31}	外头 ŋa^{21}dɤ^{213}
26 嵊州	背后头 pᴇ^{33}ʏ^{33}dʏ^{231}	里头 li^{24}dʏ^{231}	外头 ŋa^{22}tʏ^{334}
27 新昌	后背头 iɯ^{22}pe^{45}diɯ^{31}	肚里底 du^{22}li^{45}ti^{53}	外面 ŋa^{22}miɛ̃^{232}
28 诸暨	背后头 pe^{33}iʉ^{33}dei^{21}	里头 lʅ^{13}dei^{33}	外头 ŋᴀ^{33}dei^{33}
29 慈溪	后背 ø^{13}pe^{44}	里头 li^{13}dø^{44}	外头 ŋa^{11}dø^{44}
30 余姚	后背 ø^{13}pe^{44}	里头 li^{13}dø^{13}	外头 ŋa^{13}dø^{13}
31 宁波	后背 əu^{22}pɐi^{44}	里头 li^{22}dœʏ^{13}	外头 ŋa^{22}dœʏ^{13}
32 镇海	后背 əu^{22}pei^{44}	里头 li^{22}dei^{31}	外头 ŋa^{22}dei^{31}
33 奉化	后背 æi^{33}pei^{44}	里向 li^{33}ɕiã^{44} 里头 li^{33}dæi^{33}	外头 ŋa^{33}dæi^{31}
34 宁海	背后 pei^{33}əu^{31}	里面 li^{31}mie^{24}	外面 ŋa^{22}mie^{24}
35 象山	后背 ɤɯ^{31}pei^{53} 后屁股 ɤɯ^{31}p^{h}i^{53}ku^{44}	里向 li^{31}ɕiã^{53}	外头 ŋa^{31}dɤɯ^{31}
36 普陀	后背 eu^{23}pæi^{0}	里头 li^{23}deu^{55}	外头 ŋa^{11}deu^{55}
37 定海	后背 ɐi^{23}pɐi^{0}	里头 li^{23}dɐi^{0}	外头 ŋa^{11}dɐi^{44}
38 岱山	后背 œʏ^{23}pɐi^{52}	里头 li^{23}dœʏ^{52}	外头 ŋa^{11}dœʏ^{45}
39 嵊泗	后背 œʏ^{34}pɐi^{53}	里头 li^{34}dœʏ^{0}	外头 ŋa^{11}dœʏ^{45}
40 临海	背脊后 pe^{33}tɕieʔ^{3}ə^{51}	里头 li^{42}də^{51}	外头 ŋa^{22}də^{51}
41 椒江	后臁 io^{42}k^{h}uəŋ^{35}小	肚里 dəu^{31}li^{51}小	外头 ŋa^{22}dio^{31}
42 黄岩	背脊后 pe^{33}tɕieʔ^{3}io^{51}小 朏臀后 k^{h}uəʔ^{3}døn^{22}io^{51}小	里转 li^{42}tsø^{42}	外面 ŋa^{13}mie^{24}
43 温岭	后臁 iɤ^{42}k^{h}uən^{15}小	里头 li^{42}dɤ^{24}小 里向 li^{42}ɕiã^{55}	外头 ŋa^{13}dɤ^{31} 外向 ŋa^{13}ɕiã^{55}
44 仙居	后头 əɯ^{21}dəɯ^{353}小	里面 li^{31}mie^{24}	外面 ŋæ^{24}mie^{55}
45 天台	背后 pei^{33}eu^{214}	里面 li^{21}mie^{35}	外面 ŋei^{33}mie^{35}
46 三门	后面 ɤɯ^{21}mie^{243} 背后 pe^{33}ɤɯ^{45}	里头 li^{32}dɤɯ^{252}	外头 ŋa^{23}dɤɯ^{224}
47 玉环	后臁 iɤ^{53}k^{h}uəŋ^{35}小	里向 li^{53}ɕia^{55} 肚里 dəu^{31}li^{51}小 里面 li^{53}mie^{22}	外向 ŋa^{22}ɕia^{55}

续表

方言点	0127 背后	0128 里面躲在～	0129 外面衣服晒在～
48 金华	背脊后 pɛ^{33} tɕiəʔ^{3} eu^{535} 背后 pɛ^{33} eu^{535}	里面 li^{55} mie^{14}	外面 ɑ^{55} mie^{14}
49 汤溪	背后 pɛ^{33} əɯ^{113}	里头 li^{11} dəɯ^{113}	外面 ɑ^{11} mie^{341}
50 兰溪	背后 pe^{334} əɯ^{55}	里头 li^{55} təɯ^{55} 里面 li^{55} mie^{24}	外头 ɑ^{55} təɯ^{55} 外面 ɑ^{55} mie^{24}
51 浦江	背后 pa^{33} ɤ^{243} 背脊后 pa^{33} tsɛ^{33} ɤ^{243}	里面 li^{24} mɛ̃^{0}	外面 ŋɑ^{24} mɛ̃^{0}
52 义乌	反背后 fɔ^{33} pe^{33} ɐɯ^{312}	里头儿 li^{33} dɤn^{24}	外头 ɔ^{24} tɐɯ^{45}
53 东阳	背后 pe^{33} əɯ^{35}	里头 li^{23} dəɯ^{33}	外头 ŋa^{22} dəɯ^{53}
54 永康	背脊后 ɓəi^{33} tsəi^{33} əu^{113}	里头 li^{31} dəu^{241}	外头 ȵia^{31} dəu^{241}
55 武义	后头面 ɑu^{55} dɑu^{32} mie^{231}	里头 li^{53} dɑu^{324}	外头 ȵia^{53} dɑu^{324}
56 磐安	背脊后 pe^{33} tsɛ^{55} ɐɯ^{334}	里头 li^{52} dɐɯ^{14}	外头 ŋa^{21} tɐɯ^{52}
57 缙云	背脊后 pɛ^{44} tsei^{44} əɤ^{31}	里面 ti^{51} miɛ^{213}	外面 ŋɑ^{21} miɛ^{213}
58 衢州	背后 pe^{53} ɯ^{231}	里头 li^{231} de^{21}	外头 ŋɛ^{231} de^{21}
59 衢江	背后 pei^{33} u^{212}	里埏 li^{22} daʔ^{2} 里向 li^{22} ɕiã^{53}	外埏 ŋa^{22} daʔ^{2} 外向 ŋa^{22} ɕiã^{53}
60 龙游	背后 pei^{33} əɯ^{224}	里向 li^{22} ɕiã^{51}	外向 ŋɑ^{22} ɕiã^{51}
61 江山	背脊后 pəʔ^{4} tɕiᴇʔ^{5} u^{22} 朏臀后 k^{h}oʔ^{5} dɛ̃^{22} u^{22}	里向 liə^{22} xiaŋ^{51}	外向 ŋua^{22} xaŋ^{51}
62 常山	背后 pɛ^{44} u^{52} 背脊后 pɛ^{44} tseʔ^{5} u^{52}	里头 le^{22} du^{24} 里面 lie^{22} miɛ̃^{131}	外底 uɛ^{22} tie^{52} 外面 uɛ^{22} miɛ̃^{131}
63 开化	背后 pɛ^{44} u^{213}	里底 li^{21} tiɛ^{53}	外底 ua^{21} tiɛ^{53}
64 丽水	背后 pei^{44} əɯ^{544} 背脊后 pei^{44} tɕiʔ^{4} əɯ^{544}	底头 ti^{52} dəɯ^{131} 底面 ti^{52} miɛ^{131}	外头 uɔ^{21} dəɯ^{131} 外面 uɔ^{21} miɛ^{131}
65 青田	背脊心后 ɓæi^{33} tsɿʔ^{4} saŋ^{33} æi^{454}	里架 li^{55} ku^{33}	外架 uɑ^{33} ku^{33}
66 云和	背脊后 piɛ^{44} tɕiʔ^{4} u^{41}	底头 ti^{44} dəɯ^{0} 底面 ti^{44} miɛ^{223}	外头 ua^{223} dəɯ^{312} 外面 ua^{223} miɛ^{223}
67 松阳	背后 pei^{24} u^{22}	内壁 nɛ^{21} piʔ^{5}	外面 ŋa^{22} miɛ̃^{13}
68 宣平	背脊后 piəʔ^{4} tɕiəʔ^{4} əɯ^{223}	肚内 du^{43} nei^{231} 内头 nei^{22} dəɯ^{223}	外头 ua^{22} dəɯ^{223}

续表

方言点	0127 背后	0128 里面躲在～	0129 外面衣服晒在～
69 遂昌	背后 pei^{55}u^{13}	内底 nei^{13}tiɛ^{533}	外底 ua^{13}tiɛ^{533}
70 龙泉	后头 u^{51}diəu^{21}	底头 ti^{51}diəu^{21}	外头 ua^{224}diəu^{21}
71 景宁	背脊后 piʔ^{3}tsʅʔ^{5}u^{33} 后头 u^{33}təɯ^{45}	底头 ti^{33}təɯ^{45}	外头 uɔ^{33}təɯ^{45}
72 庆元	后向 u^{22}ɕiɑ̃^{11}	底向 ɗiᴇ^{33}ɕiɑ̃^{11}	外向 uɑ^{31}ɕiɑ̃^{11}
73 泰顺	背脊后 piʔ^{2}tsʅʔ^{2}əu^{55}	底爿 ti^{55}pã^{53}	外爿 ua^{22}pã^{53}
74 温州	后面 au^{31}mai^{22}	底转 tei^{42}tɕy^{25}	外转 va^{31}tɕy^{25}
75 永嘉	后面 au^{31}mai^{22} 背后 pai^{53}au^{13}	底面 tei^{53}mai^{22}	外面 va^{31}mai^{22}
76 乐清	后面 au^{42}mai^{22}	底面 ti^{42}mai^{22}	外面 ve^{31}mai^{22}
77 瑞安	后面 au^{53}mai^{22} 背后 bai^{31}au^{13}	底面 tei^{53}mai^{22}	外面 ŋa^{31}mai^{22}
78 平阳	背后 pai^{33}au^{35}	底面 ti^{33}mai^{13}	外面 vᴀ^{33}mai^{21}
79 文成	背后 pai^{42}au^{13}	底面 tei^{33}mai^{21}	外面 ŋɔ^{212}mai^{21}
80 苍南	背后 bai^{31}au^{53}	底面 ti^{42}mai^{11}	外面 ya^{31}mai^{11}
81 建德徽	背后 pe^{33}hɤɯ^{213}	里头 li^{55}tɤɯ^{33}	外头 uɑ^{55}tɤɯ^{33}
82 寿昌徽	背后 piæ^{33}xəɯ^{534} 后头 xəɯ^{33}təɯ^{112}	里头 li^{33}təɯ^{112}	外头 uɑ^{33}təɯ^{52}
83 淳安徽	屁股头 pʰi^{21}ku^{55}tʰɯ^{21}	里头 li^{55}tʰɯ^{55}	外头 uɑ^{53}tʰɯ^{55}
84 遂安徽	后面 xəɯ^{55}miɛ̃^{52} 屁股后面 pʰi^{55}ku^{33}xəɯ^{55}miɛ̃^{52}	内面 ləɯ^{55}miɛ̃^{52}	外面 vəɯ^{55}miɛ̃^{52}
85 苍南闽	后背脊 au^{21}pa^{33}tɕia^{24}	内面 lai^{21}bin^{21}	外面 gua^{21}bin^{21}
86 泰顺闽	尾后 məi^{21}au^{31}	底爿 tei^{344}pɛ^{22}	外爿 nia^{21}pɛ^{22}
87 洞头闽	后壁 au^{212}pia^{53} 背后 pue^{21}au^{21}	内面 lai^{212}bin^{21} 内口 lai^{212}kʰau^{33}	外面 gua^{212}bin^{21} 外口 gua^{212}kʰau^{53}
88 景宁畲	背后 pɔi^{44}xiəu^{51}	内头 nuei^{55}tu^{55}小	口边 kʰɔ^{55}pan^{44}小

方言点	0130 旁边	0131 上碗在桌子～	0132 下凳子在桌子～
01 杭州	旁边 baŋ^{22} piɛ^{45}	高头 kɔ^{33} dei^{45}	下底 ia^{13} ti^{53}
02 嘉兴	边浪= pie^{33} lᴀ̃^{21}	浪= lᴀ̃^{21}	下底 o^{21} ti^{42}
03 嘉善	嗨=边 xɛ^{35} piɪ^{53}	上头 zã^{22} də^{13}	下脚 o^{22} tɕiaʔ^{5}
04 平湖	嗨=边 hɛ^{55} piɛ^{31} 边浪= piɛ^{53} lɑ̃^{0}	浪= lɑ̃^{0}	下脚 o^{21} tɕiaʔ^{51} 下底 o^{21} ti^{53} 下头 o^{21} dəɯ^{53}
05 海盐	旁边 bɑ̃^{24} piɛ^{53}	浪= lɑ̃^{0}	下底 o^{53} ti^{53}
06 海宁	边浪= pie^{55} lɑ̃^{55}	浪= lɑ̃^{13}	下头 o^{33} dəɯ^{33}
07 桐乡	边牢= piᴇ^{44} lɔ^{44} 边牢=向 piᴇ^{44} lɔ^{44} ɕiã^{44}	牢= lɔ^{44} 牢=向 lɔ^{44} ɕiã^{44}	下底 o^{242} ti^{44}
08 崇德	边浪= piɪ^{44} lã^{44}	浪= lãŋ^{44}	下底 o^{55} ti^{0}
09 湖州	边牢= pie^{44} lɔ^{44}	牢= lɔ^{112}	下头 ou^{53} døʉ^{13}
10 德清	边浪= pie^{44} lã^{44}	浪= lã^{334}	下底 uo^{35} ti^{0}
11 武康	边浪= piɪ^{44} lã^{44}	高头 kɔ^{44} dø^{44}	下头 o^{35} dø^{53}
12 安吉	旁边头 bɔ̃^{22} pi^{22} dəɪ^{22}	高头 kɔ^{55} dəɪ^{55}	下头 ʊ^{52} dəɪ^{21}
13 孝丰	边浪= piɪ^{44} lɔ̃^{44}	浪= lɔ̃^{44}	下头 ʊ^{45} dəɪ^{21}
14 长兴	边浪= pi^{44} lɔ̃^{44}	浪= lɔ̃^{44}	下头 u^{45} dei^{21}
15 余杭	旁边 bɑ̃^{31} piẽ^{35}	上头 zɑ̃^{33} døʏ^{31}	下底 uo^{35} ti^{53}
16 临安	旁边头 bɑ̃^{31} pie^{33} də^{33}	高头 kɔ^{55} də^{33}	下底 o^{33} ti^{53}
17 昌化	旁边 bɔ̃^{11} piɪ̃^{334} 边头 piɪ̃^{33} di^{45}	高头 kɔ^{33} di^{45} 上头 zɔ̃^{23} di^{453}	底下 ti^{45} u^{53} 下头 u^{23} di^{453}
18 於潜	边头 pie^{43} diəu^{223}	高头 kɔ^{43} diəu^{223}	底里 ti^{53} li^{31}
19 萧山	旁边 bɔ̃^{13} pie^{33}	上 yɔ̃^{242}	下 o^{242}
20 富阳	边浪= piɛ̃^{55} lɑ̃^{31}	浪= lɑ̃^{224}	底脚 di^{224} tɕiaʔ^{5}
21 新登	旁边头 bɑ̃^{233} piɛ̃^{334} təu^{45}	浪= lɑ̃^{13} 案顶 ɛ^{21} teiŋ^{45}	下脚 ɑ^{334} tɕiaʔ^{5}
22 桐庐	旁边 bã^{21} pie^{35}	上头 zã^{13} dei^{55}	底下 ti^{33} uo^{24}
23 分水	旁边 pʰã^{21} piɛ̃^{44}	高头 kɔ^{44} lɵ^{21}	底下 ti^{44} ʑia^{21}

续表

方言点	0130 旁边	0131 上碗在桌子～	0132 下凳子在桌子～
24 绍兴	旁边头 baŋ^{22} piẽ^{44} dɤ^{31}	高头 kɔ^{33} dɤ^{231}	下底头 o^{22} ti^{33} tɤ^{334} 下底 o^{24} ti^{31}
25 上虞	旁边 bɔ̃^{21} piẽ^{35}	高头 kɔ^{33} dɤ^{213}	下底 o^{21} ti^{53}
26 嵊州	旁边头 bɔŋ^{22} piẽ^{33} dʏ^{231}	高头 kɔ^{53} dʏ^{231}	下底 o^{24} ti^{53}
27 新昌	边沿头 piɛ̃^{53} iɛ̃^{33} diɯ^{232}	上面 zaŋ^{22} miɛ̃^{232}	底下 ti^{33} o^{232}
28 诸暨	横头 vã^{21} dei^{242}	高墩 kɔ^{21} tɛn^{33}	下头 o^{13} dei^{33}
29 慈溪	边晏⁼ piẽ^{33} ẽ^{53}	高头 kɔ^{33} dø^{13}	下底 o^{13} ti^{44}
30 余姚	旁边头 bɔŋ^{13} piẽ^{44} dø^{13} 横边头 uɔŋ^{13} piẽ^{44} dø^{13}	高头 kɔ^{44} dø^{13}	下头 o^{13} dø^{13}
31 宁波	旁边 bɔ^{22} pi^{53}	上头 zɔ^{22} dœʏ^{53}	下头 o^{22} dœʏ^{53}
32 镇海	旁边头 bɔ̃^{22} pi^{44} dei^{24}	上 zɔ̃^{24}	下 o^{24}
33 奉化	横头 uã^{33} dæi^{31}	高头 kʌ^{44} dæi^{31}	下头 o^{33} dæi^{33}
34 宁海	边里 pie^{33} diəʔ^{3}	上 zɔ̃^{24}	下 o^{31}
35 象山	边头 pi^{44} dɤɯ^{13}	上头 zɔ̃^{31} dɤɯ^{31}	下头 o^{31} dɤɯ^{31}
36 普陀	旁边头 po^{33} pi^{55} leu^{55} 旁边头 po^{33} pi^{55} deu^{55}	上凳⁼ zɔ̃^{33} tɐŋ^{55}	下底 o^{23} ti^{55}
37 定海	旁边头 bõ^{33} pi^{44} dɐi^{44}	上头 zõ^{11} dɐi^{44}	下头 uo^{23} dɐi^{44}
38 岱山	旁边 po^{33} pi^{52} "旁"声殊	上头 zõ^{11} dœʏ^{45}	下头 uo^{23} dœʏ^{52}
39 嵊泗	旁边 po^{33} pi^{53} "旁"声殊	高头 kɔ^{33} dœʏ^{53}	下底 uo^{34} ti^{44}
40 临海	横边 uã^{22} pi^{353} 小	上 zɔ̃^{324}	下 o^{52}
41 椒江	边哒 pie^{35} dəʔ^{0}	上头 zɔ̃^{22} dio^{31}	下面 o^{42} mie^{24}
42 黄岩	边哒 pie^{35} dəʔ^{0}	上面 zɔ̃^{13} mie^{24}	下底 o^{42} ti^{51} 小
43 温岭	横边 uã^{13} pie^{15} 小 边勒 pie^{15} lə^{0}	上 zɔ̃^{13}	下 o^{42}
44 仙居	横边 uã^{33} ɓie^{53}	嘚 ɗiəʔ^{5}	下面 o^{31} mie^{24}
45 天台	横边 ua^{22} pie^{51}	上 zɔ^{35}	下 o^{214}
46 三门	还⁼边 uɛ^{11} pie^{52}	上面 zɔ^{23} mie^{55}	下面 o^{21} mie^{243}
47 玉环	横边 uã^{22} pie^{35} 小	上 zɔ̃^{22}	下 o^{53}

续表

方言点	0130 旁边	0131 上碗在桌子～	0132 下凳子在桌子～
48 金华	旁边 bɑŋ^{31}pie^{55}	上 ɕiɑŋ^{0}	下 uɑ^{535} 下底 uɑ^{53}tie^{535}
49 汤溪	边沿 mie^{24}ie^{0}	上 ʑiɔ^{113}	下 uɑ^{113}
50 兰溪	边沿 pie^{334}ie^{45}	上头 ɕiɑŋ^{55}təɯ^{55} 上面 ɕiɑŋ^{55}mie^{24}	下底 uɑ^{55}tie^{55} 下面 uɑ^{55}mie^{24}
51 浦江	边诶 piẽ^{53}na^{334}	上 ʑyõ^{0}	下面 iɑ^{24}mɛ̃^{0}
52 义乌	边儿里 pien^{45}li^{31}	上顶儿 zɯa^{24}nen^{335}	落底儿 lɔ^{24}nin^{335}
53 东阳	边儿 pin^{334}	上 dʑiɔ^{231}	落 lo^{24}
54 永康	歪拼$^{=}$ uai^{33}pʰiŋ^{55}	夯$^{=}$ la^{241}	下 uɑ^{113}
55 武义	边儿沿 min^{32}ȵie^{53}	当$^{=}$ nɑŋ^{13}	下 uɑ^{13}
56 磐安	沿里 ie^{14}li^{52}	头 dɐɯ^{213} 里 li^{334}	下儿 uən^{14}
57 缙云	脚里 tɕiɔ^{44}ləɤ^{31}近 沿里 iɛ^{21}ləɤ^{453}远	上 dʑiɑ^{31}	下 iɑ^{51}
58 衢州	旁边 bɑ̃^{21}piẽ^{32} 边央 piẽ^{32}iɑ̃^{53}	上头 ʒyɑ̃^{231}de^{21}	下底 ɑ^{231}ti^{35}
59 衢江	边高 piẽ^{33}kɔ^{53}	高 kɔ^{53}	下底 u^{22}tie^{25}
60 龙游	边沿 pie^{33}ie^{334}	高向 kɔ^{33}ɕiɑ̃^{51}	下向 uɑ^{22}ɕiɑ̃^{51}
61 江山	边里 piɛ̃^{44}ləʔ^{5} 边沿 piɛ̃^{24}iɛ̃^{213}	里 ləʔ^{2} 上向 dʑiaŋ^{22}xaŋ^{51}	底 tiə^{241} 下向 o^{22}xaŋ^{51}
62 常山	边高 piɛ̃^{45}kɤ^{0} 边里 piɛ̃^{45}lɤʔ^{0}	高 kɤ^{44} 高底 kɤ^{44}te^{52}	下底 ɔ^{22}te^{52}
63 开化	边高 piɛ̃^{44}kəɯ^{53}	高底 kəɯ^{44}tiɛ^{53} 高 kəɯ^{44}	底 tiɛ^{53}
64 丽水	旁边 bɔŋ^{22}piɛ^{224} 边埄 piɛ^{224}tə^{0}	上 dʑiɑ̃^{131}	下 io^{544}
65 青田	边西$^{=}$ ɓiɑ^{33}sɿ^{445}	上 dʑi^{22}	下 u^{454}
66 云和	边沿 piɛ^{24}iɛ^{45}	上 dʑiɑ̃^{223}	下 io^{41}
67 松阳	沿儿 iɛ̃^{21}n^{24}	上 dʑiɑ̃^{22}	下 yə^{22}

续表

方言点	0130 旁边	0131 上碗在桌子～	0132 下凳子在桌子～
68 宣平	边沿 piɛ^{32}iɛ^{52}	掩 tɑʔ^{0}	下 ia^{223}
69 遂昌	边上 piɛ̃^{45}dʑiaŋ^{0}	上 dʑiaŋ^{13}	下 iɒ^{13}
70 龙泉	沿沿 iᴇ^{45}iᴇ^{21}	望上 mɔŋ^{21}dʑiaŋ^{224}	望下 mɔŋ^{21}io^{51}
71 景宁	边轩⁼ piɛ^{33}ɕiɛ^{324} 边沿 piɛ^{33}iɛ^{45}	上头 dʑiɛ^{33}təɯ^{45}	下头 io^{33}təɯ^{45}
72 庆元	边沿 ɓiɑ̃^{33}iɛ̃^{52}	里 liᴇ^{221} 上 tɕiɑ̃^{221}	下 iɑ^{221}
73 泰顺	单⁼爿 tã^{22}pa^{53}	上 tɕiã^{22}	下 yɔ^{55}
74 温州	边埏 pi^{33}ɕi^{33}	上 i^{22}	下 o^{14}
75 永嘉	边埏 pi^{33}ɕi^{44}	上 iɛ^{22}	下 o^{13}
76 乐清	边埏 piᴇ^{44}siᴇ^{44}	上 ziɯʌ^{22}	下 o^{24}
77 瑞安	边埏 pi^{33}ɕi^{44}	上 iɛ^{22}	下 o^{13}
78 平阳	边埏 pie^{33}ɕie^{55}	上面 ie^{45}mai^{13}	下面 o^{45}mai^{13}
79 文成	边埏 pie^{33}ɕie^{33}	背⁼ pai^{33}	下 o^{224}
80 苍南	边埏 pi^{33}ɕiɛ^{44}	上 dʑiɛ^{31}	下 o^{53}
81 建德徽	旁边 pɛ^{33}pie^{53}	上 so^{213}	下底 ho^{55}ti^{213}
82 寿昌徽	边上 pi^{11}sɑ̃^{24}	上头 sɑ̃^{33}təɯ^{52}	下头 xuə^{33}təɯ^{52}
83 淳安徽	沿边 iã^{43}piã^{24}	上 sɑ̃^{0}	底下 tiɑ^{33}ho^{55}
84 遂安徽	边上 piɛ̃^{52}sɑ̃^{43}	上 ɕiɑ̃^{52}	下 xɑ̃^{43}
85 苍南闽	边舷 pĩ^{33}ɕin^{55}	顶面 tin^{24}bin^{21}	下面 e^{21}bin^{21}
86 泰顺闽	旁爿 po^{21}pɛ^{22}	上 ɕio^{31}	下 a^{31}
87 洞头闽	边舷 pin^{33}hĩ^{33} 边头 pin^{53}tʰau^{21}	面顶 bin^{21}tieŋ^{53}	下底 e^{21}tue^{53}
88 景宁畲	边墘 pan^{44}kien^{445}小	上 ɕiɔŋ^{51}	下 xɔ^{51}

方言点	0133 边儿桌子的～	0134 角儿桌子的～	0135 上去他～了
01 杭州	边儿 piɛ^{33} əl^{45}	角儿 koʔ^{5} əl^{0}	上去 zaŋ^{13} tɕʰi^{53}
02 嘉兴	边浪⁼ pie^{33} lÃ^{21} 边边浪⁼ pie^{33} pie^{33} lÃ^{21} 边浪⁼向 pie^{33} lÃ^{21} ɕiÃ^{21}	角浪⁼向 koʔ^{5} lÃ^{21} ɕiÃ^{21}	上去 zÃ^{21} tɕʰi^{24}
03 嘉善	边 piɪ^{53}	角 kuoʔ^{5}	上去 zã^{22} tɕʰi^{35}
04 平湖	边浪⁼ piɛ^{53} lɑ̃^{0}	角 koʔ^{5}	上去 zɑ̃^{21} tɕʰi^{44}
05 海盐	边浪⁼ piɛ^{53} lɑ̃^{0}	角浪⁼ kɔʔ^{5} lɑ̃^{334}	上去 zɑ̃^{55} tɕʰi^{21}
06 海宁	边边头 pie^{55} pie^{55} dəɯ^{33}	角 koʔ^{5}	上去 zɑ̃^{13} tɕʰi^{0}
07 桐乡	边牢⁼ piᴇ^{44} lɔ^{44} 边牢⁼向 piᴇ^{44} lɔ^{44} ɕiã^{44}	角牢⁼ kɔʔ^{3} lɔ^{13} 角牢⁼向 kɔʔ^{3} lɔ^{33} ɕiã^{334}	上去 zɒ̃^{24} tɕʰi^{0}
08 崇德	边牢⁼ piɪ^{44} lɔ^{44}	角牢⁼ kɔʔ^{3} lɔ^{13}	上去 zã^{24} tɕʰi^{0}
09 湖州	边牢⁼ pie^{44} lɔ^{44}	角牢⁼ kuoʔ^{5} lɔ^{53}	上去 zã^{35} tɕʰi^{13}
10 德清	边浪⁼ pie^{44} lã^{53}	角浪⁼ kuoʔ^{5} lã^{53}	上去 zã^{35} tɕʰi^{0}
11 武康	边 piɪ^{44}	角 kuoʔ^{5}	上去 zã^{35} tɕʰi^{0}
12 安吉	边浪⁼ pi^{55} lɔ̃^{55}	角 koʔ^{5}	上去 zɔ̃^{24} tɕʰi^{52}
13 孝丰	边浪⁼ piɪ^{44} lɔ̃^{44}	角浪⁼ kuoʔ^{5} lɔ̃^{44}	上去 zɔ̃^{24} tɕʰi^{52}
14 长兴	边浪⁼ pi^{44} lɔ̃^{44}	角 koʔ^{5}	上去 zɔ̃^{24} tʃʰʅ^{21}
15 余杭	旁边 bɑ̃^{33} piẽ^{35}	角儿 koʔ^{5} n^{31}	上头去 zɑ̃^{33} døʏ^{35} tɕʰi^{53}
16 临安	边里 pie^{53} li^{33}	角落头 kuɔʔ^{5} luɔʔ^{2} də^{33}	上去 zɑ̃^{33} tɕʰi^{33}
17 昌化	边头 piɪ̃^{33} di^{45} 边上 piɪ̃^{33} zɔ̃^{45}	角 kuəʔ^{5}	上去 zɔ̃^{23} tɕʰi^{53}
18 於潜	边头 pie^{43} diəu^{223}	边角头 pie^{43} kuəʔ^{53} diəu^{223}	到高头 tɔ^{35} kɔ^{43} diəu^{223}
19 萧山	边浪⁼头 pie^{33} lɔ̃^{35} dio^{21}	角落头 kəʔ^{5} ləʔ^{5} dio^{33}	上去 zɔ̃^{13} tɕʰi^{21}
20 富阳	边浪⁼ piɛ̃^{55} lɑ̃^{31}	角浪⁼ koʔ^{5} lɑ̃^{335}	上去 zɑ̃^{224} tɕʰi^{335}
21 新登	边浪⁼ piɛ̃^{53} lɑ̃^{334}	角浪⁼ kaʔ^{5} lɑ̃^{334}	上去 zɑ̃^{21} tɕʰi^{45}
22 桐庐	边上 pie^{33} zã^{13}	角落头 kaʔ^{5} laʔ^{3} dei^{33}	上去 zã^{13} kʰi^{55}

续表

方言点	0133 边儿桌子的～	0134 角儿桌子的～	0135 上去他～了
23 分水	边 piɛ̃^{44}	角 kuəʔ^{5}	上去 zã^{24} tɕʰy^{24}
24 绍兴	边头 piẽ^{33} dɤ^{231}	角头 koʔ^{3} dɤ^{231}	上去 zɑŋ^{24} tɕʰi^{31}
25 上虞	旁边 bɔ̃^{21} piẽ^{35}	角 koʔ^{5}	上去 zɔ̃^{21} tɕʰi^{53}
26 嵊州	沿 iẽ^{213}	角 koʔ^{5}	□上去 uo^{53} zaŋ^{24} tɕʰi^{31}
27 新昌	边沿头 piɛ̃^{53} iɛ̃^{33} diɯ^{232}	角 koʔ^{5}	上去 ʑiaŋ^{13} tɕʰi^{335}
28 诸暨	边勒 pie^{33} ləʔ^{13}	角勒 koʔ^{5} ləʔ^{5}	上去 zã^{13} kʰie^{33}
29 慈溪	边沿 piẽ^{33} iẽ^{13}	角落头儿 koʔ^{5} loʔ^{2} dəŋ^{13}	上去 zɔ̃^{11} kʰe^{53}
30 余姚	旁边 bɔŋ^{13} piẽ^{44}	角落头 koʔ^{5} loʔ^{2} dø^{0}	上去 zɔŋ^{13} kʰe^{53}
31 宁波	边头 pi^{33} dœʏ^{53}	角落头 koʔ^{2} loʔ^{2} dœʏ^{53}	上去 zɔ^{13} tɕʰi^{44}
32 镇海	旁边 bɔ̃^{22} pi^{53}	角落头 koʔ^{5} loʔ^{2} dei^{24}	上去 zɔ̃^{22} tɕʰi^{53}
33 奉化	沿 i^{31}	角落头 koʔ^{2} loʔ^{2} dæi^{24}	上去 zɔ̃^{31} tɕʰi^{0}
34 宁海	边 pie^{423}	角落头 kɔʔ^{3} lɔʔ^{3} diu^{31}	上去 zɔ̃^{22} tɕʰi^{53}
35 象山	边 pi^{44}	角 koʔ^{5}	上去 zɔ̃^{31} tɕʰiɛ^{0}
36 普陀	沿子 i^{33} tsɿ^{55}	角 koʔ^{5}	上凳⁼去 zɔ̃^{33} tɐŋ^{55} tɕʰi^{0}
37 定海	沿子 i^{11} tsɿ^{44}	角 koʔ^{5}	上去 zõ^{33} tɕʰi^{52}
38 岱山	沿子 i^{11} tsɿ^{45}	角 koʔ^{5}	上去 zõ^{33} tɕʰi^{52}
39 嵊泗	旁边 po^{33} pi^{53} "旁"声殊	角落头 koʔ^{3} loʔ^{3} lɐi^{44} "头"音殊	上去 zõ^{24} tɕʰi^{0}
40 临海	岸边头 ø^{22} pi^{33} də^{51}	角落头 koʔ^{3} loʔ^{2} də^{51}	上去 zɔ̃^{21} kʰe^{55}
41 椒江	边哒 pie^{35} dəʔ^{0}	角落头 koʔ^{3} loʔ^{2} dio^{41}	上去 zɔ̃^{31} kʰə^{0}
42 黄岩	边哒 pie^{35} təʔ^{0}	角落头 koʔ^{3} loʔ^{2} dio^{24}小	上去 zɔ̃^{31} kʰə^{0}
43 温岭	沿边头 ie^{13} pie^{33} dɤ^{24}小	角落头 koʔ^{3} loʔ^{2} dɤ^{24}小	上去 zɔ̃^{31} kʰə^{0}
44 仙居	横边 uã^{33} ɓie^{53}	角头 kɑʔ^{3} dəɯ^{353}小	上去 ʑia^{33} kaʔ^{5} "去"音殊
45 天台	边 pie^{33}	桌角 tɕyɔʔ^{1} kɔʔ^{5} 角头 kɔʔ^{1} deu^{224}	上去 zɔ^{33} kʰe^{55}

续表

方言点	0133 边儿桌子的～	0134 角儿桌子的～	0135 上去他～了
46 三门	还⁼边 uɛ^{11} pie^{52}	角落头 kɔʔ^{5} lɔʔ^{2} dɤɯ^{252}	上去 zɔ^{23} tɕʰi^{52}
47 玉环	沿边头 ie^{22} pie^{33} diɤ^{24} 小 边沿头 pie^{33} ie^{22} diɤ^{24} 小	角落头 koʔ^{3} loʔ^{2} diɤ^{24} 小	上去 zɔ̃^{31} kʰie^{0}
48 金华	边沿 pie^{33} ie^{55}	角落头 koʔ^{4} loʔ^{4} tiu^{55}	上去 ɕiɑŋ^{55} kʰɤ^{14}
49 汤溪	边 mie^{24}	角 kɔ^{55}	上去 ʑiɔ^{11} kʰəɯ^{52}
50 兰溪	沿 ie^{24}	角头 kɔʔ^{34} təɯ^{45}	上去 ɕiɑŋ^{55} gi^{24}
51 浦江	边儿 piẽn^{534}	角儿 kon^{423}	上去 ʑyõ^{24} i^{0}
52 义乌	边儿 pien^{335}	角 kɔ^{324}	上去 dzɯa^{24} ai^{31}
53 东阳	边儿 pin^{334}	角儿 kɔn^{334}	上去 dʑiɔ^{23} kʰəɯ^{33}
54 永康	边沿 ɓie^{33} ie^{52}	角 kɑu^{334}	上去 ʑiɑŋ^{31} kʰɯ^{52}
55 武义	边儿沿 min^{32} ȵie^{53}	角 kɑu^{53}	下⁼上 uɑ^{53} dʑiɑŋ^{0}
56 磐安	沿 ie^{14}	角 kuə^{334}	上去 tɕiɒ^{52} kʰɐɯ^{52}
57 缙云	唇⁼ zyɛŋ^{243} □沿 mɛŋ^{44} iɛ^{453}	角 kɔ^{45} 小	上去 dʑiɑ^{21} kʰɤ^{31}
58 衢州	边 piẽ^{32}	角落 kəʔ^{5} ləʔ^{12}	上去 ʒyã^{231} kʰi^{35}
59 衢江	沿 ie^{231} 边 pie^{33}	角 kəʔ^{5} 角落 kəʔ^{5} ləʔ^{2}	上去 dʑiã^{22} kʰɤ^{53}
60 龙游	沿 ie^{21}	角 kɔʔ^{4}	上去 dzã^{22} kʰəʔ^{4}
61 江山	边沿 piɛ̃^{24} iɛ̃^{213} 沿 iɛ̃^{213}	角 kɒʔ^{5}	上去 dʑiaŋ^{22} kʰə^{241}
62 常山	沿 iɛ̃^{341}	角 kʌʔ^{5}	上去 dʑiã^{24} kʰɤʔ^{0}
63 开化	边 piɛ̃^{44}	角 kɔʔ^{5}	上去 dʑiã^{21} kʰiɛ^{53}
64 丽水	边 piɛ^{224}	角 kəʔ^{5}	上去 dʑiã^{131} kʰɯ^{0}
65 青田	边缘 ɓiɑ^{55} yɐ^{21}	角头 koʔ^{4} deu^{53}	走上 tsaʔ^{4} dʑi^{343}
66 云和	边 piɛ^{24}	角 koʔ^{5}	上去 dʑiã^{223} kʰi^{0}

续表

方言点	0133 边儿桌子的～	0134 角儿桌子的～	0135 上去他～了
67 松阳	沿儿 iɛ̃^{21} n^{24}	角 koʔ^{5}	上去 dʑiã^{21} kʰɯə^{24}
68 宣平	边 piɛ^{324}	角 kəʔ^{5}	挖= 上去 uɑʔ^{5} dʑiɑ̃^{22} xə^{0} 上去 dʑiɑ̃^{22} xə^{0}
69 遂昌	边 piɛ̃^{45}	角 kɔʔ^{5}	上去 dʑiaŋ^{22} kʰɤ^{334}
70 龙泉	边 piᴇ^{434}	角 kouʔ^{5}	上去 dʑiaŋ^{21} kʰɤɯ^{45}
71 景宁	边 piɛ^{324}	角 koʔ^{5}	上去 dʑiɛ^{113} kʰi^{35}
72 庆元	沿 iɛ̃^{52}	角 koʔ^{5}	上去 tɕiɑ̃^{22} kʰɤ^{11}
73 泰顺	边 piã^{213}	角 koʔ^{5}	上去 tɕiã^{22} tsʰɿ^{35}
74 温州	边 pi^{33}	角头 ko^{33} dɤu^{223}	走上面 tsau^{33} i^{31} mai^{22}
75 永嘉	边 pi^{44}	角头 ko^{423} dəu^{0}	走上 tsau^{43} iɛ^{45}
76 乐清	边 piᴇ^{44}	角头 ko^{35} diu^{212}小	走上去 tɕiau^{35} ziɯʌ^{0} dʑi^{0}
77 瑞安	边 pi^{44}	角头 ko^{323} dəɯ^{0}	走上 tsau^{35} iɛ^{0} 跘上 ba^{31} iɛ^{0}
78 平阳	边 pie^{55}	角头儿 ko^{45} dɛŋ^{13}	走上 tʃau^{45} ie^{45}
79 文成	边 pie^{55}	角 ko^{34}	上 ʑie^{224}
80 苍南	边 piɛ^{44}	角 ko^{223}	上去 dʑiɛ^{24} kʰi^{0}
81 建德徽	边上 pie^{53} so^{213}	角头 ku^{55} tɤɯ^{33}	上去 so^{21} kʰi^{33}
82 寿昌徽	边 pi^{112}	角 kɔʔ^{3}	上去 sɑ̃^{33} kʰəɯ^{33}
83 淳安徽	沿边 iã^{43} piã^{24}	角 koʔ^{5}	上去 sɑ̃^{53} kʰɯ^{24}
84 遂安徽	边上 piɛ̃^{52} sɑ̃^{43}	角上 ko^{24} sɑ̃^{52}	上去 ɕiɑ̃^{55} kʰəɯ^{55}
85 苍南闽	边 pin^{55}	角 kɐ^{43}	顶面去 tin^{24} bin^{21} kʰɯ^{21}
86 泰顺闽	墘 kie^{22}	角 kɒʔ^{5}	上去 ɕio^{21} kʰøi^{53}
87 洞头闽	舷边 ɕin^{24} pin^{33}	角 kɐk^{5}	起去 kʰi^{53} kʰɯ^{0}
88 景宁畲	边墘 pan^{44} kien^{445}小	角 koʔ^{5}	上去 ɕiɔŋ^{51} ɕy^{44}

方言点	0136 下来他～了	0137 进去他～了	0138 出来他～了
01 杭州	落来 loʔ^{2} lɛ^{45}	进去 tɕiŋ^{45} tɕʰi^{53}	出来 tsʰaʔ^{3} lɛ^{45}
02 嘉兴	下来 o^{21} lᴇ^{42}	进去 tɕiŋ^{24} tɕʰi^{21}	出来 tsʰəʔ^{5} lᴇ^{33}
03 嘉善	塌$^{=}$来 tʰɜʔ^{5} lɛ^{31}	进去 tɕin^{55} tɕʰi^{0}	出来 tsʰɜʔ^{5} lɛ^{31}
04 平湖	落来 loʔ^{23} lɛ^{31}	进去 tsin^{44} tɕʰi^{0}	出来 tsʰəʔ^{23} lɛ^{31}
05 海盐	拉$^{=}$脱 lɑ^{53} tʰəʔ^{5}	进去 tɕin^{55} tɕʰi^{21}	出来 tsʰəʔ^{23} lɛ^{31}
06 海宁	落来 loʔ^{2} lɛ^{33}	进去 tɕiŋ^{55} tɕʰi^{53}	出来 tsʰəʔ^{5} lɛ^{33}
07 桐乡	脱来 tʰəʔ^{3} lᴇ^{44} 落来 lɔʔ^{23} lᴇ^{44}	进去 tsiŋ^{33} tɕʰi^{334}	出来 tsʰəʔ^{3} lᴇ^{44}
08 崇德	落来 lɔʔ^{3} lᴇ^{44} 脱来 tʰəʔ^{3} lᴇ^{44}	进去 tɕiŋ^{33} tɕi^{53}	出来 tsʰəʔ^{3} lᴇ^{44}
09 湖州	脱来 tʰəʔ^{3} lei^{35}	进去 tɕin^{33} tɕʰi^{35}	出来 tsʰəʔ^{5} lei^{35}
10 德清	落来 luoʔ^{2} lɛ^{53}	进去 tɕin^{33} tɕʰi^{35}	出来 tsʰəʔ^{5} lɛ^{53}
11 武康	落来 luoʔ^{2} lɛ^{53}	进去 tɕin^{33} tɕʰi^{35}	出来 tsʰɜʔ^{5} lɛ^{53}
12 安吉	落来 loʔ^{2} lᴇ^{213}	进去 tɕiŋ^{32} tɕʰi^{213}	出来 tsʰəʔ^{5} lᴇ^{213}
13 孝丰	落来 luoʔ^{2} lɛ^{24}	进去 tɕiŋ^{32} tɕʰi^{213}	出来 tsʰəʔ^{5} lɛ^{44}
14 长兴	下来 u^{45} lɯ^{21}	进去 tʃiŋ^{32} tʃʰʅ^{24}	出来 tsʰəʔ^{5} lɯ^{21}
15 余杭	落来 loʔ^{2} lɛ^{13}	进去 tɕiŋ^{35} tɕʰi^{53}	出来 tsʰəʔ^{5} lɛ^{33}
16 临安	落来 luɔʔ^{2} lᴇ^{33}	进去 tɕieŋ^{55} tɕʰi^{53}	出来 tsʰɐʔ^{5} lᴇ^{33}
17 昌化	下来 u^{24} lɛ^{112}	归去 kuɛ^{33} tɕʰi^{53}	出来 tsʰəʔ^{5} lɛ^{544}
18 於潜	落来 læʔ^{2} le^{223}	到里头 tɔ^{35} li^{53} diəu^{31}	出来 tsʰuəʔ^{53} le^{223}
19 萧山	落来 ləʔ^{21} le^{33}	进去 tɕiŋ^{33} tɕʰi^{42}	出来 tɕʰəʔ^{5} le^{33}
20 富阳	落来 loʔ^{2} lɛ^{224}	进去 tɕin^{335} tɕʰi^{53}	出来 tsʰɛʔ^{5} lɛ^{224}
21 新登	落来 laʔ^{2} le^{233}	进去 tɕiŋ^{45} tɕʰi^{21}	出来 tɕʰyəʔ^{5} le^{233}
22 桐庐	落来 laʔ^{21} lᴇ^{13}	进去 tɕiŋ^{35} kʰi^{21}	出来 tɕʰyəʔ^{5} lᴇ^{33}
23 分水	下来 ʑia^{24} lɛ^{21}	进去 tɕʰin^{21} tɕʰy^{24}	出来 tɕʰy^{44} lɛ^{21}

续表

方言点	0136 下来他～了	0137 进去他～了	0138 出来他～了
24 绍兴	落来 loʔ^{2}lᴇ^{231}	走进去 tsɤ^{44}tɕiŋ^{33}tɕʰi^{31}	走出来 tsɤ^{44}tsʰeʔ^{3}lᴇ^{31}
25 上虞	落来 loʔ^{2}le^{31}	进去 tɕiŋ^{33}tɕʰi^{0}	出来 tsʰəʔ^{5}le^{31}
26 嵊州	□落来 uo^{53}loʔ^{2}lᴇ^{231}	走归去 tɕiʏ^{33}kuᴇ^{44}tɕʰi^{31}	走出来 tɕiʏ^{33}tsʰəʔ^{5}lᴇ^{31}
27 新昌	落来 loʔ^{2}le^{232}	走归去 tɕiɯ^{45}kue^{33}tɕʰi^{31}	走出来 tɕiɯ^{45}tsʰeʔ^{3}le^{31}
28 诸暨	落来 loʔ^{21}le^{33}	进去 tɕin^{21}kʰie^{33}	出来 tsoʔ^{5}le^{33}
29 慈溪	落来 loʔ^{2}le^{53}	进去 tɕiŋ^{44}kʰe^{44}	走出 tsø^{33}tsʰəʔ^{5}
30 余姚	落来 loʔ^{2}le^{13}	进去 tɕiə̃^{44}kʰe^{53}	出来 tsʰəʔ^{5}le^{0} 到外头来 tɔ^{44}ŋa^{13}dø^{0}le^{13}
31 宁波	落来 loʔ^{2}le^{44}	进去 tɕiŋ^{44}tɕʰi^{44}	出来 tsʰoʔ^{5}le^{44}
32 镇海	落来 loʔ^{2}le^{31}	走进去 tsəu^{33}tɕiŋ^{33}tɕʰi^{0}	走出来 tsəu^{33}tsʰoʔ^{5}le^{0}
33 奉化	落来 loʔ^{2}le^{33}	进去 tɕiŋ^{53}tɕʰi^{0}	出来 tsʰoʔ^{5}le^{33}
34 宁海	落来 lɔʔ^{3}le^{31}	进去 tsəŋ^{33}tɕʰi^{53}	出来 tɕʰyəʔ^{3}le^{31}
35 象山	落来 loʔ^{2}lei^{13}	进去 tsəŋ^{53}tɕʰiɛ^{0}	出来 tsʰoʔ^{5}lei^{13}
36 普陀	落来 loʔ^{23}lɛ^{0}	进去 tɕiŋ^{55}tɕʰi^{0}	出来 tsʰoʔ^{5}lɛ^{0}
37 定海	落来 loʔ^{2}lɛ^{0}	进去 tɕiŋ^{44}tɕʰi^{0}	出来 tsʰoʔ^{5}lɛ^{0}
38 岱山	落来 loʔ^{2}le^{45}	进去 tɕiŋ^{44}tɕʰi^{52}	出来 tsʰoʔ^{5}le^{0}
39 嵊泗	落来 loʔ^{2}le^{53}	进去 tɕiŋ^{33}tɕʰi^{0}	出来 tsʰoʔ^{5}le^{0}
40 临海	落来 lɔʔ^{2}le^{21}	进去 tɕiŋ^{55}kʰe^{0}	出来 tɕʰyeʔ^{5}le^{21}
41 椒江	落来 loʔ^{2}lə^{0}	进去 tɕiŋ^{55}kʰə^{0}	出来 tsʰøʔ^{5}lə^{0}
42 黄岩	落来 loʔ^{2}le^{0}	进去 tɕin^{55}kʰə^{0}	出来 tsʰøʔ^{5}le^{0}
43 温岭	落来 loʔ^{2}le^{41}	进去 tɕin^{55}kʰə^{0}	越出 diɔ^{31}tɕʰy^{0}
44 仙居	下落来 o^{33}ləʔ^{23}ləʔ^{0}“来”声殊	进去 tsen^{55}kaʔ^{5}	出来 tɕʰyɔʔ^{3}læ^{0}
45 天台	落来 lɔʔ^{2}lei^{0}	进去 tɕiŋ^{55}kʰe^{0}	出来 tɕʰyʔ^{5}lei^{0}
46 三门	落来 lɔʔ^{23}le^{31}	进去 tsəŋ^{55}tɕʰi^{52}	出来 tɕʰyəʔ^{5}le^{31}

续表

方言点	0136 下来他～了	0137 进去他～了	0138 出来他～了
47 玉环	落来 loʔ^{2} le^{41}	进去 tɕiŋ^{55} kʰie^{0}	出来 tɕʰyoʔ^{5} le^{0}
48 金华	落来 loʔ^{21} lɛ^{14}	进去 tɕiŋ^{55} kʰɤ^{0}	出来 tɕʰyəʔ^{3} lɛ^{55}
49 汤溪	落来 lɔ^{11} lɛ^{52}	进去 tsɛ̃i^{52} kʰəɯ^{0}	出来 tɕʰyɤ^{55} lɛ^{0}
50 兰溪	落来 ləʔ^{12} le^{24}	进去 tɕin^{45} ki^{0}	出来 tɕʰyəʔ^{34} le^{45}
51 浦江	下来 ɕiɑ^{33} a^{53}	归去 tɕy^{55} i^{334}	出来 tɕʰyə^{55} la^{334}
52 义乌	落来 lɔ^{31} le^{312}	进[归去] tsən^{45} tɕyai^{31}	出来 tɕʰyəʔ^{3} le^{45}
53 东阳	落来 lo^{22} le^{35}	归去 tɕyu^{33} kʰəɯ^{53}	出来 tsʰɐʔ^{45} le^{53}
54 永康	下来 uɑ^{52} lai^{22}	下⁼归 uɑ^{52} kuəi^{55}	下⁼出 uɑ^{52} tɕʰyə^{334}
55 武义	下⁼落 uɑ^{53} lɑu^{0}	下⁼归去 uɑ^{53} kui^{32} kʰɯ^{0}	下⁼出来 uɑ^{53} tɕʰye^{32} la^{0}
56 磐安	落来 luə^{22} le^{213}	归去 tɕy^{33} kʰɐɯ^{52}	出来 tɕʰyɛ^{33} le^{334}
57 缙云	落来 lɔ^{13} lei^{31}	归去 kuei^{44} kʰɤ^{453}	出来 tɕʰyɛ^{44} lei^{51}
58 衢州	落来 ləʔ^{2} lɛ^{21}	走归去 tse^{35} tʃy^{32} kʰi^{53} 进去 tɕin^{53} kʰi^{21}	出来 tʃʰyəʔ^{5} lɛ^{21}
59 衢江	下来 xu^{25} li^{212} 下来 xu^{25} ləʔ^{0}	归去 kuei^{33} kʰɤ^{53}	出来 tɕʰiaʔ^{5} ləʔ^{0}
60 龙游	下来 xuɑ^{35} lei^{21}	归去 kuei^{33} kʰəʔ^{4}	出来 tsʰɔʔ^{3} lei^{231}
61 江山	下来 o^{22} lᴇ^{213}	归去 kuᴇ^{44} kʰə^{51}	出来 tɕʰyᴇʔ^{5} lᴇ^{0}
62 常山	下来 ɔ^{24} li^{0}	归去 kue^{45} kʰɤʔ^{0}	出来 tsʰɛʔ^{5} li^{0}
63 开化	下来 ɔ^{21} li^{53}	归去 kuɛ^{44} kʰiɛ^{53}	出来 tɕʰyaʔ^{5} li^{231}
64 丽水	落来 ləʔ^{23} li^{22}	底去 ti^{52} kʰɯ^{0}	出来 tɕʰyɛʔ^{5} li^{0}
65 青田	走落 tsaʔ^{4} loʔ^{31}	走里 tsæʔ^{4} li^{454}	出来 tɕʰyæʔ^{4} lɛ^{0}
66 云和	落来 loʔ^{23} li^{312}	底去 ti^{44} kʰi^{45}	出来 tɕʰyɛʔ^{5} li^{312}
67 松阳	落来 loʔ^{2} li^{24}	挖⁼归去 uoʔ^{5} kuei^{53} kʰɯə^{0}	挖⁼出来 uoʔ^{5} tɕʰyɛʔ^{3} li^{24}
68 宣平	挖⁼落来 uɑʔ^{5} ləʔ^{0} lei^{0} 落来 ləʔ^{23} lei^{0}	挖⁼归去 uɑʔ^{5} kuei^{32} xə^{0}	挖⁼出来 uɑʔ^{5} tɕʰyəʔ^{4} lei^{0}

续表

方言点	0136 下来他~了	0137 进去他~了	0138 出来他~了
69 遂昌	落来 lɔʔ^{23} lei^{221}	挖$^{=}$归去 uaʔ^{5} kuei^{33} k^{h}ɤ^{0} 归去 kuei^{55} k^{h}ɤ^{334}	挖$^{=}$出来 uaʔ^{5} tɕ^{h}yɛʔ^{3} lei^{0} 出来 tɕ^{h}yɛʔ^{5} lei^{221}
70 龙泉	落来 louʔ^{3} li^{21}	底去 di^{21} k^{h}ɤɯ^{45}	出来 tɕ^{h}yoʔ^{3} li^{21}
71 景宁	落来 loʔ^{23} li^{41}	挖$^{=}$底去 uɔʔ^{5} ti^{33} k^{h}i^{35} 底去 ti^{33} k^{h}i^{35}	挖$^{=}$出 uɔʔ^{5} tɕ^{h}yœʔ^{5} 出来 tɕ^{h}yœʔ^{5} li^{41}
72 庆元	落来 loʔ^{34} liᴇ^{221}	底去 ɗiᴇ^{33} k^{h}ɤ^{11}	出来 tɕ^{h}yᴇʔ^{5} liᴇ^{221}
73 泰顺	落来 loʔ^{2} li^{53}	挖$^{=}$底去 uɔʔ^{5} ti^{55} ts^{h}ɿ^{35}	挖$^{=}$出来 uɔʔ^{5} tɕ^{h}yɛʔ^{5} li^{53}
74 温州	走落 tsau^{45} lo^{212}	走底 tsau^{3} tei^{25}	走出 tsau^{45} tɕ^{h}y^{323}
75 永嘉	走落 tsau^{45} lo^{0}	走底 tsau^{43} tei^{45}	走出 tsau^{45} tɕ^{h}y^{0}
76 乐清	走落 tɕiau^{35} lo^{212}	走过去 tɕiau^{35} ku^{0} dʑi^{0}	走出 tɕiau^{35} tɕ^{h}yᴇ^{323}
77 瑞安	走落 tsau^{35} lo^{0} 蹩落 ba^{31} lo^{0}	走底 tsau^{3} tei^{35}	走出 tsau^{35} tɕ^{h}y^{0}
78 平阳	走落 tʃau^{45} lo^{13}	走底 tʃau^{21} ti^{45}	走出 tʃau^{45} tʃ^{h}ɵ^{13}
79 文成	落 lo^{12}	走底 tʃau^{45} tei^{45}	走出 tʃau^{45} tʃ^{h}ɵ^{34}
80 苍南	落来 lo^{11} li^{112}	底去 ti^{53} k^{h}i^{42}	出来 tɕ^{h}yɛ^{3} li^{31}
81 建德徽	落来 lo^{21} lɛ^{33}	进去 tɕin^{33} k^{h}i^{33}	出来 tɕ^{h}yɐʔ^{5} lɛ^{33}
82 寿昌徽	下来 xuə^{11} liæ^{52}	进去 tɕyei^{33} k^{h}əɯ^{33}	出来 tɕ^{h}yəʔ^{3} liæ^{52}
83 淳安徽	下来 ho^{21} lie^{55}	归去 kue^{21} k^{h}ɯ^{55}	出来 ts^{h}uəʔ^{5} lie^{435}
84 遂安徽	下来 xɑ^{55} ləɯ^{33}	归去 kue^{55} k^{h}əɯ^{213}	出来 p^{h}iɛ^{213} ləɯ^{33}
85 苍南闽	落来 lo^{24} lai^{55}	入去 dʑie^{24} k^{h}ɯ^{0}	出来 ts^{h}uə^{43} lai^{0}
86 泰顺闽	落来 lou^{21} li^{22}	底去 tei^{344} k^{h}øi^{53}	出来 tɕ^{h}yɪʔ^{5} loi^{22}
87 洞头闽	落来 lɔk^{24} lai^{0}	入去 dʑiek^{24} k^{h}ɯ^{0}	出来 ts^{h}uat^{5} lai^{0}
88 景宁畲	落来 loʔ^{2} loi^{22}	入去 ieʔ^{2} ɕy^{44}	出来 tɕ^{h}yt^{5} loi^{22}

方言点	0139 出去他～了	0140 回来他～了	0141 起来天冷～了
01 杭州	出去 tsʰaʔ^{3}tɕʰi^{45}	回来 uei^{22}lɛ^{45}	起来 tɕʰi^{53}lɛ^{0}
02 嘉兴	出去 tsʰəʔ^{5}tɕʰi^{21}	回来 uei^{21}lᴇ^{33} 回转来 uei^{13}tsə^{42}lᴇ^{21}	起来 tɕʰi^{21}lᴇ^{42}
03 嘉善	出去 tsʰɜʔ^{5}tɕʰi^{35}	回转 uɛ^{13}tsø^{53}	起来 tɕʰi^{44}lɛ^{53}
04 平湖	出去 tsʰəʔ^{23}tɕʰi^{334}	回转 ue^{24}tsø^{53}	起来 tɕʰi^{44}lɛ^{0}
05 海盐	出去 tsʰəʔ^{23}tɕʰi^{213}	回来 ue^{24}lɛ^{53}	起来 tɕʰi^{53}lɛ^{53}
06 海宁	出去 tsʰəʔ^{5}tɕʰi^{0}	回转 ue^{33}tsei^{55} 回来 ue^{33}lɛ^{33}	起来 tɕʰi^{55}lɛ^{33}
07 桐乡	出去 tsʰəʔ^{3}tɕʰi^{334}	回转 uei^{21}tsᴇ^{44}	起来 tɕʰi^{0}lᴇ^{0}
08 崇德	出去 tsʰəʔ^{3}tɕʰi^{44}	回转 ui^{21}tsᴇ^{44}	起来 tɕʰi^{0}lᴇ^{0}
09 湖州	出去 tsʰəʔ^{3}tɕʰi^{35}	回转 uei^{33}tsɛ^{523}	起来 tɕʰi^{53}lei^{13}
10 德清	出去 tsʰəʔ^{5}tɕʰi^{53}	回转 uɛ^{11}tsɛ^{53}	起来 tɕʰi^{53}lɛ^{0}
11 武康	出去 tsʰɜʔ^{5}tɕʰi^{53}	回转 uɛ^{11}tsø^{53}	起来 tɕʰi^{53}lɛ^{31}
12 安吉	出去 tsʰəʔ^{3}tɕʰi^{55}	回来 ue^{22}lᴇ^{22}	起来 tɕʰi^{52}lᴇ^{21}
13 孝丰	出去 tsʰəʔ^{5}tɕʰi^{44}	回来 ue^{22}lɛ^{22}	起来 tɕʰi^{45}lɛ^{21}
14 长兴	出去 tsʰəʔ^{5}tʃʰʅ^{21}	回转 uei^{12}tsɯ^{52}	起来 tʃʰʅ^{45}lɯ^{21}
15 余杭	出去 tsʰəʔ^{5}tɕʰi^{35}	回来 uɛ^{33}lɛ^{33}	起来 tɕʰi^{55}lɛ^{33}
16 临安	出去 tsʰɐʔ^{5}tɕʰi^{55}	回来 uᴇ^{33}lᴇ^{33}	起来 tɕʰi^{55}lᴇ^{31}
17 昌化	出去 tsʰəʔ^{5}tɕʰi^{544}	回来 uei^{11}lɛ^{112}	起来 tsʰɿ^{45}lɛ^{53}
18 於潜	出去 tsʰuəʔ^{53}tɕʰi^{35}	回来 ue^{22}le^{223}	落来 læʔ^{2}le^{223}
19 萧山	出去 tsʰəʔ^{5}tɕʰi^{42}	回来 ue^{13}le^{33}	起来 tɕʰi^{33}le^{21}
20 富阳	出去 tsʰɛʔ^{5}tɕʰi^{335}	回来 uɛ^{13}lɛ^{55}	起来 tɕʰi^{423}lɛ^{13}
21 新登	出去 tɕʰyəʔ^{5}tɕʰi^{334}	回来 ue^{233}le^{233}	起来 tɕʰi^{334}le^{45}
22 桐庐	出去 tɕʰyəʔ^{5}kʰi^{33}	回来 uᴇ^{21}lᴇ^{13}	起来 tɕʰi^{33}lᴇ^{33}
23 分水	出去 tɕʰy^{44}tɕʰy^{24}	回来 ue^{21}lɛ^{24}	起来 tɕʰi^{44}lɛ^{21}

续表

方言点	0139 出去他～了	0140 回来他～了	0141 起来天冷～了
24 绍兴	走出去 tsɤ^{44}ts^{h}eʔ^{3}tɕ^{h}i^{31}	归来 tɕy^{44}lᴇ^{31}	起来 tɕ^{h}i^{33}lᴇ^{31}
25 上虞	出去 ts^{h}əʔ^{5}tɕ^{h}i^{53}	归来 tɕy^{33}le^{213}	起来 tɕ^{h}i^{33}le^{31}
26 嵊州	跄出去 tɕ^{h}iaŋ^{33}ts^{h}əʔ^{5}tɕ^{h}i^{31}	归来 kuᴇ^{53}lᴇ^{231}	拢来 loŋ^{22}lᴇ^{231}
27 新昌	走出去 tɕiɯ^{45}ts^{h}eʔ^{3}tɕ^{h}i^{31}	归来 kue^{45}le^{33}	转来 tsœ̃^{33}le^{45}
28 诸暨	出去 tsoʔ^{5}k^{h}ie^{33}	来还 le^{35}vɛ^{13}	起来 tʃ^{h}ʅ^{21}le^{42}
29 慈溪	走出去 tsø^{33}ts^{h}əʔ^{5}k^{h}ɛ^{0}	回转来 ue^{13}tsẽ^{44}le^{0}	起来 tɕ^{h}i^{33}le^{53}
30 余姚	出去 ts^{h}əʔ^{5}k^{h}e^{53} 到外头去 tɔ^{44}ŋa^{13}dø^{0}k^{h}e^{53}	回转来 ue^{13}tse^{34}le^{0} 回来 ue^{13}le^{13}	起来 tɕ^{h}i^{34}le^{0}
31 宁波	出去 ts^{h}oʔ^{5}tɕ^{h}i^{44}	归来 ky^{44}le^{44} 回来 uɐi^{13}le^{44}	起来 tɕ^{h}i^{35}le^{44}
32 镇海	出去 ts^{h}oʔ^{5}tɕ^{h}i^{0}	来 le^{24}	起来 tɕ^{h}i^{33}le^{24}
33 奉化	出去 ts^{h}oʔ^{5}tɕ^{h}i^{44}	回来 uei^{33}le^{33}	起来 tɕ^{h}i^{44}le^{31}
34 宁海	出去 tɕ^{h}yəʔ^{3}tɕ^{h}i^{0}	转来 tɕyø^{53}le^{213}	起来 tɕ^{h}i^{53}le^{31}
35 象山	出去 ts^{h}oʔ^{5}tɕ^{h}iɛ^{0}	转来 tsɤɯ^{44}lei^{13}	起来 tɕ^{h}i^{53}lei^{13}
36 普陀	外头去 ŋa^{33}deu^{55}tɕ^{h}i^{0}	回来 uæi^{33}lɛ^{53}	起来 tɕ^{h}i^{0}lɛ^{0}
37 定海	走出去 tsɐi^{52}ts^{h}oʔ^{0}tɕ^{h}i^{0}	回转来 uɐi^{33}tsø^{52}lɛ^{0}	落来 loʔ^{2}lɛ^{0}
38 岱山	走出去 tsœʏ^{52}ts^{h}oʔ^{0}tɕ^{h}i^{0}	来 le^{23}	落来 loʔ^{2}le^{0}
39 嵊泗	走出去 tsœʏ^{53}ts^{h}oʔ^{0}tɕ^{h}i^{0}	来咪 le^{24}lɐi^{0}	落来 loʔ^{2}le^{53}
40 临海	出来 tɕ^{h}yeʔ^{5}le^{21}	转来 tɕyø^{52}le^{0}	起来 tɕ^{h}ieʔ^{5}le^{0}
41 椒江	出去 ts^{h}øʔ^{5}k^{h}ə^{0}	越转来 diɔ^{31}tsø^{42}lə^{0}	起 tɕ^{h}i^{0}
42 黄岩	出去 ts^{h}øʔ^{5}k^{h}ə^{0}	转来 tsø^{42}le^{0}	起 tɕ^{h}ie^{0}
43 温岭	出去 tɕ^{h}yʔ^{5}k^{h}ie^{0}	转来 tɕyø^{42}le^{31}	起 tɕ^{h}i^{42}
44 仙居	出去 tɕ^{h}yɔʔ^{3}kaʔ^{5}“去”声殊	转咧 tsø^{31}liaʔ^{5}	咧 liaʔ^{5}
45 天台	出去 tɕ^{h}yʔ^{5}k^{h}e^{0}	转来 tɕyøʔ^{32}lei^{224}	起来 k^{h}iʔ^{32}lei^{224}

续表

方言点	0139 出去他~了	0140 回来他~了	0141 起来天冷~了
46 三门	出去 tɕʰyəʔ^{5}tɕʰi^{52}	转来 tɕyø^{32}le^{252}	爬起来 bo^{11}tɕʰi^{53}le^{31}
47 玉环	出去 tɕʰyoʔ^{5}kʰie^{0}	转来 tɕyø^{53}le^{0}	起来 tɕʰi^{53}le^{0}
48 金华	出去 tɕʰyəʔ^{3}kʰɤ^{55}	归来 kui^{33}lɛ^{55} 转来 tɕyɤ^{55}lɛ^{14}	起来 tɕʰiəʔ^{3}lɛ^{55}
49 汤溪	出去 tɕʰyɤ^{55}kʰəɯ^{0}	归来 kuei^{24}lɛ^{0}	[起来] tɕʰiɛ^{55}
50 兰溪	出去 tɕʰyəʔ^{34}kʰi^{45}	归来 kui^{334}le^{45}	[起来] tɕʰie^{24}
51 浦江	出去 tɕʰyə^{33}i^{55}	归来 tɕy^{55}a^{334}	来$^{=}$ a^{243}
52 义乌	出去 tɕʰyəʔ^{3}ai^{24}	转来 tɕye^{33}le^{335}	起来 ɕi^{33}le^{335}
53 东阳	出去 tsʰɐʔ^{45}kʰəɯ^{53}	归来 tɕyu^{33}le^{33}	起来 tɕʰi^{44}le^{33}
54 永康	出去 tɕʰyə^{33}kʰɯ^{52}	归来 kuəi^{33}ləi^{22}	来 ləi^{22}
55 武义	下$^{=}$出去 uɑ^{53}tɕʰye^{32}kʰɯ^{0}	归来 kui^{32}la^{53}	来 na^{55}
56 磐安	出去 tɕʰyɛ^{33}kʰɐɯ^{52}	转来 tɕye^{33}le^{334}	起来 tɕʰi^{33}le^{334} 起来 i^{55}le^{334} 来 le^{334}
57 缙云	出去 tɕʰɛy^{44}kʰɤ^{453}	转来 tɕyɛ^{51}lei^{0}	□ i^{31}
58 衢州	出去 tʃʰyəʔ^{3}kʰi^{35}	归来 tʃy^{32}lɛ^{53}	起来 tɕʰiəʔ^{5}lɛ^{21}
59 衢江	出去 tɕʰiaʔ^{3}kʰɤ^{53}	归来 kuei^{33}ləʔ^{0}	起 tsʰɿ^{25} 起来 tsʰɿ^{25}ləʔ^{0}
60 龙游	出去 tsʰəʔ^{3}kʰəʔ^{4}	归来 kuei^{33}lei^{231}	起来 tsʰəʔ^{4}lei^{21}
61 江山	出去 tɕʰyᴇʔ^{5}kʰə^{0}	归 kuᴇ^{44}	起 kiᴇʔ^{0}
62 常山	出去 tsʰɛʔ^{5}kʰɤʔ^{0}	归来 kue^{45}li^{0}	起 tɕʰi^{52}
63 开化	出去 tɕʰyaʔ^{5}kʰiɛ^{0}	回头 uɛ^{231}du^{231} 回来 uɛ^{231}li^{0}	起来 tɕʰi^{53}li^{0}
64 丽水	出去 tɕʰyɛʔ^{5}kʰɯ^{0}	归来 kuei^{224}li^{52}	起 tɕʰiʔ^{5}
65 青田	走去 tsaʔ^{4}kʰi^{33}	走转 tsaʔ^{4}ɗuɐ^{454}	起 tsʰɿ^{0}
66 云和	出去 tɕʰyɛʔ^{4}kʰi^{45}	归来 kuei^{24}li^{312}	起 tsʰɿ^{41}

续表

方言点	0139 出去他～了	0140 回来他～了	0141 起来天冷～了
67 松阳	出去 tɕʰyɛʔ^{3} kʰɯə^{24}	归来 kuɤʔ^{3} li^{24}	起 tɕʰi^{0}
68 宣平	挖⁼出去 uɑʔ^{5} tɕʰyəʔ^{4} xə^{0}	归来 kuei^{32} lei^{0}	起 tɕʰiəʔ^{0}
69 遂昌	出去 tɕʰyɛʔ^{5} kʰɤ^{334}	归来 kuei^{33} lei^{221}	起 tɕʰiʔ^{5}
70 龙泉	出去 tɕʰyoʔ^{3} kʰɤɯ^{45}	转来 dɛn^{21} li^{21}	起 tsʰɿ^{51}
71 景宁	挖⁼出 uɔʔ^{5} tɕʰyœʔ^{5} 出去 tɕʰyœʔ^{5} kʰi^{35}	归来 kuai^{33} li^{41}	起 tɕʰi^{33}
72 庆元	出去 tɕʰyᴇʔ^{5} kʰɤ^{11}	编⁼来 ɓiɛ̃^{33} liᴇ^{221}	起 tsʰɿ^{33}
73 泰顺	挖⁼出去 uɔʔ^{5} tɕʰyɛʔ^{5} tsʰɿ^{35}	倒来 tɑɔ^{35} li^{53}	起 tsʰɿ^{55}
74 温州	走外转 tsau^{33} va^{31} tɕy^{25}	走转 tsau^{3} tɕy^{25}	起 tsʰɿ^{25}
75 永嘉	走出 tsau^{43} tɕʰy^{423}	走来 tsau^{43} lei^{31}	起 tsʰɿ^{45}
76 乐清	走出去 tɕiau^{35} tɕʰyᴇ^{323} dʑi^{0}	走转 tɕiau^{3} tɕyᴇ^{35}	起 tɕʰi^{35}
77 瑞安	走出 tsau^{3} tɕʰy^{323}	走来 tsau^{3} lei^{31}	起 tɕʰi^{35}
78 平阳	走去 tʃau^{13} kʰi^{53}	走来 tʃau^{33} li^{53}	起 tɕʰi^{45}
79 文成	走出 tʃau^{45} tʃʰɵ^{34}	走来 tʃau^{45} li^{13}	起 tɕʰi^{45}
80 苍南	出去 tɕʰyɛ^{3} kʰi^{42}	越归 dyɔ^{11} kuai^{44} 越来 dyɔ^{11} li^{31}	起来 tɕʰi^{0} li^{0}
81 建德徽	出去 tɕʰyɐʔ^{5} kʰi^{33}	家来 ko^{53} lɛ^{213}	[起来] tɕʰiɛ^{33}
82 寿昌徽	出去 tɕʰyəʔ^{3} kʰəɯ^{33}	家来 kuə^{11} liæ^{55}	[起来] tɕʰiæ^{534}
83 淳安徽	出去 tsʰuəʔ^{5} kʰɯ^{24}	回来 ve^{21} lie^{24}	下来 ho^{21} lie^{21}
84 遂安徽	出去 kʰue^{33} kʰəɯ^{213}	来 ləɯ^{33}	起来 tsʰɿ^{21} ləɯ^{24}
85 苍南闽	出去 tsʰuə^{43} kʰɯ^{0}	倒来 to^{21} lai^{0}	起来 i^{43} lai^{0}
86 泰顺闽	出去 tɕʰyɪʔ^{3} kʰøi^{53}	倒来 tou^{31} li^{22}	起来 kʰi^{344} li^{22}
87 洞头闽	出去 tsʰuat^{5} kʰɯ^{0}	走来 tsau^{53} lai^{0}	起来 kʰi^{53} lai^{0}
88 景宁畲	出去 tɕʰyt^{5} ɕy^{44}	转来 tɕyon^{325} loi^{22}	来 loi^{22}

方言点	0142 树	0143 木头	0144 松树统称
01 杭州	树 zɥ^{13}	木头儿 moʔ^{2} dei^{45} əl^{53}	松树 soŋ^{33} zɥ^{45}
02 嘉兴	树 zɥ^{113}	木头 moʔ^{3} dei^{33}	松树 soŋ^{33} zɥ^{21}
03 嘉善	树 zɥ^{113}	木头 moʔ^{5} də^{31}	松树 soŋ^{35} zɥ^{53}
04 平湖	树 zɥ^{213}	木头 moʔ^{23} dəɯ^{31}	松树 son^{53} zɥ^{0}
05 海盐	树 dʑy^{213}	木头 mɔʔ^{23} de^{31}	松树 soŋ^{53} dʑy^{21}
06 海宁	树 zɿ^{13}	木头 moʔ^{2} dəɯ^{33}	松树 soŋ^{55} zɿ^{55}
07 桐乡	树 zɿ^{213}	木头 mɔʔ^{23} dɤɯ^{44}	松树 soŋ^{44} zɿ^{53}
08 崇德	树 zɿ^{13}	木头 mɔʔ^{23} dɤɯ^{44}	松树 soŋ^{44} zɿ^{44}
09 湖州	树 zɿ^{24}	木头 muoʔ^{2} døʉ^{35}	松树 soŋ^{44} zɿ^{44}
10 德清	树 zɿ^{113}	木头 muoʔ^{2} døʉ^{53}	松树 soŋ^{44} zɿ^{44}
11 武康	树 zɿ^{113}	木头 muoʔ^{2} dø^{53}	松树 soŋ^{44} zɿ^{44}
12 安吉	树 zɿ^{213}	木头 moʔ^{2} dəɪ^{213}	松树 soŋ^{55} zɿ^{55}
13 孝丰	树 zɿ^{213}	木头 muoʔ^{2} dəɪ^{24}	松树 soŋ^{44} zɿ^{44}
14 长兴	树 zɿ^{24}	木头 moʔ^{2} dei^{24}	松树 soŋ^{44} zɿ^{44}
15 余杭	树 zɿ^{213}	木头 moʔ^{2} døʏ^{13}	松树 soŋ^{55} zɿ^{33}
16 临安	树 zɿ^{33}	木头 muɔʔ^{2} də^{33}	松树 soŋ^{53} zɿ^{33}
17 昌化	树 ʑy^{243}	木头 muəʔ^{2} di^{112}	松树 zəŋ^{11} ʑy^{243}
18 於潜	树 ʑy^{24}	木头 mɑʔ^{2} diəu^{24}	松树 zoŋ^{22} ʑy^{24}
19 萧山	树 zɿ^{242}	木头 moʔ^{21} dio^{33}	松树 soŋ^{33} zɿ^{42}
20 富阳	树 ʑy^{224}	木头 moʔ^{2} dei^{224}	松树 soŋ^{55} ʑy^{31}
21 新登	树 zɥ^{13}	木头 mɔʔ^{2} dəu^{233}	松树 soŋ^{53} zɥ^{13}
22 桐庐	树 ʑy^{24}	木头 məʔ^{21} dei^{13}	松树 soŋ^{35} ʑy^{13}
23 分水	树 ʑy^{13}	木头 məʔ^{2} dɵ^{22}	松树 soŋ^{44} ʑy^{24}
24 绍兴	树 ʑy^{22}	木头 moʔ^{2} dɤ^{231}	松树 soŋ^{33} ʑy^{33}

续表

方言点	0142 树	0143 木头	0144 松树统称
25 上虞	树 ʑy^{31}	木头 moʔ^{2} dɤ^{31}	松树 soŋ^{33} ʑy^{213}
26 嵊州	树 zɿ^{24}	木头 moʔ^{2} dʏ^{231}	松树 zɔŋ^{22} zɿ^{24}
27 新昌	树 zɿ^{13}	木头 mɤʔ^{2} diɯ^{232}	松树 zɔ̃^{22} zɿ^{13}
28 诸暨	树 ʑy^{33}	木头 moʔ^{21} dei^{242}	松树 som^{21} ʑy^{33}
29 慈溪	树 zɥ^{13}	木头 moʔ^{2} dø^{53}	松树 suŋ^{35} zɥ^{0}
30 余姚	树 zɥ^{13}	木头 moʔ^{2} dø^{0}	松树 suŋ^{44} zɥ^{13}
31 宁波	树 zɥ^{13}	木头 moʔ^{2} dœʏ^{13}	松树 soŋ^{44} zɥ^{13}
32 镇海	树 zɥ^{24}	木头 moʔ^{2} dei^{24}	松树 soŋ^{33} zɥ^{31}
33 奉化	树 zɥ^{31}	木头 moʔ^{2} dæi^{31}	松树 soŋ^{44} zɥ^{33}
34 宁海	树 zɥ^{24}	树头 zɥ^{22} diu^{31}	松树 zoŋ^{21} zɥ^{24}
35 象山	树 zɥ^{13}	木头 moʔ^{2} dɤɯ^{13}	松树 zoŋ^{13} zɥ^{13}
36 普陀	树 zɥ^{13}	木头 moʔ^{2} deu^{55}	松树 soŋ^{33} zɥ^{45}
37 定海	树 zɥ^{13}	木头 moʔ^{2} dɐi^{44}	松树 soŋ^{33} zɥ^{45}
38 岱山	树 zɥ^{213}	树头 zɥ^{11} dœʏ^{45}	松树 soŋ^{52} zɥ^{0}
39 嵊泗	树 zɥ^{213}	木头 moʔ^{2} dœʏ^{45}	松树 soŋ^{44} zɥ^{0}
40 临海	树 ʑy^{324}	树头 ʑy^{22} də^{51}	松树 ʑyoŋ^{22} ʑy^{55}
41 椒江	树 zɥ^{24}	树头 zɥ^{22} dio^{24} 小	松毛树 zoŋ^{22} mɔ^{22} zɥ^{44}
42 黄岩	树 zɥ^{24}	树头 zɥ^{13} dio^{24} 小	松树 soŋ^{33} zɥ^{44}
43 温岭	树 ʑy^{13}	树头 ʑy^{13} dɤ^{24} 小	松毛树 ʑyuŋ^{13} mɔ^{24} ʑy^{44}
44 仙居	树 ʑy^{24}	木头 məʔ^{23} dəɯ^{213}	松树 ʑioŋ^{24} ʑy^{55}
45 天台	树 ʑy^{35}	树头 ʑy^{33} deu^{51}	松树 suŋ^{33} ʑy^{35}
46 三门	树 zɥ^{243}	树头 zɥ^{23} dɤɯ^{252}	松树 zoŋ^{23} zɥ^{55}
47 玉环	树 ʑy^{22}	树头 ʑy^{22} diɤ^{24} 小	松毛树 ʑioŋ^{22} mɔ^{22} ʑy^{44}

续表

方言点	0142 树	0143 木头	0144 松树统称
48 金华	树 ʑy^{14}	木头 moʔ^{21} diu^{14}	松树 zoŋ^{31} ʑy^{14}
49 汤溪	树 ʑy^{341}	木头 mou^{11} təɯ^{52}	松树 zɑo^{11} ɕy^{52}
50 兰溪	树 ʑy^{24}	木头 məʔ^{12} dəɯ^{24}	松树 zoŋ^{21} ʑy^{24}
51 浦江	树 ʑy^{24}	树 ʑy^{24}	松树 zən^{24} ʑy^{24}
52 义乌	树 y^{24}	木头 mau^{24} dɐɯ^{312}	松树 zoŋ^{22} y^{45}
53 东阳	树 zɿ^{213}	木头 mou^{22} dəɯ^{53}	松树 zom^{22} zɿ^{53}
54 永康	树 ʑy^{241}	树头 ʑy^{31} dəu^{241} 木头 mu^{33} ɗəu^{55}	松树 zoŋ^{31} ɕy^{52}
55 武义	树 ʑy^{231}	树头 ʑy^{55} dɑu^{324}	松树 zoŋ^{324} ʑy^{231}
56 磐安	树 ʑy^{14}	树料 ʑy^{21} lio^{52}	松树 zɔom^{21} ɕy^{52}
57 缙云	树 zɥ^{213}	树段 zɥ^{51} daŋ^{213}	松树 zɔ^{44} zɥ^{453}
58 衢州	树 ʒy^{231}	木头 məʔ^{2} de^{21}	松树 zoŋ^{21} ʒy^{231}
59 衢江	树 dʑy^{231}	木头 məʔ^{2} ty^{53}	松树 zəŋ^{22} tɕy^{53}
60 龙游	树 dzəɯ^{231}	木头 məʔ^{23} dəɯ^{231}	松树 zoŋ^{224} dzəɯ^{231}
61 江山	树 dzɯ^{31}	木头 moʔ^{2} du^{213}	松树 zoŋ^{22} dzɯ^{51}
62 常山	树 dʑiu^{131}	木头 mɤʔ^{3} du^{341} 树头 dʑiu^{24} du^{0}	松树 zɔ̃^{24} dʑiu^{0}
63 开化	树 dʑiʊ^{213}	木头 maʔ^{2} du^{231}	松树 zɤŋ^{21} tɕiʊ^{53}
64 丽水	树 zɥ^{131}	木头 məʔ^{21} dəɯ^{131}	松树 ʑin^{21} sɥ^{52}
65 青田	树 zɥ^{22}	木头 muʔ^{3} deu^{52}	松树 io^{55} zɥ^{22}
66 云和	树 zɥ^{223}	木头 məɯʔ^{23} dəɯ^{312}	松树 ʑiɔ̃^{31} zɥ^{223}
67 松阳	树 dʑiɯ^{13}	木头 mɤʔ^{2} dei^{31}	松树 zæ̃^{31} dʑiɯ^{13}
68 宣平	树 ʑy^{231}	树 ʑy^{231}	松树 zən^{43} ʑy^{231}
69 遂昌	树 dʑiɯ^{213}	木头 məɯʔ^{23} du^{221}	松树 zɛ̃^{13} dʑiɯ^{213}

续表

方言点	0142 树	0143 木头	0144 松树统称
70 龙泉	树 dʑiəu^{224}	木头 ŋʔ^{3} diəu^{21}	松树 sᴇ^{44} dʑiəu^{224}
71 景宁	树 ʑy^{113}	柴 za^{41} 木头 mʔ^{23} dəɯ^{41}	松树 zəŋ^{33} ʑy^{113}
72 庆元	树 tɕiɯ^{31}	木头 muʔ^{34} tiɯ^{52}	松树 sæ̃^{52} tɕiɯ^{31}
73 泰顺	树 ɕy^{22}	柴头 sa^{21} təu^{53}	松柴 ɕiɔ̃^{21} sa^{53}
74 温州	树 zɿ^{22}	木头 mo^{22} dɤu^{223}	松树 yɔ^{22} zɿ^{14}
75 永嘉	树 zʮ^{22}	树 zʮ^{22}	松树 yɔ^{22} zʮ^{13}
76 乐清	树 zy^{22}	木头 mɤ^{22} diu^{223}	松树 zuɯʌ^{24} zy^{31}
77 瑞安	树 zəɯ^{22}	树 zəɯ^{22}	松毛树 yo^{13} mɛ^{22} zəɯ^{13}
78 平阳	树 zʉ^{33}	木头 mu^{21} dɛu^{13}	松树 soŋ^{33} zʉ^{45}
79 文成	树 zøy^{424}	柴 zɔ^{113}	松树 soŋ^{33} zøy^{21}
80 苍南	树 dʑy^{11}	树段 dʑy^{31} daŋ^{11}	松树 dʑyɔ^{11} dʑy^{24}
81 建德徽	树 ɕy^{55}	木头 mɐʔ^{12} tɤɯ^{33}	松树 soŋ^{53} ɕy^{55}
82 寿昌徽	树 ɕy^{33}	木头 məʔ^{3} tʰəɯ^{52}	松树 səŋ^{11} ɕy^{33}
83 淳安徽	树 ɕya^{53}	木头 mɑʔ^{13} tʰɯ^{53}	松树 son^{43} ɕy^{53}
84 遂安徽	树 su^{52}	木头 mu^{21} tʰiu^{24}	松树 səŋ^{52} su^{52}
85 苍南闽	树 tɕʰiu^{21}	木头 bɐ^{21} tʰau^{24}	细号松柏 sue^{24} ho^{21} tsʰan^{21} pe^{43}
86 泰顺闽	柴 tsʰa^{22}	柴头 tsʰa^{21} tʰau^{22}	松柴 səŋ^{21} tsʰa^{22}
87 洞头闽	树 tɕʰiu^{21}	木头 bo^{212} tʰau^{24}	松柏 tɕʰĩũ^{21} pe^{53}
88 景宁畲	树 ɕy^{51}	木头 moʔ^{2} tʰiəu^{22}	松树 soŋ^{44} ɕy^{51}

方言点	0145 柏树统称	0146 杉树	0147 柳树
01 杭州	柏树 paʔ^{3}zʮ^{45}	杉树 sɛ^{33}zʮ^{45}	杨柳树 iaŋ^{22}ly^{22}zʮ^{45}
02 嘉兴	柏树 pᴀʔ^{5}zʮ^{21}	杉树 sᴇ^{33}zʮ^{21}	杨柳树 iᴀ̃^{24}iu^{33}zʮ^{21}
03 嘉善	柏树 paʔ^{5}zʮ^{0}	杉树 sɛ^{35}zʮ^{53}	杨柳树 iæ̃^{35}liə^{55}zʮ^{0}
04 平湖	柏树 paʔ^{5}zʮ^{213}	杉树 sɛ^{53}zʮ^{0}	杨柳 iã^{24}liəɯ^{53}
05 海盐	柏树 paʔ^{5}dʑy^{334}	水杉 sɿ^{53}sɛ^{53}	杨柳树 iɛ̃^{24}le^{55}dʑy^{21}
06 海宁	柏树 paʔ^{5}zɿ^{0}	杉树 sɛ^{55}zɿ^{55}	杨柳 iã^{33}ləɯ^{33}
07 桐乡	柏树 paʔ^{3}zɿ^{213}	水杉 sɿ^{53}sɛ^{44}	杨柳树 iã^{21}lɤɯ^{44}zɿ^{53}
08 崇德	柏树 paʔ^{3}zɿ^{13}	水杉 sɿ^{55}sɛ^{0}	杨柳树 iã^{21}lɤɯ^{44}zɿ^{44}
09 湖州	柏树 paʔ^{5}zɿ^{31}	杉树 sɛ^{44}zɿ^{44}	杨柳树 iã^{33}løʉ^{33}zɿ^{35}
10 德清	柏树 paʔ^{5}zɿ^{53}	杉树 sɛ^{44}zɿ^{44}	杨柳树 iã^{11}løʉ^{13}zɿ^{31}
11 武康	柏树 pɜʔ^{5}zɿ^{53}	杉树 sɛ^{44}zɿ^{44}	杨柳树 iã^{11}lø^{55}zɿ^{53}
12 安吉	柏树 pɐʔ^{5}zɿ^{213}	杉树 sᴇ^{55}zɿ^{55}	杨柳树 iã^{22}liu^{22}zɿ^{22}
13 孝丰	柏树 paʔ^{5}zɿ^{44}	杉树 sɛ^{44}zɿ^{44}	杨柳树 iã^{22}liu^{22}zɿ^{22}
14 长兴	柏树 paʔ^{5}zɿ^{21}	杉树 sᴇ^{44}zɿ^{44}	杨柳树 iã^{12}liʏ^{12}zɿ^{24}
15 余杭	柏树 paʔ^{5}zɿ^{13}	杉树 sɛ^{55}zɿ^{33}	柳树 løʏ^{35}zɿ^{0}
16 临安	柏树 paʔ^{5}zɿ^{33}	杉树 sɛ^{53}zɿ^{33}	杨柳吊= liã^{33}lyœ^{33}tiɔ^{53}
17 昌化	柏树 paʔ^{5}ʑy^{243}	杉毛树 sɔ̃^{33}mɔ^{44}ʑy^{453}	杨柳树 iã^{11}li^{23}ʑy^{453}
18 於潜	柏树 pɐʔ^{53}ʑy^{24}	杉树 sɛ^{43}ʑy^{24}	杨柳树 iaŋ^{223}liəu^{53}ʑy^{31}
19 萧山	柏树 paʔ^{5}zɿ^{42}	杉树 sɛ^{33}zɿ^{42}	杨柳树 iã^{21}lio^{33}zɿ^{21}
20 富阳	柏树 paʔ^{5}ʑy^{224}	杉树 sã^{55}ʑy^{31}	杨柳树 iɑ̃^{13}liʊ^{224}ʑy^{224}
21 新登	柏树 paʔ^{5}zʮ^{13}	杉树 sɛ^{53}zʮ^{13}	杨柳树 iɑ̃^{233}ləu^{334}zʮ^{21}
22 桐庐	柏树 paʔ^{5}ʑy^{13}	杉树 sã^{35}ʑy^{13}	柳树 liəu^{33}ʑy^{35}
23 分水	柏树 paʔ^{5}ʑy^{24}	杉树 sã^{44}ʑy^{24}	柳树 liɵ^{21}ʑy^{24}
24 绍兴	柏树 paʔ^{3}ʑy^{231}	杉树 sɛ̃^{33}ʑy^{33}	杨柳树 iaŋ^{22}liɤ^{22}y^{22}

续表

方言点	0145 柏树统称	0146 杉树	0147 柳树
25 上虞	柏树 paʔ^{5}ʑy^{31}	杉树 sɛ̃^{33}ʑy^{213}	杨柳树 iã^{21}iɤ^{21}ʑy^{31}
26 嵊州	柏树 paʔ^{5}zɿ^{24}	水杉 sᴇ^{33}sɛ̃^{53}	杨柳树 iaŋ^{22}liʏ^{22}zɿ^{24}
27 新昌	柏树 paʔ^{5}zɿ^{13}	杉树 sɛ̃^{53}zɿ^{13}	杨柳树 liaŋ^{22}liɯ^{22}zɿ^{232}
28 诸暨	柏树 paʔ^{5}ʑy^{21}	杉树 sɛ^{21}ʑy^{33}	杨柳树 iã^{21}liʉ^{35}ʑy^{33}
29 慈溪	柏树 paʔ^{5}zɥ^{0}	杉树 zɛ̃^{35}zɥ^{0}	杨柳树 iã^{13}liø^{0}zɥ^{0}
30 余姚	柏树 paʔ^{5}zɥ^{0}	杉树 sã^{44}zɥ^{13}	杨柳树 iaŋ^{13}liø^{13}zɥ^{13}
31 宁波	柏树 paʔ^{5}zɥ^{13}	杉树 sɛ^{44}zɥ^{13}	杨柳树 ia^{13}liʏ^{0}zɥ^{13}
32 镇海	柏树 paʔ^{5}zɥ^{31}	杉树 sɛ^{33}zɥ^{31}	杨柳树 iã^{22}liu^{22}zɥ^{24}
33 奉化	柏树 paʔ^{5}zɥ^{33}	杉树 sɛ^{44}zɥ^{33}	杨柳树 iã^{33}liʏ^{33}zɥ^{33}
34 宁海	柏树 paʔ^{3}zɥ^{24}	杉树 se^{33}zɥ^{24}	杨柳树 iã^{23}liu^{53}zɥ^{24}
35 象山	柏树 paʔ^{5}zɥ^{13}	杉树 sɛ^{44}zɥ^{13}	杨柳树 iã^{31}liu^{31}zɥ^{13}
36 普陀	柏树 pɐʔ^{5}zɥ^{0}	杉树 sɛ^{53}zɥ^{0}	柳树 lieu^{33}zɥ^{53}
37 定海	柏树 pɐʔ^{5}zɥ^{0}	杉树 sɛ^{33}zɥ^{45}	柳树 liʏ^{33}zɥ^{52}
38 岱山	柏树 pɐʔ^{5}zɥ^{52}	杉树 sɛ^{52}zɥ^{0}	柳树 liʏ^{31}zɥ^{0}
39 嵊泗	柏树 pɐʔ^{5}zɥ^{0}	杉树 sɛ^{44}zɥ^{0}	杨柳树 iã^{33}liʏ^{44}zɥ^{0}
40 临海	柏树 paʔ^{3}ʑy^{324}	杉树 sɛ^{33}ʑy^{55}	凉柳树 liã^{22}liu^{42}ʑy^{324}
41 椒江	柏树 paʔ^{3}zɥ^{24}	杉树 sɛ^{33}zɥ^{44}	凉柳树 liã^{22}liu^{42}zɥ^{24}
42 黄岩	柏树 pɐʔ^{3}zɥ^{24}	杉树 sɛ^{33}zɥ^{44}	杨柳 iã^{13}liu^{42}
43 温岭	柏树 paʔ^{3}ʑy^{13}	杉树 sɛ^{33}ʑy^{44}	杨柳树 iã^{13}liu^{42}ʑy^{13}
44 仙居	柏树 ɓaʔ^{3}ʑy^{24}	杉树 sa^{55}ʑy^{55}	杨柳 ia^{33}ləɯ^{324}
45 天台	柏树 paʔ^{1}ʑy^{35}	杉树 se^{33}ʑy^{35}	杨柳树 ʑia^{22}liu^{21}ʑy^{35}
46 三门	柏树 paʔ^{3}zɥ^{243}	杉树 sɛ^{55}zɥ^{55}	杨柳树 iɑ̃^{11}lɤɯ^{11}zɥ^{243}
47 玉环	柏树 pɐʔ^{3}ʑy^{22}	杉树 sɛ^{33}ʑy^{44}	凉柳树 lia^{22}liu^{53}ʑy^{22}

续表

方言点	0145 柏树统称	0146 杉树	0147 柳树
48 金华	柏树 pəʔ^{4} ʑy^{14}	杉树 sɑ^{33} ɕy^{55}	杨柳树 iɑŋ^{33} liu^{55} ʑy^{14}
49 汤溪	柏儿树 pã^{52} ʑy^{341}	杉树 suɑ^{24} ʑy^{0}	杨柳 iɔ^{33} ləɯ^{113}
50 兰溪	柏树 pəʔ^{34} ʑy^{24}	杉树 suɑ^{334} ɕy^{45}	杨柳 iɑŋ^{21} ləɯ^{55}
51 浦江	柏树 pɑ^{55} ʑy^{55}	杉树 sɑ̃^{55} ʑy^{334}	杨柳树 yõ^{11} lɤ^{11} ʑy^{24}
52 义乌	柏树 pɛ^{45} y^{44}	杉树 sɔ^{33} y^{45}	杨柳树 iɔ^{22} lɐɯ^{33} y^{45}
53 东阳	柏树 pa^{45} zɿ^{53}	杉树 sɔ^{33} zɿ^{53}	杨柳树 iɔ^{22} liəɯ^{22} zɿ^{53}
54 永康	柏树 ɓai^{33} ʑy^{241}	杉树 sa^{33} ɕy^{52}	杨柳树 iɑŋ^{33} liəu^{31} ʑy^{241}
55 武义	柏树 pa^{53} ʑy^{231}	杉树 suo^{32} ʑy^{53}	杨柳 iɑŋ^{55} liəu^{13}
56 磐安	柏树 pa^{55} ɕy^{0}	杉树 sɒ^{33} ɕy^{52}	杨柳树 iɒ^{21} liɐɯ^{14} ɕy^{52}
57 缙云	柏树 pɑ^{51} zɥ^{213}	杉树 sɑ^{44} zɥ^{453}	杨柳 iɑ^{44} liuŋ^{31}
58 衢州	柏枝树 paʔ^{5} tʃy^{32} ʒy^{231}	杉树 sã^{32} ʒy^{231}	杨柳树 iã^{21} le^{53} ʒy^{231}
59 衢江	柏树 paʔ^{5} dʑy^{231}	杉树 sã^{25} dʑy^{31}	杨柳树 iã^{33} ly^{21} dʑy^{231}
60 龙游	柏树 pəʔ^{4} dzəɯ^{21}	杉树 sã^{35} dzəɯ^{21}	杨柳树 iã^{33} liəɯ^{21} dzəɯ^{231}
61 江山	柏树 paʔ^{5} dzɯ^{31}	杉树 saŋ^{24} dzɯ^{51}	杨柳树 iaŋ^{22} liɐɯ^{22} dzɯ^{51}
62 常山	柏树 pɛʔ^{4} dʑiu^{131}	杉树 sã^{52} dʑiu^{0}	凉柳树 liã^{22} liu^{22} dʑiu^{131} 杨柳树 iã^{22} liu^{22} dʑiu^{131}
63 开化	柏树 paʔ^{5} dʑiʊ^{213}	杉树 sã^{53} dʑiʊ^{0}	杨柳树 iã^{21} liʊ^{21} dʑiʊ^{213}
64 丽水	柏树 paʔ^{5} sɥ^{0}	杉树 sã^{224} sɥ^{52}	杨柳树 iã^{22} liəɯ^{544} zɥ^{131}
65 青田	柏树 ɓɛʔ^{4} zɥ^{22}	杉树 sɑ^{55} zɥ^{22}	柳树 lieu^{33} zɥ^{22}
66 云和	柏树 paʔ^{5} zɥ^{223}	杉树 sã^{24} zɥ^{223}	杨柳树 iã^{223} liəɯ^{41} zɥ^{223}
67 松阳	柏树 paʔ^{3} dʑiɯ^{13}	杉树 sɔ̃^{24} dʑiɯ^{13}	杨柳树 iã^{33} liɯ^{22} dʑiɯ^{13}
68 宣平	柏树 paʔ^{5} ʑy^{0}	杉树 sɑ̃^{32} ʑy^{231}	杨柳树 iɑ̃^{44} liɯ^{43} ʑy^{231}
69 遂昌	柏树 piaʔ^{5} dʑiɯ^{213}	杉树 saŋ^{55} dʑiɯ^{213}	杨柳树 iaŋ^{13} liɯ^{22} dʑiɯ^{213}
70 龙泉	柏树 paʔ^{3} dʑiəu^{224}	杉树 saŋ^{44} dʑiəu^{224}	杨柳 iaŋ^{45} liəu^{51}

续表

方言点	0145 柏树统称	0146 杉树	0147 柳树
71 景宁	柏树 paʔ^{5}ʑy^{113}	杉树 sɔ^{33}ʑy^{113}	柳树 liəɯ^{33}ʑy^{113} 杨柳树 iɛ^{55}liəɯ^{33}ʑy^{113}
72 庆元	柏树 ɓɑʔ^{5}tɕiɯ^{31}	杉树 sɑ̃^{33}tɕiɯ^{31}	柳树 liɯ^{22}tɕiɯ^{31}
73 泰顺	柏树 paʔ^{2}ɕy^{22}	杉柴 sã^{22}sa^{53}	杨柳树 iã^{21}liəu^{22}ɕy^{22}
74 温州	柏树 pa^{3}zɿ^{22}	杉树 sa^{33}zɿ^{14}	柳树 lɤu^{31}zɿ^{22}
75 永嘉	柏树 pa^{43}zʮ^{22}	杉树 sa^{33}zʮ^{13}	杨柳树 iɛ^{22}ləu^{31}zʮ^{22} 杨柳 iɛ^{31}ləu^{13}
76 乐清	柏树 pe^{42}zy^{22}	杉树 sᴇ^{35}zy^{31}	柳树 liu^{31}zy^{22}
77 瑞安	柏树 pa^{3}zəɯ^{22}	针杉 tsaŋ^{33}sɔ^{44}	杨柳树 iɛ^{33}ləɯ^{31}zəɯ^{22} 杨柳 iɛ^{31}ləɯ^{13}
78 平阳	柏树 pᴀ^{45}zʉ^{13}	杉树 sɔ^{33}zʉ^{45}	柳树 lɛu^{33}zʉ^{13}
79 文成	柏树 pa^{33}zøy^{21}	杉树 sɔ^{33}zøy^{21}	杨柳 ie^{21}liou^{13}
80 苍南	柏树 pa^{223}dʑy^{11}	针杉 tsaŋ^{33}sa^{44} 杉树 sa^{44}dʑy^{11}	杨柳 iɛ^{31}lɛu^{53} 杨柳树 iɛ^{31}lɛu^{53}dʑy^{11}
81 建德徽	柏树 pɑ^{55}ɕy^{55}	杉树 sɛ^{53}ɕy^{55}	杨柳树 n̠iɛ^{33}liɤɯ^{33}ɕy^{55}
82 寿昌徽	柏树 pəʔ^{3}ɕy^{55}	杉树 ɕyə^{11}ɕy^{55}	杨柳树 iɑ̃^{11}liəɯ^{11}ɕy^{33}
83 淳安徽	柏树 pɑʔ^{5}ɕy^{21}	杉树 sɑ̃^{24}ɕy^{21}	杨柳树 iɑ̃^{43}liɯ^{24}ɕya^{21}
84 遂安徽	柏树 pa^{24}su^{52}	杉树 sɑ̃^{52}su^{52}	杨柳树 iɑ̃^{33}liu^{33}su^{52}
85 苍南闽	大号松柏 to^{21}ho^{21}tsʰan^{21}pe^{43}	杉树 san^{24}tɕʰiu^{21}	柳树 liu^{24}tɕʰiu^{21}
86 泰顺闽	柏柴 pa^{34}tsʰa^{22}	杉柴 sæŋ^{22}tsʰa^{22}	柳柴 liøu^{344}tsʰa^{22}
87 洞头闽	扁柏 pĩ^{212}pe^{53}	杉树 san^{33}tɕʰiu^{21}	柳树 liu^{24}tɕʰiu^{21}
88 景宁畲	柏树 paʔ^{5}ɕy^{51}	杉树 sɔn^{44}ɕy^{51}	杨柳树 iɔŋ^{22}liəu^{55}ɕy^{51}

方言点	0148 竹子统称	0149 笋	0150 叶子
01 杭州	毛竹 mɔ^{22}tsoʔ^{5}	笋 suəŋ^{53}	叶□儿 iɛʔ^{2}p^{h}ɛ^{45}əl^{53}
02 嘉兴	竹头 tsoʔ^{5}dei^{42}	笋 səŋ^{544}	叶子 ieʔ^{5}tsɿ^{21}
03 嘉善	竹头 tsuoʔ^{5}də^{31}	笋 sən^{44}	叶爿 ieʔ^{2}bɛ^{31}
04 平湖	竹头 tsoʔ^{5}dəɯ^{53}	笋 sən^{53}	叶子 iəʔ^{23}tsɿ^{334}
05 海盐	竹头 tsɔʔ^{5}de^{53}	笋 sən^{423}	叶子 iəʔ^{23}tsɿ^{213}
06 海宁	竹头 tsoʔ^{5}dəɯ^{33}	笋 səŋ^{53}	叶爿 ieʔ^{2}bɛ^{33}
07 桐乡	竹头 tsɔʔ^{3}dɤɯ^{44}	毛针$^{=}$ mɔ^{21}tsəŋ^{44}	叶子 iəʔ^{23}tsɿ^{53} 叶爿 iəʔ^{23}bɛ^{44}
08 崇德	竹头 tsɔʔ^{3}dɤɯ^{44}	笋 səŋ^{53}	叶爿 iəʔ^{23}bɛ^{44}
09 湖州	毛竹 mɔ^{33}tsuoʔ^{5}	笋 sən^{523}	叶子 ieʔ^{2}tsɿ^{35}
10 德清	竹头 tsuoʔ^{5}døʉ^{53}	笋 sen^{52}	叶爿 ieʔ^{2}bɛ^{53}
11 武康	竹头 tsuoʔ^{5}dø^{53}	笋 sen^{44}	叶爿 ieʔ^{2}bɛ^{53}
12 安吉	竹头 tsoʔ^{5}dəɪ^{213}	笋 səŋ^{52}	叶子 iᴇʔ^{2}tsɿ^{55}
13 孝丰	竹头 tsuoʔ^{5}dəɪ^{44}	笋 səŋ^{52}	叶子 ieʔ^{2}tsɿ^{24} 叶爿 ieʔ^{2}bɛ^{24}
14 长兴	竹头 tsoʔ^{3}dei^{24}	笋 səŋ^{52}	叶子 iᴇʔ^{2}tsɿ^{0}
15 余杭	竹 tsoʔ^{5}	笋 siŋ^{53}	树叶儿 zɿ^{33}ieʔ^{2}n^{13}
16 临安	竹窠 tsuɔʔ^{5}k^{h}o^{55}	笋 seŋ^{55}	叶爿 iɐʔ^{2}bɛ^{33}
17 昌化	毛竹 mɔ^{11}tsuəʔ^{5}	笋 səŋ^{453}	叶子 iɛʔ^{2}tsɿ^{453}
18 於潜	竹 tsuəʔ^{53}	笋 seŋ^{51}	叶子 iæʔ^{2}tsɿ^{454}
19 萧山	竹 tɕyoʔ^{5}	笋 ɕiŋ^{33}	叶 ieʔ^{13}
20 富阳	竹 tɕyoʔ^{5}	笋 sən^{423}	叶子 iɛʔ^{2}tsɿ^{224}
21 新登	竹 tsəʔ^{5}	笋 seiŋ^{334}	叶子 iəʔ^{2}tsɿ^{45}
22 桐庐	毛竹 mɔ^{21}tɕyəʔ^{3}	笋 səŋ^{33}	叶子 iəʔ^{21}tsɿ^{35}
23 分水	竹 tsuaʔ^{5}	笋 sən^{53}	叶 iəʔ^{12}

续表

方言点	0148 竹子统称	0149 笋	0150 叶子
24 绍兴	竹 tsoʔ^{5}	笋 ɕiŋ^{334}	叶爿 ieʔ^{2} bɛ̃^{231}
25 上虞	竹 tsoʔ^{5}	笋 ɕiŋ^{35}	叶爿 iəʔ^{2} bɛ̃^{31}
26 嵊州	竹 tsoʔ^{5}	笋 ɕiŋ^{53}	叶爿 ieʔ^{2} bᴇ^{24}
27 新昌	竹 tsɤʔ^{5}	笋 seŋ^{453}	叶爿 iɛʔ^{2} bɛ̃^{13}
28 诸暨	竹 tsoʔ^{5}	笋 ɕin^{42}	叶爿 ieʔ^{21} bɛ^{242}
29 慈溪	竹 tsoʔ^{5}	笋 ɕiŋ^{35}	叶爿 iəʔ^{2} bɛ̃^{13}
30 余姚	毛竹 mɔ^{13}tsoʔ^{5}	毛笋 mɔ^{13}ɕiə̃^{34}	叶爿 iəʔ^{2} bã^{13}
31 宁波	毛竹 mɔ^{13}tsoʔ^{5}	毛笋 mɔ^{13}soŋ^{44}	叶爿 iəʔ^{2} bɛ^{44}
32 镇海	毛竹 mɔ^{22}tsoʔ^{5}	笋 soŋ^{35}	叶爿 ieʔ^{2} bɛ^{24}
33 奉化	竹 tsoʔ^{5}	笋 soŋ^{545}	叶爿 iɪʔ^{2} bɛ^{31}
34 宁海	竹 tɕioʔ^{5}	笋 ɕyəŋ^{53}	叶爿 ieʔ^{3} bei^{213}
35 象山	毛竹 mɔ^{31}tɕyoʔ^{5}	笋 soŋ^{44}	叶爿 ieʔ^{2} bɛ^{31}
36 普陀	毛竹 mɔ^{33}tsoʔ^{5}	笋 soŋ^{45}	叶爿 iɛʔ^{2} bɛ^{55}
37 定海	竹 tsoʔ^{5}	笋 soŋ^{45}	叶爿 ieʔ^{2} bɛ^{45}
38 岱山	竹 tsoʔ^{5}	笋 soŋ^{325}	叶爿 ieʔ^{2} pɛ^{44}"爿"声殊
39 嵊泗	毛竹 mɔ^{33}tsoʔ^{5}	笋 soŋ^{445}	叶爿 iᴇʔ^{2} pɛ^{45}"爿"声殊
40 临海	毛竹 mɔ^{22}tɕyoʔ^{5}	笋 ɕyŋ^{52}	叶 i^{51}小
41 椒江	毛竹 mɔ^{22}tsoʔ^{5}	笋 søŋ^{42}	叶 ie^{41}小
42 黄岩	毛竹 mɔ^{13}tsoʔ^{5}	笋 søn^{42}	叶 ie^{41}小
43 温岭	竹 tɕyoʔ^{5}	笋 ɕyn^{42}	叶 ie^{41}小
44 仙居	毛竹 mɐɯ^{33}tɕyɔʔ^{53}小	笋 ɕyen^{53}小	叶 iaʔ^{23}
45 天台	毛竹 mau^{22}tɕyuʔ^{5}	笋 ɕyŋ^{325}	叶 ʑiəʔ^{2}
46 三门	毛竹 mɑu^{11}tɕioʔ^{5}	笋 ɕyŋ^{325}	叶 ieʔ^{23}

续表

方言点	0148 竹子统称	0149 笋	0150 叶子
47 玉环	毛竹 mɔ^{22}tɕyoʔ^{5}	笋 ɕioŋ^{53}	叶 ie^{41}小
48 金华	毛竹 mɑo^{33}tɕioʔ^{4}	笋 ɕiŋ^{535}	叶 ie^{14}
49 汤溪	竹 tɕiou^{55}	笋 sɛ̃i^{535}	叶 ie^{113}
50 兰溪	毛竹 mɔ^{21}tɕyɤʔ^{34}	笋 sin^{55}	叶 ieʔ^{12}
51 浦江	毛竹儿 mo^{33}tɕyɯn^{334}	笋 sən^{53}	叶 i^{232}
52 义乌	竹儿 tsɔn^{324}	笋 sən^{423}	叶儿 ien^{312}
53 东阳	竹儿 tɕiɔn^{453}	笋 sɐn^{44}	叶 iɛ^{213}
54 永康	毛竹 mɑu^{33}tsu^{334}	笋 səŋ^{334}	叶 ie^{113}
55 武义	竹 lɔʔ^{5}	笋 sen^{445}	叶 ie^{213}
56 磐安	竹儿 tɕion^{52}	笋 ɕyɐn^{334}	叶 iɛ^{213}
57 缙云	毛竹 mɔ^{44}tou^{322}	笋 ɕyɛŋ^{51}	叶 iɛ^{13}
58 衢州	毛竹 mɔ^{21}tʃyəʔ^{5}	笋 ʃyən^{35}	叶 iəʔ^{12}
59 衢江	竹 təʔ^{5}	笋 səŋ^{25}	叶 iəʔ^{2}
60 龙游	毛竹 mɔ^{33}tsɔʔ^{4}	笋 ɕin^{35}	叶 iəʔ^{23}
61 江山	竹 taʔ^{5}	笋 sɛ̃^{241}	叶 dʑiᴇʔ^{2}
62 常山	竹 taʔ^{5}	笋 soŋ^{52}	叶 dʑiaʔ^{34}
63 开化	竹 tiɔʔ^{5}	笋 sɤŋ^{53}	叶 dʑiaʔ^{13}
64 丽水	竹 tiuʔ^{5}	笋 ɕyn^{544}	叶 iɛʔ^{23}
65 青田	毛竹 mo^{22}ɗuʔ^{42}	笋 ɕyaŋ^{454}	叶 iæʔ^{31}
66 云和	竹 tiəɯʔ^{5}	笋 ɕyŋ^{41}	叶 iɛʔ^{23}
67 松阳	竹儿 tioʔ^{3}n^{24}	笋 sen^{212}	叶儿 iɛʔ^{2}n^{24}
68 宣平	毛竹 mɔ^{44}tyəʔ^{5}	笋 sən^{445}	叶 iəʔ^{23}
69 遂昌	竹 tiuʔ^{5}	笋 səŋ^{533}	叶 iɛʔ^{23}

续表

方言点	0148 竹子统称	0149 笋	0150 叶子
70 龙泉	竹 tɤɯʔ^{5}	笋 sɛn^{51}	叶 iᴇʔ^{24}
71 景宁	竹 tiuʔ^{5}	笋 ɕiaŋ^{33}	叶 iɛʔ^{23}
72 庆元	竹 ɗiɯʔ^{5}	笋 ɕyəŋ^{33}	叶 iᴇʔ^{34}
73 泰顺	竹 tiəuʔ^{5}	笋 ɕioŋ^{55}	叶 iɛʔ^{2}
74 温州	竹 tɕiɤu^{323}	笋 ɕioŋ^{25}	叶 i^{212}
75 永嘉	竹 tɕiəu^{423}	笋 ɕioŋ^{45}	叶 i^{213}
76 乐清	竹 tɕiu^{323}	笋 soŋ^{35}	叶 iᴇ^{212}
77 瑞安	竹 tsəɯ^{323}	笋 soŋ^{35}	叶 i^{212}
78 平阳	竹 tʃu^{34}	笋 səŋ^{45}	叶 ie^{12}
79 文成	茅竹 mo^{33}tʃou^{13}	笋 søn^{45}	叶 ie^{12}
80 苍南	竹 tsu^{223}	笋 sueŋ^{53}	叶 iɛ^{112}
81 建德徽	毛竹 mɔ^{33}tɕyɐʔ^{5}	笋 ɕin^{213}	叶 i^{213}
82 寿昌徽	毛竹 məɯ^{11}tɕiɔʔ^{3}	笋 ɕien^{24}	叶 i^{24}
83 淳安徽	毛竹 mɤ^{43}tsoʔ^{5}	笋 sen^{55}	叶子 iəʔ^{13}tsɿ^{53}
84 遂安徽	竹 tsu^{24}	笋 ɕin^{213}	叶 iɛ^{33}
85 苍南闽	竹团 tie^{21}kã^{43}	笋 sun^{43}	箬 hio^{24}
86 泰顺闽	竹团 tøʔ^{5}ki^{22}	笋 syeŋ^{344}	箬 ny^{31}
87 洞头闽	竹 tiek^{5}	笋 sun^{53}	箬 hieu^{241}
88 景宁畲	竹 tɕyʔ^{5}	笋 suən^{325}	叶 iet^{2}

方言点	0151 花	0152 花蕾花骨朵	0153 梅花
01 杭州	花儿 xua^{33} əl^{45}	花苞 xua^{33} pɔ^{45}	梅花 mei^{22} xua^{45}
02 嘉兴	花 ho^{42}	花蕊头 ho^{33} ȵiu^{33} dei^{21}	梅花 mei^{21} ho^{33}
03 嘉善	花 xo^{53}	花蕊头 xo^{35} ȵy^{55} də^{0}	梅花 mɛ^{13} xo^{53}
04 平湖	花 ho^{53}	花蕊头 ho^{55} ȵy^{0} dəɯ^{0}	梅花 me^{24} ho^{53}
05 海盐	花 xo^{53}	花蕊头 xo^{55} ȵy^{21} de^{21}	腊梅花 laʔ^{23} me^{55} xo^{53}
06 海宁	花 ho^{55}	花蕊头 ho^{55} mi^{55} dəɯ^{55}	梅花 mei^{33} ho^{55}
07 桐乡	花 ho^{44}	花蕊头 ho^{44} mi^{44} dɤɯ^{44}	梅花 mi^{21} ho^{44}
08 崇德	花 ho^{44}	花蕊头 ho^{44} mi^{44} dɤɯ^{44}	梅花 mi^{21} ho^{44}
09 湖州	花 xuo^{44}	蕊头 ȵi^{53} døʉ^{13}	梅花 mei^{33} xuo^{35}
10 德清	花 xuo^{44}	花蕊头 xuo^{33} mi^{35} døʉ^{0}	腊梅花 ləʔ^{2} mɛ^{35} xuo^{0}
11 武康	花 xo^{44}	花蕊头 xo^{44} mi^{44} dø^{44}	梅花 mɛ^{11} xo^{35}
12 安吉	花 hʊ^{55}	花米$^{=}$头 hʊ^{55} mi^{55} dəɪ^{55}	梅花 me^{22} hʊ^{22}
13 孝丰	花 hʊ^{44}	花米$^{=}$头 hʊ^{44} mi^{44} dəɪ^{44}	梅花 me^{22} hʊ^{22}
14 长兴	花 hu^{44}	蕊头 nɿ^{45} dei^{21}	梅花 mei^{12} hu^{33}
15 余杭	花 xuo^{44}	花芯子 xuo^{55} siŋ^{55} tsɿ^{55}	梅花 mɛ^{31} xuo^{35}
16 临安	花 ho^{55}	花蕊头 ho^{55} mi^{53} də^{53}	梅花 mᴇ^{33} huo^{33}
17 昌化	花 xu^{334}	花蕊 xu^{33} ȵi^{453}	梅花 mɛ^{11} xu^{334}
18 於潜	花 xua^{433}	花苞 xua^{43} pɔ^{433}	梅花 me^{22} xua^{433}
19 萧山	花 xuo^{533}	花苞 xuo^{33} pɔ^{33}	梅花 me^{13} xuo^{33}
20 富阳	花 huo^{53}	蕊头 ȵy^{224} dei^{13}	梅花 mɛ^{13} huo^{55}
21 新登	花 hua^{53}	蕊头 nɥ^{334} təu^{45}	梅花 me^{233} hua^{334}
22 桐庐	花 xuo^{533}	花蕾 xuo^{35} lᴇ^{33}	梅花 mᴇ^{21} xuo^{35}
23 分水	花 xua^{44}	花苞 xua^{44} bu^{22}	梅花 me^{21} xua^{44}
24 绍兴	花 huo^{53}	花苞 huo^{33} pɔ^{33}	梅花 mᴇ^{22} huo^{53}

续表

方言点	0151 花	0152 花蕾花骨朵	0153 梅花
25 上虞	花 fo^{35}	花蕊头 fo^{33} ȵy^{21} dɤ^{213}	梅花 me^{21} fo^{35}
26 嵊州	花 fo^{534}	花蕊头 fo^{53} ȵy^{22} dʏ^{231}	梅花 mᴇ^{22} fo^{334}
27 新昌	花 fuo^{534}	花蕊头 fuo^{53} ȵy^{22} diɯ^{232}	梅花 me^{13} fuo^{534}
28 诸暨	花 ho^{544}	花苞 ho^{21} pɔ^{42}	梅花 me^{21} ho^{42}
29 慈溪	花 huo^{35}	花蕊儿 huo^{33} ȵiuŋ^{13}	梅花 me^{11} huo^{35}
30 余姚	花 huo^{44}	花蕊儿蕊儿 huo^{44} ȵiuŋ^{13} ȵiuŋ^{0}	梅花 me^{13} huo^{44}
31 宁波	花 huo^{53}	花蕊头 huo^{44} ȵy^{13} dœʏ^{44}	梅花 mɐi^{13} huo^{53}
32 镇海	花 huo^{53}	花芯 huo^{33} ɕiŋ^{44}	梅花 mei^{22} huo^{53}
33 奉化	花 huo^{44}	花蕊头 huo^{44} ȵy^{33} dæi^{31}	梅花 mei^{33} huo^{53}
34 宁海	花 ho^{423}	花蕊 ho^{33} ȵy^{53}	梅花 mei^{21} ho^{34}
35 象山	花 huo^{44}	花蕊 huo^{44} ȵy^{13}	梅花 mei^{31} huo^{35}
36 普陀	花 xo^{53}	花蕾 xo^{33} læi^{53}	梅花 mæi^{33} xo^{53}
37 定海	花 xuo^{52}	蕊头 ȵy^{23} dɐi^{44}	梅花 mɐi^{33} xuo^{52}
38 岱山	花 xuo^{52}	花果果 xuo^{33} kuø^{44} kuø^{44} 小	梅花 mɐi^{33} xuo^{52}
39 嵊泗	花 xuo^{53}	花芯子 xuo^{53} ɕiŋ^{0} tsɿ^{0}	梅花 mɐi^{33} xuo^{53}
40 临海	花 hua^{31}	花蕊 hua^{33} ȵy^{52}	梅花 me^{35} hua^{31}
41 椒江	花 hua^{35} 小	花蕊 hua^{33} ȵy^{51} 小	梅花 mə^{24} hua^{42}
42 黄岩	花 hua^{35} 小	花蕊 hua^{33} ȵy^{51} 小	梅花 me^{24} hua^{32}
43 温岭	花 ho^{33}	花蕊 ho^{33} ȵy^{51} 小	梅花 me^{24} hua^{31}
44 仙居	花 ho^{334}	花蕊 ho^{33} ȵy^{53}	梅花 mæ^{33} ho^{53}
45 天台	花 ho^{33}	花蕊 ho^{33} ȵy^{31}	梅花 mei^{22} ho^{51}
46 三门	花 ho^{334}	花蕊 ho^{33} ȵy^{252}	梅花 me^{11} ho^{52}
47 玉环	花 hua^{42}	花蕊 hua^{33} ȵy^{53} 小	梅花 me^{24} hua^{42}

续表

方言点	0151 花	0152 花蕾花骨朵	0153 梅花
48 金华	花 xuɑ^{334}	花蕊 xuɑ^{33}ȵy^{14}小	梅花 mɛ^{31}xuɑ^{55}
49 汤溪	花 xuɑ^{24}	蕊 ȵiəɯ^{341}	梅花 mɛ^{11}xuɑ^{52}
50 兰溪	花 xuɑ^{334}	蕊头 y^{55}dəɯ^{24}	梅花 me^{21}xuɑ^{45}
51 浦江	花 xuɑ^{534}	蕊儿 ȵyn^{24}	梅花 ma^{24}xuɑ^{534}
52 义乌	花 hua^{335}	蕊儿 ȵyn^{24}	梅花 mɛ^{22}hua^{45}
53 东阳	花 hua^{334}	花苞儿 hua^{33}pun^{35}	梅花 me^{22}hua^{35}
54 永康	花 xuɑ^{55}	蕊 ȵy^{241}小	梅花 məi^{33}xuɑ^{55}
55 武义	花 xuɑ^{24}	花蕊 xuɑ^{55}ȵy^{13}	梅花 ma^{32}xuɑ^{53}
56 磐安	花 xua^{445}	花蕊儿 xua^{33}ȵyn^{14}	梅花 me^{21}xua^{52}
57 缙云	花 xu^{44}	蕊 ȵy^{31}	梅花 mɛ^{44}xu^{44}
58 衢州	花 xuɑ^{32}	花汗$^{=}$儿 xuɑ^{32}ə̃^{231}ȵi^{21}	梅花 me^{21}xuɑ^{32}
59 衢江	花 xuo^{33}	花苞 xuo^{33}pɔ^{33}	梅花 mei^{22}xuo^{33}
60 龙游	花 xu^{334}	花苞 xu^{33}pɔ^{334}	梅花 mei^{33}xu^{334}
61 江山	花 xuɒ^{44}	花囊 xuɒ^{24}nɒŋ^{51}	梅花 mᴇ^{22}xuɒ^{44}
62 常山	花 xuɑ^{44}	花红 xua^{52}oŋ^{0}	梅花 mue^{22}xuɑ^{44}
63 开化	花 xuɑ^{44}	花苞 xuɑ^{44}pəɯ^{44}	梅花 mɛ^{21}xuɑ^{44}
64 丽水	花 xuo^{224}	花儿 xuo^{224}ŋ^{52}	梅花 mei^{22}xuo^{224}
65 青田	花 xu^{445}	花米 xu^{55}mi^{33}	梅花 mɛ^{21}xu^{445}
66 云和	花 xo^{24}	花苞 xo^{44}pɑɔ^{24}	梅花 mei^{223}xo^{24}
67 松阳	花 fuə^{24}	花谷$^{=}$儿 fuə^{24}kɤʔ^{3}n^{24}	梅花 me^{21}fuə^{24}
68 宣平	花 xo^{324}	花蕊 xo^{44}ȵi^{223}	梅花 mei^{43}xo^{324}
69 遂昌	花 xɒ^{45}	花蕾儿 xɒ^{55}lei^{13}ȵiɛ^{221}	梅花 mei^{21}xɒ^{45}
70 龙泉	花 xuo^{434}	花笔$^{=}$ xuo^{44}pieiʔ^{5}	梅花 mi^{44}xuo^{434}

续表

方言点	0151 花	0152 花蕾花骨朵	0153 梅花
71 景宁	花 xo^{324}	花北⁼ xo^{55} piɛʔ^{5}	梅花 mai^{33} xo^{324}
72 庆元	花 xo^{335}	花□ xo^{33} kəŋ^{55} 小	梅花 mæi^{55} xo^{335}
73 泰顺	花 fuɔ^{213}	花卵 fuɔ^{213} ləŋ^{22}	梅花 mæi^{21} fuɔ^{213}
74 温州	花 ho^{33}	蕊 ȵy^{22}	梅花 mai^{22} ho^{33}
75 永嘉	花 ho^{44}	蕊 ȵy^{22}	梅花 mai^{22} ho^{44}
76 乐清	花 fɯʌ^{44}	蕊 ȵy^{22}	梅花 mai^{22} fɯʌ^{44}
77 瑞安	花 hu^{44}	未⁼ mei^{22}	梅花 me^{22} hu^{44}
78 平阳	花 xuo^{55}	花蕊儿 xuo^{33} ȵyŋ^{13}	梅花 mai^{21} xuo^{55}
79 文成	花 xo^{55}	花蕾 xo^{33} lai^{33}	梅花 mai^{21} xo^{33}
80 苍南	花 huɔ^{44}	花蕾 huɔ^{44} lai^{24}	梅花 mai^{11} huɔ^{44}
81 建德徽	花 ho^{53}	花蕊儿 ho^{53} y^{55} n^{0}	梅花 me^{33} ho^{53}
82 寿昌徽	花 xuə^{112}	花苞 xuə^{11} pəɯ^{112}	梅花 miæ^{11} xuə^{112}
83 淳安徽	花 ho^{24}	花蕊 ho^{21} ya^{53}	梅花 mie^{43} ho^{24}
84 遂安徽	花 fɑ^{534}	花苞 fɑ^{55} po^{534}	梅花 məɯ^{33} fɑ^{33}
85 苍南闽	花 hue^{55}	花黄 hue^{33} ɯŋ^{24}	梅花 mũĩ^{21} hue^{55}
86 泰顺闽	花 fa^{213}	花蕾 fa^{21} lɔi^{344}	梅花 mɔi^{21} fa^{213}
87 洞头闽	花 hue^{33}	花姆 hue^{212} m^{33}	梅花 mũĩ^{212} hue^{33}
88 景宁畲	花 fɔ^{44}	花□ fɔ^{44} lin^{55} 小	梅花 muei^{325} fɔ^{44}

方言点	0154 牡丹	0155 荷花	0156 草
01 杭州	牡丹 mei^{55}tɛ^{0}	荷花 əu^{22}xua^{45}	草 tsʰɔ^{53}
02 嘉兴	牡丹 mei^{21}tᴇ^{24}	荷花 vu^{21}ho^{33}	草 tsʰɔ^{113}
03 嘉善	牡丹花 mə^{22}tɛ^{35}xo^{53}	荷花 u^{13}xo^{53}	草 tsʰɔ^{334}
04 平湖	牡丹 mo^{21}tɛ^{53}	荷花 u^{24}ho^{53}	草 tsʰɔ^{213}
05 海盐	牡丹花 me^{53}tɛ^{53}xo^{21}	荷花 u^{24}xo^{53}	草 tsʰɔ^{423}
06 海宁	牡丹 məu^{13}tɛ^{55}	荷花 u^{33}ho^{55}	草 tsʰɔ^{53}
07 桐乡	牡丹 mɤɯ^{242}tɛ^{44}	荷花 u^{21}ho^{44}	草 tsʰɔ^{53}
08 崇德	牡丹 mɤɯ^{55}tɛ^{0}	荷花 u^{21}ho^{44}	草 tsʰɔ^{53}
09 湖州	牡丹花 møʉ^{44}tɛ^{0}xuo^{13}	荷花 əu^{33}xuo^{35}	草 tsʰɔ^{523}
10 德清	牡丹 mi^{35}tɛ^{0}	荷花 əu^{11}xuo^{35}	草 tsʰɔ^{52}
11 武康	牡丹 mø^{35}tɛ^{53}	荷花 u^{11}xo^{35}	草 tsʰɔ^{53}
12 安吉	牡丹花 məɪ^{52}tᴇ^{0}hʊ^{21}	荷花 ʊ^{22}hʊ^{22}	草 tsʰɔ^{52}
13 孝丰	牡丹 məɪ^{45}tɛ^{21}hʊ^{21}	荷花 ʊ^{22}hʊ^{22}	草 tsʰɔ^{52}
14 长兴	牡丹 mei^{45}tᴇ^{21}	荷花 u^{12}hu^{33}	草 tsʰɔ^{52}
15 余杭	牡丹 muo^{35}tɛ^{0}	荷花 u^{31}xuo^{35}	草 tsʰɔ^{53}
16 临安	牡丹 mə^{33}tɛ^{53}	荷花 o^{31}ho^{35}	草 tsʰɔ^{55}
17 昌化	牡丹 mu^{23}tɔ̃^{453}	荷花 ɯ^{11}xu^{334}	草 tsʰɔ^{453}
18 於潜	牡丹 miəu^{53}tɛ^{31}	荷花 u^{22}xua^{433}	草 tsʰɔ^{51}
19 萧山	牡丹 mio^{13}tɛ^{21}	荷花 o^{13}xuo^{33}	草 tsʰɔ^{33}
20 富阳	牡丹花 mo^{224}tã^{55}huo^{53}	荷花 u^{13}huo^{55}	草 tsʰɔ^{423}
21 新登	牡丹 məu^{334}tɛ^{45}	荷花 u^{233}hua^{334}	草 tsʰɔ^{334}
22 桐庐	牡丹 mei^{33}tã^{33}	荷花 u^{21}xuo^{35}	草 tsʰɔ^{33}
23 分水	牡丹 me^{44}tã^{33}	藕花 ɵ^{44}xua^{33}	草 tsʰɔ^{53}
24 绍兴	牡丹 mɤ^{24}tɛ̃^{31}	荷花 o^{22}huo^{53}	草 tsʰɔ^{334}

续表

方言点	0154 牡丹	0155 荷花	0156 草
25 上虞	牡丹 mo^{21}tɛ̃^{53}	荷花 o^{21}fo^{35}	草 tsʰɔ^{35}
26 嵊州	牡丹 mʏ^{24}tɛ̃^{53}	荷花 o^{22}fo^{334}	草 tsʰɔ^{53}
27 新昌	牡丹 me^{22}tɛ̃^{53}	荷花 ɤ^{13}fuo^{534}	草 tsʰɔ^{453}
28 诸暨	牡丹 mɤu^{13}tɛ^{42}	荷花 ɤu^{21}ho^{42}	草 tsʰɔ^{42}
29 慈溪	牡丹 mø^{11}tɛ̃^{53}	荷花 əu^{11}huo^{35}	草 tsʰɔ^{35}
30 余姚	牡丹 mø^{13}tã^{53}	荷花 ou^{13}huo^{44}	青草 tɕʰiə̃^{44}tsʰɔ^{34}
31 宁波	牡丹 mɐi^{13}tɛ^{0}	荷花 əu^{13}huo^{53}	青草 tɕʰiŋ^{44}tsʰɔ^{44}
32 镇海	牡丹 mei^{22}tɛ^{44}	荷花 o^{22}huo^{53}	草 tsʰɔ^{35}
33 奉化	牡丹 mei^{33}tɛ^{53}	荷花 əu^{33}huo^{53}	草 tsʰʌ^{545}
34 宁海	牡丹 məu^{31}te^{33}	荷花 əu^{21}ho^{34}	草 tsʰau^{53}
35 象山	牡丹 mɤɯ^{31}tɛ^{35}	荷花 əu^{31}huo^{35}	草 tsʰɔ^{44} 青草 tɕʰiŋ^{44}tsʰɔ^{35}
36 普陀	牡丹 mæi^{23}tɛ^{0}	荷花 əu^{33}xo^{53}	草 tsʰɔ^{45}
37 定海	牡丹花 mɐi^{23}tɛ^{0}xuo^{0}	荷花 ʌu^{33}xuo^{52}	草 tsʰɔ^{45}
38 岱山	牡丹 mœʏ^{23}tɛ^{52}	荷花 ʌu^{33}xuo^{52}	草 tsʰɔ^{325}
39 嵊泗	牡丹花 mœʏ^{11}tɛ^{44}xuo^{44}	荷花 ʌu^{33}xuo^{53}	草 tsʰɔ^{445}
40 临海	牡丹 mə^{42}tɛ^{31}	荷花 o^{35}hua^{31}	草 tsʰɔ^{52}
41 椒江	牡丹花 mio^{42}tɛ^{35}hua^{42}	荷花 o^{24}hua^{42}	草 tsʰɔ^{42}
42 黄岩	牡丹 mio^{42}tɛ^{32}	荷花 o^{24}hua^{32}	草 tsʰɔ^{42}
43 温岭	牡丹 miɤ^{42}tɛ^{15}小	荷花 ɯ^{24}hua^{31}	草 tsʰɔ^{42}
44 仙居	牡丹 məɯ^{31}ɗa^{334}	荷花 o^{33}ho^{53}	草 tsʰɐɯ^{324}
45 天台	牡丹 meu^{21}te^{33}	莲花 lie^{22}ho^{33}	草 tsʰau^{325}
46 三门	牡丹 miɑu^{32}tɛ^{334}	荷花 ʊ^{11}ho^{334}	草 tsʰɑu^{325}
47 玉环	牡丹 miɤ^{53}tɛ^{35}小	荷花 o^{24}hua^{42}	草 tsʰɔ^{53}

续表

方言点	0154 牡丹	0155 荷花	0156 草
48 金华	牡丹 mo^{55}tɛ̃^{334}	荷花 uɤ^{31}xuɑ^{55}	草 ts^{h}ɑo^{535}
49 汤溪	牡丹 məɯ^{11}nuɑ^{24}	荷花 uɤ^{11}xuɑ^{52}	草 ts^{h}ɔ^{535}
50 兰溪	牡丹 məɯ^{55}tuɑ^{334}	荷花 uɤ^{21}xuɑ^{45}	草 ts^{h}ɔ^{55}
51 浦江	牡丹 mə^{11}tɑ̃^{53}	荷花 ɯ^{24}xuɑ^{334}	草 ts^{h}o^{53}
52 义乌	牡丹 mɐɯ^{24}nɔ^{335}	荷花 uɤ^{22}hua^{45}	草 ts^{h}o^{423}
53 东阳	牡丹 məɯ^{23}tɔ^{33}	荷花 u^{23}hua^{53}	草 ts^{h}ɐɯ^{44}
54 永康	牡丹 mu^{31}na^{55}	荷花 uo^{33}xuɑ^{55}	草 ts^{h}ɑu^{334}
55 武义	牡丹 mɑu^{55}nuo^{24}	荷花 uo^{32}xuɑ^{53}	草 ts^{h}ɤ^{445}
56 磐安	牡丹 mɐɯ^{55}nɒ^{445}	荷花 uɤ^{21}xua^{52}	草 ts^{h}o^{334}
57 缙云	牡丹 mou^{21}tɑ^{44}	莲花 liɛ^{44}xu^{44}	草 tɕ^{h}iəɤ^{51}
58 衢州	牡丹 me^{53}tã^{32}	荷花 u^{21}xuɑ^{32}	草 ts^{h}ɔ^{35}
59 衢江	牡丹 mei^{22}tã^{33}	莲子花 lie^{33}tsɤ^{33}xuo^{33}	草 ts^{h}ɤ^{25}
60 龙游	牡丹 mu^{22}tã^{334}	莲子花 lie^{33}tsɿ^{33}xu^{334}	草 ts^{h}u^{35}
61 江山	牡丹 mɐɯ^{22}tɒŋ^{44}	荷花 o^{22}xuɒ^{44}	草 ts^{h}uə^{241}
62 常山	牡丹 mɤ^{22}tã^{44}	荷花 ɔ^{22}xuɑ^{44}	草 ts^{h}uə^{52}
63 开化	牡丹花 məɯ^{44}tã^{44}xuɑ^{44}	荷花 ɔ^{21}xuɑ^{44}	草 ts^{h}uo^{53}
64 丽水	牡丹 muo^{44}tã^{224}	荷花 u^{22}xuo^{224}	草 ts^{h}ə^{544}
65 青田	牡丹 mæi^{22}ɗɑ^{445}	莲子花 liɑ^{22}tsɿ^{33}xu^{445}	草 ts^{h}o^{454}
66 云和	牡丹 məɯ^{223}tã^{24}	荷花 u^{223}xo^{24}	草 ts^{h}ɑɔ^{41}
67 松阳	牡丹 m^{21}tɔ̃^{53}	荷花 u^{21}fuə^{24}	草 ts^{h}ʌ^{212}
68 宣平	牡丹 mei^{43}tɑ̃^{324}	莲子花 liɛ^{44}tsɿ^{44}xo^{324} 莲花 liɛ^{43}xo^{324} 荷花 o^{43}xo^{324}	草 ts^{h}ɔ^{445}
69 遂昌	牡丹 məŋ^{21}taŋ^{45}	荷花 u^{21}xɒ^{45}	草 ts^{h}ɐɯ^{533}

续表

方言点	0154 牡丹	0155 荷花	0156 草
70 龙泉	牡丹 ŋ^{44}taŋ^{434}	荷花 ou^{44}xuo^{434}	草 tsʰɑʌ^{51}
71 景宁	牡丹 məɯ^{55}tɔ^{324}	荷花 o^{33}xo^{324}	草 tsʰɑu^{33}
72 庆元	牡丹 mɒ^{33}ɗɑ̃^{335}	荷花 xo^{52}xo^{335}	草 tsʰɒ^{33}
73 泰顺	牡丹 miɑɔ^{22}tã^{213}	荷花 o^{21}fuɔ^{213}	草 tsʰɑɔ^{55}
74 温州	牡丹 mɜ^{31}ta^{33}	荷花 vu^{22}ho^{33}	草 tsʰɜ^{25}
75 永嘉	牡丹 mə^{31}ta^{44}	荷花 u^{22}ho^{44}	草 tsʰə^{45}
76 乐清	牡丹 mɤ^{31}tᴇ^{44}	荷花 o^{22}fɯʌ^{44}	草 tɕʰiɤ^{35}
77 瑞安	牡丹 mɛ^{31}tɔ^{44}	荷花 vɯ^{22}hu^{44}	草 tsʰɛ^{35}
78 平阳	牡丹 mɛ^{45}tɔ^{21}	荷花 vu^{21}xuo^{55}	草 tʃʰɛ^{45}
79 文成	面⁼丹 mie^{42}dɔ^{33}	荷花 vu^{21}xo^{33}	草 tʃʰɛ^{45}
80 苍南	牡丹 myɛ^{42}ta^{44}	荷花 u^{11}huɔ^{44}	草 tsʰɛ^{53}
81 建德徽	牡丹 mɤɯ^{55}tɛ^{0}	荷花 u^{33}ho^{53}	草 tsʰɔ^{213}
82 寿昌徽	牡丹 məɯ^{55}tæ̃^{33}	荷花 xu^{11}xuə^{112}	草 tsʰɤ^{24}
83 淳安徽	牡丹 mu^{55}tɑ̃^{55}	荷花 hu^{43}ho^{24}	草 tsʰɤ^{55}
84 遂安徽	牡丹 mu^{55}tɑ̃^{33}	莲子花 liɛ̃^{33}tsɿ^{21}fɑ^{52}	草 tsʰɔ^{213}
85 苍南闽	牡丹 bɔ^{33}tan^{55}	荷花 hɔ^{21}hue^{55}	草 tsʰau^{43}
86 泰顺闽	牡丹 miɐu^{344}tæŋ^{213}	荷花 ou^{21}fa^{213}	草 tsʰau^{344}
87 洞头闽	牡丹 bɔ^{212}tan^{33}	荷花 ho^{212}hue^{33}	草 tsʰau^{53}
88 景宁畲	牡丹 miəu^{51}tan^{44}	荷花 xo^{22}fɔ^{44}	草 tsʰau^{325}

方言点	0157 藤	0158 刺名词	0159 水果
01 杭州	藤 dəŋ^{213}	刺 tsʰɿ^{45}	水果 suei^{55} ku^{0}
02 嘉兴	藤 dəŋ^{242}	刺 tsʰɿ^{224}	水果 sɿ^{33} kou^{33}
03 嘉善	藤 dən^{132}	刺 tsʰɿ^{334}	水果 sɿ^{55} ku^{0}
04 平湖	藤 dən^{31}	刺 tsʰɿ^{213}	水果 sɿ^{44} ku^{53}
05 海盐	藤 dən^{31}	刺 tsʰɿ^{334}	水果 sɿ^{53} ku^{334}
06 海宁	藤 dəŋ^{13}	刺 tsɿ^{35}	水果 sɿ^{55} kəu^{0}
07 桐乡	藤 dəŋ^{13}	刺 tsʰɿ^{334}	水果 sɿ^{44} kəu^{0}
08 崇德	藤 dəŋ^{13}	刺 tsʰɿ^{334}	水果 sɿ^{55} ku^{0}
09 湖州	藤 dən^{112}	才$^{=}$ dzɛ^{112}	水果 sei^{53} kəu^{13}
10 德清	树藤 zɿ^{11} den^{35}	刺藜 tsʰi^{33} li^{35}	水果 sɿ^{35} kəu^{0}
11 武康	树藤 zɿ^{11} den^{35}	刺藜 tsʰi^{33} li^{35}	水果 sɜ^{55} ku^{53}
12 安吉	藤 dəŋ^{22}	刺 tsʰɿ^{324}	水果 se^{52} ku^{21}
13 孝丰	藤 dəŋ^{22}	刺 tsʰɿ^{324}	水果 se^{45} ku^{21}
14 长兴	藤 dəŋ^{12}	攙 dzᴇ^{12}	水果 sei^{45} kəu^{21}
15 余杭	藤头儿 diŋ^{33} døʏ^{33} n^{33}	刺连$^{=}$儿 tsʰɿ^{53} liẽ^{33} n^{31}	水果 sɛ^{35} ku^{0}
16 临安	藤 deŋ^{33}	刺 tsʰɿ^{55}	水果 sɿ^{55} ku^{53}
17 昌化	藤 diəŋ^{112}	刺 tsʰɿ^{544}	水果 sei^{45} kɯ^{53}
18 於潜	藤 deŋ^{223}	刺 tsʰɿ^{35}	水果 ɕy^{53} ku^{31}
19 萧山	藤 dəŋ^{355}	刺 tsʰɿ^{42}	水果 sɿ^{33} ku^{33}
20 富阳	藤 dən^{13}	刺 tsʰɿ^{335}	水果 ɕyɛ^{423} ku^{335}
21 新登	藤 deiŋ^{233}	刺 tsʰɿ^{45}	水果 sʮ^{334} ku^{45}
22 桐庐	藤 dəŋ^{13}	刺 tsʰɿ^{35}	水果 ɕyᴇ^{33} ku^{33}
23 分水	藤 dən^{22}	刺 tsʰɿ^{24}	水果 sue^{44} ko^{53}
24 绍兴	藤 dəŋ^{231}	刺 tsʰɿ^{33}	水果 sɿ^{44} ku^{31}

续表

方言点	0157 藤	0158 刺名词	0159 水果
25 上虞	藤 dəŋ^{213}	刺 ts^{h}ɿ^{53}	水果 sɿ^{33} kʊ^{53}
26 嵊州	藤 deŋ^{213}	刺 ts^{h}ɿ^{334}	水果 sɿ^{33} ko^{53}
27 新昌	藤 deŋ^{22}	刺 ts^{h}ɿ^{335}	水果 sɿ^{53} kɤ^{453}
28 诸暨	藤 dɛn^{13}	刺 ts^{h}ɿ^{544}	水果 sɿ^{42} kɤu^{42}
29 慈溪	藤 dəŋ^{13}	刺 ts^{h}ɿ^{44}	水果 sɿ^{33} kəu^{53}
30 余姚	藤 də̃^{13}	刺 ts^{h}ɿ^{53}	水果 sɿ^{34} kou^{0}
31 宁波	藤 dəŋ^{13}	刺 ts^{h}ɿ^{44}	水果 sʮ^{44} kəu^{0}
32 镇海	藤 dəŋ^{24}	刺 ts^{h}ɿ^{53}	水果 sʮ^{35} kəu^{44}
33 奉化	藤 dəŋ^{33}	刺 ts^{h}ɿ^{53}	水果 sʮ^{44} kəu^{53}
34 宁海	藤 diŋ^{213}	刺 ts^{h}ɿ^{35}	水果 sʮ^{33} ku^{53}
35 象山	藤 dəŋ^{31}	刺 ts^{h}ɿ^{53}	水果 sʮ^{44} ku^{44}
36 普陀	藤 dɐŋ^{24}	刺 ts^{h}ɿ^{55}	水果 sʮ^{53} kəu^{0}
37 定海	藤 dɐŋ^{23}	刺 ts^{h}ɿ^{44}	水果 sʮ^{52} kʌu^{0}
38 岱山	藤 dɐŋ^{23}	刺 ts^{h}ɿ^{44}	水果 sʮ^{52} kʌu^{0}
39 嵊泗	藤 dɐŋ^{243}	刺 ts^{h}ɿ^{53}	水果 sʮ^{44} kʌu^{0}
40 临海	藤 dəŋ^{21}	刺 ts^{h}ɿ^{55}	水果 ɕy^{42} ko^{353}小
41 椒江	藤 dəŋ^{31}	刺 ts^{h}ɿ^{55}	水果 sʮ^{42} ku^{51}小
42 黄岩	藤 dən^{121}	刺 ts^{h}ɿ^{55}	水果 sʮ^{42} ku^{42}
43 温岭	藤 dəŋ^{31}	刺 ts^{h}ɿ^{55}	水果 ɕy^{42} ku^{51}小
44 仙居	藤 din^{213}	刺 ts^{h}ɿ^{55}	水果 ɕy^{31} ko^{324}
45 天台	藤 dəŋ^{224}	刺 ts^{h}ɿ^{55}	水果 ɕy^{32} ku^{325}
46 三门	藤 dəŋ^{113}	刺 ts^{h}ɿ^{55}	水果 sʮ^{32} kʊ^{325}
47 玉环	藤 dəŋ^{31}	刺 ts^{h}ɿ^{55}	水果 ɕy^{53} ku^{42}

续表

方言点	0157 藤	0158 刺名词	0159 水果
48 金华	藤 dəŋ^{313}	刺 tsʰɿ^{55}	水果 ɕy^{53} kuɤ^{535}
49 汤溪	藤 dã^{11}	刺 tsʰɿ^{52}	水果 ɕyei^{52} kuɤ^{535}
50 兰溪	藤 dæ̃^{21}	刺 tsʰɿ^{45}	水果 ɕy^{55} kuɤ^{55}
51 浦江	藤 diən^{113}	刺 tsɿ^{55}声殊	水果 ɕy^{33} kɯ^{53}
52 义乌	藤 dən^{213}	刺 tsʰi^{45}	水果 ɕy^{42} kuɤ^{423}
53 东阳	藤 dɐn^{213}	刺 tsʰi^{453}	水果 sɿ^{44} ku^{33}
54 永康	藤 diŋ^{22}	刺 tɕʰie^{52}	水果 ʑy^{31} kuo^{334}
55 武义	藤 den^{324}	刺 tɕʰi^{53}	水果 ɕy^{53} kuo^{445}
56 磐安	藤 dɐn^{213}	刺 tɕʰi^{52}	水果 ɕy^{55} kuɤ^{334}
57 缙云	藤 dɛŋ^{243}	刺 tsʰɿ^{453}	水果 sɥ^{51} ku^{51}
58 衢州	藤 dən^{21}	刺 tsʰɿ^{53}	水果 ʃy^{35} ku^{21}
59 衢江	藤 diŋ^{212}	刺 tsʰyø^{53}	水果 ɕy^{33} kuo^{25}
60 龙游	藤 din^{21}	刺 tsʰɿ^{51}	水果 zuei^{22} ku^{35}
61 江山	藤 dɪ̃^{213}	刺 tɕʰiə^{51}	水果 ɕy^{44} kyə^{241}
62 常山	藤 dɪ̃^{341}	刺 tsʰɿə^{324}	水果 ɕy^{43} tɕye^{52}
63 开化	藤 din^{231}	刺 tsʰɿə^{412}	水果 suei^{44} kɔ^{53}
64 丽水	藤 den^{22}	刺 tsʰɿ^{52}	水果 sɥ^{44} kuo^{544}
65 青田	藤 deŋ^{21}	刺□ tsʰɿ^{33} ɓɛ^{55}	水果 sɥ^{33} ku^{454}
66 云和	树绕 zɥ^{223} ȵiɑɔ^{312}	刺 tsʰɿ^{45}	水果 sɥ^{44} ko^{41}
67 松阳	龙 lioŋ^{31}	刺 tsʰɿə^{24}	水果 ɕy^{33} ku^{212}
68 宣平	龙 liɔ̃^{433}	刺 tsʰɿ^{52}	水果 ɕy^{44} ko^{445}
69 遂昌	龙 liɔŋ^{221}	刺 tɕʰiɛ^{334}	水果 y^{53} ku^{533}老 ɕy^{53} ku^{533}新
70 龙泉	藤 dᴇ^{21}	刺 tɕʰi^{45}	水果 ʑy^{21} kou^{51}

续表

方言点	0157 藤	0158 刺名词	0159 水果
71 景宁	藤 dəŋ^{41}	刺 tɕʰi^{35}	水果 ɕy^{33}ko^{33}
72 庆元	绳 tɕiŋ^{52}	刺 tɕʰiᴇ^{11}	水果 ɕy^{33}ko^{33}
73 泰顺	绳 tɕiŋ^{53}	刺 tsʰɿ^{35}	水果 ɕy^{22}kuɔ^{55}
74 温州	藤 daŋ^{31}	刺 tsʰei^{51}	水果 sɿ^{42}ku^{25}
75 永嘉	藤 daŋ^{31}	刺 tsʰɿ^{53}	水果 sɥ^{53}ku^{45}
76 乐清	藤 daŋ^{31}	刺 tɕʰi^{41}	水果 sy^{42}ku^{35}
77 瑞安	藤 daŋ^{31}	刺 tsʰei^{53}	水果 səɯ^{31}kɯ^{35}
78 平阳	藤 daŋ^{242}	刺 tɕʰi^{53}	水果 sʉ^{33}ku^{35}
79 文成	藤 daŋ	刺 tɕʰi^{33}	水果 søy^{33}ku^{45}
80 苍南	藤 daŋ^{31}	刺 tɕʰi^{42}	水果 ɕy^{42}ku^{53}
81 建德徽	藤 tən^{33}	刺 tsʰɿ^{33}	水果 ɕye^{55}ku^{213}
82 寿昌徽	藤 tʰen^{52}	刺 tsʰɿ^{33}	水果 ɕyei^{33}ku^{24}
83 淳安徽	藤 tʰen^{435}	刺 tsʰa^{24}	水果 ɕya^{55}ku^{21}
84 遂安徽	藤 tʰin^{33}	刺乌 tsʰɿ^{55}vu^{33}	水果 ɕy^{21}kuəɯ^{24}
85 苍南闽	藤 tin^{24}	刺 tɕʰi^{21}	水果 tsui^{33}kɔ^{43}
86 泰顺闽	藤 tieŋ^{22}	刺 tsʰei^{53}	水果 tɕy^{21}kou^{344}
87 洞头闽	藤 tieŋ^{113}	刺 tɕʰi^{21}	水果 tsui^{21}ko^{53}
88 景宁畲	藤 tʰeŋ^{22}	蒡 n̥iʔ^{5}	水果 ɕy^{55}ko^{325}

方言点	0160 苹果	0161 桃子	0162 梨
01 杭州	苹果 biŋ^{22}ku^{45}	桃子 dɔ^{22}tsɿ^{45}	梨儿 li^{22}əl^{45}
02 嘉兴	苹果 biŋ^{24}kou^{42}	桃子 dɔ^{13}tsɿ^{42}	鸭梨 iAʔ^{5}li^{42} 千$^{=}$梨 tɕʰie^{33}li^{42}
03 嘉善	苹果 bin^{13}ku^{53}	桃子 dɔ^{13}tsɿ^{53}	千$^{=}$梨 tɕʰiɪ^{35}li^{53}
04 平湖	苹果 bin^{24}ku^{53}	桃子 dɔ^{24}tsɿ^{53}	梨 li^{31}
05 海盐	苹果 bin^{24}ku^{53}	桃子 dɔ^{24}tsɿ^{53}	梨 li^{31}
06 海宁	苹果 biŋ^{33}kəu^{55}	桃子 dɔ^{33}tsɿ^{55}	千$^{=}$梨 tɕʰie^{55}li^{55} 老 梨子 li^{33}tsɿ^{55} 新
07 桐乡	苹果 biŋ^{21}kəu^{44}	桃子 dɔ^{21}tsɿ^{44}	梨子 li^{21}tsɿ^{44}
08 崇德	苹果 biŋ^{21}ku^{44}	桃子 dɔ^{21}tsɿ^{44}	梨子 li^{21}tsɿ^{44}
09 湖州	苹果 bin^{33}kəu^{35}	桃子 dɔ^{33}tsɿ^{35}	梨子 li^{33}tsɿ^{35}
10 德清	苹果 bin^{21}kəu^{35}	桃子 dɔ^{11}tsɿ^{35}	梨子 li^{11}tsɿ^{35}
11 武康	苹果 bin^{11}ku^{35}	桃子 dɔ^{11}tsɿ^{35}	梨头 li^{11}dø^{35}
12 安吉	苹果 biŋ^{22}ku^{52}	桃子 dɔ^{22}tsɿ^{22}	梨头 li^{22}dəɪ^{22}
13 孝丰	苹果 biŋ^{22}ku^{52}	桃子 dɔ^{22}tsɿ^{22}	梨头 li^{22}dəɪ^{22}
14 长兴	苹果 biŋ^{12}kəu^{33}	桃子 dɔ^{12}tsɿ^{33}	梨子 lɿ^{12}tsɿ^{33}
15 余杭	苹果 biŋ^{31}ku^{35}	桃子 dɔ^{31}tsɿ^{35}	梨子 li^{31}tsɿ^{35}
16 临安	苹果 bieŋ^{33}ku^{33}	桃子 dɔ^{33}tsɿ^{33}	梨头 li^{33}də^{33}
17 昌化	苹果 biəŋ^{11}kɯ^{453}	桃子 dɔ^{11}tsɿ^{453}	梨头 li^{11}di^{112}
18 於潜	苹果 biŋ^{22}ku^{454}	桃子 dɔ^{22}tsɿ^{454}	梨头 li^{22}diəu^{223}
19 萧山	苹果 biŋ^{13}ku^{33}	桃子 dɔ^{13}tsɿ^{33}	梨头 li^{13}dio^{33}
20 富阳	苹果 bin^{13}kuo^{55}	桃子 dɔ^{13}tsɿ^{55}	棠梨 dɑ̃^{13}li^{55}
21 新登	苹果 beiŋ^{233}ku^{334}	桃子 dɔ^{233}tsɿ^{334}	梨 li^{233}
22 桐庐	苹果 biŋ^{21}ku^{35}	桃子 dɔ^{21}tsɿ^{35}	梨头 li^{21}dei^{13}
23 分水	苹果 bin^{21}ko^{55}	桃子 dɔ^{21}tsɿ^{0}	梨头 li^{21}də^{24}

续表

方言点	0160 苹果	0161 桃子	0162 梨
24 绍兴	苹果 biŋ^{22}ku^{334}	桃子 dɔ^{22}tseʔ^{5}	梨头 li^{22}dɤ^{231}
25 上虞	苹果 biŋ^{21}kʊ^{35}	桃子 dɔ^{21}tsɿ^{35}	梨 li^{213}
26 嵊州	苹果 biŋ^{22}ko^{53}	桃子 dɔ^{22}tsəʔ^{5}	梨头 li^{22}dʏ^{231}
27 新昌	苹果 biŋ^{22}kɤ^{453}	桃 dɔ^{22}	梨头 li^{13}tiɯ^{534}
28 诸暨	苹果 bin^{21}kɤu^{42}	桃子 dɔ^{13}tsɿ^{21}	梨头 lʅ^{21}dei^{242}
29 慈溪	苹果 biŋ^{13}kəu^{0}	桃子 dɔ^{13}tsɿ^{0}	梨头 li^{11}dø^{13}
30 余姚	苹果 bə̃^{13}kou^{34}	桃子 dɔ^{13}tsɿ^{34}	梨头 li^{13}dø^{0}
31 宁波	苹果 biŋ^{13}kəu^{53}	桃子 dɔ^{13}tsɿ^{44}	梨头 li^{13}dœʏ^{0}
32 镇海	苹果 biŋ^{22}kəu^{53}	桃子 dɔ^{22}tsɿ^{53}	梨头 li^{22}dei^{31}
33 奉化	苹果 biŋ^{33}kəu^{53}	桃子 dʌ^{33}tsɿ^{44}	梨头 li^{33}dæi^{31}
34 宁海	苹果 biŋ^{21}ku^{53}	桃 dau^{213}	雪梨 ɕyəʔ^{3}li^{213} 梨头 li^{21}diu^{31}
35 象山	苹果 biŋ^{31}ku^{35}	桃 dɔ^{31}	梨头 li^{31}dɤɯ^{13}
36 普陀	苹果 biŋ^{33}kəu^{45}	桃子 dɔ^{33}tsɿ^{45}	梨头 li^{33}deu^{53}
37 定海	苹果 biŋ^{33}kʌu^{45}	桃子 dɔ^{33}tsɿ^{45}	梨头 li^{33}dɐi^{52}
38 岱山	苹果 biŋ^{31}kʌu^{0}	桃子 dɔ^{31}tsɿ^{0}	梨头 li^{33}dœʏ^{52} 小梨 ɕio^{33}li^{53}
39 嵊泗	苹果 biŋ^{24}kʌu^{0}	桃子 dɔ^{24}tsɿ^{0}	小梨 ɕio^{33}li^{53}
40 临海	苹果 biŋ^{22}ko^{52}	桃 dɔ^{21}	梨 li^{21}
41 椒江	苹果 biŋ^{22}ku^{42}	桃 dɔ^{24}$_{小}$	梨 li^{24}$_{小}$
42 黄岩	苹果 bin^{13}ku^{42}	桃 dɔ^{24}$_{小}$	梨 li^{24}$_{小}$
43 温岭	苹果 bin^{13}ku^{42}	桃 dɔ^{24}$_{小}$	梨 li^{24}$_{小}$
44 仙居	苹果 bin^{33}ko^{324}	桃 dɐɯ^{353}$_{小}$	梨 li^{353}$_{小}$
45 天台	苹果 biŋ^{22}ku^{325}	桃 dau^{51}$_{小}$	梨 li^{51}$_{小}$

续表

方言点	0160 苹果	0161 桃子	0162 梨
46 三门	苹果 biŋ^{11} kʊ^{52}	桃 dɑu^{252}	梨 li^{252}
47 玉环	苹果 biŋ^{22} ku^{42}	桃 dɔ^{24}小	梨 li^{24}小
48 金华	苹果 biŋ^{31} kuɤ^{535}	桃 dɑo^{313}	梨 li^{313}
49 汤溪	苹果 bɛ̃i^{11} kuɤ^{535}	桃儿 doŋ^{113}	梨 li^{11}
50 兰溪	苹果 bin^{21} kuɤ^{55}	桃儿 dɔ^{21} nə^{24}	梨儿 li^{21} nə^{24}
51 浦江	苹果 biən^{11} kɯ^{53}	桃儿 don^{232}	梨儿 liən^{232}
52 义乌	苹果 bən^{22} kuɤ^{423}	桃儿 don^{213}	梨儿 lin^{213}
53 东阳	苹果 biɐn^{22} ku^{35}	桃儿 dɐɯn^{213}	梨儿 lin^{213}
54 永康	苹果 ɓiŋ^{33} kuo^{334}	桃 dɑu^{241}小	梨 li^{241}小
55 武义	苹果 bin^{55} kuo^{445}	桃儿 den^{13}	梨 li^{324}
56 磐安	苹果 biɐn^{22} kuɤ^{334}	桃儿 don^{213}	梨儿 lin^{213}
57 缙云	苹果 bɛŋ^{44} ku^{51}	桃 dəɤ^{322}小	梨 li^{243}
58 衢州	苹果 bin^{21} ku^{35}	桃 dɔ^{21}	梨 li^{21}
59 衢江	苹果 biŋ^{22} ku^{25}	桃 dɔ^{212}	梨 li^{212}
60 龙游	苹果 bin^{22} ku^{35}	桃 dɔ^{21}	梨 li^{21}
61 江山	苹果 bĩ^{22} ko^{241}	桃 dɐɯ^{213}	雪梨 ɕyᴇʔ^{5} li^{213}
62 常山	苹果 bĩ^{22} kɔ^{52}	桃 dɤ^{341}	梨 li^{341}
63 开化	苹果 bin^{21} kɔ^{53}	桃 dəɯ^{231}	梨 li^{231}
64 丽水	苹果 bin^{22} kuo^{544}	桃 də^{22}	梨 li^{22}
65 青田	苹果 biaŋ^{22} ku^{454}	桃 dœ^{55}小	消$^{=}$梨 ɕiœ^{55} li^{53}
66 云和	苹果 biŋ^{223} ko^{41}	桃 dɑɔ^{312}	梨 li^{312}
67 松阳	苹果 bin^{33} ku^{212}	桃儿 dʌ^{21} n^{24}	梨 li^{31}
68 宣平	苹果 bin^{22} ko^{445}	桃 dɔ^{433}	梨 li^{433}

续表

方言点	0160 苹果	0161 桃子	0162 梨
69 遂昌	苹果 biŋ^{13}ku^{533}	桃 dɒ^{221}	梨 li^{221}
70 龙泉	苹果 pin^{45}kou^{51}	桃儿 tɑʌ^{45}ȵi^{55}	梨 li^{21}
71 景宁	苹果 biŋ^{55}ko^{33}	桃 dɑu^{41}	梨 li^{41}
72 庆元	苹果 piŋ^{52}ko^{33}	桃儿 tɒ^{55}	梨 li^{52}
73 泰顺	苹果 piŋ^{21}kuɔ^{55}	桃 tɑɔ^{213}	梨 li^{53}
74 温州	苹果 bəŋ^{31}ku^{25}	桃儿 dɜ^{22}ŋ^{12}	消$^{=}$梨 ɕiɛ^{33}lei^{223}
75 永嘉	苹果 beŋ^{31}ku^{45}	桃儿 də^{22}ŋ^{0}	消$^{=}$梨 ɕyə^{43}lei^{21}
76 乐清	苹果 beŋ^{31}ku^{35}	桃 dɤ^{212}小	消$^{=}$梨 sɤ^{44}li^{223}
77 瑞安	苹果 bəŋ^{31}kɯ^{35}	桃儿 dɛ^{22}ŋ^{0}	梨 lei^{31}
78 平阳	苹果 beŋ^{33}ku^{35}	桃儿 dɛŋ^{13}	梨 li^{242}
79 文成	苹果 beŋ^{33}ku^{45}	桃 dɛ^{113}	梨 lei^{113}
80 苍南	苹果 beŋ^{31}ku^{53}	桃儿 da^{11}ŋ^{0}	梨 li^{31}
81 建德徽	苹果 pin^{33}ku^{213}	桃 tɔ^{33}	梨 li^{33}
82 寿昌徽	苹果 pʰien^{11}ku^{55}	桃 tʰɤ^{52}	梨 li^{52}
83 淳安徽	苹果 pʰin^{43}ku^{55}	桃 tʰɤ^{435}	梨 li^{435}
84 遂安徽	苹果 pʰin^{33}kuəɯ^{33}	桃 tʰɔ^{33}	梨 li^{33}
85 苍南闽	苹果 pin^{21}kɔ^{43}	桃团 tʰo^{21}kã^{43}	消$^{=}$梨 ɕiau^{33}lai^{24}
86 泰顺闽	苹果 pieŋ^{21}kou^{344}	桃团 tʰou^{21}ki^{344}	梨 li^{22}
87 洞头闽	苹果 pʰin^{21}ko^{53}	桃仔 tʰo^{212}a^{53}	消$^{=}$梨 ɕiau^{212}lai^{24}
88 景宁畲	苹果 pʰiaŋ^{44}ko^{325}	桃 tʰo^{325}小	□梨 kuei^{55}luei^{325}

方言点	0163 李子	0164 杏	0165 橘子
01 杭州	李子 li^{55}tsɿ^{0}	杏子 aŋ^{13}tsɿ^{53}	橘子 tɕyɛʔ^{5}tsɿ^{0}
02 嘉兴	李子 li^{21}tsɿ^{24}	杏梅 ᴀ̃^{21}mei^{33}	橘子 tɕyeʔ^{5}tsɿ^{21}
03 嘉善	李子 li^{22}tsɿ^{35}	杏梅 æ̃^{44}mɛ^{53}	橘子 tɕyøʔ^{5}tsɿ^{0}
04 平湖	李子 li^{21}tsɿ^{44}	杏子 ã^{21}tsɿ^{44}	橘子 tɕyoʔ^{3}tsɿ^{44}
05 海盐	李子 li^{53}tsɿ^{213}	杏子 ɛ̃^{53}tsɿ^{213}	橘子 tɕyɔʔ^{5}tsɿ^{334}
06 海宁	李子 li^{35}tsɿ^{0}	杏子 ɑ̃^{33}tsɿ^{55} 杏梅 ɑ̃^{55}me^{33}	橘子 tɕioʔ^{5} tsɿ^{0}
07 桐乡	李子 li^{242}tsɿ^{44}	杏子 ã^{44}tsɿ^{0}	橘子 tɕiəʔ^{3}tsɿ^{53}
08 崇德	李子 li^{55}tsɿ^{0}	杏子 ã^{44}tsɿ^{44}	橘子 tɕiəʔ^{3}tsɿ^{53}
09 湖州	李子 li^{53}tsɿ^{13}	杏梅 ã^{53}mei^{13}	橘子 tɕieʔ^{5}tsɿ^{53}
10 德清	李子 li^{35}tsɿ^{0}	杏梅 ã^{35}mɛ^{0}	橘子 tɕieʔ^{5}tsɿ^{53}
11 武康	李子 li^{35}tsɿ^{53}	杏梅 ã^{55}mɛ^{53}	橘子 tɕieʔ^{5}tsɿ^{53}
12 安吉	李子 li^{52}tsɿ^{21}	杏梅 a^{52}me^{21}	橘子 tɕʏəʔ^{3}tsɿ^{55}
13 孝丰	李子 li^{45}tsɿ^{21}	杏梅 ã^{45}me^{21}	橘子 tɕioʔ^{5}tsɿ^{44}
14 长兴	李子 lɿ^{45}tsɿ^{21}	杏子 ã^{44}tsɿ^{44}	橘子 tʃiᴇʔ^{3}tsɿ^{44}
15 余杭	李子 li^{35}tsɿ^{0}	杏子儿 ɑ̃^{55}tsɿ^{55}n^{55}	橘子 tɕieʔ^{5}tsɿ^{53}
16 临安	李子 li^{33}tsɿ^{55}	杏梅 ɑ̃^{33}mᴇ^{33}	橘子 tɕyɐʔ^{5}tsɿ^{55}
17 昌化	李子 li^{45}tsɿ^{53}	杏子 ɔ̃^{23}tsɿ^{453}	橘子 tɕyɛʔ^{5}tsɿ^{453}
18 於潜	李子 li^{53}tsɿ^{31}	杏子 aŋ^{24}tsɿ^{454}	橘子 tɕyeʔ^{53}tsɿ^{454}
19 萧山	李子 li^{13}tsɿ^{42}	杏子 ã^{13}tsɿ^{42}	橘子 tɕyoʔ^{5}tsɿ^{33}
20 富阳	李子 li^{224}tsɿ^{335}	杏梅 ã^{224}mɛ^{335}	橘子 tɕyoʔ^{5}tsɿ^{335}
21 新登	麦李 maʔ^{2}li^{45}	杏梅 ɛ̃^{334}mɛ^{45}	橘子 tɕyəʔ^{5}tsɿ^{334}
22 桐庐	李子 li^{33}tsɿ^{33}	白果子 baʔ^{21}ku^{21}tsɿ^{33}	橘子 tɕyəʔ^{5}tsɿ^{33}
23 分水	李子 li^{44}tsɿ^{0}	杏子 ã^{21}tsɿ^{0}	橘子 tɕyəʔ^{5}tsɿ^{0}

续表

方言点	0163 李子	0164 杏	0165 橘子
24 绍兴	李子 li^{24}tseʔ^{3}	杏子 aŋ^{24}tseʔ^{3}	橘子 tɕioʔ^{3}tseʔ^{5}
25 上虞	李子 li^{21}tsɿ^{35}	杏子 ã^{21}tsɿ^{53}	橘子 tɕyoʔ^{5}tsɿ^{53}
26 嵊州	李子 li^{24}tsəʔ^{5}	杏子 aŋ^{24}tsəʔ^{5}	橘子 tɕyoʔ^{3}tsəʔ^{5}
27 新昌	李 li^{232}	杏 aŋ^{232}	橘 tɕyʔ^{5}
28 诸暨	李子 lʅ^{35}tsɿ^{21}	杏子 ã^{35}tsɿ^{21}	橘子 tɕioʔ^{5}tsɿ^{33}
29 慈溪	李子 li^{13}tsɿ^{44}	杏子 ã^{13}tsɿ^{44}	橘子 tɕyəʔ^{5}tsɿ^{0}
30 余姚	李子 li^{13}tsɿ^{44}	杏子 aŋ^{13}tsɿ^{44}	橘子 tɕyoʔ^{5}tsɿ^{0}
31 宁波	李子 li^{13}tsɿ^{0}	杏子 a^{13}tsɿ^{0}	橘子 tɕyəʔ^{5}tsɿ^{0}
32 镇海	李子 li^{22}tsɿ^{44}	杏子 ã^{24}tsɿ^{44}	橘子 tɕyoʔ^{5}tsɿ^{44}
33 奉化	李子 li^{33}tsɿ^{44}	杏梅 ã^{33}mei^{33}	橘子 tɕyoʔ^{5}tsɿ^{44}
34 宁海	李 li^{53}统称 红子李 oŋ^{21}tsɿ^{33}li^{53} 西瓜李 sɿ^{33}ko^{33}li^{53}	杏 ã^{31}	橘 kyəʔ^{5}
35 象山	李子 li^{31}tsɿ^{44}	杏梅 ã^{31}mei^{31}	橘子 tɕyoʔ^{5}tsɿ^{44}
36 普陀	李子 li^{23}tsɿ^{0}	杏桃 ã^{33}dɔ^{53}	橘子 tɕyoʔ^{5}tsɿ^{0}
37 定海	李子 li^{23}tsɿ^{0}	汪$^{=}$梅 uõ^{44}mɐi^{44} 杏子 ã^{23}tsɿ^{0}	橘子 tɕyoʔ^{5}tsɿ^{0}
38 岱山	李子 li^{31}tsɿ^{0}	杏子 ã^{31}tsɿ^{0}	橘子 tɕyoʔ^{5}tsɿ^{0}
39 嵊泗	李子 li^{34}tsɿ^{0}	（无）	橘子 tɕyoʔ^{5}tsɿ^{0}
40 临海	李 li^{353}小	杏 ã^{353}小	橘儿 kyŋ^{353}
41 椒江	李 li^{51}小	杏梅 ã^{55}mə^{31}	橘儿 kyŋ^{51}
42 黄岩	李 li^{51}小	杏梅 ã^{55}me^{41}	橘儿 kyn^{51}
43 温岭	李 li^{51}小	杏 ã^{51}小	橘儿 kyn^{51}
44 仙居	小麦李 ɕiɐɯ^{31}maʔ^{23}li^{53}小	杏梅 ã^{31}mæ^{353}小	毯$^{=}$橘 tʰa^{31}cyəʔ^{53}

续表

方言点	0163 李子	0164 杏	0165 橘子
45 天台	麦李 maʔ^{2}li^{31}小	杏梅 aʔ^{1}mei^{51}	橘儿 kyŋ^{51}
46 三门	小麦李 ɕiɑu^{32}maʔ^{2}li^{252}小	杏梅 ɛ^{21}me^{113}	橘儿 kyŋ^{52}
47 玉环	李 li^{53}	杏梅 ã^{55}me^{41}	橘儿 tɕioŋ^{53}
48 金华	李 li^{14}小	梅 mɛ^{313}	橘儿 tɕyẽ^{55}
49 汤溪	李 li^{341}小	（无）	橘儿 tɕyeŋ^{55}
50 兰溪	李儿 li^{45}nə^{52}	杏 æ̃^{24}	橘儿 tɕyɤʔ^{34}nə^{45}
51 浦江	麦李儿 mɑ^{24}liən^{0}	梅儿 man^{232}	橘儿 tɕyən^{423}
52 义乌	李儿 lin^{24}	梅儿 mɛn^{213}	橘儿 tɕyɛn^{324}
53 东阳	麦李儿 ma^{23}lin^{35}	杏子 ɛ^{33}tsɿ^{53}	橘儿 tɕiɐn^{453}
54 永康	麦李 mai^{33}li^{241}小	杏梅 ai^{31}məi^{55}	橘 tɕyə^{52}小
55 武义	麦李儿 ma^{53}lin^{231}	杏梅 ŋa^{55}ma^{324}	橘 tɕyəʔ^{5}
56 磐安	麦李儿 ma^{33}lin^{14}	杏珠 ɛ^{33}tɕy^{52}	橘儿 tɕyɛn^{52}
57 缙云	麦李 mɑ^{51}li^{453}	杏梅 a^{51}mei^{243}	橘 tɕyei^{45}小
58 衢州	李子 li^{231}tsɿ^{35}	杏 ʑin^{231}	细橘 ɕiɑ^{53}tʃyəʔ^{5}
59 衢江	栗$^{=}$子 liəʔ^{2}tsɤ^{25}	梅 mei^{212}	细橘 ɕie^{33}tɕyəʔ^{5}
60 龙游	李 li^{51}	杏 ʑin^{231}	橘 tɕyəʔ^{4}
61 江山	李 li^{22} 李子 li^{22}tsə^{241}	杏梅 aŋ^{22}mᴇ^{213}	橘 kiᴇʔ^{5}
62 常山	李子 li^{22}tsɿ^{52}	（无）	橘 tɕyeʔ^{5}
63 开化	子李 tsɿə^{44}li^{213}	梅 mɛ^{231}	橘 tɕyɛʔ^{5}
64 丽水	麦李 maʔ^{2}li^{544}	杏梅 ã^{44}mei^{22}	橘 tɕyʔ^{5}
65 青田	李儿 leŋ^{55}	杏梅 ɛ^{22}mɛ^{55}	橘儿 tɕiaŋ^{445}
66 云和	李儿 liŋ^{24}	梅 mei^{312}	橘 tɕyeiʔ^{5}
67 松阳	李儿 li^{21}n^{24}	杏梅 ã^{22}mei^{31}	橘儿 tɕiʔ^{3}n^{24}

续表

方言点	0163 李子	0164 杏	0165 橘子
68 宣平	麦李 maʔ^{2} li^{223}	杏梅 ŋɛ^{22} mei^{433}	橘 tɕyəʔ^{5}
69 遂昌	李儿 li^{13} ȵiɛ^{221}	杏梅 aŋ^{13} mei^{221}	橘 tɕiʔ^{5}
70 龙泉	李儿 li^{21} ȵi^{21}	杏梅 aŋ^{21} mi^{21}	橘 tɕyʔ^{5}
71 景宁	李儿 liŋ^{45} 麦李儿 maʔ^{23} liŋ^{45}	杏 ŋa^{33}	橘 tɕiəɯʔ^{5}
72 庆元	李儿 liŋ^{33}	杏梅 xɑ̃^{33} mæi^{52}	橘儿 tɕyəŋ^{55}
73 泰顺	李儿 liŋ^{33}	杏 ã^{53}	橘 tsəiʔ^{5}
74 温州	李儿 lei^{31} ŋ^{1}	杏儿 ɛ^{42} ŋ^{1}	橘 tɕiai^{323}
75 永嘉	李儿 lei^{31} ŋ^{0}	杏梅 ɛ^{53} mai^{21}	橘儿 tɕiai^{53} ŋ^{0}
76 乐清	李 li^{24}	杏 a^{24}	橘 tɕiɤ^{323}
77 瑞安	李儿 lei^{31} ŋ^{0}	杏 na^{22}	橘 tɕia^{323}
78 平阳	李儿 liŋ^{53}	杏 ᴀ^{45}	橘 tʃᴀ^{34}
79 文成	李 lei^{224}	杏 a^{224}	橘 tʃa^{34}
80 苍南	李 li^{53}	杏 ia^{42}	橘 tsɛ^{223}
81 建德徽	李子 li^{21} tsɿ^{213}	梅 me^{33}	橘子 tɕyɐʔ^{5} tsɿ^{213}
82 寿昌徽	麦李 məʔ^{3} li^{55}	杏 xæ̃^{534}	橘 tɕyəʔ^{3}
83 淳安徽	李子 li^{55} tsɿ^{21}	杏 hɑ̃^{55}	橘 tɕyʔ^{5}
84 遂安徽	李 li^{43}	杏 ɕin^{52}	橘 tɕye^{24}
85 苍南闽	李团 li^{21} kã^{43}	杏 in^{21}	橘团 kie^{33} kã^{43}
86 泰顺闽	李团 li^{21} ki^{344}	杏 xɛ^{213}	橘子 kiɪʔ^{5} ki^{22}
87 洞头闽	李仔 li^{21} ia^{53}	杏 ɕin^{21}	柑 kã^{33}
88 景宁畲	李儿 lin^{55} 小	杏 ŋa^{55}	柑 kyon^{445} 小

方言点	0166 柚子	0167 柿子	0168 石榴
01 杭州	香泡⁼ ɕiaŋ^{33} pʰɔ^{45}	柿子 zɿ^{13} tsɿ^{53}	石榴 zaʔ^{2} ly^{45}
02 嘉兴	柚子 iu^{24} tsɿ^{21}	柿子 zɿ^{21} tsɿ^{24}	石榴 zəʔ^{1} liu^{33}
03 嘉善	香泡⁼ ɕiæ̃^{35} pʰɔ^{53}	柿子 zɿ^{22} tsɿ^{35}	石榴 zɜʔ^{2} liə^{31}
04 平湖	香泡⁼ ɕiã^{44} pʰɔ^{0}	同⁼门⁼柿 doŋ^{24} mən^{44} zɿ^{0}	石榴 zaʔ^{23} liəɯ^{31}
05 海盐	香泡⁼ ɕiɛ̃^{55} pʰɔ^{53}	柿子 zɿ^{53} tsɿ^{213}	石榴 zaʔ^{23} le^{31}
06 海宁	柚子 iəɯ^{33} tsɿ^{55}	柿子 zɿ^{35} tsɿ^{0}	石榴 zaʔ^{2} ləɯ^{33}
07 桐乡	香泡⁼ ɕiã^{44} pʰɔ^{44}	柿子 zɿ^{242} tsɿ^{0}	石榴 zaʔ^{23} lɤɯ^{44}
08 崇德	香泡⁼ ɕiã^{44} pʰɔ^{44}	柿子 zɿ^{24} tsɿ^{0}	石榴 zaʔ^{23} lɤɯ^{44}
09 湖州	柚子 iʉ^{33} tsɿ^{35}	柿子 zɿ^{35} tsɿ^{13}	石榴 zaʔ^{5} løʉ^{35}
10 德清	香泡⁼ ɕiã^{44} pʰɔ^{44}	柿子 zɿ^{35} tsɿ^{0}	石榴 zaʔ^{2} løʉ^{53}
11 武康	香泡⁼ ɕiã^{44} pʰɔ^{44}	柿子 zɿ^{35} tsɿ^{53}	石榴 zɜʔ^{2} lø^{53}
12 安吉	柚子 iu^{22} tsɿ^{22}	柿子 zɿ^{24} tsɿ^{52}	石榴 zəʔ^{2} liu^{213}
13 孝丰	柚子 iu^{32} tsɿ^{213}	柿子 zɿ^{24} tsɿ^{52}	石榴 zəʔ^{2} liu^{24}
14 长兴	柚子 iʏ^{12} tsɿ^{33}	柿子 zɿ^{24} tsɿ^{21}	石榴 zəʔ^{2} lei^{24}
15 余杭	香泡⁼ ɕiɑ̃^{55} pʰɔ^{55}	柿子 zɿ^{33} tsɿ^{53}	石榴 zəʔ^{2} løʏ^{13}
16 临安	柚子 yœ^{33} tsɿ^{55}	柿子 zɿ^{33} tsɿ^{55}	石榴 zɐʔ^{2} lœ^{33}
17 昌化	胡柚 vu^{11} i^{112}	柿子 zɿ^{23} tsɿ^{453}	十⁼榴 ziɛʔ^{2} li^{112} 石榴 zaʔ^{2} li^{112}
18 於潜	柚子 iəu^{22} tsɿ^{454}	柿子 dzɿ^{24} tsɿ^{454}	石榴 zɑʔ^{2} liəu^{223}
19 萧山	柚子 io^{13} tsɿ^{33}	柿子 zɿ^{13} tsɿ^{42}	石榴 zəʔ^{21} lio^{33}
20 富阳	文旦 vən^{13} dã^{55}	柿子 zɿ^{224} tsɿ^{335}	石榴 ʑiɛʔ^{2} lei^{224}
21 新登	香泡⁼ ɕiɑ̃^{53} pʰɔ^{334}	柿子 zɿ^{21} tsɿ^{45}	石榴 ʑyəʔ^{2} ləu^{233}
22 桐庐	柚子 iəu^{21} tsɿ^{35}	柿子 zɿ^{21} tsɿ^{35}	石榴 zəʔ^{21} liəu^{35}

续表

方言点	0166 柚子	0167 柿子	0168 石榴
23 分水	柚子 iɵ^{21}tsɿ^{0}	柿子 zɿ^{21}tsɿ^{0}	石头 zəʔ^{12}dɵ^{22}
24 绍兴	香泡⁼ ɕiaŋ^{33}pʰɔ^{33}	柿子 zɿ^{24}tseʔ^{3}	石榴 zəʔ^{2}liɤ^{231}
25 上虞	香泡⁼ ɕiã^{33}pʰɔ^{35}	柿子 zɿ^{21}tsɿ^{53}	石榴 zaʔ^{2}iɤ^{31}
26 嵊州	蜜柚 mieʔ^{2}iʏ^{231}	柿红 zɿ^{24}oŋ^{231}	金樱 tɕiŋ^{53}aŋ^{334}
27 新昌	泡⁼ pʰɔ^{534}	柿红 zɿ^{22}oŋ^{232}	金樱 tɕiŋ^{45}aŋ^{534}
28 诸暨	柚子 iʉ^{35}tsɿ^{21}	柿子 zɿ^{35}tsɿ^{21}	石榴 zəʔ^{21}liʉ^{242}
29 慈溪	文旦 vẽ^{11}tɛ^{35}	紫红柿 tsɿ^{35}uŋ^{0}dzɿ^{13} 方柿 fɔ̃^{35}dzɿ^{0}	金猛⁼ tɕiŋ^{33}mã^{13}
30 余姚	文旦 və̃^{13}tã^{34} 香泡⁼ ɕiaŋ^{44}pʰɔ^{44}	紫红柿 tsɿ^{34}uŋ^{13}dzə̃^{0} 吊红柿 tiɔ^{44}uŋ^{13}dzɿ^{13} 方蒂柿 fɔŋ^{44}ti^{44}dzɿ^{13}	鸡⁼猛⁼ tɕi^{44}maŋ^{13}
31 宁波	香泡⁼ ɕia^{44}pʰɔ^{44}	柿子 zɿ^{13}tsɿ^{0}	金猛⁼ tɕiŋ^{44}ma^{53}
32 镇海	泡⁼橘 pʰɔ^{33}tɕyoʔ^{5}	柿子 zɿ^{22}tsɿ^{44}	金猛⁼ tɕiŋ^{33}mã^{31}
33 奉化	香泡⁼ ɕiã^{44}pʰʌ^{44}	柿子 zɿ^{33}tsɿ^{44}	石榴 zaʔ^{2}liʏ^{31}
34 宁海	栾⁼ lø^{213} 文旦 vəŋ^{21}te^{31}	柿陀⁼ zɿ^{22}dəu^{31}	金樱 tɕiŋ^{33}ã^{33}
35 象山	香泡⁼ ɕiã^{44}pʰɔ^{35}	红柿 oŋ^{31}dʑɿ^{13}	石榴 zaʔ^{2}liu^{31}
36 普陀	泡⁼头 pʰɔ^{55}deu^{0}	柿子 zɿ^{23}tsɿ^{0}	石榴 zɐʔ^{2}lieu^{55}
37 定海	文旦 vɐŋ^{33}tɛ^{52}	柿子 zɿ^{23}tsɿ^{0}	石榴 zɐʔ^{2}liʏ^{44} 叶⁼榴 ieʔ^{2}liʏ^{44}
38 岱山	文旦 vɐŋ^{33}tɛ^{52}	柿子 zɿ^{31}tsɿ^{0}	石榴 zɐʔ^{2}liʏ^{45}
39 嵊泗	文旦 vɐŋ^{33}tɛ^{53}	柿子 zɿ^{24}tsɿ^{0}	石榴 zɐʔ^{2}liʏ^{45}
40 临海	橙 dʑiŋ^{21}	柿 zɿ^{51}小	金樱 tɕiŋ^{55}ã^{31}
41 椒江	栾⁼ lø^{24}小	漤柿 lɛ^{42}zɿ^{41}小	金樱 tɕiŋ^{35}ã^{42}
42 黄岩	橙 dʑin^{24}小 栾⁼ lø^{24}小	柿 zɿ^{41}小	金樱 tɕin^{35}ã^{42}

续表

方言点	0166 柚子	0167 柿子	0168 石榴
43 温岭	栾= lø^{24} 小	柿 zɿ^{41} 小	金樱 tɕin^{55} ã^{42}
44 仙居	橙 dʑin^{353} 小	柿汪= zɿ^{33} uɑ̃^{334}	金樱 tɕin^{33} ã^{334}
45 天台	栾= lø^{224}	柿 zɿ^{31}	金樱 kiŋ^{33} a^{33}
46 三门	栾= lø^{252}	柿大= zɿ^{23} dʊ^{252}	金樱 tɕiŋ^{33} ɛ^{334}
47 玉环	栾= lø^{24} 小	柿 zɿ^{41}	金樱 tɕiŋ^{55} ã^{42}
48 金华	扑= pʰoʔ^{4} 香扑= ɕiɑŋ^{33} pʰoʔ^{4}	柿 zɿ^{14} 小	石榴 ʑiəʔ^{21} liu^{14}
49 汤溪	泡= pʰɔ^{24}	红柿 ɑo^{33} zɿ^{113} 红黄同音	石榴 ʑiɛ^{11} ləɯ^{52}
50 兰溪	柚 iəɯ^{24}	柿儿 zɿ^{24} nə^{52}	石榴 ʑiəʔ^{12} ləɯ^{24}
51 浦江	泡= pʰo^{534}	柿儿 zɿn^{24}	石榴儿 zɛ^{11} lɤn^{243}
52 义乌	泡= pʰɯɤ^{335}	柿儿 zɿn^{24}	石头儿 zai^{24} dɤn^{213}
53 东阳	泡= pʰɐɯ^{453}	柿儿 zɿn^{24}	石榴儿 zɐʔ^{23} liɐɯn^{33}
54 永康	泡= pʰɑu^{55}	黄柿 uɑŋ^{31} zɿ^{241} 小	石榴 səi^{33} liəu^{55}
55 武义	柚 iəu^{231}	黄柿儿 uɑŋ^{53} zen^{231}	石榴 zəʔ^{5} liəu^{324}
56 磐安	柚 iɐɯ^{14}	黄柿儿 ɒ^{33} zɿn^{14}	石榴 zɛ^{14} liɐɯ^{52}
57 缙云	泡= pʰɔ^{44}	柿 zɿ^{31}	石榴 zei^{51} liuŋ^{243}
58 衢州	胡柚 u^{21} iu^{53}	柿 zɿ^{231}	石榴 ʒyəʔ^{2} le^{21}
59 衢江	大泡= dou^{22} pʰɔ^{33}	大柿 dou^{22} ʑyø^{212}	石榴 ʑyəʔ^{2} ly^{53}
60 龙游	胡柚 u^{22} iəɯ^{231}	柿 zɿ^{224}	石榴 zəʔ^{23} ləɯ^{231}
61 江山	泡= pʰɐɯ^{44}	柿 ʑiɵ^{22}	石榴 ʑiᴇʔ^{2} lɯ^{213}
62 常山	胡柚 u^{22} tɕiu^{44}	柿 zi^{131}	石榴 zɛʔ^{3} liu^{341}
63 开化	柚 iʊ^{53}	柿 zuei^{213}	石榴 ʑiɛʔ^{2} liʊ^{213}
64 丽水	柚 iəɯ^{131}	黄柿 ɔŋ^{44} zɿ^{22}	石榴 ʑiɛʔ^{2} liəɯ^{22}
65 青田	泡= pʰɛ^{445}	黄柿 o^{22} zɿ^{343}	金□ tɕiaŋ^{22} ɓɛ^{445}

续表

方言点	0166 柚子	0167 柿子	0168 石榴
66 云和	柚 iəɯ^{223}	黄柿 ɔ̃^{223} zɿ^{231}	石榴 ʑiʔ^{23} liəɯ^{312}
67 松阳	泡$^{=}$ p^{h}ʌ^{53}	柿 zɿə^{22}	金□ tɕin^{24} pã^{53}
68 宣平	柚 iɯ^{231}	黄柿 ɔ̃^{44} zɿ^{223}	鸡$^{=}$□ tsɿ^{44} ŋɛ^{324} 石榴 ʑiəʔ^{2} liɯ^{433}
69 遂昌	泡$^{=}$ p^{h}ɐɯ^{45}	柿 ʑiu^{13}	金□ tɕiŋ^{33} piaŋ^{45}
70 龙泉	柚 iəu^{224}	黄柿 ɔŋ^{21} sɤɯ^{51}	石榴 zɿʔ^{3} liəu^{21}
71 景宁	柚 iəɯ^{113}	黄柿 ɔŋ^{55} zɿ^{33}	石榴 zɿʔ^{23} liəɯ^{41}
72 庆元	柚 iɯ^{221}	柿 sɤ^{221}	石榴 sɿʔ^{34} liɯ^{52}
73 泰顺	泡$^{=}$儿 p^{h}ã^{213}	柿 sɿ^{21}	石榴 sɿʔ^{2} liəu^{53}
74 温州	□ p^{h}ɜ^{33}	柿 zɿ^{14}	金樱 tɕiaŋ^{33} ɛ^{33}
75 永嘉	□ p^{h}ə^{44}	软柿 noŋ^{31} zɿ^{13}	金樱 tɕiaŋ^{33} ɛ^{44}
76 乐清	飘$^{=}$ p^{h}ɤ^{44}	柿 zɿ^{24}	金樱 tɕiaŋ^{44} la^{44}
77 瑞安	□ p^{h}a^{44}	软柿 noŋ^{53} zɿ^{13}	金樱 tɕiaŋ^{33} na^{44}
78 平阳	泡$^{=}$ p^{h}ᴀ^{55}	柿 zɿ^{23}	金樱 tʃaŋ^{33} nᴀ^{55}
79 文成	泡$^{=}$ p^{h}a^{33}	柿 zɿ^{224}	石榴 dzei^{21} liou^{33}
80 苍南	□ p^{h}ia^{44}	软柿 loŋ^{42} zɿ^{24}	石榴 dʑi^{11} lɛu^{112}
81 建德徽	香泡$^{=}$ ɕie^{21} p^{h}ɔ^{53}	柿儿 sɿ^{21} n^{55}	石榴 sɐʔ^{12} liɤɯ^{33}
82 寿昌徽	泡$^{=}$ p^{h}əɯ^{112}	柿 sɿ^{534}	石榴 səʔ^{3} liəɯ^{52}
83 淳安徽	香泡$^{=}$ ɕiɑ̃^{21} p^{h}ɤ^{55}	南$^{=}$柿 lã^{24} sɿ^{21}	石榴 səʔ^{13} lɯ^{24}
84 遂安徽	香泡$^{=}$ ɕiɑ̃^{55} p^{h}ɔ^{213}	柿 sɿ^{43}	石榴 ɕiɛ^{21} liu^{24}
85 苍南闽	泡$^{=}$ p^{h}au^{55}	笼柿 laŋ^{24} ki^{21}	石榴 tɕio^{21} liu^{24}
86 泰顺闽	老泡$^{=}$ lau^{22} p^{h}au^{213}	柿 k^{h}i^{31}	石榴 søi^{31} liøu^{22}
87 洞头闽	泡$^{=}$ p^{h}au^{33}	柿 k^{h}i^{21}	石榴 tɕieu^{21} liu^{24}
88 景宁畲	柚 iəu^{325}	黄柿 uɔŋ^{22} k^{h}i^{325}	石榴 ɕiaʔ^{2} liəu^{22}

方言点	0169 枣	0170 栗子	0171 核桃
01 杭州	枣子 tsɔ^{55}tsɿ^{0}	栗子 liɛʔ^{2}tsɿ^{45}	核桃 aʔ^{2}dɔ^{45}
02 嘉兴	枣子 tsɔ^{33}tsɿ^{33}	栗子 lieʔ^{5}tsɿ^{21}	小蒲桃 ɕiɔ^{33}bu^{42}dɔ^{21}
03 嘉善	枣子 tsɔ^{35}tsɿ^{55}小	栗子 lie^{2}tsɿ^{35}	蒲桃 bu^{13}dɔ^{31}
04 平湖	枣子 tsɔ^{44}tsɿ^{53}	栗子 liəʔ^{23}tsɿ^{334}	蒲桃 bu^{24}dɔ^{53}
05 海盐	枣子 tsɔ^{53}tsɿ^{334}	栗子 liəʔ^{23}tsɿ^{213}	蒲桃 bu^{24}dɔ^{53}
06 海宁	枣子 tsɔ^{55}tsɿ^{0}	栗子 lieʔ^{2}tsɿ^{0}	蒲桃 bu^{33}dɔ^{33}
07 桐乡	枣子 tsɔ^{44}tsɿ^{0}	栗子 liəʔ^{23}tsɿ^{0}	蒲桃 bu^{21}dɔ^{44}
08 崇德	枣子 tsɔ^{55}tsɿ^{0}	栗子 liəʔ^{23}tsɿ^{53}	蒲桃 bu^{21}dɔ^{44}
09 湖州	枣子 tsɔ^{53}tsɿ^{13}	栗子 lieʔ^{2}tsɿ^{35}	蒲桃 bu^{33}dɔ^{35}
10 德清	枣子 tsɔ^{35}tsɿ^{0}	板栗 pɛ^{55}lieʔ^{2}	蒲桃 bu^{11}dɔ^{13}
11 武康	枣子 tsɔ^{35}tsɿ^{53}	栗子 lieʔ^{2}tsɿ^{53}	山蒲桃 sɛ^{44}bu^{44}dɔ^{44}
12 安吉	枣子 tsɔ^{52}tsɿ^{21}	栗子 liᴇʔ^{2}tsɿ^{55}	蒲桃 bu^{22}dɔ^{22}
13 孝丰	枣子 tsɔ^{52}tsɿ^{21}	栗子 lieʔ^{2}tsɿ^{24}	核桃 əʔ^{2}dɔ^{24}
14 长兴	枣子 tsɔ^{45}tsɿ^{21}	栗子 liᴇʔ^{2}tsɿ^{44}	野蒲桃 ia^{45}bu^{45}dɔ^{21}
15 余杭	枣子 tsɔ^{35}tsɿ^{0}	栗子 lieʔ^{2}tsɿ^{53}	核桃 əʔ^{2}dɔ^{13}
16 临安	枣子 tsɔ^{55}tsɿ^{55}	毛栗蒲$^{=}$ mɔ^{33}liɐʔ^{2}bu^{33}	核桃 əʔ^{2}dɔ^{33}
17 昌化	枣子 tsɔ^{45}tsɿ^{53}	栗子 liɛʔ^{2}tsɿ^{453}	核桃 əʔ^{2}dɔ^{112}
18 於潜	枣子 tsɔ^{53}tsɿ^{31}	栗子 liæʔ^{2}tsɿ^{454}	核桃 ɑʔ^{2}dɔ^{24}
19 萧山	枣子 tsɔ^{33}tsɿ^{21}	栗子 lieʔ^{21}tsɿ^{33}	胡桃 u^{13}dɔ^{33}
20 富阳	枣子 tsɔ^{423}tsɿ^{335}	栗子 lɛʔ^{2}tsɿ^{335}	核桃 ɛʔ^{2}dɔ^{224}
21 新登	枣子 tsɔ^{334}tsɿ^{45}	栗子 liəʔ^{2}tsɿ^{45}	山核桃 sɛ^{53}əʔ^{2}dɔ^{233}
22 桐庐	枣子 tsɔ^{33}tsɿ^{33}	栗子 liəʔ^{21}tsɿ^{35}	核桃 aʔ^{21}dɔ^{13}
23 分水	枣子 tsɔ^{44}tsɿ^{0}	栗 liəʔ^{12}	核桃 xaʔ^{12}dɔ^{24}
24 绍兴	白核枣 baʔ^{2}u^{22}tsɔ^{334}	栗子 lieʔ^{2}tseʔ^{5}	核桃 u^{22}dɔ^{231}

续表

方言点	0169 枣	0170 栗子	0171 核桃
25 上虞	枣 tsɔ^{35}	栗子 liəʔ^{2}tsɿ^{53}	核桃 uəʔ^{2}dɔ^{31}
26 嵊州	枣 tsɔ^{53}	栗子 lieʔ^{2}tsəʔ^{5}	核桃 əʔ^{2}dɔ^{231}
27 新昌	枣 tsɔ^{453}	毛栗 mɔ^{22}liʔ^{2}	核桃 ŋɤʔ^{2}dɔ^{232}
28 诸暨	枣 tsɔ^{42}	栗子 lieʔ^{21}tsɿ^{33}	核桃 əʔ^{21}dɔ^{242}
29 慈溪	枣子 tsɔ^{33}tsɿ^{53}	栗子 liəʔ^{2}tsɿ^{44}	核桃 uəʔ^{2}dɔ^{53}
30 余姚	白蒲枣 baʔ^{2}bu^{13}tsɔ^{34}	栗子 liəʔ^{2}tsɿ^{44}	核桃 uoʔ^{2}dɔ^{0}
31 宁波	白蒲枣 baʔ^{2}bu^{13}tsɔ^{53} 红枣 oŋ^{13}tsɔ^{44}	栗子 liəʔ^{2}tsɿ^{35}	胡桃 vu^{13}dɔ^{0}
32 镇海	红枣 oŋ^{22}tsɔ^{53}	毛栗子 mɔ^{22}lieʔ^{5}tsɿ^{44}	小胡桃 ɕio^{33}u^{0}dɔ^{24}
33 奉化	枣 tsʌ^{44}	栗子 liɪʔ^{2}tsɿ^{44}	核桃 uaʔ^{2}dʌ^{31}
34 宁海	红枣 oŋ^{21}tsau^{53}干 白蒲枣 baʔ^{3}bu^{21}tsau^{53}鲜	栗 liəʔ^{3}	胡桃 vu^{23}dau^{31}
35 象山	红枣 oŋ^{31}tsc^{35}干 乌枣 u^{44}tsɔ^{35}干 白蒲枣 baʔ^{2}bu^{31}tsɔ^{35}鲜	栗 lieʔ^{2}	胡桃 vu^{31}dɔ^{13}
36 普陀	枣 tsɔ^{45}	栗子 liɛʔ^{2}tsɿ^{45}	胡桃 u^{33}dɔ^{53}
37 定海	红枣 oŋ^{33}tsɔ^{45}	栗子 lieʔ^{2}tsɿ^{45}	胡桃 u^{33}dɔ^{52}
38 岱山	红枣 oŋ^{31}tsɔ^{0}	栗子 lieʔ^{2}tsɿ^{45}	大胡桃 dʌu^{11}u^{11}dɔ^{44}
39 嵊泗	红枣 oŋ^{24}tsɔ^{0}	栗子 liᴇʔ^{2}tsɿ^{45}	大胡桃 dʌu^{11}u^{44}dɔ^{53}
40 临海	枣 tsɔ^{353}小	栗儿 liŋ^{51}	核桃 əʔ^{2}dɔ^{21}
41 椒江	枣 tsɔ^{51}小	栗儿 liŋ^{41}	核桃 ieʔ^{2}dɔ^{41}
42 黄岩	枣 tsɔ^{51}小	栗儿 lin^{41}	核桃 əʔ^{2}dɔ^{41}
43 温岭	枣 tsɔ^{51}小	栗 liʔ^{2}	核桃 aʔ^{2}dɔ^{41}
44 仙居	枣 tsɐɯ^{53}小	板栗 ɓa^{31}liəʔ^{23}	核桃 aʔ^{23}dɐɯ^{213}
45 天台	枣 tsau^{31}小	大栗 dou^{33}liəʔ^{2}	核桃 eʔ^{2}dau^{224}

续表

方言点	0169 枣	0170 栗子	0171 核桃
46 三门	枣 tsɑu^{52}	栗 lieʔ^{23}	核桃 ɐʔ^{2} dɑu^{113}
47 玉环	枣 tsɔ^{53}	栗 liɐʔ^{2}	核桃 ɐʔ^{2} dɔ^{41}
48 金华	枣 tsɑo^{55}小	大栗 tuɤ^{55} liəʔ^{212}	胡桃 u^{31} dɑo^{14}
49 汤溪	枣 tsɔ^{535}	大栗 duɤ^{11} lei^{113}	核桃 ɤ^{11} tɔ^{52}
50 兰溪	枣 tsɔ^{45}	大栗 tuɤ^{55} lieʔ^{12}	胡桃 u^{21} dɔ^{24}
51 浦江	枣儿 tson^{55}	大栗 dɯ^{11} liə^{243}	核桃 uə^{24} do^{334}
52 义乌	枣儿 tson^{45}	大栗 duɤ^{24} lə^{312} 毛栗儿 mɯɤ^{22} lian^{312}	核桃 ɯ^{24} do^{312}
53 东阳	枣儿 tsɐɯn^{453}	大栗 dʊ^{23} liɛ^{33}	核桃 ɐ^{22} dɐɯ^{53}
54 永康	枣 tsɑu^{52}小	大栗 duo^{31} lə^{113}	胡桃 u^{31} dɑu^{22} 山蒲桃 sa^{33} ɓu^{33} dɑu^{241}小
55 武义	枣儿 tsen^{53}	大栗 duo^{55} lə^{213}	胡桃 u^{32} dɤ^{231}
56 磐安	枣儿 tson^{52}	栗儿 liɛn^{14}	核桃 ɛ^{14} to^{52}
57 缙云	枣 tɕiəɤ^{51}	大栗 du^{21} ləɤ^{13}	核桃 uɛ^{51} dəɤ^{243}
58 衢州	枣 tsɔ^{35}	大栗 du^{231} liəʔ^{12}	核桃 əʔ^{2} tɔ^{53}
59 衢江	枣 tsɔ^{25}	大栗 dou^{22} liəʔ^{2}	核桃 əʔ^{2} tɔ^{53}
60 龙游	红壳枣 oŋ^{33} kʰəʔ^{4} tsɔ^{35} 青枣 tɕʰin^{33} tsɔ^{35}	大栗 du^{22} liəʔ^{23}	山核桃 sã^{33} əʔ^{23} dɔ^{231}
61 江山	枣 tsɐɯ^{241}	大核 do^{22} ɒʔ^{2}	核桃 ɒʔ^{2} dɐɯ^{213}
62 常山	青枣 tsʰĩ^{43} tsɤ^{52} 腹拉丸 pɤʔ^{5} lɛ^{24} yɔ̃^{0}	大栗 dɔ^{22} lɤʔ^{34}	核桃 ʌʔ^{3} dɤ^{341}
63 开化	枣 tsəɯ^{53}	大栗 dɔ^{21} ləʔ^{13}	核桃 uaʔ^{2} dəɯ^{231}
64 丽水	枣 tsə^{544}	大栗 du^{21} liʔ^{23}	核桃 ŋəʔ^{2} də^{22}
65 青田	枣 tsœ^{454}	板栗 ɓa^{33} liæʔ^{31}	核桃 uæʔ^{3} dœ^{53}
66 云和	枣仁 tsɑɔ^{44} ȵiŋ^{312}	大栗 du^{223} liʔ^{23}	核桃 ŋuɛʔ^{23} dɑɔ^{312}

续表

方言点	0169 枣	0170 栗子	0171 核桃
67 松阳	枣儿 tsʌ^{33}n^{24}	大栗 du^{22}liʔ^{2}	核桃 ŋuɛʔ^{2}dʌ^{31}
68 宣平	青枣 tɕʰin^{44}tsɔ^{445} 红枣 ən^{44}tsɔ^{445}	大栗 do^{43}liəʔ^{23}	核桃 ŋəʔ^{2}dɔ^{433}
69 遂昌	枣 tsɐɯ^{533}	大栗 du^{22}ləɯʔ^{23}	核桃 ɛʔ^{23}dɐɯ^{221}
70 龙泉	红枣 ŋ^{45}tsɑʌ^{51}	栗 lieiʔ^{24}	核桃 ŋuoʔ^{3}dɑʌ^{21}
71 景宁	红枣 ŋ^{55}tsɑu^{33}	栗 liəɯʔ^{23}	核桃 ŋœʔ^{23}dɑu^{41}
72 庆元	枣 tsɒ^{33}	栗儿 liəŋ^{55}	核桃 xɤʔ^{34}tɒ^{52}
73 泰顺	枣 tsɑɔ^{55}	栗子 liʔ^{2}tsɿ^{55}	核桃 ɛʔ^{2}tɑɔ^{53}
74 温州	枣儿 tsɜ^{42}ŋ^{1}	栗 li^{212}	核桃 y^{22}dɜ^{223}
75 永嘉	枣儿 tsə^{53}ŋ^{0}	栗 le^{213}	核桃 y^{22}də^{21}
76 乐清	枣 tɕiɤ^{35}	栗 li^{212}	核桃 vɤ^{22}dɤ^{223}
77 瑞安	枣儿 tsɛ^{53}ŋ^{0}	栗 li^{212}	核桃 e^{22}dɛ^{21}
78 平阳	枣 tʃɛ^{45}	栗 lie^{12}	核桃 ɵ^{21}dɛ^{13}
79 文成	枣 tʃɛ^{45}	栗 lai^{12}	核桃 e^{21}dɛ^{33}
80 苍南	红枣 oŋ^{31}tsɛ^{53}	栗 liɛ^{112}	核桃 ø^{11}dɛ^{112}
81 建德徽	枣儿 tsɔ^{55}n^{0}	大栗 tʰu^{55}liɐʔ^{12}	核桃 hɐʔ^{12}tɔ^{33}
82 寿昌徽	枣 tsɤ^{24}	大栗 tʰu^{33}liəʔ^{31}	核桃 xəʔ^{3}tʰɤ^{52}
83 淳安徽	枣 tsɤ^{55}	栗 liəʔ^{13}	核桃 həʔ^{13}tʰɤ^{53}
84 遂安徽	枣 tsɔ^{213}	栗 liɛ^{213}	核桃 xəɯ^{21}tʰɔ^{24}
85 苍南闽	枣 tso^{43}	栗子 lɐ^{21}tɕi^{43}	核桃 huə^{21}tʰo^{24}
86 泰顺闽	枣 tsau^{344}	栗子 liɪʔ^{21}tɕi^{344}	核桃 xɒʔ^{3}tʰau^{22}
87 洞头闽	枣 tso^{53}	栗子 lɐt^{21}tɕi^{53}	核桃 huət^{21}tʰo^{24}
88 景宁畲	红枣 foŋ^{22}tsau^{325}	栗子 lit^{2}tɕi^{51}	核桃 ŋəʔ^{2}tʰau^{44}

方言点	0172 银杏白果	0173 甘蔗	0174 木耳
01 杭州	白果 baʔ^{2} ku^{45}	甘子 kɛ^{33} tsɿ^{45}	木耳 moʔ^{2} əl^{45}
02 嘉兴	白果树 bᴀʔ^{1} kou^{21} zɥ^{13}	甘蔗 kə^{33} tso^{21}	木耳 moʔ^{3} ɭ^{33}
03 嘉善	白眼果 baʔ^{2} ŋɛ^{35} ku^{53}	甘蔗 kø^{35} tsø^{53}	云耳 in^{13} ȵi^{31} 老 木耳 muoʔ^{2} ɚ^{31} 新
04 平湖	白果 baʔ^{23} ku^{334}	甘蔗 kø^{44} tso^{0}	木耳 moʔ^{23} əl^{213}
05 海盐	白果 baʔ^{23} ku^{213}	甘蔗 kɤ^{53} tso^{21}	木耳 moʔ^{23} əl^{53}
06 海宁	白果 baʔ^{2} kəu^{0}	甘蔗 kei^{55} tso^{55}	木耳 moʔ^{2} əɯ^{0}
07 桐乡	白果 baʔ^{23} kəu^{53}	甘蔗 kᴇ^{44} tsɔʔ^{0}	木耳 mɔʔ^{23} əl^{242}
08 崇德	白果 baʔ^{23} ku^{53}	甘蔗 kᴇ^{44} tso^{44}	木耳 mɔʔ^{23} ə^{153}
09 湖州	白果 baʔ^{2} kəu^{35}	甘子 kɛ^{44} tsɿ^{44}	木耳 muoʔ^{2} ɚ^{35}
10 德清	白果 paʔ^{5} kəu^{53}	甘蔗 køʉ^{44} tsuo^{44}	木耳 muoʔ^{2} ɚ^{53}
11 武康	白果 bɜʔ^{2} ku^{53}	甘蔗 kø^{44} tsuoʔ^{4} "蔗"促化	木耳 muoʔ^{2} ɚ^{53}
12 安吉	白果 bɐʔ^{2} ku^{213}	甘蔗 kᴇ^{55} tsʊ^{55}	木耳 moʔ^{2} əl^{213}
13 孝丰	白果子 baʔ^{2} ku^{21} tsɿ^{24}	糖梗 dɔ̃^{22} kuã^{52}	木耳 muoʔ^{2} əl^{24}
14 长兴	白果 baʔ^{2} kəu^{44}	甘蔗 kɯ^{44} tsu^{44}	木耳 moʔ^{2} əl^{24}
15 余杭	白果儿 baʔ^{2} ku^{35} n^{53}	甘蔗 kuõ^{55} tsuo^{55}	木耳 moʔ^{2} n^{31}
16 临安	白果子 bɐʔ^{2} ku^{55} tsɿ^{55}	甘蔗 kə^{53} tso^{33}	木耳 muɔʔ^{2} ɚ^{33}
17 昌化	白果 baʔ^{2} kɯ^{453}	甘蔗 kɛ̃^{335} tɕiaʔ^{5}	木耳 muəʔ^{2} əl^{243}
18 於潜	白壳子 bɑʔ^{23} kʰuəʔ^{53} tsɿ^{454}	甘蔗 kɛ^{43} tsa^{433}	木耳 mɑʔ^{2} ɚ^{53}
19 萧山	白果 baʔ^{21} ku^{33}	甘蔗 kie^{33} tso^{33}	木耳 moʔ^{21} əɭ^{33}
20 富阳	白果 baʔ^{2} kuo^{335}	甘蔗 kiɛ̃^{55} tso^{31}	木耳 moʔ^{2} l^{224}
21 新登	白果子 baʔ^{2} ku^{334} tsɿ^{45}	甘蔗 kɛ̃^{53} tsa^{334}	木耳 mɔʔ^{2} əl^{45}
22 桐庐	白果子 baʔ^{21} ku^{21} tsɿ^{35}	甘蔗 ke^{35} tɕyo^{33}	木耳 məʔ^{21} ɭ^{35}
23 分水	白果子 bəʔ^{12} ko^{44} tsɿ^{0}	甘蔗 kã^{44} tsa^{24}	木耳 məʔ^{12} ɵ^{53}

续表

方言点	0172 银杏白果	0173 甘蔗	0174 木耳
24 绍兴	白果芦 baʔ^{2}ku^{44}lu^{31}	甘蔗 kẽ^{33}tso^{33}	木耳 moʔ^{2}əl^{231}
25 上虞	白果 baʔ^{2}kʊ^{53}	甘蔗 kɛ̃^{33}tso^{33}	木耳 moʔ^{2}əl^{31}
26 嵊州	白果 baʔ^{2}ko^{53}	甘蔗 kœ̃^{53}tso^{334} 糖梗 dɔŋ^{22}kuaŋ^{53}	木耳 moʔ^{2}əl^{231}
27 新昌	白果 baʔ^{2}kɤ^{453}	甘蔗 kœ̃^{53}tso^{335}	木耳 mɤʔ^{2}əl^{232}
28 诸暨	白果 baʔ^{21}kɤu^{42}	甘蔗 kə^{21}tso^{33}	木耳 moʔ^{21}əl^{42}
29 慈溪	白果儿 baʔ^{2}kuəŋ^{35} 白果 baʔ^{2}kəu^{44}	甘蔗 kẽ^{44}tso^{0}	木耳 moʔ^{2}əl^{44}
30 余姚	白果 baʔ^{2}kou^{44}	甘蔗 kẽ^{44}tso^{34}	木耳 moʔ^{2}l^{13}
31 宁波	白果 baʔ^{2}kəu^{35}	甘蔗 ki^{44}tso^{53}	木耳 moʔ^{2}əl^{13}
32 镇海	银杏树 ȵiŋ^{22}ã^{31}zʮ^{22}	甘蔗 ki^{33}tso^{53}	木耳 moʔ^{2}əl^{24}
33 奉化	银杏 ȵiŋ^{33}ã^{31}	甘蔗 ke^{44}tso^{53}	木耳 moʔ^{2}əl^{31}
34 宁海	银杏 ȵiŋ^{21}ã^{31} 杏 ã^{31}	甘蔗 ke^{33}tso^{35}	木耳 moʔ^{3}l^{31}
35 象山	银杏 ȵiŋ^{31}ã^{13}	甘蔗 ki^{53}tso^{0}	木耳 moʔ^{2}əl^{31}
36 普陀	银杏 ȵiŋ^{33}ɕiŋ^{53}	甘蔗 ki^{33}tso^{45}	木耳 moʔ^{2}əl^{55}
37 定海	白果 bɐʔ^{2}kʌu^{44}	甘蔗 ki^{33}tso^{45}	木耳 moʔ^{2}əl^{44}
38 岱山	白果 bɐʔ^{2}kʌu^{44}	甘蔗 ki^{52}tso^{0}	木耳 moʔ^{2}əl^{45}
39 嵊泗	白果 bɐʔ^{2}kʌu^{45}	甘蔗 ki^{44}tso^{0}	木耳 moʔ^{2}əl^{45}
40 临海	杏 ã^{353}小	糖蔗 dɔ̃^{22}tso^{55}	木耳 moʔ^{2}zɿ^{21}
41 椒江	白果 baʔ^{2}ku^{42}	糖梗 dɔ̃^{22}kuã^{42}	木耳 moʔ^{2}zɿ^{31}
42 黄岩	杏 ã^{42}	糖梗 dɔ̃^{13}kuã^{42}	木耳 moʔ^{2}zɿ^{121}
43 温岭	杏 ã^{51}小	糖梗 dɔ̃^{13}kuã^{42}	木耳 moʔ^{2}zɿ^{31}
44 仙居	银杏 ȵin^{33}ã^{324}	糖蔗 dɑ̃^{24}tso^{55}	木耳 məʔ^{23}zɿ^{213}
45 天台	白果 baʔ^{2}ku^{31}	甘蔗 ke^{33}tso^{33}	木耳 muʔ^{2}zɿ^{214}

续表

方言点	0172 银杏白果	0173 甘蔗	0174 木耳
46 三门	杏 ε^{213}	甘蔗 kε^{55}tso^{55}	木耳 moʔ^{2}əl^{213}
47 玉环	银杏 ȵiŋ^{24}ã^{42}	糖梗 dɔ̃^{22}kuã^{42}	木耳 moʔ^{2}zʅ^{31}
48 金华	白果 bəʔ^{21}kuɤ^{535}	甘蔗 kɤ^{33}tsia^{55}	木耳 moʔ^{21}əl^{535}
49 汤溪	白果 ba^{11}kuɤ^{535}	甘蔗 kɤ^{24}tsuɑ^{0}	木耳 mou^{11}ɤ^{113}
50 兰溪	白果 bəʔ^{12}kuɤ^{55}	甘蔗 kɤ^{334}tsuɑ^{45}	木耳 mɔʔ^{12}əɯ^{55}
51 浦江	白果 bɑ^{11}kɯ^{53}	甘蔗 kə̃^{55}tsia^{334}	木耳 mə^{11}ɤ^{243}
52 义乌	白果 bε^{24}kuɤ^{423}	甘蔗 kɯ^{33}tsia^{45} 糖梗 dŋ^{w22}kuε^{423}	木耳 mau^{24}e^{312} 木耳 mo^{24}e^{312}
53 东阳	白果 baʔ^{23}ku^{33}	糖梗 dɔ^{22}kuε^{35}	木耳 mou^{23}əl^{33}
54 永康	白果 ɓai^{33}kuo^{334}	甘蔗 kɤ^{33}tɕia^{52}	木耳 mu^{33}ly^{113}
55 武义	白果 pa^{53}kuo^{445}	甘蔗 kɤ^{55}tɕia^{53}	木耳 mɔʔ^{5}ɭ^{13}
56 磐安	白果 pa^{55}kuɤ^{334}	甘蔗 kɯ^{33}tɕia^{52}	木耳 mʌo^{55}ε^{334}
57 缙云	银杏 ȵiεŋ^{44}a^{453}	甘蔗 kε^{44}tɕia^{45}	木耳 mu^{51}mi^{31}
58 衢州	白果 baʔ^{2}ku^{35}	甘蔗 kə̃^{32}tʃyɑ^{53}	木耳 məʔ^{2}əl^{53}
59 衢江	白果 baʔ^{2}ku^{25}	甘蔗 kε^{25}tɕyø^{31}	木耳 məʔ^{2}ər^{212}
60 龙游	银杏 ȵin^{22}ʑin^{231}	甘蔗 kie^{35}tsɑ^{21}	木耳 məʔ^{2}əɯ^{224}
61 江山	鸭脚 aʔ^{5}kiaʔ^{5}	甘蔗 kɒŋ^{24}tɕiə^{51}	木耳 moʔ^{2}mi^{22}
62 常山	白果 bεʔ^{3}kɔ^{52}	甘蔗 kuɔ̃^{52}tɕie^{0}	木耳 mɤʔ^{3}n^{24}
63 开化	白果 baʔ^{2}kɔ^{53}	梗蔗 kuõ^{53}tɕiε^{0}	木耳 məʔ^{2}ȵi^{213}
64 丽水	白果 baʔ^{2}kuo^{544}老 银杏 ȵin^{21}ɕin^{52}新	糖蔗 dɔŋ^{21}tɕioʔ^{5}	木耳 məʔ^{2}ŋ^{544}
65 青田	银杏 ȵiaŋ^{22}ε^{55}	糖蔗 do^{55}tɕiu^{33}	木耳 mu^{33}n^{454}
66 云和	银杏 ȵiŋ^{31}ɕiŋ^{45}	糖蔗 dɔ̃^{31}tɕio^{45}	木耳 məɯʔ^{23}mi^{41}
67 松阳	白果 baʔ^{2}ku^{212}	糖蔗 doŋ^{33}tɕyə^{24}	木耳 mɤʔ^{2}mi^{22}

续表

方言点	0172 银杏白果	0173 甘蔗	0174 木耳
68 宣平	白果 baʔ^{2} ko^{445}	甘蔗 kə^{32} tɕia^{52}	木耳 məʔ^{2} ȵi^{223}
69 遂昌	白果 biaʔ^{23} ku^{533}	糖蔗 dɔŋ^{22} tɕiɒ^{334}	木耳 məɯʔ^{2} ȵi^{13}
70 龙泉	白果儿 baʔ^{3} kou^{44} ȵi^{21}	甘蔗 kɯə^{44} tɕio^{45}	木耳 ŋʔ^{3} mi^{51}
71 景宁	银杏 ȵiaŋ^{55} ŋa^{33}	糖蔗 dɔŋ^{41} tɕio^{35}	木耳 mʔ^{23} mi^{33}
72 庆元	白果 pɑʔ^{34} ko^{33}	糖蔗 tɔ̃^{52} tɕiɑ^{11} 老 甘蔗 kæ̃^{33} tɕiɑ^{11} 新	木耳 muʔ^{34} ȵĩ^{221}
73 泰顺	白果 paʔ^{2} kuɔ^{55}	甘蔗 kɛ^{22} tɕyɔ^{35}	木耳 moʔ^{2} ȵi^{55}
74 温州	白果 ba^{2} ku^{25}	甘蔗 kø^{33} tsei^{25}	木耳 mo^{31} ŋ^{25}
75 永嘉	（无）	甘蔗 kø^{33} tsɿ^{45}	木耳 mo^{21} ŋ^{13}
76 乐清	银杏 ȵiaŋ^{31} a^{24}	糖蔗 dɔ^{24} tɕi^{41}	木耳 mɤ^{2} ŋ^{35}
77 瑞安	银杏 ȵiaŋ^{22} a^{44}	甘蔗 kø^{33} tsei^{35}	木耳 mɯ^{2} ŋ^{13}
78 平阳	银杏 ȵiaŋ^{33} ᴀ^{35}	糖蔗 do^{21} tɕi^{45}	木耳 mo^{21} ŋ^{45}
79 文成	银杏 ȵiaŋ^{33} ŋɛ^{13}	甘蔗 ke^{33} tɕi^{33}	木耳 mo^{33} n^{35}
80 苍南	（无）	甘蔗 kyɛ^{44} tɕi^{42}	木耳 mu^{31} ŋ^{24}
81 建德徽	白果 pɑ^{21} ku^{213}	甘蔗 kɛ^{53} tso^{213}	木耳 mɐʔ^{12} ɤɯ^{213}
82 寿昌徽	白果 pʰəʔ^{3} ku^{24}	甘蔗 kiɛ^{11} tɕyə^{33}	木耳 mɔʔ^{3} əɯ^{534}
83 淳安徽	白果 pʰɑʔ^{13} ku^{55}	甘真$^{=}$ kã^{24} tsen^{21}	木耳 mɑʔ^{13} əl^{55}
84 遂安徽	白果 pʰa^{24} kuəɯ^{213}	甘蔗 kɑ̃^{52} tɕiɛ^{21}	木耳 məɯ^{21} əɯ^{24}
85 苍南闽	银杏 gən^{21} in^{21}	甘蔗 kan^{24} tɕia^{21}	木耳 bɐ^{21} nĩ^{43}
86 泰顺闽	银杏 nyeŋ^{21} xɛ^{213}	甘蔗 kæŋ^{22} tɕia^{53}	木耳 mɛʔ^{3} ni^{344}
87 洞头闽	银杏 gun^{21} ɕin^{21}	甘蔗 kan^{33} tɕia^{21}	木耳 bo^{21} nĩ^{53}
88 景宁畲	银杏 ȵin^{22} ɕin^{51}	糖蔗 tʰɔŋ^{22} tɕia^{44}	木耳 moʔ^{2} ȵi^{325}

方言点	0175 蘑菇野生的	0176 香菇	0177 稻子指植物
01 杭州	蘑菇 məu^{22} ku^{45}	香菇 ɕiaŋ^{33} ku^{45}	水稻 suei^{55} dɔ^{0}
02 嘉兴	蘑菇 mo^{21} kou^{33}	香菇 ɕiÃ^{33} kou^{33}	水稻 sɿ^{33} dɔ^{33}
03 嘉善	蕈 ʑin^{113} 老 蘑菇 mo^{13} ku^{53} 新	香蕈 ɕiæ̃^{35} ʑin^{31} 老 香菇 ɕiæ̃^{35} ku^{53} 新	稻 dɔ^{113}
04 平湖	蘑菇 mo^{24} ku^{53}	香菇 ɕiã^{44} ku^{0}	稻 dɔ^{213}
05 海盐	蘑菇 mo^{24} ku^{53}	香菇 ɕiɛ̃^{55} ku^{53}	水稻 sɿ^{53} dɔ^{334}
06 海宁	蘑菇 mo^{33} kəu^{55}	香蕈 ɔiã^{55} dʑiŋ^{55}	稻 dɔ^{231}
07 桐乡	蕈 ziŋ^{242} 老 蘑菇 mo^{21} kəu^{44} 新	香菇 ɕiã^{44} kəu^{44}	稻 dɔ^{242}
08 崇德	蘑菇 mo^{21} ku^{44}	香菇 ɕiã^{44} ku^{44}	稻 dɔ^{242}
09 湖州	蕈 ʑin^{231}	香菇 ɕiã^{44} kəu^{44}	稻 dɔ^{231}
10 德清	蕈 zin^{143}	香菇 ɕiã^{44} kəu^{44}	稻 dɔ^{143}
11 武康	野蕈 ia^{35} ʑin^{53}	香菇 ɕiã^{44} ku^{44}	稻 dɔ^{242}
12 安吉	蕈 ʑiŋ^{243}	香菇 ɕiã^{55} ku^{55}	稻 dɔ^{243}
13 孝丰	蕈 ʑiŋ^{243}	香蕈 ɕiã^{44} ʑiŋ^{44}	稻 dɔ^{243}
14 长兴	蕈 ʒiŋ^{243}	香菇 ʃiã^{44} kəu^{44}	稻 dɔ^{243}
15 余杭	蕈 ziŋ^{213}	香菇 ɕiɑ̃^{55} ku^{55}	稻谷 dɔ^{33} koʔ^{5}
16 临安	平菇蕈 bieŋ^{31} ku^{33} dʑieŋ^{55}	香菇 ɕiã^{53} ku^{33}	稻 dɔ^{33}
17 昌化	蕈 ʑiəŋ^{243} 蘑菇蕈 mu^{11} ku^{33} ʑiəŋ^{243}	香菇 ɕiã^{33} ku^{45}	稻 dɔ^{243}
18 於潜	蘑菇蕈 mu^{22} ku^{433} zeŋ^{23}	香菇 ɕiaŋ^{43} ku^{433}	水稻 ɕy^{53} dɔ^{31}
19 萧山	蘑菇 mo^{13} ku^{33}	香菇 ɕiã^{33} ku^{33}	谷 kuoʔ^{5}
20 富阳	蕈 dʑin^{224}	香菇 ɕiɑ̃^{55} ku^{55}	稻 dɔ^{224}
21 新登	蕈 zeiŋ^{13}	香菇 ɕiɑ̃^{53} ku^{334}	稻 dɔ^{13}
22 桐庐	蘑菇 mu^{21} ku^{35}	香菇 ɕiã^{35} ku^{13}	稻 dɔ^{24}

续表

方言点	0175 蘑菇野生的	0176 香菇	0177 稻子指植物
23 分水	蘑菇 mo^{21}ku^{44}	香菇 ɕiã^{44}ku^{22}	稻子 dɔ^{21}tsɿ^{0}
24 绍兴	蕈 iŋ^{231}	香菇 ɕiaŋ^{33}ku^{53}	稻 dɔ^{223}
25 上虞	蕈 ʑiŋ^{213}	香菇 ɕiã^{33}ku^{33}	稻 dɔ^{213}
26 嵊州	蕈 ʑiŋ^{22}	香菇 ɕiaŋ^{53}ku^{334}	稻 dɔ^{22}
27 新昌	蕈 dzeŋ^{13}	香菇 ɕiaŋ^{45}ku^{534}	稻 dɔ^{232}
28 诸暨	蕈 ʑin^{242}	香菇 ɕiã^{21}ku^{42}	稻 dɔ^{242}
29 慈溪	雷蕈 le^{13}iŋ^{0}	香菇 ɕiã^{33}ku^{35}	水稻 sɿ^{33}dɔ^{53}
30 余姚	蘑菇 mo^{13}ku^{44}	香蕈 ɕiaŋ^{44}iə̃^{13}	水稻 sɿ^{44}dɔ^{0}
31 宁波	蕈 dʑiŋ^{13}	香蕈 ɕia^{44}dʑiŋ^{53}	稻 dɔ^{13}
32 镇海	蘑菇 məu^{22}ku^{53}	香菇 ɕiã^{33}ku^{53}	稻 dɔ^{24}
33 奉化	蕈 dʑiŋ^{324}	香菇 ɕiã^{44}ku^{53}	水稻 sɥ^{44}dʌ^{31}
34 宁海	蕈 ʑyəŋ^{31}	香菇 ɕiã^{33}ku^{34}	稻 dau^{31}
35 象山	蕈 zoŋ^{31}	蘑菇 mo^{31}ku^{35}	水稻 sɥ^{44}dɔ^{31}
36 普陀	蘑菇 mo^{33}ku^{53}	香菇 ɕiã^{33}ku^{53}	稻 dɔ^{23}
37 定海	香蕈 ɕiã^{33}dʑiŋ^{52}老 蘑菇 mʌu^{11}ku^{44}新	香菇 ɕiã^{33}ku^{52}	稻 dɔ^{23}
38 岱山	蕈 dʑiŋ^{325}调殊	香蕈 ɕiã^{52}dʑiŋ^{0}	水稻 sɥ^{52}dɔ^{0}
39 嵊泗	蘑菇 mʌu^{11}ku^{45}	香蕈 ɕiã^{33}dʑiŋ^{53}	稻 dɔ^{334}
40 临海	蕈 ʑiŋ^{21}	香菇 ɕiã^{35}ku^{31}	稻 dɔ^{21}
41 椒江	蕈 ʑiŋ^{31}	香菇 ɕiã^{35}ku^{42}	稻 dɔ^{31}
42 黄岩	天来蕈 tʰie^{33}le^{22}ʑin^{31}	香菇 ɕiã^{35}ku^{32}	稻 dɔ^{121}
43 温岭	香菇蕈 ɕiã^{33}ku^{33}ʑin^{31}	香菇 ɕiã^{55}ku^{31}	稻 dɔ^{31}
44 仙居	蘑菇 mo^{33}ku^{334}	香菇 ɕia^{33}ku^{334}	稻 dɐɯ^{213}
45 天台	蕈 ʑyuŋ^{214}	香菇 ɕia^{33}ku^{33}	稻 dau^{214}

续表

方言点	0175 蘑菇野生的	0176 香菇	0177 稻子指植物
46 三门	蕈 ʑyŋ^{213}	香蕈 ɕiɑ̃^{33} ʑyŋ^{45}	稻 dɑu^{213}
47 玉环	蕈 ʑiŋ^{31}	香菇 ɕia^{55} ku^{42}	稻 dɔ^{41}
48 金华	蕈 ɕiŋ^{535}	香菇 ɕiɑŋ^{33} ku^{55}	稻 tɑo^{535}
49 汤溪	蕈 zɛ̃i^{113}	香菇 ɕiɔ^{24} ku^{0}	稻 dɔ^{113}
50 兰溪	蕈 zin^{24}	香菇 ɕiɑŋ^{334} ku^{45}	稻 tɔ^{55}
51 浦江	蕈 zən^{243}	香菇 ɕyõ^{55} ku^{334}	稻 do^{243}
52 义乌	蕈 zən^{24}	香菇 ɕiɔ^{33} ku^{45}	稻 do^{312}
53 东阳	香蕈 ɕiɔ^{44} zɐn^{33}	香菇儿 ɕiɔ^{33} kun^{53}	稻 dɐɯ^{231}
54 永康	安⁼蕈 ɤ^{33} zəŋ^{241} 小	香菇 ɕiɑŋ^{33} ku^{55}	稻 dɑu^{113}
55 武义	蕈 ʑin^{13}	香菇 ɕiɑŋ^{32} ku^{53}	稻 dɤ^{13}
56 磐安	蕈 ɕyɐn^{334}	香菇 ɕiɒ^{33} ku^{52}	稻 to^{334}
57 缙云	寒⁼蕈 uɛ^{44} zaŋ^{453}	香菇 ɕiɑ^{44} ku^{44}	稻 dəɤ^{31}
58 衢州	蕈 ʑin^{231}	香菇 ɕiã^{32} ku^{53}	稻 dɔ^{231}
59 衢江	木菇 məʔ^{2} ku^{33}	香菇 ɕiã^{33} ku^{33}	粙 dy^{212}
60 龙游	蕈 ʑin^{224}	香菇 ɕiã^{33} ku^{334}	稻 dɔ^{224}
61 江山	蕈 ʑĩ^{22}	香菇 xiaŋ^{44} kuə^{44}	粙 dɯ^{22}
62 常山	蕈 zuĩ^{24}	香菇 ɕiã^{44} kuə^{44}	粙 diu^{24}
63 开化	蕈 ʑin^{213}	香菇 ɕiã^{44} ku^{44}	谷 kəʔ^{5}
64 丽水	蕈 zen^{22} 老 蘑菇 mu^{22} ku^{224} 新	香菇 ɕiã^{44} ku^{224}	稻 də^{22}
65 青田	蕈 zaŋ^{343}	香菇 ɕi^{22} ku^{445}	稻 dœ^{343}
66 云和	蕈 zəŋ^{231}	香菇 ɕiã^{44} ku^{24}	稻 dɑɔ^{231}
67 松阳	蕈 ʑin^{22}	香菇 ɕiã^{24} ku^{53}	谷 kɤʔ^{5}
68 宣平	蕈 zən^{223}	香菇 ɕiɑ̃^{44} ku^{324}	稻 dɔ^{223}

续表

方言点	0175 蘑菇野生的	0176 香菇	0177 稻子指植物
69 遂昌	蕈 ʑiŋ13	香菇 ɕiaŋ33 ku45	谷 kəɯʔ5
70 龙泉	蕈 ɕin51	香蕈 ɕiaŋ45 ɕin51	谷 kuʔ5
71 景宁	蕈 zaŋ113	香菇 ɕiɛ33 ku324	稻 dɑu33
72 庆元	蕈 ɕiəŋ221	香蕈 ɕiɑ̃33 ɕiəŋ221	谷 kuʔ5
73 泰顺	蕈 səŋ21	香菇 ɕiã22 kø213	稻 tɑɔ21
74 温州	蘑菇 mo22 ku33	香菇 ɕi33 ku33	稻 dɜ14
75 永嘉	蕈 zaŋ13	香菇 ɕiɛ33 ku44	稻 də13
76 乐清	蘑菇 m22 ku44	香菇 ɕia44 ku44	稻 dɤ24
77 瑞安	蕈 zaŋ13	香菇 ɕiɛ33 kɯ44	稻 dɛ13
78 平阳	蘑菇 mo21 ku55	香菇 ɕie33 ku45	稻 dɛ23
79 文成	蘑菇 mo21 ku33	香菇 ɕie33 ku33	稻 dɛ224
80 苍南	蕈 zaŋ24	香菇 ɕiɛ33 ku44	稻 dɛ24
81 建德徽	蕈 ɕin213	香菇 ɕie53 ku55	稻 tɔ213
82 寿昌徽	蕈 ɕien534	香菇 ɕiɑ̃11 ku112	稻 tʰɤ534
83 淳安徽	蕈 sen55	香菇 ɕiɑ̃21 ku55	稻 tʰɤ55
84 遂安徽	蘑菇 mo33 ku33	香菇 ɕiɑ̃55 ku534	谷 ku24
85 苍南闽	蘑菇 mɔ̃21 kɔ55	香菇 hĩũ33 kɔ55	籼 tiu21
86 泰顺闽	蕈 sæŋ31	香菇 ɕio22 ku213	籼 tiøu31
87 洞头闽	蘑菇 mõ212 kɔ33	香菇 hiɯŋ33 kɔ33	籼 tiu21
88 景宁畲	菌 kʰuən51	香菌 xiɔŋ44 kʰuən51	禾 uo22

方言点	0178 稻谷指籽实，脱粒后是大米	0179 稻草脱粒后的	0180 大麦指植物
01 杭州	稻谷 dɔ^{13} koʔ^{5}	稻草 dɔ^{13} tsʰɔ^{53}	大麦 dəu^{13} maʔ^{5}
02 嘉兴	稻谷 dɔ^{21} koʔ^{5}	稻草 dɔ^{21} tsʰɔ^{13} 稻柴 dɔ^{21} zᴀ^{242}	大麦 dou^{21} mᴀʔ^{5}
03 嘉善	谷 kuoʔ^{5}	稻柴 dɔ^{22} za^{31}	大麦 du^{22} mɜʔ^{3}
04 平湖	谷 koʔ^{5}	稻柴 dɔ^{21} za^{31}	大麦 du^{21} maʔ^{5}
05 海盐	谷 kɔʔ^{5}	稻柴 dɔ^{53} zɑ^{31}	大麦 du^{21} maʔ^{5}
06 海宁	谷 koʔ^{5}	稻柴 dɔ^{13} za^{33}	大麦 dəu^{33} maʔ^{2}
07 桐乡	谷 kɔʔ^{5}	稻柴 dɔ^{242} za^{44}	大麦 dəu^{21} maʔ^{23}
08 崇德	谷 kɔʔ^{5}	稻柴 dɔ^{24} zɑ^{0}	大麦 du^{21} maʔ^{23}
09 湖州	稻谷 dɔ^{13} kuoʔ^{5}	稻草 dɔ^{35} tsʰɔ^{13}	大麦 da^{33} maʔ^{3}
10 德清	稻谷 dɔ^{35} kuoʔ^{5}	稻草 dɔ^{35} tsʰɔ^{0}	大麦 dəu^{11} məʔ^{2}
11 武康	稻谷 dɔ^{35} kuoʔ^{5}	稻草 dɔ^{35} tsʰɔ^{53}	大麦 du^{11} mɜʔ^{2}
12 安吉	谷 koʔ^{5}	稻草 dɔ^{24} tsʰɔ^{52}	大麦 dʊ^{21} məʔ^{23}
13 孝丰	稻 dɔ^{243} 谷 kuoʔ^{5}	稻草 dɔ^{24} tsʰɔ^{52}	大麦 du^{21} maʔ^{23}
14 长兴	谷 koʔ^{5}	稻草 dɔ^{24} tsʰɔ^{21}	大麦 dəu^{21} maʔ^{2}
15 余杭	谷 koʔ^{5}	稻草 dɔ^{33} tsʰɔ^{53}	大麦 du^{33} məʔ^{2}
16 临安	稻谷 dɔ^{33} kuəʔ^{5}	稻草 dɔ^{33} tsʰɔ^{53}	大麦 duo^{33} mɐʔ^{2}
17 昌化	稻谷 dɔ^{23} kuəʔ^{5}	稻草 dɔ^{23} tsʰɔ^{453}	大麦 dɯ^{23} maʔ^{5}
18 於潜	谷 kuəʔ^{53}	稻草 dɔ^{24} tsʰɔ^{53}	大麦 da^{24} mɑʔ^{23}
19 萧山	谷 kuoʔ^{5}	稻草 dɔ^{13} tsʰɔ^{42}	大麦 do^{33} maʔ^{5}
20 富阳	谷 koʔ^{5}	稻草 dɔ^{224} tsʰɔ^{335}	大麦 dʊ^{224} maʔ^{2}
21 新登	谷 kɔʔ^{5}	稻草 dɔ^{21} tsʰɔ^{45}	大麦 du^{21} maʔ^{2}
22 桐庐	稻谷 dɔ^{13} kuəʔ^{5}	稻草 dɔ^{13} tsʰɔ^{55}	大麦 du^{13} maʔ^{5}

续表

方言点	0178 稻谷指籽实，脱粒后是大米	0179 稻草脱粒后的	0180 大麦指植物
23 分水	稻谷 dɔ^{21}kuəʔ^{5}	稻草 dɔ^{21}ts^{h}ɔ^{53}	大麦 da^{24}maʔ^{12}
24 绍兴	谷 kuoʔ^{5}	稻草 dɔ^{24}ts^{h}ɔ^{31}	大麦 do^{22}məʔ^{3}
25 上虞	谷 koʔ^{5}	稻草 dɔ^{21}ts^{h}ɔ^{53}	大麦 dʊ^{21}maʔ^{2}
26 嵊州	谷 kuoʔ^{5}	稻草 dɔ^{24}tsɔ^{53}	大麦 do^{24}maʔ^{2}
27 新昌	谷 kuʔ^{5}	稻草 dɔ^{22}ts^{h}ɔ^{453}	大麦 dɤ^{22}mɤʔ^{2}
28 诸暨	谷 koʔ^{5}	稻草 dɔ^{13}tsɔ^{42}	大麦 dɤu^{33}maʔ^{5}
29 慈溪	谷 koʔ^{5}	稻草 dɔ^{13}ts^{h}ɔ^{44}	大麦 dəu^{11}maʔ^{2}
30 余姚	谷 koʔ^{5}	稻草 dɔ^{13}ts^{h}ɔ^{0}	大麦 dou^{13}maʔ^{2}
31 宁波	谷 koʔ^{5}	稻草 dɔ^{22}ts^{h}ɔ^{44}	大麦 dəu^{13}maʔ^{5}
32 镇海	谷 koʔ^{5}	稻草 dɔ^{22}ts^{h}ɔ^{33}	大麦 dəu^{22}maʔ^{2}
33 奉化	谷 koʔ^{5}	稻草 dʌ^{31}ts^{h}ʌ^{53}	大麦 dəu^{31}maʔ^{2}
34 宁海	谷 koʔ^{5}	稻秆 dau^{33}ke^{53}	大麦 dəu^{22}maʔ^{3}
35 象山	谷 koʔ^{5}	稻草 dɔ^{31}ts^{h}ɔ^{44}	大麦 dəu^{31}maʔ^{2}
36 普陀	稻谷 dɔ^{23}koʔ^{0}	稻秆 dɔ^{23}ki^{0}	大麦 da^{11}mɐʔ^{5}
37 定海	谷 koʔ^{5}	稻草 dɔ^{23}ts^{h}ɔ^{0}	大麦 dʌu^{11}mɐʔ^{5}
38 岱山	谷 koʔ^{5}	稻草 dɔ^{23}ts^{h}ɔ^{52}	大麦 dʌu^{11}mɐʔ^{5}
39 嵊泗	谷 koʔ^{5}	稻草 dɔ^{34}ts^{h}ɔ^{0}	大麦 dʌu^{11}mɐʔ^{5}
40 临海	谷 koʔ^{5}	稻秆 do^{21}kø^{52}	大麦 do^{22}maʔ^{23}
41 椒江	谷 koʔ^{5}	稻秆 dɔ^{31}tɕie^{42}	麦 maʔ^{2}
42 黄岩	谷 koʔ^{5}	稻秆 dɔ^{121}tɕie^{42}	大麦 dou^{13}mɐʔ^{2} 磊$^{=}$麦 le^{42}mɐʔ^{2}
43 温岭	谷 kuoʔ^{5}	稻秆 dɔ^{31}tɕie^{42}	大麦 du^{13}maʔ^{2}
44 仙居	谷 kuəʔ^{5}	稻秆 dɐɯ^{21}cie^{324}	大麦 do^{21}maʔ^{23}

续表

方言点	0178 稻谷指籽实，脱粒后是大米	0179 稻草脱粒后的	0180 大麦指植物
45 天台	谷 kuʔ^{5}	稻秆 dau^{21}ke^{325}	大麦 dou^{33}maʔ^{2}
46 三门	谷 koʔ^{5}	稻秆 dɑu^{21}kɛ^{325}	大麦 dʊ^{23}maʔ^{23}
47 玉环	谷 koʔ^{5}	稻秆 dɔ^{41}tɕie^{42}	大麦 dəu^{22}mɐʔ^{2}
48 金华	谷 koʔ^{4}	稻秆 tɑo^{53}kɤ^{535}	大麦 tuɤ^{55}məʔ^{212}
49 汤溪	谷 kou^{55}	稻秆 dɔ^{11}kɤ^{535}	大麦 duɤ^{11}ma^{113}
50 兰溪	谷 kɔʔ^{34}	稻秆 tɔ^{55}kəɯ^{55}	大麦 tuɤ^{55}məʔ^{12}
51 浦江	谷 kɯ^{423}	稻秆 do^{11}kə̃^{53}	大麦 dɯ^{11}mɑ^{243}
52 义乌	谷 kau^{324}	稻秆 do^{24}kɯ^{423}	大麦 duɤ^{24}mɛ^{312}
53 东阳	稻谷 dɐɯ^{23}kou^{33}	稻秆 dɐɯ^{23}kɯ^{33}	大麦 dʊ^{23}ma^{33}
54 永康	谷 ku^{334}	稻秆 dɑu^{31}kɤ^{334}	大麦 duo^{31}mai^{113}
55 武义	谷 kɔʔ^{5}	稻秆 dɤ^{53}kɤ^{445}	大麦 duo^{53}ma^{13}
56 磐安	谷 kʌo^{334}	稻秆 to^{55}kɯ^{334}	大麦 tuɤ^{33}ma^{213}
57 缙云	谷 kou^{322}	稻秆 dəɤ^{21}kuɛ^{51}	大麦 du^{21}mɑ^{13}
58 衢州	谷粒 kuəʔ^{5}ləʔ^{12}	稻草 dɔ^{231}ts^{h}ɔ^{35}	大麦 du^{231}maʔ^{12}
59 衢江	谷 kuəʔ^{5}	稿 kɔ^{25}	大麦 dou^{22}maʔ^{2}
60 龙游	谷 kɔʔ^{4}	稻秆 dɔ^{22}kie^{35}	大麦 du^{22}məʔ^{23}
61 江山	谷 koʔ^{5}	稿 kɐɯ^{241}	大麦 do^{22}maʔ^{2}
62 常山	谷 kɤʔ^{5}	稿 kɤ^{52}	大麦 dɔ^{22}mɛʔ^{34}
63 开化	谷 kəʔ^{5}	稿 kəɯ^{53}	大麦 dɔ^{21}maʔ^{13}
64 丽水	谷 kuʔ^{5}	稻秆 də^{22}kuɛ^{544} 稻草 də^{22}ts^{h}ə^{544}	大麦 du^{21}maʔ^{23}
65 青田	谷 kuʔ^{42}	稻秆 dœ^{22}kuɐ^{454}	大麦 du^{22}mɛʔ^{31}
66 云和	谷 kəɯʔ^{5}	稻秆 dɑɔ^{223}kuɛ^{41}	大麦 du^{223}maʔ^{23}

续表

方言点	0178 稻谷指籽实，脱粒后是大米	0179 稻草脱粒后的	0180 大麦指植物
67 松阳	谷 kɤʔ^{5}	稿头 kʌ^{33}dei^{31}	大麦 du^{22}maʔ^{2}
68 宣平	谷 kəʔ^{5}	稻秆 dɔ^{22}kuə^{445}	大麦 do^{43}maʔ^{23}
69 遂昌	谷 kəɯʔ^{5}	稿头 kɐɯ^{33}du^{221}	大麦 du^{22}miaʔ^{23}
70 龙泉	谷 kuʔ^{5}	稻秆 dɑʌ^{21}kuo^{51}	大麦 dou^{21}maʔ^{24}
71 景宁	谷 kuʔ^{5}	稻秆 dɑu^{55}kuœ^{33}	大麦 do^{55}maʔ^{23}
72 庆元	谷 kuʔ^{5}	稻秆 to^{22}kuæ̃^{33}	大麦 to^{22}mɑʔ^{34}
73 泰顺	谷 kuʔ^{5}	稻秆 tɑɔ^{21}kuɛ^{55}	大麦 to^{21}maʔ^{2}
74 温州	谷 ku^{323}	稻秆 dɜ^{31}kø^{25}	大麦 da^{24}ma^{212}
75 永嘉	谷 ku^{423}	稻秆 də^{31}ky^{45}	大麦 dəu^{13}ma^{213}
76 乐清	谷 ku^{323}	稻秆 dɤ^{31}kuɤ^{35}	大麦 du^{24}me^{212}
77 瑞安	谷 kɯ^{323}	稻秆 dɛ^{31}kø^{35}	大麦 dou^{13}ma^{212}
78 平阳	谷 ku^{34}	稻秆 dɛ^{13}kɵ^{35}	大麦 du^{35}mᴀ^{13}
79 文成	谷 ku^{34}	稻秆 dɛ^{242}kuø^{45}	大麦 dɔ^{24}ma^{13}
80 苍南	谷 ku^{223}	稻秆 dɛ^{31}kyɛ^{53}	大麦 du^{11}mia^{112}
81 建德徽	谷 kuɐʔ^{5}	稻草 tɔ^{21}ts^{h}ɔ^{213}	大麦 t^{h}u^{33}mɑ^{55}
82 寿昌徽	谷 kɔʔ^{3}	稻秆 t^{h}ɤ^{33}kiɛ^{24}	大麦 t^{h}u^{33}məʔ^{31}
83 淳安徽	谷 koʔ^{5}	稻秆 t^{h}ɤ^{55}kã^{55}	大麦 t^{h}u^{53}mɑʔ^{21}
84 遂安徽	谷 ku^{24}	稻管 t^{h}ɔ^{55}kuɑ̃^{33}	大麦 t^{h}əɯ^{55}ma^{21}
85 苍南闽	籼粟 tiu^{21}tɕ^{h}ie^{43}	籼草 tiu^{21}ts^{h}au^{43}	大麦 tua^{21}be^{24}
86 泰顺闽	粟 ts^{h}øi^{53}	籼秆 tiøu^{31}kæŋ^{22}	大麦 ta^{21}ma^{22}
87 洞头闽	策$^{=}$ tɕ^{h}iek^{5}	籼草 tiu^{21}ts^{h}au^{53}	大麦 tua^{21}be^{241}
88 景宁畲	禾 uo^{22}	禾草 uo^{22}ts^{h}au^{325}	大麦 t^{h}ɔi^{51}maʔ^{2}

方言点	0181 小麦指植物	0182 麦秸脱粒后的	0183 谷子指植物，籽实脱粒后是小米
01 杭州	小麦 ɕiɔ^{55} maʔ^{0}	麦秆 maʔ^{2} kɛ^{53}	粟米 soʔ^{3} mi^{53}
02 嘉兴	小麦 ɕiɔ^{33} mᴀʔ^{5}	麦柴管 mᴀʔ^{3} zᴀ^{13} kuə^{42} 麦秸 mᴀʔ^{3} tɕieʔ^{5} 麦秆 mᴀʔ^{5} kə^{21}	小米 ɕiɔ^{33} mi^{33}
03 嘉善	小麦 ɕiɔ^{44} mɜʔ^{5}	麦柴秆 mɜʔ^{2} za^{13} kø^{53}	（无）
04 平湖	小麦 siɔ^{44} maʔ^{5}	麦柴 maʔ^{23} za^{31}	（无）
05 海盐	小麦 ɕiɔ^{53} maʔ^{5}	麦柴 maʔ^{23} zɑ^{31}	（无）
06 海宁	小麦 ɕiɔ^{55} maʔ^{2}	麦柴 maʔ^{5} za^{33} 老 麦秸 maʔ^{2} tɕieʔ^{5} 新	（无）
07 桐乡	小麦 siɔ^{53} maʔ^{0}	麦柴 maʔ^{23} za^{44}	小米 siɔ^{44} mi^{0}
08 崇德	小麦 ɕiɔ^{55} maʔ^{0}	麦柴 maʔ^{23} zɑ^{44}	小米 ɕiɔ^{55} mi^{0}
09 湖州	小麦 ɕiɔ^{53} maʔ^{2}	麦秆 maʔ^{2} kɛ^{53}	（无）
10 德清	小麦 ɕiɔ^{35} məʔ^{2}	麦秆 məʔ^{2} køʉ^{53}	（无）
11 武康	小麦 ɕiɔ^{35} mɜʔ^{2}	麦梗子 mɜʔ^{2} kã^{55} tsɿ^{0}	小米稻头 ɕiɔ^{44} mi^{44} dɔ^{44} dø^{0}
12 安吉	小麦 ɕiɔ^{52} məʔ^{2}	麦秆草 məʔ^{2} kᴇ^{22} tsʰɔ^{213}	粟米 soʔ^{5} mi^{213}
13 孝丰	小麦 ɕiɔ^{45} maʔ^{2}	麦梗草 maʔ^{2} kã^{22} tsʰɔ^{324}	黄粟 uɔ̃^{22} suoʔ^{5} 粟米 suoʔ^{5} mi^{44}
14 长兴	小麦 ʃiɔ^{45} maʔ^{2}	麦秆草 maʔ^{2} kɯ^{44} tsʰɔ^{44}	小米 ʃiɔ^{45} mʅ^{21}
15 余杭	小麦 siɔ^{35} məʔ^{2}	麦草 məʔ^{2} tsʰɔ^{53}	（无）
16 临安	小麦 ɕiɔ^{55} mɐʔ^{2}	麦草 mɐʔ^{2} tsʰɔ^{33}	粟米 suɔʔ^{5} mi^{33}
17 昌化	小麦 ɕiɔ^{45} maʔ^{5}	麦草 maʔ^{2} tsʰɔ^{453} 麦秆 maʔ^{2} kɛ̃^{334}	黄粟 uɔ̃^{11} suəʔ^{5}
18 於潜	小麦 ɕiɔ^{53} mɑʔ^{31}	麦草 mɑʔ^{2} tsʰɔ^{53}	黄粟 uaŋ^{22} suəʔ^{53}
19 萧山	小麦 ɕiɔ^{33} maʔ^{21}	麦梗 maʔ^{21} kuã^{33}	打=粟 tã^{33} soʔ^{21}
20 富阳	小麦 ɕiɔ^{423} maʔ^{2}	麦草梗 maʔ^{2} tsʰɔ^{55} kuã^{335}	细粟 ɕi^{335} soʔ^{5}

续表

方言点	0181 小麦指植物	0182 麦秸脱粒后的	0183 谷子指植物，籽实脱粒后是小米
21 新登	小麦 ɕiɔ^{334} maʔ^{5}	麦草 maʔ^{2} tsʰɔ^{45}	粟 sɔʔ^{5}
22 桐庐	小麦 ɕiɔ^{33} maʔ^{5}	麦秆 maʔ^{21} ke^{35}	粟 suəʔ^{5}
23 分水	小麦 ɕiɔ^{44} maʔ^{12}	麦草 maʔ^{12} tsʰɔ^{44}	黄粟 uã^{21} suəʔ^{5}
24 绍兴	小麦 ɕiɔ^{44} məʔ^{3}	麦秆草 məʔ^{2} kẽ^{44} tsʰɔ^{31}	（无）
25 上虞	小麦 ɕiɔ^{33} maʔ^{2}	麦秆 maʔ^{2} kɛ̃^{35}	（无）
26 嵊州	小麦 ɕiɔ^{33} maʔ^{5}	麦秆 maʔ^{2} kœ̃^{53}	芦穄 lu^{22} tɕi^{334}
27 新昌	小麦 ɕiɔ^{33} mɤʔ^{2}	麦秆 mɤʔ^{2} kœ̃^{453}	粟 sɤʔ^{5}
28 诸暨	小麦 ɕiɔ^{33} maʔ^{5}	麦秆草 maʔ^{21} kə^{33} tsʰɔ^{42}	粟 soʔ^{5}
29 慈溪	小麦 ɕiɔ^{33} maʔ^{2}	麦秆 maʔ^{2} kẽ^{44}	小米 ɕiɔ^{33} mi^{53}
30 余姚	小麦 ɕiɔ^{13} maʔ^{2}	麦秆 maʔ^{2} kẽ^{44}	（无）
31 宁波	小麦 ɕio^{53} maʔ^{2}	麦秆 maʔ^{2} ki^{35}	谷 koʔ^{5}
32 镇海	小麦 ɕio^{33} maʔ^{2}	麦秆 maʔ^{2} ki^{35}	粟 soʔ^{5}
33 奉化	小麦 ɕiɔ^{44} maʔ^{2}	麦秆 maʔ^{2} kɛ^{44}	粟 soʔ^{5}
34 宁海	小麦 ɕieu^{55} maʔ^{3}	麦秆 maʔ^{3} ke^{53}	粟儿 ɕyɔ̃^{53}
35 象山	小麦 ɕio^{44} maʔ^{2}	麦秆 maʔ^{2} ki^{44}	粟 soʔ^{5}
36 普陀	小麦 ɕiɔ^{53} mɐʔ^{0}	麦秆 mɐʔ^{2} ki^{55}	粟 soʔ^{5}
37 定海	小麦 ɕio^{52} mɐʔ^{0}	麦秆 mɐʔ^{2} ki^{45}	粟 soʔ^{5} 老 小米 ɕio^{52} mi^{0} 新
38 岱山	小麦 ɕio^{52} mɐʔ^{0}	麦秆 mɐʔ^{2} ki^{45}	小粟 ɕio^{52} soʔ^{0}
39 嵊泗	小麦 ɕio^{44} mɐʔ^{0}	麦秆 mɐʔ^{2} ki^{45}	小粟 ɕio^{44} soʔ^{0}
40 临海	小麦 ɕiə^{42} maʔ^{23}	麦秆 maʔ^{2} kø^{52}	狗尾巴粟 tɕiə^{42} mi^{42} po^{33} ɕiə^{51} 小
41 椒江	小麦 ɕiɔ^{42} maʔ^{5}	麦秆 maʔ^{2} tɕie^{42}	粟米 soʔ^{3} mi^{42}
42 黄岩	小麦 ɕiɔ^{42} mɐʔ^{2}	麦秆 mɐʔ^{2} tɕie^{42}	狗尾巴粟儿 tɕio^{42} mi^{42} po^{33} sɔ̃^{51}

续表

方言点	0181 小麦指植物	0182 麦秸脱粒后的	0183 谷子指植物，籽实脱粒后是小米
43 温岭	小麦 ɕiɔ^{42} maʔ^{2}	麦秆 maʔ^{2} tɕie^{42}	狗尾巴粟儿 tɕiɤ^{42} mi^{42} po^{33} ɕiɔ̃^{51}
44 仙居	小麦 ɕiɐɯ^{31} maʔ^{23}	麦秆 maʔ^{23} cie^{324}	粟米 ɕyɑʔ^{3} mi^{324}
45 天台	小麦 ɕieu^{21} maʔ^{2}	麦秆 maʔ^{2} ke^{325}	粟 ʑiɔʔ^{2}
46 三门	小麦 ɕiɑu^{32} maʔ^{23}	麦秆 maʔ^{2} kɛ^{325}	粟 ɕioʔ^{5}
47 玉环	小麦 ɕiɔ^{42} mɐʔ^{2}	麦秆 mɐʔ^{2} tɕie^{42}	谷 koʔ^{5}
48 金华	小麦 siɑo^{55} məʔ^{212}	麦秆 məʔ^{21} kɤ^{535}	粟 soʔ^{4}
49 汤溪	细麦 sia^{33} ma^{24}	麦秆 ma^{11} kɤ^{535}	粟 sou^{55}
50 兰溪	细麦 sia^{334} məʔ^{12}	麦秆 məʔ^{12} kəɯ^{55}	粟米 suəʔ^{34} mie^{55}
51 浦江	细麦 ɕia^{33} mɑ^{334}	麦秆 mɑ^{11} kə̃^{53}	粟谷 sɯ^{33} kɯ^{53}
52 义乌	小麦 sɯɤ^{45} mɛ^{312}	麦秆 mɛ^{24} kɯ^{423}	粟谷 səʔ^{5} kau^{324}
53 东阳	小麦 ɕio^{44} ma^{33}	麦秆 maʔ^{23} kɯ^{33}	谷 kou^{334}
54 永康	小麦 ɕiɑu^{33} mai^{113}	麦秆 mai^{33} kɤ^{334}	粟 su^{52}小
55 武义	小麦 ɕie^{53} ma^{13}	麦秆 ma^{53} kɤ^{445}	粟 sɔʔ^{5}
56 磐安	小麦 ɕio^{33} ma^{213}	麦秆 ma^{55} kɯ^{334}	粟谷 sʌo^{55} kʌo^{334}
57 缙云	小麦 ɕiəɤ^{51} mɑ^{13}	麦秆 mɑ^{51} kuɛ^{51}	粟 sɔ^{45}小
58 衢州	细麦 ɕiɑ^{53} maʔ^{12}	麦秆 maʔ^{2} kə̃^{35}	粟米 səʔ^{3} mi^{53}
59 衢江	细麦 ɕie^{33} maʔ^{2}	麦秆 maʔ^{2} kuɛ^{25}	粟 səʔ^{5}
60 龙游	细麦 ɕiɑ^{33} məʔ^{23}	麦秆 məʔ^{2} kie^{35}	黄粟 uã^{33} sɔʔ^{4}
61 江山	细麦 ɕiə^{44} maʔ^{2}	麦秆 maʔ^{2} kɒŋ^{241}	粟 səʔ^{5}
62 常山	细麦 ɕie^{44} mɛʔ^{34}	麦秆 mɛʔ^{3} kɔ̃^{52}	粟米 sʌʔ^{4} mi^{24}
63 开化	细麦 sɛ^{53} maʔ^{13}	麦秆 maʔ^{2} kɔŋ^{53}	粟米 saʔ^{5} mi^{213}
64 丽水	小麦 ɕiə^{52} maʔ^{23}	麦秆 maʔ^{2} kuɛ^{544}	黄粟 ɔŋ^{21} ɕiɛʔ^{5}
65 青田	小麦 ɕiœ^{33} mɛʔ^{31}	麦秆 mɛʔ^{3} kuɐ^{454}	黄粟 o^{22} ɕyɐʔ^{42}

续表

方言点	0181 小麦指植物	0182 麦秸脱粒后的	0183 谷子指植物，籽实脱粒后是小米
66 云和	小麦 ɕiɑɔ^{44} maʔ^{23}	麦秆 maʔ^{23} kuɛ^{41}	黄粟 ɔ̃^{223} ɕioʔ^{5}
67 松阳	小麦 ɕiɔ^{33} maʔ^{2}	麦秆 maʔ^{2} kuɛ̃^{212}	粟儿 sɤʔ^{3} n^{24}
68 宣平	细麦 ɕia^{44} maʔ^{23}	麦秆 maʔ^{2} kuə^{445}	黄粟 ɔ̃^{44} səʔ^{5}
69 遂昌	小麦 ɕiɐɯ^{53} miaʔ^{23}	麦秆 miaʔ^{23} kuɛ̃^{533}	黄粟 ɔŋ^{21} səɯʔ^{5}
70 龙泉	小麦 ʑiɑʌ^{21} maʔ^{24}	麦秆 maʔ^{3} kuo^{51}	黄粟儿 ɔŋ^{45} ɕyoʔ^{3} ȵi^{21}
71 景宁	小麦 ɕiɑu^{55} maʔ^{23}	麦秆 maʔ^{23} kuœ^{33}	粟 ɕioʔ^{5}
72 庆元	小麦 ɕiɒ^{33} mɑʔ^{34}	麦秆 mɑʔ^{34} kuæ̃^{33}	黄粟 ɔ̃^{52} sɤʔ^{5}
73 泰顺	小麦 ɕiɑɔ^{22} maʔ^{2}	麦秆 maʔ^{2} kuɛ^{55}	粟儿 ɕiɔ̃^{33}
74 温州	小麦 ɕiɛ^{45} ma^{212}	麦秆 ma^{2} kø^{25}	粟米 ɕio^{3} mei^{14}
75 永嘉	小麦 ɕyə^{45} ma^{213}	麦秆 ma^{21} ky^{45}	粟米 ɕyo^{43} mei^{13}
76 乐清	小麦 sɤ^{35} me^{212}	麦秆 me^{2} kuɤ^{35}	粟 so^{323}
77 瑞安	小麦 ɕy^{35} ma^{212}	麦秆 ma^{2} kø^{35}	粟米 ɕy^{3} mei^{13}
78 平阳	少麦 ɕye^{33} mᴀ^{13}	麦秆 mᴀ^{21} kɵ^{45}	（无）
79 文成	麦 ma^{212}	麦秆 ma^{21} kuø^{45}	粟米 suo^{21} mi^{45}
80 苍南	小麦 ɕyɔ^{33} mia^{112}	麦梗 mia^{11} kia^{53}	（无）
81 建德徽	细麦 ɕie^{33} mɑ^{55}	麦秆 mɑ^{21} kɛ^{213}	粟米 ɕyɐʔ^{3} mi^{55}
82 寿昌徽	细麦 ɕiɛ^{33} məʔ^{31}	麦秆 məʔ^{3} kiɛ^{24}	黄粟 uɑ̃^{11} sɔʔ^{3}
83 淳安徽	细麦 ɕiɑ^{24} mɑʔ^{21}	麦秆 mɑʔ^{13} kɑ̃^{55}	粟米 soʔ^{5} mi^{21}
84 遂安徽	小麦 ɕiɛ^{55} ma^{33}	麦管 ma^{21} kuɑ̃^{24}	粟米 su^{24} me^{43}
85 苍南闽	小麦 ɕio^{33} be^{24}	麦稿草 be^{21} ko^{43} tsʰau^{43}	小米 ɕio^{33} bi^{43}
86 泰顺闽	小麦 ɕiɐu^{21} ma^{22}	麦秆 ma^{21} kæŋ^{22}	（无）
87 洞头闽	小麦 ɕieu^{33} be^{241}	麦稿 be^{21} ko^{53}	粟仔 ɕiek^{21} la^{53}
88 景宁畲	小麦 ɕiəu^{55} maʔ^{2}	麦秆 maʔ^{2} kɔn^{325}	黄粟 uɔŋ^{22} su^{445} 小

方言点	0184 高粱指植物	0185 玉米指成株的植物	0186 棉花指植物
01 杭州	高粱 kɔ^{33}liaŋ^{45}	玉黍 ȵi^{13}so^{53}“玉”音殊 六谷 loʔ^{2}koʔ^{5} 包萝 pɔ^{33}lu^{45}	棉花 miɛ^{22}xua^{45}
02 嘉兴	高粱 kɔ^{33}liᴀ̃^{42}	芦粟 lou^{21}soʔ^{5}	棉花 mie^{21}ho^{33}
03 嘉善	高粱 kɔ^{35}liæ̃^{53}	珠珠粟 tsʮ^{53}tsʮ^{31}suoʔ^{0}	棉花 miɪ^{13}xo^{53}
04 平湖	高粱 kɔ^{44}liã^{0}	树⁼树⁼米 zʮ^{21}zʮ^{24}mi^{0}	棉花 miɛ^{24}ho^{53}
05 海盐	掼⁼粟 guɛ^{13}sɔʔ^{21}	玉粟 y^{55}sɔʔ^{21}	棉花 miɛ^{24}xo^{53}
06 海宁	芦粟 ləu^{33}soʔ^{5}	粟米 soʔ^{5}mi^{0}	棉花 mie^{33}ho^{55}
07 桐乡	掼⁼头粟 guɛ^{21}dɤɯ^{44}sɔʔ^{0}	粟米 sɔʔ^{3}mi^{242}	棉花 miᴇ^{21}ho^{44}
08 崇德	芦穄粟 lu^{21}tɕi^{55}sɔʔ^{0}	亿⁼米 i^{33}mi^{53}	棉花 miɪ^{21}ho^{44}
09 湖州	高粱 kɔ^{44}liã^{44}	米米 mi^{33}mi^{35}	棉花 mie^{33}xuo^{35}
10 德清	高粱 kɔ^{44}liã^{44}	六谷子 luoʔ^{2}kuoʔ^{5}tsɿ^{0}	棉花 mie^{11}xuo^{35}
11 武康	高粱 kɔ^{44}liã^{44}	六谷子 luoʔ^{2}kuoʔ^{5}tsɿ^{0}	棉花 miɪ^{11}xo^{35}
12 安吉	芦穄 lu^{22}tɕi^{22}	包芦 pɔ^{55}lu^{55}	棉花 mi^{22}hʊ^{22}
13 孝丰	芦穄 lu^{22}tɕi^{22}	包芦 pɔ^{44}lu^{44}	棉花 miɪ^{22}hʊ^{22}
14 长兴	掼⁼头粟 guᴇ^{21}dei^{33}soʔ^{5}	芦粟 ləu^{12}soʔ^{5}	棉花 mi^{22}hu^{33}
15 余杭	糖芦稷 dɑ̃^{33}lu^{31}tsieʔ^{5}	六谷 loʔ^{2}koʔ^{5}	棉花 miẽ^{31}xuo^{35}
16 临安	芦穄 lu^{31}tɕi^{35}	六谷 luɔʔ^{2}kuɔʔ^{5}	棉花 mie^{33}ho^{33}
17 昌化	芦穄 lɯ^{11}tsɿ^{453}	包芦 pɔ^{33}lɯ^{45}	棉花 miɪ̃^{11}xu^{334}
18 於潜	芦穄 lu^{22}tɕi^{35}	六谷 læʔ^{2}kuəʔ^{53}	棉花 mie^{22}xua^{433}
19 萧山	高粱 kɔ^{33}liã^{33}	泥⁼粟 ȵi^{13}soʔ^{5}	棉花 mie^{13}xuo^{33}
20 富阳	芦粟 lʊ^{13}soʔ^{5}	六谷 loʔ^{2}koʔ^{5}	棉花 miɛ̃^{13}huo^{55}
21 新登	芦穄 lu^{233}tɕi^{53}	六谷 lɔʔ^{2}kɔʔ^{5}	棉花 miɛ̃^{233}hua^{334}
22 桐庐	高粱 kɔ^{33}liã^{13}	六谷 ləʔ^{21}kuəʔ^{5} 包萝 pɔ^{33}lu^{33}乡	棉花 mie^{21}xuo^{35}
23 分水	芦穄 lu^{21}tɕiəʔ^{5}	包芦 pɔ^{44}lu^{21}	棉花 miɛ̃^{21}xua^{44}

续表

方言点	0184 高粱指植物	0185 玉米指成株的植物	0186 棉花指植物
24 绍兴	打$^{=}$粟 taŋ^{44}soʔ^{3}	玉粟 n̠i^{22}soʔ^{5}"玉"音殊 六谷 loʔ^{2}kuoʔ^{5}	棉花 miẽ^{22}huo^{53}
25 上虞	拗$^{=}$粟 ɔ^{33}soʔ^{5}	六谷 loʔ^{2}koʔ^{5}	棉花 miẽ^{21}fo^{35}
26 嵊州	(无)	六谷 loʔ^{2}kuoʔ^{5}	棉花 miẽ^{22}fo^{334}
27 新昌	芦穄 lu^{22}tɕi^{335}	六谷 lɤʔ^{2}kuʔ^{5}	棉花 miɛ̃^{13}fuo^{534}
28 诸暨	芦穄 lu^{21}tʃʅ^{33}	六谷 loʔ^{21}koʔ^{5}	棉花 mie^{21}ho^{42}
29 慈溪	粟 soʔ^{5}	六谷 loʔ^{2}koʔ^{5}	棉花 mi^{11}huo^{35}
30 余姚	粟 soʔ^{5}	六谷 loʔ^{2}koʔ^{5}	棉花 miẽ^{13}huo^{44}
31 宁波	芦穄 lu^{22}tɕi^{53}	六谷 loʔ^{2}koʔ^{5}	棉花 mi^{22}huo^{53}
32 镇海	芦穄 lu^{22}tɕi^{53}	六谷 loʔ^{2}koʔ^{5}	棉花 mi^{22}huo^{53}
33 奉化	芦稼 lu^{33}tɕia^{44}	六谷 loʔ^{2}koʔ^{2}	棉花 mi^{33}huo^{53}
34 宁海	芦 lu^{213}	包芦 pau^{33}lu^{31}	棉花 mie^{21}ho^{34}
35 象山	萝$^{=}$丝$^{=}$ ləu^{31}sɿ^{35}	六谷 loʔ^{2}koʔ^{5}	棉花 mi^{31}huo^{35}
36 普陀	高粱 kɔ^{33}liã^{53}	六谷 loʔ^{2}koʔ^{5}	棉花 mi^{33}xo^{53}
37 定海	芦穄 lu^{11}tɕi^{44}	六谷 loʔ^{2}koʔ^{5}	棉花 mi^{33}xuo^{52}
38 岱山	芦穄 lu^{11}tɕi^{44}	六谷 loʔ^{2}koʔ^{5}	棉花 mi^{33}xuo^{52}
39 嵊泗	芦穄 lu^{11}tɕi^{45}	六谷 loʔ^{2}koʔ^{5}	棉花 mi^{33}xuo^{53}
40 临海	粟儿 ɕyɔ̃^{353}	杏粟 ã^{33}ɕyɔʔ^{5}	棉花 mi^{35}hua^{31}
41 椒江	粟儿 sɔ̃^{51}	中$^{=}$中$^{=}$米 tsoŋ^{33}tsoŋ^{33}mi^{42}	棉花 mie^{24}hua^{42}
42 黄岩	粟儿 sɔ̃^{51}	珍珠米 tɕin^{33}tsɥ^{33}mi^{42}	棉花 mie^{24}hua^{32}
43 温岭	高粱 kɔ^{35}liã^{41}	珍珠米 tɕin^{33}tɕy^{33}mi^{42}	棉花 mie^{24}ho^{31}
44 仙居	此$^{=}$ tsʰɿ^{53}	梗粟 kuã^{33}ɕyɑʔ^{53}	棉花 mie^{33}ho^{53}
45 天台	芦 lu^{51}	刮$^{=}$灯$^{=}$仑$^{=}$ kuaʔ^{1}təŋ^{33}ləŋ^{51}	棉花 mie^{22}ho^{33}
46 三门	芦穄 lu^{11}tsʰɿ^{334}	六谷 loʔ^{2}koʔ^{5}	棉花 mie^{11}ho^{334}

续表

方言点	0184 高粱指植物	0185 玉米指成株的植物	0186 棉花指植物
47 玉环	高粱粟儿 kɔ^{33} lia^{22} ɕiɔ̃^{53}	珍珠米粟儿 tɕiŋ^{33} tɕy^{33} mi^{42} ɕiɔ̃^{53}	棉花 mie^{24} hua^{42}
48 金华	芦穄 lu^{31} tɕie^{55}	包萝 pɑo^{33} luɤ^{55}	棉花 mie^{31} xuɑ^{55}
49 汤溪	芦粟 luɤ^{33} sou^{55}	包萝 pɔ^{24} luɤ^{0}	棉花 mie^{11} xuɑ^{52}
50 兰溪	芦穄 lu^{21} tɕie^{45}	包萝 pɔ^{334} luɤ^{45}	棉花 mie^{21} xuɑ^{45}
51 浦江	芦穄 lu^{24} tʃi^{334}	芦粟儿 lu^{11} sɤn^{334}	木棉 mə^{24} miẽ^{334}
52 义乌	芦穄 lu^{22} tsi^{45}	六谷 lau^{24} kau^{423}	棉花 mie^{22} hua^{45}
53 东阳	芦穄 lu^{22} tsi^{53}	六谷 lou^{23} kou^{33}	棉花 mi^{22} hua^{53}
54 永康	芦穄 lu^{31} tɕye^{52}	穄穄苞 tɕye^{33} tɕye^{52} bɑu^{241} 穄穄 tɕye^{33} tɕye^{52}	乌$^{=}$棉 u^{33} mie^{55}
55 武义	芦穄 lu^{32} tɕie^{53}	包萝 pɑu^{32} luo^{53}	棉花 mie^{32} xuɑ^{53}
56 磐安	芦穄 lu^{21} tɕi^{52}	腰$^{=}$萝 io^{33} lu^{52}	棉花 mie^{21} xua^{52}
57 缙云	芦穄 lu^{44} tsɿ^{453}	包萝 pɔ^{44} lu^{453}	棉花 miɛ^{44} xu^{44}
58 衢州	黍黍 ʒy^{21} ʒy^{231}	番米 fã^{32} mi^{53}	棉花 miẽ^{21} xuɑ^{32}
59 衢江	芦穄 lɤ^{22} tsɿ^{53}	番粟 fã^{33} səʔ^{5}	棉花 mie^{33} xuo^{33}
60 龙游	芦穄 lu^{22} tɕi^{51}	包萝 pɔ^{35} lu^{21}	棉花 mie^{33} xu^{334}
61 江山	芦粟 luə^{22} səʔ^{5}	包萝 po^{24} lo^{51}	棉花 miɛ̃^{22} xuɒ^{44}
62 常山	记$^{=}$粟 ki^{43} sʌʔ^{5}	包粟 pɔ^{43} sʌʔ^{5}	棉花 miɛ̃^{22} xuɑ^{44}
63 开化	穄粟 tsɛ^{53} saʔ^{0}	包萝 pəɯ^{44} lu^{53}	棉花 miɛ̃^{21} xuɑ^{44}
64 丽水	芦穄 lu^{21} tsɿ^{52}	包萝 pə^{224} lu^{52}	棉花 miɛ^{22} xuo^{224}
65 青田	芦穄 leu^{55} tsɿ^{33}	包萝 ɓo^{55} lu^{53}	棉花 miɛ^{21} xu^{445}
66 云和	芦穄 lu^{31} tsɿ^{45}	包萝 pɑɔ^{44} lu^{312}	棉花 miɛ^{223} xo^{24}
67 松阳	高粱 kʌ^{33} liã^{31}	包萝 pɔ^{33} lu^{31}	棉花 miɛ̃^{21} fuə^{24}
68 宣平	芦穄 lu^{43} tsɿ^{52}	包萝 pɔ^{44} lo^{433}	棉花 miɛ^{43} xo^{324}

续表

方言点	0184 高粱指植物	0185 玉米指成株的植物	0186 棉花指植物
69 遂昌	高粱 kɐɯ^{55} liaŋ^{213}	包萝 pɐɯ^{55} lu^{213}	棉花 miɛ̃^{21} xɒ^{45}
70 龙泉	高粱 kɑʌ^{45} liaŋ^{21}	包萝 pɑʌ^{45} lou^{21}	棉花 miᴇ^{44} xuo^{434}
71 景宁	高粱 kəɯ^{33} liɛ^{41}	包萝 pɑu^{33} lo^{41}	棉花 miɛ^{33} xo^{324}
72 庆元	粟 ɕioʔ^{5}	包萝 ɓɒ^{33} lo^{52}	棉花 miɛ̃^{52} xo^{335}
73 泰顺	芦穄 lø^{53} tsɿ^{35}	包萝 pɑɔ^{22} lo^{53}	棉花 miɛ^{21} fuɔ^{213}
74 温州	高粱粟 kɜ^{33} li^{24} ɕio^{323}	粟麦 ɕio^{45} ma^{212}	棉花 mi^{22} ho^{33}
75 永嘉	米粟 mei^{13} ɕyo^{423}	包萝粟 puɔ^{33} ləu^{13} ɕyo^{423} 粟 ɕyo^{423}	棉花 mi^{22} ho^{44}
76 乐清	高粱粟 kɤ^{33} liɯʌ^{24} so^{323}	包萝粟 pa^{33} la^{24} so^{323} 珍珠粟 tɕiaŋ^{33} tɕy^{35} so^{323}	棉花 miᴇ^{22} fɯʌ^{44}
77 瑞安	高粱 kɛ^{33} liɛ^{21}	包萝粟 pɔ^{33} lou^{13} ɕy^{323}	棉花 mi^{22} hu^{44}
78 平阳	高粱 kɛ^{33} lie^{35}	包萝粟 pɔ^{33} lu^{45} ɕye^{13} 玉米 ȵyo^{21} mi^{35}	棉花 mie^{21} xuo^{55}
79 文成	高粱 kɛ^{33} lie^{33}	包萝 po^{33} lo^{33}	棉花 mie^{21} xo^{33}
80 苍南	高粱 kɛ^{33} liɛ^{21}	包萝 pa^{44} lu^{24}	棉花 miɛ^{11} huɔ^{44}
81 建德徽	芦穄 lu^{33} tɕi^{33}	包萝 pɔ^{21} lu^{55}	棉花 mie^{33} ho^{53}
82 寿昌徽	芦穄 lu^{11} tɕi^{33}	包萝 pu^{11} lu^{55}	棉花 mi^{11} xuə^{112}
83 淳安徽	芦穄 la^{43} tɕi^{55}	包萝 pɤ^{24} lu^{21}	棉花 miã^{43} ho^{24}
84 遂安徽	芦穄 lu^{33} tɕiɛ^{21}	包萝 po^{55} lu^{213}	棉花 miɛ̃^{33} fɑ^{33}
85 苍南闽	包萝 pau^{33} lo^{24}	喷$^{=}$珠 p^{h}un^{33} tsu^{55}	棉花 mĩ^{21} hue^{55}
86 泰顺闽	油黍 iøu^{21} søi^{344}	麦豆粟 ma^{22} tau^{22} ɕyɒʔ^{5} 包萝 pau^{22} lou^{22}	棉花 mie^{21} fa^{213}
87 洞头闽	芦洗$^{=}$ lɔ^{212} sue^{53}	番仔芦洗$^{=}$ huan^{33} na^{35} lɔ^{212} sue^{53}	棉花 mĩ^{212} hue^{33}
88 景宁畲	粟 ɕiəu^{51}	包萝 pau^{44} lo^{22}	棉花 mian^{22} fɔ^{44}

方言点	0187 油菜油料作物，不是蔬菜	0188 芝麻	0189 向日葵指植物
01 杭州	油菜 y^{22}tsʰɛ^{45}	芝麻 tsɿ^{33}ma^{45}	葵花 guei^{22}xua^{45} 葵花树 guei^{22}xua^{33}zɥ^{45}
02 嘉兴	油菜 iu^{24}tsʰᴇ^{42}	芝麻 tsɿ^{33}mo^{33}	向日葵 ɕiᴀ̃^{33}zᴀʔ^{5}guei^{21}
03 嘉善	油菜籽 iə^{13}tsʰɛ^{35}tsɿ^{0}	芝麻 tsɿ^{35}mo^{53}	向及⁼葵 ɕiæ̃^{33}dʑieʔ^{2}guɛ^{31}
04 平湖	油菜 iəɯ^{24}tsʰɛ^{0}	芝麻 tsɿ^{44}mo^{0}	向日葵 ɕiã^{44}zəʔ^{5}gəɯ^{0}
05 海盐	油菜 io^{24}tsʰɛ^{53}	芝麻 tsɿ^{55}mo^{21}	向日葵 ɕiɛ̃^{55}zəʔ^{21}gue^{21}
06 海宁	菜花 tsʰɛ^{55}ho^{53}	芝麻 tsɿ^{55}mo^{55}	向日葵 ɕiã^{55}zəʔ^{2}gue^{31}
07 桐乡	油菜 iɤɯ^{13}tsʰᴇ^{53}	芝麻 tsɿ^{44}mo^{44}	向日葵 ɕiã^{33}zəʔ^{5}guei^{0}
08 崇德	油菜 iɤɯ^{21}tsʰᴇ^{44}	芝麻 tsɿ^{44}mo^{44}	向日葵 ɕiã^{44}zəʔ^{4}gui^{53}
09 湖州	油菜 iʉ^{33}tsʰɛ^{35}	芝麻 tsɿ^{44}muo^{44}	葵花 guei^{33}xuo^{35}
10 德清	油菜 iʉ^{11}tsʰɛ^{35}	芝麻 tsɿ^{44}muo^{44}	向日葵 ɕiã^{44}zəʔ^{2}guɛ^{13}
11 武康	油菜 iø^{11}tsʰɛ^{35}	芝麻 tsɿ^{44}mo^{44}	向日葵 ɕiã^{44}zɜʔ^{2}guɛ^{35}
12 安吉	油菜 iu^{22}tsʰᴇ^{22}	芝麻 tsɿ^{55}mʊ^{55}	葵花 gue^{22}hʊ^{22}
13 孝丰	油菜 iu^{22}tsʰe^{22}	芝麻 tsɿ^{44}mʊ^{44}	葵花 gue^{22}hʊ^{22}
14 长兴	油菜 iʏ^{12}tsʰɯ^{33}	芝麻 tsɿ^{44}mu^{44}	葵花 guei^{12}hu^{33}
15 余杭	油菜籽 iʏ^{13}tsʰɛ^{53}tsɿ^{35}	芝麻 tsɿ^{55}muo^{33}	向葵子 ɕiɑ̃^{53}kuɛ^{35}tsɿ^{35}
16 临安	油菜 yœ^{33}tsʰᴇ^{33}	芝麻 tsɿ^{53}mo^{33}	葵花 guᴇ^{33}ho^{33}
17 昌化	油菜 i^{11}tsʰɛ^{453}	芝麻 tsɿ^{33}mu^{45} 油麻 i^{11}mu^{112}	葵花 guei^{11}xu^{334}
18 於潜	油菜 iəu^{22}tsʰe^{35}	芝麻 tsɿ^{43}ma^{23}	葵花籽 gue^{22}xua^{433}tsɿ^{454}
19 萧山	油菜 io^{13}tsʰe^{42}	芝麻 tsɿ^{33}mo^{33}	朝阳果子 dzɔ^{21}iã^{33}ku^{53}tsɿ^{21}
20 富阳	油菜 iʊ^{13}tsʰɛ^{55}	芝麻 tsɿ^{55}mo^{55}	葵花 guɛ^{13}huo^{55}
21 新登	油菜 y^{233}tsʰe^{334}	芝麻 tsɿ^{53}mɑ^{233}	葵花 gue^{233}hua^{334}
22 桐庐	油菜 iəu^{21}tsʰᴇ^{35}	芝麻 tsɿ^{33}mo^{33}	葵花籽 guᴇ^{21}xuo^{21}tsɿ^{35}
23 分水	油菜 iɵ^{21}tsʰɛ^{24}	油麻 iɵ^{21}ma^{24}	葵花 gue^{21}xua^{44}
24 绍兴	油菜 iɤ^{22}tsʰᴇ^{33}	芝麻 tsɿ^{33}mo^{231}	向日葵 ɕiaŋ^{33}zəʔ^{2}guᴇ^{22}

续表

方言点	0187 油菜油料作物，不是蔬菜	0188 芝麻	0189 向日葵指植物
25 上虞	油菜 iɤ^{21}tsʰe^{35}	芝麻 tsɿ^{33}mo^{213}	葵花 gue^{21}fo^{35}
26 嵊州	油菜 iʏ^{22}tsʰᴇ^{334}	油麻 iʏ^{22}mo^{231}	葵花 guᴇ^{22}fo^{334}
27 新昌	油菜 iɯ^{22}tsʰe^{335}	油麻 iɯ^{13}mo^{33}	葵花 gue^{13}fuo^{534}
28 诸暨	油菜 iʉ^{21}tsʰe^{33}	芝麻 tsɿ^{21}mo^{242}	葵花 gue^{21}ho^{42}
29 慈溪	油菜 iø^{13}tsʰe^{0}	芝麻 tsɿ^{33}mo^{13}	葵花 gue^{13}huo^{44}
30 余姚	油菜 iø^{13}tsʰe^{34}	芝麻 tsɿ^{44}mo^{13}	葵花 gue^{13}huo^{44}
31 宁波	油菜 iʏ^{22}tsʰe^{44}	芝麻 tsɿ^{44}mo^{53}	向日葵 ɕia^{44}zoʔ^{2}gɐi^{44}
32 镇海	油菜 iu^{22}tsʰe^{53}	芝麻 tsɿ^{33}mo^{31}	向日葵 ɕiã^{33}zoʔ^{2}guei^{24}
33 奉化	油菜 iʏ^{33}tsʰe^{44}	芝麻 tsɿ^{44}mo^{31}	朝日头花 dʑiɔ^{33}ȵiɪʔ^{2}dæi^{33}huo^{0}
34 宁海	油菜 iu^{21}tsʰei^{35}	芝麻 tsɿ^{33}mo^{31}	朝日头花 dʑieu^{22}ȵiəʔ^{3}diu^{0}ho^{53}
35 象山	菜籽 tsʰɛ^{53}tsɿ^{44}	芝麻 tsɿ^{44}mo^{13}	向日葵 ɕiã^{44}zoʔ^{2}guei^{13}
36 普陀	油菜 ieu^{33}tsʰɛ^{45}	芝麻 tsɿ^{33}mo^{53}	向日葵 ɕiã^{55}zɐʔ^{0}kʰuæi^{0}
37 定海	菜籽 tsʰɛ^{44}tsɿ^{0}	芝麻 tsɿ^{33}mo^{52}	向日葵 ɕiã^{44}zoʔ^{0}kʰuɐi^{0}
38 岱山	菜籽 tsʰe^{33}tsɿ^{52}	芝麻 tsɿ^{33}mo^{52}	朝日头 dʑio^{31}ȵieʔ^{0}dœʏ^{0}
39 嵊泗	油菜 iʏ^{24}tsʰe^{0}	芝麻 tsɿ^{33}mo^{53}	朝日头 dʑio^{24}ȵiᴇʔ^{2}dœʏ^{0}
40 临海	油菜 iu^{22}tsʰe^{55}	芝麻 tsɿ^{33}mo^{51}	太阳花 tʰa^{33}iã^{35}hua^{31}
41 椒江	油菜 iu^{31}tsʰə^{55}	芝麻 tsɿ^{33}mo^{41}	太阳花 tʰa^{33}iã^{24}hua^{42}
42 黄岩	油菜 iu^{13}tsʰe^{55}	芝麻 tsɿ^{35}mo^{41}	太阳花 tʰa^{33}iã^{24}hua^{32}
43 温岭	油菜 iu^{13}tsʰe^{55}	芝麻 tsɿ^{35}mo^{41}	太阳佛花 tʰa^{33}iã^{13}vəʔ^{2}ho^{15}小
44 仙居	油菜 iəɯ^{24}tsʰæ^{55}	油麻 iəɯ^{53}mo^{0}	向日葵 ɕia^{55}ȵiəʔ^{23}ɟy^{213}
45 天台	油菜 ʑiu^{22}tsʰei^{55}	芝麻 tsɿ^{33}mo^{51}	向日葵 ɕia^{33}ȵiəʔ^{2}gy^{224}
46 三门	油菜 iu^{13}tsʰe^{55}	芝麻 tsɿ^{33}mo^{31}	向日葵 ʑiɑ̃^{21}ȵieʔ^{2}gy^{113}

续表

方言点	0187 油菜油料作物，不是蔬菜	0188 芝麻	0189 向日葵指植物
47 玉环	油菜 iu^{22}tsʰe^{55}	芝麻 tsɿ^{24}mo^{41}	太阳花 tʰa^{33}ia^{22}hua^{35}小
48 金华	油菜 iu^{31}tsʰɛ^{55}	油麻 iu^{31}mɤa^{14}	朝日葵 tɕiɑo^{33}ȵiəʔ^{21}dʑy^{14}
49 汤溪	油菜 iəɯ^{11}tsʰɛ^{52}	油麻 iəɯ^{11}mɤ^{52}	朝日葵 tɕiɔ^{33}ȵiei^{24}guei^{0}
50 兰溪	油菜 iəɯ^{21}tsʰe^{45}	芝麻 tsɿ^{334}mia^{45}	朝日曝 dʑiɔ^{21}ȵieʔ^{12}bu^{24}
51 浦江	油菜 iɤ^{24}tsʰa^{334}	油麻 iɤ^{24}mia^{334}	朝日葵 dzɯ^{33}ȵi^{33}guɛ^{334}
52 义乌	油菜 iɐɯ^{22}tsʰe^{45}	油麻 iɐɯ^{22}mɯa^{45}	朝热蒲 dzɯɤ^{22}ȵie^{31}bu^{312}
53 东阳	油菜 iəɯ^{22}tsʰe^{53}	油麻 iəɯ^{22}mo^{53}	朝日树 dzo^{22}iɛ^{35}dzu^{53}
54 永康	油菜 iəu^{31}tsʰai^{52}	油麻 iəu^{31}muɑ^{22}	朝菜葵 tɕiɑu^{33}tsʰəi^{33}tɕy^{55}
55 武义	油菜 iəu^{32}tsʰa^{53}	芝麻 tɕi^{32}muɑ^{53}	朝竹=葵 dʑie^{55}lɔʔ^{5}dʑy^{324}
56 磐安	油菜 iɐɯ^{21}tsʰe^{52}	油麻 iɐɯ^{21}mə^{52}	桃=结=葵 do^{21}dʑiɛ^{14}tɕy^{52}
57 缙云	油菜 iuŋ^{44}tsʰei^{453}	芝麻 tsɿ^{44}mɔ^{453}	日头花 ȵyɛ^{51}diuŋ^{44}xu^{44}
58 衢州	油菜 iu^{21}tsʰɛ^{53}	芝麻 tʃy^{32}mɑ^{53}	葵花籽 gue^{21}xuɑ^{32}tsɿ^{35}
59 衢江	油菜 y^{22}tsʰei^{53}	油麻 y^{22}muo^{53}	朝月葵 tɕiɔ^{33}ȵyəʔ^{2}kuei^{53}
60 龙游	油菜 iəɯ^{22}tsʰei^{51}	油麻 iəɯ^{224}m^{231}	忠日葵 tsoŋ^{33}ȵiəʔ^{23}guei^{21}老 向日葵 ɕiã^{33}ȵiəʔ^{23}guei^{21}新
61 江山	油菜 iɯ^{22}tɕʰi^{51}	油麻 iɯ^{22}mo^{213}	日头瓜子 nəʔ^{2}du^{22}kuɒ^{44}tsə^{241}
62 常山	油菜 iu^{24}tɕʰi^{0}	油麻 iu^{24}mie^{0}	向日葵 ɕiã^{43}lʌʔ^{3}dʑy^{341}
63 开化	油菜 iʊ^{21}tɕʰi^{53}	油麻 iʊ^{21}miɛ^{53}	像=年=花 dʑiã^{21}ȵiɛ̃^{21}xuɑ^{44}
64 丽水	油菜 iəɯ^{21}tsʰɛ^{52}	芝麻 tsɿ^{224}muo^{52}	热头花 ȵiɛʔ^{2}dəɯ^{22}xuo^{224}
65 青田	油菜 ieu^{55}tsʰɛ^{33}	油麻 ieu^{55}mu^{53}	日头花 ȵiæʔ^{3}deu^{21}xu^{445}
66 云和	油菜 iəɯ^{31}tsʰa^{45}	油麻 iəɯ^{223}mo^{312}	日头花 naʔ^{23}dəɯ^{223}xo^{24}
67 松阳	油菜 iɯ^{33}tsʰei^{24}	油麻 iɯ^{33}m^{31}	日头花 ȵiʔ^{2}dei^{33}fuə^{24}
68 宣平	油菜 iɯ^{43}tsʰei^{52}	油麻 iɯ^{22}mo^{433}	热头花 ȵiəʔ^{2}dəɯ^{43}xo^{324}

续表

方言点	0187 油菜油料作物，不是蔬菜	0188 芝麻	0189 向日葵指植物
69 遂昌	油菜 iɯ^{22}tsʰei^{334}	油麻 iɯ^{22}mu^{213}	日头花 nɛʔ^{23}du^{21}xɒ^{45}
70 龙泉	油菜 iəu^{44}tsʰᴇ^{45}	油麻 iəu^{45}mo^{21}	日头花 nᴇʔ^{3}tiəu^{44}xuo^{434}
71 景宁	油菜 iəɯ^{41}tsʰai^{35}	油麻 iəɯ^{33}mo^{41}	日头花 nɛʔ^{23}dəɯ^{33}xo^{324}
72 庆元	油菜 iɯ^{52}tsʰæi^{11}	芝麻 iᴇ^{52}mo^{52}	日头花 nɤʔ^{34}tiɯ^{52}xo^{335}
73 泰顺	油菜 iəu^{53}tsʰæi^{35}	油麻 iəu^{21}muɔ^{53}	向日花 ɕiã^{22}ȵiɛʔ^{2}fuɔ^{213}
74 温州	油菜 iau^{22}tsʰe^{25}	芝麻 tsɿ^{33}mo^{223}	太阳佛花 tʰa^{33}i^{23}vai^{21}ho^{33}
75 永嘉	菜籽 tsʰe^{53}tsɿ^{45}	芝麻 tsɿ^{33}mo^{21}	太阳佛花 tʰa^{33}iɛ^{13}vai^{213}ho^{44}
76 乐清	油菜 iau^{24}tɕʰie^{41}	芝麻 tsɿ^{44}mɯʌ^{223}	太阳佛花 tʰe^{33}ia^{23}vɤ^{2}fɯʌ^{44}
77 瑞安	菜籽 tsʰe^{53}tsɿ^{35}	芝麻 tsɿ^{33}mo^{21}	向佛葵 ɕiɛ^{35}va^{2}dzəɯ^{21}
78 平阳	油菜 iau^{21}tʃʰe^{35}	芝麻 tsɿ^{33}mo^{35}	向日葵 ɕie^{33}zᴀ^{21}dʑy^{13}
79 文成	菜籽 tʃʰe^{42}tsɿ^{45}	芝麻 tsɿ^{33}mo^{33}	热头花 ȵie^{21}diou^{21}xo^{33}
80 苍南	油菜 iau^{11}tsʰe^{42}	芝麻 tsɿ^{33}mo^{21}	日头佛花 ȵiɛ^{11}dɛu^{24}uɛ^{11}huɔ^{44}
81 建德徽	油菜 iɤɯ^{33}tsʰɛ^{33}	芝麻 tsɿ^{53}mo^{213}	葵花子 kue^{33}ho^{53}tsɿ^{213}
82 寿昌徽	油菜 iəɯ^{11}tɕʰiæ^{33}	油麻 iəɯ^{11}mɤ^{33}	葵花 kʰuei^{11}xuə^{112}
83 淳安徽	油菜 iɯ^{43}tɕʰie^{53}	麻 mo^{435}	葵花 kʰue^{43}ho^{24}
84 遂安徽	油菜 iu^{33}tsʰəɯ^{52}	麻 mɑ^{33}	葵花 kʰuəɯ^{33}fɑ^{33}
85 苍南闽	菜籽 tsʰai^{33}tɕi^{43}	芝麻 tɕi^{33}mũã^{24}	[日头]佛花 dʑiau^{24}po^{21}hue^{55}
86 泰顺闽	油菜 iøu^{21}tsʰai^{53}	油麻 iøu^{21}mia^{22}	出日花 tɕʰyɪʔ^{3}niɪʔ^{3}fa^{213}
87 洞头闽	油菜 iu^{212}tsʰai^{21}	油麻 iu^{212}bua^{24}	日头佛花 dʑiek^{21}tʰau^{21}pət^{21}hue^{33}
88 景宁畲	油菜 iəu^{22}tsʰoi^{44}	油麻 iəu^{22}mɔ^{51}	日头葵 ȵit^{2}tʰiəu^{22}kʰiəu^{51}

方言点	0190 蚕豆	0191 豌豆	0192 花生指果实
01 杭州	大豆 dəu^{13} dei^{53}	甜豆 diɛ^{22} dei^{45}	落花生 loʔ^{2} xua^{45} səŋ^{53}
02 嘉兴	青蚕豆 tɕ^{h}iŋ^{33} zə^{33} dei^{21}	寒豆 ə^{24} dei^{42}	长生果 zᴀ̃^{21} sᴀ̃^{33} kou^{42}
03 嘉善	大豆 du^{22} də^{13}	寒豆 ø^{35} də^{53}	长生果 zæ̃^{13} sən^{55} ku^{0}
04 平湖	大豆 du^{24} dəɯ^{0}	寒豆 ø^{24} dəɯ^{0}	长生果 zã^{24} sən^{44} ku^{0}
05 海盐	蚕豆 zɤ^{24} de^{53}	寒豆 ɤ^{24} de^{53}	长生果 zɑ̃^{24} sən^{55} ku^{21}
06 海宁	蚕豆 zei^{33} dəɯ^{55}	寒豆 ei^{33} dəɯ^{55}	长生果 zɑ̃^{33} səŋ^{55} kəu^{55}
07 桐乡	蚕豆 zᴇ^{13} dɤɯ^{53}	寒豆 ɛ^{13} dɤɯ^{53}	长生果 zã^{21} səŋ^{44} kəu^{44}
08 崇德	蚕豆 zᴇ^{21} dɤɯ^{44}	寒豆 ɛ^{21} dɤɯ^{44}	长生果 zã^{21} səŋ^{55} ku^{0}
09 湖州	蚕豆 zɛ^{33} døʉ^{35}	寒豆 ɛ^{33} døʉ^{35}	长生果 zã^{33} sən^{33} kəu^{35}
10 德清	蚕豆 zøʉ^{11} døʉ^{13}	寒豆 øʉ^{11} døʉ^{13}	长生果 dzã^{22} sen^{33} kəu^{35}
11 武康	蚕豆 zø^{11} dø^{13}	寒豆 ø^{11} dø^{35}	长生果 dzã^{11} sen^{11} ku^{35}
12 安吉	大豆 dʊ^{21} dəɪ^{213}	冷豆 lã^{52} dəɪ^{21}	长生果 dzã^{22} səŋ^{22} ku^{22}
13 孝丰	蚕豆 zɛ^{22} dəɪ^{22}	冷豆 lã^{45} dəɪ^{21}	长生果 dzã^{22} səŋ^{22} ku^{52}
14 长兴	蚕豆 zɯ^{12} dei^{33}	豌豆 ɯ^{21} dei^{24}	长生果 dzã^{12} səŋ^{22} kəu^{33}
15 余杭	蚕豆 zøʏ^{31} døʏ^{13}	豌豆儿 uo^{33} døʏ^{13} n^{31}	辣$^{=}$瓜生 laʔ^{2} kuo^{35} sɑ̃^{35}
16 临安	蚕豆 zə^{31} də^{33}	菜豆 ts^{h}ᴇ^{55} də^{33}	花生 ho^{53} sɑ̃^{33}
17 昌化	蚕豆 zɛ̃^{11} di^{243}	佛豆 vəʔ^{2} di^{243}	花生 xu^{33} səŋ^{45}
18 於潜	大蚕豆 da^{24} zɛ^{22} diəu^{24}	细蚕豆 ɕi^{35} zɛ^{53} diəu^{31}	花生 xua^{43} saŋ^{433}
19 萧山	大蚕豆 do^{21} zə^{35} dio^{42}	花蚕豆 xuo^{33} zə^{35} dio^{21}	瓜生 ko^{33} sã^{33}
20 富阳	大豆 dʊ^{224} dei^{224}	寒豆 ɛ̃^{13} dei^{55}	落花生 loʔ^{2} huo^{55} sən^{335}
21 新登	阔板豆 k^{h}uaʔ^{5} pɑ̃^{334} təu^{45}	圆圆豆 yɛ̃^{233} yɛ̃^{233} təu^{334}	落花生 lɔʔ^{2} hua^{334} seiŋ^{45}
22 桐庐	蚕豆 ze^{21} dei^{35}	来$^{=}$萨$^{=}$胡豆 lᴇ^{21} saʔ^{5} u^{33} dei^{33}	花生 xuo^{35} sã^{33}
23 分水	蚕豆 suə̃^{21} dɵ^{24}	圆眼豆 yɛ̃^{21} ŋã^{53} dɵ^{24}	花生 xua^{44} sən^{44}

续表

方言点	0190 蚕豆	0191 豌豆	0192 花生指果实
24 绍兴	罗汉豆 lo^{22} hẽ^{44} dɤ^{31}	蚕豆 zẽ^{22} dɤ^{22}	长生果 dzaŋ^{22} səŋ^{44} ku^{31} 花生 huo^{33} saŋ^{53}
25 上虞	蚕豆 zø̃^{21} dɤ^{213}	细豆 ɕi^{55} dɤ^{0}	瓜生 kuo^{33} sã^{35} 花生 fo^{33} sã^{35}
26 嵊州	罗汉豆 lo^{22} hœ̃^{44} dʏ^{31}	蚕豆 zœ̃^{22} dʏ^{24}	花生 fo^{53} saŋ^{334}
27 新昌	罗汉豆 lɤ^{22} hœ̃^{33} diɯ^{232}	蚕豆 zœ̃^{22} diɯ^{13}	瓜生 kuo^{45} saŋ^{534}
28 诸暨	罗汉豆 lɤu^{21} hə^{33} dei^{33}	细蚕豆 ʃʅ^{42} zə^{33} dei^{21}	瓜生 ko^{21} sã^{42}
29 慈溪	大豆 dəu^{11} dø^{44}	蚕豆 zẽ^{13} dø^{0}	瓜生 kuo^{33} sã^{35}
30 余姚	大豆 dou^{13} dø^{44}	蚕豆 zẽdø^{13}	瓜生肉 kuo^{44} saŋ^{44} ȵyoʔ^{2}
31 宁波	倭豆 œʏ^{44} dœʏ^{53}	罗汉豆 ləu^{13} ɛ^{44} dœʏ^{0}	果肉 kəu^{53} ȵyəʔ^{2}
32 镇海	倭豆 əu^{33} dei^{31}	蚕豆 zei^{22} dei^{24}	花生 huo^{33} səŋ^{53}
33 奉化	蚕豆 ze^{33} dæi^{33}	细胡豆 ɕi^{44} vu^{33} dæi^{33}	花生 huo^{44} sã^{53}
34 宁海	蚕豆 zø^{21} diu^{24}	含$^{=}$豆 ei^{21} diu^{24}	花生 ho^{33} sã^{34}
35 象山	倭豆 əu^{44} dɤɯ^{13}	蚕豆 dzɤɯ^{31} dɤɯ^{13}	瓜生 ko^{44} sã^{35}
36 普陀	倭豆 əu^{33} deu^{45}	蚕豆 zæi^{24} deu^{0}	花生 xo^{33} sɐŋ^{53}
37 定海	倭豆 ʌu^{33} dɐi^{45}	蚕豆 zɐi^{33} dɐi^{45}	花生 xuo^{33} sɐŋ^{52}
38 岱山	倭豆 ʌu^{52} dœʏ^{0}	蚕豆 zɐi^{31} dœʏ^{0}	瓜生 kuo^{33} sã^{52}
39 嵊泗	倭豆 ʌu^{44} dœʏ^{0}	蚕豆 zɐi^{24} dœʏ^{0}	瓜生 kuo^{33} sã^{53}
40 临海	川$^{=}$豆 tɕ^{h}yø^{33} də^{55}	蚕豆 ʑyø^{33} də^{55}	花生 hua^{35} sã^{31}
41 椒江	川$^{=}$豆 ts^{h}ø^{33} dio^{44}	蚕豆 zɛ^{22} dio^{44}	瓜生 kua^{35} sã^{42}
42 黄岩	川$^{=}$豆 ts^{h}ø^{33} dio^{44}	蚕豆 zɛ^{13} dio^{44}	瓜生 kua^{35} sã^{32}
43 温岭	川$^{=}$豆 tɕ^{h}yø^{35} dɤ^{44}	蚕豆 zøn^{13} dɤ^{44}	花生 ho^{55} sã^{31}
44 仙居	川$^{=}$豆 ts^{h}ø^{55} dəɯ^{55}	蚕豆 zø^{24} dəɯ^{55}	落花生 lɑʔ^{23} ho^{33} sã^{53}
45 天台	川$^{=}$豆 tɕ^{h}yə^{33} deu^{35}	蚕豆 ze^{22} deu^{35}	瓜生 ko^{33} sa^{33}

续表

方言点	0190 蚕豆	0191 豌豆	0192 花生指果实
46 三门	川⁼豆 tɕʰyø^{55} dɤɯ^{55}	展⁼豆 tɕie^{32} dɤɯ^{243}	瓜生 ko^{33} sɛ^{334}
47 玉环	川⁼豆 tɕʰyø^{33} diɤ^{44}	蚕豆 zəŋ^{22} diɤ^{44}	落花生 loʔ^{2} ho^{55} sã^{42}
48 金华	佛豆 vəʔ^{21} diu^{14}	蚕豆 zɤ^{31} diu^{14}	落花生 loʔ^{21} xuɑ^{33} sɑŋ^{55} 老 花生 xuɑ^{33} sɑŋ^{55} 新
49 汤溪	佛豆 və^{11} dəɯ^{341}	蚕豆 zɤ^{11} təɯ^{52}	落花生 lɔ^{11} xuɑ^{24} sa^{0}
50 兰溪	佛豆 vɔʔ^{12} dəɯ^{24}	蚕豆 zɤ^{21} dəɯ^{24}	花生 xuɑ^{334} sæ̃^{45}
51 浦江	佛豆 və^{11} dɤ^{24}	蚕豆 zə̃^{24} dɤ^{334}	落花生 lo^{11} xuɑ^{55} sɛ̃^{0}
52 义乌	佛豆 bəʔ^{2} tɐɯ^{45}	蚕豆 zɿ^{22} tɐɯ^{45}	落花生 lɔ^{31} hua^{33} sɛ^{45}
53 东阳	佛豆 vɐ^{22} dəɯ^{53}	蚕豆 zɯ^{22} dəɯ^{53}	花生 hua^{33} sɛ^{53}
54 永康	佛豆 ɓə^{33} dəu^{241}	蚕豆 zɤ^{31} ɗəu^{52}	落瓜生 lɑu^{33} kuɑ^{33} sai^{55}
55 武义	佛豆 vɔʔ^{5} dɑu^{231}	蚕豆 zɤ^{32} dɑu^{231}	落花生 lɑu^{53} xuɑ^{32} sa^{53}
56 磐安	佛豆 vɛ^{14} tɐɯ^{52}	蚕豆 zɯ^{21} tɐɯ^{52}	老花生 lo^{55} xua^{33} sɛ^{52}
57 缙云	佛豆 vəɤ^{51} diuŋ^{213}	蚕豆 zɛ^{44} diuŋ^{453}	落瓜生 lɔ^{51} ku^{44} sa^{44}
58 衢州	佛豆 vəʔ^{2} de^{231}	蚕豆 zə̃^{21} de^{231}	落花生 ləʔ^{2} xuɑ^{32} sən^{53}
59 衢江	佛豆 vəʔ^{2} dy^{231}	蚕豆 zɛ^{22} ty^{53}	落花生 ləʔ^{2} xuo^{33} səŋ^{33}
60 龙游	佛豆 vəʔ^{2} dəɯ^{231}	蚕豆 zuei^{224} dəɯ^{231}	落花生 lɔʔ^{2} xu^{33} sɛ^{334}
61 江山	佛豆 vəʔ^{2} du^{31}	蚕豆 zɒŋ^{22} du^{51}	落脚生 laʔ^{2} kɒʔ^{5} səŋ^{44}
62 常山	佛豆 vʌʔ^{3} du^{24}	蚕豆 zuɔ̃^{22} du^{24}	花生 xuɑ^{44} soŋ^{44}
63 开化	佛豆 vaʔ^{2} du^{213}	蚕豆 zuõ^{21} tu^{53}	花生 xuɑ^{44} sɤŋ^{44}
64 丽水	罗汉豆 ləʔ^{2} xuɛ^{22} təɯ^{52}	蚕豆 zuɛ^{22} təɯ^{52}	落花生 ləʔ^{2} xuo^{44} sã^{224}
65 青田	豌豆 uɑ^{55} deu^{22}	蚕豆 zuɐ^{55} deu^{22}	落角⁼生 loʔ^{3} koʔ^{4} sɛ^{445}
66 云和	罗汉豆 lu^{223} xuɛ^{45} dəɯ^{223}	麦豆 maʔ^{23} dəɯ^{223}	花生 xo^{44} sɛ^{24}
67 松阳	佛豆 vɤʔ^{2} dei^{13}	麦豆 maʔ^{2} dei^{13}	落花生 loʔ^{2} fuə^{24} sã^{53}
68 宣平	蚕豆 zə^{43} dəɯ^{231}	佛豆 vəʔ^{42} dəɯ^{231}	老⁼花生 lɔ^{22} xo^{44} sɛ^{324}

续表

方言点	0190 蚕豆	0191 豌豆	0192 花生指果实
69 遂昌	佛豆 vəɯʔ^{23} du^{213}	麦豆 miaʔ^{23} du^{213}	落壳⁼生 lɔʔ^{2} k^{h}ɔʔ^{3} ɕiaŋ^{45}老 落花生 lɔʔ^{23} xɒ^{33} ɕiaŋ^{45}新
70 龙泉	蚕豆 sɯə^{44} diəu^{224}	麦豆 maʔ^{3} diəu^{224}	花生 xuo^{44} saŋ^{434}
71 景宁	豌豆 uɔ^{33} təɯ^{45}小	麦豆 maʔ^{23} təɯ^{45}小	花生 xo^{33} sɛ^{324}
72 庆元	兰花豆儿 lɑ̃^{52} xo^{33} tioŋ^{55}	蚕豆儿 sæ̃^{52} tioŋ^{55}	花生 xo^{33} sæ̃^{335}
73 泰顺	佛豆 ua^{53} təu^{22}	麦豆 maʔ^{2} təu^{22}	花生 fuɔ^{22} sã^{213}
74 温州	淮豆 va^{22} dɤu^{14}	蚕豆 zø^{22} dɤu^{14}	落角⁼生 lo^{23} ko^{32} siɛ^{33}
75 永嘉	淮豆 va^{22} dəu^{21}	蚕豆 zø^{22} dəu^{21}	落瓜生 lo^{21} ko^{53} sɛ^{44}
76 乐清	淮豆 ve^{24} diu^{31}	蚕豆 zø^{24} diu^{31}	落角⁼生 lo^{2} ko^{3} sa^{44}
77 瑞安	豌豆 va^{33} dou^{21}	蚕豆 zø^{22} dou^{13}	落壳⁼生 lo^{2} k^{h}o^{3} sa^{44}
78 平阳	佛豆 vᴀ^{33} dɛu^{45}	蚕豆 zɵ^{21} dɛu^{35}	落壳⁼生 lo^{35} k^{h}o^{33} sᴀ^{55}
79 文成	豌豆 vɔ^{33} diou^{21}	蚕豆 ze^{21} diou^{21}	花生 xo^{33} sa^{33}
80 苍南	歪⁼豆 ya^{44} dɛu^{31}	麦纸⁼豆 mia^{11} tɕi^{53} dɛu^{11}	落地生 lo^{11} di^{31} ɕia^{44}
81 建德徽	北⁼豆 pɐʔ^{3} t^{h}ɤɯ^{55}	蚕豆 sɛ^{33} t^{h}ɤɯ^{55}	花生 ho^{21} sən^{55}
82 寿昌徽	佛豆 fɔʔ^{3} t^{h}əɯ^{33}	蚕豆 ɕiæ^{11} t^{h}əɯ^{33}	落花生 lɔʔ^{3} xuə^{33} sæ̃^{112}
83 淳安徽	佛豆 vəʔ^{13} t^{h}ɯ^{53}	蚕豆 sã^{43} t^{h}ɯ^{53}	花生 ho^{21} sɑ̃^{55}
84 遂安徽	蚕豆 səŋ^{52} t^{h}iu^{52}	青豆 tɕ^{h}in^{52} t^{h}iu^{52}	花生 fɑ^{55} sɑ̃^{213}
85 苍南闽	花豆 hue^{24} tau^{21}	尖豆 tɕian^{24} tau^{21}	涂豆 t^{h}ɔ^{21} tau^{21}
86 泰顺闽	茴豆 fɔi^{21} tau^{31}	麦豆 ma^{22} tau^{31}	落地豆 lou^{21} ti^{21} tau^{31}
87 洞头闽	大粒豆 tua^{212} liek^{21} tau^{21}	马⁼仔豆 be^{33} ia^{33} tau^{21}	涂豆 t^{h}ɔ^{212} tau^{21}
88 景宁畲	罗汉豆 lɔ^{22} xɔn^{44} t^{h}iəu^{325}小	麦豆 maʔ^{2} t^{h}iəu^{325}小	花生 fɔ^{44} saŋ^{445}小

方言点	0193 黄豆	0194 绿豆	0195 豇豆长条形的
01 杭州	黄豆儿 uaŋ^{22}dei^{45}əl^{53}	绿豆儿 loʔ^{2}dei^{45}əl^{53}	豇豆儿 kaŋ^{33}dei^{45}əl^{53}
02 嘉兴	黄豆 uᴀ̃^{24}dei^{42}	绿豆 loʔ^{5}dei^{21}	长豇豆 zᴀ̃^{13}kᴀ̃^{33}dei^{42}
03 嘉善	老毛豆 lɔ^{22}mɔ^{13}də^{53}	绿豆 luoʔ^{2}də^{13}	裙带豆 dʑin^{33}ta^{35}də^{55}小
04 平湖	毛豆 mɔ^{24}dəɯ^{0}	绿豆 loʔ^{23}dəɯ^{334}	裙带豆 dʑyn^{24}ta^{0}dəɯ^{0} 老 豇豆 kɑ̃^{53}dəɯ^{0} 新
05 海盐	毛豆 mɔ^{24}de^{53}	绿豆 lɔʔ^{23}de^{213}	裙带豆 dʑyn^{224}tɑ^{55}de^{21}
06 海宁	黄豆 uɑ̃^{33}dəɯ^{55}	绿豆 loʔ^{2}dəɯ^{0}	豇豆 kuɑ̃^{55}dəɯ^{55}
07 桐乡	晚豆 mɛ^{242}dɤɯ^{0}	绿豆 lɔʔ^{23}dɤɯ^{213}	裙带豆 dʑiŋ^{21}ta^{44}dɤɯ^{0}
08 崇德	晚豆 mɛ^{55}dɤɯ^{0}	绿豆 lɔʔ^{23}dɤɯ^{13}	裙带豆 dʑiŋ^{21}tɑ^{44}dɤɯ^{44}
09 湖州	黄豆 uã^{33}døʉ^{35}	绿豆 luoʔ^{2}døʉ^{35}	豇豆 kã^{44}døʉ^{44}
10 德清	黄豆 uã^{11}døʉ^{13}	绿豆 luoʔ^{2}døʉ^{53}	豇豆 kã^{44}døʉ^{53}
11 武康	黄豆 uã^{11}dø^{35}	绿豆 luoʔ^{2}dø^{53}	长豇豆 dzã^{11}kã^{33}dø^{35}
12 安吉	黄豆 uɔ̃^{22}dəɪ^{22}	绿豆 loʔ^{2}dəɪ^{213}	长豇豆 dzã^{22}kɔ̃^{55}dəɪ^{55}
13 孝丰	黄豆 uɔ̃^{22}dəɪ^{22}	绿豆 luoʔ^{2}dəɪ^{24}	豇豆 kɔ̃^{44}dəɪ^{44} 长豇豆 dzã^{22}kɔ̃^{44}dəɪ^{44}
14 长兴	黄豆 ɔ̃^{12}dei^{24}	绿豆 loʔ^{2}dei^{21}	豇豆 kɔ̃^{44}dei^{44}
15 余杭	黄豆 uɑ̃^{31}døʏ^{13}	绿豆 loʔ^{2}døʏ^{13}	豇豆儿 kɑ̃^{55}døʏ^{33}n^{33}
16 临安	黄豆 uɑ̃^{31}də^{33}	绿豆 luɔʔ^{2}də^{33}	豇豆 kɑ̃^{53}də^{33}
17 昌化	黄豆 uɔ̃^{11}di^{243}	绿豆 luəʔ^{2}di^{243}	角豆 kuəʔ^{5}di^{453}
18 於潜	黄豆 uaŋ^{22}diəu^{24}	绿豆 læʔ^{2}diəu^{24}	豇豆 kaŋ^{43}diəu^{24}
19 萧山	毛豆 mɔ^{13}dio^{42}	绿豆 ləʔ^{21}dio^{42}	长豇豆 dzã^{21}kã^{33}dio^{42}
20 富阳	毛豆 mɔ^{13}dei^{55}	绿豆 loʔ^{2}dei^{224}	豇豆 kɑ̃^{55}dei^{31}
21 新登	黄豆 uɑ̃^{233}təu^{334}	绿豆 lɔʔ^{2}dəu^{13}	豇豆 kɑ̃^{53}təu^{334}
22 桐庐	黄豆 uã^{21}dei^{13}	绿豆 ləʔ^{21}dei^{13}	长豇豆 dzã^{21}kã^{21}dei^{33}
23 分水	黄豆 uã^{21}dɵ^{24}	绿豆 ləʔ^{12}dɵ^{24}	长豇豆 tsʰã^{21}kã^{44}dɵ^{24}

续表

方言点	0193 黄豆	0194 绿豆	0195 豇豆长条形的
24 绍兴	毛豆 mɔ^{22}dɤ^{22}	绿豆 loʔ^{2}dɤ^{231}	长豇豆 dzaŋ^{22}kɑŋ^{33}tɤ^{33}
25 上虞	黄豆 uɔ̃^{21}dɤ^{213}	绿豆 loʔ^{2}dɤ^{31}	长豇豆 dzã^{21}kɔ̃^{33}dɤ^{213}
26 嵊州	黄豆 uɔŋ^{22}dʏ^{24}	绿豆 loʔ^{2}dʏ^{24}	长豇豆 dzaŋ^{22}kɔŋ^{33}dʏ^{24}
27 新昌	豆 diɯ^{13}	绿豆 lɤʔ^{2}diɯ^{13}	蛇豆 dzo^{22}diɯ^{13}
28 诸暨	黄豆 vɑ̃^{21}dei^{33}	绿豆 loʔ^{21}dei^{33}	长豇豆 dzã^{21}kɑ̃^{33}dei^{33}
29 慈溪	黄豆 uɔ̃^{13}dø^{0}	绿豆 loʔ^{2}dø^{44}	豇豆 kɔ̃^{35}dø^{0}
30 余姚	黄豆 uɔŋ^{13}dø^{13}	绿豆 loʔ^{2}dø^{44}	豇豆 kɔŋ^{44}dø^{13}
31 宁波	黄豆 uɔ^{13}dœʏ^{0}	绿豆 loʔ^{2}dœʏ^{0}	豇豆 kɔ^{44}dœʏ^{0}
32 镇海	黄豆 uɔ̃^{22}dei^{31}	绿豆 loʔ^{2}dei^{24}	豇豆 kɔ̃^{33}dei^{31}
33 奉化	黄豆 uɔ̃^{33}dæi^{33}	绿豆 loʔ^{2}dæi^{33}	大豆 da^{33}dæi^{31}
34 宁海	晚豆 me^{31}diu^{24} 早豆 tsau^{53}diu^{24}	绿豆 loʔ^{3}diu^{24}	豇豆 kɔ̃^{33}diu^{24}
35 象山	晚豆 mɛ^{13}dɤɯ^{13}	绿豆 loʔ^{2}dɤɯ^{13}	大豆 da^{31}dɤɯ^{13}
36 普陀	黄豆 uɔ̃^{24}deu^{0}	绿豆 loʔ^{2}deu^{55}	豇豆 kɔ̃^{53}deu^{0}
37 定海	黄豆 uõ^{33}dɐi^{45}	绿豆 loʔ^{2}dɐi^{44}	带豆 ta^{44}dɐi^{0}
38 岱山	黄豆 uõ^{31}dœʏ^{0}	绿豆 loʔ^{2}dœʏ^{44}	豇豆 kõ^{52}dœʏ^{0}
39 嵊泗	黄豆 uõ^{24}dœʏ^{0}	绿豆 loʔ^{2}dœʏ^{45}	豇豆 kõ^{44}dœʏ^{0}
40 临海	黄豆 ɔ̃^{22}də^{55}	绿豆 loʔ^{2}də^{324}	茶⁼豆 dzo^{22}də^{55}
41 椒江	黄豆 uɔ̃^{31}dio^{44}	绿豆 loʔ^{2}dio^{24}	豇豆 kɔ̃^{33}dio^{44}
42 黄岩	黄豆 uɔ̃^{13}dio^{44}	绿豆 loʔ^{2}dio^{24}	茶⁼豆 dzo^{13}dio^{44} 豇豆 kɔ̃^{33}dio^{44}籽实
43 温岭	白豆 bəʔ^{2}dɤ^{13}	绿豆 loʔ^{2}dɤ^{13}	茶⁼豆 dzo^{13}dɤ^{44}
44 仙居	豆 dəɯ^{24} 黄豆 uɑ̃^{24}dəɯ^{55}	绿豆 luəʔ^{23}dəɯ^{24}	豇豆 kã^{55}dəɯ^{55}
45 天台	六月豆 luʔ^{2}ȵyəʔ^{2}deu^{35}	绿豆 luʔ^{2}deu^{35}	茶⁼豆 dzo^{22}deu^{35}

续表

方言点	0193 黄豆	0194 绿豆	0195 豇豆长条形的
46 三门	黄豆 uɔ^{13}dɤɯ^{55}	绿豆 loʔ^{2}dɤɯ^{243}	豇豆 kɛ^{55}dɤɯ^{55}
47 玉环	白豆 bɐʔ^{2}diɤ^{22}	绿豆 loʔ^{2}diɤ^{22}	豇豆 kɔ̃^{33}diɤ^{44}
48 金华	黄豆 uɑŋ^{31}diu^{14} 豆 diu^{14}	绿豆 loʔ^{21}diu^{14}	豇豆 kɑŋ^{33}tiu^{55}
49 汤溪	豆 dəɯ^{341}	绿豆 lou^{11}dəɯ^{341}	豇豆 kɔ^{24}dəɯ^{0}
50 兰溪	黄豆 uɑŋ^{21}dəɯ^{24}	绿豆 lɔʔ^{12}dəɯ^{24}	豇豆 kɑŋ^{334}təɯ^{45}
51 浦江	黄豆 õ^{24}dɤ^{334}	绿豆儿 lɯ^{11}dɤn^{243}	长豆荚 dzyõ^{11}dɤ^{11}tɕi^{53}
52 义乌	大豆 duɤ^{22}tɐɯ^{45}	绿豆 lau^{24}tɐɯ^{45}	豇豆 kŋ^{w33}tɐɯ^{45}
53 东阳	黄豆 ɔ^{22}dəɯ^{53}	绿豆 lou^{22}dəɯ^{53}	长豆荚儿 dʑiɔ^{22}dəɯ^{35}tɕiɐn^{53}
54 永康	黄豆 uɑŋ^{31}ɗəu^{52}	绿豆 lu^{33}dəu^{241}	豇豆 kɑŋ^{33}ɗəu^{52}
55 武义	黄豆 uɑŋ^{32}dɑu^{231}	绿豆 lɔʔ^{5}dɑu^{231}	豇豆 kɑŋ^{32}dɑu^{55}
56 磐安	豆 dɐɯ^{14}	绿豆 lʌo^{14}tɐɯ^{52}	长豆荚儿 dʑiɒ^{21}tɐɯ^{52}tɕiɐn^{52}
57 缙云	豆儿 diuŋ^{213}	绿豆儿 lɔ^{51}diuŋ^{213}	长豆儿荚 dʑiɑ^{44}diuŋ^{21}ɡɑ^{45}
58 衢州	黄豆 uɑ̃^{21}de^{231}	绿豆 ləʔ^{2}de^{231}	豇豆 kɑ̃^{32}te^{53}
59 衢江	黄豆 ɑ̃^{22}dy^{231}	绿豆 ləʔ^{2}dy^{231}	豇豆 kɑ̃^{25}ty^{31}
60 龙游	黄豆 uã^{22}dəɯ^{231}	绿豆 lɔʔ^{23}dəɯ^{231}	豇豆 kã^{35}dəɯ^{21}
61 江山	黄豆 yaŋ^{22}du^{51}	绿豆 lɞ̃ʔ^{2}du^{31}	豇豆 kɒŋ^{24}du^{51}
62 常山	黄豆 iɔ̃^{24}du^{0}	绿豆 liʌʔ^{3}du^{24}	豇豆 kɔ̃^{52}du^{0}
63 开化	黄豆 yã^{231}du^{213}	绿豆 liɔʔ^{2}du^{213}	豇豆 kɔŋ^{53}du^{0}
64 丽水	黄豆 ɔŋ^{21}təɯ^{52}	绿豆 lioʔ^{21}dəɯ^{131}	梨$^{=}$豆 li^{21}təɯ^{52}
65 青田	黄豆 o^{55}deu^{22}	绿豆 lioʔ^{3}deu^{22}	豇豆 kɛ^{55}deu^{22}
66 云和	黄豆 ɔ̃^{31}dəɯ^{223}	绿豆 lioʔ^{23}dəɯ^{223}	钗$^{=}$豆 ts^{h}ɔ^{24}dəɯ^{223}
67 松阳	大豆 du^{22}dei^{13}	绿豆 lioʔ^{2}dei^{13}	豇豆 koŋ^{24}dei^{13}

续表

方言点	0193 黄豆	0194 绿豆	0195 豇豆长条形的
68 宣平	豆 dəɯ^{231}	绿豆 lyəʔ^{42} dəɯ^{231}	豇豆 kɔ̃^{32} dəɯ^{231}
69 遂昌	黄豆 ɔŋ^{13} du^{213}	绿豆 liɔʔ^{23} du^{213}	豇豆 kɔŋ^{55} du^{213}
70 龙泉	豆 diəu^{224}	绿豆 liouʔ^{3} diəu^{224}	豇豆 kaŋ^{44} diəu^{224}
71 景宁	黄豆 ɔŋ^{41} təɯ^{45} 小	绿豆 lioʔ^{23} təɯ^{45} 小	豇豆 kɔŋ^{32} təɯ^{45} 小
72 庆元	黄豆儿 ɔ̃^{52} tioŋ^{55}	绿豆儿 lioʔ^{34} tioŋ^{55}	豇豆儿 kɔ̃^{11} tioŋ^{55}
73 泰顺	黄豆 ɔ̃^{53} təu^{22}	绿豆 lioʔ^{2} təu^{22}	豇豆 kɔ̃^{213} təu^{22}
74 温州	黄豆 uɔ^{22} dɤu^{14}	绿豆 lo^{2} dɤu^{22}	紫带豆 tsɿ^{33} ta^{42} dɤu^{22}
75 永嘉	田豆 di^{22} dəu^{21}	绿豆 lo^{21} dəu^{22}	紫带豆 tsɿ^{43} ta^{53} dəu^{22}
76 乐清	黄豆 ɔ^{24} diu^{31}	绿豆 lo^{31} diu^{22}	带豆 te^{42} diu^{22}
77 瑞安	白豆 ba^{2} dou^{22}	绿豆 lu^{2} dou^{22}	带豆 ta^{53} dou^{22}
78 平阳	黄豆 o^{21} dɛu^{35}	绿豆 luo^{35} dɛu^{55}	梗豆 kᴀ^{33} dɛu^{55}
79 文成	白豆 ba^{21} diou^{21}	绿豆 lo^{21} diou^{21}	梗豆 ka^{33} diou^{21}
80 苍南	白豆 bia^{31} dɛu^{11}	绿豆 lyɔ^{31} dɛu^{11}	豇豆 kia^{44} dɛu^{11}
81 建德徽	黄豆 ŋo^{33} tʰɤɯ^{55}	绿豆 lɐʔ^{12} tʰɤɯ^{55}	豆荚 tʰɤɯ^{55} tɕi^{55}
82 寿昌徽	黄豆 uɑ̃^{11} tʰəɯ^{33}	绿豆 lɔʔ^{3} tʰəɯ^{33}	菜豆 tɕʰiæ^{33} tʰəɯ^{33}
83 淳安徽	黄豆 uɑ̃^{43} tʰɯ^{53}	绿豆 lɑʔ^{13} tʰɯ^{53}	长豆荚 tsʰɑ̃^{43} tʰɯ^{53} tɕiəʔ^{5}
84 遂安徽	豆 tʰiu^{52}	绿豆 ləu^{21} tʰiu^{52}	长豆荚 tɕʰiɑ̃^{52} tʰiu^{52} tɕiɛ^{21}
85 苍南闽	黄豆 ɯŋ^{21} tau^{21}	绿豆 lie^{21} tau^{21}	菜豆 tsʰai^{24} tau^{21}
86 泰顺闽	塍岸豆 tsʰɛ^{22} ŋæŋ^{22} tau^{31}	绿豆 løi^{22} tau^{31}	豇豆 ko^{22} tau^{31}
87 洞头闽	腐豆 hu^{21} tau^{21}	绿豆 liek^{24} tau^{21}	长豆 tɯŋ^{33} tau^{21}
88 景宁畲	黄豆 uɔŋ^{22} tʰiəu^{325} 小	绿豆 lioʔ^{2} tʰiəu^{325} 小	菜豆 tsʰoi^{44} tʰiəu^{51}

方言点	0196 大白菜东北～	0197 包心菜卷心菜，圆白菜，球形的	0198 菠菜
01 杭州	胶菜 tɕiɔ^{33}tsʰɛ^{45}	包心菜 pɔ^{33}ɕiŋ^{45}tsʰɛ^{53}	菠菜 pəu^{33}tsʰɛ^{45}
02 嘉兴	胶菜 tɕiɔ^{33}tsʰᴇ^{21}	包心菜 pɔ^{33}ɕiŋ^{33}tsʰᴇ^{21}	菠菜 pu^{24}tsʰᴇ^{21}
03 嘉善	白菜 baʔ^{2}tsʰɛ^{35}	卷心菜 tɕyø^{44}ɕin^{35}tsʰɛ^{53}	菠菜 pu^{55}tsʰɛ^{0}
04 平湖	白菜 baʔ^{23}tsʰɛ^{334}	包心菜 pɔ^{44}sin^{53}tsʰɛ^{0}	菠菜 pu^{44}tsʰɛ^{0}
05 海盐	胶菜 tɕiɔ^{53}tsʰɛ^{21}	包心菜 pɔ^{55}ɕin^{55}tsʰɛ^{21}	菠菜 pu^{53}tsʰɛ^{21}
06 海宁	胶菜 tɕiɔ^{55}tsʰɛ^{55}	包心菜 pɔ^{55}ɕiŋ^{55}tsʰɛ^{55}	菠菜 pu^{55}tsʰɛ^{55}
07 桐乡	胶菜 tɕiɔ^{44}tsʰᴇ^{53}	包心菜 pɔ^{44}siŋ^{44}tsʰᴇ^{53}	菠菜 pu^{44}tsʰᴇ^{53}
08 崇德	胶菜 tɕiɔ^{44}tsʰᴇ^{44}	包心菜 pɔ^{44}ɕiŋ^{44}tsʰᴇ^{44}	菠菜 pu^{44}tsʰᴇ^{44}
09 湖州	白菜 baʔ^{2}tsʰei^{35}	包菜 pɔ^{44}tsʰei^{44}	菠菜 pəu^{44}tsʰei^{44}
10 德清	白菜 baʔ^{2}tsʰɛ^{13}	包心菜 pɔ^{44}ɕin^{44}tsʰɛ^{44}	菠菜 pu^{44}tsʰɛ^{44}
11 武康	白菜 bɜʔ^{2}tsʰɛ^{53}	包心菜 pɔ^{44}ɕin^{44}tsʰɛ^{44}	菠菜 pu^{44}tsʰɛ^{44}
12 安吉	大白菜 dʊ^{21}bɐʔ^{2}tsʰᴇ^{213}	包心菜 pɔ^{55}ɕiŋ^{55}tsʰᴇ^{55}	菠菜 pʊ^{55}tsʰᴇ^{55}
13 孝丰	大白菜 du^{21}baʔ^{2}tsʰe^{24}	包心菜 pɔ^{44}ɕiŋ^{44}tsʰe^{44}	菠菜 pu^{44}tsʰe^{44}
14 长兴	胶菜 tʃiɔ^{44}tsʰɯ^{44}	包菜 pɔ^{44}tsʰɯ^{44}	菠菜 pu^{44}tsʰɯ^{44}
15 余杭	大白菜 da^{13}baʔ^{2}tsʰɛ^{35}	包心菜 pɔ^{55}siŋ^{55}tsɛ^{55}	菠菜 pʰu^{55}tsʰɛ^{55}
16 临安	大白菜 da^{33}bɐʔ^{2}tsʰᴇ^{31}	包心菜 pɔ^{53}ɕieŋ^{55}tsʰᴇ^{33}	菠菜 po^{53}tsʰᴇ^{33}
17 昌化	大白菜 dɯ^{23}baʔ^{2}tsʰɛ^{453}	包心菜 pɔ^{33}ɕiəŋ^{44}tsʰɛ^{45}	菠菜 pu^{33}tsʰɛ^{45}
18 於潜	大白菜 da^{24}bɑʔ^{2}tsʰe^{35}	包心菜 pɔ^{43}ɕiŋ^{433}tsʰe^{35}	菠菜 pu^{43}tsʰe^{35}
19 萧山	大白菜 do^{13}baʔ^{13}tsʰe^{42}	包心菜 pɔ^{33}ɕiŋ^{33}tsʰe^{42}	菠菜 po^{53}tsʰe^{42}
20 富阳	胶菜 tɕiɔ^{55}tsʰei^{31}	包心菜 pɔ^{55}ɕin^{55}tsʰɛ^{55}	菠菜 pu^{55}tsʰɛ^{31}
21 新登	大白菜 da^{13}baʔ^{2}tsʰe^{45}	包心菜 pɔ^{53}seiŋ^{334}tsʰe^{45}	菠菜 pu^{53}tsʰe^{334}
22 桐庐	大白菜 du^{21}baʔ^{5}tsʰᴇ^{33}	包心菜 pɔ^{35}ɕiŋ^{13}tsʰᴇ^{33}	菠菜 pu^{35}tsʰᴇ^{13}
23 分水	大白菜 da^{21}bəʔ^{12}tsʰɛ^{24}	包心菜 pɔ^{44}ɕin^{44}tsʰɛ^{24}	菠菜 po^{44}tsʰɛ^{24}
24 绍兴	胶菜 tɕiɔ^{33}tsʰᴇ^{33}	包心菜 pɔ^{33}ɕiŋ^{44}tsʰᴇ^{31}	菠菜 po^{33}tsʰᴇ^{33}

续表

方言点	0196 大白菜东北～	0197 包心菜卷心菜，圆白菜，球形的	0198 菠菜
25 上虞	大白菜 dʊ^{21} baʔ^{2} tsʰe^{53}	包心菜 pɔ^{33} ɕiŋ^{33} tsʰe^{53}	菠菜 po^{33} tsʰe^{35}
26 嵊州	大白菜 da^{22} baʔ^{2} tsʰE^{334}	包心菜 pɔ^{53} ɕiŋ^{33} tsʰE^{334}	菠菜 po^{53} tsʰE^{334}
27 新昌	胶菜 tɕiɔ^{53} tsʰe^{335}	包心菜 pɔ^{33} ɕiŋ^{53} tsʰe^{335}	菠薐菜 pɤ^{33} liŋ^{53} tsʰe^{335}
28 诸暨	大白菜 dɤu^{33} baʔ^{21} tsʰe^{21}	包心菜 pɔ^{21} ɕin^{33} tsʰe^{21}	菠菜 pɤu^{21} tsʰe^{33}
29 慈溪	胶菜 tɕiɔ^{35} tsʰe^{0}	包心菜 pɔ^{35} ɕiŋ^{0} tsʰe^{0}	菠龙$^{=}$ po^{33} luŋ^{13}
30 余姚	胶菜 tɕiɔ^{44} tʰe^{34}	包心菜 pɔ^{44} ɕiə̃^{44} tʰe^{53}	菠薐菜 pou^{44} liə̃^{13} tsʰe^{53}
31 宁波	胶菜 tɕio^{44} tsʰe^{44}	卷心菜 tɕy^{44} ɕiŋ^{44} tsʰe^{44}	菠薐 pəu^{44} ləŋ^{53}
32 镇海	胶菜 tɕio^{33} tsʰe^{53}	卷心菜 tɕy^{33} ɕiŋ^{33} tsʰe^{0}	菠菜 pəu^{33} tsʰe^{53} 菠薐 pəu^{33} ləŋ^{31}
33 奉化	胶菜 tɕiɔ^{44} tsʰe^{44}	卷心菜 tɕy^{44} ɕiŋ^{44} tsʰe^{44}	菠薐 po^{44} ləŋ^{31}
34 宁海	大包菜 dəu^{22} pau^{33} tsʰei^{35} 大白菜 dəu^{22} baʔ^{3} tsʰei^{35}	南瓜包菜 nø^{21} ko^{33} pau^{33} tsʰei^{35} 甘蓝菜 ke^{33} le^{31} tsʰei^{35}	菠薐菜 pu^{33} liŋ^{21} tsʰei^{35}
35 象山	大菜 dəu^{13} tsʰei^{0}	包心菜 pɔ^{44} soŋ^{44} tsʰei^{0}	菠薐 pəu^{44} ləŋ^{13}
36 普陀	大白菜 dəu^{11} bɐʔ^{5} tsʰɛ^{0}	卷心菜 tɕy^{53} ɕiŋ^{0} tsʰɛ^{0}	菠薐 pəu^{33} lɐŋ^{53}
37 定海	白菜 bɐʔ^{2} tsʰɛ^{44} 大白菜 dʌu^{11} bɐʔ^{5} tsʰɛ^{0}	卷心菜 tɕy^{52} ɕiŋ^{0} tsʰɛ^{0}	菠薐 pʌu^{33} lɐŋ^{52} 老 菠菜 pʌu^{33} tsʰɛ^{45} 新
38 岱山	白菜 bɐʔ^{2} tsʰe^{44}	卷心菜 tɕy^{52} ɕiŋ^{0} tsʰe^{0}	菠薐 pʌu^{33} lɐŋ^{52}
39 嵊泗	大白菜 dʌu^{11} bɐʔ^{5} tsʰe^{0}	卷心菜 tɕy^{44} ɕiŋ^{0} tsʰe^{0}	菠薐 pʌu^{33} lɐŋ^{53}
40 临海	大白菜 da^{22} baʔ^{2} tsʰe^{55}	包心菜 pɔ^{33} ɕiŋ^{33} tsʰe^{55}	菠菜 po^{33} tsʰe^{55}
41 椒江	大白菜 da^{22} baʔ^{2} tsʰə^{55}	包心菜 pɔ^{33} ɕiŋ^{33} tsʰə^{55}	菠龙$^{=}$菜 po^{33} loŋ^{22} tsʰə^{55}
42 黄岩	大白菜 da^{13} bɐʔ^{2} tsʰe^{55}	包心菜 pɔ^{33} ɕin^{33} tsʰe^{55}	菠龙$^{=}$菜 po^{33} loŋ^{22} tsʰe^{55}
43 温岭	大白菜 da^{13} bəʔ^{2} tsʰe^{55}	包心菜 pɔ^{33} ɕin^{35} tsʰe^{55}	菠龙$^{=}$菜 pu^{33} luŋ^{24} tsʰe^{55}
44 仙居	大白菜 do^{24} baʔ^{23} tsʰæ^{55}	包菜 ɓɐɯ^{55} tsʰæ^{55}	菠薐菜 ɓo^{33} lin^{24} tsʰæ^{55}
45 天台	大白菜 dou^{55} baʔ^{2} tsʰei^{55}	包心菜 pau^{33} ɕiŋ^{33} tsʰei^{55}	菠薐菜 po^{33} nəŋ^{22} tsʰei^{55}

续表

方言点	0196 大白菜东北～	0197 包心菜卷心菜，圆白菜，球形的	0198 菠菜
46 三门	大白菜 dʊ^{23}baʔ^{2}tsʰe^{52}	包菜 pɑu^{55}tsʰe^{55}	菠薐菜 pʊ^{33}ləŋ^{35}tsʰe^{55}
47 玉环	大白菜 da^{22}bɐʔ^{2}tsʰe^{55}	球菜 dʑiu^{22}tsʰe^{55}	菠薐菜 po^{33}ləŋ^{22}tsʰe^{55}
48 金华	胶菜 tɕiɑo^{33}tsʰɛ^{55}	球菜 dʑiu^{31}tsʰɛ^{55}	菠薐菜 po^{33}ləŋ^{33}tsʰɛ^{55}老 菠菜 po^{33}tsʰɛ^{55}新
49 汤溪	大白菜 dɑ^{11}ba^{11}tsʰɛ^{52}	包菜 pɔ^{24}tsʰɛ^{0}	菠薐菜 pɤ^{33}la^{24}tsʰɛ^{0}
50 兰溪	大白菜 tuɤ^{55}bəʔ^{12}tsʰe^{45}	球菜 dʑiəɯ^{21}tsʰe^{45}	菠薐菜 pɔ^{334}læ̃^{334}tsʰe^{45}
51 浦江	大白菜 dɑ^{24}bɑ^{55}tsʰa^{0}	包菜 po^{55}tsʰa^{334}	菠薐菜 pɯ^{33}liən^{33}tsʰa^{55}
52 义乌	白菜 bɛ^{24}tsʰe^{45}	包菜 pɯɤ^{33}tsʰe^{45}	菠薐菜 pɯɤ^{33}lən^{33}tsʰe^{45}
53 东阳	大白菜 dʊ^{23}ba^{33}tsʰe^{33}	包心菜 pɐɯ^{33}ɕiɐn^{33}tsʰe^{33}	菠菜 pʊ^{33}tsʰe^{33}
54 永康	大白菜 duo^{31}ɓai^{33}tsʰai^{52}	裹心菜 guo^{31}səŋ^{55}tsʰai^{52}	毛薐菜 mɔ^{33}liŋ^{31}tsʰai^{52}
55 武义	大白菜 duo^{55}ba^{55}tsʰa^{53}	球菜 dʑiəu^{32}tsʰa^{53}	菠薐 pɑu^{32}len^{53}
56 磐安	大白菜 tuɤ^{33}ba^{14}tsʰe^{52}	包菜 po^{33}tsʰe^{52}	菠薐菜 po^{33}liɐn^{33}tsʰe^{52}
57 缙云	大白菜 du^{21}ba^{51}tsʰei^{453}	甘蓝菜 kɛ^{44}lɑ^{44}tsʰei^{453}	菠薐 pɔ^{44}lɛ^{453}
58 衢州	大白菜 du^{231}baʔ^{2}tsʰɛ^{53}	包心菜 pɔ^{35}ɕin^{32}tsʰɛ^{53}	菠菜 pu^{32}tsʰɛ^{53}
59 衢江	大白菜 dou^{22}baʔ^{2}tsʰei^{53}	包心菜 pɔ^{33}ɕiŋ^{25}tsʰei^{31}	菠菜 pu^{25}tsʰei^{31}
60 龙游	胶菜 tɕiɔ^{35}tsʰei^{21}	包心菜 pɔ^{33}ɕin^{35}tsʰei^{21}	菠龙=菜 pu^{33}loŋ^{21}tsʰei^{51}
61 江山	大白菜 do^{22}baʔ^{2}tɕʰi^{51}	包心菜 pɐɯ^{44}ɕĩ^{24}tɕʰi^{51}	菠菜 po^{24}tɕʰi^{51}
62 常山	大白菜 dɔ^{22}bɛʔ^{3}tɕʰi^{324}	包心菜 pɔ^{43}sĩ^{52}tɕʰi^{0}	菠菜 puə^{52}tɕʰi^{0}
63 开化	大白菜 dɔ^{21}baʔ^{2}tɕʰi^{412}	包心菜 pəɯ^{44}ɕin^{53}tɕʰi^{0}	菠菜 puo^{44}tɕʰi^{53}
64 丽水	大白菜 duɔ^{21}baʔ^{21}tsʰɛ^{52}	包菜 pə^{224}tsʰɛ^{52}	菠薐菜 pu^{44}li^{21}tsʰɛ^{52}
65 青田	大白菜 dɑ^{22}bɛʔ^{3}tsʰɛ^{33}	包心菜 ɓo^{33}saŋ^{55}tsʰɛ^{33}	菠薐菜 ɓaʔ^{4}leŋ^{55}tsʰɛ^{33}
66 云和	大白菜 du^{223}baʔ^{23}tsʰa^{45}	包菜 pɑɔ^{24}tsʰa^{45}	菠薐菜 pu^{44}liŋ^{24}tsʰa^{45}
67 松阳	大白菜 du^{22}baʔ^{2}tsʰei^{24}	包心菜 pɔ^{24}ɕin^{33}tsʰei^{24}	菠薐菜 m^{22}lin^{33}tsʰei^{24} 菠菜 pu^{33}tsʰei^{24}

续表

方言点	0196 大白菜东北～	0197 包心菜卷心菜，圆白菜，球形的	0198 菠菜
68 宣平	大白菜 do^{22} baʔ^{2} tsʰei^{52}	包心菜 pɔ^{44} sən^{32} tsʰei^{52}	菠薐菜 po^{44} lin^{43} tsʰei^{52}
69 遂昌	大白菜 du^{13} biaʔ^{2} tsʰei^{334}	包心菜 pɐɯ^{33} ɕiŋ^{55} tsʰei^{334}	菠薐 pu^{55} lɛ̃^{213}
70 龙泉	大白菜 dou^{21} baʔ^{3} tsʰᴇ^{45}	球菜 tɕiəu^{44} tsʰᴇ^{45}	菠薐 pou^{45} lin^{21}
71 景宁	大白菜 do^{55} baʔ^{23} tsʰai^{35}	包心菜 pɑu^{33} saŋ^{32} tsʰai^{35} 包菜 pɑu^{32} tsʰai^{35}	菠薐菜 po^{33} liaŋ^{41} tsʰai^{35}
72 庆元	大白菜 tɑ^{31} pɑʔ^{34} tsʰæi^{11}	球菜 tɕiɯ^{52} tsʰæi^{11}	菠薐 ɓo^{33} læ̃^{52}
73 泰顺	大白菜 to^{22} paʔ^{2} tsʰæi^{35}	球菜 tɕiəu^{53} tsʰæi^{35}	菠菜 po^{22} tsʰæi^{35}
74 温州	山东菜 sa^{34} toŋ^{33} tsʰe^{25}	球菜 dʑiau^{22} tsʰe^{25}	菠薐菜 paŋ^{34} laŋ^{22} tsʰe^{25}
75 永嘉	大白菜 da^{22} ba^{21} tsʰe^{53}	球菜 dʑiau^{22} tsʰe^{45}	菠薐菜 paŋ^{45} laŋ^{22} tsʰe^{45}
76 乐清	山东菜 sᴇ^{43} toŋ^{35} tɕʰie^{41}	球菜 dʑiau^{24} tɕʰie^{41}	菠薐菜 paŋ^{43} laŋ^{24} tɕʰie^{41}
77 瑞安	山东菜 sɔ^{35} toŋ^{33} tsʰe^{35}	球菜 dʑiau^{22} tsʰe^{35}	菠薐菜 pu^{33} laŋ^{22} tsʰe^{35}
78 平阳	桶菜 doŋ^{21} tʃʰe^{45}	包菜 pɔ^{33} tʃʰe^{45}	百⁼棱⁼菜 pᴀ^{45} leŋ^{21} tɪ̃ʰe^{45}
79 文成	包心菜 po^{33} seŋ^{35} tʃʰe^{33}	球菜 dʑiau^{21} tʃʰe^{33}	菠菜 pu^{33} tʃʰe^{13}
80 苍南	白菜 bia^{11} tsʰe^{42}	包菜 pa^{44} tsʰe^{42} 卷心菜 tsueŋ^{42} saŋ^{44} tsʰe^{42}	红根菜 oŋ^{31} tɕiaŋ^{44} tsʰe^{42}
81 建德徽	大白菜 tɑ^{13} pɐʔ^{12} tsʰɛ^{55}	包心菜 pɔ^{53} ɕin^{21} tsʰɛ^{55}	菠菜 pu^{21} tsʰɛ^{55}
82 寿昌徽	大白菜 tɑ^{24} pəʔ^{3} tsʰæ^{55}	包心菜 pəɯ^{11} ɕien^{11} tɕʰiæ^{33}	菠薐菜 pəɯ^{11} len^{11} tɕʰiæ^{33}
83 淳安徽	大白菜 tʰu^{53} pɑʔ^{21} tɕʰie^{21}	包心菜 pɤ^{21} ɕin^{55} tɕʰie^{21}	菠菜 pu^{24} tɕʰie^{21}
84 遂安徽	大白菜 tʰəɯ^{55} pʰa^{33} tsʰəɯ^{43}	包心菜 po^{55} ɕin^{21} tsʰəɯ^{43}	菠菜 pəɯ^{52} tsʰəɯ^{43}
85 苍南闽	大白菜 tua^{21} pe^{22} tsʰai^{21}	包菜 pau^{24} tsʰai^{21}	红根菜 an^{21} kən^{24} tsʰai^{21}
86 泰顺闽	白菜 pa^{22} tsʰai^{53}	球菜 kiøu^{21} tsʰai^{53}	红根菜 uəŋ^{21} kyeŋ^{213} tsʰai^{53}
87 洞头闽	卷筒菜 kɯŋ^{33} taŋ^{33} tsʰai^{21}	球菜 kiu^{33} tsʰai^{21}	菠菜 po^{33} tsʰai^{21}
88 景宁畲	大白菜 tʰɔi^{51} pʰaʔ^{2} tsʰui^{445} 小	球菜 kiəu^{22} tsʰoi^{44}	菠薐菜 pɔ^{44} lin^{44} tsʰoi^{44}

方言点	0199 芹菜	0200 莴笋	0201 韭菜
01 杭州	芹菜 dʑiŋ^{22}tsʰε^{45}	莴苣笋 u^{33}tɕy^{45}suəŋ^{53}	韭菜 tɕy^{55}tsʰε^{0}
02 嘉兴	芹菜 dʑiŋ^{13}tsʰᴇ^{42}	莴苣 vu^{33}tɕy^{42} 莴笋 tɕy^{24}səŋ^{42} 莴苣笋 vu^{33}tɕy^{42}səŋ^{21}	韭菜 tɕiu^{33}tsʰᴇ^{33}
03 嘉善	芹菜 dʑin^{13}tsʰε^{53}	莴苣笋 u^{35}tɕy^{55}sən^{0}	韭菜 tɕiə^{55}tsʰε^{0}
04 平湖	芹菜 dʑin^{24}tsʰε^{0}	莴苣笋 u^{44}dʑy^{0}sən^{0}	韭菜 tɕiəɯ^{44}tsʰε^{0}
05 海盐	芹菜 dʑin^{24}tsʰε^{53}	莴苣笋 u^{55}dʑy^{55}sən^{21}	韭菜 tɕio^{53}tsʰε^{334}
06 海宁	芹菜 dʑiŋ^{33}tsʰε^{55}	莴苣笋 u^{55}tɕi^{55}səŋ^{55}	韭菜 tɕiəu^{55}tsʰε^{0}
07 桐乡	芹菜 dʑiŋ^{21}tsʰᴇ^{53}	莴苣笋 u^{44}tɕi^{44}səŋ^{44}	韭菜 tɕiɤɯ^{44}tsʰᴇ^{0}
08 崇德	芹菜 dʑiŋ^{21}tsʰᴇ^{44}	莴苣笋 u^{44}tɕi^{44}səŋ^{44}	韭菜 tɕiɤɯ^{44}tsʰᴇ^{0}
09 湖州	芹菜 dʑin^{33}tsʰei^{35}	莴苣笋 u^{44}tɕi^{44}sən^{44}	韭菜 tɕiʉ^{53}tsʰei^{13}
10 德清	芹菜 dʑin^{21}tsʰε^{35}	莴苣笋 əu^{44}tɕi^{44}sen^{44}	韮菜 tɕiʉ^{35}tsʰε^{0}
11 武康	芹菜 dʑin^{11}tsʰε^{35}	莴苣笋 u^{44}tɕi^{44}sen^{44}	韮菜 tɕiø^{35}tsʰε^{53}
12 安吉	芹菜 dʑiŋ^{22}tsʰᴇ^{22}	莴笋菜 u^{55}səŋ^{55}tsʰᴇ^{55}	韭菜 tɕiu^{52}tsʰᴇ^{21}
13 孝丰	芹菜 dʑiŋ^{22}tsʰe^{22}	莴笋菜 u^{44}səŋ^{44}tsʰe^{44}	韭菜 tɕiu^{45}tsʰe^{21}
14 长兴	芹菜 dʒiŋ^{12}tsʰɯ^{33}	莴苣笋 u^{44}tʃʅ^{44}səŋ^{44}	韭菜 tʃiʏ^{45}tsʰɯ^{21}
15 余杭	芹菜 dʑiŋ^{31}tsʰε^{35}	莴苣笋 u^{55}tɕi^{55}siŋ^{55}	韭菜 tɕøʏ^{35}tsʰε^{0}
16 临安	芹菜 dʑieŋ^{31}tsʰᴇ^{33}	莴苣笋 u^{53}tɕy^{53}seŋ^{35}	韭菜 tɕy^{55}tsʰᴇ^{53}
17 昌化	芹菜 ʑiəŋ^{11}tsʰε^{453}	梗菜 kuɔ̃^{45}tsʰε^{53} 莴苣笋 u^{33}tɕy^{44}səŋ^{45}	韭菜 tɕi^{45}tsʰε^{53}
18 於潜	芹菜 dʑiŋ^{22}tsʰe^{35}	莴苣笋 u^{43}tɕy^{433}seŋ^{53}	韭菜 tɕiəu^{53}tsʰe^{31}
19 萧山	芹菜 dʑiŋ^{13}tsʰe^{42}	莴苣笋 o^{33}tɕy^{33}ɕiŋ^{33}	韭菜 tɕio^{33}tsʰe^{42}
20 富阳	芹菜 dʑin^{13}tsʰε^{55}	莴苣笋 u^{55}tɕy^{55}sən^{55}	韭菜 tɕiʊ^{423}tsʰε^{335}
21 新登	芹菜 dʑiŋ^{233}tsʰe^{334}	莴苣笋 ɔʔ^{5}tsɥ^{334}seiŋ^{334}	韭菜 tɕy^{334}tsʰe^{45}
22 桐庐	芹菜 dʑiŋ^{21}tsʰᴇ^{35}	莴苣笋 uo^{33}tɕy^{33}səŋ^{35}	韭菜 tɕiəu^{33}tsʰᴇ^{35}

续表

方言点	0199 芹菜	0200 莴笋	0201 韭菜
23 分水	芹菜 dʑin^{21}tsʰɛ^{24}	乌龟菜梗 u^{44}kue^{44}tsʰɛ^{21}kuã^{44}	韭菜 tɕiɵ^{44}tsʰɛ^{24}
24 绍兴	芹菜 dʑiŋ^{22}tsʰᴇ^{33}	莴苣笋 o^{33}tɕy^{44}ɕiŋ^{31}	韭菜 tɕiɤ^{44}tsʰᴇ^{31}
25 上虞	芹菜 dʑiŋ^{21}tsʰe^{35}	莴苣笋 u^{33}tɕy^{33}ɕiŋ^{53}	韭菜 tɕy^{33}tsʰe^{53}
26 嵊州	芹菜 dʑiŋ^{22}tsʰᴇ^{334}	莴苣笋 o^{53}tɕy^{33}ɕiŋ^{53}	韭菜 tɕiʏ^{33}tsʰᴇ^{53}
27 新昌	芹菜 dʑiŋ^{22}tsʰe^{335}	香莴笋 ɕiaŋ^{33}o^{53}seŋ^{453}	韭菜 tɕiɯ^{33}tsʰe^{453}
28 诸暨	芹菜 dʑin^{21}tsʰe^{42}	莴苣笋 vu^{21}tɕy^{21}ɕin^{42}	韭菜 tɕiʉ^{42}tsʰe^{33}
29 慈溪	芹菜 dʑiŋ^{13}tsʰe^{0}	香莴笋 ɕiã^{33}u^{44}ɕiŋ^{44}	韭菜 tɕiø^{33}tsʰe^{53}
30 余姚	芹菜 dʑiə̃^{13}tsʰe^{53}	香莴笋 ɕiaŋ^{44}vu^{13}ɕiə̃^{34}	韭菜 tɕiø^{44}tsʰe^{53}
31 宁波	芹菜 dʑiŋ^{13}tsʰe^{44}	香莴笋 ɕia^{44}u^{44}soŋ^{44}	韭菜 tɕiʏ^{53}teʰe^{0}
32 镇海	芹菜 dʑiŋ^{24}tsʰe^{0}	香莴笋 ɕiã^{33}vu^{22}soŋ^{44}	韭菜 tɕiu^{35}tsʰe^{0}
33 奉化	芹菜 dʑiŋ^{33}tsʰe^{44}	香莴笋 ɕiã^{44}u^{44}soŋ^{0}	韭菜 tɕiʏ^{44}tsʰe^{44}
34 宁海	水芹菜 sɥ^{53}dʑiŋ^{21}tsʰei^{35}	香莴笋 ɕiã^{33}u^{33}ɕyəŋ^{53}	韭菜 tɕiu^{53}tsʰei^{35}
35 象山	芹菜 dʑiŋ^{31}tsʰei^{53}	香莴笋 ɕiã^{44}u^{44}soŋ^{44}	韭菜 tɕiu^{44}tsʰei^{53}
36 普陀	芹菜 dʑiŋ^{24}tsʰɛ^{0}	莴笋 əu^{53}soŋ^{0}	韭菜 tɕieu^{53}tsʰɛ^{0}
37 定海	芹菜 dʑiŋ^{23}tsʰɛ^{0}	香莴笋 ɕiã^{44}u^{0}soŋ^{0}	韭菜 tɕiʏ^{52}tsʰɛ^{0}
38 岱山	芹菜 dʑiŋ^{31}tsʰe^{0}	香莴笋 ɕiã^{44}u^{33}soŋ^{44}	韭菜 tɕiʏ^{52}tsʰe^{0}
39 嵊泗	芹菜 dʑiŋ^{24}tsʰe^{0}	香莴笋 ɕiã^{33}u^{44}soŋ^{0}	韭菜 tɕiʏ^{44}tsʰe^{0}
40 临海	芹菜 dʑiŋ^{22}tsʰe^{55}	莴苣笋 o^{33}ky^{33}ɕyŋ^{52}	韭 tɕiu^{353}小
41 椒江	芹菜 dʑiŋ^{22}tsʰə^{55}	香莴笋 ɕiã^{33}u^{33}søŋ^{42}	韭菜 tɕiu^{42}tsʰə^{55}
42 黄岩	芹菜 dʑin^{13}tsʰe^{55}	香莴笋 ɕiã^{33}u^{33}søn^{42}	韭 tɕiu^{51}小
43 温岭	芹菜 dʑin^{13}tsʰe^{55}	香莴笋 ɕiã^{33}ku^{33}ɕyn^{42}	韭菜 tɕiu^{42}tsʰe^{55}
44 仙居	芹菜 dʑin^{24}tsʰæ^{55}	莴苣笋 o^{24}cyəʔ^{3}ɕyen^{53}	韭 tɕiəɯ^{53}小
45 天台	芹菜 ɡiŋ^{22}tsʰei^{55}	香莴笋 ɕia^{33}vu^{33}ɕyŋ^{31}	韭 kiu^{31}

续表

方言点	0199 芹菜	0200 莴笋	0201 韭菜
46 三门	芹菜 dʑiŋ^{13}tsʰe^{55}	香莴笋 ɕiɑ̃^{33}u^{33}ɕyŋ^{52}	韭 tɕiu^{52}
47 玉环	芹菜 dʑiŋ^{22}tsʰe^{55}	莴笋 o^{55}ɕioŋ^{53}	韭菜 tɕiu^{53}tsʰe^{55}
48 金华	川⁼葱 tɕʰyɤ^{33}tsʰoŋ^{55}	莴苣笋 u^{33}tɕy^{33}ɕiŋ^{535}	韭菜 tɕiu^{53}tsʰɛ^{55}
49 汤溪	搓⁼葱 tsʰuɤ^{24}tsʰɑo^{0}	莴苣笋 u^{33}tɕy^{33}sɛ̃i^{535}	韭菜 tɕiəɯ^{52}tsʰɛ^{52}
50 兰溪	搓⁼葱 tsʰuɤ^{334}tsʰɔ^{45}	莴苣笋 u^{334}tɕy^{334}sin^{55}	韭菜 tɕiəɯ^{55}tsʰe^{45}
51 浦江	芹菜 dʑiən^{24}tsʰa^{334}	莴苣笋 u^{33}tɕy^{33}sən^{334}	韭菜 tɕiɤ^{55}tsʰa^{55}
52 义乌	芹菜 dʑiən^{22}tsʰe^{45}	莴苣笋 u^{33}tɕy^{42}sən^{423}	韭菜 tɕiɐɯ^{45}tsʰe^{31}
53 东阳	芹菜 dʑiɐn^{22}tsʰe^{33}	莴苣笋 u^{33}tɕyu^{33}sɐn^{33}	韭菜 tɕiəɯ^{45}tsʰe^{33}
54 永康	芹菜 dʑiŋ^{31}tsʰai^{52}	莴苣笋 u^{33}tɕy^{33}səŋ^{334}	韭菜 dʑiəu^{31}tsʰai^{52}
55 武义	川⁼葱 tɕʰye^{32}tsʰoŋ^{53}	莴苣笋 u^{55}tɕy^{55}sen^{445}	韭菜 tɕiəu^{55}tsʰa^{53}
56 磐安	芹菜 dʑiɐn^{21}tsʰe^{52}	莴苣笋 u^{33}tɕy^{33}ɕyɐn^{334}	韭菜 tɕiɐɯ^{55}tsʰe^{0}
57 缙云	芹菜 dʑiɛŋ^{44}tsʰei^{453}	梗菜 kua^{51}tsʰei^{453}	韭菜 tɕiuŋ^{51}tsʰei^{453}
58 衢州	川⁼葱 tʃʰyə̃^{32}tsʰoŋ^{53}	莴笋 u^{32}ʃyən^{35}	韭菜 tɕiu^{35}tsʰɛ^{21}
59 衢江	川⁼葱 tɕʰiɛ^{33}tsʰəŋ^{33}	莴笋 u^{33}səŋ^{25}	韭菜 ky^{33}tsʰei^{53}
60 龙游	芹菜 dʑin^{22}tsʰei^{51} 川⁼葱 tɕʰye^{33}tsʰoŋ^{334}	莴笋 u^{33}ɕin^{35}	韭菜 dʑiəɯ^{22}tsʰei^{51}
61 江山	水芹 ɕy^{44}ɡĩ^{213}	莴笋 o^{44}sɛ̃^{241}	韭菜 kɯ^{44}tɕʰi^{51}
62 常山	川⁼葱 tɕʰiɛ̃^{44}tsʰoŋ^{44}	莴笋 ɔ^{43}soŋ^{52}	韭菜 tɕiu^{43}tɕʰi^{324}
63 开化	芹菜 ɡɛn^{21}tɕʰi^{53}	把苣 piɛ^{44}ɡə^{213}	韭菜 tɕiʊ^{44}tɕʰi^{412}
64 丽水	芹菜 dʑin^{21}tsʰɛ^{52}	莴苣笋 u^{44}tsɥ^{44}ɕyn^{544}	韭菜 tɕiəɯ^{44}tsʰɛ^{52}
65 青田	芹菜 tɕiaŋ^{55}tsʰɛ^{33}	笋菜 ɕyaŋ^{33}tsʰɛ^{33}	韭菜 tɕieu^{33}tsʰɛ^{33}
66 云和	芹菜 dʑiŋ^{31}tsʰa^{45}	莴苣笋 u^{44}tsɥ^{44}ɕyŋ^{41}	韭菜 tɕiəɯ^{44}tsʰa^{45}
67 松阳	芹菜 dʑin^{21}tsʰei^{24}	香菜儿 ɕiã^{24}tsʰei^{33}n^{24}	韭菜 kei^{33}tsʰei^{24}
68 宣平	芹菜 dʑin^{43}tsʰei^{52}	莴苣笋 u^{44}tɕy^{44}sən^{445}	韭菜 tɕiɯ^{44}tsʰei^{52}

续表

方言点	0199 芹菜	0200 莴笋	0201 韭菜
69 遂昌	川$^{=}$葱 tɕʰyɛ̃^{33}tsʰəŋ^{45} 芹菜 dʑiŋ^{22}tsʰei^{334}	莴苣笋 uə^{55}tɕy^{33}səŋ^{533}	韭菜 tɕiɯ^{55}tsʰei^{334}
70 龙泉	芹菜 dʑin^{21}tsʰᴇ^{45}	莴苣笋 uɤɯ^{44}tɕy^{45}sɛn^{51}	韭菜 dʑiəu^{21}tsʰᴇ^{45}
71 景宁	芹菜 dʑiaŋ^{41}tsʰai^{35}	莴苣笋 kʰu^{33}tɕy^{55}ɕiaŋ^{33}	韭菜 tɕiəɯ^{33}tsʰai^{35}
72 庆元	芹菜 tɕiŋ^{52}tsʰæi^{11}	莴苣笋 mo^{33}tɕy^{33}ɕyəŋ^{33}	韭菜 tɕiɯ^{33}tsʰæi^{11}
73 泰顺	芹菜 tsəŋ^{53}tsʰæi^{35}	花苣笋 fuɔ^{22}tɕy^{21}ɕioŋ^{55}	韭菜 tɕiəu^{22}tsʰæi^{35}
74 温州	芹菜 dʑiaŋ^{22}tsʰe^{25}	笋菜 ɕioŋ^{42}tsʰe^{21}	韭菜 tɕiau^{42}tsʰe^{21}
75 永嘉	芹菜 dʑiaŋ^{22}tsʰe^{45}	笋菜 ɕioŋ^{53}tsʰe^{43}	韭菜 tɕiau^{53}tsʰe^{43}
76 乐清	芹菜 dʑiaŋ^{24}tɕʰie^{41}	莴笋菜 u^{3}soŋ^{3}tɕʰie^{41}	韭菜 tɕiau^{42}tɕʰie^{21}
77 瑞安	芹菜 dʑiaŋ^{22}tsʰe^{35}	笋菜 soŋ^{53}tsʰe^{42}	韭菜 tɕiau^{53}tsʰe^{42}
78 平阳	芹菜 dʒaŋ^{21}tʃʰe^{45}	笋菜 səŋ^{33}tʃʰe^{45}	韭菜 tʃau^{33}tʃʰe^{42}
79 文成	芹菜 dʒaŋ^{21}tʃʰe^{33}	莴笋 o^{33}søn^{45}	韭菜 tʃau^{33}tʃʰe^{13}
80 苍南	芹菜 dʑiaŋ^{11}tsʰe^{42}	笋菜 sueŋ^{53}tsʰe^{42}	韭菜 tɕiau^{53}tsʰe^{42}
81 建德徽	川$^{=}$葱 tɕʰye^{21}tsʰoŋ^{55}	莴苣笋 u^{53}tɕy^{55}ɕin^{213}	韭菜 tɕiɤɯ^{21}tsʰɛ^{55}
82 寿昌徽	香芹 ɕiɑ̃^{11}tɕʰien^{55}	莴苣笋 u^{11}tɕy^{11}ɕien^{24}	韭菜 tɕiəɯ^{33}tɕʰiæ^{33}
83 淳安徽	川$^{=}$葱 tsʰuɑ̃^{21}tsʰon^{55}	南京菜 lɑ̃^{43}tɕin^{55}tɕʰie^{21}	韭菜 tɕiɯ^{55}tɕʰie^{21}
84 遂安徽	川$^{=}$葱 tɕʰyɛ̃^{55}tsʰəŋ^{534}	莴苣菜 vəɯ^{55}tɕy^{21}tsʰəɯ^{43}	韭菜 tɕiu^{21}tsʰəɯ^{43}
85 苍南闽	芹菜 kʰən^{21}tsʰai^{21}	芦笋 lɔ^{21}sun^{43}	韭菜 kʰu^{24}tsʰai^{21}
86 泰顺闽	芹菜 kʰyeŋ^{21}tsʰai^{53}	花茄菜 fa^{22}køi^{22}tsʰai^{53}	韭□ kiøu^{21}ai^{31}
87 洞头闽	芹菜 kʰun^{33}tsʰai^{21}	莴笋 o^{212}sun^{53}	韭菜 ku^{24}tsʰai^{21}
88 景宁畲	芹菜 kʰin^{22}tsʰoi^{44}	莴苣笋 fu^{55}tɕy^{22}suən^{325}	韭菜 kiəu^{55}tsʰoi^{445}小

方言点	0202 香菜芫荽	0203 葱	0204 蒜
01 杭州	香菜 ɕiaŋ^{33}tsʰɛ^{45}	葱 tsʰoŋ^{334}	大蒜 da^{13}suo^{53}
02 嘉兴	香菜 ɕiᴀ̃^{33}tsʰᴇ^{21}	葱 tsʰoŋ^{42}	大蒜 dᴀ^{24}suə^{21}
03 嘉善	香菜 ɕiæ̃^{35}tsʰɛ^{53}	胡葱 u^{13}tsʰoŋ^{53}	大蒜 da^{22}sø^{35}
04 平湖	香菜 ɕiã^{53}tsʰɛ^{0}	葱 tsʰoŋ^{53}	蒜头 sø^{44}dəɯ^{0}
05 海盐	香菜 ɕiɛ̃^{53}tsʰɛ^{21}	葱 tsʰoŋ^{53}	蒜头 sɤ^{55}de^{21}
06 海宁	香菜 ɕiã^{55}tsʰɛ^{55}	葱 tsʰoŋ^{55}	大蒜 da^{33}sei^{53} 蒜头 sei^{55}dəɯ^{53}
07 桐乡	香菜 ɕiã^{44}tsʰᴇ^{53}	葱 tsʰoŋ^{44}	蒜头 sᴇ^{33}dɤɯ^{53}
08 崇德	香菜 ɕiã^{44}tsʰᴇ^{44}	葱 tsʰoŋ^{44}	大蒜 dɑ^{21}sᴇ^{334}
09 湖州	香菜 ɕiã^{44}tsʰei^{44}	葱 tsʰoŋ^{44}	大蒜头 da^{13}sɛ^{33}døʉ^{35}
10 德清	香菜 ɕiã^{44}tsʰɛ^{44}	葱 tsʰoŋ^{44}	大蒜头 da^{11}søʉ^{44}døʉ^{13}
11 武康	香菜 ɕiã^{44}tsʰɛ^{44}	葱 tsʰoŋ^{44}	大蒜头 du^{11}sø^{33}dø^{35}
12 安吉	芫星$^{=}$菜 i^{22}ɕiŋ^{22}tsʰᴇ^{22}	葱 tsʰoŋ^{55}	大蒜 da^{21}sᴇ^{213}
13 孝丰	芫星$^{=}$菜 iɪ^{22}ɕiŋ^{22}tsʰe^{22}	葱 tsʰoŋ^{44}	大蒜 da^{21}se^{24}
14 长兴	芫荽菜 i^{12}ʃʅ^{22}tsʰɯ^{33}	葱 tsʰoŋ^{44}	大蒜 da^{21}sɯ^{24}
15 余杭	香菜 ɕiɑ̃^{55}tsʰɛ^{55}	葱 tsʰoŋ^{44}	大蒜 da^{33}søʏ^{35}
16 临安	香菜 ɕiã^{53}tsʰᴇ^{55}	葱 tsʰoŋ^{55}	大蒜 da^{33}sə^{33}
17 昌化	香菜 ɕiã^{33}tsʰɛ^{45}	葱 tsʰəŋ^{334}	大蒜 da^{23}sɛ̃^{544}
18 於潜	香菜 ɕiaŋ^{43}tsʰe^{35}	葱 tsʰoŋ^{433}	蒜 suɛ^{35}
19 萧山	香菜 ɕiã^{53}tsʰe^{42}	葱 tsʰoŋ^{533}	大蒜 da^{13}sə^{42}
20 富阳	香菜 ɕiɑ̃^{55}tsʰɛ^{31}	葱 tsʰoŋ^{53}	大蒜 da^{224}sɛ̃^{335}
21 新登	香菜 ɕiɑ̃^{53}tsʰe^{334}	葱 tsʰoŋ^{53}	大蒜 da^{21}sɛ̃^{45}
22 桐庐	香菜 ɕiã^{35}tsʰᴇ^{13}	葱 tsʰoŋ^{533}	蒜 se^{35}
23 分水	香菜 ɕiã^{44}tsʰɛ^{24}	葱 tsʰoŋ^{44}	大蒜 da^{24}suə̃^{24}
24 绍兴	香菜 ɕiaŋ^{33}tsʰᴇ^{33}	葱 tsʰoŋ^{53}	大蒜 da^{24}sø̃^{31}

续表

方言点	0202 香菜芫荽	0203 葱	0204 蒜
25 上虞	香菜 ɕiã^{33}tsʰe^{33}	葱 tsʰoŋ^{35}	蒜 sø̃^{53}
26 嵊州	香菜 ɕiaŋ^{53}tsʰᴇ^{334}	葱 tsʰoŋ^{534}	大蒜 da^{24}sœ̃^{334}
27 新昌	香菜 ɕiaŋ^{53}tsʰe^{335}	葱 tsʰoŋ^{534}	大蒜 da^{22}sœ̃^{335}
28 诸暨	香菜 ɕiã^{21}tsʰe^{33}	葱 tsʰom^{544}	大蒜 dᴀ^{33}sə^{33}
29 慈溪	香菜 ɕiã^{35}tsʰe^{0}	葱 tsʰuŋ^{35} 大葱 dəu^{11}tsʰuŋ^{44}外来	大蒜 da^{11}sø̃^{44}
30 余姚	香菜 ɕiaŋ^{44}tsʰe^{34}	葱花 tsʰuŋ^{44}huø̃^{44}	大蒜头 da^{13}sø̃^{44}dø^{0}
31 宁波	香菜 ɕia^{44}tsʰe^{44}	葱 tsʰoŋ^{53}	大蒜 da^{22}sø^{44}植物 大蒜头 da^{22}sø^{44}dœʏ^{0}鳞茎
32 镇海	香菜 ɕiã^{33}tsʰe^{53}	葱 tsʰoŋ^{53}	大蒜 da^{22}sø^{53}
33 奉化	香菜 ɕiã^{44}tsʰe^{44}	葱 tsʰoŋ^{44}	大蒜 da^{31}sø^{0}
34 宁海	香菜 ɕiã^{33}tsʰei^{35}	葱 tsʰoŋ^{423}	大蒜 da^{22}sø^{35}植物 大蒜婆⁼ da^{22}sø^{33}bu^{213}鳞茎
35 象山	香菜 ɕiã^{53}tsʰei^{0}	葱 tsʰoŋ^{44}	大蒜 da^{13}sɤɯ^{0}
36 普陀	香菜 ɕiã^{33}tsʰɛ^{45}	葱 tsʰoŋ^{53}	大蒜 da^{11}sø^{55}
37 定海	香菜 ɕiã^{33}tsʰɛ^{45}	葱 tsʰoŋ^{52}	大蒜 da^{11}sø^{44}
38 岱山	香菜 ɕiã^{52}tsʰe^{0}	葱 tsʰoŋ^{52}	大蒜 da^{11}sø^{44}
39 嵊泗	香菜 ɕiã^{44}tsʰe^{0}	葱 tsʰoŋ^{53}	大蒜 da^{11}sʏ^{45}
40 临海	香菜 ɕia^{33}tsʰe^{55}	葱 tsʰoŋ^{31}	大蒜 da^{22}sø^{55}
41 椒江	香菜 ɕiã^{33}tsʰə^{55}	葱 tsʰoŋ^{42}	大蒜 da^{22}sø^{55}
42 黄岩	香菜 ɕiã^{33}tsʰe^{55}	葱 tsʰoŋ^{32}	大蒜 da^{13}sø^{55}
43 温岭	香菜 ɕiã^{35}tsʰe^{55}	葱 tsʰuŋ^{33}	大蒜 da^{13}sø^{55}
44 仙居	香菜 ɕia^{55}tsʰæ^{55}	葱 tsʰoŋ^{334}	大蒜 da^{24}sø^{55}
45 天台	香菜 hia^{33}tsʰei^{55}	葱 tsʰuŋ^{33}	大蒜 da^{33}sø^{55}

续表

方言点	0202 香菜芫荽	0203 葱	0204 蒜
46 三门	香菜 ɕiɑ̃^{55}tsʰe^{55}	葱 tsʰoŋ^{334}	大蒜 da^{23}sø^{55}
47 玉环	香菜 ɕia^{33}tsʰe^{55}	葱 tsʰoŋ^{42}	蒜 sø^{55}
48 金华	芫荽 yɛ̃^{31}suɛ̃^{55}老 香菜 ɕiɑŋ^{33}tsʰɛ^{55}新	葱 tsʰoŋ^{334}	大蒜 dɑ^{31}sɤ^{55}
49 汤溪	香菜 ɕiɔ^{24}tsʰɛ^{0}	葱 tsʰɑo^{24}	大蒜 dɑ^{11}sɤ^{52}
50 兰溪	香菜 ɕiɑŋ^{334}tsʰe^{45}	葱 tsʰoŋ^{334}	大蒜 tɑ^{55}sɤ^{45}
51 浦江	香菜 ɕyõ^{55}tsʰa^{334}	葱 tsʰən^{534}	大蒜 dɑ̃^{24}sə̃^{334}
52 义乌	香菜 ɕiɔ^{33}tsʰe^{45}	葱儿 tsʰon^{335}	大蒜 da^{22}sɿ^{45}
53 东阳	香菜 ɕiɔ^{33}tsʰe^{53}	葱 tsʰɔm^{334}	大蒜 da^{22}sɯ^{53}
54 永康	香菜 ɕiɑŋ^{33}tsʰai^{52}	葱 tsʰoŋ^{55}	大蒜 dia^{31}sɤ^{52}
55 武义	芫荽 ȵie^{32}ɕy^{53}	葱 tsʰoŋ^{24}	大蒜 diɑ^{32}sɤ^{53}
56 磐安	香菜 ɕiɒ^{33}tsʰe^{52}	葱儿 tsʰun^{445}	大蒜 da^{21}sɯ^{52}
57 缙云	芫荽 iɛ^{44}sʯ^{453}	葱 tsʰɔ̃ũ^{44}	大蒜 dɑ^{21}sɛ^{453}
58 衢州	香菜 ɕiã^{32}tsʰɛ^{53}	葱 tsʰoŋ^{32}	大蒜 dɛ^{231}sə̃^{53}
59 衢江	香菜 ɕiã^{25}tsʰei^{31}	葱 tsʰəŋ^{33}	大蒜 da^{22}sɛ^{53}
60 龙游	香菜 ɕiã^{35}tsʰei^{21}	葱 tsʰoŋ^{334}	大蒜 dɑ^{22}suei^{51}
61 江山	香菜 xiaŋ^{24}tɕʰi^{51}	葱 tsʰoŋ^{44}	大蒜 da^{22}sɒŋ^{51}
62 常山	香菜 ɕiã^{52}tɕʰi^{0}	葱 tsʰoŋ^{44}	大蒜 dɛ^{24}sɔ̃^{52}
63 开化	香菜 ɕiã^{53}tɕʰi^{0}	葱 tsʰɤŋ^{44}	蒜 sɔŋ^{53} 大蒜 dɑ^{21}sɔŋ^{53}
64 丽水	芫荽 iɛ^{21}sei^{52}	葱 tsʰɔŋ^{224}	大蒜 duɔ^{21}suɛ^{52}
65 青田	芫荽 iɛ^{55}sæi^{33}	葱 tsʰoŋ^{445}	大蒜 dɑ^{22}suɐ^{55}
66 云和	芫荽 iɛ^{31}sei^{45}	葱 tsʰoŋ^{24}	大蒜 dɔ^{223}suɛ^{45}
67 松阳	芫荽菜 liɛ̃^{24}ɕyɛ^{33}tsʰei^{24}	葱 tsʰəŋ^{53}	大蒜 da^{21}sæ̃^{24}

续表

方言点	0202 香菜芫荽	0203 葱	0204 蒜
68 宣平	芫菜 yə^{43}tsʰei^{52}	葱 tsʰən^{324}	大蒜 da^{22}sə^{52}
69 遂昌	芫荽 ȵyɛ̃^{22}ɕyɛ^{334}	葱 tsʰəŋ^{45}	大蒜 da^{22}sɛ̃^{334}
70 龙泉	芫荽菜 yo^{44}ɕy^{44}tsʰᴇ^{45}	葱 tsʰəŋ^{434}	大蒜 da^{21}sɯə^{45}
71 景宁	芫荽 iɛ^{33}sʮ^{324}	葱 tsʰəŋ^{324}	大蒜 da^{33}sœ^{35}
72 庆元	芫荽 ȵyɛ̃^{33}ɕyᴇ^{335}	葱 tsʰoŋ^{335}	蒜 sæ̃^{11}
73 泰顺	芫荽 yɛ^{21}sæi^{213}	葱 tsʰoŋ^{213}	大蒜 ta^{21}sœ^{35}
74 温州	香菜 ɕi^{33}tsʰe^{25}	葱 tsʰoŋ^{33}	蒜 sø^{51}
75 永嘉	香菜 ɕiɛ^{33}tsʰe^{45}	葱 tsʰoŋ^{44}	大蒜 da^{31}sø^{43}
76 乐清	香菜 ɕia^{35}tɕʰie^{41}	葱 tɕʰioŋ^{44}	蒜 sø^{41}
77 瑞安	香菜 ɕiɛ^{33}tsʰe^{35}	葱 tsʰoŋ^{44}	大蒜 da^{31}sø^{42}
78 平阳	香菜 ɕie^{33}tʃʰe^{45}	葱 tʃʰoŋ^{55}	大蒜 dᴀ^{13}sɵ^{42}
79 文成	芫荽 ie^{21}səy^{33}	葱 tʃʰoŋ^{55}	大蒜 da^{21}sø^{33}
80 苍南	香菜 ɕiɛ^{44}tsʰe^{42}	葱 tsʰoŋ^{44}	蒜 sø^{42}
81 建德徽	香菜 ɕiɑŋ^{33}tsʰɛ^{55}	葱 tsʰoŋ^{53}	大蒜 tʰɑ^{55}sɛ^{33}
82 寿昌徽	香菜 ɕiɑ̃^{33}tsʰæ^{55}	葱 tsʰɔŋ^{112}	大蒜 tʰɑ^{33}ɕiæ^{33}
83 淳安徽	香菜 ɕiɑ̃^{24}tɕʰie^{21}	葱花 tsʰon^{21}ho^{55}	大蒜 tʰɑ^{53}sɑ̃^{21}
84 遂安徽	香菜 ɕiɑ̃^{52}tsʰəɯ^{43}	大葱 tʰa^{55}tsʰəŋ^{534}	大蒜 tʰa^{55}səŋ^{43}
85 苍南闽	芫荽 ɪ̃ã^{21}sui^{55}	葱 tsʰan^{55}	蒜 sɯŋ^{21}
86 泰顺闽	芫荽 fou^{21}sɿ^{213}	葱 tsʰəŋ^{213}	蒜 so^{53}
87 洞头闽	芳菜 pʰaŋ^{33}tsʰai^{21}	葱 tsʰaŋ^{33}	蒜仔 sɯŋ^{21}ŋã^{53}
88 景宁畲	芫荽 ien^{44}su^{445}小	葱 tsʰoŋ^{51}	大蒜 tai^{44}sɔn^{445}小

方言点	0205 姜	0206 洋葱	0207 辣椒统称
01 杭州	生姜 səŋ^{33}tɕiaŋ^{45}	洋葱 iaŋ^{22}tsʰoŋ^{45}	辣茄儿 laʔ^{2}dʑi^{45}əl^{53}
02 嘉兴	老姜 lɔ^{21}tɕiᴀ̃^{42}	洋葱 iᴀ̃^{21}tsʰoŋ^{33}	辣茄 lᴀʔ^{1}gᴀ^{33}
03 嘉善	老姜 lɔ^{22}tɕiæ̃^{53}	洋葱头 iæ̃^{13}tsʰoŋ^{35}də^{0}	辣茄 lɜʔ^{2}ga^{31}
04 平湖	姜 tɕiã^{53}	洋葱头 iã^{24}tsʰoŋ^{44}dəɯ^{0}	辣茄 laʔ^{23}ga^{31}
05 海盐	嫩姜 lən^{13}tɕiɛ̃^{21} 老姜 lɔ^{53}tɕiɛ̃^{53}	洋葱头 iɛ̃^{24}tsʰoŋ^{55}de^{21}	辣茄 lɑʔ^{23}gɑ^{31}
06 海宁	老姜 lɔ^{13}tɕiã^{55}	洋葱头 iã^{33}tsʰoŋ^{55}dəɯ^{55}	辣茄 ləʔ^{2}ga^{33}
07 桐乡	老姜 lɔ^{242}tɕiã^{44}	洋葱 iã^{21}tsʰoŋ^{44}	辣茄 laʔ^{23}ga^{13}
08 崇德	老姜 lɔ^{55}tɕiã^{0}	洋葱 iã^{21}tsʰoŋ^{44}	辣茄 laʔ^{23}gɑ^{44}
09 湖州	老姜 lɔ^{53}tɕiã^{13}	洋葱 iã^{33}tsʰoŋ^{35}	番椒 fɛ^{44}tɕiɔ^{44}
10 德清	老姜 lɔ^{35}tɕiã^{0}	洋葱 iã^{11}tsʰoŋ^{35}	辣茄 ləʔ^{2}ga^{53}
11 武康	老姜 lɔ^{35}tɕiã^{53}	洋葱 iã^{11}tsʰoŋ^{35}	辣茄 lɜʔ^{2}ga^{53}
12 安吉	生姜 sã^{55}tɕiã^{55}	洋葱 iã^{22}tsʰoŋ^{22}	芥辣 ka^{52}lɐʔ^{23}
13 孝丰	生姜 sã^{44}tɕiã^{44}	洋葱 iã^{22}tsʰoŋ^{22}	芥辣 ka^{32}laʔ^{23}
14 长兴	老姜 lɔ^{45}tʃiã^{21}	洋葱 iã^{12}tsʰoŋ^{33}	芥辣 ka^{32}laʔ^{2}
15 余杭	老姜 lɔ^{35}tɕiɑ̃^{0}	洋葱 iɑ̃^{31}tsʰoŋ^{35}	辣茄儿 laʔ^{2}ga^{33}n^{13}
16 临安	老姜 lɔ^{33}tɕiã^{55}	洋葱 iã^{31}tsʰoŋ^{33}	辣茄 lɐʔ^{2}ga^{33}
17 昌化	生姜 sã^{33}tɕiã^{45}	洋葱 iã^{11}tsʰəŋ^{334}	辣椒 laʔ^{2}tɕiɔ^{334} 洋汉$^{=}$椒 iã^{11}xɛ^{54}tɕiɔ^{453}
18 於潜	姜 tɕiaŋ^{433}	洋葱 iaŋ^{22}tsʰoŋ^{35}	辣椒 lɑʔ^{2}tɕiɔ^{433}
19 萧山	生姜 sã^{33}tɕiã^{33}	洋葱 iã^{13}tsʰoŋ^{33}	辣茄 laʔ^{21}dʑia^{33}
20 富阳	生姜 sã^{55}tɕiɑ̃^{55}	洋葱 iɑ̃^{13}tsʰoŋ^{55}	辣茄 laʔ^{2}dʑia^{224}
21 新登	生姜 sɛ^{53}tɕiɑ̃^{334}	洋葱 iɑ̃^{233}tsʰoŋ^{334}	辣茄 laʔ^{2}dʑia^{233}
22 桐庐	姜 tɕiã^{533}	洋葱 iã^{21}tsʰoŋ^{35}	辣虎$^{=}$ laʔ^{21}xu^{35}
23 分水	生姜 sən^{44}tɕiã^{44}	洋葱 iã^{21}tsʰoŋ^{44}	辣椒 laʔ^{12}tɕiɔ^{44}

续表

方言点	0205 姜	0206 洋葱	0207 辣椒统称
24 绍兴	生姜 saŋ^{33}tɕiaŋ^{53}	金葱头 tɕiŋ^{33}tsʰoŋ^{44}dɤ^{31}	辣茄 lɛʔ^{2}dʑia^{231}
25 上虞	姜 tɕiã^{35}	洋葱头 iã^{21}tsʰoŋ^{33}dɤ^{31}	辣茄 lɐʔ^{2}dʑia^{31}
26 嵊州	生姜 saŋ^{53}tɕiaŋ^{334}	洋葱头 iaŋ^{22}tsʰoŋ^{33}dʏ^{231}	辣茄 lɛʔ^{2}dʑia^{231}
27 新昌	生姜 saŋ^{45}tɕiaŋ^{534}	洋葱 iaŋ^{13}tsʰoŋ^{534}	辣茄 lɛʔ^{2}dʑia^{232}
28 诸暨	生姜 sã^{21}tɕiã^{42}	洋葱 iã^{21}tsʰom^{42}	辣茄 laʔ^{21}dʑiᴀ^{242}
29 慈溪	生姜 sã^{33}tɕiã^{35}	洋葱 iã^{11}tsʰuŋ^{35}	辣茄 laʔ^{2}dʑiẽ^{13}
30 余姚	生姜 saŋ^{44}tɕiaŋ^{34}	洋葱头 iaŋ^{13}tsʰuŋ^{44}dø^{13}	辣茄 laʔ^{2}dʑiẽ^{13}
31 宁波	生姜 sa^{44}tɕia^{44}	洋葱头 ia^{22}tsʰoŋ^{53}dœʏ^{0}	辣茄 laʔ^{2}dze^{13}
32 镇海	生姜 sã^{33}tɕiã^{53}	洋葱头 iã^{22}tsʰoŋ^{33}dei^{24}	辣椒 laʔ^{2}tɕio^{35}
33 奉化	生姜 sã^{44}tɕiã^{53}	洋葱头 iã^{33}tsʰoŋ^{44}dæi^{31}	辣茄 laʔ^{2}dʑiɛ^{324}
34 宁海	生姜 sã^{33}tɕiã^{34}	洋葱头 ia^{21}tsʰoŋ^{33}diu^{31}	辣茄 laʔ^{3}dʑia^{31}
35 象山	老姜 lɔ^{31}tɕiã^{44} 生姜 sã^{44}tɕiã^{35}	洋葱头 iã^{31}tsʰoŋ^{44}dɤɯ^{13}	辣茄 laʔ^{2}dʑia^{31}
36 普陀	生姜 sã^{33}tɕiã^{53}	洋葱头 iã^{33}tsʰoŋ^{55}deu^{0}	辣椒 lɐʔ^{2}tɕiɔ^{55}
37 定海	生姜 sã^{33}tɕiã^{52}	洋葱头 iã^{33}tsʰoŋ^{44}dɐi^{0}	辣茄 lɐʔ^{2}dʑiɛ^{44}老 辣椒 lɐʔ^{2}tɕio^{44}新
38 岱山	生姜 sã^{33}tɕiã^{52}	洋葱头 iã^{33}tsʰoŋ^{44}dœʏ^{52}	辣茄 lɐʔ^{2}dʑiɛ^{45}老 辣椒 lɐʔ^{2}tɕio^{44}新
39 嵊泗	生姜 sã^{33}tɕiã^{53}	洋葱头 iã^{33}tsʰoŋ^{44}dœʏ^{44}	辣茄 lɐʔ^{2}dzɛ^{45}老 辣椒 lɐʔ^{2}tɕio^{45}新
40 临海	姜 tɕiã^{31}	洋葱 iã^{24}tsʰoŋ^{31} 洋葱锤 iã^{22}tsʰoŋ^{33}dʑy^{51}	辣茄 lɛʔ^{2}dʑia^{21}
41 椒江	姜 tɕiã^{42}	洋葱 iã^{24}tsʰoŋ^{42} 洋葱锤 iã^{22}tsʰoŋ^{33}dzɥ^{41}	辣茄 lɛʔ^{2}dʑia^{24}小
42 黄岩	姜 tɕiã^{32}	洋葱 iã^{24}tsʰoŋ^{42} 洋葱锤 iã^{22}tsʰoŋ^{35}dzɥ^{41}	辣茄 ləʔ^{2}dʑia^{24}小
43 温岭	姜 tɕiã^{33}	洋葱 iã^{24}tsʰuŋ^{31} 洋葱锤 iã^{13}tsʰuŋ^{35}dʑy^{41}	辣茄 ləʔ^{2}dʑia^{24}小

续表

方言点	0205 姜	0206 洋葱	0207 辣椒统称
44 仙居	生姜 sã^{33}tɕia^{334}	洋大蒜 ia^{33}da^{24}sø^{55}	辣茄 lɑʔ^{23}dʑyɑ^{353}小
45 天台	姜 kia^{33}	洋大蒜 ʑia^{22}da^{33}sø^{55}	辣茄 laʔ^{2}gia^{51}
46 三门	生姜 sɛ^{33}tɕiɑ̃^{334}	洋葱柱= iɑ̃^{11}tsʰoŋ^{33}dzɥ^{21}	辣茄 lɐʔ^{2}dʑia^{252}
47 玉环	生姜 sã^{55}tɕia^{42}	洋葱 ia^{24}tsʰoŋ^{42}	辣茄 lɐʔ^{2}dʑia^{24}小
48 金华	生姜 sɑŋ^{33}tɕiɑŋ^{55}	洋葱 iɑŋ^{31}tsʰoŋ^{55}	辣虎 luɑ^{53}xu^{55}
49 汤溪	生姜 sa^{24}tɕiɔ^{0}	洋葱 iɔ^{11}tsʰɑo^{52}	辣虎 luɑ^{11}xu^{52}
50 兰溪	生姜 sæ̃^{334}tɕiɑŋ^{45}	洋葱 iɑŋ^{21}tsʰoŋ^{45}	辣虎 luɑ^{55}xu^{45}
51 浦江	生姜 sɛ̃^{55}tɕyõ^{334}	洋葱匏儿 yõ^{11}tsʰən^{33}bun^{334}	辣茄儿 luɑ^{11}dʑiɑn^{243}
52 义乌	生姜 sɛ^{33}tɕiɔ^{45}	洋葱 iɔ^{22}tsʰoŋ^{45}	辣虎儿 lɔ^{31}fun^{45}
53 东阳	生姜 sɛ^{33}tɕiɔ^{53}	洋葱 iɔ^{22}tsʰɔm^{53}	辣茄儿 lo^{23}kon^{33}
54 永康	生姜 sai^{33}tɕiɑŋ^{55}	洋葱 iɑŋ^{33}tsʰoŋ^{55}	辣椒 luɑ^{33}dʑiɑu^{241}小
55 武义	生姜 sa^{32}tɕiɑŋ^{53}	洋葱 iɑŋ^{32}tsʰoŋ^{53}	辣虎儿 luɑ^{53}xuen^{53}
56 磐安	生姜 sɛ^{33}tɕiɒ^{52}	洋葱 iɒ^{21}tɕʰiɔom^{52}	老茄儿 lo^{33}guɤn^{213}
57 缙云	生姜 sa^{44}tɕiɑ^{44}	洋葱 iɑ^{44}tsʰɔ̃ũ^{44}	辣茄 lɑ^{51}gɑ^{45}小
58 衢州	生姜 ɕiã^{32}tɕiã^{53}	洋葱 iã^{21}tsʰoŋ^{32}	番椒 fã^{32}tɕiɔ^{53}
59 衢江	生姜 ɕiɛ^{33}tɕiã^{33}	洋葱 iã^{33}tsʰəŋ^{33}	番椒 fã^{33}tɕiɔ^{33}
60 龙游	生姜 sɛ^{33}tɕiã^{334}	洋葱 iã^{33}tsʰoŋ^{334}	辣火 lɔʔ^{2}xu^{35}
61 江山	生姜 saŋ^{44}kiaŋ^{44}	洋葱 iaŋ^{22}tsʰoŋ^{44}	鸡心椒 iə^{44}ɕĩ^{44}tɕiɐɯ^{44}
62 常山	生姜 sĩ^{44}tɕiã^{44}	洋葱 iã^{22}tsʰoŋ^{44}	辣椒 laʔ^{3}tɕiɤ^{44}
63 开化	生姜 sa^{44}tɕiã^{44}	洋葱 iã^{21}tsʰɤŋ^{44}	辣椒 laʔ^{2}tɕiəɯ^{44}
64 丽水	生姜 sa^{44}tɕiã^{224}	洋葱 iã^{22}tsʰɔŋ^{224}	辣椒 lɔʔ^{2}tɕiə^{224}
65 青田	生姜 sɛ^{22}tɕi^{445}	香葱 ɕi^{22}tsʰoŋ^{445}	饭椒 vɑ^{21}tɕiœ^{445}
66 云和	姜 tɕiã^{24}	洋葱 iã^{223}tsʰoŋ^{24}	辣椒 lɔʔ^{23}tɕiɑɔ^{24}
67 松阳	生姜 sa^{24}tɕiã^{53}	洋葱 iã^{33}tsʰəŋ^{53}	辣胡椒 lɔʔ^{2}uə^{24}tɕiɔ^{53}

续表

方言点	0205 姜	0206 洋葱	0207 辣椒统称
68 宣平	生姜 sɛ^{44}tɕiɑ̃^{324}	洋葱 iɑ̃^{43}tsʰən^{324}	辣椒 lɑʔ^{42}tɕiɔ^{324}
69 遂昌	姜 tɕiaŋ^{45}	洋葱 iaŋ^{21}tsʰəŋ^{45}	番椒 faŋ^{33}tɕiɐɯ^{45}
70 龙泉	姜 tɕiaŋ^{434}	洋葱 iaŋ^{44}tsʰəŋ^{434}	番椒 faŋ^{44}tɕiɑʌ^{434}
71 景宁	姜 tɕiɛ^{324}	洋葱 iɛ^{33}tsʰəŋ^{324}	番椒 fɔ^{33}tɕiɑu^{324}
72 庆元	姜 tɕiɑ̃^{335}	洋葱 iɑ̃^{52}tsʰoŋ^{335}	辣椒 lɑʔ^{34}tɕiɒ^{335}
73 泰顺	姜麻 tɕiã^{22}muɔ^{53}	洋葱 iã^{21}tsʰoŋ^{213}	辣番椒 loʔ^{2}fã^{22}tɕiɑɔ^{213}
74 温州	姜 tɕi^{33}	香葱 ɕi^{33}tsʰoŋ^{33}	辣椒 la^{2}tɕiɛ^{33}
75 永嘉	姜 tɕiɛ^{44}	洋葱 iɛ^{22}tsʰoŋ^{44}	辣姜 la^{21}tɕiɛ^{44}
76 乐清	番姜 fᴇ^{44}tɕia^{44} 生姜 sa^{44}tɕia^{44}	香葱 ɕia^{44}tɕʰioŋ^{44}	辣姜 la^{2}tɕia^{44}
77 瑞安	姜 tɕiɛ^{44}	洋葱 iɛ^{22}tsʰoŋ^{44}	辣椒 lɔ^{2}tɕy^{44}
78 平阳	姜 tɕie^{55}	番葱 fɔ^{33}tʃʰoŋ^{55}	辣椒 lɔ^{21}tɕye^{55}
79 文成	姜 tɕie^{55}	洋葱 ie^{21}tʃʰoŋ^{33}	辣椒 lɔ^{21}tɕyø^{33}
80 苍南	姜 tɕie^{44}	番葱 hua^{33}tsʰoŋ^{44}	辣茄儿 la^{11}dzɛ^{11}ŋ^{0} 辣椒 la^{11}tɕyɔ^{44}
81 建德徽	生姜 sɛ^{53}tɕie^{213}	洋葱头 ȵiɛ^{33}tsʰoŋ^{21}tɤɯ^{55}	番椒 fɛ^{53}tɕiɔ^{213}
82 寿昌徽	生姜 sæ^{11}tɕiɑ̃^{112}	洋葱 iɑ̃^{11}tsʰəŋ^{112}	老虎 lɤ^{33}xu^{24}
83 淳安徽	生姜 sɑ̃^{21}tɕiɑ̃^{55}	洋葱 iɑ̃^{43}tsʰon^{24}	辣朴=子 lɑʔ^{13}pʰoʔ^{5}tsɿ^{21}
84 遂安徽	生姜 sɑ̃^{55}tɕiɑ̃^{534}	洋大葱 iɑ̃^{33}tʰa^{55}səŋ^{43}	辣椒 lɑ^{21}tɕi^{24}
85 苍南闽	姜 kĩũ^{55}	番葱 huan^{33}tsan^{55}	辣椒 lua^{21}kio^{24}
86 泰顺闽	姜 kio^{213}	洋葱 io^{21}tsʰəŋ^{213}	番椒 fæŋ^{22}tɕiɐu^{213}
87 洞头闽	姜 kiɯŋ^{33}	洋葱 iɯŋ^{212}tsʰaŋ^{55}	番□ huan^{33}kiɯŋ^{33} 辣椒 lua^{212}tɕieu^{33}
88 景宁畲	姜 kiɔŋ^{44}	洋葱 iɔŋ^{22}tsʰoŋ^{44}	辣椒 lɔt^{2}tɕiəu^{445}小

方言点	0208 茄子统称	0209 西红柿	0210 萝卜统称
01 杭州	茄子 dʑia^{22}tsɿ^{53}	番茄 fɛ^{33}ga^{45}	萝卜 ləu^{22}boʔ^{5}
02 嘉兴	茄子 gᴀ^{13}tsɿ^{42}	番茄 fᴇ^{33}gᴀ^{42}	萝卜 lou^{21}pu^{33}
03 嘉善	落苏 luoʔ^{2}su^{53}	番茄 fɛ^{35}ga^{53}	萝卜 lo^{22}bo^{31}
04 平湖	落苏 loʔ^{23}su^{53}	番茄 fɛ^{44}ga^{0}	萝卜 lɔ^{24}boʔ^{0}
05 海盐	落苏 lɔʔ^{23}su^{53}	番茄 fɛ^{55}gɑ^{53}	萝卜 lo^{24}bu^{21}
06 海宁	茄子 ga^{33}tsɿ^{55}	番茄 fɛ^{55}ga^{55}	萝卜 lo^{33}bo^{53}
07 桐乡	茄子 ga^{21}tsɿ^{44}	番茄 fɛ^{44}ga^{44}	萝卜 lo^{21}bu^{44}
08 崇德	茄子 gɑ^{21}tsɿ^{44}	番茄 fɛ^{44}gɑ^{44}	萝卜 lu^{21}bu^{44}
09 湖州	茄子 ga^{33}tsɿ^{35}	番茄 fɛ^{44}ga^{44}	萝卜 ləu^{33}bəu^{35}
10 德清	茄儿 ga^{11}n^{13}	番茄 fɛ^{44}ga^{44}	萝卜 ləu^{11}bu^{13}
11 武康	茄儿 ga^{11}n^{13}	番茄 fɛ^{44}ga^{44}	萝卜 lu^{11}bu^{13}
12 安吉	茄子 dʑia^{22}tsɿ^{22}	番茄 fᴇ^{55}dʑia^{55}	萝卜 lʊ^{22}bʊ^{22}
13 孝丰	茄子 dʑia^{22}tsɿ^{22}	番茄 fɛ^{44}ga^{44}	萝卜 lu^{22}bu^{22}
14 长兴	茄子 ga^{12}tsɿ^{33}	番茄 fᴇ^{44}ga^{44}	萝卜 ləu^{22}bu^{24}
15 余杭	茄儿 ga^{13}n^{13}	番茄 fɛ^{55}ga^{33}	萝卜 luo^{31}bu^{13}
16 临安	茄子 dʑia^{31}tsɿ^{33}	番茄 fɛ^{53}ga^{33}	萝卜 lo^{33}bo^{33}
17 昌化	辣$^{=}$苏 laʔ^{2}su^{334}	番茄 fɔ̃^{33}ga^{45} 洋番茄 iã^{11}fɔ̃^{33}ga^{45}	萝卜 lɯ^{11}bu^{243}
18 於潜	落苏 læʔ^{2}su^{433}	番茄 fɛ^{43}ga^{223}	萝卜 lɔ^{22}pu^{24}
19 萧山	茄子 dʑia^{21}tsɿ^{33}	番茄 fɛ^{33}dʑia^{33}	萝卜 lo^{13}boʔ^{5}
20 富阳	茄子 dʑia^{13}tsɿ^{55}	番茄 fã^{55}dʑia^{55}	萝卜 loʔ^{2}bu^{55}
21 新登	落苏 laʔ^{2}su^{45}	番茄 fɛ^{53}dʑia^{233}	萝卜 lɔʔ^{2}bu^{21}
22 桐庐	茄子 dʑia^{21}tsɿ^{35}	番茄 fã^{35}dʑia^{13}	老卜 lɔ^{21}pu^{35}
23 分水	落苏 laʔ^{12}su^{44}	番茄 fã^{44}dʑia^{21}	萝卜 lo^{21}po^{24}

续表

方言点	0208 茄子统称	0209 西红柿	0210 萝卜统称
24 绍兴	茄子 dʑia^{22}tseʔ^{5}	番茄 fɛ̃^{33}dʑia^{231}	萝卜 lo^{22}boʔ^{3}
25 上虞	茄子 dʑia^{21}tsɿ^{35}	番茄 fɛ̃^{33}ga^{213}	萝卜 lʊ^{21}boʔ^{2}
26 嵊州	茄子 dʑia^{22}tsəʔ^{5}	番茄 fɛ̃^{53}dʑia^{231}	萝卜 loʔ^{2}boʔ^{3}
27 新昌	茄 dʑia^{22}	番茄 fɛ̃^{45}dʑia^{534}	萝卜 lɤʔ^{2}bɤʔ^{2}
28 诸暨	茄子 dʑiᴀ^{13}tsɿ^{21}	番茄 fɛ^{21}dʑiᴀ^{242}	萝卜 lɤu^{21}boʔ^{13}
29 慈溪	茄 dʑiẽ^{13} 茄子 dʑia^{13}tsɿ^{0}	番茄 fɛ̃^{33}ga^{13}	萝卜 ləu^{11}boʔ^{2}
30 余姚	茄 dʑia^{13}	番茄 fã^{44}ga^{13}	萝卜 lou^{13}boʔ^{2}
31 宁波	茄 dze^{13}	番茄 fɛ^{44}ga^{13}	萝卜 ləu^{13}boʔ^{2}
32 镇海	茄子 dʑia^{22}tsɿ^{53} 茄 dʑie^{24}	番茄 fɛ^{33}ga^{31}	萝卜 ləu^{22}boʔ^{2}
33 奉化	茄 dʑiɛ^{324}	番茄 fɛ^{44}ga^{31}	萝卜 ləu^{33}boʔ^{2}
34 宁海	茄 dʑia^{213}	番茄 fe^{33}dʑia^{31}	菜头 tsʰei^{33}diu^{213}
35 象山	茄 dʑia^{31}	番茄 fɛ^{44}dʑia^{13}	萝卜 ləu^{31}boʔ^{2}
36 普陀	茄 dʑiɛ^{24}	番茄 fɛ^{33}gɐʔ^{5}	老卜 lɔ^{33}boʔ^{5}
37 定海	茄 dʑia^{13} 茄 dʑiɛ^{13}小	番茄 fɛ^{33}ga^{52}	萝卜 lɔ^{33}boʔ^{5}
38 岱山	茄 dʑiɛ^{213}小	番茄 fɛ^{33}ga^{52}	萝卜 lɔ^{33}boʔ^{2}
39 嵊泗	茄 dʑiɛ^{213}小	番茄 fɛ^{33}ga^{45}	萝卜 lɔ^{33}boʔ^{2}
40 临海	茄 dʑia^{21}	番茄 fɛ^{33}dʑia^{51}	萝卜 lo^{33}boʔ^{23}
41 椒江	茄 dʑia^{24}小	番茄 fɛ^{33}dʑia^{41}	菜头 tsʰə^{33}dio^{24}小
42 黄岩	茄 dʑia^{121}	番茄 fɛ^{33}dʑia^{41}	菜头 tsʰe^{33}dio^{24}小
43 温岭	茄 dʑia^{31}	番茄 fɛ^{35}dʑia^{41}	菜头 tsʰe^{33}dɤ^{24}小
44 仙居	茄 dʑyɑ^{353}小	欢$^{=}$茄 hua^{33}dʑyɑ^{353}小	菜头 tsʰæ^{55}dəɯ^{353}小
45 天台	茄 gia^{51}	番茄 fe^{33}gia^{0}	菜头 tsʰei^{33}deu^{51}

续表

方言点	0208 茄子统称	0209 西红柿	0210 萝卜统称
46 三门	茄 dʑia^{252}	番茄 fɛ^{33}dʑia^{31}	菜头 tsʰe^{44}dɤɯ^{252}
47 玉环	茄 dʑia^{24}小	番茄 fɛ^{33}dʑia^{41}	菜头 tsʰe^{33}diɤ^{24}小
48 金华	落苏 loʔ^{21}su^{55}	番茄 fɛ̃^{33}tɕia^{55}	萝卜 lɑo^{33}boʔ^{212}
49 汤溪	落苏 lɔ^{11}su^{52}	番茄 fã^{24}dʑiɑ^{0}	芦菔 lou^{33}pou^{24}
50 兰溪	落苏 ləʔ^{12}su^{45}	番茄儿 fæ̃^{334}kɑŋ^{45}	萝卜 lɔʔ^{12}bɔʔ^{12}
51 浦江	茄菜 dʑiɑ^{24}tsʰa^{334}	番茄 fan^{55}tɕiɑ^{334}	萝卜 lo^{33}bɯ^{334}
52 义乌	茄儿 gən^{213}	番茄 fan^{33}tɕia^{45}	萝卜 lɔ^{22}bau^{312}
53 东阳	落苏儿 lo^{23}sun^{33}	番茄 fan^{33}tɕia^{53}	萝卜 la^{22}bou^{35}
54 永康	落苏 lɑu^{33}su^{55}/luɑ^{33}su^{55}	番茄 fa^{33}kuɑ^{55}	萝卜 lɑu^{33}bu^{113}
55 武义	落苏 lɑu^{53}su^{24}	番茄 fuo^{32}kuɑ^{53}	萝卜 lɔʔ^{5}bɔ^{213}
56 磐安	落苏儿 lo^{55}sun^{445}	番茄 fan^{33}tɕia^{52}	萝卜 la^{22}pʌo^{334}
57 缙云	落茄 lɔ^{51}gu^{243}	番茄 fɑ^{44}gu^{44}	菜头 tsʰei^{44}diuŋ^{243}
58 衢州	落苏 ləʔ^{2}su^{32}	番茄 fã^{32}kɑ^{53}	劳=卜 lɔ^{21}bəʔ^{12}
59 衢江	老=苏 lɔ^{22}sɤ^{33}	洋番椒 iã^{33}fã^{33}tɕiɔ^{33} 洋番茄 iã^{33}fã^{33}ka^{53}	劳=卜 lɔ^{33}bəʔ^{2}
60 龙游	落苏 lɔʔ^{4}su^{334}	番茄 fã^{33}kɑ^{334}	落=卜 lɔʔ^{4}bɔʔ^{23}
61 江山	茄 go^{213}	番茄 faŋ^{24}gɒ^{51}	劳=卜 lɐɯ^{22}boʔ^{2}
62 常山	落苏 laʔ^{3}suə^{44}	洋辣椒 iã^{22}laʔ^{3}tɕiɤ^{44} 番茄 fã^{43}tɕiɑ^{52}	辣=卜 laʔ^{3}bɤʔ^{34}
63 开化	落苏 laʔ^{2}suo^{44}	番椒 fã^{44}tɕiəɯ^{44}	菜头 tɕʰi^{44}tu^{53} 萝卜 ləʔ^{2}bəʔ^{13}
64 丽水	茄 dʑio^{22}	番茄 fã^{44}kuo^{224}	菜头 tsʰɛ^{224}təɯ^{52}老 萝卜 ləʔ^{21}bəʔ^{23}新
65 青田	茄 dʑiu^{21}	番茄 fɑ^{22}ku^{445}	菜头 tsʰɛ^{33}deu^{53}
66 云和	茄 dʑio^{312}	番茄 fã^{44}ko^{24}	菜头 tsʰa^{44}dəɯ^{312}

续表

方言点	0208 茄子统称	0209 西红柿	0210 萝卜统称
67 松阳	落苏 loʔ^{2}sɿə^{53}	西红柿 sɿə^{24}ŋ^{33}zɿə^{22}	菜头 tsʰei^{33}dei^{31}
68 宣平	辣= 苏 lɑʔ^{42}su^{324}	番茄 fɑ̃^{44}ko^{324}	萝卜 lɔ^{44}bəʔ^{23}
69 遂昌	落苏 lɔʔ^{2}suə^{45}	番茄 faŋ^{33}dʑiɒ^{221}	菜头 tsʰei^{33}du^{221}
70 龙泉	茄 dʑio^{21}	番茄 faŋ^{45}dʑio^{21}	菜头 tsʰᴇ^{21}diəu^{21}
71 景宁	绿茄 lioʔ^{23}dʑio^{41}	番茄 fɔ^{33}ko^{324} 西红柿 ɕi^{33}ŋ^{55}zɿ^{33}	菜头 tsʰai^{33}dəɯ^{41}
72 庆元	茄 tɕiɑ^{52}	洋辣椒 iɑ̃^{52}lɑʔ^{34}tɕiɒ^{335}	菜脑 tsʰæi^{55}nɒ^{221} 萝卜头 lɑʔ^{34}pɤʔ^{34}tiɯ^{52}
73 泰顺	落茄 lo^{21}tɕyɔ^{53}	番茄 fã^{22}tɕyɔ^{53}	菜头 tsʰæi^{22}təu^{53}
74 温州	茄儿 dzɿ^{22}ŋ^{12}	番茄 fa^{33}ga^{14}	菜头 tsʰe^{33}dɤu^{223}
75 永嘉	茄儿 dzɿ^{22}ŋ^{0}	番茄 fa^{33}ga^{13}	菜头 tsʰe^{33}dəu^{21}
76 乐清	茄 dʑi^{212}小	番茄 fᴇ^{44}ga^{223}	菜头 tɕʰie^{35}diu^{212}小
77 瑞安	落茄 lo^{22}dʑi^{21}	番茄 fɔ^{33}ga^{21}	菜头 tsʰe^{33}dou^{21}
78 平阳	落茄 lo^{21}dʑi^{13}	番茄 fɔ^{33}gᴀ^{55}	菜头 tʃʰe^{33}dɛu^{35}
79 文成	落茄 lo^{21}dʑi^{33}	番茄 fɔ^{33}ga^{33}	菜头 tʃʰe^{42}diou^{13}
80 苍南	茄儿 dzɛ^{11}ŋ^{0}	番茄 hua^{33}gia^{21}	菜头 tsʰe^{33}dɛu^{21}
81 建德徽	落苏 lo^{21}su^{53}	番茄 fɛ^{53}kɑ^{55}	萝卜 lo^{33}pu^{33}
82 寿昌徽	落苏 lɔʔ^{3}su^{112}	番茄 fæ̃^{33}tɕiɑ^{33}	萝卜 lɔʔ^{3}pʰɔʔ^{31}
83 淳安徽	落叔= lɑʔ^{13}soʔ^{5}	番茄 fɑ̃^{21}ko^{55}	萝卜 lɤ^{43}pʰoʔ^{5}
84 遂安徽	落粟= lo^{21}sɿ^{24}	番茄 fɑ̃^{55}tɕiɑ^{42}	萝卜 lə^{33}pu^{33}
85 苍南闽	茄牯 kio^{21}kɔ^{43}	西红柿 se^{33}an^{21}ki^{21}	菜头 tsʰai^{33}tʰau^{24}
86 泰顺闽	茄团 køi^{21}ki^{344}	西红柿 sei^{22}uəŋ^{22}kʰi^{31}	菜头 tsʰai^{34}tʰau^{22}
87 洞头闽	茄 kieu^{113}	番茄 huan^{24}ka^{33}	菜头 tsʰai^{33}tʰau^{24}
88 景宁畲	茄 kʰio^{325}	番茄 fan^{44}kʰio^{325}	菜头 tsʰoi^{44}tʰiəu^{445}小

方言点	0211 胡萝卜	0212 黄瓜	0213 丝瓜无棱的
01 杭州	红萝卜 oŋ^{22} ləu^{22} boʔ^{5}	黄瓜儿 uaŋ^{22} kua^{33} əl^{45}	丝瓜儿 sɿ^{33} kua^{45} əl^{53}
02 嘉兴	丁香萝卜 tiŋ^{33} ɕiᴀ̃^{33} lou^{21} pu^{21}	黄瓜 uᴀ̃^{21} ko^{33}	丝瓜 sɿ^{33} ko^{42}
03 嘉善	丁香萝卜 tin^{35} ɕiã^{55} lo^{31} bo^{0}	黄瓜 uã^{13} ko^{53}	丝瓜 sɿ^{35} ko^{53}
04 平湖	胡萝卜 u^{24} lɔ^{0} boʔ^{0}	黄瓜 uɑ̃^{24} ko^{53}	丝瓜 sɿ^{44} ko^{0}
05 海盐	洋花萝卜 iɛ̃^{24} xo^{55} lo^{24} bu^{21}	黄瓜 uɑ̃^{24} ko^{53}	丝瓜 sɿ^{55} ko^{53}
06 海宁	洋花萝卜 iã^{33} ho^{55} lo^{55} bo^{0}	黄瓜 uɑ̃^{33} ko^{55}	丝瓜 sɿ^{55} ko^{55}
07 桐乡	丁香萝卜 tiŋ^{44} ɕiã^{44} lo^{44} bu^{44}	黄瓜 ɒ̃^{21} ko^{44}	丝瓜 sɿ^{44} ko^{44}
08 崇德	洋花萝卜 iã^{21} ho^{44} lu^{44} bu^{44}	黄瓜 uã^{21} ko^{44}	丝瓜 sɿ^{44} ko^{44}
09 湖州	丁香萝卜 tin^{44} ɕiã^{44} ləu^{44} bu^{44}	黄瓜 uã^{33} kuo^{35}	丝瓜 sɿ^{44} kuo^{44}
10 德清	丁香萝卜 tin^{44} ɕiã^{44} ləu^{44} bu^{44}	黄瓜 uã^{11} kuo^{35}	丝瓜 sɿ^{44} kuo^{44}
11 武康	丁香萝卜 tin^{53} ɕiã^{44} lu^{44} bo^{44}	黄瓜 uã^{11} ko^{35}	丝瓜 sɿ^{44} ko^{44}
12 安吉	丁香萝卜 tiŋ^{55} ɕiã^{55} lʊ^{55} bʊ^{55}	黄瓜 uɔ̃^{22} kʊ^{55}	丝瓜 sɿ^{55} kʊ^{55}
13 孝丰	胡萝卜 u^{22} lu^{22} bu^{22}	黄瓜 uɔ̃^{22} kʊ^{22}	丝瓜 sɿ^{44} kʊ^{44}
14 长兴	丁香萝卜 tiŋ^{44} ʃiã^{44} ləu^{44} bu^{44}	黄瓜 ɔ̃^{12} ku^{33}	丝瓜 sɿ^{44} ku^{44}
15 余杭	丁香萝卜 tiŋ^{55} ɕiɑ̃^{55} luo^{33} bu^{33}	黄瓜儿 uɑ̃^{33} kuo^{53} n^{31}	丝瓜儿 sɿ^{55} kuo^{55} n^{33}
16 临安	药性萝卜 iɐʔ^{2} ɕieŋ^{53} luo^{33} buo^{33}	黄瓜 uɑ̃^{31} ko^{33}	丝瓜 sɿ^{53} ko^{33}
17 昌化	红萝卜 əŋ^{11} lɯ^{11} bu^{243} 胡萝卜 u^{11} lɯ^{11} bu^{243}	胡瓜 u^{11} ku^{334}	丝瓜 sɿ^{33} ku^{45}
18 於潜	药萝卜 iæʔ^{2} lɔ^{22} pu^{24} 红萝卜 oŋ^{22} lɔ^{22} pu^{24}	黄瓜 uaŋ^{22} kua^{433}	丝瓜 sɿ^{43} kua^{433}
19 萧山	胡萝卜 u^{13} lo^{33} boʔ^{5} 药性萝卜 laʔ^{21} ɕiŋ^{35} loʔ^{33} bəʔ^{21}	黄瓜 uɔ̃^{13} kuo^{35}	丝瓜 sɿ^{33} kuo^{33}
20 富阳	红萝卜 oŋ^{13} loʔ^{2} bu^{55}	黄瓜 uɑ̃^{13} kuo^{55}	丝瓜 sɿ^{55} kuo^{55}
21 新登	黄萝卜 uɑ̃^{233} lɔʔ^{2} bu^{21}	黄瓜 uɑ̃^{233} kua^{334}	丝瓜 sɿ^{53} kua^{334}
22 桐庐	红老卜 oŋ^{21} lɔ^{21} pu^{35}	黄瓜 uã^{21} kuo^{35}	丝瓜 sɿ^{35} kuo^{13}

续表

方言点	0211 胡萝卜	0212 黄瓜	0213 丝瓜无棱的
23 分水	红萝卜 xoŋ^{21} lo^{21} po^{24}	黄瓜 xuã^{21} kua^{44}	丝瓜 sɿ^{44} kua^{44}
24 绍兴	胡萝卜 u^{22} lo^{22} boʔ^{3} 红萝卜 oŋ^{22} lo^{22} boʔ^{3}	黄瓜 uɑŋ^{22} kuo^{53}	丝瓜 sɿ^{33} kuo^{53}
25 上虞	胡萝卜 vu^{21} lʊ^{21} boʔ^{2}	胡瓜 vu^{21} kuo^{35}	丝瓜 sɿ^{33} kuo^{35}
26 嵊州	胡萝卜 u^{22} loʔ^{2} boʔ^{3}	青瓜 tɕʰiŋ^{53} kuo^{334} 黄瓜 uɔŋ^{22} kuo^{334}	丝瓜 sɿ^{53} kuo^{334}
27 新昌	胡萝卜 u^{13} lɤʔ^{5} bɤʔ^{2}	黄瓜 uɔ̃^{13} kuo^{534}	天萝 tʰiɛ̃^{45} lɤ^{534}
28 诸暨	黄萝卜 vɑ̃^{13} lɤu^{33} boʔ^{5}	黄瓜 vɑ̃^{21} ko^{42}	丝瓜 sɿ^{21} ko^{42}
29 慈溪	胡萝卜 vu^{13} ləu^{0} boʔ^{2}	青瓜 tɕʰiŋ^{33} kuo^{35} 黄瓜 uɔ̃^{11} kuo^{35} 胡瓜 vu^{11} kuo^{35}	丝瓜 sɿ^{33} kuo^{35}
30 余姚	红萝卜 uŋ^{13} lou^{13} boʔ^{2}	青瓜 tɔʰiə̃^{44} kuo^{44} 黄瓜 uɔŋ^{13} kuo^{44} 胡瓜 vu^{13} kuo^{44}	丝瓜 sɿ^{44} kuo^{44}
31 宁波	红萝卜 oŋ^{13} ləu^{13} boʔ^{2}	黄瓜 uɔ^{13} ko^{53}	丝瓜 sɿ^{44} ko^{53}
32 镇海	红萝卜 oŋ^{22} ləu^{22} boʔ^{2}	黄瓜 uɔ̃^{22} ko^{53}	丝瓜 sɿ^{33} ko^{53}
33 奉化	胡萝卜 vu^{33} ləu^{33} boʔ^{2}	黄瓜 uɔ̃^{33} kuo^{53}	天萝 tʰi^{44} ləu^{31}
34 宁海	红萝卜 oŋ^{21} ləu^{21} boʔ^{3}	青瓜 tɕʰiŋ^{33} ko^{53} 黄瓜 uɔ̃^{21} ko^{53}	天萝 tʰie^{33} ləu^{31}
35 象山	红萝卜 oŋ^{31} ləu^{31} boʔ^{2}	黄瓜 uɔ̃^{31} kuo^{35}	天萝 tʰi^{44} ləu^{13}
36 普陀	胡老卜 u^{33} lɔ^{55} boʔ^{0}	黄瓜 uɔ̃^{33} ko^{53}	天萝 tʰi^{33} ləu^{53} 丝瓜 sɿ^{33} ko^{53}
37 定海	胡萝卜 u^{33} lɔ^{44} boʔ^{0} 老 胡萝卜 u^{33} lʌu^{44} boʔ^{0} 新	黄瓜 uɔ̃^{33} kuo^{52}	丝瓜 sɿ^{33} kuo^{52} 天萝 tʰi^{33} lʌu^{52}
38 岱山	胡老卜 u^{33} lɔ^{44} boʔ^{0}	黄瓜 uɔ̃^{33} kuo^{52}	丝瓜 sɿ^{33} kuo^{52} 天萝 tʰi^{33} lʌu^{53}
39 嵊泗	胡老卜 u^{24} lɔ^{0} boʔ^{0}	黄瓜 uɔ̃^{33} kuo^{53}	天萝 tʰi^{33} lʌu^{53} 丝瓜 sɿ^{33} kuo^{53}
40 临海	红萝卜儿 oŋ^{33} loŋ^{33} boŋ^{51}	黄瓜 ɔ̃^{35} kua^{31}	天萝 tʰi^{33} lo^{51}

续表

方言点	0211 胡萝卜	0212 黄瓜	0213 丝瓜无棱的
41 椒江	萝卜 ləu^{22} boʔ^{2}	刺瓜 tsʰɿ^{33} kua^{35} 小	天萝絮 tʰie^{33} ləu^{22} sɿ^{55}
42 黄岩	红萝卜 oŋ^{13} lou^{22} boʔ^{2}	刺瓜 tsʰɿ^{33} kua^{35} 小	天萝絮 tʰie^{33} lou^{22} sɿ^{55}
43 温岭	萝卜 lu^{13} boʔ^{2}	刺瓜 tsʰɿ^{33} ko^{15} 小	天萝絮 tʰie^{33} lu^{13} sɿ^{55}
44 仙居	红萝卜 oŋ^{33} lo^{33} bəʔ^{23}	黄瓜 uɑ̃^{33} ko^{53}	天萝 tʰie^{53} lo^{0}
45 天台	红萝卜 ŋ^{22} lou^{22} buʔ^{2}	黄瓜 uɔ^{22} ko^{51}	天萝 tʰie^{33} lou^{0}
46 三门	红萝卜 oŋ^{11} lʊ^{11} boʔ^{23}	黄瓜 uɔ^{11} ko^{52}	天萝 tʰie^{33} lʊ^{31}
47 玉环	红萝卜 oŋ^{22} ləu^{22} boʔ^{2}	刺瓜 tsʰɿ^{33} kua^{35} 小	天萝絮 tʰie^{33} ləu^{22} sɿ^{55}
48 金华	红萝卜 oŋ^{33} lɑo^{33} boʔ^{212}	黄瓜 uɑŋ^{31} kuɑ^{55}	天萝 tʰia^{33} luɤ^{55}
49 汤溪	红芦菔 ɑo^{33} lou^{33} pou^{24}	瓠瓜 u^{11} kuɑ^{52}	天萝 tʰie^{24} luɤ^{0}
50 兰溪	红萝卜 oŋ^{21} lɔʔ^{12} bɔʔ^{12}	黄瓜 uɑŋ^{21} kuɑ^{45}	天萝 tʰia^{334} luɤ^{45}
51 浦江	胡萝卜儿 u^{33} lo^{33} bɯn^{55}	黄瓜 õ^{24} kuɑ^{334}	天萝 tʰiɑ̃^{55} lɯ^{334}
52 义乌	红萝卜 oŋ^{22} lɔ^{33} bau^{312}	黄瓜 ŋ^{22} kua^{45}	天萝 tʰia^{33} luɤ^{45}
53 东阳	红萝卜儿 ɔm^{33} la^{22} boun^{53}	黄瓜 ɔ^{22} kua^{53}	天萝 tʰi^{33} lou^{53}
54 永康	红萝卜 oŋ^{33} lɑu^{33} bu^{241} 小	黄瓜 uɑŋ^{33} guɑ^{241} 小	天萝 tʰia^{33} luo^{22}
55 武义	红萝卜 oŋ^{55} lɔʔ^{5} bɔ^{213}	黄瓜 uɑŋ^{32} kuɑ^{53}	天萝 tʰie^{32} luo^{53}
56 磐安	红萝卜儿 ɔom^{22} la^{22} bon^{14}	黄刺瓜儿 ɔom^{21} tɕʰi^{52} kuan^{445}	天萝 tʰie^{33} luɤ^{52}
57 缙云	红菜头 ɔ̃u^{44} tsʰei^{44} diuŋ^{322}	黄瓜 ɔ^{44} kɤ^{44}	天萝 tʰia^{44} lu^{453}
58 衢州	红劳=卜 oŋ^{21} lɔ^{53} bəʔ^{12}	黄瓜 uɑ̃^{21} kuɑ^{32}	天萝 tiẽ^{32} lu^{53}
59 衢江	红劳=卜 əŋ^{33} lɔ^{33} bəʔ^{2}	黄瓜 ɑ̃^{33} kuo^{33}	天萝 tʰie^{25} lu^{31}
60 龙游	红落=卜 oŋ^{33} lɔʔ^{2} bəʔ^{23}	黄瓜 uã^{33} ku^{334}	天萝 tʰie^{35} lu^{21}
61 江山	红劳=卜 oŋ^{22} lɐɯ^{22} boʔ^{2}	黄瓜 yaŋ^{22} kyə^{44}	天萝 tʰiɛ^{24} lo^{51}
62 常山	红辣=卜 oŋ^{22} laʔ^{3} bɤʔ^{34}	黄瓜 iɔ̃^{22} tɕye^{44}	天萝 tʰiɛ̃^{52} lɔ^{0}
63 开化	红菜头 ɤŋ^{21} tɕʰi^{44} tu^{53} 红萝卜 ɤŋ^{21} ləʔ^{2} bəʔ^{13}	黄瓜 yã^{21} kuɑ^{44}	天萝 tʰiɛ̃^{53} lɔ^{0}
64 丽水	红萝卜 ŋ^{21} ləʔ^{21} bəʔ^{23}	黄瓜 ɔŋ^{22} kuo^{224}	天萝 tʰiɛ^{224} lu^{52} 老 丝瓜 sɿ^{44} kuo^{224} 新

续表

方言点	0211 胡萝卜	0212 黄瓜	0213 丝瓜无棱的
65 青田	年年红 ȵiɑ^{21} ȵiɑ^{55} oŋ^{53}	刺瓜 tsʰɿ^{22} ku^{445} 老 黄瓜 o^{21} ku^{445} 新	天萝瓜 tʰiɑ^{33} loʔ^{3} ku^{445}
66 云和	红菜头 oŋ^{223} tsʰa^{44} dəɯ^{312}	黄瓜 ɔ̃^{223} ko^{24}	天萝 tʰiɛ^{44} lu^{312}
67 松阳	红菜头儿 ŋ^{33} tsʰei^{24} dei^{21} n^{24}	黄瓜 oŋ^{33} kuə^{53}	天萝 tʰiɛ̃^{33} lu^{31}
68 宣平	红萝卜 ən^{44} lɔ^{44} bəʔ^{23}	黄瓜 ɔ̃^{43} ko^{324}	天萝 tʰiɛ^{44} lo^{433}
69 遂昌	红菜头儿 əŋ^{21} tsʰei^{33} du^{22} ȵiɛ^{213}	黄瓜 ɔŋ^{21} kɒ^{45}	天萝 tʰiɛ̃^{55} lu^{213}
70 龙泉	红菜头 ŋ^{45} tsʰᴇ^{21} diəu^{21}	瓜儿 kuo^{45} ȵi^{55}	天萝 tʰiᴇ^{45} lou^{21}
71 景宁	红萝卜 ŋ^{55} lo^{33} boʔ^{23}	黄瓜 ɔŋ^{33} ko^{324}	天萝 tʰiɛ^{33} lo^{41}
72 庆元	胡萝卜 uɤ^{52} loʔ^{34} poʔ^{34}	黄瓜 ɔ̃^{52} ko^{335}	天萝 tʰiɑ̃^{33} lo^{52}
73 泰顺	红萝卜 uoŋ^{22} lo^{22} poʔ^{2}	刺瓜 tsʰɿ^{22} kuɔ^{213}	天萝 tʰiã^{22} lo^{53}
74 温州	红菜头 oŋ^{23} tsʰe^{33} dɤu^{223}	黄瓜 uɔ^{22} ko^{33}	天萝瓜 tʰi^{33} lɤu^{22} ko^{33}
75 永嘉	萝卜 lo^{13} bu^{213}	黄瓜 ɔ^{22} ko^{44}	天萝瓜 tʰi^{33} lo^{31} ko^{44}
76 乐清	红萝卜 oŋ^{22} lo^{24} bo^{212}	黄瓜 ɔ^{22} kuɯʌ^{44}	天萝瓜 tʰiᴇ^{34} lo^{22} kuɯʌ^{44}
77 瑞安	萝卜 lo^{22} bu^{21}	黄瓜 o^{22} ku^{44}	天萝瓜 tʰi^{35} lou^{21} ku^{44}
78 平阳	红萝卜 oŋ^{13} lu^{35} bu^{13}	黄瓜 o^{21} kuo^{35}	天萝瓜 tʰie^{45} lu^{33} kuo^{55}
79 文成	萝卜 lo^{21} bu^{13}	刺瓜 tɕʰi^{42} ko^{33}	天萝瓜 tʰie^{33} lo^{21} ko^{33}
80 苍南	胡萝卜 u^{11} lo^{11} bu^{112}	黄瓜 o^{11} ko^{44}	天萝瓜 tʰy^{42} ly^{11} ko^{44}
81 建德徽	红萝卜 oŋ^{33} lo^{33} pu^{33}	黄瓜 ŋo^{33} ko^{53}	丝瓜 sɿ^{53} ko^{213}
82 寿昌徽	红萝卜 ɔŋ^{33} lɔʔ^{3} pʰɔʔ^{31}	胡瓜 u^{11} kuə^{112}	丝瓜 sɿ^{11} kuə^{112}
83 淳安徽	红萝卜 on^{43} lɤ^{21} pʰoʔ^{5}	软⁼瓜 vã^{43} ko^{24}	丝瓜 sa^{21} ko^{55}
84 遂安徽	胡萝卜 u^{33} lə^{33} pu^{33}	生瓜 sɑ̃^{55} kuɑ^{33}	丝瓜 sɿ^{55} kuɑ^{33}
85 苍南闽	红萝卜 an^{21} la^{21} pa^{24}	黄瓜 ɯŋ^{21} kue^{55}	刺瓜 tsʰɯ^{33} kue^{55}
86 泰顺闽	红菜头 uəŋ^{21} tsʰai^{34} tʰau^{22}	刺瓜 tsʰei^{34} kua^{213}	天萝 tʰie^{22} lou^{22}
87 洞头闽	胡萝卜 la^{212} pɐt^{24}	黄瓜 ɯŋ^{212} kue^{33}	刺瓜 tsʰɿ^{21} kue^{33}
88 景宁畲	赤菜头 tɕʰiaʔ^{5} tsʰoi^{44} tʰiəu^{445} 小	黄瓜 uɔŋ^{22} kɔ^{44}	南⁼箕⁼ nan^{22} tɕi^{51}

方言点	0214 南瓜扁圆形或梨形，成熟时赤褐色	0215 荸荠	0216 红薯统称
01 杭州	南瓜 nε^{22}kua^{45}	荸荠 baʔ^{2}dʑi^{45} 地栗 di^{22}liεʔ^{5}	番薯 fε^{33}zɥ^{45}
02 嘉兴	南瓜 nə^{21}ko^{33}	荸荠 bəʔ^{1}dʑi^{33} 地梨 di^{21}li^{33}	山薯 sᴇ^{33}zɥ^{42}
03 嘉善	饭瓜 vε^{35}ko^{0} 小	荸荠 bɜʔ^{2}dʑi^{31}	山薯 sε^{35}zɥ^{53}
04 平湖	香瓜 ɕiã^{55}ko^{31}	地栗 di^{21}liəʔ^{5}	番芋 fε^{55}y^{31}
05 海盐	南瓜 nɤ^{24}ko^{53}	地蹄 di^{21}di^{55}	山薯 sε^{55}dʑy^{21}
06 海宁	南瓜 nei^{33}ko^{55}	地梨 di^{33}li^{53}	山薯 sε^{55}zɿ^{55}
07 桐乡	南瓜 nᴇ^{21}ko^{44}	地蹄⁼ di^{21}di^{53}	山薯 sε^{44}zɿ^{44}
08 崇德	南瓜 nᴇ^{21}ko^{44}	荸荠 bəʔ^{23}ʑi^{13}	山薯 sε^{44}zɿ^{44}
09 湖州	番瓜 fε^{44}kuo^{44}	荸荠 bieʔ^{2}ʑi^{35}	番薯 fε^{44}zɿ^{44}
10 德清	饭瓜 vε^{11}kuo^{35}	荸荠 bəʔ^{2}dʑi^{53}	番薯 fε^{44}zɿ^{44}
11 武康	饭瓜 vε^{11}ko^{35}	荸荠 bieʔ^{2}i^{53}	番薯 fε^{44}zɿ^{44}
12 安吉	饭瓜 vᴇ^{21}kʊ^{213}	蒲荠 bu^{22}ʑi^{22}	番薯 fᴇ^{55}zɿ^{55}
13 孝丰	饭瓜 vε^{21}kʊ^{24}	荸荠 bieʔ^{2}ʑieʔ^{23}	番薯 fε^{44}zɿ^{44}
14 长兴	番瓜 fᴇ^{44}ku^{44}	蒲荠 biᴇʔ^{2}ʒiᴇʔ^{2}	番薯 fᴇ^{44}zɿ^{44}
15 余杭	南瓜 nøʏ^{31}kuo^{35}	荸荠 bəʔ^{2}zi^{13}	番薯 fε^{55}zɿ^{33}
16 临安	南瓜 nə^{31}ko^{33}	蒲荠 bu^{33}dʑi^{13}	番薯 fε^{53}zɿ^{33}
17 昌化	北瓜 puəʔ^{5}kuəʔ^{5}	荸荠 biεʔ^{2}ʑiεʔ^{2}	番芋 fɔ̃^{33}y^{453}
18 於潜	南瓜 nε^{22}kua^{433}	蒲荠 bu^{22}i^{35}	番芋 fε^{43}y^{24}
19 萧山	南瓜 nə^{13}kuo^{33}	蒲荠 bu^{13}ʑi^{35}	番薯 fε^{33}zɿ^{33}
20 富阳	番瓜 fã^{55}kuo^{55}	荸荠 biεʔ^{2}i^{224}	番芋 fã^{55}y^{31}
21 新登	南瓜 nε̃^{233}kua^{334}	蒲荠 bu^{233}ɕiε^{334}	番芋 fε^{53}ɥ^{334}
22 桐庐	北瓜 pəʔ^{5}kuo^{13}	蒲荠 bu^{21}i^{35}	番芋 fã^{35}y^{13}
23 分水	香瓜 ɕiã^{44}kua^{44}	蒲荠 bu^{21}i^{24}	番芋 fã^{44}y^{24}

续表

方言点	0214 南瓜扁圆形或梨形，成熟时赤褐色	0215 荸荠	0216 红薯统称
24 绍兴	南瓜 nø̃^{22} kuo^{53}	蒲荠 bu^{22} i^{231}	番芋 fɛ̃^{33} y^{231}
25 上虞	南瓜 nɛ̃^{21} kuo^{35}	蒲荠 bu^{21} ʑi^{213}	番薯 fɛ̃^{33} ʑy^{213}
26 嵊州	饭瓜 uɛ̃^{22} kuo^{334}	蒲荠 bu^{22} dʑi^{231}	番薯 fɛ̃^{53} zɿ^{231}
27 新昌	饭瓜 uɛ̃^{22} kuo^{335}	蒲荠 bu^{13} dʑi^{33}	番薯 fɛ̃^{45} zɿ^{33}
28 诸暨	南瓜 nə^{21} ko^{42}	蒲荠 bu^{21} ʒʅ^{242}	番芋 fɛ^{21} y^{242}
29 慈溪	南瓜 nẽ^{11} kuo^{35}	蒲荠 bu^{11} i^{13}	番薯 fɛ̃^{33} zʮ^{13}
30 余姚	南瓜 nẽ^{13} kuo^{44}	蒲荠 bu^{13} i^{13}	番薯 fã^{44} zʮ^{13}
31 宁波	南瓜 nɐi^{22} ko^{53}	蒲荠 bu^{22} dʑi^{53}	番薯 fɛ^{44} zʮ^{53}
32 镇海	南瓜 nei^{22} ko^{53} 饭瓜 vɛ^{22} ko^{53}	蒲荠 bu^{22} dʑi^{22}	番薯 fɛ^{33} zʮ^{31}
33 奉化	饭瓜 vɛ^{31} kuø^{44}	蒲荠 bu^{33} dʑi^{31}	番薯 fɛ^{44} zʮ^{31}
34 宁海	黄南瓜 uɔ̃^{21} nø^{21} ko^{53} 长桶南瓜 dʑiã^{21} doŋ^{31} nø^{21} ko^{34}	蒲荠 bu^{21} dzɿ^{31}	番薯 fe^{33} dzɿ^{31}
35 象山	南瓜 nei^{31} kuo^{35}	蒲叶$^{=}$ bu^{31} ieʔ^{2}	番薯 fɛ^{44} dzʮ^{13}
36 普陀	饭瓜 vɛ^{11} ko^{55}	蒲荠 bu^{33} dʑi^{53}	番薯 fɛ^{33} zɿ^{53}
37 定海	饭瓜 vɛ^{11} kuø^{44} 老 南瓜 nɐi^{33} kuo^{52} 新	蒲荠 bu^{33} dʑi^{52}	番薯 fɛ^{33} zʮ^{52}
38 岱山	饭瓜 vɛ^{11} kuø^{44}	蒲荠 bu^{33} dʑi^{52}	番薯 fɛ^{33} zʮ^{52}
39 嵊泗	饭瓜 vɛ^{11} kuɤ^{45}	蒲荠 bu^{33} dʑi^{45}	番薯 fɛ^{33} zʮ^{53}
40 临海	南瓜 nø^{35} kua^{31}	蒲荠 bu^{31} ʑy^{51}	番薯 fɛ^{33} zɿ^{51}
41 椒江	南金瓜 lɛ^{22} tɕiŋ^{35} kua^{42}	蒲荠 bu^{31} ʑɿ^{41}	番薯 fɛ^{33} zɿ^{41}
42 黄岩	南金瓜 lɛ^{13} tɕin^{35} kua^{32}	蒲荠 bu^{13} ʑi^{41}	番薯 fɛ^{35} zɿ^{41}
43 温岭	南瓜 nøn^{24} ko^{31}	蒲荠 bu^{24} ʑy^{41} "荠"韵殊	番薯 fɛ^{35} zɿ^{41} □萂 fa^{35} ɯ^{41}/ha^{35} ɯ^{41}
44 仙居	瓜 ko^{334}	蒲荠 bu^{353} ʑi^{0}	番薯 fa^{53} zɿ^{0}

续表

方言点	0214 南瓜扁圆形或梨形，成熟时赤褐色	0215 荸荠	0216 红薯统称
45 天台	金瓜 kiŋ^{33}ko^{33}	蒲荠 bu^{22}ʑi^{31}	番薯 fe^{33}zɿ^{0}
46 三门	南瓜 nø^{11}ko^{334}	蒲荠 bu^{13}ʑi^{31}	番薯 fɛ^{33}zɿ^{31}
47 玉环	南金瓜 nɛ^{22}tɕiŋ^{55}ko^{42}	蒲荠 bu^{22}ʑi^{41}	番薯 fɛ^{33}zɿ^{41}
48 金华	金瓜 tɕiŋ^{33}kuɑ^{55}	蒲荠 bu^{31}ʑie^{14}	花⁼芋 xuɑ^{33}y^{55}
49 汤溪	花匏 xuɑ^{24}bu^{0}	糖蒲荠 tɔ^{33}pu^{24}zie^{0}	花⁼薯 xuɑ^{24}ʑy^{0}
50 兰溪	金瓜 tɕin^{334}kuɑ^{45}	糖蒲荠 dɑŋ^{21}bu^{21}zie^{24}	花⁼芋 xuɑ^{334}y^{45}
51 浦江	金瓜 tɕiən^{55}kuɑ^{334}	蒲荠 bu^{24}dʒi^{334}	番芋 fɑ̃^{55}y^{334}
52 义乌	金瓜 tɕiən^{33}kua^{45}	蒲荠 bu^{22}zi^{45}	番薯 fɔ^{33}zɿ^{45}
53 东阳	金瓜 tɕin^{33}kua^{53}	蒲荠 bu^{22}dzɿ^{53}	番薯 fɔ^{33}zɿ^{53}
54 永康	金瓜 tɕiŋ^{33}kuɑ^{55}	蒲荠 bu^{31}dʑie^{22}	番薯 fa^{33}ɕi^{52}
55 武义	金瓜 tɕin^{32}kuɑ^{53}	蒲荠 bu^{32}ʑie^{231}	山薯 suo^{32}ɕi^{53}
56 磐安	金瓜 tɕiɐn^{33}kua^{52}	蒲荠 bu^{21}tɕi^{52}	番薯 fɒ^{33}sɿ^{52}
57 缙云	金瓜 tɕiɛŋ^{44}ku^{44}	蒲荠 bu^{31}zɿ^{453}	番薯 fɑ^{44}sɿ^{453}
58 衢州	匏儿 bu^{21}ȵi^{35}	田荸荠 diẽ^{21}bəʔ^{2}sɿ^{53}	番薯 fã^{32}ʃy^{53}
59 衢江	金瓜 tɕiŋ^{33}kuo^{33}	皮⁼荠 bi^{22}sɿ^{53}	番薯 fã^{25}ɕy^{31}
60 龙游	金瓜 tɕin^{33}ku^{334}	蒲荠 bu^{224}zi^{231}	番薯 fã^{35}zɿ^{21}
61 江山	黄匏 yaŋ^{22}bə^{213}	皮⁼荠 bi^{22}ʑi^{213}	薯 dʑiə^{213}
62 常山	金瓜 kĩ^{44}tɕye^{44}	皮⁼荠 bi^{22}ʑi^{341}	番薯 fã^{52}dʑie^{0}
63 开化	南瓜 nã^{21}kuɑ^{44}	荸荠 baʔ^{2}ʑiɛ^{231}	番薯 fã^{53}dʑiɛ^{0}
64 丽水	金瓜 tɕin^{44}kuo^{224}老 南瓜 nuɛ^{22}kuo^{224}新	蒲荠 bu^{21}sɿ^{52}	番薯 fã^{224}sɿ^{52}
65 青田	金瓜 tɕiaŋ^{22}ku^{445}	蒲荠 bø^{55}zɿ^{21}	番薯 fɑ^{55}dzɿ^{21}
66 云和	金瓜 tɕiŋ^{44}ko^{24}	蒲荠 bu^{223}zɿ^{312}	番薯 fã^{44}dzɿ^{312}
67 松阳	金瓜 tɕin^{24}kuə^{53}	蒲荠 buə^{33}zɿə^{31}	番薯 fɔ̃^{33}dzɿə^{31}

续表

方言点	0214 南瓜扁圆形或梨形，成熟时赤褐色	0215 荸荠	0216 红薯统称
68 宣平	金瓜 tɕin^{44} ko^{324}	蒲荠 bu^{22} zɿ^{433}	番薯 fɑ̃^{44} zɿ^{433}
69 遂昌	金瓜 tɕiŋ^{33} kɒ^{45}	蒲荠 buə^{22} dʑiɛ^{213}	番薯 faŋ^{55} dʑiɛ^{213}
70 龙泉	番匏 faŋ^{45} bɤɯ^{21}	蒲荠 pɤɯ^{45} ʑi^{21}	番薯 faŋ^{45} dʑi^{21}
71 景宁	金瓜 tɕiaŋ^{33} ko^{324}	水栗 ɕy^{55} liəɯʔ^{23}	番薯 fɔ^{33} dʑi^{41}
72 庆元	北瓜 ɓɤʔ^{5} ko^{335}	水栗 ɕy^{33} liəɯʔ^{34}	番薯 fɑ̃^{33} tɕiᴇ^{52}
73 泰顺	金瓜 tsəŋ^{22} kuɔ^{213}	水栗 ɕy^{22} liʔ^{2}	番薯 fã^{22} sɿ^{55}
74 温州	金瓜 tɕiaŋ^{33} ko^{33}	蒲荠 bø^{22} zei^{223}	番薯 fa^{33} zei^{223}
75 永嘉	金瓜 tɕiaŋ^{33} ko^{44}	蒲荠 bu^{22} zɿ^{21}	番薯 fa^{33} zɿ^{21}
76 乐清	金瓜 tɕiaŋ^{44} kuɯʌ^{44}	蒲荠 bu^{22} zi^{223}	番薯 fᴇ^{44} i^{223}
77 瑞安	金瓜 tɕiaŋ^{33} ku^{44}	蒲荠 bʏ^{22} zei^{21}	番薯 fɔ^{33} zei^{21}
78 平阳	金瓜 tʃaŋ^{33} kuo^{55}	蒲栗 bu^{21} li^{13}	番□ fɔ^{33} i^{35}
79 文成	金瓜 tʃaŋ^{33} ko^{33}	蒲荠 bu^{212} zei^{13}	番薯 fɔ^{33} zei^{33}
80 苍南	金瓜 tɕiaŋ^{33} ko^{44}	蒲荠 bu^{11} dʑi^{112}	番薯 hua^{33} dʑi^{112}
81 建德徽	北瓜 pɐʔ^{5} ko^{53}	荸荠 piɐʔ^{12} ɕi^{33}	番芋 fɛ^{53} y^{213}
82 寿昌徽	北瓜 pɔʔ^{3} kuə^{112}	田蒲荠 tʰi^{11} pu^{11} ɕi^{33}	番薯 fɤ^{33} sɿ^{52}
83 淳安徽	北瓜 pəʔ^{5} ko^{55}	荸荠 pʰəʔ^{13} ɕi^{53}	番芋 fɑ̃^{24} y^{53}
84 遂安徽	北瓜 po^{21} kuɑ^{55}	荸荠 pʰa^{33} ɕiɛ^{33}	番薯 fɑ̃^{55} sɿ^{21}
85 苍南闽	金瓜 kin^{33} kue^{55}	荸荠 pe^{33} tɕi^{24}	红薯 hun^{33} tsɯ^{24}
86 泰顺闽	金瓜 kieŋ^{22} kua^{213}	水栗 tɕy^{21} liɪʔ^{3}	番薯 fæŋ^{22} ɕy^{22}
87 洞头闽	金瓜 kin^{24} kue^{24}	荸荠 pʰu^{212} tɕi^{33}	红薯 aŋ^{33} tsɿ^{33}
88 景宁畲	金瓜 kin^{55} kɔ^{44}	水栗 ɕy^{55} lit^{2}	番薯 fan^{44} ɕy^{22}

方言点	0217 马铃薯	0218 芋头	0219 山药圆柱形的
01 杭州	洋番薯 iaŋ^{22} fɛ^{22} zɥ^{45}	芋头 y^{13} dei^{53} 芋艿头 n^{22} na^{55} dei^{0}	山药 sɛ^{33} iɛʔ^{5}
02 嘉兴	土豆 tʰou^{21} dei^{13} 洋山薯 iᴀ̃^{21} sᴇ^{33} zɥ^{42}	芋艿 y^{24} nᴀ^{21} 芋艿头 y^{24} nᴀ^{21} dei^{21}	山药 sᴇ^{33} iᴀʔ^{1}
03 嘉善	洋山薯 iæ̃^{13} sɛ^{55} zɥ^{0}	芋艿 y^{55} na^{0}	山药 sɛ^{55} iaʔ^{2}
04 平湖	洋番芋 iã^{24} fɛ^{55} y^{31}	芋头 y^{44} dəɯ^{0}	山药 sɛ^{55} iaʔ^{31}
05 海盐	洋山薯 iɛ̃^{24} sɛ^{55} dʑy^{21}	芋艿 y^{55} nɑ^{21}	山药 sɛ^{55} iaʔ^{5}
06 海宁	洋山薯 iã^{33} sɛ^{55} zɿ^{55}	芋艿 i^{33} na^{53}	山药 sɛ^{55} iaʔ^{2}
07 桐乡	洋山薯 iã^{21} sɛ^{44} zɿ^{44}	芋艿 i^{33} na^{53}	（无）
08 崇德	洋山薯 iã^{21} sɛ^{44} zɿ^{44}	芋艿 i^{33} nɑ^{53}	山药 sɛ^{44} iaʔ^{4}
09 湖州	洋芋艿 iã^{33} n^{33} na^{35}	芋艿头 n^{33} na^{33} øʉ^{35}	山药 sɛ^{44} iaʔ^{4}
10 德清	洋番薯 iã^{11} fɛ^{33} zɿ^{13}	芋艿头 n^{11} na^{44} døʉ^{13}	山药 sɛ^{44} iaʔ^{4}
11 武康	洋番薯 iã^{11} fɛ^{33} zɿ^{35}	芋艿头 n^{11} na^{44} dø^{35}	山药 sɛ^{44} ieʔ^{4}
12 安吉	洋芋艿 iã^{22} n^{22} na^{22}	毛芋艿 mɔ^{22} n^{22} na^{22}	山药 sᴇ^{55} iᴇʔ^{5}
13 孝丰	洋芋艿 iã^{22} i^{22} na^{22}	芋艿 n^{32} na^{213} 小的 芋艿头 n^{32} na^{21} dəɪ^{213} 大的	山药 sɛ^{44} iaʔ^{5}
14 长兴	马铃薯 mu^{45} liŋ^{55} dzɿ^{21}	芋艿 n^{21} na^{24}	山药 sᴇ^{44} iaʔ^{5}
15 余杭	洋芋艿 iɑ̃^{33} n^{33} na^{13}	艿 na^{213}	山药 sɛ^{55} iaʔ^{2}
16 临安	洋芋艿 iã^{31} n^{33} na^{55}	芋艿 n^{33} na^{55}	山药 sɛ^{53} ia^{33} "药"舒化
17 昌化	洋芋 iã^{11} y^{243}	芋头 y^{45} di^{53}	山药 sɔ̃^{33} iaʔ^{5}
18 於潜	洋芋子 iaŋ^{22} y^{223} tsɿ^{454}	芋子 y^{22} tsɿ^{454}	山药 sɛ^{43} iæʔ^{23}
19 萧山	洋奴⁼艿 iã^{13} nu^{35} na^{21}	芋艿 y^{13} na^{33} 芋艿头 y^{13} na^{35} dio^{21}	山药 sɛ^{33} iaʔ^{5}
20 富阳	洋芋艿 iɑ̃^{13} ŋ^{55} na^{55}	芋艿 ŋ^{335} na^{53}	山药 sã^{55} iaʔ^{2}
21 新登	洋芋子 iɑ̃^{233} ɥ^{334} tsɿ^{21}	芋子 ɥ^{21} tsɿ^{45}	山药 sɛ^{53} iaʔ^{2}
22 桐庐	洋芋头 iã^{21} y^{21} dei^{35}	洋芋艿 iã^{21} y^{21} nᴀ^{35}	山药 sã^{35} iaʔ^{13}

续表

方言点	0217 马铃薯	0218 芋头	0219 山药圆柱形的
23 分水	洋芋头 iã^{21}y^{24}dɵ^{21}	芋头 y^{24}dɵ^{21}	山药 sã^{44}iəʔ^{12}
24 绍兴	洋芋艿 iaŋ^{22}y^{22}na^{33}	芋艿头 ȵy^{22}na^{33}dɤ^{33} 芋艿 ȵy^{22}na^{334}	山药 sɛ̃^{33}iaʔ^{3}
25 上虞	洋芋艿 iã^{21}ŋ̍^{21}na^{213}	芋艿头 ŋ̍^{21}na^{21}dɤ^{31}	山药 sɛ̃^{33}iaʔ^{2}
26 嵊州	洋芋艿 iaŋ^{22}y^{24}na^{31}	芋艿头 y^{22}na^{33}tʏ^{334} 芋艿 y^{22}na^{334}	山药 sɛ̃^{53}iaʔ^{3}
27 新昌	洋芋 iaŋ^{22}y^{13}	芋头 y^{22}tiɯ^{335}大的 芋艿 y^{22}na^{22}小的	山药 sɛ̃^{53}iaʔ^{2}
28 诸暨	洋芋艿 iãy^{21}nᴀ^{242}	芋艿 y^{33}nᴀ^{242}	山药 sɛ^{42}iaʔ^{5}
29 慈溪	洋芋艿 iã^{13}n^{0}na^{0}	芋艿头 n^{13}na^{0}dø^{53}	山药 sɛ̃^{33}iaʔ^{2}
30 余姚	洋芋艿 iaŋ^{13}n^{13}na^{13}	芋艿 n^{13}na^{31}	（无）
31 宁波	洋芋艿 ia^{13}n^{22}na^{44}	芋艿头 n^{22}na^{44}dœʏ^{0}	（无）
32 镇海	洋番薯 iã^{22}fɛ^{33}zɥ^{22}	芋艿头 n^{22}na^{22}dei^{31}	山药 sɛ^{33}ieʔ^{2}
33 奉化	洋芋艿 iã^{33}ŋ̍^{31}na^{33}	芋艿头 ŋ̍^{31}na^{33}dæi^{31}	山药 sɛ^{44}iaʔ^{2}
34 宁海	洋芋 iã^{21}y^{213}	芋 y^{24} 毛芋 mau^{21}y^{24}	山药 se^{33}iaʔ^{3}
35 象山	洋芋艿 iã^{31}n^{31}na^{44}	芋艿头 n^{31}na^{44}dɤɯ^{31}	山药 sɛ^{44}ieʔ^{2}
36 普陀	红毛番薯 oŋ^{33}mɔ^{33}fɛ^{55}zɿ^{55} "红毛"指洋人	芋艿 n^{11}na^{55}大的 芋艿子 n^{11}na^{55}tsɿ^{0}小的	山药 sɛ^{33}iɛʔ^{5}
37 定海	红毛番薯 oŋ^{11}mɔ^{44}fɛ^{44}zɥ^{44} "红毛"指洋人 洋番薯 iã^{33}fɛ^{44}z^{44}	芋艿头 n^{11}na^{44}dɐi^{0}大的 芋艿 n^{11}na^{44}小的 芋艿子 n^{11}na^{44}tsɿ^{44}最小的	山药 sɛ^{33}ieʔ^{5}
38 岱山	红毛番薯 oŋ^{31}mɔ^{0}fɛ^{0}zɥ^{0} "红毛"指洋人	芋艿头 n^{11}na^{33}dœʏ^{52}大的 芋艿 n^{11}na^{44}小的 芋艿子 n^{11}na^{44}tsɿ^{44}最小的	山药 sɛ^{33}ieʔ^{5}
39 嵊泗	红毛番薯 oŋ^{24}mɔ^{44}fɛ^{44}zɥ^{44} "红毛"指洋人	芋艿头 n^{11}na^{44}dœʏ^{0}大的 芋艿 n^{11}na^{45}小的	山药 sɛ^{33}iᴇʔ^{5}
40 临海	洋芋头 iã^{22}y^{22}də^{51}	芋头 y^{22}də^{21}	薯药 dzɿ^{22}iaʔ^{23} 山药 sɛ^{33}iaʔ^{23}

续表

方言点	0217 马铃薯	0218 芋头	0219 山药圆柱形的
41 椒江	洋芋头 iã^{22} y^{22} dio^{24} 小	芋头 y^{22} dio^{31}	山药 sɛ^{33} iəʔ^{2}
42 黄岩	洋芋头 iã^{13} y^{22} dio^{24} 小	芋头 y^{13} dio^{121}	薯药 zɿ^{13} ieʔ^{2}
43 温岭	洋芋头 iã^{13} y^{13} dɤ^{24} 小 洋□茹 iã^{13} fa^{35} ɯ^{41} 小	芋头 y^{13} dɤ^{31} 统称 芋头娘 y^{13} dɤ^{13} ȵiã^{41} 小 芋头子 y^{13} dɤ^{13} tsɿ^{51} 小	薯药 zɿ^{31} iaʔ^{2}
44 仙居	洋芋 ia^{24} y^{55}	毛芋 mɐɯ^{24} y^{55}	山药 sa^{33} yɑʔ^{23}
45 天台	洋芋 ia^{22} y^{33}	芋头 y^{33} deu^{224}	山药 se^{33} ʑiaʔ^{2}
46 三门	洋芋头 iɑ̃^{11} y^{23} dɤɯ^{252}	芋头 y^{23} dɤɯ^{224}	山药 sɛ^{33} iaʔ^{5}
47 玉环	洋番薯 ia^{22} fɛ^{33} zɿ^{41}	芋头 y^{22} diɤ^{31}	山药 sɛ^{33} iɐʔ^{2}
48 金华	洋芋 iɑŋ^{31} y^{14}	毛芋 mɑo^{31} y^{14}	山药 sɑ^{33} iəʔ^{212}
49 汤溪	洋芋 iɔ^{11} y^{52}	芋 y^{341}	（无）
50 兰溪	洋芋 iɑŋ^{21} y^{24}	芋头 y^{55} dəɯ^{24}	山药 suɑ^{334} iɔʔ^{12}
51 浦江	洋芋 yõ^{24} y^{334}	芋儿 yn^{243}	山药 sɑ̃^{55} yo^{334}
52 义乌	洋芋儿 iɔ^{22} yn^{312}	芋儿 yn^{312}	山药 san^{33} iau^{45}
53 东阳	洋芋 iɔ^{22} yu^{53}	毛芋 mɐɯ^{24} yu^{53}	山药 sɔ^{33} io^{35}
54 永康	洋芋 iɑŋ^{31} y^{52}	芋 y^{241}	山药 sa^{33} iɑu^{113}
55 武义	洋芋 iɑŋ^{32} y^{231}	芋头 y^{55} dɑu^{324}	山药 suo^{55} iɑu^{213}
56 磐安	洋芋 iɒ^{21} y^{52}	芋 y^{14}	山药 sɒ^{33} yə^{334}
57 缙云	洋芋 ia^{44} y^{453}	芋艿 y^{21} nɑ^{31}	山药 sɑ^{44} iɔ^{45}
58 衢州	洋芋头 iã^{21} y^{53} de^{21}	芋头 y^{53} de^{21}	山药 sã^{35} iaʔ^{12}
59 衢江	马铃薯 muo^{33} liŋ^{22} ɕy^{25}	芋头 yø^{22} ty^{53}	山药 sã^{33} iaʔ^{2}
60 龙游	马铃薯 mɑ^{33} lin^{22} ʑy^{231}	芋头 y^{224} dəɯ^{231}	山药 sã^{33} iɔʔ^{23}
61 江山	洋芋 iaŋ^{22} u^{51}	芋 u^{31}	山药 saŋ^{44} iaʔ^{2}
62 常山	马铃薯 mɑ^{52} lĩ^{0} ʑy^{24}	芋艿 ȵye^{22} nɛ^{52}	山药 sã^{44} iaʔ^{34}
63 开化	马铃薯 mɑ^{44} lin^{21} ʑy^{213}	芋头 yo^{21} tu^{53}	山药 sã^{44} iaʔ^{13}
64 丽水	洋芋 iã^{21} ɥ^{52}	芋头 ɥ^{21} təɯ^{52}	山药 sã^{52} iɔʔ^{23}
65 青田	洋芋 i^{55} vu^{22}	芋头 vu^{22} deu^{53}	山药 sɑ^{33} i^{31}

续表

方言点	0217 马铃薯	0218 芋头	0219 山药圆柱形的
66 云和	洋芋 iã^{31} y^{223}	芋 y^{223}	山药 sã^{44} iɔʔ^{23}
67 松阳	洋芋 iã^{33} yɛ^{13}	芋头 yɛ^{33} dei^{31}	山药 sɔ̃^{24} iaʔ^{2}
68 宣平	洋芋 iɑ̃^{43} y^{231}	芋头 y^{22} dəɯ^{433}	山药 sɑ̃^{44} iəʔ^{23}
69 遂昌	洋芋 iaŋ^{13} yɛ^{213}	芋头 yɛ^{13} du^{221}	野薯 iɒ^{13} dʑiɛ^{221}
70 龙泉	洋芋 iaŋ^{44} u^{224}	芋头 u^{21} diəu^{21}	山药 saŋ^{45} iaʔ^{24}
71 景宁	洋芋 iɛ^{41} y^{45}	芋 y^{113} 芋头 y^{33} dəɯ^{41}	山药 sɔ^{55} iaʔ^{23}
72 庆元	洋芋 iɑ̃^{52} yᴇ^{55}小	芋头 yᴇ^{22} tiɯ^{52} 芋子 yᴇ^{22} tsɤ^{33}	山药 sɑ̃^{33} iɑʔ^{34}
73 泰顺	康熙芋 kʰɔ̃^{22} sɿ^{213} y^{22}	芋头 y^{22} təu^{53} 芋子 y^{22} tsɿ^{55}	山药 sã^{22} iɔʔ^{2}
74 温州	番依芋 fa^{34} naŋ^{22} vu^{14}	生毛芋 siɛ^{34} mɜ^{22} vu^{14}	薯芋 zei^{22} vu^{14}
75 永嘉	杨梅番薯 iɛ^{22} mai^{21} fa^{33} zɿ^{21}	芋 u^{22}	山药 sa^{45} ia^{213}
76 乐清	洋番薯 ia^{23} fᴇ^{44} i^{223}	芋 y^{22}	山药 sᴇ^{35} ia^{212}
77 瑞安	洋芋 iɛ^{22} ʏ^{13}	芋 ʏ^{22}	薯药 zei^{13} iɔ^{212}
78 平阳	洋芋 ie^{21} vʉ^{35}	芋 vʉ^{33}	淮山 vᴀ^{21} sɔ^{35}
79 文成	洋芋 ie^{212} vʉ^{21}	芋 vʉ^{424}	淮山 vɔ^{21} sɔ^{33}
80 苍南	洋芋 iɛ^{11} y^{31} 马铃薯 mo^{42} leŋ^{11} dʑy^{112}	芋 y^{11}	淮山 ya^{11} sa^{44}
81 建德徽	洋芋头 ȵiɛ^{33} y^{21} tɤɯ^{55}	芋头 y^{21} tɤɯ^{55}	山药 sɛ̃^{33} iɐʔ^{12}
82 寿昌徽	洋芋 iɑ̃^{11} y^{33}	芋头 y^{33} tʰəɯ^{52}	山药 ɕyə^{33} yəʔ^{31}
83 淳安徽	马铃芋 mo^{55} lin^{21} ya^{21}	芋子 ya^{53} tsɿ^{21}	山药 sɑ̃^{24} iɑʔ^{21}
84 遂安徽	马铃芋 mɑ^{43} lin^{33} y^{52}	芋子 y^{43} tsɿ^{21}	山药 sɑ̃^{55} iɑ^{24}
85 苍南闽	马铃薯 mã^{43} lin^{21} tsɯ^{24}	芋头 ɔ^{21} tʰau^{24}	生毛芋 ɕĩ^{24} mɯŋ^{33} ɔ^{21}
86 泰顺闽	芋卵团 ou^{22} lo^{22} ki^{34}	芋卵 ou^{22} lo^{22}	薯 ɕy^{22}
87 洞头闽	芋红薯 ɔ^{212} aŋ^{33} tsɿ^{33}	芋 ɔ^{21}	山药 suã^{212} ieu^{241}
88 景宁畲	洋芋 iɔŋ^{22} fu^{51}	芋 fu^{51}	（无）

方言点	0220 藕	0221 老虎	0222 猴子
01 杭州	藕 ei^{53}	老虎 lɔ^{55} xu^{0}	活$^{=}$狲 uaʔ^{2} suəŋ^{45}
02 嘉兴	藕 ei^{113} 藕 ŋei^{113}	老虎 lɔ^{21} fu^{13}	活$^{=}$狲 uəʔ^{3} səŋ^{33}
03 嘉善	藕 ŋə^{112}	老虎 lɔ^{13} fu^{55} 小	活$^{=}$狲 uəʔ^{2} sən^{53}
04 平湖	藕 ŋəɯ^{213}	老虎 lɔ^{21} fu^{44}	活$^{=}$狲 vəʔ^{23} sən^{53}
05 海盐	藕 e^{423}	老虎 lɔ^{53} fu^{213}	活$^{=}$狲 ɔʔ^{23} sən^{53}
06 海宁	藕 əɯ^{231}	老虎 lɔ^{35} fu^{0}	活$^{=}$狲 oʔ^{2} səŋ^{55}
07 桐乡	藕 ɤɯ^{242}	老虎 lɔ^{24} fu^{0}	活$^{=}$狲 uəʔ^{23} səŋ^{44}
08 崇德	藕 ɤɯ^{53}	老虎 lɔ^{55} hu^{0}	活$^{=}$狲 uəʔ^{23} səŋ^{44}
09 湖州	藕 ŋøʉ^{231}	老虎 lɔ^{53} xəu^{13}	活$^{=}$狲 uəʔ^{2} sən^{53}
10 德清	藕 ŋøʉ^{52}	老虎 lɔ^{35} xəu^{0}	活$^{=}$狲 uəʔ^{2} sin^{53}
11 武康	藕 ŋø^{53}	老虎 lɔ^{35} fu^{53}	活$^{=}$狲 uɜʔ^{2} sin^{53}
12 安吉	藕 ŋəɪ^{52}	老虎 lɔ^{52} fu^{21}	活$^{=}$狲 uəʔ^{2} səŋ^{213}
13 孝丰	藕 ŋəɪ^{52}	老虎 lɔ^{45} hu^{21}	活$^{=}$狲 uəʔ^{2} səŋ^{24}
14 长兴	藕 ŋei^{52}	老虎 lɔ^{45} həu^{21}	活$^{=}$狲 uəʔ^{2} səŋ^{44}
15 余杭	藕 ŋøʏ^{53}	老虎 lɔ^{35} xu^{0}	活$^{=}$狲 oʔ^{2} siŋ^{35}
16 临安	莲藕 lie^{31} ŋə^{33}	老虎 lɔ^{33} fu^{55}	活$^{=}$狲 uɔʔ^{2} seŋ^{35}
17 昌化	藕 ȵi^{453}	老虎 lɔ^{23} xu^{453}	猴狲 ei^{11} sɛ̃^{334}
18 於潜	藕 ȵiəu^{51}	老虎 lɔ^{53} xu^{53}	活$^{=}$狲 uɐʔ^{2} seŋ^{433}
19 萧山	藕 ŋio^{13}	老虎 lɔ^{13} xu^{21}	活$^{=}$狲 uoʔ^{21} səŋ^{33}
20 富阳	藕 ȵiʊ^{224}	老虎 lɔ^{224} hu^{335}	活$^{=}$狲 uoʔ^{2} sən^{335}
21 新登	藕 əu^{334}	老虎 lɔ^{334} hu^{45}	活$^{=}$狲 uəʔ^{2} seiŋ^{45}
22 桐庐	藕 ŋei^{33}	老虎 lɔ^{33} xu^{35}	活$^{=}$狲 uəʔ^{21} səŋ^{35}
23 分水	藕 ŋɵ^{53}	老虎 lɔ^{44} xu^{53}	猴狲 xɵ^{21} sən^{44}

续表

方言点	0220 藕	0221 老虎	0222 猴子
24 绍兴	藕 ŋɤ^{223}	老虎 lɔ^{24} fu^{31}	活⁼狲 uoʔ^{2} sø̃^{53}
25 上虞	藕 ȵiɤ^{213}	老虎 lɔ^{21} fu^{53}	活⁼狲 uəʔ^{2} səŋ^{53}
26 嵊州	藕 ȵiʏ^{22}	老虎 lɔ^{24} fu^{53}	油活⁼狲精 iʏ^{22} uəʔ^{2} seŋ^{33} tɕiŋ^{334}
27 新昌	藕 ȵiɯ^{232}	老虎 lɔ^{22} fu^{453}	活⁼狲 uɤʔ^{2} seŋ^{534}
28 诸暨	藕 ŋiʉ^{242}	老虎 lɔ^{13} fu^{42}	活⁼狲 oʔ^{21} sɛn^{42}
29 慈溪	藕 ȵiø^{13}	老虎 lɔ^{13} fu^{44}	活⁼狲 uəʔ^{2} suəŋ^{35}
30 余姚	荷花藕 ou^{13} huo^{44} ȵiø^{13}	老虎 lɔ^{13} fu^{44}	活⁼狲 uoʔ^{2} sə̃^{0}
31 宁波	藕 ŋœʏ^{13}	老虎 lɔ^{13} fu^{44}	活⁼狲 uaʔ^{2} səŋ^{35}
32 镇海	藕 ŋei^{24}	老虎 lɔ^{24} fu^{0}	活⁼狲 uaʔ^{2} səŋ^{35}
33 奉化	藕 æi^{324}	老虎 lʌ^{33} fu^{53}	活⁼狲 uaʔ^{2} səŋ^{35}
34 宁海	藕 ȵiu^{31}	大虫 da^{22} dʑioŋ^{213} 老虎 lau^{33} hu^{53}	猢狲 vu^{21} səŋ^{34} 活⁼狲 uaʔ^{3} səŋ^{34}
35 象山	藕 ŋɤɯ^{13}	老虎 lɔ^{31} hu^{35}	活⁼狲 uoʔ^{2} səŋ^{44}
36 普陀	藕 ŋeu^{23}	老虎 lɔ^{23} fu^{0}	活⁼狲 uɐʔ^{2} sɐŋ^{45}
37 定海	藕 ŋɐi^{23}	老虎 lɔ^{23} fu^{0}	活⁼狲 uɐʔ^{2} sɐŋ^{44}
38 岱山	藕 ŋœʏ^{244}	老虎 lɔ^{23} fu^{52}	活⁼狲 uɐʔ^{2} sɐŋ^{44}
39 嵊泗	藕 ŋœʏ^{243} 调殊	老虎 lɔ^{34} fu^{0}	活⁼狲 uɐʔ^{2} sɐŋ^{45}
40 临海	藕 ŋə^{52}	大虫 da^{22} dʑyoŋ^{21}	猢狲 u^{35} səŋ^{31}
41 椒江	藕 ȵio^{42}	大虫 da^{22} dzoŋ^{31}	猢狲 u^{35} søŋ^{42}
42 黄岩	藕 ȵio^{42}	大虫 da^{13} dzoŋ^{121}	猢狲 u^{35} søn^{32}
43 温岭	藕 ȵiɤ^{42}	大虫 da^{13} dʑyuŋ^{31}	猢狲 u^{55} søn^{31}
44 仙居	藕 ŋəɯ^{324}	大虫 da^{353} dʑioŋ^{0} / do^{353} dʑioŋ^{0}	猢狲 u^{33} sen^{334}
45 天台	藕 ŋeu^{214}	大虫 da^{33} dʑyuŋ^{224}	猢狲 u^{22} səŋ^{33}

续表

方言点	0220 藕	0221 老虎	0222 猴子
46 三门	藕 ŋɤɯ^{325}	大虫 da^{23}dʑioŋ^{224}	猢狲 u^{11}səŋ^{334}
47 玉环	藕 ȵiɤ^{53}	大虫 da^{22}dʑioŋ^{31}	猢狲 u^{55}səŋ^{42}
48 金华	藕 eu^{535}	老虎 lɑo^{53}xu^{535}	活$^{=}$狲 uəʔ^{21}səŋ^{55}
49 汤溪	藕 əɯ^{113}	老虎 lɔ^{11}xu^{535}	猢狲 uei^{11}sa^{52}
50 兰溪	藕 əɯ^{55}	老虎 lɔ^{55}xu^{55}	活$^{=}$狲 uɑʔ^{12}sæ̃^{45}
51 浦江	藕 ŋɤ^{243}	老虎 lo^{11}xu^{53}	猴露$^{=}$ ɤ^{24}lɯ^{24}
52 义乌	藕 ɐɯ^{312}	老虎 lo^{24}fu^{423}	猢狲儿 u^{22}sun^{335}
53 东阳	藕 ŋəɯ^{231}	老虎 lɐɯ^{23}fu^{33}	猢狲儿 u^{33}sɯn^{35}
54 永康	藕 ŋəu^{113}	老虎 lɑu^{31}xu^{334}	猢狲 uə^{33}səŋ^{55}
55 武义	藕 ŋɑu^{13}	老虎 lɤ^{53}xu^{445}	猢狲 uɤ^{53}sen^{24}
56 磐安	藕 ŋɐɯ^{334}	老虎 lo^{55}xu^{334}	猢狲儿 u^{21}sɤn^{445}
57 缙云	藕 ȵiəɤ^{31}	大猫 du^{21}mɔ^{243}	猢狲 ou^{51}sɛ^{44}
58 衢州	藕 ŋɯ^{231}	老虎 lɔ^{231}xu^{35}	活$^{=}$狲 uəʔ^{2}sən^{32}
59 衢江	藕 ŋy^{212}	老虎 lɔ^{22}xuɤ^{25}	活$^{=}$狲 uəʔ^{2}səŋ^{33}
60 龙游	藕 ŋəɯ^{224}	老虎 lɔ^{22}xu^{35}	活$^{=}$狲 uɔʔ^{4}suei^{334}
61 江山	藕 ŋɯ^{22}	老虎 lɐɯ^{22}xuə^{241}	哭$^{=}$狲 kʰoʔ^{5}ɕyɛ̃^{44}
62 常山	藕 ȵiu^{24}	老虎 lɤ^{22}xuə^{52}	窟$^{=}$勒$^{=}$猹$^{=}$ kʰɤʔ^{5}lɤʔ^{0}ɕyɔ̃^{44}
63 开化	藕 ŋɯ^{213}	老虎 ləɯ^{21}xuo^{53}	哭$^{=}$猹$^{=}$ kʰɔʔ^{5}ɕyɛ̃^{44}
64 丽水	藕 ŋəɯ^{544}	大猫 duɔ^{21}mə^{52}老 老虎 lə^{44}fu^{544}新	猢狲 u^{22}suɛ^{224}
65 青田	莲子藕 liɑ^{22}tsɿ^{33}ŋæi^{454}	大猫 du^{22}mo^{53}	猴大 ŋæi^{55}du^{22}
66 云和	藕 ŋəɯ^{41}	大猫 du^{223}mɑɔ^{312}	猢狲 u^{223}suɛ^{24}
67 松阳	藕 ŋei^{13}	大猫 du^{33}mɔ^{31}	猢狲儿 u^{24}sæ̃^{21}n^{24}

续表

方言点	0220 藕	0221 老虎	0222 猴子
68 宣平	藕 ŋɔ^{223}	老虎 lɔ^{22}fu^{445}	猢狲 u^{43}sə^{324}
69 遂昌	藕 ŋɤɯ^{13}	大猫 du^{13}mɐɯ^{221}	苦$^{=}$猄$^{=}$ kʰuə^{53}ɕyɛ̃^{45}
70 龙泉	藕 ȵiəu^{51}	大猫 dou^{21}mɑʌ^{21}	苦$^{=}$猄$^{=}$ kʰuɤɯ^{21}ɕyo^{434}
71 景宁	藕 ŋəɯ^{33}	大猫 do^{33}mɑu^{41}	猢狲 u^{33}sœ^{324}
72 庆元	藕 ŋɐɯ^{221}	大猫 to^{22}mɒ^{52}	苦$^{=}$猄$^{=}$ kʰuɤ^{33}ɕyɛ̃^{335}
73 泰顺	藕 ŋəu^{55}	大猫 to^{21}mɑɔ^{53}	猢狲 uø^{21}sœ^{213}
74 温州	藕 ŋau^{14}	大猫 dɤu^{2}muɔ^{31}	猴大 au^{22}dɤu^{14}
75 永嘉	藕 ŋau^{13}	大猫 dəu^{22}muɔ^{31} 老虎 lə^{31}fu^{45}	猴大 au^{22}dəu^{21}
76 乐清	藕 ŋau^{24}	大猫 du^{2}mɔ^{31}	猴大 au^{24}du^{31}
77 瑞安	藕 ŋau^{13}	大猫 dou^{22}mɔ^{31} 老虎 lɛ^{31}fɯ^{35}	猴大 au^{22}dou^{13}
78 平阳	藕 ŋau^{45}	老虎 lɛ^{33}fu^{35}	猴大 au^{21}du^{35}
79 文成	藕 ŋau^{224}	大猫 dou^{42}mo^{33}	猴大 ŋau^{33}dou^{21}
80 苍南	藕 ŋau^{53}	大猫 du^{31}ma^{31} 老虎 lɛ^{42}hu^{53}	猴大 au^{11}du^{24}
81 建德徽	藕 ŋɤɯ^{213}	老虎 lɔ^{55}hu^{213}	猴狲 hɤɯ^{33}sən^{53}
82 寿昌徽	藕 ŋəɯ^{534}	老虎 lɤ^{33}xu^{24}	猴狲 xəɯ^{11}sen^{112}
83 淳安徽	藕 ɯ^{55}	老虎 lɤ^{55}fu^{21}	猴狲 hɯ^{43}sã^{24}
84 遂安徽	藕 əɯ^{43}	老虎 lɔ^{55}fu^{33}	猴狲 xəɯ^{33}səŋ^{33}
85 苍南闽	藕 ŋau^{43}	老虎 lau^{21}hɔ^{43}	猴团 kau^{21}kã^{43}
86 泰顺闽	藕 ŋeu^{344}	老虎 lau^{22}fv^{344}	猴团 kau^{21}ki^{344}
87 洞头闽	藕 ŋãũ^{21}	老虎 lau^{21}hɔ^{53}	猴 kau^{113}
88 景宁畲	藕 ŋəu^{22}	老虎 lau^{55}fu^{325}	猴狲 xau^{22}suən^{44}

方言点	0223 蛇统称	0224 老鼠家里的	0225 蝙蝠
01 杭州	蛇 dzuei^{213}	老鼠 lɔ^{55}tsʰɥ^{0}	蝙蝠儿 piɛ^{55}foʔ^{5}əl^{53}
02 嘉兴	蛇 zo^{242}	老鼠 lɔ^{21}tsʰɥ^{24}	蝙蝠 pie^{33}foʔ^{5}
03 嘉善	蛇 zo^{132}	老鼠 lɔ^{13}sɥ^{55}小 夜先生 ia^{53}ɕie^{31}sæ̃^{0}婉称	蝙蝠 piɪ^{5}fuoʔ^{4}
04 平湖	蛇 zo^{31}	臭铁=子 tsʰəɯ^{21}tʰiəʔ^{5}tsɿ^{0} 老鼠 lɔ^{21}sɥ^{44} 夜先生 ia^{44}siɛ^{0}sən^{0}婉称	蝙蝠 piɛ^{44}hoʔ^{0}
05 海盐	蛇 zo^{31}	老鼠 lɔ^{53}tɕʰy^{213} 夜先生 iɑ^{55}ɕiɛ^{21}sɛ̃^{21}婉称	蝙蝠 piɛ^{53}fɔʔ^{5}
06 海宁	蛇 zo^{13}	老鼠 lɔ^{35}sɿ^{0}	蝙蝠 pie^{55}foʔ^{5}
07 桐乡	蛇 zo^{13}	老鼠 lɔ^{24}sɿ^{0}	蝙蝠 piᴇ^{44}fɔʔ^{0}
08 崇德	蛇 zo^{13}	老鼠 lɔ^{55}sɿ^{0}	蝙蝠 piɪ^{44}fɔʔ^{4}
09 湖州	蛇 zuo^{112}	老虫 lɔ^{53}zoŋ^{13}	蝙蝠 pie^{44}fou^{44}
10 德清	蛇 zuo^{113}	老鼠 lɔ^{35}tsʰɿ^{0}	蝙蝠 pie^{44}fuoʔ^{4}
11 武康	蛇 zo^{113}	老虫 lɔ^{35}dzoŋ^{53}	蝙蝠 piɪ^{44}fo^{44}
12 安吉	蛇 zʊ^{22}	老鼠 lɔ^{52}tsʰɿ^{21} 老虫 lɔ^{52}dzoŋ^{21}	蝙蝠 pi^{55}foʔ^{5}
13 孝丰	蛇 zʊ^{22}	老虫 lɔ^{45}dzoŋ^{21}	拖油老虫 tʰu^{44}iu^{44}lɔ^{44}dzoŋ^{44} 蝙蝠 piɪ^{44}fuoʔ^{5}
14 长兴	蛇 zu^{12}	老虫 lɔ^{45}dzoŋ^{21}	蝙蝠 pi^{44}foʔ^{5}
15 余杭	蛇 zuo^{22}	老鼠儿 lɔ^{53}tsʰɿ^{53}n^{33}	蝙蝠儿 piẽ^{55}foŋ^{55}
16 临安	蛇 zuo^{33}	老鼠 lɔ^{33}tsʰɿ^{55}	蝙蝠 piɐʔ^{5}fu^{35}“蝠”音殊
17 昌化	蛇 zu^{112}	老鼠 lɔ^{23}tɕʰy^{453}	皮老鼠 bi^{11}lɔ^{23}tɕʰy^{453}
18 於潜	蛇 za^{223}	老鼠 lɔ^{53}tɕʰy^{31}	油老鼠 iəu^{223}lɔ^{33}tɕʰy^{53}
19 萧山	蛇 zo^{355}	老鼠 lɔ^{13}tsʰɿ^{21}	蝙蝠 pie^{33}fəʔ^{5}
20 富阳	蛇 zo^{13}	老鼠 lɔ^{224}tɕʰy^{13}	蝙蝠 piɛ̃^{423}foʔ^{5}

续表

方言点	0223 蛇统称	0224 老鼠家里的	0225 蝙蝠
21 新登	蛇 zɑ^{233}	老鼠 lɔ^{334}tsʰɥ^{45}	肥$^{=}$游$^{=}$ vi^{233}y^{233}
22 桐庐	蛇 ʑyo^{13}	老鼠 lɔ^{33}tɕʰy^{33}	偷油老鼠 tʰei^{33}iəu^{21}lɔ^{21}tɕʰy^{35}
23 分水	蛇 za^{22}	老鼠 lɔ^{44}tɕʰy^{53}	蝙蝠 piɛ̃^{44}xu^{55}
24 绍兴	蛇 zo^{231}	老鼠 lɔ^{24}tsʰɿ^{31}	蝙蝠 piẽ^{33}foʔ^{5}
25 上虞	蛇 zo^{213}	老鼠 lɔ^{21}tsʰɿ^{53}	蝙蝠 piẽ^{33}foʔ^{5}
26 嵊州	蛇 zo^{213}	老鼠 lɔ^{24}tsʰɿ^{53}	油老鼠 iɤ^{22}lɔ^{24}tsʰɿ^{53} 旧 蝙蝠 piẽ^{53}foʔ^{5} 今
27 新昌	蛇 zo^{22}	老鼠 lɔ^{22}tsʰɿ^{453}	拖油老鼠 tʰɤ^{33}iɯ^{33}lɔ^{22}tsʰɿ^{453}
28 诸暨	蛇 zo^{13}	老鼠 lɔ^{13}tɕʰy^{42}	蝙蝠 pie^{33}foʔ^{5}
29 慈溪	蛇 dzo^{13}	老鼠 lɔ^{13}tsʰɿ^{44}	蝙蝠老鼠 piẽ^{33}foʔ^{5}lɔ^{11}tsʰɿ^{44} 蝙蝠 piẽ^{33}foʔ^{5}
30 余姚	蛇 dzo^{13}	老鼠 lɔ^{13}tsʰɿ^{44}	蝙蝠老鼠 piẽ^{44}foʔ^{2}lɔ^{13}tsʰɿ^{44}
31 宁波	蛇 dzo^{13}	老鼠 lɔ^{13}tsɿ^{44}	蝙蝠老鼠 pi^{44}foʔ^{5}lɔ^{13}tsɿ^{35}
32 镇海	蛇 zo^{24}	老鼠 lɔ^{24}tsɿ^{0}	蝙蝠老鼠 pi^{33}foʔ^{5}lɔ^{22}tsʰɥ^{44}
33 奉化	蛇 dzo^{33}	老鼠 lʌ^{33}tsɿ^{44}	蝙蝠老鼠 pi^{44}foʔ^{5}lʌ^{33}tsɿ^{44}
34 宁海	蛇 zo^{213}	老鼠 lau^{33}tsʰɿ^{53}	蝙蝠 pie^{33}foʔ^{5}
35 象山	蛇 zo^{31}	老鼠 lɔ^{31}tsʰɿ^{44}	蝙蝠 pi^{53}foʔ^{5}
36 普陀	蛇 dzo^{24}	老鼠 lɔ^{23}tsʰɿ^{0}	蝙蝠 pʰi^{33}foʔ^{5}
37 定海	蛇 dzo^{23}	老鼠 lɔ^{23}tsʰɿ^{0}	蝙蝠老鼠 pʰi^{33}foʔ^{5}lɔ^{44}tsɿ^{44} 老 蝙蝠 pi^{33}foʔ^{5} 新

续表

方言点	0223 蛇统称	0224 老鼠家里的	0225 蝙蝠
38 岱山	蛇 dzo^{23}	老鼠 lɔ^{33}tsʰɿ^{52}	蝙蝠老鼠 pʰi^{33}foʔ^{5}lɔ^{44}tsʰɿ^{44}
39 嵊泗	蛇 dzo^{243}	老鼠 lɔ^{34}tsʰɿ^{0}	蝙蝠老鼠 pi^{44}foʔ^{5}lɔ^{44}tsʰɿ^{44}
40 临海	大蛇 do^{33}zo^{21}	老鼠 lɔ^{33}tsʰɿ^{42}	蝙蝠 pi^{33}foʔ^{5}
41 椒江	大蛇 dəu^{22}zo^{31}	老鼠 lɔ^{42}tsʰɿ^{42}	夜游 ia^{22}iu^{24}小
42 黄岩	蛇 zo^{121}	老鼠 lɔ^{42}tsʰɿ^{42}	燕蝠儿 ie^{33}foŋ^{51}
43 温岭	蛇 zo^{31}	老鼠 lɔ^{42}tsʰɿ^{42}	夜游 a^{13}iu^{24}小
44 仙居	大蛇 do^{353}zo^{0}	老鼠 lɐɯ^{31}tsʰɿ^{324}	鼻$^{=}$吸$^{=}$ biəʔ^{23}ɕiəʔ^{5}
45 天台	大蛇 da^{33}zo^{224}	老鼠 lau^{21}tsʰɿ^{325}	蝙蝠 pie^{32}fuʔ^{5}
46 三门	大蛇 dʊ^{23}zo^{224}	老鼠 lɑu^{32}tsʰɿ^{325}	蝙蝠 pie^{3}foʔ^{5}
47 玉环	大蛇 dəu^{22}zo^{31}	老鼠 lɔ^{53}tsʰɿ^{42}	夜游 ia^{22}iu^{24}小
48 金华	蛇 zia^{313}	老鼠 lɑo^{53}tsʰɿ^{535}	老鼠皮翼 lɑo^{53}tsʰɿ^{535}pi^{33}iəʔ^{212}
49 汤溪	蛇 zuɑ^{11}	老鼠 lɔ^{11}tsʰɿ^{535}	老鼠皮翼儿 lɔ^{11}tsʰɿ^{52}pi^{33}ieŋ^{24}
50 兰溪	蛇 zuɑ^{21}	老鼠 lɔ^{55}tsʰɿ^{55}	老鼠皮翼 lɔ^{55}tsʰɿ^{55}bi^{21}ɑ^{24}
51 浦江	蛇 ʑiɑ^{113}	老鼠 lo^{11}tsɿ^{53}“鼠”声殊	老鼠皮钯$^{=}$儿 lo^{11}tsɿ^{53}bi^{33}bian^{334}
52 义乌	蛇 zia^{213}	老鼠 lo^{24}tsʰi^{423}	老鼠皮翼 lo^{24}tsʰi^{33}bi^{33}ie^{312}
53 东阳	蛇 ʑia^{213}	老鼠 lɐɯ^{23}tsʰi^{33}	老鼠皮翼 lɐɯ^{23}tsʰi^{44}pi^{44}ɕiəɯ^{33}
54 永康	蛇 ʑia^{22}	老鼠 lɑu^{31}tɕʰi^{334}	皮翼 ɓi^{33}ie^{334}
55 武义	蛇 ʑia^{324}	老鼠 lɤ^{53}tɕʰi^{445}	皮翼 bi^{55}iə^{213}
56 磐安	蛇 ʑia^{213}	老鼠 lo^{55}tɕʰi^{334}	皮翼 bi^{22}iɛ^{334}

续表

方言点	0223 蛇统称	0224 老鼠家里的	0225 蝙蝠
57 缙云	蛇 ziə^{243}	老鼠 ləɤ^{51} tsʰɿ^{51}	蝙翼 piei^{51} iai^{13}
58 衢州	蛇 ʒyɑ^{21}	老鼠 lɔ^{231} tʃʰy^{35}	蝙蝠 piəʔ^{3} fəʔ^{5} "蝙"促化 偷油老鼠 tʰɯ^{32} iu^{21} lɔ^{231} tʃʰy^{35} 皮老鼠 bi^{21} lɔ^{231} tʃʰy^{35}
59 衢江	蛇 ʑyø^{212}	老鼠 lɔ^{22} tɕʰyø^{25}	老鼠皮翼 lɔ^{22} tɕʰyø^{33} bi^{22} iəʔ^{2}
60 龙游	蛇 zɑ^{21}	老鼠 lɔ^{22} tsʰɿ^{35}	老鼠飞翼 lɔ^{22} tsʰɿ^{33} fi^{33} iəʔ^{23}
61 江山	蛇 dzuᴇ^{213}	老鼠 lɐɯ^{22} tɕʰiə^{241}	老鼠皮机$^{=}$ lɐɯ^{22} tɕʰiə^{51} bi^{22} ki^{44}
62 常山	蛇 dzue^{341}	老鼠 lɤ^{22} tɕʰie^{52}	吸壁翼 ɕieʔ^{5} pieʔ^{5} ieʔ^{34}
63 开化	蛇 dzuɛ^{231}	老鼠 ləɯ^{21} tɕʰiɛ^{53}	皮皮老鼠 bi^{21} bi^{21} ləɯ^{21} tɕʰiɛ^{53}
64 丽水	蛇 ʑio^{22}	老鼠 lə^{44} tsʰɿ^{544}	老鼠皮翼 lə^{44} tsʰɿ^{544} bi^{21} iɛʔ^{5}
65 青田	蛇 iu^{21}	老鼠 lœ^{33} tsʰɿ^{454}	老鼠皮翼 lœ^{33} tsʰɿ^{33} bi^{22} iæʔ^{31}
66 云和	蛇 ʑio^{312}	老鼠 lɑɔ^{44} tsʰɿ^{41}	老鼠服翼 lɑɔ^{44} tsʰɿ^{41} bu^{223} iɛʔ^{23}
67 松阳	蛇 ʑyə^{31}	老鼠 lʌ^{22} tsʰɿə^{212}	服翼 bu^{22} iɛʔ^{2}
68 宣平	蛇 ʑia^{433}	老鼠 lɔ^{22} tsʰɿ^{445}	老鼠皮翼 lɔ^{22} tsʰɿ^{44} pi^{44} iəʔ^{23}
69 遂昌	蛇 ʑiɒ^{221}	老鼠 lɐɯ^{13} tɕʰiɛ^{533}	皮翼 bi^{21} iʔ^{5}
70 龙泉	蛇 ʑio^{21}	老鼠 lɑʌ^{21} tɕʰi^{51}	扑$^{=}$石$^{=}$ pʰouʔ^{5} zɿʔ^{24}
71 景宁	蛇 ʑio^{41}	老鼠 lɑu^{55} tɕʰi^{33}	皮翼 bi^{55} iɛʔ^{23}
72 庆元	蛇 ɕiɑ^{52}	老鼠 lɒ^{22} tɕʰiᴇ^{33}	皮翼 pi^{22} ɕiᴇʔ^{34}
73 泰顺	老蛇 lɑɔ^{22} ɕyɔ^{53}	老鼠 lɑɔ^{22} tsʰɿ^{55}	老鼠服翼 lɑɔ^{22} tsʰɿ^{55} pu^{21} iʔ^{2}

续表

方言点	0223 蛇统称	0224 老鼠家里的	0225 蝙蝠
74 温州	蛇 zei^{31}	老鼠 lɜ^{31}ts^{h}ei^{25}	老鼠皮翼 lɜ^{22}ts^{h}ei^{33} bei^{24}iai^{323}
75 永嘉	蛇 zɿ^{31}	老鼠 lə^{31}ts^{h}ɿ^{45}	老鼠皮翼 lə^{22}ts^{h}ɿ^{45}bei^{13} iai^{213}
76 乐清	蛇 zi^{31}	老鼠 lɤ^{31}tɕ^{h}i^{35}	老鼠皮翼 lɤ^{22}tɕ^{h}i^{33}bi^{24} iɤ^{323}
77 瑞安	蛇 zei^{31}	老鼠 lɛ^{31}ts^{h}e^{35}	老鼠皮翼 lɛ^{22}ts^{h}e^{33}bei^{13} i^{212}
78 平阳	蟹=蛇 xᴀ^{33}zi^{42}	老鼠 lɛ^{33}tɕ^{h}i^{35}	老鼠皮翼 lɛ^{33}tɕ^{h}i^{35}bi^{35} ie^{13}
79 文成	大蛇 dou^{42}zei^{13}	老鼠 lɛ^{242}tɕ^{h}i^{45}	老鼠蝙蝙 lɛ^{33}tɕ^{h}i^{33}pie^{21} pie^{33}
80 苍南	老蛇 lɛ^{42}dʑi^{31}	老鼠 lɛ^{42}tɕ^{h}i^{53}	老鼠皮翼 lɛ^{42}tɕ^{h}i^{53}bi^{11} iɛ^{112}
81 建德徽	蛇 so^{33}	老鼠 lɔ^{55}ts^{h}ɿ^{213}	偷油老鼠 t^{h}ɤɯ^{53}iəɯ^{33} lɔ^{55}ts^{h}ɿ^{213}
82 寿昌徽	蛇 ɕyə^{52}	老鼠 lɤ^{33}tsɿ^{24}	老鼠皮翼 lɤ^{33}tsɿ^{33} p^{h}i^{33}i^{24}
83 淳安徽	蛇 so^{435}	老鼠 lɤ^{55}tɕ^{h}y^{21}	鼻=烟= p^{h}iəʔ^{13}iã^{24}
84 遂安徽	蛇 sɑ^{33}	老鼠 lɔ^{55}tɕ^{h}y^{33}	皮=哩= p^{h}i^{21}li^{24}
85 苍南闽	老蛇 lau^{21}tsua^{24}	脑=鼠 nõ^{33}ts^{h}ɯ^{43}	蝙蝠 pie^{21}pɔ^{24}
86 泰顺闽	老蛇 lau^{22}ɕia^{22}	老鼠 lau^{21}tɕ^{h}y^{344}	笔=婆 piɪʔ^{3}pau^{22}
87 洞头闽	蛇 dzua^{113}	猫鼠 nĩãũ^{212}ts^{h}ɿ^{53}	壁蝠 pia^{53}pɔ^{24}
88 景宁畲	蛇 ɕia^{22}	老鼠 lau^{55}ɕy^{325}	老鼠鹞 lau^{55}ɕy^{55}iəu^{325}

方言点	0226 鸟儿飞鸟,统称	0227 麻雀	0228 喜鹊
01 杭州	鸟儿 ȵiɔ^{55} əl^{0}	麻雀儿 ma^{22} tɕʰiɔ^{33} əl^{45}	喜鹊 ɕi^{55} tɕʰyɛʔ^{0}
02 嘉兴	鸟 tiɔ^{544}	麻鸟 mo^{24} tiɔ^{42}	喜鹊 ɕi^{33} tɕʰiᴀʔ^{5}
03 嘉善	鸟 tiɔ^{44}	麻鸟 mo^{13} tiɔ^{53}	喜鹊 ɕi^{44} tɕʰiaʔ^{5}
04 平湖	鸟 tiɔ^{44}	麻鸟 mo^{24} tiɔ^{53}	喜鹊 ɕi^{44} tsʰiaʔ^{5}
05 海盐	鸟 tiɔ^{423}	麻鸟 mo^{24} tiɔ^{53}	喜鹊 ɕi^{53} tɕʰiaʔ^{5}
06 海宁	鸟 tiɔ^{53}	麻鸟 mo^{33} tiɔ^{55}	鸦鹊 o^{55} tɕʰiaʔ^{5}
07 桐乡	鸟 tiɔ^{53}	麻鸟 mo^{21} tiɔ^{44}	喜鹊 ɕi^{53} tsʰiaʔ^{0}
08 崇德	鸟 tiɔ^{53}	麻鸟 mo^{21} tiɔ^{44}	鸦鹊 o^{44} tɕʰiaʔ^{4}
09 湖州	鸟 tiɔ^{523}	麻鸟 muo^{33} tiɔ^{35}	喜鹊 ɕi^{53} tɕʰiaʔ^{2}
10 德清	鸟 tiɔ^{52}	麻鸟 muo^{11} tiɔ^{35}	鸦鹊 uo^{44} tɕʰiaʔ^{4}
11 武康	鸟 tiɔ^{53}	麻鸟 mo^{11} tiɔ^{35}	喜鹊 ɕi^{35} tɕʰiɜʔ^{5}
12 安吉	鸟 tiɔ^{52}	麻鸟 mʊ^{22} tiɔ^{22}	喜鹊 ɕi^{52} tɕʰiᴇʔ^{2}
13 孝丰	鸟 tiɔ^{52} 鸟儿 tiɔ^{45} n^{21}	麻鸟 mʊ^{22} tiɔ^{52}	喜鹊 ɕi^{45} tɕʰiaʔ^{2}
14 长兴	鸟 tiɔ^{52}	麻鸟 mu^{12} tiɔ^{33}	喜鹊 ʃʅ^{45} tʃʰiᴇʔ^{2}
15 余杭	鸟儿 tiɔ^{35} n^{0}	麻鸟儿 muo^{33} tiɔ^{53} n^{31}	喜鹊 ɕi^{53} tsʰiaʔ^{5}
16 临安	鸟 tiɔ^{55}	麻鸟 mo^{53} tiɔ^{55}	喜鹊 ɕi^{55} tɕʰia^{53}“鹊”舒化
17 昌化	鸟雀 tiɔ^{45} tɕʰiaʔ^{5}	麻鸟 mu^{11} tiɔ^{453}	喜鹊 ɕi^{45} tɕʰiaʔ^{5}
18 於潜	鸟 tiɔ^{51}	麻鸟 ma^{22} tiɔ^{454}	喜鹊 ɕi^{53} tɕʰieʔ^{31}
19 萧山	鸟 tiɔ^{33}	麻鸟 mo^{13} tiɔ^{33}	喜鹊 ɕi^{35} tɕʰiaʔ^{21}
20 富阳	鸟 tiɔ^{423}	麻鸟 mo^{13} tiɔ^{55}	喜鹊 ɕi^{423} tɕʰiaʔ^{5}
21 新登	鸟 tiɔ^{334}	麻鸟 ma^{233} tiɔ^{334}	喜鹊 ɕi^{334} tɕʰiaʔ^{5}
22 桐庐	鸟 tiɔ^{33}	麻鸟 mo^{21} tiɔ^{35}	喜鹊 ɕi^{33} tɕʰyəʔ^{5}
23 分水	鸟 ȵiɔ^{53}	麻鸟 ma^{21} tiɔ^{44}	喜鹊 ɕi^{44} tɕʰiəʔ^{5}

续表

方言点	0226 鸟儿飞鸟,统称	0227 麻雀	0228 喜鹊
24 绍兴	鸟 tiɔ^{334}旧 鸟 ȵiɔ^{223}今	麻鸟 mo^{22}tiɔ^{334}	喜鹊 ɕi^{44}tɕʰiaʔ^{3}
25 上虞	鸟 tiɔ^{35}	麻鸟 mo^{21}tiɔ^{35}	喜鹊 ɕi^{33}tɕʰiaʔ^{5}
26 嵊州	鸟 tiɔ^{53}	麻鸟 mo^{22}tiɔ^{53}	喜鹊 ɕi^{33}tɕʰiaʔ^{5}
27 新昌	鸟 tiɔ^{453}	麻鸟 mo^{22}tiɔ^{453}	飞鹊 fi^{53}tɕʰiaʔ^{5}
28 诸暨	鸟 tiɔ^{42}	麻鸟 mo^{21}tiɔ^{42}	喜鹊 ʃʅ^{33}tɕʰiaʔ^{5}
29 慈溪	鸟 tiɔ^{35}	麻雀 mo^{11}tɕiaʔ^{5}	鸦鹊 o^{33}ɕiaʔ^{5}
30 余姚	鸟 tiɔ^{34}	麻雀儿 mo^{13}tɕiaŋ^{34}	喜鹊 ɕi^{34}tɕʰiaʔ^{5}
31 宁波	鸟 tio^{35}	麻雀儿 mo^{13}tɕiã^{35}	喜鹊 ɕi^{35}tɕʰyəʔ^{5}
32 镇海	鸟 tio^{35}	麻雀儿 mo^{24}tɕiã^{44}	喜鹊 ɕi^{33}tɕʰieʔ^{2}
33 奉化	鸟 tiɔ^{545}	麻雀儿 mo^{33}tɕiã^{35}	鸦鹊儿 uo^{44}tɕʰiã^{35}
34 宁海	鸟 tieu^{53}	麻雀儿 mau^{21}tɕiã^{53}	喜鹊 sɿ^{53}tɕʰiaʔ^{2}
35 象山	鸟 tio^{44}	麻雀 mɔ^{31}tɕi^{35}小	喜鹊 ɕi^{44}tɕʰieʔ^{5}
36 普陀	鸟 tiɔ^{45}	麻雀 mo^{33}tɕia^{45}小	喜鹊 ɕi^{33}tɕʰiɛʔ^{5}
37 定海	鸟 tio^{45}小	麻雀儿 mo^{33}tɕiã^{45}小	鸦鹊 o^{33}tɕʰieʔ^{5}
38 岱山	鸟 tio^{325}小	麻雀儿 mo^{33}tɕiã^{44}小	鸦鹊儿 o^{33}tɕʰiã^{45}
39 嵊泗	鸟 tio^{445}小	麻雀儿 mo^{33}tɕiã^{45}小	鸦鹊儿 o^{33}tɕʰiã^{45}
40 临海	鸟 tyɔ̃^{353}小	雀儿 tɕiã^{353} 黄头雀儿 ɔ̃^{22}də^{33}tɕiã^{353}	喜鹊 ɕi^{42}tɕʰiaʔ^{5}
41 椒江	鸟 tiɔ^{51}小	黄头雀儿 uɔ̃^{22}dio^{22}tɕʰiã^{51}	喜鹊儿 ɕi^{42}tɕʰiã^{51}
42 黄岩	鸟 tiɔ^{53}小	黄头雀儿 uɔ̃^{13}dio^{22}tɕʰiã^{53}	喜鹊儿 ɕi^{42}tɕʰiã^{53}
43 温岭	鸟 tiɔ^{51}小	黄头雀儿 uɔ̃^{13}dɤ^{13}tɕʰiã^{51}	喜鹊儿 ɕi^{42}tɕʰiã^{51}
44 仙居	鸟 ɗiɐɯ^{53}小	毛头雀 mɐɯ^{31}dəɯ^{31}tɕyɑʔ^{53}	喜鹊 ɕi^{31}tɕʰyɑʔ^{53}
45 天台	鸟 tieu^{31}小	麻雀 mau^{22}tɕia^{31}小	喜鹊 hi^{32}tɕʰiaʔ^{5}

续表

方言点	0226 鸟儿飞鸟，统称	0227 麻雀	0228 喜鹊
46 三门	鸟 tiɑu^{52}小	麻雀儿 mɑu^{11}tɕiɑ̃^{52}	喜鹊 ɕi^{32}tɕʰiaʔ^{5}
47 玉环	鸟 tiɔ^{53}小	黄头雀儿 ɔ̃^{22}diɤ^{22}tɕia^{53}	喜鹊儿 ɕi^{53}tɕʰia^{53}
48 金华	鸟 tiɑo^{55}小	麻雀 mɤa^{31}tɕi^{55}小	喜鹊 ɕi^{53}tɕʰyəʔ^{4}
49 汤溪	鸟儿 tɤŋ^{52}	麻雀儿 mɔ^{33}tsɤaŋ^{55}	七鹊 tsʰei^{52}tsʰɤa^{55}
50 兰溪	鸟儿 tiɔ^{45}nə^{52}	麻雀 mia^{21}tɕieʔ^{34}	喜鹊 ɕi^{55}tɕʰyɤʔ^{34}
51 浦江	鸟儿 tɤn^{55}	麻雀儿 mia^{11}tsiɤn^{334}"雀"音殊	喜鹊儿 ʃi^{33}tsʰyon^{53}
52 义乌	鸟儿 tɤn^{45}	麻雀儿 mɯa^{22}tsen^{45}	喜鹊儿 ɕi^{45}tsʰian^{324}
53 东阳	鸟儿 tiɔn^{44}	麻雀儿 mo^{22}tsen^{53}	喜鹊儿 ɕi^{44}tɕʰiɐn^{33}
54 永康	鸟 ɗiɑu^{52}小	麻雀 ma^{33}tsəi^{52}小	喜鹊 ʑi^{31}tɕʰiɑu^{52}小
55 武义	鸟儿 lin^{53}	麻雀儿 muɑ^{55}tɕin^{53}	喜鹊 ɕi^{55}tɕʰiɑu^{53}
56 磐安	鸟儿 tion^{52}	麻雀儿 mə^{21}tsen^{52}	喜鹊儿 ɕi^{52}tɕʰian^{52}
57 缙云	鸟 tiɔ^{51}	麻雀 mɔ^{21}tsəɤ^{45}小	喜鹊 ɕi^{51}tɕʰiɔ^{45}小
58 衢州	鸟儿 tiɔ^{35}ȵi^{21}	麻雀 ma^{21}tɕiaʔ^{5}	喜鹊 sɿ^{35}tɕʰiaʔ^{5}
59 衢江	鸟 tiɔ^{25}	麻雀 muo^{33}tɕiəʔ^{5}	飞鹊 fi^{33}tɕʰiaʔ^{5} 喜鹊 sɿ^{25}tɕʰiaʔ^{5}
60 龙游	鸟 tiɔ^{35}	麻雀 m^{22}tsəʔ^{4}	喜鹊 ʑi^{22}tɕʰyəʔ^{4}
61 江山	鸟 tiɐɯ^{241}	麻雀 moʔ^{2}tɕiaʔ^{5}	喜鹊 xi^{44}tɕʰiaʔ^{5} 飞鹊 fi^{44}tɕʰiaʔ^{5}
62 常山	鸟 tiɤ^{52}	骨雀 kɛʔ^{4}tɕʰiaʔ^{5}	喜鹊 ɕi^{43}tɕʰiaʔ^{5}
63 开化	鸟 tiəɯ^{53}	麻雀 mɑ^{21}tɕʰiaʔ^{5}	喜鹊 ɕi^{44}tɕʰiaʔ^{5}
64 丽水	鸟 tiə^{544}	麻鸟 muo^{44}tiə^{544}	喜鹊 sɿ^{44}tɕʰyɛʔ^{5}
65 青田	鸟 ɗiœ^{454}	黄头雀 o^{22}deu^{22}tɕi^{445}	喜鹊 sɿ^{33}tɕʰiæʔ^{42}
66 云和	鸟儿 tiɑɔ^{44}ȵi^{45}	麻雀 mo^{44}tɕiʔ^{5}	喜鹊 sɿ^{44}tɕʰiɔʔ^{5}
67 松阳	鸟儿 tiɔ^{33}n^{24}	雀雀儿 tɕiʔ^{5}tɕiʔ^{3}n^{24}	八⁼八⁼儿 pɔʔ^{5}pɔʔ^{3}n^{24}
68 宣平	鸟 tiɔ^{445}	麻雀 mo^{44}tɕiəʔ^{5}	喜鹊 sɿ^{44}tɕʰiəʔ^{5}

续表

方言点	0226 鸟儿飞鸟，统称	0227 麻雀	0228 喜鹊
69 遂昌	鸟儿 tiɐɯ^{33} ȵiɛ^{221}	麻雀鸟儿 məɯʔ^{2} tɕiʔ^{5} tiɐɯ^{33} ȵiɛ^{221}	喜鹊 sɿ^{53} tɕʰiaʔ^{5}
70 龙泉	鸟 tiɑʌ^{51}	麻脊⁼儿 mou^{45} tsɿʔ^{3} ȵi^{21}	鸦鹊 o^{44} tɕʰiaʔ^{5}
71 景宁	鸟 tiɑu^{45} 小	吃谷将⁼ tɕʰiʔ^{3} kuʔ^{3} tɕiɛ^{45} 小 麻雀 mo^{55} tɕʰiaʔ^{5}	喜鹊 ɕi^{55} tɕʰiaʔ^{5}
72 庆元	鸟 ɗiɒ^{33}	雀儿 tɕiŋ^{55}	喜鹊 ɕi^{33} tɕʰiɑʔ^{5}
73 泰顺	鸟 tiɑɔ^{55}	吃谷鸟 tsʰɿʔ^{2} kuʔ^{2} tiɑɔ^{55}	喜鹊 sɿ^{22} tɕʰiɔʔ^{5}
74 温州	鸟儿 tiɛ^{42} ŋ^{1}	吃谷雀儿 tsʰɿ^{3} ku^{34} tɕi^{33} ŋ^{12}	喜鹊 sɿ^{45} tɕʰia^{323}
75 永嘉	鸟儿 tyə^{53} ŋ^{0} 鸟 ȵia^{13}	雀儿 tɕiɛ^{33} ŋ^{0}	水鹊 sɥ^{45} tɕʰia^{423}
76 乐清	鸟鸟 tiɯʌ^{35} tiɯʌ^{323} 小	麻雀 mɯʌ^{24} tɕʰiɯʌ^{323}	喜鹊 ɕi^{35} tɕʰiɯʌ^{323}
77 瑞安	雀儿 tɕiɛ^{33} ŋ^{0}	吃谷雀儿 tɕʰi^{3} kɯ^{3} tɕiɛ^{33} ŋ^{0}	喜鹊 ɕi^{35} tɕʰiɔ^{323}
78 平阳	鸟儿 tyəŋ^{42}	鸡⁼窠⁼雀儿 tɕi^{33} kʰu^{45} tɕiŋ^{13}	喜鹊 si^{45} tɕʰiɔ^{13}
79 文成	鸟 tuo^{33}	吃谷雀 tɕʰi^{21} ku^{21} tɕi^{33}	喜鹊 sei^{33} tɕʰyø^{13}
80 苍南	鸟 tyɔ^{53}	鸡⁼古⁼雀儿 tɕi^{44} ku^{42} tɕia^{33} ŋ^{0}	喜鹊 ɕi^{33} tɕʰia^{223}
81 建德徽	鸟儿 tiɔ^{55} n^{0}	麻雀 mo^{33} tɕʰiɐʔ^{5}	喜鹊 ɕi^{55} tɕʰiɐʔ^{5}
82 寿昌徽	鸟儿 tiɑ̃^{52}	麻雀儿 mɤ^{11} tsæ̃^{55}	喜鹊 ɕi^{33} tɕʰyəʔ^{3}
83 淳安徽	鸟 iɤ^{55}	麻雀 mo^{43} tsɑ^{24}	喜鹊 ɕi^{55} tɕʰiɑʔ^{5}
84 遂安徽	鸟儿 tiɔ^{213} n^{55}	麻雀 mɑ^{33} tɕʰiɑ^{33}	喜鹊 ɕi^{21} tʰɑ^{24}
85 苍南闽	鸟团 dʑiau^{33} kã^{43}	粟鸟 tɕʰie^{33} dʑiau^{43}	客鸟 kʰe^{33} dʑiau^{43}
86 泰顺闽	鸟团 teu^{21} ki^{344}	老笔⁼鸟 lau^{31} piɪʔ^{5} teu^{344}	喜鹊 kʰi^{21} kʰiɛʔ^{5}
87 洞头闽	鸟仔 tɕiau^{21} a^{53}	策⁼鸟仔 tɕʰiek^{5} tɕiau^{21} a^{53}	喜鹊 kʰiek^{5} tɕiau^{53}
88 景宁畲	鸟 tau^{55} 小	食谷鸟 ɕiʔ^{2} kuʔ^{5} tau^{55} 小	鸦鹊 ɔ^{44} ɕiaʔ^{5}

方言点	0229 乌鸦	0230 鸽子	0231 翅膀鸟的，统称
01 杭州	乌老鸦儿 u^{22} lɔ^{22} ua^{55} əl^{0}	鸽子 kaʔ^{5} tsɿ^{0}	摞=翅膀 liɛʔ^{2} tsʰɿ^{45} paŋ^{53}
02 嘉兴	乌鸦 vu^{33} iᴀ^{42}	鸽子 kəʔ^{5} tsɿ^{21}	翅膀 tsʰɿ^{33} pᴀ̃^{42}
03 嘉善	癞鸦 la^{55} o^{0}	鸽子 kɜʔ^{5} tsɿ^{0}	肌=律= tsɿ^{44} lieʔ^{5}
04 平湖	癞鸦 la^{55} o^{31}	鸽子 kəʔ^{3} tsɿ^{44}	肌=律= tɕi^{44} liəʔ^{5}
05 海盐	癞鸦 lɑ^{13} o^{21}	鸽子 kəʔ^{5} tsɿ^{334}	翼膀 iəʔ^{23} pɑ̃^{213}
06 海宁	癞鸦 la^{33} o^{53}	鸽子 kəʔ^{5} tsɿ^{0}	翼肌=膀 ieʔ^{5} tɕi^{55} pɑ̃^{55}
07 桐乡	老鸦 lɔ^{242} o^{44}	鸽子 kəʔ^{3} tsɿ^{53}	急=怪= tɕiəʔ^{3} kua^{334}
08 崇德	老鸦 lɔ^{55} o^{0}	鸽子 kəʔ^{3} tsɿ^{53}	翼刮= iəʔ^{23} kuaʔ^{5}
09 湖州	老鸦 lɔ^{53} əu^{13}	鸽子 kəʔ^{5} tsɿ^{53}	翼刮= ieʔ^{2} kuəʔ^{5}
10 德清	乌鸦 u^{44} ia^{44}	鸽子 kəʔ^{5} tsɿ^{53}	翼刮= ieʔ^{2} kuaʔ^{5}
11 武康	乌老鸦 u^{44} lɔ^{44} o^{44}	鸽子 kɜʔ^{5} tsɿ^{53}	翼刮= ieʔ^{2} kuɜʔ^{5}
12 安吉	老鸦 lɔ^{21} ʊ^{213}	和平鸽 ʊ^{22} biŋ^{22} kəʔ^{5}	翼胛 iᴇ^{2} kuɐʔ^{5}
13 孝丰	老鸦 lɔ^{32} ʊ^{213}	鸽子 kəʔ^{5} tsɿ^{44} 和平鸽 ʊ^{22} biŋ^{22} kəʔ^{5}	翼胛 ieʔ^{2} kuaʔ^{5}
14 长兴	乌鸦 vu^{44} ia^{44}	鸽子 kəʔ^{3} tsɿ^{44}	脚=关= tʃiaʔ^{3} kuᴇ^{44}
15 余杭	乌老鸦儿 u^{55} lɔ^{55} ua^{55} n^{33} 撞=鹰=儿 zɑ^{33} iŋ^{55} n^{31}	鸽子 kəʔ^{5} tsɿ^{53}	玉=鬼= ioʔ^{2} kuɛ^{53}
16 临安	老鸦 lɔ^{33} o^{55}	鸽子 kɐʔ^{5} tsɿ^{35}	翼翅膀 iɐʔ^{2} tsʰɿ^{55} pɑ̃^{55}
17 昌化	老鸭= lɔ^{23} aʔ^{5}	鸽子 kəʔ^{5} tsɿ^{453}	翼稍 iɛʔ^{2} sɔ^{334}
18 於潜	乌老鸦 u^{433} lɔ^{33} ŋa^{53}	鸽子 kəʔ^{53} tsɿ^{454}	翼膀 iæʔ^{2} paŋ^{53}
19 萧山	乌鸦 u^{33} ia^{33}	薄=鸽 bəʔ^{21} kieʔ^{5}	翼膀 ieʔ^{21} pɔ̃^{33}
20 富阳	乌老鸦 u^{55} lɔ^{55} o^{13}	斑鸽 pã^{55} kiɛʔ^{5} 野生 鹁鸽 baʔ^{2} kiɛʔ^{5} 家养	翼胛 iɛʔ^{2} kaʔ^{5}
21 新登	乌老鸦 u^{53} lɔ^{334} ɑ^{45}	鹁鸽 boʔ^{2} kəʔ^{5}	翼膀 iəʔ^{5} pɑ̃^{45}
22 桐庐	乌老鸦 u^{33} lɔ^{21} uᴀ^{35}	鸽子 kəʔ^{5} tsɿ^{13}	翼膀 iəʔ^{21} pɑ̃^{35}

续表

方言点	0229 乌鸦	0230 鸽子	0231 翅膀鸟的，统称
23 分水	乌老鸦 u^{44} lɔ^{55} ua^{0}	鸽子 kəʔ^{5} tsɿ^{0}	翼膀 iəʔ^{12} pʰã^{53} "膀"声殊
24 绍兴	乌老鸦 u^{33} lɔ^{44} o^{31}	白鸽 ba^{22} keʔ^{5}	翼膀 ioʔ^{2} pɑŋ^{334}
25 上虞	老鸦 lɔ^{21} ua^{31}	鸽子 kəʔ^{5} tsɿ^{53}	翼膀 iəʔ^{2} pɔ̃^{53}
26 嵊州	老鸦 lɔ^{22} o^{334}	和平鸽 o^{22} biŋ^{22} kɛʔ^{5}	翼古$^{=}$ ieʔ^{2} ku^{53}
27 新昌	老鸦 lɔ^{22} ua^{335}	鸽 kɤʔ^{5}	翼古$^{=}$ iɛʔ^{2} ku^{453}
28 诸暨	乌老鸦 vu^{21} lɔ^{33} o^{33}	鸽子 kieʔ^{5} tsɿ^{33} "鸽"韵殊	翼膀 ieʔ^{21} pɑ̃^{42}
29 慈溪	老鸦 lɔ^{13}õ^{44}	鹁鸽 boʔ^{2} kəʔ^{5}	翼梢 hiəʔ^{2} sɔ^{44}
30 余姚	老鸦 lɔ^{13} o^{44}	鹁鸽 boʔ^{2} kəʔ^{5} 和平鸽 ou^{13} bə̃^{13} kəʔ^{5}	翼梢 i^{44} sɔ^{44}
31 宁波	老鸦 lɔ^{13} o^{35}	白鸽 baʔ^{2} kaʔ^{5}	翼梢 iəʔ^{2} sɔ^{44}
32 镇海	老鸦 lɔ^{22} o^{53}	白鸽 baʔ^{2} kaʔ^{5}	翼梢 ieʔ^{2} sɔ^{35}
33 奉化	老鸦 lʌ^{33} ø^{44}	白鸽 baʔ^{2} kaʔ^{2}	翼梢 iɪʔ^{2} sʌ^{44}
34 宁海	老乌头 lau^{31} u^{33} diu^{31} 老乌 lau^{31} u^{34}	鹁鸽 bɔʔ^{3} keʔ^{5}	翼膀 ieʔ^{3} pɔ̃^{53}
35 象山	老鸦 lɔ^{31} o^{44} 乌老鸦 u^{44} lɔ^{31} o^{44}	白鸽 baʔ^{2} kaʔ^{5}	翼膀 ieʔ^{2} pɔ̃^{44}
36 普陀	乌鸦 u^{33} ia^{53}	鸽 kɐʔ^{5}	翼梢官$^{=}$ iɛʔ^{2} sɔ^{55} kuø^{55}
37 定海	老鸦 lɔ^{11} uo^{44}	白鸽 bɐʔ^{2} kɐʔ^{5}	翼梢 ieʔ^{2} sɔ^{44}
38 岱山	老鸦 lɔ^{11} ø^{44}	白鸽 bɐʔ^{2} kɐʔ^{5}	翼梢 ieʔ^{2} sɔ^{44}
39 嵊泗	老鸦 lɔ^{11} uʏ^{45}	白鸽 bɐʔ^{2} kɐʔ^{5}	翼梢 iᴇʔ^{2} sɔ^{45}
40 临海	癞鸦 la^{33} o^{52}	鹁鸽 poʔ^{3} kø^{353} 小	翼膀 yʔ^{2} pɔ̃^{52}
41 椒江	癞鸦 la^{22} o^{35} 小	鹁鸽 boʔ^{2} tɕie^{51} 小	翼膀 yeʔ^{2} pɔ̃^{51} 小
42 黄岩	癞鸦 la^{13} o^{35} 小	鹁鸽 poʔ^{3} tɕie^{53} 小	翼膀 ieʔ^{2} pɔ̃^{53} 小
43 温岭	老鸦 lɔ^{13} o^{15} 小	鹁鸽 poʔ^{3} tɕie^{51} 小	翼膀 iʔ^{2} pɔ̃^{42}
44 仙居	癞鸦 la^{24} o^{53}	鹁鸽 baʔ^{23} ciaʔ^{53} 小	翼膀 iaʔ^{23} pʰɑ̃^{324}

续表

方言点	0229 乌鸦	0230 鸽子	0231 翅膀鸟的，统称
45 天台	老鸦 lau^{21} o^{51}	鹁鸽 buʔ^{2} keʔ^{5}	翼膀 iəʔ^{2} pɔ^{325}
46 三门	癞乌 la^{33} u^{52}	和平鸽 ʋ^{11} biŋ^{11} kɐʔ^{5}	翼膀 ieʔ^{3} pɔ^{325}
47 玉环	乌老鸦 u^{33} lɔ^{22} o^{35} 小	鹁鸽 pɐʔ^{3} tɕie^{53} 小	翼膀 iɐʔ^{2} pʰ ɔ̃^{53} "膀"声殊
48 金华	乌老鸦 u^{33} lɑo^{53} uɑ^{55}	鹁鸽 boʔ^{21} kɤ^{55} 老 鸽子 kəʔ^{3} tsɿ^{55} 新	翼膀 iəʔ^{21} pɑŋ^{535}
49 汤溪	乌老鸦 u^{33} lɔ^{11} uɑ^{52}	鹁鸽 bu^{11} kɤ^{55}	翼膀 ie^{11} pã^{52}
50 兰溪	乌老鸦 u^{334} lɔ^{45} uɑ^{0}	鸽儿 kɤʔ^{34} nə^{45}	翼膀 ieʔ^{12} bæ̃^{24}
51 浦江	乌老鸦儿 u^{33} lo^{33} iɑn^{243}	鹁鸽儿 bɯ^{11} kɯn^{53}	翼膀儿 yə^{24} põn^{334}
52 义乌	老鸦儿 lo^{31} ian^{335}	鹁鸽儿 bau^{24} kɯn^{324}	翼蓑 ie^{45} suɤ^{335}
53 东阳	□□老鸦 pɐɯ^{33} tsɿ^{33} lɐɯ^{44} o^{33}	鹁鸽儿 bɐɯ^{23} kɯn^{53}	翼鼓 əɯ^{23} ku^{33}
54 永康	老鸦 lɑu^{31} uɑ^{55}	鹁鸽 ɓu^{33} kɤ^{52} 小	翼膀 ie^{33} mɑŋ^{334}
55 武义	老鸦 lɤ^{55} uɑ^{24}	鹁鸽 bɔʔ^{5} kɤ^{53}	翼膀 ie^{55} mɑŋ^{445}
56 磐安	老鸦 lo^{55} uə^{445}	鸽儿 kɛn^{52}	后$^{=}$鼓$^{=}$ ɐɯ^{55} ku^{445}
57 缙云	老鸦 ləɤ^{51} u^{44}	鹁鸽 bou^{51} kɛ^{45}	翼膀 iəi^{51} pʰou^{51}
58 衢州	老鸦 lɔ^{231} ɑ^{32}	鸽儿 kəʔ^{3} ȵi^{35}	翼膀 iəʔ^{2} pɑ̃^{35}
59 衢江	老鸦 lɔ^{22} uɤ^{33}	鸽 kəʔ^{5}	密$^{=}$膀 miəʔ^{2} pɑ̃^{25}
60 龙游	老鸦 lɔ^{22} uɑ^{51}	鸽 kəʔ^{4}	翼膀 iəʔ^{2} pã^{35}
61 江山	老鸦 lɒ^{22} o^{44}	鸽 kɒʔ^{5}	翼膀 iɛʔ^{2} piaŋ^{241}
62 常山	老鸦 lɔ^{22} ɔ^{44}	鸽 kuʌʔ^{5}	肉膀 ȵiʌʔ^{3} piã^{52}
63 开化	老鸦 ləɯ^{21} ɔ^{44}	鸽 kaʔ^{5} 鸽子 kaʔ^{5} tsɿ^{0}	翼膀 yaʔ^{2} pʰiã^{53}
64 丽水	老鸦 lə^{44} uo^{224}	鸽 kɛʔ^{5}	翼膀 iɛʔ^{2} pʰɔŋ^{544}
65 青田	老鸦 lœ^{33} u^{445}	白鸽 bɛʔ^{3} kaʔ^{42}	翼膀 iæʔ^{3} pʰo^{454}
66 云和	老鸦 lɑɔ^{44} o^{24}	鸽 kɛʔ^{5}	翼膀 iɛʔ^{23} pʰɔ̃^{41}

续表

方言点	0229 乌鸦	0230 鸽子	0231 翅膀鸟的，统称
67 松阳	老鸦 lʌ^{21} uə^{53}	鸽儿 kɛʔ^{3} n^{24}	尾息$^{=}$ miɛ^{21} ɕiʔ^{5}
68 宣平	老鸦 lɔ^{43} o^{324}	鹁鸽 bəʔ^{2} kəʔ^{5}	翼膀 iəʔ^{2} pʰ ɔ̃^{445}
69 遂昌	老鸦 lɐɯ^{22} ɒ^{45}	鸽儿 kɛʔ^{5} ȵiɛ^{221}	力$^{=}$息$^{=}$ liʔ^{2} ɕiʔ^{5}
70 龙泉	老鸦 lɑʌ^{21} o^{434}	鸽 kɯəʔ^{5}	翼膀 ʅʔ^{3} pʰ ɔŋ^{51}
71 景宁	老鸦 lo^{55} o^{324}	鸽 kœʔ^{5}	翼纱$^{=}$ iʔ^{3} so^{324}
72 庆元	老鸦 lɒ^{33} o^{335}	鸽 kɤʔ^{5}	翼 iʔ^{34}
73 泰顺	老鸦 lɑɔ^{22} ɔ^{213}	白鸽 paʔ^{2} kɛʔ^{5}	翼梢 i^{22} sɑɔ^{213}
74 温州	老鸦 lɜ^{31} o^{33}	白鸽 ba^{2} kø^{323}	翼 iai^{212}
75 永嘉	老鸦 lə^{31} o^{44}	白鸽 ba^{21} ky^{423}	翼 iai^{213}
76 乐清	老鸦 lɤ^{31} o^{44}	白鸽 be^{2} ke^{323}	翼膀 iɤ^{2} pʰ a^{35}
77 瑞安	乌老鸦 ɯ^{35} lɛ^{22} o^{44}	白鸽 ba^{2} ke^{323}	翼膀 i^{2} pʰ ɔ^{35}
78 平阳	乌鸦 vu^{33} o^{55}	白鸽 bᴀ^{35} kɵ^{13}	翼膀 ie^{21} pʰ o^{35} “膀”声殊
79 文成	乌鸦 vu^{33} o^{33}	鸽 ke^{34}	翼沙$^{=}$片 i^{13} so^{33} pʰ ie^{35}
80 苍南	乌老鸦 u^{44} lɛ^{42} o^{44}	白鸽 bia^{11} ke^{223}	翼膀 iɛ^{11} pʰ a^{53}
81 建德徽	乌老鸦 u^{53} lɔ^{21} o^{55}	鸽子 ki^{55} tsɿ^{0}	翼消$^{=}$半$^{=}$ i^{21} ɕiɔ^{53} pɛ^{33}
82 寿昌徽	乌老鸦 u^{11} lɤ^{33} uə^{112}	和平鸽 xu^{11} pʰ ien^{11} kəʔ^{3}	翼梭$^{=}$ i^{33} su^{112}
83 淳安徽	乌老鸦 va^{21} lɤ^{55} ɑʔ^{5} “鸦”音殊	鸽子 kəʔ^{5} tsɿ^{21}	翼市$^{=}$家$^{=}$ iəʔ^{13} sɿ^{55} ko^{55}
84 遂安徽	老鸦 lɔ^{213} ɑ^{52}	鸽子 kə^{21} tsɿ^{55}	翼夹$^{=}$ i^{21} kɑ^{24}
85 苍南闽	邪乌 ɕia^{21} ɔ^{55}	鸽 kɐ^{43}	翅牯 ɕie^{21} kɔ^{43}
86 泰顺闽	老鸦 lau^{22} a^{213}	白鸽 pa^{21} kɛʔ^{5}	翼梢 niɪʔ^{3} sau^{213}
87 洞头闽	耐$^{=}$箬$^{=}$ nai^{212} hieu^{24} 乌鸦 ɔ^{24} a^{33}	鸽 kɐt^{5}	翅古$^{=}$ ɕie^{21} kɔ^{53}
88 景宁畲	老鸦 lau^{55} ɔ^{44}	鸽 kəʔ^{5}	胁$^{=}$乌 xiet^{5} tau^{55} 小

方言点	0232 爪子鸟的，统称	0233 尾巴	0234 窝鸟的
01 杭州	脚爪儿 tɕiɛʔ^{5}tsɔ^{45}əl^{53}	尾巴 mi^{55}pa^{0}	窠 k^{h}əu^{334}
02 嘉兴	脚爪 tɕiᴀʔ^{5}tsɔ^{21}	尾巴 mi^{21}po^{42}	鸟窠 tiɔ^{33}k^{h}ou^{42}
03 嘉善	脚爪 tɕiaʔ^{5}tsɔ^{0}	尾巴 mi^{22}po^{53}	窠 k^{h}u^{53}
04 平湖	脚爪 tɕiaʔ^{3}tsɔ^{44}	尾巴 mi^{21}po^{53}	窠 k^{h}u^{53}
05 海盐	脚爪板 tɕiaʔ^{5}tsɔ^{55}pɛ^{21}	尾巴 mi^{53}po^{53}	窠 k^{h}u^{53}
06 海宁	脚爪 tɕiaʔ^{5}tsɔ^{0}	尾巴 mi^{13}po^{55}	窠 k^{h}əu^{55}
07 桐乡	脚爪 tɕiaʔ^{3}tsɔ^{53}	尾巴 m^{242}po^{44}	窠 k^{h}əu^{44}
08 崇德	脚爪 tɕiaʔ^{3}tsɔ^{53}	尾巴 ȵi^{55}po^{0}	窠 k^{h}u^{44}
09 湖州	脚爪 tɕiaʔ^{5}tsɔ^{44}	尾巴 m^{53}puo^{13}	窠 k^{h}əu^{44}
10 德清	脚爪 tɕiaʔ^{5}tsɔ^{53}	尾巴 m^{53}puo^{0}	窠 k^{h}əu^{44}
11 武康	脚爪 tɕieʔ^{5}tsɔ^{53}	尾巴 m^{35}po^{53}	窠 k^{h}u^{44}
12 安吉	脚爪 tɕiᴇʔ^{3}tsɔ^{55}	尾巴 m^{52}pʊ^{21}	窠 k^{h}ʊ^{55}
13 孝丰	脚爪 tɕiaʔ^{5}tsɔ^{44}	尾巴 mi^{45}pʊ^{21}/m^{45}pʊ^{21}	窠 k^{h}u^{44}
14 长兴	脚爪 tʃiaʔ^{3}tsɔ^{44}	尾巴 m^{45}pu^{21}	窠 k^{h}əu^{44}
15 余杭	脚爪儿 tɕiaʔ^{5}tsɔ^{53}n^{31}	尾巴 m^{35}puo^{0}	鸟儿窠 tiɔ^{55}n^{33}k^{h}u^{53}
16 临安	脚爪 tɕiɐʔ^{5}tsɔ^{55}	尾巴 m^{33}po^{55}	鸟窠 tiɔ^{55}k^{h}o^{53}
17 昌化	脚爪 tɕiaʔ^{5}tsɔ^{453}	尾巴 mi^{45}pu^{53}	窠 k^{h}ɯ^{334}
18 於潜	脚爪 tɕieʔ^{53}tsɔ^{53}	尾巴 mi^{53}ba^{31}	窠 k^{h}u^{433}
19 萧山	爪子 tsɔ^{35}tsɿ^{21}	尾巴 mi^{33}po^{33}	窠 k^{h}o^{533}
20 富阳	脚□ tɕiaʔ^{5}po^{335}	尾巴 m^{53}po^{335}	窠 k^{h}ɯ^{53}
21 新登	脚膀 tɕiaʔ^{5}pɑ̃^{334}	尾巴 ŋ^{334}pa^{45}	窠 k^{h}u^{53}
22 桐庐	脚爬 tɕiaʔ^{5}bo^{13}	尾巴 mi^{33}bo^{35}	窠 k^{h}u^{533}
23 分水	脚爪 tɕiəʔ^{5}tsɔ^{53}	尾巴 mi^{44}pa^{0}	窠 k^{h}o^{44}
24 绍兴	脚爪 tɕiaʔ^{3}tsɔ^{33}	尾巴 mi^{24}po^{31}	窠 k^{h}o^{53}

续表

方言点	0232 爪子鸟的，统称	0233 尾巴	0234 窝鸟的
25 上虞	脚爪 tɕiaʔ^{5}tsɔ^{53}	尾巴 mi^{21}po^{53}	窠 kʰʊ^{35}
26 嵊州	脚爪 tɕiaʔ^{3}tsɔ^{53}	尾巴 mi^{24}po^{53}	窠 kʰo^{534}
27 新昌	脚爪 tɕiaʔ^{5}tsɔ^{453}	尾巴 mi^{22}po^{53}	鸟窠 tiɔ^{33}kʰɤ^{53}
28 诸暨	脚爪 tɕiaʔ^{5}tsɔ^{42}	尾巴 mʅ^{13}pɔ^{42}	窠 kʰɤu^{544}
29 慈溪	脚爪 tɕiaʔ^{5}tsɔ^{0}	尾巴 mi^{11}po^{53}	窠 kʰəu^{35}
30 余姚	脚爪 tɕiaʔ^{5}tsɔ^{0}	尾巴 mi^{13}pɔ^{44}	窠 kʰou^{44}
31 宁波	脚爪 tɕiəʔ^{5}tsɔ^{44}	尾巴 mi^{13}po^{35}	鸟窠 tio^{35}kʰəu^{53}
32 镇海	脚爪 tɕieʔ^{5}tsɔ^{44}	尾巴 mi^{24}po^{44}	窠 kʰəu^{53}
33 奉化	脚爪 tɕiaʔ^{5}tsʌ^{44}	尾巴 m^{33}po^{44}	窠 kʰəu^{44}
34 宁海	脚爪 tɕiaʔ^{3}tsau^{53}	尾巴 mi^{33}po^{34}/mi^{33}po^{53}	窠 kʰu^{423}
35 象山	脚爪 tɕieʔ^{5}tsɔ^{44}	尾巴 ŋ^{31}po^{44}	窠 kʰɤɯ^{44}
36 普陀	脚爪 tɕiɛʔ^{5}tsɔ^{0}	尾巴 mi^{23}po^{55}	窠 kʰəu^{53}
37 定海	脚爪 tɕieʔ^{5}tsɔ^{0}	尾巴 mi^{23}po^{44}	窠 kʰʌu^{52}
38 岱山	脚爪 tɕieʔ^{5}tsɔ^{0}	尾巴 ȵi^{23}po^{44}	窠 kʰʌu^{52}
39 嵊泗	脚爪 tɕiᴇʔ^{5}tsɔ^{0}	尾巴 ȵi^{34}po^{44}	窠 kʰʌu^{53}
40 临海	脚爪 tɕiaʔ^{3}tsɔ^{53}	尾巴 mi^{42}po^{31}	窠 kʰo^{31}
41 椒江	脚爪 tɕiəʔ^{3}tsɔ^{51}小	尾巴 mi^{42}po^{35}小	窠 kʰu^{35}小
42 黄岩	脚爪 tɕieʔ^{3}tsɔ^{42}	尾巴 mi^{42}po^{35}小	窠 kʰu^{35}小
43 温岭	脚爪 tɕiaʔ^{3}tsɔ^{42}	尾巴 mi^{42}po^{15}小	窠 kʰɯ^{15}小
44 仙居	脚爪 tɕyɑʔ^{3}tsɐɯ^{324}	尾巴 mi^{31}ɓo^{334}	窠 kʰo^{53}小
45 天台	脚爪 kiaʔ^{1}tsau^{325}	尾巴 mi^{21}po^{33}	窠 kʰou^{51}小
46 三门	脚爪 tɕiaʔ^{3}tsɑu^{325}	尾巴 mi^{32}po^{334}	窠 kʰʊ^{52}小
47 玉环	脚爪 tɕiɐʔ^{3}tsɔ^{53}	尾巴 mi^{53}po^{35}小	窠 kʰu^{35}小

续表

方言点	0232 爪子鸟的，统称	0233 尾巴	0234 窝鸟的
48 金华	爪 tsɑo^{535}	尾巴儿 m^{55} pɤ̃ɛ^{334}	窠 kʰuɤ^{334}
49 汤溪	爪 tsɔ^{535}	尾巴 ŋ^{11} pɤ^{52}	窠 kʰuɤ^{24}
50 兰溪	爪 tsɔ^{55}	尾巴 n^{55} piaʔ^{34}	窠 kʰuɤ^{334}
51 浦江	脚爬⁼儿 tɕyo^{33} bian^{243}	尾巴 m^{11} pia^{53}	窠 kʰɯ^{534}
52 义乌	脚爪儿 tɕio^{45} tson^{44}	尾巴儿 m^{45} pɯan^{44}	窠儿 kʰuɤn^{335}
53 东阳	脚爪 tɕio^{44} tsɐɯ^{33}	尾巴儿 m^{23} pon^{33}	窠儿 kʰʊn^{334}
54 永康	脚爬⁼ tɕiɑu^{33} ɓuɑ^{55}	尾巴 ŋ^{31} ɓuɑ^{55}	窠 kʰuo^{241}小
55 武义	脚爪 tɕiɑu^{53} tsɔ^{445}	尾巴 n^{53} muɑ^{24}	窠 kʰuo^{24}
56 磐安	爪 tsua^{334}	尾巴儿 m^{55} pən^{445}	窠儿 kʰuɤn^{445}
57 缙云	脚爪 tɕiɔ^{51} tsɔ^{51}	尾巴 ȵiɛŋ^{51} pu^{44}	窠 kʰu^{44}
58 衢州	脚爬⁼ tɕiaʔ^{5} bɑ^{21}	尾巴 mi^{53} pɑ^{32}	窠 kʰu^{32}
59 衢江	骹爪 kʰɔ^{33} tsɔ^{25}	尾巴 mie^{22} puo^{33}	窠 kʰuo^{33}
60 龙游	爪 tsɔ^{35}	尾巴 mie^{22} pu^{334}	窠 kʰu^{334}
61 江山	爪 tsɐɯ^{241}	尾蔸 mᴇ^{22} tɯ^{44}	窠 kʰyə^{44}
62 常山	爪 tsɔ^{52}	尾蔸 mi^{22} tiu^{44}	窠 tɕʰye^{44}
63 开化	爪 tsəɯ^{53}	尾巴 mi^{21} pɑ^{44}	窠 tɕʰyɛ^{44}
64 丽水	爪 tsə^{544}	尾巴 ŋ^{44} puo^{224}	窠 kʰuo^{224}
65 青田	爪 tso^{454}	尾巴 mi^{33} ɓu^{445}	窠 kʰu^{445}
66 云和	脚爪 tɕioʔ^{4} tsɑɔ^{41}	尾蔸 mi^{44} tiəɯ^{24} 尾巴 mi^{44} po^{24}	窠 kʰo^{24}
67 松阳	脚耙 tɕiaʔ^{3} bu^{31}	尾蔸 miɛ^{21} tiɯ^{53}	窠 kʰu^{53}
68 宣平	脚爪 tɕiəʔ^{4} tsɔ^{445}	尾巴 n^{43} pu^{324}	窠 kʰo^{324}
69 遂昌	骹爪 kʰɐɯ^{33} tsɐɯ^{533}	尾蔸 miʔ^{2} tiɯ^{45}	窠 kʰu^{45}
70 龙泉	骹爪 kʰɑʌ^{45} tsɑʌ^{51}	尾蔸 mi^{21} tiəu^{434}	窠 kʰuo^{434}

续表

方言点	0232 爪子鸟的，统称	0233 尾巴	0234 窝鸟的
71 景宁	爪 tsɑu^{33}	尾莌 miɛ^{55}tiəɯ^{324}	窠 kʰo^{324}
72 庆元	骹爪 kʰɒ^{33}tsɒ^{33}	尾莌 mɪ̃^{22}ɗiɯ^{335}	窠 kʰo^{335}
73 泰顺	爪 tsɑɔ^{55}	尾莌 mæi^{22}tiəu^{35}	窠 kʰuɔ^{213}
74 温州	脚爪 tɕia^{3}tsuɔ^{25}	尾巴 mei^{42}po^{33}	窠 kʰu^{33}
75 永嘉	脚爪 tɕia^{43}tsɔ^{45}	尾巴儿 mei^{13}po^{33}ŋ^{0} 尾巴 mei^{31}po^{44}	窠 kʰu^{44}
76 乐清	爪 tɕia^{35}	尾巴 ŋ^{42}pɯʌ^{44}	窠 kʰu^{44}
77 瑞安	爪 tsɔ^{35}	尾巴 mei^{53}pu^{44}	窠 kʰɯ^{44}
78 平阳	爪 tʃɔ^{45}	尾巴 mai^{45}po^{13}	窠 kʰu^{55}
79 文成	爪 tʃo^{45}	尾巴 mai^{33}po^{33}	窠 kʰu^{55}
80 苍南	脚爪 tɕia^{3}tsa^{53}	尾巴 mai^{42}puɔ^{44}	窠 kʰu^{44}
81 建德徽	脚爬= tɕiɑ^{55}po^{33}	尾巴 mi^{55}po^{53}	窠 kʰu^{53}
82 寿昌徽	脚爪 tɕiɔʔ^{3}tsɤ^{24}	尾巴 mi^{33}pɤ^{112}	窠 kʰu^{112}
83 淳安徽	脚爪 tɕiɑʔ^{5}tsɤ^{55}	尾巴 mi^{55}po^{55}	窠 kʰu^{24}
84 遂安徽	爪 tsɔ^{213}	尾巴 mi^{33}pɑ^{33}	窠 kuəɯ^{534}
85 苍南闽	□ dʑiau^{43}	尾溜= bə^{33}liu^{55}	区= kʰu^{55}
86 泰顺闽	骹爪 kʰa^{21}tsau^{344}	尾莌 mɔi^{344}tiəu^{213}	窠 kʰou^{213}
87 洞头闽	骹猫仔 kʰa^{24}nɪ̃ãũ^{212}a^{53}	尾溜= bə^{24}liu^{33}	区= kʰu^{33}
88 景宁畲	脚爪 kioʔ^{5}tɕiau^{325}	尾莌 muei^{55}tiəu^{44}	窠 kʰo^{44}

方言点	0235 虫子统称	0236 蝴蝶统称	0237 蜻蜓统称
01 杭州	虫儿 dzoŋ^{22} əl^{45}	蝴蝶儿 u^{22} diɛʔ^{2} əl^{45}	蜻蜓 tɕʰiŋ^{33} diŋ^{45}
02 嘉兴	小虫 ɕiɔ^{33} zoŋ^{42}	蝴蝶 vu^{21} diᴀʔ^{5}	蜻蜓 tɕʰiŋ^{33} diŋ^{42}
03 嘉善	虫 zoŋ^{132}	蝴蝶 u^{22} dieʔ^{2}	蜻蜓 tɕʰin^{35} din^{53}
04 平湖	虫 zoŋ^{31}	蝴蝶 u^{24} diɛ^{0}	蜻蜓 tsʰin^{55} din^{31}
05 海盐	虫 zoŋ^{31}	蝴蝶 u^{21} diaʔ^{23}	蜻蜓 tɕʰin^{55} din^{21}
06 海宁	虫 zoŋ^{13}	蝴蝶 vu^{33} diaʔ^{2}	蜻蜓 tɕʰiŋ^{55} diŋ^{55}
07 桐乡	虫 zoŋ^{13}	蝴蝶 u^{13} diaʔ^{0}	蜻蜓 tsʰiŋ^{44} diŋ^{44}
08 崇德	虫 zoŋ^{13}	蝴蝶 u^{21} diaʔ^{4}	蛵蜓 ɕiŋ^{44} diŋ^{44}
09 湖州	虫 dzoŋ^{112}	蝴蝶 əu^{33} dieʔ^{3}	蜻蜓 tɕʰin^{44} din^{44}
10 德清	虫 dzoŋ^{113}	蝴蝶 u^{11} dieʔ^{2}	蜻蜓 tɕʰin^{44} din^{44}
11 武康	虫 dzoŋ^{113}	蝴蝶 u^{11} di^{35} 舒化	蜻蜓 tɕʰin^{44} din^{44}
12 安吉	虫 dzoŋ^{22}	蝴蝶 u^{22} diᴇʔ^{2}	蜻蜓 tɕʰiŋ^{55} diŋ^{55}
13 孝丰	虫 dzoŋ^{22}	蝴蝶 vu^{22} dieʔ^{23}	蜻蜓 tɕʰiŋ^{44} diŋ^{44}
14 长兴	虫 dzoŋ^{12}	蝴蝶 u^{12} diᴇʔ^{2}	蛵蜓 ʃiŋ^{44} diŋ^{44}
15 余杭	虫儿 zoŋ^{31} n^{13}	蝴蝶儿 u^{33} di^{31} n^{31}	蛵蜓 siŋ^{55} tiŋ^{55}
16 临安	虫 dzoŋ^{33}	蝴蝶 u^{33} diɐʔ^{2}	蜻蜓 tɕʰieŋ^{53} dieŋ^{13}
17 昌化	虫 zəŋ^{112}	蝴蝶 u^{11} diɛʔ^{23}	蝴蛵 u^{11} ɕiəŋ^{334}
18 於潜	虫 dzoŋ^{223}	蝴蝶 u^{22} diæʔ^{24}	蜻蜓 tɕʰiŋ^{43} diŋ^{24}
19 萧山	虫 dʑyoŋ^{355}	蝴蝶 u^{13} dieʔ^{5}	蜻蜓蜓 tɕʰiŋ^{33} diŋ^{33} diŋ^{33}
20 富阳	虫 dʑioŋ^{13}	麦$^{=}$蝴蝶 maʔ^{2} u^{31} diɛʔ^{2}	蜻蜓尾巴 ɕin^{55} din^{55} m^{55} po^{55}
21 新登	虫 dzoŋ^{233}	蝴蝶 u^{233} tiəʔ^{5}	蜻蜓尾巴 seiŋ^{53} teiŋ^{334} ŋ^{334} pa^{45}
22 桐庐	虫 dʑioŋ^{13}	蝴蝶 u^{21} diəʔ^{13}	蜻蜓 tɕʰiŋ^{33} diŋ^{13}
23 分水	虫 dzoŋ^{22}	蝴蝶 u^{22} tiəʔ^{5}	蜻蜓 tɕʰin^{44} din^{24}

续表

方言点	0235 虫子统称	0236 蝴蝶统称	0237 蜻蜓统称
24 绍兴	虫 dzoŋ^{231}	蝴蝶 u^{22} dieʔ^{3}	蜻蜓 tɕʰiŋ^{33} diŋ^{231}
25 上虞	虫子密⁼悉⁼ dzoŋ^{21} tsɿ^{53} miəʔ^{2} suəʔ^{5}	蝴蝶 vu^{21} diəʔ^{2}	蜻蜓 tɕʰiŋ^{33} diŋ^{213}
26 嵊州	虫 dzoŋ^{213}	蝴蝶 u^{22} dieʔ^{3}	蜻蜓 tɕʰiŋ^{53} diŋ^{231}
27 新昌	虫 dzoŋ^{22}	蝴蝶 u^{22} diɛʔ^{2}	蜻蜓 tɕʰiŋ^{45} diŋ^{33}
28 诸暨	虫 dzom^{13}	蝴蝶 vu^{21} dieʔ^{35}	蜻蜓 tɕʰin^{42} din^{33}
29 慈溪	虫 dzuŋ^{13}	蝴蝶 vu^{11} diəʔ^{2}	蜻蜓 tɕʰiŋ^{33} iŋ^{35} “蜓”声母脱落
30 余姚	虫 dzuŋ^{13}	蝴蝶 vu^{13} diəʔ^{2}	蜻蜓 tɕʰiə̃^{44} də̃^{13}
31 宁波	虫 dzoŋ^{13}	蝴蝶 vu^{13} diəʔ^{2}	蜻蜓 tɕʰiŋ^{44} diŋ^{13}
32 镇海	虫 dzoŋ^{24}	蝴蝶 u^{22} dieʔ^{2}	倒水蜻蜓 tɔ^{33} sʮ^{44} tɕʰiŋ^{33} diŋ^{22}
33 奉化	虫 dzoŋ^{33}	蝴蝶 vu^{33} diɪʔ^{2}	蜻蜓 tɕʰiŋ^{44} diŋ^{33}
34 宁海	虫 dʑioŋ^{213}	蝴蝶 vu^{22} dieʔ^{3}	蜻蜓 tɕʰiŋ^{33} diŋ^{213}
35 象山	虫 dʑyoŋ^{31}	蝴蝶 u^{31} dieʔ^{2}	蜻蜓 tɕʰiŋ^{44} dəŋ^{13}
36 普陀	虫 dzoŋ^{24}	蝴蝶 u^{33} diɛʔ^{5}	蜻蜓 tɕʰiŋ^{33} diŋ^{45}
37 定海	虫 dzoŋ^{23}	蝴蝶 u^{33} dieʔ^{5}	蜻蜓 tɕʰiŋ^{33} diŋ^{52}
38 岱山	虫 dzoŋ^{23}	蝴蝶 u^{33} dieʔ^{5}	蜻蜓 tɕʰiŋ^{33} iŋ^{52} “蜓”声母脱落
39 嵊泗	虫 dzoŋ^{243}	蝴蝶 u^{33} diᴇʔ^{5}	蜻蜓 tɕʰiŋ^{33} diŋ^{45}
40 临海	虫 dʑyoŋ^{31}	蝴蝶 u^{33} diə^{51}	蜻蜓 tɕʰiŋ^{33} diŋ^{51}
41 椒江	虫 dzoŋ^{31}	蝴蝶 u^{22} die^{41}	飞蛉 fi^{33} liŋ^{41}
42 黄岩	虫 dzoŋ^{121}	蝴蝶 u^{13} die^{41}	西蛉 ɕi^{33} lin^{41}
43 温岭	虫 dʑyuŋ^{31}	蝴蝶 u^{13} die^{41}	蜻蜓 tɕʰin^{35} din^{41} 蜻蛉 tɕʰin^{35} lin^{41}
44 仙居	虫 dʑioŋ^{353} 小	蝴蝶 u^{33} diaʔ^{23}	飞蜓 fi^{53} din^{0}

续表

方言点	0235 虫子统称	0236 蝴蝶统称	0237 蜻蜓统称
45 天台	虫 dʑyuŋ^{224}	蝴蝶 vu^{22} dieʔ^{2}	蛵蜓 hiŋ^{33} ȵiŋ^{31}
46 三门	虫 dʑioŋ^{113}	蝴蝶 u^{11} dieʔ^{252}	蜻蛉 tɕʰiəŋ^{33} liŋ^{31}
47 玉环	虫 dʑioŋ^{31}	蝴蝶 u^{22} die^{41}	蜻蜓米 tɕʰiŋ^{33} diŋ^{22} mi^{53}
48 金华	虫 dʑioŋ^{313}	蝴蝶儿 u^{33} diɛ̃^{14}	蜻蜓 tɕʰiŋ^{33} tiŋ^{55}
49 汤溪	虫 dʑiɑo^{11}	蝴蝶 u^{33} tia^{24}小	蜻蜓 tsʰɛ̃i^{24} dɛ̃i^{0}
50 兰溪	虫 dʑioŋ^{21}	蝴蝶 u^{21} diəʔ^{12}	蜻蜓 tɕʰin^{334} tin^{45}
51 浦江	虫 dʑyon^{113}	蝴蝶儿 u^{11} dian^{334}	蜻蜓 tsʰiən^{55} liən^{334} "蜓"声殊
52 义乌	虫 dzoŋ^{213}	蝴蝶儿 u^{22} dian^{312}	蛵蜓 ɕiən^{33} tən^{45}
53 东阳	虫 dʑiɔm^{213}	蝴蝶儿 u^{22} diɐn^{53}	蜻蜓 hɐn^{33} tɐn^{53}
54 永康	虫 dzoŋ^{22}	蝴蝶 u^{33} dia^{113}	蜻蜓 tɕʰiŋ^{33} diŋ^{22}
55 武义	虫 dzoŋ^{324}	蝴蝶 u^{55} dia^{13}	蜻蜓 tɕʰin^{32} din^{53}
56 磐安	虫 dzɔom^{213}	蝴蝶儿 u^{21} dian^{14}	蛵蜓 xɐn^{33} tɐn^{52}
57 缙云	虫 dzɔ̃ũ^{243}	蝴蝶 vu^{21} dia^{45}	蜻蜓 tsʰɿ^{44} dɛŋ^{453}
58 衢州	虫 dʒyoŋ^{21}	蝴蝶 u^{21} diəʔ^{12}	蜻蜓 tɕʰin^{53} din^{21}
59 衢江	虫 dəŋ^{212}	蝴蝶 uɤ^{33} diəʔ^{2}	蜻蜓 tɕʰiŋ^{25} diŋ^{31}
60 龙游	虫 dzoŋ^{21}	蝴蝶 u^{22} diəʔ^{23}	蜻蜓 tɕʰin^{35} din^{21}
61 江山	虫 daŋ^{213}	蝴蝶 uə^{22} diᴇʔ^{2}	朋$^{=}$猜$^{=}$ boŋ^{22} tsʰa^{241}
62 常山	虫 dã^{341}	蝴蝶 uə^{22} diʌʔ^{34}	抱$^{=}$锤$^{=}$ buə^{24} dzɛ^{52}
63 开化	虫 dɤŋ^{231}	蝴蝶 uo^{21} diaʔ^{13}	蛵听$^{=}$ ɕin^{44} tʰin^{53}
64 丽水	虫 dʑiɔŋ^{22}	蝴蝶 u^{21} diɛʔ^{23}	蜻蜓 tɕʰin^{224} tin^{52}
65 青田	虫 dʑioŋ^{21}	蝴蝶 vu^{22} diæʔ^{31}	蜻蜓儿 tɕʰiŋ^{33} deŋ^{55}
66 云和	虫 dʑioŋ^{312}	蝴蝶 u^{223} diɛʔ^{23}	花乌蜓 xo^{44} tiɑɔ^{24} diŋ^{223}
67 松阳	虫 dʑiəŋ^{31}	蝴蝶 uə^{24} diɛʔ^{2}	花蛾儿 fuə^{33} ŋɔ̃^{24}

续表

方言点	0235 虫子统称	0236 蝴蝶统称	0237 蜻蜓统称
68 宣平	虫 dʑyən^{433}	蝴蝶 u^{44} diəʔ^{23}	车乌$^{=}$ tɕʰia^{44} u^{324}
69 遂昌	虫 dʑiɔŋ^{221}	蝴蝶 uə^{21} diɛʔ^{23}	荒$^{=}$鸟 xɔŋ^{55} tiɐɯ^{334}
70 龙泉	虫 dəŋ^{21}	蝴蝶 uɤɯ^{45} diᴇʔ^{24}	蜓蛾娘 tin^{45} ŋo^{21} ȵiaŋ^{21}
71 景宁	虫 dʑyŋ^{41}	蝴蝶 u^{55} diaʔ^{23}	花鸟蜓 xo^{33} tiɑu^{33} tiŋ^{45}小
72 庆元	虫 toŋ^{52}	蝴蝶 uɤ^{52} tiɑʔ^{34}	黄飞 ɔ̃^{52} ɓæi^{55}小
73 泰顺	虫 tɕioŋ^{53}	蝴蝶 uø^{22} tiɔʔ^{2}	荒$^{=}$鸟 xɔ̃^{213} tiɑɔ^{35}
74 温州	虫 dʑioŋ^{31}	蝴蝶 vu^{24} di^{212}	蜻蜓 tsʰəŋ^{33} daŋ^{223}
75 永嘉	虫 dʑioŋ^{31}	蝴蝶 u^{13} di^{213}	蛵蜓 ɕiaŋ^{33} daŋ^{21}
76 乐清	虫 dʑioŋ^{31}	蝴蝶 vu^{24} diɯʌ^{212}	蛵蜓 ɕiaŋ^{44} daŋ^{223}
77 瑞安	虫 dʑioŋ^{31}	蝴蝶 vɯ^{13} duɔ^{212}	蜻蜓 tsʰəŋ^{33} daŋ^{21}
78 平阳	虫 dʒoŋ^{242}	蝴蝶 vu^{35} dye^{13}	蜻蜓 tʃʰeŋ^{33} daŋ^{35}
79 文成	虫 dʒoŋ^{113}	蝴蝶 vu^{35} die^{13}	蝇蛾 iaŋ^{33} ŋo^{33}
80 苍南	虫 dʑioŋ^{31}	蝴蝶 u^{11} dia^{112}	蛵蜓 ɕiaŋ^{33} daŋ^{21}
81 建德徽	虫 tsoŋ^{33} 虫子 tsoŋ^{33} tsɿ^{213}	蝴蝶儿 u^{33} tie^{33} n^{55}	蜻蜓 tɕʰin^{21} tin^{55}
82 寿昌徽	虫 tɕʰiəŋ^{52}	蝴蝶儿蝶儿 u^{11} tʰiɛ̃^{11} tʰiɛ̃^{55}	蝴蝶儿蝶儿 u^{11} tʰiɛ̃^{11} tʰiɛ̃^{55}
83 淳安徽	虫 tsʰon^{435}	蝴蝶 va^{43} tʰiɑʔ^{5}	蜻蜓 tɕʰin^{24} tʰin^{21}
84 遂安徽	虫 tʰəŋ^{33}	蝴蝴 xo^{33} xo^{33}	乌蜻蜻 u^{55} tɕin^{55} tɕin^{55}
85 苍南闽	虫 tʰan^{24}	蝴蝶 ɔ^{21} tie^{24}	苍年$^{=}$ tsʰã^{21} nĩ^{55}
86 泰顺闽	虫团 tʰəŋ^{21} ki^{344}	飞□ pɔi^{21} ie^{31}	蜻鸦 tsʰæŋ^{22} a^{213}
87 洞头闽	虫 tʰaŋ^{113}	夜蝠 ia^{21} pɔ^{24}	塍泥$^{=}$ tsʰãĩ^{212} nĩ^{33}
88 景宁畲	虫 tɕʰyŋ^{22}	□□ ioʔ^{2} ion^{325}	黄鸟 uɔŋ^{22} tau^{55}小

方言点	0238 蜜蜂	0239 蜂蜜	0240 知了统称
01 杭州	蜜蜂 miɛʔ^{2} foŋ^{45}	蜂蜜 foŋ^{33} miɛʔ^{5} 蜜糖 miɛʔ^{2} daŋ^{45}	知鸟儿 tsɿ^{33} ȵiɔ^{45} əl^{53}
02 嘉兴	蜜蜂 mieʔ^{3} foŋ^{33}	蜂蜜 foŋ^{33} mieʔ^{5}	胡知了 vu^{21} tsɿ^{33} liɔ^{42} 青色，较小 老蝉 lɔ^{21} dʑie^{242} 黑色，较大
03 嘉善	蜜蜂 mieʔ^{2} xoŋ^{53}	蜜糖 mieʔ^{2} dã^{31}	知了 tsɿ^{55} liɔ^{0}
04 平湖	蜜蜂 miəʔ^{23} foŋ^{53}	蜜糖 miəʔ^{23} dɑ̃^{31}	知了 tsɿ^{55} liɔ^{31}
05 海盐	蜜蜂 miəʔ^{23} foŋ^{53}	蜜糖 miəʔ^{23} dɑ̃^{31}	柴= 知了 zɑ^{24} tsɿ^{55} liɔ^{21}
06 海宁	蜜蜂 mieʔ^{2} foŋ^{55}	蜂蜜 foŋ^{55} mieʔ^{2}	河= 知他= u^{33} tsɿ^{53} tʰa^{55}
07 桐乡	蜜蜂 miəʔ^{23} foŋ^{44}	蜜糖 miəʔ^{23} dɒ̃^{44}	老蝉 lɔ^{242} dʑiᴇ^{44} 较大 河= 知鸟 u^{21} tsɿ^{44} tiɔ^{44} 较小
08 崇德	蜜蜂 miəʔ^{23} foŋ^{44}	蜜糖 miəʔ^{23} dã^{44} 蜂蜜 foŋ^{44} miəʔ^{5}	老蝉 lɔ^{55} ʑiɪ^{0} 较大 河= 知蝶 u^{21} tsɿ^{44} diaʔ^{53} 较小
09 湖州	蜜蜂 mieʔ^{2} foŋ^{53}	蜜糖 mieʔ^{2} dã^{35}	洋= 丝= 他= iã^{22} sɿ^{33} tʰa^{35}
10 德清	蜜蜂 mieʔ^{2} foŋ^{53}	蜜糖 mieʔ^{2} dã^{53}	摇= 丝= 他= iɔ^{11} sɿ^{33} tʰa^{35} 树头儿 zɿ^{11} døʉ^{33} n^{35}
11 武康	蜜蜂 mieʔ^{2} foŋ^{53}	蜜糖 mieʔ^{2} dã^{53}	摇= 丝= 他= iɔ^{11} sɿ^{33} tʰa^{35}
12 安吉	蜜蜂 miᴇʔ^{2} foŋ^{55}	蜜糖 miᴇʔ^{2} dɔ̃^{213}	蚱了 tsu^{52} liɔ^{213}
13 孝丰	蜜蜂 mieʔ^{2} foŋ^{24}	蜜糖 mieʔ^{2} dɔ̃^{24}	知硬= tsɿ^{44} ŋa^{324} 洋= 丝= 塔= iã^{22} sɿ^{22} tʰaʔ^{5}
14 长兴	蜜蜂 miᴇʔ^{2} foŋ^{44}	蜜糖 miᴇʔ^{2} dɔ̃^{24}	河= 丝= 他= u^{12} sɿ^{22} tʰa^{33}
15 余杭	蜜蜂 mieʔ^{2} foŋ^{35}	蜜糖 mieʔ^{2} dɑ̃^{13}	摇= 丝= 他儿 iɔ^{33} sɿ^{55} tʰa^{55} n^{31}
16 临安	蜜蜂 miɐʔ^{2} foŋ^{55}	蜜糖 miɐʔ^{2} dɑ̃^{33}	晓得了 ɕiɔ^{55} tɐʔ^{5} lɐʔ^{2}
17 昌化	蜜蜂 miɛʔ^{2} fəŋ^{334}	蜂糖 fəŋ^{33} dɔ̃^{45}	知摇= tsɿ^{33} iɔ^{112}
18 於潜	蜜蜂 miæʔ^{2} foŋ^{433}	蜂糖 foŋ^{43} daŋ^{223}	知呀= tsɿ^{43} ia^{223}
19 萧山	蜜蜂 mieʔ^{21} foŋ^{33}	蜂蜜 foŋ^{33} mieʔ^{5}	胡知了 u^{21} tsɿ^{33} liɔ^{33}
20 富阳	蜜蜂 miɛʔ^{2} foŋ^{335}	蜜糖 miɛʔ^{2} dɑ̃^{224}	蝓知蜩 y^{31} tsɿ^{55} diɔ^{55}

续表

方言点	0238 蜜蜂	0239 蜂蜜	0240 知了统称
21 新登	蜜蜂 miəʔ^{2}foŋ^{45}	蜜糖 miəʔ^{2}dɑ̃^{233}	知罗$^{=}$tɕia^{53}lu^{233}
22 桐庐	蜜蜂 miəʔ^{21}foŋ^{35}	蜂蜜 foŋ^{35}miəʔ^{13}	知了 tsɿ^{35}liɔ^{13}
23 分水	蜜蜂 miəʔ^{12}fən^{44}	蜂糖 fən^{44}dɑ̃^{21}	知了 tsɿ^{44}iɔ^{24}
24 绍兴	蜜蜂 mieʔ^{2}foŋ^{53}	蜜糖 mieʔ^{2}dɑŋ^{231}	知了 tsɿ^{33}liɔ^{33}
25 上虞	蜜蜂 miəʔ^{2}hoŋ^{53}	蜂蜜 hoŋ^{33}miəʔ^{3}	蚱了 tso^{33}iɔ^{213}
26 嵊州	蜜蜂 mieʔ^{2}foŋ^{334}	蜂糖 foŋ^{53}dɔŋ^{231}	蚱了 tso^{33}liɔ^{334}
27 新昌	蜜蜂 miʔ^{2}foŋ^{534}	蜜 miʔ^{2}	蚱了 tsa^{53}liɔ^{335}
28 诸暨	蜂子 fom^{42}tsɿ^{33}	蜜糖 mieʔ^{21}dɑ̃^{242}	蚱了 tso^{33}liɔ^{33}
29 慈溪	蜜蜂 miəʔ^{2}fuŋ^{44}	蜂蜜 fuŋ^{33}miəʔ^{2}	蚱了儿 tso^{44}liẽ^{13}
30 余姚	蜜蜂 miəʔ^{2}fuŋ^{44}	蜜糖 miəʔ^{2}dɔŋ^{0}	蚱了儿 tso^{44}liẽ^{13}
31 宁波	蜜蜂 miəʔ^{2}foŋ^{53}	蜜糖 miəʔ^{2}dɔ^{13}	蚱蜓 tso^{44}li^{53}
32 镇海	蜜蜂 mieʔ^{2}foŋ^{53}	蜂蜜 foŋ^{33}mieʔ^{2}	叫了 tɕio^{33}lio^{22} 知了 tsɥ^{33}lio^{22}
33 奉化	蜜蜂 miɪʔ^{2}fəŋ^{35}	蜂蜜 fəŋ^{44}miɪʔ^{2}	蚱了 tso^{44}li^{33}小
34 宁海	蜂 foŋ^{423}	蜜 miəʔ^{3}	伤$^{=}$洋$^{=}$sɔ̃^{34}iã^{0}
35 象山	蜜蜂 mieʔ^{2}fəŋ^{44}	蜂糖 fəŋ^{44}dɔ̃^{13}	叫蚱了儿 tɕio^{53}tsaʔ^{2}ləŋ^{44}
36 普陀	蜜蜂 miɛʔ^{2}foŋ^{55}	蜂蜜 foŋ^{33}miɛʔ^{5}	叫哩$^{=}$tɕiɔ^{55}li^{55}
37 定海	蜜蜂 mieʔ^{2}foŋ^{44}	蜂蜜 foŋ^{33}mieʔ^{5}	叫哩$^{=}$tɕio^{44}li^{44}
38 岱山	蜜蜂 mieʔ^{2}fɐŋ^{44}	蜂蜜 fɐŋ^{33}mieʔ^{5}	叫叫哩$^{=}$tɕio^{33}tɕio^{33}li^{44}
39 嵊泗	蜜蜂 miᴇʔ^{2}fɐŋ^{45}	蜂蜜 fɐŋ^{33}miᴇʔ^{5}	叫叫虫 tɕia^{33}tɕia^{33}dzoŋ^{44}
40 临海	蜜蜂 mieʔ^{2}fəŋ^{31}	蜜 miəʔ^{23}	桑$^{=}$央$^{=}$sɔ̃^{33}iã^{353}小
41 椒江	蜜蜂 mieʔ^{2}foŋ^{42}	蜜 mieʔ^{2}	桑$^{=}$呀$^{=}$sɔ̃^{55}ia^{42}
42 黄岩	蜂 foŋ^{32}	蜜 mieʔ^{2}	桑$^{=}$呀$^{=}$sɔ̃^{35}ia^{32}
43 温岭	蜜蜂 miʔ^{2}fuŋ^{33}	蜜 miʔ^{2}	桑$^{=}$呀$^{=}$sɔ̃^{55}ia^{31}
44 仙居	蜜蜂 miəʔ^{23}foŋ^{334}	蜂蜜 foŋ^{33}miəʔ^{23}	三$^{=}$脚$^{=}$惊$^{=}$sa^{33}tɕyɑʔ^{3}tɕin^{334}

续表

方言点	0238 蜜蜂	0239 蜂蜜	0240 知了统称
45 天台	蜂 fuŋ^{33}	蜜 miəʔ^{2}	唆⁼足⁼惊⁼ so^{33}tɕyuʔ^{1} kiŋ^{33}
46 三门	蜜蜂 mieʔ^{2}foŋ^{334}	蜜 mieʔ^{23}	沙⁼节⁼惊⁼ so^{33}tɕieʔ^{5} tɕiŋ^{52}
47 玉环	蜜蜂 miɐʔ^{2}foŋ^{35}小	蜂蜜 foŋ^{33}miɐʔ^{2}	桑⁼呀⁼ sɔ̃^{55}ia^{42}
48 金华	蜜蜂 miəʔ^{21}foŋ^{55}	蜂糖 foŋ^{33}tɑŋ^{55}	知了 tɕi^{33}liɑo^{55}
49 汤溪	蜂 fɑo^{24}	蜂蜜 fɑo^{33}mɛ̃i^{24}小	夹⁼啰⁼ tɕiɑ^{55}luɤ^{0} 叽⁼啰⁼ tɕi^{55}luɤ^{0}
50 兰溪	蜂儿 foŋ^{334}nə^{45}	蜂糖 foŋ^{334}tɑŋ^{45}	季⁼ tɕi^{45}
51 浦江	蜂 fon^{534}	蜂糖 fon^{55}dõ^{334}	借⁼亮⁼ tsia^{55}lyõ^{334}
52 义乌	蜂 foŋ^{335}	蜂糖 foŋ^{33}tŋ^{w45}	其⁼亮⁼ dʑi^{22}lɯa^{45}较大 夹⁼亮⁼ tɕia^{33}lɯa^{45}较小
53 东阳	蜂 fɔm^{334}	蜂糖 fɔm^{33}dɔ^{53}	知了儿 tsɿ^{33}lian^{53}
54 永康	蜂 foŋ^{55}	蜂糖 foŋ^{33}dɑŋ^{22}	知了 tɕia^{33}liɑu^{55}
55 武义	蜂 fen^{24}	蜂糖 fen^{32}dɑŋ^{53}	知了 tɕia^{55}liə^{113}
56 磐安	蜂 fɔom^{445}	蜂糖 fɔom^{33}tɒ^{52}	知了儿 tsɿ^{55}lian^{0}
57 缙云	蜂 fɔ̃ũ^{44}	蜂糖 fɔ̃ũ^{44}dɔ^{453}	盲⁼盲⁼衣⁼ ma^{44}ma^{44}i^{44}
58 衢州	蜜蜂 miəʔ^{2}foŋ^{32}	蜂糖 foŋ^{32}tɑ̃^{53}	知了 tsɿ^{53}liɔ^{21}
59 衢江	蜜蜂 miəʔ^{2}fəŋ^{33}	蜂糖 fəŋ^{25}tɑ̃^{31}	知了 tɕy^{55}liɔ^{0}
60 龙游	蜂 fən^{334}	蜂糖 fən^{35}dɑ̃^{21}	蚱了 tsɑ^{35}liɔ^{21}
61 江山	蜂 fɒŋ^{44}	蜂蜜 fɒŋ^{44}miɛʔ^{2}	知了 tɕiɵ^{44}ȵiɐɯ^{51}
62 常山	蜂 fɑ̃^{44}	蜂蜜 fɑ̃^{44}mieʔ^{34}	知了 tsi^{44}liɤ^{0}
63 开化	蜜蜂 miɛʔ^{2}fɤŋ^{44}	蜂糖 fɤŋ^{53}dɔŋ^{0}	知了 tɕy^{44}liəɯ^{53} 知知了 tɕy^{4}tɕy^{44}liəɯ^{53}
64 丽水	蜂 fɔŋ^{224}	蜂蜜 fɔŋ^{44}miɛʔ^{23}	知了 tsɿ^{224}ȵiə^{52}
65 青田	蜜蜂 miæʔ^{3}foŋ^{445}	蜂蜜 foŋ^{33}miæʔ^{31}	啷啷咿 loʔ^{3}loʔ^{3}i^{445}
66 云和	蜂 fəŋ^{24}	蜂糖 fəŋ^{44}dɔ̃^{312}老 蜂蜜 fəŋ^{44}miʔ^{23}新	拉⁼拉⁼衣⁼ lɔ^{44}lɔ^{44}i^{24}

续表

方言点	0238 蜜蜂	0239 蜂蜜	0240 知了统称
67 松阳	蜜蜂 miʔ^{2}fəŋ^{53}	蜂蜜 fəŋ^{24}miʔ^{2}	呀呀嘀 ŋa^{22}ŋa^{21}ti^{24}
68 宣平	蜂 fən^{324}	蜂糖 fən^{44}dɔ̃^{433}	蚱了儿 tɕia^{44}lin^{433}
69 遂昌	蜂 fəŋ^{45}	蜂糖 fəŋ^{55}dɔŋ^{213}	凉$^{=}$凉$^{=}$咿 liaŋ^{22}liaŋ^{21}i^{45}
70 龙泉	蜂 fəŋ^{434}	蜂糖 fəŋ^{45}dɔŋ^{21}	奶$^{=}$奶$^{=}$蝇 na^{21}na^{21}in^{21}
71 景宁	蜂 fəŋ^{324}	蜂蜜 fəŋ^{55}miəɯʔ^{23}	蚁$^{=}$蚁$^{=}$蜓 ŋa^{33}ŋa^{33}tiŋ^{45}小
72 庆元	蜜蜂 miʔ^{34}foŋ^{335}	蜂糖 foŋ^{33}tɔ̃^{52}	奶$^{=}$奶$^{=}$叮$^{=}$ nɑ^{22}nɑ^{22}ɗiŋ^{335}
73 泰顺	蜂 foŋ^{213} 蜜蜂 miʔ^{2}foŋ^{213}	蜜 miʔ^{2} 蜂蜜 foŋ^{213}miʔ^{2}	念$^{=}$念$^{=}$咿 ȵiã^{21}ȵiã^{35}i^{22}
74 温州	蜜蜂 mi^{2}hoŋ^{33}	蜂蜜 hoŋ^{45}mi^{212}	知了 tsɿ^{33}liɛ^{223}
75 永嘉	蜜蜂 mei^{21}hoŋ^{44}	蜂蜜 hoŋ^{45}mei^{213}	知了 tsɿ^{33}lyə^{21}
76 乐清	蜜蜂 mi^{2}foŋ^{44}	蜂蜜 foŋ^{35}mi^{212}	知了 tsɿ^{44}liɯʌ^{223}
77 瑞安	蜜蜂 me^{212}foŋ^{44}	蜂蜜 foŋ^{35}me^{212}	知螂 tsɿ^{33}lo^{21}
78 平阳	蜜蜂 mie^{21}foŋ^{55}	蜂蜜 foŋ^{45}mie^{13}	知□ tsɿ^{33}luo^{45}
79 文成	蜂 foŋ^{55}	蜂蜜 foŋ^{33}me^{212}	蝇麦$^{=}$子 iaŋ^{33}ma^{21}tsɿ^{33}
80 苍南	蜜蜂 miɛ^{11}hoŋ^{44}	蜂蜜 hoŋ^{44}miɛ^{112}	知了 tsɿ^{44}lyɔ^{53}
81 建德徽	蜜蜂 miɐʔ^{12}foŋ^{53}	蜂蜜 foŋ^{53}miɐʔ^{12} 蜂糖 foŋ^{53}to^{55}	知要$^{=}$儿 tsɿ^{21}iɔ^{33}n^{55}
82 寿昌徽	蜂 fəŋ^{112}	蜂糖 fəŋ^{11}tʰɑ̃^{55}	知夜$^{=}$tsɿ^{55}iɑ^{33}
83 淳安徽	蜂 hon^{24}	蜂蜜 hon^{24}miəʔ^{13}	知了 tsa^{21}lɤ^{55}
84 遂安徽	蜂 fəŋ^{534}	蜂糖 fəŋ^{55}tʰoŋ^{33}	知余$^{=}$tsɿ^{55}y^{33}
85 苍南闽	蜜蜂 bie^{21}pʰan^{55}	蜂蜜 pʰan^{33}bie^{24}	□鹰$^{=}$ ã^{21}ɿ̃^{55} □□ la^{33}lian^{55}统称
86 泰顺闽	蜂 pʰəŋ^{213}	蜜 miɪʔ^{3}	娘$^{=}$娘$^{=}$姨$^{=}$niæŋ^{22} niæŋ^{22}i^{22}
87 洞头闽	蜜蜂 biek^{21}pʰaŋ^{33}	蜜 biek^{24}	知知仔 ti^{21}ti^{21}ia^{33}
88 景宁畲	蜜蜂 miet^{2}pʰyŋ^{325}	蜂蜜 pʰyŋ^{325}miet^{2}	蝉 ɕien^{51}

方言点	0241 蚂蚁	0242 蚯蚓	0243 蚕
01 杭州	蚂蚁 ma^{22} ȵi^{45}	蛐蟮 tsʰaʔ^{5} dzuo^{213}	蚕 dzuo^{213}
02 嘉兴	蚂蚁 mo^{21} ȵi^{24}	蛐蟮 tɕʰyeʔ^{5} zə^{21}	蚕宝宝 zə^{24} pɔ^{42} pɔ^{21}
03 嘉善	蚂蚁 mo^{13} ȵi^{55} 小	蛐蟮 tɕʰyøʔ^{5} zø^{13}	蚕宝宝 zø^{13} pɔ^{35} pɔ^{53} 小
04 平湖	妹⁼资⁼ me^{21} tsɿ^{53}	蛐蟮 tɕʰyoʔ^{3} zø^{213}	蚕宝宝 zø^{24} pɔ^{44} pɔ^{0}
05 海盐	蚂蚁子 mo^{55} ȵiəʔ^{5} tsɿ^{21}	蛐蟮 tɕʰyɔʔ^{23} zɤ^{213}	蚕宝宝 zɤ^{24} pɔ^{55} pɔ^{21}
06 海宁	蚂蚁子 mo^{55} ȵi^{55} tsɿ^{55}	蛐蟮 tɕʰioʔ^{5} zei^{0}	蚕宝宝 zei^{33} pɔ^{55} pɔ^{55}
07 桐乡	蚂蚁 mo^{24} ȵi^{0}	蛐蟮 tɕʰiɔʔ^{5} zᴇ^{0}	蚕宝宝 zᴇ^{21} pɔ^{44} pɔ^{44}
08 崇德	蚂蚁 mo^{55} ȵi^{0}	蛐蟮 tɕʰiɔʔ^{3} zᴇ^{242}	蚕宝宝 zᴇ^{21} pɔ^{44} pɔ^{44}
09 湖州	蚂蚁 muo^{53} ȵi^{13}	蛐蟮 tɕʰioʔ^{5} zɛ^{35}	蚕宝宝 zɛ^{22} pɔ^{33} pɔ^{35}
10 德清	蚂蚁 muo^{44} ȵi^{44}	华⁼息⁼儿 uo^{11} ɕieʔ^{5} n^{35}	蚕宝宝 zøʉ^{11} pɔ^{35} pɔ^{35}
11 武康	蚂蚁 mo^{44} ȵi^{44}	华⁼先⁼儿 o^{11} ɕiɪ^{33} n^{35}	蚕宝宝 zø^{31} pɔ^{35} pɔ^{53}
12 安吉	蚂蚁 mʊ^{52} ȵi^{21}	蛐蟮 tɕʰʏəʔ^{5} zᴇ^{213}	蚕宝宝 zᴇ^{22} pɔ^{22} pɔ^{22}
13 孝丰	蚂蚁 mʊ^{45} ȵi^{21}	蛐蟮 tsʰuoʔ^{5} ze^{44}	蚕宝宝 ze^{22} pɔ^{22} pɔ^{22}
14 长兴	蚂哑⁼子 mɔ^{45} u^{55} tsɿ^{21}	河蟮 u^{12} ʃi^{33}	蚕宝宝 zᴇ^{12} pɔ^{22} pɔ^{33}
15 余杭	蚂叶⁼儿 muo^{55} ieʔ^{2} n^{33}	洋⁼息⁼儿 iɑ̃^{33} ɕieʔ^{5} n^{31}	蚕宝宝 zøʏ^{33} pɔ^{53} pɔ^{35}
16 临安	蚂蚁 mo^{53} ȵi^{33}	蛐蟮 tsʰɐʔ^{5} zə^{33}	蚕宝宝 zə^{33} pɔ^{31} pɔ^{13}
17 昌化	蚂起⁼ ŋa^{45} tsʰɿ^{53}	红蚁⁼ əŋ^{11} ȵi^{243}	蚕宝宝 zɛ̃^{11} pɔ^{45} pɔ^{53} 蚕 zɛ̃^{112}
18 於潜	蚂蚁 ma^{53} ȵi^{31}	跍泥 ku^{22} ȵi^{24}	蚕 zɛ^{223}
19 萧山	蚂蚁 mo^{33} ȵi^{33}	蛐蟮 tɕʰyoʔ^{5} zə^{33}	蚕宝宝 zə^{21} pɔ^{33} pɔ^{33}
20 富阳	蚂蚁 mo^{224} ȵi^{55}	蛐蟮 tɕʰyɛʔ^{5} yɛ̃^{335}	蚕 zɛ̃^{13}
21 新登	蚂蚁 ma^{334} i^{45}	蛐蟮 tɕʰyəʔ^{5} yɛ̃^{45}	蚕宝宝 zɛ̃^{233} pɔ^{334} pɔ^{334}
22 桐庐	蚂蚁 mo^{33} i^{13}	蛐宪⁼ tɕʰyəʔ^{5} ie^{33}	蚕 ze^{13}
23 分水	蚂蚁 ma^{21} ȵi^{55}	蛐蟮 tsʰuəʔ^{5} tsuə̃^{24}	蚕 zuə̃^{22}

续表

方言点	0241 蚂蚁	0242 蚯蚓	0243 蚕
24 绍兴	火⁼蚁 fu^{33}ȵi^{231}	蛐蟮 tɕ^{h}ioʔ^{3}zẽ^{22}	蚕 zẽ^{231}
25 上虞	蟭蜉蚁 tɕiɔ^{33}fu^{33}ȵi^{31}	蛐蟮 tɕ^{h}yoʔ^{5}zø^{213}	蚕宝宝 zø^{21}pɔ^{33}pɔ^{53}
26 嵊州	风⁼蚁 foŋ^{53}ŋa^{22} 风⁼蚁婆婆 foŋ^{53}ŋa^{22}po^{33}bo^{231}	蛐蟮 ts^{h}uoʔ^{5}zœ̃^{231}	蚕宝宝 zœ̃^{22}pɔ^{33}pɔ^{53}
27 新昌	风⁼蚁 foŋ^{53}ŋa^{33}	蛐蟮 ts^{h}ɤʔ^{5}zœ̃^{33}	蚕姑娘 zœ̃^{13}ku^{33}ȵiaŋ^{33}
28 诸暨	虎蚁 fu^{33}nʅ^{242}	蛐蟮 ts^{h}oʔ^{5}zə^{21}	蚕 zəʔ^{13}
29 慈溪	蟭蜉 tɕiɔ^{33}fu^{35}	地蚕 di^{11}zẽ^{13}	蚕 zẽ^{13}
30 余姚	蟭蜉 tɕiɔ^{44}fu^{44}	地蚕 di^{13}dzẽ^{13}	蚕 zẽ^{13} 蚕宝宝 zẽ^{13}pɔ^{44}pɔ^{0}
31 宁波	蝴⁼蜉 vu^{13}fu^{53}	蛐蜒 ts^{h}oʔ^{5}i^{44}	蚕 zɐi^{13}
32 镇海	蚂蚁 mo^{24}ȵi^{22}	花⁼乱⁼ huo^{33}lø^{31}	蚕 zei^{24}
33 奉化	王⁼粉⁼ uɔ̃^{33}fəŋ^{44}	蛐蜒 ts^{h}oʔ^{5}i^{31}	蚕 ze^{33}
34 宁海	花蚁 ho^{33}ŋ^{31}	竹⁼蟮 tɕioʔ^{3}ʑie^{31}	蚕 zø^{31}
35 象山	蚂头虎⁼ mo^{13}dɤɯ^{0}hu^{44}	蛐蜒 tɕ^{h}yoʔ^{5}i^{31}	蚕 zei^{31}
36 普陀	蚂蚁 mo^{23}ȵi^{55}	蛐蜒 ts^{h}oʔ^{5}i^{55}	蚕 zæi^{24}
37 定海	蚂蚁 mo^{23}ȵi^{44}	花螺蛐蜒 xʌu^{33}lʌu^{44} ts^{h}oʔ^{4}i^{44}	蚕 zɐi^{13}小
38 岱山	蚂蜂 mo^{31}fɐŋ^{0}	花螺虫虫 xʌu^{33}liʏ^{33}dzoŋ^{44} dzoŋ^{44}	蚕 zɐi^{213}小
39 嵊泗	蚂蜂 mo^{34}fɐŋ^{0}	花螺虫虫 xʌu^{33}liʏ^{44}dzoŋ^{44} dzoŋ^{44}	蚕 zɐi^{213}小
40 临海	火母⁼ ho^{42}m^{53} 蜉蚁娘 hu^{33}ȵi^{214}ȵia^{224}	蛐蟮 k^{h}yoʔ^{3}ʑi^{21}	蚕 ʑyø^{21}
41 椒江	虎母⁼ hu^{42}m^{51}	蛐蟮 ts^{h}oʔ^{3}ʑie^{41}	蚕 zɛ^{24}小
42 黄岩	虎母⁼ hu^{42}m^{42}	蛐蟮 ts^{h}oʔ^{3}ʑie^{41}	蚕 zɛ^{24}小
43 温岭	虎母⁼ hu^{42}m^{51}	蛐蟮 k^{h}yʔ^{3}ʑie^{41}	蚕 zøn^{24}小
44 仙居	花蚁 ho^{33}ŋ^{324}	十⁼二⁼ zəʔ^{23}ŋ^{24}	蚕 zø^{353}小

续表

方言点	0241 蚂蚁	0242 蚯蚓	0243 蚕
45 天台	虎蚁 hu^{33} ȵi^{214} 虎蚁娘 hu^{33} ȵi^{21} ȵia^{224}	蛐蟮 tɕyuʔ^{5} ʑie^{35}	蚕 zø^{51}
46 三门	花五⁼娘 ho^{33} ŋ^{32} ȵiɑ̃^{252}	竹⁼蟮 tɕioʔ^{5} ʑie^{213}	蚕 zø^{252}
47 玉环	虎母⁼ fu^{53} mu^{53}小	蛐蟮 kʰiɤ^{42} ʑie^{41}	蚕 zəŋ^{24}小
48 金华	虎⁼蚁 xu^{33} uɑ^{535}	水⁼面⁼ ɕy^{55} mie^{14}	蚕 zɤ^{313}
49 汤溪	蟪蚁 xɑo^{33} uɑ^{113}	蟮面⁼ ʑiɛ^{11} mie^{341}	蚕儿 zɤŋ^{113}
50 兰溪	轰⁼蚁 xoŋ^{334} uɑ^{55}	蟮儿 zie^{24} n^{0}	蚕 zɤ^{21}
51 浦江	蜂蚁儿 fon^{33} ŋɑn^{24}	蛐蟮 tɕʰyɯ^{55} ʑian^{0}	蚕儿 zə̃n^{232}
52 义乌	虎⁼蚁儿 fu^{33} ɔn^{24}	毛⁼蟪 mɯɤ^{22} hɯ^{312}	蚕儿 zɿn^{213}
53 东阳	虎⁼蚁 fu^{33} ŋan^{53}	蚂蟪 mo^{44} hɯ^{35}	蚕儿 zɯn^{213}
54 永康	虎⁼蚁 xu^{31} ȵia^{113}	蚂蟪 muɑ^{31} xɤ^{52}	蚕儿 zɤ^{241}小
55 武义	□蚁 tɕʰiəu^{55} nia^{445}	蟮儿 ʑin^{231}	蚕 zɤ^{324}
56 磐安	火⁼蚁儿 xuɤ^{33} ŋan^{14}	蚂蟪 mə^{22} xɯ^{334}	蚕儿 zɤn^{213}
57 缙云	汪⁼蚁 ɔ^{44} ŋɑ^{453}	麻蟪 mu^{44} xɛ^{453}	蚕 zɛ^{243}
58 衢州	蚂蚁 mɑ^{44} i^{21}	蛐蟮 tʃʰyəʔ^{3} ʒyə̃^{231}	蚕 zə̃^{21}
59 衢江	蚁蚁 ŋa^{55} ŋa^{0}	蛇二⁼ ʑyø^{22} ŋ^{231}	蚕 zɛ^{212}
60 龙游	蚁 ŋɑ^{224}	子扭⁼ dzɿ^{22} ȵiəɯ^{35}	蚕 zuei^{21}
61 江山	苍蚁 tsʰɒŋ^{44} ŋa^{22}	黄蟪 yaŋ^{22} xəŋ^{241}	蚕 zɒŋ^{213}
62 常山	苍蚁 tsʰɔ^{44} ŋɛ^{52}	黄蟪 iɔ̃^{22} xɔ̃^{52}	蚕 zɔ̃^{341} 蚕 zuɔ̃^{341}
63 开化	草蚁 tsʰuo^{44} ŋa^{213}	黄犬⁼ yã^{21} tɕʰyɛ̃^{53}	蚕 zuõ^{231}
64 丽水	蚂蚂 muɔ^{21} muɔ^{52} 蚁 ŋuɔ^{224}	黄蟪 ɔŋ^{22} xɛ^{544}	蚕 zuɛ^{22}
65 青田	花蚁 xu^{33} ŋɑ^{445}	蛐蟮 kʰo^{33} ɕyɐ^{454}	蚕 zuɐ^{55}小
66 云和	蚁蚁蛄 ŋɔ^{44} ŋɔ^{44} ku^{24}	黄蟪 ɔ̃^{223} xuɛ^{41}	蚕 zuɛ^{312}

续表

方言点	0241 蚂蚁	0242 蚯蚓	0243 蚕
67 松阳	蚁蚁 ŋa^{24} ŋa^{22}	龙蟮 lioŋ^{33} fæ̃^{212}	蚕儿 zæ̃^{21} n^{24}
68 宣平	春⁼蚁 tɕʰyən^{44} ŋa^{223}	□蟮 nɔ̃^{44} xuə^{445}	蚕 zə^{433}
69 遂昌	蚁蚁 ŋa^{55} ŋa^{334}	蝼蟮 lu^{13} xɛ̃^{533}	蚕 zɛ̃^{221}
70 龙泉	黄碗⁼蚁 ɔŋ^{45} uaŋ^{21} ȵi^{21}	黄蟮 ɔŋ^{45} xuən^{51}	蚕 zɯə^{21}
71 景宁	衣⁼衣⁼蚁 i^{33} i^{55} ŋa^{33}	恩⁼蟮 œ^{55} xœ^{33}	蚕 zœ^{41}
72 庆元	黄蚁 ɔ̃^{55} ŋɑ^{221}	蝼蟮 lo^{52} xæ̃^{33}	蚕 sæ̃^{52}
73 泰顺	蚁儿 ŋã^{55}	黄蟮 ɔ̃^{21} fɛ^{55}	蚕 sɛ^{53}
74 温州	虎蚁 fu^{42} ŋa^{14}	螗蟮 kʰuɔ^{42} ɕy^{25}	蚕儿 zø^{22} ŋ^{12}
75 永嘉	虎蚁 fu^{53} ŋa^{13}	螗□ kʰɔ^{53} kʰø^{45}	蚕儿 zø^{22} ŋ^{0}
76 乐清	蚁蚁 ŋᴇ^{3} ŋᴇ^{44} 小 虎蚁 fu^{42} ŋᴇ^{24}	螗螘 kʰɔ^{42} kʰe^{35}	蚕 zø^{31}
77 瑞安	虎蚁 fɯ^{53} ŋa^{13}	螗蟮 kʰo^{53} ɕy^{35}	蚕儿 zø^{22} ŋ^{0}
78 平阳	蚁蚁 ŋᴀ^{33} ŋᴀ^{45}	螗蟮 kʰɔ^{33} ɕye^{35}	蚕儿 zəŋ^{13}
79 文成	虎蚁 fu^{33} ŋa^{33}	螗蟮 kʰo^{33} fuø^{45}	蚕 ze^{113}
80 苍南	蚁蚁 ȵia^{44} ȵia^{53}	□蟮 kʰa^{42} hyɛ^{31}	蚕 zø^{31}
81 建德徽	蚂蚁 mo^{55} i^{0}	蛐蟮儿 tɕʰyɐʔ^{3} sɛ^{55} n^{0}	蚕 sɛ^{33}
82 寿昌徽	蚁蚁蛄 ŋɑ^{11} ŋɑ^{11} ku^{55}	蛐蟮 kʰɔʔ^{3} ɕi^{33}	蚕 ɕiæ^{52}
83 淳安徽	蚁公公 ɑ^{55} kon^{55} kon^{55}	虎⁼妹⁼ fu^{43} mie^{53}	蚕 sã^{435}
84 遂安徽	蚂蚁 mɑ^{33} i^{33}	蟮儿 ɕiɛ̃^{55} n^{33}	蚕 səŋ^{33}
85 苍南闽	蚁 hia^{43}	□□ kan^{21} mun^{43}	扭团 niu^{21} kã^{43}
86 泰顺闽	草蚁 tsʰou^{21} nia^{31}	猴⁼蟮 kau^{21} xo^{344}	蚕 tɕʰie^{22}
87 洞头闽	狗蚁 kau^{24} hia^{21}	涂论⁼ tʰɔ^{212} lun^{53}	娘仔 nĩũ^{212} ŋã^{53}
88 景宁畲	蚁 ȵi^{325}	蛇蚓 ɕia^{22} yon^{325}	蚕 tsʰon^{325} 小

方言点	0244 蜘蛛会结网的	0245 蚊子统称	0246 苍蝇统称
01 杭州	蜘蛛 tsɿ^{33}tsʮ^{45}	蚊子 vəŋ^{22}tsɿ^{45}	苍蝇 tsʰaŋ^{33}iŋ^{45}
02 嘉兴	跌⁼蛛 tieʔ^{5}tsʮ^{33}	蚊子 məŋ^{24}tsɿ^{42}	苍蝇 tsʰᴀ̃^{33}iŋ^{42}
03 嘉善	搭⁼蛛 tɜʔ^{5}tsʮ^{53}	蚊子 mən^{13}tsɿ^{53}	苍蝇 tsʰã^{35}in^{53}
04 平湖	跌⁼蛛 tiəʔ^{3}tsʮ^{53}	蚊子 mən^{24}tsɿ^{53}	苍蝇 tsʰɑ̃^{55}in^{31}
05 海盐	结蛛 tɕiəʔ^{5}tɕy^{53}	蚊子 mən^{24}tsɿ^{53}	苍蝇 tsʰɑ̃^{55}in^{21}
06 海宁	结蜘 tɕieʔ^{5}tsɿ^{55}	蚊子 məŋ^{33}tsɿ^{55}	苍蝇 tsʰɑ̃^{55}iŋ^{55}
07 桐乡	结蛛 tɕiəʔ^{3}tsɿ^{44}	蚊子 məŋ^{21}tsɿ^{44}	苍蝇 tsʰɒ̃^{44}iŋ^{44}
08 崇德	结蛛 tɕiəʔ^{3}tsɿ^{44}	蚊子 məŋ^{21}tsɿ^{44}	苍蝇 tsʰã^{44}iŋ^{44}
09 湖州	蜘蜘 tsɿ^{44}tsɿ^{44}	蚊子 mən^{33}tsɿ^{35}	苍蝇 tsʰã^{44}in^{44}
10 德清	结蜘 tɕieʔ^{5}tsɿ^{35}	蚊子 men^{11}tsɿ^{35}	苍蝇 tsʰã^{44}in^{44}
11 武康	结蛛 tɕieʔ^{5}tsɿ^{35}	蚊子 men^{11}tsɿ^{35}	苍蝇 tsʰã^{44}in^{44}
12 安吉	结蛛网 tɕiᴇʔ^{5}tsɿ^{55}mɔ̃^{55}老 结蛛 tɕiᴇʔ^{5}tsɿ^{55}新	蚊子 məŋ^{22}tsɿ^{22}	苍蝇 tsʰɔ̃^{55}iŋ^{55}
13 孝丰	结蜘网网 tɕieʔ^{5}tsɿ^{44}mɔ̃^{44}mɔ̃^{44}老 结蜘 tɕieʔ^{5}tsɿ^{44}新	蚊子 məŋ^{22}tsɿ^{22}	苍蝇 tsʰɔ̃^{44}iŋ^{44}
14 长兴	结蛛 tʃiᴇʔ^{3}tsɿ^{44}	蚊子 məŋ^{12}tsɿ^{33}	苍蝇 tsʰɔ̃^{44}iŋ^{44}
15 余杭	结蜘 tɕieʔ^{5}tsɿ^{55}	蚊子 miŋ^{31}tsɿ^{55}	苍蝇儿 tsʰɑ̃^{55}iŋ^{55}n^{33}
16 临安	蜘蜘 tsɿ^{55}tsɿ^{55}	蚊虫 meŋ^{33}dzoŋ^{13}	苍蝇 tsʰɑ̃^{53}ieŋ^{55}
17 昌化	蛛蛛 tɕy^{33}tɕy^{45}	蚊虫 məŋ^{11}zəŋ^{112}	苍蝇 tsʰɔ̃^{33}ʑiəŋ^{45}
18 於潜	蛛蛛 tɕy^{43}tɕy^{35}	蚊虫 meŋ^{22}dzoŋ^{24}	苍蝇 tsʰaŋ^{43}iŋ^{223}
19 萧山	蜘蛛 tsɿ^{33}tsɿ^{33}	蚊虫 miŋ^{13}dʑyoŋ^{33}	苍蝇 tsʰɔ̃^{33}iŋ^{33}
20 富阳	飞丝娘 fi^{55}sɿ^{55}ȵiɑ̃^{55}	蚊虫 min^{13}dʑioŋ^{55}	苍蝇 tsʰɑ̃^{55}in^{55}
21 新登	结蛛 tɕiəʔ^{5}tsʮ^{45}	蚊虫 meiŋ^{233}dzoŋ^{233}	苍蝇 tsʰɑ̃^{53}seiŋ^{334}
22 桐庐	蜘蛛 tsɿ^{35}tɕy^{13}	蚊虫 məŋ^{21}dʑioŋ^{35}	苍蝇 tsʰã^{35}iŋ^{13}

续表

方言点	0244 蜘蛛会结网的	0245 蚊子统称	0246 苍蝇统称
23 分水	蛛蛛 tɕy^{44}tɕy^{44}	蚊虫 mən^{21}dzoŋ^{24}	苍蝇 tsʰã^{44}ɕin^{22}
24 绍兴	结蛛老膀 tɕieʔ^{3}tɕy^{33}lɔ^{44}pɑŋ^{31}	蚊虫 mẽ^{22}dzoŋ^{231}	苍蝇 tsʰɑŋ^{33}iŋ^{53}
25 上虞	割⁼丝⁼猛⁼猛⁼ kəʔ^{5}sɿ^{33}mã^{21}mã^{31}	蚊虫 məŋ^{21}dzoŋ^{213}	苍蝇 tsʰɔ̃^{33}iŋ^{35}
26 嵊州	蛛蛛 tsɿ^{53}tsɿ^{334}	蚊虫 miŋ^{22}dzoŋ^{231}	苍蝇 tsʰɔŋ^{53}iŋ^{334}
27 新昌	蛛蛛 tsɿ^{45}tsɿ^{534}	蚊虫 meŋ^{13}dzoŋ^{33}	苍蝇 tsʰɔ̃^{45}iŋ^{534}
28 诸暨	结蛛 tɕieʔ^{5}tɕy^{42}	蚊虫 mɛn^{21}dzom^{242}	苍蝇 tsʰɑ̃^{21}in^{42}
29 慈溪	菊⁼蛛 tɕyəʔ^{5}tsɿ^{0}	蚊虫 məŋ^{11}dzuŋ^{13}	苍蝇 tsʰɔ̃^{33}iŋ^{35}
30 余姚	菊⁼蜘 tɕyoʔ^{5}tsɿ^{44}	蚊虫 mə̃^{13}dzuŋ^{13}	苍蝇 tsʰɔŋ^{44}iə̃^{44}
31 宁波	菊⁼蛛 tɕyəʔ^{5}tsʮ^{44}	蚊虫 məŋ^{13}dzoŋ^{53}	苍蝇 tsʰɔ^{44}iŋ^{53}
32 镇海	结蛛乱网 tɕieʔ^{5}tsʮ^{44}lø^{22}mɔ̃^{22}	蚊虫 məŋ^{22}dzoŋ^{33}	苍蝇 tsʰɔ̃^{33}iŋ^{31}
33 奉化	蜘蛛郎⁼网 tsʮ^{44}tsʮ^{44}lɔ̃^{33}mɔ̃^{24}	蚊虫 məŋ^{33}dzoŋ^{31}	苍蝇 tsʰɔ̃^{44}iŋ^{31}
34 宁海	蛛蛛 tsʮ^{33}tsʮ^{34}	蚊虫 moŋ^{21}dʑioŋ^{31}	苍蝇 tsʰɔ̃^{34}iŋ^{0}/tsʰɔ̃^{34}ȵiŋ^{0}
35 象山	蟢 ɕi^{44}	蚊虫 məŋ^{31}dʑyoŋ^{13}	苍蝇 tsʰɔ̃^{44}iŋ^{13}
36 普陀	结蛛 tɕiɛʔ^{5}tsʮ^{55}	蚊虫 mɐŋ^{33}dzoŋ^{53}	苍蝇 tsʰɔ̃^{33}iŋ^{53}
37 定海	结蛛 tɕieʔ^{3}tsʮ^{44}小	蚊虫 mɐŋ^{33}dzoŋ^{52}	苍蝇 tsʰõ^{33}iŋ^{52}
38 岱山	结蛛 tɕieʔ^{3}tsʮ^{33}小	蚊虫 mɐŋ^{33}dzoŋ^{52}	苍蝇 tsʰõ^{33}iŋ^{52}
39 嵊泗	结蛛 tɕiᴇʔ^{3}tsʮ^{44}小	蚊虫 mɐŋ^{33}dzoŋ^{53}	苍蝇 tsʰõ^{33}iŋ^{53}
40 临海	蟢 ɕi^{353}小	蚊虫 moŋ^{21}dʑyoŋ^{21}	苍蝇 tsʰɔ^{33}ȵiŋ^{51}
41 椒江	蟢 ɕi^{51}小	蚊虫 məŋ^{31}dzoŋ^{41}	苍蝇 tsʰɔ̃^{35}iŋ^{42}
42 黄岩	蟢 ɕi^{53}小	蚊虫 moŋ^{13}dzoŋ^{41}	苍蝇 tsʰɔ̃^{35}in^{32}
43 温岭	蟢 ɕi^{51}小	蚊虫 mən^{24}dʑyuŋ^{41}	苍蝇 tsʰɔ̃^{35}in^{41}
44 仙居	蟢 ɕi^{53}小	蚊虫 men^{353}dʑioŋ^{0}	苍蝇 tsʰɑ̃^{53}in^{0}

续表

方言点	0244 蜘蛛会结网的	0245 蚊子统称	0246 苍蝇统称
45 天台	蟢 hi^{325}	蚊虫 məŋ^{22}dʑyuŋ^{0}	苍蝇 tsʰɔ^{33}ȵiŋ^{0}
46 三门	蟢 ɕi^{334}	蚊虫 məŋ^{13}dʑioŋ^{31}	苍蝇 tsʰɔ^{33}niŋ^{31}
47 玉环	瓝脚蟢 pʰɐʔ^{3}tɕiɐʔ^{3}ɕi^{53}小	蚊虫 məŋ^{22}dʑioŋ^{41}	苍蝇 tsʰɔ̃^{55}iŋ^{42}
48 金华	蟢 ɕi^{535}	蚊虫 miŋ^{31}dʑioŋ^{14}	苍蝇 tsʰɑŋ^{33}ȵi^{55}“蝇”音殊
49 汤溪	蟢 ɕi^{535}	蚊虫 mɑ̃^{11}tɕiɑo^{52}	苍蝇 tɕʰiɔ^{24}ʑiɛ̃i^{0}
50 兰溪	蟢丝哈=网 ɕi^{55}sɿ^{334}xɑ^{55}mɑŋ^{55}	蚊虫 mæ̃^{21}dʑioŋ^{24}	苍蝇 tɕʰyɑŋ^{334}ɕin^{45}
51 浦江	蟢丝 ʃi^{33}sɿ^{53}	蚊虫 mən^{24}dʑyon^{334}	苍蝇 tɕʰyõ^{55}ʑiən^{334}
52 义乌	蛛蛛 tɕy^{33}tɕy^{45}	蚊虫 mən^{22}tsoŋ^{45}	苍蝇 tsʰŋʷ^{33}ɕiən^{45}
53 东阳	蛛蛛 tsɿ^{33}tsɿ^{53}	蚊虫 mɐn^{33}dʑiɔm^{53}	苍蝇 tɕʰiɔ^{33}hɐn^{53}
54 永康	结蛛 tɕie^{33}tɕy^{55}	蚊虫 miŋ^{31}dzoŋ^{22}	苍蝇 tsʰɑŋ^{33}ȵiŋ^{55}
55 武义	八脚嬉儿嬉儿 pɔʔ^{5}tɕiɑu^{55}ɕyen^{55}ɕyen^{53}	蚊虫 men^{32}dzoŋ^{231}	苍蝇 tɕʰiɑŋ^{32}ȵin^{53}
56 磐安	蜘蛛 tɕi^{33}tɕy^{52}	蚊虫 mɐn^{21}tsɔom^{52}	苍蝇 tɕʰiɒ^{33}xɐn^{52}
57 缙云	八脚蟢 pɑ^{51}tɕiɔ^{51}ɕi^{453}	蚊虫 mɛŋ^{21}dzɔ̃ũ^{453}	苍蝇 tsʰɔ̃ũ^{44}iɛŋ^{453}
58 衢州	八脚蟢 paʔ^{3}tɕiaʔ^{3}sɿ^{35}	蚊虫 mən^{21}dʒyoŋ^{231}	苍蝇 tsʰɑ̃^{35}in^{21}
59 衢江	八脚蟢 paʔ^{3}tɕiaʔ^{5}sɿ^{25}	蚊虫 məŋ^{22}təŋ^{53}	苍蝇 tsʰɑ̃^{33}ɕiŋ^{33}
60 龙游	蟢 ɕi^{35}	蚊虫 mən^{224}dzoŋ^{231}	苍蝇 tsʰã^{33}ɕin^{334}
61 江山	蟢 xi^{241}	蚊虫 moŋ^{22}daŋ^{213}	苍蝇 tsʰɒŋ^{44}ɕiɛ̃^{51}
62 常山	蟢 ɕi^{52}	蚊虫 moŋ^{24}dã^{0}	苍蝇 tsʰɔ̃^{44}sĩ^{44}
63 开化	蟢 ɕi^{53}	蚊虫 min^{21}tɤŋ^{53}	苍蝇 tsʰɔŋ^{44}ɕin^{44}
64 丽水	蛛蛛 ty^{44}ty^{224}	蚊虫 men^{21}tɕiɔŋ^{52}	苍蝇 tsʰɔŋ^{224}in^{52}
65 青田	丝网蛛蛛 sɿ^{33}mo^{33}ɗeu^{22}ɗeu^{445}	蚊虫 maŋ^{55}dʑioŋ^{53}	苍蝇 tsʰo^{55}iŋ^{53}
66 云和	蛛蛛 ty^{44}ty^{24}	蚊虫 məŋ^{223}dʑioŋ^{312}	苍蝇 tsʰɔ̃^{44}iŋ^{312}
67 松阳	脚趴蟢蟢 tɕiaʔ^{3}pʰaʔ^{3}sɿ^{24}sɿ^{212}	暝虫 min^{33}dʑiəŋ^{31}	苍蝇 tsʰoŋ^{33}ɕin^{24}

续表

方言点	0244 蜘蛛会结网的	0245 蚊子统称	0246 苍蝇统称
68 宣平	蛛蛛 tu^{44}tu^{324}	螟虫 min^{22}dʑyən^{433}	苍蝇 ts^{h}ɔ^{44}in^{324}"苍"韵殊
69 遂昌	蟢 sɿ^{533}	螟虫 miŋ^{22}dʑiɔŋ^{213}	苍蝇 ts^{h}ɔŋ^{55}ɕiŋ^{334}
70 龙泉	蜘蜘 ti^{44}ti^{434}	蚊虫 mɛn^{45}dəŋ^{21}	苍蝇 ts^{h}ɔŋ^{45}in^{21}
71 景宁	蜘蛛 ti^{33}ty^{324}	蚊虫 maŋ^{33}dʑyŋ^{41}	苍蝇 ts^{h}ɔŋ^{33}iŋ^{41}
72 庆元	蜘蜘 ɗiᴇ^{33}ɗiᴇ^{335}	蚊虫 miɛ̃^{52}toŋ^{52}	爽⁼蝇 sɔ̃^{33}ɕiŋ^{11}
73 泰顺	蛛蛛 tø^{22}tø^{213}	蚊虫 moŋ^{21}tɕioŋ^{53}	苍蝇 ts^{h}ɔ̃^{22}iŋ^{53}
74 温州	丝网蛛蛛 sɿ^{33}muɔ^{23}tsɿ^{3}tsɿ^{33}	蚊虫 maŋ^{22}dʑioŋ^{223}	苍蝇 ts^{h}uɔ^{33}iaŋ^{33}
75 永嘉	丝网蛛蛛 sɿ^{33}muɔ^{13}tsɥ^{33}tsɥ^{44}	蚊虫 maŋ^{22}dʑioŋ^{21}	苍蝇 ts^{h}ɔ^{33}iaŋ^{44}
76 乐清	蟢网蛛蛛 ɕi^{3}ma^{23}tɕy^{3}tɕy^{44}	蚊虫 maŋ^{22}dʑioŋ^{223}	苍蝇 tɕ^{h}iɔ^{44}iaŋ^{44}
77 瑞安	飞丝拉网儿 fei^{33}sɿ^{44}la^{31}mo^{31}ŋ^{0}	蚊虫 maŋ^{22}dzoŋ^{21}	苍蝇 ts^{h}o^{33}iaŋ^{44}
78 平阳	蜘蛛 tɕi^{33}tɕy^{45}	蚊虫 maŋ^{33}dʒoŋ^{35}	苍蝇 tʃ^{h}o^{33}iaŋ^{45}
79 文成	蜘蛛 tsɿ^{33}tɕy^{33}	蚊虫 maŋ^{21}dʑyoŋ^{33}	苍蝇 tʃ^{h}o^{33}iaŋ^{33}
80 苍南	飞丝拉网儿 fi^{33}sɿ^{44}la^{31}mueŋ^{31}	蚊虫 maŋ^{11}dʑioŋ^{24}	苍蝇 ts^{h}o^{33}iaŋ^{44}
81 建德徽	蜘蛛 tsɿ^{53}tɕy^{213}	蚊虫 mən^{33}tsoŋ^{33}	苍蝇 ts^{h}o^{53}in^{213}
82 寿昌徽	飞丝虫 fi^{33}sɿ^{11}tɕ^{h}iɔŋ^{55}	蚊虫 mien^{11}tɕ^{h}iɔŋ^{33}	苍蝇 ts^{h}ɑ̃^{11}ɕien^{112}
83 淳安徽	蛛几⁼ tɕya^{21}tɕi^{55}	蚊虫 men^{43}ts^{h}on^{24}	苍蝇 ts^{h}ɑ̃^{21}sen^{55}
84 遂安徽	蛛蛛 tɕy^{52}tɕy^{24}	蚊虫 məŋ^{33}ts^{h}əŋ^{33}	苍蝇 ts^{h}ɑ̃^{55}ɕin^{24}
85 苍南闽	络鹅 lɐ^{21}gia^{24}	蚊公 ban^{21}kɯŋ^{43}	虎蝇 hɔ^{21}ɕin^{24}
86 泰顺闽	蛛蛛 tøi^{34}tøi^{213}	蚊虫 mɔi^{21}t^{h}əŋ^{22}	蚨蝇 fv^{21}ɕyeŋ^{22}
87 洞头闽	蜘蛛 ti^{212}tu^{33}	蚊仔 baŋ^{212}ŋã^{53}	虎蝇 hɔ^{212}ɕieŋ^{24}
88 景宁畲	老□ lau^{55}k^{h}io^{51}	蚊虫 muən^{22}tɕ^{h}yŋ^{51}小	蚊 muən^{325}小

方言点	0247 跳蚤咬人的	0248 虱子	0249 鱼
01 杭州	虼蚤 kaʔ^{3}tsɔ^{45}	虱子 saʔ^{3}tsɿ^{45}	鱼 y^{213}
02 嘉兴	蚤虱 tsɔ^{33}səʔ^{5}	白虱 bᴀʔ^{13}səʔ^{5}	鱼 ŋ^{242}
03 嘉善	跳虱 tʰiɔ^{44}sɜʔ^{5}	蚤虱 tsɔ^{44}sɜʔ^{5}	鱼 ŋ^{132}
04 平湖	蚤虱 tsɔ^{44}səʔ^{5}	头虱 dəɯ^{24}səʔ^{0} 头上 白虱 baʔ^{23}səʔ^{5} 身上	鱼 ŋ^{31}
05 海盐	蚤虱 tsɔ^{53}səʔ^{21}	头虱 de^{24}səʔ^{21}	鱼 n^{31}
06 海宁	蚤虱 tsɔ^{55}səʔ^{5}	蚤虱 tsɔ^{55}səʔ^{6}	鱼 ŋ^{13}
07 桐乡	蚤虱 tsɔ^{53}səʔ^{0}	头里虱 dɤɯ^{21}li^{44}səʔ^{0}	鱼 ŋ^{13}
08 崇德	蚤虱 tsɔ^{55}səʔ^{0}	头里虱 dɤɯ^{21}li^{55}səʔ^{0}	鱼 ŋ^{13}
09 湖州	虼蚤 kəʔ^{5}tsɔ^{35}	白虱 baʔ^{2}səʔ^{5}	鱼 ŋ^{112}
10 德清	虼蚤 kəʔ^{5}tsɔ^{53}	虱子 səʔ^{5}tsɿ^{53}	鱼 ŋ^{113}
11 武康	虼蚤 kɜʔ^{5}tsɔ^{53}	白虱 bɜʔ^{5}sɜʔ^{5}	鱼 n^{113}
12 安吉	虼蚤 kəʔ^{2}tsɔ^{213}	虱子 səʔ^{5}tsɿ^{55}	鱼 ŋ^{22}
13 孝丰	虼蚤 kəʔ^{5}tsɔ^{44}	虱 səʔ^{5}	鱼 ŋ^{22}
14 长兴	跳蚤 tʰiɔ^{32}tsɔ^{24}	白虱 baʔ^{2}səʔ^{5}	鱼 ŋ^{12}
15 余杭	虼蚤 kəʔ^{5}tsɔ^{53}	虱子 səʔ^{5}tsɿ^{53}	鱼 ŋ^{22}
16 临安	虼蚤 kɐʔ^{5}tsɔ^{55}	虱子 sɐʔ^{5}tsɿ^{35}	鱼 ŋ^{33}
17 昌化	虼蚤 kəʔ^{5}tsɔ^{453}	虱子 ɕiɛʔ^{5}tsɿ^{453}	鱼 y^{112}/ŋ^{112}
18 於潜	虼蚤 kɐʔ^{53}tsɔ^{53}	虱子 səʔ^{53}tsɿ^{454}	鱼 y^{223}
19 萧山	虼蚤 kieʔ^{5}tsɔ^{33}	虱 səʔ^{5}	鱼 ŋ^{355}
20 富阳	虼蚤 kiɛʔ^{5}tsɔ^{335}	虱 sɛʔ^{5}	鱼 y^{13}
21 新登	虼蚤 kəʔ^{5}tsɔ^{45}	虱 səʔ^{5}	鱼 ɥ^{233}
22 桐庐	虼蚤 kəʔ^{5}tsɔ^{13}	虱子 səʔ^{5}tsɿ^{13}	鱼 ŋ^{13}
23 分水	虼蚤 kəʔ^{5}tsɔ^{0}	虱子 sɿ^{44}tsɿ^{0}	鱼 y^{22}

续表

方言点	0247 跳蚤咬人的	0248 虱子	0249 鱼
24 绍兴	蛇蚤 $ke?^{3}tsɔ^{33}$	虱子 $so?^{3}tse?^{5}$	鱼 $ŋ^{231}$
25 上虞	蛇蚤 $kə?^{5}tsɔ^{53}$	虱子 $sə?^{5}tsɿ^{53}$	鱼 $ŋ^{213}$
26 嵊州	蛇蚤 $kɛ?^{3}tsɔ^{53}$	虱子 $sə?^{3}tsə?^{5}$	鱼 $ŋ^{213}$
27 新昌	蚤 $tsɔ^{453}$	虱 $ɕi?^{5}$	鱼 $ŋ^{22}$
28 诸暨	蛇蚤 $kie?^{5}tsɔ^{42}$	虱 $sə?^{5}$	鱼 $ŋ^{13}$
29 慈溪	跳蚤 $t^{h}iɔ^{44}tsɔ^{44}$	虱 $suə?^{5}$	鱼 $ŋ^{13}$
30 余姚	跳蚤 $t^{h}iɔ^{44}tsɔ^{44}$	虱 $so?^{5}$	鱼 $ŋ^{13}$
31 宁波	跳蚤 $t^{h}io^{44}tsɔ^{44}$	虱 $sa?^{5}$	鱼 $ŋ^{13}$
32 镇海	跳蚤 $t^{h}io^{33}tsɔ^{44}$	虱 $sa?^{5}$	鱼 $ŋ^{24}$
33 奉化	蚤 $tsʌ^{545}$	虱 $sa?^{5}$	鱼 $ŋ^{33}$
34 宁海	蚤 $tsau^{53}$	虱 $sa?^{5}$	鱼 $ŋ^{213}$
35 象山	跳蚤 $t^{h}io^{53}tsɔ^{44}$	虱 $sa?^{5}$	鱼 $ŋ^{31}$
36 普陀	跳蚤 $t^{h}iɔ^{55}tsɔ^{0}$	虱 $sɐ?^{5}$	鱼 $ŋ^{24}$
37 定海	蚤 $tsɔ^{45}$	虱 $sɐ?^{5}$	鱼 $ŋ^{23}$
38 岱山	蚤 $tsɔ^{325}$	虱 $sɐ?^{5}$	鱼 $ŋ^{23}$
39 嵊泗	蚤 $tsɔ^{445}$	虱 $sɐ?^{5}$	鱼 $ŋ^{243}$
40 临海	蚤 $tsɔ^{52}$	虱 $ɕie?^{5}$	鱼 $ŋ^{21}$
41 椒江	蚤 $tsɔ^{42}$	虱 $ɕie?^{5}$	鱼 $ŋ^{24}$小
42 黄岩	蚤 $tsɔ^{42}$	虱 $ɕie?^{5}$	鱼 n^{24}小
43 温岭	蚤 $tsɔ^{42}$	虱 $ɕi?^{5}$	鱼 $ŋ^{24}$小
44 仙居	蚤 $tsɐɯ^{53}$小	虱 $sə?^{5}$	鱼 $ŋ^{353}$小
45 天台	蚤 $tsau^{325}$	虱 $ɕiə?^{5}$	鱼 $ŋ^{224}$
46 三门	蚤 $tsɑu^{325}$	虱 $sɐ?^{5}$	鱼 $ŋ^{252}$

续表

方言点	0247 跳蚤咬人的	0248 虱子	0249 鱼
47 玉环	跳蚤 tʰiɔ^{55}tsɔ^{53}	虱 ɕiɐʔ^{5}	鱼 ŋ^{24}小
48 金华	蛇蚤 kəʔ^{3}tsɑo^{535}老 跳蚤 tʰiɑo^{33}tsɑo^{535}新	虱 səʔ^{4}	鱼 ȵy^{313}
49 汤溪	蚤 tsɔ^{535}	虱 ɕiɛ^{55}	鱼 ȵy^{11}
50 兰溪	蚤 tsɔ^{55}	虱 səʔ^{34}	鱼 ȵy^{21}
51 浦江	蚤儿 tson^{55}	虱 sə^{423}	鱼 ȵy^{113}
52 义乌	蚤儿 tson^{45}	虱 sə^{324}	鱼 n^{213}
53 东阳	蚤儿 tsɐɯn^{453}	虱 sɐʔ^{34}	鱼儿 ȵyun^{213}
54 永康	蚤儿 tsɑu^{52}	虱 sə^{334}	鱼 ȵy^{241}小
55 武义	蚤儿 tsen^{53}	虱 səʔ^{5}	鱼 ȵy^{324}
56 磐安	蚤儿 tson^{52}	虱 sɛ^{334}	鱼儿 ȵyn^{213}
57 缙云	蚤 tɕiəɤ^{51}	虱 səɤ^{322}	鱼 ȵy^{243}
58 衢州	蛇蚤 kəʔ^{3}tsɔ^{35}	虱 səʔ^{5}	鱼 ŋ^{21}
59 衢江	蛇蚤 kəʔ^{3}tsɔ^{25}	虱 ɕiaʔ^{5}	鱼 ŋɤ^{212}
60 龙游	跳蚤 tʰiɔ^{33}tsu^{35}	虱 səʔ^{4}	鱼 ŋəɯ^{21}
61 江山	蚤 tsuə^{241}	虱 saʔ^{5}	鱼 ŋə^{213}
62 常山	跳蚤 tʰiɤ^{43}tsuə^{52}	虱 sɛʔ^{5}	鱼 ŋɤ^{341}
63 开化	跳蚤 tʰiəɯ^{44}tsuo^{53}	虱 saʔ^{5}	鱼 ŋə^{231}
64 丽水	跳蚤 tʰiə^{44}tsə^{544}	虱 seʔ^{5}	鱼 ŋəɯ^{22}
65 青田	跳蚤 tʰiœ^{33}tsœ^{454}	虱 saʔ^{42}	鱼 ŋɛ^{21}
66 云和	跳蚤 tʰiɑɔ^{44}tsɑɔ^{41}	虱 seiʔ^{5}	鱼 ȵy^{24}
67 松阳	跳子 tʰiɔ^{33}tsɿə^{212}	虱 ɕiʔ^{5}	鱼儿 ŋɯə^{21}n^{24}
68 宣平	跳蚤 tʰiɔ^{44}tsɔ^{445}	虱 səʔ^{5}	鱼 n^{433}
69 遂昌	跳蚤 tʰiɐɯ^{33}tsɐɯ^{533}	虱 ɕiuʔ^{5}	鱼 ŋɤ^{221}

续表

方言点	0247 跳蚤咬人的	0248 虱子	0249 鱼
70 龙泉	跳蚤 t^{h}iɑʌ^{21}tsɑʌ^{51}	虱 sieiʔ^{5}	鱼 ŋɤɯ^{21}
71 景宁	跳蚤 t^{h}iɑu^{55}tsɑu^{33}	虱 səɯʔ^{5}	鱼 ȵy^{324}
72 庆元	跳蚤 t^{h}iɒ^{11}tsɒ^{33}	虱 sɤʔ^{5}	鱼儿 ŋæ̃^{55}
73 泰顺	出⁼蚤 tɕ^{h}yɛʔ^{2}tsɑɔ^{55}	虱 səiʔ^{5}	鱼 ȵy^{213}
74 温州	跳蚤 t^{h}iɛ^{42}tsɜ^{25}	茭虱 kuɔ^{45}sai^{323}	鱼 ŋø^{31}
75 永嘉	蚤 tsə^{45}	虱 sai^{423}	鱼 ŋ^{31}
76 乐清	跳蚤 t^{h}iɯʌ^{42}tɕiɤ^{35}	虱 sɤ^{323}	鱼 ȵi^{212} 小
77 瑞安	跳蚤 t^{h}uɔ^{53}tsɛ^{35}	虱 sa^{323}	鱼儿 ȵʏ^{22}ŋ^{0}
78 平阳	跳蚤 t^{h}ye^{33}tʃɛ^{35}	虱 sᴀ^{34}	鱼 ȵy^{242}
79 文成	跳蚤 t^{h}uo^{42}tʃɛ^{45}	虱 sa^{34}	鱼 ŋou^{113}
80 苍南	跳蚤 t^{h}yɔ^{42}tsɛ^{53}	虱 sɛ^{223}	鱼 ȵyɛ^{31}
81 建德徽	蛇蚤 kɐʔ^{5}tsɔ^{213}	虱 sɐʔ^{5}	鱼 n^{33}
82 寿昌徽	跳蚤 t^{h}iɤ^{33}tsɤ^{24}	虱 səʔ^{3}	鱼 ȵy^{52}
83 淳安徽	蛇蚤 kiʔ^{5}tsɤ^{21}	虱 sɿʔ^{5}	鱼 ya^{435}
84 遂安徽	蚤 tsɔ^{213}	虱 ɕiɛ^{24}	鱼 y^{33}
85 苍南闽	蛇蚤 ka^{33}tsau^{43}	虱母 se^{33}bu^{43}	鱼 hɯ^{24}
86 泰顺闽	牵⁼蚤 k^{h}ɛ^{21}tsau^{344}	虱母 sɛʔ^{5}mou^{334}	鱼 ny^{22}
87 洞头闽	蛇蚤 ka^{212}tsau^{42}	虱母 sɐt^{5}bu^{53}	鱼 hɯ^{113}
88 景宁畲	狗虱 kau^{55}ɕiet^{5}	虱 ɕiet^{5}	鱼 ȵy^{51} 小

方言点	0250 鲤鱼	0251 鳙鱼胖头鱼	0252 鲫鱼
01 杭州	鲤拐⁼儿 li^{55} kuɛ^{0} əl^{0}	包头鱼 pɔ^{33} dei^{45} y^{53}	鲫鱼 tɕi^{33} y^{53}
02 嘉兴	鲤鱼 li^{21} ŋ^{42}	鲢鱼 lie^{21} ŋ^{33}	鲫鱼 tɕiŋ^{33} ŋ^{42}
03 嘉善	鲤鱼 li^{22} ŋ^{31}	鲢大头 liɪ^{35} du^{31} də^{0}	鲫鱼 tɕi^{35} ŋ^{53} "鲫"舒化
04 平湖	鲤鱼 li^{21} ŋ^{53}	花鲢 ho^{55} liɛ^{31}	鲫鱼 tsɿ^{55} ŋ^{31}
05 海盐	鲤鱼 li^{53} n^{31}	大头鲢鱼 du^{13} de^{21} liɛ^{24} n^{53}	鲫鱼 tɕiəʔ^{5} n^{53}
06 海宁	鲤鱼 li^{35} ŋ^{55}	包头鱼 pɔ^{55} dəɯ^{55} ŋ^{55}	河鲫鱼 u^{33} tɕieʔ^{5} ŋ^{0} 鲫鱼 tɕieʔ^{5} ŋ^{0}
07 桐乡	鲤鱼 li^{242} ŋ^{44}	花鲢头 ho^{44} liᴇ^{44} dɤɯ^{44}	鲫鱼 tsiəʔ^{3} ŋ^{44}
08 崇德	鲤鱼 li^{55} ŋ^{0}	包头鱼 pɔ^{44} dɤɯ^{44} ŋ^{44}	鲫鱼 tɕiŋ^{33} ŋ^{13}
09 湖州	鲤鱼 li^{53} ŋ^{13}	花鲢头 huo^{44} lie^{44} døʉ^{44}	鲫鱼 tɕieʔ^{5} ŋ^{0} 小
10 德清	鲤鱼 li^{35} ŋ^{0}	包头鱼 pɔ^{44} døʉ^{44} ŋ^{44}	鲫鱼 tɕieʔ^{5} ŋ^{53}
11 武康	鲤花鱼 li^{35} xo^{55} n^{53}	包头鱼 pɔ^{44} dø^{44} n^{44}	鲫鱼 tɕieʔ^{5} n^{53}
12 安吉	鲤鱼 li^{52} ŋ^{21}	胖头鱼 pʰɔ̃^{55} dəɪ^{55} ŋ^{55}	鲫鱼板 tɕiᴇʔ^{5} ŋ^{22} pᴇ^{213}
13 孝丰	鲤鱼 li^{45} ŋ^{21}	胖头鱼 pʰɔ̃^{44} dəɪ^{44} ŋ^{44}	鲫鱼 tɕieʔ^{5} ŋ^{44} 鲫鱼壳 tɕieʔ^{5} ŋ^{44} kʰuoʔ^{5}
14 长兴	鲤鱼 lɿ^{45} ŋ^{21}	鲢鱼 li^{12} ŋ^{33}	鲫鱼 tʃiᴇʔ^{3} ŋ^{24}
15 余杭	鲤花鱼 li^{53} xuo^{53} ŋ^{31}	包头鱼 pɔ^{55} døʏ^{33} ŋ^{33}	鲫鱼 tsieʔ^{5} ŋ^{33}
16 临安	鲤鱼 li^{33} ŋ^{31}	胖头鱼 pʰɑ̃^{53} də^{31} ŋ^{33}	鲫鱼 tɕiɐʔ^{5} ŋ^{33}
17 昌化	鲤鱼 li^{45} y^{53}	胖头鱼 pʰɔ̃^{33} di^{44} y^{45} 包头鱼 pɔ^{33} di^{44} y^{45}	鲫鱼壳 tɕiɛʔ^{5} y^{55} kʰuəʔ^{5}
18 於潜	鲤鱼 li^{53} y^{31}	胖头鱼 pʰaŋ^{35} diəu^{53} y^{31}	鲫鱼壳 tɕieʔ^{53} y^{233} kʰəʔ^{53}
19 萧山	鲤鱼 li^{13} ŋ^{21}	包头鱼 pɔ^{33} dio^{33} ŋ^{33}	鲫鱼 tɕi^{33} ŋ^{33}
20 富阳	鲤鱼 li^{224} y^{13}	包头鱼 pɔ^{55} dei^{55} y^{55}	鲫鱼 tɕiɛʔ^{5} y^{224}
21 新登	鲤鱼 li^{334} ɥ^{45}	包头鱼 pɔ^{53} dəu^{233} ɥ^{233}	鲫壳头 tɕiəʔ^{5} kʰaʔ^{5} təu^{334}
22 桐庐	鲤鱼 li^{33} ŋ^{35}	鲢胖头 lie^{21} pʰã^{21} dei^{35}	鲫壳头 tɕieʔ^{5} kʰaʔ^{3} dei^{33}
23 分水	鲤鱼 li^{44} y^{21}	胖头 pʰã^{24} dɵ^{21}	鲫鱼壳 tɕi^{44} y^{21} kʰəʔ^{5}

续表

方言点	0250 鲤鱼	0251 鳙鱼胖头鱼	0252 鲫鱼
24 绍兴	鲤刺= li^{24}tsʰɿ^{31}	胖头鱼 pʰɑŋ^{33}tɤ^{44}ŋ^{31}	鲫鱼 tɕieʔ^{5}ŋ^{31}
25 上虞	鲤刺= li^{21}tsʰɿ^{53}	胖头鱼 pʰɔ̃^{55}dɤ^{0}ŋ^{31}	鲫鱼 tɕiŋ^{33}ŋ^{31}
26 嵊州	鲤鱼 li^{24}ŋ^{231}	胖头鱼 pʰɔŋ^{53}dʏ^{22}ŋ^{231}	鲫鱼 tɕieʔ^{3}ŋ^{231}
27 新昌	鲤鱼 li^{22}ŋ^{232}	胖头鱼 pʰɔ̃^{33}diɯ^{33}ŋ^{335}	鲫鱼 tɕiɛʔ^{5}ŋ^{33}
28 诸暨	鲤鱼 lin^{13}ŋ^{242}	胖头鱼 pʰɑ̃^{21}dei^{21}ŋ^{242}	鲫鱼 tɕin^{33}ŋ^{242}
29 慈溪	鲤鱼 li^{11}ŋ^{53}	鲢胖头 liẽ^{13}pʰɔ̃^{44}dø^{0}	河鲫鱼 həu^{13}tɕiŋ^{0}ŋ^{53}
30 余姚	鲤鱼 li^{13}ŋ^{13}	胖头鱼 pʰɔŋ^{53}dø^{0}ŋ^{13}	河鲫鱼 ou^{13}tɕiə̃^{44}ŋ^{13}
31 宁波	鲤鱼 li^{13}ŋ^{0}	胖头鱼 pʰɔ^{44}dœʏ^{0}ŋ^{13}	河鲫鱼 əu^{13}tɕiəʔ^{5}ŋ^{13}
32 镇海	鲤鱼 li^{22}ŋ^{22}	倭=白鲢 əu^{33}baʔ^{2}li^{22}	河鲫鱼 əu^{22}tɕiŋ^{33}ŋ^{22}
33 奉化	鲤鱼 li^{33}ŋ^{31}	塘鱼 dɔ̃^{33}ŋ^{31}	河鲫鱼 əu^{33}tɕi^{44}ŋ^{33}
34 宁海	鲤周= li^{31}tɕiu^{33}	胖头鱼 pʰɔ̃^{33}diu^{21}ŋ^{31}	河鲫鱼 həu^{21}tsɿ^{53}ŋ^{213} 鲫鱼 tsɿ^{53}ŋ^{213} 鲫鱼甲= tsɿ^{53}ŋ^{213}keʔ^{5}
35 象山	鲤鲫鱼 li^{31}tɕieʔ^{5}ŋ^{44} 河里九= əu^{31}li^{0}tɕiu^{35}	胖头鱼 pʰɔ̃^{44}dɤɯ^{31}ŋ^{31} 白鲢 baʔ^{2}li^{13}	河鲫鱼 əu^{31}tɕieʔ^{5}ŋ^{44}
36 普陀	鲤鱼 li^{23}ŋ^{0}	胖头鱼 pʰɔ^{55}deu^{55}ŋ^{55}	河鲫鱼 əu^{24}tɕiŋ^{55}ŋ^{55}
37 定海	鲤鱼 li^{23}ŋ^{0}	胖头鱼 pʰɔ^{44}dɐi^{44}ŋ^{44}	河鲫鱼 ʌu^{33}tɕiŋ^{44}ŋ^{44}
38 岱山	鲤鱼 li^{23}ŋ^{0}	胖头鱼 pʰɔ^{33}dœʏ^{33}ŋ^{44}	河鲫鱼 ʌu^{33}tɕi^{44}ŋ^{44}
39 嵊泗	鲤鱼 li^{34}ŋ^{0}	胖头鱼 pʰõ^{44}dœʏ^{44}ŋ^{44}	河鲫鱼 ʌu^{24}tɕi^{44}ŋ^{44}
40 临海	鲤九= li^{42}tɕiə^{52}	胖头鱼 pʰɔ̃^{33}də^{35}ŋ^{51}	鲫鱼 tɕieʔ^{3}ŋ^{21}
41 椒江	鲤九= li^{42}tɕiu^{42}	胖头 pʰɔ̃^{33}dio^{31}	鲫鱼 tɕieʔ^{3}ŋ^{24}小
42 黄岩	鲤九= li^{42}tɕiu^{42}	胖头鱼 pʰɔ̃^{33}dio^{13}n^{41}	鲫鱼 tɕieʔ^{3}n^{24}小
43 温岭	鲤九= li^{42}tɕiu^{42}	胖头鱼 pʰɔ̃^{33}dɤ^{24}ŋ^{41}	鲫鱼 tɕiʔ^{3}ŋ^{24}小
44 仙居	鲤九= li^{31}tɕiəɯ^{324}	大头鲢鱼 do^{33}dəɯ^{33}lie^{353}ŋ^{0}	鲫鱼 tɕiaʔ^{3}ŋ^{353}小
45 天台	鲤鸠= li^{21}kiu^{33}	大头鲢 dou^{33}deu^{22}liŋ^{224}	鲫鱼 tɕiəʔ^{5}ŋ^{51}

续表

方言点	0250 鲤鱼	0251 鳙鱼胖头鱼	0252 鲫鱼
46 三门	鲤九⁼ li^{32}tɕiu^{325}	大头花鲢 dʊ^{23}dɤɯ^{11}ho^{33}lie^{31}	鲫鱼 tɕieʔ^{5} ŋ^{252}
47 玉环	鲤九⁼ li^{53}tɕiu^{42}	胖头鱼 pʰ ɔ̃^{33} diɤ^{22} ŋ^{41}	鲫鱼 tɕiɐʔ^{3} ŋ^{24} 小
48 金华	鲤鱼 lie^{55} ȵy^{313}	鳙练⁼ zoŋ^{31} lia^{14}	鲫鱼 tɕiəʔ^{3} ȵy^{55}
49 汤溪	鲤□ li^{11} kɤ^{55}	鳙鱼 zɑo^{11} ȵy^{52}	鲫鱼 tsei^{55} ȵy^{0}
50 兰溪	鲤鱼 li^{55} ȵy^{21}	鳙鱼 zoŋ^{21} ȵy^{24}	鲫鱼 tɕieʔ^{34} ȵy^{45}
51 浦江	鲤鱼 li^{11} ȵy^{24}	鳙鱼 zən^{24} ȵy^{334}	鲫鱼 tsɛ̃^{33} ȵy^{334} “鲫”音殊
52 义乌	鲤鱼 li^{24} n^{312}	鳢鱼 zo^{22} n^{45}	鲫鱼 tse^{45} n^{312}
53 东阳	鲤鱼 li^{22} ȵyu^{53}	鳙鱼头 zɔm^{22} ȵyu^{33} dəɯ^{53}	鲫鱼儿 tsɐn^{44} ȵyun^{33}
54 永康	鲤鱼 lie^{31} ȵy^{55}	鳙鱼 zoŋ^{31} ȵy^{22}	鲫鱼 tsəŋ^{33} ȵy^{241} 小
55 武义	鲤鱼 li^{53} ȵy^{13}	鳙鱼 zoŋ^{32} ȵy^{231}	鲫鱼 tsen^{55} ȵy^{324}
56 磐安	鲤鱼 li^{14} ȵy^{52}	鳙鱼 zɔom^{21} ȵy^{52}	鲫鱼 tsɛn^{55} ȵy^{0}
57 缙云	鲤鱼 li^{51} ȵy^{243}	鳙鱼 zɔ̃ũ^{21} ȵy^{453}	鲫鱼 tsei^{51} ȵy^{243}
58 衢州	鲤鱼 li^{53} ŋ^{21}	大头鲢 du^{231} de^{21} liẽ^{231}	鲫鱼 tɕiəʔ^{5} ŋ^{21}
59 衢江	鲤鱼 liəʔ^{2} ŋɤ^{53}	大头鲢 dou^{22} dy^{22} lie^{53}	鲫板 tɕiəʔ^{3} pã^{25}
60 龙游	鲤鱼 li^{224} ŋəɯ^{231}	大头鳙 du^{22} dəɯ^{224} zoŋ^{231}	鲫鱼 tɕiəʔ^{4} ŋəɯ^{21}
61 江山	鲔鱼 dʑiɞ^{22} ŋə^{213}	大头鳙 do^{22} du^{22} dʑiɒŋ^{213}	鲫鱼 tɕiə^{24} ŋə^{51}
62 常山	鲤鱼 li^{22} ŋɤ^{52}	大头鲢 dɔ^{22} du^{24} liɛ̃^{52}	鲫鱼 tsɪ̃^{43} ŋɤ^{341}
63 开化	鲤鱼 lin^{21} ŋə^{231}	大头鲢鱼 dɔ^{21} du^{21} liɛ̃^{21} ŋə^{231}	鲫鱼 tɕiɛʔ^{5} ŋə^{231}
64 丽水	鲤鱼 li^{44} ŋəɯ^{22}	花鲢 xuo^{224} liɛ^{52}	鲫鱼 tɕiʔ^{5} ŋəɯ^{22}
65 青田	鲤鱼 li^{55} ŋɛ^{21}	塘鱼 do^{55} ŋɛ^{53}	鲫鱼□ tsɿ^{33} ŋɛ^{21} tiɛ^{55}
66 云和	鲤鱼 li^{44} ȵy^{24}	大头鱼 du^{223} dəɯ^{223} ȵy^{24}	鲫鳊 tɕiʔ^{4} piɛ^{41} 鲫鱼 tɕiʔ^{4} ȵy^{24}
67 松阳	鲤鱼 lin^{33} ŋɯə^{31}	大头鱼 du^{13} dei^{33} ŋɯə^{31}	鲫鱼壳儿 tɕiʔ^{3} ŋɯə^{24} kʰoʔ^{3} n^{24}

续表

方言点	0250 鲤鱼	0251 鳙鱼胖头鱼	0252 鲫鱼
68 宣平	鲤鱼 li^{22} n^{433}	大头鱼 do^{22} dəɯ^{22} n^{433}	鲫鲢 tɕiəʔ^{4} liɛ^{433}
69 遂昌	鲤鱼 li^{13} ŋɤ^{221}	大头鱼 du^{13} du^{22} ŋɤ^{213}	鲫鱼爿 tɕiʔ^{3} ŋɤ^{22} baŋ^{213}
70 龙泉	鲤鱼 li^{21} ŋɤɯ^{21}	大头鱼 dou^{21} tiəu^{45} ŋɤɯ^{21}	鲫鱼 tsɿʔ^{3} ŋɤɯ^{21}
71 景宁	鲤鱼 li^{55} ȵy^{324}	花鲢 xo^{33} liɛ^{41}	鲫鱼 tsɿʔ^{5} ȵy^{324}
72 庆元	鲤鱼儿 liŋ^{22} ŋæ̃^{55}	花鲢 xo^{335} liɛ̃^{52}	鲫鱼儿 tɕiŋ^{55} ŋæ̃^{55}
73 泰顺	鲤鱼 li^{22} ȵy^{213}	大头鱼 to^{22} təu^{21} ȵy^{213}	鲫鱼 tsɿ^{22} ȵy^{213}
74 温州	鲤鱼 lei^{31} ŋø^{21}	包头鱼 puɔ^{34} dɤu^{22} ŋø^{223}	鲫鱼 tsei^{33} ŋø^{223}
75 永嘉	鲤鱼 lei^{31} ŋ^{0}	包头鱼 puɔ^{45} dəu^{22} ŋ^{0}	鲫鱼 tsɿ^{33} ŋ^{0}
76 乐清	鲤鱼 li^{22} ȵi^{31}	包头鱼 pa^{33} diu^{22} ȵi^{223}	鲫鱼 tɕieŋ^{44} ȵi^{223}
77 瑞安	鲤鱼 lei^{31} ȵʏ^{21}	包头鱼 pɔ^{35} dou^{22} ȵʏ^{21}	鲫鱼 tsei^{323} ȵʏ^{21}
78 平阳	鲤鱼 li^{33} ȵy^{42}	包头鱼 pɔ^{45} dɛu^{21} ȵy^{13}	鲫鱼 tɕi^{33} ȵy^{35}
79 文成	鲤鱼 lei^{33} ŋou^{33}	包头鱼 po^{33} diou^{21} ŋou^{33}	鲫鱼 tɕi^{21} ŋou^{33}
80 苍南	鲤鱼 li^{31} ȵyɛ^{31}	包头鱼 pa^{44} dɛu^{11} ȵyɛ^{112}	鲫鱼 tɕi^{33} ȵyɛ^{112}
81 建德徽	鲤鱼 li^{55} n^{33}	鲢胖头 nie^{33} pʰo^{21} tɤɯ^{55}	鲫鱼 tɕiɐʔ^{3} n^{55}
82 寿昌徽	鲤鱼 li^{33} ȵy^{52}	鲢胖头 liɛ̃^{33} pʰɑ̃^{55} tʰəɯ^{0}	鲫鱼 tɕiəʔ^{3} ȵy^{55}
83 淳安徽	鲤鱼 li^{55} y^{55}	鲢胖头 liã^{43} pʰon^{55} tʰɯ^{21}	鲫鱼 tɕiʔ^{5} y^{55}
84 遂安徽	鲤鱼 li^{33} y^{33}	蛮鱼 mɑ̃^{33} y^{33}	鲫壳鱼 tsɿ^{55} kʰə^{55} y^{21}
85 苍南闽	鲤鱼 li^{33} hɯ^{24}	大头壳鱼 to^{21} tʰau^{21} kʰɐ^{55} hɯ^{24}	鲫鱼 tɕie^{33} hɯ^{24}
86 泰顺闽	鲤鱼 li^{344} ny^{22}	大头鱼 ta^{21} tʰau^{22} ny^{22}	鲫板 tɕiɪʔ^{5} pɛ^{344}
87 洞头闽	鲤鱼 li^{33} hɯ^{24}	大头鱼 tua^{212} tʰau^{212} hɯ^{24}	鲫鱼 tɕiek^{5} hɯ^{24}
88 景宁畲	鲤鱼 li^{55} ȵy^{51} 小	（无）	鲫鱼 tɕiʔ^{5} ȵy^{325} 小

方言点	0253 甲鱼	0254 鳞鱼的	0255 虾统称
01 杭州	甲鱼 tɕiɛʔ^{3} y^{45} 鳖 piɛʔ^{5}	鱼屑儿 y^{22} iɛ^{33} əl^{45}	虾儿 ɕia^{33} əl^{45}
02 嘉兴	甲鱼 tɕiAŋ^{33} ŋ^{42}	鱼屑头 ŋ^{21} ie^{33} dei^{21}	弯转 uə^{33} tsə^{21}
03 嘉善	甲鱼 tɕiaʔ^{5} ŋ^{31}	屑头 iɪ^{44} də^{53}	弯转 uɛ^{35} tsø^{53}
04 平湖	甲鱼 tɕiaʔ^{5} ŋ^{53}	屑 iɛ^{44} 屑头 iɛ^{44} dəɯ^{53}	虾 hø^{53} 韵殊
05 海盐	甲鱼 tɕiaʔ^{5} n^{53}	屑 iɛ^{423}	虾 xɤ^{53} 韵殊
06 海宁	甲鱼 tɕiaʔ^{5} ŋ^{0}	屑 ie^{53}	虾 hei^{55} 韵殊
07 桐乡	甲鱼 tɕiaʔ^{3} ŋ^{44}	屑 iE^{53}	弯转 uɛ^{44} tsE^{44}
08 崇德	甲鱼 tɕiaʔ^{3} ŋ^{44}	屑 iɪ^{53} 鱼屑 ŋ^{21} iɪ^{44}	弯转 uE^{44} tsE^{44}
09 湖州	甲鱼 tɕiaʔ^{5} ŋ^{0} 小	屑 ie^{523}	弯转 uɛ^{44} tsɛ^{44}
10 德清	甲鱼 tɕiaʔ^{5} ŋ^{53}	屑 ie^{52}	弯转 uɛ^{44} tsøʉ^{44} 虾儿 xuo^{44} n^{44}
11 武康	甲鱼 tɕieʔ^{5} n^{53}	鱼屑 n^{11} iɪ^{53}	弯转 uɛ^{44} tsø^{44} 虾儿 xo^{44} n^{44}
12 安吉	甲鱼 tɕiɐʔ^{5} ŋ^{213}	屑 i^{55}	虾朝⁼ hʊ^{55} tsɔ^{55}
13 孝丰	甲鱼 tɕiaʔ^{5} ŋ^{44} 鳖 pieʔ^{5}	屑 iɪ^{52}	虾朝⁼ hʊ^{44} tsɔ^{44}
14 长兴	甲鱼 tʃiaʔ^{3} ŋ^{24}	屑板 i^{45} pE^{21}	弯转 uɯ^{44} tsɯ^{44}
15 余杭	甲鱼 tɕiaʔ^{5} ŋ^{33}	屑儿 iẽ^{35} n^{0}	虾儿 xuo^{55} n^{33}
16 临安	老鳖 lɔ^{33} piɐʔ^{5}	鱼屑 ŋ^{33} ie^{35}	虾 ho^{55}
17 昌化	鳖 piɛʔ^{5}	屑 iɪ̃^{453}	虾公 xu^{33} kəŋ^{45} 虾 ɕia^{334}
18 於潜	鳖 pieʔ^{53}	屑 ie^{51}	虾公 xa^{53} koŋ^{433}
19 萧山	鳖 pieʔ^{5}	屑 ie^{533}	虾 xo^{533}
20 富阳	鳖 piɛʔ^{5}	屑 iɛ̃^{423}	虾 ho^{53}
21 新登	甲鱼 tɕiaʔ^{5} ɥ^{45}	屑 iɛ̃^{334}	虾 hɑ^{53}

续表

方言点	0253 甲鱼	0254 鳞鱼的	0255 虾统称
22 桐庐	鳖 piəʔ^{5}	厣 ie^{35}	□虾 daʔ^{21} xuo^{35}
23 分水	鳖 piəʔ^{5}	厣 ie^{53}	虾公 xa^{44} koŋ^{44}
24 绍兴	甲鱼 ka^{33} ŋ^{231}	鱼厣 ŋ^{22} iẽ^{334}	虾 ho^{53}
25 上虞	甲鱼 kaʔ^{5} ŋ^{31}	厣 iẽ^{35}	虾 ho^{35}
26 嵊州	甲鱼 kɛʔ^{3} ŋ^{231}	厣 iẽ^{53}	虾 ho^{534}
27 新昌	鳖 piɛʔ^{5}	厣 iɛ̃^{453}	弹虾 dɛ̃^{13} fuo^{534}
28 诸暨	憋 pieʔ^{5}	鱼厣 ŋ^{21} ie^{42}	弹虾 dɛ^{21} ho^{42}
29 慈溪	鳖 piəʔ^{5}	鳞 liŋ^{13}	虾儿 hẽ^{35}
30 余姚	鳖 piəʔ^{5}	鱼鳞 ŋ^{13} liə̃^{13}	虾 ho^{44} 虾儿 hø̃^{44}
31 宁波	甲鱼 tɕiaʔ^{5} ŋ^{0}	鱼鳞 ŋ^{13} liŋ^{53}	虾 ho^{35}小
32 镇海	甲鱼 tɕieʔ^{5} ŋ^{22}	鳞 liŋ^{24}	虾 ho^{35}小
33 奉化	鳖 piɪʔ^{5}	鳞 liŋ^{33}	虾 huø^{545}小
34 宁海	鳖 pieʔ^{5}	鳞 liŋ^{213}	虾 ho^{53}小
35 象山	甲鱼 tɕieʔ^{5} ŋ^{31} 鳖 pieʔ^{5}	鱼鳞 ŋ^{31} liŋ^{13}	虾 ho^{53}小
36 普陀	鳖 piɛʔ^{5}	鳞 liŋ^{24}	虾 xo^{45}小
37 定海	鳖 pieʔ^{5}	鳞 liŋ^{23}	虾 xuo^{45}小
38 岱山	鳖 pieʔ^{5}	鳞 liŋ^{23}	虾 xuø^{325}小
39 嵊泗	甲鱼 tɕiᴇʔ^{5} ŋ^{0}	鳞 liŋ^{243}	虾 xuʏ^{445}小
40 临海	鳖 pieʔ^{5}	鳞 liŋ^{21}	虾 ho^{31}
41 椒江	鳖 pieʔ^{5}	鳞 liŋ^{31}	虾 ho^{35}小
42 黄岩	鳖 pieʔ^{5}	鳞 lin^{121}	虾 ho^{35}小
43 温岭	鳖 piʔ^{5}	鳞 lin^{31}	虾 ho^{15}小

续表

方言点	0253 甲鱼	0254 鳞鱼的	0255 虾统称
44 仙居	鳖 ɓiaʔ^{5}	鱼鳞 ŋ^{353} lin^{0}	虾 ho^{53} 小
45 天台	鳖 pieʔ^{5}	鱼鳞 ŋ^{224} liŋ^{0}	虾 ho^{51} 小 弹虾 de^{22} ho^{33}
46 三门	鳖 pieʔ^{5}	鳞 liŋ^{113}	虾 ho^{52} 小
47 玉环	鳖 piɐʔ^{5}	鳞 liŋ^{31}	虾 ho^{35} 小
48 金华	鳖 pie^{55}	屙 ie^{535}	虾儿 xuɛ̃^{334}
49 汤溪	鳖 pie^{55}	屙 ie^{535}	虾公 xuɑ^{24} kɑo^{0}
50 兰溪	鳖 pieʔ^{34}	屙 ie^{55}	虾公 xuɑ^{334} koŋ^{45}
51 浦江	鳖 pi^{423}	鳞 liən^{113}	虾儿 ɕiɑn^{534}
52 义乌	鳖 pie^{324}	鳞 lən^{213}	虾儿 hɔn^{335}
53 东阳	鳖 piɛʔ^{34}	鳞 liɐn^{213}	虾公 hua^{33} kɔm^{53}
54 永康	鳖 ɓie^{334}	鱼鳞 ȵy^{31} liŋ^{22}	虾 xua^{241} 小
55 武义	鳖 piəʔ^{5}	鱼鳞 ȵy^{32} lin^{231}	虾儿 xuɑŋ^{24}
56 磐安	鳖 piɛ^{334}	鳞 liɐn^{213}	虾公 xua^{33} kɔom^{52}
57 缙云	鳖 piɛ^{322}	屙 iɛ^{51}	虾 xu^{322} 小
58 衢州	团鱼 də̃^{21} ŋ^{231}	鱼屙 ŋ^{21} iẽ^{35}	虾儿 xɑ^{32} ȵi^{35}
59 衢江	团鱼 dɛ^{22} ŋɤ^{53}	屙 ie^{25}	虾公 xuo^{33} kəŋ^{53}
60 龙游	团鱼 dei^{224} ŋəɯ^{231}	屙 ie^{35}	虾公 xuɑ^{33} koŋ^{334}
61 江山	鳖 piᴇʔ^{5}	屙 iɛ̃^{241}	虾 xɒ^{241} 调殊
62 常山	石鱼 dʑiaʔ^{3} ŋɤ^{341}	屙 iɛ̃^{52}	糠虾儿 kʰɔ̃^{44} xɔ̃^{44}
63 开化	鳖 piaʔ^{5}	鳞 iɛ̃^{53}	糠虾 kʰɔŋ^{44} xɔ^{44}
64 丽水	鳖 piɛʔ^{5}	鳞甲 lin^{21} kuɔʔ^{5}	虾 xuo^{224}
65 青田	鳖 ɓiæʔ^{42}	鱼鳞 ŋɛ^{55} liaŋ^{53}	虾 xo^{55} 小
66 云和	鳖 piɛʔ^{5}	鳞 liŋ^{312}	虾 xo^{24}

续表

方言点	0253 甲鱼	0254 鳞鱼的	0255 虾统称
67 松阳	鳖 piɛʔ^{5}	鱼屛 ŋɯə^{33} iɛ̃^{212}	虾儿 fu^{21} n^{24}
68 宣平	鳖 piəʔ^{5}	屛 iɛ^{445}	虾公 xo^{44} kən^{324}
69 遂昌	鳖 piɛʔ^{5}	屛 iɛ̃^{533} 老 鳞 liŋ^{221} 新	虾儿 xu^{55} ȵiɛ^{213}
70 龙泉	团鱼 tɯə^{45} ŋɤɯ^{21}	鳞 lin^{21}	虾 xou^{434} 韵殊
71 景宁	团鱼 dœ^{33} ȵy^{324}	鳞 liaŋ^{41}	虾 xo^{324}
72 庆元	团鱼 tɑ̃^{52} ŋɤ^{11}	鳞 liəŋ^{52}	虾儿 xɔ̃^{55}
73 泰顺	团鱼 tœ^{21} ȵy^{213}	鳞 liŋ^{53}	虾 xɔ^{213}
74 温州	团鱼 dø^{22} ŋø^{223}	鳞 ləŋ^{31}	虾儿 ho^{22} ŋ^{12}
75 永嘉	团鱼 dø^{22} ŋ^{0}	鱼鳞 ŋ^{22} leŋ^{21}	虾儿 ho^{33} ŋ^{0}
76 乐清	团鱼 dø^{22} ȵi^{223}	鳞 leŋ^{31}	虾 ho^{44}
77 瑞安	团鱼 dø^{22} ȵʏ^{21}	鱼鳞 ȵʏ^{22} ləŋ^{21}	虾儿 ho^{33} ŋ^{0}
78 平阳	团鱼 dɵ^{21} ȵy^{35}	鳞 leŋ^{242}	虾儿 xo^{33} ŋ^{35}
79 文成	团鱼 dø^{21} ŋou^{33}	鳞 leŋ^{113}	虾 xo^{55}
80 苍南	道$^{=}$鱼 dɛ^{11} ȵyɛ^{112}	鱼鳞 ȵyɛ^{11} leŋ^{112}	□ feŋ^{223}
81 建德徽	鳖 pi^{55}	屛 ȵie^{213}	虾公 ho^{53} koŋ^{213}
82 寿昌徽	团鱼 tʰiæ^{33} ȵy^{55}	屛 i^{24}	虾公 xuə^{11} kɔŋ^{112}
83 淳安徽	鳖 piəʔ^{5}	屛 iɑ̃^{55}	虾 ho^{24}
84 遂安徽	鳖 pe^{24}	鱼鳞 y^{33} iɛ̃^{213}	虾 xɑ^{534}
85 苍南闽	鳖 pi^{43}	鳞 lan^{24}	虾 he^{24} 调殊
86 泰顺闽	团鱼 to^{21} ny^{22}	鳞 lieŋ^{22}	虾 xa^{22}
87 洞头闽	扁$^{=}$ pĩ^{53} 甲鱼 ka^{53} hɯ^{24}	鳞 lan^{113}	虾 he^{113}
88 景宁畲	鳖 piet^{5}	鱼鳞 ȵy^{51} lin^{22}	虾 xɔ^{325} 小

方言点	0256 螃蟹统称	0257 青蛙统称	0258 癞蛤蟆表皮多疙瘩
01 杭州	蟹 xa^{53}	田鸡 diε^{22} tɕi^{45}	癞司= la^{13} sɿ^{53}
02 嘉兴	蟹 hᴀ^{544}	田鸡 die^{21} tɕi^{33}	癞蛤钵= lᴀ^{21} kəʔ^{5} poʔ^{5}
03 嘉善	蟹 xa^{44}	田鸡 diɪ^{13} tɕi^{53}	癞司= la^{55} sɿ^{0}
04 平湖	蟹 ha^{44}	田鸡 diε^{24} tɕi^{53}	癞司= la^{24} sɿ^{0}
05 海盐	蟹 xɑ^{423}	田鸡 diε^{24} tɕi^{53}	癞司= lɑ^{13} sɿ^{21}
06 海宁	蟹 ha^{53}	田鸡 die^{33} tɕi^{55}	癞司= la^{33} sɿ^{53}
07 桐乡	蟹 ha^{53}	田鸡 diᴇ^{21} tɕi^{44}	癞太婆 la^{21} tʰa^{33} bu^{53}
08 崇德	蟹 hɑ^{53}	田鸡 diɪ^{21} tɕi^{44}	癞太婆 lɑ^{21} tʰɑ^{33} bu^{53}
09 湖州	毛脚蟹 mɔ^{33} tɕiaʔ^{5} xa^{53}	田鸡 die^{33} tɕi^{35}	癞蛤巴 la^{33} kaʔ^{4} puo^{44}
10 德清	蟹 xa^{52}	田鸡 die^{11} tɕi^{35}	癞司= la^{11} sɿ^{35}
11 武康	蟹儿 xa^{53} n^{0}	田鸡 diɪ^{11} tɕi^{35}	癞司= la^{33} sɿ^{35}
12 安吉	蟹 ha^{52}	田鸡 di^{22} tɕi^{22}	癞司=蛤巴 la^{22} sɿ^{22} kɐʔ^{2} pʊ^{213}
13 孝丰	蟹 ha^{52}	蛤蟆 gʊ^{22} mʊ^{22} 田鸡 diɪ^{22} tɕi^{22}	癞司=蛤蟆 la^{32} sɿ^{22} gʊ^{22} mʊ^{24}
14 长兴	蟹 ha^{52}	田鸡 di^{12} tʃɿ^{33}	癞蛤巴 la^{32} gaʔ^{2} pu^{24}
15 余杭	蟹儿 xa^{35} n^{0}	青花=田鸡 tsʰiŋ^{55} xuo^{55} diẽ^{33} tɕ^{55}	癞司= la^{33} sɿ^{35}
16 临安	蟹 ha^{55}	田鸡 die^{31} tɕi^{35}	癞司=蛤巴 la^{33} sɿ^{55} kəʔ^{5} po^{55}
17 昌化	蟹 xa^{453}	蛤蟆 guəʔ^{2} mɯ^{112}	癞介=蛤蟆 la^{21} ka^{44} guəʔ^{5} mɯ^{44}
18 於潜	毛蟹 mɔ^{22} xa^{35}	蛤蟆 gɑʔ^{2} ma^{24}	癞子蛤蟆= lɑʔ^{2} tsʰɿ^{454} gɑʔ^{2} ma^{31}
19 萧山	蟹 xa^{33}	田鸡 die^{21} tɕi^{33}	癞刺蛤宝= la^{21} tsʰɿ^{33} kieʔ^{5} pɔ^{33}
20 富阳	蟹 ha^{423}	田鸡 diε^{13} tɕi^{55}	癞司=蛤宝= la^{55} sɿ^{55} kiεʔ^{5} pɔ^{31}
21 新登	蟹 ha^{334}	蛤蟆田鸡 ɑ^{233} ma^{334} diε̃^{233} tɕi^{334}	癞司=蛤宝= la^{21} sɿ^{45} kəʔ^{5} pɔ^{45}
22 桐庐	毛蟹 mɔ^{21} xᴀ^{35}	青蛙 tɕʰiŋ^{55} uᴀ^{33}	癞刺蛤宝= laʔ^{13} tsʰɿ^{35} kəʔ^{5} pɔ^{55}

续表

方言点	0256 螃蟹统称	0257 青蛙统称	0258 癞蛤蟆表皮多疙瘩
23 分水	毛蟹 mɔ^{21} xɛ^{24}	蛤蟆 kaʔ^{5} ma^{0}	癞子蛤包 lɛ^{21} tsɿ^{0} kaʔ^{5} pɔ^{44}
24 绍兴	蟹 ha^{334}	青蛙 tɕʰiŋ^{33} uo^{53} 田鸡 diẽ^{22} tɕi^{53}	癞子蛤巴 la^{22} tsɿ^{44} keʔ^{3} po^{31}
25 上虞	蟹 ha^{35}	田鸡 diẽ^{21} tɕi^{35}	癞细=蛤巴 la^{21} ɕi^{33} kəʔ^{5} po^{53}
26 嵊州	蟹 ha^{53}	青蛙田鸡 tɕʰiŋ^{53} uo^{33} diẽ^{22} tɕi^{334}	射尿蛤巴 dza^{22} ɕi^{33} kɛʔ^{3} po^{53}
27 新昌	蟹 ha^{453}	田鸡 diɛ̃^{13} tɕi^{534}	癞水蛤巴 la^{22} sɿ^{33} kɛʔ^{3} po^{45}
28 诸暨	毛蟹 mɔ^{21} hᴀ^{42}	田鸡 die^{21} tʃʅ^{42}	癞□蛤宝= lᴀ^{21} ʃʅ^{42} kieʔ^{5} pɔ^{42}
29 慈溪	蟹 ha^{35}	田鸡 diẽ^{11} tɕi^{35}	癞司=蛤巴 la^{13} sɿ^{0} kəʔ^{5} po^{44} 癞蛤蟆 la^{13} ha^{0} mo^{53}
30 余姚	蟹 ha^{44}	田鸡 diẽ^{13} tɕi^{44}	癞司=蛤巴 la^{13} sɿ^{44} kəʔ^{5} po^{44} 蛤巴 kəʔ^{5} po^{0}
31 宁波	蟹 ha^{35}	癞司= la^{22} sɿ^{35}	蛤巴癞司= kaʔ^{5} po^{44} la^{22} sɿ^{35}
32 镇海	蟹 ha^{35}	青蛙 tɕʰiŋ^{33} uo^{53} 青蛙癞司= tɕʰiŋ^{33} uo^{53} la^{22} sɿ^{44}	癞司=蛤巴 la^{22} sɿ^{44} keʔ^{5} po^{44}
33 奉化	蟹 ha^{545}	田鸡 di^{33} tɕi^{53}	蛤巴 kaʔ^{5} po^{0}
34 宁海	毛蟹 mau^{21} ha^{53} 螃蟹 bɔ̃^{21} ha^{53}	蛙蟆 o^{33} mo^{31}	蛤巴 keʔ^{3} po^{34}
35 象山	蟹 ha^{44}	田鸡 di^{31} tɕi^{35}	癞子=蛤巴 la^{31} tsɿ^{0} kaʔ^{5} po^{44}
36 普陀	蟹 xa^{45}	青蛙 tɕʰiŋ^{33} uo^{53}	癞皮蛤巴 la^{11} bi^{55} kɐʔ^{5} po^{55}
37 定海	蟹 xa^{45} 小	癞司= la^{11} sɿ^{44}	蛤巴 kɐʔ^{5} po^{0}
38 岱山	蟹 xa^{325} 小	田鸡 di^{33} tɕi^{52}	癞司=蛤巴 la^{11} sɿ^{44} kɐʔ^{5} po^{0}
39 嵊泗	蟹 xa^{445} 小	田鸡 di^{11} tɕi^{45}	蛤巴 kɐʔ^{5} po^{0}
40 临海	蟹 ha^{353} 小	蛙蟆 o^{33} mo^{51}	癞刺蛙蟆 la^{33} tsʰɿ^{33} o^{33} mo^{51}

续表

方言点	0256 螃蟹统称	0257 青蛙统称	0258 癞蛤蟆表皮多疙瘩
41 椒江	蟹 ha^{51}小	蛙蟆 o^{33} mo^{41}	癞刺蛙蟆 la^{22} tsʰɿ^{33} o^{33} mo^{41}
42 黄岩	蟹 ha^{53}小	蛙蟆 o^{35} mo^{41}	癞刺蛙蟆 la^{13} tsʰɿ^{33} o^{35} mo^{41}
43 温岭	蟹 ha^{51}小	蛙蟆 o^{35} mo^{41}	癞刺蛙蟆 la^{13} tsʰɿ^{33} o^{33} mo^{24}
44 仙居	蟹 ha^{53}小	蛙蟆 o^{53} mo^{0}	气蛤胖 tɕʰi^{33} ciaʔ^{3} pʰɑ̃^{55}
45 天台	毛蟹 mau^{22} ha^{51}	蛙蟆 o^{33} mo^{0}	癞蛙蟆 le^{21} o^{33} mo^{0}
46 三门	螃蟹 bɔ^{11} ha^{325}	田鸡 die^{11} tɕi^{334}	癞蛙蟆 lɛ^{23} o^{33} mo^{31}
47 玉环	蟹 ha^{53}小	蛙蟆 o^{33} mo^{41}	癞刺蛙蟆 la^{22} tsʰɿ^{33} o^{33} mo^{41}
48 金华	蟹 xɑ^{535}	田鸡 dia^{31} tɕie^{55}	蛤宝= kəʔ^{4} pɑo^{535}
49 汤溪	蟹 xɑ^{535}	田鸡 die^{11} tɕie^{52}	蛤□ kɯ^{52} pɤ^{535}
50 兰溪	蟹 xɑ^{55}	田鸡 dia^{21} tɕie^{45}	蛤宝= kəʔ^{34} pɔ^{55}
51 浦江	蟹儿 xɑn^{55}	田鸡 diɑ̃^{24} tʃi^{534}	蛤宝=儿 kə^{55} põ^{55}
52 义乌	蟹 ha^{423}	田鸡 dia^{22} tɕi^{45}	蛤蟆 kəʔ^{5} mo^{324}
53 东阳	蟹儿 han^{453}	田鸡 di^{22} tɕi^{53}	麻疯鸡 mo^{22} fɔm^{33} tɕiəɯ^{53}
54 永康	蟹 ɕia^{334}	田鸡 ɗia^{33} tɕie^{55}	蛤宝= kɤ^{33} ɓɑu^{334}
55 武义	蟹 ɕia^{445}	田鸡 die^{32} tɕie^{53}	蛤宝= kəʔ^{5} pɑu^{445}
56 磐安	蟹儿 xan^{52}	田鸡 die^{21} tɕi^{52}	麻风田鸡 mə^{22} fɔom^{33} tie^{33} tɕi^{52}
57 缙云	蟹 xɑ^{51}	田鸡乌=蟆 dia^{44} tɕi^{44} vu^{44} mɔ^{453}	气=蛤 tɕʰi^{44} kɛ^{45}
58 衢州	爬蟹 bɑ^{21} xɛ^{35}	蛤蟆 gɑ^{21} mɑ^{231}	癞蛤巴 lɛ^{231} kəʔ^{3} pɑ^{53}
59 衢江	螃蟹 bɑ̃^{22} xa^{25}	青田鸡 tɕʰiŋ^{33} tie^{33} tsɿ^{33}	癞客=报= la^{22} kʰaʔ^{3} pɔ^{53}
60 龙游	螃蟹 bɑ̃^{22} xɑ^{35}	田鸡 die^{22} tɕi^{334}	烂=克=补= lɑ̃^{22} kʰəʔ^{4} pu^{35}
61 江山	八脚蟹 paʔ^{5} kiaʔ^{5} xɒ^{241}	蛤蟆 gəʔ^{2} mo^{213}	癞棘爬= la^{22} kiᴇʔ^{5} bo^{213}
62 常山	蟹 xɑ^{52}	蛤蟆 gɑ^{24} mɑ^{0}	癞皮蛤蟆 lɛ^{22} bi^{22} gɑ^{24} mɑ^{0}
63 开化	蟹 xɑ^{53}	蛤蟆 gɑ^{21} mɑ^{53}	气鼓 kʰuei^{44} kuo^{53}
64 丽水	蟹 xuɔ^{544}	田鸡 diɛ^{22} tsɿ^{224}	癞蛙蟆 lã^{22} uo^{22} muo^{52}

续表

方言点	0256 螃蟹统称	0257 青蛙统称	0258 癞蛤蟆表皮多疙瘩
65 青田	江蟹 ko^{33} xɑ^{454}	青蛙 tɕʰiŋ^{22} u^{445}	气蛤 tsʰɿ^{33} kaʔ^{42}
66 云和	蟹 xɔ^{41}	青蝈 tɕʰiŋ^{44} kuaʔ^{5}	癞蛙蟆 lã^{223} o^{44} mo^{312}
67 松阳	蟹 xa^{212}	蛙蟆 uə^{33} muə^{31}	气蛤 tsʰɿ^{33} kɛʔ^{5}
68 宣平	蟹 xa^{445}	田鸡 diɛ^{43} tsɿ^{324}	气蛤 tsʰɿ^{44} kəʔ^{5}
69 遂昌	蟹 xa^{533}	蛤蟆 dʑiɒ^{22} mɒ^{213}	黄蛤 ɔŋ^{21} kaʔ^{5}
70 龙泉	蟹 xa^{51}	青杆= tɕʰin^{44} kuo^{434}	涴蛤 u^{21} kɯəʔ^{5}
71 景宁	江蟹 kɔŋ^{55} xa^{33}	田鸡 diɛ^{33} tɕi^{324}	气蛤 tɕʰi^{55} kœʔ^{5}
72 庆元	蟹 xɑ^{33}	田狗 tiɑ̃^{52} kɐɯ^{33}	傀=蟆 kʰuɤ^{33} mo^{52} 涴蛤 u^{11} kɤʔ^{5}
73 泰顺	江蟹 kɔ̃^{22} xa^{55}	蛙蟆蛄 ɔ^{22} muɔ^{22} kø^{55}	山呆 sã^{22} ŋɛ^{53}
74 温州	蟹 ha^{25}	蛙蟆 o^{33} mo^{223}	癞蛙蟆 la^{23} o^{33} mo^{223}
75 永嘉	港蟹 kɔ^{53} ha^{45}	蛙蟆 o^{33} mo^{21}	糙皮蛄 tsʰə^{45} bei^{31} ku^{45}
76 乐清	蟹 he^{35}	蛙蟆 o^{44} mɯʌ^{44}	癞蛙蟆 lᴇ^{23} o^{44} mɯʌ^{44}
77 瑞安	蟹 ha^{35}	田鸡 di^{22} tɕi^{44}	蛙蟆蛄 o^{33} mo^{31} kɯ^{35}
78 平阳	江蟹 ko^{33} xᴀ^{35}	蛙蟆 au^{33} mo^{35}	癞□蟆 lɔ^{35} au^{33} mo^{35}
79 文成	蟹 xɔ^{45}	蛙蟆 o^{33} mo^{33}	癞蛙蟆 lɔ^{33} o^{33} mo^{33}
80 苍南	江蟹 ko^{42} hia^{53}	蛙蟆 a^{33} mo^{21}	（无）
81 建德徽	蟹 hɑ^{213}	田鸡 tie^{33} tɕi^{53}	癞蛤宝= lɑ^{55} kɐʔ^{5} pɔ^{213}
82 寿昌徽	螃蟹 pʰɑ̃^{11} xɑ^{24}	蛤蟆 kʰuə^{11} mɤ^{33}	烂蛤宝= luə^{33} kiɛ^{55} pəɯ^{24}
83 淳安徽	蟹 hɑ^{55}	衔=蟆 kʰɑ̃^{43} mo^{24}	癞蛤扑= lɑ^{53} kɑʔ^{5} pʰoʔ^{5}
84 遂安徽	蟹蟹 xã^{21} xã^{24}	青蛤蟆 tɕʰin^{55} kʰɑ^{21} mɑ^{24}	癞子蛤蟆 lɑ^{55} tsɿ^{0} kʰɑ^{21} mɑ^{21}
85 苍南闽	蟹 hue^{21}	青腰牯 tɕʰĩ^{22} io^{33} kɔ^{43}	浆子 tɕĩũ^{33} tsɯ^{24} 浆牯 tɕĩũ^{43} kɔ^{43}
86 泰顺闽	蟹 xei^{31}	蛤蟆 xøʔ^{3} ma^{22}	山蛤蟆 sæŋ^{22} xøʔ^{3} ma^{22}
87 洞头闽	蠘 tɕʰi^{241} 螟蟹 mɯŋ^{21} hue^{21}	塍猴=仔 tsʰan^{212} kau^{212} a^{53}	臭潽塍猴=仔 tsʰau^{55} pʰu^{33} tsʰan^{212} kau^{212} a^{53}
88 景宁畲	老蟹 lau^{55} xai^{325}	田蚜 tʰan^{22} kiai^{325}	气蛤 tɕʰi^{55} kɔʔ^{5}

方言点	0259 马	0260 驴	0261 骡
01 杭州	马 ma^{53}	驴 ly^{213}	骡 ləu^{213}
02 嘉兴	马 mo^{113}	驴 li^{242}	骡 lou^{242}
03 嘉善	马 mo^{113}	驴 ly^{132}	骡 lu^{132}
04 平湖	马 mo^{213}	驴子 ly^{24}tsɿ^{53}	（无）
05 海盐	马 mo^{423}	毛驴 mɔ^{24}ly^{53}	（无）
06 海宁	马 mo^{231}	驴子 li^{33}tsɿ^{55}	骡子 ləu^{33}tsɿ^{55}
07 桐乡	马 mo^{242}	（无）	（无）
08 崇德	马 mo^{53}	驴子 li^{21}tsɿ^{44}	（无）
09 湖州	马 muo^{523}	驴 li^{112}	骡子 ləu^{33}tsɿ^{35}
10 德清	马 muo^{52}	驴 li^{113}	（无）
11 武康	马 mo^{242}	驴爿头 li^{11}bɛ^{33}dø^{35}	骡子 lu^{11}tsɿ^{35}
12 安吉	马 mʊ^{52}	驴狗 li^{22}kəɪ^{52}	（无）
13 孝丰	马 mʊ^{52}	驴狗子 li^{22}kəɪ^{22}tsɿ^{22}	（无）
14 长兴	马 mu^{52}	驴爿头 lʅ^{12}bᴇ^{22}dei^{33}	（无）
15 余杭	马 muo^{53}	马驴儿 muo^{55}li^{55}n^{33}	（无）
16 临安	马 mo^{33}	驴狗子 li^{31}kə^{55}tsɿ^{55}	（无）
17 昌化	马 mu^{453}	驴狗子 li^{11}ki^{45}tsɿ^{453}	（无）
18 於潜	马 ma^{51}	毛驴 mɔ^{22}lu^{24}	骡子 lu^{22}tsɿ^{454}有名无物
19 萧山	马 mo^{13}	驴 lu^{355}	骡 lo^{355}
20 富阳	马 mo^{224}	驴 li^{13}	驴合⁼子 li^{13}kɛʔ^{5}tsɿ^{335}
21 新登	马 ma^{334}	驴狗子 li^{233}kəu^{334}tsɿ^{0}	（无）
22 桐庐	马 mo^{33}	驴 ly^{13}	骡 lu^{13}有名无物
23 分水	马 ma^{53}	（无）	（无）
24 绍兴	马 mo^{223}	驴 ly^{231}	（无）

续表

方言点	0259 马	0260 驴	0261 骡
25 上虞	马 mo^{213}	驴 lu^{213}	骡 lʊ^{213}
26 嵊州	马 mo^{22}	驴狗头 lu^{22} kʏ^{33} dʏ^{231}	（无）
27 新昌	马 mo^{232}	（无）	骡子 lɤ^{22} tsɿ^{335}
28 诸暨	马 mɔ^{242}	驴 lu^{13}有名无物	骡子 lɤu^{21} tsɿ^{33}
29 慈溪	马 mo^{13}	驴 li^{13}有名无物	（无）
30 余姚	马 mo^{13}	（无）	（无）
31 宁波	马 mo^{13}	驴 lu^{13}有名无物	骡 ləu^{13}有名无物
32 镇海	马 mo^{24}	驴 lu^{24}有名无物	骡 ləu^{24}有名无物
33 奉化	马 mo^{324}	驴狗头 li^{33} kæi^{44} dæi^{24}	（无）
34 宁海	马 mo^{31}	驴狗头 lu^{21} kiu^{3} diu^{31}	骡 ləu^{31}
35 象山	马 mo^{31}	驴 lu^{31} 驴狗头 lu^{31} kɤɯ^{44} dɤɯ^{13}	骡 ləu^{31}
36 普陀	马 mo^{23}	驴 ly^{24}	骡 ləu^{24}
37 定海	马 mo^{23}	驴子 lu^{33} tsɿ^{45}	（无）
38 岱山	马 mo^{244}	（无）	（无）
39 嵊泗	马 mo^{445}	驴 lu^{243}	（无）
40 临海	马 mo^{52}	（无）	骡 lu^{21}
41 椒江	马 mo^{42}	驴 ly^{31}	骡 ləu^{31}
42 黄岩	马 mo^{42}	驴 ly^{121}	骡 lou^{121}
43 温岭	马 mo^{42}	驴 ly^{31}	骡 lu^{31}
44 仙居	马 mo^{324}	驴狗子 ly^{33} kəɯ^{31} tsɿ^{53}	（无）
45 天台	马 mo^{214}	（无）	（无）
46 三门	马 mo^{325}	驴 ly^{252}	（无）
47 玉环	马 mo^{53}	驴 ly^{24}小	骡 ləu^{24}小

续表

方言点	0259 马	0260 驴	0261 骡
48 金华	马 mɤa^{535}	驴 lu^{313}	（无）
49 汤溪	马 mɤa^{113}	驴□儿 li^{33} mã^{55}	（无）
50 兰溪	马 mia^{55}	（无）	（无）
51 浦江	马 mia^{243}	毛驴狗儿 mo^{11} li^{33} kɤn^{55}	（无）
52 义乌	马 mɯa^{312}	驴儿 lun^{213}	（无）
53 东阳	马 mo^{231}	驴儿 lʊn^{213}	（无）
54 永康	马 muɑ^{113}	街狗驴 tɕia^{33} ɡəu^{31} ly^{241}小	（无）
55 武义	马 muɑ^{13}	驴 ly^{324}	（无）
56 磐安	马 mə^{334}	驴儿 lun^{213}	（无）
57 缙云	马 mu^{21}	驴 ly^{243}	（无）
58 衢州	马 mɑ^{53}	驴狗子 li^{21} kɯ^{35} tsɿ^{21}	（无）
59 衢江	马 muo^{212}	驴 lɤ^{212}	（无）
60 龙游	马 m^{224}	驴 ly^{21}	（无）
61 江山	马 mo^{22}	驴 liə^{213}	（无）
62 常山	马 mie^{24}	驴 ly^{341}	骡 lɔ^{341}
63 开化	马 miɛ^{213}	（无）	（无）
64 丽水	马 muo^{544}	驴 ly^{22}	（无）
65 青田	马 mu^{454}	驴 lɛ^{55}小	驴 lɛ^{55}小
66 云和	马 mo^{41}	骡 lu^{312}	骡 lu^{312}
67 松阳	马 muə^{22}	驴儿 lyɛ^{21} n^{24}	骡儿 luə^{21} n^{24}
68 宣平	马 mo^{223}	驴 ly^{433}	（无）
69 遂昌	马 mɒ^{13}	驴 lyɛ^{221}	骡 lu^{221}
70 龙泉	马 mo^{51}	驴 lɤɯ^{21}	（无）

续表

方言点	0259 马	0260 驴	0261 骡
71 景宁	马 mo^{33}	驴 ly^{41}	驴 ly^{41}
72 庆元	马 mo^{221}	驴 li^{52}	骡 lo^{52}
73 泰顺	马 $muɔ^{55}$	驴 $lø^{53}$	骡 lo^{53}
74 温州	马 mo^{14}	驴儿 $lø^{22}ŋ^{12}$	（无）
75 永嘉	马 mo^{13}	驴儿 $ləɯ^{31}ŋ^{0}$	骡 lo^{31}
76 乐清	马 $mɯʌ^{24}$	驴 ly^{212}小	骡 lo^{31}
77 瑞安	马 mo^{13}	驴儿 $ləɯ^{22}ŋ^{0}$	（无）
78 平阳	马 mo^{45}	驴儿 $lyŋ^{13}$	马驴儿 $mo^{45}lyŋ^{13}$
79 文成	马 mo^{224}	驴 $ləy^{113}$	骡 lou^{113}
80 苍南	马 mo^{53}	驴 ly^{31}	驴狗 $ly^{31}kau^{53}$
81 建德徽	马 mo^{213}	驴狗子 $li^{33}kɤɯ^{55}tsɿ^{213}$	（无）
82 寿昌徽	马 $mɤ^{534}$	驴 lu^{24}	驴 lu^{24}
83 淳安徽	马 mo^{55}	驴狗子 $li^{43}kɯ^{55}tsɿ^{21}$	（无）
84 遂安徽	马 $mɑ^{43}$	（无）	（无）
85 苍南闽	马 be^{43}	驴狗 $li^{21}kau^{43}$	（无）
86 泰顺闽	马 ma^{344}	驴 ly^{22}	骡 $lɔi^{22}$
87 洞头闽	马 be^{53}	驴 $lɯ^{113}$	骡 lo^{113}
88 景宁畲	马 $mɔ^{44}$	（无）	（无）

方言点	0262 牛	0263 公牛统称	0264 母牛统称
01 杭州	牛 ȵy^{213}	雄牛 ioŋ^{22} ȵy^{45}	母牛 mu^{55} ȵy^{0}
02 嘉兴	牛 ȵiu^{242}	公牛 koŋ^{33} ȵiu^{42}	母牛 mou^{21} ȵiu^{42}
03 嘉善	牛 ȵiə^{132}	雄牛 ioŋ^{13} ȵiə^{31}	雌牛 tsʰɿ^{35} ȵiə^{53}
04 平湖	牛 ȵiəɯ^{31}	雄牛 ioŋ^{24} ȵiəɯ^{53}	雌牛 tsʰɿ^{55} ȵiəɯ^{31}
05 海盐	牛 ȵio^{31}	雄牛 ioŋ^{24} ȵio^{53}	雌牛 tsʰɿ^{55} ȵio^{21}
06 海宁	牛 ȵiəɯ^{13}	公牛 koŋ^{55} ȵiəɯ^{13}	母牛 məu^{33} ȵiəɯ^{13}
07 桐乡	牛 ȵiɤɯ^{13}	雄牛 ioŋ^{21} ȵiɤɯ^{44}	雌牛 tsʰɿ^{44} ȵiɤɯ^{44}
08 崇德	牛 ȵiɤɯ^{13}	雄牛 ioŋ^{21} ȵiɤɯ^{44}	雌牛 tsʰɿ^{44} ȵiɤɯ^{44}
09 湖州	牛 ȵiʉ^{112}	公牛 koŋ^{44} ȵiʉ^{44}	母牛 m^{53} ȵiʉ^{13}
10 德清	牛 ŋøʉ^{113}	公牛 koŋ^{44} ȵiʉ^{44}	母牛 məu^{35} ȵiʉ^{0}
11 武康	牛 ȵiø^{113}	雄牛 ioŋ^{11} ȵiø^{13}	母牛 m^{35} ȵiø^{53}
12 安吉	牛 ȵiu^{22}	雄牛 ioŋ^{22} ȵiu^{22}	母牛 m^{52} ȵiu^{21}
13 孝丰	牛 ȵiu^{22}	公牛 koŋ^{44} ȵiu^{44}	母牛 m^{45} ȵiu^{21}
14 长兴	牛 ȵi^{12}	公牛 koŋ^{44} ȵi^{44}	母牛 m^{45} ȵi^{21}
15 余杭	牛 ȵiʏ^{22}	雄牛 ioŋ^{31} ȵiʏ^{13}	牸牛 tsɿ^{55} ȵiʏ^{33}
16 临安	牛 ȵyœ^{33}	雄牛 ioŋ^{31} ȵyœ^{33}	雌牛 tsʰɿ^{53} ȵyœ^{33}
17 昌化	牛 ȵi^{112}	牯牛 ku^{45} ȵi^{53}	母牛 m^{45} ȵi^{53}
18 於潜	牛 ȵiəu^{223}	牯牛 ku^{53} ȵiəu^{31}	雌牛 tsʰɿ^{35} ȵiəu^{53}
19 萧山	牛 ȵio^{355}	雄牛 yoŋ^{13} ȵio^{33}	雌牛 tsʰɿ^{33} ȵio^{33}
20 富阳	牛 ȵiʊ^{13}	雄牛 yoŋ^{13} ȵiʊ^{55}	雌牛 tsʰɿ^{55} ȵiʊ^{55}
21 新登	牛 ȵy^{233}	牯牛 ku^{53} ny^{233}	牛婆 ny^{233} bu^{233}
22 桐庐	牛 niəu^{13}	公牛 koŋ^{35} niəu^{33}	母牛 m^{33} niəu^{33}
23 分水	牛 ȵiɵ^{22}	雄牛 ioŋ^{21} ȵiɵ^{24} 种牛 tsoŋ^{44} ȵiɵ^{21}	雌牛 tsʰɿ^{44} ȵiɵ^{21} 牛婆 ȵiɵ^{21} bo^{24}

续表

方言点	0262 牛	0263 公牛统称	0264 母牛统称
24 绍兴	牛 ȵiɤ^{231}	雄牛 ioŋ^{22} ȵiɤ^{231}	雌牛 tsʰɿ^{33} ȵiɤ^{231}
25 上虞	牛 ȵiɤ^{213}	骚牯雄 sɔ^{33} ku^{33} yoŋ^{31}	牸黄=婆 zɿ^{21} uɔ̃^{33} bu^{31}
26 嵊州	牛 ȵiʏ^{213}	雄牛 ioŋ^{22} ȵiʏ^{231}	雌牛 tsʰɿ^{53} ȵiʏ^{231}
27 新昌	牛 ȵiɯ^{22}	雄牛 yoŋ^{13} ȵiɯ^{33}	雌牛 tsʰɿ^{45} ȵiɯ^{33}
28 诸暨	牛 niʉ^{13}	雄牛 iom^{21} niʉ^{242}	雌牛 tsʰɿ^{21} niʉ^{242}
29 慈溪	牛 ȵiø^{13}	雄牛 iuŋ^{11} ȵiø^{13}	雌牛 tsʰɿ^{11} ȵiø^{13}
30 余姚	牛 ȵiø^{13}	雄牛 iuŋ^{13} ȵiø^{13}	雌牛 tsʰɿ^{44} ȵiø^{13}
31 宁波	牛 ŋœʏ^{13}	雄牛 yoŋ^{13} ŋœʏ^{53}	雌牛 tsʰɿ^{44} ŋœʏ^{53}
32 镇海	牛 ŋei^{24}	公牛 koŋ^{33} ŋei^{31} 雄牛 yoŋ^{22} ŋei^{31}	雌牛 tsʰɿ^{33} ŋei^{31}
33 奉化	牛 ŋæi^{33}	骚牯 sʌ^{44} ku^{545}	牛娘 ŋæi^{33} ȵiã^{324}
34 宁海	牛 ȵiu^{213}	骚牯 sau^{34} ku^{53}	牛娘 ȵiu^{21} ȵiã^{31}
35 象山	牛 ŋɤɯ^{31}	公牛 koŋ^{44} ŋɤɯ^{13}	牛娘 ŋɤɯ^{31} ȵiã^{13}
36 普陀	牛 ŋeu^{24}	雄牛 ioŋ^{33} ŋeu^{53} 公牛 koŋ^{33} ŋeu^{53}	雌牛 tsʰɿ^{55} ŋeu^{0}
37 定海	牛 ŋɐi^{23}	雄牛 yoŋ^{33} ŋɐi^{52}	雌牛 tsʰɿ^{33} ŋɐi^{52}
38 岱山	牛 ŋœʏ^{23}	雄牛 yoŋ^{33} ŋœʏ^{52}	雌牛 tsʰɿ^{33} ŋœʏ^{44}
39 嵊泗	牛 ŋœʏ^{243}	雄牛 yoŋ^{33} ŋœʏ^{45}	雌牛 tsʰɿ^{33} ŋœʏ^{45}
40 临海	牛 ŋə^{21}	雄牛 yu^{24} ŋə^{51}	草牛 tsʰɔ^{42} ŋə^{21} 牛娘 ŋə^{21} ȵiã^{51}
41 椒江	牛 ȵio^{31}	雄牛 yoŋ^{22} ȵio^{41}	草牛 tsʰɔ^{53} ȵio^{31}
42 黄岩	牛 ȵio^{121}	雄牛 yoŋ^{13} ȵio^{41}	草牛 tsʰɔ^{55} ȵio^{41}
43 温岭	牛 ȵiɤ^{31}	雄牛 yuŋ^{24} ȵiɤ^{41}	草牛 tsʰɔ^{42} ȵiɤ^{24}小
44 仙居	牛 ŋəɯ^{213}	雄牛 ioŋ^{353} ŋəɯ^{0}	雌牛 tsʰɿ^{53} ŋəɯ^{0}
45 天台	牛 ŋeu^{224}	骚牛 sau^{33} ŋeu^{51}	牛娘 ŋeu^{224} ȵia^{0}

续表

方言点	0262 牛	0263 公牛统称	0264 母牛统称
46 三门	牛 ŋɤɯ^{113}	骚牯头 sau^{33} ku^{33} dɤɯ^{252}	牛娘 ŋɤɯ^{13} ȵiɑ̃^{31}
47 玉环	牛 ȵiɤ^{31}	黄牯牛 ɔ̃^{22} ku^{33} ȵiɤ^{24} 小	牛娘 ȵiɤ^{22} ȵia^{41}
48 金华	牛 ȵiu^{313}	雄牛 ioŋ^{31} ȵiu^{14}	雌牛 tsʰɿ^{33} ȵiu^{55}
49 汤溪	牛 ȵiəɯ^{11}	黄牯头 ɑo^{33} ku^{52} dəɯ^{113}	牸牛嫲儿 zɿ^{11} ȵiəɯ^{33} mã^{55}
50 兰溪	牛 ȵiəɯ^{21}	雄个牛 ioŋ^{21} kəʔ^{0} ȵiəɯ^{21}	雌个牛 tsʰɿ^{334} kəʔ^{0} ȵiəɯ^{21}
51 浦江	牛 ȵiɤ^{113}	雄牛 yon^{24} ȵiɤ^{334}	雌牛 tsɿ^{55} ȵiɤ^{243} "雌"声殊
52 义乌	牛 ȵiɐɯ^{213}	雄牛 ioŋ^{22} ȵiɐɯ^{45}	雌牛 tsʰɿ^{33} ȵiɐɯ^{45}
53 东阳	牛 ȵiəɯ^{213}	雄牛 iɔm^{22} ȵiəɯ^{53}	雌牛 tsʰɿ^{22} ȵiəɯ^{35}
54 永康	牛 ȵiəu^{22}	黄牯 uɑŋ^{33} ku^{55} 水牯 ʑy^{31} ku^{55}	牛娘 ȵiəu^{31} ȵiɑŋ^{22}
55 武义	牛 ȵiəu^{324}	水牯 ɕy^{53} ku^{445} 黄牯 uɑŋ^{531} ku^{445}	牛娘 ȵiəu^{32} ȵiɑŋ^{231}
56 磐安	牛 ȵiɐɯ^{213}	黄牯 ɒ^{22} ku^{334} 水牯 ɕy^{55} ku^{334}	牛娘 ȵiɐɯ^{21} ȵiɒ^{52}
57 缙云	牛 ȵiuŋ^{243}	黄牯 ɔ^{44} ku^{453}	牛娘 ȵiuŋ^{21} ȵia^{453}
58 衢州	牛 ȵiu^{21}	牛牯 ȵiu^{21} ku^{35}	牛娘 ȵiu^{21} ȵiã^{231}
59 衢江	牛 ŋy^{212}	牛牯 ŋy^{33} kuɤ^{25}	牛娘 ŋy^{22} ȵiã^{53}
60 龙游	牛 ȵiəɯ^{21}	牛牯 ȵiəɯ^{33} ku^{35}	牛娘 ȵiəɯ^{224} ȵiã^{231}
61 江山	牛 ŋɯ^{213}	牛牯 ŋɯ^{22} kuə^{241}	牛娘 ŋɯ^{22} ȵiaŋ^{213}
62 常山	牛 ȵiu^{341}	牛牯 ȵiu^{22} kuə^{52}	牛娘 ȵiu^{24} ȵiã^{341}
63 开化	牛 ȵiʊ^{231}	牛牯 ȵiʊ^{21} kuo^{53}	牛娘 ȵiʊ^{231} ȵiã^{231}
64 丽水	牛 ȵiəɯ^{22}	黄牯 ɔŋ^{22} ku^{544}	牛嫲 ȵiəɯ^{21} muo^{52}
65 青田	牛 ŋæi^{21}	牛牯 ŋæi^{22} kø^{454}	牛嫲 ŋæi^{22} mu^{33}
66 云和	牛 ȵiəɯ^{312}	牛牯 ȵiəɯ^{223} ku^{41}	牛嫲 ȵiəɯ^{223} mo^{312}
67 松阳	牛 ŋei^{31}	牛牯 ŋei^{33} kuə^{212}	牛娘 ŋei^{33} ȵiaŋ^{31}

续表

方言点	0262 牛	0263 公牛统称	0264 母牛统称
68 宣平	牛 ȵiɯ^{433}	水牯 ɕy^{44} ku^{445} 黄牯 ɔ̃^{44} ku^{445}	牛娘 ȵiɯ^{22} ȵiɑ̃^{433}
69 遂昌	牛 ȵiɯ^{221}	牛牯 ȵiɯ^{13} kuə^{533}	牛娘 ȵiɯ^{22} ȵiaŋ^{213}
70 龙泉	牛 ȵiəu^{21}	牛牯 ȵiəu^{45} kuɤɯ^{51}	牛嫲 ȵiəu^{45} mou^{21}
71 景宁	牛 ȵiəɯ^{41}	牛牯 ȵiəɯ^{55} ku^{33}	牛嫲 ȵiəɯ^{33} mo^{41}
72 庆元	牛 ŋɐɯ^{52}	牛牯 ŋɐɯ^{52} kuɤ^{33}	牛嫲 ŋɐɯ^{52} mo^{52}
73 泰顺	牛 ȵiəu^{53}	牛牯 ȵiəu^{21} kø^{55}	牛嫲 ȵiəu^{21} muɔ^{53}
74 温州	牛 ŋau^{31}	牛牯 ŋau^{31} ku^{25}	草牛 tsʰɜ^{42} ŋau^{21}
75 永嘉	牛 ŋau^{31}	牛牯 ŋau^{31} ku^{45}	牛娘 ŋau^{22} ȵiɛ^{21}
76 乐清	牛 ŋau^{31}	黄牯牛 ɔ^{22} ku^{3} ŋau^{31}	草牛 tɕʰiɤ^{44} ŋau^{31}
77 瑞安	牛 ŋau^{31}	牛牯 ŋau^{31} kɯ^{35}	牛娘 ŋau^{22} ȵiɛ^{21}
78 平阳	牛 ŋau^{242}	牛牯 ŋau^{33} ku^{45}	草牛 tʃʰɛ^{33} ŋau^{42}
79 文成	牛 ŋau^{113}	雄牛 ioŋ^{21} ŋau^{33}	草牛 tʃʰɛ^{33} ŋau^{13}
80 苍南	牛 ŋau^{31}	牛牯 ŋau^{31} ku^{53}	牛娘 ŋau^{11} ȵiɛ^{24}
81 建德徽	牛 ȵiɤɯ^{33}	雄牛 ioŋ^{33} ȵiɤɯ^{33}	母牛 m^{55} ȵiəɯ^{33} 雌牛 tɕʰi^{53} ȵiɤɯ^{33}
82 寿昌徽	牛 ȵiəɯ^{52}	牛牯 ȵiəɯ^{11} ku^{24}	牛娘 ȵiəɯ^{11} ȵiɑ̃^{33}
83 淳安徽	牛 iɯ^{435}	雄牛 ion^{435} iɯ^{21}	母牛 ma^{55} iɯ^{21}
84 遂安徽	牛 iu^{33}	公牛 kəŋ^{534} iu^{21}	母牛 mu^{43} iu^{21}
85 苍南闽	牛 gu^{24}	牛牯 gu^{21} kɔ^{43} 公牛 kɑŋ^{33} gu^{24}	母牛 bu^{33} gu^{24} 牛母 gu^{21} bu^{43}
86 泰顺闽	牛 n^{22}	牛牯 n^{21} ku^{344}	牛母 n^{21} mou^{344}
87 洞头闽	牛 gu^{113}	牛公 gu^{212} kaŋ^{53}	牛母 gu^{212} bu^{53}
88 景宁畲	牛 ŋau^{22}	牛牯 ŋau^{22} ku^{325}	牛娘 ŋau^{22} ȵiɔŋ^{22}

方言点	0265 放牛	0266 羊	0267 猪
01 杭州	放牛 faŋ^{45} ȵy^{213}	羊 iaŋ^{213}	猪 tsɥ^{334}
02 嘉兴	放牛 fᴀ̃^{33} ȵiu^{13}	羊 iᴀ̃^{242}	猪猡 tsɿ^{33} lou^{42}
03 嘉善	看牛 kʰø^{53} ȵiə^{231}	羊 iæ^{132}	猪猡 tsɿ^{35} lu^{53}
04 平湖	放牛 fɑ̃^{44} ȵiəɯ^{31}	羊 iã^{31}	猪猡 tsɿ^{55} lu^{31}
05 海盐	放牛 fɑ̃^{33} ȵio^{31}	羊 iɛ̃^{31}	猪猡 tsɿ^{55} lu^{21}
06 海宁	放牛 fɑ̃^{55} ȵiəɯ^{13}	羊 iã^{13}	猪猡 tsɿ^{55} ləu^{55}
07 桐乡	放牛 fɒ̃^{33} ȵiɤɯ^{13}	羊 iã^{13}	猪 tsɿ^{44}
08 崇德	放牛 fã^{33} ȵiɤɯ^{44}	羊 iã^{13}	猪 tsɿ^{44}
09 湖州	放牛 fã^{53} ȵiʉ^{13}	羊 iã^{112}	猪猡 tsɿ^{44} ləu^{44}
10 德清	放牛 fã^{24} ŋøʉ^{35}	羊 iã^{113}	猪猡 tsɿ^{44} ləu^{44}
11 武康	放牛 fã^{33} ȵiø^{35}	羊 iã^{113}	猪猡 tsɿ^{44} lu^{44}
12 安吉	看牛 kʰᴇ^{324} ȵiu^{22}	羊 iã^{22}	猪 tsɿ^{55}
13 孝丰	看牛 kʰe^{324} ȵiu^{22}	羊 iã^{22}	猪 tsɿ^{44}
14 长兴	放牛 fɔ̃^{324} ȵi^{21}	羊子 iã^{12} tsɿ^{33}	咕噜猪 gu^{21} lu^{21} tsɿ^{44}
15 余杭	放牛 fɑ̃^{55} ȵiʏ^{13}	羊 iɑ̃^{22}	猪 tsɿ^{44}
16 临安	看牛 kʰə^{53} ȵyœ^{33}	羊 iã^{33}	猪 tsɿ^{55}
17 昌化	看牛 kʰɛ̃^{54} ȵi^{112}	羊 iã^{112}	猪 tɕy^{334}
18 於潜	看牛 kʰɛ^{35} ȵiəu^{31}	羊 iaŋ^{223}	猪 tɕy^{433}
19 萧山	放牛 fɔ̃^{33} ȵio^{533}	羊 iã^{355}	猪 tsɿ^{533}
20 富阳	看牛 kʰiɛ̃^{53} ȵiʊ^{335}	羊 iɑ̃^{13}	猪 tsɿ^{53}
21 新登	看牛 kʰɛ̃^{53} ny^{233}	羊 iɑ̃^{233}	猪 tsɥ^{53}
22 桐庐	放牛 fã^{35} nieu^{13}	羊 iã^{13}	肉猪 nyəʔ^{13} tsɿ^{35}
23 分水	看牛 kʰã^{24} ȵiɵ^{21}	羊 iã^{22}	猪 tɕy^{44}
24 绍兴	放牛 fɑŋ^{33} ȵiɤ^{231}	羊 iaŋ^{231}	肉猪 ȵio^{22} tsɿ^{33}

续表

方言点	0265 放牛	0266 羊	0267 猪
25 上虞	看牛 kʰɛ̃^{33}ȵiɤ^{213}	羊 iã^{213}	晓猪 ȵiɔ^{21}tsɿ^{0} 猪 tsɿ^{35}
26 嵊州	看牛 kʰœ̃^{33}ȵiʏ^{213}	羊 iaŋ^{213}	猪 tsɿ^{534}
27 新昌	看牛 kʰœ̃^{33}ȵiɯ^{335}	羊 iaŋ^{22}	猪 tsɿ^{534}
28 诸暨	望牛 mɑ̃^{21}niʉ^{242}	羊 iã^{13}	猪 tsɿ^{544}
29 慈溪	看牛 kʰɛ̃^{33}ȵiø^{13}	羊 iã^{13}	猪 tsɿ^{35}
30 余姚	看牛 kʰe^{44}ȵiø^{13}	羊 iaŋ^{13}	猪猡 tsɿ^{44}lou^{13}
31 宁波	看牛 kʰi^{44}ŋœʏ^{13}	羊 ia^{13}	晓猪 ȵio^{13}tsʮ^{44}
32 镇海	放牛 fɔ̃^{33}ŋei^{24}	羊 iã^{24}	猪 tsʮ^{35}
33 奉化	看牛 kʰɛ^{44}ŋæi^{33}	羊 iã^{324}	晓猪 ȵiɔ^{33}tsʮ^{44}
34 宁海	看牛 kʰe^{33}ȵiu^{213}	羊 iã^{213}	晓晓 ȵiu^{21}ȵiu^{31} 晓晓猪 ȵiu^{21}ȵiu^{31}tsɿ^{53}
35 象山	看牛 kʰi^{53}ŋɤɯ^{31}	羊 iã^{31}	猪 tsʮ^{44}
36 普陀	放牛 fɔ̃^{55}ŋeu^{24}	羊 iã^{24}	猪 tsʮ^{45}小
37 定海	看牛 kʰi^{33}ŋɐi^{45}	羊 iã^{13}小	猪 tsʮ^{45}小
38 岱山	看牛 kʰi^{33}ŋœʏ^{45}	羊 iã^{213}小	猪 tsʮ^{325}小
39 嵊泗	看牛 kʰi^{33}ŋœʏ^{243}	羊 iã^{213}小	猪 tsʮ^{445}小
40 临海	看牛 kʰø^{33}ŋə^{21} 放牛 fɔ̃^{33}ŋə^{21}	羊 iã^{21}	猪 tsɿ^{31}
41 椒江	看牛 tɕʰie^{33}ȵio^{24}小	羊 iã^{24}小	猪 tsɿ^{42}
42 黄岩	看牛 tɕʰie^{33}ȵio^{24}小	羊 iã^{24}小	猪 tsɿ^{32}
43 温岭	看牛 tɕʰie^{33}ȵiɤ^{31}	羊 iã^{24}小	猪 tsɿ^{33}
44 仙居	看牛 kʰø^{53}ŋəɯ^{213}	羊 ia^{353}小	猪 tsɿ^{334}
45 天台	看牛 kʰe^{33}ŋeu^{224}	羊 ia^{51}小	猪 tsɿ^{33}
46 三门	看牛 kʰɛ^{44}ŋɤɯ^{445}	羊 iɑ̃^{252}小	猪 tsɿ^{334}

续表

方言点	0265 放牛	0266 羊	0267 猪
47 玉环	看牛 tɕʰie^{33} ȵiɤ^{31}	羊 ia^{24}小	猪 tsɿ^{42}
48 金华	放牛 fɑŋ^{33} ȵiu^{313}	羊 iɑŋ^{313}	猪 tɕy^{334}
49 汤溪	吆牛 iɔ^{24} ȵiəɯ^{0}	羊儿 ioŋ^{113}	猪 tsɿ^{24}
50 兰溪	牵牛 tɕʰie^{334} ȵiəɯ^{45}	羊 iɑŋ^{21}	猪 tsɿ^{334}
51 浦江	望牛 mõ^{11} ȵiɤ^{334}	羊儿 yon^{232}	猪 tʃi^{534}
52 义乌	看牛 kʰɯ^{33} ȵiɐɯ^{213}	羊儿 iɔn^{213}	猪 tsua^{335}
53 东阳	看牛 kʰɯ^{33} ȵiəɯ^{35}	羊儿 iɔn^{213}	猪 tso^{334}
54 永康	望牛 mɑŋ^{31} ȵiəu^{55}	羊 iɑŋ^{241}小	猪 tɕi^{55}
55 武义	望牛 mɑŋ^{55} ȵiəu^{324}	羊 iɑŋ^{324}	猪 li^{24}
56 磐安	看牛 kʰɯ^{33} ȵiɐɯ^{213}	羊儿 iɒn^{213}	猪 tsuə^{445}
57 缙云	守牛 y^{51} ȵiəɤ^{243}	羊 iɑ^{322}小	猪 ti^{44}
58 衢州	放牛 fɑ̃^{53} ȵiu^{21}	羊 iɑ̃^{21}	猪 tʃy^{32}
59 衢江	守牛 yø^{33} ŋy^{212}	羊 iɑ̃^{212}	猪 tuo^{33}
60 龙游	吆牛 iɔ^{35} ȵiəɯ^{21}	羊 iɑ̃^{21}	猪 tuɑ^{334}
61 江山	守牛 yə^{44} ŋɯ^{213}	羊 iaŋ^{213}	猪 tɒ^{44}
62 常山	守牛 ye^{43} ȵiu^{341}	羊 iɑ̃^{341}	猪 tɑ^{44}
63 开化	守牛 yo^{53} ȵiʊ^{231}	羊 iɑ̃^{231}	猪 tɑ^{44}
64 丽水	望牛 mɔŋ^{131} ȵiəɯ^{22}	羊 iɑ̃^{22}	猪 ti^{224}
65 青田	赶牛 kuɐ^{55} ŋæi^{21}	羊 i^{55}小	猪 ɗi^{445}
66 云和	望牛 mɔ̃^{223} ȵiəɯ^{312}	羊 iɑ̃^{312}	猪 ti^{24}
67 松阳	守牛 yɛ^{33} ŋei^{31}	羊儿 iɑ̃^{21} n^{24}	猪 tuə^{53}
68 宣平	望牛 mɔ̃^{22} ȵiɯ^{433}	羊 iɑ̃^{433}	猪 ti^{324}
69 遂昌	守牛 yɛ^{53} ȵiɯ^{221}	羊 iaŋ^{221}	猪 tɒ^{45}

续表

方言点	0265 放牛	0266 羊	0267 猪
70 龙泉	守牛 y^{21} ȵiəu^{21}	羊 iaŋ^{21}	猪 to^{434}
71 景宁	守牛 y^{33} ȵiəɯ^{41}	羊 iɛ^{41}	猪 ti^{324}
72 庆元	守牛 yᴇ^{33} ŋɐɯ^{52}	羊 iɑ̃^{52}	猪 ɗo^{335}
73 泰顺	望牛 mɔ̃^{21} ȵiəu^{53}	羊 iã^{213}	猪 ti^{213}
74 温州	看牛 kʰø^{3} ŋau^{31}	羊儿 i^{22} ŋ^{12}	猪 tsei^{33}
75 永嘉	看牛 kʰø^{33} ŋau^{21}	羊儿 iɛ^{22} ŋ^{0}	猪 tsɿ^{44}
76 乐清	看牛 kʰuɤ^{3} ŋau^{31}	羊 ia^{212}小	嫩$^{=}$嫩$^{=}$猪 nø^{23} nø^{22} tɕi^{44}
77 瑞安	赶牛 kø^{53} ŋau^{21}	羊儿 iɛ^{22} ŋ^{0}	猪 tsei^{44}
78 平阳	饲牛 tsʰɿ^{33} ŋau^{42}	羊儿 iŋ^{35}	猪 tɕi^{55}
79 文成	养牛 ie^{33} ŋau^{33} 牧牛 mo^{33} ŋau^{13}	羊 ie^{113}	猪 tɕi^{55}
80 苍南	望牛 mo^{31} ŋau^{31}	羊儿 iaŋ^{112}	嫩$^{=}$□ nø^{11} ȵi^{24} 猪 tɕi^{44}
81 建德徽	吆牛 iɔ^{53} ȵiɤɯ^{33}	羊 ȵiɛ^{33}	猪 tsɿ^{53}
82 寿昌徽	吆牛 iɤ^{11} ȵiəɯ^{52}	羊 iɑ̃^{52}	猪 tsɿ^{112}
83 淳安徽	墓$^{=}$牛$^{=}$ mu^{53} iɯ^{435}	羊 iɑ̃^{435}	猪 tɕya^{24}
84 遂安徽	望牛 mɑ̃^{33} iu^{21}	羊 iɑ̃^{33}	猪 tɕy^{534}
85 苍南闽	看牛 kʰũã^{33} gu^{24}	羊 ĩũ^{24}	猪 tɯ^{55}
86 泰顺闽	映牛 ŋo^{34} n^{22}	羊 io^{22}	猪 ty^{213}
87 洞头闽	饲牛 tɕʰi^{21} gu^{33}	羊 ĩũ^{113}	猪 tɯ^{33}
88 景宁畲	映牛 iaŋ^{44} ŋau^{22} 守牛 y^{55} ŋau^{22}	羊 iɔŋ^{22}	猪 tɕy^{44}

方言点	0268 种猪配种用的公猪	0269 公猪成年的，已阉的	0270 母猪成年的，未阉的
01 杭州	种猪 tsoŋ^{55}tsɥ^{0}	肉猪 zoʔ^{2}tsɥ^{45}	猪娘 tsɥ^{33}ȵiaŋ^{45}
02 嘉兴	种猪 tsoŋ^{33}tsɿ^{42}	肉猪 ȵioʔ^{1}tsɿ^{33}	母猪 m^{21}tsɥ^{42}
03 嘉善	种猪 tsoŋ^{44}tsɿ^{53}	公猪 koŋ^{35}tsɿ^{53}	母猪 m^{22}tsɿ^{53}
04 平湖	公猪 koŋ^{55}tsɿ^{31}	肉猪 ȵyoʔ^{23}tsɿ^{53}	母猪 m^{21}tsɿ^{53}
05 海盐	公猪 koŋ^{55}tsɿ^{53}	肉猪 ȵyɔʔ^{23}tsɿ^{53}	母猪 m^{53}tsɿ^{53}
06 海宁	老公猪 lɔ^{33}koŋ^{55}tsɿ^{55}	公猪 koŋ^{55}tsɿ^{55}	老母猪 lɔ^{13}məu^{33}tsɿ^{55}
07 桐乡	公猪 koŋ^{44}tsɿ^{44}	肉猪 ȵiɔʔ^{23}tsɿ^{44}	母猪 m^{242}tsɿ^{44}
08 崇德	公猪 koŋ^{44}tsɿ^{44}	猪 tsɿ^{44}	母猪 m^{55}tsɿ^{0}
09 湖州	种猪 tsoŋ^{53}tsɿ^{13}	雄猪 ioŋ^{33}tsɿ^{35}	母猪 m^{53}tsɿ^{13}
10 德清	种猪 tsoŋ^{35}tsɿ^{0}	公猪 koŋ^{44}tsɿ^{44}	婆猪 bu^{11}tsɿ^{35}
11 武康	公猪 koŋ^{44}tsɿ^{44}	雄猪 ioŋ^{11}tsɿ^{35}	母猪 m^{35}tsɿ^{53}
12 安吉	猪公 tsɿ^{55}koŋ^{55}	肉猪 ȵʏəʔ^{2}tsɿ^{213}	猪娘 tsɿ^{55}ȵiã^{55}
13 孝丰	猪公 tsɿ^{44}koŋ^{44}	雄猪 ioŋ^{22}tsɿ^{22}	猪娘 tsɿ^{44}ȵiã^{44}
14 长兴	脚⁼猪 tʃiaʔ^{3}tsɿ^{44}	肉猪 ȵioʔ^{2}tsɿ^{44}	猪婆 tsɿ^{44}bu^{44}
15 余杭	种猪 tsoŋ^{35}tsɿ^{0}	雄猪 ioŋ^{31}tsɿ^{35}	猪猪 tsɿ^{55}tsɿ^{55}
16 临安	斗⁼猪 tə^{55}tsɿ^{53}	雄猪 ioŋ^{33}tsɿ^{35}	猪娘 tsɿ^{53}ȵiã^{55}
17 昌化	脚⁼猪 tɕiaʔ^{5}tɕy^{45}	雄猪 yəŋ^{11}tɕy^{334}	雌猪 tsʰɿ^{33}tɕy^{45} 母猪 m^{45}tɕy^{53}
18 於潜	脚⁼猪 tɕieʔ^{53}tɕy^{31}	公猪 koŋ^{43}tɕy^{433}	猪娘 tɕy^{43}ȵiaŋ^{223}
19 萧山	种猪 tɕyoŋ^{53}tsɿ^{21}	雄猪 yoŋ^{13}tsɿ^{533}	猪娘 tsɿ^{33}ȵia^{33}
20 富阳	走猪 tsei^{423}tsɿ^{55}	雄猪 yoŋ^{13}tsɿ^{55}	猪娘 tsɿ^{55}ȵiɑ̃^{55}
21 新登	脚⁼猪 tɕiaʔ^{5}tsɥ^{334}	肉猪 ȵyəʔ^{2}dzɥ^{13}	猪婆 tsɥ^{53}bu^{233}
22 桐庐	种猪 tsoŋ^{33}tsɿ^{35}	公猪 koŋ^{35}tsɿ^{13}	母猪 m^{33}tsɿ^{35}
23 分水	调⁼猪 diɔ^{21}tɕy^{44}	雄猪 ioŋ^{21}tɕy^{44}	猪婆 tɕy^{44}bo^{21} 雌猪 tsʰɿ^{44}tɕy^{44}

续表

方言点	0268 种猪配种用的公猪	0269 公猪成年的，已阉的	0270 母猪成年的，未阉的
24 绍兴	扑$^{=}$猪 pʰoʔ^{3}tsɿ^{53}	雄肉猪 ioŋ^{22}ȵio^{24}tsɿ^{31}	雌肉猪 tsʰɿ^{33}ȵio^{24}tsɿ^{31}
25 上虞	扑$^{=}$猪 pʰoʔ^{5}tsɿ^{53}	文$^{=}$猪 uaŋ^{21}tsɿ^{35}	杀$^{=}$猪 saʔ^{5}tsɿ^{53}
26 嵊州	斗$^{=}$猪 tɤ^{33}tsɿ^{53}	阉猪 iẽ^{53}tsɿ^{334}	猪娘 tsɿ^{53}ȵiaŋ^{231}
27 新昌	调$^{=}$猪 diɔ^{13}tsɿ^{534}	雄猪 yoŋ^{13}tsɿ^{534}	猪娘爿 tsɿ^{33}ȵiaŋ^{53}bɛ̃^{232}
28 诸暨	斗$^{=}$猪 tei^{42}tsɿ^{42}	猪 tsɿ^{544}	猪娘 tsɿ^{21}niã^{242}
29 慈溪	骚猪 sɔ^{33}tsɿ^{35} 扑$^{=}$猪 pʰoʔ^{5}tsɿ^{35} 贴$^{=}$猪 tʰiəʔ^{5}tsɿ^{35}	雄猪 iuŋ^{11}tsɿ^{35}	猪娘 tsɿ^{33}ȵiã^{13}
30 余姚	种猪 tsuŋ^{34}tsɿ^{53}	雄猪 iuŋ^{13}tsɿ^{44}	猪娘 tsɿ^{44}ȵiaŋ^{13} 老猪娘 lɔ^{13}tsɿ^{44}ȵiaŋ^{13}
31 宁波	种猪 tsoŋ^{35}tsɥ^{44}	雄猪 yoŋ^{13}tsɥ^{53}	猪娘 tsɥ^{44}ȵia^{53}
32 镇海	牯猪 ku^{33}tsɥ^{44}	雄猪 yoŋ^{24}tsɥ^{53}	母猪 mei^{24}tsɥ^{44} 猪娘 tsɥ^{33}ȵiã^{31}
33 奉化	公猪 koŋ^{44}tsɥ^{53}	骟猪 ɕi^{44}tsɥ^{0}	猪娘 tsɥ^{44}ȵiã^{31}
34 宁海	公猪 koŋ^{33}tsɿ^{34}	肉猪 ȵioʔ^{3}tsɿ^{34}	猪娘 tsɿ^{34}ȵiã^{31}
35 象山	走猪 tsɤɯ^{44}tsɥ^{44}	公猪 koŋ^{44}tsɥ^{44}	猪娘爿 tsɥ^{44}ȵiã^{31}bɛ^{13}
36 普陀	种猪 tsoŋ^{33}tsɥ^{45}	肉猪 ȵyoʔ^{2}tsɥ^{55}	猪娘 tsɥ^{33}ȵiã^{53}
37 定海	郎猪 lõ^{33}tsɥ^{52} 牯猪 ku^{44}tsɥ^{44}	春猪 tsʰoŋ^{33}tsɥ^{45}	猪娘 tsɥ^{33}ȵiã^{52}
38 岱山	牯猪 ku^{44}tsɥ^{44}	春猪 tsʰoŋ^{44}tsɥ^{44}	猪娘 tsɥ^{33}ȵiã^{52}
39 嵊泗	公猪 koŋ^{33}tsɥ^{45}	春猪 tsʰoŋ^{33}tsɥ^{45}	猪娘 tsɥ^{33}ȵiã^{53}
40 临海	猪公 tsɿ^{55}koŋ^{31}	雄猪 yoŋ^{35}tsɿ^{31}	猪娘 tsɿ^{35}ȵiã^{51}
41 椒江	猪公 tsɿ^{35}koŋ^{42}	猪公 tsɿ^{35}koŋ^{42}	猪娘 tsɿ^{33}ȵiã^{41}
42 黄岩	猪公 tsɿ^{35}koŋ^{32} 猪雄 tsɿ^{35}yoŋ^{41}	雄猪 yoŋ^{24}tsɿ^{32}	草猪 tsʰɔ^{42}tsɿ^{35}小 新猪娘 ɕin^{33}tsɿ^{35}ȵiã^{41}
43 温岭	猪雄 tsɿ^{35}yuŋ^{41} 猪公 tsɿ^{55}kuŋ^{31}	雄肉猪 yuŋ^{13}ȵyoʔ^{2}tsɿ^{33}	猪种 tsɿ^{33}tɕyuŋ^{42} 猪娘 tsɿ^{35}ȵiã^{41}

续表

方言点	0268 种猪配种用的公猪	0269 公猪成年的,已阉的	0270 母猪成年的,未阉的
44 仙居	猪公 tsɿ^{33}koŋ^{334}	雄猪 ioŋ^{33}tsɿ^{53}	猪娘 tsɿ^{53}ȵia^{0}
45 天台	骚猪 sau^{33}tsɿ^{33}	雄猪 yuŋ^{22}tsɿ^{51}	猪娘 tsɿ^{33}ȵia^{0}
46 三门	猪公 tsɿ^{33}koŋ^{334}	雄猪 ioŋ^{11}tsɿ^{52}	猪娘 tsɿ^{33}ȵiɑ̃^{31}
47 玉环	猪牯 tsɿ^{33}ku^{42}	雄猪 ioŋ^{24}tsɿ^{42}	猪娘 tsɿ^{33}ȵia^{41}
48 金华	猪公 tɕy^{33}koŋ^{55}	雄猪 ioŋ^{31}tɕy^{55}	猪娘 tɕy^{33}ȵiɑŋ^{55}
49 汤溪	猪公 tsɿ^{24}kɑo^{0}	肉猪 ȵiou^{11}tsɿ^{52}	猪娘 tsɿ^{24}ȵiɔ^{0}
50 兰溪	猪公 tsɿ^{334}koŋ^{45}	猪 tsɿ^{334}	猪娘 tsɿ^{334}ȵiɑŋ^{45}
51 浦江	猪公 tʃi^{55}kon^{334}	肉猪 ȵyɯ^{24}tʃi^{334}	猪娘 tʃi^{55}ȵyo^{334} 猪母 tʃi^{33}m^{243}
52 义乌	猪公 tsua^{33}koŋ^{45}	雄猪 ioŋ^{22}tsua^{45}	猪娘 tsua^{33}ȵiɔ^{45}
53 东阳	公猪 kɔm^{33}tso^{53}	雄猪 iɔm^{22}tso^{53}	猪娘 tso^{33}ȵiɔ^{53}
54 永康	公猪 koŋ^{33}tɕi^{55}	肉猪 ȵiu^{33}tɕi^{55}	猪娘 tɕi^{33}ȵiɑŋ^{22}
55 武义	公猪 koŋ^{32}li^{53}	条猪 die^{32}li^{53}	猪娘 li^{32}ȵiɑŋ^{53}
56 磐安	公猪 kɔom^{33}tsuə^{52}	雄猪 iɔom^{21}tsuə^{52}	猪娘 tsuə^{33}ȵiɒ^{52}
57 缙云	公猪 kɔ̃ũ^{44}ti^{44}	□猪 zɔ^{21}ti^{44}	猪娘 ti^{44}ȵia^{453}
58 衢州	猪牯 tʃy^{32}ku^{35}	肉猪 ȵyəʔ^{2}tʃy^{32}	猪娘 tʃy^{32}ȵiã^{53}
59 衢江	猪牯 tuo^{33}kuɤ^{25}	肉猪 ȵyəʔ^{2}tuo^{33}	猪娘 tuo^{25}ȵiã^{31}
60 龙游	猪牯 tuɑ^{33}ku^{35}	肉猪 ȵyəʔ^{4}tuɑ^{334}	猪娘 tuɑ^{35}ȵiã^{21}
61 江山	猪牯 tɒ^{44}kuə^{241}	牯猪 kuə^{44}tɒ^{44}	猪娘 tɒ^{24}ȵiaŋ^{51}
62 常山	猪牯 tɑ^{44}kuə^{52}	肉猪 ȵiʌʔ^{3}tɑ^{44}	猪娘 tɑ^{52}ȵiã^{0}
63 开化	猪牯 tɑ^{44}kuo^{53}	驐猪牯 tuõ^{44}tɑ^{44}kuo^{53} 肉猪 ȵyaʔ^{2}tɑ^{44}	猪娘 tɑ^{44}ȵiã^{231}
64 丽水	公猪 kɔŋ^{44}ti^{224}	肉猪 ȵiuʔ^{2}ti^{224}	猪嫲 ti^{224}muo^{52}
65 青田	猪牯 ɗi^{33}kø^{454}	羯猪 tɕiæʔ^{4}ɗi^{445}	猪嫲 ɗi^{55}mu^{53}
66 云和	猪头 ti^{44}dəɯ^{312}	肉猪 ȵiəɯʔ^{23}ti^{24}	猪嫲 ti^{44}mo^{312}

续表

方言点	0268 种猪配种用的公猪	0269 公猪成年的，已阉的	0270 母猪成年的，未阉的
67 松阳	公猪 kəŋ^{24}tuə^{53}	肉猪 ȵioʔ^{2}tuə^{53}	猪母 tuə^{24}m^{212}
68 宣平	公猪 kən^{44}ti^{324}	肉猪 ȵyəʔ^{42}ti^{324}	猪娘 ti^{44}ȵiɑ̃^{433}
69 遂昌	猪牯 tɒ^{33}kuə^{533}老 公猪 kəŋ^{33}tɒ^{45}新	公猪 kəŋ^{33}tɒ^{45}	猪娘 tɒ^{55}ȵiaŋ^{213}
70 龙泉	猪牯 to^{45}kuɤɯ^{51}	肉猪 ȵiouʔ^{3}to^{434}	猪嫲 to^{45}mou^{21}
71 景宁	猪头 ti^{33}dəɯ^{41}	雄猪 yŋ^{33}ti^{324}	猪嫲 ti^{33}mo^{41}
72 庆元	猪牯 ɗo^{33}kuɤ^{33}	菜猪 tsʰæi^{11}ɗo^{335}	猪嫲 ɗo^{33}mo^{52}
73 泰顺	猪牯 ti^{22}kø^{55}	肉猪 ȵiəuʔ^{2}ti^{213}	猪嫲 ti^{22}muɔ^{53}
74 温州	猪牯 tsei^{42}ku^{25}	雄个猪 ioŋ^{31}ɡe^{0}tsei^{33}	草个猪 tsʰɜ^{14}ɡe^{0}tsei^{33}
75 永嘉	猪牯 tsɿ^{53}ku^{45}	雄猪 ioŋ^{22}tsɿ^{44}	猪娘 tsɿ^{33}ȵiɛ^{21}
76 乐清	猪牯 tɕi^{42}ku^{35}	嫩⁼嫩⁼猪 nø^{22}nø^{22}tɕi^{44}	猪母娘 tɕi^{33}m^{22}ȵia^{31}
77 瑞安	猪牯 tsei^{53}kɯ^{35}	雄猪 ioŋ^{22}tsei^{44}	猪娘 tsei^{33}ȵiɛ^{21}
78 平阳	猪牯 tɕi^{33}ku^{45}	□□ nɵ^{33}nɵ^{55}	猪娘 tɕi^{33}ȵie^{35}
79 文成	猪牯 tɕi^{33}ku^{45}	雄猪 ioŋ^{21}tɕi^{33}	草猪 tʃʰɛ^{33}tɕi^{33}
80 苍南	猪牯 tɕi^{42}ku^{53}	猪断 tɕi^{44}dø^{24}	猪娘 tɕi^{33}ȵiɛ^{21}
81 建德徽	猪公 tsɿ^{21}koŋ^{55}	肉猪 ȵyɐʔ^{12}tsɿ^{53}统称	猪娘 tsɿ^{53}ȵie^{55}
82 寿昌徽	猪牯 tsɿ^{11}ku^{24}	肉猪 ȵyəʔ^{3}tsɿ^{112}	猪娘 tsɿ^{11}ȵiɑ̃^{55}
83 淳安徽	猪牯 tɕya^{21}kua^{55}	雄猪 ion^{43}tɕy^{24}	母猪 ma^{55}tɕy^{55}
84 遂安徽	猪公 tɕy^{55}kəŋ^{534}	公猪 kəŋ^{534}tɕy^{55}	母猪 m^{55}tɕy^{33}
85 苍南闽	猪头 tɯ^{33}tʰau^{24} 公猪 kaŋ^{33}tɯ^{55}	公猪 kan^{33}tɯ^{55}	猪母 tɯ^{33}bu^{43}
86 泰顺闽	猪牯 ty^{21}ku^{344}	猪 ty^{213}	猪母 ty^{21}mou^{344}
87 洞头闽	猪哥 tɯ^{212}ko^{24}	猪公 tɯ^{21}kaŋ^{53}	猪母 tɯ^{212}bu^{53}
88 景宁畲	猪头 tɕy^{44}tʰiəu^{22}	猪牯 tɕy^{43}ku^{325}	猪娘 tɕy^{44}ȵiɔŋ^{22}

方言点	0271 猪崽	0272 猪圈	0273 养猪
01 杭州	小猪 ɕiɔ^{55}tsɥ^{0}	猪栏 tsɥ^{33}lɛ^{45}	养猪 iaŋ^{55}tsɥ^{334}
02 嘉兴	小猪 ɕiɔ^{33}tsɿ^{42}	猪棚 tsɿ^{33}bᴀ̃^{42}	养猪 iᴀ̃^{21}tsɿ^{42}
03 嘉善	小猪猡 ɕiɔ^{55}tsɿ^{35}lu^{53}	猪棚 tsɿ^{35}bæ̃^{53}	养猪猡 iæ̃^{22}tsɿ^{35}lu^{53}
04 平湖	小猪 siɔ^{44}tsɿ^{53}	猪棚 tsɿ^{55}bã^{31}	养猪 iã^{21}tsɿ^{53}
05 海盐	小猪猡 ɕiɔ^{53}tsɿ^{55}lu^{21}	猪棚头 tsɿ^{55}bɛ̃^{53}de^{21}	养猪猡 iɛ̃^{53}tsɿ^{55}lu^{21}
06 海宁	小猪猡 ɕiɔ^{55}tsɿ^{55}ləu^{55}	猪棚 tsɿ^{55}bɑ̃^{55}	养猪猡 iã^{33}tsɿ^{55}ləu^{55}
07 桐乡	小猪 siɔ^{53}tsɿ^{44}	猪棚 tsɿ^{44}bã^{44}	养猪 iã^{242}tsɿ^{44}
08 崇德	小猪 ɕiɔ^{55}tsɿ^{0}	猪棚 tsɿ^{44}bã^{44}	养猪 iã^{53}tsɿ^{44}
09 湖州	小猪 ɕiɔ^{53}tsɿ^{13}	猪棚 tsɿ^{44}bã^{44}	养猪 iã^{44}tsɿ^{44}
10 德清	小猪猡 ɕiɔ^{35}tsɿ^{53}ləu^{0}	猪棚 tsɿ^{44}bã^{44}	养猪 iã^{44}tsɿ^{44}
11 武康	小猪猡 ɕiɔ^{53}tsɿ^{53}lu^{31}	猪棚 tsɿ^{44}bã^{44}	养猪 iã^{33}tsɿ^{55}
12 安吉	小猪 ɕiɔ^{52}tsɿ^{21}	猪棚 tsɿ^{55}bã^{55}	养猪 iã^{21}tsɿ^{55}
13 孝丰	小猪 ɕiɔ^{45}tsɿ^{21}	猪棚 tsɿ^{44}bã^{44}	养猪 iã^{324}tsɿ^{44}
14 长兴	小猪 ʃiɔ^{45}tsɿ^{21}	猪棚 tsɿ^{44}bã^{44}	养咕噜猪 iã^{52}gu^{21}lu^{21}tsɿ^{44}
15 余杭	小猪儿 siɔ^{53}tsɿ^{53}n^{31}	猪棚 tsɿ^{55}bɑ̃^{33}	养猪 iɑ̃^{53}tsɿ^{35}
16 临安	小肉猪 ɕiɔ^{55}ȵiə^{55}tsɿ^{53} “肉”韵殊	猪棚 tsɿ^{53}bɑ̃^{33}	养猪 iã^{55}tsɿ^{55}
17 昌化	小猪 ɕiɔ^{45}tɕy^{53}	猪栏 tɕy^{33}lɔ̃^{45}	中$^{=}$猪 tsəŋ^{33}tɕy^{334} 看猪 kʰɛ̃^{54}tɕy^{334}
18 於潜	小猪 ɕiɔ^{53}tɕy^{31}	猪栏 tɕy^{43}lɛ^{223}	看猪 kʰɛ^{35}tɕy^{433}
19 萧山	小肉猪 ɕiɔ^{33}ȵyoʔ^{5}tsɿ^{21}	猪栏 tsɿ^{33}lɛ^{33}	养肉猪 iã^{21}ȵyoʔ^{13}tsɿ^{21} 养猪 iã^{21}tsɿ^{533}
20 富阳	小猪 ɕiɔ^{423}tsɿ^{55}	猪栏屋 tsɿ^{55}lã^{55}uoʔ^{5}	养猪 iɑ̃^{224}tsɿ^{53}
21 新登	小猪 ɕiɔ^{334}tsɥ^{45}	猪栏 tsɥ^{53}lɛ^{233}	看猪 kʰɛ̃^{334}tsɥ^{53}
22 桐庐	小猪 ɕiɔ^{33}tsɿ^{55}	猪栏 tsɿ^{35}lã^{13}	养猪 iã^{33}tsɿ^{33}

续表

方言点	0271 猪崽	0272 猪圈	0273 养猪
23 分水	仔猪 tsɿ^{44}tɕy^{33}	猪栏 tɕy^{44}lã^{21}	饲猪 sɿ^{21}tɕy^{44}
24 绍兴	小肉猪 ɕiɔ^{33}ȵio^{24}tsɿ^{31}	猪窠 tsɿ^{33}kʰo^{53}	养肉猪 iaŋ^{33}ȵio^{22}tsɿ^{33}
25 上虞	小猪 ɕiɔ^{33}tsɿ^{35}	哓猪栈 ȵiɔ^{21}tsɿ^{33}dʑiẽ^{31}	养哓猪 iã^{21}ȵiɔ^{21}tsɿ^{0}
26 嵊州	小猪 ɕiɔ^{33}tsɿ^{53}	猪团⁼ tsɿ^{53}dœ̃^{231}	养猪 iaŋ^{33}tsɿ^{534}
27 新昌	小猪 ɕiɔ^{33}tsɿ^{453}	猪团⁼ tsɿ^{53}dœ̃^{232}	养猪 iaŋ^{45}tsɿ^{534}
28 诸暨	小猪 ɕiɔ^{33}tsɿ^{42}	猪团⁼ tsɿ^{21}də^{242}	养猪 iã^{21}tsɿ^{544}
29 慈溪	小猪 ɕiɔ^{33}tsɿ^{35}	猪圈 tsɿ^{44}dʑiẽ^{0}	养猪 iã^{11}tsɿ^{35}
30 余姚	小猪 ɕiɔ^{34}tsɿ^{44}	猪圈间 tsɿ^{44}dʑiẽ^{13}kã^{44}	养猪 iaŋ^{13}tsɿ^{44}
31 宁波	小哓猪 ɕio^{35}ȵio^{13}tsɥ^{44}	猪圈间 tsɥ^{44}dʑi^{0}kɛ^{44}	养哓猪 ia^{13}ȵio^{13}tsɥ^{44}
32 镇海	小猪 ɕio^{33}tsɥ^{44}	猪栏 tsɥ^{33}lɛ^{31}	养猪 iã^{22}tsɥ^{35}
33 奉化	猪细 tsɥ^{44}ɕi^{35}	猪圈间 tsɥ^{44}dʑi^{33}kɛ^{44}	养猪 iã^{33}tsɥ^{35}
34 宁海	哓哓儿 ȵiu^{21}ȵiu^{31}ŋ^{53} 猪儿 tsɿ^{33}ŋ^{53}	猪栏间 tsɿ^{33}le^{21}ke^{53}	养哓哓 iã^{53}ȵiu^{21}ȵiu^{31}
35 象山	小猪 ɕio^{44}tsɥ^{53}	猪栏间 tsɥ^{44}lɛ^{31}kɛ^{35}	养猪 iã^{31}tsɥ^{44}
36 普陀	小猪 ɕiɔ^{55}tsɥ^{55}	猪圈间 tsɥ^{33}dʑi^{55}kɛ^{55}	养猪 iã^{33}tsɥ^{45}
37 定海	小猪 ɕio^{44}tsɥ^{44}	猪圈间 tsɥ^{33}dʑi^{44}kɛ^{44}	养猪 iã^{33}tsɥ^{45}
38 岱山	小猪 ɕio^{44}tsɥ^{44}	猪圈间 tsɥ^{33}dʑi^{44}kɛ^{44}	养猪 iã^{33}tsɥ^{45}
39 嵊泗	小猪 ɕio^{44}tsɥ^{44}	猪棚 tsɥ^{33}bã^{53}	养猪 iã^{33}tsɥ^{45}
40 临海	小猪 ɕiɔ^{42}tsɿ^{353}小	猪栏 tsɿ^{35}lɛ^{51}	养猪 iã^{42}tsɿ^{33}
41 椒江	小猪 ɕiɔ^{42}tsɿ^{35}小	猪栏 tsɿ^{33}lɛ^{41}	养猪 iã^{42}tsɿ^{42}
42 黄岩	小猪 ɕiɔ^{42}tsɿ^{35}小 猪儿 tsɿ^{33}n^{24}小	猪栏 tsɿ^{35}lɛ^{41}	养猪 iã^{42}tsɿ^{32}
43 温岭	猪儿 tsɿ^{33}n^{24}小 小猪儿 ɕiɔ^{42}tsɿ^{33}n^{24}小 小猪 ɕiɔ^{42}tsɿ^{15}小	猪栏 tsɿ^{35}lɛ^{41}	养猪 iã^{42}tsɿ^{33}

续表

方言点	0271 猪崽	0272 猪圈	0273 养猪
44 仙居	小猪 ɕiɐɯ^{31}tsɿ^{53}	猪栏 tsɿ^{53}la^{0}	养猪 ia^{31}tsɿ^{334}
45 天台	小猪 ɕieu^{32}tsɿ^{51}	猪栏间 tsɿ^{33}le^{22}ke^{51} 猪栏 tsɿ^{33}le^{0}	养猪 ia^{21}tsɿ^{33}
46 三门	猪儿 tsɿ^{33}ŋ^{252}小 小猪 ɕiɑu^{32}tsɿ^{52}	猪栏间 tsɿ^{33}lɛ^{33}kɛ^{52}	养猪 iɑ̃^{32}tsɿ^{334}
47 玉环	猪儿 tsɿ^{33}n^{41}	猪栏 tsɿ^{33}lɛ^{41}	养猪 ia^{53}tsɿ^{42}
48 金华	小猪 siɑo^{55}tɕy^{334}	猪栏 tɕy^{33}lɑ^{55}	饲猪 zɿ^{14}tɕy^{334}
49 汤溪	细猪 sia^{33}tsɿ^{24}	猪栏 tsɿ^{24}luɑ^{0}	养猪 iɔ^{11}tsɿ^{24}
50 兰溪	细猪 sia^{334}tsɿ^{334}	猪栏 tsɿ^{334}luɑ^{45}	养猪 iɑŋ^{55}tsɿ^{334}
51 浦江	细猪儿 ɕia^{55}tʃin^{334}	猪栏 tʃi^{55}lɑ̃^{334}	饲猪 zɿ^{11}tʃi^{53}
52 义乌	小猪儿 sɯɤ^{45}tsuan^{335}	猪塔$^{=}$ tsua^{33}t^{h}ɔ^{324}	饲猪 zɿ^{24}tsua^{335}
53 东阳	小猪儿 ɕio^{44}tson^{33}	猪栏 tso^{33}lɔ^{53}	饲猪 zɿ^{23}tso^{33}
54 永康	小猪 ɕiɑu^{33}dʑi^{241}小	猪栏 tɕi^{33}la^{22}	养猪 iɑŋ^{31}tɕi^{55}
55 武义	细猪 ɕia^{55}li^{24}	猪栏 li^{32}nuo^{53}	饲猪 zɿ^{324}li^{24}
56 磐安	小猪儿 ɕio^{55}tsuən^{445}	猪栏 tsuə^{33}lɒ^{52}	饲猪 sɿ^{55}tsuə^{445}
57 缙云	猪儿 ti^{44}ȵi^{453}	猪栏 ti^{44}lɑ^{453}	养猪 iɑ^{51}ti^{44}
58 衢州	细猪 ɕiɑ^{53}tʃy^{32}	猪栏 tʃy^{32}lã^{53}	养猪 iã^{231}tʃy^{32}
59 衢江	细猪 ɕie^{33}tuo^{25}	猪栏 tuo^{25}lã^{31}	养猪 yɑ̃^{22}tuo^{33}
60 龙游	细猪 ɕiɑ^{33}tuɑ^{334}	猪栏 tuɑ^{35}lã^{21}	养猪 yã^{22}tuɑ^{334}
61 江山	猪儿 tɒ^{24}ȵi^{51}	猪栏 tɒ^{24}lɒŋ^{51}	养猪 iɒŋ^{22}tɒ^{44}
62 常山	猪儿 tɑ^{43}n^{52}	猪栏 tɑ^{52}lɔ̃^{0}	养猪 iɔ̃^{22}tɑ^{44}
63 开化	细猪儿 sɛ^{44}tɑ^{53}ȵi^{0}	猪栏 tɑ^{53}lɔŋ^{0}	养猪 iɔŋ^{21}tɑ^{44}
64 丽水	猪儿 ti^{44}ŋ^{52}	猪栏 ti^{224}lã^{52}	养猪 iã^{44}ti^{224}
65 青田	猪儿 ɗi^{33}n^{55}	猪栏 ɗi^{55}lɑ^{53}	养猪 i^{33}ɗi^{445}
66 云和	猪儿 ti^{44}ȵi^{45}	猪栏 ti^{44}lã^{312}	养猪 iã^{44}ti^{24}

续表

方言点	0271 猪崽	0272 猪圈	0273 养猪
67 松阳	小猪儿 ɕiɔ^{33}tuə^{21}n^{24}	猪栏 tuə^{33}lɔ̃^{31}	养猪 ioŋ^{21}tuə^{53}
68 宣平	猪儿 ti^{44}n^{324}	猪栏 ti^{44}lɑ̃^{433}	养猪 iɑ̃^{43}ti^{324}
69 遂昌	小猪儿 ɕiɐɯ^{33}tɒ^{55}ȵiɛ^{213}	猪栏 tɒ^{55}laŋ^{213}	养猪 iɔŋ^{22}tɒ^{45}
70 龙泉	猪儿 to^{44}ȵi^{55}	猪栏 to^{45}laŋ^{21}	养猪 iɔŋ^{21}to^{434}
71 景宁	猪儿 ti^{33}ȵi^{45}	猪栏 ti^{33}lɔ^{41}	养猪 iɔŋ^{55}ti^{324}
72 庆元	猪儿儿 ɗo^{33}ȵiɛ̃^{55}	猪栏 ɗo^{33}lɑ̃^{52}	养猪 iɔ̃^{33}ɗo^{335}
73 泰顺	猪儿儿 ti^{22}ȵiŋ^{33}	猪栏 ti^{22}lã^{53}	饲猪 sɿ^{21}ti^{213}
74 温州	猪儿 tsei^{45}ŋ^{323}	猪栏 tsei^{33}la^{223}	养猪 i^{3}tsei^{33}
75 永嘉	猪儿 tsɿ^{45}ŋ^{213}	猪栏 tsɿ^{33}la^{21}	养猪 iɛ^{43}tsɿ^{44}
76 乐清	猪儿 tɕi^{42}ŋ^{35}	猪栏 tɕi^{44}lᴇ^{223}	养猪 ia^{42}tɕi^{44}
77 瑞安	猪儿 tsei^{35}ŋ^{212}	猪栏 tsei^{33}lɔ^{21}	养猪 iɛ^{53}tsei^{44}
78 平阳	猪儿 tɕi^{33}ŋ^{13}	猪栏监 tɕi^{33}lɔ^{21}kɔ^{35}	养猪 ie^{33}tɕi^{35}
79 文成	猪儿 tɕi^{33}n^{33}	猪栏 tɕi^{33}lɔ^{33}	养猪 ie^{33}tɕi^{33}
80 苍南	猪儿 tɕi^{44}ŋ^{112}	猪栏 tɕi^{33}la^{21}	养猪 iɛ^{42}tɕi^{44}
81 建德徽	细猪 ɕie^{33}tsɿ^{53}	猪栏 tsɿ^{21}nɛ^{55}	养猪 ȵiɛ^{21}tsɿ^{53}
82 寿昌徽	细猪 ɕiɛ^{11}tsɿ^{55}	猪栏 tsɿ^{11}luə^{55}	养猪 yɑ̃^{33}tsɿ^{112}
83 淳安徽	嫩猪 lã^{53}tɕy^{55}	猪栏 tɕya^{24}lɑ̃^{21}	养猪 iɑ̃^{55}tɕya^{24}
84 遂安徽	嫩猪 ləŋ^{55}tɕy^{33}	猪栏 tɕy^{55}lɑ̃^{33}	养猪 iɑ̃^{33}tɕy^{534}
85 苍南闽	猪团 tɯ^{33}kã^{43}	猪条$^{=}$ tɯ^{33}tiau^{24}	饲猪 tɕʰi^{21}tɯ^{55}
86 泰顺闽	猪团 ty^{21}ki^{22}	猪栏 ty^{22}læŋ^{22}	饲猪 tɕʰi^{34}ty^{213}
87 洞头闽	猪仔 tɯ^{21}a^{53}	猪条 tɯ^{33}tiau^{24}	饲猪 tɕʰi^{21}tɯ^{33}
88 景宁畲	猪崽 tɕy^{44}tsuei^{55}	猪栏 tɕy^{44}lɔn^{22}	养猪 iɔŋ^{22}tɕy^{44}

方言点	0274 猫	0275 公猫	0276 母猫
01 杭州	猫 mɔ^{334}	雄猫 ioŋ^{22} mɔ^{45}	母猫 mu^{55} mɔ^{0}
02 嘉兴	猫 mɔ^{242}	雄猫 ioŋ^{21} mɔ^{33}	雌猫 tsʰɿ^{33} mɔ^{42}
03 嘉善	猫 mɔ^{132}	雄猫 ioŋ^{13} mɔ^{31}	雌猫 tsʰɿ^{35} mɔ^{53}
04 平湖	猫 mɔ^{31}	雄猫 ioŋ^{24} mɔ^{53}	雌猫 tsʰɿ^{55} mɔ^{31}
05 海盐	猫 mɔ^{31}	雄猫 ioŋ^{24} mɔ^{53}	雌猫 tsʰɿ^{55} mɔ^{21}
06 海宁	猫 mɔ^{13}	雄猫 ioŋ^{33} mɔ^{55}	雌猫 tsʰɿ^{55} mɔ^{55}
07 桐乡	猫 mɔ^{13}	雄猫 ioŋ^{21} mɔ^{44}	雌猫 tsʰɿ^{44} mɔ^{44}
08 崇德	猫 mɔ^{13}	雄猫 ioŋ^{21} mɔ^{44}	雌猫 tsʰɿ^{44} mɔ^{44}
09 湖州	猫 mɔ^{44}	雄猪 ioŋ^{33} tsɿ^{35}	母猪 m^{53} tsɿ^{13}
10 德清	猫 mɔ^{44}	雄猫 ioŋ^{11} mɔ^{13}	雌猫 tsʰɿ^{44} mɔ^{44}
11 武康	猫 mɔ^{44}	雄猫 ioŋ^{11} mɔ^{35}	母猫 m^{35} mɔ^{53}
12 安吉	猫 mɔ^{55}	雄猫 ioŋ^{22} mɔ^{22}	母猫 m^{52} mɔ^{21}
13 孝丰	猫 mɔ^{44}	雄猫 ioŋ^{22} mɔ^{22}	母猫 m^{45} mɔ^{21}
14 长兴	猫 mɔ^{44}	雄猫 ioŋ^{12} mɔ^{33}	母猫 m^{45} mɔ^{21}
15 余杭	猫 mɔ^{44}	雄猫 ioŋ^{31} mɔ^{33}	牸猫 tsɿ^{55} mɔ^{55}
16 临安	猫 mɔ^{33}	雄猫 ioŋ^{33} mɔ^{33}	雌猫 tsʰɿ^{53} mɔ^{33}
17 昌化	猫 mɔ^{334}	雄猫 yəŋ^{11} mɔ^{334}	雌猫 tsʰɿ^{33} mɔ^{45} 母猫 m^{45} mɔ^{53}
18 於潜	猫 mɔ^{433}	雄猫 ioŋ^{22} mɔ^{433}	雌猫 tsʰɿ^{53} mɔ^{433}
19 萧山	猫 mɔ^{533}	雄猫 yoŋ^{13} mɔ^{33}	雌猫 tsʰɿ^{33} mɔ^{33}
20 富阳	猫 mɔ^{53}	雄猫 yoŋ^{13} mɔ^{55}	雌猫 tsʰɿ^{55} mɔ^{55}
21 新登	猫 mɔ^{53}	雄猫 ioŋ^{233} mɔ^{334}	雌猫 tsʰɿ^{53} mɔ^{334}
22 桐庐	猫 mɔ^{533}	雄猫 ioŋ^{21} mɔ^{13}	雌猫 tsʰɿ^{21} mɔ^{13}
23 分水	猫 mɔ^{44}	雄猫 ioŋ^{21} mɔ^{44}	雌猫 tsʰɿ^{44} mɔ^{44}

续表

方言点	0274 猫	0275 公猫	0276 母猫
24 绍兴	猫 mɔ^{231}	雄猫 ioŋ^{22} mɔ^{231}	雌猫 tsʰɿ^{33} mɔ^{231}
25 上虞	猫 mɔ^{213}	雄猫 yoŋ^{21} mɔ^{213}	雌猫 tsʰɿ^{33} mɔ^{213}
26 嵊州	猫猫 mɔ^{22} mɔ^{231}	雄猫 ioŋ^{22} mɔ^{231}	雌猫 tsʰɿ^{53} mɔ^{231}
27 新昌	猫猫 mɔ^{22} mɔ^{232}	雄猫 yoŋ^{13} mɔ^{534}	雌猫 tsʰɿ^{45} mɔ^{534}
28 诸暨	猫 mɔ^{13}	雄猫 iom^{21} mɔ^{242}	雌猫 tsʰɿ^{21} mɔ^{242}
29 慈溪	猫 mɔ^{13}	雄猫 iuŋ^{11} mɔ^{13}	雌猫 tsʰɿ^{11} mɔ^{13}
30 余姚	猫 mø^{13}	雄猫 iuŋ^{13} mɔ^{44}	雌猫 tsʰɿ^{44} mɔ^{13}
31 宁波	猫 mɛ^{13}	雄猫 yoŋ^{13} mɛ^{13}	雌猫 tsʰɿ^{44} mɛ^{13}
32 镇海	猫 mɛ^{24}	雄猫 yoŋ^{22} mɛ^{31}	雌猫 tsʰɿ^{33} mɛ^{31}
33 奉化	猫 mɛ^{324}	雄猫 yoŋ^{33} mɛ^{24}	雌猫 tsʰɿ^{44} mɛ^{24}
34 宁海	猫 mau^{213}	雄猫 ioŋ^{21} mau^{31} 雄猫头 ioŋ^{21} mau^{21} diu^{31}	雌猫 tsʰɿ^{34} mau^{31} 猫娘 mau^{21} ȵiã^{31}
35 象山	猫 mɔ^{44}	雄猫 yoŋ^{31} mɔ^{13}	猫娘 mɔ^{44} ȵiã^{31}
36 普陀	猫 mɛ^{24}	雄猫 ioŋ^{24} mɛ^{0}	雌猫 tsʰɿ^{55} mɛ^{0}
37 定海	猫 mɛ^{13}小	雄猫 yoŋ^{33} mɛ^{45}	雌猫 tsʰɿ^{33} mɛ^{45}
38 岱山	猫 mɛ^{213}小	雄猫 yoŋ^{33} mɛ^{52}	雌猫 tsʰɿ^{44} mɛ^{44}
39 嵊泗	猫 mɛ^{213}小	雄猫 yoŋ^{33} mɛ^{45}	雌猫 tsʰɿ^{33} mɛ^{44}
40 临海	猫 mɔ^{21}	雄猫 yu^{35} mɔ^{51}	猫娘 mɔ^{33} ȵiã^{51}
41 椒江	猫 mɔ^{35}小	雄猫 yoŋ^{24} mɔ^{42}	草猫 tsʰɔ^{42} mɔ^{35}小
42 黄岩	猫 mɔ^{35}小	雄猫 yoŋ^{24} mɔ^{32}	草猫 tsʰɔ^{42} mɔ^{35}小
43 温岭	猫 mɔ^{15}小	雄猫 yuŋ^{24} mɔ^{31}	草猫 tsʰɔ^{42} mɔ^{15}小
44 仙居	猫 mɐɯ^{53}小	雄猫 ioŋ^{33} mɐɯ^{53}	猫娘 mɐɯ^{53} ȵia^{0}
45 天台	猫 mau^{51}	雄猫头 yuŋ^{22} mau^{22} deu^{0}	猫娘 mau^{24} ȵia^{0}
46 三门	猫 mɑu^{52}	雄猫 ioŋ^{11} mɑu^{52}	猫娘 mɑu^{33} ȵiɑ̃^{31}

续表

方言点	0274 猫	0275 公猫	0276 母猫
47 玉环	猫 mɔ^{35} 小	雄猫 ioŋ^{24} mɔ^{42}	猫娘 mɔ^{33} ȵia^{41}
48 金华	猫 mɑo^{313}	雄猫 ioŋ^{31} mɑo^{14}	雌猫 tsʰɿ^{33} mɑo^{55} 猫娘 mɑo^{31} ȵiɑŋ^{14} 生过小猫的
49 汤溪	猫儿 mɔŋ^{113}	雄猫牯 iɑo^{33} mɔ^{33} ku^{535}	猫儿娘 moŋ^{11} ȵiɔ^{52}
50 兰溪	猫儿 mɔ^{334} nə^{45}	雄个猫 ioŋ^{21} kəʔ^{0} mɔ^{334}	雌个猫 tsʰɿ^{334} kəʔ^{0} mɔ^{334}
51 浦江	猫儿 mon^{232}	雄猫儿 yon^{33} mon^{334}	雌猫儿 tsɿ^{55} mon^{334} “雌”声殊
52 义乌	猫儿 mɤn^{213}	雄猫儿 ioŋ^{22} mɤn^{335}	雌猫儿 tsʰɿ^{33} mɤn^{335}
53 东阳	猫儿 mɐɯn^{213}	雄猫 iɔm^{22} mɐɯ^{53}	雌猫 tsʰɿ^{33} mɐu^{35}
54 永康	猫 mɑu^{241} 小	雄猫头 ioŋ^{33} mɑu^{31} dəu^{22}	猫娘 mɑu^{31} ȵiɑŋ^{22}
55 武义	猫儿 mɑŋ^{24}	雄猫儿 ioŋ^{32} mɑŋ^{53}	猫儿娘 mɑŋ^{32} ȵiɑŋ^{53}
56 磐安	猫儿 mon^{445}	雄猫儿 iɔom^{21} mon^{14} 雄猫儿头 iɔom^{21} mon^{14} tɐɯ^{52}	雌猫儿 tsʰɿ^{33} mon^{445}
57 缙云	猫猫 mɔ^{44} mɔ^{453}	猫猫爷 mɔ^{44} mɔ^{213} ia^{453}	猫猫娘 mɔ^{44} mɔ^{213} ȵiɑ^{453}
58 衢州	猫 mɔ^{21}	雄猫 yoŋ^{13} mɔ^{21}	猫娘 mɔ^{21} ȵiã^{231}
59 衢江	猫 mɔ^{25}	猫牯 mɔ^{33} kuɤ^{25}	猫娘 mɔ^{22} ȵiã^{53}
60 龙游	猫 mɔ^{334}	猫牯 mɔ^{33} ku^{35}	猫娘 mɔ^{35} ȵiã^{21}
61 江山	猫 mɐɯ^{213}	猫牯 mɐɯ^{44} kuə^{241}	猫娘 mɐɯ^{44} ȵiɑŋ^{213}
62 常山	猫 mɔ^{341}	猫牯 mɔ^{22} kuə^{52}	猫娘 mɔ^{24} ȵiã^{341}
63 开化	猫 məɯ^{231}	猫牯 məɯ^{21} kuo^{53}	猫娘 məɯ^{231} ȵiã^{231}
64 丽水	猫 muoʔ^{5}	雄猫 iɔŋ^{21} muoʔ^{5}	猫娘 muoʔ^{5} ȵiã^{22}
65 青田	猫 mo^{55} 小	猫牯 mo^{22} kø^{454}	猫嫲 mo^{55} mu^{53}
66 云和	猫 mɑɔ^{45}	猫牯 mɑɔ^{44} ku^{41}	猫嫲 mɑɔ^{44} mo^{312}
67 松阳	猫儿 mɔ^{21} n^{24}	猫牯 mɔ^{33} kuə^{212}	猫娘 mɔ^{33} ȵiã^{31}
68 宣平	猫 mɔ^{324}	雄猫 yən^{43} mɔ^{324}	猫娘 mɔ^{44} ȵiɑ̃^{433}

续表

方言点	0274 猫	0275 公猫	0276 母猫
69 遂昌	猫儿 miɐɯ^{22} ȵiɛ^{213}	猫儿牯 miɐɯ^{22} ȵiɛ^{13} kuə^{533}	猫儿娘 miɐɯ^{13} ȵiɛ^{22} ȵiaŋ^{213}
70 龙泉	猫儿 mɑʌ^{45} ȵi^{55}	猫儿牯 mɑʌ^{44} ȵi^{45} kuɤɯ^{51}	猫儿嫲 mɑʌ^{44} ȵi^{45} mou^{21}
71 景宁	猫 mɑu^{45} 小	猫牯 mɑu^{45} ku^{33}	猫嫲 mɑu^{45} mo^{41}
72 庆元	猫 mɒ^{55} 小	猫牯 mɒ^{55} kuɤ^{33}	猫嫲 mɒ^{55} mo^{52}
73 泰顺	猫 mɑɔ^{33}	猫牯 mɑɔ^{22} kø^{55}	猫嫲 mɑɔ^{22} muɔ^{53}
74 温州	猫儿 muɔ^{22} ŋ^{12}	雄个猫儿 ioŋ^{31} ge^{0} muɔ^{22} ŋ^{12}	草个猫儿 tsʰɜ^{14} ge^{0} muɔ^{22} ŋ^{12}
75 永嘉	猫儿 muɔ^{33} ŋ^{0}	雄猫 ioŋ^{22} muɔ^{44}	草猫 tsʰə^{53} muɔ^{44}
76 乐清	猫 mɔ^{44}	猫牯 mɔ^{42} ku^{35}	草猫 tɕʰiɤ^{42} mɔ^{44}
77 瑞安	猫儿 mɔ^{33} ŋ^{0}	雄猫 ioŋ^{22} mɔ^{44}	草猫 tsʰɛ^{53} mɔ^{44} 猫娘 mɔ^{33} ȵiɛ^{21}
78 平阳	猫儿 moŋ^{35} 猫 mɔ^{55}	雄猫 ioŋ^{21} mɔ^{55}	猫娘 mɔ^{33} ȵie^{35}
79 文成	猫 mo^{55}	雄猫 ioŋ^{21} mo^{33}	草猫 tʃʰɛ^{33} mo^{33}
80 苍南	猫咪 ma^{44} mi^{44} 猫 ma^{44}	猫雄 ma^{33} ioŋ^{21}	猫娘 ma^{33} ȵiɛ^{21}
81 建德徽	猫 mɔ^{53}	雄猫 ioŋ^{33} mɔ^{53}	雌猫 tɕʰi^{53} mɔ^{53}
82 寿昌徽	猫儿 mɔŋ^{55}	雄猫儿 iɔŋ^{11} mɔŋ^{55}	猫儿娘 mɔŋ^{55} ȵiɑ̃^{55}
83 淳安徽	猫 mɤ^{24}	雄猫 ion^{43} mɤ^{24}	母猫 ma^{55} mɤ^{24}
84 遂安徽	猫 mɔ^{534}	公猫 kəŋ^{534} mɔ^{21}	母猫 m^{55} mɔ^{21}
85 苍南闽	猫 ŋɪ̃ãũ^{55}	猫牯 ŋɪ̃ãũ^{33} kɔ^{43} 公猫 kɑŋ^{33} nɪ̃ãũ^{55}	猫母 nɪ̃ãũ^{33} bu^{43} 母猫 bu^{33} nɪ̃ãũ^{55}
86 泰顺闽	猫咪 ma^{21} mi^{22}	猫咪牯 ma^{21} mi^{22} ku^{344}	猫咪母 ma^{21} mi^{22} mou^{344}
87 洞头闽	猫 nɪ̃ãũ^{33}	猫公 nɪ̃ãũ^{212} kaŋ^{33}	猫母 nɪ̃ãũ^{212} bu^{53}
88 景宁畲	猫 ȵiau^{445} 小	猫公 ȵiau^{445} koŋ^{44}	猫娘 ȵiau^{445} ȵiɔŋ^{22}

方言点	0277 狗统称	0278 公狗	0279 母狗
01 杭州	狗 kei^{53}	雄狗 ioŋ^{22} kei^{53}	母狗 mu^{55} kei^{0}
02 嘉兴	狗 kei^{544}	雄狗 ioŋ^{24} kei^{42}	雌狗 tsʰɿ^{42} kei^{21}
03 嘉善	狗 kə^{44}	雄狗 ioŋ^{13} kə^{53}	雌狗 tsʰɿ^{35} kə^{53}
04 平湖	狗 kəɯ^{44}	雄狗 ioŋ^{24} kəɯ^{53}	雌狗 tsʰɿ^{55} kəɯ^{31}
05 海盐	狗 ke^{423}	雄狗 ioŋ^{24} ke^{53}	雌狗 tsʰɿ^{55} ke^{21}
06 海宁	狗 kəɯ^{53}	雄狗 ioŋ^{33} kəɯ^{55}	雌狗 tsʰɿ^{55} kəɯ^{55}
07 桐乡	狗 kɤɯ^{53}	雄狗 ioŋ^{21} kɤɯ^{44}	雌狗 tsʰɿ^{44} kɤɯ^{44}
08 崇德	狗 kɤɯ^{53}	雄狗 ioŋ^{21} kɤɯ^{44}	雌狗 tsʰɿ^{44} kɤɯ^{44}
09 湖州	狗 køʉ^{523}	雄狗 ioŋ^{33} køʉ^{35}	母狗 m^{53} køʉ^{13}
10 德清	狗 køʉ^{52}	雄狗 ioŋ^{11} køʉ^{35}	母狗 m^{35} køʉ^{0}
11 武康	狗 kø^{53}	雄狗 ioŋ^{11} kø^{35}	母狗 m^{35} kø^{35}
12 安吉	狗 kəɪ^{52}	雄狗 ioŋ^{22} kəɪ^{22}	母狗 m^{52} kəɪ^{21}
13 孝丰	狗 kəɪ^{52}	雄狗 ioŋ^{22} kəɪ^{22}	母狗 m^{45} kəɪ^{21} 狗娘爿 kəɪ^{45} ȵiã^{21} bɛ^{21}
14 长兴	狗 kei^{52}	雄狗 ioŋ^{12} kei^{33}	母狗 m^{45} kei^{21}
15 余杭	狗 køʏ^{53}	雄狗 ioŋ^{31} køʏ^{35}	牸狗 tsɿ^{55} køʏ^{55}
16 临安	狗 kə^{55}	雄狗 ioŋ^{31} kə^{55}	雌狗 tsʰɿ^{53} kə^{55}
17 昌化	狗 ki^{453}	雄狗 yəŋ^{11} ki^{453}	雌狗 tsʰɿ^{33} ki^{45} 母狗 m^{45} ki^{53}
18 於潜	狗 kiəu^{51}	雄狗 ioŋ^{22} kiəu^{53}	雌狗 tsʰɿ^{53} kiəu^{53}
19 萧山	狗 kio^{33}	雄狗 yoŋ^{13} kio^{33}	雌狗 tsʰɿ^{33} kio^{33}
20 富阳	狗 kiʊ^{423}	雄狗 yoŋ^{13} kiʊ^{55}	雌狗 tsʰɿ^{55} kiʊ^{31}
21 新登	狗 kəu^{334}	雄狗 ioŋ^{233} kəu^{334}	雌狗 tsʰɿ^{53} kəu^{334}
22 桐庐	狗 kei^{33}	雄狗 ioŋ^{21} kei^{35}	雌狗 tsʰɿ^{35} kei^{33}
23 分水	狗 kɵ^{53}	雄狗 ioŋ^{21} kɵ^{55}	狗婆 kɵ^{44} bo^{21} 雌狗 tsʰɿ^{44} kɵ^{55}

续表

方言点	0277 狗统称	0278 公狗	0279 母狗
24 绍兴	狗 kɤ^{334}	雄狗 ioŋ^{22} kɤ^{334}	雌狗 ts^{h}ɿ^{33} kɤ^{334}
25 上虞	狗 kɤ^{35}	雄狗 yoŋ^{21} kɤ^{35}	雌狗 ts^{h}ɿ^{33} kɤ^{35}
26 嵊州	狗 kʏ^{53}	雄狗 ioŋ^{22} kʏ^{53}	雌狗 ts^{h}ɿ^{53} kʏ^{53} 狗娘 kʏ^{33} ȵiaŋ^{231} 生过小狗的
27 新昌	狗 tɕiɯ^{453}	雄狗 yoŋ^{22} tɕiɯ^{453}	雌狗 ts^{h}ɿ^{53} tɕiɯ^{453}
28 诸暨	狗 kiʉ^{42}	雄狗 iom^{21} kiʉ^{242}	狗娘 kiʉ^{33} niã^{242}
29 慈溪	狗 kø^{35}	雄狗 iuŋ^{13} kø^{0}	狗娘 kø^{33} ȵiã^{13}
30 余姚	黄狗 uɔŋ^{13} kø^{34}	雄狗 iuŋ^{13} kø^{34}	狗娘 kø^{34} ȵiaŋ^{13} 雌狗 ts^{h}ɿ^{44} kø^{34}
31 宁波	黄狗 uɔ^{13} ki^{44}	雄狗 yoŋ^{13} kœʏ^{53}	狗娘 kœʏ^{44} ȵia^{13} 雌狗 ts^{h}ɿ^{44} kœʏ^{35}
32 镇海	黄狗 uɔ̃^{22} kei^{35}	雄狗 yoŋ^{22} kei^{53}	雌狗 ts^{h}ɿ^{33} kei^{53}
33 奉化	黄狗 uɔ̃^{33} kæi^{53}	雄狗 yoŋ^{33} kæi^{53}	雌狗 ts^{h}ɿ^{44} kæi^{53}
34 宁海	狗 kiu^{53}	雄狗 ioŋ^{21} kiu^{53}	雌狗 ts^{h}ɿ^{33} kiu^{53}
35 象山	狗 kɤɯ^{44}	雄狗 yoŋ^{31} kɤɯ^{35}	雌狗 ts^{h}ɿ^{44} kɤɯ^{35} 狗娘 kɤɯ^{35} ȵiã^{31}
36 普陀	狗 keu^{45}	雄狗 ioŋ^{24} keu^{0}	雌狗 ts^{h}ɿ^{55} keu^{0}
37 定海	狗 kɐi^{45}	雄狗 yoŋ^{33} kɐi^{45}	雌狗 ts^{h}ɿ^{33} kɐi^{45}
38 岱山	狗 kœʏ^{325}	雄狗 yoŋ^{23} kœʏ^{44}	雌狗 ts^{h}ɿ^{33} kœʏ^{44}
39 嵊泗	狗 kœʏ^{445}	雄狗 yoŋ^{33} kœʏ^{45}	雌狗 ts^{h}ɿ^{33} kœʏ^{44}
40 临海	狗 kə^{353}小	雄狗 yoŋ^{22} kə^{353}小	草狗 ts^{h}ɔ^{42} kə^{353}小 狗娘 kə^{33} ȵiã^{21}
41 椒江	狗 tɕio^{42}	雄狗 yoŋ^{22} tɕio^{51}小	草狗 ts^{h}ɔ^{42} tɕio^{51}小
42 黄岩	狗 tɕio^{42}	雄狗 yoŋ^{13} tɕio^{53}小	草狗 ts^{h}ɔ^{42} tɕio^{53}小
43 温岭	狗 tɕiɤ^{42}	雄狗 yuŋ^{13} tɕiɤ^{51}小	草狗 ts^{h}ɔ^{42} tɕiɤ^{51}小

续表

方言点	0277 狗统称	0278 公狗	0279 母狗
44 仙居	街狗 ka^{33}kəɯ^{324}	雄狗 ioŋ^{33}kəɯ^{53}	狗娘 kəɯ^{31}ȵia^{353}小
45 天台	狗 keu^{325}	雄狗 yuŋ^{22}keu^{31}	狗娘 keu^{32}ȵia^{224}
46 三门	狗 kɤɯ^{325}	雄狗 ioŋ^{11}kɤɯ^{52}	狗娘 kɯ^{32}ȵiɑ̃^{252}
47 玉环	狗 kiɤ^{53}	雄狗 ioŋ^{22}kiɤ^{53}小	狗娘 kiɤ^{53}ȵia^{24}小
48 金华	狗 kiu^{535}	雄狗 ioŋ^{31}kiu^{535}	雌狗 tsʰɿ^{33}kiu^{535} 狗娘 kiu^{55}ȵiaŋ^{313}生过小狗的
49 汤溪	狗 kɯ^{535}	雄狗 iɑo^{33}kɯ^{535}	狗娘 kɯ^{52}ȵiɔ^{11}
50 兰溪	狗 kəɯ^{55}	雄狗 ioŋ^{21}kəɯ^{55}	雌狗 tsʰɿ^{334}kəɯ^{55}
51 浦江	狗 kɤ^{53}	雄狗儿 yon^{11}kɤn^{334}	雌狗儿 tsɿ^{33}kɤn^{334}"雌"声殊
52 义乌	狗 kɐɯ^{423}	雄狗 ioŋ^{22}kɐɯ^{423}	雌狗 tsʰɿ^{45}kɐɯ^{423}
53 东阳	狗 kəɯ^{44}	雄狗 iɔm^{33}kəɯ^{35}	狗娘 kəɯ^{33}ȵiɔ^{53}
54 永康	街狗 tɕia^{33}kəu^{334}	雄街狗 ioŋ^{33}tɕia^{33}kəu^{52}小	街狗娘 tɕia^{33}gəu^{31}ȵiaŋ^{241}小
55 武义	街狗 tɕia^{55}kɑu^{445}	雄狗 ioŋ^{55}kɑu^{445}	狗娘 kɑu^{53}ȵiɑŋ^{324}
56 磐安	狗 kɐɯ^{334}	雄狗儿 iɔom^{21}kɐɯn^{52}	狗娘 kɐɯ^{55}ȵiɒ^{0}
57 缙云	街狗 kɑ^{44}kɤ^{51}	雄街狗 ɔ̃ũ^{44}kɑ^{44}kɤ^{51}	街狗娘 kɑ^{44}kɤ^{51}ȵiɑ^{243}
58 衢州	狗 kɯ^{35}	雄狗 yoŋ^{21}kɯ^{35}	狗娘 kɯ^{35}ȵiã^{21}
59 衢江	狗 ku^{25}	狗牯 ku^{33}kuɤ^{25}	狗娘 ku^{33}ȵiã^{53}
60 龙游	狗 kəɯ^{35}	狗牯 gəɯ^{22}ku^{35}	狗娘 kəɯ^{35}ȵiã^{21}
61 江山	狗 ku^{241}	狗牯 ku^{44}kuə^{241}	狗娘 ku^{44}ȵiaŋ^{213}
62 常山	狗 ku^{52}	狗牯 ku^{43}kuə^{52}	狗娘 ku^{43}ȵiã^{341}
63 开化	狗 ku^{53}	狗牯 ku^{44}kuo^{53}	狗娘 ku^{53}ȵiã^{231}
64 丽水	街狗 kuɔ^{44}kɯ^{544}	雄街狗 iɔŋ^{22}kuɔ^{44}kɯ^{544}	草街狗 tsʰə^{52}kuɔ^{44}kɯ^{544}
65 青田	街狗 kɑ^{33}kæi^{454}	街狗牯 kɑ^{33}kæi^{33}kø^{454}	街狗嬷 kɑ^{33}kæi^{55}mu^{53}
66 云和	街狗 kɔ^{44}kəɯ^{41}	街狗牯 kɔ^{44}kəɯ^{44}ku^{41}	街狗嬷 kɔ^{44}kəɯ^{44}mo^{312}

续表

方言点	0277 狗统称	0278 公狗	0279 母狗
67 松阳	犬 $tɕ^hi\tilde{ɛ}^{212}$	犬牯 $tɕ^hi\tilde{ɛ}^{33}kuə^{212}$	犬娘 $tɕ^hi\tilde{ɛ}^{33}ȵi\tilde{a}^{31}$
68 宣平	街狗 $ka^{44}kɯ^{445}$	雄街狗 $yən^{22}ka^{44}kɯ^{445}$	街狗娘 $ka^{44}kɯ^{44}ȵi\tilde{ɑ}^{433}$
69 遂昌	犬 $tɕ^hi\tilde{ɛ}^{533}$	犬牯 $tɕ^hi\tilde{ɛ}^{33}kuə^{533}$	犬娘 $tɕ^hi\tilde{ɛ}^{33}ȵiaŋ^{221}$
70 龙泉	犬 $tɕ^hiᴇ^{51}$	犬牯 $tɕ^hiᴇ^{21}kuɤɯ^{51}$	犬嬷 $tɕ^hiᴇ^{21}mou^{21}$
71 景宁	街狗 $ka^{55}kəɯ^{33}$	街狗牯 $ka^{33}kəɯ^{55}ku^{33}$	街狗嬷 $ka^{33}kəɯ^{55}mo^{41}$
72 庆元	犬 $tɕ^hi\tilde{ɛ}^{33}$	犬牯 $tɕ^hi\tilde{ɛ}^{33}kuɤ^{33}$	犬嬷 $tɕ^hi\tilde{ɛ}^{33}mo^{52}$
73 泰顺	街狗 $ka^{22}kəu^{55}$	街狗牯 $ka^{22}kəu^{22}kø^{55}$	街狗嬷 $ka^{22}kəu^{22}muɔ^{53}$
74 温州	狗 kau^{25}	雄个狗 $ioŋ^{31}ge^{0}kau^{25}$	草个狗 $tɕ^hɜ^{14}ge^{0}kau^{25}$
75 永嘉	狗 kau^{45}	雄狗 $ioŋ^{31}kau^{45}$	草狗 $ts^hə^{53}kau^{45}$
76 乐清	狗 kau^{35}	雄狗 $ioŋ^{31}kau^{35}$	草狗 $tɕ^hiɤ^{42}kau^{35}$
77 瑞安	狗 kau^{35}	雄狗 $ioŋ^{31}kau^{35}$	草狗 $ts^hɛ^{53}kau^{35}$ 狗娘 $kau^{53}ȵiɛ^{21}$
78 平阳	狗 kau^{45}	雄狗 $ioŋ^{13}kau^{35}$	草狗 $tʃ^hɛ^{33}kau^{35}$
79 文成	狗 kau^{45}	雄狗 $ioŋ^{33}kau^{45}$	草狗 $tʃ^hɛ^{33}kau^{45}$
80 苍南	狗 kau^{53}	狗雄 $kau^{42}ioŋ^{31}$	狗娘 $kau^{42}ȵiɛ^{31}$
81 建德徽	狗 $kɤɯ^{213}$	雄狗 $ioŋ^{33}kɤɯ^{213}$	雌狗 $tɕ^hi^{53}kɤɯ^{213}$
82 寿昌徽	狗 $kəɯ^{24}$	雄狗 $iɔŋ^{11}kəɯ^{24}$	狗娘 $kəɯ^{33}ȵi\tilde{ɑ}^{52}$
83 淳安徽	狗 $kɯ^{55}$	雄狗 $ion^{43}kɯ^{55}$	母狗 $ma^{55}kɯ^{21}$
84 遂安徽	狗 $kəɯ^{213}$	公狗 $kəŋ^{55}kəɯ^{21}$	母狗 $m^{55}kəɯ^{33}$
85 苍南闽	狗 kau^{43}	狗牯 $kau^{33}kɔ^{43}$ 公狗 $kɑŋ^{33}kau^{55}$	狗母 $kau^{33}bu^{32}$ 母狗 $bu^{33}kau^{43}$
86 泰顺闽	犬 $k^hɛ^{344}$	犬牯 $k^hɛ^{21}ku^{344}$	犬母 $k^hɛ^{21}mou^{344}$
87 洞头闽	狗 kau^{53}	狗公 $kau^{212}kaŋ^{24}$	狗母 $kau^{212}bu^{53}$
88 景宁畲	野狗 $ia^{55}kau^{325}$	野狗公 $ia^{55}kau^{55}koŋ^{44}$ 野狗牯 $ia^{55}kau^{55}ku^{325}$	野狗娘 $ia^{55}kau^{55}ȵiɔŋ^{51}$

方言点	0280 叫狗～	0281 兔子	0282 鸡
01 杭州	叫 tɕiɔ^{45}	兔儿 t^{h}u^{45}əl^{53}	鸡 tɕi^{334}
02 嘉兴	叫 tɕiɔ^{224}	兔子 t^{h}ou^{24}tsɿ^{21}	鸡 tɕi^{42}
03 嘉善	叫 tɕiɔ^{334}	兔子 t^{h}u^{55}tsɿ^{0}	鸡 tɕi^{53}
04 平湖	叫 tɕiɔ^{334}	兔子 t^{h}u^{44}tsɿ^{0}	鸡 tɕi^{53}
05 海盐	叫 tɕiɔ^{334}	兔子 t^{h}u^{55}tsɿ^{21}	鸡 tɕi^{53}
06 海宁	叫 tɕiɔ^{35}	兔子 t^{h}əu^{55}tsɿ^{53}	鸡 tɕi^{55}
07 桐乡	叫 tɕiɔ^{334}	兔子 t^{h}əu^{33}tsɿ^{53}	鸡 tɕi^{44}
08 崇德	叫 tɕiɔ^{334}	兔子 t^{h}u^{33}tsɿ^{53}	鸡 tɕi^{44}
09 湖州	叫 tɕiɔ^{35}	兔子 t^{h}əu^{33}tsɿ^{35}	鸡 tɕi^{44}
10 德清	叫 tɕiɔ^{334}	兔子 t^{h}əu^{33}tsɿ^{35}	鸡 tɕi^{44}
11 武康	叫 tɕiɔ^{224}	兔子 t^{h}u^{33}tsɿ^{35}	鸡 tɕi^{44}
12 安吉	叫 tɕiɔ^{324}	兔子 t^{h}u^{32}tsɿ^{213}	鸡 tɕi^{55}
13 孝丰	叫 tɕiɔ^{324}	兔子 t^{h}u^{32}tsɿ^{213}	鸡 tɕi^{44}
14 长兴	叫 tʃiɔ^{324}	兔子 t^{h}əu^{32}tsɿ^{24}	鸡 tʃɿ^{55}
15 余杭	叫 tɕiɔ^{423}	兔子 t^{h}u^{53}tsɿ^{35} 野兔子儿 ia^{53}t^{h}u^{53}tsɿ^{35}n^{31}	鸡 tɕi^{44}
16 临安	叫 tɕiɔ^{55}	兔子 t^{h}u^{55}tsɿ^{55}	鸡 tɕi^{55}
17 昌化	叫 tɕiɔ^{544}	毛兔 mɔ^{11}t^{h}u^{453}	鸡 tsɿ^{334}
18 於潜	叫 tɕiɔ^{35}	毛兔 mɔ^{22}t^{h}u^{35}	鸡 tɕi^{433}
19 萧山	喊 xɛ^{42}	兔 t^{h}u^{42}	鸡 tɕi^{533}
20 富阳	叫 tɕiɔ^{335}	兔子 t^{h}ʊ^{335}tsɿ^{53}	鸡 tɕi^{53}
21 新登	叫 tɕiɔ^{45}	兔子 t^{h}u^{45}dzɿ^{21}	鸡 tɕi^{53}
22 桐庐	叫 tɕiɔ^{35}	毛兔 mɔ^{21}t^{h}u^{35}	鸡 tɕi^{533}
23 分水	叫 tɕiɔ^{24}	毛兔 mɔ^{21}t^{h}u^{24}	鸡 tɕi^{44}

续表

方言点	0280 叫狗～	0281 兔子	0282 鸡
24 绍兴	叫 tɕiɔ^{33}	兔 t^{h}u^{33}	鸡 tɕi^{53}
25 上虞	叫 tɕiɔ^{53}	兔 t^{h}u^{53}	鸡 tɕi^{35}
26 嵊州	吠 bi^{24}	兔 t^{h}u^{334}	鸡 tɕi^{534}
27 新昌	吠 bi^{13}	兔 t^{h}u^{335}	鸡 tɕi^{534}
28 诸暨	叫 tɕiɔ^{544}	兔 t^{h}u^{544}	鸡 tʃʅ^{544}
29 慈溪	叫 tɕiɔ^{44}	兔 t^{h}u^{44}	鸡 tɕi^{35}
30 余姚	叫 tɕiɔ^{44}	兔 t^{h}u^{44} 小白兔 ɕiɔ^{34}baʔ^{2}t^{h}u^{44}	鸡 tɕi^{44}
31 宁波	叫 tɕio^{44}	兔 t^{h}u^{35}	鸡 tɕi^{35}
32 镇海	叫 tɕio^{53}	兔 t^{h}u^{35}	鸡 tɕi^{35}
33 奉化	叫 tɕiɔ^{53}	兔 t^{h}u^{53}	鸡 tɕi^{545}
34 宁海	嚎 au^{213}	毛兔 mau^{21}t^{h}u^{35}	嘎嘎鸡 ka^{33}ka^{0}tsʅ^{53} 嘎嘎 ka^{33}ka^{53}
35 象山	叫 tɕio^{53}	毛兔 mɔ^{31}t^{h}u^{53}	鸡 tɕi^{44}
36 普陀	叫 tɕiɔ^{55}	兔 t^{h}u^{55}	鸡 tɕi^{45}小
37 定海	叫 tɕio^{44}	兔 t^{h}u^{44}	鸡 tɕi^{45}小
38 岱山	叫 tɕio^{44}	兔 t^{h}u^{44}	鸡 tɕi^{325}小
39 嵊泗	叫 tɕio^{53}	兔 t^{h}u^{53}	鸡 tɕi^{445}小
40 临海	嚎 o^{21}	毛兔 mɔ^{33}t^{h}u^{55}	鸡 ki^{31}/tɕi^{31}
41 椒江	吭 ɔ̃^{31}	兔 t^{h}əu^{55}	鸡 tɕi^{35}小
42 黄岩	吭 ɔ̃^{121}	兔 t^{h}ou^{55}	鸡 tɕi^{35}小
43 温岭	吭 ɔ̃^{31}	兔 t^{h}u^{55}	鸡 tɕi^{15}小
44 仙居	喊 ha^{55}调殊	毛兔 mɐɯ^{55}t^{h}u^{55}	鸡 tɕi^{334}
45 天台	嚎 au^{224}	毛兔 mau^{22}t^{h}u^{55}	鸡 ki^{33}

续表

方言点	0280 叫狗～	0281 兔子	0282 鸡
46 三门	嚎 ɑu^{113}	毛兔 mɑu^{55}tʰu^{55}	鸡 tɕi^{334}
47 玉环	嚎 ɔ^{31}	兔 tʰəu^{55}	鸡 tɕi^{35}小
48 金华	叫 tɕiɑo^{55}	兔 tʰu^{55}	鸡 tɕie^{334}
49 汤溪	吠 bie^{341}	兔 tʰu^{52}	鸡 tɕie^{24}
50 兰溪	叫 tɕiɔ^{45}	兔儿 tʰu^{45}nə^{52}	鸡 tɕie^{334}
51 浦江	吠 vi^{24}	兔儿 tʰun^{53}	鸡 tʃi^{534}
52 义乌	□ hɔ^{45}	兔儿 tʰun^{423}	鸡 tɕi^{335}
53 东阳	□ hɔ^{44}	兔儿 tʰun^{53}	鸡 tɕi^{334}
54 永康	□ xa^{52}	兔 tʰu^{52}	鸡 tɕie^{55}
55 武义	叫 ie^{53}	兔儿 tʰen^{53}	鸡 tɕie^{24}
56 磐安	喊 xɒ^{52}	兔儿 tʰun^{52}	鸡 tɕi^{445}
57 缙云	喊 xɑ^{51}	毛兔 mɔ^{21}tʰu^{453}	鸡 tɕi^{44}
58 衢州	叫 tɕiɔ^{53}	兔儿 tʰu^{53}ȵi^{21}	鸡 tsɿ^{32}
59 衢江	叫 iɔ^{53}	兔 tʰɤ^{53}	鸡 ie^{33}
60 龙游	吠 bi^{231}	兔 tʰu^{51}	鸡 tɕi^{334}
61 江山	狺 ɐ̃^{213}	食鼠 ʑiᴇʔ^{2}tɕʰiə^{241}	鸡 iə^{44}
62 常山	叫 iɤ^{324}	食鼠 zeʔ^{34}tɕʰy^{0} 家兔 兔 tʰuə^{324}	鸡 ie^{44}
63 开化	叫 iəɯ^{412}	兔儿 tʰuo^{44}ȵi^{53}	鸡 iɛ^{44}
64 丽水	吠 bi^{131}	兔 tʰu^{52}	鸡 tsɿ^{224}
65 青田	叫 tɕiœ^{33}	毛兔 mo^{21}tʰɛ^{445}	鸡 tsɿ^{445}
66 云和	吠 bi^{223}	兔 tʰu^{45}	鸡 tsɿ^{24}
67 松阳	吠 bi^{22}	兔儿 tʰuə^{33}n^{24}	鸡 tsɿə^{53}
68 宣平	吠 bi^{231}	兔 tʰu^{52}	鸡 tsɿ^{324}

续表

方言点	0280 叫狗～	0281 兔子	0282 鸡
69 遂昌	吠 bi^{13}	兔儿 tʰuə^{33}ȵiɛ^{221}	鸡 iɛ^{45}
70 龙泉	吠 pi^{51}	兔儿 tʰɤɯ^{21}ȵi^{21}	鸡 i^{434}
71 景宁	吠 bi^{113}	兔 tʰy^{45}小	鸡 tɕi^{324}
72 庆元	吠 pæi^{221} 叫 iɒ^{11}	兔儿 tʰæ̃^{55}	鸡 iᴇ^{335}
73 泰顺	吠 pi^{22}	兔 tʰø^{33}小	鸡 tsɿ^{213}
74 温州	叫 tɕiɛ^{51}	兔儿 tʰø^{22}ŋ^{12}	鸡 tsɿ^{33}
75 永嘉	叫 tɕyə^{53}	兔儿 tʰəɯ^{53}ŋ^{0}/tʰəɯ^{33}ŋ^{0}	鸡 tɕiai^{44}
76 乐清	吠 bi^{22}	兔 tʰy^{41}	吃谷鸡 tɕʰiɤ^{34}ku^{3}tɕi^{44}
77 瑞安	叫 tɕy^{53}	兔儿 tʰəɯ^{53}ŋ^{0}	鸡 tɕi^{44}
78 平阳	叫 tɕye^{53}	兔儿 tʰyŋ^{35}	鸡 tɕi^{55}
79 文成	叫 tɕyø^{53}	毛兔 mo^{21}tʰɵy^{33}	鸡 tɕi^{55}
80 苍南	叫 tɕyɔ^{42}	兔儿 tʰueŋ^{223}	鸡 tɕi^{44}
81 建德徽	叫 tɕiɔ^{33}	兔儿 tʰu^{33}n^{55}	鸡 tɕi^{53}
82 寿昌徽	叫 tɕiɤ^{33}	白兔 pəʔ^{3}tʰu^{55}	鸡 tɕi^{112}
83 淳安徽	叫 tɕiɤ^{24}	兔 tʰa^{24}	鸡 tɕi^{24}
84 遂安徽	吠 pʰi^{52}	兔 tʰu^{43}	鸡 tɕiɛ^{534}
85 苍南闽	吠 pui^{21}	兔囝 tʰɔ^{33}kã^{43}	鸡 kue^{55}
86 泰顺闽	□ uo^{31}	兔囝 tʰu^{21}ki^{344}	鸡 kei^{213}
87 洞头闽	吠 pui^{21}	兔仔 tʰɔ^{212}a^{53}	鸡 kue^{33}
88 景宁畲	喽 uo^{325}	兔 tʰu^{55}	鸡 kiai^{44}

方言点	0283 公鸡成年的，未阉的	0284 母鸡已下过蛋的	0285 叫公鸡～（即打鸣儿）
01 杭州	雄鸡 ioŋ^{22}tɕi^{45}	婆鸡 bəu^{22}tɕi^{45}	叫 tɕiɔ^{45}
02 嘉兴	雄鸡 ioŋ^{21}tɕi^{33}	老伏鸡 lɔ^{21}bu^{21}tɕi^{42}	叫 tɕiɔ^{224}
03 嘉善	雄鸡 ioŋ^{13}tɕi^{53}	雌鸡 tsʰɿ^{35}tɕi^{53}	叫 tɕiɔ^{334}
04 平湖	雄鸡 ioŋ^{24}tɕi^{53}	雌鸡 tsʰɿ^{55}tɕi^{31}	啼 di^{31} 叫 tɕiɔ^{334}
05 海盐	雄鸡 ioŋ^{24}tɕi^{53}	雌鸡 tsʰɿ^{55}tɕi^{53}	叫 tɕiɔ^{334}
06 海宁	骚骨头雄鸡 sɔ^{55}koʔ^{5}dəɯ^{31} ioŋ^{33}tɕiŋ^{33}	老母鸡 lɔ^{13}m^{55}tɕi^{0}	叫 tɕiɔ^{35}
07 桐乡	雄鸡 ioŋ^{21}tɕi^{44}	母鸡 m^{242}tɕi^{44}	叫 tɕiɔ^{334}
08 崇德	雄鸡 ioŋ^{21}tɕi^{44}	母鸡 m^{55}tɕi^{0}	啼 di^{13}
09 湖州	雄鸡 ioŋ^{33}tɕi^{35}	母鸡 m^{53}tɕi^{13}	啼 di^{112}
10 德清	雄鸡 ioŋ^{11}tɕi^{35}	生蛋鸡 sã^{44}dɛ^{44}tɕi^{44}	叫 tɕiɔ^{334}
11 武康	雄鸡 ioŋ^{33}tɕi^{35}	生蛋鸡 sã^{44}dɛ^{44}tɕi^{44}	叫 tɕiɔ^{224}
12 安吉	雄鸡 ioŋ^{22}tɕi^{22}	母鸡 m^{52}tɕi^{21}	啼 di^{22}
13 孝丰	雄鸡 ioŋ^{22}tɕi^{22} 骚雄鸡 sɔ^{44}ioŋ^{44}tɕi^{44}	老母鸡 lɔ^{45}m^{21}tɕi^{21}	啼 di^{22}
14 长兴	雄乖⁼头 ioŋ^{12}kua^{22}dei^{33}	老母鸡 lɔ^{45}m^{55}tʃʅ^{21}	叫 tʃiɔ^{324}
15 余杭	雄鸡 ioŋ^{31}tɕi^{35}	牸鸡 tsɿ^{55}tɕi^{55}	啼 di^{243}
16 临安	雄鸡 ioŋ^{33}tɕi^{55}	鸡娘 tɕi^{53}ȵiã^{33}	叫 tɕi^{55}
17 昌化	雄鸡 yəŋ^{11}tsɿ^{334}	母鸡 m^{45}tsɿ^{53} 老母鸡 lɔ^{23}m^{45}tsɿ^{53}	叫 tɕiɔ^{544}
18 於潜	公鸡 koŋ^{43}tɕi^{433}	母鸡 mu^{53}tɕi^{31}	叫 tɕiɔ^{35}
19 萧山	雄鸡 yoŋ^{13}tɕi^{33}	鸡娘 tɕi^{33}ȵiã^{33}	啼 di^{355}
20 富阳	雄鸡 yoŋ^{13}tɕi^{55}	鸡娘 tɕi^{55}ȵiɑ̃^{55}	叫 tɕiɔ^{335}
21 新登	谷⁼鸡 kɔʔ^{5}tɕi^{334}	鸡婆 tɕi^{53}bu^{233}	啼 di^{233}
22 桐庐	雄鸡 ioŋtɕi^{35}	母鸡 m^{33}tɕi^{55}	叫 tɕiɔ^{35}

续表

方言点	0283 公鸡成年的，未阉的	0284 母鸡已下过蛋的	0285 叫公鸡～(即打鸣儿)
23 分水	雄鸡 ioŋ^{21}tɕi^{44}	鸡婆 tɕi^{44}bo^{21}	叫 tɕiɔ^{24}
24 绍兴	雄鸡 ioŋ^{22}tɕi^{53}	鸡娘 tɕi^{33}ȵiaŋ^{231}	啼 di^{231}
25 上虞	雄鸡 yoŋ^{21}tɕi^{35}	鸡娘 tɕi^{33}ȵiã^{213}	啼 di^{213}
26 嵊州	雄鸡 ioŋ^{22}tɕi^{334}	鸡娘婆 tɕi^{53}ȵiaŋ^{22}bo^{231}	啼 di^{213}
27 新昌	雄鸡 yoŋ^{13}tɕi^{534}	草鸡 ts^{h}ɔ^{33}tɕi^{53}	啼 di^{22}
28 诸暨	雄鸡 iom^{21}tʃʅ^{42}	鸡娘 tʃʅ^{21}niã^{242}	啼 dʅ^{13}
29 慈溪	雄鸡 iuŋ^{11}tɕi^{35}	鸡娘 tɕi^{33}ȵiã^{13}	啼 di^{13}
30 余姚	雄鸡 iuŋ^{13}tɕi^{44}	鸡娘 tɕi^{44}ȵiaŋ^{13}	啼 di^{13}
31 宁波	咯咯郎 goʔ^{2}goʔ^{2}lɔ^{13}	鸡娘 tɕi^{44}ȵia^{53}	啼 di^{13}
32 镇海	雄鸡 yoŋ^{22}tɕi^{53}	草鸡 ts^{h}ɔ^{33}tɕi^{44}	啼 di^{24}
33 奉化	咯咯洞$^{=}$ koʔ^{2}koʔ^{2}doŋ^{33}	鸡娘薄$^{=}$乱 tɕi^{44}ȵiã^{33}boʔ^{2}lø^{33}	啼 di^{33}
34 宁海	雄鸡 ioŋ^{21}tsɿ^{34} 雄鸡头 ioŋ^{21}tsɿ^{33}diu^{31}	鸡娘 tsɿ^{34}ȵiã^{31} 草鸡 ts^{h}au^{33}tsɿ^{53}	啼 di^{213}
35 象山	骚强$^{=}$雄 sɔ^{53}dʑiã^{31}yoŋ^{31}	鸡娘 tɕi^{44}ȵiã^{13}	啼 di^{31}
36 普陀	种鸡 tsoŋ^{55}tɕi^{55}	草鸡 ts^{h}ɔ^{55}tɕi^{55} 蛋鸡 dɛ^{11}tɕi^{55}	叫 tɕiɔ^{55}
37 定海	雄鸡 yoŋ^{33}tɕi^{52}	草鸡 ts^{h}ɔ^{44}tɕi^{44}	啼 di^{23}
38 岱山	雄鸡 yoŋ^{33}tɕi^{52}	草鸡 ts^{h}ɔ^{44}tɕi^{44}	啼 di^{23}
39 嵊泗	雄鸡 yoŋ^{33}tɕi^{45}	草鸡 ts^{h}ɔ^{44}tɕi^{44}	啼 di^{243}
40 临海	雄鸡 yoŋ^{35}tɕi^{31}	鸡娘 tɕi^{33}ȵiã^{51}	啼 di^{21}
41 椒江	雄鸡 yoŋ^{24}tɕi^{42}	鸡娘 tɕi^{33}ȵiã^{41}	啼 di^{31}
42 黄岩	雄鸡 yoŋ^{24}tɕi^{32}	鸡娘 tɕi^{35}ȵiã^{41}	啼 di^{121}
43 温岭	雄鸡 yuŋ^{24}tɕi^{31}	鸡娘 tɕi^{35}ȵiã^{41} 鸡种 tɕi^{33}tɕyuŋ^{42}	啼 di^{31}

续表

方言点	0283 公鸡成年的，未阉的	0284 母鸡已下过蛋的	0285 叫公鸡～(即打鸣儿)
44 仙居	雄鸡 ioŋ^{33}tɕi^{334}	鸡娘 tɕi^{53}ȵia^{0}	啼 di^{213}
45 天台	雄鸡 yuŋ^{22}ki^{33}	草鸡 tsʰau^{32}ki^{51}	啼 di^{224}
46 三门	雄鸡 ioŋ^{11}tɕi^{334}	草鸡 tsʰɑu^{32}tɕi^{52}	啼 di^{113}
47 玉环	雄鸡 ioŋ^{24}tɕi^{42}	鸡娘 tɕi^{33}ȵia^{41}	叫 tɕiɔ^{55}
48 金华	雄鸡 ioŋ^{31}tɕie^{55}	草鸡 tsʰɑo^{55}tɕie^{334}	啼 die^{313}
49 汤溪	雄鸡□ iɑo^{33}tɕie^{33}kua^{55}	鸡娘 tɕie^{24}ȵiɔ^{0}	啼 die^{11}
50 兰溪	雄鸡 ioŋ^{21}tɕie^{45}	鸡娘 tɕie^{334}ȵiɑŋ^{45}	啼 die^{21}
51 浦江	雄鸡 yon^{24}tʃi^{334}	草鸡儿 tsʰɯ^{33}tʃin^{53}	啼 di^{113}
52 义乌	雄鸡 ioŋ^{22}tɕi^{45}	鸡娘 tɕi^{33}ȵiɔ^{45}	啼 di^{213}
53 东阳	雄鸡 iɔm^{22}tɕi^{53}	草鸡 tsʰɐɯ^{44}tɕi^{33}	啼 di^{213}
54 永康	雄鸡 ioŋ^{31}tɕie^{55}	鸡娘 tɕie^{33}ȵiɑŋ^{22}	啼 die^{22}
55 武义	雄鸡 ioŋ^{32}tɕie^{53}	鸡娘 tɕie^{32}ȵiɑŋ^{53}	啼 die^{324}
56 磐安	雄鸡 iɔom^{21}tɕi^{52}	鸡娘 tɕi^{33}ȵiɒ^{52}	啼 di^{213}
57 缙云	雄鸡 iɔ̃ũ^{44}tɕi^{44}	鸡娘 tɕi^{44}ȵiɑ^{453} 草鸡 tɕʰiəɤ^{51}tɕi^{44}	啼 di^{243}
58 衢州	雄鸡 yoŋ^{21}tsɿ^{32}	鸡娘 tsɿ^{32}ȵiã^{53}	叫 tɕiɔ^{53}
59 衢江	烘$^{=}$鸡 xəŋ^{33}ie^{33}	鸡娘 ie^{25}ȵiã^{31}	叫 iɔ^{53}
60 龙游	雄鸡牯 ioŋ^{33}tɕi^{33}ku^{35}	鸡娘 tɕi^{35}ȵiã^{21}	叫 iɔ^{51}
61 江山	汉$^{=}$鸡 xɒŋ^{44}iə^{44}	鸡娘 iə^{24}ȵiaŋ^{51}	叫 iɐɯ^{51}
62 常山	鸡烘$^{=}$ ie^{44}xoŋ^{44}	鸡娘 ie^{52}ȵiã^{0}	叫 iɤ^{324}
63 开化	骚鸡烘$^{=}$ səɯ^{44}iɛ^{44}xɤŋ^{44}	鸡娘 iɛ^{44}ȵiã^{231}	叫 iəɯ^{412}
64 丽水	雄鸡 iɔŋ^{22}tsɿ^{224}	鸡嬷 tsɿ^{224}muo^{52}	啼 di^{22}
65 青田	荒$^{=}$鸡 xo^{22}tsɿ^{445}	鸡嬷 tsɿ^{55}mu^{53}	叫 tɕiœ^{33}
66 云和	鸡荒$^{=}$ tsɿ^{44}xɔ̃^{24}	鸡嬷 tsɿ^{44}mo^{312}	啼 di^{312}

续表

方言点	0283 公鸡成年的，未阉的	0284 母鸡已下过蛋的	0285 叫公鸡～(即打鸣儿)
67 松阳	荒⁼鸡 xoŋ^{24}tsɿə^{53}	鸡娘 tsɿə^{33}ȵiã^{31}	叫 iɔ^{24}
68 宣平	雄鸡 yən^{43}tsɿ^{324}	鸡娘 tsɿ^{44}ȵiɑ̃^{433}	啼 di^{433}
69 遂昌	荒⁼鸡 xoŋ^{33}iɛ^{45}	鸡娘 iɛ^{55}ȵiaŋ^{213}	叫 iɐɯ^{334}
70 龙泉	鸡荒⁼ i^{44}xoŋ^{434}	鸡嬷 i^{45}mou^{21}	啼 di^{21}
71 景宁	鸡荒⁼ tɕi^{33}xoŋ^{324}	鸡嬷 tɕi^{33}mo^{41}	啼 di^{41}
72 庆元	鸡荒⁼ iᴇ^{33}xɔ̃^{11}	鸡嬷 iᴇ^{33}mo^{52}	叫 iɒ^{11}
73 泰顺	鸡荒⁼ tsɿ^{22}xɔ̃^{213}	鸡嬷 tsɿ^{22}muɔ^{53}	啼 ti^{53}
74 温州	雄鸡 ioŋ^{22}tsɿ^{33}	草鸡娘 tsʰɜ^{34}tsɿ^{33}ȵi^{223}	啼 dei^{31}
75 永嘉	雄鸡 ioŋ^{22}tɕʰiai^{44}	鸡娘 tɕiai^{33}ȵiɛ^{21}	啼 dei^{31}
76 乐清	雄鸡 ioŋ^{22}tɕi^{44}	鸡娘 tɕi^{44}ȵiɯʌ^{223}	啼 di^{31}
77 瑞安	雄鸡 ioŋ^{22}tɕi^{44}	草鸡娘 tsʰɛ^{35}tɕi^{33}ȵiɛ^{21}	叫 tɕy^{53} 啼 dei^{31}
78 平阳	雄鸡 ioŋ^{21}tɕi^{35}	草鸡 tʃʰɛ^{33}tɕi^{35}	叫 tɕye^{53}
79 文成	鸡花⁼ tɕi^{33}xo^{33}	鸡娘 tɕi^{33}ȵie^{33}	啼 dei^{113}
80 苍南	雄鸡 ioŋ^{11}tɕi^{44}	□伏鸡娘 lia^{53}bu^{11}tɕi^{33}ȵiɛ^{112}	叫 tɕyɔ^{42} 啼 di^{31}
81 建德徽	雄鸡 ioŋ^{33}tɕi^{53}	母鸡 m^{55}tɕi^{53}	叫 tɕiɔ^{33}
82 寿昌徽	雄鸡头 iɔŋ^{11}tɕi^{11}tʰəɯ^{55}	鸡娘 tɕi^{11}ȵiɑ̃^{55}	叫 tɕiɤ^{33}
83 淳安徽	雄鸡公 ion^{43}tɕi^{21}kon^{55}	母鸡 ma^{55}tɕi^{55}	叫 tɕiɤ^{24}
84 遂安徽	公鸡 kəŋ^{55}tɕiɛ^{213}	母鸡 m^{55}tɕiɛ^{33}	叫 tɕiɔ^{43}
85 苍南闽	鸡角 kue^{33}kɐ^{43}	鸡母 kue^{33}bu^{43}	啼 tʰi^{24}
86 泰顺闽	鸡角 kei^{21}køʔ^{5}	鸡母 kei^{21}mou^{344}	啼 tʰei^{22}
87 洞头闽	鸡角 kue^{212}kɐk^{5}	鸡母 kue^{212}bu^{53}	啼 tʰi^{113}
88 景宁畲	鸡公 kiai^{44}koŋ^{44}	鸡娘 kiai^{44}ȵiɔŋ^{22}	啼 tʰai^{22}

方言点	0286 下鸡～蛋	0287 孵～小鸡	0288 鸭
01 杭州	生 səŋ^{334}	伏 bu^{13}	鸭儿 iɛʔ^{5} əl^{0}
02 嘉兴	生 sᴀ̃^{42}	伏 bu^{113}	鸭 ᴀʔ^{5}
03 嘉善	生 sæ̃^{53}	伏 bu^{113}	鸭 ɜʔ^{5}
04 平湖	生 sã^{53}	伏 bu^{213}	鸭 aʔ^{35}
05 海盐	生 sɛ̃^{53}	伏 bu^{213}	鸭 aʔ^{5}
06 海宁	生 sɑ̃^{55}	伏 bu^{13}	鸭 aʔ^{5}
07 桐乡	生 sã^{44}	伏 bu^{213}	鸭 aʔ^{5}
08 崇德	生 sã^{44}	伏 bu^{13}	鸭 aʔ^{5}
09 湖州	生 sã^{44}	伏 bu^{112}	鸭 aʔ^{2}
10 德清	生 sã^{44}	伏 bu^{113}	鸭 aʔ^{5}
11 武康	生 sã^{44}	伏 bu^{113}	鸭 ɜʔ^{5}
12 安吉	生 sã^{55}	伏 bu^{213}	鸭 ɐʔ^{5}
13 孝丰	生 sã^{44}	伏 bu^{213}	鸭 aʔ^{5}
14 长兴	生 sã^{44}	伏 bu^{24}	鸭甜$^{=}$甜$^{=}$ aʔ^{5} di^{44} di^{44}
15 余杭	生 sɑ̃^{44}	伏 bu^{213}	鸭儿 aʔ^{5} n^{31}
16 临安	生 sɑ̃^{55}	伏 bu^{33}	鸭 ɐʔ^{5}
17 昌化	生 sã^{334}	伏 bu^{243}	鸭 aʔ^{5}
18 於潜	生 saŋ^{433}	伏 pu^{35}	鸭 ŋɐʔ^{53}
19 萧山	生 sã^{533}	伏 bu^{242}	鸭 aʔ^{5}
20 富阳	生 sã^{53}	伏 bu^{224}	鸭 aʔ^{5}
21 新登	生 sɛ^{53}	伏 bu^{13}	鸭 aʔ^{5}
22 桐庐	生 sã^{533}	伏 bu^{13}	鸭 aʔ^{5}
23 分水	生 sən^{44}	伏 bu^{13}	鸭 aʔ^{5}
24 绍兴	生 saŋ^{53}	伏 bu^{22}	鸭 ɛʔ^{5}

续表

方言点	0286 下鸡～蛋	0287 孵～小鸡	0288 鸭
25 上虞	生 sã^{35}	伏 bu^{31}	鸭 ɐʔ^{5}
26 嵊州	生 saŋ^{534}	伏 bu^{24}	鸭 ɛʔ^{5}
27 新昌	生 saŋ^{534}	伏 bu^{13}	鸭 ɛʔ^{5}
28 诸暨	生 sã^{544}	伏 bu^{33}	鸭 aʔ^{5}
29 慈溪	生 sã^{35}	伏 bu^{13}	鸭 ɛ^{35}小/aʔ^{5}
30 余姚	生 saŋ^{44}	伏 bu^{13}	鸭 aʔ^{5}
31 宁波	生 sa^{53}	伏 bu^{13}	鸭 ɛ^{35}小
32 镇海	生 sã^{53}	伏 bu^{24}	鸭 ɛ^{35}小/aʔ^{5}
33 奉化	生 sã^{44}	伏 bu^{31}	鸭 ɛ^{545}小
34 宁海	生 sã^{423}	伏 bu^{213}	鸭 aʔ^{5}
35 象山	生 sã^{44}	伏 bu^{13}	鸭 aʔ^{5}
36 普陀	生 sã^{53}	伏 bu^{13}老 焐 u^{55}新	鸭 ɛ^{45}小
37 定海	生 sã^{52}	伏 bu^{23}老 焐 u^{44}新	鸭 ɐʔ^{5}/ɛ^{45}小
38 岱山	生 sã^{52}	焐 u^{44}	鸭 ɐʔ^{5}/ɛ^{325}小
39 嵊泗	生 sã^{53}	焐 u^{53}	鸭 ɛ^{445}小
40 临海	生 sã^{31}	伏 bu^{324}	鸭 ɛ^{353}小
41 椒江	生 sã^{42}	伏 bu^{24}	鸭 ɛ^{51}小
42 黄岩	生 sã^{32}	伏 bu^{24}	鸭 ɛ^{53}小
43 温岭	生 sã^{33}	伏 bu^{13}	鸭 ɛ^{51}小
44 仙居	生 sã^{334}	伏 bu^{24}	鸭 ɑʔ^{53}小
45 天台	生 sa^{33}	伏 bu^{35}	鸭 e^{31}小
46 三门	生 sɛ^{334}	伏 bu^{243}	鸭 ɛ^{52}小

续表

方言点	0286 下鸡～蛋	0287 孵～小鸡	0288 鸭
47 玉环	生 sã^{42}	伏 bu^{22}	鸭 ɛ^{53}小
48 金华	生 sɑŋ^{334}	伏 bu^{14}	鸭 uɑ^{55}小
49 汤溪	生 sa^{24}	伏 bu^{341}	鸭 uɑ^{55}小
50 兰溪	生 sæ^{334}	伏 bu^{24}	鸭儿 uɑʔ^{34} nə^{45}
51 浦江	生 sɛ̃^{423}	伏 bu^{24}	鸭儿 iɑn^{423}
52 义乌	生 sɛ^{335}	伏 bu^{24}	鸭儿 ɔn^{324}
53 东阳	生 sɛ^{334}	伏 bu^{213}	鸭儿 ɔn^{53}
54 永康	生 sai^{55}	伏 bu^{241}	鸭 uɑ^{52}小
55 武义	生 sa^{24}	伏 bu^{231}	鸭 uɑ^{53}小
56 磐安	生 sɛ^{445}	伏 bu^{14}	鸭儿 uən^{52}
57 缙云	生 sa^{44}	伏 bu^{213}	鸭 ɑ^{45}小
58 衢州	生 çiã^{32}	伏 bu^{231}	鸭 aʔ^{5}
59 衢江	生 çiɛ^{33}	伏 bɤ^{231}	鸭 aʔ^{5}
60 龙游	生 sɛ^{334}	伏 bu^{231}	鸭 uɔʔ^{4}
61 江山	生 saŋ^{44}	伏 bə^{31}	鸭 aʔ^{5}
62 常山	生 sɪ̃^{44}	伏 buə^{131}	鸭 aʔ^{5}
63 开化	生 sã^{44}	伏 buo^{213}	鸭 aʔ^{5}
64 丽水	生 sã^{224}	伏 bu^{131}	鸭 uɔʔ^{5}
65 青田	生 sɛ^{445}	伏 bø^{22}	鸭 aʔ^{42}
66 云和	生 sɛ^{24}	伏 bu^{223}	鸭 ɔʔ^{5}
67 松阳	生 sã^{53}	伏 buə^{13}	鸭儿 ɔʔ^{3} n^{24}
68 宣平	生 sɛ^{324}	伏 bu^{231}	鸭 ɑʔ^{5}
69 遂昌	生 çiaŋ^{45}	伏 buə^{213}	鸭 aʔ^{5}

续表

方言点	0286 下鸡~蛋	0287 孵~小鸡	0288 鸭
70 龙泉	生 saŋ^{434}	伏 bɤɯ^{224}	鸭 oʔ^{5}
71 景宁	生 sɛ^{324}	伏 bu^{113}	鸭 ɔʔ^{5}
72 庆元	生 sæ̃^{335}	伏 pɤ^{31}	鸭 ɑʔ^{5}
73 泰顺	生 sã^{213}	伏 pø^{22}	鸭 ɔʔ^{5}
74 温州	生 siɛ^{33}	伏 bu^{22}	鸭 a^{323}
75 永嘉	生 sɛ^{44}	伏 bu^{22}	鸭 a^{423}
76 乐清	养 ia^{35}	伏 bu^{22}	鸭 a^{323}
77 瑞安	生 sa^{44}	伏 bɯ^{22}	鸭 ɔ^{323}
78 平阳	生 sA^{55}	伏 bu^{33}	鸭 ɔ^{34}
79 文成	生 sa^{55}	伏 bu^{424}	鸭 ɔ^{34}
80 苍南	生 ɕia^{44}	伏 bu^{11}	鸭 a^{223}
81 建德徽	生 sɛ^{53}	伏 pʰu^{55}	鸭 o^{55}
82 寿昌徽	生 sæ̃^{112}	伏 pʰu^{33}	鸭 uə^{55}
83 淳安徽	生 sɑ̃^{24}	伏 pʰa^{53}	鸭 ɑʔ^{5}
84 遂安徽	生 sã^{534}	伏 pʰu^{52}	鸭 ɑ^{24}
85 苍南闽	生 ɕɪ̃^{55}	伏 pu^{21}	鸭 a^{43}
86 泰顺闽	生 sæŋ^{213}	伏 pu^{31}	鸭 ɛʔ^{5}
87 洞头闽	生 ɕɪ̃^{33}	伏 pu^{21}	鸭 a^{53}
88 景宁畲	生 saŋ^{44}	伏 pʰiəu^{51}	鸭 ɔt^{5}

方言点	0289 鹅	0290 阉～公的猪	0291 阉～母的猪
01 杭州	鹅 ŋəu^{213}	阉 iɛ^{334}	阉 iɛ^{334}
02 嘉兴	鹅 ŋou^{242}	骟 təŋ^{42}	骟 təŋ^{42}
03 嘉善	鹅 ŋu^{132}	镦 ɕiɪ^{334}	镦 ɕiɪ^{334}
04 平湖	鹅 ŋu^{31}	镦 siɛ^{334}	镦 siɛ^{334}
05 海盐	鹅 u^{31}	阉 iɛ^{53}	阉 iɛ^{53}
06 海宁	鹅 u^{13}	阉 ie^{55}	（无）
07 桐乡	鹅 u^{13}	阉 iᴇ^{44}	阉 iᴇ^{44}
08 崇德	鹅 u^{13}	阉 iɪ^{44}	阉 iɪ^{44}
09 湖州	鹅 ŋəu^{112}	阉 ie^{44}	阉 ie^{44}
10 德清	鹅 ŋəu^{113}	阉 ie^{44}	阉 ie^{44}
11 武康	鹅 ŋu^{113}	阉 iɪ^{44}	阉 iɪ^{44}
12 安吉	鹅 ŋʊ^{22}	阉 i^{55}	阉 i^{55}
13 孝丰	鹅 ŋu^{22}	阉 iɪ^{44}	阉 iɪ^{44}
14 长兴	鹅 ŋəu^{12}	阉 i^{44}	阉 i^{44}
15 余杭	鹅 ŋu^{22}	阉 iẽ^{44}	阉 iẽ^{44}
16 临安	白乌龟 bɐʔ^{2} u^{33} kuᴇ^{55}	阉 ie^{55}	阉 ie^{55}
17 昌化	鹅 ŋɯ^{112}	削 ɕiɔ^{334} 骟 tɛ̃^{334}	削 ɕiɔ^{334} 骟 tɛ̃^{334}
18 於潜	鹅 ŋu^{223}	削 tɕiɔ^{433}	削 tɕiɔ^{433}
19 萧山	鹅 ŋo^{355}	阉 ie^{533}	阉 ie^{533}
20 富阳	鹅 ŋɯ^{13}	羯 tɕiɛʔ^{5}	阉 iɛ̃^{53}
21 新登	鹅 u^{233}	羯 tɕiəʔ^{5}	羯 tɕiəʔ^{5}
22 桐庐	鹅 ŋu^{13}	羯 tɕiəʔ^{5}	羯 tɕiəʔ^{5}
23 分水	鹅 ŋo^{22}	羯 tɕiəʔ^{5}	羯 tɕiəʔ^{5}

续表

方言点	0289 鹅	0290 阉～公的猪	0291 阉～母的猪
24 绍兴	白狗 baʔ^{2} kɤ^{334} 老 鹅 ŋo^{231} 新	阉 iẽ^{53}	阉 iẽ^{53}
25 上虞	鹅 ŋʊ^{213} 戆戆 gɔ̃^{21}gɔ̃^{31}	阉 iẽ^{35}	阉 iẽ^{35}
26 嵊州	鹅 ŋo^{213}	阉 iẽ^{534}	阉 iẽ^{534}
27 新昌	鹅 ŋɤ^{22}	阉 iɛ̃^{534}	阉 iɛ̃^{534}
28 诸暨	鹅 ŋɤu^{13}	阉 ie^{544}	阉 ie^{544}
29 慈溪	鹅 ŋəu^{13}	羯 tɕiəʔ^{5}	羯 tɕiəʔ^{5}
30 余姚	鹅 ŋou^{13}	羯 tɕiəʔ^{5}	羯 tɕiəʔ^{5}
31 宁波	鹅 ŋœʏ^{13}	羯 tɕiəʔ^{5}	羯 tɕiəʔ^{5}
32 镇海	鹅 ŋəu^{24}	羯 tɕieʔ^{5}	羯 tɕieʔ^{5}
33 奉化	鹅 ŋø^{324}	羯 tɕiɪʔ^{5}	羯 tɕiɪʔ^{5}
34 宁海	鹅 ŋəu^{31}	阉 ie^{423}	阉 ie^{423}
35 象山	鹅 ŋo^{31}	阉 i^{44}	阉 i^{44}
36 普陀	鹅 ŋəu^{24}	羯 tɕiɛʔ^{5}	羯 tɕiɛʔ^{5}
37 定海	鹅 ŋʌu^{13} 小	羯 tɕieʔ^{5}	羯 tɕieʔ^{5}
38 岱山	鹅 ŋʌu^{213} 小	羯 tɕieʔ^{5}	羯 tɕieʔ^{5}
39 嵊泗	鹅 ŋʏ^{213} 小	羯 tɕiᴇʔ^{5}	羯 tɕiᴇʔ^{5}
40 临海	鹅 ŋo^{21}	阉 i^{31}	阉 i^{31}
41 椒江	鹅 ŋɯ^{24} 小	阉 ie^{42}	阉 ie^{42}
42 黄岩	鹅 ȵie^{24} 小	阉 ie^{32}	阉 ie^{32}
43 温岭	鹅 ŋɯ^{24} 小	羯 tɕiʔ^{5}	阉 ie^{33}
44 仙居	鹅 ŋo^{353} 小	阉 ie^{334}	阉 ie^{334}
45 天台	鹅 ŋou^{51}	阉 ie^{33}	阉 ie^{33}

续表

方言点	0289 鹅	0290 阉～公的猪	0291 阉～母的猪
46 三门	鹅 ŋʊ^{252}	阉 ie^{334}	阉 ie^{334}
47 玉环	鹅 ŋu^{24}小	阉 ie^{35}小	骟 tø^{42}
48 金华	鹅 uɤ^{313}	羯 tɕie^{55}	羯 tɕie^{55}
49 汤溪	鹅 uɤ^{11}	羯 tɕie^{55}	羯 tɕie^{55}
50 兰溪	鹅 uɤ^{21}	扎 tsuɑʔ^{34}	扎 tsuɑʔ^{34}
51 浦江	鹅 ŋɯ^{113}	羯 tɕi^{423}	羯 tɕi^{423}
52 义乌	鹅 uɤ^{213}	羯 tɕie^{324}	羯 tɕie^{324}
53 东阳	鹅 ŋʊ^{213}	羯 tɕiɛʔ^{34}	羯 tɕiɛʔ^{34}
54 永康	鹅 ŋuo^{22}	羯 tɕie^{334}	羯 tɕie^{334}
55 武义	鹅 ŋuo^{324}	羯 tɕie^{53}	羯 tɕie^{53}
56 磐安	鹅 ŋuɤ^{213}	羯 tɕiɛ^{334}	羯 tɕiɛ^{334}
57 缙云	鹅 ŋu^{243}	羯 tɕiɛ^{322}	羯 tɕiɛ^{322}
58 衢州	鹅 ŋu^{21}	抵$^{=}$ ti^{35}	抵$^{=}$ ti^{35}
59 衢江	鹅 ŋou^{212}	抵$^{=}$ ti^{25}	抵$^{=}$ ti^{25}
60 龙游	鹅 ŋu^{21}	抵$^{=}$ ti^{35}	抵$^{=}$ ti^{35}
61 江山	鹅 ŋo^{213}	骟 tuɛ̃^{44}	骟 tuɛ̃^{44}
62 常山	鹅 ŋɔ^{341}	骟 tuɔ̃^{44}	骟 tuɔ̃^{44}
63 开化	鹅 ŋɔ^{231}	骟 tuõ^{44}	骟 tuõ^{44}
64 丽水	□鹭 guɔ^{21} lu^{52}	羯 tɕiɛʔ^{5}	羯 tɕiɛʔ^{5}
65 青田	□鹅 gɑ^{22} ŋu^{53}	羯 tɕiæʔ^{42}	羯 tɕiæʔ^{42}
66 云和	鹅 ŋ^{312}	羯 tɕiɛʔ^{5}	羯 tɕiɛʔ^{5}
67 松阳	鹅儿 ŋ^{21} n^{24}	羯 tɕiɛʔ^{5}	羯 tɕiɛʔ^{5}
68 宣平	鹅 ŋo^{433}	羯 tɕiəʔ^{5}	羯 tɕiəʔ^{5}

续表

方言点	0289 鹅	0290 阉～公的猪	0291 阉～母的猪
69 遂昌	鹅 ŋu^{221}	抵$^{=}$ tiɛ^{533}	羯 tɕiɛʔ^{5}
70 龙泉	鹅 ŋou^{21}	羯 tɕiᴇʔ^{5}	羯 tɕiᴇʔ^{5}
71 景宁	鹅 ŋo^{41}	羯 tɕiɛʔ^{5}	羯 tɕiɛʔ^{5}
72 庆元	鹅 ŋo^{52}	骟 ɗæ̃^{335}	骟 ɗæ̃^{335}
73 泰顺	鹅 ŋo^{53}	羯 tɕiɛʔ^{5}	羯 tɕiɛʔ^{5}
74 温州	雁鹅 ga^{31} ŋ^{21}	骟 tø^{33}	骟 tø^{33}
75 永嘉	鹅 ŋo^{31}	羯 tɕi^{423}	骟 tø^{44}
76 乐清	鹅 ŋo^{31}	骟 tø^{44}	骟 tø^{44}
77 瑞安	雁鹅 ga^{31} ŋ^{0}	羯 tɕi^{323}	骟 tø^{44}
78 平阳	雁鹅 gᴀ^{33} ŋ^{42}	骟 tɵ^{55}	骟 tɵ^{55}
79 文成	鹅 ŋou^{113}	骟 tø^{55}	骟 tø^{55}
80 苍南	鹅 ŋu^{31}	羯 tɕi^{223}	骟 tø^{44}
81 建德徽	鹅 ŋu^{33}	羯 tɕi^{55}	羯 tɕi^{55}
82 寿昌徽	鹅 ŋu^{52}	镦 ɕi^{33}	镦 ɕi^{33}
83 淳安徽	鹅 u^{435}	羯 tɕiəʔ^{5}	羯 tɕiəʔ^{5}
84 遂安徽	鹅 vəɯ^{33}	羯 tɕiɛ^{24}	羯 tɕiɛ^{24}
85 苍南闽	鹅 gia^{24}	前$^{=}$ tsan^{24}	前$^{=}$ tsan^{24}
86 泰顺闽	鹅 ŋou^{22}	羯 kyɪʔ^{5}	羯 kyɪʔ^{5}
87 洞头闽	鹅 gia^{113}	阉 ian^{33}	前$^{=}$ tsan^{113}
88 景宁畲	长鹅 tɕʰiaŋ^{55} ŋau^{22}	羯 kiet^{5}	羯 kiet^{5}

方言点	0292 阉～鸡	0293 喂～猪	0294 杀猪统称
01 杭州	阉 iɛ^{334}	喂 uei^{45}	杀猪 saʔ^{5}tsɥ^{334}
02 嘉兴	骟 təŋ^{42}	喂 y^{224}	杀猪猡 sᴀʔ^{3}tsɿ^{33}lou^{42}
03 嘉善	镦 ɕiɪ^{334}	喂 y^{334}	杀猪猡 sɜʔ^{5}tsɿ^{35}lu^{53}
04 平湖	镦 siɛ^{334}	喂 y^{334}	杀猪猡 saʔ^{5}tsɿ^{55}lu^{31}
05 海盐	阉 iɛ^{53}	喂 y^{334}	杀猪猡 saʔ^{5}tsɿ^{55}lu^{21}
06 海宁	镦 ɕie^{55}	喂 i^{35}	杀猪 saʔ^{5}tsɿ^{55}
07 桐乡	阉 iᴇ^{44}	喂 i^{334}	杀猪 saʔ^{3}tsɿ^{44}
08 崇德	阉 iɪ^{44}	喂 i^{334}	杀猪 saʔ^{3}tsɿ^{44}
09 湖州	镦 ɕie^{35}	喂 i^{35}	杀猪 saʔ^{5}tsɿ^{44}
10 德清	镦 ɕi^{334}	喂 i^{334}	杀猪 saʔ^{5}tsɿ^{44}
11 武康	阉 iɪ^{44}	喂 i^{224}	杀猪 sɜʔ^{5}tsɿ^{44}
12 安吉	阉 i^{55}	饲 zɿ^{213} 喂 i^{324}	杀猪 sɐʔ^{55}tsɿ^{55}
13 孝丰	镦 ɕiɪ^{324}	喂 i^{324} 喂 ue^{324}	杀猪 saʔ^{5}tsɿ^{44}
14 长兴	镦 ʃi^{324}	拨食 pəʔ^{5}zəʔ^{2}	杀猪 saʔ^{3}tsɿ^{44}
15 余杭	镦 siẽ^{53}	拨…吃 poʔ^{5}… tɕʰiəʔ^{5}	杀猪 saʔ^{5}tsɿ^{55}
16 临安	阉 ie^{55}	喂 y^{55}	杀猪 sɐʔ^{5}tsɿ^{55}
17 昌化	削 ɕiɔ^{334} 骟 tɛ̃^{334}	□ tã^{334}	杀猪 saʔ^{5}tsy^{334}
18 於潜	削 tɕiɔ^{433}	饲 dzɿ^{24}	杀猪 sɐʔ^{53}tɕy^{31}
19 萧山	阉 ie^{533}	喂 y^{42}	杀猪 saʔ^{21}tsɿ^{533}
20 富阳	镦 ɕiɛ̃^{335}	喂 y^{335}	杀猪 saʔ^{5}tsɿ^{53}
21 新登	镦 ɕiɛ̃^{45}	饲 zɿ^{13}	杀猪 saʔ^{5}tsɥ^{53}
22 桐庐	羯 tɕiəʔ^{5}	饲 zɿ^{13}	杀猪 saʔ^{21}tsɿ^{533}

续表

方言点	0292 阉～鸡	0293 喂～猪	0294 杀猪统称
23 分水	镦 ɕiɛ̃^{24}	饲 zɿ^{13}	杀猪 saʔ^{5}tɕy^{44}
24 绍兴	阉 iẽ^{53}	饲 zɿ^{22}	装板肉猪 tsɑŋ^{33}pɛ̃^{44}ȵio^{22}tsɿ^{33}
25 上虞	阉 iẽ^{35}	饲 zɿ^{31} 喂 y^{53}	宰猪 tse^{33}tsɿ^{35}
26 嵊州	阉 iẽ^{534}	饲 zɿ^{24}	杀猪 sɛʔ^{3}tsɿ^{53}
27 新昌	阉 iɛ̃^{534}	饲 zɿ^{13}	杀猪 sɛʔ^{5}tsɿ^{534}
28 诸暨	阉 ie^{544}	饲 zɿ^{13}	杀猪 saʔ^{21}tsɿ^{544}
29 慈溪	羯 tɕiəʔ^{5}	喂 y^{44}	杀猪 saʔ^{5}tsɿ^{35}
30 余姚	羯 tɕiəʔ^{5}	喂 y^{53}	杀猪 saʔ^{5}tsɿ^{44}
31 宁波	羯 tɕiəʔ^{5}	喂 y^{44}	杀哓猪 saʔ^{5}ȵio^{13}tsʮ^{44}
32 镇海	骟 ɕi^{53}	喂 y^{53}	杀猪 saʔ^{5}tsʮ^{44}
33 奉化	羯 tɕiɪʔ^{5}	喂 y^{53}	杀猪 saʔ^{5}tsʮ^{35}
34 宁海	阉 ie^{423}	喂 y^{35}	杀哓哓 saʔ^{5}ȵiu^{21}ȵiu^{31}
35 象山	骟 ɕi^{53}	喂 y^{53}	杀猪 saʔ^{5}tsʮ^{44}
36 普陀	羯 tɕiɛʔ^{5}	喂 y^{55}	杀猪 sɐʔ^{5}tsʮ^{45}
37 定海	羯 tɕieʔ^{5}	喂 y^{44}	杀猪 sɐʔ^{3}tsʮ^{45}
38 岱山	羯 tɕieʔ^{5}	喂 y^{44}	杀猪 sɐʔ^{3}tsʮ^{45}
39 嵊泗	羯 tɕiᴇʔ^{5}	喂 y^{53}	杀猪 sɐʔ^{3}tsʮ^{45}
40 临海	阉 i^{31}	喂 y^{55}	杀猪 sɛʔ^{3}tsɿ^{33}
41 椒江	阉 ie^{42}	喂 y^{55}	杀猪 səʔ^{3}tsɿ^{42}
42 黄岩	阉 ie^{32}	喂 y^{55}	杀猪 səʔ^{3}tsɿ^{32}
43 温岭	羯 tɕiʔ^{5}	喂 y^{55}	杀猪 səʔ^{3}tsɿ^{33}
44 仙居	（无）	喂 y^{55}	杀猪 sɑʔ^{3}tsɿ^{334}

续表

方言点	0292 阉～鸡	0293 喂～猪	0294 杀猪统称
45 天台	阉 ie^{33}	喂 y^{55}	杀猪 seʔ^{1}tsɿ^{33}
46 三门	阉 ie^{334}	喂 y^{55}	杀猪 sɐʔ^{3}tsɿ^{334}
47 玉环	阉 ie^{35}小	喂 y^{55}	煺猪 tʰe^{55}tsɿ^{42}
48 金华	镦 ɕie^{55}	饲 zɿ^{14}	杀猪 suɑ^{55}tɕy^{334}
49 汤溪	镦 sie^{55}	饲 zɿ^{341}	杀猪 suɑ^{52}tsɿ^{24}
50 兰溪	镦 sie^{45}	饲 zɿ^{24}	杀猪 suɑʔ^{34}tsɿ^{334}
51 浦江	羯 tɕi^{423}	饲 zɿ^{24}	杀猪 ɕyɑ^{33}tʃi^{334}
52 义乌	羯 tɕie^{324}	饲 zɿ^{24}	杀猪 sua^{33}tsua^{335}
53 东阳	羯 tɕiɛʔ^{34}	饲 zɿ^{213}	杀猪 so^{55}tso^{33}
54 永康	羯 tɕie^{334}	饲 zɿ^{241}	杀猪 suɑ^{33}tɕi^{55}
55 武义	（无）	饲 zɿ^{231}	杀猪 suɑ^{53}li^{24}
56 磐安	羯 tɕiɛ^{334}	饲 zɿ^{14}	杀猪 suə^{55}tsuə^{445}
57 缙云	羯 tɕiɛ^{322}	饲 zɿ^{213}	杀猪 sɑ^{51}ti^{44}
58 衢州	镦 ɕiẽ^{53}	喂 y^{53}	杀猪 saʔ^{5}tʃy^{32}
59 衢江	骟 tɛ^{33}	饲 zɤ^{231}	杀猪 saʔ^{5}tuo^{33}
60 龙游	镦 ɕie^{334}	饲 zɿ^{231}	杀猪 səʔ^{4}tuɑ^{334}
61 江山	骟 tuɛ̃^{44}	饲 zə^{31}	杀猪 saʔ^{5}tɒ^{44}
62 常山	骟 tuɔ̃^{44}	饲 zɿə^{131}	杀猪 saʔ^{5}tɑ^{44}
63 开化	骟 tuõ^{44}	喂 uei^{412}	杀猪 saʔ^{5}tɑ^{44}
64 丽水	羯 tɕiɛʔ^{5}	饲 zi^{131}	杀猪 sɔʔ^{4}ti^{224}
65 青田	羯 tɕiæʔ^{42}	乞…吃 kʰaʔ^{42}…tsʰɿʔ^{42}	煺猪 tʰæi^{22}ɗi^{445}
66 云和	羯 tɕiɛʔ^{5}	饲 zɿ^{223}	杀猪 sɔʔ^{4}ti^{24}
67 松阳	羯 tɕiɛʔ^{5}	饲 zɿ^{13}	杀猪 sɔʔ^{3}tuə^{53}

续表

方言点	0292 阉～鸡	0293 喂～猪	0294 杀猪统称
68 宣平	羯 tɕiəʔ^{5}	饲 zɿ^{231}	杀猪 sɔʔ^{4}ti^{324}
69 遂昌	羯 tɕiɛʔ^{5}	饲 zɤ^{213}	抵⁼猪 tiɛ^{53}tɒ^{45} 杀猪 saʔ^{3}tɒ^{45}
70 龙泉	羯 tɕiᴇʔ^{5}	饲 zɿ^{224}	杀猪 soʔ^{3}to^{434}
71 景宁	羯 tɕiɛʔ^{5}	饲 zɿ^{113}	杀猪 sɔʔ^{3}ti^{324}
72 庆元	骟 ɗæ̃^{335}	饲 sɿ^{31}	治猪 tsɤ^{52}ɗo^{335} 上轿 tɕiɑ̃^{22}tɕiɒ^{31}
73 泰顺	羯 tɕiɛʔ^{5}	饲 sɿ^{22}	杀猪 sɔʔ^{2}ti^{213}
74 温州	骟 tø^{33}	喂 u^{51}	煺猪 tʰai^{33}tsei^{33}
75 永嘉	骟 tø^{44}	乞…吃 kʰa^{43}…tɕʰiai^{423}	煺猪 tʰai^{33}tsɿ^{44}
76 乐清	骟 tø^{44}	供 tɕiɔ^{44}	煺猪 tʰai^{44}tɕi^{44}
77 瑞安	（无）	养 iɛ^{35}	煺猪 tʰai^{33}tsei^{44}
78 平阳	骟 tɵ^{55}	喂 vʉ^{53}	煺猪 tʰai^{33}tɕi^{55}
79 文成	骟 tø^{55}	养 ie^{224}	煺猪 tʰai^{33}tɕi^{33}
80 苍南	（无）	养 iɛ^{53}	煺猪 tʰai^{33}tɕi^{44}
81 建德徽	镦 ɕie^{33}	供 tsoŋ^{53}	杀猪 so^{55}tsɿ^{53}
82 寿昌徽	镦 ɕi^{33}	供 tɕiɔŋ^{112}	杀猪 ɕyə^{33}tsɿ^{112}
83 淳安徽	镦 ɕiã^{24}	勒⁼…吃 ləʔ^{5}…tɕʰiʔ^{5}	杀猪 sɑʔ^{5}tɕya^{24}
84 遂安徽	镦 ɕiɛ̃^{43}	喂 y^{43}	杀猪 sa^{55}tɕy^{534}
85 苍南闽	阉鸡 tsan^{24}	饲 tɕʰi^{21}	治 tʰai^{24}
86 泰顺闽	（无）	饲 tɕʰi^{53}	治猪 tʰai^{21}ty^{213}
87 洞头闽	阉 ian^{33}	饲 tɕʰi^{21}	治猪 tʰai^{24}tɯ^{33}
88 景宁畲	羯 kiet^{5}	（无）	戮猪 lɔt^{5}tɕy^{44}

方言点	0295 杀～鱼	0296 村庄一个～	0297 胡同统称：一条～
01 杭州	破 pʰəu^{45}	村坊 tsʰuəŋ^{33}faŋ^{45}	弄堂 loŋ^{13}daŋ^{53}
02 嘉兴	杀 sᴀʔ^{5}	村房 tsʰəŋ^{33}vᴀ̃^{42}	弄堂 loŋ^{21}dᴀ̃^{42}
03 嘉善	杀 sɜʔ^{5}	村 tsʰən^{53}	弄堂 loŋ^{22}dã^{13}
04 平湖	杀 saʔ^{5}	村 tsʰən^{53}	弄堂 loŋ^{24}dɑ̃^{0}
05 海盐	杀 saʔ^{5}	村 tsʰən^{53}	弄堂 loŋ^{13}dɑ̃^{21}
06 海宁	杀 saʔ^{5}	村 tsʰəŋ^{55}	弄堂 loŋ^{33}dɑ̃^{31}
07 桐乡	杀 saʔ^{5}	村坊 tsʰəŋ^{44}fɒ̃^{44}	弄堂 loŋ^{21}dɒ̃^{53}
08 崇德	杀 saʔ^{5}	村坊 tsʰəŋ^{44}fã^{44}	弄堂 loŋ^{21}dã^{13}
09 湖州	杀 saʔ^{5}	村坊 tsʰən^{44}fã^{44}	弄堂 loŋ^{33}dã^{35}
10 德清	杀 saʔ^{5}	村坊 tsʰen^{44}fã^{44}	弄堂 loŋ^{33}dã^{35}
11 武康	杀 sɜʔ^{5}	村坊 tsʰen^{44}fã^{44}	弄堂 loŋ^{33}dã^{35}
12 安吉	破 pʰʊ^{324}	村庄 tsʰəŋ^{55}tsɔ̃^{55}	弄堂 loŋ^{21}dɔ̃^{213}
13 孝丰	破 pʰa^{324}	村 tsʰəŋ^{44}	弄堂 loŋ^{32}dɔ̃^{213}
14 长兴	治 dzʅ^{12}	村里向 tsʰəŋ^{44}lʅ^{44}ʃiã^{44}	弄堂 loŋ^{21}dɔ̃^{24}
15 余杭	杀 saʔ^{5}	村坊 tsʰiŋ^{55}fɑ̃^{55}	弄堂儿 noŋ^{55}dɑ̃^{33}n^{31}
16 临安	破 pʰa^{55}	村堂 tsʰɿ^{53}dɑ̃^{33}	弄堂 loŋ^{33}dɑ̃^{31}
17 昌化	破 pʰa^{544}	村庄 tsʰɛ̃^{33}tsuɔ̃^{45}	弄堂 ləŋ^{54}dɔ̃^{112}
18 於潜	破 pʰa^{35}	村 tsʰueŋ^{433}	弄堂 loŋ^{24}daŋ^{53}
19 萧山	杀 saʔ^{5}	村 tsʰəŋ^{533}	弄堂 loŋ^{13}dɔ̃^{33}
20 富阳	杀 saʔ^{5}	村党⁼ tsʰən^{55}tɑ̃^{53}	弄堂 loŋ^{335}dɑ̃^{53}
21 新登	破 pʰa^{45}	村宕⁼ tɕʰiŋ^{53}tɑ̃^{45}	弄堂 loŋ^{21}dɑ̃^{13}
22 桐庐	破 pʰᴀ^{35}	村堂 tsʰəŋ^{35}dã^{33}	弄堂 loŋ^{13}dã^{55}
23 分水	破 pʰo^{44}	村 tsʰən^{44}	弄堂 loŋ^{24}dã^{21}
24 绍兴	破 pʰo^{33}	村堂 tsʰø̃^{33}dɑŋ^{231}	弄堂 loŋ^{22}dɑŋ^{22}

续表

方言点	0295 杀～鱼	0296 村庄一个～	0297 胡同统称：一条～
25 上虞	破 p^{h}ʊ^{53}	村堡 ts^{h}əŋ^{33} pɔ^{33}	弄堂 loŋ^{21}dɔ̃^{31}
26 嵊州	破 p^{h}o^{334}	村堂 ts^{h}eŋ^{33} dɔŋ^{231}	弄堂 loŋ^{22}dɔŋ^{22}
27 新昌	破 p^{h}a^{335}	村堂 ts^{h}eŋ^{33} dɔ̃^{232}	墙弄 ʑiaŋ^{22}loŋ^{13}
28 诸暨	破 p^{h}ᴀ^{544}	村堂 ts^{h}ɛn^{21} dɑ̃^{242}	弄堂 lom^{33}dɑ̃^{33}
29 慈溪	杀 saʔ^{5}	村坊 ts^{h}uəŋ^{33} fɔ̃^{35}	弄堂 luŋ^{11}dɔ̃^{44}
30 余姚	破 p^{h}ou^{53}	村坊 ts^{h}ə̃^{44} fɔŋ^{34}	弄堂 luŋ^{13}dɔŋ^{13}
31 宁波	破 p^{h}əu^{44}	村 ts^{h}əŋ^{44}	弄堂 loŋ^{22}dɔ^{13}
32 镇海	杀 saʔ^{5}	村 ts^{h}əŋ^{53} 落家 loʔ^{2} ko^{35}	弄堂 loŋ^{22}dɔ̃^{24}
33 奉化	破 p^{h}əu^{53}	村当$^{=}$ ts^{h}əŋ^{44} tɔ̃^{44}	弄堂 loŋ^{33}dɔ̃^{24}
34 宁海	破 p^{h}u^{35}	村堂 ts^{h}əŋ^{34} dɔ̃^{31}	墙弄 ʑiã^{21}noŋ^{35}
35 象山	破 p^{h}ɤɯ^{53}	村 ts^{h}əŋ^{44} 村坊 ts^{h}əŋ^{44} fɔ̃^{35}	墙弄 iã^{31}noŋ^{13} 弄堂 noŋ^{31}dɔ̃^{0}
36 普陀	破 p^{h}əu^{55}	村 ts^{h}ɐŋ^{55}	弄堂 loŋ^{11}dɔ̃^{55}
37 定海	破 p^{h}ʌu^{44}	村 ts^{h}ɐŋ^{44} 调殊	弄堂 loŋ^{11}dõ^{44}
38 岱山	破 p^{h}ʌu^{44}	村 ts^{h}ɐŋ^{44} 调殊	弄堂 loŋ^{11}dõ^{45}
39 嵊泗	杀 sɐʔ^{5}	村 ts^{h}ɐŋ^{445} 调殊	弄堂 loŋ^{11}dõ^{45}
40 临海	破 p^{h}o^{55}	村 ts^{h}əŋ^{31}	弄头 loŋ^{33}dɔ̃^{51} 巷 ɔ̃^{24}
41 椒江	破 p^{h}u^{55}	村 ts^{h}øŋ^{42}	巷 ɔ̃^{24} 弄堂 loŋ^{22}dɔ̃^{24} 小 弄头 loŋ^{22}dio^{24} 小
42 黄岩	杀 səʔ^{5}	村 ts^{h}øn^{32}	弄堂 loŋ^{13}dɔ̃^{24} 小
43 温岭	杀 səʔ^{5}	忝舍 ɔ^{35} so^{55}	弄头 luŋ^{13}dɤ^{24} 小 弄堂 luŋ^{13}dɔ̃^{24} 小
44 仙居	破 p^{h}o^{55}	村堂 ts^{h}en^{53} dɑ̃^{0}	弄堂 loŋ^{353}dɑ̃^{0}

续表

方言点	0295 杀～鱼	0296 村庄一个～	0297 胡同统称：一条～
45 天台	破 pʰou^{55}	村堂 tsʰəŋ^{33} dɔ^{0}	弄头 luŋ^{33} deu^{51}
46 三门	破 pʰv^{55}	村头 tsʰəŋ^{33} dɤɯ^{31}	墙弄 ʑiɑ̃^{13} loŋ^{55}
47 玉环	杀 sɐʔ^{5}	村 tʰsəŋ^{42}	轧弄堂 gɐʔ^{2} loŋ^{22} dɔ̃^{41}
48 金华	修⁼ ɕiu^{334}	人村 ȵiŋ^{31} tsʰəŋ^{55} 村 tsʰəŋ^{334}	弄堂 loŋ^{55} dɑŋ^{14}
49 汤溪	修⁼ səɯ^{24}	农家姓 nɑo^{11} kuɑ^{24} sɛ̃i^{0} 姓 sɛ̃i^{52}	弄堂 lɑo^{11} tɔ^{52}
50 兰溪	修⁼ ɕiəɯ^{334}	村坊 tsʰæ̃^{334} fɑŋ^{45}	弄堂 loŋ^{55} dɑŋ^{24}
51 浦江	修⁼ ɕiɤ^{534}	村坊 tsʰə̃^{55} fõ^{334}	弄堂 lən^{11} dõ^{243}
52 义乌	煺 tʰe^{335}	农村 noŋ^{22} tsʰɿ^{45}	弄堂 loŋ^{24} dŋʷ^{213}
53 东阳	煺 tʰe^{334}	村堂 tsʰɯ^{33} dɔ^{35}	弄堂 ləm^{23} dɔ^{33}
54 永康	修⁼ ɕiəu^{55}	农家 noŋ^{33} kuɑ^{55}	巷 ɑŋ^{241}
55 武义	修⁼ ɕiəu^{24}	村 tsʰɤ^{24}	巷 ɑŋ^{231}
56 磐安	修⁼ ɕiɐɯ^{445}	村堂 tsʰɯ^{33} dɒ^{213}	弄堂 lɔom^{55} dɒ^{213}
57 缙云	修⁼ ɕiuŋ^{44}	地方 di^{21} fɔ^{44}	胡弄 xu^{51} lɔ̃u^{213}
58 衢州	破 pʰɛ^{53}	地方 di^{231} fɑ̃^{21}	巷 ɑ̃^{231} 弄堂 loŋ^{231} dɑ̃^{21}
59 衢江	破 pʰa^{53}	埭地 da^{22} tie^{53}	弄堂 ləŋ^{22} tɑ̃^{53}
60 龙游	破 pʰɑ^{35}	地方 di^{22} fã^{334}	弄堂 loŋ^{224} dã^{231}
61 江山	破 pʰa^{51}	地方 di^{22} fɒŋ^{44}	弄堂 loŋ^{22} dɑŋ^{213}
62 常山	破 pʰɛ^{324}	村 tsʰuɔ̃^{44}	弄堂 loŋ^{24} dã^{0}
63 开化	破 pʰa^{412}	村坊 tsʰuõ^{44} fiã^{44}	弄堂 lɤŋ^{21} toŋ^{53}
64 丽水	破 pʰɔ^{52} 杀 sɔʔ^{5}	村 tsʰuɛ^{224}	弄 ləŋ^{131}
65 青田	煺 tʰæi^{445}	村 tsʰuɐ^{445}	路巷 leu^{22} o^{445}
66 云和	破 pʰɔ^{45}	村坊 tsʰuɛ^{44} fɔ̃^{24}	墙弄 ʑiɑ̃^{31} loŋ^{223}

续表

方言点	0295 杀~鱼	0296 村庄一个~	0297 胡同统称：一条~
67 松阳	破 p^{h}a^{24}	村 ts^{h}æ̃^{53}	墙弄 ʑiã^{33} ləŋ^{13}
68 宣平	煺 t^{h}ei^{324}	村 ts^{h}ə^{324}	墙弄 ʑiɑ̃^{43} lən^{231}
69 遂昌	破 p^{h}a^{334}	村 ts^{h}ɛ̃^{45}	弄 ləŋ^{213}
70 龙泉	破 p^{h}a^{45}	村坊 ts^{h}ɯə^{44} fəŋ^{434}	弄 ləŋ^{224}
71 景宁	破 p^{h}a^{35}	村 ts^{h}œ^{324}	弄 ləŋ^{45}小
72 庆元	破 p^{h}ɑ^{11}	村 ts^{h}æ̃^{335}	弄 loŋ^{31}
73 泰顺	破 p^{h}a^{35}	村 ts^{h}œ^{213}	路弄 lø^{21} loŋ^{22}
74 温州	煺 t^{h}ai^{33}	村 ts^{h}ø^{33}	巷弄 uɔ^{31} loŋ^{22}
75 永嘉	煺 t^{h}ai^{44}	村 ts^{h}ø^{44}	巷弄 ɔ^{31} loŋ^{22}
76 乐清	煺 t^{h}ai^{44}	村 tɕ^{h}iø^{44}	巷弄 ɔ^{24} loŋ^{212}小
77 瑞安	煺 t^{h}ai^{44}	村 ts^{h}ø^{44}	路巷儿 ləɯ^{31} o^{31} ŋ^{0}
78 平阳	煺 t^{h}ai^{55}	村 tʃ^{h}ɵ^{55}	弄拱 loŋ^{21} koŋ^{42}
79 文成	煺 t^{h}ai^{55}	村 tʃ^{h}ø^{55}	巷弄 o^{21} loŋ^{21}
80 苍南	煺 t^{h}ai^{44}	地方 di^{31} huɔ^{44} 村 ts^{h}ø^{44}	路巷 ly^{11} o^{11}
81 建德徽	破 p^{h}ɑ^{33}	村坊 ts^{h}ən^{21} fo^{55}老 村 ts^{h}ən^{53}新	弄堂 loŋ^{21} to^{55}
82 寿昌徽	煺 t^{h}iæ^{112}	村坊 ts^{h}en^{11} fəŋ^{112}	弄堂 ləŋ^{33} t^{h}ɑ̃^{52}
83 淳安徽	破 p^{h}ɑ^{24}	村坊 ts^{h}ã^{21} fɑ̃^{55}	弄堂 lon^{21} t^{h}ɑ̃^{55}
84 遂安徽	扒 p^{h}a^{33}	村 ts^{h}əŋ^{534}	弄 ləŋ^{43}
85 苍南闽	治 t^{h}ai^{24}	村 ts^{h}un^{55}	巷 han^{21}
86 泰顺闽	治 t^{h}ai^{22}	村底 ts^{h}o^{21} tei^{344}	路弄 tøi^{21} ləŋ^{31}
87 洞头闽	治 t^{h}ai^{113}	村庄 ts^{h}un^{33} tsɯŋ^{33}	巷沟 hoŋ^{212} kau^{33}
88 景宁畲	戮 lɔt^{5}	村庄 ts^{h}uən^{44} tsaŋ^{44}	弄堂 loŋ^{44} taŋ^{22}

方言点	0298 街道	0299 盖房子	0300 房子整座的，不包括院子
01 杭州	马路 ma^{55}lu^{0}	造房子 dzɔ^{13}vaŋ^{22}tsɿ^{45}	房子 vaŋ^{22}tsɿ^{45}
02 嘉兴	街道 kᴀ^{33}dɔ^{21}	造房子 zɔ^{13}vᴀ̃^{24}tsɿ^{42}	房子 vᴀ̃^{24}tsɿ^{42}
03 嘉善	街路 ka^{55}lu^{0}	造房子 zɔ^{22}vã^{13}tsɿ^{53}	房子 vã^{13}tsɿ^{53}
04 平湖	街路 ka^{55}lu^{31}	造房子 zɔ^{21}vɑ̃^{24}tsɿ^{0}	房子 vɑ̃^{24}tsɿ^{53}
05 海盐	街路 kɑ^{53}lu^{21}	造房子 zɔ^{55}uɑ̃^{24}tsɿ^{53}	房子 uɑ̃^{24}tsɿ^{53}
06 海宁	街路 ka^{55}ləu^{55}	造房子 zɔ^{33}vɑ̃^{33}tsɿ^{55}	房子 vɑ̃^{33}tsɿ^{55}
07 桐乡	街路 ka^{44}ləu^{0}	造房子 zɔ^{242}vɒ̃^{21}tsɿ^{44}	房子 vɒ̃^{21}tsɿ^{44}
08 崇德	街路 kɑ^{44}lu^{44}	造房子 zɔ^{242}vã^{21}tsɿ^{44}	房子 vã^{21}tsɿ^{44}
09 湖州	马路 muo^{53}ləu^{13}	造房子 zɔ^{13}vã^{31}tsɿ^{35}	房子 vã^{33}tsɿ^{35}
10 德清	街道 ka^{44}dɔ^{44}	造房子 zɔ^{13}vã^{11}tsɿ^{35}	房子 vã^{11}tsɿ^{35}
11 武康	街路 ka^{44}lu^{44}	造房子 zɔ^{13}vã^{11}tsɿ^{35}	房子 vã^{11}tsɿ^{35}
12 安吉	街道 ka^{55}dɔ^{55}	造房子 zɔ^{213}vɔ̃^{22}tsɿ^{22}	房子 vɔ̃^{22}tsɿ^{22}
13 孝丰	街浪$^{=}$ ka^{44}lɔ̃^{44}	造房子 zɔ^{24}vɔ̃^{22}tsɿ^{22}	房子 vɔ̃^{22}tsɿ^{22}
14 长兴	街浪$^{=}$ ka^{44}lɔ̃^{44}	造房子 zɔ^{24}vɔ̃^{12}tsɿ^{33}	房子 vɔ̃^{12}tsɿ^{33}
15 余杭	街浪$^{=}$ ka^{55}lɑ̃^{33}	造房子 zɔ^{13}vɑ̃^{33}tsɿ^{55}	房子 vɑ̃^{31}tsɿ^{35}
16 临安	街路 ka^{53}lu^{33}	造房子 zɔ^{13}vɑ̃^{31}tsɿ^{35}	房子 vɑ̃^{31}tsɿ^{35}
17 昌化	街道 ka^{33}dɔ^{45}	造房子 zɔ^{23}vɔ̃^{11}tsɿ^{453}	房子 vɔ̃^{11}tsɿ^{453}
18 於潜	街路 ka^{43}lu^{24}	造房子 zɔ^{24}vaŋ^{22}tsɿ^{454}	房子 vaŋ^{22}tsɿ^{454}
19 萧山	街 ka^{533}	造屋 zɔ^{33}uoʔ^{5}	屋 uoʔ^{5}
20 富阳	街浪$^{=}$ ka^{55}lɑ̃^{31}	造房子 zɔ^{13}vɑ̃^{13}tɿ^{55}	房子 vɑ̃^{13}tsɿ^{55}
21 新登	街浪$^{=}$ ka^{53}lɑ̃^{334}	造房子 zɔ^{13}vɑ̃^{233}tsɿ^{334}	房子 vɑ̃^{233}tsɿ^{334}
22 桐庐	街道 kᴀ^{35}dɔ^{13}	造房子 zɔ^{13}vã^{21}tsɿ^{35}	房子 vã^{21}tsɿ^{35}
23 分水	大街 da^{24}kɛ^{44}	造房子 dzɔ^{24}vã^{21}tsɿ^{0}	房子 vã^{21}tsɿ^{0}

续表

方言点	0298 街道	0299 盖房子	0300 房子整座的，不包括院子
24 绍兴	街 ka^{53}	起房子 tɕʰi^{33} uɑŋ^{22} tseʔ^{5} 老 造房子 zɔ^{22} uɑŋ^{22} tseʔ^{5} 新	房子 uɑŋ^{22} tseʔ^{5}
25 上虞	街道 ka^{33} dɔ^{213}	造屋 zɔ^{21} oʔ^{5}	屋 oʔ^{5}
26 嵊州	街 ka^{534}	造屋 zɔ^{24} oʔ^{5}	房屋 uɔŋ^{22} oʔ^{5}
27 新昌	街头 ka^{53} diɯ^{33}	造屋 zɔ^{13} uʔ^{5}	屋 uʔ^{5}
28 诸暨	街道 kʌ^{21} dɔ^{242}	起屋 tʃʰʅ^{33} oʔ^{5}	屋 oʔ^{5}
29 慈溪	街路 ka^{55} vu^{0}	起屋 tɕʰi^{33} oʔ^{5}	屋 oʔ^{5}
30 余姚	街 ka^{44}	起屋 tɕʰi^{34} oʔ^{5}	房子 vɔŋ^{13} tsɿ^{34} 屋宅世界 oʔ^{5} dzaʔ^{2} sɿ^{44} ka^{44}
31 宁波	街 ka^{53}	起屋 tɕʰi^{44} oʔ^{5}	屋落 oʔ^{5} loʔ^{2}
32 镇海	街道 ka^{33} dɔ^{31}	造房子 zɔ^{22} vɔ̃^{22} tsɿ^{53}	房子 vɔ̃^{22} tsɿ^{53}
33 奉化	街 ka^{44}	造屋 zʌ^{33} oʔ^{5}	屋 oʔ^{5}
34 宁海	街 ka^{423} 大街 dəu^{21} ka^{34}	起屋 tsʰɿ^{53} oʔ^{2}	屋 oʔ^{5}
35 象山	街道 dɤɯ^{31} ka^{44}	起屋 tɕʰi^{44} oʔ^{5}	屋 oʔ^{5}
36 普陀	街 ka^{53}	起房子 tɕʰi^{33} vɔ̃^{33} tsɿ^{45}	房子 vɔ̃^{33} tsɿ^{45}
37 定海	街 ka^{52}	起屋 tɕʰi^{33} oʔ^{5}	屋 oʔ^{5}
38 岱山	街 ka^{52}	起屋 tɕʰi^{33} oʔ^{5}	屋 oʔ^{5}
39 嵊泗	街 ka^{53}	起屋 tɕʰi^{44} oʔ^{5} 造房子 zɔ^{33} võ^{45} tsɿ^{0}	屋 oʔ^{5}
40 临海	街 ka^{31}	起屋 tɕʰi^{42} ɔʔ^{5}	屋 ɔʔ^{5}
41 椒江	街 ka^{35} 小	起屋 tɕʰi^{42} uoʔ^{5}	屋 uoʔ^{5}
42 黄岩	街 ka^{32}	起屋 tɕʰi^{42} oʔ^{5}	屋 oʔ^{5}
43 温岭	街 ka^{15} 小	起屋 tɕʰi^{42} uoʔ^{5}	屋 uoʔ^{5}

续表

方言点	0298 街道	0299 盖房子	0300 房子整座的，不包括院子
44 仙居	街 ka^{334}	竖屋 ʑy^{33} uəʔ^{5}	屋 uəʔ^{5}
45 天台	大街 dou^{33} ka^{33}	起屋 k^{h}i^{32} uʔ^{5}	屋 uʔ^{5}
46 三门	街 ka^{334}	起屋 tɕ^{h}i^{32} oʔ^{5}	屋 oʔ^{5}
47 玉环	街道 ka^{33} dɔ^{31}	起屋 tɕ^{h}i^{53} uoʔ^{5}	屋 uoʔ^{5}
48 金华	街路 kɑ^{33} lu^{55}	起屋 tɕ^{h}i^{53} oʔ^{4} 造屋 sɑo^{53} oʔ^{4}	屋 oʔ^{4}
49 汤溪	街路 kɑ^{24} lu^{0}	起屋 tɕ^{h}i^{52} ou^{55}	屋 ou^{55}
50 兰溪	街路 kɑ^{334} lu^{45}	造房屋 sɔ^{55} vɑŋ^{21} ɔʔ^{34}	屋 ɔʔ^{34}
51 浦江	街路 kɑ^{55} lu^{334}	起屋 tʃ^{h}i^{33} ɯ^{53}	屋 ɯ^{423}
52 义乌	街里 ka^{33} li^{45}	起屋 tɕ^{h}i^{45} au^{324}	屋 au^{324}
53 东阳	街道 ka^{33} dɐɯ^{35}	竖屋 zɿ^{23} ou^{33}	屋 ou^{334}
54 永康	街路 tɕia^{33} lu^{52}	竖屋 ʑy^{31} u^{334}	屋 u^{334}
55 武义	街路 tɕia^{32} lu^{52}	盖屋 ka^{53} ɔʔ^{5}	屋 ɔʔ^{5}
56 磐安	街路 ka^{33} lu^{52}	竖屋 ɕy^{55} ʌo^{334}	屋 ʌo^{334}
57 缙云	街 kɑ^{44}	竖屋 zɥ^{21} ou^{322}	屋 ou^{322}
58 衢州	街路 kɛ^{32} lu^{53}	造房屋 zɔ^{231} vɑ̃^{21} uəʔ^{5}	屋 uəʔ^{5}
59 衢江	街路 ka^{25} lɤ^{31}	造屋 zɔ^{22} uəʔ^{5}	屋 uəʔ^{5}
60 龙游	街路 kɑ^{35} lu^{21}	造屋 zɔ^{22} uəʔ^{4}	屋 uəʔ^{4}
61 江山	大街 do^{22} ka^{44}	徛屋 gᴇ^{22} oʔ^{5}	屋 oʔ^{5}
62 常山	街路 kɛ^{52} luə^{0}	竖屋 zuə^{22} ɤʔ^{5}	屋 ɤʔ^{5}
63 开化	街 ka^{44}	竖屋 ʑyo^{21} əʔ^{5}	屋 əʔ^{5}
64 丽水	街 kuɔ^{224}	徛屋 gɛ^{21} uʔ^{5}	屋 uʔ^{5}
65 青田	街路 kɑ^{55} leu^{22}	徛屋 gɛ^{22} uʔ^{42}	屋 uʔ^{42}
66 云和	街 kɔ^{24}	徛处 ga^{223} ts^{h}ɥ^{45}	处 ts^{h}ɥ^{45}

续表

方言点	0298 街道	0299 盖房子	0300 房子整座的，不包括院子
67 松阳	街路 ka^{24}luə^{13}	徛处 gɛ^{21}tɕ^{h}yɛ^{24}	处 tɕ^{h}yɛ^{24}
68 宣平	街路 ka^{32}lu^{231}	徛屋 gei^{22}əʔ^{5}	屋 əʔ^{5}
69 遂昌	街 ka^{45}	徛处 gei^{22}tɕ^{h}yɛ^{334}	处 tɕ^{h}yɛ^{334}
70 龙泉	街 ka^{434}	徛处 gᴇ^{21}tɕ^{h}y^{45}	处 tɕ^{h}y^{45}
71 景宁	街 ka^{324}	徛处 kai^{33}tɕ^{h}y^{35}	处 tɕ^{h}y^{35}
72 庆元	街 kɑ^{335}	起处 ts^{h}ɿ^{33}tɕ^{h}yᴇ^{11}	处 tɕ^{h}yᴇ^{11}
73 泰顺	街路 ka^{213}lø^{22}	徛处 kɛ^{22}tɕ^{h}y^{35}	人家处 nɛ^{21}kɔ^{213}tɕ^{h}y^{35}
74 温州	街路 ka^{33}lø^{14}	起屋宕 ts^{h}ɿ^{33}u^{3}duɔ^{14}	屋宕 u^{3}duɔ^{14}
75 永嘉	街路 ka^{33}ləɯ^{21}	起屋 ts^{h}ɿ^{45}u^{423}	屋 u^{423}
76 乐清	街路 ke^{35}ly^{31}	起屋宕 tɕ^{h}i^{33}u^{42}dɔ^{24}	屋宕 u^{3}dɔ^{24}
77 瑞安	街 ka^{44}	起屋 tɕ^{h}i^{35}ɯ^{323}	屋 ɯ^{323}
78 平阳	街 kᴀ^{55}	起屋 tɕ^{h}i^{33}vu^{13}	屋 vu^{34}
79 文成	街路 ka^{33}ləy^{21}	盖屋 ke^{33}vu^{13}	屋 vu^{34}
80 苍南	街路 kia^{44}ly^{11}	起屋 tɕ^{h}i^{33}u^{223}	屋 u^{223}
81 建德徽	街 kɑ^{53}	造屋 sɔ^{21}uɐʔ^{5}	屋 uɐʔ^{5}
82 寿昌徽	街路 kɑ^{11}lu^{55}	起屋 tɕ^{h}i^{24}ɔʔ^{3}	屋 ɔʔ^{3}
83 淳安徽	街路 kɑ^{24}la^{53}	做房屋 tsu^{24}fɑ̃^{21}uoʔ^{5}	房屋 fɑ̃^{21}uoʔ^{5}
84 遂安徽	街 ka^{534}	做屋 tsə^{55}vu^{33}	屋 vu^{24}
85 苍南闽	街道 kue^{24}to^{21}	起厝 k^{h}i^{33}ts^{h}u^{21}	厝 ts^{h}u^{21}
86 泰顺闽	街路 kei^{21}tøi^{31}	徛厝 k^{h}iɛʔ^{3}ts^{h}øi^{53}	厝 ts^{h}øi^{53}
87 洞头闽	街道 kue^{33}to^{21}	起厝 k^{h}i^{24}ts^{h}u^{21}	厝 ts^{h}u^{21}
88 景宁畲	街道 kiai^{44}tau^{51}	盖寮 koi^{44}lau^{22}	寮 lau^{22}

中国语言资源集 浙江

词汇卷二

王洪钟 黄晓东
叶晗 孙宜志 主编

ZHEJIANG UNIVERSITY PRESS
浙江大学出版社
·杭州·

方言点	0301 屋子房子里分隔而成的，统称	0302 卧室	0303 茅屋茅草等盖的
01 杭州	房间 vaŋ^{22} kɛ^{45}	睏觉间 kʰuəŋ^{33} kɔ^{45} kɛ^{53}	茅草房 mɔ^{22} tsʰɔ^{45} vaŋ^{53}
02 嘉兴	房间 vᴀ̃^{21} kᴇ^{33}	大房间 dou^{21} vᴀ̃^{24} kᴇ^{42}	草棚 tsʰɔ^{21} bᴀ̃^{242}
03 嘉善	房间 vã^{13} kɛ^{53}	房间 vã^{13} kɛ^{53}	草棚 tsʰɔ^{44} bæ̃^{53}
04 平湖	房间 vɑ̃^{24} kɛ^{53}	房间 vɑ̃^{24} kɛ^{53}	草棚 tsʰɔ^{44} bã^{31}
05 海盐	房间 uɑ̃^{24} kɛ^{53}	房间 uɑ̃^{24} kɛ^{54}	茅草棚 mɔ^{24} tsʰɔ^{55} bɛ̃^{21}
06 海宁	房间 vɑ̃^{33} kɛ^{55}	睏间 kʰuəŋ^{55} kɛ^{53}	茅草棚 mɔ^{33} tsʰɔ^{55} bɑ̃^{55}
07 桐乡	房间 vɒ̃^{21} kɛ^{44}	房间 vɒ̃^{21} kɛ^{44}	草棚 tsʰɔ^{53} bã^{44}
08 崇德	房间 vã^{21} kɛ^{44}	房间 vã^{21} kɛ^{44}	草棚 tsʰɔ^{55} bã^{0}
09 湖州	房间 vã^{33} kɛ^{35}	睏觉房间 kʰuən^{13} kɔ^{33} vã^{13} kɛ^{31}	茅草棚 mɔ^{33} tsʰɔ^{33} bã^{35}
10 德清	房间 vã^{11} kɛ^{35}	睏觉房间 kʰuen^{44} kɔ^{44} vã^{44} kɛ^{35}	茅草棚 mɔ^{33} tsʰɔ^{33} bã^{35}
11 武康	房间 vã^{11} kɛ^{35}	房间 vã^{11} kɛ^{35}	茅草棚 mɔ^{11} tsʰɔ^{33} bã^{35}
12 安吉	屋 oʔ^{5}	房间 vɔ̃^{22} kᴇ^{22}	茅草棚 mɔ^{22} tsʰɔ^{22} bã^{22}
13 孝丰	房子 vɔ̃^{22} tsɿ^{22}	房间 vɔ̃^{22} kɛ^{22}	茅草屋 mɔ^{22} tsʰɔ^{22} oʔ^{5}
14 长兴	屋 oʔ^{2}	房间 vɔ̃^{12} kᴇ^{33}	茅草棚 mɔ^{12} tsʰɔ^{22} bã^{33}
15 余杭	房间 vɑ̃^{31} kɛ^{35}	房间 vɑ̃^{31} kɛ^{35}	草棚儿 tsʰɔ^{55} bɑ̃^{33} n^{31}
16 临安	房间 vɑ̃^{33} kɛ^{33}	房间 vɑ̃^{33} kɛ^{33}	茅草棚 mɔ^{33} tsʰɔ^{33} bɑ̃^{33}
17 昌化	房子 vɔ̃^{11} tsɿ^{453}	房间 vɔ̃^{11} kɔ̃^{334}	茅棚 mɔ^{11} bəŋ^{112}
18 於潜	房间 vaŋ^{22} kɛ^{433}	房间 vaŋ^{22} kɛ^{43}	草房 tsʰɔ^{53} vaŋ^{31}
19 萧山	房间 vɔ̃^{13} kɛ^{23}	房间 vɔ̃^{13} kɛ^{23}	草舍 tsʰɔ^{33} so^{42}
20 富阳	房间 vɑ̃^{13} kã^{55}	房间 vɑ̃^{13} kã^{55}	草屋 tsʰɔ^{423} uoʔ^{5}
21 新登	房间 vɑ̃^{233} kɛ^{334}	房间 vɑ̃^{233} kɛ^{334}	茅草棚 mɔ^{233} tsʰɔ^{334} boŋ^{21}
22 桐庐	房间 vã^{21} kã^{35}	睏觉个房间 kʰuəŋ^{33} kɔ^{35} gəʔ^{21} vã^{21} kã^{21}	茅草房 mɔ^{21} tsʰɔ^{21} vã^{35}
23 分水	房间 vã^{21} kã^{44}	房间 vã^{21} kã^{44}	茅棚 mɔ^{21} bən^{24}
24 绍兴	房间 uɑŋ^{22} kɛ̃^{53}	房间 uɑŋ^{22} kɛ̃^{53}	草舍 tsʰɔ^{44} so^{31} 茅草房 mɔ^{22} tsʰɔ^{33} uɑŋ^{22}

续表

方言点	0301 屋子房子里分隔而成的，统称	0302 卧室	0303 茅屋茅草等盖的
25 上虞	分间屋 fəŋ^{33} kε̃^{33} oʔ^{5}	房间 vɔ̃^{21} kε̃^{35}	草屋 tsʰɔ^{33} oʔ^{5}
26 嵊州	房间 uɔŋ^{22} kε̃^{334}	房间 uɔŋ^{22} kε̃^{334}	茅草棚 mɔ^{22} tsʰɔ^{33} baŋ^{231}
27 新昌	房间 uɔ̃^{13} kε̃^{534}	房间 uɔ̃^{13} kε̃^{534}	茅草屋 mɔ^{22} tsʰɔ^{33} uʔ^{5}
28 诸暨	屋 oʔ^{5}	房间 vɑ̃^{21} kε^{42}	草披 tsʰɔ^{42} pʰʅ^{42}
29 慈溪	房间 vɔ̃^{13} kε̃^{44}	睏间 kʰuəŋ^{44} kε̃^{35}	草舍屋儿 tsʰɔ^{33} so^{0} uŋ^{35}
30 余姚	房间 vɔŋ^{13} kẽ^{44}	睏觉间 kʰuə̃^{34} kɔ^{44} kə̃^{44} 房里 vɔŋ^{13} li^{13}	草舍屋儿 tsʰɔ^{34} so^{44} uŋ^{44} 草舍棚 tsʰɔ^{34} so^{44} baŋ^{13}
31 宁波	房间 vɔ^{13} kε^{53}	睏觉间 kʰuəŋ^{44} kɔ^{0} kε^{35}	草棚棚 tsʰɔ^{44} ba^{0} ba^{13}
32 镇海	房间 vɔ̃^{22} kε^{53}	睏觉地方 kʰuəŋ^{33} kɔ^{44} di^{22} fɔ̃^{44}	草屋 tsʰɔ^{33} oʔ^{5}
33 奉化	房间 vɔ̃^{33} kε^{53}	睏觉间 kʰuəŋ^{44} kʌ^{55} kε^{44}	茅草屋儿 mʌ^{33} tsʰʌ^{44} oŋ^{44}
34 宁海	间 ke^{423}	房 vɔ̃^{213} 房间 vɔ̃^{21} ke^{53}	茅厂屋儿 mau^{21} tɕʰiã^{0} oŋ^{53} 茅厂 mau^{21} tɕʰiã^{53}
35 象山	屋间 oʔ^{5} kε^{35}	房间 vɔ̃^{31} kε^{35}	茅草屋 mɔ^{31} tsʰɔ^{0} oʔ^{5}
36 普陀	屋 oʔ^{5}	睏觉间 kʰuɐŋ^{33} kɔ^{55} kε^{55}	茅草屋 mɔ^{33} tsʰɔ^{53} oʔ^{0}
37 定海	屋 oʔ^{5}	睏间 kʰɐŋ^{44} kε^{44}	草屋 tsʰɔ^{52} oʔ^{0}
38 岱山	屋 oʔ^{5}	房里 võ^{23} laʔ^{5} “里”音殊	草屋 tsʰɔ^{52} oʔ^{0}
39 嵊泗	屋 oʔ^{5}	睏间 kʰuɐŋ^{44} kε^{44} 房间 võ^{33} kε^{45}	草屋 tsʰɔ^{44} oʔ^{0}
40 临海	间里 kε^{33} li^{52}	间里 kε^{33} li^{51} 房间里 vɔ̃^{33} kεʔli^{51}	茅厂 mɔ^{22} tɕʰiã^{353} 小 茅厂屋儿 mɔ^{22} tɕʰiã^{42} oŋ^{353}
41 椒江	间里 kiε^{33} li^{51} 小	门床间 məŋ^{22} zɔ̃^{24} kiε^{42}	茅厂 mɔ^{22} tɕʰiã^{51} 小 茅厂屋儿 mɔ^{22} tɕʰiã^{42} oŋ^{51}
42 黄岩	间里 kiε^{33} li^{42}	门床间 mən^{13} zɔ̃^{24} kiε^{42}	茅厂屋儿 mɔ^{13} tɕʰiã^{42} oŋ^{53}
43 温岭	间里 kiε^{33} li^{42}	门床间 mən^{13} zɔ̃^{24} kiε^{31}	茅厂 mɔ^{13} tɕʰiã^{51} 小
44 仙居	房间 vɑ̃^{33} ka^{334}	间里 ka^{33} li^{324}	茅厂棚 mɐɯ^{33} tɕʰia^{31} boŋ^{353} 小
45 天台	屋 uʔ^{5}	房间 vɔ^{22} ke^{33}	茅厂棚 mau^{22} tɕʰia^{32} bəŋ^{51}

续表

方言点	0301 屋子房子里分隔而成的，统称	0302 卧室	0303 茅屋茅草等盖的
46 三门	屋 oʔ^{5}	房间 vɔ^{11} kɛ^{334}	茅厂屋儿 mɑu^{11} tɕʰiɑ̃^{32} oŋ^{52}
47 玉环	房间 vɔ̃^{24} kiɛ^{42}	门床间 məŋ^{22} zɔ̃^{24} kiɛ^{42}	茅草厂 mɔ^{22} tsʰɔ̃^{42} tɕʰia^{53} 小
48 金华	房 vɑŋ^{313} 房间 vɑŋ^{31} kɑ^{55}	房间 vɑŋ^{31} kɑ^{55} 老 卧室 uɤ^{14} ɕiəʔ^{4} 新	茅棚 mɑo^{31} boŋ^{14}
49 汤溪	房间 vɑo^{11} kuɑ^{52}	房 vɑo^{11}	茅铺 mɔ^{11} pʰu^{52}
50 兰溪	房间 vɑŋ^{21} kuɑ^{45}	房里 vɑŋ^{21} li^{0}	茅铺屋 mɔ^{21} pʰu^{334} ɔʔ^{34}
51 浦江	房间 võ^{24} kɑ̃^{334}	房间 võ^{24} kɑ̃^{334}	茅草屋儿 mo^{11} tsʰo^{33} ɯn^{53}
52 义乌	房间 vŋʷ^{22} kɔ^{45}	房间 vŋʷ^{22} kɔ^{45}	茅草披儿 mɯɤ^{22} tsʰo^{42} pʰin^{335}
53 东阳	屋 ou^{334}	房间 vɔ^{22} kɔ^{53}	茅草屋儿 mɐɯ^{33} tsʰɐɯ^{55} on^{33}
54 永康	房间 vɑŋ^{33} kɑŋ^{55}	睏熟个房间 kʰuəŋ^{33} zu^{113} ka^{0} vɑŋ^{33} kɑŋ^{55}	茅草屋 mɑu^{33} tsʰɑu^{31} u^{52}
55 武义	房 vɑŋ^{324}	睏个房 kʰuo^{53} kəʔ^{0} vɑŋ^{32}	茅草铺 muo^{32} tsʰɤ^{445} pʰu^{53}
56 磐安	房间 vɒ^{21} kɒ^{52}	房间 vɒ^{21} kɒ^{52}	茅草屋儿 mo^{22} tsʰo^{33} on^{52}
57 缙云	房间 vɔ^{44} kɑ^{44}	房间 vɔ^{44} kɑ^{44}	茅草屋 mɔ^{44} tɕʰiəɤ^{51} ou^{322}
58 衢州	房间 vɑ̃^{21} kɑ̃^{32}	睏个房间 kʰuən^{53} gəʔ^{0} vɑ̃^{21} kɑ̃^{32}	茅铺屋 mɔ^{21} pʰu^{53} uəʔ^{5}
59 衢江	间 kã^{33}	房 vɑ̃^{212}	茅草屋 mɔ^{33} tsʰɤ^{33} uəʔ^{5}
60 龙游	房 vã^{21}	房 vã^{21}	茅铺 mɔ^{22} pʰu^{51}
61 江山	间 kaŋ^{44}	间 kaŋ^{44}	毛铺屋 mɐɯ^{22} pʰə^{44} oʔ^{5}
62 常山	间 kã^{44}	睏个间 kʰuɔ̃^{43} kʌʔ^{0} kã^{44}	茅铺屋 mɤ^{22} pʰuə^{44} ɤʔ^{5}
63 开化	间 kã^{44}	睏个间 kʰuõ^{44} gəʔ^{0} kã^{44}	茅铺 məɯ^{21} pʰuo^{53}
64 丽水	间 kã^{224}	房间 vɔŋ^{22} kã^{224}	茅草屋 mə^{22} tsʰə^{44} uʔ^{5}
65 青田	房间 vɑ^{21} kɑ^{445}	房间 vɑ^{21} kɑ^{445}	黄茅草寮 o^{22} mo^{22} tsʰœ^{33} liœ^{55} 小

续表

方言点	0301 屋子房子里分隔而成的，统称	0302 卧室	0303 茅屋茅草等盖的
66 云和	房间 vɔ̃^{223} kã^{24}	间底 kã^{44} ti^{41}	稻秆寮 dɑɔ^{223} kuɛ^{44} liɑɔ^{312}
67 松阳	间 kɔ̃^{53}	睏个间 k^{h}uɛ̃^{24} kɛ^{0} kɔ̃^{53}	草茅棚 ts^{h}ʌ^{24} mʌ^{33} bəŋ^{31}
68 宣平	间 kɑ̃^{324}	间 kɑ̃^{324}	茅草屋 mɔ^{44} ts^{h}ɔ^{44} əʔ^{5}
70 龙泉	处 tɕ^{h}y^{45}	间底 kaŋ^{45} ti^{51}	茅草寮 mɑʌ^{45} ts^{h}ɑʌ^{21} liɑʌ^{21}
71 景宁	间 kɔ^{324}	睏间 k^{h}uœ^{55} kɔ^{324}	稻秆寮 dɑu^{33} kuœ^{55} liɑu^{41} 茅草寮 mɑu^{33} ts^{h}ɑu^{55} liɑu^{41}
72 庆元	间 kɑ̃^{335}	间处 kɑ̃^{33} tɕ^{h}yᴇ^{11}	寮 liɒ^{55} 小 粪仓 ɓæ̃^{11} ts^{h}ɔ̃^{335}
73 泰顺	隔间 kaʔ^{2} kã^{213}	睏间 k^{h}uɛ^{22} kã^{213}	蛙蟆寮 ɔ^{22} muɔ^{22} liɑɔ^{213}
74 温州	间 ka^{33}	睏间 k^{h}ø^{42} ka^{33}	茅草屋 muɔ^{22} ts^{h}ɜ^{45} u^{323}
75 永嘉	间 ka^{44}	房间 vɔ^{22} ka^{44}	茅棚厂 muɔ^{22} boŋ^{31} tɕ^{h}iɛ^{45}
76 乐清	房间 vɔ^{22} kᴇ^{44}	睏间 k^{h}uɤ^{42} kᴇ^{44}	茅棚厂 ma^{22} boŋ^{31} tɕ^{h}iɯʌ^{35}
77 瑞安	房间 vɔ^{22} kɔ^{44}	睏间 k^{h}y^{53} kɔ^{44}	茅棚厂 mɔ^{22} boŋ^{31} tɕ^{h}iɛ^{35}
78 平阳	房间 vɔ^{21} kɔ^{35}	睏房 k^{h}ye^{33} vɔ^{42}	草屋 tʃ^{h}ɛ^{45} vu^{13}
79 文成	房间 vo^{21} kɔ^{33}	睏间 k^{h}uø^{42} kɔ^{33}	茅草屋 mo^{13} tʃ^{h}ɛ^{21} vu^{13}
80 苍南	间 ka^{44}	房间 uɔ^{11} ka^{44}	草屋 ts^{h}ɛ^{33} u^{223}
81 建德徽	房间 fo^{55} kɛ^{53}	房间 fo^{55} kɛ^{53}	茅棚屋 mɔ^{33} poŋ^{33} uɐʔ^{5}
82 寿昌徽	房间 fɑ̃^{11} kuə^{112}	房 fɑ̃^{52}	茅铺屋 mɤ^{11} p^{h}u^{24} ɔʔ^{3}
83 淳安徽	屋 uoʔ^{5}	歇间 ɕiəʔ^{5} kɑ̃^{55}	茅棚屋 mɤ^{43} p^{h}on^{24} uoʔ^{5}
84 遂安徽	家 kɑ^{534}	家 kɑ^{534}	茅草屋 mɔ^{33} ts^{h}ɔ^{33} vu^{33}
85 苍南闽	房间 pan^{21} kũĩ^{55}	房间 pan^{21} kũĩ^{55}	草厝 ts^{h}au^{24} ts^{h}u^{21}
86 泰顺闽	隔间 ka^{34} kɛ^{213}	睏间 k^{h}uəŋ^{34} kɛ^{213}	草棚庐 ts^{h}au^{344} pæŋ^{21} løi^{22}
87 洞头闽	房间 paŋ^{212} kãĩ^{33}	房间 paŋ^{212} kãĩ^{33}	草寮仔 ts^{h}au^{53} liau^{24} a^{53}
88 景宁畲	寮 lau^{22}	睏间 fuən^{43} kian^{44}	茅草寮 mau^{22} ts^{h}au^{55} lau^{22}

方言点	0304 厨房	0305 灶统称	0306 锅统称
01 杭州	灶头间 tsɔ^{45}dei^{55}kɛ^{0}	灶头 tsɔ^{45}dei^{53}	锅子 ku^{33}tsɿ^{45}
02 嘉兴	灶头间 tsɔ^{33}dei^{24}kᴇ^{42}	灶头 tsɔ^{33}dei^{42}	锅子 kou^{42}tsɿ^{21}
03 嘉善	灶镬间 tsɔ^{55}oʔ^{2}kɛ^{53}	灶头 tsɔ^{55}də^{0}	锅子 ku^{35}tsɿ^{53}
04 平湖	灶边间 tsɔ^{44}piɛ^{0}kɛ^{0}	灶头 tsɔ^{44}dəɯ^{0}	镬子 voʔ^{23}tsɿ^{334}
05 海盐	灶边间 tsɔ^{55}piɛ^{21}kɛ^{21}	灶头 tsɔ^{55}de^{21}	镬子 ɔʔ^{23}tsɿ^{213}
06 海宁	灶头间 tsɔ^{55}dəɯ^{55}kɛ^{0} 灶披间 tsɔ^{55}pʰi^{55}kɛ^{0}	灶头 tsɔ^{55}dəɯ^{31}	镬子 oʔ^{2}tsɿ^{0}
07 桐乡	灶头间 tsɔ^{33}dɤɯ^{44}kɛ^{0}	灶头 tsɔ^{33}dɤɯ^{53}	镬子 ɔʔ^{23}tsɿ^{53}
08 崇德	灶头间 tsɔ^{33}dɤɯ^{33}kɛ^{53}	灶头 tsɔ^{33}dɤɯ^{334}	镬子 ɔʔ^{23}tsɿ^{53}
09 湖州	灶镬间 tsɔ^{33}uo^{33}kɛ^{44}	灶头 tsɔ^{33}døʉ^{35}	镬子 uoʔ^{2}tsɿ^{35}
10 德清	灶头间 tsɔ^{44}døʉ^{44}kɛ^{35}	灶头 tsɔ^{33}døʉ^{35}	镬子 uoʔ^{2}tsɿ^{53}
11 武康	烧饭间 sɔ^{44}vɛ^{44}kɛ^{44}	灶头 tsɔ^{33}dø^{35}	镬子 uoʔ^{2}tsɿ^{53}
12 安吉	灶边头 tsɔ^{32}pi^{22}dəɪ^{213}	灶 tsɔ^{324}	镬子 oʔ^{2}tsɿ^{55}
13 孝丰	灶壁头 tsɔ^{32}pieʔ^{2}dəɪ^{213}	灶头 tsɔ^{32}dəɪ^{213}	镬子 oʔ^{2}tsɿ^{24}
14 长兴	灶头屋 tsɔ^{32}dei^{21}oʔ^{2}	灶头 tsɔ^{32}dei^{24}	镬子 oʔ^{2}tsɿ^{44}
15 余杭	灶头边 tsɔ^{53}døʏ^{13}piẽ^{35}	灶头 tsɔ^{53}døʏ^{13}	锅子 ku^{55}tsɿ^{55}
16 临安	灶头间 tsɔ^{33}də^{33}kɛ^{31}	灶头 tsɔ^{33}də^{31}	镬子 uoʔ^{2}tsɿ^{35}
17 昌化	厨房 ʑy^{11}vɔ̃^{112}	灶头 tsɔ^{54}di^{112}	锅子 kɯ^{33}tsɿ^{453}
18 於潜	厨房 dʑy^{22}vaŋ^{24}	灶头 tsɔ^{35}diəu^{53}	镬子 uɐʔ^{2}tsɿ^{454}
19 萧山	灶头 tsɔ^{33}dio^{33}	灶 tsɔ^{42}	镬 uoʔ^{13}
20 富阳	灶头 tsɔ^{335}dei^{53} 灶底脚 tsɔ^{335}ti^{53}tɕiaʔ^{5}	灶 tsɔ^{335}	镬子 uoʔ^{5}tsɿ^{335}
21 新登	灶间 tsɔ^{45}ɡɛ^{21}	灶 tsɔ^{45}	镬子 ɔʔ^{2}tsɿ^{45}
22 桐庐	厨房 dʑy^{21}vã^{35}	灶头 tsɔ^{35}dei^{21}	镬子 uəʔ^{21}tsɿ^{35}
23 分水	灶间 tsɔ^{24}kã^{44}	灶头 tsɔ^{24}dɵ^{21}	镬子 uəʔ^{12}tsɿ^{0}

续表

方言点	0304 厨房	0305 灶统称	0306 锅统称
24 绍兴	灶头间 tsɔ^{33}dɤ^{33}kɛ̃^{53}	灶头 tsɔ^{33}dɤ^{33}	镬 uoʔ^{2}
25 上虞	灶间 tsɔ^{55}kɛ̃^{0}	灶头 tsɔ^{55}dɤ^{213}	镬 uoʔ^{2}
26 嵊州	灶头间 tsɔ^{33}dʏ^{33}kɛ̃^{334}	灶头 tsɔ^{33}dʏ^{334}	陶镬 dɔ^{22}oʔ^{3}
27 新昌	灶下间 tsɔ^{53}o^{33}kɛ̃^{53}	灶下头 tsɔ^{53}o^{33}diɯ^{33}	陶镬 dɔ^{22}ɤʔ^{2}
28 诸暨	厨房间 dʑy^{21}vɑ̃^{21}kɛ^{42}	镬灶头 oʔ^{21}tsɔ^{42}dei^{21}	镬 oʔ^{13}
29 慈溪	灶跟 tsɔ^{44}kəŋ^{44}	灶 tsɔ^{44}	镬 oʔ^{2}
30 余姚	灶跟间 tsɔ^{53}kə̃^{44}kã^{44} 灶下底 tsɔ^{53}a^{44}ti^{0}	大灶 dou^{13}tsɔ^{53}	镬 oʔ^{2}
31 宁波	灶跟间 tsɔ^{44}kəŋ^{0}kɛ^{35}	灶头 tsɔ^{44}dœʏ^{0}	镬 oʔ^{2}
32 镇海	灶跟间 tsɔ^{33}kəŋ^{33}kɛ^{44}	灶台 tsɔ^{33}dei^{22}	镬 oʔ^{2}
33 奉化	厨下间 dzɥ^{33}o^{31}kɛ^{44}	灶头 tsʌ^{44}dæi^{31}	镬 oʔ^{2}
34 宁海	镬间 uɔʔ^{3}ke^{53} 灶间 tsau^{33}ke^{34}	灶头 tsau^{33}diu^{213} 镬灶 uɔʔ^{3}tsau^{34}	镬 uɔʔ^{3}
35 象山	灶间 tsɔ^{53}kɛ^{44}	灶头 tsɔ^{53}dɤɯ^{31}	镬 oʔ^{2}
36 普陀	饭灶间 vɛ^{11}tsɔ^{55}kɛ^{55}	灶头 tsɔ^{55}deu^{0}	镬 oʔ^{23}
37 定海	灶跟间 tsɔ^{44}kɐŋ^{44}kɛ^{44}老 厨房间 dzɥ^{33}võ^{44}kɛ^{44}新	灶 tsɔ^{44}	镬 oʔ^{2}
38 岱山	灶跟间 tsɔ^{44}kɐŋ^{33}kɛ^{44}	灶 tsɔ^{44}	镬 uo^{213}小
39 嵊泗	饭间 vɛ^{11}kɛ^{45}	灶 tsɔ^{53}	镬 uo^{213}小
40 临海	镬灶间 ɔʔ^{3}tsɔ^{33}kɛ^{51}	镬灶 ɔʔ^{3}tsɔ^{55}	镬 ɔʔ^{23}
41 椒江	镬灶间 uəʔ^{2}tsɔ^{33}kiɛ^{35}小	镬灶 uəʔ^{3}tsɔ^{55}	镬 uəʔ^{2}
42 黄岩	烧饭间 ɕiɔ^{33}vɛ^{22}kiɛ^{35}小	镬灶 oʔ^{2}tsɔ^{55}	镬 oʔ^{2}
43 温岭	镬灶间 uoʔ^{3}tsɔ^{33}kiɛ^{15}小	镬灶 uoʔ^{3}tsɔ^{55}	镬 uoʔ^{2}
44 仙居	镬灶间 uəʔ^{23}tsɐɯ^{33}ka^{53}	镬灶 uəʔ^{23}tsɐɯ^{55}	镬 uəʔ^{23}
45 天台	屋灶间 uʔ^{1}tsau^{33}ke^{51} 镬灶间 uɔʔ^{2}tsau^{33}ke^{51}	屋灶头 uʔ^{5}tsau^{33}deu^{224} 镬灶头 uɔʔ^{2}tsau^{33}deu^{224}	镬 uɔʔ^{2}

续表

方言点	0304 厨房	0305 灶统称	0306 锅统称
46 三门	烧饭间 ɕiɑu^{33} vɛ^{23} kɛ^{52} 镬灶间 ɔʔ^{23} tsɑu^{32} kɛ^{52}	镬灶头 ɔʔ^{23} tsɑu^{32} dɤɯ^{113}	镬 ɔʔ^{23}
47 玉环	厨房间 dʑy^{22} vɔ̃^{24} kiɛ^{42}	镬灶 ɔʔ^{2} tsɔ^{55}	镬 ɔʔ^{2}
48 金华	镬头 oʔ^{21} diu^{14} 老 厨房 dʑy^{31} vɑŋ^{14} 新	镬灶 oʔ^{21} tsɑo^{55}	镬 oʔ^{212}
49 汤溪	镬前 uɑ^{11} sie^{52}	镬头 ɔ^{11} təɯ^{52}	镬 ɔ^{113}
50 兰溪	镬前 uɑʔ^{12} zia^{24}	镬头 uɑʔ^{12} dəɯ^{24}	镬 uɑʔ^{12}
51 浦江	镬口间 o^{11} kʰɤ^{33} kɑ̃^{53} 老 厨房间 dʑy^{11} võ^{11} kɑ̃^{334} 新	镬头 o^{24} dɤ^{334}	镬 o^{232}
52 义乌	镬灶 au^{24} tso^{45}	镬灶头 au^{33} tso^{33} tɐɯ^{335}	镬 au^{312}
53 东阳	镬灶下 o^{33} tsɐɯ^{33} ou^{33}	镬灶 o^{33} tsɐɯ^{53}	镬 uɐ^{213}
54 永康	镬灶下 uo^{33} tsɑu^{33} uɑ^{113}	镬灶 uo^{33} tsɑu^{52}	镬 uo^{334}
55 武义	镬□ uo^{53} kɑu^{445}	镬头 uo^{53} dɑu^{324}	镬 uo^{13}
56 磐安	厨房 dʑy^{21} fɒ^{52}	镬灶 uɛ^{14} tso^{52}	镬 uɛ^{213}
57 缙云	下间 ia^{51} kɑ^{44}	镬灶 ɔ^{51} tɕiəɤ^{453}	镬 ɔ^{13}
58 衢州	灶底 tsɔ^{53} ti^{35}	灶头 tsɔ^{53} de^{21}	镬 uəʔ^{12}
59 衢江	灶底 tsɔ^{33} tie^{25}	灶头 tsɔ^{33} ty^{53}	镬 uəʔ^{2}
60 龙游	灶底 tsɔ^{33} tiɑ^{35}	灶头 tsɔ^{35} dəɯ^{21}	镬头 uɔʔ^{23} dəɯ^{231}
61 江山	灶木= 底 tɕioʔ^{5} moʔ^{2} tiə^{241}	灶 tsuə^{51}	镬 yaʔ^{2} 咮镬 tɕy^{44} yaʔ^{2}
62 常山	厨线= dzuə^{24} ɕiẽ^{52}	灶头 tsuə^{45} du^{0}	镬 iʌʔ^{34}
63 开化	厨险= dʑiʊ^{21} ɕiɛ̃^{53}	镬床 yaʔ^{2} zɛn^{231}	镬 yaʔ^{13}
64 丽水	镬灶下 əʔ^{2} tsə^{44} io^{544} 老 厨房 dzɥ^{21} fɔŋ^{52} 新	镬灶 əʔ^{2} tsə^{52}	镬 əʔ^{23}
65 青田	镬灶前间 oʔ^{3} tsœ^{33} ia^{21} kɑ^{445}	镬灶 oʔ^{3} tsœ^{33}	镬 oʔ^{31}
66 云和	镬灶间 oʔ^{23} tsɑɔ^{44} kã^{24}	镬灶 oʔ^{23} tsɑɔ^{45}	镬 oʔ^{23}

续表

方言点	0304 厨房	0305 灶统称	0306 锅统称
67 松阳	厨房 dʑyɛ^{33} voŋ^{31}	镬灶 oʔ^{2} tsʌ^{24}	镬 oʔ^{2}
68 宣平	下间 ia^{43} kɑ̃^{324}	镬灶 əʔ^{2} tsɔ^{52}	镬 əʔ^{23}
69 遂昌	镬灶下 ɔʔ^{2} tsɐɯ^{53} iɒ^{13} 厨舍 dʑyɛ^{22} ɕiɒ^{334}	镬灶 ɔʔ^{23} tsɐɯ^{334}	壳镬 kʰɔʔ^{5} ɔʔ^{23}
70 龙泉	坶⁼灶间 mou^{21} tsɑʌ^{44} kaŋ^{434}	坶⁼灶 mou^{21} tsɑʌ^{45}	鏋 mɔŋ^{51}
71 景宁	镬灶间 oʔ^{23} tsɑu^{55} kɔ^{324}	镬灶 oʔ^{23} tsɑu^{35}	镬 oʔ^{23}
72 庆元	鏋间 mɔ̃^{22} kɑ̃^{335}	灶 tsɒ^{11}	鏋 mɔ̃^{221}
73 泰顺	镬灶窠 oʔ^{2} tsɑɔ^{35} kʰuɔ^{213}	镬灶 oʔ^{2} tsɑɔ^{35}	镬 oʔ^{2}
74 温州	镬灶间 o^{2} tsɜ^{42} ka^{33}	镬灶 o^{2} tsɜ^{51}	镬 o^{212}
75 永嘉	镬灶间 o^{21} tsə^{53} ka^{44}	镬灶 o^{21} tsə^{53}	镬 o^{213}
76 乐清	镬灶间 o^{2} tɕiɤ^{42} kɛ^{44}	镬灶 o^{2} tɕiɤ^{41}	镬 o^{212}
77 瑞安	镬灶间 o^{2} tsɛ^{53} kɔ^{44}	镬灶 o^{2} tsɛ^{53}	镬 o^{212}
78 平阳	镬灶间 o^{33} tʃɛ^{45} kɔ^{13}	镬灶 o^{33} tʃɛ^{42}	镬 o^{12}
79 文成	厨房 dʑy^{21} vo^{13}	镬灶 o^{21} tʃɛ^{33}	镬 o^{12}
80 苍南	镬灶间 o^{3} tsɛ^{42} ka^{44}	灶 tsɛ^{42}	镬 o^{112}
81 建德徽	镬灶下 u^{21} tsɔ^{33} ho^{55}	镬灶 u^{21} tsɔ^{33}	食镬 sɐʔ^{12} u^{213}
82 寿昌徽	灶下 tsɤ^{33} xuə^{534}	镬上头 ɔʔ^{31} sɑ̃^{33} tʰəɯ^{33}	食镬 səʔ^{3} ɔʔ^{31}
83 淳安徽	灶下 tsɤ^{21} ho^{55}	灶头 tsɤ^{21} tʰɯ^{55}	食镬 səʔ^{13} uoʔ^{5}
84 遂安徽	灶炕 tsɔ^{55} kʰəŋ^{33}	灶 tsɔ^{43}	镬 o^{534}
85 苍南闽	灶头 tsau^{33} tʰau^{24}	灶 tsau^{21}	鼎 tĩã^{43}
86 泰顺闽	鏋灶窠 mo^{22} tsau^{34} kʰou^{213}	鏋灶 mo^{21} tsau^{31}	鏋鐤 mo^{22} tiæŋ^{22}
87 洞头闽	灶骹 tsau^{33} kʰa^{33}	灶 tsau^{21}	鼎 tĩã^{42}
88 景宁畲	做米仓 tsu^{44} mai^{55} tsʰaŋ^{44} 八尺屋 paʔ^{5} tɕʰiaʔ^{5} uʔ^{5}	镬灶 oʔ^{2} tsau^{44}	镬 oʔ^{2}

方言点	0307 饭锅煮饭的	0308 菜锅炒菜的	0309 厕所旧式的，统称
01 杭州	锅子 ku^{33}tsɿ^{45}	菜锅 tsʰɛ^{45}ku^{53}	茅坑 mɔ^{22}kʰaŋ^{45}
02 嘉兴	烧饭锅子 sɔ^{42}vE^{21}kou^{21}tsɿ^{21}	炒菜锅子 tsʰɔ^{13}tsʰE^{21}kou^{42}tsɿ^{21}	茅坑 mɔ^{21}kʰÃ^{33}
03 嘉善	饭锅子 vɛ^{35}ku^{53}tsɿ^{0}	镬子 uoʔ^{2}tsɿ^{35}	涴坑棚 u^{35}kʰɛ^{55}bæ̃^{53}
04 平湖	饭镬子 vɛ^{24}voʔ^{5}tsɿ^{0}	菜镬子 tsʰɛ^{21}voʔ^{5}tsɿ^{0}	茅坑 mɔ^{24}kʰã^{53}
05 海盐	饭镬子 vɛ^{21}ɔʔ^{5}tsɿ^{21}	菜镬子 tsʰɛ^{55}ɔʔ^{1}tsɿ^{21}	茅坑 mɔ^{24}kʰɛ̃^{53}
06 海宁	饭镬子 vɛ^{33}oʔ^{2}tsɿ^{0}	菜镬子 tsʰɛ^{55}oʔ^{2}tsɿ^{0}	茅坑 mɔ^{33}kʰɑ̃^{55}
07 桐乡	锅子 kəu^{44}tsɿ^{44}	镬子 ɔʔ^{23}tsɿ^{53}	茅坑 mɔ^{21}kʰã^{44}
08 崇德	镬子 ɔʔ^{23}tsɿ^{53}	镬子 ɔʔ^{23}tsɿ^{53}	茅坑 mɔ^{21}kʰã^{44}
09 湖州	饭镬子 vɛ^{22}uoʔ^{2}tsɿ^{35}	菜镬子 tsʰei^{53}uoʔ^{2}tsɿ^{35}	坑缸 kʰɛ^{44}kã^{44}
10 德清	饭镬子 vɛ^{11}uoʔ^{2}tsɿ^{35}	菜镬子 tsʰɛ^{44}uoʔ^{4}tsɿ^{35}	茅坑 mɔ^{11}kʰã^{35}
11 武康	烧饭镬子 sɔ^{44}vɛ^{44}uoʔ^{2}tsɿ^{44}	烧菜镬子 sɔ^{44}tsʰɛ^{44}uoʔ^{2}tsɿ^{35}	茅坑 mɔ^{11}kʰã^{35}
12 安吉	饭镬 vE^{21}oʔ^{23}	菜镬 tsʰE^{32}oʔ^{23}	茅坑 mɔ^{22}kʰã^{22}
13 孝丰	饭镬子 vɛ^{21}oʔ^{2}tsɿ^{24}	小镬子 ɕiɔ^{45}oʔ^{2}tsɿ^{21}	茅坑 mɔ^{22}kʰã^{22}
14 长兴	饭镬子 vE^{21}oʔ^{2}tsɿ^{24}	菜镬子 tsʰɯ^{32}oʔ^{2}tsɿ^{24}	坑瓜= kʰã^{44}ku^{44}
15 余杭	锅子 ku^{55}tsɿ^{55}	锅子 ku^{55}tsɿ^{55}	茅坑头 mɔ^{33}kʰɑ̃^{53}døʏ^{33}
16 临安	饭锅 vɛ^{33}ku^{53}	炒菜锅 tsʰɔ^{55}tsʰE^{53}ku^{53}	茅坑 mɔ^{33}kʰɑ̃^{33}
17 昌化	饭锅 vã^{23}kɯ^{453} 饭锅子 vã^{23}kɯ^{44}tsɿ^{453}	炒菜锅子 tsʰɔ^{45}tsʰɛ^{54}kɯ^{33}tsɿ^{453}	茅坑 mɔ^{11}kʰã^{334}
18 於潜	镬子 uɐʔ^{2}tsɿ^{454}	镬子 uɐʔ^{2}tsɿ^{454}	茅坑 mɔ^{22}kʰaŋ^{433}
19 萧山	饭镬 vɛ^{13}uoʔ^{13}	菜镬 tsʰe^{33}uoʔ^{5}	□坑 mã^{13}kʰã^{33}
20 富阳	镬子 uoʔ^{5}tsɿ^{335}	镬子 uoʔ^{5}tsɿ^{335}	茅坑 mɔ^{13}kʰã^{55}
21 新登	镬子 ɔʔ^{2}tsɿ^{45}	镬子 ɔʔ^{2}tsɿ^{45}	茅坑 mɔ^{233}kʰɛ^{334}
22 桐庐	烧饭个镬子 sɔ^{33}vã^{35}gəʔ^{21}uəʔ^{21}tsɿ^{21}	烧菜个镬子 sɔ^{33}tsʰE^{35}gəʔ^{21}uəʔ^{21}tsɿ^{21}	茅坑 mɔ^{21}kʰã^{35}
23 分水	镬子 xo^{24}tsɿ^{0}	镬子 xo^{24}tsɿ^{0}	茅坑 mɔ^{21}kʰã^{44}

续表

方言点	0307 饭锅煮饭的	0308 菜锅炒菜的	0309 厕所旧式的，统称
24 绍兴	罐头 kuø̃^{33}tɤ^{33}	镬 uoʔ^{2}	马桶头 mo^{24}toŋ^{33}dɤ^{31}
25 上虞	大镬 dʊ^{21}uoʔ^{2}	铫镬 diɔ^{21}uoʔ^{2}	茅坑舍 mɔ^{21}kʰã^{33}so^{53}
26 嵊州	陶镬 dɔ^{22}oʔ^{3}	陶镬 dɔ^{22}oʔ^{3}	料缸头 liɔ^{22}kɔŋ^{33}dʏ^{231}
27 新昌	陶镬 dɔ^{22}ɤʔ^{2}	陶镬 dɔ^{22}ɤʔ^{2}	坑头 kʰaŋ^{45}diɯ^{33}
28 诸暨	饭镬 vɛ^{33}oʔ^{5}	镬 oʔ^{13}	涴缸 ɤu^{42}kɑ̃^{21}
29 慈溪	饭镬 vɛ̃^{11}oʔ^{2}	菜镬 tsʰɛ^{44}oʔ^{2}	粪缸舍儿 fəŋ^{44}kɔ̃^{44}sø̃^{35}
30 余姚	饭镬 vã^{13}oʔ^{2}	耳朵镬 ȵi^{13}tou^{44}oʔ^{2}	茅坑头 mɔ^{13}kʰãŋ^{44}dø^{13}
31 宁波	饭镬 vɛ^{44}oʔ^{2}	耳朵皮镬 ȵy^{22}to^{44}bi^{22}oʔ^{2}	茅坑 mɔ^{13}kʰa^{53}
32 镇海	饭镬 vɛ^{22}oʔ^{2}	菜镬 tsʰe^{33}oʔ^{2}	涴坑间 əu^{33}kʰã^{33}kɛ^{33}
33 奉化	饭镬 vɛ^{31}oʔ^{2}	羹镬 kã^{44}oʔ^{2}	涴坑间 əu^{44}kʰã^{44}kɛ^{44}
34 宁海	饭镬 ve^{33}uɔʔ^{3}	高⁼过⁼镬 kau^{33}ku^{35}uɔʔ^{3} 尺四镬 tsʰaʔ^{5}sɿ^{35}uɔ̃^{53}	东司间 toŋ^{33}sɿ^{33}ke^{34} 涴缸间 əu^{33}kɔ̃^{33}ke^{53}
35 象山	饭镬 vɛ^{13}oʔ^{2}	尺四镬 tsʰaʔ^{5}sɿ^{44}oʔ^{2} 铜钿镬 doŋ^{31}di^{31}oʔ^{2}	茅坑间 mɔ^{31}kʰã^{44}kɛ^{35}
36 普陀	饭镬 vɛ^{11}oʔ^{5}	菜镬 tsʰɛ^{55}oʔ^{0}	便桶间 bi^{24}doŋ^{0}kɛ^{0}
37 定海	饭镬 vɛ^{11}oʔ^{5}	菜镬 tsʰɛ^{44}oʔ^{0}	涴坑间 ʌu^{44}kʰã^{44}kɛ^{44}
38 岱山	饭镬 vɛ^{11}uo^{23}“镬”音殊	菜镬 tsʰɛ^{33}uo^{52}“镬”音殊	便桶间 bi^{33}doŋ^{33}kɛ^{44}
39 嵊泗	饭镬 vɛ^{11}uo^{213}“镬”音殊	镬 uo^{213}音殊	涴厂间 ʌu^{44}tɕʰiã^{44}kɛ^{44} 涴坑间 ʌu^{44}kʰã^{44}kɛ^{44}
40 临海	饭镬 ve^{55}uɔʔ^{23}	镬 uɔʔ^{23}	茅坑头 mã^{22}kʰã^{33}də^{353}小
41 椒江	镬 uəʔ^{2} 饭镬 vɛ^{22}uəʔ^{2}	镬 uəʔ^{2}	肥桶间 bi^{22}doŋ^{31}kiɛ^{35}小 茅坑头 mã^{22}kʰã^{33}dio^{41}
42 黄岩	镬 oʔ^{2}	镬 oʔ^{2}	马桶间 mo^{42}doŋ^{121}kiɛ^{35}小 茅坑间 mã^{13}kʰã^{33}kiɛ^{35}小
43 温岭	镬 uoʔ^{2} 饭镬 vɛ^{13}uoʔ^{2}	镬 uoʔ^{2}	茅坑头 mã^{13}kʰã^{35}dɤ^{41} 茅坑间 mã^{13}kʰã^{33}kiɛ^{15}小

续表

方言点	0307 饭锅煮饭的	0308 菜锅炒菜的	0309 厕所旧式的，统称
44 仙居	镬 uəʔ^{23}	镬 uəʔ^{23}	猛⁼坑头 mã^{33}kʰã^{53}dəɯ^{0}
45 天台	饭镬 ve^{33}uɔʔ^{2}	镬 uɔʔ^{2}	东司间 tuŋ^{33}sɿ^{33}ke^{51}
46 三门	饭镬 vɛ^{23}ɔʔ^{23}	菜镬 tsʰe^{44}ɔʔ^{23}	蛮⁼坑头 mɛ^{11}kʰɛ^{33}dɤɯ^{31}
47 玉环	饭镬 vɛ^{22}ɔ̃^{41}小	镬 ɔʔ^{2}	茅坑 mã^{24}kʰã^{42}
48 金华	镬 oʔ^{212}	镬 oʔ^{212}	茅坑 mɑo^{31}kʰɑŋ^{55}
49 汤溪	镬 ɔ^{113}	镬 ɔ^{113}	东司 nɑo^{24}su^{0}
50 兰溪	镬 uɑʔ^{12}	镬 uɑʔ^{12}	茅坑 mɔ^{21}kʰæ̃^{45}
51 浦江	饭镬 vɑ̃^{11}o^{243}	铁镬儿 tʰia^{33}on^{243} 铁勺儿 tʰia^{55}yon^{0}	东司 tən^{55}sɿ^{334}
52 义乌	镬 au^{312}	镬 au^{312}	肥窖儿 bi^{22}kun^{45}
53 东阳	饭镬 vɔ^{23}uɐ^{33}	菜镬 tsʰe^{33}uɐ^{35}	涴缸 u^{33}kɔ^{35}
54 永康	铁镬 tʰia^{33}uo^{241}小	铜镬 doŋ^{33}uo^{241}小	东司 loŋ^{33}sɿ^{55}
55 武义	镬 uo^{13}	镬 uo^{13}	茅坑 muo^{32}kʰa^{53}
56 磐安	镬 uɛ^{213}	镬 uɛ^{213}	涴缸 uɤ^{33}kɒ^{445}
57 缙云	镬 ɔ^{13}	镬 ɔ^{13}	粪缸头 pɛ^{44}kɔ^{44}diɤŋ^{453}
58 衢州	镬 uəʔ^{12}	镬 uəʔ^{12}	茅坑 mɔ^{21}tɕʰiã^{32}
59 衢江	饭甑 vã^{22}tɕyoŋ^{53}	镬 uəʔ^{2}	东司 təŋ^{33}sɤ^{33}
60 龙游	镬头 uɔʔ^{23}dəɯ^{231}	镬头 uɔʔ^{23}dəɯ^{231}	粪窖 pei^{33}kɔ^{51}
61 江山	镬 yaʔ^{2} 咪镬 tɕy^{44}yaʔ^{2}	镬 yaʔ^{2} 咪镬 tɕy^{44}yaʔ^{2}	茅坑 mo^{22}kʰaŋ^{44}
62 常山	饭甑 vã^{24}tsĩ^{0}	镬 iʌʔ^{34}	茅坑 mɔ^{22}kʰɪ̃^{44}
63 开化	饭甑 vã^{21}tɕin^{53}	镬 yaʔ^{13}	茅坑 məɯ^{21}kʰã^{44}
64 丽水	大镬 du^{21}əʔ^{23}	镬儿 əʔ^{2}ŋ^{52}	茅坑 mə^{22}kʰã^{224}
65 青田	大镬 du^{22}oʔ^{31}	碎镬 sæi^{33}oʔ^{31}	池坑 dzɿ^{21}kʰɛ^{445}
66 云和	课⁼镬 kʰo^{44}oʔ^{23}	铜镬 doŋ^{223}oʔ^{23}	粪缸 pɛ^{44}kɔ̃^{24}

续表

方言点	0307 饭锅煮饭的	0308 菜锅炒菜的	0309 厕所旧式的，统称
67 松阳	苦⁼镬 kʰuə^{33} oʔ^{2}	铜镬 dəŋ^{33} oʔ^{2}	尿桶间 sɿ^{24} dəŋ^{21} kɔ̃^{53}
68 宣平	镬 əʔ^{23}	镬 əʔ^{23}	茅坑 mɔ^{43} kʰɛ^{324}
69 遂昌	饭镬 vaŋ^{22} ɔʔ^{23}	菜镬 tsʰei^{33} ɔʔ^{23}	粪缸 pɛ̃^{53} kɔŋ^{45}
70 龙泉	苦⁼⿰钅莽 kʰuɤɯ^{21} mɔŋ^{51}	堂⿰钅莽 tɔŋ^{45} mɔŋ^{51}	茅司 mɑʌ^{44} sɿ^{434}
71 景宁	镬 oʔ^{23}	铜镬 dɔŋ^{55} oʔ^{23}	粪缸 pœ^{55} kɔŋ^{324} 尿桶间 ɕy^{33} dəŋ^{55} kɔ^{324}
72 庆元	苦⁼⿰钅莽 kʰuɤ^{22} mɔ̃^{221}	堂⿰钅莽 tɔ̃^{52} mɔ̃^{221}	粪仓 ɓæ̃^{11} tsʰɔ̃^{335}
73 泰顺	大镬 to^{22} oʔ^{2}	小镬 ɕiɑɔ^{22} oʔ^{2}	东司间 toŋ^{22} sɿ^{22} kã^{213}
74 温州	饭镬 va^{24} o^{212}	菜镬 tsʰe^{45} o^{212}	茅坑 muɔ^{22} kʰiɛ^{33}
75 永嘉	镬 o^{213}	镬 o^{213}	坑头 kʰɛ^{33} dəu^{21}
76 乐清	饭镬 vᴇ^{24} o^{212}	窖配镬 ka^{33} pʰai^{35} o^{212}	涴坑 u^{42} kʰa^{44}
77 瑞安	镬 o^{212}	镬 o^{212}	茅坑 mɔ^{22} kʰa^{44} 涴坑 ɯ^{53} kʰa^{44}
78 平阳	镬 o^{12}	镬 o^{12}	茅坑 mɔ^{21} kʰᴀ^{55}
79 文成	饭镬 vɔ^{42} o^{212}	菜镬 tʃʰe^{42} o^{212}	茅坑 mo^{21} kʰa^{33}
80 苍南	镬 o^{112}	镬 o^{112}	茅坑 mo^{11} kʰia^{44}
81 建德徽	食镬 sɐʔ^{12} u^{213}	食镬 sɐʔ^{12} u^{213}	东司 toŋ^{53} sɿ^{213}
82 寿昌徽	食镬 səʔ^{3} ɔʔ^{31}	食镬 səʔ^{3} ɔʔ^{31}	东司 tɔŋ^{11} sɿ^{112}
83 淳安徽	食镬 səʔ^{13} uoʔ^{5}	食镬 səʔ^{13} uoʔ^{5}	茅司 mɤ^{43} sɿ^{24}
84 遂安徽	饭镬 fɑ̃^{55} o^{213}	菜镬 tsʰəɯ^{55} o^{213}	茅厕 mɔ^{33} sɿ^{43}
85 苍南闽	糜鼎 mãĩ^{33} tĩã^{43}	菜鼎 tsʰai^{33} tĩã^{43}	屎盒 sai^{33} hə^{24}
86 泰顺闽	饭鏅 pɔi^{31} tiæŋ^{22}	鏻团 mo^{21} ki^{22}	东司间 təŋ^{22} sɿ^{22} kɛ^{213}
87 洞头闽	鼎 tĩã^{42}	鼎 tĩã^{42}	屎盒 sai^{212} hɐt^{24}
88 景宁畲	饭镬 pʰɔn^{51} oʔ^{2}	煮菜镬 tɕy^{55} tsʰoi^{43} oʔ^{2}	屎□ ɕi^{55} pʰɔ^{44}

方言点	0310 檩左右方向的	0311 柱子	0312 大门
01 杭州	桁条 aŋ^{22} diɔ^{45}	柱子 dzɥ^{13} tsɿ^{53}	大门 dəu^{13} məŋ^{53}
02 嘉兴	椽子 zə^{24} tsɿ^{21}	廊柱 lᴀ̃^{13} zɥ^{42}	大门 dou^{21} məŋ^{42}
03 嘉善	梁 liæ̃^{53}	廊柱 lã^{13} zɥ^{31}	大门 du^{35} mən^{0} 小
04 平湖	桁条 ã^{24} diɔ^{53}	柱脚 zɥ^{21} tɕiaʔ^{5}	大门 du^{24} mən^{0}
05 海盐	桁条 ɛ̃^{24} diɔ^{53}	柱头 dʑy^{53} de^{31}	大门 du^{13} mən^{21}
06 海宁	梁条 liã^{33} diɔ^{33}	廊柱 lã^{33} zɿ^{31}	大门 dəu^{33} məŋ^{31}
07 桐乡	梁条 liã^{21} diɔ^{44}	柱头 zɿ^{242} dɤɯ^{0}	大门 dəu^{21} məŋ^{53}
08 崇德	桁条 ã^{21} diɔ^{44}	柱头 zɿ^{24} dɤɯ^{0}	大门 du^{21} məŋ^{13}
09 湖州	梁 liã^{112}	廊柱 lã^{33} zɿ^{35}	大门 dəu^{33} mən^{35}
10 德清	梁 liã^{113}	柱头 zɿ^{35} døʉ^{0}	大门 dəu^{11} men^{35}
11 武康	梁 liã^{113}	柱头 zɿ^{35} dø^{53}	大门 du^{11} men^{35}
12 安吉	桁条 ã^{22} diɔ^{22}	柱脚 dzɿ^{213} tɕiᴇʔ^{5}	大门 dʊ^{21} məŋ^{213}
13 孝丰	桁条 ã^{22} diɔ^{22}	柱脚 dzɿ^{24} tɕiaʔ^{5}	大门 du^{21} məŋ^{24}
14 长兴	桁条 ã^{12} diɔ^{33}	柱脚 dzɿ^{24} tʃiaʔ^{2}	大门 dəu^{21} məŋ^{24}
15 余杭	梁头 liɑ̃^{31} døʏ^{13}	柱脚 zɿ^{33} tɕiaʔ^{5}	大门 du^{33} miŋ^{13}
16 临安	梁条 liã^{33} diɔ^{35}	柱脚 zɥ^{33} tɕiɐʔ^{5}	大门 do^{33} meŋ^{31}
17 昌化	桁条 ã^{11} diɔ^{112}	屋柱 uəʔ^{5} ʑy^{243} 柱脚 ʑy^{23} tɕiaʔ^{5}	大门 dɯ^{23} məŋ^{453}
18 於潜	桁条 xaŋ^{22} tiəu^{24}	柱脚 dʑy^{24} tɕieʔ^{53}	大门 da^{24} meŋ^{53}
19 萧山	横条 uã^{13} diɔ^{33}	廊柱 lɔ̃^{13} dzɿ^{13}	大门 do^{13} məŋ^{33}
20 富阳	桁料 ã^{13} liɔ^{55}	柱脚 ʑy^{224} tɕiaʔ^{5}	大门 dʊ^{13} mən^{55}
21 新登	桁料 ɛ̃^{233} liɔ^{334}	柱脚 dzɥ^{21} tɕiaʔ^{5}	大门 du^{21} meiŋ^{13}
22 桐庐	横档 uã^{21} tã^{35}	柱子 dʑy^{13} tsɿ^{55}	大门 du^{13} məŋ^{55}
23 分水	桁条 ã^{21} diɔ^{24}	柱头 dʑy^{24} dɵ^{21}	大门 da^{24} mən^{21}

续表

方言点	0310 檩左右方向的	0311 柱子	0312 大门
24 绍兴	桁条 aŋ^{22}diɔ^{231}	柱脚 dʑy^{24}tɕiaʔ^{3}	台门 dᴇ^{22}mẽ^{231}
25 上虞	桁条 ã^{21}diɔ^{213}	柱头 dʑy^{21}dɤ^{31}	大门 dʊ^{21}məŋ^{31}
26 嵊州	桁条 aŋ^{22}diɔ^{231}	屋柱 oʔ^{3}dzɿ^{231}	大门 do^{22}meŋ^{334}
27 新昌	桁 aŋ^{22}	屋柱 uʔ^{5}dzɿ^{232}	团$^{=}$门 dœ̃^{13}meŋ^{33}
28 诸暨	桁 ã^{13}	屋柱 oʔ^{5}dʑy^{21}	大门 dɤu^{33}mɛn^{33}
29 慈溪	横条 uã^{11}diɔ^{13}	廊柱 lɔ̃^{13}dzʮ^{0}	大门 dəu^{11}məŋ^{13}
30 余姚	桁条 ã^{44}diɔ^{44}	廊柱 lɔŋ^{13}dzʮ^{13} 柱头 dzʮ^{13}dø^{0}	大门 dou^{13}mə̃^{13}
31 宁波	桁条 a^{13}dio^{53}	屋柱 oʔ^{5}dzʮ^{13}	大门 dəu^{13}məŋ^{13}
32 镇海	桁条 ã^{22}dio^{31}	屋柱 oʔ^{5}dzʮ^{0}	大门 dəu^{22}məŋ^{22}
33 奉化	桁条 ã^{33}diɔ^{31}	屋柱 oʔ^{5}dzʮ^{31}	大墙门 dəu^{31}dʑiã^{33}məŋ^{31}
34 宁海	桁条 ã^{21}dieu^{31}	屋柱 oʔ^{3}dzʮ^{31}	葱$^{=}$门 tsʰoŋ^{33}məŋ^{31}
35 象山	桁条 ã^{31}dio^{13}	屋柱 oʔ^{5}dzʮ^{31}	槽$^{=}$门 zɔ^{31}məŋ^{13}
36 普陀	横梁 uã^{33}liã^{53}	柱子 zʮ^{23}tsɿ^{0}	大门 dəu^{11}mɐŋ^{55}
37 定海	桁条 ã^{33}dio^{52}	柱子 zʮ^{23}tsɿ^{44}	大门 dʌ^{11}mɐŋ^{44}
38 岱山	桁条 ã^{33}dio^{52}	立柱 lieʔ^{2}dzʮ^{45}	大门 dʌu^{11}mɐŋ^{45}
39 嵊泗	桁条 ã^{33}dio^{53}	柱子 dzu^{34}tsɿ^{0}	大门 dʌu^{11}mɐŋ^{45}
40 临海	桁 ã^{21}	廊柱 lɔ̃^{22}dʑy^{21} 屋柱 ɔʔ^{3}dʑy^{21}	大门 do^{22}məŋ^{21}
41 椒江	桁 ã^{31}	廊柱 lɔ̃^{22}dzʮ^{31}	台门 də^{22}məŋ^{41}
42 黄岩	桁 ã^{121}	廊柱 lɔ̃^{13}dzʮ^{121}	台门 de^{13}mən^{41} 大门 dou^{13}mən^{121}
43 温岭	桁 ã^{31}	廊柱 lɔ̃^{13}dʑy^{31}	大门 du^{13}mən^{31}
44 仙居	桁条 ã^{353}diɐɯ^{0}	屋柱 uəʔ^{3}dʑy^{213}	大门 do^{353}men^{0}
45 天台	桁条 a^{224}dieu^{0}	屋柱 uʔ^{1}dʑy^{214}	门头 məŋ^{224}deu^{0} 大门 dou^{33}məŋ^{224}

续表

方言点	0310 檩左右方向的	0311 柱子	0312 大门
46 三门	桁头 ε^{13}diɑu^{31}	屋柱 oʔ^{5}dzɥ^{213}	大门 dʊ^{23}məŋ^{224}
47 玉环	桁 ã^{31}	廊柱 lɔ̃^{22}dʑy^{41}	大门 dəu^{22}məŋ^{31}
48 金华	桁条 ɑŋ^{31}diɑo^{14}	屋柱 oʔ^{3}tɕy^{535}	大门 tuɤ^{55}məŋ^{14}
49 汤溪	栋 nɑo^{52}	柱 dʑy^{113}	大门 duɤ^{11}mã^{52}
50 兰溪	桁条 æ̃^{21}diɔ^{24}	柱 tɕy^{55}	大门 tuɤ^{55}mæ̃^{24}
51 浦江	桁条 ɛ̃^{24}dɯ^{334}	屋柱 ɯ^{33}dʑy^{243}	大门 dɯ^{11}mən^{243}
52 义乌	桁 ε^{213}	屋柱 au^{33}dʑy^{312}	门 mən^{213}
53 东阳	□ tɕyun^{35}	柱 dzʅ^{24}	大门 dʊ^{22}mɐn^{53}
54 永康	桁条 ai^{31}ɗiɑu^{52}	屋柱 u^{33}dʑy^{113}	大门 duo^{31}məŋ^{55}
55 武义	桁条 ŋa^{32}die^{231}	屋柱 ɔʔ^{5}dʑy^{13}	大门 duo^{55}men^{324}
56 磐安	桁料 ε^{21}lio^{52}	屋柱 ʌo^{55}tɕy^{334}	大门 tuɤ^{55}mɐn^{213}
57 缙云	桁 ɑ^{243}	屋柱 ou^{51}dzɥ^{31}	昌⁼门 tɕʰiɑ^{44}mεŋ^{453}
58 衢州	桁条 ɑ̃^{21}dio^{231} 横条 uã^{21}diɔ^{231}	屋柱 uəʔ^{3}tʃy^{53}	大门 du^{231}mən^{21}
59 衢江	梁 liã^{212}	乌⁼柱 uɤ^{33}dʑyø^{212}	大门 dou^{22}məŋ^{53}
60 龙游	栋 toŋ^{51}	柱 dʑy^{224}	大门 du^{224}mən^{231}
61 江山	梁 liaŋ^{213} 横条 uaŋ^{22}diɐɯ^{213}	柱 dʑyə^{22} 屋柱 oʔ^{5}dʑyə^{22}	大门 do^{22}moŋ^{213}
62 常山	梁 liã^{341}	柱 dzuə^{24}	大门 dɔ^{24}mɔ̃^{0}
63 开化	栋梁 tɤŋ^{53}liã^{0} 桁条 ã^{21}tiəɯ^{53}	柱 dʑyo^{213}	大门 dɔ^{21}mɤŋ^{231}
64 丽水	桁条 ã^{21}tiə^{52}	柱 dzɥ^{22}	大门 du^{21}men^{52}
65 青田	桁条 ε^{55}diœ^{53}	栋柱 ɗoŋ^{33}dzɥ^{343}	大门 du^{22}maŋ^{53}
66 云和	瓦梁 ŋo^{44}liã^{312}	处柱 tsʰɥ^{44}dzɥ^{231}	大门 du^{223}məŋ^{312}
67 松阳	横条 uã^{33}diɔ^{31}	柱脚 dʑyε^{21}tɕiaʔ^{5}	大门 du^{33}men^{31}

续表

方言点	0310 檩左右方向的	0311 柱子	0312 大门
68 宣平	桁条 ε^{22}diɔ^{433}	柱 dʑy^{223}	大门 do^{22}mən^{433}
69 遂昌	桁条 aŋ^{22}diɐɯ^{213}	柱 dʑyε^{13}	大门 du^{13}məŋ^{221}
70 龙泉	横条 uaŋ^{45}diɑʌ^{21}	柱 tɕy^{51}	大门 dou^{21}mεn^{21}
71 景宁	横条 uε^{33}diɑu^{41}	处柱 tɕʰy^{55}tɕy^{33}	大门 do^{33}maŋ^{41}
72 庆元	桁条 xæ̃^{52}tiɒ^{52}	柱 tɕyᴇ^{221}	大门 to^{22}məŋ^{52}
73 泰顺	桁条 ã^{21}tiɑɔ^{53}	柱 tɕy^{21}	大门 to^{21}məŋ^{53}
74 温州	桁条 ε^{22}diε^{223}	栋柱 toŋ^{42}dzɿ^{14}	大门 dɤu^{31}maŋ^{21}
75 永嘉	水皮 sʮ^{53}bei^{21}	柱 dzʮ^{13} 柱脚 dzʮ^{13}tɕia^{423}	大门 dəu^{22}maŋ^{21}
76 乐清	桁条 a^{22}diɯʌ^{223}	栋柱 toŋ^{42}dʑy^{24}	槽门 zɤ^{22}maŋ^{223}
77 瑞安	栋 toŋ^{53}	柱 dzəɯ^{13}	大门 dou^{31}maŋ^{21}
78 平阳	横梁 vᴀ^{21}lie^{13}	栋柱 toŋ^{33}dʑy^{13}	大门 tu^{13}maŋ^{42}
79 文成	横梁 va^{21}lie^{13}	柱 dʑy^{224}	大门 dou^{42}maŋ^{33}
80 苍南	梁皮 liε^{11}bi^{11}	栋柱 toŋ^{42}dʑy^{24}	大门 du^{11}maŋ^{31}
81 建德徽	桁条 hε^{33}tiɔ^{33}	柱子 tɕy^{21}tsɿ^{213}	大门 tʰu^{21}mən^{55}
82 寿昌徽	桁条 xæ̃^{11}tʰiɤ^{33}	柱头 tɕʰy^{33}tʰəɯ^{52}	大门 tʰu^{33}men^{52}
83 淳安徽	桁条 hɑ̃^{43}tʰiɤ^{24}	柱子 tɕʰya^{55}tsɿ^{21}	大门 tʰu^{53}men^{21}
84 遂安徽	梁 liɑ̃^{33}	屋柱 vu^{24}tɕy^{43}	大门 tʰəɯ^{52}məŋ^{21}
85 苍南闽	栋筒 tɯŋ^{33}tan^{24}	跳骹 tʰiau^{21}kʰa^{55}	大门 to^{21}mɯŋ^{55}
86 泰顺闽	桁条 æŋ^{21}teu^{22}	柱 tʰiøu^{31}	大门 ta^{34}muo^{22}
87 洞头闽	横梁 huaĩ^{212}nĩũ^{33}	跳 tʰiau^{21}	大门 tua^{212}mɯŋ^{33}
88 景宁畲	横条 fɔŋ^{22}tiau^{22}	树墩 ɕy^{51}tuən^{325}	大门 tʰɔi^{51}muən^{22}

方言点	0313 门槛儿	0314 窗旧式的	0315 梯子可移动的
01 杭州	门槛儿 məŋ^{22}kʰɛ^{33}əl^{45}	窗门 tsʰuaŋ^{33}məŋ^{45}	梯子 tʰi^{33}tsɿ^{45}
02 嘉兴	门槛 məŋ^{13}kʰᴇ^{42}	窗 tsʰᴀ̃^{42}	扶梯 vu^{21}tʰi^{33}
03 嘉善	户槛 u^{55}kʰɛ^{0}	窗 tsʰã^{53}	扶梯 u^{13}tʰi^{53}
04 平湖	门槛 mən^{24}kʰɛ^{53}	窗 tsʰɑ̃^{53}	扶梯 u^{24}tʰi^{53}
05 海盐	雨$^{=}$槛 y^{53}kʰɛ^{53}	窗 tsʰɑ̃^{53}	扶梯 u^{24}tʰi^{53}
06 海宁	户槛 u^{55}kʰɛ^{0}	窗 tsʰɑ̃^{55}	扶梯 vu^{33}tʰi^{55}
07 桐乡	乌$^{=}$槛 u^{44}kʰɛ^{0}	窗爿$^{=}$tɕʰiɒ̃^{44}bɛ^{44}	扶梯 u^{21}tʰi^{44}
08 崇德	门槛 məŋ^{21}kʰɛ^{44}	窗爿$^{=}$tɕʰiã^{44}bɛ^{44}	扶梯 u^{21}tʰi^{44}
09 湖州	户槛 əu^{53}kʰɛ^{13}	窗盘 tsʰã^{44}bɛ^{44}	梯子 tʰi^{44}tsɿ^{44}
10 德清	门槛 men^{11}kʰɛ^{35}	窗盘 tsʰã^{44}bøʉ^{44}	梯子 tʰi^{44}tsɿ^{44}
11 武康	门槛 men^{11}kʰɛ^{35}	窗门 tsʰã^{44}men^{44}	梯子 tʰi^{44}tsɿ^{44}
12 安吉	门槛 məŋ^{22}kʰᴇ^{22}	窗门 tsʰɔ̃^{55}məŋ^{55}	梯子 tʰi^{55}tsɿ^{55}
13 孝丰	户槛 u^{45}kʰɛ^{21}	窗门 tsʰɔ̃^{44}məŋ^{44}	扶梯 vu^{22}tʰi^{22}
14 长兴	户槛 vu^{45}kʰᴇ^{21}	窗盘 tsʰɔ̃^{44}bɯ^{44}	梯子 tʰʅ^{44}tsɿ^{44}
15 余杭	门槛 miŋ^{31}kʰɛ^{35}	窗盘儿 tɕʰiɑ̃^{55}buo^{33}n^{33}	梯子 tʰiẽ^{55}tsɿ^{55}
16 临安	门槛 meŋ^{31}kʰɛ^{13}	窗门 tsʰɑ̃^{53}meŋ^{33}	梯子 tʰᴇ^{53}tsɿ^{33}
17 昌化	户槛 u^{23}kʰɔ̃^{53}	窗槛 tsʰɔ̃^{33}kʰɔ̃^{45}	梯 tʰɛ^{334}
18 於潜	门槛 meŋ^{22}kʰɛ^{53}	窗门 tsʰuaŋ^{43}meŋ^{223}	梯子 tʰe^{43}tsɿ^{454}
19 萧山	门槛 məŋ^{13}kʰɛ^{33}	窗门 tɕʰyã^{33}məŋ^{33}	梯子 tʰe^{33}tsɿ^{33}
20 富阳	门槛 mən^{13}kʰã^{55}	窗洞 tɕʰyɑ̃^{55}doŋ^{31}	梯子 tʰɛ^{55}tsɿ^{31}
21 新登	门槛 meiŋ^{233}kʰɛ̃^{334}	窗满$^{=}$tsʰɑ̃^{53}mɛ̃^{334}	梯子 tʰi^{53}tsɿ^{334}
22 桐庐	门槛 məŋ^{21}kʰã^{35}	窗门 tɕʰyã^{35}məŋ^{33}	梯子 tʰi^{35}tsɿ^{33}
23 分水	门槛 mən^{21}kʰã^{55}	窗 tsʰuã^{44}	扶梯 xu^{21}tʰi^{44}
24 绍兴	门槛 mẽ^{22}kʰɛ̃^{33}	窗门 tsʰɑŋ^{33}mẽ^{231}	梯子 tʰᴇ^{33}tseʔ^{5}

续表

方言点	0313 门槛儿	0314 窗旧式的	0315 梯子可移动的
25 上虞	门槛 məŋ^{21}kʰɛ̃^{35}	窗门 tsʰɔ̃^{33}məŋ^{213}	梯子 tʰe^{33}tsɿ^{33}
26 嵊州	门槛 meŋ^{22}kʰɛ̃^{53}	流窗 liʏ^{22}tsʰɔŋ^{334}	扶梯 u^{22}tʰᴇ^{334}
27 新昌	门槛 meŋ^{22}kʰɛ̃^{453}	窗窠 tsʰɔ̃^{45}kʰɤ^{534}	楼梯 lu^{13}tʰe^{534}
28 诸暨	门槛 mɛn^{21}kʰɛ^{42}	窗盘 tsʰɑ̃^{21}bə^{242}	梯子 tʰe^{33}tsɿ^{21}
29 慈溪	门槛 məŋ^{13}kʰɛ̃^{0}	窗门 tsʰɔ̃^{33}məŋ^{13}	梯子 tʰe^{35}tsɿ^{0}
30 余姚	门槛 mə̃^{13}kʰã^{34}	窗门 tsʰɔŋ^{44}mə̃^{13}	梯子 tʰe^{44}tsɿ^{34}
31 宁波	地栿 di^{13}boʔ^{2}	窗槛 tsʰɔ^{44}kʰɛ^{53}	路梯 lu^{13}tʰi^{53}
32 镇海	门槛 məŋ^{22}kʰɛ^{53}	窗门 tsʰɔ̃^{33}məŋ^{31}	路梯 lu^{22}tʰe^{53}
33 奉化	地栿儿 di^{31}uəŋ^{33}	窗头 tsʰɔ̃^{44}dæi^{31}	梯 tʰe^{545}
34 宁海	地栿 di^{22}boʔ^{3} 地栿头 di^{22}boʔ^{3}diu^{213}	窗 tɕʰyɔ̃^{423}	乌⁼梯 u^{33}tʰie^{34}
35 象山	地栿头 di^{13}boʔ^{2}dɤɯ^{31}	窗门 tɕʰyɔ̃^{44}məŋ^{13}	路梯 lu^{31}tʰi^{35}
36 普陀	门槛 mɐŋ^{33}kʰɛ^{53}	窗门 tsʰɔ̃^{33}mɐŋ^{53}	梯子 tʰɛ^{53}tsɿ^{0}
37 定海	地栿儿 di^{11}vɐŋ^{44}	窗门 tsʰõ^{33}mɐŋ^{52}	路梯 lu^{33}tʰɛ^{52}
38 岱山	地栿 di^{11}boʔ^{5}	窗门 tsʰõ^{33}mɐŋ^{52}	梯子 tʰɛ^{52}tsɿ^{0}
39 嵊泗	地栿 di^{11}boʔ^{5}	窗门 tsʰõ^{33}mɐŋ^{53}	梯子 tʰe^{44}tsɿ^{0}
40 临海	地栿槛 di^{22}voʔ^{2}kʰɛ^{51}	窗门 tɕʰyɔ̃^{35}mən^{51} 窗头 tɕʰyɔ̃^{33}də^{453}	梯 tʰi^{31}
41 椒江	地栿 di^{22}vəʔ^{2} 地栿头 di^{22}vəʔ^{2}dio^{41}	阘门 dəʔ^{2}məŋ^{41}	梯 tʰi^{42}
42 黄岩	地栿 di^{13}voʔ^{2}	阘门 dəʔ^{2}mən^{41}	梯 tʰi^{32}
43 温岭	地栿 di^{13}voʔ^{2}	窗门 tɕiɔ̃^{35}mən^{41} 窗 tɕʰiɔ̃^{33}	梯 tʰi^{33}
44 仙居	门槛头 men^{33}kʰa^{31}dəɯ^{213}	窗头 tɕʰyɑ̃^{53}dəɯ^{0}	板角梯 ɓa^{31}kɑʔ^{3}tʰi^{53}
45 天台	地门槛 di^{33}məŋ^{22}kʰe^{325}	窗头 tɕʰyɔ^{33}deu^{0}	梯 tʰi^{51}

续表

方言点	0313 门槛儿	0314 窗旧式的	0315 梯子可移动的
46 三门	地栿 di^{23}boʔ^{23}	窗头 tɕʰiɔ^{33}dɤɯ^{31}	梯 tʰi^{52}
47 玉环	地栿头 di^{22}vɐʔ^{2}diɤ^{24}小	窗门 tɕiɔ̃^{24}məŋ^{41}	梯 tʰi^{42}
48 金华	门槛 məŋ^{31}kʰɑ^{535}	床头 kʰɑ^{55}diu^{313}	梯儿 tʰɛ̃^{334}
49 汤溪	门槛 mã^{33}kʰuɑ^{535}	床 kʰuɑ^{535}	梯 tʰɛ^{24}
50 兰溪	门槛 mæ̃^{21}kʰuɑ^{55}	床头 kʰuɑ^{45}dəɯ^{0}	梯儿 tʰe^{334}nə^{45}
51 浦江	门槛儿 mən^{11}kʰɑ̃n^{55}	床 kʰɑ̃^{53}	梯儿 tʰiən^{534}
52 义乌	门槛儿 mən^{22}kʰɔn^{45}	床门 kʰɔ^{45}mən^{44}	梯儿 tʰin^{45}
53 东阳	门槛 man^{22}kʰɔ^{35}	床 kʰɔ^{44}	梯儿 tʰen^{334}
54 永康	门槛 məŋ^{33}kʰa^{52}小	后床 əu^{31}kʰa^{52}小	梯 tʰəi^{241}小
55 武义	门槛 men^{55}tsen^{445}	床门 kʰuo^{53}men^{324}	梯 ta^{24}
56 磐安	门槛 mɐn^{22}kʰɒ^{334}	床儿 kʰɒn^{52}	梯儿 tʰen^{445}
57 缙云	门槛 mɛŋ^{44}kʰɑ^{453}	床 kʰɑ^{453}	梯 tʰei^{44}
58 衢州	门槛 mən^{21}kʰã^{35}	窗盘 tʃʰyɑ̃^{32}pə̃^{53}	楼梯 le^{21}tʰɛ^{32}
59 衢江	门传= məŋ^{33}dʑiɛ^{212}	窗床 tɕʰyɑ̃^{33}kʰã^{25}	楼梯 ly^{33}tʰei^{33}
60 龙游	门重= mən^{33}dzoŋ^{224}	床门 kʰã^{35}mən^{21}	楼梯 ləɯ^{22}tʰei^{334}
61 江山	门□ moŋ^{22}dʑiɘ̃^{22}	窗 tɕʰiɒŋ^{44}	楼梯 lɯ^{22}tʰᴇ^{44}
62 常山	门阵= mɔ̃^{22}dzĩ^{341}	窗门 tsʰɔ̃^{52}mɔ̃^{0}	楼梯 liu^{22}tʰue^{44}
63 开化	门阵= mɤŋ^{231}dʑyɛ̃^{213}	窗 tɕʰiɔŋ^{44} 窗门 tɕʰiɔŋ^{53}mɤŋ^{0}	手梯 tɕʰyo^{44}tʰɛ^{44}
64 丽水	门沉= men^{22}dzen^{22}	窗门 tɕʰiɔŋ^{224}men^{52}	楼梯 ləɯ^{22}tʰei^{224}
65 青田	门枕= maŋ^{22}tsaŋ^{454}	窗门 tɕʰio^{55}maŋ^{53}	梯 tʰi^{445}
66 云和	门枕= məŋ^{223}tsəŋ^{41}	窗门 tɕʰiɔ̃^{44}məŋ^{312}	梯 tʰei^{24}
67 松阳	门准= men^{24}tɕyn^{33}	窗门 tɕʰioŋ^{33}men^{31}	楼梯 lei^{33}tʰɛ^{53}
68 宣平	门阵= mən^{44}dzən^{223}	床门 kʰɑ̃^{44}mən^{433}	楼梯 ləɯ^{43}tʰei^{324}

续表

方言点	0313 门槛儿	0314 窗旧式的	0315 梯子可移动的
69 遂昌	门妗⁼ məŋ^{22}dʑyɛ̃^{13}	床窗 kʰaŋ^{33}tɕʰiɔŋ^{45}	楼梯 lu^{21}tʰei^{45}
70 龙泉	门枕⁼ mɛn^{45}tsɛn^{51}	窗 tɕʰiɔŋ^{434}	徛梯 gᴇ^{21}tʰᴇ^{434}
71 景宁	门枕⁼ maŋ^{55}tsaŋ^{33}	窗门 tɕʰiɔŋ^{33}maŋ^{41}	梯 tʰai^{324}
72 庆元	门赚⁼ məŋ^{52}tɕyɛ̃^{221}	窗 tɕʰiɔ̃^{55}小	山梯 sɑ̃^{33}tʰæi^{55}小 楼梯 liɯ^{52}tʰæi^{335}
73 泰顺	门妗⁼ məŋ^{21}tsəŋ^{53}	窗门 tsʰɔ̃^{22}məŋ^{53}	梯 tʰæi^{33}小
74 温州	门槛 maŋ^{31}kʰa^{25}	窗门 tɕʰyɔ^{33}maŋ^{223}	楼梯 lau^{22}tʰei^{33}
75 永嘉	门槛 maŋ^{31}kʰɛ^{45}	窗门 tɕʰyɔ^{33}maŋ^{21}	楼梯 lau^{22}tʰei^{44}
76 乐清	门槛 maŋ^{31}kʰᴇ^{35}	窗门 tɕʰyɯʌ^{44}maŋ^{223}	脚梯 tɕia^{3}tʰi^{44}
77 瑞安	门槛 maŋ^{31}kʰɔ^{35}	窗 tɕʰyo^{44}	楼梯 lau^{22}tʰei^{44}
78 平阳	门槛 maŋ^{33}kʰɔ^{35}	窗翻 tʃʰuo^{33}fɔ^{55}	楼梯 lau^{21}tʰi^{55}
79 文成	门槛 maŋ^{33}kʰɔ^{45}	窗门 tʃʰuo^{33}maŋ^{33}	手梯 ɕiou^{33}tʰei^{33}
80 苍南	门槛 maŋ^{31}kʰa^{53}	窗门 tɕʰyɔ^{33}maŋ^{21}	楼梯 lau^{11}tʰi^{44}
81 建德徽	门槛 mən^{33}kʰɛ^{213}	床门 kʰɛ^{55}mən^{33}	湖⁼梯 u^{33}tʰe^{53}
82 寿昌徽	门槛 men^{11}kʰuə^{24}	床门 kʰuə^{33}men^{52}	手梯 səɯ^{33}tʰiæ^{112}
83 淳安徽	户琛⁼ va^{55}tsʰen^{55}	床门 kʰɑ̃^{55}men^{21}	梯 tʰie^{24}
84 遂安徽	户承⁼ u^{55}tɕʰin^{33}	窗门 kʰɑ̃^{534}məŋ^{24}	梯 tʰəɯ^{534}
85 苍南闽	面店 bin^{21}tãĩ^{21}	窗子 tʰan^{33}tɕi^{43}	楼梯 lau^{21}tʰui^{55}
86 泰顺闽	门垫 muo^{21}tɛ^{31}	窗门 tʰəŋ^{21}muo^{22}	梯囝 tʰei^{21}ki^{344}
87 洞头闽	雨店⁼ hɔ^{24}tãĩ^{21}	窗门囝 tʰã^{212}muɯŋ^{21}kã^{53}	楼梯 lau^{212}tʰui^{33}
88 景宁畲	门垫 muən^{22}tien^{51}	窗门 tsʰɔŋ^{44}muən^{22}	楼□ liəu^{22}tɕin^{44}

方言点	0316 扫帚统称	0317 扫地	0318 垃圾
01 杭州	笤帚 diɔ^{22}tsei^{45}	扫地下 sɔ^{55}di^{13}ia^{53}	垃圾 la^{13}ɕi^{53}
02 嘉兴	扫帚 sɔ^{24}tsei^{21}	扫地 sɔ^{33}di^{13}	涝$^{=}$糟$^{=}$ lɔ^{21}tsɔ^{33} 垃圾 lᴀ^{24}ɕi^{21}
03 嘉善	扫帚 sɔ^{55}tsə^{0}	扫地皮 sɔ^{44}di^{35}bi^{0}	垃圾 la^{22}ɕi^{35}
04 平湖	扫帚 sɔ^{44}tsəɯ^{31}	扫地 sɔ^{44}di^{213}	垃圾 la^{24}si^{0}
05 海盐	扫帚 sɔ^{55}tse^{21}	扫地 sɔ^{55}di^{213}	垃圾 lɑ^{13}ɕi^{21}
06 海宁	扫帚 sɔ^{55}tsəɯ^{53}	扫地 sɔ^{55}di^{13}	劳$^{=}$潮$^{=}$ lɔ^{33}zɔ^{33}
07 桐乡	笤帚 diɔ^{21}tsɤɯ^{44} 扫帚 sɔ^{33}tsɤɯ^{53}	扫地 sɔ^{53}di^{213}	垃圾 la^{21}si^{334}
08 崇德	扫帚 sɔ^{33}tsɤɯ^{53} 笤帚 diɔ^{21}tsɤɯ^{44}	扫地 sɔ^{33}di^{13}	垃圾 lɑ^{21}ɕi^{334}
09 湖州	笤帚 diɔ^{33}tɕiʉ^{35}	扫地 sɔ^{33}di^{35}	垃圾 la^{33}ɕi^{35}
10 德清	笤帚 diɔ^{11}tɕiʉ^{35}	扫地 sɔ^{33}di^{35}	垃圾 la^{33}ɕi^{35}
11 武康	笤帚 diɔ^{11}tɕiø^{35}	扫地罗$^{=}$ sɔ^{53}di^{11}lo^{35}	垃圾头 lɜʔ^{2}sɜʔ^{5}dø^{53}
12 安吉	笤帚 diɔ^{22}tsəɪ^{22}	扫地 sɔ^{52}di^{213}	垃圾 lɐʔ^{2}səʔ^{5}
13 孝丰	笤帚 diɔ^{22}tsəɪ^{22}	扫地 sɔ^{52}di^{213}	垃圾 ləʔ^{2}səʔ^{5}
14 长兴	笤帚 diɔ^{12}tsei^{33}	扫地 sɔ^{52}dʅ^{24}	垃圾 ləʔ^{2}səʔ^{5}
15 余杭	笤帚 diɔ^{31}tsøʏ^{35}	扫地 sɔ^{53}di^{13}	垃圾 la^{13}tsʰi^{35}
16 临安	扫帚 sɔ^{55}tsə^{53}	扫地 sɔ^{55}di^{33}	垃圾 lɐʔ^{2}sɐʔ^{5}
17 昌化	笤帚 diɔ^{11}tɕi^{453}	扫脚感$^{=}$ sɔ^{45}tɕiaʔ^{5}kɛ̃^{453}	邋遢 laʔ^{2}tʰaʔ^{5}
18 於潜	笤帚 diəu^{24}tɕiəu^{53}	扫地 sɔ^{43}di^{24}	垃圾 lɑʔ^{2}səʔ^{53}
19 萧山	扫帚 sɔ^{33}tɕio^{33}	扫地 sɔ^{33}di^{242}	垃圾 ləʔ^{21}səʔ^{5}
20 富阳	笤帚 diɔ^{13}tsei^{55}	扫地 sɔ^{423}di^{224}	垃圾 lɛʔ^{2}sɛʔ^{5}
21 新登	笤帚 diɔ^{233}tɕʰy^{334}	扫地 sɔ^{334}di^{13}	垃圾 ləʔ^{2}səʔ^{5}
22 桐庐	扫帚 sɔ^{33}tsei^{33}	扫地 sɔ^{33}di^{13}	垃圾 laʔ^{21}səʔ^{5}

续表

方言点	0316 扫帚统称	0317 扫地	0318 垃圾
23 分水	扫帚 sɔ^{24}tsɵ^{0}	扫地 sɔ^{44}di^{24}	垃圾 ləʔ^{12}səʔ^{5}
24 绍兴	扫帚 sɔ^{33}tsɤ^{334}	扫地下 sɔ^{44}di^{22}o^{31}	埃糟 ᴇ^{33}tsɔ^{53}
25 上虞	扫帚 sɔ^{33}tsɤ^{35}	扫地 sɔ^{33}di^{31}	垃圾 la^{33}ɕi^{35} 罗⁼蔗⁼ lʊ^{22}tso^{53} 垃圾罗⁼蔗⁼ la^{33}ɕi^{33}lʊ^{22}tso^{53}
26 嵊州	扫帚 sɔ^{33}tɕiʏ^{334}	扫地下 sɔ^{53}di^{22}o^{334}	垃圾 lɛʔ^{2}sɛʔ^{5}
27 新昌	扫帚 sɔ^{53}tɕiɯ^{335}	扫地 sɔ^{53}di^{13}	垃圾 lɤʔ^{2}sɤʔ^{5}
28 诸暨	扫帚 sɔ^{33}tsei^{42}	扫地 sɔ^{33}dʅ^{13}	癞⁼柴⁼ lA^{13}zA^{242}
29 慈溪	扫帚 sɔ^{44}tsø^{44}	扫地 sɔ^{33}di^{13}	垃屑 laʔ^{3}saʔ^{5}
30 余姚	扫帚 sɔ^{44}tsø^{44}	扫地下 sɔ^{44}di^{13}io^{44}	垃屑 la^{44}ɕiəʔ^{5}
31 宁波	扫帚 sɔ^{44}tɕy^{44}	扫地央 sɔ^{44}di^{13}ia^{44}	垃屑 laʔ^{2}saʔ^{5}
32 镇海	扫帚 sɔ^{33}tɕiu^{44}	扫地娘⁼ sɔ^{33}di^{22}ȵia^{24}	鏖糟 ɔ^{33}tsɔ^{53}
33 奉化	笤帚 diɔ^{33}tɕiʏ^{53}	扫地 sʌ^{44}di^{31}	安⁼早⁼ e^{44}tsʌ^{53}
34 宁海	扫帚 sau^{33}tɕiu^{53} 笤帚 dieu^{21}tɕiu^{53}	扫地 sau^{53}di^{24} 笪⁼地 tɕʰia^{33}di^{24}	落屑 lɔʔ^{3}sɔʔ^{5}
35 象山	扫帚 sɔ^{53}tɕiu^{44}	扫地垟 sɔ^{44}di^{31}iã^{13}	腊⁼塞⁼ laʔ^{2}saʔ^{5}
36 普陀	扫帚 sɔ^{55}tɕieu^{0}	扫地垟 sɔ^{55}di^{11}iã^{55}	垃圾 la^{33}ɕi^{55}
37 定海	扫帚 sɔ^{44}tɕiʏ^{0}	扫地垟 sɔ^{33}di^{11}iã^{44}	垃屑 lɐʔ^{2}sɐʔ^{5}
38 岱山	扫帚 sɔ^{44}tɕiʏ^{52}	扫地垟 sɔ^{33}di^{11}iã^{45}	垃屑 lɐʔ^{2}sɐʔ^{5}
39 嵊泗	扫帚 sɔ^{44}tɕiʏ^{0}	扫地垟 sɔ^{33}di^{11}ȵiã^{44}	垃屑 lɐʔ^{2}sɐʔ^{5}
40 临海	扫帚 sɔ^{33}tɕiu^{53} 笤帚 diə^{33}tɕiu^{53}	扫地 sɔ^{42}di^{24}	律⁼色⁼ ləʔ^{2}səʔ^{5}
41 椒江	扫帚 sɔ^{33}tɕiu^{42}	扫地 sɔ^{42}di^{24}	垃圾 ləʔ^{2}səʔ^{5}
42 黄岩	扫帚 sɔ^{33}tɕiu^{42}	扫地 sɔ^{33}di^{24}	垃圾 ləʔ^{2}səʔ^{5}

续表

方言点	0316 扫帚统称	0317 扫地	0318 垃圾
43 温岭	扫帚 sɔ^{33}tɕiu^{42}	扫地 sɔ^{42}di^{13}	落$^{=}$索$^{=}$ loʔ^{2}soʔ^{5} 垃圾 ləʔ^{2}səʔ^{5}
44 仙居	笤帚 diɐɯ^{33}tɕiəɯ^{324}	扫地 sɐɯ^{31}di^{24}	垃杀$^{=}$ lɑʔ^{23}sɑʔ^{5}
45 天台	笤帚 diau^{22}tɕiu^{325}	扫地 sau^{32}di^{35}	垃圾 ləʔ^{2}səʔ^{5}
46 三门	笤帚 diɑu^{11}tɕiu^{325}	扫地 sɑu^{32}di^{243}	垃圾 lɐʔ^{2}sɐʔ^{5}
47 玉环	扫帚 sɔ^{33}tɕiu^{53}	扫地 sɔ^{42}di^{22}	垃圾 lɐʔ^{2}sɐʔ^{5}
48 金华	笤帚 tiɑo^{33}tɕiu^{535}	扫地 sɑo^{55}di^{14}	垃圾 lɤ^{53}sɤ^{55}
49 汤溪	笤帚 tie^{33}tɕiəɯ^{535}	刷地 ɕyɤ^{52}die^{341}	垃圾 lɤ^{11}sɤ^{55}
50 兰溪	笤帚 diɔ^{21}tɕiəɯ^{55}	扫地 sɔ^{55}di^{24}	鏖糟 ɔ^{334}tsɔ^{45}
51 浦江	扫帚 so^{33}tsiɤ^{53}竹制 笤帚 dɯ^{11}tsiɤ^{53}芒制	扫地 so^{55}di^{0}	锣$^{=}$屑 lɯ^{11}sɯ^{53}
52 义乌	扫帚 so^{45}tsɐɯ^{423}	扫地 so^{45}di^{24}	料屑 lɯ^{45}sɿ^{423}
53 东阳	扫帚 sɐɯ^{33}tɕiəɯ^{35}	扫地 sɐɯ^{45}di^{33}	垃圾 lɐʔ^{23}sɐʔ^{33}
54 永康	扫帚 sɑu^{33}tɕiəʊ^{334}	扫地 zɑu^{31}di^{241}	垃圾 lɤ^{33}sɤ^{334}
55 武义	笤帚 dɤ^{53}tɕiəu^{445}	扫地 sɤ^{53}di^{231}	垃圾 lɤ^{53}sɤ^{53}
56 磐安	扫帚 so^{33}tɕiɐɯ^{334}	扫地 so^{33}di^{14}	垃圾 la^{55}sɛ^{334}
57 缙云	丝帚 sɿ^{44}tɕiəɤ^{51}	刷地 ɕyɑ^{51}di^{213}	垃圾 lɛ^{41}sɛ^{322}
58 衢州	笤帚 diɔ^{21}tɕiu^{35}	扫地 sɔ^{53}di^{231}	垃圾 ləʔ^{2}səʔ^{5}
59 衢江	稌帚 dy^{22}yø^{25}	扫地 sɤ^{33}die^{231}	垃圾 ləʔ^{2}səʔ^{5}
60 龙游	苗$^{=}$帚 miɔ^{33}tsəɯ^{35}	扫地 su^{33}diɑ^{231}	垃圾 lɔʔ^{2}səʔ^{4}
61 江山	地帚 diᴇʔ^{2}yə^{213}	扫地地 suə^{44}diᴇʔ^{2}diə^{213}	垃圾碎 laʔ^{2}sɒʔ^{4}suᴇ^{51}
62 常山	地帚 di^{22}ye^{52}	扫地 suə^{44}die^{131}	垃圾 laʔ^{3}sʌʔ^{5}
63 开化	地帚 di^{21}yo^{53}	扫地 suo^{44}diɛ^{213}	垃圾 laʔ^{2}saʔ^{5}
64 丽水	扫帚 sə^{44}tɕiəɯ^{544}	扫地 sə^{52}di^{131}	垃圾 ləʔ^{21}səʔ^{5}
65 青田	帚扫 tsu^{55}sœ^{33}	扫地 sœ^{33}di^{22}	垃圾 laʔ^{3}saʔ^{42}

续表

方言点	0316 扫帚统称	0317 扫地	0318 垃圾
66 云和	地帚 di^{223}tɕiəɯ^{41}	扫地 sɑɔ^{44}di^{223}	垃圾 loʔ^{23}soʔ^{5}
67 松阳	筅帚 ɕiɛ̃^{33}yɛ^{212}	扫地 sɿə^{33}di^{13}	室$^{=}$圾 ɕiʔ^{3}soʔ^{5}
68 宣平	地帚 di^{22}tɕiɯ^{445}	扫地 sɔ^{44}di^{231}	垃圾 lɑʔ^{2}səʔ^{5}
69 遂昌	筅帚 ɕyɛ^{33}yɛ^{533}	扫地 suə^{55}di^{213}	垃圾 lɔʔ^{2}sɔʔ^{5}
70 龙泉	筅帚 ʑiᴇ^{21}tɕiəu^{51}	扫地 sɑʌ^{44}di^{224}	垃圾 louʔ^{3}souʔ^{5}
71 景宁	筅帚 ɕiɛ^{55}tɕiəɯ^{33} 地帚 di^{55}tɕiəɯ^{33}	扫地 sɑu^{33}di^{113}	垃圾 loʔ^{23}soʔ^{5}
72 庆元	筅帚 ɕiɑ̃^{33}tɕiɯ^{33}	扫地 sɒ^{33}ti^{31}	垃圾 loʔ^{34}soʔ^{34}
73 泰顺	地帚 ti^{22}tɕiəu^{55}	扫地更$^{=}$ sɑɔ^{22}ti^{21}kɛ^{213}	垃圾 loʔ^{2}soʔ^{5}
74 温州	搽扫 dzo^{22}sɜ^{25}	扫地下 sɜ^{33}dei^{31}o^{14}	畚扫 paŋ^{42}sɜ^{21}
75 永嘉	搽扫 dzo^{22}sə^{45}	扫地 sə^{53}dei^{22} 扫田下 sə^{33}di^{31}o^{13}	垃圾 lø^{13}sø^{423}
76 乐清	搽扫 dʑio^{24}sɤ^{41}	扫地下 sɤ^{33}di^{31}o^{24}	龌禳 o^{35}ȵia^{212}
77 瑞安	搽扫 dzo^{22}sɛ^{35}	扫田下 sɛ^{53}di^{31}o^{13}	□糟 lo^{33}tsɛ^{44}
78 平阳	扫帚 sɛ^{33}tʃɛu^{35}	扫地下 sɛ^{33}di^{21}o^{35}	畚扫 paŋ^{33}sɛ^{42}
79 文成	扫帚 sɛ^{42}tɕiou^{45}	扫地 sɛ^{33}dei^{21}	垃圾 lɔ^{33}dʒa^{21}
80 苍南	扫帚 sɛ^{42}tsɛu^{53}	扫地下 sɛ^{42}di^{11}o^{53}	肮糟末 o^{33}tsɛ^{44}mø^{112} 垃圾 la^{44}dʑia^{112}
81 建德徽	笤帚 tiɔ^{33}tsɤɯ^{213}	扫地 sɔ^{21}tʰi^{55}	里$^{=}$字$^{=}$ li^{21}sɿ^{55}
82 寿昌徽	笤帚 tʰiɤ^{11}tsəɯ^{24}	扫地 sɤ^{33}tʰi^{33}	□□ tɕiæ^{33}læ̃^{55}
83 淳安徽	笤帚 tʰiɔ^{43}tsɯ^{55}	扫地 sɤ^{21}tʰi^{53}	垃圾 ləʔ^{13}səʔ^{5}
84 遂安徽	笤帚 tʰiɔ^{33}tsɿ^{33}	扫地 sɔ^{21}tʰi^{52}	垃圾 ləɯ^{21}sə^{55}
85 苍南闽	扫帚 sau^{33}tɕʰiu^{43}	扫地 sau^{24}tue^{21}	肮脏 an^{33}tsan^{55}
86 泰顺闽	□手 muo^{21}tɕʰiøu^{344}	扫地□ sau^{21}ti^{31}tau^{213}	垃圾 lɒʔ^{5}sɒʔ^{5}
87 洞头闽	扫帚 sau^{33}tɕiu^{53}	扫涂骹 sau^{33}tʰɔ^{21}kʰa^{24}	垃圾 la^{212}kiek^{5}
88 景宁畲	秆扫 kɔn^{55}sau^{44}	扫寮 sau^{44}lau^{22}	垃圾 lɔt^{2}soʔ^{5}

方言点	0319 家具统称	0320 东西我的～	0321 炕土、砖砌的，睡觉用
01 杭州	家具 tɕia^{33} dʑy^{45}	东西 toŋ^{33} ɕi^{45}	（无）
02 嘉兴	家具 kᴀ^{33} dʑy^{21}	东西 toŋ^{33} ɕi^{42}	（无）
03 嘉善	家生 ka^{35} sæ̃^{53}	物事 məʔ^{2} zɿ^{13}	（无）
04 平湖	家具 ka^{53} dʑy^{0}	物事 məʔ^{23} zɿ^{213}	（无）
05 海盐	家具 kɑ^{53} dʑy^{21}	东西 toŋ^{55} ɕi^{53}	（无）
06 海宁	家生 ka^{55} sɑ̃^{55}	物事 məʔ^{2} zɿ^{33} 东西 toŋ^{55} ɕi^{55}	（无）
07 桐乡	家具 ka^{44} dʑi^{44}	东西 toŋ^{44} si^{44}	（无）
08 崇德	家具 tɕiɑ^{44} dʑi^{44}	东西 toŋ^{44} ɕi^{44}	（无）
09 湖州	家具 ka^{44} dʑi^{44}	东西 toŋ^{44} ɕi^{44}	（无）
10 德清	家具 ka^{44} dʑi^{44}	东西 toŋ^{44} ɕi^{44}	（无）
11 武康	家生 ka^{44} sã^{44}	东西 toŋ^{44} ɕi^{44}	（无）
12 安吉	家生 ka^{55} sã^{55}	东西 toŋ^{55} ɕi^{55}	（无）
13 孝丰	家生 ka^{44} sã^{44}	东西 toŋ^{44} ɕi^{44}	（无）
14 长兴	家具 tʃia^{44} dʒʅ^{44}	东西 toŋ^{44} ʃʅ^{44}	（无）
15 余杭	家具 tɕia^{55} dʑi^{33}	东西 toŋ^{55} ɕi^{55}	（无）
16 临安	家具 tɕia^{53} dʑy^{13}	东西 toŋ^{53} ɕi^{55}	（无）
17 昌化	家具 tɕia^{33} ʑy^{243}	东西 təŋ^{33} sɿ^{45}	（无）
18 於潜	家具 tɕia^{43} dʑy^{24}	东西 toŋ^{43} ɕi^{433}	（无）
19 萧山	家具 tɕia^{33} dʑy^{42}	东西 toŋ^{33} ɕi^{33}	（无）
20 富阳	家具 tɕia^{55} dʑi^{31}	东西 toŋ^{55} ɕi^{55}	（无）
21 新登	家具 ka^{53} dzɥ^{13}	东西 toŋ^{53} ɕi^{334}	（无）
22 桐庐	家私 kuo^{35} sɿ^{13}	东西 toŋ^{35} ɕi^{13}	（无）
23 分水	家具 tɕia^{44} dʑy^{24}	东西 toŋ^{44} ɕi^{44}	（无）

续表

方言点	0319 家具统称	0320 东西我的～	0321 炕土、砖砌的，睡觉用
24 绍兴	家具 tɕia^{33}dʑy^{33}	东西 toŋ^{33}ɕi^{53}	（无）
25 上虞	家具 ko^{33}dzɿ^{213}	东西 toŋ^{33}ɕi^{33}	（无）
26 嵊州	家具 tɕia^{53}dʑy^{213}	东西 toŋ^{53}ɕi^{334}	（无）
27 新昌	家具 tɕia^{53}dʑy^{13}	东西 toŋ^{45}ɕi^{534}	（无）
28 诸暨	家具 tɕiᴀ^{33}dʑy^{33}	东西 tom^{21}ʃʅ^{42}	（无）
29 慈溪	家具 ko^{35}dʑy^{0}	东西 tuŋ^{33}ɕi^{35}	（无）
30 余姚	家生 ko^{44}saŋ^{44}	东西 tuŋ^{44}ɕi^{44}	（无）
31 宁波	房空 vɔ^{13}kʰoŋ^{53}	东西 toŋ^{44}ɕi^{53}	（无）
32 镇海	家生 ko^{33}sã^{53}	东西 toŋ^{33}ɕi^{53}	（无）
33 奉化	房里家生 vɔ̃^{33}li^{33}ko^{44}sã^{44}	东西 toŋ^{33}ɕi^{53}	（无）
34 宁海	房里家生 vɔ̃^{21}li^{31}ko^{33}sã^{34}	东西 toŋ^{33}sɿ^{34}	（无）
35 象山	房空 vɔ̃^{31}kʰoŋ^{35} 房堂 vɔ̃^{31}dɔ̃^{13}	东西 toŋ^{44}ɕi^{35}	（无）
36 普陀	家具 tɕia^{33}dʑy^{53}	东西 toŋ^{33}ɕi^{53}	（无）
37 定海	家计 ko^{33}tɕi^{45}	东西 toŋ^{33}ɕi^{52}	（无）
38 岱山	家计 ko^{52}tɕi^{0}	东西 toŋ^{33}ɕi^{52}	（无）
39 嵊泗	家具 tɕia^{33}dʑy^{53}	东西 toŋ^{33}ɕi^{53}	（无）
40 临海	家生 ko^{55}sã^{31}	物事 məʔ^{2}zɿ^{324}	（无）
41 椒江	家生 ko^{35}sã^{42}	物事 məʔ^{2}zɿ^{24}	（无）
42 黄岩	家生 ko^{35}sã^{42}	物事 məʔ^{2}zɿ^{24}	（无）
43 温岭	家伙 ko^{33}hu^{42}	物事 məʔ^{2}zɿ^{13}	（无）
44 仙居	家具 tɕia^{55}ɟy^{55}	东西 noŋ^{33}ɕi^{334}	（无）
45 天台	家生 ko^{33}sa^{33}	东西 tuŋ^{33}ɕi^{33}	（无）
46 三门	家具 tɕia^{55}gy^{55}	东西 toŋ^{33}ɕi^{334}	（无）

续表

方言点	0319 家具统称	0320 东西我的～	0321 炕土、砖砌的，睡觉用
47 玉环	家具 ko^{33} gy^{44}	物事 mɐʔ^{2} zɿ^{22}	(无)
48 金华	家具 tɕia^{33} dʑy^{14}	东西 toŋ^{33} ɕie^{55}	(无)
49 汤溪	家具 tɕiɑ^{33} dʑy^{113}	东西 nɑo^{24} sie^{0}	(无)
50 兰溪	家当 kuɑ^{334} tɑŋ^{45}	东西 toŋ^{334} sie^{45}	(无)
51 浦江	家时$^{=}$ tɕiɑ^{55} zɿ^{334}	东西 tən^{55} ʃi^{334}	(无)
52 义乌	木柜家伙 mau^{24} tɕy^{33} kɔ^{42} huɤ^{423}	东西 noŋ^{33} si^{45}	(无)
53 东阳	家具 tɕia^{33} dʑyu^{53}	东西 təm^{33} si^{53}	(无)
54 永康	家具 kuɑ^{33} tɕy^{52}	东西 noŋ^{33} ɕie^{55}	(无)
55 武义	家具 kuɑ^{32} dʑy^{53}	东西儿 noŋ^{55} ɕin^{24}	(无)
56 磐安	零碎 lɐn^{21} se^{52}	东西 nɔom^{33} ɕi^{52}	(无)
57 缙云	家具 tɕia^{44} dʑy^{453}	东西 nɔ̃ũ^{44} sɿ^{44}	(无)
58 衢州	家具 kɑ^{32} dʒy^{231}	东西 toŋ^{32} sɿ^{53}	(无)
59 衢江	家具 tɕia^{33} dʑy^{231}	东西 təŋ^{33} sɿ^{33}	(无)
60 龙游	家具 tɕia^{33} dʑy^{231}	东西 toŋ^{33} ɕi^{334}	(无)
61 江山	家具 ka^{24} gyə^{51}	东西 təʔ^{5} ɕi^{44} "东"促化	(无)
62 常山	家具 tɕiɑ^{52} dʑy^{0}	东西 toŋ^{52} se^{324}	(无)
63 开化	家私 kɑ^{53} suei^{0}	东西 tɤŋ^{44} sɛ^{44}	(无)
64 丽水	家具 kuo^{224} tsʮ^{52}	东西 təŋ^{44} sɿ^{224}	(无)
65 青田	家生货 ku^{33} sɛ^{33} xu^{55} 小	东西 ɗoŋ^{22} sɿ^{445}	(无)
66 云和	家具 ko^{24} dzʮ^{223}	东西 noŋ^{44} sɿ^{24} / toŋ^{44} sɿ^{24}	(无)
67 松阳	家具 kuə^{24} dʑyɛ^{13}	东西儿 nəŋ^{24} sɿə^{21} n^{24}	(无)
68 宣平	家具 ko^{32} dʑy^{231}	东西 nən^{44} sɿ^{324} / tən^{44} sɿ^{324}	(无)
69 遂昌	家具 kɒ^{55} dʑy^{213}	东西 təŋ^{33} ɕiɛ^{45}	(无)

续表

方言点	0319 家具统称	0320 东西我的～	0321 炕土、砖砌的，睡觉用
70 龙泉	家生 ko^{44}saŋ^{434}	蟹⁼有⁼ xa^{45}iəu^{51} 行头 aŋ^{45}diəu^{21}	（无）
71 景宁	家具 ko^{32}dʑy^{113}	东西 nəŋ^{55}ɕi^{324}	（无）
72 庆元	家具 ko^{335}tɕyᴇ^{11}	物事 mɤ^{22}sɤ^{335}	（无）
73 泰顺	家具 kɔ^{213}tɕy^{22}	东西 toŋ^{22}sɿ^{213}	（无）
74 温州	间底 ka^{42}tei^{25}	物事 mø^{42}zɿ^{22}	（无）
75 永嘉	间底 ka^{53}tei^{45}	物色 mø^{13}se^{423} 物事 mø^{31}zɿ^{22}	（无）
76 乐清	间底 kᴇ^{42}ti^{35}	物事 mi^{42}zɿ^{22}	（无）
77 瑞安	家生伙 ko^{33}sa^{53}fɯ^{35}	物事 mø^{31}zɿ^{22}	（无）
78 平阳	家生 ko^{33}sᴀ^{55}	物事 mɛ^{33}zɿ^{13}	（无）
79 文成	家具 ko^{33}dʑy^{21}	物事 mø^{21}zɿ^{13}	（无）
80 苍南	嫁资 ko^{42}tsɿ^{44}	物事 mɛ^{42}zɿ^{11}	（无）
81 建德徽	家伙 ko^{53}hu^{213}	东西 toŋ^{53}ɕi^{213}	（无）
82 寿昌徽	家私 kuə^{11}sɿ^{55}	东西 təŋ^{33}ɕi^{112}	（无）
83 淳安徽	家具 ko^{24}tɕy^{21}	东西 ton^{21}ɕi^{55}	（无）
84 遂安徽	家具 kɑ^{52}tɕy^{43}	东西 tu^{55}sɿ^{33}	（无）
85 苍南闽	家具 ka^{43}ku^{21}	脑⁼ nõ^{43} 面⁼件 mĩ^{21}kĩã^{21}	（无）
86 泰顺闽	嫁妆 ka^{34}tso^{213}	物□ møʔ^{3}sɛ^{213}	（无）
87 洞头闽	家具 ka^{33}ku^{21}	门⁼西 mɯŋ^{21}sai^{21} 门⁼西 mɯŋ^{33}sɿ^{21}	（无）
88 景宁畲	家具 kɔ^{44}tɕy^{51}	乇 nɔʔ^{5}	（无）

方言点	0322 床木制的，睡觉用	0323 枕头	0324 被子
01 杭州	眠床 miɛ^{22}zuaŋ^{45}	枕头 tsəŋ^{55}dei^{0}	棉被 miɛ^{22}bi^{45}
02 嘉兴	床 zᴀ̃^{242}	枕头 tsəŋ^{33}dei^{42}	被头 bi^{21}dei^{42}
03 嘉善	床 zã^{132}	枕头 tsən^{44}də^{53}	被头 bi^{22}də^{31}
04 平湖	床 zɑ̃^{31}	枕头 tsən^{44}dəɯ^{53}	被头 bi^{21}dəɯ^{53}
05 海盐	床 zɑ̃^{31}	枕头 tsən^{53}de^{31}	被头 bi^{53}de^{31}
06 海宁	床 zɑ̃^{13}	枕头 tsəŋ^{55}dəɯ^{55}	被头 bi^{13}dəɯ^{33}
07 桐乡	床 zɒ̃^{13}	枕头 tsəŋ^{53}dɤɯ^{44}	被头 bi^{242}dɤɯ^{44}
08 崇德	床 zã^{13}	枕头 tsəŋ^{55}dɤɯ^{0}	被头 bi^{24}dɤɯ^{0}
09 湖州	床铺 za^{33}p^{h}u^{35}	枕头 tsən^{53}døʉ^{13}	被头 bi^{35}døʉ^{13}
10 德清	眠床 mie^{11}zã^{13}	枕头 tsen^{35}døʉ^{0}	被头 bi^{35}døʉ^{0}
11 武康	眠床 miɪ^{11}zã^{13}	枕头 tsen^{35}dø^{53}	被头 bi^{35}dø^{53}
12 安吉	眠床 mi^{22}zɔ̃^{22}	枕头 tsəŋ^{52}dəɪ^{21}	被头 bi^{24}dəɪ^{52}
13 孝丰	床 zɔ̃^{22} 眠床 miɪ^{22}zɔ̃^{22}	枕头 tsəŋ^{45}dəɪ^{21}	被 bi^{243} 被头 bi^{24}dəɪ^{52}
14 长兴	床 zɔ̃^{12}	枕头 tsəŋ^{45}dei^{21}	被头 bɿ^{24}dei^{21}
15 余杭	眠床 miẽ^{31}zɑ̃^{13}	枕头 tsiŋ^{35}døʏ^{0}	棉被 miẽ^{31}bi^{13}
16 临安	眠床 mie^{31}zã^{13}	枕头 tseŋ^{55}də^{31}	棉被 mie^{31}bi^{13}
17 昌化	床铺 zɔ̃^{11}p^{h}u^{453}	枕头 tɕiəŋ^{45}di^{53}	被 bi^{243}
18 於潜	床铺 zuaŋ^{22}p^{h}u^{35}	枕头 tɕiŋ^{53}diəu^{31}	被窝 bi^{24}vu^{53}
19 萧山	眠床 mie^{13}yɔ̃^{33}	枕头 tsəŋ^{33}dio^{21}	棉被 mie^{13}bi^{33}
20 富阳	床 zɑ̃^{13}	枕头 tsən^{423}dei^{335}	被 bi^{224}
21 新登	床 zɑ̃^{233}	枕头 tɕiŋ^{334}təu^{45}	被 bi^{13}
22 桐庐	床铺 ʑyã^{21}p^{h}u^{35}	枕头 tsəŋ^{33}dei^{33}	棉被 mie^{21}bi^{35}
23 分水	床铺 dzuã^{21}p^{h}u^{24}	枕头 tsən^{44}dɵ^{21}	被屋 bi^{24}uəʔ^{5}
24 绍兴	眠床 mẽ^{22}zɑŋ^{231}	枕头 tsẽ^{44}dɤ^{31}	棉被 miẽ^{22}bi^{223}

续表

方言点	0322 床木制的，睡觉用	0323 枕头	0324 被子
25 上虞	眠床 miŋ^{21}dzɔ̃^{213}	枕头 tsəŋ^{33}dɤ^{31}	被头 bi^{21}dɤ^{31}
26 嵊州	眠床 miẽ^{22}zɔŋ^{231} 床 zɔŋ^{213}	枕头 tseŋ^{33}dʏ^{231}	棉被 miẽ^{22}bi^{231} 被头 bi^{24}dʏ^{231}
27 新昌	床 zɔ̃^{22}	枕头 tɕiŋ^{33}diɯ^{232}	被 bi^{232}
28 诸暨	眠床 mie^{21}zɑ̃^{242}	枕头 tsɛn^{33}dei^{242}	棉被 mie^{21}bɿ^{242}
29 慈溪	眠床 məŋ^{33}dɔ̃^{13}	枕头 tsəŋ^{33}dø^{53}	被头 bi^{11}dø^{53}
30 余姚	眠床 mə̃^{13}dzɔŋ^{13}	枕头 tsə̃^{44}dø^{0}	被头 bi^{13}dø^{0}
31 宁波	眠床 mi^{13}dzɔ^{53}	枕头 tɕiŋ^{53}dœʏ^{0}	被头 bi^{13}dœʏ^{0}
32 镇海	眠床 mi^{22}dzɔ̃^{31}	枕头 tɕiŋ^{35}dei^{31}	被头 bi^{24}dei^{31}
33 奉化	眠床 mi^{33}dzɔ̃^{31}	床头 zɔ̃^{33}dæi^{31}	被头 bi^{33}dæi^{31}
34 宁海	眠床 mie^{21}dzɔ̃^{31}	床头 zɔ̃^{21}diu^{31}	被 bi^{31}
35 象山	眠床 mi^{31}dzɔ̃^{13}	床头 zɔ̃^{31}dɤɯ^{13}	被头 bi^{13}dɤɯ^{31}
36 普陀	眠床 mi^{33}zɔ̃^{53}	枕头 tɕiŋ^{53}deu^{0}	被头 bi^{23}deu^{0}
37 定海	眠床 mi^{33}zõ^{52}	枕头 tɕiŋ^{52}dɐi^{0}	被头 bi^{23}dɐi^{0}
38 岱山	眠床 mi^{33}zõ^{52}	枕头 tɕiŋ^{52}dœʏ^{0}	被头 bi^{23}dœʏ^{52}
39 嵊泗	眠床 mi^{33}zõ^{53}	枕头 tɕiŋ^{44}dœʏ^{0}	被头 bi^{34}dœʏ^{0}
40 临海	眠床 mi^{21}zɔ̃^{51}	枕头 tɕiŋ^{33}də^{21}	被 bi^{31}
41 椒江	门床 məŋ^{22}zɔ̃^{41}	枕头 tɕiŋ^{53}dio^{31}	被 bi^{31}
42 黄岩	门床 mən^{13}zɔ̃^{41}	枕头 tɕin^{55}dio^{41}	被 bi^{121}
43 温岭	门床 mən^{24}zɔ̃^{1}	枕头 tɕin^{55}dɤ^{41}	被 bi^{31}
44 仙居	眠床 mie^{353}zɑ̃^{0}	枕头 tsen^{31}dəɯ^{353}小	被 bi^{213}
45 天台	眠床 mie^{22}dzɔ^{0}	枕头 tɕiŋ^{32}deu^{224}	被 bi^{214}
46 三门	眠床 mie^{13}zɔ^{31}	枕头 tɕiŋ^{32}dɤɯ^{113}	被 bi^{213}
47 玉环	门床 məŋ^{22}zɔ̃^{41}	枕头 tɕiŋ^{55}diɤ^{41}	被 bi^{41}

续表

方言点	0322 床木制的，睡觉用	0323 枕头	0324 被子
48 金华	床 ʑyɑŋ^{313}	枕头 tɕiŋ^{55} diu^{313}	被 pi^{535}
49 汤溪	床 ʑiɑo^{11}	枕头 tɕiã^{52} dəɯ^{11}	被 bi^{113}
50 兰溪	床 ʑyɑŋ^{21}	枕头 tɕiæ̃^{45} dəɯ^{0}	被 pi^{55}
51 浦江	床 ʑyõ^{113}	床头 ʑyõ^{24} dɤ^{334}	被 bi^{243}
52 义乌	床 zŋʷ^{213}	床头 zŋʷ^{22} tɐɯ^{45}	被 bi^{312}
53 东阳	床 ʑiɔ^{213}	枕头 tsɐn^{45} dəɯ^{53}	被 bi^{24}
54 永康	床 ʑyɑŋ^{22}	枕头 dzəŋ^{31} ɗəu^{55}	被 bi^{113}
55 武义	床 ʑyɑŋ^{324}	床眠头 ʑyɑŋ^{55} min^{32} dɑu^{231}	被 bi^{13}
56 磐安	床 ʑiɒ^{213}	枕头 tsɐn^{52} dɐɯ^{0}	被 pi^{334}
57 缙云	床 zɔ^{243}	枕头 tsaŋ^{51} diuŋ^{243}	被 bi^{31}
58 衢州	床 ʒyɑ̃^{21}	枕头 tʃyən^{35} de^{21}	被窝 bi^{231} u^{32}
59 衢江	床 ʑyɑ̃^{212}	枕头 tɕyoŋ^{33} ty^{53}	被 bi^{212}
60 龙游	床 zuã^{21}	枕头 tsən^{35} dəɯ^{21}	被 bi^{224}
61 江山	床 zɛ̃^{213}	枕头 tɕiɘ̃^{44} du^{213}	被 bᴇ^{22}
62 常山	床 zɔ̃^{341}	枕头 tsĩ^{43} du^{341}	被 bi^{24}
63 开化	床 zɛn^{231}	枕头 tɕyɛ̃^{53} du^{231}	被 bi^{213}
64 丽水	床 ʑiɔŋ^{22}	枕头 tsen^{44} dəɯ^{22}	被 bi^{22}
65 青田	床 io^{21}	枕头 tsaŋ^{55} deu^{21}	被 bi^{343}
66 云和	床 ʑiɔ̃^{312}	枕头 tsəŋ^{44} dəɯ^{312}	被 bi^{231}
67 松阳	床 ʑioŋ^{31}	枕头 tɕin^{33} dei^{31}	被 bi^{22}
68 宣平	床 ʑiɔ̃^{433}	枕头 tsən^{44} dəɯ^{433}	被 bi^{223}
69 遂昌	门床 məŋ^{22} zɛ̃^{213}	枕头 tsɛ̃^{33} du^{221}	被 bi^{13}
70 龙泉	床 ʑiɔŋ^{21}	枕头 dzɛn^{21} diəu^{21}	被 pi^{51}

续表

方言点	0322 床木制的，睡觉用	0323 枕头	0324 被子
71 景宁	床 ʑiɔŋ^{41}	枕头 tsaŋ^{33} dəɯ^{41}	被 bi^{33}
72 庆元	床 ɕiɔ̃^{52}	枕头 tsoŋ^{33} tiɯ^{52}	被 pi^{221}
73 泰顺	床 ɕiɔ̃^{53}	床头 ɕiɔ̃^{21} təu^{53}	被 pi^{21}
74 温州	床 yɔ^{31}	枕头 tsaŋ^{42} dɤu^{21}	被 bei^{14}
75 永嘉	床 yɔ^{31}	枕头 tsaŋ^{53} dəu^{21}	被 bei^{13}
76 乐清	床 zuɯʌ^{31}	枕头 tɕiaŋ^{44} diu^{31}	被 bi^{24}
77 瑞安	床 yo^{31}	枕头 tsaŋ^{53} dou^{21}	被 bei^{13}
78 平阳	床 yo^{242}	枕头 tʃeŋ^{33} dɛu^{42}	被 bi^{23}
79 文成	床 ʒuo^{113}	枕头 tʃaŋ^{33} diou^{21}	被 bei^{224}
80 苍南	床 dʑyɔ^{31}	枕头 tsaŋ^{42} dɛu^{31}	被 bi^{24}
81 建德徽	床铺 so^{33} pu^{33}“铺”音殊	枕头 tsən^{55} tɤɯ^{33}	被 pi^{213}
82 寿昌徽	眠床 mi^{11} ɕyɑ̃^{33}	枕头 tsen^{33} tʰəɯ^{52}	被 pʰi^{534}
83 淳安徽	床 sɑ̃^{435}	枕头 tsen^{55} tʰɯ^{21}	被 pʰi^{55}
84 遂安徽	床 soŋ^{33}	枕头 tɕin^{21} tʰiu^{24}	被 pʰi^{43}
85 苍南闽	床 tsʰɯŋ^{24}	枕头 tɕin^{33} tʰau^{24}	被 pʰə^{21}
86 泰顺闽	眠床 mieŋ^{21} tsʰo^{22}	床头 tsʰo^{21} tʰau^{22}	被 pʰɔi^{31}
87 洞头闽	眠床 bin^{212} tsʰɯŋ^{24}	枕头 tɕin^{33} tʰau^{24}	被 pʰə^{21}
88 景宁畲	床 tsʰɔŋ^{22}	枕头 kin^{55} tʰiəu^{22}	被 pʰi^{44}

方言点	0325 棉絮	0326 床单	0327 褥子
01 杭州	棉花胎 miɛ^{22} xua^{33} tʰɛ^{45}	床单 dzuaŋ^{22} tɛ^{45}	垫被 diɛ^{13} bi^{53}
02 嘉兴	棉絮 mie^{13} ɕi^{21} 被絮 bi^{21} ɕi^{24}	床单 zᴀ̃^{21} tᴇ^{33}	垫絮 die^{13} ɕi^{21} 褥子 ȵioʔ^{5} tsɿ^{21}
03 嘉善	被絮 bi^{22} ɕi^{35}	单被 tɛ^{35} bi^{53}	褥子 ȵioʔ^{2} tsɿ^{35}
04 平湖	棉花絮 miɛ^{24} ho^{44} sɿ^{31}	被单 bi^{21} tɛ^{53}	褥子 ȵyoʔ^{23} tsɿ^{0} 垫被 diɛ^{24} bi^{0}
05 海盐	棉花絮 miɛ^{24} xo^{55} ɕi^{21}	被单 bi^{51} tɛ^{53}	垫被 diɛ^{13} bi^{21}
06 海宁	棉花絮 mie^{33} ho^{55} ɕi^{55}	褥单 ȵioʔ^{2} tɛ^{55}	垫絮 die^{33} ɕi^{53}
07 桐乡	棉花絮 miᴇ^{21} ho^{44} si^{53}	被单 bi^{242} tɛ^{44}	褥子 ȵiɔʔ^{23} tsɿ^{53}
08 崇德	棉花絮 miɪ^{21} ho^{44} ɕi^{44}	被单 bi^{24} tɛ^{0}	褥子 ȵiɔʔ^{23} tsɿ^{53}
09 湖州	棉花胎 mie^{33} xuo^{33} tʰɛ^{35}	床毯 zã^{33} tʰɛ^{35}	褥子 ȵioʔ^{2} tsɿ^{35}
10 德清	棉花胎 mie^{44} xuo^{44} tʰɛ^{35}	毯子 tʰɛ^{35} tsɿ^{0}	垫被 die^{11} bi^{13}
11 武康	棉花胎 miɪ^{44} xo^{44} tʰɛ^{35}	毯子 tʰɛ^{35} tsɿ^{53}	垫被 diɪ^{11} bi^{35}
12 安吉	棉花絮 mi^{22} hʊ^{22} ɕi^{22}	毯子 tʰᴇ^{52} tsɿ^{21}	垫被 di^{21} bi^{213}
13 孝丰	棉花絮 miɪ^{22} hʊ^{22} ɕi^{22}	毯子 tʰɛ^{45} tsɿ^{21}	垫被 diɪ^{21} bi^{24}
14 长兴	棉花絮 mi^{12} hu^{22} ʃʅ^{33}	毯子 tʰᴇ^{45} tsɿ^{21}	褥子 ȵioʔ^{2} tsɿ^{44}
15 余杭	杭花胎 ɑ̃^{31} xuo^{53} tʰɛ^{35}	垫单 diẽ^{33} tɛ^{35}	垫被 diẽ^{33} bi^{13}
16 临安	棉花絮 mie^{31} ho^{55} ɕi^{35}	床毯 dzɑ̃^{33} tʰɛ^{33}	垫被花絮 die^{33} bi^{13} ho^{55} ɕi^{0}
17 昌化	棉花 miɪ̃^{11} xu^{334} 棉絮 miɪ̃^{11} ɕy^{334}	床单 zɔ̃^{11} tɔ̃^{334}	垫子 diɪ̃^{23} tsɿ^{453} 垫被 diɪ̃^{23} bi^{453}
18 於潜	棉花絮 mie^{22} xua^{433} ɕi^{35}	床单 zuaŋ^{22} tɛ^{433}	垫被 die^{24} bi^{53}
19 萧山	被胎 bi^{13} tʰe^{42}	毯子 tʰɛ^{33} tsɿ^{21}	垫被 die^{13} bi^{113}
20 富阳	棉花胎 miɛ̃^{13} huo^{55} tʰɛ^{55}	被单 bi^{224} tã^{55}	垫被 diɛ̃^{224} bi^{13}
21 新登	棉花絮 miɛ̃^{233} hua^{334} ɕi^{334}	被单 bi^{21} tɛ^{45}	垫被 diɛ̃^{21} bi^{13}
22 桐庐	棉花絮 mie^{21} xuo^{21} ɕi^{35}	床单 ʑyã^{21} tã^{35}	垫被 die^{13} bi^{55}

续表

方言点	0325 棉絮	0326 床单	0327 褥子
23 分水	棉花絮 miɛ̃^{21}xua^{44}ɕy^{0}	毯子 tʰã^{53}tsɿ^{0}	垫被 diɛ̃^{24}bi^{21}
24 绍兴	棉花 miẽ^{22}huo^{53}	床毯 zɑŋ^{22}tʰɛ̃^{53}	垫被 diẽ^{22}bi^{223}
25 上虞	花絮 fo^{33}ɕi^{35}	毯子 tʰɛ̃^{33}tsɿ^{53}	垫被 diẽ^{21}bi^{213}
26 嵊州	棉花絮 miẽ^{22}fo^{33}ɕi^{334}	床单 zɔŋ^{22}tɛ̃^{334}	垫被 diẽ^{22}bi^{22}
27 新昌	花絮 fuo^{53}sɿ^{335}	被单 bi^{22}tɛ̃^{53}	垫被 diɛ̃^{22}bi^{22}
28 诸暨	棉花絮 mie^{21}ho^{42}ʃʅ^{33}	毯子 tʰɛ^{33}tsɿ^{21}	垫花絮 die^{13}ho^{33}ʃʅ^{33}
29 慈溪	被絮 bi^{13}ɕi^{44}	毯子 tʰɛ̃^{35}tsɿ^{0}	垫被 diẽ^{11}bi^{44}
30 余姚	棉花絮 miẽ^{13}huo^{44}ɕi^{44}	被单 bi^{13}tã^{0}	垫被 diẽ^{13}bi^{13}
31 宁波	棉花絮 mi^{13}huo^{44}ɕi^{44}	被单 bi^{13}tɛ^{44}	垫被 di^{22}bi^{13}
32 镇海	棉花絮 mi^{22}huo^{33}ɕy^{44}	床单 zɔ̃^{22}tɛ^{53}	垫被 di^{22}bi^{31}
33 奉化	棉花絮 mi^{33}huo^{44}ɕi^{44}	被单 bi^{33}tɛ^{44}	垫被 de^{33}bi^{31}
34 宁海	棉花絮 mie^{21}ho^{33}sɿ^{35}	被单 bi^{31}te^{33}	垫被 die^{2}bi^{31}
35 象山	被花絮 bi^{13}huo^{53}ɕi^{0}	床单 zɔ̃^{31}tɛ^{35}	褥子被 ȵyoʔ^{2}tsɿ^{44}bi^{13}
36 普陀	花絮 xo^{53}ɕi^{0}	床单 dzɔ̃^{33}tɛ^{53}	垫被 di^{11}bi^{55}
37 定海	棉花絮 mi^{33}xuo^{33}ɕi^{45}	垫被单 di^{11}bi^{44}tɛ^{0} 老 被单 bi^{23}tɛ^{0} 新	垫被 di^{11}bi^{44}
38 岱山	棉花絮 mi^{31}xuo^{0}ɕi^{0}	垫被单 di^{11}bi^{33}tɛ^{44}	垫被 di^{11}bi^{45}
39 嵊泗	棉花絮 mi^{24}xuo^{0}ɕi^{0}	垫毯 di^{11}tʰɛ^{44} 垫被毯 di^{11}bi^{44}tʰɛ^{0}	垫被 di^{11}bi^{45}
40 临海	被絮 bi^{31}sɿ^{55}	被单 bi^{21}tɛ^{31}	棉褥儿 mi^{22}ȵyŋ^{353}
41 椒江	被絮 bi^{31}sɿ^{55}	床单 zɔ̃^{24}tɛ^{42} 门床单 məŋ^{22}zɔ̃^{24}tɛ^{42}	棉褥 mie^{22}ȵyoʔ^{2}
42 黄岩	被絮 bi^{121}sɿ^{55}	毯 tʰɛ^{42} 床单 zɔ̃^{24}tɛ^{42}	垫被 die^{13}bi^{41}
43 温岭	被絮 bi^{31}sɿ^{55}	被单 bi^{31}tɛ^{15} 小	棉褥 mie^{13}ȵyoʔ^{2}
44 仙居	被絮 bi^{21}sɿ^{55}	毯 tʰa^{324}	垫被 die^{33}bi^{353} 小

续表

方言点	0325 棉絮	0326 床单	0327 褥子
45 天台	被絮 bi^{21}sɿ^{55}	被单 bi^{21}te^{51}	棉褥 mie^{22}ȵyuʔ^{2}
46 三门	被絮 bi^{21}sɿ^{55}	毯 tʰɛ^{325} 被单 bi^{21}tɛ^{52}	被褥儿 bi^{21}ʑyŋ^{252}
47 玉环	被絮 bi^{41}sɿ^{55}	被单 bi^{41}tɛ^{35}小	床垫 zɔ̃^{22}die^{44}
48 金华	棉絮 mie^{31}ɕi^{55}	毯 tʰɑ^{535}老 床单 ʑyɑŋ^{31}tɑ^{55}新	垫被 dia^{14}pi^{535}
49 汤溪	被絮 bi^{11}si^{52}	毯 tʰuɑ^{535}	垫被 die^{11}bi^{113}
50 兰溪	棉花絮 mie^{21}xuɑ^{334}ɕi^{45}	毯 tʰuɑ^{55}	垫被 tia^{55}pi^{55}
51 浦江	棉絮 miẽ^{24}ʃi^{334}	被单 bi^{11}tɑ̃^{53}	垫被 diɑ̃^{11}bi^{243}
52 义乌	棉花 mie^{22}hua^{45}	垫单儿 dia^{24}nɔn^{335}	垫被 dia^{24}bi^{312}
53 东阳	被絮 bi^{22}si^{53}	床单 ʑiɔ^{22}tɔn^{35}	垫被 di^{23}bi^{33}
54 永康	棉絮 mie^{31}ɕi^{52}	床单 ɕyɑŋ^{33}na^{55}	褥子 ȵiu^{33}tsɿ^{52}
55 武义	棉絮 mie^{32}ɕi^{53}	毯 tʰuo^{445}	垫被 die^{53}bi^{13}
56 磐安	棉絮 mie^{21}ɕi^{52}	床单儿 ʑiɒ^{21}nɒn^{445}	垫被 tie^{55}pi^{334}
57 缙云	棉絮 miɛ^{21}sɿ^{453}	被单 bi^{21}tɑ^{44}	垫絮 dia^{21}sɿ^{453}
58 衢州	棉花 miẽ^{21}xuɑ^{32}	床单 ʒyɑ̃^{21}tɑ̃^{32}	垫被 diẽ^{231}bi^{231}
59 衢江	棉絮 mie^{22}ɕie^{53}	床单 ʑyɑ̃^{22}tɑ̃^{33}	垫被 die^{22}bi^{212}
60 龙游	被絮 bi^{22}ɕi^{51}	被单 bi^{22}tɑ̃^{334}	褥子 ȵyəʔ^{2}tsɿ^{35}
61 江山	被□ bᴇ^{22}tə^{51}	被单 bᴇ^{22}tɒŋ^{44} 床单 dʑiɒŋ^{22}tɒŋ^{44}	垫被 diɛ̃^{22}bᴇ^{22}
62 常山	棉花絮 miɛ̃^{22}xuɑ^{52}die^{0}	床单 zɔ̃^{22}tɔ̃^{44}	垫被 diɛ̃^{22}bi^{24}
63 开化	棉花 miɛ̃^{21}xuɑ^{44} 棉絮 miɛ̃^{21}ɕy^{53}	被单 bi^{21}tɔŋ^{44} 床单 zɛn^{21}tɔŋ^{44}	垫被 diɛ̃^{21}bi^{213}
64 丽水	棉絮 miɛ^{21}sɿ^{52}	床单 ʑiɔŋ^{22}tɑ̃^{224}	棉褥 miɛ^{21}ȵioʔ^{23}
65 青田	棉花 miɛ^{21}xu^{445}	床单 io^{21}ɗɑ^{44}	垫被 diɑ^{22}bi^{343}
66 云和	棉被 miɛ^{223}bi^{231}	被单 bi^{223}tɑ̃^{24}	褥 ȵioʔ^{23}

续表

方言点	0325 棉絮	0326 床单	0327 褥子
67 松阳	棉絮 miɛ̃^{33}sɿə^{24}	床单 ʑioŋ^{33}tɔ̃^{53}	垫被 diɛ̃^{33}bi^{22}
68 宣平	棉絮 miɛ^{43}sɿ^{52}	被单 bi^{43}tɑ̃^{324}	棉褥 miɛ^{44}ȵyəʔ^{23}
69 遂昌	棉花 miɛ̃^{21}xɒ^{45}	床单 ʑiɔŋ^{21}taŋ^{45}	垫被 diɛ̃^{21}bi^{13}
70 龙泉	棉胎 miᴇ^{44}tʰᴇ^{434}	毯 tʰaŋ^{51}	棉褥儿 miᴇ^{45}ȵiouʔ^{3}ȵi^{21}
71 景宁	棉被 miɛ^{55}bi^{33}	被单 bi^{55}tɔ^{324}	垫棉 diɛ^{33}miɛ^{41}
72 庆元	棉奢$^{=}$ miɛ̃^{52}ɕiɑ^{335}	床单 ɕiɔ̃^{52}ɗɑ̃^{335}	垫被 tiɑ̃^{31}pi^{221} 荐 tɕiɑ̃^{11}
73 泰顺	棉胎 miɛ^{21}tʰæi^{213}	床单 ɕiɔ̃^{21}tã^{213}	垫被 tiã^{21}pi^{22}
74 温州	棉花 mi^{22}ho^{33}	床单 yɔ^{22}ta^{33}	褥 iɤu^{212}
75 永嘉	棉胎 mi^{31}tʰe^{44}	床单 yɔ^{31}ta^{44}	褥 iəu^{213}
76 乐清	棉絮 miᴇ^{24}si^{41}	被单 bi^{31}tᴇ^{44}	褥棉 zu^{22}miᴇ^{223}
77 瑞安	棉 mi^{31}	被单 bei^{31}tɔ^{44}	褥 zou^{212}
78 平阳	棉花 mie^{21}xuo^{55}	床单 yo^{21}tɔ^{55}	褥 zu^{12}
79 文成	棉花 mie^{21}xo^{33}	被单 bei^{242}tɔ^{33}	棉褥 mie^{35}zou^{12}
80 苍南	棉 miɛ^{31}	床单 dʑyɔ^{11}ta^{44}	褥 zu^{112}
81 建德$_{徽}$	棉花絮 mie^{33}ho^{53}ɕi^{55}	毯子 tʰɛ^{21}tsɿ^{55}	褥子 yɐʔ^{12}tsɿ^{213}
82 寿昌$_{徽}$	棉花絮 mi^{11}xuə^{11}ɕi^{33}	毯 tʰuə^{24}	垫被 tʰi^{33}pʰi^{534}
83 淳安$_{徽}$	被絮 pʰi^{55}sɿ^{21}	床单 sɑ̃^{43}tɑ̃^{24}	垫被 tʰiã^{53}pʰi^{21}
84 遂安$_{徽}$	棉花 miɑ̃^{55}fɑ^{55}	床单 soŋ^{33}tɑ̃^{33}	棉絮 miɑ̃^{33}ɕy^{43}
85 苍南$_{闽}$	棉絮 mĩ^{21}tɕio^{43}	床单 tsʰɯŋ^{21}tũã^{55}	被笼 pʰə^{21}lɑŋ^{24}
86 泰顺$_{闽}$	棉被 mie^{21}pʰɔi^{31}	被单 pʰɔi^{22}tæŋ^{213}	垫被 tɛ^{21}pʰɔi^{31}
87 洞头$_{闽}$	棉絮 mĩ^{212}tɕieu^{53}	床单 tsʰɯŋ^{212}tũã^{33}	（无）
88 景宁$_{畲}$	（无）	床单 tsʰɔŋ^{22}tɔn^{44}	垫棉 tien^{22}mien^{445}小

方言点	0328 席子	0329 蚊帐	0330 桌子统称
01 杭州	席子 dʑiɛʔ^{2}tsɿ^{45}	帐子 tsaŋ^{45}tsɿ^{53}	桌子 tsoʔ^{5}tsɿ^{0}
02 嘉兴	席子 dʑieʔ^{21}tsɿ^{24}	帐子 tsÃ^{24}tsɿ^{21}	台子 dᴇ^{13}tsɿ^{42}
03 嘉善	席 dʑieʔ^{2}	蚊橱 mən^{13}zɥ^{31}	台子 dɛ^{13}tsɿ^{53}
04 平湖	席 ziəʔ^{23}	帐子 tsã^{44}tsɿ^{0}	台子 dɛ^{24}tsɿ^{53}
05 海盐	席子 dʑiəʔ^{23}tsɿ^{21}	帐子 tsɛ̃^{55}tsɿ^{21}	台子 dɛ^{21}tsɿ^{334}
06 海宁	席 dʑieʔ^{2}	帐子 tsɑ̃^{55}tsɿ^{53}	台子 dɛ^{33}tsɿ^{55}
07 桐乡	席 ziəʔ^{23}	帐子 tsã^{33}tsɿ^{53}	台子 dᴇ^{21}tsɿ^{44}
08 崇德	席 ʑiəʔ^{23}	帐子 tsã^{33}tsɿ^{53}	台子 dᴇ^{21}tsɿ^{44}
09 湖州	席 ʑieʔ^{2}	帐子 tsã^{33}tsɿ^{35}	台子 dei^{33}tsɿ^{35}
10 德清	席子 dʑieʔ^{2}tsɿ^{53}	帐子 tsã^{33}tsɿ^{35}	台子 dɛ^{11}tsɿ^{35}
11 武康	席子 ʑieʔ^{2}tsɿ^{53}	帐子 tsã^{33}tsɿ^{35}	台子 dɛ^{11}tsɿ^{35}
12 安吉	席子 ʑiᴇʔ^{2}tsɿ^{55}	帐子 tsã^{32}tsɿ^{213}	桌子 tsoʔ^{2}tsɿ^{55}
13 孝丰	席子 ʑieʔ^{2}tsɿ^{24}	帐子 tsã^{32}tsɿ^{213}	桌子 tsuoʔ^{5}tsɿ^{44}
14 长兴	席 ʒiᴇʔ^{2}	帐子 tsã^{32}tsɿ^{24}	桌子 tsoʔ^{3}tsɿ^{44}
15 余杭	草席 tsʰɔ^{53}zieʔ^{2} 篾席儿 mieʔ^{2}zieʔ^{2}n^{31}	帐子 tsɑ̃^{53}tsɿ^{35}	桌床 tsoʔ^{5}zɑ̃^{13}
16 临安	席子 ʑiɐʔ^{2}tsɿ^{35}	蚊帐 meŋ^{31}tsɑ̃^{55}	台子 dᴇ^{31}tsɿ^{35}
17 昌化	席子 ʑiɛʔ^{2}tsɿ^{453}	帐子 tsã^{54}tsɿ^{453}	桌子 tsuəʔ^{5}tsɿ^{453}
18 於潜	席子 ʑiæʔ^{2}tsɿ^{454}	帐子 tsaŋ^{35}tsɿ^{454}	桌子 tsuəʔ^{53}tsɿ^{454}
19 萧山	席 ʑieʔ^{13}	帐子 tsã^{33}tsɿ^{33}	⿰几兆 diɔ^{13}
20 富阳	席子 ʑiɛʔ^{2}tsɿ^{335}	帐子 tsã^{335}tsɿ^{53}	桌床 tɕyoʔ^{5}zɑ̃^{224}
21 新登	席子 ʑiəʔ^{2}tsɿ^{45}	帐子 tsɑ̃^{45}dzɿ^{21}	桌子 tsɔʔ^{5}tsɿ^{334}
22 桐庐	席子 ʑiəʔ^{21}tsɿ^{35}	帐子 tsã^{35}tsɿ^{21}	桌子 dʑyəʔ^{5}tsɿ^{13}
23 分水	草席 tsʰɔ^{44}ʑiəʔ^{12} 篾席 miəʔ^{12}ʑiəʔ^{12}	帐子 tsã^{24}tsɿ^{0}	台子 dɛ^{21}tsɿ^{0}
24 绍兴	草席 tsʰɔ^{44}ieʔ^{3}	帐子 tsaŋ^{33}tseʔ^{5}	桌床 tsoʔ^{3}zaŋ^{231} 桌子 tsoʔ^{3}tseʔ^{5}

续表

方言点	0328 席子	0329 蚊帐	0330 桌子统称
25 上虞	席 ʑiəʔ^{2}	帐子 tsã^{55}tsɿ^{0}	桌 tsoʔ^{5}
26 嵊州	席 ʑieʔ^{2}	床帐 zɔŋ^{22}tsaŋ^{334}	桌凳 tsoʔ^{3}teŋ^{53}
27 新昌	草席 tsʰɔ^{33}ʑiʔ^{2}	床帐 zɔ̃^{22}tɕiaŋ^{335}	桌凳 tsɤʔ^{5}teŋ^{453}
28 诸暨	席 ʑieʔ^{13}	帐子 tsã^{33}tsɿ^{21}	桌床 tsoʔ^{5}zɑ̃^{21}
29 慈溪	席爿 iəʔ^{2}bɛ̃^{13}	帐子 tsã^{44}tsɿ^{44}	桌凳 tsoʔ^{5}təŋ^{0}
30 余姚	席 iəʔ^{2}	帐子 tsaŋ^{44}tsɿ^{0}	桌凳 tsoʔ^{5}tə̃^{0}
31 宁波	滑⁼子 uaʔ^{2}tsɿ^{35}	帐子 tɕia^{44}tsɿ^{44}	桌凳 tsoʔ^{5}təŋ^{44}
32 镇海	草席 tsʰɔ^{33}ieʔ^{2}	帐子 tɕiã^{33}tsɿ^{44}	桌凳 tsoʔ^{5}təŋ^{33}
33 奉化	席 ʑiɪʔ^{2}	帐子 tɕiã^{53}tsɿ^{0}	桌凳 tsoʔ^{5}təŋ^{0}
34 宁海	席 ʑiəʔ^{3}	布帐 pu^{33}tɕiã^{35}	桌凳 tɕiɔʔ^{3}tiŋ^{53}
35 象山	席 ieʔ^{2}	帐子 tɕiã^{53}tsɿ^{44}	桌床凳 tɕyoʔ^{5}zɔ̃^{13}təŋ^{35}
36 普陀	滑⁼子 uɐʔ^{2}tsɿ^{45} 席子 iɛʔ^{2}tsɿ^{45}	帐子 tɕiã^{55}tsɿ^{0}	桌凳 tsoʔ^{5}tɐŋ^{0}
37 定海	滑⁼子 uɐʔ^{2}tsɿ^{45}	帐子 tɕiã^{44}tsɿ^{0}	桌凳 tsoʔ^{5}tɐŋ^{0}
38 岱山	滑⁼子 uɐʔ^{2}tsɿ^{45}	帐子 tɕiã^{44}tsɿ^{52}	桌凳 tsoʔ^{5}tɐŋ^{0}
39 嵊泗	滑⁼子 uɐʔ^{2}tsɿ^{45}	帐子 tɕiã^{44}tsɿ^{0}	桌凳 tsoʔ^{5}tɐŋ^{0}
40 临海	草席 tsʰɔ^{42}ʑieʔ^{23}	布帐 pu^{33}tɕiã^{55}	桌 tɕyɔʔ^{5}
41 椒江	铲⁼ tsʰɛ^{51}小 草铲⁼ tsʰɔ^{42}tsʰɛ^{51}小	铺帐 pʰu^{33}tɕiã^{55}	桌 tsoʔ^{5}
42 黄岩	草席 tsʰɔ^{42}ʑieʔ^{2}	布帐 pu^{33}tɕiã^{55}	桌 tsoʔ^{5}
43 温岭	睏草 kʰuən^{33}tsʰɔ^{51}小	布帐 pu^{35}tɕiã^{55}	桌 tɕyoʔ^{5}
44 仙居	草席 tsʰɐɯ^{31}ʑiəʔ^{23} 篾席 miaʔ^{23}ʑiəʔ^{23}	布帐 ɓu^{55}tɕia^{55}	桌 tɕyɑʔ^{5}
45 天台	领席 liŋ^{21}ʑiəʔ^{2}	布帐 pu^{33}tɕia^{55}	桌床 tɕyɔʔ^{5}zɔ^{224}
46 三门	席 ʑieʔ^{23}	布帐 pu^{55}tɕiɑ̃^{55}	桌 tɕiɔʔ^{5}
47 玉环	草席 tsʰɔ^{53}ʑiɐʔ^{2}	布帐 pu^{33}tɕia^{55}	矮桌儿 a^{42}tɕiɔ̃^{53}

续表

方言点	0328 席子	0329 蚊帐	0330 桌子统称
48 金华	草席 tsʰɑo^{55} ʑiəʔ^{212} 篾席 mie^{55} ʑiəʔ^{212}	布帐 pu^{33} tɕiɑŋ^{55}	台桌 tɛ^{33} tɕioʔ^{4}
49 汤溪	席 zei^{113}	布帐 pu^{33} tɕiɔ^{52}	桌 tsuɑ^{55}
50 兰溪	草席 tsʰɔ^{55} ʑieʔ^{12} 篾席 mieʔ^{12} ʑieʔ^{12}	布帐 pu^{334} tɕiɑŋ^{45}	台桌 de^{21} tɕyɤʔ^{34}
51 浦江	草席 tsʰo^{33} zɛ^{243}	跳⁼帐 tʰɯ^{55} tsyõ^{55}	桌顶⁼ tɕyo^{33} tiən^{53}
52 义乌	草席 tsʰo^{45} zai^{312}	布帐 pu^{33} tsɯa^{45}	台桌 de^{22} tsau^{324}
53 东阳	草席 tsʰɐɯ^{45} zei^{53}	布帐 pu^{33} tɕiɔ^{53}	台桌 de^{22} tɕiəɯ^{35}
54 永康	草席 tsʰɑu^{31} zəi^{113} 篾席 mie^{33} zəi^{113}	布帐 ɓu^{33} tɕiɑŋ^{52}	□桌 tsəi^{33} tsuo^{334}
55 武义	草席 tsʰɤ^{53} zə^{213} 蔑席 mie^{53} zə^{213}	布□儿 pu^{55} niɑŋ^{53}	桌 luo^{53}
56 磐安	草席 tsʰo^{55} zɛi^{213} 篾席 miɛ^{55} zɛi^{213}	布帐 pu^{33} tɕiɒ^{52}	台桌 de^{22} tɕiʌo^{334}
57 缙云	草席 tɕʰiəɤ^{51} zai^{13}	布凉⁼ pu^{44} lia^{453}	桌 tɔ^{322}
58 衢州	席 ʑiəʔ^{12}	蚊帐 mən^{21} tʃyã^{53}	桌子 tʃyəʔ^{3} tsɿ^{35}
59 衢江	席 ʑiəʔ^{2}	蚊虫帐 məŋ^{33} dəŋ^{22} tɕiã^{53}	桌床 tɕyəʔ^{3} ɕyɑ̃^{53}
60 龙游	篾席 miəʔ^{4} ʑiəʔ^{23}	蚊帐 mən^{22} tsã^{51}	桌床 tsɔʔ^{4} zuã^{21}
61 江山	席 ʑiᴇʔ^{2}	帐 tiaŋ^{51}	床 ʑiɒŋ^{213}
62 常山	席 zɛʔ^{34}	帐 tiã^{324}	桌 tiʌʔ^{5}
63 开化	席 ʑiɛʔ^{13}	蚊帐 mɤŋ^{21} tiã^{412}	桌 tiɔʔ^{5}
64 丽水	草席 tsʰə^{544} ʑiʔ^{23}	布帐 pu^{224} tiã^{52}	桌 tioʔ^{5}
65 青田	席 zɿʔ^{31}	布帐 ɓaʔ^{4} ɗɛ^{33}	桌 ɗioʔ^{42}
66 云和	草席 tsʰɑɔ^{44} ʑiʔ^{23}	布帐 pu^{44} tiã^{45}	桌 tioʔ^{5}
67 松阳	草席 tsʰʌ^{33} ʑiʔ^{2} 篾席 miɛʔ^{2} ʑiʔ^{2}	布帐 puə^{33} tiã^{24}	桌影⁼ tioʔ^{3} in^{212}
68 宣平	草席 tsʰɔ^{44} ʑiəʔ^{23} 篾席 miəʔ^{42} ʑiəʔ^{23}	布帐 pu^{44} tiɑ̃^{52}	桌 tyəʔ^{5}

续表

方言点	0328 席子	0329 蚊帐	0330 桌子统称
69 遂昌	草席 tsʰɐɯ^{53}ʑiʔ^{23}	蚊帐 məŋ^{22}tiaŋ^{334}	桌 tiɔʔ^{5}
70 龙泉	草席 tsʰɑʌ^{21}zɿʔ^{24}	蚊虫帐 mɛn^{21}dəŋ^{21}tiaŋ^{45}	桌 tiouʔ^{5}
71 景宁	草席 tsʰɑu^{55}zɿʔ^{23}	布帐 pu^{33}tiɛ^{35}	桌 tioʔ^{5}
72 庆元	席 sɿʔ^{34}	蚊虫帐 miɛ̃^{52}toŋ^{52}ɗiɑ̃^{11}	桌 ɗioʔ^{5}
73 泰顺	席 sɿʔ^{2}	布帐 pø^{22}tiã^{35}	桌 tioʔ^{5}
74 温州	席 zei^{212}	布帐 pø^{42}tɕi^{21}	桌 tɕio^{323}
75 永嘉	席 zɿ^{213}	布帐 pu^{53}tɕiɛ^{43}	桌 tɕyo^{423}
76 乐清	席 zi^{212}	布帐 pu^{42}tɕiɯʌ^{21}	桌 tɕio^{323}
77 瑞安	席 zei^{212}	布帐 pʏ^{53}tɕiɛ^{42}	桌 tɕyo^{323}
78 平阳	席 zi^{12}	布帐 pu^{33}tɕie^{42}	桌 tʃuo^{34}
79 文成	席 zei^{12}	布帐 pu^{42}tɕie^{33}	桌 tʃo^{34}
80 苍南	席 dʑi^{112}	布帐 pu^{42}tɕiɛ^{42}	桌 tɕyɔ^{223}
81 建德徽	草席 tsʰɔ^{55}ɕiɐʔ^{12} 竹席 tɕyɐʔ^{5}ɕiɐʔ^{12}	帐子 tsɛ^{33}tsɿ^{55}	桌儿 tsu^{55}n^{0}
82 寿昌徽	席 ɕiəʔ^{31}	帐 tsɑ̃^{33}	桌 tɕiɔʔ^{3}
83 淳安徽	席 ɕiəʔ^{13}	帐门 tsɑ̃^{24}men^{21}	桌 tsoʔ^{5}
84 遂安徽	席 ɕiɛ^{534}	帐蚊 tɕiɑ̃^{52}məŋ^{33}	桌 tsɔ^{24}
85 苍南闽	席 tɕʰio^{24}	蚊帐 ban^{24}tĩũ^{21}	桌 to^{43}
86 泰顺闽	草席 tsʰau^{21}tsʰøi^{31}	布帐 pou^{21}tio^{31}	桌 tou^{53}
87 洞头闽	席 tɕʰieu^{241}	帐罩 baŋ^{24}ta^{21}	桌 to^{53}
88 景宁畲	席 tsʰaʔ^{2}	蚊帐 muən^{22}tɕiɔŋ^{44}	桌 toʔ^{2}

方言点	0331 柜子统称	0332 抽屉桌子的	0333 案子长条形的
01 杭州	柜子 guei^{13}tsɿ^{53} 橱 dzʮ^{213}	抽斗 tsʰei^{33}tei^{45}	画桌儿 ua^{13}tsoʔ^{5}əl^{0}
02 嘉兴	橱 zʮ^{242}	抽斗 tsʰei^{33}tei^{42}	案桌 ə^{33}tsoʔ^{5}
03 嘉善	橱 zʮ^{132}	抽斗 tsʰə^{35}tə^{53}	长台子 zæ̃^{13}dɛ^{35}tsɿ^{53}
04 平湖	橱 zʮ^{31}	抽斗 tsʰəɯ^{44}təɯ^{0}	条桌 diɔ^{24}tsoʔ^{0}
05 海盐	橱 dʑy^{31}	抽斗 tsʰe^{55}te^{21}	座台 zu^{13}dɛ^{21}
06 海宁	橱门 zɿ^{33}məŋ^{33}	抽斗 tsʰəɯ^{55}təɯ^{55}	柜台 dʑi^{33}dɛ^{31}
07 桐乡	橱 zɿ^{13}	抽斗 tsʰɤɯ^{44}tɤɯ^{44}	供台 koŋ^{33}dᴇ^{53}
08 崇德	橱 zɿ^{13}	抽斗 tsʰɤɯ^{44}tɤɯ^{44}	供桌 koŋ^{33}tsɔʔ^{5}
09 湖州	厨 dzɿ^{24}	抽斗 tɕʰiʉ^{44}tøʉ^{44}	香案 ɕiã^{44}ɛ^{44}
10 德清	柜头 guɛ^{11}døʉ^{35}	抽斗 tɕʰiʉ^{44}tøʉ^{44}	香桌 ɕiã^{44}tsuoʔ^{5}
11 武康	柜头 guɛ^{11}dø^{35}	抽斗 tɕʰø^{44}tø^{44}	香桌 ɕiã^{44}tsuoʔ^{5}
12 安吉	橱柜 dzɿ^{22}gue^{22}	抽斗 tsʰəɪ^{55}təɪ^{55}	搁儿 koʔ^{3}tɕi^{55}
13 孝丰	柜头 gue^{21}dəɪ^{24}	抽斗 tsʰəɪ^{44}təɪ^{44}	搁儿 kuoʔ^{5}tɕi^{44}
14 长兴	橱 dzɿ^{12}	抽斗 tsʰei^{44}tei^{44}	供桌 koŋ^{32}tsoʔ^{5}
15 余杭	柜头 guɛ^{33}døʏ^{13}	抽肚儿 tsʰøʏ^{55}tu^{55}n^{31}	搁儿 koʔ^{5}tɕi^{55}
16 临安	柜子 guᴇ^{33}tsɿ^{53}	抽头 tsʰə^{53}də^{33}	搁儿 kuɔʔ^{5}tɕi^{55}
17 昌化	柜 guei^{243}	抽格 tɕʰi^{33}kaʔ^{5}	香桌 ɕiã^{33}tsuəʔ^{5}
18 於潜	柜子 gue^{22}tsɿ^{454}	抽头 tɕʰiəu^{43}diəu^{53}	长方桌 dzaŋ^{22}faŋ^{433}tsuəʔ^{53}
19 萧山	柜 dʑy^{13}	抽斗 tɕʰio^{33}tio^{33}	香儿 ɕiã^{33}tɕi^{33}
20 富阳	橱 dʑy^{13}	抽斗 tsʰei^{55}tei^{31}	搁儿 koʔ^{5}tɕi^{31}
21 新登	橱 dzʮ^{233}	抽斗 tɕʰy^{53}təu^{334}	茶儿 dzɑ^{233}tɕi^{334}
22 桐庐	柜子 guᴇ^{13}tsɿ^{55}	抽斗 tsʰei^{35}tei^{13}	搁儿 kaʔ^{5}tɕi^{35}
23 分水	柜 dʑy^{13}	抽头 tsʰɵ^{44}dɵ^{24}	茶儿 dza^{21}tɕi^{44}

续表

方言点	0331 柜子统称	0332 抽屉桌子的	0333 案子长条形的
24 绍兴	柜 dʑy^{22}	抽斗 tsʰɤ^{33}tɤ^{334}	画桌 uo^{22}tsoʔ^{5} 旧 茶几 dzo^{22}tɕi^{53} 今
25 上虞	柜 gue^{31}	抽斗 tsʰɤ^{33}tɤ^{35}	搁几 koʔ^{5}tɕi^{53}
26 嵊州	柜 dʑy^{24}	抽斗 tɕʰiʏ^{53}tʏ^{53}	矮画桌 a^{53}uo^{24}tsoʔ^{3}
27 新昌	柜 dʑy^{13}	推斗 tʰe^{53}tiɯ^{453}	案桌 œ̃^{53}tsɤʔ^{3}
28 诸暨	柜 dʑy^{33}	抽斗 tsʰei^{21}tei^{42}	案几 ə^{33}tʃʅ^{21}
29 慈溪	柜 dʑy^{13}	抽斗 tsʰø^{35}dø^{0}	案桌 ẽ^{44}tsoʔ^{5}
30 余姚	大柜 dou^{13}dzʮ^{13}	抽斗 tsʰø^{44}tø^{34}	（无）
31 宁波	橱 dzʮ^{13}	抽斗 tɕʰiʏ^{44}tœʏ^{44}	（无）
32 镇海	乌$^{=}$橱 u^{33}dzʮ^{31}	抽斗 tɕʰy^{33}tei^{53}	搁几 koʔ^{5}tɕi^{44}
33 奉化	被柜 bi^{33}dʑy^{33}	抽斗 tɕʰiʏ^{44}tæi^{44}	搁几 koʔ^{5}tɕi^{0}
34 宁海	柜 gy^{24}	推头 tʰei^{33}diu^{31} 桌柜簏 tɕiɔʔ^{3}gy^{24}loʔ^{3}	香桌 ɕiã^{33}tɕiɔʔ^{5}
35 象山	橱 dzʮ^{31}	抽斗 tɕʰiu^{44}tɤɯ^{35}	香前桌 ɕiã^{44}i^{31}tɕyoʔ^{5}
36 普陀	柜 guæi^{23}	抽斗 tɕʰieu^{33}teu^{45}	搁廊$^{=}$ koʔ^{5}lɔ̃^{55}
37 定海	橱 dzʮ^{23}	抽斗 tɕʰiʏ^{33}tɐi^{45} 车斗 tsʰo^{33}tɐi^{45}	夏桌 uo^{11}tsoʔ^{5}
38 岱山	橱 dzʮ^{23}	抽斗 tɕʰiʏ^{52}tɐi^{0}	帐桌 tɕiã^{44}tsoʔ^{5}
39 嵊泗	被柜 bi^{34}dʑy^{0}	抽斗 tɕʰiʏ^{44}tɐi^{0}	夏桌 uo^{11}tsoʔ^{5}
40 临海	柜 gy^{21}	格儿 kã^{353}	案桌 ɛ^{33}tɕyɔʔ^{5}
41 椒江	柜 gy^{24}	格儿 kã^{51}	桌 tsoʔ^{5}
42 黄岩	柜 gy^{24}	格儿 kã^{53}	长桌儿 dʑiã^{13}tsɔ̃^{51}
43 温岭	柜 gy^{13}	格儿 kã^{51}	长桌儿 dʑiã^{13}tɕyɔ̃^{51}
44 仙居	柜 ɟy^{353} 小	柜脚格 ɟy^{24}tɕyɑʔ^{3}kaʔ^{53}	供桌 goŋ^{33}tɕyɑʔ^{53} “供”音殊
45 天台	柜 gy^{35}	格 ka^{31} 小	霞$^{=}$桌 o^{22}tɕyɔʔ^{5} 作$^{=}$板 tsɔʔ^{1}pe^{325}

续表

方言点	0331 柜子统称	0332 抽屉桌子的	0333 案子长条形的
46 三门	柜 gy^{243}	格斗 kaʔ^{3}tɤɯ^{52} 抽斗 tɕʰiu^{33}tɤɯ^{52}	供桌 koŋ^{32}tɕiɔʔ^{5}
47 玉环	柜 gy^{22}	格儿 kã^{53}	长桌儿 dʑia^{22}tɕiɔ̃^{53}
48 金华	柜 dʑy^{14}/gui^{14}	暗槽 eu^{31}zɑo^{14}“暗”音殊	杠儿 kɑŋ^{53}tɕi^{55}
49 汤溪	橱 dʑy^{11}	暗槽 ɤ^{55}zɔ^{0}	扛儿 gɔ^{11}tɕi^{52}
50 兰溪	橱 dʑy^{21}	暗槽 əɯ^{55}sɔ^{45}	条案 diɔ^{21}æ̃^{45}
51 浦江	橱 dʑy^{113}	暗槽 ə̃^{33}zo^{334}	香儿 ɕyõ^{55}tʃi^{334}
52 义乌	柜 dʑy^{24}	抽屉 tsʰɐɯ^{33}tʰi^{45}	长檀= dzɯa^{22}tɯ^{45}
53 东阳	柜 dʑyu^{24}	抽屉 tɕʰiəɯ^{33}tʰi^{53}	画桌 ua^{24}tsou^{33}
54 永康	橱 dʑy^{241}小	抽屉 tʰəu^{33}tʰie^{52}	大凳 duo^{31}niŋ^{52}
55 武义	橱 dʑy^{324}	抽屉 tɕʰiəu^{32}tʰie^{53}	画桌 uɑ^{32}luo^{53}
56 磐安	柜 dʑy^{14}	抽屉 tɕʰiɐɯ^{33}tʰi^{52}	案桌 ɯ^{55}tɕiʌo^{334}
57 缙云	橱 dʑy^{213}	桌橱 tɔ^{51}dʑy^{213}	长大桌 dʑiɑ^{44}du^{51}tɔ^{322}
58 衢州	柜 gue^{231}	抽头 tʃʰy^{32}te^{53}	香火桌 ɕiã^{32}xu^{35}tʃyəʔ^{5}
59 衢江	橱 dʑyø^{212}有门，放衣服 柜 dʑy^{231}有盖，放粮食	抽屉 tɕʰy^{25}tʰy^{31} 屉屉 tʰy^{25}tʰy^{31}	扛儿 gɑ̃^{22}tsɿ^{33}
60 龙游	柜台 guei^{224}dei^{231}	暗肚 ei^{33}tu^{35}	长条 tsã^{33}diɔ^{224}
61 江山	柜 gɵ^{31}	抽袋 tsʰɯ^{24}dɛ^{51}	香儿 xiaŋ^{44}ki^{44}
62 常山	柜 guɛ^{131}	抽袋 tɕʰiu^{52}dɛ^{0}	香火桌 ɕiã^{43}ɕye^{43}tiʌʔ^{5}
63 开化	柜 gua^{213}	抽屉 tɕʰiʊ^{44}tʰɛ^{53}	书条 ɕy^{44}tiəɯ^{53}
64 丽水	柜 dzʮ^{131}	抽屉 tɕʰiəɯ^{224}tʰi^{52}	香火桌 ɕiã^{44}xuo^{44}tioʔ^{5}
65 青田	橱 dzʮ^{21}	格 kɛʔ^{42}	元宝桌 yɐ^{22}ɓœ^{33}ɗioʔ^{42}
66 云和	橱 dzʮ^{312}	拔簏 bɔʔ^{23}ləɯʔ^{23}	香案 ɕiã^{24}uɛ^{45}
67 松阳	橱 dʑyɛ^{31}	柜桌格 dʑy^{21}tioʔ^{3}kaʔ^{5}	上间桌 dʑiã^{21}kɔ̃^{24}tioʔ^{5}

续表

方言点	0331 柜子统称	0332 抽屉桌子的	0333 案子长条形的
68 宣平	橱 dʑy^{433}	推柜 tʰei^{32} dʑy^{231}	长条桌 tɕiɑ̃^{44} diɔ^{22} tyəʔ^{5}
69 遂昌	橱 dʑyɛ^{221}	屉篚 tʰəɯʔ^{5} ləɯʔ^{23}	杠儿 gɔŋ^{21} tsɿ^{45}
70 龙泉	柜 dʑy^{21}	排篚 ba^{21} lɤɯʔ^{24}	金桌儿 tɕin^{45} tiouʔ^{5} ȵi^{21}
71 景宁	橱 dʑy^{41}	宝$^{=}$篚 pɑu^{33} loʔ^{23}	香火桌 ɕiɛ^{33} xo^{55} tioʔ^{5}
72 庆元	橱 tɕyᴇ^{52}	拔篚 pɑʔ^{34} luʔ^{34}	香火桌 ɕiɑ̃^{33} xo^{33} ɗioʔ^{5}
73 泰顺	橱 tɕy^{53}	拔篚 paʔ^{2} ləuʔ^{2}	长桌 tɕiã^{21} tioʔ^{5}
74 温州	橱 dzɿ^{31}	柜格 dʑy^{24} ka^{323}	长床桌 dʑi^{22} yɔ^{24} tɕio^{323}
75 永嘉	橱 dzɥ^{31}	格儿 ka^{53} ŋ^{0}	长张桌 dʑiɛ^{22} tɕiɛ^{45} tɕyo^{423}
76 乐清	柜 dʑy^{22}	篚 lau^{212}	上间桌 ziɯʌ^{22} kᴇ^{35} tɕio^{323}
77 瑞安	橱 dzəɯ^{31} 箱 ɕiɛ^{44}	格 ka^{323}	天前儿 tʰi^{33} i^{22} tɕi^{44}
78 平阳	橱 dʑy^{242}	格 kᴀ^{34}	香案 ɕie^{33} ɵ^{45}
79 文成	柜 dʑy^{424}	拔篚 bo^{33} lou^{13}	神橱 zaŋ^{21} dʑy^{33}
80 苍南	柜 dʑy^{11}	篚 lu^{24} 格斗 kia^{3} tau^{53}	（无）
81 建德徽	柜 kʰue^{55}	抽斗 tsʰɤɯ^{53} tɤɯ^{213}	搁儿 ku^{55} tɕi^{53}
82 寿昌徽	柜 kʰuei^{33}	念$^{=}$槽 ȵi^{33} sɤ^{52}	搁儿 kɔʔ^{3} tɕi^{24}
83 淳安徽	柜 kʰue^{53}	暗室$^{=}$ ã^{21} səʔ^{5}	案桌 ã^{21} tsoʔ^{5}
84 遂安徽	柜 tɕʰy^{43}	抽屉儿 tɕʰiu^{55} tʰəŋ^{24}	画桌 vɑ^{24} tsɔ^{33}
85 苍南闽	柜 kui^{21}	屉 tʰua^{43}	香桌 hĩũ^{33} to^{43}
86 泰顺闽	柜 kuei^{31}	抽篚 tʰiøu^{22} lɛʔ^{5}	几桌 ki^{21} tou^{53}
87 洞头闽	柜 kui^{21}	屉 tʰua^{53}	厅桌 tĩã^{212} to^{53}
88 景宁畲	柜 kʰy^{51}	宝$^{=}$篚 pau^{51} luʔ^{2}	（无）

方言点	0334 椅子统称	0335 凳子统称	0336 马桶有盖的
01 杭州	椅子 i^{55}tsɿ^{0}	凳儿 təŋ^{33}əl^{53} 骨牌凳儿 koʔ^{3}bɛ^{45}təŋ^{55}əl^{0}	马子 ma^{55}tsɿ^{0}
02 嘉兴	隑背椅 gᴇ^{24}pei^{21}y^{21} 椅子 y^{33}tsɿ^{33}	骨牌凳 koʔ^{1}bᴀ^{33}təŋ^{42} 凳子 təŋ^{24}tsɿ^{21}	马桶 mo^{21}doŋ^{24}
03 嘉善	靠背椅子 k^{h}ɔ^{22}pɛ^{35}i^{55}tsɿ^{0}	凳子 tən^{55}tsɿ^{0}	马桶 mo^{13}doŋ^{55}小
04 平湖	椅子 i^{44}tsɿ^{0}	凳 tən^{334} 凳子 tən^{44}tsɿ^{0}	马桶 mo^{21}doŋ^{53}
05 海盐	椅子 y^{53}tsɿ^{213}	凳子 tən^{55}tsɿ^{21}	马桶 mo^{53}doŋ^{213}
06 海宁	椅子 i^{55}tsɿ^{0}	凳子 təŋ^{55}tsɿ^{53}	马桶 mo^{13}doŋ^{0}
07 桐乡	椅子 i^{44}tsɿ^{0}	凳子 təŋ^{33}tsɿ^{53}	马桶 mo^{24}doŋ^{0}
08 崇德	椅子 i^{55}tsɿ^{0}	凳子 təŋ^{33}tsɿ^{53}	马桶 mo^{55}doŋ^{0}
09 湖州	椅子 i^{53}tsɿ^{13}	凳子 tən^{33}tsɿ^{35}	马桶 muo^{53}doŋ^{13}
10 德清	椅子 i^{35}tsɿ^{0}	凳子 ten^{33}tsɿ^{35}	马子 muo^{35}tsɿ^{0}
11 武康	椅子 i^{53}tsɿ^{31}	凳子 ten^{33}tsɿ^{35}	马桶 mo^{13}doŋ^{53}
12 安吉	椅子 i^{52}tsɿ^{21}	矮凳 a^{52}təŋ^{21}	马桶 mʊ^{52}doŋ^{21}
13 孝丰	椅子 i^{45}tsɿ^{21}	板凳 pɛ^{45}təŋ^{21} 矮凳 a^{45}təŋ^{21}	马桶 mʊ^{45}doŋ^{21}
14 长兴	椅子 ɿ^{45}tsɿ^{21}	凳 təŋ^{324}	马桶 mu^{45}doŋ^{21}
15 余杭	椅子凳儿 i^{55}tsɿ^{35}tiŋ^{53}n^{31}	凳 tiŋ^{423}	马子 muo^{35}tsɿ^{0}
16 临安	椅子 y^{55}tsɿ^{53}	凳子 teŋ^{55}tsɿ^{53}	马桶 mo^{33}doŋ^{31}
17 昌化	椅子 i^{45}tsɿ^{53} 靠背椅 k^{h}ɔ^{54}pɛ^{45}i^{53}	凳子 təŋ^{54}tsɿ^{453}	马子桶 mu^{45}tsɿ^{45}t^{h}əŋ^{53}
18 於潜	靠背椅 k^{h}ɔ^{35}be^{433}i^{53}	凳子 teŋ^{53}tsɿ^{454}	马桶 ma^{53}t^{h}oŋ^{31}
19 萧山	椅子 y^{33}tsɿ^{21}	凳 təŋ^{42}	马桶 mo^{13}doŋ^{42}
20 富阳	椅子 y^{224}tsɿ^{335}	凳 tən^{335}	马桶 mo^{224}doŋ^{13}
21 新登	椅子 ɥ^{334}tsɿ^{45}	凳子 teiŋ^{45}dzɿ^{21}	马桶 mɑ^{334}toŋ^{45}
22 桐庐	椅子 i^{33}tsɿ^{35}	凳子 təŋ^{35}tsɿ^{21}	马桶 mo^{33}doŋ^{33}

续表

方言点	0334 椅子统称	0335 凳子统称	0336 马桶有盖的
23 分水	椅子 i^{44}tsɿ^{0}	板凳 pã^{44}dən^{24}	马桶 ma^{44}tʰoŋ^{53}
24 绍兴	椅子 y^{44}tseʔ^{3}	凳 təŋ^{33}	把桶 po^{44}doŋ^{31}较小 马桶 mo^{24}doŋ^{31}较大
25 上虞	椅子 y^{33}tsɿ^{53}	凳 təŋ^{53}	马桶 mo^{21}tʰoŋ^{53}
26 嵊州	椅子 y^{33}tsɿ^{53}	凳 teŋ^{334}	马桶 mo^{24}doŋ^{231}
27 新昌	椅子 y^{45}tsɿ^{33}	凳 teŋ^{335}	马桶 mo^{22}doŋ^{232}
28 诸暨	椅子 ʒʅ^{33}tsɿ^{42}	矮凳 ᴀ^{33}tɛn^{21}	马桶 mo^{13}dom^{242}
29 慈溪	椅子 y^{33}tsɿ^{53}	凳 təŋ^{44}	马桶 mo^{13}tʰuŋ^{0}
30 余姚	椅子 y^{44}tsɿ^{0}	凳 tə̃^{44}	马桶 mo^{13}tʰuŋ^{34}
31 宁波	椅子 y^{53}tsɿ^{0}	矮凳 a^{44}təŋ^{35}	夜桶 ia^{13}doŋ^{0}
32 镇海	椅子 u^{33}tsɿ^{0}/y^{33}tsɿ^{0}	矮凳 a^{33}təŋ^{33}	马桶 mo^{24}doŋ^{22}
33 奉化	椅子 u^{44}tsɿ^{44}	矮凳 a^{44}təŋ^{44}	马桶 mo^{33}doŋ^{31}
34 宁海	椅 y^{53}	凳 tiŋ^{35}	马桶 mo^{33}doŋ^{31}
35 象山	椅子 uei^{44}tsɿ^{53}	矮凳 a^{44}təŋ^{53}	夜桶 ia^{13}doŋ^{31}
36 普陀	椅子 y^{55}tsɿ^{0}/i^{53}tsɿ^{0}	矮凳 a^{55}tɐŋ^{55}	马桶 mo^{23}doŋ^{0}
37 定海	杌子 u^{52}tsɿ^{0}	矮凳 a^{44}tɐŋ^{44}	夜桶 ia^{11}doŋ^{44}
38 岱山	杌子 u^{52}tsɿ^{0}	矮凳 a^{44}tɐŋ^{44}	夜桶 ia^{11}doŋ^{45}
39 嵊泗	杌子 u^{44}tsɿ^{0}	矮凳 a^{44}tɐŋ^{44}	夜桶 ia^{11}doŋ^{45}
40 临海	椅 y^{53}	凳 təŋ^{55} 凳头 təŋ^{33}də^{353}小	马桶 mo^{53}doŋ^{21}
41 椒江	椅子 y^{42}tsɿ^{51}小	凳 təŋ^{55} 凳头 təŋ^{33}dio^{24}小	肥桶 bi^{22}doŋ^{31} 马桶 mo^{42}doŋ^{31}
42 黄岩	椅 y^{42}	凳头 tən^{33}dio^{24}小	马桶 mo^{42}doŋ^{121}
43 温岭	椅 y^{42}	凳头 təŋ^{33}dɤ^{24}	马桶 mo^{42}duŋ^{41}
44 仙居	高背椅 kɐɯ^{33}ɓæ^{33}y^{53}	凳 ɗin^{55}	马桶 mo^{31}doŋ^{213}

续表

方言点	0334 椅子统称	0335 凳子统称	0336 马桶有盖的
45 天台	椅 y^{325}	凳头 təŋ^{33}deu^{51}小	马子桶 mo^{21}tsɿ^{21}duŋ^{31}
46 三门	椅 y^{325}	凳 təŋ^{55}	马桶 mo^{32}doŋ^{213}
47 玉环	矮椅 a^{42}y^{53}	凳头 təŋ^{33}diɤ^{24}小	壅桶 ioŋ^{55}doŋ^{31}
48 金华	交椅 kɑo^{33}y^{535}	凳 təŋ^{55}	马桶 mɤa^{33}toŋ^{535}
49 汤溪	交椅 kɔ^{33}i^{535}	凳 nã^{52}	马桶 mɤa^{11}dɑo^{113}
50 兰溪	交椅 kɔ^{334}y^{55}	凳 tæ̃^{45}	马桶 mia^{55}toŋ^{55}
51 浦江	交椅 ko^{33}y^{243}	凳 tən^{55}	马子桶 mia^{11}tsɿ^{33}dən^{243}
52 义乌	交椅儿 ko^{33}yn^{335}	凳 nən^{45}	马桶 mɯa^{24}doŋ^{312}
53 东阳	交椅 kɐɯ^{33}yu^{35}	凳 tɐn^{453}	马桶 mo^{23}dɔm^{33}
54 永康	交椅 kɑu^{33}y^{113}	凳 niŋ^{52}	马桶 muo^{31}doŋ^{241}小
55 武义	交椅 kɑu^{55}y^{445}	凳 nen^{53}	马桶 muo^{35}doŋ^{24}
56 磐安	交椅 ko^{33}y^{334}	凳 nɐn^{52}	马桶 mə^{55}tɔom^{334}
57 缙云	交椅 kɔ^{44}y^{31}	凳 nɛŋ^{453}	马桶 mu^{51}dɔ̃ũ^{31}
58 衢州	道椅 dɔ^{231}i^{35}	凳 tən^{53}	尿桶 ɕy^{32}toŋ^{53}
59 衢江	道椅 dɔ^{22}y^{25}	凳 tiŋ^{53} 板凳 pã^{33}tiŋ^{53}	粪桶 pɛ^{33}dəŋ^{212}
60 龙游	交椅 kɔ^{33}i^{35}	凳 tən^{51}	粪桶 pei^{33}doŋ^{224}
61 江山	靠背凳 kʰɐɯ^{44}pᴇ^{44}tɪ̃^{51} 交椅 kaɯ^{44}y^{241}	凳 tɪ̃^{51}	打茅尿桶 taŋ^{44}mɐɯ^{22}ȵiɐɯ^{22}doŋ^{22}
62 常山	交椅 kɔ^{43}y^{52}	凳 tɪ̃^{324}	尿桶 ɕy^{44}doŋ^{341}
63 开化	椅 uei^{53}	凳 tin^{412}	尿桶 ɕyo^{44}dɤŋ^{213}
64 丽水	交椅 kə^{44}ɥ^{544}	板凳 pã^{44}ten^{52}	马桶 muo^{44}dəŋ^{22}
65 青田	交椅 ko^{33}i^{454}	凳 ɗeŋ^{33}	尿盘 sɥ^{55}buɐ^{53}
66 云和	交椅 kɑɔ^{44}y^{41}	凳 tɛ^{45}	马桶儿 mɔ^{44}doŋ^{223}ȵi^{45}

续表

方言点	0334 椅子统称	0335 凳子统称	0336 马桶有盖的
67 松阳	交椅 kɔ^{24} i^{212}	凳 tæ̃^{24}	尿盆 sɿ^{33} bæ̃^{31}
68 宣平	交椅 kɔ^{44} y^{445}	凳 tin^{52}	马桶 mo^{22} dən^{223}
69 遂昌	交椅 kɐɯ^{33} y^{533}	凳 tiŋ^{334}	尿挈儿 ɕy^{33} tɕ^{h}iɛʔ^{5} ȵiɛ^{221}
70 龙泉	交椅 kɑʌ^{45} y^{51}	凳 tin^{45}	尿桶 ɕy^{45} təŋ^{51}
71 景宁	交椅 kɑu^{55} y^{33}	凳 təŋ^{35}	尿桶儿 ɕy^{33} dəŋ^{33} ȵi^{45}
72 庆元	椅 i^{33}	凳 ɗæ̃^{11}	尿桶 ɕy^{33} toŋ^{221} 老 马桶 mo^{22} toŋ^{221} 新
73 泰顺	交椅 kɑɔ^{22} i^{55}	凳 tɛ^{35}	马桶 muɔ^{22} toŋ^{21}
74 温州	矮椅 a^{42} i^{25}	矮凳 a^{42} taŋ^{21}	尿盆 sɿ^{33} bø^{223}
75 永嘉	椅 ɿ^{45}	凳 taŋ^{53}	尿盆 sɥ^{33} bø^{21}
76 乐清	椅 y^{35}	凳 taŋ^{41}	马子桶 mɯʌ^{22} tsɿ^{42} doŋ^{24}
77 瑞安	矮椅 a^{53} i^{35}	矮凳 a^{53} taŋ^{42}	尿盆 səɯ^{33} bø^{21}
78 平阳	交椅 kɔ^{33} i^{35}	矮凳 ᴀ^{35} taŋ^{33}	尿盆 sʉ^{33} bɵ^{13}
79 文成	交椅 ko^{33} i^{45}	凳 taŋ^{33}	马桶 mo^{242} doŋ^{33}
80 苍南	椅 i^{53}	凳 taŋ^{42}	尿盆 ɕy^{33} bø^{24}
81 建德徽	椅子 i^{21} tsɿ^{55}	凳 tən^{33}	马桶 mo^{55} t^{h}oŋ^{213}
82 寿昌徽	交椅 kɤ^{11} i^{55}	凳 ten^{33}	细尿桶 ɕiɛ^{33} sɿ^{11} t^{h}əŋ^{55}
83 淳安徽	椅 i^{55}	凳 ten^{24}	马桶 mo^{55} t^{h}on^{21}
84 遂安徽	椅 i^{213}	凳 təŋ^{43}	马桶 mɑ^{55} t^{h}əŋ^{33}
85 苍南闽	椅 i^{43}	椅 i^{43}	粗笼 ts^{h}ɔ^{33} lan^{43} 马桶 be^{33} t^{h}an^{43}
86 泰顺闽	家椅 ka^{21} ei^{344}	凳 tieŋ^{53}	尿□ niɐu^{21} tɕ^{h}iɛʔ^{5}
87 洞头闽	椅 i^{42}	椅 i^{42}	粗桶 ts^{h}ɔ^{212} t^{h}aŋ^{53}
88 景宁畲	交椅 kau^{44} i^{325}	凳 tieŋ^{44}	尿桶 nau^{51} t^{h}oŋ^{325}

方言点	0337 菜刀	0338 瓢舀水的	0339 缸
01 杭州	薄刀 boʔ^{2}tɔ^{45}	勺儿 zoʔ^{2}əl^{45}	缸 kaŋ^{334}
02 嘉兴	切菜刀 tɕʰieʔ^{5}tsʰᴇ^{33}tɔ^{21}	舀勺 iɔ^{33}zoʔ^{13}	缸 kᴀ̃^{42}
03 嘉善	切菜刀 tɕʰieʔ^{5}tsʰɛ^{55}tɔ^{53}	舀勺 iɔ^{44}zuoʔ^{5}	水缸 sɿ^{44}kã^{53}
04 平湖	菜刀 tsʰɛ^{44}tɔ^{0}	拗勺 ɔ^{44}zoʔ^{5}	缸 kɑ̃^{53}
05 海盐	切菜刀 tɕʰiəʔ^{23}tsʰɛ^{55}tɔ^{21}	舀勺 iɔ^{53}zɔʔ^{5}	缸 kuɑ̃^{53}
06 海宁	切菜刀 tɕʰieʔ^{5}tsʰɛ^{53}tɔ^{0}	铜勺 doŋ^{33}zoʔ^{2}	水缸 sɿ^{55}kuɑ̃^{55}
07 桐乡	切菜刀 tsʰiəʔ^{3}tsʰᴇ^{33}tɔ^{53}	勺子 zɔʔ^{23}tsɿ^{53}	缸 kɒ̃^{44}
08 崇德	菜刀 tsʰᴇ^{33}tɔ^{334}	勺子 zɔʔ^{23}tsɿ^{53}	缸 kuã^{44}
09 湖州	菜刀 tsʰɛ^{33}tɔ^{35}	勺 zuoʔ^{2}	缸 kã^{44}
10 德清	菜刀 tsʰɛ^{33}tɔ^{35}	勺 zuoʔ^{2}	缸 kã^{44}
11 武康	切菜刀 tɕʰieʔ^{5}tsʰɛ^{33}tɔ^{35}	水勺 sɛ^{35}zuoʔ^{2}	缸 kã^{44}
12 安吉	薄刀 boʔ^{3}tɔ^{55}	瓢 biɔ^{22}	缸 kɔ̃^{55}
13 孝丰	薄刀 buoʔ^{2}tɔ^{24}	瓢 biɔ^{22}	缸 kɔ̃^{44}
14 长兴	橱刀 dzɿ^{12}tɔ^{33}	勺 zu^{243}音殊	缸 kɔ̃^{44}
15 余杭	切菜刀儿 tsʰieʔ^{5}tsʰɛ^{35}tɔ^{55}n^{31}	勺儿 zoʔ^{2}n^{31}	缸 kɑ̃^{44}
16 临安	薄刀 buɔʔ^{2}tɔ^{55}	瓢勺 biɔ^{33}zuɔʔ^{2}	水缸 sɿ^{55}kɑ̃^{53}
17 昌化	薄刀 bəʔ^{2}tɔ^{334} 菜刀 tsʰɛ^{54}tɔ^{334}	瓢 biɔ^{112}	缸 kɔ̃^{334}
18 於潜	薄刀 bæʔ^{2}tɔ^{433}	瓢 biəu^{223}	水缸 ɕy^{53}kaŋ^{31}
19 萧山	薄刀 bəʔ^{21}tɔ^{33}	水勺 sɿ^{33}yoʔ^{21} 瓢 biɔ^{355}	缸 kɔ̃^{533}
20 富阳	薄刀 boʔ^{2}tɔ^{335}	水竹管 ɕyɛ^{423}tɕyoʔ^{5}kuɛ̃^{53}	水缸 ɕyɛ^{423}kɑ̃^{55}
21 新登	薄刀 boʔ^{2}tɔ^{45}	瓢 biɔ^{233}	缸 kɑ̃^{53}
22 桐庐	菜刀 tsʰᴇ^{35}tɔ^{21}	瓢 biɔ^{13}	缸 kã^{533}
23 分水	把刀 pa^{44}tɔ^{33}	瓢 biɔ^{22}	缸 kã^{44}

续表

方言点	0337 菜刀	0338 瓢舀水的	0339 缸
24 绍兴	薄刀 boʔ^{2}tɔ^{53}	勺 zoʔ^{2}	缸 kaŋ^{53}
25 上虞	薄刀 boʔ^{2}tɔ^{53}	水勺 sɿ^{33}zoʔ^{2}	缸 kɔ̃^{35}
26 嵊州	薄刀 boʔ^{2}tɔ^{334}	水竹棍⁼ sɿ^{33}tsoʔ^{5}kuəŋ^{31}	缸 kɔŋ^{534}
27 新昌	薄刀 bɤʔ^{2}tɔ^{534}	勺 zoʔ^{2}	缸 kɔ̃^{534}
28 诸暨	薄刀 boʔ^{21}tɔ^{42}	勺 zoʔ^{13}	缸 kɑ̃^{544}
29 慈溪	薄刀 boʔ^{2}tɔ^{44}	勺 zoʔ^{2}	缸 kɔ̃^{35}
30 余姚	薄刀 boʔ^{2}tɔ^{44}	水勺 sɿ^{34}zoʔ^{2}	水缸 sɿ^{34}kɔŋ^{53}
31 宁波	薄刀 boʔ^{2}tɔ^{44}	水勺罐 sɥ^{44}zoʔ^{2}ku^{35}	缸 kɔ^{53}
32 镇海	薄刀 boʔ^{2}tɔ^{53}	瓢 bio^{24}	水缸 sɥ^{35}kɔ̃^{0}
33 奉化	薄刀 boʔ^{2}tʌ^{0}	拗斗 ʌ^{44}tæi^{53}	缸 kɔ̃^{44}
34 宁海	白⁼刀 baʔ^{3}tau^{34}	勺 zɔʔ^{3}	缸 kɔ̃^{423}
35 象山	薄刀 boʔ^{2}tɔ^{44}	水瓢 sɥ^{44}bio^{31} 葫芦瓢 u^{31}lu^{0}bio^{13}	缸 kɔ̃^{44}
36 普陀	薄刀 bɐʔ^{2}tɔ^{55}	瓢 biɔ^{24}	缸 kɔ̃^{53}
37 定海	薄刀 bɐʔ^{2}tɔ^{44}	瓢 bio^{23}	水缸 sɥ^{52}kõ^{0}
38 岱山	薄刀 bɐʔ^{2}tɔ^{44}	瓢 bio^{23}	缸 kõ^{52}
39 嵊泗	薄刀 bɐʔ^{2}tɔ^{45}	瓢 bio^{243}	水缸 sɥ^{44}kõ^{0}
40 临海	介刀 ka^{33}tɔ^{52}	勺 zɔʔ^{23}	缸 kɔ̃^{31}
41 椒江	介刀 ka^{33}tɔ^{42}	勺儿 zɔ̃^{41}	缸 kɔ̃^{35}小
42 黄岩	介刀 ka^{33}tɔ^{32}	舀 iɔ^{53}小	缸 kɔ̃^{35}小
43 温岭	介刀 ka^{33}tɔ^{42}	舀 iɔ^{51}小	缸 kɔ̃^{15}小
44 仙居	白⁼刀 baʔ^{23}ɗɐɯ^{334}	勺 ʑyɑʔ^{23}	缸 kɑ̃^{334}
45 天台	屋灶头刀 uʔ^{5}tsau^{55}deu^{22}tau^{33}	勺 zɔʔ^{2}	水缸 ɕy^{32}kɔ^{33}

续表

方言点	0337 菜刀	0338 瓢舀水的	0339 缸
46 三门	菜刀 tsʰɛ^{33}tɑu^{334} 镬灶头刀 ɔʔ^{2}tsɑu^{32}dɤɯ^{33}tɑu^{334}	匏瓢 bu^{13}biɑu^{31} 勺 zoʔ^{23}	缸 kɔ^{334}
47 玉环	菜刀 tsʰe^{55}tɔ^{42}	水舀 ɕy^{42}iɔ^{53}小 瓜篓 kua^{33}liɤ^{41}	缸 kɔ̃^{35}小
48 金华	薄刀 bəʔ^{21}tɑo^{55}	勺 zoʔ^{212}	缸 kɑŋ^{334}
49 汤溪	薄刀 bɤa^{11}tɔ^{52}	大勺 duɤ^{11}ʑiɔ^{113}	缸 kɔ^{24}
50 兰溪	薄刀 bɔʔ^{12}tɔ^{45}	木勺 mɔʔ^{12}ʑyɤʔ^{12}	缸 kɑŋ^{334}
51 浦江	薄刀 bo^{24}to^{334}	木勺 mə^{11}ʑyo^{243}	缸 kõ^{534}
52 义乌	薄刀 bau^{24}to^{335}	木勺 mau^{24}zwa^{312}	头缸 dɐɯ^{22}kŋʷ^{45}
53 东阳	薄刀 bou^{23}tɐɯ^{33}	瓢儿 bion^{213}	缸儿 kɔn^{334}
54 永康	薄刀 ɓuo^{33}ɗɑu^{55}	勺 ʑiɑu^{241}小	缸 kɑŋ^{55}
55 武义	薄刀 bɔʔ^{5}lɤ^{24}	勺 ʑiɑu^{213}	缸 kɑŋ^{24}
56 磐安	薄刀 pʌo^{55}to^{445}	勺儿 zuən^{14}	缸 kɒ^{445}
57 缙云	薄刀 bɔ^{51}təɤ^{44}	水勺 sɥ^{51}ziɔ^{13}	缸 kɔ^{44}
58 衢州	薄刀 bəʔ^{2}tɔ^{32}	大勺 du^{231}ʒyaʔ^{12}	缸 kɑ̃^{32}
59 衢江	薄刀 bəʔ^{2}tɔ^{33}	勺 ʑiaʔ^{2}	缸 kɑ̃^{33}
60 龙游	薄刀 pəʔ^{4}tɔ^{334}	管 koŋ^{35}	缸 kɑ̃^{334}
61 江山	薄刀 biaʔ^{2}tɐɯ^{44}	水勺 y^{44}ʑiaʔ^{2}	缸 kɒŋ^{44}
62 常山	菜刀 tɕʰi^{44}tɤ^{44}	水勺 y^{43}iaʔ^{34}	缸 kɔ̃^{44}
63 开化	白⁼刀 baʔ^{2}təɯ^{44}	瓢 biəɯ^{231}	缸 kɔŋ^{44}
64 丽水	薄刀 buoʔ^{2}tə^{224}	勺 ʑiɔʔ^{23}	缸 kɔŋ^{224}
65 青田	薄刀 buʔ^{3}ɗœ^{445}	瓜瓢 ku^{55}biœ^{53}	缸 ko^{445}
66 云和	薄刀 boʔ^{23}təɯ^{24}	木勺 məɯʔ^{23}ʑiɑɔʔ^{23}	缸 kɔ̃^{24}
67 松阳	薄刀 bɤʔ^{2}tʌ^{53}	木勺 mɤʔ^{2}ʑiaʔ^{2}	缸 koŋ^{53}

续表

方言点	0337 菜刀	0338 瓢舀水的	0339 缸
68 宣平	薄刀 bəʔ^{42}təɯ^{324}	勺 ʑiəʔ^{23}	缸 kɔ̃^{324}
69 遂昌	薄刀 bəɯʔ^{2}tɐɯ^{45}	瓢 biɐɯ^{221}	缸 kɔŋ^{45}
70 龙泉	菜刀 tsʰᴇ^{44}tɑʌ^{434}	婆$^{=}$ 椭 pou^{44} xᴇ^{434}	缸 kɔŋ^{434}
71 景宁	薄刀 boʔ^{23}təɯ^{324}	木勺 mʔ^{23} ʑiaʔ^{23}	缸 kɔŋ^{324}
72 庆元	菜刀 tsʰæi^{11}ɗɐɯ^{335}	瓢 piɒ^{52}	缸 kɔ̃^{335}
73 泰顺	菜刀 tsʰæi^{22}tɑɔ^{213}	瓠楼$^{=}$ pø^{22} ləu^{53}	缸 kɔ̃^{213}
74 温州	窖配刀 kuɔ^{33} pʰai^{42} tɜ^{33}	瓜瓢 ko^{33} biɛ^{223}	缸 kuɔ^{33}
75 永嘉	薄刀 bo^{21} tə^{44}	瓜瓢 ko^{33} byə^{21}	缸 kɔ^{44}
76 乐清	刀 tɤ^{44} 菜刀 tɕʰie^{42}tɤ^{44}	瓜瓢 kuɯʌ^{44} bɤ^{223}	缸 kɔ^{44}
77 瑞安	㑚刀 ka^{53} tɛ^{44}	铅兜 kʰa^{33} tau^{44}	缸 ko^{44}
78 平阳	㑚刀 kᴀ^{45} tɛ^{13}	瓢 bie^{242}	缸 ko^{55}
79 文成	㑚刀 kɔ^{42} tɛ^{33}	瓜瓢 ko^{33} bie^{242}	缸 kuo^{55}
80 苍南	㑚刀 kia^{42} tɛ^{44}	铅勺 kʰɛ^{44} dʑia^{112} 茶管 zo^{31} kuaŋ^{53}	缸 ko^{44}
81 建德徽	薄刀 pu^{21} tɔ^{53}	瓢 piɔ^{33} 木勺 mɐʔ^{12} so^{33}	缸 ko^{53}
82 寿昌徽	薄刀 pʰɔʔ^{3}tɤ^{112}	勺 sɔʔ^{31}	缸 kɑ̃^{112}
83 淳安徽	薄刀 pʰɑʔ^{13}tɤ^{24}	勺 sɑʔ^{13}	缸 kon^{24}
84 遂安徽	菜刀 tsʰəɯ^{43}tɔ^{52}	瓢 piɔ^{33}	缸 koŋ^{534}
85 苍南闽	菜刀 tsʰai^{33}to^{55}	杯稀 pui^{21} hia^{55}	缸 kɯŋ^{55}
86 泰顺闽	菜刀 tsʰai^{34}tou^{213}	□□ pu^{21} lau^{22}	缸 ko^{213}
87 洞头闽	菜刀 tsʰai^{33}to^{24}	匏稀 pu^{212} hia^{33}	缸 kɯŋ^{33}
88 景宁畲	刀把 tau^{44} pai^{44}	勺 ɕioʔ^{2}	缸 kɔŋ^{51}

方言点	0340 坛子装酒的～	0341 瓶子装酒的～	0342 盖子杯子的～
01 杭州	甏 baŋ13	瓶儿 biŋ22 əl45	盖儿 kɛ45 əl53
02 嘉兴	甏 bᴀ̃113	瓶 biŋ242	盖头 kᴇ33 dei24
03 嘉善	甏 bæ̃113	瓶 bin132	盖头 kɛ44 də53
04 平湖	甏 bɑ̃213	瓶 bin31	盖头 kɛ44 dəɯ0
05 海盐	甏 bɛ̃213	瓶 bin31	盖头 kɛ55 de21
06 海宁	酒甏 tɕiəɯ55 bɑ̃0	瓶 biŋ13	盖头 kɛ55 dəɯ53
07 桐乡	甏 bɑ̃213	瓶 biŋ13	盖头 kᴇ33 dɤɯ53
08 崇德	甏 bɑ̃13	瓶 biŋ13	盖 kᴇ334
09 湖州	甏 bɑ̃24	瓶 biŋ112	盖 kei44
10 德清	甏 bɑ̃113	瓶 bin113	盖 kɛ334
11 武康	甏 bɑ̃113	瓶 bin113	盖 kɛ224
12 安吉	甏 bɑ̃22	瓶 biŋ22	盖头 kᴇ32 dəɪ213
13 孝丰	酒甏 tɕiu45 bɑ̃21	瓶 biŋ22	盖 ke324 盖头 ke32 dəɪ213
14 长兴	甏 bɑ̃24	瓶 biŋ12	盖 kɯ324
15 余杭	甏 bɑ̃213	瓶子 biŋ31 tsɿ35	盖儿 kɛ53 n13
16 临安	酒坛 tɕyœ55 dœ53	瓶 bieŋ55	茶盖 dzo33 kᴇ35
17 昌化	坛 dɛ̃112	瓶子 biəŋ11 tsɿ453	盖 kɛ544
18 於潜	甏 baŋ24	瓶 biŋ223	盖 ke35
19 萧山	坛 də355	瓶 biŋ355	盖 ke42
20 富阳	壮⁼ tɕyɑ̃335	瓶 bin13	盖子 kɛ335 tsɿ53
21 新登	坛 dɛ̃233	瓶子 beiŋ233 tsɿ334	盖 ke45
22 桐庐	甏 bɑ̃13	瓶 biŋ13	盖 kᴇ35
23 分水	酒坛 tɕiɵ44 duə̃21	瓶 bin22	盖子 kɛ24 tsɿ0
24 绍兴	坛 dø̃231	瓶 biŋ231	盖 kᴇ33

续表

方言点	0340 坛子装酒的～	0341 瓶子装酒的～	0342 盖子杯子的～
25 上虞	坛 dø̃^{213}	瓶 biŋ^{213}	盖 ke^{53}
26 嵊州	甏 baŋ^{24}	瓶 biŋ^{213}	盖 kᴇ^{334}
27 新昌	甏 baŋ^{13}	瓶 biŋ^{22}	盖 ke^{335}
28 诸暨	坛 də^{13}	瓶 bin^{13}	盖头 kie^{33}dei^{21}
29 慈溪	甏 bã^{13}	瓶 biŋ^{13}	盖头 ke^{44}dø^{44}
30 余姚	酒甏 tɕiø^{34}baŋ^{0}	瓶 bə̃^{13} 玻璃瓶 po^{44}li^{0}bə̃^{13}	盖头 ke^{53}dø^{13}
31 宁波	酒埕 tɕiʏ^{53}dʑiŋ^{0}	和⁼毛瓶 əu^{13}mɔ^{0}biŋ^{13}	盖头 ke^{44}dœʏ^{44}
32 镇海	埕 dʑiŋ^{24}	瓶 biŋ^{24}	盖头 ke^{33}dei^{22}
33 奉化	酒埕 tɕiʏ^{44}dʑiŋ^{31}	酒瓶 tɕiʏ^{44}biŋ^{33}	盖头 ke^{44}dæi^{33}
34 宁海	酒埕 tɕiu^{53}dʑiŋ^{213}	酒瓶 tɕiu^{33}biŋ^{31}	盖头 ke^{33}diu^{31}
35 象山	酒埕 tɕiu^{44}dʑiŋ^{31}	红毛瓶 oŋ^{31}mɔ^{31}biŋ^{13}	盖头 ki^{53}dɤɯ^{31}
36 普陀	埕 dʑiŋ^{24}	瓶 biŋ^{24}	盖头 kɛ^{55}deu^{55}
37 定海	酒埕 tɕiʏ^{52}dʑiŋ^{0}	瓶 biŋ^{13}小	盖头 kɛ^{44}dɐi^{44}
38 岱山	酒埕 tɕiʏ^{52}dʑiŋ^{0}	瓶 biŋ^{213}小	盖头 ke^{44}lɐi^{44}“头”音殊
39 嵊泗	酒埕 tɕiʏ^{53}dʑiŋ^{0}	瓶 biŋ^{213}小	盖头 ke^{53}lɐi^{44}“头”音殊
40 临海	短⁼tø^{353}小	瓶 biŋ^{21}	⿷匚贛 kəŋ^{353}小
41 椒江	雕⁼tiɔ^{35}小	瓶 biŋ^{24}小	⿷匚贛 tɕie^{51}小
42 黄岩	短⁼tø^{51}小 雕⁼tiɔ^{35}小	瓶 bin^{24}小	⿷匚贛 kən^{51}小
43 温岭	短⁼tø^{51}小	瓶 bin^{24}小	⿷匚贛 tɕie^{51}小
44 仙居	鸟⁼ɗiɐɯ^{324}	瓶 bin^{353}小	⿷匚贛 cie^{53}小
45 天台	雕⁼tieu^{33}	瓶 biŋ^{51}	⿷匚贛 kəŋ^{51}
46 三门	雕⁼tiɑu^{52}小	瓶 biŋ^{252}	⿷匚贛 kəŋ^{325}

续表

方言点	0340 坛子装酒的～	0341 瓶子装酒的～	0342 盖子杯子的～
47 玉环	酒雕⁼tɕiu^{53}tiɔ^{35}小	瓶 biŋ^{24}小	匱 kəŋ^{53}小
48 金华	掇⁼瓶 tɤ^{55}biŋ^{0}	瓶 biŋ^{313}	盖 kɛ^{55}
49 汤溪	掇⁼tɤ^{55}	瓶 bɛ̃i^{11}	盖 kɛ^{52}
50 兰溪	掇⁼瓶 təʔ^{34}pin^{45}	瓶儿 bin^{21}nə^{24}	盖 ke^{45}
51 浦江	掇⁼tɯ^{423}	瓶 biən^{113}	盖儿 kan^{53}
52 义乌	掇⁼瓶 tɯ^{33}pən^{45}统称 酒掇⁼tsɐɯ^{45}tɯ^{423}装酒的	瓶儿 ben^{213}	盖儿 ken^{45}
53 东阳	大瓶 tɐ^{33}bɐn^{53}	瓶 ben^{213}	匱儿 kɯn^{453}
54 永康	掇⁼ɗɤ^{334}	瓶 biŋ^{241}小	匱儿 kəŋ^{52}
55 武义	酒□ tɕiəu^{55}lɤ^{53}	瓶 bin^{324}	盖 ka^{53}
56 磐安	带⁼盆 ta^{55}bɐn^{0}	瓶 bɐn^{213}	盖儿 kɤn^{52}
57 缙云	答⁼tɛ^{322}	瓶 bɛŋ^{243}	匱 kaŋ^{453}
58 衢州	坛 də̃^{21} 掇⁼təʔ^{5}	瓶 bin^{21}	盖 kɛ^{53}
59 衢江	掇⁼təʔ^{5} 瓮 əŋ^{53}	瓶 biŋ^{212}	盖 kei^{53}
60 龙游	坛 dei^{21}	瓶 bin^{21}	盖 kei^{51}
61 江山	□ tɒʔ^{5}	瓶 bĩ^{213}	匱 kəŋ^{241} 盖 kᴇ^{51}
62 常山	答⁼tʌʔ^{5}	瓶 bĩ^{341}	匱 goŋ^{52}
63 开化	坛 duõ^{213}	瓶 bin^{231}	匱 kɤŋ^{53}
64 丽水	坛 duɛ^{22}	瓶 bin^{22}	匱 ken^{544}
65 青田	雕⁼ɗiœ^{445}	瓶 beŋ^{21}	匱 kaŋ^{454}
66 云和	坛 duɛ^{223}	瓶 biŋ^{312}	匱 kəŋ^{41}
67 松阳	坛 dæ̃^{13}	瓶儿 bin^{21}n^{24}	匱 ken^{212}

续表

方言点	0340 坛子装酒的~	0341 瓶子装酒的~	0342 盖子杯子的~
68 宣平	掇⁼ təʔ⁵	瓶 bin⁴³³	䀇 kən⁴⁴⁵
69 遂昌	坛 dɛ̃²¹³	瓶儿 biŋ²² ȵiɛ²¹³	䀇 kəŋ⁵³³
70 龙泉	酒坛 dʑiəu²¹ dɯə²²⁴	瓶 bin²¹	盖 kua⁴⁵ 䀇 kɛn⁵¹
71 景宁	坛 dœ¹¹³	瓶 biŋ⁴¹	䀇 kaŋ³³
72 庆元	埕 tsæ̃⁵²	瓶 piŋ⁵²	䀇 kəŋ³³
73 泰顺	埕 tɕiŋ⁵³	瓶 piŋ⁵³	䀇 kəŋ⁵⁵
74 温州	埕 dzəŋ³¹	瓶儿 bəŋ²² ŋ¹²	䀇 kaŋ²⁵
75 永嘉	埕 dʑieŋ³¹	瓶ル beŋ²¹³	䀇 kaŋ⁴⁵
76 乐清	埕 dʑieŋ³¹	瓶 beŋ²¹² 小	䀇 kaŋ³⁵
77 瑞安	埕 dzəŋ³¹	瓶ル bəŋ²¹²	䀇 kaŋ³⁵
78 平阳	瓮 veŋ⁵⁵	瓶ル beŋ¹³	䀇 kaŋ⁵³
79 文成	埕 dʒeŋ¹¹³	瓶 beŋ¹¹³	䀇 kaŋ⁴⁵
80 苍南	钵儿 pø³³ ŋ⁰ 埕 dzeŋ³¹	瓶ル beŋ¹¹²	䀇 kaŋ⁵³
81 建德徽	掇⁼ ti⁵⁵	瓶 pin³³	盖儿 kɛ³³ n⁵⁵
82 寿昌徽	坛 tiæ⁵⁵	瓶 pʰien⁵²	䀇 ken²⁴
83 淳安徽	掇⁼ təʔ⁵	瓶 pʰin⁴³⁵	盖 kie²⁴
84 遂安徽	坛 təɯ²⁴	瓶 pʰin³³	盖 kəɯ⁴³
85 苍南闽	瓮团 an³³ kã⁴³	瓶团 pan²¹ kã⁴³	嵌⁼ kʰã²¹
86 泰顺闽	□ tæŋ³¹	瓶 pieŋ²²	䀇 kæŋ³⁴⁴
87 洞头闽	翁 aŋ²¹	瓶 pan¹¹³	盖 kua²¹
88 景宁畲	(无)	瓶 pʰiŋ²²	盖 koi⁴⁴

方言点	0343 碗统称	0344 筷子	0345 汤匙
01 杭州	碗盏 uo^{55}tsɛ^{0}	筷儿 kʰuɛ^{45}əl^{53}	瓢羹儿 biɔ^{22}kaŋ^{33}əl^{45}
02 嘉兴	碗 uə^{544}	筷 kʰuᴇ^{42}调殊	调勾 diɔ^{21}kei^{33}
03 嘉善	碗 ø^{44}	筷 kʰuɜʔ^{5} 音殊	调羹 diɔ^{13}kæ̃^{53}
04 平湖	碗 ø^{44}	筷 kʰuɛ^{53}调殊	调勾 diɔ^{24}kəɯ^{53}
05 海盐	碗 uɤ^{423}	筷 kʰuɛ^{53}调殊	调勾 diɔ^{24}ke^{53} 调羹 diɔ^{24}kɛ̃^{53}
06 海宁	碗 ue^{53}	筷 kʰue^{53}	瓢羹 biɔ^{33}kɑ̃^{55} 瓢勾 biɔ^{33}kəɯ^{55}
07 桐乡	碗 uᴇ^{53}	筷 kʰuɛ^{334}	瓢羹 biɔ^{21}kã^{44}
08 崇德	碗 uᴇ^{53}	筷 kʰuɛ^{334}	瓢羹 biɔ^{21}kã^{44}
09 湖州	碗盏家生 uɛ^{53}tsɛ^{44}ka^{53}sã^{13}	筷子 kʰuɛ^{33}tsɿ^{35}	调羹 diɔ^{33}kã^{35}
10 德清	碗 uo^{52}	筷儿 kʰua^{33}n^{35}	瓢羹 biɔ^{11}kã^{35}
11 武康	碗 ø^{53}	筷儿 kua^{33}n^{35}	瓢羹 biɔ^{11}kã^{35}
12 安吉	碗 uᴇ^{52}	筷子 kʰua^{32}tsɿ^{213}	瓢羹 biɔ^{22}kã^{22}
13 孝丰	碗 ue^{52}	筷子 kʰua^{32}tsɿ^{213}	汤勺 tʰɔ̃^{44}zuəʔ^{5}
14 长兴	碗 uɯ^{52}	筷 kʰuᴇ^{324}	瓢羹 biɔ^{12}kã^{33}
15 余杭	碗 uõ^{53}	筷儿 kʰua^{53}n^{13}	瓢勾儿 biɔ^{33}køʏ^{55}n^{33}
16 临安	碗 uə^{55}	筷子 kʰua^{55}tsɿ^{53}	瓢羹 biɔ^{33}kɑ̃^{35}
17 昌化	碗 uɔ̃^{453}	筷子 kʰua^{54}tsɿ^{453}	瓢羹 biɔ^{11}kã^{334}
18 於潜	碗 uɛ^{51}	筷 kʰua^{35}	瓢羹 biɔ^{22}kaŋ^{433}
19 萧山	碗 uə^{33}	筷 kʰue^{533}调殊	瓢羹 biɔ^{21}kã^{33}
20 富阳	碗 uɛ̃^{423}	筷 kʰuã^{335}	瓢羹 biɔ^{13}kin^{55}
21 新登	碗 uɛ^{334}	筷子 kʰua^{45}tsɿ^{21}	瓢羹 biɔ^{233}kɛ^{334}
22 桐庐	碗 uã^{33}	筷 kʰuᴀ^{35}	瓢羹 biɔ^{21}kã^{35}
23 分水	碗 uã^{53}	筷子 kʰuɛ^{24}tsɿ^{0}	瓢羹 biɔ^{21}kən^{44}

续表

方言点	0343 碗统称	0344 筷子	0345 汤匙
24 绍兴	碗 uø̃^{334}	筷 kʰua^{33}	汤瓢 tʰɑŋ^{33}biɔ^{231}
25 上虞	碗 uø̃^{35}	筷 kʰua^{53}	调羹 diɔ^{21}kã^{35}
26 嵊州	碗 uœ̃^{53}	筷 kʰua^{334}	瓢羹 biɔ^{22}kaŋ^{334}
27 新昌	碗 uœ̃^{453}	箸 dzɿ^{13}	瓢羹 biɔ^{13}kaŋ^{534}
28 诸暨	碗 və^{42}	筷 kʰue^{544}	瓢羹 biɔ^{21}kã^{42}
29 慈溪	碗 uø̃^{35}	筷 kʰuɛ̃^{44}	调羹 diɔ^{11}kã^{35}
30 余姚	碗盏 uø̃^{34}tsã^{53}	筷 kʰuã^{53}	调羹 diɔ^{13}kaŋ^{44}
31 宁波	碗盏 u^{53}tsɛ^{0}	筷 kʰuɛ^{44}	调羹 dio^{13}ka^{44}
32 镇海	碗盏 uø^{35}tsɛ^{0}	筷 kʰuɛ^{53}	瓢 bio^{24} 瓢羹 bio^{22}kã^{35}
33 奉化	饭碗 vɛ^{31}uø^{53}	筷 kʰuɛ^{53}	调羹 diɔ^{33}kã^{545}
34 宁海	碗 uø^{53}	箸 dzɿ^{24}	瓢羹 bieu^{21}kã^{53}
35 象山	碗盏 uɤɯ^{44}tsɛ^{44}	筷 kʰuɛ^{53}	调羹 dio^{31}kã^{35}
36 普陀	碗 uø^{45}	筷 kʰuɛ^{55}	调羹 diɔ^{33}kã^{45}
37 定海	碗 uø^{45} 碗盏 uø^{52}tsɛ^{0}	筷 kʰuɛ^{44}	调羹 dio^{33}kã^{45}
38 岱山	碗 uø^{325}	筷 kʰue^{44}	调羹 dio^{33}kã^{44}
39 嵊泗	碗 uʏ^{445}	筷 kʰue^{53}	羹瓢 kã^{44}bio^{45}
40 临海	碗 ue^{52}	箸 dzɿ^{324}	瓢 biə^{35}kã^{31}
41 椒江	碗 uə^{42}	箸 dzɿ^{24}	羹瓢 kã^{33}biɔ^{24}小 瓢羹 biɔ^{22}kã^{35}小
42 黄岩	碗 uø^{42}	箸 dzɿ^{24}	瓢羹 biɔ^{13}kã^{35}小
43 温岭	碗 ue^{42}	箸 dzɿ^{13}	瓢羹 biɔ^{13}kã^{15}小
44 仙居	碗 ua^{324}	箸 dzɿ^{24}	羹瓢 kã^{33}biɐɯ^{353}小
45 天台	碗盏 uø^{32}tse^{325}	箸 dzɿ^{35}	瓢 bieu^{51}

续表

方言点	0343 碗统称	0344 筷子	0345 汤匙
46 三门	碗 uø^{325}	箸 dzɿ^{243}	羹瓢 kɛ^{33} biɑu^{252}
47 玉环	碗 ue^{53}	箸 dzɿ^{22}	瓢羹 biɔ^{22} kã^{35}小
48 金华	碗 uɑ^{535}	箸 dʑy^{14}	瓢羹 biɑo^{31} kɑŋ^{55}
49 汤溪	碗 uɑ^{535}	箸 dʑie^{341}	瓢儿 bieŋ^{113}
50 兰溪	碗 uɑ^{55}	箸 dzɿ^{24}	瓢羹 biɔ^{21} kæ̃^{45}
51 浦江	碗 uɑ̃^{53}	箸 dʒi^{24}	捞羹儿 lɯ^{11} kɛ̃n^{334}
52 义乌	碗 ua^{423}	箸 dzi^{24}	瓢羹儿 bie^{22} kɛn^{335}
53 东阳	碗 ɔ^{44}	箸 dzi^{213}	瓢羹儿 pʰiɔ^{22} kɐn^{35}
54 永康	碗 uɑ^{334}	箸 dʑi^{241}	调羹 ɗiɑu^{33} gai^{241}小
55 武义	碗 ŋuo^{445}	箸 dʑi^{231}	调羹 die^{324} ka^{53}
56 磐安	碗 ɒ^{334}	箸 dʑi^{14}	挑儿 tʰion^{445} 瓢羹儿 bio^{21} gɛn^{14}
57 缙云	碗 ua^{51}	箸 dzɿ^{213}	羹挑 ka^{44} tʰiɔ^{44}
58 衢州	碗 uə̃^{35}	筷儿 kʰuɛ^{53} ȵi^{21}	瓢勾 biɔ^{21} kɯ^{32}
59 衢江	碗 uã^{25}	箸 dʑyø^{231}	瓢 biɔ^{212}
60 龙游	碗 uã^{35}	箸 dzɿ^{231}	瓢羹 piɔ^{33} kɛ^{334}
61 江山	瓯 u^{44}	箸 dʑiə^{31}	瓢羹 biɐɯ^{22} kaŋ^{44}
62 常山	瓯 u^{44}	箸 dʑie^{24}	瓢州⁼ biɤ^{22} tɕiu^{44}
63 开化	瓯 u^{44}	箸 dʑiɛ^{213}	瓢勾 biəɯ^{21} kɯ^{44}
64 丽水	碗 uã^{544}	箸 dzɿ^{131}	调羹 diə^{22} kã^{224}
65 青田	碗 uɑ^{454}	箸 dzɿ^{22}	羹挑 kɛ^{21} tʰiœ^{55}小
66 云和	碗 uɑ̃^{41}	箸 dzɿ^{223}	调羹 diɑɔ^{223} kɛ^{24}
67 松阳	碗 uɔ̃^{212}	箸 dzɿə^{13}	调羹 diɔ^{33} kã^{53}
68 宣平	碗 uɑ̃^{445}	箸 dzɿ^{231}	调羹 diɔ^{43} kɛ^{324}

续表

方言点	0343 碗统称	0344 筷子	0345 汤匙
69 遂昌	碗 uε̃^{533}	箸 dʑiε^{213}	瓢羹 biɐɯ^{21}tɕiaŋ^{45}
70 龙泉	碗 uaŋ^{51}	箸 dʑi^{224}	羹瓢儿 kaŋ^{44}piɑʌ^{45}ȵi^{55}
71 景宁	碗 uɔ^{33}	箸 dʑi^{113}	羹匙 kε^{33}ʑi^{41}
72 庆元	碗 uɑ̃^{33}	箸 tɕyᴇ^{31}	瓢羹 piɒ^{52}kæ̃^{55}小
73 泰顺	碗 uã^{55}	箸 tsɿ^{22} 饭箸 uã^{21}tsɿ^{22}	调羹 tiɑɔ^{21}kã^{213}
74 温州	碗 y^{25}	箸 dzei^{22}	调羹 diε^{22}kiε^{33}
75 永嘉	碗 y^{45}	箸 dzɿ^{22}	调羹 dyə^{31}kε^{44}
76 乐清	碗 uɤ^{35}	箸 dʑi^{22}	调羹 diɯʌ^{22}ka^{44}
77 瑞安	碗 y^{35}	箸 dzei^{22}	调羹 duɔ^{22}ka^{44}
78 平阳	碗 ye^{45}	箸 dʑi^{23}	羹挑 kᴀ^{33}tʰye^{55}
79 文成	碗 yø^{45}	箸 dʑi^{424}	羹挑 ka^{33}tʰuo^{33}
80 苍南	碗 yε^{53}	箸 dʑi^{11}	羹挑 kia^{33}tʰyɔ^{44}
81 建德徽	碗 uε^{213}	筷儿 kʰuɑ^{33}n^{55}	瓢羹 piɔ^{33}kən^{53}
82 寿昌徽	碗 ŋuə^{24}	箸 tsʰɿ^{33}	瓢羹 pʰiɤ^{11}kæ̃^{112}
83 淳安徽	碗 uɑ̃^{55}	筷 kʰuɑ^{24}	瓢羹 pʰiɤ^{43}kɑ̃^{24}
84 遂安徽	碗 uɑ̃^{213}	筷 kʰua^{43}	瓢羹 pʰiɔ^{33}kəŋ^{33}
85 苍南闽	碗 ũã^{43}	箸 tɯ^{21}	汤挑 tʰɯŋ^{33}tʰiau^{55}
86 泰顺闽	碗 uæŋ^{344}	饭箸 pɔi^{22}ty^{21}	调羹 tiɐu^{21}kæŋ^{213}
87 洞头闽	碗 ũã^{42}	箸 tɯ^{21}	汤匙仔 tʰɯŋ^{21}ɕi^{21}a^{53}
88 景宁畲	碗 uon^{325}	箸 tɕʰy^{51}	羹匙 kaŋ^{44}tɕʰi^{325}

方言点	0346 柴火统称	0347 火柴	0348 锁
01 杭州	柴棒儿 dzɛ^{22} baŋ^{22} əl^{45}	洋火 iaŋ^{22} xu^{45}	锁 səu^{53}
02 嘉兴	柴 zᴀ^{242}	洋火子 iᴀ̃^{24} fu^{544} tsɿ^{21} 自来火 zɿ^{21} lᴇ^{24} fu^{21}	锁 sou^{544}
03 嘉善	柴 za^{132}	洋火子 iæ̃^{35} fu^{55} tsɿ^{0}	锁 su^{44}
04 平湖	柴 za^{31}	洋媒头 iã^{24} me^{44} dəɯ^{0}	锁 su^{55}
05 海盐	柴 zɑ^{31}	洋媒头 iɛ̃^{24} me^{55} de^{21}	锁 so^{423}
06 海宁	柴爿 zɑ̃^{33} bɛ^{33}	洋媒头 iã^{33} mei^{33} dəɯ^{33} 洋火子 iã^{33} fu^{55} tsɿ^{55}	锁 so^{53}
07 桐乡	柴 za^{13}	洋媒头 iã^{21} mi^{44} dɤɯ^{44} 洋火子 iã^{21} fu^{44} tsɿ^{44}	锁 səu^{53}
08 崇德	柴 zɑ^{13}	洋媒头 iã^{21} mi^{44} dɤɯ^{44}	锁 so^{53}
09 湖州	柴 za^{112}	洋媒头 iã^{33} mei^{33} døʉ^{35}	锁 səu^{523}
10 德清	柴 za^{113}	洋火 iã^{11} xəu^{35}	锁 səu^{52}
11 武康	柴 za^{113}	洋火 iã^{11} fu^{35}	锁 su^{53}
12 安吉	柴 za^{22}	洋火 iã^{22} fu^{22}	锁 su^{52}
13 孝丰	柴 za^{22}	洋火 iã^{22} hu^{52}	锁 su^{52}
14 长兴	柴 za^{12}	洋蔑⁼头 iã^{12} miᴇʔ^{2} dei^{44}	锁 səu^{52}
15 余杭	茅柴 mɔ^{13} za^{33}	洋火 iɑ̃^{31} xu^{35}	锁 su^{53}
16 临安	柴火 za^{31} fu^{33}	洋火 iã^{31} fu^{33}	锁 so^{55}
17 昌化	柴火 za^{11} xɯ^{453} 柴 za^{112}	洋火 iã^{11} xɯ^{453}	锁 su^{453}
18 於潜	柴火 za^{22} xu^{53}	洋火 iaŋ^{22} xu^{53}	锁 su^{51}
19 萧山	柴 za^{355}	洋火 iã^{13} xu^{33}	锁 so^{33}
20 富阳	柴 za^{13}	洋火 iɑ̃^{13} hu^{55}	锁 su^{423}
21 新登	柴 za^{233}	洋火 iɑ̃^{233} hu^{334}	锁 su^{334}
22 桐庐	柴火 zᴀ^{21} xu^{35}	洋火 iaʔ^{21} xu^{35}	锁 su^{33}

续表

方言点	0346 柴火统称	0347 火柴	0348 锁
23 分水	柴火 zε^{21}xu^{55}	洋火 iã^{21}xu^{55}	锁 su^{53}
24 绍兴	柴 za^{231}	鐾来火 bi^{22}lᴇ^{22}fu^{334}	锁 so^{334}
25 上虞	柴火 za^{21}fu^{35}	自来火 ʑi^{31}le^{21}fu^{53}	锁 sʊ^{35}
26 嵊州	柴 za^{213}	鐾来火 bi^{22}lᴇ^{22}ho^{53} 自来火 zɿ^{22}lᴇ^{22}ho^{53}	锁 so^{53}
27 新昌	柴 za^{22}	自来火 zɿ^{22}le^{33}hɤ^{335}	锁 sɤ^{453}
28 诸暨	柴草 zʌ^{21}tsʰɔ^{42}	洋火 iã^{21}hɤu^{42}	锁 sɤu^{42}
29 慈溪	柴 za^{13}	自来火 i^{13}le^{0}huo^{44}	锁 səu^{35}
30 余姚	柴 za^{13}	自来火 i^{13}le^{13}hou^{34} 洋火 iaŋ^{13}hou^{34}	锁 sou^{34}
31 宁波	柴 za^{13}	自来火 ʑi^{13}le^{0}huo^{44}	锁 səu^{35}
32 镇海	柴火 za^{22}həu^{53}	自来火 dzɿ^{22}le^{22}həu^{44} 火柴 həu^{33}dza^{31} 洋火 iã^{22}həu^{53}	锁 səu^{35}
33 奉化	柴 za^{33}	自来火 zɿ^{33}le^{33}həu^{44}	锁 səu^{545}
34 宁海	柴 za^{213}	自头火 zɿ^{22}diu^{22}hu^{53}	锁匙 səu^{53}zɿ^{213}
35 象山	柴 za^{31}	自来火 zɿ^{31}lei^{0}hu^{35}	锁匙 so^{44}dzɿ^{31}
36 普陀	柴 za^{24}	自来火 zɿ^{33}lɛ^{55}xəu^{0}	锁 səu^{45}
37 定海	柴 za^{23}	自来火 zɿ^{11}lɛ^{44}xʌu^{0}	锁 sʌu^{45}
38 岱山	柴 za^{23}	自来火 zɿ^{11}le^{44}xʌu^{0}	锁 sʌu^{325}
39 嵊泗	柴 za^{243}	自来火 zɿ^{11}le^{44}xʌu^{0}	锁 sʌu^{445}
40 临海	柴 za^{21}	自来火 zɿ^{22}le^{33}ho^{353}小	锁 so^{52}
41 椒江	柴 za^{31}	自来火 zɿ^{22}lə^{22}hu^{51}小	锁 səu^{42}
42 黄岩	柴 za^{121}	自来火 zɿ^{13}le^{22}hu^{53}小	锁 so^{42}
43 温岭	柴 za^{31}	自来火 zɿ^{13}le^{13}hu^{51}小	锁 su^{42}
44 仙居	柴 za^{213}	自来火 zɿ^{33}læ^{33}ho^{53}	锁 so^{324}

续表

方言点	0346 柴火统称	0347 火柴	0348 锁
45 天台	柴 za^{224}	自头火 zɿ^{33}deu^{22}ho^{51}	锁 so^{325}
46 三门	柴 za^{113}	自来火 zɿ^{23}lɛ^{33}hʊ^{52}	锁 ɕiʊ^{325}
47 玉环	柴爿 za^{22}bɛ^{41}	自来火 zɿ^{22}le^{22}fu^{53}小	锁 səu^{53}
48 金华	柴 zɑ^{313}	洋火 iɑŋ^{33}xuɤ^{535}	锁 suɤ^{535}
49 汤溪	柴 zɑ^{11}	洋火 iɔ^{33}xuɤ^{535} 火药 xuɤ^{52}iɔ^{113}	锁 suɤ^{535}
50 兰溪	柴 zɑ^{21}	洋火 iɑŋ^{21}xuɤ^{55}	锁 suɤ^{55}
51 浦江	柴 zɑ^{113}	洋火 yõ^{11}xɯ^{53}	锁 sɯ^{53}
52 义乌	柴 za^{213}	洋火 iɔ^{22}huɤ^{423}	锁 suɤ^{423}
53 东阳	柴火 za^{22}hʊ^{35}	洋火 iɔ^{22}hʊ^{35}	锁 sʊ^{44}
54 永康	柴 ʑia^{22}/ʑia^{241}小	如来火 ʑy^{31}ləi^{33}xuo^{52} 洋火 iɑŋ^{33}xuo^{334}	锁 suo^{334}
55 武义	柴 ʑia^{324}	洋火 iɑŋ^{55}xuo^{445}	锁 suo^{445}
56 磐安	柴 za^{213}	洋火 iɒ^{22}xuɤ^{334}	锁 suɤ^{334}
57 缙云	柴 zɑ^{243}	洋火 ia^{44}xu^{51}	锁 su^{51}
58 衢州	柴 zɛ^{21}	洋火 iã^{21}xu^{35}	锁 su^{35}
59 衢江	柴 za^{212}	洋火 iã^{33}xuo^{25}	锁 sou^{25}
60 龙游	柴 zɑ^{21}	洋火 iã^{33}xu^{35}	锁匙 su^{35}zɿ^{21}
61 江山	樵 ʑiɐɯ^{213}	洋火 iaŋ^{22}xuᴇ^{241}	锁 so^{241}
62 常山	樵 ʑiɤ^{341}	洋火 iã^{22}xui^{52}	锁 sɔ^{52}
63 开化	樵 ʑiəɯ^{231}	洋火 iã^{21}xuei^{53} 火柴 xu^{53}dza^{0}	锁 sɔ^{53}
64 丽水	柴 zuɔ^{22}	洋火 iã^{22}xuo^{544}	锁 su^{544}
65 青田	柴 zɑ^{21}	自来火 zɿ^{22}lɛ^{22}xu^{454}	锁 su^{454}
66 云和	柴 zɔ^{312}	自来火 zɿ^{223}la^{44}xo^{41} 洋火 iã^{223}xo^{41}	锁匙 su^{44}zɿ^{312}

续表

方言点	0346 柴火统称	0347 火柴	0348 锁
67 松阳	柴 za^{31}	自来火 zɤʔ^{2} lɛ^{33} fu^{212}	锁 su^{212}
68 宣平	柴 za^{433}	洋火 iɑ̃^{44} xo^{445}	锁 so^{445}
69 遂昌	樵 ʑiɐɯ^{221}	洋火 iaŋ^{13} xu^{533}	锁 su^{533}
70 龙泉	樵 ʑiɑʌ^{21}	自来火 zɿ^{21} lᴇ^{24} xou^{51}	锁 sou^{51}
71 景宁	柴 za^{41}	火药 xo^{55} iaʔ^{23}	锁 so^{33}
72 庆元	樵 ɕiɒ^{52}	洋火 iɑ̃^{52} xo^{33} 老 火柴 xo^{33} sɑ^{52} 新	锁 so^{33}
73 泰顺	柴 sa^{53}	[自来]火 sɛʔ^{2} fuɔ^{55} 洋火 iã^{21} fuɔ^{55}	锁 so^{55}
74 温州	柴 za^{31}	自来火 zɿ^{22} le^{31} fu^{25}	锁 so^{25}
75 永嘉	柴 za^{31}	自来火 zɿ^{22} lei^{31} fu^{45}	锁 so^{45}
76 乐清	柴 ze^{31}	自来火 zɿ^{22} le^{31} fu^{35}	锁 so^{35}
77 瑞安	柴 za^{31}	镰火 li^{31} fɯ^{35} 自镰火 zɿ^{22} li^{31} fɯ^{35}	锁 sou^{35}
78 平阳	柴爿 zᴀ^{21} bo^{13}	自来火 zɿ^{21} lɛ^{42} fu^{13}	锁 su^{45}
79 文成	柴 zɔ^{113}	自来火 zɿ^{21} lei^{21} fu^{45}	锁 sou^{45}
80 苍南	柴 dʑia^{31}	自来火 zɿ^{11} li^{31} hu^{53}	锁 su^{53}
81 建德徽	柴 sɑ^{33}	洋火 ȵiɛ^{33} hu^{213}	锁 su^{213}
82 寿昌徽	柴 sɑ^{52}	洋火 iɑ̃^{11} xu^{24}	锁 su^{24}
83 淳安徽	柴 sɑ^{435}	洋火 iɑ̃^{43} hu^{55}	锁 su^{55}
84 遂安徽	柴 sɑ^{33}	洋火 iɑ̃^{33} fəɯ^{33}	锁 səɯ^{213}
85 苍南闽	樵 ts^{h}a^{24}	□火 tɕia^{21} hə^{43}	锁 so^{43}
86 泰顺闽	柴 ts^{h}a^{22}	洋火 io^{21} fɔi^{344}	锁 sou^{344}
87 洞头闽	柴 ts^{h}a^{113}	火擦 hə^{212} ts^{h}ɐt^{5}	锁 so^{53}
88 景宁畲	烧火柴 ɕiəu^{44} fu^{55} ts^{h}ai^{22}	火药 fu^{55} iɔ^{325}	锁 sau^{325}

方言点	0349 钥匙	0350 暖水瓶	0351 脸盆
01 杭州	钥匙 iɛʔ^{2}zɿ^{45}	热水壶 zuaʔ^{2}suei^{45}u^{53}	脸盆 liɛ^{55}bəŋ^{0}
02 嘉兴	钥匙 iᴀʔ^{3}zɿ^{33}	热水瓶 ȵieʔ^{5}sɿ^{21}biŋ^{21}	面盆 mie^{21}bəŋ^{42}
03 嘉善	钥匙 iaʔ^{2}zɿ^{31}	热水壶 ȵieʔ^{2}sɿ^{35}u^{31}	面盆 miɪ^{13}bən^{31}
04 平湖	钥匙 iaʔ^{23}zɿ^{31}	热水瓶 ȵiəʔ^{23}sɿ^{44}bin^{53}	面盆 miɛ^{24}bən^{0}
05 海盐	钥匙 iaʔ^{23}zɿ^{31}	热水瓶 ȵiəʔ^{23}sɿ^{21}bin^{31}	面盆 miɛ^{13}bən^{21}
06 海宁	钥匙 iaʔ^{2}zɿ^{33}	热水瓶 ȵieʔ^{4}sɿ^{55}biŋ^{0}	面盆 mie^{33}bəŋ^{31}
07 桐乡	钥匙 iaʔ^{23}zɿ^{44}	热水瓶 ȵiəʔ^{23}sɿ^{44}biŋ^{0}	面盆 miᴇ^{21}bəŋ^{53}
08 崇德	钥匙 iaʔ^{23}zɿ^{44}	热水壶 ȵiəʔ^{23}sɿ^{55}u^{0} 热水瓶 ȵiəʔ^{23}sɿ^{55}biŋ^{0}	面盆 miɪ^{21}bəŋ^{13}
09 湖州	钥匙 iaʔ^{2}zɿ^{35}	热水壶 ȵieʔ^{2}sei^{53}əu^{0}	面盆 mie^{33}bən^{35}
10 德清	钥匙 iaʔ^{2}zɿ^{53}	热水瓶 ȵieʔ^{2}sɿ^{44}bin^{0}	面盆 mie^{33}ben^{35}
11 武康	钥匙 iɜʔ^{2}zɿ^{31}	热水壶 ȵieʔ^{2}sɛ^{44}vu^{53}	面盆 miɪ^{33}ben^{35}
12 安吉	钥匙 iᴇʔ^{2}zɿ^{213}	热水瓶 ȵiᴇʔ^{2}se^{22}biŋ^{213}	面盆 mi^{21}bəŋ^{213}
13 孝丰	钥匙 ieʔ^{2}zɿ^{24}	热水瓶 ȵieʔ^{2}se^{21}biŋ^{24}	面盆 miɪ^{32}bəŋ^{213}
14 长兴	钥匙 iaʔ^{2}zɿ^{24}	热水瓶 ȵiᴇʔ^{2}sei^{44}biŋ^{44}	面盆 mi^{21}bəŋ^{24}
15 余杭	钥匙 iɑʔ^{2}zɿ^{13}	热水瓶 ȵieʔ^{2}sɛ^{53}biŋ^{31}	脸盆 liẽ^{35}biŋ^{0}
16 临安	钥匙 iaʔ^{2}zɿ^{13}	热水壶 ȵiɐʔ^{2}sɿ^{55}u^{35}	面盆 mie^{33}beŋ^{31}
17 昌化	钥匙 iɛʔ^{2}zɿ^{112}	热水瓶 ȵiɛʔ^{2}sei^{45}biəŋ^{53}	面盘 miɪ̃^{23}bɛ̃^{453}
18 於潜	钥匙 iæʔ^{2}zɿ^{24}	热水壶 ȵiæʔ^{2}sue^{53}vu^{24}	洗脸盆 ɕi^{43}lie^{53}beŋ^{31}
19 萧山	钥匙 iaʔ^{21}zɿ^{33}	热水瓶 ȵieʔ^{21}sɿ^{33}biŋ^{21}	面盆 mie^{13}bəŋ^{21}
20 富阳	钥匙 iaʔ^{2}zɿ^{224}	热水壶 ȵiɛʔ^{2}ɕyɛ^{423}u^{335}	脸盆 ȵiɛ^{224}bən^{13}
21 新登	钥匙 iaʔ^{2}zɿ^{13}	热水壶 ȵiəʔ^{2}sɥ^{334}u^{45}	面桶 miɛ̃^{21}doŋ^{13}
22 桐庐	钥匙 iaʔ^{21}zɿ^{35}	热水壶 niəʔ^{21}ɕyᴇ^{21}u^{35}	面桶 mie^{13}doŋ^{55}
23 分水	钥匙 iaʔ^{12}zɿ^{13}	热水壶 ȵiəʔ^{12}sue^{53}u^{21}	面盆 miɛ̃^{24}bən^{21}
24 绍兴	钥匙 iaʔ^{2}zɿ^{231}	热水壶 ȵieʔ^{2}sɿ^{44}u^{31}	脸盆 liẽ^{24}bẽ^{31}

续表

方言点	0349 钥匙	0350 暖水瓶	0351 脸盆
25 上虞	钥匙 iaʔ^{2}dzɿ^{31}	热水瓶 ȵiəʔ^{2}sɿ^{33}biŋ^{31}	面桶 miẽ^{21}doŋ^{213}
26 嵊州	锁匙 so^{33}zɿ^{231}	热水壶 ȵieʔ^{2}sɿ^{33}u^{231}	面桶 miẽ^{22}doŋ^{22}
27 新昌	锁匙 sɤ^{53}zɤ^{232}	热水壶 ȵiɛʔ^{2}sɿ^{33}u^{232}	面桶 miɛ̃^{22}doŋ^{22}
28 诸暨	锁匙 sɤu^{33}zɿ^{242}	热水瓶 nieʔ^{21}sɿ^{33}bin^{242}	面桶 mie^{21}dom^{242}
29 慈溪	钥匙 iaʔ^{2}dzɿ^{0}	热水瓶 ȵiəʔ^{2}sɿ^{44}biŋ^{13}	面桶 miẽ^{11}tʰuŋ^{44}
30 余姚	钥匙 iaʔ^{2}dzɿ^{0}	热水瓶 ȵiəʔ^{2}sɿ^{0}bə̃^{13}	面桶 miẽ^{13}tʰuŋ^{44}
31 宁波	钥匙 iəʔ^{2}dzɿ^{13}	热水瓶 ȵiəʔ^{2}sʮ^{44}biŋ^{13}	面桶 mi^{22}doŋ^{53}
32 镇海	钥匙 ieʔ^{2}dzɿ^{22}	热水瓶 ȵieʔ^{2}sʮ^{33}biŋ^{22}	面桶 mi^{22}doŋ^{24} 洗脸盆 ɕi^{33}li^{22}bəŋ^{24}
33 奉化	钥匙 iaʔ^{2}zɿ^{0}	热水瓶 ȵiɪʔ^{2}sʮ^{44}biŋ^{33}	净面盆 dʑiã^{33}mi^{33}bəŋ^{31}
34 宁海	锁铁⁼ səu^{53}tʰieʔ^{2}	热水瓶 ȵieʔ^{3}sʮ^{33}biŋ^{31}	面桶 mie^{21}doŋ^{31}
35 象山	钥匙 ieʔ^{2}dzɿ^{31}	热水瓶 ȵieʔ^{2}sʮ^{44}biŋ^{13}	面盆 mi^{13}bəŋ^{0}
36 普陀	钥匙 iɛʔ^{2}zɿ^{55}	热水瓶 ȵiɛʔ^{2}sʮ^{55}biŋ^{55}	面桶 mi^{11}doŋ^{55} 面盆 mi^{11}bɐŋ^{55}
37 定海	钥匙 ieʔ^{2}zɿ^{44}	热水瓶 ȵieʔ^{2}sʮ^{44}biŋ^{44}	面桶 mi^{11}doŋ^{44}
38 岱山	钥匙 ieʔ^{2}zɿ^{45}	热水瓶 ȵieʔ^{2}sʮ^{33}biŋ^{44}	面桶 mi^{11}doŋ^{45}
39 嵊泗	钥匙 iᴇʔ^{2}zɿ^{44}	热水瓶 ȵiᴇʔ^{2}sʮ^{33}biŋ^{44}	面桶 mi^{11}doŋ^{45}
40 临海	锁匙 so^{42}zɿ^{21}	热水瓶 ȵieʔ^{2}ɕy^{42}biŋ^{21}	面桶 mi^{33}doŋ^{353}小
41 椒江	活⁼匙 uəʔ^{2}zɿ^{41}	热水瓶 nieʔ^{2}sʮ^{55}biŋ^{31}	面桶 mie^{22}doŋ^{41}
42 黄岩	锁匙 so^{55}zɿ^{41}	热水瓶 nieʔ^{2}sʮ^{55}bin^{41}	面桶 mie^{13}doŋ^{41}
43 温岭	锁匙头 su^{42}zɿ^{24}dɤ^{41} 钥匙头 iaʔ^{2}zɿ^{24}dɤ^{41}	热水瓶 niʔ^{2}ɕy^{55}bin^{31}	面桶 mie^{13}duŋ^{41}
44 仙居	锁匙 so^{31}zɿ^{213}	热水壶 ȵiaʔ^{23}ɕy^{31}u^{213}	面桶 mie^{33}doŋ^{353}小
45 天台	锁匙 so^{32}zɿ^{224}	热水瓶 ȵiəʔ^{2}ɕy^{32}biŋ^{224}	面桶 mie^{21}duŋ^{224}
46 三门	锁匙 ɕiʊ^{32}zɿ^{113}	热水瓶 ȵie^{2}sʮ^{32}biŋ^{252}	面桶 mie^{23}doŋ^{252}

续表

方言点	0349 钥匙	0350 暖水瓶	0351 脸盆
47 玉环	锁匙头 səu^{53}zɿ^{24}diɤ^{41}	热水瓶 niɐʔ^{2}ɕy^{55}biŋ^{41}	面桶 mie^{22}doŋ^{41}
48 金华	钥匙 iəʔ^{21}zɿ^{14}	热水瓶 ȵiəʔ^{21}ɕy^{55}biŋ^{313}	面桶 mie^{33}toŋ^{535}
49 汤溪	锁匙 suɤ^{52}zɿ^{11}	热水壶 ȵie^{11}ɕyei^{52}u^{11}	面桶 mie^{11}dɑo^{113}
50 兰溪	钥匙 ieʔ^{12}zɿ^{24}	热水壶 ȵieʔ^{12}ɕy^{45}u^{0}	面盆 mie^{55}bæ̃^{24}
51 浦江	锁匙 sɯ^{55}zɿ^{55}	热水壶 ȵi^{24}ɕy^{55}u^{0}	面锣 miẽ^{11}lɯ^{243}
52 义乌	锁匙 suɤ^{45}tsi^{44}	热水壶 ȵie^{42}ɕy^{45}u^{44}	面桶儿 mie^{45}don^{24}
53 东阳	锁匙 sʊ^{44}di^{33}	热水瓶 ȵiɛʔ^{1}sɿ^{45}bɐn^{33}	面桶 mi^{23}dɔm^{33}
54 永康	锁匙 suo^{33}ɕi^{55}	热水壶 ȵie^{33}ʑy^{31}u^{55}	面盆 mie^{31}ɓuo^{55}
55 武义	锁匙 suo^{53}ʑin^{324}	热水壶 ȵie^{55}ɕy^{53}u^{324}	面桶 mie^{53}doŋ^{445}
56 磐安	锁匙 suɤ^{55}dʑi^{0}	热水瓶 ȵiɛ^{33}ɕy^{55}bɐn^{0}	面桶 mie^{55}tɔom^{334}
57 缙云	锁匙 su^{51}zɿ^{243}	热水壶 ȵiei^{51}sɥ^{51}vu^{243}	面桶 miɛ^{21}dɔ̃ũ^{31}
58 衢州	锁匙 su^{35}ʒy^{21}	热水壶 ȵiəʔ^{2}ʃy^{35}u^{21}	面桶 miẽ^{231}doŋ^{21}
59 衢江	锁匙 sou^{33}ɕyø^{53}	热水壶 ȵyəʔ^{2}ɕy^{33}uɤ^{53}	面桶 mie^{22}dəŋ^{212}
60 龙游	锁匙开 su^{35}zɿ^{21}kʰei^{334}	热水瓶 ȵiəʔ^{2}suei^{35}bin^{21}	面桶 mie^{22}doŋ^{224}
61 江山	锁匙 so^{44}ʑiə^{213}	热水壶 ȵiᴇʔ^{2}suᴇ^{44}uə^{213}	面桶 miɛ̃^{22}doŋ^{22}
62 常山	锁匙 sɔ^{43}ʑie^{341}	热水壶 ȵiʌʔ^{3}ɕy^{43}uə^{341}	面桶 miɛ̃^{22}doŋ^{52}
63 开化	锁匙 sɔ^{53}ʑiɛ^{231}	热水瓶 ȵiaʔ^{2}suei^{44}bin^{231}	面桶 miɛ̃^{21}dɤŋ^{213}
64 丽水	锁匙 su^{44}zɿ^{22}	热水瓶 ȵiɛʔ^{2}sɥ^{44}bin^{22}	面桶 miɛ^{22}dɔŋ^{22}
65 青田	锁匙 su^{55}zɿ^{21}	热水瓶 ȵiæʔ^{3}sɥ^{55}beŋ^{21}	面盂 miɛ^{22}vu^{53}
66 云和	锁匙娘= su^{44}zɿ^{31}ȵiã^{312}	热水瓶 ȵiɛʔ^{23}sɥ^{44}biŋ^{312}	面桶 miɛ^{223}doŋ^{231}
67 松阳	锁匙 su^{33}dzɿə^{31}	暖水瓶 nen^{21}ɕy^{33}bin^{31}	面桶 miɛ̃^{22}dəŋ^{22}
68 宣平	锁匙 so^{44}zɿ^{433}	热水瓶 ȵiəʔ^{2}ɕy^{44}bin^{433}	面桶 miɛ^{22}dən^{223}
69 遂昌	锁匙 su^{33}dʑiɛ^{221}	热水瓶 ȵiɛʔ^{23}ɕy^{53}biŋ^{221}	面桶 miɛ̃^{22}dəŋ^{13}

续表

方言点	0349 钥匙	0350 暖水瓶	0351 脸盆
70 龙泉	锁匙 sou^{21}ʑi^{21}	热水瓶 ȵiᴇʔ^{3}ɕy^{44}bin^{21}	面桶 miᴇ^{21}təŋ^{51}
71 景宁	锁匙 so^{33}zɿ^{41}	茶筒 dzo^{33}dəŋ^{41}	面盂 miɛ^{33}y^{41}
72 庆元	锁匙儿 so^{33}ɕiɛ̃^{55}	热水瓶 ȵiᴇʔ^{34}ɕy^{33}piŋ^{52}	面桶 miɛ̃^{33}toŋ^{221}
73 泰顺	锁匙 so^{22}sɿ^{55}	热水瓶 ȵiɛʔ^{2}ɕy^{22}piŋ^{53}	面盂 miɛ^{21}y^{53}
74 温州	锁匙 so^{42}zei^{21}	热水瓶 ȵi^{31}sɿ^{42}bəŋ^{31}	面盂 mi^{31}vu^{21}
75 永嘉	锁匙开 so^{33}zɿ^{31}kʰe^{44}	热水瓶 ȵi^{31}sɥ^{53}beŋ^{21}	面盂 mi^{31}u^{21}
76 乐清	锁匙开 so^{34}zi^{22}kʰe^{44}	热水瓶 ȵiᴇ^{2}sy^{3}beŋ^{31}	面盂 miᴇ^{22}y^{31}
77 瑞安	锁匙物 sou^{33}zei^{13}va^{212} 锁匙开 sou^{35}zei^{22}kʰe^{44}	茶瓶 dzo^{22}bəŋ^{21} 热水瓶 ȵi^{2}səɯ^{53}bəŋ^{21}	面盂 mi^{31}vɯ^{21}
78 平阳	锁匙物 su^{33}i^{45}vᴀ^{13} 锁匙开 su^{45}i^{45}kʰe^{33}	开水瓶 kʰe^{33}sʉ^{45}beŋ^{13} 茶瓶 dʒo^{21}beŋ^{13}	面盂 mie^{33}vʉ^{42}
79 文成	锁匙 sou^{33}zei^{13}	开水瓶 kʰe^{33}søy^{33}beŋ^{13}	面盂 mie^{42}vʉ^{13}
80 苍南	锁匙开 su^{53}zɿ^{11}kʰe^{44}	热水瓶 ȵiɛ^{11}ɕy^{53}beŋ^{31}	面□ miɛ^{11}ueŋ^{112} 面盂 miɛ^{11}y^{31}
81 建德徽	钥匙 iɑ^{21}sɿ^{33}	热水壶 ȵi^{21}ɕye^{55}u^{33}	面盆 mie^{21}pən^{55}
82 寿昌徽	锁匙 su^{33}sɿ^{52}	热水壶 ȵiəʔ^{3}suei^{55}u^{112}	面桶 mi^{33}tʰɔŋ^{534}
83 淳安徽	锁匙 su^{55}sɿ^{21}	热水瓶 iəʔ^{13}ɕya^{55}pʰin^{435}	面盆 miã^{53}pʰã^{21}
84 遂安徽	锁匙 səɯ^{21}sɿ^{24}	热水瓶 iɛ^{21}ɕy^{21}pin^{33}	面盆 miɑ̃^{55}pʰɑ̃^{33}
85 苍南闽	锁匙 so^{33}tɕi^{24}	开水瓶 kʰai^{33}tsui^{33}pan^{24}	面桶 bin^{21}tʰan^{43}
86 泰顺闽	锁匙 sou^{344}sei^{22}	暖瓶 no^{344}pieŋ^{22}	面盂 mie^{34}ou^{22}
87 洞头闽	锁匙箸 so^{24}ɕi^{21}tɯ^{21}	电瓶 tian^{212}pan^{24}	面桶 bin^{212}tʰaŋ^{53}
88 景宁畲	锁匙 sau^{55}ɕi^{22}	热水瓶 ȵiet^{2}ɕy^{55}pʰin^{22}	面盆 mien^{55}pʰuən^{22}

方言点	0352 洗脸水	0353 毛巾洗脸用	0354 手绢
01 杭州	洗脸水 ɕi33 liɛ55 suei0 汏脸水 da22 liɛ55 suei0	毛巾 mɔ22 tɕiŋ45	帕儿 pʰa45 əl53
02 嘉兴	潲面水 sɔ24 mie33 sɿ21	毛巾 mɔ21 tɕiŋ33	绢头 tɕyə33 dei42
03 嘉善	潮= 面水 zɔ13 miɪ55 sɿ0	手巾 sɔ44 tɕin53	绢头 tɕyø55 də0
04 平湖	揩面水 kʰa53 miɛ0 sɿ0	揩面手巾 kʰa53 miɛ0 səɯ0 tɕin0	绢头 tɕyø55 dəɯ0
05 海盐	潮= 面水 zɔ24 miɛ55 sɿ2	潮= 面手巾 zɔ24 miɛ55 se53 tɕin53	绢头 tɕyɤ55 de21
06 海宁	潮= 面水 zɔ33 mie35 sɿ0	潮= 面手巾 zɔ33 mie35 səɯ53 tɕiŋ0	手巾 səɯ55 tɕiŋ55 绢头 tɕie55 dəɯ53
07 桐乡	潮= 面水 zɔ21 miᴇ44 sɿ53	潮= 面手巾 zɔ21 miᴇ44 sɤɯ0 tɕiŋ0	手巾 sɤɯ53 tɕiŋ44
08 崇德	汏面水 dɑ21 miɪ21 sɿ53	汏面手巾 dɑ21 miɪ21 sɤɯ55 tɕiŋ0	手巾 sɤɯ55 tɕiŋ0
09 湖州	潮= 面水 dzɔ33 mie0 sei35	毛巾 mɔ33 tɕin35	手巾 ɕiʉ53 tɕin13
10 德清	汏面水 da13 mie44 sɿ35	毛巾 mɔ11 tɕi35	手帕 ɕiʉ35 pʰaʔ5
11 武康	汏脸水 da11 miɪ33 sɿ35	毛巾 mɔ11 tɕin35	手巾 sø55 tɕin53
12 安吉	汏面水 da21 mi22 se213	面手巾 mi22 səɪ22 tɕiŋ213	小手巾 ɕiɔ52 səɪ0 tɕiŋ21
13 孝丰	洗面水 ɕi45 miɪ21 se52	面手巾 miɪ32 səɪ21 tɕiŋ213	小手巾 ɕiɔ45 səɪ21 tɕiŋ21
14 长兴	汏面水 da21 mi21 sei24	汏面手巾 da21 mi21 sei21 tʃiŋ24	手巾 sei45 tʃiŋ21
15 余杭	汏脸水 da33 liẽ55 sɛ53	手巾 søʏ35 tɕiŋ0	帕儿 pʰoʔ5 n13
16 临安	脸汤水 lie33 tʰɑ̃55 sɿ53	洗脸布 ɕie55 lie55 pu53	手巾 sə55 tɕieŋ53
17 昌化	洗面水 sɿ45 mɪ̃23 sei453	面布 mɪ̃23 pu544	手帕 ɕi45 pʰaʔ5
18 於潜	洗脸水 ɕi43 lie53 ɕy53	洗脸布 ɕi43 lie53 pu35	手帕 ɕiəu53 pʰɐʔ31
19 萧山	㕸面水 xu33 mie33 sɿ33	手巾 ɕio33 tɕiŋ21	手破= ɕio33 pʰo42
20 富阳	洗脸水 sɛ423 liɛ̃224 ɕyɛ423	手巾 ɕiʊ423 tɕin55	手捏 ɕiʊ423 ȵiaʔ5
21 新登	面汤水 miɛ̃21 tʰɑ̃334 sʮ45	面手巾 miɛ̃21 ɕy334 tɕiŋ45	手巾 ɕy334 tɕiŋ45

续表

方言点	0352 洗脸水	0353 毛巾洗脸用	0354 手绢
22 桐庐	洗面水 sᴇ^{33}mie^{13}ɕyᴇ^{55}	面布 mie^{13}pu^{55}	手帕 sei^{33}pʰaʔ^{5}
23 分水	洗面水 ɕi^{44}mĩɛ^{21}sue^{53}	面布 mĩɛ^{24}pu^{24}	手巾 sɵ^{44}tɕin^{33}
24 绍兴	戽脸水 fu^{33}lĩe^{33}sɿ^{334}	手绢 sɤ^{44}tɕyø̃^{31}	绸爿 dzɤ^{22}bɛ̃^{231}
25 上虞	汏面水 da^{21}mĩe^{21}sɿ^{0}	手巾布 sɤ^{33}tɕiŋ^{33}pu^{0}	绸爿 dzɤ^{21}bɛ̃^{213}
26 嵊州	戽面水 fu^{33}mĩe^{22}sɿ^{53}	面布 mĩe^{22}pu^{334}	手巾 ɕiʏ^{33}tɕiŋ^{53}
27 新昌	洗脸水 ɕi^{33}lĩɛ^{13}sɿ^{453}	面布 mĩɛ^{22}pu^{335}	手巾 ɕiɯ^{33}tɕiŋ^{453}
28 诸暨	面汤水 mie^{21}tʰɑ̃^{21}sɿ^{42}	面布 mie^{33}pu^{33}	手巾 sei^{33}tɕin^{42}
29 慈溪	面水 mĩe^{11}sɿ^{44}	手巾 sø^{22}tɕiŋ^{53}	绢爿 tɕyø̃^{33}bɛ̃^{13}
30 余姚	汏面水 da^{13}mĩe^{13}sɿ^{44}	手巾 sø^{34}tɕiə̃^{0}	绢帕 tɕyø̃^{44}ba^{13}
31 宁波	净面水 dʑia^{13}mi^{22}sɥ^{35}	手巾 ɕiʏ^{53}tɕiŋ^{0}	绢帕 tɕy^{44}pʰɛ^{35}
32 镇海	净面水 dʑiã^{22}mi^{22}sɥ^{44}	毛巾 mɔ^{22}tɕiŋ^{53}	绢爿 tɕy^{33}bɛ^{31}
33 奉化	净面水 dʑiã^{33}mi^{33}sɥ^{44}	净面布 dʑiã^{33}mi^{33}pu^{44}	绢爿 tɕy^{44}bɛ^{31}
34 宁海	面桶水 mie^{21}doŋ^{31}sɥ^{53}	面布 mie^{22}pu^{35} 面巾 mie^{22}tɕiŋ^{34}	手巾 ɕiu^{53}tɕiŋ^{33}
35 象山	面汤水 mi^{13}tʰɔ̃^{44}sɥ^{35}	面布 mi^{13}pu^{0}	手巾包 ɕiu^{44}tɕiŋ^{44}pɔ^{35}
36 普陀	净面水 dʑiã^{33}mi^{55}sɥ^{0}	毛巾 mɔ^{33}tɕiŋ^{53}	绢片 tɕy^{55}pʰi^{55}
37 定海	净面水 dʑiã^{23}mi^{0}sɥ^{0}	毛巾 mɔ^{33}tɕiŋ^{52}	绢片 tɕy^{44}pʰi^{44}
38 岱山	净面水 dʑiã^{23}mi^{0}sɥ^{0}	手巾 ɕiʏ^{52}tɕiŋ^{0}	小手巾 ɕio^{44}ɕiʏ^{44}tɕiŋ^{44} 老 小绢片 ɕiʏ^{44}tɕy^{44}pʰi^{44} 新
39 嵊泗	净面水 dʑiã^{24}mi^{0}sɥ^{0}	毛巾 mɔ^{33}tɕiŋ^{53}	小手帕 ɕio^{44}ɕiʏ^{44}pʰɐʔ^{5}
40 临海	面汤 mi^{33}tʰɔ̃^{31}	面巾 mi^{22}tɕiŋ^{31}	手巾 ɕiu^{42}tɕiŋ^{31}
41 椒江	面桶水 mie^{22}doŋ^{31}sɥ^{51} 小	面巾 mie^{22}tɕiŋ^{35} 小	手巾 ɕiu^{42}tɕiŋ^{35} 小
42 黄岩	面汤 mie^{13}tʰɔ̃^{32}	面巾 mie^{13}tɕin^{35} 小	手巾 ɕiu^{42}tɕin^{35} 小
43 温岭	洗面汤 ɕi^{42}mie^{13}tʰɔ̃^{33}	面巾 mie^{13}tɕin^{15} 小	手巾 ɕiu^{42}tɕin^{15} 小
44 仙居	面桶水 mie^{33}doŋ^{21}ɕy^{324}	面巾 mie^{33}tɕin^{334}	手巾 ɕiəɯ^{31}tɕin^{53}

续表

方言点	0352 洗脸水	0353 毛巾洗脸用	0354 手绢
45 天台	面桶水 mie^{21}duŋ^{21}ɕy^{325}	面巾 mie^{21}kiŋ^{33}	手巾 ɕiu^{32}kiŋ^{33}
46 三门	面桶水 mie^{23}doŋ^{21}sɥ^{52}	面巾 mie^{23}tɕiŋ^{52}	手巾 ɕiu^{32}tɕiŋ^{334}
47 玉环	汤 tʰɔ̃^{42}	面巾 mie^{22}tɕiŋ^{35}小	手巾 ɕiu^{53}tɕiŋ^{35}小
48 金华	洗面水 ɕie^{55}mie^{14}ɕy^{535}	面布 mie^{31}pu^{55}旧 毛巾 mɑo^{31}tɕiŋ^{55}今	手巾 ɕiu^{55}tɕiŋ^{334}
49 汤溪	面汤 mie^{11}tʰɔ^{52}	面布 mie^{11}pu^{52}	手巾 ɕiəɯ^{52}tɕiɛ̃i^{24}
50 兰溪	面桶水 mie^{55}toŋ^{55}ɕy^{55}	面布 mie^{55}pu^{45}	手巾布 ɕiəɯ^{55}tɕin^{334}pu^{45}
51 浦江	洗面水 ʃi^{33}miẽ^{33}ɕy^{53}	面布 miẽ^{24}pu^{0}	手巾 ɕiɤ^{33}tɕiən^{53}
52 义乌	洗面水 si^{33}mie^{33}ɕy^{423}	面巾 mie^{24}tɕiən^{335}	手巾 sɐɯ^{45}tɕiən^{335}
53 东阳	洗面水 si^{44}mi^{44}sɿ^{33}	毛巾 mɐɯ^{22}tɕiɐn^{53}	手巾 ɕiəɯ^{44}tɕiɐn^{33}
54 永康	面汤 mie^{31}tʰɑŋ^{55}	面巾 mie^{31}dʑiŋ^{241}小	小面巾 ɕiɑu^{31}mie^{31}dʑiŋ^{241}小
55 武义	洗面水 ɕie^{55}mie^{53}ɕy^{445}	面布 mie^{32}pu^{53}	手巾包 ɕiəu^{53}tɕin^{32}pɑu^{53}
56 磐安	面汤水 mie^{55}tʰɒ^{33}ɕy^{334}老 洗面水 ɕi^{55}mie^{55}ɕy^{334}新	面巾 mie^{55}tɕiɐn^{445}	手巾 ɕiɐɯ^{55}tɕiɐn^{445} 手帕儿 ɕiɐɯ^{52}pʰon^{52}
57 缙云	洗面水 sɿ^{51}miɛ^{453}sɥ^{51}	洋巾 iɑ^{44}tɕiɛŋ^{44}	面巾儿 miɛ^{51}tɕiɛ^{44}n̩i^{453}
58 衢州	面汤 miẽ^{231}tʰɑ̃^{32}	面布 miẽ^{231}pu^{53}	手巾 ɕiu^{35}tɕin^{32}
59 衢江	洗面水 ɕie^{33}mie^{22}ɕy^{25}	面布 mie^{22}pɤ^{53}	手巾 ɕy^{33}tɕiŋ^{33}
60 龙游	洗面水 ʑi^{22}mie^{231}suei^{35}	面布 mie^{22}pu^{51}	手巾 zəɯ^{22}tɕin^{334}
61 江山	面汤 miɛ̃^{22}tʰaŋ^{44}	面巾 miɛ̃^{22}kĩ^{44}	手巾 sɯ^{44}kĩ^{44}
62 常山	洗面汤 ɕi^{43}miɛ̃^{22}tʰã^{44}	面巾 miɛ̃^{22}kĩ^{44}	手巾 ɕiu^{43}kĩ^{44}
63 开化	洗面水 ɕi^{44}miɛ̃^{21}y^{53}	手巾 ɕiʊ^{44}kɛn^{44} 毛巾 məɯ^{21}kɛn^{44}	手帕 ɕiʊ^{44}pʰɑʔ^{5}
64 丽水	洗面水 sɿ^{44}miɛ^{22}sɥ^{544}	面巾 miɛ^{22}tɕin^{224}老 毛巾 mə^{22}tɕin^{224}新	手巾 ɕiəɯ^{44}tɕin^{224}老 手帕 ɕiəɯ^{44}pʰaʔ^{5}新
65 青田	洗面水 sɿ^{33}miɛ^{22}sɥ^{454}	面巾 miɛ^{22}tɕiaŋ^{445}	手巾儿 ɕieu^{33}tɕiaŋ^{33}n^{55}
66 云和	洗面水 sɿ^{44}miɛ^{223}sɥ^{41}	面巾 miɛ^{223}tɕiŋ^{24}	手巾 ɕiəɯ^{44}tɕiŋ^{24}

续表

方言点	0352 洗脸水	0353 毛巾洗脸用	0354 手绢
67 松阳	洗面水 sɿə^{24} miɛ̃^{22} ɕy^{212}	面巾布 miɛ̃^{21} tɕin^{33} puə^{24}	手巾包 ɕiɯ^{33} tɕin^{24} pɔ^{53}
68 宣平	洗面水 sɿ^{44} miɛ^{22} ɕy^{445}	面巾 miɛ^{43} tɕin^{324}	手巾 ɕiɯ^{44} tɕin^{324}
69 遂昌	洗面汤 ɕiɛ^{55} miɛ̃^{21} t^{h}ɔŋ^{45}	面巾 miɛ̃^{21} tɕiŋ^{45}	手巾包 ɕiɯ^{55} tɕiŋ^{33} pɐɯ^{45}
70 龙泉	洗面汤 ʑi^{21} miᴇ^{21} t^{h}ɔŋ^{434}	面袱 miᴇ^{21} vu^{224}	手巾儿 ɕiəu^{44} kɛn^{45} ȵi^{55}
71 景宁	洗面水 ɕi^{33} miɛ^{55} ɕy^{33}	面巾 miɛ^{55} tɕiaŋ^{324}	手巾 ɕiəɯ^{55} tɕiaŋ^{324}
72 庆元	洗面水 ɕiᴇ^{33} miɛ̃^{31} ɕy^{33}	面巾 miɛ̃^{31} tɕiəŋ^{335} 老 毛巾 mɒ^{52} tɕiəŋ^{335} 新	汗巾 xuæ̃^{33} tɕiəŋ^{55} 小
73 泰顺	洗面水 sɿ^{22} miɛ^{21} ɕy^{55}	面片 miɛ^{21} p^{h}iã^{35}	汗巾 uɛ^{21} tsəŋ^{213}
74 温州	洗面水 sei^{25} mi^{42} sɿ^{25}	面巾 mi^{31} tɕiaŋ^{33}	手巾 ɕiɤu^{42} tɕiaŋ^{33}
75 永嘉	洗面水 sɿ^{45} mi^{31} sʮ^{45}	面巾 mi^{31} tɕiaŋ^{44} 洋巾 iɛ^{22} tɕiaŋ^{44}	手巾 ɕieu^{53} tɕiaŋ^{44}
76 乐清	洗面水 si^{33} miᴇ^{31} sy^{35}	面巾 miᴇ^{31} tɕiaŋ^{44}	手巾 siu^{42} tɕiaŋ^{44}
77 瑞安	洗面水 sei^{33} mi^{31} səɯ^{35}	面巾 mi^{31} tɕiaŋ^{44}	手巾 sou^{53} tɕiaŋ^{44}
78 平阳	汤 t^{h}o^{55}	面巾 mie^{53} tʃaŋ^{13}	手巾 sɛu^{45} tʃaŋ^{13}
79 文成	洗面水 sei^{33} mie^{33} søy^{45}	毛巾 mɛ^{21} tʃaŋ^{33}	手巾 ɕiou^{33} tʃaŋ^{33}
80 苍南	洗面水 ɕi^{33} miɛ^{31} ɕy^{53}	洋巾 iɛ^{11} tɕiaŋ^{44}	手巾儿 sɛu^{33} tɕiaŋ^{44} ŋ^{112}
81 建德徽	汏面水 t^{h}ɑ^{33} mie^{55} ɕye^{213}	面布 mie^{55} pu^{33}	手巾 sɤɯ^{55} tɕin^{53}
82 寿昌徽	洗面水 ɕi^{33} mi^{33} ɕyei^{24}	面布 mi^{33} pu^{33}	手巾 səɯ^{33} tɕien^{112}
83 淳安徽	洗面水 ɕi^{55} miã^{53} ɕya^{55}	面布 miã^{53} pu^{21}	避$^{=}$条$^{=}$布 p^{h}i^{53} t^{h}iɤ^{21} pa^{24}
84 遂安徽	洗面水 ɕiɛ^{21} miɑ̃^{55} ɕy^{24}	面布 miɑ̃^{55} pu^{21}	手巾 ɕiu^{21} tɕin^{24}
85 苍南闽	洗面水 sue^{21} bin^{21} tsui^{43}	面巾 bin^{21} kən^{43}	手巾 tɕ^{h}iu^{33} kən^{55}
86 泰顺闽	洗面水 sei^{21} mie^{31} tɕy^{344}	面巾 mieŋ^{34} kyeŋ^{213}	手巾 tɕ^{h}iɐu^{344} kyeŋ^{213}
87 洞头闽	洗面水 sue^{24} bin^{21} tsui^{53}	面巾 bin^{21} kun^{55}	手巾 tɕ^{h}iu^{21} kun^{55}
88 景宁畲	洗面水 sai^{55} mien^{44} ɕy^{325}	洗面爿 sai^{55} mien^{44} pan^{325} 小	汗水布崽 xɔn^{51} tɕy^{55} pu^{44} tsuei^{55} 小

方言点	0355 肥皂洗衣服用	0356 梳子旧式的，不是篦子	0357 缝衣针
01 杭州	肥皂 bi^{22}zɔ^{45}	掠儿 liɛʔ^{2}əl^{45}	针 tsəŋ^{334}
02 嘉兴	肥皂 vi^{13}zɔ^{42}	木梳 moʔ^{3}sɥ^{33}	染=线 ȵie^{33}ɕie^{33}
03 嘉善	肥皂 bi^{13}zɔ^{31}	木梳 muoʔ^{2}sɥ^{53}	眍=线 iɪ^{55}ɕiɪ^{0}
04 平湖	肥皂 bi^{24}zɔ^{0}	木梳 moʔ^{23}sɥ^{53}	引线 in^{44}siɛ^{0}
05 海盐	肥皂 bi^{24}zɔ^{31}	木梳 mɔʔ^{23}ɕy^{53}	染=线 ȵiɛ^{53}ɕiɛ^{213}
06 海宁	洋肥皂 iã^{33}bi^{33}zɔ^{33}	木梳 moʔ^{2}sɿ^{55}	染=线 ȵie^{13}ɕie^{0}
07 桐乡	洋肥皂 iã^{21}bi^{44}zɔ^{44}	木梳 mɔʔ^{23}sɿ^{44}	女=线 ȵi^{24}siᴇ^{0}
08 崇德	肥皂 bi^{21}zɔ^{44}	木梳 mɔʔ^{23}sɿ^{44}	女=线 ȵi^{55}ɕiɪ^{0}
09 湖州	肥皂 bi^{33}zɔ^{35}	木梳 muoʔ^{2}sɿ^{35}	染=线 ȵie^{53}ɕie^{13}
10 德清	洋肥皂 iã^{11}bi^{11}zɔ^{13}	木梳 muoʔ^{2}sɿ^{53}	染=线 ȵie^{35}ɕie^{0}
11 武康	洋肥皂 iã^{11}bi^{11}zɔ^{13}	木梳 muoʔ^{2}sɿ^{53}	染=线 ȵiɪ^{35}ɕiɪ^{53}
12 安吉	洋肥皂 iã^{21}bi^{22}dzɔ^{22}	木梳 moʔ^{2}sɿ^{55}	引=线 ȵi^{52}ɕi^{21}
13 孝丰	洋肥皂 iã^{22}bi^{22}dzɔ^{22}	木梳 muoʔ^{2}su^{24}	引线 iŋ^{45}ɕiɪ^{21}
14 长兴	洋肥皂 iã^{12}bʅ^{22}dzɔ^{33}	木梳 moʔ^{2}sɿ^{44}	引线 iŋ^{45}ʃi^{21}
15 余杭	洋肥皂 iɑ̃^{33}vi^{33}zɔ^{13}	掠儿 liaʔ^{2}n^{31}	远=线 iẽ^{35}siẽ^{0}
16 临安	肥皂 bi^{33}dzɔ^{13}	木梳 muɔʔ^{2}sɥ^{35}	泥=线 ȵi^{33}ɕie^{53}
17 昌化	洋肥皂 iã^{11}vei^{11}zɔ^{243} 肥皂 vei^{11}zɔ^{243}	木梳 muəʔ^{2}ɕy^{334}	针 tɕiəŋ^{334}
18 於潜	洋肥皂 iaŋ^{223}vi^{22}zɔ^{24}	木梳 mɑʔ^{2}ɕy^{433}	引=线 ȵi^{53}ɕie^{35}
19 萧山	洋碱 iã^{13}kɛ^{33}	掠子 liaʔ^{21}tsɿ^{33}	耳=线 ȵi^{13}ɕie^{42}
20 富阳	洋肥皂 iɑ̃^{13}bi^{13}zɔ^{55}	木梳 moʔ^{2}ɕy^{335}	引=线 ȵi^{224}ɕiɛ̃^{335}
21 新登	洋碱 iɑ̃^{233}kɛ^{334}	木梳 mɔʔ^{2}zɥ^{13}	以=线 i^{334}ɕiɛ̃^{45}
22 桐庐	洋肥皂 iã^{33}bi^{21}zɔ^{35}	梳子 ɕy^{55}tsɿ^{13}	耳=线 ni^{33}ɕie^{33}
23 分水	洋肥皂 iã^{21}vi^{24}dzɔ^{24}	头梳 dɵ^{21}su^{44}	捻=线 ȵi^{21}ɕiɛ̃^{24}
24 绍兴	肥皂 bi^{22}zɔ^{231}	大梳 do^{22}ɕy^{33}	尼=线 ȵi^{24}ɕiẽ^{31}

续表

方言点	0355 肥皂洗衣服用	0356 梳子旧式的，不是篦子	0357 缝衣针
25 上虞	肥皂 bi^{21}dzɔ^{213}	药=子 iaʔ^{2}tsɿ^{53}	尼=线 ȵi^{21}ɕiẽ^{53}
26 嵊州	肥皂 bi^{22}zɔ^{231} 洋皂 iaŋ^{22}zɔ^{231}	大梳 do^{22}sɿ^{334}	尼=线 ȵi^{24}ɕiẽ^{53}
27 新昌	肥皂 bi^{13}zɔ^{22}	大梳 dɤ^{22}sɿ^{335} 小梳 ɕiɔ^{33}sɿ^{453}	移=线 i^{22}ɕiɛ̃^{53}
28 诸暨	洋肥皂 iã^{21}bɿ^{21}zɔ^{242}	掠头 liaʔ^{21}dei^{242}	耳=线 nɿ^{13}ɕie^{544}
29 慈溪	肥皂 bi^{13}dzɔ^{0}	木梳 moʔ^{2}sʮ^{44}	泥=线 ȵi^{11}ɕiẽ^{44}
30 余姚	肥皂 bi^{13}dzɔ^{13}	木梳 moʔ^{2}sʮ^{44}	尼=线 ȵi^{13}ɕiẽ^{53}
31 宁波	肥皂 bi^{2}dzɔ^{44}	梳 sɿ^{35}	针 tɕiŋ^{53}
32 镇海	肥皂 bi^{22}dzɔ^{31}	头梳 dei^{22}sʮ^{53}	针 tɕiŋ^{53}
33 奉化	肥皂 bi^{33}zʌ^{31}	头梳 dæi^{33}sɿ^{35}	针 tɕiŋ^{44}
34 宁海	肥皂 bi^{21}dzau^{31}	自=梳 zʮ^{22}sɿ^{35}	针 tɕiŋ^{423}
35 象山	肥皂 bi^{31}dzɔ^{13}	自=梳 dzɿ^{31}sɿ^{44}	针 tsoŋ^{44}
36 普陀	肥皂 bi^{33}zɔ^{45}	梳 sɿ^{45}小	针 tɕiŋ^{53}
37 定海	肥皂 bi^{33}zɔ^{45}	梳 sɿ^{52}	针 tɕiŋ^{52}
38 岱山	肥皂 bi^{31}zɔ^{0}	大梳 dʌo^{11}sɿ^{44}小	针 tɕiŋ^{52}
39 嵊泗	肥皂 bi^{24}zɔ^{0}	梳 sɿ^{53}	针 tɕiŋ^{53}
40 临海	洋皂 iã^{22}zɔ^{21} 洋肥皂 iã^{22}bi^{22}zɔ^{21}	头梳 də^{35}sɿ^{31}	针 tɕiŋ^{31}
41 椒江	洋皂 iã^{22}zɔ^{31}	头梳 dio^{24}sɿ^{42}	针 tɕiŋ^{42}
42 黄岩	洋皂 iã^{13}zɔ^{121}	头梳 dio^{24}sɿ^{42}	针 tɕin^{32}
43 温岭	油皂 iu^{13}zɔ^{41}	头梳 dɤ^{24}sɿ^{31}	针 tɕin^{33}
44 仙居	洋肥皂 ia^{33}bi^{33}zɐɯ^{353}小	头梳 dəɯ^{33}sɿ^{334}	针 tsen^{334}
45 天台	洋皂 ia^{22}zau^{214}	头梳 deu^{22}sɿ^{33}	针 tɕiŋ^{33}
46 三门	皂 zɑu^{213}	头梳 dɤɯ^{11}sɿ^{52}	针 tɕiŋ^{334}

续表

方言点	0355 肥皂洗衣服用	0356 梳子旧式的，不是篦子	0357 缝衣针
47 玉环	洋皂 ia²² zɔ⁴¹	掠儿 lia⁴¹ 头梳 diɤ²⁴ sɿ⁴²	针 tɕiŋ⁴²
48 金华	洋肥皂 iaŋ³³ fi³³ sɑo⁵³⁵ 旧 肥皂 fi³³ sɑo⁵³⁵ 今	掠儿 liɛ̃¹⁴	针 tɕiŋ³³⁴
49 汤溪	洋肥皂 iɔ³³ pi³³ zɔ¹¹³	掠儿 lɣa¹¹³	引线 ȵie¹¹ sie⁵²
50 兰溪	肥皂 bi²¹ sɔ⁵⁵	掠儿 lieʔ¹² nə²⁴	引⁼线 nie⁵⁵ sie⁴⁵
51 浦江	肥皂 bi¹¹ zo²⁴³	掠儿 lyon²³²	针 tsən⁵³⁴
52 义乌	洋肥皂儿 iɔ²² vi³³ zon⁴⁵	梳掠儿 sua³³ lɯan⁴²³	针 tsən³³⁵
53 东阳	洋肥皂 iɔ²² vi²² zɐɯ³⁵	头梳 dəɯ²² sɿ⁵³	针 tsɐn³³⁴
54 永康	肥皂 vi³³ zɑu¹¹³	头梳 dəu³¹ sɿ⁵⁵	针 tsəŋ⁵⁵
55 武义	洋油皂 iaŋ⁵⁵ iəu²³¹ zɤ¹³	梳掠 sua⁵⁵ liɑu²¹³	针 tsen²⁴
56 磐安	洋肥皂 iɒ²¹ pi⁵⁵ so³³⁴	头梳 dɐɯ²¹ sɿ⁵²	针 tsɐn⁴⁴⁵
57 缙云	洋皂 iɑ⁴⁴ ʑiəɤ³¹	头梳 diuŋ⁴⁴ sɿ⁴⁴	针 tsaŋ⁴⁴
58 衢州	洋肥皂 iã²¹ bi²³¹ zɔ²¹	木梳 məʔ² sɿ³²	针 tʃyən³²
59 衢江	肥皂 pi³³ zɔ²¹²	头梳 ty³³ suo³³	衣裳针 i³³ ɕiã³³ tɕyoŋ³³
60 龙游	洋肥皂 iã³³ bi²² zɔ²²⁴	头梳 təɯ³³ suɑ³³⁴	耳⁼线 ȵi²² ɕie⁵¹
61 江山	肥皂 bi²² zɐɯ²²	头梳 du²² sɒ⁴⁴ 掠 liaʔ²	耳⁼线 ȵi²² ɕiɛ̃⁵¹
62 常山	肥皂 bi²² zɤ²⁴	头梳 du²² sɑ⁴⁴	耳⁼线 n²² ɕiɛ̃³²⁴
63 开化	肥皂 bi²¹ zəɯ²¹³	头梳 du²¹ sɑ⁴⁴	针 tɕyɛ̃⁴⁴
64 丽水	洋皂 iã²² zə²² 老 油皂 iəɯ²² zə²² 老 肥皂 vi²² zə²² 新	头梳 dəɯ²² sɿ²²⁴	针 tsen²²⁴
65 青田	油皂 ieu²² zœ³⁴³	头梳 deu²² sɿ⁴⁴⁵	针 tsaŋ⁴⁴⁵
66 云和	洋肥皂 iã²²³ bi²²³ sɑɔ⁴¹ 老 肥皂 vi²²³ sɑɔ⁴¹ 新	头梳 dəɯ²²³ sɿ²⁴	针 tsəŋ²⁴
67 松阳	洋油皂 iã³³ iɯ³³ zʌ²²	头梳 dei³³ suə⁵³	布针 puə³³ tɕin⁵³

续表

方言点	0355 肥皂洗衣服用	0356 梳子旧式的，不是篦子	0357 缝衣针
68 宣平	洋皂 iɑ̃^{44} zɔ^{223}	头梳 dəɯ^{43} sɿ^{324}	针 tsən^{324}
69 遂昌	洋油皂 iaŋ^{22} iɯ^{21} zɐɯ^{13}	头梳 du^{21} sɒ^{45}	布针 puə^{53} tɕyŋ^{45}
70 龙泉	洋皂 iaŋ^{45} sɑʌ^{51}	头梳 tiəu^{44} sɤɯ^{434}	针 tsɛn^{434}
71 景宁	肥皂 bi^{55} zɑu^{33}	头梳 dəɯ^{33} sɿ^{324}	针 tsaŋ^{324}
72 庆元	洋蜡 iɑ̃^{52} lɑʔ^{34} 老 洋皂 iɑ̃^{52} sɒ^{221} 新	头梳 tiɯ^{52} sɤ^{335}	衣裳针 i^{33} ɕiɑ̃^{52} tɕiəŋ^{335}
73 泰顺	洋皂 iɑ̃^{21} sɑɔ^{21}	头梳 təu^{21} sɿ^{213}	针 tsəŋ^{213}
74 温州	洋皂 i^{31} zɜ^{14}	头梳 dɤu^{22} sɿ^{33}	针 tsaŋ^{33}
75 永嘉	洋皂 iɛ^{31} zə^{13}	头梳 dəu^{22} sɿ^{44}	针 tsaŋ^{44}
76 乐清	洋皂 ia^{31} zɤ^{24}	头梳 diu^{22} sɿ^{44}	针 tɕiaŋ^{44}
77 瑞安	油皂 iau^{31} zɛ^{13}	头梳 dou^{22} sɿ^{44}	针 tsaŋ^{44}
78 平阳	油皂 iau^{33} zɛ^{13}	头梳 dɛu^{21} sɿ^{55}	针 tʃaŋ^{55}
79 文成	番皂 fɔ^{33} zɛ^{13}	头梳 diou^{21} sɿ^{33}	针 tʃeŋ^{55}
80 苍南	油皂 iau^{31} zɛ^{24}	头梳 dɛu^{11} sɿ^{44}	针 tsaŋ^{44}
81 建德徽	洋肥皂 ȵiɛ^{33} fi^{33} sɔ^{33} 旧 肥皂 fi^{33} sɔ^{33} 今	木梳 mɐʔ^{12} ɕy^{53}	艺$^{=}$线 ȵi^{21} ɕie^{33}
82 寿昌徽	洋肥皂 iɑ̃^{33} pʰi^{33} sɤ^{534}	梳 sɿ^{112}	捻$^{=}$线 ȵi^{33} ɕi^{33}
83 淳安徽	洋肥皂 iɑ̃^{53} pʰi^{43} sɤ^{55}	掠梳 liɑʔ^{13} ɕy^{55}	针 tsen^{24}
84 遂安徽	肥皂 pʰi^{33} sɔ^{43}	撩 liɔ^{213}	针 tɕin^{534}
85 苍南闽	油皂 iu^{21} so^{21}	樵梳 tsʰa^{21} sue^{55}	缝衫针 pan^{21} sã^{33} tsan^{55}
86 泰顺闽	洋皂 io^{21} sou^{31}	头梳 tʰau^{21} søi^{213}	针 tsɛ^{213}
87 洞头闽	杀$^{=}$文$^{=}$ sɐt^{5} pun^{24}	头梳 tʰau^{212} sue^{33}	针 tsan^{33}
88 景宁畲	肥皂 pʰi^{22} sau^{51}	梳 ɕio^{44}	补衫针 pu^{55} san^{44} tɕin^{44}

方言点	0358 剪子	0359 蜡烛	0360 手电筒
01 杭州	剪刀 tɕie^{55}tɔ^{0}	洋蜡烛 iaŋ^{22}laʔ^{2}tsoʔ^{5}	手电筒 sei^{55}diɛ^{22}doŋ^{0}
02 嘉兴	剪刀 tɕie^{33}tɔ^{42}	洋蜡烛 iᴀ̃^{13}lᴀʔ^{5}tsoʔ^{5}	电筒 die^{21}doŋ^{42}
03 嘉善	剪刀 tɕie^{44}tɔ^{53}	洋蜡烛 iæ̃^{35}lɜʔ^{2}tsoʔ^{5}	手电筒 sə^{55}diɪ^{13}doŋ^{31}
04 平湖	剪刀 tsiɛ^{44}tɔ^{53}	蜡烛 laʔ^{23}tsoʔ^{5}	电筒 diɛ^{24}doŋ^{0}
05 海盐	剪刀 tɕie^{53}tɔ^{53}	蜡烛 laʔ^{23}tsɔʔ^{5}	电筒 diɛ^{13}doŋ^{21}
06 海宁	剪刀 tɕie^{55}tɔ^{55}	洋蜡烛 iã^{33}laʔ^{2}tsoʔ^{5}	电筒 die^{33}doŋ^{31}
07 桐乡	剪刀 tsiᴇ^{53}tɔ^{44}	蜡烛 laʔ^{23}tsɔʔ^{5}	电筒 diᴇ^{21}doŋ^{53}
08 崇德	剪刀 tɕiɪ^{55}tɔ^{0}	蜡烛 laʔ^{23}tsɔ^{53}	电筒 diɪ^{21}doŋ^{13}
09 湖州	剪刀 tɕie^{53}tɔ^{13}	蜡烛 laʔ^{2}tsuoʔ^{5}	电筒 die^{33}doŋ^{35}
10 德清	剪刀 tɕie^{35}tɔ^{0}	洋蜡烛 ia^{11}laʔ^{2}tsuoʔ^{5}	电筒 die^{11}doŋ^{35}
11 武康	剪刀 tɕiɪ^{55}tɔ^{53}	洋蜡烛 iã^{11}lɜʔ^{2}tsuoʔ^{5}	电筒 diɪ^{11}doŋ^{13}
12 安吉	剪刀 tɕi^{52}tɔ^{21}	蜡烛 lɐʔ^{2}tsoʔ^{5}	电筒 di^{21}doŋ^{213}
13 孝丰	剪刀 tɕiɪ^{45}tɔ^{21}	蜡烛 laʔ^{2}tsuoʔ^{5}	电筒 diɪ^{21}doŋ^{24}
14 长兴	剪刀 tʃi^{45}tɔ^{21}	洋蜡烛 iã^{12}laʔ^{2}tsoʔ^{5}	电筒 di^{21}doŋ^{24}
15 余杭	剪刀 tsiẽ^{35}tɔ^{0}	蜡烛 laʔ^{2}tsoʔ^{5}	电筒 diẽ^{33}doŋ^{13}
16 临安	剪刀 tɕie^{55}tɔ^{53}	洋蜡烛 iã^{33}lɐʔ^{2}tsuɔʔ^{5}	电筒 die^{33}doŋ^{31}
17 昌化	剪刀 tɕiɪ̃^{45}tɔ^{53}	蜡烛 laʔ^{2}tsuəʔ^{5}	电筒 diɪ̃^{23}dəŋ^{112}
18 於潜	剪刀 tɕie^{53}tɔ^{31}	洋蜡烛 iaŋ^{223}lɑʔ^{2}tsuəʔ^{53}	电筒 die^{24}doŋ^{53}
19 萧山	剪刀 tɕie^{33}tɔ^{21}	蜡烛 la^{21}tɕyoʔ^{5}	电筒 die^{13}doŋ^{42}
20 富阳	剪刀 tɕiɛ̃^{423}tɔ^{55}	蜡烛 laʔ^{2}tɕyoʔ^{5}	电筒 diɛ̃^{224}doŋ^{13}
21 新登	剪刀 tɕiɛ̃^{334}tɔ^{45}	蜡烛 laʔ^{2}tsɔʔ^{5}	电筒 diɛ̃^{21}doŋ^{13}
22 桐庐	剪刀 tɕie^{33}tɔ^{35}	蜡烛 laʔ^{21}tɕyəʔ^{5}	电筒 die^{13}doŋ^{55}
23 分水	剪刀 tɕiɛ̃^{44}tɔ^{33}	洋蜡烛 iã^{21}laʔ^{12}tsuəʔ^{5}	电筒 diɛ̃^{24}doŋ^{24}
24 绍兴	剪刀 tɕiẽ^{44}tɔ^{31}	蜡烛 lɛʔ^{2}tsoʔ^{5}	电筒 diẽ^{22}toŋ^{334}

续表

方言点	0358 剪子	0359 蜡烛	0360 手电筒
25 上虞	剪刀 tɕiẽ^{33}tɔ^{53}	蜡烛 laʔ^{2}tsoʔ^{5}	电筒 diẽ^{21}doŋ^{31}
26 嵊州	剪刀 tɕiẽ^{33}tɔ^{53}	蜡烛 lɛʔ^{2}tsoʔ^{5}	电杆 diẽ^{22}kœ^{334}
27 新昌	剪刀 tɕiɛ̃^{33}tɔ^{453}	蜡烛 lɛʔ^{2}tsɤʔ^{5}	电杆 diɛ̃^{22}kœ^{335}
28 诸暨	剪刀 tɕie^{33}tɔ^{42}	洋蜡烛 iã^{21}laʔ^{5}tsoʔ^{5}	电筒 die^{21}dom^{242}
29 慈溪	剪刀 tɕiẽ^{33}tɔ^{53}	蜡烛 laʔ^{2}tsoʔ^{35}	电灯 diẽ^{11}təŋ^{44}老 手电灯 sø^{55}diẽ^{0}təŋ^{35}新
30 余姚	剪刀 tɕiẽ^{34}tɔ^{53}	蜡烛 laʔ^{2}tsoʔ^{5}	手电筒 sø^{34}diẽ^{13}duŋ^{13}
31 宁波	剪刀 tɕi^{53}tɔ^{0}	蜡烛 laʔ^{2}tsoʔ^{5}	电光灯 di^{13}kuɔ^{44}təŋ^{35}
32 镇海	剪刀 tɕi^{33}tɔ^{44}	洋蜡烛 iã^{22}laʔ^{2}tsoʔ^{5}	手电筒 ɕiu^{33}di^{22}doŋ^{24} 电光灯 di^{22}kuɔ̃^{33}təŋ^{44}
33 奉化	剪刀 tɕi^{44}tʌ^{53}	蜡烛 laʔ^{2}tsoʔ^{2}	电光灯 di^{31}kuɔ̃^{44}təŋ^{44}
34 宁海	剪刀 tɕie^{53}tau^{33}	蜡烛 laʔ^{3}tɕioʔ^{5} 洋烛 iã^{22}tɕioʔ^{5}	电筒 die^{22}doŋ^{31}
35 象山	剪刀 tɕi^{44}tɔ^{44}	蜡烛 laʔ^{2}tɕyoʔ^{5}	手电灯 ɕiu^{44}di^{13}təŋ^{44}
36 普陀	剪刀 tɕi^{53}tɔ^{0}	蜡烛 lɐʔ^{2}tsoʔ^{5}	手电筒 ɕieu^{55}di^{55}doŋ^{55}
37 定海	剪刀 tɕi^{52}tɔ^{0}	蜡烛 lɐʔ^{2}tsoʔ^{5}	电光灯 di^{23}kuõ^{44}tɐŋ^{44}老 手电筒 ɕiʏ^{44}di^{44}doŋ^{44}新
38 岱山	剪刀 tɕi^{52}tɔ^{0}	蜡烛 lɐʔ^{2}tsoʔ^{5}	手电筒 ɕiʏ^{44}di^{44}doŋ^{44}
39 嵊泗	剪刀 tɕi^{53}tɔ^{0}	蜡烛 lɐʔ^{2}tsoʔ^{5}	手电筒 ɕiʏ^{44}di^{44}doŋ^{44}
40 临海	剪 tɕie^{52} 剪刀 tɕie^{42}tɔ^{31}	蜡烛 lɛʔ^{2}tɕyoʔ^{5}	手电筒 ɕiu^{42}di^{33}doŋ^{353}小 手电灯 ɕiu^{42}di^{33}təŋ^{31}
41 椒江	剪刀 tɕie^{42}tɔ^{35}小	洋蜡烛 iã^{22}lɛʔ^{2}tsoʔ^{5}	手电灯 ɕiu^{42}die^{22}təŋ^{35}小
42 黄岩	剪刀 tɕie^{42}tɔ^{35}小	蜡烛 ləʔ^{2}tsoʔ^{5}	手电灯 ɕiu^{42}die^{22}tən^{35}小
43 温岭	剪刀 tɕie^{42}tɔ^{15}小	蜡烛 ləʔ^{2}tɕyoʔ^{5} 油烛 iu^{13}tɕyoʔ^{5} 红色的	手电灯 ɕiu^{42}die^{13}təŋ^{15}小 手电筒 ɕiu^{42}die^{13}duŋ^{24}小
44 仙居	铰剪 kɐɯ^{31}tɕie^{324}	蜡烛 lɑʔ^{23}tɕyɔʔ^{5}	手电筒 ɕiəɯ^{31}die^{33}doŋ^{353}小

续表

方言点	0358 剪子	0359 蜡烛	0360 手电筒
45 天台	剪 tɕie^{325}	蜡烛 leʔ^{2}tɕyuʔ^{5} 洋蜡烛 ia^{22}leʔ^{2}tɕyuʔ^{5}	电灯 die^{21}təŋ^{33} 手电灯 ɕiu^{32}die^{21}təŋ^{51}
46 三门	剪刀 tɕie^{32}tɑu^{334}	蜡烛 lɐʔ^{2}tɕioʔ^{5}	手电筒 ɕiu^{32}die^{23}doŋ^{252}
47 玉环	剪刀 tɕie^{53}tɔ^{35}小	蜡烛 lɐʔ^{2}tɕyoʔ^{5}	电筒 die^{22}doŋ^{24}小
48 金华	剪刀 tsia^{55}tɑo^{334}	蜡烛 luɑ^{53}tɕioʔ^{4}	电筒 tia^{55}doŋ^{14}
49 汤溪	剪刀 tsia^{52}tɔ^{24}	蜡烛 luɑ^{11}tɕiou^{55}	电筒 die^{11}tɑo^{52} 电灯 die^{11}nã^{52}
50 兰溪	剪刀 tsia^{55}tɔ^{334}	蜡烛 luɑ^{55}tɕyɤʔ^{34}	电筒 tia^{55}doŋ^{24}
51 浦江	剪刀 tsiã^{33}to^{53}	蜡烛 luɑ^{11}tɕyɯ^{53}	手电筒 ɕiɤ^{33}diɑ̃^{33}tən^{53} "筒"声殊
52 义乌	剪刀 tsia^{45}to^{335}	蜡烛 lɔ^{24}tsau^{423}	电筒 dia^{24}doŋ^{312}
53 东阳	剪刀 tsi^{44}tɐɯ^{33}	蜡烛 lo^{23}tsou^{33}	手电筒 ɕiəɯ^{33}di^{22}dəm^{53}
54 永康	手剪 ɕiəu^{33}tɕia^{334}	蜡烛 luɑ^{31}tsu^{334}	电筒 ɗia^{33}ɗoŋ^{55}
55 武义	铰剪 kɑu^{53}tɕie^{445}	蜡烛 luɑ^{53}tsɔʔ^{5}	电筒 die^{55}doŋ^{324}
56 磐安	剪 tɕie^{334}	蜡烛 luə^{55}tɕiʌo^{334}	电筒 tie^{55}tɔom^{334}
57 缙云	铰剪 kɔ^{44}tɕia^{51}	洋蜡烛 ia^{44}lɑ^{51}tsɔ^{322}	电筒 dia^{21}dɔ̃ũ^{243}
58 衢州	剪刀 tɕiẽ^{35}tɔ^{21}	蜡烛 laʔ^{2}tʃyəʔ^{5}	电筒 diẽ^{231}doŋ^{21}
59 衢江	剪刀 tɕie^{33}tɔ^{33}	蜡烛 laʔ^{2}tɕyəʔ^{5}	电筒 die^{22}təŋ^{53}
60 龙游	剪刀 dʑie^{22}tɔ^{334}	蜡烛 lɔʔ^{2}tsɔʔ^{4}	电筒 die^{224}doŋ^{231}
61 江山	铰剪 kʰɐɯ^{44}tɕiɛ̃^{241}	蜡烛 lɒʔ^{2}tɕiɞʔ^{5}	电筒 diɛ̃^{22}doŋ^{213}
62 常山	剪刀 tɕiɛ̃^{43}tɤ^{44}	蜡烛 laʔ^{3}tsʌʔ^{5}	电筒 diɛ̃^{24}doŋ^{0}
63 开化	铰剪 kəɯ^{44}tɕiɛ̃^{53}	蜡烛 laʔ^{2}tɕyaʔ^{5}	电筒 diɛ̃^{231}dɤŋ^{231}
64 丽水	剪刀 tɕiɛ^{44}tə^{224}	洋烛 iã^{21}tɕioʔ^{5}老 蜡烛 lɔʔ^{21}tɕioʔ^{5}新	电筒 diɛ^{21}təŋ^{52} 手电筒 ɕiəɯ^{44}diɛ^{21}təŋ^{52}
65 青田	铰剪 ko^{33}tɕia^{454}	蜡烛 laʔ^{3}tɕioʔ^{42}	电筒 diɑ^{22}doŋ^{53}
66 云和	铰剪 kɑɔ^{44}tɕiɛ^{41}	蜡烛 lɔʔ^{23}tɕioʔ^{5}	手电筒 ɕiəɯ^{44}diɛ^{223}doŋ^{312}

续表

方言点	0358 剪子	0359 蜡烛	0360 手电筒
67 松阳	铰剪 kɔ^{24}tɕiɛ̃^{212}	蜡烛 lɔʔ^{2}tɕioʔ^{5}	电筒 diɛ̃^{22}dəŋ^{31}
68 宣平	铰剪 kɔ^{44}tɕiɛ^{445}	蜡烛 lɑʔ^{2}tɕyəʔ^{5}	电筒 diɛ^{22}dən^{433}
69 遂昌	骹剪 kʰɐɯ^{33}tɕiɛ̃^{533}	蜡烛 laʔ^{2}tɕiɔʔ^{5}	电筒 diɛ̃^{13}dəŋ^{221}
70 龙泉	骹剪 kʰɑʌ^{45}tɕiᴇ^{51}	蜡烛 louʔ^{3}tɕiouʔ^{5}	电筒 diᴇ^{21}dəŋ^{21}
71 景宁	铰剪 kɑu^{55}tɕiɛ^{33}	蜡烛 lɔʔ^{23}tɕioʔ^{5}	电筒 diɛ^{33}dəŋ^{41}
72 庆元	铰剪 kɒ^{33}tɕiɑ̃^{33}	蜡烛 lɑʔ^{34}tɕioʔ^{5}	电筒 tiɑ̃^{31}toŋ^{52}
73 泰顺	铰剪 kɑɔ^{22}tɕiã^{55}	蜡烛 loʔ^{2}tɕioʔ^{5}	手电筒 ɕiəu^{22}tiã^{21}toŋ^{53}
74 温州	铰剪 ka^{42}tɕi^{25}	蜡烛 la^{24}tɕio^{323}	手电筒 ɕiɤu^{43}di^{31}doŋ^{21}
75 永嘉	铰剪 ka^{53}tɕi^{45}	蜡烛 la^{13}tɕyo^{423}	捏灯 ȵia^{21}taŋ^{44}
76 乐清	铰剪 ka^{42}tɕiᴇ^{35}	蜡烛 la^{24}tɕio^{323}	手电筒 siu^{33}diᴇ^{22}doŋ^{31}
77 瑞安	铰剪 kɔ^{53}tɕi^{35}	蜡烛 lɔ^{2}tɕyo^{323}	电筒 di^{22}doŋ^{31}
78 平阳	铰剪 kɔ^{33}tɕie^{35}	蜡烛 lɔ^{35}tʃu^{13}	电筒 die^{33}doŋ^{42}
79 文成	铰剪 kɔ^{33}tɕie^{45}	蜡烛 lɔ^{21}tʃo^{13}	手电 ɕiou^{33}die^{21}
80 苍南	铰剪 ka^{42}tɕiɛ^{53}	蜡烛 la^{11}tɕyɔ^{223}	手电 sɛu^{42}diɛ^{11} 手电筒 sɛu^{42}diɛ^{11}doŋ^{31}
81 建德徽	剪刀 tɕie^{55}tɔ^{53}	蜡烛 lo^{21}tɕyɐʔ^{5}	电筒 tie^{21}toŋ^{33}
82 寿昌徽	剪刀 tɕi^{33}tɤ^{112}	蜡烛 lɔʔ^{3}tɕiɔʔ^{3}	电筒 tiɛ̃^{24}tʰɔŋ^{0}
83 淳安徽	剪刀 tɕiã^{55}tɯ^{55}	蜡烛 lɑʔ^{13}tsoʔ^{5}	电筒 tʰiã^{53}tʰon^{435}
84 遂安徽	剪刀 tɕiɑ̃^{21}tɔ^{24}	蜡烛 lɑ^{21}tsu^{24}	电灯 tʰiɑ̃^{55}tʰəŋ^{55}
85 苍南闽	铰剪 ka^{33}tɕian^{43}	蜡烛 la^{21}tɕie^{43}	手电 tɕʰiu^{24}tian^{21}
86 泰顺闽	铰剪 ka^{21}tsɛ^{334}	洋烛 io^{21}tsøi^{53}	手电 tɕʰiɐu^{21}tie^{31}
87 洞头闽	铰刀 ka^{212}to^{33}	蜡烛 la^{212}tɕiek^{5}	电火 tian^{212}hə^{53}
88 景宁畲	剪刀 tsan^{55}tau^{44}	蜡烛 lɔt^{2}tsoʔ^{5}	电筒 tian^{51}tʰoŋ^{51}

方言点	0361 雨伞挡雨的,统称	0362 自行车	0363 衣服统称
01 杭州	雨伞 y^{55}sɛ^{0}	脚踏车 tɕiɛʔ^{5}daʔ^{2}tsʰuei^{334}	衣裳 i^{33}zaŋ^{45}
02 嘉兴	伞 sᴇ^{224}	脚踏车 tɕiᴀʔ^{5}tʰᴀʔ^{5}tsʰo^{42}	衣裳 i^{33}zᴀ̃^{42}
03 嘉善	洋伞 iæ̃^{13}sɛ^{53}	脚踏车 tɕiaʔ^{5}dɜʔ^{4}tsʰo^{53}	衣裳 i^{35}zã^{53}
04 平湖	伞 sɛ^{334}	脚踏车 tɕiaʔ^{3}daʔ^{5}tsʰo^{53}	衣裳 i^{55}zɑ̃^{31}
05 海盐	伞 sɛ^{334}	脚踏车 tɕiaʔ^{5}daʔ^{5}tsʰo^{53}	衣裳 i^{55}zɑ̃^{21}
06 海宁	伞 sɛ^{35}	脚踏车 tɕiaʔ^{5}daʔ^{2}tsʰo^{55}	衣裳 i^{55}zɑ̃^{55}
07 桐乡	伞 sɛ^{334}	脚踏车 tɕiaʔ^{3}daʔ^{5}tsʰo^{44}	衣裳 i^{44}zã^{44}
08 崇德	伞 sɛ^{334}	脚踏车 tɕiaʔ^{3}daʔ^{4}tsʰo^{44}	衣裳 i^{44}zã^{44}
09 湖州	雨伞 i^{53}sɛ^{13}	脚踏车 tɕiaʔ^{2}daʔ^{3}tsʰuo^{53}	衣裳 i^{44}zã^{44}
10 德清	洋伞 iã^{11}sɛ^{35}	脚踏车 tɕiaʔ^{5}dəʔ^{2}tsʰuo^{53}	衣裳 i^{44}zã^{44}
11 武康	伞 sɛ^{224}	脚踏车 tɕiaʔ^{4}dɜʔ^{5}tsʰo^{53}	衣裳 i^{44}zã^{44}
12 安吉	雨伞 i^{52}sᴇ^{21}	脚踏车 tɕiᴇʔ^{5}dɐʔ^{2}tsʰʊ^{213}	衣裳 i^{55}zɔ̃^{55}
13 孝丰	雨伞 i^{45}sɛ^{21} 伞 sɛ^{52}	脚踏车 tɕiaʔ^{5}daʔ^{5}tsʰʊ^{44}	衣裳 i^{44}zɔ̃^{44}
14 长兴	伞 sᴇ^{324}	脚踏车 tʃiaʔ^{3}daʔ^{5}tsʰu^{44}	衣裳 ʅ^{44}zɔ̃^{44}
15 余杭	雨伞 i^{35}sɛ^{0}	脚踏车 tɕiaʔ^{5}dəʔ^{2}tsʰo^{53}	衣裳 i^{55}zɑ̃^{33}
16 临安	洋伞 ia^{31}sɛ^{33}	脚踏车 tɕiaʔ^{5}dɐʔ^{2}tsʰuo^{55}	衣裳 i^{53}zɑ̃^{33}
17 昌化	洋伞 iã^{11}sɔ̃^{453} 雨伞 y^{45}sɔ̃^{53}	脚踏车 tɕiaʔ^{5}daʔ^{2}tsʰu^{334} 自行车 zɿ^{23}ʑiəŋ^{45}tsʰu^{53}	衣裳 i^{33}zɔ̃^{45}
18 於潜	洋伞 iaŋ^{22}sɛ^{53}	脚踏车 tɕieʔ^{53}dɑʔ^{53}tsʰa^{433}	衣裳 i^{43}zaŋ^{24}
19 萧山	雨伞 y^{13}sɛ^{42}	脚踏车 tɕiaʔ^{5}tʰaʔ^{5}tsʰo^{33}	衣裳 y^{33}yã^{33}
20 富阳	伞 sã^{423}	脚踏车 tɕiaʔ^{5}daʔ^{2}tsʰʊ^{55}	衣裳 i^{55}zɑ̃^{55}
21 新登	雨伞 ɥ^{334}sɛ^{45}	脚踏车 tɕiaʔ^{5}daʔ^{2}tsʰɑ^{334}	衣裳 i^{53}zɑ̃^{233}
22 桐庐	雨伞 y^{33}sã^{35}	脚踏车 tɕiᴀʔ^{5}tʰᴀʔ^{3}tɕʰyo^{35}	衣裳 i^{35}zã^{13}
23 分水	雨伞 y^{44}sã^{53}	脚踏车 tɕiəʔ^{5}tʰaʔ^{5}tsʰa^{44}	衣裳 zɿ^{44}zã^{24}
24 绍兴	雨伞 y^{24}sɛ̃^{31}	脚踏车 tɕiaʔ^{3}tɛʔ^{3}tsʰo^{33}	衣裳 i^{33}zɑŋ^{231}
25 上虞	雨伞 y^{21}sɛ̃^{53}	脚踏车 tɕiaʔ^{5}dɐʔ^{2}tsʰo^{53}	衣裳 i^{33}dzɔ̃^{213}

续表

方言点	0361 雨伞挡雨的，统称	0362 自行车	0363 衣服统称
26 嵊州	雨伞 y^{24}sɛ̃^{53}老 凉伞 liaŋ^{22}sɛ̃^{53}新	脚踏车 tɕiaʔ^{5}dɛʔ^{2}tsʰo^{334}	衣裳 i^{53}zaŋ^{231}
27 新昌	雨伞 y^{22}sɛ̃^{453}	脚踏车 tɕiaʔ^{5}dɛʔ^{3}tsʰo^{335}	衣裳 i^{45}zɔ̃^{534}
28 诸暨	雨伞 y^{13}sɛ^{24}	脚踏车 tɕiaʔ^{5}daʔ^{5}tsʰo^{21}	衣裳 ʒʅ^{21}zɑ̃^{242}
29 慈溪	雨伞 y^{11}sɛ̃^{44}	脚踏车 tɕiaʔ^{5}tʰaʔ^{2}tsʰo^{0}	衣裳 i^{33}dzɔ̃^{13}
30 余姚	雨伞 y^{13}sã^{34}	脚踏车 tɕiaʔ^{5}daʔ^{2}tsʰo^{44}	衣裳 i^{44}dzɔŋ^{13}
31 宁波	洋伞 ia^{13}sɛ^{44}	脚踏车 tɕiaʔ^{5}daʔ^{2}tsʰo^{44}	衣裳 i^{44}dzɔ^{53}
32 镇海	伞 sɛ^{53}	脚踏车 tɕieʔ^{5}daʔ^{2}tsʰo^{44}	衣裳 i^{33}dzɔ̃^{31}
33 奉化	凉伞 liã^{33}sɛ^{44}	脚踏车 tɕiaʔ^{5}daʔ^{2}tsʰo^{0}	乌=裳 u^{44}dzɔ̃^{31}
34 宁海	伞 se^{53} 雨伞 y^{33}se^{53}	脚踏车 tɕiaʔ^{3}daʔ^{3}tsʰo^{53}	衣裳 i^{33}dzɔ̃^{31}
35 象山	凉伞 liã^{31}sɛ^{44} 洋伞 iã^{31}sɛ^{44}	脚踏车 tɕieʔ^{5}daʔ^{2}tsʰo^{44}	衣裳 i^{44}dzɔ̃^{13}
36 普陀	雨伞 y^{23}sɛ^{0}	脚踏车 tɕiɛʔ^{5}dɐʔ^{5}tsʰo^{55} 自行车 zʅ^{11}iŋ^{55}tsʰo^{55}	衣裳 i^{33}zɔ̃^{53}
37 定海	伞 sɛ^{44}调殊	脚踏车 tɕieʔ^{5}dɐʔ^{5}tsʰo^{44} 自行车 zʅ^{11}iŋ^{44}tsʰo^{44}	衣裳 i^{33}zõ^{52}
38 岱山	伞 sɛ^{44}调殊	脚踏车 tɕieʔ^{5}dɐʔ^{2}tsʰo^{0}	衣裳 i^{44}zõ^{52}
39 嵊泗	伞 sɛ^{53}调殊	脚踏车 tɕiᴇʔ^{5}dɐʔ^{0}tsʰo^{0}	衣裳 i^{33}zõ^{53}
40 临海	雨伞 y^{42}sɛ^{55}	脚踏车 tɕiaʔ^{3}dɛʔ^{2}tsʰo^{353}小 踏脚车 dɛʔ^{2}tɕiaʔ^{3}tsʰo^{353}小	衣裳 i^{33}zɔ̃^{353}小
41 椒江	雨伞 y^{42}sɛ^{51}小	脚踏车 tɕiəʔ^{3}dəʔ^{2}tsʰo^{35}小 踏脚车 dəʔ^{2}tɕiəʔ^{3}tsʰo^{35}小	衣裳 i^{35}zɔ̃^{41}
42 黄岩	雨伞 y^{42}sɛ^{51}小	脚踏车 tɕieʔ^{3}dəʔ^{2}tsʰo^{35}小	衣裳 i^{35}zɔ̃^{41}
43 温岭	雨伞 y^{42}sɛ^{51}小	脚踏车 tɕiaʔ^{3}dəʔ^{2}tsʰo^{35}小 踏脚车 dəʔ^{2}tɕiaʔ^{3}tsʰo^{15}小	衣裳 i^{35}zɔ̃^{41}
44 仙居	雨伞 y^{31}sa^{55}	脚踏车 tɕyɑʔ^{3}dɑʔ^{23}tsʰo^{53}	衣裳 i^{53}ʑia^{0}
45 天台	凉伞 lia^{22}se^{325} 雨伞 y^{21}se^{325}	脚踏车 kiaʔ^{1}deʔ^{2}tsʰo^{51} 踏脚车 deʔ^{1}kiaʔ^{2}tsʰo^{51}	衣裳 i^{33}zɔ^{0}

续表

方言点	0361 雨伞挡雨的，统称	0362 自行车	0363 衣服统称
46 三门	凉伞 liɑ̃^{11}sɛ^{325}	踏脚车 dɐʔ^{2}tɕiaʔ^{3}tsʰo^{52}	衣裳 i^{33}zɔ^{31}
47 玉环	雨伞 y^{42}sɛ^{53}小	脚踏车 tɕiɐʔ^{3}dɐʔ^{2}tsʰo^{35}小	衣裳 i^{33}zɔ̃^{41}
48 金华	雨伞 y^{53}sɑ^{535} 洋伞 iɑŋ^{33}sɑ^{535}	脚踏车 tɕiəʔ^{4}duɑ^{14}tsʰia^{0}	衣裳 i^{33}ɕiɑŋ^{55}
49 汤溪	雨伞 y^{11}suɑ^{535}	踏脚车 duɑ^{11}tɕiɔ^{55}tsʰɑ^{0} 脚踏车 tɕiɔ^{52}duɑ^{11}tsʰɑ^{24}	衣裳 i^{55}ʑiɔ^{0}
50 兰溪	洋伞 iɑŋ^{21}suɑ^{55}	脚落车 tɕiaʔ^{34}ləʔ^{12}tsʰɑ^{45}	衣裳 i^{334}iɑŋ^{45}
51 浦江	雨伞 y^{11}sɑ̃^{55}	脚踏车 tɕyo^{33}lɑ^{33}tɕʰyɑ^{53} “踏”声殊	衣裳 i^{55}ʑyõ^{334}
52 义乌	洋伞 iɔ^{22}sɔ^{45}	脚踏车 tɕiɔ^{33}tɔ^{33}tsʰia^{423}	衣裳 i^{33}zɯa^{45}
53 东阳	雨伞 yu^{22}sɔ^{53}	脚踏车 tɕio^{44}do^{44}tɕʰia^{33}	衣裳 i^{33}iɔ^{53}
54 永康	雨伞 y^{31}sa^{52}	脚踏车 tɕiɑu^{33}ɗuɑ^{33}tɕʰia^{241}小	衣裳 i^{33}ʑiɑŋ^{22}
55 武义	雨伞 y^{53}suo^{445}	踏脚车 duɑ^{55}tɕiɑu^{13}tɕʰie^{24}	衣裳 i^{32}ʑiɑŋ^{53}
56 磐安	雨伞 y^{14}sɒ^{52}	脚踏车 tɕyə^{55}tuə^{55}tɕʰia^{445}	衣裳 i^{33}ɕiɒ^{52}
57 缙云	洋伞 ia^{21}sɑ^{51}	踏脚车 dɑ^{51}tɕiɔ^{453}tɕʰia^{44}	衣裳 i^{44}iɑ^{453}
58 衢州	雨伞 y^{53}sã^{35}	脚踏车 tɕiaʔ^{5}daʔ^{2}tʃʰyɑ^{32}	衣裳 i^{32}ʃyã^{53}
59 衢江	雨伞 yø^{22}sã^{25}	脚踏车 tɕiaʔ^{5}daʔ^{2}tɕʰyø^{33}	衣裳 i^{25}ʑiã^{31}
60 龙游	雨伞 y^{22}sã^{35}	踏脚车 dəʔ^{2}tɕiəʔ^{4}tsʰɑ^{334} 脚踏车 tɕiəʔ^{4}dəʔ^{2}tsʰɑ^{334}	衣裳 i^{35}zã^{21}
61 江山	雨伞 yə^{22}sɒŋ^{241}	脚踏车 kiaʔ^{5}daʔ^{2}tɕʰiə^{44}	衣裳 i^{24}ʑiaŋ^{51}
62 常山	雨伞 y^{22}sɔ̃^{52}	脚踏车 tɕiaʔ^{5}daʔ^{3}tɕʰie^{44}	衣裳 i^{52}ʑiã^{0}
63 开化	雨伞 yo^{21}sɔŋ^{53}	脚踏车 tɕyaʔ^{5}daʔ^{2}tɕʰiɛ^{44}	衣裳 a^{53}ʑiã^{0}
64 丽水	雨伞 ɥ^{44}sã^{544}	脚踏车 tɕiɔʔ^{4}dɔʔ^{2}tɕʰio^{224}老 自行车 zɿ^{22}in^{22}tɕʰio^{224}新	衣裳 i^{224}ɕiã^{52}
65 青田	雨伞 vu^{33}sɑ^{454}	自行车 zɿ^{22}ɛ^{22}tɕʰiu^{445}	衣裳 zɿ^{55}i^{21}
66 云和	雨伞 y^{223}sã^{41}	脚踏车 tɕiɔʔ^{4}dɔʔ^{23}tɕʰio^{24}	衣裳 i^{44}ʑiã^{312}
67 松阳	雨伞 yɛ^{22}sɔ̃^{212}	脚踏车 tɕiaʔ^{3}daʔ^{2}tɕʰyə^{53}老 自行车 zɿ^{22}ã^{13}tɕʰyə^{53}新	衣裳 i^{33}ʑiã^{31}

续表

方言点	0361 雨伞挡雨的，统称	0362 自行车	0363 衣服统称
68 宣平	雨伞 y^{22}sɑ̃^{445}	脚踏车 tɕiəʔ^{4}dɑʔ^{42}tɕʰia^{324} 踏脚车 dɑʔ^{2}tɕiəʔ^{4}tɕʰia^{324}	衣裳 i^{44}ʑiɑ̃^{433}
69 遂昌	雨伞 yɛ^{13}saŋ^{533}	脚踏车 tɕiaʔ^{5}daʔ^{2}tɕʰiɒ^{45}	衣裳 i^{55}ʑiaŋ^{213}
70 龙泉	雨伞 y^{21}saŋ^{51}	脚踏车 tɕiaʔ^{3}doʔ^{3}tɕʰio^{434}	衣裳 i^{45}ʑiaŋ^{21}
71 景宁	雨伞 y^{55}sɔ^{33}	脚踏车 tɕiaʔ^{3}daʔ^{23}tɕʰio^{324}	衣裳 i^{33}iɛ^{41}
72 庆元	雨伞 yᴇ^{22}sɑ̃^{33}	脚踏车 tɕiɑʔ^{5}tɑʔ^{34}tɕʰiɑ^{335}	衣裳 i^{33}ɕiɑ̃^{52}
73 泰顺	雨伞 y^{22}sã^{55}	自行车 sɿ^{22}ã^{21}tɕʰyɔ^{213}	衣裳 i^{22}ɕiã^{53}
74 温州	雨伞 vu^{31}sa^{25}	踏脚车 da^{2}tɕia^{42}tsʰo^{33}	衣裳 i^{33}i^{223}
75 永嘉	雨伞 u^{31}sa^{45}	踏脚车 da^{21}tɕia^{43}tsʰo^{44}	[衣裳] iɛ^{423}
76 乐清	雨伞 y^{31}sᴇ^{35}	踏脚车 da^{23}tɕia^{3}tɕʰio^{44}	衣裳 i^{44}ziɯʌ^{223}
77 瑞安	雨伞 ʏ^{31}sɔ^{35}	自行车 zɿ^{31}a^{0}tsʰo^{44} 踏脚车 dɔ^{2}tɕiɔ^{3}tsʰo^{44}	[衣裳] iɛ^{323}
78 平阳	雨伞 vʉ^{33}sɔ^{35}	脚踏车 tʃɔ^{45}dɔ^{21}tʃʰo^{13}	衣裳 i^{33}ie^{45}
79 文成	雨伞 vʉ^{33}sɔ^{45}	自行车 zɿ^{33}a^{21}tʃʰo^{33}	衣裳 i^{33}ʑie^{33}
80 苍南	雨伞 y^{42}sa^{53}	脚踏车 tɕia^{3}da^{11}tsʰo^{44} 踏脚车 da^{11}tɕia^{3}tsʰo^{44}	[衣裳] iɛ^{223}
81 建德徽	洋伞 ȵiɛ^{33}sɛ^{33}旧 雨伞 y^{21}sɛ^{33}今	脚踏车 tɕiɑ^{55}tɐʔ^{12}tsʰo^{53}	衣裳 i^{53}so^{213}
82 寿昌徽	雨伞 y^{33}suə^{33}	脚踏车 tɕiɔʔ^{3}tʰəʔ^{3}tɕʰyə^{112}	衣裳 i^{11}sɑ̃^{55}
83 淳安徽	雨伞 ya^{55}sɑ̃^{21}	脚踏车 tɕiɑʔ^{5}tɑʔ^{5}tsʰo^{24}	衣裳 i^{24}son^{21}
84 遂安徽	伞 sɑ̃^{43}	脚踏车 tɕiɑ^{33}tʰɑ^{55}tsʰɑ^{52}	衣裳 min^{55}sɑ̃^{24}
85 苍南闽	雨伞 hɔ^{21}sũã^{21}	自行车 tsɯ^{21}hin^{21}tɕʰia^{55}	衫 sã^{55}
86 泰顺闽	雨伞 xou^{21}sæŋ^{344}	骹踏车 kʰa^{21}tɛʔ^{3}tɕia^{213}	衣裳 ni^{21}ɕyo^{22}
87 洞头闽	雨伞 hɔ^{24}sũã^{21}	骹踏车 kʰa^{33}ta^{212}tɕʰia^{33}	衫仔 sã^{212}ia^{53}
88 景宁畲	伞 son^{44}	踏脚车 tʰɑʔ^{2}kioʔ^{5}tɕʰia^{445} 小	衫 san^{44}

方言点	0364 穿～衣服	0365 脱～衣服	0366 系～鞋带
01 杭州	穿 tsʰuo³³⁴	脱 tʰoʔ⁵	系 tɕi⁴⁵
02 嘉兴	着 tsᴀʔ⁵	脱 tʰəʔ⁵	系 tɕi²²⁴
03 嘉善	着 tsaʔ⁵	脱 tʰuoʔ⁵	拦 lɛ¹¹³
04 平湖	着 tsaʔ⁵	脱 tʰəʔ²³	系 tɕi³³⁴
05 海盐	着 tsaʔ⁵ 穿 tsʰɤ⁵³	脱 tʰəʔ⁵	苏⁼ su⁵³
06 海宁	着 tsaʔ⁵	脱 tʰəʔ⁵	苏⁼ səu⁵⁵
07 桐乡	着 tsaʔ⁵	脱 tʰəʔ⁵	苏⁼ səu⁴⁴
08 崇德	着 tsaʔ⁵	脱 tʰəʔ⁵	□ guəŋ²⁴²
09 湖州	着 tsaʔ⁵	脱 tʰəʔ²	缚 vuoʔ²
10 德清	着 tsaʔ⁵	脱 tsəʔ⁵	□ guen¹⁴³
11 武康	着 tsɜʔ⁵	脱 tʰuoʔ⁵	□ guen²⁴²
12 安吉	穿 tsʰᴇ⁵⁵	脱 tʰɐʔ⁵	系 tɕi³²⁴
13 孝丰	穿 tsʰe⁴⁴	脱 tʰəʔ⁵	系 tɕi³²⁴
14 长兴	着 tsəʔ⁵	脱 tʰəʔ⁵	缚 voʔ²
15 余杭	穿 tsʰøʏ⁴⁴	脱 tʰoʔ⁵	系 tɕi⁴²³
16 临安	穿 tsʰo⁵⁵	脱 tʰɐʔ⁵⁴	系 tɕi⁵⁵
17 昌化	穿 tɕʰyɪ̃³³⁴	脱 tʰəʔ⁵	系 tsɿ⁵⁴⁴
18 於潜	穿 tɕʰyɛ⁴³³	除 dʑy²²³	系 tɕi³⁵
19 萧山	穿 tsʰə⁵³³	脱 tʰəʔ⁵	系 tɕi⁴²
20 富阳	穿 tɕʰyɛ̃⁵³	脱 tʰɛʔ⁵³	缚 voʔ² 系 tɕi³³⁵
21 新登	穿 tɕʰyɛ̃⁵³	脱 tʰaʔ⁵	缚 bɔʔ² 系 tɕi⁴⁵
22 桐庐	穿 tɕʰyᴇ⁵³³	脱 tʰaʔ⁵	缚 vəʔ¹³

续表

方言点	0364 穿～衣服	0365 脱～衣服	0366 系～鞋带
23 分水	穿 tɕʰyɛ̃^{44}	脱 tʰo^{44}	系 tɕi^{24}
24 绍兴	穿 tsʰẽ^{53}	脱 tʰoʔ^{5}	钓 tiɔ^{33}
25 上虞	穿 tsʰø̃^{35}	铁= tʰiəʔ^{5}	婆= bu^{31}
26 嵊州	穿 tsʰœ̃^{534}	脱 tʰɛʔ^{5}	系 tɕi^{334}
27 新昌	穿 tsʰœ̃^{534}	脱 tʰɤʔ^{5}	系 tɕi^{335}
28 诸暨	穿 tsʰə^{544}	脱 tʰoʔ^{5}	缚 boʔ^{13}
29 慈溪	着 tsaʔ^{5} 老 穿 tsʰẽ^{35} 新	脱 tʰəʔ^{5}	系 tɕi^{44} 蒲= bu^{13}
30 余姚	穿 tsʰẽ^{44}	脱 tʰoʔ^{5}	蒲= bu^{13}
31 宁波	著 tɕiəʔ^{5}	脱 tʰaʔ^{5}	系 tɕi^{44} 缚 bəu^{13}
32 镇海	穿 tsʰø^{53}	脱 tʰaʔ^{5}	系 tɕi^{53}
33 奉化	着 tɕiaʔ^{5}	脱 tʰaʔ^{5}	系 tɕi^{53}
34 宁海	着 tɕiaʔ^{5}	脱 tʰɔʔ^{5}	蒲= bu^{213}
35 象山	穿 tsʰɤɯ^{44}	脱 tʰoʔ^{5}	系 tɕi^{53}
36 普陀	穿 tsʰø^{53}	脱 tʰɐʔ^{5}	缚 bəu^{24}
37 定海	穿 tsʰø^{52}	脱 tʰɐʔ^{5}	系 tɕi^{44}
38 岱山	穿 tsʰø^{52}	脱 tʰɐʔ^{5}	缚 bʌu^{213}
39 嵊泗	穿 tɕʰiʏ^{53}	脱 tʰɐʔ^{5}	缚 bʌu^{213}
40 临海	着 tɕiaʔ^{5}	脱 tʰøʔ^{5}	系 tɕi^{55}
41 椒江	着 tɕiəʔ^{5}	脱 tʰøʔ^{5}	系 tɕi^{55}
42 黄岩	着 tɕieʔ^{5}	脱 tʰøʔ^{5}	系 tɕi^{55}
43 温岭	着 tɕiaʔ^{5}	脱 tʰoʔ^{5}	系 tɕi^{55}
44 仙居	着 tɕyɑʔ^{5}	脱 tʰuəʔ^{5}	系 tɕi^{55}

续表

方言点	0364 穿～衣服	0365 脱～衣服	0366 系～鞋带
45 天台	着 tɕiaʔ^{5}	脱 tʰəʔ^{5}	系 ki^{55}
46 三门	着 tɕiaʔ^{5}	脱 tʰuɐʔ^{5}	系 tɕi^{55}
47 玉环	着 tɕiɐʔ^{5}	脱 tʰoʔ^{5}	系 tɕi^{55}
48 金华	着 tɕiəʔ^{4} 老 穿 tɕʰyɤ^{334} 新	脱 tʰəʔ^{4}	缚 boʔ^{212}
49 汤溪	着 tɕiɔ^{55}	脱 tʰə^{55}	缚 bɤa^{113}
50 兰溪	着 tɕiaʔ^{34}	脱 tʰəʔ^{34}	缚 bɔʔ^{12}
51 浦江	穿 tɕʰyẽ^{534}	脱 tʰə^{423}	缚 bo^{232}
52 义乌	穿 tɕʰye^{335}	脱 tʰə^{324}	缚 bau^{312}
53 东阳	穿 tɕʰiʊ^{334}	脱 tʰɐ^{334}	缚 bou^{213}
54 永康	穿 tɕʰye^{55}	脱 tʰə^{334}	结 tɕie^{334}
55 武义	着 liɑu^{53}	脱 tʰəʔ^{5}	系 tɕie^{53}
56 磐安	穿 tɕʰye^{445}	脱 tʰɛ^{334}	缚 bʌo^{213} 结 tɕiɛ^{334}
57 缙云	着 tiɔ^{322}	脱 tʰəɤ^{322}	系 tɕi^{453}
58 衢州	穿 tʃʰyə̃^{32}	褪 tʰən^{53}	缚 vəʔ^{12}
59 衢江	着 təʔ^{5}	除 die^{212}	缚 bəʔ^{2}
60 龙游	着 tsɔʔ^{4}	脱 tʰɔʔ^{4}	缚 bɔʔ^{23}
61 江山	戴 tᴇ^{51}	除 də^{213}	客= kʰaʔ^{5}
62 常山	着 tʌʔ^{5}	除 die^{341}	缚 biaʔ^{34}
63 开化	着 taʔ^{5}	除 diɛ^{231}	缚 biaʔ^{13}
64 丽水	着 teʔ^{5}	脱 tʰeʔ^{5}	缚 buoʔ^{23}
65 青田	着 ɗɛʔ^{42}	脱 tʰaʔ^{42}	系 tsɿ^{33}
66 云和	着 taʔ^{5}	脱 tʰeiʔ^{5}	缚 boʔ^{23}
67 松阳	着 tɛʔ^{5}	脱 tʰeʔ^{5}	缚 boʔ^{2} 系 iɛ^{24}

续表

方言点	0364 穿～衣服	0365 脱～衣服	0366 系～鞋带
68 宣平	着 tiəʔ^{5}	脱 t^{h}əʔ^{5}	缚 bəʔ^{23}
69 遂昌	着 tɛʔ^{5}	褪 t^{h}əŋ^{334} 脱 t^{h}əɯʔ^{5}	缚 bɔʔ^{23}
70 龙泉	着 tᴇʔ^{5}	脱 t^{h}aiʔ^{5}	缚 bouʔ^{24}
71 景宁	着 tiɛʔ^{5}	脱 t^{h}əɯʔ^{5}	缚 boʔ^{23}
72 庆元	着 ɗɤʔ^{5}	脱 t^{h}əɯʔ^{5}	缚 poʔ^{34}
73 泰顺	着 tɛʔ^{5}	脱 t^{h}əiʔ^{5}	缚 poʔ^{2}
74 温州	着 tɕia^{323}	脱 t^{h}ai^{323}	缚 o^{212}
75 永嘉	着 tɕia^{423}	脱 t^{h}ai^{423}	系 tɕiai^{53}
76 乐清	着 tɕiɯʌ^{323}	脱 t^{h}ɤ^{323}	缚 vɤ^{212} 系 tɕi^{41}
77 瑞安	着 tɕiɔ^{323}	脱 t^{h}a^{323}	缚 u^{212}
78 平阳	着 dʒɔ^{12}	脱 t^{h}ᴀ^{34}	缚 uɔ^{12}
79 文成	着 tɕie^{34}	脱 t^{h}a^{34}	缚 vɔ^{12}
80 苍南	着 tɕia^{223}	脱 t^{h}ɛ^{223}	缚 uɔ^{112}
81 建德徽	穿 tɕ^{h}ye^{53}	脱 t^{h}i^{55}	缚 fu^{213}
82 寿昌徽	着 tsɔʔ^{3}	脱 t^{h}əʔ^{3}	缚 p^{h}ɔʔ^{31}
83 淳安徽	着 tsɑʔ^{5}	脱 t^{h}iʔ^{5}	系 tɕi^{24}
84 遂安徽	夹 tɕiɑ^{24}	脱 t^{h}əɯ^{24}	系 tɕiɛ^{43}
85 苍南闽	称 tɕ^{h}in^{21}	褪 t^{h}ɯŋ^{21}	缚 bɐ^{24}
86 泰顺闽	著 tøi^{53}	脱 t^{h}ɒʔ^{5}	缚 pou^{31}
87 洞头闽	穿 tɕ^{h}iɯŋ^{21}	褪 t^{h}ɯŋ^{21}	缚 pɐk^{24}
88 景宁畲	着 tɕioʔ^{5}	脱 t^{h}ɔt^{5}	缚 p^{h}uʔ^{2}

方言点	0367 衬衫	0368 背心带两条杠的，内衣	0369 毛衣
01 杭州	衬衫 tsʰuəŋ^{45} sɛ^{53}	背心 pei^{45} ɕiŋ^{53}	毛线衫 mɔ^{22} ɕiɛ^{33} sɛ^{45}
02 嘉兴	衬衫 tsʰəŋ^{33} sᴇ^{42}	背心 pei^{33} ɕiŋ^{42}	头绳衫 dei^{21} zəŋ^{24} sᴇ^{42}
03 嘉善	衬衫 tsʰən^{55} sɛ^{0}	汗褂 ø^{22} ko^{35}	头绳衫 də^{13} zən^{31} sɛ^{0}
04 平湖	衬衫 tsʰən^{44} sɛ^{0}	挂肩 ko^{44} tɕiɛ^{0} 背心 pe^{44} sin^{0}	头绳衫 dəɯ^{24} zən^{44} sɛ^{53}
05 海盐	衬衫 tsʰən^{55} sɛ^{21}	汗背心 ɤ^{21} pe^{55} ɕin^{21}	头绳衫 de^{24} zən^{55} sɛ^{21}
06 海宁	衬衫 tsʰəŋ^{55} sɛ^{53}	汗背心 ei^{33} pei^{55} ɕiŋ^{0}	绒线衫 ȵioŋ^{33} ɕie^{55} sɛ^{0}
07 桐乡	布衫 pu^{33} sɛ^{53}	汗背心 ᴇ^{21} pi^{33} siŋ^{53}	头绳衫 dɤɯ^{21} zəŋ^{44} sɛ^{44}
08 崇德	衬衫 tsʰəŋ^{33} sɛ^{334}	汗背心 ᴇ^{21} pi^{33} ɕiŋ^{53}	头绳衫 dɤɯ^{21} zəŋ^{44} sᴇ^{44}
09 湖州	衬衫 tsʰən^{33} sɛ^{35}	汗背心 ɛ^{22} pɛ^{0} ɕin^{44}	头绳衫 døʉ^{33} zən^{33} sɛ^{35}
10 德清	衬里布衫 tsʰen^{44} li^{44} pu^{44} sɛ^{35}	褂儿 kuo^{33} n^{35}	头绳衫 døʉ^{11} zen^{11} sɛ^{35}
11 武康	衬里布衫 tsʰen^{44} li^{44} pu^{44} sɛ^{35}	褂儿 ko^{33} n^{35}	头绳衫 dø^{11} zen^{11} sɛ^{35}
12 安吉	衬衫 tsʰəŋ^{32} sᴇ^{213}	背褡 pe^{32} tɐʔ^{23}	头绳衫 dəɪ^{22} zəŋ^{22} sᴇ^{22}
13 孝丰	衬衫 tsʰəŋ^{32} sɛ^{213}	背褡 pe^{32} taʔ^{23}	头绳衫 dəɪ^{22} zəŋ^{22} sɛ^{22}
14 长兴	衬里布衫 tsʰəŋ^{32} lʅ^{21} pu^{21} sᴇ^{24}	汗背心 ɯ^{32} pei^{21} ʃiŋ^{24}	头绳衫 dei^{12} zəŋ^{22} sᴇ^{33}
15 余杭	衬衫 tsʰiŋ^{53} sɛ^{35}	背心 pɛ^{53} siŋ^{35}	毛线衣裳 mɔ^{33} siẽ^{53} i^{55} zɑ̃^{13}
16 临安	衬衫 tsʰeŋ^{55} sɛ^{53}	汗背心 ə^{33} pᴇ^{55} ɕieŋ^{53}	毛线衫 mɔ^{33} ɕie^{31} sɛ^{31}
17 昌化	衬衫 tsʰəŋ^{54} sɔ̃^{334}	汗背 ɛ̃^{23} pɛ^{544}	毛线衫 mɔ^{11} ɕiɪ̃^{33} sɔ̃^{45}
18 於潜	衬衫 tsʰeŋ^{35} sɛ^{433}	汗背心 ɛ^{22} pe^{35} ɕiŋ^{53}	毛线衫 mɔ^{22} ɕie^{35} sɛ^{433}
19 萧山	衬衫 tsʰəŋ^{33} sɛ^{33}	背心 pe^{33} ɕin^{33}	毛线衫 mɔ^{13} ɕie^{33} sɛ^{33}
20 富阳	小布衫 ɕiɔ^{423} pu^{55} sã^{53}	背褡 pɛ^{335} taʔ^{5}	毛线衫 mɔ^{13} ɕiɛ̃^{55} sã^{53}
21 新登	衬衫 tɕʰiŋ^{53} sɛ^{21}	汗背 ɛ̃^{21} pɛ^{45}	毛线衣裳 mɔ^{233} ɕiɛ̃^{45} i^{53} zɑ̃^{233}
22 桐庐	衬衫 tsʰəŋ^{35} sã^{21}	背心 pᴇ^{35} ɕiŋ^{21}	毛线衣裳 mɔ^{21} ɕie^{21} i^{21} zã^{35}

续表

方言点	0367 衬衫	0368 背心带两条杠的,内衣	0369 毛衣
23 分水	衬衫 tsʰən^{24}sã^{44}	汗背心 xã^{24}be^{24}ɕin^{44}	毛线衣 mɔ^{21}ɕiɛ̃^{24}i^{44}
24 绍兴	衬衫 tsʰø̃^{33}sɛ̃^{33}	汗背心 ẽ^{22}pᴇ^{33}ɕiŋ^{33}	毛线衫 mɔ^{22}ɕiẽ^{44}sɛ̃^{31}
25 上虞	衬衫 tsʰəŋ^{55}sɛ̃^{0}	背褡 pe^{55}tɐʔ^{5}	头绳衫 dɤ^{21}zəŋ^{21}sɛ̃^{53}
26 嵊州	衬衫 tsʰeŋ^{33}sɛ̃^{334}	背心 pᴇ^{33}ɕiŋ^{334}	线衫 ɕiẽ^{33}sɛ̃^{334}
27 新昌	衬衫 tsʰeŋ^{53}sɛ̃^{335}	背心 pe^{53}ɕiŋ^{335}	毛线衫 mɔ^{22}ɕiɛ̃^{45}sɛ̃^{31}
28 诸暨	小布衫 ɕiɔ^{33}pu^{33}sɛ^{42}老 衬衫 tsʰɛn^{33}sɛ^{21}新	汗背心 ə^{13}pe^{33}ɕin^{21}	毛线衫 mɔ^{21}ɕie^{42}sɛ^{21}
29 慈溪	衬里朗⁼ tsʰuəŋ^{44}li^{0}lɔ̃^{13}	背单 pe^{44}tɛ̃^{35}	毛线朗⁼ mɔ^{11}ɕie^{44}lɔ^{13}
30 余姚	衬里朗⁼ tsʰə̃^{53}li^{0}lɔŋ^{13}	背单 pe^{44}tã^{44}	毛线衫 mɔ^{13}ɕiẽ^{44}sã^{44} 绒线衫 ȵiuŋ^{13}ɕiẽ^{44}sã^{44}
31 宁波	衬衫 tsʰəŋ^{44}sɛ^{35}	背单 pɐi^{44}tɛ^{35}	绒线衫 ȵyoŋ^{13}ɕi^{44}sɛ^{35}老 毛线衫 mɔ^{13}ɕi^{44}sɛ^{35}新
32 镇海	衬衫 tsʰəŋ^{33}sɛ^{44}	背单 pe^{33}tɛ^{44}	毛线衫 mɔ^{22}ɕi^{33}sɛ^{44}
33 奉化	布衫 pu^{44}sɛ^{44}	汗背单 ɛ^{33}pei^{44}tɛ^{44}	毛线衫 mʌ^{33}ɕi^{44}sɛ^{44}
34 宁海	小蒲⁼衫 ɕieu^{33}bu^{21}se^{53} 衬衫 tsʰəŋ^{33}se^{53}	汗褂 ei^{22}ko^{53}	毛线衫 mau^{21}ɕie^{35}se^{53}
35 象山	衬衫 tsʰəŋ^{53}sɛ^{44}	汗褂 ei^{13}ko^{0}	毛线衫 mɔ^{31}ɕi^{44}sɛ^{44}
36 普陀	衬衫 tsʰɐŋ^{55}sɛ^{55}	背心 pæi^{55}ɕiŋ^{55}	毛线衫 mɔ^{33}ɕi^{55}sɛ^{55} 毛衣 mɔ^{33}i^{53}
37 定海	衬衫 tsʰɐŋ^{44}sɛ^{44}	背单 pɐi^{44}tɛ^{44}	绒线衫 ȵyoŋ^{33}ɕi^{44}sɛ^{44}
38 岱山	衬衫 tsʰɐŋ^{44}sɛ^{44}	背单 pɐi^{44}tɛ^{44}	毛线衫 mɔ^{33}ɕi^{33}sɛ^{44}
39 嵊泗	衬衫 tsʰɐŋ^{44}sɛ^{44}	背单 pɐi^{44}tɛ^{44}	毛线衫 mɔ^{33}ɕi^{33}sɛ^{44}
40 临海	小棉衫 ɕiə^{42}miə^{33}sɛ^{353}小 衬衫 tsʰəŋ^{33}sɛ^{353}小	背心 pe^{33}ɕin^{51}	毛线衫 mɔ^{33}ɕi^{33}sɛ^{353}小
41 椒江	衬衫 tsʰøŋ^{33}sɛ^{35}小	背褡儿 pə^{33}tɛ^{51}	毛线衫 mɔ^{22}ɕie^{33}sɛ^{35}小
42 黄岩	小棉衫 ɕiɔ^{42}mie^{22}sɛ^{35}小,老 衬衫 tsʰøn^{33}sɛ^{35}小,新	汗衣边褡儿 ie^{13}i^{33}pie^{33}tɛ^{53}	毛线衫 mɔ^{13}ɕie^{33}sɛ^{35}小 毛线衣 mɔ^{13}ɕie^{33}i^{35}小
43 温岭	衬衫 tsʰøn^{33}sɛ^{15}小	汗衣背心 ie^{13}i^{33}pe^{33}ɕin^{15}小	毛线衫 mɔ^{13}ɕie^{33}sɛ^{15}小

续表

方言点	0367 衬衫	0368 背心带两条杠的，内衣	0369 毛衣
44 仙居	衬衫 tsʰen^{33}sa^{53}	背心 ɓæ^{33}sen^{53}	毛线衣 mɐɯ^{33}ɕie^{33}i^{53}
45 天台	小棉衫 ɕieu^{32}mie^{22}se^{51}	汗袈 e^{33}ko^{51}小	毛线衣 mau^{22}ɕie^{55}i^{51}
46 三门	小布衫 ɕiɑu^{32}pu^{55}sɛ^{52}	汗背心 ɛ^{23}pe^{33}ɕiŋ^{52}	毛线衣 mɑu^{11}ɕie^{34}i^{52}
47 玉环	衬衫 tsʰəŋ^{33}sɛ^{35}小	背心 pe^{33}ɕiŋ^{35}小	毛线衫 mɔ^{22}ɕie^{33}sɛ^{35}小
48 金华	小布衫儿 siɑo^{55}pu^{33}sɛ̃^{334}老 衬衫 tsʰəŋ^{55}sɑ^{0}新	背心 pɛ^{33}ɕiŋ^{55}	毛线衣 mɑo^{33}ɕie^{33}i^{55}
49 汤溪	衬衫 tsʰɛ̃i^{52}suɑ^{24}	背心 pɛ^{33}sɛ̃i^{52}	毛线衣 mɔ^{11}sie^{24}i^{0}
50 兰溪	衬衫 tsʰæ̃^{55}suɑ^{45}	背心 pe^{55}sin^{45}	毛线衣 mɔ^{21}sie^{55}i^{45}
51 浦江	衬衫 tsʰiən^{33}sɑ̃^{53}	背心 pa^{33}sən^{334}	毛线衣 mo^{24}sɛ̃^{33}i^{334}
52 义乌	衬衫儿 tsʰən^{33}sɔn^{335}	背心 pe^{33}sən^{335}	毛线衣儿 mɯɤ^{22}sie^{33}in^{335}
53 东阳	衬衫儿 tɕʰiɐn^{44}sɔn^{33}	背心 pe^{44}ɕiɐn^{35}	毛衣 mɐɯ^{22}i^{53}
54 永康	衬衫 tsʰəŋ^{31}za^{241}小	背心 ɓəi^{33}zəŋ^{241}小	毛线衫 mɑu^{33}ɕie^{33}za^{241}小
55 武义	衬衫 tsʰen^{55}suo^{24}	背心 pa^{55}ɕin^{24}	毛线衣 muo^{55}ɕie^{55}i^{24}
56 磐安	衬衫儿 tsʰɐn^{55}sɒn^{334}	背心 pe^{33}ɕiɐn^{445}	毛线衣 mo^{22}ɕie^{33}i^{445}
57 缙云	衬衫 tsʰaŋ^{51}sɑ^{44}	背褡 pɛ^{44}tɑ^{45}	毛线衣 mou^{44}ɕiɛ^{453}i^{44}
58 衢州	衬衫 tsʰən^{53}sã^{32}	汗背心 ə̃^{231}pe^{53}ɕin^{32}	毛线衣 mɔ^{21}ɕiẽ^{53}i^{21}
59 衢江	衬衫 tɕʰiŋ^{55}sã^{21}	背褡 pei^{33}taʔ^{5}	毛线衣 mɔ^{22}ɕie^{33}i^{21}
60 龙游	衬衫 tsʰən^{33}sã^{334}	背心 pei^{33}ɕin^{334}	毛线衣 mɔ^{22}ɕie^{33}i^{334}
61 江山	凉褂 liaŋ^{22}kuɒ^{51}	背心 pᴇ^{44}ɕĩ^{44}	毛线衣 mɐɯ^{22}ɕiɛ̃^{44}i^{44}
62 常山	衬衫 tsʰĩ^{44}sã^{44}	汗背心 ɔ̃^{22}pɛ^{44}sĩ^{44}	毛线衣 mɤ^{22}ɕiɛ̃^{52}i^{44}
63 开化	衬衫 tɕʰin^{44}sã^{44}	背心 pɛ^{44}ɕin^{44} 背褡 pɛ^{44}taʔ^{5} 短衫儿 tuei^{44}sã^{53}ȵi^{0}	毛线衣 məɯ^{21}ɕiɛ̃^{44}i^{44}
64 丽水	衬衫 tsʰen^{44}sã^{224}	汗勒⁼ uɛ^{21}ləʔ^{5}老 背心 pei^{44}sen^{224}新	毛线 mə^{21}ɕiɛ^{52}
65 青田	衬衫 tsʰaŋ^{33}sɑ^{445}	背心 ɓæi^{33}saŋ^{445}	绒衫 zoŋ^{21}sɑ^{445}
66 云和	衬衫 tsʰəŋ^{44}sã^{24}	背心 pei^{44}səŋ^{24}	毛线 mɑɔ^{31}ɕiɛ^{45}

续表

方言点	0367 衬衫	0368 背心 带两条杠的，内衣	0369 毛衣
67 松阳	衬衫 tɕʰin^{24} sɔ̃^{53}	背心 pei^{33} ɕin^{53}	毛线 mʌ^{33} ɕiɛ̃^{24}
68 宣平	衬衫 tsʰən^{44} sɑ̃^{324}	背心 pei^{44} sən^{324}	毛线衣 mɔ^{44} ɕiɛ^{44} i^{324}
69 遂昌	衬衫 tɕʰyŋ^{33} saŋ^{45}	背褡儿 pei^{53} taʔ^{5} n̠iɛ^{221}	毛线衫 mɐɯ^{22} ɕiɛ̃^{33} saŋ^{45} 毛线衣 mɐɯ^{22} ɕiɛ̃^{33} i^{45}
70 龙泉	衬衫 tɕʰin^{44} saŋ^{434}	袈儿 ko^{45} n̠i^{55}	毛线衣裳 mɑʌ^{21} ɕiᴇ^{44} i^{45} ʑiaŋ^{21}
71 景宁	衬衫 tsʰəŋ^{55} sɔ^{324}	背心 pai^{55} saŋ^{33}	毛线衣 mɑu^{33} ɕiɛ^{55} i^{324}
72 庆元	衬衫 tɕʰyəŋ^{33} sɑ̃^{335}	背心 ɓæi^{11} ɕiəŋ^{335}	毛线衣 mɒ^{52} ɕiɛ̃^{11} i^{335}
73 泰顺	衬衫 tsʰəŋ^{22} sɑ̃^{213}	背心 pæi^{22} səŋ^{213}	毛衣 mɑɔ^{21} i^{213}
74 温州	衬衫 tsʰaŋ^{42} sa^{33}	背心 pai^{33} saŋ^{33}	绒衫 zoŋ^{22} sa^{33}
75 永嘉	衬衫 tsʰaŋ^{53} sa^{44}	背心 pai^{33} saŋ^{44}	绒衫 zoŋ^{22} sa^{44}
76 乐清	衬衫 tɕʰiaŋ^{42} sᴇ^{44}	背心 pai^{42} saŋ^{44}	绒衫 zoŋ^{22} sᴇ^{44}
77 瑞安	衬衫 tsʰaŋ^{53} sɔ^{44}	背心 pai^{33} saŋ^{44}	绒衫 zoŋ^{22} sɔ^{44}
78 平阳	衬衫 tʃʰaŋ^{53} sɔ^{55}	背心 pai^{33} seŋ^{55}	绒衫 zoŋ^{21} sɔ^{35}
79 文成	衬衫 tʃʰaŋ^{42} sɔ^{33}	背心 pai^{42} seŋ^{33}	绒衫 zoŋ^{21} sɔ^{35}
80 苍南	衬衫 tsʰaŋ^{42} sa^{44}	背心 pai^{42} saŋ^{44}	绒衫 zoŋ^{11} sa^{44}
81 建德徽	衬衫 tsʰən^{33} sɛ^{53}	背心 pe^{33} ɕin^{53}	毛线衣 mɔ^{33} ɕie^{33} i^{53}
82 寿昌徽	衬衫 tsʰen^{55} sæ̃^{33}	背心 piæ^{33} ɕien^{112}	毛线衣 mɑ^{11} ɕiɛ̃^{55} i^{33}
83 淳安徽	衬衫 tsʰen^{53} sɑ̃^{55}	背心 pie^{21} ɕin^{55}	毛线衣 mɤ^{43} ɕiɑ̃^{53} i^{24}
84 遂安徽	衬衫 tɕʰin^{55} sɑ̃^{21}	背心 pəɯ^{55} ɕin^{33}	毛绒衣裳 mɔ^{52} ɕiɑ̃^{43} i^{55} sɑ̃^{21}
85 苍南闽	衬衣 tɕʰin^{24} i^{55}	背心 pue^{33} ɕin^{55}	西$^{=}$衫 se^{33} sɑ̃^{55}
86 泰顺闽	衬衫 tsʰieŋ^{34} sæŋ^{213}	汗落 kæŋ^{21} lou^{53}	绒衣 səŋ^{21} i^{213}
87 洞头闽	衬衫 tɕʰin^{24} sɑ̃^{33}	背心 pue^{21} ɕin^{55}	绒衫 ioŋ^{212} sɑ̃^{55}
88 景宁畲	衬衫 tsʰan^{55} sɔ^{325} 短袖裪 tɔn^{55} ɕiəu^{55} uon^{325}	背心 pie^{44} ɕin^{445} 小	毛衣 mau^{22} i^{44}

方言点	0370 棉衣	0371 袖子	0372 口袋衣服上的
01 杭州	棉袄 miɛ^{22}ɔ^{45}	袖口 dʑy^{13}kʰei^{53}	袋儿 dɛ^{13}əl^{53}
02 嘉兴	棉袄 mie^{24}ɔ^{42}	袖子管 dʑiu^{24}tsɿ^{21}kuə^{21}	袋袋 dᴇ^{21}dᴇ^{13}
03 嘉善	棉袄 miɪ^{13}ɔ^{31}	袖子管 dʑiə^{22}tsɿ^{35}kø^{53}	袋袋 dɛ^{22}dɛ^{13}
04 平湖	布袄 pu^{44}ɔ^{0}	袖子管 ziəɯ^{24}tsɿ^{0}kø^{0}	袋 dɛ^{213}
05 海盐	黄絮 uɑ̃^{24}ɕi^{53}	袖子管 ze^{13}tsɿ^{21}kuɤ^{21}	口袋 dɛ^{213}
06 海宁	棉袄 mie^{33}ɔ^{33}	袖子管 zəɯ^{33}tsɿ^{55}kue^{0}	袋袋 dɛ^{33}dɛ^{31}
07 桐乡	棉腰$^{=}$ miᴇ^{21}iɔ^{44}	袖子管 zɤɯ^{21}tsɿ^{44}kuᴇ^{0}	袋 dᴇ^{213} 袋袋 dᴇ^{21}dᴇ^{213}
08 崇德	棉腰$^{=}$ miɪ^{21}iɔ^{44}	袖子管 zɤɯ^{21}tsɿ^{55}kuᴇ^{0}	袋 dᴇ^{13} 袋袋 dᴇ^{21}dᴇ^{13}
09 湖州	棉袄 mie^{33}ɔ^{35}	袖子管 ʑiʉ^{33}tsɿ^{0}kuɛ^{35}	袋袋 dei^{33}dei^{35}
10 德清	棉袄 mie^{11}ɔ^{35}	袖子管 dʑiʉ^{11}tsɿ^{44}køʉ^{35}	袋袋 dɛ^{11}dɛ^{35}
11 武康	棉袄 miɪ^{11}ɔ^{35}	袖子管 ʑiø^{11}tsɿ^{33}kø^{35}	袋袋 dɛ^{11}dɛ^{35}
12 安吉	棉袄 mi^{22}ɔ^{22}	袖子管 ʑiu^{21}tsɿ^{22}kuᴇ^{213}	袋袋 dᴇ^{21}dᴇ^{213}
13 孝丰	棉袄 miɪ^{22}ɔ^{52}	袖子 ʑiu^{21}tsɿ^{24}	袋 de^{213}
14 长兴	棉袄 mi^{12}ɔ^{33}	袖子管 ʒiʏ^{21}tsɿ^{21}kuɯ^{24}	袋袋 dɯ^{21}dɯ^{24}
15 余杭	棉袄 miẽ^{31}ɔ^{35}	衣袖管儿 i^{55}zøʏ^{33}kuõ^{55}n^{33}	袋袋儿 dɛ^{33}dɛ^{13}n^{31}
16 临安	棉袄 mie^{33}ɔ^{33}	袖子 zə^{33}tsɿ^{53}	袋袋 dᴇ^{33}dᴇ^{31}
17 昌化	棉袄 miɪ̃^{11}ɔ^{453}	衫袖 sɔ̃^{33}ʑi^{45}	袋 dɛ^{243} 口袋 kʰi^{45}dɛ^{53}
18 於潜	棉袄 mie^{24}ɔ^{53}	衫袖 sɛ^{43}iəu^{24}	衣裳袋 i^{43}zaŋ^{53}de^{223}
19 萧山	棉袄 mie^{13}ɔ^{33}	袖子 ʑio^{13}tsɿ^{33}	袋 de^{242}
20 富阳	棉袄 miɛ^{13}ɔ^{55}	袖子 ʑiʊ^{224}tsɿ^{335}	衣裳袋 i^{55}zɑ̃^{55}dɛ^{55}
21 新登	棉袄 miɛ̃^{233}ɔ^{334}	袖子 ʑy^{21}tsɿ^{45}	衣裳袋 i^{53}zɑ̃^{233}de^{13}
22 桐庐	棉袄 mie^{21}ɔ^{35}	袖子 ʑiəu^{13}tsɿ^{55}	荷包袋 u^{21}pɔ^{21}dᴇ^{35}

续表

方言点	0370 棉衣	0371 袖子	0372 口袋衣服上的
23 分水	棉袄 miɛ̃^{21}ɔ^{55}	袖子 ʑiɵ^{13}tsɿ^{0}	袋 dɛ^{13}
24 绍兴	棉袄 miẽ^{22}ɔ^{334}	袖口 ʑiɤ^{22}kʰɤ^{334}	袋袋 dᴇ^{22}dᴇ^{33}
25 上虞	棉袄 miẽ^{21}ɔ^{35}	袖头 ʑiɤ^{21}dɤ^{31}	表袋 piɔ^{33}de^{31}
26 嵊州	棉袄 miẽ^{22}ɔ^{53}	袖口筒 ʑiʏ^{22}kʰʏ^{33}doŋ^{231}	衣裳袋 i^{53}zaŋ^{22}tᴇ^{334}
27 新昌	棉袄 miɛ̃^{22}ɔ^{453}	袖头 ɕiɯ^{33}tiɯ^{335}	袋 de^{13}
28 诸暨	棉袄 mie^{21}ɔ^{242}	衫袖 sɛ^{42}ʑiʉ^{33}	袋 de^{33}
29 慈溪	棉袄 mi^{13}ɔ^{0}	袖头 iø^{11}dø^{44}	袋 de^{13} 袋袋 de^{11}de^{13}
30 余姚	棉袄 mi^{13}ɔ^{34}	袖头 iø^{13}dø^{0} 袖子管 iø^{13}tsɿ^{0}kuø̃^{34}	衣裳袋 i^{44}dzɔŋ^{13}de^{13}
31 宁波	棉袄 mi^{13}ɔ^{35}	袖头子 ʑiʏ^{13}dœʏ^{0}tsɿ^{44}	衣裳袋 i^{44}dzɔ^{13}de^{0}
32 镇海	棉袄 mi^{22}ɔ^{53}	袖头子 ʑiu^{22}dei^{24}tsɿ^{0}	袋袋 de^{22}de^{24} 袋皮 de^{22}bi^{24}
33 奉化	棉袄 mi^{33}ʌ^{53}	袖子筒 ʑiʏ^{31}tsɿ^{0}doŋ^{33}	袋子 de^{33}tsɥ^{35}
34 宁海	棉袄 mie^{21}au^{53} 絮蒲⁼袄 sɿ^{33}bu^{21}au^{53}	袖唾⁼头 ʑiu^{22}tsʰe^{33}diu^{213} 袖头 ʑiu^{22}diu^{213}	袋 dei^{24}
35 象山	棉袄 mi^{31}ɔ^{35}	袖子 iu^{31}tsɿ^{44}	衣裳袋 i^{44}dzɔ̃^{0}dei^{13}
36 普陀	棉袄 mi^{33}ɔ^{45}	袖口 ieu^{33}kʰeu^{55}	袋 dɛ^{13}
37 定海	棉袄 mi^{33}ɔ^{45}	袖头子 iʏ^{11}dɐi^{44}tsɿ^{0}	袋袋 dɛ^{11}dɛ^{44}
38 岱山	棉袄 mi^{31}ɔ^{0}	袖子 iʏ^{11}tsɿ^{45}	袋 de^{213}
39 嵊泗	棉袄 mi^{24}ɔ^{0}	袖子 iʏ^{11}tsɿ^{45}	衣裳袋 i^{53}zõ^{0}de^{0}
40 临海	絮躸身 sɿ^{33}dʑiŋ^{21}ɕiŋ^{353}小 絮袄 sɿ^{33}ɔ^{51}	衫袖 sɛ^{35}ʑiu^{55} 衫袖头 sɛ^{33}ʑiu^{33}də^{21}	袋 de^{324}
41 椒江	絮袄 sɿ^{33}ɔ^{51}小	衫袖头 sɛ^{33}iu^{22}dio^{24}小	兜 tə^{35}小
42 黄岩	絮袄 sɿ^{33}ɔ^{53}小	衫袖头 sɛ^{33}ʑiu^{22}dio^{121}	衣裳袋 i^{33}zɔ̃^{22}de^{44}
43 温岭	絮袄 sɿ^{33}ɔ^{51}小	衫袖 sɛ^{33}ʑiu^{44} 衫袖头 sɛ^{33}ʑiu^{13}dɤ^{31}	兜 tɤ^{15}小

续表

方言点	0370 棉衣	0371 袖子	0372 口袋衣服上的
44 仙居	絮绲身 sɿ^{55} kuen^{31} sen^{53}	衫衣头 sa^{33} i^{53} dəɯ^{0}	袋 dæ^{24}
45 天台	絮件$^{=}$心 sɿ^{33} gie^{21} ɕiŋ^{51}	袖衫头 ʑiu^{21} se^{33} deu^{224}	衣裳袋 i^{33} zɔ^{22} dei^{35}
46 三门	絮夹袄 sɿ^{32} kaʔ^{3} ɑu^{325}	袖衫头 ʑiu^{23} sɛ^{33} dɤɯ^{224}	搭$^{=}$袋 tɐʔ^{3} de^{252}
47 玉环	棉绲身 mie^{22} kuəŋ^{53} ɕiŋ^{35} 小	衫袖头 sɛ^{33} ʑiu^{22} diɤ^{31}	兜兜 tiɤ^{33} tiɤ^{35} 小
48 金华	棉袄 mie^{33} ɑo^{535}	衫袖 sɑ^{33} ɕiu^{55}	袋 dɛ^{14}
49 汤溪	棉袄 mie^{33} ɔ^{535}	衫袖 suɑ^{24} zəɯ^{0}	袋 dɛ^{341}
50 兰溪	棉袄 mie^{21} ɔ^{55}	袖头 ɕiəɯ^{55} dəɯ^{24}	袋 de^{24}
51 浦江	棉布袄 miẽ^{11} pu^{33} o^{243}	衫袖 sɑ̃^{55} ʑiɤ^{334}	袋儿 dan^{243}
52 义乌	棉袄 mie^{22} o^{423}	候$^{=}$裳头 ɐɯ^{24} swa^{33} tɐɯ^{45}	袋 de^{24}
53 东阳	棉衣 mi^{22} i^{53}	手袖 ɕiəɯ^{45} dʑiəɯ^{53}	袋儿 dein^{24}
54 永康	棉袄 mie^{33} ɑu^{334}	手衫袖 ʑiəu^{31} sa^{33} ɕiəu^{52}	衣裳袋 i^{33} ʑiɑŋ^{31} ɗai^{52}
55 武义	棉袄 mie^{55} ɤ^{445}	袖衫头 ʑiəu^{55} suo^{55} dɑu^{324}	衣裳袋 i^{55} ʑiɑŋ^{53} da^{231}
56 磐安	棉衣 mie^{21} i^{52}	袖裳头 ɕiɐɯ^{55} ɕiɒ^{33} tɐɯ^{52}	袋 de^{14}
57 缙云	棉袄 miɛ^{44} əɤ^{51}	衫□头 sɑ^{51} zɿ^{31} diuŋ^{243}	袋 dei^{213}
58 衢州	棉袄 miẽ^{21} ɔ^{35}	衫袖 sã^{32} ɕiu^{53}	袋 dɛ^{231}
59 衢江	棉袄 mie^{33} ɔ^{25}	衫袖 sã^{25} ɕy^{31}	袋 dei^{231}
60 龙游	棉袄 mie^{33} ɔ^{35}	衫袖 sã^{35} zəɯ^{21}	袋 dei^{231}
61 江山	棉袄 miɛ̃^{22} ɐɯ^{241}	手碗头 tɕʰyə^{44} ɛ̃^{44} du^{213}	袋 dᴇ^{22}
62 常山	棉袄 miɛ̃^{22} ɤ^{52}	手碗 tsʰuə^{43} oŋ^{52}	袋 dɛ^{131}
63 开化	棉花袄 miɛ̃^{21} xuɑ^{44} əɯ^{53}	手碗 tɕʰyo^{44} yn^{53}	衣裳袋 a^{44} ʑiã^{21} dɛ^{213}
64 丽水	棉袄 miɛ^{22} ə^{544}	衫袖 sã^{224} ɕiəɯ^{52}	袋 dɛ^{131}
65 青田	棉夹身 miɛ^{22} koʔ^{4} saŋ^{445}	衫袖头 sɑ^{33} ieu^{22} deu^{53}	袋 dɛ^{22}
66 云和	棉衣 miɛ^{223} i^{24}	布衫袖 pu^{44} sã^{24} ʑiəɯ^{223}	袋 da^{223}

续表

方言点	0370 棉衣	0371 袖子	0372 口袋衣服上的
67 松阳	夹袄 kʌ^{33} ʌ^{212}	手衫碗 ɕiɯ^{33} sɔ̃^{24} uen^{212}	袋 dɛ^{13}
68 宣平	棉袄 miɛ^{44} əɯ^{445}	衫袖 sɑ̃^{32} ʑiɯ^{231}	袋 dei^{231}
69 遂昌	棉绲身 miɛ̃^{13} kuɛ̃^{53} ɕiŋ^{45}	手碗 tɕʰyɛʔ^{3} əŋ^{533}	衣裳袋 i^{33} ʑiaŋ^{22} dei^{213}
70 龙泉	棉袄 miᴇ^{45} u^{51}	手碗筒 tɕʰy^{21} yn^{21} dəŋ^{21}	袋 dᴇ^{224}
71 景宁	棉衣 miɛ^{33} i^{324}	布衫袖 pu^{55} sɔ^{33} ʑiəɯ^{113} 手衫袖 ɕiəɯ^{55} sɔ^{33} ʑiəɯ^{113}	袋 dai^{113}
72 庆元	棉袄 miɛ̃^{52} u^{33}	手碗 tɕʰyᴇ^{33} iəŋ^{33}	袋 tæi^{55} 小
73 泰顺	棉袄 miɛ^{21} ɑɔ^{55}	衫袖 sã^{213} ɕiəu^{22}	衣裳袋 i^{22} ɕiã^{53} tɛ^{22}
74 温州	棉衣 mi^{22} i^{33}	衫袖 sa^{33} iɤu^{14}	兜兜 tau^{3} tau^{33}
75 永嘉	棉衣 mi^{21} i^{44}	衫袖 sa^{33} ɕiəu^{45}	兜儿 tau^{33} ŋ^{0}
76 乐清	棉衣裳 miᴇ^{23} i^{44} ziɯʌ^{223}	衫袖 sᴇ^{35} ziu^{31}	兜兜 tau^{3} tau^{44}
77 瑞安	棉衣 mi^{22} i^{44}	衫袖 sɔ^{33} zou^{21}	兜兜 tau^{3} tau^{44}
78 平阳	棉袄 mie^{21} ɛ^{35}	衫头 sɔ^{33} dɛu^{45}	兜兜 tau^{33} tau^{55}
79 文成	棉衣 mie^{21} i^{33}	衫袖 sɔ^{33} ʑiou^{45}	兜 dau^{55}
80 苍南	棉袄 mie^{31} ɛ^{53}	衫袖 sa^{44} zɛu^{11}	兜 tau^{44}
81 建德徽	棉袄 mie^{33} ɔ^{213}	衫袖 sɛ^{53} ɕiɤɯ^{213}	袋 tʰɛ^{55}
82 寿昌徽	棉袄 mi^{11} ɤ^{24}	衫袖 suə^{11} səɯ^{55}	衣裳袋 i^{11} sɑ̃^{55} tʰiæ^{33}
83 淳安徽	棉袄 miã^{43} ɤ^{55}	香⁼袖 ɕiɑ̃^{24} ɕiɯ^{53}	袋 tʰie^{53}
84 遂安徽	棉袄 miɑ̃^{33} ɔ^{33}	裳袖 sɑ̃^{55} sɿ^{24}	袋 tʰəɯ^{52}
85 苍南闽	棉袄 mĩ^{21} hio^{55}	袖碗 tɕʰiu^{24} m^{43}	刀⁼裙 to^{33} kun^{24}
86 泰顺闽	棉袄 mie^{21} ou^{344}	手碗 tɕʰiøu^{21} uɔi^{344}	袋袋 tɔi^{22} tɔi^{31}
87 洞头闽	棉衫 mĩ^{212} sã^{55}	袖碗头 tɕʰiu^{24} m^{33} tʰau^{35}	袋仔 tə^{21} a^{53}
88 景宁畲	棉衫 mien^{22} san^{44}	袖碗 ɕiəu^{51} uon^{51}	洞角 toŋ^{55} koʔ^{5}

方言点	0373 裤子	0374 短裤外穿的	0375 裤腿
01 杭州	裤子 kʰu^{45}tsɿ^{53}	西装短裤 ɕi^{33}tsuaŋ^{33}tuo^{55} kʰu^{0}	裤脚儿 kʰu^{45}tɕiɛʔ^{5}əl^{0}
02 嘉兴	裤子 kʰou^{24}tsɿ^{21}	短裤 tə^{33}kʰou^{33}	裤脚管 kou^{33}tɕiᴀʔ^{5}kuə^{21}
03 嘉善	裤子 kʰu^{55}tsɿ^{0}	短脚裤 tø^{44}tɕiaʔ^{5}kʰu^{0}	裤子脚管 kʰu^{35}tsɿ^{35} tɕiaʔ^{5}kø^{0}
04 平湖	裤子 kʰu^{44}tsɿ^{0}	短裤 tø^{44}kʰu^{0}	裤脚管 kʰu^{44}tɕiaʔ^{5}kø^{0}
05 海盐	裤子 kʰu^{55}tsɿ^{21}	短裤 tɤ^{53}kʰu^{334}	裤脚管 kʰu^{55}tɕiaʔ^{21}kuɤ^{21}
06 海宁	裤子 kʰəu^{55}tsɿ^{53}	短脚裤 tei^{55}tɕiaʔ^{5}kʰəu^{0}	裤脚管 kʰəu^{55}tɕiaʔ^{5}kue^{0} 裤子脚管 kʰəu^{55}tsɿ^{55} tɕiaʔ^{5}kue^{0}
07 桐乡	裤子 kʰəu^{33}tsɿ^{53}	短裤 tᴇ^{44}kʰəu^{0}	裤脚管 kʰəu^{33}tɕiaʔ^{5}kuᴇ^{0}
08 崇德	裤子 kʰu^{33}tsɿ^{53}	短裤 tᴇ^{55}kʰu^{0}	裤子脚管 kʰu^{33}tsɿ^{55} tɕiaʔ^{0}kuᴇ^{0}
09 湖州	裤子 kʰəu^{33}tsɿ^{35}	半裤 pɛ^{33}kʰəu^{35}	裤子脚管 kʰəu^{33}tsɿ^{0} tɕiaʔ^{5}kuɛ^{0}
10 德清	裤子 kʰəu^{33}tsɿ^{35}	短裤 tøʉ^{35}kʰəu^{0}	裤脚管 kʰəu^{33}tɕiaʔ^{5}køʉ^{35}
11 武康	裤子 kʰu^{33}tsɿ^{35}	短脚裤 tø^{44}tɕiɜʔ^{5}kʰu^{0}	裤脚管 kʰu^{44}tɕiɜʔ^{5}kø^{0}
12 安吉	裤子 kʰu^{32}tsɿ^{213}	短脚裤 tᴇ^{52}tɕiᴇʔ^{0}kʰu^{21}	裤脚管 kʰu^{32}tɕiᴇʔ^{2}kuᴇ^{213}
13 孝丰	裤子 kʰu^{32}tsɿ^{213}	短脚裤 te^{45}tɕiaʔ^{2}kʰu^{21}	裤脚管 kʰu^{32}tɕiaʔ^{2}kue^{213}
14 长兴	裤子 kʰəu^{32}tsɿ^{24}	半裤 pɯ^{32}kʰəu^{24}	裤子脚管 kʰəu^{32}tsɿ^{21} tʃiaʔ^{2}kuɯ^{24}
15 余杭	裤子 kʰu^{53}tsɿ^{35}	西装半裤儿 sɿ^{55}tsɑ̃^{55}pøʏ^{53} kʰu^{35}n^{31}	裤子脚 kʰu^{53}tsɿ^{35}tɕiaʔ^{5}
16 临安	裤子 kʰu^{55}tsɿ^{53}	短脚裤 tœ^{55}tɕiɐʔ^{5}kʰu^{53}	裤脚管 kʰu^{55}tɕiɐʔ^{5}kuə^{35}
17 昌化	裤子 kʰu^{54}tsɿ^{453}	短裤 tɛ̃^{45}kʰu^{53}	裤脚 kʰu^{54}tɕiaʔ^{5}
18 於潜	裤子 kʰu^{35}tsɿ^{454}	短脚裤 tɛ^{53}tɕieʔ^{53}kʰu^{223}	裤脚 kʰu^{35}tɕieʔ^{53}
19 萧山	裤 kʰu^{42}	短裤 tə^{33}kʰu^{42}	裤脚 kʰu^{33}tɕiaʔ^{5}
20 富阳	裤子 kʰu^{335}tsɿ^{53}	短脚裤 tɛ̃^{423}tɕiaʔ^{5}kʰu^{335}	裤脚 kʰu^{335}tɕiaʔ^{5}
21 新登	裤子 kʰu^{45}dzɿ^{21}	短裤 tɛ̃^{334}kʰu^{45}	裤脚 kʰu^{45}tɕiaʔ^{45}
22 桐庐	裤子 kʰu^{35}tsɿ^{21}	短脚裤 te^{33}tɕiaʔ^{3}kʰu^{35}	裤腿 kʰu^{35}tʰᴇ^{21}
23 分水	裤子 kʰu^{24}tsɿ^{0}	短裤 tuə̃^{44}kʰu^{24}	裤脚 kʰu^{21}tɕiəʔ^{5}

续表

方言点	0373 裤子	0374 短裤外穿的	0375 裤腿
24 绍兴	裤 k^{h}u^{33}	短裤 tø̃^{44} k^{h}u^{31}	裤脚 k^{h}u^{33}tɕiaʔ^{5}
25 上虞	裤 k^{h}u^{53}	牛头裤 ȵiɤ^{21} dɤ^{21} k^{h}u^{33}	裤脚 k^{h}u^{55}tɕiaʔ^{2}
26 嵊州	裤 k^{h}u^{334}	短裤 tœ̃^{33} k^{h}u^{53}	裤脚筒 k^{h}u^{33}tɕiaʔ^{3} doŋ^{231}
27 新昌	裤 k^{h}u^{335}	短裤 tœ̃^{33} k^{h}u^{53}	裤脚 k^{h}u^{53}tɕiaʔ^{5}
28 诸暨	裤 k^{h}u^{544}	短裤 tə^{33} k^{h}u^{33}	裤脚 k^{h}u^{33}tɕiaʔ^{5}
29 慈溪	裤 k^{h}u^{44}	短脚裤 tø^{33}tɕiaʔ^{5} k^{h}u^{35}	裤脚筒 k^{h}u^{44}tɕiaʔ^{5} duŋ^{13} 裤脚管 k^{h}u^{44}tɕiaʔ^{5} kuø̃^{35}
30 余姚	裤 k^{h}u^{44}	短裤 tø̃^{34} k^{h}u^{53}	裤脚管 k^{h}u^{44}tɕiaʔ^{5} kuø̃^{34}
31 宁波	裤 k^{h}u^{44}	短裤 tø^{44} ku^{35}	裤脚 k^{h}u^{44}tɕiaʔ^{2}
32 镇海	裤 k^{h}u^{53}	短裤 tø^{33} k^{h}u^{53}	裤脚 k^{h}u^{33}tɕieʔ^{5}
33 奉化	裤 k^{h}u^{53}	半局⁼裤 pø^{44} dʑyoʔ^{2} k^{h}u^{0}	裤脚筒 k^{h}u^{44}tɕiaʔ^{2} doŋ^{33}
34 宁海	裤 k^{h}u^{35}	西装裤子 sɿ^{33}tsɔ̃^{33} k^{h}u^{33} tsɥ^{53} 平脚裤子 biŋ^{22} tɕiaʔ^{5} k^{h}u^{33} tsɥ^{53}	裤脚 k^{h}u^{33}tɕiaʔ^{5} 裤脚筒 k^{h}u^{33}tɕiaʔ^{5} doŋ^{31}
35 象山	裤 k^{h}u^{53}	西装短裤 ɕi^{44}tsɔ̃^{44} tɤɯ^{44} k^{h}u^{53}	裤脚 k^{h}u^{53}tɕieʔ^{5} 裤脚筒 k^{h}u^{53}tɕieʔ^{5} doŋ^{31}
36 普陀	裤 k^{h}u^{55}	西装短裤 ɕi^{33}tsɔ̃^{55} tø^{53} k^{h}u^{0}	裤脚 k^{h}u^{55}tɕiɛʔ^{0}
37 定海	裤 k^{h}u^{44}	西装短裤 ɕi^{33}tsõ^{44} tø^{0} k^{h}u^{0}	裤脚筒 k^{h}u^{33}tɕieʔ^{3} doŋ^{44}
38 岱山	裤 k^{h}u^{44}	西装短裤 ɕi^{33}tsõ^{44} tø^{52} k^{h}u^{0}	裤脚筒 k^{h}u^{33}tɕieʔ^{3} doŋ^{44}
39 嵊泗	裤 k^{h}u^{53}	长短裤 dʑã^{24} tʏ^{0} k^{h}u^{0} 老 西装短裤 ɕi^{44}tsõ^{44} tʏ^{0} k^{h}u^{0} 新	裤脚管 k^{h}u^{44}tɕiᴇʔ^{3} kuʏ^{44}
40 临海	裤 k^{h}u^{55}	短裤头 tø^{42} k^{h}u^{55} də^{353} 小 裤头 k^{h}u^{55} də^{353} 小	裤脚 k^{h}u^{33}tɕiaʔ^{5}
41 椒江	腰裤 iɔ^{33} k^{h}u^{55}	短裤头 tø^{42} k^{h}u^{33} dio^{24} 小	裤脚 k^{h}u^{33}tɕiəʔ^{5}
42 黄岩	腰裤 iɔ^{33} k^{h}u^{55}	裤头 k^{h}u^{33} dio^{24} 小	裤脚 k^{h}u^{33}tɕieʔ^{5}
43 温岭	裤 k^{h}u^{55}	短裤 tø^{42} k^{h}u^{51} 小	裤脚 k^{h}u^{33}tɕiaʔ^{5}
44 仙居	裤 k^{h}u^{55}	短裤 ɗø^{31} k^{h}u^{55}	裤脚 k^{h}u^{33}tɕyɑʔ^{5}
45 天台	裤 k^{h}u^{55}	西装裤 ɕi^{33}tsɔ^{33} k^{h}u^{55}	裤脚 k^{h}u^{33} kiaʔ^{5}

续表

方言点	0373 裤子	0374 短裤外穿的	0375 裤腿
46 三门	裤 kʰu^{55}	裤头 kʰu^{33}dɤɯ^{252}	裤脚 kʰu^{33}tɕiaʔ^{5}
47 玉环	裤 kʰu^{55}	裤头 kʰu^{33}diɤ^{24}小	裤脚 kʰu^{33}tɕiɐʔ^{5}
48 金华	裤 kʰu^{55}	短裤 tɤ^{53}kʰu^{55}	裤脚 kʰu^{33}tɕiəʔ^{4}
49 汤溪	裤 kʰu^{52}	西装裤 sie^{33}tɕyã^{24}kʰu^{0}	裤脚 kʰu^{33}tɕiɔ^{55}
50 兰溪	裤 kʰu^{45}	短裤 tɤ^{55}kʰu^{45}	裤脚 kʰu^{334}tɕiaʔ^{34}
51 浦江	裤 kʰu^{55}	半根裤儿 pə̃^{33}kən^{33}kʰun^{53}	裤脚 kʰu^{33}tɕyo^{423}
52 义乌	布裤 pu^{33}kʰu^{45}	短裤儿 tɯ^{45}kʰun^{335}	裤脚 kʰu^{33}tɕiɔ^{324}
53 东阳	裤 kʰu^{453}	短裤儿 tɯ^{45}kʰun^{33}	裤脚 kʰu^{33}tɕio^{35}
54 永康	布裤 ɓu^{33}kʰu^{52}	短布裤 ɗɤ^{33}ɓu^{33}kʰu^{52}	布裤脚 ɓu^{33}kʰu^{33}tɕiɑu^{55}
55 武义	布裤 pu^{55}kʰu^{53}	短裤 nɤ^{55}kʰu^{53}	布裤脚 pu^{55}kʰu^{55}tɕiɑu^{53}
56 磐安	布裤 pu^{33}kʰu^{52}	西装短裤儿 ɕi^{33}tɕiɒ^{33}tɯ^{55}kʰun^{445}	布裤脚 pu^{33}kʰu^{33}tɕyə^{334} 裤脚 kʰu^{33}tɕyə^{334}
57 缙云	乌⁼裤 vu^{44}kʰu^{453}	大短裤 du^{21}tɛ^{51}kʰu^{453}	乌⁼裤脚 vu^{44}kʰu^{44}tɕiɔ^{322}
58 衢州	裤 kʰu^{53}	短裤 tə̃^{35}kʰu^{21}	裤脚 kʰu^{32}tɕiaʔ^{5}
59 衢江	裤 kʰuɤ^{53}	短裤 tɛ^{33}kʰuɤ^{53}	裤骹 kʰuɤ^{33}kʰɔ^{33}
60 龙游	裤 kʰu^{51}	短裤 dei^{22}kʰu^{51}	裤脚 kʰu^{33}tɕiɔʔ^{4}
61 江山	裤 kʰuə^{51}	半截裤 piɛ̃^{44}gəʔ^{2}kʰuə^{51} 短裤 ti^{24}kʰuə^{51}	裤骹 kʰuə^{44}kʰɐɯ^{44}
62 常山	裤 kʰuə^{324}	半截裤 pɔ̃^{43}tɕieʔ^{5}kʰuə^{324}	裤骹 kʰuə^{44}kʰɔ^{44}
63 开化	裤 kʰuo^{412}	短裤 tuei^{44}kʰuo^{412}	裤骹 kʰuo^{44}kʰəɯ^{44}
64 丽水	布裤 pu^{224}kʰu^{52}	便裤 biɛ^{21}kʰu^{52}老 西装短裤 sɿ^{44}tsɔŋ^{224}tuɛ^{44}kʰu^{52}新	布裤脚 pu^{44}kʰu^{44}tɕiɔʔ^{5}
65 青田	布裤 ɓɛʔ^{4}kʰø^{33}	短裤 ɗuɐ^{33}kʰø^{33}	布裤筒 ɓɛʔ^{4}kʰø^{33}doŋ^{343}
66 云和	布裤 pu^{44}kʰu^{45}	短裤 tuɛ^{44}kʰu^{45}	布裤脚 pu^{44}kʰu^{44}tɕiɔʔ^{5}
67 松阳	布裤 puə^{33}kʰuə^{24}	盘⁼短儿布裤 bæ̃^{33}tæ̃^{21}n^{24}puə^{33}kʰuə^{24}	布裤脚 puə^{33}kʰuə^{33}tɕiaʔ^{5}
68 宣平	布裤 pu^{44}kʰu^{52}	短裤 tə^{44}kʰu^{52}	布裤脚 pu^{44}kʰu^{44}tɕiəʔ^{5}

续表

方言点	0373 裤子	0374 短裤外穿的	0375 裤腿
69 遂昌	布裤 pɔʔ^{5} kʰuə^{334}	西装短裤 ɕiɛ^{33} tsɔŋ^{45} tɛ̃^{55} kʰuə^{334}	布裤筒 pɔʔ^{5} kʰuə^{33} dəŋ^{221}
70 龙泉	布裤 puɤɯ^{44} kʰuɤɯ^{45}	裙裤 tɕyn^{44} kʰuɤɯ^{45}	布裤骹 puɤɯ^{44} kʰuɤɯ^{45} kʰɑʌ^{21}
71 景宁	布裤 pu^{33} kʰu^{35}	布裤头 pu^{33} kʰu^{33} dəɯ^{41} 短裤 tœ^{33} kʰu^{35}	布裤脚 pu^{33} kʰu^{55} tɕiaʔ^{5}
72 庆元	布裤 ɓɤ^{11} kʰuɤ^{11}	短裤 ɗæi^{33} kʰuɤ^{11}	布裤骹 ɓɤ^{11} kʰuɤ^{11} kʰɒ^{335}
73 泰顺	布裤 pø^{22} kʰø^{35}	短裤 tœ^{22} kʰø^{35}	布裤脚 pø^{22} kʰø^{22} tɕiɔʔ^{5}
74 温州	裤 kʰu^{51}	西装裤头儿 sei^{33} tsuɔ^{33} kʰu^{34} dɤu^{22} ŋ^{12}	裤脚筒 kʰu^{33} tɕia^{42} doŋ^{14}
75 永嘉	裤 kʰu^{53}	西装裤头儿 sɿ^{33} tso^{33} kʰu^{45} dəu^{22} ŋ^{0}	裤腿 kʰu^{53} tʰai^{45}
76 乐清	裤 kʰu^{41}	西装裤头 si^{44} tɕiɔ^{44} kʰu^{35} diu^{212} 小	裤脚 kʰu^{35} tɕia^{323}
77 瑞安	裤 kʰɯ^{53}	短裤 tø^{53} kʰɯ^{42}	裤脚 kʰɯ^{35} tɕiɔ^{323}
78 平阳	裤 kʰu^{53}	裤头 kʰu^{33} deu^{55}	裤脚 kʰu^{33} tʃɔ^{13}
79 文成	裤 kʰu^{33}	短裤 tø^{33} kʰu^{33}	裤腿 kʰu^{33} tʰai^{45}
80 苍南	裤 kʰu^{42}	短裤 tø^{53} kʰu^{42}	裤脚 kʰu^{33} tɕia^{223}
81 建德徽	裤 kʰu^{33}	短脚裤 tɛ^{21} tɕiɑ^{55} kʰu^{33}	裤脚 kʰu^{33} tɕiɑ^{55}
82 寿昌徽	裤 kʰu^{33}	短脚裤 tiæ^{33} tɕiɔʔ^{3} kʰu^{52}	裤脚 kʰu^{33} tɕiɔʔ^{3}
83 淳安徽	裤 kʰua^{24}	短脚裤 tã^{55} tɕiɑʔ^{5} kʰua^{21}	裤脚 kʰua^{21} tɕiɑʔ^{5}
84 遂安徽	裤 kʰu^{43}	短裤 tɑ̃^{213} kʰu^{52}	裤脚 kʰu^{55} tɕiɑ^{24}
85 苍南闽	裤 kʰɔ^{21}	短裤 tə^{24} kʰɔ^{21}	裤骹 kʰɔ^{33} kʰa^{55}
86 泰顺闽	布裤 pou^{21} kʰu^{53}	裤断 kʰu^{21} to^{31} 裤头 kʰu^{34} tʰau^{22}	裤骹 kʰu^{34} kʰa^{213}
87 洞头闽	裤 kʰɔ^{21}	短裤 tə^{35} kʰɔ^{21}	裤骹 kʰɔ^{33} kʰa^{33}
88 景宁畲	裤 fu^{44}	裤头 fu^{44} tʰiəu^{445} 小	裤脚 fu^{44} kioʔ^{5}

方言点	0376 帽子统称	0377 鞋子	0378 袜子
01 杭州	帽儿 mɔ^{13}əl^{53}	鞋子 iɛ^{22}tsɿ^{45}	袜儿 maʔ^{2}əl^{45}
02 嘉兴	帽子 mɔ^{24}tsɿ^{21}	鞋子 ᴀ^{13}tsɿ^{42}	洋袜 iᴀ̃^{21}mᴀʔ^{5}
03 嘉善	帽子 mɔ^{35}tsɿ^{0}	鞋子 a^{13}tsɿ^{53}	洋袜 iæ̃^{13}mɜʔ^{2}
04 平湖	帽子 mɔ^{24}tsɿ^{0}	鞋子 a^{24}tsɿ^{53}	洋袜 iã^{24}maʔ^{0}
05 海盐	帽子 mɔ^{13}tsɿ^{21}	鞋子 ɑ^{24}tsɿ^{53}	洋袜 iɛ̃^{24}mɑʔ^{21}
06 海宁	帽子 mɔ^{33}tsɿ^{53}	鞋子 a^{33}tsɿ^{55}	洋袜 iã^{33}məʔ^{2}
07 桐乡	帽子 mɔ^{21}tsɿ^{53}	鞋子 a^{21}tsɿ^{44}	洋袜 iã^{21}mɔʔ^{23}
08 崇德	帽子 mɔ^{21}tsɿ^{53}	鞋子 ɑ^{21}tsɿ^{44}	洋袜 iã^{21}mɔʔ^{4}
09 湖州	帽子 mɔ^{33}tsɿ^{35}	鞋子 a^{33}tsɿ^{35}	洋袜 iã^{33}maʔ^{3}
10 德清	帽子 mɔ^{33}tsɿ^{35}	鞋子 a^{11}tsɿ^{35}	洋袜 iã^{11}məʔ^{2}
11 武康	帽子 mɔ^{33}tsɿ^{35}	鞋子 a^{11}tsɿ^{35}	洋袜 iã^{11}mɜʔ^{2}
12 安吉	帽子 mɔ^{21}tsɿ^{213}	鞋子 a^{22}tsɿ^{55}	洋袜 iã^{22}məʔ^{2}
13 孝丰	帽子 mɔ^{32}tsɿ^{213}	鞋子 a^{22}tsɿ^{22}	洋袜 iã^{22}maʔ^{2}
14 长兴	帽子 mɔ^{32}tsɿ^{24}	鞋子 a^{12}tsɿ^{33}	洋袜 iã^{12}maʔ^{2}
15 余杭	帽子 mɔ^{33}tsɿ^{35}	鞋子 a^{31}tsɿ^{35}	洋袜儿 iɑ̃^{33}maʔ^{2}n^{31}
16 临安	帽子 mɔ^{33}tsɿ^{53}	鞋子 a^{33}tsɿ^{35}	洋袜 iã^{33}mɐʔ^{2}
17 昌化	帽子 mɔ^{23}tsɿ^{53}	鞋子 a^{11}tsɿ^{453}	鞋袜 a^{11}maʔ^{23}
18 於潜	帽子 mɔ^{24}tsɿ^{454}	鞋子 a^{22}tsɿ^{454}	洋袜 iaŋ^{22}mɑʔ^{23}
19 萧山	帽 mɔ^{242}	鞋 ŋa^{355}	袜 maʔ^{13}
20 富阳	帽子 mɔ^{335}tsɿ^{53}	鞋子 a^{13}tsɿ^{55}	洋袜 iɑ̃^{13}maʔ^{2}
21 新登	帽子 mɔ^{21}tsɿ^{45}	鞋子 a^{233}tsɿ^{334}	洋袜 iɑ̃^{233}maʔ^{2}
22 桐庐	帽子 mɔ^{13}tsɿ^{55}	鞋子 ᴀ^{21}tsɿ^{35}	袜子 maʔ^{21}tsɿ^{35}
23 分水	帽子 mɔ^{13}tsɿ^{0}	鞋子 xɛ^{21}tsɿ^{0}	洋袜 iã^{21}ma^{24}
24 绍兴	帽 mɔ^{22}	鞋 a^{231}	袜 mɛʔ^{2}

续表

方言点	0376 帽子统称	0377 鞋子	0378 袜子
25 上虞	帽 mɔ^{31}	鞋 a^{213}	洋袜 iã^{21} mɐʔ^{2}
26 嵊州	帽 mɔ^{24}	鞋 a^{213}	袜 mɛʔ^{2}
27 新昌	帽 mɔ^{13}	鞋 a^{22}	袜 mɛʔ^{2}
28 诸暨	帽子 mɔ^{33} tsɿ^{33}	鞋 ᴀ^{13}	洋袜 iã^{21} maʔ^{5}
29 慈溪	帽 mɔ^{13}	鞋 a^{13}	袜 maʔ^{2}
30 余姚	帽 mɔ^{13}	鞋 a^{13}	袜 maʔ^{2}
31 宁波	帽子 mɔ^{13} tsɿ^{44}	鞋 a^{13}	袜 maʔ^{2}
32 镇海	帽子 mɔ^{22} tsɿ^{53}	鞋爿 a^{22} bɛ^{31}	袜 maʔ^{2}
33 奉化	帽子 mʌ^{31} tsɿ^{0}	鞋爿 a^{33} bɛ^{324}	丝袜 sɿ^{44} maʔ^{2}
34 宁海	帽头 mau^{22} diu^{31}	鞋 a^{213}	袜 maʔ^{3}
35 象山	帽子 mɔ^{13} tsɿ^{44}	鞋 a^{31}	袜 maʔ^{2}
36 普陀	帽子 mɔ^{33} tsɿ^{55}	鞋爿 a^{33} bɛ^{45}	袜 mɐʔ^{23}
37 定海	帽子 mɔ^{11} tsɿ^{44}	鞋爿 a^{33} bɛ^{45}	袜 mɐʔ^{2}
38 岱山	帽子 mɔ^{11} tsɿ^{45}	鞋爿 a^{33} bɛ^{45}	袜 mɐʔ^{2}
39 嵊泗	帽 mɔ^{213} 老 帽子 mɔ^{11} tsɿ^{45} 新	鞋爿 a^{33} bɛ^{45}	丝袜 sɿ^{33} mɐʔ^{5}
40 临海	帽 mɔ^{244}	鞋 a^{21}	袜 mɛʔ^{23}
41 椒江	帽 mɔ^{24}	鞋 a^{31}	袜 məʔ^{2}
42 黄岩	帽 mɔ^{24}	鞋 a^{121}	袜 məʔ^{2}
43 温岭	帽 mɔ^{13}	鞋 a^{31}	袜 məʔ^{2}
44 仙居	帽 mɐɯ^{24}	鞋 a^{213}	洋袜 ia^{33} mɑʔ^{23}
45 天台	帽头 mau^{33} deu^{51}	鞋 a^{224}	洋袜 ia^{22} məʔ^{2}
46 三门	帽 mɑu^{243}	鞋 a^{113}	洋袜 iɑ̃^{11} mɐʔ^{23}
47 玉环	帽 mɔ^{22}	鞋 a^{31}	洋袜 ia^{22} mɐʔ^{2}

续表

方言点	0376 帽子统称	0377 鞋子	0378 袜子
48 金华	帽 mɑo^{14}	鞋 ɑ^{313}	袜 mɤa^{14}
49 汤溪	帽 mɔ^{341}	鞋 ɑ^{11}	袜 mɤa^{113}
50 兰溪	帽 mɔ^{24}	鞋 ɑ^{21}	袜 miaʔ^{12}
51 浦江	帽 mo^{24}	鞋 ɑ^{113}	袜 mia^{232}
52 义乌	帽 mɯɤ^{24}	鞋 a^{213}	袜 mɯa^{312}
53 东阳	帽 mɐɯ^{213}	鞋 a^{213}	袜 mo^{213}
54 永康	帽 mɑu^{241}	鞋 ia^{241}小	袜 muɑ^{113}
55 武义	帽 muo^{231}	鞋儿 in^{13}	洋袜 iɑŋ^{55} muɑ^{13}
56 磐安	帽 mo^{14}	鞋 a^{213}	袜 mə^{213}
57 缙云	帽 məɤ^{213}	鞋 ɑ^{243}	洋袜 iɑ^{21} mɑ^{45}
58 衢州	帽儿 mɔ^{231} ȵi^{21}	鞋 ɛ^{21}	袜 maʔ^{12}
59 衢江	帽 mɔ^{231}	鞋 a^{212}	袜 maʔ^{2}
60 龙游	帽 mɔ^{231}	鞋 ɑ^{21}	袜 mɔʔ^{23}
61 江山	帽 mɐɯ^{31}	鞋 a^{213}	袜 maʔ^{2}
62 常山	帽 mɤ^{131}	鞋 ɛ^{341}	袜 mɛʔ^{34}
63 开化	帽 məɯ^{213}	鞋 a^{231}	袜 maʔ^{13}
64 丽水	帽 mə^{131}	鞋 uɔ^{22}	袜 muɔʔ^{23}
65 青田	帽 mœ^{22}	鞋 ɑ^{21}	袜 muæʔ^{31}
66 云和	帽 mɑɔ^{223}	鞋 ɔ^{312}	袜 mɔʔ^{23}
67 松阳	帽 mʌ^{13}	鞋 a^{31}	袜 mɔʔ^{2}
68 宣平	帽 mɔ^{231}	鞋 a^{433}	袜 mɑʔ^{23}
69 遂昌	帽 mɐɯ^{213}	鞋 a^{221}	袜 maʔ^{23}
70 龙泉	帽 ŋ^{224}	鞋 a^{21}	袜 moʔ^{24}

续表

方言点	0376 帽子统称	0377 鞋子	0378 袜子
71 景宁	帽 mɑu^{113}	鞋 a^{41}	袜 mɔʔ^{23}
72 庆元	帽 mɒ^{31}	鞋 xɑ^{52}	袜 mɑʔ^{34}
73 泰顺	帽 mɑɔ^{22}	鞋 a^{53}	袜 mɔʔ^{2}
74 温州	帽 mɜ^{22}	鞋 a^{31}	袜 mo^{212}
75 永嘉	帽 mə^{22}	鞋 a^{31}	袜 mo^{213}
76 乐清	帽 mɤ^{22}	鞋 e^{31}	袜 mɯʌ^{212}
77 瑞安	帽 mɛ^{22}	鞋 a^{31}	袜 mɔ^{212}
78 平阳	帽 mɛ^{33}	鞋 ᴀ^{242}	袜 mɔ^{12}
79 文成	帽 mɛ^{424}	鞋 ɔ^{113}	袜 mɔ^{212}
80 苍南	帽 mɛ^{11}	鞋 ia^{31}	袜 mo^{112}
81 建德徽	帽 mɔ^{55}	鞋 hɑ^{33}	洋袜 ȵiɛ^{33}mo^{213}
82 寿昌徽	帽 məɯ^{33}	鞋 xɑ^{52}	鞋袜 xɑ^{11}mɤ^{24}
83 淳安徽	帽 mɤ^{53}	鞋 hɑ^{435}	袜 mɑʔ^{13}
84 遂安徽	帽 mɔ^{52}	鞋 xɑ^{33}	袜 mɑ^{213}
85 苍南闽	帽 bo^{21}	鞋 ue^{24}	袜 bə^{24}
86 泰顺闽	头帽 tʰau^{21}mou^{31}	鞋 ei^{22}	鞋袜 ei^{22}miɛʔ^{3}
87 洞头闽	帽仔 mo^{24}a^{53}	鞋 ue^{24}	袜 bə^{241}
88 景宁畲	帽 mau^{51}	鞋 xai^{22}	袜 mɔt^{2}

方言点	0379 围巾	0380 围裙	0381 尿布
01 杭州	围巾 uei^{22}tɕiŋ^{45}	围裙 uei^{22}dʑyŋ^{45}	尿带爿儿 ɕi^{33}tɛ^{45}pɛ^{55}əl^{0}
02 嘉兴	围巾 y^{21}tɕiŋ^{33}	围身布 y^{21}səŋ^{42}pu^{21}	尿布 sɿ^{33}pu^{21}
03 嘉善	围巾 y^{13}tɔin^{53}	围身 y^{13}sən^{53}	尿布头 sɿ^{35}pu^{55}də^{0}
04 平湖	围巾 y^{24}tɕin^{53}	围身 y^{24}sən^{53}	尿布 sɿ^{53}pu^{0}
05 海盐	围巾 y^{24}tɕin^{53}	围身 y^{24}sən^{53}	尿布 sɿ^{53}pu^{21}
06 海宁	围巾 i^{33}tɕiŋ^{55}	围身 i^{33}səŋ^{55}	尿布头 sɿ^{55}pu^{55}dəɯ^{55}
07 桐乡	围巾 i^{21}tɕiŋ^{44}	围身 i^{21}səŋ^{44}	射尿布 za^{21}sɿ^{44}pu^{53} 尿布 sɿ^{44}pu^{53}
08 崇德	围巾 i^{21}tɕiŋ^{44}	围身 i^{21}səŋ^{44}	衲 nəʔ^{23}
09 湖州	围巾 i^{33}tɕin^{35}	拴腰裙 sɛ^{44}iɔ^{44}dʑin^{44}	尿布 sei^{44}pu^{44}
10 德清	围巾 uɛ^{11}tɕin^{35}	饭单 vɛ^{11}tɛ^{35}	衲爿头 nəʔ^{2}bɛ^{13}døʉ^{31}
11 武康	围巾 uɛ^{11}tɕin^{35}	小布襕 ɕiɔ^{44}pu^{44}lɛ^{44}	衲爿头 nieʔ^{2}bɛ^{13}dø^{31}
12 安吉	围巾 ue^{22}tɕiŋ^{22}	沿身裙 i^{22}səŋ^{22}dʑiŋ^{22}	尿布头 ɕi^{55}pu^{55}dəɪ^{55}
13 孝丰	围巾 ue^{22}tɕiŋ^{22}	沿身布襕 iɪ^{22}səŋ^{22}pu^{44}lɛ^{22} 沿手$^{=}$裙 iɪ^{22}səɪ^{22}dʑiŋ^{22}	衲爿头 nəʔ^{2}bɛ^{21}dəɪ^{24}
14 长兴	围巾 ʅ^{12}tʃiŋ^{33}	衫袄巾 sᴇ^{44}ɔ^{44}tʃiŋ^{44}	衲爿头 naʔ^{2}bᴇ^{44}dei^{44}
15 余杭	围巾 uɛ^{31}tɕiŋ^{35}	收腰布襕 søʏ^{55}iɔ^{55}pu^{55}lɛ^{33}	水布头 sɛ^{55}pu^{55}døʏ^{33}
16 临安	围巾 uᴇ^{31}tɕieŋ^{35}	围身布襕 y^{33}seŋ^{33}pu^{33}lɛ^{31}	尿布头 ɕi^{53}pu^{55}də^{33}
17 昌化	围巾 uei^{11}tɕiəŋ^{334}	沿身布 iĩ^{11}ɕiəŋ^{33}pu^{45}	衲片 nɯ^{45}pʰiĩ^{544}
18 於潜	围巾 ue^{22}tɕiŋ^{433}	拦烧布 lɛ^{22}sɔ^{433}pu^{35}	尿布 ɕi^{433}pu^{35}
19 萧山	围巾 y^{13}tɕiŋ^{33}	襕子 lɛ^{13}tsɿ^{33} 围裙 ue^{13}dʑyoŋ^{33}	尿布头 ɕi^{33}pu^{33}dio^{33}
20 富阳	围巾 uɛ^{13}tɕin^{55}	围身布襕 y^{13}ɕin^{55}pu^{55}lã^{55}	衲 nɛʔ^{2}
21 新登	围巾 uɛ^{233}tɕiŋ^{334}	围身布 ɥ^{233}seiŋ^{334}pu^{45}	衲布 nəʔ^{2}pu^{45}
22 桐庐	围巾 uᴇ^{21}tɕiŋ^{35}	围裙 uᴇ^{21}dʑyŋ^{13}	尿布头 ɕi^{33}pu^{33}dei^{33}

续表

方言点	0379 围巾	0380 围裙	0381 尿布
23 分水	围巾 ue^{21}tɕin^{44}	围腰布 y^{21}iɔ^{44}pu^{24}	尿片 ɕi^{44}pʰiɛ̃^{24} 粪片 fən^{24}pʰiɛ̃^{24}
24 绍兴	项围 ɑŋ^{24}uᴇ^{31}	围身 y^{22}sẽ^{53}	尿布头 ɕi^{33}pu^{44}dɤ^{31}
25 上虞	围巾 y^{21}tɕiŋ^{35}	围身 y^{21}səŋ^{35}	尿布头 ɕi^{55}pu^{55}dɤ^{213}
26 嵊州	项围 aŋ^{24}uᴇ^{231} 短的 围巾 uᴇ^{22}tɕiŋ^{334} 长的	围胸爿 y^{22}ɕyoŋ^{33}bɛ̃^{231}	尿布 ɕi^{53}pu^{334}
27 新昌	围巾 y^{22}tɕiŋ^{335}	围裙 y^{13}dʑyoŋ^{31}	尿爿 sɿ^{45}pɛ̃^{33}
28 诸暨	围巾 ve^{21}tɕin^{242}	围身布襕 y^{21}sɛn^{33}pu^{33}lɛ^{21}	涴褥 ɤu^{33}noʔ^{5} 尿布头 ʃɿ^{21}pu^{33}dei^{33}
29 慈溪	围巾 y^{11}tɕiŋ^{35}	围身 y^{11}səŋ^{35}	新$^{=}$袋 ɕiŋ^{33}de^{13}
30 余姚	围巾 y^{13}tɕiə̃^{44}	围身布襕 y^{13}sə̃^{44}pu^{44}lã^{13}	新$^{=}$袋 ɕiə̃^{44}de^{13}
31 宁波	围巾 y^{13}tɕiŋ^{53}	围身布襕 y^{13}ɕiŋ^{44}pu^{44}lɛ^{13}	尿衲布 sɥ^{44}naʔ^{2}pu^{35}
32 镇海	围巾 y^{22}tɕiŋ^{53}	围身布襕 y^{22}ɕiŋ^{33}pu^{33}lɛ^{22}	尿布 sɥ^{33}pu^{53}
33 奉化	围巾 y^{33}tɕiŋ^{53}	围身布襕 y^{33}səŋ^{44}pu^{44}lɛ^{33}	衲头 na^{31}dæi^{24}
34 宁海	围巾 y^{21}tɕiŋ^{53}	拦腰 le^{21}ieu^{33} 围裙 y^{21}gyəŋ^{213}	尿爿 sɥ^{33}bɛ^{31}
35 象山	围巾 y^{31}tɕiŋ^{35}	手巾 ɕiu^{44}tɕiŋ^{44} 拦腰 lɛ^{31}io^{44}	□衲布 kʰo^{44}na^{31}pu^{44}
36 普陀	围巾 y^{33}tɕiŋ^{53}	围裙 uæi^{33}dʑioŋ^{53}	尿衲布襕 sɥ^{55}nɐʔ^{5}pu^{55}lɛ^{55}
37 定海	围巾 y^{33}tɕiŋ^{52}	围身布襕 y^{11}soŋ^{44}pu^{44}lɛ^{44}	尿衲 sɥ^{33}nɐʔ^{5} 衲头 nɐʔ^{2}dɐi^{44} 尿布 sɥ^{33}pu^{45}
38 岱山	围巾 y^{33}tɕiŋ^{52}	布襕 pu^{44}lɛ^{44}	尿衲 sɥ^{33}nɐʔ^{5}
39 嵊泗	围巾 y^{33}tɕiŋ^{53}	布襕 pu^{44}lɛ^{44}	尿衲 sɥ^{33}nɐʔ^{5}
40 临海	围巾 y^{35}tɕiŋ^{31}	拦腰 lɛ^{33}iə^{31}	尿衲 ɕy^{33}nø^{353} 小
41 椒江	围巾 y^{24}tɕiŋ^{42}	拦腰 lɛ^{24}iɔ^{42}	尿衲儿 sɥ^{33}lɛ^{41}

续表

方言点	0379 围巾	0380 围裙	0381 尿布
42 黄岩	围巾 y^{24}tɕin^{32}	拦腰 lɛ^{24}iɔ^{32} 围裙 y^{13}gyn^{41}	尿衲儿 sɥ^{33}lɛ^{41} 拉尿布 la^{13}sɥ^{33}pu^{55}
43 温岭	围巾 y^{24}tɕin^{31}	围裙 y^{24}gyn^{41} 围裙头 y^{13}gyn^{13}dɤ^{24}	拉尿布 la^{13}ɕy^{35}pu^{55}
44 仙居	围巾 y^{33}tɕin^{334}	围裙 y^{353}ɟyen^{0} 拦腰裙 la^{33}iɐɯ^{53}ɟyen^{0}	尿衲 ɕy^{33}nɑʔ^{23}
45 天台	围巾 y^{22}kiŋ^{33}	拦腰裙 le^{22}ieu^{33}gyŋ^{51}	尿爿 ɕy^{33}be^{51}
46 三门	围巾 y^{13}tɕiŋ^{52}	拦腰 lɛ^{11}iɑu^{334}	尿爿 sɥ^{33}bɛ^{31}
47 玉环	围巾 y^{24}tɕiŋ^{42}	拦腰 lɛ^{24}iɔ^{42}	尿布衲儿 ɕy^{33}pu^{33}nəŋ^{53}
48 金华	围巾 ui^{31}tɕiŋ^{55}	围裙 y^{31}dʑyəŋ^{14}	尿片 sɛ^{33}pʰie^{55}
49 汤溪	围巾 uei^{11}tɕiɛ̃i^{52}	围裙 y^{11}tɕyɛ̃i^{52}	尿片 si^{24}pʰie^{0}
50 兰溪	围巾 y^{21}tɕin^{45}	围裙 y^{21}dʑyæ̃^{24}	尿片 ɕi^{334}pʰie^{45}
51 浦江	围巾 uɛ̃^{24}tɕiən^{334}“围”韵殊	围怀 y^{24}guɑ^{334}	尿布 ʃi^{55}pu^{334}
52 义乌	围巾 uai^{22}tɕiən^{45}	围裙 y^{22}tɕyən^{45}	涴衲儿 uɤ^{33}lɤn^{312}
53 东阳	围巾 ue^{22}tɕiɐn^{53}	围裙 y^{33}dʑiɐn^{53}	涴衲儿 u^{33}nan^{35}
54 永康	围巾 uəi^{33}tɕiŋ^{55}	布腰裙 ɓu^{33}iɑu^{33}dʑyeŋ^{22}	尿衲 ɕi^{33}nɤ^{241}小
55 武义	围巾 ui^{32}tɕin^{53}	腰裙 ie^{32}dʑin^{53}	尿片 ɕi^{32}pʰie^{53}
56 磐安	围巾 ue^{21}tɕiɐn^{52}	围裙 y^{21}tɕyɐn^{52}	涴衲儿 uɤ^{33}nɛn^{14}
57 缙云	围巾 y^{44}tɕyɛŋ^{44}	腰裙 iəɤ^{44}dʑyɛŋ^{453}	尿片 sɥ^{44}pʰiɛ^{453}
58 衢州	围巾 ue^{21}tɕin^{32}	围裙 y^{21}dʒyən^{231}	尿片 ɕy^{32}pʰiẽ^{53}
59 衢江	围巾 uei^{22}tɕiŋ^{33}	围裙 uei^{22}tɕyoŋ^{53}	尿片 sɿ^{25}pʰie^{31}
60 龙游	围巾 uei^{33}tɕin^{334}	围怀头 y^{33}guɑ^{224}dəɯ^{231}	尿片 ɕi^{35}pʰie^{21}
61 江山	围巾 uᴇ^{22}kĩ^{44}	围裙 y^{22}gəŋ^{213}	尿片 ɕyə^{24}pʰiɛ̃^{51}
62 常山	围巾 y^{22}kĩ^{44}/ue^{22}kĩ^{44}	围裙 y^{22}goŋ^{341}	孝⁼片 xɔ^{45}pʰiɛ̃^{0}
63 开化	围巾 uei^{21}kɛn^{44}	轿⁼裙 dʑiəɯ^{213}dʑyn^{0}	货⁼片 xo^{44}pʰiɛ̃^{53}
64 丽水	围巾 uei^{22}tɕin^{224}	拦圆⁼裙 lã^{21}yɛ^{21}tɕyn^{52}	尿片 sɥ^{224}pʰiɛ^{52}

续表

方言点	0379 围巾	0380 围裙	0381 尿布
65 青田	围巾 vu^{21}tɕiaŋ^{445}	拦腰布 lɑ^{21}iœ^{55}ɓø^{33}	尿布 sɥ^{55}ɓø^{33}
66 云和	围巾 uei^{223}tɕiŋ^{24}	赖⁼腰 lɔ^{223}iɑɔ^{24}	尿布 sɥ^{24}pu^{45}
67 松阳	围巾 uei^{33}tɕin^{53}	拦腰布 lɔ̃^{33}iɔ^{33}puə^{24}	尿片 sɿ^{33}pʰiɛ̃^{24}
68 宣平	围巾 uei^{43}tɕin^{324}	劳裙 lɔ^{22}dʑyən^{433}	尿片 sɿ^{32}pʰiɛ^{52}
69 遂昌	围巾 uei^{21}tɕiŋ^{45}	拦腰片 laŋ^{21}iɐɯ^{55}pʰiɛ̃^{334}	尿片 ɕy^{55}pʰiɛ̃^{334}
70 龙泉	护领 uɤɯ^{21}lin^{51}	拦身裙 laŋ^{44}sɛn^{45}dʑyn^{21}	涴片 u^{44}pʰiᴇ^{45}
71 景宁	围巾 uai^{33}tɕiaŋ^{324}	拦腰 lɔ^{33}iɑu^{324}	尿布 ɕy^{32}pu^{35}
72 庆元	围巾 y^{52}tɕiəŋ^{335}	围裙 y^{52}tɕyəŋ^{52}	尿布 ɕy^{335}ɓɤ^{11}
73 泰顺	围巾 y^{21}tsəŋ^{213}	量身片 liã^{21}səŋ^{213}pʰiã^{35}	尿衲 ɕy^{22}nɛ^{213}
74 温州	盘巾 bø^{22}tɕiaŋ^{33}	围身布 vu^{23}saŋ^{33}pø^{25}	尿布 sɿ^{33}pø^{25}
75 永嘉	盘巾 bø^{22}tɕiaŋ^{44}	拦身 la^{22}saŋ^{44} 半身 饭褡 va^{13}ta^{423} 全身	尿布 sɥ^{33}pu^{45}
76 乐清	盘巾 bɯ^{22}tɕiaŋ^{44}	拦身 lᴇ^{22}saŋ^{44}	尿布 sy^{35}pu^{41}
77 瑞安	背巾 pai^{33}tɕiaŋ^{44}	饭褡 vɔ^{13}tɔ^{323}	尿布 səɯ^{33}pʏ^{35}
78 平阳	围巾 y^{21}tʃaŋ^{35}	围裙 y^{21}dʒɵŋ^{13}	尿布粒儿 sʉ^{33}pu^{45}leŋ^{13}
79 文成	围巾 vʉ^{21}tʃaŋ^{33}	拦腰 lo^{21}yø^{33}	尿布 sɵy^{33}pu^{33}
80 苍南	围巾 y^{11}tɕiaŋ^{44}	肚褡布 dy^{24}ta^{3}pu^{42} 半身 围裙 y^{11}zueŋ^{24} 全身	尿布粒儿 ɕy^{33}pu^{42}lø^{11}ŋ^{0}
81 建德徽	围巾 ue^{33}tɕin^{53}	围身布 y^{33}sən^{21}pu^{55}	尿片 ɕi^{21}pʰie^{55}
82 寿昌徽	围巾 uei^{11}tɕien^{112}	围裙布 y^{11}tɕʰyɛ̃^{33}pu^{33}	尿片 sɿ^{11}pʰi^{33}
83 淳安徽	围巾 ve^{43}tɕin^{55}	围琛⁼布 ya^{43}tsʰen^{24}pɑ^{21}	尿片 sa^{24}pʰiã^{53}
84 遂安徽	围巾 vəɯ^{33}tɕin^{55}	围裙 vəɯ^{33}tɕʰyn^{33}	围漏 vəɯ^{33}ləɯ^{24}
85 苍南闽	圈巾 kʰuan^{21}kən^{55}	裙针 kun^{21}tsan^{55}	尿布 dʑio^{21}pɔ^{21}
86 泰顺闽	围巾 uei^{22}kyeŋ^{213}	拦身裙 læŋ^{21}sieŋ^{213}kuəŋ^{22}	纳头团 nɛʔ^{3}tʰau^{22}ki^{344}
87 洞头闽	破巾 pʰua^{212}kun^{33}	围裙仔 ui^{21}kun^{21}na^{53}	尿布 dʑieu^{33}pɔ^{21}
88 景宁畲	围巾 uei^{22}kyn^{44}	围裙 uei^{22}kʰuən^{22}	尿布 nau^{51}pu^{44}

方言点	0382 扣子	0383 扣～扣子	0384 戒指
01 杭州	扣儿 kʰei^{45}əl^{53}	扣 kʰei^{45}	戒指 ka^{45}tsɿ^{53}
02 嘉兴	纽子 ȵiu^{21}tsɿ^{42}	纽 ȵiu^{113}	戒指 kᴀ^{24}tsɿ^{21}
03 嘉善	纽珠 ȵiə^{35}tsɥ^{55}小	纽 ȵiə^{113}	戒指 ka^{55}tsɿ^{0}
04 平湖	纽珠 ȵiəɯ^{21}tsɥ^{53}	纽 ȵiəɯ^{213}	戒指 ka^{44}tsɿ^{0}
05 海盐	纽珠 ȵio^{53}tɕy^{53}	纽 ȵio^{423}	戒指 kɑ^{55}tsɿ^{21}
06 海宁	纽子 ȵiou^{13}tsɿ^{55}	纽 ȵiəu^{13}	戒指 ka^{55}tsɿ^{53}
07 桐乡	纽子 ȵiɤɯ^{242}tsɿ^{44}	纽 ȵiɤɯ^{242}	戒指 ka^{33}tsɿ^{53}
08 崇德	纽子 ȵiɤɯ^{55}tsɿ^{0}	纽 niɤɯ^{53}	戒指 kɑ^{33}tsɿ^{53}
09 湖州	纽子 ŋøʉ^{53}tsɿ^{13}	纽 ŋøʉ^{523}	戒指 ka^{33}tsɿ^{35}
10 德清	纽子 ŋø^{35}tsɿ^{0}	纽 ȵiʉ^{52}	戒指 ka^{33}tsɿ^{35}
11 武康	纽子 ŋø^{35}tsɿ^{53}	纽 ŋø^{53}	戒指 ka^{33}tsɿ^{35}
12 安吉	纽子 ŋəɪ^{52}tsɿ^{21}	纽 ŋəɪ^{52}	戒指 ka^{32}tsɿ^{213}
13 孝丰	纽子 ȵiu^{45}tsɿ^{21}	纽 ȵiu^{52}	戒指 ka^{32}tsɿ^{213}
14 长兴	纽子 ȵiʏ^{45}tsɿ^{21}	纽 ȵiʏ^{52}	戒指 ka^{32}tsɿ^{24}
15 余杭	纽扣儿 ŋøʏ^{31}kʰøʏ^{53}n^{31}	扣 kʰøʏ^{423}	戒指儿 ka^{53}tsɿ^{35}n^{31}
16 临安	纽子 ŋə^{33}tsɿ^{53}	纽 ŋə^{33}	戒指 ka^{55}tsɿ^{53}
17 昌化	纽子 ȵi^{45}tsɿ^{53}	纽 ȵi^{453}	戒指 ka^{54}tsɿ^{24}
18 於潜	纽子 ȵiəu^{53}tsɿ^{31}	纽 ȵiəu^{51}	戒指 ka^{35}tsɿ^{454}
19 萧山	纽子 ȵio^{13}tsɿ^{21}	扣 kʰio^{42}	戒指 ka^{33}tsɿ^{33}
20 富阳	纽珠 ȵiʊ^{224}tɕy^{55}	扣 kʰɯ^{335}	戒指 ka^{335}tsɿ^{53}
21 新登	纽子 ȵy^{334}tsɿ^{45}	扣 kʰəu^{45}	戒指 ka^{45}dzɿ^{21}
22 桐庐	扣子 kʰei^{35}tsɿ^{21}	扣 kʰei^{35}	戒指 kᴀ^{35}tsɿ^{21}
23 分水	纽扣 ȵiɵ^{44}kʰɵ^{24}	扣 kʰɵ^{24}	戒指 kɛ^{24}tsɿ^{0}

续表

方言点	0382 扣子	0383 扣～扣子	0384 戒指
24 绍兴	纽扣 ȵiɤ^{24} kʰɤ^{31} 纽襻 ȵiɤ^{24} pʰɛ̃^{31}	扣 kʰɤ^{33}	戒指 ka^{33} tsɿ^{334}
25 上虞	纽子 ȵiɤ^{21} tsɿ^{53}	竹$^{=}$ tsoʔ^{5}	戒指 ka^{55} tsɿ^{33}
26 嵊州	纽子 ȵiʏ^{24} tsɿ^{53} 统称 布纽子 pu^{33} ȵiʏ^{33} tsɿ^{53} 布制	纽 ȵiʏ^{22}	金戒指 tɕiŋ^{53} ka^{44} tsɿ^{31}
27 新昌	纽子 ȵiɯ^{22} tsɿ^{453}	纽 ȵiɯ^{232}	戒指 ka^{53} tsʰɿ^{534}
28 诸暨	扣门 kʰiʉ^{33} mɛn^{33}	扣 kʰiʉ^{544}	戒指 kᴀ^{33} tsɿ^{42}
29 慈溪	纽珠 ȵiø^{13} tsʮ^{44}	扣 kʰø^{44}	戒指 ka^{44} tsɿ^{35}
30 余姚	纽子 ȵiø^{13} tsɿ^{53}	扣 kʰø^{44}	戒指 ka^{44} tsɿ^{44}
31 宁波	纽子 ȵiʏ^{13} tsɿ^{44}	纽 ȵiʏ^{13}	戒指 ka^{44} tsɿ^{35}
32 镇海	纽子 ȵiu^{24} tsɿ^{44}	系 tɕi^{53}	戒指 ka^{33} tsɿ^{44}
33 奉化	纽子 ȵiʏ^{33} tsɿ^{53}	纽 ȵiʏ^{324}	戒指 ka^{44} tsɿ^{44}
34 宁海	纽珠 ȵiu^{31} tsʮ^{33}	纽 ȵiu^{31}	戒指 ka^{33} tsɿ^{53}
35 象山	扣 kʰɤɯ^{53}	扣 kʰɤɯ^{53}	戒指 ka^{53} tsɿ^{44}
36 普陀	扣子 kʰeu^{55} tsɿ^{0}	扣 kʰeu^{55}	戒指 ka^{55} tsɿ^{55}
37 定海	纽子 ŋɐi^{23} tsɿ^{0}	纽 ŋɐi^{23}	戒指 ka^{44} tsɿ^{44}
38 岱山	纽子 ŋœʏ^{23} tsɿ^{44}	纽 ŋœʏ^{244}	戒指 ka^{44} tsɿ^{44}
39 嵊泗	纽子 ŋœʏ^{34} tsɿ^{44}	纽 ŋœʏ^{243}	戒指 ka^{44} tsɿ^{44}
40 临海	纽珠 ȵiu^{42} tɕy^{31}	纽 ȵiu^{52}	戒指 ka^{33} tsɿ^{52}
41 椒江	纽珠 ȵiu^{42} tsʮ^{35} 小	纽 ȵiu^{42}	戒指 ka^{33} tsɿ^{42}
42 黄岩	纽珠 ȵiu^{42} tsʮ^{35} 小	纽 ȵiu^{42}	戒指 ka^{33} tsɿ^{42}
43 温岭	纽珠 ȵiu^{42} tɕy^{15} 小	纽 ȵiu^{42}	戒指 ka^{33} tsɿ^{42}
44 仙居	纽珠 ȵiəɯ^{31} tɕy^{334}	纽 ȵiəɯ^{324}	戒指 ka^{33} tsɿ^{324}
45 天台	纽珠 ȵiu^{21} tɕy^{33}	纽 ȵiu^{214}	金戒指 kiŋ^{33} ka^{33} tsɿ^{31}

续表

方言点	0382 扣子	0383 扣～扣子	0384 戒指
46 三门	纽珠 ȵiu^{32}tsɥ^{334}	纽 ȵiu^{325}	戒指 ka^{44}tsɿ^{325}
47 玉环	纽珠 ȵiu^{53}tɕy^{35}小	扣 k^{h}iɤ^{55}	戒指 ka^{53}tsɿ^{42}
48 金华	纽子 ȵiu^{53}tsɿ^{55}	纽 ȵiu^{535}	戒指 kɑ^{33}tsɿ^{535}
49 汤溪	纽子 ȵiəɯ^{11}tsɿ^{535}	扣 k^{h}ɯ^{52}	戒指 kɑ^{33}tsɿ^{535}
50 兰溪	纽子 ȵiəɯ^{55}tsɿ^{45}	纽 ȵiəɯ^{55}	戒指 kɑ^{55}tsɿ^{45}
51 浦江	纽子儿 ȵiɤ^{24}tsɿn^{0}	纽 ȵiɤ^{243}	戒指 kɑ^{33}tsɿ^{53}
52 义乌	揿扣 tɕ^{h}iən^{45}k^{h}ɐɯ^{31}	扣 k^{h}ɐɯ^{45}	金戒指 tɕiən^{33}ka^{33}tsɿ^{423}
53 东阳	纽子儿 ȵiəɯ^{23}tsɿn^{33}	纽 ȵiəɯ^{231}	戒指 ka^{33}tsɿ^{35}
54 永康	扣子 k^{h}əu^{33}tsɿ^{52}	扣 k^{h}əu^{52}	戒指 tɕia^{33}tsɿ^{52}
55 武义	□泼$^{=}$ ɕyen^{55}p^{h}uo^{53}	□ɕyen^{445}	戒指 tɕia^{55}tsɿ^{445}
56 磐安	纽子儿 ȵiɐɯ^{52}tsɿn^{52}	纽 ȵiɐɯ^{334}	戒指 ka^{33}tsɿ^{334}
57 缙云	榫$^{=}$ ɕyɛŋ^{51}	榫$^{=}$ ɕyɛŋ^{51}	戒指 kɑ^{44}tsɿ^{51}
58 衢州	扣子 k^{h}ɯ^{53}tsɿ^{35}	扣 k^{h}ɯ^{53}	戒指 kɛ^{53}tʃy^{35}
59 衢江	扣子 k^{h}y^{33}tsɤ^{25}	扣 k^{h}y^{53}	戒指 ka^{33}tɕy^{25}
60 龙游	纽子 ȵiəɯ^{22}tsɿ^{35}	纽 ȵiəɯ^{224}	戒指 kɑ^{33}tsɿ^{35}
61 江山	纽子 ŋɯ^{22}tsə^{241}	纽 ŋɯ^{22}	戒指 ka^{44}tɕiɘ^{241}
62 常山	纽子 ȵiu^{22}tsɿə^{52}	纽 ȵiu^{24}	戒指 kɛ^{44}tsi^{52}
63 开化	纽子 ŋɯ^{21}tsɿə^{53}	纽 ŋɯ^{213}	戒指 kɑ^{44}tsuei^{53}
64 丽水	纽扣 ȵiəɯ^{44}k^{h}ɯ^{52}	扣 k^{h}ɯ^{52}	戒指 kuɔ^{44}tsɿ^{544}
65 青田	纽珠 ȵieu^{33}tsɥ^{445}	纽 ȵieu^{454}	戒指 kaʔ^{4}tsɿ^{454}
66 云和	纽扣 ȵiəɯ^{44}k^{h}əɯ^{45}	纽 ȵiəɯ^{41}	戒指 kɔ^{44}tsɿ^{41}
67 松阳	纽子 ȵiɯ^{22}tsɿə^{212}	纽 ȵiɯ^{22}	戒指 ka^{33}tsɿ^{212}
68 宣平	纽子 ȵiɯ^{22}tsɿ^{445} 纽扣 ȵiɯ^{22}k^{h}ɯ^{52}	纽 ȵiɯ^{223} 扣 k^{h}ɯ^{52}	戒指 ka^{44}tsɿ^{52}

续表

方言点	0382 扣子	0383 扣～扣子	0384 戒指
69 遂昌	纽子 ȵiɯ^{13}tsɤ^{533}	纽 ȵiɯ^{13}	戒指 ka^{33}tsɿ^{533}
70 龙泉	纽儿 ȵiəu^{21}ȵi^{21}	纽 ȵiəu^{51}	戒指 ɡa^{21}tsɿ^{51}
71 景宁	纽扣 ȵiəɯ^{33}kʰəɯ^{35}	纽 ȵiəɯ^{33}	戒指 ka^{55}tsɿ^{33}
72 庆元	纽 ȵiɯ^{221}	纽 ȵiɯ^{221}	戒指 kɑ^{11}tsɿ^{33}
73 泰顺	纽 ȵiəu^{55}	纽 ȵiəu^{55}	戒指 ka^{22}tsɿ^{55}
74 温州	纽珠 ȵiau^{42}tsɿ^{33}	纽 ȵiau^{14}	戒指儿 ka^{42}tsɿ^{21}ŋ^{1}
75 永嘉	纽珠 ȵiau^{31}tsʮ^{44}	纽 ȵiau^{13}	戒指儿 ka^{53}tsɿ^{33}ŋ^{0}
76 乐清	纽珠 ȵiau^{31}tɕy^{44}	纽 ȵiau^{24}	戒指 ke^{42}tsɿ^{35}
77 瑞安	纽珠 ȵiau^{53}tsəɯ^{44}	纽 ȵiau^{13}	手戒指儿 sou^{33}ka^{53}tsɿ^{53}ŋ^{0}
78 平阳	纽珠 ȵiau^{45}tɕy^{13}	纽 ȵiau^{45}	戒指 kᴀ^{33}tsɿ^{35}
79 文成	纽珠 ȵiau^{33}tɕy^{33}	纽 ȵiau^{224}	戒指 kɔ^{42}tsɿ^{45}
80 苍南	纽襻 ȵiau^{42}pʰa^{53}老 纽珠 ȵiau^{53}tɕy^{44}新	纽 ȵiau^{53}	戒指 kia^{42}tsɿ^{53}
81 建德徽	扣儿 kʰɤɯ^{33}n^{55}	扣 kʰɤɯ^{33}	戒指 kɑ^{33}tsɿ^{55}
82 寿昌徽	纽子 ȵiəɯ^{33}tsɿ^{52}	纽 ȵiəɯ^{534}	戒指 kɑ^{33}tsɿ^{52}
83 淳安徽	纽子 iɯ^{55}tsɿ^{21}	扣 kʰɯ^{24}	戒指 kɑ^{21}tsɿ^{55}
84 遂安徽	纽子 iu^{33}tsɿ^{33}	纽 iu^{43}	戒指 ka^{55}tsɿ^{33}
85 苍南闽	纽 liu^{43}	纽 liu^{43}	手指 tɕʰiu^{33}tɕi^{43}
86 泰顺闽	纽团 niøu^{21}ki^{344}	纽 niøu^{334}	手指 tɕʰiøu^{21}tɕi^{344}
87 洞头闽	纽仔 liu^{212}a^{53}	纽 liu^{53}	手指 tɕʰiu^{212}tɕi^{42}
88 景宁畲	纽□ ȵiəu^{55}kʰɔn^{22}	纽 ȵiəu^{325}	戒指 kai^{44}tɕi^{325}

方言点	0385 手镯	0386 理发	0387 梳头
01 杭州	镯儿 dʑyɛʔ^{2}əl^{45}	剃头 tʰi^{55}dei^{213}	梳头 sɥ^{55}dei^{213}
02 嘉兴	镯头 zoʔ^{1}dei^{33}	剃头 tʰi^{33}dei^{242}	梳头 sɥ^{33}dei^{242}
03 嘉善	手镯 sə^{44}zuoʔ^{5}	剃头 tʰi^{55}də^{0}	梳头 sɥ^{35}də^{53}
04 平湖	镯头 zoʔ^{23}dəɯ^{31}	剃头 tʰi^{44}dəɯ^{0}	梳头 sɥ^{55}dəɯ^{31}
05 海盐	手镯 se^{53}zɔʔ^{5}	剃头 tʰi^{55}de^{31}	梳头 ɕy^{53}də^{31}
06 海宁	镯子 zoʔ^{2}tsɿ^{0}	剃头 tʰi^{55}dəɯ^{13}	梳头 sɿ^{55}dəɯ^{13}
07 桐乡	镯子 dʑiɔʔ^{23}tsɿ^{53}	剃头 tʰi^{33}dɤɯ^{13}	梳头 sɿ^{44}dɤɯ^{13}
08 崇德	镯子 dʑiɔʔ^{23}tsɿ^{53}	剃头 tʰi^{33}dɤɯ^{13}	梳头 sɿ^{44}dɤɯ^{13}
09 湖州	镯子 dʑioʔ^{2}tsɿ^{35}	剃头 tʰi^{53}døʉ^{13}	梳头 sɿ^{44}døʉ^{13}
10 德清	镯子 dʑioʔ^{2}tsɿ^{35}	剃头 tʰi^{33}døʉ^{35}	梳头 sɿ^{33}døʉ^{35}
11 武康	镯子 dʑiøʔ^{2}tsɿ^{53}	剃头 tʰi^{33}dø^{35}	梳头 sɿ^{33}dø^{35}
12 安吉	镯子 dʑʏəʔ^{2}tsɿ^{55}	剃头 tʰi^{32}dəɪ^{22}	梳头 sɿ^{55}dəɪ^{22}
13 孝丰	镯子 dʑiɔʔ^{2}tsɿ^{24}	剃头 tʰi^{44}dəɪ^{22}	梳头 su^{44}dəɪ^{22}
14 长兴	镯子 zoʔ^{2}tsɿ^{44}	剃头 tʰʅ^{32}dei^{12}	梳头 sɿ^{44}dei^{12}
15 余杭	镯子 dʑioʔ^{2}tsɿ^{53}	剃头 tʰi^{35}døʏ^{33}	掠头 liaʔ^{2}døʏ^{13}
16 临安	镯子 dʑyɐʔ^{2}tsɿ^{35}	剃头 tʰi^{55}də^{33}	梳头 sɥ^{55}də^{33}
17 昌化	镯子 dʑyɛʔ^{2}tsɿ^{453} 手镯 ɕi^{45}dʑyɛʔ^{5}	剃头 tʰi^{54}di^{112}	梳头 ɕy^{334}di^{112}
18 於潜	镯子 dzuɐʔ^{2}tsɿ^{454}	剃头 tʰi^{35}diəu^{31}	梳头 ɕy^{433}diəu^{31}
19 萧山	手镯 ɕio^{33}dʑyoʔ^{21}	剃头 tʰi^{33}dio^{33}	掠头 liaʔ^{21}dio^{33}
20 富阳	镯子 dʑyoʔ^{2}tsɿ^{335}	剃头 tʰi^{335}dei^{13}	梳头 ɕy^{55}dei^{55}
21 新登	手镯 ɕy^{334}dzɔʔ^{2}	剃头 tʰi^{45}dəu^{233}	梳头 sɥ^{53}dəu^{233}
22 桐庐	镯子 dʑyəʔ^{21}tsɿ^{35}	剃头 tʰi^{35}dei^{13}	梳头 ɕy^{33}dei^{13}
23 分水	手镯 sɵ^{44}zuɔʔ^{12}	剃头 tʰi^{24}dɵ^{21}	梳头 sɿ^{44}dɵ^{21}

续表

方言点	0385 手镯	0386 理发	0387 梳头
24 绍兴	手镯 sɤ^{44}zoʔ^{3}	剃头 tʰi^{33}dɤ^{231}	梳头 ɕy^{33}dɤ^{231}
25 上虞	手镯 sɤ^{33}zoʔ^{2}	剃头 tʰi^{55}dɤ^{213}	药⁼头 iaʔ^{2}dɤ^{213}
26 嵊州	手镯 ɕiʏ^{33}dʑyoʔ^{2}	剃头 tʰi^{33}dʏ^{213}	梳头 sɿ^{33}dʏ^{213}
27 新昌	手镯 ɕiɯ^{33}dʑyʔ^{2}	剃头 tʰi^{33}tiɯ^{335}	梳头 sɿ^{53}tiɯ^{335}
28 诸暨	手镯 sei^{42}dʑioʔ^{13}	剃头 tʰʅ^{33}dei^{13}	掠头 liaʔ^{21}dei^{13}
29 慈溪	手镯 sø^{33}dzoʔ^{2}	剃头 tʰi^{44}dø^{13}	掠头 liaʔ^{2}dø^{13}
30 余姚	手镯 sø^{34}dzoʔ^{2}	剃头 tʰi^{44}dø^{13}	梳头 sɥ^{44}dø^{13}
31 宁波	镯子 dʑyəʔ^{2}tsɿ^{35} 镯头 dʑyəʔ^{2}dœʏ^{13}	剃头 tʰi^{44}dœʏ^{13}	梳头 sɥ^{44}dœʏ^{13}
32 镇海	手镯 ɕiu^{33}dʑyoʔ^{2}	剃头 tʰi^{33}dei^{24}	梳头 sɥ^{33}dei^{24}
33 奉化	手镯 ɕiʏ^{44}dʑyoʔ^{2}	剃头 tʰi^{44}dæi^{33}	梳头 sɿ^{44}dæi^{33}
34 宁海	手镯 ɕiu^{53}dʑiɔʔ^{2}	剃头 tʰi^{33}diu^{213}	梳头 sɿ^{33}diu^{31}
35 象山	手镯 ɕiu^{44}dʑyoʔ^{2}	剃头 tʰi^{53}dɤɯ^{31} 轧头 gaʔ^{2}dɤɯ^{31}	梳头 sɿ^{44}dɤɯ^{31} 掠头 lieʔ^{2}dɤɯ^{31}
36 普陀	手镯 ɕieu^{53}dʑyoʔ^{0}	剃头 tʰi^{33}deu^{45}	梳头 sɿ^{33}deu^{45}
37 定海	手镯 ɕiʏ^{52}dʑyoʔ^{0}	剃头 tʰi^{33}dɐi^{45}	梳头 sɿ^{33}dɐi^{45}
38 岱山	手镯 ɕiʏ^{52}dʑyoʔ^{2}	剃头 tʰi^{33}dœʏ^{45}	梳头 sɿ^{33}dœʏ^{45}
39 嵊泗	手镯 ɕiʏ^{44}dʑyoʔ^{2}	剃头 tʰi^{33}dœʏ^{243}	梳头 sɿ^{33}dœʏ^{243}
40 临海	镯 dʑyɔʔ^{23} 手镯 ɕiu^{42}dʑyɔʔ^{23}	剃头 tʰi^{33}də^{31}	梳头 sɿ^{33}də^{353}
41 椒江	手镯 ɕiu^{42}dʑyoʔ^{2}	剃头 tʰi^{33}dio^{31}	梳头 sɿ^{33}dio^{41}
42 黄岩	手镯 ɕiu^{42}dzoʔ^{2}	剃头 tʰi^{33}dio^{121}	梳头 sɿ^{33}dio^{41}
43 温岭	手镯 ɕiu^{42}dʑyoʔ^{2}	剃头 tʰi^{33}dɤ^{31}	梳头 sɿ^{35}dɤ^{41}
44 仙居	手镯 ɕiəɯ^{31}ɟyɑʔ^{23}	剃头 tʰi^{53}dəɯ^{213}	梳头 sɿ^{53}dəɯ^{213}
45 天台	手镯 ɕiu^{32}dʑyɔʔ^{2}	剃头 tʰi^{33}deu^{224}	梳头 sɿ^{33}deu^{224}

续表

方言点	0385 手镯	0386 理发	0387 梳头
46 三门	手镯 ɕiu^{32}dʑiɔʔ^{23}	剃头 tʰi^{44}dɤɯ^{445}	梳头 sɿ^{33}dɤɯ^{31}
47 玉环	手镯 ɕiu^{53}dʑyoʔ^{2}	剃头 tʰi^{33}diɤ^{31}	梳头 sɿ^{24}diɤ^{41}
48 金华	手镯 ɕiu^{55}dzoʔ^{212}	剃头 tʰie^{33}diu^{313}	钻⁼头 tsɤ^{55}diu^{313}
49 汤溪	手镯 ɕiəɯ^{52}dʑyɑ^{113}	剃头 tʰie^{24}dəɯ^{0}	钻⁼头 tsɤ^{52}dəɯ^{0}
50 兰溪	手镯 ɕiəɯ^{55}dʑyɤʔ^{12}	剃头 tʰie^{334}təɯ^{45}	掠头 lieʔ^{12}təɯ^{45}
51 浦江	手镯儿 ɕiɤ^{33}dʑyɯn^{243}	剃头 tʰi^{33}dɤ^{334}	足⁼头 tsɯ^{33}dɤ^{334}
52 义乌	手镯 sɐɯ^{45}dʑiau^{312}	剃头 tʰi^{33}dɐɯ^{213}	梳头 sua^{45}dɐɯ^{213}
53 东阳	手镯儿 ɕiəɯ^{45}dʑioun^{33}	剃头 tʰi^{44}dəɯ^{35}	梳头 sɿ^{33}dəɯ^{35}
54 永康	手镯 ɕiəu^{33}dzuo^{113}	剃头 tʰie^{33}ɗəu^{55}	梳头 sɿ^{33}ɗəu^{55}
55 武义	手镯 ɕiəu^{53}dzuo^{13}	剃头 tʰie^{55}dɑu^{324}	梳头 suɑ^{55}dɑu^{324}
56 磐安	手镯儿 ɕiɐɯ^{33}dʑion^{14}	剃头 tʰi^{33}dɐɯ^{213}	梳头 sɿ^{33}dɐɯ^{213}
57 缙云	手镯 ɕiəɤ^{51}dzɔ^{13}	剃头 tʰi^{44}diuŋ^{243}	梳头 sɿ^{44}diuŋ^{453}
58 衢州	手镯 ɕiu^{35}dʒyəʔ^{12}	剃头 tʰi^{53}de^{21}	梳头 sɿ^{35}de^{21}
59 衢江	手镯 ɕy^{33}dʑyəʔ^{2}	剃头 tʰie^{33}dy^{212}	梳头 suo^{33}dy^{212}
60 龙游	手镯 zəɯ^{22}dzɔʔ^{23}	剃头 tʰiɑ^{35}dəɯ^{21}	梳头 suɑ^{35}dəɯ^{21}
61 江山	镯头 dʑiɵʔ^{2}du^{213}	剃头 tʰiə^{24}du^{213}	梳头 sɒ^{24}du^{213}
62 常山	手镯 tsʰuə^{43}dzʌʔ^{34}	剃头 tʰie^{43}du^{341}	梳头 sɑ^{44}du^{341}
63 开化	手镯 tɕʰyo^{44}dʑyaʔ^{13}	剃头 tʰiɛ^{53}du^{231}	梳头 sɑ^{44}du^{231}
64 丽水	手镯 ɕiəɯ^{52}dʑioʔ^{23}	剃头 tʰi^{224}dəɯ^{22}	栝头 keʔ^{4}dəɯ^{22} 老 梳头 sɿ^{224}dəɯ^{22} 新
65 青田	手铰 ɕieu^{33}ko^{454}	剃头 tʰi^{33}deu^{53}	梳头 sɿ^{55}deu^{53}
66 云和	手镯 ɕiəɯ^{44}dʑioʔ^{23}	剃头 tʰi^{44}dəɯ^{312}	栝头 kɛʔ^{4}dəɯ^{312} 老 梳头 sɿ^{44}dəɯ^{312} 新
67 松阳	手镯 ɕiɯ^{33}dʑioʔ^{2}	剃头 tʰiɛ^{33}dei^{31}	梳头 suə^{33}dei^{31}

续表

方言点	0385 手镯	0386 理发	0387 梳头
68 宣平	手镯 ɕiɯ^{44}dʑyəʔ^{23}	剃头 tʰi^{44}dəɯ^{433}	梳头 sɿ^{44}dəɯ^{433}
69 遂昌	镯头 dʑiɔʔ^{23}du^{221}	剃头 tʰiɛ^{33}du^{221}	梳头 sɒ^{55}du^{213}
70 龙泉	镯 dʑiouʔ^{24}	剃头 tʰi^{21}diəu^{21}	梳头 sɤɯ^{45}diəu^{21}
71 景宁	手镯 ɕiəɯ^{55}dʑioʔ^{23}	剃头 tʰi^{33}dəɯ^{41}	梳头 sɿ^{33}dəɯ^{41}
72 庆元	手镯 ɕiɯ^{33}tɕioʔ^{34}	剃头 tʰiᴇ^{33}tiɯ^{52}	梳头 sɤ^{33}tiɯ^{52}
73 泰顺	手镯 ɕiəu^{22}tɕioʔ^{2}	剃头 tʰi^{22}təu^{53}	梳头 sɿ^{22}təu^{53}
74 温州	手镣儿 ɕiɤu^{34}liɛ^{22}ŋ^{12}	剃头 tʰei^{3}dɤu^{31}	杚头 kai^{3}dɤu^{31}
75 永嘉	手镣儿 ɕiəu^{45}lyə^{22}ŋ^{0}	剃头 tʰei^{43}dəu^{31}	梳头 sɿ^{33}dəu^{21} 杚头 kai^{43}dəu^{31}
76 乐清	手镣 siu^{35}luɯʌ^{212}小	剃头 tʰi^{3}diu^{31}	杚头 kɤ^{44}diu^{223}
77 瑞安	手镣儿 sou^{35}lu^{22}ŋ^{0}	剃头 tʰei^{3}dou^{31}	杚头 ka^{3}dou^{31}
78 平阳	手铰 sɛu^{33}kɔ^{35}	剃头 tʰi^{33}dɛu^{242}	戒头 kᴀ^{33}dɛu^{242}
79 文成	手铰 ɕiou^{33}ko^{45}	剃头 tʰei^{42}diou^{13}	掠头 lie^{21}diou^{13}
80 苍南	手铰 sɛu^{42}ka^{53}	剃头 tʰi^{3}dɛu^{31}	掠头 lia^{11}dɛu^{31}
81 建德徽	手镯 sɤɯ^{55}tɕyɐʔ^{12}	剃头 tʰi^{33}tɤɯ^{33}	梳头 ɕy^{53}tɤɯ^{33}
82 寿昌徽	手镯 səɯ^{33}tɕʰiɔʔ^{31}	剃头 tʰi^{33}tʰəɯ^{52}	梳头 sɿ^{11}tʰəɯ^{52}
83 淳安徽	手镯 sɯ^{55}tsʰɑʔ^{13}	剃头 tʰiɑ^{24}tʰɯ^{435}	梳头 ɕya^{24}tʰɯ^{435}
84 遂安徽	手镯 ɕiu^{24}tsʰɔ^{213}	剃头 tʰi^{55}tʰiu^{33}	梳头 ɕy^{55}tʰiu^{33}
85 苍南闽	手镯 tɕʰiu^{33}so^{24}	剃头壳 tʰi^{33}tʰau^{21}kʰɐ^{43}	梳头壳 sue^{33}tʰau^{21}kʰɐ^{43}
86 泰顺闽	手镯 tɕʰiøu^{21}səu^{31}	剃头 tʰei^{31}tʰau^{22}	梳头 søi^{34}tʰau^{22}
87 洞头闽	手镯 tɕʰiu^{212}so^{241}	剃头 tʰi^{33}tʰau^{21}	梳头 sue^{212}tʰau^{21}
88 景宁畲	手缠 ɕiəu^{55}kʰien^{51}	剃头 tʰai^{44}tʰiəu^{22}	梳头 ɕio^{44}tʰiəu^{22}

方言点	0388 米饭	0389 稀饭用米熬的,统称	0390 面粉麦子磨的,统称
01 杭州	饭 vɛ^{13}	粥 tsoʔ^{5}	面粉 miɛ^{13} fəŋ^{53}
02 嘉兴	饭 vᴇ^{113}	粥 tsoʔ^{5}	面粉 mie^{24} fəŋ^{21}
03 嘉善	饭 vɛ^{113}	粥 tsuoʔ^{5}	面粉 miɪ^{55} fən^{0}
04 平湖	饭 vɛ^{213}	粥 tsoʔ^{5}	面粉 miɛ^{24} fən^{0}
05 海盐	饭 vɛ^{213}	粥 tsɔʔ^{5}	面粉 miɛ^{13} fən^{21}
06 海宁	饭 vɛ^{13}	粥 tsoʔ^{5}	面粉 mie^{33} fəŋ^{53}
07 桐乡	饭 vɛ^{213}	粥 tsɔʔ^{5}	面粉 miᴇ^{21} fəŋ^{53}
08 崇德	饭 vɛ^{13}	粥 tsɔʔ^{5}	面粉 miɪ^{21} fəŋ^{53}
09 湖州	饭 vɛ^{24}	粥 tsuoʔ^{5}	面粉 mie^{33} fən^{35}
10 德清	饭 vɛ^{113}	粥 tsuoʔ^{5}	面粉 mie^{33} fen^{35}
11 武康	饭 vɛ^{113}	粥 tsuoʔ^{5}	麦粉 mɜʔ^{2} fen^{53}
12 安吉	饭 vᴇ^{213}	粥 tsoʔ^{5}	麦粉 məʔ^{2} fəŋ^{52}
13 孝丰	饭 vɛ^{213}	粥 tsuoʔ^{5}	麦粉 maʔ^{2} fəŋ^{52}
14 长兴	饭 vᴇ^{24}	粥 tsoʔ^{5}	面粉 mi^{32} fəŋ^{24}
15 余杭	饭 vɛ^{213}	粥 tsoʔ^{5}	面粉 miẽ^{33} fiŋ^{35}
16 临安	饭 vɛ^{33}	粥 tsuɔʔ^{5}	麦粉 mɐʔ^{2} feŋ^{35}
17 昌化	饭 vã^{243}	粥 tsuəʔ^{5}	麦粉 maʔ^{2} fəŋ^{453}
18 於潜	饭 vɛ^{24}	粥 tsuəʔ^{53}	麦粉 mɑʔ^{2} feŋ^{53}
19 萧山	饭 vɛ^{242}	粥 tɕyoʔ^{5}	面粉 mie^{13} fəŋ^{33}
20 富阳	饭 vɛ̃^{224}	粥 tɕyoʔ^{5}	麦粉 maʔ^{2} fən^{335}
21 新登	饭 vɛ^{13}	粥 tsɔʔ^{5}	麦粉 maʔ^{2} feiŋ^{45}
22 桐庐	饭 vã^{24}	粥 tɕyəʔ^{5}	面粉 mie^{13} fəŋ^{55}
23 分水	饭 vã^{13}	粥 tsuəʔ^{5}	麦粉 maʔ^{12} fən^{44}
24 绍兴	饭 vɛ̃^{22}	粥 tsoʔ^{5}	麦粉 maʔ^{2} fẽ^{334}

续表

方言点	0388 米饭	0389 稀饭用米熬的，统称	0390 面粉麦子磨的，统称
25 上虞	饭 vɛ̃^{31}	粥 tsoʔ^{5}	面粉 miẽ^{21} fəŋ^{35}
26 嵊州	饭 uɛ̃^{24}	粥 tsoʔ^{5}	麦粉 maʔ^{2} feŋ^{53}
27 新昌	饭 uɛ̃^{13}	粥 tsɤʔ^{5}	麦粉 maʔ^{2} feŋ^{453}
28 诸暨	饭 vɛ^{33}	粥 tsoʔ^{5}	麦粉 maʔ^{21} fɛn^{42}
29 慈溪	饭 vɛ̃^{13}	粥 tsoʔ^{5}	麦粉 maʔ^{2} fəŋ^{44}
30 余姚	饭 vã^{13}	粥 tsoʔ^{5}	麦粉 maʔ^{2} fə̃^{0}
31 宁波	饭 vɛ^{13}	粥 tsoʔ^{5}	麦粉 maʔ^{2} fəŋ^{35}
32 镇海	饭 vɛ^{24}	粥 tsoʔ^{5}	面粉 mi^{22} fəŋ^{35}
33 奉化	饭 vɛ^{31}	粥 tsoʔ^{5}	洋粉 iã^{33} fəŋ^{53}
34 宁海	饭 vɛ^{24}	粥 tɕioʔ^{5}	麦粉 maʔ^{3} fəŋ^{53} 粉 fəŋ^{53}
35 象山	饭 vɛ^{13}	粥 tɕyoʔ^{5}	麦粉 maʔ^{2} fəŋ^{44}
36 普陀	饭 vɛ^{13}	粥 tsoʔ^{5}	面粉 mi^{11} fɐŋ^{55}
37 定海	饭 vɛ^{13}	粥 tsoʔ^{5}	洋粉 iã^{23} fɐŋ^{0} 老 面粉 mi^{11} fɐŋ^{44} 新
38 岱山	饭 vɛ^{213}	粥 tsoʔ^{5}	洋粉 iã^{31} fɐŋ^{0} 老 面粉 mi^{11} fɐŋ^{44} 新
39 嵊泗	饭 vɛ^{213}	粥 tsoʔ^{5}	洋粉 iã^{24} fɐŋ^{0} 老 面粉 mi^{11} fɐŋ^{45} 新
40 临海	饭 vɛ^{324}	粥 tɕyo^{353} 小	粉 fəŋ^{52}
41 椒江	饭 vɛ^{24}	粥儿 tsoŋ^{51}	麦粉 maʔ^{2} fəŋ^{42}
42 黄岩	饭 vɛ^{24}	粥儿 tsoŋ^{51}	洋粉 iã^{13} fən^{42}
43 温岭	饭 vɛ^{13}	粥儿 tɕyuŋ^{51}	麦粉 maʔ^{2} fən^{42}
44 仙居	饭 va^{24}	粥 tɕyɔʔ^{5}	麦面 maʔ^{23} mie^{24}
45 天台	饭 ve^{35}	粥 tɕyuʔ^{5}	小麦粉 ɕiau^{32} maʔ^{2} fəŋ^{325}

续表

方言点	0388 米饭	0389 稀饭用米熬的，统称	0390 面粉麦子磨的，统称
46 三门	饭 vɛ^{243}	粥 tɕioʔ^{5}	小麦粉 ɕiɑu^{32} mɐʔ^{2} fəŋ^{325}
47 玉环	饭 vɛ^{22}	粥儿 tɕioŋ^{53}	面粉 mie^{22} fəŋ^{42}
48 金华	饭 vɑ^{14}	粥 tɕioʔ^{4}	麦粉 məʔ^{21} fəŋ^{535}
49 汤溪	饭 vɤa^{341}	粥 tɕiou^{55}	麦粉 ma^{11} fã^{535}
50 兰溪	饭 via^{24}	粥 tɕyɤʔ^{34}	麦粉 məʔ^{12} fæ̃^{55}
51 浦江	饭 vɑ̃^{24}	粥 tɕyɯ^{423}	面屑 mɑ^{11} sɯ^{53}
52 义乌	饭 bɔ^{24}	粥 tsau^{324}	面塕 mie^{24} oŋ^{423}
53 东阳	米饭 mi^{22} vɔ^{53}	粥 tɕiou^{334}	麦粉 ma^{23} fɐn^{33}
54 永康	饭 vɑ^{241}	粥 tsu^{334}	麦面 mai^{33} mie^{241}
55 武义	饭 vuo^{231}	粥 tsɔʔ^{5}	麦面 ma^{53} mie^{231}
56 磐安	饭 vɒ^{14}	粥 tɕiʌo^{334}	麦面 ma^{14} mie^{52} 麦粉 ma^{14} fɐn^{334}
57 缙云	饭 vɑ^{213}	粥 tsou^{322}	麦面 ma^{51} miɛ^{213}
58 衢州	饭 vã^{231}	粥 tʃyəʔ^{5}	面粉 miẽ^{231} fən^{35}
59 衢江	饭 vã^{231}	粥 tɕyəʔ^{5}	面粉 mie^{22} fɛ^{25}
60 龙游	饭 vã^{231}	粥 tsɔʔ^{4}	细麦粉 ɕia^{33} məʔ^{2} fən^{35}
61 江山	饭 vaŋ^{31}	粥 tɕioʔ^{5}	麦粉 maʔ^{2} fɛ̃^{241}
62 常山	饭 vã^{131}	粥 tsɤʔ^{5}	面粉 miɛ̃^{22} fã^{52}
63 开化	饭 vã^{213}	粥 tɕyoʔ^{5}	面粉 miɛ̃^{21} fɛn^{53} 麦粉 maʔ^{2} fɛn^{53}
64 丽水	饭 vã^{131}	粥 tɕiuʔ^{5}	麦面 maʔ^{21} miɛ^{131} 老 面粉 miɛ^{22} fen^{544} 新
65 青田	饭 vɑ^{22}	白粥 bɛʔ^{3} tɕiuʔ^{42}	麦粉 mɛʔ^{3} faŋ^{454}
66 云和	饭 vã^{223}	粥 tɕiəɯʔ^{5}	麦面 maʔ^{23} miɛʔ^{23}
67 松阳	饭 võ^{13}	粥 tɕioʔ^{5}	麦粉 maʔ^{2} fen^{212}

续表

方言点	0388 米饭	0389 稀饭用米熬的，统称	0390 面粉麦子磨的，统称
68 宣平	饭 vɑ̃^{231}	粥 tɕyəʔ^{5}	面粉 miɛ^{22} fən^{445}
69 遂昌	饭 vaŋ^{213}	粥 tɕiuʔ^{5}	麦粉 miaʔ^{23} fəŋ^{533} 老 面粉 miɛ̃^{13} fəŋ^{533} 新
70 龙泉	饭 vaŋ^{224}	粥 tɕiɤɯʔ^{5}	面粉 miᴇ^{21} fɛn^{51}
71 景宁	饭 vɔ^{113}	粥 tɕiuʔ^{5}	面粉 miɛ^{55} fəŋ^{33}
72 庆元	饭 fɑ̃^{31}	粥 tɕiɯʔ^{5}	面灰 miɑ̃^{33} xuæi^{335} 老 面粉 miɑ̃^{33} fəŋ^{33} 新
73 泰顺	饭 uã^{22}	白粥 paʔ^{2} tɕiəuʔ^{5}	面粉 miã^{21} foŋ^{55}
74 温州	饭 va^{22}	粥 tɕiɤu^{323}	飞面 fei^{33} mi^{14}
75 永嘉	饭 va^{22}	粥 tɕiəu^{44}	麦粉 ma^{21} faŋ^{45}
76 乐清	饭 vᴇ^{22}	粥 tɕiu^{323}	面粉 miᴇ^{31} faŋ^{35}
77 瑞安	饭 vɔ^{22}	白粥 ba^{13} tsou^{323}	面粉 mi^{31} faŋ^{35}
78 平阳	饭 vɔ^{33}	白粥 bᴀ^{13} tʃɛu^{13}	面粉 mie^{33} faŋ^{35}
79 文成	饭 vɔ^{424}	饭粥 vɔ^{42} tʃou^{13}	面粉 mie^{33} faŋ^{45}
80 苍南	饭 ua^{11}	饭粥 ua^{11} tsu^{223}	面粉 miɛ^{31} faŋ^{53}
81 建德徽	饭 fɛ^{55}	粥 tɕyɐʔ^{5}	麦粉 mɑ^{21} fən^{213}
82 寿昌徽	饭 fɤ^{33}	糜 mɤ^{112}	麦粉 məʔ^{3} fen^{24}
83 淳安徽	饭 fɑ̃^{53}	粥 tsoʔ^{5}	麦粉 mɑʔ^{13} fen^{55}
84 遂安徽	饭 fɑ̃^{52}	粥 tsu^{24}	麦粉 ma^{21} fəŋ^{24}
85 苍南闽	米糜 bi^{21} mãĩ^{55}	袜$^{=}$ bə^{24}	面粉 mĩ^{21} hun^{43}
86 泰顺闽	白饭 pa^{22} pɔi^{31}	白粥 pa^{22} tsøʔ^{5}	面粉 mie^{21} fəŋ^{344}
87 洞头闽	糜 mãĩ^{33}	沫 bə^{24}	面粉 mĩ^{212} hun^{53}
88 景宁畲	饭 pʰɔn^{51}	糜 moi^{22}	面粉 mien^{51} puən^{325}

方言点	0391 面条统称	0392 面儿玉米～,辣椒～	0393 馒头无馅的,统称
01 杭州	面条 miɛ^{13} diɔ^{53}	粉 fəŋ^{53}	实心馒头 zaʔ^{2} ɕiŋ^{33} muo^{55} dei^{0}
02 嘉兴	面 mie^{113}	粉 fəŋ^{544}	馒头 mə^{21} dei^{33}
03 嘉善	面 miɪ^{113}	粉 fən^{44}	面包 miɪ^{55} pɔ^{0}
04 平湖	面 miɛ^{213}	粉 fən^{44}	馒头 mø^{24} dəɯ^{53}
05 海盐	面 miɛ^{213}	粉 fən^{423}	馒头 mɤ^{24} de^{53}
06 海宁	面羹 mie^{33} kɑ̃^{53}	粉 fəŋ^{53}	面包 mie^{33} pɔ^{53}
07 桐乡	面羹 miᴇ^{21} kã^{53} 面 miᴇ^{213}	粉 fəŋ^{53}	包子 pɔ^{44} tsɿ^{44} 馒头 mᴇ^{21} dɤɯ^{44}
08 崇德	面羹 miɪ^{21} kã^{334} 面 miɪ^{13}	粉 fəŋ^{53}	馒头 mᴇ^{21} dɤɯ^{44} 麦麦 maʔ^{23} maʔ^{53}
09 湖州	面 mie^{35}	粉 fən^{523}	实心馒头 zəʔ^{2} ɕin^{44} mɛ^{43} døʉ^{0}
10 德清	面羹 mie^{33} kã^{35}	粉 fen^{52}	面包 mie^{33} pɔ^{35}
11 武康	面羹 miɪ^{33} kã^{35}	粉 fen^{53}	包子 pɔ^{44} tsɿ^{44}
12 安吉	面 mi^{213}	粉 fəŋ^{52}	馒头 mᴇ^{22} dəɪ^{22}
13 孝丰	面 miɪ^{324}	粉 fəŋ^{52}	馒头 mɛ^{22} dəɪ^{22}
14 长兴	面 mi^{324}	粉 fəŋ^{52}	馒头 mɯ^{12} dei^{33}
15 余杭	面 miẽ^{213}	粉 fiŋ^{35}	馒头 mo^{31} døʏ^{13}
16 临安	麦面 mɐʔ^{2} mie^{13}	粉 feŋ^{55}	馒头 mə^{33} də^{13}
17 昌化	面 miĩ^{243} 面条 miĩ^{23} diɔ^{453}	粉 fəŋ^{453}	馒头 mɛ̃^{11} di^{112}
18 於潜	面 mie^{24}	粉 feŋ^{51}	面包 mie^{24} pɔ^{53}
19 萧山	面 mie^{242}	粉 fəŋ^{33}	包子 po^{33} tsɿ^{21} 刀切 tɔ^{33} tɕʰieʔ^{5}
20 富阳	面 miɛ̃^{335}	粉 fən^{423}	馒头 mɛ̃^{13} dei^{55}
21 新登	面 miɛ̃^{13}	粉 feiŋ^{334}	馒头 mɛ̃^{233} dəu^{233}

续表

方言点	0391 面条统称	0392 面儿玉米～，辣椒～	0393 馒头无馅的，统称
22 桐庐	面条 mie^{13} diɔ^{55}	粉 fəŋ^{33}	馒头 me^{21} dei^{35}
23 分水	面条 miɛ̃^{24} diɔ^{21}	面 miɛ̃^{13}	面包 miɛ̃^{24} pɔ^{44}
24 绍兴	面 miẽ^{22}	粉 fẽ^{334}	面包 miẽ^{22} pɔ^{33}
25 上虞	面 miẽ^{31}	池=甲=头 dzɿ^{21} kɐʔ^{2} dɤ^{213}	面包 miẽ^{21} pɔ^{0}
26 嵊州	麦面 maʔ^{2} miẽ^{24}	粉 feŋ^{53}	淡馒头 dɛ̃^{24} mœ̃^{44} dʏ^{31}
27 新昌	麦面 maʔ^{2} miɛ̃^{13}	粉 feŋ^{453}	淡馒头 dɛ̃^{22} mœ̃^{45} diɯ^{31}
28 诸暨	面 mie^{33}	粉 fɛn^{42}	淡馒头 dɛ^{13} mə^{42} dei^{42} 淡面包 dɛ^{13} mie^{33} pɔ^{21}
29 慈溪	面 miẽ^{13}	粉 fəŋ^{35}	淡包 dɛ^{11} pɔ^{44}
30 余姚	面 miẽ^{13}	粉 fə̃^{34}	淡包 dã^{13} pɔ^{44}
31 宁波	面 mi^{13}	面 mi^{13}	淡包 dɛ^{13} pɔ^{44}
32 镇海	面 mi^{24}	粉 fəŋ^{35}	淡包 dɛ^{22} pɔ^{44}
33 奉化	面 mi^{31}	粉 fəŋ^{545}	淡包 dɛ^{31} pʌ^{53}
34 宁海	面 mie^{24}	粉 fəŋ^{53}	麦糕 maʔ^{3} kau^{35}
35 象山	面 mi^{13}	面 mi^{13}	麦糕 maʔ^{2} kɔ^{44}
36 普陀	面 mi^{13}	粉 fɐŋ^{45}	馒头 mø^{33} deu^{53}
37 定海	面 mi^{13}	粉 fɐŋ^{45}	淡包 dɛ^{23} pɔ^{0}
38 岱山	面 mi^{213}	粉 fɐŋ^{325}	淡包 dɛ^{23} pɔ^{52}
39 嵊泗	面 mi^{213}	粉 fɐŋ^{445}	馒头 mʏ^{33} dœʏ^{53}
40 临海	面 mi^{324}	糊 u^{353}小	馒头 mɛ^{31} də^{51}
41 椒江	面 mie^{24}	粉 fəŋ^{51}小	馒头 mɛ^{22} dio^{41} 馒头段 mɛ^{22} dio^{22} dø^{44}
42 黄岩	面 mie^{24}	粉 fən^{51}小	馒头段 mɛ^{13} dio^{22} dø^{44}
43 温岭	面 mie^{13}	粉 fən^{51}小	馒头 mɛ^{24} dɤ^{41}

续表

方言点	0391 面条统称	0392 面儿玉米～，辣椒～	0393 馒头无馅的，统称
44 仙居	面 mie^{24}	粉 fen^{53}小	馒头 ma^{353}dəɯ^{0}
45 天台	面 mie^{33}	粉 fəŋ^{325}	馒头段 me^{22}deu^{22}dø^{31}
46 三门	面 mie^{243}	粉 fəŋ^{325}	糕头 kɑu^{33}dɤɯ^{33} 馒头 mɛ^{13}dɤɯ^{31}
47 玉环	面 mie^{22}	粉 fəŋ^{53}小	馒头 mɛ^{22}diɤ^{41}
48 金华	面 mie^{14}	粉 fəŋ^{535}	馒头 mɤ^{31}diu^{14}
49 汤溪	面 mie^{341}	粉 fã^{535}	馒头 mɤ^{11}təɯ^{52}
50 兰溪	面 mie^{24}	粉 fæ̃^{55}	馒头 mɤ^{21}dəɯ^{24}
51 浦江	面 miẽ^{24}	粉 fən^{53}	馒头 mɯ^{24}dɤ^{334}
52 义乌	面 mie^{24}	粉 fən^{423}	馒头 mɯ^{22}tɐɯ^{45}
53 东阳	面 mi^{24}	粉 fɐn^{53}	馒头 mɯ^{22}dəɯ^{53}
54 永康	索面 sɑu^{33}mie^{241}	面 mie^{241}	馒头 muo^{31}dəu^{22}
55 武义	索面 sɑu^{53}mie^{231}	粉 fen^{445}	馒头 muo^{32}dɑu^{31}
56 磐安	面 mie^{14}	粉 fɐn^{334}	馒头 mɯ^{21}tɐɯ^{52}
57 缙云	索面 sɔ^{51}miɛ^{213}	粉 fɑŋ^{51} 面 miɛ^{213}	馒头 mɛ^{21}diuŋ^{453}
58 衢州	面 miẽ^{231}	粉 fən^{35}	馒头 mə̃^{21}de^{231}
59 衢江	面 mie^{231}	粉 fɛ^{25}	馒头 mɛ^{22}ty^{53}圆形，用来夹肉 面包 mie^{22}pɔ^{33}长方形，实心
60 龙游	面 mie^{231}	粉 fən^{35}	馒头 mɛ^{224}dəɯ^{231}
61 江山	面 miɛ̃^{31}	粉 fɛ̃^{241}	面头 miɛ̃^{22}du^{213}
62 常山	面 miɛ̃^{131}	粉 fɔ̃^{52}	面包 miɛ̃^{22}pɔ^{44}
63 开化	面 miɛ̃^{213}	粉 fɛn^{53}	面包 miɛ̃^{21}pəɯ^{44} 馒头 mɛn^{21}tu^{53}
64 丽水	索面 səʔ^{5}miɛ^{0}	粉 fen^{544}	面包 miɛ^{22}pə^{224}

续表

方言点	0391 面条统称	0392 面儿玉米～，辣椒～	0393 馒头无馅的，统称
65 青田	面 miɑ^{22}	粉 faŋ^{454}	面包 miɑ^{22} ɓɔ^{445}
66 云和	洋面 iã^{31} mieʔ^{23}	粉 fəŋ^{41}	馒头 mɛ^{223} dəɯ^{312}
67 松阳	面 miɛ̃^{13}	粉 fen^{212}	面包 miɛ̃^{21} pɔ^{53}
68 宣平	索面 səʔ^{5} miɛ^{0}	粉 fən^{445}	馒头 mə^{22} dəɯ^{433}
69 遂昌	面 miɛ̃^{213}	粉 fəŋ^{533}	面包 miɛ̃^{22} pɐɯ^{45}
70 龙泉	面 miᴇ^{224}	粉 fɛn^{51}	馒头 maŋ^{45} diəu^{21}
71 景宁	面条 miɛ^{33} diɑu^{41}	粉 faŋ^{33}	馒头 mœ^{33} dəɯ^{41}
72 庆元	面 miɑ̃^{31}	粉 fəŋ^{33}	面包 miɑ̃^{33} ɓɒ^{335}
73 泰顺	面 miã^{22}	粉 foŋ^{55}	面包 miã^{21} pɑɔ^{213}
74 温州	面 mi^{22}	粉 faŋ^{25}	实心包 zai^{23} saŋ^{33} puɔ^{33}
75 永嘉	面 mi^{22}	粉 faŋ^{45}	面包 mi^{31} puɔ^{44}
76 乐清	面 miᴇ^{22}	粉 faŋ^{35}	面包 miᴇ^{31} pa^{44}
77 瑞安	面 mi^{22}	粉 faŋ^{35}	面包 mi^{31} pɔ^{44}
78 平阳	面 mie^{33}	粉 faŋ^{45}	面包 mie^{53} pɔ^{55}
79 文成	面 mie^{424}	粉 faŋ^{45}	面包 mie^{42} pɔ^{33}
80 苍南	面 miɛ^{11}	粉 faŋ^{53}	馒头 mø^{11} dɛu^{24}
81 建德徽	面 mie^{55}	粉 fən^{213}	馒头 mɛ^{33} tɤɯ^{33}
82 寿昌徽	面 mi^{33}	粉 fen^{24}	馒头 miæ^{11} tʰəɯ^{33}
83 淳安徽	面 miã^{53}	粉 fen^{55}	馒头 mã^{43} tʰɯ^{24}
84 遂安徽	面 miɑ̃^{52}	粉 fəŋ^{213}	面包 miɑ̃^{55} po^{55}
85 苍南闽	面 mĩ^{21}	粉 hun^{43}	馒头 mũã^{21} tʰau^{24}
86 泰顺闽	面 mie^{31}	面 mie^{31}	馒头 mæŋ^{21} tʰau^{22}
87 洞头闽	面 mĩ^{21}	粉 hun^{53}	面包 mĩ^{21} pau^{33}
88 景宁畲	面条 mien^{51} tiau^{22}	粉 puən^{325}	馒头 mɔn^{22} tʰiəu^{22}

方言点	0394 包子	0395 饺子	0396 馄饨
01 杭州	馒头 muo^{22}dei^{45}	水饺 suei^{55}tɕiɔ^{0}	馄饨 uəŋ^{22}dəŋ^{45}
02 嘉兴	包子 pɔ^{33}tsɿ^{21}	饺子 tɕiɔ^{33}tsɿ^{33}	馄饨 uəŋ^{21}dəŋ^{33}
03 嘉善	面包 miɪ^{55}pɔ^{0}	水饺 sɿ^{55}tɕiɔ^{0}	馄饨 uən^{13}dən^{31}
04 平湖	包子 pɔ^{55}tsɿ^{31}	饺子 tɕiɔ^{44}tsɿ^{53}	馄饨 vən^{24}dən^{53}
05 海盐	包子 pɔ^{53}tsɿ^{21}	饺子 tɕiɔ^{53}tsɿ^{334}	馄饨 uən^{24}dən^{53}
06 海宁	包子 pɔ^{55}tsɿ^{55}	水饺 sɿ^{55}tɕiɔ^{0}	馄饨 uəŋ^{33}dəŋ^{33}
07 桐乡	包子 pɔ^{44}tsɿ^{44}	饺子 tɕiɔ^{44}tsɿ^{0}	馄饨 uəŋ^{21}dəŋ^{44}
08 崇德	包子 pɔ^{44}tsɿ^{44}	饺子 tɕiɔ^{55}tsɿ^{0}	馄饨 uəŋ^{21}dəŋ^{44}
09 湖州	馅心馒头 ŋ̍ɛ^{53}ɕin^{44}mɛ^{43}døʉ^{0}	饺子 tɕiɔ^{53}tsɿ^{13}	馄饨 uən^{33}dən^{35}
10 德清	包子 pɔ^{44}tsɿ^{44}	饺子 tɕiɔ^{35}tsɿ^{0}	馄饨 uen^{11}den^{35}
11 武康	包子 pɔ^{44}tsɿ^{44}	饺子 tɕiɔ^{35}tsɿ^{53}	馄饨 uen^{11}den^{13}
12 安吉	包子 pɔ^{55}tsɿ^{55}	饺子 tɕiɔ^{52}tsɿ^{21}	馄饨 vəŋ^{22}dəŋ^{22}
13 孝丰	包子 pɔ^{44}tsɿ^{44}	饺子 tɕiɔ^{45}tsɿ^{21}	馄饨 uəŋ^{22}dəŋ^{22}
14 长兴	包子 pɔ^{44}tsɿ^{44}	水饺 sei^{45}tʃiɔ^{21}	馄饨 vəŋ^{12}dəŋ^{33}
15 余杭	圆子 iẽ^{31}tsɿ^{35}	饺子 tɕiɔ^{35}tsɿ^{0}	馄饨 uiŋ^{31}diŋ^{13}
16 临安	包子 pɔ^{53}tsɿ^{33}	水饺 suᴇ^{55}tɕiɔ^{53}	馄饨 ueŋ^{31}deŋ^{33}
17 昌化	馒头 mɛ̃^{11}di^{112}	水饺 sei^{45}tɕiɔ^{53} 饺子 tɕiɔ^{45}tsɿ^{53}	馄饨 uəŋ^{11}dɛ̃^{112}
18 於潜	包子 pɔ^{43}tsɿ^{454}	饺子 tɕiɔ^{53}tsɿ^{31}	馄饨 ueŋ^{22}deŋ^{24}
19 萧山	馒头 mə^{13}dio^{35}	饺子 tɕiɔ^{33}tsɿ^{21}	馄饨 uəŋ^{13}dəŋ^{33}
20 富阳	包子 pɔ^{55}tsɿ^{31}	饺子 tɕiɔ^{423}tsɿ^{335}	馄饨 uən^{13}dən^{55}
21 新登	包子 pɔ^{53}tsɿ^{334}	饺子 tɕiɔ^{334}tsɿ^{45}	馄饨 ueŋ^{233}deiŋ^{334}
22 桐庐	包子 pɔ^{35}tsɿ^{13}	饺子 tɕiɔ^{33}tsɿ^{13}	馄饨 uəŋ^{21}dəŋ^{13}
23 分水	包子 pɔ^{44}tsɿ^{0}	水饺 sue^{44}tɕiɔ^{53}	馄饨 xuən^{21}dən^{24}

续表

方言点	0394 包子	0395 饺子	0396 馄饨
24 绍兴	馒头 muø̃^{22}dɤ^{231}	饺子 tɕiɔ^{44}tseʔ^{3}	馄饨 uø̃^{22}dø̃^{231}
25 上虞	馒头 mø̃^{21}dɤ^{213}	水饺 sɿ^{33}tɕiɔ^{53}	馄饨 uəŋ^{33}dəŋ^{213}
26 嵊州	馒头 mœ̃^{22}dʏ^{231}	饺子 tɕiɔ^{44}tsɿ^{31}	汤包 tʰɔŋ^{53}pɔ^{334}
27 新昌	馒头 mœ̃^{13}diɯ^{33}	饺子 tɕiɔ^{45}tsɿ^{31}	汤包 tʰɔ̃^{45}pɔ^{534}
28 诸暨	馒头 mə^{21}dei^{242}	饺子 tɕiɔ^{42}tsɿ^{21}	馄饨 vɛn^{21}den^{242}
29 慈溪	包子 pɔ^{35}tsɿ^{0}	饺子 tɕiɔ^{35}tsɿ^{0}	馄饨 uəŋ^{11}dəŋ^{13}
30 余姚	包子 pɔ^{44}tsɿ^{34}	饺子 tɕiɔ^{44}tsɿ^{53}	馄饨 uə̃^{13}də̃^{13}
31 宁波	包子 pɔ^{44}tsɿ^{44}	饺子 tɕio^{44}tsɿ^{44}	馄饨 uəŋ^{13}dəŋ^{0}
32 镇海	包子 pɔ^{33}tsɿ^{53}	水饺 sɥ^{35}tɕio^{0}	馄饨 uəŋ^{22}dəŋ^{22}
33 奉化	包子 pʌ^{44}tsɿ^{44}	饺子 tɕiɔ^{44}tsɿ^{44}	馄饨 uəŋ^{33}dəŋ^{31}
34 宁海	包子 pau^{33}tsɿ^{35}	饺 tɕieu^{53}	馄饨 uəŋ^{21}dəŋ^{31}
35 象山	包子 pɔ^{44}tsɿ^{35}	饺子 tɕio^{44}tsɿ^{35}	馄饨 uəŋ^{31}dəŋ^{13}
36 普陀	包子 pɔ^{33}tsɿ^{45}	饺子 tɕiɔ^{33}tsɿ^{45}	馄饨 uɐŋ^{33}dɐŋ^{53}
37 定海	包子 pɔ^{33}tsɿ^{45}	饺子 tɕio^{33}tsɿ^{45}	馄饨 uɐŋ^{33}dɐŋ^{52}
38 岱山	包子 pɔ^{52}tsɿ^{0}	饺子 tɕio^{52}tsɿ^{0}	馄饨 uɐŋ^{33}dɐŋ^{52}
39 嵊泗	包子 pɔ^{44}tsɿ^{0}	饺子 tɕio^{44}tsɿ^{0}	馄饨 uɐŋ^{33}dɐŋ^{53}
40 临海	馒头 mɛ^{31}də^{51}	（无）	馄饨 uəŋ^{33}dəŋ^{51}
41 椒江	馒头 mɛ^{22}dio^{41}	饺 tɕiɔ^{51} 小	馄饨 uəŋ^{33}døŋ^{41}
42 黄岩	馒头 mɛ^{13}dio^{41}	饺 tɕiɔ^{51} 小	馄饨 uən^{33}døn^{41}
43 温岭	肉包馒头 n̠yoʔ^{2}pɔ^{33}mɛ^{24}dɤ^{41}	饺 tɕiɔ^{51} 小	馄饨 uən^{35}døn^{41}
44 仙居	咸酸馒头 a^{33}sø^{33}ma^{353}dəɯ^{0}	水饺 ɕy^{31}tɕiɐɯ^{53} 敲=饺 kʰɐɯ^{33}tɕiɐɯ^{53} 煎饺	面食 mie^{33}ʑiəʔ^{23}
45 天台	包 pau^{31}	饺 kieu^{31}	馄饨 uəŋ^{33}nəŋ^{0}
46 三门	包子 pɑu^{52}tsɿ^{0}	水饺 sɥ^{32}tɕiɑu^{52}	馄饨 uəŋ^{13}dəŋ^{31}

续表

方言点	0394 包子	0395 饺子	0396 馄饨
47 玉环	面包 mie^{22} pɔ^{35} 小	饺 tɕiɔ^{53} 小	馄饨 uəŋ^{33} dəŋ^{41}
48 金华	包子 pɑo^{33} tsɿ^{55}	水饺 ɕy^{53} tɕiɑo^{535}	馄饨 uəŋ^{31} dəŋ^{14}
49 汤溪	包子 pɔ^{24} tsɿ^{0}	水饺 ɕyei^{52} tɕiɔ^{535}	馄饨 uã^{11} tã^{52}
50 兰溪	包子 pɔ^{334} tsɿ^{45}	饺子 tɕiɔ^{45} tsɿ^{0}	馄饨 uæ̃^{21} dæ̃^{24}
51 浦江	包子 po^{33} tsɿ^{53}	饺子 tɕiɑ^{55} tsɿ^{55}	馄饨 uən^{24} lən^{334} "饨"声殊
52 义乌	包子 pɯɤ^{33} tsɿ^{45} 肉馒头 ȵiau^{24} mɯ^{22} dɐɯ^{24}	饺子 tɕiau^{45} tsɿ^{44} 麦饺儿 mɛ^{24} kɔn^{324}	馄饨 uən^{22} tən^{45}
53 东阳	包子 pɐɯ^{33} tsɿ^{35}	饺子 tɕiɐɯ^{44} tsɿ^{33}	馄饨 uɐn^{22} dɐn^{53}
54 永康	包子 ɓɑu^{33} tsɿ^{52}	饺子 tɕiɑu^{52} tsɿ^{0}	馄饨 uəŋ^{31} dəŋ^{22}
55 武义	包子 pɑu^{32} tsɿ^{53}	饺子 tɕiɑu^{53} tsɿ^{0}	馄饨 uen^{32} den^{231}
56 磐安	包子儿 po^{33} tsɿn^{52}	饺子 tɕiʌo^{55} tsɿ^{0}	馄饨 uɐn^{21} tɐn^{52}
57 缙云	包子 pɔ^{44} tsɿ^{453}	水饺 sʮ^{51} tɕiəɤ^{453}	面饺 miɛ^{21} tɕiəɤ^{453}
58 衢州	包子 pɔ^{32} tsɿ^{35}	饺子 tɕiɔ^{35} tsɿ^{21}	扁食 piẽ^{35} ʒyəʔ^{12}
59 衢江	包子 pɔ^{33} tsɿ^{53}	饺子 tɕiɔ^{25} tsɿ^{31}	馄饨 uɛ^{22} tɛ^{53}
60 龙游	包子 pɔ^{33} tsɿ^{51}	饺子 tɕiɔ^{35} tsɿ^{21}	馄饨 uei^{224} dei^{231}
61 江山	包子 pɐɯ^{44} tsə^{241}	饺子 kiɐɯ^{44} tsə^{241}	扁食 piɛ̃^{44} ʑiᴇʔ^{2}
62 常山	包子 pɔ^{45} tsɿ^{0}	饺子 tɕiɔ^{52} tsɿ^{0}	扁食 piɛ̃^{43} zeʔ^{34}
63 开化	包子 pəɯ^{44} tsɿ^{53}	饺子 tɕiəɯ^{53} tsɿ^{0}	扁食 piɛ̃^{44} ʑiɛʔ^{13}
64 丽水	馒头 mɛ^{21} təɯ^{52}	水饺 sʮ^{44} tɕiə^{544}	面食 miɛ^{21} ʑiʔ^{23} 老 馄饨 uen^{21} ten^{52} 新
65 青田	馒头 muɐ^{55} deu^{53}	饺子 tɕiœ^{33} tsɿ^{454}	面食 miɑ^{22} iʔ^{31}
66 云和	馒头 mɛ^{223} dəɯ^{312} 老 包子 pɑɔ^{44} tsɿ^{41} 新	水饺 sʮ^{44} tɕiɑɔ^{41}	面食 miɛ^{223} ʑiʔ^{23}
67 松阳	包子 pɔ^{24} tsɿə^{212}	饺子 tɕiɔ^{24} tsɿə^{212}	面食 miɛ̃^{33} ʑiʔ^{2}
68 宣平	包子 pɔ^{32} tsɿ^{52}	饺子 tɕiɔ^{55} tsɿ^{0}	面食 miɛ^{43} ʑiəʔ^{23}

续表

方言点	0394 包子	0395 饺子	0396 馄饨
69 遂昌	包子 pɐɯ^{45}tsɿ^{0}	饺子 tɕiɐɯ^{45}tsɿ^{0}	面食 miɛ̃^{22}ʑiʔ^{23}
70 龙泉	包子 pɑʌ^{45}tsɿ^{51}	饺子 dʑiɑʌ^{21}tsɿ^{51}	馄饨 uo^{45}dɯə^{21}
71 景宁	包子 pɑu^{55}tsɿ^{33}	饺子 tɕʰiɑu^{55}tsɿ^{33}	面食 miɛ^{55}zɿʔ^{23}
72 庆元	包子 ɓɒ^{335}tsɿ^{33}	水饺 ɕy^{33}tɕiɒ^{33}	馄饨 uæ̃^{52}tæ̃^{52}
73 泰顺	包 pɑɔ^{213}	饺子 tɕiɑɔ^{22}tsɿ^{55}	馄饨 uəŋ^{21}təŋ^{53}
74 温州	馒头 mø^{22}dɤu^{223}	饺儿 tɕiɛ^{42}ŋ^{1}	馄饨 vaŋ^{22}daŋ^{223}
75 永嘉	馒头 mø^{22}dəu^{21}	饺子 tɕyə^{53}tsɿ^{45}	馄饨 vaŋ^{22}daŋ^{21}
76 乐清	馒头 mɤ^{22}diu^{223}	水饺 sy^{42}tɕiɤ^{35}	馄饨 vaŋ^{22}daŋ^{223}
77 瑞安	馒头 mø^{22}dou^{21}	饺儿 kɔ^{53}ŋ^{0}	馄饨 vaŋ^{22}daŋ^{21}
78 平阳	馒头 mɵ^{21}dɛu^{13}	饺子 tɕye^{33}tsɿ^{35}	馄饨 vaŋ^{21}daŋ^{13}
79 文成	包子 po^{33}tsɿ^{45}	饺子 tɕyø^{33}tsɿ^{45}	馄饨 yɵn^{212}daŋ^{33}
80 苍南	面包 miɛ^{31}pa^{44}	饺子 tɕyɔ^{42}tsɿ^{53}	馄饨 uaŋ^{11}daŋ^{24}
81 建德$_{徽}$	包子 pɔ^{53}tsɿ^{213}	饺儿 tɕiɔ^{55}n^{0}	馄饨 uen^{33}tən^{33}
82 寿昌$_{徽}$	包子 pəɯ^{11}tsɿ^{24}	饺子 tɕiɤ^{24}tsɿ^{55}	馄饨 uen^{11}tʰen^{33}
83 淳安$_{徽}$	包子 pɤ^{24}tsɿ^{21}	饺子 tɕiɤ^{55}tsɿ^{21}	馄饨 ven^{43}tʰen^{24}
84 遂安$_{徽}$	包子 po^{55}tsɿ^{33}	饺子 tɕiɑ^{213}tsɿ^{24}	云吞 uəŋ^{33}tʰəŋ^{33}
85 苍南$_{闽}$	包 pau^{55}	饺团 kiau^{33}kã^{43}	馄饨 hun^{21}tʰun^{24}
86 泰顺$_{闽}$	面包 mie^{22}pau^{213}	饺子 tɕiøu^{21}tsɿ^{344}	馄饨 uəŋ^{21}tieŋ^{22}
87 洞头$_{闽}$	馒头 mã^{212}tʰau^{33}	饺子 tɕiau^{33}tsɿ^{42}	馄饨 uan^{212}tʰan^{24}
88 景宁$_{畲}$	包子 pau^{44}tsɿ^{325}	饺子 tɕiau^{44}tsɿ^{325}	面食 mien^{51}ɕiʔ^{2}

方言点	0397 馅儿	0398 油条长条形的,旧称	0399 豆浆
01 杭州	馅子 ɛ^{13}tsɿ^{53}	油条 y^{22}diɔ^{45}	浆儿 tɕiaŋ^{33}əl^{45}
02 嘉兴	馅子 ᴇ^{33}tsɿ^{33}	油爍桧 iu^{21}tsᴀʔ^{5}kuei^{21} 油条 iu^{21}diɔ^{33}	豆腐浆 dei^{21}vu^{24}tɕiÃ^{21}
03 嘉善	馅子 ɛ^{35}tsɿ^{55}小	油爍桧 iə^{13}zaʔ^{2}kuɛ^{0}	豆腐浆 də^{22}u^{13}tɕiæ̃^{0}
04 平湖	馅子 ɛ^{44}tsɿ^{53}	油爍桧 iəɯ^{24}zaʔ^{0}kɯ^{0}	豆腐浆 dəɯ^{24}vu^{44}tsiã^{0}
05 海盐	馅头 ɛ^{53}de^{31}	油爍桧 io^{24}zaʔ^{5}kue^{21}	豆腐浆 de^{21}u^{55}tɕiɛ̃^{21}
06 海宁	馅子 ɛ^{55}tsɿ^{53}	油爍桧 iəu^{33}zaʔ^{2}kue^{0}	豆腐浆 dəu^{33}vu^{13}tɕiã^{0}
07 桐乡	馅子 ɛ^{24}tsɿ^{44}	油爍桧 iɤɯ^{21}zaʔ^{23}kuei^{53} 油条 iɤɯ^{21}diɔ^{44}	豆腐浆 dɤɯ^{21}u^{44}tsiã^{0}
08 崇德	馅子 ɛ^{55}tsɿ^{0}	油爍桧 iɤɯ^{21}zaʔ^{23}kuᴇ^{0}	豆腐浆 dɤɯ^{21}u^{33}tɕiã^{53}
09 湖州	馅心 ŋɛ^{53}ɕin^{13}	油爍桧 iʉ^{33}zaʔ^{2}kuɛ^{24} 油条 iʉ^{33}diɔ^{35}	豆腐浆 døʉ^{33}vəu^{0}tɕiã^{35}
10 德清	馅心 ŋɛ^{35}ɕin^{0}	油爍桧 iʉ^{11}za^{11}kuɛ^{35}	豆腐浆 døʉ^{11}vu^{11}tɕiã^{35}
11 武康	馅心 ŋɛ^{35}ɕin^{53}	油爍桧 iø^{11}zɜʔ^{2}xuɛ^{35}	豆腐浆 dø^{11}u^{13}tɕiã^{35}
12 安吉	馅心 ŋᴇ^{52}ɕiŋ^{21}	油条 iu^{22}diɔ^{22}	豆腐浆 dəɪ^{21}u^{22}tɕiã^{213}
13 孝丰	馅心 ɛ^{45}ɕiŋ^{21}	油爍桧 iu^{22}zaʔ^{2}kue^{22}	豆腐浆 dəɪ^{22}vu^{22}tɕiã^{24}
14 长兴	馅心 ŋᴇ^{45}ʃiŋ^{21}	油条 iʏ^{12}diɔ^{33}	豆浆 dei^{21}tʃiã^{24}
15 余杭	馅子 ŋɛ^{35}tsɿ^{0}	油条 iʏ^{13}diɔ^{33}	豆腐浆儿 døʏ^{33}vu^{33}tsiɑ̃^{55}n^{33}
16 临安	馅子 ŋɛ^{33}tsɿ^{53}	油条 yœ^{33}diɔ^{33}	豆腐浆 də^{33}vu^{33}tɕiã^{31}
17 昌化	馅 ɔ̃^{243}	油条 i^{11}diɔ^{112}	豆腐浆 di^{23}vu^{45}tɕiã^{334} 豆浆 di^{23}tɕiã^{334}
18 於潜	馅子 xɛ^{22}tsɿ^{454}	油条 iəu^{22}diɔ^{24}	豆浆 diəu^{24}tɕiaŋ^{53}
19 萧山	馅子 ŋɛ^{35}tsɿ^{21}	油条 io^{13}dio^{42}	浆儿 tɕiã^{33}ɭ^{33}
20 富阳	馅子 ŋã^{224}tsɿ^{335}	丝瓜筋 sɿ^{55}kuo^{55}tɕin^{55}	豆浆 dei^{224}tɕiɑ̃^{335}
21 新登	馅子 ɛ^{334}tsɿ^{45}	丝瓜筋 sɿ^{53}kua^{334}tɕiŋ^{45}	豆腐浆 dɛ^{21}u^{13}tɕiɑ̃^{45}

续表

方言点	0397 馅儿	0398 油条长条形的，旧称	0399 豆浆
22 桐庐	馅 ɕie^{35}	油条 iəu^{21} diɔ^{13}	豆浆 dei^{13} tɕiã^{55}
23 分水	馅 iɛ̃^{13}	油条 iɵ^{21} diɔ^{24}	浆 tɕiã^{44}
24 绍兴	馅子 ɛ̃^{24} tseʔ^{3}	麻花 mo^{22} huo^{53}	豆腐浆 dɤ^{22} u^{22} tɕiaŋ^{33}
25 上虞	馅子 ɛ̃^{21} tsɿ^{53}	麻虾= mo^{21} ho^{35}	豆腐浆 dɤ^{21} vu^{0} tɕiã^{33}
26 嵊州	馅子 ɛ̃^{24} tsɿ^{53}	油煠棍 iʏ^{22} zəʔ^{2} kuəŋ^{53}	豆腐浆 dʏ^{22} u^{33} tɕiaŋ^{334}
27 新昌	馅 ɛ̃^{232}	油炸棍 iɯ^{13} tsaʔ^{3} kueŋ^{53}	豆腐浆 diɯ^{22} u^{33} tɕiaŋ^{335}
28 诸暨	馅 ŋɛ^{242}	油煠棍 iʉ^{21} zaʔ^{21} kuɛn^{42} 油条 iʉ^{21} diɔ^{242}	豆腐浆 dei^{13} vu^{33} tɕiã^{33}
29 慈溪	馅子 ɛ̃^{11} tsɿ^{53}	油煠桧 iø^{13} zaʔ^{2} kue^{0}	豆腐浆 dø^{13} vu^{0} tɕiã^{35}
30 余姚	馅子 ã^{13} tsɿ^{53}	油煠桧 iø^{13} zaʔ^{2} kue^{44}	豆腐浆 dø^{13} vu^{13} tɕiaŋ^{44}
31 宁波	馅子 ɛ^{13} tsɿ^{0}	油煠桧 iʏ^{13} zaʔ^{2} kuɐi^{0}	豆腐浆 dœʏ^{13} vu^{0} tɕia^{44}
32 镇海	馅子 ɛ^{24} tsɿ^{0}	油煠桧 iu^{22} zaʔ^{2} kuei^{33}	豆腐浆 dei^{22} vu^{22} tɕiã^{44}
33 奉化	馅子 ɛ^{33} tsɿ^{44}	油煠骨= iʏ^{33} dzaʔ^{2} kuaʔ^{2}	豆腐浆 dæi^{31} vu^{33} tɕiã^{44}
34 宁海	馅子 e^{22} tsɿ^{53}	天萝絮 tʰie^{33} ləu^{21} sɿ^{35}	豆腐浆 diu^{22} vu^{22} tɕiã^{34}
35 象山	馅子 ɛ^{13} tsɿ^{44}	油煠桧 iu^{31} zaɿ^{2} kuei^{44}	豆腐浆 dɤɯ^{31} vu^{0} tɕiã^{44}
36 普陀	馅子 ɛ^{23} tsɿ^{0}	油条 ieu^{33} diɔ^{53}	豆浆 deu^{11} tɕiã^{55}
37 定海	馅子 ɛ^{23} tsɿ^{0}	油煠桧 iʏ^{33} zɐʔ^{2} kuɐi^{0}	豆腐浆 dɐi^{11} vu^{44} tɕiã^{44}
38 岱山	馅子 ɛ^{23} tsɿ^{52}	油煠桧 iʏ^{31} zɐʔ^{0} xuɐi^{0}	豆腐浆 dœʏ^{11} vu^{33} tɕiã^{44}
39 嵊泗	馅子 ɛ^{24} tsɿ^{0}	油煠桧 iʏ^{24} zɐʔ^{0} xuɐi^{0}	豆浆 dœʏ^{11} tɕiã^{45}
40 临海	馅 ɛ^{53}	天萝絮 tʰi^{33} lo^{33} sɿ^{55} 油条 iu^{21} diɔ^{51}	豆腐浆 də^{13} u^{33} tɕiã^{31} 豆浆 də^{13} tɕiã^{31}
41 椒江	馅 ɛ^{42}	天萝絮 tʰie^{33} ləu^{22} sɿ^{55} 油条 iu^{22} diɔ^{41}	豆腐浆 dio^{22} u^{22} tɕiã^{35}小
42 黄岩	馅 ɛ^{42}	油条 iu^{13} diɔ^{41} 天萝絮 tʰie^{33} lou^{22} sɿ^{55}	豆腐浆 dio^{13} u^{22} tɕiã^{35}小

续表

方言点	0397 馅儿	0398 油条长条形的，旧称	0399 豆浆
43 温岭	馅头 giɛ^{13}dɤ^{31}	油条 iu^{13}diɔ^{24}小	豆浆 dɤ^{13}tɕiã^{15}小 豆腐浆 dɤ^{13}u^{13}tɕiã^{15}小
44 仙居	馅子 a^{31}tsɿ^{324}	天萝絮 tʰie^{33}lo^{24}sɿ^{55}	豆腐浆 dəɯ^{33}u^{33}tɕia^{334}
45 天台	馅 e^{214}	天萝絮 tʰie^{33}lou^{22}sɿ^{33}	豆腐浆 deu^{33}vu^{21}tɕia^{33}
46 三门	馅 ɛ^{213}	天萝絮 tʰie^{33}lʊ^{34}sɿ^{55}	豆腐浆 dɤɯ^{23}u^{32}tɕiɑ̃^{52}
47 玉环	馅头 giɛ^{22}diɤ^{31}	油条 iu^{22}diɔ^{24}小	豆浆 diɤ^{22}tɕia^{35}小
48 金华	馅 ɑ^{535}	油煠馃 iu^{31}dzəʔ^{21}kuɤ^{535}	浆 tsiɑŋ^{334}
49 汤溪	馅 uɑ^{113}	天萝筋 tʰie^{33}luɤ^{24}tɕiɛ̃i^{0}	浆儿 tsɤã^{24}
50 兰溪	馅 uɑ^{55}	天獠=筋 tʰia^{334}liɔ^{334}tɕin^{45}	浆 tsiɑŋ^{334}
51 浦江	馅 ŋɑ̃^{243}	油煠梗 iɤ^{11}zɑ^{11}kuɛ̃^{53}	豆腐浆 dɑ^{11}u^{11}tsyõ^{53}
52 义乌	馅 ɔ^{312}	天萝絮 tʰia^{33}luɤ^{33}si^{45}	[豆腐]腐浆儿 dau^{22}u^{33}tsɯan^{335}
53 东阳	馅 ɔ^{24}	油条 iəɯ^{22}dio^{53}	豆腐浆 dɐ^{22}u^{22}tɕiɔ^{35}
54 永康	馅 ŋa^{113}	天萝絮 tʰia^{33}luo^{31}ɕi^{52}	豆浆 dəu^{31}tɕiɑŋ^{55}
55 武义	馅 ŋuo^{13}	天萝絮 tʰie^{55}luo^{32}ɕi^{53}	浆 tɕiɑŋ^{24}
56 磐安	馅儿 ɒn^{14}	油条 iɐɯ^{21}tio^{52}	豆浆 tɐɯ^{55}tɕiɒ^{445}
57 缙云	馅 ɑ^{51}	天萝絮 tʰia^{44}lu^{44}sɿ^{453}	浆 tɕiɑ^{44}
58 衢州	心子 ɕin^{32}tsɿ^{35}	天萝筋 tʰiẽ^{32}lu^{53}tɕin^{32}	豆浆 de^{231}tɕiã^{32}
59 衢江	馅 ŋã^{231}	天萝筋 tʰie^{33}lu^{33}tɕiŋ^{33}	豆浆 dy^{22}tɕiã^{33}
60 龙游	馅 ã^{231}	天萝筋 tʰie^{33}lu^{33}tɕin^{334}	豆浆 dəɯ^{22}tɕiã^{334}
61 江山	料 liɐɯ^{31}	天萝丝 tʰiɛ̃^{44}lo^{22}sə^{51}	豆浆 du^{22}tɕiaŋ^{44}
62 常山	料堂= liɤ^{24}dã^{0}	天萝絮 tʰiɛ̃^{43}lɤ^{45}sɿ^{0}	豆浆 duə^{22}tɕiã^{44}
63 开化	馅 ã^{213}	天萝机= tʰiɛ̃^{44}lɔ^{21}tɕi^{44}	豆浆 du^{21}tɕiã^{44}
64 丽水	馅 ã^{131}	油煠馃 iəɯ^{22}zɔʔ^{2}ku^{544}	豆浆 dəɯ^{22}tɕiã^{224}
65 青田	馅 ɑ^{22}	油煠馃 ieu^{22}dzaʔ^{3}ku^{454}	豆腐浆 deu^{22}vu^{22}tɕi^{445}
66 云和	馅 ã^{223}	油煠馃 iəɯ^{223}zɔʔ^{23}ku^{41}	豆浆 dəɯ^{223}tɕiã^{24}

续表

方言点	0397 馅儿	0398 油条长条形的，旧称	0399 豆浆
67 松阳	馅 ɔ̃^{13}	天萝絮 tʰiɛ̃^{33} lu^{33} sɿə^{24}	豆浆 dei^{21} tɕiã^{53}
68 宣平	馅 ɑ̃^{231}	天萝絮 tʰiɛ^{44} lo^{43} sɿ^{52}	浆 tɕiɑ̃^{324}
69 遂昌	馅 ŋaŋ^{13}	天萝絮 tʰiɛ̃^{33} lu^{22} ɕiɛ^{334}	豆腐浆 du^{22} vuə^{21} tɕiaŋ^{45}
70 龙泉	馅 aŋ^{224}	油煠鬼 iəu^{45} zoʔ^{3} kuᴇ^{51}	豆浆 diəu^{21} tɕiaŋ^{434}
71 景宁	馅 ɔ^{113}	油煠鬼 iəɯ^{33} zɔʔ^{23} kuai^{33}	豆浆 dəɯ^{55} tɕiɛ^{324}
72 庆元	馅 xɑ̃^{31}	油煠餜 iɯ^{52} sɑʔ^{34} kuæi^{33} 油条 iɯ^{52} tiɒ^{52}	豆浆 tiɯ^{33} tɕiɑ̃^{335}
73 泰顺	馅 ã^{22}	油炸餜 iəu^{21} tsoʔ^{2} kø^{55}	豆浆 təu^{21} tɕiã^{213}
74 温州	馅心 ga^{31} saŋ^{33}	油炸餜 iau^{22} tsa^{42} ku^{33}	豆浆 dɤu^{31} tɕi^{21}
75 永嘉	馅心 ga^{31} saŋ^{44}	油炸餜 iau^{22} tsa^{53} ku^{45}	豆腐浆 dəu^{31} u^{0} tɕiɛ^{53}
76 乐清	馅心 gᴇ^{31} saŋ^{44}	油条 iau^{22} diɯʌ^{223}	豆浆 diu^{31} tɕiɯʌ^{44}
77 瑞安	馅头 o^{31} dou^{21}	油胀餜 iau^{22} tɕiɛ^{53} kɯ^{44}	豆腐浆 dəɯ^{22} ʏ^{0} tɕiɛ^{44}
78 平阳	馅心 ɔ^{13} saŋ^{13}	油条 iau^{21} dye^{13}	豆腐浆 dɛu^{13} vu^{45} tɕie^{55}
79 文成	馅 ɔ^{424}	油条 iau^{21} duo^{33}	豆腐浆 diou^{13} vu^{21} tɕie^{33}
80 苍南	（无）	油条 iau^{11} dyɔ^{24}	豆腐浆 dɛu^{31} u^{0} tɕiɛ^{44}
81 建德徽	馅 hɛ^{213}	油煠鬼 iɤɯ^{33} tsɐʔ^{12} kue^{213}	浆 tɕie^{53}
82 寿昌徽	馅 xuə^{534}	丝瓜筋 sɿ^{11} kuə^{33} tɕien^{112}	豆浆 tʰəɯ^{33} tɕiɑ̃^{112}
83 淳安徽	馅 hɑ̃^{55}	丝瓜朴$^{=}$ sa^{21} ko^{55} pʰoʔ^{5}	浆 tɕiɑ̃^{24}
84 遂安徽	馅 xɑ̃^{43}	油酥 iu^{33} su^{33}	白浆 pʰa^{21} tɕiɑ̃^{24}
85 苍南闽	馅 hian^{21}	油条 iu^{21} tiau^{24}	豆浆 tau^{21} tɕĩũ^{55}
86 泰顺闽	馅 æŋ^{31}	油条 iøu^{21} teu^{22}	豆浆 tau^{22} tɕyo^{213}
87 洞头闽	馅 ã^{21}	菜瓜条 tsai^{53} kue^{33} tiau^{33} 油条 iu^{212} tiau^{33}	豆浆 tau^{21} tɕĩũ^{21}
88 景宁畲	馅 ɔn^{51}	油条 iəu^{22} tʰiəu^{22}	豆浆 tʰiəu^{35} tɕiɔŋ^{44}

方言点	0400 豆腐脑	0401 元宵食品	0402 粽子
01 杭州	豆腐脑 dei^{22} vu^{55} nɔ^{0}	汤团 tʰaŋ^{33} duo^{45}	粽子 tsoŋ^{45} tsɿ^{53}
02 嘉兴	豆腐花 dei^{21} vu^{24} ho^{42}	汤团 tʰA^{33} də^{42}	粽子 tsoŋ^{24} tsɿ^{21}
03 嘉善	豆腐花 də^{22} u^{13} xo^{0}	汤团 tʰã^{35} dø^{53}	粽子 tsoŋ^{55} tsɿ^{0}
04 平湖	豆腐花 dəɯ^{24} vu^{44} ho^{0}	汤团 tʰɑ̃^{55} dø^{31}	粽子 tsoŋ^{44} tsɿ^{0}
05 海盐	豆腐花 de^{13} u^{21} xo^{21}	汤团 tʰɑ̃^{55} dɤ^{21}	粽子 tsoŋ^{55} tsɿ^{21}
06 海宁	豆腐花 dəɯ^{33} vu^{13} ho^{0}	汤团 tʰɑ̃^{55} dei^{55}	粽子 tsoŋ^{55} tsɿ^{53}
07 桐乡	豆腐花 dɤɯ^{21} u^{44} ho^{0}	汤团 tʰɒ̃^{44} dᴇ^{44} 较大 丸子 iᴇ^{21} tsɿ^{44} 较小	粽子 tsoŋ^{33} tsɿ^{53}
08 崇德	豆腐花 dɤɯ^{21} u^{33} ho^{53}	汤团 tʰã^{44} dᴇ^{44}	粽子 tsoŋ^{33} tsɿ^{53}
09 湖州	豆腐花 døʉ^{33} vəu^{0} xuo^{35}	汤团 tʰã^{44} dɛ^{44}	粽子 tsoŋ^{33} tsɿ^{35}
10 德清	豆腐花 døʉ^{11} vu^{11} xuo^{35}	汤团 tʰã^{44} døʉ^{44}	粽子 tsoŋ^{33} tsɿ^{35}
11 武康	豆腐花 dø^{11} u^{13} xo^{35}	汤团 tʰã^{44} dø^{44}	粽子 tsoŋ^{33} tsɿ^{35}
12 安吉	豆腐花 dəɪ^{22} u^{22} hʊ^{213}	汤团 tʰɔ̃^{55} dᴇ^{55}	粽子 tsoŋ^{32} tsɿ^{213}
13 孝丰	豆腐花 dəi^{22} vu^{22} hʊ^{44}	汤圆子 tʰɔ̃^{44} iɪ^{44} tsɿ^{44}	粽子 tsoŋ^{32} tsɿ^{213}
14 长兴	豆腐花 dei^{12} vu^{22} hu^{33}	汤团 tʰɔ̃^{44} dɯ^{44}	粽子 tsoŋ^{32} tsɿ^{24}
15 余杭	豆腐脑儿 døʏ^{33} vu^{33} nɔ^{55} n^{33}	汤团圆子 tʰɑ̃^{55} døʏ^{33} iẽ^{33} tsɿ^{55}	粽子 tsoŋ^{53} tsɿ^{35}
16 临安	豆腐脑 də^{33} vu^{33} nɔ^{31}	汤团 tʰɑ̃^{53} də^{33}	粽子 tsoŋ^{55} tsɿ^{53}
17 昌化	豆腐脑 di^{23} vu^{45} nɔ^{243}	汤团 tʰɔ̃^{33} dɛ̃^{45}	粽果 tsəŋ^{54} kɯ^{453}
18 於潜	豆腐脑 diəu^{24} vu^{53} nɔ^{53}	汤团 tʰaŋ^{43} dɛ^{24}	粽子 tsoŋ^{43} tsɿ^{454}
19 萧山	豆腐脑 dio^{13} u^{33} nɔ^{21}	汤团 tʰɔ̃^{33} də^{33}	粽子 tsoŋ^{33} tsɿ^{33}
20 富阳	豆腐脑 dei^{224} vu^{31} nɔ^{53}	汤团 tʰɑ̃^{55} dɛ̃^{55}	粽子 tsoŋ^{335} tsɿ^{53}
21 新登	豆腐脑 dɛ^{21} u^{13} nɔ^{45}	汤团 tʰɑ̃^{53} dɛ̃^{233}	粽子 tsoŋ^{45} tsɿ^{21}
22 桐庐	豆腐脑 dei^{21} u^{33} nɔ^{35}	汤团 tʰã^{35} de^{13}	粽子 tsoŋ^{35} tsɿ^{21}
23 分水	豆腐脑 dɵ^{21} u^{0} nɔ^{44}	汤团 tʰã^{44} duə̃^{21}	粽子 tsoŋ^{213} tsɿ^{0}

续表

方言点	0400 豆腐脑	0401 元宵食品	0402 粽子
24 绍兴	豆腐脑 dɤ^{22}u^{22}nɔ^{334}	汤团 tʰaŋ^{33}dø̃^{231}	粽子 tsoŋ^{33}tseʔ^{5}
25 上虞	豆腐脑 dɤ^{21}vu^{0}nɔ^{31}	团团 dø̃^{21}dø̃^{31}	粽子 tsoŋ^{33}tsɿ^{33}
26 嵊州	豆腐脑 dʏ^{22}u^{33}nɔ^{334}	汤团 tʰɔŋ^{53}dœ̃^{231}	粽子 tsoŋ^{33}tsəʔ^{5}
27 新昌	豆腐脑 diɯ^{22}u^{33}nɔ^{335}	汤团 tʰɔ̃^{45}dœ̃^{33}	粽 tsoŋ^{335}
28 诸暨	豆腐花 dei^{13}vu^{21}ho^{33}	汤团 tʰɑ̃^{21}də^{242}	粽子 tsom^{33}tsɿ^{21}
29 慈溪	豆腐花 dø^{13}vu^{0}huo^{53}	细汤滚 ɕi^{44}tʰɔ̃^{44}kuəŋ^{35} 满天星 mø̃^{11}tʰiẽ^{53}ɕiŋ^{0}	粽 tsuŋ^{44}
30 余姚	豆腐脑 dø^{13}vu^{13}nɔ^{13}	汤团 tʰø̃^{44}dø^{13}	粽子 tsuŋ^{53}tsɿ^{44} 端午粽 tuŋ^{44}ŋ^{13}tsuŋ^{53}
31 宁波	豆腐脑 dœʏ^{13}vu^{0}nɔ^{13}	汤团 tʰɔ^{44}dø^{53}	粽子 tsoŋ^{44}tsɿ^{44}
32 镇海	豆腐脑 dei^{22}vu^{22}nɔ^{24}	汤团 tʰɔ̃^{33}dø^{31}	粽子 tsoŋ^{35}tsɿ^{0}
33 奉化	豆腐脑 dæi^{31}vu^{33}nʌ^{324}	汤团 tʰɔ̃^{44}dø^{31}	粽子 tsoŋ^{53}tsɿ^{0}
34 宁海	豆腐阿$^{=}$子$^{=}$ diu^{22}vu^{0}aʔ^{2} tsɿ^{53}	糯米圆 nəu^{33}mi^{31}yø^{213} 汤圆 tʰɔ̃^{33}yø^{31}	粽 tsoŋ^{35}
35 象山	小豆腐 ɕio^{44}dɤɯ^{31}vu^{0}	汤团 tʰɔ̃^{44}dɤɯ^{13}	粽子 tsoŋ^{53}tsɿ^{44}
36 普陀	豆腐脑 deu^{11}vu^{55}nɔ^{55}	汤团 tʰɔ̃^{33}dø^{45}	粽子 tsoŋ^{55}tsɿ^{0}
37 定海	豆腐脑 dɐ^{11}vu^{44}nɔ^{44}	猪油汤团 tsɥ^{33}iʏ^{44}tʰõ^{44}dø^{44}	粽子 tsoŋ^{44}tsɿ^{0}
38 岱山	豆腐脑 dœʏ^{11}vu^{31}nɔ^{0}	汤团 tʰõ^{44}dø^{45}	粽子 tsoŋ^{44}tsɿ^{52}
39 嵊泗	豆腐脑 dœʏ^{11}vu^{44}nɔ^{44}	猪馅团 tsɥ^{44}ɛ^{44}dʏ^{44}	粽子 tsoŋ^{44}tsɿ^{0}
40 临海	豆腐生 də^{22}u^{33}sã^{353}小	汤圆 tʰɔ̃^{33}yø^{353}小	粽 tsoŋ^{55}
41 椒江	豆腐生 dio^{22}u^{22}sã^{35}小	汤圆 tʰɔ̃^{33}yø^{24}小	粽 tsoŋ^{55}
42 黄岩	豆腐生 dio^{13}u^{22}sã^{35}小	汤圆 tʰɔ̃^{33}yø^{24}小	粽 tsoŋ^{55}
43 温岭	豆腐生 dɤ^{13}u^{13}sã^{15}小	汤圆 tʰɔ̃^{33}yø^{24}小	粽 tsuŋ^{55}
44 仙居	豆腐花 dəɯ^{33}u^{33}ho^{53}	（无）	粽 tsoŋ^{55}
45 天台	豆腐脑 deu^{33}vu^{21}nau^{31}	汤团 tʰɔ^{33}dø^{0}	粽 tsuŋ^{55}

续表

方言点	0400 豆腐脑	0401 元宵食品	0402 粽子
46 三门	豆腐脑 dɤɯ^{23}u^{32}nɑu^{252}	汤圆 t^{h}ɔ^{33}yø^{31}	粽 tsoŋ^{55}
47 玉环	豆腐生 diɤ^{22}u^{22}sã^{35}小	汤圆 t^{h}ɔ̃^{33}yø^{24}小	粽 tsoŋ^{55}
48 金华	豆腐汤 tiu^{33}fu^{53}t^{h}ɑŋ^{55}	汤团 t^{h}ɑŋ^{33}tɤ^{55}	粽 tsoŋ^{55}
49 汤溪	豆腐汤儿 dəɯ^{11}vu^{11}t^{h}ɔŋ^{52}	汤团 t^{h}ɔ^{24}dɤ^{0}	粽 tsɑo^{52}
50 兰溪	豆腐汤 təɯ^{55}fu^{55}t^{h}ɑŋ^{45}	汤团 t^{h}ɑŋ^{334}tɤ^{45}	粽 tsoŋ^{45}
51 浦江	豆腐汤儿 dɑ^{11}u^{11}t^{h}õn^{53}	汤锣⁼ t^{h}õ^{55}lɯ^{334}	粽 tsən^{55}
52 义乌	[豆腐]腐花儿 dau^{22}u^{33} huan^{335}	汤团儿 t^{h}ŋ^{w33}tɤn^{335}	粽 tsoŋ^{45}
53 东阳	豆腐花 dɐ^{22}u^{22}hua^{35}	汤圆儿 t^{h}ɔ^{33}iʊn^{53}	粽 tsɔm^{453}
54 永康	豆腐花 ɗəŋ^{33}vu^{31}xuɑ^{55}	汤团 t^{h}ɑŋ^{33}dɤ^{22}	粽 tsoŋ^{52}
55 武义	豆腐汤 dɑu^{55}vu^{13}t^{h}ɑŋ^{24}	汤团 t^{h}ɑŋ^{32}dɤ^{53}	粽 tsoŋ^{53}
56 磐安	豆腐花 dɐɯ^{21}u^{55}xua^{445}	汤圆儿 t^{h}ɒ^{33}yen^{445}	粽 tsɔom^{52}
57 缙云	豆腐花 di^{44}vu^{213}xu^{44}	汤圆 t^{h}ɔ^{44}yɛ^{453}	棕 tsɔ̃ũ^{453}
58 衢州	豆腐花 de^{231}vu^{231}xuɑ^{32}	汤团 t^{h}ɑ̃^{32}tə̃^{53}	粽 tsoŋ^{53}
59 衢江	豆腐花 dy^{22}fɤ^{33}xuo^{33}	汤圆 t^{h}ɑ̃^{25}iɛ^{31}	粽 tsəŋ^{53}
60 龙游	豆腐花 dəɯ^{22}vu^{22}xu^{334}	元宵 ye^{33}ɕiɔ^{334}	粽 tsoŋ^{51}
61 江山	豆腐花 dɯ^{22}və^{22}xuɒ^{44}	汤圆 t^{h}aŋ^{24}oŋ^{51}	粽 tsoŋ^{51}
62 常山	豆花 duə^{22}xuɑ^{44}	汤团 t^{h}ã^{52}duɔ̃^{0}	粽 tsoŋ^{324}
63 开化	豆腐花 du^{2}vuo^{21}xuɑ^{44}	汤圆 t^{h}ɔŋ^{53}yɛ̃^{0}	粽 tsɤŋ^{412}
64 丽水	豆腐花 dəɯ^{22}vu^{22}xuo^{224}	汤圆 t^{h}ɔŋ^{224}yɛ^{52}	粽 tsɔŋ^{52}
65 青田	豆腐脑 deu^{22}vu^{22}nœ^{454}	汤圆 t^{h}o^{55}yɐ^{53}	粽 tsoŋ^{33}
66 云和	豆腐花 dəɯ^{223}vu^{223}xo^{24}	汤圆 t^{h}ɔ̃^{44}yɛ^{312}	粽 tsoŋ^{45}
67 松阳	豆腐花 dei^{33}vuə^{21}fuə^{24}	汤圆儿 t^{h}oŋ^{33}yɛ̃^{21}n^{24}	粽 tsəŋ^{24}
68 宣平	豆腐花 dəɯ^{22}vu^{43}xo^{324}	汤圆 t^{h}ɔ̃^{44}yə^{433}	粽 tsən^{52}

续表

方言点	0400 豆腐脑	0401 元宵食品	0402 粽子
69 遂昌	豆腐花 du^{22} vuə^{21} xɒ^{45}	汤圆 tʰəŋ^{55} yɛ̃^{213}	粽 tsəŋ^{334}
70 龙泉	豆腐卵 diəu^{21} vɤɯ^{21} lɛn^{51}	汤圆 tʰəŋ^{45} yo^{21}	粽 tsəŋ^{45}
71 景宁	豆腐脑 dəɯ^{33} vu^{55} nɑu^{33}	汤圆 tʰəŋ^{33} yœ^{41}	粽 tsəŋ^{35}
72 庆元	豆腐娘 tiɯ^{33} fɤ^{33} n̠iɑ̃^{52}	汤生$^{=}$ tʰɔ̃^{33} sæ̃^{55} 小	粽 tsoŋ^{11}
73 泰顺	豆腐脑 təu^{22} uø^{22} nɑɔ^{55}	汤圆 tʰɔ̃^{22} yɛ^{213}	粽 tsoŋ^{35}
74 温州	豆腐软 dø^{22} vø^{31} n̠y^{14}	汤圆 tʰuɔ^{33} y^{223}	粽 tsoŋ^{51}
75 永嘉	豆腐软 dəu^{22} u^{31} n̠y^{13}	汤圆 tʰo^{33} y^{21}	粽 tsoŋ^{53}
76 乐清	豆腐稀 diu^{22} vu^{24} ɕi^{323} 小	汤圆 tʰɔ^{44} yᴇ^{223}	粽 tɕioŋ^{41}
77 瑞安	豆腐软 dəɯ^{22} ʏ^{0} n̠y^{13}	汤圆 tʰo^{33} y^{21}	粽 tsoŋ^{53}
78 平阳	豆腐脑 dɛu^{13} vu^{21} nɛ^{35}	汤圆 tʰo^{33} ye^{45}	粽 tʃoŋ^{53}
79 文成	豆腐脑 diou^{13} vu^{21} nɛ^{33}	汤圆 tʰo^{33} yɵ^{33}	粽 tʃoŋ^{33}
80 苍南	懦豆腐 loŋ^{42} dɛu^{31} u^{11}	汤圆 tʰo^{33} yɛ^{21}	粽 tsoŋ^{42}
81 建德徽	豆腐花 tʰɤɯ^{55} fu^{33} ho^{53}	汤团 tʰo^{21} tɛ^{55}	粽 tsoŋ^{33}
82 寿昌徽	豆腐花 tʰəɯ^{33} fu^{55} xuə^{112}	汤团 tʰɑ̃^{11} tʰiæ^{55}	粽 tsɔŋ^{33}
83 淳安徽	豆腐花 tʰɯ^{53} fu^{21} ho^{24}	汤圆 tʰɑ̃^{24} vã^{21}	粽 tson^{24}
84 遂安徽	豆腐花 tʰiu^{55} fu^{33} fɑ^{33}	汤圆 tʰoŋ^{55} θyɑ̃^{33}	粽 tsəŋ^{43}
85 苍南闽	豆腐团 tai^{21} hu^{21} kã^{43}	汤圆 tʰɯŋ^{33} i^{55}	粽 tsan^{21}
86 泰顺闽	豆腐团 tau^{22} fv^{22} ki^{344}	丸团 uɔi^{21} ki^{344}	粽 tsəŋ^{53}
87 洞头闽	豆腐脑 tau^{21} hu^{21} nãũ^{53}	圆仔 ɪ̃^{21} ia^{53}	粽 tsaŋ^{21}
88 景宁畲	豆腐卵 tʰiəu^{51} fu^{55} lɔn^{55} 小	（无）	角角 koʔ^{5} ko^{445} 小

方言点	0403 年糕用黏性大的米或米粉做的	0404 点心统称	0405 菜吃饭时吃的，统称
01 杭州	年糕 ȵiɛ^{22} kɔ^{45}	点心 tiɛ^{55} ɕiŋ^{0}	菜蔬 tsʰɛ^{45} sɥ^{53}
02 嘉兴	年糕 ȵie^{21} kɔ^{33}	糕饼唠嘈 kɔ^{33} piŋ^{21} lɔ^{21} zɔ^{21}	小菜 ɕiɔ^{33} tsʰᴇ^{42}
03 嘉善	年糕 ȵiɪ^{13} kɔ^{53}	点饥 tiɪ^{44} tɕi^{53}	咸酸 ɛ^{13} sø^{53}
04 平湖	年糕 ȵiɛ^{44} kɔ^{53}	点心 tiɛ^{44} sin^{53}	咸酸 ɛ^{24} sø^{53} 小菜 siɔ^{44} tsʰɛ^{53}
05 海盐	年糕 ȵiɛ^{24} kɔ^{53}	小酒 ɕiɔ^{53} tse^{334}	咸酸 ɛ^{24} sɤ^{53} 菜 tsʰɛ^{334}
06 海宁	年糕 ȵie^{33} kɔ^{55}	点心 tie^{55} ɕiŋ^{55}	小菜 ɕiɔ^{55} tsʰɛ^{0}
07 桐乡	年糕 ȵiᴇ^{21} kɔ^{44}	小点心 siɔ^{44} tiᴇ^{0} siŋ^{0}	小菜 siɔ^{44} tsʰᴇ^{0}
08 崇德	年糕 ȵiɪ^{21} kɔ^{44}	点心 tiɪ^{55} ɕiŋ^{0}	小菜 ɕiɔ^{55} tsʰᴇ^{0}
09 湖州	年糕 ȵie^{33} kɔ^{35}	点心 tie^{53} ɕin^{13}	菜蔬 tsʰei^{33} sɿ^{35}
10 德清	年糕 ȵie^{11} kɔ^{35}	小吃 ɕiɔ^{35} tɕʰioʔ^{5}	菜蔬 tsʰɛ^{33} sɿ^{35}
11 武康	年糕 ȵiɪ^{11} kɔ^{35}	点心 tiɪ^{53} ɕin^{31}	菜蔬 tsʰɛ^{33} sɿ^{35}
12 安吉	年糕 ȵi^{22} kɔ^{22}	点心 ti^{52} ɕiŋ^{21}	菜 tsʰᴇ^{324}
13 孝丰	糕头 kɔ^{44} dəɪ^{44}	点心 tiɪ^{45} ɕiŋ^{21}	菜 tsʰe^{324}
14 长兴	年糕 ȵi^{12} kɔ^{33}	点心 ti^{45} ʃiŋ^{21}	菜 tsʰɯ^{324}
15 余杭	年糕 ȵiẽ^{31} kɔ^{35}	小点心 siɔ^{53} tiẽ^{55} siŋ^{53}	菜蔬 tsʰɛ^{53} sɿ^{35}
16 临安	年糕 ȵie^{33} kɔ^{35}	小点心 ɕiɔ^{55} tie^{55} ɕieŋ^{53}	菜蔬 tsʰᴇ^{55} su^{53}
17 昌化	年糕 ȵiɪ̃^{11} kɔ^{334}	点心 tiɪ^{45} ɕiəŋ^{53}	菜 tsʰɛ^{544}
18 於潜	年糕 ȵie^{22} kɔ^{433}	点心 tie^{53} ɕiŋ^{31}	菜 tsʰe^{35}
19 萧山	年糕 ȵie^{13} kɔ^{33}	点心 tie^{35} ɕin^{21}	菜 tsʰe^{42}
20 富阳	年糕 ȵiɛ̃^{13} kɔ^{55}	点心 tiɛ̃^{423} ɕin^{55}	菜 tsʰɛ^{335}
21 新登	年糕 ȵiɛ̃^{233} kɔ^{334}	点心 tiɛ̃^{334} seiŋ^{45}	菜 tsʰe^{45}
22 桐庐	年糕 nie^{21} kɔ^{35}	点心 tie^{33} ɕiŋ^{35}	菜 tsʰᴇ^{35}
23 分水	年糕 ȵiɛ̃^{21} kɔ^{44}	点心 tiɛ̃^{44} ɕin^{33}	菜 tsʰɛ^{24}
24 绍兴	年糕 ȵiẽ^{22} kɔ^{53}	点心 tiẽ^{44} ɕiŋ^{31}	下饭 o^{22} vɛ̃^{22}
25 上虞	年糕 ȵiẽ^{21} kɔ^{35}	点心 tiẽ^{33} ɕiŋ^{53}	下饭 o^{21} vɛ̃^{31}

续表

方言点	0403 年糕用黏性大的米或米粉做的	0404 点心统称	0405 菜吃饭时吃的,统称
26 嵊州	麻糍 mo^{22} zɿ^{231}	点心 tiẽ^{33} ɕiŋ^{53}	下饭菜 o^{22} uɛ̃^{33} tsʰE^{334}
27 新昌	水糕 sɿ^{53} kɔ^{453}	点心 tiɛ̃^{33} ɕiŋ^{453}	菜 tsʰe^{335}
28 诸暨	年糕 nie^{21} kɔ^{42}	小点心 ɕiɔ^{33} tie^{33} ɕin^{42}	菜 tsʰe^{544}
29 慈溪	年糕 ȵiẽ^{11} kɔ^{35}	点心 tiẽ^{33} ɕiŋ^{53}	下饭 o^{11} vɛ̃^{13}
30 余姚	年糕 ȵiẽ^{13} kɔ^{44}	点心 tiẽ^{44} ɕiə̃^{53}	下饭 o^{13} vã^{13}
31 宁波	年糕 ȵi^{13} kɔ^{53}	点心 ti^{53} ɕiŋ^{0}	下饭 o^{13} vɛ^{44}
32 镇海	年糕 ȵi^{22} kɔ^{53}	点心 ti^{35} ɕiŋ^{0}	下饭 o^{22} vɛ^{31}
33 奉化	年糕 ȵi^{33} kʌ^{53}	点心 tɛ^{44} ɕiŋ^{53}	下饭 o^{33} vɛ^{31}
34 宁海	年糕 ȵie^{21} kau^{53} 麻糍 mo^{21} dzɿ^{31}	接力 tɕieʔ^{3} liəʔ^{3}	高$^{=}$过$^{=}$ kau^{33} ku^{35}
35 象山	年糕 ȵi^{31} kɔ^{35}	点心 ti^{44} ɕiŋ^{44}	下饭 o^{31} vɛ^{13}
36 普陀	年糕 ȵi^{33} kɔ^{53}	点心 tɛ^{53} ɕiŋ^{0}	下饭 o^{33} vɛ^{55}
37 定海	年糕 ȵi^{33} kɔ^{52}	点心 ti^{52} ɕiŋ^{0}	下饭 uo^{11} vɛ^{44}
38 岱山	点心 tɛ^{52} ɕiŋ^{0} 老 年糕 ȵi^{33} kɔ^{52} 新	点心 tɛ^{52} ɕiŋ^{0}	下饭 uo^{11} vɛ^{45}
39 嵊泗	年糕 ȵi^{33} kɔ^{53}	点心 tɛ^{44} ɕiŋ^{0}	下饭 uo^{11} vɛ^{44}
40 临海	糕 kɔ^{31}	展$^{=}$力 tɕi^{42} lieʔ^{23} 点心 ti^{42} ɕiŋ^{31}	菜 tsʰe^{55} 菜蔬 tsʰe^{33} su^{52}
41 椒江	糕 kɔ^{35} 小	赶力 tɕie^{42} lieʔ^{2}	菜 tsʰə^{55}
42 黄岩	糕 kɔ^{35} 小	赶力 tɕie^{42} liəʔ^{2} 老 点心 tie^{42} ɕin^{32} 新	菜蔬 tsʰe^{33} sou^{32}
43 温岭	糕 kɔ^{15} 小	接力 tɕiʔ^{3} liʔ^{2} 老 点心 tie^{42} ɕin^{33} 新	菜 tsʰe^{55} 菜蔬 tsʰe^{33} su^{42} 调殊
44 仙居	水晶糕 ɕy^{31} tɕin^{33} kɐɯ^{53}	点心 ɗie^{31} sen^{334}	菜 tsʰæ^{55}
45 天台	水糕 ɕy^{32} kau^{33}	点心 tie^{32} ɕiŋ^{33}	菜蔬 tsʰei^{33} su^{33}
46 三门	糕砖 kɑu^{33} tɕyø^{334}	展$^{=}$力 tɕie^{32} lieʔ^{23}	菜蔬 tsʰe^{44} su^{445}
47 玉环	过年糕 ku^{33} ȵie^{22} kɔ^{35} 小	接力 tɕiɐʔ^{3} liɐʔ^{2}	菜蔬 tsʰe^{33} səu^{42}

续表

方言点	0403 年糕用黏性大的米或米粉做的	0404 点心统称	0405 菜吃饭时吃的，统称
48 金华	年糕 ȵia^{31} kɑo^{55}	糕饼 kɑo^{33} piŋ^{535} 老 糕点 kɑo^{33} tiɛ̃^{535} 新	菜 tsʰɛ^{55}
49 汤溪	年糕 ȵie^{11} kɔ^{52}	点心 ȵie^{52} sɛ̃i^{24}	菜 tsʰɛ^{52}
50 兰溪	年糕 nia^{21} kɔ^{45}	点心 tia^{55} sin^{334}	菜 tsʰe^{45}
51 浦江	豆糕 dɤ^{11} ko^{53}	四餐午饭 ʃi^{33} tsʰɑ̃^{33} m^{33} mɑ^{243} "饭"音殊	菜 tsʰa^{55}
52 义乌	年糕 ȵia^{22} ko^{45}	点心 ȵia^{45} sən^{335}	菜 tsʰe^{45}
53 东阳	年糕 ȵi^{22} kɐɯ^{33}	点心 ti^{44} ɕiɐn^{33}	菜 tsʰe^{453}
54 永康	年糕 ȵia^{33} kɑu^{55}	点心 nia^{31} səŋ^{55}	菜 tsʰəi^{52}
55 武义	年糕 ȵie^{32} kɤ^{53}	点心 nie^{53} ɕin^{24}	菜 tsʰa^{53}
56 磐安	年糕 ȵie^{21} ko^{52}	点心 nie^{55} ɕiɐn^{445}	菜 tsʰe^{52}
57 缙云	年糕 ȵia^{44} kɤ^{44}	点心 tia^{51} saŋ^{44}	菜 tsʰei^{453}
58 衢州	年糕 ȵiẽ^{21} kɔ^{32}	点心 tiẽ^{35} ɕin^{32}	菜 tsʰɛ^{53}
59 衢江	年糕 ȵie^{33} kɔ^{33}	点心 tie^{33} ɕiŋ^{33}	菜 tsʰei^{53}
60 龙游	年糕 ȵie^{33} kɔ^{334}	点心 die^{22} ɕin^{334}	菜 tsʰei^{51}
61 江山	年糕 ȵiɛ̃^{22} kɐɯ^{44}	散碎 sɒŋ^{44} suᴇ^{51} 借力 tɕiə^{44} liᴇʔ^{2}	菜 tɕʰi^{51}
62 常山	年糕 ȵiɛ̃^{22} kɤ^{44}	点心 tiɛ̃^{43} sĩ^{44}	菜 tɕʰi^{324}
63 开化	年糕 ȵiɛ̃^{21} kəɯ^{44}	馃子 tɕyɛ^{44} tsɿə^{53} 点心 tiɛ̃^{44} ɕin^{44}	菜 tɕʰi^{412}
64 丽水	水蒸糕 sɥ^{44} tɕin^{44} kə^{224} 老 年糕 ȵiɛ^{22} kə^{224} 新	点心 tiɛ^{44} sen^{224}	菜 tsʰɛ^{52}
65 青田	水蒸糕 sɥ^{33} tɕiŋ^{22} kœ^{445}	点心 ɗiɑ^{33} saŋ^{445}	菜 tsʰɛ^{33}
66 云和	馃 ko^{41}	点心 tiɛ^{44} səŋ^{24}	菜 tsʰa^{45}
67 松阳	米馃 miɛ^{22} ku^{212}	点心 tiɛ̃^{33} ɕin^{53}	菜 tsʰei^{24}
68 宣平	水蒸糕 ɕy^{44} tɕin^{44} kɯ^{324}	点心 tiɛ^{44} sən^{324}	菜 tsʰei^{52}
69 遂昌	年糕 ȵiɛ̃^{21} kɐɯ^{45}	点心 tiɛ̃^{53} ɕiŋ^{45}	菜 tsʰei^{334}

续表

方言点	0403 年糕用黏性大的米或米粉做的	0404 点心统称	0405 菜吃饭时吃的，统称
70 龙泉	糕 ku^{434}	点心 diᴇ^{21}ɕin^{434}	菜 tsʰᴇ^{45}
71 景宁	麻糍 mo^{33}zɿ^{41}	点心 tiɛ^{55}saŋ^{324}	菜 tsʰai^{35}
72 庆元	黄馃 ɔ̃^{52}ko^{33} 白馃 pɑʔ^{34}ko^{33}	点心 ɗiɑ^{33}ɕiəŋ^{335}	菜 tsʰæi^{11}
73 泰顺	麻糍 muɔ^{21}sɿ^{53}	点心 tiã^{22}səŋ^{213}	菜 tsʰæi^{35}
74 温州	水蒸糕 sɿ^{34}tsəŋ^{33}kɜ^{33}	点心 ti^{42}saŋ^{33}	配 pʰai^{51}
75 永嘉	水蒸糕 sɥ^{45}tɕieŋ^{53}kə^{44}	点心 tiɛ^{53}saŋ^{44}	配 pʰai^{53}
76 乐清	糖糕 dɔ^{22}kɤ^{44}	点心 tiᴇ^{42}saŋ^{44}	窖配 ka^{42}pʰai^{21} 配 pʰai^{41}
77 瑞安	糖糕 do^{22}kɛ^{44}	点心 tiɛ^{53}saŋ^{44}	配 pʰai^{53}
78 平阳	年糕 ȵie^{21}kɛ^{55}	点心 tye^{45}saŋ^{13}	夹配 gɔ^{21}pʰai^{45}
79 文成	麻糍 mo^{33}zɿ^{33}	点心 tie^{33}seŋ^{33}	菜 tʃʰe^{33}
80 苍南	糖糕 do^{11}kɛ^{44} 麻糍 mo^{11}zɿ^{24}	点心 tia^{42}saŋ^{44}	夹配 ga^{31}pʰai^{42}
81 建德徽	年糕 ȵie^{33}kɔ^{53}	点心 tie^{55}ɕin^{53}	菜 tsʰɛ^{33}
82 寿昌徽	年糕 ȵi^{11}kɤ^{112}	点心 ti^{33}ɕien^{112}	菜 tɕʰiæ^{33}
83 淳安徽	年糕 iã^{43}kɤ^{24}	点心 tiã^{55}ɕin^{55}	菜 tɕʰie^{24}
84 遂安徽	年糕 iɑ̃^{33}kɔ^{55}	点心 tiɑ̃^{21}ɕin^{33}	菜 tsʰəɯ^{43}
85 苍南闽	馃 kə^{43}	点心 tian^{33}ɕin^{55}	配 pʰə^{21} 菜 tsʰai^{21}
86 泰顺闽	麻糍 ma^{21}ɕi^{22}	点心 tɛ^{344}sieŋ^{213}	菜 tsʰai^{53}
87 洞头闽	馃 kə^{42}	点心 tian^{33}ɕin^{33}	菜 tsʰai^{21} 问$^{=}$配 mɯŋ^{33}pʰue^{21}
88 景宁畲	粄 pɔn^{325}	点心 taŋ^{55}ɕin^{44}	菜 tsʰoi^{44}

方言点	0406 干菜统称	0407 豆腐	0408 猪血当菜的
01 杭州	干菜 kɛ^{33}tsʰɛ^{45}	豆腐 dei^{13}vu^{53}	猪血 tsʮ^{33}ɕyɛʔ^{5}
02 嘉兴	干货 kɔ^{33}fu^{21}	豆腐 dei^{24}vu^{21}	猪血 tsɿ^{33}ɕyeʔ^{5}
03 嘉善	干菜 kø^{35}tsʰɛ^{53}	大素菜 du^{13}su^{53}tsʰɛ^{0}	猪血 tsɿ^{55}ɕyøʔ^{4}
04 平湖	菜干 tsʰɛ^{44}kø^{0}	豆腐 dəɯ^{24}vu^{0}	猪血 tsɿ^{53}ɕyoʔ^{5}
05 海盐	梅干菜 me^{24}kɤ^{55}tsʰɛ^{21}	豆腐 de^{13}u^{21}	猪血 tsɿ^{55}ɕyɔʔ^{5}
06 海宁	梅干菜 mei^{33}kei^{55}tsʰɛ^{55}	豆腐 dəɯ^{33}vu^{31}	猪血 tsɿ^{55}ɕioʔ^{5}
07 桐乡	梅干菜 mi^{21}kᴇ^{44}tsʰᴇ^{53}	豆腐 dɤɯ^{21}u^{242}	猪血 tsɿ^{44}ɕiəʔ^{0}
08 崇德	髭里菜 bã^{21}li^{55}tsʰᴇ^{0}	豆腐 dɤɯ^{21}u^{334}	猪血 tsɿ^{44}ɕiəʔ^{4}
09 湖州	梅干菜 mei^{33}kɛ^{33}tsʰei^{35}	豆腐 døʉ^{33}vəu^{35}	猪血 tsɿ^{44}ɕieʔ^{4}
10 德清	梅干菜 mɛ^{31}køʉ^{11}tsʰɛ^{35}	豆腐 di^{11}vu^{35}	猪血 tsɿ^{44}ɕieʔ^{5}
11 武康	梅干菜 mɛ^{11}kø^{33}tsʰɛ^{35}	豆腐 dø^{11}u^{13}	猪血 tsɿ^{44}ɕieʔ^{5}
12 安吉	干菜头 kᴇ^{55}tsʰᴇ^{55}dəɪ^{55}	豆腐 dəɪ^{21}u^{213}	猪血 tsɿ^{55}ɕʏəʔ^{5}
13 孝丰	干菜头 ke^{44}tsʰe^{44}dəɪ^{44}	豆腐 dəɪ^{21}vu^{24}	猪血 tsɿ^{44}ɕieʔ^{5}
14 长兴	干菜 kɯ^{44}tsʰɯ^{44}	豆腐 dei^{21}vu^{24}	猪血 tsɿ^{44}ʃiᴇʔ^{5}
15 余杭	腌菜干儿 iẽ^{55}tsʰɛ^{55}kuõ^{55}n^{33}	豆腐 døʏ^{33}vu^{13}	猪血 tsɿ^{55}ɕieʔ^{5}
16 临安	干菜 kə^{53}tsʰᴇ^{55}	豆腐 də^{13}vu^{31}	猪血 tsɿ^{53}ɕyɔʔ^{5}
17 昌化	干菜 kɛ̃^{33}tsʰɛ^{45}	豆腐 di^{23}vu^{453}	猪血 tɕy^{33}ɕyɛʔ^{5}
18 於潜	干菜 kɛ^{43}tsʰe^{35}	豆腐 diəu^{24}vu^{53}	猪血 tɕy^{43}ɕyeʔ^{53}
19 萧山	干菜 kie^{33}tsʰe^{42}	豆腐 dio^{13}u^{21}	猪血 tsɿ^{33}ɕyoʔ^{5}
20 富阳	干菜 kɛ̃^{55}tsʰɛ^{31}	豆腐 dɛ^{224}vu^{335}	猪血 tsɿ^{55}ɕyoʔ^{5}
21 新登	干菜 kɛ̃^{53}tsʰe^{334}	豆腐 dɛ^{21}u^{13}	猪血 tsʮ^{53}ɕyəʔ^{5}
22 桐庐	干菜 ke^{35}tsʰᴇ^{33}	豆腐 dei^{13}u^{55}	猪血 tsɿ^{35}ɕyəʔ^{13}
23 分水	盐干菜 ie^{21}kã^{44}tsʰɛ^{213}	豆腐 dɵ^{21}u^{0}	猪血 tɕy^{44}ɕiəʔ^{5}
24 绍兴	乌干菜 u^{33}kẽ^{33}tsʰᴇ^{33}	豆腐 dɤ^{22}u^{22}	猪血 tsɿ^{33}ɕioʔ^{5}

续表

方言点	0406 干菜统称	0407 豆腐	0408 猪血当菜的
25 上虞	干菜 kε̃^{33}tsʰe^{35}	豆腐 dɤ^{21}vu^{0}	血光$^{=}$ ɕyoʔ^{5}kuɔ̃^{53}
26 嵊州	菜干 tsʰᴇ^{33}kœ̃^{334}	豆腐 dʏ^{22}u^{22}	猪血 tsɿ^{53}ɕyoʔ^{5}
27 新昌	菜干 tsʰe^{53}kœ̃^{335}	豆腐 diɯ^{22}u^{13}	猪血 tsɿ^{53}ɕyɤʔ^{5}
28 诸暨	干菜 kə^{21}tsʰe^{33}	豆腐 dei^{13}vu^{33}	猪血 tsɿ^{21}ɕioʔ^{5}
29 慈溪	干菜 kε̃^{35}tsʰe^{0}	豆腐 dø^{11}vu^{13}	猪血 tsɿ^{44}ɕyəʔ^{5}
30 余姚	干菜 kẽ^{44}tsʰe^{53}	豆腐 dø^{13}vu^{13}	猪血 tsɿ^{44}ɕyoʔ^{5}
31 宁波	菜干 tsʰe^{44}ki^{44}	豆腐 dœʏ^{13}vu^{0}	猪血 tsʮ^{44}ɕyəʔ^{5}
32 镇海	梅干菜 mei^{22}ki^{33}tsʰe^{44}	豆腐 dei^{22}vu^{31}	猪血 tsʮ^{33}ɕyəʔ^{5}
33 奉化	菜干 tsʰe^{44}ke^{44}	豆腐 dæi^{33}vu^{0}	猪血 tsʮ^{44}ɕyoʔ^{5}
34 宁海	梅干菜 mei^{21}ke^{33}tsʰei^{35}	豆腐 diu^{22}vu^{24}	猪血 tsɿ^{33}ɕiɔʔ^{5} 猪血豆腐 tsɿ^{33}ɕiɔʔ^{5}diu^{22}vu^{31}
35 象山	菜干 tsʰei^{53}ki^{44}	豆腐 dɤɯ^{31}vu^{13}	猪血 tsʮ^{44}ɕyoʔ^{5}
36 普陀	干菜 ki^{33}tsʰε^{45}	豆腐 deu^{11}vu^{55}	猪血 tsʮ^{33}ɕyoʔ^{5}
37 定海	菜干 tsʰε^{33}ki^{44}	豆腐 dɐi^{11}vu^{44}	猪血 tsʮ^{33}ɕyoʔ^{5}
38 岱山	干菜 ki^{52}tsʰe^{0}	豆腐 dœʏ^{11}vu^{45}	猪血 tsʮ^{33}ɕyoʔ^{5}
39 嵊泗	菜干 tsʰe^{44}ki^{44}	豆腐 dœʏ^{11}vu^{44}	猪血 tsʮ^{33}ɕyoʔ^{5}
40 临海	菜干 tsʰe^{33}kø^{52}	豆腐 də^{13}u^{55}	猪血 tsɿ^{33}hyʔ^{5}
41 椒江	菜扁 tsʰə^{33}pie^{51}小	豆腐 dio^{22}u^{24}小	猪血 tsɿ^{33}hyeʔ^{5}
42 黄岩	菜瘪 tsʰe^{33}pieʔ^{5}	豆腐 dio^{13}u^{44}	猪血 tsɿ^{33}hyeʔ^{5}
43 温岭	菜干 tsʰe^{33}tɕie^{15}小	豆腐 dɤ^{13}u^{44}	猪血 tsɿ^{33}hyʔ^{5}
44 仙居	菜干 tsʰæ^{33}cie^{53}	豆腐 dəɯ^{24}u^{55}	猪血 tsɿ^{33}çyɑʔ^{5}
45 天台	菜干 tsʰei^{33}ke^{33}	豆腐 deu^{33}vu^{33}	猪血 tsɿ^{33}hyəʔ^{5}
46 三门	菜干 tsʰe^{44}kε^{52}	豆腐 dɤɯ^{23}u^{55}	猪血 tsɿ^{33}ɕyəʔ^{5}

续表

方言点	0406 干菜统称	0407 豆腐	0408 猪血当菜的
47 玉环	菜干 tsʰe^{33}tɕie^{35}小	豆腐 diɤ^{22}vu^{44}	猪血 tsɿ^{33}ɕyoʔ^{5}
48 金华	干菜 kɤ^{33}tsʰɛ^{55}	豆腐 diu^{31}vu^{14}	猪血 tɕy^{33}ɕyɤ^{55}
49 汤溪	咸菜 uɑ^{11}tsʰɛ^{52}	豆腐 dəɯ^{11}fu^{52}	猪血 tsɿ^{33}ɕyɤ^{55}
50 兰溪	咸菜 uɑ^{21}tsʰe^{45}	豆腐 təɯ^{55}vu^{24}	猪血 tsɿ^{334}ɕyɤʔ^{34}
51 浦江	菜干儿 tsʰa^{33}kə̃n^{334}	豆腐 dɑ^{24}u^{24}	红豆腐 on^{33}dɑ^{33}u^{55}
52 义乌	干菜 kɯ^{33}tsʰe^{45}	[豆腐]腐 dau^{22}u^{45}	猪血 tsua^{33}ɕye^{324}
53 东阳	干菜 kɯ^{33}tsʰe^{53}	豆腐 dɐ^{22}u^{53}	猪血 tso^{33}ɕiɛ^{35}
54 永康	菜干 tsʰəi^{33}kɤ^{55}	豆腐 dəu^{31}fu^{52}	猪血 tɕi^{33}ɕye^{334}
55 武义	干菜 kɤ^{32}tsʰa^{53}	豆腐 dɑu^{55}vu^{13}	猪血 li^{55}ɕye^{55}
56 磐安	菜干 tsʰe^{33}kɯ^{445}	豆腐 dɐɯ^{14}u^{52}	猪血 tsuə^{33}ɕyɛ^{334}
57 缙云	菜干 tsʰei^{44}kuɛ^{44}	豆腐 di^{21}vu^{453}	猪血 ti^{44}ɕyɛ^{322}
58 衢州	咸菜 ã^{21}tsʰɛ^{53}	豆腐 de^{231}fu^{53}	猪血 tʃy^{32}ʃyəʔ^{5}
59 衢江	炒菜 tsʰɔ^{33}tsʰei^{53}	豆腐 dy^{22}fɤ^{53}	猪血 tuo^{33}ɕyəʔ^{5}
60 龙游	干菜 kie^{35}tsʰei^{21}	豆腐 dəɯ^{22}fu^{51}	猪血 tuɑ^{33}ɕyəʔ^{4}
61 江山	菜干 tɕʰi^{44}kɒŋ^{44}	豆腐 dɯ^{22}və^{213}	猪血 tɒ^{24}xyᴇʔ^{5}
62 常山	燥菜 sɤ^{43}tɕʰi^{324}	豆腐 du^{24}uə^{0}	猪血 tɑ^{43}ɕyʌʔ^{5}
63 开化	渍菜 tsɛ^{44}tɕʰi^{0}	豆腐 du^{21}fuo^{53}	猪血豆腐 tɑ^{44}ɕyaʔ^{5}du^{21}fuo^{53}
64 丽水	菜干 tsʰɛ^{44}kuɛ^{224}	豆腐 dəɯ^{21}fu^{52}	猪血 ti^{44}ɕyɛʔ^{5}
65 青田	菜干 tsʰɛ^{22}kuɐ^{445}	豆腐 deu^{22}vu^{55}	猪血 ɗi^{33}ɕyæʔ^{42}
66 云和	咸菜 ã^{31}tsʰa^{45}	豆腐 dəɯ^{223}vu^{223}	猪血 ti^{44}ɕyɛʔ^{5}
67 松阳	菜干 tsʰei^{33}kuɛ̃^{53}	豆腐 dei^{22}vuə^{13}	猪血 tuə^{24}ɕyɛʔ^{5}
68 宣平	菜干 tsʰei^{44}kuə^{324}	豆腐 dəɯ^{22}fu^{52}	猪血 ti^{44}ɕyəʔ^{5}
69 遂昌	菜干 tsʰei^{33}kuɛ̃^{45}	豆腐 du^{22}vuə^{213}	猪血 tɒ^{33}ɕyɛʔ^{5}

续表

方言点	0406 干菜统称	0407 豆腐	0408 猪血当菜的
70 龙泉	菜干 tsʰᴇ44 kuo434	豆腐 diəu21 vɤɯ224	猪血 to44 ɕyoʔ5
71 景宁	菜干 tsʰai55 kuœ324	豆腐 dəɯ33 vu113	猪血 ti55 ɕyœʔ5
72 庆元	菜干 tsʰæi11 kuæ̃335	豆腐 tiɯ33 fɤ31	猪血 ɗo33 ɕyᴇʔ5
73 泰顺	菜干 tsʰæi22 kuɛ213	豆腐 təu21 uø22	猪血 ti22 ɕyɛʔ5
74 温州	菜干 tsʰe42 kø33	豆腐 dø31 vø22	猪血 tsei45 ɕy323
75 永嘉	菜干 tsʰe53 ky44	豆腐 dəu31 u22	猪血 tsɿ45 ɕy423
76 乐清	菜干 tɕʰie35 kuɤ323 小	豆腐 diu31 vu22	猪血 tɕi35 ɕyᴇ323
77 瑞安	菜干 tsʰe53 kø44	豆腐 dəɯ31 ʏ22	猪血 tsei35 ɕy323
78 平阳	菜干 tʃʰe45 kɵ13	豆腐 dɛu21 vu13	猪血 tɕi45 ɕye13
79 文成	菜干 tʃʰe45 kuø33	豆腐 diou21 vu21	猪血 tɕi33 fuø13
80 苍南	菜干 tsʰe42 kyɛ44	豆腐 dɛu11 u11	猪血 tɕi44 hyɛ223
81 建德徽	干菜 kɛ53 tsʰɛ55	豆腐 tʰɤɯ55 fu33	猪血 tsɿ53 ɕy55
82 寿昌徽	干菜 kiɛ11 tɕʰiæ33	豆腐 tʰəɯ33 fu33	猪血 tsɿ11 ɕyei55
83 淳安徽	干菜 kã24 tɕʰie24	豆腐 tʰɯ53 fu21	猪血 tɕya21 ɕyəʔ5
84 遂安徽	干菜 kɑ̃52 tsʰəɯ43	豆腐 tʰiu55 fu21	猪血 tɕy52 fɛ33
85 苍南闽	焦菜 ta24 tsʰai21	豆腐 tau21 hu21	猪血 tɯ21 hui43
86 泰顺闽	菜干 tsʰai34 kæŋ213	豆腐 tau22 fv22	猪血 ty21 xɛʔ5
87 洞头闽	菜干 tsʰai33 kũã33	豆腐 tau21 hu21	猪血 tɯ21 hui53
88 景宁畲	干菜 kɔn44 tsʰoi44	豆腐 tʰiəu51 fu22	猪血 tɕy44 xieʔ5

方言点	0409 猪蹄当菜的	0410 猪舌头当菜的	0411 猪肝当菜的
01 杭州	猪脚梗儿 tsɥ^{33}tɕiɛʔ^{5} kuaŋ^{55}əl^{0}	门腔 məŋ^{22}tɕʰiaŋ^{45}	猪肝 tsɥ^{33}kɛ^{45}
02 嘉兴	蹄髈 di^{13}pʰᴀ̃^{42}	门腔 məŋ^{21}tɕʰiᴀ̃^{33}	猪肝 tsɿ^{33}kə^{42}
03 嘉善	猪脚爪 tsɿ^{55}tɕiaʔ^{5}tsɔ^{0}	门腔 mən^{13}tɕʰiæ̃^{53}	猪肝 tsɿ^{35}kø^{53}
04 平湖	脚蹄 tɕiaʔ^{5}di^{31} 猪脚蹄 tsɿ^{53}tɕiaʔ^{5}di^{31}	猪舌头 tsɿ^{55}zəʔ^{0}dəɯ^{0} 门腔 mən^{24}tɕʰiã^{53}	猪肝 tsɿ^{55}kø^{31}
05 海盐	脚蹄 tɕiaʔ^{5}di^{53}	猪舌头 tsɿ^{55}zəʔ^{5}de^{21}	猪肝 tsɿ^{55}kɤ^{53}
06 海宁	脚爪 tɕiaʔ^{5}tsɔ^{0} 脚蹄 tɕiaʔ^{5}di^{55}	门腔 məŋ^{33}tɕʰiã^{55}	猪肝 tsɿ^{55}kei^{55}
07 桐乡	蹄子 di^{21}tsɿ^{44}	猪舌头 tsɿ^{44}zəʔ^{4}dɤɯ^{44}	猪肝 tsɿ^{44}kᴇ^{44}
08 崇德	蹄子 di^{21}tsɿ^{44}	猪舌头 tsɿ^{44}zəʔ^{4}dɤɯ^{44}	猪肝 tsɿ^{44}kᴇ^{44}
09 湖州	脚爪 tɕiaʔ^{5}tsɔ^{53}	猪舌头 tsɿ^{44}zəʔ^{4}døʉ^{44}	猪肝 tsɿ^{44}kɛ^{44}
10 德清	蹄髈 di^{11}pʰã^{35}	门腔 men^{11}tɕʰiã^{35}	猪肝 tsɿ^{44}kɛ^{44}
11 武康	蹄髈 di^{11}pʰã^{35}	猪舌头 tsɿ^{44}zɜʔ^{4}dø^{44}	猪肝 tsɿ^{44}kø^{44}
12 安吉	猪脚爪 tsɿ^{55}tɕiᴇʔ^{5}tsɔ^{55}	猪舌头 tsɿ^{5}zəʔ^{5}dəɪ^{55}	猪肝 tsɿ^{5}kᴇ^{55}
13 孝丰	猪脚爪 tsɿ^{44}tɕiaʔ^{5}tsɔ^{44}	猪舌头 tsɿ^{44}zəʔ^{5}dəɪ^{44} 门腔 məŋ^{22}tɕʰiã^{22}	猪肝 tsɿ^{44}ke^{44}
14 长兴	猪脚爪 tsɿ^{44}tʃiaʔ^{5}tsɔ^{44}	猪舌头 tsɿ^{44}zəʔ^{5}dei^{44} 门腔 məŋ^{12}tʃhiã^{33}	猪肝 tsɿ^{44}kɯ^{44}
15 余杭	猪脚爪儿 tsɿ^{55}tɕiaʔ^{5}tsɔ^{55}n^{33}	猪舌牢$^{=}$ tsɿ^{55}zəʔ^{2}lɔ^{33}	猪肝 tsɿ^{55}kuõ^{55}
16 临安	猪脚爪 tsɿ^{53}tɕiaʔ^{5}tsɔ^{35}	猪舌头 tsɿ^{53}ʑiɐʔ^{2}də^{33}	猪肝 tsɿ^{53}kə^{55}
17 昌化	猪脚爪 tɕy^{33}tɕiaʔ^{5}tsɔ^{45}	猪舌头 tɕy^{33}ʑyɛʔ^{2}di^{112}	猪肝 tɕy^{33}kɛ̃^{334}
18 於潜	猪脚梗 tɕy^{43}tɕieʔ^{53}kuaŋ^{53}	猪舌头 tɕy^{433}zæʔ^{2}diəu^{24}	猪肝 tɕy^{43}kɛ^{433}
19 萧山	猪脚爪 tsɿ^{33}tɕiaʔ^{5}tsɔ^{33}	猪舌头 tsɿ^{33}zəʔ^{33}dio^{33}	猪肝 tsɿ^{33}kie^{33}
20 富阳	猪脚爪 tsɿ^{55}tɕiaʔ^{5}tso^{423}	猪舌头 tsɿ^{55}ʑiɛʔ^{2}dei^{55}	猪肝 tsɿ^{55}kɛ̃^{55}
21 新登	猪脚梗 tsɥ^{53}tɕiaʔ^{5}kuɛ^{334}	猪舌头 tsɥ^{53}ʑyəʔ^{2}dəu^{233}	猪肝 tsɥ^{53}kɛ̃^{334}
22 桐庐	猪脚梗 tsɿ^{35}tɕiᴀʔ^{3}kuã^{13}	猪舌头 tsɿ^{35}zəʔ^{21}dei^{13}	猪肝 tsɿ^{35}ke^{13}

续表

方言点	0409 猪蹄当菜的	0410 猪舌头当菜的	0411 猪肝当菜的
23 分水	猪脚 tɕy^{44}tɕiəʔ^{5}	猪舌头 tɕy^{44}ʑiəʔ^{12}dɵ^{24}	猪肝 tɕy^{44}kã^{44}
24 绍兴	荷花蕊头 o^{22}ho^{33}ȵy^{44}dɤ^{31} 猪脚爪 tsɿ^{33}tɕiaʔ^{3}tsɔ^{53}	猪舌胎 tsɿ^{33}seʔ^{5}tʰE^{31}	猪肝 tsɿ^{33}kẽ^{53} 肝花 kẽ^{33}huo^{53}
25 上虞	脚爪 tɕiaʔ^{5}tsɔ^{53}	赚头 dzɛ̃^{21}dɤ^{31}	肝花 kɛ̃^{31}fo^{35}
26 嵊州	水爪 sɿ^{33}tsɔ^{334} 猪脚爪 tsɿ^{53}tɕiaʔ^{3}tsɔ^{53}	猪舌头 tsɿ^{53}zɛʔ^{2}dʏ^{231}	猪肝 tsɿ^{53}kœ̃^{334}
27 新昌	猪脚爪 tsɿ^{33}tɕiaʔ^{3}tsɔ^{53}	猪口舌 tsɿ^{53}kʰiɯ^{33}ʑiɛʔ^{2}	猪肝 tsɿ^{45}kœ̃^{534}
28 诸暨	猪脚 tsɿ^{21}tɕiaʔ^{5}	猪舌头 tsɿ^{21}zoʔ^{21}dei^{242}	猪肝 tsɿ^{21}kə^{42}
29 慈溪	猪脚爪 tsɿ^{35}tɕiaʔ^{2}tsɔ^{0}	猪赚头 tsɿ^{35}dzɛ̃^{0}dø^{0}	猪肝 tsɿ^{33}kẽ^{35}
30 余姚	猪脚爪 tsɿ^{44}tɕiaʔ^{5}tsɔ^{44}	猪赚头 tsɿ^{44}dzã^{13}dø^{0}	猪肝 tsɿ^{44}kẽ^{44}
31 宁波	蹄髈 di^{13}pʰɔ^{44} 髈蹄 pʰɔ^{44}di^{13}	赚头 dzɛ^{13}dœʏ^{0}	猪肝 tsʮ^{44}ki^{53}
32 镇海	脚蹄 tɕieʔ^{5}di^{31}	猪舌头 tsʮ^{33}ieʔ^{2}dei^{24} 赚头 dzɛ^{22}dei^{22}	猪肝 tsʮ^{33}ki^{53}
33 奉化	猪脚蹄 tsʮ^{44}tɕiaʔ^{5}di^{31} 猪蹄踭 tsʮ^{44}di^{33}tsã^{44}	猪舌头 tsʮ^{44}ʑiɪʔ^{2}dæi^{31}	猪肝 tsʮ^{44}ke^{53}
34 宁海	脚高⁼ tɕiaʔ^{3}kau^{53}	猪口舌 tsɿ^{33}kʰiu^{53}ʑieʔ^{3}	猪肝 tsɿ^{33}ke^{34}
35 象山	猪脚蹄 tsʮ^{44}tɕieʔ^{5}di^{13}	赚头 zɛ^{13}dɤɯ^{31}	猪肝 tsʮ^{44}ki^{35}
36 普陀	猪脚蹄 tsʮ^{53}tɕiɛʔ^{0}di^{0}	猪舌头 tsʮ^{53}iɛʔ^{0}deu^{0}	猪肝 tsʮ^{33}ki^{53}
37 定海	猪脚蹄 tsʮ^{33}tɕieʔ^{3}di^{45}	赚头 dzɛ^{23}dɐi^{44}	猪肝 tsʮ^{33}ki^{52}
38 岱山	猪脚蹄 tsʮ^{52}tɕieʔ^{0}di^{0}	赚头 dzɛ^{23}lɐi^{44}	猪肝 tsʮ^{33}ki^{52}
39 嵊泗	猪脚蹄 tsʮ^{53}tɕiEʔ^{0}di^{0}	赚头 dzɛ^{34}dœʏ^{44}“头”音殊	猪肝 tsʮ^{33}ki^{53}
40 临海	猪脚搞⁼ tsɿ^{33}tɕiaʔ^{3}kɔ^{353}小	猪口舌 tsɿ^{33}kʰə^{42}ʑieʔ^{23}	猪肝 tsɿ^{35}kø^{31}
41 椒江	猪蹄脚 tsɿ^{33}di^{22}tɕiəʔ^{5}	猪口舌 tsɿ^{33}tɕʰio^{42}ʑieʔ^{2}	猪肝 tsɿ^{35}tɕie^{42}
42 黄岩	猪脚 tsɿ^{33}tɕieʔ^{5}	猪口舌 tsɿ^{33}tɕʰio^{42}ʑieʔ^{2}	猪肝 tsɿ^{35}tɕie^{32}
43 温岭	猪脚蹄 tsɿ^{33}tɕiaʔ^{3}di^{24}小	猪口舌 tsɿ^{33}tɕʰiɤ^{42}ʑiʔ^{2}	猪肝 tsɿ^{55}tɕie^{31}

续表

方言点	0409 猪蹄当菜的	0410 猪舌头当菜的	0411 猪肝当菜的
44 仙居	猪脚奏$^{=}$ tsɿ^{33}tɕyɑʔ^{3}tsəɯ^{53}	猪口舌 tsɿ^{33}k^{h}əɯ^{31}ʑiaʔ^{23}	猪肝 tsɿ^{33}cie^{334}
45 天台	脚钻$^{=}$ kiaʔ^{5}tsø^{51}	猪口舌 tsɿ^{33}k^{h}eu^{32}ʑieʔ^{2}	猪肝 tsɿ^{33}ke^{33}
46 三门	猪蹄 tsɿ^{33}di^{31}	猪口舌 tsɿ^{33}k^{h}ɤɯ^{32}ʑieʔ^{23}	猪肝 tsɿ^{33}kɛ^{334}
47 玉环	猪脚蹄 tsɿ^{33}tɕiɐʔ^{3}di^{24}小	猪口舌 tsɿ^{33}k^{h}iɤ^{42}ʑie^{41}	猪肝 tsɿ^{55}tɕie^{42}
48 金华	猪脚爪 tɕy^{33}tɕiəʔ^{3}tsɑo^{535}	猪口舌 tɕy^{33}k^{h}iu^{55}dʑyɤ^{14}老 猪舌头 tɕy^{33}ʑiəʔ^{21}diu^{14}新	猪肝 tɕy^{33}kɤ^{55}
49 汤溪	猪脚骨 tsɿ^{33}tɕiɔ^{52}kuɛ^{55}	猪舌头 tsɿ^{33}dʑie^{11}təɯ^{52}	猪肝 tsɿ^{24}kɤ^{0}
50 兰溪	猪脚爪 tsɿ^{334}tɕiaʔ^{34}tsɔ^{55}	猪舌头 tsɿ^{334}dʑiəʔ^{12}dəɯ^{24}	猪肝 tsɿ^{334}kɤ^{45}
51 浦江	猪脚梗 tʃi^{33}tɕyo^{33}kuɛ̃^{53}	猪口舌 tʃi^{33}k^{h}ɤ^{33}dʑi^{243}	猪肝 tʃi^{55}kə̃^{334}
52 义乌	猪脚骨 tsua^{33}tɕiɔ^{33}kuə^{324}	猪口舌 tsua^{33}k^{h}ɐɯ^{33}dʑie^{312}	猪肝 tsua^{33}kɯ^{45}
53 东阳	猪脚蹄 tso^{33}tɕio^{35}di^{53}	猪口舌 tso^{33}k^{h}əɯ^{44}ʑiɛ^{53}	猪肝 tso^{33}kɯ^{53}
54 永康	脚蹄 tɕiɑu^{33}ɗie^{55}	猪口舌 tɕi^{33}k^{h}əu^{31}dʑie^{113}	猪肝 tɕi^{33}kɤ^{55}
55 武义	猪脚蹄 li^{55}tɕiɑu^{53}die^{324}	猪口舌 li^{55}k^{h}ɑu^{53}dʑie^{13}	猪肝 li^{32}kɤ^{53}
56 磐安	脚蹄 tɕyə^{55}di^{0}	猪口舌 tsuə^{33}k^{h}ɐɯ^{55}dʑiɛ^{213}	猪肝 tsuə^{33}kɯ^{52}
57 缙云	猪脚 ti^{44}tɕiɔ^{322}	猪口舌 ti^{44}k^{h}ɤ^{51}dʑiɛ^{13}	猪肝 ti^{44}kuɛ^{44}
58 衢州	猪脚 tʃy^{32}tɕiaʔ^{5}	猪舌头 tʃy^{35}ʒyəʔ^{2}de^{21}	猪肝 tʃy^{32}kə̃^{53}
59 衢江	猪骹骨 tuo^{33}k^{h}ɔ^{33}kuəʔ^{5}	猪舌头 tuo^{33}dʑyəʔ^{2}ty^{53}	猪肝 tuo^{33}kuɛ^{33}
60 龙游	猪脚爪 tuɑ^{33}tɕiɔʔ^{4}tsɔ^{35}	猪舌头 tuɑ^{33}dzəʔ^{23}dəɯ^{231}	猪肝 tuɑ^{33}kie^{334}
61 江山	猪骹趾 tɒ^{44}k^{h}ɐɯ^{44}tsɯ^{44}	猪舌头 tɒ^{44}dʑiᴇʔ^{2}du^{213}	猪肝 tɒ^{44}kɒŋ^{44}
62 常山	猪骹 tɑ^{44}k^{h}ɔ^{44}	猪舌舔 tɑ^{44}dʑiaʔ^{3}t^{h}iɛ̃^{52}	猪肝 tɑ^{44}kɔ̃^{44}
63 开化	猪骹□ tɑ^{44}k^{h}əɯ^{44}guaʔ^{13}	猪舌头 tɑ^{44}dʑiaʔ^{2}du^{231}	猪肝 tɑ^{44}kɔŋ^{44}
64 丽水	猪脚 ti^{44}tɕiɔʔ^{5}	猪口舌 ti^{44}k^{h}ɯ^{44}dʑiɛʔ^{23} 猪舌头 ti^{44}dʑiɛʔ^{2}dəɯ^{22}	猪肝 ti^{44}kuɛ^{224}
65 青田	猪脚 ɗi^{33}tɕiʔ^{42}	猪口舌 ɗi^{33}k^{h}æi^{33}dʑiæʔ^{31}	猪肝 ɗi^{22}kuɐ^{445}
66 云和	猪脚 ti^{44}tɕiɔʔ^{5}	猪舌头 ti^{44}dʑiɛʔ^{23}dəɯ^{312}	猪肝 ti^{44}kuɛ^{24}

续表

方言点	0409 猪蹄当菜的	0410 猪舌头当菜的	0411 猪肝当菜的
67 松阳	脚尖 tɕiaʔ^{3} tɕiɛ̃^{53}	猪舌头 tuə^{24} dʑiɛʔ^{2} dei^{31}	猪肝 tuə^{24} kuɛ̃^{53}
68 宣平	猪脚 ti^{44} tɕiəʔ^{5}	猪口舌 ti^{44} kʰɯ^{44} dʑiəʔ^{23}	猪肝 ti^{44} kuə^{324}
69 遂昌	猪骹节$^{=}$ tɒ^{55} kʰɐɯ^{33} tɕiɛʔ^{5} 老 猪骹蹄 tɒ^{33} kʰɐɯ^{55} diɛ^{213} 新	猪舌头 tɒ^{45} dʑiɛʔ^{23} du^{221}	猪肝 tɒ^{33} kuɛ̃^{45}
70 龙泉	猪骹尖 to^{44} kʰɑʌ^{44} tɕiᴇ^{434}	猪舌 to^{45} dʑiᴇʔ^{24}	猪肝 to^{44} kuo^{434}
71 景宁	猪脚 ti^{55} tɕiaʔ^{5}	猪舌 ti^{55} dʑieʔ^{23}	猪肝 ti^{55} kuœ^{33}
72 庆元	猪骹蹄儿 ɗo^{33} kʰɒ^{33} tiɛ̃^{55}	猪舌 ɗo^{33} tɕiᴇʔ^{34}	猪肝 ɗo^{33} kuæ̃^{335}
73 泰顺	猪脚 ti^{22} tɕiɔʔ^{5}	猪口舌 ti^{22} kʰəu^{22} tɕiɛʔ^{2}	猪肝 ti^{22} kuɛ^{213}
74 温州	猪脚蹄儿 tsei^{33} tɕia^{34} dei^{22} ŋ^{12}	猪口近 tsei^{33} kʰau^{42} dʑiaŋ^{14}	猪肝 tsei^{33} kø^{33}
75 永嘉	脚蹄 tɕia^{423} dei^{21}	猪口近 tsɿ^{33} kʰau^{53} dʑiaŋ^{13}	猪肝 tsɿ^{33} ky^{44}
76 乐清	猪脚蹄 tɕi^{33} tɕia^{35} di^{212} 小	猪口近 tɕi^{33} kau^{42} dʑiaŋ^{24}	猪肝 tɕi^{44} kuɤ^{44}
77 瑞安	猪脚蹄儿 tsei^{33} tɕiɔ^{3} dei^{22} ŋ^{0}	猪口近 tsei^{33} kʰau^{53} dʑiaŋ^{13}	猪肝 tsei^{33} kø^{44}
78 平阳	猪脚蹄儿 tɕi^{33} tʃɔ^{45} diŋ^{13}	猪口近 tɕi^{33} kʰau^{33} dʒaŋ^{13}	猪肝 tɕi^{33} kɵ^{55}
79 文成	猪脚 tɕi^{33} tʃa^{13}	猪口舌 tɕi^{33} kʰau^{42} dʑie^{13} 猪口近 tɕʰi^{33} kʰau^{42} dʒaŋ^{33}	猪肝 tɕi^{33} kuø^{55}
80 苍南	猪脚蹄 tɕi^{44} tɕia^{3} di^{21}	猪口近 tɕi^{44} kʰau^{42} dʑiaŋ^{24}	猪肝 tɕi^{33} kyɛ^{44}
81 建德徽	猪脚爪 tsɿ^{53} tɕiɑ^{55} tsɔ^{213}	猪舌头 tsɿ^{53} sɿ^{21} tɤɯ^{33}	猪肝 tsɿ^{53} kɛ^{53}
82 寿昌徽	猪脚爪 tsɿ^{11} tɕiɔʔ^{3} tsɤ^{24}	猪舌头 tsɿ^{11} ɕiəʔ^{3} tʰəɯ^{52}	猪肝 tsɿ^{11} kiɛ^{112}
83 淳安徽	猪脚骨 tɕya^{21} tɕiɑʔ^{5} kueʔ^{5}	猪舌头 tɕya^{24} səʔ^{13} tʰɯ^{24} 门腔 men^{43} tɕʰiɑ̃^{24} 饭店里	猪肝 tɕya^{21} kɑ̃^{55}
84 遂安徽	猪脚 tɕy^{52} tɕiɑ^{24}	猪舌头 tɕy^{55} ɕiɛ^{21} tʰiu^{24}	猪肝 tɕy^{55} kɑ̃^{534}
85 苍南闽	猪骹 tɯ^{33} kʰa^{55}	猪嘴舌 tɯ^{33} tsʰui^{33} tɕi^{24}	猪肝 tɯ^{33} kũã^{55}
86 泰顺闽	猪骹 ty^{22} kʰa^{213}	猪喙舌 ty^{22} tɕʰy^{21} ɕiɪʔ^{3}	猪肝 ty^{22} kæŋ^{213}
87 洞头闽	猪骹 tɯ^{33} kʰa^{33}	猪嘴舌 tɯ^{212} tsʰui^{53} dʑi^{241}	猪肝 tɯ^{212} kũã^{33}
88 景宁畲	猪蹄 tɕy^{43} tie^{22}	猪舌 tɕy^{43} ɕieʔ^{2}	猪肝 tɕy^{44} kɔn^{44}

方言点	0412 下水猪牛羊的内脏	0413 鸡蛋	0414 松花蛋
01 杭州	下脚货 ia^{13}tɕieʔ^{5}fu^{0}	鸡蛋 tɕi^{33}dɛ^{45}	皮蛋 bi^{22}dɛ^{45}
02 嘉兴	下落 o^{21}loʔ^{5}	鸡蛋 tɕi^{33}dᴇ^{21}	皮蛋 bi^{13}dᴇ^{42}
03 嘉善	下作 o^{22}tsuoʔ^{5}	鸡蛋 tɕi^{35}dɛ^{53}	皮蛋 bi^{13}dɛ^{31}
04 平湖	下落 o^{21}loʔ^{5}	鸡蛋 tɕi^{55}dɛ^{0}	皮蛋 bi^{24}dɛ^{0}
05 海盐	肚货 du^{53}fu^{213}	鸡蛋 tɕi^{53}dɛ^{21}	皮蛋 bi^{24}dɛ^{53}
06 海宁	下水 o^{35}sɿ^{0}	鸡蛋 tɕi^{55}dɛ^{55}	皮蛋 bi^{33}dɛ^{55}
07 桐乡	肚里唠嘈 dəu^{24}li^{0}lɔ^{44}zɔ^{44}	鸡蛋 tɕi^{44}dɛ^{53}	皮蛋 bi^{13}dɛ^{53}
08 崇德	肚里唠嘈 du^{24}li^{0}lɔ^{0}zɔ^{0}	鸡蛋 tɕi^{44}dɛ^{44}	皮蛋 bi^{21}dɛ^{44}
09 湖州	下落 uo^{52}luo^{13}	鸡蛋 tɕi^{44}dɛ^{44}	皮蛋 bi^{33}dɛ^{35}
10 德清	肚里肚食 dəu^{25}li^{53}dəu^{31}zəʔ^{0}	鸡蛋 tɕi^{44}dɛ^{44}	皮蛋 bi^{11}dɛ^{13}
11 武康	肚里货色 du^{13}li^{35}fu^{53}sɜʔ^{5}	鸡蛋 tɕi^{44}dɛ^{44}	皮蛋 bi^{11}dɛ^{13}
12 安吉	肚里货 dʊ^{24}li^{52}fu^{21}	鸡蛋 tɕi^{55}dᴇ^{55}	皮蛋 bi^{22}dᴇ^{22}
13 孝丰	肚里货 du^{24}li^{45}hu^{21}	鸡蛋 tɕi^{44}dɛ^{44}	皮蛋 bi^{22}dɛ^{22}
14 长兴	下水 u^{45}sei^{21}	鸡蛋 tʃʅ^{44}dᴇ^{44}	皮蛋 bʅ^{12}dᴇ^{33}
15 余杭	肚里货 du^{33}li^{33}fu^{53}	鸡蛋 tɕi^{55}dɛ̃^{33}	皮蛋 bi^{31}dɛ̃^{13}
16 临安	肚里货 do^{33}li^{53}fu^{53}	鸡蛋 tɕi^{55}dɛ^{33}	皮蛋 bi^{33}dɛ^{13}
17 昌化	肚里货 du^{23}li^{45}xɯ^{453}	鸡蛋 tsɿ^{33}dɔ̃^{453}	皮蛋 bi^{11}dɔ̃^{243}
18 於潜	肚里货 du^{24}li^{53}xu^{31}	鸡蛋 tɕi^{43}dɛ^{24}	皮蛋 bi^{24}dɛ^{24}
19 萧山	下脚 o^{13}tɕiaʔ^{21}	鸡蛋 tɕi^{33}dɛ^{42}	皮蛋 bi^{21}dɛ^{42}
20 富阳	肚里货 dʊ^{224}li^{335}hu^{335}	鸡蛋 tɕi^{55}dɛ^{31}	皮蛋 bi^{13}dɛ^{55}
21 新登	肚里货 du^{21}li^{13}hu^{45}	鸡蛋 tɕi^{53}dɛ^{13}	皮蛋 bi^{233}dɛ^{334}
22 桐庐	肚里货 du^{21}li^{55}xu^{35}	鸡蛋 tɕi^{35}dã^{13}	皮蛋 bi^{21}dã^{35}
23 分水	肚里货 du^{24}li^{44}xu^{24}	鸡子 tɕi^{44}tsɿ^{0}	皮蛋 bi^{21}dã^{24}
24 绍兴	下脚货 o^{22}tɕiaʔ^{3}fu^{33}	鸡子 tɕi^{33}tsɿ^{334}	皮蛋 bi^{22}dɛ̃^{33}

续表

方言点	0412 下水猪牛羊的内脏	0413 鸡蛋	0414 松花蛋
25 上虞	肚里货 du^{21}li^{0}fu^{53}	鸡蛋 tɕi^{33}dɛ̃^{213}	皮蛋 bi^{21}dɛ̃^{213}
26 嵊州	肚里货 du^{24}li^{44}ho^{31}	鸡子 tɕi^{53}tsɿ^{53}	皮蛋 bi^{22}dɛ̃^{24}
27 新昌	肚里货 du^{22}li^{45}hɤ^{31}	鸡子 tɕiʔ^{5}tsɿ^{453}"鸡"促化	皮蛋 bi^{22}dɛ̃^{13}
28 诸暨	肚里货 du^{13}lʅ^{42}ho^{33}	鸡蛋 tʃʅ^{21}dɛ^{33}	皮蛋 bʅ^{21}dɛ^{33}
29 慈溪	肚里货 du^{13}li^{0}həu^{44}	鸡蛋 tɕi^{35}dɛ̃^{0}	皮蛋 bi^{13}dɛ̃^{0}
30 余姚	肚里货 du^{13}li^{0}hou^{44}	鸡蛋 tɕi^{44}dã^{13}	皮蛋 bi^{13}dã^{13}
31 宁波	肚里货 du^{13}li^{0}həu^{44}	鸡蛋 tɕi^{44}dɛ^{44}	皮蛋 bi^{13}dɛ^{44}
32 镇海	肚里货 du^{24}li^{0}həu^{44}	鸡蛋 tɕi^{33}dɛ^{31}	皮蛋 bi^{22}dɛ^{31}
33 奉化	肚里货 du^{33}li^{0}həu^{44}	鸡蛋 tɕi^{44}dɛ^{31}	皮蛋 bi^{33}dɛ^{33}
34 宁海	肚里货 du^{24}li^{0}hu^{35}	蛋 de^{24}	皮蛋 bi^{21}de^{24}
35 象山	肚里货 du^{13}li^{0}həu^{0}	鸡蛋 tɕi^{44}dɛ^{13}	皮蛋 bi^{31}dɛ^{13}
36 普陀	肚里货 du^{23}li^{0}xəu^{0}	鸡蛋 tɕi^{33}dɛ^{45}	皮蛋 bi^{24}dɛ^{0}
37 定海	肚里货 du^{23}li^{0}xʌu^{0}	鸡蛋 tɕi^{33}dɛ^{45}	皮蛋 bi^{33}dɛ^{45}
38 岱山	肚里货 du^{23}li^{0}xʌu^{0}	鸡蛋 tɕi^{52}dɛ^{0}	皮蛋 bi^{31}dɛ^{0}
39 嵊泗	肚里货 du^{24}li^{0}xʌu^{0}	鸡蛋 tɕi^{44}dɛ^{0}	皮蛋 bi^{24}dɛ^{0}
40 临海	肚里货 du^{31}li^{42}ho^{55}	鸡子 tɕi^{33}tsɿ^{52} 鸡蛋 tɕi^{33}dɛ^{55}	皮蛋 bi^{33}dɛ^{55}
41 椒江	肚里货 dəu^{31}li^{42}hu^{55}	鸡子 tɕi^{33}tsɿ^{42}	皮蛋 bi^{22}dɛ^{44}
42 黄岩	肚里 dou^{121}li^{42}	鸡子 tɕi^{33}tsɿ^{42}	皮蛋 bi^{13}dɛ^{44}
43 温岭	肚里货 du^{31}li^{42}hu^{55}	鸡子 tɕi^{33}tsɿ^{42}	皮蛋 bi^{13}dɛ^{44}
44 仙居	肚里货 du^{33}li^{31}ho^{55}	鸡子 tɕi^{33}tsɿ^{324}	皮蛋 bi^{24}da^{55}
45 天台	肚里头杂 du^{21}li^{21}deu^{22}zəʔ^{2}	鸡子 ki^{33}tsɿ^{325}	皮蛋 bi^{22}de^{35}
46 三门	肚里货 du^{23}li^{32}hʊ^{55}	鸡子 tɕi^{33}tsɿ^{325}	皮蛋 bi^{13}dɛ^{55}

续表

方言点	0412 下水猪牛羊的内脏	0413 鸡蛋	0414 松花蛋
47 玉环	肚里货 dəu^{22} li^{53} fu^{55}	鸡蛋 tɕi^{33} dɛ^{44}	皮蛋 bi^{22} dɛ^{44}
48 金华	肚里货 tu^{33} li^{53} xuɤ^{55}	鸡卵 tɕie^{33} ləŋ^{535}	皮蛋 bi^{31} dɛ̃^{14}
49 汤溪	肚里 du^{11} li^{113}	鸡子 tɕie^{33} tsɿ^{535}	皮蛋 bi^{11} dã^{341}
50 兰溪	肚里货 tu^{55} li^{55} xuɤ^{45}	鸡子 tɕie^{334} tsɿ^{55}	皮蛋 bi^{21} duɑ^{24}
51 浦江	肚里嘈 du^{11} li^{11} dzɯ^{243}	鸡卵 tʃi^{33} lən^{243}	皮蛋 bi^{11} dan^{24}
52 义乌	肚里嚼$^{=}$杂 du^{24} li^{33} zɯa^{42} zɿ^{312}	鸡子 tɕi^{45} tsɿ^{423}	皮蛋 bi^{22} dan^{24}
53 东阳	肚里货 du^{23} li^{33} hʊ^{53}	鸡子 tɕi^{33} tsɿ^{35}	皮蛋 bi^{22} dan^{33}
54 永康	猪三福 tɕi^{33} sa^{33} fu^{334} 猪的 牛杂 ȵiəu^{33} zɤ^{113} 牛的 羊杂 iɑŋ^{33} zɤ^{113} 羊的	鸡子 tɕie^{33} tsɿ^{334}	皮蛋 bi^{31} ɗa^{52}
55 武义	猪三福 li^{55} suo^{55} fɔʔ^{5}	鸡卵 tɕie^{55} len^{13}	皮卵 bi^{324} len^{13}
56 磐安	肚里头杂 tu^{55} li^{55} dɐɯ^{21} zɛ^{213}	鸡子 tɕi^{33} tsɿ^{334}	皮蛋 bi^{21} dan^{14}
57 缙云	肚里货 du^{21} ti^{44} xu^{453}	鸡卵 tɕi^{44} laŋ^{51}	皮蛋 bi^{44} dɑ^{453}
58 衢州	肚里货 du^{231} li^{231} xu^{53}	鸡子 tsɿ^{32} tsɿ^{35}	皮蛋 bi^{21} dã^{35}
59 衢江	猪腹里 tuo^{33} pəʔ^{5} li^{212}	鸡子 ie^{33} tsɤ^{25}	皮蛋 bi^{22} dã^{212}
60 龙游	肚里货 du^{22} li^{22} xu^{51}	鸡子 tɕi^{33} tsɿ^{35}	皮蛋 bi^{22} dã^{231}
61 江山	腹货 poʔ^{4} xyə^{51}	子 tsə^{241} 鸡子 iə^{44} tsə^{241}	皮蛋 bi^{22} daŋ^{22}
62 常山	猪腹 tɑ^{43} pɤʔ^{5} 牛杂 ȵiu^{22} dzaʔ^{34}	鸡子 ie^{44} tsɿ^{52}	皮蛋 bi^{22} dã^{24}
63 开化	猪腹里 tɑ^{44} pəʔ^{5} li^{0}	鸡子 iɛ^{44} tsɿə^{53}	皮蛋 bi^{21} dã^{213}
64 丽水	下水 io^{44} sɥ^{544}	卵 len^{544}	皮蛋 bi^{21} tã^{52}
65 青田	肚内货 deu^{22} neŋ^{22} xu^{55}	鸡卵 tsɿ^{33} laŋ^{454}	皮蛋 bi^{55} dɑ^{22}
66 云和	肚杂 du^{223} zɛʔ^{23}	鸡卵 tsɿ^{44} ləŋ^{41}	皮蛋 bi^{31} dã^{223}
67 松阳	腹内 poʔ^{3} nɛ^{13}	鸡卵 tsɿə^{24} len^{22}	皮蛋 bi^{33} dɔ̃^{13}

续表

方言点	0412 下水猪牛羊的内脏	0413 鸡蛋	0414 松花蛋
68 宣平	肚内货 du^{22} nei^{22} xo^{52}	卵 lən^{223}	皮蛋 bi^{43} dɑ̃^{231}
69 遂昌	腹内 pəɯʔ^{5} nei^{213}	鸡子 iɛ^{33} tsɤ^{533}	皮蛋 bi^{13} daŋ^{213}
70 龙泉	腹底 poʔ^{3} ti^{51}	鸡卵 i^{45} lɛn^{51}	皮蛋 pi^{44} daŋ^{224}
71 景宁	内脏 nai^{33} zɔŋ^{113}	鸡卵 tɕi^{55} laŋ^{33}	皮蛋 bi^{33} dɔ^{113}
72 庆元	猪腹底 ɗo^{33} ɓuʔ^{5} ɗiᴇ^{33}	鸡卵 iᴇ^{335} ləŋ^{221}	皮蛋 pi^{52} tɑ̃^{31}
73 泰顺	肚底 tø^{21} ti^{55}	鸡卵 tsɿ^{22} ləŋ^{55}	皮蛋 pi^{53} tã^{22}
74 温州	肚内 dø^{31} nai^{22}	鸡卵 tsɿ^{42} laŋ^{14}	皮蛋 bei^{22} da^{14}
75 永嘉	肚内 dəɯ^{31} nai^{22}	鸡卵 tɕiai^{53} laŋ^{13}	皮蛋 bei^{22} da^{13}
76 乐清	肚内 dy^{31} nai^{22}	鸡卵 tɕi^{42} laŋ^{24}	皮蛋 bi^{24} dᴇ^{31}
77 瑞安	肚内 dəɯ^{31} nai^{22}	鸡卵 tɕi^{53} laŋ^{13}	皮蛋 bei^{22} dɔ^{13}
78 平阳	肚里货 du^{13} li^{42} fu^{42}	鸡卵 tɕi^{33} laŋ^{45}	皮蛋 bi^{21} dɔ^{13}
79 文成	肚底货 dou^{13} dei^{33} fu^{21}	鸡卵 tɕi^{33} laŋ^{33}	皮蛋卵 bei^{3} dɔ^{42} laŋ^{33}
80 苍南	肚底 dy^{31} ti^{53}	鸡卵 tɕi^{42} naŋ^{53}	皮蛋 bi^{11} da^{24}
81 建德徽	肚里货 tu^{21} li^{33} hu^{33}	鸡蛋 tɕi^{53} tʰɛ^{213}	皮蛋 pi^{33} tʰɛ^{55}
82 寿昌徽	肚里货 tʰu^{33} li^{33} xu^{33}	鸡子 tɕi^{11} tsɿ^{24}	皮蛋 pʰi^{11} tæ̃^{24}
83 淳安徽	肚里货 tʰa^{55} li^{21} hu^{21}	鸡子 tɕi^{24} tsɿ^{21}	皮蛋 pʰi^{43} tɑ̃^{24}
84 遂安徽	内脏 ləɯ^{55} tsʰɑ̃^{52}	鸡子 tɕiɛ^{55} tsɿ^{24}	皮蛋 pʰi^{33} tʰɑ̃^{43}
85 苍南闽	五脏 gɔ^{24} tsɑŋ^{21}	鸡卵 kue^{24} nɯŋ^{21}	皮蛋 pʰi^{21} tan^{21}
86 泰顺闽	猪腹底 ty^{21} pøʔ^{3} tei^{344}	鸡卵 kei^{21} lo^{53}	皮蛋 pʰi^{21} tæŋ^{31}
87 洞头闽	腹肚内 pɐk^{5} tɔ^{53} lai^{21}	鸡卵 kue^{21} nɯŋ^{21}	皮蛋 pʰi^{33} tan^{21}
88 景宁畲	（无）	鸡卵 kiai^{44} lən^{325} 小	皮蛋 pʰi^{22} tan^{51}

方言点	0415 猪油	0416 香油	0417 酱油
01 杭州	脂油 tsɿ^{33} y^{45}	麻油 ma^{22} y^{45}	酱油 tɕiaŋ^{45} y^{53}
02 嘉兴	猪油 tsɿ^{33} iu^{42}	麻油 mo^{21} iu^{33}	酱油 tɕiÃ^{33} iu^{42}
03 嘉善	猪油 tsɿ^{35} iə^{53}	麻油 mo^{13} iə^{31}	酱油 tɕiæ̃^{55} iə^{0}
04 平湖	猪油 tsɿ^{55} iəɯ^{31}	麻油 mo^{24} iəɯ^{53}	酱油 tsiã^{44} iəɯ^{31}
05 海盐	猪油 tsɿ^{55} io^{21}	麻油 mo^{24} io^{53}	酱油 tɕiɛ̃^{55} io^{21}
06 海宁	猪油 tsɿ^{55} iəu^{55}	麻油 mo^{33} iəu^{55}	酱油 tɕiã^{55} iəu^{31}
07 桐乡	猪油 tsɿ^{44} iɤɯ^{44}	麻油 mo^{21} iɤɯ^{44}	酱油 tsiã^{33} iɤɯ^{44}
08 崇德	猪油 tsɿ^{44} iɤɯ^{44}	麻油 mo^{21} iɤɯ^{44}	酱油 tɕiã^{33} iɤɯ^{334}
09 湖州	猪油 tsɿ^{44} iʉ^{44}	麻油 muo^{33} iʉ^{35}	酱油 tɕiã^{33} iʉ^{35}
10 德清	板油 pɛ^{35} iʉ^{0}	麻油 muo^{11} iʉ^{13}	酱油 tɕiã^{33} iʉ^{35}
11 武康	板油 pɛ^{55} iø^{53}	麻油 mo^{11} iø^{13}	酱油 tɕiã^{33} iø^{35}
12 安吉	猪油 tsɿ^{55} iu^{55}	麻油 mʊ^{22} iu^{22}	酱油 tɕiã^{32} iu^{213}
13 孝丰	猪油 tsɿ^{44} iu^{44}	麻油 mʊ^{22} iu^{22}	酱油 tɕiã^{32} iu^{213}
14 长兴	猪油 tsɿ^{44} iʏ^{44}	麻油 mu^{12} iʏ^{33}	酱油 tʃiã^{32} iʏ^{24}
15 余杭	猪油 tsɿ^{55} iʏ^{55}	麻油 muo^{31} iʏ^{13}	酱油 tsiɑ̃^{53} iʏ^{13}
16 临安	猪油 tsɿ^{53} yœ^{13}	麻油 mo^{33} yœ^{13}	酱油 tɕiã^{55} yœ^{31}
17 昌化	猪油 tɕy^{33} i^{45}	麻油 mu^{11} i^{112}	酱油 tɕiã^{54} i^{112}
18 於潜	猪油 tɕy^{43} iəu^{24}	香油 ɕiaŋ^{43} iəu^{24}	酱油 tɕiaŋ^{35} iəu^{53}
19 萧山	猪油 tsɿ^{33} io^{33}	香油 ɕiã^{33} io^{33}	酱油 tɕiã^{33} io^{33}
20 富阳	猪油 tsɿ^{55} iʊ^{55}	麻油 mo^{13} iʊ^{55}	酱油 tɕiɑ̃^{335} iʊ^{53}
21 新登	猪油 tsʮ^{53} y^{233}	麻油 mɑ^{233} y^{233}	酱油 tɕiɑ̃^{45} y^{233}
22 桐庐	猪油 tsɿ^{35} iəu^{33}	香油 ɕiã^{35} iəu^{33}	酱油 tɕiã^{35} iəu^{21}
23 分水	猪油 tɕy^{44} iɵ^{21}	麻油 ma^{21} iɵ^{24}	酱油 tɕiã^{24} iɵ^{21}
24 绍兴	猪油 tsɿ^{33} iɤ^{231}	菜油 ts^{h}ᴇ^{33} iɤ^{33}	酱油 tɕiaŋ^{33} iɤ^{33}

续表

方言点	0415 猪油	0416 香油	0417 酱油
25 上虞	猪油 tsɿ^{33} iɤ^{213}	麻油 mo^{21} iɤ^{213}	酱油 tɕiã^{33} iɤ^{31}
26 嵊州	猪油 tsɿ^{53} iʏ^{231}	香油 ɕiaŋ^{53} iʏ^{231}	酱油 tɕiaŋ^{33} iʏ^{334}
27 新昌	猪油 tsɿ^{45} iɯ^{33}	麻油 mo^{13} iɯ^{534}	酱油 tɕiaŋ^{53} iɯ^{33}
28 诸暨	猪油 tsɿ^{21} iʉ^{242}	麻油 mo^{21} iʉ^{242}	酱油 tɕiã^{33} iʉ^{33}
29 慈溪	猪油 tsɿ^{33} iø^{13}	麻油 mo^{11} iø^{13}	酱油 tɕiã^{44} iø^{13}
30 余姚	猪油 tsɿ^{44} iø^{13}	麻油 mo^{13} iø^{13}	酱油 tɕiaŋ^{53} iø^{0}
31 宁波	猪油 tsʮ^{44} iʏ^{0}	麻油 mo^{13} iʏ^{44}	酱油 tɕia^{44} iʏ^{44}
32 镇海	猪油 tsʮ^{33} iu^{22}	麻油 mo^{22} iu^{31}	酱油 tɕiã^{33} iu^{22}
33 奉化	猪油 tsʮ^{44} iʏ^{31}	麻油 mo^{33} iʏ^{31}	酱油 tɕiã^{44} iʏ^{31}
34 宁海	板油 pe^{53} iu^{0} 花油 ho^{34} iu^{31}	麻油 mo^{21} iu^{31}	酱油 tɕiã^{33} iu^{213}
35 象山	猪油 tsʮ^{44} iu^{13}	麻油 mo^{31} iu^{13}	酱油 tɕiã^{53} iu^{0}
36 普陀	猪油 tsʮ^{33} ieu^{53}	麻油 mo^{33} ieu^{53}	酱油 tɕiã^{55} ieu^{0}
37 定海	猪油 tsʮ^{33} iʏ^{52}	麻油 mo^{33} iʏ^{52}	酱油 tɕiã^{44} iʏ^{0}
38 岱山	猪油 tsʮ^{33} iʏ^{52}	麻油 mo^{33} iʏ^{52}	酱油 tɕiã^{44} iʏ^{0}
39 嵊泗	猪油 tsʮ^{33} iʏ^{53}	麻油 mo^{33} iʏ^{53}	酱油 tɕiã^{44} iʏ^{0}
40 临海	猪油 tsɿ^{33} iu^{353}小	麻油 mo^{21} iu^{51}	酱油 tɕiã^{33} iu^{21}
41 椒江	猪油 tsɿ^{35} iu^{41}	麻油 mo^{22} iu^{41}	酱油 tɕiã^{33} iu^{31}
42 黄岩	猪油 tsɿ^{35} iu^{41}	小麻油 ɕiɔ^{42} mo^{22} iu^{24}	酱油 tɕiã^{33} iu^{121}
43 温岭	猪油 tsɿ^{35} iu^{41}	香油 ɕiã^{35} iu^{41}	酱油 tɕiã^{33} iu^{31}
44 仙居	猪油 tsɿ^{53} iəɯ^{0}	香油 ɕia^{53} iəɯ^{0}	酱油 tɕia^{53} iəɯ^{0}
45 天台	板油 pe^{32} iu^{224}	麻油 mo^{224} iu^{0}	酱油 tɕia^{33} iu^{224}
46 三门	猪油 tsɿ^{33} iu^{31}	香油 ɕiɑ̃^{33} iu^{31}	酱油 tɕiɑ̃^{44} iu^{445}
47 玉环	猪油 tsɿ^{33} iu^{41}	香油 ɕia^{33} iu^{41}	酱油 tɕia^{33} iu^{31}

续表

方言点	0415 猪油	0416 香油	0417 酱油
48 金华	脂油 tsɿ^{33} iu^{55} 猪油 tɕy^{33} iu^{55}	麻油 mɤa^{31} iu^{14}	酱油 tsiɑŋ^{33} iu^{14}
49 汤溪	猪油 tsɿ^{24} iəɯ^{0}	香油 ɕiɔ^{24} iəɯ^{0}	酱油 tsɤa^{24} iəɯ^{0}
50 兰溪	猪油 tsɿ^{334} iəɯ^{45}	麻油 mia^{21} iəɯ^{24}	酱油 tsiɑŋ^{55} iəɯ^{45}
51 浦江	猪油 tʃi^{55} iɤ^{334}	麻油 mia^{24} iɤ^{334}	酱油 tsyõ^{33} iɤ^{334}
52 义乌	脂油 tsɿ^{33} iɐɯ^{45}	麻油 mɯa^{22} iɐɯ^{45}	酱油 tsɯa^{33} iɐɯ^{335}
53 东阳	猪油 tso^{33} iəɯ^{53}	香油 ɕiɔ^{33} iəɯ^{53}	酱油 tɕiɔ^{33} iəɯ^{53}
54 永康	脂油 tsɿ^{33} iəu^{22}	麻油 muɑ^{31} iəu^{22}	酱油 tɕiɑŋ^{33} iəu^{55}
55 武义	猪油 tsɿ^{32} iəu^{53}	芝麻油 tɕi^{55} muo^{324} iəu^{231}	酱油 tɕiɑŋ^{55} iəu^{324}
56 磐安	脂油 tsɿ^{33} iɐɯ^{52} 猪油 tsuə^{33} iɐɯ^{52}	麻油 mə^{21} iɐɯ^{52}	酱油 tɕiɒ^{33} iɐɯ^{445}
57 缙云	猪脂 ti^{44} tsɿ^{44}	芝麻油 tsɿ^{44} mɔ^{213} iuŋ^{453}	酱油 tɕiɑ^{44} iuŋ^{243}
58 衢州	脂油 tsɿ^{32} iu^{53}	麻油 mɑ^{21} iu^{53}	酱油 tɕiã^{53} iu^{21}
59 衢江	板油 pã^{33} y^{53} 胸脂熬成 肉油 ȵyəʔ^{2} y^{53} 肥肉熬成 花油 xuo^{25} y^{31} 统称	油麻油 y^{33} muo^{22} y^{53}	酱油 tɕiã^{33} y^{53}
60 龙游	板油 pã^{35} iəɯ^{21} 脂油 tsɿ^{35} iəɯ^{21}	麻油 m^{224} iəɯ^{231}	酱油 tɕiã^{35} iəɯ^{21}
61 江山	肉油 ȵiɒʔ^{2} iɯ^{213}	麻油 mo^{22} iɯ^{213}	酱油 tɕiaŋ^{44} iɯ^{213}
62 常山	肉油 ȵiʌʔ^{3} iu^{341} 脂油 tse^{44} iu^{44}	香油 ɕiã^{52} iu^{0} 麻油 mie^{24} iu^{0}	酱油 tɕiã^{44} iu^{44}
63 开化	白油 baʔ^{2} iʊ^{231}	麻油 miɛ^{21} iʊ^{53}	酱油 tɕiã^{44} iʊ^{53}
64 丽水	猪油 ti^{224} iəɯ^{52}	麻油 muo^{21} iəɯ^{52} 老 香油 ɕiã^{224} iəɯ^{52} 新	酱油 tɕiã^{224} iəɯ^{52}
65 青田	猪油 ɗi^{55} ieu^{53}	芝麻油 tsɿ^{33} mu^{55} ieu^{53}	酱油 tɕi^{33} ieu^{53}
66 云和	猪油 ti^{44} iəɯ^{312}	香油 ɕiã^{44} iəɯ^{312}	酱油 tɕiã^{44} iəɯ^{312}
67 松阳	猪脂油 tuə^{24} tsɿə^{33} iɯ^{31}	油麻油 iɯ^{33} m^{33} iɯ^{31}	酱油 tɕiã^{33} iɯ^{31}

续表

方言点	0415 猪油	0416 香油	0417 酱油
68 宣平	猪脂 ti⁴⁴tsʅ³²⁴	油麻油 iɯ⁴⁴mo²²iɯ⁴³³	酱油 tɕiɑ̃⁴⁴iɯ⁴³³
69 遂昌	脂油 tɕiu⁵⁵iɯ²¹³	麻油 mu²²iɯ²¹³	酱油 tɕiaŋ³³iɯ²²¹
70 龙泉	板油 baŋ²¹iəu²¹ 荤油 xuo⁴⁵iəu²¹	麻油 mo⁴⁵iəu²¹	酱油 dʑiaŋ²¹iəu²¹
71 景宁	猪油 ti³³iəɯ⁴¹	香油 ɕiɛ³³iəɯ⁴¹	酱油 tɕiɛ³³iəɯ⁴¹
72 庆元	猪油 ɗo³³⁵iɯ⁵²	芝麻油 iᴇ³³mo⁵²iɯ⁵²	酱油 tɕiɑ̃¹¹iɯ⁵²
73 泰顺	猪油 ti²²iəu⁵³	油麻油 iəu²²muɔ²²iəu⁵³	酱油 tɕiã²²iəu⁵³
74 温州	猪油 tsei³³iau²²³	麻油 mo²²iau²²³	酱油 tɕi³³iau²²³
75 永嘉	猪油 tsʅ³³iau²¹	香油 ɕiɛ³³iau²¹	酱油 tɕiɛ³³iau²¹
76 乐清	猪油 tɕi⁴⁴iau²²³	麻油 mɯʌ²²iau²²³	酱油 tɕiɯʌ⁴⁴iau²²³
77 瑞安	猪油 tsei³³iau²¹	麻油 mo²²iau²¹	酱油 tɕiɛ³³iau²¹
78 平阳	猪油 tɕi³³iau³⁵	香油 ɕie³³iau³⁵	酱油 tɕie³³iau³⁵
79 文成	猪油 tɕi³³iaŋ³³	麻油 mo²¹iaŋ³³	酱油 tɕie⁴²iau³³
80 苍南	猪油 tɕi³³iau²¹	香油 ɕiɛ³³iau²¹	酱油 tɕiɛ³³iau²¹
81 建德徽	脂油 tsʅ²¹iɤɯ⁵⁵	麻油 mo³³iɤɯ³³	酱油 tɕie²¹iɤɯ⁵⁵
82 寿昌徽	熟油 ɕyəʔ³iəɯ⁵²	麻油 mɤ¹¹iəɯ⁵²	酱油 tɕiɑ̃³³iəɯ⁵²
83 淳安徽	猪油 tɕya²⁴iɯ²¹ 荤油 huen²⁴iɯ²¹	麻油 mo⁴³iɯ²⁴	酱油 tɕiɑ̃²¹iɯ⁵⁵
84 遂安徽	猪油 tɕy⁵⁵iu²⁴	麻油 mɑ³³iu³³	酱油 tɕiɑ̃⁵⁵iu³³
85 苍南闽	猪油 tɯ³³iu²⁴	麻油 mũã²¹iu²⁴	时油 ɕi²¹iu²⁴老 原油 guan²¹iu²⁴新
86 泰顺闽	猪油 ty²²iøu²²	香油 ɕyo²²iøu²²	酱油 tɕyo³⁴iøu²²
87 洞头闽	板仔油 pan²⁴na²¹iu²⁴	麻油 bua²¹²iu²⁴	时油 ɕi²¹²iu²⁴
88 景宁畲	猪油 tɕy⁴⁴iəu²²	香油 xiɔŋ⁴⁴iəu²²	酱油 tɕiɔŋ⁴⁴iəu²²

方言点	0418 盐名词	0419 醋	0420 香烟
01 杭州	盐 iɛ^{213}	醋 tsʰu^{45}	香烟 ɕiaŋ^{33} iɛ^{45}
02 嘉兴	盐 ie^{242}	醋 tsʰou^{224}	香烟 ɕiᴀ̃^{33} ie^{42}
03 嘉善	盐 iɪ^{132}	醋 tsʰu^{334}	香烟 ɕiæ̃^{35} iɪ^{53}
04 平湖	盐 iɛ^{31}	醋 tsʰu^{213}	香烟 ɕiã^{44} iɛ^{31}
05 海盐	盐 iɛ^{31}	醋 tsʰu^{334}	香烟 ɕiɛ̃^{55} iɛ^{53}
06 海宁	盐 ie^{35}	神仙 zəŋ^{33} ɕie^{35} 老，婉称，常用 醋 tsʰəu^{35} 新	香烟 ɕiã^{55} ie^{55}
07 桐乡	盐 iᴇ^{13}	醋 tsʰəu^{334}	香烟 ɕiã^{44} iᴇ^{44}
08 崇德	盐 iɪ^{13}	醋 tsʰu^{334}	香烟 ɕiã^{44} iɪ^{44}
09 湖州	咸盐 ɛ^{33} ie^{35}	酸醋 sɛ^{44} tsʰəu^{44}	香烟 ɕiã^{44} ie^{44}
10 德清	咸盐 ɛ^{11} ie^{35}	醋 tsʰəu^{334}	香烟 ɕiã^{44} ie^{44}
11 武康	咸盐 ɛ^{11} iɪ^{35}	酸醋 sø^{44} tsʰu^{44}	香烟 ɕiã^{44} iɪ^{44}
12 安吉	咸盐 ᴇ^{22} i^{22}	酸醋 sᴇ^{55} tsʰu^{55}	香烟 ɕiã^{55} i^{55}
13 孝丰	咸盐 ɛ^{22} iɪ^{22}	酸醋 se^{44} tsʰu^{44}	香烟 ɕiã^{44} iɪ^{44}
14 长兴	咸盐 ᴇ^{12} i^{33}	酸醋 sɯ^{44} tsʰəu^{44}	香烟 ʃiã^{44} i^{44}
15 余杭	盐 iẽ^{22}	醋 tsʰu^{423}	香烟 ɕiɑ̃^{55} iẽ^{55}
16 临安	咸盐 ɛ^{33} ie^{13}	酸醋 sə^{53} tsʰu^{33}	香烟 ɕiã^{53} ie^{33}
17 昌化	咸盐 ɔ̃^{11} iɪ̃^{112}	醋 tsʰu^{544}	香烟 ɕiã^{33} iɪ̃^{45}
18 於潜	咸盐 ɛ^{24} ie^{223}	醋 tsʰu^{35}	香烟 ɕiaŋ^{43} ie^{433}
19 萧山	盐 ie^{355}	醋 tsʰu^{42}	香烟 ɕiã^{33} ie^{33}
20 富阳	盐 iɛ̃^{13}	醋 tsʰʊ^{335}	香烟 ɕiɑ̃^{55} iɛ̃^{55}
21 新登	盐 iɛ̃^{233}	醋 tsʰu^{45}	香烟 ɕiɑ̃^{53} iɛ̃^{334}
22 桐庐	咸盐 ã^{21} ie^{13}	醋 tsʰu^{35}	香烟 ɕiã^{35} ie^{13}
23 分水	咸盐 xã^{21} ie^{24}	酸醋 suə̃^{44} tsʰu^{24}	香烟 ɕiã^{44} iã^{44}

续表

方言点	0418 盐名词	0419 醋	0420 香烟
24 绍兴	盐 iẽ^{231}	醋 ts^{h}u^{33}	香烟 ɕiaŋ^{33}iẽ^{53}
25 上虞	盐 iẽ^{213}	米醋 mi^{21}tɕ^{h}y^{53}	香烟 ɕiã^{33}iẽ^{35}
26 嵊州	盐 iẽ^{213}	酸醋 sœ̃^{53}ts^{h}u^{334}	香烟 ɕiaŋ^{53}iẽ^{334}
27 新昌	盐 iɛ̃^{22}	醋 ts^{h}u^{335}	香烟 ɕiaŋ^{45}iɛ̃^{534}
28 诸暨	盐 ie^{13}	酸醋 sə^{21}ts^{h}u^{33}	香烟 ɕiã^{21}ie^{42}
29 慈溪	盐 iẽ^{13}	醋 ts^{h}u^{44} 米醋 mi^{13}ts^{h}u^{44}	香烟 ɕiã^{33}iẽ^{35}
30 余姚	盐 iẽ^{13}	米醋 mi^{13}ts^{h}ɥ^{53}	香烟 ɕiaŋ^{44}iẽ^{44}
31 宁波	盐 i^{13}	米醋 mi^{13}ts^{h}u^{44}	香烟 ɕia^{44}i^{53}
32 镇海	盐 i^{24}	米醋 mi^{24}ts^{h}u^{0}	香烟 ɕiã^{33}i^{53}
33 奉化	盐 i^{33}	米醋 mi^{33}ts^{h}u^{44}	香烟 ɕiã^{44}i^{53}
34 宁海	盐 ie^{213}	醋 ts^{h}u^{35}	香烟 ɕiã^{33}ie^{34} 烟 ie^{423}
35 象山	盐 i^{31}	米醋 mi^{13}ts^{h}u^{53}	香烟 ɕiã^{44}i^{44}
36 普陀	盐 i^{24}	醋 ts^{h}u^{55}	香烟 ɕiã^{33}i^{53}
37 定海	盐 i^{23}	米醋 mi^{23}ts^{h}u^{0}	香烟 ɕiã^{33}i^{52}
38 岱山	盐 i^{23}	醋 ts^{h}u^{44}	香烟 ɕiã^{33}i^{52}
39 嵊泗	盐 i^{243}	米醋 mi^{34}ts^{h}u^{0}	香烟 ɕiã^{33}i^{53}
40 临海	盐 i^{21}	醋 ts^{h}u^{55}	香烟 ɕiã^{55}i^{31}
41 椒江	盐 ie^{31}	醋 ts^{h}əu^{55}	香烟 ɕiã^{35}ie^{42}
42 黄岩	盐 ie^{121}	醋 ts^{h}ou^{55}	香烟 ɕiã^{35}ie^{32}
43 温岭	盐 ie^{31}	醋 ts^{h}u^{55}	香烟 ɕiã^{55}ie^{31}
44 仙居	盐 ie^{213}	醋 ts^{h}u^{55}	香烟 ɕia^{33}ie^{53}
45 天台	盐 ie^{224}	醋 ts^{h}u^{55}	香烟 ɕia^{33}ie^{33}

续表

方言点	0418 盐名词	0419 醋	0420 香烟
46 三门	盐 ie^{113}	米醋 mi^{32}tsʰu^{55}	香烟 ɕiɑ̃^{33}ie^{52}
47 玉环	盐 ie^{31}	醋 tsʰəu^{55}	香烟 ɕia^{55}ie^{42}
48 金华	盐 ie^{313}	醋 tsʰu^{55}	香烟 ɕiɑŋ^{33}ia^{55}
49 汤溪	盐 ie^{11}	醋 tsʰu^{52}	香烟 ɕiɔ^{24}ie^{0}
50 兰溪	盐 ie^{21}	醋 tsʰu^{45}	香烟 ɕiɑŋ^{334}iɑ^{45}
51 浦江	盐 iẽ^{113}	醋 tsʰu^{55}	香烟 ɕyõ^{55}iɑ̃^{334}
52 义乌	盐 ie^{213}	醋 tsʰu^{45}	香烟 ɕiɔ^{33}ȵia^{45}
53 东阳	盐 i^{213}	醋 tsʰu^{453}	香烟 ɕiɔ^{33}i^{53}
54 永康	盐 ie^{22}	醋 tsʰu^{52}	香烟 ɕiɑŋ^{33}ie^{55}
55 武义	盐 ȵie^{324}	醋 tsʰu^{53}	香烟 ɕiɑŋ^{32}ȵie^{53}
56 磐安	盐 ie^{213}	醋 tsʰu^{52}	香烟 ɕiɒ^{33}ie^{52}
57 缙云	盐 iɛ^{243}	醋 tsʰu^{453}	香烟 ɕia^{44}iɛ^{44}
58 衢州	盐 iẽ^{21}	醋 tsʰu^{53}	香烟 ɕiã^{32}iẽ^{53}
59 衢江	盐 ie^{212}	醋 tsʰɤ^{53}	香烟 ɕiã^{33}ie^{33}
60 龙游	盐 ie^{21}	醋 tsʰu^{51}	香烟 ɕiã^{33}ie^{334}
61 江山	盐 iɛ̃^{213}	醋 tsʰuə^{51}	香烟 xiaŋ^{44}iɛ̃^{44}
62 常山	盐 iɛ̃^{341}	醋 tsʰuə^{324}	香烟 ɕiã^{44}iɛ̃^{44}
63 开化	盐 iɛ̃^{231}	醋 tsʰuo^{412}	香烟 ɕiã^{44}iɛ̃^{44}
64 丽水	盐 iɛ^{22}	醋 tsʰu^{52}	香烟 ɕiã^{44}iɛ^{224}
65 青田	盐 iɛ^{21}	醋 tsʰeu^{33}	香烟 ɕi^{22}iɑ^{445}
66 云和	盐 iɛ^{312}	醋 tsʰu^{45}	香烟 ɕiã^{44}iɛ^{24}
67 松阳	盐 iɛ̃^{31}	醋 tsʰɿə^{24}	香烟 ɕiã^{24}iɛ̃^{53}
68 宣平	盐 iɛ^{433}	醋 tsʰu^{52}	香烟 ɕiɑ̃^{44}iɛ^{324}

续表

方言点	0418 盐名词	0419 醋	0420 香烟
69 遂昌	盐 iɛ̃^{221}	醋 tsʰuə^{334}	香烟 ɕiaŋ^{33}iɛ̃^{45}
70 龙泉	盐 iᴇ^{21}	醋 tsʰɤɯ^{45}	香烟 ɕiaŋ^{44}iᴇ^{434}
71 景宁	盐 iɛ^{41}	醋 tsʰɿ^{35}	香烟 ɕiɛ^{33}iɛ^{324}
72 庆元	盐 iɛ̃^{52}	醋 tsʰɤ^{11}	香烟 ɕiɑ̃^{335}iɑ̃^{335}
73 泰顺	盐 iɛ^{53}	醋 tsʰœ^{35}	香烟 ɕiã^{22}iã^{213}
74 温州	盐 i^{31}	醋 tsʰø^{51}	香烟 ɕi^{33}i^{33}
75 永嘉	盐 i^{31}	醋 tsʰɥ^{53}	香烟 ɕiɛ^{33}i^{44}
76 乐清	盐 iᴇ^{31}	醋 tɕʰy^{41}	香烟 ɕia^{44}iᴇ^{44}
77 瑞安	盐 i^{31}	醋 tsʰəɯ^{53}	香烟 ɕiɛ^{33}i^{44}
78 平阳	盐 ie^{242}	醋 tɕʰy^{53}	香烟 ɕie^{33}ie^{55}
79 文成	盐 ie^{113}	醋 tɕʰy^{33}	香烟 ɕie^{33}ie^{33}
80 苍南	盐 iɛ^{31}	醋 tɕʰy^{42}	香烟 ɕiɛ^{33}iɛ^{44}
81 建德徽	咸盐 hɛ^{33}ȵie^{33} 老 盐 ȵie^{33} 新	醋 tsʰu^{33}	香烟 ɕie^{21}ȵiɛ^{55}
82 寿昌徽	盐 i^{52}	醋 tsʰu^{33}	香烟 ɕiɑ̃^{11}i^{112}
83 淳安徽	盐 iã^{435}	醋 tɕʰya^{24}	香烟 ɕiɑ̃^{21}iã^{55}
84 遂安徽	盐 iɛ̃^{33}	醋 tsʰu^{43}	香烟 ɕiɑ̃^{55}iɛ̃^{213}
85 苍南闽	盐 ian^{24}	醋 tsʰɔ^{21}	香熏 hĩũ^{33}hun^{55}
86 泰顺闽	盐 ie^{22}	醋 tsʰɿ^{53}	香烟 ɕyo^{22}ie^{213}
87 洞头闽	盐 ian^{113}	粗 tsʰɔ^{21}	香熏 hĩũ^{24}hun^{33}
88 景宁畲	盐 ien^{51} 小	醋 tsu^{44}	香烟 xiɔŋ^{44}ian^{44}

方言点	0421 旱烟	0422 白酒	0423 黄酒
01 杭州	老烟 lɔ^{55}iɛ^{0}	白酒 baʔ^{2}tɕy^{53}	老酒 lɔ^{13}tɕy^{53}
02 嘉兴	老烟 lɔ^{21}ie^{42}	烧酒 sɔ^{33}tɕiu^{21}	黄酒 uᴀ̃^{13}tɕiu^{42}
03 嘉善	旱烟 ŋø^{22}iɪ^{53}	烧酒 sɔ^{35}tɕiə^{53}	黄酒 uã^{13}tɕiə^{53}
04 平湖	老烟 lɔ^{21}iɛ^{53}	烧烟 sɔ^{55}tsiəɯ^{31}	陈酒 zən^{24}tsiəɯ^{53}
05 海盐	老烟 lɔ^{53}iɛ^{53}	烧酒 sɔ^{53}tse^{21}	陈酒 zən^{24}tse^{21} 老 黄酒 uɑ̃^{24}tse^{53} 新
06 海宁	老烟 lɔ^{13}ie^{55}	烧酒 sɔ^{55}tsəɯ^{55}	绍兴酒 zɔ^{33}ɕiŋ^{53}tsəɯ^{53} 老 黄酒 uɑ̃^{33}tsəɯ^{55} 新
07 桐乡	老烟 lɔ^{242}iᴇ^{44}	烧酒 sɔ^{44}tsɤɯ^{44}	黄酒 ɒ̃^{21}tsɤɯ^{44}
08 崇德	潮烟 zɔ^{21}iɪ^{44}	烧酒 sɔ^{44}tsɤɯ^{44}	黄酒 uã^{21}tsɤɯ^{44}
09 湖州	潮烟 dzɔ^{33}ie^{35}	烧酒 sɔ^{44}tɕiʉ^{44}	好酒 xɔ^{53}tɕiʉ^{13} 老 黄酒 uã^{33}tɕiʉ^{35} 新
10 德清	老烟 lɔ^{35}ie^{0}	烧酒 sɔ^{44}tɕiʉ^{44}	黄酒 uã^{11}tɕiʉ^{35}
11 武康	老烟 lɔ^{35}iɪ^{53}	烧酒 sɔ^{44}tɕiø^{44}	黄酒 uã^{11}tɕiø^{35}
12 安吉	黄烟 uɔ̃^{22}i^{22}	烧酒 sɔ^{55}tɕiu^{55}	老酒 lɔ^{52}tɕiu^{21}
13 孝丰	黄烟 uɔ̃^{22}iɪ^{22}	烧酒 sɔ^{44}tɕiu^{44}	老酒 lɔ^{45}tɕiu^{21}
14 长兴	潮烟 dzɔ^{12}i^{33}	烧酒 sɔ^{44}tʃiʏ^{44}	好$^{=}$酒 hɔ^{45}tʃiʏ^{21}
15 余杭	老烟 lɔ^{35}iẽ^{0}	烧酒 sɔ^{55}tsøʏ^{55}	绍兴酒 zɔ^{33}ɕiŋ^{55}tsøʏ^{35}
16 临安	老烟 lɔ^{33}ie^{31}	烧酒 sɔ^{53}tɕyœ^{55}	老酒 lɔ^{33}tɕyœ^{53}
17 昌化	黄烟 uɔ̃^{11}iɪ̃^{334} 土烟 tʰu^{45}iɪ̃^{53}	烧酒 sɔ^{33}tɕi^{45} 白酒 baʔ^{2}tɕi^{453}	老酒 lɔ^{23}tɕi^{453}
18 於潜	黄烟 uaŋ^{22}ie^{433}	烧酒 sɔ^{43}tɕiəu^{53}	老酒 lɔ^{53}tɕiəu^{53}
19 萧山	旱烟 ə^{13}ie^{42}	烧酒 sɔ^{33}tɕio^{33}	老酒 lɔ^{13}tɕio^{21}
20 富阳	老烟 lɔ^{224}iɛ̃^{13}	烧酒 sɔ^{55}tɕiʊ^{31}	老酒 lɔ^{224}tɕiʊ^{335}
21 新登	老烟 lɔ^{334}iɛ̃^{45}	烧酒 sɔ^{53}tɕy^{334}	老酒 lɔ^{334}tɕy^{45}
22 桐庐	潮烟 tsɔ^{21}ie^{13}	烧酒 sɔ^{35}tɕiəu^{13}	老酒 lɔ^{33}tɕiəu^{35}

续表

方言点	0421 旱烟	0422 白酒	0423 黄酒
23 分水	旱烟 xã^{24}iɛ̃^{44}	白酒 bəʔ^{12}tɕiɵ^{53}	老酒 lɔ^{44}tɕiɵ^{53}
24 绍兴	烟罐头 iẽ^{33}kuø̃^{33}dɤ^{22}	烧酒 sɔ^{33}tɕiɤ^{33}	老酒 lɔ^{24}tɕiɤ^{31}
25 上虞	旱烟 ɛ̃^{21}iẽ^{53}	烧酒 sɔ^{33}tɕiɤ^{35}	老酒 lɔ^{21}tɕiɤ^{53}
26 嵊州	老烟盅 lɔ^{24}iẽ^{44}tsoŋ^{31}	烧酒 sɔ^{53}tɕiʏ^{53}	老酒 lɔ^{24}tɕiʏ^{53}
27 新昌	烤烟 kʰɔ^{45}iɛ̃^{33}	烧酒 sɔ^{53}tɕiɯ^{453}	老酒 lɔ^{22}tɕiɯ^{453}
28 诸暨	潮烟 dzɔ^{21}ie^{42}	烧酒 sɔ^{21}tɕiʉ^{42}	老酒 lɔ^{13}tɕiʉ^{42}
29 慈溪	烟丝 iẽ^{33}sɿ^{35}	烧酒 sɔ^{35}tɕiø^{0}	老酒 lɔ^{13}tɕiø^{44}
30 余姚	旱烟 ẽ^{13}iẽ^{53}	烧酒 sɔ^{44}tɕiø^{34}	老酒 lɔ^{13}tɕiø^{0}
31 宁波	旱烟 ɛ^{13}i^{44}	烧酒 ɕio^{44}tɕiʏ^{35}	老酒 lɔ^{13}tɕiʏ^{44}
32 镇海	老烟 lɔ^{24}i^{44}	烧酒 ɕio^{33}tɕiu^{53}	老酒 lɔ^{22}tɕiu^{44}
33 奉化	老烟 lʌ^{33}i^{53}	烧酒 ɕiɔ^{44}tɕiʏ^{53}	老酒 lʌ^{33}tɕiʏ^{53}
34 宁海	老烟 lau^{31}ie^{34}	烧酒 ɕieu^{33}tɕiu^{53}	老酒 lau^{21}tɕiu^{53}
35 象山	老烟 lɔ^{31}i^{44}	烧酒 ɕio^{44}tɕiu^{35}	老酒 lɔ^{31}tɕiu^{35}
36 普陀	旱烟 æi^{11}i^{53}	烧酒 ɕiɔ^{53}tɕieu^{0}	老酒 lɔ^{23}tɕieu^{0}
37 定海	老烟 lɔ^{23}i^{0} 旱烟 ɐi^{23}i^{0}	烧酒 ɕio^{33}tɕiʏ^{45}	老酒 lɔ^{23}tɕiʏ^{0}
38 岱山	老烟 lɔ^{23}i^{0}	烧酒 ɕio^{52}tɕiʏ^{0}	老酒 lɔ^{23}tɕiʏ^{52}
39 嵊泗	老烟 lɔ^{23}i^{0}	烧酒 ɕio^{44}tɕiʏ^{0}	老酒 lɔ^{34}tɕiʏ^{0}
40 临海	烟盅 i^{55}tɕyoŋ^{52}	烧酒 ɕiə^{33}tɕiu^{52} 白酒 bəʔ^{2}tɕiu^{52}	老酒 lɔ^{33}tɕiu^{52} 黄酒 ɔ̃^{22}tɕiu^{52}
41 椒江	烟九$^{=}$ ie^{33}tɕiu^{42}	烧酒 ɕiɔ^{33}tɕiu^{42} 白酒 baʔ^{2}tɕiu^{42}	老酒 lɔ^{42}tɕiu^{42}
42 黄岩	烟九$^{=}$ ie^{33}tɕiu^{42}	白酒 bəʔ^{2}tɕiu^{42}	老酒 lɔ^{42}tɕiu^{42}
43 温岭	烟九$^{=}$ ie^{33}tɕiu^{42}	白酒 bəʔ^{2}tɕiu^{42}	老酒 lɔ^{42}tɕiu^{42}
44 仙居	烟九$^{=}$筒 ie^{33}tɕiəɯ^{31}doŋ^{353}小	烧酒 ɕiɐɯ^{33}tɕiəɯ^{324}	老酒 lɐɯ^{31}tɕiəɯ^{324}
45 天台	烟九$^{=}$ ie^{33}tɕiu^{325}	酒汗 tɕiu^{32}e^{35} 烧酒 ɕieu^{33}tɕiu^{325}	老酒 lau^{21}tɕiu^{325}

续表

方言点	0421 旱烟	0422 白酒	0423 黄酒
46 三门	老烟 lɑu^{32}ie^{334}	烧酒 ɕiɑu^{33}tɕiu^{325}	老酒 lɑu^{32}tɕiu^{325}
47 玉环	烟九⁼ ie^{33}tɕiu^{42}	白酒 bɐʔ^{2}tɕiu^{42}	老酒 lɔ^{53}tɕiu^{42}
48 金华	烟丝 ia^{33}sɿ^{55} 土烟 tʰu^{55}ia^{334}	烧酒 ɕiɑo^{33}tɕiu^{535}	黄酒 uɑŋ^{33}tɕiu^{535}
49 汤溪	旱烟 ɤ^{11}ie^{52}	烧酒 ɕiɔ^{33}tsəɯ^{535}	老酒 lɔ^{11}tsəɯ^{535}
50 兰溪	黄烟 uɑŋ^{21}iɑ^{45}	烧酒 ɕiɔ^{334}tsəɯ^{55}	黄酒 uɑŋ^{21}tsəɯ^{55}
51 浦江	燥烟 so^{55}iɑ̃^{334}	烧酒 sɯ^{33}tsiɤ^{53}	老酒 lo^{11}tsiɤ^{53}
52 义乌	燥烟 so^{33}ȵia^{335}	烧酒 sɯɤ^{45}tsɐɯ^{423}	黄酒 n^{22}tsɐɯ^{423}
53 东阳	燥烟 sɐɯ^{33}i^{35}	烧酒 ɕio^{33}tɕiəɯ^{35}	黄酒 ɔ^{22}tɕiəɯ^{35}
54 永康	土烟 tʰu^{31}ie^{55}	烧酒 ɕiɑu^{33}tɕiəu^{334}	黄酒 uɑŋ^{33}tɕiəu^{334}
55 武义	土烟 tʰu^{53}ȵie^{24}	烧酒 ɕie^{55}tɕiəu^{445}	黄酒 uɑŋ^{55}tɕiəu^{445}
56 磐安	土烟 tʰu^{55}ie^{445}	烧酒 ɕio^{33}tɕiɐɯ^{334}	黄酒 ɒ^{22}tɕiɐɯ^{334}
57 缙云	土烟 tʰu^{51}iɛ^{44}	烧酒 ɕiəɤ^{44}tɕiəɤ^{51}	黄酒 ɔ^{44}tɕiəɤ^{51}
58 衢州	旱烟 ə̃^{231}iẽ^{21}	烧酒 ɕiɔ^{32}tɕiu^{35}	三白酒 sã^{32}paʔ^{5}tɕiu^{35}
59 衢江	旱烟 ɛ^{22}ie^{33}	烧酒 ɕiɔ^{33}tɕy^{25}	黄酒 ɑ̃^{22}tɕy^{25}
60 龙游	燥烟 sɔ^{33}ie^{334}	烧酒 sɔ^{33}tɕiəɯ^{35}	老酒 lɔ^{22}tɕiəɯ^{35}
61 江山	旱烟 ɒŋ^{22}iɛ̃^{44}	烧酒 ɕiɐɯ^{44}tɕyə^{241}	三白酒 saŋ^{44}baʔ^{2}tɕyə^{241}
62 常山	旱烟 ɔ̃^{22}iɛ̃^{44}	烧酒 ɕiɤ^{43}tsuə^{52}	三白酒 sã^{44}bɛʔ^{3}tsuə^{52}
63 开化	旱烟 ɔŋ^{21}iɛ̃^{44} 潮烟 dʑiəɯ^{21}iɛ̃^{44}	烧酒 ɕiəɯ^{44}tɕiʊ^{53}	三白酒 sã^{44}baʔ^{2}tɕiʊ^{53} 黄酒 yã^{21}tɕiʊ^{53}
64 丽水	旱烟 uɛ^{22}iɛ^{224}	烧酒 ɕiə^{44}tɕiəɯ^{544} 白酒 baʔ^{2}tɕiəɯ^{544}	黄酒 ɔŋ^{22}tɕiəɯ^{544} 老酒 lə^{44}tɕiəɯ^{544}
65 青田	旱烟 uɐ^{22}iɑ^{445}	烧酒 ɕiœ^{33}tɕieu^{454}	黄酒 o^{22}tɕieu^{454}
66 云和	草烟 tsʰɑɔ^{44}iɛ^{24}	烧酒 ɕiɑɔ^{44}tɕiəɯ^{41} 老 白酒 baʔ^{23}tɕiəɯ^{41} 新	老酒 lɑɔ^{44}tɕiəɯ^{41} 老 黄酒 ɔ̃^{223}tɕiəɯ^{41} 新
67 松阳	旱烟 uɛ̃^{21}iɛ̃^{53}	白酒 baʔ^{2}tɕiɯ^{212}	黄酒 oŋ^{33}tɕiɯ^{212}

续表

方言点	0421 旱烟	0422 白酒	0423 黄酒
68 宣平	老烟 lɔ^{43}iɛ^{324}	烧酒 ɕiɔ^{44}tɕiɯ^{445}	老酒 lɔ^{22}tɕiɯ^{445}
69 遂昌	旱烟 uɛ̃^{21}iɛ̃^{45}	烧酒 ɕiɐɯ^{33}tɕiɯ^{533}	老酒 lɐɯ^{13}tɕiɯ^{533}
70 龙泉	草烟 tsʰɑʌ^{21}iᴇ^{434}	烧酒 ɕiɑʌ^{45}tɕiəu^{51}	老酒 lɑʌ^{21}tɕiəu^{51}
71 景宁	草烟 tsʰɑu^{55}iɛ^{324}	烧酒 ɕiɑu^{55}tɕiəɯ^{33}	红酒 ŋ^{55}tɕiəɯ^{33}
72 庆元	烟筒烟 iɑ̃^{33}toŋ^{52}iɑ̃^{335}	烧酒 ɕiɒ^{33}tɕiɯ^{33}	红酒 ŋ^{52}tɕiɯ^{33}
73 泰顺	烟九⁼ iɑ̃^{22}tɕiəu^{55}	烧酒 ɕiɑɔ^{22}tɕiəu^{55}	红酒 uoŋ^{21}tɕiəu^{55}
74 温州	旱烟 ø^{31}i^{33}	烧酒 ɕiɛ^{42}tɕiɤu^{25}	老酒 lɜ^{31}tɕiɤu^{25}
75 永嘉	烟筒 i^{33}doŋ^{21}	烧酒 ɕyə^{53}tɕiəu^{45}	老酒 lə^{31}tɕiəu^{45}
76 乐清	旱烟 ø^{22}iᴇ^{44}	烧酒 sɤ^{42}tɕiu^{35}	老酒 lɤ^{31}tɕiu^{35}
77 瑞安	旱烟 ø^{31}i^{44}	烧酒 ɕy^{53}tsou^{35}	老酒 lɛ^{31}tsou^{35}
78 平阳	旱烟 ɵ^{35}ie^{55}	烧酒 ɕye^{33}tʃɛu^{35}	红酒 oŋ^{21}tʃɛu^{35}
79 文成	烟九⁼ ie^{33}tɕiou^{45}	水酒 sɵy^{33}tɕiou^{45}	红酒 oŋ^{33}tɕiou^{45}
80 苍南	旱烟 ø^{11}iɛ^{44}	烧酒 ɕyɔ^{42}tsɛu^{53}	红酒 oŋ^{31}tsɛu^{53} 米酒 mi^{42}tsɛu^{53}
81 建德徽	黄烟 ŋo^{33}ȵiɛ^{53}	烧酒 sɔ^{53}tɕiɤɯ^{213}	黄酒 ŋo^{33}tɕiɤɯ^{213}
82 寿昌徽	烟草 i^{11}tsʰɤ^{24}	烧酒 sɤ^{11}tɕiəɯ^{24}	陈酒 tsʰen^{11}tɕiəɯ^{24}
83 淳安徽	旱烟 hɑ̃^{21}iɑ̃^{55}	烧酒 sɤ^{24}tɕiɯ^{21}	黄酒 uɑ̃^{21}tɕiɯ^{55}
84 遂安徽	旱烟 xɑ̃^{55}iɛ̃^{21}	烧酒 ɕiɔ^{55}tɕiu^{33}	黄酒 ɕuɑ^{33}tɕiu^{33}
85 苍南闽	焦熏 ta^{33}hun^{55}	烧酒 ɕio^{33}tɕiu^{43}	黄酒 ɑŋ^{21}tɕiu^{43}
86 泰顺闽	□□ niɪʔ^{3}tɕiøu^{344}	白酒 pa^{22}tɕiøu^{344}	红酒 uəŋ^{21}tɕiøu^{344}
87 洞头闽	厚熏 kau^{212}hun^{33}	糠酒 kʰɯŋ^{24}tɕiu^{24}	老酒 lo^{212}tɕiu^{53}
88 景宁畲	草烟 tsʰau^{55}ian^{44}	白酒 pʰaʔ^{2}tɕiəu^{325}	红酒 foŋ^{22}tɕiəu^{325}

方言点	0424 江米酒酒酿,醪糟	0425 茶叶	0426 沏～茶
01 杭州	甜酒酿 diɛ^{22}tɕy^{33}ȵiaŋ^{45}	茶叶 dza^{22}iɛʔ^{5}	泡 pʰɔ^{45}
02 嘉兴	酒酿 tɕiu^{33}ȵiᴀ̃^{42}	茶叶 zo^{21}ieʔ^{5}	泡 pʰɔ^{224}
03 嘉善	杜做酒 du^{22}tsu^{55}tɕiə^{0}	茶叶 zo^{22}ieʔ^{2}	泡 pʰɔ^{334}
04 平湖	杜做酒 du^{21}tsu^{44}tsiəɯ^{0}	茶叶 zo^{24}iəʔ^{0}	泡 pʰɔ^{213}
05 海盐	杜做酒 du^{53}tsu^{55}tse^{21}	茶叶 zo^{24}iəʔ^{21}	泡 pʰɔ^{334}
06 海宁	甜酒酿 die^{33}tsəɯ^{55}ȵiã^{55}	茶叶 zo^{33}ieʔ^{2}	泡 pʰɔ^{35}
07 桐乡	酒酿 tsɤɯ^{53}ȵiã^{44}	茶叶 zo^{13}iəʔ^{0}	泡 pʰɔ^{334}
08 崇德	酒酿 tsɤɯ^{55}ȵiã^{44} 甜酒酿 diɪ^{21}tsɤɯ^{44}ȵiã^{44}	茶叶 zo^{21}iəʔ^{4}	泡 pʰɔ^{334}
09 湖州	米酒 mi^{53}tɕiʉ^{13}	茶叶 dzuo^{33}ieʔ^{2}	泡 pʰɔ^{35}
10 德清	杜搭=酒 dəu^{13}taʔ^{5}tɕiʉ^{0}	茶叶 dzuo^{11}ieʔ^{2}	泡 pʰɔ^{334}
11 武康	米烧酒 mi^{13}sɔ^{53}tɕiø^{31}	茶[叶儿] dzo^{11}ȵiã^{35}	泡 pʰɔ^{224}
12 安吉	甜白酒 di^{22}bɐʔ^{2}tɕiu^{22}	茶叶 dzʊ^{22}iᴇʔ^{2}	泡 pʰɔ^{324}
13 孝丰	甜酒酿 diɪ^{22}tɕiu^{22}ȵiã^{22}	茶叶 dzʊ^{22}ieʔ^{2}	泡 pʰɔ^{324}
14 长兴	酒酿 tʃiʏ^{45}ȵiã^{21}	茶叶 dzu^{12}iᴇʔ^{2}	泡 pʰɔ^{324}
15 余杭	甜酒酿儿 diẽ^{31}tsøʏ^{53} niɑ̃^{33}n^{13}	茶叶 zo^{13}ieʔ^{2}	冲 tsʰoŋ^{44}
16 临安	糯米白酒 nɔ^{33}mi^{13}bɐʔ^{2} tɕyœ^{53}	茶叶 dzuo^{33}iɐʔ^{2}	泡 pʰɔ^{55}
17 昌化	甜酒酿 diĩ^{11}tɕi^{45}ȵiã^{53}	茶叶 zu^{11}iɛʔ^{23}	泡 pʰɔ^{544}
18 於潜	米酒 mi^{53}tɕiəu^{31}	茶叶 dza^{22}iæʔ^{23}	泡 pʰɔ^{35}
19 萧山	甜酒酿 die^{21}tɕio^{35}ȵiã^{21}	茶叶 dzo^{13}ieʔ^{5}	筛 sa^{533}
20 富阳	甜酒酿 diɛ̃^{13}tɕiʊ^{55}ȵiɑ̃^{55}	茶叶 dzʊ^{13}iɛʔ^{2}	泡 pʰɔ^{335}
21 新登	甜酒酿 diɛ̃^{233}tɕy^{334}ȵiɑ̃^{21}	茶叶 dzɑ^{233}iəʔ^{2}	泡 pʰɔ^{45}
22 桐庐	米酒 mi^{33}tɕiəu^{35}	茶叶 dʑyo^{21}iəʔ^{13}	泡 pʰɔ^{35}
23 分水	米酒 mi^{44}tɕiɵ^{53}	茶叶 dza^{21}iəʔ^{12}	泡 pʰɔ^{24}

续表

方言点	0424 江米酒酒酿,醪糟	0425 茶叶	0426 沏～茶
24 绍兴	土糟酒 tʰu^{33} zɔ^{24} tɕiɤ^{31} 新酒 ɕiŋ^{33} tɕiɤ^{334}	茶叶 dzo^{22} ieʔ^{3}	泡 pʰɔ^{33}
25 上虞	老白酒 lɔ^{21} baʔ^{2} tɕiɤ^{53}	茶叶 dzo^{21} iəʔ^{2}	泡 pʰɔ^{53}
26 嵊州	酒浆⁼板⁼ tɕiʏ^{33} tɕiaŋ^{44} pɛ̃^{31}	茶叶 dzo^{22} ieʔ^{3}	泡 pʰɔ^{334}
27 新昌	白药酒 baʔ^{2} iaʔ^{5} tɕiɯ^{453}	茶叶 dzo^{22} iɛʔ^{3}	泡 pʰɔ^{335}
28 诸暨	白酒 baʔ^{21} tɕiʉ^{42}	茶叶 dzo^{21} ieʔ^{5}	筛 sᴀ^{544}
29 慈溪	甜酒酿 diẽ^{13} tɕiø^{0} ȵiã^{13}	茶叶 dzo^{11} iəʔ^{5}	筛 sa^{35}
30 余姚	浆⁼板 tɕiaŋ^{44} pã^{34}	茶叶 dzo^{13} iəʔ^{2}	泡 pʰɔ^{44}
31 宁波	浆⁼板 tɕia^{44} pɛ^{44}	茶叶 dzo^{13} iəʔ^{2}	泡 pʰɔ^{44}
32 镇海	糯米酒 nəu^{24} mi^{0} tɕiu^{44}	茶叶 dzo^{22} ieʔ^{2}	泡 pʰɔ^{53}
33 奉化	冬宝露水 toŋ^{44} pʌ^{53} lu^{31} sɥ^{44}	茶叶 dzo^{33} iɪʔ^{2}	泡 pʰʌ^{53}
34 宁海	白酒板⁼ baʔ^{3} tɕiu^{21} pe^{53}	茶伞⁼ dzo^{21} se^{53}	泡 pʰau^{35}
35 象山	浆⁼板 tɕiã^{44} pɛ^{35}	茶叶 dzo^{31} ieʔ^{2}	泡 pʰɔ^{53}
36 普陀	酒酿 tɕieu^{55} ȵiã^{55}	茶叶 dzo^{33} iɛʔ^{5}	泡 pʰɔ^{55}
37 定海	米酒 mi^{23} tɕiʏ^{0}	茶叶 dzo^{33} ieʔ^{5}	泡 pʰɔ^{44}
38 岱山	老酒 lɔ^{23} tɕiʏ^{52}	茶叶 dzo^{33} ieʔ^{5}	泡 pʰɔ^{44}
39 嵊泗	米酒 mi^{34} tɕiʏ^{0} 糯米酒 nʌu^{11} mi^{44} tɕiʏ^{0}	茶叶 dzo^{33} iᴇʔ^{5}	泡 pʰɔ^{53}
40 临海	糯米酒 noŋ^{33} mi^{44} tɕiu^{52}	茶叶 dzo^{22} ieʔ^{23} 茶散 dzo^{22} sɛ^{52}	泡 pʰɔ^{55}
41 椒江	糯米酒 noŋ^{22} mi^{42} tɕiu^{42}	茶散 dzo^{22} sɛ^{42} 茶叶 dzo^{22} ieʔ^{2}	泡 pʰɔ^{55}
42 黄岩	酒酿 tɕiu^{42} ȵiã^{24} 糯米酒 loŋ^{13} mi^{42} tɕiu^{42}	茶散 dzo^{13} sɛ^{42}	泡 pʰɔ^{55}
43 温岭	酒酿 tɕiu^{42} ȵiã^{13}	茶散 dzo^{13} sɛ^{42}	泡 pʰɔ^{55}
44 仙居	甜酒娘 die^{33} tɕiəɯ^{31} ȵia^{353}小	茶叶 dzo^{33} iaʔ^{23}	倒 ɗɐɯ^{55} 泡 pʰɐɯ^{55}

续表

方言点	0424 江米酒酒酿，醪糟	0425 茶叶	0426 沏～茶
45 天台	白酒 baʔ^{2}tɕiu^{325}	茶伞$^{=}$ dzo^{22}se^{325}	泡 p^{h}au^{55}
46 三门	酒酿 tɕiu^{32}ȵiɑ̃^{252}	茶叶 dzo^{11}ieʔ^{23} 茶伞$^{=}$ dzo^{11}sɛ^{325}	泡 p^{h}ɑu^{55}
47 玉环	米酿酒 mi^{42}ȵia^{22}tɕiu^{42}	茶叶 dzo^{22}iɐʔ^{2} 茶散 dzo^{22}sɛ^{53}	泡 p^{h}ɔ^{55}
48 金华	甜酒娘 tia^{33}tɕiu^{55}ȵiɑŋ^{313}	茶叶 dzuɑ^{31}ie^{14}	泡 p^{h}ɑo^{55}
49 汤溪	甜酒酿 tie^{33}tsəɯ^{52}ȵiɔ^{11} 白酒 ba^{11}tsəɯ^{535}	茶叶 tsuɑ^{33}ie^{24}	泡 p^{h}ɔ^{52}
50 兰溪	甜酒酿 diɑ^{21}tsəɯ^{45}ȵiaŋ^{0}	茶叶 dzuɑ^{21}ieʔ^{12}	泡 p^{h}ɔ^{45}
51 浦江	酒卤糟 tsiɤ^{33}lu^{33}tso^{53}	茶叶 dʑyɑ^{24}i^{334}	泡 p^{h}o^{55}
52 义乌	糯米酒 nŋ^{w33}mi^{33}tsɐɯ^{423}	茶叶 dzua^{22}ie^{312}	泡 p^{h}ɯɤ^{45}
53 东阳	甜酒 di^{22}tɕiəɯ^{53}	茶叶 dzo^{22}iɛ^{35}	泡 p^{h}ɐɯ^{453}
54 永康	甜酒酿 ɗia^{33}tɕiəu^{31}ȵiɑŋ^{241}	茶叶 dzuɑ^{33}ie^{113}	泡 p^{h}ɑu^{52}
55 武义	白药酒 ba^{55}iɑu^{55}tɕiəu^{445}	茶叶 dzuɑ^{55}ie^{223}	泡 p^{h}ɑu^{53}
56 磐安	甜酒酿 die^{21}tɕiɐɯ^{52}ȵiɒ^{0}	茶叶 dzuə^{22}iɛ^{213}	筛 ɕia^{445} 泡 p^{h}o^{52} 倒 to^{52}
57 缙云	甜酒酿 dia^{44}tɕiəɤ^{51}ȵiɑ^{243}	茶叶 dzu^{21}iɛ^{45}	泡 p^{h}ɔ^{453}
58 衢州	甜酒娘 diẽ^{21}tɕiu^{35}ȵiɑ̃^{21}	茶叶 dzɑ^{21}iəʔ^{12}	泡 p^{h}ɔ^{53}
59 衢江	甜酒娘 tie^{33}tɕy^{33}ȵiɑ̃^{53}	茶叶 tsuo^{33}iəʔ^{2}	泡 p^{h}ɔ^{53}
60 龙游	甜酒娘 tie^{33}tɕiəɯ^{35}ȵiɑ̃^{21}	茶叶 tsuɑ^{33}iəʔ^{23}	泡 p^{h}ɔ^{51}
61 江山	糯米酒 no^{22}mi^{22}tɕyə^{241} 甜酒娘 diɛ̃^{22}tɕyə^{44}ȵiaŋ^{213}	茶叶 dzɒ^{22}iᴇʔ^{2}	泡 p^{h}ɐɯ^{51} 注 tɕyə^{51}
62 常山	甜酒娘 diɛ̃^{22}tsiu^{52}ȵiɑ̃^{0}	茶叶 dzɑ^{22}ieʔ^{34}	泡 p^{h}ɔ^{324}
63 开化	甜酒娘 diɛ̃^{21}tɕiʊ^{53}ȵiɑ̃^{231}	茶草 dzɑ^{21}ts^{h}uo^{53} 茶叶 dzɑ^{21}iaʔ^{13}	泡 p^{h}əɯ^{412}
64 丽水	甜酒酿 diɛ^{22}tɕiəɯ^{44}ȵiɑ̃^{52}	茶叶 dzuo^{21}iɛʔ^{23}	泡 p^{h}ə^{52}
65 青田	酒儿 tɕieu^{33}n^{55}	茶叶 dzu^{22}iæʔ^{31}	泡 p^{h}o^{33}

续表

方言点	0424 江米酒酒酿，醪糟	0425 茶叶	0426 沏～茶
66 云和	甜酒酿 diɛ^{223}tɕiəɯ^{44}ȵiã^{45}	茶叶 dzo^{223}iɛʔ^{23}	泡 p^{h}ɑɔ^{45}
67 松阳	甜酒儿 diɛ̃^{33}tɕiɯ^{33}n^{24}	茶叶 dzuə^{33}iɛʔ^{2}	泡 p^{h}ɔ^{24}
68 宣平	甜酒娘 diɛ^{22}tɕiɯ^{44}ȵiɑ̃^{433}	茶叶 tso^{44}iəʔ^{23}	泡 p^{h}ɔ^{52}
69 遂昌	甜酒酿 diɛ̃^{13}tɕiɯ^{53}ȵiaŋ^{221}	茶叶 dzɒ^{21}iɛʔ^{23}	泡 p^{h}ɐɯ^{334}
70 龙泉	甜酒酿 tiᴇ^{45}dʑiəu^{21}ȵiaŋ^{21}	茶散⁼ tso^{45}saŋ^{51}	泡 p^{h}ɑʌ^{45}
71 景宁	甜酒酿 diɛ^{33}tɕiəɯ^{55}ȵiɛ^{41}	茶叶 dzo^{55}iɛʔ^{23}	泡 p^{h}ɑu^{35}
72 庆元	白酒酿 pɑʔ^{34}tɕiɯ^{33}ȵiɑ̃^{52}	细茶 ɕiᴇ^{11}tso^{52}	泡 p^{h}ɒ^{11}
73 泰顺	酒酿 tɕiəu^{22}ȵiã^{53}	茶散⁼ tsɔ^{21}sã^{55}	泡 p^{h}ɑɔ^{35}
74 温州	酒糟 tɕiɤu^{42}tsɜ^{33}	茶叶 dzo^{24}i^{212}	泡 p^{h}uɔ^{51}
75 永嘉	酒糟 tɕiəu^{53}tsə^{44}	茶叶 dzo^{13}i^{213}	泡 p^{h}uɔ^{53}
76 乐清	酒糟 tɕiu^{42}tɕiɤ^{44}	茶叶 dʑio^{24}iᴇ^{212}	泡 p^{h}a^{41}
77 瑞安	酒糟 tsou^{53}tsɛ^{44}	茶叶 dzo^{13}i^{212}	泡 p^{h}ɔ^{53}
78 平阳	糯米酒 noŋ^{13}mi^{33}tʃɛu^{35}	茶叶 dʒo^{13}ie^{13}	泡 p^{h}ɔ^{53}
79 文成	米酒 mie^{33}tɕiou^{45}	茶叶 dʒo^{35}ie^{13}	泡 p^{h}o^{33}
80 苍南	酒糟 tsɛu^{42}tsɛ^{44}	茶叶 zo^{11}iɛ^{112}	泡 p^{h}a^{42}
81 建德徽	酒娘 tɕiɤɯ^{55}ȵie^{33}	茶叶 tso^{33}i^{33}	泡 p^{h}ɔ^{33}
82 寿昌徽	酒娘 tɕiəɯ^{33}ȵiɑ̃^{52}	茶叶 tɕ^{h}yə^{11}i^{24}	泡 p^{h}əɯ^{33}
83 淳安徽	甜酒娘 t^{h}iã^{21}tɕiɯ^{55}iɑ̃^{21}	茶叶 ts^{h}o^{21}iaʔ^{13}	泡 p^{h}ɤ^{24}
84 遂安徽	米酒 me^{55}tɕiu^{33}	茶叶 ts^{h}ɑ^{33}iɛ^{33}	泡 p^{h}o^{43}
85 苍南闽	甜酒 tĩ^{33}tɕiu^{43}	茶箬 te^{21}hio^{24}	泡 p^{h}au^{21}
86 泰顺闽	重缸酒 təŋ^{21}ko^{22}tɕiøu^{344} 酸酿酒 so^{21}no^{22}tɕiøu^{344}	茶散⁼ ta^{21}sæŋ^{344}	泡 p^{h}au^{31}
87 洞头闽	米酒 bi^{212}tɕiu^{53}	茶箬 te^{21}hieu^{241}	泡 p^{h}au^{21}
88 景宁畲	红酒酿 foŋ^{22}tɕiəu^{55}ȵiɔŋ^{22}	茶米 ts^{h}ɔ^{22}mai^{325}	泡 p^{h}ɔ^{44}

方言点	0427 冰棍儿	0428 做饭统称	0429 炒菜统称，和做饭相对
01 杭州	棒冰 baŋ^{13} piŋ^{53}	烧饭 sɔ^{55} vɛ^{13}	炒菜 tsʰɔ^{55} tsʰɛ^{45}
02 嘉兴	棒冰 bᴀ̃^{21} piŋ^{33}	烧饭 sɔ^{33} vᴇ^{13}	烧菜 sɔ^{33} tsʰᴇ^{24}
03 嘉善	棒冰 bã^{22} pin^{35}	烧饭 sɔ^{53} væ̃^{113}	烧菜 sɔ^{53} tsʰɛ^{334}
04 平湖	棒冰 bɑ̃^{21} pin^{44}	烧饭 sɔ^{53} vɛ^{213}	炒菜 tsʰɔ^{21} tsʰɛ^{44} 烧菜 sɔ^{53} tsʰɛ^{213}
05 海盐	棒冰 bɑ̃^{24} pin^{53}	烧饭 sɔ^{53} vɛ^{213}	烧小菜 sɔ^{53} ɕiɔ^{53} tsʰɛ^{53}
06 海宁	棒冰 bɑ̃^{33} piŋ^{55}	烧饭 sɔ^{55} vɛ^{13}	烧菜 sɔ^{55} tsʰɛ^{35}
07 桐乡	棒冰 bɒ̃^{21} piŋ^{44}	烧饭 sɔ^{44} vɛ^{213}	烧小菜 sɔ^{44} siɔ^{44} tsʰᴇ^{0}
08 崇德	棒冰 bã^{24} piŋ^{0}	烧饭 sɔ^{44} vɛ^{13}	烧小菜 sɔ^{44} ɕiɔ^{55} tsʰᴇ^{0}
09 湖州	棒冰 bã^{35} pin^{13}	烧饭 sɔ^{33} vɛ^{35}	烧菜 sɔ^{33} tsʰei^{35}
10 德清	棒冰 bã^{35} pin^{0}	烧饭 sɔ^{33} vɛ^{35}	烧菜 sɔ^{33} tsʰɛ^{35}
11 武康	棒冰 bã^{13} pin^{53}	烧饭 sɔ^{33} vɛ^{35}	烧菜 sɔ^{33} tsʰɛ^{35}
12 安吉	棒冰 bã^{24} piŋ^{52}	烧饭 sɔ^{55} vᴇ^{213}	炒菜 tsʰɔ^{52} tsʰᴇ^{324}
13 孝丰	棒冰 bã^{24} piŋ^{52}	烧饭 sɔ^{44} vɛ^{213}	烧菜 sɔ^{44} tsʰe^{324}
14 长兴	棒冰 bã^{24} piŋ^{21}	烧饭 sɔ^{44} vᴇ^{24}	炒菜 sɔ^{44} tsʰɯ^{324}
15 余杭	棒冰 bɑ̃^{33} piŋ^{53}	烧饭 sɔ^{55} vɛ^{13}	烧菜 sɔ^{55} tsʰɛ^{35}
16 临安	棒冰 bã^{33} pieŋ^{53}	烧饭 sɔ^{53} vɛ^{33}	炒菜 tsɔ^{55} tsʰᴇ^{55}
17 昌化	棒冰 bã^{23} piəŋ^{453}	烧饭 sɔ^{33} vã^{243}	炒菜 tsʰɔ^{45} tsʰɛ^{544}
18 於潜	棒冰 baŋ^{24} piŋ^{53}	烧饭 sɔ^{43} vɛ^{24}	烧菜 sɔ^{43} tsʰe^{35}
19 萧山	棒冰 bã^{13} piŋ^{21}	烧饭 sɔ^{33} vɛ^{242}	烧菜 sɔ^{33} tsʰe^{42}
20 富阳	棒冰 bɑ̃^{224} pin^{55}	烧饭 sɔ^{55} vɛ̃^{224}	烧菜 sɔ^{55} tsʰɛ^{335}
21 新登	棒冰 bɑ̃^{21} peiŋ^{45}	烧饭 sɔ^{53} vɛ^{13}	烧菜 sɔ^{53} tsʰe^{334}
22 桐庐	棒冰 bã^{13} piŋ^{55}	烧饭 sɔ^{33} vã^{13}	炒菜 tsʰɔ^{33} tsʰᴇ^{35}
23 分水	棒冰 bã^{24} pin^{44}	烧饭 sɔ^{44} vã^{24}	烧菜 sɔ^{44} tsʰɛ^{24}

续表

方言点	0427 冰棍儿	0428 做饭统称	0429 炒菜统称，和做饭相对
24 绍兴	棒冰 baŋ^{24} piŋ^{31}	烧饭 sɔ^{33} vɛ̃^{22}	炒下饭 tsʰɔ^{53} o^{22} vɛ̃^{22}
25 上虞	棒冰 bɔ̃^{21} piŋ^{53}	烧饭 sɔ^{31} vɛ̃^{31}	炒菜 tsʰɔ^{33} tsʰe^{53}
26 嵊州	棒冰 baŋ^{24} piŋ^{53}	烧饭 sɔ^{33} uɛ̃^{24}	烧菜 sɔ^{33} tsʰᴇ^{334}
27 新昌	棒冰 bɔ̃^{22} piŋ^{53}	烧饭 sɔ^{53} uɛ̃^{13}	烧菜 sɔ^{53} tsʰe^{335}
28 诸暨	棒冰 bã^{13} pin^{42}	烧饭 sɔ^{33} vɛ^{33}	烧菜 sɔ^{33} tsʰe^{33}
29 慈溪	棒冰 bɔ̃^{13} piŋ^{44}	烧饭 sɔ^{33} vɛ̃^{13}	烧下饭 sɔ^{33} o^{11} vɛ̃^{44}
30 余姚	棒冰 bɔŋ^{13} pə̃^{44}	烧饭 sɔ^{44} vã^{13}	烧下饭 sɔ^{44} o^{13} vã^{0}
31 宁波	棒冰 bɔ^{13} piŋ^{44}	煮饭 tsɿ^{35} vɛ^{13}	煮下饭 tsɿ^{44} o^{13} vɛ^{44}
32 镇海	棒冰 bɔ̃^{24} piŋ^{44}	煮饭 tsɿ^{33} vɛ^{24}	煮菜 tsɿ^{33} tsʰe^{53}
33 奉化	棒冰 bɔ̃^{33} piŋ^{44}	烧饭 ɕiɔ^{44} vɛ^{31}	煮下饭 tsɿ^{44} o^{33} vɛ^{31}
34 宁海	棒冰 bɔ̃^{22} piŋ^{53}	煮饭 tsɿ^{53} ve^{24} 烧饭 ɕieu^{33} ve^{24}	烧高$^{=}$过$^{=}$ ɕieu^{33} kau^{33} ku^{35}
35 象山	棒冰 bɔ̃^{31} piŋ^{44}	煮饭 tsɿ^{44} vɛ^{13}	煮下饭 tsɿ^{44} o^{31} vɛ^{13}
36 普陀	棒冰 bɔ̃^{23} piŋ^{0}	烧饭 ɕiɔ^{33} vɛ^{13}	煮下饭 tsɿ^{55} u^{33} vɛ^{55}
37 定海	棒冰 bõ^{23} piŋ^{0}	烧饭 ɕio^{33} vɛ^{13}	煮下饭 tsɿ^{44} uo^{11} vɛ^{44}
38 岱山	棒冰 bõ^{23} piŋ^{52}	烧饭 ɕio^{33} vɛ^{213}	煮下饭 tsɿ^{33} uo^{11} vɛ^{44}
39 嵊泗	棒冰 bõ^{11} piŋ^{45}	烧饭 ɕio^{33} vɛ^{213}	煮下饭 tsɿ^{33} uo^{11} vɛ^{45}
40 临海	棒冰 bɔ̃^{21} piŋ^{31}	烧饭 ɕiə^{35} vɛ^{55}	炒菜 tsʰɔ^{42} tsʰe^{55}
41 椒江	棒冰 bɔ̃^{31} piŋ^{42}	烧饭 ɕiɔ^{33} vɛ^{44}	烧菜 ɕiɔ^{33} tsʰə^{55}
42 黄岩	棒冰 bɔ̃^{121} pin^{32}	烧饭 ɕiɔ^{33} vɛ^{44}	烧菜 ɕiɔ^{33} tsʰe^{55}
43 温岭	棒冰 bɔ̃^{13} pin^{31}	烧饭 ɕiɔ^{35} vɛ^{44}	烧菜 ɕiɔ^{35} tsʰe^{55}
44 仙居	棒冰 bɑ̃^{21} ɓin^{334}	烧饭 ɕiɐɯ^{55} va^{55}	烧菜 ɕiɐɯ^{55} tsʰæ^{55}
45 天台	棒冰 bɔ^{21} piŋ^{33}	烧饭 ɕieu^{33} ve^{35}	烧菜蔬 ɕieu^{33} tsʰei^{33} su^{33}
46 三门	棒冰 bɔ^{23} piŋ^{52}	烧饭 ɕiɑu^{55} vɛ^{55}	烧菜蔬 ɕiɑu^{33} tsʰe^{44} su^{445}

续表

方言点	0427 冰棍儿	0428 做饭统称	0429 炒菜统称，和做饭相对
47 玉环	棒冰 bɔ̃^{41} piŋ^{42}	煮饭 tsɿ^{53} vɛ^{22}	炒菜 tsɔ^{53} tsʰe^{55}
48 金华	棒冰 bɑŋ^{14} piŋ^{0}	烧饭 ɕiɑo^{33} vɑ^{14}	炒菜 tsʰɑo^{53} tsʰɛ^{55}
49 汤溪	棒冰 pɑ̃^{33} pɛ̃i^{24}	烧饭 ɕiɔ^{24} vɤa^{0} 供饭 tɕiɑo^{24} vɤa^{0}	炒菜 tsʰɔ^{52} tsʰɛ^{52}
50 兰溪	棒冰 bɑŋ^{24} pin^{0}	烧饭 ɕiɔ^{334} via^{24}	烧菜 ɕiɔ^{334} tsʰe^{45}
51 浦江	棒冰 ban^{11} piən^{53}	烧饭 suɯ^{33} vɑ̃^{24}	炒菜 tɕʰyo^{55} tsʰa^{33}
52 义乌	棒冰 ban^{22} pien^{45}	烧饭 suɯɤ^{33} bɔ^{24}	炒菜 tsʰo^{42} tsʰe^{45}
53 东阳	棒冰 ban^{22} piɐn^{53}	烧饭 ɕio^{33} vɔ^{35}	炒菜 tsʰɐɯ^{45} tsʰe^{33}
54 永康	棒冰 bɑŋ^{31} miŋ^{55}	烧饭 ɕiɑu^{33} fa^{52}	烧菜 ɕiɑu^{33} tsʰəi^{52}
55 武义	棒冰 bɑŋ^{32} pin^{53}	煮饭 i^{53} vuo^{31}	煮菜 i^{53} tsʰa^{53}
56 磐安	棒冰 ban^{21} piɐn^{445}	烧饭 ɕio^{33} vɒ^{14}	炒菜 tsʰo^{52} tsʰe^{52}
57 缙云	棒冰 bɔ̃u^{44} mɛŋ^{44}	烧食 ɕiəɤ^{44} zei^{45}	烧菜 ɕiəɤ^{44} tsʰei^{453}
58 衢州	棒冰 bɑ̃^{231} pin^{21}	装饭 tʃyɑ̃^{32} vɑ̃^{231} 烧饭 ɕiɔ^{32} vɑ̃^{231}	装菜 tʃyɑ̃^{32} tsʰɛ^{53} 烧菜 ɕiɔ^{32} tsʰɛ^{53}
59 衢江	棒冰 bɑ̃^{22} piŋ^{33}	装饭 tɕyɑ̃^{33} vɑ̃^{231}	装菜 tɕyɑ̃^{33} tsʰei^{53}
60 龙游	棒冰 bɑ̃^{22} pin^{334}	焖饭 mən^{22} vɑ̃^{231}	炒菜 tsʰɔ^{22} tsʰei^{51}
61 江山	棒冰 bɒŋ^{22} pĩ^{44}	装饭 tɕiɒŋ^{24} vɑŋ^{51}	装菜 tɕiɒŋ^{24} tɕʰi^{51}
62 常山	棒冰 bɑ̃^{22} pĩ^{44}	装饭 tsɔ̃^{44} vɑ̃^{131}	炒菜 tsʰɔ^{43} tɕʰi^{324}
63 开化	棒冰 bɑ̃^{21} pin^{44}	装饭 tɕiɔŋ^{44} vɑ̃^{213}	装菜 tɕiɔŋ^{44} tɕʰi^{412}
64 丽水	棒冰 bɔŋ^{22} pin^{224}	烧饭 ɕiə^{224} vɑ̃^{131}	烧菜 ɕiə^{224} tsʰɛ^{52} 炒菜 tsʰə^{44} tsʰɛ^{52}
65 青田	棒冰 bo^{33} ɓeŋ^{445}	烧饭 ɕiœ^{55} vɑ^{22}	烧菜 ɕiœ^{55} tsʰɛ^{33}
66 云和	棒冰 bɔ̃^{223} piŋ^{24}	烧饭 ɕiɑɔ^{24} vɑ̃^{223}	烧菜 ɕiɑɔ^{24} tsʰa^{45}
67 松阳	棒冰 boŋ^{21} pin^{53}	煮饭 iɛ^{33} vɔ̃^{13}	煮菜 iɛ^{33} tsʰei^{24}
68 宣平	棒冰 bɔ̃^{43} pin^{324}	烧饭 ɕiɔ^{32} vɑ̃^{231}	炒菜 tsʰɔ^{44} tsʰei^{52}

续表

方言点	0427 冰棍儿	0428 做饭统称	0429 炒菜统称，和做饭相对
69 遂昌	棒冰 bɔŋ^{21} piŋ^{45}	□饭 pɛ̃^{55} vaŋ^{213} 烧饭 ɕiaɯ^{55} vaŋ^{213}	烧菜 ɕiɐɯ^{55} tsʰei^{334}
70 龙泉	棒冰 bɔŋ^{21} pin^{434}	□饭 i^{21} vaŋ^{224}	焙菜 bᴇ^{21} tsʰᴇ^{45}
71 景宁	棒冰 bɔŋ^{33} piŋ^{324}	烧饭 ɕiɑu^{33} vɔ^{113}	烧菜 ɕiɑu^{32} tsʰai^{35}
72 庆元	棒冰 pɔ̃^{22} ɓiŋ^{335}	烧饭 ɕiɒ^{335} fɑ̃^{31}	烧菜 ɕiɒ^{33} tsʰæi^{11}
73 泰顺	冰条 piŋ^{22} tiɑɔ^{53}	做饭 tso^{22} uã^{22}	爊菜 ɛ^{213} tsʰæi^{35}
74 温州	冰条 pəŋ^{33} diɛ^{223}	煮饭 tsei^{42} va^{22}	烧配 ɕiɛ^{3} pʰai^{51}
75 永嘉	冰条 peŋ^{33} dyə^{21}	煮饭 tsɿ^{53} va^{22}	烧配 ɕyə^{43} pʰai^{53}
76 乐清	冰条 peŋ^{44} diɯʌ^{223}	煮饭 tɕi^{42} vᴇ^{22}	烧配 sɤ^{35} pʰai^{41}
77 瑞安	冰条 pəŋ^{33} duɔ^{21}	煮饭 tsei^{53} vɔ^{22}	烧配 ɕy^{33} pʰai^{35}
78 平阳	冰条 peŋ^{33} dye^{13}	煮饭 tɕi^{33} vɔ^{13}	烧配 ɕye^{33} pʰai^{45}
79 文成	冰条 peŋ^{33} duo^{33}	煮饭 tɕi^{33} vɔ^{21}	烧菜 ɕyø^{33} tʃʰe^{13}
80 苍南	冰条 peŋ^{33} dyɔ^{21}	煮饭 tɕi^{42} ua^{11}	爊夹配 ɛ^{44} ga^{11} pʰai^{42} 烧夹配 ɕyɔ^{44} ga^{11} pʰai^{42}
81 建德徽	棒冰 pɑŋ^{21} pin^{55}	烧饭 sɔ^{53} fɛ^{55}	炒菜 tsʰɔ^{21} tsʰɛ^{33}
82 寿昌徽	棒冰 pɑ̃^{24} pien^{33}	装饭 tɕyɑ̃^{11} fɤ^{33}	炒菜 tsʰɤ^{24} tɕʰiæ^{33}
83 淳安徽	棒冰 pʰɑ̃^{43} pin^{24}	烧饭 sɤ^{21} fɑ̃^{33}	炒菜 tsʰɤ^{55} tɕʰie^{24}
84 遂安徽	棒冰 pʰɑ̃^{55} pin^{55}	做饭 tsəɯ^{55} fɑ̃^{52}	炒菜 tsʰɔ^{21} tsʰəɯ^{43}
85 苍南闽	冰条 pin^{33} tiau^{24}	煮糜 tsɯ^{33} mãĩ^{55}	煮菜 tsɯ^{24} tsʰai^{21}
86 泰顺闽	冰条 pieŋ^{22} teu^{22}	煮饭 tɕy^{21} pɔi^{31}	炒菜 tsʰa^{21} tsʰai^{53}
87 洞头闽	冰条 pieŋ^{33} tiau^{33}	煮糜 tsɿ^{24} mãĩ^{35}	炒菜 tsʰa^{24} tsʰai^{21} 煮菜 tsɿ^{24} tsʰai^{21}
88 景宁畲	（无）	煮饭 tɕy^{55} pʰɔn^{51}	煮菜 tɕy^{55} tsʰoi^{44}

方言点	0430 煮～带壳的鸡蛋	0431 煎～鸡蛋	0432 炸～油条
01 杭州	煠 zaʔ²	煎 tɕiɛ³³⁴	炸 tsa⁴⁵
02 嘉兴	烧 sɔ⁴²	煎 tɕie⁴²	氽 tʰəŋ¹¹³
03 嘉善	焐 u³³⁴	煎 tɕiɪ⁵³	氽 tʰən³³⁴
04 平湖	焐 vu³³⁴	煎 tsiɛ⁵³	氽 tʰən²¹³
05 海盐	焐 u³³⁴	煎 tɕiɛ⁵³	煠 zaʔ²³
06 海宁	焐 u³⁵	煎 tɕie⁵⁵	氽 tʰəŋ⁵³老 沸 fi³⁵新
07 桐乡	煠 zaʔ²³	煎 tsiᴇ⁴⁴	沸⁼ fi³³⁴
08 崇德	煠 zaʔ²³	煎 tɕiɪ⁴⁴	沸⁼ fi³³⁴
09 湖州	煠 zəʔ²	煎 tɕie⁴⁴	氽 tʰən⁵²³
10 德清	煠 zəʔ²	煎 tɕie⁴⁴	沸⁼ fi⁵²
11 武康	煠 zɜʔ²	煎 tɕiɪ⁴⁴	炸 tso²²⁴
12 安吉	煠 zəʔ²³	煎 tɕi⁵⁵	氽 tʰəŋ⁵²
13 孝丰	煠 zaʔ²³	煎 tɕiɪ⁴⁴	煠 zaʔ²³ 氽 tʰəŋ⁵²
14 长兴	煠 zaʔ²	塌 tʰaʔ⁵	氽 tʰəŋ⁵²
15 余杭	煠 zəʔ²	煎 tsiẽ⁴⁴	沸⁼ fi⁴⁴
16 临安	煠 zɐʔ¹²	煎 tɕie⁵⁵	炸 tsa⁵⁵
17 昌化	煮 tɕy⁴⁵³ 煠 zaʔ²³	煎 tɕiɪ̃³³⁴	飞⁼ fei³³⁴ 炸 tsa⁵⁴⁴
18 於潜	煠 zæʔ²³	煎 tɕie⁴³³	沸 fi³⁵
19 萧山	煠 zaʔ¹³	煎 tɕie⁵³³	炊 tsʰɿ⁵³³
20 富阳	煠 zaʔ²	煎 tɕiɛ̃⁵³	沸 fi³³⁵
21 新登	煠 zaʔ²	煎 tɕiɛ̃⁵³	沸 fi⁴⁵
22 桐庐	煠 zaʔ¹³	煎 tɕie⁵³³	沸 fi³⁵
23 分水	煮 tɕy⁵³	煎 tɕiɛ̃⁴⁴	飞 fi⁴⁴

续表

方言点	0430 煮~带壳的鸡蛋	0431 煎~鸡蛋	0432 炸~油条
24 绍兴	煮 tsɿ^{334}	煎 tɕiẽ^{53}	煠 zɛʔ^{2}
25 上虞	煮 tsɿ^{35}	熬= ŋɔ^{31}	煠 zɐʔ^{2}
26 嵊州	煠 zɛʔ^{2}	煎 tɕiẽ^{534}	氽 tʰeŋ^{53}
27 新昌	煠 zɛʔ^{2}	煎 tɕiɛ̃^{534}	煮 tsɿ^{453}
28 诸暨	焐 vu^{33}	烤 kʰɔ^{42}	沸 fʅ^{544}
29 慈溪	煮 tsɿ^{35}	煎 tɕiẽ^{35} 搨 tʰaʔ^{5}	煠 zaʔ^{2}
30 余姚	煮 tsɿ^{34}	煎 tɕiẽ^{44}	炸 tso^{44}
31 宁波	煮 tsɿ^{35}	搨 tʰaʔ^{5}	煠 zaʔ^{2}
32 镇海	煮 tsɿ^{35}	搨 tʰaʔ^{5}	煠 zaʔ^{2}
33 奉化	煠 zaʔ^{2}	搨 tʰaʔ^{5}	氽 tsʰø^{44}
34 宁海	煠 zaʔ^{3}	搨 tʰaʔ^{5}	炸 tsaʔ^{5}
35 象山	煠 zaʔ^{2}	搨 tʰaʔ^{5}	炸 tsaʔ^{5}
36 普陀	煠 zɐʔ^{23} 滚 kuɐŋ^{45} 煮 tsʮ^{45}	煎 tɕi^{53}	炸 tso^{55}
37 定海	煠 zɐʔ^{2}	搨 tʰɐʔ^{5}	煠 zɐʔ^{2}
38 岱山	煮 tʰɿ^{325}	搨 tʰɐʔ^{5}	煠 zɐʔ^{2}
39 嵊泗	煠 zɐʔ^{2}	搨 tʰɐʔ^{5}	煠 zɐʔ^{2}
40 临海	煠 zəʔ^{23}	觉= kɔʔ^{5}	泡= pʰɔ^{55}
41 椒江	煠 zaʔ^{2}	搨 tʰɛʔ^{5}	泡= pʰɔ^{55}
42 黄岩	煠 zəʔ^{2}	搨 tʰəʔ^{5}	泡= pʰɔ^{55}
43 温岭	煠 zəʔ^{2}	搨 tʰəʔ^{5}	泡= pʰɔ^{55}
44 仙居	煠 zɑʔ^{23}	搨 tʰɑʔ^{5} 摊成饼 炒 tsʰɐɯ^{324} 弄碎	泡= pʰɐɯ^{55}

续表

方言点	0430 煮～带壳的鸡蛋	0431 煎～鸡蛋	0432 炸～油条
45 天台	煠 zəʔ^{2}	揚 tʰeʔ^{5}	走$^{=}$ tseu^{325}
46 三门	煠 zɐʔ^{23}	揚 tʰɐʔ^{5}	炸 tso^{55}
47 玉环	煮 tsɿ^{53}	煎 tɕie^{42}	泡$^{=}$ pʰɔ^{55}
48 金华	煠 zuɑ^{14}	煎 tɕie^{334}	放 fɑŋ^{55}
49 汤溪	煠 zuɑ^{113}	煎 tɕie^{24}	飞$^{=}$ fi^{24}
50 兰溪	煠 zuɑʔ^{12}	揚 tʰuɑʔ^{34}	飞$^{=}$ fi^{334}
51 浦江	煠 ʑyɑ^{232}	烫 tʰõ^{55}	飞$^{=}$ fi^{534}
52 义乌	炣 u^{45}	熇 kʰo^{45}	炸 tsa^{45}
53 东阳	煠 zo^{213} 炣 u^{453}	煎 tsi^{334}	煎 tsi^{334}
54 永康	煠 zuɑ^{113}	熇 kʰɑu^{52}	煎 tɕie^{55}
55 武义	煠 zuɑ^{13}	煎 tɕie^{24}	泡$^{=}$ pʰɑu^{53}
56 磐安	煠 zuə^{213}	熇 kʰo^{52}	煎 tɕie^{445}
57 缙云	煠 zɑ^{13}	熇 kʰɤ^{51}	泡$^{=}$ pʰɔ^{453}
58 衢州	煠 zaʔ^{12}	煎 tɕiẽ^{32}	发 faʔ^{5}
59 衢江	煠 zaʔ^{2}	煎 tɕie^{33}	发 faʔ^{5}
60 龙游	煠 zɔʔ^{23}	煎 tɕie^{334}	飞$^{=}$ fi^{334}
61 江山	煠 zaʔ^{2}	煎 tɕiɛ̃^{44}	发 faʔ^{5} 炸 tsɒ^{51}
62 常山	煠 zaʔ^{34}	煎 tɕiɛ̃^{44}	飞$^{=}$ fi^{44}
63 开化	煠 zaʔ^{13}	熇 kʰəɯ^{44}	飞$^{=}$ fi^{44}
64 丽水	煠 zɔʔ^{23}	煎 tɕiɛ^{224} 揚 tʰɔʔ^{5}	泡$^{=}$ pʰə^{52}
65 青田	煠 zaʔ^{31}	揚 tʰaʔ^{42}	泡$^{=}$ pʰo^{33}
66 云和	煠 zɔʔ^{23}	煎 tɕiɛ^{24}	泡$^{=}$ pʰɑɔ^{45}

续表

方言点	0430 煮～带壳的鸡蛋	0431 煎～鸡蛋	0432 炸～油条
67 松阳	煠 zɔʔ²	揚 tʰɔʔ⁵	泡⁼ pʰɔ²⁴
68 宣平	煠 zɑʔ²³	揚 tʰɑʔ⁵	泡⁼ pʰɔ⁵²
69 遂昌	煠 zaʔ²³	煎 tɕiɛ̃⁴⁵	飞⁼ fi⁴⁵
70 龙泉	□ kʰu⁴³⁴	煎 tɕiᴇ⁴³⁴	飞⁼ fi⁴³⁴
71 景宁	煠 zɔʔ²³	揚 tʰɔʔ⁵	泡⁼ pʰɑu³⁵
72 庆元	煠 sɑʔ³⁴	揚 tʰɑʔ⁵ 煎 tɕiɛ̃¹¹	煠 sɑʔ³⁴
73 泰顺	煠 sɔʔ²	揚 tʰɔʔ⁵	胖 pʰɔ̃³⁵
74 温州	煠 za²¹²	揚 tʰa³²³	泡⁼ pʰuɔ⁵¹
75 永嘉	煠 za²¹³	揚 tʰa⁴²³	□ pʰoŋ⁵³
76 乐清	煠 za²¹²	揚 tʰa³²³	炸 tɕia³²³
77 瑞安	煠 zɔ²¹²	揚 tʰɔ³²³	泡⁼ pʰɔ⁵³
78 平阳	煠 zɔ¹³	摊 tʰɔ⁵⁵	泡⁼ pʰɔ⁵²
79 文成	煠 zɔ²¹²	煎 tɕie⁵⁵	泡⁼ pʰo³³
80 苍南	煠 za¹¹²	揚 tʰa²²³	泡⁼ pʰa⁴²
81 建德徽	煠 so²¹³	煎 tɕie⁵³	飞⁼ fi⁵³
82 寿昌徽	煠 ɕyə²⁴	煎 tɕi¹¹²	飞⁼ fi¹¹²
83 淳安徽	煠 sɑʔ¹³	揚 tʰɑʔ⁵	飞⁼ fi²⁴
84 遂安徽	煮 tɕy²¹³	煎 tɕiɑ̃⁵³⁴	炸 sɑ²¹³
85 苍南闽	煠 sa²⁴	炆 o⁵⁵	炸 tsa²¹
86 泰顺闽	煮 tɕy³⁴⁴	贴 tʰɛʔ⁵	炸 tsa⁵³
87 洞头闽	煠 sa²⁴¹	煎 tɕian³³	炸 tsa²¹
88 景宁畲	煮 tɕy³²⁵	煎 tsan⁴⁴	炸 tsɔʔ⁵

方言点	0433 蒸～鱼	0434 揉～面做馒头等	0435 擀～面，～皮儿
01 杭州	蒸 tsəŋ^{334}	捏 ȵieʔ^{2}	擀 kɛ^{53}
02 嘉兴	蒸 tsəŋ^{42}	搦 ȵioʔ^{5}	擀 kə^{544}
03 嘉善	蒸 tsən^{53}	搦 ȵioʔ^{2}	擀 kø^{44}
04 平湖	炖 tən^{334}	搦 ȵyoʔ^{23}	擀 kø^{44}
05 海盐	炖 tən^{334}	搦 ȵyɔʔ^{23}	擀 kɤ^{423}
06 海宁	隔水蒸 kaʔ^{5} sɿ^{53} tsəŋ^{0}	搦 ȵioʔ^{2}	擀 kei^{53}
07 桐乡	炖 təŋ^{334}	搦 ȵiɔʔ^{23}	擀 gᴇ^{242}
08 崇德	蒸 tsəŋ^{44}	搦 ȵiɔʔ^{23}	擀 gᴇ^{242}
09 湖州	蒸 tsen^{44}	搦 ȵioʔ^{2}	擀 kɛ^{523}
10 德清	蒸 tsen^{44}	搦 ȵioʔ^{2}	擀 kɛ^{53}
11 武康	蒸 tsen^{44}	搦 ȵioʔ^{2}	擀 kø^{224}
12 安吉	蒸 tsəŋ^{55}	搦 ȵʏəʔ^{23}	（无）
13 孝丰	蒸 tsəŋ^{44}	搦 ȵioʔ^{23}	打 tã^{52}
14 长兴	炖 təŋ^{324}	搦 ȵioʔ^{2}	擀 kɯ^{52}
15 余杭	蒸 tsiŋ^{44}	搦 ȵioʔ^{2}	打 tɑ̃^{53}
16 临安	蒸 tseŋ^{5}	搦 ȵiɐʔ^{12}	擀 kə^{55}
17 昌化	蒸 tɕiəŋ^{334}	挼 nɯ^{112}	打 tã^{453}
18 於潜	蒸 tseŋ^{433}	搦 ȵyeʔ^{53}	擂 le^{223}
19 萧山	蒸 tsəŋ^{533}	搦 ȵyoʔ^{13}	擀 kie^{33}
20 富阳	蒸 tsən^{53}	搦 ȵyoʔ^{2}	⿰畾力 lɛ^{335}
21 新登	蒸 tseiŋ^{53}	搦 ȵiaʔ^{2}	⿰畾力 le^{13}
22 桐庐	蒸 tsəŋ^{533}	搦 nyəʔ^{13}	抈 nyəʔ^{13}
23 分水	蒸 tsən^{44}	搦 ȵyaʔ^{5}	⿰畾力 le^{13}
24 绍兴	蒸 tsəŋ^{53}	搦 ȵioʔ^{2}	擀 kẽ^{334}

续表

方言点	0433 蒸～鱼	0434 揉～面做馒头等	0435 擀～面,～皮儿
25 上虞	熯 hɛ̃^{53}	搙 ȵyoʔ^{2}	擀 kɛ̃^{35}
26 嵊州	蒸 tseŋ^{534}	搙 ȵyoʔ^{2}	⿰畾力 lᴇ^{24}
27 新昌	熯 hœ̃^{335}	搙 ȵyɤʔ^{2}	⿰畾力 le^{22}
28 诸暨	蒸 tsɛn^{544}	搙 nioʔ^{13}	擀 kə^{42}
29 慈溪	蒸 tsəŋ^{35}	搙 ȵyoʔ^{2}	⿰畾力 le^{13}
30 余姚	蒸 tsə̃^{44}	搙 nioʔ^{2}	（无）
31 宁波	蒸 tɕiŋ^{53}	搙 ȵyəʔ^{2}	（无）
32 镇海	蒸 tɕiŋ^{53}	捏 ȵieʔ^{2}	（无）
33 奉化	熯 he^{53}	搙 ȵyoʔ^{2}	⿰畾力 le^{31}
34 宁海	蒸 tɕiŋ^{423} 炖 dəŋ^{24}	搙 ȵiɔʔ^{3}	⿰畾力 lei^{213}
35 象山	蒸 tɕiŋ^{44}	搙 ȵyoʔ^{2}	⿰畾力 lei^{13}
36 普陀	蒸 tɕiŋ^{53}	搙 ȵyoʔ^{23}	□ tʰo^{45}
37 定海	熯 xɐi^{44}	搙 ȵyoʔ^{2}	朵⁼ to^{45}
38 岱山	熯 xɐi^{44}	搙 ȵyoʔ^{2}	擀 ki^{325}
39 嵊泗	熯 xɐi^{53}	搙 ȵyoʔ^{2}	⿰畾力 lɐi^{243}
40 临海	炖 təŋ^{55}	搙 ȵyɔʔ^{23}	⿰畾力 le^{324}
41 椒江	炖 tøŋ^{55}	搙 ȵyoʔ^{2}	⿰畾力 lɤ^{24}
42 黄岩	蒸 tɕin^{32}	搙 ȵyoʔ^{2}	⿰畾力 le^{24}
43 温岭	炊 tɕʰy^{33}	搙 ȵyoʔ^{2}	⿰畾力 le^{13}
44 仙居	炊 tɕʰy^{334}	搙 ȵyɑʔ^{23}	朵⁼ ɗo^{324}
45 天台	熯 he^{55}	搙 ȵyəʔ^{2}	朵⁼ to^{325}
46 三门	熯 hɛ^{55}	搙 ȵiɔʔ^{23}	朵⁼ tʊ^{325}
47 玉环	蒸 tɕiŋ^{42}	挼 ne^{31}	打 tã^{53}

续表

方言点	0433 蒸～鱼	0434 揉～面做馒头等	0435 擀～面，～皮儿
48 金华	蒸 tɕiŋ^{334}	挼 ȵioʔ^{212}	勫 lɛ^{14}
49 汤溪	蒸 tɕiã^{24}	挼 ȵyɑ^{113}	打 na^{535}
50 兰溪	蒸 tɕiæ̃^{334}	挼 ȵyɤʔ^{12}	勫 le^{24}
51 浦江	蒸 tsiən^{534}	挼 ȵyo^{232}	勫 la^{24}
52 义乌	蒸 tsən^{335}	挼 ȵiau^{312}	勫 le^{24}
53 东阳	熯 hɯ^{453}	挼 ȵiəɯ^{213}	打 nɛ^{44}
54 永康	蒸 tɕiŋ^{55}	挼 ȵiu^{113}	勫 ləi^{241}
55 武义	蒸 tɕin^{24}	挼 ȵye^{213}	勫 la^{231}
56 磐安	蒸 tsɐn^{445}	挼 ȵiʌo^{213}	勫 le^{14}
57 缙云	蒸 tsɛŋ^{44}	挼 ȵiɔ^{13}	勫 lei^{213}
58 衢州	蒸 tʃyən^{32}	挼 ȵyəʔ^{12}	打 tã^{35}
59 衢江	蒸 tɕyoŋ^{33}	挼 ȵyəʔ^{2}	勫 lei^{231}
60 龙游	蒸 tsən^{334}	挼 ȵiɔʔ^{23}	勫 lei^{231}
61 江山	炊 tɕʰy^{44} 蒸 tɕĩ^{44}	挼 ȵiɒʔ^{2}	勫 luᴇ^{31}
62 常山	蒸 tsĩ^{44}	挼 ȵiʌʔ^{34}	擀 kã^{52}
63 开化	炊 tɕʰy^{44}	挼 ȵiɔʔ^{13}	打 tã^{53}
64 丽水	蒸 tɕin^{224}	挼 ȵioʔ^{23}	打 nã^{544}
65 青田	蒸 tɕiŋ^{445}	掺$^{=}$ tsʰɑ^{445}	勫 læi^{22}
66 云和	蒸 tɕiŋ^{24}	挼 ȵioʔ^{23}	打 nɛ^{41}
67 松阳	蒸 tɕin^{53}	挼 ȵioʔ^{2}	勫 lɛ^{53}
68 宣平	蒸 tɕin^{324}	挼 ȵyəʔ^{23}	打 nɛ^{445}
69 遂昌	蒸 tɕiŋ^{45}	挼 ȵiɔʔ^{23}	擀 kaŋ^{533}
70 龙泉	蒸 tɕin^{434}	挼 ȵiouʔ^{5}	李$^{=}$ li^{51}

续表

方言点	0433 蒸～鱼	0434 揉～面做馒头等	0435 擀～面，～皮儿
71 景宁	熯 xœ35	挗 ȵioʔ23	打 nɛ33 擀 kɛ324
72 庆元	蒸 tɕiŋ335	挗 ȵioʔ5	滚 kuəŋ33
73 泰顺	蒸 tɕiŋ213	□ ȵy53	勫 læi53
74 温州	蒸 tsəŋ33	挼 ne31	勫 lai22
75 永嘉	蒸 tɕieŋ44	挼 nai31	勫 lai22
76 乐清	蒸 tɕieŋ44	挼 nai31	勫 lai22
77 瑞安	蒸 tsəŋ44	挼 ne31	勫 lai22
78 平阳	蒸 tʃeŋ55	挼 nai242	勫 lai33
79 文成	蒸 tʃeŋ55	挼 nai113	勫 lai424
80 苍南	蒸 tseŋ44	挼 nai31	（无）
81 建德徽	蒸 tsən53	□ ȵy55	勫 le55
82 寿昌徽	蒸 tsen112	挗 ȵiɔʔ31	勫 liæ33
83 淳安徽	蒸 tsen24	□ lɑʔ5	打 tɑ̃55
84 遂安徽	蒸 tɕin534	揉 lu24	擀 ləɯ52
85 苍南闽	炊 tsʰə55	揇 nũã43	推 tʰui55
86 泰顺闽	蒸 tsieŋ213	□ ny22	□ lai22
87 洞头闽	炊 tsʰə33	□ tɕʰiau33	拍 pʰa53
88 景宁畲	蒸 tɕin44	揉 ȵioʔ2	（无）

方言点	0436 吃早饭	0437 吃午饭	0438 吃晚饭
01 杭州	吃早饭 tɕʰioʔ5 tsɔ55 vɛ0	吃中饭 tɕʰioʔ5 tsoŋ33 vɛ45	吃夜饭 tɕʰioʔ5 ia13 vɛ53
02 嘉兴	吃早饭 tɕʰieʔ5 tsɔ33 vᴇ33	吃点心 tɕʰieʔ5 tie33 ɕiŋ42	吃夜饭 tɕʰieʔ5 iᴀ24 vᴇ21
03 嘉善	吃早饭 tɕʰiɜʔ5 tsɔ55 vɛ0	吃点心 tɕʰiɜʔ5 tiɪ35 ɕin53	吃夜饭 tɕʰiɜʔ5 ia55 vɛ0
04 平湖	吃早饭 tɕʰiəʔ3 tsɔ44 vɛ0	吃点心 tɕʰiəʔ3 tiɛ44 sin53	吃夜饭 tɕʰiəʔ3 ia44 vɛ0
05 海盐	吃早饭 tsʰəʔ23 tsɔ53 vɛ21	吃点心 tsʰəʔ23 tiɛ53 ɕin53	吃夜饭 tsʰəʔ23 iɑ55 vɛ21
06 海宁	吃早饭 tɕʰieʔ5 tsɔ35 vɛ0	吃中饭 tɕʰieʔ5 tsoŋ55 vɛ55	吃晚饭 tɕʰieʔ5 mɛ13 vɛ0 吃夜饭 tɕʰieʔ5 ia55 vɛ53
07 桐乡	吃早晨 tɕʰiəʔ3 tsɔ44 zəŋ0	吃点心 tɕʰiəʔ3 tiᴇ53 siŋ44	吃夜饭 tɕʰiəʔ3 ia33 vɛ53
08 崇德	吃早饭 tɕʰiɔʔ3 tsɔ55 vɛ0	吃日中饭 tɕʰiɔʔ3 ȵiəʔ23 tsoŋ44 vɛ44	吃夜饭 tɕʰiɔʔ5 ia33 vɛ334
09 湖州	吃早饭 tɕʰieʔ5 tsɔ53 vɛ13	吃中饭 tɕʰieʔ5 tsoŋ44 vɛ44	吃夜饭 tɕʰieʔ5 ia33 vɛ35
10 德清	吃粥 tɕʰioʔ4 tsuoʔ5	吃晚饭 tɕʰioʔ4 mɛ35 vɛ0	吃夜饭 tɕʰioʔ5 ia33 vɛ35
11 武康	吃早饭 tɕʰiɜʔ5 tsɔ35 vɛ53	吃晚饭 tɕʰiɜʔ5 mɛ35 vɛ53	吃夜饭 tɕʰiɜʔ5 ia33 vɛ35
12 安吉	吃早饭 tɕʰʏəʔ3 tsɔ55 vᴇ55	吃中饭 tɕʰʏəʔ3 tsoŋ55 vᴇ55	吃夜饭 tɕʰʏəʔ5 ia21 vᴇ213
13 孝丰	吃早饭 tɕʰieʔ3 tsɔ45 vɛ21	吃中饭 tɕʰieʔ3 tsoŋ44 vɛ44	吃夜饭 tɕʰieʔ5 ia32 vɛ213
14 长兴	吃早饭 tʃʰiᴇʔ3 tsɔ45 vᴇ21	吃中饭 tʃʰiᴇʔ3 tsoŋ44 vᴇ44	吃夜饭 tʃʰiᴇʔ5 ia21 vᴇ24
15 余杭	吃早饭 tɕʰiəʔ5 tsɔ55 vɛ31	吃中饭 tɕʰiəʔ5 tsoŋ55 vɛ31	吃夜饭 tɕʰiəʔ5 ia13 vɛ13
16 临安	吃早饭 tɕʰiɐʔ5 tsɔ33 vɛ31	吃晏饭 tɕʰiɐʔ5 ɛ33 vɛ31	吃夜饭 tɕʰiɐʔ5 ia33 vɛ31
17 昌化	吃早饭 tɕʰiɛʔ5 tsɔ45 vã53 吃早餐 tɕʰiɛʔ5 tsɔ45 tsʰɔ̃53	吃午饭 tɕʰiɛʔ5 ŋ23 vã453	吃夜饭 tɕʰiɛʔ5 ie23 vã453
18 於潜	吃早饭 tɕʰieʔ53 tsɔ53 vɛ31	吃午饭 tɕʰieʔ53 u53 vɛ31	吃夜饭 tɕʰieʔ53 ia24 vɛ53
19 萧山	吃早饭 tɕʰieʔ5 tsɔ33 vɛ242	吃晏饭 tɕʰieʔ5 ɛ33 vɛ242	吃夜饭 tɕʰieʔ5 ia13 vɛ33
20 富阳	吃早饭 tɕʰiɛʔ5 tsɔ423 vɛ̃224	吃日中饭 tɕʰiɛʔ5 ȵiɛʔ2 tɕyoŋ55 vɛ̃224	吃夜饭 tɕʰiɛʔ5 ia335 vɛ̃53
21 新登	吃早饭 tsʰəʔ5 tsɔ334 fɛ45	吃日中饭 tsʰəʔ5 ȵiəʔ2 tsoŋ334 vɛ13	吃夜饭 tsʰəʔ5 ia21 vɛ13
22 桐庐	吃早饭 tɕʰiəʔ5 tsɔ33 vã35	吃午饭 tɕʰiəʔ5 ŋ33 vã35	吃夜饭 tɕʰiəʔ5 iᴀ13 vã55
23 分水	吃早饭 tɕʰiəʔ5 tsɔ44 vã213	吃中饭 tɕʰiəʔ5 tsoŋ44 vã213	吃夜饭 tɕʰiəʔ5 ie24 vã21
24 绍兴	吃早饭 tɕʰieʔ3 tsɔ44 vɛ̃31	吃晏饭 tɕʰieʔ3 ɛ̃33 vɛ̃22	吃夜饭 tɕʰieʔ3 ia22 vɛ̃22

续表

方言点	0436 吃早饭	0437 吃午饭	0438 吃晚饭
25 上虞	吃早饭 tɕʰyoʔ^{5}tsɔ^{33}vε̃^{31}	吃晏饭 tɕʰyoʔ^{5}ε̃^{33}vε̃^{31}	吃夜饭 tɕʰyoʔ^{5}ia^{21}vε̃^{31}
26 嵊州	吃早饭 tɕʰyoʔ^{5}tsɔ^{33}uε̃^{231}	吃晏饭 tɕʰyoʔ^{5}ε̃^{33}uε̃^{334}	吃夜饭 tɕʰyoʔ^{5}ia^{22}uε̃^{334}
27 新昌	食早饭 ʑiʔ^{2}tsɔ^{33}uε̃^{232}	食晏饭 ʑiʔ^{2}œ̃^{33}uε̃^{335}	食夜饭 ʑiʔ^{2}ia^{22}uε̃^{13}
28 诸暨	吃早饭 tɕʰieʔ^{5}tsɔ^{33}vε^{21}	吃晏饭 tɕʰieʔ^{5}ε^{33}vε^{21}	吃夜饭 tɕʰieʔ^{5}iᴀ^{33}vε^{33}
29 慈溪	吃早饭 tɕʰyoʔ^{5}tsɔ^{33}vε̃^{53}	吃晏饭 tɕʰyoʔ^{5}ε^{44}vε̃^{44}	吃夜饭 tɕʰyoʔ^{5}ia^{11}vε̃^{44}
30 余姚	吃早饭 tɕʰyoʔ^{5}tsɔ^{34}vã^{0}	吃晏饭 tɕʰyoʔ^{5}ã^{44}vã^{0}	吃夜饭 tɕʰyoʔ^{5}ia^{13}vã^{0}
31 宁波	吃天亮饭 tɕʰyoʔ^{5}tʰiəʔ^{5} ȵia^{44}vε^{44}	吃昼饭 tɕʰyoʔ^{5}tɕiʏ^{44}vε^{44}	吃夜饭 tɕʰyoʔ^{5}ia^{13}vε^{44}
32 镇海	吃天亮饭 tɕʰyoʔ^{5}tʰieʔ^{5} ȵiã^{24}vε^{24}	吃昼饭 tɕʰyoʔ^{5}tɕiu^{53}vε^{24}	吃夜饭 tɕʰyoʔ^{5}ia^{24}vε^{31}
33 奉化	吃天亮饭 tɕʰyoʔ^{5}tʰi^{44} ȵiã^{33}vε^{31}	吃昼饭 tɕʰyoʔ^{5}tɕiʏ^{44}vε^{31}	吃夜饭 tɕʰyoʔ^{5}ia^{33}vε^{31}
34 宁海	吃早饭 tɕʰioʔ^{5}tsau^{33}ve^{24}	吃昼饭 tɕʰioʔ^{5}tɕiu^{33}ve^{24}	吃夜饭 tɕʰioʔ^{5}ia^{22}ve^{24}
35 象山	吃早饭 tɕʰyoʔ^{5}tsɔ^{44}vε^{13}	吃昼饭 tɕʰyoʔ^{5}tɕiu^{44}vε^{13}	吃夜饭 tɕʰyoʔ^{5}ia^{31}vε^{13}
36 普陀	吃天亮饭 tɕʰyoʔ^{3}tʰiεʔ^{5} liã^{55}vε^{55}	吃昼饭 tɕʰyoʔ^{3}tɕieu^{55}vε^{0}	吃夜饭 tɕʰyoʔ^{5}ia^{11}vε^{55}
37 定海	吃天亮饭 tɕʰyoʔ^{3}tʰi^{44} ȵiã^{44}vε^{44}	吃昼饭 tɕʰyoʔ^{3}tɕiʏ^{44}vε^{0}	吃夜饭 tɕʰyoʔ^{3}ia^{11}vε^{44}
38 岱山	吃天亮饭 tɕʰyoʔ^{3}tʰieʔ^{5} ȵiã^{44}vε^{44}	吃昼饭 tɕʰyoʔ^{3}tɕiʏ^{44}vε^{52}	吃夜饭 tɕʰyoʔ^{3}ia^{11}vε^{45}
39 嵊泗	吃天亮饭 tɕʰyoʔ^{3}tʰiᴇʔ^{5} ȵiã^{44}vε^{44}	吃昼饭 tɕʰyoʔ^{3}tɕiʏ^{44}vε^{0}	吃夜饭 tɕʰyoʔ^{3}ia^{11}vε^{243}
40 临海	吃枯$^{=}$星饭 tɕʰyoʔ^{3}kʰu^{33} ɕiŋ^{33}vε^{55}	吃日头饭 tɕʰyoʔ^{3}ŋ^{22}də^{22}vε^{44}	吃夜饭 tɕʰyoʔ^{3}ia^{22}vε^{44}
41 椒江	吃枯$^{=}$星饭 tɕʰyoʔ^{3}kʰu^{33} ɕiŋ^{33}vε^{44}	吃日昼饭 tɕʰyoʔ^{3}ȵi^{22} tɕiu^{33}vε^{44}	吃夜饭 tɕʰyoʔ^{3}ia^{22}vε^{44}
42 黄岩	吃枯$^{=}$晨饭 tɕʰyoʔ^{3}kʰu^{33} ʑin^{22}vε^{44}	吃日昼饭 tɕʰyoʔ^{3}ni^{22} tɕiu^{33}vε^{44}	吃夜饭 tɕʰyoʔ^{3}ia^{22}vε^{44}
43 温岭	吃枯$^{=}$星饭 tɕʰyoʔ^{3}kʰu^{33} ɕin^{35}vε^{44}	吃日头昼饭 tɕʰyoʔ^{3}niʔ^{2}dɤ^{13} tɕiu^{35}vε^{44}	吃夜饭 tɕʰyoʔ^{3}ia^{13}vε^{44}

续表

方言点	0436 吃早饭	0437 吃午饭	0438 吃晚饭
44 仙居	吃五更饭 tɕʰyɔʔ^{3} ŋ^{31} kã^{55} va^{55}	吃午饭 tɕʰyɔʔ^{3} ŋ^{31} va^{24}	吃夜饭 tɕʰyɔʔ^{3} i^{55} va^{55}
45 天台	吃早饭 tɕʰyuʔ^{1} tsau^{32} ve^{35}	吃昼饭 tɕʰyuʔ^{1} tɕiu^{33} ve^{35}	吃夜饭 tɕʰyuʔ^{1} i^{33} ve^{35}
46 三门	吃早饭 tɕʰioʔ^{5} tsɑu^{32} vɛ^{243}	吃昼饭 tɕʰioʔ^{5} tɕiu^{55} vɛ^{55}	吃夜饭 tɕʰioʔ^{5} ia^{23} vɛ^{55}
47 玉环	吃枯$^{=}$星$^{=}$饭 tɕʰyoʔ^{3} kʰu^{33} ɕiŋ^{33} vɛ^{44}	吃日昼饭 tɕʰyoʔ^{3} nie^{22} tɕiu^{33} vɛ^{44}	吃黄昏饭 tɕʰyoʔ^{3} ɔ̃^{22} kʰuəŋ^{33} vɛ^{44}“昏”声殊
48 金华	吃五更儿饭 tɕʰiəʔ^{4} ŋ^{55} kɛ̃^{33} fɑ^{55}	吃午饭 tɕʰiəʔ^{4} ŋ^{55} vɑ^{14}	吃夜饭 tɕʰiəʔ^{4} ia^{55} vɑ^{14}
49 汤溪	吃五更 tɕʰiei^{52} ŋ^{11} ka^{24}	吃午饭 tɕʰiei^{52} ŋ^{11} vɤa^{341}	吃夜饭 tɕʰiei^{52} iɑ^{11} fɤa^{52}
50 兰溪	吃五更 tɕʰieʔ^{34} n^{55} kæ̃^{334}	吃午饭 tɕʰieʔ^{34} n^{55} via^{24}	吃夜饭 tɕʰieʔ^{34} iɑ^{55} via^{24}
51 浦江	食五更饭 zɛ^{24} n^{11} kɛ̃^{55} vɑ̃^{0}	食午饭 zɛ^{24} m^{55} vɑ^{0}“午”音殊	食夜饭 zɛ^{24} iɑ^{24} vɑ̃^{0}
52 义乌	食五更饭 zai^{31} ŋ^{33} kɛ^{33} pɔ^{45}	食午饭 zai^{31} m^{24} bɔ^{31}	食夜饭 zai^{31} ia^{22} bɔ^{24}
53 东阳	食五更 zei^{23} n^{44} kɛ^{33}	食午饭 zei^{23} n^{22} vɔ^{53}	食夜饭 zei^{23} ia^{22} vɔ^{33}
54 永康	食五更饭 səi^{33} ŋ^{31} kai^{55} fɑ^{52}	食午饭 səi^{33} ŋ^{31} vɑ^{241}	食夜饭 səi^{33} ia^{31} va^{241}
55 武义	食五更 zəʔ^{5} n^{53} ka^{24}	食午饭 zəʔ^{5} n^{52} vuo^{231}	食夜饭 zəʔ^{5} ia^{55} vuo^{31}
56 磐安	食五更饭 sɛi^{33} n^{55} kɛ^{33} fɒ^{52}	食午饭 sɛi^{33} n^{14} fɒ^{52}	食夜饭 sɛi^{33} ia^{21} fɒ^{52}
57 缙云	食五更 zei^{51} ŋ^{51} ka^{44}	食午饭 zei^{51} ŋ^{51} vɑ^{213}	食乌日 zei^{51} vu^{44} ȵiei^{45}
58 衢州	吃五更 tɕʰiəʔ^{3} ŋ^{231} tɕiã^{32}	吃饭 tɕʰiəʔ^{3} vã^{231}	吃黄昏 tɕʰiəʔ^{5} ɑ̃^{21} xuən^{32}
59 衢江	食粥 iəʔ^{2} tɕyəʔ^{5}	食饭 iəʔ^{2} vã^{231}	食黄昏 iəʔ^{2} ɑ̃^{33} xuɛ^{33}
60 龙游	食五更 iəʔ^{2} n^{22} kɛ^{334}	食饭 iəʔ^{2} vã^{231}	食夜宵 iəʔ^{2} iɑ^{22} ɕiɔ^{334}
61 江山	咥粥 tiᴇʔ^{4} tɕioʔ^{5}	咥饭 tiᴇʔ^{5} vaŋ^{31}	咥暝 tiᴇʔ^{5} maŋ^{31}
62 常山	吃天光 tɕʰieʔ^{5} tʰiɛ̃^{44} tɕiɔ̃^{44}	吃中日 tɕʰieʔ^{5} toŋ^{44} nʌʔ^{34}	吃黄昏 tɕʰieʔ^{5} ɔ̃^{22} xuɔ̃^{44}
63 开化	食天光 iaʔ^{2} tʰiɛ̃^{44} tɕyã^{44}	食饭 iaʔ^{2} vã^{213}	食下昏 iaʔ^{2} ɔ^{21} xuõ^{44}
64 丽水	吃天光 tɕʰiʔ^{4} tʰiɛ^{44} kɔŋ^{224}	吃日午 tɕʰiʔ^{4} nɛʔ^{2} ŋ^{22}	吃乌日 tɕʰiʔ^{4} uei^{52} ȵi^{0}
65 青田	吃天光 tsʰɿʔ^{42} tʰiɑ^{22} ko^{445}	吃日午 tsʰɿʔ^{42} nɛ^{22} ŋø^{454}	吃乌荫 tsʰɿʔ^{42} vu^{55} iaŋ^{33}
66 云和	吃天光 tɕʰiʔ^{4} tʰiɛ^{44} kɔ̃^{24}	吃日午 tɕʰiʔ^{4} naʔ^{23} ŋ^{41}	吃乌日 tɕʰiʔ^{4} uei^{24} ȵi^{45}
67 松阳	咥天光 tiɛʔ^{3} tʰiɛ̃^{24} koŋ^{53}	咥日午 tiɛʔ^{3} næ̃^{33} ŋuə^{22}	咥乌日 tiɛʔ^{3} uɤʔ^{2} n^{24}

续表

方言点	0436 吃早饭	0437 吃午饭	0438 吃晚饭
68 宣平	吃五更 tɕʰiəʔ^{4} n^{43} kɛ^{324}	吃日午 tɕʰiəʔ^{4} nə^{22} n^{223} 日，舒化	吃乌日 tɕʰiəʔ^{4} u^{32} ȵi^{52}
69 遂昌	咥天光 tiɛʔ^{5} tʰiɛ̃^{33} kɔŋ^{45}	咥日午 tiɛʔ^{5} nɛ̃^{22} ŋuə^{13}	咥黄昏 tiɛʔ^{5} ɔŋ^{21} xuɛ̃^{45}
70 龙泉	咥天光 tiᴇʔ^{5} tʰiᴇ^{44} kɔŋ^{434}	咥日昼 tiᴇʔ^{5} nᴇʔ^{3} tiəu^{45}	咥昏荫 tiᴇʔ^{5} xuo^{44} in^{45}
71 景宁	吃天光 tɕʰiʔ^{5} tʰiɛ^{33} kɔŋ^{324}	吃日午 tɕʰiʔ^{3} nɛʔ^{23} ŋ^{33}	吃暗昏 tɕʰiʔ^{5} œ^{33} xœ^{324}
72 庆元	咥天光 ɗiɑʔ^{5} tʰiɑ̃^{33} kɔ̃^{335}	咥日昼 ɗiɑʔ^{5} ȵiəɯʔ^{34} ɗiɯ^{11}	咥黄昏 ɗiɑʔ^{5} ɔ̃^{52} xuæ̃^{335}
73 泰顺	吃天光 tsʰɿʔ^{5} tʰiã^{22} kɔ̃^{213}	吃日午 tsʰɿʔ^{5} nɛ^{21} ŋø^{55}	吃黄昏 tsʰɿʔ^{5} aʔ^{2} fɛ^{213}
74 温州	吃天光 tsʰɿ^{34} tʰi^{33} kuɔ^{33}	吃日昼 tsʰɿ^{3} ne^{42} tɕiɤu^{21}	吃黄昏 tsʰɿ^{34} a^{22} ɕy^{33}
75 永嘉	吃天光 tɕʰiai^{43} tʰi^{33} kɔ^{44}	吃日昼 tɕʰiai^{43} ne^{31} tɕiəu^{43}	吃黄昏 tɕʰiai^{43} a^{22} ɕy^{44}
76 乐清	吃天光 tɕʰiɤ^{34} tʰiᴇ^{44} kɔ^{44}	吃日昼 tɕʰiɤ^{3} ne^{31} tɕiu^{21}	吃黄昏 tɕʰiɤ^{34} a^{22} fɤ^{44}
77 瑞安	吃天光 tɕʰi^{3} tʰi^{33} ko^{44}	吃日昼 tɕʰi^{3} ne^{21} tsou^{42}	吃黄昏 tɕʰi^{3} ɔ^{22} ɕy^{44}
78 平阳	吃天光 tɕʰi^{45} tʰie^{33} ko^{55}	吃日昼 tɕʰi^{33} ne^{21} tʃɛu^{35}	吃黄昏 tɕʰi^{33} o^{21} ɕye^{35}
79 文成	吃天光 tɕʰi^{21} tʰie^{33} kuo^{33}	吃日昼 tɕʰi^{33} ne^{13} tɕiou^{33}	吃黄昏 tɕʰi^{33} o^{13} fye^{45}
80 苍南	吃天光 tɕʰi^{3} tʰiɛ^{33} ko^{44}	吃日昼 tɕʰi^{3} ne^{11} tsɛu^{42}	吃黄昏 tɕʰi^{3} a^{11} hyɛ^{44}
81 建德徽	吃五更饭 tɕʰiɐʔ^{3} n^{55} kɛ^{33} fɛ^{55}	吃午饭 tɕʰiɐʔ^{5} n^{21} fɛ^{55}	吃夜饭 tɕʰiɐʔ^{3} iɑ^{55} fɛ^{33}
82 寿昌徽	吃糜 tɕʰiəʔ^{3} mɤ^{112}	吃饭 tɕʰiəʔ^{3} fɤ^{33}	吃夜糜 tɕʰiəʔ^{3} iɑ^{33} mɤ^{112}
83 淳安徽	吃早饭 tɕʰiʔ^{5} tɕɤ^{55} fɑ̃^{21}	吃午饭 tɕʰiʔ^{5} ia^{55} fɑ̃^{21}	吃夜饭 tɕʰiʔ^{5} iɑ^{53} fɑ̃^{21}
84 遂安徽	吃朝饭 tsʰɿ^{33} tɕiɑ^{52} fɑ̃^{52}	吃午饭 tsʰɿ^{33} n^{55} fɑ̃^{52}	吃夜饭 tsʰɿ^{33} iɛ^{55} fɑ̃^{52}
85 苍南闽	食早糜 tɕia^{21} tsa^{24} mãĩ^{55}	食下昼 tɕia^{21} e^{21} tau^{21}	食暗秧= tɕia^{21} an^{21} ɯŋ^{55}
86 泰顺闽	食饭 ɕia^{22} pɔi^{31}	食昼 ɕia^{22} tau^{31}	食暝 ɕia^{22} mæŋ^{22}
87 洞头闽	食早起 tɕia^{21} tsa^{21} kʰi^{53}	食日昼 tɕia^{21} dʑiek^{24} tau^{21}	食暝方= tɕia^{21} mĩ^{21} hɯŋ^{33}
88 景宁畲	食眼头 ɕiʔ^{2} ȵian^{55} tʰiəu^{22}	食日昼 ɕiʔ^{2} ȵiʔ^{5} tɕiəu^{44}	食晏晡 ɕiʔ^{2} ɔn^{44} pu^{51}

方言点	0439 吃~饭	0440 喝~酒	0441 喝~茶
01 杭州	吃 tɕ^{h}ioʔ^{5}	吃 tɕ^{h}ioʔ^{5}	吃 tɕ^{h}ioʔ^{5}
02 嘉兴	吃 tɕ^{h}ieʔ^{5}	吃 tɕ^{h}ieʔ^{5}	吃 tɕ^{h}ieʔ^{5}
03 嘉善	吃 tɕ^{h}iɜʔ^{5}	吃 tɕ^{h}iɜʔ^{5}	吃 tɕ^{h}iɜʔ^{5}
04 平湖	吃 tɕ^{h}iəʔ^{23}	吃 tɕ^{h}iəʔ^{23}	吃 tɕ^{h}iəʔ^{23}
05 海盐	吃 ts^{h}əʔ^{23}	吃 ts^{h}əʔ^{23}	吃 ts^{h}əʔ^{23}
06 海宁	吃 tɕ^{h}ieʔ^{5}	吃 tɕ^{h}ieʔ^{5}	吃 tɕ^{h}ieʔ^{5}
07 桐乡	吃 tɕ^{h}iəʔ^{5}	吃 tɕ^{h}iəʔ^{5}	吃 tɕ^{h}iəʔ^{5}
08 崇德	吃 tɕ^{h}iɔʔ^{5}	吃 tɕ^{h}iɔʔ^{5}	吃 tɕ^{h}iɔʔ^{5}
09 湖州	吃 tɕ^{h}ieʔ^{5}	呼 xəu^{44} 吃 tɕ^{h}ieʔ^{5}	呼 xəu^{44}
10 德清	吃 tɕ^{h}ioʔ^{5}	吃 tɕ^{h}ioʔ^{5}	吃 tɕ^{h}ioʔ^{5}
11 武康	吃 tɕ^{h}iɜʔ^{5}	吃 tɕ^{h}iɜʔ^{5}	吃 tɕ^{h}iɜʔ^{5}
12 安吉	吃 tɕ^{h}ʏəʔ^{5}	吃 tɕ^{h}ʏəʔ^{5}	吃 tɕ^{h}ʏəʔ^{5}
13 孝丰	吃 tɕ^{h}ieʔ^{5}	吃 tɕ^{h}ieʔ^{5}	吃 tɕ^{h}ieʔ^{5}
14 长兴	吃 tʃ^{h}iᴇʔ^{5}	吃 tʃ^{h}iᴇʔ^{5}	吃 tʃ^{h}iᴇʔ^{5}
15 余杭	吃 tɕ^{h}iəʔ^{5}	吃 tɕ^{h}iəʔ^{5}	吃 tɕ^{h}iəʔ^{5}
16 临安	吃 tɕ^{h}iɐʔ^{54}	吃 tɕ^{h}iɐʔ^{54}	吃 tɕ^{h}iɐʔ^{54}
17 昌化	吃 tɕ^{h}iɛʔ^{5}	吃 tɕ^{h}iɛʔ^{5}	吃 tɕ^{h}iɛʔ^{5}
18 於潜	吃 tɕ^{h}ieʔ^{53}	吃 tɕ^{h}ieʔ^{53}	吃 tɕ^{h}ieʔ^{53}
19 萧山	吃 tɕ^{h}ieʔ^{5}	吃 tɕ^{h}ieʔ^{5}	吃 tɕ^{h}ieʔ^{5}
20 富阳	吃 tɕ^{h}iɛʔ^{5}	吃 tɕ^{h}iɛʔ^{5}	吃 tɕ^{h}iɛʔ^{5}
21 新登	吃 ts^{h}əʔ^{5}	吃 ts^{h}əʔ^{5}	吃 ts^{h}əʔ^{5}
22 桐庐	吃 tɕ^{h}iəʔ^{5}	吃 tɕ^{h}iəʔ^{5}	吃 tɕ^{h}iəʔ^{5}
23 分水	吃 tɕ^{h}iəʔ^{5}	吃 tɕ^{h}iəʔ^{5}	吃 tɕ^{h}iəʔ^{5}
24 绍兴	吃 tɕ^{h}ieʔ^{5}	吃 tɕ^{h}ieʔ^{5}	吃 tɕ^{h}ieʔ^{5}

续表

方言点	0439 吃~饭	0440 喝~酒	0441 喝~茶
25 上虞	吃 tɕ^{h}yoʔ^{5}	喝 hɛʔ^{5} 吃 tɕ^{h}yoʔ^{5}	吃 tɕ^{h}yoʔ^{5}
26 嵊州	吃 tɕ^{h}yoʔ^{5}	吃 tɕ^{h}yoʔ^{5} 呷 hɛʔ^{5}	吃 tɕ^{h}yoʔ^{5} 呷 hɛʔ^{5}
27 新昌	食 ʑiʔ^{2}	食 ʑiʔ^{2}	呷 hɛʔ^{5} 食 ʑiʔ^{2}
28 诸暨	吃 tɕ^{h}ieʔ^{5}	吃 tɕ^{h}ieʔ^{5}	吃 tɕ^{h}ieʔ^{5}
29 慈溪	吃 tɕ^{h}yoʔ^{5}	吃 tɕ^{h}yoʔ^{5}	吃 tɕ^{h}yoʔ^{5}
30 余姚	吃 tɕ^{h}yoʔ^{5}	吃 tɕ^{h}yoʔ^{5}	吃 tɕ^{h}yoʔ^{5}
31 宁波	吃 tɕ^{h}yoʔ^{5}	吃 tɕ^{h}yoʔ^{5}	吃 tɕ^{h}yoʔ^{5}
32 镇海	吃 tɕ^{h}yoʔ^{5}	吃 tɕ^{h}yoʔ^{5} 喝 haʔ^{5}	呷 haʔ^{5} 吃 tɕ^{h}yoʔ^{5}
33 奉化	吃 tɕ^{h}yoʔ^{5}	吃 tɕ^{h}yoʔ^{5}	吃 tɕ^{h}yoʔ^{5}
34 宁海	吃 tɕ^{h}ioʔ^{5}	呷 haʔ^{5} 吃 tɕ^{h}ioʔ^{5}	呷 haʔ^{5} 吃 tɕ^{h}ioʔ^{5}
35 象山	吃 tɕ^{h}yoʔ^{5}	喝 haʔ^{5}	呷 haʔ^{5}
36 普陀	吃 tɕ^{h}yoʔ^{5}	吃 tɕ^{h}yoʔ^{5}	吃 tɕ^{h}yoʔ^{5}
37 定海	吃 tɕ^{h}yoʔ^{5}	吃 tɕ^{h}yoʔ^{5}	吃 tɕ^{h}yoʔ^{5}
38 岱山	吃 tɕ^{h}yoʔ^{5}	吃 tɕ^{h}yoʔ^{5}	吃 tɕ^{h}yoʔ^{5}
39 嵊泗	吃 tɕ^{h}yoʔ^{5}	吃 tɕ^{h}yoʔ^{5}	吃 tɕ^{h}yoʔ^{5}
40 临海	吃 tɕ^{h}yoʔ^{5}	吃 tɕ^{h}yoʔ^{5}	吃 tɕ^{h}yoʔ^{5}
41 椒江	吃 tɕ^{h}yoʔ^{5}	吃 tɕ^{h}yoʔ^{5}	吃 tɕ^{h}yoʔ^{5}
42 黄岩	吃 tɕ^{h}yoʔ^{5}	吃 tɕ^{h}yoʔ^{5}	吃 tɕ^{h}yoʔ^{5}
43 温岭	吃 tɕ^{h}yoʔ^{5}	吃 tɕ^{h}yoʔ^{5}	吃 tɕ^{h}yoʔ^{5}
44 仙居	吃 tɕ^{h}yɔʔ^{5}	吃 tɕ^{h}yɔʔ^{5}	吃 tɕ^{h}yɔʔ^{5}
45 天台	吃 tɕ^{h}yuʔ^{5}	吃 tɕ^{h}yuʔ^{5}	吃 tɕ^{h}yuʔ^{5}
46 三门	吃 tɕ^{h}ioʔ^{5}	吃 tɕ^{h}ioʔ^{5}	吃 tɕ^{h}ioʔ^{5}

续表

方言点	0439 吃~饭	0440 喝~酒	0441 喝~茶
47 玉环	吃 tɕ^{h}yoʔ^{5}	吃 tɕ^{h}yoʔ^{5}	呷 haʔ^{5}
48 金华	吃 tɕ^{h}iəʔ^{4}	吃 tɕ^{h}iəʔ^{4}	吃 tɕ^{h}iəʔ^{4}
49 汤溪	吃 tɕ^{h}iei^{55}	吃 tɕ^{h}iei^{55}	吃 tɕ^{h}iei^{55}
50 兰溪	吃 tɕ^{h}ieʔ^{34}	吃 tɕ^{h}ieʔ^{34}	吃 tɕ^{h}ieʔ^{34}
51 浦江	食 zɛ^{232}	食 zɛ^{232}	食 zɛ^{232}
52 义乌	食 zai^{312}	食 zai^{312}	食 zai^{312}
53 东阳	食 zei^{213}	食 zei^{213}	食 zei^{213}
54 永康	食 zəi^{113}	食 zəi^{113}	食 zəi^{113}
55 武义	食 zə^{213}	食 zə^{213}	食 zə^{213}
56 磐安	食 zɛi^{213}	食 zɛi^{213}	食 zɛi^{213}
57 缙云	食 zai^{13}	食 zai^{13}	食 zai^{13}
58 衢州	吃 tɕ^{h}iəʔ^{5}	吃 tɕ^{h}iəʔ^{5}	吃 tɕ^{h}iəʔ^{5}
59 衢江	食 iəʔ^{2}	食 iəʔ^{2} 呷 xaʔ^{5}	食 iəʔ^{2} 呷 xaʔ^{5}
60 龙游	食 iəʔ^{23}	食 iəʔ^{23}	食 iəʔ^{23}
61 江山	咥 tiᴇʔ^{5}	咥 tiᴇʔ^{5} 呷 xaʔ^{5}	咥 tiᴇʔ^{5} 呷 xaʔ^{5}
62 常山	吃 tɕ^{h}ieʔ^{5}	呷 xaʔ^{5} 吃 tɕ^{h}ieʔ^{5}	吃 tɕ^{h}ieʔ^{5} 呷 xaʔ^{5}
63 开化	食 iaʔ^{13}	食 iaʔ^{13}	食 iaʔ^{13}
64 丽水	吃 tɕ^{h}iʔ^{5}	吃 tɕ^{h}iʔ^{5} 呷 xuɔʔ^{5}	呷 xuɔʔ^{5}
65 青田	吃 ts^{h}ɿʔ^{42}	吃 ts^{h}ɿʔ^{42}	呷 xaʔ^{42}
66 云和	吃 tɕ^{h}iʔ^{5}	吃 tɕ^{h}iʔ^{5}	吃 tɕ^{h}iʔ^{5}
67 松阳	咥 tiɛʔ^{5}	咥 tiɛʔ^{5}	咥 tiɛʔ^{5}
68 宣平	吃 tɕ^{h}iəʔ^{5}	吃 tɕ^{h}iəʔ^{5} 呷 xɑʔ^{5}	吃 tɕ^{h}iəʔ^{5} 呷 xɑʔ^{5}

续表

方言点	0439 吃～饭	0440 喝～酒	0441 喝～茶
69 遂昌	咥 tiɛʔ^{5}	咥 tiɛʔ^{5}	咥 tiɛʔ^{5}
70 龙泉	咥 tiᴇʔ^{5}	咥 tiᴇʔ^{5}	咥 tiᴇʔ^{5}
71 景宁	吃 tɕʰiʔ^{5}	吃 tɕʰiʔ^{5}	吃 tɕʰiʔ^{5}
72 庆元	咥 ɗiɑʔ^{5}	咥 ɗiɑʔ^{5}	咥 ɗiɑʔ^{5}
73 泰顺	吃 tsʰɿʔ^{5}	吃 tsʰɿʔ^{5}	吃 tsʰɿʔ^{5}
74 温州	吃 tsʰɿ^{323}	呷 ha^{323}	呷 ha^{323}
75 永嘉	吃 tɕʰiai^{423}	呷 ha^{423} 吃 tɕʰiai^{423} 专用于吃酒席	呷 ha^{423}
76 乐清	吃 tɕʰiɤ^{323}	呷 ha^{323}	呷 ha^{323}
77 瑞安	吃 tɕʰi^{323}	吃 tɕʰi^{323}	吃 tɕʰi^{323} 呷 hɔ^{323}
78 平阳	吃 tɕʰi^{34}	吃 tɕʰi^{34}	吃 tɕʰi^{34}
79 文成	吃 tɕʰi^{34}	吃 tɕʰi^{34}	呷 xɔ^{34}
80 苍南	吃 tɕʰi^{223}	吃 tɕʰi^{223} 呷 ha^{223}	吃 tɕʰi^{223} 呷 ha^{223}
81 建德徽	吃 tɕʰiɐʔ^{5}	吃 tɕʰiɐʔ^{5}	吃 tɕʰiɐʔ^{5}
82 寿昌徽	吃 tɕʰiəʔ^{3}	吃 tɕʰiəʔ^{3}	吃 tɕʰiəʔ^{3}
83 淳安徽	吃 tɕʰiʔ^{5}	吃 tɕʰiʔ^{5}	吃 tɕʰiʔ^{5}
84 遂安徽	吃 tsʰɿ^{33}	吃 tsʰɿ^{33}	呷 xɑ^{24}
85 苍南闽	食 tɕia^{24}	食 tɕia^{24}	食 tɕia^{24}
86 泰顺闽	食 ɕia^{31}	食 ɕia^{31}	呷 xɛʔ^{5}
87 洞头闽	食 tɕia^{241}	淋$^{=}$ lin^{33}	淋$^{=}$ lin^{33}
88 景宁畲	食 ɕiʔ^{2}	食 ɕiʔ^{2}	食 ɕiʔ^{2}

方言点	0442 抽～烟	0443 盛～饭	0444 夹用筷子～菜
01 杭州	吃 tɕʰioʔ^{5}	盛 dzəŋ^{213}	搛 tɕiɛ^{334}
02 嘉兴	吃 tɕʰieʔ^{5}	盛 zəŋ^{242}	搛 tɕie^{42}
03 嘉善	吃 tɕʰiɜʔ^{5}	盛 zən^{132}	搛 tɕiɪ^{53}
04 平湖	吃 tɕʰiəʔ^{23}	盛 zən^{31}	挟 tɕiəʔ^{5} 夹 kaʔ^{5}
05 海盐	吃 tsʰəʔ^{23}	兜 te^{53}	挟 tɕiəʔ^{5}
06 海宁	吃 tɕʰieʔ^{5}	兜 təɯ^{55}	搛 tɕie^{55}
07 桐乡	吃 tɕʰiəʔ^{5}	盛 zəŋ^{13}	夹 kaʔ^{5}
08 崇德	吃 tɕʰiɔʔ^{5}	盛 zəŋ^{13}	挟 tɕiəʔ^{5}
09 湖州	呼 xəu^{44}	盛 zən^{112}	搛 tɕie^{44}
10 德清	吃 tɕʰioʔ^{5}	盛 zen^{113}	搛 tɕie^{44}
11 武康	吃 tɕʰiɜʔ^{5}	盛 zen^{113}	搛 tɕiɪ^{44}
12 安吉	吃 tɕʰʏəʔ^{5}	盛 zəŋ^{22}	挟 tɕiᴇʔ^{5}
13 孝丰	吃 tɕʰieʔ^{5}	兜 te^{44}	夹 kaʔ^{5}
14 长兴	吃 tʃʰiᴇʔ^{5}	盛 zəŋ^{12}	搛 tʃi^{44}
15 余杭	吃 tɕʰiəʔ^{5}	盛 ziŋ^{243}	搛 tɕiẽ^{44}
16 临安	吃 tɕʰiɐʔ^{54}	盛 dzeŋ^{33}	搛 tɕie^{5}
17 昌化	吃 tɕʰiɛʔ^{5}	添 tʰiĩ^{334}	夹 kaʔ^{5}
18 於潜	吃 tɕʰieʔ^{53}	添 tʰie^{433}	搛 tɕie^{433}
19 萧山	吃 tɕʰieʔ^{5}	盛 zəŋ^{355}	搛 tɕie^{533}
20 富阳	吃 tɕʰiɛʔ^{5}	盛 ʑin^{13}	搛 tɕiɛ̃^{53}
21 新登	吃 tsʰəʔ^{5}	齿 tsɿ^{45}	挟 tɕiaʔ^{5}
22 桐庐	吃 tɕʰiəʔ^{5}	盛 zəŋ^{13}	夹 gaʔ^{13}
23 分水	吃 tɕʰiəʔ^{5}	盛 sən^{13}	夹 kaʔ^{5} 搛 tɕiɛ̃^{44}

续表

方言点	0442 抽～烟	0443 盛～饭	0444 夹用筷子～菜
24 绍兴	吃 tɕʰieʔ⁵	盛 zəŋ²³¹	搛 tɕiẽ⁵³
25 上虞	吃 tɕʰyoʔ⁵	盛 zəŋ²¹³	搛 tɕiẽ³⁵
26 嵊州	□ koʔ⁵	盛 zeŋ²¹³	搛 tɕiẽ⁵³⁴
27 新昌	食 ʑiʔ²	齒 tsɿ³³⁵	挟 tɕiɛʔ⁵
28 诸暨	吃 tɕʰieʔ⁵	齒 tsɿ⁵⁴⁴	夹 kaʔ⁵
29 慈溪	吃 tɕʰyoʔ⁵	盛 zəŋ¹³	搛 tɕiẽ³⁵
30 余姚	吃 tɕʰyoʔ⁵	盛 zə̃¹³	搛 tɕiẽ⁴⁴
31 宁波	吃 tɕʰyoʔ⁵	齒 tɕi⁴⁴	敧 dʑi¹³
32 镇海	吃 tɕʰyoʔ⁵	齒 tɕi⁵³	敧 dʑi²⁴
33 奉化	吃 tɕʰyoʔ⁵	齒 tsɿ⁴⁴	敧 dʑi³³
34 宁海	各⁼ kɔʔ⁵ 吃 tɕʰioʔ⁵	齒 tsɿ³⁵	挟 tɕieʔ⁵
35 象山	吃 tɕʰyoʔ⁵	齒 tɕi⁵³	挟 tɕieʔ⁵
36 普陀	吃 tɕʰyoʔ⁵	齒 tɕi⁵⁵	搛 tɕi⁵⁵
37 定海	吃 tɕʰyoʔ⁵	齒 tɕi⁴⁴	搛 tɕi⁵²
38 岱山	吃 tɕʰyoʔ⁵	齒 tɕi⁴⁴	搛 tɕi⁵²
39 嵊泗	吃 tɕʰyoʔ⁵	齒 tɕi⁵³	叉⁼ tsʰo⁵³
40 临海	吃 tɕʰyoʔ⁵	兜 tə²¹	挟 tɕieʔ⁵
41 椒江	吃 tɕʰyoʔ⁵	兜 tio⁴²	挟 tɕieʔ⁵
42 黄岩	吃 tɕʰyoʔ⁵	兜 tio³²	挟 tɕieʔ⁵
43 温岭	吃 tɕʰyoʔ⁵	兜 tɤ³³	挟 tɕiəʔ⁵
44 仙居	吃 tɕʰyɔʔ⁵	锹 tɕʰiɐɯ³³⁴	挟 tɕiaʔ⁵
45 天台	媒⁼ mei²²⁴ 吃 tɕʰyuʔ⁵	齒 tsɿ⁵⁵	挟 kieʔ⁵

续表

方言点	0442 抽～烟	0443 盛～饭	0444 夹用筷子～菜
46 三门	吃 tɕʰioʔ⁵	齿 tsɿ⁵⁵	挟 tɕieʔ⁵
47 玉环	吃 tɕʰyoʔ⁵	兜 tiɤ⁴²	夹 kɐʔ⁵
48 金华	吃 tɕʰiəʔ⁴	齿 tɕy⁵⁵	挟 tsia⁵⁵声殊
49 汤溪	吃 tɕʰiei⁵⁵	齿 tsɿ⁵²	挟 tɕiɑ⁵⁵
50 兰溪	吃 tɕʰieʔ³⁴	齿 tsɿ⁴⁵	挟 tɕiaʔ³⁴
51 浦江	食 zɛ²³²	兜 tɤ⁵³⁴	挟 tɕiɑ⁴²³
52 义乌	食 zai³¹²	齿 tsi⁴⁵	挟 tɕia³²⁴
53 东阳	抽 tɕʰiəɯ³³⁴	齿 tsi⁴⁵³	挟 tɕiaʔ³⁴
54 永康	食 zəi¹¹³	齿 ɗi⁵²	挟 tɕia³³⁴
55 武义	食 zə²¹³	齿 li⁵³	挟 tɕia⁵³
56 磐安	食 zɛi²¹³	齿 tɕi⁵²	挟 tɕia³³⁴
57 缙云	食 zai¹³	齿 ti⁴⁵³	挟 tɕia³²²
58 衢州	吃 tɕʰiəʔ⁵	盛 dʒyən²¹	夹 gaʔ¹²
59 衢江	食 iəʔ²	齿 tie⁵³	夹 gaʔ²
60 龙游	食 iəʔ²³	齿 ti⁵¹	夹 gɔʔ²
61 江山	咥 tiᴇʔ⁵ 叭 paʔ⁵	齿 tə⁴⁴	挟 giᴇʔ²
62 常山	吃 tɕʰieʔ⁵	齿 tie⁴⁴	夹 gaʔ³⁴
63 开化	食 iaʔ¹³	齿 tiɛ⁴⁴	挟 dʑiaʔ¹³
64 丽水	吃 tɕʰiʔ⁵	兜 təɯ²²⁴	挟 iɛʔ⁵
65 青田	吃 tsʰɿʔ⁴²	兜 ɗæi⁴⁴⁵	夹 kaʔ⁴²
66 云和	吃 tɕʰiʔ⁵	齿 ti⁴⁵	夹 kɔʔ⁵
67 松阳	咥 tiɛʔ⁵	齿 tiɛ²⁴	夹 gɔʔ²
68 宣平	吃 tɕʰiəʔ⁵	齿 ti⁵²	夹 gɑʔ²³

续表

方言点	0442 抽～烟	0443 盛～饭	0444 夹用筷子～菜
69 遂昌	咥 tiɛʔ^{5}	掘$^{=}$ dʑyɛʔ^{23}	夹 gaʔ^{23}
70 龙泉	咥 tiᴇʔ^{5}	㽷 ti^{45}	挟 iᴇʔ^{5}
71 景宁	吃 tɕʰiʔ^{5}	㽷 ti^{35}	夹 kɔʔ^{5}
72 庆元	咥 ɗiɑʔ^{5}	㽷 ɗiᴇ^{11}	挟 iᴇʔ^{5}
73 泰顺	吃 tsʰɿʔ^{5}	兜 təu^{213}	夹 kɔʔ^{5}
74 温州	吃 tsʰɿ^{323}	兜 tau^{33}	夹 ka^{323}
75 永嘉	吃 tɕʰiai^{423}	兜 tau^{44}	夹 ka^{423}
76 乐清	吃 tɕʰiɤ^{323}	兜 tau^{44}	夹 ka^{323}
77 瑞安	吃 tɕʰi^{323}	兜 tau^{44}	夹 kɔ^{323}
78 平阳	吃 tɕʰi^{34}	兜 tau^{55}	夹 kɔ^{34}
79 文成	吃 tɕʰi^{34}	兜 tau^{55}	夹 kɔ^{34}
80 苍南	吃 tɕʰi^{223}	兜 tau^{44}	夹 ka^{223}
81 建德徽	吃 tɕʰiɐʔ^{5}	兜 tɤɯ^{53}	钳 tɕie^{33}
82 寿昌徽	吃 tɕʰiəʔ^{3}	装 tsɑ̃^{112}	挟 tɕi^{55}
83 淳安徽	吃 tɕʰiʔ^{5}	兜 tɯ^{24}	夹 kɑʔ^{5}
84 遂安徽	吃 tsʰɿ^{33}	□ kəu^{534}	夹 kɑ^{24}
85 苍南闽	食 tɕia^{24}	添 tʰɪ̃^{55}	夹 kue^{43}
86 泰顺闽	噗 pɒʔ^{5}	兜 tau^{213}	□ niɛʔ^{5}
87 洞头闽	食 tɕia^{241}	添 tʰɪ̃^{33}	夹 kue^{53}
88 景宁畲	食 ɕiʔ^{2}	舀 iəu^{325}	钳 kʰien^{22}

方言点	0445 斟～酒	0446 渴口～	0447 饿肚子～
01 杭州	倒 $tɔ^{53}$	燥 $sɔ^{45}$	饿 $ŋəu^{13}$
02 嘉兴	筛 $sᴀ^{42}$	干 $kə^{42}$	饿 $ŋou^{113}$ 老 饿 vu^{113} 新
03 嘉善	筛 sa^{53}	干 $kø^{53}$	饿 $ŋu^{113}$
04 平湖	筛 sa^{53}	干 $kø^{53}$	饿 $ŋu^{213}$
05 海盐	筛 $sɑ^{53}$ 倒 $tɔ^{423}$	干 $kɤ^{53}$	饿 u^{213}
06 海宁	筛 sa^{55}	干 kei^{55}	饿 u^{13}
07 桐乡	筛 sa^{44}	干 $kᴇ^{44}$	饿 u^{213}
08 崇德	筛 $sɑ^{44}$	干 $kᴇ^{44}$ 口干 $k^hɤɯ^{55}kᴇ^{0}$	饿 u^{13}
09 湖州	筛 sa^{44}	干 $kɛ^{44}$	饿 $ŋəu^{35}$
10 德清	筛 sa^{44}	干 $køʉ^{44}$	饿 $ŋəu^{334}$
11 武康	筛 sa^{44}	燥 $sɔ^{224}$	饿 $ŋu^{224}$
12 安吉	倒 $tɔ^{324}$	燥 $sɔ^{324}$	饿 $ŋʊ^{213}$
13 孝丰	倒 $tɔ^{324}$	燥 $sɔ^{324}$	饿 $ŋu^{324}$
14 长兴	筛 sa^{44}	干 $kɯ^{44}$	饿 $ŋ^{324}$
15 余杭	倒 $tɔ^{53}$	燥 $sɔ^{423}$	饿 $ŋu^{213}$
16 临安	倒 $tɔ^{55}$	干 $kə^{55}$	饿 $ŋo^{33}$
17 昌化	倒 $tɔ^{544}$	燥 $sɔ^{544}$	饿 $ŋɯ^{243}$
18 於潜	倒 $tɔ^{35}$	燥 $sɔ^{35}$	饿 $ŋu^{24}$
19 萧山	筛 sa^{533}	口燥 $k^hio^{33}sɔ^{42}$	瘵 $zɔ^{355}$
20 富阳	倒 $tɔ^{423}$	燥 $sɔ^{335}$	饥 $tɕi^{53}$
21 新登	筛 sa^{53}	燥 $sɔ^{45}$	饥 $tɕi^{53}$ 饿 u^{13}
22 桐庐	倒 $tɔ^{33}$	燥 $sɔ^{35}$ 声殊	饿 $ŋu^{24}$

续表

方言点	0445 斟～酒	0446 渴口～	0447 饿肚子～
23 分水	倒 tɔ^{44}	燥 sɔ^{24}	饿 ŋo^{13}
24 绍兴	筛 sa^{53}	燥 sɔ^{33}	饿 ŋo^{22}
25 上虞	筛 sa^{35}	燥 sɔ^{53}	饿 ŋʊ^{31}
26 嵊州	筛 sa^{53}	燥 sɔ^{334}	肚饥 du^{22}tɕi^{334}
27 新昌	倒 tɔ^{335}	燥 sɔ^{335}	肚饥 du^{13}tɕi^{33}
28 诸暨	筛 sA^{544}	燥 sɔ^{544}	饿 ŋɤu^{33}
29 慈溪	筛 sa^{35}	燥 sɔ^{44}	饿 ŋəu^{13}
30 余姚	筛 sa^{44}	燥 sɔ^{44}	饿 ŋou^{13}
31 宁波	㖞 ɕia^{35}	燥 sɔ^{44}	饿 ȵœʏ^{13}
32 镇海	倒 tɔ^{53}	粨 paʔ^{5}	饿 ŋəu^{24}
33 奉化	倒 tʌ^{53}	燥 sʌ^{53}	饿 ŋəu^{31}
34 宁海	㖞 ɕia^{53}	渴 kʰieʔ^{5}	喝$^{=}$ haʔ^{5}
35 象山	㖞 ɕia^{44}	粨 paʔ^{5}	饿 ŋəu^{13} 饥 tɕi^{44}
36 普陀	倒 tɔ^{55}	口粨 kʰeu^{53} pɐʔ^{0}	饿 ŋəu^{13}
37 定海	㖞 ɕia^{44}	粨 pɐʔ^{5}	饿 ŋʌu^{13}
38 岱山	㖞 ɕia^{325}	粨 pɐʔ^{5}	饿 ŋʌu^{213}
39 嵊泗	㖞 ɕia^{53}	粨 pɐʔ^{5}	饿 ŋʌu^{213}
40 临海	且$^{=}$ tɕʰia^{52}	燥 sɔ^{55}	喝$^{=}$ hɛʔ^{5}
41 椒江	且$^{=}$ tɕʰia^{42}	燥 sɔ^{55}	喝$^{=}$ hɛʔ^{5}
42 黄岩	且$^{=}$ tɕʰia^{42}	燥 sɔ^{55}	喝$^{=}$ həʔ^{5}
43 温岭	且$^{=}$ tɕʰia^{42}	燥 sɔ^{55}	喝$^{=}$ həʔ^{5}
44 仙居	倒 ɗɐɯ^{55}	口燥 kʰəɯ^{24} sɐɯ^{0}	肚饥 du^{33}tɕi^{334}
45 天台	洗$^{=}$ ɕi^{325}	燥 sau^{55}	饥 ki^{33}

续表

方言点	0445 斟～酒	0446 渴口～	0447 饿肚子～
46 三门	写$^{=}$ ɕia^{325} 倒 tɑu^{55}	渴 kʰɐʔ^{5} 燥 sɑu^{55}	喝$^{=}$ hɐʔ^{5}
47 玉环	倒 tɔ^{55}	燥 sɔ^{55}	呷$^{=}$ haʔ^{5}
48 金华	倒 tɑo^{535} 筛 sɑ^{334}	口燥 kʰiu^{53}sɑo^{55}	肚饥 tu^{55}tɕi^{334}老 肚皮饿 tu^{55}bi^{31}uɤ^{14}新
49 汤溪	筛 sɑ^{24}	口燥 kʰəɯ^{52}sɔ^{52}	肚饥 du^{11}tɕi^{24}
50 兰溪	筛 sɑ^{334}	燥 sɔ^{45}	饥 tɕi^{334}
51 浦江	□ tsʰia^{53}	口燥 kʰɤ^{55}so^{0}	肚饥 du^{11}tʃi^{53}
52 义乌	⿸厂写 sia^{423}	燥 so^{45}	肚饥 du^{24}tɕi^{335}
53 东阳	倒 tɐɯ^{53}	燥 sɐɯ^{53}	饿 ŋa^{24}
54 永康	写$^{=}$ ɕia^{334}	燥 sɑu^{52}	饥 tɕi^{55}
55 武义	倒 lɑu^{445}	燥 sɤ^{53}	饥 tɕi^{24}
56 磐安	筛 ɕia^{445}	口燥 kʰɐɯ^{33}so^{52}	肚饥 tu^{55}tɕi^{445}
57 缙云	写$^{=}$ ɕia^{51}	燥 ɕiəɤ^{453}	饥 tɕi^{44}
58 衢州	倒 tɔ^{35} 筛 sɛ^{32}	燥 sɔ^{53}	饿 ŋu^{231}
59 衢江	倒 tɔ^{25} 筛 sa^{25}	燥 sɔ^{53}	腹饥 pəʔ^{5}kei^{33}
60 龙游	筛 sɑ^{334}	燥 sɔ^{51}	饥 tɕi^{334}
61 江山	筛 sa^{44}	燥 sɐɯ^{241}	腹饥 poʔ^{5}kᴇ^{44}
62 常山	筛 sɛ^{44}	燥 sɤ^{52}	饥 ke^{44}
63 开化	筛 sa^{44}	燥 səɯ^{53} 渴 kʰɔʔ^{5}	饥 kɛ^{44} 饿 ua^{213}
64 丽水	筛 suɔ^{224}	口燥 kʰɯ^{44}sə^{52}	肚饥 du^{22}tsɿ^{224}
65 青田	倒 ɗœ^{33}	渴 kʰuæʔ^{42}	饿 ŋuæi^{22}
66 云和	筛 sɔ^{24}	口渴 kʰəɯ^{44}kʰuɛʔ^{5}	肚饥 du^{223}tsɿ^{24}
67 松阳	倒 tʌ^{24}	口渴 kʰei^{21}kʰuɛʔ^{5}	腹饥 poʔ^{3}kɛ^{53}

续表

方言点	0445 斟～酒	0446 渴口～	0447 饿肚子～
68 宣平	筛 sa^{324} □ ʑiɔ̃^{231}	口燥 kʰɯ^{44}sɔ^{52}	肚饥 du^{43}tsɿ^{324}
69 遂昌	筛 ɕiɒ^{533}	口燥 kʰu^{55}sɐɯ^{334}	腹饥 pəɯʔ^{3}kei^{45}
70 龙泉	筛 sa^{434}	渴 kʰuoʔ^{5}	饥 kᴇ^{434}
71 景宁	筛 sa^{324}	口渴 kʰəɯ^{33}kʰuœʔ^{5}	肚饿 ty^{33}ŋuai^{113} 肚饥 ty^{33}tɕi^{324}
72 庆元	筛 sɑ^{11}	腹渴 ɓuʔ^{5}kʰuɤʔ^{5}	腹饥 ɓuʔ^{5}kæi^{335}
73 泰顺	筛 sa^{213}	口渴 kʰəu^{55}kʰuɛʔ^{5} 渴 kʰuɛʔ^{5}	饿 ŋuæi^{22}
74 温州	筛 sa^{33}	燥 sɜ^{51}	饿 ŋai^{22}
75 永嘉	筛 sa^{44} 倒 tə^{53}	渴 kʰø^{423}	饿 vai^{22}
76 乐清	筛 se^{44}	渴 kʰuɤ^{323}	饿 vai^{22}
77 瑞安	倒 tɛ^{53}	燥 sɛ^{53}	饿 ŋai^{22}
78 平阳	筛 sᴀ^{55}	燥 sɛ^{53}	饿 ŋai^{33}
79 文成	倒 dɛ^{33}	燥 sɛ^{33}	饿 ŋai^{424}
80 苍南	筛 ɕia^{44}	燥 sɛ^{42}	饿 ŋuai^{11}
81 建德徽	倒 tɔ^{213} 筛 sɑ^{53}	口燥 kʰɤɯ^{13}sɔ^{33}	肚皮饥 tʰu^{55}pi^{33}tɕi^{53}
82 寿昌徽	筛 sɑ^{112}	燥 sɤ^{33}	饥 tɕi^{112}
83 淳安徽	倒 tɤ^{55}	干 kã^{24}	饿 u^{53}
84 遂安徽	倒 tɔ^{43}	渴 kʰəɯ^{24}	饿 vəɯ^{52}
85 苍南闽	倒 to^{21}	焦 ta^{55}	枵 iau^{55}
86 泰顺闽	□ tʰieŋ^{22}	渴 kʰɛʔ^{5}	饥 ky^{213}
87 洞头闽	陈$^{=}$ tʰin^{113}	焦 ta^{33}	枵 iau^{33}
88 景宁畲	筛 sai^{44} 斟 tɕin^{44}	焦 tsau^{44}	饿 ŋo^{51}

方言点	0448 噎吃饭~着了	0449 头人的，统称	0450 头发
01 杭州	噎 iɛʔ^{5} 凳$^{=}$ təŋ^{45}	头 dei^{213}	头发 dei^{22} faʔ^{5}
02 嘉兴	噎 ieʔ^{5}	头 dei^{242}	头发 dei^{21} fᴀʔ^{5}
03 嘉善	噎 ieʔ^{5}	头 də^{132}	头发 də^{22} fɜʔ^{5}
04 平湖	噎 iəʔ^{5}	头 dəɯ^{31}	头发 dəɯ^{24} faʔ^{0}
05 海盐	噎 iəʔ^{5}	头 de^{31}	头发 de^{24} faʔ^{5}
06 海宁	噎 ieʔ^{5}	头 dəɯ^{13}	头发 dəɯ^{33} faʔ^{5}
07 桐乡	噎 iəʔ^{5}	头 dɤɯ^{13}	头发 dɤɯ^{13} faʔ^{0}
08 崇德	噎 iəʔ^{5} 哽 gã^{242}	头 dɤɯ^{13}	头发 dɤɯ^{21} faʔ^{4}
09 湖州	噎 ieʔ^{2}	头 døʉ^{112}	头发 døʉ^{33} faʔ^{5}
10 德清	噎 ieʔ^{2}	头 døʉ^{113}	头发 døʉ^{11} fa^{35}
11 武康	噎 ieʔ^{5}	头 dø^{113}	头发 dø^{11} fɜ^{35} "发"舒化
12 安吉	噎 iᴇʔ^{5}	头 dəɪ^{22}	头发 dəɪ^{22} fɐʔ^{2}
13 孝丰	噎 ieʔ^{5}	头 dəɪ^{22}	头发 dəɪ^{22} faʔ^{2}
14 长兴	噎 iᴇʔ^{2}	头爿 dei^{12} bᴇ^{24}	头发 dei^{12} faʔ^{5}
15 余杭	噎 ieʔ^{5}	头 døʏ^{22}	头发 døʏ^{31} faʔ^{5}
16 临安	噎 iɐʔ^{5}	头 də^{33}	头发 də^{33} fɐ^{33} "发"舒化
17 昌化	哽 kã^{453}	头 di^{112}	头发 di^{11} faʔ^{5}
18 於潜	哽 keŋ^{51}	头 diəu^{223}	头发 diəu^{22} fɐʔ^{53}
19 萧山	噎 ieʔ^{5}	头 dio^{335}	头发 dio^{13} faʔ^{5}
20 富阳	噎 ɛʔ^{5}	头 dei^{13}	头发 dei^{13} faʔ^{5}
21 新登	噎 iəʔ^{5}	头 dəu^{233}	头发 dəu^{233} faʔ^{5}
22 桐庐	呃 əʔ^{5}	头 dei^{13}	头发 dei^{21} faʔ^{5}
23 分水	噎 iəʔ^{5}	头 dɵ^{22}	头发 dɵ^{21} faʔ^{5}
24 绍兴	噎 ieʔ^{5}	头 dɤ^{231}	头发 dɤ^{22} fɛʔ^{5}

续表

方言点	0448 噎吃饭～着了	0449 头人的，统称	0450 头发
25 上虞	噎 iəʔ^{5}	头 dɤ^{213}	头发 dɤ^{21} fɐʔ^{5}
26 嵊州	哽 gaŋ^{24} 声殊	头皮 dʏ^{22} bi^{231}	头发 dʏ^{22} fɛʔ^{5}
27 新昌	哽 gaŋ^{232} 声殊	头皮 diɯ^{22} bi^{13}	头发 diɯ^{22} fɛʔ^{5}
28 诸暨	噎 ieʔ^{5}	头 dei^{13}	头发 dei^{21} faʔ^{5}
29 慈溪	噎顿 iəʔ^{2} təŋ^{35}	头筒 dø^{11} duŋ^{13}	头发 dø^{11} faʔ^{5}
30 余姚	噎顿 iəʔ^{5} tə̃^{0}	头 dø^{13}	头发 dø^{13} faʔ^{5}
31 宁波	噎 iəʔ^{5}	头 dœʏ^{13}	头毛子 dœʏ^{22} mɔ^{13} tsɿ^{0} 头发 dœʏ^{13} faʔ^{5}
32 镇海	噎 ieʔ^{5}	头 dei^{24}	头发 dei^{22} faʔ^{5}
33 奉化	哽 gã^{324}	头皮 dæi^{33} bi^{31}	头发 dæi^{33} faʔ^{5}
34 宁海	噎 ieʔ^{5}	头 diu^{213}	头发 diu^{21} faʔ^{5}
35 象山	噎 ieʔ^{5}	头 dɤɯ^{31}	头发 dɤɯ^{31} faʔ^{5}
36 普陀	噎 iɛʔ^{5}	头 deu^{24}	头发 deu^{33} fɐʔ^{5}
37 定海	噎 ieʔ^{5}	头 dɐi^{23}	头发 dɐi^{33} fɐʔ^{5}
38 岱山	噎 ieʔ^{5}	头 dœʏ^{23}	头发 dœʏ^{33} fɐʔ^{5}
39 嵊泗	噎 iᴇʔ^{5}	头 dœʏ^{243}	头发 dœʏ^{33} fɐʔ^{5}
40 临海	噎 ieʔ^{5}	头 də^{21}	头发 də^{13} fəʔ^{5}
41 椒江	噎 ieʔ^{5}	头 dio^{31}	头发 dio^{22} fɛʔ^{5}
42 黄岩	噎 ieʔ^{5}	头 dio^{121}	头发 dio^{13} fəʔ^{5}
43 温岭	噎 iʔ^{5}	头 dɤ^{31}	头发 dɤ^{13} fəʔ^{5}
44 仙居	噎 iaʔ^{5} 哽 gã^{213}	头 dəɯ^{213}	头发 dəɯ^{33} fɑʔ^{5}
45 天台	噎 ieʔ^{5}	头 deu^{224}	头发 deu^{22} feʔ^{5}
46 三门	噎 ieʔ^{5}	头 dɤɯ^{113}	头发 dɤɯ^{11} fɐʔ^{5}

续表

方言点	0448 噎吃饭～着了	0449 头人的，统称	0450 头发
47 玉环	噎 iɐʔ^{5}	头 diɤ^{31}	头发 diɤ^{22} fɐʔ^{5}
48 金华	哽 kɑŋ^{55}	头 diu^{313}	头发 tiu^{33} fɤa^{55}
49 汤溪	哽 ka^{52}	头 dəɯ^{11}	头发 təɯ^{33} fɤa^{55}
50 兰溪	哽 kæ̃^{45}	头 dəɯ^{21}	头发 dəɯ^{21} fiaʔ^{34}
51 浦江	哽 kɛ̃^{55}	胡⁼头 u^{33} dɤ^{334}	头发 dɤ^{24} fɑ^{334}
52 义乌	哽 kɛ^{45}	胡⁼头 u^{22} tɐɯ^{45}	头发 dɐɯ^{22} fɯa^{324}
53 东阳	哽 kɛ^{44}	头 dəɯ^{213}	头发 dəɯ^{22} fo^{35}
54 永康	哽 kai^{52}	头 dəu^{22}	头发 ɗəu^{33} fuɑ^{334}
55 武义	哽 ka^{53}	头 dɑu^{324}	头发 dɑu^{32} fuɑ^{53}
56 磐安	哽 kɛ^{334}	头 dɐɯ^{213}	头发 dɐɯ^{22} fə^{334}
57 缙云	噎 iɛ^{322}	老惊⁼头 ləɤ^{51} kua^{44} diuŋ^{243}	头发 diuŋ^{44} fɑ^{322}
58 衢州	漾 iã^{53}	头 de^{21}	头发 de^{21} faʔ^{5}
59 衢江	按⁼ ɛ^{53}	头 dy^{212}	头发 ty^{33} faʔ^{5}
60 龙游	哽 kɛ^{51}	头 dəɯ^{21}	头发 təɯ^{33} fɔʔ^{4}
61 江山	□ tsaŋ^{51}	头 du^{213}	头发 du^{22} faʔ^{5}
62 常山	咽 ĩ^{324}	头 du^{341} 头脑壳 dɤʔ^{3} nʌʔ^{3} kʰɤʔ^{5}	头发 du^{22} faʔ^{5}
63 开化	咽 ã^{412}	头 du^{231} 头脑壳 du^{21} naʔ^{2} kʰɔʔ^{5}	头发 du^{21} faʔ^{5}
64 丽水	噎 iɛʔ^{5}	头 dəɯ^{22}	头发 dəɯ^{21} fuɔʔ^{5}
65 青田	噎 iæʔ^{42}	头 deu^{21}	头毛 deu^{55} mœ^{53}
66 云和	□tsɛ^{45}	头 dəɯ^{312}	头发 dəɯ^{223} fɔʔ^{5}
67 松阳	噎 iɛʔ^{5}	头爿 dei^{33} bã^{31}	头发 dei^{33} fɔʔ^{5}
68 宣平	哽 kɛ^{52}	头 dəɯ^{433}	头发 təɯ^{44} fɑʔ^{5}

续表

方言点	0448 噎吃饭～着了	0449 头人的，统称	0450 头发
69 遂昌	□ ŋɒ^{213}	头脑壳 du^{22} nɐɯ^{21} kʰɔʔ^{5}	头发 du^{21} fəɯʔ^{5}
70 龙泉	筑 tɤɯʔ^{5}	头 diəu^{21}	头毛 tiəu^{45} ŋ^{21}
71 景宁	□ tsɛ^{35}	头 dəɯ^{41}	头发 dəɯ^{55} fɔʔ^{5}
72 庆元	□ ɗiɔ̃^{11}	头 tiɯ^{52}	头发 tiɯ^{52} fəɯʔ^{5}
73 泰顺	哽 kã^{55}	头 təu^{53}	头发 təu^{21} fɔʔ^{5}
74 温州	噎 i^{323}	头 dɤu^{31}	头发 dɤu^{24} ho^{323}
75 永嘉	噎 i^{423}	头 dəu^{31}	头发 dəu^{13} ho^{423}
76 乐清	噎 iᴇ^{323}	头 diu^{31}	头发 diu^{24} fa^{323}
77 瑞安	噎 i^{323}	头 dou^{31}	头发 dou^{13} fɔ^{323}
78 平阳	噎 ie^{34}	头 dɛu^{242}	头发 dɛu^{35} fɔ^{13}
79 文成	噎 ie^{34}	头 diou^{113}	头发 diou^{35} fɔ^{13}
80 苍南	哽 kia^{53}	头 dɛu^{31}	头发 dɛu^{11} hua^{223} 头毛 dɛu^{11} mɛ^{24} 贬义
81 建德徽	夜$^{=}$ iɑ^{55}	头 tɤɯ^{33}	头发 tɤɯ^{33} fo^{55}
82 寿昌徽	哽 kæ̃^{534}	头 tʰəɯ^{52}	头发 tʰəɯ^{11} fɤ^{55}
83 淳安徽	噎 iəʔ^{5}	头 tʰɯ^{435}	头发 tʰɯ^{43} fɑʔ^{5}
84 遂安徽	噎 iɛ^{24}	头 tʰiu^{33}	头发 tʰiu^{33} fɑ^{43}
85 苍南闽	□ ke^{24}	头 tʰau^{24}	头毛 tʰau^{21} mɯŋ^{24}
86 泰顺闽	哽 kæŋ^{22}	头 tʰau^{22}	头发 tʰau^{21} pøʔ^{5}
87 洞头闽	嗝$^{=}$ ke^{241}	头 tʰau^{113} 头壳 tʰau^{21} kʰɐk^{5}	头毛 tʰau^{212} mɯŋ^{24}
88 景宁畲	哽 kaŋ^{51}	头 tʰiəu^{22}	头毛 tʰiəu^{22} mau^{51}

方言点	0451 辫子	0452 旋	0453 额头
01 杭州	辫儿 biɛ^{13} əl^{53}	旋涡儿 dʑiɛ^{13} uo^{55} əl^{0}	额角头 ŋaʔ^{2} koʔ^{3} dei^{45}
02 嘉兴	辫子 bie^{21} tsɿ^{24}	旋 dʑyə^{242} 老 旋 dʑie^{242} 新	额骨头 ᴀʔ^{3} koʔ^{5} dei^{42}
03 嘉善	辫子 biɪ^{35} tsɿ^{55} 小	旋孛=螺 dʑie^{22} bəʔ^{2} lu^{31}	额骨头 ŋəʔ^{2} koʔ^{5} də^{31}
04 平湖	辫子 biɛ^{21} tsɿ^{44}	旋螺 ziɛ^{21} lu^{31} 旋螺头 ziɛ^{24} lu^{44} dəɯ^{31}	额骨头 ŋaʔ^{23} kuəʔ^{5} dəɯ^{0}
05 海盐	辫子 biɛ^{53} tsɿ^{53}	旋涡潭 dʑiɛ^{24} u^{21} dɤ^{21}	额骨头 aʔ^{23} kɔʔ^{5} de^{53}
06 海宁	辫子 bie^{13} tsɿ^{0}	旋螺 dʑie^{33} ləu^{33}	额骨头 aʔ^{2} koʔ^{5} dəɯ^{35}
07 桐乡	辫子 biᴇ^{242} tsɿ^{44}	螺旋 ləu^{21} ziᴇ^{53}	额骨头 aʔ^{23} kuəʔ^{3} dɤɯ^{44}
08 崇德	辫子 biɪ^{24} tsɿ^{0}	注=门台= tsɿ^{33} məŋ^{33} dɛ^{53}	额骨头 aʔ^{23} kɔʔ^{4} dɤɯ^{44}
09 湖州	辫子 bie^{35} tsɿ^{13}	旋涡潭 ʑie^{33} əu^{33} dɛ^{35}	额骨头 ŋəʔ^{2} kuoʔ^{5} døʉ^{53}
10 德清	辫子 bie^{35} tsɿ^{0}	旋涡头 dʑie^{11} əu^{11} døʉ^{13}	额骨头 ŋaʔ^{2} kuoʔ^{5} døʉ^{0}
11 武康	辫子 biɪ^{35} tsɿ^{53}	旋螺陀 ʑiɪ^{11} luoʔ^{2} du^{35}	额骨头 ŋɜʔ^{2} kuoʔ^{5} dø^{53}
12 安吉	辫子 bi^{24} tsɿ^{52}	旋 ʑi^{213}	额壳头 ŋəʔ^{2} kʰoʔ^{2} dəɪ^{213}
13 孝丰	辫子 biɪ^{24} tsɿ^{52}	旋 ʑiɪ^{213}	额角头 ŋəʔ^{2} kuoʔ^{2} dəɪ^{24}
14 长兴	辫子 bi^{24} tsɿ^{21}	旋子 ʒi^{21} tsɿ^{24}	额角头 ŋəʔ^{2} koʔ^{5} dei^{44}
15 余杭	辫儿 biẽ^{33} n^{31}	涡螺旋儿 o^{33} lu^{31} ziẽ^{13} n^{31}	额骨头 ŋəʔ^{2} koʔ^{5} døʏ^{31}
16 临安	辫子 bie^{33} tsɿ^{53}	旋涡 ʑyœ^{33} uo^{35}	额壳头 ŋɐʔ^{2} kʰuɔʔ^{5} də^{31}
17 昌化	辫子 biɪ̃^{23} tsɿ^{453}	旋 ʑyɪ̃^{243}	额头 ŋəʔ^{2} di^{112} 额角头 ŋəʔ^{2} kuəʔ^{5} di^{45}
18 於潜	辫子 bie^{24} tsɿ^{454}	旋 ʑyɛ^{24}	额壳头 ŋɑʔ^{2} kʰuəʔ^{53} diəu^{24}
19 萧山	辫子 bie^{13} tsɿ^{21}	旋 ʑie^{242}	额角头 ŋaʔ^{21} kəʔ^{5} dio^{33}
20 富阳	辫子 biɛ̃^{224} tsɿ^{335}	旋 ʑiɛ̃^{224}	额角头 ŋaʔ^{2} koʔ^{5} dei^{335}
21 新登	辫子 piɛ̃^{334} tsɿ^{45}	旋 ʑiɛ̃^{13}	额角头 aʔ^{2} kaʔ^{5} dəu^{233}
22 桐庐	辫子 bie^{13} tsɿ^{55}	旋 ʑyᴇ^{24}	额角头 ŋaʔ^{21} kaʔ^{3} dei^{55}

续表

方言点	0451 辫子	0452 旋	0453 额头
23 分水	辫子 biɛ̃^{13}tsɿ^{0}	旋 ɕiɛ̃^{13}	额格⁼头 ŋəʔ^{12}kəʔ^{5}dɵ^{21}
24 绍兴	辫子 biẽ^{24}tsɿ^{31}	旋窝 ʑiẽ^{22}o^{33}	额角头 ŋaʔ^{2}koʔ^{4}dɤ^{31}
25 上虞	辫子 biẽ^{21}tsɿ^{53}	旋 ʑiẽ^{31}	额角头 ŋaʔ^{2}koʔ^{5}dɤ^{213}
26 嵊州	辫子 biẽ^{24}tsɿ^{53}	旋 zœ̃^{24}	额髁头 ŋɛʔ^{2}kʰo^{33}dʏ^{231}
27 新昌	辫子 biɛ̃^{22}tsɿ^{453}	旋 zœ̃^{22}	额角头 ŋaʔ^{2}koʔ^{3}tiɯ^{335}
28 诸暨	辫子 bie^{13}tsɿ^{21}	旋 ʑie^{33}	脑介头 nɔ^{13}kᴀ^{42}dei^{21} 脑骨头 nɔ^{21}koʔ^{5}dei^{42}
29 慈溪	辫子 biẽ^{11}tsɿ^{35}	旋 iẽ^{13}	脑阔⁼头 nɔ^{13}kʰuəʔ^{5}dø^{0}
30 余姚	辫子 biẽ^{13}tsɿ^{44}	旋 iẽ^{13}	脑壳头 nɔ^{13}kʰuoʔ^{5}dø^{0}
31 宁波	辫子 bi^{13}tsɿ^{0}	旋 ʑy^{13}	额角头 ŋaʔ^{2}koʔ^{5}dœʏ^{0}
32 镇海	辫子 bi^{24}tsɿ^{44}	旋 zø^{24}	脑壳头 nɔ^{22}kʰoʔ^{5}dei^{24}
33 奉化	辫子 bi^{32}tsɿ^{44}	旋 zø^{33}	额壳头 ŋaʔ^{2}kʰoʔ^{5}dæi^{31}
34 宁海	头发辫 diu^{21}faʔ^{5}bie^{24}	旋 ʑyø^{213}	眼角头 ȵie^{22}kɔʔ^{3}diu^{213}
35 象山	辫子 bi^{31}tsɿ^{44}	旋 zɤɯ^{13}	眼角头 ŋɛ^{31}koʔ^{5}dɤɯ^{31}
36 普陀	辫子 bi^{23}tsɿ^{0}	旋 zø^{13}	脑壳头 nɔ^{23}kʰɐʔ^{0}deu^{0} 额角头 ŋɐʔ^{2}koʔ^{5}deu^{0}
37 定海	头发辫 dɐi^{23}fɐʔ^{2}bi^{45} 老 辫子 bi^{23}tsɿ^{0} 新	旋 zø^{13}	脑壳头 nɔ^{23}kʰɐʔ^{0}dɐi^{0}
38 岱山	辫子 bi^{23}tsɿ^{52}	旋 zø^{213}	脑壳头 nɔ^{23}kʰɐʔ^{3}dœʏ^{0}
39 嵊泗	辫子 bi^{24}tsɿ^{0}	旋 zʏ^{213}	脑壳头 nɔ^{34}kʰɐʔ^{3}dœʏ^{44}
40 临海	辫 bi^{51} 小 头发辫 də^{22}fəʔ^{3}bi^{51} 小	旋 ʑyø^{324}	眼角头 ŋɛ^{42}kɔʔ^{5}də^{21}
41 椒江	辫 bie^{41} 小	旋 zø^{24}	眼骨头 ȵiɛ^{42}kuəʔ^{5}dio^{41}
42 黄岩	辫 bie^{41} 小	旋 zø^{24}	眼角头 ȵiɛ^{42}koʔ^{5}dio^{41}
43 温岭	辫 bie^{41} 小	旋 ʑyø^{13}	眼骨头 ȵiɛ^{42}kuoʔ^{5}dɤ^{41}

续表

方言点	0451 辫子	0452 旋	0453 额头
44 仙居	辫 bie^{353}小	旋 zø^{24}	眼界⁼头 ŋa^{21}ka^{53}dəɯ^{0}
45 天台	辫髻 bie^{21}ki^{55}	旋 ʑyø^{224}	眼角头 ŋe^{21}kɔʔ^{1}deu^{224}
46 三门	头发辫 dɤɯ^{13}fɐʔ^{3}bie^{252}	旋 ʑyø^{243}	眼角头 ŋɛ^{32}kɔʔ^{3}dɤɯ^{113}
47 玉环	辫 bie^{41}小	旋 ʑyø^{22}	眼骨头 ȵiɛ^{53}kuɐʔ^{5}diɤ^{41}
48 金华	辫儿 biɛ̃^{14}	头旋 diu^{31}ʑie^{14}	额骨头 əʔ^{21}kuəʔ^{3}tiu^{55}
49 汤溪	辫搭⁼ bie^{11}tuɑ^{55}	旋 zie^{341}	额头 a^{11}təɯ^{52}
50 兰溪	辫 pie^{55}	旋 zie^{24}	额头 əʔ^{34}dəɯ^{24}
51 浦江	辫儿 biẽn^{24}	旋 ziẽ^{24}	额骨头 ŋɑ^{11}kuə^{33}dɤ^{243}
52 义乌	辫儿 bien^{24}	旋 zie^{24}	额角头 ɛ^{24}kɔ^{42}tɐɯ^{45}
53 东阳	辫儿 biɐn^{24}	旋 ʑiʊ^{213}	额角头 ŋa^{23}ko^{44}dəɯ^{33}
54 永康	辫 bie^{241}小	旋 ʑye^{241}	额角头 ŋai^{33}kɑu^{33}ɗəu^{55}
55 武义	□辫 luɑ^{32}bie^{31}	旋 ʑye^{231}	额角头 ŋa^{55}tɕia^{55}dɑu^{324}
56 磐安	辫 biɐn^{14}	旋 ʑye^{14}	额骨头 ŋa^{52}kuɛ^{55}dɐɯ^{0}
57 缙云	□ tsəɤ^{453} 头带 diuŋ^{44}tɑ^{453}	旋 zyɛ^{213}	额角头 ŋɑ^{21}kɔ^{44}diuŋ^{243}
58 衢州	辫儿 biẽ^{231}ȵi^{21}	旋 ʒyə̃^{231}	额壳 ȵiaʔ^{2}kʰəʔ^{5}
59 衢江	辫 bie^{212}	旋 ʑie^{231}	眼头 ŋã^{22}ty^{53}
60 龙游	辫 bie^{224}	旋 zuei^{231}	额头 ŋəʔ^{23}dəɯ^{231}
61 江山	搭⁼辫 taʔ^{5}biɛ̃^{22}	旋 ʑiɛ̃^{31}	额头 ŋaʔ^{2}du^{213}
62 常山	奶⁼辫 nɛ^{22}biɛ̃^{24}	旋 ʑyɔ̃^{131}	额壳 ȵiʌʔ^{3}kʰɤʔ^{5}
63 开化	辫 biɛ̃^{213}	旋 ʑiɛ̃^{213}	额头 ŋaʔ^{2}du^{231}
64 丽水	辫 biɛ^{131}	旋 ʑyɛ^{131}	眼角头 ŋã^{44}kəʔ^{5}dəɯ^{0}
65 青田	头毛辫 deu^{22}mœ^{21}biɑ^{343}	旋 yɐ^{22}	额阔⁼头 ŋɑ^{22}kʰuæʔ^{4}deu^{53}
66 云和	头辫 dəɯ^{223}biɛ^{223}	旋 ʑyɛ^{223}	额骨头 ŋaʔ^{23}kuɛʔ^{4}dəɯ^{312}

续表

方言点	0451 辫子	0452 旋	0453 额头
67 松阳	辫搭⁼ biɛ̃^{21}tɔʔ^{5}	旋 ʑyɛ̃^{13}	眼角头 ŋã^{22}koʔ^{3}dei^{31}
68 宣平	辫搭⁼ biɛ^{22}tɑʔ^{5}	旋 ʑyə^{231}	眼角头 ŋɛ^{22}kəʔ^{4}dəɯ^{433}
69 遂昌	辫 biɛ̃^{13}	旋 ʑyɛ̃^{213}	脑门头 nɐɯ^{13}məŋ^{22}du^{213}
70 龙泉	练儿 liᴇ^{45}ȵi^{55}	顶 tin^{51}	额壳头 ŋaʔ^{3}kʰouʔ^{3}diəu^{21}
71 景宁	头发练 dəɯ^{33}fɔʔ^{3}liᴇ^{45}小	旋 ʑyœ^{113}	额头 ŋaʔ^{23}dəɯ^{41} 额壳头 ŋaʔ^{23}kʰoʔ^{3}dəɯ^{41}
72 庆元	□ tsəŋ^{55}小	脶 læi^{52}	额头 ŋɑʔ^{34}tiɯ^{52}
73 泰顺	头编 təu^{21}piã^{213}	旋 ɕyɛ^{22}	额头 ŋaʔ^{2}təu^{53}
74 温州	辫儿 bi^{31}ŋ^{1}	运⁼ ioŋ^{22}	额头 ŋa^{22}dɤu^{223}
75 永嘉	辫儿 bi^{31}ŋ^{0}	运⁼ ioŋ^{22}	额头 ŋa^{22}dəu^{21}
76 乐清	辫 biᴇ^{22}	头顶 diu^{31}teŋ^{35}	额头 ŋe^{22}diu^{223}
77 瑞安	辫儿 bi^{31}ŋ^{0}	顶 təŋ^{35}	额角头 ŋa^{13}ko^{323}dou^{0}
78 平阳	辫儿 biŋ^{13}	运⁼ vəŋ^{33}	额头 ŋᴀ^{21}dɛu^{13}
79 文成	辫 bie^{224}	旋 ʑyəŋ^{33}	额磕⁼头 ŋa^{33}kʰuø^{33}diou^{13}
80 苍南	头毛辫 dɛu^{31}mɛ^{53}biɛ^{24}	运⁼ ueŋ^{11}	额头 ȵia^{11}dɛu^{24}
81 建德徽	辫儿 pie^{21}n^{55}	旋 ɕie^{55}	额头 ŋɑ^{21}tɤɯ^{33}
82 寿昌徽	辫 pʰi^{534}	□ ɕyəʔ^{3}	额头 ŋəʔ^{3}tʰəɯ^{52}
83 淳安徽	辫搭⁼ pʰiã^{55}tɑʔ^{5}	旋 ɕiã^{55}	额头 ɑʔ^{13}tʰɯ^{24}
84 遂安徽	辫 pʰiɑ̃^{43}	旋 ɕiɑ̃^{52}	额头 ɑ^{21}tʰiu^{24}
85 苍南闽	辫团 pin^{21}kã^{43}	旋 tsɯŋ^{21}	头额 tʰau^{21}ia^{24}
86 泰顺闽	辫团 pie^{21}ki^{344}	旋 ɕye^{31}	额头门 nia^{22}tʰau^{22}muo^{22}
87 洞头闽	髻仔尾 kə^{21}a^{24}bə^{53}	旋 tsɯŋ^{21}	头额 tʰau^{21}hia^{241}
88 景宁畲	头毛辫 tʰiəu^{22}mau^{44}pin^{325}	螺 luei^{445}	额头 ŋɑʔ^{5}tʰiəu^{22}

方言点	0454 相貌	0455 脸洗～	0456 眼睛
01 杭州	相貌儿 ɕiaŋ^{45} mɔ^{55} əl^{0}	脸孔 liɛ^{55} kʰoŋ^{0} 巴掌 pa^{33} tsaŋ^{45}	眼睛 iɛ^{55} tɕiŋ^{0}
02 嘉兴	卖相 mᴀ^{24} ɕiᴀ̃^{21} 老 貌相 mɔ^{24} ɕiᴀ̃^{21} 新	面孔 mie^{13} kʰoŋ^{21}	眼睛 ᴇ^{21} tɕiŋ^{42}
03 嘉善	卖相 ma^{22} ɕiæ̃^{35}	面孔 miɪ^{55} kʰoŋ^{0}	眼睛 ŋɛ^{22} tɕin^{53}
04 平湖	卖相 ma^{24} siã^{0}	面 miɛ^{213}	眼睛 ŋɛ^{21} tsin^{53}
05 海盐	样子 iɛ̃^{55} tsɿ^{21}	面 miɛ^{213}	眼睛 ɛ^{53} tɕin^{53}
06 海宁	卖相 ma^{33} ɕiã^{53}	面 mie^{13}	眼睛 ɛ^{13} tɕiŋ^{55}
07 桐乡	样子 iã^{33} tsɿ^{53}	面 miᴇ^{213}	眼睛 ɛ^{242} tsiŋ^{44}
08 崇德	样子 iã^{21} tsɿ^{53}	面 miɪ^{13}	眼睛 ɛ^{55} tɕiŋ^{0}
09 湖州	样子 iã^{33} tsɿ^{35}	面孔 mie^{33} kʰoŋ^{35}	眼睛 ŋɛ^{35} tɕin^{13}
10 德清	样子 iã^{33} tsɿ^{35}	面孔 mie^{33} kʰoŋ^{35}	眼睛 ŋɛ^{35} tɕin^{0}
11 武康	样子 iã^{33} tsɿ^{35}	面孔 miɪ^{33} kʰoŋ^{35}	眼睛 ŋɛ^{35} tɕin^{53}
12 安吉	相貌 ɕiã^{32} mɔ^{213}	面 mi^{213}	眼睛 ŋᴇ^{52} tɕiŋ^{21}
13 孝丰	相貌 ɕiã^{32} mɔ^{213}	面孔 miɪ^{32} kʰoŋ^{213}	眼睛 ŋɛ^{45} tɕiŋ^{21}
14 长兴	相貌 ʃiã^{32} mɔ^{24}	面孔 mi^{32} kʰoŋ^{24}	眼睛 ŋᴇ^{45} tʃiŋ^{21}
15 余杭	样子 iɑ̃^{33} tsɿ^{35}	脸 liẽ^{53}	眼睛 ŋɛ^{53} tsiŋ^{0}
16 临安	相貌 ɕiã^{55} mɔ^{31}	面 mie^{33}	眼睛 ŋɛ^{33} tɕieŋ^{53}
17 昌化	相貌 ɕiã^{54} mɔ^{453}	面 miɪ̃^{243}	眼睛 ŋɔ̃^{23} tɕiəŋ^{453}
18 於潜	样子 iaŋ^{24} tsɿ^{454}	脸 lie^{51}	眼睛 ŋɛ^{53} tɕiŋ^{31}
19 萧山	相貌 ɕiã^{53} mɔ^{242}	面孔 mie^{13} kʰoŋ^{21}	眼睛 ŋɛ^{13} tɕiŋ^{21}
20 富阳	相貌 ɕiɑ̃^{335} mɔ^{335}	脸 ȵiɛ̃^{224}	眼睛 ŋã^{224} tɕin^{13}
21 新登	相貌 ɕiɑ̃^{334} mɔ^{21}	面 miɛ̃^{13}	眼睛 ɛ^{334} tɕiŋ^{45}
22 桐庐	相貌 ɕiã^{35} mɔ^{21}	面孔 mie^{13} kʰoŋ^{55}	眼睛 ŋã^{33} tɕiŋ^{35}
23 分水	模样 mo^{21} iã^{24}	面 miɛ̃^{13}	眼睛 ŋã^{44} tɕin^{0}
24 绍兴	相貌 ɕiaŋ^{33} mɔ^{33}	脸 liẽ^{223}	眼睛 ŋɛ̃^{24} tɕiŋ^{31}
25 上虞	相貌 ɕiã^{55} mɔ^{0}	面 miẽ^{31}	眼睛 ŋɛ̃^{21} tɕiŋ^{53}
26 嵊州	相貌 ɕiaŋ^{33} mɔ^{334}	面孔 miẽ^{24} kʰoŋ^{53}	眼睛 ŋɛ̃^{24} tɕiŋ^{53}

续表

方言点	0454 相貌	0455 脸洗~	0456 眼睛
27 新昌	相貌 ɕiaŋ^{53}mɔ^{335}	面 miɛ̃^{13} 脸孔 liɛ̃^{22}kʰoŋ^{53}	眼睛 ŋɛ̃^{22}tɕiŋ^{53}
28 诸暨	相貌 ɕiã^{33}mɔ^{33}	面孔 mie^{13}kʰom^{42}	眼睛 ŋɛ^{13}tɕin^{42}
29 慈溪	相貌 ɕiã^{44}mɔ^{44}	面孔 miẽ^{11}kʰuŋ^{44}	眼睛 ȵiẽ^{11}tɕiŋ^{53}
30 余姚	相貌 ɕiaŋ^{44}mɔ^{0}	面孔 miẽ^{13}kʰuŋ^{53}	眼睛 ȵiẽ^{13}tɕiə̃^{53}
31 宁波	面眼 mi^{13}ŋɛ^{53} 相貌 ɕia^{44}mɔ^{44}	面孔 mi^{13}kʰoŋ^{44}	眼睛 ŋɛ^{13}tɕiŋ^{0}
32 镇海	卖相 ma^{22}ɕiã^{53}	面 mi^{24}	眼睛 ŋɛ^{24}tɕiŋ^{0}
33 奉化	卖相 ma^{31}ɕiã^{0}	面孔 mi^{33}kʰoŋ^{53}	眼睛 ŋɛ^{32}tɕiŋ^{53}
34 宁海	相貌 ɕiã^{33}mau^{24} 卖相 ma^{22}ɕiã^{35}	颊面 dʑia^{21}mie^{24} 颊面股 dʑia^{21}mie^{22}ku^{35}	眼睛 ȵie^{31}tɕiŋ^{34} 眼 ȵie^{31}
35 象山	相貌 ɕiã^{44}mɔ^{13}	面孔 mi^{31}kʰoŋ^{44}	眼睛 ŋɛ^{31}tɕiŋ^{44}
36 普陀	卖相 ma^{11}ɕiã^{55}	面孔 mi^{11}kʰoŋ^{55}	眼睛 ŋɛ^{23}tɕiŋ^{0}
37 定海	卖相 ma^{11}ɕiã^{44}	面孔 mi^{11}kʰoŋ^{44}	眼睛 ŋɛ^{23}tɕiŋ^{0}
38 岱山	卖相 ma^{11}ɕiã^{44}	面孔 mi^{11}kʰoŋ^{44}	眼睛 ŋɛ^{23}tɕiŋ^{52}
39 嵊泗	样貌 iã^{11}mɔ^{45} 卖相 ma^{11}ɕiã^{45}	面孔 mi^{11}kʰoŋ^{45}	眼睛 ŋɛ^{34}tɕiŋ^{0}
40 临海	面嘴 mi^{33}tɕy^{52}	面 mi^{324}	眼 ŋɛ^{52} 双眼 ɕyɔ̃^{33}ŋɛ^{52}
41 椒江	面嘴 mie^{22}tsʯ^{51}小	面 mie^{24}	双眼 sɔ̃^{33}ȵiɛ^{42}
42 黄岩	面范 mie^{13}vɛ^{41}小 人范 ȵin^{13}vɛ^{41}小	面 mie^{24}	双眼 sɔ̃^{33}ȵiɛ^{42}
43 温岭	面嘴 mie^{13}tɕy^{51}小	面 mie^{13}	眼 ȵiɛ^{42}
44 仙居	面个$^{=}$落$^{=}$ mie^{33}ko^{33}lɑʔ^{23}	面 mie^{24}	眼睛 ŋa^{31}tɕin^{334}
45 天台	面嘴 mie^{33}tɕy^{325}	面 mie^{35}	眼睛 ŋe^{21}tɕiŋ^{33}
46 三门	模样 mo^{23}iɑ̃^{55}	颊面 tɕiaʔ^{3}mie^{243}	眼睛 ŋɛ^{32}tɕiŋ^{334}
47 玉环	面相 mie^{22}ɕia^{55}	面颊鼓 mie^{22}tɕiɐʔ^{3}ku^{53}	眼乌珠 ȵiɛ^{53}u^{55}tɕy^{42}
48 金华	相貌 siɑŋ^{55}mɑo^{0} 样子 iɑŋ^{53}tsɿ^{535}	面 mie^{14}	眼睛 ɑ^{55}tɕiŋ^{334}

续表

方言点	0454 相貌	0455 脸洗～	0456 眼睛
49 汤溪	品貌 pʰɛ̃i^{52}mɔ^{341}	面 mie^{341}	眼睛 uɑ^{11}tsɛ̃i^{24}
50 兰溪	相貌 siɑŋ^{55}mɔ^{45}	面孔 mie^{55}kʰoŋ^{55}	眼睛 uɑ^{55}tɕin^{334}
51 浦江	相貌 ɕyõ^{33}mo^{24} 才貌 dza^{24}mo^{24}	面 miẽ^{24}	眼睛 ŋɑ̃^{11}tsiən^{53}
52 义乌	样子儿 iɔ^{33}tsɿn^{45}	面切⁼ mie^{24}tsʰia^{423}	眼睛 ɔ^{24}tsən^{335}
53 东阳	相貌 ɕiɔ^{33}mɐɯ^{53}	面 mi^{24}	眼睛 ŋa^{23}tsɐn^{33}
54 永康	生相 sai^{33}ɕiɑŋ^{52} 相貌 ɕiɑŋ^{33}mɑu^{241}	面切⁼ mie^{31}tɕʰia^{334}	眼睛 ŋa^{31}tɕiŋ^{55}
55 武义	样子 iɑŋ^{55}tsɿ^{445}	面孔 mie^{53}kʰoŋ^{445}	眼睛 ŋuo^{53}tɕin^{24}
56 磐安	样子儿 iɒ^{52}tsɿn^{52}	面 mie^{14}	眼睛 ŋa^{33}tsɐn^{445}
57 缙云	人貌 nɛŋ^{44}mɔ^{453}	面 miɛ^{213}	眼睛 ŋɑ^{51}tsɛŋ^{44}
58 衢州	相貌 ɕiã^{53}mɔ^{21}	面 miẽ^{231}	眼睛 ŋã^{231}tɕin^{21}
59 衢江	相貌 ɕiã^{33}mɔ^{53}	面 mie^{231}	眼睛 ŋã^{22}tɕiŋ^{33}
60 龙游	相貌 ɕiã^{51}mɔ^{231}	面 mie^{231} 面己⁼ mie^{22}tɕi^{35}	眼睛 ŋã^{22}tɕin^{334}
61 江山	品貌 pʰi^{44}mɐɯ^{51}"品"音殊 相貌 ɕiaŋ^{44}mɐɯ^{51}	面 miɛ̃^{31}	目睛 moʔ^{2}tɕɪ̃^{44}
62 常山	相貌 ɕiã^{43}mɤ^{131}	面 miɛ̃^{131}	目睛 mɛʔ^{3}tsɪ̃^{44} 目睛子 mɛʔ^{3}tsɪ̃^{44}tsɿ^{52}
63 开化	相貌 ɕiã^{44}məɯ^{213}	面 miɛ̃^{213}	目睛 məʔ^{2}tɕin^{44}
64 丽水	相貌 ɕiã^{224}mə^{52}	面 miɛ^{131}	眼睛 ŋã^{44}tɕin^{224}
65 青田	人貌 neŋ^{55}mo^{22}	面 miɛ^{22}	眼睛 ŋɑ^{22}tɕiŋ^{445}
66 云和	相貌 ɕiã^{44}mɑɔ^{223}	面 miɛ^{223}	眼睛 ŋɛ^{44}tɕiŋ^{24}
67 松阳	样子 iã^{22}tsɿə^{212}	面庞 miɛ̃^{33}bɔ̃^{31}	眼睛 ŋã^{21}tɕin^{53}
68 宣平	面相 miɛ^{22}ɕiɑ̃^{52}	面 miɛ^{231}	眼睛 ŋɛ^{43}tɕin^{324}
69 遂昌	面相 miɛ̃^{22}ɕiaŋ^{334}	面 miɛ̃^{213}	眼睛 ŋaŋ^{22}tɕiŋ^{45}
70 龙泉	相貌 ɕiaŋ^{44}mɑʌ^{224}	面 miᴇ^{224}	目珠 moʔ^{3}y^{434}
71 景宁	相貌 ɕiɛ^{35}mɑu^{113}	面 miɛ^{113}	眼睛 ŋɛ^{55}tɕiŋ^{324}

续表

方言点	0454 相貌	0455 脸洗~	0456 眼睛
72 庆元	相貌 ɕiɑ̃^{11} mɒ^{31}	面 miɛ̃^{31}	目珠 mɤʔ^{34} tɕyᴇ^{335}
73 泰顺	样子 iã^{21} tsɿ^{55}	面 miɛ^{33}	眼睛 ŋã^{22} tɕiŋ^{213}
74 温州	面套⁼儿 mi^{31} tʰɜ^{21} ŋ^{1}	面 mi^{22}	眼儿珠 ŋa^{23} ŋ^{22} tsɿ^{33}
75 永嘉	貌 muɔ^{22} 相貌 ɕiɛ^{53} muɔ^{22} 面貌 mi^{31} muɔ^{22}	面 mi^{22}	[眼乌]珠 ŋau^{31} tsʮ^{44}
76 乐清	貌 ma^{22}	面筋股 miᴇ^{22} tɕiaŋ^{42} ku^{35}	眼乌珠 ŋᴇ^{23} u^{44} tɕy^{44}
77 瑞安	相貌 ɕiɛ^{53} mɔ^{22} 面貌 mi^{31} mɔ^{22}	面股 mi^{31} kɯ^{35} 面 mi^{22}	眼儿珠 ŋɔ^{31} ŋ^{0} tsɿ^{44}
78 平阳	貌 mɔ^{33}	面 mie^{33}	眼睛 ŋɔ^{45} tʃeŋ^{13}
79 文成	相貌 ɕie^{33} mo^{21}	面 mie^{424}	眼睛 ŋɔ^{242} tʃeŋ^{33}
80 苍南	五官 ŋu^{42} kyɛ^{44} 相貌 ɕiɛ^{42} ma^{11}	面 miɛ^{11}	眼睛 ŋa^{42} tseŋ^{44}
81 建德徽	相貌 ɕie^{21} mɔ^{55} 面相 mie^{55} ɕie^{33} 样子 ȵiɛ^{55} tsɿ^{213}	面 mie^{55}	眼睛 ŋɛ^{55} tɕin^{53}
82 寿昌徽	品貌 pʰien^{33} məɯ^{33}	面 mi^{33}	眼睛 ŋuə^{33} tɕien^{112}
83 淳安徽	相貌 ɕiɑ̃^{24} mɤ^{53} 样子 iɑ̃^{53} tsɿ^{55}	面 miã^{53}	眼睛 ɑ̃^{55} tɕin^{55}
84 遂安徽	面相 miɑ̃^{55} ɕiɑ̃^{55}	面 miɛ̃^{52}	眼睛 ɑ̃^{33} tɕin^{33}
85 苍南闽	面相 mĩ^{21} ɕiɑŋ^{21}	面 bin^{21}	目周⁼ bɐ^{21} tɕiu^{55}
86 泰顺闽	相貌 ɕyo^{21} mau^{31}	面 mieŋ^{53}	眼睛 ŋɛ^{34} tsieŋ^{213}
87 洞头闽	样子 iɯŋ^{21} tsɿ^{53}	面 bin^{21}	目周⁼ bɐk^{21} tɕiu^{33}
88 景宁畲	样子 iɔŋ^{51} tsu^{325}	面 mien^{44}	眼 ȵian^{325}

方言点	0457 眼珠统称	0458 眼泪哭的时候流出来的	0459 眉毛
01 杭州	眼乌珠 iɛ55 u33 tsɥ0	眼泪水 iɛ55 lei22 suei0	眉毛 mi22 mɔ45
02 嘉兴	眼乌珠 ᴇ21 vu21 tsɥ42	眼泪水 ᴇ21 li42 sɿ21	眉毛 mi21 mɔ42
03 嘉善	眼乌珠 ŋɛ22 u55 tsɥ0	眼泪 ŋɛ22 li13	眉毛 mi13 mɔ31
04 平湖	眼乌珠 ŋɛ21 u55 tsɥ31	眼泪 ŋɛ21 li44	眉毛 mi24 mɔ53
05 海盐	眼乌珠 ɛ53 u55 tɕy21	眼泪 ɛ53 li213	眉毛 mi24 mɔ53
06 海宁	眼乌珠 ɛ13 u55 tsɿ55	眼泪水 ɛ13 li33 sɿ0	眉毛 mi33 mɔ33
07 桐乡	眼乌珠 ɛ242 u44 tsɿ44	眼泪 ɛ24 li0	眉毛 mi21 mɔ44
08 崇德	眼乌珠 ɛ55 u0 tsɿ0	眼泪 ɛ55 li0	眉毛 mi21 mɔ44
09 湖州	眼乌珠 ŋɛ53 əu0 tsɿ13	眼泪水 ŋɛ53 li0 sɿ13	眉毛 mi33 mɔ35
10 德清	眼乌珠 ŋɛ35 əu33 tsɿ0	眼泪水 ŋɛ35 li33 sɛ0	眉毛 mi11 mɔ13
11 武康	眼乌珠 ŋɛ35 əu44 tsɿ53	眼泪水 ŋɛ35 li44 sɿ53	眉毛 mi11 mɔ13
12 安吉	眼乌珠 ŋᴇ52 u0 tsɿ21	眼泪 ŋᴇ52 li21	眉毛 mi22 mɔ22
13 孝丰	眼乌珠 ŋɛ45 u21 tsɿ21	眼泪 ŋɛ45 li21 眼泪水 ŋɛ45 li21 se21	眉毛 mi22 mɔ22
14 长兴	眼乌珠 ŋᴇ45 vu55 tsɿ21	眼泪 ŋᴇ45 lɿ21	眉毛 mɿ12 mɔ33
15 余杭	眼乌珠 ŋɛ53 u55 tsɿ53	眼泪水儿 ŋɛ53 li33 sɛ55 n31	眉毛 mi31 mɔ13
16 临安	眼乌珠 ŋɛ33 u35 tsɿ53	眼泪水 ŋɛ33 li53 sɿ53	眉毛 mi33 mɔ13
17 昌化	眼乌珠 ŋɔ̃23 u33 tɕy334	眼泪 ŋɔ̃23 li453	眉毛 mi11 mɔ112
18 於潜	眼乌珠 ŋɛ53 u433 tɕy31	眼泪水 ŋɛ53 li24 tɕy53	眉毛 mi22 mɔ24
19 萧山	眼睛乌珠 ŋɛ13 tɕiŋ35 u21 tsɿ21	眼泪水 ŋɛ21 li35 sɿ21	眉毛 mi21 mɔ13
20 富阳	眼乌珠 ŋã224 u55 tɕy53	眼泪水 ŋã224 li224 ɕyɛ53	眉毛 mi13 mɔ55
21 新登	眼乌珠 ɛ334 u53 tsɥ334	眼泪水 ɛ334 li13 sɥ45	眉毛 mi233 mɔ233
22 桐庐	眼乌珠 ŋã33 u33 tɕy35	眼泪 ŋã33 li35	眉毛 mᴇ21 mɔ35
23 分水	眼乌珠 ŋã44 u33 tɕy33	眼泪水 ŋã44 le21 sue44	眉毛 mi21 mɔ24

续表

方言点	0457 眼珠统称	0458 眼泪哭的时候流出来的	0459 眉毛
24 绍兴	眼乌珠 ŋɛ̃^{24}u^{33}tɕy^{31}	眼泪水 ŋɛ̃^{24}li^{33}sɿ^{31}	眉毛 mi^{22}mɔ^{231}
25 上虞	眼睛乌珠 ŋɛ̃^{21}tɕiŋ^{53}u^{33}tɕy^{33}	眼泪水 ŋɛ̃^{21}li^{0}sɿ^{33}	眉毛 mi^{21}mɔ^{213}
26 嵊州	眼睛乌珠 ŋɛ̃^{24}tɕiŋ^{53}u^{33}tsɿ^{31}	眼泪水 ŋɛ̃^{24}li^{33}sɿ^{334}	眉毛 mi^{22}mɔ^{231}
27 新昌	眼乌珠 ŋɛ̃^{22}u^{45}tsɿ^{31}	眼泪水 ŋɛ̃^{22}li^{45}sɿ^{31}	眉毛 mi^{13}mɔ^{33}
28 诸暨	乌珠 vu^{21}tɕy^{42}	眼泪水 ŋɛ^{13}li^{33}sɿ^{21}	眉毛 mi^{21}mɔ^{42}
29 慈溪	眼乌珠 ȵiẽ^{13}u^{0}tsɥ^{35}	眼泪水 ŋiẽ^{13}li^{0}sɿ^{35}	眉毛 mi^{11}mɔ^{13}
30 余姚	眼乌珠 ȵiẽ^{13}u^{44}tsɥ^{44}	眼泪水 ȵiẽ^{13}li^{13}sɿ^{44}	眉毛 mi^{13}mɔ^{44}
31 宁波	眼乌珠 ŋɛ^{13}u^{44}tsɥ^{44}	眼泪水 ŋɛ^{13}li^{0}sɥ^{44} 眼泪 ŋɛ^{13}li^{0}	眉毛 mi^{13}mɔ^{53}
32 镇海	眼乌珠 ŋɛ^{24}u^{33}tsɥ^{44}	眼泪水 ŋɛ^{24}li^{22}sɥ^{44}	眼眉毛 ŋɛ^{24}mi^{22}mɔ^{22}
33 奉化	眼睛乌珠 ŋɛ^{32}tɕiŋ^{44}u^{44}tsɥ^{0}	眼泪水 ŋɛ^{32}li^{0}sɥ^{53}	眼眉毛 ŋɛ^{32}mi^{33}mʌ^{31}
34 宁海	眼乌珠 ȵie^{31}u^{33}tsɥ^{34}	眼泪 ȵie^{31}li^{24}	眼眉毛 ȵie^{31}mi^{21}mau^{31}
35 象山	眼乌珠 ŋɛ^{31}u^{44}tsɥ^{0}	眼泪水 ŋɛ^{31}li^{31}sɥ^{35}	眉毛 mi^{31}mɔ^{13}
36 普陀	眼乌珠 ŋɛ^{23}u^{55}tsɥ^{55}	眼泪 ŋɛ^{23}li^{0}	眉毛 mi^{33}mɔ^{53}
37 定海	眼乌珠 ŋɛ^{23}u^{44}tsɥ^{44}	眼泪水 ŋɛ^{23}li^{44}sɥ^{44}	眼眉毛 ŋɛ^{23}mi^{44}mɔ^{44}
38 岱山	眼乌珠 ŋɛ^{23}u^{33}tsɥ^{44}	眼泪水 ŋɛ^{23}li^{33}sɥ^{44}	眼眉毛 ŋɛ^{23}mi^{33}mɔ^{44}
39 嵊泗	眼乌珠 ŋɛ^{34}u^{44}tsɥ^{44}	眼泪水 ŋɛ^{34}li^{44}sɥ^{44}	眼眉毛 ŋɛ^{34}mi^{44}mɔ^{44}
40 临海	眼乌珠 ŋɛ^{42}u^{33}tɕy^{42}	眼泪 ŋɛ^{42}li^{324}	眼眉毛 ŋɛ^{42}mi^{33}mɔ^{353}小
41 椒江	眼乌珠 ȵiɛ^{42}u^{35}tsɥ^{42}	眼泪 ȵiɛ^{42}li^{24}	眼眉毛 ȵiɛ^{42}mi^{22}mɔ^{41}
42 黄岩	眼乌珠 ȵiɛ^{42}u^{35}tsɥ^{32}	眼泪 ȵiɛ^{42}li^{24}	眼眉毛 ȵiɛ^{42}mi^{13}mɔ^{41}
43 温岭	眼乌珠 ȵiɛ^{42}u^{55}tɕy^{31}	眼泪 ȵiɛ^{42}li^{13}	眼眉毛 ȵiɛ^{42}mi^{24}mɔ^{41}
44 仙居	眼睛乌子 ŋa^{31}tɕin^{33}u^{33}tsɿ^{324}	眼泪 ŋa^{31}li^{24}	眼闭$^{=}$毛 ŋa^{31}ɓi^{53}mɐɯ^{0}
45 天台	眼乌珠 ŋe^{21}u^{33}tɕy^{33}	眼泪 ŋe^{21}li^{55}	眼眉毛 ŋe^{21}mi^{224}mau^{0}
46 三门	眼乌珠 ŋɛ^{32}u^{33}tsɥ^{334}	眼泪 ŋɛ^{32}li^{243}	眼眉毛 ŋɛ^{32}mi^{13}mɑu^{31}

续表

方言点	0457 眼珠统称	0458 眼泪哭的时候流出来的	0459 眉毛
47 玉环	眼乌珠 ȵiɛ^{53}u^{55}tɕy^{42}	眼泪 ȵiɛ^{53}li^{22}	眼眉毛 ȵiɛ^{53}mi^{22}mɔ^{41}
48 金华	眼睛乌珠 ɑ^{55}tɕiŋ^{33}u^{33}tɕy^{55}	眼泪 ɑ^{55}li^{14}	眉毛 mi^{31}mɑo^{14}
49 汤溪	眼睛乌珠 uɑ^{11}tsɛ̃i^{33}u^{24}tɕy^{0}	眼漏⁼ uɑ^{11}ləɯ^{341}	眉毛 mi^{11}mɔ^{52}
50 兰溪	眼睛乌珠 uɑ^{55}tɕin^{334}u^{334}tɕy^{45}	眼泪 uɑ^{55}li^{24}	眉毛 mi^{21}mɔ^{24}
51 浦江	眼睛乌珠 ŋɑ̃^{11}tsiən^{33}u^{33}tɕy^{334}	眼泪 ŋɑ̃^{11}li^{24}	眉毛 mi^{24}mo^{334}
52 义乌	眼睛乌珠 ɔ^{24}tsən^{33}u^{33}tɕy^{45}	眼泪 ɔ^{24}li^{45}	眉毛 mi^{22}mɯɤ^{45}
53 东阳	眼睛乌珠 ŋa^{23}tsɐn^{33}u^{33}tsʅ^{33}	眼泪 ŋa^{22}li^{53}	眉毛 mi^{22}mɐɯ^{53}
54 永康	眼睛乌珠 ŋa^{31}tɕiŋ^{55}u^{33}tɕy^{55}	眼泪 ŋa^{31}ləi^{241}	眉毛 mi^{31}mɑu^{22}
55 武义	眼睛乌珠 ŋuo^{52}tɕin^{55}u^{32}tɕy^{53}	眼泪 ŋuo^{53}li^{31}	眉毛 mi^{32}muo^{231}
56 磐安	眼睛乌珠 ŋa^{33}tsɐn^{445}u^{33}tɕy^{52}	眼泪 ŋa^{14}li^{52}	眉毛 mi^{21}mo^{52}
57 缙云	眼睛乌珠 ŋɑ^{51}tsɛŋ^{44}vu^{44}tsɥ^{44}	眼泪 ŋɑ^{51}li^{213}	眉毛 mi^{21}məɤ^{453}
58 衢州	眼睛珠 ŋã^{231}tɕin^{32}tsʅ^{35}	眼泪 ŋã^{231}li^{21}	眉毛 mi^{21}mɔ^{231}
59 衢江	眼睛子 ŋã^{22}tɕiŋ^{33}tsɤ^{25}	目字⁼ məʔ^{2}zɤ^{231}	眉毛 mi^{22}mɔ^{53}
60 龙游	眼睛乌珠 ŋã^{22}tɕin^{33}u^{33}tɕy^{334}	眼泪 ŋã^{22}li^{231}	眉毛 mi^{224}mɔ^{231}
61 江山	目睛子 moʔ^{2}tɕĩ^{44}tsə^{241} 乌珠 uə^{44}tɕyə^{44}	目慈⁼ mo^{22}zə^{213}	目眉毛 moʔ^{2}mɐ^{22}mɐɯ^{213}
62 常山	目睛珠 mɛʔ^{3}tsĩ^{44}tsuə^{44}	目慈⁼ mɛʔ^{3}zʅə^{341}	眉毛 mi^{24}mɤ^{0}
63 开化	目睛子 məʔ^{2}tɕin^{44}tsʅə^{53}	目徐⁼ məʔ^{2}zə^{231}	眉毛 min^{21}məɯ^{53}
64 丽水	眼睛乌珠 ŋã^{44}tɕin^{224}u^{44}tsɥ^{224}	眼泪 ŋã^{52}liɛʔ^{23}	眉毛 mi^{21}mə^{52}
65 青田	眼睛珠 ŋɑ^{22}tɕiŋ^{22}tsɥ^{445}	眼泪 ŋɑ^{33}leu^{22}	眼里⁼毛 ŋɑ^{33}li^{55}mœ^{53}
66 云和	眼睛珠 ŋɛ^{44}tɕiŋ^{44}tsɥ^{24}	眼泪 ŋã^{223}li^{223}	眉毛 mi^{223}mɑɔ^{312}
67 松阳	眼睛珠 ŋã^{21}tɕin^{24}tɕyɛ^{53}	眼泪 ŋɔ̃^{22}lei^{24}	眉毛 min^{33}mʌ^{31}
68 宣平	眼睛乌珠 ŋɛ^{22}tɕin^{44}u^{44}tɕy^{324}	眼泪 ŋa^{43}li^{231}	眉毛 mi^{22}mɔ^{433}
69 遂昌	眼睛珠 ŋaŋ^{22}tɕiŋ^{33}tɕyɛ^{45}	目辞⁼ məɯʔ^{23}zɤ^{221}	眉毛 mi^{22}mɐɯ^{213}

续表

方言点	0457 眼珠统称	0458 眼泪哭的时候流出来的	0459 眉毛
70 龙泉	目珠睛子 moʔ^{3} y^{45} tɕin^{45} tsɤɯ^{51}	目助⁼ moʔ^{3} zɤɯ^{21}	眉毛 mi^{45} mɑʌ^{21}
71 景宁	眼睛子 ŋɛ^{33} tɕiŋ^{55} tsɿ^{33}	眼泪 ŋɔ^{33} li^{113}	眼睛毛 ŋɛ^{55} tɕiŋ^{33} mɑu^{41}
72 庆元	目珠子 mɤʔ^{34} tɕyᴇ^{33} tsɤ^{33}	目糍⁼ mɤʔ^{34} sɤ^{53}	眉毛 mĩ^{52} mɒ^{52}
73 泰顺	眼珠 ŋã^{22} tɕy^{213}	眼泪 ŋã^{22} li^{22}	眉毛 mi^{21} mɑɔ^{53}
74 温州	眼乌珠 ŋa^{23} u^{33} tsɿ^{33}	眼泪 ŋa^{31} lei^{22}	眼力⁼毛 ŋa^{23} lei^{22} mɜ^{223}
75 永嘉	[眼乌]珠 ŋəu^{31} tsɿ^{44}	眼泪 ŋa^{13} lei^{213} "泪"调殊	眉毛 mei^{22} mə^{21}
76 乐清	眼乌珠 ŋᴇ^{23} u^{44} tɕy^{44}	眼泪 ŋᴇ^{31} li^{22}	眼力⁼毛 ŋᴇ^{23} li^{22} mɤ^{223}
77 瑞安	眼儿珠 ŋɔ^{31} ŋ^{0} tsəɯ^{44}	眼泪 ŋɔ^{31} lai^{22}	眼棂毛 ŋɔ^{13} ləŋ^{22} mɛ^{21} 眉毛 me^{22} mɛ^{21}
78 平阳	眼珠仁 ŋɔ^{33} tɕy^{45} ȵiaŋ^{13}	眼泪 ŋɔ^{33} li^{13}	眼泪⁼毛 ŋɔ^{33} li^{21} mɛ^{13}
79 文成	眼乌珠 ŋɔ^{13} vu^{33} tɕy^{33}	眼泪 ŋɔ^{13} lei^{21}	眉毛 mei^{21} mɛ^{13}
80 苍南	眼睛仁 ŋa^{42} tseŋ^{44} ȵiaŋ^{112}	眼泪 ŋa^{42} li^{11}	眼泪⁼毛 ŋa^{42} li^{11} mɛ^{24}
81 建德徽	眼睛子 ŋɛ^{55} tɕin^{53} tsɿ^{213} 眼睛乌珠 ŋɛ^{55} tɕin^{53} u^{53} tɕy^{213}	眼泪 ŋɛ^{21} li^{33}	眉毛 mi^{33} mɔ^{33}
82 寿昌徽	眼睛珠 ŋuə^{33} tɕien^{11} tɕy^{112}	眼泪 ŋuə^{33} li^{33}	眉毛 mi^{11} məɯ^{33}
83 淳安徽	眼睛珠 ɑ^{55} tɕin^{55} tɕya^{24} "眼"韵殊	眼泪 ɑ̃^{55} li^{21}	眉毛 min^{43} mɤ^{24} "眉"韵殊
84 遂安徽	眼睛珠 ɑ̃^{33} tɕin^{33} tɕy^{534}	眼泪 ɑ̃^{21} le^{52}	眉毛 mi^{33} mɔ^{33}
85 苍南闽	目周⁼睛 bɐ^{21} tɕiu^{33} tɕĩ^{43}	目屎 bɐ^{21} sai^{43}	目周⁼毛 bɐ^{21} tɕiu^{33} mɯŋ^{24}
86 泰顺闽	目珠 møʔ^{3} tɕy^{213}	眼泪 ŋɛ^{21} li^{31}	眉□毛 mi^{22} mai^{21} mou^{22}
87 洞头闽	目周⁼睛 bɐk^{21} tɕiu^{33} tɕieŋ^{24}	目屎 bɐk^{21} sai^{53}	眉眉毛 bai^{21} bai^{21} mɯŋ^{24}
88 景宁畲	眼□崽 ȵian^{55} kʰiʔ^{2} tsuei^{325}	眼泪 ȵian^{55} li^{51}	眉毛 mi^{22} mau^{44}

方言点	0460 耳朵	0461 鼻子	0462 鼻涕统称
01 杭州	耳朵 əl^{55}təu^{0}	鼻头 baʔ^{2}dei^{45}	鼻头涕 baʔ^{2}dei^{45}tʰi^{53}
02 嘉兴	耳刀 ȵi^{21}tɔ^{42}	鼻头 bieʔ^{1}dei^{33}	鼻涕 bieʔ^{1}tʰi^{24}
03 嘉善	耳朵 ȵi^{22}tu^{35}	鼻头 bɜʔ^{2}də^{31}	鼻涕 bɜʔ^{2}tʰi^{35}
04 平湖	耳朵 ȵi^{21}to^{53}	鼻头 biəʔ^{23}dəɯ^{31}	鼻涕 biəʔ^{23}tʰi^{334}
05 海盐	耳朵 ȵi^{55}to^{213}	鼻头 biəʔ^{23}de^{53}	鼻涕 biəʔ^{23}tʰi^{213}
06 海宁	耳朵 ȵi^{13}to^{0}	鼻头 bieʔ^{2}dəɯ^{33}	鼻涕 bieʔ^{2}tʰi^{0}
07 桐乡	耳朵 ȵi^{24}təu^{0}	鼻头 biəʔ^{23}dɤɯ^{44}	鼻涕 biəʔ^{23}tʰi^{334}
08 崇德	耳朵 ȵi^{55}to^{0}	鼻头 bəʔ^{23}dɤɯ^{44}	鼻涕 bəʔ^{23}tʰi^{334}
09 湖州	耳朵 n^{33}tuo^{35}	鼻头 bəʔ^{2}døʉ^{35}	鼻涕 bieʔ^{3}tʰi^{35}
10 德清	耳朵 n^{35}tuoʔ^{5}	鼻头 bieʔ^{2}døʉ^{53}	鼻涕 bəʔ^{2}tʰi^{53}
11 武康	耳朵 n^{13}to^{53}	鼻头 bɜʔ^{2}dø^{53}	鼻涕 bɜʔ^{2}tʰi^{53}
12 安吉	耳朵 ŋ^{52}tʊ^{21}	鼻头 biᴇʔ^{2}dəɪ^{213}	鼻头涕 biᴇʔ^{2}dəɪ^{22}tʰi^{213}
13 孝丰	耳朵 ŋ^{45}tʊ^{21}	鼻头 bieʔ^{2}dəɪ^{24}	鼻涕 bieʔ^{2}tʰi^{24} 鼻头涕 bieʔ^{2}dəɪ^{22}tʰi^{24}
14 长兴	耳朵 n^{45}təu^{21}	鼻头 biᴇʔ^{2}dei^{24}	鼻贴$^{=}$ biᴇʔ^{2}tʰiᴇʔ^{5}
15 余杭	耳朵 n^{35}to^{0}	鼻子 bəʔ^{2}tsɿ^{53}	鼻涕 bəʔ^{2}tʰi^{35}
16 临安	耳朵 n^{33}to^{53}	鼻头 bɐʔ^{2}də^{13}	鼻头涕 bɐʔ^{2}də^{33}tʰi^{53}
17 昌化	耳朵 əl^{23}tɯ^{453}	鼻头 biɛʔ^{2}di^{112}	烂$^{=}$鼻涕 lɔ̃^{23}biɛʔ^{5}ti^{544} "涕"声殊
18 於潜	耳朵 ɚ^{53}tu^{31}	鼻头 biæʔ^{2}diəu^{24}	鼻头涕 biæʔ^{2}diəu^{24}tʰi^{35}
19 萧山	耳朵 ȵi^{33}tɔ^{33}	鼻头 bəʔ^{21}dio^{13}	鼻头涕 bəʔ^{21}dio^{35}tʰi^{21}
20 富阳	耳朵 ŋ^{224}tʊ^{335}	鼻头 bɛʔ^{2}dei^{224}	鼻涕 bɛʔ^{2}tʰi^{335}
21 新登	耳朵 ŋ^{334}tu^{45}	鼻头 bəʔ^{2}dəu^{233}	鼻涕 bəʔ^{2}tʰi^{13}
22 桐庐	耳朵 ni^{33}tu^{35}	鼻头 biəʔ^{21}dei^{35}	鼻涕 biəʔ^{21}tʰi^{35}
23 分水	耳朵 ɵ^{44}to^{0}	鼻头 biəʔ^{12}dɵ^{24}	鼻涕 biəʔ^{121}tʰi^{24}

续表

方言点	0460 耳朵	0461 鼻子	0462 鼻涕统称
24 绍兴	耳朵 ȵi^{24}to^{31}	鼻头 bieʔ^{2}dɤ^{231}	鼻头涕 bieʔ^{2}tɤ^{33}tʰi^{33}
25 上虞	耳朵 ȵi^{21}to^{53}	鼻头 biəʔ^{2}dɤ^{31}	鼻头涕 biəʔ^{2}dɤ^{0}tʰi^{0}
26 嵊州	耳朵 ȵi^{24}to^{53}	鼻头 bəʔ^{2}dʏ^{231}	鼻头涕 bəʔ^{2}dʏ^{22}tʰi^{334}
27 新昌	耳朵 ŋ^{22}tɤ^{53}	鼻头 beʔ^{2}diɯ^{232}	鼻头水 beʔ^{2}diɯ^{13}sɿ^{453}
28 诸暨	耳朵 nʅ^{13}tɤu^{42}	鼻头 bieʔ^{21}dei^{242}	鼻头拖涕 bieʔ^{21}dei^{242}tʰᴀ^{33}tʰʅ^{21}
29 慈溪	耳朵 ȵi^{13}dø^{0}	鼻头 biəʔ^{2}dø^{0}	鼻头 biəʔ^{2}dø^{53}
30 余姚	耳朵 ȵi^{13}tou^{44}	鼻头 biəʔ^{2}dø^{0}	鼻头 biəʔ^{2}dø^{0}
31 宁波	耳朵 ȵy^{13}to^{44}	鼻头管 baʔ^{2}dœʏ^{13}ku^{44}	鼻头水 baʔ^{2}dœʏ^{13}sɥ^{53}
32 镇海	耳朵 ȵi^{24}to^{0}	鼻头管 baʔ^{2}dei^{24}ku^{53}	鼻头 baʔ^{2}dei^{24}浓涕 鼻头水 baʔ^{2}dei^{24}sɥ^{53}清涕
33 奉化	耳朵皮 ŋ^{33}təu^{0}bi^{33}	鼻头管 baʔ^{2}dæi^{0}kuø^{53}	鼻头露水 baʔ^{2}dæi^{0}lu^{33}sɥ^{53}
34 宁海	耳朵 ŋəu^{33}təu^{53} 耳朵皮 ŋəu^{31}təu^{0}bi^{31}	鼻头 biəʔ^{3}diu^{213}	鼻头涕 biəʔ^{3}diu^{21}tʰi^{35}
35 象山	耳朵 ŋ^{31}təu^{35}	鼻头 boʔ^{2}dɤɯ^{31}	鼻头涕 boʔ^{2}dɤɯ^{31}tʰi^{0}
36 普陀	耳朵 ȵi^{23}to^{0}	鼻头子管 bɐʔ^{2}deu^{24}tsɿ^{0}kuø^{0}	鼻头凉⁼水 bɐʔ^{2}deu^{55}liã^{55}sɥ^{55}
37 定海	耳朵 ȵi^{23}to^{0}	鼻头管 bɐʔ^{2}dɐi^{33}ku^{45}小	鼻头 bɐʔ^{2}dɐi^{44}
38 岱山	耳朵 ȵi^{23}to^{52}	鼻头子管 bɐʔ^{2}lɐi^{44}tsɿ^{0}kuø^{0}"头"音殊	鼻头 bɐʔ^{2}dœʏ^{44}
39 嵊泗	耳朵 ȵi^{34}to^{0}	鼻头子管 bɐʔ^{2}lœʏ^{44}tsɿ^{0}kuʏ^{0}"头"声殊	鼻头凉⁼水 bɐʔ^{2}dœʏ^{44}liã^{44}sɥ^{44}
40 临海	耳朵 ŋ^{42}to^{52}	鼻头 bieʔ^{2}də^{21}	鼻头涕 bieʔ^{2}də^{33}tʰi^{55}
41 椒江	耳朵 ŋ^{42}təu^{42}	鼻头 bəʔ^{2}dio^{41}	鼻头涕 bəʔ^{2}dio^{22}tʰi^{55}
42 黄岩	耳朵 ŋ^{42}tou^{42}	鼻头 boʔ^{2}dio^{41}	鼻头涕 boʔ^{2}dio^{22}tʰi^{55}
43 温岭	耳朵 ŋ^{42}tu^{42}	鼻头 bəʔ^{2}dɤ^{41}	鼻头涕 bəʔ^{2}dɤ^{13}tʰi^{55}

续表

方言点	0460 耳朵	0461 鼻子	0462 鼻涕统称
44 仙居	耳朵 ŋ^{31}ɗo^{324}	鼻头 biəʔ^{23}dəɯ^{213}	鼻头涕 biəʔ^{23}dəɯ^{24}tʰi^{55}
45 天台	耳朵 ȵiəʔ^{2}to^{325}	鼻头 bi^{33}deu^{224}	鼻头涕 biəʔ^{2}deu^{22}tʰi^{55}
46 三门	耳朵 ȵi^{32}tʊ^{325}	鼻头 bieʔ^{2}dɤɯ^{113}	鼻头涕 bieʔ^{2}dɤɯ^{13}tʰi^{55}
47 玉环	耳朵 ŋ^{53}təu^{42}	鼻头 bɐʔ^{2}diɤ^{41}	鼻头涕 bɐʔ^{2}diɤ^{22}tʰi^{55}
48 金华	耳朵 ŋ^{53}tuɤ^{535}	鼻头 biəʔ^{21}diu^{14}	鼻涕 biəʔ^{21}tʰie^{55}
49 汤溪	耳朵 ŋ^{11}tuɤ^{535}	鼻头 bei^{11}təɯ^{52}	鼻头 bei^{11}təɯ^{52}
50 兰溪	耳朵 n^{55}tuɤ^{55}	鼻头 bieʔ^{12}dəɯ^{24}	鼻头涕 bieʔ^{12}dəɯ^{21}tʰi^{53}
51 浦江	耳朵 n^{11}tɯ^{53}	鼻头 biə^{24}dɤ^{334}	鼻涕 biə^{11}tʰi^{55}
52 义乌	耳朵 n^{24}tuɤ^{423}	鼻头 bəʔ^{2}dɐɯ^{312}	鼻头涕 pəʔ^{5}dɐɯ^{33}tʰi^{45}
53 东阳	耳朵 n^{23}tʊ^{33}	鼻头 biɛ^{22}dəɯ^{53}	鼻头涕 biɛ^{24}dəɯ^{55}tʰi^{55}
54 永康	耳朵 ŋ^{31}ɗuo^{334}	鼻头 ɓə^{33}ɗəu^{55}	鼻头涕 ɓə^{33}dəu^{31}tʰie^{52}
55 武义	耳朵 n^{53}nuo^{445}	鼻头 bəʔ^{5}dɑu^{324}	鼻涕 bəʔ^{5}tʰie^{53}
56 磐安	耳朵 n^{55}tuɤ^{334}	鼻头 biɛ^{14}tɐɯ^{52}	鼻头涕 piɛ^{55}dɐɯ^{21}tʰi^{52}
57 缙云	耳朵 ȵiɛŋ^{51}tu^{51}	鼻头 bəɤ^{51}diuŋ^{243}	鼻头涕 bəɤ^{51}diuŋ^{243}tʰi^{453}
58 衢州	耳朵 ȵi^{53}tu^{35}	鼻头 bəʔ^{2}de^{21}	鼻涕 bəʔ^{2}tʰi^{53} 鼻涕水 bəʔ^{2}tʰi^{53}ʃy^{35}
59 衢江	耳朵 ŋ^{22}tou^{25}	鼻头 bəʔ^{2}ty^{53}	鼻涕 biəʔ^{2}tʰi^{53}
60 龙游	耳朵 n^{22}tu^{35}	鼻头 biəʔ^{23}dəɯ^{231}	鼻涕 biəʔ^{2}tʰi^{51}
61 江山	耳朵 ȵi^{22}to^{241}	鼻头 bəʔ^{2}dɯ^{213}	自泗 zᴇ^{22}ɕi^{51}
62 常山	耳朵 n^{22}tɔ^{52}	鼻头 bɛʔ^{3}du^{341}	鼻涕 bɛʔ^{3}tʰi^{324}
63 开化	耳朵 ȵi^{21}tɔ^{53}	鼻头 biɛʔ^{2}du^{231}	鼻 bi^{213}
64 丽水	耳朵 ŋ^{44}tu^{544}	鼻头 bɛʔ^{2}dəɯ^{22}	鼻涕 bɛʔ^{21}tʰi^{52}
65 青田	耳朵 n^{33}ɗu^{454}	鼻头 baʔ^{3}deu^{53}	鼻涕 baʔ^{3}tʰi^{33}
66 云和	耳朵 ȵi^{44}tu^{41}	鼻头 bəɯʔ^{23}dəɯ^{312}	鼻涕 bəɯʔ^{23}dəɯ^{31}tʰi^{45}

续表

方言点	0460 耳朵	0461 鼻子	0462 鼻涕统称
67 松阳	耳朵 n^{22}tu^{212}	鼻头 bɤʔ^{2}dei^{31}	鼻涕泗 bɤʔ^{2}t^{h}ei^{24}sɿ^{212}
68 宣平	耳朵 n^{22}to^{445}	鼻头 bəʔ^{2}dəɯ^{433}	鼻头涕 bəʔ^{2}dəɯ^{43}t^{h}i^{52}
69 遂昌	耳朵 ȵi^{13}tu^{533}	鼻头 biʔ^{23}du^{221}	鼻涕泗 biʔ^{23}du^{21}zɿ^{13}
70 龙泉	耳朵 mi^{21}tou^{51}	喙鼻 tɕ^{h}y^{21}bieiʔ^{24}	喙鼻水 tɕ^{h}y^{21}bieiʔ^{3}sᴇ^{51}
71 景宁	耳朵 ȵiaŋ^{55}to^{33}	鼻头 baʔ^{23}dəɯ^{41}	鼻头涕 baʔ^{23}dəɯ^{41}t^{h}i^{35}
72 庆元	耳朵 mĩ^{22}ɗo^{33}/ȵĩ^{22}ɗo^{33}	鼻头 pɤʔ^{34}tiɯ^{52}	罪$^{=}$ sæi^{221}
73 泰顺	耳朵 ȵi^{22}to^{55}	鼻头 piʔ^{2}təu^{53}	鼻涕 piʔ^{2}t^{h}i^{35}
74 温州	耳朵 ŋ^{42}to^{25}	鼻头 bei^{22}dɤu^{223}	鼻涕 bei^{2}t^{h}ei^{51}
75 永嘉	耳朵 ŋ^{31}to^{45}	鼻头 bei^{213}dəu^{0}	鼻涕 bei^{21}t^{h}ei^{53}
76 乐清	耳朵 ŋ^{42}to^{35}	鼻头 bi^{22}diu^{223}	鼻涕 bi^{2}t^{h}i^{41}
77 瑞安	耳朵 ŋ^{53}to^{35}	鼻头 bei^{22}dou^{21}	鼻涕 bei^{2}t^{h}ei^{53}
78 平阳	耳朵 ŋ^{33}to^{35}	鼻头 bi^{21}dɛu^{13}	鼻涕 bi^{21}t^{h}i^{42}
79 文成	耳朵 ŋ^{242}to^{45}	鼻头 ba^{21}t^{h}ei^{33}	鼻涕 ba^{21}t^{h}ei^{33}
80 苍南	耳朵 ŋ^{42}to^{24}	鼻头 bi^{11}dɛu^{112}	鼻涕 bi^{11}t^{h}i^{42}
81 建德徽	耳朵 n^{55}tu^{213}	鼻头 piɐʔ^{12}tɤɯ^{33}	鼻涕 piɐʔ^{12}t^{h}i^{33}
82 寿昌徽	耳朵 n^{33}tu^{24}	鼻头 p^{h}iəʔ^{3}t^{h}əɯ^{52}	鼻涕 p^{h}iəʔ^{3}t^{h}i^{33}
83 淳安徽	耳朵 la^{55}tu^{21}	鼻头 p^{h}iəʔ^{13}t^{h}ɯ^{24}	避$^{=}$条$^{=}$ p^{h}i^{53}t^{h}iɤ^{21}
84 遂安徽	耳朵 n^{33}təɯ^{33}	鼻头 p^{h}i^{33}t^{h}iu^{24}	鼻捂子 p^{h}i^{33}u^{21}tsɿ^{21}
85 苍南闽	耳团 hi^{21}kã^{43}	鼻鲁$^{=}$ p^{h}i^{21}lɔ^{43}	鼻 p^{h}i^{21}
86 泰顺闽	耳朵 ni^{21}tou^{344}	鼻头 p^{h}i^{34}t^{h}au^{22}	鼻头水 p^{h}i^{34}t^{h}au^{22}tɕy^{344}
87 洞头闽	耳仔 hi^{21}ia^{53}	鼻头 p^{h}i^{21}t^{h}au^{24}	鼻 p^{h}i^{21}
88 景宁畲	耳朵 ȵi^{55}tu^{51}	鼻洞 p^{h}i^{51}toŋ^{51}	鼻水 p^{h}i^{51}ɕy^{325}

方言点	0463 擤～鼻涕	0464 嘴巴人的，统称	0465 嘴唇
01 杭州	擤 xəŋ^{53}	嘴巴 tsuei^{55} pa^{0}	嘴唇皮 tsuei^{55} zəŋ^{22} bi^{0}
02 嘉兴	擤 həŋ^{42}	嘴脯$^{=}$ tsɿ^{33} bu^{42}	嘴唇 tsɿ^{33} zəŋ^{42}
03 嘉善	擤 xən^{334}	嘴脯$^{=}$ tsɿ^{44} bu^{53}	嘴唇皮 tsɿ^{55} zən^{13} bi^{31}
04 平湖	哄$^{=}$ hoŋ^{334}	嘴脯$^{=}$ tsɿ^{44} bu^{53}	嘴唇 tsɿ^{44} zən^{53}
05 海盐	风$^{=}$ foŋ^{334} 烘$^{=}$ xoŋ^{53}	嘴脯$^{=}$ tsɿ^{53} bu^{31}	嘴唇 tsɿ^{53} zən^{31}
06 海宁	擤 hoŋ^{35}	嘴脯$^{=}$ tsɿ^{55} bu^{55}	嘴唇 tsɿ^{55} zəŋ^{55}
07 桐乡	擤 həŋ^{334} 音殊	嘴脯$^{=}$ tsɿ^{53} bu^{44}	嘴唇 tsɿ^{53} zəŋ^{44}
08 崇德	擤 həŋ^{334}	嘴脯$^{=}$ tsɿ^{55} bu^{0}	嘴唇 tsɿ^{55} zəŋ^{0}
09 湖州	擤 xən^{523}	嘴脯$^{=}$ tsei^{53} bu^{13}	嘴唇皮 tsei^{53} zən^{33} bi^{13}
10 德清	擤 xen^{334}	嘴脯$^{=}$ tsɿ^{35} bu^{0}	嘴唇 tsɿ^{35} zen^{0}
11 武康	擤 xen^{224}	嘴脯$^{=}$ tsɛ^{55} bu^{53}	嘴唇 tsɛ^{55} zen^{53}
12 安吉	擤 həŋ^{52}	嘴巴 tse^{52} pʊ^{21}	嘴唇皮 tse^{52} zəŋ^{0} bi^{21}
13 孝丰	擤 həŋ^{52}	嘴巴 tse^{45} pʊ^{21}	嘴唇皮 tse^{45} zəŋ^{21} bi^{21}
14 长兴	擤 həŋ^{324}	嘴巴 tsɯ^{45} pu^{21}	嘴唇皮 tsɯ^{45} zəŋ^{55} bɿ^{21}
15 余杭	擤 xiŋ^{423}	嘴脯$^{=}$儿 tsɛ^{53} bu^{33} n^{31}	嘴唇皮儿 tsɛ^{53} ziŋ^{31} bi^{31} n^{31}
16 临安	擤 heŋ^{55}	嘴脯$^{=}$ tsɿ^{55} bu^{31}	嘴唇 tsɛ^{33} zeŋ^{31}
17 昌化	擤 xəŋ^{544}	嘴巴 tsei^{45} pu^{53}	嘴唇皮 tsei^{45} zəŋ^{45} bi^{112}
18 於潜	擤 xoŋ^{35}	口巴 kiəu^{53} pa^{31}	口唇皮 kiəu^{53} dzeŋ^{31} bi^{223}
19 萧山	捏 ȵiaʔ^{13}	嘴脯$^{=}$ tsɿ^{33} bu^{21}	嘴唇 tsɿ^{33} zəŋ^{42}
20 富阳	擤 hən^{423}	嘴脯$^{=}$ tsɛ^{423} bu^{335}	嘴儿瓣 tsɛ^{423} ŋ^{224} pã^{53}
21 新登	擤 ɕyiŋ^{334}	嘴脯$^{=}$ tsɛ^{334} bu^{45}	嘴唇 tsɛ^{334} seiŋ^{45}
22 桐庐	擤 ɕyŋ^{35}	嘴脯$^{=}$ tsᴇ^{33} bu^{33}	嘴唇 tsᴇ^{33} dzəŋ^{33}
23 分水	擤 xən^{44}	口巴 kʰɵ^{44} pa^{0} 嘴巴 tsue^{44} pa^{0}	嘴唇 tsue^{44} dzən^{21}

续表

方言点	0463 擤～鼻涕	0464 嘴巴人的，统称	0465 嘴唇
24 绍兴	擤 həŋ^{334}	嘴脯⁼ tsᴇ^{44} pu^{31}	嘴唇皮 tsᴇ^{33} sẽ^{44} bi^{31} 嘴唇 tsᴇ^{44} zẽ^{31}
25 上虞	擤 ɕiŋ^{35}	嘴巴 tsɿ^{33} po^{53}	嘴唇皮 tsɿ^{33} dzəŋ^{0} bi^{213}
26 嵊州	擤 ɕiŋ^{53}	嘴脯⁼ tsɿ^{33} bu^{231}	嘴唇皮 tsɿ^{33} seŋ^{45} bi^{31}
27 新昌	擤 ɕiŋ^{453}	嘴脯⁼ tsɿ^{33} bu^{232}	嘴唇皮 tsɿ^{33} seŋ^{45} bi^{31}
28 诸暨	擤 ɕin^{42}	□嘴 kʰiʉ^{33} tsɿ^{42}	嘴唇 tsɿ^{33} zɛn^{242}
29 慈溪	擤 ɕiŋ^{35}	嘴巴 tɕi^{33} po^{53}	嘴唇 tɕi^{33} dzəŋ^{53}
30 余姚	擤 ɕiə̃^{34}	嘴巴 tɕi^{44} po^{53}	嘴巴皮 tɕi^{44} po^{44} bi^{13}
31 宁波	擤 ɕiŋ^{35}	嘴巴 tsɥ^{53} po^{0}	嘴唇皮 tsɥ^{53} dzoŋ^{0} bi^{13}
32 镇海	擤 ɕiŋ^{53}	嘴巴 tsɥ^{33} po^{53}	嘴唇皮 tsɥ^{33} zoŋ^{22} bi^{24}
33 奉化	擤 ɕiŋ^{545}	嘴巴 tsɥ^{44} po^{53}	嘴唇皮 tsɥ^{44} dzoŋ^{0} bi^{33}
34 宁海	妻⁼ tsʰɿ^{423}	嘴巴 tsɥ^{53} po^{33} 嘴 tsɥ^{53}	嘴唇皮 tsɥ^{53} ʑyəŋ^{0} bo^{31}
35 象山	擤 ɕiŋ^{44}	嘴巴 tsɥ^{44} po^{44}	嘴唇 tsɥ^{44} dzoŋ^{31}
36 普陀	擤 ɕiŋ^{53}	嘴巴 tsɥ^{53} po^{0}	嘴唇皮 tsɥ^{55} oŋ^{55} bi^{55} “唇”声殊
37 定海	擤 ɕiŋ^{45}	嘴巴 tsɥ^{52} po^{0}	嘴唇皮 tsɥ^{44} zoŋ^{44} bi^{44}
38 岱山	擤 ɕiŋ^{325}	嘴巴 tsɥ^{52} po^{0}	嘴唇皮 tsɥ^{44} zoŋ^{44} bi^{44}
39 嵊泗	擤 ɕiŋ^{53}	嘴巴 tsɥ^{44} po^{0}	嘴唇皮 tsɥ^{44} zoŋ^{44} bi^{44}
40 临海	擤 ɕiŋ^{52}	张嘴 tɕiaʔ^{3} tɕy^{52}	嘴唇 tɕy^{33} ʑyn^{21}
41 椒江	擤 həŋ^{42}	张嘴 tɕiã^{33} tsɥ^{42}	嘴唇 tsɥ^{53} zøŋ^{31}
42 黄岩	擤 hən^{42}	张嘴 tɕiã^{33} tsɥ^{42}	嘴唇 tsɥ^{55} zøn^{41}
43 温岭	擤 hŋ^{42}	嘴 tɕy^{42}	嘴唇 tɕy^{55} ʑyn^{31}
44 仙居	擤 çin^{324}	口嘴 kʰəɯ^{31} tɕy^{324}	口嘴唇 kʰəɯ^{31} tɕy^{31} ʑyen^{213}
45 天台	擤 ɕyŋ^{325}	张嘴 tɕia^{33} tɕy^{325}	嘴唇 tɕy^{32} ʑiŋ^{224}

续表

方言点	0463 擤～鼻涕	0464 嘴巴人的，统称	0465 嘴唇
46 三门	擤 ɕiŋ^{325}	张嘴 tɕiaʔ^{3} tsɥ^{325}	嘴唇 tsɥ^{32} ʑyŋ^{113}
47 玉环	擤 həŋ^{53}	嘴巴 tɕy^{53} pa^{35}小	嘴唇 tɕy^{53} ʑioŋ^{24}小
48 金华	擤 ɕiŋ^{535}	口脯$^{=}$ kʰiu^{55} bu^{313}	口唇肉皮 kʰiu^{55} ɕiŋ^{33} ȵioʔ^{21} bi^{14}/kʰiu^{55} ɕyəŋ^{33} ȵioʔ^{21} bi^{14}
49 汤溪	擤 xã^{535}	口脯$^{=}$ kʰəɯ^{52} bu^{113}	口唇皮 kʰəɯ^{52} ʑiã^{11} pi^{52}
50 兰溪	擤 xæ̃^{55}	口脯$^{=}$ kʰəɯ^{45} pu^{0}	口唇皮 kʰəɯ^{55} ʑiæ̃^{21} bi^{24}
51 浦江	擤 ɕiən^{53}	口嘴 kʰɤ^{33} tʃi^{53}	口母$^{=}$皮 kʰɤ^{33} m^{33} bi^{243}
52 义乌	擤 ɕiən^{423}	口嘴 kʰɐɯ^{45} tɕy^{423}	口唇皮儿 kʰɐɯ^{33} zən^{33} pin^{335}
53 东阳	擤 hɐn^{44}	口嘴 kʰəɯ^{44} tsɿ^{33}	口嘴唇 kʰəɯ^{44} tsɿ^{44} zɐn^{53}
54 永康	擤 ɕiŋ^{334}	口嘴 kʰəu^{31} tsəi^{334}	口嘴脯$^{=}$ kʰəu^{31} tsəi^{33} ɓu^{55}
55 武义	擤 ɕin^{445}	口嘴 kʰɑu^{53} tɕi^{445}	口嘴脯$^{=}$ kʰɑu^{53} tɕi^{445} pu^{324}
56 磐安	擤 xɐn^{334}	口嘴 kʰɐɯ^{52} tɕy^{334}	口嘴唇 kʰɐɯ^{33} tɕy^{55} ʑyɐn^{0}
57 缙云	擤 ɕiɛŋ^{51}	口嘴 kʰɤ^{51} tsɥ^{51}	口嘴唇 kʰɤ^{44} tsɥ^{44} ʑyɛ^{243}
58 衢州	擤 xən^{35}	嘴巴 tse^{35} pɑ^{21}	嘴唇皮 tse^{35} ʃyən^{53} bi^{21}
59 衢江	擤 xəŋ^{25}	口 kʰy^{25}	口唇皮 kʰy^{33} ʑyoŋ^{22} pi^{53}
60 龙游	擤 xən^{35}	口脯$^{=}$ kʰəɯ^{22} bu^{224}	口唇皮 kʰəɯ^{22} zən^{224} bi^{231}
61 江山	擤 xəŋ^{241}	喙脯$^{=}$ tɕʰioʔ^{5} bə^{213}“喙”促化	喙脯$^{=}$爿皮 tɕʰioʔ^{5} bə^{22} baŋ^{22} bᴇ^{213}“喙”促化
62 常山	擤 xoŋ^{52}	喙 tɕʰy^{52}	喙唇皮 tɕʰy^{43} zĩ^{24} bi^{0}
63 开化	擤 xɤŋ^{53}	喙 tɕʰy^{53}	嘴唇 tɕʰy^{53} zɤŋ^{231}
64 丽水	擤 ɕin^{544}	口嘴 kʰɯ^{44} tsɥ^{544}	口嘴唇 kʰɯ^{44} tsɥ^{44} ʑyn^{22}
65 青田	⿰鼻希 sɿ^{454}	德$^{=}$嘴 ɗɛʔ^{4} tsɥ^{454}	嘴唇皮 tsɥ^{33} iaŋ^{55} bi^{53}
66 云和	擤 ɕiŋ^{45}	口嘴 kʰu^{44} tsɥ^{41}	口嘴唇 kʰu^{44} tsɥ^{44} ʑyŋ^{312}
67 松阳	擤 xen^{212}	口嘴 kʰoʔ^{3} tsei^{212}	嘴唇 tsei^{33} ʑyn^{31}

续表

方言点	0463 擤～鼻涕	0464 嘴巴人的，统称	0465 嘴唇
68 宣平	擤 xən^{52}	口嘴 kʰəʔ^{4}tɕy^{445}	口嘴唇 kʰəʔ^{4}tɕy^{44}ʑyən^{433}
69 遂昌	擤 xəŋ^{533}	喙仆⁼ tɕʰyɛʔ^{5}bəɯʔ^{23}	喙唇 tɕʰy^{53}ʑyŋ^{221}
70 龙泉	擤 xɛn^{45}	喙脯⁼ tɕʰy^{21}pɤɯ^{51}	喙唇皮 tɕʰy^{21}ɕyn^{45}pi^{51}
71 景宁	擤 ɕiŋ^{35}	口嘴 kʰu^{55}tɕy^{33}	口嘴唇 kʰu^{33}tɕy^{33}ʑiaŋ^{41}
72 庆元	擤 ɕiŋ^{33}	嘴 tsæi^{33}	嘴唇皮 tsæi^{33}ɕyᴇʔ^{34}pi^{52}
73 泰顺	擤 ɕiŋ^{35}	口嘴 kʰəu^{22}tɕy^{55}	口嘴唇 kʰəu^{22}tɕy^{22}ɕioŋ^{53}
74 温州	鼻希 sɿ^{51}	嘴嘴 tsɿ^{3}tsɿ^{25}	嘴唇 tsɿ^{42}ioŋ^{21}
75 永嘉	鼻希 sɿ^{53}	嘴 tsʮ^{45}	嘴唇儿 tsʮ^{45}ioŋ^{213}
76 乐清	鼻希 ɕi^{41}	嘴 tɕy^{35}	嘴唇 tɕy^{35}zoŋ^{212}小
77 瑞安	鼻希 ɕi^{53}	嘴 tsəɯ^{35}	嘴唇 tsəɯ^{53}zoŋ^{21}
78 平阳	鼻希 si^{53}	吉⁼嘴 tʃᴀ^{21}tɕy^{45}	嘴唇 tɕy^{33}zɵŋ^{42}
79 文成	擤 saŋ^{33}	口嘴 kʰau^{42}tɕy^{45}	嘴唇 tɕy^{33}zɵn^{13}
80 苍南	鼻希 ɕi^{42}	□嘴 tɕia^{3}tɕy^{53}	嘴唇 tɕy^{53}zueŋ^{31}
81 建德徽	擤 hən^{213}	嘴脯⁼ tɕye^{55}pu^{33}	嘴唇皮 tɕye^{55}sən^{33}pi^{33}
82 寿昌徽	擤 xəŋ^{24}	口脯⁼ kʰəɯ^{33}pu^{112}	口唇皮 kʰəɯ^{33}ɕyɛ̃^{11}pʰi^{55}
83 淳安徽	宋⁼ son^{24}	嘴巴 tɕy^{55}po^{55}	嘴唇皮 tɕy^{55}sen^{55}pʰi^{21}
84 遂安徽	擤 sɑ̃^{213}	口 kʰəɯ^{213}	口子皮 kʰəɯ^{21}tsɿ^{0}pʰi^{33}
85 苍南闽	擤 san^{21}	嘴箍 tsʰui^{33}kʰɔ^{55}	嘴唇 tsʰui^{33}tʰun^{24}
86 泰顺闽	验⁼ nie^{31}	喙 tɕʰy^{53}	喙唇波 tɕʰy^{34}təŋ^{31}pɔi^{22}
87 洞头闽	擤 sɯŋ^{21}	嘴 tsʰui^{21}	嘴唇 tsʰui^{33}tun^{24}
88 景宁畲	擤 ɕiŋ^{44}	嘴 tɕyoi^{44}	嘴唇 tɕyoi^{44}ɕyn^{22}

方言点	0466 口水～流出来	0467 舌头	0468 牙齿
01 杭州	口流水 kʰei^{55}lei^{22}suei^{0}	舌头 zaʔ^{2}dei^{45}	牙齿 ia^{22}tsʰɿ^{45}
02 嘉兴	馋吐水 zᴇ^{24}tʰou^{42}sɿ^{21}	舌头 zəʔ^{1}dei^{33}	牙齿 ŋᴀ^{13}tsʰɥ^{42} 牙齿 ᴀ^{13}tsʰɿ^{42}
03 嘉善	口里水 kʰə^{55}li^{35}sɿ^{0}	舌头 zɜʔ^{2}də^{31}	牙子 ŋa^{13}tsɿ^{53}
04 平湖	馋唾水 zɛ^{24}tʰu^{0}sɿ^{0}	舌头 zəʔ^{23}dəɯ^{31}	牙子 ŋa^{24}tsɿ^{53}
05 海盐	馋唾水 zɛ^{24}tʰu^{55}sɿ^{21}	舌头 zəʔ^{23}de^{31}	牙齿 ɑ^{24}tɕʰy^{53}
06 海宁	馋吐水 zɛ^{33}tʰəu^{55}sɿ^{55} 口里水 kʰəɯ^{53}li^{31}sɿ^{0}	舌头 zəʔ^{2}dəɯ^{33}	牙齿 a^{33}tsʰɿ^{55}
07 桐乡	馋唾水 zɛ^{21}tʰəu^{44}sɿ^{0}	舌头 zəʔ^{23}dɤɯ^{44}	牙齿 a^{21}tsʰɿ^{44}
08 崇德	饭唾水 vɛ^{21}tʰu^{55}sɿ^{0}	舌头 zəʔ^{23}dɤɯ^{44}	牙子 ɑ^{21}tsɿ^{44}
09 湖州	馋吐水 zɛ^{33}tʰəu^{33}sɿ^{35}	舌头 zəʔ^{2}dɵʉ^{35}	牙子 ŋa^{33}tsɿ^{35}
10 德清	口里水 kʰøʉ^{35}li^{33}sɿ^{0}	舌头 zəʔ^{2}døʉ^{31}	牙子 ŋa^{11}tsɿ^{35}
11 武康	口里水 kʰø^{35}li^{44}sɿ^{53}	舌头 zɜʔ^{2}dø^{31}	牙子 ŋa^{11}tsɿ^{35}
12 安吉	口里水 kʰəɪ^{52}li^{0}se^{21}	舌头 zəʔ^{2}dəɪ^{213}	牙子 ŋa^{22}tsɿ^{22}
13 孝丰	馋吐水 ze^{22}tʰu^{22}se^{22}	舌头 zəʔ^{2}dəɪ^{24}	牙齿 ŋa^{22}tsʰɿ^{22}
14 长兴	馋吐 zᴇ^{12}tʰəu^{33}	舌头 zəʔ^{2}dei^{24}	牙子 ŋa^{12}tsɿ^{33}
15 余杭	口里水儿 kʰøʏ^{53}li^{33}sɛ^{53}n^{31}	舌头 zəʔ^{2}døʏ^{13}	牙子 ŋa^{31}tsɿ^{35}
16 临安	口里水 kʰə^{55}li^{55}sɿ^{53}	舌头 ʑiɐʔ^{2}də^{13}	牙齿 ŋo^{31}tsʰɿ^{35}
17 昌化	涎吐水 zɔ̃^{11}tʰu^{45}sei^{53}	舌头 ʑyɛʔ^{2}di^{112}	牙齿 ŋɯ^{11}tsʰɿ^{453}
18 於潜	口里水 kiəu^{53}li^{53}ɕy^{53}	舌头 zæʔ^{2}diəu^{24}	牙子 ŋa^{22}tsɿ^{454}
19 萧山	口里水 kʰio^{33}li^{35}sɿ^{21}	舌头 zəʔ^{21}dio^{13}	牙齿 ŋo^{13}tsʰɿ^{33}
20 富阳	口里水 kʰɯ^{423}li^{224}ɕyɛ^{53}	舌头 ʑiɛʔ^{2}dei^{224}	牙子 ŋo^{13}tsɿ^{55}
21 新登	口里水 kʰəu^{334}li^{334}sɥ^{45}	舌头 ʑyəʔ^{2}dəu^{233}	牙子 ɑ^{233}tsɿ^{334}
22 桐庐	馋吐水 dzã^{21}tʰu^{21}ɕyᴇ^{35}	舌头 zəʔ^{21}dei^{35}	牙齿 uo^{21}tsʰɿ^{35}
23 分水	口帐 kʰɵ^{44}tsã^{21}	舌条 ɕiəʔ^{12}diɔ^{24}	牙子 ŋa^{21}tsɿ^{0}

续表

方言点	0466 口水~流出来	0467 舌头	0468 牙齿
24 绍兴	口里水 kʰɤ^{33}li^{44}sɿ^{31}	舌胎 zeʔ^{2}tʰᴇ^{53}	牙齿 ŋo^{22}tsʰɿ^{334}
25 上虞	口里水 kʰɤ^{33}li^{0}sɿ^{0}	舌头 zəʔ^{2}dɤ^{31}	牙齿 ŋo^{21}tsʰɿ^{35}
26 嵊州	馋唾水 zɛ̃^{22}to^{44}sɿ^{31}	舌头 zɛʔ^{2}dʏ^{231}	牙齿 ŋo^{22}tsʰɿ^{53}
27 新昌	馋唾水 dzɛ̃^{22}to^{45}sɿ^{31}	口舌 kʰiɯ^{33}ʑiɛʔ^{2}	牙齿 ŋo^{22}tsʰɿ^{453}
28 诸暨	涎舌水 zɛ^{21}zoʔ^{21}sɿ^{42}	舌头 zoʔ^{21}dei^{242}	牙齿 ŋoʔ^{21}tsʰɿ^{42}
29 慈溪	口流水 kʰø^{33}liø^{13}sɿ^{35}	舌头 zəʔ^{2}dø^{53}	牙齿 ŋo^{13}tsʰɿ^{0}
30 余姚	澜唾水 lã^{13}tʰu^{44}sɿ^{44} 口里水 kʰø^{34}li^{13}sɿ^{44}	舌头 zəʔ^{2}dø^{0}	牙齿 ŋo^{13}tsʰɿ^{34}
31 宁波	馋唾水 dzɛ^{13}tʰu^{44}sʮ^{44}	舌头 ʑiəʔ^{2}dœʏ^{13}	牙子 ŋo^{13}tsɿ^{44}
32 镇海	馋唾水 zɛ^{22}tʰu^{33}sʮ^{53}	舌头 ieʔ^{2}dei^{24}	牙齿 ŋo^{22}tsʰɿ^{53}
33 奉化	馋茶= 卤水 zɛ^{33}dzo^{33}lu^{33}sʮ^{44}	舌头 ʑiɪʔ^{2}dæi^{31}	牙子 ŋo^{33}tsɿ^{53}
34 宁海	馋炭= 卤 ze^{21}tʰe^{33}lu^{31}	口舌 kʰiu^{53}ʑieʔ^{2}	牙齿 ŋo^{21}tsʰɿ^{53}
35 象山	馋澜水 dzɛ^{31}lɛ^{31}sʮ^{35}	口舌 kʰɤɯ^{44}ieʔ^{2}	牙齿 ŋo^{31}tsʰɿ^{35}
36 普陀	澜茶= 水 lɛ^{33}dzo^{55}sʮ^{55}	舌头 iɛʔ^{2}deu^{55}	牙齿 ŋo^{33}tsʰɿ^{45}
37 定海	澜茶= 水 lɛ^{11}dzo^{44}sʮ^{44}	舌头 ieʔ^{2}dɐi^{44}	牙齿 ŋo^{33}tsʰɿ^{45}
38 岱山	馋茶= 水 dzɛ^{11}dzo^{33}sʮ^{44}	赚头 dzɛ^{23}lɐi^{44}“头”音殊	牙齿 ŋo^{331}tsʰɿ^{0}
39 嵊泗	馋茶= 水 dzɛ^{11}dzo^{44}sʮ^{53}	舌头 iᴇʔ^{2}dœʏ^{45}	牙齿 ŋo^{24}tsʰɿ^{0}
40 临海	澜吐卤 lɛ^{33}tʰu^{33}lu^{51}	口舌 kʰə^{42}ʑieʔ^{23} 口舌头 kʰə^{42}ʑieʔ^{23}də^{21}	牙齿 ŋo^{22}tsʰɿ^{52}
41 椒江	馋贪卤 zɛ^{22}tʰɛ^{33}ləu^{51}小	口舌 tɕʰio^{42}ʑieʔ^{2} 口舌头 tɕʰio^{42}ʑieʔ^{2}dio^{41}	牙齿 ŋo^{22}tsʰɿ^{42}
42 黄岩	馋 zɛ^{121}	口舌头 tɕʰio^{42}ʑieʔ^{4}dio^{121}	牙齿 ŋo^{13}tsʰɿ^{42}
43 温岭	下巴馋卤 o^{42}bo^{13}zɛ^{13}lu^{42}	口舌头 tɕʰiɤ^{42}ʑiʔ^{2}dɤ^{41}	牙齿 ŋo^{13}tsʰɿ^{42}
44 仙居	馋吐卤 za^{33}tʰu^{33}lu^{324}	口舌头 kʰəɯ^{31}ʑiaʔ^{23}dəɯ^{213}	牙齿 ŋo^{33}tsʰɿ^{324}
45 天台	饭吐卤 ve^{33}tʰu^{32}lu^{214} 饭吐 ve^{33}tʰu^{325}	口舌头 kʰeu^{32}ʑieʔ^{2}deu^{224}	牙齿 ŋo^{22}tsʰɿ^{325}

续表

方言点	0466 口水～流出来	0467 舌头	0468 牙齿
46 三门	流馋 lɤɯ^{13}zɛ^{31}	口舌 kʰɤɯ^{32}ʑieʔ^{23}	牙齿 ŋo^{32}tsʰɿ^{325}
47 玉环	澜贪卤 lɛ^{22}tʰɛ^{33}ləu^{53}小	口舌头 kʰiɤ^{53}ʑiɐʔ^{2}diɤ^{24}小	牙齿 ŋo^{22}tsʰɿ^{42}
48 金华	口唾水 kʰiu^{55}tʰuɤ^{33}ɕy^{535} 口吐水 kʰiu^{55}tʰu^{33}ɕy^{535}	口舌 kʰiu^{55}dʑyɤ^{14}	牙齿 uɑ^{33}tsʰɿ^{535}
49 汤溪	口水 kʰəɯ^{52}ɕyei^{535}	舌头 dʑie^{11}təɯ^{52}	牙齿 uɑ^{33}tsʰɿ^{535}
50 兰溪	口水 kʰəɯ^{55}ɕy^{55}	舌头 dʑie^{21}dəɯ^{24}	牙齿 uɑ^{21}tsʰɿ^{55}
51 浦江	馋馋 zɑ̃^{24}zɑ̃^{334}	口舌 kʰɤ^{33}dʑi^{243}	牙齿 ȵiɑ^{11}tsɿ^{53}"齿"声殊
52 义乌	馋漦 za^{22}zi^{45}	口舌 kʰɐɯ^{45}dʑie^{312}	牙齿 ɔ^{22}tsʰɿ^{423}
53 东阳	馋漦 zu^{22}zi^{53}	口舌头 kʰəɯ^{44}dʑiɛ^{44}dəɯ^{53}	牙子 ŋo^{22}tsɿ^{35}
54 永康	馋吐水 za^{31}tʰu^{33}ɕy^{334}	口舌 kʰəu^{33}dʑie^{113}	牙齿 ŋuɑ^{33}tsʰɿ^{334}
55 武义	口唾水 kʰɑu^{55}tʰuo^{13}ɕy^{445}	口舌 kʰɑu^{53}dʑie^{13}	牙齿 ŋuɑ^{55}tsʰɿ^{445}
56 磐安	馋唾水 zuə^{22}tʰu^{33}ɕy^{334}	口舌 kʰɐɯ^{33}dʑiɛ^{213}	牙子 ŋuə^{22}tsɿ^{334}
57 缙云	腮水 səɤ^{51}sɿ^{243}	口舌 kʰɤ^{51}dʑiɛ^{13}	牙齿 ŋɤ^{44}tsʰɿ^{51}
58 衢州	痰唾水 dɑ̃^{21}tʰu^{53}ʃy^{35}	舌头 ʒyəʔ^{2}de^{21}	牙齿 ŋɑ^{21}tsʰɿ^{35}
59 衢江	口唾水 kʰy^{33}tʰy^{33}ɕy^{25}	舌头 dʑyəʔ^{2}ty^{53}	牙齿 ŋuo^{33}tɕʰyø^{25}
60 龙游	口水 kʰəɯ^{22}suei^{35}	舌头 dzəʔ^{23}dəɯ^{231}	牙齿 ŋuɑ^{33}tsʰɿ^{35}
61 江山	馋 zaŋ^{213}	舌头 dʑiᴇʔ^{2}du^{213}	牙齿 ŋɒ^{22}tsʰə^{241}
62 常山	唾 tʰi^{324}	舌舔 dʑiaʔ^{3}tʰiɛ̃^{52} 舌头舔 dʑiaʔ^{3}du^{22}tʰiɛ̃^{52}	牙齿 ŋɑ^{22}tsʰɿ^{52}
63 开化	馋 za^{231}韵殊	舌头 dʑiaʔ^{2}du^{231}	牙齿 ŋɑ^{21}tsʰɿə^{53}
64 丽水	痰涕水 dɑ̃^{22}tʰi^{44}sɥ^{544}	口舌 kʰɯ^{52}dʑiɛʔ^{23} 舌头 dʑiɛʔ^{2}dəɯ^{22}	牙齿 ŋuo^{22}tsʰɿ^{544}
65 青田	口澜水 kʰæi^{33}lɑ^{22}sɥ^{454}	口舌 kʰæi^{33}dʑiæʔ^{31}	牙齿 ŋu^{22}tsʰɿ^{454}
66 云和	澜涕 lɑ̃^{223}tʰɿ^{45}	舌头 dʑiɛʔ^{23}dəɯ^{312}	牙齿 ŋo^{223}tsʰi^{41}
67 松阳	涕 tʰei^{24}	舌头 dʑiɛʔ^{2}dei^{31}	牙齿 ŋuə^{33}tsʰɿə^{212}
68 宣平	流涕 liɯ^{43}tʰi^{52}	口舌 kʰɯ^{44}dʑiəʔ^{23}	牙齿 ŋo^{44}tsʰɿ^{445}

续表

方言点	0466 口水～流出来	0467 舌头	0468 牙齿
69 遂昌	痰涕水 daŋ^{22}tʰi^{33}y^{533}	舌头 dʑiɛʔ^{23}du^{221}	牙齿 ŋɒ^{13}tɕʰiu^{533}
70 龙泉	馋澜 saŋ^{45}laŋ^{51} 澜 laŋ^{51}	舌 dʑiᴇʔ^{24}	牙齿 ŋo^{45}tsʰɤɯ^{51}
71 景宁	口澜水 kʰəɯ^{33}lɔ^{55}ɕy^{33}	舌头 dʑiɛʔ^{23}dəɯ^{41}	牙齿 ŋo^{55}tsʰɿ^{33}
72 庆元	馋 sɑ̃^{52}	舌 tɕiᴇʔ^{34}	牙齿 ŋo^{52}tsʰɤ^{33}
73 泰顺	澜水 lã^{22}ɕy^{55}	口舌 kʰəu^{22}tɕiɛʔ^{2}	牙齿 ŋɔ^{21}tsʰɿ^{55}
74 温州	口澜水 kʰau^{33}la^{31}sɿ^{25}	口舌 kʰau^{45}i^{212}	牙齿 ŋo^{31}tsʰɿ^{25}
75 永嘉	唾澜 tʰai^{53}la^{13}	口舌 kʰau^{45}i^{213}	牙子 ŋo^{31}tsɿ^{45} 牙齿 ŋo^{31}tsʰɿ^{45}
76 乐清	馋澜 zᴇ^{31}lᴇ^{24}	口近 kʰau^{42}dʑiaŋ^{24}	牙齿 ŋo^{31}tsʰɿ^{35}
77 瑞安	口澜水 kʰau^{33}lɔ^{31}səɯ^{35} 澜 lɔ^{13}	口舌 kʰau^{35}i^{212}	牙子 ŋo^{31}tsɿ^{35}
78 平阳	口澜水 kʰau^{21}lɔ^{33}sʉ^{35}	口舌 kʰau^{35}zi^{13}	牙齿 ŋɔ^{33}tsʰɿ^{35}
79 文成	口澜水 kʰau^{33}lɔ^{33}səy^{45}	口舌 kʰau^{33}zie^{13}	牙齿 ŋo^{33}tsʰɿ^{45}
80 苍南	口澜水 kʰau^{33}la^{31}ɕy^{53}	口舌 kʰau^{33}dʑiɛ^{112}	牙子 ŋo^{31}tsɿ^{53} 牙齿 ŋo^{31}tsʰɿ^{53}
81 建德徽	馋露$^{=}$水 sɛ^{33}lu^{55}ɕye^{213} 老 口水 kʰɤɯ^{55}ɕye^{213} 新	舌头 sɿ^{21}tɤɯ^{33}	牙齿 ŋo^{33}tsʰɿ^{213}
82 寿昌徽	口水 kʰəɯ^{33}ɕyei^{24}	舌头 ɕiəʔ^{3}tʰəɯ^{52}	牙子 ŋuə^{11}tsɿ^{24}
83 淳安徽	口流水 kʰɯ^{55}lɯ^{21}ɕya^{21}	舌头 səʔ^{13}tʰɯ^{24}	牙子 o^{43}tsɿ^{24}
84 遂安徽	馋 sa^{43}	舌头 ɕiɛ^{21}tʰiu^{24}	牙齿 ɑ^{33}tsɿ^{33}
85 苍南闽	澜 nũã^{21}	喙舌 tsʰui^{33}tɕi^{24}	喙齿 tsʰui^{33}kʰi^{43}
86 泰顺闽	澜水 læŋ^{21}tɕy^{344}	喙舌 tɕʰy^{21}ɕiɪʔ^{5}	牙齿 ŋa^{21}kʰi^{344}
87 洞头闽	嘴齿澜 tsʰui^{33}kʰi^{24}nũã^{21}	喙舌 tsʰui^{33}tɕi^{24}	喙齿 tsʰui^{33}kʰi^{53}
88 景宁畲	口水 kʰiəu^{55}ɕy^{325}	舌 ɕieʔ^{2}	牙 ŋɔ^{22}

方言点	0469 下巴	0470 胡子嘴周围的	0471 脖子
01 杭州	下巴 ia^{13} pa^{53}	胡髭 u^{22} tsʰɿ^{45}	头颈 dei^{13}tɕiŋ^{53}
02 嘉兴	下巴 o^{21} po^{42}	胡须 vu^{21} ɕy^{33}	头颈 dei^{24}tɕiŋ^{21}
03 嘉善	下巴 o^{22} bo^{31}	胡子 u^{13} tsɿ^{53}	头颈 də^{35}tɕin^{0} 小
04 平湖	下巴 o^{21} bo^{31}	胡子 u^{24} tsɿ^{53}	头颈 dəɯ^{24}tɕin^{0}
05 海盐	下巴 o^{53} bo^{31}	胡子 u^{24} tsɿ^{53}	头颈 de^{24}tɕin^{21}
06 海宁	下巴头 o^{13} bo^{55} dəɯ^{55}	胡须 vu^{33} ɕi^{55}	头颈 də^{33}tɕiŋ^{53}
07 桐乡	下巴 o^{242} bo^{44}	胡子 u^{21} tsɿ^{44}	头颈 dɤɯ^{21}tɕiŋ^{53}
08 崇德	下巴 o^{55} bo^{0}	胡子 u^{21} tsɿ^{44}	头颈 dɤɯ^{21}tɕiŋ^{53}
09 湖州	下巴 uo^{53} bəu^{13}	胡须 əu^{33} ɕi^{35} 短的 胡子 əu^{33} tsɿ^{35} 长的	头颈 døʉ^{33}tɕin^{35}
10 德清	下巴 ɔ^{35} buo^{0}	胡子 əu^{11} tsɿ^{35}	头颈 døʉ^{11}tɕin^{35}
11 武康	下巴 o^{13} bo^{31}	胡子 u^{11} tsɿ^{35}	头颈 dø^{11}tɕin^{35}
12 安吉	下巴 ʊ^{52} pʊ^{21}	胡子 u^{22} tsɿ^{22}	头颈 dəɪ^{22}tɕiŋ^{213}
13 孝丰	下巴 ʊ^{45} pʊ^{21}	胡子 u^{22} tsɿ^{22}	头颈 dəɪ^{22}tɕiŋ^{52}
14 长兴	下拨⁼头 u^{45} pəʔ^{5} dei^{21}	胡子 u^{12} tsɿ^{33}	头颈 dei^{12}tʃiŋ^{324}
15 余杭	下巴 o^{35} buo^{0}	胡子 u^{31} tsɿ^{35}	头颈 døʏ^{31}tɕiŋ^{35}
16 临安	下巴 uo^{33} bo^{31}	胡子 u^{33} tsɿ^{13}	头颈 də^{33}tɕieŋ^{53}
17 昌化	下巴 u^{45} pu^{53}	胡子 u^{11} tsɿ^{453}	头颈 di^{11}tɕiəŋ^{453}
18 於潜	下巴 a^{22} pa^{35}	胡子 u^{22} tsɿ^{454}	头颈 diəu^{22}tɕiŋ^{53}
19 萧山	下巴 o^{13} po^{21}	胡须 u^{21} su^{33}	项颈 ɔ̃^{13}tɕiŋ^{21}
20 富阳	下巴 o^{224} po^{13}	胡子 u^{13} tsɿ^{55}	头颈 dei^{13}tɕin^{13}
21 新登	下巴 ɑ^{334} pa^{45}	胡子 u^{233} tsɿ^{334}	头颈 dəu^{233}tɕiŋ^{334}
22 桐庐	下巴 uo^{13} po^{55}	胡子 u^{21} tsɿ^{35}	头颈 dei^{13}tɕiŋ^{55}
23 分水	下巴 ɕia^{24} pa^{0}	胡子 u^{21} tsɿ^{0}	头颈 dɵ^{21}tɕin^{24}
24 绍兴	下巴 o^{24} po^{31}	胡须 u^{22} su^{53}	项颈 ɑŋ^{24}tɕiŋ^{31}

续表

方言点	0469 下巴	0470 胡子嘴周围的	0471 脖子
25 上虞	下巴 o^{21}po^{53}	胡须 vu^{21}ɕy^{35}	项颈 ɔ̃^{21}tɕiŋ^{53}
26 嵊州	下巴 o^{24}bo^{231}	胡须 u^{22}su^{334}	头颈 dʏ^{22}tɕiŋ^{334}
27 新昌	下巴 o^{22}bo^{232}	胡须 u^{13}sɿ^{534}	头颈 diɯ^{22}tɕiŋ^{335}
28 诸暨	下巴 o^{13}po^{42}	胡须 vu^{21}su^{42}	项颈 ã^{13}tɕin^{42}
29 慈溪	下巴 o^{11}po^{53}	胡须 vu^{11}sʮ^{35}	头颈 dø^{13}tɕiŋ^{44} 头颈梗 dø^{13}tɕiŋ^{0}kuã^{35}
30 余姚	下巴 o^{13}po^{53}	胡须 vu^{13}sʮ^{44}	头颈 dø^{13}tɕiə̃^{44} 头颈梗 dø^{13}tɕiə̃^{44}kuaŋ^{44}
31 宁波	下巴 o^{13}po^{44}	牙须 ŋo^{13}sʮ^{44}	头颈 dœʏ^{13}tɕiŋ^{53}
32 镇海	下巴 o^{22}po^{44}	牙须 ŋo^{22}su^{53}	头颈 dei^{22}tɕiŋ^{53} 头颈骨 dei^{22}tɕiŋ^{33}kuaʔ^{5}
33 奉化	下巴 o^{33}p^{h}o^{53}	牙须 ŋo^{33}sʮ^{53}	头颈 dæi^{33}tɕiŋ^{53}
34 宁海	下巴 o^{53}po^{33}	胡嘴$^{=}$ vu^{21}tsʮ^{53} 胡嘴$^{=}$毛 vu^{21}tsʮ^{53}mau^{31}	头颈 diu^{21}tɕiŋ^{53}
35 象山	下巴 o^{13}bo^{31}	牙须 ŋo^{31}su^{35}	头颈 dɤɯ^{31}tɕiŋ^{44}
36 普陀	下巴 o^{23}po^{0}	牙须 ŋo^{33}su^{53}	头颈梗 deu^{33}tɕiŋ^{55}kuã^{55}
37 定海	下巴头 uo^{23}bo^{44}dɐi^{44}	牙须 ŋo^{33}su^{52}	头颈梗 dɐi^{33}tɕiŋ^{44}kuã^{44}
38 岱山	下巴头 uo^{23}bo^{33}dœʏ^{44}	牙须 ŋo^{33}su^{52}	头颈 dœʏ^{33}tɕiŋ^{45}
39 嵊泗	下巴头 uo^{34}bo^{44}lœʏ^{44} "头"声殊	牙须 ŋo^{33}ɕy^{53}	头颈 dœʏ^{11}tɕiŋ^{45}
40 临海	下巴 o^{33}bo^{21}	胡须 u^{35}ɕy^{31}	头颈 də^{33}tɕiŋ^{52}
41 椒江	下巴 o^{53}bo^{31}	胡须 u^{24}sʮ^{42}	头颈 dio^{22}tɕiŋ^{42}
42 黄岩	下巴 o^{55}bo^{41}	胡须 u^{24}sʮ^{32}	头颈 dio^{13}tɕin^{42}
43 温岭	下巴 o^{55}bo^{41}	胡须 u^{24}ɕy^{31}	头颈 dɤ^{31}tɕin^{42}
44 仙居	下巴 o^{31}bo^{213}"巴"音殊	胡须 u^{33}ɕy^{334}	头颈 dəɯ^{21}tɕin^{324}

续表

方言点	0469 下巴	0470 胡子嘴周围的	0471 脖子
45 天台	下巴 o^{33}bo^{224}	胡须 vu^{22}ɕy^{33}	头颈 deu^{22}kiŋ^{325} 头颈棍= deu^{22}kiŋ^{32}kuəŋ^{51}
46 三门	下巴 o^{21}po^{52}	胡须 u^{11}sɥ^{334}	头颈 dɤɯ^{11}tɕiŋ^{325}
47 玉环	下巴 o^{53}bo^{24}小	胡须 u^{24}ɕy^{42}	头颈 diɤ^{31}tɕiŋ^{53}小
48 金华	下巴 uɑ^{55}bɤa^{313}	胡须 u^{31}su^{55}	项颈 ɑŋ^{53}tɕiŋ^{535}
49 汤溪	下巴 uɑ^{11}bɤa^{11}	胡须 u^{11}su^{52}	头颈 dəɯ^{11}tɕiε̃i^{535}
50 兰溪	下巴 uɑ^{55}bia^{21}	胡须 u^{21}su^{45}	头颈 təɯ^{55}tɕin^{55}
51 浦江	下巴 iɑ^{11}bia^{24}	胡须 u^{24}su^{334}	项颈 õ^{11}tɕiən^{53}
52 义乌	下巴儿 ɔ^{24}bɯan^{312}	胡须 u^{22}su^{45}	环颈 n^{33}tɕiən^{423}
53 东阳	下巴 o^{22}po^{53}	胡须 u^{22}su^{53}	咙管 ləm^{22}kəɯ^{53}
54 永康	下巴 uɑ^{31}ɓa^{55}	胡须 u^{31}su^{55}	头颈 ɗəu^{33}tɕiŋ^{334}
55 武义	下巴 uɑ^{55}puɑ^{324}	胡须 u^{32}su^{53}	项颈 ɑŋ^{53}tɕin^{445}
56 磐安	下巴 uə^{14}pə^{52}	胡须 u^{21}su^{52}	头颈 dɐɯ^{22}kɐn^{334}
57 缙云	下巴 ou^{51}pu^{243}	胡须 vu^{44}sɥ^{44}	项颈 ɔ^{51}tɕiεŋ^{51}
58 衢州	牙巴 ŋɑ^{231}bɑ^{21}	胡子 u^{21}tsɿ^{35}	项颈 ɑ̃^{231}tɕin^{35}
59 衢江	牙巴 ŋuo^{33}puo^{53}	胡子 uɤ^{22}tsɿ^{53}	头颈 dy^{22}tɕiŋ^{25}
60 龙游	下蒲= uɑ^{224}bu^{231}	胡子 u^{22}tsɿ^{51}	头颈 dəɯ^{22}tɕin^{35}
61 江山	下巴 ɒ^{22}bɒ^{213}	胡子 uə^{22}tsə^{241}	头颈 du^{22}kĩ^{241}
62 常山	牙爬= ŋɑ^{22}bɑ^{341}	胡须 uə^{22}ɕiu^{44}	头颈 du^{22}kĩ^{52}
63 开化	下巴 ɑ^{21}bɑ^{231}	胡须 uo^{21}ɕiʊ^{44}	头颈 du^{21}tɕin^{53}
64 丽水	下巴 io^{44}buo^{22}	胡须 u^{22}sɥ^{224}	项颈颈 ɔŋ^{44}tɕin^{44}tɕin^{224}
65 青田	下巴下 u^{33}ɓu^{33}u^{454}	下巴须 u^{33}ɓu^{33}sɥ^{445}	头颈卷 deu^{22}tɕiŋ^{33}tɕyɐ^{33}
66 云和	下巴 o^{44}bo^{312}	胡须 u^{223}sɥ^{24}	项颈 ɔ̃^{44}tɕiŋ^{41}
67 松阳	下爬= uə^{22}buə^{31}	胡须 uə^{22}sɿə^{53}	项颈 oŋ^{22}tɕin^{212}

续表

方言点	0469 下巴	0470 胡子嘴周围的	0471 脖子
68 宣平	下爿 ia^{22}bɑ̃^{433}	胡须 u^{43}su^{324}	项颈 ɔ̃^{22}tɕin^{445}
69 遂昌	牙爬⁼ ŋɒ^{13}bɒ^{221}	胡须 uə^{21}suə^{45}	头颈 du^{13}tɕiŋ^{533}
70 龙泉	下巴 o^{21}bo^{21}	胡须 uɤɯ^{21}ɕy^{434}	头□ tiəu^{45}ŋᴇ^{51}
71 景宁	下巴 o^{33}bo^{41} 下巴下 o^{33}bo^{55}io^{33}	胡须 u^{33}ɕy^{324}	项颈 ɔŋ^{55}tɕiŋ^{33}
72 庆元	下鸽⁼ iɑ^{22}kɤʔ^{5}	喙须 tɕʰiᴇ^{33}ɕiɯ^{33} 胡须 uɤ^{52}ɕyᴇ^{335}	头颈 tiɯ^{22}tɕiŋ^{33}
73 泰顺	下巴哥⁼ ɔ^{22}pɔ^{21}ko^{213}	胡须 uø^{21}ɕy^{213}	头颈 təu^{21}tɕiŋ^{55}
74 温州	下巴 o^{31}bo^{21}	胡须 vu^{22}sɿ^{33}	头颈 dɤu^{31}tɕiaŋ^{25}
75 永嘉	下巴 o^{31}bo^{21}	胡须 u^{22}sɥ^{44}	头颈 dəu^{31}tɕiaŋ^{45}
76 乐清	下巴 o^{22}bɯʌ^{31}	胡须 vu^{22}sy^{44}	头颈 diu^{31}tɕiaŋ^{35}
77 瑞安	下巴 o^{31}bu^{21}	胡须 vɯ^{22}səɯ^{44}	头颈 dou^{31}tɕiaŋ^{35}
78 平阳	喉巴下 au^{33}po^{42}o^{42}	胡须 vu^{21}sʉ^{35}	头颈 dɛu^{13}tʃaŋ^{35}
79 文成	下爿 o^{33}bo^{33}	胡须 vu^{21}søy^{33}	头颈 diou^{42}tʃaŋ^{45}
80 苍南	下巴斗 a^{42}buɔ^{11}tau^{24}	胡须 u^{11}ɕy^{44}	头颈 dɛu^{31}tɕiaŋ^{53}
81 建德徽	下巴 ho^{55}po^{33}	胡子 u^{33}tsɿ^{213}	头颈 tʰɤɯ^{33}tɕin^{213} "头"声殊
82 寿昌徽	下爬⁼ xuə^{33}pʰɤ^{52}	胡须 u^{11}su^{112}	头颈 tʰəɯ^{33}tɕien^{24}
83 淳安徽	下巴 ho^{55}pʰɑʔ^{5}"巴"音殊	胡须 va^{43}su^{24}	头颈 tʰɯ^{43}tɕin^{55}
84 遂安徽	下巴 xɑ^{55}pɑ^{33}	胡须 vu^{33}sɿ^{55}	头颈 tʰiu^{55}tɕin^{52}
85 苍南闽	下颏 e^{21}ai^{24}	喙须 tsʰui^{33}tɕʰiu^{55}	项规⁼ an^{21}kui^{55}
86 泰顺闽	下巴 a^{31}pa^{22}	喙须 tɕʰy^{34}tɕiøu^{213} 胡须 fv^{21}søi^{213}	脰领 tʰau^{21}liæŋ^{344}
87 洞头闽	喙下兜 tsʰui^{53}e^{21}tau^{53}	喙须 tsʰui^{33}tɕʰiu^{33}	项滚⁼ aŋ^{212}kun^{53}
88 景宁畲	嘴底 tɕyoi^{44}ti^{51}	嘴须 tɕyoi^{43}su^{44}	颈□ kiaŋ^{55}tuən^{325}

方言点	0472 喉咙	0473 肩膀	0474 胳膊
01 杭州	喉咙 ei^{22} loŋ^{45}	肩膀 tɕiɛ^{33} paŋ^{45}	手髈 sei^{55} pʰaŋ^{0}
02 嘉兴	喉咙 ei^{21} loŋ^{33}	肩架 tɕie^{24} kᴀ^{21}	臂膊 pi^{33} poʔ^{5}
03 嘉善	喉咙 ə^{13} loŋ^{31}	肩架 tɕiɪ^{55} ka^{0}	臂膊 pi^{44} po^{53}“膊”舒化
04 平湖	喉咙 əɯ^{24} loŋ^{53}	肩胛 tɕiɛ^{55} kaʔ^{31}	臂膊 pi^{44} poʔ^{5}
05 海盐	喉咙 e^{24} loŋ^{53}	肩胛 tɕiɛ^{55} kaʔ^{5}	臂膊 pi^{55} pɔ^{21}“膊”舒化
06 海宁	喉咙头 əɯ^{33} loŋ^{55} dəɯ^{55}	肩架 tɕie^{55} ka^{55}	臂膊 pi^{55} po^{53}“膊”舒化
07 桐乡	喉咙 ɤɯ^{21} loŋ^{44}	肩架 tɕiᴇ^{44} ka^{53}	臂膊 pi^{33} po^{53}“膊”舒化
08 崇德	喉咙 ɤɯ^{21} loŋ^{44}	肩架 tɕiɪ^{44} kɑ^{44}	臂膊 pi^{33} po^{53}“膊”舒化
09 湖州	喉咙 øʉ^{33} loŋ^{35}	肩架 tɕie^{44} ka^{44}	臂膊 pi^{33} puo^{35}“膊”舒化
10 德清	喉咙 øʉ^{11} loŋ^{13}	肩架 tɕie^{44} ka^{44}	臂膊 pi^{33} puo^{35}“膊”舒化
11 武康	喉咙 ø^{11} loŋ^{13}	肩架 tɕiɪ^{44} ka^{44}	臂膊 pi^{33} po^{35}“膊”舒化
12 安吉	喉咙 əɪ^{22} loŋ^{22}	肩胛 tɕi^{55} kɐʔ^{5}	手梗 səɪ^{52} kuã^{21}
13 孝丰	喉咙 əɪ^{22} loŋ^{22}	肩胛 tɕiɪ^{44} kaʔ^{5}	臂膀 pi^{32} pɔ̃^{213}
14 长兴	咽咙 i^{12} loŋ^{33}	肩胛 tʃi^{44} kaʔ^{5}	手臂 sei^{45} bɿ^{21}
15 余杭	华=咙 o^{31} loŋ^{13}	肩架 tɕiẽ^{55} ka^{55}	臂膊 pi^{53} puo^{35}“膊”舒化
16 临安	喉咙 ə^{33} loŋ^{13}	肩刻=tɕie^{55} kʰɐʔ^{5}	手梗 sə^{55} kuɑ̃^{53}
17 昌化	喉咙管 ei^{11} ləŋ^{11} kuɛ̃^{453}	肩间=tɕiɪ̃^{33} kɔ̃^{45}	手臂管 ɕi^{45} piɛʔ^{5} kuɛ̃^{53}
18 於潜	喉咙 iəu^{22} loŋ^{24}	肩膀 tɕie^{43} paŋ^{53}	手梗 ɕiəu^{53} kuaŋ^{31}
19 萧山	喉咙 io^{21} loŋ^{33}	攀=肩 pʰɛ^{33} tɕie^{33}	手髈 ɕio^{33} pʰɔ̃^{21}
20 富阳	喉咙头 ei^{13} loŋ^{55} dei^{55}	肩膀 tɕiɛ̃^{55} pʰã^{55}“膀”声殊	手梗 ɕiʊ^{423} kuã^{335}
21 新登	喉咙 u^{233} leiŋ^{233}	肩杠=tɕiɛ̃^{53} kɑ̃^{334}	手梗 ɕy^{334} kuɛ^{45}
22 桐庐	喉咙 ei^{21} loŋ^{35}	肩膀 tɕie^{55} pã^{13}	手髈 sei^{33} pʰã^{35}
23 分水	喉咙 xɵ^{21} loŋ^{0}	肩膀 tɕiɛ̃^{44} pã^{55}	手梗 sɵ^{44} kuã^{53}
24 绍兴	喉咙 ɤ^{22} loŋ^{231}	肩胛 tɕiẽ^{33} kɛʔ^{5}	手髈 sɤ^{44} pʰɑŋ^{31}

续表

方言点	0472 喉咙	0473 肩膀	0474 胳膊
25 上虞	下$^{=}$咙 o^{21}loŋ^{213}	肩胛头 tɕiẽ^{33}kɐʔ^{5}dɤ^{31}	手髈 sɤ^{33}pʰɔ̃^{53}
26 嵊州	喉咙 ʏ^{22}loŋ^{231}	肩胛头 tɕiẽ^{53}kɛʔ^{3}dʏ^{231}	手骨筒 ɕiʏ^{33}kuəʔ^{5}doŋ^{31}
27 新昌	喉咙 u^{13}loŋ^{33}	攀$^{=}$肩 pʰɛ̃^{45}tɕiɛ̃^{534}	手骨筒 ɕiɯ^{53}kueʔ^{5}doŋ^{31}
28 诸暨	喉咙 iʉ^{21}lom^{242}	攀$^{=}$肩 pʰɛ^{21}tɕie^{42}	手梗 sei^{33}kuã^{42}
29 慈溪	胡咙 vu^{11}luŋ^{13}	肩胛 tɕiẽ^{33}kʰaʔ^{5}	手髈 sø^{44}pʰɔ̃^{53}
30 余姚	胡咙 vu^{13}luŋ^{13}	肩胛头 tɕiẽ^{53}kʰaʔ^{5}dø^{0}	手髈 sø^{34}pʰɔŋ^{53} 手梗 sø^{34}kuã^{34}
31 宁波	胡咙头 vu^{13}loŋ^{44}dœʏ^{0}	肩胛头 tɕi^{44}kaʔ^{5}dœʏ^{0}	手臂 ɕiʏ^{35}pi^{44}
32 镇海	胡咙头 u^{22}loŋ^{22}dei^{24}	肩胛头 tɕi^{33}kaʔ^{5}dei^{24}	手臂 ɕiu^{33}pi^{44}
33 奉化	胡咙 vu^{33}loŋ^{31}	肩胛头 tɕi^{44}kʰaʔ^{5}dæi^{31}	手髈部$^{=}$ ɕiʏ^{44}pʰɔ̃^{44}bu^{33}
34 宁海	屋$^{=}$咙 oʔ^{3}loŋ^{213} 屋$^{=}$咙头 oʔ^{3}loŋ^{21}diu^{31}	肩胛头 tɕieʔ^{3}kʰeʔ^{3}diu^{213}	手臂 ɕiu^{53}pi^{35} 手臂筒 ɕiu^{53}pi^{0}doŋ^{31}
35 象山	胡咙 u^{31}loŋ^{13}	肩胛 tɕi^{44}kaʔ^{5} 肩胛头 tɕi^{44}kaʔ^{5}dɤɯ^{31}	手梗 ɕiu^{44}kuã^{44}
36 普陀	胡咙 u^{33}loŋ^{53}	肩胛 tɕi^{33}kʰɐʔ^{5}	后臂 eu^{23}piɛʔ^{0}
37 定海	胡咙 u^{33}loŋ^{52}	肩胛 tɕi^{33}kʰɐʔ^{5} 肩胛头 tɕi^{33}kʰɐʔ^{3}dɐi^{45}	手骨 ɕiʏ^{52}kuɐʔ^{0} 手梗 ɕiʏ^{44}kuã^{44}
38 岱山	胡咙 u^{33}loŋ^{52}	肩胛头 tɕi^{31}kʰɐʔ^{0}dœʏ^{0}	手骨 ɕiʏ^{52}kuɐʔ^{0}
39 嵊泗	胡咙 u^{33}loŋ^{53}	肩胛头 tɕi^{44}kʰɐʔ^{0}dœʏ^{0}	手骨 ɕiʏ^{44}kuɐʔ^{0}
40 临海	喉咙 ə^{21}loŋ^{51} 喉咙头 ə^{22}loŋ^{22}də^{51}	肩胛头 tɕi^{33}tɕiaʔ^{5}də^{21}	手臂 ɕiu^{42}pi^{55} 手臂筒 ɕiu^{42}pi^{55}doŋ^{51}
41 椒江	喉咙 io^{22}loŋ^{41} 喉咙头 io^{22}loŋ^{22}dio^{41}	肩胛 tɕie^{33}kiəʔ^{5} 肩胛头 tɕie^{33}kiəʔ^{5}dio^{41}	手臂 ɕiu^{42}pi^{55}
42 黄岩	喉咙 io^{13}loŋ^{41} 喉咙头 io^{13}loŋ^{22}dio^{41}	肩胛头 tɕie^{33}kieʔ^{5}dio^{41}	手臂 ɕiu^{42}pi^{55}
43 温岭	喉咙 iɤ^{24}luŋ^{41} 喉咙头 iɤ^{13}luŋ^{24}dɤ^{41}	肩胛头 tɕie^{33}kiəʔ^{5}dɤ^{41}	手臂 ɕiu^{42}pi^{55}
44 仙居	下$^{=}$咙 o^{31}loŋ^{213}	肩胛头 tɕie^{33}kɑʔ^{3}dəɯ^{213}	手臂筒 ɕiəɯ^{31}ɓi^{33}doŋ^{353}小

续表

方言点	0472 喉咙	0473 肩膀	0474 胳膊
45 天台	胡咙 uʔ^{1} luŋ^{224} 胡咙头 uʔ^{1} luŋ^{224} deu^{51} "胡"音殊	肩胛头 ki^{33} kʰəʔ^{5} deu^{224}	手臂筒 ɕiu^{32} pi^{33} duŋ^{51}
46 三门	喉咙 ɤɯ^{13} loŋ^{31}	肩胛头 tɕie^{33} kɐʔ^{3} dɤɯ^{113}	手臂筒 ɕiu^{32} pi^{55} doŋ^{252}
47 玉环	喉咙 iɤ^{22} loŋ^{41}	肩胛头 tɕie^{33} kiɐʔ^{5} diɤ^{41}	手臂 ɕiu^{53} pi^{55}
48 金华	喉咙 eu^{31} loŋ^{14}	肩头 tɕie^{33} tiu^{55} 老 肩膀 tɕie^{33} paŋ^{55} 新	手臂 ɕiu^{53} pi^{55}
49 汤溪	咙喉头 lɑo^{33} əɯ^{24} dəɯ^{0}	肩头 tɕie^{24} dəɯ^{0}	手臂骨 ɕiəɯ^{52} pi^{33} kuə^{55}
50 兰溪	喉咙 əɯ^{21} loŋ^{24}	肩胛木头 tɕie^{334} kuɑ^{334} mɔʔ^{12} dəɯ^{24}	手臂 ɕiəɯ^{55} pi^{45}
51 浦江	咙喉 lən^{24} gɤ^{334}	髈肩 pʰɑ̃^{55} tɕiẽ^{334}	手臂 ɕiɤ^{55} pi^{55}
52 义乌	喉咙 ɐɯ^{24} loŋ^{45} 咙喉 loŋ^{22} kɐɯ^{45}	肩头 tɕie^{33} tɐɯ^{45}	手骨 sɐɯ^{45} kuə^{324}
53 东阳	喉咙 əɯ^{22} ləm^{53}	肩头 tɕi^{33} dəɯ^{53}	手骨 ɕiəɯ^{44} kuɐ^{33}
54 永康	咙喉 loŋ^{31} gəu^{22}	髈肩头 pʰɑŋ^{33} ie^{55} dəu^{22}	手臂 ʑiəu^{31} ɓi^{52}
55 武义	咙喉 loŋ^{32} ɑu^{53}	肩头 tɕie^{32} dɑu^{53}	手臂 ɕiəu^{55} pi^{53}
56 磐安	咙喉 lɔom^{21} kɐɯ^{52}	肩头 tɕie^{33} tɐɯ^{52}	手梗 ɕiɐɯ^{55} kuɛ^{334}
57 缙云	咙喉 laŋ^{21} gɤ^{453}	肩胛头 iɛ^{44} kɑ^{51} diuŋ^{243}	手臂段 ɕiəɤ^{51} pi^{44} daŋ^{213}
58 衢州	喉咙 ɯ^{21} loŋ^{53}	肩膀 tɕiẽ^{32} pɑ̃^{35}	手骨 ɕiu^{35} kuəʔ^{5}
59 衢江	牛$^{=}$咙 ŋy^{22} ləŋ^{53}	肩膀 tɕie^{33} pɑ̃^{25}	手骨 ɕy^{33} kuəʔ^{5}
60 龙游	喉咙 əɯ^{224} loŋ^{231}	肩膀 tɕie^{33} pɑ̃^{35}	手拐 zəɯ^{22} kuɛ^{35}
61 江山	喉咙 oʔ^{2} loŋ^{213}	肩胛陆$^{=}$ kiɛ̃^{44} kɒ^{44} loʔ^{2}	手截 tɕʰyə^{44} gɘʔ^{2}
62 常山	喉咙 oŋ^{24} loŋ^{0}	肩膀 tɕiɛ̃^{44} piɑ̃^{52}	手截 tsʰuə^{43} gɛʔ^{34}
63 开化	吭咙 ɔŋ^{21} lɤŋ^{53}	肩头 tɕiɛ̃^{53} du^{0}	手膊子 tɕʰyo^{44} pəʔ^{4} tsɿə^{53}
64 丽水	喉咙 əɯ^{21} ləŋ^{52}	肩胛头 tɕiɛ^{44} kuəʔ^{5} dəɯ^{0}	手梗膊 ɕiəɯ^{44} kuɑ̃^{44} puoʔ^{5}
65 青田	□喉 li^{55} æi^{21}	□胛头 dzɿ^{22} kaʔ^{4} deu^{53}	手□头 ɕieu^{33} ɗɛ^{55} deu^{53}
66 云和	喉咙 əɯ^{223} loŋ^{312}	肩头 tɕiɛ^{44} dəɯ^{312}	手膊 ɕiəɯ^{44} poʔ^{5}

续表

方言点	0472 喉咙	0473 肩膀	0474 胳膊
67 松阳	喉流 ei^{33} lei^{31}	肩胛头 iε̃^{24} kɔʔ^{3} dei^{31}	手膊袋$^{=}$ ɕiɯ^{33} poʔ^{3} dε^{13}
68 宣平	流$^{=}$喉 liɯ^{43} əɯ^{324}	攀$^{=}$肩 pʰɑ̃^{44} tɕiε^{324}	手膀骨 ɕiɯ^{44} pɔ̃^{44} kuəʔ^{5}
69 遂昌	喉咙 u^{22} ləŋ^{213}	肩胛头 iε̃^{33} kaʔ^{5} du^{221}	手髈袋$^{=}$ tɕʰyε^{53} pʰɔŋ^{55} dei^{213}
70 龙泉	来$^{=}$喉 lᴇ^{45} ᴇu^{21}	□胛头 n̥in^{45} koʔ^{3} diəu^{21}	手膊 tɕʰy^{21} pouʔ^{5}
71 景宁	喉咙 əɯ^{33} ləŋ^{41}	肩头 tɕiε^{33} dəɯ^{41}	手膊 ɕiəɯ^{55} poʔ^{5}
72 庆元	流$^{=}$头 liɯ^{52} tiɯ^{52}	肩头 yε̃^{33} tiɯ^{52}	手膊 tɕʰyᴇ^{33} ɓuʔ^{5}
73 泰顺	喉咙 əu^{21} loŋ^{53}	肩胛头 tsɿʔ^{2} koʔ^{2} təu^{53}	手膊 ɕiəu^{22} poʔ^{5}
74 温州	桯$^{=}$喉 ləŋ^{22} ŋau^{223}	肩胛头 tɕi^{34} ka^{33} dɤu^{223}	手基骨 ɕiɤu^{33} tsɿ^{45} kø^{323}
75 永嘉	桯$^{=}$喉 leŋ^{22} au^{21}	肩胛头 tɕi^{33} ka^{43} dəu^{21}	手掌肚 ɕiəu^{33} tɕiε^{53} dəɯ^{13}
76 乐清	桯$^{=}$喉 leŋ^{22} ŋau^{223}	肩胛头 tɕiᴇ^{34} ka^{44} diu^{223}	手基筒 siu^{33} tɕi^{42} doŋ^{24}
77 瑞安	桯$^{=}$喉 ləŋ^{22} au^{21}	肩胛头 tɕi^{35} kɔ^{323} dou^{0}	手节骨 sou^{33} tɕi^{35} ky^{323}
78 平阳	桯$^{=}$喉 leŋ^{21} au^{13}	肩关头膀 tɕie^{45} kɔ^{33} dεu^{33} po^{35}	手节骨 sεu^{33} tɕi^{45} kye^{13}
79 文成	桯$^{=}$喉 leŋ^{21} au^{33}	肩 tɕie^{55}	肢格$^{=}$膀 tɕi^{21} ka^{21} po^{45}
80 苍南	喉咙 au^{11} loŋ^{24}	肩胛头 tɕi^{44} ka^{3} dεu^{21}	手节骨 sεu^{33} tɕi^{3} kyε^{223}
81 建德徽	喉咙 hɤɯ^{33} loŋ^{33}	肩膀 tɕie^{53} pʰε^{213}	手梗 sɤɯ^{55} kuε^{213}
82 寿昌徽	喉咙 xəɯ^{11} ləŋ^{33}	肩胛头 tɕi^{11} kuə^{11} tʰəɯ^{55}	手筒梗 səɯ^{33} tʰɔŋ^{11} kuæ^{24}
83 淳安徽	喉咙头 hɯ^{43} lon^{24} tʰɯ^{21}	肩胛 tɕiɑ̃^{21} ko^{55}	手臂 sɯ^{55} piʔ^{5}
84 遂安徽	喉咙 xəɯ^{33} ləŋ^{33}	肩岗 tɕiɑ̃^{55} kɑ̃^{213}	手梗 ɕiu^{24} kuɑ̃^{213}
85 苍南闽	喉咙囝 au^{21} lɑŋ^{21} kã^{43}	肩头 kũĩ^{33} tʰau^{24}	手□ tɕʰiu^{21} kʰiau^{55}
86 泰顺闽	喉咙 xeu^{21} ləŋ^{22}	肩头 kie^{22} tʰau^{22}	手腿 tɕʰiøu^{21} tʰai^{344}
87 洞头闽	□喉 la^{212} au^{24}	肩头 kãĩ^{33} tʰau^{24}	手骨 tɕʰiu^{33} kuət^{5}
88 景宁畲	喉咙管 fu^{51} loŋ^{22} kɔn^{325} 颈喉 kiaŋ^{55} xɔ^{22}	肩头 kin^{44} tʰiəu^{22}	手肚 ɕiəu^{55} tu^{325}

方言点	0475 手他的～摔断了	0476 左手	0477 右手
01 杭州	手 sei^{53} 包括臂	借$^{=}$手 tɕia^{45}sei^{53}	顺手 zəŋ^{13}sei^{53}
02 嘉兴	手 sei^{544} 包括臂	左手 tsou^{33}sei^{33}	右手 iu^{24}sei^{21}
03 嘉善	手 sə^{44} 包括臂	济$^{=}$手 tɕi^{55}sə^{0}	顺手 zən^{35}sə^{0} 小
04 平湖	手 səɯ^{44} 包括臂	济$^{=}$手 tsɿ^{44}səɯ^{0}	顺手 zən^{24}səɯ^{0}
05 海盐	手 se^{423} 包括臂	济$^{=}$手 tɕi^{55}se^{21}	顺手 zən^{13}se^{21}
06 海宁	手 səɯ^{53} 包括臂	济$^{=}$手 tɕi^{55}səɯ^{53}	顺手 zəŋ^{33}səɯ^{53}
07 桐乡	手 sɤɯ^{53} 包括臂	济$^{=}$手 tsi^{33}sɤɯ^{53}	顺手 zəŋ^{21}sɤɯ^{53}
08 崇德	手 sɤɯ^{53} 包括臂	借$^{=}$手 tɕiɑ^{33}sɤɯ^{53}	顺手 zəŋ^{21}sɤɯ^{53}
09 湖州	手 ɕiʉ^{523} 包括臂	借$^{=}$手 tɕia^{33}ɕiʉ^{35}	顺手 zən^{33}ɕiʉ^{35}
10 德清	手 ɕiʉ^{52} 包括臂	借$^{=}$手 tɕia^{33}ɕiʉ^{35}	顺手 dzen^{11}ɕiʉ^{35}
11 武康	手 sø^{53} 包括臂	借$^{=}$手 tɕia^{33}sø^{35}	顺手 dzen^{11}sø^{35}
12 安吉	手 səɪ^{52} 只指手	借$^{=}$手 tɕia^{32}səɪ^{213}	顺手 zəŋ^{21}səɪ^{213}
13 孝丰	手 səɪ^{52} 包括臂	反手 fɛ^{45}səɪ^{21}	顺手 zəŋ^{21}səɪ^{24}
14 长兴	手 sei^{52} 包括臂	借$^{=}$手 tʃia^{32}sei^{24}	顺手 zəŋ^{21}sei^{24}
15 余杭	手 søʏ^{53} 包括臂	借$^{=}$手 tsia^{53}søʏ^{35}	顺手 ziŋ^{33}søʏ^{35}
16 临安	手 sə^{55} 包括臂	借$^{=}$手 tɕia^{55}sə^{53}	顺手 zeŋ^{33}sə^{53}
17 昌化	手 ɕi^{453} 只指手	反手 fɔ̃^{45}ɕi^{53}	顺手 ʑyəŋ^{23}ɕi^{53}
18 於潜	手 ɕiəu^{51} 包括臂	反手 fɛ^{53}ɕiəu^{31}	顺手 ʑyŋ^{24}ɕiəu^{53}
19 萧山	手 ɕio^{33} 包括臂	借$^{=}$手 tɕia^{33}ɕio^{33}	顺手 zəŋ^{13}ɕio^{33}
20 富阳	手 ɕiʊ^{423} 包括臂	借$^{=}$手 tɕia^{335}ɕiʊ^{53}	顺手 ʑin^{224}ɕiʊ^{335}
21 新登	手 ɕy^{344} 包括臂	反手 fɛ^{334}ɕy^{45}	顺手 ʑyiŋ^{21}ɕy^{45}
22 桐庐	手 sei^{33} 包括臂	反手 fã^{33}sei^{35}	顺手 ʑyŋ^{13}sei^{55}
23 分水	手 sɵ^{53} 包括臂	反手 fã^{44}sɵ^{53}	顺手 ɕyn^{21}sɵ^{44}
24 绍兴	手 sɤ^{334} 包括臂	借$^{=}$手 tɕia^{33}sɤ^{334}	顺手 zẽ^{22}sɤ^{334}

续表

方言点	0475 手他的～摔断了	0476 左手	0477 右手
25 上虞	手 sɤ^{35} 只指手	借$^{=}$手 tɕia^{55}sɤ^{33}	顺手 zəŋ^{21}sɤ^{33}
26 嵊州	手 ɕiʏ^{53} 包括臂	借$^{=}$手 tɕia^{33}ɕiʏ^{334}	顺手 zeŋ^{22}ɕiʏ^{334}
27 新昌	手 ɕiɯ^{453} 包括臂	借$^{=}$手 tɕia^{53}ɕiɯ^{33}	顺手 zeŋ^{22}ɕiɯ^{33}
28 诸暨	手 sei^{42} 包括臂	借$^{=}$手 tɕiᴀ^{33}sei^{42}	顺手 zɛn^{13}sei^{42}
29 慈溪	手 sø^{35} 包括臂	借$^{=}$手 tɕia^{44}sø^{44}	正手 tsəŋ^{44}sø^{44}
30 余姚	手梗 sø^{34}kuaŋ^{44} 包括臂	借$^{=}$手 tɕia^{53}sø^{0}	正手 tsə̃^{53}sø^{0}
31 宁波	手梗 ɕiʏ^{35}kua^{0} 包括臂	借$^{=}$手 tɕia^{53}ɕiʏ^{0}	顺手 zoŋ^{13}ɕiʏ^{0}
32 镇海	手 ɕiu^{35} 只指手	借$^{=}$手 tɕia^{33}ɕiu^{44}	顺手 zoŋ^{22}ɕiu^{44}
33 奉化	手骨 ɕiʏ^{44}kuaʔ^{5} 包括臂	借$^{=}$手 tɕia^{53}ɕiʏ^{0}	顺手 zoŋ^{31}ɕiʏ^{0}
34 宁海	手 ɕiu^{53} 包括臂 手臂 ɕiu^{53}pi^{35} 手骨 ɕiu^{53}kuaʔ^{2}	借$^{=}$手 tɕia^{33}ɕiu^{53}	顺手 ʑyəŋ^{21}ɕiu^{53}
35 象山	手 ɕiu^{44} 只指手	借$^{=}$手 tɕia^{53}ɕiu^{44}	顺手 zoŋ^{31}ɕiu^{44}
36 普陀	手 ɕieu^{45} 包括臂	借$^{=}$手 tɕia^{55}ɕieu^{0}	顺手 zoŋ^{11}ɕieu^{55}
37 定海	手 ɕiʏ^{45} 包括臂	借$^{=}$手 tɕia^{44}ɕiʏ^{0}	顺手 zoŋ^{11}ɕiʏ^{44}
38 岱山	手 ɕiʏ^{325} 包括臂	借$^{=}$手 tɕia^{44}ɕiʏ^{52}	顺手 zoŋ^{11}ɕiʏ^{45}
39 嵊泗	手 ɕiʏ^{445} 包括臂	借$^{=}$手 tɕia^{44}ɕiʏ^{0}	顺手 zoŋ^{11}ɕiʏ^{53}
40 临海	手 ɕiu^{52} 包括臂 双手 ɕyɔ̃ʔ^{33}ɕiu^{353} 小，只指手	济$^{=}$手 tɕi^{33}ɕiu^{52}	顺手 ʑyŋ^{33}ɕiu^{52}
41 椒江	手 ɕiu^{42} 包括臂	济$^{=}$手 tɕi^{33}ɕiu^{42}	顺手 zøŋ^{22}ɕiu^{42}
42 黄岩	双手 sɔ̃^{33}ɕiu^{42} 包括臂	济$^{=}$手 tɕi^{33}ɕiu^{42}	顺手 zøn^{13}ɕiu^{42}
43 温岭	手 ɕiu^{42} 包括臂	济$^{=}$手 tɕi^{33}ɕiu^{42}	顺手 ʑyn^{13}ɕiu^{42}
44 仙居	手 ɕiəɯ^{324} 包括臂	济$^{=}$手 tɕi^{33}ɕiəɯ^{324}	顺手 ʑin^{33}ɕiəɯ^{324}
45 天台	手 ɕiu^{325} 包括臂 双手 ɕyɔ^{33}ɕiu^{325} 只指手	济$^{=}$手 tɕi^{33}ɕiu^{325}	顺手 ʑyŋ^{33}ɕiu^{325}

续表

方言点	0475 手他的～摔断了	0476 左手	0477 右手
46 三门	手 ɕiu^{325} 包括臂	借$^{=}$手 tɕia^{44} ɕiu^{445}	顺手 ʑyŋ^{23} ɕiu^{325}
47 玉环	手 ɕiu^{53} 包括臂	济$^{=}$手 tɕi^{33} ɕiu^{53}	顺手 ʑioŋ^{22} ɕiu^{53}
48 金华	手 ɕiu^{535} 包括臂	借$^{=}$手 tsia^{33} ɕiu^{535}	顺手 ʑyəŋ^{14} ɕiu^{535} 正手 tɕiŋ^{55} ɕiu^{535}
49 汤溪	手 ɕiəɯ^{535} 包括臂	细手 sia^{33} ɕiəɯ^{535}	大手 duɤ^{11} ɕiəɯ^{535}
50 兰溪	手 ɕiəɯ^{55} 包括臂	细手 sia^{334} ɕiəɯ^{55}	大手 tuɤ^{55} ɕiəɯ^{55}
51 浦江	手 ɕiɤ^{53} 包括臂	借$^{=}$只 tsia^{55} tsɛ^{423} 老 借$^{=}$手 tsia^{33} ɕiɤ^{53} 新	顺只 ʑyən^{11} tsɛ^{53} 老 顺手 ʑyən^{11} ɕiɤ^{53} 新
52 义乌	手 sɐɯ^{423} 包括臂	借$^{=}$手 tsia^{45} sɐɯ^{423}	顺手 yən^{24} sɐɯ^{423}
53 东阳	手 ɕiəɯ^{44} 只指手	济$^{=}$手 tsi^{44} ɕiəɯ^{33}	顺手 zɐn^{23} ɕiəɯ^{53}
54 永康	手 ɕiəu^{334} 包括臂	反手 vɑ^{31} ɕiəu^{334}	正手 tɕiŋ^{33} ɕiəu^{334}
55 武义	手 ɕiəu^{445} 包括臂	借$^{=}$手 tɕia^{53} ɕiəu^{445}	正手 tɕin^{55} ɕiəu^{445} 顺手 ʑyen^{55} ɕiəu^{445}
56 磐安	手 ɕiɐɯ^{334} 包括臂	济$^{=}$手 tɕi^{33} ɕiɐɯ^{334}	顺手 ɕyɐn^{55} ɕiɐɯ^{334}
57 缙云	手 ɕiuŋ^{51} 包括臂	反手 fɑ^{51} ɕiuŋ^{51}	正手 tsaŋ^{44} ɕiuŋ^{51}
58 衢州	手 ɕiu^{35} 包括臂	反手 fã^{35} ɕiu^{21}	顺手 ʒyən^{231} ɕiu^{35}
59 衢江	手 ɕy^{25} 只指手	反手 pã^{33} ɕy^{25}	顺手 ʑyoŋ^{22} ɕy^{25}
60 龙游	手 səɯ^{35} 包括臂	大手 du^{22} səɯ^{35}	细手 ɕiɑ^{33} səɯ^{35}
61 江山	手 tɕʰyə^{241} 包括臂	借$^{=}$手 tɕiə^{51} tɕʰyə^{241}	顺手 ʑyĩ^{22} tɕʰyə^{241}
62 常山	手 tsʰuə^{52} 包括臂	反只手 pã^{43} tɕieʔ^{5} tsʰuə^{52}	顺只手 zuĩ^{22} tɕieʔ^{5} tsʰuə^{52}
63 开化	手 tɕʰyo^{53} 包括臂	反手 pã^{44} tɕʰyo^{53}	顺手 ʑyn^{21} tɕʰyo^{53}
64 丽水	手 ɕiəɯ^{544} 包括臂	济$^{=}$只手 tsɿ^{44} tsaʔ^{4} ɕiəɯ^{544} 老 左手 tsu^{52} ɕiəɯ^{544} 新	顺只手 ʑyn^{22} tsaʔ^{4} ɕiəɯ^{544} 老 右手 iəɯ^{131} ɕiəɯ^{544} 新
65 青田	手 ɕieu^{454} 包括臂	济$^{=}$手 tsɿ^{33} ɕieu^{454}	顺手 yaŋ^{22} ɕieu^{454}
66 云和	手 ɕiəɯ^{41} 包括臂	济$^{=}$手 tsɿ^{45} ɕiəɯ^{41}	顺手 ʑyŋ^{223} ɕiəɯ^{41}

续表

方言点	0475 手他的～摔断了	0476 左手	0477 右手
67 松阳	手骨 ɕiɯ^{33} kuɛʔ^{5} 包括臂	济$^{=}$手 tsɿə^{33} ɕiɯ^{212}	顺手 ʑyn^{22} ɕiɯ^{212}
68 宣平	手 ɕiɯ^{445} 包括臂	□手 tɕya^{44} ɕiɯ^{445}	顺手 ʑyən^{22} ɕiɯ^{445}
69 遂昌	手 tɕ^{h}yɛ^{533} 包括臂	反手 faŋ^{53} tɕ^{h}yɛ^{533}	顺手 ʑyŋ^{21} tɕ^{h}yɛ^{533}
70 龙泉	手 tɕ^{h}y^{51} 包括臂	细只手 ɕi^{45} tsɿʔ^{3} tɕ^{h}y^{51}	大只手 dou^{224} tsɿʔ^{3} tɕ^{h}y^{51}
71 景宁	手 ɕiəɯ^{33} 包括臂	撇济$^{=}$手 p^{h}iaʔ^{3} tsɿ^{55} ɕiəɯ^{33}	顺手 ʑiaŋ^{113} ɕiəɯ^{33}
72 庆元	手 tɕ^{h}yᴇ^{33} 包括臂	济$^{=}$舟$^{=}$ tɕiᴇ^{11} tɕiɯ^{335}	顺舟$^{=}$ ɕyəŋ^{31} tɕiɯ^{335}
73 泰顺	手 ɕiəu^{55} 包括臂	细只手 sɿ^{35} tsɿʔ^{2} ɕiəu^{55}	大只手 to^{22} tsɿʔ^{2} ɕiəu^{55}
74 温州	手手 ɕiɤu^{3} ɕiɤu^{25} 包括臂	借$^{=}$手 tsei^{42} ɕiɤu^{25}	顺手 ioŋ^{31} ɕiɤu^{25}
75 永嘉	手 ɕiəu^{45} 包括臂	济$^{=}$支手 tsɿ^{43} tsɿ^{53} ɕiəu^{45}	顺支手 ioŋ^{22} tsɿ^{53} ɕiəu^{45}
76 乐清	手 siu^{35} 包括臂	借$^{=}$手 tɕi^{42} siu^{35}	顺手 zoŋ^{31} siu^{35}
77 瑞安	手 sou^{35} 包括臂	济$^{=}$手 tse^{3} sou^{35}	顺手 zoŋ^{31} sou^{35}
78 平阳	手 sɛu^{45} 包括臂	左手 tʃu^{33} sɛu^{35}	右手 iau^{13} sɛu^{35}
79 文成	手 ɕiou^{45} 包括臂	借$^{=}$手 tɕi^{21} ɕiou^{45}	顺手 zən^{42} ɕiou^{45}
80 苍南	手 sɛu^{53} 包括臂	大手 du^{11} sɛu^{53} 左手 tsu^{42} sɛu^{53}	琐手 sai^{42} sɛu^{53} 右手 iau^{31} sɛu^{53}
81 建德徽	手 sɤɯ^{213} 包括臂	反手 fɛ^{55} sɤɯ^{213}	顺手 ɕyn^{55} sɤɯ^{213}
82 寿昌徽	手 səɯ^{24} 包括臂	反手 fɤ^{33} səɯ^{24}	顺手 ɕyɛ̃^{33} səɯ^{24}
83 淳安徽	手 sɯ^{55} 包括臂	反手 fɑ̃^{55} sɯ^{21}	顺手 suen^{53} sɯ^{21}
84 遂安徽	手 ɕiu^{213} 包括臂	反手 fɑ̃^{21} ɕiu^{24}	顺手 fin^{55} ɕiu^{21}
85 苍南闽	手 tɕ^{h}iu^{43} 包括臂	大手边 tua^{21} tɕ^{h}iu^{33} pin^{55}	细手边 sue^{21} tɕ^{h}iu^{43} pin^{55}
86 泰顺闽	手 tɕ^{h}iøu^{344} 包括臂	细手 sei^{21} tɕ^{h}iøu^{344}	大手 ta^{21} tɕ^{h}iøu^{344}
87 洞头闽	手 tɕ^{h}iu^{53} 包括臂	大骹手 to^{53} k^{h}a^{212} tɕ^{h}iu^{53}	正骹手 tɕĩã^{53} k^{h}a^{212} tɕ^{h}iu^{53}
88 景宁畲	手 ɕiəu^{325} 包括臂	左手 tsau^{325} ɕiəu^{55} 小	右手 iəu^{51} ɕiəu^{55} 小

方言点	0478 拳头	0479 手指	0480 大拇指
01 杭州	拳头 dʑyo^{22} dei^{45}	手指头 sei^{55} tsɿ^{33} dei^{0}	大拇指 dəu^{13} mu^{55} tsɿ^{0}
02 嘉兴	拳头 dʑyə^{21} dei^{33}	指头管 tɕieʔ^{5} dei^{24} kuə^{42}	大拇节头 dou^{21} mei^{42} tɕieʔ^{5} dei^{21}
03 嘉善	拳头 dʑyø^{13} də^{31}	节头管 tɕieʔ^{5} də^{13} kø^{53}	大拇节头管 du^{22} mieʔ^{4} tɕieʔ^{5} də^{31} kø^{0}
04 平湖	拳头 dʑyø^{24} dəɯ^{53}	节头 tsiəʔ^{5} dəɯ^{53}	大拇节头 du^{24} m̩iəʔ^{0} tsiəʔ^{0} dəɯ^{0}
05 海盐	拳头 dʑyɤ^{24} de^{53}	节头牯 tɕiəʔ^{5} de^{55} ku^{53}	大拇节头牯 du^{21} m^{55} tɕiəʔ^{5} de^{21} ku^{21}
06 海宁	拳头 dʑie^{33} dəɯ^{33}	节头 tɕieʔ^{5} dəɯ^{33} 节头牯 tɕieʔ^{5} dəɯ^{55} kəu^{55}	大拇节头 dəɯ^{33} m^{35} tɕieʔ^{5} dəɯ^{0}
07 桐乡	拳头 dʑiᴇ^{21} dɤɯ^{44}	节头管 tsiəʔ^{3} dɤɯ^{44} kuᴇ^{44}	大拇节头管 dəu^{21} m^{44} tsiəʔ^{0} dɤɯ^{0} kuᴇ^{0}
08 崇德	拳头 dʑiɪ^{21} dɤɯ^{44}	节头管 tɕiəʔ^{3} dɤɯ^{44} kuᴇ^{44}	大拇节头 du^{21} m^{55} tɕiəʔ^{0} dɤɯ^{0}
09 湖州	拳头 dʑie^{33} døʉ^{35}	节头管 tɕieʔ^{5} døʉ^{55} kuɛ^{53}	大拇节头管 dəu^{33} m^{33} tɕieʔ^{5} døʉ^{31} kuɛ^{0}
10 德清	拳头 dʑie^{11} døʉ^{13}	节头管 tɕieʔ^{5} døʉ^{35} køʉ^{53}	大拇节头 dəu^{11} m^{11} tɕieʔ^{2} døʉ^{13}
11 武康	拳头 dʑiɪ^{11} dø^{35}	节头管 tɕieʔ^{5} dø^{35} kø^{53}	大拇节头 du^{11} mieʔ^{2} tɕieʔ^{5} dø^{35}
12 安吉	拳头 dʑi^{22} dəɪ^{22}	手指头 səɪ^{52} tsɿ^{0} dəɪ^{21}	大手指头 dʊ^{21} səɪ^{22} tsɿ^{22} dəɪ^{213}
13 孝丰	拳头 dʑiɪ^{22} dəɪ^{22}	手指头 səɪ^{45} tsɿ^{21} dəɪ^{21}	大手指头 du^{21} səɪ^{22} tsɿ^{22} dəɪ^{24}
14 长兴	拳头 dʒi^{12} dei^{33}	节头管 tʃiᴇʔ^{5} dei^{44} kuɯ^{44}	大拇节头管 dəu^{21} m^{21} tʃiᴇʔ^{3} dei^{21} kuɯ^{24}
15 余杭	拳头 dʑiẽ^{33} døʏ^{13}	节头牯儿 tsieʔ døʏ^{33} ku^{55} n^{33}	大拇节头牯儿 du^{33} m^{31} tsieʔ^{5} døʏ^{33} ku^{55} n^{33}
16 临安	拳头脑$^{=}$ dʑyœ^{31} də^{33} nɔ^{33}	手指头 sə^{55} tsɿ^{55} də^{53}	大手指头 duo^{33} sə^{55} tsɿ^{55} də^{53}
17 昌化	拳头 ʑyɪ̃^{11} di^{112}	手指头 ɕi^{45} tsɿ^{45} di^{53}	大拇节指头 dɯ^{23} m^{45} tɕiɛʔ^{5} tsɿ^{45} di^{53}

续表

方言点	0478 拳头	0479 手指	0480 大拇指
18 於潜	拳头 dʑyɛ^{22}diəu^{24}	手指头 ɕiəu^{53}tsɿ^{53}diəu^{31}	大拇指头 da^{24}mu^{53}tsɿ^{53}diəu^{31}
19 萧山	拳头 dʑyə^{13}dio^{33}	手指头 ɕio^{33}tsɿ^{35}dio^{21}	大米$^{=}$手指头 do^{13}mi^{33}ɕio^{35}tsɿ^{35}dio^{21}
20 富阳	拳头 dʑyɛ̃^{13}dei^{55}	手指头 ɕiʊ^{423}tsɛʔ^{5}dei^{335}	大拇手指头 dʊ^{13}moʔ^{2}ɕiʊ^{423}tsɛʔ^{5}dei^{53}
21 新登	拳头 dʑyɛ̃^{233}dəu^{233}	手指头 ɕy^{334}tsəʔ^{5}təu^{45}	大指头 du^{13}tsəʔ^{5}təu^{45}
22 桐庐	拳头 dʑyᴇ^{21}dei^{35}	手指头 sei^{33}tsɿ^{33}dei^{35}	大拇指 du^{13}m^{35}tsɿ^{33}
23 分水	拳头 dʑyɛ̃^{21}dɵ^{24}	手指头 sɵ^{44}tsɿ^{44}dɵ^{0}	大拇指 da^{22}ma^{53}tsɿ^{0}
24 绍兴	拳头 dʑyø̃^{22}dɤ^{231}	手指头 sɤ^{33}tsɿ^{44}dɤ^{31}	大手指头 do^{22}sɤ^{33}tsɿ^{44}dɤ^{31}
25 上虞	拳头 dʑyø̃^{21}dɤ^{213}	手指末头 sɤ^{33}tsɿ^{35}miəʔ^{2}dɤ^{213}	大手指末头 dʊ^{21}sɤ^{35}tsɿ^{35}miəʔ^{2}dɤ^{213}
26 嵊州	拳头 dʑyœ̃^{22}dʏ^{231}	手指头 ɕiʏ^{33}tsɿ^{44}dʏ^{31}	大手指头 do^{22}ɕiʏ^{33}tsɿ^{44}dʏ^{31}
27 新昌	拳头 dʑyœ̃^{13}diɯ^{33}	手指头 ɕiɯ^{33}tsɤʔ^{5}diɯ^{31}	大手指头 dɤ^{22}ɕiɯ^{33}tsɤʔ^{5}diɯ^{31}
28 诸暨	拳头 dʑiə^{21}dei^{242}	手指头 sei^{42}tsɿ^{33}dei^{21}	大手拇指头 dɤu^{13}sei^{42}mɤu^{21}tsɿ^{21}dei^{242}
29 慈溪	拳头 dʑyø̃^{11}dø^{13}	手节末头儿 sø^{33}tɕiəʔ^{5}məʔ^{2}dəŋ^{13}	大手末头儿 dəu^{13}sø^{33}məʔ^{2}dəŋ^{13}
30 余姚	拳头 dʑyø̃^{13}dø^{13}	手指末头 sø^{34}tsɿ^{44}miəʔ^{2}dø^{0}	大手指末头 dou^{13}sø^{34}tsɿ^{44}miəʔ^{2}dø^{0}
31 宁波	拳头 dʑy^{13}dœʏ^{0}	手指末头 ɕiʏ^{44}tsɿ^{44}maʔ^{2}dœʏ^{0}	大指末头 dəu^{13}tsɿ^{44}maʔ^{2}dœʏ^{0}
32 镇海	拳头 dʑy^{22}dei^{24}	指末头 tsɿ^{33}maʔ^{2}dei^{24}	大指末头 dəu^{22}tsɿ^{33}maʔ^{2}dei^{24}
33 奉化	拳头 dʑy^{33}dæi^{31}	手节末头 ɕiʏ^{44}tɕiɪʔ^{5}maʔ^{2}dæi^{24}	大手节末头 dəu^{31}ɕiʏ^{44}tɕiɪʔ^{5}maʔ^{2}dæi^{24}
34 宁海	拳头 gyø^{23}diu^{31} 拳头卵 gyø^{23}diu^{0}lø^{31}	手七$^{=}$头 ɕiu^{53}ts^{h}aʔ^{3}diu^{213}	大拇七$^{=}$头 dəu^{31}m^{31}ts^{h}aʔ^{3}diu^{213}
35 象山	拳头 dʑy^{31}dɤɯ^{31}	手指头 ɕiu^{44}tsaʔ^{5}dɤɯ^{31}	大拇指头 dəu^{31}maʔ^{2}tsaʔ^{5}dɤɯ^{31}

续表

方言点	0478 拳头	0479 手指	0480 大拇指
36 普陀	拳头 dʑy^{33} deu^{53}	手指末头 ɕieu^{55} tsɿ^{55} mɐʔ^{5} deu^{55}	大手指末头 dəu^{11} ɕieu^{55} tsɿ^{55} mɐʔ^{5} deu^{55}
37 定海	拳头 dʑy^{33} dɐi^{52}	手指末头 ɕiʏ^{44} tsɿ^{44} mɐʔ^{4} dɐi^{44}	大指末头 dʌu^{11} tsɿ^{44} mɐʔ^{4} dɐi^{44}
38 岱山	拳头 dʑy^{33} dœʏ^{52}	手指末头 ɕiʏ^{44} tsɿ^{44} mɐʔ^{4} lɐi^{44} “头”声殊	大手指末头 dʌu^{11} ɕiʏ^{44} tsɿ^{44} mɐʔ^{4} lɐi^{44} “头”音殊
39 嵊泗	拳头 dʑy^{33} dœʏ^{53}	手指末头 ɕiʏ^{44} tsɿ^{44} mɐʔ^{3} lœʏ^{44} “头”声殊	大手指末头 dʌu^{11} ɕiʏ^{44} tsɿ^{44} mɐʔ^{3} lœʏ^{44} “头”音殊
40 临海	拳头 gyø^{21} də^{51}	手节头 ɕiu^{42} tɕieʔ^{3} də^{21}	大节密⁼头 do^{22} tɕieʔ^{3} mieʔ^{2} də^{21}
41 椒江	拳头 gyø^{22} dio^{41}	手末节头 ɕiu^{42} məʔ^{2} tɕieʔ^{5} dio^{41}	大手末节头 dəu^{22} ɕiu^{42} məʔ^{2} tɕieʔ^{5} dio^{41}
42 黄岩	拳头 gyø^{13} dio^{41}	手末头 ɕiu^{42} moʔ^{2} dio^{24} 小	大手末头 dou^{24} ɕiu^{42} moʔ^{2} dio^{24} 小
43 温岭	拳头 gyø^{24} dɤ^{41}	手末节头 ɕiu^{42} məʔ^{2} tɕiʔ^{5} dɤ^{41}	大手末节头 du^{13} ɕiu^{42} məʔ^{2} tɕiʔ^{5} dɤ^{41}
44 仙居	拳头 ɟyø^{353} dəɯ^{0}	手末执⁼头 ɕiəɯ^{31} maʔ^{23} tsəʔ^{3} dəɯ^{213}	大末执⁼头 do^{24} maʔ^{23} tsəʔ^{3} dəɯ^{213}
45 天台	拳头主⁼ gyø^{22} deu^{22} tɕy^{51}	手节头 ɕiu^{32} tɕiəʔ^{1} deu^{224}	大节头 dou^{33} tɕiəʔ^{1} deu^{224} 大手节头 dou^{33} ɕiu^{32} tɕiəʔ^{1} deu^{224}
46 三门	拳头 gyø^{13} dɤɯ^{31}	手节拇头 ɕiu^{32} tɕieʔ^{3} mɤɯ^{32} dɤɯ^{113}	大节拇头 dʊ^{23} tɕieʔ^{3} mɤɯ^{32} dɤɯ^{113}
47 玉环	拳头 gyø^{24} diɤ^{41}	手末头 ɕiu^{53} mɐʔ^{2} diɤ^{24} 小	大手末头 dəu^{22} ɕiu^{53} mɐʔ^{2} diɤ^{24} 小
48 金华	大拳 tuɤ^{55} dʑyɤ^{14} 老 拳头 dʑyɤ^{31} diu^{14} 新	手拇执⁼头 ɕiu^{55} mɛ^{33} tɕiəʔ^{3} tiu^{55}	大手拇执⁼头 duɤ^{14} ɕiu^{55} mɛ^{33} tɕiəʔ^{3} tiu^{55}
49 汤溪	拳头 dʑyɤ^{11} təɯ^{52}	手拇执⁼头 ɕiəɯ^{52} mɛ^{11} tɕiɛ^{55} dəɯ^{0} 执头 tɕiɛ^{55} dəɯ^{0}	大拇执⁼头 duɤ^{11} mɛ^{11} tɕiɛ^{55} dəɯ^{0}
50 兰溪	拳头 dʑyɤ^{21} dəɯ^{24}	手拇执⁼头 ɕiəɯ^{55} məʔ^{12} tɕiəʔ^{34} təɯ^{45}	大拇执⁼头 tuɤ^{55} məʔ^{12} tɕiəʔ^{34} təɯ^{45}
51 浦江	拳头 dʑyẽ^{24} dɤ^{334}	执⁼头 tsə^{33} dɤ^{334}	大网⁼执⁼头 dɯ^{11} mo^{11} tsə^{33} dɤ^{243}

续表

方言点	0478 拳头	0479 手指	0480 大拇指
52 义乌	铜$^{=}$拳牯儿 doŋ^{22}tɕye^{33}kun^{45}	手指头 səʔ^{5}tsəʔ^{3}tɐɯ^{45}	大面手指头 duɤ^{22} mie^{33}səʔ^{5}tsəʔ^{3}tɐɯ^{45}
53 东阳	大拳 dʊ^{22}dʑyu^{53}	手指头 ɕiəɯ^{44}tsɿ^{44}dəɯ^{53}	大手指头 dʊ^{23} ɕiəɯ^{44} tsɿ^{44}dəɯ^{53}
54 永康	大毛拳 duo^{31}mɑu^{31}dʑye^{22}	手执$^{=}$头 ʑiəu^{31}tsə^{33}ɗəu^{55}	大手执$^{=}$头 duo^{31}ʑiəu^{31} tsə^{33}ɗəu^{55}
55 武义	拳头 dʑye^{32}dɑu^{31}	手执$^{=}$头 ɕiəu^{55}tsəʔ^{5}dɑu^{324}	大执$^{=}$头 duo^{55}tsəʔ^{5} dɑu^{324}
56 磐安	大拳 tuɤ^{33}dʑye^{213}	手执$^{=}$头 ɕiɐɯ^{52}tsɛ^{55}dɐɯ^{0}	大手执$^{=}$头 tuɤ^{55}ɕiɐɯ^{52} tsɛ^{55}dɐɯ^{0}
57 缙云	铜$^{=}$拳 dɔ̃ũ^{21}dʑyɛ^{243}	手指头 ɕiəɤ^{51}tsəɤ^{51}diuŋ^{243}	大指头 du^{21}tsəɤ^{51}diuŋ^{243}
58 衢州	拳头 dʒyə̃^{21}de^{231}	末执$^{=}$ məʔ^{2}tʃyəʔ^{5}	大末执$^{=}$ du^{231}məʔ^{2} tʃyəʔ^{5}
59 衢江	拳头 dʑiɛ̃^{22}ty^{53}	执$^{=}$头 tɕiaʔ^{3}ty^{53}	大末执$^{=}$头 dou^{22}məʔ^{2} tɕiaʔ^{3}ty^{53}
60 龙游	拳头 dzuei^{224}dəɯ^{231}	手末执$^{=}$头 zəɯ^{22}mɔʔ^{4} tsəʔ^{4}dəɯ^{21}	大末执$^{=}$头 du^{22}mɔʔ^{4} tsəʔ^{4}dəɯ^{21}
61 江山	拳头 gɞ̃^{22}du^{213}	指拇头 tɕiɞʔ^{5}moʔ^{2}du^{22}	大末指头 do^{22}moʔ^{2} tɕiɞʔ^{5}du^{22}
62 常山	拳头 gɪ̃^{24}du^{0}	指末头 tɕieʔ^{5}mɤʔ^{3}du^{24}	大指末头 dɔ^{22}tɕieʔ^{5} mɤʔ^{3}du^{24}
63 开化	拳头 dʑyɛ̃^{21}tu^{53} 拳头牯 dʑyɛ̃^{21}du^{21}kuo^{53}	汁$^{=}$头 tɕyaʔ^{5}du^{231}	大末汁$^{=}$头 dɔ^{21}məʔ^{2} tɕyaʔ^{5}du^{231}
64 丽水	拳头 dʑyɛ^{21}təɯ^{52}	手执$^{=}$头 ɕiəɯ^{44}tsəʔ^{5}dəɯ^{0}	大执$^{=}$拇 du^{21}tsəʔ^{5}muo^{0}
65 青田	拳 dʑyɐ^{21}	指头儿 tsaʔ^{4}deŋ^{55}	指头儿拇 tsaʔ^{4}deŋ^{55}mu^{53}
66 云和	拳头 dʑyɛ^{223}dəɯ^{312}	手指头 ɕiəɯ^{44}tsɿ^{44}dəɯ^{312}	指头拇 tsɿ^{44}dəɯ^{223}mo^{312}
67 松阳	拳头 dʑyɛ̃^{33}dei^{31}	手节头 ɕiɯ^{33}tɕiɛʔ^{3}dei^{31}	大手节头 du^{21}ɕiɯ^{33} tɕiɛʔ^{3}dei^{31}
68 宣平	拳头 dʑyə^{22}dəɯ^{433}	执$^{=}$头 tsəʔ^{4}dəɯ^{433}	大执$^{=}$头 do^{22}tsəʔ^{4}dəɯ^{433}
69 遂昌	拳头牯 dʑyɛ̃^{22}du^{13}kuə^{533}	指 tɕiu^{533} 手手头 tɕ^{h}yɛʔ^{5}tɕ^{h}yɛʔ^{5}du^{221}	大指 du^{13}tɕiu^{533} 大手手头 du^{21}tɕ^{h}yɛʔ^{5} tɕ^{h}yɛʔ^{5}du^{221}

续表

方言点	0478 拳头	0479 手指	0480 大拇指
70 龙泉	拳头 tɕyo^{45} diəu^{21}	手头儿 tɕʰy^{21} diəu^{224} ȵi^{55}	手头拇 tɕʰy^{21} diəu^{224} mou^{21}
71 景宁	拳头 tɕyœ^{33} dəɯ^{41}	指头 tsɿ^{33} dəɯ^{41}	指头拇 tsɿ^{55} dəɯ^{33} mo^{41}
72 庆元	拳头 tɕyɛ̃^{52} tiɯ^{52}	手指 tɕʰyᴇ^{33} tsɤ^{33}	手指拇 tɕʰyᴇ^{33} tsɤ^{33} mo^{52}
73 泰顺	拳头 tɕyɛ^{21} təu^{53}	手指头 ɕiəu^{22} tsɿʔ^{2} təu^{213}	指头拇 tsɿʔ^{2} təu^{21} muɔ^{55}
74 温州	拳头 dʑy^{22} dɤu^{223}	手指头儿 ɕiɤu^{33} tsɿ^{34} dɤu^{22} ŋ^{12}	大蛮⁼指头儿 dɤu^{22} ma^{22} tsɿ^{34} dɤu^{22} ŋ^{12}
75 永嘉	拳 dʑy^{31}	指头儿 tsɿ^{45} doŋ^{213}	大指头 dəu^{31} tsɿ^{53} dəu^{21}
76 乐清	拳头 dʑyᴇ^{22} diu^{223}	手指头 siu^{33} tsɿ^{35} diu^{212}小	大指头 du^{22} tsɿ^{35} diu^{212}小
77 瑞安	拳 dʑy^{31} 拳头 dʑy^{22} dou^{21}	手指头儿 sou^{22} tsɿ^{35} doŋ^{212}	大指头 dou^{22} tsɿ^{53} dou^{21}
78 平阳	拳头 dʑye^{21} dɛu^{13}	手指 sɛu^{33} tsɿ^{35}	大指头娘 du^{13} tsɿ^{45} dɛu^{21} ȵie^{13}
79 文成	拳头 dʑyø^{21} diou^{33}	手指头 ɕiou^{21} tsɿ^{33} diou^{33}	指头娘 tsɿ^{21} diou^{21} ȵie^{33}
80 苍南	拳头 dʑyɛ^{11} dɛu^{24}	指头儿 tsɿ^{33} deŋ^{112}	大指头娘 du^{11} tsɿ^{42} dɛu^{11} ȵiɛ^{24}
81 建德徽	拳头 tɕye^{33} tɤɯ^{33}	手指头 sɤɯ^{55} tsɿ^{33} tɤɯ^{33}	大骂⁼手指头 tʰu^{55} mo^{55} sɤɯ^{55} tsɿ^{33} tɤɯ^{33}
82 寿昌徽	拳头 tɕʰyei^{11} tʰəɯ^{33}	手拇头 səʔ^{3} məʔ^{3} tʰəɯ^{55}	大手拇头 tʰu^{33} səʔ^{3} məʔ^{3} tʰəɯ^{55}
83 淳安徽	拳头 tsʰuã^{43} tʰɯ^{24}	手指头 sɯ^{55} tsɿ^{55} tʰɯ^{21}	大毛⁼指头 tʰu^{53} mɤ^{55} tsɿ^{55} tʰɯ^{21}
84 遂安徽	拳头 tɕʰyɑ̃^{33} tʰiu^{33}	手指头 ɕiu^{21} tsɿ^{33} tʰiu^{33}	大拇指 tʰəɯ^{55} m^{21} tsɿ^{33}
85 苍南闽	拳头 kun^{21} tʰau^{24}	指头团 tɕi^{43} tʰau^{21} kã^{43}	砖⁼头母 tsɯŋ^{33} tʰau^{21} bu^{43}
86 泰顺闽	拳头 kuəŋ^{21} tʰau^{22}	指团 tsøʔ^{3} ki^{344}	指拇 tsøʔ^{3} mou^{344}
87 洞头闽	拳头 kun^{212} tʰau^{24}	针⁼头儿 tsan^{33} tʰau^{24} a^{53}	针⁼头母 tsan^{24} tsʰau^{24} bu^{53}
88 景宁畲	拳头 kʰuən^{44} tʰiəu^{22}	手指 ɕiəu^{55} tɕi^{325}	手指公 ɕiəu^{55} tɕi^{55} koŋ^{44}

方言点	0481 食指	0482 中指	0483 无名指
01 杭州	食指 zaʔ^{2}tsɿ^{53}	中指 tsoŋ^{33}tsɿ^{53}	无名指 u^{22}miŋ^{22}tsɿ^{53}
02 嘉兴	食指 zəʔ^{1}tsɿ^{24}	中指 tsoŋ^{33}tsɿ^{21}	无名指 vu^{21}miŋ^{33}tsɿ^{42}
03 嘉善	食指 zɜʔ^{2}tsɿ^{35}	当中节头管 tã^{35}tsoŋ^{53}tɕieʔ^{5}də^{31}kø^{0}	无名指 u^{13}min^{55}tsɿ^{0}
04 平湖	点人节头 tiɛ^{44}ȵin^{53}tsiəʔ^{5}dəɯ^{0}	当中节头 tã^{55}tsoŋ^{55}tsiəʔ^{5}dəɯ^{0}	（无）
05 海盐	点拇节头牯 tiɛ^{53}m^{55}tɕiəʔ^{5}de^{21}ku^{21}	三节头牯 sɛ^{55}tɕiəʔ^{5}de^{21}ku^{21} 中节头牯 tsoŋ^{55}tɕiəʔ^{5}de^{21}ku^{21}	四节头牯 sɿ^{24}tɕiəʔ^{5}de^{21}ku^{21}
06 海宁	二拇节头 ȵi^{33}m^{35}tɕieʔ^{5}dəɯ^{0} 老 点人节头 tie^{55}ȵiŋ^{55}tɕieʔ^{2}dəɯ^{0} 新	中拇节头 tsoŋ^{55}m^{35}tɕieʔ^{5}dəɯ^{0} 老 当中节头 tã^{55}tsoŋ^{55}tɕieʔ^{5}dəɯ^{0} 新	四拇节头 sɿ^{55}m^{35}tɕieʔ^{5}dəɯ^{0} 老 无名节头 u^{33}miŋ^{35}tɕieʔ^{5}dəɯ^{0} 新
07 桐乡	点拇节头管 tiᴇ^{44}m^{0}tsiəʔ^{0}dɤɯ^{0}kuᴇ^{0}	中节头管 tsoŋ^{44}tsiəʔ^{4}dɤɯ^{44}kuᴇ^{44}	（无）
08 崇德	点人节头 tiɪ^{55}ȵiŋ^{0}tɕiəʔ^{0}dɤɯ^{0}	中央节头 tsoŋ^{44}iã^{44}tɕiəʔ^{4}dɤɯ^{44}	无名节头 u^{21}miŋ^{44}tɕiəʔ^{4}dɤɯ^{44}
09 湖州	食指 zəʔ^{2}tsɿ^{35}	当中只节头管 tã^{44}tsoŋ^{44}tsaʔ^{5}tɕieʔ^{5}døʉ^{44}kuɛ^{44}	无名指 əu^{44}min^{44}tsɿ^{35}
10 德清	食指 zəʔ^{2}tsɿ^{53}	中指头 tsoŋ^{44}tsɿ^{0}døʉ^{44}	无名指 əu^{11}min^{11}tsɿ^{35}
11 武康	食指 zɜʔ^{2}tsɿ^{53}	中节头 tsoŋ^{44}tɕieʔ^{4}dø^{44}	无名节头 vu^{11}min^{13}tɕieʔ^{5}dø^{13}
12 安吉	食指 zəʔ^{2}tsɿ^{55}	中指 tsoŋ^{55}tsɿ^{55}	无名指 vu^{22}miŋ^{22}tsɿ^{22}
13 孝丰	食指 zəʔ^{2}tsɿ^{52}	中指 tsoŋ^{44}tsɿ^{44}	无名指 u^{22}miŋ^{22}tsɿ^{52}
14 长兴	食指 zəʔ^{2}tsɿ^{44}	中指 tsoŋ^{44}tsɿ^{44}	无名指 vu^{12}miŋ^{22}tsɿ^{33}
15 余杭	食指 zəʔ^{2}tsɿ^{44}	中间即个节头牯儿 tsoŋ^{55}kɛ^{55}tsieʔ^{5}koʔ^{5}tsieʔ^{5}døʏ^{33}ku^{55}n^{33}	无名节头牯儿 u^{31}miŋ^{31}tsieʔ^{5}døʏ^{33}ku^{55}n^{33}
16 临安	食指 zɐʔ^{2}tsɿ^{35}	中间手指头 tsoŋ^{55}kɛ^{55}sə^{33}tsɿ^{33}də^{31}	无名指 u^{33}mieŋ^{33}tsɿ^{35}
17 昌化	嫩手指头 nɛ̃^{54}ɕi^{45}tsɿ^{45}di^{55}	中拇节指头 tsəŋ^{33}m^{45}tɕieʔ^{5}tsɿ^{45}di^{53}	讨饭节指头 tʰɔ^{45}vã^{23}tɕiɛʔ^{5}tsɿ^{45}di^{53}

续表

方言点	0481 食指	0482 中指	0483 无名指
18 於潜	食指头 zæʔ2 tsɿ53 diəu31	中间指头 tsoŋ43 kɛ43 tsɿ53 diəu31	无名指 u22 miŋ223 tsɿ53
19 萧山	食指 zəʔ21 tsɿ33	中指 tɕyoŋ33 tsɿ33	无名指 u33 miŋ33 tsɿ33
20 富阳	第二个手指头 di13 ȵi31 koʔ5 ɕiʊ423 tsɛʔ5 dei31	中间个手指头 tɕioŋ55 kã55 koʔ5 ɕiʊ423 tsɛʔ5 dei31	第四个手指头 di13 sɿ55 koʔ5 ɕiʊ423 tsɛʔ5 dei31
21 新登	第二个指头 di21 ȵi13 kəʔ5 tsəʔ5 dəu21	中间个指头 tsoŋ53 kɛ334 kəʔ5 tsəʔ5 dəu21	第四个指头 di21 sɿ45 kəʔ5 tsəʔ5 dəu21
22 桐庐	食指 zəʔ21 tsɿ35	中指 tsoŋ55 tsɿ13	无名指 u13 miŋ33 tsɿ55
23 分水	食指 zəʔ12 tsɿ0	中指 tsoŋ44 tsɿ0	无名指 u22 min21 tsɿ0
24 绍兴	二手指头 ȵi22 sɤ33 tsɿ44 dɤ31	中手指头 tsoŋ33 sɤ33 tsɿ44 dɤ31	四手指头 sɿ33 sɤ33 tsɿ44 dɤ31
25 上虞	二手指末头 ȵi21 sɤ35 tsɿ35 miəʔ2 dɤ213	三手指末头 sɛ̃33 sɤ35 tsɿ35 miəʔ2 dɤ213	四手指末头 sɿ55 sɤ35 tsɿ35 miəʔ2 dɤ213
26 嵊州	食指 zəʔ2 tsɿ53	中指 tsoŋ53 tsɿ53	无名指 u22 miŋ22 tsɿ53
27 新昌	二手指头 ȵi22 ɕiɯ33 tsɤʔ5 diɯ31	中指 tsoŋ53 tsɿ453	无名指 u22 miŋ22 tsɿ453
28 诸暨	食指 zəʔ21 tsɿ42	中指 tsom21 tsɿ42	无名指 vu33 min33 tsɿ42
29 慈溪	第二只手节末头儿 di11 ȵi11 tsaʔ2 sø33 tɕiəʔ5 məʔ2 dəŋ13	第三只手节末头儿 di11 sɛ̃33 tsaʔ2 sø33 tɕiəʔ5 məʔ2 dəŋ13	第四只手节末头儿 di11 sɿ44 tsaʔ2 sø33 tɕiəʔ5 məʔ2 dəŋ13
30 余姚	第二只手指末头 di13 ȵi13 tsaʔ5 sø34 tsɿ44 miəʔ2 dø0	中央亨⁼只手指末头 tsuŋ44 iaŋ44 haŋ44 tsaʔ2 sø34 tsɿ44 miəʔ2 dø0	第四只手指末头 di13 sɿ44 tsaʔ2 sø34 tsɿ44 miəʔ2 dø0
31 宁波	第二只指末头 di22 ȵi22 tsaʔ5 tsɿ44 maʔ2 dœʏ0	当中指末头 tɔ44 tsoŋ53 tsɿ44 maʔ2 dœʏ0	第四只指末头 di22 sɿ53 tsaʔ5 tsɿ44 maʔ2 dœʏ0
32 镇海	第二只指末头 di22 ȵi22 tsaʔ5 tsɿ33 maʔ2 dei24	当中只指末头 tɔ̃33 tsoŋ53 tsaʔ5 tsɿ33 maʔ2 dei24	第四只指末头 di22 sɿ33 tsaʔ5 tsɿ33 maʔ2 dei24
33 奉化	第二只手节末头 di33 ȵi33 tsaʔ5 ɕiʏ44 tɕiɪʔ5 maʔ2 dæi24	第三只手节末头 di33 sɛ44 tsaʔ5 ɕiʏ44 tɕiɪʔ5 maʔ2 dæi24	第四只手节末头 di33 sɿ44 tsaʔ5 ɕiʏ44 tɕiɪʔ5 maʔ2 dæi24
34 宁海	第二只七⁼头 di22 ȵi21 tsaʔ5 tsʰaʔ3 diu213	中央七⁼头 tsoŋ33 iã33 tsʰaʔ3 diu31	第四只七⁼头 di22 sɿ35 tsaʔ5 tsʰaʔ3 diu0

续表

方言点	0481 食指	0482 中指	0483 无名指
35 象山	二拇指头 ȵi^{31}maʔ^{2}tsaʔ^{5}dɤɯ^{31}	中央指头 tɕyoŋ^{44}iã^{44}tsaʔ^{5}dɤɯ^{13}	无名指头 m^{31}miŋ^{31}tsaʔ^{5}dɤɯ^{13}
36 普陀	食指 iɛʔ^{2}tsɿ^{45}	中指 tsoŋ^{33}tsɿ^{45}	无名指 u^{33}miŋ^{45}tsɿ^{0}
37 定海	二指末头 ȵi^{11}tsɿ^{44}mɐʔ^{4}dɐi^{44}	中指末头 tsoŋ^{33}tsɿ^{44}mɐʔ^{4}dɐi^{44}	四指末头 sɿ^{44}tsɿ^{44}mɐʔ^{4}dɐi^{44}
38 岱山	第二只手指末头 di^{11}ȵi^{44}tsɐʔ^{2}ɕiʏ^{44}mɐʔ^{4}lɐi^{44} "头"音殊	当中只手指末头 tõ^{33}tsoŋ^{52}tsæʔ^{2}ɕiʏ^{44}tsɿ^{44}mɐʔ^{4}lɐi^{44} "头"音殊	第四只手指末头 di^{11}sɿ^{44}tsɐʔ^{2}ɕiʏ^{44}tsɿ^{44}mɐʔ^{4}lɐi^{44} "头"音殊
39 嵊泗	第二末头 di^{11}ȵi^{44}mɐʔ^{3}lœʏ^{44} "头"声殊	中指 tsoŋ^{33}tsɿ^{445}	无名指 u^{33}miŋ^{44}tsɿ^{0}
40 临海	戳抵指 tɕʰyɔʔ^{3}ti^{42}tsɿ^{52}	当中央指 tɔ̃^{33}tɕyoŋ^{33}iã^{33}tsɿ^{52}	无名指 ŋ^{22}miŋ^{33}tsɿ^{52}
41 椒江	戳抵指 tsʰoʔ^{3}ti^{42}tsɿ^{51} 小	中央指 tsoŋ^{33}iã^{33}tsɿ^{42}	无名指 vu^{22}miŋ^{22}tsɿ^{42}
42 黄岩	食指 ʑieʔ^{2}tsɿ^{42}	中央指 tsoŋ^{33}iã^{33}tsɿ^{42}	无名指 vu^{13}min^{22}tsɿ^{42}
43 温岭	戳天指 tɕʰyoʔ^{3}tʰie^{33}tsɿ^{42}	中央指 tɕyuŋ^{33}ȵiã^{33}tsɿ^{42}	无名指 vu^{13}min^{13}tsɿ^{42}
44 仙居	食指 ʑiəʔ^{23}tsɿ^{324}	中指 tɕioŋ^{33}tsɿ^{324}	无名指 vu^{33}min^{33}tsɿ^{324}
45 天台	天=节头 tʰie^{33}tɕiəʔ^{5}deu^{224}	中央节头 tɕyuŋ^{33}ia^{33}tɕiəʔ^{1}deu^{224}	落脚第二个节头 lɔʔ^{2}kiaʔ^{5}di^{21}ȵi^{33}kou^{55}tɕiəʔ^{1}deu^{224}
46 三门	节拇头 tɕieʔ^{3}mɤɯ^{32}dɤɯ^{113}	中央心指 tɕioŋ^{33}iɑ^{33}ɕiŋ^{33}tsɿ^{325}	节拇头 tɕieʔ^{3}mɤɯ^{32}dɤɯ^{113}
47 玉环	戳天指 tɕʰyoʔ^{3}tʰie^{33}tsɿ^{42}	中央指 tɕioŋ^{33}ȵia^{22}tsɿ^{42}	无名指 u^{22}miŋ^{22}tsɿ^{42}
48 金华	食指 ɕiəʔ^{21}tsɿ^{535}	中指 tɕioŋ^{33}tsɿ^{535}	无名指 u^{31}miŋ^{31}tsɿ^{535}
49 汤溪	二拇执=头 ŋ^{341}mɛ^{11}tɕiɛ^{55}dəɯ^{0} 食指 ʑiɛ^{11}tsɿ^{535}	中央指 tɕiɑo^{33}iɔ^{33}tsɿ^{535}	无名指 u^{11}mɛ̃i^{11}tsɿ^{535}
50 兰溪	食指 ʑiəʔ^{12}tsɿ^{55}	中指 tɕioŋ^{334}tsɿ^{55}	无名指 vu^{21}min^{21}tsɿ^{55}
51 浦江	点拇=执=头 tiɑ̃^{33}m^{33}tsə^{33}dɤ^{243}	正中执=头儿 tsiən^{33}tɕyon^{33}tsə^{33}dɤn^{243}	（无）
52 义乌	第两个手指头 di^{24}lɯa^{31}kəʔ^{3}səʔ^{5}tsəʔ^{3}tɐɯ^{31}	中指 tsoŋ^{33}tsɿ^{423}	无名指 u^{22}mən^{45}tsɿ^{423}

续表

方言点	0481 食指	0482 中指	0483 无名指
53 东阳	食指 zei^{23}tsɿ^{33}	中指 tsɔm^{33}tsɿ^{35}	无名指 u^{22}miɐn^{33}tsɿ^{35}
54 永康	第两个执⁼头 die^{31}liɑŋ^{31} kuo^{0}tsə^{33}ɗəu^{55}	当中央个执⁼头 nɑŋ^{33}tsoŋ^{33} iɑŋ^{55}kə^{0}tsə^{33}ɗəu^{55}	第四个执⁼头 die^{31}ɕi^{52} kuo^{0}tsə^{33}ɗəu^{55}
55 武义	第两只执⁼头 die^{55}liɑŋ^{13} tsəʔ^{5}tsəʔ^{5}dɑu^{324}	当中指 nɑŋ^{55}tɕin^{445}tsɿ^{445}	第四只执⁼头 die^{55}ɕi^{53} tsəʔ^{5}tsəʔ^{5}dɑu^{324}
56 磐安	第两个手执⁼头 ti^{33}liɒ^{55} ka^{0}ɕiɐɯ^{52}tsɛ^{55}dɐɯ^{0}	中央指 tsɔom^{33}iɒ^{33}tsɿ^{334}	手执⁼头 ɕiɐɯ^{52}tsɛ^{55}dɐɯ^{0}
57 缙云	戳天指 tsʰɔ^{31}tʰia^{44}tsɿ^{51}	中央指 nɔ̃u^{44}iɔ̃u^{44}tsɿ^{51}	讨饭乞 tʰɔ^{51}vɑ^{213}kʰɛ^{45}
58 衢州	食指 ʒyəʔ^{2}tsɿ^{35}	中末执⁼ tʃyoŋ^{32}məʔ^{2}tʃyəʔ^{5}	无名指 u^{21}min^{21}tsɿ^{35}
59 衢江	第二个拇执⁼头 di^{22}ŋ^{231}gəʔ^{0} məʔ^{2}tɕiaʔ^{3}ty^{53}	中央拇执⁼头 tɕyoŋ^{33}iã^{33} məʔ^{2}tɕiaʔ^{3}ty^{53}	第四个拇执⁼头 di^{22}sɿ^{53} gəʔ^{0}məʔ^{2}tɕiaʔ^{3}ty^{53}
60 龙游	第两个执⁼头 di^{22}liã^{224}gəʔ^{0} tsəʔ^{4}dəɯ^{21}	第三个执⁼头 di^{22}sã^{334}gəʔ^{0} tsəʔ^{4}dəɯ^{21}	第四个执⁼头 di^{22}ɕi^{51} gəʔ^{0}tsəʔ^{4}dəɯ^{21}
61 江山	汉⁼鸡指头 xɒŋ^{44}iə^{44}tɕiɐʔ^{5} du^{213}	中央指头 tioŋ^{44}iaŋ^{22}tɕiɐʔ^{5} du^{213}	野猫指头 iə^{22}mɐɯ^{22} tɕiɐʔ^{5}du^{213}
62 常山	鸡烘⁼指 ie^{44}xoŋ^{44}tse^{52}	中央指 toŋ^{44}iã^{44}tse^{52}	无名指 u^{22}mĩ^{22}tse^{52}
63 开化	鸡指 iɛ^{44}tsuei^{53}	中央汁⁼头 tɤŋ^{44}iã^{44}tɕyaʔ^{5} du^{231}	无名汁⁼头 muo^{53}min^{21} tɕyaʔ^{5}du^{231}
64 丽水	食指 ʑiʔ^{2}tsɿ^{544}	中指 tɕiɔŋ^{44}tsɿ^{544}	无名指 u^{22}min^{22}tsɿ^{544}
65 青田	指头儿枪 tsaʔ^{4}deŋ^{21}tɕʰi^{445}	中央指头儿 ɗoŋ^{22}i^{55}tsaʔ^{4} deŋ^{55}	无名指 m^{21}meŋ^{22}tsɿ^{454}
66 云和	食指 ʑiʔ^{23}tsɿ^{41}	中心指 tiõ^{44}səŋ^{44}tsɿ^{41}	无名指 m^{44}miŋ^{223}tsɿ^{41}
67 松阳	枪节头 tɕʰiã^{24}tɕiɛʔ^{3}dei^{31}	中央节头 təŋ^{33}iã^{24}tɕiɛʔ^{3} dei^{31}	无名指 muə^{33}min^{33}tsɿ^{212}
68 宣平	食指 ʑiəʔ^{2}tsɿ^{445}	中央执⁼头 tən^{44}iɑ̃^{44}tsəʔ^{4} dəɯ^{433}	无名指 u^{22}min^{44}tsɿ^{445}
69 遂昌	荒鸡指 xɔŋ^{33}iɛ^{45}tɕiu^{533} 荒鸡头 xɔŋ^{33}iɛ^{55}du^{213}	中央指 təŋ^{33}iaŋ^{45}tɕiu^{533} 中央头 təŋ^{33}iaŋ^{45}du^{213}	讨饭指 tʰuə^{53}vaŋ^{13}tɕiu^{533} 讨饭头 tʰuə^{55}vaŋ^{13}du^{213}
70 龙泉	手头儿 tɕʰy^{21}diəu^{224}n̠i^{55}	手头儿 tɕʰy^{21}diəu^{224}n̠i^{55}	手头儿 tɕʰy^{21}diəu^{224}n̠i^{55}
71 景宁	指头枪 tsɿ^{55}dəɯ^{33}tɕʰiɛ^{324}	肚央指 ty^{33}iɔŋ^{55}tsɿ^{33}	无名指 u^{33}miŋ^{55}tsɿ^{33}

续表

方言点	0481 食指	0482 中指	0483 无名指
72 庆元	手指枪儿 tɕʰyᴇ^{33}tsɤ^{33}tɕʰiɑ̃^{55} 食指儿 sɿʔ^{34}tsæ̃^{55}	中央手指 ɗiŋ^{33}iɔ̃^{335}tɕʰyᴇ^{33}tsɤ^{33}	无名指儿 mɤ^{31}mĩ^{52}tsæ̃^{55}
73 泰顺	指头枪 tsɿʔ^{2}təu^{21}tɕʰiã^{213}	中央指 tɔ̃^{22}ɔ̃^{213}tsɿ^{55}	无名指 uø^{22}miŋ^{22}tsɿ^{55}
74 温州	指天指 tsɿ^{34}tʰi^{42}tsɿ^{25}	当中指头儿 tuɔ^{33}tɕioŋ^{33}tsɿ^{34}dɤu^{22}ŋ^{12}	无名指 vu^{22}məŋ^{31}tsɿ^{25}
75 永嘉	指头枪 tsɿ^{45}dəu^{21}tɕʰiɛ^{44}	当中指 tɔ^{33}tɕioŋ^{53}tsɿ^{45}	无名指 u^{22}meŋ^{31}tsɿ^{45}
76 乐清	举天指 tɕy^{33}tʰiᴇ^{42}tsɿ^{35}	当中指 tɔ^{33}tɕioŋ^{42}tsɿ^{35} 长脚三妹 dʑiɯʌ^{24}tɕia^{323}sᴇ^{35}mai^{31}	矮落⁼师爷 e^{35}lo^{212}sɿ^{44}i^{223}
77 瑞安	朝天指 dʑy^{22}tʰi^{53}tsɿ^{35}	当中指头儿 to^{33}tsoŋ^{44}tsɿ^{35}doŋ^{212}	第四个指头儿 dei^{22}sɿ^{53}kai^{42}tsɿ^{35}doŋ^{212}
78 平阳	食指 zi^{21}tsɿ^{45}	中指 tʃoŋ^{33}tsɿ^{45}	无名指 vu^{21}meŋ^{33}tsɿ^{35}
79 文成	食指 zei^{21}tsɿ^{45}	中指 tʃoŋ^{33}tsɿ^{45}	无名指 vu^{13}meŋ^{33}tsɿ^{45}
80 苍南	（无）	中央指 tsoŋ^{33}iɛ^{42}tsɿ^{53}	（无）
81 建德徽	（无）	（无）	（无）
82 寿昌徽	第两个手拇头 tʰi^{33}liɑ̃^{52}kəʔ^{0}səʔ^{3}məʔ^{3}tʰəɯ^{55}	中央手拇头 tɕiɔŋ^{11}iɑ̃^{33}səʔ^{3}məʔ^{3}tʰəɯ^{55}	第四个手拇头 tʰi^{33}sɿ^{33}kɑ^{24}səʔ^{3}məʔ^{3}tʰəɯ^{55}
83 淳安徽	二毛⁼指头 əl^{53}mɤ^{55}tsɿ^{55}tʰɯ^{21}	中毛⁼指头 tson^{21}mɤ^{55}tsɿ^{55}tʰɯ^{21}	（无）
84 遂安徽	食指 ɕiɛ^{33}tsɿ^{33}	中指 tsəŋ^{52}tsɿ^{33}	无名指 u^{33}min^{33}tsɿ^{21}
85 苍南闽	砖⁼头团 tsɯŋ^{33}tʰau^{21}kã^{43}	砖⁼头团 tsɯŋ^{33}tʰau^{21}kã^{43}	砖⁼头团 tsɯŋ^{33}tʰau^{21}kã^{43}
86 泰顺闽	指头 tsøʔ^{3}tʰau^{22}	当央指 to^{21}ŋo^{22}tsai^{344}	无名指 mou^{22}miæŋ^{21}tsai^{344}
87 洞头闽	食尖⁼ ɕiek^{21}tsãĩ^{53}	中尖⁼ tioŋ^{212}tsãĩ^{53}	无名尖⁼ bɔ^{21}mĩã^{21}tsãĩ^{53}
88 景宁畲	手指 ɕiəu^{55}tɕi^{325}	手指 ɕiəu^{55}tɕi^{325}	手指 ɕiəu^{55}tɕi^{325}

方言点	0484 小拇指	0485 指甲	0486 腿
01 杭州	小手指头 ɕiɔ^{55} sei^{33} tsɿ^{33} dei^{0}	指掐$^{=}$儿 tsɿ^{55} k^{h}aʔ^{0} əl^{0}	脚髈 tɕiɛʔ^{3} p^{h}aŋ^{45}
02 嘉兴	小拇指头 ɕiɔ^{33} mei^{42} tɕieʔ^{5} dei^{21}	指爪 tsɿ^{33} tsɔ^{42}	大腿 dou^{24} t^{h}ei^{21}
03 嘉善	小灭$^{=}$节头杆 ɕiɔ^{55} mieʔ^{4} tɕieʔ^{5} də^{31} kø^{0}	指爪 tsɿ^{44} tsɔ^{53}	腿 t^{h}ɛ^{334}
04 平湖	小灭$^{=}$节头 siɔ^{44} miəʔ^{0} tsiəʔ^{0} dəɯ^{0}	指爪 tsɿ^{44} tsɔ^{53}	腿 t^{h}e^{213}
05 海盐	小拇节头牯 ɕiɔ^{53} m^{55} tɕiəʔ^{5} de^{21} ku^{21}	指爪板 tsɿ^{53} tsɔ^{55} pɛ^{21} 指爪 tsɿ^{55} tsɔ^{334}	腿 t^{h}e^{423}
06 海宁	末拖节头 məʔ^{2} t^{h}əu^{55} tɕieʔ^{5} dəɯ^{0} 老 小拇节头 ɕiɔ^{53} m^{35} tɕieʔ^{5} dəɯ^{0} 新	指爪 tsɿ^{55} tsɔ^{0}	脚 tɕiaʔ^{5}
07 桐乡	小拇节头管 siɔ^{53} m^{0} tsiəʔ^{0} dɤɯ^{0} kuᴇ^{0}	指爪 tsɿ^{44} tsɔ^{0}	髈 p^{h}oŋ^{53}
08 崇德	小拇节头 ɕiɔ^{55} m^{0} tɕiəʔ^{0} dɤɯ^{0}	指爪 tsɿ^{55} tsɔ^{0}	髈 p^{h}oŋ^{53}
09 湖州	小拇节头管 ɕiɔ^{53} m^{31} tɕieʔ^{5} døʉ^{44} kuɛ^{44}	指爪 tsɿ^{53} tsɔ^{13}	髈 p^{h}ã^{523}
10 德清	小拇节头 ɕiɔ^{35} m^{44} tɕieʔ^{5} døʉ^{0}	指掐$^{=}$毛 tsɿ^{44} k^{h}aʔ^{5} mɔ^{0}	腿 t^{h}ɛ^{143}
11 武康	小拇节头 ɕiɔ^{44} m^{44} tɕieʔ^{5} dø^{31}	指掐$^{=}$毛 tsɿ^{44} k^{h}ɜʔ^{5} mɔ^{31}	腿梗骨 t^{h}ɛ^{53} kã^{44} kuoʔ^{5}
12 安吉	小手指头 ɕiɔ^{52} səɪ^{0} tsɿ^{0} dəɪ^{21}	指掐$^{=}$ tsɿ^{52} k^{h}ɐʔ^{21}	腿 t^{h}e^{52}
13 孝丰	小手指头 ɕiɔ^{45} səɪ^{21} tsɿ^{21} dəɪ^{21}	指掐$^{=}$ tsɿ^{45} k^{h}aʔ^{2}	腿 t^{h}e^{52}
14 长兴	小拇节头管 ʃiɔ^{45} m^{55} tʃiᴇʔ^{5} dei^{55} kuɯ^{21}	指爪 tsɿ^{45} tsɔ^{21}	髈 p^{h}ɔ̃^{52}
15 余杭	小拇节头牯儿 siɔ^{55} m^{33} tsieʔ^{5} døʏ^{33} ku^{55} n^{33}	指掐$^{=}$ tsɿ^{53} k^{h}aʔ^{5}	腿 t^{h}ɛ^{53}
16 临安	小手指头 ɕiɔ^{55} sə^{55} tsɿ^{55} də^{53}	指掐$^{=}$ tsɿ^{55} k^{h}ɐʔ^{5}	脚 tɕiɐʔ^{54}
17 昌化	小拇节指头 ɕiɔ^{45} m^{45} tɕiɛʔ^{5} tsɿ^{45} di^{53}	节甲 tɕiɛʔ^{5} kaʔ^{5}	腿 t^{h}ɛ^{453}
18 於潜	小拇指头 ɕiɔ^{53} mu^{53} tsɿ^{53} diəu^{31}	指掐$^{=}$ tsɿ^{53} k^{h}uəʔ^{53}	脚梗 tɕieʔ^{53} kuaŋ^{53}

续表

方言点	0484 小拇指	0485 指甲	0486 腿
19 萧山	小米=手指头 ɕiɔ^{33} mi^{33} ɕio^{35} tsɿ^{35} dio^{21}	指掐=tsɿ^{33} kʰaʔ^{21}	腿 tʰe^{33}
20 富阳	小拇手指头 ɕiɔ^{423} moʔ^{2} ɕiʊ^{423} tsɛʔ^{5} dei^{31}	手指掐=ɕiʊ^{423} tsɿ^{335} kʰaʔ^{5}	脚梗 tɕiaʔ^{5} kuã^{335}
21 新登	小指头 ɕiɔ^{334} tsəʔ^{5} təu^{45}	指掐=tsɿ^{334} kʰaʔ^{5}	脚梗 tɕiaʔ^{5} kuɛ^{334}
22 桐庐	小指拇头 ɕiɔ^{33} tsɿ^{33} m^{55} dei^{55}	指掐=tsɿ^{33} kʰaʔ^{5}	腿 tʰᴇ^{33}
23 分水	小拇指 ɕiɔ^{44} ma^{53} tsɿ^{0}	指掐=tsɿ^{44} kʰəʔ^{5}	脚梗儿 tɕiəʔ^{5} kuə̃^{53}
24 绍兴	小手指头 ɕiɔ^{44} sɤ^{33} tsɿ^{33} dɤ^{31}	手指掐=sɤ^{44} tsɿ^{33} kʰɛʔ^{3}	脚髈 tɕiaʔ^{3} pʰɑŋ^{33}
25 上虞	小手指末头 ɕiɔ^{33} sɤ^{35} tsɿ^{35} miəʔ^{2} dɤ^{213}	指掐=tsɿ^{33} kʰɐʔ^{5}	脚髈 tɕiaʔ^{5} pʰɔ̃^{53}
26 嵊州	小手指头 ɕiɔ^{33} ɕiʏ^{44} tsɿ^{33} dʏ^{31}	手指掐=ɕiʏ^{33} tsɿ^{44} kʰɛʔ^{3}	脚骨 tɕiaʔ^{5} kuəʔ^{5}
27 新昌	小手指头 ɕiɔ^{53} ɕiɯ^{45} tsɤʔ^{3} diɯ^{31}	手指头掐=ɕiɯ^{53} tsɤʔ^{5} diɯ^{33} kʰɛʔ^{3}	脚骨筒 tɕiaʔ^{5} kueʔ^{3} doŋ^{232}
28 诸暨	小拇指头 ɕiɔ^{33} mɤu^{33} tsɿ^{42} dei^{21}	手指掐=sei^{33} tsɿ^{33} kʰaʔ^{3}	脚梗 tɕiaʔ^{5} kuã^{42}
29 慈溪	小手末头儿 ɕiɔ^{35} sø^{33} məʔ^{2} dəŋ^{13}	手指掐=儿 sø^{35} tsɿ^{0} kʰɛ̃^{35}	脚髈 tɕiaʔ^{5} pʰɔ̃^{35}
30 余姚	小手指末头 ɕiɔ^{34} sø^{0} tsɿ^{44} miəʔ^{2} dø^{0}	手指掐=儿 sø^{34} tsɿ^{44} kʰã^{44}	脚髈 tɕiaʔ^{5} pʰɔŋ^{53}
31 宁波	小指末头 ɕio^{35} tsɿ^{44} maʔ^{2} dœʏ^{0}	指掐=tsɿ^{35} kʰaʔ^{5}	脚骨 tɕiaʔ^{5} kuaʔ^{2}
32 镇海	小指末头 ɕio^{33} tsɿ^{33} maʔ^{2} dei^{24}	指掐=tsɿ^{35} kʰaʔ^{5}	大脚髈 dəu^{22} tɕieʔ^{5} pʰɔ̃^{53} 大腿 小脚娘=肚 ɕio^{33} tɕieʔ^{5} ȵiã^{22} du^{31} 小腿
33 奉化	小手节末头 ɕiɔ^{44} ɕiʏ^{44} tɕiɪʔ^{5} maʔ^{2} dæi^{24}	甲甲掐=tɕiaʔ^{5} tɕiaʔ^{2} kʰɛ^{44} 小	脚娘=肚 tɕiaʔ^{5} ȵiã^{33} du^{33}
34 宁海	小拇七=头 ɕieu^{53} m^{31} tsʰaʔ^{3} diu^{31}	七=头甲 tsʰaʔ^{3} diu^{21} keʔ^{5}	脚梗 tɕiaʔ^{3} kuã^{53}
35 象山	小拇指头 ɕio^{44} maʔ^{2} tsaʔ^{5} dɤɯ^{31}	指甲 tsɿ^{44} kaʔ^{5}	脚梗 tɕieʔ^{5} kuã^{44}

续表

方言点	0484 小拇指	0485 指甲	0486 腿
36 普陀	小手指末头 ɕiɔ^{55} ɕieu^{55} tsɿ^{55} mɐʔ^{5} deu^{55}	手指掐$^{=}$眼 ɕieu^{55} tsɿ^{55} k^{h}ɐʔ^{5} ŋɛ^{55} 指掐$^{=}$ tsɿ^{53} k^{h}ɐʔ^{0}	腿 t^{h}æi^{45}
37 定海	小指末头 ɕio^{44} tsɿ^{44} mɐʔ^{4} dɐi^{44}	手指掐$^{=}$ ɕiʏ^{33} tsɿ^{0} k^{h}ɐʔ^{0}	脚骨 tɕieʔ^{5} kuɐʔ^{0}
38 岱山	小手指末头 ɕio^{44} ɕiʏ^{44} tsɿ^{44} mɐʔ^{4} lɐi^{44} "头"音殊	手指掐$^{=}$ ɕiʏ^{33} tsɿ^{0} k^{h}ɐʔ^{0}	脚骨 tɕieʔ^{5} kuɐʔ^{5}
39 嵊泗	小手指末头 ɕio^{44} ɕiʏ^{44} tsɿ^{44} mɐʔ^{3} lœʏ^{44} "头"音殊	手指掐$^{=}$眼$^{=}$ ɕiʏ^{44} tsɿ^{44} k^{h}ɐʔ^{5} ŋɛ^{44}	脚骨 tɕiᴇʔ^{5} kuɐʔ^{0}
40 临海	小节密$^{=}$头 ɕiə^{42} tɕieʔ^{3} mieʔ^{2} də^{51}	节密$^{=}$头甲 tɕieʔ^{3} mieʔ^{3} də^{33} kɛʔ^{5}	脚肚 tɕiaʔ^{3} du^{21} 脚肚子 tɕiaʔ^{3} du^{21} tsɿ^{51}
41 椒江	小手末节头 ɕiə^{42} ɕiu^{42} məʔ^{2} tɕieʔ^{5} dio^{41}	手末头甲 ɕiu^{42} məʔ^{2} dio^{22} kiəʔ^{5}	脚肚 tɕiəʔ^{3} dəu^{31}
42 黄岩	小手末头 ɕiə^{42} ɕiu^{42} moʔ^{2} dio^{24}小	手末头甲 ɕiu^{42} məʔ^{2} dio^{13} kieʔ^{5}	脚肚 tɕieʔ^{3} dou^{121}
43 温岭	小手末节头 ɕiə^{42} ɕiu^{42} məʔ^{2} tɕiʔ^{5} dɤ^{41}	手末头甲 ɕiu^{42} məʔ^{2} dɤ^{13} kiəʔ^{5}	脚肚 tɕiaʔ^{3} du^{31}
44 仙居	小末执$^{=}$头 ɕiɐɯ^{31} maʔ^{23} tsəʔ^{3} dəɯ^{353}小	执$^{=}$末头甲 tsəʔ^{3} maʔ^{23} dəɯ^{24} kɑʔ^{5}	肚腿 du^{21} t^{h}æ^{324} 大腿
45 天台	小节头 ɕieu^{32} tɕiəʔ^{5} deu^{51}	节头甲 tɕiəʔ^{1} deu^{22} keʔ^{5} 手节头甲 ɕiu^{32} tɕiəʔ^{1} deu^{22} keʔ^{5}	脚 kiaʔ^{5}
46 三门	小节拇头 ɕiɑu^{32} tɕieʔ^{3} mɤɯ^{32} dɤɯ^{252}	节头甲 tɕie^{3} dɤɯ^{13} kɐʔ^{5}	腿 t^{h}e^{325}
47 玉环	小手末头 ɕiə^{53} ɕiu^{53} mɐʔ^{2} diɤ^{24}小	手指甲 ɕiu^{53} tsɿ^{42} kɐʔ^{5}	脚骨 tɕiɐʔ^{3} kuɐʔ^{5}
48 金华	小手拇执$^{=}$头 siɑo^{53} ɕiu^{55} mɛ^{33} tɕiəʔ^{3} tiu^{55}	手指甲 ɕiu^{55} tsɿ^{33} kuɑ^{55}	腿 t^{h}ɛ^{535}
49 汤溪	细拇执$^{=}$头儿 sia^{33} mɛ^{11} tɕiɛ^{52} təŋ^{24}	指甲 tsɿ^{52} kuɑ^{55}	腿 t^{h}ɛ^{535}
50 兰溪	细拇执$^{=}$头 sia^{334} məʔ^{12} tɕiəʔ^{34} təɯ^{45}	指甲 tsɿ^{55} kuɑʔ^{34}	脚 tɕiaʔ^{34}
51 浦江	细网$^{=}$执$^{=}$头儿 ɕia^{33} mo^{33} tsə^{33} dɤn^{243}	指甲 tsɿ^{33} tɕia^{53}	腿 t^{h}a^{53}

续表

方言点	0484 小拇指	0485 指甲	0486 腿
52 义乌	小面手指头 suɯɤ^{33} mie^{33} səʔ^{5} tsəʔ^{3} dɐɯ^{24}	手指甲 səʔ^{5} tsəʔ^{3} kɔ^{324}	大腿 duɤ^{24} tʰe^{423}
53 东阳	小手指头 ɕio^{44} ɕiəɯ^{44} tsɿ^{44} dəɯ^{33}	手指甲 ɕiəɯ^{44} tsɿ^{44} ko^{33}	腿 tʰe^{44}
54 永康	细手执⁼头 ɕiɑ^{53} ʑiəu^{31} tsə^{33} dəu^{241} 小	执⁼甲 tsə^{33} kuɑ^{334}	大腿 duo^{31} tʰei^{334}
55 武义	细执⁼头 ɕia^{55} tsəʔ^{5} dɑu^{53}	执⁼甲 tsəʔ^{5} kuɑ^{53}	大腿 duo^{55} tʰa^{445}
56 磐安	小手执⁼头 ɕio^{33} ɕiɐɯ^{52} tsɛ^{55} dɐɯ^{0}	手执⁼甲 ɕiɐɯ^{55} tsɛ^{55} kuə^{334}	大腿 tuɤ^{55} tʰe^{334}
57 缙云	指头儿 tsəɤ^{51} diuŋ^{44} ȵi^{453}	指甲 tsəɤ^{51} kɑ^{322}	腿 tʰei^{51}
58 衢州	细末执⁼ ɕiɑ^{53} məʔ^{2} tʃyəʔ^{5}	指甲 tsɿ^{35} kaʔ^{5}	腿 tʰe^{35}
59 衢江	细拇执⁼头 ɕie^{33} məʔ^{2} tɕiaʔ^{3} ty^{53}	指甲 tsɿ^{33} kaʔ^{5}	骹骨 kʰɔ^{33} kuəʔ^{5}
60 龙游	细末执⁼头 ɕiɑ^{33} məʔ^{4} tsəʔ^{4} dəɯ^{21}	指甲 dzɿ^{22} kɔʔ^{4}	腿 tʰei^{35}
61 江山	细拇指头 ɕiə^{44} moʔ^{2} tɕiɵʔ^{5} du^{213}	指甲 tɕiɵ^{44} kaʔ^{5}	大腿 do^{22} tʰuᴇ^{241}
62 常山	细指末头 ɕie^{44} tɕieʔ^{5} mɤʔ^{3} du^{24}	节甲 tɕieʔ^{4} kaʔ^{5}	腿 tʰue^{52}
63 开化	细拇汁⁼头 sɛ^{53} məʔ^{2} tɕyaʔ^{5} du^{231}	汁⁼甲 tɕyaʔ^{4} kaʔ^{5}	大腿 dɔ^{21} tʰɛ^{53}
64 丽水	执⁼头儿 tsəʔ^{4} dəɯ^{21} ŋ^{52}	执⁼甲 tsəʔ^{4} kuɔʔ^{5}	腿 tʰei^{544}
65 青田	指头儿儿 tsaʔ^{4} deŋ^{22} n^{55}	指甲 tsɿ^{33} kaʔ^{42}	腿 tʰæi^{454}
66 云和	指头儿 tsɿ^{44} dəɯ^{223} ȵi^{24}	手指甲 ɕiəɯ^{44} tsɿ^{44} kɔʔ^{5}	大腿 du^{223} tʰei^{41}
67 松阳	小节头儿 ɕiɔ^{33} tɕiɛʔ^{5} dei^{21} n^{24}	手节甲 ɕiɯ^{33} tɕiɛʔ^{3} kɔʔ^{5}	腿 tʰɛ^{212}
68 宣平	细执⁼头 ɕia^{44} tsəʔ^{4} dəɯ^{433}	执⁼甲 tsəʔ^{4} kɑʔ^{5}	大腿 do^{22} tʰei^{445}
69 遂昌	小指 ɕiɐɯ^{53} tɕiu^{533} 小手手头 ɕiɐɯ^{53} tɕʰyɛʔ^{5} tɕʰyɛʔ^{5} du^{221}	手指甲 tɕʰyɛ^{53} tɕiʔ^{3} kaʔ^{5}	大腿 du^{13} tʰei^{533}
70 龙泉	手头尾儿 tɕʰy^{21} diəu^{21} mi^{45} ȵi^{55}	手甲 tɕʰy^{21} koʔ^{5}	大腿 dou^{21} tʰᴇ^{51}

续表

方言点	0484 小拇指	0485 指甲	0486 腿
71 景宁	指头儿 tsɿ^{33} dəɯ^{33} ȵi^{45}	指甲 tsɿ^{55} kɔʔ^{5}	脚膊 tɕiaʔ^{3} poʔ^{5}
72 庆元	手指儿儿 tɕʰyᴇ^{33} tsɤ^{33} ȵiɛ̃^{55}	手甲 tɕʰyᴇ^{33} kɑʔ^{5}	腿 tʰæi^{33}
73 泰顺	指头尾 tsɿʔ^{2} təu^{21} mæi^{55}	指甲 tsɿ^{22} kɔʔ^{5}	腿 tʰæi^{55}
74 温州	琐蛮⁼指头儿 sai^{23} ma^{22} tsɿ^{34} dɤu^{22} ŋ^{12}	指甲 tsɿ^{45} ka^{323}	脚脚 tɕia^{3} tɕia^{323}
75 永嘉	小指头儿 ɕyə^{45} tsɿ^{45} doŋ^{213} 琐指头儿 sai^{45} tsɿ^{45} doŋ^{213}	指甲 tsɿ^{45} ka^{423}	腿 tʰai^{45}
76 乐清	琐指头 sai^{33} tsɿ^{35} diu^{212} 小 劙耳朵公公 lau^{44} ŋ^{3} to^{35} koŋ^{3} koŋ^{44}	指甲 tsɿ^{35} ka^{323}	脚 tɕia^{323}
77 瑞安	琐指头儿 sai^{33} tsɿ^{35} doŋ^{212}	指甲 tsɿ^{35} kɔ^{323}	腿 tʰai^{35}
78 平阳	尾指头儿 mai^{13} tsɿ^{45} dɛŋ^{13}	指甲 tsɿ^{33} kɔ^{13}	腿 tʰai^{45}
79 文成	指头儿 tsɿ^{21} diou^{21} n^{33}	指甲 tsɿ^{21} kɔ^{13}	腿 tʰai^{45}
80 苍南	尾指溜⁼ mai^{53} tsɿ^{42} lɛu^{24}	指甲 tsɿ^{33} ka^{223}	腿 tʰai^{53}
81 建德徽	细骂⁼手指头 ɕie^{33} mo^{55} sɤɯ^{55} tsɿ^{33} tɤɯ^{33}	指阔⁼ tsɿ^{55} kʰo^{55}	腿 tʰe^{213}
82 寿昌徽	细手拇头 ɕiɛ^{33} səʔ^{3} məʔ^{3} tʰəɯ^{55}	指甲 tsɿ^{33} kuə^{55}	大腿 tʰu^{33} tʰiæ^{24}
83 淳安徽	细毛⁼指头 ɕiɑ^{21} mɤ^{55} tsɿ^{55} tʰɯ^{21} 嫩⁼毛⁼指头 lã^{43} mɤ^{55} tsɿ^{55} tʰɯ^{21}	指甲 tsɿ^{55} ko^{55}	腿 tʰie^{55}
84 遂安徽	小拇指 ɕiɛ^{33} m^{33} tsɿ^{21}	指甲 tsɿ^{33} kɑ^{33}	腿 tʰəɯ^{213}
85 苍南闽	砖⁼头团 tsɯŋ^{33} tʰau^{21} kã^{43}	砖⁼甲 tsɯŋ^{33} ka^{43}	腿 tʰui^{43}
86 泰顺闽	尾指囝 məi^{22} tsai^{21} ki^{34}	指甲 tsøʔ^{3} kɛʔ^{5}	骹腿 kʰa^{21} tʰai^{344}
87 洞头闽	尾尖⁼ bə^{212} tsãĩ^{53}	针⁼甲 tsan^{212} ka^{53}	腿 tʰui^{53}
88 景宁畲	手指崽 ɕiəu^{55} tɕi^{55} tsuei^{55} 小	手指甲 ɕiəu^{55} tɕi^{55} kaʔ^{5} 手甲 ɕiəu^{55} kaʔ^{5}	脚肚腿 kioʔ^{5} tu^{55} tʰuei^{51}

方言点	0487 脚他的～压断了	0488 膝盖指部位	0489 背名词
01 杭州	脚 tɕiɛʔ5 包括小腿和大腿	脚髁头 tɕiɛʔ5 kʰəu45 dei53	背颈 pei45 tɕiŋ53
02 嘉兴	脚 tɕiᴀʔ5 包括小腿和大腿	脚馒头 tɕiᴀʔ3 mə24 dei42	背脊 pei33 tɕieʔ5
03 嘉善	脚 tɕiaʔ5 包括小腿和大腿	脚馒头 tɕiaʔ5 mø13 də31	背脊骨 pɛ55 tɕieʔ5 kuoʔ4
04 平湖	脚 tɕiaʔ5 包括小腿和大腿	脚馒头 tɕiaʔ5 me44 dəɯ0 “馒”韵殊	背 pe334
05 海盐	脚 tɕiaʔ5 包括小腿和大腿	脚馒头 tɕiaʔ5 mɤ55 de21	背浪⁼ pe55 lɑ̃21
06 海宁	脚 tɕiaʔ5 包括小腿和大腿	脚馒头 tɕiaʔ5 mɛ55 dəɯ55 膝髁馒头 ɕieʔ5 kʰu55 mɛ55 dəɯ55	背脊 pei55 tɕieʔ5
07 桐乡	脚 tɕiaʔ5 包括小腿和大腿	膝骨馒头 siəʔ3 kuəʔ5 mᴇ44 dɤɯ44	背脊 pi33 tsi53
08 崇德	脚 tɕiaʔ5 包括小腿和大腿	膝钵头 sɔʔ3 pɔʔ4 dɤɯ44	背脊 pi33 tɕi53
09 湖州	脚 tɕiaʔ5 包括小腿和大腿	膝钵头 ɕieʔ4 pəʔ5 døʉ31	背脊头 pei33 tɕi33 døʉ35
10 德清	脚 tɕiaʔ5 包括小腿和大腿	膝壳⁼头 ɕieʔ4 kʰuoʔ5 døʉ31	背脊头 pɛ44 tɕie44 døʉ13
11 武康	脚 tɕiɜʔ5 包括小腿和大腿	膝壳⁼头 ɕieʔ4 kʰuoʔ5 dø53	背脊头 pɛ44 tɕi44 dø35
12 安吉	脚 tɕiᴇʔ5 包括小腿和大腿	脚髁头 tɕiᴇʔ5 kʰʊ55 dəɪ213	背脊 pe32 tɕiᴇʔ23
13 孝丰	脚 tɕiaʔ5 包括小腿和大腿	脚髁头 tɕiaʔ5 kʰʊ44 dəɪ44	背 pe324 背脊 pe32 tɕieʔ23
14 长兴	脚 tʃiaʔ5 只指脚	膝钵头 ʃiᴇʔ3 pəʔ5 dei44	背脊头 pei32 tʃʅ21 dei24
15 余杭	脚 tɕiaʔ5 包括小腿和大腿	膝靠⁼蒲⁼头儿 siəʔ5 kʰɔ35 bu33 døʏ33 n33	背脊儿 pɛ53 tsiŋ35
16 临安	脚 tɕiɐʔ54 包括小腿和大腿	脚壳⁼头 tɕiɐʔ5 kʰuəʔ5 dɐ33	背脊 pᴇ55 tɕiɐʔ5
17 昌化	脚 tɕiaʔ5 只指脚	蛇⁼平盖 zu11 biəŋ11 kɛ453	背子 pɛ54 tsɿ24
18 於潜	脚梗 tɕieʔ53 kuaŋ53 包括小腿和大腿	脚朏头 tɕieʔ53 kʰuəʔ53 diəu31	背脊 pe43 tɕi53
19 萧山	脚 tɕiaʔ5 包括小腿和大腿	脚西⁼髁头 tɕiaʔ21 ɕi33 kʰo33 dio33	背脊 pe33 tɕieʔ5
20 富阳	脚 tɕiaʔ5 包括小腿和大腿	脚子髁 tɕiaʔ5 tsɿ335 kʰʊ55	背脊头 pɛ335 tɕi53 dei31
21 新登	脚 tɕiaʔ5 包括小腿和大腿	活榫头 uəʔ2 seiŋ334 təu45	背颈 pe45 tɕiŋ21
22 桐庐	脚 tɕiaʔ5 包括小腿和大腿	猫髁头 mɔ55 kʰu21 dei33	背脊 pᴇ35 tɕiəʔ21

续表

方言点	0487 脚他的～压断了	0488 膝盖指部位	0489 背名词
23 分水	脚 tɕiəʔ5 包括小腿和大腿	脚盖头 tɕiəʔ5 kəʔ5 dɵ0	背脊 pe21 tɕiəʔ5
24 绍兴	脚 tɕiaʔ5 包括小腿和大腿	脚髁头 tɕiaʔ3 kʰo44 dɤ31	背脊 pᴇ33 tɕieʔ5
25 上虞	脚 tɕiaʔ5 只指脚	脚肕头 tɕiaʔ5 kʰʊ33 dɤ213	背脊 pe55 tɕiəʔ5
26 嵊州	脚 tɕiaʔ5 包括小腿和大腿	脚髁头 tɕiaʔ5 kʰo33 dʏ231	背脊 pᴇ33 tɕi334 "脊"舒化
27 新昌	脚 tɕiaʔ5 包括大腿和小腿	脚髁头 tɕiaʔ5 kʰɤʔ5 tiɯ335	背肘 pe53 tɕiɯ335
28 诸暨	脚 tɕiaʔ5 包括小腿和大腿	脚髁头 tɕiaʔ33 kʰɤu33 dei242	背脊 pe21 tɕieʔ5
29 慈溪	脚梗 tɕiaʔ5 kuã35 包括小腿和大腿	脚朏头 tɕiaʔ2 kʰuəʔ5 dø0	背东⁼ pe44 tuŋ44
30 余姚	脚梗 tɕiaʔ5 kuaŋ44 包括小腿和大腿	脚朏头 tɕiaʔ5 kʰuoʔ2 dø0	背东⁼ pe44 tuŋ44
31 宁波	脚 tɕiaʔ5 包括小腿和大腿	脚髁头 tɕiaʔ5 kʰəu44 dœʏ0	背脊 pɐi44 tɕiəʔ2
32 镇海	脚骨 tɕieʔ5 kuaʔ5 包括小腿和大腿	脚髁头 tɕieʔ5 kʰəu33 dei24	背脊 pei33 tɕieʔ2
33 奉化	脚骨 tɕiaʔ5 kuaʔ2 包括小腿和大腿	脚朏头 tɕiaʔ5 kʰuaʔ2 dæi24	背脊 pei53 tɕiʏ0
34 宁海	脚 tɕiaʔ5 包括小腿和大腿 脚梗 tɕiaʔ3 kuã53 脚骨 tɕiaʔ3 kuaʔ5	脚髁头 tɕiaʔ3 kʰu35 diu31	背脊 pei33 tɕiəʔ5
35 象山	脚 tɕieʔ5 只指脚	脚髁头 tɕieʔ5 kʰəu44 dɤɯ13	背脊 pei53 tɕieʔ5
36 普陀	脚 tɕiɛʔ5 包括小腿和大腿	脚髁头 tɕiɛʔ5 kʰɐʔ0 deu0	背脊 pæi55 tɕy0
37 定海	脚 tɕieʔ5 包括小腿和大腿	脚髁头 tɕieʔ5 kʰɐʔ0 dɐi0	背脊 pɐi44 tɕiʏ0
38 岱山	脚 tɕieʔ5 包括小腿和大腿	脚髁头 tɕieʔ5 kʰɐʔ3 dœʏ0	背脊 pɐi44 tɕiʏ52
39 嵊泗	脚 tɕiᴇʔ5 包括小腿和大腿	脚髁头 tɕiᴇʔ3 kʰɐʔ3 dœʏ44	背脊 pɐi44 tɕiʏ0
40 临海	脚 tɕiaʔ5 包括小腿和大腿 双脚 ɕyɔ̃33 tɕiaʔ5 只指脚	脚块头 tɕiaʔ3 kʰue33 də51	背脊 pe55 tɕiəʔ5 背脊身 pe33 tɕiəʔ3 ɕiŋ31
41 椒江	脚 tɕiəʔ5 包括小腿和大腿 双脚 sɔ̃33 tɕiəʔ5	脚块头 tɕiəʔ3 kʰuə35 dio41	后背身 io42 pə33 ɕiŋ42
42 黄岩	双脚 sɔ̃33 tɕieʔ5 包括小腿和大腿	脚块头 tɕieʔ3 kʰuø35 dio41	背脊身 pe33 tɕieʔ3 ɕin32
43 温岭	脚 tɕiaʔ5 包括小腿和大腿 双脚 ɕiɔ̃33 tɕiaʔ5	膝块头 tɕiaʔ3 kʰue35 dɤ41	后背身 iɤ42 pe33 ɕin33 背脊身 pe33 tɕiʔ3 ɕin33

续表

方言点	0487 脚他的～压断了	0488 膝盖指部位	0489 背名词
44 仙居	脚 tɕyɑʔ^{5} 包括小腿和大腿	脚块头眼 tɕyɑʔ^{3} kʰuæ^{33} dəɯ^{33} ŋa^{53}	背脊 ɓæ^{33} tɕiəʔ^{5}
45 天台	脚 kiaʔ^{5} 包括小腿和大腿	脚块头 kiaʔ^{5} kʰuei^{33} deu^{224} 脚块头眼 kiaʔ^{5} kʰuei^{33} deu^{22} ŋe^{31}	背脊 pei^{33} tɕiəʔ^{5}
46 三门	脚 tɕiaʔ^{5} 包括小腿和大腿	脚块头 tɕiaʔ^{3} kʰue^{55} dɤɯ^{31}	背脊 pe^{44} tɕieʔ^{5}
47 玉环	脚 tɕiɐʔ^{5} 包括小腿和大腿	膝块头 tɕiɐʔ^{3} kʰue^{33} diɤ^{41}	背脊身 pe^{33} tɕiɐʔ^{3} ɕiŋ^{42} 后背身 iɤ^{42} pe^{33} ɕiŋ^{42}
48 金华	脚 tɕiəʔ^{4} 包括小腿和大腿	脚膝髁 tɕiəʔ^{4} tɕʰiəʔ^{3} kʰuɤ^{55}	背脊 pɛ^{33} tɕiəʔ^{5}
49 汤溪	脚 tɕiɔ^{55} 包括小腿和大腿	脚膝髁头 tɕiɔ^{52} zei^{11} kʰuɤ^{24} dəɯ^{0}	背 pɛ^{52} 背脊 pɛ^{33} tsei^{55}
50 兰溪	脚 tɕiaʔ^{34} 包括小腿和大腿	脚膝髁头 tɕiaʔ^{34} ʑiəʔ^{12} kuəʔ^{34} təɯ^{45}	背脊 pe^{334} tɕieʔ^{34}
51 浦江	脚骨 tɕyo^{33} kuə^{53} 包括小腿和大腿	脚膝髁儿 tɕyo^{33} sə^{33} kʰɯn^{53}	背脊 pa^{33} tsɛ^{423}
52 义乌	脚 tɕiɔ^{324} 包括小腿和大腿	糊⁼苏⁼头儿 u^{22} su^{33} tɤn^{335}	背脊 pe^{33} tsai^{324}
53 东阳	脚 tɕio^{334} 包括小腿和大腿	糊⁼苏⁼头 u^{33} su^{33} dəɯ^{35}	背 pɛ^{453}
54 永康	脚 tɕiɑu^{334} 包括小腿和大腿	脚髁头 tɕiɑu^{33} kʰuo^{33} dəu^{22}	背脊 ɓəi^{33} tsəi^{334}
55 武义	脚 tɕiɑu^{53} 包括小腿和大腿	脚髁头 tɕiɑu^{53} kʰuo^{32} dɑu^{53}	背脊 pa^{55} tsəʔ^{5}
56 磐安	脚 tɕyə^{334} 包括小腿和大腿	脚髁头 tɕyə^{33} kʰuɤ^{33} tɐɯ^{52}	背[脊后] pe^{33} tsɐɯ^{334}
57 缙云	脚 tɕiɔ^{322} 包括小腿和大腿	脚髁头 tɕiɔ^{51} kʰua^{44} diuŋ^{453}	背脊 pei^{44} tsei^{322}
58 衢州	脚 tɕiaʔ^{5} 包括小腿和大腿	髁末司⁼头 kʰəʔ^{5} məʔ^{2} sɿ^{32} te^{53}	背脊 pe^{53} tɕiəʔ^{5}
59 衢江	骹 kʰɔ^{33} 包括小腿	骹末色⁼头 kʰɔ^{33} məʔ^{2} səʔ^{3} ty^{53}	背脊 pei^{33} tɕiəʔ^{5} 背脊爿 pei^{33} tɕiəʔ^{3} pã^{53}
60 龙游	脚 tɕiəʔ^{4} 包括小腿和大腿	脚洗⁼头 tɕiəʔ^{4} ɕi^{35} dəɯ^{21}	背脊 pei^{33} tɕiəʔ^{4}
61 江山	骹 kʰɐɯ^{44} 包括小腿	骹末贼⁼头 kʰɐɯ^{44} moʔ^{2} zəʔ^{2} du^{213}	腹脊爿 poʔ^{5} tɕiɛʔ^{5} baŋ^{213}
62 常山	骹 kʰɔ^{44} 包括小腿和大腿	骹末头 kʰɔ^{43} mɤʔ^{3} du^{341}	背脊爿 pue^{43} tseʔ^{4} bã^{341}
63 开化	骹 kʰəɯ^{44} 包括小腿和大腿	骹末石⁼头 kʰəɯ^{44} məʔ^{0} ʑyaʔ^{2} du^{231}	背 pɛ^{412} 背脊 pɛ^{44} tɕiɛʔ^{5}
64 丽水	脚 tɕiɔʔ^{5} 包括小腿和大腿	脚髁头 tɕiɔʔ^{4} kʰu^{224} təɯ^{52}	背脊 pei^{44} tɕiʔ^{5}

续表

方言点	0487 脚他的～压断了	0488 膝盖指部位	0489 背名词
65 青田	脚 tɕiʔ^{42} 包括小腿和大腿	济$^{=}$髁头躄 tsɿ^{33} kʰuʔ^{4} deu^{22} kaŋ^{33}	背脊心 ɓæi^{33} tsɿʔ^{4} saŋ^{445} 背 ɓæi^{33}
66 云和	脚 tɕiɔʔ^{5} 包括小腿和大腿	脚骨头 tɕiɔʔ^{4} kuɛʔ^{4} dəɯ^{312}	背脊背 piʔ^{4} tɕiʔ^{4} pei^{45}
67 松阳	脚 tɕiaʔ^{5} 包括小腿和大腿	脚骨头 tɕiaʔ^{5} kuɛʔ^{3} dei^{31}	背 pei^{24}
68 宣平	脚 tɕiəʔ^{5} 包括小腿和大腿	脚跍头 tɕiəʔ^{4} gu^{22} dəɯ^{433}	背脊 piəʔ^{4} tɕiəʔ^{5}
69 遂昌	骹 kʰɐɯ^{45} 包括小腿和大腿	汤瓶躄 tʰɔŋ^{55} biŋ^{13} kəŋ^{533}	背脊爿 pei^{33} tɕiʔ^{5} baŋ^{221}
70 龙泉	骹 kʰɑʌ^{434} 包括小腿和大腿	骹许$^{=}$头 kʰɑʌ^{45} ɕy^{21} diəu^{21}	□脊背 paiʔ^{3} tsɿʔ^{3} pᴇ^{45}
71 景宁	脚 tɕiaʔ^{5} 包括小腿和大腿	脚髁头 tɕiaʔ^{3} kʰu^{55} dəɯ^{41}	背脊 piʔ^{3} tsɿʔ^{5}
72 庆元	骹 kʰɒ^{335} 包括小腿和大腿	骹膝头 kʰɒ^{33} ɕiʔ^{5} tiɯ^{52}	背脊心 ɓæi^{11} tɕiʔ^{5} ɕiəŋ^{335}
73 泰顺	脚 tɕiɔʔ^{5} 包括小腿和大腿	脚骨头 tɕiɔʔ^{2} kuɛʔ^{2} təu^{53}	背脊 piʔ^{2} tsɿʔ^{5}
74 温州	脚脚 tɕia^{3} tɕia^{323} 包括小腿和大腿	脚髁头 tɕia^{34} kʰø^{33} dɤu^{223}	背脊身 pai^{33} tɕi^{42} saŋ^{33}
75 永嘉	脚 tɕia^{423} 包括小腿和大腿	脚头髁躄 tɕia^{43} dəu^{0} kʰy^{43} kaŋ^{45}	背脊身 pai^{33} tɕi^{53} saŋ^{44}
76 乐清	脚 tɕia^{323} 包括小腿和大腿	脚髁头 tɕia^{34} kʰuɤ^{44} diu^{223}	后半身 au^{34} pɯ^{32} saŋ^{44} 背脊身 pai^{34} tɕi^{3} saŋ^{44}
77 瑞安	脚 tɕiɔ^{323} 包括小腿和大腿	脚髁头 tɕiɔ^{3} kʰy^{323} dou^{0}	皮$^{=}$里身 bei^{22} lei^{22} saŋ^{44}
78 平阳	脚 tʃɔ^{34} 包括小腿和大腿	脚骨头 tʃɔ^{45} kye^{21} dɛu^{13}	背里心 pi^{33} li^{45} saŋ^{13}
79 文成	脚 tʃa^{34} 包括小腿和大腿	脚官$^{=}$头 tʃa^{21} kuø^{33} diou^{33}	背脊心 pai^{33} tɕi^{21} seŋ^{33}
80 苍南	脚 tɕia^{223} 包括小腿和大腿	脚髁头 tɕia^{3} kʰy^{3} dɛu^{24}	背里身 pi^{33} li^{0} saŋ^{44}
81 建德徽	脚 tɕiɑ^{55} 包括小腿和大腿	脚膝髁 tɕiɑ^{55} ɕiɐʔ^{5} kʰu^{53}	背脊 pe^{33} tɕiɐʔ^{5}
82 寿昌徽	脚 tɕiɔʔ^{3} 包括小腿和大腿	汤瓶盖 tʰɑ̃^{11} pʰien^{11} kiɛ^{33}	背脊 piæ^{33} tɕiəʔ^{3}
83 淳安徽	脚 tɕiɑʔ^{5} 包括小腿和大腿	膝头 ɕiʔ^{5} tʰɯ^{21}	背脊 pie^{21} tɕiʔ^{5}
84 遂安徽	脚 tɕiɑ^{24} 包括小腿和大腿	膝头罗 ɕi^{55} tʰiu^{33} lu^{55}	背子 pəɯ^{55} tsɿ^{33}
85 苍南闽	骹 kʰa^{55} 包括小腿和大腿	骹头污$^{=}$ kʰa^{21} tʰau^{21} u^{55}	背 pue^{21} 背脊 pa^{24} tɕia^{43}
86 泰顺闽	骹 kʰa^{213} 包括小腿和大腿	骹骨头 kʰa^{21} kuøʔ^{5} tʰau^{22}	背脊 pei^{21} tɕiɛʔ^{5}
87 洞头闽	骹 kʰa^{33} 包括小腿和大腿	骹头趺 kʰa^{33} tʰau^{24} u^{55}	交脊 ka^{24} tɕia^{53}
88 景宁畲	脚 kioʔ^{5} 包括小腿和大腿	脚坟头 kioʔ^{5} puən^{22} tʰiəu^{22}	背□ pu^{44} lyn^{44}

方言点	0490 肚子腹部	0491 肚脐	0492 乳房女性的
01 杭州	肚皮 dəu^{13}bi^{53}	肚皮眼 dəu^{13}bi^{55}ŋɛ^{0}	奶奶 nɛ^{33}nɛ^{45}
02 嘉兴	肚皮 dou^{21}bi^{42}	肚脐眼 dou^{21}tɕi^{42}ŋᴇ^{21}	妈妈 mᴀ^{33}mᴀ^{42}
03 嘉善	肚皮 du^{22}bi^{31}	肚脐眼 du^{22}dʑi^{13}ŋɛ^{31}	妈妈 ma^{35}ma^{53}
04 平湖	肚皮 du^{21}bi^{53}	肚脐眼 du^{21}zi^{24}ŋɛ^{0}	妈妈 ma^{55}ma^{0}
05 海盐	肚皮 du^{53}bi^{31}	肚脐眼 du^{53}dʑi^{31}ɛ^{21}	猛$^{=}$猛$^{=}$ mɛ̃^{55}mɛ̃^{55}
06 海宁	肚皮 dəu^{33}bi^{33}	肚脐眼 dəu^{13}dʑi^{55}ɛ^{55}	妈妈 ma^{55}ma^{55}
07 桐乡	肚皮 dəu^{242}bi^{44}	肚脐 dəu^{242}zi^{44}	奶奶 na^{44}na^{44}
08 崇德	肚皮 du^{24}bi^{0}	肚脐 du^{24}ʑi^{0} 肚脐眼 du^{24}ʑi^{0}ɛ^{0}	奶奶 nɑ^{44}nɑ^{44}
09 湖州	肚皮 dəu^{35}bi^{13}	肚皮眼 dəu^{35}bi^{53}ŋɛ^{13}	奶奶 na^{44}na^{44}
10 德清	肚皮 dəu^{35}bi^{0}	肚脐眼 dəu^{35}dʑi^{53}ŋɛ^{0}	奶奶 na^{44}na^{44}
11 武康	肚皮 du^{13}bi^{31}	肚皮眼 du^{13}bi^{31}ŋɛ^{53}	奶奶 na^{44}na^{44}
12 安吉	肚皮 dʊ^{24}bi^{52}	肚皮眼 dʊ^{24}bi^{52}ŋᴇ^{22}	奶奶 nᴇ^{55}nᴇ^{55}
13 孝丰	肚皮 du^{24}bi^{52}	肚皮眼 du^{24}bi^{45}ŋɛ^{21}	奶奶 nɛ^{44}nɛ^{44}
14 长兴	肚皮 dəu^{24}bɿ^{21}	肚皮眼 dəu^{24}bɿ^{45}ŋᴇ^{21}	奶奶 nᴇ^{44}nᴇ^{44}
15 余杭	肚皮 du^{33}bi^{31}	肚皮眼儿 du^{13}bi^{33}ŋɛ^{53}n^{31}	奶奶 na^{55}na^{55}小
16 临安	肚皮 do^{33}bi^{31}	肚脐眼 do^{33}dʑi^{33}ŋɛ^{31}	奶奶 na^{33}na^{31}
17 昌化	肚皮 du^{23}bi^{453}	肚脐眼 du^{23}ʑi^{11}ŋɔ̃^{453}	奶奶 na^{23}na^{243}
18 於潜	肚皮 du^{24}bi^{53}	肚皮眼 du^{24}bi^{53}ŋɛ^{53}	奶奶 na^{24}na^{53}
19 萧山	肚皮 du^{13}bi^{42}	肚脐眼 du^{13}ʑi^{35}ŋɛ^{21}	奶奶 na^{21}na^{33}
20 富阳	肚皮 dʊ^{224}bi^{13}	肚脐眼 dʊ^{224}ʑi^{13}ŋã^{53}	奶奶 nɛ^{224}nɛ^{335}
21 新登	肚皮 du^{21}bi^{13}	肚皮孔 du^{21}bi^{13}kʰoŋ^{45}	奶奶 na^{53}na^{334}
22 桐庐	肚皮 du^{13}bi^{55}	肚皮眼 du^{13}bi^{55}ŋã^{55}	奶奶 nᴀ^{55}nᴀ^{13}
23 分水	肚子 du^{24}bi^{21}	肚脐眼 du^{24}dʑi^{21}ŋã^{53}	奶奶 nɛ^{44}nɛ^{44}

续表

方言点	0490 肚子腹部	0491 肚脐	0492 乳房女性的
24 绍兴	肚皮 du^{24}bi^{31}	肚皮眼 du^{24}pi^{33}ŋɛ̃^{31}	奶奶 na^{33}na^{33}
25 上虞	肚皮 du^{21}bi^{31}	肚脐眼 du^{21}dʑi^{0}ŋɛ̃^{213}	奶奶 na^{21}na^{33}
26 嵊州	肚皮 du^{24}bi^{231}	肚脐眼 du^{24}tɕi^{44}ŋɛ̃^{31}	奶奶 na^{22}na^{231}
27 新昌	肚皮 du^{22}bi^{232}	肚脐眼 du^{22}tɕi^{45}ŋɛ̃^{31}	奶脯 na^{22}bu^{232}
28 诸暨	肚皮 du^{13}bɿ^{42}	肚皮眼 du^{13}bɿ^{35}ŋɛ^{42}	奶奶头 nᴀ^{21}nᴀ^{33}dei^{33}
29 慈溪	肚皮 du^{11}bi^{53}	肚皮眼 du^{13}bi^{0}ȵiẽ^{35}	奶奶 na^{11}na^{13}
30 余姚	肚皮 du^{13}bi^{13}	肚皮眼 du^{13}bi^{0}ȵiẽ^{44}	奶奶 na^{13}na^{13} 奶儿奶儿 nẽ^{13}nẽ^{13}
31 宁波	肚皮 du^{13}bi^{0}	肚脐眼 du^{13}dʑi^{0}ŋɛ^{13}	奶奶脯 nɛ^{13}nɛ^{0}bu^{13}
32 镇海	肚皮 du^{22}bi^{31}	肚脐眼 du^{22}dʑi^{31}ŋɛ^{31}	奶奶脯 na^{22}na^{22}bu^{24}
33 奉化	肚皮 du^{33}bi^{31}	肚脐眼 du^{33}dʑi^{33}ŋɛ^{33}	奶脯 na^{33}bu^{31}
34 宁海	肚皮 du^{22}bi^{213}	肚□ du^{22}tɕyəŋ^{33} 肚□眼 du^{22}tɕyəŋ^{33}ȵie^{31}	奶 na^{31} 奶脯 na^{31}bu^{24}
35 象山	肚皮 dəu^{31}bi^{31}	肚皮眼 dəu^{31}bi^{31}ŋɛ^{44}	奶脯 na^{13}bu^{31}
36 普陀	肚皮 du^{23}bi^{0}	肚脐眼 du^{23}dʑi^{55}ŋɛ^{55} 肚脐 du^{23}dʑi^{0}	奶奶脯 ȵiɛ^{55}ȵiɛ^{55}bu^{55}
37 定海	肚皮 dʌu^{23}bi^{0} 老 肚皮 du^{23}bi^{0} 新	肚脐眼 du^{23}dʑi^{44}ŋɛ^{44}	奶奶脯 nɛ^{44}nɛ^{44}bu^{44} 老 奶奶 nɛ^{44}nɛ^{44} 新
38 岱山	肚皮 du^{23}bi^{52}	肚脐眼 du^{23}dʑi^{33}ŋɛ^{44}	奶奶 ne^{44}ne^{44}
39 嵊泗	肚皮 du^{24}bi^{0}	肚脐眼 du^{24}dʑi^{44}ŋɛ^{44}	奶奶 ne^{44}ne^{44}
40 临海	肚 du^{31} 条肚 diɔ^{33}du^{21}	肚脐 du^{33}dʑy^{21}	奶奶 na^{33}na^{51}
41 椒江	条肚 diɔ^{22}dəu^{31}	肚脐 dəu^{44}ʑi^{31}	奶奶 la^{33}la^{35} 小
42 黄岩	条肚 diɔ^{13}dou^{121}	肚脐 dou^{24}ʑi^{41}	奶 la^{42}
43 温岭	肚 du^{31} 条肚 diɔ^{31}du^{31}	肚脐 du^{44}ʑy^{31} "脐"韵殊	奶 na^{33}

续表

方言点	0490 肚子腹部	0491 肚脐	0492 乳房女性的
44 仙居	条肚 diɐɯ^{33}du^{213}	肚脐孔 du^{21}ʑi^{33}kʰoŋ^{53}	奶 na^{334}
45 天台	条肚 dieu^{22}du^{214}	肚脐 du^{21}dʑi^{224}	奶 na^{214}
46 三门	搭⁼肚 tɐʔ^{3}du^{243}	肚⁼准 du^{21}tɕyŋ^{52}	奶奶 na^{32}na^{252}
47 玉环	肚 dəu^{41}	肚脐 dəu^{31}ʑi^{24}小	奶奶 na^{33}na^{35}小
48 金华	肚皮 tu^{55}bi^{313}	肚脐 tu^{55}ʑie^{313} 肚脐洞 tu^{55}ʑie^{31}doŋ^{14}	奶奶 nɛ^{33}nɛ^{55}
49 汤溪	肚皮 du^{11}bi^{11}	肚脐洞 du^{11}si^{33}dɑo^{341}	奶奶 nɑ^{11}nɑ^{113} 奶 nɑ^{113}
50 兰溪	肚皮 tu^{55}bi^{21}	肚脐洞 tu^{55}zie^{21}doŋ^{24}	奶奶 nɑ^{334}nɑ^{45}
51 浦江	肚皮 du^{11}bi^{24}	肚脐儿 du^{11}dʒin^{243}	奶奶儿 nɑ^{11}nɑn^{243}
52 义乌	肚皮 du^{24}pi^{45}	肚脐儿 du^{24}tsin^{423}	奶脯 na^{24}pu^{45}
53 东阳	肚 du^{231}	肚脐儿 du^{22}dzʅn^{33}	奶 na^{231}
54 永康	荷⁼肚 uo^{33}dəu^{113}	肚脐 du^{31}ɕie^{55}	奶奶 ȵia^{31}ȵia^{241}小
55 武义	肚皮 du^{53}bi^{324}	肚脐 du^{53}ʑie^{324}	奶 nia^{13}
56 磐安	肚 tu^{334}	肚脐 du^{14}tɕi^{52}	奶 na^{334}
57 缙云	肚皮 du^{21}bi^{243}	肚脐 du^{21}zʅ^{243}	奶奶 nɑ^{44}nɑ^{453}
58 衢州	肚皮 du^{231}bi^{21}	肚脐 du^{231}zʅ^{21} 肚脐窟窿 du^{231}zʅ^{21}kʰəʔ^{5}loŋ^{21}	奶奶 nɛ^{35}nɛ^{21}
59 衢江	腹 pəʔ^{5}	腹脐 pəʔ^{3}sɤ^{53}	蛮⁼蛮⁼ mã^{22}mã^{25}
60 龙游	肚皮 du^{224}bi^{231}	肚脐 du^{224}ʑi^{231}	妈妈 mɑ^{33}mɑ^{334}
61 江山	腹肚 poʔ^{5}tuə^{241}	腹脐 poʔ^{5}zə^{213}	奶咪 na^{22}tɕy^{44}
62 常山	腹 pɤʔ^{5}	腹脐 bɤʔ^{3}zʅə^{341}	奶奶 nɛ^{2}nɛ^{24}
63 开化	腹 pəʔ^{5} 腹肚 pəʔ^{4}tuo^{53}	腹脐 pəʔ^{5}zə^{231}	奶 na^{213}
64 丽水	肚皮 du^{22}bi^{22}	肚脐穿 du^{22}zʅ^{22}tɕʰyn^{224}	奶 naʔ^{5}
65 青田	肚 deu^{343}	肚脐□deu^{33}zʅ^{22}ɗaŋ^{454}	奶皮⁼ nɑ^{55}bi^{53}

续表

方言点	0490 肚子腹部	0491 肚脐	0492 乳房女性的
66 云和	肚皮 du^{223}bi^{312}	肚脐 du^{223}zɿ^{312}	奶珠 nɔ^{44}tsʮ^{24}
67 松阳	腹桶 poʔ^{5}dəŋ^{22}	肚脐 duə^{22}zɿə^{31}	奶奶 na^{24}na^{22}
68 宣平	涴肚 u^{44}tu^{445}	肚脐 du^{22}zɿ^{433}	奶奶 na^{22}na^{52}
69 遂昌	腹桶 pəɯʔ^{5}dəŋ^{13}	腹脐穿 pəɯʔ^{5}zɤ^{21}tɕʰyŋ^{45}	奶 na^{13}
70 龙泉	腹 pouʔ^{5}	腹脐儿 pouʔ^{3}sɤɯ^{45}ȵi^{55}	妈儿 mo^{45}ȵi^{55}
71 景宁	肚皮 dy^{55}bi^{41}	肚脐 dy^{55}ʑi^{41}	奶珠 na^{33}tɕy^{324}
72 庆元	腹 ɓuʔ^{5}	腹脐儿 ɓuʔ^{5}sæ̃^{55}	妈儿 mɔ̃^{55}
73 泰顺	肚 tø^{21}	肚脐 tø^{21}sɿ^{53}	妈妈 muɔ^{21}muɔ^{213}
74 温州	肚 dø^{14}	肚脐窟 dø^{22}zei^{24}kʰø^{323}	奶奶 na^{3}na^{33}小
75 永嘉	肚 dəɯ^{13}	肚脐 dəɯ^{31}zɿ^{21}	奶 na^{13}
76 乐清	肚 dy^{24}	肚肚窟 dy^{22}dy^{24}kʰuɤ^{323}	奶 ne^{44}小
77 瑞安	肚 dəɯ^{13}	肚脐 dəɯ^{31}zei^{21}	奶奶 na^{33}ne^{44}
78 平阳	肚 dʉ^{23}	肚里窟 dʉ^{13}li^{45}kʰɵ^{13}	奶奶 nᴀ^{33}nᴀ^{55}
79 文成	肚 dɵy^{224}	肚脐 dɵy^{33}zɿ^{33}	奶奶 nɔ^{33}nɔ^{33}
80 苍南	肚 dy^{24}	肚脐窟 dy^{11}dʑi^{11}kʰø^{24} 肚脐 dy^{31}dʑi^{31}	奶 nia^{44}
81 建德徽	肚皮 tʰu^{55}pi^{33}	肚脐眼 tʰu^{55}ɕi^{33}ŋɛ^{213}	奶奶 nɑ^{33}nɑ^{55}
82 寿昌徽	肚皮 tʰu^{33}pʰi^{52}	肚脐孔 tʰu^{33}sɿ^{11}kʰɔŋ^{24}	奶 nɑ^{534}
83 淳安徽	肚皮 tʰa^{55}pʰi^{21}	肚脐孔 tʰa^{55}ɕiʔ^{5}kʰon^{55}	奶儿奶儿 lɑ̃^{55}lɑ̃^{55}
84 遂安徽	肚 tʰu^{43}	肚脐 tʰu^{33}sɿ^{33}	奶儿 lɑ̃^{213}n^{33}
85 苍南闽	腹肚 pɐ^{24}tɔ^{43}	腹肚脐 pɐ^{24}tɔ^{43}tsai^{24}	□ nɪ̃^{55}
86 泰顺闽	腹肚 pøʔ^{3}tu^{344}	腹脐 pøʔ^{3}tsai^{22}	奶奶 nɛ^{213}nɛ^{213}
87 洞头闽	腹肚 pɐk^{24}tɔ^{53}	□脐 pu^{33}tsai^{24}	□ nẽ^{33}
88 景宁畲	肚屎 ti^{55}ɕi^{325}	肚子脐 ti^{55}ɕi^{55}tɕʰi^{51}	奶 ȵien^{51}

方言点	0493 屁股	0494 肛门	0495 阴茎成人的
01 杭州	屁股 pʰi^{45}ku^{53}	屁眼 pʰi^{45}ŋɛ^{53}	雀儿 tɕiɔ^{45}əl^{53}
02 嘉兴	屁股 pʰi^{42}kou^{21}	洞疘 doŋ^{21}koŋ^{42}	卵 lə^{113}
03 嘉善	屁股 pʰi^{55}ku^{0}	洞疘 doŋ^{55}koŋ^{0}	卵 lø^{113}
04 平湖	屁股 pʰi^{44}ku^{0}	洞疘 doŋ^{24}koŋ^{0}	八$^{=}$鸟 paʔ^{5}tiɔ^{44}
05 海盐	屁苦$^{=}$ pʰi^{55}kʰu^{21}	洞疘子 doŋ^{24}koŋ^{24}tsɿ^{21}	八$^{=}$鸟 paʔ^{5}tiɔ^{334}
06 海宁	屁烂$^{=}$ pʰi^{55}lɛ^{53}	洞疘 doŋ^{33}koŋ^{53} 洞疘子 doŋ^{33}koŋ^{53}tsɿ^{0}	百鸟 paʔ^{5}tiɔ^{0}
07 桐乡	屁烂$^{=}$ pʰi^{33}lɛ^{53} 屁苦$^{=}$ pʰi^{33}kʰəu^{53}	洞疘 doŋ^{21}koŋ^{53}	八$^{=}$鸟 pɔʔ^{3}tiɔ^{53}
08 崇德	屁股 pʰi^{33}ku^{53}	洞疘子 doŋ^{21}koŋ^{33}tsɿ^{53} 屁眼 pʰi^{33}ɛ^{53}	八$^{=}$鸟 pɔʔ^{3}tiɔ^{53}
09 湖州	屁股 pʰi^{33}kəu^{35}	屁股洞 pʰi^{33}kəu^{33}doŋ^{31}	百鸟 pəʔ^{5}tiɔ^{44}
10 德清	屁股 pʰi^{33}kəu^{35}	涴洞子 əu^{33}doŋ^{33}tsɿ^{35}	百鸟 puoʔ^{5}tiɔ^{53}
11 武康	屁股 pʰi^{33}ku^{35}	涴洞子 u^{33}doŋ^{33}tsɿ^{35}	百鸟 puoʔ^{5}tiɔ^{53}
12 安吉	屁股 pʰi^{32}ku^{213}	屁股洞 pʰi^{32}ku^{21}doŋ^{213}	卵子 lᴇ^{52}tsɿ^{21}
13 孝丰	屁股 pʰi^{32}ku^{213}	屁股洞 pʰi^{32}ku^{21}doŋ^{213}	麻鸟 mʊ^{22}tiɔ^{52}
14 长兴	屁股 pʰʅ^{32}kəu^{24}	屁股洞 pʰʅ^{32}kəu^{21}doŋ^{24}	卵 lɯ^{52}
15 余杭	屁眼 pʰi^{53}ŋɛ^{35}	洞疘 doŋ^{33}koŋ^{35}	百鸟 pəʔ^{5}tiɔ^{53}
16 临安	屁股 pʰi^{55}ku^{53}	屁眼 pʰi^{55}ŋɛ^{53}	百鸟 pɐʔ^{5}tiɔ^{53}
17 昌化	屁股 pʰi^{54}ku^{453}	屁股洞 pʰi^{54}ku^{45}dəŋ^{243}	八$^{=}$鸟 paʔ^{5}tiɔ^{243} 麻鸟 mu^{11}tiɔ^{243}
18 於潜	屁股 pʰi^{35}ku^{53}	屁眼洞 pʰi^{35}ŋɛ^{53}doŋ^{24}	八$^{=}$鸟 pɐʔ^{53}tiɔ^{53}
19 萧山	屁股 pʰi^{33}ku^{33}	屁股眼 pʰi^{33}ku^{33}nɛ^{33}	卵子 lə^{13}tsɿ^{21}
20 富阳	屁股 pʰi^{335}ku^{53}	屁股洞 pʰi^{335}ku^{53}doŋ^{31}	八$^{=}$鸟 poʔ^{5}tiɔ^{335}
21 新登	屁股 pʰi^{45}ku^{21}	屁眼洞 pʰi^{45}ɛ^{334}doŋ^{13}	八$^{=}$鸟 paʔ^{5}tiɔ^{45}
22 桐庐	屁股 pʰi^{35}ku^{21}	屁眼洞 pʰi^{35}ŋã^{55}doŋ^{21}	八$^{=}$鸟 paʔ^{5}tiɔ^{13}
23 分水	屁股 pʰi^{21}ku^{44}	恭门 koŋ^{44}mən^{21}	巴鸟 pa^{44}tiɔ^{55}
24 绍兴	屁股 pʰi^{33}ku^{334}	屁股眼 pʰi^{33}ku^{33}ŋɛ̃^{33}	卵秋$^{=}$ lø̃^{24}tɕʰiɤ^{31}
25 上虞	屁股 pʰi^{55}ku^{35}	屁股洞眼 pʰi^{33}ku^{35}doŋ^{21}ŋɛ̃^{31}	卵秋$^{=}$ lø̃^{21}tɕʰiɤ^{53}

续表

方言点	0493 屁股	0494 肛门	0495 阴茎成人的
26 嵊州	屁股 pʰi^{33}ku^{334}	屁眼洞 pʰi^{33}ŋɛ̃^{33}toŋ^{334}	卵子 lœ̃^{24}tsɿ^{53}
27 新昌	屁股 pʰi^{53}ku^{335}	屁眼 pʰi^{33}ŋɛ̃^{33}	卵袋 lœ̃^{22}de^{232}
28 诸暨	屁股 pʰʅ^{33}ku^{42}	屁眼洞 pʰʅ^{33}ŋe^{33}dom^{33}	卵 lə^{242}
29 慈溪	屁股 pʰi^{44}ku^{44}	屁眼洞 pʰi^{44}ȵiẽ^{0}duŋ^{13}	卵子 lø^{13}tsɿ^{44} 卵秋⁼ lø^{11}tɕʰiø^{53}
30 余姚	屁股 pʰi^{53}ku^{44}	屁眼洞 pʰi^{53}ȵiẽ^{13}duŋ^{13}	卵虫 lø̃^{13}dzuŋ^{13}
31 宁波	屁股 pʰi^{44}ku^{44}	屁眼 pʰi^{44}ŋɛ^{13}	卵子 lø^{13}tsɥ^{35}
32 镇海	屁股 pʰi^{33}ku^{44}	屁眼 pʰi^{33}ŋɛ^{22}	卵子 lø^{24}tsɥ^{0}
33 奉化	屁股 pʰi^{53}ku^{0}	屁股洞眼 pʰi^{53}ku^{0}doŋ^{33}ŋɛ^{24}	卵子 lø^{33}tsɿ^{53}
34 宁海	朏臀 kʰuaʔ^{3}dəŋ^{24}	朏臀孔 kʰuaʔ^{3}dəŋ^{24}koŋ^{53}	卵脬 lø^{31}pʰau^{33} 卵 lø^{31} 卵脬嘴 lø^{31}pʰau^{33}tsɥ^{53}
35 象山	屁股 pʰi^{53}ku^{44}	屁眼 pʰi^{53}ŋɛ^{44}	卵子 lɤɯ^{13}tsɿ^{53}
36 普陀	屁股 pʰi^{55}ku^{0}	洞宫 doŋ^{11}koŋ^{55}	卵子 lø^{23}tsɿ^{0}
37 定海	屁眼 pʰi^{44}ŋɛ^{44} 老 屁股 pʰi^{44}ku^{0} 新	胴宫 doŋ^{11}koŋ^{44} 老 肛门 kõ^{33}mɐŋ^{52} 新	卵子 lø^{23}tsɿ^{0}
38 岱山	屁股 pʰi^{44}ku^{52}	屁眼 pʰi^{44}ŋɛ^{44}	卵子 liʏ^{23}tsɿ^{52}
39 嵊泗	屁股 pʰi^{44}ku^{0}	屁眼 pʰi^{44}ŋɛ^{44}	卵子 liʏ^{34}tsɿ^{0}
40 临海	朏臀 kʰuəʔ^{5}dəŋ^{21}	朏臀孔 kʰuəʔ^{3}dəŋ^{33}kʰoŋ^{51}	卵子 lø^{33}tsɿ^{52}
41 椒江	朏臀 kʰuəʔ^{5}døŋ^{41}	朏臀眼 kʰuəʔ^{3}døŋ^{22}ȵiɛ^{51} 小	卵子 lø^{42}tsɿ^{42}
42 黄岩	朏臀 kʰuoʔ^{5}døn^{41}	朏臀孔 kʰuoʔ^{3}døn^{22}kʰoŋ^{55} “孔”调殊	卵子 lø^{42}tsɿ^{42}
43 温岭	朏臀 kʰuəʔ^{5}døn^{41}	朏臀安⁼ kʰuəʔ^{3}døn^{13}ɛ^{15} 小 朏臀头 kʰuəʔ^{3}døn^{24}dɤ^{41}	卵 lø^{42} 卵子 lø^{42}tsɿ^{42}
44 仙居	屁股 pʰi^{33}ku^{324}	朏臀孔 kʰuəʔ^{3}den^{24}kʰoŋ^{55}	卵袋 lø^{31}dæ^{24}
45 天台	朏臀 kʰuaʔ^{1}dəŋ^{224} 朏臀艟头 kʰuaʔ^{1}dəŋ^{224}dʑyɔ^{35}deu^{0}	朏臀孔 kʰuaʔ^{1}dəŋ^{224}kʰŋ^{325}	卵袋 lø^{21}dei^{35} 卵子 lø^{21}tsɿ^{325}
46 三门	朏臀 kʰuaʔ^{3}dəŋ^{113}	朏臀孔 kʰuaʔ^{3}dəŋ^{13}kʰoŋ^{325}	卵脬鸟 lø^{32}pʰɑu^{33}tiɑu^{52}
47 玉环	朏臀 kʰuɐʔ^{5}dəŋ^{41} 屁股 pʰi^{33}ku^{42}	朏臀孔 kʰuɐʔ^{3}dəŋ^{22}kʰoŋ^{55} “孔”调殊	卵脬 lø^{53}pʰɔ^{35} 小

续表

方言点	0493 屁股	0494 肛门	0495 阴茎成人的
48 金华	屁股 pʰi^{33}ku^{535}	屁股洞 pʰi^{33}ku^{55}doŋ^{14}	老八= lɑo^{53}pɤa^{55} 雀 tɕiəʔ^{4}
49 汤溪	屁股 pʰi^{33}ku^{535}	屁股洞 pʰi^{33}ku^{52}dɑo^{341}	老八= lɔ^{11}pɤa^{55} 雀 tsɤa^{55} 老袋雀 lɔ^{11}dɛ^{11}tsɤa^{55}
50 兰溪	屁股 pʰi^{334}ku^{55}	屁股洞 pʰi^{334}ku^{55}doŋ^{24}	老八= lɔ^{55}piaʔ^{34}
51 浦江	屁股 pʰi^{33}ku^{53}	屁股洞 pʰi^{33}ku^{33}dən^{24}	老八=儿 lo^{11}pian^{53}
52 义乌	屁股 pʰi^{45}ku^{423}	屁股洞 pʰi^{33}ku^{45}doŋ^{24}	老八= lo^{24}pɯa^{324} 雀 tsɯa^{324}
53 东阳	屁股 pʰi^{33}ku^{35}	屁股孔 pʰi^{33}ku^{44}kʰɔm^{33}	老八= lɐɯ^{23}po^{33}
54 永康	屁股 pʰi^{33}ku^{334}	屁股洞 pʰi^{33}gu^{31}doŋ^{241}	老□ lɑu^{31}gu^{241} 小
55 武义	屁股 pʰi^{55}ku^{445}	屁股洞 pʰi^{55}ku^{53}doŋ^{31}	老八= lɤ^{53}puo^{55}
56 磐安	屁股 pʰi^{33}ku^{334}	屁股孔 pʰi^{33}ku^{55}kʰɔom^{334}	老八= lo^{55}pə^{334} 老八=柱儿 lo^{55}pə^{33}tɕyn^{445}
57 缙云	胐臀 kʰu^{51}dɛ^{243}	胐臀孔 kʰu^{51}dɛ^{44}kʰɔ̃ũ^{51}	老八= ləɤ^{51}pɑ^{322} 老八=鸡 ləɤ^{51}pɑ^{51}tɕi^{44}
58 衢州	屁股 pʰi^{53}ku^{35} 屁娘 pʰi^{53}ȵiã^{21}	屁股洞 pʰi^{53}ku^{35}doŋ^{231} 屁娘洞 pʰi^{53}ȵiã^{21}doŋ^{231}	髎子 liɔ^{21}tsɿ^{35}
59 衢江	国=青= kuəʔ^{3}tɕʰiŋ^{33} 国=青=爿 kuəʔ^{3}tɕʰiŋ^{25}pã^{31}	国=青=洞 kuəʔ^{3}tɕʰiŋ^{25}təŋ^{31}	髎子 liɔ^{22}tsɿ^{53} 雀 tɕiaʔ^{5}
60 龙游	屁股 pʰi^{33}ku^{35}	屁股洞 pʰi^{33}ku^{33}doŋ^{231}	髎子 liɔ^{22}tsɿ^{51} 雀八= tɕiɔʔ^{3}pɔʔ^{4}
61 江山	胐臀 kʰoʔ^{5}dɛ̃^{213}	胐臀穿 kʰoʔ^{5}dɛ̃^{22}tɕʰyĩ^{44}	朘 tsuᴇ^{44}
62 常山	胐里 kʰɤʔ^{4}lɤʔ^{34}	窟里穿门 kʰɤʔ^{4}lɤʔ^{34} tsʰuĩ^{52}mɔ̃^{0}	拉=卵 lɑ^{22}loŋ^{24} 颓= due^{341} 老年人
63 开化	胐臀 kʰɔʔ^{5}duõ^{231}	胐臀穿 kʰɔʔ^{5}duõ^{21}tɕʰyn^{44}	颓= duɛ^{231}
64 丽水	屁股 pʰi^{44}ku^{544}	屁股穿洞 pʰi^{44}ku^{44}tɕʰyn^{224} təŋ^{52} 屁股穿 pʰi^{44}ku^{44}tɕyn^{224}	老八= lə^{44}puəʔ^{5}
65 青田	八=子=臀 ɓa^{4}tsɿ^{55}duɐ^{53}	八=子=臀孔 ɓa^{4}tsɿ^{33}duɐ^{22} kʰoŋ^{454}	卵袋 luɐ^{33}dɛ^{22}
66 云和	屁股 pʰi^{44}ku^{41}	屁股囱 pʰi^{44}ku^{44}tɕʰioŋ^{24}	卵 luɛ^{41}

续表

方言点	0493 屁股	0494 肛门	0495 阴茎成人的
67 松阳	朏臀 kʰuɔʔ^{3}dæ̃^{31}	屁股穿 pʰi^{33}kuə^{33}tɕʰyn^{53}	尿奶 ɕy^{24}na^{22}
68 宣平	屁股 pʰi^{44}ku^{445}	屁股穿 pʰi^{44}ku^{44}tɕʰyən^{324}	老八= lɔ^{22}pɑʔ^{5}
69 遂昌	朏臀 kʰuɛʔ^{5}dɛ̃^{221}	朏臀穿 kʰuɛʔ^{5}dɛ̃^{21}tɕʰyŋ^{45}	髎子 liɐɯ^{22}tsɿ^{45}
70 龙泉	朏臀 kʰu^{21}dɯə^{21}	朏臀穿 kʰu^{21}dɯə^{21}tɕʰyn^{434}	卵 lɯə^{51}
71 景宁	朏臀 kʰuœʔ^{5}dœ^{41}	朏臀洞 kʰuœʔ^{5}dœ^{33}dəŋ^{41}	尿鸟 ɕy^{33}tiɑu^{45}
72 庆元	朏臀 kʰu^{33}tæ̃^{52}	朏臀穿 kʰu^{33}tæ̃^{52}tɕʰioŋ^{55}小	朘 tsæi^{335}
73 泰顺	股臀 ku^{22}tœ^{53}	股臀穿 ku^{22}tœ^{22}tɕʰioŋ^{213}	鸟 tiɑɔ^{55} 卵 lœ^{55}
74 温州	臀 dø^{31}	臀卵孔 dø^{22}lø^{42}kʰoŋ^{25}	臀卵脬儿 dø^{22}lø^{34}pʰuɔ^{22}ŋ^{12}
75 永嘉	臀 dø^{31}	臀卵孔 dø^{22}lø^{53}kʰoŋ^{45}	颓= dai^{31}
76 乐清	涴臀屁 u^{33}dø^{31}pʰi^{35}	涴臀孔 u^{33}dø^{31}kʰoŋ^{35}	颓= dai^{31}
77 瑞安	股臀屁 kɯ^{33}dø^{31}pʰei^{35}	股臀孔 kɯ^{33}dø^{31}kʰoŋ^{35}	□鸡 ga^{22}tɕi^{44}
78 平阳	股头屁 ku^{33}dɛu^{33}pʰi^{35}	股头眼 ku^{33}dɛu^{45}ŋɔ^{13}	卵脬 lɵ^{45}pʰɔ^{13}
79 文成	股臀 ku^{33}dø^{13}	股臀孔 ku^{33}dø^{21}kʰoŋ^{45}	对= tai^{33}
80 苍南	股粒屁 ku^{33}lø^{0}pʰi^{24}	股臀窟 ku^{33}dø^{31}kʰø^{24} 股粒头 ku^{33}lø^{0}dɛu^{11}	卵□ lø^{44}pʰaŋ^{24}
81 建德徽	屁股 pʰi^{33}ku^{55}	屁股洞 pʰi^{33}ku^{33}tʰoŋ^{55}	八=鸟 pɐʔ^{5}tiɔ^{213}
82 寿昌徽	屁股 pʰi^{33}ku^{24}	屁股孔 pʰi^{33}ku^{33}kʰɔŋ^{24}	雀 tɕiəʔ^{3} 鸟 tiɤ^{24} 髎子 liɑ^{24}tsɿ^{0}
83 淳安徽	屁股 pʰi^{24}ku^{21}	屁股洞 pʰi^{24}ku^{21}tʰon^{55}	鸟巴 tiɤ^{55}po^{55}
84 遂安徽	屁股 pʰi^{55}ku^{33}	屁股洞 pʰi^{55}ku^{33}tʰəŋ^{52}	屌 tiɔ^{213}
85 苍南闽	骹穿八= kʰa^{33}tsʰɯŋ^{33}pue^{43}	骹穿坎 kʰa^{33}tsʰɯŋ^{33}kʰan^{55}	卵鸟 lan^{21}tɕiau^{43}
86 泰顺闽	股臀 ku^{21}to^{22}	股臀穿 ku^{21}to^{22}tɕʰye^{213}	螺=朘 nɔi^{21}tseu^{344}
87 洞头闽	骹窗 kʰa^{24}tsʰɯŋ^{33}	骹窗空 kʰa^{24}tsʰɯŋ^{33}kʰaŋ^{33}	卵鸟仔 lan^{21}tɕiau^{21}a^{53}
88 景宁畲	屁股 pʰi^{44}ku^{325}	屎窟洞门 ɕi^{55}fuʔ^{5}toŋ^{44}muon^{22}	孱鸟 lin^{55}tau^{55}

方言点	0496 女阴成人的	0497 肏动词	0498 精液
01 杭州	凹屄 ɔ^{33} pi^{45}	入 zaʔ^{2}	屄 dzoŋ^{213}
02 嘉兴	窝屄 o^{33} pi^{42}	戳 tsʰoʔ^{5}	卵屄 lə^{21} zoŋ^{242}
03 嘉善	屄 pi^{53}	戳 tsʰuoʔ^{5}	卵屄 lø^{22} zoŋ^{31}
04 平湖	屄 pi^{53}	戳 tsʰɔʔ^{23}	卵屄 lø^{21} zoŋ^{31}
05 海盐	屄 pi^{53}	戳 tsʰɔʔ^{23}	精卵 tɕin^{53} lɤ^{21}
06 海宁	屄 pi^{55}	戳 tsʰoʔ^{5}	屄水 zoŋ^{33} sɿ^{55}
07 桐乡	屄 pi^{44} 完= uᴇ^{13}	戳 tsʰɔʔ^{5}	屄 zoŋ^{13}
08 崇德	屄 pi^{44} 完= uᴇ^{13}	戳 tsʰɔʔ^{5}	屄 zoŋ^{13}
09 湖州	爿=爿= bɛ^{33} bɛ^{35} 老 屄 pi^{44} 新	上生活 za^{22} sã^{44} uɛ^{44} 委婉 戳 tsʰuoʔ^{5}	屄 dzoŋ^{112}
10 德清	毛=儿 mɔ^{11} n^{13}	戳 tsʰuoʔ^{5}	屄 zoŋ^{113}
11 武康	毛=儿 mɔ^{11} n^{13}	戳 tsʰuoʔ^{5}	屄枪水 zoŋ^{11} tɕʰiã^{33} sɿ^{35}
12 安吉	窝屄 ʊ^{55} pi^{55}	入 zəʔ^{23}	屄 zoŋ^{22}
13 孝丰	肥 pʰieʔ^{5} 卵脬 le^{45} pʰɔ^{21}	入 zaʔ^{23}	屄 zoŋ^{22}
14 长兴	屄 pʅ^{44}	入 zəʔ^{2}	屄 zoŋ^{12}
15 余杭	麻=儿 mo^{31} n^{13}	入 zieʔ^{2}	屄 zoŋ^{243}
16 临安	卵脬 lə^{33} pʰɔ^{53}	送= soŋ^{55}	屄 zoŋ^{33}
17 昌化	破=鸟 pʰa^{54} tiɔ^{243} 肥 pʰiɛʔ^{5}	插 tsʰaʔ^{5}	屄 zəŋ^{112}
18 於潜	啪=□ pʰa^{35} pʰieʔ^{53}	入 zæʔ^{23}	屄 zoŋ^{223}
19 萧山	凹屄 ɔ^{33} pi^{33}	入 zəʔ^{13}	屄 zoŋ^{355}
20 富阳	丫屄 o^{55} pi^{55}	入 ʑiɛʔ^{2}	屄 zoŋ^{13}
21 新登	蟹=乌 ha^{334} u^{45}	入 zəʔ^{2}	屄 zoŋ^{13}
22 桐庐	屄 pʰiəʔ^{5}	入 zəʔ^{13}	屄 zoŋ^{13}
23 分水	丫屄 o^{44} pi^{44}	入 zəʔ^{12}	屄 soŋ^{44}
24 绍兴	窝屄 o^{33} pi^{53}	入 ʑioʔ^{2}	屄水 dzoŋ^{22} sɿ^{334}

续表

方言点	0496 女阴成人的	0497 肏动词	0498 精液
25 上虞	哑= 屄 o^{33} pi^{35}	严= ȵiẽ^{213}	屄水 zoŋ^{21} sɿ^{35}
26 嵊州	卵脬 lœ̃^{24} pʰɔ^{53}	调= diɔ^{213}	精 tɕiŋ^{534}
27 新昌	卵脬 lœ̃^{22} pʰɔ^{453}	弄 loŋ^{13}	屄 zoŋ^{22}
28 诸暨	肶 pʰieʔ^{5}	戏 ʃɿ^{33}	屄 zom^{13}
29 慈溪	卵脬 lø^{11} pʰɔ^{53}	弄 luŋ^{13} 戏 ɕi^{35}	卵油 lø^{11} iø^{53}
30 余姚	卵脬 lø̃^{13} pʰɔ^{44}	射 zoʔ^{2}	卵油 lø̃^{13} iø^{13}
31 宁波	卵脬 lø^{13} pʰɔ^{0}	戏 ɕi^{35}	卵浆 lø^{13} tɕia^{35}
32 镇海	卵脬 lø^{24} pʰɔ^{0}	戏 ɕi^{53}	卵浆 lø^{24} tɕiã^{44}
33 奉化	卵脬 lø^{33} pʰʌ^{53}	戏 ɕi^{53}	卵浆 lø^{33} tɕiã^{44}
34 宁海	肶 pʰiəʔ^{5} 麦= 甲= maʔ^{3} keʔ^{5}	弄 loŋ^{24}	卵浆 lø^{31} tɕiã^{33}
35 象山	卵脬 lɤɯ^{13} pʰɔ^{44}	弄 loŋ^{13}	卵浆 lɤɯ^{13} tɕiã^{44}
36 普陀	卵脬 lø^{23} pʰɔ^{0} 肶 pʰiɛʔ^{5}	戏 ɕi^{33}	卵浆 lø^{23} tɕiã^{55}
37 定海	卵脬 lø^{23} pʰɔ^{0}	戏 ɕi^{33}	卵浆 lø^{23} tɕiã^{44}
38 岱山	卵脬 liʏ^{23} pʰɔ^{52}	戏 ɕi^{33}	卵浆 liʏ^{23} tɕiã^{44}
39 嵊泗	卵脬 liʏ^{34} pʰɔ^{0}	戏 ɕi^{33}	精子 tɕiŋ^{44} tsɿ^{0}
40 临海	卵脬 lø^{42} pʰɔ^{31}	弄 loŋ^{324}	卵子浆 lø^{33} tsɿ^{42} tɕiã^{55}
41 椒江	卵脬 lø^{42} pʰɔ^{42}	弄 loŋ^{24}	浆 tɕiã^{35}
42 黄岩	卵脬 lø^{42} pʰɔ^{32}	弄 loŋ^{24}	浆 tɕiã^{35}
43 温岭	□pʰiʔ^{5}	弄 luŋ^{13}	卵子浆 lø^{42} tsɿ^{42} tɕiã^{55}
44 仙居	卵脬 lø^{31} pʰɐɯ^{334}	弄 loŋ^{24}	脓浆头 noŋ^{33} tɕia^{53} dəɯ^{0}
45 天台	卵脬 lø^{21} pʰau^{33}	弄 luŋ^{35}	卵浆 lø^{21} tɕia^{33}
46 三门	老肶夹 lɑu^{32} pʰieʔ^{3} kɐʔ^{5}	弄 loŋ^{243}	卵浆 lø^{32} tɕiɑ̃^{52}
47 玉环	肶 pʰiɐʔ^{5}	弄 loŋ^{22}	卵洋 lø^{55} ia^{31}
48 金华	老屄 lɑo^{55} pi^{334} 肶 pʰiəʔ^{4}	入 ʑiəʔ^{212} 弄 loŋ^{14}	屄 zoŋ^{313}

续表

方言点	0496 女阴成人的	0497 肏动词	0498 精液
49 汤溪	屄 pʰei^{55}	弄 lɑo^{341}	㞗 zɑo^{341}
50 兰溪	老屄 ɔ^{55} pʰieʔ^{34}	入 ʑiəʔ^{12} 人的动作 高$^{=}$ kɔ^{334} 动物的动作	㞗 zoŋ^{24}
51 浦江	屄 pʰiə^{423} 屄 pi^{534}	装 tɕyõ^{534} 弄 lən^{24}	精 tsiən^{534}
52 义乌	老屄 lo^{24} pi^{335}	弄 loŋ^{24}	㞗 zoŋ^{213}
53 东阳	老屄 lɐɯ^{23} pʰiɛ^{33} 倮儿 kun^{53}	装 tɕiɔ^{334}	㞗 zɔm^{213}
54 永康	老屄 lɑu^{31} ɓi^{55}	装 tɕyɑŋ^{55}	㞗 zoŋ^{241}
55 武义	老屄 lɤ^{53} pi^{24} 老屄 lɤ^{53} pʰəʔ^{5}	装 tɕyɑŋ^{24}	老八$^{=}$油 lɤ^{55} puo^{53} iəu^{324}
56 磐安	老屄 lo^{55} pʰiɛ^{334} 老屄 lo^{55} pi^{445} 倮儿 kuɤn^{52}	装 tɕiɒ^{445}	㞗 zɔom^{213}
57 缙云	老屄 ləɤ^{51} pʰiei^{322} 夹$^{=}$夹$^{=}$ gɑ^{51} gɑ^{45}	弄 lɔ̃ũ^{213}	卵㞗 lɛ^{51} zɔ̃ũ^{243}
58 衢州	屄 pʰiəʔ^{5}	入 ʒyəʔ^{12}	㞗 zoŋ^{21}
59 衢江	屄 pʰiəʔ^{5}	入 ʑyəʔ^{2}	㞗 zəŋ^{212}
60 龙游	屄 pi^{334} 屄 pʰiəʔ^{4}	入 zəʔ^{23}	㞗 zoŋ^{21}
61 江山	屄 pi^{44} 屄 pʰiᴇʔ^{5}	搞 ʑyᴇʔ^{2}	朘脓 tsuᴇ^{24} noŋ^{213}
62 常山	屄 pʰieʔ^{5}	入 iaʔ^{34}	拉$^{=}$卵㞗 lɑ^{22} loŋ^{22} zoŋ^{341}
63 开化	屄 pʰiɛʔ^{5}	戳 tɕʰiəʔ^{5} 入 ʑyaʔ^{13}	颓$^{=}$脓 duɛ^{231} nɤŋ^{0}
64 丽水	老屄 lə^{44} pʰiʔ^{5}	钟$^{=}$ tɕiəŋ^{224}	卵油 luɛ^{44} iəɯ^{22} 老八$^{=}$油 lə^{44} puɔʔ^{5} iəɯ^{22}
65 青田	屄 ɓi^{445}	装$^{=}$ tɕio^{445}	卵袋油 luɐ^{33} dɛ^{22} ieu^{53}
66 云和	屄 pʰiʔ^{5}	钟$^{=}$ tɕiɔ̃^{24}	卵油 luɛ^{44} iəɯ^{312}

续表

方言点	0496 女阴成人的	0497 肏动词	0498 精液
67 松阳	𦙶儿 pʰiʔ^{3}n^{24} 夹夹儿 kɔʔ^{5}kɔʔ^{3}n^{24}	妆⁼ tɕioŋ^{24}	尿奶油 ɕy^{24}na^{22}iɯ^{31}
68 宣平	老𦙶 lɔ^{43}pʰiəʔ^{5}	钟⁼ tɕiɔ̃^{324}	老八⁼油 lɔ^{22}pɑʔ^{4}iɯ^{433}
69 遂昌	𦙶 pʰiʔ^{5}	妆⁼ tɕiɔŋ^{45}	髎子油 liɐɯ^{22}tsɿ^{45}iɯ^{221}
70 龙泉	屄 pi^{434}	钟⁼ tɕiɔŋ^{434}	卵油 lɯə^{21}iəu^{21}
71 景宁	尿𦙶 ɕy^{55}pʰiɛʔ^{5}	妆⁼ tɕiɔŋ^{324}	卵油 lœ^{33}iəɯ^{41}
72 庆元	屄 ɓi^{335}	妆⁼ tɕiɔ̃^{335}	精 tɕiŋ^{335}
73 泰顺	屄 pa^{213} 屄屄 pa^{22}pa^{213}	妆⁼ tɕiɔ̃^{213}	鸟油 tiɑɔ^{22}iəu^{53}
74 温州	屄 pei^{33}	妆⁼ tɕyɔ^{33}	颓⁼浆 dai^{22}tɕi^{33}
75 永嘉	屄 pei^{44}	妆⁼ tɕyɔ^{44}	颓⁼浆 dai^{22}tɕiɛ^{44}
76 乐清	屄 pi^{44}	妆⁼ tɕyɯʌ^{44}	颓⁼浆 dai^{22}tɕiɯʌ^{44}
77 瑞安	屄 pei^{44}	妆⁼ tɕyo^{44}	精 tsəŋ^{44}
78 平阳	屄 pi^{55}	钟⁼ tʃuo^{55}	精 tʃeŋ^{55}
79 文成	屄 pei^{55}	妆⁼ tʃuo^{55}	精 tʃeŋ^{55}
80 苍南	屄 pi^{44}	妆⁼ tɕyɔ^{44}	精 tseŋ^{44}
81 建德徽	老屄 lɔ^{21}pi^{55} 老𦙶 lɔ^{21}pʰiɐʔ^{5}	入 sɐʔ^{12} 弄 loŋ^{53}	㞞 soŋ^{33}
82 寿昌徽	𦙶 pʰiəʔ^{3}	入 səʔ^{31} 弄 lɔŋ^{24}	㞞 sɔŋ^{52}
83 淳安徽	𦙶 pʰiʔ^{5}	插 tsʰɑʔ^{5}	㞞 son^{435}
84 遂安徽	𦙶 pʰiɛ^{24}	肏 tsʰɔ^{534}	㞞 səŋ^{33}
85 苍南闽	卵脬 lan^{21}pʰa^{55}	章⁼ tɕiaŋ^{55}	□ ɕiau^{24}
86 泰顺闽	膣屄 tɕi^{21}pai^{344}	相弄 ɕyo^{22}ləŋ^{31}	螺⁼露 nɔi^{21}lu^{31}
87 洞头闽	柴拜⁼仔 tɕi^{212}pai^{21}a^{53}	枯⁼ kʰɔ^{33}	精 tɕieŋ^{33}
88 景宁畲	指⁼屄 tɕi^{55}pie^{44}	□ tɕiaʔ^{2}	孱油 lin^{55}iəu^{22}

方言点	0499 来月经	0500 拉屎	0501 撒尿
01 杭州	来外婆 lε^{22}ŋa^{13}bəu^{53}	射涴 dza^{13}u^{45}	射尿 dza^{13}ɕi^{334}
02 嘉兴	身浪$^{=}$来 səŋ^{42}lÃ^{21}lᴇ^{13} 大姨妈来 dou^{21}i^{24}mᴀ^{33}lᴇ^{13}	拆涴 tsʰᴀʔ^{5}vu^{24} 老 射涴 zᴀ^{13}vu^{24} 新	射尿 zᴀ^{21}sɿ^{42} 拆尿 tsʰᴀʔ^{5}sɿ^{544}
03 嘉善	老鬼三来 lɔ^{13}tɕy^{55}sε^{53}lε^{31}	拆涴 tsʰaʔ^{5}u^{35}	拆尿 tsʰaʔ^{5}sɿ^{53}
04 平湖	身浪$^{=}$来 sən^{53}lɑ̃^{0}lε^{31}	射涴 za^{24}u^{334}	射尿 za^{24}sɿ^{53}
05 海盐	身浪$^{=}$来 sən^{53}lɑ̃^{21}lε^{21}	射涴 zɑ^{13}u^{334}	射尿 zɑ^{13}sɿ^{53}
06 海宁	身浪$^{=}$来 səŋ^{55}lɑ̃^{33}lε^{33}	拆涴 tsʰaʔ^{5}u^{35} 老 射涴 za^{33}u^{35} 新	拆尿 tsʰaʔ^{5}sɿ^{55} 老 射尿 za^{33}sɿ^{55} 新
07 桐乡	身牢$^{=}$来 səŋ^{44}lɔ^{0}lᴇ^{13}	射涴 za^{21}u^{334}	射尿 za^{21}sɿ^{44}
08 崇德	身浪$^{=}$来 səŋ^{44}lã^{44}lᴇ^{44}	射涴 zɑ^{21}u^{334}	射尿 zɑ^{21}sɿ^{44}
09 湖州	来客人 lei^{33}kʰəʔ^{5}ȵin^{35}	射涴 dza^{33}əu^{35}	射尿 dza^{33}sei^{35}
10 德清	身浪$^{=}$来 sen^{44}lã^{44}lε^{44}	射涴 za^{11}əu^{13}	射尿 za^{11}sɿ^{35}
11 武康	身浪$^{=}$来 sen^{44}lã^{44}lε^{44}	射涴 dza^{11}u^{13}	射尿 dza^{11}ɕi^{44}
12 安吉	身浪$^{=}$来 səŋ^{55}lɔ̃^{55}lᴇ^{22}	射涴 dza^{21}u^{213}	射尿 dza^{21}ɕi^{55}
13 孝丰	身浪$^{=}$来 səŋ^{44}lɔ̃^{44}lε^{22}	射涴 dza^{22}u^{44}	射尿 dza^{22}se^{44}
14 长兴	身浪$^{=}$来 səŋ^{44}lɔ̃^{44}lɯ^{44}	射屎 dza^{12}sɿ^{52}	射尿 dza^{12}sei^{33}
15 余杭	身浪$^{=}$来 siŋ^{55}lɑ̃^{33}lε^{33}	射涴 za^{33}u^{35}	射尿 za^{33}sε^{35}
16 临安	老毛病 lɔ^{33}mɔ^{33}bieŋ^{31}	射涴 dza^{33}u^{35}	射尿 dza^{33}ɕi^{53}
17 昌化	身上来 ɕiəŋ^{33}zɔ̃^{24}le^{453} 老毛病 lɔ^{23}mɔ^{45}biəŋ^{453}	拉粑 la^{23}pa^{334}	拉尿 la^{23}sɿ^{453}
18 於潜	老毛病来了 lɔ^{53}mɔ^{22}biŋ^{24} le^{223}liæʔ^{2}	射涴 dza^{22}u^{35}	射尿 dza^{22}ɕi^{433}
19 萧山	外婆来 ŋa^{13}bo^{35}le^{21}	射涴 dza^{21}u^{42}	射尿 dza^{21}ɕi^{42}
20 富阳	老毛病 lɔ^{224}mɔ^{13}bin^{55}	射涴 dza^{224}u^{335}	射尿 dza^{224}ɕi^{53}
21 新登	来老毛病 le^{233}lɔ^{334}mɔ^{233} beiŋ^{13}	射涴 dza^{21}u^{45}	射尿 dza^{21}ɕi^{53}
22 桐庐	老毛病来 lɔ^{33}mɔ^{33}piŋ^{55}lᴇ^{21}	射涴 dzaʔ^{21}u^{35}	射尿 dzaʔ^{21}ɕi^{33}
23 分水	老滑头 lɔ^{44}xua^{21}dɵ^{21}	射涴 dzε^{24}u^{44}	射尿 dzε^{24}ɕi^{44}

续表

方言点	0499 来月经	0500 拉尿	0501 撒尿
24 绍兴	碑⁼区⁼来 pᴇ^{44}tɕʰy^{31}lᴇ^{22} 大人来 do^{22}ȵiŋ^{22}lᴇ^{33}	射涴 dza^{22}u^{33}	射尿 dza^{22}ɕi^{53}
25 上虞	老贝⁼三⁼来 lɔ^{21}pe^{33}sɛ̃^{53}le^{21}	射污 dza^{31}u^{53}	射尿 dza^{31}ɕi^{35}
26 嵊州	老生活 lɔ^{24}saŋ^{44}uəʔ^{3}	射涴 dza^{24}o^{334}	射尿 dza^{24}ɕi^{534}
27 新昌	朋友来 baŋ^{22}iɯ^{45}le^{22}	射涴 dʑia^{22}ɤ^{335}	射尿 dʑia^{22}sɿ^{335}
28 诸暨	来老客人 le^{13}lɔ^{13}kʰaʔ^{5}nin^{21}	射涴 dzᴀ^{21}ɤu^{33}	射尿 dzᴀ^{21}ʃʅ^{33}
29 慈溪	来人客 le^{11}ȵiŋ^{13}kʰaʔ^{5}	射涴 dza^{11}əu^{44}	射尿 dza^{11}ɕi^{35}
30 余姚	人客来 ȵiə̃^{13}kʰaʔ^{5}le^{13}	射涴 dza^{13}ou^{44}	射尿 dza^{13}ɕi^{44}
31 宁波	人客来 ȵiŋ^{13}kʰaʔ^{5}le^{13}	射涴 dza^{13}əu^{44}	射尿 dza^{13}sɥ^{53}
32 镇海	人客来 ȵiŋ^{22}kʰaʔ^{5}le^{24} 太婆阿娘来 tʰa^{33}bəu^{0}aʔ^{5}ȵiã^{24}le^{24}	射涴 dza^{31}əu^{53}	射尿 dza^{31}sɥ^{53}
33 奉化	好货来 hʌ^{44}həu^{44}le^{33}	射涴 dza^{33}əu^{53}	射尿 dza^{33}sɥ^{44}
34 宁海	来腌糟 lei^{21}ie^{33}tsau^{34}	拉涴 la^{21}əu^{34}	拉尿 la^{21}sɥ^{35}
35 象山	芋⁼糟来 n^{31}tsɔ^{44}lei^{13}	射涴 dza^{31}u^{0}	射尿 dza^{31}sɥ^{44}
36 普陀	人客来 ȵiŋ^{24}kʰɐʔ^{5}lɛ^{0}	射涴 dza^{11}əu^{55}	射尿 dza^{11}sɥ^{53}
37 定海	人客来 ȵiŋ^{33}kʰɐʔ^{5}lɛ^{0} 生活头来 sã^{33}uo^{44}dɐi^{44}lɛ^{0}	射涴 dza^{33}ʌu^{44}	射尿 dza^{33}sɥ^{52}
38 岱山	来生活头 le^{33}sã^{44}uo^{44}dɐi^{44} 老 人客来 ȵiŋ^{33}khɐʔ^{0}le^{23} 新	射涴 dza^{33}ʌu^{44}	射尿 dza^{33}sɥ^{52}
39 嵊泗	埃⁼糟来 ɛ^{33}tsɔ^{53}le^{24}	射涴 dza^{33}ʌu^{53}	射尿 dza^{33}sɥ^{53}
40 临海	来骑身 le^{22}dʑi^{21}ɕiŋ^{31} 娘姨来 ȵiã^{22}i^{35}le^{21}	拉涴 la^{22}ə^{55}	拉尿 la^{22}ɕy^{31}
41 椒江	大颜⁼姨来 dəu^{22}ȵiɛ^{22}i^{24}lə^{22}	拉涴 la^{22}ə^{55}	拉尿 la^{22}sɥ^{35} 小
42 黄岩	娘姨来 ȵia^{13}i^{24}le^{22}	拉涴 la^{13}e^{55}	拉尿 la^{13}sɥ^{32}
43 温岭	颜⁼姨来 ȵiɛ^{13}i^{24}le^{31}	拉涴 la^{13}ɯ^{55}	拉尿 la^{13}ɕy^{33}
44 仙居	身家有 sen^{33}ko^{334}iəɯ^{324}	拉涴 la^{24}əɯ^{55}	拉尿 la^{24}ɕy^{334}

续表

方言点	0499 来月经	0500 拉屎	0501 撒尿
45 天台	骑身来 gi^{21} ɕiŋ^{33} le^{22}	拉涴 la^{33} ou^{33}	拉尿 la^{33} ɕy^{55}
46 三门	月经来 ȵyəʔ^{2} tɕiŋ^{334} lɛ^{31}	拉涴 la^{13} o^{55}	拉尿 la^{33} sʮ^{334}
47 玉环	娘姨来 ȵia^{22} i^{24} le^{31}	拉涴 la^{22} u^{55}	拉尿 la^{22} ɕy^{42}
48 金华	身上来 ɕiŋ^{33} ɕiɑŋ^{55} lɛ^{313} 婉称 来月经 lɛ^{313} yəʔ^{21} tɕiŋ^{55}	射涴 dzia^{14} uɤ^{55}	射尿 dzia^{14} sɛ^{334}
49 汤溪	身上来 ɕiã^{24} ʑiɔ^{0} lɛ^{11}	射涴 dʑiɑ^{11} uɤ^{52}	射尿 dʑiɑ^{11} si^{24}
50 兰溪	身上来 ɕiæ̃^{334} ɕiɑŋ^{45} le^{21}	射涴 tɕia^{55} uɤ^{45}	射尿 tɕia^{55} ɕi^{334}
51 浦江	身上来 sən^{55} ȵyõ^{33} la^{113}	放涴 fõ^{33} ɯ^{55}	放尿 fõ^{33} ɕi^{334}
52 义乌	身上来 sən^{45} zɯa^{33} le^{31}	射涴 dza^{22} uɤ^{45}	射尿 dza^{22} si^{335}
53 东阳	来月经 le^{22} ȵiɛ^{33} kɐn^{33}	射涴 dza^{23} u^{33}	射尿儿 dza^{23} sɿn^{33}
54 永康	来月经 ləi^{33} ȵye^{33} tɕiŋ^{55}	放涴 fɑŋ^{33} uo^{52}	放尿 fɑŋ^{33} ɕi^{55}
55 武义	气身当=来 tɕʰi^{53} sen^{24} nɑŋ^{53} la^{55}	放涴 fɑŋ^{55} uo^{53}	放尿 fɑŋ^{55} ɕi^{24}
56 磐安	身上来 sɐn^{33} ɕiɒ^{52} le^{213}	放涴 fɒ^{33} uɤ^{52}	放尿 fɒ^{33} ɕy^{445}
57 缙云	身上来 saŋ^{44} dʑiɑ^{51} lei^{243}	放涴 fɔ^{44} u^{453}	放尿 fɔ^{44} sʮ^{44}
58 衢州	身上来 ʃyən^{32} ʃyã^{53} lɛ^{21}	射涴 dzɛ^{231} u^{53}	射尿 dzɛ^{231} ʃy^{32}
59 衢江	身口来 ɕyoŋ^{33} kʰy^{33} li^{212}	射涴 dza^{22} u^{53}	射尿 dza^{22} sɿ^{33}
60 龙游	身上来 sən^{33} sã^{51} lei^{21}	放涴 fã^{33} u^{51}	放尿 fã^{33} ɕi^{334}
61 江山	身口来 ɕĩ^{44} kʰɯ^{44} li^{213}	拉□ la^{22} xo^{51}	拉尿 la^{22} ɕyə^{44}
62 常山	身口来 sĩ^{43} tɕʰiu^{44} li^{341} 侬客来 nã^{22} kʰaʔ^{5} li^{341}	拉孝= lɛ^{24} xɔ^{324}	拉尿 lɛ^{22} ɕy^{44}
63 开化	身口来 ɕyɛ̃^{44} tɕʰiʊ^{44} li^{0}	拉□ la^{231} xo^{412}	拉尿 la^{21} ɕyo^{44}
64 丽水	大事干 du^{21} zɿ^{21} kuɛ^{52}	放涴 fɔŋ^{224} u^{52}	放尿 fɔŋ^{44} sʮ^{224}
65 青田	做礼拜 tsu^{55} li^{33} ɓɑ^{33}	拉涴 lɑ^{22} u^{55}	拉尿 lɑ^{22} sʮ^{445}
66 云和	挂红 go^{223} oŋ^{312}	放涴 fɔ̃^{44} u^{45}	放尿 fɔ̃^{44} sʮ^{24}
67 松阳	洗身体 sɿə^{33} ɕin^{24} tʰiɛ^{212}	漏涴 lu^{33} u^{24}	漏尿 lu^{33} sɿ^{53}

续表

方言点	0499 来月经	0500 拉屎	0501 撒尿
68 宣平	身堎来 sən^{32}tɑʔ^{0}lei^{433}	放涴 fɔ̃^{44}u^{52}	放尿 fɔ̃^{44}sɿ^{324}
69 遂昌	骑马日 dzɿ^{22}mɒ^{13}nɛʔ^{23}	漏涴 lu^{22}u^{334}	漏尿 lu^{22}ɕy^{45}
70 龙泉	洗身 ʑi^{21}sɛn^{434}	罗$^{=}$涴 lou^{44}u^{45}	罗$^{=}$尿 lou^{44}ɕy^{434}
71 景宁	走红 tsəɯ^{33}ŋ^{41} 大事干 do^{55}zɿ^{33}kuœ^{324}	放涴 fɔŋ^{33}u^{35}	放尿 fɔŋ^{55}ɕy^{324}
72 庆元	来月经 liᴇ^{33}ȵyᴇʔ^{34}tɕiŋ^{335}	拉涴 lo^{52}u^{11}	拉尿 lo^{52}ɕy^{335}
73 泰顺	身体来 səŋ^{22}tʰi^{55}li^{53}	拉涴 la^{21}u^{35}	拉尿 la^{21}ɕy^{213}
74 温州	身里洗来 saŋ^{33}le^{0}sei^{25}le^{0}	拉涴 la^{2}u^{51}	拉尿 la^{2}sɿ^{33}
75 永嘉	身上有 saŋ^{33}iɛ^{22}iau^{13} 身上洗来 saŋ^{33}iɛ^{22}sɿ^{45}lei^{31}	拉涴 la^{31}u^{53}	拉尿 la^{31}sɥ^{44}
76 乐清	身上来 saŋ^{44}ziɯʌ^{0}li^{31}	拉涴 le^{31}u^{21}	拉尿 le^{31}sy^{44}
77 瑞安	身上有 saŋ^{33}iɛ^{22}iau^{13}	拉涴 la^{53}ɯ^{42}	拉尿 la^{53}səɯ^{44}
78 平阳	来月经 li^{35}ȵye^{21}tʃaŋ^{55}	拉涴 lᴀ^{33}vu^{35}	拉尿 lᴀ^{33}sʉ^{21}
79 文成	大事干来 duo^{33}zɿ^{21}kuø^{33}lei^{13}	拉涴 lɔ^{21}vu^{33}	拉尿 lɔ^{21}səy^{45}
80 苍南	月经来 ȵyɛ^{11}tɕiaŋ^{44}li^{31} 肮糟来 o^{33}tsɛ^{44}li^{31} 见红 tɕiɛ^{42}oŋ^{31}	拉涴 la^{11}u^{42}	拉尿 la^{11}ɕy^{44}
81 建德徽	身上来 sən^{53}so^{13}lɛ^{33}	射涴 tsʰɑ^{55}u^{33}	射尿 tsʰɑ^{55}ɕi^{53}
82 寿昌徽	身上来 sen^{11}sɑ̃^{24}liæ^{52}	放涴 fɑ̃^{55}u^{33}	放尿 fɑ̃^{33}sɿ^{112}
83 淳安徽	身上来 sen^{24}sɑ̃^{53}lie^{435}	射涴 tsʰɑ^{53}u^{24}	射尿 tsʰɑ^{53}sa^{24}
84 遂安徽	身上来 ɕin^{52}sɑ̃^{55}lɛ^{33}	射涴 tsʰɑ^{33}vəɯ^{55}	射尿 tsʰɑ^{33}səɯ^{213}
85 苍南闽	来月经 lai^{21}gə^{21}kin^{55}	放屎 pan^{33}sai^{43}	放尿 pan^{24}dʑio^{21}
86 泰顺闽	身体来 sieŋ^{22}tʰei^{344}li^{22}	拉屎 na^{31}sai^{344}	拉尿 na^{31}niɐu^{31}
87 洞头闽	来月经 lai^{21}gə^{21}kieŋ^{33} 身躯来 ɕin^{24}ku^{33}lai^{24}	放屎 paŋ^{33}sai^{53}	放尿 paŋ^{33}dʑieu^{21}
88 景宁畲	月令 ȵyot^{2}lin^{51} 经期 tɕin^{44}ki^{22}	屙屎 ɔʔ^{5}ɕi^{325}	屙尿 ɔʔ^{5}nau^{51}

方言点	0502 放屁	0503 相当于“他妈的”的口头禅	0504 病了
01 杭州	射屁 dza^{13} pʰi^{45}	你们姆妈 ȵi^{55} məŋ^{0} m^{22} ma^{45}	生毛病嘚 səŋ^{55} mɔ^{22} biŋ^{45} daʔ^{0}
02 嘉兴	射屁 zA^{13} pʰi^{24} 拆屁 tsʰAʔ^{5} pʰi^{24}	戳伽妈只屄 tsʰoʔ^{5} nA^{21} mA^{33} tsAʔ^{3} pi^{42}	生毛病 sÃ^{33} mɔ^{24} biŋ^{42}
03 嘉善	射屁 za^{22} pʰi^{35}	尔拉妈只 n^{22} la^{35} ma^{31} tsaʔ^{5}	生毛病 sæ̃^{53} mɔ^{13} bin^{31}
04 平湖	射屁 za^{24} pʰi^{334}	伽妈只屄 na^{44} ma^{53} tsaʔ^{5} pi^{53}	生病啦哩 sã^{53} bin^{21} laʔ^{5} li^{0}
05 海盐	射屁 zɑ^{13} pʰi^{334}	戳伽姆妈个只屄 tsʰɔʔ^{23} nɑ^{53} m^{55} mɑ^{21} kəʔ^{5} tsaʔ^{5} pi^{53}	办勿到 bɛ^{21} vəʔ^{5} tɔ^{21}
06 海宁	拆屁 tsʰaʔ^{5} pʰi^{35} 射屁 za^{13} pʰi^{35}	伽妈癞痢 na^{55} maʔ^{2} la^{55} li^{55} 伽妈拉= 乌= na^{55} maʔ^{2} la^{55} u^{55}	生毛病 sɑ̃^{55} mɔ^{33} biŋ^{33}
07 桐乡	射屁 za^{21} pʰi^{334}	戳伽娘个屄 tsʰɔʔ^{5} na^{0} ȵiã^{13} kəʔ^{0} pi^{44} 戳伽娘来哩 tsʰɔʔ^{5} na^{0} ȵiã^{13} lE^{0} li^{0}	办勿到咧 bɛ^{21} vəʔ^{23} tɔ^{0} liəʔ^{0} 生毛病咧 sã^{44} mɔ^{13} biŋ^{53} liəʔ^{0}
08 崇德	射屁 zɑ^{21} pʰi^{334}	戳伽娘个屄 tsʰɔʔ^{3} nɑ^{33} ȵiã^{21} kəʔ^{0} pi^{44}	生毛病嘚 sã^{44} mɔ^{21} biŋ^{44} dəʔ^{4}
09 湖州	射屁 dza^{33} pʰi^{35}	入煞伽个娘 zəʔ^{2} səʔ^{5} na^{44} kəʔ^{5} ȵiã^{13} 伽妈只屄 na^{33} ma^{44} tsaʔ^{5} pi^{44}	生毛病待= sa^{44} mɔ^{31} bin^{22} dɛ^{13}
10 德清	射屁 za^{11} pʰi^{35}	伽妈个屄 na^{44} ma^{44} kəʔ^{5} pi^{44}	生毛病 sã^{44} mɔ^{31} bin^{13}
11 武康	射屁 dza^{11} pʰi^{35}	入煞伽娘 zɜʔ^{2} sɜʔ^{5} na^{53} ȵiã^{35}	生毛病 sã^{44} mɔ^{44} bin^{35}
12 安吉	射屁 dza^{21} pʰi^{324}	伽妈开来 na^{53} ma^{22} kʰE^{55} lE^{22}	生病 sã^{55} biŋ^{213}
13 孝丰	射屁 dza^{22} pʰi^{324}	伽娘个肶 na^{324} ȵiã^{22} kəʔ^{0} pʰieʔ^{5}	生病 sã^{44} biŋ^{213} 生毛病 sã^{44} mɔ^{22} biŋ^{22}
14 长兴	射屁 dza^{12} pʰʅ^{324}	入煞伽 zəʔ^{2} səʔ^{5} na^{44}	生病嘞 sã^{55} biŋ^{21} lE^{324}
15 余杭	射屁 za^{33} pʰi^{35}	伽姆当入煞 na^{53} m^{33} tɑ̃^{55} zieʔ^{2} səʔ^{5}	生毛病 sɑ̃^{55} mɔ^{33} biŋ^{31}
16 临安	射屁 dza^{33} pʰi^{53}	入得伽娘 zɐʔ^{2} tɐʔ^{5} na^{55} ȵiã^{31}	生毛病 sa^{55} mɔ^{53} bieŋ^{13}

续表

方言点	0502 放屁	0503 相当于“他妈的”的口头禅	0504 病了
17 昌化	放屁 fɔ̃^{54} pʰi^{544}	娘个肥 ȵiã^{11} kəʔ^{5} pʰiɛʔ^{5}	生毛病 sã^{33} mɔ^{11} biəŋ^{243} 生病 sã^{33} biəŋ^{243}
18 於潜	射屁 dza^{22} pʰi^{35}	入你个娘 zæʔ^{2} ȵi^{53} kə^{53} ȵiaŋ^{223}	生毛病 saŋ^{433} mɔ^{22} biŋ^{24}
19 萧山	射屁 dza^{21} pʰi^{42}	入煞尔个娘 zəʔ^{13} saʔ^{5} n^{13} kəʔ^{5} ȵiã^{355}	生病 sã^{33} biŋ^{242}
20 富阳	射屁 dza^{224} pʰi^{335}	入是倻姆妈 ʑiɛʔ^{2} zɛʔ^{2} na^{224} m^{13} ma^{0}	生毛病嘞 sã^{55} mɔ^{13} bin^{55} lɛʔ^{2}
21 新登	射屁 dza^{21} pʰi^{45}	娘入个东西 ȵiɑ̃^{233} zəʔ^{2} kəʔ^{5} toŋ^{53} ɕi^{334}	生病 sɛ^{53} beiŋ^{13}
22 桐庐	射屁 dzaʔ^{21} pʰi^{35}	入肥 zəʔ^{21} pʰiəʔ^{5}	生毛病 sã^{33} mɔ^{21} biŋ^{13}
23 分水	射屁 dzɛ^{24} pʰi^{24}	入你娘 zəʔ^{125} ȵi^{44} ȵiã^{21}	生病 sən^{44} bin^{213}
24 绍兴	射屁 dza^{22} pʰi^{33}	小娘生 ɕiɔ^{44} ȵiaŋ^{33} saŋ^{31}	生毛病哉 saŋ^{33} mɔ^{22} biŋ^{22} zᴇ^{31}
25 上虞	射屁 dza^{31} pʰi^{53}	倻嬷个屄 na^{21} mo^{33} kəʔ^{2} pi^{35}	生病 sã^{33} biŋ^{31}
26 嵊州	射屁 dza^{24} pʰi^{334}	倻妈屄 na^{33} ma^{33} pi^{53}	生毛病 saŋ^{33} mɔ^{22} biŋ^{24} 生病 saŋ^{33} biŋ^{24}
27 新昌	射屁 dʑia^{22} pʰi^{453}	娘得个弄 ȵiaŋ^{22} tɤʔ^{3} kɤʔ^{3} loŋ^{13}	生病 saŋ^{53} biŋ^{13}
28 诸暨	射屁 dzᴀ^{21} pʰʅ^{33}	婊子生 piɔ^{33} tsɿ^{33} sã^{21}	弗好过 fəʔ^{5} hɔ^{42} kɤu^{21}
29 慈溪	射屁 dza^{11} pʰi^{44}	入仔尔搭娘 zaʔ^{2} tsɿ^{0} n^{0} taʔ^{5} ȵiã^{13}	生病哉 sã^{3} biŋ^{13} tse^{44}
30 余姚	放屁 fɔŋ^{44} pʰi^{53}	戏倻娘个大卵脬 ɕi^{44} naʔ^{2} ȵiaŋ^{13} kəʔ^{2} dou^{13} lø̃^{13} pʰɔ^{44}	生病唧哉 sã^{44} bə̃^{13} ləŋ^{13} tse^{0}
31 宁波	射屁 dza^{13} pʰi^{44}	娘戏肥 ȵia^{13} ɕi^{44} pʰiəʔ^{5}	生病嘞 sa^{44} biŋ^{13} lɐi^{0}
32 镇海	射屁 dza^{31} pʰi^{53}	渠拉阿姆戏肥 dʑieʔ^{2} laʔ^{5} a^{33} m^{22} ɕi^{33} pʰieʔ^{5}	生病嘞 sã^{33} biŋ^{24} lei^{0}
33 奉化	射屁 dza^{33} pʰi^{53}	倻阿姆嬉肥 na^{33} a^{44} m^{0} ɕi^{44} pʰiɪʔ^{5} 娘嬉肥 ȵiã^{33} ɕi^{44} pʰiɪʔ^{5}	难过来 nɛ^{33} kəu^{44} le^{33}

续表

方言点	0502 放屁	0503 相当于“他妈的”的口头禅	0504 病了
34 宁海	拉屁 la^{21} p^{h}i^{35}	渠个姆 dʑiəʔ^{3} geʔ^{3} m^{213}	生病了 sã^{33} biŋ^{24} lei^{0}
35 象山	射屁 dza^{31} p^{h}i^{0}	伽母肥 na^{13} m^{0} p^{h}ieʔ^{5}	生毛病嘞 sã^{44} mɔ^{31} biŋ^{13} leʔ^{2}
36 普陀	射屁 dza^{11} p^{h}i^{55}	伽母戏肥 na^{24} m^{0} ɕi^{0} p^{h}iɛʔ^{0}	生病咪 sã^{33} biŋ^{13} lɛ^{0}
37 定海	射屁 dza^{33} p^{h}i^{44}	伽肥 na^{23} p^{h}ieʔ^{5}	生病咪 sã^{33} biŋ^{13} lɐi^{44}
38 岱山	射屁 dza^{33} p^{h}i^{44}	戏伽肥 ɕi^{33} na^{45} p^{h}ieʔ^{5}	生病咪 sã^{33} biŋ^{11} lɐi^{52}
39 嵊泗	射屁 dza^{33} p^{h}i^{53}	伽阿母肥 nɐʔ^{2} a^{44} m^{0} p^{h}iɛʔ^{5}	生病咪 sã^{33} biŋ^{11} lɐi^{53}
40 临海	拉屁 la^{22} p^{h}i^{55}	去母搭及⁼个 k^{h}əʔ^{5} m^{51} təʔ^{5} dʑieʔ^{2} kəʔ^{0} 去母搭 k^{h}əʔ^{3} m^{51} təʔ^{0}	生病 sã^{33} biŋ^{44} 生毛病爻 sã^{33} mɔ^{22} biŋ^{55} ŋɔ^{31}
41 椒江	拉屁 la^{22} p^{h}i^{55}	尔娘啰 n^{42} ȵiã^{31} lo^{0}	生毛病爻 sã^{33} mɔ^{22} biŋ^{44} ŋɔ^{0}
42 黄岩	拉屁 la^{13} p^{h}i^{55}	尔娘啰 n^{42} ȵiã^{121} lo^{0} 切⁼姆得 tɕ^{h}ieʔ^{5} m^{42} təʔ^{0}	生病爻 sã^{33} bin^{44} ŋɔ^{0}
43 温岭	拉屁 la^{13} p^{h}i^{55}	歇⁼死你娘 ɕiʔ^{5} sɿ^{42} ni^{33} ȵiã^{31} 弄死你娘 luŋ^{13} sɿ^{42} ni^{33} ȵiã^{31}	生毛病爻 sã^{33} mɔ^{24} bin^{44} ŋɔ^{0}
44 仙居	放屁 fɑ̃^{55} p^{h}i^{55}	弄尔娘卵脬 loŋ^{24} ŋ^{53} ȵia^{0} lø^{31} p^{h}ɐɯ^{334}	生病呀 sã^{55} bin^{55} iaʔ^{0}
45 天台	拉屁 la^{33} p^{h}i^{55}	□乃⁼去 tɕyʔ^{5} na^{33} k^{h}ei^{31}	孬过 fauʔ^{32} ku^{55}
46 三门	拉屁 la^{13} p^{h}i^{55}	二⁼脚⁼老肥 ȵi^{55} tɕiaʔ^{5} lɑu^{32} p^{h}ieʔ^{5}	生病了 sɛ^{55} biŋ^{55} lɐʔ^{0}
47 玉环	拉屁 la^{22} p^{h}i^{55}	婊子生个 piɔ^{53} tsɿ^{0} sã^{42} kɐʔ^{0}	生病爻 sã^{33} biŋ^{44} ŋɔ^{0}
48 金华	放屁 fɑŋ^{33} p^{h}i^{55}	娘卖屄 ȵiɑŋ^{33} mɑ^{55} pi^{334}	生病了 sɑŋ^{33} biŋ^{14} ləʔ^{0} 生毛病了 sɑŋ^{33} mɑo^{31} biŋ^{14} ləʔ^{0}
49 汤溪	放屁 fɑo^{33} p^{h}i^{52}	妈个入屄 mɑ^{33} kɤ^{33} ʑiɛ^{11} pi^{24}	生病罢 sa^{24} bɛ̃i^{11} bɑ^{113}
50 兰溪	射屁 tɕia^{55} p^{h}i^{45}	娘妈入屄 ȵiɑŋ^{21} mɑ^{55} ʑiəʔ^{12} pi^{334}	生病 sæ̃^{334} bin^{24}
51 浦江	放屁 fõ^{33} p^{h}i^{55}	娘借⁼ ȵyõ^{55} tsia^{55} 娘借⁼得⁼ ȵyõ^{55} tsia^{55} tə^{0}	生病哪 sɛ̃^{33} biən^{33} nɑ^{55}

续表

方言点	0502 放屁	0503 相当于"他妈的"的口头禅	0504 病了
52 义乌	射屁 dza^{22} pʰi^{45}	青侬生 tsʰən^{45} noŋ^{22} sɛ^{335}	生病 sɛ^{33} pən^{335}
53 东阳	射屁 dza^{23} pʰi^{33}	卖娘肥儿 ma^{23} ȵiə^{33} pʰiɛn^{33}	生病 sɛ^{33} bɐn^{14}
54 永康	放屁 faŋ^{33} pʰi^{52}	娘卖屄倒 ȵia^{33} mia^{31} ɓi^{33} dɑu^{22}	生病 sai^{33} ɓiŋ^{52}
55 武义	放屁 faŋ^{55} pʰi^{53}	娘卖肥 ȵiaŋ^{55} mia^{53} pʰəʔ^{5} 娘卖屄 ȵiaŋ^{55} mia^{53} pi^{24}	生病 sa^{55} bin^{31}
56 磐安	放屁 fɒ^{33} pʰi^{52}	娘卖屄生 ȵiɒ^{22} ma^{33} pi^{445} sɛ^{0} 卖娘肥儿 ma^{55} ȵiɒ^{21} piɛn^{52}	生病哇 sɛ^{33} bɐn^{14} uə^{0}
57 缙云	放屁 fɔ^{44} pʰi^{453}	娘妈屄 ȵiɑ^{44} mɑ^{213} pi^{44} 娘老肥 ȵiɑ^{44} ləɤ^{51} pʰiei^{322}	生病 sa^{44} bɛŋ^{453}
58 衢州	射屁 dzɛ^{231} pʰi^{53}	你妈肥 ȵi^{53} mɑ^{35} pʰiəʔ^{5}	生病 ɕiã^{32} bin^{231}
59 衢江	射屁 dza^{22} pʰi^{53}	你妈肥 ȵiəʔ^{2} ma^{33} pʰiəʔ^{5}	生病罢 ɕiɛ^{33} bɛ^{231} ba^{0}
60 龙游	放屁 fã^{33} pʰi^{51}	个娘 kəʔ^{4} ȵiã^{21}	生病罢 sɛ^{33} bin^{231} bɑ^{0}
61 江山	放□ poŋ^{44} fɵ^{51}	你驰个屄 ȵi^{22} tɕia^{44} kəʔ^{0} pi^{44} 你驰屄 ȵi^{22} tɕia^{24} pi^{44}	生病罢 saŋ^{24} baŋ^{51} bɒ^{0} 侬无神 naŋ^{22} mu^{22} ʑiɵ̃^{213}
62 常山	放屁 poŋ^{44} fɛ^{324}	娶逃侬个 mue^{52} dɔ^{22} nã^{22} kɛ^{0}	生病罢 sĩ^{44} bĩ^{22} pã^{0}
63 开化	放屁 pɤŋ^{44} pʰi^{412}	娶入肥 mɛ^{53} ʑyaʔ^{2} pʰiɛʔ^{5}	生病罢 sã^{44} bã^{0} bɑ^{231}
64 丽水	放屁 fɔŋ^{224} pʰi^{52}	你娶乞我钟$^{=}$ ȵi^{44} mei^{224} kʰəʔ^{4} ŋuo^{44} tɕiɔŋ^{224}	生病罢 sã^{44} bin^{131} buɔ^{0}
65 青田	放屁 fo^{33} pʰi^{55}	你妈 ȵi^{55} mo^{33}	生病罢 sɛ^{55} beŋ^{22} bɑ^{0}
66 云和	放屁 fɔ̃^{44} pʰi^{45}	你妈肥 ȵi^{44} ma^{44} pʰiʔ^{5}	生病了 sɛ^{24} biŋ^{223} lɑɔ^{0}
67 松阳	放屁 foŋ^{33} pʰi^{24}	娶个肥儿 mɛ^{33} kɛ^{0} pʰiʔ^{3} n^{24}	生病了 sã^{24} bin^{13} lɔ^{0}
68 宣平	放屁 fɔ̃^{44} pʰi^{52}	娘卖屄 ȵiɑ̃^{44} ma^{43} pi^{324} 娘卖肥 ȵiɑ̃^{44} ma^{43} pʰiəʔ^{5}	生病了 sɛ^{32} bin^{231} la^{0}
69 遂昌	放屁 fɔŋ^{55} pʰi^{334}	你娶个肥 ȵiɛ^{13} mei^{33} kɛʔ^{0} pʰiʔ^{5}	生病了 ɕiaŋ^{55} biŋ^{21} lə^{0}
70 龙泉	放屁 fɔŋ^{44} pʰi^{45}	你娘个屄 ȵi^{21} ȵiaŋ^{21} ki^{45} pi^{434}	病唠 bin^{224} lɑʌ^{0}
71 景宁	放屁 fɔŋ^{33} pʰi^{35}	妆$^{=}$你奶 tɕiɔŋ^{33} ȵi^{33} na^{324}	□过 ka^{33} ko^{35} 病爻 biŋ^{41} kɑu^{0}

续表

方言点	0502 放屁	0503 相当于“他妈的”的口头禅	0504 病了
72 庆元	放屁 ɓəŋ^{11} pʰi^{11}	妆$^{=}$你驰 tɕiɔ̃^{335} ȵiᴇ^{22} tɕiɑ^{33}	寒了 xuæ̃^{52} lɒ^{33} 生病了 sæ̃^{335} piŋ^{31} lɒ^{33}
73 泰顺	放屁 xɔ̃^{22} pʰi^{35}	妆$^{=}$渠个娘 tɕiɔ̃^{213} tsɿ^{21} kɛ^{0} ȵiã^{53} □奶个 tɕiɛʔ^{2} na^{213} ki^{0}	生病了 sã^{213} piŋ^{22} lɔ^{0}
74 温州	拉屁 la^{2} pʰei^{51}	你奶拉底 ȵi^{23} na^{33} la^{33} tei^{0}	病着 bəŋ^{22} dʑia^{22}
75 永嘉	拉屁 la^{31} pʰei^{53}	□你奶 tai^{44} ȵi^{0} na^{44} □奶 tai^{44} na^{44}	病爻罢 beŋ^{22} ɡɔ^{0} ba^{0}
76 乐清	拉屁 le^{31} pʰi^{21}	妆$^{=}$你娘 tɕyɯʌ^{44} ȵi^{22} ȵiɯʌ^{31}	生病 sa^{35} beŋ^{31}
77 瑞安	拉屁 la^{53} pʰei^{42}	你阿奶 ȵi^{22} a^{0} na^{44}	病着罢 bəŋ^{22} dʑiɔ^{22} ba^{0}
78 平阳	放屁 fɔ^{33} pʰi^{53}	倒你妈底 dɛ^{45} ni^{21} mᴀ^{33} ti^{45}	病着罢 beŋ^{13} dʒɔ^{13} bᴀ^{21}
79 文成	放屁 fo^{33} pʰei^{33}	你奶个屄 ȵi^{13} nɔ^{33} kai^{33} pei^{33}	生病 sa^{33} beŋ^{21}
80 苍南	放屁 huɔ^{42} pʰi^{42}	[你啊]母哎 ȵia^{53} m^{24} e^{0}	病着罢 beŋ^{11} dʑia^{0} ba^{0}
81 建德徽	射屁 tsʰɑ^{55} pʰi^{33}	卖个贼屄 mɑ^{55} kɐʔ^{5} sɐʔ^{12} pi^{53}	生毛病罢 sɛ^{53} mɔ^{33} pʰin^{55} pɐʔ^{0} 生病罢 sɛ^{53} pʰin^{55} pɐʔ^{0}
82 寿昌徽	放屁 fɑ̃^{55} pʰi^{33}	入尔拉妈 səʔ^{3} n^{55} nɑ^{0} mɑ^{33}	生病罢 sæ̃^{11} pʰien^{33} pɑ^{0}
83 淳安徽	放屁 fɑ̃^{24} pʰi^{24}	娘母插肥 iɑ̃^{43} mon^{53} tsʰɑʔ^{3} pʰiʔ^{5}	生病罢 sɑ̃^{21} pʰin^{53} pɑ^{0}
84 遂安徽	脱屁 tʰəɯ^{33} pʰi^{43}	㑳你妈 tsʰɔ^{55} i^{33} mɑ^{0}	生病 sɑ̃^{52} pʰin^{42}
85 苍南闽	放屁 pan^{24} pʰui^{21}	章$^{=}$汝母 tɕiɑŋ^{55} lɯ^{33} bu^{43}	病了 pĩ^{21} lə^{0}
86 泰顺闽	放屁 pəŋ^{21} pʰi^{53}	你驰罗$^{=}$ n^{21} tɕia^{22} lou^{22} 你奶的喀 n^{21} nai^{213} təʔ^{3} kə^{0}	病倒 pæŋ^{21} tou^{344}
87 洞头闽	放屁 paŋ^{33} pʰui^{21}	枯恁娘 kʰɔ^{212} lin^{21} nioŋ^{53}	无好着 bɔ^{21} ho^{55} tieu^{0}
88 景宁畲	放屁 fɔŋ^{44} pʰi^{44}	你娘指$^{=}$屄 ȵi^{44} ȵiɔŋ^{55} tɕi^{55} pie^{44}	生病 saŋ^{44} pʰiaŋ^{51}

方言点	0505 着凉	0506 咳嗽	0507 发烧
01 杭州	冻出来 toŋ^{45}tsʰaʔ^{5}lɛ^{0}	呛 tɕiaŋ^{45}	发热 faʔ^{5}zuaʔ^{2}
02 嘉兴	冻坏 toŋ^{24}uA^{21}	呛 tɕʰiÃ^{224}	发热 fAʔ^{5}ȵieʔ^{5} 发寒热 fAʔ^{5}ə^{13}ȵieʔ^{5}
03 嘉善	冻冻 toŋ^{35}toŋ^{0}	呛 tɕʰiæ̃^{334}	发寒热 faʔ^{5}ø^{13}ȵieʔ^{2}
04 平湖	冻坏 toŋ^{44}ua^{0}	呛 tsʰiã^{213}	发热 faʔ^{3}ȵiəʔ^{51} 有热度 iəɯ^{24}ȵiəʔ^{23}du^{334}
05 海盐	冻坏 toŋ^{55}uɑ^{21}	呛 tɕʰiɛ̃^{334}	发寒热 faʔ^{5}ɤ^{24}ȵiəʔ^{21}
06 海宁	受凉 zə^{33}liã^{33}	呛 tɕʰiã^{35}	发寒热 faʔ^{5}ɛ^{33}ȵieʔ^{2}
07 桐乡	受凉 zɤɯ^{242}liã^{13} 冻坏 toŋ^{33}ua^{334}	呛 tsʰiã^{334}	发寒热 faʔ^{5}ɛ^{13}ȵiəʔ^{0} 发热头 faʔ^{5}ȵiəʔ^{23}dɤɯ^{44}
08 崇德	受凉 zɤɯ^{242}liã^{13}	呛 tɕʰiã^{334}	发热 faʔ^{3}ȵiəʔ^{23}
09 湖州	受凉 ʑiʉ^{35}liã^{13}	呛 tɕʰiã^{523}	发热 faʔ^{4}ȵieʔ^{5}
10 德清	冷得冷 lã^{44}təʔ^{5}lã^{0}	呛 tɕʰiã^{334}	发热 faʔ^{4}ȵieʔ^{5}
11 武康	冻坏 toŋ^{44}ua^{44}	呛 tɕʰiã^{224}	发热 fɜʔ^{4}ȵieʔ^{5}
12 安吉	受凉 zəɪ^{24}liã^{22}	呛 tɕʰiã^{324}	发热 fɐʔ^{5}ȵiEʔ^{23}
13 孝丰	冻掉 toŋ^{32}tiɔ^{21}	呛 tɕʰiã^{324}	发热 faʔ^{5}ȵieʔ^{23}
14 长兴	受寒 zei^{24}ɯ^{12}	呛 tʃʰiã^{324}	发热 faʔ^{5}ȵiEʔ^{2}
15 余杭	冷得一冷 lɑ̃^{55}təʔ^{5}ieʔ^{5}lɑ̃^{53}	呛 tsʰiɑ̃^{423}	发热 faʔ^{5}ȵieʔ^{2}
16 临安	受凉 zə^{33}liã^{31}	呛 tɕʰiã^{55}	发热 fɐʔ^{5}ȵiɐʔ^{2}
17 昌化	冻 təŋ^{544}	呛 tɕʰiã^{544} 咳 kʰəʔ^{5}	发热 faʔ^{5}ȵiɛʔ^{23}
18 於潜	冻了 toŋ^{35}liəu^{53}	呛 tɕʰiaŋ^{35}	发热 fɐʔ^{53}ȵiæʔ^{23}
19 萧山	伤风 sɔ̃^{33}foŋ^{33}	呛 tɕʰiã^{42}	发热 faʔ^{5}nieʔ^{13}
20 富阳	冻坏 toŋ^{335}ua^{335}	呛 tɕʰiɑ̃^{335}	身浪$^{=}$热 ɕin^{55}lɑ̃^{0}ȵiɛʔ^{2}
21 新登	冻坏 toŋ^{45}ua^{21}	呛 tɕʰiɑ̃^{45}	发热 faʔ^{5}ȵiəʔ^{2}
22 桐庐	冻去 toŋ^{35}kʰi^{55}	呛 tɕʰiã^{35}	发热 faʔ^{5}niəʔ^{13}
23 分水	冻坏 toŋ^{24}xuɛ^{24}	呛 tɕʰiã^{13}	发热 faʔ^{5}ȵiəʔ^{12}

续表

方言点	0505 着凉	0506 咳嗽	0507 发烧
24 绍兴	冻出来 toŋ^{33} tsʰeʔ^{3} lᴇ^{33}	呛 tɕʰiaŋ^{33}	发热 fɛʔ^{3} ȵieʔ^{2}
25 上虞	冻出来 toŋ^{55} tsʰɐʔ^{5} le^{31}	呛 tɕʰiã^{53}	发热 fɐʔ^{2} ȵiəʔ^{2}
26 嵊州	冻了 toŋ^{33} liɔ^{334}	咳嗽 kʰɛʔ^{3} ɕiʏ^{334}	发热 fɛʔ^{5} ȵieʔ^{2}
27 新昌	冻掉 toŋ^{53} tiɔ^{45}	嗽 ɕiɯ^{335}	发热 fɛʔ^{5} ȵiɛʔ^{2}
28 诸暨	冻出来 tom^{33} tsʰoʔ^{33} le^{33}	咳嗽 kʰoʔ^{5} se^{21}	发热 faʔ^{33} nieʔ^{13}
29 慈溪	冻 tuŋ^{44}	呛 tɕʰiã^{44}	痨=发 lɔ^{11} faʔ^{5}
30 余姚	冷勒记 lã^{13} liəʔ^{2} tɕi^{44}	呛 tɕʰiaŋ^{44}	痨=发 lɔ^{13} faʔ^{5} 发寒热 faʔ^{5} ẽ^{13} ȵiəʔ^{2} 发热 faʔ^{5} ȵiəʔ^{2}
31 宁波	冻掉 tuŋ^{44} dio^{13}	呛 tɕʰia^{44}	发热 faʔ^{5} ȵiəʔ^{2}
32 镇海	冻进 toŋ^{33} tɕiŋ^{44}	咳嗽 kʰaʔ^{5} sei^{44} 呛 tɕʰiã^{33}	发热 faʔ^{5} ȵieʔ^{2}
33 奉化	冻掉来 toŋ^{44} diɔ^{33} le^{31}	嗽 sæi^{44}	热躸身 ȵiɪʔ^{2} tɕi^{35} ɕiŋ^{53}
34 宁海	冻 toŋ^{35}	嗽 səu^{35}	发热 faʔ^{3} ȵieʔ^{3}
35 象山	冻牢 toŋ^{53} lɔ^{31}	咳嗽 kʰeʔ^{5} sɤɯ^{0}	发热 faʔ^{5} ȵieʔ^{2} 躸身热 tɕi^{44} səŋ^{44} ȵieʔ^{2}
36 普陀	冻 toŋ^{55}	呛 tɕʰiã^{55}	发热 fɐʔ^{3} ȵiɛʔ^{23}
37 定海	冻 toŋ^{44}	呛 tɕʰiã^{44}	躸身热 tɕi^{33} ɕiŋ^{0} ȵieʔ^{2} 老 痨=发 lɔ^{33} fɐʔ^{5} 老 发热 fɐʔ^{3} ȵieʔ^{5} 新
38 岱山	冻 toŋ^{44}	呛 tɕʰiã^{44}	痨=发 lɔ^{33} fɐʔ^{5}
39 嵊泗	冻 toŋ^{44}	呛 tɕʰiã^{53}	痨=发 lɔ^{33} fɐʔ^{5}
40 临海	冻 toŋ^{55}	嗽 sə^{55}	躸身热 dzi^{21} ɕiŋ^{33} nieʔ^{23} 发热 fɛʔ^{3} ȵieʔ^{23}
41 椒江	冻 toŋ^{55}	嗽 ɕio^{55}	躸身热 dʑi^{31} ɕiŋ^{42} nieʔ^{2}
42 黄岩	冻 toŋ^{55}	嗽 ɕio^{55}	躸身热 dʑi^{121} ɕin^{33} nieʔ^{2}
43 温岭	冻 tuŋ^{55}	嗽 sɤ^{55}	躸身热 dʑi^{31} ɕin^{33} niʔ^{2}

续表

方言点	0505 着凉	0506 咳嗽	0507 发烧
44 仙居	冻去 ɗoŋ^{55} kaʔ^{0}	嗽 səɯ^{55}	发热 fɑʔ^{3} ȵiaʔ^{23}
45 天台	冻 tuŋ^{55}	嗽 sou^{55}	发热 feʔ^{1} ȵieʔ^{2}
46 三门	冻 toŋ^{55}	咳嗽 kʰɐʔ^{3} sɤɯ^{55}	发热 fɐʔ^{3} ȵieʔ^{23}
47 玉环	冻[去爻] toŋ^{55} kʰɔ^{0}	嗽 ɕiɤ^{55}	骑身热起 dʑi^{31} ɕiŋ^{42} niɐʔ^{2} tɕʰi^{0}
48 金华	冻去 toŋ^{55} kʰɤ^{0} 老 受凉 ɕiu^{55} liɑŋ^{313} 新	咳嗽 kʰəʔ^{3} ɕiu^{55}	烧热 ɕiɑo^{33} ȵie^{14}
49 汤溪	冻去 nɑo^{52} kʰəɯ^{0}	咳嗽 kʰa^{52} sou^{52}	烧热 ɕiɔ^{33} ȵie^{24}
50 兰溪	冻去 toŋ^{45} kʰi^{0}	呛 tsʰiɑŋ^{45}	烧热 ɕiɔ^{334} ȵieʔ^{12}
51 浦江	冻去 tən^{55} i^{55}	咳嗽 kʰə^{55} ɕiɤ^{55}	烧热 sɯ^{33} ȵi^{334}
52 义乌	受凉 zɐɯ^{24} lɯa^{213}	嗽 sɐɯ^{45}	烧热 sɯɤ^{33} ȵie^{312}
53 东阳	受凉 ʑiəɯ^{23} liɔ^{33}	嗽 səɯ^{44}	烧热 ɕio^{33} ȵiɛ^{35}
54 永康	冻去 noŋ^{52} kʰɯ^{0}	嗽 səu^{52}	烧热 ɕiɑu^{33} ȵie^{113}
55 武义	冻去 noŋ^{53} kʰɯ^{0}	嗽 sɑu^{53}	烧热 ɕie^{55} ȵie^{13}
56 磐安	冻去 tɔom^{55} kʰɐɯ^{0}	嗽 sɐɯ^{52}	烧热 ɕio^{33} ȵiɛ^{334}
57 缙云	冻去 nɔ̃ũ^{453} kʰɤ^{0}	咳嗽 kʰɛ^{44} ɕiəɤ^{453}	烧热 ɕiəɤ^{44} ȵiɛ^{45}
58 衢州	冻着 toŋ^{53} dʒyaʔ^{12}	咳嗽 kʰəʔ^{3} se^{53}	烧热 ɕiɔ^{35} ȵiəʔ^{12}
59 衢江	冻着 təŋ^{55} dʑiaʔ^{0}	咳嗽 kʰəʔ^{3} sɿ^{53}	烧热 ɕiɔ^{33} ȵiəʔ^{2}
60 龙游	冻去 toŋ^{51} kʰəʔ^{0}	呛 tɕʰiã^{51}	烧热 sɔ^{33} ȵiəʔ^{23}
61 江山	冻着 toŋ^{51} dəʔ^{0}	块= kʰɞ^{241}	发烧热 faʔ^{5} ɕiɐɯ^{44} ȵiᴇʔ^{2}
62 常山	冻着 toŋ^{43} dʌʔ^{34}	咳嗽 kʰʌʔ^{4} su^{324}	烧热 ɕiɤ^{44} ȵiʌʔ^{34}
63 开化	冻着 tɤŋ^{53} daʔ^{13}	咳嗽 kʰaʔ^{5} su^{412}	烧热 ɕiəɯ^{44} ȵiaʔ^{13}
64 丽水	冻 təŋ^{52}	咳嗽 kʰɛʔ^{5} səɯ^{0}	发热 fuɔʔ^{4} ȵiɛʔ^{23} 老 发烧 fuɔʔ^{4} ɕiə^{224} 新
65 青田	冻 ɗoŋ^{33}	嗽 sæi^{33}	发热 faʔ^{4} ȵiæʔ^{31}
66 云和	冻 toŋ^{45}	咳嗽 kʰɛʔ^{4} səɯ^{45}	发热 fɔʔ^{4} ȵiɛʔ^{23}

续表

方言点	0505 着凉	0506 咳嗽	0507 发烧
67 松阳	冻去 təŋ^{24} kʰɯə^{0} 冻 təŋ^{24}	嗽 sei^{24}	身体热 ɕin^{24} tʰiɛ^{21} ȵiɛʔ^{2}
68 宣平	冻 tən^{52}	嗽 səɯ^{52}	身体热 sən^{44} tʰi^{44} ȵiəʔ^{23}
69 遂昌	冻去 təŋ^{33} kʰɤ^{45}	嗽 su^{334}	发热 faʔ^{5} ȵiɛʔ^{23}
70 龙泉	冻 təŋ^{45}	嗽 siəu^{45}	发热 foʔ^{3} ȵiᴇʔ^{24}
71 景宁	冻 təŋ^{35}	咳嗽 kʰɛʔ^{3} səɯ^{35}	发热 fɔʔ^{5} ȵiɛʔ^{23} 发烧 fɔʔ^{5} ɕiɑu^{324}
72 庆元	凉着 liɑ̃^{52} tɕiɑʔ^{34}	咳嗽 kʰɤʔ^{5} sɐɯ^{11}	烧热 ɕiɒ^{33} ȵiᴇʔ^{34}
73 泰顺	浸 tsʰəŋ^{35}	嗽 səu^{35}	热起 ȵiɛʔ^{2} tsʰɿ^{55}
74 温州	冻着 toŋ^{42} dʑia^{21}	嗽 sau^{51}	身体暖 saŋ^{42} tʰei^{25} naŋ^{14}
75 永嘉	响= 冷□着 ɕiɛ^{53} lɛ^{21} kaŋ^{53} dʑia^{0} 冻 toŋ^{53}	嗽 sau^{53}	身体暖 saŋ^{53} tʰei^{45} naŋ^{13}
76 乐清	冻着 toŋ^{41} dʑiɯʌ^{0}	嗽 sau^{41}	身体暖 saŋ^{42} tʰi^{23} naŋ^{24}
77 瑞安	冻着 toŋ^{53} dʑiɔ^{0}	嗽 sau^{53}	身体暖 saŋ^{53} tʰei^{35} naŋ^{21}
78 平阳	冻底= toŋ^{53} ti^{21}	嗽 sau^{53}	发烧 fɔ^{33} ɕye^{35}
79 文成	冻着 toŋ^{33} dʑie^{21}	嗽 sau^{33}	身体热 saŋ^{33} tʰei^{45} ȵie^{21}
80 苍南	冻渠= toŋ^{42} gi^{0}	嗽 sau^{42}	身体暖 saŋ^{42} tʰi^{53} naŋ^{31}
81 建德徽	冻去 toŋ^{33} kʰi^{55}	呛 tɕʰie^{33}	烧热 sɔ^{53} ȵi^{213}
82 寿昌徽	冻去 təŋ^{33} kʰəɯ^{55}	呛 tɕʰiɑ̃^{33}	烧热 sɤ^{11} ȵi^{24}
83 淳安徽	冻坏 ton^{24} uɑ^{21}	咳嗽 kʰəʔ^{5} sɯ^{24} 呛 tɕʰiɑ̃^{24}	烧热 sɤ^{24} iəʔ^{13}
84 遂安徽	凉起 liɑ̃^{33} tɕʰiɑ^{33}	咳嗽 kʰə^{33} ɕiu^{43}	发烧 fɑ^{55} ɕiɑ^{534}
85 苍南闽	寒 kũã^{24}	嗽 sau^{21}	身躯烧 ɕin^{24} ku^{55} ɕio^{55}
86 泰顺闽	浸□ tsʰieŋ^{22} lei^{21}	嗽 sau^{53}	身体热 sieŋ^{22} tʰei^{344} nieʔ^{3}
87 洞头闽	寒着 kũã^{33} tieu^{0}	嗽 sau^{21}	身躯烧 ɕin^{33} ku^{33} ɕieu^{33}
88 景宁畲	冻着 toŋ^{44} tɕʰiɔʔ^{2}	咳 xau^{44}	发烧 fɔʔ^{5} ɕiəu^{44}

方言点	0508 发抖	0509 肚子疼	0510 拉肚子
01 杭州	发抖 faʔ^{3} tei^{53}	肚皮痛 dəu^{13} bi^{55} tʰoŋ^{45}	肚皮射 dəu^{13} bi^{55} dza^{13}
02 嘉兴	发抖 fᴀʔ^{5} tei^{544} 打寒噤 tᴀ̃^{33} ə^{13} dʑiŋ^{42}	肚皮痛 dou^{13} bi^{42} tʰoŋ^{21}	肚皮射 dou^{21} bi^{42} zᴀ^{21}
03 嘉善	抖 tə^{44}	肚皮痛 du^{22} bi^{13} tʰoŋ^{53}	肚皮射 du^{22} bi^{13} za^{31}
04 平湖	抖 təɯ^{44}	肚皮痛 du^{21} bi^{24} tʰoŋ^{0}	肚皮射 du^{21} bi^{24} za^{0}
05 海盐	发抖 faʔ^{5} te^{423}	肚皮痛 du^{53} bi^{31} tʰoŋ^{334}	肚皮射 du^{53} bi^{31} zɑ^{213}
06 海宁	发抖 faʔ^{5} təɯ^{53}	肚里痛 dəu^{13} li^{31} tʰoŋ^{0}	肚皮射 dəu^{13} bi^{33} za^{33}
07 桐乡	发抖 faʔ^{3} tɤɯ^{53}	肚皮痛 dəu^{242} bi^{0} tʰoŋ^{0}	肚皮射 dəu^{242} bi^{0} za^{0}
08 崇德	发抖 faʔ^{3} tɤɯ^{53}	肚皮痛 dəu^{24} bi^{0} tʰoŋ^{0}	肚皮射 dəu^{24} bi^{0} zɑ^{0}
09 湖州	打噤 tã^{35} dʑin^{53}	肚皮疼 dəu^{13} bi^{31} tʰoŋ^{13}	肚皮射 dəu^{13} bi^{31} za^{13}
10 德清	发抖 faʔ^{5} tøʉ^{53}	肚皮痛 dəu^{35} bi^{53} tʰoŋ^{31}	射肚皮 za^{11} dəu^{35} bi^{53}
11 武康	发抖 fɜʔ^{5} tø^{53}	肚皮痛 du^{35} bi^{53} tʰoŋ^{31}	肚皮射 du^{35} bi^{53} za^{13}
12 安吉	发抖 fɐʔ^{5} təɪ^{52}	肚皮痛 dʊ^{24} bi^{52} tʰoŋ^{324}	射肚皮 dza^{21} dʊ^{24} bi^{52}
13 孝丰	发抖 faʔ^{5} təɪ^{52}	肚皮痛 du^{24} bi^{52} tʰoŋ^{324}	射肚皮 dza^{22} du^{24} bi^{52}
14 长兴	发抖 faʔ^{3} tei^{52}	肚皮痛 dəu^{24} bɿ^{45} tʰoŋ^{21}	射肚皮 dza^{12} dəu^{45} bɿ^{21}
15 余杭	发抖 faʔ^{5} tøʏ^{53}	肚皮疼 du^{33} bi^{31} tʰoŋ^{53}	肚皮射 du^{33} bi^{31} za^{13}
16 临安	发抖 fɐʔ^{5} tə^{55}	肚皮痛 duo^{33} bi^{33} tʰoŋ^{31}	肚皮射 duo^{33} bi^{33} dza^{31}
17 昌化	发抖 faʔ^{5} ti^{453}	肚皮痛 du^{23} bi^{45} tʰəŋ^{53}	拉肚皮 la^{23} du^{23} bi^{453}
18 於潜	发噤 fɐʔ^{53} dʑiŋ^{24}	肚皮痛 du^{24} bi^{53} tʰoŋ^{24}	射肚皮 dza^{22} du^{24} bi^{53}
19 萧山	发抖 faʔ^{5} tei^{33}	肚皮痛 du^{13} bi^{33} tʰoŋ^{42}	肚皮射 du^{13} bi^{33} dza^{42}
20 富阳	发抖 faʔ^{5} tei^{423}	肚皮痛 dʊ^{224} bi^{31} tʰoŋ^{53}	肚皮射 dʊ^{224} bi^{31} dza^{224}
21 新登	发抖 faʔ^{5} təu^{45}	肚皮痛 du^{21} bi^{13} tʰoŋ^{45}	肚皮射 du^{21} bi^{13} dza^{13}
22 桐庐	发抖 faʔ^{5} tei^{33}	肚皮痛 du^{13} bi^{55} tʰoŋ^{21}	射肚皮 dzaʔ^{21} du^{33} bi^{55}
23 分水	发抖 faʔ^{5} tɵ^{53}	肚皮疼 du^{24} bi^{21} tʰoŋ^{24}	肚皮射 du^{24} bi^{21} dzɛ^{24}
24 绍兴	抖抖病 tɤ^{33} tɤ^{33} biŋ^{22}	肚皮痛 du^{24} bi^{31} tʰoŋ^{33}	射 dza^{22}

续表

方言点	0508 发抖	0509 肚子疼	0510 拉肚子
25 上虞	发抖 fɐʔ^{2}tɤ^{35}	肚皮痛 du^{21}bi^{0}tʰoŋ^{0}	射 dza^{31}
26 嵊州	发抖 fɛʔ^{3}tʏ^{53}	肚皮痛 du^{24}bi^{31}tʰoŋ^{334}	肚射 du^{24}dza^{24}
27 新昌	发抖 fɛʔ^{5}tiɯ^{453}	肚皮痛 du^{13}bi^{33}tʰoŋ^{335}	肚射 du^{22}dʑia^{13}
28 诸暨	发抖 faʔ^{33}tei^{42}	肚皮痛 du^{13}bʅ^{33}tʰom^{21}	肚皮射 du^{13}bʅ^{33}dzᴀ^{21}
29 慈溪	抖煞 tø^{33}saʔ^{5}	肚皮痛 du^{13}bi^{0}tʰuŋ^{0}	射煞⁼尿 dza^{11}saʔ^{5}ɕi^{44}
30 余姚	发抖 faʔ^{5}tø^{34}	肚皮痛 du^{13}bi^{13}tʰuŋ^{53}	射肚皮 dza^{13}du^{13}bi^{13}
31 宁波	发潀 faʔ^{5}dʑiŋ^{13}	肚皮痛 du^{13}bi^{0}tʰoŋ^{44}	射烂涴 dza^{13}lɛ^{0}əu^{44}
32 镇海	潀煞 dʑiŋ^{24}saʔ^{5}	肚皮痛 du^{24}bi^{0}tʰoŋ^{44}	射肚皮 dza^{31}du^{24}bi^{31}
33 奉化	潀 dʑiŋ^{324}	肚皮痛 du^{33}bi^{33}tʰoŋ^{31}	射烂涴 dza^{33}lɛ^{33}əu^{0}
34 宁海	刮⁼刮⁼抖 guaʔ^{3}guaʔ^{3}tiu^{53} 轧轧抖 geʔ^{3}geʔ^{3}tiu^{53}	肚皮痛 du^{22}bi^{21}tʰoŋ^{35}	拉肚 la^{21}du^{31} 拉肚皮 la^{21}du^{2}bi^{213} 射肚 dza^{21}du^{31}
35 象山	发潀 faʔ^{5}dʑiŋ^{31}	肚皮痛 du^{31}bi^{31}tʰoŋ^{0}	肚皮射 du^{31}bi^{31}dza^{13}
36 普陀	发抖 fɐʔ^{3}teu^{45}	肚皮痛 du^{23}bi^{0}tʰoŋ^{0}	射烂涴 dza^{55}lɛ^{33}əu^{55}
37 定海	潀 dʑiŋ^{23}	肚皮痛 dʌu^{23}bi^{0}tʰoŋ^{0}	射烂涴 dza^{33}lɛ^{11}ʌu^{44}
38 岱山	潀 dʑiŋ^{244}	肚皮痛 du^{23}bi^{0}tʰoŋ^{0}	射烂涴 dza^{33}lɛ^{11}ʌu^{44}
39 嵊泗	潀 dʑiŋ^{213}	肚皮痛 du^{24}bi^{0}tʰoŋ^{0}	射烂涴 dza^{33}lɛ^{11}ʌu^{53}
40 临海	捉个抖 tɕyʔ^{3}kəʔ^{0}tə^{52}	肚痛 du^{31}tʰoŋ^{33} 条肚痛 diə^{33}du^{21}tʰoŋ^{33}	拉拔肚 la^{33}bəʔ^{2}du^{51}
41 椒江	打个抖 tã^{42}kəʔ^{0}tio^{42}	条肚痛 diɔ^{22}dəu^{31}tʰoŋ^{42}	拔肚 baʔ^{2}dəu^{31}
42 黄岩	只个抖 tɕieʔ^{5}kəʔ^{0}tio^{42}	肚痛 dou^{121}tʰoŋ^{32}	拔肚 bəʔ^{2}dou^{121}
43 温岭	只个抖 tsɿ^{42}kəʔ^{0}tɤ^{42}	肚痛 du^{31}tʰuŋ^{33} 条肚痛 diɔ^{31}du^{31}tʰuŋ^{33}	拔肚 bəʔ^{2}du^{31}
44 仙居	咯咯抖 ɟiəʔ^{23}ɟiəʔ^{23}ɗəɯ^{324}	条肚痛 diɐɯ^{33}du^{24}tʰoŋ^{55}	拉拔肚 la^{33}bɑʔ^{23}du^{353}小
45 天台	发潀 feʔ^{1}giŋ^{214}	肚痛 du^{21}tʰuŋ^{55} 条肚痛 dieu^{22}du^{21}tʰuŋ^{55}	拉肚 la^{33}du^{31} 拉条肚 la^{33}dieu^{22}du^{214}

续表

方言点	0508 发抖	0509 肚子疼	0510 拉肚子
46 三门	嘎嘎抖 kɐʔ^{3} kɐʔ^{3} tɤɯ^{325}	搭⁼肚痛 taʔ^{3} du^{213} tʰoŋ^{31}	拔肚 bɐʔ^{2} du^{213}
47 玉环	抖 tiɤ^{53}	肚痛 dəu^{41} tʰoŋ^{33} 条肚痛 diɔ^{22} dəu^{41} tʰoŋ^{33}	拔肚 bɐʔ^{2} dəu^{31}
48 金华	发抖 fɤa^{55} tiu^{535} 程度轻 咯咯抖 gəʔ^{21} gəʔ^{21} tiu^{535} 程度重	肚皮痛 tu^{55} bi^{31} tʰoŋ^{55}	肚射 tu^{55} dzia^{14} 肚皮射 tu^{55} bi^{31} dzia^{14}
49 汤溪	抖 təɯ^{535}	肚里痛 du^{11} li^{52} tʰɑo^{52}	肚射 du^{113} dʑiɑ^{341}
50 兰溪	抖 təɯ^{55}	肚皮痛 tu^{55} bi^{21} tʰoŋ^{45}	肚射 tu^{55} dʑia^{24}
51 浦江	咯咯抖 gə^{11} gə^{11} tɤ^{53}	肚皮痛 du^{11} bi^{24} tʰən^{0}	射涴 dʑiɑ^{24} ɯ^{0} 肚射 du^{24} dʑiɑ^{0}
52 义乌	抖 tɐɯ^{423}	肚痛 du^{24} tʰoŋ^{45}	肚射 du^{24} dza^{24}
53 东阳	抖 təɯ^{44}	肚痛 du^{23} tʰɔm^{33}	肚发 du^{23} fɔ^{33}
54 永康	发抖 fɑ^{33} ɗəu^{334}	荷⁼肚痛 uo^{33} dəu^{113} tʰoŋ^{52}	肚泻 du^{31} ɕia^{52}
55 武义	抖 lɑu^{445}	肚痛 du^{32} tʰoŋ^{53}	肚泻 du^{32} ɕia^{53}
56 磐安	抖 tɐɯ^{334}	肚痛 tu^{52} tʰɔom^{52}	肚射 tu^{52} dzua^{14}
57 缙云	咯咯抖 kəɤ^{44} kəɤ^{44} tiuŋ^{51} 会抖 uei^{51} tiuŋ^{51}	肚皮痛 du^{21} bi^{243} tʰ ɔ̃ũ^{453}	肚泻 du^{21} ɕia^{453}
58 衢州	发颤⁼ faʔ^{3} tsɑ̃^{35}	肚皮痛 du^{231} bi^{21} tʰoŋ^{53}	肚皮射 du^{231} bi^{21} dzɛ^{231}
59 衢江	猗⁼猗⁼抖 gəʔ^{2} gəʔ^{2} ty^{25}	腹痛 pəʔ^{5} tʰəŋ^{53}	腹射 pəʔ^{5} dza^{231}
60 龙游	猗⁼猗⁼抖 gəʔ^{2} gəʔ^{2} təɯ^{35}	肚皮痛 du^{22} bi^{22} tʰoŋ^{51}	肚皮放 du^{22} bi^{22} fɑ̃^{51}
61 江山	锄⁼锄⁼震 zɒ^{22} zɒ^{22} tɕiɘ̃^{51}	腹肚痛 poʔ^{5} tuə^{241} tʰoŋ^{51}	拉腹泻 la^{22} poʔ^{4} ɕiə^{51}
62 常山	发抖 faʔ^{4} tiu^{52}	腹里痛 pɤʔ^{5} lɤʔ^{0} tʰoŋ^{324}	腹里拉 pɤʔ^{5} lɤʔ^{0} lɛ^{341}
63 开化	抖 təɯ^{53} 畏寒 uɛ^{53} gəŋ^{231}	腹肚痛 pəʔ^{4} tuo^{53} tʰɤŋ^{0}	拉腹肚 la^{21} pəʔ^{4} tuo^{53} 腹肚拉 pəʔ^{4} tuo^{53} la^{231}
64 丽水	发抖 fuɔʔ^{4} təɯ^{544}	肚皮痛 du^{21} bi^{21} tʰɔŋ^{52} 肚痛 du^{21} tʰɔŋ^{52}	泻肚 ɕio^{44} du^{22}
65 青田	抖 ɗæi^{454}	肚痛 deu^{343} tʰoŋ^{33}	泻肚 ɕiu^{33} deu^{343}
66 云和	瘦⁼瘦⁼零⁼ səɯ^{44} səɯ^{44} liŋ^{312}	肚皮痛 du^{223} bi^{31} tʰoŋ^{45}	肚泄 du^{223} ɕiɔ^{45}

续表

方言点	0508 发抖	0509 肚子疼	0510 拉肚子
67 松阳	嘎嘎抖 kɔʔ^{3} kɔʔ^{3} tei^{212}	腹桶痛 poʔ^{3} dəŋ^{22} tʰəŋ^{24}	腹泻 poʔ^{5} ɕyə^{24}
68 宣平	咯咯抖 gəʔ^{2} gəʔ^{2} təɯ^{445}	肚痛 du^{22} tʰən^{52}	痢肚 li^{22} du^{223} 肚泻 du^{22} ɕia^{52}
69 遂昌	发抖 faʔ^{3} tu^{533}	腹桶疼 pəɯʔ^{5} dəŋ^{13} tʰəŋ^{334}	腹泻 pəɯʔ^{5} ɕiɒ^{334}
70 龙泉	咯咯抖 kɯəʔ^{3} kɯəʔ^{3} tiəu^{51}	腹痛 pouʔ^{5} tʰəŋ^{45}	腹泻 pouʔ^{5} ɕio^{45}
71 景宁	抖 təɯ^{33}	肚痛 dy^{33} tʰəŋ^{35}	泻肚 ɕio^{55} dy^{33} 肚泻 dy^{33} ɕio^{35}
72 庆元	发抖 fɑʔ^{5} ɗiɯ^{33}	腹痛 ɓuʔ^{5} tʰoŋ^{11}	腹泻流儿 ɓuʔ^{5} ɕiɑ^{11} liɔ̃^{55}
73 泰顺	抖 təu^{55}	肚痛 tø^{21} tʰoŋ^{35}	肚泻 tø^{21} ɕyɔ^{35}
74 温州	抖起 tau^{25} tsʰɿ^{0}	肚痛 dø^{14} tʰoŋ^{51}	泻肚 sei^{42} dø^{14}
75 永嘉	抖抖动 tau^{43} tau^{53} doŋ^{13}	肚痛 dəɯ^{13} tʰoŋ^{53}	肚泻 dəɯ^{13} sɿ^{53}
76 乐清	嘎嘎抖 ga^{2} ga^{31} tau^{35}	肚痛 dy^{24} tʰoŋ^{41}	泻肚 si^{42} dy^{24}
77 瑞安	□□抖 gɔ^{2} gɔ^{31} tau^{35}	肚痛 dəɯ^{13} tʰoŋ^{53}	泻肚 sei^{53} dəɯ^{13}
78 平阳	发抖 fɔ^{21} tau^{45}	肚痛 dʉ^{13} toŋ^{53}	泻肚 si^{53} dʉ^{13}
79 文成	发抖 fɔ^{21} tau^{45}	肚痛 dəy^{242} toŋ^{33}	走坑 tʃau^{33} kʰa^{33} 泻肚 ɕie^{42} dəy^{33}
80 苍南	□□抖 ga^{11} ga^{11} tau^{53}	肚痛 dy^{24} tʰoŋ^{42}	泻肚 ɕi^{42} dy^{24}
81 建德徽	发抖 fo^{55} tɤɯ^{213}	肚皮痛 tʰu^{55} pi^{33} tʰoŋ^{33}	肚皮射 tʰu^{55} pi^{33} tsʰɑ^{55}
82 寿昌徽	发抖 fɤ^{33} təɯ^{24}	肚皮痛 tʰu^{33} pʰi^{55} tʰəŋ^{33}	肚痢放 tʰu^{55} li^{33} fɑ̃^{33}
83 淳安徽	发抖 fɑʔ^{5} tɯ^{55}	肚皮痛 tʰa^{55} pʰi^{21} tʰon^{21}	肚里射 tʰa^{55} li^{21} tsʰɑ^{21}
84 遂安徽	发抖 fɑ^{55} tiu^{213}	肚里疼 tʰu^{55} li^{21} tʰəŋ^{33}	厕里爬 tsʰɑ^{33} li^{55} pʰɑ^{21}
85 苍南闽	抖 tau^{43}	腹肚痛 pɐ^{24} tɔ^{43} tʰan^{21}	射屎 tsʰua^{24} sai^{43}
86 泰顺闽	抖 tau^{344}	腹肚疾 pøʔ^{3} tu^{344} ɕiɪʔ^{3}	腹肚涝 pøʔ^{3} tu^{34} lau^{53}
87 洞头闽	□□抖 kʰə^{21} kʰə^{21} tau^{53}	腹肚痛 pɐk^{5} tɔ^{53} tĩã^{21}	涝屎 lau^{33} sai^{42}
88 景宁畲	发抖 fɔʔ^{5} tiəu^{325}	肚屎痛 ti^{55} ɕi^{55} tʰoŋ^{44}	肚屎泄 ti^{55} ɕi^{55} ɕia^{44} 泄肚 ɕia^{44} tu^{325}

方言点	0511 患疟疾	0512 中暑	0513 肿
01 杭州	打摆子 ta^{55} pɛ^{53} tsɿ^{0}	中暑 tsoŋ^{45} tsʰɥ^{53}	肿 tsoŋ^{53}
02 嘉兴	发寒热 fᴀʔ^{5} ə^{13} ȵieʔ^{5}	中暑 tsoŋ^{33} sɥ^{24}	肿 tsoŋ^{544}
03 嘉善	发抖抖病 fɜʔ^{5} tə^{35} tə^{35} bin^{0}	疰夏 tsɥ^{44} o^{35}	虚 xɛ^{53}
04 平湖	发寒热 faʔ^{5} ø^{24} ȵiəʔ^{0}	痧气 so^{53} tɕʰi^{0} 疰夏 tsɥ^{44} o^{0}	肿 tsoŋ^{44}
05 海盐	发冷热头 faʔ^{5} lɛ̃^{53} ȵiəʔ^{5} de^{21}	疰夏 tɕy^{55} o^{334}	肿 tsoŋ^{423} 夯高 xɛ̃^{53} kɔ^{53}
06 海宁	发冷热病 faʔ^{5} lɑ̃^{13} ȵieʔ^{2} biŋ^{0}	痧气 sa^{55} tɕʰi^{55}	虚 həɯ^{55}
07 桐乡	发寒热头 faʔ^{5} ɛ^{21} ȵiəʔ^{4} dɤɯ^{44}	中暑 tsoŋ^{33} sɿ^{53}	虚 ɕi^{44}
08 崇德	发寒热 faʔ^{3} ɛ^{21} ȵiəʔ^{4}	痧气 so^{44} tɕʰi^{44}	虚 hi^{44}
09 湖州	发寒热 faʔ^{5} ɛ^{22} ȵieʔ^{3}	疰夏 tsɿ^{33} uo^{35}	虚 xɛ^{44}
10 德清	发冷发热 faʔ^{5} lɑ̃^{35} faʔ^{5} ȵieʔ^{2}	射痧 za^{11} suo^{35}	虚 xɛ^{44}
11 武康	发冷发热 fɜʔ^{4} lɑ̃^{44} fɜʔ^{5} ȵieʔ^{5}	射痧 dza^{11} so^{55}	虚 xɛ^{44}
12 安吉	发寒热 fɐʔ^{5} ᴇ^{22} ȵiᴇʔ^{2}	发痧 fɐʔ^{3} sʊ^{55}	肿 tsoŋ^{52}
13 孝丰	发寒热 faʔ^{5} ɛ^{22} ȵieʔ^{2}	发痧 faʔ^{5} sʊ^{44}	肿 tsoŋ^{52}
14 长兴	发寒热 faʔ^{5} ɯ^{12} ȵiᴇʔ^{2}	发痧 faʔ^{3} su^{44}	虚 hɯ^{44}
15 余杭	抖寒热 tøʏ^{53} o^{31} ȵieʔ^{2}	起云= 痧儿 tɕʰi^{35} iŋ^{31} so^{53} n^{31}	肿 tsoŋ^{423}
16 临安	发冷发热 fɐʔ^{5} lɑ̃^{33} fɐʔ^{5} ȵiɐʔ^{2}	发痧 fɐʔ^{5} suo^{33}	肿 tsoŋ^{55}
17 昌化	打半热子 tã^{45} pɛ̃^{54} ȵiɛʔ^{2} tsɿ^{453} 发寒热 faʔ^{5} ɛ̃^{11} ȵiɛʔ^{23}	发痧 faʔ^{5} su^{334}	肿 tsəŋ^{453}
18 於潜	打摆日子 ta^{53} pa^{53} ȵiæʔ^{53} tsɿ^{31}	发痧 fɐʔ^{53} sa^{31}	肿 tsoŋ^{51}
19 萧山	射= 疾= dza^{33} tɕieʔ^{5}	惹痧 ȵia^{21} so^{533}	肿 tɕyoŋ^{33}
20 富阳	发冷发热 faʔ^{5} lã^{224} faʔ^{5} ȵiɛʔ^{2}	闷坏 mən^{55} ua^{224}	肿 tɕioŋ^{423}
21 新登	冷热病 lɛ^{334} ȵiəʔ^{2} beiŋ^{13}	发痧 faʔ^{5} sa^{53}	肿 tsoŋ^{334}
22 桐庐	发白日头 faʔ^{5} baʔ^{13} niəʔ^{5} dei^{21}	犯痧 va^{13} ɕyo^{533}	肿 tɕioŋ^{33}
23 分水	疟疾病 ȵiəʔ^{12} dʑiəʔ^{12} bin^{24}	热坏 ȵiəʔ^{12} uɛ^{13}	肿 tsoŋ^{53}
24 绍兴	伤寒症 sɑŋ^{33} ẽ^{24} tsəŋ^{31}	发痧 fɛʔ^{3} so^{53} 较轻 蹩翻 bieʔ^{2} fɛ̃^{53} 较重	肿 tsoŋ^{334}
25 上虞	冷热头病 lã^{21} ȵiəʔ^{2} dɤ^{0} biŋ^{31}	发痧 fɐʔ^{2} so^{35}	肿 tsoŋ^{35}

续表

方言点	0511 患疟疾	0512 中暑	0513 肿
26 嵊州	疠瘴病 li^{24}tsaŋ^{44}biŋ^{31}	发痧 fɛʔ^{3}so^{534}	肿 tsoŋ^{53}
27 新昌	疟疾 ȵiɛʔ^{2}tɕiɛʔ^{5}	发痧 fɛʔ^{5}so^{534}	肿 tsoŋ^{453}
28 诸暨	生冷热头病 sã^{42}lã^{13}nieʔ^{5}dei^{33}bin^{13}	发痧 faʔ^{5}so^{33}	肿 tsom^{42}
29 慈溪	买=柴=病 ma^{13}dza^{0}biŋ^{44}	发痧气 fa^{35}so^{35}tɕ^{h}i^{0}	肿 tsuŋ^{35}
30 余姚	发买=柴病 faʔ^{5}ma^{13}dza^{13}bə̃^{13}	发痧气 faʔ^{5}so^{44}tɕ^{h}i^{34} 发痧 faʔ^{5}so^{44}	肿 tsuŋ^{34}
31 宁波	发买=柴=病 faʔ^{5}ma^{13}za^{0}biŋ^{13}	发痧气 faʔ^{5}so^{44}tɕ^{h}i^{53}	肿 tsoŋ^{35}
32 镇海	连=疾=射 li^{22}dʑieʔ^{2}dza^{31}	吃热 tɕ^{h}yoʔ^{5}ȵieʔ^{2}	肿 tsoŋ^{35}
33 奉化	买=柴=病 ma^{31}dza^{0}biŋ^{31}	吃热 tɕ^{h}yoʔ^{2}ȵiɪʔ^{5} 发痧气 faʔ^{5}so^{44}tɕ^{h}i^{44}	肿 tsoŋ^{545}
34 宁海	打痢=将=tã^{33}li^{33}tɕiã^{53} 买=柴=病 ma^{21}dza^{21}biŋ^{24}	作痧 tsoʔ^{3}so^{34}	肿 tɕioŋ^{53}
35 象山	发买=柴=病 faʔ^{5}ma^{31}dza^{31}biŋ^{31}	发痧气 faʔ^{5}so^{44}tɕ^{h}i^{0} 日头气压进 ȵieʔ^{2}dɤɯ^{0}tɕ^{h}i^{0}aʔ^{5}tsəŋ^{0}	肿 tɕyoŋ^{44}
36 普陀	冷热病 lã^{23}ȵiɛʔ^{0}biŋ^{0}	吃热 tɕ^{h}yoʔ^{3}ȵiɛʔ^{23}	肿 tsoŋ^{53}
37 定海	发买柴病 fɐʔ^{3}ma^{11}za^{44}biŋ^{0}	吃热 tɕ^{h}yoʔ^{3}ȵieʔ^{5}	肿 tsoŋ^{45}
38 岱山	发冷热病 fɐʔ^{3}lã^{23}ȵieʔ^{0}biŋ^{0}	吃热 tɕ^{h}yoʔ^{3}ȵieʔ^{5} 疰夏 tsʮ^{33}uo^{213}	肿 tsoŋ^{325}
39 嵊泗	发冷热病 fɐʔ^{3}lã^{34}ȵiᴇʔ^{5}biŋ^{44}	吃热 tɕ^{h}yoʔ^{3}ȵiᴇʔ^{2}	肿 tsoŋ^{445}
40 临海	打剧淋 tã^{42}dʑiaʔ^{2}liŋ^{51}	发痧 fɛʔ^{3}so^{31}	肿 tɕyoŋ^{52}
41 椒江	打半日 tã^{42}pø^{33}ȵiŋ^{41}小	发痧 fɛʔ^{3}so^{42}	肿 tsoŋ^{42}
42 黄岩	打半日 tã^{42}pø^{33}ȵin^{41}小	发痧 fəʔ^{3}so^{32}	肿 tsoŋ^{42}
43 温岭	打半日 tã^{42}pø^{33}ȵin^{41}小	日头佛气受进去 ȵiʔ^{2}dɤ^{13}vəʔ^{2}tɕ^{h}i^{55}ʑiu^{31}tɕin^{33}k^{h}ie^{0} 太阳佛气受进去 t^{h}a^{33}iã^{13}vəʔ^{2}tɕ^{h}i^{55}ʑiu^{31}tɕin^{33}k^{h}ie^{0}	肿 tɕyuŋ^{42}
44 仙居	潮头 dʑiɐɯ^{353}dəɯ^{0}	发痧 fɑʔ^{3}so^{334}	肿 tɕioŋ^{324}

续表

方言点	0511 患疟疾	0512 中暑	0513 肿
45 天台	伤寒棍 sɔ^{33} e^{22} kuəŋ^{51} 伤寒 sɔ^{33} e^{0}	作痧 tsɔʔ^{1} so^{33}	肿 tɕyuŋ^{325}
46 三门	打长短日= tɛ^{32} dʑiɑ̃^{13} tø^{32} niŋ^{252}	作痧 tsɔʔ^{3} so^{334}	肿 tɕioŋ^{334}
47 玉环	打半日 ta^{53} pø^{33} ȵiŋ^{41}	日头气歇[去爻] ȵiɐʔ^{2} diɤ^{22} tɕʰi^{55} ɕiɐʔ^{5} kʰɔ^{0}	肿 tɕioŋ^{53}
48 金华	打半日 tɑŋ^{55} pɤ^{33} ȵiəʔ^{212}	痧气 suɑ^{33} tɕʰi^{55}	肿 tɕioŋ^{535}
49 汤溪	打半日儿 na^{52} mɤ^{33} ȵieŋ^{24}	痧气 suɑ^{24} tɕʰi^{0}	肿 tɕiɑo^{535}
50 兰溪	打半热 tæ̃^{55} pɤ^{334} ȵieʔ^{12}	痧气闭去 suɑ^{334} tɕʰi^{45} pi^{45} kʰi^{0}	肿 tɕioŋ^{55}
51 浦江	犯半日落壳= vɑ̃^{24} pə̃^{33} ȵiə^{33} lo^{33} kʰo^{53}	痧气 ɕyɑ^{55} tʃʰi^{334}	肿 tɕyon^{53}
52 义乌	打半日鼓儿 nɛ^{42} pɯɤ^{33} nai^{33} kun^{45}	痧气 sua^{33} tɕʰi^{45}	肿 tsoŋ^{423}
53 东阳	肚发 du^{23} fɔ^{33} 肚疾 du^{23} dʑia^{213}	痧 sɔ^{334}	肿 tsɔm^{44}
54 永康	打半日鬼 nai^{31} ɓuo^{33} ȵiə^{33} tɕy^{334}	发痧 fuɑ^{33} suɑ^{55}	肿 tsoŋ^{334}
55 武义	打□竹=鬼 na^{55} mɔʔ^{5} lɔʔ^{5} kui^{445}	发痧 fuɑ^{53} suɑ^{24}	肿 ioŋ^{445}
56 磐安	打半日儿 nɛ^{33} pɯ^{33} nen^{14}	痧疾 suə^{445} dzɛ^{0}	肿 tsɔom^{334}
57 缙云	打人瘟 na^{51} nɛŋ^{44} uɛ^{44}	发痧 fɑ^{51} su^{44}	肿 tsɔ^{51}
58 衢州	打半工 tã^{35} pə̃^{53} koŋ^{32}	趨着日头气 biəʔ^{2} dʒyaʔ^{2} ȵiəʔ^{2} de^{21} tsʰɿ^{53}	肿 tʃyoŋ^{35}
59 衢江	打半工 nɛ^{33} pɛ^{33} kəŋ^{33}	缚着日头气 bəʔ^{2} dʑiaʔ^{0} nəʔ^{2} dy^{22} tsʰɿ^{53}	肿 yoŋ^{25}
60 龙游	打半日 dɑ̃^{22} pei^{33} nəʔ^{23}	闭痧 pi^{33} suɑ^{334}	肿 ioŋ^{35}
61 江山	打半工 taŋ^{44} piɛ̃^{44} koŋ^{44}	受暑 zɯ^{22} ʑyə^{213} 别=冷=痧 biᴇʔ^{2} laŋ^{22} sɒ^{44}	肿 ioŋ^{241}
62 常山	打半工 tĩ^{43} pɔ̃^{44} koŋ^{44}	别=得病=日头气 bɤʔ^{33} tʌʔ^{0} bĩ^{22} nʌʔ^{34} du^{24} kʰi^{0}	肿 ioŋ^{52}
63 开化	抽脾塕= tɕʰiʊ^{44} bi^{21} ɔŋ^{53}	发痧 faʔ^{5} sɑ^{44}	肿 iɔŋ^{53}
64 丽水	打半日鬼 nã^{44} pɛ^{44} nɛʔ^{2} kuei^{544}	痧闭 suo^{224} pi^{52}	肿 tɕiɔŋ^{544}

续表

方言点	0511 患疟疾	0512 中暑	0513 肿
65 青田	半日病 ɓuɐ33 nɛʔ3 beŋ445	痧气起 su33 tsʰɿ55 tsʰɿ0	肿 dʑio343 音殊
66 云和	半日病 pɛ44 naʔ23 biŋ223	作痧 tsoʔ4 so24	肿 tɕiɔ̃41
67 松阳	惊浸 kuã33 tsʰen24	作痧 tsoʔ3 suə53	肿 iəŋ212
68 宣平	打半日鬼 nɛ44 pə44 nəʔ2 kuei445	痧闭 so32 pi52	肿 tɕiɔ̃445
69 遂昌	打半工 tiaŋ53 pɛ̃33 kəŋ45	闭痧 pi33 sɒ45	肿 iɔŋ533
70 龙泉	打半日 daŋ21 bɯə21 nᴇʔ24	作痧 tsouʔ3 so434	肿 iəŋ51
71 景宁	半日病 pœ55 nɛʔ23 biŋ41	作痧 tsoʔ3 so324	肿 tɕiɔŋ33
72 庆元	打病寒 næ̃52 piŋ52 xuæ̃52	成痧 ɕiŋ52 so335	肿 ioŋ33
73 泰顺	发寒病 fɔʔ2 uɛ53 piŋ22	净⁼痧 ɕiŋ21 sɔ213	肿 tɕiɔ̃55
74 温州	打潮 tiɛ3 dʑiɛ31	热头气逼底 ȵi2 dɤu22 tsʰɿ25 pi323 tei0	肿 tɕyɔ25
75 永嘉	打潮 tɛ43 dʑy31	热头气闭起 ȵi21 dəu22 tsʰɿ45 pei53 tsʰɿ0	肿 tɕyɔ45
76 乐清	打潮 ta3 dʑiɤ31	热头火气 ȵiᴇ2 diu22 fu42 tɕʰi21	肿 tɕyɯʌ35
77 瑞安	大传染 da13 dʑy22 ȵi21	热头气闭底 ȵi2 dou22 tɕʰi35 pei53 tei0	肿 tɕyo35
78 平阳	生当⁼痢疾 sᴀ33 to33 lie45 dʑie42	热头气闭底 ȵie53 dɛu13 tɕʰi35 pi21 ti21	肿 tʃuo45
79 文成	被⁼发⁼员⁼ bei21 fɔ21 yø33	痧气起 so33 tɕʰi21 tɕʰi21	肿 tʃuo45
80 苍南	□痢□ tɔ33 li11 tɕiɛ53	痧气 so44 tɕʰi42	肿 tɕyɔ53
81 建德徽	打半工头 tɛ21 pɛ33 koŋ53 tɤɯ55	犯痧 fɛ21 so53	肿 tsoŋ213
82 寿昌徽	打半工 tæ̃24 piæ33 kɔŋ112	闭痧 pi33 ɕyə112	肿 tɕiɔŋ24
83 淳安徽	打半工 tɑ̃55 pã21 kon55	发痧 fɑʔ5 so24	肿 tson55
84 遂安徽	厕里爬 tsʰɑ33 li55 pʰɑ21	热坏人 iɛ21 vɑ55 ti21	肿 tsəŋ213
85 苍南闽	拍痢长 pʰa21 li21 tiɯŋ43	着痧 tio21 se55	肿 tɕin43
86 泰顺闽	拍半日 pʰa22 pie21 niɪʔ3	成痧 ɕiæŋ21 sa213	肿 tsəŋ344
87 洞头闽	做痢 tsui53 li21	中暑 tioŋ33 sɿ53	肿 tɕieŋ53
88 景宁畲	发冷 puʔ5 laŋ51	有痧 xɔ44 sɔ44	肿 tɕyŋ325

方言点	0514 化脓	0515 疤好了的	0516 癣
01 杭州	化脓 xua^{55} noŋ^{213}	厣儿 iɛ^{55} əl^{0}	癣 ɕiɛ^{53}
02 嘉兴	灌脓 koŋ^{33} noŋ^{242}	疤 po^{42}	癣 ɕie^{544}
03 嘉善	灌脓 kuən^{44} loŋ^{31}	疤瘢 po^{35} pɛ^{53}	癣 ɕiɪ^{334}
04 平湖	灌脓 kuən^{44} loŋ^{31}	疤 po^{53}	癣 siɛ^{44}
05 海盐	灌脓 kuən^{55} loŋ^{31}	疤 po^{53}	癣 ɕiɛ^{423}
06 海宁	灌脓 kuəŋ^{55} loŋ^{13}	疤 po^{55}	癣 ɕie^{53}
07 桐乡	灌脓 koŋ^{33} loŋ^{13}	疤 po^{44}	癣 siᴇ^{53}
08 崇德	灌脓 koŋ^{33} loŋ^{13}	疤 po^{44}	癣疮 ɕiɪ^{55} ts^{h}ã^{0}
09 湖州	作脓 tsuoʔ^{5} loŋ^{13}	疤 puo^{44}	癣疮 ɕie^{53} ts^{h}ã^{13}
10 德清	作乌$^{=}$ tsuoʔ^{5} əu^{53}	疤 puo^{44}	癣疮 ɕie^{35} ts^{h}ã^{0}
11 武康	作乌$^{=}$ tsuoʔ^{5} u^{53}	疤 po^{44}	癣疮 ɕiɪ^{53} ts^{h}ã^{31}
12 安吉	肒脓 guəŋ^{24} noŋ^{22}	疤 pʊ^{55}	癣 ɕi^{52}
13 孝丰	肒脓 guəŋ^{213} noŋ^{22}	疤 pʊ^{44}	癣疮 ɕiɪ^{45} ts^{h}ɔ̃^{21}
14 长兴	虚脓 hɯ^{44} noŋ^{12}	疤 pu^{44}	癣疮 ʃi^{45} ts^{h}ɔ̃^{21}
15 余杭	灌脓 koŋ^{53} ȵioŋ^{31}	疤 puo^{44}	癣 ɕiẽ^{423}
16 临安	肒脓 gueŋ^{13} noŋ^{33}	疤 puo^{55}	癣 ɕie^{55}
17 昌化	灌脓 kuɔ̃^{54} nəŋ^{544}	疤 pu^{334}	癣 ɕiɪ̃^{453}
18 於潜	肒脓 goŋ^{24} noŋ^{31}	疤 pa^{433}	癣 ɕie^{433}
19 萧山	灌脓 koŋ^{33} loŋ^{13}	疤 po^{533}	癣 ɕie^{33}
20 富阳	有脓 iʊ^{224} loŋ^{13}	疤 po^{53}	癣 ɕiɛ̃^{423}
21 新登	灌脓 koŋ^{45} noŋ^{233}	疤 pa^{53}	癣 ɕiɛ̃^{334}
22 桐庐	肒脓 guã^{33} noŋ^{13}	疤 po^{533}	癣 ɕie^{33}
23 分水	肒脓 guã^{24} noŋ^{21}	疤 pa^{44}	癣 iɛ̃^{53}
24 绍兴	出毒 ts^{h}eʔ^{3} doʔ^{2}	疤疖 po^{33} tɕieʔ^{5}	癣 ɕiẽ^{334}

续表

方言点	0514 化脓	0515 疤好了的	0516 癣
25 上虞	肒毒 guəŋ^{22}doʔ^{2}	疤迹 po^{33}tɕiaʔ^{5}	癣 ɕiẽ^{35}
26 嵊州	肒脓 gu^{24}noŋ^{213}	疤 po^{334}	癣 ɕiẽ^{53}
27 新昌	肒脓 guɛ̃^{22}noŋ^{335}	疤 po^{335}	癣 ɕiɛ̃^{453}
28 诸暨	肒脓 guɛn^{33}lom^{13}	疤 po^{544}	癣 ɕie^{42}
29 慈溪	肒脓 guəŋ^{11}luŋ^{13}	疤瘢 po^{35}pɛ̃^{0}	癣 ɕyẽ^{35}
30 余姚	肒脓 guə̃^{13}nuŋ^{13}	疤 po^{44}	癣 ɕiẽ^{34}
31 宁波	肒脓 guəŋ^{22}noŋ^{13}	疤 po^{53}	癣 ɕi^{35}
32 镇海	生脓 sã^{33}noŋ^{24}	疤 po^{53}	癣 ɕi^{35}
33 奉化	肒脓 guəŋ^{33}noŋ^{33}	疤 po^{53}	湿气 ɕiɪʔ^{5}tɕʰi^{44}
34 宁海	作脓 tsɔʔ^{3}noŋ^{213}	疤痣 po^{33}tsɿ^{35}	癣 ɕie^{53}
35 象山	肒脓 guəŋ^{13}noŋ^{31}	疤记 po^{53}tɕi^{0} 疤 po^{53}	癣缺= ɕi^{44}tɕʰyoʔ^{5}
36 普陀	化脓 xo^{33}noŋ^{45}	疤 po^{55}小	癣 ɕiɛʔ^{5}
37 定海	肒脓 guɐŋ^{33}noŋ^{45}	嫛 i^{45}小	湿气 ɕieʔ^{5}tɕʰi^{0}
38 岱山	肒脓 guɐŋ^{33}noŋ^{45}	嫛 i^{325}小	湿气 ɕieʔ^{5}tɕʰi^{52}
39 嵊泗	肒脓 guɐŋ^{33}noŋ^{243}	嫛 i^{445}小	湿气 ɕiᴇʔ^{5}tɕʰi^{0}
40 临海	肒脓 guəŋ^{33}noŋ^{21}	疤 po^{31} 疤记 po^{33}tɕi^{55}	癣 ɕi^{52}
41 椒江	肒脓 guəŋ^{22}loŋ^{24}小	疤 po^{35}小	癣 ɕie^{42}
42 黄岩	肒脓 guən^{13}loŋ^{121} 作脓 tsoʔ^{5}loŋ^{121}	疤 po^{35}小	癣 ɕie^{42}
43 温岭	肒脓 guən^{13}nuŋ^{31}	疤 po^{15}小	癣 ɕie^{42}
44 仙居	肒脓 guen^{21}noŋ^{213}	疤 ɓo^{53}	癣 ɕie^{324}
45 天台	作脓 tsɔʔ^{1}nuŋ^{224}	疤记 po^{33}ki^{33}	癣 ɕie^{325}
46 三门	肒脓 guəŋ^{21}noŋ^{113}	疤记 po^{55}tɕi^{55}	癣 ɕie^{334}

续表

方言点	0514 化脓	0515 疤好了的	0516 癣
47 玉环	肒脓 guəŋ^{22} noŋ^{31}	疤 po^{35}小	癣 ɕie^{53}
48 金华	灌 koŋ^{55}	疤 pɤa^{334}	癣 ɕie^{535}
49 汤溪	作脓 tsɔ^{52} nɑo^{341}	瘢 ma^{24}	癣 ɕi^{535}
50 兰溪	作脓 tsuəʔ^{34} noŋ^{24}	疤 pia^{334}	癣 ɕie^{55}
51 浦江	灌 kuən^{55}	疤 pia^{534}	癣 sɛ̃^{53}
52 义乌	鼓脓 ku^{45} noŋ^{24}	疤 pɯa^{335}	癣 sie^{423}
53 东阳	脓水 nɔm^{22} sɿ^{53}	疤 po^{334}	癣 si^{44}
54 永康	出脓 tɕ^{h}yə^{33} noŋ^{55}	疤 ɓuɑ^{55}	癣 ɕie^{334}
55 武义	有脓 iəu^{53} noŋ^{324}	疤 puɑ^{24}	癣 ɕie^{445}
56 磐安	出脓 tɕ^{h}yɛ^{33} nɔom^{213}	疤嬰 pə^{33} ie^{334}	癣 ɕie^{334}
57 缙云	出脓 tɕ^{h}yɛ^{51} nɔ̃ũ^{243}	疤 pu^{44}	癣 ɕiɛ^{51}
58 衢州	贡⁼脓 koŋ^{53} noŋ^{21}	疤 pɑ^{32}	癣 ɕiẽ^{35}
59 衢江	贡⁼脓 kəŋ^{33} nəŋ^{231}	疤 puo^{33}	癣 ɕie^{25}
60 龙游	化脓 xuɑ^{33} noŋ^{231}	疤 pu^{334}	癣 ɕie^{35}
61 江山	贡⁼脓 koŋ^{44} noŋ^{213}	疤胝 pɒ^{44} tɵ^{44}	癣 ɕiɛ̃^{241}
62 常山	滚⁼脓 kuɔ̃^{43} loŋ^{341}	北⁼拉⁼ pɤʔ^{5} lɑ^{44}	癣 ɕiɛ̃^{52}
63 开化	兄⁼脓 xã^{44} nɤŋ^{213}	疤 pɑ^{44}	癣 ɕiɛ̃^{53}
64 丽水	肒脓 gɔŋ^{131} nɔŋ^{22}	疤 puo^{224}	癣 ɕiɛ^{544}
65 青田	生脓 sɛ^{55} noŋ^{53}	烂疤 lɑ^{22} ɓu^{445}	癣 ɕiɛ^{454}
66 云和	肒脓 goŋ^{223} noŋ^{312}	疤 po^{24}	癣 ɕiɛ^{41}
67 松阳	脓作起 nəŋ^{13} tsoʔ^{5} tɕ^{h}i^{0} 脓破 nəŋ^{13} p^{h}a^{24}	疤 pu^{53}	癣 ɕyɛ̃^{212}
68 宣平	灌脓 kən^{44} nən^{433}	疤 po^{324}	癣 ɕiɛ^{445}
69 遂昌	脓汞⁼起 nəŋ^{21} kəŋ^{33} tɕ^{h}iʔ^{5} 脓□起 nəŋ^{21} xəŋ^{33} tɕ^{h}iʔ^{5}	疤 pɒ^{45}	癣 ɕyɛ̃^{533}

续表

方言点	0514 化脓	0515 疤好了的	0516 癣
70 龙泉	作脓 tsouʔ^{3} nəŋ^{45}	疤 po^{434}	癣 ɕyo^{51}
71 景宁	滚⁼脓 kuaŋ^{33} nəŋ^{41}	疤 po^{324}	癣 ɕiɛ^{33}
72 庆元	汞⁼脓 koŋ^{11} noŋ^{52} 化脓 xo^{11} noŋ^{52}	疤 ɓo^{335}	癣 ɕyɛ̃^{33}
73 泰顺	脓肿 noŋ^{21} tɕiɔ̃^{55}	疤 puɔ^{213}	癣 ɕiɛ^{55}
74 温州	肒脓 gaŋ^{2} noŋ^{31}	疤 po^{33}	癣 ɕi^{25}
75 永嘉	有脓 iau^{22} noŋ^{31} 脓肒 noŋ^{31} gaŋ^{13}	疤 po^{44}	癣 ɕi^{44}
76 乐清	肒脓 guaŋ^{2} noŋ^{31}	疤 pɯʌ^{44}	狗皮癣 kau^{33} bi^{31} siᴇ^{35}
77 瑞安	肒起 gaŋ^{13} tɕʰi^{0}	疤 pu^{44}	癣 ɕi^{35}
78 平阳	化脓 xuo^{33} noŋ^{42}	疤 po^{55}	癣 ɕie^{45}
79 文成	灌脓 kuɵn^{33} noŋ^{13}	疤 po^{55}	癣 ɕie^{45}
80 苍南	肒脓 guaŋ^{31} loŋ^{31}	疤 puɔ^{44}	癣 ɕiɛ^{53}
81 建德徽	灌脓 kuɛ^{33} loŋ^{55}	疤 po^{53}	癣 ɕie^{213}
82 寿昌徽	鼓脓 ku^{55} ləŋ^{33}	疤儿 pæ̃^{112}	癣 ɕi^{24}
83 淳安徽	灌脓 kuɑ̃^{24} lon^{24}	疤 po^{24}	癣 ɕiã^{55}
84 遂安徽	化脓 kuɑ^{55} ləŋ^{33}	疤 pɑ^{534}	癣 ɕiɑ̃^{213}
85 苍南闽	烂 nũã^{21}	疤 pa^{55}	癣 ɕian^{43}
86 泰顺闽	脓 nəŋ^{22}	疤 pa^{213}	癣 tɕʰiæŋ^{344}
87 洞头闽	化脓 hua^{33} laŋ^{24}	疤 po^{33}	癣 ɕian^{53}
88 景宁畲	化脓 fɔ^{44} noŋ^{22}	疤 pɔ^{44}	癣 ɕien^{51}

方言点	0517 痣凸起的	0518 疙瘩蚊子咬后形成的	0519 狐臭
01 杭州	痣 tsʰɿ^{45}声殊	块儿 kʰuei^{45}əl^{53}	肋胳臭 laʔ^{2}kaʔ^{3}tsʰei^{45}
02 嘉兴	痣 tsʰɿ^{224}声殊	块 kʰuei^{224}	猫狗臭 mɔ^{24}kei^{42}tsʰei^{21}
03 嘉善	痣 tsɿ^{334}	块 kʰuɛ^{334}	猫狗臭 mɔ^{13}kə^{55}tsʰə^{0}
04 平湖	痣 tsɿ^{44}	块 kʰue^{213}	猫狗臭 mɔ^{24}kəɯ^{53}tsʰəɯ^{0}
05 海盐	痣 tsɿ^{423}	块 kʰue^{334}	猫狗臭 mɔ^{24}ke^{55}tsʰe^{21}
06 海宁	痣 tsɿ^{35}	块 kʰue^{35}	猫狗臭 mɔ^{33}kəɯ^{55}tsʰəɯ^{55}
07 桐乡	痣 tsɿ^{334}	块 kʰuei^{334}	猫狗臭 mɔ^{21}kɤɯ^{44}tsʰəu^{53}
08 崇德	痣 tsɿ^{334}	块 kʰui^{334}	臭腥子 tsʰɤɯ^{33}ɕiŋ^{33}tsɿ^{53}
09 湖州	痣 tsɿ^{35}	块 kʰuei^{35}	腥子臭 ɕin^{44}tsɿ^{0}tɕʰiʉ^{35}
10 德清	痣 tsɿ^{334}	抱= bɔ^{143}	臭腥子 tɕʰiʉ^{44}ɕin^{44}tsɿ^{44}
11 武康	痣 tsɿ^{224}	抱= bɔ^{242}	臭腥子 tɕʰiø^{33}ɕin^{33}tsɿ^{35}
12 安吉	痣 tsɿ^{324}	块 kʰue^{324}	狐臭 u^{22}tsʰəɪ^{22}
13 孝丰	痣 tsɿ^{324}	疤 pʊ^{44} 块 kʰue^{324}	老狐臭 lɔ^{45}vu^{21}tsʰəɪ^{324}
14 长兴	痣 tsɿ^{324}	块 kʰuei^{324}	臭子 tsʰei^{32}tsɿ^{24}
15 余杭	痣 tsɿ^{423}	块 kʰuɛ^{423}	臭腥子 tsʰøʏ^{53}ɕiŋ^{35}tsɿ^{53}
16 临安	痣 tsɿ^{55}	勃= buɔʔ^{12}	肋胳肢下臭 lɐʔ^{2}kɐʔ^{5}tsɿ^{55}uo^{53}tsʰə^{55}
17 昌化	痣 tsɿ^{544}	勃= buəʔ^{23} 疙瘩 kəʔ^{5}taʔ^{5}	狐臭 u^{11}tɕʰi^{544} 夹辣=苏= gaʔ^{2}laʔ^{2}su^{334}
18 於潜	痣 tsɿ^{51}	勃= buɐʔ^{23}	老鸭臭 lɔ^{53}ŋɐʔ^{53}tɕʰiəu^{35}
19 萧山	痣 tsʰɿ^{42}	块 kʰue^{42}	臭腥头 tɕʰio^{33}ɕiŋ^{33}dio^{33} 臭腥肝= tɕʰio^{33}ɕiŋ^{33}kie^{33}
20 富阳	痣 tsʰɿ^{335}	块 kʰuɛ^{335}	性臭 ɕin^{335}tsʰɛ^{53}
21 新登	痣 tsɿ^{45}	块 kʰue^{45}	毛里臭 mɔ^{233}li^{34}tɕʰy^{21}
22 桐庐	痣 tsɿ^{35}	包 pɔ^{533}	胳肋子臭 kaʔ^{21}ləʔ^{21}tsɿ^{35}tsʰei^{21}

续表

方言点	0517 痣凸起的	0518 疙瘩蚊子咬后形成的	0519 狐臭
23 分水	痣 tsɿ^{53}	块 kʰuɛ^{24}	老鸦臭 lɔ^{44} ua^{44} tsʰɵ^{21}
24 绍兴	痣 tsʰɿ^{33}	饼⁼ piŋ^{334}	腥臭 ɕiŋ^{44} tsʰɤ^{31}
25 上虞	痣 tsɿ^{53}	冰⁼ piŋ^{35}	膻⁼气 sɛ̃^{55} tɕʰi^{0}
26 嵊州	痣 tsɿ^{334}	饼 piŋ^{53}	生侬气 saŋ^{53} nɔŋ^{22} tɕʰi^{334}
27 新昌	痣 tsɿ^{534}	薄⁼ bɤʔ^{2}	生侬臭 saŋ^{33} nɔ̃^{33} tɕʰiu^{335}
28 诸暨	痣 tsʰɿ^{544}	饼 pin^{42}	生人臭 sã^{42} nin^{13} tsʰei^{21}
29 慈溪	痣 tsɿ^{35}	块 kʰue^{44}	老鹰臭 lɔ^{11} iŋ^{35} tsʰø^{44}
30 余姚	痣 tsɿ^{34}	块 kʰue^{44}	老鹰头臭 lɔ^{13} iɔ̃^{44} dø^{13} tsʰø^{53}
31 宁波	痣 tsɿ^{44}	块 kʰuɐi^{44}	老鸦臭 lɔ^{13} o^{44} tɕʰiʏ^{44}
32 镇海	痣 tsɿ^{53}	疹 tɕiŋ^{35}	老鸦臭 lɔ^{22} o^{35} tɕʰiu^{44}
33 奉化	痣 tɕi^{53}	薄⁼ boʔ^{2}	老鸦头臭 lʌ^{33} o^{44} dæi^{31} tɕʰiʏ^{0}
34 宁海	痣 tsɿ^{35}	卜⁼ boʔ^{3}	生人臭 səŋ^{33} ȵiŋ^{21} tɕʰiu^{35}
35 象山	痣 tsɿ^{53}	薄⁼ boʔ^{2}	老鸦臭 lɔ^{31} o^{44} tɕʰiu^{53}
36 普陀	痣 tsɿ^{45}	紧⁼ tɕiŋ^{45}	老鸥臭 lɔ^{33} eu^{55} tɕʰieu^{0}
37 定海	痣 tsɿ^{45}小	紧⁼ tɕiŋ^{45}	老鸦臭 lɔ̃^{11} uo^{44} tɕʰiʏ^{0}
38 岱山	痣 tsɿ^{325}小	肿 tsoŋ^{325}	老鸦臭 lɔ^{11} uø^{44} tɕʰiʏ^{0}
39 嵊泗	痣 tsɿ^{445}小	肿 tsoŋ^{445}	老鸦酸臭 lɔ^{11} uʏ^{44} ɕy^{44} tɕʰiʏ^{0}
40 临海	痣 tsɿ^{55}	卜⁼ boʔ^{23}	体臭 tʰi^{42} tɕʰiu^{55}
41 椒江	痣 tsɿ^{55}	雹⁼ boʔ^{2}	仙人臭 ɕie^{33} ȵiŋ^{22} tɕʰiu^{55}
42 黄岩	痣 tsɿ^{35}	雹⁼ boʔ^{2}	仙人臭 ɕie^{33} ȵin^{22} tɕʰiu^{55}
43 温岭	痣 tsɿ^{55}	雹⁼ boʔ^{2}	仙人臭 ɕie^{33} ȵin^{13} tɕʰiu^{55}
44 仙居	痣 tsɿ^{55}	卜⁼ bəʔ^{23}	生人臭 sã^{33} ȵin^{24} tɕʰiəɯ^{55}

续表

方言点	0517 痣凸起的	0518 疙瘩蚊子咬后形成的	0519 狐臭
45 天台	休= hiu^{33}	卜= buʔ^{2}	体臭 tʰi^{32} ɕʰiu^{55}
46 三门	痣 tsɿ^{55}	卜= boʔ^{23}	生人臭 sɛ^{33} niŋ^{35} tɕʰiu^{55}
47 玉环	痣 tsɿ^{55}	雹= boʔ^{2}	仙人臭 ɕie^{33} ȵiŋ^{22} tɕʰiu^{55}
48 金华	痣 tsɿ^{55}	鼻= biəʔ^{212}	狐臭 u^{31} tɕʰiu^{55}
49 汤溪	痣 tsɿ^{52}	鼻= bei^{113}	性臭 sɛ̃i^{52} tɕʰiəɯ^{52}
50 兰溪	痣 tɕi^{45}	鼻= bieʔ^{12}	性臭 sin^{334} tɕʰiəɯ^{45}
51 浦江	痣 tsɿ^{55}	鼻= biə^{232}	性臭 sən^{55} tsʰiɤ^{55}
52 义乌	痣 tsɿ^{45}	鼻= bə^{312}	性臭 sən^{45} tsʰən^{31}
53 东阳	痣 tsɿ^{24}	瘢 pɐn^{334}	体臭 tʰi^{45} tɕʰiəɯ^{53}
54 永康	痣 tsɿ^{52}	□ bɑu^{113}	狐臭 u^{31} tɕʰiəu^{52}
55 武义	痣 tsɿ^{53}	鼻= bie^{13}	狐臭 u^{32} tɕʰiəu^{53}
56 磐安	痣儿 tsɿn^{52}	□ mən^{445}	体臭 tʰi^{55} tɕʰiɐɯ^{0}
57 缙云	痣 tsɿ^{453}	鼻= bəɤ^{13}	性气 saŋ^{51} tɕʰi^{453}
58 衢州	痣 tsɿ^{53}	难= nã^{231}	蒲筲臭 bu^{21} sɔ^{32} tɕʰiu^{53}
59 衢江	痣 tsɿ^{53}	难= nã^{231}	韭菜臭 ky^{33} tsʰei^{33} tɕʰy^{53}
60 龙游	痣 tsɿ^{51}	包 pɔ^{334} 难= nã^{21}	老鸦臭 lɔ^{22} uɔʔ^{3} tsʰəɯ^{51}
61 江山	记 kɵ^{51}	难= nɒŋ^{31}	老鸦腥臭 lɒ^{22} o^{44} ɕĩ^{24} tsʰɐɯ^{51}
62 常山	痣 tsi^{324}	烂= lɔ̃^{131} 疔 tĩ^{44}	鸭=扎=底臭 aʔ^{4} tsaʔ^{4} tie^{0} tsʰɤ^{324}
63 开化	痣 tsuei^{412}	难= nɔŋ^{213}	狒狸骚臭 bi^{21} li^{21} səɯ^{53} tɕʰiʊ^{0}
64 丽水	痣 tsɿ^{52}	块 kʰuei^{52}	狐臭 u^{21} tɕʰiəɯ^{52}
65 青田	痣 tsɿ^{445}	□ ɕieu^{33}	身臭 saŋ^{55} tɕʰieu^{33}
66 云和	痣 tsɿ^{45}	□ beiʔ^{23}	老鸦鲜= lɑɔ^{44} o^{44} ɕiɛ^{24}

续表

方言点	0517 痣凸起的	0518 疙瘩蚊子咬后形成的	0519 狐臭
67 松阳	痣 tsɿ^{24}	胆$^{=}$ tɔ̃^{212}	骚臭 sʌ^{33}tɕʰiɯ^{24}
68 宣平	痣 tsɿ^{52}	别$^{=}$ biəʔ^{23}	笋$^{=}$臭 sən^{44}tɕʰiɯ^{52}
69 遂昌	痣 tsɿ^{334}	胆$^{=}$ taŋ^{533} 老 伏$^{=}$ bəɯʔ^{23} 新	老鸦臊 lɐɯ^{22}ɒ^{33}sɐɯ^{45}
70 龙泉	痣 tsɤɯ^{45}	□ baiʔ^{24}	□狸骚 mou^{44}li^{44}sɑʌ^{434}
71 景宁	痣 tsɿ^{45} 小	布$^{=}$ pu^{35}	老鸦鲜$^{=}$ lo^{55}o^{33}ɕiɛ^{324}
72 庆元	痣 tsɿ^{11}	胆$^{=}$ ɗɑ̃^{33}	臭荀$^{=}$ tsʰɐɯ^{11}ɕyəŋ^{33}
73 泰顺	痣 tɕy^{35}	胆$^{=}$ tã^{55}	老鸦臭 lɑɔ^{22}ɔ^{213}tɕʰiəu^{35}
74 温州	痣 tsɿ^{51}	瘅 ta^{25}	鸬鹚臭 lø^{23}zɿ^{22}tɕʰiɤu^{25}
75 永嘉	痣儿 tsɿ^{53}ŋ^{0}	瘅 ta^{45}	鸬鹚臭 ləɯ^{13}zɿ^{22}tɕʰiəu^{45}
76 乐清	痣 tsɿ^{41}	瘅 tᴇ^{35}	鸬鹚臭 ly^{32}zɿ^{24}tɕʰiu^{41}
77 瑞安	痣 tsɿ^{53}	卜$^{=}$ bu^{212}	鸬鹚臭 ləɯ^{13}sɿ^{33}tsʰou^{35}
78 平阳	痣 tsɿ^{53}	荸$^{=}$ bu^{12}	鸬鹚臭 lʉ^{35}zɿ^{21}tsʰɛu^{35}
79 文成	痣 tsɿ^{33}	葡$^{=}$ bu^{113}	老鸦香气 lɛ^{21}o^{33}ɕie^{33}tɕʰi^{33}
80 苍南	痣 tsɿ^{42}	卜$^{=}$ bu^{112}	鸬鹚臭 ly^{31}sɿ^{44}tsʰɛu^{42}
81 建德徽	痣 tsɿ^{33}	鼻$^{=}$ piɐʔ^{12}	狐臭 u^{33}tsʰɤɯ^{33}
82 寿昌徽	痣 tsɿ^{33}	块 kʰuæ^{33}	老鸦臭 lɤ^{33}uə^{11}tsʰəɯ^{33}
83 淳安徽	痣 tsa^{24}	块 kʰue^{24}	狐臭 va^{435}tsʰɯ^{21}
84 遂安徽	痣 tsɿ^{43}	块 kʰuɑ^{52}	腋臭 i^{55}tɕʰiu^{52}
85 苍南闽	痣 ki^{21}	□ ba^{24}	羊$^{=}$狐献$^{=}$ iɑŋ^{21}kɔ^{24}hian^{21}
86 泰顺闽	痣 tɕy^{53}	□□ pøʔ^{5}pau^{22}	老鸦腥 lau^{22}a^{22}ɕiæŋ^{213}
87 洞头闽	痣 ki^{21}	谋$^{=}$ bɔ^{113}	狐狸献$^{=}$ hɔ^{212}li^{21}hian^{21}
88 景宁畲	痣 tsɿ^{44}	疱 pau^{51} 雹$^{=}$ poʔ^{5}	老鸦臭 lau^{55}ɔ^{44}ɕiəu^{44}

方言点	0520 看病	0521 诊脉	0522 针灸
01 杭州	看毛病 kʰɛ^{55} mɔ^{22} biŋ^{45}	搭脉 taʔ^{5} maʔ^{2}	针灸 tsəŋ^{33} tɕy^{45}
02 嘉兴	看毛病 kʰə^{33} mɔ^{24} biŋ^{42}	搭脉 tᴀʔ^{5} mᴀʔ^{5}	针灸 tsəŋ^{33} tɕiu^{21}
03 嘉善	看毛病 kʰø^{35} mɔ^{13} bin^{31}	搭脉 tɜʔ^{5} mɜʔ^{2}	针灸 tsən^{35} tɕiə^{53}
04 平湖	看毛病 kʰø^{44} mɔ^{44} bin^{0}	把脉 po^{44} maʔ^{5}	打银针 tã^{44} ȵin^{24} tsən^{53}
05 海盐	看毛病 kʰɤ^{33} mɔ^{24} bin^{53}	搭脉 taʔ^{5} maʔ^{23}	行针 ɛ̃^{31} tsən^{53}
06 海宁	看毛病 kʰe^{55} mɔ^{31} biŋ^{33}	搭脉 taʔ^{5} maʔ^{2}	针灸 tsəŋ^{55} tɕiəɯ^{55}
07 桐乡	看毛病 kʰᴇ^{33} mɔ^{13} biŋ^{53}	把脉 po^{53} maʔ^{23}	打银针 tã^{53} ȵiŋ^{21} tsəŋ^{44}
08 崇德	看毛病 kʰᴇ^{33} mɔ^{21} biŋ^{44}	搭脉 taʔ^{3} maʔ^{23}	打银针 tã^{53} ȵiŋ^{21} tsəŋ^{44}
09 湖州	看毛病 kʰɛ^{44} mɔ^{0} bin^{13}	搭脉 taʔ^{4} maʔ^{5}	针灸 tsən^{44} tɕiʉ^{44}
10 德清	看毛病 kʰøʉ^{44} mɔ^{31} bin^{13}	搭脉 təʔ^{4} maʔ^{5}	行针 ã^{11} tsen^{35}
11 武康	看毛病 kʰø^{44} mɔ^{31} bin^{35}	搭脉 tɜʔ^{4} mɜʔ^{5}	银针 ȵin^{33} tsen^{35}
12 安吉	看病 kʰᴇ^{55} biŋ^{213}	搭脉 tɐʔ^{5} mɐʔ^{23}	针灸 tsəŋ^{55} tɕiu^{55}
13 孝丰	看毛病 kʰe^{32} mɔ^{22} biŋ^{22}	搭脉 taʔ^{5} maʔ^{23}	打银针 tã^{45} ȵiŋ^{21} tsəŋ^{21}
14 长兴	看毛病 kʰɯ^{32} mɔ^{12} biŋ^{33}	搭脉 taʔ^{5} maʔ^{2}	针灸 tsəŋ^{44} tʃiʏ^{44}
15 余杭	看毛病 kʰøʏ^{53} mɔ^{13} biŋ^{31}	把脉 puo^{53} maʔ^{2}	打钢丝针 tɑ̃^{53} kɑ̃^{55} sɿ^{55} tsiŋ^{53}
16 临安	看毛病 kʰœ^{55} mɔ^{53} bieŋ^{13}	搭脉 tɐʔ^{5} mɐʔ^{2}	针灸 tsəŋ^{53} tɕyœ^{55}
17 昌化	看毛病 kʰɛ̃^{54} mɔ^{11} biəŋ^{243}	搭脉 taʔ^{5} maʔ^{23}	打银针 tã^{45} ȵiəŋ^{11} tɕiəŋ^{334}
18 於潜	看毛病 kʰɛ^{35} mɔ^{22} biŋ^{24}	搭脉 tɐʔ^{53} mɑʔ^{31}	打银针 ta^{53} iŋ^{22} tseŋ^{433}
19 萧山	看病 kʰie^{33} biŋ^{242}	搭脉 taʔ^{21} maʔ^{13}	针灸 tsəŋ^{33} tɕio^{42}
20 富阳	看毛病 kʰiɛ̃^{55} mɔ^{55} bin^{55}	搭脉 taʔ^{5} maʔ^{2}	针灸 tsən^{55} tɕiʊ^{31}
21 新登	看毛病 kʰɛ̃^{45} mɔ^{233} peiŋ^{334}	搭脉 taʔ^{5} məʔ^{2}	灸火 tɕy^{53} hu^{334}
22 桐庐	望毛病 moŋ^{13} mɔ^{21} biŋ^{13}	搭脉 taʔ^{5} maʔ^{13}	针灸 tsəŋ^{35} tɕiəu^{13}
23 分水	看病 kʰã^{24} bin^{24}	搭脉 taʔ^{5} maʔ^{12}	针灸 tsən^{44} tɕie^{24}
24 绍兴	看郎中 kʰẽ^{33} lɑŋ^{22} tsoŋ^{53} 老 看毛病 kʰẽ^{33} mɔ^{22} biŋ^{22} 新	搭脉 tɛʔ^{3} məʔ^{2}	针灸 tsẽ^{33} tɕiɤ^{334}

续表

方言点	0520 看病	0521 诊脉	0522 针灸
25 上虞	看病 kʰɛ̃^{33} biŋ^{31}	把脉 po^{33} maʔ^{2}	针灸 tsəŋ^{33} tɕiɤ^{35}
26 嵊州	张郎中 tsaŋ^{33} lɔŋ^{22} tsoŋ^{334} 老 看毛病 kʰœ̃^{33} mɔ^{22} biŋ^{24} 新	搭脉 tɛʔ^{5} məʔ^{2}	打冷针 taŋ^{53} laŋ^{24} tseŋ^{53} 老 针灸 tseŋ^{53} tɕiʏ^{334} 新
27 新昌	张毛病 tɕiaŋ^{53} mɔ^{33} piŋ^{335}	搭脉 tɛʔ^{5} maʔ^{2}	针灸 tseŋ^{53} tɕiɯ^{335}
28 诸暨	看先生 kʰə^{33} ɕie^{21} sã^{21}	捺脉 naʔ^{21} maʔ^{13} 搭脉 taʔ^{21} maʔ^{13}	打淡针 tã^{42} dɛ^{13} tsɛn^{42} 老 打针灸 tã^{42} tsɛn^{21} tɕiʉ^{42} 新
29 慈溪	相毛病 ɕiã^{44} mɔ^{13} biŋ^{0}	搭脉 taʔ^{2} maʔ^{2}	针灸 tsəŋ^{35} tɕiø^{0}
30 余姚	相郎中 ɕiaŋ^{44} lɔŋ^{44} tsuŋ^{44} 看毛病 kʰã^{44} mɔ^{13} bə̃^{13}	搭脉 taʔ^{5} maʔ^{2}	针灸 tsə̃^{44} tɕiø^{34}
31 宁波	看毛病 kʰɛ^{33} mɔ^{13} biŋ^{0}	搭脉 taʔ^{2} maʔ^{2}	针灸 tɕiŋ^{44} tɕiʏ^{53}
32 镇海	看医生 kʰi^{33} i^{33} sã^{44} 看毛病 kʰi^{33} mɔ^{22} biŋ^{31}	搭脉 taʔ^{5} maʔ^{2}	打银针 tã^{33} ȵiŋ^{24} tɕiŋ^{53} 针灸 tɕiŋ^{33} tɕiu^{53}
33 奉化	相先生 ɕiã^{44} ɕi^{44} sã^{53}	搭脉 taʔ^{2} maʔ^{5}	银针 ȵiŋ^{33} tɕiŋ^{53}
34 宁海	相毛病 ɕiã^{33} mau^{21} biŋ^{24} 相先生 ɕiã^{33} ɕie^{33} sã^{34}	搭脉 taʔ^{3} maʔ^{3} 只$^{=}$脉 tsaʔ^{3} maʔ^{3}	打银针 tã^{53} ȵiŋ^{21} tɕiŋ^{34}
35 象山	看毛病 kʰi^{53} mɔ^{31} biŋ^{13}	搭脉 taʔ^{5} maʔ^{2}	打银针 tã^{44} ȵiŋ^{31} tsoŋ^{35}
36 普陀	看先生 kʰi^{33} ɕi^{33} sã^{53} 看医生 kʰi^{33} i^{33} sã^{53}	把脉 po^{33} mɐʔ^{5}	针灸 tɕiŋ^{33} tɕieu^{53}
37 定海	看医生 kʰi^{33} i^{33} sã^{52}	搭脉 tɐʔ^{3} mɐʔ^{5}	打银针 tã^{33} ȵiŋ^{33} tɕiŋ^{52}
38 岱山	看医生 kʰi^{44} i^{44} sã^{52} 看毛病 kʰi^{44} mɔ^{52} biŋ^{0}	搭脉 tɐʔ^{3} mɐʔ^{5}	打银针 tã^{33} ȵiŋ^{44} tɕiŋ^{52}
39 嵊泗	看毛病 kʰi^{33} mɔ^{24} biŋ^{0}	搭脉 tɐʔ^{3} mɐʔ^{2}	打银针 tã^{33} ȵiŋ^{33} tɕiŋ^{53}
40 临海	望病 mɔ̃^{33} biŋ^{55}	扎$^{=}$脉 tsəʔ^{3} maʔ^{23}	燥针 sɔ^{33} tɕiŋ^{31}
41 椒江	望毛病 mɔ̃^{22} mɔ^{22} biŋ^{44}	扎$^{=}$脉 tsaʔ^{3} maʔ^{2}	打燥针 tã^{42} sɔ^{33} tɕiŋ^{42}
42 黄岩	望毛病 mɔ̃^{13} mɔ^{22} bin^{44} 望先生 mɔ̃^{13} ɕie^{35} sã^{42}	扎$^{=}$脉 tsəʔ^{3} məʔ^{2}	燥针 sɔ^{33} tɕin^{32}
43 温岭	望毛病 mɔ̃^{13} mɔ^{13} bin^{44}	把脉 po^{42} maʔ^{2}	硬针 ŋã^{13} tɕin^{33}
44 仙居	望病 mɑ̃^{24} bin^{55}	则$^{=}$脉 tsəʔ^{3} maʔ^{23}	打燥针 na^{31} sɐɯ^{33} tsen^{334}

续表

方言点	0520 看病	0521 诊脉	0522 针灸
45 天台	相毛病 ɕia^{55} mau^{22} biŋ^{35}	则$^{=}$脉 tsəʔ^{1} maʔ^{2}	打银针 ta^{32} ȵiŋ^{22} tɕiŋ^{33}
46 三门	相病 ɕiɑ̃^{55} biŋ^{55}	搭脉 tɐʔ^{3} mɐʔ^{23}	打燥针 tɛ^{32} sɑu^{33} tɕiŋ^{334}
47 玉环	望毛病 mɔ̃^{22} mɔ^{22} biŋ^{44}	把脉 po^{53} mɐʔ^{2}	针灸 tɕiŋ^{33} tɕiu^{55}
48 金华	望病 moŋ^{55} biŋ^{14} 望医师 moŋ^{14} i^{33} sɿ^{55} 望先生 moŋ^{33} ɕie^{33} saŋ^{55}	把脉 pɤa^{55} məʔ^{212}	针灸 tɕiŋ^{33} tɕiu^{55}
49 汤溪	望病 mɑo^{11} bɛ̃i^{341}	候脉 əɯ^{11} ma^{113}	打空针 na^{52} kʰɑo^{24} tɕiã^{0}
50 兰溪	望病 moŋ^{55} bin^{24}	搭脉 təʔ^{34} məʔ^{12}	针灸 tɕiæ̃^{334} tɕiəɯ^{45}
51 浦江	望病 mõ^{24} biən^{0}	准脉 tɕyən^{33} mɑ^{243}	放银针 fõ^{33} ȵiən^{33} tsən^{334}
52 义乌	望病 mɯɤ^{24} bən^{24}	准脉 tɕyən^{45} mɛ^{324}	打银针 nɛ^{42} ȵiən^{22} tsən^{45}
53 东阳	望病 mʊ^{23} bɐn^{35}	诊脉 tsɐn^{33} ma^{53}	针灸 tsɐn^{33} tɕiəɯ^{53}
54 永康	望病 mɑŋ^{31} biŋ^{241}	搿脉 kʰuɑ^{33} mai^{113}	针灸 tsəŋ^{33} tɕiəu^{52}
55 武义	望病 mɑŋ^{55} bin^{231}	搿脉 kʰuɑ^{55} ma^{13}	打空针 na^{53} kʰoŋ^{32} tsen^{53}
56 磐安	望先生 mo^{55} ɕie^{33} sɛ^{52} 望病 mo^{55} bɐn^{14}	诊脉 tsɐn^{33} ma^{213}	打银针 nɛ^{33} ȵiɐn^{21} tsɐn^{52}
57 缙云	□病 ȵiɑ^{44} bɛŋ^{453}	搿脉 kʰu^{44} mɑ^{13}	打银针 na^{51} ȵiɛŋ^{44} tsaŋ^{44}
58 衢州	看先生 kʰə̃^{53} ɕiẽ^{32} ɕiã^{53}	搭脉 taʔ^{5} maʔ^{12}	针灸 tʃyən^{32} tɕiu^{53}
59 衢江	促$^{=}$病 tsʰəʔ^{5} bɛ^{231}	搭脉 taʔ^{5} maʔ^{2}	打空针 nɛ^{33} kʰəŋ^{33} tɕyoŋ^{33}
60 龙游	瞀病 tɕʰi^{33} bin^{231}	搭脉 tɔʔ^{4} məʔ^{23}	打空针 dɛ^{22} kʰoŋ^{33} tsən^{334}
61 江山	促$^{=}$毛病 tsʰoʔ^{5} mɐɯ^{22} baŋ^{51}	搭脉息 taʔ^{5} maʔ^{2} ɕiᴇʔ^{5}	打银针 taŋ^{44} ŋɵ̃^{22} tɕiɵ̃^{44} 灸艾火 kɯ^{44} ŋa^{22} xuᴇ^{241}
62 常山	促$^{=}$先生 tsʰɤʔ^{4} ɕiɛ̃^{44} sĩ^{44} 促$^{=}$病 tsʰɤʔ^{4} bĩ^{131}	搭脉息 taʔ^{5} mɛʔ^{3} seʔ^{5}	打银针 tĩ^{43} ŋĩ^{22} tsĩ^{44}
63 开化	促$^{=}$病 tsʰəʔ^{5} bã^{213}	搭脉 taʔ^{5} maʔ^{13}	银针 ŋen^{21} tɕyɛ̃^{44}
64 丽水	望病 mɔŋ^{21} bin^{131}	捺脉 nɔʔ^{21} maʔ^{23}	针灸 tsen^{224} tɕiəɯ^{52}
65 青田	相病 ɕi^{33} beŋ^{55}	窄$^{=}$脉 tsɛʔ^{4} mɛʔ^{31}	针灸 tsaŋ^{55} tɕieu^{33}

续表

方言点	0520 看病	0521 诊脉	0522 针灸
66 云和	相病 ɕiã^{44} biŋ^{223}	摸脉 moʔ^{4} maʔ^{23}	针灸 tsəŋ^{24} tɕiəɯ^{45}
67 松阳	望病 moŋ^{22} bin^{13}	搭脉 tɔʔ^{3} maʔ^{2}	针灸 tɕin^{33} kei^{24}
68 宣平	望病 mɔ̃^{43} bin^{231}	捺脉 nɑʔ^{42} maʔ^{23}	打银针 nɛ^{44} ȵin^{43} tsən^{324}
69 遂昌	望病 məŋ^{22} biŋ^{213}	搭脉 taʔ^{5} miaʔ^{23}	打燥针 tiaŋ^{53} sɐɯ^{33} tɕyŋ^{45}
70 龙泉	促⁼病 tɕʰiɤɯʔ^{3} bin^{224}	摸脉 mouʔ^{3} maʔ^{24}	针灸 tsɛn^{44} tɕiəu^{45}
71 景宁	相病 ɕiɛ^{33} biŋ^{41}	探脉 tʰœ^{55} maʔ^{23}	针灸 tsaŋ^{32} tɕiəɯ^{35}
72 庆元	略病 lɒ^{33} piŋ^{31}	摸脉 moʔ^{5} mɑʔ^{34}	针灸 tsəŋ^{335} tɕiɯ^{33}
73 泰顺	望病 mɔ̃^{21} piŋ^{22}	号脉 əu^{21} maʔ^{2}	针灸 tsəŋ^{213} tɕiəu^{35}
74 温州	眙病 tsʰɿ^{42} bəŋ^{22}	搭脉 ta^{3} ma^{212}	针灸 tsaŋ^{33} tɕiau^{25}
75 永嘉	眙病 tsʰɿ^{43} beŋ^{22}	搭脉 ta^{43} ma^{213}	针灸 tsaŋ^{33} tɕiau^{45}
76 乐清	眙病 tsʰɿ^{42} beŋ^{22}	搭脉 ta^{3} me^{212}	针灸 tɕiaŋ^{35} tɕiau^{41}
77 瑞安	眙病 tsʰɿ^{53} bəŋ^{22}	搭脉 tɔ^{3} ma^{212}	针灸 tsaŋ^{33} tɕiau^{35}
78 平阳	眙病 tsʰɿ^{33} beŋ^{13}	搭脉 tɔ^{33} mᴀ^{13}	针灸 tʃeŋ^{33} tʃɛu^{45}
79 文成	眙病 tsʰɿ^{33} beŋ^{21}	摸脉 mo^{33} ma^{13}	针灸 tʃeŋ^{33} tʃau^{33}
80 苍南	眙病 tsʰɿ^{42} beŋ^{11}	搭脉 ta^{3} mia^{112}	针灸 tsaŋ^{44} tɕiau^{42}
81 建德徽	看病 kʰɛ^{33} pʰin^{55}	搭脉 to^{55} mɑ^{213}	针灸 tsən^{33} tɕiɤɯ^{55}
82 寿昌徽	促⁼病 tsʰɔʔ^{3} pʰien^{33}	搭脉 tuə^{55} məʔ^{31}	针灸 tsen^{33} tɕiəɯ^{55}
83 淳安徽	促⁼病 tsʰoʔ^{5} pʰin^{53}	搭脉 tɑʔ^{5} mɑʔ^{13}	针灸 tsen^{21} tɕiɯ^{55}
84 遂安徽	瞅病 tsʰu^{33} pʰin^{52}	把脉 pɑ^{33} mɑ^{213}	戳银针 tsʰɔ^{33} in^{33} tɕin^{52}
85 苍南闽	看病 kʰũã^{33} pĩ^{21}	埋脉 bai^{21} be^{24} 摸脉 mõ^{33} be^{24}	针灸 tsan^{33} ku^{21}
86 泰顺闽	映先生 ŋo^{34} ɕie^{213} sæŋ^{213}	号脉 xeu^{22} mai^{31}	针灸 tsɛ^{22} kiøu^{53}
87 洞头闽	看病 kʰũã^{33} pieŋ^{21}	摸脉 mõ^{33} be^{241}	放针 paŋ^{33} tsan^{33}
88 景宁畲	睇病 tʰai^{44} pʰiaŋ^{51}	瞜脉 lɔ^{44} maʔ^{2}	针灸 tɕin^{44} tɕiəu^{44}

方言点	0523 打针	0524 打吊针	0525 吃药统称
01 杭州	打针 ta^{55}tsəŋ^{334}	挂盐水 kua^{55}iɛ^{22}suei^{45}	吃药 tɕ^{h}ioʔ^{5}iɛʔ^{2}
02 嘉兴	打针 tA^{33}tsəŋ^{42}	挂盐水 ko^{33}ie^{13}sɿ^{42}	吃药 tɕ^{h}ieʔ^{5}iAʔ^{5}
03 嘉善	打针 tã^{44}tsən^{53}	挂盐水 ko^{35}iɪ^{13}sɿ^{53}	吃药 tɕ^{h}iɜʔ^{5}iaʔ^{2}
04 平湖	打针 tã^{44}tsən^{53}	挂盐水 ko^{44}iɛ^{0}sɿ^{0}	吃药 tɕ^{h}iəʔ^{3}iaʔ^{5}
05 海盐	打针 tɛ̃^{53}tsən^{53}	挂盐水 ko^{55}iɛ^{24}sɿ^{53}	吃药 ts^{h}əʔ^{23}iaʔ^{23}
06 海宁	打针 tɑ̃^{55}tsəŋ^{55}	挂盐水 ko^{55}ie^{33}sɿ^{55}	吃药 tɕ^{h}ieʔ^{5}iaʔ^{2}
07 桐乡	打针 tã^{53}tsəŋ^{44}	挂盐水 ko^{33}iE^{21}sɿ^{44}	吃药 tɕ^{h}iəʔ^{5}iaʔ^{23}
08 崇德	打针 tã^{53}tsəŋ^{44}	挂盐水 ko^{33}iɪ^{21}sɿ^{44}	吃药 tɕ^{h}iɔʔ^{3}iaʔ^{23}
09 湖州	打针 ta^{44}tsən^{44}	挂盐水 kuo^{53}ie^{33}sei^{35}	吃药 tɕ^{h}ieʔ^{4}iaʔ^{5}
10 德清	打针 tã^{44}tsen^{44}	挂盐水 kuo^{44}ie^{31}sɿ^{35}	吃药 tɕ^{h}ioʔ^{4}iaʔ^{5}
11 武康	打针 tã^{53}tsen^{44}	挂盐水 ko^{53}iɪ^{31}se^{35}	吃药 tɕ^{h}iɜʔ^{4}ieʔ^{5}
12 安吉	打针 tã^{32}tsəŋ^{55}	挂盐水 kʊ^{324}i^{22}se^{213}	吃药 tɕ^{h}ʏəʔ^{5}iEʔ^{23}
13 孝丰	打针 tã^{32}tsəŋ^{44}	挂盐水 kʊ^{324}iɪ^{22}se^{52}	吃药 tɕ^{h}ieʔ^{5}iaʔ^{23}
14 长兴	打针 tã^{32}tsəŋ^{44}	挂盐水 ku^{32}i^{12}sei^{33}	吃药 tʃ^{h}iEʔ^{5}iaʔ^{2}
15 余杭	打针 tɑ̃^{53}tsiŋ^{35}	挂盐水 kuõ^{53}iẽ^{33}sɛ^{35}	吃药 tɕ^{h}iaʔ^{5}iaʔ^{2}
16 临安	打针 tɑ̃^{53}tseŋ^{55}	挂盐水 kuo^{55}ie^{53}suE^{55}	吃药 tɕ^{h}iɐʔ^{5}iɐʔ^{2}
17 昌化	打针 tã^{45}tɕiəŋ^{334}	挂盐水 ku^{54}iĩ^{11}sei^{453}	吃药 tɕ^{h}iɛʔ^{5}iaʔ^{23}
18 於潜	打针 ta^{53}tseŋ^{433}	挂盐水 kua^{35}ie^{22}ɕy^{53}	吃药 tɕ^{h}ieʔ^{53}iæʔ^{31}
19 萧山	打针 tã^{33}tsəŋ^{533}	挂盐水 kuo^{33}ie^{13}sɿ^{33}	吃药 tɕ^{h}ieʔ^{21}iaʔ^{13}
20 富阳	打针 tã^{423}tsən^{53}	挂盐水 kuo^{335}iɛ̃^{13}ɕyɛ^{55}	吃药 tɕ^{h}iɛʔ^{5}iaʔ^{2}
21 新登	打针 tɛ^{53}tɕiŋ^{53}	挂盐水 kua^{45}iɛ̃^{233}sʮ^{334}	吃药 ts^{h}əʔ^{5}iaʔ^{2}
22 桐庐	打针 tã^{33}tsəŋ^{533}	打吊针 tã^{33}tiɔ^{35}tsəŋ^{21}	吃药 tɕiəʔ^{5}iaʔ^{13}
23 分水	打针 ta^{44}tsən^{33}	挂吊针 kua^{24}tiɔ^{21}tsən^{44}	吃药 tɕ^{h}iəʔ^{5}iəʔ^{12}
24 绍兴	打针 taŋ^{33}tsẽ^{53}	挂盐水 kuo^{33}iẽ^{22}sɿ^{33}	吃药 tɕ^{h}ieʔ^{3}iaʔ^{2}
25 上虞	打针 tã^{33}tsəŋ^{35}	挂盐水 kuo^{55}iẽ^{21}sɿ^{35}	吃药 tɕ^{h}yoʔ^{2}iaʔ^{5}

续表

方言点	0523 打针	0524 打吊针	0525 吃药统称
26 嵊州	打针 taŋ^{33}tseŋ^{534}	挂盐水 kuo^{33}iẽ^{22}sɿ^{53}	吃药 tɕʰyoʔ^{5}iaʔ^{2}
27 新昌	打针 taŋ^{45}tɕiŋ^{534}	挂盐水 kuo^{33}iɛ̃^{22}sɿ^{453}	食药 ʑiʔ^{2}iaʔ^{2}
28 诸暨	打针 tã^{21}tsɛn^{544}	挂瓶 ko^{42}bin^{13}	吃药 tɕieʔ^{21}iaʔ^{13}
29 慈溪	打针 tã^{33}tsəŋ^{35}	挂盐水 kuo^{44}iẽ^{13}sɿ^{0} 挂大针 kuo^{44}dəu^{11}tsəŋ^{44}	吃药 tɕʰyoʔ^{5}iaʔ^{2}
30 余姚	打针 taŋ^{34}tsə̃^{44}	挂盐水 kuo^{44}iẽ^{13}sɿ^{34}	吃药 tɕʰyoʔ^{5}iaʔ^{2}
31 宁波	打针 ta^{33}tɕiŋ^{53}	吊盐水 tio^{44}i^{22}sɥ^{35}	吃药 tɕʰyoʔ^{5}iəʔ^{2}
32 镇海	打针 tã^{33}tɕiŋ^{53}	打盐水 tã^{33}i^{22}sɥ^{53} 吊葡萄糖 tio^{33}bu^{22}dɔ^{22}dɔ̃^{24}	吃药 tɕʰyoʔ^{5}ieʔ^{2}
33 奉化	打针 tã^{44}tɕiŋ^{44}	吊盐水 tiɔ^{44}i^{33}sɥ^{53}	吃药 tɕʰyoʔ^{5}iaʔ^{2}
34 宁海	打针 tã^{53}tɕiŋ^{33}	打葡萄糖 tã^{53}bu^{21}dau^{21}dɔ̃^{31}	吃药 tɕʰioʔ^{3}iaʔ^{3}
35 象山	打针 tã^{44}tsoŋ^{44}	吊盐水 tio^{53}i^{31}sɥ^{35} 吊葡萄糖 tio^{53}bu^{31}dɔ^{31}dɔ̃^{13}	吃药 tɕʰyoʔ^{44}ieʔ^{2}
36 普陀	打针 tã^{33}tɕiŋ^{53}	吊葡萄糖 tiɔ^{55}bu^{33}dɔ^{33}dɔ̃^{55} 吊盐水 tiɔ^{55}i^{33}sɥ^{45}	吃药 tɕʰyoʔ^{3}iɛʔ^{23}
37 定海	打针 tã^{33}tɕiŋ^{52}	吊葡萄糖 tio^{33}bu^{44}dɔ^{44}dõ^{44}	吃药 tɕʰyoʔ^{3}ieʔ^{5}
38 岱山	打针 tã^{33}tɕiŋ^{52}	吊盐水 tio^{33}i^{44}sɥ^{44}	吃药 tɕʰyoʔ^{3}ieʔ^{5}
39 嵊泗	打针 tã^{33}tɕiŋ^{53}	吊大针 tio^{33}dʌu^{11}tɕiŋ^{53}	吃药 tɕʰyoʔ^{3}iᴇʔ^{2}
40 临海	打针 tã^{42}tɕiŋ^{31}	挂针 kua^{33}tɕiŋ^{31}	吃药 tɕʰyoʔ^{3}iaʔ^{23}
41 椒江	打针 tã^{42}tɕiŋ^{42}	打吊瓶 tã^{42}tiɔ^{33}biŋ^{24}小	吃药 tɕʰyoʔ^{3}iəʔ^{2}
42 黄岩	打针 tã^{42}tɕin^{32}	挂葡萄糖 kua^{33}bu^{22}dɔ^{22}dɔ̃^{41}	吃药 tɕʰyoʔ^{3}ieʔ^{2}
43 温岭	打针 tã^{42}tɕin^{33}	挂瓶 kua^{33}bin^{24}小 挂大瓶 kua^{33}du^{13}bin^{24}小	吃药 tɕʰyoʔ^{3}iaʔ^{2}
44 仙居	打针 nã^{31}tsen^{334}	挂瓶 kua^{33}bin^{353}小	吃药 tɕʰyɔʔ^{3}yɑʔ^{23}
45 天台	打针 ta^{32}tɕiŋ^{33}	打葡萄糖针 ta^{32}bu^{22}dau^{22}dɔ^{22}tɕiŋ^{33}	吃药丸 tɕʰyuʔ^{1}iaʔ^{2}yø^{51}
46 三门	打针 tã^{32}tɕiŋ^{334}	挂葡萄糖 ko^{33}bu^{33}dɑu^{35}dɔ^{31}	吃药 tɕʰioʔ^{3}iaʔ^{5}

续表

方言点	0523 打针	0524 打吊针	0525 吃药统称
47 玉环	打针 tã^{53}tɕiŋ^{42}	挂大瓶 kua^{33}dəu^{22}biŋ^{24}小	吃药 tɕʰyoʔ^{3}iɐʔ^{2}
48 金华	打针 taŋ^{55}tɕiŋ^{334}	挂葡萄糖 kuɑ^{55}pu^{33}dɑo^{31}dɑŋ^{14}老 吊瓶 tiɑo^{33}biŋ^{313}新 挂盐水 kuɑ^{55}ie^{33}ɕy^{535}新	吃药 tɕʰiəʔ^{4}iəʔ^{212}
49 汤溪	打针 na^{52}tɕiã^{24}	挂葡萄糖 kuɑ^{33}pu^{33}tɔ^{24}dɔ^{0}	吃药 tɕʰiei^{52}iɔ^{113}
50 兰溪	打针 tæ̃^{55}tɕiæ̃^{334}	挂葡萄糖 kuɑ^{334}bu^{21}dɔ^{21}dɑŋ^{24}	吃药 tɕʰieʔ^{34}iɔʔ^{12}
51 浦江	打针 nɛ̃^{33}tsən^{53}	挂葡萄糖 kuɑ^{55}bu^{33}do^{33}dõ^{334}	食药 zɛ^{11}yo^{243}
52 义乌	打针 nɛ^{42}tsən^{335}	挂盐水 kua^{33}ie^{22}y^{423}	食药 zai^{31}iɔ^{312}
53 东阳	打针 nɛ^{33}tsɐn^{53}	挂盐水 kua^{33}i^{22}sɿ^{35}	食药 zei^{23}io^{33}
54 永康	打针 nai^{31}tsəŋ^{55}	挂葡萄糖 tɕya^{33}ɓu^{33}dɑu^{31}dɑŋ^{22}	食药 səi^{33}iɑu^{113}
55 武义	打针 na^{53}tsen^{24}	挂瓶 kuɑ^{55}bin^{324}	食药 zəʔ^{5}iɑu^{213}
56 磐安	打针 nɛ^{33}tsɐn^{445}	挂葡萄糖 kua^{33}pu^{33}to^{33}tɒ̃^{52}	食药 sɛi^{55}yə^{213}
57 缙云	打针 na^{51}tsaŋ^{44}	挂盐水 kuɑ^{44}iɛ^{44}sɥ^{51}	食药 zei^{51}iɑu^{13}
58 衢州	打针 tã^{35}tʃyən^{21}	挂盐水 kuɑ^{53}iẽ^{21}ʃy^{35}	吃药 tɕʰiəʔ^{5}iaʔ^{12}
59 衢江	打针 nɛ^{33}tɕyoŋ^{33}	挂盐水 kuo^{33}ie^{22}ɕy^{25}	食药 iəʔ^{2}iaʔ^{2}
60 龙游	打针 dɛ^{22}tsən^{334}	挂盐水 kuɑ^{33}ie^{22}suei^{35}	食药 iəʔ^{2}iɔʔ^{23}
61 江山	打针 taŋ^{44}tɕiɵ̃^{44}	挂葡萄糖 kuɒ^{44}bə^{22}dɐɯ^{22}dɑŋ^{213}	咥药 tiᴇʔ^{5}iaʔ^{2}
62 常山	打针 tĩ^{43}tsĩ^{44}	挂针 kuɑ^{44}tsĩ^{44}	吃药 tɕʰieʔ^{5}iaʔ^{34}
63 开化	打针 tã^{44}tɕyɛ̃^{44}	吊葡萄糖 tiəɯ^{53}bu^{21}dəɯ^{21}dã^{213}	食药 iaʔ^{2}iaʔ^{13}
64 丽水	打针 nã^{44}tsen^{224}	挂针 guo^{22}tsen^{224} 挂盐水 guo^{22}iɛ^{22}sɥ^{544}	吃药 tɕʰiʔ^{4}iɔʔ^{23}
65 青田	打针 nɛ^{22}tsaŋ^{445}	挂大瓶 ku^{33}du^{22}beŋ^{53}	吃药 tsʰɿʔ^{4}iʔ^{31}
66 云和	打针 nɛ^{44}tsəŋ^{24}	挂针 go^{223}tsəŋ^{24}	吃药 tɕʰi^{4}iɔʔ^{23}

续表

方言点	0523 打针	0524 打吊针	0525 吃药统称
67 松阳	打针 nã^{33}tɕin^{53}	挂盐水 kuə^{33}iɛ̃^{33}ɕy^{212} 挂葡萄糖 kuə^{33}buə^{33}dʌ^{33}doŋ^{31}	咥药 tiɛʔ^{3}iaʔ^{2}
68 宣平	打针 nɛ^{44}tsən^{324}	挂瓶 go^{22}bin^{433}	吃药 tɕʰiəʔ^{4}iəʔ^{23}
69 遂昌	打针 tiaŋ^{53}tɕyŋ^{45}	挂葡萄糖 kɒ^{33}buə^{22}dɐɯ^{13}dɔŋ^{221}老 挂盐水 kɒ^{33}iɛ̃^{13}y^{533}新	咥药 tiɛʔ^{5}iaʔ^{23}
70 龙泉	打针 daŋ^{21}tsɛn^{434}	挂盐水 kuo^{44}iᴇ^{45}ɕy^{51}	咥药 tiᴇʔ^{3}iaʔ^{24}
71 景宁	打针 nɛ^{55}tsaŋ^{324}	挂盐水 ko^{33}iɛ^{55}ɕy^{33}	吃药 tɕʰiʔ^{5}iaʔ^{23}
72 庆元	打针 næ̃^{52}tɕiəŋ^{335}	吊针 ɗiɒ^{11}tɕiəŋ^{335}	咥药 ɗiɑʔ^{5}iɑʔ^{34}
73 泰顺	打针 næi^{22}tsəŋ^{213}	挂盐水 kuɔ^{22}iɛ^{21}ɕy^{55}	吃药 tsʰɿʔ^{2}iɔʔ^{2}
74 温州	打针 tiɛ^{3}tsaŋ^{33}	挂盐水 ko^{33}i^{31}sɿ^{25}	吃药 tsʰɿ^{3}ia^{212}
75 永嘉	打针 tɛ^{43}tsaŋ^{44}	挂盐水 ko^{43}i^{31}sʮ^{45}	吃茶 tɕʰiai^{43}dzo^{31}老 吃药 tɕʰiai^{43}ia^{213}新
76 乐清	打针 ta^{42}tɕiaŋ^{44}	挂盐水 kuɯʌ^{33}iᴇ^{31}sy^{35}	吃药 tɕʰiɤ^{3}ia^{212}
77 瑞安	打针 ta^{53}tsaŋ^{44}	打盐水针 ta^{33}i^{22}səɯ^{53}tsaŋ^{44}	吃药 tɕʰi^{3}iɔ^{212}
78 平阳	打针 tᴀ^{33}tʃeŋ^{13}	打盐水 tᴀ^{33}ie^{33}sʉ^{35}	吃药 tɕʰi^{45}iɔ^{13}
79 文成	打针 ta^{33}tʃeŋ^{33}	挂盐水 ko^{33}ie^{42}søy^{35}	吃药 tɕʰi^{42}ia^{13}
80 苍南	打针 tia^{42}tsaŋ^{44}	打大瓶儿 tia^{42}du^{11}beŋ^{112}	吃药 tɕʰi^{3}ia^{112}
81 建德徽	打针 tɛ^{21}tsən^{53}	挂葡萄糖 ko^{33}pu^{33}tɔ^{33}to^{33}	吃药 tɕʰiɐʔ^{5}iɑ^{213}
82 寿昌徽	打针 tæ̃^{24}tsen^{112}	挂盐水 kuə^{33}iɛ̃^{11}suei^{24}	吃药 tɕʰiəʔ^{3}iɔʔ^{31}
83 淳安徽	打针 tɑ̃^{55}tsen^{24}	挂盐水 ko^{24}iɑ̃^{21}ɕy^{55}	吃药 tɕʰiʔ^{5}iɑʔ^{13}
84 遂安徽	打针 ta^{24}tɕin^{534}	挂针 kua^{55}tɕin^{534}	吃药 tsʰɿ^{55}iɑ^{213}
85 苍南闽	拍针 pʰa^{33}tsan^{55}	拍大瓶药水 pʰa^{33}to^{21}pan^{24}io^{21}tsui^{43}	食药 tɕia^{21}io^{24}
86 泰顺闽	拍针 pʰa^{34}tsɛ^{213}	挂瓶 kua^{34}pieŋ^{22}	食药 ɕia^{22}iɛʔ^{3}
87 洞头闽	拍针 pʰa^{33}tsan^{33}	拍吊瓶 pʰa^{33}tiau^{33}pan^{113}	食药 tɕia^{21}ieu^{241}
88 景宁畲	打针 taŋ^{55}tɕin^{44}	挂盐水 kɔ^{44}ien^{22}ɕy^{325}	食药 ɕiʔ^{2}ioʔ^{2}

方言点	0526 汤药	0527 病轻了	0528 说媒
01 杭州	汤头药 tʰaŋ^{33} dei^{45} iɛʔ^{5}	毛病好了点 mɔ^{22} biŋ^{45} xɔ^{55} lə^{0} tiɛ^{0}	说媒 soʔ^{5} mei^{213}
02 嘉兴	中药 tsoŋ^{24} iᴀʔ^{5}	病好点哩 biŋ^{13} hɔ^{33} tie^{42} li^{21}	说亲 ɕyeʔ^{5} tɕʰiŋ^{42} 提亲 di^{21} tɕʰiŋ^{42}
03 嘉善	中药 tsoŋ^{55} iaʔ^{2}	毛病好点敌⁼ mɔ^{13} bin^{31} xɔ^{55} tie^{55} dieʔ^{2}	做媒人 tsu^{35} mɛ^{13} ȵin^{31}
04 平湖	中药 tsoŋ^{55} iaʔ^{31}	病好难⁼哩 bin^{24} ho^{44} nɛ^{55} li^{0}	做媒人 tsu^{44} me^{0} ȵin^{0}
05 海盐	中药 tsoŋ^{55} iaʔ^{5}	毛病好点哩 mɔ^{24} bin^{53} xɔ^{53} tiɛ^{53} li^{0}	做介绍 tsu^{33} tɕiɑ^{55} zɔ^{21}
06 海宁	中药 tsoŋ^{55} iaʔ^{2}	毛病好点哩 mɔ^{33} biŋ^{33} hɔ^{55} tieʔ^{5} li^{0}	做媒人 tsəu^{55} mei^{33} ȵiŋ^{55}
07 桐乡	中药 tsoŋ^{44} iaʔ^{0}	毛病好点咧 mɔ^{13} biŋ^{53} hɔ^{53} tiᴇ^{0} liəʔ^{0}	做介绍 tsəu^{33} tɕia^{33} zɔ^{242}
08 崇德	煎药 tɕiɪ^{44} iaʔ^{4} 中药 tsoŋ^{44} iaʔ^{4}	毛病好点嘚 mɔ^{21} biŋ^{44} hɔ^{55} tiɪ^{0} dəʔ^{0}	做介绍 tsu^{33} tɕiɑ^{33} zɔ^{242}
09 湖州	中药 tsoŋ^{44} iaʔ^{4}	病好界⁼点[待嗳] bin^{13} xɔ^{53} ka^{0} tie^{31} dɛ^{0}	做介绍 tsəu^{53} tɕia^{33} zɔ^{35}
10 德清	中药 tsoŋ^{44} iaʔ^{4}	好起来待⁼ xɔ^{35} tɕʰi^{53} lɛ^{31} dɛ^{0}	搭线 təʔ^{5} ɕie^{35}
11 武康	汤 tʰã^{44}	病好起来待⁼ bin^{13} xɔ^{44} tɕʰi^{53} lɛ^{31} dɛ^{0}	做介绍 tsu^{53} tɕia^{33} zɔ^{35}
12 安吉	中药 tsoŋ^{55} iᴇʔ^{5}	身体好些儿嘞 səŋ^{55} tʰi^{55} hɔ^{52} ɕiŋ^{21} lᴇ^{0}	做媒 tsʊ^{324} me^{22}
13 孝丰	中药 tsoŋ^{44} iaʔ^{5}	病好点嘞 biŋ^{213} hɔ^{45} tiɪ^{21} lɛ^{21}	做媒 tsu^{324} me^{22}
14 长兴	中药 tsoŋ^{44} iaʔ^{5}	毛病好点嘞 mɔ^{12} biŋ^{33} hɔ^{45} ti^{44} lᴇ^{21}	做媒人 tsəu^{324} mei^{12} ȵiŋ^{33}
15 余杭	煎药 tsẽ^{55} iaʔ^{2}	毛病好些儿特⁼ mɔ^{31} biŋ^{31} xɔ^{55} siŋ^{55} dəʔ^{2}	做媒 tsu^{35} mɛ^{33}
16 临安	中药 tsoŋ^{55} iɐʔ^{2}	病好点嘞 bieŋ^{13} hɔ^{55} tiɐʔ^{5} lɐʔ^{2}	做介绍 tsuo^{53} tɕia^{33} zɔ^{33}
17 昌化	中药 tsəŋ^{33} iaʔ^{5} 草药 tsʰɔ^{45} iaʔ^{5}	毛病好点嘞 mɔ^{11} biəŋ^{23} xɔ^{45} tiĩ^{45} lɛ^{53}	做媒 tsɯ^{54} mɛ^{112}
18 於潜	中药 tsoŋ^{43} iæʔ^{23}	病好点嘞 biŋ^{24} xɔ^{53} tie^{31} liæʔ^{2}	做媒 tsu^{35} me^{223}
19 萧山	中药 tsyoŋ^{33} iaʔ^{5}	病好些敌⁼ biŋ^{242} xɔ^{33} səʔ^{5} die^{21}	做介绍 tso^{33} tɕia^{33} zɔ^{33}
20 富阳	糖汤 dɑ̃^{13} tʰɑ̃^{55}	病好丢嘞 bin^{13} hɔ^{423} tiʊ^{335} lɛʔ^{0}	做介绍 tsʊ^{335} tɕiɛ^{335} zɔ^{53}
21 新登	中药 tsoŋ^{53} iaʔ^{2}	毛病好嘞 mɔ^{233} beiŋ^{13} hɔ^{3343} ləʔ^{0}	做媒 tsu^{45} me^{233}

续表

方言点	0526 汤药	0527 病轻了	0528 说媒
22 桐庐	中药 tsoŋ^{35} iaʔ^{13}	病好点了 biŋ^{13} xɔ^{42} tie^{21} nəʔ^{3}	介绍 tɕia^{13} zɔ^{21}
23 分水	汤药 tʰã^{44} iəʔ^{12}	病好多了 bin^{24} xɔ^{53} to^{44} la^{0}	做媒 tso^{24} me^{21}
24 绍兴	中药 tsoŋ^{33} iaʔ^{3}	毛病好快哉 mɔ^{22} biŋ^{22} hɔ^{33} kʰua^{33} zᴇ^{31} 毛病好起来哉 mɔ^{22} biŋ^{22} hɔ^{33} tɕʰi^{44} lᴇ^{33} zᴇ^{31}	做媒 tso^{33} mᴇ^{231}
25 上虞	汤药 tʰɔ̃^{33} iaʔ^{5}	病瘥哉 biŋ^{31} tsʰo^{33} tse^{35}	做介绍 tsu^{33} tɕia^{55} zɔ^{31}
26 嵊州	草药 tsʰɔ^{33} iaʔ^{5} 老 中药 tsoŋ^{53} iaʔ^{3} 新	毛病好点带$^{=}$哉 mɔ^{22} biŋ^{24} hɔ^{44} tiẽ^{33} ta^{33} tsᴇ^{31}	介绍 tɕia^{33} sɔ^{334}
27 新昌	中药 tsoŋ^{53} iaʔ^{2}	毛病好顶$^{=}$过$^{=}$了 mɔ^{22} biŋ^{13} hɔ^{33} tiŋ^{45} ku^{33} le^{0}	做媒 tsɤ^{33} me^{335}
28 诸暨	中药 tsom^{42} iaʔ^{13}	病好点 bin^{13} hɔ^{42} tie^{21}	做介绍 tsɤu^{33} tɕiᴀ^{33} zɔ^{42}
29 慈溪	中药 tsuŋ^{33} iaʔ^{2} 汤药 tʰɔ̃^{33} iaʔ^{2}	病好快哉 biŋ^{13} hɔ^{33} kʰua^{44} tse^{0} 病瘥子眼哉 biŋ^{13} tsʰo^{44} tsɿ^{0} ȵiẽ^{13} tse^{0}	做媒 tsəu^{44} me^{13}
30 余姚	汤药 tʰɔŋ^{44} iaʔ^{2}	毛病好眼唧哉 mɔ^{13} bə̃^{0} hɔ^{34} ȵiẽ^{13} lɔŋ^{44} tse^{0}	做媒 tsou^{44} me^{13}
31 宁波	汤药 tʰɔ^{44} iəʔ^{2}	毛病好眼嘞 mɔ^{13} biŋ^{0} hɔ^{44} ŋɛ^{13} lɐi^{0}	做媒 tsəu^{44} mɐi^{13}
32 镇海	中药 tsoŋ^{33} ieʔ^{2}	毛病好眼嘞 mɔ^{24} biŋ^{0} hɔ^{35} ŋɛ^{24} lei^{0}	介绍 ka^{33} io^{22}
33 奉化	草药 tsʰʌ^{44} iaʔ^{2}	各$^{=}$样眼嘞 koʔ^{5} iã^{31} ŋɛ^{33} le^{31}	做媒 tsəu^{44} mei^{33}
34 宁海	中药 tɕioŋ^{33} iaʔ^{3} 草药 tsʰau^{53} iaʔ^{3}	病好点了 biŋ^{24} hau^{33} tie^{35} lei^{0}	做媒 tsəu^{33} mei^{213}
35 象山	中药 tɕyoŋ^{44} ieʔ^{2}	爽快眼嘞 sɔ̃^{44} kʰua^{53} ŋɛ^{13} leʔ^{2}	做媒 tsəu^{53} mei^{31}
36 普陀	汤药 tʰɔ̃^{33} iɛʔ^{5}	毛病轻嘞 mɔ^{33} biŋ^{55} tɕʰiŋ^{53} lɛ^{0}	做介绍 tsəu^{33} ka^{55} iɔ^{0}
37 定海	中药 tʰoŋ^{33} ieʔ^{5}	各$^{=}$样 koʔ^{5} iã^{0}	做媒 tsʌu^{33} mɐi^{45}
38 岱山	汤药 tʰõ^{44} ieʔ^{5}	各$^{=}$样嘞 koʔ^{5} iã^{0} lɐi^{0}	做媒 tsʌu^{33} mɐi^{45}
39 嵊泗	中药 tsoŋ^{33} iᴇʔ^{2}	差嘞 tsʰo^{44} lɐi^{0}	做媒 tsʌu^{33} mɐi^{243}
40 临海	中药 tɕyoŋ^{33} iaʔ^{23}	病好滴爻 biŋ^{324} hɔ^{52} tieʔ^{0} ɔ^{0}	做媒 tso^{33} me^{21} 讲做媒 kɔ̃^{42} tso^{33} me^{21}
41 椒江	中药 tsoŋ^{33} iəʔ^{2}	病好滴爻 biŋ^{24} hɔ^{42} tieʔ^{0} ɔ^{0}	讲做媒 kɔ̃^{42} tsəu^{33} mə^{31}

续表

方言点	0526 汤药	0527 病轻了	0528 说媒
42 黄岩	中药 tsoŋ^{33}ieʔ^{2} 泡茶 p^{h}ɔ^{33}dzo^{121}	病好点爻 bin^{13}hɔ^{42}tie^{42}ɔ^{0}	讲做媒 kɔ̃^{42}tsou^{33}me^{121}
43 温岭	汤药 t^{h}ɔ̃^{33}iaʔ^{2}	病好眼爻 bin^{13}hɔ^{42}ȵiɛ^{42}ɔ^{31}	讲做媒 kɔ̃^{42}tsu^{33}me^{31}
44 仙居	中药 tɕioŋ^{33}yɑʔ^{23} 茶 dzo^{212}	毛病好点 mɐɯ^{24}bin^{55}hɐɯ^{324} ɗie^{0}	做媒 tso^{53}mæ^{213}
45 天台	中药 tɕyuŋ^{33}iaʔ^{2}	毛病好帝$^{=}$落 mau^{22}piŋ^{35} hau^{32}ti^{33}lɔʔ^{2}	作媒 tsɔʔ^{1}mei^{224}
46 三门	中药 tɕioŋ^{33}iaʔ^{23}	病好点了 biŋ^{23}hɑu^{33}tie^{32}lɐʔ^{0}	做媒 tɕiʊ^{44}me^{445}
47 玉环	中药 tɕioŋ^{33}iɐʔ^{2}	病轻[去爻] biŋ^{22}tɕ^{h}iŋ^{42}k^{h}ɔ^{0}	做媒人 tsəu^{33}me^{22}ȵiŋ^{41}
48 金华	水药 ɕy^{55}iəʔ^{212} 旧 中药 tɕioŋ^{33}iəʔ^{212} 今	病好帝$^{=}$儿了 biŋ^{14}xɑo^{53}tiŋ^{55} ləʔ^{0}	做媒 tsuɤ^{33}mɛ^{313}
49 汤溪	中药 tɕiɑo^{33}iɔ^{113}	病好点儿罢 bɛ̃i^{341}xɔ^{52}ȵiã^{55} bɑ^{0}	讲做媒 kɔ^{52}tsuɤ^{24}mɛ^{0}
50 兰溪	水药 ɕy^{55}iɔʔ^{12}	病好点嘞 bin^{24}xɔ^{55}ti^{45}ləʔ^{0}	做媒 tsuɤ^{334}me^{45}
51 浦江	中药 tɕyon^{33}yo^{334}	病好些啊 biən^{24}xo^{55}sɯ^{0}ɑ^{0}	做媒 tsɯ^{33}ma^{334}
52 义乌	水药 ɕy^{45}iɔ^{312}	病好大了 bən^{24}ho^{33}tuɤ^{45}lə^{0}	做媒 tsuɤ^{33}mɛ^{213}
53 东阳	药 io^{24}	病好了喔 bɐn^{23}hau^{44}le^{33}ɔ^{53}	做媒 tsu^{33}me^{35}
54 永康	草药汁 ts^{h}ɑu^{33}iɑu^{33}tsə^{334}	好点咧 xɑu^{31}ȵia^{52}lia^{0}	做媒 tsuo^{33}məi^{55}
55 武义	中药 tsoŋ^{55}iɑu^{213}	病好点罢 bin^{31}xɤ^{445}ti^{53}ba^{0}	做媒 tsuo^{55}ma^{324}
56 磐安	药汤儿 yə^{55}t^{h}ɒn^{445}	病好滴儿罢 bɐn^{14}xo^{33}tin^{55} ba^{0}	讲亲 kɒ^{55}tɕ^{h}iɐn^{445} 做媒 tsuɤ^{33}me^{213}
57 缙云	中药 tsɔ̃ũ^{44}iɔ̃ũ^{45} 草药 tɕ^{h}iəɤ^{51}iɔ̃ũ^{13}	好点罢 xəɤ^{51}tia^{44}vɑ^{0}	做媒 tsu^{44}mei^{243}
58 衢州	汤药 t^{h}ɑ̃^{35}iaʔ^{12}	见着啦 tɕiẽ^{53}dʒyaʔ^{2}lɑ^{0}	做媒 tsu^{53}me^{21}
59 衢江	药 iaʔ^{2}	病好点罢 bɛ^{231}xɔ^{25}tie^{53}ba^{0}	做媒 tsou^{33}mei^{212}
60 龙游	汤 t^{h}ã^{334}	病好点罢 bin^{231}xɔ^{35}tie^{21}bɑ^{0}	介绍 tɕie^{51}zɔ^{231}
61 江山	药茶 iaʔ^{2}dzɒ^{213}	病好些儿罢 baŋ^{22}xɐɯ^{24}ɕĩ^{44} bɒ^{0}	做媒 tso^{44}mᴇ^{213}
62 常山	水茶 y^{43}dzɑ^{341} 中药 tsoŋ^{43}iaʔ^{34}	病好星$^{=}$罢 bĩ^{22}xɤ^{52}sĩ^{0}pɛ^{0}	做媒 tsɔ^{43}mue^{341}
63 开化	草头药 ts^{h}uo^{53}du^{0}iaʔ^{13} 中药 tsɤŋ^{44}iaʔ^{13}	病好星$^{=}$罢 bã^{21}xəɯ^{53}ɕin^{0} bɑ^{0}	做媒 tsɔ^{53}mɛ^{231}

续表

方言点	0526 汤药	0527 病轻了	0528 说媒
64 丽水	中药 tɕiɔŋ^{44} iɔʔ^{23}	病好点罢 bin^{131} xə^{52} tiɛ^{0} buɔ^{0}	做媒 tsu^{224} mei^{22}
65 青田	茶 dzu^{21}	病好两罢 beŋ^{22} xœ^{454} lɛ^{0} bɑ^{0}	做介绍 tsu^{33} kɑ^{33} iœ^{55}
66 云和	药茶 iɔʔ^{23} dzo^{312}	病好点儿哇 biŋ^{223} xəɯ^{44} tiŋ^{45} ua^{0}	做媒 tso^{44} mei^{312}
67 松阳	茶 dzuə^{31}	病好些了 bin^{13} xei^{21} sɛʔ^{0} lɔ^{0}	做媒 tsu^{33} mei^{31}
68 宣平	药汤 iəʔ^{42} tʰɔ̃^{324}	病好滴了 bin^{231} xəɯ^{44} tiəʔ^{5} la^{0}	做媒 tso^{44} mei^{433}
69 遂昌	药汁 iaʔ^{2} tɕyɛʔ^{5}	病好些了 biŋ^{21} xɐɯ^{53} sɛʔ^{5} lə^{0}	讲媒 kɔŋ^{53} mei^{221}
70 龙泉	中药 tɕiəŋ^{45} iaʔ^{24}	病短$^{=}$些罢 bin^{224} ti^{51} sᴇʔ^{3} ba^{0}	做媒 dzo^{21} mi^{21}
71 景宁	中药 tɕyŋ^{55} iaʔ^{23}	病好了罢 biŋ^{41} xəɯ^{33} ləɯ^{0} ba^{0}	做媒 tso^{33} mai^{41}
72 庆元	草药茶 tsʰɒ^{33} iɑʔ^{34} tso^{52}	病好□piŋ^{31} xɐɯ^{33} ȵiəŋ^{55} 小	讲亲 kɔ̃^{33} tɕʰiəŋ^{335}
73 泰顺	中药 tɕioŋ^{213} iɔʔ^{2}	病好两 piŋ^{22} xəu^{55} lɛ^{22}	做媒 tso^{22} mæi^{53}
74 温州	凉茶 li^{22} dzo^{223}	病好倈罢 bəŋ^{22} hɜ^{25} le^{0} ba^{0}	做媒 tsɤu^{3} mai^{31}
75 永嘉	茶 dzo^{31}	病好倈罢 beŋ^{22} hə^{45} lei^{0} ba^{0}	做媒 tso^{43} mai^{31}
76 乐清	凉茶 liɯʌ^{22} dʑio^{223}	病好倈起 beŋ^{22} hɤ^{35} li^{0} tɕʰi^{0}	做媒 tɕio^{3} mai^{31}
77 瑞安	茶 dzo^{31}	病轻爻罢 bəŋ^{22} tɕʰiaŋ^{44} ɔ^{0} ba^{0}	做媒 tsou^{3} me^{31}
78 平阳	中药 tʃoŋ^{35} iɔ^{13}	病好来罢 beŋ^{13} xɛ^{45} lɛ^{45} bʌ^{21}	做媒 tʃu^{33} mai^{42}
79 文成	中药 tʃoŋ^{33} ia^{13}	病好来罢 beŋ^{21} xɛ^{45} lei^{21} ba^{21}	做媒 tʃou^{33} mai^{33}
80 苍南	药茶 ia^{11} zo^{112}	病好倈罢 beŋ^{11} hɛ^{53} le^{0} ba^{0}	做媒 tsu^{3} mai^{31}
81 建德徽	中药 tsoŋ^{53} iɑ^{213}	病好点罢 pʰin^{55} hɔ^{21} tie^{55} pɐʔ^{0}	做媒 tsu^{33} me^{33}
82 寿昌徽	中药 tɕiɔŋ^{11} iɔʔ^{31}	病好点罢 pʰien^{33} xɤ^{11} tien^{33} pɑ^{0}	做媒 tsu^{33} miæ^{52}
83 淳安徽	中药 tson^{21} iɑʔ^{13}	病好些罢 pʰin^{53} hɯ^{55} səʔ^{5} pɑ^{0}	做媒 tsu^{24} mie^{435}
84 遂安徽	中药 tsəŋ^{55} iɑ^{213}	病好稍了 pʰin^{55} xɔ^{21} sə^{21} tɛ^{33}	讲媒 koŋ^{21} məɯ^{33}
85 苍南闽	药汤 io^{21} tʰɯŋ^{55}	病好加啦 pĩ^{21} ho^{33} ke^{33} la^{21}	做媒侬 tsui^{33} mũĩ^{21} lan^{24}
86 泰顺闽	草汤 tsʰau^{344} tʰo^{213}	好赪了 xou^{344} sei^{31} lə^{0}	做媒 tsou^{34} mɔi^{22}
87 洞头闽	中药 tioŋ^{33} ieu^{241}	病确好 pieŋ^{21} kʰɐk^{5} ho^{53}	做媒侬 tsui^{53} mũĩ^{24} laŋ^{24}
88 景宁畲	药 ioʔ^{2}	病轻啊 pʰiaŋ^{51} kʰiaŋ^{44} a^{0}	做媒 tso^{44} moi^{22}

方言点	0529 媒人	0530 相亲	0531 订婚
01 杭州	媒婆 mei^{22}bəu^{45}	相亲 ɕiaŋ^{55}tɕʰiŋ^{334}	定婚 diŋ^{13}xuəŋ^{334}
02 嘉兴	媒婆 mei^{21}bu^{42}	相亲 ɕiA͂^{33}tɕʰiŋ^{42}	订婚 tiŋ^{33}huəŋ^{42}
03 嘉善	媒婆 mɛ^{13}bu^{31}	招对象 tsɔ^{55}tɛ^{53}dʑiæ̃^{31}	订婚 tin^{55}fən^{0}
04 平湖	媒人 me^{24}ȵin^{53}	看对象 kʰø^{44}te^{44}zia͂^{0}	着日子 zaʔ^{23}ȵiəʔ^{5}tsɿ^{0} 着日脚 zaʔ^{23}ȵiəʔ^{23}tɕiaʔ^{5}
05 海盐	话⁼婆 o^{55}bu^{21} 介绍人 tɕiɑ^{55}zɔ^{21}ȵin^{21}	看人家 kʰɤ^{33}ȵin^{24}kɑ^{53}	看日脚 kʰɤ^{33}ȵiəʔ^{23}tɕiaʔ^{5}
06 海宁	媒婆 mei^{33}bu^{55}	见面 tɕie^{55}mie^{13}	定亲 diŋ^{33}tɕʰiŋ^{55}
07 桐乡	媒人 mi^{21}ȵiŋ^{44} 介绍人 tɕia^{33}zɔ^{44}ȵiŋ^{0}	看人家 kʰE^{33}ȵiŋ^{21}ka^{44}	对亲 ti^{33}tsʰiŋ^{44}
08 崇德	介绍人 tɕiɑ^{33}zɔ^{55}ȵiŋ^{0}	看人家 kʰE^{33}ȵiŋ^{21}kɑ^{44}	报吉 pɔ^{33}tɕiəʔ^{5} 通日 tʰoŋ^{44}ȵiəʔ^{23}
09 湖州	介绍人 tɕia^{33}zɔ^{33}ȵin^{35}	见面 tɕie^{33}mie^{35}	订婚 tin^{44}xuən^{44}
10 德清	媒婆 mɛ^{11}bu^{13}	相面 ɕia͂^{44}mie^{113}	看日脚 kʰøʉ^{33}ȵieʔ^{2}tɕiaʔ^{5}
11 武康	媒婆 mɛ^{11}bu^{35}	看人家 kʰø^{53}ȵin^{33}ka^{35}	看日脚 kʰø^{53}ȵieʔ^{2}tɕiɜʔ^{5}
12 安吉	媒人 me^{22}ȵiŋ^{22}	认亲 ȵiŋ^{22}tɕʰiŋ^{55}	定亲 diŋ^{21}tɕʰiŋ^{55}
13 孝丰	媒人 me^{22}ȵiŋ^{22}	望人家 mɔ͂^{324}ȵiŋ^{22}ka^{22}	定亲 diŋ^{21}tɕʰiŋ^{44}
14 长兴	媒人 mei^{12}ȵiŋ^{33}	相亲 ʃia͂^{44}tʃʰiŋ^{44}	订婚 tiŋ^{32}huəŋ^{44}
15 余杭	媒人 mɛ^{31}ȵiŋ^{13}	看人 kʰøY^{35}ȵiŋ^{33}	做事体 tsu^{35}zɿ^{33}tʰi^{35}
16 临安	媒婆 mE^{33}buo^{13}	见面 tɕie^{55}mie^{13}	定亲 dieŋ^{13}tɕʰieŋ^{55}
17 昌化	媒婆 mɛ^{11}bu^{112}	看人家 kʰɛ͂^{54}nəŋ^{11}ku^{334} 相亲 ɕia͂^{54}tɕʰiəŋ^{334}	定婚 diəŋ^{23}xuəŋ^{334}
18 於潜	媒婆 me^{22}bu^{24}	看人家 kʰɛ^{35}ȵiŋ^{224}tɕia^{433}	定日子 diŋ^{24}ȵiæʔ^{2}tsɿ^{454}
19 萧山	介绍人 tɕia^{33}zɔ^{35}ȵiŋ^{21}	看人家 kʰie^{42}ȵiŋ^{13}ko^{33}	订婚 tiŋ^{33}xuəŋ^{33}
20 富阳	介绍人 tɕiɛ^{335}zɔ^{224}nin^{31}	看人家 kʰiɛ͂^{55}nin^{13}ko^{55}	定婚 din^{224}huən^{53}
21 新登	媒人公 me^{233}neiŋ^{233}koŋ^{334}	看人家 kʰɛ͂^{45}neiŋ^{233}ka^{334}	送日子 soŋ^{45}ȵiəʔ^{2}tsɿ^{45}
22 桐庐	媒婆 mE^{21}bu^{13}	相亲 ɕia͂^{33}tɕʰiŋ^{533}	订婚 tiŋ^{33}xuəŋ^{533}

续表

方言点	0529 媒人	0530 相亲	0531 订婚
23 分水	媒婆 me^{21}bo^{24}女性 媒公 me^{21}koŋ^{44}男性	见面 tɕiɛ̃^{24}miɛ̃^{24}	定亲 din^{13}tɕʰin^{44}
24 绍兴	老嫚 lɔ^{22}muø̃^{231} 媒婆 mᴇ^{22}bo^{231}	看人家 kʰẽ^{33}ȵiŋ^{22}ko^{53}	定亲 diŋ^{22}tɕʰiŋ^{53}
25 上虞	介绍人 tɕia^{55}zɔ^{0}ȵiŋ^{31}	相亲 ɕiã^{33}tɕʰiŋ^{35}	订婚 tiŋ^{55}fəŋ^{35}
26 嵊州	介绍侬 tɕia^{33}sɔ^{33}nɔŋ^{334}	看侬家 kʰœ̃^{33}nɔŋ^{22}ko^{334}	发送 fɛʔ^{5}soŋ^{334}老 定婚 diŋ^{24}feŋ^{53}新
27 新昌	媒人 me^{13}ȵiŋ^{33}	看侬家 kʰœ̃^{33}nɔ̃^{13}kuo^{534}	定亲 diŋ^{22}tɕʰiŋ^{534}
28 诸暨	介绍人 tɕiᴀ^{33}zɔ^{33}nin^{21}	看人家 kʰə^{33}nin^{21}ko^{42}	定婚 din^{21}fɛn^{544}
29 慈溪	媒婆 me^{11}bəu^{13}	找对象 tsɔ^{33}te^{44}dʑiã^{44}	定婚 diŋ^{11}huəŋ^{35}
30 余姚	媒人 me^{13}ȵiə̃^{13}	相亲 ɕiaŋ^{44}tɕʰiə̃^{44}	订婚 tə̃^{44}huə̃^{44}
31 宁波	媒婆 mɐi^{22}bəu^{53}	相亲 ɕia^{44}tɕʰiŋ^{53}	订婚 tiŋ^{44}huəŋ^{53}
32 镇海	介绍人 ka^{33}io^{22}ȵiŋ^{31} 媒人 mei^{24}ȵiŋ^{31}	相亲 ɕiã^{33}tɕʰiŋ^{53}	订婚 tiŋ^{33}huəŋ^{53}
33 奉化	媒人先生 mei^{33}ȵiŋ^{33}ɕi^{44}sã^{0}	对面 te^{44}mi^{31}	过贳 kəu^{44}sɥ^{53}
34 宁海	媒人 mei^{21}ȵiŋ^{31} 介绍人 ka^{35}ɕieu^{0}ȵiŋ^{31}	见面 tɕie^{33}mie^{24}	定口帖 diŋ^{22}kʰiu^{53}tʰieʔ^{5}
35 象山	媒人 mei^{31}ȵiŋ^{13}	相亲 ɕiã^{53}tɕʰiŋ^{44}	定亲 dəŋ^{13}tɕʰiŋ^{44}
36 普陀	媒人 mæi^{33}ȵiŋ^{53}	相亲 ɕiã^{33}tɕʰiŋ^{53}	订婚 tiŋ^{33}xuɐŋ^{53}
37 定海	媒人 mɐi^{33}ȵiŋ^{52}	相亲 ɕiã^{33}tɕʰiŋ^{52}	订婚 tiŋ^{33}xuɐŋ^{52}
38 岱山	媒婆 mɐi^{33}bʌu^{52} 媒人 mɐi^{33}ȵiŋ^{52}	相亲 ɕiã^{44}tɕʰiŋ^{52}	订亲 tiŋ^{44}tɕʰiŋ^{52}
39 嵊泗	媒婆 mɐi^{33}bʌu^{53}	相亲 ɕiã^{33}tɕʰiŋ^{53}	订婚 tiŋ^{33}xuɐŋ^{53}
40 临海	媒人老大 me^{33}ȵiŋ^{33}lɔ^{42}da^{324} 老大 lɔ^{42}da^{324}	讲对象 kɔ̃^{42}te^{33}ʑiã^{21}	定头 diŋ^{33}də^{21}
41 椒江	媒婆 mə^{22}bu^{41}	踏亲 dɛʔ^{2}tɕʰiŋ^{42}	定头 diŋ^{22}dio^{31}
42 黄岩	媒人 me^{13}ȵin^{41}	踏亲 dəʔ^{2}tɕʰin^{32}	定头 din^{13}dio^{121}
43 温岭	媒人 me^{24}ȵin^{41} 媒婆 mei^{24}bu^{41}	踏亲 dəʔ^{2}tɕʰin^{33}	定头 din^{13}dɤ^{24}小

续表

方言点	0529 媒人	0530 相亲	0531 订婚
44 仙居	媒人 mæ^{353} ȵin^{0}	望人家 mɑ̃^{24} ȵin^{33} ko^{334}	小定头 ɕiɐɯ^{31} din^{33} dəɯ^{353} 小
45 天台	媒婆 mei^{224} bou^{0}	相亲 ɕia^{33} tɕʰiŋ^{33}	定 diŋ^{35}
46 三门	媒婆 me^{13} bʊ^{31}	见面 tɕie^{55} mie^{55}	送小日子 soŋ^{55} ɕiɑu^{32} ȵieʔ^{2} tsɿ^{52}
47 玉环	媒人 me^{22} ȵiŋ^{41}	相亲 ɕia^{55} tɕʰiŋ^{42}	定头 diŋ^{22} diɤ^{24} 小
48 金华	媒人 mɛ^{31} ȵiŋ^{14}	望人家 moŋ^{55} ȵiŋ^{31} kuɑ^{55} 老 相亲 siɑŋ^{33} tɕʰiŋ^{334} 新	定婚 tiŋ^{55} xuəŋ^{334}
49 汤溪	媒侬 mɛ^{11} nɑo^{52}	望侬家 mɑo^{11} nɑo^{11} kuɑ^{52}	定婚 dɛ̃i^{11} xuã^{24}
50 兰溪	媒人 me^{21} nin^{24}	望人家 moŋ^{24} nin^{21} kuɑ^{45}	定婚 din^{24} xuæ̃^{334}
51 浦江	媒侬 ma^{24} lən^{334}	望侬 mõ^{11} lən^{243}	食肯酒 zɛ^{24} kʰən^{11} tsiɤ^{53}
52 义乌	媒侬 mɛ^{22} noŋ^{45}	望侬 mɯɤ^{24} noŋ^{213}	定亲 dən^{24} tsʰən^{335}
53 东阳	媒侬 me^{22} nom^{53}	张小娘儿 tɕiɔ^{33} ɕio^{44} ȵiɔn^{35}	定亲 dɐn^{23} tɕʰiɐn^{33}
54 永康	媒侬 məi^{31} noŋ^{22}	望细囡 mɑŋ^{31} ɕie^{33} na^{241}	定婚 diŋ^{31} xuəŋ^{55}
55 武义	媒侬 ma^{32} noŋ^{231}	望侬家 mɑŋ^{53} noŋ^{32} kuɑ^{53}	定婚 tin^{55} xuen^{24}
56 磐安	媒侬 me^{21} nɔom^{52} 媒婆 me^{21} po^{52}	望内家 mo^{55} ne^{55} kuə^{445}	定亲 tɐn^{55} tɕʰiɐn^{445}
57 缙云	媒人 mei^{21} nɛŋ^{453}	□老婆 ȵiɑ^{44} ləɤ^{51} bu^{243}	定亲 dɛŋ^{21} tsʰɛŋ^{44}
58 衢州	媒人 me^{21} ȵin^{231} 媒婆 me^{21} bu^{231}	看人家 kʰə̃^{53} ȵin^{21} kɑ^{32}	㕉八字 kʰaʔ^{5} paʔ^{3} zɿ^{231}
59 衢江	媒侬 mei^{22} nəŋ^{53}	促⁼埭地 tsʰəʔ^{5} da^{22} tie^{53}	订婚 tiŋ^{33} xuɛ^{33}
60 龙游	媒侬 mei^{224} nən^{231}	相亲 ɕiã^{33} tɕʰin^{334}	订婚 tin^{33} xuən^{334}
61 江山	媒侬 mᴇ^{22} naŋ^{213}	促⁼侬家 tsʰoʔ^{5} naŋ^{22} kɒ^{44} 促⁼女儿 tsʰoʔ^{5} nɒ^{22} ȵi^{241}	㕉帖 kʰaʔ^{4} tʰiᴇʔ^{5}
62 常山	媒侬 mue^{24} nã^{0}	相亲 ɕiã^{44} tsʰɪ̃^{44}	订婚 tɪ̃^{44} xuɔ̃^{44}
63 开化	媒侬 mɛ^{21} nɤŋ^{53}	促⁼侬家 tsʰəʔ^{5} nɤŋ^{21} kɑ^{44}	定婚 din^{21} xuõ^{44}
64 丽水	媒人婆 mei^{21} nen^{21} pu^{52}	相亲 ɕiã^{44} tsʰen^{224}	订婚 tin^{52} xuɛ^{224}
65 青田	媒人 mæi^{55} neŋ^{53}	相老嬷 ɕi^{33} lœ^{33} mu^{454}	订婚 ɗeŋ^{22} xuɐ^{445}
66 云和	媒婆 mei^{223} bu^{312}	相人家 ɕiã^{44} nɛ^{223} ko^{24}	订婚 tiŋ^{44} xuɛ^{24}

续表

方言点	0529 媒人	0530 相亲	0531 订婚
67 松阳	媒婆 mei^{33}bu^{31}	相亲 ɕiã^{24}tɕʰin^{53}	定亲 din^{21}tɕʰin^{53}
68 宣平	做媒个人 tso^{44}mei^{43}kə^{0}nin^{52} 媒婆 mei^{22}bo^{433}	望人家 mɔ̃^{22}nin^{43}ko^{324} 望老嬷 mɔ̃^{22}lɔ^{22}mo^{223}	定亲 din^{43}tsʰən^{324}
69 遂昌	媒侬 mei^{22}nəŋ^{213}	相亲 ɕiaŋ^{33}tɕʰiŋ^{45}	定婚 diŋ^{21}xuɛ̃^{45}
70 龙泉	媒侬 mi^{45}nəŋ^{21}	讲亲 gɔŋ^{21}tɕʰin^{434}	订婚 tin^{44}xuo^{434}
71 景宁	媒人 mai^{33}naŋ^{41}	相亲 ɕiɛ^{55}tsʰaŋ^{324}	订亲 tiŋ^{55}tsʰaŋ^{324} 订婚 tiŋ^{55}xuœ^{324}
72 庆元	媒侬 mæi^{52}noŋ^{52}	略亲 lɒ^{33}tɕʰiəŋ^{335}	订婚 ɗiŋ^{11}xuæ^{335}
73 泰顺	媒人 mæi^{21}nɛ^{53}	相亲 ɕiã^{22}tsʰəŋ^{213}	插定 tsʰɔʔ^{5}tiŋ^{22}
74 温州	媒侬 mai^{22}naŋ^{223}	谈亲 da^{22}tsʰaŋ^{33}	定亲 dəŋ^{31}tsʰaŋ^{33}
75 永嘉	媒侬 mai^{22}naŋ^{21}	谈亲 da^{22}tsʰaŋ^{44}	定亲 deŋ^{31}tsʰaŋ^{44}
76 乐清	媒娘 mai^{24}ȵia^{212} 媒婆 mai^{22}bu^{223} 媒侬 mai^{22}naŋ^{223}	踏亲 da^{2}tɕʰiaŋ^{44}	定亲 deŋ^{31}tɕʰiaŋ^{44}
77 瑞安	媒人 me^{22}ȵiaŋ^{21}	眙亲 tsʰɿ^{53}tsʰaŋ^{44}	订婚 təŋ^{53}ɕy^{44}
78 平阳	媒侬 mai^{21}naŋ^{35}	眙亲 tsʰɿ^{53}tʃʰaŋ^{13}	订婚 teŋ^{53}ɕye^{13}
79 文成	媒侬 mai^{21}naŋ^{33}	眙亲 tsʰɿ^{33}tʃʰaŋ^{33}	定亲 deŋ^{42}tʃʰaŋ^{33}
80 苍南	媒侬 mai^{11}naŋ^{11}	眙亲 tsʰɿ^{42}tsʰaŋ^{44}	定亲 deŋ^{31}tsʰaŋ^{44}
81 建德徽	媒人 me^{33}in^{33} 统称 媒婆 me^{33}pu^{33} 女性 媒公公 me^{33}koŋ^{53}koŋ^{213} 男性	看人家 kʰɛ^{33}in^{33}ko^{53}	订婚 tin^{33}huen^{53}
82 寿昌徽	媒侬 miæ^{11}nəŋ^{33}	促$^{=}$侬家 tsʰɔʔ^{3}nəŋ^{11}kuə^{112}	定亲 tʰien^{33}tɕʰien^{112}
83 淳安徽	媒侬 mie^{43}lon^{24}	促$^{=}$侬家 tsʰoʔ^{5}lon^{43}ko^{24}	定亲 tʰin^{53}tɕʰin^{24}
84 遂安徽	媒家 məɯ^{33}kɑ^{33}	相亲 ɕiɑ̃^{55}tɕʰin^{534}	订婚 tin^{55}fəŋ^{534}
85 苍南闽	媒侬 mũĩ^{21}lan^{24}	看对象 kʰũã^{33}tui^{43}tɕiɑŋ^{21}	订婚 tĩã^{24}hun^{55}
86 泰顺闽	媒侬 məi^{21}nəŋ^{22}	□侬家 ŋo^{21}nəŋ^{34}ka^{213}	插定 tsʰøʔ^{3}tiæŋ^{31}
87 洞头闽	媒侬 mũĩ^{24}laŋ^{24}	看同意 kʰũã^{53}toŋ^{21}i^{21}	送订 saŋ^{33}tĩã^{21}
88 景宁畲	做媒人 tso^{44}moi^{22}ȵin^{22}	睇亲 tʰai^{44}tɕʰin^{44}	送定 soŋ^{44}tʰaŋ^{51}

方言点	0532 嫁妆	0533 结婚统称	0534 娶妻子男子～,动宾
01 杭州	陪嫁产 bei^{22}tɕia^{33}ts^{h}ɛ^{45}	结婚 tɕieʔ^{5}xuəŋ^{334}	讨老婆 t^{h}ɔ^{55}lɔ^{55}bəu^{0}
02 嘉兴	嫁妆 kᴀ^{33}tsᴀ̃^{42}	结婚 tɕieʔ^{3}huəŋ^{33}	讨老婆 t^{h}ɔ^{24}lɔ^{21}bu^{42}
03 嘉善	陪嫁 bɛ^{13}ka^{53}	结婚 tɕieʔ^{5}fən^{53}	讨家婆 t^{h}ɔ^{35}ka^{35}bu^{53}
04 平湖	嫁妆 ka^{44}tsɑ̃^{0}	结婚 tɕiəʔ^{3}fən^{53}	讨娘子 t^{h}ɔ^{21}ȵiã^{55}tsɿ^{0}
05 海盐	嫁妆 kɑ^{55}tsɑ̃^{21}	结婚 tɕiəʔ^{5}xuən^{53}	讨娘子 t^{h}ɔ^{53}ȵiɛ̃^{24}tsɿ^{53}
06 海宁	嫁妆 ka^{55}tsɑ̃^{53}	拜堂 pa^{55}dɑ̃^{13}	讨娘子 t^{h}ɔ^{55}ȵiã^{33}tsɿ^{55}
07 桐乡	嫁妆 ka^{33}tsɒ̃^{53}	结婚 tɕiəʔ^{3}huəŋ^{44}	讨新娘子 t^{h}ɔ^{53}siŋ^{44}ȵiã^{44}tsɿ^{44}
08 崇德	嫁妆 ka^{33}tsã^{334}	结婚 tɕiəʔ^{3}huəŋ^{44}	讨新娘子 t^{h}ɔ^{53}ɕiŋ^{44}ȵiã^{55}tsɿ^{0}
09 湖州	行嫁 ã^{33}ka^{35}	办事体 bɛ^{13}zɿ^{0}t^{h}i^{35}	讨娘娘 t^{h}ɔ^{53}ȵiã^{33}ȵiã^{13}
10 德清	陪嫁 bɛ^{11}ka^{35}	成亲 zen^{11}tɕ^{h}in^{44}	讨老婆 t^{h}ɔ^{33}lɔ^{35}bu^{53}
11 武康	陪嫁 bɛ^{11}ka^{35}	成亲 zen^{11}tɕ^{h}in^{35}	讨老婆 t^{h}ɔ^{53}lɔ^{35}bu^{53}
12 安吉	嫁妆 ka^{32}tsɔ̃^{213}	结婚 tɕiᴇʔ^{3}fəŋ^{55}	讨老婆 t^{h}ɔ^{32}lɔ^{52}bʊ^{21}
13 孝丰	嫁妆 ka^{32}tsɔ̃^{213}	结婚 tɕieʔ^{5}huəŋ^{44}	讨老婆 t^{h}ɔ^{32}lɔ^{45}bu^{21}
14 长兴	嫁妆 ka^{32}tsɔ̃^{24}	结婚 tʃiᴇʔ^{3}huəŋ^{44}	讨老婆 t^{h}ɔ^{32}lɔ^{45}bu^{21}
15 余杭	嫁妆 ka^{53}tsɑ̃^{35}	办酒 bɛ^{33}tsøʏ^{53}	讨老娘 t^{h}ɔ^{35}lɔ^{53}ȵiɑ̃^{31}
16 临安	嫁妆 kuo^{55}tsɑ̃^{53}	结婚 tɕiɐʔ^{5}hueŋ^{55}	讨老嬷 t^{h}ɔ^{55}lɔ^{33}mo^{33}
17 昌化	嫁妆 ku^{54}tsuɔ̃^{334}	结婚 tɕiɛʔ^{5}xuəŋ^{334}	讨老婆 t^{h}ɔ^{45}lɔ^{23}bu^{453}
18 於潜	嫁妆 ka^{35}tsuaŋ^{433}	结婚 tɕieʔ^{53}xueŋ^{433}	讨老娘 t^{h}ɔ^{53}lɔ^{53}ȵiaŋ^{31}
19 萧山	嫁妆 ko^{33}tsɔ̃^{33}	结婚 tɕieʔ^{5}xuəŋ^{33}	讨老嬷 t^{h}ɔ^{21}lɔ^{13}mɔ^{21}
20 富阳	嫁妆 ko^{335}tsɑ̃^{53}	结婚 tɕiɛʔ^{5}huən^{53}	讨老娘 t^{h}ɔ^{423}lɔ^{224}ȵiɑ̃^{13}
21 新登	嫁妆 ka^{45}tsuɑ̃^{21}	结婚 tɕiəʔ^{5}hueŋ^{53}	讨老娘 t^{h}ɔ^{334}lɔ^{334}ȵiɑ̃^{45}
22 桐庐	嫁妆 kuo^{13}tɕyã^{21}	结婚 tɕiəʔ^{3}xuəŋ^{533}	讨老嬷 t^{h}ɔ^{33}lɔ^{33}mo^{35}
23 分水	陪嫁 be^{21}tɕia^{24}	结婚 tɕiəʔ^{5}xuən^{44}	讨老婆 t^{h}ɔ^{21}lɔ^{53}bo^{21}

续表

方言点	0532 嫁妆	0533 结婚统称	0534 娶妻子男子～，动宾
24 绍兴	嫁资 ko^{33}tsɿ^{334}	办喜事 bɛ̃^{22}ɕi^{44}zɿ^{31} 结婚 tɕieʔ^{3}huø̃^{53}	讨老嬷 tʰɔ^{33}lɔ^{24}mo^{31}
25 上虞	嫁资 ko^{55}tsɿ^{33}	结婚 tɕiəʔ^{5}fəŋ^{35}	讨老嬷 tʰɔ^{33}lɔ^{21}mɔ^{31}
26 嵊州	嫁资 ko^{33}tsɿ^{334}	结婚 tɕieʔ^{3}feŋ^{534}	讨老嬷 tʰɔ^{33}lɔ^{24}mo^{31}
27 新昌	嫁资 ko^{53}tsɿ^{335}	拜堂 pa^{33}tɔ̃^{335}	讨老嬷 tʰɔ^{33}lɔ^{22}mo^{232}
28 诸暨	嫁妆 ko^{33}tsɑ̃^{33}	结婚 tɕieʔ^{5}fɛn^{544}	讨老嬷 tʰɔ^{42}lɔ^{21}mɔ^{242}
29 慈溪	嫁资 ko^{44}tsɿ^{44}	好日 hɔ^{33}ȵiəʔ^{2}	讨老人 tʰɔ^{33}lɔ^{13}ȵiŋ^{0}
30 余姚	嫁资 ko^{44}tsɿ^{44}	好日 hɔ^{34}ȵiəʔ^{2} 结婚 tɕiəʔ^{5}huə̃^{44}	讨老嬷 tʰɔ^{44}lɔ^{13}mo^{13} 抬老人 de^{13}lɔ^{13}ȵiə̃^{13}
31 宁波	嫁妆 kɔ^{44}tsɔ^{44}	好日 hɔ^{53}ȵiəʔ^{2} 结婚 tɕiəʔ^{5}huəŋ^{53}	抬老浓⁼ de^{13}lɔ^{22}ȵyoŋ^{44}
32 镇海	嫁资衣 ko^{33}tsɿ^{33}i^{44}	好日 hɔ^{35}ȵieʔ^{2}	抬老婆 dei^{22}lɔ^{24}bəu^{0}
33 奉化	嫁资 ko^{53}tsɿ^{0}	好日 hʌ^{44}ȵiɪʔ^{2}	抬老人⁼ de^{33}lʌ^{33}ȵiŋ^{33}
34 宁海	嫁妆 ko^{33}tsɔ̃^{34} 嫁资 ko^{33}tsɿ^{34}	拜堂 pa^{33}dɔ̃^{213}	讨内客 tʰau^{53}nei^{22}kʰaʔ^{5}
35 象山	嫁妆 ko^{53}tsɔ̃^{44}	结婚 tɕieʔ^{5}huəŋ^{44}	抬脑⁼女 dɛ^{31}nɔ^{31}ȵy^{13}
36 普陀	嫁妆 ko^{55}tsɔ̃^{0}	结婚 tɕiɛʔ^{3}xuɐŋ^{53}	抬老浓⁼ dɛ^{33}lɔ^{23}ȵioŋ^{0}
37 定海	嫁妆 ko^{44}tsõ^{0}	结婚 tɕieʔ^{3}xuɐŋ^{52}	抬老浓⁼ dɛ^{33}lɔ^{45}ȵyoŋ^{0}
38 岱山	嫁妆 ko^{52}tsõ^{0}	好日 xɔ^{52}ȵieʔ^{0} 结婚 tɕieʔ^{3}xuɐŋ^{52}	抬老人⁼ de^{33}lɔ^{44}ȵiŋ^{52}
39 嵊泗	嫁妆 ko^{44}tsõ^{0}	结婚 tɕiᴇʔ^{3}xuɐŋ^{53}	抬老人⁼ de^{33}lɔ^{45}ȵiŋ^{0}
40 临海	嫁资 ko^{33}tsɿ^{51}小	做日子 tso^{33}ȵieʔ^{2}tsɿ^{52}	娶小娘 tɕʰy^{42}ɕiə^{42}ȵiã^{353}
41 椒江	嫁资 ko^{33}tsɿ^{42}	日子 ȵieʔ^{2}tsɿ^{42}	讨老姣 tʰɔ^{42}lɔ^{42}ie^{42}
42 黄岩	嫁资 ko^{33}tsɿ^{32}	拜堂 pa^{33}dɔ̃^{121}	讨老姣 tʰɔ^{42}lɔ^{42}ie^{32}
43 温岭	嫁资 ko^{33}tsɿ^{42} 嫁妆 ko^{33}tsɔ̃^{33}	拜堂 pa^{33}dɔ̃^{31}	讨老姣 tʰɔ^{42}lɔ^{42}ie^{33}
44 仙居	嫁资 ko^{33}tsɿ^{334}	结婚 tɕiaʔ^{3}huen^{334}	讨老婆 tʰɐɯ^{31}lɐɯ^{31}bo^{213}

续表

方言点	0532 嫁妆	0533 结婚统称	0534 娶妻子男子~,动宾
45 天台	嫁资 ko^{33}tsɿ^{33}	结婚 kiəʔ^{1}huəŋ^{33}	讨月客 tʰau^{32}ȵyəʔ^{2}kʰaʔ^{5}
46 三门	嫁妆 ko^{44}tsɔ^{445}	结婚 tɕieʔ^{3}huəŋ^{334}	讨老婆 tʰɑu^{32}lɑu^{32}bʊ^{113} 娶内客 tsʰɥ^{32}ne^{33}kʰaʔ^{5}
47 玉环	嫁妆 ko^{33}tsɔ̃^{42}	结婚 tɕiɐʔ^{3}huəŋ^{42}	讨老姣 tʰɔ^{53}lɔ^{53}ie^{42}
48 金华	陪嫁 bɛ^{31}kuɑ^{55}	结婚 tɕiəʔ^{4}xuəŋ^{334}	讨老婆 tʰɑo^{53}lɑo^{55}bɤ^{313}
49 汤溪	嫁妆 kuɑ^{33}tɕiɑo^{52}	结婚 tɕie^{52}xuã^{24}	讨老嬷 tʰɔ^{52}lɔ^{11}mɤa^{113} 讨侬 tʰɔ^{52}nɑo^{11}
50 兰溪	嫁妆 kuɑ^{55}tɕyɑŋ^{45}	结婚 tɕieʔ^{34}xuæ̃^{334}	讨老姣 tʰɔ^{55}lɔ^{55}ɤ^{0}
51 浦江	嫁妆 tɕiɑ^{35}tɕyõ^{334}	结婚 tɕiə^{33}xuən^{334}	讨老嬷 tʰo^{33}lo^{33}mia^{243}
52 义乌	嫁资 kɔ^{33}tsɿ^{335}	结婚 tɕiəʔ^{3}huən^{335}	讨老嬷 tʰo^{33}lo^{31}mɯa^{312}
53 东阳	嫁资 ko^{33}tsɿ^{35}	奔亲 pɐn^{23}tɕʰiɐn^{33}	讨老嬷 tʰɐu^{55}lɐu^{55}mo^{33}
54 永康	嫁妆 kuɑ^{33}tɕyɑŋ^{55}	结婚 tɕie^{33}xuəŋ^{55}	扛内家 kɑŋ^{33}nəi^{31}kuɑ^{55}
55 武义	嫁妆 kuɑ^{55}tɕyɑŋ^{24}	结婚 tɕie^{53}xuen^{24}	扛老嬷 gɑŋ^{32}lɤ^{53}muɑ^{13}
56 磐安	嫁资 kuə^{33}tsɿ^{445}	结婚 tɕiɛ^{55}xuɐn^{445}	讨老嬷 tʰo^{55}lo^{55}mə^{334}
57 缙云	嫁妆 ia^{44}tsɔ^{44}	结婚 tɕiɛ^{51}xuɛ^{44}	讨老婆 tʰəɤ^{51}ləɤ^{51}bu^{243}
58 衢州	嫁妆 kɑ^{53}tʃyɑ̃^{32}	结婚 tɕiəʔ^{5}xuən^{32}	讨老嬷 tʰɔ^{35}lɔ^{231}mɑ^{21}
59 衢江	嫁妆 kuo^{33}tɕyɑ̃^{33}	结婚 tɕiəʔ^{5}xuɛ^{33}	讨老麦= tʰɤ^{33}lɔ^{22}maʔ^{2}
60 龙游	嫁妆 kuɑ^{33}tsuã^{334}	结婚 tɕiəʔ^{4}xuən^{334}	讨老木= tʰu^{33}lɔ^{22}mɔʔ^{23}
61 江山	嫁妆 kɒ^{44}tɕiɒŋ^{44}	结婚 kiᴇʔ^{5}xuɛ̃^{44}	讨老嬷 tʰuə^{44}lɐɯ^{22}mɒ^{22}
62 常山	嫁妆 kɑ^{45}tsɔ̃^{0}	结婚 tɕieʔ^{5}xuɔ̃^{44}	讨老嬷 tʰuə^{44}lɤ^{22}mɑ^{24}
63 开化	嫁妆 kɑ^{44}tɕiɔŋ^{44}	结婚 tɕiɛʔ^{5}xuõ^{44}	讨老嬷 tʰuo^{44}ləɯ^{21}mɑ^{213}
64 丽水	陪嫁 bei^{21}io^{52}	结婚 tɕiɛʔ^{4}xuɛ^{224}	讨老嬷 tʰə^{44}lə^{44}muo^{544}
65 青田	嫁事 ku^{33}zɿ^{55}	结婚 tɕiæʔ^{4}xuɐ^{445}	讨老嬷 tʰœ^{33}lœ^{33}mu^{454}
66 云和	嫁妆 io^{44}tɕiɔ̃^{24}	结婚 tɕiɛʔ^{4}xuɛ^{24}	讨老嬷 tʰɑɔ^{44}lɑɔ^{44}mo^{41}
67 松阳	嫁妆 yɔ^{33}tɕioŋ^{53}	结婚 tɕiɛʔ^{3}fæ̃^{53}	讨老婆 tʰuə^{33}lʌ^{22}bu^{31}

续表

方言点	0532 嫁妆	0533 结婚统称	0534 娶妻子男子～，动宾
68 宣平	嫁资 ia^{44}tsɿ^{52}	结婚 tɕiəʔ^{4}xuə^{324}	讨老嬷 tʰɔ^{44}lɔ^{22}mo^{223}
69 遂昌	嫁妆 iɒ^{33}tsɔŋ^{45}	结婚 tɕiɛʔ^{3}xuɛ̃^{45}	讨老婆 tʰuə^{53}lɐɯ^{13}bu^{221}
70 龙泉	随奁 ɕy^{45}liᴇ^{21} 陪嫁 pᴇ^{44}io^{45}	结婚 tɕiᴇʔ^{3}xuo^{434}	讨老太 tʰɤɯ^{44}lɑʌ^{21}tʰa^{45}
71 景宁	嫁妆 ko^{55}tɕiɔŋ^{324}	结婚 tɕiɛʔ^{3}xuœ^{324}	抬老嬷 dai^{33}lɑu^{55}mo^{33}
72 庆元	嫁妆 ko^{33}tɕiɔ̃^{335}	成亲 ɕiŋ^{52}tɕʰiəŋ^{335} 老 结婚 tɕiᴇʔ^{5}xuæ̃^{335} 新	讨老嬷 tʰɤ^{33}lɒ^{22}mo^{221}
73 泰顺	嫁妆 kɔ^{22}tɕiɔ̃^{213}	结婚 tɕiɛʔ^{2}fɛ^{213}	抬新娘 tɛ^{21}ɕiŋ^{22}ȵiã^{53}
74 温州	嫁妆 ko^{42}tɕyɔ^{33}	结婚 tɕi^{3}ɕy^{33}	娶老安 tɕʰiau^{34}lɜ^{31}y^{33}
75 永嘉	嫁妆 ko^{53}tɕyɔ^{44}	娶亲 tɕʰiau^{53}tsʰaŋ^{44}	娶老安 tɕʰiau^{33}lə^{31}y^{44}
76 乐清	嫁事 ko^{42}zɿ^{22}	结婚 tɕiᴇ^{3}fɤ^{44}	娶老人 tɕʰiau^{33}lɤ^{24}ȵiaŋ^{212} 小
77 瑞安	嫁事 ko^{53}zɿ^{22}	娶亲 tɕʰiau^{53}tsʰaŋ^{44}	娶老安 tɕʰiau^{33}lɛ^{31}ø^{44}
78 平阳	嫁妆 ko^{53}tʃuo^{13}	娶亲 tʃʰau^{53}tʃʰaŋ^{55}	娶老安 tʃʰau^{33}lɛ^{53}ye^{13}
79 文成	嫁妆 ko^{42}tʃo^{33}	结婚 tɕie^{21}fuø^{33}	讨老婆 tʰau^{33}lɛ^{33}bu^{13}
80 苍南	嫁资 ko^{42}tsɿ^{44}	娶亲 tɕʰiau^{42}tsʰaŋ^{44} 结婚 tɕiɛ^{3}hyɛ^{44}	娶老人儿 tɕʰiau^{33}lɛ^{33}ȵiaŋ^{112}
81 建德徽	嫁资 ko^{33}tsɿ^{53} 老 嫁妆 ko^{33}tso^{53} 新	结婚 tɕiɐʔ^{5}huen^{53}	讨老嬷 tʰɔ^{21}lɔ^{21}mo^{55}
82 寿昌徽	嫁资 kuə^{33}tsɿ^{112}	结婚 tɕiəʔ^{3}xuen^{112}	讨老庵 tʰɤ^{33}lɤ^{55}iɛ^{112}
83 淳安徽	嫁妆 ko^{21}tsɑ̃^{55}	结婚 tɕiəʔ^{5}fen^{24}	讨老孺 tʰɤ^{55}lɤ^{55}y^{21}
84 遂安徽	嫁妆 kɑ^{55}tsoŋ^{33}	结婚 tɕiɛ^{33}fəŋ^{534}	讨老妪 tʰɔ^{213}lɔ^{33}y^{43}
85 苍南闽	嫁妆 ke^{33}tsɯŋ^{55}	娶亲 tsʰua^{21}tɕʰin^{55}	娶老妈 tsʰua^{21}lau^{21}be^{43}
86 泰顺闽	嫁妆 ka^{34}tso^{213}	成亲 ɕiæŋ^{21}tsʰieŋ^{213}	讨做母侬 tʰau^{344}tsøʔ^{3}məʔ^{5}nəŋ^{22}
87 洞头闽	张=嫁 tiɯŋ^{33}ke^{21}	结婚 kiet^{5}hun^{33}	娶妇 tsʰua^{212}bɔ^{53}
88 景宁畲	嫁妆 kɔ^{44}tsɔŋ^{44}	结婚 kieʔ^{5}xuən^{44}	□婆娘 lu^{44}pɔ^{44}ȵiɔŋ^{22}

方言点	0535 出嫁女子~	0536 拜堂	0537 新郎
01 杭州	嫁出去 tɕia^{45} tsʰaʔ^{5} tɕʰi^{0}	拜堂 pɛ^{55} daŋ^{213}	新郎官儿 ɕiŋ^{33} laŋ^{45} kuo^{55} əl^{0}
02 嘉兴	出嫁 tsʰəʔ^{5} kᴀ^{21}	拜天地 pᴀ^{33} tʰie^{42} di^{21}	新官人 ɕiŋ^{33} kuə^{33} ȵiŋ^{21}
03 嘉善	出门 tsʰɜʔ^{5} men^{31}	拜堂 pa^{55} dã^{0}	新郎官 ɕin^{35} lã^{55} kø^{0}
04 平湖	出门 tsʰə^{21} mən^{31}	拜堂 pɑ^{44} dɑ̃^{31}	新官人 sin^{55} kø^{55} ȵin^{31}
05 海盐	出门 tsʰəʔ^{23} mən^{31}	磕头 kʰəʔ^{23} de^{31}	新官人 ɕin^{55} kuɤ^{55} ȵin^{21}
06 海宁	嫁姑娘 ka^{55} kəu^{55} ȵiã^{55}	拜天地 pa^{55} tʰie^{55} di^{55}	新官人 ɕiŋ^{55} kue^{55} ȵiŋ^{55}
07 桐乡	出门 tsʰəʔ^{5} məŋ^{13}	磕头 kʰəʔ^{5} dɤɯ^{13}	新官人 siŋ^{44} kuᴇ^{44} ȵiŋ^{44}
08 崇德	嫁人 ka^{33} ȵiŋ^{13}	拜堂 pa^{33} dã^{13}	新官人 ɕiŋ^{44} kuᴇ^{55} ȵiŋ^{0}
09 湖州	出门 tsʰəʔ^{5} mən^{13}	拜天地 pa^{44} tʰie^{44} di^{44}	新官人 ɕin^{44} kuɛ^{44} ȵin^{44}
10 德清	拨出去 pəʔ^{4} tsʰəʔ^{5} tɕʰi^{0}	拜天地 pa^{53} tʰie^{44} di^{44}	新郎官 ɕin^{44} lã^{44} køʉ^{44}
11 武康	拨囡儿 puoʔ^{5} no^{35} n^{53}	拜天地 pa^{53} tʰiɪ^{44} di^{44}	新郎官 ɕin^{44} la^{44} kø^{44}
12 安吉	嫁人 ka^{324} ȵiŋ^{22}	拜堂 pa^{324} dɔ̃^{22}	新郎官 ɕiŋ^{55} lɔ̃^{55} kuᴇ^{55}
13 孝丰	出门 tsʰəʔ^{5} məŋ^{22} 嫁出去 ka^{32} tsʰəʔ^{3} tɕʰi^{324}	拜堂 pa^{324} dɔ̃^{22}	新郎官 ɕiŋ^{44} lɔ̃^{44} kue^{44}
14 长兴	出门 tsʰəʔ^{5} məŋ^{12}	拜堂 pa^{324} dɔ̃^{12}	新客人 ʃiŋ^{44} kʰəʔ^{5} ȵiŋ^{44}
15 余杭	嫁老公 ka^{35} lɔ^{53} koŋ^{53}	成亲 ziŋ^{31} tsʰiŋ^{35}	新大爷儿 siŋ^{55} da^{33} ieʔ^{2} n^{31} “爷”促化
16 临安	嫁人 kuo^{55} ȵieŋ^{33}	拜堂 pa^{55} dɑ̃^{33}	新郎官 ɕieŋ^{53} lɑ̃^{31} kuœ^{55}
17 昌化	出嫁 tsʰəʔ^{5} ku^{544}	拜堂 pa^{54} dɔ̃^{112}	新郎官 ɕiəŋ^{33} lɔ̃^{44} kuɔ̃^{45}
18 於潜	嫁老公 ka^{35} lɔ^{53} koŋ^{31}	拜堂 pa^{35} daŋ^{31}	新郎官 ɕiŋ^{433} laŋ^{22} kuɛ^{433}
19 萧山	出嫁 tsʰəʔ^{5} ko^{42}	拜堂 pa^{33} dɔ̃^{33}	新郎官 ɕiŋ^{33} lɔ̃^{33} kuə^{33}
20 富阳	嫁老子 ko^{335} lɔ^{224} tsɿ^{335}	拜堂 pa^{335} dɑ̃^{13}	新郎官 ɕin^{55} lɑ̃^{55} kuɛ̃^{55}
21 新登	嫁老子 ka^{45} lɔ^{334} tsɿ^{45} 嫁女 ka^{45} nɑ^{334}	见大人 tɕiɛ̃^{45} du^{21} neiŋ^{13}	新郎官 seiŋ^{53} lɑ̃^{233} kuɛ^{334}
22 桐庐	出嫁 tɕʰyəʔ^{3} kuo^{35}	拜堂 pᴀ^{13} dã^{13}	新郎官 ɕiŋ^{33} lã^{21} kuã^{33}
23 分水	出嫁 tɕʰy^{44} tɕia^{24}	拜天地 pɛ^{24} tʰiɛ̃^{44} di^{24} 拜堂 pɛ^{24} dã^{21}	新郎官 ɕin^{44} lã^{21} kuã^{44}
24 绍兴	出嫁 tsʰeʔ^{3} ko^{33}	做亲 tso^{33} tɕʰiŋ^{53}	新郎官 ɕiŋ^{33} lɑŋ^{24} kuø̃^{31}

续表

方言点	0535 出嫁女子～	0536 拜堂	0537 新郎
25 上虞	出嫁 tsʰəʔ^{5} ko^{53}	拜堂 pa^{55} dɔ̃^{213}	新郎官人 ɕiŋ^{33} lɔ̃^{21} kuø̃^{33} ȵiŋ^{31}
26 嵊州	嫁侬 ko^{33} nɔŋ^{213}	拜堂 pa^{33} dɔŋ^{213}	新郎官 ɕiŋ^{53} lɔŋ^{22} kuœ̃^{334}
27 新昌	嫁侬 ko^{33} nɔ̃^{335}	拜堂 pa^{33} tɔ̃^{335}	新郎 ɕiŋ^{45} lɔ̃^{33}
28 诸暨	嫁老子 ko^{42} lɔ^{21} tsɿ^{42}	拜堂 pᴀ^{42} dɑ̃^{13}	新郎官 ɕin^{42} lɑ̃^{21} kuə^{42}
29 慈溪	嫁出 ko^{33} tsʰəʔ^{5}	拜堂 pa^{44} dɔ̃^{13}	新郎官人 ɕiŋ^{33} lɔ̃^{13} kuø̃^{35} ŋiŋ^{0}
30 余姚	出嫁 tsʰəʔ^{5} ko^{44} 嫁老官 ko^{44} lɔ^{13} kuø̃^{44} 抬仔去 de^{13} tsɿ^{44} kʰe^{53}	拜堂 pa^{44} dɔŋ^{13}	新郎官人 ɕiə̃^{44} lɔŋ^{13} kuø̃^{44} ȵiə̃^{0}
31 宁波	许掉 hɐi^{44} dio^{44}	拜堂 pa^{44} dɔ^{13}	新郎小官人 ɕiŋ^{44} lɔ^{0} ɕio^{53} ku^{44} ȵiŋ^{0} 新郎 ɕiŋ^{44} lɔ^{53}
32 镇海	嫁出去 ko^{33} tsʰoʔ^{5} tɕʰi^{0}	拜堂 pa^{33} dɔ̃^{24}	新郎官 ɕiŋ^{33} lɔ̃^{24} kuø^{44}
33 奉化	嫁出 ko^{53} tsʰoʔ^{2}	拜堂 pa^{44} dɔ̃^{33}	新郎官人 ɕiŋ^{44} lɔ̃^{33} kuø^{44} ȵiŋ^{33}
34 宁海	做搜⁼妇 tsəu^{35} seu^{33} vu^{31} 嫁人 ko^{33} ȵiŋ^{213}	拜天地 pa^{35} tʰie^{33} di^{24}	新郎官 səŋ^{33} lɔ̃^{21} kuø^{34}
35 象山	嫁人 ko^{53} ȵiŋ^{31}	拜天地 pa^{44} tʰi^{44} di^{13}	新郎官 ɕiŋ^{44} lɔ̃^{31} kuɤɯ^{44}
36 普陀	嫁人 ko^{33} ȵiŋ^{45}	拜堂 pa^{33} dɔ̃^{45}	新郎 ɕiŋ^{33} lɔ̃^{53}
37 定海	出嫁 tsʰoʔ^{3} ko^{44}	拜堂 pa^{33} dõ^{45}	新郎官 ɕiŋ^{33} lõ^{44} kuø^{44}
38 岱山	抬去 de^{31} tɕʰi^{0}	拜堂 pa^{33} dõ^{45}	新郎 ɕiŋ^{33} lõ^{52}
39 嵊泗	出嫁 tsʰoʔ^{3} ko^{53}	拜堂 pa^{33} dõ^{243}	新郎官 ɕiŋ^{33} lõ^{44} kuʏ^{44}
40 临海	嫁出去 ko^{55} tɕʰyʔ^{3} kʰie^{31}	拜堂 pa^{33} dɔ̃^{21}	新郎官 ɕiŋ^{33} lɔ̃^{35} kue^{31}
41 椒江	嫁 ko^{55}	拜堂 pa^{33} dɔ̃^{31}	新郎官 ɕiŋ^{33} lɔ̃^{24} kuə^{42}
42 黄岩	嫁出去 ko^{55} tsʰøʔ^{3} kʰə^{0}	拜堂 pa^{33} dɔ̃^{121}	新郎官 ɕin^{33} lɔ̃^{24} kuø^{32}
43 温岭	嫁出去 ko^{55} tɕʰyʔ^{3} kʰie^{0}	拜堂 pa^{33} dɔ̃^{31}	新郎官 ɕin^{33} lɔ̃^{24} kue^{31}
44 仙居	嫁人 ko^{53} ȵin^{0}	拜天地 ɓa^{33} tʰie^{55} di^{55}	新郎官 sen^{33} lɑ̃^{33} kua^{334}
45 天台	嫁人 ko^{33} ȵiŋ^{224}	拜堂 pa^{33} dɔ^{224}	新郎官 ɕiŋ^{33} dɔ^{22} kuø^{33}

续表

方言点	0535 出嫁女子～	0536 拜堂	0537 新郎
46 三门	嫁人 ko^{44} niŋ^{445}	拜堂 pa^{44} dɔ^{445}	新郎官 səŋ^{33} lɔ^{33} kuø^{334}
47 玉环	嫁出[去交] ko^{55} ts^{h}oʔ^{3} k^{h}ɔ^{0}	拜天地 pã^{33} t^{h}ie^{33} di^{44}	新郎官 ɕiŋ^{33} lɔ̃^{24} kue^{42}
48 金华	嫁人 kuɑ^{33} ȵiŋ^{313} 出嫁 tɕ^{h}yəʔ^{3} kuɑ^{55} 嫁老公 kuɑ^{33} lɑo^{55} koŋ^{334}	拜堂 pɑ^{33} dɑŋ^{313}	新郎官 ɕiŋ^{33} lɑŋ^{31} kuɑ^{55}
49 汤溪	嫁侬 kuɑ^{24} nɑo^{0} 嫁老公 kuɑ^{11} lɔ^{11} kɑo^{24}	拜堂 pɑ^{24} dɔ^{0}	新女婿 sɛ̃i^{33} nuɑ^{11} sie^{52}
50 兰溪	过门 kuɤ^{334} mæ̃^{45}	拜堂 pɑ^{334} tɑŋ^{45}	新汤⁼官 sin^{334} t^{h}ɑŋ^{334} kuɑ^{45}
51 浦江	嫁侬 tɕiɑ^{33} lən^{334}	拜堂 pɑ^{33} dõ^{334}	新郎官 sən^{33} lõ^{33} kuɑ̃^{334}
52 义乌	嫁侬 kɔ^{33} noŋ^{213}	拜堂 pa^{33} dŋ^{w213}	新汤⁼官 sən^{33} t^{h}ŋ^{w33} kua^{45}
53 东阳	嫁囡儿 ko^{33} non^{35}	拜堂 pa^{22} dɔ^{35}	新汤⁼官 ɕiɐn^{33} t^{h}ɔ^{33} kɔ^{53}
54 永康	嫁囡 kuɑ^{33} na^{241}	拜天地 ɓia^{33} t^{h}ia^{33} ɗi^{52}	新郎 səŋ^{33} lɑŋ^{22}
55 武义	嫁侬 kuɑ^{55} noŋ^{324}	拜堂 pia^{55} dɑŋ^{324}	新郎 ɕin^{32} lɑŋ^{53}
56 磐安	出嫁 tɕ^{h}yɛ^{33} kuə^{52} 嫁老公 kuə^{33} lo^{55} kɔom^{445}	拜堂 pa^{33} dɒ^{213}	新汤⁼官 ɕiɐn^{33} t^{h}ɒ^{33} kɒ^{52}
57 缙云	嫁老公 ia^{44} ləɤ^{51} kɔ̃ũ^{44}	拜堂 pɑ^{44} dɔ^{243}	新郎官 saŋ^{44} lɔ^{44} kuɑ^{44}
58 衢州	嫁老公 kɑ^{53} lɔ^{231} koŋ^{32} 嫁人 kɑ^{53} ȵin^{21}	拜堂 pɛ^{53} dɑ̃^{21}	新老官 ɕin^{32} lɔ^{53} kuə̃^{32}
59 衢江	出嫁 tɕ^{h}iaʔ^{3} kuo^{53} 嫁老公 kuo^{33} lɔ^{22} kəŋ^{33}	拜堂 pa^{33} dɑ̃^{212}	新郎官 ɕiŋ^{33} lɑ̃^{33} kuã^{33}
60 龙游	出嫁 ts^{h}uəʔ^{4} kuɑ^{51}	拜堂 pɑ^{35} dã^{21}	新郎官 ɕin^{33} lã^{22} kuã^{334}
61 江山	嫁侬 kɒ^{44} naŋ^{213} 讨老公 t^{h}uə^{44} lɐɯ^{22} koŋ^{44}	拜堂 pa^{44} daŋ^{213}	新郎官 ɕɪ̃^{44} laŋ^{22} kuɛ̃^{44}
62 常山	出嫁 ts^{h}ɛ^{52} ka^{324}	拜堂 pɛ^{43} dã^{341}	新郎官 sɔ̃^{44} nɑ^{44} kuɔ̃^{44}
63 开化	出嫁 tɕ^{h}yaʔ^{5} kɑ^{412} 嫁侬 kɑ^{53} nɤŋ^{231}	拜堂 pa^{53} dɔŋ^{231}	新郎官 ɕin^{44} lɔŋ^{21} kuõ^{44}
64 丽水	嫁 io^{52}	拜堂 puɔ^{224} dɔŋ^{22}	新郎官 sen^{44} lɔŋ^{44} kuã^{224}
65 青田	乞人 k^{h}ɑ^{33} neŋ^{53}	拜堂 ɓɑ^{33} do^{53}	新郎官 saŋ^{33} lo^{22} kuɑ^{445}
66 云和	出嫁 tɕ^{h}yɛʔ^{4} io^{45}	拜堂 pɔ^{44} dɔŋ^{312}	新郎 səŋ^{44} lɔŋ^{312}

续表

方言点	0535 出嫁女子~	0536 拜堂	0537 新郎
67 松阳	嫁囡儿 yə^{33} na^{22} ȵiɛ^{31}	拜堂 pa^{33} doŋ^{31}	新郎官 ɕin^{33} loŋ^{33} kuɔ̃^{53}
68 宣平	嫁 ia^{52}	拜堂 pa^{44} dɔ̃^{433}	新郎官 sən^{44} lɔ̃^{43} kuɑ̃^{324}
69 遂昌	嫁囡儿 iɒ^{33} na^{13} ȵiɛ^{221} 出娘门 tɕʰyɛʔ^{5} ȵiaŋ^{22} məŋ^{213}	拜堂 pa^{33} dɔŋ^{221}	新郎官 ɕiŋ^{55} lɔŋ^{21} kuɛ̃^{45}
70 龙泉	出嫁 tɕʰyoʔ^{3} io^{45}	拜堂 ba^{21} dɔŋ^{21}	新郎 ɕin^{45} lɔŋ^{21} 新郎官 ɕin^{44} lɔŋ^{44} kuaŋ^{434}
71 景宁	嫁人 ko^{33} naŋ^{41}	拜堂 pa^{35} dɔŋ^{41}	新郎 saŋ^{33} lɔŋ^{41}
72 庆元	嫁侬 iɑ^{11} noŋ^{33}	拜堂 ɓɑ^{11} tɔ̃^{52}	婿郎官 ɕyᴇ^{33} lɔ̃^{52} kuɑ̃^{335}
73 泰顺	出嫁 tɕʰyɛʔ^{2} kɔ^{35}	拜堂 pa^{22} tɔ̃^{53}	婿郎 sɿ^{22} lɔ̃^{53}
74 温州	乞侬 ha^{33} naŋ^{223}	拜堂 pa^{3} duɔ^{31}	新郎官 saŋ^{34} luɔ^{22} kø^{33}
75 永嘉	乞侬 kʰa^{33} naŋ^{21}	拜堂 pa^{43} dɔ^{31}	新郎官 saŋ^{33} lɔ^{31} ky^{44} 新黄昏 saŋ^{45} a^{22} ɕy^{44} 洞房日专用
76 乐清	乞侬 kʰa^{44} naŋ^{223}	拜堂 pe^{3} dɔ^{31}	新郎官 saŋ^{34} lɔ^{22} kuɤ^{44}
77 瑞安	做新妇 tsou^{3} saŋ^{53} ʏ^{13}	拜堂 pa^{3} do^{31}	新黄昏 saŋ^{33} ɔ^{22} ɕy^{44}
78 平阳	乞侬 kʰai^{33} naŋ^{35}	拜堂 pᴀ^{33} to^{42}	新黄昏 seŋ^{33} o^{21} ɕye^{13}
79 文成	乞侬 kʰa^{21} naŋ^{33} 嫁侬 ko^{42} naŋ^{33}	拜堂 pɔ^{33} do^{13}	新郎官 saŋ^{33} lo^{21} kuø^{33}
80 苍南	乞侬 kʰɛ^{33} naŋ^{21} 嫁侬 ko^{42} naŋ^{31}	拜堂 pia^{3} do^{31}	新郎官 saŋ^{44} la^{11} kyɛ^{44}
81 建德徽	嫁老公 ko^{33} lɔ^{55} koŋ^{53} 嫁人 ko^{33} in^{33}	拜堂 pɑ^{33} to^{33}	新老官 ɕin^{21} lɔ^{55} kuɛ^{53}
82 寿昌徽	嫁侬 kuə^{33} nɔŋ^{52}	拜堂 pɑ^{33} tʰɑ̃^{52}	新郎公 ɕien^{33} lɑ̃^{55} kɔŋ^{112}
83 淳安徽	嫁老公 ko^{24} lɤ^{21} kon^{55}	拜堂 pɑ^{24} tʰɑ̃^{435}	新老官 ɕin^{24} lɤ^{21} kuɑ̃^{21}
84 遂安徽	出嫁 kʰue^{55} kɑ^{43}	拜堂 pɑ^{55} tʰɑ̃^{33}	新郎官 ɕin^{55} lɑ̃^{33} kuɑ̃^{33}
85 苍南闽	嫁侬 ke^{33} lan^{24}	拜堂 pai^{33} tɯŋ^{24}	新郎官 ɕin^{33} lɑŋ^{21} kũã^{55}
86 泰顺闽	扛出 ko^{21} tɕʰyɪʔ^{5}	拜堂 pei^{34} to^{22}	新郎官 sieŋ^{21} lo^{22} kuæŋ^{213}
87 洞头闽	娶=出= tsʰua^{53} tsʰuət^{21}	拜堂 pai^{33} tɯŋ^{24}	新娘官 ɕin^{21} niũ^{21} kuã^{55}
88 景宁畲	出嫁 tɕʰyʔ^{5} kɔ^{44}	拜堂 pai^{44} tɔŋ^{22}	新郎 ɕin^{44} lɔŋ^{22}

方言点	0538 新娘子	0539 孕妇	0540 怀孕
01 杭州	新娘子 ɕiŋ^{33} ȵiaŋ^{45} tsɿ^{53}	大肚皮 dəu^{13} dəu^{55} bi^{0}	有喜 y^{53} ɕi^{53}
02 嘉兴	新娘子 ɕiŋ^{33} ȵiᴀ̃^{33} tsɿ^{21}	大肚皮 dou^{13} dou^{24} bi^{21}	有喜 iu^{21} ɕi^{24}
03 嘉善	新娘子 ɕin^{35} ȵiã^{55} tsɿ^{0}	大大皮 du^{22} du^{13} bi^{31} 小	有喜 iə^{35} ɕi^{55}
04 平湖	新娘子 sin^{55} ȵiã^{55} tsɿ^{0}	大肚皮 du^{21} du^{24} bi^{53} 有喜娘子 iəɯ^{21} ɕi^{44} ȵiã^{55} tsɿ^{0}	有小把戏 iəɯ^{21} siɔ^{44} paʔ^{5} ɕi^{0}
05 海盐	新娘子 ɕin^{55} ȵiɛ̃^{55} tsɿ^{21}	大肚皮 du^{13} du^{55} bi^{21}	有小人 io^{53} ɕiɔ^{53} ȵin^{31}
06 海宁	新娘子 ɕiŋ^{55} ȵiã^{33} tsɿ^{55}	大肚皮 dəu^{33} dəɯ^{13} bi^{31}	有喜 iəu^{33} ɕi^{53}
07 桐乡	新娘子 siŋ^{44} ȵiã^{44} tsɿ^{44}	大肚皮 dəu^{21} dəu^{24} bi^{0}	有小人 iɤɯ^{24} siɔ^{53} ȵiŋ^{44}
08 崇德	新娘子 ɕiŋ^{44} ȵiã^{55} tsɿ^{0}	大肚皮 du^{21} du^{24} bi^{0}	大肚皮 du^{21} du^{22} bi^{0}
09 湖州	新娘子 ɕin^{44} ȵiã^{44} tsɿ^{44}	大大皮 dəu^{33} dəu^{33} bi^{35}	有活⁼ iʉ^{53} uo^{31}
10 德清	新娘子 ɕin^{44} ȵiã^{44} tsɿ^{44}	大大皮 dəu^{11} dəu^{13}	有喜 iʉ^{33} ɕi^{53}
11 武康	新娘子 ɕin^{44} ȵiã^{44} tsɿ^{44}	大大皮 du^{11} du^{33} bi^{35}	有喜 iø^{53} ɕi^{53}
12 安吉	新娘子 ɕiŋ^{55} ȵiã^{55} tsɿ^{55}	大肚皮 dʊ^{21} dʊ^{22} bi^{213}	坐喜 zʊ^{24} ɕi^{52}
13 孝丰	新娘子 ɕiŋ^{44} ȵiã^{44} tsɿ^{44}	大肚皮 du^{21} du^{22} bi^{24}	有喜 iu^{52} ɕi^{52}
14 长兴	新娘子 ʃiŋ^{44} ȵiã^{44} tsɿ^{44}	大肚皮 dəu^{21} dəu^{21} bɿ^{24}	大肚皮 dəu^{21} dəu^{21} bɿ^{24}
15 余杭	新娘子儿 siŋ^{55} ȵiɑ̃^{33} tsɿ^{55} n^{31}	大肚皮 du^{33} du^{13} bi^{13}	有小人儿 iʏ^{53} siɔ^{55} ȵiŋ^{33} n^{31}
16 临安	新娘子 ɕieŋ^{53} ȵiã^{31} tsɿ^{35}	大肚皮 do^{33} do^{13} bi^{31}	有小人 yœ^{33} ɕiɔ^{55} ȵieŋ^{53}
17 昌化	新娘子 ɕiəŋ^{33} ȵiã^{44} tsɿ^{453}	大肚皮 dɯ^{23} du^{45} bi^{453}	有扎⁼ i^{23} tsaʔ^{5}
18 於潜	新娘子 ɕiŋ^{433} ȵiaŋ^{22} tsɿ^{454}	大肚皮 da^{24} du^{24} bi^{53}	有得生 iəu^{53} təʔ^{53} saŋ^{433}
19 萧山	新娘子 ɕiŋ^{33} ȵiã^{33} tsɿ^{33}	大肚婆 do^{13} du^{35} bo^{21} 大肚皮 do^{13} du^{35} bi^{21}	有敌⁼ io^{13} dieʔ^{13}
20 富阳	新娘子 ɕin^{55} ȵiɑ̃^{55} tsɿ^{55}	大肚皮 dʊ^{224} dʊ^{224} bi^{53}	有得生 iʊ^{224} tɛʔ^{5} sɑ̃^{55}
21 新登	新娘子 seiŋ^{53} ȵiɑ̃^{233} tsɿ^{45}	大肚皮老娘 du^{21} du^{21} bi^{13} lɔ^{334} ȵiɑ̃^{45}	肚皮大 du^{21} bi^{13} du^{13}
22 桐庐	新娘子 ɕiŋ^{33} niã^{21} tsɿ^{13}	大肚皮 du^{21} du^{33} bi^{13}	有得 iəu^{33} təʔ^{5}
23 分水	新娘子 ɕin^{44} ȵiã^{21} tsɿ^{0}	大肚皮 da^{24} du^{24} bi^{21}	带起来 tɛ^{21} tɕʰi^{44} lɛ^{21}
24 绍兴	新娘子 ɕiŋ^{33} ȵiaŋ^{33} tsɿ^{334}	大肚婆 do^{22} du^{22} bo^{22}	肚皮有 du^{22} bi^{231} iɤ^{24}
25 上虞	新娘子 ɕiŋ^{33} ȵiã^{21} tsɿ^{53}	大大皮 dʊ^{21} dʊ^{0} bi^{31}	有孕 iɤ^{21} yŋ^{31}

续表

方言点	0538 新娘子	0539 孕妇	0540 怀孕
26 嵊州	新娘子 ɕiŋ^{53} ȵiaŋ^{44} tsɿ^{31}	大肚婆 do^{24} tu^{44} po^{31}	带己身 ta^{33} tɕi^{33} seŋ^{53} 委婉 带大肚 ta^{33} do^{22} du^{22}
27 新昌	新娘子 ɕiŋ^{33} ȵiaŋ^{53} tsɿ^{453}	大肚婆 dɤ^{22} du^{22} bɤ^{232}	有得生过$^{=}$ iɯ^{13} tɤʔ^{3} saŋ^{53} ku^{33}
28 诸暨	新娘子 cin^{42} niã^{21} tsɿ^{42}	大肚皮 dɤu^{13} du^{21} bɿ^{42}	有得生 iʉ^{13} təʔ^{5} sã^{21}
29 慈溪	新新妇 ɕiŋ^{35} ɕiŋ^{22} vu^{53}	大肚皮 da^{13} du^{11} bi^{53}	担双身 tɛ̃^{44} sɔ̃^{35} səŋ^{0}
30 余姚	新新妇 ɕiə̃^{44} ɕiə̃^{44} vu^{13} 新娘子 ɕiə̃^{44} ȵiaŋ^{13} tsɿ^{53}	大肚皮 dou^{13} du^{13} bi^{13}	担身 tã^{44} sə̃^{44} 有得生 iø^{13} tiəʔ^{5} saŋ^{44}
31 宁波	新娘子 ɕiŋ^{44} ȵia^{53} tsɿ^{0}	大肚皮 dəu^{13} du^{22} bi^{13}	有生 iʏ^{13} sa^{35}
32 镇海	新娘子 ɕiŋ^{33} ȵiã^{24} tsɿ^{0}	大肚老侬$^{=}$ dəu^{22} du^{22} lɔ^{24} ȵyoŋ^{22}	有生 iu^{22} sã^{53}
33 奉化	新娘子 ɕiŋ^{44} ȵiã^{33} tsɿ^{44}	双身老人$^{=}$ sɔ̃^{44} ɕiŋ^{44} lʌ^{33} ȵiŋ^{33}	有身 iʏ^{33} ɕiŋ^{44}
34 宁海	新妇妹 səŋ^{33} vu^{0} mei^{31}	大肚内客 dəu^{22} du^{33} nei^{22} k^{h}aʔ^{5}	拖大肚 t^{h}a^{33} dəu^{22} du^{31}
35 象山	新娘子 ɕiŋ^{44} ȵiã^{31} tsɿ^{44}	大肚皮 dəu^{13} du^{31} bi^{31}	有生 iu^{31} sã^{44}
36 普陀	新娘子 ɕiŋ^{33} ȵiã^{53} tsɿ^{0}	大肚皮 dəu^{11} du^{55} bi^{55}	有生 ieu^{33} sã^{53}
37 定海	新娘子 ɕiŋ^{33} ȵiã^{52} tsɿ^{0}	大肚皮 dʌu^{11} dʌu^{44} bi^{44}	担双身 tɛ^{33} sõ^{52} ɕiŋ^{0} 老 有生 iʏ^{33} sã^{52} 新
38 岱山	新娘子 ɕiŋ^{33} ȵiã^{52} tsɿ^{0}	大肚皮 dʌu^{11} du^{44} bi^{44}	担双身 tɛ^{33} sõ^{52} ɕiŋ^{0} 老 有生 iʏ^{33} sã^{52} 新
39 嵊泗	新娘子 ɕiŋ^{33} ȵiã^{44} tsɿ^{0}	大肚皮 dʌu^{11} du^{44} bi^{44}	担双身 tɛ^{33} sõ^{44} ɕiŋ^{0} 老 有生 iʏ^{33} sã^{44} 新
40 临海	新妇娘 ɕiŋ^{33} u^{42} ȵiã^{51}	大肚人 do^{33} du^{31} ȵiŋ^{21}	大肚 do^{33} du^{21}
41 椒江	新妇娘 ɕiŋ^{33} u^{42} ȵiã^{31}	大肚人 dəu^{22} dəu^{44} ȵiŋ^{41}	拖骑身 t^{h}a^{33} dʑi^{31} ɕiŋ^{42}
42 黄岩	新妇娘 ɕin^{33} u^{22} ȵiã^{121}	大肚人 dou^{13} dou^{44} ȵin^{41} 双身人 sɔ̃^{33} ɕin^{35} ȵin^{41}	大肚 dou^{13} dou^{121} 拖骑身 t^{h}a^{33} dʑi^{121} ɕin^{32}
43 温岭	新妇 ɕin^{33} u^{42}	肚肚蒙生 du^{31} du^{31} mã^{24} sã^{31}	大肚 du^{13} du^{31}
44 仙居	新妇娘 sen^{33} u^{21} ȵia^{213}	带大肚 ɗa^{55} do^{24} du^{213}	有大肚 iəɯ^{31} do^{24} du^{213}
45 天台	新妇娘 ɕiu^{33} vu^{21} ȵia^{224}	大肚月客 dou^{33} du^{21} ȵyəʔ^{2} k^{h}aʔ^{5}	大肚 dou^{33} du^{214}
46 三门	新妇娘 səŋ^{33} vu^{23} ȵiɑ̃^{224}	太肚人 t^{h}a^{33} du^{21} niŋ^{445} 太肚老顺$^{=}$ t^{h}a^{33} du^{21} lɑu^{32} ʑiŋ^{252}	拖肚 t^{h}a^{33} du^{45}

续表

方言点	0538 新娘子	0539 孕妇	0540 怀孕
47 玉环	新妇娘 ɕiŋ^{33} vu^{22} ȵia^{31}	大肚人 dəu^{22} dəu^{44} ȵiŋ^{31}	拖骑身 tʰa^{33} dʑi^{31} ɕiŋ^{42}
48 金华	新嬬人 ɕiŋ^{33} ɕy^{55} ȵiŋ^{313} 老 新娘子 ɕiŋ^{33} ȵiɑŋ^{31} tsɿ^{55} 新	大肚皮 tuɤ^{55} tu^{55} bi^{313}	病皇⁼男 piŋ^{55} uɑŋ^{31} lɤ^{14} "男"音殊 大肚皮 tuɤ^{55} tu^{55} bi^{313} 怀孕 uɛ^{31} yəŋ^{14}
49 汤溪	新新妇 sɛ̃i^{33} sɛ̃i^{33} vu^{113}	大肚皮 duɤ^{11} du^{11} bi^{11}	有 iəɯ^{113} 有得生 iəɯ^{11} tə^{0} sa^{24}
50 兰溪	新新妇 sin^{334} sin^{334} fu^{55}	大肚皮 tuɤ^{55} tu^{55} bi^{21}	有嘞 iəɯ^{55} ləʔ^{0}
51 浦江	新人人 sən^{33} ȵiən^{33} ȵiən^{55}	大肚皮 dɯ^{24} du^{0} bi^{0}	有得生 iɤ^{11} tə^{33} sɛ̃^{534}
52 义乌	新嬬嬬儿 sən^{33} ȵy^{33} ȵyən^{45}	大肚皮 duɤ^{24} du^{24} bi^{31}	担身儿 nɔ^{33} sən^{33} tɕi^{423}
53 东阳	新嬬人 ɕiɐn^{33} zɿ^{23} ȵiɐn^{53}	大肚□ du^{22} du^{35} vɛ^{53}	有侬 iəɯ^{23} nən^{33}
54 永康	新妇 səŋ^{33} vu^{113}	大荷⁼肚 duo^{31} uo^{33} ɗu^{52}	有去 iəu^{31} kʰɯ^{52}
55 武义	新娘 ɕin^{32} ȵiɑŋ^{53}	大肚妈妈 duo^{55} du^{13} muo^{32} muo^{31}	有侬 iəu^{53} noŋ^{324} 病侬 bin^{55} noŋ^{324}
56 磐安	新嬬人 ɕiɐn^{33} ʑy^{14} ȵiɐn^{52}	担侬个侬 nɒ^{33} nɔom^{21} a^{0} nɔom^{213} 担大肚个侬 nɒ^{33} tuɤ^{55} tu^{334} a^{0} nɔom^{213}	担侬 nɒ^{33} nɔom^{213} 担大肚 nɒ^{33} tuɤ^{55} tu^{334}
57 缙云	新妇娘 saŋ^{44} vu^{51} ȵiɑ^{243}	大大皮 du^{21} du^{21} bi^{243}	上肚 dʑiɑ^{21} du^{31}
58 衢州	新娘子 ɕin^{32} ȵiã^{53} tsɿ^{21}	大肚皮 du^{21} du^{231} bi^{21}	有得生 iu^{231} təʔ^{3} ɕiã^{32}
59 衢江	新娘子 ɕiŋ^{33} ȵiã^{22} tsɿ^{53}	段⁼大腹 dɛ^{22} dou^{22} pəʔ^{5}	有得生 y^{22} ti^{33} ɕiɛ^{33}
60 龙游	新娘子 ɕin^{33} ȵiã^{22} tsɿ^{51}	大肚皮 du^{22} du^{224} bi^{231}	肚皮里有 du^{22} bi^{231} li^{0} iəɯ^{224}
61 江山	新嬬儿 sɛ̃^{44} ʑyə^{22} ȵi^{241} 嬬嬬儿 ʑyə^{22} ʑyə^{22} ȵi^{241}	大腹侬 do^{22} poʔ^{5} naŋ^{213}	大腹 do^{22} poʔ^{5}
62 常山	新囡儿 sɔ̃^{43} nuə^{52} n^{0}	大腹侬 dɔ^{22} pɤʔ^{4} nã^{341}	有得生 iu^{22} tʌʔ^{4} sɪ̃^{44}
63 开化	小娘儿 ɕiəɯ^{53} ȵiã^{21} ȵi^{53}	大腹妇女 dɔ^{21} pəʔ^{5} vu^{21} ȵy^{53}	大腹 dɔ^{21} pəʔ^{5}
64 丽水	新媛主 sen^{44} yɛ^{44} tsɥ^{544}	大肚皮 du^{22} du^{22} bi^{22}	担身子 tã^{44} sen^{44} tsɿ^{544}
65 青田	新媛主 saŋ^{33} yɐ^{33} tsɥ^{454}	浪⁼银⁼客 lo^{22} ȵiaŋ^{22} kʰɛʔ^{42}	有妹 ieu^{33} mɛ^{55} 小
66 云和	新娘 səŋ^{44} ȵiã^{312}	大肚皮 du^{223} du^{223} bi^{312}	带身 tɔ^{44} səŋ^{24}

续表

方言点	0538 新娘子	0539 孕妇	0540 怀孕
67 松阳	新媛主 ɕin^{24} yɛ̃^{33}tɕyɛ^{212}	大腹桶 du^{21} poʔ^{3} dəŋ^{22}	有 uɤʔ^{2}
68 宣平	新媛主 sən^{44} yə^{22}tɕy^{445}	大肚皮 do^{22} du^{22} bi^{433}	担身子 tɑ̃^{44} sən^{44} tsɿ^{445}
69 遂昌	新媛主 ɕiŋ^{55} yɛ̃^{13}tɕyɛ^{533}	大腹桶 du^{21} pəɯʔ^{5} dəŋ^{13} 双身侬 ɕiɔŋ^{33} ɕiŋ^{45} nəŋ^{221}	大腹 du^{22} pəɯʔ^{5}
70 龙泉	新娘 ɕin^{45} ȵiaŋ^{21}	带身侬 ta^{44} sɛn^{45} nəŋ^{21}	带身 ta^{44} sɛn^{434}
71 景宁	新客 saŋ^{55} k^{h}aʔ^{5}	大肚皮 do^{33} dy^{55} bi^{41}	带身 ta^{55} saŋ^{324}
72 庆元	新娘 ɕiəŋ^{33} ȵiɑ̃^{52}	带身侬 ɗɑ^{11} ɕiəŋ^{335} noŋ^{52}	怀孕 uɑ^{52} ȵiəŋ^{31}
73 泰顺	新娘 ɕiŋ^{22} ȵiã^{53}	大肚 to^{21} tø^{21}	带身 ta^{22} səŋ^{213}
74 温州	新嬬人 saŋ^{43} zɿ^{31} ȵiaŋ^{21}	大肚侬 dɤu^{32} dø^{31} naŋ^{21}	拖身体 t^{h}a^{33} saŋ^{42} t^{h}ei^{25}
75 永嘉	新妇侬 saŋ^{53} u^{13} naŋ^{21}	大肚侬 dəu^{31} dəɯ^{31} naŋ^{21}	拖身体 t^{h}a^{33} saŋ^{53} t^{h}ei^{45} 老 拖大肚 t^{h}a^{33} dəu^{31} dəɯ^{13} 新
76 乐清	新嬬人 saŋ^{33} zy^{2} ȵiaŋ^{31}	大肚侬 du^{22} dy^{2} naŋ^{31}	拖身体 t^{h}e^{33} saŋ^{42} t^{h}i^{35}
77 瑞安	新嬬人 saŋ^{33} zəɯ^{31} ȵiaŋ^{21}	大肚侬 dou^{22} dəɯ^{31} naŋ^{21}	大肚 dou^{31} dəɯ^{13}
78 平阳	衫$^{=}$ 嬬人 sɔ^{33} zʉ^{33} ȵiaŋ^{42}	大肚侬 du^{13} dʉ^{33} naŋ^{42}	大肚 du^{13} dʉ^{33}
79 文成	新媛主 saŋ^{33} yø^{33} tɕy^{35}	大肚侬 dou^{13} dɵy^{33} naŋ^{13}	有 iau^{13}
80 苍南	新人 saŋ^{42} ȵiaŋ^{31}	大肚侬 du^{11} dy^{31} naŋ^{31}	带身体 tia^{42} saŋ^{42} t^{h}i^{24}
81 建德徽	新娘子 ɕin^{21} ȵie^{55} tsɿ^{213}	大肚皮 t^{h}u^{55} t^{h}u^{55} pi^{33}	有得生 iɤɯ^{21} tɐʔ^{5} sɛ^{53}
82 寿昌徽	新娘子 ɕien^{33} ȵiɑ̃^{11} tsɿ^{55}	大肚皮 t^{h}u^{33} t^{h}u^{33} p^{h}i^{52}	肚里有 t^{h}u^{33} li^{0} iəɯ^{55}
83 淳安徽	新新娘 ɕin^{21} ɕin^{55} iɑ̃^{21}	大肚皮 t^{h}u^{53} t^{h}a^{21} p^{h}i^{21}	有肚 iɯ^{55} t^{h}a^{55}
84 遂安徽	新娘子 ɕin^{55} ȵiɑ̃^{33} tsɿ^{33}	大肚皮 t^{h}əɯ^{55} tu^{55} p^{h}i^{33}	有得 iu^{33} lɛ^{33}
85 苍南闽	新娘 ɕin^{33} nĩũ^{24}	大腹肚 tua^{21} pɐ^{33} tɔ^{43}	大身 tua^{33} ɕin^{55}
86 泰顺闽	新娘 sieŋ^{21} niæŋ^{344}	大腹肚 ta^{21} pøʔ^{3} tu^{344}	带身 tai^{34} sieŋ^{213}
87 洞头闽	新娘 ɕin^{33} niũ^{24}	大腹肚渣妇 tua^{21} pɐk^{5} tɔ^{42} tsa^{21} pɔ^{53}	有妹仔 u^{21} mãĩ^{33} ia^{24}
88 景宁畲	新娘 ɕin^{44} ȵiɔŋ^{22}	带身个女人 tɔi^{44} ɕin^{44} ke^{44} ȵi^{55} ȵin^{22}	带身 tɔi^{44} ɕin^{44}

方言点	0541 害喜妊娠反应	0542 分娩	0543 流产
01 杭州	害喜 ɛ^{13}ɕi^{53}	生伢儿 səŋ^{55}ia^{22}əl^{45}	流产 ly^{22}tsʰɛ^{53}
02 嘉兴	反应 fE^{33}iŋ^{33}	养小人 iÃ^{21}ɕiɔ^{21}ȵiŋ^{42}	小人跌脱 ɕiɔ^{21}ȵiŋ^{33}tieʔ^{3}tʰəʔ^{5}
03 嘉善	余胃 tʰən^{44}vɛ^{13}	养小人 iæ̃^{35}ɕiɔ^{55}ȵin^{0}	小人落塌= ɕiɔ^{35}ȵin^{31}luoʔ^{2}tʰɜʔ^{5}
04 平湖	反应 fɛ^{44}in^{0}	养小把戏 iã^{21}siɔ^{44}paʔ^{5}ɕi^{0}	落脱 loʔ^{23}tʰəʔ^{5}
05 海盐	反应 fɛ^{53}in^{334}	养小人 iɛ̃^{53}ɕiɔ^{53}ȵin^{31}	落脱 lɔʔ^{23}tʰəʔ^{5}
06 海宁	反应 fei^{55}iŋ^{0}	养小人 iã^{33}ɕiɔ^{55}ȵiŋ^{55}	落小产 loʔ^{2}ɕiɔ^{55}tsʰɛ^{0}
07 桐乡	反应 fɛ^{44}iŋ^{0}	养小人 iã^{24}siɔ^{53}ȵiŋ^{44}	落脱 lɔʔ^{23}tʰəʔ^{5}
08 崇德	反应 fɛ^{55}iŋ^{0}	养小人 iã^{53}ɕiɔ^{55}ȵiŋ^{0}	落掉 lɔʔ^{23}diɔ^{13}
09 湖州	辫毛头 bie^{35}mɔ^{53}døʉ^{13}	养 iã^{523}	糟脱 tsɔ^{44}tʰəʔ^{5}
10 德清	有反应 iʉ^{33}fɛ^{44}in^{53}	养 iã^{52}	刮小人 kuaʔ^{5}ɕiɔ^{35}ȵin^{0}
11 武康	有反应 iø^{53}fɛ^{35}in^{0}	养 iã^{242}	刮小产 kuɜʔ^{5}ɕiɔ^{35}tsʰɛ^{53}
12 安吉	病儿 biŋ^{213}ŋ^{22}	生小人 sã^{55}ɕiɔ^{52}ȵiŋ^{21}	落小产 loʔ^{2}ɕiɔ^{52}tsʰE^{21}
13 孝丰	病儿 biŋ^{213}ŋ^{22}	生小人 sã^{44}ɕiɔ^{45}ȵiŋ^{21}	落小产 luoʔ^{2}ɕiɔ^{45}tsʰɛ^{21}
14 长兴	有反应 i^{32}fE^{45}iŋ^{21}	养小把戏 iã^{32}ʃiɔ^{45}pa^{55}ʃʅ^{21}	小产 ʃiɔ^{45}tsʰE^{21}
15 余杭	反应 fa^{35}iŋ^{0}	养小人儿 iã^{53}siɔ^{55}ȵiŋ^{33}n^{31}	落小人儿 loʔ^{2}siɔ^{55}ȵiŋ^{33}n^{31}
16 临安	难过 nɛ^{33}ku^{55}	生小人 sɑ̃^{55}ɕiɔ^{55}ȵieŋ^{53}	小产 ɕiɔ^{55}tsʰɛ^{53}
17 昌化	病麻=娘 biəŋ^{23}mu^{11}ȵiã^{112}	生小人 sã^{33}ɕiɔ^{45}nəŋ^{53}	笃= tuəʔ^{5}
18 於潜	病相不好 biŋ^{24}ɕiaŋ^{35}pəʔ^{53}xɔ^{53}	生小人 saŋ^{433}ɕiɔ^{53}ȵiŋ^{31}	脱了 təʔ^{53}liəu^{24}
19 萧山	病伢 biŋ^{33}ŋo^{355}	生小人 sã^{33}ɕiɔ^{35}ȵiŋ^{21}	跌落 tieʔ^{5}ləʔ^{13}
20 富阳	病伢 bin^{224}ŋo^{224}	生小人 sã^{55}ɕiɔ^{423}nin^{13}	跌落 tiɛʔ^{5}loʔ^{2}
21 新登	有得生 y^{334}təʔ^{0}sɛ^{53}	生小人 sɛ^{53}ɕiɔ^{334}neiŋ^{45}	帮=小产 pɑ̃^{53}ɕiɔ^{334}tsʰɛ^{45}
22 桐庐	病儿 biŋ^{13}ŋ^{13}	生 sã^{533}	小产 ɕiɔ^{33}tsʰã^{35}
23 分水	吐 tʰu^{24}	做产 tso^{21}tsʰã^{44}	流产 liɵ^{21}tsʰã^{44}

续表

方言点	0541 害喜妊娠反应	0542 分娩	0543 流产
24 绍兴	病行 biŋ^{22}iŋ^{22}	生 saŋ^{33}	小产 ɕiɔ^{44}tsʰɛ̃^{31}
25 上虞	发病人 fɐʔ^{2}biŋ^{21}ȵiŋ^{31}	生小人 sã^{33}ɕiɔ^{33}ȵiŋ^{213}	小产 ɕiɔ^{33}tsʰɛ̃^{53}
26 嵊州	病筐⁼喜 biŋ^{24}tɕʰia^{33}ɕi^{53}	生小侬 saŋ^{33}ɕiɔ^{33}nɔŋ^{231}	身掉 seŋ^{33}tiɔ^{44} 带弗牢 ta^{33}fəʔ^{3}lɔ^{231} 小产 ɕiɔ^{33}tsʰɛ̃^{53}
27 新昌	病抢⁼喜 biŋ^{22}tɕʰiaŋ^{33}ɕi^{453}	生小侬 saŋ^{53}ɕiɔ^{33}nɔŋ^{232}	堕掉 dɤ^{13}diɔ^{22}
28 诸暨	病儿 bin^{33}nɿ^{33}	生小人 sa^{33}ciɔ^{21}nin^{42}	小产 ɕiɔ^{33}tsʰɛ^{42}
29 慈溪	避儿 bi^{13}m^{0}	生 sã^{35}	搭⁼落 taʔ^{5}loʔ^{2}
30 余姚	避儿 bi^{13}m^{13}	生小人 saŋ^{44}ɕiɔ^{34}ȵiə̃^{13}	小产 ɕiɔ^{34}tsʰã^{53}
31 宁波	有身 iʏ^{13}ɕiŋ^{53}	生小人 sa^{44}ɕio^{44}ȵiŋ^{13}	小产 ɕio^{13}tsʰɛ^{0}
32 镇海	有身 iu^{22}ɕiŋ^{53}	接生 tɕieʔ^{5}sã^{53}	堕落 toʔ^{5}loʔ^{2}
33 奉化	避儿 bi^{33}ŋ^{33}	生小人 sã^{44}ɕiɔ^{44}ȵiŋ^{33}	堕胎 dəu^{31}tʰe^{44}
34 宁海	病儿 biŋ^{22}ŋ^{213}	生 sã^{423}	堕 dəu^{31}
35 象山	避儿 bi^{13}ŋ^{31}	去生去 tɕʰiɛ^{53}sã^{44}tɕʰiɛ^{0}	小产 ɕio^{44}tsʰɛ^{44} 堕身 dəu^{31}səŋ^{44}
36 普陀	避儿 bi^{33}ŋ^{45} 避孕 bi^{33}ioŋ^{13}	生小人 sã^{33}ɕiɔ^{55}ȵiŋ^{55}	流产 lieu^{33}tsʰɛ^{45}
37 定海	避儿 bi^{33}ŋ^{44}	生 sã^{52}	跌落 tieʔ^{5}loʔ^{2}
38 岱山	避儿 bi^{33}ŋ^{45}	生 sã^{52}	跌落 tieʔ^{5}loʔ^{2}
39 嵊泗	避儿 bi^{33}ŋ^{243}	生 sã^{33}	笃⁼落 toʔ^{5}loʔ^{2}
40 临海	病儿 biŋ^{33}n^{21}	生 sã^{31}	落身 lɔʔ^{2}ɕiŋ^{31}
41 椒江	恶心 oʔ^{3}ɕiŋ^{42}	生小人 sã^{33}ɕiɔ^{42}ȵiŋ^{24}小	落身 loʔ^{2}ɕiŋ^{42}
42 黄岩	病儿 bin^{13}n^{121}	生 sã^{32}	落身 loʔ^{2}ɕin^{32}
43 温岭	病儿 bin^{13}n^{31}	生 sã^{33}	落身 loʔ^{2}ɕin^{33}
44 仙居	病儿 bin^{353}ŋ^{0}	生 sã^{334}	小产 ɕiɐɯ^{31}sa^{324}
45 天台	病儿 biŋ^{33}n^{224}	生小佬人 sa^{33}ɕieu^{32}lau^{21}ȵiŋ^{51}	落身 lɔʔ^{2}ɕiŋ^{33}

续表

方言点	0541 害喜妊娠反应	0542 分娩	0543 流产
46 三门	病儿 biŋ^{23} ŋ^{224}	生小人 sɛ^{33} ɕiɑu^{32} niŋ^{252}	落身 lɔʔ^{2} səŋ^{52}
47 玉环	病儿 biŋ^{22} ŋ^{31}	生 sã^{42}	流产 liu^{22} tsʰɛ^{53}
48 金华	病皇⁼男 piŋ^{55} uɑŋ^{31} lɤ^{14} "男"音殊	生皇⁼男 sɑŋ^{33} uɑŋ^{31} lɤ^{14} 老 生小人 sɑŋ^{33} siɑo^{55} ȵiŋ^{313} 新	脱落去 tʰəʔ^{4} loʔ^{0} kʰɤ^{0} 老 小产 siɑo^{55} tsʰɛ̃^{535} 新
49 汤溪	病儿 bɛ̃i^{11} ŋ^{52}	生 sa^{24}	脱落 tʰə^{55} la^{0}
50 兰溪	病王男 pin^{334} uɑŋ^{21} nɤ^{24}	生细人 sæ̃^{334} sia^{45} nin^{0}	脱嘞去 tʰəʔ^{34} ləʔ^{0} kʰi^{45}
51 浦江	病儿 biən^{11} n^{243}	生细佬儿 sɛ̃^{33} ɕia^{33} lon^{55}	落身 lo^{24} sən^{334}
52 义乌	病儿 bən^{24} n^{213}	生 sɛ^{335}	流产 lɐɯ^{22} tsʰan^{45}
53 东阳	病伢儿 bɐn^{23} ŋon^{33}	生细个儿 sɛ^{33} si^{33} kan^{55}	脱落去 tʰɔ^{33} lɔ^{33} kʰəɯ^{53}
54 永康	病小弟 biŋ^{31} ʑiɑu^{31} die^{241} 小	生小家脚⁼ sai^{33} ʑiɑu^{31} kuɑ^{33} tɕiɑu^{52}	脱去 tʰə^{33} kʰɯ^{52}
55 武义	病 bin^{231}	生细伢鬼 sa^{55} ɕia^{55} uɑ^{55} kui^{53}	脱掉 tʰəʔ^{5} die^{32}
56 磐安	病侬 pɐn^{55} nɔom^{213}	生 sɛ^{445}	脱 tʰɛ^{334}
57 缙云	病儿 bɛŋ^{21} ȵi^{243}	生落 sa^{44} lɔ^{45}	刮胎 kuɑ^{51} tʰei^{44}
58 衢州	病儿 bin^{231} ȵi^{21}	生 ɕiã^{32}	小产 ɕiɔ^{35} tsʰã^{21}
59 衢江	病妹 bɛ^{22} mei^{25}	生 ɕiɛ^{33}	流产 ly^{22} tsʰã^{25} 跌倒去 tiəʔ^{3} tɔ^{53} kʰɤ^{0}
60 龙游	病儿 bin^{224} ȵi^{231}	生 sɛ^{334}	小产 ʑiɔ^{22} tsʰã^{35}
61 江山	病儿 baŋ^{22} ȵi^{241}	生囡妹 saŋ^{44} naʔ^{2} mᴇ^{213}	退花 tʰuᴇ^{44} xuɒ^{44}
62 常山	病儿 bĩ^{22} n^{52}	生妹妹 sĩ^{44} mue^{2} mue^{24}	退花 tʰue^{44} xuɑ^{44}
63 开化	病儿 bã^{21} ȵi^{53}	养妹妹 iɔŋ^{21} mɛ^{2} mɛ^{213}	退出去 tʰɛ^{53} tɕʰyaʔ^{4} kʰiɛ^{53}
64 丽水	病虫 bin^{22} dʑiɔŋ^{22}	生 sã^{224}	跦 lei^{131} 老 流产 liəɯ^{22} tsʰã^{544} 新
65 青田	有反应 ieu^{55} fɑ^{33} ieŋ^{33}	生妹 sɛ^{33} mɛ^{55} 小	妹遁 mɛ^{55} daŋ^{22}
66 云和	病囡囡 biŋ^{223} nɛ^{44} nɛ^{24}	生 sɛ^{24}	流产 liəɯ^{223} tsʰã^{41}
67 松阳	担身子 tɔ̃^{33} ɕin^{24} tsɿ^{212}	生 sã^{53}	无 muə^{31}

续表

方言点	0541 害喜妊娠反应	0542 分娩	0543 流产
68 宣平	病儿 bin^{43}n^{324}	生 sɛ^{324}	踥 lei^{231} 踥生 lei^{43}sɛ^{324}
69 遂昌	有反应 uɔʔ^{23}faŋ^{53}iŋ^{334}	生 ɕiaŋ^{45}	小产 ɕiɐɯ^{53}ts^{h}aŋ^{533}
70 龙泉	病妹 bin^{21}mᴇ^{45}	养妹 iɔŋ^{21}mᴇ^{45}	落身 louʔ^{3}sɛn^{434}
71 景宁	病妹 biŋ^{33}mai^{35}	生 sɛ^{324}	流产 liəɯ^{55}ts^{h}ɔ^{33}
72 庆元	病妹 piŋ^{33}mæi^{55}小	坤=妹 k^{h}uæ̃^{33}mæi^{55}小	流产 liɯ^{52}ts^{h}ɑ̃^{33}
73 泰顺	病儿 piŋ^{21}ȵi^{213}	生妹 sã^{22}mɛ^{35}	踥 læi^{22} 流产 liəu^{21}sã^{55}
74 温州	贺喜起 vu^{31}sɿ^{25}ts^{h}ɿ^{0}	生妹 siɛ^{33}mai^{33}小	妹遁 mai^{33}daŋ^{22}
75 永嘉	妹□ mai^{44}ɔ^{53} □妹 ɔ^{53}mai^{44}	生妹 sɛ^{33}mai^{44}	妹遁 mai^{44}daŋ^{22}
76 乐清	有喜 iau^{2}ɕi^{35}	生妹 sa^{44}mai^{44}小	流产 liu^{31}tɕ^{h}iɛ^{35}
77 瑞安	有反应 iau^{22}fɔ^{53}iaŋ^{42}	生妹儿 sa^{33}me^{35}ŋ^{212}	遁落 daŋ^{22}lo^{2}
78 平阳	生病儿 sᴀ^{33}beŋ^{35}ŋ^{13}	生妹儿 sᴀ^{33}mai^{45}ŋ^{13}	流产 lɛu^{13}tʃ^{h}ɔ^{13}
79 文成	病儿 beŋ^{42}ŋ^{13}	生妹儿 sa^{33}mai^{33}ŋ^{33}	断=落 daŋ^{33}lo^{33}
80 苍南	病儿 beŋ^{11}ŋ^{112}	生 ɕia^{44}	遁落 daŋ^{11}lo^{0}
81 建德徽	病儿 p^{h}in^{55}n^{33}	生细人家 sɛ^{53}ɕie^{21}in^{33}ko^{53}	脱掉 t^{h}ɐʔ^{3}t^{h}iɔ^{55} 小产 ɕiɔ^{55}ts^{h}ɛ^{213}
82 寿昌徽	病儿 p^{h}ien^{33}n^{52}	生 sæ̃^{112}	脱 t^{h}əʔ^{3} 流产 liəɯ^{11}ts^{h}æ̃^{33}
83 淳安徽	病演= p^{h}in^{53}iã^{55}	生嫩=免= sɑ̃^{24}lã^{53}miã^{55}	搭=考= tɑʔ^{5}k^{h}ɤ^{55}
84 遂安徽	病儿 p^{h}in^{55}n^{55}	生 sã^{534}	脱产 t^{h}ɐɯ^{33}sɑ̃^{213}
85 苍南闽	否壮= p^{h}ai^{24}tsɑŋ^{21}	生囝 ɕin^{33}kã^{43}	囝落 kã^{43}lɐ^{43}
86 泰顺闽	带身呕吐 tai^{34}sieŋ^{213}eu^{21}t^{h}u^{53}	产姆囝 sæŋ^{21}məi^{213}ki^{344}	落身 lou^{22}sieŋ^{213}
87 洞头闽	病囝 pĩ^{212}kĩã^{53}	生妹仔 ɕĩ^{33}mãĩ^{33}ia^{24}	妹仔落去 mãĩ^{21}ia^{33}lɐk^{5}k^{h}ɯ^{0}
88 景宁畲	病崽 p^{h}iaŋ^{51}tsuoi^{325}	养崽 iɔŋ^{44}tsoi^{325}	流产 liəu^{22}ts^{h}ɔn^{325}

方言点	0544 双胞胎	0545 坐月子	0546 吃奶
01 杭州	双胞胎 suaŋ^{33} pɔ^{45} tʰε^{53}	做产妇 tsəu^{45} tsʰε^{55} vu^{0}	吃奶 tɕʰioʔ^{3} nε^{53}
02 嘉兴	双生子 sᴀ̃^{33} sᴀ̃^{33} tsɿ^{21} 老 双胞胎 sᴀ̃^{33} pɔ^{33} tʰᴇ^{21} 新	做舍姆 tsou^{33} so^{33} m^{33}	吃妈妈 tɕʰieʔ^{3} mᴀ^{33} mᴀ^{42}
03 嘉善	双生子 sã^{35} sã^{53} tsɿ^{0}	做舍姆 tsu^{35} so^{53} m^{0}	吃妈妈 tɕʰiɜʔ^{5} ma^{35} ma^{53}
04 平湖	双胞胎 sɑ̃^{55} pɔ^{55} tʰε^{31}	做舍姆 tsu^{44} so^{0} m^{0}	吃妈妈 tɕʰiəʔ^{23} ma^{55} ma^{0}
05 海盐	双胞胎 sɑ̃^{55} pɔ^{55} tʰε^{21}	做舍姆 tsu^{33} so^{53} m^{334}	吃猛⁼猛⁼ tsʰəʔ^{23} mε̃^{55} mε̃^{21}
06 海宁	双生子 sɑ̃^{55} sɑ̃^{55} tsɿ^{55}	做舍姆 tsəu^{55} so^{55} m^{0}	吃妈妈 tɕʰieʔ^{5} ma^{55} ma^{55}
07 桐乡	双生子 sɒ̃^{44} sɒ̃^{44} tsɿ^{0}	做舍姆 tsəu^{33} so^{44} m^{0}	吃奶奶 tɕʰiəʔ^{5} na^{44} na^{44}
08 崇德	双生子 sã^{44} sã^{55} tsɿ^{0}	做舍姆 tsu^{33} so^{55} m^{0}	吃奶奶 tɕʰiɔʔ^{23} nɑ^{44} nɑ^{44}
09 湖州	双胞胎 sã^{44} pɔ^{44} tʰei^{44}	做舍姆 tsəu^{44} suo^{53} m^{0}	吃奶奶 tɕʰieʔ^{5} na^{44} na^{44}
10 德清	双生子 sã^{44} sã^{44} tsɿ^{44}	做舍姆 tsəu^{33} suo^{35} m^{0}	吃奶奶 tɕʰioʔ^{5} na^{44} na^{44}
11 武康	双生子 sã^{44} sã^{44} tsɿ^{44}	做舍姆 tsu^{53} so^{35} m^{53}	吃奶奶 tɕʰiɜʔ^{5} na^{44} na^{44}
12 安吉	双胞胎 sɔ̃^{55} pɔ^{55} tʰᴇ^{55}	做舍姆 tsʊ^{324} sʊ^{52} m^{21}	吃奶奶 tɕʰʏəʔ^{3} nᴇ^{55} nᴇ^{55}
13 孝丰	双生子 sɔ̃^{44} sã^{44} tsɿ^{44}	做舍姆 tsu^{324} sʊ^{45} m^{21}	吃奶奶 tɕʰieʔ^{5} nε^{44} nε^{44}
14 长兴	双胞胎 sɔ̃^{44} pɔ^{44} tʰɯ^{44}	做舍姆 tsəu^{21} su^{45} m^{21}	吃奶奶 tʃʰiᴇʔ^{3} nᴇ^{44} nᴇ^{44}
15 余杭	双胞胎 sɑ̃^{55} pɔ^{55} tʰε̃^{55}	辣⁼月子里 laʔ^{2} ieʔ^{2} tsɿ^{53} li^{31}	吃奶奶 tɕʰiəʔ^{5} na^{55} na^{55}
16 临安	双生子 sɑ̃^{55} sɑ̃^{55} tsɿ^{35}	做舍姆 tso^{55} so^{55} m^{53}	吃奶奶 tɕʰiɐʔ^{5} na^{55} na^{55}
17 昌化	双胞胎 suɔ̃^{33} pɔ^{44} tʰε^{45}	做舍姆 tsɯ^{54} su^{45} m^{53}	吃奶 tɕʰiεʔ^{5} na^{243}
18 於潜	双胞胎 suaŋ^{43} pɔ^{433} tʰe^{433}	坐舍姆娘 dzu^{24} sa^{53} mu^{53} ȵiaŋ^{31}	吃奶奶 tɕʰieʔ^{53} na^{24} na^{53}
19 萧山	双胞胎 ɕyɔ̃^{33} pɔ^{33} tʰe^{33}	做产 tso^{33} tsʰε^{33}	喂奶 y^{33} nai^{13}
20 富阳	双胞胎 ɕyɑ̃^{55} pɔ^{55} tʰε^{55}	做舍姆 tsʊ^{335} so^{423} m^{224}	吃奶奶 tɕʰiεʔ^{5} nε^{224} nε^{335}
21 新登	双生子 suɑ̃^{53} sε^{334} tsɿ^{45}	做产母 tsu^{45} sa^{334} ŋ^{45}	吃奶奶 tsʰəʔ^{5} na^{53} na^{334}
22 桐庐	双胞胎 ɕyã^{55} pɔ^{33} tʰᴇ^{33}	做产母 tsu^{35} ɕyᴇ^{33} m^{35}	吃奶奶 tɕʰiəʔ^{5} nᴀ^{55} nᴀ^{13}
23 分水	双胞胎 ɕyã^{44} pɔ^{44} tʰe^{44}	坐月子 dzo^{24} yəʔ^{12} tsɿ^{0}	吃奶 tɕʰiəʔ^{5} nε^{53}

续表

方言点	0544 双胞胎	0545 坐月子	0546 吃奶
24 绍兴	双胞胎 sɑŋ^{33} pɔ^{44} tʰᴇ^{31}	做产姆 tso^{33} so^{44} ŋ^{31} 老 做产 tso^{33} tsʰɛ̃^{334} 新	吃奶 tɕʰieʔ^{3} na^{223}
25 上虞	双胞胎 sɔ̃^{33} pɔ^{33} tʰe^{53}	做舍姆 tsu^{55} so^{33} ŋ^{31}	吃奶奶 tɕʰyoʔ^{2} na^{21} na^{33}
26 嵊州	双生佬 sɔŋ^{53} saŋ^{33} lɔ^{231}	做产姆 tso^{33} so^{33} m^{231}	□奶奶 koʔ^{5} na^{24} na^{231}
27 新昌	双胞胎 sɔ̃^{33} pɔ^{33} tʰe^{33}	做月里 tsɤ^{33} ȵyɤʔ^{2} li^{232}	食奶 ʑiʔ^{2} na^{232}
28 诸暨	双胞胎 sɑ̃^{42} pɔ^{42} tʰe^{42}	做舍姆 tsɤu^{33} so^{33} m^{242}	吃奶奶 tɕʰieʔ^{5} nᴀ^{21} nᴀ^{42}
29 慈溪	双生 sɔ̃^{35} sã^{0}	月里头 yoʔ^{2} li^{11} dø^{53}	吃奶 tɕʰyoʔ^{5} na^{13}
30 余姚	双胞胎 sɔŋ^{44} pɔ^{44} tʰe^{53}	做生姆 tsou^{44} saŋ^{44} m^{13}	吃奶 tɕʰyoʔ^{5} na^{13}
31 宁波	双胞胎 sɔ^{44} pɔ^{53} tʰe^{0}	做生姆 sɔ^{44} sa^{44} m^{0}	吃奶奶 tɕʰyoʔ^{5} ne^{22} ne^{44}
32 镇海	双生 sɔ̃^{33} sã^{53}	做生姆 tsəu^{33} sã^{33} m^{0}	吃奶 tɕʰyoʔ^{5} na^{24}
33 奉化	双生 sɔ̃^{44} sã^{35}	做生姆 tsəu^{44} sã^{44} m^{31}	吃奶 tɕʰyoʔ^{5} na^{324}
34 宁海	双生 ɕyɔ̃^{33} sã^{53}	做月里 tsəu^{35} ȵiɔʔ^{3} li^{31}	吃奶 tɕʰioʔ^{3} na^{31} 各= 奶 kɔʔ^{3} na^{31}
35 象山	双生 ɕyɔ̃^{53} sã^{0}	做生姆 tsəu^{53} sã^{44} m^{13}	吃奶 tɕʰyoʔ^{5} na^{13}
36 普陀	双生子 sɔ̃^{33} sã^{53} tsɿ^{0} 双胞胎 sɔ̃^{33} pɔ^{53} tʰɛ^{0}	做产 tsəu^{33} tsʰɛ^{45}	吃奶奶 tɕʰyoʔ^{3} ȵiɛ^{55} ȵiɛ^{55}
37 定海	双生 sõ^{33} sã^{45}	做生姆 tsʌu^{33} sã^{52} m^{0}	吃奶奶 tɕʰyoʔ^{3} nɛ^{44} nɛ^{44}
38 岱山	双生 sõ^{33} sã^{45}	做生姆 tsʌu^{33} sã^{52} m^{0}	吃奶奶 tɕʰyoʔ^{3} ne^{44} ne^{44}
39 嵊泗	双生 sõ^{33} sã^{45}	做生姆 tsʌu^{33} sã^{53} m^{0}	吃奶奶 tɕʰyoʔ^{3} ne^{44} ne^{44}
40 临海	双生 ɕyɔ̃^{33} sã^{353} 小	做月里 tso^{33} ȵyʔ^{3} li^{52}	吃奶 tɕʰyoʔ^{3} na^{52}
41 椒江	双生 sɔ̃^{33} sã^{35} 小	做月里 tsəu^{33} ȵyeʔ^{2} li^{42}	吃奶 tɕʰyoʔ^{3} la^{42}
42 黄岩	双生 sɔ̃^{33} sã^{35} 小	做月里 tsou^{33} ȵyeʔ^{2} li^{42}	吃奶 tɕʰyoʔ^{3} la^{42}
43 温岭	双生 ɕiɔ̃^{33} sa^{15} 小	做月里 tsu^{33} ȵyʔ^{2} li^{42}	吃奶 tɕʰyoʔ^{3} na^{33}
44 仙居	双生 ɕyɑ̃^{33} sã^{53}	月里 ȵyɑʔ^{23} li^{324}	吃奶 tɕʰyɔʔ^{3} na^{334}
45 天台	双生 ɕyɔ^{33} sa^{51}	做月里 tsou^{33} ȵyəʔ^{2} li^{214}	吃奶 tɕʰyuʔ^{1} na^{214}
46 三门	双生 ɕiɔ^{33} sɛ^{52}	做月里 tɕiʊ^{33} ȵyəʔ^{2} li^{325}	吃奶 tɕʰioʔ^{5} na^{325}

续表

方言点	0544 双胞胎	0545 坐月子	0546 吃奶
47 玉环	双生 ɕiɔ̃^{33}sã^{35}小	做月里 tsəu^{33}ȵyoʔ^{2}li^{53}	吃奶 tɕʰyoʔ^{3}na^{53}
48 金华	双生儿 ɕyɑŋ^{33}sɛ̃^{334}老 双胞胎 ɕyɑŋ^{33}pɑo^{33}tʰɛ^{55}新	做产母 tsuɤ^{33}suɑ^{33}m^{535}	吃奶奶 tɕʰiəʔ^{4}nɛ^{33}nɛ^{55}
49 汤溪	双生 ɕiɑo^{33}sa^{24}	做产母 tsuɤ^{33}suɑ^{52}m^{113}	吃奶 tɕʰiei^{52}nɑ^{113}
50 兰溪	双生儿 ɕyɑŋ^{334}sæ̃^{334}nə^{45}	做产母 tsuɤ^{334}suɑ^{55}n^{55}	吃奶 tɕʰieʔ^{34}nɑ^{334}
51 浦江	双生儿 ɕyõ^{33}sɛ̃n^{53} 双胞胎 ɕyõ^{33}po^{33}tʰa^{334}	做产母 tsɯ^{33}ɕyɑ^{33}m^{243}	食奶奶儿 zɛ^{11}nɑ^{11}nɑn^{243}
52 义乌	双生儿 sŋʷ^{45}sɛn^{335}	做产母 tsuɤ^{33}sɔ^{33}n^{312}	食奶 zai^{31}na^{312}
53 东阳	双生儿 ɕiɔ^{33}sɛn^{35}	做产母 tsu^{33}sɔ^{53}n^{33}	食奶 zeiʔ^{23}na^{33}
54 永康	双生 ɕyɑŋ^{33}zai^{241}小	做产母 tsuo^{33}za^{31}ŋ^{113}	食奶奶 səi^{33}ȵia^{113}ȵia^{241}小 食奶 səi^{33}ȵia^{113}
55 武义	双胞胎 ɕyɑŋ^{55}pɑu^{32}tʰa^{53}	做产母 tsuo^{55}suo^{53}n^{13}	食奶 zəʔ^{5}nia^{13}
56 磐安	双生儿 ɕiɒ^{33}sɛn^{52} 双胞胎 ɕiɒ^{33}po^{33}tʰe^{52}	做产母 tsuɤ^{33}sɒ^{33}n^{334}	食奶 sɛi^{55}na^{334}
57 缙云	双生 sɔ^{44}sa^{44}	做月里 tsɔ^{44}ȵyɛ^{51}li^{243}	食奶 zei^{51}nɑ^{31}
58 衢州	双生 ʃyɑ̃^{32}ɕiã^{53}	做产母 tsu^{53}sã^{35}m^{21}	吃奶奶 tɕʰiəʔ^{3}nɛ^{35}nɛ^{21}
59 衢江	双生 ɕyɑ̃^{33}ɕiɛ^{25}	做产母儿 tsou^{33}sã^{33}məŋ^{212}	食蛮$^{=}$ iəʔ^{2}mã^{25} 食蛮$^{=}$蛮$^{=}$ iəʔ^{2}mã^{22}mã^{25}
60 龙游	双生 suã^{33}sɛ^{334}	做产母 tsu^{33}zã^{22}m^{224}	食妈妈 iəʔ^{2}mɑ^{33}mɑ^{334}
61 江山	双生 ɕiɒŋ^{44}saŋ^{44}	做生母儿 tso^{44}saŋ^{44}moŋ^{22}	咥奶 tiᴇʔ^{5}na^{44}
62 常山	双胞胎 sɔ̃^{44}pɔ^{44}tʰɛ^{44}	做生母 tsɔ^{44}sĩ^{43}m^{52}	吃奶 tɕʰieʔ^{5}nɛ^{24}
63 开化	双生对 ɕiɔŋ^{44}sã^{44}tɛ^{412}	做生母儿 tsɔ^{44}sã^{44}mɤŋ^{213}	食奶 iaʔ^{2}na^{213}
64 丽水	双生 ɕiɔŋ^{44}sã^{224}老 双胞胎 ɕiɔŋ^{44}pə^{44}tʰɛ^{224}新	做生母 tsu^{44}sã^{44}m^{544}	吃奶 tɕʰiʔ^{4}naʔ^{5}
65 青田	双生妹 ɕio^{33}sɛ^{33}mɛ^{55}小	做月里 tsu^{33}ȵyæʔ^{3}li^{454}	吃奶皮$^{=}$ tsʰʅʔ^{4}nɑ^{55}bi^{53}
66 云和	双生 ɕioŋ^{44}sɛ^{24}老 双胞胎 ɕioŋ^{44}pɑɔ^{44}tʰa^{24}新	做生母 tso^{44}sɛ^{44}m^{41}	吃奶珠 tɕʰiʔ^{4}nɔ^{44}tsɥ^{24}

续表

方言点	0544 双胞胎	0545 坐月子	0546 吃奶
67 松阳	双胞胎 ɕioŋ^{33} pɔ^{24} tʰɛ^{53}	做生母 tsu^{33} sã^{24} m^{22}	咥奶 tiɛʔ^{3} na^{22}
68 宣平	双生 ɕiɔ̃^{44} sɛ^{324}	做生母 tso^{44} sɛ^{44} n^{223}	吃奶 tɕʰiəʔ^{4} na^{223}
69 遂昌	双生儿 ɕiɔŋ^{33} ɕiaŋ^{55} ȵiɛ^{213}	做生母 tsu^{55} ɕiaŋ^{33} məŋ^{13}	咥奶 tiɛʔ^{5} na^{13}
70 龙泉	双生妹 ɕiɔŋ^{44} saŋ^{44} mᴇ^{45}	做月底 tso^{44} ȵyoʔ^{3} ti^{51}	咥妈儿 tiᴇʔ^{3} mou^{45} ȵi^{55}
71 景宁	双生 ɕiɔŋ^{33} sɛ^{324}	养生母 iɛ^{33} sɛ^{55} m^{33}	吃奶 tɕʰiʔ^{5} na^{33} 吃奶珠 tɕʰiʔ^{5} na^{33} tɕy^{324}
72 庆元	双生妹 ɕiɔ̃^{33} sæ̃^{55} mæi^{55} 小 双生 ɕiɔ̃^{33} sæ̃^{55} 小	做月底 tso^{11} ȵyᴇ^{34} ɗiᴇ^{33}	咥妈儿 ɗiɑʔ^{5} mɔ̃^{55}
73 泰顺	双生妹 ɕiɔ̃^{22} sã^{213} mɛ^{35}	做月里 tso^{22} ȵyɛʔ^{2} li^{55}	吃妈 tsʰɿʔ^{2} muɔ^{213}
74 温州	双生妹 ɕyɔ^{34} siɛ^{33} mai^{33} 小	做月里 tsɤu^{33} ȵy^{2} lei^{14}	吃奶 tsʰɿ^{3} na^{25}
75 永嘉	双生妹 ɕyɔ^{45} sɛ^{53} mai^{44}	做月里 tso^{43} ȵy^{31} lei^{13}	吃奶 tɕʰiai^{43} na^{13}
76 乐清	双生妹 suɯʌ^{34} sa^{44} mai^{44} 小	做月里 tɕio^{33} ȵyᴇ^{31} li^{24}	吃奶 tɕʰiɤ^{3} ne^{44} 小
77 瑞安	双生妹 ɕyo^{35} sa^{33} me^{44}	做月里 tsou^{33} ȵy^{2} lei^{13}	吃奶奶 tɕʰi^{3} na^{33} ne^{44}
78 平阳	双生妹 ʃuo^{33} sᴀ^{33} mai^{33}	做月里 tʃu^{33} ȵye^{45} li^{13}	吃奶 tɕʰi^{21} nᴀ^{55}
79 文成	双胞胎 ʃuo^{33} po^{33} tʰe^{33}	做月里 tʃou^{21} ȵyø^{33} lei^{33}	吃奶 tɕʰi^{33} nɔ^{224}
80 苍南	双生妹 ɕyɔ^{42} ɕia^{24} mai^{44}	做月里 tsu^{42} ȵyɛ^{112} li^{0}	吃奶 tɕʰi^{3} nia^{44}
81 建德徽	双生 so^{53} sɛ^{53} 双胞胎 so^{53} pɔ^{13} tʰe^{53}	做产妇 tsu^{33} tsɛ^{21} fu^{33} “产”声殊	吃奶奶 tɕʰiɐʔ^{5} nɑ^{33} nɑ^{55}
82 寿昌徽	双生 ɕyɑ̃^{11} sæ̃^{55}	做晒⁼母 tsu^{33} ɕyə^{33} m^{55}	吃奶 tɕʰiəʔ^{3} nɑ^{112}
83 淳安徽	双胞胎 son^{21} pɤ^{55} tʰie^{24}	做产母 tsu^{21} sɑ̃^{55} mon^{21}	吃奶儿奶儿 tɕʰiʔ^{5} lɑ̃^{55} lɑ̃^{55}
84 遂安徽	双胞胎 səŋ^{55} po^{55} tʰeɯ^{52}	做产母 tsə^{55} sɑ̃^{33} m^{33}	吃奶儿 tsɿ^{55} nɛ^{213} n^{33}
85 苍南闽	两胞胎 nɯŋ^{21} pau^{33} tʰai^{55}	月内 gə^{24} lai^{21}	食□ tɕia^{21} nĩ^{55}
86 泰顺闽	双生团 səŋ^{22} sæŋ^{213} ki^{344}	做月里 tsou^{21} ŋuøʔ^{3} ly^{31}	欶奶 tɕyɪʔ^{3} nai^{213}
87 洞头闽	双生 saŋ^{33} ɕĩ^{33}	做月内 tsui^{53} gə^{21} lai^{21}	食奶 tɕiek^{21} nẽ^{33}
88 景宁畲	双胞胎 soŋ^{44} pau^{44} tʰoi^{44}	掌月 tɕiɔŋ^{44} ȵyɔʔ^{2}	食奶 ɕiʔ^{2} ȵien^{51}

方言点	0547 断奶	0548 满月	0549 生日统称
01 杭州	断奶 duo13 nɛ53	满月 muo55 yɛʔ2	生日 səŋ33 zaʔ5
02 嘉兴	戒妈妈 kᴀ33 mᴀ33 mᴀ42	满月 mə21 yeʔ5 足月 tsoʔ5 yeʔ5	生日 sᴀ̃33 ȵieʔ5
03 嘉善	隔妈妈 kɜʔ5 ma35 ma53	满月 mø22 ȵyøʔ2	生日 sæ̃55 ȵieʔ2
04 平湖	戒妈妈 ka44 ma0 ma0 辣=妈妈 laʔ23 ma55 ma0	满月 mø21 ȵyoʔ5	生日 sã55 ȵiəʔ31
05 海盐	辣=猛=猛= laʔ23 mɛ̃55 mɛ̃21	满月 mɤ53 yɔʔ5	生日 sɛ̃55 ȵiəʔ5
06 海宁	辣=妈妈 laʔ2 ma55 ma55	满月 mɛ33 ioʔ2	生日 sɑ̃55 ȵieʔ2
07 桐乡	辣=奶奶 laʔ23 na44 na44	满月 mᴇ242 iəʔ0	生日 sã44 ȵiəʔ0
08 崇德	辣=奶奶 laʔ23 nɑ44 nɑ44	满月 mᴇ53 iəʔ23	生日 sã44 ȵiəʔ4
09 湖州	断奶奶 dɛ33 na44 na44	满月 mɛ13 ieʔ3	生日 sã44 ȵieʔ4
10 德清	摘奶 tsaʔ5 na53	满月 møʉ35 ieʔ2	生日 sã44 ȵieʔ4
11 武康	摘奶 tsɜʔ5 na53	满月 mø53 ieʔ2	生日 sã44 ȵieʔ4
12 安吉	摘奶奶 tsəʔ3 nᴇ55 nᴇ55	满月 mᴇ52 ʏəʔ23	生日 sã55 ȵiᴇʔ5
13 孝丰	摘奶奶 tsaʔ5 nɛ44 nɛ44	满月 me52 ieʔ23	生日 sã44 ȵieʔ5
14 长兴	断奶奶 dɯ24 nᴇ44 nᴇ44	满月 mɯ52 iᴇʔ2	生日 sã44 ȵiᴇʔ5
15 余杭	断奶奶 tøʏ53 na55 na55	满月 møʏ33 ioʔ2	生日 sɑ̃55 ȵieʔ2
16 临安	断奶 də33 na13	满月 mə13 yɔʔ2	生日 sɑ̃55 ȵiɐʔ2
17 昌化	摘奶 tsəʔ5 na243	满月 mɛ̃45 yɛʔ23	生日 sã33 ȵiɛʔ5
18 於潜	摘奶 tsaʔ53 na31	满月 mɛ53 yæʔ31	生日 saŋ43 ȵiæʔ23
19 萧山	断奶 də242 na13	满月 mə33 yoʔ13	生日 sã33 ȵieʔ5
20 富阳	断奶奶 dɛ̃224 nɛ224 nɛ335	满月 mã224 yoʔ2	生日 sã55 ȵiɛʔ2
21 新登	摘奶奶 tsəʔ5 na53 na334	满月 mɛ̃334 yəʔ2	生日 sɛ53 ȵiəʔ2
22 桐庐	断奶 de13 nᴀ33	满月 me42 yəʔ13	生日 sã42 niəʔ13
23 分水	断奶 tuə̃21 nɛ44	满月 mã44 yəʔ12	生日 sən44 ȵiəʔ12

续表

方言点	0547 断奶	0548 满月	0549 生日统称
24 绍兴	卖秧田 ma^{33} iaŋ^{33} diẽ^{231} 断奶 dø̃^{22} na^{223}	满月 muø̃^{24} ioʔ^{3}	生日 saŋ^{33} ȵieʔ^{2}
25 上虞	断奶奶 tø̃^{33} na^{21} na^{33}	满月 mø̃^{21} ioʔ^{2}	生日 sã^{33} ȵiəʔ^{2}
26 嵊州	断奶奶 tœ̃^{33} na^{24} na^{231}	满月 mœ̃^{24} yoʔ^{3}	生日 saŋ^{53} nɔʔ^{3}
27 新昌	摘奶 tsɤʔ^{5} na^{232}	满月 mœ̃^{13} ȵyɤʔ^{2}	生日 saŋ^{53} neʔ^{2}
28 诸暨	断奶 də^{21} nᴀ^{242}	满月 mə^{21} ioʔ^{13}	生日 sã^{42} nieʔ^{13}
29 慈溪	摘奶 tsaʔ^{5} na^{13}	剃头满月 tʰi^{44} dø^{13} mø̃^{11} yoʔ^{2}	生日 sã^{33} ȵiəʔ^{2}
30 余姚	断奶 dø̃^{13} na^{13}	满月 mø̃^{13} ioʔ^{2}	生日 saŋ^{44} zəʔ^{2}
31 宁波	断奶 dø^{22} na^{13}	满月 m^{13} yəʔ^{2}	生日 sa^{44} ȵiəʔ^{2}
32 镇海	摘奶 tsaʔ^{5} na^{24}	满月 mø^{24} yoʔ^{2}	生日 sã^{33} ȵieʔ^{2}
33 奉化	摘奶 tsaʔ^{5} na^{324}	满月 mø^{33} yoʔ^{2}	生日 sã^{44} ȵiɪʔ^{2}
34 宁海	摘奶 tsaʔ^{3} na^{31}	满月 mø^{33} ȵiɔʔ^{3}	生日 sã^{33} ȵiəʔ^{3}
35 象山	摘奶 tsaʔ^{5} na^{13}	满月 mɤɯ^{13} yoʔ^{2}	生日 sã^{44} ȵieʔ^{2}
36 普陀	奶奶摘 ȵiɛ^{55} ȵiɛ^{55} tsɐʔ^{5}	满月 mø^{33} yoʔ^{23}	生日 sã^{33} ȵiɛʔ^{5}
37 定海	摘奶奶 tsɐʔ^{3} nɛ^{44} nɛ^{44}	满月 mø^{33} yoʔ^{5}	生日 sã^{33} ȵieʔ^{2}
38 岱山	摘奶奶 tsɐʔ^{3} ne^{44} ne^{44}	满月 mø^{33} yoʔ^{5}	生日 sã^{33} ȵieʔ^{5}
39 嵊泗	摘奶奶 tsɐʔ^{3} ne^{44} ne^{44}	满月 mʏ^{33} yoʔ^{2}	生日 sã^{33} ȵiᴇʔ^{5}
40 临海	摘奶 tsaʔ^{5} na^{31}	满月 mø^{42} ȵyø^{353}小	生日 sã^{33} ȵieʔ^{23}
41 椒江	摘奶 tsaʔ^{3} la^{35}小	满月 mø^{42} ȵyø^{41}小	生日 sã^{33} ȵieʔ^{2}
42 黄岩	摘奶 tsəʔ^{3} la^{35}小	满月 mø^{42} ȵyø^{41}小	生日 sã^{33} ȵieʔ^{2}
43 温岭	摘奶 tsəʔ^{3} na^{15}	满月 mø^{42} ȵyø^{41}	生日 sã^{33} ȵiʔ^{2}
44 仙居	摘奶 tsaʔ^{3} na^{334}	月里满 ȵyɑʔ^{23} li^{24} mø^{324}	生日 sã^{33} ȵiəʔ^{23}
45 天台	摘奶 tsaʔ^{1} na^{31}	满月 mø^{21} ȵyəʔ^{2}	生日 sa^{33} ȵiəʔ^{2}
46 三门	摘奶 tsɐʔ^{3} na^{325}	满月 mø^{32} ȵyəʔ^{23}	生日 sɛ^{33} ȵieʔ^{23}

续表

方言点	0547 断奶	0548 满月	0549 生日统称
47 玉环	摘奶 tsɐʔ^{3} na^{35}小	满月 mø^{42} ȵyø^{41}小	生日 sã^{33} ȵiɐʔ^{2}
48 金华	摘奶奶 tsəʔ^{4} nɛ^{33} nɛ^{55}	满月 mɤ^{55} ȵyɤ^{14}	生日 sɑŋ^{33} ȵiəʔ^{212}
49 汤溪	摘奶 tsa^{52} nɑ^{113}	满月 mɔ^{11} ȵyɤ^{113}	生日 sa^{33} ȵiei^{24}
50 兰溪	摘奶 tsəʔ^{34} nɑ^{334}	满月 muɤ^{55} ȵyɤʔ^{12}	生日 sæ̃^{334} ȵieʔ^{12}
51 浦江	摘奶奶儿 tsɑ^{33} nɑ^{33} nɑn^{243}	满月 mɤ^{11} ȵyi^{243}	生日 sɛ̃^{33} ȵiə^{334}
52 义乌	摘奶 tsɛ^{33} na^{312}	满月 mɯ^{24} ȵye^{312}	生日 sɛ^{33} nai^{312}
53 东阳	摘奶 tsaʔ^{4} na^{33}	满月 mɐn^{23} ȵiɛ^{33}	生日 sɛ^{33} nei^{35}
54 永康	打$^{=}$奶 nai^{31} ȵia^{113}	满月 muo^{31} ȵye^{113}	生日 sai^{33} ȵiə^{113}
55 武义	断奶 den^{53} nia^{13}	满月 muo^{55} ȵye^{13}	生日 sa^{55} nə^{213}
56 磐安	摘奶 tsa^{55} na^{334}	满月 mɯ^{55} ȵyɛ^{213}	生日 sɛ^{33} nɛi^{334}
57 缙云	摘奶 ta^{51} nɑ^{31}	满月 mɛ^{51} ȵyɛ^{13}	生日 sa^{44} ȵiei^{45}
58 衢州	断奶 də̃^{231} nɛ^{35}	满月 mə̃^{231} yəʔ^{12}	生日 ɕiã^{35} ȵiəʔ^{12}
59 衢江	摘蛮$^{=}$蛮$^{=}$ taʔ^{5} mã^{22} mã^{25}	满月 məŋ^{22} ȵyəʔ^{2}	生日 ɕiɛ^{33} nəʔ^{2}
60 龙游	摘妈 təʔ^{4} mɑ^{334}	满月 mei^{22} ȵyəʔ^{23}	生日 sɛ^{33} nəʔ^{23}
61 江山	断奶 təŋ^{44} na^{44}	满月 miɛ̃^{22} ŋoʔ^{2} 填月 diɛ̃^{22} ŋoʔ^{2}	生日 saŋ^{44} nəʔ^{2}
62 常山	断奶 toŋ^{52} nɛ^{24}	满月 mɔ̃^{22} ŋɤʔ^{34}	生日 sĩ^{44} nʌʔ^{34}
63 开化	断奶 tɤŋ^{44} na^{213}	满月 mɛn^{21} yaʔ^{13}	生日 sã^{44} nəʔ^{13}
64 丽水	卖奶 mɔ^{21} naʔ^{5}	满月 mɛ^{52} ȵyɛʔ^{23}	生日 sã^{44} nɛʔ^{23}
65 青田	摘奶 ɗɛʔ^{4} nɑ^{454}	月里满 ȵyæʔ^{3} li^{0} muɐ^{454}	生日 sɛ^{33} nɛʔ^{31}
66 云和	断奶 dəŋ^{223} nɔ^{41}	满月 mɛ^{223} ȵyɛʔ^{23}	生日 sɛ^{44} naʔ^{23}
67 松阳	择奶 doʔ^{2} na^{22}	满月 mæ^{22} ȵyɛʔ^{2}	生日 sã^{24} nɛʔ^{2}
68 宣平	摘奶 taʔ^{4} na^{223}	满月 mə^{43} ȵyəʔ^{23}	生日 sɛ^{44} nəʔ^{23}
69 遂昌	断奶 təŋ^{53} na^{13}	满月 mɛ̃^{22} ȵyɛʔ^{23}	生日 ɕiaŋ^{33} nɛʔ^{23}

续表

方言点	0547 断奶	0548 满月	0549 生日统称
70 龙泉	割妈儿 kuoʔ^{3} mou^{45} ȵi^{55}	月满 ȵyoʔ^{3} mɯə^{51}	生日 saŋ^{45} nᴇʔ^{24}
71 景宁	摘奶 tsaʔ^{5} na^{33}	满月 mœ^{55} ȵyœʔ^{23}	生日 sɛ^{55} nɛʔ^{23}
72 庆元	断妈儿 təŋ^{22} mɔ̃^{55}	满月 mæ̃^{22} ȵyᴇʔ^{34}	生日 sæ̃^{33} nɤʔ^{34}
73 泰顺	摘妈 tsaʔ^{2} muɔ^{213}	满月 mɛ^{22} ȵyɛʔ^{2}	生日 sã^{22} nɛʔ^{2}
74 温州	卖奶 mai^{2} na^{25}	满月 mø^{24} ȵy^{212}	生日 siɛ^{45} ȵiai^{212}
75 永嘉	卖奶 ma^{31} na^{13}	满月 mø^{13} ȵy^{213}	生日日 sɛ^{33} ȵiai^{13} ne^{213}
76 乐清	卖奶 me^{31} ne^{44} 小	满月 mɯ^{24} ȵyᴇ^{212}	生日 sa^{35} ȵiɤ^{212}
77 瑞安	卖奶 ma^{31} na^{13}	满月 mø^{13} ȵy^{212}	生日 sa^{35} ȵia^{212}
78 平阳	卖奶 mᴀ^{35} nᴀ^{13}	满月 mɵ^{45} ȵye^{13}	生日 sᴀ^{45} ȵia^{13}
79 文成	摘奶 tʃa^{21} nɔ^{224}	满月 mø^{33} ȵyø^{13}	生日 sa^{33} ne^{13}
80 苍南	卖奶 mia^{11} nia^{44} 戒奶 kia^{42} nia^{44}	满月 mø^{33} ȵyɛ^{112}	生日 ɕia^{44} ȵiɛ^{112}
81 建德徽	摘奶奶 tsɑ^{55} nɑ^{33} nɑ^{55}	满月 mɛ^{21} y^{213}	生日 sɛ^{53} ȵiɐʔ^{12}
82 寿昌徽	摘奶 tsəʔ^{3} nɑ^{112}	满月 miæ^{33} ȵyei^{24}	生日 sæ̃^{11} ȵiəʔ^{3}
83 淳安徽	摘奶 tsɑʔ^{5} lɑ^{24}	满月 mã^{55} vəʔ^{13}	生日 sɑ̃^{24} iəʔ^{13}
84 遂安徽	戒奶儿 tsɑ^{55} nɛ^{213} n^{33}	满月 mɑ̃^{55} viɛ^{24}	生日 sã^{55} i^{24}
85 苍南闽	戒□ kai^{33} nĩ^{55}	满月 mũã^{33} gə^{24}	生日 ɕĩ^{33} dʑie^{24}
86 泰顺闽	渴=奶 kʰɛʔ^{5} nai^{213}	满月 miæŋ^{21} ŋuɐʔ^{3}	对周 tai^{34} tɕiøu^{213}
87 洞头闽	断奶 tɯŋ^{21} nẽ^{33}	满月 mũã^{33} gə^{241}	生日 ɕĩ^{33} dʑiek^{24}
88 景宁畲	隔奶 kaʔ^{5} ȵien^{51} 小	满月 mɔn^{55} ȵyɔʔ^{2}	生日 saŋ^{44} ȵiʔ^{5}

方言点	0550 做寿	0551 死统称	0552 死婉称，最常用的几种，指老人：他～了
01 杭州	做寿 tsəu^{55}zei^{13}	死 sɿ^{53}	去 tɕʰi^{45} 没 mei^{213}
02 嘉兴	做寿 tsou^{33}zei^{242}	死 ɕi^{544}	过世 kou^{24}sɿ^{21}
03 嘉善	做寿 tsu^{334}zə^{334}	死 ɕi^{44}	过塌$^{=}$ ku^{55}tʰɜʔ^{5}
04 平湖	做寿 tsu^{44}zəɯ^{213}	死 si^{44}	过 ku^{334} 无没 m^{44}məʔ^{0}
05 海盐	做寿 tsu^{55}ze^{213}	死 ɕi^{423}	老熟 lɔ^{53}zɔʔ^{5} 过 ku^{334}
06 海宁	做寿 tsəu^{55}zəɯ^{13}	死 ɕi^{53}	过世 kəu^{55}sɿ^{35} 回去 ue^{33}tɕʰi^{35}
07 桐乡	做寿 tsəu^{33}zɤɯ^{213}	死 si^{53}	过世 kəu^{33}sɿ^{334} 老熟 lɔ^{242}zɔʔ^{0}
08 崇德	做寿 tsu^{33}zɤɯ^{13}	死 ɕi^{53}	过世 ku^{33}sɿ^{334} 老熟 lɔ^{55}zɔʔ^{0}
09 湖州	做寿 tsəu^{33}dʑiʉ^{35}	死 sɿ^{523}	过世 kəu^{33}sɿ^{35} 无不 m^{33}pəʔ^{5}
10 德清	做寿 tsəu^{53}dʑiʉ^{13}	死 ɕi^{52}	老 lɔ^{52} 过世 kəu^{33}sɿ^{35}
11 武康	做寿 tsu^{53}zø^{35}	死 ɕi^{53}	过辈 ku^{33}pɛ^{35}
12 安吉	做寿 tsʊ^{32}zəɪ^{213}	死 sɿ^{52}	过辈 ku^{32}pe^{213}
13 孝丰	做寿 tsu^{32}zəɪ^{213}	死 sɿ^{52}	过辈 ku^{32}pe^{213} 老 lɔ^{45}
14 长兴	做寿 tsəu^{32}zei^{24}	死 sɿ^{52}	过世 kəu^{32}sɿ^{24}
15 余杭	做寿 tsu^{55}zøʏ^{13}	死 sɿ^{53}	过世 ku^{35}sɿ^{53}
16 临安	做寿 tso^{35}zə^{13}	死 ɕi^{55}	过辈 ku^{55}pᴇ^{53}
17 昌化	做寿 tsɯ^{54}ʑi^{243}	去掉 tɕʰi^{54}tiɔ^{544}	过辈 kɯ^{54}pɛ^{544}
18 於潜	做寿 tsu^{35}ʑiəu^{24}	死 sɿ^{51}	老 lɔ^{53} 走 tɕiəu^{53}
19 萧山	做寿 tso^{33}ʑio^{242}	死 sɿ^{42}	[无有] ȵio^{33} 走 tɕio^{33}

续表

方言点	0550 做寿	0551 死统称	0552 死婉称，最常用的几种，指老人：他～了
20 富阳	做寿 tsʊ^{335}ʑiʊ^{224}	死 sɿ^{423}	回去 uɛ^{13}tɕʰi^{55}
21 新登	做寿 tsu^{45}ʑy^{13}	死 sɿ^{334}	老 lɔ^{334} 故 ku^{334}
22 桐庐	做寿 tsu^{33}zei^{13}	死 ɕi^{33}	过世 ku^{33}sɿ^{35} 走得 tsei^{33}təʔ^{5} 老得 lɔ^{21}təʔ^{5}
23 分水	做寿 tso^{21}zɵ^{13}	死掉 sɿ^{44}diɔ^{24}	过世 ku^{24}sɿ^{24} 走掉 tsɵ^{44}diɔ^{24}
24 绍兴	做寿 tso^{33}zɤ^{22}	死 ɕi^{334}	走 tsɤ^{44} 饭吃饱 vɛ̃^{22}tɕʰieʔ^{3}pɔ^{44} 睏 kʰuø̃^{33}
25 上虞	做寿 tsu^{55}zɤ^{31}	死 ɕi^{35}	归天 kue^{33}tʰiẽ^{35}
26 嵊州	做十 tso^{33}zəʔ^{2}	死 ɕi^{53}	[无有] ȵiʏ^{22} 归去 kuᴇ^{53}tɕʰi^{33}
27 新昌	做寿 tsɤ^{33}ʑiɯ^{13}	死 sɿ^{453}	归去 kue^{45}tɕʰi^{33} 饭食饱 uɛ̃^{13}ʑiʔ^{2}pɔ^{45}
28 诸暨	做寿 tsɤu^{42}zei^{33}	死 sɿ^{42}	没 məʔ^{3} 去 kʰie^{544}
29 慈溪	做生日 tsəu^{44}sã^{33}ȵiəʔ^{2}	死 ɕi^{35}	老 lɔ^{13} 无得 m^{11}taʔ^{5}
30 余姚	做寿 tsou^{44}zø^{13}	死 ɕi^{34}	无没 m^{13}miəʔ^{2} 到来一埭路里去 tɔ^{44}le^{13}iəʔ^{5}da^{13}lu^{13}li^{0}kʰe^{44}
31 宁波	做生 tsəu^{44}sa^{53}	死 ɕi^{35}	没 miəʔ^{2}
32 镇海	做生 tsəu^{33}sã^{53}	死 ɕi^{35}	过世 kəu^{33}sɥ^{53} 没 maʔ^{2} 去 tɕʰi^{53}
33 奉化	做生 tsəu^{44}sã^{44}	死 sɿ^{545}	没 maʔ^{2}
34 宁海	做寿 tsəu^{33}ʑiu^{24}	死 sɿ^{53}	老 lau^{31} 过边$^{=}$ ku^{33}pie^{34}

续表

方言点	0550 做寿	0551 死统称	0552 死婉称，最常用的几种，指老人：他～了
35 象山	做生 tsəu^{53} sã^{44}	去 tɕʰiɛ^{53}	无白$^{=}$ m^{31} beʔ^{2}
36 普陀	做寿 tsəu^{33} ieu^{13}	死 ɕi^{45}	饭吃满 vɛ^{23} tɕʰyoʔ^{5} mø^{0} 作古 tsoʔ^{3} ku^{53}
37 定海	做生 tsʌu^{33} sã^{52} 老 做寿 tsʌu^{33} iʏ^{13} 新	死 ɕi^{45}	老 lɔ^{23} 过 kʌu^{44} 过老 kʌu^{33} lɔ^{45}
38 岱山	做生 tsʌu^{33} sã^{52}	死 ɕi^{325}	过老 kʌu^{33} lɔ^{44}
39 嵊泗	做生 tsʌu^{33} sã^{53} 做寿 tsʌu^{33} iʏ^{213}	死 ɕi^{445}	老 lɔ^{34} 过老 kʌu^{33} lɔ^{45}
40 临海	做寿 tso^{35} ʑiu^{55}	死 sɿ^{52}	走 tsə^{42} 去 kʰe^{55}
41 椒江	做寿 tsəu^{33} ʑiu^{44}	死 sɿ^{42}	走 tɕio^{42} 去 kʰie^{55} 过 ku^{55}
42 黄岩	做寿 tsou^{33} ʑiu^{44}	死 sɿ^{42}	过 ku^{55} 去 kʰie^{55} 黄泥捺肚 uɔ̃^{13} ni^{41} ləʔ^{2} dou^{121}
43 温岭	做寿 tsu^{35} ʑiu^{44}	死 sɿ^{42}	无 m^{24} 去 kʰie^{55} 过泰 ku^{35} tʰa^{55}
44 仙居	做寿 tso^{55} ʑiəɯ^{55}	死 sɿ^{324}	过世 ku^{55} ɕi^{55} 归家 cy^{33} ko^{334} 转头 tsø^{31} dəɯ^{213}
45 天台	做寿 tsou^{33} ʑiu^{35}	死 sɿ^{325}	过 ku^{55}
46 三门	做寿 tɕiʊ^{55} ʑiu^{55}	死 sɿ^{334}	老 lɑu^{325} 过边$^{=}$ ku^{44} pie^{445}
47 玉环	做寿 tsəu^{33} ʑiu^{44}	死 sɿ^{53}	过世 ku^{33} ɕi^{55}
48 金华	做寿 tsuɤ^{33} ʑiu^{14}	死 sɿ^{535}	过辈 kuɤ^{33} pɛ^{55} 过世 kuɤ^{33} ɕyɤ^{55} 去 kʰɤ^{55}

续表

方言点	0550 做寿	0551 死统称	0552 死婉称，最常用的几种，指老人：他～了
49 汤溪	做寿 tsuɤ^{33}ʑiəɯ^{341}	死 sɿ^{535}	过辈 kuɤ^{33}pɛ^{52} 过老 kuɤ^{33}lɔ^{113} 去罢 kʰəɯ^{52}bɑ^{113}
50 兰溪	做寿 tsuɤ^{334}ʑiəɯ^{24}	死 sɿ^{55}	过辈 kuɤ^{334}pe^{45}
51 浦江	做寿 tsɯ^{33}ʑiɤ^{24}	死 sɿ^{53}	去 tɕʰi^{55} 走 tsɤ^{53} 过辈 kɯ^{33}pa^{55}
52 义乌	做寿 tsuɤ^{33}zɐɯ^{24}	倒 to^{423}	[无得] mai^{24} 老去 lo^{31}ai^{33}
53 东阳	贺寿 u^{23}ʑiəɯ^{33}	倒 tɐɯ^{44}	过辈 kʊ^{33}pe^{53}
54 永康	贺寿 uo^{31}ʑiəu^{241}	死 sɿ^{334}	归仙 kuəi^{33}ɕie^{55}
55 武义	过大生日 kuo^{55}duo^{55}sa^{55}nə^{213}	死 sɿ^{445}	过辈 kuo^{55}pa^{53}
56 磐安	做寿 tsuɤ^{33}ʑiɐɯ^{14}	倒 to^{334}	老 lo^{334} 过辈 kuɤ^{33}pe^{52} 去 kʰɐɯ^{52}
57 缙云	做生日 tsu^{44}sa^{44}ȵiei^{45}	死 sɿ^{51}	过辈 ku^{44}pei^{453} 转去 tɕyɛ^{51}kʰɤ^{0}
58 衢州	做生日 tsu^{53}ɕiã^{35}ȵiəʔ^{12}	死 sɿ^{35}	过辈 ku^{32}pe^{53} 老倒 lɔ^{231}tɔ^{0}
59 衢江	做寿 tsou^{33}ʑy^{231}满60岁 做生日 tsou^{33}ɕiɛ^{33}nəʔ^{2}	死 sɤ^{25}	行 gɛ^{212} 过辈 kuo^{33}pei^{53}
60 龙游	做生日 tsu^{33}sɛ^{33}nəʔ^{23} 做寿 tsu^{33}zəɯ^{231}	死 sɿ^{35}	过老 ku^{33}lɔ^{224} 过辈 ku^{33}pei^{51}
61 江山	做生日 tso^{44}saŋ^{44}nəʔ^{2}	死 sə^{241}	老倒 lɐɯ^{22}tɐɯ^{51} 过世 kyə^{44}ɕi^{51} 百年 paʔ^{5}ȵiɛ̃^{213}
62 常山	做寿 tsɔ^{44}iu^{24}	死 sɿ^{52}	过辈 tɕye^{44}bue^{131} 走 tɕiu^{52}
63 开化	做寿 tsɔ^{44}ʑiʊ^{213}	死 sɿə^{53}	过辈 tɕyɛ^{44}pɛ^{412} 走 tsɯ^{53} 老 ləɯ^{213}

续表

方言点	0550 做寿	0551 死统称	0552 死婉称，最常用的几种，指老人：他～了
64 丽水	搬$^{=}$生日 pɛ^{44} sã^{44} nɛʔ^{23}	死 sɿ^{544}	去 kʰɯ^{52} 老 lə^{544} 过辈 kuo^{224} pei^{52}
65 青田	做寿 tsu^{55} ieu^{22}	死 sɿ^{454}	过辈 ku^{33} ɓæi^{55} 走去 tsæi^{55} kʰi^{33}
66 云和	做寿 tso^{44} ʑiəɯ^{223}	死 sɿ^{41}	过辈 ko^{44} pei^{45} 老 lɑɔ^{41} 去 kʰi^{45}
67 松阳	做寿 tsu^{33} ʑiɯ^{13}	死 sɿə^{212}	百年 paʔ^{3} ȵiɛ̃^{31} 过辈 ku^{33} pei^{24} 走 tsei^{212}
68 宣平	做寿 tso^{44} ʑiɯ^{231}	死 sɿ^{445}	过辈 ko^{44} pei^{52} 老 lɔ^{223} 去 kʰɯ^{52}
69 遂昌	做寿 tsu^{55} ʑiɯ^{213}	死 sɤ^{533}	老 lɐɯ^{13} 去 kʰɤ^{33} 过辈 ku^{55} pei^{334}
70 龙泉	做寿 tso^{44} ʑiəu^{224}	死 sɤɯ^{51}	老 lɑʌ^{51} 过辈 kou^{44} pᴇ^{45} 断$^{=}$去 dɛn^{21} kʰɤɯ^{45}
71 景宁	庆十 tɕʰiŋ^{55} zəɯʔ^{23}	死 sɿ^{33}	过辈 ko^{33} pai^{35} 老 lɑu^{33} 去 kʰi^{35}
72 庆元	做寿 tso^{11} ɕiɯ^{31}	死 sɤ^{33}	过辈 kuɤ^{11} ɓæi^{11} 老 lɒ^{221}
73 泰顺	做寿 tso^{22} ɕiəu^{22}	死 sɿ^{55}	老 lɑɔ^{55} 过辈 kuɔ^{22} pæi^{35}
74 温州	做寿 tsɤu^{42} iɤu^{22}	死 sɿ^{25}	走 tsau^{25} 过辈 ku^{3} pai^{51}
75 永嘉	做十 tso^{43} zai^{213}	死 sɿ^{45}	冇 nau^{45} 老 lə^{13} 走去 tsau^{45} kʰei^{45}

续表

方言点	0550 做寿	0551 死统称	0552 死婉称，最常用的几种，指老人：他～了
76 乐清	做寿 tɕio^{42}ziu^{22}	死 sɿ^{35}	岁大 sy^{42}du^{22} 躐走 sa^{3}tɕiau^{35} 归天 kuai^{44}tʰiᴇ^{44}
77 瑞安	做寿 tsou^{3}zou^{22}	死 sɿ^{35}	岁大 səɯ^{53}dou^{22} 冇 nau^{35} 过背 kɯ^{33}pai^{53}
78 平阳	做寿 tʃu^{45}zɛu^{13}	死 sɿ^{45}	过辈 ku^{33}pai^{53} 走去 tʃɛu^{35}kʰɔ^{53} 冇 nau^{13}
79 文成	做寿 tʃou^{33}ʑiou^{13}	死 sɿ^{45}	过辈 ku^{33}pai^{33} 走去 tʃau^{45}kʰi^{21}
80 苍南	做寿 tsu^{3}zɛu^{11}	死 sɿ^{53}	过大 ku^{42}da^{11} 过世 ku^{42}ɕi^{42} 老 lɛ^{53}
81 建德徽	做寿 tsu^{33}sɤɯ^{55}	死 ɕi^{213}	过辈 ku^{33}pe^{33}
82 寿昌徽	做寿 tsu^{33}səɯ^{33}	死 sɿ^{24}	过辈 ku^{55}piæ^{33} 行 xæ̃^{55}
83 淳安徽	做寿 tsu^{21}sɯ^{53}	死 sa^{55}	过辈 ku^{24}pie^{24} 老 lɤ^{55}
84 遂安徽	做寿 tsə^{55}ɕiu^{52}	死 sɿ^{213}	去 kʰəɯ^{43} 老 lɔ^{43} 没 mɑ^{213}
85 苍南闽	做寿 tsui^{43}ɕiu^{21}	死 ɕi^{43}	走 tsau^{43}
86 泰顺闽	拜十 pei^{21}sɛʔ^{3}	老了 lau^{22}løʔ^{0}	过世 kou^{21}sei^{53}
87 洞头闽	做寿 tsui^{33}ɕiu^{21}	死 ɕi^{42}	老去 lau^{21}kʰɯ^{0} 做佛去 tsui^{53}pət^{24}kʰɯ^{0}
88 景宁畲	做寿 tso^{44}ɕiəu^{51}	死 ɕi^{325}	行 xaŋ^{44}

方言点	0553 自杀	0554 咽气	0555 入殓
01 杭州	自杀 dzɿ^{22}saʔ^{5}	断气 duo^{13}tɕʰi^{45}	落材 loʔ^{2}dzɛ^{213}
02 嘉兴	寻死 dʑiŋ^{13}ɕi^{33}	断气 də^{21}tɕʰi^{24}	进棺材 tɕiŋ^{33}kuə^{33}zᴇ^{21}
03 嘉善	寻死 dʑin^{13}ɕi^{53}	断气 dø^{22}tʰi^{35}	落棺材 luoʔ^{2}kø^{35}zɛ^{53}
04 平湖	寻死 zin^{24}si^{53}	断气 dø^{21}tɕʰi^{334}	落棺材 loʔ^{23}kø^{55}zɛ^{0}
05 海盐	寻思⁼ dʑin^{24}ɕi^{423}	脱气 tʰəʔ^{23}tɕʰi^{334}	登棺 tən^{53}kuɤ^{53}
06 海宁	自杀 zɿ^{33}saʔ^{5}	断气 dei^{55}tɕʰi^{55}	收作 səɯ^{55}tsoʔ^{5}
07 桐乡	寻死 ziŋ^{21}si^{53}	断气 dᴇ^{242}tɕʰi^{334}	收作 sɤɯ^{44}tsɔʔ^{0}
08 崇德	寻死路 ʑiŋ^{21}ɕi^{55}lu^{0}	断气 dᴇ^{242}tɕʰi^{334}	收作 sɤɯ^{44}tsɔʔ^{4}
09 湖州	自杀 zɿ^{33}saʔ^{5}	断气 dɛ^{33}tɕʰi^{35}	殓 lie^{523}
10 德清	自杀 zɿ^{11}saʔ^{5}	气推出 tɕʰi^{35}tʰɛ^{33}tsʰəʔ^{5}	装棺材 tsã^{44}køʉ^{44}zɛ^{44}
11 武康	寻思⁼ dzen^{11}ɕi^{53}	断气 dø^{11}tɕʰi^{35}	落棺材 luoʔ^{2}kø^{44}zɛ^{44}
12 安吉	寻死 ʑiŋ^{22}sɿ^{52}	断气 dᴇ^{22}tɕʰi^{324}	落材 loʔ^{23}zᴇ^{22}
13 孝丰	寻死 ʑiŋ^{22}sɿ^{52}	断气 de^{24}tɕʰi^{324}	落材 luoʔ^{23}ze^{22}
14 长兴	寻死 ʒiŋ^{12}sɿ^{52}	落气 loʔ^{2}tʃʰɿ^{324}	入殓 zəʔ^{2}li^{12}
15 余杭	自杀 zɿ^{33}saʔ^{5}	断气 døʏ^{33}tɕʰi^{35}	落材 loʔ^{2}zɛ^{13}
16 临安	自杀 zɿ^{33}sɐʔ^{5}	断气 də^{13}tɕʰi^{55}	落棺材 luɔʔ^{2}kœ^{53}zᴇ^{13}
17 昌化	寻死 ʑiəŋ^{11}sɿ^{453}	断气 dɛ̃^{23}tsʰɿ^{544}	落材 luəʔ^{2}zɛ^{112}
18 於潜	寻死 ʑiŋ^{24}sɿ^{53}	断气 dɛ^{24}tɕʰi^{35}	入棺 zæʔ^{2}kuɛ^{433}
19 萧山	寻死 ʑiŋ^{21}ɕɿ^{33}	断气 də^{242}tɕʰi^{42}	落材 ləʔ^{21}ze^{33}
20 富阳	寻死 ʑin^{13}sɿ^{55}	断气 dɛ̃^{224}tɕʰi^{335}	落殓 loʔ^{2}ȵiɛ̃^{224}
21 新登	寻死 zeiŋ^{233}sɿ^{334}	断气 dɛ̃^{21}tɕʰi^{45}	落材 laʔ^{2}ze^{233}
22 桐庐	寻死 ʑiŋ^{13}ɕi^{35}	气蹋⁼勒去 tɕʰi^{33}tʰaʔ^{5}ləʔ^{21}kʰi^{21}	进棺材 tɕiŋ^{33}kuã^{55}dzᴇ^{13}
23 分水	自尽 dzɿ^{24}tɕin^{24}吊死 自杀 dzɿ^{24}sa^{44}	断气 tuə̃^{24}tɕʰi^{21}	入棺 zəʔ^{12}kuã^{44}

续表

方言点	0553 自杀	0554 咽气	0555 入殓
24 绍兴	寻死 ʑiŋ^{22}ɕi^{334}	断气 dø̃^{22}tɕ^{h}i^{33}	入殓 zeʔ^{2}liẽ^{22}
25 上虞	寻死 ʑiŋ^{21}ɕi^{35}	断气 dø̃^{21}tɕ^{h}i^{53}	盛殓 zəŋ^{21}liẽ^{31}
26 嵊州	自杀 zɿ^{24}sɛʔ^{5}	气脱落 tɕ^{h}i^{44}t^{h}əʔ^{3}loʔ^{2}	进棺 tɕiŋ^{33}kuœ̃^{534}
27 新昌	寻死 ʑiŋ^{22}sɿ^{453}	断气 dœ̃^{13}tɕ^{h}i^{335}	入殓 zɤʔ^{2}liɛ̃^{13}
28 诸暨	寻死 ʑin^{21}sɿ^{42}	气返落去 tʃ^{h}ʅ^{33}fɛn^{21}loʔ^{3} k^{h}ie^{33}	盛殓 dzɛn^{33}lie^{33}
29 慈溪	寻死 əŋ^{11}ɕi^{35}	断气 dø^{11}tɕ^{h}i^{44}	入殓 zəʔ^{2}liẽ^{13}
30 余姚	寻死 iə̃^{13}ɕi^{34}	断气 dø̃^{13}tɕ^{h}i^{44}	入殓 zəʔ^{2}liẽ^{13}
31 宁波	寻死 ʑiŋ^{13}ɕi^{35}	断气 dø^{22}tɕ^{h}i^{44}	入殓 zoʔ^{2}li^{13}
32 镇海	寻死 iŋ^{22}ɕi^{35}	断气 dø^{22}tɕ^{h}i^{53}	落殓 loʔ^{2}li^{24}
33 奉化	寻死 ʑiŋ^{33}sɿ^{35}	气滴=落 tɕ^{h}i^{44}tiɪʔ^{5}loʔ^{2}	落殓 loʔ^{2}li^{31}
34 宁海	寻死 ʑiŋ^{21}sɿ^{53}	断气 dø^{33}ts^{h}ɿ^{35}	落材 lɔʔ^{3}zei^{213}
35 象山	寻死 zoŋ^{31}sɿ^{44}	断气 dɤɯ^{13}tɕ^{h}i^{53}	落材 loʔ^{2}dzei^{31}
36 普陀	自杀 zɿ^{11}sɐʔ^{5}	断气 dø^{33}tɕ^{h}i^{55}	落殓 loʔ^{2}li^{45}
37 定海	自杀 zɿ^{11}sɐʔ^{5}	断气 dø^{33}tɕ^{h}i^{44}	落殓 loʔ^{2}li^{13}
38 岱山	自杀 zɿ^{11}sɐʔ^{5}	断气 dø^{33}tɕ^{h}i^{44}	落殓 loʔ^{2}li^{213}
39 嵊泗	自杀 zɿ^{11}sɐʔ^{5}	断气 dʏ^{33}tɕ^{h}i^{53}	落殓 loʔ^{2}li^{213}
40 临海	自杀 ʑɿ^{22}sɛʔ^{5}	断气 dø^{31}tɕ^{h}i^{55}	落材 lɔʔ^{2}ze^{21}
41 椒江	自杀 zɿ^{22}səʔ^{5}	断气 dø^{31}tɕ^{h}i^{55}	落材 loʔ^{2}ze^{41}
42 黄岩	自杀 zɿ^{13}səʔ^{5}	断气 dø^{121}tɕ^{h}i^{55}	落棺材 loʔ^{2}kuø^{35}zø^{41}
43 温岭	自杀 zɿ^{13}səʔ^{5}	断气 dø^{31}tɕ^{h}i^{55}	落棺材 loʔ^{2}kue^{35}ze^{41}
44 仙居	寻死 zen^{33}sɿ^{324}	断气 dø^{21}tɕ^{h}i^{55}	落槨 lɑʔ^{23}kuɑʔ^{5}
45 天台	寻死 ʑiŋ^{22}sɿ^{325}	脱口气 t^{h}əʔ^{32}k^{h}euʔ^{32}k^{h}i^{55}	落材 lɔʔ^{2}ze^{224}
46 三门	寻死 ʑiŋ^{11}sɿ^{325}	断气 dø^{21}tɕ^{h}i^{55}	落材 lɔʔ^{2}ze^{113}

续表

方言点	0553 自杀	0554 咽气	0555 入殓
47 玉环	自刎 zɿ^{22} vəŋ^{31}	断气 dø^{31} tɕʰi^{55}	落材 loʔ^{2} ze^{41}
48 金华	寻死 səŋ^{33} sɿ^{535}	脱气 tʰəʔ^{3} tɕʰi^{55} 断气 tɤ^{53} tɕʰi^{55}	落材 loʔ^{21} zɛ^{313}
49 汤溪	寻死 sã^{33} sɿ^{535}	脱气 tʰə^{55} tɕʰi^{52}	落材 lɔ^{11} sɛ^{52}
50 兰溪	寻死 zin^{21} sɿ^{55}	脱气 tʰəʔ^{34} tɕʰi^{45}	落材 ləʔ^{12} se^{45}
51 浦江	寻死 zən^{11} sɿ^{53}	断气 də̃^{24} tʃʰi^{0} 脱气 tʰə^{55} tʃʰi^{0}	进棺 tsiən^{33} kuɑ̃^{334}
52 义乌	寻死 zən^{22} sɿ^{423}	断气 dɯ^{31} tɕʰi^{45}	沉置 dzən^{22} tsi^{45}
53 东阳	寻死 zɐn^{22} sɿ^{33}	断气 dɯ^{23} tɕʰi^{33}	沉置 dzɐn^{22} tsi^{53}
54 永康	寻死 səŋ^{33} sɿ^{334}	断气 dəŋ^{31} tɕʰi^{52}	落棺 lɑu^{33} kuɑ^{55}
55 武义	寻死 zen^{55} sɿ^{445}	断气 den^{32} tɕʰi^{53}	落棺材 lɔ^{53} kuo^{32} za^{53}
56 磐安	寻死 zɐn^{22} sɿ^{334}	脱气 tʰɛ^{33} tɕʰi^{52}	进棺 tɕiɐn^{33} kɒ^{445}
57 缙云	寻死 zaŋ^{44} sɿ^{51}	脱气 tʰəɤ^{51} tɕʰi^{453}	落材 lɔ^{51} zei^{243}
58 衢州	寻死 ʑin^{21} sɿ^{35} 自杀 zɿ^{231} saʔ^{5}	落气 ləʔ^{2} tsʰɿ^{53}	落材 ləʔ^{2} zɛ^{21}
59 衢江	寻死 ɕiŋ^{33} sɤ^{25}	断气 dɛ^{22} tsʰɿ^{53}	摭落 iaʔ^{5} ləʔ^{2}
60 龙游	寻死 ɕin^{33} sɿ^{35}	没气 məʔ^{2} tɕʰi^{51}	入材 ȵiəʔ^{23} zei^{231}
61 江山	寻死 ʑĩ^{22} sə^{241} 自杀 zə^{22} saʔ^{5}	断气 dəŋ^{22} kʰɵ^{51}	入棺 ʑiᴇʔ^{2} kuɛ̃^{44} 归材 kuᴇ^{24} zᴇ^{213}
62 常山	上吊 dʑiã^{24} tiɤ^{324} 自杀 dzɿ^{22} saʔ^{5}	断气 doŋ^{24} kʰi^{324}	收殓 ɕiu^{52} liɛ̃^{0}
63 开化	自杀 dzɿ^{21} saʔ^{5}	断气 dɤŋ^{21} kʰuei^{412}	下棺 ɔ^{21} kuõ^{44}
64 丽水	自杀 zɿ^{21} sɔʔ^{5}	断气 den^{21} tsʰɿ^{52}	落殓 ləʔ^{21} liɛ^{131}
65 青田	寻死 zaŋ^{22} sɿ^{454}	断气 daŋ^{33} tsʰɿ^{33}	请落方 tɕʰiŋ^{33} loʔ^{3} fo^{445}
66 云和	自杀 zɿ^{223} sɔʔ^{5}	断气 dəŋ^{223} tsʰɿ^{45}	殡殓 piŋ^{44} liɛ^{223}
67 松阳	自杀 zɿə^{21} sɔʔ^{5}	断气 den^{21} tsʰɿ^{24}	落殓 loʔ^{2} liɛ̃^{13}

续表

方言点	0553 自杀	0554 咽气	0555 入殓
68 宣平	寻死 sən44 sɿ445	咽气 guəʔ2 tsʰɿ52	入殓 n̥iəʔ42 liɛ231
69 遂昌	自杀 zɿ21 saʔ5	□气 guɛʔ23 tsʰɿ334	落棺材 lɔʔ23 kuɛ̃55 zei213
70 龙泉	自杀 zɿ21 soʔ5	断气 dɛn21 tsʰɿ45	入殓 n̥iᴇʔ3 liᴇ224 入 n̥iᴇʔ24
71 景宁	寻死 zaŋ55 sɿ33	断气 daŋ33 tɕʰi35	入棺 n̥iəɯʔ23 kuɔ324
72 庆元	自杀 sɿ31 sɑʔ5	断气 təŋ22 tsʰɿ11	殓 liɛ̃31
73 泰顺	寻死路 səŋ21 sɿ22 lø22	断气 təŋ21 tsʰɿ35	殡殓 piŋ22 liɛ22
74 温州	自杀 zɿ24 sa323	断气 daŋ31 tsʰɿ21	入棺 zai2 kø33
75 永嘉	自杀 zɿ13 sa423	断气 daŋ31 tsʰɿ43	入室 zai21 sai423
76 乐清	自杀 zɿ24 sa323	断气 dø31 tɕʰi21	落室 lo24 sɤ323
77 瑞安	寻短剑 zaŋ22 tø53 tɕi42	断气 daŋ31 tɕʰi42	落室 lo2 sa323
78 平阳	自刎 zɿ13 vaŋ35	断气 daŋ13 tɕʰi21	大殡 dᴀ13 peŋ42
79 文成	自杀 zɿ242 sɔ34	断气 daŋ21 tɕʰi33	□枋 gaŋ21 fo33
80 苍南	取死 tɕʰiau42 sɿ53	断气 daŋ31 tɕʰi42	放材 huɔ42 ze31
81 建德徽	寻死 ɕin33 ɕi213	脱气 tʰɐʔ5 tɕʰi33	落材 lo21 sɛ33
82 寿昌徽	寻死 ɕien11 sɿ24 自杀 tsɿ24 səʔ3	脱气 tʰəʔ3 tɕʰi33	眠材 mi33 ɕiæ52
83 淳安徽	寻死 ɕin43 sa55	断气 tʰã53 tɕʰi24	下棺 ho55 kuɑ̃24
84 遂安徽	讨死 tʰɔ24 sɿ213	气跌去 tsʰɿ55 tiɛ21 kʰəɯ55	下棺 xɑ55 kuɑ̃534
85 苍南闽	寻短 tsʰun21 tə43	断气 tɯŋ21 kʰi21	收殡 ɕiu24 pin21
86 泰顺闽	自刎 tsɿ21 uəŋ344	断气 to21 kʰi53	落柴 lou21 tsʰa22
87 洞头闽	自杀 tsɿ21 sɐt5	断气 tɯŋ21 kʰue21	落殓 lɔk21 lian21
88 景宁畲	自戮 sɿ51 lɔʔ5	断气 tʰɔn44 kʰi44	入殓 iʔ2 lian325

方言点	0556 棺材	0557 出殡	0558 灵位
01 杭州	寿材 zei^{13}dzɛ^{213}	出殡 tsʰaʔ^{5}piŋ^{45}	牌位 bɛ^{22}uei^{45}
02 嘉兴	棺材 kuə^{33}zᴇ^{21} 寿材 zei^{21}zᴇ^{33}	出丧 tsʰəʔ^{3}sᴀ̃^{33}	牌位 bᴀ^{13}uei^{42}
03 嘉善	棺材 kø^{35}zɛ^{53}	出丧 tsʰɜʔ^{5}sã^{53}	牌位 ba^{13}vɛ^{53}
04 平湖	棺材 kø^{55}zɛ^{0}	出棺材 tsʰəʔ^{23}kø^{55}zɛ^{0}	牌位 ba^{24}ve^{0}
05 海盐	棺材 kuɤ^{55}zɛ^{21}	出材 tsʰəʔ^{23}zɛ^{21}	牌位 bɑ^{24}ue^{53}
06 海宁	棺材 kue^{55}zei^{55}	出丧 tsʰəʔ^{5}sɑ̃^{55}	牌位 ba^{33}ue^{33}
07 桐乡	棺材 kuᴇ^{44}zᴇ^{44}	出材 tsʰəʔ^{5}zᴇ^{13}	牌位 ba^{13}uei^{53}
08 崇德	棺材 kuᴇ^{44}zᴇ^{44}	出丧 tsʰəʔ^{3}sã^{44}	牌位 bɑ^{21}ui^{44}
09 湖州	棺材 kuɛ^{44}zɛ^{44}	出材 tsʰeʔ^{5}zɛ^{13}	牌位 ba^{33}uei^{35}
10 德清	棺材 køʉ^{44}zɛ^{44}	抬棺材 dɛ^{11}køʉ^{44}zɛ^{44}	牌位 ba^{11}uɛ^{35}
11 武康	棺材 kø^{44}zɛ^{44}	出丧 tsʰɜʔ^{5}sã^{53}	牌位 ba^{11}uɛ^{35}
12 安吉	棺材 kuᴇ^{55}zᴇ^{55}	出丧 tsʰəʔ^{3}sɔ̃^{55}	牌位 ba^{22}ue^{22}
13 孝丰	棺材 kue^{44}ze^{44}	出丧 tsʰəʔ^{5}sɔ̃^{44}	牌位 ba^{22}ue^{22}
14 长兴	棺材 kuɯ^{44}dzɯ^{44}	出丧 tsʰəʔ^{3}sɔ̃^{44}	牌位 ba^{12}uei^{33}
15 余杭	棺材 køʏ^{55}zɛ^{33}	送丧 soŋ^{35}sa^{35}	牌位儿 ba^{33}uɛ^{33}n^{31}
16 临安	棺材 kœ^{53}dzᴇ^{13}	出丧 tsʰɐʔ^{5}sɑ̃^{55}	木主牌位 muɔʔ^{2}tsɿ^{55} bɑ̃^{31}uɛ^{33}
17 昌化	棺材 kuɔ̃^{33}zɛ^{45}	出殡 tsʰəʔ^{5}piəŋ^{334}	牌位 ba^{11}uei^{453}
18 於潜	寿材 ʑiəu^{24}dze^{53}	送葬 soŋ^{35}tsaŋ^{35}	牌位 ba^{24}ue^{24}
19 萧山	棺材 kuə^{33}ze^{33}	出丧 tsʰəʔ^{5}sɔ̃^{33}	牌位 ba^{13}ue^{242}
20 富阳	棺材 kuɛ̃^{55}dzɛ^{55}	送丧 soŋ^{335}sɑ̃^{53}	灵座 lin^{13}zʊ^{55}
21 新登	寿材 ʑy^{21}ze^{13}	出丧 tɕʰyəʔ^{5}sɑ̃^{53}	位牌 ɥ^{233}bɑ^{13}
22 桐庐	棺材 kuã^{55}dzᴇ^{13}	上山 zã^{13}sã^{533}	牌位 bᴀ^{21}uᴇ^{13}
23 分水	棺材 kuã^{44}dzɛ^{21}	送上山 soŋ^{24}zã^{24}sã^{44}	灵牌 lin^{21}bɛ^{24}
24 绍兴	棺材 kuø̃^{33}zᴇ^{231}	出丧 tsʰeʔ^{3}sɑŋ^{53}	木主 moʔ^{2}tɕy^{334} 牌位 ba^{22}uᴇ^{22}
25 上虞	棺材 kuø̃^{33}dze^{213}	出丧 tsʰəʔ^{2}sɔ̃^{35}	牌位 ba^{21}ue^{213}

续表

方言点	0556 棺材	0557 出殡	0558 灵位
26 嵊州	棺材 kuœ̃^{53}zᴇ^{231}	出丧 ts^{h}ɛʔ^{3}sɔŋ^{534}	牌位 ba^{22}uᴇ^{24}
27 新昌	棺材 kuœ̃^{45}ze^{33}	送丧 soŋ^{53}sɔ̃^{534}	神主 zeŋ^{22}tsɿ^{453}
28 诸暨	寿材 zei^{33}ze^{33}	出丧 ts^{h}oʔ^{5}sɑ̃^{33}	牌位 bᴀ^{21}ve^{33}
29 慈溪	棺材 kuø̃^{33}dze^{13}	出丧 ts^{h}əʔ^{5}sɔ̃^{35}	牌位 ba^{13}ue^{0}
30 余姚	棺材 kuø̃^{44}dze^{13}	出丧 ts^{h}əʔ^{5}sɔŋ^{44}	木主爿 moʔ^{2}tsɥ^{44}bã^{13} 牌位 ba^{13}ue^{13}
31 宁波	棺材 ku^{44}dze^{53}	出丧 ts^{h}oʔ^{5}sɔ^{53}	神位爿 zoŋ^{13}uɐi^{22}bɛ^{44}
32 镇海	棺材 kuø^{33}dze^{31}	出丧 ts^{h}oʔ^{5}sɔ̃^{53}	牌位 ba^{22}uei^{31}
33 奉化	棺材 kuø^{44}dze^{31}	出丧 ts^{h}oʔ^{5}sɔ̃^{44}	神主密⁼爿 zoŋ^{33}tsɥ^{44}miɪʔ^{2}bɛ^{33}
34 宁海	棺材 kuø^{34}dzei^{0}	出丧 tɕ^{h}yəʔ^{3}sɔ̃^{34}	牌位 ba^{21}y^{213}/ba^{21}ui^{31} 牌位头 ba^{21}y^{21}diu^{213}
35 象山	棺材 kuei^{44}dzei^{13}	出丧 ts^{h}oʔ^{5}sɔ̃^{44}	牌位 ba^{31}uei^{13}
36 普陀	棺材 kuø^{33}zɛ^{53}	出丧 ts^{h}oʔ^{3}sɔ̃^{53}	牌位 ba^{33}uæi^{53}
37 定海	棺材 kuø^{33}zɛ^{52}	出丧 ts^{h}oʔ^{3}sõ^{52}	神位牌 zoŋ^{33}uɐi^{44}ba^{44} 老 牌位 ba^{33}uɐi^{52} 新
38 岱山	棺材 kuø^{33}zɛ^{52}	出丧 ts^{h}oʔ^{3}sõ^{52}	牌位 ba^{31}uɐi^{0}
39 嵊泗	棺材 kuʏ^{33}ze^{53}	出丧 ts^{h}oʔ^{3}sõ^{53}	牌位 ba^{24}uɐi^{0}
40 临海	棺材 kue^{33}ze^{51}	出丧 tɕ^{h}yʔ^{3}sɔ̃^{31}	牌位 ba^{33}y^{55}
41 椒江	棺材 kuə^{33}ze^{41}	出丧 ts^{h}øʔ^{3}sɔ̃^{42}	牌位 ba^{22}y^{44}
42 黄岩	棺材 kuø^{35}zø^{41}	出丧 ts^{h}øʔ^{3}sɔ̃^{55} 出葬 ts^{h}øʔ^{3}tsɔ̃^{55}	牌位 ba^{13}y^{44}
43 温岭	棺材 kue^{35}ze^{41}	送上山 suŋ^{33}zɔ̃^{31}sɛ^{33}	牌位 ba^{13}y^{41} 小
44 仙居	棺材 kua^{53}zæ^{0} 老屋 lɐɯ^{31}uəʔ^{5}	出丧 tɕ^{h}yɔʔ^{3}sɑ̃^{334}	牌位 ba^{24}y^{55}
45 天台	棺材 kuø^{33}ze^{0} 三板躺 sa^{33}pe^{32}t^{h}ɔ^{51}	出丧 tɕ^{h}yʔ^{5}sɔ^{33}	位牌 y^{21}ba^{224} 位牌头 y^{21}ba^{224}deu^{51}
46 三门	棺材 kuø^{33}ze^{31}	出丧 tɕ^{h}yəʔ^{3}sɔ^{334}	牌位 ba^{13}ue^{55}
47 玉环	棺材 kue^{33}ze^{41}	送上山 soŋ^{33}zɔ̃^{31}sɛ^{42} 出丧 tɕ^{h}yoʔ^{3}sɔ̃^{42}	牌位 ba^{22}y^{44}

续表

方言点	0556 棺材	0557 出殡	0558 灵位
48 金华	棺材 kuɑ^{33}sɛ^{53} 寿材 ɕiu^{55}zɛ^{313}	上山 ɕiɑŋ^{55}sɑ^{334} 老 出殡 tɕʰyəʔ^{3}piŋ^{55} 新	神主牌 ɕiŋ^{33}tɕy^{55}bɑ^{313}
49 汤溪	棺材 kuɑ^{24}zɛ^{0} 寿屋 ʑiəɯ^{11}ou^{55} 寿材 ʑiəɯ^{11}sɛ^{52}	出殡 tɕʰyɤ^{55}mɛ̃i^{52} 出丧 tɕʰyɤ^{55}suɑ^{24}	牌位 bɑ^{11}uei^{52}
50 兰溪	棺材 kuɑ^{334}se^{45}	出殡 tɕʰyəʔ^{34}pin^{45}	神主牌 ʑiæ̃^{21}tɕy^{55}bɑ^{21}
51 浦江	棺材 kuɑ̃^{55}za^{334}	出丧 tɕʰyo^{33}sõ^{334}	灵位 liən^{24}uɛ^{24}
52 义乌	棺材 kua^{33}ze^{45}	出丧 tɕʰyəʔ^{5}sŋ^{w335}	灵位 lən^{22}uai^{45}
53 东阳	棺材 kɔ^{33}dze^{53}	出丧 tsʰoʔ^{4}sɔ^{33}	木主 mou^{23}tsɿ^{33}
54 永康	棺材 kuɑ^{33}zəi^{22}	出丧 tɕʰyə^{33}sɑŋ^{55}	木主 mu^{33}tɕy^{334} 位牌 y^{31}ɓia^{55}
55 武义	棺材 kuo^{32}za^{53}	出门 tɕʰye^{53}men^{324}	牌位 bia^{32}ui^{231}
56 磐安	棺材 kɒ^{33}se^{52} 寿材 ɕiɐɯ^{33}ze^{213}	出丧 tɕʰyɛ^{55}sɒ^{445}	木主 mʌo^{55}tɕy^{334}
57 缙云	棺材 kuɑ^{44}zei^{453}	出葬 tɕʰyɛ^{51}tsɔ^{451}	羹饭牌 ka^{44}vɑ^{213}bɑ^{243} 位牌 y^{21}bɑ^{243}
58 衢州	棺材 kuə̃^{32}sɛ^{53}	出殡 tʃʰyəʔ^{3}pin^{53}	灵位牌 lin^{21}ue^{231}bɛ^{21}
59 衢江	棺材 kuã^{25}sei^{31}	出葬 tɕʰiaʔ^{3}tsɑ̃^{53} 出殡 tɕʰiaʔ^{3}piŋ^{53}	牌位 ba^{22}uei^{231}
60 龙游	棺材 kuã^{35}zei^{21}	出丧 tsʰuəʔ^{4}sã^{334}	位牌 uei^{224}bɑ^{231}
61 江山	棺材 kyɛ̃^{24}zᴇ^{51}	出葬 tɕʰyᴇʔ^{5}tsɒŋ^{51} 出殡 tɕʰyᴇʔ^{5}pɪ̃^{51}	牌位 ba^{22}uᴇ^{51}
62 常山	棺材 kuɔ̃^{52}zɛ̃^{0}	出殡 tsʰɛʔ^{5}pɪ̃^{324}	灵位 lɪ̃^{22}y^{52}
63 开化	棺材 kuõ^{53}zɛ^{0}	出殡 tɕyaʔ^{5}pin^{412}	位牌 y^{21}ba^{231}
64 丽水	棺材 kuã^{224}sɛ^{52}	出葬 tɕʰyɛʔ^{4}tsɔŋ^{52}	牌位 buɔ^{21}uei^{52}
65 青田	棺木 kuɑ^{33}muʔ^{31}	出丧 tɕʰyæʔ^{4}so^{445}	灵牌 leŋ^{55}bɑ^{53}
66 云和	老寿 lɑɔ^{44}ʑiəɯ^{223} 棺材 kuã^{44}za^{312}	出葬 tɕʰyɛʔ^{4}tsɔ̃^{45} 老 出殡 tɕʰyɛʔ^{4}piŋ^{24} 新	灵牌 liŋ^{223}bɔ^{312}
67 松阳	棺材 kuɔ̃^{33}zɛ^{31}	送葬 səŋ^{33}tsoŋ^{24}	牌位 ba^{33}uei^{13}
68 宣平	棺材 kuɑ̃^{44}zei^{433} 寿材 ʑiɯ^{22}zei^{433}	出丧 tɕʰyəʔ^{4}sɔ̃^{324}	牌位 ba^{43}uei^{231}

续表

方言点	0556 棺材	0557 出殡	0558 灵位
69 遂昌	棺材 kuɛ̃^{55} zei^{213}	送葬 səŋ^{55} tsəŋ^{334}	牌位 ba^{22} uei^{213}
70 龙泉	棺材 kuaŋ^{45} zᴇ^{21}	出殡 tɕʰyoʔ^{3} pin^{45}	灵牌 lin^{45} ba^{21}
71 景宁	棺材 kuɔ^{33} zai^{41} 枋 fɔŋ^{324}	抬出去 dai^{41} tɕʰyœʔ^{3} kʰi^{35}	灵牌 liŋ^{33} ba^{41}
72 庆元	棺材 kuɑ̃^{33} sæi^{52}	送葬 soŋ^{11} tsɔ̃^{11}	灵位 liŋ^{52} y^{31}
73 泰顺	棺材 kuã^{22} sɛ^{53}	出殡 tɕʰyɛʔ^{2} piŋ^{35}	灵牌 liŋ^{21} pa^{53}
74 温州	寿枋 iɤu^{31} huɔ^{33}	出丧 tɕʰy^{3} suɔ^{33}	灵牌 ləŋ^{22} ba^{223}
75 永嘉	棺材 ky^{33} ze^{21} 百岁 pa^{43} sɥ^{53} 婉称	出丧 tɕʰy^{43} sɔ^{44}	牌位 ba^{22} u^{13} 殡前 香炉 ɕiɛ^{33} ləɯ^{21} 殡后
76 乐清	寿枋 ziu^{31} fɔ^{44}	出丧 tɕʰyᴇ^{3} sɔ^{44}	灵牌 leŋ^{22} be^{223}
77 瑞安	棺材 ky^{33} ze^{21}	出丧 tɕʰy^{3} so^{44}	牌位 ba^{22} ʏ^{13}
78 平阳	棺材 kye^{33} ze^{13}	葬坟 tʃo^{33} vaŋ^{42}	牌位 bᴀ^{21} vʉ^{35}
79 文成	棺材 kuø^{33} ze^{33} 百岁枋 pa^{21} səy^{33} fo^{33} 婉称	送坟 soŋ^{33} vaŋ^{13}	牌位 bɔ^{212} vʉ^{113}
80 苍南	百岁 pa^{3} ɕy^{53} 棺材 kyɛ^{33} ze^{21} 棺木 kyɛ^{44} mu^{112}	出殡 tɕʰyɛ^{3} peŋ^{44}	牌位 bia^{11} y^{53} 灵位 leŋ^{11} y^{53}
81 建德徽	棺材 kuɛ^{21} sɛ^{55}	出殡 tɕʰyɐʔ^{5} pin^{33}	灵位 lin^{33} ue^{55}
82 寿昌徽	棺材 kuə^{11} ɕiæ^{55}	出殡 tɕʰyəʔ^{3} pien^{33}	位牌 uei^{33} pʰɑ^{52}
83 淳安徽	棺材 kuɑ̃^{24} ɕie^{21}	出殡 tsʰuəʔ^{5} pin^{24}	灵位 lin^{43} ve^{53} 灵牌 lin^{43} pʰɑ^{435}
84 遂安徽	棺桐 kuɑ̃^{55} sɿ^{213}	出殡 tɕʰy^{33} pin^{534}	牌位 pʰa^{33} vəɯ^{52}
85 苍南闽	棺材 kũã^{21} tsʰa^{24}	葬墓 tsɑŋ^{24} bɔ^{21}	灵牌 lin^{21} pai^{24}
86 泰顺闽	寿枋 ɕiøu^{22} fo^{213} 棺材 kuæŋ^{22} tsʰai^{22}	送葬 səŋ^{21} tso^{53}	牌主 pei^{21} tsøi^{344}
87 洞头闽	棺材 kuã^{33} tsʰa^{24}	出丧 tsʰuət^{5} soŋ^{24}	木主 bo^{21} tsu^{53}
88 景宁畲	枋 fɔŋ^{44} 棺材 kuən^{44} tsʰuei^{22}	出丧 tɕʰyʔ^{5} saŋ^{44}	大位名 tʰɔi^{51} uei^{51} miaŋ^{22}

方言点	0559 坟墓单个的，老人的	0560 上坟	0561 纸钱
01 杭州	坟 vəŋ^{213}	上坟 zaŋ^{13} vəŋ^{213}	窠= 儿纸 kʰəu^{33} əl^{45} tsɿ^{53}
02 嘉兴	坟墩 vəŋ^{21} təŋ^{33}	上坟 zᴀ̃^{13} vəŋ^{242}	锡箔 ɕieʔ^{5} poʔ^{5} 三黄纸 sᴇ^{33} uᴀ̃^{24} tsɿ^{21}
03 嘉善	坟墩 vən^{13} tən^{53}	上坟 zã^{22} vən^{53}	冥币 min^{55} bi^{0}
04 平湖	坟墩 vən^{24} tən^{53}	上坟 zɑ̃^{21} vən^{53}	黄千纸 uɑ̃^{21} tsʰiɛ^{55} tsɿ^{31}
05 海盐	坟墩 vən^{24} tən^{53}	上坟 zɑ̃^{53} vən^{31}	黄纸头 uɑ̃^{24} tsɿ^{55} de^{21}
06 海宁	坟墩 vəŋ^{33} təŋ^{55}	上坟 za^{33} vəŋ^{33}	黄千纸 uɑ̃^{33} tɕʰie^{55} tsɿ^{55}
07 桐乡	坟墩 vəŋ^{21} təŋ^{44}	上坟 zɒ̃^{242} vəŋ^{13}	黄纸窠= ɒ̃^{21} tsɿ^{44} kʰəu^{44}
08 崇德	坟墩 vəŋ^{21} təŋ^{44}	上坟 zã^{242} vəŋ^{13}	黄纸窠= uã^{21} tsɿ^{44} kʰu^{44}
09 湖州	坟墩墩 vən^{13} tən^{33} tən^{35}	上坟 zã^{35} vən^{13}	纸头 tsɿ^{53} døʉ^{13}
10 德清	坟墩头 ven^{11} ten^{44} døʉ^{44}	上坟 zã^{11} ven^{13}	冥币 min^{35} bi^{0}
11 武康	坟墩头 ven^{11} ten^{33} dø^{35}	上坟 zã^{11} ven^{13}	佛纸 vɜʔ^{2} tsɿ^{53}
12 安吉	坟 vəŋ^{22}	上坟 zɔ̃^{24} vəŋ^{22}	媒头纸 me^{22} dəɪ^{22} tsɿ^{22}
13 孝丰	坟墩头 vəŋ^{22} təŋ^{22} dəɪ^{22}	上坟 zɔ̃^{24} vəŋ^{22}	媒头纸 me^{22} dəɪ^{22} tsɿ^{22}
14 长兴	坟 vəŋ^{12}	上坟 zɔ̃^{24} vəŋ^{21}	火纸 həu^{45} tsɿ^{21}
15 余杭	坟堆头儿 viŋ^{31} tɛ^{55} døʏ^{33} n^{31}	上坟 zɑ̃^{33} viŋ^{31}	元宝 iẽ^{31} pɔ^{35}
16 临安	坟圹洞 veŋ^{33} kʰɑ̃^{33} doŋ^{33}	上坟 zɑ̃^{33} veŋ^{33}	阿弥陀佛 o^{33} mi^{33} do^{33} vuɔʔ^{2}
17 昌化	坟堆 vəŋ^{11} tɛ^{334}	上坟 zɔ̃^{23} vəŋ^{112}	锡箔 ɕiɛʔ^{5} buəʔ^{5}
18 於潜	坟 feŋ^{223}	上坟 zaŋ^{24} veŋ^{31}	纸钞票 tsɿ^{53} tsʰɔ^{433} pʰiɔ^{31}
19 萧山	坟头 vəŋ^{13} dio^{33}	上坟 zã^{13} vəŋ^{335}	银锭 ȵiŋ^{13} diŋ^{42}
20 富阳	坟头 vən^{13} dei^{55}	上坟 zɑ̃^{224} vən^{55}	佛 vɛʔ^{2}
21 新登	坟头 veiŋ^{233} dəu^{233}	上坟 zɑ̃^{21} veiŋ^{13}	烧花 sɔ^{53} hua^{53}
22 桐庐	坟头 vəŋ^{21} dei^{13}	上坟 zã^{13} vəŋ^{13}	纸钞票 tsɿ^{33} tsʰɔ^{21} pʰiɔ^{33} 锡箔 ɕiəʔ^{5} bəʔ^{13} 香纸 ɕiã^{33} tsɿ^{13}
23 分水	坟头 vən^{21} dɵ^{24}	上坟 zã^{24} vən^{21}	锡箔 ɕiəʔ^{5} bəʔ^{12}
24 绍兴	坟头 vẽ^{22} dɤ^{231}	上坟 zaŋ^{22} vẽ^{231}	佛陀 veʔ^{2} du^{231} 元宝 ȵyø̃^{22} pɔ^{334}

续表

方言点	0559 坟墓单个的，老人的	0560 上坟	0561 纸钱
25 上虞	坟头 uəŋ^{21}dɤ^{213}	上坟 zɔ̃^{21}uəŋ^{213}	窠$^{=}$纸 kʰʊ^{33}tsɿ^{33}
26 嵊州	墓 mo^{24}	上坟 zaŋ^{24}uəŋ^{213}	佛子 uɛʔ^{2}tsɿ^{53}
27 新昌	坟 veŋ^{22}	上坟 zaŋ^{22}veŋ^{22}	烧经 sɔ^{33}tɕiŋ^{534}
28 诸暨	坟头 vɛn^{21}dei^{242}	上坟 zɑ̃^{21}vɛn^{13}	经票 tɕin^{42}pʰiɔ^{33} 黄色，念过经的
29 慈溪	坟头 vəŋ^{11}dø^{13}	上坟 zɔ̃^{11}vəŋ^{13}	库纸 kʰu^{44}tsɿ^{44}
30 余姚	坟 və̃^{13} 坟头 və̃^{13}dø^{13}	上坟 zɔŋ^{13}və̃^{13}	死人钞票 ɕi^{34}ȵiə̃^{13}tsʰɔ^{44}pʰiɔ^{53}
31 宁波	坟 vəŋ^{13} 坟头 vəŋ^{13}dœʏ^{0}	上坟 zɔ^{22}vəŋ^{13}	锡箔 ɕiəʔ^{5}boʔ^{2}
32 镇海	坟 vəŋ^{24}	上坟 zɔ̃^{22}vəŋ^{24}	锡箔 ɕieʔ^{5}boʔ^{2}
33 奉化	单穴 tɛ^{44}yoʔ^{2}	上坟 zɔ̃^{33}vəŋ^{33}	黄钱 uɔ̃^{33}dʑi^{31}
34 宁海	坟 vəŋ^{213}	应坟 iŋ^{33}vəŋ^{213} 加坟 ko^{33}vəŋ^{213}	千张 tɕʰie^{33}tɕiã^{34}
35 象山	椟圹头 doʔ^{2}kʰɔ̃^{44}dɤɯ^{13}	上坟 zɔ̃^{13}vəŋ^{31}	锡箔 ɕieʔ^{5}boʔ^{2}
36 普陀	坟 vɐŋ^{24} 墓 məu^{13}	上坟 zɔ̃^{33}vɐŋ^{24}	锡箔 ɕiɛʔ^{5}bɐʔ^{0} 纸铜钿 tsɿ^{55}doŋ^{55}ȵi^{55}
37 定海	坟 vɐŋ^{23}	上坟 zõ^{33}vɐŋ^{45}	纸铜钿 tsɿ^{44}doŋ^{44}di^{44}
38 岱山	坟 vɐŋ^{23}	上坟 zõ^{33}vɐŋ^{45}	纸铜钿 tsɿ^{44}doŋ^{44}ȵi^{44}
39 嵊泗	坟 vɐŋ^{243}	上坟 zõ^{33}vɐŋ^{243}	纸铜钿 tsɿ^{44}doŋ^{44}ȵi^{44}
40 临海	坟 vəŋ^{21}	上坟 zɔ̃^{33}vəŋ^{21}	千张 tɕʰi^{55}tɕiã^{31}
41 椒江	坟 vəŋ^{31}	上坟 zɔ̃^{44}vəŋ^{31} 拜坟岁 pa^{33}vəŋ^{22}sɥ^{55}	千张 tɕʰie^{55}tɕiã^{42} 福寿纸 fəʔ^{3}ʑiu^{22}tsɿ^{42}
42 黄岩	坟 vən^{121}	上坟 zɔ̃^{44}vən^{41} 拜坟岁 pa^{33}vən^{22}sɥ^{55} 正月里上坟	千张 tɕʰie^{35}tɕiã^{32} 福寿纸 fəʔ^{3}iu^{22}tsɿ^{42}
43 温岭	坟 vən^{31}	上坟 zɔ̃^{44}vən^{31}	千张 tɕʰie^{55}tɕiã^{31}
44 仙居	坟 ven^{213}	上坟 ʑia^{21}ven^{213}	烧纸 ɕiɐɯ^{33}tsɿ^{324}
45 天台	坟 vəŋ^{224} 坟头 vəŋ^{224}deu^{0}	上坟 zɔ^{21}vəŋ^{224}	小纸 ɕieuʔ^{32}tsɿ^{325}

续表

方言点	0559 坟墓单个的，老人的	0560 上坟	0561 纸钱
46 三门	坟 vəŋ^{113}	爱⁼坟 e^{55} vəŋ^{31}	千张 tɕʰie^{33} tɕiɑ̃^{334}
47 玉环	坟 vəŋ^{31}	上坟 zɔ̃^{44} vəŋ^{41}	金银纸 tɕiŋ^{33} ȵiŋ^{22} tsɿ^{42}
48 金华	坟头 vəŋ^{31} diu^{14}	上坟 ɕiɑŋ^{55} vəŋ^{313}	纸铜钿 tsɿ^{55} doŋ^{31} die^{14}
49 汤溪	坟头 vã^{11} təɯ^{52}	上坟 ʑiɔ^{11} vã^{11}	纸钿 tsɿ^{52} die^{11}
50 兰溪	坟头 væ̃^{21} dəɯ^{24}	上坟 ɕiɑŋ^{55} væ̃^{24}	交子 kɔ^{334} tsɿ^{55} 纸制 锡箔 ɕiəʔ^{34} bɔʔ^{12} 锡制
51 浦江	坟头 vən^{24} dɤ^{334}	上坟 ʑyõ^{11} vən^{243}	烧纸 sɯ^{33} tʃi^{53}
52 义乌	坟头 bən^{22} tɐɯ^{45}	上坟 zɯa^{24} bən^{213}	烧纸 sɯɤ^{45} tsi^{423} 银锭 ȵiən^{22} dən^{312}
53 东阳	坟头 vɐn^{22} dəɯ^{53}	上坟 dʑiɔ^{23} vɐn^{33}	烧纸 ɕio^{33} tsi^{35}
54 永康	坟 vəŋ^{22}	祭清 tɕie^{33} tɕʰiŋ^{55}	阴司钞票 iŋ^{33} sɿ^{55} tsʰɑu^{31} pʰiɑu^{52}
55 武义	坟头 ven^{32} dɑu^{31}	祭清明 tɕie^{55} tɕʰin^{32} min^{53}	利市 li^{55} zɿ^{13} 纸制 锡箔 sɔʔ^{5} bɔ^{213} 锡制
56 磐安	坟 vɐn^{213}	上坟 tɕiɒ^{33} vɐn^{213}	银两 ȵiɐn^{22} liɒ^{334}
57 缙云	坟 vaŋ^{243}	祭坟 tsɿ^{44} vaŋ^{243}	纸银 tsɿ^{51} ȵiɛŋ^{243}
58 衢州	坟头 vən^{21} de^{231}	上坟 ʒyã^{231} vən^{21}	纸钿 tʃy^{35} diẽ^{21}
59 衢江	坟头 vɛ^{22} ty^{53}	上坟 tɕiã^{33} vɛ^{212}	纸 tɕyø^{25} 钞票 tsʰɔ^{33} pʰiɔ^{25}
60 龙游	坟头 vən^{224} dəɯ^{231}	上坟 dzã^{224} vən^{231}	纸钱 tsɿ^{35} die^{21}
61 江山	坟 vɛ̃^{213}	上坟 dʑiaŋ^{22} vɛ̃^{213}	金银 kɵ̃^{24} ŋɵ̃^{51}
62 常山	坟 vɔ̃^{341}	上坟 dʑiã^{22} vɔ̃^{341}	纸钱 tɕie^{43} diɛ̃^{341}
63 开化	坟 vɛn^{231}	上坟 dʑiã^{21} vɛn^{231}	纸钿 tɕiɛ^{53} diɛ̃^{231}
64 丽水	坟 ven^{22} 墓 mu^{131}	上坟 dʑiã^{22} ven^{22}	纸马 tsɿ^{44} muo^{544}
65 青田	坟 vaŋ^{21}	拜坟 ɓɑ^{33} vaŋ^{53}	纸板 tsɿ^{33} ɓɑ^{454}
66 云和	坟 vəŋ^{312}	醮亲 tɕiɑɔ^{44} tɕʰiŋ^{24}	烧纸 ɕiɑɔ^{44} tsɿ^{41}
67 松阳	坟 ven^{31}	上坟 dʑiã^{22} ven^{31}	纸钿 tsɿə^{33} diɛ̃^{31}

续表

方言点	0559 坟墓单个的，老人的	0560 上坟	0561 纸钱
68 宣平	坟 vən^{433}	上坟 dʑiɑ̃^{22} vən^{433}	利市锡箔 li^{22} zɿ^{22} ɕiəʔ^{4} bəʔ^{23}
69 遂昌	坟 vəŋ^{221}	上坟 dʑiaŋ^{13} vəŋ^{221}	草纸香 tsʰɐɯ^{33} tɕiɛ^{53} ɕiaŋ^{45}
70 龙泉	坟 vɛn^{21}	上坟 dʑiaŋ^{21} vɛn^{21}	纸钱 dʑi^{21} diᴇ^{21}
71 景宁	坟 vaŋ^{41}	醮坟 tɕiɑu^{33} vaŋ^{41}	烧纸 ɕiɑu^{55} tɕi^{33}
72 庆元	墓 mɤ^{31}	挂纸 ko^{11} tɕiᴇ^{33} 醮坟 tɕiɒ^{11} fəŋ^{52}	纸钿 tɕiᴇ^{33} tiɛ̃^{52}
73 泰顺	坟 uoŋ^{53}	祭坟 tsɿ^{22} uoŋ^{53}	纸钿 tsɿ^{22} tiɛ^{53}
74 温州	坟 vaŋ^{31}	上坟 i^{2} vaŋ^{31}	九十 tɕiau^{45} zai^{212}
75 永嘉	坟 vaŋ^{31}	上坟 iɛ^{21} vaŋ^{31}	冥币 meŋ^{31} bei^{22}
76 乐清	坟 vaŋ^{31}	上坟 ziɯʌ^{2} vaŋ^{31}	银纸 ȵiaŋ^{31} tɕi^{35} 粗纸 tɕʰy^{42} tɕi^{35}
77 瑞安	坟 vaŋ^{31}	拜坟 pa^{3} vaŋ^{31}	纸钿 tsei^{53} di^{21}
78 平阳	坟头 vaŋ^{21} dɛu^{13}	上坟 ie^{13} vaŋ^{42}	纸钿 tɕi^{33} die^{21}
79 文成	坟 vaŋ^{113}	拜坟 pɔ^{42} vaŋ^{13} 上坟 ʑie^{33} vaŋ^{13}	烧纸 ɕyø^{33} tɕi^{45}
80 苍南	坟 uaŋ^{31}	上坟 dʑiɛ^{31} uaŋ^{31}	纸钿 tɕi^{53} diɛ^{31}
81 建德徽	坟头 fən^{33} tɤɯ^{33}	上坟 so^{21} fən^{33}	买路钿 mɑ^{21} lu^{55} tie^{33}
82 寿昌徽	坟 fen^{52}	上坟 sɑ̃^{33} fen^{52}	纸钿 tsɿ^{33} tʰi^{52}
83 淳安徽	坟 fen^{435}	上坟 sɑ̃^{53} fen^{435}	纸洋钱 tsa^{55} iɑ̃^{21} ɕiã^{21}
84 遂安徽	坟 fəŋ^{33}	上坟 ɕiɑ̃^{55} fəŋ^{33}	冥票 min^{33} pʰiɔ^{52}
85 苍南闽	墓 bɔ^{21}	象$^{=}$墓 tɕʰiɯŋ^{21} bɔ^{21}	纸钱 tsua^{33} tɕĩ^{24}
86 泰顺闽	坟 fəŋ^{22}	祭坟 tsei^{34} fəŋ^{22}	纸钱 tɕia^{34} tɕie^{22}
87 洞头闽	墓 bɔ^{21}	扫墓 sau^{53} bɔ^{21}	钞票仔 tsʰau^{21} pieu^{21} ua^{53}
88 景宁畲	坟 pʰuən^{22}	祭坟 tɕie^{44} pʰuən^{22}	烧纸 ɕiəu^{44} tɕi^{325} 纸钱 tɕi^{55} tsʰan^{22}

方言点	0562 老天爷	0563 菩萨统称	0564 观音
01 杭州	老天爷 lɔ^{55}tʰiɛ^{33}ia^{0}	菩萨 bu^{22}saʔ^{5}	观音 kuo^{33}iŋ^{45}
02 嘉兴	老天 lɔ^{21}tʰie^{42}	菩萨 bu^{21}sᴀʔ^{5}	观音菩萨 kuə^{33}iŋ^{33}bu^{21}sᴀʔ^{1}
03 嘉善	老天爷 lɔ^{22}tʰiɪ^{35}ia^{53}	菩萨 bu^{22}sɜʔ^{5}	观音娘娘 kø^{35}in^{53}ȵiã^{13}ȵiã^{0}
04 平湖	天老爷 tʰiɛ^{55}lɔ^{0}ia^{0}	菩萨 bu^{24}saʔ^{0}	观音菩萨 kø^{55}in^{0}bu^{0}saʔ^{0}
05 海盐	天公公 tʰiɛ^{55}koŋ^{55}koŋ^{21}	菩萨 bu^{21}saʔ^{5}	观音菩萨 kuɤ^{55}in^{55}bu^{21}saʔ^{5}
06 海宁	天老爷 tʰie^{55}lɔ^{55}ia^{55}	菩萨 bu^{33}saʔ^{5}	观世音娘娘 kue^{55}sɿ^{55}iŋ^{55}ȵiã^{55}ȵiã^{55}
07 桐乡	天老爷 tʰiᴇ^{44}lɔ^{44}ia^{44}	菩萨 bu^{13}saʔ^{0}	观音菩萨 kuᴇ^{44}in^{44}bu^{44}saʔ^{0}
08 崇德	老天爷 lɔ^{55}tʰiɪ^{0}iɑ^{0}	菩萨 bu^{21}saʔ^{5}	观音菩萨 kuᴇ^{44}in^{44}bu^{44}saʔ^{4}
09 湖州	天伯伯 tʰie^{44}pa^{44}pa^{44}	菩萨 bəu^{33}saʔ^{5}	观世音娘娘 kuɛ^{44}sɿ^{44}in^{44}ȵiã^{44}ȵiã^{44}
10 德清	天浪⁼菩萨 tʰie^{44}lã^{44}bu^{44}saʔ^{5}	菩萨 bu^{11}saʔ^{5}	观音菩萨 køʉ^{44}in^{44}bu^{44}saʔ^{5}
11 武康	天浪⁼菩萨 tʰiɪ^{44}lã^{44}bu^{44}sɜʔ^{5}	菩萨 bu^{11}sɜʔ^{5}	观音菩萨 kø^{44}in^{44}bu^{44}sɜʔ^{5}
12 安吉	天菩萨 tʰi^{55}bu^{55}sɐʔ^{5}	菩萨 bu^{22}sɐʔ^{2}	观音 kuᴇ^{55}iŋ^{55}
13 孝丰	老天 lɔ^{32}tʰiɪ^{44}	菩萨 bu^{22}saʔ^{2}	观音菩萨 kue^{44}iŋ^{44}bu^{44}saʔ^{5} 观音娘娘 kue^{44}iŋ^{44}ȵiã^{44}ȵiã^{44}
14 长兴	老天菩萨 lɔ^{45}tʰi^{55}bu^{55}saʔ^{2}	菩萨 bu^{12}saʔ^{2}	观世音 kuɯ^{44}sɿ^{44}iŋ^{44}
15 余杭	老天爷 lɔ^{31}tʰiẽ^{53}iẽ^{31}	菩萨 bu^{33}saʔ^{5}	观音菩萨 kuõ^{55}iŋ^{55}bu^{33}saʔ^{5}
16 临安	老天 lɔ^{33}tʰie^{53}	菩萨 bu^{33}sɐʔ^{5}	观音 kœ^{53}ieŋ^{33}
17 昌化	老天爷 lɔ^{23}tʰiɪ̃^{33}ie^{45}	菩萨 bu^{11}saʔ^{5}	观音菩萨 kuɔ̃^{33}iəŋ^{44}bu^{44}saʔ^{5} 观音娘娘 kuɔ̃^{33}iəŋ^{44}ȵiã^{11}ȵiã^{334}

续表

方言点	0562 老天爷	0563 菩萨统称	0564 观音
18 於潜	老天 lɔ^{53}tʰie^{31}	菩萨 bu^{22}sɐʔ^{53}	观音菩萨 kuɛ^{43}iŋ^{433} bu^{22}sɐʔ^{53} 观音娘娘 kuɛ^{43}iŋ^{433} ȵiaŋ^{22}ȵiaŋ^{24}
19 萧山	老天菩萨 lɔ^{13}tʰie^{33}bu^{21}saʔ^{21}	菩萨 bu^{13}saʔ^{21}	观音菩萨 kuə^{33}iŋ^{33} bu^{13}saʔ^{5}
20 富阳	天公菩萨 tʰiɛ̃^{55}koŋ^{55}bu^{55} saʔ^{5}	菩萨 bu^{13}saʔ^{5}	观音菩萨 kuɛ̃^{55}in^{55} bu^{13}saʔ^{5}
21 新登	天公 tʰiɛ̃^{53}koŋ^{334}	菩萨 bu^{233}saʔ^{5}	观音菩萨 kuɛ^{53}eiŋ^{334} bu^{233}saʔ^{5}
22 桐庐	老天爷 lɔ^{33}tʰie^{21}ie^{33}	菩萨 bu^{21}saʔ^{5}	观音菩萨 kuã^{33}iŋ^{33} bu^{21}saʔ^{5}
23 分水	老天爷 lɔ^{44}tʰiɛ̃^{33}ie^{0}	菩萨 bu^{21}saʔ^{5}	观音 kuã^{44}in^{44}
24 绍兴	老天 lɔ^{24}tʰiẽ^{31}	菩萨 bu^{22}sɛʔ^{5}	观音菩萨 kuø^{33}iŋ^{33} bu^{24}sɛʔ^{3}
25 上虞	老天菩萨 lɔ^{21}tʰiẽ^{33}bu^{21}sɐʔ^{5}	菩萨 bu^{21}sɐʔ^{5}	观世音 kuø̃^{33}sɿ^{55}iŋ^{53}
26 嵊州	老天菩萨 lɔ^{24}tʰiẽ^{44}pu^{33} sɛʔ^{3} 老 老天爷 lɔ^{24}tʰiẽ^{44}ia^{31} 新	菩萨 bu^{22}sɛʔ^{5}	观音娘娘 kuœ̃^{53}iŋ^{33} ȵiaŋ^{33}ȵiaŋ^{231}
27 新昌	老天菩萨 lɔ^{22}tʰiɛ̃^{45}bɤ^{33}sɛʔ^{3}	菩萨 bɤ^{22}sɛʔ^{5}	观音菩萨 kuœ̃^{33}iŋ^{33} bɤ^{22}sɛʔ^{5}
28 诸暨	老天菩萨 lɔ^{13}tʰie^{42}bu^{21}saʔ^{21}	菩萨 bu^{21}saʔ^{5}	观音 kuə^{21}in^{42}
29 慈溪	老天 lɔ^{11}tʰiẽ^{35}	菩萨 bu^{11}saʔ^{5}	观世音 kuø̃^{35}sɿ^{44}iŋ^{0} 观音菩萨 kuø̃^{35}iŋ^{0}bu^{11} saʔ^{2}
30 余姚	老天菩萨 lɔ^{13}tʰiẽ^{44}bu^{13}saʔ^{5} 老天爷 lɔ^{13}tʰiẽ^{44}ia^{13}	菩萨 bu^{13}saʔ^{5}	观音菩萨 kuø̃^{44}iə̃^{44} bu^{13}saʔ^{5} 观世音菩萨 kuø̃^{44}sɿ^{44} iə̃^{44}bu^{13}saʔ^{5}
31 宁波	老天爷 lɔ^{13}tʰi^{0}ia^{0}	菩萨 bu^{13}saʔ^{5}	观世音 ku^{44}sɥ^{53}iŋ^{0}
32 镇海	老天爷 lɔ^{22}tʰi^{33}ia^{22}	菩萨 bu^{24}saʔ^{5}	观音菩萨 kuø^{33}iŋ^{33}bu^{24} saʔ^{5}
33 奉化	老天 lʌ^{33}tʰi^{53}	菩萨 bu^{33}saʔ^{5}	观世音菩萨 kuø^{44}sɥ^{44} iŋ^{44}bu^{33}saʔ^{2}

续表

方言点	0562 老天爷	0563 菩萨统称	0564 观音
34 宁海	天 $t^{h}ie^{423}$	菩萨 $bu^{22}sa?^{5}$	观音菩萨 $ku\text{ø}^{33}i\eta^{33}bu^{22}sa?^{5}$
35 象山	老天爷 $l\text{ɔ}^{31}t^{h}i^{44}ia^{0}$	菩萨 $b\text{ə}u^{31}sa?^{5}$	观音菩萨 $ku\text{ɤɯ}^{44}i\eta^{44}b\text{ə}u^{31}sa?^{5}$
36 普陀	老天爷 $l\text{ɔ}^{23}t^{h}i^{0}ia^{0}$	菩萨 $bu^{33}s\text{ɐ}?^{5}$	观音 $ku\text{ø}^{33}i\eta^{53}$
37 定海	老天爷 $l\text{ɔ}^{23}t^{h}i^{0}ia^{0}$	菩萨 $bu^{33}s\text{ɐ}?^{5}$	观世音菩萨 $ku\text{ø}^{33}s\text{ɿ}^{44}i\eta^{44}bu^{33}s\text{ɐ}?^{5}$
38 岱山	老天爷 $l\text{ɔ}^{23}t^{h}i^{0}ia^{0}$	菩萨 $bu^{33}s\text{ɐ}?^{5}$	观世音菩萨 $ku\text{ø}^{33}s\text{ɿ}^{44}i\eta^{0}bu^{0}s\text{ɐ}?^{0}$
39 嵊泗	老天爷 $l\text{ɔ}^{34}t^{h}i^{0}ia^{0}$	菩萨 $bu^{33}s\text{ɐ}?^{5}$	观世音菩萨 $ku\text{ʏ}^{44}s\text{ɿ}^{44}i\eta^{44}bu^{33}s\text{ɐ}?^{0}$ 观音菩萨 $ku\text{ʏ}^{44}i\eta^{44}bu^{33}s\text{ɐ}?^{0}$
40 临海	老天爷 $l\text{ɔ}^{42}t^{h}ie^{35}ia^{51}$	老爷 $l\text{ɔ}^{33}ia^{31}$	观世音 $kue^{33}\text{ɕ}i^{33}i\eta^{31}$
41 椒江	老天爷 $l\text{ɔ}^{42}t^{h}ie^{35}ia^{41}$	菩萨 $bu^{22}sa?^{5}$ 老爷 $l\text{ɔ}^{53}ia^{41}$	观世音 $ku\text{ə}^{33}s\text{ɥ}^{33}i\eta^{42}$
42 黄岩	老天爷 $l\text{ɔ}^{42}t^{h}ie^{35}ia^{41}$	菩萨 $bu^{13}s\text{ə}?^{5}$ 观音佛 $ku\text{ø}^{33}in^{33}v\text{ə}?^{2}$	观世音 $ku\text{ø}^{33}s\text{ɥ}^{33}in^{32}$ 观音佛 $ku\text{ø}^{33}in^{33}v\text{ə}?^{2}$
43 温岭	老天爷 $l\text{ɔ}^{42}t^{h}ie^{35}ia^{41}$	菩萨 $bu^{13}s\text{ə}?^{5}$	观世音 $kue^{33}\text{ɕ}i^{33}in^{33}$
44 仙居	老天爷 $l\text{ɐɯ}^{31}t^{h}ie^{53}i^{0}$	老爷 $l\text{ɐɯ}^{31}y\text{ɑ}^{213}$	观音菩萨 $ku\tilde{\text{ɑ}}^{33}in^{33}bo^{33}s\text{ɑ}?^{5}$
45 天台	天 $t^{h}ie^{33}$	老爷 $lau^{21}ia^{224}$	观音菩萨 $ku\text{ø}^{33}i\eta^{33}bu^{22}sa?^{5}$
46 三门	老天爷 $l\text{ɑ}u^{32}t^{h}ie^{33}ia^{31}$	菩萨 $bu^{11}s\text{ɐ}?^{5}$	观音菩萨 $ku\text{ɛ}^{33}i\eta^{33}bu^{11}s\text{ɐ}?^{5}$
47 玉环	老天爷 $l\text{ɔ}^{42}t^{h}ie^{42}ia^{41}$	菩萨 $bu^{22}s\text{ɐ}?^{5}$	观世音 $kue^{33}\text{ɕ}i^{55}i\eta^{42}$
48 金华	天老爷 $t^{h}ia^{33}l\text{ɑ}o^{55}ia^{0}$	菩萨 $bu^{31}s\text{ə}?^{5}$	观音菩萨 $ku\text{ɑ}^{33}i\eta^{55}bu^{31}s\text{ə}?^{5}$
49 汤溪	老天爷 $l\text{ɔ}^{11}t^{h}ie^{24}i\text{ɑ}^{0}$	菩萨 $bu^{11}su\text{ɑ}^{55}$	观音菩萨 $ku\text{ɑ}^{33}i\tilde{\text{ɛ}}i^{33}pu^{33}su\text{ɑ}^{55}$
50 兰溪	老天 $l\text{ɔ}^{55}t^{h}ia^{334}$	菩萨 $bu^{21}s\text{ə}?^{34}$	观音娘娘 $ku\text{ɑ}^{334}in^{334}\text{ȵ}ia\eta^{21}\text{ȵ}ia\eta^{24}$
51 浦江	天公 $t^{h}i\tilde{\text{ɑ}}^{55}kon^{334}$	菩萨 $bu^{24}s\text{ɑ}^{423}$	观音娘娘 $kuan^{55}i\text{ə}n^{33}\text{ȵ}y\tilde{o}^{33}\text{ȵ}y\tilde{o}^{334}$ 观音菩萨 $kuan^{55}i\text{ə}n^{33}bu^{24}s\text{ɑ}^{423}$

续表

方言点	0562 老天爷	0563 菩萨统称	0564 观音
52 义乌	天里塑佛 tʰia^{45} li^{33} so^{31} bə^{312}	菩萨 bu^{22} sɔ^{324}	观音菩萨 kuan^{33} iən^{33} bu^{33} sɔ^{324}
53 东阳	天公老爷 tʰi^{33} kɔm^{33} lau^{24} ia^{33}	菩萨 bu^{22} so^{35}	观音 ko^{33} ȵiɐn^{53}
54 永康	天地造佛 tʰia^{33} ɗi^{33} zɑu^{31} və^{113}	造佛 zɑu^{31} və^{113}	观音佛 kuɑ^{33} iŋ^{55} və^{113}
55 武义	天公□佛 tʰie^{55} koŋ^{55} sɤ^{53} və^{213}	菩萨 bu^{32} sa^{53}	观音娘娘 kuo^{55} ȵin^{55} ȵiɑŋ^{32} ȵiɑŋ^{231}
56 磐安	老天爷 lo^{55} tʰie^{33} ia^{52}	菩萨 bu^{22} suə^{334}	观音佛 kɒ^{33} ȵiɐn^{33} fɛ^{445}
57 缙云	天地菩萨 tʰia^{44} di^{51} bu^{21} sɑ^{322}	佛 vəɤ^{13}	观音佛 kuɑ^{44} iɛŋ^{44} vəɤ^{45}
58 衢州	老天爷 lɔ^{231} tʰiẽ^{35} ia^{21}	老佛 lɔ^{231} vəʔ^{12}	观音菩萨 kuə̃^{32} in^{53} bu^{21} saʔ^{5}
59 衢江	天老爷 tʰie^{33} lɔ^{55} ie^{21}	老佛 lɔ^{22} vəʔ^{2}	观世音 kuã^{33} ɕy^{25} iŋ^{33}
60 龙游	老天王爷 lɔ^{22} tʰie^{33} uã^{224} iɑ^{231}	老佛 lɔ^{22} vɔʔ^{23}	观音 kuã^{33} in^{334}
61 江山	老天爷 lɐɯ^{22} tʰiɛ̃^{24} iə^{213}	老佛 lɐɯ^{22} vəʔ^{2}	观音老佛 kyɛ̃^{44} ɪ̃^{44} lɐɯ^{22} vəʔ^{2}
62 常山	老天 lɤ^{22} tʰiɛ̃^{44}	老佛 lɤ^{22} vʌʔ^{34} 菩萨 bu^{22} saʔ^{5}	观音娘娘 kuɔ̃^{44} ɪ̃^{44} ȵiã^{24} ȵiã^{0}
63 开化	老天 ləɯ^{21} tʰiɛ̃^{44}	老佛 ləɯ^{21} vaʔ^{13}	观音 kuõ^{44} in^{44}
64 丽水	老天 lə^{44} tʰiɛ^{224}	菩萨 bu^{21} sɔʔ^{5}	观音菩萨 kuã^{44} in^{44} bu^{21} sɔʔ^{5}
65 青田	老天爷 lœ^{33} tʰiɑ^{55} iu^{53}	佛 vaʔ^{31}	观音佛 kuɐ^{33} iaŋ^{33} vaʔ^{31}
66 云和	老天爷 lɑɔ^{44} tʰiɛ^{44} io^{312}	菩萨 bu^{223} sɔʔ^{5}	观音佛 kuã^{44} iŋ^{44} veiʔ^{23}
67 松阳	老天爷 lʌ^{21} tʰiɛ̃^{53} yə^{22}	菩萨 bu^{21} sɔʔ^{5}	观音 kuɔ̃^{24} in^{53}
68 宣平	老天 lɔ^{43} tʰiɛ^{324}	□佛 zɔʔ^{42} vəʔ^{23}	观音佛 kuɑ̃^{44} in^{44} vəʔ^{23}
69 遂昌	老天爷 lɐɯ^{22} tʰiɛ̃^{45} iu^{221}	老佛 lɐɯ^{22} vəɯʔ^{23}	观音 kuaŋ^{33} iŋ^{45}
70 龙泉	老天 lɑʌ^{21} tʰiᴇ^{434} 天 tʰiᴇ^{434}	佛 vaiʔ^{24}	观音 kuaŋ^{44} in^{434}
71 景宁	皇天 ɔŋ^{33} tʰiɛ^{324}	佛 vəɯʔ^{23}	观音佛 kuɔ^{33} iaŋ^{55} vəɯʔ^{23}
72 庆元	老天爷 lɒ^{22} tʰiɑ̃^{335} iɑ^{52}	菩萨 pu^{52} sɑʔ^{5}	观音 kuɑ̃^{33} iəŋ^{335}

续表

方言点	0562 老天爷	0563 菩萨统称	0564 观音
73 泰顺	皇天 ɔ̃^{21}tʰiã^{213}	佛 uəiʔ^{2} 菩萨 pu^{21}sɔʔ^{5}	观音佛 kuã^{22}iŋ^{22}uəiʔ^{2}
74 温州	皇天 uɔ^{22}tʰi^{33}	菩萨 bu^{24}sa^{323}	观音佛 kø^{33}iaŋ^{45}vai^{212}
75 永嘉	皇天 uɔ^{22}tʰi^{44}	菩萨 bu^{13}sa^{423}	观音菩萨 ky^{33}iaŋ^{44}bu^{13}sa^{423} 观音佛母 ky^{33}iaŋ^{44}vai^{21}m^{13}
76 乐清	皇天 ɔ^{22}tʰiᴇ^{44}	菩萨 bu^{24}sa^{323}	观音菩萨 kuɤ^{44}iaŋ^{44}bu^{24}sa^{323}
77 瑞安	皇天 u^{22}tʰi^{44}	菩萨 bu^{13}sɔ^{323}	观音菩萨 kø^{33}iaŋ^{44}bu^{13}sɔ^{323}
78 平阳	老天爷 lɛ^{45}tʰie^{33}i^{35}	菩萨 bu^{13}sɔ^{13}	观世音菩萨 kye^{33}sɿ^{45}iaŋ^{33}bu^{13}sɔ^{21}
79 文成	天 tʰie^{55}	菩萨 bu^{35}sa^{212}	观音菩萨 kuø^{33}iaŋ^{33}bu^{13}sa^{212}
80 苍南	皇天 uɔ^{11}tʰiɛ^{44}	菩萨 bu^{11}sa^{223}	观音菩萨 kyɛ^{33}iaŋ^{44}bu^{11}sa^{223}
81 建德徽	老天 lɔ^{55}tʰie^{53}	菩萨 pu^{33}so^{55}	观音菩萨 kuɛ^{53}in^{55}pu^{33}so^{55}
82 寿昌徽	老天 lɤ^{33}tʰi^{112}	菩萨 pʰu^{11}suə^{55}	观音菩萨 kuə^{33}ien^{33}pʰu^{11}suə^{55}
83 淳安徽	天公 tʰiã^{21}kon^{55}	菩萨 pʰa^{43}so^{24}	观音娘娘 kuɑ̃^{21}in^{55}iɑ̃^{21}iɑ̃^{21}
84 遂安徽	老天 lɔ^{33}tʰiɑ̃^{52}	菩萨 pʰu^{33}sɑ^{43}	观音娘娘 kuɑ̃^{55}in^{33}iɑ̃^{3}iɑ̃^{33}
85 苍南闽	老天公 lau^{21}tĩ^{33}kɑŋ^{55}	佛萨 po^{21}sa^{43}	观音佛萨 kũã^{33}in^{33}po^{21}sa^{55}
86 泰顺闽	皇天 uo^{21}tʰie^{213}	菩萨 pou^{21}sɛʔ^{5}	观音 kuæŋ^{22}ieŋ^{213}
87 洞头闽	天公 tʰĩ^{33}koŋ^{33}	佛 pət^{24}	观音妈 kũã^{21}in^{33}mã^{24}
88 景宁畲	老天爷 lau^{55}tʰan^{44}ia^{22}	菩萨 pʰu^{44}saʔ^{5}	观音佛 kɔn^{44}in^{44}fuʔ^{2}

方言点	0565 灶神口头的叫法	0566 寺庙	0567 祠堂
01 杭州	灶头菩萨 tsɔ^{33}dei^{45}bu^{22}saʔ^{0}	庙 miɔ^{13}	祠堂 dzɿ^{22}daŋ^{45}
02 嘉兴	灶神菩萨 tsɔ^{33}zəŋ^{42}bu^{21}sᴀʔ^{1}	和尚庙 vu^{13}zᴀ̃^{33}miɔ^{21}	祠堂 zɿ^{21}dᴀ̃^{33}
03 嘉善	灶君公公 tsɔ^{55}tɕin^{0}koŋ^{53}koŋ^{0}	寺 zɿ^{113} 庙 miɔ^{113}	祠堂 zɿ^{13}dã^{31}
04 平湖	灶家公公 tsɔ^{44}ka^{0}koŋ^{0}koŋ^{0}	庙 miɔ^{213}	祠堂 zɿ^{24}dɑ̃^{53}
05 海盐	灶公公 tsɔ^{55}koŋ^{21}koŋ^{21}	庙 miɔ^{213}	祠堂 zɿ^{24}dɑ̃^{53}
06 海宁	灶家菩萨 tsɔ^{55}ka^{55}bu^{33}səʔ^{5} 灶头菩萨 tsɔ^{55}dəɯ^{55}bu^{33}səʔ^{5}	庙 miɔ^{13}	祠堂 zɿ^{33}dɑ̃^{33}
07 桐乡	灶家菩萨 tsɔ^{33}ka^{44}bu^{0}saʔ^{0}	庙 miɔ^{213}	祠堂 zɿ^{21}dɒ̃^{44}
08 崇德	灶家菩萨 tsɔ^{33}kɑ^{33}bu^{55}saʔ^{0}	庙 miɔ^{13}	祠堂 zɿ^{21}dã^{44}
09 湖州	灶家菩萨 tsɔ^{44}ka^{44}bəu^{53}sa^{31}	庙 miɔ^{35}	祠堂 dzɿ^{33}dã^{35}
10 德清	灶家菩萨 tsɔ^{44}ka^{44}bu^{44}saʔ^{5}	寺庙 zɿ^{11}miɔ^{35}	祠堂 zɿ^{11}dã^{13}
11 武康	灶家菩萨 tsɔ^{44}ka^{44}bu^{44}sɜʔ^{5}	庙 miɔ^{224}	乡廊 ɕiã^{44}lã^{44}
12 安吉	灶家菩萨 tsɔ^{32}ka^{0}bu^{22}sɐʔ^{5}	寺 zɿ^{22} 庙 miɔ^{213}	祠堂 zɿ^{22}dɔ̃^{22}
13 孝丰	灶家菩萨 tsɔ^{32}ka^{21}bu^{21}saʔ^{23}	庙 miɔ^{324}	祠堂 zɿ^{22}dɔ̃^{22}
14 长兴	灶家菩萨 tsɔ^{32}ka^{21}bu^{21}saʔ^{2}	庙 miɔ^{324}	祠堂 zɿ^{12}dɔ̃^{33}
15 余杭	灶家菩萨 tsɔ^{53}ka^{53}bu^{13}saʔ^{5}	寺院 zɿ^{33}iẽ^{13}	祠堂 zɿ^{31}dɑ̃^{13}
16 临安	灶子菩萨 tsɔ^{55}tsɿ^{55}bu^{55}sɐʔ^{5}	庙 miɔ^{33}	祠堂屋 zɿ^{33}dɑ̃^{13}uɔʔ^{5}
17 昌化	灶司菩萨 tsɔ^{54}sɿ^{55}bu^{11}saʔ^{5}	庙 miɔ^{243}	祠堂 zɿ^{11}dɔ̃^{112}
18 於潜	灶子菩萨 tsɔ^{35}tsɿ^{454}bu^{22}sɐʔ^{53}	庙 miəu^{24}	祠堂 dzɿ^{22}daŋ^{223}
19 萧山	灶司菩萨 tsɔ^{33}sɿ^{33}bu^{13}saʔ^{5}	庙 miɔ^{242}	祠堂 dzɿ^{13}dɔ̃^{33}
20 富阳	灶司菩萨 tsɔ^{335}sɿ^{55}bu^{13}saʔ^{5}	庙 miɔ^{335}	祠堂 zɿ^{13}dɑ̃^{55}
21 新登	灶司公公 tsɔ^{45}sɿ^{53}koŋ^{334}koŋ^{0}	和尚寺 u^{233}zɑ̃^{13}zɿ^{13}	祠堂 zɿ^{233}dɑ̃^{233}
22 桐庐	灶头菩萨 tsɔ^{35}dei^{55}bu^{21}saʔ^{21}	庙 miɔ^{24}	祠堂 zɿ^{21}dã^{13}
23 分水	灶司菩萨 tsɔ^{24}sɿ^{22}bu^{22}saʔ^{5}	庙 miɔ^{13}	祠堂 zɿ^{21}dã^{24}
24 绍兴	灶司菩萨 tsɔ^{33}sɿ^{33}bu^{22}sɛʔ^{5}	寺观 zɿ^{22}kuø̃^{33}	祠堂 zɿ^{22}dɑŋ^{231}

续表

方言点	0565 灶神口头的叫法	0566 寺庙	0567 祠堂
25 上虞	灶君菩萨 tsɔ^{55} tɕiŋ^{0} bu^{21} sɐʔ^{5}	寺庙 zɿ^{21} miɔ^{31}	祠堂 zɿ^{21} dɔ̃^{213}
26 嵊州	灶神菩萨 tsɔ^{33} sɿ^{33} pu^{33} sɛʔ^{5}	寺庙 zɿ^{24} miɔ^{334}	祠堂 zɿ^{22} dɔŋ^{231}
27 新昌	灶司菩萨 tsɔ^{53} sɿ^{33} bɤ^{22} sɛʔ^{5}	庙 miɔ^{13}	祠堂 zɿ^{13} dɔ̃^{33}
28 诸暨	灶子菩萨 tsɔ^{21} tsɿ^{42} bu^{21} saʔ^{21}	庙 miɔ^{33}	祠堂 zɿ^{21} dɑ̃^{242}
29 慈溪	灶君菩萨 tsɔ^{44} tɕiŋ^{44} bu^{11} saʔ^{2}	庙宇 miɔ^{11} y^{44}	祠堂 zɿ^{11} dɔ̃^{13}
30 余姚	灶君菩萨 tsɔ^{53} tɕiə̃^{44} bu^{13} saʔ^{5}	庙 miɔ^{13}	祠堂 zɿ^{13} dɔŋ^{13}
31 宁波	灶君菩萨 tsɔ^{53} tɕyoŋ^{0} bu^{13} saʔ^{2}	寺院 zɿ^{13} y^{53}	祠堂 zɿ^{13} dɔ^{53}
32 镇海	灶跟菩萨 tsɔ^{33} kəŋ^{33} bu^{24} saʔ^{5}	寺庙 zɿ^{22} mio^{31}	祠堂 dzɿ^{22} dɔ̃^{31}
33 奉化	灶样⁼菩萨 tsʌ^{44} iã^{31} bu^{33} saʔ^{2}	庵堂寺院 ɛ^{44} dɔ̃^{31} zɿ^{33} y^{31}	祠堂 zɿ^{33} dɔ̃^{31}
34 宁海	灶司菩萨 tsau^{35} sɿ^{33} bu^{22} saʔ^{5}	寺观 sɿ^{33} kuø^{35}	祠堂 dzɿ^{21} dɔ̃^{31}
35 象山	灶山菩萨 tsɔ^{44} sɛ^{44} bəu^{31} saʔ^{5}	寺院 zɿ^{31} y^{13}	祠堂 dzɿ^{31} dɔ̃^{13}
36 普陀	灶君菩萨 tsɔ^{55} tɕiŋ^{53} bu^{0} sɐʔ^{0}	寺院 zɿ^{33} y^{55} 庙 miɔ^{13}	祠堂 dzɿ^{33} dɔ̃^{53}
37 定海	灶跟菩萨 tsɔ^{44} kɐŋ^{0} bu^{0} sɐʔ^{0} 灶君菩萨 tsɔ^{44} dʑiŋ^{0} bu^{0} sɐʔ^{0} "君"声殊	庙 mio^{13} 寺庙 zɿ^{11} mio^{44}	祖宗堂 tsu^{33} tsoŋ^{44} dõ^{44}
38 岱山	灶君菩萨 tsɔ^{44} tɕiŋ^{52} bu^{0} sɐʔ^{0}	庙 mio^{213}	祠堂 dzɿ^{33} dõ^{52}
39 嵊泗	灶君菩萨 tsɔ^{44} tɕiŋ^{0} bu^{0} sɐʔ^{0}	庙 mio^{213}	祖宗堂 tsu^{44} tsoŋ^{44} dõ^{44}
40 临海	灶司爷 tsɔ^{33} sɿ^{33} ia^{353}小	庙 miə^{324} 老爷殿 lɔ^{42} ia^{33} di^{55}	祠堂 dzɿ^{33} dɔ̃^{353}小
41 椒江	灶司爷 tsɔ^{33} sɿ^{33} ia^{41}	庙 miɔ^{24}	祠堂 dzɿ^{22} dɔ̃^{41}
42 黄岩	灶司佛 tsɔ^{33} sɿ^{33} vəʔ^{2} 灶司爷 tsɔ^{33} sɿ^{35} ia^{41}	庙 miɔ^{24}	祠堂 dzɿ^{13} dɔ̃^{41}
43 温岭	灶司佛 tsɔ^{33} sɿ^{33} vəʔ^{2}	庙 miɔ^{13}	祠堂 zɿ^{24} dɔ̃^{41}
44 仙居	灶司老爷 tsɐɯ^{33} sɿ^{33} lɐɯ^{31} yɑ^{353}小	老爷殿 lɐɯ^{31} yɑ^{24} die^{55}	祠堂 zɿ^{353} dɑ̃^{0}
45 天台	灶君老爷 tsau^{55} kyŋ^{33} lau^{21} ia^{51}	老爷殿 lau^{21} ia^{224} die^{35}	祠堂 dzɿ^{22} dɔ^{0}
46 三门	灶司老爷 tsɑu^{32} sɿ^{33} lɑu^{32} ia^{52}	寺庙 zɿ^{23} miɑu^{55}	祠堂 dzɿ^{13} dɔ^{31}

续表

方言点	0565 灶神口头的叫法	0566 寺庙	0567 祠堂
47 玉环	灶司佛 tsɔ^{33}sɿ^{33}vɐʔ^{2}	寺庙 zɿ^{22}miɔ^{44}	祠堂 dzɿ^{22}dɔ̃^{41}
48 金华	镬灶老爷 oʔ^{21}tsɑo^{55}lɑo^{55}ia^{14}	佛殿 vəʔ^{21}dia^{14} 老 寺 zɿ^{14} 新	祠堂 zɿ^{31}dɑŋ^{14}
49 汤溪	镬头菩萨 ɔ^{11}təɯ^{33}bu^{11}suɑ^{55}	殿 die^{341}	祠堂 zɿ^{11}tɔ^{52}
50 兰溪	镬灶老爷 uɑʔ^{34}tsəʔ^{34}lɔ^{55}iɑ^{24}	寺 zɿ^{24} 庙 miɔ^{24}	祠堂 zɿ^{21}dɑŋ^{24}
51 浦江	镬灶菩萨 o^{24}tso^{33}bu^{33}sɑ^{334} 镬灶爷爷儿 o^{24}tso^{33}iɑ^{33}iɑn^{334}	殿 diɑ̃^{24}	祠堂 zɿ^{24}dõ^{334}
52 义乌	镬灶菩萨 au^{31}tso^{33}bu^{33}sɔ^{324}	殿 dia^{24}	祠堂 zɿ^{22}tŋ^{w45}
53 东阳	镬灶菩萨儿 o^{23}tsau^{44}bu^{33}son^{33}	庙宇 mio^{23}yu^{33}	祠堂 zɿ^{22}dɔ^{53}
54 永康	镬灶亲家 uo^{33}tsɑu^{55}ts^{h}əŋ^{33}kuɑ^{55}	庙 miɑu^{241} 寺 zɿ^{241}	祠堂 zɿ^{31}dɑŋ^{22}
55 武义	镬头老爷 uo^{55}dɑu^{55}lɤ^{53}ia^{324}	寺 zɿ^{231}	祠堂 zɿ^{32}dɑŋ^{231}
56 磐安	镬灶清官儿 uɛ^{55}tso^{33}ts^{h}ɐn^{33}kɒn^{445} 灶君菩萨 tso^{33}tɕiɐn^{33}pu^{33}suə^{334}	庙 mio^{14} 殿 die^{14}	祠堂 zɿ^{21}tɒ^{52}
57 缙云	镬灶菩萨 ɔ^{51}tɕiəɤ^{44}bu^{21}sɑ^{322}	殿 dia^{213}	祠堂 zɿ^{21}dɔ^{453}
58 衢州	灶司老佛 tsɔ^{53}sɿ^{32}lɔ^{231}vəʔ^{12}	老佛殿 lɔ^{231}vəʔ^{2}diẽ^{231}	祠堂 zɿ^{21}dɑ̃^{231}
59 衢江	灶司爷爷 tsɔ^{33}sɤ^{33}ia^{25}ia^{31} 灶司老佛 tsɔ^{33}sɤ^{33}lɔ^{22}vəʔ^{2}	老佛殿 lɔ^{22}vəʔ^{2}die^{231}	祠堂 zɤ^{22}tɑ̃^{53}
60 龙游	灶司老爷 tsɔ^{33}sɿ^{33}lɔ^{224}iɑ^{231}	老佛殿 lɔ^{22}vəʔ^{2}die^{231}	祠堂 zɿ^{224}dã^{231}
61 江山	灶公灶母儿 tsuə^{44}koŋ^{44}tsuə^{44}moŋ^{22}	老佛殿 lɐɯ^{22}vəʔ^{2}diɛ̃^{31}	祠堂 zə^{22}daŋ^{213}
62 常山	灶公灶母 tsuə^{44}koŋ^{44}tsuə^{43}m^{52}	老佛殿 lɤ^{22}vʌʔ^{3}diɛ̃^{24}	祠堂 zɿə^{24}dã^{0}
63 开化	灶穿老佛 tɕyo^{44}tɕ^{h}yn^{44}ləɯ^{21}vaʔ^{13}	老佛殿 ləɯ^{21}vaʔ^{2}diɛ̃^{213} 和尚殿 yɛ^{21}ɕiã^{53}diɛ̃^{213}	祠堂 zɿə^{21}tɔŋ^{53}
64 丽水	镬灶菩萨 əʔ^{2}tsə^{52}bu^{21}sɔʔ^{5}	庙 miə^{131}	祠堂 zɿ^{21}tɔŋ^{52}
65 青田	镬灶佛 oʔ^{3}tsœ^{33}vaʔ^{31}	寺院 zɿ^{22}yɐ^{55} 小	祠堂 zɿ^{55}do^{53}
66 云和	镬灶头佛 oʔ^{23}tsɑɔ^{44}təɯ^{44}veiʔ^{23}	寺庙 zɿ^{223}miɑɔ^{223}	祠堂 zɿ^{223}dɔ̃^{312}

续表

方言点	0565 灶神口头的叫法	0566 寺庙	0567 祠堂
67 松阳	镬灶菩萨 oʔ^{2} tsʌ^{24} bu^{21} sɔʔ^{5}	庙 miɔ^{13}	祠堂 zɿə^{33} dɔŋ^{31}
68 宣平	镬灶伯伯 əʔ^{2} tsɔ^{44} paʔ^{4} paʔ^{5}	殿 diɛ^{231}	祠堂 zɿ^{22} dɔ̃^{433}
69 遂昌	灶爷神 tsɐɯ^{33} iɒ^{22} ʑiŋ^{213}	老佛殿 lɐɯ^{22} vəɯʔ^{23} diɛ̃^{213}	祠堂 zɤ^{22} dɔŋ^{213}
70 龙泉	姆⁼灶佛 mou^{21} tsɑʌ^{44} vaiʔ^{24}	庙 miɑʌ^{224} 寺 zɿ^{224}	祠堂 sɿ^{45} dɔŋ^{21}
71 景宁	镬灶头佛 oʔ^{23} tsɑu^{33} dəɯ^{55} vəɯʔ^{23}	寺庙 zɿ^{33} miɑu^{113}	祠堂 zɿ^{33} dɔŋ^{41}
72 庆元	灶神 tsɒ^{11} ɕiəŋ^{52}	庙 miɒ^{31}	祠堂 sɿ^{52} tɔ̃^{52}
73 泰顺	镬灶头佛 oʔ^{2} tsɑɔ^{35} təu^{21} uəiʔ^{2}	寺院 sɿ^{21} yɛ^{22}	祠堂 sɿ^{21} tɔ̃^{53}
74 温州	镬灶佛 o^{2} tsɜ^{45} vai^{212}	佛殿 vai^{31} di^{22}	祠堂 zɿ^{22} duɔ^{223}
75 永嘉	镬灶佛 o^{21} tsə^{45} vai^{213}	寺院 zɿ^{31} y^{22}	祠堂 zɿ^{22} dɔ^{21}
76 乐清	镬灶佛 o^{2} tɕiɤ^{35} vɤ^{212}	佛堂 vɤ^{22} dɔ^{223} 佛殿 vɤ^{42} diᴇ^{22}	祠堂 zɿ^{22} dɔ^{223}
77 瑞安	镬灶佛爷 o^{2} tsɛ^{35} va^{22} i^{21}	殿 di^{22} 宫 tɕioŋ^{44}	祠堂 zɿ^{22} do^{21}
78 平阳	镬灶爷 o^{45} tʃɛ^{33} i^{35}	佛堂 vᴀ^{21} do^{13}	祠堂 zɿ^{21} do^{13}
79 文成	镬灶头佛 o^{21} tʃɛ^{21} diou^{33} va^{21}	佛殿 va^{21} die^{21}	祠堂 zɿ^{21} do^{33}
80 苍南	镬灶佛爷 o^{42} tsɛ^{42} uɛ^{11} i^{112}	堂门 do^{11} maŋ^{11}	祠堂 zɿ^{11} do^{11}
81 建德徽	灶司菩萨 tsɔ^{33} sɿ^{33} pu^{21} so^{55}	庙 miɔ^{55}	祠堂 sɿ^{33} to^{33}
82 寿昌徽	灶司老爷 tsɤ^{33} sɿ^{11} lɤ^{33} iɑ^{52}	庙 miɤ^{33}	祠堂 sɿ^{11} tʰɑ̃^{33}
83 淳安徽	灶司菩萨 tsɤ^{21} sɿ^{55} pʰa^{43} so^{24}	庙 miɤ^{53}	祠堂 sa^{43} tʰɑ̃^{24}
84 遂安徽	灶神菩萨 tsɔ^{55} ɕin^{33} pʰu^{33} sɑ^{43}	庙 miɔ^{52}	祠堂 tsʰɿ^{33} tʰoŋ^{33}
85 苍南闽	灶君公 tsau^{33} kun^{33} kɑŋ^{55} 灶君妈 tsau^{33} kun^{33} mã^{43}	宫庙 kiɯŋ^{33} mĩãũ^{21}	祠堂 sɯ^{21} tɯŋ^{24}
86 泰顺闽	⿰金莽灶头佛 mo^{21} tsau^{53} tʰau^{22} føʔ^{5}	和尚庵 fv^{21} ɕyo^{31} æŋ^{213}	祠堂 sɿ^{21} to^{22}
87 洞头闽	灶王公 tsau^{53} oŋ^{33} koŋ^{33}	庙 bieu^{21}	祠堂 sɿ^{21} tɯŋ^{24}
88 景宁畲	镬灶佛 uʔ^{2} tsau^{44} fuʔ^{2}	寺庙 ɕi^{44} miəu^{51}	祠堂 su^{22} tɔŋ^{22}

方言点	0568 和尚	0569 尼姑	0570 道士
01 杭州	和尚 əu^{22}zaŋ^{45}	尼姑 ȵi^{22}ku^{45}	道士 dɔ^{13}zɿ^{53}
02 嘉兴	和尚 vu^{13}zᴀ̃^{42}	尼姑 ȵi^{21}kou^{33}	道士 dɔ^{21}zɿ^{13}
03 嘉善	和尚 u^{13}sã^{31}	师姑 sɿ^{35}ku^{53}	道士 dɔ^{22}zɿ^{13}
04 平湖	和尚 u^{24}zɑ̃^{0}	师姑 sɿ^{44}ku^{53}	道士 dɔ^{21}zɿ^{213}
05 海盐	和尚 u^{24}zɑ̃^{53}	尼姑 ȵi^{24}ku^{53}	道士 dɔ^{53}zɿ^{213}
06 海宁	和尚 u^{33}zɑ̃^{33}	师姑 sɿ^{55}kəu^{55}	道士 dɔ^{13}zɿ^{0}
07 桐乡	和尚 u^{13}zɒ̃^{53}	尼姑 ȵi^{21}kəu^{44}	道士 dɔ^{24}zɿ^{0}
08 崇德	和尚 u^{21}zã^{44}	师姑 sɿ^{44}ku^{44}	道士 dɔ^{24}zɿ^{0}
09 湖州	和尚 əu^{33}zã^{35}	师姑 sɿ^{44}kəu^{44}	道士 dɔ^{35}zɿ^{13}
10 德清	和尚 əu^{11}zã^{13}	师姑 sɿ^{44}kəu^{44}	道士 dɔ^{35}zɿ^{0}
11 武康	和尚 u^{11}zã^{13}	师姑 sɿ^{44}ku^{44}	道士 dɔ^{13}zɿ^{31}
12 安吉	和尚 u^{22}zɔ̃^{22}	尼姑 ȵi^{22}ku^{22}	道士 dɔ^{24}zɿ^{52}
13 孝丰	和尚 u^{22}zɔ̃^{22}	尼姑 ȵi^{22}ku^{22}	道士 dɔ^{24}zɿ^{52}
14 长兴	和尚 u^{12}zɔ̃^{33}	尼姑 nʅ^{12}kəu^{33}	道士 dɔ^{24}zɿ^{21}
15 余杭	和尚 u^{31}zɑ̃^{13}	尼姑 ȵi^{31}ku^{35}	道士 dɔ^{33}zɿ^{31}
16 临安	和尚 u^{33}zɑ̃^{13}	尼姑 ȵi^{33}ku^{55}	道士 dɔ^{33}zɿ^{31}
17 昌化	和尚 ɯ^{11}zɔ̃^{243}	尼姑 ȵi^{11}ku^{334}	道士 dɔ^{23}zɿ^{453}
18 於潜	和尚 u^{22}zaŋ^{24}	尼姑 ȵi^{22}ku^{433}	道士 dɔ^{24}zɿ^{53}
19 萧山	和尚 o^{21}zɑ̃^{42}	尼姑婆 ȵi^{21}ku^{33}bo^{33}	道士先生 dɔ^{13}zɿ^{33}ɕie^{33}sã^{33}
20 富阳	和尚 u^{13}zɑ̃^{55}	尼姑 ȵi^{13}ku^{55}	道士 dɔ^{224}zɿ^{13}
21 新登	和尚 u^{233}zɑ̃^{13}	尼姑 ȵi^{233}ku^{334}	道士 dɔ^{21}zɿ^{13}
22 桐庐	和尚 u^{21}zã^{13}	尼姑 ni^{21}ku^{35}	道士 dɔ^{13}zɿ^{55}
23 分水	和尚 xo^{21}zã^{24}	尼姑 ȵi^{21}ku^{44}	道士 dɔ^{24}zɿ^{0}

续表

方言点	0568 和尚	0569 尼姑	0570 道士
24 绍兴	和尚 o^{22}zɑŋ^{22}	尼姑 ȵi^{22}ku^{53}	道士 dɔ^{24}zɿ^{31}
25 上虞	和尚 ʊ^{21}zɔ̃^{31}	尼姑 ȵi^{21}ku^{35}	道士 dɔ^{21}dzɿ^{31}
26 嵊州	和尚 o^{22}zaŋ^{24}	尼姑 ȵi^{22}ku^{334}	道士 dɔ^{24}zɿ^{231}
27 新昌	和尚 ɤ^{22}zaŋ^{13}	尼姑 ȵi^{13}ku^{534}	道士 dɔ^{22}zɿ^{232}
28 诸暨	和尚 ɤu^{21}zɑ̃^{33}	尼姑 nʅ^{21}ku^{42}	道士 dɔ^{13}zɿ^{42}
29 慈溪	和尚 əu^{11}dzɔ̃^{53}	尼姑 ȵi^{11}ku^{35}	道士 dɔ^{13}dzɿ^{0}
30 余姚	和尚 ou^{13}dzɔŋ^{13}	尼姑 ȵi^{13}ku^{44}	道士 dɔ^{13}dzɿ^{13}
31 宁波	和尚 əu^{22}dzɔ^{13}	尼姑 ȵi^{13}ku^{35}	道士 dɔ^{13}zɿ^{44}
32 镇海	和尚 əu^{22}zɔ̃^{24}	尼姑 ȵi^{22}ku^{53}	道士 dɔ^{24}dzɿ^{22}
33 奉化	和尚 əu^{33}zɔ̃^{33}	尼姑 ȵi^{33}ku^{53}	道士 dʌ^{33}dzɿ^{31}
34 宁海	胡⁼尚 vu^{21}dzɔ̃^{24}	尼姑 ȵi^{21}ku^{34}	道士 dau^{22}zɿ^{31}
35 象山	和尚 əu^{31}dzɔ̃^{13}	尼姑 ȵi^{31}ku^{35}	道士 dɔ^{13}zɿ^{31}
36 普陀	和尚 əu^{33}zɔ̃^{45}	尼姑 ȵi^{33}ku^{53}	道士 dɔ^{13}zɿ^{0}
37 定海	和尚 ʌu^{33}zõ^{45}	尼姑 ȵi^{33}ku^{52}	道士 dɔ^{23}zɿ^{0}
38 岱山	和尚 ʌu^{31}zõ^{0}	尼姑 ȵi^{33}ku^{52}	道士 dɔ^{23}zɿ^{44}
39 嵊泗	和尚 ʌu^{24}zõ^{0}	尼姑 ȵi^{33}ku^{45}	道士 dɔ^{34}zɿ^{44}
40 临海	和尚 o^{35}zɔ̃^{55}	尼姑 ni^{35}ku^{31}	道士 dɔ^{31}zɿ^{31}
41 椒江	出家人 tsʰøʔ^{3}ko^{33}ȵiŋ^{41} 和尚 u^{33}zɔ̃^{44}	尼姑 ȵi^{24}ku^{42}	道士 dɔ^{31}zɿ^{31}
42 黄岩	和尚 u^{33}zɔ̃^{44}	老佛娘 lɔ^{42}vəʔ^{4}ȵiã^{41}	道士 dɔ^{121}zɿ^{121}
43 温岭	和尚 u^{35}zɔ̃^{44}	尼姑 ni^{24}ku^{31}	道士 dɔ^{31}zɿ^{31}
44 仙居	长老 tɕia^{31}lɐɯ^{324}	道姑娘 da^{21}ku^{53}ȵia^{0} “道”韵殊	点蜡人 ɗie^{31}lɑʔ^{23}ȵin^{213} 道士先生 dɐɯ^{21}zɿ^{21}ɕie^{33}sã^{334}
45 天台	和尚 ou^{22}zɔ^{35}	道姑娘 dau^{21}ku^{33}ȵia^{224}	道士 dau^{21}zɿ^{214}

续表

方言点	0568 和尚	0569 尼姑	0570 道士
46 三门	和尚 ʊ^{13}zɔ^{55}	尼姑 ȵi^{11}ku^{334}	道士 dɑu^{21}zɿ^{213}
47 玉环	和尚 u^{33}zɔ̃^{44}	师姑娘 sɿ^{33}ku^{33}ȵia^{41}	道士先生 dɔ^{31}zɿ^{22}ɕie^{55}sã^{42}
48 金华	和尚 uɤ^{31}ʑiɑŋ^{14}	尼姑 ȵi^{31}ku^{55}	道士 tɑo^{33}sɿ^{535}
49 汤溪	和尚 uɤ^{11}ɕiɔ^{52}	尼姑 ȵi^{11}ku^{52}	道士 dɔ^{11}zɿ^{113}
50 兰溪	和尚 uɤ^{21}ʑiɑŋ^{24}	尼姑 ni^{21}ku^{45}	道士 tɔ^{55}sɿ^{55}
51 浦江	和尚 ɯ^{24}ʑyõ^{24}	尼姑 ȵi^{24}ku^{334}	道士 do^{11}zɿ^{243}
52 义乌	和尚 uɤ^{22}zɯa^{45}	尼姑 ȵi^{22}ku^{45}	道士 do^{24}zɿ^{312}
53 东阳	和尚 u^{23}ʑiɔ^{53}	尼姑 ȵi^{22}ku^{53}	道士 dɐɯ^{23}zɿ^{33}
54 永康	和尚 uo^{31}ɕiɑŋ^{52}	尼姑 ȵi^{33}ku^{55}	道士 dɑu^{31}zɿ^{113}
55 武义	和尚 uo^{32}ʑiɑŋ^{31}	尼姑 ȵi^{32}ku^{53}	道士 dɤ^{53}zɿ^{13}
56 磐安	和尚 uɤ^{21}ɕiɒ^{52}	尼姑 ȵi^{21}ku^{52}	道士 to^{55}sɿ^{334}
57 缙云	和尚 u^{44}ziɑ^{453}	尼姑 ȵi^{44}ku^{44}	道士 dəɤ^{21}zɿ^{31}
58 衢州	和尚 u^{21}ʒyã^{231}	尼姑 ȵiẽ^{21}ku^{32}"尼"韵殊	道士 dɔ^{231}sɿ^{21}
59 衢江	和尚 uo^{22}ɕiã^{53}	尼姑 ȵi^{33}kuɤ^{33}	道士 dɔ^{22}ʑyø^{212}
60 龙游	和尚 u^{224}zã^{231}	尼姑 ȵi^{33}ku^{334}	道士 dɔ^{22}zɿ^{224}
61 江山	和尚 o^{22}ʑiaŋ^{213}	尼姑 ȵi^{22}kuə^{44}	师公 ɕiɵ^{44}koŋ^{44} 道士 dɐɯ^{22}ʑiɵ^{22}
62 常山	和尚 ye^{24}dʑiã^{0}	尼姑 n^{22}kuə^{44}	道士 dɤ^{22}zi^{24}
63 开化	和尚 yɛ^{21}ɕiã^{53}	尼姑 ȵi^{21}ku^{44}	道士 dəɯ^{21}zuei^{213}
64 丽水	和尚 uo^{224}ɕiã^{52}	尼姑 ȵi^{22}ku^{224}	道士 də^{22}zɿ^{22}
65 青田	和尚 u^{55}i^{22}	师姑娘 sɿ^{33}kø^{55}ȵi^{53}	道士 dœ^{22}zɿ^{343}
66 云和	和尚 o^{223}ʑiã^{223}	尼姑 ȵi^{223}ku^{24}	道士 dɑɔ^{223}zɿ^{231}
67 松阳	和尚 u^{24}ʑiã^{13}	尼姑 ȵiɛ^{33}kuə^{53}	道士 dʌ^{22}zɿə^{22}

续表

方言点	0568 和尚	0569 尼姑	0570 道士
68 宣平	和尚 o^{43}ʑiɑ̃^{231}	尼姑 ȵi^{43}ku^{324}	道士 dɔ^{22}zɿ^{223}
69 遂昌	和尚 u^{55}ʑiaŋ^{213}	尼姑 ȵi^{21}ku^{45}	道士 dɐɯ^{21}ʑiu^{13}
70 龙泉	长老 diaŋ^{21}lɑʌ^{51}	尼姑 ȵi^{44}kuɤɯ^{434}	道士 dɑʌ^{21}sɤɯ^{51}
71 景宁	和尚 o^{33}ʑiɛ^{113}	尼姑 ȵi^{33}ku^{324}	道士 dɑu^{55}zɿ^{33}
72 庆元	长老 ɗiɑ̃^{33}lɒ^{221} 和尚 o^{52}ɕiɑ̃^{33}	尼姑 ȵɪ̃^{52}kuɤ^{335}	书生 ɕyᴇ^{33}sæ̃^{335}
73 泰顺	和尚 uɔ^{53}ɕiã^{22}	尼姑 ȵi^{21}kø^{213}	请佛仙 tɕʰiŋ^{22}uəiʔ^{2}ɕiɛ^{213} 道士 tɑɔ^{21}sɿ^{21}
74 温州	和尚 vu^{22}i^{14}	师姑娘 sɿ^{34}ku^{33}ȵi^{223}	道士 dɜ^{31}zɿ^{14}
75 永嘉	和尚 u^{22}iɛ^{21}	师姑娘 sɿ^{45}ku^{33}ȵiɛ^{21}	道士先生 də^{13}zɿ^{13}ɕi^{33}sɛ^{44}
76 乐清	和尚 vu^{24}ziɯʌ^{31}	师姑娘 sɿ^{34}ku^{44}ȵia^{223}	道人 dɤ^{22}ȵiaŋ^{31} 道士 dɤ^{31}zɿ^{24}
77 瑞安	和尚 vɯ^{22}iɛ^{13}	师姑娘 sɿ^{35}kɯ^{33}ȵiɛ^{21}	道士 dɛ^{31}sɿ^{13}
78 平阳	和尚 vu^{33}ie^{45}	师姑娘 sɿ^{45}ku^{33}ȵie^{13}	道士 dɛ^{21}zɿ^{13}
79 文成	和尚 vu^{21}ʑie^{21}	师姑娘 sɿ^{33}ku^{33}ȵie^{33}	道士 dɛ^{242}zɿ^{33}
80 苍南	和尚 u^{11}dʑiɛ^{24}	师姑娘 sɿ^{33}ku^{33}ȵiɛ^{21}	道士 dɛ^{31}zɿ^{24}
81 建德徽	和尚 u^{33}so^{55}	尼姑 ȵi^{33}ku^{53}	道士 tɔ^{21}sɿ^{33}
82 寿昌徽	和尚 u^{11}sɑ̃^{33}	尼姑 ȵi^{11}ku^{112}	道士 tʰɤ^{33}sɿ^{534}
83 淳安徽	和尚 u^{43}sɑ̃^{53}	尼姑 i^{43}ku^{24}	道士 tʰɤ^{55}sɿ^{21}
84 遂安徽	和尚 vəɯ^{33}sɑ̃^{52}	尼姑 i^{33}ku^{55}	道士 tʰɔ^{55}sɿ^{43}
85 苍南闽	和尚 hə^{21}ɕiɯŋ^{21}	尼姑 nĩ^{21}kɔ^{55}	道士 to^{21}sɯ^{21}
86 泰顺闽	和尚 fv^{21}ɕyo^{31}	尼姑 nei^{22}ku^{344}	皇师 uo^{21}sei^{213}
87 洞头闽	和尚 hə^{21}ɕiɯŋ^{21}	尼姑 nĩ^{21}kɔ^{33}	道士 to^{21}sɿ^{21}
88 景宁畲	和尚 fu^{44}ɕiɔŋ^{51}	尼姑 ni^{22}ku^{44}	道士 tau^{51}su^{51}

方言点	0571 算命统称	0572 运气	0573 保佑
01 杭州	算命 suo^{55} miŋ^{13}	运道 yŋ^{13} dɔ^{53}	保佑 pɔ^{55} y^{0}
02 嘉兴	算命 suə^{24} miŋ^{33}	运道 yŋ^{24} dɔ^{21}	保佑 pɔ^{33} iu^{33}
03 嘉善	算命 sø^{334} min^{113}	运道 in^{22} dɔ^{13}	保佑 pɔ^{44} iə^{35}
04 平湖	算命 sø^{44} min^{213}	运道 yn^{24} dɔ^{0}	保佑 pɔ^{44} iəɯ^{53}
05 海盐	算命 sɤ^{55} min^{213}	运道 yn^{55} dɔ^{21}	保佑 pɔ^{53} io^{334}
06 海宁	算命 sei^{55} miŋ^{13}	运道 iŋ^{55} dɔ^{53}	保佑 pɔ^{55} iəu^{0}
07 桐乡	算命 sᴇ^{33} miŋ^{213}	运道 iŋ^{21} dɔ^{53}	保佑 pɔ^{44} iɤɯ^{0}
08 崇德	算命 sᴇ^{33} miŋ^{13}	运道 iŋ^{21} dɔ^{53}	保佑 pɔ^{55} iɤɯ^{0}
09 湖州	算命 sɛ^{44} mi^{44}	运道 in^{33} dɔ^{35}	保佑 pɔ^{53} iʉ^{13}
10 德清	算命 søʉ^{44} min^{44}	运道 in^{33} dɔ^{35}	保佑 pɔ^{35} iʉ^{0}
11 武康	算命 sø^{44} min^{44}	运道 in^{33} dɔ^{35}	保佑 pɔ^{35} iø^{53}
12 安吉	算命 sᴇ^{32} miŋ^{213}	运气 iŋ^{22} tɕʰi^{324}	保佑 pɔ^{52} iu^{21}
13 孝丰	算命 se^{32} miŋ^{213}	运气 iŋ^{32} tɕʰi^{213}	保佑 pɔ^{45} iu^{21}
14 长兴	算命 sɯ^{324} miŋ^{324}	运气 iŋ^{32} tʃʰʅ^{24}	保佑 pɔ^{45} iʏ^{21}
15 余杭	算命 søʏ^{53} miŋ^{13}	运道 iŋ^{33} dɔ^{13}	保佑 pɔ^{35} iẽ^{0}
16 临安	排八字 ba^{33} pɐʔ^{5} zʅ^{31}	运气 ioŋ^{33} tɕʰi^{53}	保佑 pɔ^{55} yœ^{53}
17 昌化	算命 sɛ̃^{54} miəŋ^{243}	运气 yəŋ^{23} tsʰʅ^{544}	保佑 pɔ^{45} i^{53}
18 於潜	算命 sɛ^{35} miŋ^{24}	风头 foŋ^{43} diəu^{24}	保佑 pɔ^{53} iəu^{31}
19 萧山	算命 sə^{33} miŋ^{33}	运气 yoŋ^{242} tɕʰi^{42}	保佑 pɔ^{33} io^{42}
20 富阳	算命 sɛ̃^{335} min^{335}	运气 yən^{224} tɕʰin^{53}	保佑 pɔ^{423} iʊ^{335}
21 新登	算命 sɛ̃^{45} meiŋ^{13}	运气 yiŋ^{21} tɕʰi^{45}	保佑 pɔ^{334} y^{45}
22 桐庐	算命 se^{33} miŋ^{24}	运道 yŋ^{13} dɔ^{55} 老 运气 yŋ^{13} tɕʰi^{35} 新	保佑 pɔ^{33} iəu^{33}
23 分水	算命 suə̃^{24} min^{24}	运道 yn^{24} dɔ^{24}	保佑 pɔ^{44} y^{13}

续表

方言点	0571 算命统称	0572 运气	0573 保佑
24 绍兴	算命 sø̃^{33} miŋ^{22}	运道 yø̃^{22} dɔ^{22}	保佑 pɔ^{33} iɤ^{33}
25 上虞	算命 sø̃^{55} miŋ^{31}	运道 yŋ^{21} dɔ^{213}	保佑 pɔ^{33} iɤ^{31}
26 嵊州	算命 sœ̃^{33} miŋ^{24} 排八字 ba^{22} pɛʔ^{5} zɿ^{24}	运气 yoŋ^{24} tɕʰi^{334} 运道 yoŋ^{22} dɔ^{22}	保佑 pɔ^{33} iʏ^{231}
27 新昌	算命 sœ̃^{33} miŋ^{335}	运道 yoŋ^{22} dɔ^{22}	管公= kuœ̃^{33} koŋ^{453} 保佑 pɔ^{33} iɯ^{232}
28 诸暨	算命 sə^{33} min^{33}	运道 iom^{33} dɔ^{242}	保佑 pɔ^{42} iʉ^{33}
29 慈溪	算命 sø̃^{33} miŋ^{13}	运道 yəŋ^{11} dɔ^{44}	保佑 pɔ^{33} iø^{53}
30 余姚	算命 sø̃^{44} mə̃^{13}	运道 iuŋ^{13} dɔ^{13}	保佑 pɔ^{34} iø^{53}
31 宁波	算命 sø^{44} miŋ^{13}	运道 yoŋ^{22} dɔ^{13}	保佑 pɔ^{44} iʏ^{44}
32 镇海	算命 sø^{33} miŋ^{24}	运道 yoŋ^{22} dɔ^{31}	保佑 pɔ^{33} iu^{31}
33 奉化	算命 sø^{44} miŋ^{31}	运道 yoŋ^{33} dʌ^{31}	保佑 pʌ^{44} iʏ^{33}
34 宁海	算命 sø^{33} miŋ^{24}	运道 yəŋ^{22} dau^{31}	管顾 kuø^{33} ku^{35}
35 象山	算命 sɤɯ^{53} miŋ^{13}	运道 yoŋ^{31} dɔ^{31}	保佑 pɔ^{44} iu^{13}
36 普陀	算命 sø^{33} miŋ^{13}	运道 ioŋ^{11} dɔ^{55}	保佑 pɔ^{53} ieu^{0}
37 定海	算命 sø^{33} miŋ^{13}	运道 yoŋ^{11} dɔ^{44}	保佑 pɔ^{52} iʏ^{0}
38 岱山	算命 sø^{44} miŋ^{213}	运道 yoŋ^{11} dɔ^{45}	保佑 pɔ^{52} iʏ^{0}
39 嵊泗	算命 ɕiʏ^{33} miŋ^{213}	运道 yoŋ^{11} dɔ^{45}	保佑 pɔ^{44} iʏ^{0}
40 临海	算命 sø^{33} miŋ^{55}	运道 yŋ^{33} dɔ^{21}	保佑 pɔ^{42} iu^{324}
41 椒江	算命 sø^{33} miŋ^{44}	运道 yŋ^{22} dɔ^{31}	保佑 pɔ^{42} ʑiu^{24}
42 黄岩	算命 sø^{33} min^{24}	运道 yn^{13} dɔ^{121}	保佑 pɔ^{42} iu^{24}
43 温岭	算命 sø^{35} min^{44}	运道 yn^{13} dɔ^{31}	保佑 pɔ^{42} iu^{13}
44 仙居	算命 sø^{55} min^{55}	运气 yen^{24} tɕʰi^{55}	保佑 ɓɐɯ^{31} iəɯ^{24}
45 天台	算命 sø^{33} miŋ^{55} 卜课 pəʔ^{1} kʰou^{55}	运气 yuŋ^{33} kʰi^{55}	保佑 pau^{32} iu^{214} 管顾 kuø^{32} ku^{55}

续表

方言点	0571 算命统称	0572 运气	0573 保佑
46 三门	算命 sø^{55} miŋ^{55}	运道 yəŋ^{23} dɑu^{213}	管顾 kuø^{32} ku^{55}
47 玉环	算命 sø^{24} miŋ^{44}	运道 ioŋ^{22} dɔ^{31}	保佑 pɔ^{53} iu^{22}
48 金华	算命 sɤ^{33} miŋ^{14}	运气 yəŋ^{53} tɕʰi^{55}	保佑 pɑo^{55} yɤ^{14} “佑”韵殊
49 汤溪	算命 sɤ^{24} mɛ̃i^{0}	运气 yɛ̃i^{11} tɕʰi^{52}	保佑 pɔ^{52} y^{341} / pɔ^{52} iəɯ^{341}
50 兰溪	算命 sɤ^{334} min^{24}	运气 yæ̃^{55} tɕʰi^{45}	保佑 pɔ^{55} y^{45}
51 浦江	算命 sə̃^{33} miən^{24}	运气 yən^{24} tʃʰi^{0}	保佑 po^{55} iɤ^{55}
52 义乌	算命 sɿ^{33} mən^{335}	运气 yən^{24} tɕʰi^{45}	保佑 pɯɤ^{45} y^{44}
53 东阳	算命 sɯ^{33} mɐn^{35}	运气 iɐn^{22} tɕʰi^{53}	保佑 pɐɯ^{45} yu^{33}
54 永康	算命 sɤ^{33} miŋ^{241}	运气 yeŋ^{31} tɕʰi^{52}	保佑 bɑu^{31} iəu^{241}
55 武义	算命 sɤ^{55} min^{231}	运气 yen^{32} tɕʰi^{53}	保佑 pɑu^{53} iəu^{231}
56 磐安	算命 sɯ^{33} mɐn^{14}	运气 yɐn^{21} tɕʰi^{52}	保佑 po^{33} iɐɯ^{14}
57 缙云	断 dɛ^{213}	运 yɛŋ^{213}	管顾 kuɑ^{51} ku^{453}
58 衢州	算命 sə̃^{53} min^{231}	运气 yən^{231} tsʰɿ^{53}	保佑 pɔ^{35} iu^{21}
59 衢江	算命 sɛ^{33} miŋ^{53}	运气 yoŋ^{22} tsʰɿ^{53}	保护 pɔ^{33} uɤ^{53}
60 龙游	算命 suei^{33} min^{231}	运气 ioŋ^{22} tɕʰi^{51}	保护 bɔ^{22} u^{231}
61 江山	算命 sɒŋ^{44} mĩ^{51}	运气 yĩ^{22} kʰi^{51}	保护 pɐɯ^{44} uə^{213}
62 常山	算命 sɔ̃^{44} mĩ^{131}	运气 uĩ^{22} kʰi^{324}	保佑 pɤ^{43} iu^{324}
63 开化	算命 sɔŋ^{44} min^{213} 做卦 tsɔ^{44} kuɑ^{412}	运气 yn^{21} kʰuei^{412}	保佑 pəɯ^{44} iʊ^{213}
64 丽水	算命 suɛ^{224} min^{131}	运气 yn^{21} tsʰɿ^{52}	保佑 pə^{52} iəɯ^{131}
65 青田	算命 suɐ^{33} meŋ^{55}	运气 yaŋ^{22} tsʰɿ^{55}	保佑 ɓœ^{33} ieu^{22}
66 云和	算命 suɛ^{44} miŋ^{223}	运气 yŋ^{223} tsʰɿ^{45}	保佑 pɑɔ^{44} iəɯ^{223}
67 松阳	算命 sæ̃^{33} min^{13}	运气 yn^{21} tsʰɿ^{24}	保佑 pʌ^{33} iɯ^{13}
68 宣平	算命 sə^{44} min^{231}	运气 yən^{22} tsʰɿ^{52}	保佑 pɔ^{44} iɯ^{231}

续表

方言点	0571 算命统称	0572 运气	0573 保佑
69 遂昌	算命 sɛ̃^{55} miŋ^{213}	运气 yŋ^{22} tsʰɿ^{334}	保佑 pɐɯ^{55} iu^{213}
70 龙泉	算命 sɯə^{44} min^{224}	运气 yn^{21} tsʰɿ^{45}	保佑 pu^{44} iəu^{224}
71 景宁	算命 sœ^{33} miŋ^{113}	运气 iaŋ^{33} tɕʰi^{35}	保佑 pɑu^{33} iəɯ^{35}
72 庆元	算命 sæ̃^{11} miŋ^{31}	运气 yəŋ^{33} tsʰɿ^{11}	保佑 ɓɒ^{33} iɯ^{31}
73 泰顺	算命 suɛ^{22} miŋ^{22}	运气 ioŋ^{21} tsʰɿ^{35}	保佑 pɑɔ^{22} iəu^{22}
74 温州	算命 sø^{42} məŋ^{22}	运道 ioŋ^{31} dɜ^{14}	保佑 pɜ^{42} iau^{22}
75 永嘉	算命 sø^{43} meŋ^{22}	运道 ioŋ^{31} də^{13} 运气 ioŋ^{31} tsʰɿ^{43}	保佑 pə^{53} iau^{22}
76 乐清	算命 sø^{42} meŋ^{22}	运道 iaŋ^{31} dɤ^{24}	保佑 pɤ^{42} iau^{22}
77 瑞安	算命 sø^{3} məŋ^{22}	运道 iaŋ^{31} dɛ^{13}	保佑 pɛ^{53} iau^{22}
78 平阳	算命 sɵ^{45} meŋ^{13}	运气 veŋ^{13} tɕʰi^{42}	保佑 pɛ^{45} iau^{13}
79 文成	算命 sø^{33} meŋ^{33}	运气 yəŋ^{212} tɕʰi^{33}	保佑 pɛ^{33} iau^{21}
80 苍南	算命 sø^{42} meŋ^{11}	运气 ueŋ^{31} tɕʰi^{42}	保佑 pɛ^{42} iau^{11}
81 建德徽	算命 sɛ^{33} min^{55}	运气 yn^{55} tɕʰi^{33}	保佑 pɔ^{21} iɤɯ^{55}
82 寿昌徽	算命 ɕiæ^{33} mien^{33}	运气 yɛ̃^{33} tɕʰi^{33}	保佑 pəɯ^{33} y^{33}
83 淳安徽	算命 sã^{24} min^{53}	运气 ven^{53} tɕʰi^{21}	保佑 pɤ^{55} iɑʔ^{21} “佑”音殊
84 遂安徽	算命 sɑ̃^{55} min^{52}	运气 vin^{55} tsʰɿ^{52}	保佑 po^{33} iu^{52}
85 苍南闽	算命 sɯŋ^{24} mĩã^{21}	运气 un^{21} kʰi^{21}	保佑 po^{24} iu^{21}
86 泰顺闽	算命 so^{21} miæŋ^{31}	运气 yeŋ^{21} kʰi^{52}	保佑 pou^{21} iøu^{31}
87 洞头闽	看病 kʰũã^{53} pĩã^{21}	运气 un^{21} kʰi^{21}	保庇 pau^{24} pi^{21}
88 景宁畲	算命 sɔn^{44} miaŋ^{51}	运气 uən^{51} kʰi^{44}	保佑 pau^{55} iəu^{51}

方言点	0574 人一个～	0575 男人成年的，统称	0576 女人三四十岁已婚的，统称
01 杭州	人 zəŋ^{213}	男人家 nɛ^{22} zəŋ^{22} tɕia^{45}	女人家 ȵy^{55} zəŋ^{22} tɕia^{0}
02 嘉兴	人 ȵiŋ^{242}	男人 nə^{21} ȵiŋ^{33}	女人 ȵy^{21} ȵiŋ^{21}
03 嘉善	人 ȵin^{132}	男人家 nø^{13} ȵin^{53} ka^{31}	女人家 ȵy^{22} ȵin^{35} ka^{31}
04 平湖	人 ȵin^{31}	男客 nø^{24} kʰaʔ^{0}	女客 ȵy^{21} kʰaʔ^{5}
05 海盐	人 ȵin^{31}	男客 nɤ^{24} kʰaʔ^{21}	女客 ȵy^{53} kʰaʔ^{5}
06 海宁	人 ȵiŋ^{13}	男人家 nei^{33} ȵiŋ^{55} ka^{55}	女人家 ȵi^{33} ȵiŋ^{55} ka^{55}
07 桐乡	人 ȵiŋ^{13}	男人家 nᴇ^{21} ȵiŋ^{44} ka^{44}	女人家 ȵi^{242} ȵiŋ^{44} ka^{44}
08 崇德	人 ȵiŋ^{13}	男人家 nᴇ^{21} ȵiŋ^{55} kɑ^{0}	女人家 ȵi^{55} ȵiŋ^{0} kɑ^{0}
09 湖州	人 ȵin^{112}	男人家 nɛ^{33} ȵin^{33} ka^{44}	女人家 ȵi^{53} ȵin^{31} ka^{13}
10 德清	人 ȵin^{113}	阿爹儿 aʔ^{5} tia^{44} n^{44}	阿娘儿 aʔ^{5} ȵiã^{44} n^{44}
11 武康	人 ȵin^{113}	阿爹 aʔ^{5} tia^{44}	阿娘儿 aʔ^{5} ȵiã^{33} n^{35}
12 安吉	人 ȵiŋ^{22}	男人 nᴇ^{22} ȵiŋ^{22}	女人 ȵi^{52} ȵiŋ^{21}
13 孝丰	人 ȵiŋ^{22}	男人 ne^{22} ȵiŋ^{22}	女人 ȵi^{45} ȵiŋ^{21}
14 长兴	人 ȵiŋ^{12}	男人家 nɯ^{12} ȵiŋ^{22} ka^{33}	堂客 dɔ̃^{12} kʰəʔ^{5}
15 余杭	人 ȵiŋ^{22}	男人家 nøʏ^{31} ȵiŋ^{31} ka^{53}	女人家 ȵi^{53} ȵiŋ^{31} ka^{53}
16 临安	人 ȵieŋ^{33}	男人家 nœ^{33} ȵieŋ^{33} ka^{55}	老娘们 lɔ^{33} ȵiã^{33} meŋ^{31}
17 昌化	人 nəŋ^{112}	男人 nɛ̃^{11} nəŋ^{334}	女人 ȵy^{45} nəŋ^{53}
18 於潜	人 ȵin^{223}	男人 nɛ^{22} ȵiŋ^{223}	老娘们 lɔ^{53} ȵiaŋ^{22} meŋ^{31}
19 萧山	人 ȵiŋ^{335}	男人 nə^{13} ȵiŋ^{33}	女人 ȵy^{13} ȵiŋ^{21}
20 富阳	人 nin^{13}	男人家 nɛ̃^{13} nin^{55} ko^{55}	女人家 ȵy^{224} nin^{31} ko^{53}
21 新登	人 neiŋ^{233}	男人 nɛ̃^{233} neiŋ^{233}	女人 ȵy^{334} neiŋ^{45}
22 桐庐	人 niŋ^{13}	男人 ne^{21} niŋ^{35}	女人 ny^{33} niŋ^{55}
23 分水	人 ȵin^{22}	男人 nã^{21} ȵin^{24}	女人 ȵy^{44} ȵin^{21}
24 绍兴	人 ȵiŋ^{231}	男人 nẽ^{22} ȵiŋ^{231}	太太们 tʰa^{33} tʰa^{33} mẽ^{33}

续表

方言点	0574 人一个～	0575 男人成年的，统称	0576 女人三四十岁已婚的，统称
25 上虞	人 ȵiŋ^{213}	男人家 nɛ̃^{21}ȵiŋ^{21}ko^{53}	嬷嬷 mo^{31}mo^{35}
26 嵊州	侬 nɔŋ^{213}	男人家 nœ̃^{22}ȵiŋ^{22}ko^{334}	女人家 ȵy^{24}ȵiŋ^{44}ko^{31} 内眷 nᴇ^{24}tɕyœ̃^{53}
27 新昌	侬 nɔ̃^{22}	男客人 nœ̃^{13}k^{h}aʔ^{5}ȵiŋ^{33}	女客人 ȵy^{22}k^{h}aʔ^{3}ȵiŋ^{232}
28 诸暨	人 nin^{13}	男人 nə^{21}nin^{42}	内客人 ne^{33}k^{h}aʔ^{5}nin^{42}
29 慈溪	人 ȵiŋ^{13}	男客 nẽ^{11}k^{h}aʔ^{5}	女客 ȵy^{11}k^{h}aʔ^{5}
30 余姚	人 ȵiə̃^{13}	男客 nẽ^{13}k^{h}aʔ^{5}	女人 ȵy^{13}ȵiə̃^{0}
31 宁波	人 ȵiŋ^{13}	男人 nɐi^{13}ȵiŋ^{53}	老浓⁼ lɔ^{13}ȵyoŋ^{44}
32 镇海	人 ȵiŋ^{24}	男人 nei^{22}ȵiŋ^{31}	女人 ȵy^{22}ȵiŋ^{31}
33 奉化	人 ȵiŋ^{33}	男人家 ne^{33}ȵiŋ^{44}ko^{53}	老人爿 lʌ^{33}ȵiŋ^{33}bɛ^{31}
34 宁海	人 ȵiŋ^{213}	男子 nø^{21}tsɿ^{53} 男子人 nø^{21}tsɿ^{53}ȵiŋ^{213}	内家 nei^{22}ko^{53} 内客 nei^{22}k^{h}aʔ^{5}
35 象山	人 ȵiŋ^{31}	男人 nei^{31}ȵiŋ^{31}	脑⁼女爿 nɔ^{13}ȵy^{31}bɛ^{31}
36 普陀	人 ȵiŋ^{24}	男人 næi^{33}ȵiŋ^{53}	老浓⁼爿 lɔ^{23}ȵioŋ^{55}bɛ^{55} 后生老浓⁼ eu^{23}sã^{55}lɔ^{0}ȵioŋ^{0}
37 定海	人 ȵiŋ^{23}	男人家 nɐi^{33}ȵiŋ^{52}ko^{0}	老浓⁼爿 lɔ^{23}ȵyoŋ^{44}bɛ^{44}
38 岱山	人 ȵiŋ^{23}	男人 nɐi^{33}ȵiŋ^{52}	老人爿 lɔ^{23}ȵiŋ^{33}bɛ^{44}
39 嵊泗	人 ȵiŋ^{243}	男人 nɐi^{33}ȵiŋ^{53}	老浓⁼爿 lɔ^{34}ȵyoŋ^{44}bɛ^{44}
40 临海	人 ȵiŋ^{21}	男客人 nø^{21}k^{h}aʔ^{3}ȵiŋ^{21}	女客人 ȵy^{42}k^{h}aʔ^{3}ȵiŋ^{21}
41 椒江	人 ȵiŋ^{31}	男客人 nɛ^{33}k^{h}aʔ^{5}ȵiŋ^{41}	女客人 ȵy^{42}k^{h}aʔ^{5}ȵiŋ^{41}
42 黄岩	人 ȵin^{121}	男子人 lɛ^{13}tsɿ^{55}ȵin^{41}	女客人 ȵy^{42}k^{h}əʔ^{5}ȵin^{41}
43 温岭	人 ȵin^{31}	男子 nɛ^{13}tsɿ^{42}	老嬬人 lɔ^{42}ʑy^{24}ȵin^{41}
44 仙居	人 ȵin^{213}	男客 nø^{33}k^{h}aʔ^{5}	老嬬人 lɐɯ^{31}ʑyɔʔ^{23}ȵin^{213}
45 天台	人 ȵiŋ^{224}	男人 ne^{22}ȵiŋ^{51}	月客人 ȵyəʔ^{2}k^{h}aʔ^{5}ȵiŋ^{224}

续表

方言点	0574 人一个～	0575 男人成年的，统称	0576 女人三四十岁已婚的，统称
46 三门	人 niŋ^{113}	细人 ɕi^{53} niŋ^{31}	老嬬人 lɑu^{32} ʑy^{24} niŋ^{31}
47 玉环	人 ȵiŋ^{31}	男子客 nɛ^{22} tsɿ^{53} k^{h}aʔ^{5}	老嬬人 lɔ^{53} ʑy^{44} ȵiŋ^{41}
48 金华	人 ȵiŋ^{313}	男子人 nɤ^{33} tsɿ^{55} ȵiŋ^{313} 老 男个人 nɤ^{31} kəʔ^{0} ȵiŋ^{313} 新	内堂 nɛ^{55} dɑŋ^{14}
49 汤溪	侬 nɑo^{11}	男子侬 nɤ^{11} tsɿ^{52} nɑo^{11}	嬬人家 ʑy^{11} ȵiei^{11} kuɑ^{52}
50 兰溪	人 nin^{21}	男子汉 nɤ^{21} tsɿ^{55} xɤ^{45}	嬬人家 ɕy^{55} nin^{21} kuɑ^{334}
51 浦江	侬 lən^{113}	男子 nə̃^{11} tsɿ^{53}	女客 ȵy^{11} k^{h}ɑ^{53}
52 义乌	侬 noŋ^{213}	男侬 nɯ^{22} noŋ^{312}	女侬家 nɛ^{31} noŋ^{22} kɔ^{45}
53 东阳	侬 nɔm^{213}	男子 nɯ^{33} tsɿ^{35}	内家 ne^{23} ko^{33}
54 永康	侬 noŋ^{22}	男子侬 nɤ^{33} dzɿ^{31} noŋ^{55}	内家侬 nəi^{31} kuɑ^{33} noŋ^{22}
55 武义	侬 noŋ^{324}	男子侬 nɤ^{55} tsɿ^{455} noŋ^{324}	内客侬 na^{55} k^{h}a^{55} noŋ^{324}
56 磐安	侬 nɔom^{213}	男儿家 nɤn^{21} kuə^{52} 男子 nɯ^{22} tsɿ^{334} 男子侬 nɯ^{22} tsɿ^{33} nɔom^{213}	内家 ne^{55} kuə^{445} 内家侬 ne^{55} kuə^{33} nɔom^{52}
57 缙云	人 nɛŋ^{243}	男子人 nɛ^{44} tsɿ^{51} nɛŋ^{243}	女客人 ȵy^{21} k^{h}a^{453} nɛŋ^{243}
58 衢州	人 ȵin^{21}	男子 nə̃^{21} tsɿ^{35}	女子 ȵy^{231} tsɿ^{35} 堂客 dɑ̃^{21} tɕ^{h}iaʔ^{5}
59 衢江	侬 nəŋ^{212}	小子家 ɕiə^{33} tsɿ^{33} kuo^{33}	女儿家 nuo^{22} ŋ^{33} kuo^{33}
60 龙游	侬 nən^{21}	男子 nei^{33} tsɿ^{35}	女主家 ȵy^{22} tɕi^{35} kuɑ^{334}
61 江山	侬 naŋ^{213}	男子 naŋ^{22} tsə^{51}	女子 ŋyə^{22} tsə^{51} 堂客 daŋ^{22} k^{h}aʔ^{5}
62 常山	侬 nã^{341}	男子 nã^{341} tsɿ^{0}	小娘儿 ɕiɤ^{43} ȵiã^{24} n^{0}
63 开化	侬 nɤŋ^{231}	大男子 də^{21} nã^{21} tsɿ^{53}	息$^{=}$娘家 ɕieʔ^{5} ȵiã^{21} kɑ^{44}
64 丽水	人 nen^{22}	男子人 nuɛ^{22} tsɿ^{44} nen^{22}	媛主客 yɛ^{44} tsʮ^{44} k^{h}aʔ^{5}
65 青田	人 neŋ^{21}	男人 nuɐ^{22} neŋ^{21}	浪$^{=}$银$^{=}$客 lo^{22} ȵiaŋ^{22} k^{h}ɛʔ^{42}

续表

方言点	0574 人一个~	0575 男人成年的，统称	0576 女人三四十岁已婚的，统称
66 云和	人 nɛ^{312}	儿人 ȵi^{24} nɛ^{312}	媛主客 yɛ^{44} tsʮ^{44} kʰaʔ^{5}
67 松阳	侬 nəŋ^{31}	男子家 næ̃^{33} tsɿə^{33} kuə^{24}	媛主家 yɛ̃^{21} tɕyɛ^{33} kuə^{24}
68 宣平	人 nin^{433}	短⁼子人 tə^{44} tsɿ^{44} nin^{433}	媛主家 yə^{22} tɕy^{44} ko^{324}
69 遂昌	侬 nəŋ^{221}	男儿 nɛ̃^{22} ȵiɛ^{213}	女主家 ȵyɛ^{13} tɕyʔ^{3} kɒ^{45}
70 龙泉	侬 nəŋ^{21}	男儿侬 nɯə^{45} ȵi^{55} nəŋ^{21}	宅眷侬 daʔ^{3} tɕyo^{45} nəŋ^{21}
71 景宁	人 naŋ^{41}	男子客 nœ^{33} tsɿ^{55} kʰaʔ^{5}	媛主客 yœ^{33} tɕy^{55} kʰaʔ^{5}
72 庆元	侬 noŋ^{52}	男子侬 næ̃^{52} tsɿ^{33} noŋ^{52}	宅眷侬 tɑʔ^{34} tɕyɛ̃^{11} noŋ^{52}
73 泰顺	人 nɛ^{53}	男子人 nɛ^{22} tsɿ^{22} nɛ^{53}	妇道人 uø^{22} tɑɔ^{22} nɛ^{53}
74 温州	侬 naŋ^{31}	男个 nø^{31} ge^{0}	老人客 lɜ^{22} ȵiaŋ^{24} kʰa^{323}
75 永嘉	侬 naŋ^{31}	男子客 nø^{22} tsɿ^{45} kʰa^{423}	老人客 lə^{22} ȵiaŋ^{13} kʰa^{423}
76 乐清	侬 naŋ^{31}	男子客 ne^{22} tsɿ^{35} kʰe^{323}	老人客 lɤ^{22} ȵiaŋ^{24} kʰe^{323}
77 瑞安	侬 naŋ^{31}	男子客 ne^{22} tsɿ^{35} kʰa^{323}	老侬客 lɛ^{22} naŋ^{13} kʰa^{323}
78 平阳	侬 naŋ^{242}	男个 nɵ^{33} ke^{21}	女个 ȵy^{45} ke^{21}
79 文成	侬 naŋ^{113}	男子侬 ne^{21} tsɿ^{33} naŋ^{33}	老娘儿客 lɛ^{33} ȵiaŋ^{45} kʰa^{34}
80 苍南	侬 naŋ^{31}	男子客 ne^{11} tsɿ^{33} kʰia^{223}	老□客 lɛ^{33} leŋ^{33} kʰia^{223}
81 建德徽	人 in^{33}	男人家 nɛ^{33} in^{33} ko^{53}	女人家 y^{55} in^{33} ko^{53}
82 寿昌徽	侬 nəŋ^{52}	男子侬 niæ^{55} tsɿ^{33} nəŋ^{112}	男客 niæ^{33} kʰəʔ^{3} 男客侬 niæ^{33} kʰəʔ^{3} nəŋ^{55}
83 淳安徽	侬 lon^{435}	男子家 lã^{43} tsɿ^{55} ko^{21}	女子家 ya^{55} tsɿ^{21} ko^{21}
84 遂安徽	人 ləŋ^{33}	男子家 lɑ̃^{33} tsɿ^{33} kɑ^{33}	女子家 y^{33} tsɿ^{33} kɑ^{33}
85 苍南闽	侬 lan^{24}	大夫侬 ta^{33} pɔ^{55} lan^{24}	查⁼夫 tsa^{33} pɔ^{43}
86 泰顺闽	侬 nəŋ^{22}	丈夫侬 tio^{21} pou^{22} nəŋ^{22}	做母侬 tsøʔ^{3} məʔ^{5} nəŋ^{22}
87 洞头闽	侬 laŋ^{113}	大⁼夫⁼侬 ta^{33} pɔ^{33} laŋ^{24}	查⁼夫侬 tsa^{33} pɔ^{33} laŋ^{24}
88 景宁畲	人 ȵin^{22}	男人 nɔn^{22} ȵin^{22}	女人 ȵy^{55} ȵin^{22}

方言点	0577 单身汉	0578 老姑娘	0579 婴儿
01 杭州	光棍 kuaŋ^{33}kuəŋ^{45}	老大姑娘 lɔ^{55}dəu^{13}ku^{33}ȵiaŋ^{0}	毛毛头 mɔ^{22}mɔ^{45}dei^{53}
02 嘉兴	独家头 doʔ^{1}kᴀ^{33}dei^{42}	老姑娘 lɔ^{21}kou^{21}ȵiᴀ̃^{42}	小毛头 ɕiɔ^{33}mɔ^{42}dei^{21}
03 嘉善	独头伯伯 duoʔ^{2}də^{33}paʔ^{5}paʔ^{4}	老大姑娘 lɔ^{22}du^{13}ku^{55}ȵiæ̃^{0}	小花窠= ɕiɔ^{35}xo^{35}kʰu^{53}
04 平湖	光棍 kuɑ̃^{55}kuən^{31}	老大姑娘 lɔ^{21}du^{24}ku^{0}ȵiã^{0}	花窠=头 ho^{55}kʰu^{55}dəɯ^{0}
05 海盐	光棍 kuɑ̃^{53}kuən^{21}	老大姑娘 lɔ^{53}du^{13}ku^{55}ȵiɛ̃^{21}	小花窠= ɕiɔ^{53}xo^{53}kʰu^{21} 毛头 mɔ^{24}de^{53}
06 海宁	光棍 kuɑ̃^{55}kuəŋ^{55} 光棍大佬 kuɑ̃^{55}kuəŋ^{55}dəu^{53}lɔ^{0}	老大姑娘 lɔ^{13}dəu^{33}kəu^{31}ȵiã^{0}	小毛头 ɕiɔ^{55}mɔ^{55}dəɯ^{55}
07 桐乡	光棍 kɒ̃^{44}kuəŋ^{53}	老大姑娘 lɔ^{24}dəu^{0}kəu^{0}ȵiã^{0}	小毛毛头 siɔ^{53}mɔ^{44}mɔ^{44}dɤɯ^{44}
08 崇德	光棍 kuã^{44}kuəŋ^{44}	老大姑娘 lɔ^{55}du^{0}ku^{0}ȵiã^{0}	毛毛头 mɔ^{21}mɔ^{44}dɤɯ^{44}
09 湖州	光棍子 kuã^{33}kuən^{33}tsɿ^{35}	老大姑娘 lɔ^{53}dəu^{31}kəu^{22}ȵiã^{33}	毛毛 mɔ^{33}mɔ^{35} 毛毛头 mɔ^{33}mɔ^{33}døʉ^{35} 小毛头 ɕiɔ^{53}mɔ^{31}døʉ^{13}
10 德清	光棍子 kuã^{44}kuen^{44}tsɿ^{44}	老姑娘 lɔ^{35}kəu^{53}ȵiã^{0}	毛毛头 mɔ^{44}mɔ^{44}døʉ^{44}
11 武康	光棍子 kuã^{44}kuen^{44}tsɿ^{44}	老姑娘 lɔ^{35}ku^{53}ȵiã^{31}	毛毛头 mɔ^{44}mɔ^{44}dø^{44}
12 安吉	光棍子 kuɔ̃^{55}kuəŋ^{55}tsɿ^{55}	老大姑娘 lɔ^{52}dʊ^{0}ku^{0}ȵiã^{21}	小毛头 ɕiɔ^{52}mɔ^{0}dəɪ^{21}
13 孝丰	光棍子 kuɔ̃^{44}kuəŋ^{44}tsɿ^{44}	老大姑娘 lɔ^{45}du^{21}ku^{21}ȵiã^{21}	毛哈=头 mɔ^{22}ha^{22}dəɪ^{22}
14 长兴	光棍子 kɔ̃^{44}kuəŋ^{44}tsɿ^{44}	老大姑娘 lɔ^{45}dəu^{21}kəu^{21}ȵiã^{24}	哼养毛头 həŋ^{44}iã^{44}mɔ^{44}dei^{44}
15 余杭	孤身坯 ku^{55}siŋ^{55}pʰɛ^{55}	老大姑娘儿 lɔ^{53}du^{33}ku^{55}ȵiɑ̃^{31}n^{31}	毛头儿 mɔ^{33}døʏ^{31}n^{31}
16 临安	孤老头 ku^{55}lɔ^{33}də^{33}	老大姑娘 lɔ^{13}do^{33}ku^{53}ȵiã^{31}	毛头佬 mɔ^{33}də^{33}lɔ^{33}
17 昌化	光棍佬 kuɔ̃^{33}kuəŋ^{44}lɔ^{45}	老姑娘 lɔ^{23}ku^{45}ȵiã^{53}	毛毛头 mɔ^{11}mɔ^{11}di^{112}
18 於潜	光棍汉 kuɛ^{43}kueŋ^{35}xɛ^{35}	老大姑娘 lɔ^{53}da^{24}ku^{43}ȵiaŋ^{31}	奶花头 na^{53}xua^{433}diəu^{24}
19 萧山	光棍头 kuɔ̃^{33}kuəŋ^{33}dio^{21}	老大姑娘 lɔ^{13}do^{35}ku^{33}ȵiã^{21}	毛毛头 mɔ^{33}mɔ^{33}dio^{33}
20 富阳	光棍头 kuɑ̃^{55}kuən^{55}dei^{31}	老大姑娘 lɔ^{224}dʊ^{224}ku^{55}ȵiɑ̃^{31}	毛毛头 mɔ^{55}mɔ^{55}dei^{55}
21 新登	光棍 kuɑ̃^{53}gueŋ^{13}	老大姑娘 lɔ^{334}du^{13}ku^{334}ȵiɑ̃^{45}	伢花头 ɑ^{233}hua^{334}dəu^{233}
22 桐庐	老棍佬 kuã^{33}kuəŋ^{21}lɔ^{35}	老大姑娘 lɔ^{33}du^{33}ku^{33}niã^{35}	毛伙头 mɔ^{35}xu^{21}dei^{35}

续表

方言点	0577 单身汉	0578 老姑娘	0579 婴儿
23 分水	光棍佬 kuã^{44} kuən^{21} lɔ^{44}	老大姑娘 lɔ^{44} da^{21} ku^{44} ȵiã^{0}	毛呼$^{=}$头 mɔ^{21} xu^{44} dɵ^{21}
24 绍兴	光棍 kuɑŋ^{33} kuø̃^{33}	老大姑娘 lɔ^{24} do^{31} ku^{33} ȵiaŋ^{31}	小$^{=}$毛头 ɕioʔ^{3} mɔ^{33} dɤ^{22} 月宝头 ioʔ^{2} pɔ^{44} dɤ^{31}
25 上虞	光棍 kuɔ̃^{33} kuəŋ^{33}	老大姑娘 lɔ^{21} dʊ^{21} ku^{33} ȵiã^{31}	毛头 mɔ^{21} dɤ^{213}
26 嵊州	独餐住佬 doʔ^{2} tʰieʔ^{3} dzɿ^{24} lɔ^{31}	老大姑娘 lɔ^{24} to^{44} ku^{33} ȵiaŋ^{31}	意$^{=}$娃头 i^{53} ua^{33} dʏ^{231}
27 新昌	独个佬 dɤʔ^{2} ka^{45} lɔ^{31}	老大姑娘 lɔ^{22} dɤ^{13} ku^{53} ȵiaŋ^{31}	意$^{=}$娃头 i^{33} ua^{33} diɯ^{232}
28 诸暨	光棍 kuɑ̃^{21} kuɛn^{42}	老大姑娘 lɔ^{13} dɤu^{35} ku^{33} niã^{21}	小毛头 ɕiɔ^{33} mɔ^{33} dɤu^{42}
29 慈溪	光棍 kuɔ̃^{35} kuəŋ^{0}	老大姑娘 lɔ^{13} du^{0} ku^{35} ȵiã^{0}	儿伢 ŋ^{11} ŋa^{13}
30 余姚	光棍 kuɔŋ^{44} kuə̃^{53}	老大姑娘 lɔ^{13} du^{13} ku^{44} ȵiaŋ^{13}	毛头儿伢 mɔ^{13} dø^{13} ŋ^{13} ŋa^{13} 小毛头 ɕiɔ^{34} mɔ^{13} dø^{13}
31 宁波	光棍 kuɔ^{44} kuəŋ^{44}	老大姑娘 lɔ^{13} dəu^{0} ku^{44} ȵia^{0}	毛头奶花 mɔ^{13} dœʏ^{0} na^{13} hu^{35}
32 镇海	光棍 kuɔ̃^{33} kuəŋ^{44}	老大姑娘 lɔ^{24} dəu^{22} ku^{33} ȵiã^{22}	小毛头 ɕio^{33} mɔ^{22} dei^{22}
33 奉化	独体自人 doʔ^{2} tʰi^{53} zɿ^{33} ȵiŋ^{33}	老大姑娘 lʌ^{33} dəu^{31} ku^{44} ȵiã^{33}	奶花 na^{33} huø^{44}
34 宁海	光棍人 kuɔ̃^{33} kuəŋ^{35} ȵiŋ^{213}	老大热$^{=}$ lau^{31} dəu^{22} ȵieʔ^{3}	乌$^{=}$鞋$^{=}$ u^{33} a^{31}
35 象山	光棍人 kuɔ̃^{44} kuəŋ^{44} ȵiŋ^{31}	老大娘 lɔ^{31} dəu^{31} ȵiã^{31}	奶花 na^{31} huo^{53}
36 普陀	光棍头 kuɔ̃^{55} kuɐŋ^{55} deu^{55}	老大姑娘 lɔ^{23} dəu^{55} ku^{55} ȵiã^{55}	小毛头 ɕiɔ^{55} mɔ^{55} deu^{55}
37 定海	光棍头 kuõ^{33} kuɐŋ^{44} dɐi^{44}	老大姑娘 lɔ^{23} dʌu^{44} ku^{44} ȵiã^{44}	小毛头 ɕio^{44} mɔ^{44} dɐi^{44} 涴毛头 ʌu^{44} mɔ^{44} dɐi^{44}
38 岱山	光棍 kuõ^{33} kuɐŋ^{52}	老大姑娘 lɔ^{23} dʌu^{52} ku^{0} ȵiã^{0}	小毛头 ɕio^{44} mɔ^{44} lɐi^{44} “头”声殊
39 嵊泗	光棍 kuõ^{33} kuɐŋ^{0}	老大姑娘 lɔ^{34} dʌu^{44} ku^{44} ȵiã^{44}	涴毛头 ʌu^{44} mɔ^{44} dœʏ^{44}
40 临海	独个人 doʔ^{2} ke^{33} ȵiŋ^{21}	老大娘 lɔ^{42} do^{33} ȵiã^{21}	娃娃 ua^{33} ua^{51} 小娃娃 ɕiə^{42} ua^{33} ua^{51}
41 椒江	独个人 doʔ^{2} kə^{33} ȵiŋ^{31}	老大娘 lɔ^{42} dəu^{22} ȵiã^{31}	娃娃 ua^{33} ua^{35} 小
42 黄岩	独个人 doʔ^{2} kie^{33} ȵin^{121}	老大娘 lɔ^{42} dou^{22} ȵiã^{121}	娃娃 ua^{33} ua^{35} 小 娃娃头 ua^{33} ua^{33} dio^{24} 小
43 温岭	独个头人 doʔ^{2} kie^{33} dɤ^{13} ȵin^{24} 小	老大娘 lɔ^{42} du^{13} ȵiã^{31}	毛头娃 mɔ^{13} dɤ^{13} ua^{15} 小 娃娃 ua^{33} ua^{15} 小
44 仙居	独自人 duəʔ^{23} zɿ^{24} ȵin^{0}	老大娘 lɐɯ^{31} do^{24} ȵia^{213}	月里毛 ȵyɑʔ^{23} li^{31} mɐɯ^{213}

续表

方言点	0577 单身汉	0578 老姑娘	0579 婴儿
45 天台	独自人 duʔ^{2} zɿ^{33} ȵiŋ^{224}	老姑娘 lau^{21} ku^{33} ȵia^{51}	娃儿 ua^{33} n^{51} 乌⁼娃 u^{33} ua^{51}
46 三门	独己人 doʔ^{2} tɕi^{32} niŋ^{252}	老大娘 lau^{32} dʊ^{23} ȵiɑ̃^{113}	娃娃儿 ua^{33} ua^{33} ŋ^{252} 小 乌⁼娃 u^{33} ua^{52}
47 玉环	独个人 doʔ^{2} kie^{33} ȵiŋ^{24}	老大娘 lɔ^{53} dəu^{22} ȵia^{31}	毛头娃 mɔ^{22} diɤ^{22} ua^{35} 小
48 金华	秃铁梗儿 tʰoʔ^{3} tʰia^{53} kuɛ̃^{55} 秃铁 tʰoʔ^{3} tʰia^{55} 光棍 kuɑŋ^{33} kuəŋ^{535}	老姑娘 lɑo^{55} ku^{33} ȵiɑŋ^{55}	皇⁼男 uɑŋ^{31} nɤ^{14} 老 毛毛头 mɑo^{33} mɑo^{33} tiu^{55} 新
49 汤溪	光棍 kɑo^{33} kuã^{535}	老小娘 lɔ^{11} sɤ^{52} ȵiɔ^{11}	细侬儿 sia^{33} noŋ^{24}
50 兰溪	光棍 kuɑŋ^{334} kuæ̃^{55}	老大小娘 lɔ^{55} tuɤ^{55} siɔ^{45} ȵiɑŋ^{0}	细妹妹 sia^{334} me^{334} me^{45}
51 浦江	棍棍佬 kuən^{33} kuən^{33} lo^{243}	老小娘儿 lo^{11} sɯ^{33} ȵyõn^{243}	毛头儿 mo^{33} dɤn^{334} 毛头年⁼儿 mo^{33} dɤ^{33} ȵiɑ̃n^{334}
52 义乌	秃铁梗儿 tau^{33} tʰia^{31} kuɛn^{423}	老姑娘 lo^{31} ku^{45} ȵiɔ^{44}	儿花儿 ŋ^{22} huan^{335}
53 东阳	独自佬 dəɯ^{23} zi^{33} lɐɯ^{53}	老姑娘 lɐɯ^{23} ku^{33} ȵiɔ^{33}	伢花儿 ŋo^{22} huan^{35}
54 永康	独自侬 ɗu^{33} ʑi^{31} noŋ^{55}	大细囡 duo^{31} ɕie^{33} na^{241}	细伢 ɕie^{33} ŋuɑ^{241} 小
55 武义	光棍 kuɑŋ^{32} kuen^{53}	老姑娘 lɤ^{53} ku^{32} ȵiɑŋ^{53}	细奶伢儿 ɕia^{55} nia^{55} uɑŋ^{53}
56 磐安	独自侬 tʌo^{33} ɕi^{33} nɔom^{213} 光棍 kɒ^{33} kuɐn^{52}	大女儿 tuɤ^{55} nuən^{14}	伢花儿 ŋuə^{33} xuan^{445}
57 缙云	独自人 du^{21} zɿ^{213} nɛŋ^{243}	大媛眷 du^{21} yɛ^{21} tɕyɛ^{453}	人儿团⁼ nɛŋ^{21} ȵi^{213} daŋ^{453}
58 衢州	光棍 kuã^{32} kuən^{35}	老女 lɔ^{231} nɑ^{231}	妹妹 me^{35} me^{21}
59 衢江	光棍 kɑ̃^{33} kuɛ^{25}	老女 lɔ^{22} nuo^{212} 中老女 tɕyoŋ^{33} lɔ^{22} nuo^{212}	妹 mei^{25}
60 龙游	光棍 kuã^{35} koŋ^{21}	老小娘 lɔ^{22} ɕiɔ^{35} ȵiã^{21}	囡蕻 nei^{22} xoŋ^{334}
61 江山	光棍侬 kyaŋ^{44} kuɛ̃^{44} naŋ^{213}	老大娘 lɐɯ^{22} do^{22} ȵiaŋ^{22}	乌毛驼⁼ uə^{44} mɐɯ^{22} do^{213}
62 常山	光棍侬 tɕiɔ̃^{43} kuɔ̃^{43} nã^{341}	大女儿 dɔ^{24} nɑ^{22} n^{52}	毛头伢儿 mɔ^{22} du^{22} ŋɑ^{52} n^{0}
63 开化	光棍 tɕyã^{53} kuõ^{0}	老女儿 ləɯ^{21} nɑ^{21} ȵi^{53}	妹妹 mɛ^{2} mɛ^{213}
64 丽水	独自人 dəʔ^{21} zɿ^{21} nen^{52}	大囡 du^{22} nɔŋ^{544}	嫩儿花儿 nuɛ^{21} ŋ^{21} xɔŋ^{52}
65 青田	独自人 daʔ^{3} zɿ^{22} neŋ^{53}	守寡妇 ɕieu^{33} ku^{33} vu^{454}	妹儿 mɛ^{21} n^{55}

续表

方言点	0577 单身汉	0578 老姑娘	0579 婴儿
66 云和	单身汉 tã^{44}səŋ^{24}xuɛ^{45}	老囡 lɑɔ^{44}nɛ^{24}	嫩儿花儿 nuɛ^{223}ȵi^{44}xɔ̃^{24}
67 松阳	光棍 koŋ^{33}kuɛ̃^{24}	家婆 kuə^{24}bu^{33}	嫩儿儿 næ̃^{22}ȵiɛ^{21}n^{24}
68 宣平	光棍 kɔ̃^{32}kuən^{52}	大囡 do^{22}nɑ̃^{223}	嫩儿 nə^{43}n^{324}
69 遂昌	单身汉 taŋ^{33}ɕiŋ^{55}xuɛ̃^{334}	老姑婆 lɐɯ^{13}kuə^{55}bu^{213}	嫩儿儿 nɛ̃^{13}ȵiɛ^{22}ȵiɛ^{213}
70 龙泉	单身汉 taŋ^{44}sɛn^{44}xuo^{45}	老姑婆 lɑʌ^{21}kuɤɯ^{45}bou^{21}	妹妹儿 mᴇ^{44}mᴇ^{44}ȵi^{55}
71 景宁	独自人 dəɯʔ^{23}zɿ^{55}naŋ^{41}	大囡 do^{33}nɛ^{45}小	嫩妹 nœ^{33}mai^{45}小
72 庆元	单身侬 ɗɑ̃^{33}ɕiəŋ^{335}noŋ^{52}	大囡 to^{33}næ̃^{221}	囡儿□ næ̃^{22}ȵiᴇ^{11}pəŋ^{55}小
73 泰顺	单身人 tã^{22}səŋ^{22}nɛ^{213}	老囡 lɑɔ^{22}næi^{55}	妹妹儿儿 mɛ^{21}mɛ^{35}ȵiŋ^{33}
74 温州	独自侬 dɤu^{31}zɿ^{22}naŋ^{31}	老院主 lɜ^{22}y^{31}tsɿ^{25}	妹妹儿 mai^{3}mai^{45}ŋ^{323}
75 永嘉	□独自侬 tʰe^{53}dəu^{22}zɿ^{21}naŋ^{31}	老院主 lə^{22}y^{31}tsʮ^{45}	妹儿 mai^{45}ŋ^{213}
76 乐清	天童$^{=}$自侬 tʰiᴇ^{33}doŋ^{22}zɿ^{22}naŋ^{31}	老院主 lɤ^{22}yᴇ^{31}tɕy^{35}	妹妹儿 mai^{3}mai^{35}ŋ^{323}
77 瑞安	独自侬 dou^{2}zɿ^{31}naŋ^{21}	老院主 lɛ^{22}y^{31}tsəɯ^{35}	妹儿 me^{35}ŋ^{212}
78 平阳	独自侬 du^{13}zɿ^{33}naŋ^{42}	老院主 lɛ^{13}ye^{45}tɕy^{42}	妹儿 mai^{45}ŋ^{13}
79 文成	特$^{=}$自侬 da^{21}zɿ^{21}naŋ^{33}	老老娘 lɛ^{33}lɛ^{33}ȵie^{33}	妹儿 mai^{33}ŋ^{33}
80 苍南	独自侬 du^{11}zɿ^{11}naŋ^{31}	老院主 lɛ^{33}yɛ^{31}tɕy^{24}	妹儿儿 maŋ^{223}
81 建德徽	光棍 ko^{53}kuen^{213}	老囡儿 lɔ^{21}no^{55}n^{0}	奶□儿 nɑ^{55}o^{53}n^{213} 月份更小 毛毛头 mɔ^{33}mɔ^{55}tɤɯ^{33}
82 寿昌徽	光棍头 kuɑ̃^{33}kuen^{33}tʰəɯ^{52}	（无）	细簧$^{=}$男 ɕiɛ^{33}uɑ̃^{11}niæ^{52}
83 淳安徽	光棍 kuɑ̃^{21}kuen^{55}	老囡人 lɤ^{55}lɑ̃^{55}in^{55}	滴滴嫩$^{=}$免$^{=}$ tiʔ^{5}tiʔ^{5}lã^{53}miã^{55}
84 遂安徽	光棍 kuɑ̃^{52}kuəŋ^{43}	囡人家 lɑ̃^{33}in^{33}kɑ^{33}	毛头 mɔ^{33}tʰiu^{33}
85 苍南闽	单身 tũã^{33}ɕin^{55}	老姑娘 lau^{21}kɔ^{33}nĩũ^{24}	月内囝 gə^{21}lai^{21}kã^{43}
86 泰顺闽	单身侬 tæŋ^{22}sieŋ^{213}nəŋ^{22}	（无）	阿妹 a^{21}mɔi^{213}
87 洞头闽	单身侬 tũã^{33}ɕin^{33}laŋ^{24}	老查$^{=}$夫 la^{21}tsa^{24}pɔ^{53}	妹仔 mai^{33}ia^{24}
88 景宁畲	独食牯 tuʔ^{2}ɕiʔ^{2}ku^{55}	老女人 lau^{325}ȵi^{55}ȵin^{22}	孤$^{=}$孩 ku^{44}xa^{325}

方言点	0580 小孩三四岁的，统称	0581 男孩统称：外面有个～在哭	0582 女孩统称：外面有个～在哭
01 杭州	小伢儿 ɕiɔ^{55} ia^{22} əl^{0}	男伢儿 nɛ^{22} ia^{22} əl^{45}	女伢儿 ȵy^{55} ia^{22} əl^{0}
02 嘉兴	小把戏 ɕiɔ^{33} pᴀʔ^{5} ɕi^{21} 老，"把"促化 小人 ɕiɔ^{33} ȵiŋ^{42} 新	男小个 nə^{13} ɕiɔ^{33} kᴇ^{21} 老 小囡头 ɕiɔ^{33} nə^{33} dei^{21} 新	女小个 ȵy^{21} ɕiɔ^{21} kᴇ^{33} 老 女囡头 ȵy^{21} nə^{21} dei^{42} 新
03 嘉善	小把戏 ɕiɔ^{35} paʔ^{5} ɕi^{0}	小囡头 ɕiɔ^{35} nø^{35} də^{31}	小姑娘 ɕiɔ^{35} ku^{35} ȵiæ̃^{31}
04 平湖	小把戏 siɔ^{44} paʔ^{5} ɕi^{0} "把"促化	男小把戏 nø^{24} siɔ^{0} paʔ^{0} ɔi^{0}	女小把戏 ȵy^{21} siɔ^{44} paʔ^{5} ɕi^{0}
05 海盐	小把戏 ɕiɔ^{53} paʔ^{5} ɕi^{21} "把"促化 小囡头 ɕiɔ^{53} nɤ^{53} de^{21}	男小把戏 nɤ^{24} ɕiɔ^{55} paʔ^{21} ɕi^{21}	女小把戏 ȵy^{53} ɕiɔ^{55} paʔ^{21} ɕi^{21}
06 海宁	小人家 ɕiɔ^{55} ȵiŋ^{55} ka^{55} 小把戏 ɕiɔ^{55} paʔ^{5} ɕi^{0} "把"促化 小鬼头 ɕiɔ^{55} tɕi^{55} dəɯ^{0}	男小人 neʔ^{33} ɕiɔ^{55} ȵiŋ^{55}	女小人 ȵi^{35} ɕiɔ^{55} ȵiŋ^{0} 小姑娘 ɕiɔ^{55} kəu^{55} ȵiã^{55}
07 桐乡	小人 siɔ^{53} ȵiŋ^{44} 小把戏 siɔ^{53} paʔ^{0} ɕi^{0} "把"促化	男小人 nᴇ^{21} siɔ^{44} ȵiŋ^{44} 男小把戏 nᴇ^{21} siɔ^{44} paʔ^{0} ɕi^{0}	女小人 ȵi^{242} siɔ^{44} ȵiŋ^{44} 女小把戏 ȵi^{242} siɔ^{44} paʔ^{0} ɕi^{0}
08 崇德	小囡囡 ɕiɔ^{55} no^{0} no^{0} 小把戏 ɕiɔ^{55} paʔ^{0} ɕi^{0} "把"促化 小人家 ɕiɔ^{55} ȵiŋ^{0} kɑ^{0}	男小人 nᴇ^{21} ɕiɔ^{44} ȵiŋ^{44} 男小把戏 nᴇ^{21} ɕiɔ^{55} paʔ^{0} ɕi^{0}	女小人 ȵi^{55} ɕiɔ^{0} ȵiŋ^{44} 女小把戏 ȵi^{55} ɕiɔ^{0} paʔ^{0} ɕi^{0}
09 湖州	细石⁼婆⁼箩⁼ ɕi^{44} zaʔ^{2} bəu^{53} ləu^{0} 小把戏 ɕiɔ^{53} paʔ^{5} ɕi^{13} "把"促化	细囡儿 ɕi^{33} nuo^{33} n^{35} 男小把戏 nɛ^{33} ɕiɔ^{33} paʔ^{5} ɕi^{44}	细丫头 ɕi^{33} uo^{33} døʉ^{35} 女小把戏 ȵi^{53} ɕiɔ^{53} paʔ^{5} ɕi^{44}
10 德清	小把戏 ɕiɔ^{35} paʔ^{5} ɕi^{0} "把"促化	囡儿头 nɔ^{44} n^{44} døʉ^{13}	细丫头 ɕi^{44} uo^{44} døʉ^{13}
11 武康	小把戏 ɕiɔ^{44} pɜʔ^{5} ɕi^{0} "把"促化	囡儿头 nɔ^{44} n^{44} dø^{35}	细丫头 ɕi^{44} o^{44} dø^{35}
12 安吉	小把戏 ɕiɔ^{52} pa^{0} ɕi^{21}	男小人 nᴇ^{22} ɕiɔ^{22} ȵiŋ^{22}	女小人 ȵi^{52} ɕiɔ^{0} ȵiŋ^{21}
13 孝丰	小把戏 ɕiɔ^{45} pa^{21} ɕi^{21} 小鬼头 ɕiɔ^{45} kue^{21} dəɪ^{21}	男小把戏 ne^{22} ɕiɔ^{22} pa^{22} ɕi^{22} 男小鬼头 ne^{22} ɕiɔ^{22} kue^{45} dəɪ^{21}	女小把戏 ȵi^{45} ɕiɔ^{21} pa^{21} ɕi^{21} 女小鬼头 ȵi^{45} ɕiɔ^{21} kue^{21} dəɪ^{21} 丫头婆 ʊ^{44} dəɪ^{44} bu^{44}
14 长兴	小把戏 ʃiɔ^{45} pa^{55} ʃʅ^{21}	男小把戏 nɯ^{12} ʃiɔ^{22} pa^{22} ʃʅ^{33}	女小把戏 m̩^{45} ʃiɔ^{55} pa^{55} ʃʅ^{21}
15 余杭	小人儿 siɔ^{53} ȵiŋ^{31} n^{31}	囡儿头 nøʏ^{33} n^{33} døʏ^{31}	姑娘儿 ku^{55} ȵiɑ̃^{55} n^{33}
16 临安	小鬼头 ɕiɔ^{55} kuᴇ^{55} də^{31}	男小鬼 nœ^{33} ɕiɔ^{55} kuᴇ^{55}	女小鬼 ȵy^{33} ɕiɔ^{55} kuᴇ^{55}
17 昌化	小鬼头 ɕiɔ^{45} kuei^{45} di^{53}	木⁼娘⁼头 muəʔ^{2} ȵiɑ̃^{11} di^{112}	囡子头 nɔ̃^{23} tsʅ^{45} di^{53}
18 於潜	小鬼头 ɕiɔ^{53} kue^{53} diəu^{31}	男小鬼 nɛ^{223} ɕiɔ^{53} kue^{53}	囡子头 no^{53} tsʅ^{454} diəu^{31}

续表

方言点	0580 小孩三四岁的，统称	0581 男孩统称：外面有个～在哭	0582 女孩统称：外面有个～在哭
19 萧山	小人 ɕiɔ^{33} ȵiŋ^{21}	男小人 nə^{21} ɕiɔ^{33} ȵiŋ^{21}	女小人 ȵy^{13} ɕiɔ^{33} ȵiŋ^{21}
20 富阳	小人 ɕiɔ^{423} nin^{335}	小后生家 ɕiɔ^{423} i^{224} sã^{55} ko^{31}	小大姑娘 ɕiɔ^{423} dʊ^{224} ku^{55} ȵiɑ̃^{31}
21 新登	小人 ɕiɔ^{334} neiŋ^{45}	细老头 ɕia^{45} lɔ^{334} dəu^{233}	女子头 nɑ^{334} tsɿ^{45} dəu^{233}
22 桐庐	小人 ɕiɔ^{33} niŋ^{35}	男小鬼 ne^{21} ɕiɔ^{21} kuᴇ^{55}	囡子头 no^{33} tsɿ^{21} dei^{55}
23 分水	小鬼头 ɕiɔ^{44} kue^{44} dɵ^{21}	小鬼头 ɕiɔ^{44} kue^{44} dɵ^{21}	女娃子 ȵy^{44} ua^{21} tsɿ^{0}
24 绍兴	小毛头 ɕiɔ^{33} mɔ^{33} dɤ^{22}	小官人 ɕiɔ^{33} kuᴇ^{33} ȵiŋ^{22}	小大姑娘 ɕiɔ^{33} to^{44} ku^{33} ȵiaŋ^{31}
25 上虞	小人 ɕiɔ^{33} ȵiŋ^{213}	小官人 ɕiɔ^{33} kuø̃^{33} ȵiŋ^{31}	小姑娘 ɕiɔ^{33} ku^{33} ȵiã^{213}
26 嵊州	小活$^{=}$狲 ɕiɔ^{33} uəʔ^{5} seŋ^{31}	小官人 ɕiɔ^{33} kuœ̃^{44} ȵiŋ^{31}	女小侬 ȵy^{24} ɕiɔ^{44} nɔŋ^{31}
27 新昌	小侬 ɕiɔ^{33} nɔ̃^{232}	男小侬 nœ̃^{22} ɕiɔ^{33} nɔ̃^{232}	女小侬 ȵy^{22} ɕiɔ^{45} nɔ̃^{31}
28 诸暨	小人头 ɕiɔ^{33} nin^{33} dei^{21}	男小人 nə^{21} ɕiɔ^{21} nin^{42}	囡子头 no^{13} tsɿ^{42} dei^{21}
29 慈溪	小人 ɕiɔ^{33} ȵiŋ^{13}	小官人 ɕiɔ^{33} kuø̃^{35} ȵiŋ^{0}	大姑娘 du^{11} ku^{33} ȵiã^{53}
30 余姚	小人 ɕiɔ^{34} ȵiə̃^{13}	男小人 nẽ^{13} ɕiɔ^{34} ȵiə̃^{13} 小官人 ɕiɔ^{34} kuø̃^{44} ȵiə̃^{13}	女小人 ȵy^{13} ɕiɔ^{34} ȵiə̃^{13} 小姑娘 ɕiɔ^{34} ku^{44} ȵiaŋ^{13}
31 宁波	小人 ɕio^{44} ȵiŋ^{53}	小顽 ɕio^{44} uɛ^{13}	小娘 ɕio^{44} ȵia^{13}
32 镇海	小人 ɕio^{33} ȵiŋ^{22}	小顽 ɕio^{33} uɛ^{22}	小娘 ɕio^{33} ȵiã^{22}
33 奉化	小人 ɕiɔ^{44} ȵiŋ^{33}	乌顽头 u^{44} uɛ^{33} dæi^{31}	娘子头 ȵiã^{33} tsɿ^{0} dæi^{33} 娘子爿 ȵiã^{33} tsɿ^{0} bɛ^{33}
34 宁海	小人 ɕieu^{33} ȵiŋ^{31}	细佬 sɿ^{33} lau^{31}	囡儿头 ne^{31} ŋ^{21} diu^{31}
35 象山	抱手 bɔ^{31} ɕiu^{35}	小鬼头 ɕio^{44} tɕy^{44} dɤɯ^{31} 细佬 ɕi^{53} lɔ^{44}	囡笃$^{=}$屄 nɛ^{13} toʔ^{5} pi^{44}
36 普陀	小人 ɕiɔ^{55} ȵiŋ^{55}	小顽郎 ɕiɔ^{55} uɛ^{55} lɔ̃^{55} 小顽 ɕiɔ^{55} uɛ^{55}	小娘屄 ɕiɔ^{55} ȵiã^{55} pi^{55}
37 定海	小人 ɕio^{44} ȵiŋ^{44}	小娃郎 ɕio^{44} uɛ^{44} lõ^{44}	小娘屄 ɕio^{44} ȵiã^{44} pi^{44}
38 岱山	小人 ɕio^{44} ȵiŋ^{44}	小娃 ɕio^{44} uɛ^{44}	小娘 ɕio^{44} ȵiã^{44}
39 嵊泗	小人 ɕio^{44} ȵiŋ^{44}	小娃 ɕio^{44} uɛ^{44}	小娘屄 ɕio^{44} ȵiã^{44} pi^{44}
40 临海	小人 ɕiə^{42} ȵiŋ^{353} 小 小佬人 ɕiə^{42} lɔ^{42} ȵiŋ^{353} 小	小细佬 ɕiə^{42} ɕi^{33} lɔ^{353} 小 男小人 nø^{22} ɕiə^{42} ȵiŋ^{51}	小大娘 ɕiə^{42} do^{22} ȵiã^{51} 女小人 ȵy^{42} ɕiə^{42} ȵiŋ^{51}
41 椒江	小人 ɕiɔ^{42} ȵiŋ^{24} 小	细佬 ɕi^{33} lɔ^{51} 小 细佬头 ɕi^{33} lɔ^{42} dio^{24} 小	大娘 dəu^{22} ȵiã^{31} 大娘头 dəu^{22} ȵiã^{31} dio^{24} 小

续表

方言点	0580 小孩三四岁的，统称	0581 男孩统称：外面有个～在哭	0582 女孩统称：外面有个～在哭
42 黄岩	小人 ɕiɔ^{42} ȵin^{24} 小 小顽 ɕiɔ^{42} uɛ^{35} 小	细佬 ɕi^{33} lɔ^{51} 小 细佬头 ɕi^{33} lɔ^{42} dio^{24} 小	大娘 dou^{13} ȵiã^{121}
43 温岭	小人 ɕiɔ^{42} ȵin^{24} 小	细佬 ɕi^{42} lɔ^{51} 小 细佬头 ɕi^{42} lɔ^{42} dɤ^{24} 小	大娘 du^{13} ȵiã^{31} 大娘头 du^{13} ȵiã^{31} dɤ^{24} 小 囡儿头 nɛ^{42} n^{13} dɤ^{24} 小
44 仙居	小佬人 ɕiɐɯ^{31} lɐɯ^{21} ȵin^{353} 小	小细佬 ɕiɐɯ^{31} ɕi^{33} lɐɯ^{53}	小囡头 ɕiɐɯ^{31} no^{21} dəɯ^{353} 小
45 天台	小佬人 ɕieu^{32} lau^{21} ȵiŋ^{51}	细佬 ɕi^{33} lau^{31}	囡头 no^{33} deu^{51}
46 三门	小佬人 ɕiɑu^{32} lɑu^{32} niŋ^{252}	细佬人 ɕi^{44} lɑu^{45} niŋ^{31}	囡人 na^{23} niŋ^{31}
47 玉环	小人 ɕiɔ^{53} ȵiŋ^{24} 小	细佬头 ɕi^{33} lɔ^{53} diɤ^{24} 小	囡儿头 nɛ^{42} n^{22} diɤ^{24} 小
48 金华	小个人 siɑo^{55} kəʔ^{0} ȵiŋ^{313}	小鬼王 siɑo^{55} tɕy^{55} uɑŋ^{313} 鬼王头 tɕy^{55} uɑŋ^{31} diu^{14} 少年 麻头鬼 mɤa^{33} tiu^{55} tɕy^{535} 乡下	小囡妮 siɑo^{55} nɑ^{55} ȵi^{14}
49 汤溪	细侬儿 sia^{33} noŋ^{24}	细鬼 sia^{33} kuɛ^{52}	细朏囡儿 sia^{33} pʰei^{52} nã^{52}
50 兰溪	细人 sia^{45} nin^{0}	细鬼 sia^{334} kue^{45}	细囡儿 sia^{334} næ̃^{24} nə^{52}
51 浦江	细佬儿 ɕia^{33} lon^{55}	细男子儿 ɕia^{33} nə̃^{55} tsɿn^{0}	细女客儿 ɕia^{33} ȵy^{55} kʰɑn^{0}
52 义乌	小侬 sɯɤ^{33} noŋ^{45}	小个儿 sɯɤ^{42} kan^{45}	小娘儿 sɯɤ^{42} ȵiɔn^{213}
53 东阳	细个儿 si^{22} kan^{53}	麻头鬼儿 mo^{22} dəɯ^{33} tɕyun^{44}	麻头鬼儿 mo^{22} dəɯ^{33} tɕyun^{44}
54 永康	小家脚⁼ ʑiɑu^{31} kuɑ^{33} tɕiɑu^{52}	小侬 ʑiɑu^{31} noŋ^{241} 小	细囡 ɕie^{33} na^{241}
55 武义	细伢鬼 ɕia^{55} uɑ^{32} kui^{53}	儿 n^{324}	囡 nen^{231}
56 磐安	小侬 ɕio^{33} nɔom^{213} 小把戏儿 ɕio^{33} pə^{33} ɕin^{52}	小男子儿 ɕio^{33} nɯ^{21} tsɿn^{52}	小内家儿 ɕio^{55} ne^{55} kuən^{445}
57 缙云	考⁼人儿 kʰɔ^{51} nɛŋ^{44} ȵi^{453}	细格⁼儿 sɿ^{51} ka^{44} ȵi^{453}	媛眷儿 yɛ^{21} tɕyɛ^{44} ȵi^{453}
58 衢州	细鬼 ɕiɑ^{53} kue^{35}	细伢儿 ɕiɑ^{53} ŋɑ^{21} ȵi^{21}	细女儿 ɕiɑ^{53} nɑ^{231} ȵi^{21}
59 衢江	细侬 ɕie^{33} nəŋ^{212} 妹 mei^{25}	小鬼 ɕiɔ^{33} kuei^{25}	细女儿 ɕie^{33} nuo^{22} ŋ^{25}
60 龙游	细侬 ɕiɑ^{33} nən^{224}	细鬼头 ɕiɑ^{33} kuei^{33} dəɯ^{224}	细鬼囡 ɕiɑ^{33} kuei^{33} nəʔ^{4}
61 江山	囡妹儿 naʔ^{2} mᴇ^{22} ȵi^{241}	细儿鬼 ɕiə^{44} ȵi^{44} kuᴇ^{241}	女儿鬼 nɒ^{22} ȵi^{44} kuᴇ^{241}
62 常山	妹妹 mue^{0} mue^{24}	□儿鬼 nuə^{22} n^{22} kue^{52}	女儿鬼 nɑ^{22} n^{22} ue^{52}
63 开化	细侬儿 sɛ^{44} nɤŋ^{21} ȵi^{53} 细鬼 sɛ^{44} kuɛ^{53}	细侬儿 sɛ^{44} nɤŋ^{21} ȵi^{53} 男细鬼 nã^{21} sɛ^{44} kuɛ^{53}	细女儿 sɛ^{44} nɑ^{21} ȵi^{53} 稍小 女儿鬼 nɑ^{21} ȵi^{21} kuɛ^{53}

续表

方言点	0580 小孩三四岁的，统称	0581 男孩统称：外面有个～在哭	0582 女孩统称：外面有个～在哭
64 丽水	细庚⁼儿 sɿ^{44} kã^{44} ŋ^{52}	细庚⁼儿 sɿ^{44} kã^{44} ŋ^{52}	囡主家 nɔŋ^{44} tsɥ^{44} kuo^{52} 小
65 青田	妹儿 mɛ^{21} n^{55}	细个儿 sɿ^{33} kɑ^{33} n^{55}	媛主儿 yɐ^{33} tsɥ^{33} n^{55}
66 云和	细根⁼儿 sɿ^{44} kɛ^{44} ȵi^{24}	细根⁼儿 sɿ^{44} kɛ^{44} ȵi^{24}	囡 nɛ^{24}
67 松阳	小侬儿 ɕiɔ^{24} nəŋ^{21} n^{24}	小侬儿 ɕiɔ^{24} nəŋ^{21} n^{24}	小侬妮儿 ɕiɔ^{33} nəŋ^{22} ȵiɛ^{21} n^{24}
68 宣平	细人 ɕia^{44} nin^{223} 细人掇⁼ ɕia^{44} nin^{22} təʔ^{5}	细人 ɕia^{44} nin^{223} 细人掇⁼ ɕia^{44} nin^{22} təʔ^{5}	细囡暖⁼ ɕia^{44} nɑ̃^{22} nə^{223}
69 遂昌	小侬儿 ɕiɐɯ^{33} nəŋ^{22} ȵiɛ^{213}	舍⁼儿侬 ɕiɒ^{33} ȵiɛ^{22} nəŋ^{213}	囡儿侬 na^{13} ȵiɛ^{22} nəŋ^{213}
70 龙泉	细儿卵 ʑi^{21} ȵi^{45} lɯə^{51}	妹 mᴇ^{45}	女儿 na^{21} ȵi^{21}
71 景宁	细庚⁼儿 ɕi^{33} kɛ^{33} ȵi^{45}	妹 mai^{35}	囡 nɛ^{45}
72 庆元	妹 mæi^{55} 小	细 ɕiɛ̃^{55} 小	囡 næ^{221}
73 泰顺	妹 mɛ^{35}	星⁼人 ɕiŋ^{55} nɛ^{53}	囡人 næi^{22} nɛ^{53}
74 温州	细儿 se^{22} ŋ^{12}	男儿 nø^{22} ŋ^{12}	院主儿 y^{31} tsɿ^{21} ŋ^{1}
75 永嘉	琐细儿 sai^{45} sɿ^{33} ŋ^{0}	细儿 sɿ^{33} ŋ^{0}	囡儿 na^{31} ŋ^{0}
76 乐清	妹妹 mai^{3} mai^{44} 小	细儿童 si^{33} ŋ^{35} doŋ^{212} 小	院主囡 yᴇ^{22} tɕy^{35} ne^{323} 小
77 瑞安	琐细儿 sai^{35} se^{33} ŋ^{0}	男儿 ne^{22} ŋ^{0}	囡儿 na^{22} ŋ^{0}
78 平阳	妹妹 mai^{33} mai^{55}	毛儿 mɛ^{33} ŋ^{45}	囡儿儿 naŋ^{45} ŋ^{13}
79 文成	妹儿 mai^{33} ŋ^{33}	男妹儿 ne^{13} mai^{33} ŋ^{33}	女妹儿 ȵy^{13} mai^{33} ŋ^{34}
80 苍南	妹儿 maŋ^{33} ŋ^{112}	妹儿 maŋ^{33} ŋ^{112}	囡儿儿 nia^{33} ŋ^{112}
81 建德徽	细人家 ɕie^{21} in^{33} ko^{53}	鬼儿 kue^{55} n^{0} 细鬼头 ɕie^{33} kue^{21} tɤɯ^{33}	细囡儿 ɕie^{33} no^{55} n^{0}
82 寿昌徽	细侬 ɕiɛ^{33} nɔŋ^{55}	细鬼 ɕiɛ^{33} kuei^{52}	细娘 ɕiɛ^{33} ȵiɑ̃^{52}
83 淳安徽	嫩⁼免⁼ lã^{53} miã^{55}	细侬家 ɕiɑ^{21} lon^{55} ko^{55}	囡人家 lɑ̃^{21} in^{55} ko^{55}
84 遂安徽	小人 ɕiɛ^{55} ləŋ^{33}	小人家 ɕiɛ^{55} ləŋ^{33} kɑ^{33}	囡人家 lɑ̃^{33} in^{33} kɑ^{33}
85 苍南闽	经⁼囝娘 kin^{33} gɐ̃^{21} nɪ̃ũ^{55}	大夫囝 ta^{33} pɔ^{33} kã^{43}	查⁼夫囝 tsa^{33} pɔ^{33} kã^{43}
86 泰顺闽	角螺 kɒʔ^{5} lɔi^{22}	丈夫囝 tio^{21} pou^{22} ki^{344}	做母囝 tsøʔ^{3} møʔ^{5} ki^{344}
87 洞头闽	囝仔 kɪ̃^{21} nã^{53}	大⁼夫囝仔 ta^{33} pɔ^{33} kɪ̃^{21} nã^{53}	姐⁼夫囝仔 tsa^{33} pɔ^{33} kɪ̃^{21} nã^{53}
88 景宁畲	细崽孱 sa^{44} tsoi^{43} lin^{55} 小	细崽 sa^{44} tsoi^{55} 小	女崽 ȵy^{55} tsoi^{55} 小

方言点	0583 老人七八十岁的，统称	0584 亲戚统称	0585 朋友统称
01 杭州	老人家 lɔ^{55}zəŋ^{22}tɕia^{0}	亲眷 tɕʰiŋ^{33}tɕyo^{45}	朋友 baŋ^{22}y^{45}
02 嘉兴	老人 lɔ^{21}ȵiŋ^{42}	亲眷 tɕʰiŋ^{33}tɕyə^{21}	朋友 bᴀ̃^{13}iu^{42}
03 嘉善	老人 lɔ^{22}ȵin^{31}	亲眷 tɕʰin^{35}tɕyø^{53}	朋友 bæ̃^{13}iə^{31}
04 平湖	老人 lɔ^{21}ȵin^{53} 老个人 lɔ^{21}kəʔ^{0}ȵin^{31}	亲眷 tsʰin^{53}tɕyø^{0}	小朋友 siɔ^{44}bã^{44}iəɯ^{0}
05 海盐	老人家 lɔ^{53}ȵin^{53}kɑ^{21}	亲眷 tɕʰin^{53}tɕyɤ^{21}	小朋友 ɕiɔ^{53}bɛ̃^{53}io^{21}
06 海宁	老人家 lɔ^{13}ȵiŋ^{55}ka^{55}	亲眷 tɕʰiŋ^{55}tɕie^{55}	朋友 bɑ̃^{33}iəɯ^{33}
07 桐乡	老人家 lɔ^{242}ȵiŋ^{44}ka^{44}	亲眷 tsʰiŋ^{44}tɕiᴇ^{53}	小朋友 siɔ^{53}bã^{44}iɤɯ^{44}
08 崇德	老人家 lɔ^{55}ȵiŋ^{0}kɑ^{0}	亲眷 tɕʰiŋ^{44}tɕiɪ^{44}	小朋友 ɕiɔ^{55}bã^{0}iɤɯ^{0}
09 湖州	老太婆 lɔ^{33}tʰa^{33}bəu^{35} 老老头 lɔ^{33}lɔ^{33}døʉ^{35}	亲眷人家 tɕʰin^{44}tɕie^{44}ȵin^{44}ka^{44}	朋友 bã^{33}iʉ^{35}
10 德清	老头子 lɔ^{35}døʉ^{31}tsɿ^{0}	亲眷 tɕʰin^{44}tɕie^{44}	朋友 boŋ^{11}iʉ^{13}
11 武康	老头子 lɔ^{35}dø^{44}tsɿ^{53} 老太婆 lɔ^{35}tʰa^{44}bu^{53}	亲眷 tɕʰin^{44}tɕiɪ^{44}	朋友 bã^{33}iø^{35}
12 安吉	老人 lɔ^{52}ȵiŋ^{21}	亲眷 tɕʰiŋ^{55}tɕi^{55}	朋友 bã^{22}iu^{22}
13 孝丰	老人家 lɔ^{45}ȵiŋ^{21}ka^{21} 年纪大个 ȵiɪ^{22}tɕi^{22}du^{22}kəʔ^{0}	亲眷 tɕʰiŋ^{44}tɕiɪ^{44}	朋友 bã^{22}iu^{22}
14 长兴	老人家 lɔ^{45}ȵiŋ^{55}ka^{21}	亲眷 tʃʰiŋ^{44}tʃiᴇʔ^{5}	朋友 bã^{12}iʏ^{33}
15 余杭	年纪大活⁼ ȵiẽ^{33}tɕi^{55}du^{33}oʔ^{2}	亲眷 tsʰiŋ^{55}tɕiẽ^{55}	朋友 boŋ^{31}iʏ^{13}
16 临安	老年人 lɔ^{33}ȵieŋ^{55}ȵieŋ^{55}	亲眷 tɕʰieŋ^{53}tɕyœ^{35}	朋友 bã^{33}yœ^{13}
17 昌化	老人家 lɔ^{23}nəŋ^{45}ku^{53}	亲眷 tɕʰiəŋ^{33}tɕyɪ̃^{45}	朋友 bəŋ^{11}i^{453}
18 於潜	老年人 lɔ^{53}ȵie^{31}ȵiŋ^{31}	亲眷 tɕʰiŋ^{43}tɕyɛ^{35}	朋友 baŋ^{22}iəu^{24}
19 萧山	老年人 lɔ^{13}ȵie^{33}ȵiŋ^{21}	亲眷 tɕʰiŋ^{33}tɕyə^{42}	朋友 bã^{13}io^{33}
20 富阳	老人 lɔ^{224}nin^{13}	亲眷 tɕʰin^{55}tɕyɛ̃^{31}	朋友 bən^{13}iʊ^{55}
21 新登	老人 lɔ^{334}neiŋ^{45}	亲眷 tɕʰiŋ^{53}tɕyɛ̃^{334}	朋友家 boŋ^{233}y^{334}ka^{53}
22 桐庐	老人家 lɔ^{33}niŋ^{33}kuo^{35}	亲眷 tɕʰiŋ^{55}tɕyᴇ^{33}	朋友 bã^{21}iəu^{13}

续表

方言点	0583 老人七八十岁的，统称	0584 亲戚统称	0585 朋友统称
23 分水	老头子 lɔ^{44}dɵ^{21}tsɿ^{0} 老太婆 lɔ^{44}tʰɛ^{24}bo^{21}	亲戚 tɕʰin^{44}tɕʰiəʔ^{5}	朋友 ben^{21}iɵ^{0}
24 绍兴	老人家 lɔ^{24}ȵiŋ^{33}ko^{31}	亲眷 tɕʰiŋ^{33}tɕyø̃^{33}	朋友 baŋ^{22}iɤ^{223}
25 上虞	老人家 lɔ^{21}ȵiŋ^{21}ko^{53}	亲眷 tɕʰiŋ^{33}tɕyø̃^{35}	朋友 bã^{21}iɤ^{35}
26 嵊州	老侬 lɔ^{24}nɔŋ^{231}	亲眷家 tɕʰiŋ^{53}tɕyœ̃^{44}ko^{31}	伙队家 ho^{33}tᴇ^{44}ko^{31}
27 新昌	老侬 lɔ^{22}nɔ̃^{232}	亲眷 tɕʰiŋ^{53}tɕyœ̃^{335}	大队家 da^{22}de^{22}kuo^{534}
28 诸暨	老人家 lɔ^{13}nin^{33}ko^{42}	亲眷 tɕʰin^{42}tɕiə^{33}	队伙 de^{13}hɤu^{42}
29 慈溪	老老 lɔ^{13}lɔ^{44}	亲眷 tɕʰiŋ^{35}tɕyø̃^{0}	朋友 bã^{13}iø^{0}
30 余姚	老年人 lɔ^{13}ȵiẽ^{13}ȵiə̃^{0}	亲眷 tɕʰiə̃^{44}tɕyø̃^{34}	朋友 baŋ^{13}iø^{13}
31 宁波	年纪大人 ȵi^{2}tɕi^{53}dəu^{13}ȵiŋ^{0}	亲眷 tɕʰiŋ^{44}tɕy^{44}	朋友 ba^{13}iʏ^{44}
32 镇海	年纪大人 ȵi^{22}tɕi^{33}dəu^{22}ȵiŋ^{22}	亲眷 tɕʰiŋ^{33}tɕy^{53}	朋友 bã^{22}iu^{31}
33 奉化	老成人 lʌ^{32}dʑiŋ^{33}ȵiŋ^{31}	亲眷 tɕʰiŋ^{44}tɕy^{44}	朋友家 bã^{33}iʏ^{0}ko^{53}
34 宁海	老人家 lau^{31}ȵiŋ^{21}ko^{53}	亲眷 tsʰəŋ^{33}kyø^{35}	朋友 bã^{21}iu^{31} 朋友家 bã^{21}iu^{0}ko^{53}
35 象山	老个人 lɔ^{31}geʔ^{2}ȵiŋ^{31}	亲眷 tsʰəŋ^{53}tɕy^{0}	朋友 bã^{31}iu^{0} 朋友家 bã^{31}iu^{0}ko^{44}
36 普陀	老成人 lɔ^{23}dʑiŋ^{55}ȵiŋ^{55}	亲眷 tɕʰiŋ^{53}tɕy^{0}	朋友家 bã^{33}ieu^{45}ko^{0}
37 定海	老成人 lɔ^{23}dʑiŋ^{44}ȵiŋ^{44}	亲眷 tɕʰiŋ^{33}tɕy^{45}	朋友家 bã^{33}iʏ^{52}ko^{0}
38 岱山	老成人 lɔ^{23}dʑiŋ^{44}ȵiŋ^{44}	亲眷 tɕʰiŋ^{52}tɕy^{0}	朋友 bã^{31}iʏ^{0}
39 嵊泗	老成人 lɔ^{34}dʑiŋ^{44}ȵiŋ^{44}	亲眷 tɕʰiŋ^{44}tɕy^{0}	朋友家 bã^{33}iʏ^{44}ko^{0}
40 临海	老人家 lɔ^{42}ȵiŋ^{44}ko^{31}	亲眷 tɕʰiŋ^{33}kyø^{55}	朋友家 bã^{33}iu^{42}ko^{353}小
41 椒江	老官老太 lɔ^{42}kuə^{33}lɔ^{42}tʰa^{51}小	亲眷 tɕʰiŋ^{33}kyø^{55}	朋友 bã^{22}iu^{42}
42 黄岩	岁岁大爻个人 sʮ^{33}sʮ^{55} dou^{24}ɔ^{0}kəʔ^{0}ȵin^{121}	亲眷 tɕʰin^{33}kyø^{55}	朋友 bã^{13}iu^{42}
43 温岭	岁大爻个人 ɕy^{55}du^{13}ɔ^{0}kə^{0} ȵin^{31}	亲眷 tɕʰin^{35}kyø^{55}	朋友家 buŋ^{13}iu^{42}ko^{15}小

续表

方言点	0583 老人七八十岁的，统称	0584 亲戚统称	0585 朋友统称
44 仙居	老人家 lɐɯ^{31} ȵin^{33} ko^{334}	亲眷 tɕʰin^{55} cyø^{55}	朋友家 ben^{24} iəɯ^{31} ko^{334}
45 天台	老人家 lau^{21} ȵiŋ^{22} ko^{51}	亲眷 tɕʰiŋ^{33} kyø^{55}	朋友家 bəŋ^{22} iu^{21} ko^{51}
46 三门	老人家 lɑu^{32} niŋ^{33} ko^{52}	亲眷 tsʰəŋ^{55} kyø^{55}	朋友家 bəŋ^{11} iu^{32} ko^{52}
47 玉环	老人家 lɔ^{53} ȵiŋ^{44} ko^{42}	亲眷 tɕʰiŋ^{33} kyø^{55}	朋友家 boŋ^{22} iu^{53} ko^{35} 小
48 金华	老个人 lɑo^{535} kəʔ^{0} ȵiŋ^{313}	亲戚 tɕʰiŋ^{33} tɕʰiəʔ^{4}	朋友 poŋ^{33} iu^{535} / bɑŋ^{31} iu^{535}
49 汤溪	老个侬 lɔ^{11} kə^{0} nɑo^{11}	亲戚 tsʰɛ̃i^{33} tsʰei^{55}	朋友 pã^{33} iəɯ^{113}
50 兰溪	老人 lɔ^{55} nin^{21}	亲戚 tɕʰin^{34} tɕʰieʔ^{34}	朋友家 bæ̃^{21} iəɯ^{55} kuɑ^{334}
51 浦江	老侬家 lo^{11} lən^{11} tɕiɑ^{53}	亲戚 tsʰən^{33} tsʰɛ^{423}	朋友 bən^{11} iɤ^{243}
52 义乌	老侬 lo^{33} noŋ^{31}	亲戚 tsʰən^{33} tsʰai^{324}	朋友 boŋ^{22} iɐɯ^{312}
53 东阳	老侬 lɐɯ^{22} nɔm^{53}	亲眷 tsʰiɐn^{33} tɕiʊ^{53}	朋友 bɐn^{22} iəɯ^{35}
54 永康	老成侬 lɑu^{31} ʑiŋ^{33} noŋ^{241} 小	亲戚 tsʰəŋ^{33} tsʰəi^{334}	朋友家 ɓiŋ^{33} iəu^{31} kuɑ^{55}
55 武义	老侬家 lɤ^{55} noŋ^{32} kuɑ^{53}	亲戚 tɕʰin^{24} tsʰəʔ^{5}	朋友家 ben^{55} iəu^{13} kuɑ^{24}
56 磐安	老侬家 lo^{33} nɔom^{21} kuə^{52}	亲眷 tɕʰiɐn^{33} tɕyɐn^{52}	朋友 pɐn^{22} iɐɯ^{334} 伙伴 xuɤ^{33} pɯ^{445} "伴"调殊
57 缙云	老成人 ləɤ^{51} zɛ^{213} nɛŋ^{453} 男 老温$^{=}$人 ləɤ^{51} uɛ^{44} ȵiɛŋ^{453} 女	亲眷 tsʰaŋ^{44} tɕyɛ^{453}	伴 bɛ^{31}
58 衢州	老人家 lɔ^{231} ȵin^{21} kɑ^{32}	亲眷 tɕʰin^{32} tʃyə̃^{53}	朋友 boŋ^{21} iu^{53}
59 衢江	老成侬 lɔ^{22} ʑiŋ^{22} nəŋ^{53}	亲眷 tɕʰiŋ^{25} tɕie^{31}	朋友 pəŋ^{33} y^{212}
60 龙游	老个侬 lɔ^{22} gəʔ^{0} nən^{21}	亲姓 tɕʰin^{35} ɕin^{21}	朋友 bən^{22} iəɯ^{224}
61 江山	老席$^{=}$侬 lɐɯ^{22} ʑiᴇʔ^{2} naŋ^{213}	亲姓 tɕʰɪ̃^{24} ɕɪ̃^{51}	朋友 boŋ^{22} iɯ^{22}
62 常山	老成人 lɤ^{22} zɪ̃^{24} nã^{0}	亲姓 tsʰɪ̃^{52} sɪ̃^{0}	朋友 boŋ^{22} iu^{52}
63 开化	老成侬 ləɯ^{21} ʑin^{21} nɤŋ^{231}	亲姓 tɕʰin^{53} ɕin^{0}	朋友 bɤŋ^{21} iʊ^{213}
64 丽水	老人家 lə^{44} nen^{22} kuo^{224}	亲眷 tsʰen^{224} tɕyɛ^{52}	朋友 boŋ^{22} iəɯ^{544}
65 青田	老人 lœ^{55} neŋ^{21}	亲眷 tɕʰiaŋ^{55} tɕyɐ^{33}	朋友 boŋ^{22} ieu^{454}

续表

方言点	0583 老人七八十岁的，统称	0584 亲戚统称	0585 朋友统称
66 云和	老人家 lɑɔ^{44} nɛ^{223} ko^{24}	亲眷 tsʰəŋ^{24} tɕyɛ^{45}	朋友 bɛ^{223} iəɯ^{41}
67 松阳	老实侬 lʌ^{22} ʑiʔ^{2} nəŋ^{31}	亲眷 tɕʰin^{33} tɕyɛ̃^{24}	朋友 bæ̃^{33} iɯ^{22}
68 宣平	老人家 lɔ^{22} nin^{43} ko^{324}	亲眷 tsʰən^{32} tɕyə^{52}	朋友 pən^{44} iɯ^{223}
69 遂昌	老实人 lɐɯ^{13} ʑiʔ^{2} nəŋ^{213}	亲眷 tɕʰiŋ^{55} tɕyɛ̃^{334}	朋友 bəŋ^{21} iɯ^{13}
70 龙泉	老成侬 lɑʌ^{21} ɕin^{45} nəŋ^{51}	亲眷 tɕʰin^{44} tɕyo^{45}	朋友 pᴇ^{45} iəu^{51}
71 景宁	老成人 lɑu^{55} ʑiŋ^{33} naŋ^{41}	亲戚 tsʰaŋ^{55} tsʰɿʔ^{5}	朋友 baŋ^{55} iəɯ^{33}
72 庆元	老成侬 lɒ^{22} ɕiŋ^{52} noŋ^{33}	亲眷 tɕʰiəŋ^{33} tɕyɛ̃^{11}	朋友 pæ̃^{52} iɯ^{33}
73 泰顺	老成人 lɑɔ^{22} ɕiŋ^{21} nɛ^{53}	亲眷 tsʰəŋ^{213} tɕyɛ^{35}	朋友 pɛ^{21} iəu^{55}
74 温州	岁大侬 sɿ^{42} dɤu^{22} naŋ^{21}	亲眷 tsʰaŋ^{33} tɕy^{25}	朋友 boŋ^{31} iau^{14}
75 永嘉	老侬家 lə^{13} naŋ^{22} ko^{44}	亲眷 tsʰaŋ^{33} tsɥ^{45}	朋友 boŋ^{31} iau^{13}
76 乐清	岁大侬 sy^{33} du^{22} naŋ^{31}	亲眷 tɕʰiaŋ^{35} tɕyᴇ^{41}	朋友 boŋ^{31} iau^{24}
77 瑞安	老侬家 lɛ^{13} naŋ^{22} ko^{44}	亲眷 tsʰaŋ^{33} tɕy^{35}	朋友 boŋ^{31} iau^{13}
78 平阳	老侬家 lɛ^{45} naŋ^{33} ko^{13}	亲眷 tʃʰeŋ^{21} tɕye^{45}	朋友家 boŋ^{21} iau^{45} ko^{13}
79 文成	老侬 lɛ^{33} naŋ^{13}	亲眷 tʃʰaŋ^{33} tɕyø^{13}	朋友家 boŋ^{35} iau^{21} ko^{33}
80 苍南	老侬家 lɛ^{33} naŋ^{11} ko^{44}	亲眷 tsʰaŋ^{44} tɕyɛ^{42}	朋友 boŋ^{11} iau^{53}
81 建德徽	老人家 lɔ^{21} in^{33} ko^{53}	亲戚 tɕʰin^{53} tɕʰiɐʔ^{5}	朋友 poŋ^{33} iɤɯ^{33}
82 寿昌徽	老辈侬 lɤ^{55} piæ^{33} nəŋ^{112}	亲戚 tɕʰien^{11} tɕʰiəʔ^{3}	朋友 pʰen^{11} iəɯ^{534}
83 淳安徽	老侬家 lɤ^{55} lon^{55} ko^{55}	亲眷 tɕʰin^{24} tsuã^{21}	朋友 pʰen^{43} iɯ^{55}
84 遂安徽	老人家 lɔ^{33} ləŋ^{33} kɑ^{33}	亲眷 tɕʰin^{52} kuɑ̃^{52}	朋友 pʰəŋ^{33} iu^{43}
85 苍南闽	老侬家 lau^{21} lan^{21} ke^{55}	亲情 tɕʰin^{33} tɕʰĩã^{24}	朋友 pin^{21} iu^{43}
86 泰顺闽	老人家 lau^{21} nəŋ^{22} ka^{213}	亲眷 tɕʰieŋ^{21} kye^{53}	弟兄 tei^{22} ɕiæŋ^{213}
87 洞头闽	老侬家 lau^{21} laŋ^{24} ke^{55}	亲情 tɕin^{33} tɕʰĩã^{24}	朋友 pin^{21} iu^{53}
88 景宁畲	老实人 lau^{55} ɕiʔ^{2} ȵin^{22}	亲戚 tɕʰin^{44} tɕʰi^{44}	朋友 pən^{22} iəu^{325}

方言点	0586 邻居统称	0587 客人	0588 农民
01 杭州	邻舍 liŋ^{22} suei^{45}	客人 k^{h}aʔ^{5} zəŋ^{0}	农民 noŋ^{22} miŋ^{45}
02 嘉兴	隔壁相邻 kᴀʔ^{3} pieʔ^{5} ɕiᴀ̃^{33} liŋ^{21} 邻舍 liŋ^{21} so^{42}	客人 k^{h}ᴀʔ^{3} ȵiŋ^{33}	乡下人 ɕiᴀ̃^{33} o^{21} ȵiŋ^{21}
03 嘉善	隔壁邻舍 kɜʔ^{5} pieʔ^{4} lin^{22} suoʔ^{5}	客人 k^{h}aʔ^{5} ȵin^{31}	乡下人 ɕiæ̃^{55} o^{31} ȵin^{0}
04 平湖	邻舍隔壁 lin^{24} so^{0} kaʔ^{0} piəʔ^{0}	客人 k^{h}aʔ^{3} ȵin^{0}	乡下人 ɕiã^{53} o^{0} ȵin^{0}
05 海盐	邻舍隔壁 lin^{55} so^{21} kaʔ^{5} piəʔ^{5} 隔壁邻舍 kaʔ^{5} piəʔ^{5} lin^{55} so^{21}	客人 k^{h}aʔ^{23} ȵin^{31}	乡下人 ɕiɛ̃^{53} o^{21} ȵin^{21}
06 海宁	邻舍 liŋ^{33} so^{55} 邻舍隔壁 liŋ^{33} so^{55} kaʔ^{5} pieʔ^{5}	客人 k^{h}aʔ^{5} ȵiŋ^{55}	乡下人 ɕiã^{55} o^{55} ȵiŋ^{55}
07 桐乡	邻舍隔壁 liŋ^{21} so^{44} kaʔ^{5} piəʔ^{5} 隔壁邻舍 kaʔ^{5} piəʔ^{5} liŋ^{44} so^{44} 邻舍 liŋ^{21} so^{44}	客人 k^{h}aʔ^{3} ȵiŋ^{44}	乡下人 ɕiã^{44} o^{44} ȵiŋ^{44}
08 崇德	隔壁邻舍 kaʔ^{3} piəʔ^{5} liŋ^{44} so^{44}	客人 k^{h}aʔ^{3} ȵiŋ^{44}	乡下人 ɕiã^{44} o^{44} ȵiŋ^{44}
09 湖州	邻舍隔壁 lin^{22} səu^{33} kəʔ^{4} pieʔ^{5}	客人 k^{h}aʔ^{5} ȵin^{35}	农民 noŋ^{33} min^{35}
10 德清	邻舍 lin^{11} suo^{35}	客人 k^{h}aʔ^{5} ȵin^{53}	乡下人 ɕiã^{44} uo^{44} ȵin^{44}
11 武康	邻舍隔壁 lin^{11} so^{44} kɜʔ^{4} pieʔ^{5}	客人 k^{h}ɜʔ^{5} ȵin^{31}	农民 noŋ^{11} min^{13}
12 安吉	邻舍 liŋ^{22} sʊ^{22}	客人 k^{h}əʔ^{5} ȵiŋ^{213}	农民 noŋ^{22} miŋ^{22}
13 孝丰	邻舍隔壁 liŋ^{22} sʊ^{22} kaʔ^{5} pieʔ^{5}	客人 k^{h}aʔ^{5} ȵiŋ^{44}	农民 noŋ^{22} miŋ^{22}
14 长兴	邻舍隔壁 liŋ^{12} soʔ^{3} kəʔ^{3} piᴇʔ^{5}	客人 k^{h}əʔ^{3} ȵiŋ^{44}	乡下人 ʃiã^{44} u^{44} ȵiŋ^{44}
15 余杭	邻舍 liŋ^{31} suo^{35}	客人 k^{h}aʔ^{5} ȵiŋ^{33}	农民 ȵioŋ^{31} miŋ^{13}
16 临安	邻舍 lieŋ^{33} suo^{35}	客人 k^{h}ɐʔ^{5} ȵieŋ^{35}	农民 noŋ^{33} mieŋ^{13}
17 昌化	隔壁邻舍 kaʔ^{5} piɛʔ^{5} liəŋ^{11} su^{453}	客人 k^{h}əʔ^{5} nəŋ^{45}	农民 nəŋ^{11} miəŋ^{112}
18 於潜	隔壁邻舍 kɐʔ^{53} pieʔ^{53} liŋ^{22} sa^{35}	客人 k^{h}əʔ^{53} ȵiŋ^{24}	农民 noŋ^{22} miŋ^{24}
19 萧山	隔壁头 kaʔ^{5} pieʔ^{5} dio^{33}	客人 k^{h}aʔ^{5} ȵiŋ^{33}	农民 noŋ^{13} miŋ^{33}
20 富阳	邻舍隔壁 lin^{13} suoʔ^{5} kaʔ^{5} piɛʔ^{5}	客人 k^{h}aʔ^{5} nin^{224}	农民 loŋ^{13} min^{55}
21 新登	隔壁邻舍 kaʔ^{5} piəʔ^{5} leiŋ^{233} sa^{45}	客人 k^{h}aʔ^{5} neiŋ^{45}	农民 noŋ^{233} meiŋ^{233}

续表

方言点	0586 邻居统称	0587 客人	0588 农民
22 桐庐	邻舍隔壁 liŋ^{21} ɕyo^{21} kaʔ^{21} piəʔ^{5}	客人 kʰaʔ^{5} niŋ^{33}	农民 noŋ^{21} miŋ^{35}
23 分水	隔壁邻舍 kəʔ^{5} piəʔ^{5} lin^{21} saʔ^{5}	客人 kʰəʔ^{5} zən^{21}	农民 loŋ^{21} min^{24}
24 绍兴	邻舍隔壁 liŋ^{22} so^{44} keʔ^{3} pieʔ^{3}	人客 ȵiŋ^{22} kʰaʔ^{5}	乡下人 ɕiaŋ^{33} o^{44} ȵiŋ^{31}
25 上虞	邻舍 liŋ^{21} so^{35}	人客 ȵiŋ^{21} kʰaʔ^{5}	农民 noŋ^{21} miŋ^{213} 种田人 tsoŋ^{55} diẽ^{21} ȵiŋ^{31}
26 嵊州	邻舍家 liŋ^{22} so^{44} ko^{31}	客人 kʰɛʔ^{3} ȵiŋ^{231} 人客 ȵiŋ^{22} kʰɛʔ^{5}	农民 noŋ^{22} miŋ^{231}
27 新昌	邻舍家 liŋ^{22} so^{45} ko^{31}	客人 kʰaʔ^{5} ȵiŋ^{33}	农民 noŋ^{13} miŋ^{33}
28 诸暨	邻舍家 lin^{21} so^{42} ko^{33}	客人 kʰaʔ^{5} nin^{21}	务农头佬 vu^{33} lom^{13} dei^{42} lɔ^{21}
29 慈溪	邻舍 liŋ^{13} so^{0}	人客 ȵiŋ^{11} kʰaʔ^{5}	做地头个 tsəu^{44} di^{11} dø^{13} kəu^{44}
30 余姚	邻舍 liə̃^{13} so^{34} 隔壁邻舍 kaʔ^{5} piəʔ^{5} liə̃^{13} so^{0}	人客 ȵiə̃^{13} kʰaʔ^{5}	种田人 tsuŋ^{44} diẽ^{13} ȵiə̃^{13}
31 宁波	邻舍家 liŋ^{13} so^{44} ko^{44}	人客 ȵiŋ^{13} kʰaʔ^{5}	乡下人 ɕia^{44} o^{13} ȵiŋ^{53}
32 镇海	隔壁邻舍 kaʔ^{5} pieʔ^{5} liŋ^{22} so^{44}	人客 ȵiŋ^{22} kʰaʔ^{5}	农民 noŋ^{22} miŋ^{31}
33 奉化	邻舍隔壁 liŋ^{33} so^{44} kaʔ^{5} piɪʔ^{2}	人客 ȵiŋ^{33} kʰaʔ^{5}	做田畈人 tsəu^{44} di^{33} pɛ^{44} ȵiŋ^{33}
34 宁海	邻舍 li^{21} so^{35} 邻舍家 li^{21} so^{33} ko^{53}	人客 ȵiŋ^{21} kʰaʔ^{5} 客 kʰaʔ^{5}	农民 noŋ^{21} miŋ^{31}
35 象山	邻舍家 liŋ^{31} so^{0} ko^{44}	人客 ȵiŋ^{31} kʰaʔ^{5}	农务人 noŋ^{31} vu^{31} ȵiŋ^{13}
36 普陀	邻舍隔壁 liŋ^{24} so^{53} kɐʔ^{0} pieʔ^{0}	人客 ȵiŋ^{33} kʰɐʔ^{5}	种田人 tsoŋ^{55} di^{55} ȵiŋ^{55}
37 定海	隔壁邻舍 kɐʔ^{5} pieʔ^{5} liŋ^{44} so^{44} 邻舍家 liŋ^{33} so^{33} ko^{45}	人客 ȵiŋ^{33} kʰɐʔ^{5}	农民 noŋ^{33} miŋ^{52}
38 岱山	邻舍 liŋ^{31} so^{0}	人客 ȵiŋ^{33} kʰɐʔ^{5}	种田人 tsoŋ^{44} di^{44} ȵiŋ^{44}
39 嵊泗	隔壁邻舍 kɐʔ^{5} biɛʔ^{3} liŋ^{0} so^{0}	人客 ȵiŋ^{33} kʰɐʔ^{5}	农民 noŋ^{33} miŋ^{53}

续表

方言点	0586 邻居统称	0587 客人	0588 农民
40 临海	邻舍 liŋ^{33} so^{55}	人客 ȵiŋ^{22} kʰaʔ^{5}	种田垟人 tɕyoŋ^{33} di^{35} iã^{33} ȵiŋ^{353} 小
41 椒江	邻舍 liŋ^{22} so^{55}	人客 ȵiŋ^{22} kʰaʔ^{5}	种田垟人 tsoŋ^{33} die^{22} iã^{22} ȵiŋ^{41}
42 黄岩	邻舍 lin^{13} so^{55}	人客 ȵin^{13} kʰəʔ^{5}	种田个 tsoŋ^{33} die^{121} kəʔ^{0}
43 温岭	邻舍 lin^{13} so^{55}	客 kʰaʔ^{5} 人客 ȵin^{13} kʰaʔ^{5}	种田人 tɕyuŋ^{33} die^{24} ȵin^{41}
44 仙居	邻舍 lin^{24} so^{55}	人客 ȵin^{33} kʰaʔ^{5}	农民 noŋ^{353} min^{0}
45 天台	邻舍 liŋ^{22} so^{55}	人客 ȵiŋ^{22} kʰaʔ^{5}	种田地人 tɕyuŋ^{55} die^{22} di^{33} ȵiŋ^{224}
46 三门	隔壁邻舍 kɐʔ^{3} bieʔ^{3} liŋ^{55} so^{55}	人客 niŋ^{11} kʰaʔ^{5}	农民 noŋ^{13} miŋ^{31}
47 玉环	邻舍 liŋ^{22} so^{55}	人客 ȵiŋ^{22} kʰɐʔ^{5}	种田人 tɕioŋ^{33} die^{22} ȵiŋ^{41}
48 金华	隔壁邻舍 kəʔ^{4} piəʔ^{4} liŋ^{31} sia^{55}	客人 kʰəʔ^{3} ȵiŋ^{55}	种田地个 tɕioŋ^{33} dia^{31} di^{14} kəʔ^{0} 老 农民 loŋ^{31} miŋ^{14} 新
49 汤溪	隔壁 ka^{52} pei^{55}	客侬 kʰa^{55} nɑo^{0}	种田地个 tɕiɑo^{33} tie^{24} di^{0} kə^{0} 农民 nɑo^{11} mɛ̃i^{52}
50 兰溪	隔壁邻舍 kəʔ^{34} pieʔ^{34} lin^{21} suɑ^{45}	客人 kʰəʔ^{34} nin^{45}	乡里人 ɕiɑŋ^{334} li^{45} nin^{21}
51 浦江	邻舍家 liən^{11} ɕia^{33} tɕiɑ^{334}	客人 kʰɑ^{33} ȵiən^{334}	种田地个 tɕyon^{33} diɑ̃^{33} di^{33} kə^{0} 老 农民 lon^{24} miən^{334} 新
52 义乌	邻舍 lən^{22} sia^{45}	客侬 kʰɛ^{33} noŋ^{45}	农民 noŋ^{22} mien^{45}
53 东阳	邻舍 liɐn^{22} ɕia^{53}	客 kʰaʔ^{34}	种地侬 tɕiɔm^{33} di^{33} nom^{53}
54 永康	邻舍八家 liŋ^{33} ɕia^{33} ɓuɑ^{33} kuɑ^{55}	侬客 noŋ^{33} kʰai^{334}	种田侬 tsoŋ^{33} dia^{31} noŋ^{22}
55 武义	隔壁邻舍 ka^{55} pəʔ^{5} lin^{32} ɕia^{53}	客 kʰa^{53}	种田地个 ioŋ^{55} die^{32} di^{231} kiəʔ^{0} 农民 noŋ^{324} min^{31}

续表

方言点	0586 邻居统称	0587 客人	0588 农民
56 磐安	邻舍 liɐn^{21} ɕia^{52}	客 kʰa^{334}	种田侬 tsɔom^{33} die^{21} nɔom^{52}
57 缙云	邻舍 laŋ^{44} ɕia^{453}	客 kʰa^{322}	种田人 tsɔ^{44} dia^{213} nɛŋ^{453}
58 衢州	隔壁邻舍 kaʔ^{3} piəʔ^{5} lin^{21} ʃyɑ^{53}	人客 ȵin^{21} tɕʰiaʔ^{5}	农民 noŋ^{13} min^{21}
59 衢江	邻舍 liŋ^{22} ɕyø^{53}	侬客 nəŋ^{33} kʰaʔ^{5} 客侬 kʰaʔ^{3} nəŋ^{53}	种田侬 yoŋ^{33} die^{22} nəŋ^{53}
60 龙游	邻舍 lin^{22} sɑ^{51}	侬客 nən^{33} kʰəʔ^{4}	农民 noŋ^{224} min^{231}
61 江山	隔壁侬 kaʔ^{5} piᴇʔ^{5} naŋ^{213}	侬客 naŋ^{22} kaʔ^{5}	种田侬 ioŋ^{22} diẽ^{22} naŋ^{213}
62 常山	邻舍 lĩ^{24} ɕie^{52}	侬客 nã^{22} kʰʌʔ^{5}	种田埂个侬 ioŋ^{44} diẽ^{24} kĩ^{52} kɛʔ^{0} nã^{0} 旧 农民 noŋ^{24} mĩ^{0} 今
63 开化	隔壁邻舍 kaʔ^{4} piɛʔ^{5} lin^{21} ɕiɛ^{53}	侬客 nɤŋ^{21} kʰaʔ^{5}	种田个 iəŋ^{53} diẽ^{231} gəʔ^{0} 做粗个 tsɔ^{44} tsʰuo^{44} gəʔ^{0}
64 丽水	邻舍 lin^{21} ɕio^{52}	客 kʰaʔ^{5}	种田人 tɕiəŋ^{44} diɛ^{21} nen^{52} 老 农民 noŋ^{21} min^{52} 新
65 青田	邻舍 liaŋ^{55} ɕiu^{33}	人客 neŋ^{22} kʰɛʔ^{42}	种田人 tɕio^{33} diɑ^{55} neŋ^{53}
66 云和	隔壁邻舍 kaʔ^{4} piʔ^{4} liŋ^{31} ɕio^{45}	客 kʰaʔ^{5}	种田人 tɕiɔ̃^{44} diɛ^{223} nɛ^{312}
67 松阳	邻舍 lin^{33} ɕyə^{24}	客 kʰaʔ^{5}	农民 nəŋ^{33} min^{31}
68 宣平	邻舍 lin^{43} ɕia^{52}	客 kʰaʔ^{5}	种田个 tɕiɔ̃^{44} diɛ^{43} kə^{0} 老 农民 nən^{22} min^{433} 新
69 遂昌	邻舍 liŋ^{22} ɕiɒ^{334}	客 tɕʰiaʔ^{5} 客侬 tɕʰiaʔ^{5} nəŋ^{221}	农民 nəŋ^{22} miŋ^{221}
70 龙泉	邻舍 lin^{44} ɕio^{45}	客 kʰaʔ^{5}	种田侬 iəŋ^{21} tiᴇ^{45} nəŋ^{21}
71 景宁	邻舍 liaŋ^{41} ɕio^{35}	客人 kʰaʔ^{3} naŋ^{41}	种田人 tɕiəŋ^{33} diɛ^{33} naŋ^{41}
72 庆元	邻舍 liəŋ^{52} ɕiɑ^{11}	客 kʰɑʔ^{5}	农民 noŋ^{52} miəŋ^{52}
73 泰顺	隔壁 kaʔ^{2} piʔ^{5} 邻居 liŋ^{21} tɕy^{213}	侬客 nɛ^{21} kʰaʔ^{5}	种田侬 tɕiɔ̃^{22} tiã^{21} nɛ^{53}

续表

方言点	0586 邻居统称	0587 客人	0588 农民
74 温州	邻舍 ləŋ^{22} sei^{25}	侬客 naŋ^{24} kʰa^{323}	种田侬 tɕyɔ^{34} di^{22} naŋ^{223}
75 永嘉	隔壁邻舍 ka^{43} pi^{43} leŋ^{13} sɿ^{423}	侬客 naŋ^{13} kʰa^{423}	种田侬 tɕyɔ^{45} di^{22} naŋ^{21}
76 乐清	邻舍 leŋ^{24} si^{41}	侬客 naŋ^{24} kʰe^{323}	种田侬 tɕyɯʌ^{34} diᴇ^{22} naŋ^{223}
77 瑞安	邻舍 ləŋ^{22} sei^{35}	侬客 naŋ^{13} kʰa^{323}	种田侬 tɕyo^{33} di^{22} naŋ^{21}
78 平阳	邻舍 leŋ^{21} si^{53}	侬客 naŋ^{45} kʰᴀ^{13}	农民 noŋ^{21} meŋ^{13}
79 文成	邻舍 leŋ^{13} sei^{33}	侬客 naŋ^{35} kʰᴀ^{34}	农村侬 noŋ^{21} tʃʰø^{33} naŋ^{45}
80 苍南	邻舍 leŋ^{11} ɕi^{42}	侬客 naŋ^{11} kʰia^{223}	种田侬 tɕyɔ^{33} diɛ^{11} naŋ^{21}
81 建德徽	隔壁邻舍 kɑ^{33} piɐʔ^{5} lin^{33} so^{55} 邻舍隔壁 lin^{33} so^{55} kɑ^{33} piɐʔ^{5}	客人 kʰɑ^{55} in^{55}	农民 loŋ^{33} min^{33}
82 寿昌徽	隔壁邻舍 kəʔ^{3} piəʔ^{3} lien^{11} ɕyə^{33}	客侬 kʰəʔ^{3} nəŋ^{55}	种田侬 tɕiəŋ^{33} tʰi^{55} nəŋ^{0} 农民 ləŋ^{11} mien^{112}
83 淳安徽	隔壁邻居 kɑʔ^{5} piʔ^{5} lin^{43} tɕy^{24}	客人 kʰɑʔ^{5} in^{21}	农民 lon^{43} min^{53}
84 遂安徽	隔壁邻居 ka^{21} pi^{55} lin^{55} tɕy^{43}	客人 kʰa^{24} in^{33}	农民 ləŋ^{33} min^{21}
85 苍南闽	厝边头尾 tsʰu^{33} pĩ^{55} tʰau^{21} bə^{43}	侬客 lan^{21} kʰe^{43}	农民 lɑŋ^{21} min^{24}
86 泰顺闽	隔壁 ka^{31} piɪʔ^{3}	侬客 nəŋ^{21} kʰa^{53}	种塍侬 tsəŋ^{34} tsʰɛ^{22} nəŋ^{22}
87 洞头闽	厝边 tsʰu^{33} pin^{33}	侬客 laŋ^{212} kʰe^{53}	农民 loŋ^{212} bin^{24}
88 景宁畲	隔壁 kaʔ^{5} piaʔ^{5}	人客 ȵin^{22} xaʔ^{5} 客人 xaʔ^{5} ȵin^{22}	农民 noŋ^{22} min^{22}

方言点	0589 商人	0590 手艺人统称	0591 泥水匠
01 杭州	商人 suaŋ^{33} zəŋ^{45}	手艺人 sei^{55} ȵi^{22} zəŋ^{0}	泥工 ȵi^{22} koŋ^{45}
02 嘉兴	老板 lɔ^{21} pᴇ^{24}	手艺人 sei^{33} ȵi^{33} ȵiŋ^{42}	泥匠 ȵi^{24} dʑiᴀ̃^{21}
03 嘉善	生意人 sæ̃^{35} i^{55} ȵin^{31}	生活人 sæ̃^{55} uoʔ^{2} ȵin^{31}	泥水 ȵi^{13} sɿ^{53}
04 平湖	生意人 sã^{55} i^{0} ȵin^{0} 做生意人 tsu^{44} sã^{55} i^{0} ȵin^{0}	做手艺个 tsu^{44} səɯ^{0} ȵi^{0} kəʔ^{0}	泥水 ȵi^{24} sɿ^{53}
05 海盐	生意人 sɛ̃^{53} i^{21} ȵin^{21}	手工人 se^{53} koŋ^{53} ȵin^{21}	泥水 ȵi^{24} sɿ^{53}
06 海宁	生意人 sɑ̃^{55} i^{55} ȵiŋ^{55}	手艺人 səɯ^{55} ȵi^{31} ȵiŋ^{55}	泥水 ȵi^{33} sɿ^{55}
07 桐乡	生意人 sã^{44} i^{44} ȵiŋ^{44}	手工人 sɤɯ^{53} koŋ^{44} ȵiŋ^{44}	泥水 ȵi^{21} sɿ^{44} 泥水师父 ȵi^{21} sɿ^{44} sɿ^{44} u^{44}
08 崇德	做生意个 tsu^{33} sã^{44} i^{44} kəʔ^{0}	做手艺个 tsu^{33} sɤɯ^{55} ȵi^{0} kəʔ^{0}	泥水 ȵi^{21} sɿ^{44} 泥水师父 ȵi^{21} sɿ^{44} sɿ^{44} vu^{44}
09 湖州	做生意哎 tsəu^{53} sã^{44} i^{44} ɛ^{44}	吃手牢⁼饭哎 tɕʰieʔ^{5} ɕiʉ^{53} lɔ^{0} vɛ^{22} ɛ^{0}	泥水 ȵi^{33} sɿ^{35}
10 德清	生意人 sen^{44} i^{44} ȵin^{44}	手艺人 søʉ^{35} ȵin^{53} ȵin^{31}	泥水师父 ȵi^{11} sɿ^{11} sɿ^{11} vəu^{13}
11 武康	生意人 sen^{44} i^{44} ȵin^{44}	手艺人 sø^{35} i^{44} ȵin^{53}	泥水匠 ȵi^{11} sɿ^{33} iã^{35}
12 安吉	生意人 sã^{55} i^{55} ȵiŋ^{55}	手艺人 səɪ^{52} ȵi^{0} ȵiŋ^{21}	泥水匠 ȵi^{22} sɿ^{55} iã^{55}
13 孝丰	做生意个 tsu^{32} sã^{44} i^{44} kəʔ^{0}	做手艺个 tsu^{32} səɪ^{45} ȵi^{21} kəʔ^{0}	砖匠 tse^{44} ʑiã^{44}
14 长兴	做生意个人 tsəu^{32} sã^{44} ʅ^{44} kəʔ^{0} ȵiŋ^{44}	匠人 ʒiã^{24} ȵiŋ^{21}	泥水匠 ȵɿ^{12} sɿ^{22} ʒiã^{33}
15 余杭	生意人 sɑ̃^{55} i^{55} ȵiŋ^{33}	手工业人 søʏ^{55} koŋ^{55} ȵieʔ^{2} ȵiŋ^{31}	泥水师父 ȵi^{33} sɛ^{53} sɿ^{55} vu^{33}
16 临安	生意人 sɑ̃^{55} i^{55} ȵieŋ^{55}	手艺人 sə^{55} ȵi^{33} zeŋ^{0}	泥水匠 ȵi^{33} sᴇ^{55} ʑiɑ̃^{55}
17 昌化	做生意个人 tsɯ^{54} sã^{33} i^{45} kəʔ^{5} nəŋ^{45}	匠人 ʑiã^{23} ȵiəŋ^{453} 做手艺个人 tsɯ^{54} ɕi^{45} ȵi^{53} kəʔ^{5} nəŋ^{453}	砖匠 tsyɪ̃^{33} ʑiã^{45}
18 於潜	生意人 saŋ^{43} i^{24} ȵiŋ^{31}	手工人 ɕiəu^{53} koŋ^{433} ȵiŋ^{31}	泥工 ȵi^{22} koŋ^{433}

续表

方言点	0589 商人	0590 手艺人统称	0591 泥水匠
19 萧山	生意人 sã^{33}i^{33}ȵiŋ^{33}	吃手艺饭个人 tɕʰieʔ^{5}ɕio^{33}ȵi^{35}vɛ^{33}kəʔ^{21}ȵiŋ^{42}	泥水师父 ȵi^{21}sɿ^{33}sɿ^{33}u^{21}
20 富阳	做生意个人 tsʊ^{335}sã^{55}i^{31}kɛʔ^{5}nin^{13}	做手艺个人 tsʊ^{335}ɕiʊ^{423}i^{335}kɛʔ^{5}nin^{31}	泥水匠 ȵi^{13}ɕyɛ^{55}dʑiɑ̃^{224}
21 新登	做生意个 tsu^{45}sɛ^{53}i^{334}kəʔ^{0}	做手艺个 tsu^{45}ɕy^{334}i^{13}kəʔ^{0}	泥水匠 ȵi^{233}sɥ^{334}ʑiɑ̃^{21}
22 桐庐	做生意个人 tsu^{33}sã^{55}i^{21}gəʔ^{21}niŋ^{21}	匠人 dʑiã^{13}niŋ^{55}	泥水匠 ni^{21}ɕyᴇ^{21}dʑiã^{55}
23 分水	生意人 sən^{44}i^{24}ȵin^{24}	手艺人 sɵ^{44}iəʔ^{5}ȵin^{21}	砖匠 tɕyɛ̃^{44}iã^{24}
24 绍兴	生意经人 saŋ^{33}i^{44}tɕiŋ^{33}ȵiŋ^{31}	做手师父 tso^{33}sɤ^{33}sɿ^{33}u^{31}	泥水作 ȵi^{22}sɿ^{44}tsoʔ^{3}
25 上虞	生意人 sã^{33}i^{53}ȵiŋ^{31}	百作师父 paʔ^{55}tsoʔ^{2}sɿ^{33}vu^{31}	泥水师父 ȵi^{21}sɿ^{33}sɿ^{33}vu^{31}
26 嵊州	行贩佬 ɔŋ^{22}fɛ^{44}lɔ^{31}	手艺师父 ɕiʏ^{33}ȵi^{44}sɿ^{33}u^{31}	泥水匠 ȵi^{22}sɿ^{33}ʑiaŋ^{231}
27 新昌	做生意个 tsɤ^{33}saŋ^{33}i^{33}ɤ^{453}	师父 sɿ^{33}u^{232}	泥水匠 ȵi^{22}sɿ^{33}ʑiaŋ^{232}
28 诸暨	生意人 sã^{21}ʒɿ^{33}nin^{33}	匠人 ʑiã^{33}nin^{33}	砖匠 tsə^{42}iã^{33}
29 慈溪	生意人 sã^{35}i^{0}ȵiŋ^{0}	手艺人 sø^{33}ȵi^{13}ȵiŋ^{0}	泥水 ȵi^{13}sɿ^{0}
30 余姚	生意人 saŋ^{44}i^{44}ȵiə̃^{13}	手艺人 sø^{34}ȵi^{13}ȵiə̃^{13}	泥水 ȵi^{13}sɿ^{34}
31 宁波	生意人 sa^{44}i^{53}ȵiŋ^{0}	手艺人 ɕiʏ^{44}ȵi^{2}ȵiŋ^{0}	泥水 ȵi^{22}sɥ^{35}
32 镇海	生意人 sã^{33}i^{33}ȵiŋ^{24}	手艺人 ɕiu^{33}ȵi^{22}ȵiŋ^{22}	泥水 ȵi^{22}sɥ^{53}
33 奉化	生意人 sã^{44}i^{44}ȵiŋ^{31}	手艺人 ɕiʏ^{44}ȵi^{33}ȵiŋ^{24}	泥水 ȵi^{33}sɥ^{35}
34 宁海	生意人 sã^{33}i^{35}ȵiŋ^{213}	手艺人 ɕiu^{53}ȵi^{21}ȵiŋ^{213}	泥水 ȵi^{21}sɥ^{53} 泥水老师 ȵi^{21}sɥ^{53}lau^{31}sɿ^{33}
35 象山	生意人 sã^{44}i^{44}ȵiŋ^{13}	做手艺个 tsəu^{53}ɕiu^{44}ȵieʔ^{2}geʔ^{2}	泥水 ȵi^{31}sɥ^{35}
36 普陀	生意人 sã^{33}i^{55}ȵiŋ^{0}	手艺人 ɕieu^{55}ȵi^{0}ȵiŋ^{0}	做泥水个 tsəu^{33}ȵi^{33}sɥ^{33}koʔ^{5}
37 定海	生意人 sã^{33}i^{52}ȵiŋ^{0}	手艺人 ɕiʏ^{44}ȵi^{44}ȵiŋ^{44}	泥水 ȵi^{33}sɥ^{45}
38 岱山	生意人 sã^{33}i^{52}ȵiŋ^{0}	手艺人 ɕiʏ^{33}ȵi^{52}ȵiŋ^{0}	泥水 ȵi^{33}sɥ^{45}

续表

方言点	0589 商人	0590 手艺人统称	0591 泥水匠
39 嵊泗	生意人 sã^{44} i^{44} ȵiŋ^{44}	手艺人 ɕiɤ^{44} ȵi^{44} ȵiŋ^{44}	泥水 ȵi^{33} sʮ^{45}
40 临海	做生意人 tso^{33} sã^{33} i^{33} ȵiŋ^{21}	做手艺人 tso^{33} ɕiu^{42} ni^{33} ȵiŋ^{21}	泥水 ni^{33} ɕy^{52}
41 椒江	做生意人 tsəu^{33} sã^{33} i^{33} ȵiŋ^{24} 小	做生活人 tsəu^{33} sã^{33} uəʔ^{2} ȵiŋ^{41}	泥水老师 ni^{33} sʮ^{42} lɔ^{42} sɿ^{35} 小
42 黄岩	做生意人 tsou^{33} sã^{33} i^{33} ȵin^{24} 小	做手艺个 tsou^{33} ɕiu^{42} ni^{24} kəʔ^{0}	泥水老师 ni^{13} sʮ^{42} lɔ^{42} sɿ^{32}
43 温岭	做生意人 tsu^{33} sã^{33} i^{33} ȵin^{31}	做手艺人 tsu^{33} ɕiu^{42} ni^{13} ȵin^{31}	泥水 ni^{13} ɕy^{42}
44 仙居	做生意人 tso^{33} sã^{33} i^{353} ȵin^{0}	做手艺人 tso^{33} ɕiəɯ^{31} ȵi^{353} ȵin^{0}	泥水人 ȵi^{33} ɕy^{31} ȵin^{213}
45 天台	做生意人 tsou^{55} sa^{33} i^{55} ȵiŋ^{224}	做手艺人 tsou^{55} ɕiu^{32} ȵi^{21} ȵiŋ^{224}	泥水老师 ȵi^{22} ɕy^{32} lau^{21} sɿ^{33}
46 三门	生意人 sɛ^{44} i^{44} niŋ^{445}	老师头 lɑu^{32} sɿ^{33} dɤɯ^{252}	泥水老师 ȵi^{11} sʮ^{32} lɑu^{32} sɿ^{334}
47 玉环	生意人 sã^{33} i^{33} ȵiŋ^{31}	手艺人 ɕiu^{53} ni^{22} ȵiŋ^{31}	泥水搨 ni^{22} ɕy^{53} tʰɛ^{53} 小
48 金华	做生意个 tsuɤ^{33} sɑŋ^{33} i^{55} kəʔ^{0}	做手艺个 tsuɤ^{33} ɕiu^{55} ȵi^{14} kəʔ^{0}	泥水老师 ȵie^{33} ɕy^{55} lɑo^{55} sɿ^{334} 做泥水个 tsuɤ^{33} ȵie^{33} ɕy^{55} gəʔ^{0}“个”音殊
49 汤溪	做生意个 tsuɤ^{33} sa^{24} i^{0} kə^{0}	做手艺个 tsuɤ^{33} ɕiəɯ^{52} ȵi^{341} kə^{0}	泥水老师 ȵie^{33} ɕyei^{52} lɔ^{11} sɿ^{24}
50 兰溪	做生意个 tsuɤ^{334} sæ̃^{334} i^{45} kəʔ^{0}	做手艺个 tsuɤ^{334} ɕiəɯ^{55} ni^{24} kəʔ^{0}	泥水 nie^{21} ɕy^{55}
51 浦江	做生意个 tsɯ^{33} sɛ̃^{33} i^{33} kə^{0}	做手艺个 tsɯ^{33} ɕiɤ^{33} ȵi^{33} kə^{0}	泥水匠 ȵi^{11} ɕy^{33} ʑyõ^{24} 泥水师父 ȵi^{11} ɕy^{33} sɿ^{33} vu^{243}
52 义乌	做生意侬 tsuɤ^{33} sɛ^{33} i^{45} noŋ^{31}	做手艺侬 tsuɤ^{33} sɐɯ^{45} i^{33} noŋ^{31}	泥水老师 ȵi^{22} ɕy^{33} lo^{33} sɿ^{335}
53 东阳	做生意侬 tsu^{33} sɛ^{33} i^{55} nom^{53}	做手艺侬 tsu^{33} ɕiəɯ^{24} ȵi^{55} nom^{53}	泥水 ȵi^{22} sɿ^{35}
54 永康	做生意侬 tsuo^{33} sai^{33} i^{52} noŋ^{55}	做手艺侬 tsuo^{33} ʑiəu^{31} ȵi^{241} noŋ^{55}	泥水老师 ȵie^{33} ʑy^{31} lɑu^{31} sɿ^{55}
55 武义	做生意个 tsuo^{55} sa^{32} i^{53} kiəʔ^{0}	做手艺个 tsuo^{55} ɕiəu^{53} ȵi^{231} kiəʔ^{0}	泥水老师 ȵie^{55} ɕy^{53} lɤ^{53} zɿ^{24}

续表

方言点	0589 商人	0590 手艺人统称	0591 泥水匠
56 磐安	做生意个侬 tsuɤ^{33} sɛ^{33} i^{55} a^{0} nɔom^{21}	做手艺个侬 tsuɤ^{33} ɕiɐɯ^{55} ȵi^{55} a^{0} nɔom^{21}	泥水老师 ȵi^{21} ɕy^{33} lo^{55} sɿ^{445} 泥水匠 ȵi^{21} ɕy^{55} ʑiɒ^{0}
57 缙云	做生意人 tsu^{44} sa^{44} i^{45} nɛŋ^{31}	做手艺人 tsu^{44} ɕiəɤ^{51} ȵi^{213} nɛŋ^{453}	做泥水人 tsu^{44} ȵi^{44} sʮ^{51} nɛŋ^{243}
58 衢州	生意人 ɕiã^{32} i^{53} ȵin^{21}	匠人 ʑiã^{231} ȵin^{21}	泥水匠 ȵiẽ^{21} ʃy^{35} ʑiã^{231} "泥"韵殊
59 衢江	老板 lɔ^{22} pã^{25} 做生意个 tsou^{33} ɕiɛ^{25} i^{0} gəʔ^{0}	做手艺个 tsou^{33} ɕy^{33} ŋ^{231} gəʔ^{0}	泥水 ȵie^{22} ɕy^{25}
60 龙游	做生意个 tsu^{33} sɛ^{35} i^{21} gəʔ^{0}	做手艺个 tsu^{33} zəɯ^{22} ȵi^{231} gəʔ^{0}	泥水 ȵiɑ^{33} suei^{35}
61 江山	生意侬 saŋ^{44} ŋɵ^{22} naŋ^{213}	手艺侬 sɯ^{44} ȵi^{22} naŋ^{213}	泥水 ȵiə^{22} ɕy^{241}
62 常山	做生意个侬 tsɔ^{44} sĩ^{52} i^{0} kɛʔ^{0} nã^{341}	做手艺个侬 tsɔ^{44} ɕiu^{43} n^{24} kɛʔ^{0} nã^{0}	泥水 ȵie^{22} ɕy^{52}
63 开化	做生意个 tsɔ^{44} sã^{44} uei^{0} gəʔ^{0}	做手艺个 tsɔ^{44} ɕiʊ^{44} ȵi^{213} gəʔ^{0}	泥水匠 ȵiɛ^{21} ɕy^{53} ʑiã^{213}
64 丽水	做生意个人 tsu^{44} sã^{224} i^{52} kə^{0} nen^{22}	做手艺个人 tsu^{44} ɕiəɯ^{52} ȵi^{131} kə^{0} nen^{22}	泥水老师 ȵi^{22} sʮ^{44} lə^{44} sɿ^{224}
65 青田	做生意人 tsu^{33} sɛ^{33} i^{55} neŋ^{53}	手艺人 ɕieu^{33} ȵi^{22} neŋ^{53}	泥水老师 ȵi^{22} sʮ^{33} lœ^{22} sɿ^{445}
66 云和	做生意人 tso^{44} sɛ^{24} i^{45} nɛ^{312}	做手艺人 tso^{44} ɕiəɯ^{44} ȵi^{223} nɛ^{312}	泥水老师 ȵi^{223} sʮ^{44} lɑɔ^{44} sɿ^{24}
67 松阳	做生意个 tsu^{33} sã^{33} i^{24} kɛ^{0}	做手艺个 tsu^{24} ɕiɯ^{33} n^{13} kɛ^{0}	泥水老师 ȵiɛ^{33} ɕy^{33} lʌ^{21} sɿə^{24}
68 宣平	做生意个 tso^{44} sɛ^{32} i^{52} kə^{0}	做手艺个 tso^{44} ɕiɯ^{44} ȵi^{231} kə^{0}	泥水老师 ȵi^{44} ɕy^{44} lɔ^{43} sɿ^{324}
69 遂昌	生意侬 ɕiaŋ^{55} i^{33} nəŋ^{221}	老师 lɐɯ^{22} sɤ^{45}	泥水老师 ȵiɒ^{13} ɕy^{53} lɐɯ^{22} sɤ^{45}
70 龙泉	做生意个 tso^{44} saŋ^{44} ɿ^{45} kᴇʔ^{0}	做手艺个 tso^{44} ʑiəu^{21} ȵi^{224} kᴇʔ^{0}	泥水老师 ȵi^{45} ɕy^{51} lɑʌ^{21} sɤɯ^{434}
71 景宁	做生意人 tso^{33} sɛ^{32} i^{35} naŋ^{41}	做手艺人 tso^{55} ɕiəɯ^{33} ȵi^{113} naŋ^{41}	泥水老师 ȵi^{55} ɕy^{33} lɑu^{55} sɿ^{324}
72 庆元	生意侬 sæ̃^{33} i^{11} noŋ^{33}	手艺侬 ɕiɯ^{33} ȵi^{31} noŋ^{33}	泥水老师 nĩ^{52} ɕy^{33} lɒ^{22} sɤ^{335}

续表

方言点	0589 商人	0590 手艺人统称	0591 泥水匠
73 泰顺	生意人 sã^{22} i^{35} nɛ^{53}	手艺人 ɕiəu^{22} ȵi^{22} nɛ^{53}	泥水老师 ȵi^{21} ɕy^{55} lɑɔ^{22} sɿ^{213}
74 温州	生意侬 siɛ^{34} i^{22} naŋ^{223}	手艺侬 ɕiɤu^{42} ȵi^{22} naŋ^{31}	泥水老师 ȵi^{22} sɿ^{33} lɜ^{31} sɿ^{33}
75 永嘉	生事⁼侬 sɛ^{45} zɿ^{22} naŋ^{21}	手艺侬 ɕiəu^{53} ȵi^{22} naŋ^{31}	泥水老师 ȵiai^{22} sʮ^{45} lə^{31} sɿ^{44}
76 乐清	生意侬 sa^{34} i^{22} naŋ^{223}	手艺侬 siu^{33} ȵi^{22} naŋ^{31}	泥水老师 ȵi^{22} sy^{33} lɤ^{31} sɿ^{44}
77 瑞安	做生意侬 tsou^{3} sa^{35} i^{33} naŋ^{21}	手艺侬 sou^{33} ȵi^{31} naŋ^{21}	泥水老师 ȵi^{31} səɯ^{35} lɛ^{31} sɿ^{44}
78 平阳	做生意侬 tʃu^{33} sᴀ^{45} i^{21} naŋ^{13}	手艺侬 sɛu^{33} ȵie^{33} naŋ^{42}	泥水老师 ȵi^{21} sʉ^{33} lɛ^{45} sɿ^{21}
79 文成	生意侬 sa^{33} i^{21} naŋ^{33}	手艺侬 ɕiou^{33} ȵi^{33} naŋ^{33}	泥水老师 ȵi^{21} søy^{33} lɛ^{33} sɿ^{33}
80 苍南	生意侬 ɕia^{44} i^{33} naŋ^{21}	老师 lɛ^{42} sɿ^{44}	泥水老师 ȵi^{31} ɕy^{53} lɛ^{42} sɿ^{44}
81 建德徽	做生意个 tsu^{33} sɛ^{53} i^{21} kɐʔ^{5}	匠人师父 ɕie^{21} in^{55} sɿ^{53} fu^{0} 做手艺个 tsu^{33} sɤɯ^{21} ȵi^{55} kɐʔ^{5}	泥水匠 ȵi^{33} ɕye^{21} ɕie^{55}
82 寿昌徽	做生意个 tsu^{33} sæ̃^{11} i^{33} kəʔ^{0}	做手艺个 tsu^{33} səɯ^{33} ȵi^{33} kəʔ^{0}	泥水匠 ȵi^{11} ɕyei^{33} ɕiɑ̃^{33}
83 淳安徽	做生意个 tsu^{24} sɑ̃^{24} i^{21} kəʔ^{0}	做匠艺个 tsu^{24} ɕiɑ̃^{53} i^{21} kəʔ^{0}	砖匠 tsuã^{24} ɕiɑ̃^{53}
84 遂安徽	生意人 sã^{534} i^{55} ləŋ^{33}	做手艺 tsəɯ^{55} ɕiu^{213} i^{52}	砖匠 kuɑ̃^{52} ɕiɑ̃^{52}
85 苍南闽	生意侬 ɕĩ^{33} i^{33} lan^{24}	师父 sai^{24} hu^{21}	泥水师父 nĩ^{21} sui^{43} sai^{24} hu^{21}
86 泰顺闽	生意侬 sɛ^{21} i^{34} nəŋ^{22}	□手艺 tsou^{22} tɕʰiøu^{344} ni^{31}	泥水师 nei^{21} tɕy^{344} sɿ^{213}
87 洞头闽	生意侬 ɕĩ^{33} i^{33} laŋ^{24}	师父 sai^{33} hu^{21}	泥水师父 nĩ^{24} tsui^{55} sai^{33} hu^{21}
88 景宁畲	生意人 saŋ^{44} i^{44} ȵin^{22}	做手艺人 tso^{44} ɕiəu^{55} ȵi^{51} ȵin^{22}	做泥水人 tso^{44} nai^{22} ɕy^{325} ȵin^{22}

方言点	0592 木匠	0593 裁缝	0594 理发师
01 杭州	木匠 moʔ^{2}dʑiaŋ^{45}	裁缝师父 dzɛ^{22}voŋ^{45}sɿ^{55}vu^{53}	剃头师父 tʰi^{33}dei^{55}sɿ^{33}vu^{0}
02 嘉兴	木匠 moʔ^{5}dʑiᴀ̃^{21}	裁缝师父 zᴇ^{21}vəŋ^{24}sɿ^{33}u^{21}	剃头师父 tʰi^{33}dei^{24}sɿ^{33}u^{21}
03 嘉善	木匠 muoʔ^{2}dʑiæ̃^{13}	裁缝 zɛ^{13}oŋ^{31}	剃头师父 tʰi^{35}də^{31}sɿ^{33}u^{0}
04 平湖	木匠 moʔ^{23}ziã^{213}	裁衣师父 zɛ^{24}i^{53}sɿ^{0}u^{0}	剃头师父 tʰi^{44}dəɯ^{0}sɿ^{0}u^{0}
05 海盐	木匠 mɔʔ^{23}dʑiɛ̃^{213}	裁衣师父 zɛ^{24}i^{53}sɿ^{55}u^{21}	剃头师父 tʰi^{55}de^{22}sɿ^{55}u^{21}
06 海宁	木匠 moʔ^{2}dʑiã^{0}	裁缝 zei^{33}voŋ^{13}	剃头师父 tʰi^{55}dəɯ^{55}sɿ^{53}vu^{0}
07 桐乡	木匠 mɔʔ^{23}ziã^{213} 木匠师父 mɔʔ^{23}ziã^{21}sɿ^{44}u^{44}	裁衣师父 zᴇ^{21}i^{44}sɿ^{44}u^{44}	剃头师父 tʰi^{33}dɤɯ^{44}sɿ^{0}u^{0}
08 崇德	木匠 mɔʔ^{23}ʑiã^{13} 木匠师父 mɔʔ^{23}ʑiã^{21}sɿ^{55}vu^{0}	裁衣师父 zᴇ^{21}i^{44}sɿ^{44}vu^{44}	剃头师父 tʰi^{33}dɤɯ^{33}sɿ^{55}vu^{0}
09 湖州	木匠 muoʔ^{2}ʑiã^{13}	裁缝师父 zei^{22}voŋ^{22}sɿ^{44}vəu^{44}	剃头师父 tʰi^{44}døʉ^{31}sɿ^{53}vəu^{0}
10 德清	木匠师父 muoʔ^{2}dʑiã^{35}sɿ^{53}vəu^{0}	裁缝师父 dzɛ^{11}voŋ^{11}sɿ^{11}vəu^{13}	剃头师父 tʰi^{44}døʉ^{44}sɿ^{44}vəu^{13}
11 武康	木匠 muoʔ^{2}iã^{35}	裁缝 zɛ^{11}voŋ^{13}	剃头师父 tʰi^{31}dø^{53}sɿ^{33}u^{35}
12 安吉	木匠 moʔ^{2}iã^{213}	裁缝 zᴇ^{22}voŋ^{22}	剃头佬 tʰi^{324}dəɪ^{22}lɔ^{213}
13 孝丰	木匠 muoʔ^{2}ʑiã^{213}	裁缝 ze^{22}voŋ^{22}	剃头佬 tʰi^{324}dəɪ^{21}lɔ^{213}
14 长兴	木匠师父 moʔ^{2}ʒiã^{24}sɿ^{44}vu^{21}	裁缝师父 zɯ^{12}voŋ^{22}sɿ^{44}vu^{44}	剃头师父 tʰɿ^{324}dei^{12}sɿ^{32}vu^{24}
15 余杭	木匠师父 moʔ^{2}ziɑ̃^{33}sɿ^{55}vu^{33}	裁缝师父 zɛ^{33}voŋ^{33}sɿ^{55}vu^{33}	剃头师父 tʰi^{53}døʏ^{31}sɿ^{55}vu^{33}
16 临安	木匠 muɔʔ^{2}iã^{33}	裁缝师父 zɛ^{33}voŋ^{33}sɿ^{55}vu^{31}	剃头师父 tʰi^{55}də^{55}sɿ^{55}vu^{0}
17 昌化	木匠 muəʔ^{2}ʑiã^{243}	裁缝师父 zɛ^{11}vəŋ^{23}sɿ^{33}vu^{45}	剃头匠 tʰi^{54}di^{11}ʑiã^{243} 剃头师父 tʰi^{54}di^{11}sɿ^{33}vu^{45}
18 於潜	木匠 mɑʔ^{2}iaŋ^{24}	裁缝师父 ze^{22}voŋ^{24}sɿ^{43}vu^{24}	剃头佬 tʰi^{53}diəu^{24}lɔ^{53}

续表

方言点	0592 木匠	0593 裁缝	0594 理发师
19 萧山	木匠师父 moʔ^{21}ʑiɑ̃^{35}sɿ^{33}u^{21}	裁缝师父 ze^{21}voŋ^{35}sɿ^{33}u^{21}	剃头师父 tʰi^{21}dio^{33}sɿ^{33}u^{21}
20 富阳	木匠 moʔ^{2}ʑiɑ̃^{224}	裁缝 zɛ^{13}voŋ^{55}	剃头师父 tʰi^{335}dei^{55}sɿ^{55}u^{0}
21 新登	木匠 məʔ^{2}ʑiɑ̃^{13}	洋车师父 iɑ̃^{13}tsʰɑ^{334}sɿ^{53}u^{334}	剃头匠 tʰi^{45}dəu^{233}ʑiɑ̃^{21}
22 桐庐	木匠 məʔ^{21}dʑiã^{13}	裁缝 zᴇ^{21}voŋ^{35}	剃头佬 tʰi^{33}dei^{55}lɔ^{21}
23 分水	木匠 məʔ^{12}iã^{24}	裁缝 zɛ^{21}voŋ^{24}	剃头佬 tʰi^{24}dɵ^{21}lɔ^{44}
24 绍兴	木作 moʔ^{2}tsoʔ^{5}	裁缝 zᴇ^{22}voŋ^{231}	剃头师父 tʰi^{33}tɤ^{33}sɿ^{44}u^{31}
25 上虞	木匠 moʔ^{2}ʑiã^{31}	裁缝 ze^{21}oŋ^{213}	剃头师父 tʰi^{55}dɤ^{21}sɿ^{33}vu^{31}
26 嵊州	木匠 moʔ^{2}ʑiaŋ^{24}	裁缝 zᴇ^{22}uoŋ^{231}	剃头师父 tʰi^{33}tʏ^{33}sɿ^{33}u^{231}
27 新昌	作头 tsoʔ^{5}tiɯ^{33}	裁缝 ze^{13}uoŋ^{33}	剃头匠 tʰi^{33}tiɯ^{33}ʑiaŋ^{13}
28 诸暨	木匠 moʔ^{21}iã^{33}	裁缝 ze^{21}vom^{242}	剃头师父 tʰʅ^{33}dei^{33}sɿ^{42}u^{21}
29 慈溪	木匠 moʔ^{2}iã^{44}	裁缝 ze^{11}vuŋ^{13}	剃头儿 tʰi^{44}dəŋ^{13}
30 余姚	木匠 moʔ^{2}iaŋ^{0}	裁缝 ze^{13}vuŋ^{13}	剃头师父 tʰi^{44}dø^{0}sɿ^{44}vu^{13}
31 宁波	木匠 moʔ^{2}dʑia^{13}	裁缝 ze^{22}voŋ^{13}	剃头郎 tʰi^{44}dœʏ^{0}lɔ^{13}
32 镇海	木匠 moʔ^{2}iã^{24}	裁缝 dze^{22}voŋ^{31}	剃头师父 tʰi^{33}dei^{24}sɿ^{33}vu^{0}
33 奉化	木匠 moʔ^{2}dʑiã^{31}	裁缝 ze^{33}vəŋ^{324}	剃头师父 tʰi^{44}dæi^{31}sɿ^{44}vu^{31}
34 宁海	木匠 moʔ^{3}ʑiã^{24} 木匠老师 moʔ^{3}ʑiã^{24}lau^{31}sɿ^{33}	裁缝 zei^{21}vəŋ^{31} 裁缝老师 zei^{21}vəŋ^{31}lau^{31}sɿ^{33}	剃头人 tʰi^{33}diu^{21}n̠iŋ^{31} 剃头老师 tʰi^{33}diu^{21}lau^{31}sɿ^{33}
35 象山	木匠 moʔ^{2}iã^{13}	裁缝老师 zei^{31}vəŋ^{31}lɔ^{31}sɿ^{44}	轧头人 gaʔ^{2}dɤɯ^{31}n̠iŋ^{13}
36 普陀	木匠 moʔ^{2}iã^{45}	裁缝 dzɛ^{33}voŋ^{55}	剃头师父 tʰi^{55}deu^{0}sɿ^{0}vu^{0}
37 定海	木匠 moʔ^{2}iã^{44}	裁缝 dzɛ^{33}voŋ^{52}	剃头师父 tʰi^{44}dɐi^{0}sɿ^{0}vu^{0}

续表

方言点	0592 木匠	0593 裁缝	0594 理发师
38 岱山	木匠 moʔ^{2}iã^{45}	裁缝 dzɛ^{33}vɐŋ^{52}	剃头 tʰi^{44}dœʏ^{44}
39 嵊泗	木匠 moʔ^{2}iã^{45}	裁缝 dzɛ^{33}vɐŋ^{53}	剃头个 tʰi^{33}dœʏ^{24}goʔ^{0}
40 临海	木匠 moʔ^{2}ʑiã^{324}	做衣裳老师 tso^{33}i^{33}zɔ̃^{33}lɔ^{42}sɿ^{31}	剃头老师 tʰi^{33}də^{33}lɔ^{42}sɿ^{31}
41 椒江	木匠老师 moʔ^{2}ʑiã^{24}lɔ^{42}sɿ^{42}	做衣裳老师 tsəu^{33}i^{35}zɔ̃^{41}lɔ^{42}sɿ^{42}	剃头老师 tʰi^{33}dio^{31}lɔ^{42}sɿ^{42}
42 黄岩	木匠老师 moʔ^{2}ʑiã^{24}lɔ^{42}sɿ^{32}	做衣裳老师 tsou^{33}i^{35}zɔ̃^{41}lɔ^{42}sɿ^{32}	剃头老师 tʰi^{33}dio^{22}lɔ^{42}sɿ^{32}
43 温岭	木匠 moʔ^{2}ʑiã^{13}	做衣裳老师 tsu^{33}i^{35}zɔ̃^{41}lɔ^{42}sɿ^{33}	剃头老师 tʰi^{33}dɤ^{13}lɔ^{42}sɿ^{15}小
44 仙居	木匠 məʔ^{23}ʑia^{24}	做衣裳人 tso^{33}i^{33}ʑia^{353}ȵin^{0}	剃头人 tʰi^{33}dəɯ^{353}ȵin^{0}
45 天台	木匠老师 muʔ^{2}ʑia^{33}lau^{21}sɿ^{33}	衣裳老师 i^{55}zɔ^{22}lau^{21}sɿ^{33}	剃头老师 tʰi^{33}deu^{22}lau^{21}sɿ^{33}
46 三门	木匠老师 moʔ^{2}ʑiɑ̃^{24}lɑu^{32}sɿ^{334}	裁缝老师 ze^{11}voŋ^{11}lɑu^{32}sɿ^{334}	剃头老师 tʰi^{55}dɤɯ^{55}lɑu^{32}sɿ^{334}
47 玉环	木匠人 moʔ^{2}ʑia^{22}ȵiŋ^{24}小	做衣裳老师 tsəu^{33}i^{22}zɔ̃^{41}lɔ^{53}sɿ^{42}	剃头老师 tʰi^{33}diɤ^{22}lɔ^{53}sɿ^{42}
48 金华	做木个 tsuɤ^{33}moʔ^{21}gəʔ^{0} "个"音殊 木匠 moʔ^{21}ziɑŋ^{14}	裁缝老师 sɛ^{33}foŋ^{33}lɑo^{55}sɿ^{334} 做裁缝个 tsuɤ^{33}zɛ^{31}voŋ^{14}kəʔ^{0}	剃头老师 tʰie^{33}tiu^{33}lɑo^{55}sɿ^{334} 剃头个 tʰie^{33}diu^{31}gəʔ^{0} "个"音殊
49 汤溪	做木老师 tsuɤ^{33}mou^{11}lɔ^{11}sɿ^{24}	裁缝 zɛ^{11}fɑo^{52}	剃头老师 tʰie^{33}təɯ^{33}lɔ^{11}sɿ^{24}
50 兰溪	木匠 mɔʔ^{12}ziɑŋ^{24}	裁缝 ze^{21}voŋ^{24}	剃头老师 tʰie^{334}təɯ^{334}lɔ^{55}sɿ^{334}
51 浦江	木匠 mə^{11}ʑyõ^{24} 木匠师父 mə^{11}ʑyõ^{11}sɿ^{33}vu^{243}	裁缝 za^{24}von^{334} 裁缝师父 za^{11}von^{11}sɿ^{33}vu^{243}	剃头郎 tʰi^{33}dɤ^{33}lan^{24} 剃头师父 tʰi^{33}dɤ^{33}sɿ^{33}vu^{243}
52 义乌	木匠老师 mau^{33}zɯa^{33}lo^{33}sɿ^{335}	裁衣老师 ze^{22}i^{33}lo^{33}sɿ^{335}	剃头老师 tʰi^{33}tɐɯ^{33}lo^{33}sɿ^{335}
53 东阳	木匠 mou^{22}ʑiɔ^{53}	裁缝 ze^{22}fɔm^{53}	剃头老师 tʰi^{33}dəɯ^{33}lɐɯ^{24}sɿ^{33}
54 永康	做木老师 tsuo^{33}mu^{55}lɑu^{31}sɿ^{55}	衣裳老师 i^{33}ɕiɑŋ^{55}lɑu^{31}sɿ^{55}	剃头老师 tʰie^{33}ɗəu^{55}lɑu^{31}sɿ^{55}

续表

方言点	0592 木匠	0593 裁缝	0594 理发师
55 武义	做木老师 tsuo^{55} mɔʔ^{5} lɤ^{53} zɿ^{24}	裁缝老师 za^{55} voŋ^{55} lɤ^{53} zɿ^{24}	剃头老师 tʰie^{55} dɑu^{55} lɤ^{53} zɿ^{24}
56 磐安	木匠老师 mʌo^{33} ʑiɒ^{21} lo^{55} sɿ^{445} 木匠 mʌo^{14} ɕiɒ^{52}	衣裳老师 i^{33} ɕiɒ^{33} lo^{55} sɿ^{445} 裁缝老师 ze^{21} fɔom^{55} lo^{55} sɿ^{445}	剃头老师 tʰi^{33} dɐɯ^{21} lo^{55} sɿ^{445} 剃头匠 tʰi^{33} tɐɯ^{33} ɕiɒ^{52}
57 缙云	做木人 tsu^{44} mu^{51} nɛŋ^{243}	做衣裳人 tsu^{44} i^{44} iɑ^{45} nɛŋ^{31}	剃头人 tʰi^{44} diuŋ^{213} nɛŋ^{243}
58 衢州	木匠 məʔ^{2} ʑiã^{231}	裁缝 zɛ^{21} voŋ^{231}	剃头刮⁼ tʰi^{53} de^{21} kuaʔ^{5} 老 剃头鬼 tʰi^{53} de^{21} kue^{35} 老 剃头师父 tʰi^{53} de^{21} sɿ^{32} fu^{53} 新
59 衢江	木匠 məʔ^{2} ʑiã^{231}	裁缝 zei^{22} fəŋ^{53}	剃头匠 tʰie^{33} dy^{22} ʑiã^{231}
60 龙游	木匠 mɔʔ^{23} ʑiã^{231}	裁缝 zei^{224} vən^{231}	剃头老师 tʰiɑ^{35} dəɯ^{21} lɔ^{22} sɿ^{334}
61 江山	木匠 moʔ^{2} ʑiaŋ^{31}	裁缝 zᴇ^{22} vɒŋ^{213}	剃头侬 tʰiə^{44} du^{22} naŋ^{213}
62 常山	木匠 mɤʔ^{3} iã^{131} 木匠 mɤʔ^{3} ʑiã^{131}	裁缝 zɛ^{24} vã^{0}	剃头师父 tʰie^{44} du^{22} sĩ^{43} uə^{52}
63 开化	木匠 məʔ^{2} ʑiã^{213}	裁缝 zɛ^{21} fɤŋ^{53}	剃头匠 tʰiɛ^{44} du^{21} ɕiã^{53}
64 丽水	做木老师 tsu^{44} məʔ^{2} lə^{44} sɿ^{224}	裁缝老师 zɛ^{21} fɔŋ^{52} lə^{44} sɿ^{224}	剃头老师 tʰi^{224} dəɯ^{22} lə^{44} sɿ^{224}
65 青田	做木老师 tsu^{33} muʔ^{31} lœ^{22} sɿ^{445}	做衣裳老师 tsu^{33} zɿ^{55} i^{53} lœ^{22} sɿ^{445}	剃头老师 tʰi^{33} deu^{53} lœ^{22} sɿ^{445}
66 云和	做木老师 tso^{44} məɯʔ^{23} lɑɔ^{44} sɿ^{24}	做衣裳老师 tso^{44} i^{44} ʑiã^{31} lɑɔ^{44} sɿ^{24}	剃头人 tʰi^{44} dəɯ^{223} nɛ^{312}
67 松阳	做木老师 tsu^{33} moʔ^{2} lʌ^{21} sɿə^{24}	衣裳老师 i^{33} ʑiã^{33} lʌ^{21} sɿə^{24}	剃头老师 tʰiɛ^{33} dei^{33} lʌ^{21} sɿə^{24}
68 宣平	做木老师 tso^{44} məʔ^{2} lɔ^{43} sɿ^{324}	衣裳老师 i^{44} ɕiɑ̃^{44} lɔ^{43} sɿ^{324}	剃头老师 tʰi^{44} təɯ^{44} lɔ^{43} sɿ^{324}
69 遂昌	做木老师 tsu^{33} məɯʔ^{2} lɐɯ^{22} sɤ^{45}	裁缝老师 zei^{22} vəŋ^{21} lɐɯ^{22} sɤ^{45}	剃头老师 tʰiɛ^{33} du^{22} lɐɯ^{22} sɤ^{45}
70 龙泉	做木老师 dzo^{21} ŋʔ^{24} lɑʌ^{21} sɤɯ^{434}	做衣裳老师 tso^{44} i^{45} ʑiaŋ^{21} lɑʌ^{21} sɤɯ^{434}	剃头依 tʰi^{21} tiəu^{45} nəŋ^{21}
71 景宁	做木老师 tso^{33} mʔ^{23} lɑu^{55} sɿ^{324}	做衣裳老师 tso^{33} i^{55} ʑiɛ^{41} lɑu^{55} sɿ^{324}	剃头老师 tʰi^{33} dəɯ^{41} lɑu^{55} sɿ^{324}

续表

方言点	0592 木匠	0593 裁缝	0594 理发师
72 庆元	木工老师 muʔ^{34} koŋ^{335} lɒ^{22} sɤ^{335}	做衣裳老师 tso^{11} i^{335} ɕiɑ̃^{52} lɒ^{22} sɤ^{335}	剃头老师 tʰiɛ^{33} tiɯ^{52} lɒ^{22} sɤ^{335}
73 泰顺	做木老师 tso^{22} muʔ^{2} lɑɔ^{22} sɿ^{213}	做衣裳老师 tso^{22} i^{22} ɕiɑ̃^{53} lɑɔ^{22} sɿ^{213}	剃头老师 tʰi^{22} təu^{53} lɑɔ^{22} sɿ^{213}
74 温州	木头老师 mo^{2} dɤu^{22} lɜ^{31} sɿ^{33}	裁缝老师 ze^{22} oŋ^{223} lɜ^{31} sɿ^{33}	剃头老师 tʰei^{33} dɤu^{22} lɜ^{31} sɿ^{33}
75 永嘉	做木老师 tso^{43} m^{213} lə^{31} sɿ^{44}	做[衣裳]老师 tso^{43} iɛ^{423} lə^{31} sɿ^{44}	剃头老师 tʰei^{43} dəu^{31} lə^{31} sɿ^{44}
76 乐清	做木老师 tɕio^{35} mɤ^{212} lɤ^{31} sɿ^{44}	裁缝老师 ze^{22} voŋ^{223} lɤ^{31} sɿ^{44}	剃头老师 tʰi^{44} diu^{223} lɤ^{31} sɿ^{44}
77 瑞安	做木老师 tsou^{3} mu^{212} lɛ^{31} sɿ^{44}	踏[衣裳]老师 dɔ^{2} iɛ^{323} lɛ^{31} sɿ^{44}	剃头老师 tʰei^{3} dou^{31} lɛ^{31} sɿ^{44}
78 平阳	做木老师 tʃu^{33} mu^{21} lɛ^{45} sɿ^{21}	做[衣裳]老师 tʃu^{33} ie^{21} lɛ^{45} sɿ^{21}	剃头侬 tʰi^{45} dɛu^{33} naŋ^{13}
79 文成	做木老师 tʃou^{21} mo^{21} lɛ^{33} sɿ^{33}	做[衣裳]老师 tʃou^{21} ie^{33} ʑie^{21} lɛ^{33} sɿ^{33}	剃头老师 tʰei^{33} diou^{21} lɛ^{33} sɿ^{33}
80 苍南	做木老师 tsu^{3} mu^{112} lɛ^{42} sɿ^{44}	做[衣裳]老师 tsu^{3} iɛ^{223} lɛ^{42} sɿ^{44}	剃头老师 tʰi^{42} dɛu^{31} lɛ^{42} sɿ^{44}
81 建德徽	木匠师父 mɐʔ^{12} ɕie^{55} sɿ^{53} fu^{213} 尊称 木匠 mɐʔ^{12} ɕie^{55}	裁缝师父 sɛ^{33} foŋ^{33} sɿ^{53} fu^{213}	剃头师父 tʰi^{33} tɤɯ^{33} sɿ^{53} fu^{213}
82 寿昌徽	木匠 mɔʔ^{3} ɕiɑ̃^{33}	裁缝 ɕiæ^{11} fɔŋ^{33}	剃头个 tʰi^{33} tʰəɯ^{55} kəʔ^{0}
83 淳安徽	木匠 mɑʔ^{13} ɕiɑ̃^{53}	裁缝 ɕie^{43} fon^{24}	剃头师父 tʰiɑ^{24} tʰɯ^{435} sa^{24} fu^{21}
84 遂安徽	木匠 mu^{21} ɕiɑ̃^{52}	裁缝匠 səɯ^{33} fəŋ^{33} ɕiɑ̃^{52}	剃头匠 tʰi^{55} tʰiu^{33} ɕiɑ̃^{52}
85 苍南闽	做木师父 tsue^{33} bɐ^{24} sai^{24} hu^{21}	做衫师父 tsue^{33} sã^{55} sai^{24} hu^{21}	剃头壳师父 tʰi^{33} tʰau^{21} kʰɐ^{55} sai^{24} hu^{21}
86 泰顺闽	做木师 tsou^{34} møʔ^{3} sɿ^{213}	衣裳师 ni^{21} ɕyo^{22} sɿ^{213}	剃头师 tʰei^{21} tʰau^{22} sɿ^{213}
87 洞头闽	做柴师父 tsui^{53} tsa^{24} sai^{33} hu^{21}	裁缝师父 tsai^{33} haŋ^{24} sai^{33} hu^{21}	剃头师父 tʰi^{53} tʰau^{24} sai^{33} hu^{21}
88 景宁畲	做木人 tso^{44} muʔ^{2} ȵin^{22}	做衫老师 tso^{44} san^{44} lau^{55} su^{44}	剃头老师 tʰai^{44} tʰiəu^{22} lau^{55} su^{44} 剃头人 tʰai^{44} tʰiəu^{22} ȵin^{22}

方言点	0595 厨师	0596 师傅	0597 徒弟
01 杭州	厨房师父 dzɥ^{22} vaŋ^{45} sɿ^{55} vu^{53}	师父 sɿ^{33} vu^{45}	徒儿 du^{22} əl^{45}
02 嘉兴	烧菜师父 sɔ^{33} tsʰᴇ^{24} sɿ^{21} u^{21}	师父 sɿ^{33} u^{21}	学生子 oʔ^{1} sᴀ̃^{33} tsɿ^{42}
03 嘉善	烧饭师父 sɔ^{35} vɛ^{31} sɿ^{33} u^{0}	师父 sɿ^{35} u^{53}	徒弟 du^{13} di^{31}
04 平湖	厨浪⁼师父 zɥ^{24} lɑ̃^{0} sɿ^{0} u^{0}	师父 sɿ^{53} u^{0}	徒弟 du^{24} di^{0}
05 海盐	厨浪⁼师父 dʑy^{24} lɑ̃^{53} sɿ^{55} u^{21}	师父 sɿ^{53} u^{21}	徒弟 du^{24} di^{53}
06 海宁	厨上师父 zɿ^{33} zɑ̃^{35} sɿ^{55} vu^{55}	师父 sɿ^{55} vu^{55}	徒弟 dəu^{33} di^{55}
07 桐乡	厨浪⁼师父 zɿ^{21} lɒ̃^{44} sɿ^{44} u^{44}	师父 sɿ^{44} u^{44}	徒弟 dəu^{21} di^{44}
08 崇德	厨师师父 zɿ^{21} sɿ^{44} sɿ^{44} vu^{44}	师父 sɿ^{44} vu^{44}	徒弟 du^{21} di^{44}
09 湖州	厨师师父 dzɿ^{22} sɿ^{22} sɿ^{44} vəu^{44}	师父 sɿ^{44} vəu^{44}	徒弟 dəu^{33} di^{35}
10 德清	烧饭师父 sɔ^{44} vɛ^{44} sɿ^{44} vəu^{44}	师父 sɿ^{44} vəu^{44}	徒弟 dəu^{11} di^{13}
11 武康	烧饭师父 sɔ^{44} vɛ^{44} sɿ^{44} u^{44}	师父 sɿ^{44} u^{44}	徒弟 du^{11} di^{13}
12 安吉	厨师 dzɿ^{22} sɿ^{22}	师父 sɿ^{55} u^{55}	徒弟 du^{22} di^{22}
13 孝丰	厨师 dzɿ^{22} sɿ^{22}	师父 sɿ^{44} vu^{44}	徒弟 du^{22} di^{22}
14 长兴	厨子师父 dzɿ^{12} tsɿ^{22} sɿ^{44} vu^{44}	师父 sɿ^{44} vu^{44}	徒弟 dəu^{12} dɿ^{24}
15 余杭	司工 sɿ^{55} koŋ^{55}	师父 sɿ^{55} vu^{33}	徒弟 du^{31} di^{13}
16 临安	烧饭师父 sɔ^{55} vɛ^{31} sɿ^{55} vu^{0}	师父 sɿ^{53} vu^{33}	徒弟 du^{33} di^{13}
17 昌化	厨师 ʑy^{11} sɿ^{334}	师父 sɿ^{33} vu^{45}	徒弟 du^{11} di^{243}
18 於潜	厨房师父 dʑy^{22} vaŋ^{24} sɿ^{43} vu^{31}	师父 sɿ^{43} vu^{24}	学徒 xiæʔ^{2} du^{24}
19 萧山	师工先生 sɿ^{33} koŋ^{33} ɕie^{33} sã^{33}	师父 sɿ^{33} vu^{33}	徒弟 du^{33} di^{42}
20 富阳	厨师 dʑy^{13} sɿ^{55}	师父 sɿ^{55} fu^{0}	徒弟 dʊ^{13} di^{55}
21 新登	厨师 dzɥ^{233} sɿ^{334}	师父 sɿ^{53} fu^{334}	徒弟 du^{233} di^{334}
22 桐庐	厨师 dʑy^{21} sɿ^{35}	师父 sɿ^{33} vu^{13}	徒弟 du^{21} di^{35}
23 分水	厨师 dʑy^{21} sɿ^{44}	师父 sɿ^{44} vu^{13}	徒弟 du^{21} di^{24}
24 绍兴	厨师 dʑy^{22} sɿ^{53}	师父 sɿ^{33} u^{33}	徒弟 du^{22} di^{223}
25 上虞	厨师 dʑy^{21} sɿ^{35}	师父 sɿ^{33} vu^{213}	徒弟 du^{21} di^{213}
26 嵊州	厨头 dzɿ^{22} dʏ^{231}	师父 sɿ^{53} u^{231}	徒弟 du^{22} di^{231}
27 新昌	厨头 dzɿ^{13} diɯ^{33}	师父 sɿ^{33} u^{232}	徒弟 du^{22} di^{232}

续表

方言点	0595 厨师	0596 师傅	0597 徒弟
28 诸暨	烧饭师父 sɔ^{42}vɛ^{33}sɿ^{421}u^{21}	师父 sɿ^{33}u^{242}	学徒 iaʔ^{21}du^{33}
29 慈溪	厨师 dzʮ^{11}sɿ^{35}	师父 sɿ^{35}vu^{0}	徒弟 du^{13}di^{0}
30 余姚	饭师父 vã^{13}sɿ^{44}vu^{13}	师父 sɿ^{44}vu^{13}	徒弟 du^{13}di^{13}
31 宁波	大菜师父 da^{13}tsʰe^{44}sɿ^{44}vu^{0}	师父 sɿ^{44}vu^{53}	徒弟 du^{13}di^{44}
32 镇海	大菜师父 dəu^{22}tsʰe^{33}sɿ^{33}vu^{0}	师父 sɿ^{33}vu^{24}	徒弟 du^{22}di^{24}
33 奉化	厨工师父 dzʮ^{33}koŋ^{44}sɿ^{44}vu^{31}	师父 sɿ^{44}vu^{31}	徒弟 du^{33}di^{31}
34 宁海	厨倌 dzʮ^{21}kuø^{34} 厨倌老师 dzʮ^{21}kuø^{33}lau^{21}sɿ^{33}	老师头 lau^{31}sɿ^{33}diu^{31}	学徒 ɔʔ^{3}du^{213} 徒弟 du^{21}di^{31}
35 象山	厨老师 dzʮ^{31}lɔ^{31}sɿ^{44}	师父 sɿ^{44}vu^{13}	徒弟 du^{31}di^{13}
36 普陀	厨师 dzʮ^{33}sɿ^{53}	师父 sɿ^{33}vu^{45}	徒弟 du^{33}di^{45}
37 定海	厨工师父 dzʮ^{33}koŋ^{52}sɿ^{0}vu^{0}	师父 sɿ^{33}vu^{45}	学徒娃 oʔ^{2}du^{44}uɛ^{44} 老 徒弟 du^{33}di^{45} 新
38 岱山	厨工 dzʮ^{33}koŋ^{52}	师父 sɿ^{52}vu^{0}	徒弟 du^{31}di^{0}
39 嵊泗	厨工师父 dzʮ^{33}koŋ^{44}sɿ^{0}vu^{0}	师父 sɿ^{44}vu^{0}	徒弟 du^{24}di^{0}
40 临海	厨倌 dʑy^{33}kue^{31} 厨倌爷 dʑy^{33}kue^{35}ia^{353} 小	老师头 lɔ^{42}sɿ^{33}də^{353} 小	学徒 ɔʔ^{2}du^{353} 小 徒弟 du^{22}di^{353} 小
41 椒江	厨倌爷 dzʮ^{22}kuə^{33}ia^{41}	老师头 lɔ^{42}sɿ^{33}dio^{24} 小	徒弟 dəu^{22}di^{41}
42 黄岩	厨倌爷 dzʮ^{13}kuø^{35}ia^{41}	老师头 lɔ^{42}sɿ^{33}dio^{24} 小	徒弟 dou^{13}di^{41}
43 温岭	厨倌爷 dʑy^{13}kue^{35}ia^{41}	老师头 lɔ^{42}sɿ^{33}dɤ^{24} 小	徒弟 du^{13}di^{41}
44 仙居	厨倌 dʑy^{33}kua^{334}	老师头 lɐɯ^{31}sɿ^{33}dəɯ^{353} 小	小老师 ɕiɐɯ^{31}lɐɯ^{21}sɿ^{53}
45 天台	厨倌 dʑy^{22}kuø^{33}	老师头 lau^{21}sɿ^{33}deu^{51}	小老师 ɕieu^{32}lau^{21}sɿ^{51}
46 三门	厨倌 dzʮ^{11}kuø^{334}	老师头 lɑu^{32}sɿ^{33}dɤɯ^{252}	小老师 ɕiɑu^{32}lɑu^{32}sɿ^{52}
47 玉环	厨倌老师 dʑy^{22}kue^{33}lɔ^{53}sɿ^{42}	老师头 lɔ^{53}sɿ^{33}diɤ^{24} 小	徒弟 dəu^{22}di^{41}
48 金华	厨倌老师 tɕy^{33}kuɑ^{33}lɑo^{55}sɿ^{334} 厨倌 dʑy^{31}kuɑ^{55} 厨师 dʑy^{31}sɿ^{55}	师父 sɿ^{33}fu^{535}	徒弟 tu^{33}tie^{535}
49 汤溪	厨头 dʑy^{11}təɯ^{52}	师父 sɿ^{33}vu^{113}	徒弟 tu^{33}die^{113}
50 兰溪	伙头 xuɤ^{45}dəɯ^{0}	师父 sɿ^{334}fu^{55}	徒弟 du^{21}tie^{55}

续表

方言点	0595 厨师	0596 师傅	0597 徒弟
51 浦江	厨师 dʑy^{24}sɿ^{334}	师父 sɿ^{33}vu^{243}	徒弟 du^{11}di^{243}
52 义乌	厨倌老师 dʑy^{22}kua^{33}lo^{33}sɿ^{335}	师父 sɿ^{33}bu^{312}	徒弟儿 du^{22}din^{24}
53 东阳	厨倌 dzɿ^{22}kɔ^{53}	师父 sɿ^{33}vu^{35}	徒弟儿 du^{22}din^{35}
54 永康	伙头 xuo^{31}dəu^{241} 小 厨家老师 tɕy^{33}kuɑ^{55}lɑu^{31}sɿ^{55} 面称	师爷 sɿ^{33}ia^{22}	徒弟 ɗu^{33}die^{113}
55 武义	厨师 dʑy^{32}sɿ^{53}	师爷 sɿ^{32}ia^{53}	徒弟 du^{55}die^{13}
56 磐安	厨倌老师 dʑy^{21}kɒ^{52}lo^{55}sɿ^{445} 厨倌 dʑy^{21}kɒ^{52}	师父 sɿ^{33}fu^{334}	徒弟儿 du^{21}din^{14}
57 缙云	烧食人 ɕiəɤ^{44}zei^{45}nɛŋ^{31}	师爷 sɿ^{44}ia^{453}	徒弟儿 du^{21}diɛ^{31}ȵi^{453}
58 衢州	厨子 dʒy^{21}tsɿ^{53} 厨子老倌 dʒy^{21}tsɿ^{53}lɔ^{231}kuə̃^{32}	师父 sɿ^{32}fu^{53}	学生 uəʔ^{2}ɕiã^{32} 旧 徒弟 du^{21}di^{231} 今
59 衢江	厨头 dʑyø^{22}ty^{53} 厨师 dʑy^{22}sɿ^{33}	师父 ɕyø^{33}vɤ^{212}	徒弟 tɤ^{33}die^{212}
60 龙游	厨头 dʑy^{224}dəɯ^{231}	师父 sɿ^{33}vu^{224}	徒弟 tu^{33}di^{224}
61 江山	厨头 dʑyə^{22}du^{213}	师父 ɕiɵ^{44}və^{22}	徒弟 duə^{22}di^{51}
62 常山	厨头师父 dzuə^{22}du^{22}sĩ^{43}uə^{52}	师父 sĩ^{44}uə^{52}	徒弟 duə^{52}dɛ^{341}
63 开化	伙头 ɕyɛ^{53}du^{231}	师父 suei^{44}vuo^{213}	徒弟 duo^{21}dɛ^{213} 学生儿 ɔʔ^{2}sã^{53}ȵi^{0}
64 丽水	厨子老师 dzʮ^{22}tsɿ^{44}lə^{44}sɿ^{224} 老 厨师 dzʮ^{22}sɿ^{224} 新	老师 lə^{44}sɿ^{224} 老 师父 sɿ^{44}vu^{22} 新	徒弟儿 du^{21}di^{21}ŋ^{52}
65 青田	厨师 dzʮ^{21}sɿ^{445}	老师 lœ^{22}sɿ^{445}	徒弟 deu^{22}di^{343}
66 云和	厨头 dzʮ^{223}dəɯ^{312}	师父 sɿ^{44}vu^{231}	徒弟 du^{223}di^{231}
67 松阳	厨师 dʑyɛ^{21}sɿə^{53}	师父 sɿə^{24}vuə^{22}	徒弟 duə^{33}diɛ^{22}
68 宣平	厨子 tɕy^{44}tsɿ^{445}	师父 sɿ^{44}vu^{223}	徒弟 tu^{44}di^{223}
69 遂昌	伙头老师 xu^{55}du^{22}lɐɯ^{22}sɤ^{45}	师父 ɕiu^{55}vuə^{13}	徒弟 duə^{21}diɛ^{13}
70 龙泉	厨子老师 tɕy^{45}tsɿ^{51}lɑʌ^{21}sɤɯ^{434}	师父 sɤɯ^{45}fɤɯ^{51}	徒弟 tɤɯ^{45}ti^{51}

续表

方言点	0595 厨师	0596 师傅	0597 徒弟
71 景宁	厨头 tɕy^{33} dəɯ^{41}	师父 sɿ^{55} vu^{33}	徒弟 dy^{55} di^{33}
72 庆元	博士 ɓoʔ^{5} sɤ^{221}	师父 sɤ^{33} fɤ^{221}	徒弟 tɤ^{52} tiᴇ^{221}
73 泰顺	厨后 tɕy^{21} əu^{55}	老师 lɑɔ^{22} sɿ^{213}	徒弟 tø^{21} ti^{21}
74 温州	厨房老师 dzɿ^{22} uɔ^{22} lɜ^{31} sɿ^{33}	师父 sɿ^{42} vø^{14}	学徒 o^{22} dø^{223}
75 永嘉	做吃老师 tso^{45} tɕʰiai^{423} lə^{31} sɿ^{44} 烧吃老师 ɕyə^{45} tɕʰiai^{423} lə^{31} sɿ^{44}	老师 lə^{31} sɿ^{44}	徒弟 dəɯ^{31} dei^{13}
76 乐清	厨子老师 dʑy^{22} tsɿ^{22} lɤ^{31} sɿ^{44}	老师 lɤ^{31} sɿ^{44}	学徒 o^{22} dy^{223}
77 瑞安	桌掌老师 tɕyo^{3} tɕiɛ^{35} lɛ^{31} sɿ^{44}	老师 lɛ^{31} sɿ^{44}	徒弟 dəɯ^{31} dei^{13} 学生意 o^{2} sa^{33} i^{35}
78 平阳	厨倌老师 dʑy^{21} kye^{33} lɛ^{45} sɿ^{21}	老师 lɛ^{45} sɿ^{21}	学生 o^{21} sᴀ^{55} 学生意 o^{13} sᴀ^{21} i^{35}
79 文成	厨师 dʑy^{21} sɿ^{33}	老师 lɛ^{33} sɿ^{33}	徒弟 dɵy^{21} dei^{33}
80 苍南	厨倌老师 dʑy^{11} kyɛ^{44} lɛ^{42} sɿ^{44}	师父 sɿ^{42} u^{24} 老师 lɛ^{42} sɿ^{44}	徒弟 du^{31} di^{24} 学徒 o^{11} du^{112}
81 建德徽	厨师 tɕy^{33} sɿ^{53}	师父 sɿ^{53} fu^{213}	徒弟 tu^{33} ti^{33}
82 寿昌徽	伙头 xu^{33} tʰəɯ^{52}	师父 sɿ^{11} fu^{55}	徒弟 tʰu^{33} tʰi^{534}
83 淳安徽	厨师 tɕʰya^{43} sɿ^{24}	师父 sa^{24} fu^{21}	徒弟 tʰa^{43} tʰi^{53}
84 遂安徽	伙头师父 fəɯ^{33} tʰiu^{33} sɿ^{55} fu^{52}	师父 sɿ^{55} fu^{213}	徒弟 tʰu^{33} tʰe^{43}
85 苍南闽	煮食师父 tsɯ^{33} tɕia^{24} sai^{24} hu^{21}	师父 sai^{24} hu^{21}	徒弟 tɔ^{21} te^{21}
86 泰顺闽	厨师 tøi^{21} sɿ^{213}	老师 lau^{21} sɿ^{213}	徒弟 tu^{21} tei^{31}
87 洞头闽	煮食师父 tsɿ^{24} tɕia^{21} sai^{33} hu^{21}	师父 sai^{33} hu^{21}	徒弟 tɔ^{21} te^{21}
88 景宁畲	厨头 tɕʰy^{51} tʰiəu^{22}	师父 su^{44} fu^{51}	东$^{=}$弟 toŋ^{44} ti^{51}

方言点	0598 乞丐统称，非贬称（无统称则记成年男的）	0599 妓女	0600 流氓
01 杭州	讨饭子 tʰɔ^{33} vɛ^{55} tsɿ^{0}	鸡婆 tɕi^{33} bəu^{45}	流氓 ly^{22} maŋ^{45}
02 嘉兴	告化子 kɔ^{33} ho^{24} tsɿ^{21}	野鸡 iᴀ^{21} tɕi^{42}	流氓 liu^{13} mᴀ^{42}
03 嘉善	讨饭告花子 tʰɔ^{55} vɛ^{35} kɔ^{53} xo^{31} tsɿ^{0}	野鸡 ia^{22} tɕi^{53}	流氓 liə^{13} mã^{31}
04 平湖	告花子 kɔ^{44} ho^{55} tsɿ^{0}	卖屄货 ma^{24} pi^{0} fu^{0}	流氓 liəɯ^{24} mɑ̃^{53}
05 海盐	告花子 kɔ^{55} xo^{21} tsɿ^{21}	婊子 piɔ^{53} tsɿ^{21}	流氓 le^{24} mɑ̃^{53}
06 海宁	告化子 kɔ^{55} ho^{55} tsɿ^{0}	野鸡 ia^{13} tɕi^{55} 癞三 la^{33} sɛ^{53}	阿飞 aʔ^{5} fi^{55} 女 流氓 ləɯ^{33} mɑ̃^{33} 男
07 桐乡	告花子 kɔ^{33} hɔʔ^{5} tsɿ^{0} “花”音殊	婊子 piɔ^{44} tsɿ^{0}	流氓 lɤɯ^{21} mɒ̃^{44}
08 崇德	告花子 kɔ^{33} ho^{33} tsɿ^{53}	小娘 ɕiɔ^{55} ȵiã^{0}	流氓 lɤɯ^{21} mã^{44}
09 湖州	告化子 kɔ^{44} uo^{0} tsɿ^{44}	妓女 dʑi^{33} ȵi^{35}	流氓 løʉ^{33} mɑ̃^{35}
10 德清	告化子 kɔ^{44} xuo^{44} tsɿ^{35}	卖屄货 ma^{33} pi^{33} xəu^{35}	流氓 liʉ^{11} mã^{13}
11 武康	告花子 kɔ^{53} xo^{35} tsɿ^{35}	卖屄货 ma^{53} pi^{44} fu^{44}	流氓 liø^{11} mɑ̃^{13}
12 安吉	讨饭佬 tʰɔ^{52} vᴇ^{0} lɔ^{213}	婊子 piɔ^{52} tsɿ^{21}	流氓 ləɪ^{22} mɔ̃^{22}
13 孝丰	叫花子 kɔ^{32} hʊ^{21} tsɿ^{24} 讨饭佬 tʰɔ^{45} vɛ^{21} lɔ^{52}	婊子 piɔ^{45} tsɿ^{21}	流氓 liu^{22} mɔ̃^{22}
14 长兴	告花子 kɔ^{32} hu^{21} tsɿ^{24}	婊子 piɔ^{45} tsɿ^{21}	流氓 lei^{12} mɔ̃^{33}
15 余杭	告化子 kɔ^{53} xuo^{53} tsɿ^{35}	婊子 piɔ^{35} tsɿ^{0}	流氓 løʏ^{31} mɑ̃^{13}
16 临安	讨饭佬 tʰɔ^{55} vɛ^{55} lɔ^{53}	鸡婆 tɕi^{55} bo^{33}	流氓阿飞 lə^{13} mɑ̃^{13} ɐʔ^{5} fi^{55}
17 昌化	讨饭佬 tʰɔ^{45} vã^{23} lɔ^{53}	婊子 piɔ^{45} tsɿ^{53}	流氓 li^{11} mɔ̃^{334}
18 於潜	讨饭佬 tʰɔ^{53} vɛ^{24} lɔ^{53}	婊子 piɔ^{53} tsɿ^{31}	流氓 liəu^{22} maŋ^{24}
19 萧山	讨饭子 tʰɔ^{33} vɛ^{33} tsɿ^{21}	婊子 piɔ^{33} tsɿ^{21}	坏蛋 ua^{33} dɛ^{42}
20 富阳	讨饭子 tʰɔ^{423} vɛ̃^{224} tsɿ^{335}	婊子 piɔ^{423} tsɿ^{335}	流氓 liʊ^{13} mɑ̃^{55}
21 新登	讨饭子 tʰɔ^{334} fɛ^{334} tsɿ^{45}	婊子 piɔ^{334} tsɿ^{45}	破脚梗 pʰa^{45} tɕiaʔ^{5} guɛ^{21}
22 桐庐	讨饭子 tʰɔ^{33} vã^{33} tsɿ^{35} 讨饭佬 tʰɔ^{33} vã^{33} lɔ^{35}	鸡 tɕi^{533}	流氓 liəu^{21} mã^{13}
23 分水	讨饭佬 tʰɔ^{44} vã^{21} lɔ^{44}	婊子 piɔ^{44} tsɿ^{0}	流氓 liɵ^{21} mã^{55}
24 绍兴	讨饭佬 tʰɔ^{44} fɛ̃^{33} lɔ^{31}	婊子 piɔ^{44} tsɿ^{31}	流氓 liɤ^{22} maŋ^{33}

续表

方言点	0598 乞丐统称，非贬称（无统称则记成年男的）	0599 妓女	0600 流氓
25 上虞	讨饭头 tʰɔ^{33} vε̃^{31} dɤ^{31}	婊子 piɔ^{33} tsɿ^{53}	流氓 iɤ^{21} mɔ̃^{213}
26 嵊州	讨饭佬 tʰɔ^{33} uε̃^{44} lɔ^{31}	婊子 piɔ^{44} tsɿ^{31} 老 鸡婆 tɕi^{53} bo^{231} 新	破脚骨 pʰa^{33} tɕiaʔ^{3} kuəʔ^{5}
27 新昌	讨饭佬 tʰɔ^{33} uε̃^{45} lɔ^{31}	婊子 piɔ^{45} tsɿ^{31}	破脚骨 pʰa^{33} tɕiaʔ^{3} kueʔ^{5}
28 诸暨	讨饭佬 tʰɔ^{33} vε^{33} lɔ^{21}	婊子 piɔ^{33} tsɿ^{42}	破脚骨 pʰᴀ^{33} tɕiaʔ-^{3} koʔ^{21}
29 慈溪	讨饭头儿 tʰɔ^{35} vε̃^{0} dəŋ^{13}	婊子 piɔ^{33} tsɿ^{53}	下作坯 o^{11} tsoʔ^{5} pʰe^{0}
30 余姚	告花子 kɔ^{53} huo^{44} tsɿ^{44} 讨饭头 tʰɔ^{44} vã^{13} də̃^{13}	婊子 piɔ^{44} tsɿ^{53}	流氓 liø^{13} mɔŋ^{13}
31 宁波	告花子 kɔ^{44} huo^{44} tsɿ^{0} 讨饭 tʰɔ^{33} vε^{13}	花佬 huo^{44} lɔ^{0} 婊子 pio^{53} tsɿ^{0}	流氓 liʏ^{13} mɔ^{44}
32 镇海	讨饭 tʰɔ^{33} vε^{24}	花佬 huo^{33} lɔ^{31}	撩＝馋＝ lio^{22} dzε^{24} 花＝犯＝ huo^{33} vε^{31} 社＝卵 dzo^{24} lø^{22}
33 奉化	讨饭头 tʰʌ^{44} vε^{31} dæi^{31}	花佬 huo^{44} lʌ^{33} 婊子 piɔ^{44} tsɿ^{53}	下作坯 o^{31} tsoʔ^{5} pʰei^{0}
34 宁海	讨饭人 tʰau^{53} ve^{24} ȵiŋ^{213}	婊子 pieu^{33} tsɿ^{53}	下作坯 o^{31} tsɔʔ^{3} pʰei^{34} 流氓 liu^{21} mã^{31}
35 象山	讨饭人 tʰɔ^{44} vε^{31} ȵiŋ^{13}	花佬 huo^{44} lɔ^{13}	□亨 dã^{31} hã^{35}
36 普陀	讨饭头 tʰɔ^{55} vε^{55} deu^{55}	婊子 piɔ^{53} tsɿ^{0}	流氓 lieu^{24} mɔ̃^{0}
37 定海	告花子 kɔ^{44} xuo^{0} tsɿ^{0} 老 讨饭头 tʰɔ^{44} vε^{44} dɐi^{44} 新	婊子 pio^{52} tsɿ^{0}	流氓 liʏ^{23} mõ^{0}
38 岱山	讨饭头 tʰɔ^{44} vε^{44} lɐi^{44} "头"音殊	火油箱 hʌu^{44} iʏ^{44} ɕiã^{44} 婊子 pio^{52} tsɿ^{0}	流氓 liʏ^{23} mõ^{44}
39 嵊泗	讨饭头 tʰɔ^{44} vε^{44} lɐi^{44} "头"音殊	火油箱 xʌu^{44} iʏ^{44} ɕiã^{44} 婊子 pio^{44} tsɿ^{0}	流氓 liʏ^{24} mõ^{0}
40 临海	讨饭人 tʰɔ^{42} vε^{33} ȵiŋ^{21}	婊子 piə^{33} tsɿ^{52}	流氓 liu^{33} mã^{353} 小
41 椒江	讨饭头 tʰɔ^{42} vε^{22} dio^{24} 小	婊子 piɔ^{42} tsɿ^{42}	烂头 lε^{22} dio^{24} 小
42 黄岩	讨饭人 tʰɔ^{42} vε^{22} ȵin^{121} 大贫 dou^{13} bin^{121}	婊子 piɔ^{42} tsɿ^{42}	烂头 lε^{13} dio^{24} 小 沙＝龙 so^{35} loŋ^{41}
43 温岭	讨饭人 tʰɔ^{42} vε^{13} ȵin^{31} 讨米人 tʰɔ^{42} mi^{55} ȵin^{41}	婊子 piɔ^{42} tsɿ^{42}	沙＝龙 so^{35} luŋ^{41}
44 仙居	讨米人 tʰɐɯ^{31} mi^{21} ȵin^{213}	婊子 ɓiɐɯ^{31} tsɿ^{324}	流氓 ləɯ^{353} mã^{0} 小

续表

方言点	0598 乞丐统称,非贬称（无统称则记成年男的）	0599 妓女	0600 流氓
45 天台	讨饭人 tʰau^{21} ve^{35} ȵiŋ^{224}	婊子 pieu^{32} tsɿ^{325}	破脚骨 pʰa^{55} kiaʔ^{1} kuəʔ^{5}
46 三门	讨饭人 tʰau^{32} vɛ^{23} niŋ^{252}	婊子 piau^{32} tsɿ^{325}	烂卵 lɛ^{23} lø^{252} 烂头 lɛ^{23} dɤɯ^{252}
47 玉环	讨饭人 tʰɔ^{53} vɛ^{22} ȵiŋ^{31}	婊子 piɔ^{53} tsɿ^{42}	流氓 liu^{22} mɔ̃^{41}
48 金华	讨饭 tʰao^{55} va^{14} 讨饭个 tʰao^{55} va^{14} kəʔ^{0}	婊子 piao^{53} tsɿ^{535}	流氓 liu^{31} maŋ^{14}
49 汤溪	讨饭老□ tʰɔ^{52} vɤa^{11} lɔ^{11} kʰɯ^{55}	婊子 pie^{24} tsɿ^{0}	流氓 ləɯ^{11} ma^{52}
50 兰溪	讨饭 tʰɔ^{55} via^{24}	婊子 piɔ^{55} tsɿ^{45}	烂料 lua^{55} liɔ^{24}
51 浦江	讨饭个 tʰo^{33} vã^{33} kə^{334}	婊子 pi^{33} tsɿ^{53}	流氓 liɤ^{24} man^{334}
52 义乌	讨饭 tʰo^{45} bɔ^{24}	婊子 pie^{45} tsɿ^{423}	流氓 lɐɯ^{22} man^{335}
53 东阳	讨饭佬 tʰɐɯ^{44} vɔ^{23} lɐɯ^{53}	婊子 pio^{44} tsɿ^{33}	流氓 liəɯ^{22} man^{53}
54 永康	讨饭侬 tʰau^{31} va^{31} noŋ^{241}小	婊子 biau^{31} tsɿ^{334}	流氓 liəu^{31} mai^{52}
55 武义	讨饭侬 tʰɤ^{53} vuo^{231} noŋ^{324}	婊子 pie^{53} tsɿ^{53}	流氓 liəu^{32} maŋ^{53}
56 磐安	讨饭 tʰo^{33} vɒ^{14}	婊子 pio^{55} tsɿ^{334}	流氓 liɐɯ^{21} man^{52}
57 缙云	讨饭人 tʰəɤ^{51} va^{213} nɛŋ^{453}	婊子 pəɤ^{51} tsɿ^{51}	撩鬼 liɔ^{44} tɕy^{51}
58 衢州	讨饭人 tʰɔ^{35} vã^{231} ȵin^{21} 告花子 kɔ^{53} xua^{32} tsɿ^{21}	婊子 piɔ^{35} tsɿ^{21}	辣腿 laʔ^{2} tʰe^{35}
59 衢江	讨饭侬 tʰɤ^{33} vã^{22} nəŋ^{53} 讨饭个 tʰɤ^{33} vã^{231} gəʔ^{0}	婊子 piɔ^{33} tsɿ^{53}	流氓辣腿 ly^{22} mã^{231} laʔ^{2} tʰei^{25}
60 龙游	讨饭侬 tʰu^{33} vã^{224} nən^{231}	婊子 piɔ^{35} tsɿ^{21}	辣腿 lɔʔ^{2} tʰei^{35} 烂料 lã^{224} liɔ^{231}
61 江山	讨饭侬 tʰuə^{44} vaŋ^{22} naŋ^{0}	婊子 piɐɯ^{44} tsə^{241} 虾娘 xɒ^{44} ȵiaŋ^{51}	流子 lɯ^{22} tsə^{241}
62 常山	讨饭侬 tʰuə^{44} vã^{24} nã^{0}	鸡 ie^{44} 妓女 dʑi^{22} ȵy^{52}	流氓 liu^{24} mã^{0}
63 开化	讨饭侬 tʰuo^{53} vã^{21} nɤŋ^{231}	婊子 piəɯ^{53} tsɿ^{0}	烂料鬼 lã^{21} liəɯ^{21} kuɛ^{53}
64 丽水	讨饭人 tʰə^{44} vã^{21} nen^{52}	婊子 piə^{44} tsɿ^{544}	流氓 liəɯ^{21} mɔŋ^{52}
65 青田	讨饭人 tʰæi^{33} va^{22} neŋ^{53}	婊子囡 ɓiœ^{33} tsɿ^{55} nɛ^{22}	流氓 leu^{55} mo^{53}
66 云和	讨饭人 tʰaɔ^{44} vã^{223} nɛ^{312}	婊子 piaɔ^{45} tsɿ^{0}	流氓 liəɯ^{223} mɔ̃^{312}

续表

方言点	0598 乞丐统称，非贬称（无统称则记成年男的）	0599 妓女	0600 流氓
67 松阳	讨饭乞儿 tʰuə^{33} vɔ̃^{21} kʰɤʔ^{3} n^{24}	婊子 piɔ^{33}tsɿə^{212}	流氓 lei^{33} moŋ^{31}
68 宣平	讨饭人 tʰɔ^{44} vɑ̃^{22} nin^{433}	婊子 piɔ^{44}tsɿ^{445}	流氓 liɯ^{22} mɔ̃^{433}
69 遂昌	讨饭乞儿 tʰuə^{55} vaŋ^{21} kʰɛʔ^{5} ȵiɛ^{221}	婊子 piɐɯ^{33}tsɤ^{533}	流氓 liɯ^{22} mɔŋ^{221}
70 龙泉	乞儿 kʰɯəʔ^{3} ȵi^{21}	婊子 biɑʌ^{21}tsɿ^{51}	地皮 di^{21} bi^{21} 癞痢头 loʔ^{3} li^{45} tiəu^{51}
71 景宁	讨饭□tʰɑu^{33} vɔ^{55} kʰuœ^{33}	婊子 piɑu^{55}tsɿ^{33}	流氓 liəɯ^{33} mɔŋ^{41}
72 庆元	乞儿 kʰæ̃^{55}	婊子 ɓiɒ^{33}tsɿ^{33}	流氓 liɯ^{52} mɔ̃^{52}
73 泰顺	乞 kʰɛ^{33} 小 讨饭乞 tʰø^{22} uã^{22} kʰɛ^{33} 小	婊子 piɑɔ^{55}tsɿ^{55}	流氓 liəu^{21} mɔ̃^{53}
74 温州	讨饭乞儿 tʰɜ^{33} va^{23} kʰø^{33} ŋ^{12}	大媌 dɤu^{22} mɜ^{223}	懒 = 沦 = la^{22} laŋ^{14}
75 永嘉	讨饭乞儿 tʰə^{33} va^{13} kʰø^{33} ŋ^{0}	大媌 dəu^{22} mə^{21}	流氓 ləu^{22} mɔ^{21}
76 乐清	讨饭侬 tʰɤ^{33} vᴇ^{22} naŋ^{31}	头媌 diu^{22} mɤ^{223}	懒 = 沦 = lᴇ^{24} laŋ^{31}
77 瑞安	摸米乞儿 tɕʰiau^{33} me^{13} kʰø^{33} ŋ^{0}	妓女 dʑi^{31} ȵy^{13}	流氓 lou^{22} ma^{21}
78 平阳	取米客儿 tʃʰau^{21} mi^{45} kʰɵŋ^{13}	婊子 pie^{33}tsɿ^{35}	流氓 lɛu^{21} mᴀ^{13}
79 文成	讨饭侬 tʰau^{33} vɔ^{21} naŋ^{33}	妓女 dʑi^{42} ȵy^{33}	流氓 liou^{21} mo^{33}
80 苍南	摸米乞儿 tɕʰiau^{33} mi^{53} kʰø^{33} ŋ^{0}	做鸡个 tsu^{42}tɕi^{44} gi^{0}	流氓 lɛu^{11} mɛ^{24}
81 建德徽	讨饭子 tʰɔ^{21} fɛ^{55}tsɿ^{213}	婊子 piɔ^{55}tsɿ^{213}	流氓 liɤɯ^{21} mɑŋ^{55}
82 寿昌徽	讨饭侬 tʰɤ^{33} fɤ^{33} nɔŋ^{55}	婊子 piɤ^{24}tsɿ^{55}	流氓 liəɯ^{11} mɑ̃^{55}
83 淳安徽	讨饭子 tʰɤ^{53} fɑ̃^{53}tsɿ^{21}	婊子 piɤ^{55}tsɿ^{21}	流氓 lɯ^{43} mɑ̃^{24}
84 遂安徽	讨饭癫子 tʰɔ^{33} fɑ̃^{55} tiɑ̃^{55}tsɿ^{21}	婊子 piɔ^{21}tsɿ^{24}	流氓 liu^{33} mã^{33}
85 苍南闽	讨米 tʰo^{33} bi^{43}	做鸡 tsue^{33} kue^{55}	破囝 pʰua^{33} kã^{43}
86 泰顺闽	乞食 kʰiɛʔ^{5} ɕia^{31}	花娘 fa^{22} nyo^{22}	浪荡囝 lo^{22} to^{22} ki^{344}
87 洞头闽	乞食 kʰek^{5} tɕia^{241}	妓女 ke^{212} lɯ^{53}	流氓 liu^{212} moŋ^{24}
88 景宁畲	讨饭人 lu^{44} pʰon^{51} ȵin^{22}	婊妓 pʰiəu^{44} tɕi^{325}	流氓 liəu^{22} maŋ^{22}

中国语言资源保护工程

中国语言资源集·浙江　编委会

主任

朱鸿飞

主编

王洪钟　黄晓东　叶　晗　孙宜志

编委

（按姓氏拼音为序）

包灵灵　蔡　嵘　陈筱姁　程　朝　程永艳　丁　薇
黄晓东　黄沚青　蒋婷婷　雷艳萍　李建校　刘力坚
阮咏梅　施　俊　宋六旬　孙宜志　王洪钟　王文胜
吴　众　肖　萍　徐　波　徐　越　徐丽丽　许巧枝
叶　晗　张　薇　赵翠阳

教育部语言文字信息管理司　　指导
浙　江　省　教　育　厅

中国语言资源保护研究中心　统筹

中国语言资源集

浙江

词汇卷三

王洪钟　黄晓东
叶晗　孙宜志　主编

ZHEJIANG UNIVERSITY PRESS
浙江大学出版社
·杭州·

方言点	0601 贼	0602 瞎子统称，非贬称（无统称则记成年男的）	0603 聋子统称，非贬称（无统称则记成年男的）
01 杭州	贼骨头 dzaʔ^{2} kuaʔ^{3} dei^{45}	瞎子 ɕiɛʔ^{5} tsɿ^{0}	聋髶 loŋ^{22} baŋ^{45}
02 嘉兴	贼骨头 zəʔ^{1} kuəʔ^{5} dei^{21}	瞎子 hᴀʔ^{5} tsɿ^{21}	聋髶 loŋ^{13} bᴀ̃^{42}
03 嘉善	贼骨头 zɜʔ^{2} kuoʔ^{5} də^{31}	盲子 mæ̃^{13} tsɿ^{53}	聋髶 loŋ^{13} bæ̃^{31}
04 平湖	贼骨头 zəʔ^{23} kuəʔ^{5} dəɯ^{0}	盲子 mã^{24} tsɿ^{53}	聋髶 lon^{24} bã^{0}
05 海盐	贼骨头 zəʔ^{23} kɔʔ^{5} de^{53}	盲子 mɛ̃^{24} tsɿ^{53}	聋髶 loŋ^{24} bɛ̃^{53}
06 海宁	贼骨头 zəʔ^{2} koʔ^{5} dəɯ^{55}	盲子 mɑ̃^{33} tsɿ^{55} 瞎子 haʔ^{5} tsɿ^{0}	聋髶 loŋ^{33} bɑ̃^{55}
07 桐乡	贼骨头 zəʔ^{23} kuəʔ^{3} dɤɯ^{44}	瞎子 haʔ^{3} tsɿ^{53} 盲子 mã^{21} tsɿ^{44}	聋子 loŋ^{21} tsɿ^{44} 聋髶 loŋ^{21} bã^{44}
08 崇德	贼骨头 zəʔ^{23} kɔʔ^{4} dɤɯ^{44}	盲子 mã^{21} tsɿ^{44}	聋子 loŋ^{21} tsɿ^{44} 聋髶 loŋ^{21} bã^{44}
09 湖州	贼骨头 zaʔ^{2} kuoʔ^{5} døʉ^{31}	盲子 mã^{33} tsɿ^{35}	聋髶 loŋ^{33} bã^{35}
10 德清	贼骨头 zəʔ^{2} kuoʔ^{5} døʉ^{0}	盲子 mã^{11} tsɿ^{35}	聋髶 loŋ^{11} bã^{13}
11 武康	贼骨头 zɜʔ^{2} kuoʔ^{5} dø^{31}	盲子 mã^{11} tsɿ^{35}	聋髶 loŋ^{11} bã^{13}
12 安吉	贼骨头 zəʔ^{2} kuəʔ^{2} dəɪ^{213}	瞎子 hɐʔ^{3} tsɿ^{55}	聋髶 loŋ^{22} bã^{22}
13 孝丰	贼骨头 zəʔ^{2} kuəʔ^{2} dəɪ^{24}	瞎子 haʔ^{5} tsɿ^{44}	聋髶 loŋ^{22} bã^{22}
14 长兴	贼骨头 zəʔ^{2} kuəʔ^{5} dei^{44}	盲子 mã^{12} tsɿ^{33}	聋子 loŋ^{12} tsɿ^{33}
15 余杭	贼骨头儿 zəʔ^{2} koʔ^{5} døʏ^{33} n^{31}	瞎子 xaʔ^{5} tsɿ^{53}	聋子 loŋ^{31} tsɿ^{35}
16 临安	贼骨头 zɐʔ^{2} kuoʔ^{5} də^{33}	瞎子 hɐʔ^{5} tsɿ^{35}	聋髶 loŋ^{33} bã^{13}
17 昌化	贼骨头 zəʔ^{2} kuəʔ^{5} di^{45}	瞎子 xaʔ^{5} tsɿ^{453}	聋髶 ləŋ^{11} bã^{112}
18 於潜	贼骨头 zæʔ^{2} kuəʔ^{53} diəu^{24}	瞎子 xɐʔ^{53} tsɿ^{454}	聋髶 loŋ^{22} baŋ^{24}
19 萧山	贼骨头 zəʔ^{13} koʔ^{5} dio^{21}	瞎子 xaʔ^{5} tsɿ^{33}	聋髶 loŋ^{13} bã^{242}
20 富阳	贼 zɛʔ^{2}	瞎子 haʔ^{5} tsɿ^{335}	聋髶 loŋ^{13} bã^{55}
21 新登	贼骨头 zaʔ^{2} kuaʔ^{5} dəu^{233}	瞎子 haʔ^{5} tsɿ^{334}	聋髶 loŋ^{233} bɛ̃^{13} 聋子 loŋ^{233} tsɿ^{334}
22 桐庐	贼骨头 zəʔ^{21} kuəʔ^{21} dei^{55}	瞎子 xaʔ^{5} tsɿ^{13}	聋子 loŋ^{21} tsɿ^{35}
23 分水	贼骨头 zəʔ^{12} kuəʔ^{5} dɵ^{21}	瞎子 xaʔ^{5} tsɿ^{0}	聋子 loŋ^{21} tsɿ^{0}
24 绍兴	贼骨头 zəʔ^{2} kuoʔ^{5} dɤ^{31}	瞎子 həʔ^{3} tseʔ^{5}	聋髶 loŋ^{22} baŋ^{231}

续表

方言点	0601 贼	0602 瞎子统称，非贬称（无统称则记成年男的）	0603 聋子统称，非贬称（无统称则记成年男的）
25 上虞	贼骨头 zɐʔ^{2} kuəʔ^{5} dɤ^{31}	瞎子 hɐʔ^{5} tsɿ^{53}	聋聱 loŋ^{21} bã^{213}
26 嵊州	贼骨头 zəʔ^{2} kuəʔ^{3} dʏ^{231}	瞎眼 hɛʔ^{5} ɛ̃^{231}	聋聱 loŋ^{22} baŋ^{24}
27 新昌	贼骨头 zeʔ^{2} kueʔ^{3} diɯ^{232}	瞎子 hɛʔ^{5} tsɿ^{335}	聋聱 loŋ^{22} baŋ^{13}
28 诸暨	贼骨头 zəʔ^{21} koʔ^{21} dei^{242}	瞎子 haʔ^{5} tsɿ^{33}	聋聱 lom^{21} bã^{33}
29 慈溪	贼坯 zaʔ^{2} pʰe^{53}	瞎子 haʔ^{5} tsɿ^{0}	聋聱 luŋ^{11} bã^{13}
30 余姚	贼骨头 zəʔ^{2} kuoʔ^{5} dø^{0}	瞎子 haʔ^{5} tsɿ^{0}	聋聱 luŋ^{13} baŋ^{0}
31 宁波	贼骨头 zaʔ^{2} kuaʔ^{5} dœʏ^{13}	瞎眼 haʔ^{5} ŋɛ^{13}	聋聱 loŋ^{22} ba^{13}
32 镇海	贼骨头 zaʔ^{2} kuaʔ^{5} dei^{31}	瞎眼 haʔ^{5} ŋɛ^{22}	聋聱 loŋ^{22} bã^{31}
33 奉化	贼骨头 zaʔ^{2} kuaʔ^{5} dæi^{31}	瞎眼 haʔ^{5} ŋɛ^{31}	聋聱 loŋ^{33} bã^{31}
34 宁海	贼骨头 zaʔ^{3} kuaʔ^{3} diu^{31}	瞎眼 haʔ^{3} ȵie^{31} 花眼 ho^{33} ȵie^{31}	聋聱 noŋ^{21} bã^{213}
35 象山	贼骨头 zaʔ^{2} kuoʔ^{5} dɤɯ^{31}	荒⁼眼人 huɔ̃^{44} ŋɛ^{31} ȵiŋ^{13}	聋聱 loŋ^{44} bã^{13}
36 普陀	贼骨头 zɐʔ^{2} kuɐʔ^{5} deu^{55}	瞎子 xɐʔ^{5} tsɿ^{0}	聋聱 loŋ^{33} bã^{45}
37 定海	贼骨头 zɐʔ^{2} kuɐʔ^{4} dɐi^{44} 小偷 ɕio^{44} tʰɐi^{44}	瞎子 xɐʔ^{5} tsɿ^{0}	聋聱 loŋ^{33} bã^{45}
38 岱山	贼骨头 zɐʔ^{2} kuɐʔ^{4} lɐi^{44} "头"音殊	瞎子 xɐʔ^{5} tsɿ^{52}	聋聱 loŋ^{33} bã^{45}
39 嵊泗	贼骨头 zɐʔ^{2} kuɐʔ^{5} lɐi^{0} "头"音殊	瞎子 xɐʔ^{5} tsɿ^{0}	聋聱 loŋ^{33} bã^{45}
40 临海	贼骨头 zəʔ^{2} kuəʔ^{3} də^{353} 小	瞎眼人 hɛʔ^{33} ŋɛ^{33} ȵiŋ^{21}	聋耳朵人 loŋ^{22} ŋ^{42} to^{42} ȵiŋ^{21}
41 椒江	贼骨头 zɛʔ^{2} kuəʔ^{5} dio^{41}	花眼 hua^{33} ȵiɛ^{42}	聋耳朵 loŋ^{22} ŋ^{42} təu^{42}
42 黄岩	贼 zəʔ^{2} 拐子 kua^{42} tsɿ^{51} 小 剪绺 tɕie^{42} liu^{51} 小	花眼 hua^{33} ȵiɛ^{42}	聋耳朵 loŋ^{13} ŋ^{42} tou^{42} 聋聱 loŋ^{13} bã^{44}
43 温岭	贼骨头 zəʔ^{2} kuəʔ^{3} dɤ^{24} 小	花眼 ho^{33} ȵiɛ^{51} 小 花眼人 ho^{33} ȵiɛ^{55} ȵin^{31}	聋聱 luŋ^{13} bã^{44} 聋耳朵 luŋ^{13} ŋ^{42} tu^{51} 小
44 仙居	贼骨头 ʑiəʔ^{23} kuəʔ^{3} dəɯ^{353} 小 做贼人 tso^{33} ʑiəʔ^{23} ȵin^{213}	瞎眼人 hɑʔ^{3} ŋa^{31} ȵin^{213}	聋耳朵 loŋ^{353} ŋ^{31} ɗo^{324}

续表

方言点	0601 贼	0602 瞎子统称，非贬称（无统称则记成年男的）	0603 聋子统称，非贬称（无统称则记成年男的）
45 天台	贼骨头 zəʔ^{2} kuaʔ^{1} deu^{51}	瞎眼人 heʔ^{5} ŋe^{21} ȵiŋ^{224}	聋聱人 luŋ^{33} ba^{22} ȵiŋ^{224}
46 三门	贼骨头 zɐʔ^{2} kuɐʔ^{2} dɤɯ^{252}	花眼人 ho^{33} ŋɛ^{32} niŋ^{113}	聋聱人 loŋ^{11} bɛ^{11} niŋ^{113}
47 玉环	小偷 ɕiɔ^{42} tʰiɤ^{35} 小 贼骨头 zɐʔ^{2} kuɐʔ^{3} diɤ^{24} 小	花眼人 ho^{33} ȵiɛ^{55} ȵiŋ^{41}	聋耳朵 loŋ^{22} ŋ^{42} təu^{53}
48 金华	贼骨头 zəʔ^{21} kuəʔ^{3} tiu^{55} 做贼 tsuɤ^{33} zəʔ^{212} 做贼个 tsuɤ^{33} zəʔ^{21} gəʔ^{0} “个”音殊	眼睛瞎儿 ɑ^{55} tɕiŋ^{33} xuɛ̃^{55}	耳朵聋 ŋ^{53} tuɤ^{55} loŋ^{313}
49 汤溪	贼骨头 zə^{11} kuə^{55} dəɯ^{0}	眼睛盲 uɑ^{11} tsɛ̃i^{33} ma^{24}	耳朵聋 ŋ^{11} tuɤ^{52} lɑo^{113} 聋聱 lɑo^{11} pã^{52}
50 兰溪	贼骨头 zəʔ^{12} kuəʔ^{34} təɯ^{45}	眼睛瞎 uɑ^{55} tɕin^{334} xuɑʔ^{34}	聋聱 loŋ^{21} bæ̃^{24}
51 浦江	贼 zə^{232} 贼骨头 zə^{11} kuə^{33} dɤ^{243}	瞎眼儿 ɕiɑ^{55} ŋɑ̃n^{334}	耳朵聋 n^{11} tɯ^{33} lən^{243}
52 义乌	做贼 tsuɤ^{33} zai^{312}	盲眼儿 mɛ^{22} ɔn^{24}	聋聱 loŋ^{22} pɛ^{45}
53 东阳	贼 zei^{213}	盲眼儿 mɛ^{22} ŋan^{33}	聋耳朵 lɔm^{24} n^{0} tʊ^{33}
54 永康	做贼侬 tsuo^{33} zəi^{113} noŋ^{22}	白眼 ɓai^{33} ŋa^{113}	聋耳朵 loŋ^{33} ŋ^{31} ɗuo^{52}
55 武义	做贼个 tsuo^{55} zə^{213} kiəʔ^{0}	盲眼侬 mɑŋ^{55} ŋuo^{13} noŋ^{324}	耳朵聋 n^{55} nuo^{13} loŋ^{324} 聋聱 loŋ^{32} ba^{231}
56 磐安	贼 zɛi^{213} 贼骨头 sɛi^{33} kuɛ^{55} tɐɯ^{0}	盲眼儿 mɛ^{21} ŋan^{14}	聋聱 lɔom^{21} bɛ^{14}
57 缙云	贼 zɛ^{13}	盲眼 ma^{44} ŋɑ^{31}	聋耳朵 lɔ̃ũ^{44} ȵiɛŋ^{51} tu^{51}
58 衢州	贼骨头 zəʔ^{2} kuəʔ^{3} te^{53}	瞎子 xaʔ^{3} tsɿ^{35}	聋子 loŋ^{21} tsɿ^{35}
59 衢江	贼骨头 zəʔ^{2} kuəʔ^{5} ty^{53} 贼 zəʔ^{2}	瞎子 xaʔ^{3} tsɿ^{53}	聋子 ləŋ^{22} tsɿ^{53}
60 龙游	贼骨头 zəʔ^{2} kuəʔ^{4} dəɯ^{21}	瞎子 xəʔ^{3} tsɿ^{51}	聋子 loŋ^{22} tsɿ^{51}
61 江山	贼骨头 zəʔ^{2} kɵʔ^{5} du^{213}	眙目侬 kaʔ^{5} moʔ^{2} naŋ^{213}	聋子 loŋ^{22} tsə^{241}
62 常山	贼骨头 zʌʔ^{3} kɛʔ^{4} du^{341}	瞎子 xʌʔ^{5} tsɿ^{0}	聋子 loŋ^{341} tsɿ^{0}
63 开化	贼 zaʔ^{13} 贼骨头 zaʔ^{2} kuaʔ^{5} du^{231}	瞎子 xɔʔ^{5} tsɿ^{0}	聋子 lɤŋ^{231} tsɿ^{0}
64 丽水	贼 zaʔ^{23} 贼骨头 zaʔ^{2} kuɛʔ^{5} dəɯ^{0}	盲眼 mã^{22} ŋã^{544}	老聋聱 lə^{44} ləŋ^{21} pã^{52}

续表

方言点	0601 贼	0602 瞎子统称，非贬称（无统称则记成年男的）	0603 聋子统称，非贬称（无统称则记成年男的）
65 青田	贼 zɛʔ^{31}	盲眼 mɛ^{22} ŋɑ^{454}	聋耳朵 loŋ^{22} n^{33} ɗu^{454}
66 云和	贼 zaʔ^{23}	眼睛盲 ŋɛ^{44} tɕiŋ^{44} mɛ^{312}	耳朵聋 ȵi^{44} tu^{44} loŋ^{312}
67 松阳	贼骨头 zɛʔ^{2} kuɛʔ^{3} dei^{31}	盲眼睛 mã^{33} ŋã^{21} tɕin^{53}	耳朵聋 n^{22} tu^{21} ləŋ^{31}
68 宣平	贼 zaʔ^{23} 贼骨头 zaʔ^{2} kuəʔ^{4} dəɯ^{433}	盲眼 mɛ^{44} ŋɑ̃^{223}	聋鬇 lən^{43} bɛ^{231}
69 遂昌	贼骨头 zɛʔ^{2} kuɛʔ^{5} du^{221} 贼 zɛʔ^{23}	盲眼睛 miaŋ^{13} ŋaŋ^{22} tɕiŋ^{45}	聋耳□ ləŋ^{13} ȵi^{22} guaŋ^{13}
70 龙泉	贼 zᴇʔ^{24}	目珠瞎 moʔ^{3} y^{45} xuoʔ^{5}	耳朵聋 mi^{21} dou^{21} ləŋ^{21}
71 景宁	贼 zɛʔ^{23}	眼睛盲 ŋɛ^{55} tɕiŋ^{33} mɛ^{41}	耳朵聋 ȵiaŋ^{33} to^{33} ləŋ^{41}
72 庆元	贼 sɤʔ^{34} 小偷 ɕiɒ^{33} t^{h}iɯ^{335}	青盲侬 tɕ^{h}iŋ^{33} mæ̃^{52} noŋ^{52}	耳朵聋 mɪ̃^{22} ɗo^{33} loŋ^{52}
73 泰顺	贼 sɛʔ^{2}	盲眼睛 mã^{21} ŋã^{22} tɕiŋ^{33} 小	聋耳 loŋ^{21} ȵi^{55}
74 温州	贼 ze^{212}	瞙瞎侬 mo^{23} duɔ^{22} naŋ^{223}	聋鬇 loŋ^{22} biɛ^{14}
75 永嘉	贼 ze^{213}	瞙瞎侬 mo^{13} dɔ^{22} naŋ^{21}	聋朵 loŋ^{31} to^{45}
76 乐清	贼 ze^{212}	瞙瞎侬 mɔ^{23} dɔ^{22} naŋ^{223}	聋耳朵侬 loŋ^{22} ŋ^{22} to^{22} naŋ^{31}
77 瑞安	贼 ze^{212}	瞙瞎侬 mo^{2} do^{22} naŋ^{21}	聋鬇 loŋ^{22} pa^{35}
78 平阳	贼 ze^{13}	瞙瞎 mu^{33} do^{35}	聋鬇 loŋ^{21} bᴀ^{35}
79 文成	贼 ze^{212}	盲眼侬 ma^{33} ŋɔ^{33} naŋ^{13}	聋耳朵 loŋ^{33} n^{21} to^{45}
80 苍南	贼 ze^{112}	瞙瞎 mo^{11} do^{11}	聋朵 loŋ^{31} to^{53}
81 建德徽	贼骨头 sɐʔ^{12} kuɐʔ^{3} tɤɯ^{55}	瞎子 ho^{55} tsɿ^{0}	聋子 loŋ^{33} tsɿ^{213}
82 寿昌徽	贼骨头 səʔ^{3} kuəʔ^{3} t^{h}əɯ^{55}	瞎子 xuə^{55} tsɿ^{55}	聋子 lɔŋ^{55} tsɿ^{0}
83 淳安徽	贼骨头 səʔ^{13} kueʔ^{5} t^{h}ɯ^{21}	瞎子 hɑʔ^{5} tsɿ^{21}	聋子 lon^{43} tsɿ^{53}
84 遂安徽	贼偷 səɯ^{21} t^{h}iu^{24}	瞎子 xɑ^{33} tsɿ^{55}	聋子 ləŋ^{33} tsɿ^{33}
85 苍南闽	贼 ts^{h}ɐ^{24}	青盲 tɕ^{h}ɪ̃^{33} mɪ̃^{24}	臭⁼耳侬 ts^{h}au^{21} hi^{21} lan^{24}
86 泰顺闽	贼囝 tsøʔ^{3} ki^{344} 长手 to^{21} tɕ^{h}iøu^{344}	盲眼 mæŋ^{21} ŋɛ^{344}	聋耳 ləŋ^{21} ni^{344}
87 洞头闽	贼 ts^{h}ɐ^{24}	青冥 tɕ^{h}ɪ̃^{33} mɪ̃^{33}	臭⁼耳 ts^{h}au^{53} hi^{21}
88 景宁畲	窃 tɕieʔ^{2}	眼盲人 ȵian^{55} maŋ^{22} ȵin^{22}	耳朵聋 ni^{55} tu^{44} loŋ^{22}

方言点	0604 哑巴统称，非贬称（无统称则记成年男的）	0605 驼子统称，非贬称（无统称则记成年男的）	0606 瘸子统称，非贬称（无统称则记成年男的）
01 杭州	哑巴子 ia^{55} pa^{33} tsɿ^{0}	驼背佬 dəu^{22} pei^{33} lɔ^{45}	跷拐儿 tɕ^{h}iɔ^{33} kuɛ^{45} əl^{53}
02 嘉兴	哑子 o^{33} tsɿ^{33}	驼背 dou^{13} pei^{42}	跷脚 tɕ^{h}iɔ^{33} tɕiAʔ^{5}
03 嘉善	哑子 o^{35} tsɿ^{55}	驼背 du^{13} pɛ^{53}	跷脚 tɕ^{h}iɔ^{55} tɕiaʔ^{5}
04 平湖	哑子 o^{44} tsɿ^{53} 哑巴子 o^{44} paʔ^{5} tsɿ^{0}	驼子 du^{24} tsɿ^{53}	跷脚 tɕ^{h}iɔ^{55} tɕiaʔ^{5}
05 海盐	哑巴子 o^{53} paʔ^{5} tsɿ^{21}	驼背 du^{24} pe^{53}	跷脚 tɕ^{h}iɔ^{55} tɕiaʔ^{5}
06 海宁	哑巴子 a^{55} pa^{55} tsɿ^{55} 哑子 o^{55} tsɿ^{0}	驼背 dəu^{33} pei^{55} 驼子 dəu^{33} tsɿ^{55}	跷脚 tɕ^{h}iɔ^{55} tɕiaʔ^{5}
07 桐乡	哑巴子 a^{44} pa^{44} tsɿ^{44}	驼子 dəu^{21} tsɿ^{44}	跷脚 tɕ^{h}iɔ^{44} tɕiaʔ^{0}
08 崇德	哑巴子 ɑ^{44} pɑ^{44} tsɿ^{44}	驼子 du^{21} tsɿ^{44}	跷脚 tɕ^{h}iɔ^{44} tɕiaʔ^{4}
09 湖州	哑子 uo^{53} tsɿ^{13}	驼子 dəu^{33} tsɿ^{35}	跷脚 tɕ^{h}iɔ^{44} tɕiaʔ^{4}
10 德清	哑巴子 ɔ^{35} puo^{53} tsɿ^{0}	驼背佬 dəu^{11} pɛ^{33} lɔ^{35}	跷脚 tɕ^{h}iɔ^{44} tɕiaʔ^{4}
11 武康	哑巴子 o^{33} po^{44} tsɿ^{53}	驼背佬 du^{11} pɛ^{13} lɔ^{13}	跷脚 tɕ^{h}iɔ^{44} tɕiɜʔ^{5}
12 安吉	哑子 ʊ^{52} tsɿ^{21}	驼背佬 dʊ^{22} pe^{22} lɔ^{213}	跷脚佬 tɕ^{h}iɔ^{55} tɕiEʔ^{5} lɔ^{55}
13 孝丰	哑巴子 ʊ^{45} pa^{21} tsɿ^{21}	驼背佬 du^{22} pe^{22} lɔ^{22}	跷脚佬 tɕ^{h}iɔ^{44} tɕiaʔ^{5} lɔ^{44} 跷子 tɕ^{h}iɔ^{44} tsɿ^{44}
14 长兴	哑巴子 u^{45} pa^{55} tsɿ^{21}	驼子 dəu^{12} tsɿ^{33}	跷脚 tʃ^{h}ioʔ^{5} tʃiaʔ^{5}
15 余杭	哑子 uo^{35} tsɿ^{0}	弯背 uɛ^{55} pɛ^{55}	跷拐儿 tɕ^{h}iɔ^{55} kua^{55} n^{55}
16 临安	哑巴子 o^{33} bo^{33} tsɿ^{53}	驼背佬 do^{33} pE^{33} lɔ^{31}	跷脚佬 tɕ^{h}iɔ^{55} tɕiɐʔ^{5} lɔ^{31}
17 昌化	哑子 u^{45} tsɿ^{53} 哑巴子 ia^{45} pa^{45} tsɿ^{53}	驼背佬 dɯ^{11} pɛ^{33} lɔ^{53}	跷拐李 tɕ^{h}iɔ^{33} kua^{45} li^{53}
18 於潜	哑巴子 a^{53} pa^{43} tsɿ^{454}	驼背佬 du^{22} pe^{35} lɔ^{53}	跷脚佬 tɕ^{h}iɔ^{35} tɕieʔ^{53} lɔ^{53}
19 萧山	哑巴 o^{33} po^{21}	驼背 do^{13} pe^{42}	跷子 tɕ^{h}iɔ^{33} tsɿ^{33}
20 富阳	哑子 o^{423} tsɿ^{335}	驼背 dʊ^{13} pɛ^{55}	跷脚 tɕ^{h}iɔ^{55} tɕiaʔ^{5}
21 新登	哑巴 ɑ^{334} pa^{45}	驼背佬 du^{233} pe^{45} lɔ^{21}	跷拐儿 tɕ^{h}iɔ^{53} kua^{334} əl^{45} 跷子 tɕ^{h}iɔ^{53} tsɿ^{334} 跷脚 tɕ^{h}iɔ^{53} tɕiaʔ^{5}
22 桐庐	哑子 uo^{33} tsɿ^{35}	驼背 du^{21} pE^{35}	翘子 tɕ^{h}iɔ^{35} tsɿ^{13}

续表

方言点	0604 哑巴统称，非贬称（无统称则记成年男的）	0605 驼子统称，非贬称（无统称则记成年男的）	0606 瘸子统称，非贬称（无统称则记成年男的）
23 分水	哑巴子 aʔ^{5} pa^{0} tsɿ^{0}	驼背啊 do^{21} pe^{24} a^{0}	跷子 tɕ^{h}iɔ^{21} tsɿ^{0}
24 绍兴	哑子 o^{44} tseʔ^{3}	驼背 do^{22} pᴇ^{33}	跷脚 tɕ^{h}iɔ^{33} tɕiaʔ^{5}
25 上虞	哑子 o^{33} tsɿ^{53}	驼背 dʊ^{21} pe^{35}	跷拐 tɕ^{h}iɔ^{55} kua^{33}
26 嵊州	哑子 o^{44} tsɿ^{31}	掼背佬 guɛ̃^{22} pᴇ^{44} lɔ^{31}	跷脚佬 tɕ^{h}iɔ^{53} tɕiaʔ^{3} lɔ^{231}
27 新昌	哑子 o^{45} tsɿ^{31}	掼背 guɛ̃^{22} pe^{335}	跷脚 tɕ^{h}iɔ^{53} tɕiaʔ^{5}
28 诸暨	哑佬 o^{33} lɔ^{242}	驼背 dɤu^{21} pe^{33}	跷佬 tɕ^{h}iɔ^{42} lɔ^{242}
29 慈溪	哑子 o^{33} tsɿ^{53}	驼背 dəu^{13} pe^{0} 佝背 həu^{44} pe^{0}	跷脚 tɕ^{h}iɔ^{44} tɕiaʔ^{5}
30 余姚	哑子 o^{34} tsɿ^{53}	驼背 dou^{13} pe^{34}	跷脚 tɕ^{h}iɔ^{44} tɕiaʔ^{5} 拐脚儿 kua^{44} tɕiaŋ^{44}
31 宁波	哑子 o^{53} tsɿ^{0}	驼背 dəu^{22} pɐi^{53}	拐脚儿 kua^{33} tɕiã^{35}
32 镇海	哑子 o^{33} tsɿ^{0}	驼背 dəu^{24} pei^{44}	拐脚 kua^{35} tɕieʔ^{5}
33 奉化	哑子 o^{44} tsɿ^{44}	驼背 dəu^{33} pei^{35}	拐脚儿 kua^{44} tɕiã^{44}
34 宁海	哑佬 o^{33} lau^{31}	驼背 dəu^{21} pei^{35}	摆脚 pa^{53} tɕiaʔ^{2}
35 象山	哑子 o^{44} tsɿ^{53}	驼背 dəu^{31} pei^{35}	拐脚 kua^{44} tɕieʔ^{5}
36 普陀	哑子 o^{53} tsɿ^{0}	驼背 dəu^{33} pæi^{45}	拐脚儿 kua^{55} tɕiã^{55}
37 定海	哑子 o^{52} tsɿ^{0}	驼背 dʌu^{33} pɐi^{45}	拐脚儿 kua^{44} tɕiã^{44}
38 岱山	哑子 o^{52} tsɿ^{0}	驼背 dʌu^{33} pɐi^{44}	拐脚儿 kua^{33} tɕiã^{44}
39 嵊泗	哑子 o^{44} tsɿ^{0}	驼背 dʌu^{33} pɐi^{45}	拐脚儿 kua^{33} tɕiã^{45}
40 临海	哑佬 o^{42} lɔ^{42}	佝背 hə^{33} pe^{55}	跛脚 pa^{42} tɕiaʔ^{5}
41 椒江	哑佬 o^{42} lɔ^{51} 小	老佝 lɔ^{42} ɕio^{35} 小	老跛 lɔ^{42} pa^{42}
42 黄岩	哑佬 o^{42} lɔ^{42}	老佝 lɔ^{42} ɕio^{35} 小 佝背 ɕio^{33} pe^{55}	老跛 lɔ^{42} pa^{42} 跛脚 pa^{42} tɕiəʔ^{5}
43 温岭	哑佬 o^{42} lɔ^{51} 小	佝背 dʑiɤ^{13} pe^{55}	跛脚儿 pa^{42} tɕiã^{51} 躄脚儿 p^{h}iʔ^{3} tɕiã^{51}
44 仙居	哑佬 o^{31} lɐɯ^{324}	佝背 həɯ^{55} ɓæ^{55}	摆脚 ɓa^{31} tɕyɑʔ^{53}
45 天台	哑佬人 o^{32} lau^{21} ȵiŋ^{224}	佝背人 hou^{55} pei^{33} ȵiŋ^{224}	躄脚人 p^{h}iəʔ^{1} kiaʔ^{5} ȵiŋ^{224}

续表

方言点	0604 哑巴统称，非贬称（无统称则记成年男的）	0605 驼子统称，非贬称（无统称则记成年男的）	0606 瘸子统称，非贬称（无统称则记成年男的）
46 三门	哑佬 o^{32}lɑu^{325}	𨉷背人 ho^{44}pe^{44}niŋ^{445}	摆脚 pa^{32}tɕiaʔ^{5}
47 玉环	哑佬 o^{42}lɔ^{53}小	佝背 hiɤ^{33}pe^{55}	躄脚 pʰiɐʔ^{3}tɕiɐʔ^{5}
48 金华	老鸭 lɑo^{53}uɑ^{55}	驼背 duɤ^{31}pɛ^{55}	跷脚 tɕʰiɑo^{33}tɕiəʔ^{4}
49 汤溪	哑巴驴 uɑ^{52}ma^{55}li^{0}	驼背 duɤ^{11}pɛ^{52}	跷脚 tɕʰiɔ^{33}tɕiɔ^{55}
50 兰溪	哑口洞 uɑ^{55}kʰəɯ^{55}doŋ^{24}	驼背 duɤ^{21}pe^{45}	跷脚拐儿 tɕʰiɔ^{334}tɕʰiaʔ^{34}guæ̃^{24}
51 浦江	哑巴儿 iɑ^{55}pan^{0}	驼背 dɯ^{24}pa^{334}	欠⁼脚个 tɕʰiẽ^{33}tɕyo^{33}kə^{334}
52 义乌	哑口儿 ɔ^{45}kʰɤn^{45}	驼背 duɤ^{22}pe^{45}	瘸脚儿 dʑyɛ^{22}tɕiɔn^{324}
53 东阳	哑佬 ɔ^{23}lɐɯ^{33}	驼背 dʊ^{22}pe^{53}	跷脚背 tɕio^{33}tɕiɔ^{24}pe^{53}
54 永康	哑口 uɑ^{31}kʰəu^{52}	驼背 duo^{31}ɓəi^{52}	跷脚 tɕʰiɑu^{33}tɕiɑu^{52}
55 武义	哑口 uɑ^{55}kʰɑu^{445}	佝背 kɑu^{32}pa^{53}	躄脚 pʰie^{53}tɕiɑu^{53}
56 磐安	哑口 uə^{55}kʰɐɯ^{334}	驼背 duɤ^{21}pe^{52}	躄脚 pʰiɛ^{55}tɕyə^{334} 跷脚 tɕʰio^{33}tɕyə^{334}
57 缙云	哑口 ou^{51}kʰɤ^{51}	驼背 du^{44}pei^{453}	躄脚 pʰiɛ^{51}tɕi^{322}
58 衢州	哑巴子 ɑ^{35}pɑ^{32}tsɿ^{21}	驼子 du^{21}tsɿ^{35}	跷子 tɕʰiɔ^{32}tsɿ^{35}
59 衢江	哑子 u^{33}tsɿ^{53}	驼子 dou^{22}tsɿ^{53}	瘸子 dʑyø^{22}tsɿ^{53} 跷子 tɕʰiɔ^{33}tsɿ^{53}
60 龙游	哑巴子 u^{35}pɑ^{21}tsɿ^{21}	驼背 du^{22}pei^{51}	老跷拐 lɔ^{22}tɕʰiɔ^{51}guɛ^{231}
61 江山	哑巴子 o^{44}pɒ^{44}tsə^{241}	龟背侬 kɵ^{44}pᴇ^{44}naŋ^{213}	跷骹侬 kʰiɐɯ^{44}kʰɐɯ^{24}naŋ^{51}
62 常山	哑巴子 ɑ^{43}pɑ^{45}tsɿ^{0}	驼子 dɔ^{341}tsɿ^{0}	跷子 tɕʰiɤ^{24}tsɿ^{0} 拐子 kuɛ^{52}tsɿ^{0}
63 开化	哑子 ɔ^{53}tsɿ^{0} 哑巴子 ɔ^{53}pɑ^{0}tsɿ^{0}	驼子 dɔ^{231}tsɿ^{0}	拐子 kua^{53}tsɿ^{0}
64 丽水	哑口 uo^{44}kʰɯ^{544}	驼背 du^{21}pei^{52}	跷脚 tɕʰiə^{44}tɕiɔʔ^{5}
65 青田	哑人 u^{33}neŋ^{55}	佝背 xæi^{33}ɓæi^{445}	趴脚 pʰaʔ^{4}tɕiʔ^{42}
66 云和	哑口人 o^{44}kʰəɯ^{44}nɛ^{312}	驼背 du^{31}pei^{45}	跷脚 tɕʰiɑɔ^{44}tɕiɔʔ^{5}

续表

方言点	0604 哑巴统称,非贬称（无统称则记成年男的）	0605 驼子统称,非贬称（无统称则记成年男的）	0606 瘸子统称,非贬称（无统称则记成年男的）
67 松阳	哑嘴 u^{33}tsei^{212}	驼背 du^{33}pei^{24}	跷脚 tɕʰiɔ^{24}tɕiaʔ^{5}
68 宣平	哑口 o^{44}kʰɯ^{445}	驼背 do^{43}pei^{52}	躄脚 pʰiəʔ^{4}tɕiəʔ^{5}
69 遂昌	哑子 u^{53}tsɿ^{45}	驼背老儿 du^{22}pei^{33}lɐɯ^{13} ȵiɛ^{221}	跷骹得⁼ tɕʰiɐɯ^{55}kʰɐɯ^{33} tɛʔ^{5}
70 龙泉	哑喙 ouʔ^{3}tɕʰy^{51}	驼背 tou^{44}pᴇ^{45}	跛骹 ba^{21}kʰɑʌ^{45}
71 景宁	哑口 o^{55}kʰəɯ^{33}	驼背 do^{41}pai^{35}	跷脚 tɕʰiɑu^{55}tɕiaʔ^{5}
72 庆元	哑嘴 o^{33}tsæi^{33}	驼背 to^{52}ɓæi^{11}	跛骹 ɓɑ^{33}kʰɒ^{55}小
73 泰顺	哑口 ɔ^{22}kʰəu^{55}	驼背 to^{53}pæi^{35}	跛脚 pa^{22}tɕiɔʔ^{5}
74 温州	哑佬 o^{42}lɜ^{14}	佝背佬 hau^{33}pai^{42}lɜ^{14}	躄脚 pʰi^{45}tɕia^{323}
75 永嘉	哑佬 o^{53}lə^{13}	佝背 hau^{33}pai^{45}	躄脚 pʰi^{45}tɕia^{423}
76 乐清	哑侬 o^{35}naŋ^{212}小	佝背侬 hau^{33}pai^{35}naŋ^{212}小	躄脚 pʰiᴇ^{35}tɕia^{323}
77 瑞安	哑佬 o^{53}lɛ^{13}	佝背 hau^{33}pai^{35}	躄脚 pʰi^{3}tɕiɔ^{323} 拐脚 ka^{35}tɕiɔ^{323}
78 平阳	哑佬 o^{33}lɛ^{45}	佝背 xau^{33}pai^{45}	躄脚 pʰie^{45}tʃɔ^{13}
79 文成	哑口侬 o^{33}kʰau^{33}naŋ^{13}	驼背 dou^{21}pai^{33}	拐脚侬 kɔ^{33}tʃa^{21}naŋ^{33}
80 苍南	哑佬 o^{42}lɛ^{53}	佝背 hau^{44}pai^{42}	躄脚侬 pʰiɛ^{3}tɕia^{3}naŋ^{21}
81 建德徽	哑子 o^{21}tsɿ^{55}	驼背 tu^{33}pe^{33}	跷子 tɕʰiɔ^{53}tsɿ^{213}
82 寿昌徽	哑子 uə^{24}tsɿ^{55}	驼背 tʰu^{11}piæ^{33}	拐子 kuɑ^{24}tsɿ^{55}
83 淳安徽	哑子 o^{55}tsɿ^{21}	驼背 tʰu^{43}pie^{24} 驼子 tʰu^{43}tsɿ^{53}	跷子 tɕʰiɤ^{24}tsɿ^{21}
84 遂安徽	哑子 ɑ^{21}tsɿ^{24}	驼子 tʰəɯ^{33}tsɿ^{33}	跷子 tɕʰiɔ^{33}tsɿ^{213}
85 苍南闽	哑九⁼ e^{33}kau^{43}	佝祜 hau^{24}kɔ^{55}	否骹 pai^{33}kʰa^{55}
86 泰顺闽	病哑 pæŋ^{21}a^{344}	□背 kʰou^{21}pɔi^{22}	拐骹 kuai^{344}kʰa^{213}
87 洞头闽	哑狗 e^{212}kau^{53}	佝伛 kʰiau^{33}ku^{33}	否骹 pai^{212}kʰa^{33}
88 景宁畲	哑嘴 ɔ^{55}tɕyoi^{43}	驼背 to^{44}poi^{445}小	跛脚 pai^{55}kioʔ^{5}

方言点	0607 疯子统称，非贬称（无统称则记成年男的）	0608 傻子统称，非贬称（无统称则记成年男的）	0609 笨蛋蠢的人
01 杭州	疯子 foŋ^{33}tsɿ^{45}	傻子 sa^{55}tsɿ^{0}	木大 moʔ^{2}dəu^{45}
02 嘉兴	独鬼 doʔ^{1}tɕy^{24}	痴子 tsʰɿ^{42}tsɿ^{21}	木大 moʔ^{5}dou^{24}
03 嘉善	神经病 sən^{35}tɕin^{55}bin^{0}	独鬼 duoʔ^{2}tɕy^{35}	木徒 muoʔ^{2}du^{31}
04 平湖	痴子 tsʰɿ^{55}tsɿ^{0}	鹅头 ŋu^{24}dəɯ^{53}	呆大 ŋɛ^{24}du^{53}
05 海盐	疯子 foŋ^{53}tsɿ^{21}	呆大 ɛ^{24}du^{53}	笨搭⁼搭诶 bən^{21}taʔ^{5}taʔ^{21}e^{21}
06 海宁	独头 doʔ^{2}dəɯ^{33}	呆徒 ɛ^{33}dəu^{55} 木徒 moʔ^{2}dəu^{55}	笨徒 bəŋ^{33}dəɯ^{31} 木撞 moʔ^{2}tsʰoŋ^{0}
07 桐乡	独头 dɔʔ^{23}dɤɯ^{44}	傻头 sa^{53}dɤɯ^{44}	呆大 ᴇ^{21}dəu^{44}
08 崇德	独头 dɔʔ^{23}dɤɯ^{44}	狂⁼徒 guã^{24}du^{0}	呆大 ᴇ^{21}du^{44}
09 湖州	糖⁼头 dã^{33}døʉ^{35}	呆头 ŋɛ^{33}døʉ^{35}	笨徒三 bən^{13}dəu^{31}sɛ^{53}
10 德清	独头 duoʔ^{2}døʉ^{31}	呆徒 ŋɛ^{11}dəu^{13}	木徒 muoʔ^{2}dəu^{31}
11 武康	独头 duoʔ^{2}dø^{31}	木徒 muoʔ^{2}du^{31}	呆徒 ŋɛ^{11}du^{13}
12 安吉	独头 doʔ^{2}dəɪ^{213}	呆子 ŋᴇ^{22}tsɿ^{22}	木大⁼ moʔ^{2}dʊ^{213}
13 孝丰	独头 duoʔ^{2}dəɪ^{24}	呆子 ŋe^{22}tsɿ^{22}	木大⁼ muoʔ^{2}du^{24}
14 长兴	神经病 zəŋ^{12}tʃiŋ^{22}biŋ^{24}	呆头 ŋɯ^{12}dei^{33}	猪头 tsɿ^{44}dei^{44}
15 余杭	独头 doʔ^{2}døʏ^{33}	独头夜壶 doʔ^{2}døʏ^{33}ia^{33}vu^{13}	独头夜壶 doʔ^{2}døʏ^{33}ia^{33}vu^{13}
16 临安	独头 duɔʔ^{2}də^{13}	呆子 ŋᴇ^{33}tsɿ^{35}	木徒 muɔʔ^{2}do^{33}
17 昌化	神经病 ʑiəŋ^{11}tɕiəŋ^{33}biəŋ^{243}	呆木杜⁼ ŋɛ^{11}muəʔ^{2}du^{243}	笨蛋 bəŋ^{23}dɔ̃^{453}
18 於潜	癫子 tie^{43}tsɿ^{454}	呆子 ŋe^{22}tsɿ^{454}	木徒 mɑʔ^{2}du^{24}
19 萧山	疯子 foŋ^{33}tsɿ^{33}	呆子 ŋɛ^{13}tsɿ^{33}	笨蛋 bəŋ^{13}dɛ^{42}
20 富阳	癫子 tiã^{55}tsɿ^{31}	孬胚 nɔ^{13}pʰɛ^{55} 倭子 u^{55}tsɿ^{31}	孬鬼 nɔ^{13}kuɛ^{55}男 孬婆 nɔ^{13}bu^{55}女
21 新登	癫子 tiɛ̃^{53}tsɿ^{334}	孬子 nɔ^{21}tsɿ^{45}	木大 mɔʔ^{2}du^{13}
22 桐庐	痴子 tsʰɿ^{35}tsɿ^{13}	呆大 ŋᴇ^{21}du^{13}	笨蛋 bəŋ^{13}dã^{55}
23 分水	痴子 tsʰɿ^{44}tsɿ^{0}	傻子 sa^{53}tsɿ^{0} 痴子 tsʰɿ^{44}tsɿ^{0}	木头 məʔ^{12}de^{22}

续表

方言点	0607 疯子统称，非贬称（无统称则记成年男的）	0608 傻子统称，非贬称（无统称则记成年男的）	0609 笨蛋蠢的人
24 绍兴	呆子 ŋᴇ^{22}tseʔ^{5}	呆子 ŋᴇ^{22}tseʔ^{5}	呆子 ŋᴇ^{22}tseʔ^{5}
25 上虞	疯子 hoŋ^{33}tsɿ^{35}	呆子 ȵiẽ^{21}tsɿ^{35}	木人 moʔ^{2}ȵiŋ^{31}
26 嵊州	射⁼子 dza^{24}tsɿ^{53}	呆子 ŋᴇ^{22}tsɿ^{334}	呆大 ŋᴇ^{22}do^{24}
27 新昌	颠子 tiɛ̃^{53}tsɿ^{335}	射⁼子 dza^{13}tsɿ^{335}	笨蛋 beŋ^{22}dɛ̃^{13}
28 诸暨	颠佬 tie^{42}lɔ^{242}	□头 dã^{33}dei^{33}	寿头 zei^{33}dei^{33}
29 慈溪	痴乱⁼ tsʰɿ^{35}lø^{0}	寿头 zø^{11}dø^{13}	木大 moʔ^{2}dəu^{53} 呆大 ŋie^{11}dəu^{13}
30 余姚	发痴病 faʔ^{5}tsʰɿ^{44}bə̃^{13}	木大 moʔ^{2}dou^{0}	呆木大 ȵie^{13}moʔ^{2}dou^{0} 呆头 ȵie^{13}dø^{13} 戆大 gɔŋ^{13}dou^{0}
31 宁波	大糊⁼ dəu^{22}vu^{13}	呆大 ŋe^{22}dəu^{53}	笨贼佬 bəŋ^{13}zaʔ^{2}lɔ^{44}
32 镇海	大糊⁼ dəu^{22}u^{31}	戆大 gɔ̃^{24}dəu^{22}	呆大 ŋe^{22}dəu^{22}
33 奉化	神经 zoŋ^{33}tɕiŋ^{53}	无郎 m^{33}lɔ̃^{33}	呆头 ȵiɛ^{33}dæi^{31}
34 宁海	癫仙人 tie^{33}ɕie^{33}ȵiŋ^{31}	㑋卵 dʑia^{31}lø^{31} 呆卵 ȵie^{21}lø^{31}	蠢子 tɕʰyəŋ^{33}tsɿ^{53}
35 象山	癫人爿 ti^{44}ȵiŋ^{13}bɛ^{13}	茶⁼乱⁼ dzo^{31}lɤɯ^{31}	笨贼佬 bəŋ^{31}zaʔ^{2}lɔ^{31}
36 普陀	大糊⁼ dəu^{11}vu^{55}	呆大 ŋɛ^{33}dəu^{53}	笨蛋 bɐŋ^{11}dɛ^{55}
37 定海	大糊⁼ dʌu^{11}vu^{44}	呆大 ŋɛ^{33}dʌu^{52}	笨贼佬 bɐŋ^{11}zɐʔ^{2}lɔ^{0}
38 岱山	茶⁼卵 dzo^{23}liʏ^{44}	呆大 ŋɛ^{33}dʌu^{52}	笨贼佬 bɐŋ^{11}zɐʔ^{2}lɔ^{44}
39 嵊泗	茶⁼卵 dzo^{24}liʏ^{44} 大糊⁼ dɔ^{11}u^{44}	呆大 ŋɛ^{33}dʌu^{53} 戆大 gõ^{24}dʌu^{0}	笨蛋 bɐŋ^{11}dɛ^{44}
40 临海	癫人 ti^{15}ȵiŋ^{353}小	呆大 ŋɛ^{33}do^{55}	大痴 do^{33}tɕʰy^{21} 呆大 ŋɛ^{33}do^{55}
41 椒江	老癫 lɔ^{42}tie^{35}小	呆大 ŋə^{22}dəu^{44}	呆大 ŋə^{22}dəu^{44}
42 黄岩	老癫 lɔ^{42}tie^{35}小	呆大 ȵie^{13}dou^{44}	呆大 ŋie^{13}dou^{44} 寿头 ʑiu^{13}dio^{24}小
43 温岭	癫 tie^{15}小	呆大 ȵie^{13}du^{44}	呆大 ȵie^{13}du^{44} 大痴 du^{13}tɕʰy^{15}小
44 仙居	癫人 ɗie^{53}ȵin^{0}	木郎⁼人 məʔ^{23}lã^{353}ȵin^{0}	木鬼 məʔ^{23}cy^{324}

续表

方言点	0607 疯子统称，非贬称（无统称则记成年男的）	0608 傻子统称，非贬称（无统称则记成年男的）	0609 笨蛋蠢的人
45 天台	大痴 dou^{33}tɕʰy^{33}	大痴 dou^{33}tɕʰy^{33}	木卵 muʔ^{2}lø^{214}
46 三门	颠人 tie^{33}niŋ^{31}	大痴 dʊ^{23}tsʰɥ^{52}	呆卵 ŋɛ^{11}lø^{325}
47 玉环	癫人 tie^{33}ȵiŋ^{41}	呆大 ȵie^{22}dəu^{24}	笨蛋 bəŋ^{22}dɛ^{44}
48 金华	癫个人 tia^{33}kəʔ^{0}ȵiŋ^{313}	倒$^{=}$傻货 tɑo^{55}sɑ^{33}xuɤ^{55} 倒$^{=}$傻个 tɑo^{55}sɑ^{33}kəʔ^{0}	木大 moʔ^{21}duɤ^{14} 呆大 ɛ^{31}duɤ^{14}
49 汤溪	癫鬼 ȵie^{33}kuɛ^{535}	傻鬼 sɑ^{33}kuɛ^{535}	木头树桩 mou^{11}təɯ^{33}ʑy^{11}tɕyɑ^{52}
50 兰溪	癫鬼 tia^{334}kue^{55}	傻鬼 sɑ^{334}kue^{55}	呆大 e^{21}duɤ^{24}
51 浦江	癫佬 tiɑ̃^{33}lo^{243}	痴呆 tʃʰi^{55}ŋa^{334} 呆大 ŋa^{24}du^{24}	笨家伙 bən^{24}tɕia^{55}xuɯ^{0}
52 义乌	癫侬 ȵia^{33}noŋ^{45}	蛮剥$^{=}$儿 ma^{33}pɔn^{45}	呆大 e^{22}tuɤ^{45}
53 东阳	神经 zɐn^{22}tɕiɐn^{35}	呆头 ŋɛ^{22}dəɯ^{53}	笨 bɐn^{24}
54 永康	癫侬 ɗia^{33}noŋ^{22}	呆头 ŋəi^{33}dəu^{241} 小	木蛋 mu^{33}da^{241}
55 武义	□侬 mie^{32}noŋ^{53}	木大 mɔ^{32}du^{231}	木大 mɔ^{32}du^{231}
56 磐安	癫侬 nie^{33}nɔom^{52}	呆头 ŋe^{21}tɐɯ^{52}	木大 mʌo^{14}tuɤ^{52}
57 缙云	癫人 dia^{44}nɛŋ^{453}	痴呆 tsʰɿ^{44}ŋei^{453}	大木 du^{21}mɑu^{13}
58 衢州	疯子 foŋ^{32}tsɿ^{35} 癫子 tiẽ^{32}tsɿ^{35}	傻子 sɑ^{32}tsɿ^{35}	鹅子 ŋu^{21}tsɿ^{35} 木蛋 məʔ^{2}tə̃^{53}
59 衢江	疯子 fəŋ^{33}tsɿ^{53}	傻子 suo^{33}tsɿ^{53}	木呆 məʔ^{2}tɛ^{33}
60 龙游	癫子 tie^{33}tsɿ^{51}	呆大 ŋei^{22}du^{224}	两百五 liɑ̃^{22}pəʔ^{4}n^{224}
61 江山	病神侬 baŋ^{22}ʑiɘ̃^{22}naŋ^{213}	呆驼$^{=}$ ŋᴇ^{22}do^{213} 傻子 sa^{44}tsə^{241}	木朘 moʔ^{2}tsuᴇ^{44} 木咮 moʔ^{2}tɕy^{44}
62 常山	癫子 tiɛ̃^{45}tsɿ^{0}	傻子 sɑ^{45}tsɿ^{0}	赖绞$^{=}$ lɛ^{22}gɔ^{341}
63 开化	癫子 tiɛ̃^{44}tsɿ^{53}	傻子 sɑ^{44}tsɿ^{53}	痴个 tsʰuei^{44}ka^{53} 呆个 ŋɛ^{231}gəʔ^{0} 笨胚 bã^{21}pʰɛ^{44}
64 丽水	癫人 tiɛ^{224}nen^{52}	老憨 lə^{44}xɛ^{224}	木卵 məʔ^{2}luɛ^{544} 老 笨蛋 ben^{21}tã^{52} 新
65 青田	癫人 ɗia^{55}neŋ^{53}	懵懂人 moŋ^{22}koŋ^{55}neŋ^{53}	呆大 ŋɛ^{55}du^{22}

续表

方言点	0607 疯子统称，非贬称（无统称则记成年男的）	0608 傻子统称，非贬称（无统称则记成年男的）	0609 笨蛋蠢的人
66 云和	瘨人 tiɛ^{44}nɛ^{312}	憨蛋 xɛ^{24}dã^{223}	老憨 lɑɔ^{44}xɛ^{24}
67 松阳	瘨侬儿 tiɛ̃^{24}nəŋ^{21}n^{24}	脱壳 t^{h}ɤʔ^{3}k^{h}oʔ^{5}	笨蛋 ben^{22}dɔ̃^{13}
68 宣平	瘨人 tiɛ^{44}nin^{433}	憨个 xə^{32}kə^{0}	木盾⁼ məʔ^{42}dən^{231}
69 遂昌	瘨鬼儿 tiɛ̃^{55}kuei^{33}ȵiɛ^{221}	傻儿 sɒ^{55}ȵiɛ^{213}	笨蛋 bəŋ^{13}daŋ^{213}
70 龙泉	生憨侬 saŋ^{44}xaŋ^{45}nəŋ^{21}	呆大 ŋᴇ^{44}dou^{224}	木郎 ŋʔ^{3}ləŋ^{21}
71 景宁	瘨人 tiɛ^{33}naŋ^{41}	憨儿 xœ^{33}ȵi^{324}	柴头 za^{33}dəɯ^{41}
72 庆元	瘨侬 ɗiɑ̃^{33}noŋ^{52}	𡱁侬 soŋ^{52}noŋ^{52} 𡱁货 soŋ^{52}xo^{11}	𡱁侬 soŋ^{52}noŋ^{52} 𡱁货 soŋ^{52}xo^{11}
73 泰顺	瘨人 tiã^{22}nɛ^{53}	□牯 ŋɔ̃^{21}kø^{55}	笨人 pəŋ^{21}nɛ^{53}
74 温州	瘨侬 ti^{33}naŋ^{223}	呆大 ŋe^{22}dɤu^{14}	呆大 ŋe^{22}dɤu^{14}
75 永嘉	瘨侬 ti^{33}naŋ^{21}	呆大 ŋe^{22}dəu^{13}	憨倈个 hø^{44}lei^{0}gi^{0}
76 乐清	瘨侬 tiᴇ^{44}naŋ^{223}	唐⁼侬 dɔ^{22}naŋ^{223}	呆大 ŋe^{24}du^{31}
77 瑞安	瘨侬 ti^{33}naŋ^{21}	憨侬 hø^{33}naŋ^{21}	呆侬 ŋe^{22}naŋ^{21}
78 平阳	瘨侬 tie^{33}naŋ^{35}	呆大 ŋe^{21}do^{13}	呆箇侬 ŋe^{33}ke^{21}naŋ^{21}
79 文成	颠侬 tie^{33}naŋ^{33}	呆侬 ŋe^{21}naŋ^{33}	笨蛋 baŋ^{242}dɔ^{21}
80 苍南	瘨侬 tiɛ^{33}naŋ^{21}	呆侬 ŋe^{11}naŋ^{11}	笨侬 baŋ^{11}naŋ^{31}
81 建德徽	痴鬼 ts^{h}ɿ^{53}kue^{213}	呆子 ŋɛ^{33}tsɿ^{213}	木大 mɐʔ^{21}tu^{213}
82 寿昌徽	瘨子 ti^{11}tsɿ^{24}	呆子 ŋiɛ^{55}tsɿ^{0}	呆朵⁼ ŋiɛ^{11}tu^{24}
83 淳安徽	瘨子 tiɑ̃^{24}tsɿ^{21}	痴胚 ts^{h}a^{21}p^{h}ie^{55}	末⁼袋⁼ məʔ^{13}t^{h}ie^{53} 呆大 e^{43}t^{h}u^{24}
84 遂安徽	瘨子 tiɑ^{55}tsɿ^{33}	痴呆 ts^{h}ɿ^{52}tɛ^{52}	死菩萨 sɿ^{33}p^{h}u^{33}sɑ^{43}
85 苍南闽	瘨囝 tãĩ^{21}kã^{43}	□囝 ɑŋ^{21}kã^{43}	愚侬 gu^{21}lan^{24}
86 泰顺闽	瘨鬼 tie^{21}kuei^{344}	呆牯 ŋai^{21}ku^{344}	半憨 piæŋ^{34}xæŋ^{22}
87 洞头闽	痟个 ɕiau^{53}e^{21}	戆个 goŋ^{21}e^{21}	笨蛋 pun^{212}t^{h}ã^{53}
88 景宁畲	瘨人 tan^{44}ȵin^{22}	呆陀 ŋuai^{22}to^{22}	笨蛋 puən^{51}tan^{51}

方言点	0610 爷爷呼称,最通用的	0611 奶奶呼称,最通用的	0612 外祖父叙称
01 杭州	爹爹 $tia^{33}tia^{45}$	奶奶 $n\varepsilon^{45}n\varepsilon^{53}$	外公 $\eta a^{13}ko\eta^{53}$
02 嘉兴	大爹 $d\text{A}^{21}ti\text{A}^{42}$	亲妈 $t\text{ɕ}^hi\eta^{33}m\text{A}^{42}$	外公 $\text{A}^{21}ko\eta^{42}$
03 嘉善	阿爹 ɜʔ^5tia^{53}	娘娘 $\text{ȵ}i\tilde{æ}^{13}\text{ȵ}i\tilde{æ}^{31}$	外公阿爹 $\eta a^{13}ko\eta^{53}\text{ɜʔ}^5tia^{53}$
04 平湖	大大 $da^{21}da^{213}$	亲妈 $ts^hin^{55}ma^0$ 亲亲 $ts^hin^{55}ts^hin^0$	大大 $da^{21}da^{213}$
05 海盐	爹爹 $ti\text{ɑ}^{55}ti\text{ɑ}^{53}$	亲亲 $t\text{ɕ}^hin^{55}t\text{ɕ}^hin^{53}$	外公爹爹 $\text{ɑ}^{13}ko\eta^{21}ti\text{ɑ}^{55}ti\text{ɑ}^{53}$
06 海宁	爹爹 $tia^{55}tia^{55}$	奶奶 $na^{55}na^{55}$	外公 $a^{33}ko\eta^{53}$
07 桐乡	爹爹 $tia^{44}tia^{44}$	娘娘 $\text{ȵ}i\tilde{a}^{21}\text{ȵ}i\tilde{a}^{44}$	外公 $a^{21}ko\eta^{53}$
08 崇德	爹爹 $ti\text{ɑ}^{44}ti\text{ɑ}^{44}$	娘娘 $\text{ȵ}i\tilde{a}^{21}\text{ȵ}i\tilde{a}^{44}$	外公 $\text{ɑ}^{21}ko\eta^{334}$
09 湖州	阿爹 $a\text{ʔ}^5tia^{44}$	娘姆 $\text{ȵ}i\tilde{a}^{33}m^{35}$	外公 $a^{33}ko\eta^{35}$
10 德清	阿爷 $a^{35}ia^0$	阿娘 $a^{35}\text{ȵ}i\tilde{a}^0$	外公 $a\text{ʔ}^3ko\eta^{35}$
11 武康	阿爷 $a\text{ʔ}^5ia^{35}$	阿娘 $a\text{ʔ}^5\text{ȵ}i\tilde{a}^{13}$	外公 $ua^{33}ko\eta^{35}$
12 安吉	爷爷 $ia^{24}ia^{52}$	娘娘 $\text{ȵ}i\tilde{a}^{24}\text{ȵ}i\tilde{a}^{52}$	外公 $\eta a^{21}ko\eta^{213}$
13 孝丰	公公 $ko\eta^{44}ko\eta^{44}$	阿婆 $a\text{ʔ}^5bu^{22}$	外公 $\eta a^{32}ko\eta^{213}$
14 长兴	爹爹 $tia^{44}tia^{44}$	娘姆 $\text{ȵ}i\tilde{a}^{12}m^{33}$	外公 $\eta a^{32}ko\eta^{24}$
15 余杭	爹爹 $tia\text{ʔ}^5tia^{55}$	奶奶 $n\varepsilon^{55}n\varepsilon^{55}$小	外公 $a^{33}ko\eta^{35}$
16 临安	爷爷 $ia^{33}ia^{13}$	娘娘 $\text{ȵ}i\tilde{a}^{33}\text{ȵ}i\tilde{a}^{13}$	外公 $\eta a^{33}ko\eta^{53}$
17 昌化	阿公 $a\text{ʔ}^3k\text{ə}\eta^{334}$	阿婆 $a\text{ʔ}^3bu^{112}$	外公 $\eta a^{23}k\text{ə}\eta^{453}$
18 於潜	阿公 $\text{ɐʔ}^{53}ko\eta^{433}$	阿婆 $\text{ɐʔ}^{53}bu^{24}$	外公 $\eta a^{24}ko\eta^{433}$
19 萧山	爷爷 $ia^{33}ia^{33}$	娘娘 $ni\tilde{a}^{13}ni\tilde{a}^{33}$	外公 $\eta a^{13}ko\eta^{33}$
20 富阳	老伯 $l\text{ɔ}^{224}pa\text{ʔ}^5$	奶奶 $na^{224}na^{53}$ 阿婆 $a\text{ʔ}^5bu^{13}$	外公 $\eta a^{335}ko\eta^{53}$
21 新登	阿公 $a\text{ʔ}^5ko\eta^{53}$	阿婆 $a\text{ʔ}^5bu^{233}$	阿公 $a\text{ʔ}^2ko\eta^{45}$
22 桐庐	爷爷 $i\text{A}^{55}i\text{A}^{33}$	奶奶 $n\text{A}^{33}n\text{A}^{35}$	阿公 $a^{35}ko\eta^{55}$

续表

方言点	0610 爷爷呼称，最通用的	0611 奶奶呼称，最通用的	0612 外祖父叙称
23 分水	阿公 a^{44} koŋ^{44}	阿婆 a^{44} bo^{21}	外公 uɛ^{24} koŋ^{44}
24 绍兴	爷爷 ia^{24} ia^{31}	娘娘 ȵiaŋ^{24} ȵiaŋ^{31}	外公 ŋa^{22} koŋ^{33}
25 上虞	爷爷 ia^{21} ia^{31}	娘娘 ȵiã^{21} ȵiã^{31}	外公 ŋa^{21} koŋ^{31}
26 嵊州	爷爷 ia^{22} ia^{231}	娘娘 ȵiaŋ^{22} ȵiaŋ^{231}	外公 ŋa^{22} kuoŋ^{53}
27 新昌	爷爷 ia^{13} ia^{33}	娘 ȵiaŋ^{232}	外公 ŋa^{22} koŋ^{53}
28 诸暨	爷爷 iᴀ^{21} iᴀ^{242}	娘娘 niã^{21} niã^{33}	外公 ŋᴀ^{21} kom^{21}
29 慈溪	爷爷 ia^{11} ia^{13}	娘娘 ȵiã^{13} ȵiã^{44}	外公 ŋa^{11} kuŋ^{44}
30 余姚	爷爷 ia^{13} ia^{0}	娘娘 ȵiaŋ^{13} ȵiaŋ^{0}	外公 ŋa^{13} kuŋ^{44}
31 宁波	阿爷 aʔ^{5} ia^{0}	阿娘 aʔ^{5} ȵia^{0}	外公 ŋa^{22} koŋ^{44}
32 镇海	阿爷 aʔ^{5} ia^{22}	阿娘 aʔ^{5} ȵiã^{22}	外公 ŋa^{22} koŋ^{53}
33 奉化	阿爷 aʔ^{5} ia^{31}	阿娘 aʔ^{5} ȵiã^{31}	外公 ŋa^{33} koŋ^{35}
34 宁海	爷爷 ia^{21} ia^{31}	娘娘 ȵiã^{21} ȵiã^{31}	外公 ŋa^{21} koŋ^{53}
35 象山	阿爷 aʔ^{2} ia^{13}	阿婆 aʔ^{2} bəu^{13}	外公 ŋa^{13} koŋ^{35}
36 普陀	阿爷 a^{55} ia^{0}	阿娘 ɐʔ^{3} ȵiã^{55}	外公 ŋa^{11} koŋ^{55}
37 定海	阿爷 ɐʔ^{5} ia^{0}	阿娘 ɐʔ^{3} ȵiã^{44}	外公 ŋa^{11} koŋ^{44}
38 岱山	阿爷 ɐʔ^{3} ia^{44}	阿娘 ɐʔ^{3} ȵiã^{44}	外公 ŋa^{11} koŋ^{44}
39 嵊泗	阿爷 a^{44} ia^{44}	阿娘 a^{44} ȵiã^{44}	外公 ŋa^{11} koŋ^{45}
40 临海	爷爷 ia^{33} ia^{353}小	娘娘 ȵiã^{35} ȵiã^{31}	外公 ŋa^{33} koŋ^{353}小
41 椒江	爷爷 ia^{22} ia^{24}小	娘娘 ȵiã^{33} ȵiã^{35}小	外公 ŋa^{22} koŋ^{35}小
42 黄岩	爷爷 ia^{13} ia^{24}小	娘娘 ȵiã^{33} ȵiã^{35}小	外公 ŋa^{13} koŋ^{35}小
43 温岭	爷爷 ia^{13} ia^{24}小	娘娘 ȵiã^{33} ȵiã^{15}小	外公 ŋa^{13} kuŋ^{15}小
44 仙居	爷爷 yɑ^{21} yɑ^{353}小	娘娘 ȵia^{21} ȵia^{353}小	外公 ŋæ^{33} koŋ^{53}
45 天台	爷 i^{51}小	娘 ȵia^{51}小	外公 ŋa^{33} kŋ^{51}

续表

方言点	0610 爷爷呼称，最通用的	0611 奶奶呼称，最通用的	0612 外祖父叙称
46 三门	爷 ia^{252}	娘 ȵiɑ̃^{52}	外公 ŋa^{23}koŋ^{52}
47 玉环	爷爷 ia^{22}ia^{24}小	阿孃 aʔ^{3}ȵia^{53}小	外公 ŋa^{22}koŋ^{35}小
48 金华	爷爷 ia^{31}ia^{14}	妈妈 mɑ^{33}mɑ^{55}老 奶奶 nɛ^{55}nɛ^{0}新	外公 ɑ^{53}koŋ^{55}
49 汤溪	爷 iɑ^{52}	摸⁼ mɤa^{55}	外公 ɑ^{11}kɑo^{52}
50 兰溪	爷爷 iɑ^{21}iɑ^{24}	妈妈 mɑ^{334}mɑ^{45}	公公 koŋ^{45}koŋ^{0}
51 浦江	爷爷 iɑ^{24}iɑ^{334}	妈妈 mɑ^{24}mɑ^{334}	外公 ŋa^{11}kon^{53}
52 义乌	爷爷 i^{22}ia^{45}	妈妈 ma^{24}ma^{312}	外公 a^{24}koŋ^{335}
53 东阳	爷 ia^{24}	阿妈 a^{33}mo^{35}	外公 ŋe^{23}kɔm^{33}
54 永康	阿爷 a^{33}ia^{55}	阿妈 a^{33}ma^{55}	外公 ȵia^{31}koŋ^{55}
55 武义	爷爷 ia^{32}ia^{53}	妈妈 muɑ^{32}muɑ^{53}	外公 ȵia^{32}koŋ^{24}
56 磐安	阿爷儿 a^{33}ian^{445}	阿嬷儿 a^{33}mɐɯn^{14}	外公 ŋe^{55}kɔom^{445}
57 缙云	公 kɔ̃ũ^{44}	□ mei^{44}	外公 ŋɑ^{21}kɔ̃ũ^{44}
58 衢州	爷爷 iɑ^{13}iɑ^{21}	妈妈 mɑ^{13}mɑ^{21}	外公 ŋɛ^{231}koŋ^{32}
59 衢江	爷爷 ia^{22}ia^{25}	嬷嬷 muo^{22}muo^{25} 嬷 muo^{53}	外公 ŋa^{22}kəŋ^{53}
60 龙游	爷爷 iɑ^{35}iɑ^{21}	阿妈 əʔ^{3}mɑ^{51}	外公 ŋɑ^{22}koŋ^{334}
61 江山	公 koŋ^{241}小	妈 mɒ^{51}	外公 ŋua^{22}koŋ^{241}小
62 常山	公 koŋ^{52}	妈 mɑ^{341}	外公 uɛ^{22}koŋ^{44}
63 开化	公公 kɤ^{5}kɤŋ^{0}	妈妈 mɑ^{5}mɑ^{0}	外公 ua^{21}kɤŋ^{44}
64 丽水	公 kɔŋ^{224}老 爷爷 iɛ^{21}iɛ^{52}新	奶 nuɔ^{224}	外公 ã^{21}kɔŋ^{52}小
65 青田	阿公 aʔ^{3}koŋ^{445}	阿婆 aʔ^{3}bu^{445}	外公 uɑ^{21}koŋ^{445}
66 云和	公 koŋ^{24}	嬷 mo^{24}小	阿公 ɔ^{44}koŋ^{45}小
67 松阳	公公 kəŋ^{33}kəŋ^{24}	嬷嬷 muə^{33}muə^{24}	外公 ŋa^{21}kəŋ^{24}

续表

方言点	0610 爷爷呼称，最通用的	0611 奶奶呼称，最通用的	0612 外祖父叙称
68 宣平	爷爷 ia^{22} ia^{52}	妈妈 ma^{44} ma^{52}	外公 a^{22} kən^{52}
69 遂昌	公 kəŋ^{45}	妈 mɒ^{45}	外公 ua^{22} kəŋ^{45}
70 龙泉	公 kəŋ^{45} 小	嬷 mo^{224}	外公 a^{21} kəŋ^{434}
71 景宁	公 kəŋ^{45} 小	婆 po^{324} 小	外公 uɔ^{55} kəŋ^{324}
72 庆元	公公 koŋ^{33} koŋ^{33}	妈妈 mo^{33} mo^{335}	外公 uɑ^{33} koŋ^{55} 小
73 泰顺	阿导$^{=}$ aʔ^{2} tɑɔ^{22}	阿婆 aʔ^{2} po^{22}	外公 ua^{21} koŋ^{35}
74 温州	阿爷 a^{3} i^{31}	娘娘 ȵi^{2} ȵi^{31}	外公爷 va^{23} koŋ^{33} i^{223}
75 永嘉	阿爷 a^{43} ɿ^{53}	阿婆 a^{43} bu^{31}	外公爷 va^{13} koŋ^{33} ɿ^{43}
76 乐清	阿爷 a^{3} i^{44} 小	阿娘 a^{3} ȵia^{44} 小	公爷 koŋ^{44} i^{223}
77 瑞安	阿爷 a^{3} i^{31} 阿公 a^{3} koŋ^{44}	阿娘 a^{3} ȵiɛ^{31} 阿婆 a^{3} bʏ^{31}	外公 ŋa^{31} koŋ^{44}
78 平阳	阿爷 ᴀ^{21} i^{42}	阿娘 ᴀ^{21} ȵie^{42}	外公 vᴀ^{35} koŋ^{13}
79 文成	阿爷 a^{33} i^{33}	阿娘 a^{33} ȵie^{33}	外公 ŋɔ^{42} koŋ^{33}
80 苍南	阿爷 a^{3} i^{31}	阿娘 a^{3} ȵiɛ^{31}	外公 ya^{31} koŋ^{44}
81 建德徽	爷爷 iɑ^{21} iɑ^{55}	娘娘 ȵie^{21} ȵie^{55}	外公 uɑ^{55} koŋ^{53}
82 寿昌徽	爷爷 iɑ^{11} iɑ^{24}	阿姐 ɑ^{3} tɕiɛ^{55}	外公 uɑ^{33} kəŋ^{55}
83 淳安徽	爷爷 iɑ^{43} iɑ^{24}	娘娘 iɑ̃^{43} iɑ̃^{24}	外公 uɑ^{53} kon^{55}
84 遂安徽	爷爷 tɕʰiɑ^{33} tɕʰiɑ^{33}	姆娘 n^{33} ȵiɑ^{33}	外公 vəɯ^{55} kəŋ^{52}
85 苍南闽	阿爷 a^{21} i^{21} 公 kɑŋ^{55} 泛称	姆妈 m^{24} mã^{43}	外公 gua^{21} kɑŋ^{55}
86 泰顺闽	阿公 a^{21} kəŋ^{213}	阿妈 a^{21} ma^{344}	外翁 nia^{22} uəŋ^{213}
87 洞头闽	阿公 a^{2122} kaŋ^{33}	阿妈 a^{212} mã^{241}	外公 ua^{212} kaŋ^{55}
88 景宁畲	翁 ɔŋ^{445} 小	毑 tɕia^{55}	爹公 tai^{44} koŋ^{325}

方言点	0613 外祖母叙称	0614 父母合称	0615 父亲叙称
01 杭州	外婆 ŋa^{13} bəu^{53}	爹娘 tia^{33} ȵiaŋ^{45}	爸爸 pa^{33} pa^{45}
02 嘉兴	外婆 ᴀ^{21} bu^{42}	爷娘 iᴀ^{21} ȵiᴀ̃^{33}	爷 iᴀ^{242}
03 嘉善	外婆娘娘 ŋa^{13} bu^{31} ȵiæ̃^{31} ȵiæ̃^{0}	爷咪阿妈 ia^{31} lɛ^{33} aʔ^{5} ma^{31}	爷 ia^{132}
04 平湖	娘娘 ȵiã^{24} ȵiã^{53} 亲亲 tsʰin^{55} tsʰin^{0}	爷娘 ia^{24} ȵiã^{53}	爷 ia^{31}
05 海盐	外婆亲亲 ɑ^{13} bu^{21} tɕʰin^{55} tɕʰin^{53}	爷娘 iɑ^{24} ȵiɛ̃^{53}	爷 iɑ^{31}
06 海宁	外婆 a^{33} bu^{31}	爷娘 ia^{33} ȵiã^{33}	爷 ia^{13}
07 桐乡	外婆 a^{21} bu^{53}	爷娘 ia^{21} ȵiã^{44}	爷 ia^{13}
08 崇德	外婆 ɑ^{21} bu^{334}	爷娘 iɑ^{21} ȵiã^{44}	爷 iɑ^{13}
09 湖州	外婆 a^{33} bəu^{35}	爷娘老头子 ia^{22} ȵiã^{33} lɔ^{44} døʉ^{44} tsɿ^{44}	阿爷 a^{44} ia^{44}
10 德清	外婆 aʔ^{3} bu^{13}	爷娘 ia^{33} ȵiã^{13}	阿爹 aʔ^{5} tia^{44}
11 武康	外婆 ua^{33} bu^{13}	爷娘 ia^{11} ȵiã^{13}	阿爹 aʔ^{5} tia^{35}
12 安吉	外婆 ŋa^{21} bʊ^{213}	爹娘 tia^{55} ȵiã^{55}	阿爹 ɐʔ^{3} tia^{55}
13 孝丰	外婆 ŋa^{32} bu^{213}	爹娘 tia^{44} ȵiã^{44}	阿爹 aʔ^{3} tia^{44} 老头子 lɔ^{45} dəɪ^{21} tsɿ^{21}
14 长兴	外婆 ŋa^{32} bu^{24}	爷娘 ia^{12} ȵiã^{33}	阿伯 aʔ^{3} paʔ^{5}
15 余杭	外婆 a^{33} bu^{13}	爷和娘 ia^{33} u^{31} ȵiɑ̃^{31}	爹爹 ti^{55} ti^{55} 小 阿伯 aʔ^{5} paʔ^{5}
16 临安	外婆 ŋa^{33} buo^{31}	爹娘 tia^{53} ȵiã^{33}	爹 tia^{55}
17 昌化	外婆 ŋa^{23} bu^{453}	娘姆老子 ȵiã^{11} m^{11} lɔ^{23} tsɿ^{453}	阿爹 aʔ^{3} tia^{334} 爹 tia^{334}
18 於潜	外婆 ŋa^{24} bu^{24}	娘老子 ȵiaŋ^{22} lɔ^{53} tsɿ^{31} 阿伯姆妈 ɐʔ^{53} pɐʔ^{53} m^{53} ma^{433}	阿伯 ɐʔ^{53} pɐʔ^{53}
19 萧山	外婆 ŋa^{13} bo^{33}	爹嘞娘 tiᴀ^{33} ləʔ^{5} ȵiã^{42}	爹 tia^{533}
20 富阳	外婆 ŋa^{335} bu^{53}	阿爹姆妈 aʔ^{5} tia^{55} m^{224} ma^{55}	爸爸 pa^{335} pa^{53}
21 新登	阿婆 aʔ^{2} bu^{13}	爷娘 ia^{233} ȵiɑ̃^{233}	爷 ia^{233}
22 桐庐	阿婆 a^{35} bu^{13}	阿伯姆妈 a^{35} paʔ^{3} m^{55} mᴀ^{33}	阿伯 a^{35} paʔ^{3}

续表

方言点	0613 外祖母叙称	0614 父母合称	0615 父亲叙称
23 分水	外婆 uɛ^{24}bo^{21}	娘亲老子 ɲiã^{21}tɕʰin^{44}lɔ^{44}tsɿ^{0}	老子 lɔ^{44}tsɿ^{0}
24 绍兴	外婆 ŋa^{22}bo^{22}	爹娘 tia^{33}ɲiaŋ^{231}	爹 tia^{53} 老店王 lɔ^{24}tiẽ^{33}uɑŋ^{31}
25 上虞	外婆 ŋa^{21}bʊ^{31}	爹娘 tia^{33}ɲiã^{33}	爹 tia^{35}
26 嵊州	外婆 ŋa^{22}bo^{231}	爹娘 tia^{53}ɲiaŋ^{231}	爹 tia^{534}
27 新昌	外婆 ŋa^{22}bɤ^{232}	爹娘 tia^{45}ɲiaŋ^{335}	爹 tia^{534}
28 诸暨	外婆 ŋᴀ^{33}bɤu^{33}	爹娘 tiᴀ^{42}niã^{242}	爹 tiᴀ^{544}
29 慈溪	外婆 ŋa^{11}bəu^{44}	爹娘 tia^{33}ɲiã^{13}	爹 tia^{35}
30 余姚	外婆 ŋa^{13}bou^{13}	爹娘 tia^{44}ɲiaŋ^{13}	阿爹 aʔ^{5}tia^{44} 老爹 lɔ^{13}tia^{44}
31 宁波	阿拉外婆 aʔ^{5}laʔ^{2}ŋa^{22}bəu^{13}	爹娘 tia^{44}ɲia^{53}	阿爸 aʔ^{5}paʔ^{5}
32 镇海	外婆 ŋa^{22}bəu^{31}	父母 vu^{31}mei^{24}	阿爸 aʔ^{5}pa^{53}
33 奉化	外婆 ŋa^{33}bəu^{31}	爹娘 tia^{44}ɲiã^{33}	爹 tia^{44}
34 宁海	外婆 ŋa^{21}bu^{31}	爹娘 tia^{33}ɲiã^{3} 大人 dəu^{21}ɲiŋ^{31}	鞋$^{=}$爸 a^{22}paʔ^{5} 爹 tia^{423}
35 象山	外婆 ŋa^{13}bəu^{35}	爹娘 tia^{44}ɲiã^{13}	爹 tia^{44}
36 普陀	外婆 ŋa^{11}bəu^{55}	爹娘 tia^{33}ɲiã^{53}	阿爹 a^{55}tia^{0}
37 定海	外婆 ŋa^{11}bʌu^{44}	爹娘 tia^{33}ɲiã^{52}	阿爹 ɐʔ^{5}tia^{0}
38 岱山	外婆 ŋa^{11}bʌu^{45}	爹娘 tiɛ^{33}ɲiã^{52}	阿爹 ɐʔ^{3}tiɛ^{52}
39 嵊泗	外婆 ŋa^{11}bʌu^{45}	爹娘 tiɛ^{33}ɲiã^{53}	阿爹 a^{44}tiɛ^{0}
40 临海	外婆 ŋa^{33}bo^{353}小	娘伯儿 ɲiã^{33}pã^{353}	伯儿 pã^{353}
41 椒江	外婆 ŋa^{22}bu^{24}小	娘伯儿 ɲiã^{22}pã^{51}	伯儿 pã^{51}
42 黄岩	外婆 ŋa^{13}bu^{24}小	娘伯儿 ɲiã^{13}pã^{51}	伯儿 pã^{51}
43 温岭	外婆 ŋa^{13}bu^{24}小	娘伯儿 ɲiã^{13}pã^{51}	伯儿 pã^{51}
44 仙居	外婆 ŋæ^{33}bo^{353}小	伯妈 ɓaʔ^{53}ma^{53}小 伯娘 ɓaʔ^{53}ɲia^{53}小	伯 ɓaʔ^{53}小
45 天台	外婆 ŋa^{33}bou^{51}	大老人 dou^{33}lau^{21}ɲiŋ^{224}	爸 pa^{31}

续表

方言点	0613 外祖母叙称	0614 父母合称	0615 父亲叙称
46 三门	外婆 ŋa^{23} bʊ^{252}	娘伯 ȵiɑ̃^{11} pɛ^{52} 小 大老人 dʊ^{23} lɑu^{32} niŋ^{113}	伯 pɛ^{52} 小
47 玉环	外婆 ŋa^{22} bu^{24} 小	娘伯儿 ȵia^{22} pã^{53}	阿爸 ɐʔ^{3} pa^{55}
48 金华	外婆 ɑ^{55} bɤ^{14}	爷娘 ia^{31} ȵiɑŋ^{14}	爷 ia^{313} 老 老爷 lɑo^{55} ia^{313} 新
49 汤溪	外婆 ɑ^{11} pɤ^{52}	爷娘 iɑ^{11} ȵiɔ^{52}	爷 iɑ^{11}
50 兰溪	婆婆 bɔ^{21} bɔ^{24}	爷娘 iɑ^{21} ȵiɑŋ^{24}	爷 iɑ^{21}
51 浦江	外婆 ŋa^{11} bɯ^{243}	爷娘 iɑ^{24} ȵyõ^{334}	爷 iɑ^{113}
52 义乌	外婆儿 a^{24} bɤn^{213}	爷娘 ia^{22} ȵiɔ^{45}	爷 ia^{213}
53 东阳	外婆儿 ŋe^{23} bon^{33}	爷娘 ia^{22} ȵiɔ^{53}	爷 ia^{213}
54 永康	外婆 ȵia^{31} ɓuo^{55}	爷娘 ia^{31} ȵiɑŋ^{52}	爷 ia^{22}
55 武义	外婆 ȵia^{55} buo^{324}	爷娘 ia^{32} ȵiɑŋ^{231}	爷 ia^{324}
56 磐安	外婆 ŋe^{55} bo^{213}	爷娘 ia^{21} ȵiɒ^{52}	爷 ia^{213}
57 缙云	外婆 ŋɑ^{21} bu^{243}	爷娘 ia^{21} ȵia^{453}	爷 ia^{243}
58 衢州	外婆 ŋɛ^{231} bu^{21}	娘老子 ȵiã^{21} lɔ^{231} tsɿ^{35}	老子 lɔ^{231} tsɿ^{35}
59 衢江	外婆 ŋa^{22} bu^{212}	娘老子 ȵiã^{33} lɔ^{33} tsɿ^{53}	老子 lɔ^{33} tsɿ^{53}
60 龙游	外婆 ŋɑ^{224} bu^{231}	爹娘 tiɑ^{35} ȵiã^{21}	阿伯 əʔ^{3} pəʔ^{4}
61 江山	外婆儿 ŋua^{22} biɛ̃^{22}	爸毑 pɒ^{24} tɕia^{44} 毑爸 tɕia^{24} pɒ^{44}	爸 pɒ^{44}
62 常山	外婆 uɛ^{22} bie^{24}	爷娘 ye^{24} ȵiã^{0}	爷 ye^{341}
63 开化	外婆 ua^{21} biɛ^{213}	爷娘 yo^{21} ȵiã^{53}	爷 yo^{231} 老爷 ləɯ^{21} yo^{231}
64 丽水	外婆 ã^{21} pu^{52} 小	爹娘 tio^{224} ȵiã^{52} 老 父母 vu^{22} mu^{544} 新	老爹 lə^{44} tio^{224} 伯 paʔ^{5}
65 青田	外婆 uɑ^{22} bu^{53}	爹妈 ɗɑ^{55} mo^{33}	阿爹 aʔ^{3} ɗɑ^{445}
66 云和	阿婆 ɔ^{44} pu^{45} 小	妈伯 ma^{24} paʔ^{5}	伯 paʔ^{5}
67 松阳	外婆 ŋa^{21} bu^{24}	伯伯娶 paʔ^{3} paʔ^{5} mɛ^{24}	伯伯 paʔ^{3} paʔ^{5}
68 宣平	外婆 a^{22} pu^{52}	爹娘 tia^{44} ȵiɑ̃^{433}	爹 tia^{324} 老爹 lɔ^{43} tia^{324}

续表

方言点	0613 外祖母叙称	0614 父母合称	0615 父亲叙称
69 遂昌	外婆 ua^{22} bu^{13}	爷娘 iu^{22} ȵiaŋ^{213}老 爹婆 ta^{33} mei^{45}新	爷 iu^{221}老 爹 ta^{45}新
70 龙泉	外婆 a^{21} pou^{45}小	娘大 ȵiaŋ^{45} da^{224}	伯 paʔ^{5}
71 景宁	外婆 uɔ^{55} bo^{41}	奶伯 na^{32} paʔ^{5}	老官 lɑu^{55} kuɔ^{324} 伯 paʔ^{5}
72 庆元	外婆儿 uɑ^{22} pɔ̃^{55}	爷娘 io^{52} ȵiɑ̃^{52}	伯 ɓɑʔ^{5} 老官 lɒ^{22} kuɑ̃^{335}
73 泰顺	外婆 ua^{21} po^{53}	阿爸阿奶 aʔ^{2} puɔ^{35} aʔ^{2} na^{213}	阿爸 aʔ^{2} puɔ^{35}
74 温州	外婆娘 va^{23} bø^{22} ȵi^{223}	奶伯 na^{33} pa^{323}	阿伯 a^{3} pa^{323}
75 永嘉	外婆娘 va^{13} bu^{22} ȵiɛ^{21}	奶阿伯 na^{44} a^{43} pa^{423}	阿伯 a^{43} pa^{423}老 阿爸 a^{43} pa^{44}新
76 乐清	婆娘 bu^{22} ȵia^{223}	大爷妈 de^{22} ia^{31} mɯʌ^{24} "爷""妈"韵殊	大 de^{22}
77 瑞安	外婆 ŋa^{31} bʏ^{21}	奶搭阿伯 na^{44} tɔ^{3} a^{3} pa^{323}	大 da^{22} 伯 pa^{323}
78 平阳	外婆 vᴀ^{33} bu^{42}	伯搭妈 pᴀ^{33} tɔ^{21} mᴀ^{55}	阿伯 ᴀ^{45} pᴀ^{21}
79 文成	外婆 ŋɔ^{42} bu^{13}	伯搭儿妈 pa^{42} tɔ^{33} n^{33} mo^{33}	伯 pa^{424}
80 苍南	外婆 ya^{31} bu^{31}	伯妈 pa^{223} ma^{42}	阿伯 a^{3} pa^{223}老 阿爸 a^{3} pa^{44}新
81 建德徽	外婆 uɑ^{33} pu^{55}	爷娘 iɑ^{33} ȵie^{33}	爷 iɑ^{33}
82 寿昌徽	婆婆 pʰəɯ^{55} pʰəɯ^{55}	阿爸阿妈 ɑ^{3} pɑ^{55} ɑ^{3} mɑ^{55}	阿爸 ɑ^{3} pɑ^{55}
83 淳安徽	外外 uɑ^{53} uɑ^{55}	老子娘母 lɤ^{55} tsɿ^{21} iɑ̃^{21} mon^{21}	老子 lɤ^{55} tsɿ^{21}
84 遂安徽	婆婆 pʰəɯ^{33} pʰəɯ^{33}	老子妈 lɔ^{33} tsɿ^{33} mɑ^{52}	老子 lɔ^{33} tsɿ^{33}
85 苍南闽	外妈 gua^{21} mã^{43}	伯母 pe^{21} bu^{32}	老伯 lau^{21} pe^{21}
86 泰顺闽	外婆 nia^{22} pou^{22}	郎爸娘奶 lo^{21} pa^{31} yo^{21} nei^{344}	老父 lau^{22} xou^{31}
87 洞头闽	外妈 ua^{212} mã^{241}	爹姆 te^{21} bu^{32}	阿伯 a^{33} pa^{33}
88 景宁畲	姼婆 tai^{44} pʰɔ^{325}	父母 fu^{51} mu^{325}	爹 tia^{445}小

方言点	0616 母亲叙称	0617 爸爸呼称，最通用的	0618 妈妈呼称，最通用的
01 杭州	姆妈 m^{22}ma^{45}	爸爸 pa^{33}pa^{45}	姆妈 m^{22}ma^{45}
02 嘉兴	娘 ȵiᴀ̃^{242}	阿爹 ᴀʔ^{3}tiᴀ^{42}	姆妈 m^{33}mᴀ^{42}
03 嘉善	阿妈 aʔ^{5}ma^{31}	爹 tia^{53}	姆妈 m^{13}ma^{31}
04 平湖	娘 ȵiã^{31} 阿妈 aʔ^{5}ma^{53}	爹 tia^{53} 阿爹 a^{55}tia^{53}	姆妈 m^{55}ma^{0}
05 海盐	娘 ȵiɛ̃^{31} 姆妈 m^{55}mɑ^{21}	阿爸 ɑ^{55}pɑ^{21}	姆妈 m^{55}mɑ^{21}
06 海宁	娘 ȵiã^{13}	爸爸 pa^{55}pa^{55}	姆妈 m^{33}ma^{33}
07 桐乡	娘 ȵiã^{13}	爸爸 pa^{44}pa^{44}	姆妈 m^{44}ma^{44}
08 崇德	娘 ȵiã^{13}	爸爸 pɑ^{44}pɑ^{44}	姆妈 m^{44}mɑ^{44}
09 湖州	姆妈 m^{44}ma^{44}	阿爷 a^{44}ia^{44}	姆妈 m^{44}ma^{44}
10 德清	姆妈 m^{44}ma^{44}	阿爹 aʔ^{5}tia^{44}	姆妈 m^{44}ma^{44}
11 武康	姆妈 m^{44}ma^{44}	阿爹 aʔ^{5}tia^{35}	姆妈 m^{44}ma^{44}
12 安吉	姆妈 m^{55}ma^{55}	阿爹 ɐʔ^{3}tia^{55}	姆妈 m^{55}ma^{55}
13 孝丰	姆妈 m^{44}ma^{44}	阿爹 aʔ^{3}tia^{44}	姆妈 m^{44}ma^{44}
14 长兴	姆妈 m^{44}ma^{44}	阿伯 aʔ^{3}paʔ^{5}	姆妈 m^{44}ma^{44}
15 余杭	姆妈 m^{55}ma^{55}	爹爹 ti^{55}ti^{55}	姆妈 m^{55}ma^{55}
16 临安	娘 ȵiã^{33}	阿爹 aʔ^{5}tia^{55}	姆妈 m^{55}ma^{55}
17 昌化	娘姆 ȵiã^{11}m^{453}	爹爹 tia^{33}tia^{45} 阿爹 aʔ^{3}tia^{334}	姆妈 m^{45}ma^{53}
18 於潜	姆妈 m^{53}ma^{433}	阿伯 ɐʔ^{53}pɐʔ^{53}	姆妈 m^{53}ma^{433}
19 萧山	娘 niã^{355}	老爹 lɔ^{13}tia^{21}	老娘 lɔ^{13}ȵiã^{21}
20 富阳	姆妈 m^{224}ma^{55}	爸爸 pa^{335}pa^{53}	姆妈 m^{224}ma^{55}
21 新登	娘 ȵiɑ̃^{233}	爸爸 pa^{334}pa^{45}	姆妈 m^{53}ma^{334}
22 桐庐	姆妈 m^{55}mᴀ^{33}	阿伯 a^{35}paʔ^{3}	姆妈 m^{55}mᴀ^{33}
23 分水	娘亲 ȵiã^{21}tɕ^{h}in^{44}	阿爸 a^{44}pa^{0}	姆妈 m^{53}ma^{0}
24 绍兴	娘 ȵiaŋ^{231} 老娘 lɔ^{24}ȵiaŋ^{31}	爹爹 tia^{44}tia^{31} 爸爸 pa^{44}pa^{31}	姆妈 m^{44}mo^{31} 妈妈 ma^{44}ma^{31}
25 上虞	嬷 mo^{33}	爹 tia^{35}	嬷 mo^{33}

续表

方言点	0616 母亲叙称	0617 爸爸呼称,最通用的	0618 妈妈呼称,最通用的
26 嵊州	娘 ȵiaŋ^{213} 姆妈 m^{33}ma^{231}	爸爸 pəʔ^{3}pəʔ^{5} 爹 tia^{534}	姆妈 m^{33}ma^{231}
27 新昌	娘 ȵiaŋ^{22}	爹爹 tia^{33}tia^{534}	妈 ma^{453}
28 诸暨	娘 niã^{13}	阿伯 aʔ^{5}paʔ^{5}	姆妈 m^{42}mᴀ^{33}
29 慈溪	娘 ȵiã^{13}	的⁼爹 tiəʔ^{2}tia^{44}	姆妈 m^{11}mo^{44}
30 余姚	老娘 lɔ^{13}ȵiaŋ^{13}	阿爹 aʔ^{5}tia^{44} 爹爹 tia^{34}tia^{44}	姆嬷 m^{13}mo^{44} 姆妈 m^{13}ma^{53}
31 宁波	阿拉阿姆 aʔ^{5}laʔ^{2}aʔ^{5}m^{13} 阿娘 aʔ^{5}ȵia^{13}	阿爸 aʔ^{5}paʔ^{5}	姆妈 m^{33}ma^{0} 阿姆 aʔ^{5}m^{13}
32 镇海	阿姆 a^{33}m^{31}	阿爹 a^{33}tia^{44}	姆妈 m^{22}ma^{44}
33 奉化	娘 ȵiã^{33}	阿爸 aʔ^{5}paʔ^{2}	阿母 aʔ^{5}m^{33}
34 宁海	姆妈 m^{21}ma^{31} 姆 m^{35}	鞋⁼爸 a^{22}paʔ^{5}	姆妈 m^{21}ma^{31}
35 象山	娘 ȵiã^{31}	爸爸 pa^{44}pa^{35} 阿爹 aʔ^{5}tia^{44} 阿大 aʔ^{5}da^{13}	姆妈 m^{31}ma^{35}
36 普陀	阿娘 ɐʔ^{3}ȵiã^{24} 阿姆 ɐʔ^{5}m^{0}	阿爹 ɐʔ^{5}tia^{53}	姆妈 m^{55}ma^{0}
37 定海	阿姆 a^{33}m^{0} 姆妈 m^{44}ma^{0}	阿爹 ɐʔ^{5}tia^{0}	阿姆 a^{33}m^{0} 姆妈 m^{44}ma^{0}
38 岱山	阿姆 a^{44}m^{0} 姆妈 m^{44}ma^{0}	阿爹 ɐʔ^{3}tiɛ^{52}	阿姆 a^{44}m^{0} 老 姆妈 m^{44}ma^{0} 新
39 嵊泗	阿姆 a^{44}m^{0}	阿爹 ɐʔ^{3}tiɛ^{53}	阿娘 ɐʔ^{3}ȵiã^{243}
40 临海	姆 m^{353} 小 姆妈 m^{33}ma^{21}	伯儿 pã^{353}	姆 m^{353} 小 姆妈 m^{33}ma^{21}
41 椒江	娘 ȵiã^{31}	爸 pa^{35} 小 爸爸 pa^{33}pa^{35} 小	妈 ma^{35} 姆妈 m^{33}ma^{35} 小
42 黄岩	娘 ȵiã^{121}	爸爸 pa^{33}pa^{35} 小	阿姨 a^{35}i^{41} 姆妈 m^{33}ma^{35} 小
43 温岭	娘 ȵiã^{31}	阿爸 aʔ^{3}pa^{15} 小	阿姨 a^{35}i^{41}
44 仙居	妈 ma^{53} 小 娘 ȵia^{53} 小	伯伯 ɓaʔ^{3}ɓaʔ^{53}	娘 ȵia^{53} 小
45 天台	母 m^{31} 小	爸 pa^{31}	姆妈 m^{31}ma^{0}

续表

方言点	0616 母亲叙称	0617 爸爸呼称，最通用的	0618 妈妈呼称，最通用的
46 三门	娘 ȵiɑ̃^{113}	伯 pɛ^{52} 小	姨 i^{252} 小
47 玉环	阿姨 a^{33} i^{41}	阿伯儿 ɐʔ^{3} pã^{53}	姆妈 m^{33} ma^{35} 小
48 金华	娘 ȵiɑŋ^{313} 老 老娘 lɑo^{55} ȵiɑŋ^{313} 新	伯伯 pəʔ^{3} pəʔ^{4}	姆娒 m^{55} mɛ^{0} 娒 mɛ^{55}
49 汤溪	娘 ȵiɔ^{11}	伯 pa^{55}	姆妈 m^{55} ma^{0}
50 兰溪	娘 ȵiɑŋ^{21}	阿伯 ɑʔ^{34} pəʔ^{0}	姆妈 m^{45} mɑ^{0}
51 浦江	娘 ȵyõ^{113}	伯伯 pɑ^{33} pɑ^{55}	姆妈 m^{55} mɑ^{334}
52 义乌	娘 ȵiɔ^{213}	伯 pɛ^{45}	姆妈 m^{45} ma^{31}
53 东阳	娘 ȵiɔ^{213}	阿爸 a^{33} pa^{35}	姆妈 m^{45} ma^{53}
54 永康	娘 ȵiɑŋ^{22}	阿伯 a^{33} ɓai^{52}	姆妈 ŋ^{33} ma^{52}
55 武义	娘 ȵiɑŋ^{324}	爸爸 pa^{55} pa^{53}	姆妈 m^{55} ma^{0}
56 磐安	娘 ȵiɒ^{213} 老娘 lo^{33} ȵiɒ^{213}	阿伯 a^{33} pa^{334}	阿嬷 a^{55} mɐɯ^{21}
57 缙云	娘 ȵiɑ^{243}	爹 tia^{44} 老 爸 pa^{453} 新	娘 ȵiɑ^{243} 老 妈 mɑ^{44} 新
58 衢州	妈 mɑ^{35} 娘 ȵiã^{21}	伯伯 paʔ^{3} paʔ^{5}	姆妈 m^{44} mɑ^{21}
59 衢江	娘 ȵiã^{212}	伯伯 paʔ^{3} paʔ^{5} 旧 爸爸 pa^{22} pa^{25} 今	曼$^{=}$ mã^{53}
60 龙游	阿娘 əʔ^{4} ȵiã^{21}	阿伯 əʔ^{3} pəʔ^{4}	阿娘 əʔ^{4} ȵiã^{21}
61 江山	毑 tɕia^{44}	爸 pɒ^{44}	毑 tɕia^{44} 娘 ȵiaŋ^{213}
62 常山	娘 ȵiã^{341}	爸 pɑ^{52}	娒 mue^{52}
63 开化	娘 ȵiã^{231} 老娘 ləɯ^{21} ȵiã^{231}	伯伯 paʔ^{4} paʔ^{5}	娒 mɛ^{53}
64 丽水	老娘 lə^{44} ȵiã^{22} 娒 mei^{224}	伯 paʔ^{5}	娒 mei^{224}
65 青田	阿妈 aʔ^{3} mo^{33}	阿爹 aʔ^{3} ɗɑ^{445}	阿妈 aʔ^{3} mo^{33}
66 云和	妈 ma^{24}	伯 paʔ^{5}	妈 ma^{24}
67 松阳	娒 mɛ^{24}	伯伯 paʔ^{3} paʔ^{5}	娒 mɛ^{24}

续表

方言点	0616 母亲叙称	0617 爸爸呼称，最通用的	0618 妈妈呼称，最通用的
68 宣平	娘 ȵiɑ̃^{433} 老娘 lɔ^{22} ȵiɑ̃^{433}	伯伯 paʔ^{4} paʔ^{5}	姆妈 m^{55} ma^{0}
69 遂昌	娘 ȵiaŋ^{221} 娒 mei^{45}	爹 ta^{45}	娒 mei^{45}
70 龙泉	娘 ȵiaŋ^{45}小	大大 ta^{44} ta^{45}小	娘 ȵiaŋ^{45}小
71 景宁	奶 na^{324}小 妈 ma^{45}小	伯 paʔ^{5}	奶 na^{324}小
72 庆元	娘 ȵiɑ̃^{52} 毑 tɕiɑ^{33} 妈 mɑ^{55}小	伯 ɓɑʔ^{5} 老官 lɒ^{22} kuɑ̃^{335}	娘 ȵiɑ̃^{52} 毑 tɕiɑ^{33} 妈 mɑ^{55}小
73 泰顺	阿奶 aʔ^{2} na^{213}	阿爸 aʔ^{2} puɔ^{35}	阿奶 aʔ^{2} na^{213}
74 温州	阿奶 a^{3} na^{33}小	阿爸 a^{3} pa^{33}	阿妈 a^{3} ma^{25}
75 永嘉	奶 na^{44}老 阿妈 a^{43} ma^{13}新	阿伯 a^{43} pa^{423}老 阿爸 a^{43} pa^{44}新	奶 na^{44}老 阿妈 a^{43} ma^{13}新
76 乐清	娘 ȵiɯʌ^{31}	阿爸 a^{3} pa^{44}	妈 ma^{41}
77 瑞安	奶 na^{44}	阿大 a^{3} da^{22} 阿爸 a^{3} pa^{44}	奶 na^{44}
78 平阳	妈 mᴀ^{55}	阿伯 ᴀ^{45} pᴀ^{13}	妈 mᴀ^{55}
79 文成	妈 mo^{424}	阿伯 a^{33} pa^{424}	阿妈 a^{33} mo^{424}
80 苍南	阿妈 a^{3} ma^{42}老 阿妈 a^{3} ma^{44}新	阿伯 a^{3} pa^{223}老 阿爸 a^{3} pa^{44}新	阿妈 a^{3} ma^{42}老 阿妈 a^{3} ma^{44}新
81 建德徽	姆妈 m^{21} mɑ^{55}	伯伯 pɑ^{21} pɑ^{55}	姆妈 m^{21} mɑ^{55}
82 寿昌徽	阿妈 ɑ^{3} mɑ^{55}	阿爸 ɑ^{3} pɑ^{55}	阿妈 ɑ^{3} mɑ^{55}
83 淳安徽	娘母 iɑ̃^{43} mon^{53}	拜$^{=}$拜$^{=}$ pɑ^{43} pɑ^{24}	满$^{=}$ mɑ̃^{55}
84 遂安徽	姆妈 m^{33} mɑ^{21}	爸爸 pɑ^{33} pɑ^{55}	姆妈 m^{33} mɑ^{21}
85 苍南闽	老母 lau^{21} bu^{32}	伯 pe^{21}	母 bu^{43}
86 泰顺闽	老仁$^{=}$ lau^{22} iəŋ^{22}	阿爸 a^{21} pa^{344}	阿毑 a^{21} tɕia^{344}
87 洞头闽	阿娘 a^{21} nioŋ^{53}	阿伯 a^{33} pa^{33}	阿娘 a^{21} nioŋ^{53}
88 景宁畲	娘 ȵia^{55}小	爹 tia^{445}小	娘 ȵia^{55}小

方言点	0619 继父叙称	0620 继母叙称	0621 岳父叙称
01 杭州	后爹 ei^{13}tia^{53}	后娘 ei^{13}ȵiaŋ^{53}	丈人老头 dzaŋ^{13}zəŋ^{55} lɔ^{33}dei^{0}
02 嘉兴	继爹 tɕi^{33}tiᴀ^{42} 雅称 晚爷 mᴇ^{21}iᴀ^{42}	继母 tɕi^{33}mᴀ^{42} 雅称 晚娘 mᴇ^{21}ȵiᴀ̃^{42}	丈人 zᴀ̃^{21}ȵiŋ^{242}
03 嘉善	晚爷 mɛ^{22}ia^{31}	晚阿妈 mɛ^{22}aʔ^{5}ma^{31}	丈人 zã^{22}ȵin^{13}
04 平湖	晚爷 mɛ^{21}ia^{31}	晚娘 mɛ^{21}ȵiã^{31}	丈人 za^{21}ȵin^{31}
05 海盐	晚爷 mɛ^{53}iɑ^{31}	晚娘 mɛ^{53}ȵiɛ̃^{31}	丈人 zɑ^{53}ȵin^{31}
06 海宁	晚爷 mɛ^{33}ia^{33}	晚娘 mɛ^{33}ȵiã^{33}	丈人 zɑ̃^{13}ȵiŋ^{33} 丈人阿伯 zɑ̃^{13}ȵiŋ^{33}aʔ^{5} paʔ^{5}
07 桐乡	晚爷 mɛ^{242}ia^{44}	晚娘 mɛ^{242}ȵiã^{44}	丈人 za^{242}ȵiŋ^{44}
08 崇德	晚爷 mɛ^{55}iɑ^{0}	晚娘 mɛ^{55}ȵiã^{0}	丈人 zɑ^{24}ȵiŋ^{0}
09 湖州	晚爷 mɛ^{53}ia^{13}	晚娘 mɛ^{53}ȵiã^{13}	丈人 dza^{35}ȵin^{13}
10 德清	后爷 øʉ^{35}ia^{0}	后娘 øʉ^{35}ȵiã^{0}	老丈人 lɔ^{35}zã^{53}ȵin^{0}
11 武康	晚爹 mɛ^{35}tia^{53}	晚娘 mɛ^{35}ȵiã^{53}	丈人 dza^{53}ȵin^{53}
12 安吉	晚爹 mᴇ^{52}tia^{21}	晚娘 mᴇ^{52}ȵiã^{21}	亲爸 tɕʰiŋ^{55}pa^{55}
13 孝丰	晚爹 mɛ^{45}tia^{21}	晚娘 mɛ^{45}ȵiã^{21}	亲伯 tɕʰiŋ^{44}paʔ^{5}
14 长兴	晚爷 mɛ^{45}ia^{21}	晚娘 mɛ^{45}ȵiã^{21}	丈人 dzã^{24}ȵiŋ^{21}
15 余杭	晚老头子 mɛ̃^{55}lɔ^{55}døʏ^{33} tsɿ^{53}	晚阿姆 mɛ̃^{55}aʔ^{5}m^{53}	丈人 za^{33}ȵiŋ^{31}
16 临安	晚爹 mɛ^{33}tia^{53}	晚娘 mɛ^{33}ȵiã^{53}	丈人老头 dza^{33}ȵieŋ^{55} lɔ^{55}də^{31}
17 昌化	晚爹 mɛ̃^{23}tia^{453}	晚娘姆 mɛ̃^{23}ȵiã^{33}m^{53}	亲伯 tɕʰiəŋ^{33}pɐʔ^{5}
18 於潜	晚爹 mɛ^{53}dia^{433}	晚娘 mɛ^{53}ȵiaŋ^{223}	亲伯 tɕʰiŋ^{43}pɐʔ^{53}
19 萧山	后爹 io^{13}tia^{21}	后娘 io^{13}ȵiã^{21}	丈人 dzã^{13}ȵiŋ^{21}
20 富阳	晚阿爸 mã^{224}aʔ^{5}pa^{53}	晚姆妈 mã^{224}m^{224}ma^{53}	丈人阿爸 dzɑ̃^{31}nin^{13}aʔ^{5} pa^{53}
21 新登	晚爷 mɛ^{334}ia^{45}	晚娘 mɛ^{334}ȵiɑ̃^{45}	亲爷 tɕʰiŋ^{53}ia^{233}
22 桐庐	继伯 tɕi^{35}paʔ^{5}	继妈 tɕi^{35}mo^{21}	丈人老头 dʑiã^{13}niŋ^{33} lɔ^{33}dei^{33}

续表

方言点	0619 继父叙称	0620 继母叙称	0621 岳父叙称
23 分水	晚老子 mã^{44} lɔ^{44} tsɿ^{0} 后老子 xɵ^{24} lɔ^{44} tsɿ^{0}	晚娘 mã^{44} ȵiã^{21} 后娘 xɵ^{24} ȵiã^{21}	丈人佬 tsã^{24} ȵin^{21} lɔ^{0}
24 绍兴	晚爹 mɛ̃^{24} tia^{31} 后爹 ɤ^{24} tia^{31}	晚娘 mɛ̃^{24} ȵiaŋ^{31} 后娘 ɤ^{24} ȵiaŋ^{31}	丈人 dzɑŋ^{24} ȵiŋ^{31} 丈母爹 dzɛ̃^{24} ŋ^{33} tia^{31}
25 上虞	晚爹 mɛ̃^{21} tia^{53}	晚娘 mɛ̃^{21} ȵiã^{31}	丈人 dzã^{21} ȵiŋ^{31}
26 嵊州	晚爹 mɛ̃^{24} tia^{53}	晚娘 mɛ̃^{24} ȵiaŋ^{231}	丈人 dzaŋ^{24} ȵiŋ^{231}
27 新昌	晚爹叔 mɛ̃^{22} tia^{45} sɤʔ^{3}	晚娘 mɛ̃^{22} ȵiaŋ^{232}	丈人 dʑiaŋ^{22} ȵiŋ^{232}
28 诸暨	后爹 iʉ^{13} tiᴀ^{42}	后娘 iʉ^{13} niã^{42}	丈人 dzã^{13} nin^{42}
29 慈溪	晚爹 mɛ̃^{11} tia^{53}	晚娘 mɛ̃^{11} ȵiã^{53}	丈人 dzã^{11} ȵiŋ^{53}
30 余姚	后爹 ou^{13} tia^{44}	后娘 ou^{13} ȵiaŋ^{13}	丈人老头 dzaŋ^{13} ȵiə̃^{13} lɔ^{13} dø^{13} 丈人阿伯 dzaŋ^{13} ȵiə̃^{13} əʔ^{5} paʔ^{5}
31 宁波	晚爹 mɛ^{22} tia^{44}	晚娘 mɛ^{22} ȵia^{13}	丈人 dʑia^{13} ȵiŋ^{44}
32 镇海	晚爹 mɛ^{24} tia^{44}	晚娘 mɛ^{24} ȵiã^{22}	丈人 dʑiã^{24} ȵiŋ^{22}
33 奉化	晚爹 mɛ^{33} tia^{44}	晚娘 mɛ^{33} ȵiã^{33}	丈人 dʑiã^{33} ȵiŋ^{31}
34 宁海	晚爹叔 mei^{31} tia^{33} ɕioʔ^{5} 晚爹 mei^{31} tia^{33}	晚娘 mei^{31} ȵiã^{213}	丈人 dʑiã^{31} ȵiŋ^{213} 丈人老官 dʑiã^{31} ȵiŋ^{21} lau^{33} kuø^{53}
35 象山	晚爹 mɛ^{31} tia^{53}	晚娘 mɛ^{31} ȵiã^{31}	丈人 dʑia^{31} ȵiŋ^{31}
36 普陀	晚爹 mɛ^{23} tia^{55}	晚娘 mɛ^{23} ȵiã^{55}	丈人 dʑiã^{23} ȵiŋ^{55}
37 定海	晚爹 mɛ^{23} tia^{44}	晚娘 mɛ^{23} ȵiã^{44}	丈人 dʑiã^{23} ȵiŋ^{0}
38 岱山	晚爹 mɛ^{23} tiɛ^{44}	晚娘 mɛ^{23} ȵiã^{44}	丈人 dʑiã^{23} ȵiŋ^{52}
39 嵊泗	晚爹 mɛ^{34} tiɛ^{44}	晚娘 mɛ^{34} ȵiã^{44}	丈人 dʑiã^{24} ȵiŋ^{0}
40 临海	老继爷 lɔ^{42} tɕi^{33} ia^{353} 小	老继娘 lɔ^{42} tɕi^{33} ȵia^{51}	老丈人 lɔ^{42} dʑia^{21} ȵiŋ^{51}
41 椒江	老继爷 lɔ^{42} tɕi^{33} ia^{24} 小	老继娘 lɔ^{42} tɕi^{33} ȵiã^{24} 小	老丈人 lɔ^{42} dʑiã^{31} ȵiŋ^{24} 小
42 黄岩	老继伯儿 lɔ^{42} tɕi^{33} pã^{53} 老义伯儿 lɔ^{42} ni^{22} pã^{53}	老继娘 lɔ^{42} tɕi^{33} ȵiã^{24} 小 老义娘 lɔ^{42} ni^{22} ȵiã^{24} 小	老丈人 lɔ^{42} dʑiã^{121} ȵin^{24} 小

续表

方言点	0619 继父叙称	0620 继母叙称	0621 岳父叙称
43 温岭	义伯儿 ni^{13} pã^{51}	义娘 ni^{13} ȵiã^{24} 小 老安娘 lɔ^{42} ie^{33} ȵiã^{24} 小	老丈人 lɔ^{42} dʑiã^{44} ȵin^{31}
44 仙居	老继爷 lɐɯ^{31} tɕi^{53} i^{0}	老继娘 lɐɯ^{31} tɕi^{53} ȵia^{0}	老丈人 lɐɯ^{31} dʑia^{21} ȵin^{353} 小
45 天台	老继父 lau^{21} ki^{33} i^{22}	老继娘 lau^{21} ki^{33} ȵia^{22}	老丈人 lau^{21} dʑia^{21} ȵiŋ^{51}
46 三门	老继伯 lɑu^{32} tɕi^{44} pɛ^{52} 小	老继娘 lɑu^{32} tɕi^{44} ȵiɑ̃^{252}	老丈人 lɑu^{32} dʑiɑ̃^{21} niŋ^{252}
47 玉环	后伯儿 iɤ^{42} pã^{53}	后娘 iɤ^{55} ȵia^{41}	老丈人 lɔ^{53} dʑia^{22} ȵiŋ^{41}
48 金华	亲爷 tɕʰiŋ^{33} ia^{55} 老 晚爷 mɑ^{55} ia^{313} 新	晚娘 mɑ^{55} ȵiaŋ^{313}	丈人 tɕiaŋ^{55} ȵiŋ^{313}
49 汤溪	晚爷 mɤa^{11} iɑ^{11}	晚娘 mɤa^{11} ȵiɔ^{11}	丈人 dʑiɔ^{11} ȵiei^{11}
50 兰溪	晚爷 mia^{55} iɑ^{21}	晚娘 mia^{55} ȵiaŋ^{21}	丈人 tɕiaŋ^{55} nin^{21}
51 浦江	晚爷 mɑ̃^{11} iɑ^{24}	晚娘 mɑ̃^{11} ȵyõ^{24}	丈人 dzyõ^{11} ȵiən^{24}
52 义乌	后爷 ɐɯ^{24} ia^{31}	后娘 ɐɯ^{24} ȵiɔ^{31} 晚娘 ma^{24} ȵiɔ^{31}	丈人 dzɯa^{24} ȵiən^{31}
53 东阳	晚爷 mɐn^{22} ia^{53}	晚娘 mɐn^{22} ȵiɔ^{53}	丈人 dʑiɔ^{22} ȵiɐn^{53}
54 永康	晚爷 ma^{31} ia^{241} 小	晚娘 ma^{31} ȵiɑŋ^{241} 小	丈人 dʑiɑŋ^{31} ȵiŋ^{55}
55 武义	晚爷 muo^{53} ia^{324}	晚娘 muo^{53} ȵiɑŋ^{324}	丈人 dʑiɑŋ^{55} ȵin^{324}
56 磐安	晚爷 mɐn^{14} ia^{52}	晚娘 mɐn^{14} ȵiɒ^{52}	丈人 dʑiɒ^{14} ȵiɐn^{52}
57 缙云	晚爷 mɑ^{51} ia^{243}	晚娘 mɑ^{51} ȵiɑ^{243}	丈人 dʑiɑ^{21} ȵiɛŋ^{243}
58 衢州	叔老子 ʃyəʔ^{3} lɔ^{231} tsɿ^{35}	晚娘 mã^{231} ȵiã^{21}	丈人 dʒyã^{231} ȵin^{21}
59 衢江	后伯 u^{22} paʔ^{5}	后娘 u^{22} ȵiã^{53}	丈人 dʑiã^{22} ŋ^{53}
60 龙游	后爹 əɯ^{22} tiɑ^{334}	后娘 əɯ^{224} ȵiã^{231}	丈人 dzã^{224} ȵin^{231}
61 江山	二爸 ŋɵ^{22} pɒ^{44}	二娘 ŋɵ^{22} ȵiaŋ^{213}	丈人 dʑiaŋ^{22} ȵĩ^{213}
62 常山	后爷 u^{22} ye^{341}	后娘 u^{22} ȵiã^{341}	丈人 dʑiã^{22} lĩ^{341}
63 开化	后爷 u^{21} yo^{231}	后娘 u^{21} ȵiã^{231}	丈人 dʑiã^{21} ȵi^{231}
64 丽水	晚爹 mã^{44} tio^{224}	晚娘 mã^{44} ȵiã^{22}	丈人 dʑiã^{22} ȵin^{22}
65 青田	晚叔佬 mɑ^{22} ɕiuʔ^{4} lœ^{454}	晚娘 mɑ^{22} ȵi^{55} 小	丈人佬 dʑi^{33} ȵiaŋ^{22} lœ^{454}
66 云和	晚爷 mã^{223} io^{312}	晚娘 mã^{223} ȵiã^{312}	丈人 dʑiã^{223} ȵiŋ^{312}

续表

方言点	0619 继父叙称	0620 继母叙称	0621 岳父叙称
67 松阳	叔叔 ɕioʔ^{3} ɕioʔ^{5}	赖⁼娘 la^{22} ȵiã^{31}	丈人 dʑiã^{22} n^{31}
68 宣平	晚爹 mɑ̃^{43} tia^{324}	晚娘 mɑ̃^{22} ȵiɑ̃^{433}	丈人 dʑiɑ̃^{22} ȵin^{433}
69 遂昌	大叔 du^{22} ɕiuʔ^{5}	姨 i^{13}	丈人 dʑiaŋ^{13} ȵiŋ^{221}
70 龙泉	寿爷 ʑiəu^{21} io^{21}	寿娘 ʑiəu^{21} ȵiaŋ^{21}	丈人 dʑiaŋ^{21} ȵin^{21}
71 景宁	大叔 do^{55} ɕiuʔ^{5}	娘 ȵiɛ^{35} 后娘 əɯ^{55} ȵiɛ^{41}	丈人 tɕiɛ^{33} ȵiaŋ^{41}
72 庆元	叔 ɕiɯʔ^{5}	婶 ɕiəŋ^{33}	丈人 tɕiɑ̃^{22} ȵiəŋ^{52}
73 泰顺	后爷 əu^{22} yɔ^{53}	后娘 əu^{22} ȵiã^{53}	丈人 tɕiã^{21} ȵiŋ^{53}
74 温州	后叔 au^{24} ɕiɤu^{323}	后婶 au^{31} saŋ^{25}	丈人佬 dʑi^{23} ȵiaŋ^{31} lɜ^{14}
75 永嘉	阿叔 a^{43} ɕiəu^{423}	后婶 au^{31} saŋ^{45}	丈人佬 dʑiɛ^{22} ȵiaŋ^{31} lə^{13}
76 乐清	寿大 ziu^{31} de^{22}	寿娘 ziu^{22} ȵiɯʌ^{31}	丈人 dʑiɯʌ^{22} ȵiaŋ^{31}
77 瑞安	叔 sou^{323} 大儿 da^{31} ŋ^{0} 爹 tei^{44}	婶 saŋ^{35} 娘 ȵiɛ^{212}	亲爷 tsʰaŋ^{33} i^{21}
78 平阳	后伯 au^{45} pᴀ^{21}	后妈 au^{45} mᴀ^{55}	亲爷 tʃʰaŋ^{33} i^{35}
79 文成	寿爷 ʑiou^{13} io^{13}	寿娘 ʑiou^{13} ȵie^{13}	亲爷 tʃʰaŋ^{33} i^{33}
80 苍南	阿叔 a^{3} su^{223}	阿婶 a^{3} saŋ^{53}	亲爷 tsʰaŋ^{33} i^{21}
81 建德徽	后爷 hɤɯ^{21} iɑ^{33}	后娘 hɤɯ^{21} ȵie^{33} 晚娘 mɛ^{55} ȵie^{33}贬义	丈人 tsʰɛ^{55} in^{33}
82 寿昌徽	叔爹 ɕiɔʔ^{3} tiɛ^{112}	晚娘 mɤ^{33} ȵiɑ̃^{52}	丈人 tsʰɑ̃^{33} ȵi^{52}
83 淳安徽	后边老子 hɯ^{55} piã^{21} lɤ^{55} lsɿ^{21}	后边娘母 hɯ^{55} piã^{21} iɑ̃^{43} mon^{53}	丈人 tsʰɑ̃^{55} in^{21}
84 遂安徽	后爹 xəɯ^{55} tiɛ^{52}	后妈 xəɯ^{55} mɑ^{21}	丈人 tɕʰiɑ̃^{55} in^{33}
85 苍南闽	后伯 au^{21} pe^{21}	后母 au^{21} bu^{32}	契伯 kʰue^{24} pe^{21}
86 泰顺闽	后郎爸 au^{21} lo^{22} pa^{31}	后娘奶 au^{21} yo^{21} nai^{344}	丈侬 tio^{21} nəŋ^{22}
87 洞头闽	后叔 au^{212} tɕiek^{5}	后母 au^{212} bu^{53}	阿爸仔 a^{212} pe^{53} ia^{21}
88 景宁畲	叔 ɕyʔ^{5}	姆 mo^{55}小	爹公 tai^{44} koŋ^{51}

方言点	0622 岳母叙称	0623 公公叙称	0624 婆婆叙称
01 杭州	丈母娘 dzaŋ^{13} m^{55} ȵiaŋ^{0}	阿公老头 aʔ^{5} koŋ^{33} lɔ^{55} dei^{0}	阿婆 aʔ^{5} bəu^{213}
02 嘉兴	丈母 zÃ^{21} m^{24}	阿公 Aʔ^{3} koŋ^{24}	阿婆 Aʔ^{3} bu^{24}
03 嘉善	丈母 zã^{22} m^{13}	公阿爹 koŋ^{35} aʔ^{5} tia^{53}	婆阿妈 bu^{13} aʔ^{5} ma^{31}
04 平湖	丈母 za^{21} m^{44}	公 koŋ^{53}	婆 bu^{31}
05 海盐	丈母 zɑ^{53} m^{213}	阿公 aʔ^{5} koŋ^{53}	阿婆 aʔ^{5} bu^{53}
06 海宁	丈母 zɑ̃^{13} m^{0} 丈母娘 zɑ̃^{13} m^{33} ȵiã^{0}	阿公 aʔ^{5} koŋ^{55} 阿公老头 aʔ^{5} koŋ^{55} lɔ^{55} dəɯ^{55}	阿婆 aɓu^{55} 阿婆娘 aʔ^{5} bu^{55} ȵiã^{55}
07 桐乡	丈母 za^{242} m^{44} 丈母娘 za^{242} m^{0} ȵiã^{0}	阿公 aʔ^{3} koŋ^{44} 阿公爹 aʔ^{3} koŋ^{44} tia^{44}	阿婆 aʔ^{3} bu^{44} 阿婆娘 aʔ^{3} bu^{44} ȵiã^{44}
08 崇德	丈母 zɑ^{24} m^{0} 丈母娘 za^{24} m^{0} ȵiã^{44}	阿爹 aʔ^{3} tiɑ^{44}	阿婆娘 aʔ^{3} bu^{44} ȵiã^{44}
09 湖州	丈母 dza^{35} m^{13}	阿公老头子 aʔ^{5} koŋ^{44} lɔ^{44} døʉ^{44} tsɿ^{44}	阿婆娘娘 a^{13} bəu^{31} ȵiã^{13} niã^{31}
10 德清	丈母 za^{35} m^{0}	阿公爹爹 aʔ^{3} koŋ^{44} tia^{44} tia^{44}	阿婆娘娘 aʔ^{3} bu^{44} ȵiã^{44} ȵiã^{44}
11 武康	丈母 dza^{35} m^{53}	阿公爹爹 aʔ^{5} koŋ^{44} tia^{44} tia^{44}	阿婆娘娘 aʔ^{5} bu^{13} ȵiã^{33} ȵiã^{35}
12 安吉	亲母 tɕʰiŋ^{55} m^{55}	阿公老头 ɐʔ^{3} koŋ^{55} lɔ^{55} dɪ^{55}	阿婆娘娘 ɐʔ^{5} bʊ^{22} ȵiã^{22} ȵiã^{22}
13 孝丰	亲母 tɕʰiŋ^{44} m^{44}	阿公老头 aʔ^{3} koŋ^{44} lɔ^{44} dɪ^{44}	阿婆娘娘 aʔ^{5} bu^{22} ȵiã^{22} ȵiã^{22}
14 长兴	丈母娘 dzã^{24} m^{55} ȵiã^{21}	阿公 aʔ^{3} koŋ^{44}	阿婆 aʔ^{5} bu^{12}
15 余杭	丈母 za^{33} m^{31}	阿爹 aʔ^{5} tia^{55}	阿奶 aʔ^{5} nɛ^{55}
16 临安	丈母亲娘 dza^{33} m^{55} tɕʰiŋ^{55} ȵiã^{31}	阿公老头 ɐʔ^{5} koŋ^{55} lɔ^{33} də^{31}	阿婆娘 ɐʔ^{5} buo^{33} ȵiã^{55}
17 昌化	亲娘母 tɕʰiəŋ^{33} ȵiã^{45} m^{53}	阿公老头 aʔ^{3} kəŋ^{33} lɔ^{23} di^{453}	阿婆 aʔ^{3} bu^{112}
18 於潜	亲娘 tɕʰiŋ^{43} ȵiaŋ^{223}	阿伯 ɐʔ^{53} pɐʔ^{53}	阿婆 ɐʔ^{53} bu^{24}
19 萧山	丈母 dzã^{13} m^{21}	阿公 aʔ^{21} koŋ^{33}	阿婆 aʔ^{21} bo^{33}
20 富阳	丈人姆妈 dzɑ̃^{31} nin^{13} m^{224} ma^{53}	阿公 aʔ^{5} koŋ^{53}	阿婆 aʔ^{5} bu^{13}

续表

方言点	0622 岳母叙称	0623 公公叙称	0624 婆婆叙称
21 新登	亲娘 tɕʰiŋ^{53} ɲiɑ̃^{233}	阿公 aʔ^{5} koŋ^{53}	阿婆 aʔ^{5} bu^{233}
22 桐庐	丈母娘 dʑiã^{13} m^{33} niã^{33}	阿公老头 a^{35} koŋ^{55} lɔ^{33} dei^{33}	阿婆 a^{35} bu^{13}
23 分水	丈母娘 tsã^{21} mu^{44} ɲiã^{21}	阿公老头 a^{44} koŋ^{44} lɔ^{53} dɵ^{21}	阿婆 a^{44} bo^{22}
24 绍兴	丈母娘 dzɛ̃^{24} ŋ^{33} ɲiaŋ^{31} 丈母妈妈 dzɑŋ^{24} ŋ^{33} mo^{33} mo^{31}	阿公 ɛʔ^{3} koŋ^{53}	阿婆 ɛʔ^{3} bo^{231}
25 上虞	丈母娘 dzã^{21} ŋ^{21} ɲiã^{31}	公公 koŋ^{33} koŋ^{35}	婆婆 bʊ^{21} bʊ^{213}
26 嵊州	丈母 dzaŋ^{24} m^{231}	阿公 ɛʔ^{3} kuoŋ^{534}	阿婆 ɛʔ^{3} bo^{213}
27 新昌	丈母 dʑiaŋ^{22} m^{232}	公 koŋ^{534}	婆 bɤ^{22}
28 诸暨	丈母 dzã^{13} m^{42}	公 kom^{544}	婆 bɤu^{13}
29 慈溪	丈母 dzã^{13} m^{0}	公 kuŋ^{35}	婆 bəu^{13}
30 余姚	丈母娘 dzaŋ^{13} m^{13} ɲiaŋ^{13}	公 kuŋ^{44}	婆 bou^{13}
31 宁波	丈母 dʑia^{13} m^{44}	阿公 aʔ^{5} koŋ^{53}	阿婆 aʔ^{5} bəu^{13}
32 镇海	丈母 dʑiã^{24} m^{22}	阿公 aʔ^{5} koŋ^{53}	阿婆 aʔ^{5} bəu^{24}
33 奉化	丈母 dʑiã^{33} m^{31}	阿公 aʔ^{5} koŋ^{35}	阿婆 aʔ^{5} bəu^{33}
34 宁海	丈母 dʑiã^{31} m^{31} 丈母来$^{=}$人 dʑiã^{31} m^{0} lei^{21} ɲiŋ^{31}	公 koŋ^{423}	婆 bu^{213}
35 象山	丈母 dʑia^{31} m^{31}	阿公 aʔ^{5} koŋ^{44}	阿婆 aʔ^{5} bəu^{31}
36 普陀	丈母娘 dʑiã^{23} m^{5} ɲiã^{55}	阿公 ɐʔ^{3} koŋ^{53}	阿婆 ɐʔ^{3} bəu^{45}
37 定海	丈母 dʑiã^{23} m^{0}	阿公 ɐʔ^{3} koŋ^{52}	阿婆 ɐ^{3} bʌu^{23}
38 岱山	丈母 dʑiã^{23} m^{52}	阿公 ɐʔ^{3} koŋ^{52}	阿婆 ɐ^{3} bʌu^{23}
39 嵊泗	丈母 dʑiã^{24} m^{0}	阿公 ɐʔ^{3} koŋ^{53}	阿婆 ɐʔ^{3} bʌu^{243}
40 临海	老丈母 lɔ^{42} dʑia^{21} m^{214}	家爷 ko^{33} ia^{353} 小	家娘 ko^{33} ɲiã^{353} 小
41 椒江	老丈母 lɔ^{42} dʑiã^{31} m^{51} 小	爷 ia^{24} 小	家娘 ko^{35} ɲiã^{41}
42 黄岩	老丈母 lɔ^{42} dʑiã^{121} m^{53} 小	爷爷 ia^{13} ia^{24} 小	家娘 ko^{35} ɲiã^{41}
43 温岭	老丈母 lɔ^{42} dʑiã^{31} m^{42}	爷 ia^{24} 小	家娘 ko^{35} ɲiã^{41}
44 仙居	老丈母 lɐu^{31} dʑia^{21} m^{53}	左$^{=}$公 tso^{31} koŋ^{334}	大家 da^{21} ko^{334}

续表

方言点	0622 岳母叙称	0623 公公叙称	0624 婆婆叙称
45 天台	老丈母 lau^{21}dʑia^{21}m^{214}	老爷 lau^{21}i^{51}小	老娘 lau^{21}ȵia^{51}小
46 三门	老丈母 lɑu^{32}dʑiɑ̃^{21}m^{252}	公 koŋ^{334}	婆 bʊ^{113}
47 玉环	老丈母 lɔ^{53}dʑia^{22}m^{53}	家爷 ko^{33}ia^{41}	家娘 ko^{33}ȵia^{41}
48 金华	丈母 tɕiaŋ^{33}m^{535} 丈母娘 tɕiaŋ^{33}m^{55}ȵiaŋ^{313}	公 koŋ^{334}	婆 bɤ^{313}
49 汤溪	丈母 dʑiɔ^{11}m^{113}	公 kɑo^{24} 爷爷 iɑ^{33}iɑ^{24}	婆 bɤ^{11}
50 兰溪	丈母娘 tɕiɑŋ^{55}n^{55}ȵiɑŋ^{21}	爷爷 iɑ^{21}iɑ^{24}	婆 bɔ^{21}
51 浦江	丈母 dzyõ^{11}m^{243}	公 kon^{534}	婆 bɯ^{113}
52 义乌	丈母 dzɯa^{24}n^{312}	公 koŋ^{335}	婆 bɯɤ^{213}
53 东阳	丈母 dʑiɔ^{23}n^{33}	阿公 a^{33}kɔm^{35}	阿婆 a^{33}bʊ^{35}
54 永康	丈母 dʑiɑŋ^{31}ŋ^{113}	子公 dzɿ^{31}koŋ^{55}	大家 dia^{31}kuɑ^{55}
55 武义	丈母 dʑiɑŋ^{55}n^{13}	爷爷 ia^{32}ia^{231}	嬷嬷 muɑ^{32}muɑ^{231}
56 磐安	丈母 tɕiɒ^{33}n^{334}	公 kɔom^{445}	婆 bo^{213}
57 缙云	丈母 dʑiɑ^{21}mu^{31}	子公 tsɿ^{51}kɔ̃u^{44}	子婆 tsɿ^{51}bu^{243}老 大姑 dɑ^{21}ku^{44}新
58 衢州	丈母 dʒyã^{231}m^{21} 丈母娘 dʒyã^{231}m^{21}ȵiã^{21}	公 koŋ^{32}	婆 bu^{21}
59 衢江	丈母儿 dʑiã^{22}məŋ^{212}	公 kəŋ^{33}	婆 bu^{212}
60 龙游	丈母 dzã^{22}m^{224}	阿爷 əʔ^{4}iɑ^{224}	阿木= əʔ^{4}mɔʔ^{23}
61 江山	丈母儿 dʑiaŋ^{22}moŋ^{22}	老大公 lɐɯ^{22}da^{22}koŋ^{44}	老大嬷 lɐɯ^{22}da^{22}mɒ^{22}
62 常山	丈母 dʑiã^{22}m^{24}	公公 koŋ^{4}koŋ^{44}	嬷嬷 mɑ^{2}mɑ^{24}
63 开化	丈母儿 dʑiã^{21}mɤŋ^{213}	公 kɤŋ^{44}	婆 biɛ^{231}
64 丽水	丈母 dʑiã^{22}m^{544}	老爷儿 lə^{44}iɔŋ^{131}	奶 nuɔ^{224}
65 青田	丈母娘 dʑi^{33}m^{33}ȵi^{55}	大官佬 dɑ^{22}kuɑ^{33}lœ^{454}	大家娘 dɑ^{22}ku^{55}ȵi^{53}
66 云和	丈母 dʑiã^{223}m^{41}	祖公 tsu^{44}koŋ^{24}	祖婆 tsu^{44}bu^{312}
67 松阳	丈母 dʑiã^{22}m^{22}	公公 kəŋ^{33}kəŋ^{24}	嬷嬷 muə^{33}muə^{24}
68 宣平	丈母 dʑiɑ̃^{22}n^{223}	爷爷 ia^{43}ia^{223}	嬷 mo^{52}

续表

方言点	0622 岳母叙称	0623 公公叙称	0624 婆婆叙称
69 遂昌	丈母 dʑiaŋ^{22} məŋ^{13}	公 kəŋ^{45}	妈 mɒ^{45}
70 龙泉	丈母 dʑiaŋ^{21} ŋ^{51}	大官 da^{21} kuaŋ^{434}	大爷 da^{21} io^{21}
71 景宁	丈母 tɕiɛ^{55} m^{33}	子公 tsɿ^{55} kəŋ^{324}	大家 da^{55} ko^{324}
72 庆元	丈母 tɕiɑ̃^{22} moŋ^{33}	大官 tɑ^{33} kuɑ̃^{335}	大家 tɑ^{33} iɑ^{335}
73 泰顺	丈母奶 tɕiã^{21} m^{55} na^{213}	大官 ta^{21} kuã^{213}	阿嬷 aʔ^{2} muɔ^{55}
74 温州	丈母娘 dʑi^{31} ŋ^{22} ȵi^{21}	地家爷 dei^{23} ko^{33} i^{223}	地家娘 dei^{23} ko^{33} ȵi^{223}
75 永嘉	丈母娘 dʑiɛ^{31} ŋ^{0} ȵiɛ^{31}	地家爷 dei^{13} ko^{33} ɿ^{43}	地家娘 dei^{13} ko^{33} ȵiɛ^{21}
76 乐清	丈母娘 dʑiɯʌ^{22} m^{22} ȵia^{31}	地家爷 di^{23} ko^{44} i^{223}	地家娘 di^{23} ko^{44} ȵia^{223}
77 瑞安	亲娘 tsʰaŋ^{33} ȵiɛ^{21}	地家爷 dei^{13} ko^{33} i^{21}	地家娘 dei^{13} ko^{33} ȵiɛ^{21}
78 平阳	亲娘 tʃʰaŋ^{33} ȵie^{35}	地家爷 di^{35} ko^{33} i^{35}	地家娘 di^{35} ko^{33} ȵie^{35}
79 文成	亲娘 tʃʰaŋ^{33} ȵie^{33}	地家爷 dei^{33} ko^{33} i^{33}	地家娘 dei^{33} ko^{33} ȵie^{33}
80 苍南	亲娘 tsʰaŋ^{33} ȵiɛ^{21}	阿爹 a^{3} ti^{44}	地家娘 di^{11} ko^{33} ȵiɛ^{21}
81 建德徽	丈母 tsɛ^{21} m^{33}	公 koŋ^{53}	婆 pu^{33}
82 寿昌徽	丈母 tsʰɑ̃^{33} m^{55}	阿公 ɑ^{3} kəŋ^{112}	阿婆 ɑ^{3} pʰəɯ^{52}
83 淳安徽	丈母 tsʰɑ̃^{55} mon^{21}	公公 kon^{21} kon^{55}	婆婆 pʰu^{43} pʰu^{24}
84 遂安徽	丈母 tɕʰiɑ̃^{55} m^{33}	公公 kəŋ^{55} kəŋ^{33}	婆婆 pʰəɯ^{33} pʰəɯ^{33}
85 苍南闽	契母 kʰue^{24} bu^{32}	大官 ta^{33} kũã^{55}	大家 ta^{33} ke^{55}
86 泰顺闽	丈奶 tio^{21} nai^{344}	阿公 a^{21} kəŋ^{22}	阿婆 a^{21} pou^{22}
87 洞头闽	姆妈 m^{53} mã^{21}	大官 ta^{33} kũã^{33}	大家 ta^{24} ke^{33}
88 景宁畲	姼婆 tai^{44} pʰɔ^{51}	公公 koŋ^{44} koŋ^{44}	婆婆 pʰɔ^{22} pʰɔ^{22}

方言点	0625 伯父呼称,统称	0626 伯母呼称,统称	0627 叔父呼称,统称
01 杭州	大伯伯 da^{13} paʔ^{5} paʔ^{0}	大妈妈 da^{13} ma^{55} ma^{0}	二伯伯 əl^{45} paʔ^{5} paʔ^{0} 小伯伯 ɕiɔ^{55} paʔ^{0} paʔ^{0}
02 嘉兴	大伯伯 dou^{21} pᴀʔ^{5} pᴀʔ^{5}	大妈妈 dou^{21} mᴀ^{42} mᴀ^{42}	阿叔 ᴀʔ^{3} soʔ^{5}
03 嘉善	伯伯 paʔ^{5} paʔ^{4}	妈妈 maʔ^{2} ma^{13}	阿叔 ɜʔ^{5} suoʔ^{4}
04 平湖	伯伯 paʔ^{3} paʔ^{5}	妈妈 ma^{24} ma^{0}	阿叔 a^{55} soʔ^{0}
05 海盐	伯伯 paʔ^{5} paʔ^{5}	盲= 盲= mɛ̃^{55} mɛ̃^{21} 包括叔母 大妈 du^{13} mɑ^{21}	阿叔 ɑ^{55} sɔʔ^{21}
06 海宁	大伯 dəu^{33} paʔ^{5}	大妈 dəu^{33} ma^{31}	小伯 ɕiɔ^{55} paʔ^{5} 阿叔 aʔ^{5} soʔ^{5}
07 桐乡	姆伯 m^{21} paʔ^{5}	姆麦= m^{21} maʔ^{23}	小伯 siɔ^{53} paʔ^{0}
08 崇德	姆伯 m^{21} paʔ^{5}	姆妈 m^{21} mɑ^{13}	阿伯 ɑ^{55} paʔ^{0}
09 湖州	伯伯 pa^{44} pa^{44}	妈妈 ma^{53} ma^{53}	伯伯 pa^{44} pa^{44}
10 德清	大伯 dəu^{11} pa^{35}	大妈 dəu^{11} ma^{13}	伯伯 paʔ^{4} paʔ^{5}
11 武康	大伯 du^{11} pɜʔ^{5}	大妈 du^{11} ma^{13}	伯伯 pɜʔ^{4} pɜʔ^{5}
12 安吉	阿伯 ɐʔ^{3} pɐʔ^{5}	阿姆 ɐʔ^{3} m^{52}	阿叔 ɐʔ^{3} soʔ^{5}
13 孝丰	伯伯 paʔ^{3} paʔ^{5}	阿大 aʔ^{5} da^{213}	阿叔 aʔ^{3} suoʔ^{5}
14 长兴	伯伯 paʔ^{3} paʔ^{5}	妈妈 ma^{45} ma^{21}	爷叔 ia^{12} soʔ^{5}
15 余杭	大伯 du^{33} paʔ^{5}	大婶娘 du^{33} siŋ^{53} ȵiɑ̃^{31}	小伯伯 siɔ^{55} paʔ^{4} paʔ^{4}
16 临安	大伯 da^{33} pɐʔ^{5}	大妈 da^{33} ma^{31}	小伯 ɕiɔ^{55} pɐʔ^{5}
17 昌化	大伯 dɯ^{23} paʔ^{5}	大娘姆 dɯ^{23} ȵiɑ̃^{45} m^{53}	阿叔 aʔ^{5} suəʔ^{5}
18 於潜	伯伯 pɐʔ^{53} pɐʔ^{53}	妈妈 ma^{43} ma^{35}	叔叔 suəʔ^{53} suəʔ^{53}
19 萧山	伯 paʔ^{5}	母 mo^{13}	伯 paʔ^{5}
20 富阳	大伯 da^{224} paʔ^{5}	大姆 da^{224} m^{224}	阿伯 aʔ^{5} paʔ^{5}
21 新登	大伯 du^{233} paʔ^{5}	阿妈 aʔ^{5} ma^{334}	阿叔 aʔ^{5} sɔʔ^{5}
22 桐庐	大伯 dᴀ^{13} paʔ^{5}	大妈 dᴀ^{21} mᴀ^{55}	叔叔 ɕyəʔ^{5} ɕyəʔ^{3}
23 分水	伯伯 puəʔ^{5} puəʔ^{5}	大妈 da^{24} ma^{44}	叔叔 suəʔ^{5} suəʔ^{5}
24 绍兴	大爹 do^{22} tia^{334}	大妈 do^{22} mo^{334} 包括叔母	三爹 sɛ̃^{33} tia^{53}

续表

方言点	0625 伯父呼称,统称	0626 伯母呼称,统称	0627 叔父呼称,统称
25 上虞	大爹 dʊ^{21} tia^{53}	大嬷 dʊ^{21} mo^{33}	叔叔 soʔ^{2} soʔ^{5}
26 嵊州	伯伯 paʔ^{3} paʔ^{5}	大妈 do^{24} ma^{53}	叔叔 soʔ^{3} soʔ^{5}
27 新昌	大伯 dɤ^{22} paʔ^{5}	大妈 dɤ^{22} ma^{45}	叔 sɤʔ^{5}
28 诸暨	伯伯 paʔ^{5} paʔ^{21}	伯母 paʔ^{5} m^{42}	阿叔 aʔ^{5} soʔ^{5}
29 慈溪	伯伯 paʔ^{5} pa^{35} 小	大妈 dəu^{13} mo^{44}	阿叔儿 aʔ^{5} suŋ^{35}
30 余姚	爹 tia^{44}	嬷 mo^{13}	爹 tia^{44}
31 宁波	伯伯 pa^{44} pa^{35}	嬷嬷 mo^{44} mo^{44}	阿叔 aʔ^{5} soŋ^{35}
32 镇海	伯伯 paʔ^{5} paʔ^{5}	伯母 paʔ^{5} mei^{22}	阿叔 aʔ^{5} soŋ^{44}
33 奉化	伯伯 paʔ^{5} paʔ^{2}	阿姆 aʔ^{2} m^{324}	阿叔 aʔ^{5} soʔ^{2}
34 宁海	大鞋= 伯 dəu^{22} a^{21} paʔ^{5}	阿姆 a^{33} m^{35}	鞋= 叔 a^{21} ɕioʔ^{5}
35 象山	阿伯 aʔ^{5} paʔ^{5}	阿姆 aʔ^{5} m^{13}	大大 da^{31} da^{13} 阿大 aʔ^{5} da^{13}
36 普陀	阿伯 ɐʔ^{3} pɐʔ^{5}	嬷嬷 mo^{55} mo^{0}	阿带= ɐʔ^{3} ta^{55}
37 定海	阿伯 ɐʔ^{3} pɐʔ^{5}	嬷嬷 mo^{44} mo^{0}	大大 da^{11} da^{44}
38 岱山	阿伯 ɐʔ^{3} pɐʔ^{5}	嬷嬷 mo^{44} mo^{0}	阿伯 ɐʔ^{3} pɐʔ^{5}
39 嵊泗	阿伯 ɐʔ^{3} pɐʔ^{5}	嬷嬷 mo^{44} mo^{0}	阿叔儿 a^{44} ɕyoŋ^{44}
40 临海	伯爷 paʔ^{3} ia^{353} 小	姆娘 m^{33} ȵiã^{55}	叔儿 ɕyoŋ^{353}
41 椒江	伯爷 paʔ^{3} ia^{24} 小	姆娘 m^{42} ȵiã^{24} 小 阿姆 aʔ^{3} m^{51} 小	阿叔儿 aʔ^{3} soŋ^{51}
42 黄岩	伯伯 pəʔ^{3} pəʔ^{5}	阿姆 aʔ^{3} m^{53} 小	叔儿 soŋ^{53}
43 温岭	大爷 du^{13} ia^{24} 小	大娘 du^{13} ȵiã^{24} 小	叔儿 ɕyuŋ^{51}
44 仙居	大伯 do^{24} ɓaʔ^{0}	大姆 do^{21} m^{53}	小叔 ɕiɐɯ^{31} ɕyɔʔ^{53}
45 天台	大伯 dou^{33} paʔ^{5}	大母 dou^{33} m^{214}	爹 tia^{51}
46 三门	大伯 dʊ^{23} paʔ^{5}	大母 dʊ^{23} m^{252}	叔儿 ɕioŋ^{52}
47 玉环	爸爸 pɐʔ^{3} pa^{35} 小	阿嬷 aʔ^{3} mo^{35} 小	阿叔儿 aʔ^{3} ɕioŋ^{53}
48 金华	大伯 tuɤ^{53} pəʔ^{4} 老 大伯 dɑ^{14} pəʔ^{0} 新	大姆娶 duɤ^{14} m^{55} mɛ^{0} 老 大妈 dɑ^{14} mɑ^{0} 新	叔儿 ɕioŋ^{55} 老 叔叔 ɕyəʔ^{3} ɕyəʔ^{4} 新

续表

方言点	0625 伯父呼称，统称	0626 伯母呼称，统称	0627 叔父呼称，统称
49 汤溪	伯伯 pa^{52} pa^{55}	大母 duɤ^{11} m^{113} 妈妈 mɑ^{11} mɑ^{24}	叔 ɕiou^{55}
50 兰溪	大伯 dɑ^{24} pəʔ^{0}	大妈 dɑ^{24} mɑ^{0}	叔叔 ɕyɤʔ^{34} ɕyɤʔ^{0}
51 浦江	大伯伯 dɯ^{11} pɑ^{55} pɑ^{0}	姐姐 tsia^{33} tsia^{55}	叔叔 ɕyɯ^{33} ɕyɯ^{55}
52 义乌	伯伯 pəʔ^{5} pɛ^{324}	姐 tsia^{45} 调殊	叔叔 səʔ^{5} sau^{44}
53 东阳	伯儿 pan^{453}	姐儿 tɕian^{453}	阿叔儿 a^{33} ɕiɔm^{53}
54 永康	阿伯 a^{33} ɓai^{52}	阿娘 a^{33} ȵiŋ^{241} 小	阿叔 a^{33} su^{52}
55 武义	大伯 duo^{55} pa^{53}	姐姐 tɕia^{55} tɕia^{53}	叔叔 sɔʔ^{5} sɔʔ^{5}
56 磐安	阿伯儿 a^{33} pan^{52}	阿姐儿 a^{33} tɕian^{52}	阿叔儿 a^{33} ɕion^{52}
57 缙云	伯伯 pa^{21} pa^{45}	伯娘 pa^{51} ȵiɑ^{243}	叔 sou^{45} 小
58 衢州	大伯 dɑ^{13} paʔ^{5}	大娘 du^{231} ȵiã^{21}	叔叔 ʃyəʔ^{3} ʃyəʔ^{5}
59 衢江	伯伯 paʔ^{3} paʔ^{5}	娘娘 ȵiã^{33} ȵiã^{33}	叔叔 ɕyəʔ^{3} ɕyəʔ^{5}
60 龙游	伯伯 pəʔ^{3} pəʔ^{4}	娘娘 ȵiã^{22} ȵiã^{224}	阿叔 əʔ^{3} sɔʔ^{4} 叔叔 sɔʔ^{3} sɔʔ^{4}
61 江山	大爸 do^{22} pɒ^{51}	大毑 do^{22} tɕia^{51}	叔 ɕioʔ^{5}
62 常山	伯伯 pɛʔ^{3} pɛʔ^{5}	伯伯娘 pɛʔ^{3} pɛʔ^{5} ȵiã^{0}	大大 dɑ^{2} dɑ^{341}
63 开化	大伯 dɔ^{21} paʔ^{5}	大大 dɑ^{2} dɑ^{213} 大婆 dɔ^{21} mɛ^{53}	叔叔 ɕyoʔ^{4} ɕyoʔ^{5}
64 丽水	伯伯 paʔ^{5} paʔ^{0}	娘娘 ȵiã^{21} ȵiã^{131} 小	叔 ɕiuʔ^{5}
65 青田	阿伯 aʔ^{3} ɓɛ^{445}	阿奶 aʔ^{3} nɑ^{445}	阿叔 aʔ^{3} ɕiuʔ^{42}
66 云和	伯爷 paʔ^{4} io^{24} 小	大奶 du^{223} nɔ^{24} 小	叔 ɕiəɯʔ^{5}
67 松阳	伯伯 paʔ^{5} paʔ^{3}	娘娘 ȵiã^{24} ȵiã^{212}	叔叔 ɕioʔ^{3} ɕioʔ^{5}
68 宣平	伯伯 paʔ^{4} paʔ^{5}	娘娘 ȵiɑ̃^{44} ȵiɑ̃^{52}	叔叔 ɕyəʔ^{4} ɕyəʔ^{5}
69 遂昌	伯 piaʔ^{5}	母 məŋ^{13}	叔 ɕiuʔ^{5}
70 龙泉	伯伯 paʔ^{3} paʔ^{5}	娘娘 ȵiaŋ^{21} ȵiaŋ^{21}	叔 ɕiɤɯʔ^{5}

续表

方言点	0625 伯父呼称,统称	0626 伯母呼称,统称	0627 叔父呼称,统称
71 景宁	大伯 do^{113} paʔ^{5}	大奶 do^{55} na^{324}	叔 ɕiuʔ^{5}
72 庆元	伯爷 ɓɑʔ^{5} io^{52}	毑妈 tɕiɑ^{33} mo^{221}	叔叔 ɕiɯʔ^{5} ɕiɯʔ^{5}
73 泰顺	伯爷 paʔ^{2} yɔ^{53}	伯娘 paʔ^{2} ȵiã^{53}	阿叔 aʔ^{2} ɕiəuʔ^{5}
74 温州	伯伯 pa^{3} pa^{323}	阿嬷 a^{3} mo^{33}	阿大 a^{3} da^{22}
75 永嘉	伯伯 pa^{43} pa^{423}	阿嬷 a^{43} mo^{44}	阿叔 a^{43} ɕiəu^{423}
76 乐清	阿伯 a^{35} pe^{323}	阿嬷 a^{35} mɯʌ^{323}小	阿叔 a^{35} su^{323}
77 瑞安	阿伯 a^{3} pa^{323}	阿嬷 a^{3} mo^{44}	阿大儿 a^{3} da^{31} ŋ^{0}
78 平阳	伯伯 pᴀ^{45} pᴀ^{13}	嬷嬷 mo^{33} mo^{55}	□□ tᴀ^{33} tᴀ^{55} 阿叔 ᴀ^{45} sɛu^{13}
79 文成	伯伯 pa^{21} pa^{13}	嬷嬷 mo^{242} mo^{33}	刁=刁= tuo^{33} tuo^{33}
80 苍南	阿伯 a^{3} pia^{53}	阿嬷 a^{3} mo^{44}	阿叔 a^{3} su^{223}
81 建德徽	老伯 lɔ^{21} pɑ^{55}	老母 lɔ^{21} m^{55}	叔叔 ɕyɐʔ^{3} ɕyɐʔ^{5}
82 寿昌徽	伯伯 pɤ^{33} pɤ^{55}	□□ mæ̃^{33} mæ̃^{55}	叔儿叔儿 ɕiɔŋ^{33} ɕiɔŋ^{55}
83 淳安徽	伯伯 pɑʔ^{3} pɑʔ^{5}	坝=坝= po^{43} po^{24}	叔叔 soʔ^{3} soʔ^{5}
84 遂安徽	爸爸 pɑ^{33} pɑ^{55}	婶婶 ɕin^{21} ɕin^{24}	叔叔 su^{33} su^{55}
85 苍南闽	伯 pe^{43}	阿姆 a^{21} m^{32}	叔 tse^{43}
86 泰顺闽	阿爷 a^{21} ia^{22}	阿奶 a^{21} nai^{344}	阿叔 a^{21} søʔ^{5}
87 洞头闽	阿爸 a^{212} pe^{53}	阿姆 a^{212} m^{53}	阿叔 a^{212} tse^{24}
88 景宁畲	大伯 t^{h}ɔi^{51} paʔ^{5}	大娘 t^{h}ɔi^{51} ȵia^{325}	叔 ɕyʔ^{5}

方言点	0628 排行最小的叔父 呼称，如"幺叔"	0629 叔母呼称，统称	0630 姑呼称，统称（无统称则记分称：比父大，比父小；已婚，未婚）
01 杭州	小伯伯 ɕiɔ^{55} paʔ^{0} paʔ^{0}	婶娘 səŋ^{55} ȵiaŋ^{0}	姨娘 ȵi^{22} ȵiaŋ^{53}
02 嘉兴	小阿叔 ɕiɔ^{33} ᴀʔ^{5} soʔ^{1}	婶妈 səŋ^{33} mᴀ^{42}	阿伯 ᴀʔ^{3} pᴀʔ^{5}
03 嘉善	小阿叔 ɕiɔ^{35} ɜʔ^{5} suoʔ^{4}	婶妈 sən^{44} ma^{31}	姑妈 ku^{35} ma^{53}
04 平湖	小阿叔 siɔ^{44} a^{55} soʔ^{0}	婶妈 sən^{44} ma^{53}	阿伯 a^{55} pa^{0}
05 海盐	小阿叔 ɕiɔ^{53} ɑ^{55} sɔʔ^{21}	盲$^{=}$盲$^{=}$ mɛ̃^{55} mɛ̃^{21}	娘娘 ȵiɛ̃^{55} ȵiɛ̃^{53}
06 海宁	小阿叔 ɕiɔ^{55} aʔ^{5} soʔ^{5}	婶婶 səŋ^{55} səŋ^{0}	伯伯 ba^{33} pa^{53} 五$^{=}$娘 ŋ^{55} ȵiã^{55} 伯 paʔ^{5}
07 桐乡	小伯 siɔ^{53} paʔ^{0}	阿妈 a^{53} ma^{44} 婶妈 səŋ^{53} ma^{44}	五$^{=}$娘 ŋ^{44} ȵiã^{44}
08 崇德	小阿伯 ɕiɔ^{55} ɑ^{0} paʔ^{0}	阿妈 ɑ^{55} mɑ^{0}	五$^{=}$娘 ŋ^{44} ȵiã^{44}
09 湖州	小伯伯 ɕiɔ^{53} pa^{31} pa^{13}	妈妈 ma^{53} ma^{13}	娘娘 ȵiã^{44} ȵiã^{44} 五$^{=}$娘 n^{44} ȵiã^{44}
10 德清	小伯伯 ɕiɔ^{53} paʔ^{5} paʔ^{4}	婶婶 sen^{35} sen^{0}	姑妈 kəu^{44} ma^{44}
11 武康	小伯伯 ɕiɔ^{44} pɜʔ^{4} pɜʔ^{5}	婶婶 sen^{55} sen^{53}	姑娘 ku^{44} ȵiã^{44}
12 安吉	小阿叔 ɕiɔ^{52} ɐʔ^{0} soʔ^{2}	婶婶 səŋ^{52} səŋ^{21}	阿娘 ɐʔ^{3} ȵiã^{55}
13 孝丰	小阿叔 ɕiɔ^{45} aʔ^{3} suoʔ^{2}	阿婶 aʔ^{3} səŋ^{52} 婶婶 səŋ^{45} səŋ^{21}	娘娘 ȵiã^{44} ȵiã^{44}
14 长兴	小爷叔 ʃiɔ^{45} ia^{55} soʔ^{2}	婶婶 səŋ^{45} səŋ^{21}	阿娘 aʔ^{3} ȵiã^{44}
15 余杭	小伯伯 siɔ^{55} paʔ^{4} paʔ^{5}	小婶娘 siɔ^{53} siŋ^{53} ȵiɑ̃^{53}	姑夫奶奶 ku^{55} fu^{55} nɛ^{55} nɛ^{55}
16 临安	小伯伯 ɕiɔ^{55} pɐʔ^{5} pɐʔ^{5}	小妈妈 ɕiɔ^{55} ma^{55} ma^{55}	五$^{=}$娘 ŋ^{55} ȵiã^{55}
17 昌化	小阿叔 ɕiɔ^{45} aʔ^{5} suəʔ^{5}	阿婶 aʔ^{3} ɕiəŋ^{453}	娘娘 ȵiã^{11} ȵiã^{45}
18 於潜	小叔叔 ɕiɔ^{53} suəʔ^{53} suəʔ^{31}	婶婶 seŋ^{53} seŋ^{31}	娘娘 ȵiaŋ^{22} ȵiaŋ^{53}
19 萧山	小伯 ɕiɔ^{33} paʔ^{21}	婶 səŋ^{33}	姑姑 ku^{33} ku^{33}
20 富阳	小伯 ɕiɔ^{423} paʔ^{5}	婶婶 ɕin^{423} ɕin^{335}	阿娘 aʔ^{5} ȵiɑ̃^{53}
21 新登	小叔 ɕiɔ^{334} sɔʔ^{5}	婶婶 seiŋ^{334} seiŋ^{45}	娘娘 ȵiɑ̃^{45} ȵiɑ̃^{53}
22 桐庐	小叔 ɕiɔ^{33} ɕyəʔ^{5}	婶婶 səŋ^{33} səŋ^{35}	姑 ku^{533}
23 分水	小叔 ɕiɔ^{44} suəʔ^{5}	婶婶 sən^{44} sən^{0}	娘娘 ȵiã^{22} ȵiã^{0}

续表

方言点	0628 排行最小的叔父 呼称，如“幺叔”	0629 叔母呼称，统称	0630 姑呼称，统称（无统称则记分称：比父大，比父小；已婚，未婚）
24 绍兴	小爹 ɕiɔ^{44}tia^{31}	三嬷 sɛ̃^{44}mo^{31}	母娘 n^{33}ȵiaŋ^{33}
25 上虞	小爹 ɕiɔ^{33}tia^{53}	大嬷 dʊ^{21}mo^{31} 无统称 二嬷 ȵi^{21}mo^{31} 小嬷 ɕiɔ^{33}mo^{31}	阿伯 aʔ^{2}paʔ^{5}
26 嵊州	小叔叔 ɕiɔ^{33}soʔ^{5}soʔ^{3}	婶婶 seŋ^{33}seŋ^{53}	娘 ȵiaŋ^{53}
27 新昌	小叔 ɕiɔ^{33}sɤʔ^{5}	婶 ɕiŋ^{453}	娘 ȵiaŋ^{453}
28 诸暨	小叔 ɕiɔ^{33}soʔ^{5}	婶婶 sɛn^{33}sɛn^{42}	娘娘 niã^{42}niã^{21}
29 慈溪	小叔儿 ɕiɔ^{33}suŋ^{35}	婶婶 səŋ^{33}səŋ^{35}	姑妈 ku^{35}mo^{0}
30 余姚	小爹 ɕiɔ^{44}tia^{44}	嬷 mo^{13}	大嬷 duŋ^{13}mo^{44} 比父大 阿伯 aʔ^{5}paʔ^{5} 比父小
31 宁波	小阿叔儿 ɕio^{44}aʔ^{5}soŋ^{35}	阿婶 aʔ^{5}ɕiŋ^{0}	阿姑 aʔ^{5}ku^{35}
32 镇海	小阿叔儿 ɕio^{33}a^{33}soŋ^{44}	阿婶 a^{33}ɕiŋ^{44}	阿姑 a^{33}ku^{44}
33 奉化	小阿叔 ɕiɔ^{44}aʔ^{5}soʔ^{2}	阿婶 aʔ^{5}ɕiŋ^{44}	姑嬷 ku^{44}mo^{33} 比父大 阿姑 aʔ^{5}ku^{44} 比父小
34 宁海	小鞋⁼叔 ɕieu^{53}a^{21}ɕioʔ^{5}	鞋⁼婶 a^{21}ɕiŋ^{53}	姆娘 ŋ^{22}ȵiã^{31}
35 象山	小大大 ɕio^{44}da^{31}da^{13} 小阿大 ɕio^{44}aʔ^{5}da^{13}	阿书⁼ aʔ^{5}sɥ^{53}	娘娘 ȵiã^{31}ȵiã^{13}
36 普陀	小阿带⁼ ɕiɔ^{55}ɐʔ^{5}ta^{55}	阿婶 ɐʔ^{3}ɕiŋ^{45}	阿姑 ɐʔ^{3}ku^{55}
37 定海	小大大 ɕio^{44}da^{44}da^{44}	阿婶 ɐʔ^{3}ɕiŋ^{44}	阿姑 ɐʔ^{3}ku^{44}
38 岱山	小阿伯 ɕio^{44}ɐʔ^{3}pɐʔ^{0}	嬷嬷 mo^{44}mo^{0}	阿姑 ɐʔ^{3}ku^{52} 统称
39 嵊泗	小阿叔儿 ɕio^{44}a^{44}ɕyoŋ^{44}	阿婶 a^{44}ɕiŋ^{44}	阿姑 a^{44}ku^{44} 统称
40 临海	小叔儿 ɕiə^{42}ɕyoŋ^{353}	婶 ɕiŋ^{353} 小	阿姑 aʔ^{3}ku^{353} 小
41 椒江	小叔儿 ɕiɔ^{42}soŋ^{51}	婶 ɕiŋ^{51} 小	姑 ku^{35} 小 娘 ȵiã^{24} 小
42 黄岩	小叔儿 ɕiɔ^{42}soŋ^{53} 小叔头 ɕiɔ^{42}soʔ^{3}dio^{24}	阿婶 aʔ^{3}ɕin^{53} 小	娘娘 ȵiã^{13}ȵiã^{24} 小 姑娘 ku^{33}ȵiã^{24} 小
43 温岭	小叔儿 ɕiɔ^{42}ɕyuŋ^{51}	婶 ɕin^{51} 小	姑 ku^{15} 小
44 仙居	小叔 ɕiɐɯ^{31}ɕyɔʔ^{53}	小婶 ɕiɐɯ^{31}sen^{53}	姑娘 ku^{33}ȵia^{53}

续表

方言点	0628 排行最小的叔父 呼称,如“幺叔”	0629 叔母呼称,统称	0630 姑呼称,统称(无统称则记分称:比父大,比父小;已婚,未婚)
45 天台	小爹 ɕieu^{21} tia^{51}	婶 ɕiŋ^{51}	姑娘 ku^{33} ȵia^{51}
46 三门	小叔儿 ɕiɑu^{32} ɕioŋ^{52}	婶 ɕiŋ^{52}	姆娘 ŋ^{35} ȵiɑ̃^{31}
47 玉环	小叔儿 ɕiɔ^{42} ɕioŋ^{53}	婶 ɕiŋ^{53} 小	娘 ȵia^{24} 小
48 金华	小叔儿 siɑo^{53} ɕioŋ^{55} 老 小叔叔 siɑo^{53} ɕyəʔ^{3} ɕyəʔ^{4} 新	婶婶 ɕiŋ^{53} ɕiŋ^{55}	娘娘 ȵiɑŋ^{33} ȵiɑŋ^{55}
49 汤溪	细叔 sia^{33} ɕiou^{55}	细婶 sia^{33} ɕiã^{52}	姑 ku^{24}
50 兰溪	叔叔 ɕyɤʔ^{34} ɕyɤʔ^{0}	婶婶 ɕiæ̃^{45} ɕiæ̃^{0}	娘娘 ȵiɑŋ^{45} ȵiɑŋ^{0}
51 浦江	细叔儿 ɕia^{33} ɕyɯn̩^{53} 叔 ɕyɯ^{423}	婶婶 sən^{33} sən^{55}	姑姑 ku^{33} ku^{55}
52 义乌	小叔叔 sɯɤ^{42} səʔ^{5} sau^{44}	婶婶 sən^{45} sən^{423}	姑姑儿 ku^{33} kun^{45}
53 东阳	小阿叔儿 ɕio^{55} a^{55} son^{35}	阿婶 a^{33} sɐn^{53}	姑妈儿 ku^{33} muɐn^{35} 阿娘儿 a^{33} ȵiɔn^{35}
54 永康	小叔 ʑiɑu^{31} su^{52}	阿婶 a^{33} səŋ^{52}	姑□ ku^{33} muɑ^{241} 比父大 阿娘 a^{33} ȵiɑŋ^{55} 比父小
55 武义	细叔 ɕia^{55} sɔʔ^{5}	婶婶 sen^{55} sen^{53}	姑姑 ku^{55} ku^{53}
56 磐安	小阿叔儿 ɕio^{55} a^{33} ɕion^{52}	阿婶 a^{33} sɐn^{52}	姑嬷儿 ku^{33} mɐɯn^{14} 阿娘儿 a^{33} ȵiɒn^{445}
57 缙云	叔儿 sou^{21} ȵi^{243}	婶 saŋ^{45} 小 叔母 sou^{51} mu^{453}	姑母 ku^{44} mu^{213} 娘儿 ȵiɑ^{21} ȵi^{453}
58 衢州	细叔叔 ɕiɑ^{53} ʃyəʔ^{3} ʃyəʔ^{5}	婶婶 ʃyən^{35} ʃyən^{21}	娘娘 ȵiã^{35} ȵiã^{21}
59 衢江	叔叔 ɕyəʔ^{3} ɕyəʔ^{5}	婶婶 ʑyoŋ^{22} ɕyoŋ^{25}	麦$^{=}$麦$^{=}$ maʔ^{2} maʔ^{2} 比父大 娘娘 ȵiã^{22} ȵiã^{25} 比父小
60 龙游	细阿叔 ɕiɑ^{33} əʔ^{3} sɔʔ^{4} 细叔叔 ɕiɑ^{33} sɔʔ^{3} sɔʔ^{4}	婶婶 zən^{22} sən^{35}	娘娘 ȵiã^{35} ȵiã^{21}
61 江山	细叔 ɕiɵ^{24} ɕioʔ^{5}	娘 ȵiaŋ^{51}	姑娘 kuə^{24} ȵiaŋ^{51}
62 常山	细大大 ɕie^{43} dɑ^{0} dɑ^{341}	婶 sĩ^{52}	娘 ȵiã^{52}
63 开化	细叔叔 sɛ^{44} ɕyoʔ^{4} ɕyoʔ^{5}	妈妈 mɑ^{2} mɑ^{213}	娘娘 ȵiã^{5} ȵiã^{0}
64 丽水	老叔儿 lə^{44} ɕiuʔ^{4} ŋ^{52}	婶 sen^{52} 小	娘 ȵiã^{52} 小

续表

方言点	0628 排行最小的叔父 呼称，如"幺叔"	0629 叔母呼称，统称	0630 姑呼称，统称（无统称则记分称：比父大，比父小；已婚，未婚）
65 青田	叔儿 ɕiuʔ^{4} n^{55}	阿妈 aʔ^{3} mo^{445}	阿姑儿 aʔ^{3} kuɛ^{55}
66 云和	叔儿 ɕiəɯʔ^{4} ȵi^{45}	婶奶 səŋ^{44} nɔ^{24} 小	娘 ȵiã^{45} 小
67 松阳	小叔 ɕiɔ^{33} ɕioʔ^{5}	婶婶 ɕin^{24} ɕin^{212}	娘娘 ȵiã^{33} ȵiã^{24}
68 宣平	细叔 ɕia^{44} ɕyəʔ^{5}	婶婶 sən^{44} sən^{52}	娘娘 ȵiɑ̃^{44} ȵiɑ̃^{52}
69 遂昌	小叔 ɕiɐɯ^{53} ɕiuʔ^{5}	婶 ɕiŋ^{533}	娘 ȵiaŋ^{45}
70 龙泉	叔儿 ɕiɤɯʔ^{3} ȵi^{55}	婶婶 ɕin^{45} ɕin^{51}	娘娘 ȵiaŋ^{44} ȵiaŋ^{45} 小
71 景宁	叔儿 ɕiuʔ^{3} ȵi^{45}	婶奶 saŋ^{55} na^{324} 小	娘 ȵiɛ^{35}
72 庆元	叔儿儿 ɕiɯʔ^{5} ȵiɛ̃^{55}	婶婶 ɕiəŋ^{33} ɕiəŋ^{33}	娘娘 ȵiɑ̃^{33} ȵiɑ̃^{335}
73 泰顺	细叔 sɿ^{35} ɕiəuʔ^{5}	□奶 sa^{22} na^{213}	阿娘 aʔ^{2} ȵiã^{213}
74 温州	琐大 sai^{42} da^{22}	阿婶 a^{3} saŋ^{25}	阿娘 a^{3} ȵi^{33} 小
75 永嘉	琐叔 sai^{45} ɕiəu^{423} 琐大 sai^{53} da^{22}	阿婶 a^{43} saŋ^{45}	阿姑 a^{43} ku^{44} 老 阿娘 a^{43} ȵiɛ^{44} 新
76 乐清	琐叔 sai^{35} su^{323}	阿婶 a^{3} saŋ^{35}	阿娘 a^{35} ȵia^{212} 小
77 瑞安	琐大儿 sai^{53} da^{31} ŋ^{0}	阿婶 a^{3} saŋ^{35}	娘 ȵiɛ^{44}
78 平阳	琐叔 sai^{45} sɛu^{13}	阿婶 ᴀ^{21} saŋ^{35}	娘娘 ȵie^{33} ȵie^{45}
79 文成	琐刁$^{=}$ sai^{42} tuo^{33}	阿婶 a^{21} seŋ^{42}	娘娘 ȵie^{33} ȵie^{33}
80 苍南	琐叔 sai^{33} su^{223}	阿婶 a^{3} saŋ^{53}	阿娘 a^{3} ȵiɛ^{44}
81 建德徽	细叔叔 ɕie^{33} ɕyɐʔ^{3} ɕyɐʔ^{5}	婶婶 sən^{55} sən^{213}	五$^{=}$娘 n^{55} ȵie^{55}
82 寿昌徽	细叔儿叔儿 ɕiɛ^{33} ɕiɔŋ^{55} ɕiɔŋ^{55}	婶婶 sen^{55} sen^{55}	娘娘 ȵiɑ̃^{55} ȵiɑ̃^{55}
83 淳安徽	叔 soʔ^{5}	婶婶 sen^{55} sen^{21}	姑姑 kua^{43} ku^{24}
84 遂安徽	小叔叔 ɕiɑ^{21} su^{33} su^{55}	婶婶 ɕin^{21} ɕin^{24}	姑 ku^{33}
85 苍南闽	末叔 bə^{21} tse^{43}	婶 tɕin^{43}	姑 kɔ^{55}
86 泰顺闽	尾叔 mɔi^{21} søʔ^{5}	阿婶 a^{21} sieŋ^{344}	姑奶 ku^{21} nai^{344}
87 洞头闽	细叔 sue^{33} tse^{24}	阿婶 a^{212} tɕin^{24}	阿姑 a^{212} kɔ^{33}
88 景宁畲	叔崽 ɕyʔ^{5} tsoi^{55} 小	姆 mo^{55} 小	姑 ku^{51}

方言点	0631 姑父呼称，统称	0632 舅舅呼称	0633 舅妈呼称
01 杭州	干爷 kɛ^{33}i^{45}	阿舅 aʔ^{3}dʑy^{53}	舅妈 dʑy^{13}ma^{53}
02 嘉兴	姑夫 kou^{33}fu^{42}	娘舅 ȵiᴀ̃^{24}dʑiu^{42}	舅妈 dʑiu^{21}mᴀ^{42}
03 嘉善	夫夫 fu^{35}fu^{53}	舅舅 dʑiə^{22}dʑiə^{13}	舅妈 dʑiə^{22}ma^{31}
04 平湖	阿夫 aʔ^{3}fu^{53}	娘舅 ȵiã^{21}dʑiəɯ^{53}	舅妈 dʑiəɯ^{21}ma^{53}
05 海盐	夫夫 fu^{55}fu^{53}	娘舅 ȵiɛ̃^{24}dʑio^{53}	舅妈 dʑio^{53}mɑ^{53}
06 海宁	伯爷 pa^{33}ia^{53}老 姑夫 kəu^{55}fu^{55}新	娘舅 ȵiã^{33}dʑiəu^{33}	舅妈 dʑiəu^{33}ma^{33}
07 桐乡	姑夫 kəu^{44}fu^{44}	娘舅 ȵiã^{21}dʑiɤɯ^{44}	舅妈 dʑiɤɯ^{242}ma^{44}
08 崇德	姑夫 ku^{44}fu^{44}	娘舅 niã^{21}dʑiɤɯ^{44}	舅妈 dʑiɤɯ^{24}mɑ^{0}
09 湖州	姑夫 kəu^{44}fəu^{44}	娘舅 ȵiã^{33}dʑiʉ^{35} 阿舅 a^{44}dʑiʉ^{44}	舅母 dʑiʉ^{35}m^{13}
10 德清	姑夫 kəu^{44}fu^{44}	娘舅 ȵiã^{11}dʑiʉ^{13}	舅母 dʑiʉ^{35}m^{0}
11 武康	姑夫 ku^{44}fu^{44}	娘舅 ȵiã^{11}dʑiø^{35}	舅母 dʑiø^{35}m^{53}
12 安吉	姑夫 ku^{55}fu^{55}	娘舅 ȵiã^{22}dʑiu^{22}	舅母 dʑiu^{24}m^{52}
13 孝丰	姑夫 ku^{44}fu^{44}	娘舅 ȵiã^{22}dʑiu^{22}	舅母 dʑiu^{24}m^{52}
14 长兴	姑夫 kəu^{44}fu^{44}	娘舅 ȵiã^{12}dʒiʏ^{24}	舅母 dʒiʏ^{24}m^{21}
15 余杭	姑夫 ku^{55}fu^{55}	娘舅 ȵiɑ̃^{31}dʑiʏ^{13}	舅母 dʑiʏ^{33}m^{31}
16 临安	姑夫 ku^{53}fu^{35}	娘舅 ȵiã^{31}dʑyœ^{13}	娘舅母 ȵiã^{31}dʑyœ^{33}m^{31}
17 昌化	姑夫 ku^{33}fu^{45}	娘舅 ȵiã^{11}ʑi^{243}	娘舅母 ȵiã^{11}ʑi^{23}m^{53}
18 於潜	姑夫 ku^{43}fu^{35}	娘舅 ȵiaŋ^{22}dʑiəu^{24}	娘舅母 ȵiaŋ^{22}dʑiəu^{24}mu^{53}
19 萧山	姑夫 ku^{33}fu^{33}	舅舅 dʑio^{13}dʑio^{33}	舅婆 dʑio^{13}bo^{42}
20 富阳	姑夫 ku^{55}fu^{55}	娘舅 ȵiɑ̃^{13}dʑiʊ^{55}	娘舅母 ȵiɑ̃^{13}dʑiʊ^{55}m^{55}
21 新登	姑夫 ku^{53}fu^{334}	娘舅 ȵiɑ̃^{233}dʑy^{13}	舅母 dʑy^{21}ŋ^{13}
22 桐庐	姑夫 ku^{35}fu^{13}	娘舅 niã^{21}dʑiəu^{35}	舅母 dʑiəu^{13}mu^{55}
23 分水	姑夫 ku^{44}fu^{24}	娘舅 ȵiã^{21}dʑiɵ^{24}	舅母 dʑiɵ^{21}mu^{53}

续表

方言点	0631 姑父呼称,统称	0632 舅舅呼称	0633 舅妈呼称
24 绍兴	姑爹 ku^{33}tia^{53}	舅舅 dʑiɤ^{24}dʑiɤ^{31}	舅妈 dʑiɤ^{24}ma^{31}
25 上虞	姑爹 ku^{33}tia^{35}	舅舅 dʑiɤ^{21}dʑiɤ^{31}	妗母 dʑiŋ^{21}ŋ^{31}
26 嵊州	姑夫 ku^{53}fu^{334}	舅舅 dʑiʏ^{24}dʑiʏ^{231}	舅母 dʑiʏ^{24}m^{53}
27 新昌	姑夫 ku^{45}fu^{534}	娘舅 ȵiaŋ^{22}dʑiɯ^{232}	舅母 dʑiɯ^{22}m^{232}
28 诸暨	姑夫 ku^{21}fu^{42}	舅舅 dʑiʉ^{21}dʑiʉ^{42}	舅母 dʑiʉ^{13}m^{42}
29 慈溪	姑丈 ku^{35}dzã^{0}	舅舅 dʑiø^{13}dʑiø^{44}	妗母 dʑi^{13}m^{44}
30 余姚	爹 tia^{44}	阿舅 aʔ^{5}dʑiø^{0} 舅舅 dʑiø^{13}dʑiø^{13} 娘舅 ȵiaŋ^{13}dʑiø^{13}	妗母 dʑi^{13}m^{13}
31 宁波	姑丈 ku^{44}dʑia^{53}	娘舅 ȵia^{22}dʑiʏ^{53} 舅舅 dʑiʏ^{13}dʑiʏ^{0}	舅母 dʑiʏ^{13}m^{44}
32 镇海	姑丈 ku^{33}dʑiã^{31}	娘舅 ȵiã^{22}dʑiu^{31}	舅母 dʑiu^{24}m^{22}
33 奉化	姑丈 ku^{44}dʑiã^{24}	舅舅 dʑiʏ^{31}dʑiʏ^{33}	舅母 dʑiʏ^{31}m^{33}
34 宁海	姑丈 ku^{33}dʑiã^{31}	娘舅 ȵiã^{21}dʑiu^{31}	娘舅母 ȵiã^{21}dʑiu^{31}m^{35} 舅母 dʑiu^{22}m^{35}
35 象山	姑丈 ku^{44}dʑiã^{13}	娘舅 ȵiã^{3}dʑiu^{13}	娘舅母 ȵiã^{31}dʑiu^{13}m^{13}
36 普陀	姑丈 ku^{33}dʑiã^{45}	阿舅 ɐʔ^{3}dʑieu^{45}	舅母 dʑieu^{23}m^{0}
37 定海	姑丈 ku^{33}dʑiã^{45}	舅舅 dʑiʏ^{23}dʑiʏ^{0}	舅母 dʑiʏ^{23}m^{0}
38 岱山	姑丈 ku^{33}dʑiã^{44}	舅舅 dʑiʏ^{23}dʑiʏ^{52}	舅母 dʑiʏ^{23}m^{0}
39 嵊泗	姑丈 ku^{33}dʑiã^{45}	舅舅 dʑiʏ^{34}dʑiʏ^{0}	舅母 dʑiʏ^{34}m^{0}
40 临海	姑丈 ku^{33}dʑiã^{353}小	娘舅 ȵiã^{33}dʑiu^{353}小	娘舅母 ȵiã^{33}dʑiu^{21}m^{353}小
41 椒江	姑丈 ku^{33}dʑiã^{41}小	阿舅 aʔ^{3}dʑiu^{41}小	阿妗 aʔ^{3}dʑiŋ^{41}小
42 黄岩	阿丈 aʔ^{3}dʑiã^{41}小 姑丈 ku^{33}dʑiã^{41}小	阿舅 aʔ^{3}dʑiu^{41}小 娘舅 ȵiã^{13}dʑiu^{41}小	阿妗 aʔ^{3}dʑin^{41}小 娘妗 ȵiã^{13}dʑin^{41}小
43 温岭	姑丈 ku^{42}dʑiã^{41}小	娘舅 ȵiã^{13}dʑiu^{41}小	娘妗 ȵiã^{13}dʑin^{41}小
44 仙居	姑丈 ku^{33}dʑia^{353}小	娘舅 ȵia^{33}dʑiəɯ^{353}小	娘妗 ȵia^{33}dʑin^{353}小

续表

方言点	0631 姑父呼称，统称	0632 舅舅呼称	0633 舅妈呼称
45 天台	姑丈 ku^{33}dʑia^{31}	娘舅 ȵia^{22}giu^{31}	娘妗 ȵia^{22}giŋ^{31}
46 三门	姑丈 ku^{33}dʑiɑ̃^{252}	娘舅 ȵiɑ̃^{11}dʑiu^{252}	娘舅母 ȵiɑ̃^{11}dʑiu^{21}m^{252}
47 玉环	阿丈 aʔ^{3}dʑia^{41}小	娘舅 ȵia^{22}dʑiu^{41}小	娘妗 ȵia^{22}dʑiŋ^{41}小
48 金华	姑夫 ku^{33}fu^{55}	舅舅 dʑiu^{31}dʑiu^{14}	舅母 tɕiu^{33}m^{535}
49 汤溪	姑夫 ku^{24}fu^{0}	舅舅 dʑiəɯ^{11}dʑiəɯ^{341}	舅母 dʑiəɯ^{11}m^{113}
50 兰溪	姑夫 ku^{334}fu^{45}	舅舅 dʑiəɯ^{24}dʑiəɯ^{0}	舅母 dʑiəɯ^{24}n^{0}
51 浦江	姑夫 ku^{55}fu^{334}	舅舅 dʑiɤ^{11}dʑiɤ^{243}	舅母 dʑiɤ^{11}m^{243}
52 义乌	姑丈儿 ku^{33}dzaɯn^{24}	舅舅儿 tɕiɯɤ^{33}dʑiɤn^{24}	舅母 dʑiɯɤ^{24}n^{312}
53 东阳	姑母丈儿 ku^{33}n^{33}dʑiɔn^{53}	阿舅 a^{33}dʑiəɯ^{35}	舅母 dʑiəɯ^{23}n^{33}
54 永康	姑丈 ku^{33}dʑiɑŋ^{241}	阿舅 a^{33}dʑiəu^{241} 舅 dʑiəu^{241}	阿妗 a^{33}dʑiŋ^{241}小
55 武义	姑夫 ku^{32}fu^{53}	舅舅 dʑiəu^{32}dʑiəu^{231}	妗妗 dʑin^{32}dʑin^{231}
56 磐安	姑丈儿 ku^{33}dʑiɒn^{14}	阿舅儿 a^{33}dʑiɐɯn^{14} 舅舅儿 tɕiɐɯ^{55}dʑiɐɯn^{14}	舅母 tɕiɐɯ^{33}n^{14}
57 缙云	姑夫 ku^{44}fu^{44}	娘舅 ȵiɑ^{44}dʑiuŋ^{453}	妗母 dʑiɛŋ^{21}mu^{453}
58 衢州	姑夫 ku^{32}fu^{53}	舅舅 dʑiu^{21}dʑiu^{35}	舅母 dʑiu^{231}m^{21}
59 衢江	姑夫 kuɤ^{33}fɤ^{33}	舅舅 gy^{22}ky^{25}	舅母儿 gy^{22}məŋ^{212}
60 龙游	姑夫 ku^{33}fu^{334}	舅舅 dʑiəɯ^{22}dʑiəɯ^{224}	舅母 dʑiəɯ^{22}m^{224}
61 江山	姑夫儿 kuə^{51}fɛ̃^{241}	舅儿 gəŋ^{22}	舅母儿 gəʔ^{2}moŋ^{22}
62 常山	姑夫 kuə^{44}fuə^{44}	舅舅 dʑiu^{2}dʑiu^{24}	舅母 dʑiu^{22}m^{24}
63 开化	姑夫 kuo^{44}fuo^{44}	舅爹 dʑiʊ^{21}tiɛ^{44}	舅妈 dʑiʊ^{21}mɑ^{213}
64 丽水	姑夫儿 ku^{44}fəŋ^{52}	娘舅 ȵiã^{21}tɕiəɯ^{52}小	娘妗 ȵiã^{21}tɕin^{52}小
65 青田	姑夫 kø^{33}fɛ^{55}小	阿□ aʔ^{3}io^{55}小	阿娘 aʔ^{3}ȵi^{55}小
66 云和	姑夫 ku^{44}fu^{24}	娘舅 ȵiã^{223}dʑiəɯ^{231}	姊母娘 tsɿ^{44}m^{44}ȵiã^{312}
67 松阳	姑父儿 kuə^{24}vuə^{21}n^{24}	娘舅 ȵiã^{33}gei^{22}	娘妗 ȵiã^{33}dʑiɛ̃^{22}

续表

方言点	0631 姑父呼称，统称	0632 舅舅呼称	0633 舅妈呼称
68 宣平	姑夫 ku^{44}fu^{324}	舅舅 dʑiɯ^{22}tɕiɯ^{52}	妗妗 dʑin^{22}tɕin^{52}
69 遂昌	姑夫 kuə^{33}fuə^{45}	舅舅 dʑiɯ^{21}dʑiɯ^{13}	妗妗 dʑyɛ̃^{21}dʑyɛ̃^{13}
70 龙泉	姑夫 kuɤɯ^{44}fɤɯ^{434}	娘舅 ȵiaŋ^{45}tɕiəu^{51}	娘妗 ȵiaŋ^{45}tɕin^{51}
71 景宁	姑夫 ku^{33}fu^{324}	娘舅 ȵiɛ^{55}tɕiəɯ^{33}	娘妗 ȵiɛ^{55}tɕiaŋ^{33}
72 庆元	姑爷儿 kuɤ^{33}iɔ̃^{55}	娘舅 ȵiɑ̃^{52}tɕiɯ^{221}	娘妗 ȵiɑ̃^{52}tɕiəŋ^{221}
73 泰顺	姑爷 kø^{22}yɔ^{53}	舅爷 tɕiəu^{21}yɔ^{53}	妗娘 tsəŋ^{21}ȵiã^{35}
74 温州	夫爷 fø^{33}i^{223}	舅舅 dʑiau^{2}dʑiau^{14}	妗娘儿 dʑiaŋ^{23}ȵi^{22}ŋ^{12}
75 永嘉	夫爷 fu^{33}ɿ^{43}	舅舅 dʑiau^{21}dʑiau^{13}	妗娘儿 dʑiaŋ^{13}ȵiɛ^{22}ŋ^{0}
76 乐清	阿丈 a^{3}dʑiɯʌ^{24}	阿舅 a^{3}dʑiau^{24}	妗娘 dʑiaŋ^{24}ȵia^{212}小
77 瑞安	姑爹 kɯ^{33}tei^{44}	舅爹 dʑiau^{31}tei^{44}	妗娘 dʑiaŋ^{31}ȵiɛ^{21}
78 平阳	姑爹 ku^{33}ti^{55}	舅爷儿 dʒau^{13}iŋ^{13}	妗娘儿 dʒaŋ^{35}ȵiaŋ^{13}
79 文成	姑夫 ku^{33}fu^{33}	舅爹 dʒau^{42}tei^{33}	舅娘 dʒau^{42}ȵie^{13}
80 苍南	姑夫 ku^{44}fu^{44}	舅父儿 dʑiau^{11}ueŋ^{112}	妗娘儿 dʑiɛ^{11}ȵiaŋ^{112}
81 建德徽	姑夫 ku^{53}fu^{213}	舅舅 tɕiɤɯ^{21}tɕiɤɯ^{33}	舅母 tɕiɤɯ^{21}m^{33}
82 寿昌徽	姑夫儿 ku^{11}fəŋ^{55}	娘舅 ȵiɑ̃^{11}tɕʰiəɯ^{55}	舅母 tɕʰiəɯ^{33}m^{55}
83 淳安徽	姑夫 kua^{21}fu^{55}	舅舅 tɕʰiɯ^{55}tɕʰiɯ^{21}	舅母 tɕʰiɯ^{55}mon^{21}
84 遂安徽	姑夫 ku^{33}fu^{213}	舅舅 tɕʰiu^{55}tɕʰiu^{55}	舅母 tɕʰiu^{55}m^{33}
85 苍南闽	姑丈 kɔ^{24}tiɯŋ^{21} 姑爹 kɔ^{24}tia^{55}	舅爹 ku^{21}tia^{55}	娘妗 niɑŋ^{21}kin^{21}老 舅母 ku^{21}bu^{32}新
86 泰顺闽	姑爷 ku^{22}ia^{22}	外舅 nia^{22}ku^{31}	外妗 nia^{22}kieŋ^{31}
87 洞头闽	姑丈 kɔ^{33}tiɯŋ^{21}	阿舅 a^{53}ku^{21}	阿妗 a^{35}kin^{21}
88 景宁畲	姑丈 ku^{44}tɕʰioŋ^{51}	娘舅 ȵia^{55}kʰiəu^{325}小	娘舅母 ȵia^{55}kʰiəu^{44}mo^{325}

方言点	0634 姨呼称，统称（无统称则记分称：比母大，比母小；已婚，未婚）	0635 姨父呼称，统称	0636 弟兄合称
01 杭州	阿姨 a^{45} i^{53}	姨夫 i^{22} fu^{45}	弟兄 di^{13} ɕioŋ^{53}
02 嘉兴	阿姨 ᴀʔ^{3} i^{42}	姨夫 i^{21} fu^{33}	弟兄 di^{21} ɕioŋ^{33}
03 嘉善	阿伯 ɜʔ^{5} paʔ^{4}	夫夫 fu^{35} fu^{53}	弟兄 di^{22} ɕioŋ^{53}
04 平湖	阿姨 a^{55} i^{0}	姨夫 i^{24} fu^{53}	兄弟 ɕioŋ^{53} di^{0} 弟兄 di^{21} ɕioŋ^{53}
05 海盐	阿姨 ɑ^{55} i^{21}	姨夫 i^{24} fu^{53}	弟兄 di^{53} ɕioŋ^{53}
06 海宁	阿姨 a^{55} i^{55}	姨夫 i^{33} fu^{55}	兄弟 ɕioŋ^{55} di^{55}
07 桐乡	阿姨 a^{44} i^{44} 娘姨 ȵiã^{21} i^{44}	姨夫 i^{21} fu^{44}	弟兄 di^{242} ɕioŋ^{44}
08 崇德	娘姨 ȵiã^{21} i^{44} 阿姨 ɑ^{44} i^{44}	姨夫 i^{21} fu^{44}	弟兄 di^{24} ɕioŋ^{0}
09 湖州	大姨 dəu^{33} i^{35} 比母大 阿姨 a^{44} i^{44} 比母小	姨夫 i^{33} fəu^{35}	弟兄 di^{35} ɕioŋ^{53}
10 德清	大姨 dəu^{11} i^{13} 比母大 小姨 ɕiɔ^{35} i^{0} 比母小	姨夫 i^{11} fu^{35}	兄弟大佬 ɕioŋ^{44} di^{44} dəu^{44} lɔ^{44}
11 武康	阿姨 a^{44} i^{44}	细姨夫 ɕia^{33} i^{35} fu^{35}	阿哥兄弟 aʔ^{5} ku^{44} ɕioŋ^{44} di^{44}
12 安吉	娘姨 ȵiã^{22} i^{22}	姨夫 i^{22} fu^{22}	兄弟 ɕioŋ^{55} di^{55}
13 孝丰	大姨 du^{21} i^{24} 娘姨 ȵiã^{22} i^{22}	姨夫 i^{22} fu^{22}	兄弟 ɕioŋ^{44} di^{44}
14 长兴	娘姨 ȵiã^{12} ʅ^{33}	姨夫 ʅ^{12} fu^{33}	兄弟 ʃioŋ^{44} dʅ^{44}
15 余杭	姨婆奶奶 i^{33} bu^{33} nɛ^{13} nɛ^{13}	娘姨夫 ȵiɑ̃^{33} i^{33} fu^{35}	弟兄 di^{33} ɕioŋ^{53}
16 临安	娘姨 ȵiã^{31} i^{13}	娘姨夫 ȵiã^{33} i^{33} fu^{35}	弟兄 di^{33} ɕioŋ^{53}
17 昌化	娘姨 ȵiã^{11} i^{112}	娘姨夫 ȵiã^{11} i^{11} fu^{334}	兄弟 ɕyəŋ^{33} di^{453}
18 於潜	娘姨 ȵiaŋ^{22} i^{24}	娘姨父 ȵiaŋ^{22} i^{24} vu^{24}	兄弟 ɕioŋ^{43} di^{24}
19 萧山	姨娘 n^{33} ȵiã^{42}	娘姨夫 ȵiã^{13} i^{35} fu^{42}	兄弟 ɕioŋ^{33} di^{33}
20 富阳	娘姨 ȵiɑ̃^{13} i^{55}	娘姨夫 ȵiɑ̃^{13} i^{55} fu^{55}	弟兄 di^{224} ɕyoŋ^{13}
21 新登	阿姨 aʔ^{5} i^{53}	姨夫 i^{233} fu^{334}	弟兄 di^{21} soŋ^{45}
22 桐庐	阿姨 a^{35} i^{13}	姨夫 i^{21} fu^{35}	兄弟 ɕioŋ^{35} di^{13}

续表

方言点	0634 姨呼称，统称（无统称则记分称：比母大，比母小；已婚，未婚）	0635 姨父呼称，统称	0636 弟兄合称
23 分水	阿姨 a^{44} i^{21}	姨夫 i^{21} fu^{24}	弟兄 di^{24} ɕioŋ^{44}
24 绍兴	母娘 n^{33} ȵiaŋ^{33}	姨爹 i^{22} tia^{53}	兄弟 ɕioŋ^{33} di^{223}
25 上虞	阿姨 aʔ^{2} i^{31}	姨爹 i^{21} tia^{35}	兄弟 ɕyoŋ^{33} di^{213}
26 嵊州	姨娘 i^{22} ȵiaŋ^{231}	姨夫 i^{22} fu^{334}	兄弟 ɕyoŋ^{53} di^{231}
27 新昌	阿姨 a^{33} i^{232}	姨夫 i^{13} fu^{33}	兄弟 ɕyoŋ^{53} di^{232}
28 诸暨	母娘 n^{42} niã^{21}	姨夫 ʒʅ^{21} fu^{42}	兄弟 ɕiom^{42} dʅ^{13}
29 慈溪	阿姨 aʔ^{5} i^{0}	姨丈 i^{13} dzã^{0}	兄弟 ɕiuŋ^{35} di^{0}
30 余姚	大嬷 duŋ^{13} mo^{44} 比母大 阿伯 aʔ^{5} paʔ^{5} 比母小	爹 tia^{44}	兄弟 ɕiuŋ^{44} di^{13}
31 宁波	阿姨 aʔ^{5} i^{0}	姨丈 i^{13} dʑia^{53}	兄弟 ɕyoŋ^{44} di^{53}
32 镇海	阿姨 a^{33} i^{24}	姨爹 i^{22} tia^{53}	兄弟 ɕyoŋ^{33} di^{31}
33 奉化	姨嬷 i^{33} mo^{33} 比母大 阿姨 aʔ^{5} i^{31} 比母小	姨丈 i^{33} dʑiã^{24}	兄弟家 ɕyoŋ^{44} di^{31} ko^{53}
34 宁海	姨娘 i^{21} ȵiã^{31}	姨丈 i^{21} dʑiã^{31}	兄弟 ɕioŋ^{33} di^{31}
35 象山	姨娘 i^{31} ȵiã^{31}	姨爹 i^{31} tia^{35}	兄弟 ɕyoŋ^{44} di^{13}
36 普陀	阿姨 a^{55} i^{0}	姨爹 i^{33} tia^{53}	兄弟 ɕioŋ^{33} di^{45}
37 定海	姨娘 i^{33} ȵiã^{52} 比母大 阿姨 ɐʔ^{5} i^{0} 比母小	姨爹 i^{33} tia^{52}	兄弟 ɕyoŋ^{33} di^{45}
38 岱山	阿姨 ɐʔ^{3} i^{44}	姨爹 i^{33} tiɛ^{52}	兄弟 ɕyoŋ^{52} di^{0}
39 嵊泗	阿姨 a^{44} i^{0}	姨爹 i^{33} tiɛ^{53}	兄弟 ɕyoŋ^{44} di^{0}
40 临海	娘姨 ȵiã^{33} i^{353} 小	姨丈 i^{33} dʑiã^{353} 小	兄弟 ɕyoŋ^{33} di^{21}
41 椒江	颜⁼姨 ȵiɛ^{22} i^{24} 小	姨丈 i^{22} dʑiã^{41} 小 阿丈 aʔ^{3} dʑiã^{41} 小	兄弟 soŋ^{33} di^{31}
42 黄岩	娘姨 ȵiã^{13} i^{24} 小 阿姨 aʔ^{3} i^{24} 小	阿丈 aʔ^{3} dʑiã^{41} 小 娘姨丈 ȵia^{13} i^{22} dʑiã^{41} 小	兄弟 ɕyoŋ^{33} di^{121}
43 温岭	颜⁼姨 ȵiɛ^{13} i^{24} 小	颜⁼姨丈 ȵiɛ^{13} i^{13} dʑiã^{41} 小	兄弟 ɕyuŋ^{33} di^{31}
44 仙居	娘姨 ȵia^{33} i^{53}	娘姨丈 ȵia^{33} i^{33} dʑia^{353} 小	兄弟 ɕioŋ^{33} di^{213}

续表

方言点	0634 姨呼称，统称（无统称则记分称：比母大，比母小；已婚，未婚）	0635 姨父呼称，统称	0636 弟兄合称
45 天台	大姨 dou^{33} i^{51} 小姨 ɕiau^{32} i^{51}	姨丈 i^{22} dʑia^{31}	兄弟 ɕyuŋ^{33} di^{214}
46 三门	娘姨 ȵiɑ̃^{13} i^{31}	姨丈 i^{11} dʑiɑ̃^{252}	兄弟 ɕioŋ^{33} di^{45}
47 玉环	娘姨 ȵia^{22} i^{24} 小	娘姨丈 ȵia^{22} i^{22} dʑia^{41} 小	兄弟 ɕioŋ^{33} di^{31}
48 金华	姨娘 i^{31} ȵiɑŋ^{14}	姨爷 i^{31} ia^{14}	哥弟 kuɤ^{33} tie^{535}
49 汤溪	姨娘 i^{11} ȵiɔ^{52}/i^{11} ȵiɔ^{24}	姨爷 i^{11} iɑ^{52}/i^{11} iɑ^{24}	哥弟 kuɤ^{33} die^{113}
50 兰溪	姨娘 i^{21} ȵiɑŋ^{24}	姨爷 i^{21} iɑ^{24}	哥弟 kuɤ^{334} tie^{55}
51 浦江	大姨 dɯ^{11} i^{243} 比母大 细姨 ɕia^{33} i^{334} 比母小	姨夫 i^{24} fu^{334}	哥弟 kɯ^{33} di^{243}
52 义乌	姨娘儿 i^{22} ȵiɔn^{335}	姨爷儿 i^{22} ian^{335}	哥弟 kuɤ^{33} di^{312}
53 东阳	阿姨儿 a^{33} in^{35}	姨丈儿 i^{22} dʑiɔn^{53}	哥弟 ku^{33} di^{24}
54 永康	阿姨 a^{33} i^{241} 小	阿姨丈 a^{33} i^{33} dʑiɑŋ^{241}	哥弟 kuo^{33} die^{113}
55 武义	大姨 duo^{32} i^{53} 细姨 ɕia^{55} i^{53}	大姨夫 duo^{55} i^{32} fu^{53} 细姨夫 ɕia^{55} i^{32} fu^{53}	哥弟 kuo^{55} die^{13}
56 磐安	阿姨儿 a^{33} in^{445}	姨丈儿 i^{21} dʑiɒn^{14}	哥弟 kuɤ^{33} ti^{334}
57 缙云	姨母 i^{44} mu^{453}	姨夫 i^{44} fu^{44}	哥弟 ku^{44} diɛ^{31}
58 衢州	姨姨 i^{21} i^{35}	姨爹 i^{21} tiɑ^{32}	哥弟 ku^{32} ti^{53}
59 衢江	姨娘 i^{22} ȵiɑ̃^{53}	姨爹 i^{33} tie^{33}	哥弟 kou^{33} die^{212}
60 龙游	姨娘 i^{35} ȵiɑ̃^{21}	姨爹 i^{33} tiɑ^{334}	哥弟 ku^{33} diɑ^{224}
61 江山	大姨儿 do^{22} ĩ^{22} 细姨儿 ɕiə^{44} ĩ^{22}	大姨夫儿 do^{22} iᴇʔ^{2} fɛ̃^{241} 细姨夫儿 ɕiə^{44} iᴇʔ^{2} fɛ̃^{241}	兄弟 xaŋ^{44} diə^{22} 可包括姐妹
62 常山	大姨娘 dɔ^{22} i^{24} ȵiɑ̃^{0} 细姨娘 ɕie^{43} i^{24} ȵiɑ̃^{0}	大姨夫 dɔ^{22} i^{44} fuə^{44} 细姨夫 ɕie^{44} i^{44} fuə^{44}	兄弟 xĩ^{44} tie^{52}
63 开化	大姨 dɔ^{21} i^{53} 细姨 ɕiɛ^{44} i^{44}	细姨夫 ɕiɛ^{44} i^{44} fuo^{44}	兄弟 xɑ̃^{44} diɛ^{213}
64 丽水	姨娘 i^{21} ȵiɑ̃^{131} 小	姨夫儿 i^{21} fɔŋ^{52}	哥弟 ku^{44} di^{22}
65 青田	姨娘 i^{55} ȵi^{21}	姨夫 i^{21} fɛ^{55} 小	哥弟 ku^{33} di^{343}
66 云和	姨母儿 i^{44} moŋ^{24}	姨夫 i^{223} fu^{24}	哥弟 ku^{44} di^{231}

续表

方言点	0634 姨呼称，统称(无统称则记分称：比母大，比母小；已婚，未婚)	0635 姨父呼称，统称	0636 弟兄合称
67 松阳	娘姨 ȵiã^{21} i^{24}	娘姨父儿 ȵiã^{33} i^{33} vuə^{21} n^{24}	哥弟 ku^{24} diɛ^{22}
68 宣平	大姨 do^{22} i^{52} 细姨 ɕia^{44} i^{52}	姨父 i^{43} fu^{324}	哥弟 ko^{44} di^{223}
69 遂昌	姨 i^{13}	姨夫 i^{21} fuə^{45}	哥弟 ku^{55} diɛ^{13}
70 龙泉	姨妈娘 ɿ^{45} mo^{21} ȵiaŋ^{21}	姨夫爷 ɿ^{44} fɤɯ^{45} io^{21}	哥弟 kou^{45} ti^{51}
71 景宁	大娘 do^{33} ȵiɛ^{41} 细娘 ɕi^{33} ȵiɛ^{41}	姨夫 i^{33} fu^{324}	哥弟 ko^{55} di^{33}
72 庆元	姨妈娘 i^{22} mo^{22} ȵiɑ̃^{55} 小	姨夫爷 i^{22} fɤ^{22} iɔ̃^{55} 小	哥弟 ko^{33} tiᴇ^{221}
73 泰顺	姨娘 i^{21} ȵiã^{213}	姨夫爷 i^{21} fø^{22} yɔ^{53}	兄弟哥 ɕioŋ^{22} ti^{21} ko^{213}
74 温州	阿娘 a^{3} ȵi^{33} 小	夫爷 fø^{33} i^{223}	兄弟 ɕioŋ^{42} dei^{14}
75 永嘉	姨娘儿 zɿ^{13} ȵiɛ^{22} ŋ^{0} 老 阿娘 a^{43} ȵiɛ^{44} 新	姨夫儿 zɿ^{13} fu^{33} ŋ^{0}	兄弟 ɕioŋ^{53} dei^{13}
76 乐清	姨娘 i^{24} ȵia^{212} 小	姨丈 i^{31} dʑiɯʌ^{24}	兄弟 ɕioŋ^{42} di^{24}
77 瑞安	娘 ȵiɛ^{212}	姨爹 i^{22} tei^{44}	兄弟儿 ɕioŋ^{33} dei^{13} ŋ^{212}
78 平阳	阿娘 ᴀ^{45} ȵie^{13}	姨爹 i^{21} ti^{55}	兄弟儿 soŋ^{33} di^{45} ŋ^{13}
79 文成	姨娘 i^{21} ȵie^{13}	姨夫 i^{21} fu^{33}	兄弟 soŋ^{33} dei^{33}
80 苍南	姨娘 i^{11} ȵiɛ^{112}	姨爹 i^{11} ti^{44}	兄弟儿 ɕioŋ^{44} di^{11} ŋ^{112}
81 建德徽	大姨 tʰu^{21} i^{55} 比母大 细姨 ɕie^{21} i^{55} 比母小	姨夫 i^{33} fu^{53}	兄弟 soŋ^{53} ti^{213} 弟兄 ti^{21} soŋ^{53}
82 寿昌徽	阿姨 ɑ^{3} i^{52}	姨夫 i^{11} fu^{112}	哥弟 ku^{11} tʰi^{55}
83 淳安徽	大姨满= tʰu^{53} i^{55} mã^{21} 比母大 细姨满= ɕiɑ^{21} i^{55} mã^{21} 比母小	大姨夫 tʰu^{53} i^{55} fu^{55} 细姨夫 ɕiɑ^{21} i^{55} fu^{55}	兄弟 ɕion^{24} tʰi^{21}
84 遂安徽	姨 i^{33}	姨夫 i^{33} fu^{33}	弟兄 tʰe^{55} fin^{33}
85 苍南闽	阿姨 a^{21} i^{24}	姨爹 i^{21} tia^{55}	兄弟 hĩã^{24} ti^{21}
86 泰顺闽	姨奶 i^{21} nai^{344}	姨夫爷 i^{21} xou^{22} ia^{22}	弟兄家 tei^{22} ɕiæŋ^{213} ka^{213}
87 洞头闽	阿姨 a^{53} i^{24}	姨丈 i^{212} tiɯŋ^{21}	兄弟仔 hĩã^{33} ti^{21} ia^{53}
88 景宁畲	娘姨 ȵia^{55} i^{325}	娘姨丈 ȵia^{55} i^{22} tɕʰiɔŋ^{325}	兄弟 xiaŋ^{44} tʰai^{51}

方言点	0637 姊妹合称，注明是否可包括男性	0638 哥哥呼称，统称	0639 嫂子呼称，统称
01 杭州	姊妹 tɕi^{55} mei^{0} 是	阿哥 aʔ^{3} kəu^{53}	阿嫂 aʔ^{3} sɔ^{53}
02 嘉兴	姊妹 tɕi^{33} mei^{33} 否	阿哥 ᴀʔ^{3} kou^{33} 大佬 dou^{13} lɔ^{21}	阿嫂 ᴀʔ^{5} sɔ^{21}
03 嘉善	姊妹 tɕi^{55} mɛ^{0} 否	阿哥 ɜʔ^{5} kə^{53} 呼称 大佬 du^{35} lɔ^{0} 统称	阿嫂 ɜʔ^{5} sɔ^{0}
04 平湖	姊妹 tsɿ^{44} me^{53} 是	阿哥 a^{55} kəɯ^{0}	嫂嫂 sɔ^{44} sɔ^{53}
05 海盐	姊妹 tɕi^{53} me^{334} 是	阿哥 ɑ^{55} ke^{21} 阿哥 ɑ^{55} ku^{21}	阿嫂 aʔ^{5} sɔ^{334}
06 海宁	姊妹 tɕi^{55} mei^{0} 否	阿哥 aʔ^{5} kəu^{55}	阿嫂 aʔ^{5} sɔ^{55} 老 嫂嫂 sɔ^{55} sɔ^{55} 新
07 桐乡	姊妹 tsi^{44} mi^{0} 否	阿哥 a^{44} kɤɯ^{44}	阿嫂 aʔ^{3} sɔ^{53}
08 崇德	姊妹 tɕi^{55} mi^{0} 是	阿哥 aʔ^{3} kɤɯ^{44}	阿嫂 aʔ^{3} sɔ^{53}
09 湖州	姊妹 tɕi^{53} mei^{31} 否	哥哥 ka^{44} ka^{44} 阿哥 aʔ^{5} ka^{44}	阿嫂 aʔ^{5} sɔ^{53}
10 德清	阿姊妹子 aʔ^{5} tɕi^{35} mɛ^{53} tsɿ^{0} 否	阿哥 aʔ^{3} kəu^{44}	阿嫂 aʔ^{5} sɔ^{53}
11 武康	阿姊妹子 aʔ^{5} tɕi^{53} mɛ^{33} tsɿ^{35} 否	阿哥 aʔ^{5} ku^{44}	阿嫂 aʔ^{5} sɔ^{53}
12 安吉	姊妹 tɕi^{52} me^{21} 否	阿哥 ɐʔ^{3} kʊ^{55}	阿嫂 ɐʔ^{3} sɔ^{52}
13 孝丰	姊妹 tɕi^{45} me^{21} 否	阿哥 aʔ^{3} ku^{44}	阿嫂 aʔ^{3} sɔ^{52}
14 长兴	姊妹 tʃʅ^{45} mei^{21} 否	哥哥 ka^{44} ka^{44}	嫂嫂 sɔ^{45} sɔ^{21}
15 余杭	姊妹 tsi^{35} mɛ^{0} 否	哥哥 kɤ^{55} kɤ^{55} “哥”韵殊	阿嫂 aʔ^{5} sɔ^{53}
16 临安	姐妹 tɕi^{55} mᴇ^{33} 否	阿哥 ɐʔ^{5} ko^{55}	阿嫂 ɐʔ^{5} sɔ^{33}
17 昌化	姊妹 tsɿ^{45} mɛ^{53} 否	阿哥 aʔ^{3} kɯ^{334}	嫂嫂 sɔ^{45} sɔ^{53}
18 於潜	姊妹 tɕi^{53} me^{24} 否	阿哥 ɐʔ^{53} ku^{433}	阿嫂 ɐʔ^{53} sɔ^{35}
19 萧山	姊妹 tɕi^{33} me^{42} 否	阿哥 aʔ^{5} ko^{33} 哥哥 ko^{33} ko^{33}	阿嫂 aʔ^{5} sɔ^{33}
20 富阳	姊妹 tɕi^{423} mɛ^{335} 是	阿哥 aʔ^{5} kɯ^{53}	阿嫂 aʔ^{5} sɔ^{423}
21 新登	姊妹 tɕi^{334} me^{45} 是	阿哥 aʔ^{5} ku^{53}	阿嫂 aʔ^{5} sɔ^{334}
22 桐庐	姊妹 tɕi^{33} mᴇ^{55} 是	阿哥 a^{35} ku^{533}	阿嫂 a^{35} sɔ^{13}

续表

方言点	0637 姊妹合称，注明是否可包括男性	0638 哥哥呼称，统称	0639 嫂子呼称，统称
23 分水	姊妹 tɕi^{44} me^{24} 是	阿哥 a^{44} ko^{44} 哥哥 ka^{44} ka^{0}	嫂子 sɔ^{44} tsɿ^{0}
24 绍兴	姊妹 tɕi^{44} mᴇ^{31} 否	哥哥 ko^{44} ko^{31}	嫂嫂 sɔ^{44} sɔ^{31}
25 上虞	姊妹 tɕi^{33} me^{31} 否	哥 kʊ^{35}	嫂 sɔ^{35}
26 嵊州	姊妹 tɕi^{33} mᴇ^{231} 否	阿哥 ɛʔ^{3} ko^{534}	阿嫂 ɛʔ^{3} sɔ^{53}
27 新昌	姊妹 tsɿ^{33} me^{232} 否	哥 kɤ^{534}	嫂 sɔ^{453}
28 诸暨	姊妹 tʃʅ^{42} me^{21} 否	阿哥 aʔ^{21} kɤu^{42}	阿嫂 aʔ^{21} sɔ^{42}
29 慈溪	姊妹 tɕi^{33} məŋ^{53} 否，“妹”韵殊	哥哥 kəu^{33} kəu^{35}	嫂嫂 sɔ^{33} sɔ^{35}
30 余姚	姊妹 tɕi^{34} me^{53} 否	阿哥 aʔ^{5} kou^{34} 哥哥 kou^{34} kou^{53}	阿嫂 aʔ^{5} sɔ^{34}
31 宁波	姊妹 tɕi^{53} mɐi^{0} 否	阿哥 aʔ^{5} kəu^{35}	阿嫂 aʔ^{5} sɔ^{0}
32 镇海	姊妹 tɕi^{33} mei^{22} 否	阿哥 aʔ^{5} kəu^{35}	阿嫂 aʔ^{5} sɔ^{35}
33 奉化	姊妹家 tsɿ^{44} me^{31} ko^{0} 是	哥哥 kəu^{33} kəu^{44}	阿嫂 aʔ^{5} sʌ^{44}
34 宁海	姊妹 tsɿ^{53} mei^{24} 是	鞋⁼哥 a^{21} kɯ^{53}	嫂 sau^{53}
35 象山	姊妹 tsɿ^{44} mei^{44} 是	阿哥 aʔ^{5} ku^{44}	阿嫂 aʔ^{5} sɔ^{44}
36 普陀	姊妹 tɕi^{53} mæi^{0} 是	阿哥 a^{55} kəu^{0}	阿嫂 a^{55} sɔ^{0}
37 定海	姊妹 tɕi^{52} mɐi^{0} 是	阿哥 ɐʔ^{5} kʌu^{0}	阿嫂 ɐʔ^{5} sɔ^{0}
38 岱山	姊妹 tɕi^{52} mɐi^{0} 是	阿哥 ɐʔ^{3} kʌu^{52}	阿嫂 ɐʔ^{3} sɔ^{45}
39 嵊泗	姊妹 tɕi^{44} mɐi^{0} 是	阿哥 a^{44} kʌu^{0}	阿嫂 a^{44} sɔ^{0}
40 临海	姊妹 tsɿ^{42} me^{324} 否	哥 ko^{353} 小	嫂 sɔ^{353} 小
41 椒江	姊妹 tsɿ^{42} mə^{24} 否	阿哥 aʔ^{3} ko^{51} 小	阿嫂 aʔ^{3} sɔ^{51} 小
42 黄岩	姊妹 tsɿ^{42} me^{24} 否	阿哥 aʔ^{3} ko^{53} 小 哥哥 ko^{32} ko^{53} 小	嫂 sɔ^{42}
43 温岭	姊妹 tsɿ^{42} me^{13} 否	大大 dəʔ^{2} da^{13}	嫂 sɔ^{42}
44 仙居	姊妹 tsɿ^{31} mæ^{24} 否	哥哥 ko^{21} ko^{53}	大嫂 do^{21} sɐɯ^{53}
45 天台	姊妹 tsɿ^{32} mei^{35} 否	爱⁼ ei^{31}	嫂 sau^{51}
46 三门	姊妹 tsɿ^{32} me^{243} 否	哥 kʊ^{52}	嫂 sɑu^{52}

续表

方言点	0637 姊妹合称，注明是否可包括男性	0638 哥哥呼称，统称	0639 嫂子呼称，统称
47 玉环	姊妹 tsɿ^{53} me^{22}否	阿哥 aʔ^{3} ko^{53}小	阿嫂 aʔ^{3} sɔ^{53}小
48 金华	姊妹 tɕi^{55} mɛ^{14}是	哥哥 kɑ^{33} kɑ^{55}	嫂嫂 sɑo^{53} sɑo^{55}
49 汤溪	姊妹 tsi^{52} mɛ^{341}是	哥 kuɤ^{24}	嫂 sɔ^{535}
50 兰溪	姊妹 tɕi^{55} me^{24}是	哥哥 kɑ^{334} kɑ^{45}	嫂嫂 sɔ^{55} sɔ^{55}
51 浦江	姊妹 tʃi^{55} ma^{55}是	哥哥 kɯ^{55} kɯ^{334}	嫂嫂 so^{55} so^{55}
52 义乌	姊妹 tsi^{45} mɛ^{44}否	哥 ko^{335}	嫂儿 son^{45}
53 东阳	姊妹 tsi^{55} me^{53}是	阿哥 aʔ^{34} ko^{35}	大嫂 dʊ^{23} sɐɯ^{33}
54 永康	姊妹 dʑi^{31} məi^{241}是	阿哥 a^{33} guo^{241}小	大嫂 duo^{31} sɑu^{334}
55 武义	姊妹 tɕi^{53} ma^{231}是	哥哥 kuɑ^{55} kuɑ^{53}	嫂儿嫂儿 sen^{55} sen^{53}
56 磐安	姊妹 tɕi^{55} me^{0} 是 姊妹伙落$^{=}$ tɕi^{33} me^{55} xuɤ^{55} luə^{213}是	阿哥 a^{33} kuɤ^{445}	嫂 so^{334} 大嫂 tuɤ^{55} so^{334}
57 缙云	姊妹 tsɿ^{51} mei^{213}是	哥 ku^{44}	嫂 ɕiəɤ^{51}
58 衢州	姊妹 tsɿ^{35} me^{21}是	哥哥 ku^{32} ku^{53}	嫂嫂 sɔ^{35} sɔ^{21}
59 衢江	姊妹 tsɿ^{33} mei^{231}否	哥哥 kou^{33} kou^{53}	大嫂 dou^{22} sɔ^{25}
60 龙游	姊妹 dʑi^{22} mei^{231}是	哥哥 kɑ^{33} kɑ^{51}	嫂嫂 zɔ^{22} sɔ^{35}
61 江山	姊妹 tɕi^{44} mᴇ^{31}否	哥 ko^{51}呼称 兄哥 xaŋ^{44} ko^{44}统称	兄嫂儿 xaŋ^{44} sũɛ^{44}
62 常山	姊妹 tɕi^{43} mue^{131}是	哥哥 kɑ^{3} kɑ^{52} 兄哥 xĩ^{44} kɔ^{44}	嫂嫂 suə^{4} suə^{45}
63 开化	姊妹 tɕi^{44} mɛ^{213}是	哥哥 kə^{4} kɑ^{53}	兄嫂 xã^{44} suo^{53}
64 丽水	姊妹 tsɿ^{44} mei^{131}是	大哥 duɔ^{22} ku^{224}	嫂嫂 səʔ^{4} səʔ^{5}
65 青田	姊妹 tsɿ^{33} mɛ^{22}是	阿哥 aʔ^{3} ko^{55}小	阿嫂 aʔ^{3} sœ^{454}
66 云和	姊妹 tsɿ^{44} ma^{223}是	哥哥 ku^{44} ku^{45}小	嫂嫂 sɑɔ^{44} sɑɔ^{24}小
67 松阳	姊妹 tsɿ^{33} mɛ^{13}是	哥哥 ku^{33} ku^{24}	嫂嫂 sʌ^{33} sʌ^{212}
68 宣平	姊妹 tsɿ^{44} mei^{231}是	哥哥 ko^{22} ko^{52}	嫂嫂 sɔ^{44} sɔ^{445}
69 遂昌	姊妹 tsɿ^{55} mei^{213}是	哥 ku^{45}	嫂 sɐɯ^{533}

续表

方言点	0637 姊妹合称，注明是否可包括男性	0638 哥哥呼称，统称	0639 嫂子呼称，统称
70 龙泉	姊妹 dzɿ^{21} mᴇ^{224} 否	哥 gou^{224}	坑$^{=}$嫂儿 k^{h}aŋ^{45} zɑʌ^{21} ȵi^{21}
71 景宁	姊妹 tsɿ^{33} mai^{35} 是	哥 ko^{324}	嫂 sɑu^{45} 小
72 庆元	姊妹 tsɿ^{33} mæi^{31} 是	哥 ko^{335}	嫂 sɒ^{33}
73 泰顺	姊妹 tsɿ^{22} mɛ^{22} 否 姊妹哥 tsɿ^{22} mɛ^{21} ko^{213} 是	阿哥 aʔ^{2} ko^{213}	阿嫂 aʔ^{2} sɑɔ^{55}
74 温州	姊妹 tsɿ^{42} mai^{22} 是	阿哥 a^{3} ku^{33}	阿嫂 a^{3} sɜ^{25}
75 永嘉	姊妹 tsɿ^{53} mai^{22} 否	阿哥 a^{43} ko^{44} 老 阿哥 a^{43} ku^{44} 新	阿嫂 a^{43} sə^{45}
76 乐清	姊妹 tsɿ^{42} mai^{22} 否	阿哥 a^{3} ko^{44}	阿嫂 a^{3} sɤ^{35}
77 瑞安	姊妹 tsɿ^{53} me^{22} 是	阿哥 a^{3} kɯ^{44}	阿嫂 a^{3} sɛ^{35}
78 平阳	姊妹儿 tsɿ^{33} mai^{45} ŋ^{13} 是	阿哥 ᴀ^{21} ku^{45}	阿嫂 ᴀ^{21} sɛ^{45}
79 文成	姊妹 tsɿ^{33} mai^{21} 是	阿大 a^{21} duo^{424}	阿嫂 a^{21} sɛ^{424}
80 苍南	姊妹儿 tsɿ^{44} mai^{11} ŋ^{112} 是	□哥 tia^{33} ku^{44} 阿□ a^{3} tia^{44} 阿哥 a^{3} ku^{44}	阿嫂 a^{3} sɛ^{53}
81 建德徽	姊妹 tɕi^{21} me^{55} 否	大哥 tɑ^{21} ku^{55}	嫂嫂 sɔ^{55} sɔ^{53}
82 寿昌徽	姊妹 tɕi^{33} miæ^{33} 是	哥哥 kɑ^{33} kɑ^{55}	嫂嫂 sɤ^{33} sɤ^{24}
83 淳安徽	姊妹 tsa^{55} mie^{21} 否	哥哥 ku^{43} ku^{24}	嫂嫂 sɤ^{55} sɤ^{21}
84 遂安徽	姊妹 tsɿ^{21} məɯ^{24} 是	长长 tsɑ^{21} tsɑ^{24}	嫂嫂 sɔ^{21} sɔ^{24}
85 苍南闽	姊妹 tɕi^{24} bə^{21} 是	哥 ko^{55}	嫂 so^{43}
86 泰顺闽	姊妹哥 tɕi^{21} mɔi^{34} kou^{213} 否	阿哥 a^{21} kou^{213}	阿嫂 a^{21} sou^{344}
87 洞头闽	姊妹仔 tɕi^{21} bə^{21} a^{53} 是	阿哥仔 a^{21} ko^{33} a^{33}	阿嫂仔 a^{21} so^{53} a^{21}
88 景宁畲	姊妹 tɕi^{55} moi^{22} 否	哥 ko^{445} 小	嫂 sau^{55} 小

方言点	0640 弟弟叙称	0641 弟媳叙称	0642 姐姐呼称,统称
01 杭州	阿弟 aʔ^{3}di^{45}	弟新妇 di^{13}ɕiŋ^{55}vu^{0}	阿姊 aʔ^{3}tɕi^{53}
02 嘉兴	阿弟 ᴀʔ^{5}di^{21} 兄弟 ɕioŋ^{42}di^{21}	弟媳妇 di^{21}ɕieʔ^{5}vu^{21}	阿姊 ᴀʔ^{5}tɕi^{21}
03 嘉善	兄弟 ɕioŋ^{35}di^{53}	弟新妇 di^{22}ɕin^{35}u^{31}	阿姐 ɜʔ^{5}tɕia^{0}
04 平湖	兄弟 ɕioŋ^{53}di^{0}	弟新妇 di^{21}sin^{53}u^{0}	阿姊 a^{55}tsi^{0}
05 海盐	兄弟 ɕioŋ^{53}di^{21}	弟新妇 di^{53}ɕin^{53}u^{21}	阿姊 ɑ^{55}tɕi^{21}
06 海宁	兄弟 ɕioŋ^{55}di^{55}	弟媳 di^{13}ɕi^{55} 弟媳妇 di^{13}ɕi^{55}vu^{55}	阿姊 aʔ^{5}tɕi^{55}
07 桐乡	兄弟 ɕioŋ^{44}di^{44}	弟媳妇 di^{242}si^{44}u^{44}	阿姊 aʔ^{3}tsi^{53}
08 崇德	兄弟 ɕioŋ^{44}di^{44}	弟媳妇 di^{24}ɕi^{0}vu^{0}	阿姊 aʔ^{3}tɕi^{53}
09 湖州	兄弟 ɕioŋ^{44}di^{44}	弟娘子 di^{35}ȵiã^{53}tsɿ^{13}	阿姐 aʔ^{5}tɕia^{53}
10 德清	兄弟 ɕioŋ^{44}di^{44}	弟媳妇 di^{35}ɕi^{53}vəu^{0}	阿姊 aʔ^{5}tɕi^{53}
11 武康	兄弟 ɕioŋ^{44}di^{44}	弟媳妇 di^{13}ɕi^{53}u^{31}	阿姊 aʔ^{5}tɕi^{53}
12 安吉	阿弟 ɐʔ^{3}di^{243}	弟新妇 di^{24}ɕiŋ^{55}vu^{22}	阿姊 ɐʔ^{3}tɕi^{52}
13 孝丰	弟弟 di^{24}di^{52}	弟媳妇 di^{24}ɕieʔ^{5}vu^{21}	阿姊 aʔ^{3}tɕi^{52}
14 长兴	弟弟 dʅ^{24}dʅ^{21}	弟媳妇 dʅ^{24}ʃʅ^{44}vu^{21}	姐姐 tʃia^{45}tʃia^{21}
15 余杭	兄弟 ɕioŋ^{55}di^{33}	弟媳妇 di^{33}ɕi^{55}vu^{31}	姊姊 tsi^{55}tsi^{55}小
16 临安	兄弟 ɕioŋ^{53}di^{13}	弟新妇 di^{33}ɕieŋ^{55}vu^{55}	阿姊 ɐʔ^{5}tɕi^{55}
17 昌化	弟囡$^{=}$ di^{23}nɔ̃^{453}	弟新妇 di^{23}ɕiəŋ^{33}vu^{53}	阿姊 aʔ^{3}tsɿ^{453}
18 於潜	阿弟 ɐʔ^{53}di^{24}	弟媳妇 di^{24}ɕieʔ^{53}vu^{31}	阿姊 ɐʔ^{53}tɕi^{53}
19 萧山	阿弟 aʔ^{5}di^{13}	弟新妇 di^{13}ɕiŋ^{33}u^{21}	阿姊 aʔ^{5}tɕi^{33}
20 富阳	兄弟 ɕyoŋ^{55}di^{31}	弟新妇 di^{224}ɕin^{55}vu^{53}	阿姊 aʔ^{5}tɕi^{423}
21 新登	兄弟 soŋ^{53}di^{13}	弟新妇 di^{13}seiŋ^{53}vu^{13}	阿姊 aʔ^{5}tɕi^{334} 姊姊 tɕi^{334}tɕi^{45}
22 桐庐	弟郎 di^{21}lã^{13}	弟媳妇 di^{21}ɕiəʔ^{5}vu^{55}	阿姊 a^{35}tɕi^{33}
23 分水	弟郎 di^{24}lã^{21}	弟媳妇 di^{24}ɕi^{21}u^{24}	阿姊 a^{44}tɕi^{53}

续表

方言点	0640 弟弟叙称	0641 弟媳叙称	0642 姐姐呼称,统称
24 绍兴	阿弟 ɛʔ^{3}ti^{334} 弟弟 di^{24}di^{31}	弟新妇 di^{24}ɕiŋ^{33}u^{31}	姊姊 tɕi^{44}tɕi^{31} 阿姊 ɛʔ^{3}tɕi^{334}
25 上虞	阿弟 aʔ^{2}di^{213}	弟新妇 di^{21}ɕiŋ^{33}vu^{31}	姊姊 tɕi^{33}tɕi^{33}
26 嵊州	阿弟 ɛʔ^{3}di^{24}	弟新妇 di^{24}ɕiŋ^{44}u^{31}	阿姊 ɛʔ^{3}tɕi^{53}
27 新昌	弟 di^{232}	弟新妇 di^{22}ɕiŋ^{45}u^{31}	姐 tɕia^{453}
28 诸暨	兄弟 ɕiom^{42}dɿ^{33}	弟妇 dɿ^{13}vu^{42}	阿姊 aʔ^{21}tʃɿ^{42}
29 慈溪	阿弟儿 aʔ^{2}diŋ^{13}	弟新妇 di^{13}ɕiŋ^{33}vu^{53}	姊姊 tɕi^{33}tɕi^{35} 阿姊 aʔ^{5}tɕi^{0}
30 余姚	阿弟 aʔ^{5}di^{13} 阿弟儿 aʔ^{5}də̃^{13}	弟新妇 di^{13}ɕiə̃^{44}vu^{13}	阿姊 aʔ^{5}tɕi^{0} 姊姊 tɕi^{34}tɕi^{44}
31 宁波	阿弟 aʔ^{5}di^{13}	弟新妇 di^{13}ɕiŋ^{44}vu^{13}	阿姐 aʔ^{5}tɕia^{0}
32 镇海	阿弟 aʔ^{5}di^{24}	弟新妇 di^{24}ɕiŋ^{33}vu^{22}	阿姐 aʔ^{5}tɕia^{35}
33 奉化	阿弟 aʔ^{5}di^{24}	弟新妇 di^{33}ɕiŋ^{44}lu^{33}	姐姐 tɕia^{33}tɕia^{44}
34 宁海	弟 di^{31}	弟搜=妇 di^{2}seu^{33}vu^{31}	鞋=姐 a^{21}tɕia^{53}
35 象山	阿弟 aʔ^{5}di^{13}	弟新妇 di^{13}səŋ^{53}lu^{31}	阿姐 aʔ^{5}tɕia^{53}
36 普陀	阿弟 ɐʔ^{3}di^{45}	弟新妇 di^{23}ɕiŋ^{55}vu^{55}	阿姊 a^{55}tɕi^{0}
37 定海	阿弟 ɐ^{3}di^{23}	弟新妇 di^{23}ɕiŋ^{44}vu^{44}	阿姊 ɐʔ^{5}tɕi^{0}
38 岱山	阿弟 ɐ^{3}di^{23}	弟新妇 di^{23}ɕiŋ^{44}vu^{44}	阿姊 ɐʔ^{5}tɕi^{52}
39 嵊泗	阿弟 ɐʔ^{3}di^{243}	弟新妇 di^{24}ɕiŋ^{44}vu^{44}	阿姊 a^{44}tɕi^{0}
40 临海	弟 di^{353}小	婶 ɕiŋ^{353}小	姐 tɕia^{353}小 阿姐 aʔ^{3}tɕia^{353}小
41 椒江	弟 di^{41}小	婶 ɕiŋ^{51}小	阿姐 aʔ^{3}tɕia^{51}小
42 黄岩	弟 di^{41}小	婶 ɕin^{53}小	阿姐 aʔ^{3}tɕia^{53}小 姐姐 tɕia^{42}tɕia^{53}小
43 温岭	弟 di^{41}小	婶 ɕin^{51}小	姐姐 tɕie^{42}tɕie^{15}小

续表

方言点	0640 弟弟叙称	0641 弟媳叙称	0642 姐姐呼称,统称
44 仙居	小弟 ɕiɐɯ^{31}di^{353} 小	小弟老婆 ɕiɐɯ^{31}di^{353}lɐɯ^{31}bo^{213}	姐姐 tɕi^{31}tɕi^{53}
45 天台	弟 di^{31}	弟新妇 di^{21}ɕiu^{33}vu^{214}	㚤 da^{51}
46 三门	弟 di^{252}	弟嫂 di^{21}sɑu^{325}	姐 tɕia^{52}
47 玉环	阿弟 aʔ^{3}di^{41} 小	弟嫂 di^{31}sɔ^{53}	阿姐 aʔ^{3}tɕia^{53} 小
48 金华	弟 tie^{535}	弟妇 tie^{33}fu^{535}	姊姊 tɕi^{33}tɕi^{55}
49 汤溪	弟 die^{113}	弟妇 die^{11}vu^{113}	姊 tsi^{535}
50 兰溪	弟 tie^{55}	弟妇 tie^{55}fu^{55}	阿姊 ɑ^{45}tɕi^{0}
51 浦江	弟弟儿 di^{11}din^{243}	弟妇 di^{11}u^{243}	姊姊 tʃi^{33}tʃi^{55}
52 义乌	弟儿 din^{24} 弟 di^{312}	弟妇 di^{24}bu^{312}	姊 tsi^{45}
53 东阳	弟儿 din^{24}	弟妇 di^{23}vu^{33}	阿姊 a^{33}tsi^{53}
54 永康	弟 die^{113}	弟妇 die^{31}vu^{113}	阿姊 a^{33}tɕi^{52}
55 武义	弟 die^{13}	弟妇 die^{53}vu^{13}	姊姊 tɕi^{55}tɕi^{53}
56 磐安	弟儿 din^{14} 小弟儿 ɕio^{33}din^{14}	弟妇 ti^{55}fu^{334}	阿姊儿 a^{33}tɕin^{52}
57 缙云	弟 diɛ^{31}	弟妇 diɛ^{21}vu^{31}	姊 tsɿ^{45} 小
58 衢州	兄弟 ɕyoŋ^{32}ti^{53}	弟妇 di^{231}vu^{21}	大姊 dɑ^{231}tsɿ^{35}
59 衢江	弟 die^{212}	弟妇 die^{22}vɤ^{212}	姊 tsɿ^{25}
60 龙游	阿弟 əʔ^{4}diɑ^{224}	弟妇 diɑ^{22}vu^{224}	阿姊 əʔ^{4}tɕi^{21}
61 江山	弟哥 diə^{22}ko^{44}	弟妇 diə^{22}və^{22}	姊 tɕi^{51}
62 常山	弟哥 die^{22}kɔ^{44}	弟妇 die^{22}vuə^{24}	大姊 dɑ^{22}tɕi^{52}
63 开化	老弟 ləɯ^{21}diɛ^{213}	弟妇 diɛ^{21}vuo^{213}	大姊 dɑ^{21}tɕi^{53}
64 丽水	弟弟 diʔ^{21}diʔ^{23}	弟妇 di^{22}vu^{22}	踏$^{=}$踏$^{=}$ dɔʔ^{21}dɔʔ^{23}
65 青田	阿弟 aʔ^{3}di^{343}	弟新妇 di^{33}saŋ^{33}vu^{454}	阿姊 aʔ^{3}tsɛ^{55} 小

续表

方言点	0640 弟弟叙称	0641 弟媳叙称	0642 姐姐呼称，统称
66 云和	老弟 lɑɔ^{44}ti^{45}小	弟新妇 di^{223}səŋ^{44}vu^{231}	大姊 də^{223}tsɿ^{45}小
67 松阳	弟弟 diɛ^{22}diɛ^{24}	弟新妇 diɛ^{21}ɕin^{24}vuə^{22}	姊姊 tsɿ^{33}tsɿ^{24}
68 宣平	弟弟 di^{22}ti^{52}	弟妇 di^{22}vu^{223}	大姊 da^{22}tsɿ^{52}
69 遂昌	弟 diɛ^{13}	弟妇 diɛ^{22}vuə^{13}	姊 tsɿ^{45}
70 龙泉	弟 ti^{51}	弟新妇 di^{21}ɕin^{45}fɤɯ^{51}	姊 tsɿ^{45}小
71 景宁	弟 di^{33}	弟新妇 di^{33}saŋ^{55}vu^{33}	姊 tsɿ^{33}
72 庆元	弟 tiᴇ^{221}	弟新妇 tiᴇ^{22}ɕiəŋ^{33}fɤ^{221}	姊 tsɿ^{33}
73 泰顺	阿弟 aʔ^{2}ti^{21}	阿弟新娘 aʔ^{2}ti^{22}ɕiŋ^{22}ȵiã^{53}	阿姊 aʔ^{2}tsɿ^{55}
74 温州	阿弟 a^{3}dei^{14}	弟新妇 dei^{22}saŋ^{42}vø^{14}	阿姹 a^{3}tsa^{33}
75 永嘉	阿弟 a^{43}dei^{13}	弟新妇 dei^{22}saŋ^{53}u^{13}	阿姹 a^{43}tsa^{44}
76 乐清	兄弟 ɕioŋ^{42}di^{24}	弟新妇 di^{22}saŋ^{42}vu^{24}	阿姹 a^{3}tɕia^{44}
77 瑞安	阿弟 a^{3}dei^{13}	弟新妇 dei^{22}saŋ^{53}ʏ^{13}	阿姹 a^{3}tsa^{44}
78 平阳	阿弟 ᴀ^{21}di^{13}	弟新妇 di^{13}saŋ^{45}vu^{13}	阿姊 ᴀ^{21}tsɿ^{35}
79 文成	阿弟 a^{21}dei^{13}	弟新妇 dei^{13}saŋ^{33}vu^{13}	阿姊 a^{21}tsɿ^{424}
80 苍南	阿弟 a^{3}di^{24}	弟□囡儿 di^{11}dʑy^{24}nia^{33}ŋ^{112}	阿姐 a^{3}tɕi^{53}
81 建德徽	弟 ti^{213}	弟新妇 ti^{21}ɕin^{53}fu^{213} 弟妇 ti^{21}fu^{33}	大姊 tɑ^{21}tɕi^{55}
82 寿昌徽	阿弟 ɑ^{3}tʰi^{534}	弟妇 tʰi^{33}fu^{534}	阿姊 ɑ^{3}tɕi^{55}
83 淳安徽	弟弟 tʰiɑ^{55}tʰiɑ^{21}	弟新妇 tʰiɑ^{55}ɕin^{55}fu^{21}	姊子 tsa^{43}tsɿ^{24}
84 遂安徽	弟 tʰe^{43}	弟新妇 tʰe^{55}ɕin^{52}fu^{33}	姊阿 tsɿ^{33}ɣɑ^{53}
85 苍南闽	弟 te^{32}	小婶 ɕio^{33}tɕin^{43}	姊 tɕi^{43}
86 泰顺闽	阿弟 a^{21}tei^{31}	弟新娘 tei^{21}sieŋ^{21}niæŋ^{344}	阿姊 a^{21}tɕi^{344}
87 洞头闽	小弟 ɕieu^{212}ti^{53}	小婶 ɕieu^{212}tɕin^{53}	阿姐 a^{212}tsa^{33}
88 景宁畲	弟 tʰai^{325}小	弟媳妇 ti^{51}ɕin^{44}fu^{325}	姊 tɕi^{55}小

方言点	0643 姐夫呼称	0644 妹妹叙称	0645 妹夫叙称
01 杭州	姊夫 tɕi^{55} fu^{0}	阿妹 aʔ^{3} mei^{45}	妹夫 mei^{13} fu^{53}
02 嘉兴	姊夫 tɕi^{33} fu^{42}	妹子 mei^{24} tsɿ^{21}	妹夫 mei^{21} fu^{42}
03 嘉善	姐夫 tɕia^{44} fu^{53}	妹子 mɛ^{35} tsɿ^{0} 小	妹夫 mɛ^{35} fu^{0} 小
04 平湖	姊夫 tsi^{44} fu^{0}	妹子 me^{24} tsɿ^{0}	妹夫 me^{24} fu^{0}
05 海盐	姊父 tɕi^{53} fu^{53}	妹子 me^{13} tsɿ^{21}	妹夫 me^{13} fu^{21}
06 海宁	姊夫 tɕi^{55} fu^{55}	妹子 mei^{33} tsɿ^{53}	妹夫 mei^{33} fu^{53}
07 桐乡	姊夫 tsi^{53} fu^{44}	妹子 mi^{21} tsɿ^{53}	妹夫子 mi^{21} fu^{44} tsɿ^{0}
08 崇德	姊夫 tɕi^{55} fu^{0}	妹子 mi^{21} tsɿ^{53}	妹夫子 mi^{21} fu^{33} tsɿ^{53}
09 湖州	姐夫 tɕia^{53} fəu^{113}	妹子 mei^{33} tsɿ^{35}	妹夫子 mei^{44} fəu^{44} tsɿ^{44}
10 德清	姊夫 tɕi^{35} fəu^{0}	阿妹 aʔ^{5} mɛ^{35}	妹夫 mɛ^{33} fəu^{35}
11 武康	姊夫 tɕi^{35} fu^{53}	阿妹 aʔ^{5} mɛ^{35}	妹夫 mɛ^{35} fu^{53}
12 安吉	姊夫 tɕi^{52} fu^{21}	妹妹 me^{55} me^{55}	妹夫 me^{21} fu^{213}
13 孝丰	姊夫 tɕi^{45} fu^{21}	妹妹 me^{44} me^{44}	妹夫 me^{32} fu^{213}
14 长兴	姐夫 tʃia^{45} fu^{21}	妹妹 mei^{21} mei^{24}	妹夫子 mei^{21} fu^{21} tsɿ^{24}
15 余杭	大哥 da^{33} kɤ^{55} “哥”韵殊	妹子 mɛ^{33} tsɿ^{35}	弟弟 di^{33} di^{31}
16 临安	姊夫 tɕi^{55} fu^{53}	阿妹 ɐʔ^{5} mᴇ^{33}	妹夫 mᴇ^{33} fu^{53}
17 昌化	姊夫 tsɿ^{45} fu^{53}	妹妹 mɛ^{23} mɛ^{453}	妹夫 mɛ^{23} fu^{453}
18 於潜	姊夫 tɕi^{53} fu^{31}	阿妹 ɐʔ^{53} me^{24}	妹夫 me^{24} fu^{35}
19 萧山	姊夫 tɕi^{33} fu^{21}	阿妹 aʔ^{5} me^{242}	妹夫 me^{21} fu^{42}
20 富阳	姊夫 tɕi^{423} fu^{55}	妹子 mɛ^{335} tsɿ^{53}	妹夫 mɛ^{335} fu^{53}
21 新登	姊夫 tɕi^{334} fu^{45}	妹子 me^{21} tsɿ^{45} 阿妹 aʔ^{5} me^{13}	妹夫 me^{21} fu^{45}
22 桐庐	姊夫 tɕi^{33} fu^{35}	妹子 mᴇ^{13} tsɿ^{55}	妹夫 mᴇ^{13} fu^{55}
23 分水	姊夫 tɕi^{44} fu^{0}	妹子 me^{24} tsɿ^{0}	妹夫 me^{24} fu^{0}

续表

方言点	0643 姐夫呼称	0644 妹妹叙称	0645 妹夫叙称
24 绍兴	阿哥 ɛʔ^{3}ko^{53} 姊夫 tɕi^{44}fu^{31}	阿妹 ɛʔ^{3}mᴇ^{22} 妹妹 mᴇ^{33}mᴇ^{33}	妹夫 mᴇ^{22}fu^{33}
25 上虞	姊夫 tɕi^{33}fu^{53}	阿妹 aʔ^{2}me^{31}	妹夫 me^{31}fu^{0}
26 嵊州	姊夫 tɕi^{33}fu^{53}	阿妹 ɛʔ^{3}mᴇ^{24}	妹夫 mᴇ^{24}fu^{334}
27 新昌	姊夫 tsɿ^{33}fu^{453}	妹 me^{13}	妹夫 me^{22}fu^{335}
28 诸暨	姊夫 tʃʅ^{33}fu^{42}	妹 me^{33}	妹夫 me^{33}fu^{33}
29 慈溪	姊夫 tɕi^{33}fu^{53}	阿妹儿 aʔ^{2}məŋ^{13}	妹夫 me^{11}fu^{35}
30 余姚	阿哥 aʔ^{5}kou^{0}	阿妹 aʔ^{5}me^{13} 阿妹儿 aʔ^{5}mə̃^{13}	妹夫 me^{13}fu^{44}
31 宁波	姐夫 tɕia^{33}fu^{53}	阿妹 aʔ^{5}mɐi^{13}	妹夫 mɐi^{13}fu^{53}
32 镇海	姐夫 tɕia^{33}fu^{53}	阿妹 aʔ^{5}mei^{24}	妹夫 mei^{22}fu^{53}
33 奉化	姐夫 tɕia^{44}fu^{44}	阿妹 aʔ^{5}me^{24}	妹夫 me^{33}fu^{35}
34 宁海	姐夫 tɕia^{33}fu^{53}	阿妹 a^{33}mei^{31}	妹夫 mei^{22}fu^{53}
35 象山	姐夫 tɕia^{53}fu^{44}	妹 mei^{44}	妹父 mei^{44}fu^{44}
36 普陀	阿哥 a^{55}kəu^{0}	妹妹 mæi^{55}mæi^{55}	妹夫 mæi^{11}fu^{55}
37 定海	阿哥 ɐʔ^{5}kʌu^{0} 姊夫 tɕi^{52}fu^{0}	阿妹 ɐʔ^{3}mɐi^{13} 妹妹 mɐi^{44}mɐi^{44}	妹夫 mɐi^{11}fu^{44}
38 岱山	姊夫 tɕi^{52}fu^{0}	阿妹 ɐʔ^{3}mɐi^{213}	妹夫 mɐi^{11}fu^{44}
39 嵊泗	姊夫 tɕi^{44}fu^{0}	妹妹 mɐi^{44}mɐi^{44}	妹夫 mɐi^{11}fu^{45}
40 临海	姊丈 tsɿ^{42}dʑiã^{353}小	妹 me^{51}小	姊丈 tsɿ^{42}dʑiã^{353}小
41 椒江	阿哥 aʔ^{3}ko^{51}小	姊妹 tsɿ^{42}mə^{24}	小姊丈 ɕiɔ^{42}tsɿ^{42}dʑiã^{41}小
42 黄岩	姊丈 tsɿ^{42}dʑiã^{41}小	妹 me^{41}小	姊丈 tsɿ^{42}dʑiã^{41}小
43 温岭	姊丈 tsɿ^{42}dʑiã^{41}小	妹 me^{41}小	姊丈 tsɿ^{42}dʑiã^{41}小
44 仙居	姊丈 tsɿ^{31}dʑia^{353}小	小妹 ɕiɐɯ^{31}mæ^{53}	姊丈 tsɿ^{31}dʑia^{353}小
45 天台	姊丈 tsɿ^{32}dʑia^{31}	妹 mei^{51}	姊丈 tsɿ^{32}dʑia^{31}

续表

方言点	0643 姐夫呼称	0644 妹妹叙称	0645 妹夫叙称
46 三门	姊丈 tsɿ^{32} dʑiɑ̃^{213}	妹 me^{252}	姊丈 tsɿ^{32} dʑiɑ̃^{213}
47 玉环	姊丈 tsɿ^{42} dʑia^{41} 小	妹 me^{41} 小	姊丈 tsɿ^{42} dʑia^{41} 小
48 金华	姊夫 tɕi^{55} fu^{334}	妹 mɛ^{14}	妹夫 mɛ^{53} fu^{55}
49 汤溪	姊夫 tsi^{52} fu^{24}	妹 mɛ^{341}	妹夫 mɛ^{11} fu^{52}
50 兰溪	姊夫 tɕi^{55} fu^{55}	妹 me^{24}	妹夫 me^{55} fu^{45}
51 浦江	姊夫 tʃi^{33} fu^{53}	妹妹 ma^{11} ma^{24}	妹夫 ma^{11} fu^{53}
52 义乌	姊夫 tsi^{45} fu^{335}	妹 mɛ^{24}	妹夫 mɛ^{24} fu^{335}
53 东阳	姊丈儿 tsi^{33} dʑiɔn^{53}	妹 me^{24}	妹夫 me^{23} fu^{33}
54 永康	姊夫 tɕi^{31} fu^{55}	妹 məi^{241}	妹夫 məi^{31} fu^{55}
55 武义	姊夫 tɕi^{53} fu^{24}	妹 ma^{231}	妹夫 ma^{55} fu^{24}
56 磐安	姊丈儿 tɕi^{33} dʑiɒn^{14}	妹 me^{14} 小妹儿 ɕio^{33} men^{14}	妹夫 me^{55} fu^{445}
57 缙云	姊夫 tsɿ^{51} fu^{44}	妹 mei^{213}	妹夫 mei^{21} fu^{44}
58 衢州	姊夫 tsɿ^{35} fu^{32}	妹儿 me^{231} ȵi^{21}	妹夫 me^{231} fu^{32}
59 衢江	姊夫 tsɿ^{33} fɤ^{33}	妹 mei^{231}	妹夫 mei^{22} fɤ^{33}
60 龙游	姊夫 dʑi^{22} fu^{334}	阿妹 əʔ^{4} mei^{21}	妹夫 mei^{22} fu^{334}
61 江山	姊夫儿 tɕi^{44} fɛ̃^{241}	女妹 nɒ^{22} mᴇ^{31}	女妹婿 nɒ^{22} mᴇ^{22} sᴇ^{51}
62 常山	姊夫 dʑi^{22} fuə^{44}	女妹 nɑ^{22} mue^{131}	女妹婿 nɑ^{22} mue^{24} se^{52}
63 开化	姊夫 tɕi^{44} fuo^{44}	女妹 nɑ^{21} mɛ^{213}	女妹夫 nɑ^{21} mɛ^{21} fuo^{44}
64 丽水	姊夫 tsɿ^{44} fu^{224}	妹妹 meʔ^{5} mei^{0}	妹夫 mei^{22} fu^{224}
65 青田	姊夫 tsɿ^{33} fɛ^{55} 小	姊妹 tsɿ^{33} mɛ^{22}	姊妹夫 tsɿ^{33} mɛ^{22} fu^{445}
66 云和	姊夫 tsɿ^{44} fu^{24}	妹囡 ma^{223} nɛ^{24}	妹夫 ma^{223} fu^{24}
67 松阳	姊夫儿 tsɿ^{33} fuə^{21} n^{24}	妹妹 mɛ^{22} mɛ^{212}	妹夫儿 mɛ^{22} fuə^{21} n^{24}
68 宣平	姊夫 tsɿ^{44} fu^{324}	妹 mei^{231}	妹夫 mei^{43} fu^{324}

续表

方言点	0643 姐夫呼称	0644 妹妹叙称	0645 妹夫叙称
69 遂昌	姊夫 tsɿ^{53}fuə^{45}	妹 mei^{213}	妹夫 mei^{21}fuə^{45}
70 龙泉	姊夫 dzɿ^{21}fɤɯ^{434}	妹 mᴇ^{224}	妹夫 mᴇ^{21}fɤɯ^{434}
71 景宁	姊夫 tsɿ^{55}fu^{324}	妹 mai^{35}	妹夫 mai^{55}fu^{324}
72 庆元	姊夫儿 tsɿ^{33}fæ̃^{55}	妹 mæi^{31}	妹夫儿 mæi^{33}fæ̃^{55}
73 泰顺	姊夫 tsɿ^{22}fø^{213}	阿妹 aʔ^{2}mɛ^{22}	妹夫 mɛ^{21}fø^{213}
74 温州	姊夫 tsɿ^{42}fø^{33}	阿妹 a^{3}mai^{22}	姊妹夫 tsɿ^{33}mai^{31}fø^{33}
75 永嘉	姊夫儿 tsɿ^{45}fu^{33}ŋ^{0}	阿妹 a^{43}mai^{22}	妹夫 mai^{31}fu^{44}
76 乐清	姊夫 tsɿ^{35}fu^{323}小	姊妹 tsɿ^{42}mai^{22}	姊妹夫 tsɿ^{33}mai^{31}fu^{44}
77 瑞安	姊夫 tsɿ^{53}fʏ^{44}	阿妹 a^{3}me^{22}	妹夫 me^{31}fʏ^{44}
78 平阳	姊夫儿 tsɿ^{45}foŋ^{13}	阿妹 ᴀ^{45}mai^{33}	妹夫儿 mai^{45}foŋ^{13}
79 文成	姐夫 tsɿ^{33}fu^{33}	阿妹 a^{21}mai^{21}	妹夫 mai^{42}fu^{33}
80 苍南	姊夫儿 tsɿ^{33}feŋ^{223}	阿妹 a^{3}mai^{11}	妹夫儿 mai^{11}feŋ^{223}
81 建德徽	姊夫 tɕi^{55}fu^{53}	妹 me^{55}	妹夫 me^{55}fu^{53}
82 寿昌徽	姊夫 tɕi^{33}fu^{112}	阿妹 ɑ^{3}miæ^{33}	妹夫 miæ^{33}fu^{112}
83 淳安徽	姊夫 tsa^{55}fu^{55}	妹妹 mie^{33}mie^{55}	妹夫 mie^{33}fu^{55}
84 遂安徽	姊夫 tsɿ^{33}fu^{24}	老妹 lɔ^{213}məɯ^{52}	老妹夫 lɔ^{213}məɯ^{52}fu^{33}
85 苍南闽	姊夫 tɕi^{33}hu^{55}	小妹 ɕio^{24}bə^{21}	妹婿 bə^{21}sai^{21}
86 泰顺闽	姊夫 tɕi^{22}xou^{213}	阿妹 a^{21}mɔi^{22}	妹夫 mɔi^{34}xou^{213} 妹婿 mɔi^{21}sei^{53}
87 洞头闽	姊夫仔 tɕi^{212}hu^{33}a^{33}	小妹 ɕieu^{35}bə^{21}	妹婿 bə^{21}sai^{21}
88 景宁畲	姊丈 tɕi^{55}tɕʰiɔŋ^{325}	妹 muɔi^{445}小	妹婿 muɔi^{445}sai^{325}

方言点	0646 堂兄弟叙称，统称	0647 表兄弟叙称，统称	0648 妯娌弟兄妻子的合称
01 杭州	堂兄弟 daŋ^{22} ɕioŋ^{33} di^{45}	表兄弟 piɔ^{55} ɕioŋ^{33} di^{0}	叔伯阿母 soʔ^{3} paʔ^{5} a^{55} m^{0}
02 嘉兴	堂兄弟 dᴀ̃^{21} ɕioŋ^{33} di^{42}	表兄弟 piɔ^{33} ɕioŋ^{33} di^{21}	伯母 bᴀʔ^{5} m^{21}
03 嘉善	堂房兄弟 dã^{13} vã^{31} ɕioŋ^{55} di^{0}	表兄弟 piɔ^{55} ɕioŋ^{35} di^{53}	伯母 paʔ^{5} m^{5}
04 平湖	堂弟兄 dɑ̃^{24} di^{44} ɕioŋ^{0}	表弟兄 piɔ^{44} di^{44} ɕioŋ^{0}	伯母 pa^{55} m^{53}
05 海盐	堂兄弟 dɑ̃^{24} ɕioŋ^{53} di^{21}	表兄弟 piɔ^{53} ɕioŋ^{53} di^{21}	伯母 paʔ^{5} m^{334}
06 海宁	堂兄弟 dɑ̃^{33} ɕioŋ^{55} di^{55}	表兄弟 piɔ^{55} ɕioŋ^{55} di^{56}	伯母 paʔ^{5} mu^{0}
07 桐乡	堂弟兄 dɒ̃^{21} di^{242} ɕioŋ^{44}	表弟兄 piɔ^{44} di^{0} ɕioŋ^{0}	伯母 paʔ^{3} m^{242}
08 崇德	堂弟兄 dã^{21} di^{24} ɕioŋ^{44}	表弟兄 piɔ^{55} di^{0} ɕioŋ^{0}	叔伯母 sɔʔ^{3} paʔ^{5} m^{0}
09 湖州	堂份兄弟 dã^{13} vən^{31} ɕioŋ^{44} di^{44}	表兄弟 piɔ^{53} ɕioŋ^{31} di^{33}	叔伯母 suoʔ^{4} paʔ^{5} m^{0}
10 德清	堂兄弟 dã^{33} ɕioŋ^{33} di^{44}	表兄弟 piɔ^{35} ɕioŋ^{53} di^{0}	叔伯阿母 suoʔ^{4} paʔ^{5} aʔ^{5} m^{0}
11 武康	堂兄弟 dã^{33} ɕioŋ^{33} di^{35}	表兄弟 piɔ^{35} ɕioŋ^{53} di^{31}	叔伯母 suoʔ^{4} pɜʔ^{5} m^{5}
12 安吉	老堂 lɔ^{52} dɔ̃^{21}	老表 lɔ^{22} piɔ^{52}	叔伯母 soʔ^{5} pɐʔ^{5} m^{213}
13 孝丰	堂兄弟 dɔ̃^{22} ɕioŋ^{22} di^{22}	表兄弟 piɔ^{45} ɕioŋ^{21} di^{21} 老表 lɔ^{32} piɔ^{52}	叔伯母 suoʔ^{5} paʔ^{5} m^{44}
14 长兴	堂兄弟 dɔ̃^{12} ʃioŋ^{22} dʅ^{24}	表兄弟 piɔ^{45} ʃioŋ^{55} dʅ^{21}	伯木$^{=}$娌 paʔ^{3} moʔ^{5} lʅ^{44}
15 余杭	堂弟兄 dɑ̃^{33} di^{31} ɕioŋ^{35}	表弟兄 piɔ^{55} di^{31} ɕioŋ^{0}	叔伯母 soʔ^{5} paʔ^{5} m^{31}
16 临安	堂兄弟 dã^{53} ɕioŋ^{53} di^{31}	表兄弟 piɔ^{53} ɕioŋ^{53} di^{31}	叔伯母 suɔʔ^{5} pɐʔ^{5} m^{55}
17 昌化	堂兄弟 dɔ̃^{11} ɕyəŋ^{33} di^{453}	表弟兄 piɔ^{45} di^{45} ɕyəŋ^{53} 老表 lɔ^{23} piɔ^{453}	叔伯母 suəʔ^{5} paʔ^{5} m^{453}
18 於潜	叔伯兄弟 suəʔ^{53} pɐʔ^{53} ɕioŋ^{43} di^{24}	老表 lɔ^{53} piɔ^{53}包括女性	叔伯母 suəʔ^{53} pɐʔ^{53} mu^{53}
19 萧山	堂兄弟 dɔ̃^{21} ɕioŋ^{33} di^{13}	表兄弟 piɔ^{33} ɕioŋ^{35} di^{21}	叔伯母 ɕyoʔ^{5} paʔ^{5} m^{21}
20 富阳	堂份弟兄 dɑ̃^{13} vən^{55} di^{55} ɕyoŋ^{55}	老表 lɔ^{224} piɔ^{423}包括女性	叔伯母 ɕyoʔ^{5} paʔ^{5} m^{224}
21 新登	堂弟兄 dɑ̃^{233} di^{21} soŋ^{45}	表弟兄 piɔ^{334} di^{21} soŋ^{45} 老表 lɔ^{334} piɔ^{334}	叔伯母 sɔʔ^{5} paʔ^{5} ŋ^{334}
22 桐庐	堂兄弟 dã^{21} ɕioŋ^{21} di^{35}	表兄弟 piɔ^{33} ɕioŋ^{33} di^{35}	叔伯母 ɕyəʔ^{5} paʔ^{3} mu^{33}

续表

方言点	0646 堂兄弟叙称，统称	0647 表兄弟叙称，统称	0648 妯娌弟兄妻子的合称
23 分水	堂兄弟 dã^{21} ɕioŋ^{44} di^{24}	表兄弟 piɔ^{53} ɕioŋ^{44} di^{24}	叔伯母 suəʔ^{5} puəʔ^{5} mu^{53}
24 绍兴	堂兄弟 dɑŋ^{22} ɕioŋ^{33} ti^{334}	表兄弟 piɔ^{44} ɕioŋ^{33} di^{31}	叔伯母 soʔ^{3} pɛ̃^{44} ŋ^{31}
25 上虞	堂兄弟 dɔ̃^{21} ɕyoŋ^{33} di^{213}	表兄弟 piɔ^{33} ɕyoŋ^{33} di^{31}	伯母 pa^{33} ŋ^{31}
26 嵊州	堂兄弟 dɔŋ^{22} ɕyoŋ^{33} di^{231}	表兄弟 piɔ^{33} ɕyoŋ^{44} di^{31}	叔伯母 soʔ^{5} paʔ^{3} m^{231}
27 新昌	堂兄弟 dɔ̃^{13} ɕyoŋ^{53} di^{232}	表兄弟 piɔ^{33} ɕyoŋ^{45} di^{31}	叔伯母 sɤʔ^{5} paʔ^{3} m^{232}
28 诸暨	老堂 lɔ^{33} dɑ̃^{33}	老表 lɔ^{21} piɔ^{42}	叔伯母 soʔ^{5} paʔ^{5} m^{42}
29 慈溪	堂兄弟 dɔ̃^{13} ɕiuŋ^{44} di^{0}	表兄弟 piɔ^{53} ɕiuŋ^{44} di^{13}	妯娌 dʑyoʔ^{2} li^{44}
30 余姚	老堂 lɔ^{13} dɔŋ^{13}	老表 lɔ^{13} piɔ^{34}	妯娌 dʑyoʔ^{2} li^{13}
31 宁波	堂兄弟 dɔ^{13} ɕyoŋ^{44} di^{0}	表兄弟 pio^{53} ɕyoŋ^{44} di^{0}	妯娌 dzoʔ^{2} li^{13}
32 镇海	堂兄弟 dɔ̃^{22} ɕyoŋ^{33} di^{31}	表兄弟 pio^{33} ɕyoŋ^{33} di^{31}	两叔伯母 liã^{24} soʔ^{5} paʔ^{5} m^{22}
33 奉化	叔伯堂兄弟 soʔ^{5} paʔ^{5} dɔ̃^{33} ɕyoŋ^{44} di^{31}	娘舅姨嬷表兄弟 ȵiã^{33} dʑiɤ^{31} i^{33} mo^{33} piɔ^{44} ɕyoŋ^{33} di^{31}	叔伯母 soʔ^{5} pã^{44} m^{31}
34 宁海	叔伯兄弟 ɕioʔ^{3} paʔ^{5} ɕioŋ^{33} di^{31}	表兄弟 pieu^{53} ɕioŋ^{33} di^{31}	叔伯母 ɕioʔ^{3} bã^{2} m^{31}
35 象山	叔伯兄弟 ɕyoʔ^{5} paʔ^{5} ɕyoŋ^{44} di^{13}	表兄弟 pio^{44} ɕyoŋ^{44} di^{13}	两叔伯母 liã^{31} ɕyoʔ^{5} paʔ^{5} m^{31}
36 普陀	堂房兄弟 dɔ̃^{24} vɔ̃^{0} ɕioŋ^{0} di^{0}	表兄弟 piɔ^{53} ɕioŋ^{0} di^{0}	叔伯阿母 soʔ^{5} pɐʔ^{0} ɐʔ^{0} m^{0}
37 定海	堂兄弟 dõ^{33} ɕyoŋ^{52} di^{0}	表兄弟 pio^{52} ɕyoŋ^{0} di^{0}	叔伯母 soʔ^{5} pã^{0} m^{0}
38 岱山	堂兄弟 dõ^{31} ɕyoŋ^{0} di^{0}	表兄弟 pio^{44} ɕyoŋ^{44} di^{44}	妯娌 dʑyoʔ^{2} li^{45}
39 嵊泗	堂兄弟 dõ^{33} ɕyoŋ^{53} di^{0}	表兄弟 pio^{44} ɕyoŋ^{44} di^{44}	妯娌 dʑyoʔ^{2} li^{45}
40 临海	堂兄弟 dɔ̃^{33} ɕyoŋ^{33} di^{31}	表兄弟 piə^{42} ɕyoŋ^{33} di^{31}	叔伯母 ɕyoʔ^{3} paʔ^{3} m^{42}
41 椒江	叔伯兄弟 soʔ^{3} paʔ^{3} soŋ^{33} di^{31}	表兄弟 piɔ^{42} soŋ^{33} di^{31}	两叔伯母 liã^{42} soʔ^{3} paʔ^{3} m^{42}
42 黄岩	叔伯兄弟 soʔ^{3} pəʔ^{3} ɕyoŋ^{33} di^{121}	表兄弟 piɔ^{42} ɕyoŋ^{33} di^{121}	两叔伯母 liã^{42} soʔ^{3} pəʔ^{3} m^{42}
43 温岭	叔伯兄弟 ɕyoʔ^{3} pəʔ^{3} ɕyuŋ^{33} di^{31}	表兄弟 piɔ^{42} ɕyuŋ^{33} di^{31}	两叔伯母 ȵiã^{42} ɕyoʔ^{3} pəʔ^{3} m^{42}

续表

方言点	0646 堂兄弟叙称，统称	0647 表兄弟叙称，统称	0648 妯娌弟兄妻子的合称
44 仙居	叔伯兄弟 ɕyɔʔ^{3} ɓaʔ^{3} ɕioŋ^{33} di^{213}	表兄弟 ɓiɐɯ^{31} ɕioŋ^{33} di^{213}	叔伯母 ɕyɔʔ^{3} ɓaʔ^{3} m^{324}
45 天台	堂兄弟 dɔ^{22} ɕyuŋ^{33} di^{214}	表兄弟 pieu^{21} ɕyuŋ^{33} di^{214}	叔伯母 ɕyuʔ^{5} paʔ^{5} m^{214}
46 三门	叔伯兄弟 ɕioʔ^{3} paʔ^{3} ɕioŋ^{33} di^{243}	表兄弟 piɑu^{32} ɕioŋ^{33} di^{213}	两叔伯母 liɑ̃^{32} ɕioʔ^{3} paʔ^{3} m^{325}
47 玉环	叔伯兄弟 ɕyoʔ^{3} pɐʔ^{3} ɕioŋ^{33} di^{31}	表兄弟 piɔ^{53} ɕioŋ^{33} di^{31}	叔伯母 ɕyoʔ^{3} pɐʔ^{3} m^{53}
48 金华	叔伯哥弟 ɕyəʔ^{4} pəʔ^{4} kuɤ^{33} tie^{535} 同祖父的 堂份哥弟 dɑŋ^{31} vəŋ^{14} kuɤ^{33} tie^{535} 同曾祖父的	表兄哥弟 piɑo^{55} ɕioŋ^{33} kuɤ^{33} tie^{535}	叔伯母 ɕyəʔ^{4} pəʔ^{4} m^{535}
49 汤溪	叔伯哥弟 ɕiou^{52} pa^{52} kuɤ^{33} die^{113}	表兄哥弟 pie^{52} ɕiɑo^{24} kuɤ^{33} die^{113}	叔伯母 ɕiou^{52} pa^{52} m^{24}
50 兰溪	叔伯哥弟 ɕyɤʔ^{34} pəʔ^{34} kuɤ^{334} tie^{55}	表生哥弟 piɔ^{55} sæ̃^{334} kuɤ^{334} tie^{55}	叔伯母 ɕyɤʔ^{34} pəʔ^{34} n^{45}
51 浦江	叔伯哥弟 ɕyɯ^{33} pɑ^{33} kɯ^{33} di^{243}	表哥表弟 pi^{33} kɯ^{33} pi^{33} di^{243}	叔伯母 ɕyɯ^{33} pɑ^{33} m^{243}
52 义乌	堂兄哥弟儿 dɑŋ^{w22} ɕioŋ^{33} kuɤ^{33} tin^{45}	表兄哥弟儿 pie^{42} ɕioŋ^{33} kuɤ^{33} tin^{45}	叔伯母 sau^{33} pɛ^{33} n^{312}
53 东阳	堂哥弟 dɔ^{22} ko^{33} di^{35}	表兄哥弟 piɔ^{33} hɐn^{44} ko^{33} di^{22}	叔伯儿 ɕiɔ^{33} pa^{53} n^{0}
54 永康	叔伯哥弟 su^{33} ɓai^{33} kuo^{33} die^{113}	表兄哥弟 ɓiɑu^{33} ɕyeŋ^{55} kuo^{33} die^{113}	叔伯母 su^{33} ɓai^{33} ŋ^{113}
55 武义	叔伯哥弟 sɔʔ^{5} pa^{53} kuo^{55} die^{13}	表兄哥弟 pie^{55} ɕyen^{55} kuo^{55} die^{13}	叔伯母 sɔʔ^{5} pa^{53} n^{13}
56 磐安	堂哥弟 dɒ^{22} kuɤ^{33} ti^{334}	表兄哥弟 pio^{55} xɐn^{33} kuɤ^{33} ti^{334}	叔伯母 sʌo^{33} pa^{33} n^{334}
57 缙云	叔伯哥弟 sou^{51} pa^{51} ku^{44} diɛ^{31}	表兄哥弟 pəɤ^{51} ɕyɛ^{44} ku^{44} diɛ^{31}	叔伯母 sou^{51} pa^{51} mu^{31}
58 衢州	堂兄弟 dɑ̃^{21} ɕyoŋ^{32} ti^{53} 叔伯兄弟 ʃyəʔ^{3} paʔ^{5} ɕyoŋ^{32} ti^{53}	表兄弟 piɔ^{35} ɕyoŋ^{32} ti^{53}	叔伯母 ʃyəʔ^{3} paʔ^{3} m^{53}

续表

方言点	0646 堂兄弟叙称，统称	0647 表兄弟叙称，统称	0648 妯娌弟兄妻子的合称
59 衢江	叔伯哥弟 ɕyəʔ^{3} paʔ^{5} kou^{33} die^{212}	表哥弟 piɔ^{33} kou^{33} die^{212}	叔伯母儿 ɕyəʔ^{3} paʔ^{5} məŋ^{212}
60 龙游	叔伯哥弟 sɔʔ^{4} pəʔ^{4} ku^{33} diɑ^{224}	表哥弟 piɔ^{33} ku^{33} diɑ^{224}	叔伯母 sɔʔ^{4} pəʔ^{4} m^{224}
61 江山	叔伯兄弟 ɕioʔ^{5} paʔ^{5} xaŋ^{44} diə^{22}	表兄弟 piɐɯ^{44} xaŋ^{44} diə^{22}	叔伯母儿 ɕioʔ^{5} paʔ^{5} moŋ^{22}
62 常山	堂兄弟 dã^{22} xĩ^{44} tie^{52}	表兄弟 piɤ^{43} xĩ^{44} tie^{52}	叔伯母 sɤʔ^{4} pɛʔ^{5} m^{24}
63 开化	叔伯兄弟 ɕyoʔ^{4} paʔ^{5} xã^{53} diɛ^{213}	表兄弟 piəɯ^{44} xã^{53} diɛ^{213}	叔伯母儿 ɕyoʔ^{4} paʔ^{5} mɤŋ^{213}
64 丽水	叔伯哥弟 ɕiuʔ^{4} paʔ^{5} ku^{44} di^{22}	表兄哥弟 piə^{44} ɕyn^{44} ku^{44} di^{22}	叔伯母娘 ɕiuʔ^{4} paʔ^{5} m^{44} ȵiã^{22}
65 青田	叔伯兄弟 ɕiuʔ^{4} ɓɛʔ^{4} ɕioŋ^{33} di^{343}	表兄弟 ɓiœ^{33} ɕioŋ^{33} di^{343}	叔伯母娘 ɕiuʔ^{4} ɓɛʔ^{4} m^{33} ȵi^{55}
66 云和	叔伯哥弟 ɕiəɯʔ^{4} paʔ^{5} ku^{44} di^{231}	表兄哥弟 piɑɔ^{44} ɕioŋ^{44} ku^{44} di^{231}	叔伯母 ɕiəɯʔ^{4} paʔ^{5} m^{41}
67 松阳	侄儿哥弟 dʑiʔ^{2} ȵiɛ^{33} ku^{24} diɛ^{22}	姑表哥弟 kuə^{33} piɔ^{33} ku^{24} diɛ^{22}	制$^{=}$伯母 tsʅə^{24} paʔ^{3} m^{22}
68 宣平	叔伯哥弟 ɕyəʔ^{4} paʔ^{5} ko^{44} di^{223}	表兄哥弟 piɔ^{44} ɕyən^{44} ko^{44} di^{223}	叔伯儿娘 ɕyəʔ^{4} paʔ^{5} n^{22} ȵiɑ̃^{433}
69 遂昌	叔伯哥弟 ɕiuʔ^{3} piaʔ^{5} ku^{55} diɛ^{13}	表哥弟 piɐɯ^{53} ku^{33} diɛ^{13}	大小新妇 du^{13} ɕiɐɯ^{53} ɕiŋ^{55} vuə^{13}
70 龙泉	叔伯哥弟 ɕiɤɯʔ^{3} paʔ^{5} kou^{45} ti^{51}	表哥弟 biɑʌ^{21} kou^{45} ti^{51}	知$^{=}$母 tɕi^{45} ŋ^{51}
71 景宁	叔伯哥弟 ɕiuʔ^{3} paʔ^{5} ko^{55} di^{33}	表兄弟 piɑu^{33} ɕyŋ^{55} di^{33}	叔伯母 ɕiuʔ^{3} paʔ^{5} m^{33}
72 庆元	叔伯哥弟 ɕiɯʔ^{5} ɓɑʔ^{5} ko^{33} tiᴇ^{221} 堂哥弟 tɔ̃^{52} ko^{33} tiᴇ^{221}	表哥弟 ɓiɒ^{33} ko^{33} tiᴇ^{221}	丈母娘 tɕiɑ̃^{22} moŋ^{33} ȵiɑ̃^{52} 兄嫂 ɕioŋ^{33} sɒ^{33}
73 泰顺	堂兄弟 tɔ̃^{21} ɕioŋ^{22} ti^{21} 叔伯兄弟 ɕiəuʔ^{2} paʔ^{5} ɕioŋ^{22} ti^{21}	表兄弟 piɑɔ^{22} ɕioŋ^{22} ti^{21}	叔伯母 ɕiəuʔ^{2} paʔ^{2} m^{55}

续表

方言点	0646 堂兄弟叙称,统称	0647 表兄弟叙称,统称	0648 妯娌弟兄妻子的合称
74 温州	叔伯兄弟 ɕiɤu^{3} pa^{3} ɕioŋ^{42} dei^{14}	表兄弟 piɛ^{33} ɕioŋ^{42} dei^{14}	叔伯母 ɕiɤu^{3} pa^{42} ŋ^{14}
75 永嘉	叔伯兄弟 ɕiəu^{43} pa^{43} ɕioŋ^{53} dei^{13}	表兄弟 pyə^{33} ɕioŋ^{53} dei^{13}	叔伯母 ɕiəu^{43} pa^{43} ŋ^{13}
76 乐清	叔伯兄弟 su^{3} pe^{33} ɕioŋ^{42} di^{24}	表兄弟 pɤ^{33} ɕioŋ^{42} di^{24}	叔伯母 su^{3} pe^{42} m^{24}
77 瑞安	亲房兄弟儿 tsʰaŋ^{33} vɔ^{21} ɕioŋ^{33} dei^{13} ŋ^{212}	表兄弟 pi^{33} ɕioŋ^{53} dei^{13}	叔伯母 sou^{3} pa^{3} ŋ^{13}
78 平阳	堂兄弟 do^{13} soŋ^{33} di^{13}	表兄弟 pie^{33} soŋ^{33} di^{13}	叔伯母 sɛu^{33} pᴀ^{42} ŋ^{13}
79 文成	叔伯兄弟 sou^{21} pa^{21} soŋ^{42} dei^{13}	表兄弟 pie^{33} soŋ^{33} dei^{13}	叔伯儿娘 sou^{21} pa^{21} n^{33} ȵie^{13}
80 苍南	叔伯兄弟 su^{3} pa^{3} ɕioŋ^{42} di^{24}	表兄弟 pyɛ^{42} ɕioŋ^{42} di^{24}	叔伯母 su^{3} pa^{3} ŋu^{24}
81 建德徽	叔伯兄弟 ɕyɐʔ^{3} pɑ^{55} soŋ^{53} ti^{213}	表兄弟 piɔ^{55} soŋ^{53} ti^{213}	叔伯母 ɕyɐʔ^{3} pɑ^{55} m^{55}
82 寿昌徽	叔伯哥弟 ɕiɔʔ^{3} pəʔ^{3} ku^{11} tʰi^{33}	表兄哥弟 piɤ^{33} ɕiɔŋ^{11} ku^{11} tʰi^{33}	伯儿母 pæ̃^{11} m^{55}
83 淳安徽	叔伯兄弟 soʔ^{3} pɑʔ^{5} ɕion^{24} tʰi^{21}	表兄弟 piɤ^{55} ɕion^{24} tʰi^{21}	叔伯母 soʔ^{3} pɑʔ^{5} mu^{21}
84 遂安徽	堂兄弟 tʰɑ̃^{33} ɕioŋ^{33} tʰiɛ^{33}	老表 lɔ^{33} piɔ^{213}	妯娌 tsə^{33} li^{52}
85 苍南闽	堂兄堂弟 tɑŋ^{21} hĩã^{55} tɑŋ^{21} te^{32}	表兄表弟 pio^{33} hĩã^{55} pio^{24} te^{32}	堂媳 tan^{21} sai^{21}
86 泰顺闽	堂兄弟 to^{21} ɕiæŋ^{22} tei^{31}	表兄弟 piɐu^{344} ɕiæŋ^{22} tei^{31}	叔伯母 tsøʔ^{3} pa^{21} n^{344}
87 洞头闽	叔爸兄弟仔 tɕiek^{5} pe^{33} hĩã^{21} ti^{21} ia^{33}	表兄弟仔 pieu^{21} hĩã^{21} ti^{21} ia^{33}	同婿仔 taŋ^{212} sai^{21} ia^{53}
88 景宁畲	叔伯兄弟 ɕyʔ^{5} paʔ^{5} xiaŋ^{44} tʰai^{44}	表兄弟 piəu^{55} xiaŋ^{44} tʰai^{44}	（无）

方言点	0649 连襟姊妹丈夫的关系，叙称	0650 儿子叙称	0651 儿媳妇叙称
01 杭州	连襟 liɛ^{22}tɕiŋ^{45}	儿子 əl^{22}tsɿ^{45}	新妇 ɕiŋ^{33}vu^{45}
02 嘉兴	连襟 lie^{21}tɕiŋ^{33}	儿子 ŋ^{13}tsɿ^{42}	新妇 ɕiŋ^{42}vu^{21}
03 嘉善	连襟 liɪ^{13}tɕin^{53}	儿子 n^{13}tsɿ^{53}	新妇 ɕin^{35}u^{53}
04 平湖	连襟 liɛ^{24}tɕin^{53}	儿子 ŋ^{24}tsɿ^{53}	新妇 sin^{53}u^{0}
05 海盐	连襟 liɛ^{24}tɕin^{53}	儿子 n^{24}tsɿ^{53}	新妇 ɕin^{53}u^{21}
06 海宁	连襟 lie^{33}tɕiŋ^{55}	儿子 ŋ^{33}tsɿ^{55}	媳妇 ɕi^{55}vu^{55}
07 桐乡	连襟 liᴇ^{21}tɕiŋ^{44}	儿子 ŋ^{21}tsɿ^{44}	媳妇 si^{44}u^{44} 媳妇大娘 si^{44}u^{44}da^{44}ȵiã^{0}
08 崇德	连襟 liɪ^{21}tɕiŋ^{44}	儿子 ŋ^{21}tsɿ^{44}	媳妇 ɕi^{44}vu^{44} 媳妇大娘 ɕi^{44}vu^{44}dɑ^{44}ȵiã^{44}
09 湖州	连襟 lie^{33}tɕin^{35}	儿子 n^{33}tsɿ^{35}	媳妇 ɕi^{44}vəu^{44}
10 德清	连襟 lie^{33}tɕin^{35}	儿子 n^{11}tsɿ^{35}	媳妇 ɕi^{44}vəu^{44}
11 武康	连襟 liɪ^{33}tɕin^{35}	儿子 n^{33}tsɿ^{35}	儿子媳妇 n^{55}tsɿ^{53}ɕi^{33}u^{35}
12 安吉	连襟 li^{22}tɕiŋ^{22}	儿子 ŋ^{22}tsɿ^{22}	新娘子 ɕiŋ^{55}ȵiã^{55}tsɿ^{55}
13 孝丰	连襟 liɪ^{22}tɕiŋ^{22}	儿子 ŋ^{22}tsɿ^{22}	新娘子 ɕiŋ^{44}ȵiã^{44}tsɿ^{44}
14 长兴	连襟 li^{12}tʃiŋ^{24}	儿子 n^{12}tsɿ^{33}	儿媳妇 n^{12}ʃʅ^{22}vu^{33}
15 余杭	连襟 liẽ^{33}tɕiŋ^{55}	儿子 n^{31}tsɿ^{35}	媳妇 ɕi^{55}vu^{33}
16 临安	连襟 lie^{31}tɕieŋ^{33}	儿子 ŋ^{31}tsɿ^{33}	新妇 ɕieŋ^{53}vu^{33}
17 昌化	两姨夫 liã^{45}i^{11}fu^{334} 连襟 liɪ̃^{11}tɕiəŋ^{334}	儿子 ŋ^{11}tsɿ^{453}	新妇 ɕiəŋ^{33}vu^{453}
18 於潜	姨夫 i^{22}fu^{35}	儿子 ɚ^{24}tsɿ^{454}	媳妇 ɕieʔ^{53}vu^{24}
19 萧山	两姨夫 liã^{21}i^{35}fu^{21}	儿子 n^{13}tsɿ^{42}	新妇 ɕiŋ^{33}u^{33}
20 富阳	姨夫 i^{13}fu^{55}	儿子 ŋ^{13}tsɿ^{55}	新妇 ɕin^{55}vu^{31}
21 新登	姨夫 i^{233}fu^{334}	儿子 ŋ^{233}tsɿ^{334}	新妇 seiŋ^{53}fu^{334}

续表

方言点	0649 连襟姊妹丈夫的关系，叙称	0650 儿子叙称	0651 儿媳妇叙称
22 桐庐	连襟 lie^{21}tɕiŋ^{35}	儿子 ŋ^{21}tsɿ^{35}	媳妇 ɕiəʔ^{5}vu^{33}
23 分水	姨夫佬 i^{21}fu^{22}lɔ^{0}	儿子 ɵ^{21}tsɿ^{0}	儿媳妇 ɵ^{21}ɕiəʔ^{5}vu^{13}
24 绍兴	连襟 liẽ^{22}tɕiŋ^{53}	儿子 ȵi^{22}tseʔ^{5}	新妇 ɕiŋ^{33}u^{334}
25 上虞	连襟 liẽ^{21}tɕiŋ^{35}	儿子 ȵi^{21}tsɿ^{35}	新妇 ɕiŋ^{33}vu^{35}
26 嵊州	姨夫家 i^{22}fu^{33}ko^{334}	儿子 ȵi^{22}tsəʔ^{5}	新妇 ɕiŋ^{53}u^{231}
27 新昌	姨夫 i^{13}fu^{33}	儿 ŋ^{22}	新妇 ɕiŋ^{53}u^{232}
28 诸暨	连襟 lie^{21}tɕin^{42}	儿子 nʅ^{13}tsɿ^{42}	新妇 ɕin^{21}vu^{242}
29 慈溪	连襟 liẽ^{11}tɕiŋ^{35}	儿子 ŋ^{13}tsɿ^{0}	新妇 ɕiŋ^{35}vu^{0}
30 余姚	连襟 liẽ^{13}tɕiə̃^{44} 两连襟 liaŋ^{13}liẽ^{13}tɕiə̃^{53}	儿子 ŋ^{13}tsɿ^{34}	新妇 ɕiə̃^{44}vu^{13}
31 宁波	连襟 li^{13}tɕiŋ^{53}	儿子 ŋ^{13}tsɿ^{44}	新妇 ɕiŋ^{44}vu^{44}
32 镇海	两连襟 liã^{24}li^{22}tɕiŋ^{53}	儿子 ŋ^{22}tsɿ^{53}	新妇 ɕiŋ^{33}vu^{31}
33 奉化	两姨丈 liã^{33}i^{33}dʑiã^{31}	儿子 ŋ^{22}tsɿ^{44}	新妇 ɕiŋ^{44}lu^{31}“妇”声殊
34 宁海	姨丈家 i^{23}dʑiã^{0}ko^{34}	儿 ŋ^{213}	新妇 səŋ^{33}vu^{31}
35 象山	姨丈 i^{31}dʑiã^{31}	儿子 ŋ^{31}tsɿ^{35}	新妇 səŋ^{53}lu^{13}“妇”声殊
36 普陀	姨丈 i^{24}dʑiã^{0}	儿子 ŋ^{24}tsɿ^{0}	新妇 ɕiŋ^{53}vu^{0}
37 定海	两姨丈 liã^{23}i^{0}dʑiã^{0}	儿子 ŋ^{33}tsɿ^{45}	新妇 ɕiŋ^{33}vu^{45}
38 岱山	两姨丈 liã^{23}i^{0}dʑiã^{0}	儿子 ŋ^{31}tsɿ^{0}	新妇 ɕiŋ^{52}vu^{0}
39 嵊泗	两姨丈 liã^{24}i^{0}dʑiã^{0}	儿子 ŋ^{24}tsɿ^{0}	新妇 ɕiŋ^{44}vu^{0}
40 临海	两姨丈 liã^{53}i^{33}dʑiã^{21}	儿 n^{31}	新妇 ɕin^{33}u^{42}
41 椒江	两颜$^{=}$姨丈 liã^{42}ȵiɛ^{22}i^{22}dʑiã^{31}	儿 n^{31}	新妇 ɕiŋ^{33}u^{31}
42 黄岩	两娘姨丈 liã^{42}ȵia^{22}i^{22}dʑiã^{121}	儿 n^{121}	新妇 ɕin^{33}u^{121}

续表

方言点	0649 连襟姊妹丈夫的关系，叙称	0650 儿子叙称	0651 儿媳妇叙称
43 温岭	两颜⁼姨丈 ȵiã^{42} ȵiɛ^{13} i^{13} dʑiã^{31}	儿 n^{31}	新妇 ɕin^{33} u^{42}
44 仙居	两姨丈 lɐɯ^{31} i^{33} dʑia^{213} "两"韵殊	儿 ŋ^{213}	新妇 sen^{33} u^{213}
45 天台	两姨丈 lia^{21} i^{22} dʑia^{214}	儿 n^{224}	媳妇 ɕiəʔ^{5} vu^{214}
46 三门	两姨丈 liɑ̃^{32} i^{33} dʑiɑ̃^{252}	儿 ŋ^{113}	新妇 səŋ^{33} u^{45}
47 玉环	两姨丈 lia^{53} i^{22} dʑia^{41}	儿 ŋ^{31}	新妇 ɕiŋ^{33} u^{31}
48 金华	姨夫 i^{31} fu^{55}	儿 ŋ^{313}	新妇 ɕiŋ^{33} fu^{535}
49 汤溪	两姨夫 lɤa^{11} i^{11} fu^{52}	儿 ŋ^{11}	新妇 sɛ̃i^{33} vu^{113}
50 兰溪	大细姨夫 tuɤ^{55} sia^{334} i^{21} fu^{45}	儿 n^{21}	新妇 sin^{334} fu^{55}
51 浦江	两姨夫 lyõ^{11} i^{11} fu^{53}	儿 n^{113}	新鲁⁼ sən^{33} lu^{243}
52 义乌	大小姨夫 duɤ^{22} sɯɤ^{33} i^{22} fu^{45}	儿 n^{213}	新妇 sən^{33} bu^{312}
53 东阳	姨丈 i^{22} dʑiɔ^{35}	儿 n^{213}	新妇 ɕiɐn^{44} vu^{35}
54 永康	大小姨丈 duo^{31} ʑiɑu^{31} i^{33} dʑiɑŋ^{241} 小	儿 ŋ^{22}	新妇 səŋ^{33} vu^{113}
55 武义	大细姨夫 duo^{231} ɕia^{55} i^{32} fu^{53}	儿 n^{324}	新妇 ɕin^{55} vu^{13}
56 磐安	姨丈 i^{22} tɕiɒ^{334}	儿 n^{213}	新妇 ɕiɐn^{33} fu^{334}
57 缙云	姨夫 i^{44} fu^{44}	儿 ȵi^{243}	新妇 saŋ^{44} vu^{31}
58 衢州	大细姨夫 du^{231} ɕiɑ^{53} i^{21} fu^{32}	儿 ȵi^{21}	新妇 ɕin^{32} fu^{53}
59 衢江	大细姨夫 dou^{22} ɕie^{33} i^{33} fɤ^{33}	儿 ŋ^{212}	新妇 ɕiŋ^{33} vɤ^{212}
60 龙游	大细姨夫 du^{22} ɕiɑ^{51} i^{33} fu^{334}	儿 ȵi^{21}	新妇 ɕin^{33} vu^{224}
61 江山	大小姨夫 do^{22} ɕiə^{22} iᴇʔ^{2} fuə^{44}	儿 ȵi^{241}	新妇 soŋ^{44} və^{22} "新"韵殊
62 常山	大细桥 dɔ^{22} ɕie^{44} dʑiɤ^{341}	儿 n^{52}	新妇 sĩ^{43} uə^{52}
63 开化	大细姨夫 dɔ^{21} sɛ^{44} i^{44} fuo^{44}	儿 ȵi^{53}	新妇 ɕin^{44} vuo^{213}
64 丽水	两姨夫 lã^{44} i^{22} fu^{224}	儿 ŋ^{224}	新妇 sen^{44} vu^{22}
65 青田	姨夫佬 i^{22} fu^{33} lœ^{454}	儿 n^{21}	新妇 saŋ^{33} vu^{454}

续表

方言点	0649 连襟姊妹丈夫的关系，叙称	0650 儿子叙称	0651 儿媳妇叙称
66 云和	姨夫 i^{223}fu^{24}	儿 ȵi^{24}	新妇 səŋ^{44}vu^{231} 新妇囡 səŋ^{44}vu^{223}nɛ^{24}
67 松阳	大小姨夫 du^{22}ɕiɔ^{33}i^{33}fuə^{53}	儿 ȵiɛ^{31}	新妇 ɕin^{24}vuə^{22}
68 宣平	大细姨夫 do^{22}ɕia^{44}i^{43}fu^{324}	儿 n^{324}	新妇 sən^{44}vu^{223}
69 遂昌	大小姊夫 du^{13}ɕiɐɯ^{53}tsɿ^{53}fuə^{45}	儿 ȵiɛ^{221}	新妇 ɕiŋ^{33}vuə^{13}
70 龙泉	大细姨夫 dou^{21}ɕi^{45}ɿ^{21}fɤɯ^{434}	妹 mᴇ^{45}小	新妇 ɕin^{45}fɤɯ^{51}
71 景宁	大细姨夫 do^{33}ɕi^{55}i^{33}fu^{324}	妹 mai^{35}	新妇囡 saŋ^{33}vu^{33}nɛ^{45}小
72 庆元	大细姨夫 to^{33}ɕiᴇ^{11}i^{33}fɤ^{335}	细儿 ɕiɛ̃^{55} 儿 ȵiᴇ^{11}	新妇 ɕiəŋ^{33}fɤ^{221}
73 泰顺	两姨夫 lɛ^{22}i^{21}fø^{213} 三姨夫 sã^{213}i^{21}fø^{213}	儿 ȵi^{213}	新妇 səŋ^{22}pø^{21}
74 温州	两姨夫 liɛ^{23}i^{22}fø^{33}	儿 ŋ^{31}	新妇 saŋ^{42}vø^{14}
75 永嘉	两姨夫 lɛ^{13}zɿ^{22}fu^{44}	儿 ŋ^{31}	新妇 saŋ^{53}u^{13}
76 乐清	两姨丈 la^{22}i^{31}dʑiɯʌ^{24}	儿 ŋ^{31}	新妇 saŋ^{42}vu^{24}
77 瑞安	两姨夫 la^{13}i^{22}fʏ^{44}	儿 ŋ^{31}	新妇 saŋ^{53}ʏ^{13}
78 平阳	姨夫佬 i^{21}fu^{33}lɛ^{13}	儿 ŋ^{242}	新妇 saŋ^{33}vu^{13}
79 文成	两姨夫 la^{33}i^{21}fu^{33}	儿 ŋ^{113}	新妇 saŋ^{33}vu^{13}
80 苍南	姨夫佬 i^{11}fu^{44}lɛ^{53}	妹儿 maŋ^{33}ŋ^{112} 儿 ŋ^{31}	新妇 saŋ^{42}nu^{24}
81 建德徽	大细姨夫 tʰu^{55}ɕie^{33}i^{33}fu^{53}	鬼儿 kue^{55}n^{0}	新妇 ɕin^{53}fu^{213}
82 寿昌徽	大细姨夫 tʰu^{33}ɕiɛ^{33}i^{11}fu^{112}	儿 n^{52}	新妇 ɕien^{11}fu^{55}
83 淳安徽	大细姨夫 tʰu^{53}ɕiɑ^{21}i^{55}fu^{55}	嫩$^=$子 lã^{53}tsɿ^{53}	新妇 ɕin^{24}fu^{21}
84 遂安徽	连襟 liɑ̃^{33}tɕin^{53}	儿子 əɯ^{33}tsɿ^{33}	新妇 ɕin^{55}fu^{33}
85 苍南闽	姨丈 i^{21}tiɯŋ^{21}	囝 kã^{43}	新妇 ɕin^{24}pu^{32}
86 泰顺闽	叔伯 tsøʔ^{3}pa^{31}	角螺 kɒʔ^{5}lɔi^{22}	新妇 sieŋ^{22}pu^{22}
87 洞头闽	大细姨丈 tua^{24}sue^{53}i^{21}tiɯŋ^{21}	后生 hau^{212}ɕĩ^{33}	新妇 ɕin^{33}pu^{21}
88 景宁畲	（无）	崽 tsoi^{325}	新妇 ɕin^{44}pʰiəu^{44}

方言点	0652 女儿叙称	0653 女婿叙称	0654 孙子儿子之子
01 杭州	女儿 ȵy^{55} əl^{0}	女婿 ȵy^{55} ɕi^{0} 毛脚 mɔ^{22} tɕiɛʔ^{5}	孙子 suəŋ^{33} tsɿ^{45}
02 嘉兴	囡儿 nə^{21} ŋ^{42}	女婿 ȵy^{21} ɕy^{24}	孙子 səŋ^{33} tsɿ^{21}
03 嘉善	囡姑娘 nø^{13} ku^{55} ȵiæ̃^{0}	女婿 ȵy^{44} ɕi^{35}	孙子 sən^{35} tsɿ^{53}
04 平湖	姑娘 ku^{55} ȵiã^{0}	女婿 ȵy^{21} sʮ^{334}	孙子 sən^{55} tsɿ^{0}
05 海盐	姑娘 ku^{55} ȵiɛ̃^{21}	女婿 ȵy^{53} ɕi^{334}	孙子 sən^{53} tsɿ^{21}
06 海宁	姑娘 kəu^{55} ȵiã^{55}	女婿 ȵi^{13} ɕi^{0}	孙子 səŋ^{55} tsɿ^{55}
07 桐乡	囡儿 nɒ̃^{242} ŋ^{44}	女婿 ȵi^{24} si^{0}	孙子 səŋ^{44} tsɿ^{44}
08 崇德	囡儿 nɔ^{55} ŋ^{0}	女婿 ȵi^{55} ɕi^{0}	孙子 səŋ^{44} tsɿ^{44}
09 湖州	囡儿 nuo^{53} n^{13}	女婿 ȵi^{53} ɕi^{13}	孙子 sən^{44} tsɿ^{44}
10 德清	囡儿 nuo^{35} n^{0}	女婿 ȵi^{35} ɕi^{0}	孙子 sen^{44} tsɿ^{44}
11 武康	囡儿 no^{35} n^{53}	女婿 ȵi^{35} ɕi^{53}	孙子 sen^{44} tsɿ^{44}
12 安吉	囡儿 nʊ^{52} ŋ^{21}	女婿 ȵi^{52} ɕi^{21}	孙子 səŋ^{55} tsɿ^{55}
13 孝丰	囡儿 nu^{44} ŋ^{22} 丫头 ʊ^{44} dəɪ^{44}	女婿 ȵi^{45} ɕi^{21}	孙子 səŋ^{44} tsɿ^{44}
14 长兴	囡儿 nu^{45} n^{21}	女婿 nʅ^{45} ʃʅ^{21}	孙子 səŋ^{44} tsɿ^{44}
15 余杭	囡儿 nuo^{35} n^{0}	女婿 ȵi^{35} ɕi^{0}	孙子 siŋ^{55} tsɿ^{55}
16 临安	囡 nə^{33}	囡婿 nə^{33} ɕi^{53}	孙子 seŋ^{53} tsɿ^{33}
17 昌化	囡 nɔ̃^{243}	囡婿 nɔ̃^{23} sɿ^{453}	孙子 sɛ̃^{33} tsɿ^{453}
18 於潜	囡 no^{51}	囡婿 no^{53} ɕi^{31}	孙子 seŋ^{43} tsɿ^{454}
19 萧山	囡 nə^{242}	女婿 ȵy^{13} ɕi^{42}	孙子 səŋ^{33} tsɿ^{33}
20 富阳	囡 no^{224}	女婿 ȵy^{224} ɕi^{335}	孙子 sən^{55} tsɿ^{31}
21 新登	囡 nɑ^{334}	囡婿 nɑ^{334} ɕi^{45}	孙子 seiŋ^{53} tsɿ^{334}
22 桐庐	囡 no^{33}	囡婿 no^{33} ɕi^{35}	孙子 səŋ^{55} tsɿ^{13}
23 分水	女娃子 ȵy^{44} ua^{21} tsɿ^{0}	女婿 ȵy^{44} ɕi^{213}	孙子 sən^{44} tsɿ^{0}

续表

方言点	0652 女儿叙称	0653 女婿叙称	0654 孙子儿子之子
24 绍兴	囡 nø̃^{231}	女婿 ȵy^{24}ɕi^{31}	孙子 sø̃^{33}tseʔ^{5}
25 上虞	囡 nø̃^{213}	女婿 ȵy^{21}ɕi^{53}	孙子 səŋ^{33}tsɿ^{35}
26 嵊州	囡头 nœ^{22}dʏ^{231}	女婿 ȵy^{24}ɕi^{53}	孙子 seŋ^{53}tsəʔ^{3}
27 新昌	囡 nɛ̃^{22}	郎 lɔ̃^{22}	孙 seŋ^{534}
28 诸暨	囡 no^{242}	囡婿 no^{13}ɕi^{33}	孙子 sɛn^{33}tsɿ^{33}
29 慈溪	囡 nø^{13}	女婿 ȵy^{13}ɕy^{44}	孙子 suəŋ^{35}tsɿ^{0}
30 余姚	囡 nø̃^{13}	女婿 ȵy^{13}ɕy^{44}	孙子 sə̃^{44}tsɿ^{34}
31 宁波	囡 nø^{13}	女婿 ȵy^{13}ɕi^{0}	孙子 səŋ^{44}tsɿ^{44}
32 镇海	囡 nø^{24}	女婿 ȵy^{24}ɕi^{44}	孙子 səŋ^{33}tsɿ^{53}
33 奉化	囡 nø^{324}	女婿 ȵy^{24}ɕi^{44}	孙子 səŋ^{44}tsɿ^{44}
34 宁海	囡 ne^{31}	姊丈 tsɿ^{33}dʑiã^{31}	孙 səŋ^{423} 孙子 səŋ^{33}tsɿ^{53}
35 象山	囡 nɛ^{13}	姊丈 tsɿ^{44}dʑiã^{31}	孙子 səŋ^{44}tsɿ^{35}
36 普陀	囡 nø^{24}	女婿 ȵy^{23}ɕi^{0}	孙子 sɐŋ^{53}tsɿ^{0}
37 定海	囡 nø^{23}	女婿 ȵy^{23}ɕi^{0}	孙子 sɐŋ^{33}tsɿ^{45}
38 岱山	囡 nø^{23}	女婿 ȵy^{33}ɕi^{52}	孙子 sɐŋ^{52}tsɿ^{0}
39 嵊泗	囡 nʏ^{243}	女婿 ȵy^{34}ɕi^{0}	孙子 sɐŋ^{44}tsɿ^{0}
40 临海	囡 no^{353}小	囡儿婿 no^{42}n^{35}ɕi^{55}	孙 səŋ^{31}
41 椒江	囡 nɛ^{51}小	囡儿婿 nɛ^{42}n^{22}ɕi^{55}	孙 søŋ^{35}小
42 黄岩	囡 lɛ^{53}小	囡儿婿 lɛ^{42}n^{22}ɕi^{55}	孙 søn^{35}小
43 温岭	囡 nɛ^{51}小	囡儿婿 nɛ^{42}n^{13}ɕi^{55}	孙 søn^{15}小
44 仙居	囡 no^{53}小	囡儿郎 no^{33}ŋ^{53}lɑ̃^{0} 姊丈 tsɿ^{31}dʑia^{353}小	儿孙 ŋ^{33}sen^{334}
45 天台	囡 no^{31}小	姊丈 tsɿ^{32}dʑia^{214}	孙 səŋ^{33}

续表

方言点	0652 女儿叙称	0653 女婿叙称	0654 孙子儿子之子
46 三门	囡 na^{252} 小	姊丈 tsɿ^{32} dʑiɑ̃^{213}	孙 səŋ^{334}
47 玉环	囡 nɛ^{53} 小	囡儿婿 nɛ^{42} ŋ^{22} ɕi^{55}	孙 səŋ^{35} 小
48 金华	囡 nɛ̃^{14} 小	囡婿 nɑ^{53} ɕie^{55}	孙 səŋ^{334}
49 汤溪	囡 na^{113}	女婿 nuɑ^{11} sie^{52}	孙 sã^{24}
50 兰溪	囡 næ̃^{55}	女婿 nuɑ^{55} sie^{45}	孙 sæ̃^{334}
51 浦江	囡儿 nɑ̃n^{243}	女婿 ȵy^{11} ʃi^{55}	孙 sə̃^{534}
52 义乌	囡 nan^{24}	女婿 na^{24} si^{45}	孙 sɿ^{335}
53 东阳	囡儿 non^{213}	囡婿 no^{22} si^{53}	孙 sɯ^{334}
54 永康	女 na^{241}	女婿 na^{31} ɕie^{52}	孙 sɤ^{55}
55 武义	囡 nen^{231}	女婿 nuɑ^{55} ɕie^{53}	孙 sɤ^{24}
56 磐安	囡儿 nuən^{14}	囡婿 nuə^{14} ɕi^{52}	孙 sɯ^{445} 儿孙 n^{21} sɯ^{52}
57 缙云	囡 nɑ^{213}	女夫 ȵy^{51} fu^{44}	孙 sɛ^{44}
58 衢州	女儿 nɑ^{231} ȵi^{21}	女婿 nɑ^{231} sɿ^{53}	孙 sən^{32}
59 衢江	女儿 nuo^{33} ŋ^{53}	女婿 nuo^{22} ɕie^{53}	孙 sɛ^{33}
60 龙游	囡 nəʔ^{4}	女婿 nuɑ^{22} ɕi^{51}	阿孙 əʔ^{4} suei^{334}
61 江山	囡 naŋ^{22}	女婿 nɒ^{22} ɕi^{51}	孙 suɛ̃^{44}
62 常山	女儿 nɑ^{22} n^{52}	女婿 nɑ^{22} se^{324}	孙儿 suɔ̃^{52} n^{0}
63 开化	女儿 nɑ^{21} ȵi^{53}	女婿 nɑ^{21} sɛ^{412}	孙 suõ^{44}
64 丽水	囡 nəŋ^{544}	囡婿 nəŋ^{544} sɿ^{52}	孙 suɛ^{224}
65 青田	囡 nɛ^{22}	囡儿郎 nɛ^{22} n^{55} lo^{53}	孙 suɐ^{445}
66 云和	囡 nɛ^{24}	囡婿 no^{223} sɿ^{45}	孙 suɛ^{24}
67 松阳	囡儿 na^{22} ȵiɛ^{31}	囡儿婿 na^{22} ȵiɛ^{33} sɿə^{24}	孙儿 sæ̃^{21} n^{24}
68 宣平	囡 nɑ̃^{223}	郎 lɔ̃^{433}	孙 sə^{324}

续表

方言点	0652 女儿叙称	0653 女婿叙称	0654 孙子儿子之子
69 遂昌	囡儿 na^{13} ȵiɛ^{221}	囡儿婿 na^{13} ȵiɛ^{22} ɕiɛ^{334}	孙儿 sɛ̃^{55} ȵiɛ^{213} 孙 sɛ̃^{45}
70 龙泉	囡儿 na^{21} ȵi^{21}	婿郎 ʑi^{21} lɔŋ^{21}	孙儿 sɯə^{45} ȵi^{55}
71 景宁	囡 nɛ^{45} 小	婿郎 ɕi^{33} lɔŋ^{41}	孙儿 sœ^{32} ȵi^{45}
72 庆元	囡 næ̃^{221}	婿郎 ɕyᴇ^{11} lɔ̃^{52}	孙儿 sæ̃^{55}
73 泰顺	囡 næi^{55}	婿郎 sɿ^{22} lɔ̃^{53}	孙 sœ^{33}
74 温州	女儿 na^{31} ŋ^{1}	女儿婿 na^{31} ŋ^{24} sei^{51}	孙儿 sø^{33} ŋ^{12}
75 永嘉	女儿 na^{31} ŋ^{0}	女儿婿 na^{13} ŋ^{213} sɿ^{43}	孙儿 sø^{33} ŋ^{0}
76 乐清	女 ne^{31}	女儿婿 ne^{31} ŋ^{24} si^{41}	孙 sø^{44}
77 瑞安	女儿 na^{31} ŋ^{0}	女儿婿 na^{33} ŋ^{0} sei^{35}	孙儿 sø^{33} ŋ^{0}
78 平阳	囡儿 nᴀ^{33} ŋ^{42}	囡儿婿 nᴀ^{33} ŋ^{21} si^{35}	孙儿 sɵ^{33} ŋ^{35}
79 文成	囡 na^{424}	囡儿婿 na^{42} ŋ^{13} sei^{35}	孙 sø^{55}
80 苍南	女儿 nia^{31} ŋ^{0}	女儿婿 nia^{31} ŋ^{0} ɕi^{53}	孙 sø^{44}
81 建德徽	囡儿 no^{55} n^{0}	囡婿 no^{21} ɕi^{33}	孙儿 sən^{53} n^{213}
82 寿昌徽	细娘 ɕiɛ^{33} ȵiɑ̃^{52}	囡婿 nuə^{33} ɕi^{33}	阿□ ɑ^{3} ɕiæ^{112}
83 淳安徽	囡人 lɑ̃^{21} in^{55}	囡婿 lo^{55} ɕi^{21}	孙老官 sã^{24} lɤ^{55} kuɑ̃^{21}
84 遂安徽	囡 lɑ̃^{534}	囡婿 lɑ̃^{52} ɕi^{52}	孙 səŋ^{534}
85 苍南闽	查$^{=}$妇囝 tsa^{33} pɔ^{33} kã^{43}	囝婿 kã^{24} sai^{21}	孙囝 sun^{33} kã^{43}
86 泰顺闽	做母囝 tsøʔ^{3} møʔ^{5} ki^{22}	儿婿 nie^{21} sai^{53}	孙囝 so^{21} ki^{344}
87 洞头闽	㚷[妇仔] tsa^{33} pua^{24}	囝婿 kĩã^{35} sai^{21}	孙仔 sun^{212} nã^{53}
88 景宁畲	女 ȵy^{325}	女婿 ȵy^{55} sai^{44}	孙 suən^{445} 小

方言点	0655 重孙子儿子之孙	0656 侄子弟兄之子	0657 外甥姐妹之子
01 杭州	重孙子 dzoŋ^{22}suəŋ^{33}tsɿ^{45}	侄儿 dzaʔ^{2}əl^{45}	外孙 uɛ^{13}suəŋ^{53}
02 嘉兴	重孙 zoŋ^{21}səŋ^{33}	阿侄 ᴀʔ^{5}zəʔ^{5}	外甥 ŋᴀ^{21}sᴀ̃^{21}
03 嘉善	玄孙 yø^{13}sən^{53}	阿侄 aʔ^{5}zɜʔ^{2}	外甥 ŋa^{35}sæ̃^{0} 小
04 平湖	重孙 zoŋ^{24}sən^{53}	阿侄 aʔ^{3}zəʔ^{5}	外甥 ŋa^{24}sã^{0}
05 海盐	玄孙 yɤ^{24}sən^{53}	侄子 zəʔ^{23}tsɿ^{213}	外甥 ɑ^{13}sɛ̃^{21}
06 海宁	玄孙 ie^{33}səŋ^{55}	侄儿 zəʔ^{2}ŋ^{33}	外甥 ua^{55}sɑ̃^{53}
07 桐乡	玄孙 iᴇ^{21}səŋ^{44}	侄儿 zəʔ^{23}ŋ^{44}	外甥 ua^{21}sã^{53}
08 崇德	玄孙 iɪ^{21}səŋ^{44}	侄儿 zəʔ^{23}ŋ^{44}	外甥 uɑ^{21}sã^{334}
09 湖州	玄孙 ie^{33}sən^{35}	侄儿子 dzəʔ^{2}n^{35}tsɿ^{53}	外甥 ua^{33}sã^{35}
10 德清	玄孙 ie^{11}sen^{35}	侄儿 dzəʔ^{2}n^{53}	外甥 ua^{33}sã^{35}
11 武康	玄孙 iɪ^{11}sen^{35}	侄儿 dzɜʔ^{2}n^{53}	外甥 ua^{33}sã^{35}
12 安吉	玄孙 i^{22}səŋ^{22}	侄儿子 dzəʔ^{2}ŋ^{22}tsɿ^{213}	外甥 ŋa^{21}sã^{213}
13 孝丰	玄孙子 iɪ^{22}səŋ^{22}tsɿ^{22}	侄儿子 dzəʔ^{2}ŋ^{22}tsɿ^{24}	外甥 ŋa^{32}sã^{213}
14 长兴	重孙 dzəŋ^{12}səŋ^{33}	侄儿子 dzəʔ^{2}n^{44}tsɿ^{44}	外甥 ŋa^{32}sã^{24}
15 余杭	玄孙 iẽ^{33}siŋ^{55}	侄儿 zeʔ^{2}n^{13}	外甥 ua^{33}sɑ̃^{35}
16 临安	玄孙 yœ^{31}seŋ^{33}	阿侄 ɐʔ^{5}dzɐʔ^{2}	外甥 ŋa^{33}sã^{53}
17 昌化	玄孙 yĩ^{11}sɛ̃^{334} 重孙子 zəŋ^{11}sɛ̃^{332}tsɿ^{453}	侄郎 dʑiɛʔ^{2}lɔ̃^{112}	外甥 ŋa^{23}sã^{453}
18 於潜	重孙 dzoŋ^{22}seŋ^{433}	侄郎 dzæʔ^{2}laŋ^{223}	外甥 ŋa^{24}saŋ^{53}
19 萧山	玄孙子 yə^{13}səŋ^{35}tsɿ^{21}	阿侄 aʔ^{5}dzəʔ^{13}	外甥 ŋa^{13}sã^{33}
20 富阳	玄孙 yɛ̃^{13}sən^{55}	侄郎 dzɛʔ^{2}lɑ̃^{224}	外甥 ŋa^{224}sən^{53}
21 新登	玄孙 yɛ̃^{233}seiŋ^{334}	侄郎 dzəʔ^{2}lɑ̃^{13}	外甥 ua^{21}sɛ^{45}
22 桐庐	玄甥 yᴇ^{21}sã^{35}	侄郎 dzəʔ^{21}lã^{13}	外甥 uᴀ^{13}sã^{55}
23 分水	玄孙子 yɛ̃^{21}sən^{44}tsɿ^{0}	侄郎 dzəʔ^{5}lã^{22}	外甥 uɛ^{24}sən^{44}
24 绍兴	玄孙 yø̃^{22}sø^{53}	阿侄 ɛʔ^{3}dzeʔ^{2}	外甥 ŋa^{22}saŋ^{33}

续表

方言点	0655 重孙子儿子之孙	0656 侄子弟兄之子	0657 外甥姐妹之子
25 上虞	玄孙 yø̃^{21}səŋ^{35}	阿侄 aʔ^{2}dzəʔ^{2}	外甥 ŋa^{31}sã^{0}
26 嵊州	玄孙 yœ̃^{22}seŋ^{334}	阿侄 ɛʔ^{5}dzəʔ^{2}	外甥 ŋa^{24}saŋ^{334}
27 新昌	玄孙 yœ̃^{13}seŋ^{33}	侄 dzeʔ^{2}	外甥 ŋa^{22}saŋ^{335}
28 诸暨	玄孙子 iə^{21}sɛn^{33}tsɿ^{33}	阿侄 aʔ^{21}dzaʔ^{13}	外甥 ŋᴀ^{33}sã^{33}
29 慈溪	玄孙 yø̃^{11}suəŋ^{35}	阿侄 aʔ^{2}dzəʔ^{2}	外甥 ŋa^{11}sã^{44}
30 余姚	玄孙 yø̃^{13}sə̃^{44}	阿侄 aʔ^{5}dzəʔ^{2}	外甥 ŋa^{13}saŋ^{44}
31 宁波	孙孙子 səŋ^{44}səŋ^{44}tsɿ^{44}	侄子 dʑiəʔ^{2}tsɿ^{35}	外甥 ŋa^{13}sa^{35}
32 镇海	重孙 dzoŋ^{22}səŋ^{53}	阿侄 aʔ^{5}dʑieʔ^{2}	外甥 ŋa^{22}sã^{53}
33 奉化	玄孙 y^{33}səŋ^{53}	侄子 dʑiɪʔ^{2}tsɿ^{44}	外甥 ŋa^{33}sã^{44}
34 宁海	玄孙 yø^{21}səŋ^{34}	侄佬 dzaʔ^{3}lau^{31}	外甥 ŋa^{22}sã^{34} 外甥官 ŋa^{22}sã^{33}kuø^{34}
35 象山	孙孙子 səŋ^{44}səŋ^{44}tsɿ^{35}	阿侄 aʔ^{5}dzoʔ^{2}	外甥 ŋa^{31}sã^{44}
36 普陀	重孙 dzoŋ^{23}sɐŋ^{0}	侄子 dʑiɛʔ^{2}tsɿ^{45}	外甥 ŋa^{11}sã^{55}
37 定海	孙孙子 sɐŋ^{33}saŋ^{44}tsɿ^{0}	侄子 dʑieʔ^{2}tsɿ^{45}	外甥 ŋa^{11}sã^{44}
38 岱山	重孙 dzoŋ^{11}sɐŋ^{44}	阿侄 ɐʔ^{3}dʑieʔ^{5}	外甥 ŋa^{11}sã^{44}
39 嵊泗	孙孙子 sɐŋ^{33}sɐŋ^{44}tsɿ^{0}	侄子 dʑiᴇʔ^{2}tsɿ^{45}	外甥 ŋa^{11}sa^{45}
40 临海	玄孙 yø^{35}səŋ^{31}	侄 dʑieʔ^{23} 内侄 ne^{33}dʑieʔ^{23}	外甥 ŋa^{33}sã^{353}小
41 椒江	玄孙 yø^{24}søŋ^{42}	侄 dʑieʔ^{2}	外甥 ŋa^{22}sã^{35}小
42 黄岩	玄孙 yø^{24}søn^{32}	侄 dʑieʔ^{2}	外甥 ŋa^{13}sã^{35}小
43 温岭	玄孙 yø^{24}søn^{31}	侄 dʑiʔ^{2}	外甥 ŋa^{13}sã^{15}小
44 仙居	玄孙 yø^{33}sen^{334}	子侄 tsɿ^{31}dzəʔ^{23}	外甥 ŋæ^{33}sã^{53}小
45 天台	重孙 dʑyuŋ^{22}səŋ^{33}	侄佬 dʑiəʔ^{2}lau^{31}	外甥 ŋa^{33}sa^{33}
46 三门	玄孙 yø^{11}səŋ^{52}	侄佬 dzɐʔ^{2}lɑu^{252}	外甥 ŋa^{23}sɛ^{52}小

续表

方言点	0655 重孙子儿子之孙	0656 侄子弟兄之子	0657 外甥姐妹之子
47 玉环	玄孙 yø^{24}səŋ^{42}	侄 dʑiɐʔ^{2}	外甥 ŋa^{22}sã^{35}小
48 金华	玄孙 yɤ^{31}səŋ^{55}	侄儿 dʑiŋ^{14}	外甥 ɑ^{53}sɑŋ^{55}
49 汤溪	玄孙 yɤ^{11}sã^{52}	侄 dʑiɛ^{113}	外甥 a^{11}sa^{52}
50 兰溪	玄孙 yɤ^{21}sæ̃^{45}	侄儿 dʑiəʔ^{12}nə^{24}	外甥 ɑ^{55}sæ̃^{45}
51 浦江	玄孙 yẽ^{11}sə̃^{334}	孙 sə̃^{534}	外甥 ŋa^{11}sɛ̃^{53}
52 义乌	曾孙 tsən^{33}ɕyən^{335}	孙 sɿ^{335}	外甥 ɔ^{24}sɛ^{335}
53 东阳	（无）	孙 sɯ^{334}	外甥 ŋe^{23}sɛ^{33}
54 永康	孙孙儿 sɤ^{33}zəŋ^{241}	孙 sɤ^{55}	外甥 ȵia^{31}sai^{55}
55 武义	玄孙 ȵye^{32}sɤ^{53}	孙 sɤ^{24}	外甥 ȵia^{55}sa^{24}
56 磐安	孙孙儿 sɯ^{33}sɤn^{52}	孙 sɯ^{445} 儿孙 n^{21}sɯ^{52}	外甥 ŋe^{55}sɛ^{445}
57 缙云	玄孙 yɛ^{44}sɛ^{44}	孙 sɛ^{44}	外甥 ŋɑ^{21}sa^{44}
58 衢州	玄孙 yə̃^{21}sən^{32}	侄儿 dʒyəʔ^{2}ȵi^{35}	外甥 ŋɛ^{231}ɕiã^{32}
59 衢江	玄孙 iɛ^{33}sɛ^{33}	侄儿 dʑyəʔ^{2}ŋ^{25}	外甥 ŋa^{22}ɕiɛ^{33}
60 龙游	玄孙 ye^{33}suei^{334}	阿侄 əʔ^{4}dzəʔ^{23}	外甥 ŋɑ^{22}sɛ^{334}
61 江山	玄孙 yɛ̃^{22}suɛ̃^{241}小	侄 dʑiɵʔ^{2} 侄儿 dʑiɵʔ^{2}ȵi^{241}	外甥 ŋua^{22}saŋ^{44}
62 常山	玄孙 yɔ̃^{24}suɔ̃^{0}	侄儿 dzĩ^{24}n^{0}	外甥 uɛ^{22}sĩ^{44}
63 开化	曾孙 tsɤŋ^{44}suõ^{53}	侄儿 dʑyaʔ^{2}ȵi^{53}	外甥 ua^{21}sã^{44}
64 丽水	玄孙 yɛ^{22}suɛ^{224}	侄儿 dzɛʔ^{2}ŋ^{52}	外甥 uɔ^{22}sã^{224}
65 青田	玄孙 yɐ^{21}suɐ^{445}	侄 dzaʔ^{31}	外甥 uɑ^{22}sɛ^{445}
66 云和	玄孙 iɛ^{223}suɛ^{24}	侄 dzeiʔ^{23}	外甥 ua^{44}sɛ^{24}
67 松阳	玄孙 yɛ̃^{33}sæ̃^{53}	侄儿 dʑiʔ^{2}ȵiɛ^{31}	外甥 ŋa^{21}sã^{53}
68 宣平	玄孙 yə^{43}sə^{324}	孙 sə^{324}	外甥 ua^{43}sɛ^{324}

续表

方言点	0655 重孙子儿子之孙	0656 侄子弟兄之子	0657 外甥姐妹之子
69 遂昌	重孙儿 dʑiɔŋ^{21}sɛ̃^{55}ȵiɛ^{213}	侄儿 dʑiʔ^{23}ȵiɛ^{221}	外甥 ua^{22}ɕiaŋ^{45}
70 龙泉	孙把$^{=}$孙 suɯə^{44}bo^{21}suɯə^{434}	孙儿 suɯə^{45}ȵi^{55} 侄 dʑiᴇʔ^{24}	外甥 ua^{21}saŋ^{434}
71 景宁	玄孙 yœ^{33}sœ^{324}	孙儿 sœ^{32}ȵi^{45}	外甥 uɔ^{55}sɛ^{324}
72 庆元	孙儿孙儿 sæ̃^{55}sæ̃^{55}	孙儿儿 sæ̃^{55}ȵiɛ̃^{55}	外甥儿 uɑ^{33}sæ̃^{55}
73 泰顺	玄孙 yɛ^{21}sœ^{33}	阿侄 aʔ^{2}tsəiʔ^{2}	外甥 uã^{21}sã^{33}小
74 温州	玄孙 y^{22}sø^{33}	阿侄 a^{3}dzai^{212}	外甥 va^{31}siɛ^{33}
75 永嘉	曾孙 tsaŋ^{33}sø^{44}	阿侄 a^{43}dzai^{213}	外甥 vɛ^{31}sɛ^{44}
76 乐清	曾孙 tɕiaŋ^{44}sø^{44}	侄 dʑiɤ^{212}	外甥 ve^{31}sa^{44}
77 瑞安	玄孙 y^{22}sø^{44}	阿侄 a^{3}dza^{212}	外甥 ŋa^{31}sa^{44}
78 平阳	重孙 dʒuo^{21}sɵ^{55}	阿侄 ᴀ^{33}dʒᴀ^{13}	外甥 vᴀ^{35}sᴀ^{13}
79 文成	玄孙 yø^{21}sɵ^{55}	子侄 tsɿ^{33}dʒa^{212}	外甥 ŋɔ^{42}sa^{35}
80 苍南	玄孙 yɛ^{11}sø^{44}	子侄 tsɿ^{33}dzɛ^{112}	外甥 ya^{31}ɕia^{44}
81 建德徽	玄孙 ȵye^{33}sən^{53}	侄郎 tsɐʔ^{12}no^{33}	外甥 uɑ^{55}sɛ^{53}
82 寿昌徽	玄□ yei^{11}ɕiæ^{112}	阿□ ɑ^{3}ɕiæ^{112}	外甥 uɑ^{33}sæ̃^{112}
83 淳安徽	重孙 tsʰon^{43}sã^{24}	侄儿 tsʰəʔ^{13}əl^{53}	外甥 uɑ^{53}sɑ̃^{55}
84 遂安徽	曾孙 tsəŋ^{33}səŋ^{52}	侄 tɕʰiɛ^{24}	外甥 vəɯ^{55}sɑ̃^{52}
85 苍南闽	四代孙 ɕi^{33}tai^{21}sun^{55}	侄子 tie^{21}tɕi^{24}	外甥 gui^{21}ɕĩ^{55}
86 泰顺闽	玄孙 ɕye^{21}so^{213}	孙囝 so^{21}ki^{344}	外甥囝 nia^{22}sæŋ^{21}ki^{344}
87 洞头闽	孙了$^{=}$孙仔 sun^{212}liau^{21}sun^{212}nã^{53}	孙 sun^{33}	外甥 ue^{212}ɕĩ^{55}
88 景宁畲	息孙 ɕieʔ^{5}suən^{445}小	孙 suən^{445}小	外甥 ŋo^{51}ɕin^{44}

方言点	0658 外孙女儿之子	0659 夫妻合称	0660 丈夫叙称，最通用的，非贬称
01 杭州	外孙 uɛ^{13}suəŋ^{53}	两夫妻 liaŋ^{55}fu^{33}tɕʰi^{0}	老公 lɔ^{55}koŋ^{0}
02 嘉兴	外甥孙 ŋA^{21}sÃ^{42}səŋ^{42}	夫妻 fu^{33}tɕʰi^{33}	男人 nə^{21}ȵiŋ^{33} 老 老公 lɔ^{21}koŋ^{42} 新
03 嘉善	外甥 ŋa^{35}sæ̃^{0} 小	两夫妻 ȵiæ̃^{22}fu^{35}tɕʰi^{53}	男人 nø^{13}ȵin^{31}
04 平湖	外甥 ŋa^{24}sã^{0}	夫妻 fu^{55}tɕʰi^{53}	男客 nø^{24}kʰaʔ^{0} 男人 nø^{24}ȵin^{53}
05 海盐	外甥 ɑ^{13}sɛ̃^{21}	夫妻 fu^{53}tɕʰi^{53}	男客 nɤ^{24}kʰaʔ^{21} 男人 nɤ^{24}ȵin^{53}
06 海宁	外甥 ua^{55}sɑ̃^{53}	夫妻 fu^{55}tɕʰi^{55}	男人 nei^{33}ȵiŋ^{55} 老官 lɔ^{13}kue^{55}
07 桐乡	外甥 ua^{21}sã^{53}	老官阿木⁼ lɔ^{242}kuE^{0}a^{0}mɔʔ^{0}	老官 lɔ^{242}kuE^{44} 男人家 nE^{21}ȵiŋ^{44}ka^{44}
08 崇德	外甥 uɑ^{21}sã^{334}	老官阿木⁼ lɔ^{55}kuE^{0}aʔ^{0}mɔʔ^{0}	老官 lɔ^{55}kuE^{0}
09 湖州	外甥 ua^{33}sã^{35}	夫妻 fəu^{44}tɕʰi^{44}	老官 lɔ^{53}kuɛ^{13}
10 德清	外甥 ua^{33}sã^{35}	老子老娘 lɔ^{35}tsɿ^{53}lɔ^{31}ȵiã^{0}	男人家 nøʉ^{33}ȵin^{33}ka^{35}
11 武康	外甥 ua^{33}sã^{35}	老子老娘 lɔ^{35}tsɿ^{53}lɔ^{55}ȵiã^{53}	男人家 nø^{33}ȵin^{33}ka^{35}
12 安吉	外甥 ŋa^{21}sã^{213}	两老婆 liã^{52}lɔ^{0}bʊ^{21}	老公 lɔ^{52}koŋ^{21}
13 孝丰	外甥 ŋa^{32}sã^{213}	两老婆 liã^{45}lɔ^{21}bu^{21} 两夫妻 liã^{45}fu^{21}tɕʰi^{21}	老公 lɔ^{45}koŋ^{21}
14 长兴	外孙 ŋa^{32}səŋ^{44}	夫妻 fu^{44}tʃʰʅ^{44}	男人家 nɯ^{12}ȵiŋ^{22}ka^{33}
15 余杭	外孙 ua^{33}siŋ^{35}	两婆老儿 ȵiɑ̃^{55}bu^{33}lɔ^{33}n^{31} 老 两老婆 ȵiɑ̃^{55}lɔ^{33}bu^{31} 新	男人 nøʏ^{31}ȵiŋ^{13}
16 临安	外甥 ŋa^{33}sã^{53}	两老太婆 liã^{33}lɔ^{33}tʰa^{33}bo^{33}	老公 lɔ^{33}koŋ^{55}
17 昌化	外甥 ŋa^{23}sã^{453}	老公老婆 lɔ^{23}kəŋ^{33}lɔ^{23}bu^{453}	老公 lɔ^{23}kəŋ^{453}
18 於潜	外孙 ŋa^{24}saŋ^{433}	老公老婆 lɔ^{53}koŋ^{433}lɔ^{53}bu^{31}	老公 lɔ^{53}koŋ^{433}
19 萧山	外甥 ŋa^{13}sã^{33}	两老嬷 liã^{13}lɔ^{35}mo^{21}	老公 lɔ^{13}koŋ^{21}
20 富阳	外甥 ŋa^{224}sən^{53}	两老太婆 liɑ̃^{224}lɔ^{224}tʰa^{55}bu^{31}	老子 lɔ^{224}tsɿ^{423}
21 新登	外甥 ua^{21}sɛ^{45}	两老太婆 liɑ̃^{334}lɔ^{334}tʰa^{45}bu^{233}	老公 lɔ^{334}koŋ^{45}

续表

方言点	0658 外孙女儿之子	0659 夫妻合称	0660 丈夫叙称，最通用的，非贬称
22 桐庐	外甥 uᴀ^{13}sã^{55}	两老嬷 liã^{33}lɔ^{33}mo^{35}	老公 lɔ^{33}koŋ^{55}
23 分水	外甥 uɛ^{24}sən^{44}	两老婆 liã^{44}lɔ^{44}bo^{21}	家里 tɕia^{44}li^{0} 老公 lɔ^{44}koŋ^{33}
24 绍兴	外甥 ŋa^{22}saŋ^{33}	两老嬷 liaŋ^{22}lɔ^{22}mo^{33}	老公 lɔ^{24}koŋ^{31}
25 上虞	外甥 ŋa^{31}sã^{0} 外孙 ŋa^{31}səŋ^{0}	两老嬷 iã^{21}lɔ^{21}mo^{31} “两”声殊	老公 lɔ^{21}koŋ^{53}
26 嵊州	外甥 ŋa^{24}saŋ^{334}	两公婆 liaŋ^{24}kuoŋ^{44}bo^{31}	老公 lɔ^{24}kuoŋ^{53}
27 新昌	外甥 ŋa^{22}saŋ^{335}	两公婆 liaŋ^{22}koŋ^{45}bɤ^{31}	老公 lɔ^{22}koŋ^{53}
28 诸暨	外甥 ŋᴀ^{33}sã^{33}	两老嬷 liã^{13}lɔ^{42}mo^{21}	老子 lɔ^{21}tsɿ^{42}
29 慈溪	外甥 ŋa^{11}sã^{44}	两老嬷儿 liã^{13}lɔ^{0}mø̃^{13}	老官 lɔ^{11}kuø̃^{53}
30 余姚	外甥 ŋa^{13}saŋ^{44}	两老嬷儿 liaŋ^{13}lɔ^{13}mø̃^{13} 夫妻 fu^{34}tɕʰi^{44}	老官 lɔ^{13}kuø̃^{53}
31 宁波	外甥 ŋa^{13}sa^{35}	两老头 lia^{13}lɔ^{22}dœʏ^{44}	老公 lɔ^{13}koŋ^{0}
32 镇海	外甥 ŋa^{22}sã^{53}	两老头 liã^{24}lɔ^{22}dei^{22}	老公 lɔ^{24}koŋ^{0}
33 奉化	外甥 ŋa^{33}sã^{44}	两家老伴 liã^{33}ko^{44}lʌ^{33}bø^{33}	老公 lʌ^{33}koŋ^{53}
34 宁海	外孙 ŋa^{22}səŋ^{34}	两老 liã^{33}lau^{31} 两老官 liã^{31}lau^{0}kuø^{53}	老官 lau^{31}kuø^{33}
35 象山	外甥孙 ŋa^{31}sã^{44}səŋ^{35}	两老官 liã^{13}lɔ^{31}kuɤɯ^{0}	老官 lɔ^{31}kuɤɯ^{44}
36 普陀	外甥 ŋa^{11}sã^{55}	两老头 liã^{23}lɔ^{55}deu^{55} 两公婆 liã^{23}koŋ^{55}bø^{55}	老公 lɔ^{23}koŋ^{0}
37 定海	外甥 ŋa^{11}sã^{44}	两老头 liã^{23}lɔ^{44}dɐi^{44}老 两公婆 liã^{23}koŋ^{44}bø^{44}老 两夫妻 liã^{23}fu^{0}tɕʰi^{0}新	老公 lɔ^{23}koŋ^{0}
38 岱山	外甥 ŋa^{11}sã^{44}	两公婆 liã^{23}koŋ^{44}bø^{44}小	老公 lɔ^{23}koŋ^{52}
39 嵊泗	外甥 ŋa^{11}sã^{45}	两公婆 liã^{34}koŋ^{44}bʏ^{44}小	老公 lɔ^{34}koŋ^{0}
40 临海	外甥 ŋa^{33}sã^{353}小	老公老婆 lɔ^{42}koŋ^{33}lɔ^{42}bo^{353}小	老公 lɔ^{42}koŋ^{33}
41 椒江	外甥孙 ŋa^{22}sã^{55}søŋ^{42}	老公老婆 lɔ^{42}koŋ^{33}lɔ^{53}bu^{31}	男客 lɛ^{22}kʰaʔ^{5}
42 黄岩	外甥 ŋa^{13}sã^{35}小 外甥孙 ŋa^{13}sã^{35}søn^{32}	老公老婆 lɔ^{42}koŋ^{33}lɔ^{55}bu^{41}	老公 lɔ^{42}koŋ^{32}

续表

方言点	0658 外孙女儿之子	0659 夫妻合称	0660 丈夫叙称，最通用的，非贬称
43 温岭	囡儿孙 nε^{42} n^{13} søn^{15} 小	两公老妓 ȵiã^{42} kuŋ^{33} lɔ^{42} ie^{33}	老官 lɔ^{42} kue^{33}
44 仙居	外甥 ŋæ^{33} sã^{53} 小	老官老安= lɐɯ^{31} kua^{334} lɐɯ^{31} ø^{53}	老官 lɐɯ^{31} kua^{334}
45 天台	外甥 ŋa^{33} sa^{51} 小	两夫妻 lia^{21} fu^{33} tɕʰi^{51} 两老 lia^{21} lau^{31} 指年纪大的夫妻	老官 lau^{21} kuø^{33}
46 三门	外甥孙 ŋa^{23} sε^{33} səŋ^{52} 小	两夫妻 liɑ̃^{32} fu^{33} tɕʰi^{52}	老官 lɑu^{32} kuø^{334}
47 玉环	外甥孙 ŋa^{22} sã^{33} səŋ^{35} 小	两公老妓 lia^{53} koŋ^{33} lɔ^{53} ie^{42}	老公 lɔ^{53} koŋ^{42}
48 金华	外甥 ɑ^{53} sɑŋ^{55}	公婆两个 koŋ^{33} pɤ^{33} liɑŋ^{53} kəʔ^{4}	老公 lɑo^{55} koŋ^{334}
49 汤溪	外甥 a^{11} sa^{52}	公婆两个 kɑo^{33} pɤ^{33} lɤa^{11} kɑ^{52}	老公 lɔ^{11} kɑo^{24}
50 兰溪	外甥 ɑ^{55} sæ̃^{45}	公婆两个 koŋ^{334} pɔ^{334} liɑŋ^{55} gɑ^{24}	老公 lɔ^{55} koŋ^{334}
51 浦江	外甥 ŋa^{11} sε̃^{54}	两公婆 lyõ^{11} kon^{55} bɯ^{0}	老公 lo^{11} kon^{55}
52 义乌	外甥 ɔ^{24} sε^{335}	两公婆 lɯa^{33} koŋ^{33} pɯɤ^{45}	老公 lo^{45} koŋ^{335}
53 东阳	外甥 ŋe^{23} sε^{33}	两公婆 liɔ^{23} kɔm^{33} bʊ^{33}	老公 lɐɯ^{23} kɔm^{33}
54 永康	外甥 ȵia^{31} sai^{55}	竹=媒=两个 tɕiu^{33} məi^{33} liɑŋ^{31} kuo^{52}	官人 kuɑ^{33} ȵiŋ^{241} 小
55 武义	外甥 ȵia^{55} sa^{24}	公婆两个 koŋ^{55} buo^{55} liɑŋ^{32} tɕia^{53}	老公 lɤ^{53} koŋ^{24}
56 磐安	外甥 ŋe^{55} sε^{445}	两公婆 liɒ^{55} kɔom^{33} po^{52} 公婆两个 kɔom^{33} po^{52} liɒ^{52} ka^{52}	老公 lo^{55} kɔom^{445}
57 缙云	外甥 ŋɑ^{21} sa^{44}	公婆 kɔ̃ũ^{44} bu^{453}	老公 ləɤ^{51} kɔ̃ũ^{44}
58 衢州	外甥 ŋε^{231} ɕiã^{32}	老公老嬷 lɔ^{231} koŋ^{32} lɔ^{231} mɑ^{21}	老公 lɔ^{231} koŋ^{32}
59 衢江	外甥 ŋa^{22} ɕie^{33}	老公老麦= lɔ^{22} kəŋ^{33} lɔ^{22} maʔ^{2}	老公 lɔ^{22} kəŋ^{33}
60 龙游	外甥 ŋɑ^{22} sε^{334}	老子老木= lɔ^{22} tsɿ^{35} lɔ^{22} mɔʔ^{23}	老子 lɔ^{224} tsɿ^{21}
61 江山	外甥 ŋua^{22} sɑŋ^{44}	老公老嬷 lɐɯ^{22} koŋ^{44} lɐɯ^{22} mɒ^{22}	老公 lɐɯ^{22} koŋ^{44}
62 常山	外甥 uε^{22} sĩ^{44} 外甥孙 uε^{22} sĩ^{44} suɔ̃^{44}	夫妻 fuə^{44} tsʰe^{44}	老公 lɤ^{22} koŋ^{44}
63 开化	外甥 ua^{21} sã^{44}	老公老嬷 ləɯ^{21} kɤŋ^{44} ləɯ^{21} mɑ^{213}	老公 ləɯ^{21} kɤŋ^{44}

续表

方言点	0658 外孙 女儿之子	0659 夫妻 合称	0660 丈夫 叙称，最通用的，非贬称
64 丽水	外甥 uɔ^{22}sã^{224}	两公婆 lã^{44}kɔŋ^{224}pu^{52} 小	老公 lə^{44}kɔŋ^{224}
65 青田	外甥 uɑ^{22}sɛ^{445}	两公婆 lɛ^{33}koŋ^{55}bu^{53}	老公 lœ^{22}koŋ^{445}
66 云和	外甥儿 ua^{44}sɛ^{44}n̠i^{24}	两公婆 la^{44}koŋ^{44}bu^{312}	老公 lɑɔ^{44}koŋ^{24}
67 松阳	外甥 ŋa^{21}sã^{53}	公婆 kəŋ^{33}bu^{31}	老公 lʌ^{21}kəŋ^{53}
68 宣平	外甥 ua^{43}sɛ^{324}	公婆 kən^{44}bo^{433} 夫妻 fu^{44}tsʰɿ^{324}	老官 lɔ^{43}kuɑ̃^{324}
69 遂昌	外甥 ua^{22}ɕiaŋ^{45}	公婆 kəŋ^{55}bu^{213}	老公 lɐɯ^{22}kəŋ^{45}
70 龙泉	外甥 ua^{21}saŋ^{434}	公婆 kəŋ^{45}bou^{21}	老公 lɑʌ^{21}kəŋ^{434}
71 景宁	外甥 uɔ^{55}sɛ^{324}	公婆 kəŋ^{33}bo^{41}	老公 lɑu^{55}kəŋ^{324}
72 庆元	外甥儿 uɑ^{33}sæ̃^{55}	公婆 koŋ^{33}po^{52}	老公 lɒ^{22}koŋ^{335}
73 泰顺	外甥 uã^{21}sã^{33} 小	公婆 koŋ^{22}po^{53}	男子人 nɛ^{22}tsɿ^{55}nɛ^{53}
74 温州	外甥孙 va^{23}siɛ^{33}sø^{33}	两夫妻 liɛ^{23}fø^{33}tsʰei^{33}	老公 lɜ^{31}koŋ^{33}
75 永嘉	外甥孙 vɛ^{33}sɛ^{53}sø^{44}	两夫妻 lɛ^{13}u^{22}tsʰɿ^{44}	老公 lə^{31}koŋ^{44}
76 乐清	外甥孙 ve^{23}sa^{44}sø^{44}	两夫妻 la^{23}fu^{44}tɕʰi^{44}	老公 lɤ^{31}koŋ^{44}
77 瑞安	外甥孙 ŋa^{13}sa^{33}sø^{44}	两夫妻 la^{35}ʏ^{22}tsʰei^{44}	老公 lɛ^{31}koŋ^{44}
78 平阳	外孙 vᴀ^{35}sɵ^{13}	两公婆 lᴀ^{45}koŋ^{33}bu^{13}	老公 lɛ^{45}koŋ^{13}
79 文成	外甥 ŋɔ^{42}sa^{35}	两公婆 la^{33}koŋ^{33}bu^{33}	老公 lɛ^{42}koŋ^{35}
80 苍南	外甥 ya^{31}ɕia^{44}	两公婆 lia^{42}koŋ^{33}bu^{21}	老公 lɛ^{42}koŋ^{44}
81 建德徽	外甥 uɑ^{55}sɛ^{53}	两老嬷 nie^{55}lɔ^{21}mo^{33}	老公 lɔ^{55}koŋ^{53}
82 寿昌徽	外甥 uɑ^{33}sæ̃^{112}	两夫妻 liɑ̃^{33}fu^{11}tɕʰi^{112}	老公 lɤ^{33}kəŋ^{112}
83 淳安徽	外甥 uɑ^{53}sɑ̃^{55}	老公老嬬 lɤ^{21}kon^{55}lɤ^{21}y^{21}	老公 lɤ^{21}kon^{55}
84 遂安徽	外甥 vəɯ^{55}sɑ̃^{52}	老子老姬 lɔ^{33}tsɿ^{33}lɔ^{33}øy^{33}	老公 lɔ^{33}kəŋ^{33}
85 苍南闽	外甥 gui^{21}ɕĩ^{55}	翁婆团 an^{21}pɔ^{21}kã^{43}	老公 lau^{21}kɑŋ^{55}
86 泰顺闽	外甥 nia^{22}sæŋ^{213}	公婆 kəŋ^{22}pou^{22}	丈夫侬 tio^{21}pou^{22}nəŋ^{22}
87 洞头闽	外甥 ue^{212}ɕĩ^{55}	翁婆仔 aŋ^{33}po^{24}a^{33}	翁 aŋ^{33}
88 景宁畲	外甥 ŋo^{51}ɕin^{44}	夫妻 fu^{44}tɕʰi^{51}	丈夫 tɕʰiɔŋ^{44}pu^{44}

方言点	0661 妻子叙称，最通用的，非贬称	0662 名字	0663 绰号
01 杭州	老婆 lɔ^{55} bəu^{0}	名字 miŋ^{22} dzɿ^{45}	[绰号]儿 tsʰɔ^{33} əl^{45}
02 嘉兴	屋里 oʔ^{5} li^{21} 老 家婆 kᴀ^{33} bu^{42} 新	名字 miŋ^{13} zɿ^{42}	绰号 tsʰɔ^{42} ɔ^{21}
03 嘉善	家婆 ka^{35} bu^{53}	名字 min^{13} zɿ^{31}	野名 ia^{44} min^{53}
04 平湖	娘子 ȵiã^{24} tsɿ^{53}	名字 min^{24} zɿ^{0}	野号 ia^{44} ɔ^{0} 绰号 tsʰaʔ^{23} ɔ^{213}
05 海盐	娘子 ȵiɛ̃^{24} tsɿ^{53}	名字 min^{24} zɿ^{53}	绰号 tsʰaʔ^{23} ɔ^{213}
06 海宁	女人 ȵi^{13} ȵiŋ^{33} 屋里向 oʔ^{5} li^{33} ɕiã^{0}	名字 miŋ^{33} zɿ^{55}	绰号 tsʰəʔ^{5} ɔ^{0}
07 桐乡	老婆 lɔ^{242} bu^{44} 女人家 ȵi^{242} ȵiŋ^{44} ka^{44}	名字 miŋ^{13} zɿ^{53}	绰号 tsʰaʔ^{3} ɔ^{213}
08 崇德	老娘 lɔ^{55} ȵiã^{0} 老婆 lɔ^{55} bu^{0}	名字 miŋ^{21} zɿ^{13}	绰号 tsʰɑ^{55} ɔ^{0}
09 湖州	老婆 lɔ^{53} bu^{13}	名字 min^{33} zɿ^{35}	绰号 tsʰa^{53} ɔ^{13}
10 德清	老婆 lɔ^{35} bu^{0}	名字 min^{11} zɿ^{13}	外号 ua^{33} ɔ^{35}
11 武康	老嬷 lɔ^{13} mo^{31}	名字 min^{11} zɿ^{13}	外号 ua^{33} ɔ^{35}
12 安吉	老婆 lɔ^{52} bʊ^{21}	名字 miŋ^{22} zɿ^{22}	绰号 tsʰəʔ^{5} ɔ^{213}
13 孝丰	老婆 lɔ^{45} bu^{21}	名字 miŋ^{22} zɿ^{22}	绰号 tsʰaʔ^{5} ɔ^{44}
14 长兴	老婆 lɔ^{45} bu^{21}	名字 miŋ^{12} zɿ^{24}	绰号 tsʰaʔ^{5} ɔ^{21}
15 余杭	屋里儿 u^{55} liŋ^{31} “屋”舒化	名字 miŋ^{31} zɿ^{13}	绰号儿 tsʰiaʔ^{5} uo^{33} n^{31}
16 临安	老嬷 lɔ^{33} mo^{33}	名字 mieŋ^{33} zɿ^{13}	绰名 tsʰɔ^{33} mieŋ^{33}
17 昌化	老婆 lɔ^{23} bu^{453}	名字 miəŋ^{11} zɿ^{243}	绰号 tsʰaʔ^{5} ɔ^{243}
18 於潜	老婆 lɔ^{53} bu^{31}	名字 miŋ^{22} zɿ^{24}	绰号 tsʰa^{53} ɔ^{223}
19 萧山	老嬷 lɔ^{13} mo^{21}	名字 miŋ^{13} zɿ^{42}	绰号 tsʰɔ^{33} ɔ^{33}
20 富阳	老娘 lɔ^{224} ȵiɑ̃^{13}	名字 min^{13} zɿ^{55}	草名 tsʰɔ^{423} min^{13}
21 新登	老娘 lɔ^{334} ȵiɑ̃^{45}	名字 meiŋ^{233} zɿ^{13}	绰号 tsʰaʔ^{5} ɔ^{45}
22 桐庐	老嬷 lɔ^{33} mɔ^{35}	名字 miŋ^{21} zɿ^{35}	绰号 tsʰɔ^{35} ɔ^{21}

续表

方言点	0661 妻子叙称，最通用的，非贬称	0662 名字	0663 绰号
23 分水	家里 tɕia^{44}li^{0} 老婆 lɔ^{44}bo^{21}	名字 min^{21}zɿ^{24}	绰号 tsʰaʔ^{5}ɔ^{24}
24 绍兴	老嬷 lɔ^{24}mo^{31}	名字 miŋ^{22}zɿ^{33}	绰号 tsʰɔ^{44}ɔ^{31}
25 上虞	老嬷 lɔ^{21}mo^{31}	名字 miŋ^{21}dzɿ^{31}	绰号 tsʰɔ^{55}ɔ^{31}
26 嵊州	老嬷 lɔ^{24}mo^{231}	名字 miŋ^{22}zɿ^{24}	唱⁼号 tsʰaŋ^{53}ɔ^{213}
27 新昌	老嬷 lɔ^{22}mo^{232}	名字 miŋ^{22}zɿ^{13}	绰号 tɕʰiɔ^{53}ɔ^{232}
28 诸暨	老嬷 lɔ^{21}mo^{42}	名字 min^{21}zɿ^{33}	绰号 tsʰoʔ^{5}ɔ^{21}
29 慈溪	老人 lɔ^{13}ȵiŋ^{44}	名字 miŋ^{13}zɿ^{0}	绰号 tsʰaʔ^{5}ɔ^{0}
30 余姚	老嬷 lɔ^{13}mo^{44}	名字 mə̃^{13}dzɿ^{13}	绰号 tsʰɔ^{53}ɔ^{13}
31 宁波	老浓⁼ lɔ^{13}ȵyoŋ^{0} 老婆 lɔ^{13}bəu^{0}	名字 miŋ^{13}dzɿ^{44}	绰号 tɕʰiəʔ^{5}ɔ^{44}
32 镇海	老婆 lɔ^{24}bəu^{0}	名字 miŋ^{22}zɿ^{31}	绰号 tɕʰieʔ^{5}ɔ^{24}
33 奉化	老人 lʌ^{33}ȵiŋ^{33}	名字 miŋ^{33}dzɿ^{33}	绰号 tɕʰiaʔ^{5}ʌ^{33}
34 宁海	内客 nei^{22}kʰaʔ^{5}	名字 miŋ^{21}zɿ^{24}	上⁼号 zɔ̃^{22}au^{24}
35 象山	脑⁼女 nɔ^{31}ȵy^{44} 老女 lɔ^{31}ȵy^{44}	名字 miŋ^{31}zɿ^{13}	绰号 tɕʰieʔ^{5}ɔ^{13}
36 普陀	老浓⁼ lɔ^{23}ȵioŋ^{0}	名字 miŋ^{33}zɿ^{45}	绰号 tɕʰiɔ^{53}ɔ^{0}
37 定海	老浓⁼ lɔ^{23}ȵyoŋ^{0}	名字 miŋ^{33}zɿ^{45}	绰号 tɕʰio^{44}ɔ^{0}
38 岱山	老人 lɔ^{23}ȵiŋ^{52}	名字 miŋ^{31}zɿ^{0}	绰号 tɕʰieʔ^{5}xɔ^{52}
39 嵊泗	老人 lɔ^{34}ȵiŋ^{0}	名字 miŋ^{24}zɿ^{0}	绰号 tɕʰiᴇʔ^{5}ɔ^{0}
40 临海	老婆 lɔ^{42}bo^{21}	名字 miŋ^{33}zɿ^{55}	绰号 tɕʰiaʔ^{3}ɔ^{324}
41 椒江	老姟 lɔ^{42}ie^{42}	名字 miŋ^{22}zɿ^{44}	绰号 tɕʰiəʔ^{3}ɔ^{24}
42 黄岩	老姟 lɔ^{42}ie^{32}	名字 min^{13}zɿ^{44}	绰号 tɕʰieʔ^{3}ɔ^{24}
43 温岭	老姟 lɔ^{42}ie^{33}	名字 min^{13}zɿ^{44}	绰号 tɕʰiʔ^{3}ɔ^{13} 鼓号 ku^{42}ɔ^{13}

续表

方言点	0661 妻子叙称，最通用的，非贬称	0662 名字	0663 绰号
44 仙居	老婆 lɐɯ^{31}bo^{213} 玉=客 ȵyɔʔ^{23}kʰaʔ^{5}	名字 min^{24}zɿ^{55}	柴=号 za^{24}ɐɯ^{55}
45 天台	月客 ȵyəʔ^{2}kʰaʔ^{5}	名字 miŋ^{22}zɿ^{35}	绰号 tɕʰia^{31}au^{35}
46 三门	老婆 lɑu^{32}bʊ^{334}	名字 miŋ^{13}zɿ^{55}	外号 ŋa^{23}ɑu^{55} 字号 zɿ^{23}ɑu^{55}
47 玉环	老姲 lɔ^{53}ie^{42}	名字 miŋ^{22}zɿ^{44}	鼓号 ku^{53}ɔ^{22}
48 金华	老婆 lɑo^{55}bɤ^{313}	名字 miŋ^{31}zɿ^{14}	野名 ia^{55}miŋ^{313}
49 汤溪	老嬷 lɔ^{11}mɤa^{113}	名字 mɛ̃i^{11}sɿ^{52}	野名 iɑ^{11}mɛ̃i^{11}
50 兰溪	老姲 lɔ^{55}ɤ^{0}	名头 min^{21}dəɯ^{24}	野名 iɑ^{55}min^{21}
51 浦江	家里佬 tɕia^{33}li^{33}lo^{243}旧 老嬷 lo^{11}mia^{243}今	名头 miən^{24}dɤ^{334}	绰名 tsʰyo^{33}miən^{243}
52 义乌	老嬷 lo^{24}mɯɑ^{31}	名字 mən^{22}zɿ^{45}	野名字儿 ia^{33}mən^{33}zɿn^{335}
53 东阳	老嬷 lɐɯ^{23}mo^{33}	名字 mɐn^{22}zɿ^{53}	巧话 tɕʰiɐɯ^{44}ua^{53}
54 永康	孺人 ʑy^{31}ȵiŋ^{241}小	名字 miŋ^{31}sɿ^{52}	鸟头名 diɑu^{31}ɗəu^{33}miŋ^{241}小
55 武义	老嬷 lɤ^{53}muɑ^{13}	名头 min^{32}dɑu^{231}	绰号 tɕʰiɑu^{53}ɤ^{31}
56 磐安	老嬷 lo^{55}mə^{334}	名字 mɐn^{21}zɿ^{14}	绰号 tɕʰiɑ^{55}o^{0}
57 缙云	老婆 ləɤ^{51}bu^{243}	名字 mɛŋ^{21}zɿ^{453}	□号 ziəɤ^{44}əɤ^{453}
58 衢州	老嬷 lɔ^{231}mɑ^{21}	名字 min^{21}zɿ^{231}	绰号 tsʰaʔ^{3}ɔ^{231}
59 衢江	老麦=lɔ^{22}maʔ^{2}	名字 miŋ^{22}sɤ^{53}	歪名 uɛ^{25}miŋ^{31}
60 龙游	老木=lɔ^{22}mɔʔ^{23}	名字 min^{224}zɿ^{231}	野名字 iɑ^{22}min^{224}zɿ^{231}
61 江山	老嬷 lɐɯ^{22}mɒ^{22}	名字 mĩ^{22}zə^{51}	野名 iə^{22}mĩ^{213}
62 常山	老嬷 lɤ^{22}mɑ^{24} 堂客 dɑ̃^{22}kʰaʔ^{5}	名字 mĩ^{24}zɿə^{0}	绰号 tsʰaʔ^{4}ɤ^{131}
63 开化	老嬷 ləɯ^{21}mɑ^{213}	名字 min^{21}sɿə^{53}	绰号 tsʰaʔ^{5}əɯ^{213}
64 丽水	老嬷 lə^{44}muo^{544}	名字 min^{21}sɿ^{52}	绰号 tɕʰiɔʔ^{5}ə^{0}

续表

方言点	0661 妻子叙称，最通用的，非贬称	0662 名字	0663 绰号
65 青田	老嬷 lœ33 mu454	名字 meŋ55 zɿ22	绰号 tsʰœ33 œ55 小
66 云和	老嬷 lɑɔ44 mo41	名字 miŋ31 zɿ223	号名 əɯ223 miŋ312
67 松阳	老婆 lʌ22 bu31	名字 min33 zɿə13	绰号 tɕʰiaʔ3 ʌ13
68 宣平	老嬷 lɔ22 mo223	名字 min43 zɿ231	造= 号 zɔ43 ɔ231
69 遂昌	老婆 lɐɯ13 bu221	名字 miŋ22 zɤ213	浑名 uɛ̃13 miŋ221
70 龙泉	老太 lɑʌ21 tʰa45	名字 min44 zɿ224	外号 ua21 ɑʌ224
71 景宁	老嬷 lɑu55 mo33	名字 miŋ41 zɿ113	号名 əɯ33 miŋ41
72 庆元	老嬷 lɒ22 mo221	名字 miŋ52 sɿ31	外号 uɑ31 xɑ31
73 泰顺	妇道人 uø22 tɑɔ21 nɛ53	名字 miŋ53 sɿ22	绰号 tɕʰiɔʔ5 əu22
74 温州	老安 lɜ31 y33	名字 məŋ22 zɿ14	绰号 tsʰɜ42 ɜ22
75 永嘉	老安 lə31 y44	名字 meŋ22 zɿ13	绰号 tsʰə53 ə22
76 乐清	老人 lɤ24 ȵiaŋ212 小	名字 meŋ24 zɿ31	绰号 tɕʰiɯʌ42 ɤ22
77 瑞安	老安 lɛ31 ø44	名字 məŋ22 zɿ13	绰号 tsʰɛ53 ɛ22
78 平阳	老安 lɛ45 ye13	名字 meŋ21 zɿ35	绰号 tʃʰɛ45 ɛ13
79 文成	老婆 lɛ42 bu21	名字 meŋ21 zɿ21	细名 sai42 meŋ13
80 苍南	老人 lɛ33 niaŋ112 小 老婆 lɛ42 bu31	名字 meŋ11 zɿ24	绰号 tsʰɛ42 ɛ11
81 建德徽	老嬷 lɔ21 mo33	名字 min33 sɿ55	绰号 tsʰo55 hɔ55
82 寿昌徽	老庵= lɤ33 iɛ112	名字 mien11 sɿ33	外号 uæ24 xɑ24
83 淳安徽	老孺 lɤ55 y21	名字 min43 sɿ53	绰号 tsʰɑʔ5 hɤ21
84 遂安徽	老妪 lɔ33 y43	名字 min33 sɿ52	绰号 tsʰɑ55 xɔ52
85 苍南闽	老妈 lau21 mã43	名字 mĩã21 tɕi21	外号 gua21 ho21
86 泰顺闽	做母侬 tsəʔ3 məʔ5 nəŋ22	字名 tɕi21 miæŋ22	外号 nia22 xou31
87 洞头闽	婆 po24	名字 mĩã21 tɕi21	绰号 tsʰo24 ho21
88 景宁畲	婆娘 pɔʔ5 ȵiɔŋ22	名字 miaŋ22 tɕʰi51	独= 名 tu51 miaŋ22

方言点	0664 干活儿统称：在地里～	0665 事情一件～	0666 插秧
01 杭州	做生活 tsəu^{45} saŋ^{33} uaʔ^{5}	事体 zɿ^{13} tʰi^{53}	插秧 tsʰaʔ^{5} iaŋ^{334}
02 嘉兴	做生活 tsou^{33} sᴀ̃^{33} uəʔ^{3}	事体 zɿ^{24} tʰi^{42}	插秧 tsʰᴀʔ^{3} iᴀ̃^{33}
03 嘉善	做生活 tsu^{35} sæ̃^{55} uoʔ^{2}	事体 zɿ^{22} tʰi^{35}	种田 tsoŋ^{35} diɪ^{53}
04 平湖	做生活 tsu^{44} sã^{0} vəʔ^{0}	事体 zɿ^{24} tʰi^{0}	种田 tsoŋ^{44} die^{31} 插秧 tsʰaʔ^{23} iã^{53}
05 海盐	做生活 tsu^{55} sɛ̃^{55} ɔʔ^{5}	事体 zɿ^{13} tʰi^{21}	种田 tsoŋ^{33} die^{31}
06 海宁	做生活 tsəu^{55} sɑ̃^{53} uəʔ^{2}	事体 zɿ^{33} tʰi^{53}	插秧 tsʰaʔ^{5} iã^{55}
07 桐乡	做生活 tsəu^{33} sã^{44} uəʔ^{0}	事体 zɿ^{21} tʰi^{53}	种田 tsoŋ^{33} diᴇ^{13}
08 崇德	做生活 tsu^{33} sã^{44} uᴇ^{44}	事体 zɿ^{21} tʰi^{53}	种田 tsoŋ^{33} diɪ^{13}
09 湖州	做生活 tsəu^{35} sã^{44} uɛ^{44}	事体 zɿ^{33} tʰi^{35}	插秧 tsʰaʔ^{5} iã^{44}
10 德清	做生活 tsəu^{44} sã^{44} uɛ^{44}	事体 zɿ^{11} tʰi^{35}	种田 tsoŋ^{33} die^{35}
11 武康	做生活 tsu^{44} sã^{44} u^{44}	事体 zɿ^{11} tʰi^{35}	种田 tsoŋ^{33} diɪ^{35}
12 安吉	做生活 tsʊ^{32} sã^{55} uəʔ^{5}	事体 zɿ^{21} tʰi^{213}	种田 tsoŋ^{32} di^{22}
13 孝丰	做生活 tsu^{32} sã^{44} uəʔ^{5}	事体 zɿ^{21} tʰi^{24}	种田 tsoŋ^{324} diɪ^{22}
14 长兴	做生活 tsəu^{32} sã^{44} uəʔ^{5}	事体 zɿ^{21} tʰɿ^{24}	插秧 tsʰaʔ^{5} iã^{44}
15 余杭	做生活 tsu^{35} sɑ̃^{55} u^{33}	事体 zɿ^{33} tʰi^{35}	种田 tsoŋ^{53} diẽ^{33}
16 临安	做生活 tso^{55} sã^{53} o^{0}	事体 zɿ^{33} tʰi^{53}	种田 tsoŋ^{55} die^{33}
17 昌化	做生活 tsɯ^{54} sã^{33} u^{45}	事体 zɿ^{23} tʰi^{53}	种田 tsəŋ^{54} diɪ̃^{112}
18 於潜	做生活 tsu^{35} saŋ^{433} uɐʔ^{24}	事体 zɿ^{24} tʰi^{53}	种田 tsoŋ^{35} die^{31}
19 萧山	做生活 tso^{33} sã^{33} uoʔ^{5}	事体 zɿ^{13} tʰi^{33}	插秧 tsʰaʔ^{5} iã^{33}
20 富阳	做生活 tsʊ^{335} sã^{55} uaʔ^{2}	事体 zɿ^{224} tʰi^{335}	种田 tɕyoŋ^{335} diɛ̃^{55}
21 新登	做生活 tsu^{45} sɛ^{53} uaʔ^{2}	事体 zɿ^{21} tʰi^{45}	种田 tsoŋ^{45} diɛ̃^{233}
22 桐庐	做生活 tsu^{33} sã^{55} uəʔ^{21}	事体 zɿ^{13} tʰi^{55}	插秧 tsʰaʔ^{3} iã^{533}
23 分水	做生活 tso^{21} sen^{44} uaʔ^{5}	事体 zɿ^{21} tʰi^{44}	种田 tsoŋ^{24} diɛ̃^{21}

续表

方言点	0664 干活儿统称：在地里～	0665 事情一件～	0666 插秧
24 绍兴	做生活 tso^{33}saŋ^{33}uoʔ^{3}	事体 zɿ^{22}tʰi^{334}	种田 tsoŋ^{33}diẽ^{231}
25 上虞	做生活 tsu^{55}sã^{33}uəʔ^{2}	事体 zɿ^{21}tʰi^{53}	种田 tsoŋ^{33}diẽ^{213}
26 嵊州	做生活 tso^{33}saŋ^{53}uəʔ^{3}	事情 zɿ^{22}dʑiŋ^{213}	种田 tsoŋ^{33}diẽ^{213}
27 新昌	做生活 tsɤ^{33}saŋ^{33}uɤʔ^{2}	事情 zɿ^{22}dʑiŋ^{13}	种田 tsoŋ^{33}tiɛ̃^{335}
28 诸暨	做生活 tsɤu^{33}sã^{21}oʔ^{5}	事体 zɿ^{13}tʰɿ^{42}	种田 tsom^{42}die^{13}
29 慈溪	做生活 tsəu^{44}sã^{44}uəʔ^{2}	事体 zɿ^{11}tʰi^{44}	种田 tsuŋ^{44}diẽ^{13}
30 余姚	做生活 tsou^{44}saŋ^{44}uoʔ^{2}	事体 zɿ^{13}tʰi^{44}	插秧 tsʰaʔ^{5}iaŋ^{44}
31 宁波	做生活 tsəu^{44}sa^{44}uoʔ^{2}	事体 zɿ^{22}tʰi^{44}	插秧 tsʰaʔ^{5}ia^{53}
32 镇海	做生活 tsəu^{33}sã^{33}uoʔ^{2}	事体 zɿ^{22}tʰi^{53}	种田 tsoŋ^{33}di^{24}
33 奉化	做生活 tsəu^{44}sã^{44}uaʔ^{2}	事体 zɿ^{33}tʰi^{0}	种地 tsoŋ^{44}di^{33}
34 宁海	做生活 tsəu^{33}sã^{33}uaʔ^{3}	事干 zɿ^{22}ke^{35}	种田 tɕioŋ^{33}die^{213}
35 象山	摸地头 moʔ^{2}di^{31}dɤɯ^{31}	事体 zɿ^{31}tʰi^{44}	种田 tɕyoŋ^{53}di^{31}
36 普陀	做生活 tsəu^{55}sã^{55}uo^{53}	事体 zɿ^{11}tʰi^{55}	插秧 tsʰɐʔ^{3}iã^{53}
37 定海	做生活 tsʌu^{33}sã^{44}uo^{52}	事体 zɿ^{11}tʰi^{44}	种田 tsoŋ^{33}di^{44}
38 岱山	做生活 tsʌu^{44}sã^{44}uo^{52}	事体 zɿ^{11}tʰi^{44}	种田 tsoŋ^{33}di^{45}
39 嵊泗	做生活 tsʌu^{33}sã^{44}uo^{53}	事体 zɿ^{11}tʰi^{53}	插秧 tsʰɐʔ^{3}iã^{53}
40 临海	做生活 tso^{55}sã^{33}uəʔ^{23}	事干 zɿ^{13}kø^{55}	插秧 tsʰɛʔ^{3}iã^{31}
41 椒江	做生活 tsəu^{33}sã^{33}uəʔ^{2}	事干 zɿ^{22}tɕie^{55}	插田 tsʰɛʔ^{5}die^{41}
42 黄岩	做生活 tsou^{33}sã^{33}uɐʔ^{2}	事干 zɿ^{13}tɕie^{55}	插秧 tsʰəʔ^{3}iã^{32}
43 温岭	做事干 tsu^{33}zɿ^{13}tɕie^{55}	事干 zɿ^{13}tɕie^{55}	插田 tsʰəʔ^{5}die^{41}
44 仙居	做生活 tso^{33}sã^{33}uɑʔ^{23}	事干 zɿ^{24}cie^{55}	种田 tɕioŋ^{53}die^{213}
45 天台	做生活 tsou^{55}sa^{33}uəʔ^{2}	事干 zɿ^{33}ke^{33}	种田 tɕyuŋ^{33}die^{224}
46 三门	做生活 tɕiʊ^{33}sɛ^{33}uɐʔ^{5}	事干 zɿ^{23}kɛ^{33}	种田 tɕioŋ^{44}die^{445}

续表

方言点	0664 干活儿统称：在地里～	0665 事情一件～	0666 插秧
47 玉环	做事干 tsəu^{33}zɿ^{22}tɕie^{55}	事干 zɿ^{22}tɕie^{55}	插田 tsʰɐʔ^{5}die^{41}
48 金华	做生活 tsuɤ^{33}saŋ^{33}uɑ^{14}	事干 zɿ^{31}kɤ^{55}	种田 tɕioŋ^{33}dia^{313}
49 汤溪	做生活 tsuɤ^{33}sa^{33}uɑ^{24}	事干 zɿ^{11}kɤ^{52}	种田 tɕiɑo^{24}die^{0}
50 兰溪	做生活 tsuɤ^{334}sæ̃^{334}uɑʔ^{12}	事干 sɿ^{55}kɤ^{45}	种田 tɕioŋ^{334}tia^{45}
51 浦江	做生活 tsɯ^{33}sɛ̃^{33}uɑ^{334}	事干 zɿ^{24}gə̃^{24}“干”音殊	种田 tɕyon^{33}diɑ̃^{334}
52 义乌	做生活 tsuɤ^{33}sɛ^{33}ua^{312}	事干 zɿ^{22}kɯ^{45}	种田 tsoŋ^{45}dia^{22}
53 东阳	做生活 tsu^{33}sɛ^{33}ua^{35}	事干 zɿ^{22}kɯ^{53}	种田 tɕiɔm^{33}di^{213}
54 永康	做生活 tsuo^{33}sai^{33}uɑ^{113}	事干 zɿ^{31}kɤ^{52}	种田 tsoŋ^{33}ɗia^{55}
55 武义	做生活 tsuo^{55}sa^{55}uɑ^{13}	事干 zɿ^{32}kɤ^{53}	种田 ioŋ^{55}die^{324}
56 磐安	做生活 tsuɤ^{33}sɛ^{33}ua^{334}	事干 zɿ^{21}kɯ^{52}	种田 tsɔom^{33}die^{213} 插秧 tsʰuə^{55}iɒ^{445}
57 缙云	干 kuɛ^{453}	事干 zɿ^{21}kɛ^{453}	插田 tsʰɑ^{51}dia^{243}
58 衢州	做生活 tsu^{53}ɕiã^{35}uaʔ^{12}	事体 zɿ^{21}tʰi^{35}	插秧 tsʰaʔ^{5}iã^{32} 种田 tʃyoŋ^{53}diẽ^{21}
59 衢江	做生活 tsou^{33}ɕiɛ^{33}uaʔ^{2}	事干 ʑyø^{22}kuɛ^{53}	种田 yoŋ^{33}die^{212}
60 龙游	做生活 tsu^{33}sɛ^{33}uɔʔ^{23}	事干 zɿ^{22}kie^{51}	种田 ioŋ^{35}die^{21}
61 江山	做工夫 tso^{44}koŋ^{44}fə^{44}	事体 ʑiɵ^{22}tʰi^{241}	莳田 zə^{22}diɛ̃^{213}
62 常山	做事 tsɔ^{44}ze^{24} 做事干 tsɔ^{44}ze^{24}kɔ̃^{0}	事干 ze^{24}kɔ̃^{0}	莳田 zɿə^{24}diɛ̃^{341}
63 开化	做事 tsɔ^{44}zuei^{213} 做事干 tsɔ^{44}zuei^{21}kɔŋ^{53}	事干 zuei^{21}kɔŋ^{53}	种田 iɔŋ^{44}diɛ̃^{231}
64 丽水	做道路 tsu^{44}də^{21}lu^{131}	事干 zɿ^{21}kuɛ^{52}	插田 tsʰuɔʔ^{4}diɛ^{22} 插秧 tsʰuɔʔ^{4}iã^{224}
65 青田	做事干 tsu^{33}zɿ^{22}kuɐ^{55}	事干 zɿ^{22}kuɐ^{55}	插田 tsʰaʔ^{4}diɑ^{53}
66 云和	做道路 tso^{44}dɑɔ^{223}lu^{223}	事干 zɿ^{223}kuɛ^{45}	插田 tsʰɔʔ^{4}diɛ^{312}
67 松阳	做道路 tsu^{33}dʌ^{22}luə^{13}	事干 zɿə^{21}kuɛ̃^{24}	插田 tsʰɔʔ^{3}diɛ̃^{31}

续表

方言点	0664 干活儿统称：在地里～	0665 事情一件～	0666 插秧
68 宣平	做生意 tso^{44}sɛ^{32}i^{52}	事干 zɿ^{22}kuə^{52}	种田 tɕiɔ̃^{44}diɛ^{433}
69 遂昌	做道路 tsu^{33}dɐɯ^{22}luə^{213}	道路 dɐɯ^{22}luə^{213}	种田 iɔŋ^{33}diɛ̃^{221}
70 龙泉	做事 tso^{44}zɤɯ^{224}	事 zɤɯ^{224}	插田 ts^{h}oʔ^{3}diᴇ^{21}
71 景宁	做道路 tso^{55}dɑu^{33}ly^{113}	事干 zɿ^{33}kuœ^{35}	插田 ts^{h}ɔʔ^{3}diɛ^{41}
72 庆元	做道路 tso^{11}tɒ^{33}lɤ^{31}	事 sɤ^{31}	插田 ts^{h}ɑʔ^{5}tiɑ̃^{52}
73 泰顺	做事 tso^{22}sɿʔ^{5}	事干 sɿ^{21}kuɛ^{35}	插田 ts^{h}ɔʔ^{2}tiã^{53}
74 温州	干事干 kø^{33}zɿ^{31}kø^{21}	事干 zɿ^{31}kø^{21}	插田 ts^{h}a^{33}di^{223}
75 永嘉	干事干 ky^{33}zɿ^{31}ky^{43}	事干 zɿ^{31}ky^{43}	插田 ts^{h}a^{43}di^{22}
76 乐清	干事干 kuɤ^{3}zɿ^{31}kuɤ^{21}	事干 zɿ^{31}kuɤ^{21}	插田 tɕ^{h}ia^{44}diᴇ^{223}
77 瑞安	干事干 kø^{33}zɿ^{31}kø^{42}	事干 zɿ^{31}kø^{42}	插田 ts^{h}ɔ^{323}di^{0}
78 平阳	做生活 tʃu^{33}sᴀ^{45}vɔ^{13}	事干 zɿ^{13}kɵ^{42}	插田 tʃ^{h}ɔ^{33}die^{13}
79 文成	做事干 tʃou^{21}zɿ^{13}kuø^{33}	事干 zɿ^{13}kuø^{33}	插稻 tʃ^{h}ɔ^{21}dɛ^{33}
80 苍南	做息 tsu^{3}ɕi^{223}	事干 zɿ^{31}kyɛ^{42}	插田 ts^{h}a^{33}diɛ^{112}
81 建德$_{徽}$	做生活 tsu^{33}sɛ^{53}o^{213}	事干 sɿ^{55}kɛ^{33}	种田 tsoŋ^{33}tie^{33}
82 寿昌$_{徽}$	做生活 tsu^{33}sæ̃^{11}uə^{24}	事干 sɿ^{33}kiɛ^{33}	种田 tɕiɔŋ^{33}t^{h}i^{52}
83 淳安$_{徽}$	做事体 tsu^{24}sa^{53}t^{h}i^{55}	事体 sa^{53}t^{h}i^{55}	种田 tson^{24}t^{h}iã^{435}
84 遂安$_{徽}$	做事 tsə^{55}sɿ^{52}	事 sɿ^{52}	种田 tsəŋ^{55}t^{h}iɑ̃^{33}
85 苍南$_{闽}$	作息$^{=}$tso^{33}ɕie^{43}	事 sai^{21}	布塍 pɔ^{33}ts^{h}an^{24}
86 泰顺$_{闽}$	做穑 tsau^{21}ɕiɪʔ^{5}	事干 sɿ^{21}kæŋ^{31}	插秧 ts^{h}ɛʔ^{5}o^{213}
87 洞头$_{闽}$	做西 tso^{33}ɕie^{42}	代$^{=}$志$^{=}$tai^{33}tɕi^{21}	布秧 pɔ^{35}ɯŋ^{33}
88 景宁$_{畲}$	做事 tso^{44}ɕi^{51}	事干 su^{51}kɔn^{44}	补田 pu^{55}t^{h}an^{22}

方言点	0667 割稻	0668 种菜	0669 犁名词
01 杭州	割稻 $ka?^{5}dɔ^{13}$	种菜 $tsoŋ^{55}ts^{h}ɛ^{45}$	犁 li^{213}
02 嘉兴	斫稻 $tso?^{5}dɔ^{13}$	种菜 $tsoŋ^{33}ts^{h}ᴇ^{24}$	犁 li^{242}
03 嘉善	斫稻 $tsuo?^{5}dɔ^{13}$老 割稻 $kɜ?^{5}dɔ^{13}$新	种菜 $tsoŋ^{44}ts^{h}ɛ^{35}$	犁 li^{132}
04 平湖	斫稻 $tso?^{3}dɔ^{44}$	种菜 $tsoŋ^{44}ts^{h}ɛ^{213}$	犁 li^{31}
05 海盐	割稻 $kə?^{5}dɔ^{423}$	种菜 $tsoŋ^{55}ts^{h}ɛ^{334}$	犁 li^{31}
06 海宁	斫稻 $tso?^{5}dɔ^{31}$	种菜 $tsoŋ^{55}ts^{h}ɛ^{55}$	犁 li^{13}
07 桐乡	斫稻 $tsɔ?^{3}dɔ^{242}$	种菜 $tsoŋ^{33}ts^{h}ᴇ^{334}$	犁 li^{13}
08 崇德	斫稻 $tsɔ?^{3}dɔ^{242}$	种菜 $tsoŋ^{33}ts^{h}ᴇ^{334}$	犁 li^{13}
09 湖州	割稻 $kə?^{5}dɔ^{31}$	种菜 $tsoŋ^{33}ts^{h}ɛ^{35}$	犁 li^{112}
10 德清	斫稻 $tsuo?^{5}dɔ^{35}$	种菜 $tsoŋ^{33}ts^{h}ɛ^{35}$	犁 li^{113}
11 武康	斫稻 $tsuo?^{5}dɔ^{31}$	种菜 $tsoŋ^{33}ts^{h}ɛ^{35}$	犁 li^{113}
12 安吉	割稻 $kə?^{5}dɔ^{243}$	种菜 $tsoŋ^{32}ts^{h}ᴇ^{324}$	犁 li^{22}
13 孝丰	割稻 $kə?^{5}dɔ^{243}$	种菜 $tsoŋ^{32}ts^{h}e^{324}$	犁 li^{22}
14 长兴	割稻 $kə?^{3}dɔ^{243}$	种菜 $tsoŋ^{32}ts^{h}ɯ^{324}$	犁 $lʅ^{12}$
15 余杭	割稻 $kə?^{5}dɔ^{13}$	种菜 $tsoŋ^{53}ts^{h}ɛ^{35}$	犁 li^{22}
16 临安	割稻 $kɐ?^{5}dɔ^{33}$	种菜 $tsoŋ^{55}ts^{h}ᴇ^{53}$	耙 bo^{33}
17 昌化	割稻 $kə?^{5}dɔ^{243}$	种菜 $tsəŋ^{54}ts^{h}ɛ^{544}$	犁 li^{112}
18 於潜	割稻 $kə?^{53}dɔ^{24}$	种菜 $tsoŋ^{35}ts^{h}e^{433}$	犁 li^{223}
19 萧山	割稻 $kie?^{5}dɔ^{13}$	种菜 $tɕyoŋ^{33}ts^{h}e^{42}$	犁 li^{355}
20 富阳	割稻 $kiɛ?^{5}dɔ^{224}$	种菜 $tɕyoŋ^{335}ts^{h}ɛ^{335}$	犁 li^{13}
21 新登	割稻 $ka?^{5}dɔ^{13}$	种菜 $tsoŋ^{45}ts^{h}e^{45}$	犁 li^{233}
22 桐庐	割稻 $kə?^{5}dɔ^{13}$	种菜 $tsoŋ^{33}ts^{h}ᴇ^{35}$	犁 li^{13}
23 分水	割稻 $kuə?^{5}dɔ^{13}$	种菜 $tsoŋ^{24}ts^{h}ɛ^{24}$	犁 li^{22}

续表

方言点	0667 割稻	0668 种菜	0669 犁名词
24 绍兴	割稻 keʔ^{3} dɔ^{223}	种菜 tsoŋ^{33} tsʰᴇ^{33}	犁 li^{231}
25 上虞	割稻 kəʔ^{5} dɔ^{213}	种菜 tsoŋ^{33} tsʰe^{53}	犁 li^{213}
26 嵊州	割稻 kɛʔ^{5} dɔ^{22}	种菜 tsoŋ^{33} tsʰᴇ^{334}	犁 li^{213}
27 新昌	割稻 kɤʔ^{5} dɔ^{232}	种菜 tsoŋ^{33} tsʰe^{335}	犁 li^{22}
28 诸暨	割稻 kieʔ^{42} dɔ^{242}	种菜 tsom^{42} tsʰe^{33}	犁 lʅ^{13}
29 慈溪	割稻 kəʔ^{5} dɔ^{13}	种菜 tsuŋ^{44} tsʰe^{44}	犁 li^{13}
30 余姚	割稻 kəʔ^{5} dɔ^{13}	种菜 tsuŋ^{44} tsʰe^{44}	犁铲 li^{13} tsʰã^{34}
31 宁波	割稻 kaʔ^{5} dɔ^{13}	种菜 tsoŋ^{44} tsʰe^{44}	犁 li^{13}
32 镇海	割稻 kaʔ^{5} dɔ^{24}	种菜 tsoŋ^{33} tsʰe^{53}	犁 li^{24}
33 奉化	割稻 kaʔ^{5} dʌ^{324}	种菜 tsoŋ^{44} tsʰe^{53}	犁 li^{33}
34 宁海	割稻 keʔ^{3} dau^{31}	种菜 tɕioŋ^{33} tsʰei^{35} 栽菜 tsei^{33} tsʰei^{35}	犁 li^{213}
35 象山	割稻 kaʔ^{5} dɔ^{31}	种菜 tɕyoŋ^{53} tsʰei^{0}	犁 li^{31}
36 普陀	割稻 kɐʔ^{3} dɔ^{45}	种菜 tsoŋ^{33} tsʰɛ^{55}	犁 li^{24}
37 定海	割稻 kɐʔ^{3} dɔ^{45}	种菜 tsoŋ^{33} tsʰɛ^{44}	犁 li^{23}
38 岱山	割稻 kɐʔ^{3} dɔ^{45}	种菜 tsoŋ^{33} tsʰɛ^{44}	犁 li^{23}
39 嵊泗	割稻 kɐʔ^{3} dɔ^{45}	种菜 tsoŋ^{33} tsʰe^{53}	犁 li^{243}
40 临海	割稻 kəʔ^{3} dɔ^{21}	栽菜 tse^{33} tsʰe^{55} 种菜 tɕyoŋ^{33} tsʰe^{55}	犁 li^{21}
41 椒江	割稻 kaʔ^{3} dɔ^{31}	种菜 tsoŋ^{33} tsʰə^{55}	犁 li^{31}
42 黄岩	割稻 tɕieʔ^{3} dɔ^{121}	种菜 tsoŋ^{33} tsʰe^{55}	犁 li^{121}
43 温岭	割稻 tɕiʔ^{3} dɔ^{31}	种菜 tɕyuŋ^{35} tsʰe^{55} 栽菜 tse^{35} tsʰe^{55}	犁 li^{31}
44 仙居	割稻 ciaʔ^{3} dɐɯ^{213}	种菜 tɕioŋ^{55} tsʰæ^{55}	犁 li^{213}
45 天台	割稻 keʔ^{1} dau^{214}	种菜 tɕyuŋ^{33} tsʰei^{55}	犁 li^{224}

续表

方言点	0667 割稻	0668 种菜	0669 犁名词
46 三门	割稻 kɐʔ^{3} dɑu^{213}	种菜 tɕioŋ^{55} tsʰe^{55}	犁 li^{113}
47 玉环	割稻 tɕiɐʔ^{3} dɔ^{31}	种菜 tɕioŋ^{33} tsʰe^{55}	犁 li^{31}
48 金华	割稻 kɤ^{55} tɑo^{535}	种菜 tɕioŋ^{33} tsʰɛ^{55}	犁 li^{313}
49 汤溪	割稻 kɤ^{52} dɔ^{113}	种菜 tɕiɑo^{33} tsʰɛ^{52}	犁 lie^{11}
50 兰溪	割稻 kɤʔ^{34} tɔ^{55}	种菜 tɕioŋ^{334} tsʰe^{45}	犁 li^{21}
51 浦江	割稻 kɯ^{33} do^{243}	种菜 tɕyon^{33} tsʰa^{55}	犁 li^{113}
52 义乌	割谷 kɯ^{45} kau^{324}	栽菜 tse^{33} tsʰe^{45}	犁 li^{213}
53 东阳	割稻 kaʔ^{4} dɐɯ^{33}	种菜 tsɔm^{33} tsʰe^{34}	犁 li^{213}
54 永康	割谷 kɤ^{33} ku^{334}	种菜 tsoŋ^{33} tsʰəi^{52}	犁 lie^{22}
55 武义	割稻 kɤ^{53} dɤ^{13}	种菜 ioŋ^{55} tsʰa^{53}	犁 lie^{324}
56 磐安	割稻 kɛ^{55} to^{334}	种菜 tsɔom^{33} tsʰe^{52}	犁 li^{213}
57 缙云	割稻 kuɛ^{51} dəɤ^{322}	种菜 tsɔ^{44} tsʰei^{453}	犁 li^{243}
58 衢州	割稻 kəʔ^{3} dɔ^{231}	种菜 tʃyoŋ^{53} tsʰɛ^{53}	犁 li^{21}
59 衢江	割粙 kuəʔ^{5} dy^{212}	种菜 yoŋ^{33} tsʰei^{53}	犁 li^{212}
60 龙游	割稻 kəʔ^{4} dɔ^{224}	种菜 ioŋ^{33} tsʰei^{51}	犁 li^{21}
61 江山	割粙 kɒʔ^{5} dɯ^{22}	种菜 ioŋ^{44} tɕʰi^{51}	犁 lᴇ^{213}
62 常山	割粙 kʌʔ^{4} diu^{24} 割谷 kʌʔ^{5} kɤʔ^{5}	种菜 ioŋ^{44} tɕʰi^{324}	犁 lue^{341}
63 开化	割谷 kɔʔ^{4} kəʔ^{5}	种菜 iɔŋ^{44} tɕʰi^{412}	犁 lɛ^{231}
64 丽水	割稻 kuɛʔ^{4} dɔ^{22}	种菜 tɕiɔŋ^{224} tsʰɛ^{52}	犁 li^{22}
65 青田	割稻 kuæʔ^{4} dœ^{343}	种菜 tɕio^{33} tsʰɛ^{55}	犁 li^{21}
66 云和	割谷 kuɛʔ^{4} kəɯʔ^{5}	种菜 tɕioŋ^{44} tsʰa^{45}	犁 li^{312}
67 松阳	镙谷 iɛʔ^{3} kɤʔ^{5}	种菜 iəŋ^{33} tsʰei^{24}	犁 liɛ^{31}
68 宣平	割稻 kuəʔ^{4} dɔ^{223}	种菜 tɕiɔ̃^{44} tsʰei^{52}	犁 li^{433}

续表

方言点	0667 割稻	0668 种菜	0669 犁名词
69 遂昌	镙谷 iɛʔ^{3} kəɯʔ^{5}	种菜 iɔŋ^{55} tsʰei^{334}	犁 li^{221}
70 龙泉	割谷 kuoʔ^{3} kuʔ^{5}	栽菜 tsɿ^{44} tsʰᴇ^{45}	犁 li^{21}
71 景宁	割稻 kuœʔ^{5} dɑu^{33}	种菜 tɕiɔŋ^{33} tsʰai^{35}	犁 li^{41}
72 庆元	割谷 kuɤʔ^{5} kuʔ^{5}	种菜 ioŋ^{11} tsʰæi^{11}	犁 li^{52}
73 泰顺	割稻 kuɛʔ^{2} tɑɔ^{21}	种菜 tɕiɔ̃^{22} tsʰæi^{35}	犁 li^{53}
74 温州	割稻 kø^{3} də^{14}	种菜 tɕyɔ^{3} tsʰe^{51}	犁 lei^{31}
75 永嘉	割稻 kø^{43} də^{13}	栽菜 tse^{33} tsʰe^{45}	犁 lei^{31}
76 乐清	割稻 kuɤ^{3} dɤ^{24}	种菜 tɕyɯʌ^{3} tɕʰie^{41}	犁 li^{31}
77 瑞安	割稻 kø^{3} dɛ^{13}	栽菜 tse^{33} tsʰe^{35}	犁 lei^{31}
78 平阳	割稻 kɵ^{21} dɛ^{13}	种菜 tʃuo^{33} tʃʰe^{42}	犁 li^{242}
79 文成	割稻 kuø^{21} dɛ^{33}	种菜 tʃuo^{33} tʃʰe^{33}	犁 lei^{113}
80 苍南	割稻 kø^{3} dɛ^{24}	种菜 tɕyɔ^{42} tsʰe^{42}	犁 li^{31}
81 建德徽	割谷 ki^{33} kuɐʔ^{5}	种菜 tsoŋ^{33} tsʰɛ^{33}	犁 li^{33}
82 寿昌徽	割稻 kiɛ^{55} tʰɤ^{534}	种菜 tɕiɔŋ^{33} tɕʰiæ^{33}	犁头 li^{11} tʰəɯ^{33}
83 淳安徽	割稻 kəʔ^{5} tʰɤ^{55}	种菜 tson^{24} tɕʰie^{24}	犁 li^{435}
84 遂安徽	割谷 kə^{33} ku^{24}	种菜 tsəŋ^{55} tsʰəɯ^{55}	犁 li^{33}
85 苍南闽	割粙 kua^{24} tiu^{21}	栽菜 tsai^{24} tsʰai^{21}	犁 lue^{24}
86 泰顺闽	割粙 kɛʔ^{5} tiɐu^{31}	种菜 tsəŋ^{21} tsʰai^{53}	犁 lai^{22}
87 洞头闽	割粙 kua^{33} tiu^{21}	种菜 tɕieŋ^{33} tsʰai^{21}	犁 lue^{113}
88 景宁畲	割禾 kɔt^{5} uo^{22}	种菜 tɕyŋ^{44} tsʰoi^{44}	犁 lai^{22}

方言点	0670 锄头	0671 镰刀	0672 把儿刀~
01 杭州	锄头 dzɥ^{22}dei^{45}	镰刀 liɛ^{22}tɔ^{45}	柄 piŋ^{45}
02 嘉兴	锄头 zou^{21}dei^{42}	锲子 tɕieʔ^{5}tsɿ^{21}	柄 piŋ^{224}
03 嘉善	锄头 zɥ^{13}də^{31}	镰刀 liɪ^{13}tɔ^{53}	柄 pin^{334}
04 平湖	锄头 zɥ^{24}dəɯ^{53} 铁搭$^{=}$ tʰiəʔ^{3}taʔ^{5}	横 vã^{24} 横刀 vã^{24}tɔ^{53}	柄 pin^{334}
05 海盐	锄头 zɿ^{24}de^{53}	镰刀 liɛ^{24}tɔ^{53}	柄 pin^{334}
06 海宁	锄头 zɿ^{33}dəɯ^{55}	稻锲 dɔ^{13}tɕieʔ^{5}	柄 piŋ^{35}
07 桐乡	锄头 zɿ^{21}dɤɯ^{44}	锲子 tɕiəʔ^{3}tsɿ^{53}	柄 piŋ^{334}
08 崇德	锄头 zɿ^{21}dɤɯ^{44}	锲子 tɕiəʔ^{3}tsɿ^{53}	柄 piŋ^{334}
09 湖州	锄头 zɿ^{33}døʉ^{35}	镰刀 li^{33}tɔ^{35}	柄 pin^{35}
10 德清	锄头 dzɿ^{11}døʉ^{13}	镰刀 lie^{11}tɔ^{35}	柄 pin^{334}
11 武康	锄头 zɿ^{11}dø^{13}	稻轧儿 dɔ^{13}gəʔ^{2}n^{31}	柄 pin^{224}
12 安吉	锄头 zɿ^{22}dəɪ^{22}	割子刀 kəʔ^{5}tsɿ^{21}tɔ^{213}	柄 piŋ^{324}
13 孝丰	锄头 zɿ^{22}dəɪ^{22}	镰刀 liɪ^{22}tɔ^{22}	柄 piŋ^{324}
14 长兴	锄头 zɿ^{12}dei^{33}	镰刀 li^{12}tɔ^{33}	柄 piŋ^{324}
15 余杭	锄头 zɿ^{31}døʏ^{13}	稻锲儿 dɔ^{33}tɕi^{53}n^{31}	柄 piŋ^{423}
16 临安	锄头 zɿ^{33}də^{13}	割刀 kɐʔ^{5}tɔ^{53}	柄 pieŋ^{55}
17 昌化	锄头 ʑy^{11}di^{112}	草刀 tsʰɔ^{45}tɔ^{53}	柄 pã^{544}
18 於潜	锄头 ʑy^{22}diəu^{24}	割子刀 kəʔ^{53}tsɿ^{53}tɔ^{31}	柄 piŋ^{35}
19 萧山	锄头 zɿ^{13}dio^{33}	横刀 uã^{13}tɔ^{33}	把 po^{42}
20 富阳	锄头 zɿ^{13}dei^{55}	镰刀 ȵiɛ̃^{13}tɔ^{55}	柄 pin^{335}
21 新登	锄头 zɿ^{233}dəu^{233}	镰刀 liɛ̃^{233}tɔ^{334}	柄 peiŋ^{45}
22 桐庐	锄头 zɿ^{21}dei^{35}	镰刀 lie^{21}tɔ^{35}	柄 piŋ^{35}
23 分水	锄头 zɿ^{21}dɵ^{24}	钐锲刀 sa^{44}tɕiəʔ^{5}tɔ^{44} 镰刀 liɛ̃^{21}tɔ^{44}	柄 pən^{24}

续表

方言点	0670 锄头	0671 镰刀	0672 把儿刀～
24 绍兴	锄头 zɿ^{22}dɤ^{231}	橘子刀 tɕioʔ^{3}tseʔ^{5}tɔ^{31}	刀柄 tɔ^{33}piŋ^{334}
25 上虞	锄头 zɿ^{21}dɤ^{213}	割子刀 kəʔ^{5}tsɿ^{0}tɔ^{33}	柄 piŋ^{53}
26 嵊州	锄头 zɿ^{22}dʏ^{231}	钐镙 so^{53}tɕi^{53}	柄 piŋ^{334}
27 新昌	锄头 zɿ^{13}diɯ^{33}	钐镙 so^{53}tɕiɛʔ^{5}	柄 piŋ^{335}
28 诸暨	锄头 zɿ^{21}dei^{242}	镙子刀 kieʔ^{5}tsɿ^{42}tɔ^{21}	柄 pin^{544}
29 慈溪	锄头 dzɿ^{11}dø^{13}	茅刀 mɔ^{11}tɔ^{35}	柄 piŋ^{44}
30 余姚	锄头 dzɥ^{13}dø^{13}	割子单$^{=}$ kəʔ^{5}tsɿ^{44}tã^{44}	柄 pə̃^{44}
31 宁波	锄头 zɥ^{13}dœʏ^{0}	镰刀 li^{13}tɔ^{53}	柄 piŋ^{53}
32 镇海	锄头 zɥ^{22}dei^{31}	钐镙 so^{33}tɕi^{53}	柄 piŋ^{53}
33 奉化	锄头 zɿ^{33}dæi^{31}	钐镙 so^{44}tɕi^{35}	柄 piŋ^{53}
34 宁海	锄头 zɿ^{21}diu^{31}	钐镙 so^{33}tɕiəʔ^{5} 钐镙刀 so^{33}tɕiəʔ^{3}tau^{53}	柄 piŋ^{35}
35 象山	锄头 zɥ^{31}dɤɯ^{13}	钐镙刀 so^{44}tɕieʔ^{5}tɔ^{44}	刀柄 tɔ^{53}piŋ^{0}
36 普陀	锄头 zɥ^{33}deu^{53}	镰刀 li^{33}tɔ^{53}	柄 piŋ^{55}
37 定海	锄头 zɥ^{33}dɐi^{52}	镰刀 li^{33}tɔ^{52}	柄 piŋ^{44}
38 岱山	锄头 zɥ^{33}dœʏ^{52}	横刀 uã^{11}tɔ^{44}	柄 piŋ^{44}
39 嵊泗	锄头 dzu^{33}dœʏ^{53}	横刀 uã^{11}tɔ^{45}	刀柄 tɔ^{44}piŋ^{0}
40 临海	锄头 zɿ^{33}də^{353}小	钐镙 so^{33}tɕi^{353}小	柄 piŋ^{55}
41 椒江	锄头 zɿ^{22}dio^{41}	草镙 tsʰɔ^{42}tɕie^{51}小	柄 piŋ^{55}
42 黄岩	锄头 zɥ^{13}dio^{41}	稻镙 dɔ^{121}tɕie^{51}小	柄 pin^{55}
43 温岭	锄头 zɿ^{24}dɤ^{41}	镙 tɕie^{51}小	柄 pin^{55}
44 仙居	锄头 zɿ^{353}dəɯ^{0}	钐镙 so^{33}ciaʔ^{53}	柄 ɓin^{55}
45 天台	锄头 zɿ^{22}deu^{51}	钐镙 so^{33}ke^{51}小	柄 piŋ^{55}
46 三门	锄头 zɿ^{13}dɤɯ^{31}	镰刀 lie^{11}tɑu^{334}	柄 piŋ^{55}

续表

方言点	0670 锄头	0671 镰刀	0672 把儿刀～
47 玉环	板锄 pɛ^{55}zɿ^{31}	刀锲 tɔ^{33}tɕie^{53}小	手柄 ɕiu^{53}piŋ^{55}
48 金华	锄头 zɿ^{31}diu^{14}	钐锲 suɑ^{33}tɕie^{55}	柄 piŋ^{55}
49 汤溪	锄头 zɿ^{11}təɯ^{52}	钐锲 suɑ^{33}tɕie^{52}	柄 mã^{52}
50 兰溪	锄头 zɿ^{21}dəɯ^{24}	钐锲 suɑ^{334}tɕieʔ^{34}	柄 pæ̃^{45}
51 浦江	锄头 zɿ^{24}dɤ^{334}	钐锲 ɕyɑ^{33}tɕi^{423}	柄 piən^{55}
52 义乌	锄头 zua^{22}tɐɯ^{45}	钐锲儿 sua^{33}tɕien^{324}	柄 mɛ^{45}
53 东阳	锄头 zo^{22}dəɯ^{53}	钐锲 su^{33}tɕiɛ^{35}	柄 mɛ^{453}
54 永康	锄头 zuɑ^{31}dəu^{22}	钐锲 suɑ^{33}tɕie^{52}	柄 mai^{52}
55 武义	锄头 zuɑ^{32}dɑu^{231}	钐锲 suɑ^{55}tɕie^{53}	柄 ma^{53}
56 磐安	锄头 zuə^{21}tɐɯ^{52}	钐锲儿 suɤ^{33}tɕien^{52}	柄 mɛ^{52}
57 缙云	锄头 zɔ^{21}diuŋ^{453}	蓑衣锲 su^{44}i^{44}tɕiɛ^{45}割稻用 勾刀 kɤ^{44}təɤ^{44}砍柴用	柄 mɛŋ^{453}老 柄 pa^{45}小，新
58 衢州	锄头 zɿ^{21}de^{231}	镰刀 liẽ^{21}tɔ^{32}	柄 pin^{53}
59 衢江	锄头 zuo^{22}ty^{53}	蒡锲 liəʔ^{2}tɕiəʔ^{5}	柄 mɛ^{53}
60 龙游	锄头 zuɑ^{224}dəɯ^{231}	蒡锲 li^{22}tɕiəʔ^{4}	柄 pɛ^{51}
61 江山	锄头 zɒ^{22}du^{213}	粙[工刂] dɯ^{22}koŋ^{44} 蒡锲 lᴇ^{22}kiᴇʔ^{5}	柄 paŋ^{51}
62 常山	锄头 zɑ^{24}du^{0}	蒡锲刀 lie^{22}kɛʔ^{4}tɤ^{44}	柄 pĩ^{324}
63 开化	锄头 zɑ^{21}tu^{53}	力⁼锲 liɛʔ^{2}tɕiaʔ^{5}旧 镰刀 liɛ̃^{21}təɯ^{44}今	柄 pã^{412}
64 丽水	锄头 zuo^{21}təɯ^{52}	稻锲 də^{21}tɕiɛʔ^{5}	柄 pin^{52}
65 青田	锄头 zɿ^{55}deu^{53}	稻锲 dœ^{33}tɕiɛ^{445}	柄 ɓeŋ^{33}
66 云和	锄头 zo^{223}dəɯ^{312}	蒡锲 li^{223}tɕiɛʔ^{5}	柄 pɛ^{45}
67 松阳	锄头 zuə^{33}dei^{31}	锲儿 iɛʔ^{3}n^{24}	柄 pã^{24}
68 宣平	锄头 zo^{22}dəɯ^{433}	钐锲 so^{44}tɕiəʔ^{5}	柄 mɛ^{52}

续表

方言点	0670 锄头	0671 镰刀	0672 把儿刀~
69 遂昌	锄头 zɒ^{22}du^{213}	锲儿 iɛʔ^{5}ȵiɛ^{221}	柄 piaŋ^{334}
70 龙泉	锄头 so^{45}diəu^{21}	镰锲儿 liᴇ^{45}tɕiᴇʔ^{3}ȵi^{21}	柄 paŋ^{45}
71 景宁	锄头 zo^{33}dəɯ^{41}	稻锲 dɑu^{55}tɕiɛ^{33}	柄 pɛ^{35}
72 庆元	锄头 so^{52}tiɯ^{52}	镰 liɛ̃^{55}小	柄 ɓæ̃^{11}
73 泰顺	锄头 sɔ^{21}təu^{53}	剺锲 li^{21}tɕiɛʔ^{5}	柄 piŋ^{35}
74 温州	板锄 pa^{33}zɿ^{223}	稻锲 dɜ^{24}tɕi^{323}	柄 pəŋ^{51}
75 永嘉	锄头 zɿ^{22}dəu^{21}	稻锲 də^{13}tɕi^{423}	柄 peŋ^{45}
76 乐清	板锄 pᴇ^{44}zɿ^{223}	稻锲 dɤ^{24}tɕiᴇ^{323}	柄 peŋ^{41}
77 瑞安	锄头 zɿ^{22}dou^{21}	大镰刀 da^{13}li^{22}tɛ^{44}	柄 pəŋ^{53}
78 平阳	锄头 zɿ^{21}dɛu^{13}	稻锲儿 dɛ^{35}tɕiŋ^{13}	柄 peŋ^{53}
79 文成	锄头 zɿ^{21}diou^{33}	镰勾刀 lie^{33}kau^{33}tɛ^{33}	柄 peŋ^{33}
80 苍南	锄头 zɿ^{11}dɛu^{24}	稻锲 dɛ^{11}dʑiɛ^{112}	柄 peŋ^{42}
81 建德徽	锄头 sɿ^{33}tɤɯ^{33}	钐锲 so^{53}tɕi^{213}	柄 pin^{33}
82 寿昌徽	锄头 sɿ^{11}tʰəɯ^{33}	钩镰 kəɯ^{11}li^{55}	柄 pien^{33}
83 淳安徽	锄头 ɕya^{43}tʰɯ^{24}	锲 tɕiəʔ^{5}	柄 pin^{24}
84 遂安徽	锄头 ɕy^{33}tʰiu^{33}	镰刀 liɛ̃^{33}tɔ^{33}	柄 pin^{43}
85 苍南闽	锄头 te^{21}tʰau^{24}	籼刀团 tiu^{21}to^{33}kã^{43}	柄 pin^{21}
86 泰顺闽	锄头 ty^{21}tʰau^{22}	镰锲 lieŋ^{21}kɛʔ^{5}	柄 pæŋ^{53}
87 洞头闽	锄头 tɯ^{212}tʰau^{24}	草夹 tsʰau^{212}kue^{53}	柄 pĩ^{21}
88 景宁畲	锄头 tɕʰy^{22}tʰiəu^{22}	禾□ uo^{22}liet^{2}	柄 piaŋ^{44}

方言点	0673 扁担	0674 箩筐	0675 筛子统称
01 杭州	扁担 $pi\varepsilon^{55}t\varepsilon^{0}$	箩筐 $l\partial u^{22}k^{h}ua\eta^{45}$	筛子 $s\varepsilon^{33}ts\text{ɿ}^{45}$
02 嘉兴	扁担 $pie^{33}t\text{E}^{33}$	结萝 $t\text{ɕ}ie\text{ʔ}^{5}lou^{55}$	筛子 $s\text{A}^{33}ts\text{ɿ}^{21}$
03 嘉善	扁担 $pi\text{ɪ}^{55}t\varepsilon^{0}$	篰 bu^{113}	筛 $s\text{ɿ}^{53}$
04 平湖	扁担 $pi\varepsilon^{44}t\varepsilon^{0}$	篰 bu^{213}	筛 $s\text{ɿ}^{53}$
05 海盐	扁担 $pi\varepsilon^{53}t\varepsilon^{53}$	篰 bu^{423}	筛子 $s\text{ɿ}^{53}ts\text{ɿ}^{21}$
06 海宁	扁担 $pie^{55}tei^{0}$	箩 $l\partial u^{13}$	筛子 $s\text{ɿ}^{55}ts\text{ɿ}^{55}$
07 桐乡	扁担 $pi\text{E}^{44}t\varepsilon^{0}$	箩头 $l\partial u^{21}d\text{ɤ}\text{ɯ}^{44}$ 可挑 篰 bu^{242}	筛子 $s\text{ɿ}^{44}ts\text{ɿ}^{44}$
08 崇德	扁担 $pi\text{ɪ}^{55}t\varepsilon^{0}$	篰 bu^{242}	筛子 $s\text{ɿ}^{44}ts\text{ɿ}^{44}$
09 湖州	扁担 $pie^{35}t\varepsilon^{13}$	搿栳 $k\partial\text{ʔ}^{5}l\text{ɔ}^{35}$	筛子 $sa^{44}ts\text{ɿ}^{44}$
10 德清	扁担 $pie^{35}t\varepsilon^{0}$	筐 $ku\tilde{a}^{44}$	筛子 $sa^{44}ts\text{ɿ}^{44}$
11 武康	扁担 $pi\text{ɪ}^{35}t\varepsilon^{53}$	脚箩 $t\text{ɕ}i\text{ɜ}\text{ʔ}^{5}lu^{53}$	筛子 $sa^{44}ts\text{ɿ}^{44}$
12 安吉	扁担 $pi^{52}t\text{E}^{21}$	箩 $l\text{ʊ}^{22}$	筛子 $sa^{55}ts\text{ɿ}^{55}$
13 孝丰	扁担 $pi\text{ɪ}^{45}t\varepsilon^{21}$	箩 lu^{22}	筛子 $sa^{44}ts\text{ɿ}^{44}$
14 长兴	扁担 $pi^{45}t\text{E}^{21}$	箩腔 $l\partial u^{12}t\text{ʃ}^{h}i\tilde{a}^{33}$	筛子 $sa^{44}ts\text{ɿ}^{44}$
15 余杭	扁担 $pi\tilde{e}^{35}t\varepsilon^{0}$	叶篰 $ie\text{ʔ}^{2}bu^{31}$	筛子 $sa^{55}ts\text{ɿ}^{55}$
16 临安	扁担 $pie^{55}t\varepsilon^{53}$	箩 o^{33}	筛子 $sa^{53}ts\text{ɿ}^{33}$
17 昌化	扁担 $pi\tilde{\text{ɪ}}^{45}t\tilde{\text{ɔ}}^{53}$	鸽⁼箩 $k\partial\text{ʔ}^{5}l\text{ɯ}^{45}$	筛 sa^{334}
18 於潜	扁担 $pie^{53}t\varepsilon^{31}$	谷箩 $ku\partial\text{ʔ}^{53}lu^{223}$	筛子 $sa^{43}ts\text{ɿ}^{454}$
19 萧山	扁担 $pie^{33}t\varepsilon^{42}$	脚箩 $t\text{ɕ}ia\text{ʔ}^{5}lo^{33}$	沙筛 $so^{33}s\text{ɿ}^{33}$
20 富阳	扁担 $pi\tilde{\varepsilon}^{423}t\tilde{a}^{335}$	脚箩 $t\text{ɕ}ia\text{ʔ}^{5}l\text{ʊ}^{224}$	筛 $s\text{ɿ}^{53}$
21 新登	扁担 $pi\tilde{\varepsilon}^{334}t\varepsilon^{45}$	谷箩 $k\text{ɔ}\text{ʔ}^{5}lu^{233}$	筛谷簟 $s\text{ɿ}^{53}k\text{ɔ}\text{ʔ}^{5}da^{13}$
22 桐庐	扁担 $pie^{33}t\tilde{a}^{33}$	箩筐 $lu^{21}k^{h}u\tilde{a}^{35}$	筛子 $s\text{ɿ}^{35}ts\text{ɿ}^{33}$
23 分水	扁挑 $pi\tilde{\varepsilon}^{44}t^{h}i\text{ɔ}^{33}$	箩筐 $lo^{21}k^{h}\tilde{a}^{44}$	筛 $s\text{ɿ}^{44}$

续表

方言点	0673 扁担	0674 箩筐	0675 筛子统称
24 绍兴	扁担 $pi\tilde{e}^{44}t\tilde{ɛ}^{31}$	箩 lo^{231}	筛带⁼ $sɿ^{33}ta^{33}$
25 上虞	扁担 $pi\tilde{e}^{33}t\tilde{ɛ}^{53}$	箩 $lʊ^{213}$	筛 $sɿ^{35}$
26 嵊州	扁担 $pi\tilde{e}^{33}t\tilde{ɛ}^{53}$	箩 lo^{213}	筛筛 $sɿ^{53}sɿ^{334}$
27 新昌	扁担 $pi\tilde{ɛ}^{33}t\tilde{ɛ}^{53}$	箩 $lɤ^{22}$	米筛 $mi^{22}sɿ^{53}$孔大 麻筛 $mo^{13}sɿ^{534}$孔小
28 诸暨	扁担 $pie^{42}tɛ^{21}$	石箩 $zəʔ^{21}lɤu^{242}$	筛 $sɿ^{544}$
29 慈溪	扁担 $pi\tilde{e}^{33}t\tilde{ɛ}^{53}$	箩簇 $ləu^{13}da^{0}$	筛 $sɿ^{35}$
30 余姚	扁担 $pi\tilde{e}^{44}t\tilde{a}^{44}$	箩筐 $lou^{13}k^hu\text{ɔ}ŋ^{34}$	筛 $sɿ^{44}$
31 宁波	扁担 $pi^{53}tɛ^{0}$	箩筐 $ləu^{13}k^huɔ^{53}$	筛 $sɿ^{35}$
32 镇海	扁担 $pi^{35}tɛ^{0}$	箩 $ləu^{24}$	寨⁼ dza^{24}
33 奉化	扁担 $pi^{44}tɛ^{44}$	箩 $ləu^{33}$	筛谷寨⁼ $sɿ^{44}koʔ^{5}dza^{24}$
34 宁海	扁担 $pi^{53}te^{34}$	脚箩 $tɕiaʔ^{3}ləu^{213}$	筛 $sɿ^{423}$
35 象山	扁担 $pi^{44}tɛ^{53}$	箩筐 $ləu^{31}k^hu\tilde{ɔ}^{44}$	寨⁼ dza^{31}
36 普陀	扁担 $pi^{53}tɛ^{0}$	箩 $ləu^{24}$	筛 $sɿ^{53}$
37 定海	扁担 $pi^{52}tɛ^{0}$	箩 $lʌu^{23}$	筛 $sɿ^{52}$
38 岱山	扁担 $pi^{52}tɛ^{0}$	箩 $lʌu^{23}$	筛 $sɿ^{325}$小
39 嵊泗	扁担 $pi^{44}tɛ^{0}$	箩 $lʌu^{243}$	筛 $sɿ^{53}$
40 临海	便⁼担 $bi^{31}tɛ^{55}$	脚箩 $tɕieʔ^{3}lo^{21}$	□箩 $da^{22}lo^{21}$
41 椒江	便⁼担 $bi^{31}tɛ^{55}$	脚箩 $tɕieʔ^{5}ləu^{41}$	沙筛 $so^{55}sɿ^{42}$
42 黄岩	扁担 $bi^{121}tɛ^{55}$	脚箩 $tɕieʔ^{5}lou^{41}$	纱筛 $so^{35}sɿ^{42}$
43 温岭	便⁼担 $bie^{31}tɛ^{55}$	脚箩 $tɕiʔ^{5}lu^{41}$	筛 $sɿ^{33}$
44 仙居	便⁼担 $bie^{21}ɗa^{55}$	箩 lo^{213}	筛 $sɿ^{334}$
45 天台	便⁼担 $bi^{21}te^{55}$	脚箩 $kiaʔ^{1}lou^{224}$ 板箩 $pe^{32}lou^{224}$	筛 $sɿ^{33}$

续表

方言点	0673 扁担	0674 箩筐	0675 筛子统称
46 三门	扁担 pie^{32}tɛ^{55}	脚箩 tɕiaʔ^{3}lʊ^{113}	沙筛 so^{33}sɿ^{52}
47 玉环	扁担 pie^{31}tɛ^{55}	脚箩 tɕiɐʔ^{5}ləu^{41}	筛 sɿ^{42}
48 金华	扁担 pie^{53}tɑ^{55}	箩 luɤ^{313}	筛 sɿ^{334}
49 汤溪	扁担 mie^{52}nuɑ^{52}	箩 luɤ^{11}	筛 sɿ^{24}
50 兰溪	扁担 pie^{55}tuɑ^{45}	箩 luɤ^{21}	筛 sɿ^{334}
51 浦江	扁担 piẽ^{55}tɑ̃^{55}	麻⁼箩儿 mia^{24}lɑ̃n^{334}	筛 sɿ^{534}
52 义乌	扁担 pie^{45}nɔ^{44}	槽箩 zo^{22}la^{45}	米筛 mi^{24}sɿ^{335}
53 东阳	扁担 pi^{44}tɔ^{33}	柴箩 za^{22}la^{35} 篾筛箩 me^{23}sɿ^{33}la^{33}	筛 sɿ^{334}
54 永康	扁担 pie^{31}na^{52}	槽箩 zɑu^{31}luo^{22}	筛 sɿ^{55}
55 武义	扁担 mie^{55}nuo^{53}	槽箩 zɤ^{32}lia^{231}	筛 sɿ^{24}
56 磐安	扁担 pie^{52}nɒ^{0}	箩 la^{213}	筛 sɿ^{445}
57 缙云	扁担 piɛ^{21}tɑ^{453}	槽箩 zou^{21}lu^{453}	筛 sɿ^{44}
58 衢州	肩担 tɕiẽ^{35}tã^{32}	箩 lu^{21}	筛 sɿ^{32}
59 衢江	肩担 tɕie^{33}tã^{53}	箩 la^{212}	筛 ɕyø^{33}
60 龙游	扁担 bie^{22}tã^{51}	箩 lɑ^{21}	筛 sɿ^{334}
61 江山	肩担 kiɛ̃^{44}taŋ^{241}	箩 la^{213}	筛 ɕiɵ^{44}
62 常山	担篼 tã^{44}tiu^{44}	箩 lɛ^{341}	筛 si^{44}
63 开化	担篼 tã^{44}tiʊ^{44}	箩 la^{231}	筛 suei^{44}
64 丽水	扁担 piɛ^{44}tã^{52}	箩 lu^{22}	筛 sɿ^{224}
65 青田	扁担 miɛ^{33}ɗɑ^{33}	箩 lu^{21}	□筛 dɑ^{21}sɿ^{445}
66 云和	扁担 piɛ^{44}tã^{24}	箩箕 lɔ^{31}i^{45}小	筛 sɿ^{24}
67 松阳	扁担 piɛ̃^{33}tɔ̃^{24}	箩箸 la^{33}iɛ^{24}	筛 sɿə^{53}

续表

方言点	0673 扁担	0674 箩筐	0675 筛子统称
68 宣平	扁担 piɛ^{44}tɑ̃^{52}	箩箕 la^{43}i^{324} 箩 la^{433}	筛 sɿ^{324}
69 遂昌	扁担 piɛ̃^{53}taŋ^{45}	箩簹 la^{22}iɛ^{334}	筛 ɕiu^{45}
70 龙泉	扁担 biᴇ^{21}taŋ^{45}	箩簹 la^{44}i^{45}	筛 sɤɯ^{434}
71 景宁	担磨⁼ tɔ^{55}m^{33}	槽箩 so^{33}lo^{41}	筛 sɿ^{324}
72 庆元	担 ɗɑ̃^{55}小	箩簹 lɑ^{52}iᴇ^{11}	筛 sɤ^{335}
73 泰顺	扁担 piã^{22}tã^{35}	箩 la^{53}	筛 sɿ^{213}
74 温州	扁担 pi^{42}ta^{33}	簟箩 di^{31}lɤu^{21}	米筛 mei^{31}sɿ^{33}
75 永嘉	扁担 pi^{53}ta^{43}	箩 lo^{31}	（无）
76 乐清	扁担 piᴇ^{42}tᴇ^{21}	脚箩 tɕia^{44}lo^{223}	米筛 mi^{31}sɿ^{44}
77 瑞安	扁担 pi^{53}tɔ^{42}	簟箩 diɛ^{31}ləɯ^{21}	箧 da^{13}孔大 筛 sɿ^{44}孔小
78 平阳	扁担 pie^{33}tɔ^{42}	簟箩 dye^{13}lu^{42}	米筛 mi^{45}sɿ^{13}
79 文成	扁担 pie^{33}tɔ^{33}	簟箩 die^{33}lou^{33}	筛 sɿ^{55}
80 苍南	扁担 piɛ^{53}ta^{42}	大箩 dia^{11}lu^{31}	米筛 mi^{42}sɿ^{44} 谷簟 ku^{3}dia^{24}
81 建德徽	扁担 pie^{55}tɛ^{33}	箩 lu^{33}	筛 sɑ^{53}
82 寿昌徽	扁担 pi^{33}tuə^{33}	箩 lu^{52}	筛 sɿ^{112}
83 淳安徽	肩担 piã^{55}tɑ̃^{21}	箩 lu^{435}	筛 sa^{24}
84 遂安徽	扁担 piɑ̃^{21}tɑ̃^{24}	箩 ləɯ^{33}	筛 sɿ^{534}
85 苍南闽	扁担 pin^{33}tã^{55}	箩 lua^{24}	筛 tʰai^{55}
86 泰顺闽	扁担 pie^{21}tæŋ^{53}	篮 læŋ^{22}	筛团 tʰai^{21}ki^{344}
87 洞头闽	扁担 pin^{212}tã^{33}	篮 nã^{113}	米筛 mi^{24}tʰai^{33}
88 景宁畲	桶杆 toŋ^{43}kɔn^{44}	篾箩 mat^{2}lu^{51}	米筛 mai^{55}tʰoi^{44}

方言点	0676 簸箕农具，有梁的	0677 簸箕簸米用	0678 独轮车
01 杭州	畚箕 pəŋ^{45}tɕi^{53}	畚箕 pəŋ^{45}tɕi^{53} 匾 piɛ^{53}	独轮车 doʔ^{2}loŋ^{45}tsʰuei^{53}
02 嘉兴	畚箕 pəŋ^{21}tɕi^{33}	淘箩 dɔ^{21}lou^{33}	（无）
03 嘉善	土篌 tʰu^{44}da^{13}	畚斗 pən^{35}tə^{53}	独轮车 duoʔ^{2}lən^{13}tsʰo^{53}
04 平湖	坌箕 bən^{24}tɕi^{0}	篌 da^{213}	（无）
05 海盐	篌 dɑ^{423}	份⁼箕 vən^{13}tɕi^{21}	杨柳车 iɛ^{24}le^{55}tsʰo^{21}
06 海宁	土篌 tʰu^{55}da^{0}	（无）	独轮车 doʔ^{2}ləŋ^{33}tsʰo^{55}
07 桐乡	土篌 tʰəu^{44}da^{0}	畚箕 pəŋ^{44}tɕi^{44}	（无）
08 崇德	土篌 tʰəu^{44}dɑ^{0}	粪箕 fəŋ^{33}tɕi^{334}	独轮车 dɔʔ^{23}ləŋ^{44}tsʰo^{44}
09 湖州	土篌 tʰəu^{53}da^{13}	粪箕 fən^{33}tɕi^{35}	独轮车 duoʔ^{2}lən^{35}tsʰuo^{53}
10 德清	土篌 tʰəu^{35}da^{0}	笆斗 puo^{44}døʉ^{44}	独轮车 duoʔ^{2}len^{35}tsʰuo^{53}
11 武康	土篌 tʰu^{35}da^{53}	粪箕 fen^{33}tɕi^{35}	独脚车 duoʔ^{2}tɕiɔʔ^{5}tsʰo^{53}
12 安吉	畚箕 pəŋ^{55}tɕi^{55}	畚斗 pəŋ^{55}təɪ^{55}	独轮车 doʔ^{2}ləŋ^{22}tsʰʊ^{213}
13 孝丰	粪箕 fəŋ^{32}tɕi^{213}	畚斗 pəŋ^{44}təɪ^{44}	独轮车 duoʔ^{2}ləŋ^{22}tsʰʊ^{24}
14 长兴	土篌 tʰəu^{45}da^{21}	针线杯 tsəŋ^{44}ʃi^{44}pei^{44}	独轮车 doʔ^{2}ləŋ^{12}tsʰu^{44}
15 余杭	土篌 tʰu^{35}da^{0}	粪箕 fiŋ^{53}tɕi^{35}	（无）
16 临安	粪箕 feŋ^{55}tɕi^{53}	畚斗 peŋ^{55}tə^{53}	独轮车 duɔʔ^{2}leŋ^{33}tsʰuo^{33}
17 昌化	畚箕 pəŋ^{54}tsɿ^{334}	畚箕 pəŋ^{54}tsɿ^{334}	独轮车 duəʔ^{2}ləŋ^{11}tsʰu^{334}
18 於潜	大畚箕 da^{24}peŋ^{35}tɕi^{53}	小畚箕 ɕiɔ^{53}peŋ^{35}tɕi^{31}	独轮车 dæʔ^{2}leŋ^{22}tɕʰia^{433}
19 萧山	土篌 tʰu^{33}da^{242}	粪箕 fəŋ^{33}tɕi^{33}	独轮车 dəʔ^{21}ləŋ^{33}tsʰo^{33}
20 富阳	粪箕 fən^{55}tɕi^{53}	扳口粪箕 pã^{423}kʰiʊ^{335}fən^{55}tɕi^{53}	独轮车 doʔ^{2}lən^{13}tsʰo^{224}
21 新登	粪箕 feiŋ^{45}dʑi^{21}	粪叉 feiŋ^{45}tsʰɑ^{21}	独轮车 dəʔ^{2}leiŋ^{233}tsʰɑ^{45}
22 桐庐	畚箕 pəŋ^{35}tɕi^{21}	畚箕 pəŋ^{35}tɕi^{21}	独轮车 dəʔ^{21}ləŋ^{21}tɕʰyo^{35}
23 分水	畚斗 pən^{44}tɵ^{53}	畚斗 pən^{44}tɵ^{53}	独轮车 dəʔ^{12}lən^{22}tsʰa^{44}
24 绍兴	土箕 tʰu^{44}tɕi^{31}	畚斗 pẽ^{33}tɤ^{334}	独轮车 doʔ^{2}lø̃^{24}tsʰo^{31}
25 上虞	土篌 tʰu^{33}da^{31}	畚斗 pəŋ^{33}tɤ^{35}	独轮车 doʔ^{2}liŋ^{21}tsʰo^{53}
26 嵊州	畚箕 peŋ^{33}tɕi^{334}	簟畚 diẽ^{24}peŋ^{53}	独轮车 doʔ^{2}leŋ^{22}tsʰo^{334}

续表

方言点	0676 簸箕农具，有梁的	0677 簸箕簸米用	0678 独轮车
27 新昌	大畚箕 dɤ^{22} peŋ^{33} tɕi^{33}	畚斗 peŋ^{53} tiɯ^{534}	独轮车 dɤʔ^{2} leŋ^{45} tsʰo^{534}
28 诸暨	畚箕 pɛn^{33} tʃʅ^{33}	畚斗 pɛn^{33} tei^{42}	独轮车 doʔ^{21} lɛn^{33} tsʰo^{42}
29 慈溪	粪箕 fəŋ^{44} tɕi^{44} 扫箕 sɔ^{33} tɕi^{35}	畚斗 pəŋ^{35} dəu^{0}	（无）
30 余姚	扫箕 sɔ^{34} tɔi^{44}	畚箕 pə̃^{53} tɕi^{44}	独轮车 doʔ^{2} liə̃^{13} tsʰo^{44}
31 宁波	土箕 tʰu^{33} tɕi^{35}	畚箕 pəŋ^{33} tɕi^{35}	独轮车 doʔ^{2} ləŋ^{13} tsʰo^{44}
32 镇海	土箕 tʰu^{35} tɕi^{0}	扫⁼箕 sɔ^{33} tɕi^{33}	独轮车 doʔ^{2} ləŋ^{24} tsʰo^{33}
33 奉化	土筲 tʰu^{44} sɿ^{44}	粪箕 fəŋ^{44} tɕi^{44}	手推车 ɕiʏ^{44} tʰei^{44} tsʰo^{44}
34 宁海	畚箕 pəŋ^{33} tsɿ^{34}	簟畚 die^{22} pəŋ^{35}	独轮车 doʔ^{3} ləŋ^{21} tsʰo^{53}
35 象山	粪箕 fəŋ^{53} tɕi^{44}	畚斗 pəŋ^{44} tɤɯ^{35}	独轮车 doʔ^{2} ləŋ^{22} tsʰo^{44}
36 普陀	土箕 tʰu^{55} tɕi^{55}	畚斗 pɐŋ^{33} teu^{45}	独轮车 doʔ^{2} lɐŋ^{45} tsʰo^{55}
37 定海	土筲 tʰu^{52} sɿ^{0} 老 土箕 tʰu^{44} tɕi^{44} 新	畚箕 pɐŋ^{33} tɕi^{52}	独轮车 doʔ^{2} lɐŋ^{44} tsʰo^{44}
38 岱山	土筲 tʰu^{52} sɿ^{0}	畚斗 pɐŋ^{52} tœʏ^{0}	独轮车 doʔ^{2} lɐŋ^{33} tsʰo^{44}
39 嵊泗	土箕 tʰu^{44} tɕi^{44} 老 畚斗 pɐŋ^{44} tœʏ^{0} 新	马咀 mo^{34} tsʮ^{0}	独轮车 doʔ^{2} lɐŋ^{44} tsʰo^{0}
40 临海	畚箕 pəŋ^{33} tɕi^{31}	畚斗 pəʔ^{3} tə^{42}	（无）
41 椒江	畚箕 pəŋ^{33} tɕi^{35} 小	畚斗 pəŋ^{33} tio^{42}	独轮车 doʔ^{2} løŋ^{24} tsʰo^{42}
42 黄岩	畚箕 pən^{35} tɕi^{32}	簸斗 poʔ^{3} tio^{42}	独轮车 doʔ^{2} løn^{24} tsʰo^{32}
43 温岭	畚箕 pən^{33} tɕi^{15} 小	米簸 mi^{42} pe^{55}	独轮车 doʔ^{2} nøn^{13} tsʰo^{15} 小
44 仙居	畚箕 ɓen^{33} tɕi^{334}	畚切⁼ ɓen^{33} tɕʰiaʔ^{5}	单轮车 ɗa^{33} len^{33} tsʰo^{53}
45 天台	扛畚 kɔ^{55} pəŋ^{55}	畚斗 pəŋ^{33} tou^{325}	（无）
46 三门	大畚箕 dʊ^{23} pəŋ^{32} tɕi^{334}	北⁼斗 pɐʔ^{3} tɤɯ^{325}	（无）
47 玉环	畚箕 pəŋ^{33} tɕi^{35} 小	团箕 dø^{24} tɕi^{42}	独轮车 doʔ^{2} ləŋ^{44} tsʰo^{42}
48 金华	畚箕 pəŋ^{33} tɕi^{55}	团报⁼ dɤ^{31} pɑo^{55}	独轮车 doʔ^{21} ləŋ^{31} tsʰia^{55}

续表

方言点	0676 簸箕农具,有梁的	0677 簸箕簸米用	0678 独轮车
49 汤溪	畚箕 mã^{24}tɕi^{0}	粪斗 fã^{33}təɯ^{535}	单轮车 nuɑ^{33}lã^{24}tsʰɑ^{33}
50 兰溪	粪箕 fæ̃^{55}tɕi^{45}	畚箕 pɔ^{55}tɕi^{45}	独轮车 duəʔ^{12}læ̃^{21}tsʰɑ^{45}
51 浦江	扎$^{=}$箕儿 tsɑ^{33}tʃin^{334}	畚箕 pə̃^{55}tʃi^{334}	单轮车 tɑ̃^{33}lən^{33}tɕʰyɑ^{334} 手车儿 ɕiɤ^{33}tɕʰyɑn^{53}
52 义乌	簸箩 pɯ^{33}la^{335}	畚斗 mən^{45}tɐɯ^{423}	独轮车 dau^{24}lən^{22}tsʰia^{45}
53 东阳	畚箩 pɯ^{22}la^{35}	畚斗 pɯ^{22}tɐɯ^{35}	独轮车 dəɯ^{23}lɐn^{33}tɕʰia^{33}
54 永康	畚箕 ɓuo^{33}i^{55}	台扁 ɗəi^{33}ɓie^{334}	独轮车 ɗu^{33}ləŋ^{33}tɕʰia^{241}小 手推车 ʑiəu^{31}tʰəi^{33}tɕʰia^{241}小
55 武义	畚箕 muo^{55}i^{24}	透$^{=}$盘$^{=}$ tʰɑu^{53}buo^{324}	手车 ɕiəu^{53}tɕʰia^{24}
56 磐安	畚箩 pɯ^{33}la^{445}	团篮 dɯ^{21}lɯ^{52}	独轮车 tʌo^{55}lɐn^{21}tɕʰia^{52}
57 缙云	粪箕 pɛ^{44}i^{44}	畚箕 pɑ^{44}i^{44}	独轮车 dou^{51}laŋ^{44}tɕʰia^{44}
58 衢州	高环粪箕 kɔ^{32}guã^{231}fən^{53}tsɿ^{32}	粪斗 fən^{53}te^{35}	独轮车 dəʔ^{2}lən^{53}tʃʰyɑ^{32}
59 衢江	粪箕 pɛ^{33}i^{33}	粪斗 pɛ^{33}ty^{25}	独轮车 dəʔ^{2}ləŋ^{22}tɕʰyø^{33}
60 龙游	粪箕 pei^{33}i^{334}	粪斗 pei^{33}təɯ^{35}	独轮车 dəʔ^{2}lən^{22}tsʰɑ^{334}
61 江山	粪箕 pɛ̃^{44}i^{44}	粪斗 pɛ̃^{44}tu^{241}	独轮车 doʔ^{2}lĩ^{22}tɕʰiə^{44}
62 常山	粪箕 pɔ̃^{44}i^{44}	粪斗 pɔ̃^{43}tu^{52}	羊角车 iã^{22}kɛʔ^{5}tɕʰie^{44}
63 开化	粪箕 pɛn^{44}i^{44}	撮斗 tsʰaʔ^{4}tu^{53}	独轮车 dəʔ^{2}lin^{21}tɕʰiɛ^{44}
64 丽水	畚箕 pɛ^{44}i^{224}	畚斗 pɛ^{44}təɯ^{544}	独轮车 dəʔ^{2}len^{22}tɕʰio^{224}
65 青田	畚箕 ɓaŋ^{22}tsɿ^{445}	畚斗 ɓaŋ^{33}ɗæi^{454}	单轮车 ɗɑ^{33}liaŋ^{21}tɕʰiu^{445}
66 云和	畚箕 pɛ^{44}i^{24}	畚斗 pɛ^{44}təɯ^{41}	独轮车 dəɯʔ^{23}ləŋ^{223}tɕʰio^{24}
67 松阳	畚箕 pæ̃^{24}i^{53}	谷挈$^{=}$ kɤʔ^{3}tɕʰiɛʔ^{5}	独轮车 dɤʔ^{2}lin^{33}tɕʰyə^{53}
68 宣平	畚箕 pə^{44}i^{324}	塔$^{=}$盘$^{=}$ tʰɑʔ^{4}bə^{433}	手车 ɕiɯ^{44}tɕʰia^{324}
69 遂昌	畚箕 pɛ̃^{33}i^{45}	畚斗 pɛ̃^{33}tu^{533}	独轮车 dəɯʔ^{23}ləŋ^{22}tɕʰiɒ^{45}

续表

方言点	0676 簸箕农具,有梁的	0677 簸箕簸米用	0678 独轮车
70 龙泉	畚箕 pɯə^{44} ɿ^{45}	畚挈 bɯə^{21} tɕʰiᴇʔ^{5}	独轮车 dɤɯʔ^{3} lɯə^{21} tɕʰio^{434}
71 景宁	畚箕 pœ^{55} i^{324}	簸箕 paʔ^{5} i^{324}	手拉车 ɕiəu^{55} la^{33} tɕʰio^{324}
72 庆元	畚箕 ɓæ̃^{11} i^{335}	谷测⁼ kuʔ^{5} tsʰɤʔ^{5} 出⁼力⁼ tɕʰyᴇʔ^{5} liʔ^{34}	单轮车 ɗɑ̃^{33} ləŋ^{52} tɕʰiɑ^{335}
73 泰顺	簸箕 pɛʔ^{2} tsɿ^{213}	簸箕 pɛʔ^{2} tsɿ^{213}	单轮车 tã^{22} ləŋ^{21} tɕʰyə^{213}
74 温州	畚箕 paŋ^{42} tsɿ^{33}	畚斗 paŋ^{42} tau^{25}	单轮车 ta^{34} laŋ^{22} tsʰo^{33}
75 永嘉	畚箕 paŋ^{53} tsɿ^{44}	筛箕 sa^{33} tsɿ^{44}	(无)
76 乐清	筲箕 sa^{44} tɕi^{44}	□笔 gu^{31} lɤ^{24}	(无)
77 瑞安	篰 bʏ^{13}	畚斗 paŋ^{53} tau^{35}	(无)
78 平阳	畚攃⁼ paŋ^{45} tʃʰɔ^{13}	畚攃⁼ paŋ^{45} tʃʰɔ^{13}	单轮车 tɔ^{45} laŋ^{21} tʃʰo^{55}
79 文成	沙箕 so^{33} tɕi^{33} 泥箕 ȵi^{21} tɕi^{33}	簸箕 pai^{42} tɕi^{33}	单轮车 tɔ^{42} laŋ^{21} tʃʰo^{33}
80 苍南	灰箕 huai^{33} tɕi^{44} 泥箕 ȵi^{11} tɕi^{44}	背⁼箕 pai^{42} tɕi^{44} 背⁼箕儿 pai^{33} tɕi^{33} ŋ^{112}	(无)
81 建德徽	粪箕 fən^{33} tɕi^{53}	畚斗 pən^{53} tɤɯ^{213}	独轮车 tɐʔ^{12} lən^{33} tsʰo^{53}
82 寿昌徽	粪箕 fen^{33} tɕi^{112}	粪斗 fen^{33} təɯ^{24}	独轮车 tʰɔʔ^{3} len^{11} tɕʰyə^{112}
83 淳安徽	畚箕 pen^{21} tɕi^{55}	添⁼测⁼ tʰiã^{21} tsʰəʔ^{5}	独轮车 tʰɑʔ^{13} len^{43} tsʰo^{24}
84 遂安徽	畚箕 pəŋ^{55} tsɿ^{33}	畚箕 pəŋ^{55} tsɿ^{33}	单轮车 tɑ̃^{55} ləŋ^{33} tsʰɑ^{52}
85 苍南闽	粪箕 pun^{33} ki^{55}	簸箕 pua^{33} ki^{55}	单轮车 tũã^{33} lun^{21} tɕʰia^{55}
86 泰顺闽	盂箩 ou^{21} lou^{344}	簸箕 pia^{34} ki^{213}	车团 tɕʰia^{21} ki^{344}
87 洞头闽	粪箕 pun^{33} ki^{33}	□□ ka^{212} mã^{24}	独轮车 tək^{21} lun^{13} tɕʰia^{33}
88 景宁畲	畚箕 puən^{44} ky^{51}	簸箕 pɔi^{44} ky^{44}	独轮车 toʔ^{2} luən^{22} tɕʰia^{445}

方言点	0679 轮子旧式的，如独轮车上的	0680 碓整体	0681 臼
01 杭州	轮子 ləŋ^{22}tsɿ^{45}	（无）	臼 dʑy^{13}
02 嘉兴	轮盘 ləŋ^{21}bə^{33}	（无）	臼 dʑiu^{113}
03 嘉善	轮盘 lən^{13}bø^{31}	（无）	石臼 zaʔ^{2}dʑiə^{31}
04 平湖	⿰畾力陀 le^{24}du^{0}	（无）	石臼 zaʔ^{23}dʑiəɯ^{334}
05 海盐	轮盘 lən^{24}bɤ^{53}	（无）	石臼 zaʔ^{23}dʑio^{213}
06 海宁	轮盘 ləŋ^{33}bei^{55}	（无）	石臼 zaʔ^{2}dʑiəɯ^{0}
07 桐乡	轮盘 ləŋ^{21}bᴇ^{44} 轮胎 ləŋ^{21}tʰᴇ^{44}	（无）	石臼 zaʔ^{23}dʑiɤɯ^{0}
08 崇德	轮盘 ləŋ^{21}bᴇ^{44}	（无）	石臼 zaʔ^{23}dʑiɤɯ^{242}
09 湖州	轮盘 lən^{33}bɛ^{35}	舂子 tsʰən^{44}tsɿ^{44}	石臼 zaʔ^{2}dʑiʉ^{35}
10 德清	轮盘 len^{11}bøʉ^{13}	碓 tɛ^{44}	石臼 zaʔ^{2}dʑiʉ^{31}
11 武康	轮盘 len^{11}bø^{13}	碓 tɛ^{44}	石臼 zɜʔ^{2}dʑiø^{31}
12 安吉	轮盘 ləŋ^{22}bᴇ^{22}	（无）	捣臼 tɔ^{52}dʑiu^{21}
13 孝丰	轮盘 ləŋ^{22}be^{22}	水碓 se^{45}de^{21}	捣臼 tɔ^{45}dʑiu^{21}
14 长兴	滚子 kuəŋ^{45}tsɿ^{21}	（无）	臼 dʒiʏ^{243}
15 余杭	⿰畾力陀儿 lɛ^{33}du^{33}n^{31}	（无）	石臼 zaʔ^{2}dʑiʏ^{31}
16 临安	轮子 leŋ^{31}tsɿ^{35}	水碓 sɿ^{55}tᴇ^{53}	石臼 zɐʔ^{2}dʑyœ^{13}
17 昌化	轮盘 ləŋ^{11}bɛ̃^{112}	碓 tɛ^{544}	步$^{=}$臼 bu^{23}ʑi^{453}
18 於潜	轮胎 leŋ^{22}tʰe^{433}	碓 de^{24}	臼 dʑiəu^{24}
19 萧山	轮盘 ləŋ^{13}bə^{33}	□子 ɕyɔ̃^{33}tsɿ^{33}	捣臼 tɔ^{33}dʑio^{33}
20 富阳	轮胎 lən^{13}tʰɛ^{55}	碓 tɛ^{53}	石臼 zaʔ^{2}tɕiʊ^{335}
21 新登	轮胎 leiŋ^{233}tʰe^{334}	水碓 sɥ^{334}te^{45}	石臼 zaʔ^{2}dʑy^{13}
22 桐庐	轮盘 ləŋ^{21}be^{13}	（无）	臼 dʑiəu^{24}
23 分水	轮胎 lən^{21}tʰe^{44}	碓 te^{24}	臼 dʑiɵ^{13}

续表

方言点	0679 轮子旧式的，如独轮车上的	0680 碓整体	0681 臼
24 绍兴	轮盘 lø̃^{22} buø̃^{231}	碓 tᴇ^{33}	捣臼 tɔ^{44} dʑiɤ^{31}
25 上虞	⿰畾力盘 le^{21} bø̃^{31}	甩碓 guɛ̃^{31} te^{0}	捣臼 tɔ^{33} dʑiɤ^{31}
26 嵊州	轮盘 leŋ^{22} bœ̃^{231}	捣齿⁼椰头 tɔ^{33} tsʰɿ^{44} lɔŋ^{33} dʏ^{31}	捣臼 tɔ^{33} dʑiʏ^{231}
27 新昌	轮盘 leŋ^{13} bœ̃^{33}	踏碓 dɛʔ^{2} te^{335}	捣臼 tɔ^{33} dʑiɯ^{232}
28 诸暨	⿰畾力盘 le^{33} bə^{33}	踏碓 daʔ^{21} te^{544}	臼 dʑiʉ^{242}
29 慈溪	轮盘 ləŋ^{11} bø̃^{13}	捣子头儿 tɔ^{35} tsɿ^{0} dəŋ^{13}	捣臼 tɔ^{33} dʑiø^{53}
30 余姚	轮盘 liə̃^{13} bø̃^{13} ⿰畾力盘 le^{13} bø̃^{13}	水碓 sɿ^{44} te^{53}	捣臼 tɔ^{44} dʑiø^{0}
31 宁波	⿰畾力盘 lɐi^{22} bu^{13} 轮盘 ləŋ^{22} bu^{13}	舂米捣臼 tsʰaʔ^{5} mi^{13} tɔ^{44} dʑiʏ^{0}	捣臼 tɔ^{44} dʑiʏ^{0}
32 镇海	轮盘 ləŋ^{22} bø^{24}	（无）	捣臼 tɔ^{35} dʑiu^{31}
33 奉化	轮盘 ləŋ^{33} bø^{31}	捣子头 tʌ^{44} tsɿ^{0} dæi^{24}	捣臼 tʌ^{44} dʑiʏ^{31}
34 宁海	⿰畾力盘 lei^{21} bø^{213}	捣舂头 tau^{53} tsʰaʔ^{2} diu^{213}	捣臼 tau^{33} dʑiu^{31}
35 象山	轮盘 ləŋ^{31} bø^{13}	碾子 ȵiɛ^{13} tsɿ^{44}	捣臼 tɔ^{44} dʑiu^{31}
36 普陀	轮盘 lɐŋ^{33} bø^{53}	碾柱 ȵi^{33} dzʮ^{45}	捣臼 tɔ^{53} dʑieu^{0}
37 定海	⿰畾力盘 lɐi^{11} bø^{44}	捣子头 tɔ^{44} tsɿ^{44} dai^{44}	捣臼 tɔ^{52} dʑiʏ^{0}
38 岱山	⿰畾力盘 lɐi^{11} bø^{45}	捣子头 tɔ^{52} tsɿ^{0} dai^{0}	捣臼 tɔ^{52} dʑiʏ^{0}
39 嵊泗	⿰畾力盘 lɐi^{11} bʏ^{45}	捣子头 tɔ^{44} tsɿ^{0} dai^{0}	捣臼 tɔ^{44} dʑiʏ^{0}
40 临海	⿰畾力盘 le^{33} pø^{353}小	水碓 ɕy^{42} tei^{55}	捣臼 tɔ^{21} dʑiu^{21}
41 椒江	⿰畾力盘 lə^{22} bø^{24}小	水碓 sʮ^{42} tə^{55}	稻臼 dɔ^{31} dʑiu^{31}
42 黄岩	⿰畾力盘 lø^{13} bø^{24}小	水碓 sʮ^{42} te^{55}	稻臼 dɔ^{121} dʑiu^{121}
43 温岭	⿰畾力盘 le^{13} bø^{31}	水碓 ɕy^{42} te^{55}	稻臼 dɔ^{31} dʑiu^{31}
44 仙居	轮胎 len^{353} tʰæ^{334} “轮”调殊	水碓 ɕy^{31} ɗæ^{55}	稻臼 dɐɯ^{21} dʑiəɯ^{213}

续表

方言点	0679 轮子旧式的，如独轮车上的	0680 碓整体	0681 臼
45 天台	勯盘 lei^{22}pø^{224}	水碓 ɕy^{32}tei^{55} 踏碓 daʔ^{2}tei^{55}	捣臼 tau^{32}giu^{214}
46 三门	轮盘 ləŋ^{11}bø^{252}	（无）	捣臼 tɑu^{32}dʑiu^{213}
47 玉环	轮盘 ləŋ^{22}bø^{24}小	（无）	稻臼 dɔ^{41}dʑiu^{31}
48 金华	轮盘 ləŋ^{31}bɤ^{14}	水碓 ɕy^{53}tɛ^{55}	稻臼 tɑo^{33}tɕiu^{535}
49 汤溪	轮盘 lã^{11}pɤ^{52}	水碓 ɕyei^{52}tɛ^{52}	石臼 za^{11}dʑiəɯ^{113}
50 兰溪	轮胎 læ̃^{21}tʰe^{55}	稻臼 tɔ^{55}tɕiəɯ^{55}	稻臼 tɔ^{55}tɕiəɯ^{55}
51 浦江	轮盘 lən^{24}bə̃^{334} 轮胎 lən^{11}tʰa^{53}	踏碓 dʑyɑ^{11}ta^{55}人力 水碓 ɕy^{55}ta^{55}水力	瘦$^{=}$臼 ɕiɤ^{33}dʑiɤ^{243}
52 义乌	轮盘 lən^{22}pɯ^{45}	踏碓 dɔ^{24}te^{45}	捣臼儿 tɔ^{45}dʑiɤn^{24}
53 东阳	轮子 lɐn^{22}tsɿ^{35}	泥锤 n̠i^{23}dzɿ^{33}	捣臼 tɐɯ^{44}tɕiəɯ^{33}
54 永康	轮盘 ləŋ^{31}buo^{22}	碓 ɗəi^{52}	臼 dʑiəu^{113}
55 武义	轮胎 len^{32}tʰa^{53}	碓 la^{53}	□臼 lɤ^{53}dʑiəu^{445}
56 磐安	轮盘 lɐn^{21}pɯ^{52}	碓 te^{52}	捣臼 to^{55}tɕiɐɯ^{334}
57 缙云	轮 laŋ^{243}	碓 tei^{453}	老臼 ləɤ^{51}dʑiuŋ^{31}
58 衢州	轮子 lən^{21}tsɿ^{35}	碓 te^{53}	臼 dʑiu^{231}
59 衢江	勯子 lei^{22}tsɤ^{25}	碓 tei^{53}	舂臼 yoŋ^{33}gy^{212}
60 龙游	轮盘 lən^{224}bei^{231}	碓 tei^{51}	舂臼 ioŋ^{33}dʑiəɯ^{224}
61 江山	轮子 lĩ^{22}tsə^{241}	碓 tuᴇ^{51}	舂臼 yĩ^{44}gɯ^{22}“舂”韵殊
62 常山	缚$^{=}$勯 bɤʔ^{3}lue^{131}	水碓 y^{44}tue^{324}	舂臼 ioŋ^{43}dʑiu^{341}
63 开化	轮鼓 lin^{21}kuo^{53}	碓 tɛ^{412}	舂臼 iəŋ^{44}dʑiʊ^{213}
64 丽水	轮盘 len^{21}pɛ^{52}	碓 tei^{52}	臼 dʑiəɯ^{22}
65 青田	轮 liaŋ^{21}	碓 ɗæi^{33}	捣臼 ɗœ^{33}dʑieu^{343}
66 云和	轮 ləŋ^{312}	碓 tei^{45}	舂臼儿 ioŋ^{44}dʑioŋ^{231}

续表

方言点	0679 轮子旧式的，如独轮车上的	0680 碓整体	0681 臼
67 松阳	轮 lin^{31}	碓 tei^{24}	舂臼 iəŋ^{24}gei^{22}
68 宣平	轮胎 lən^{43}tʰei^{324} 轮盘 lin^{22}bə^{433}	碓 tei^{52}	碓臼 tei^{44}dʑiɯ^{223}
69 遂昌	轮盘 liŋ^{22}bɛ̃^{213}	腹=碓 pəɯʔ^{5}tei^{334}	舂臼 iəŋ^{55}dʑiɯ^{13}
70 龙泉	轮 lɯə^{21}	碓 tᴇ^{45}	舂臼 iəŋ^{45}tɕiəu^{51}
71 景宁	轮 liaŋ^{41}	踏碓 dɔʔ^{23}tai^{35}	舂臼 iəŋ^{55}tɕiəɯ^{33}
72 庆元	车轮 tɕʰiɑ^{33}ləŋ^{52}	碓 ɗæi^{11}	舂臼 ioŋ^{33}kɐɯ^{221}
73 泰顺	车轮 tɕʰyɔ^{22}ləŋ^{53}	碓 tæi^{35}	舂臼 tɕiɔ̃^{22}tɕiəu^{21}
74 温州	轮盘 laŋ^{22}bø^{223}	踏碓 da^{2}tai^{51}	捣臼 tɜ^{42}dʑiau^{14}
75 永嘉	轮 laŋ^{31}	水碓 sɥ^{53}tai^{43}	捣臼 tə^{53}dʑiau^{13}
76 乐清	轮盘 laŋ^{22}bɯ^{223}	水碓 sy^{42}tai^{21}	捣臼 tɤ^{42}gau^{24}
77 瑞安	轮 laŋ^{31}	碓 tai^{53}	捣臼 tɛ^{53}dʑiau^{13}
78 平阳	□子 lai^{33}tsɿ^{35}	碓 tai^{53}	捣臼 tɛ^{45}gau^{13}
79 文成	轮 laŋ^{113}	碓 tai^{33}	捣臼 tɛ^{33}gau^{33}
80 苍南	轮 laŋ^{31}	碓碓 tai^{3}tai^{42} 米碓 mi^{53}tai^{42}	捣臼 tɛ^{42}gau^{24}
81 建德徽	轮盘 lən^{33}pɛ^{33}	水碓 ɕye^{21}te^{55}	舂臼 so^{53}tɕiɤɯ^{213}
82 寿昌徽	轮子 len^{11}tsɿ^{24}	水碓 ɕyei^{55}tiæ^{33}	舂臼 ɕyɑ̃^{11}tɕʰiəɯ^{55}
83 淳安徽	轮盘 len^{43}pʰã^{24}	水碓 ɕya^{55}tie^{24}	中=臼 tson^{21}tɕʰiɯ^{55}
84 遂安徽	轮子 ləŋ^{33}tsɿ^{33}	碓 təɯ^{43}	臼 tɕʰiu^{43}
85 苍南闽	轮 lun^{24}	碓 tui^{21}	臼 kʰu^{21}
86 泰顺闽	车轮 tɕʰia^{22}lyeŋ^{22}	碓 tai^{53}	臼 kʰu^{31}
87 洞头闽	轮 lun^{113}	碓臼 tui^{33}kʰu^{21}	臼 kʰu^{21}
88 景宁畲	轮 luən^{22}	水碓 ɕy^{55}tuei^{44}	夯盆 xan^{44}pʰuən^{51}

方言点	0682 磨名词	0683 年成	0684 走江湖统称
01 杭州	磨 məu^{13}	年成 ȵiɛ^{22} dzəŋ^{45}	跑码头 bɔ^{22} ma^{55} dei^{0}
02 嘉兴	石磨 zəʔ^{1} mou^{24}	收成 sei^{33} zəŋ^{42}	跑江湖 bɔ^{21} kÃ^{33} vu^{42}
03 嘉善	磨子 mu^{35} tsɿ^{0} 小	收成 sə^{35} zən^{31}	走江湖 tsə^{55} kã^{35} u^{31}
04 平湖	磨子 mo^{24} tsɿ^{0}	年成 ȵiɛ^{24} zən^{53}	跑江湖 bɔ^{24} kɑ̃^{44} u^{0}
05 海盐	磨子 mo^{13} tsɿ^{21}	年头 ȵiɛ^{24} de^{53}	跑江湖 bɔ^{24} tɕiɑ̃^{55} u^{21}
06 海宁	磨子 mo^{33} tsɿ^{53}	年成 ȵie^{33} zəŋ^{55} 收成 səɯ^{55} zəŋ^{55}	跑江湖 bɔ^{33} kuɑ̃^{55} vu^{55}
07 桐乡	磨子 mo^{21} tsɿ^{53}	年头 ȵiᴇ^{21} dɤɯ^{44} 年成 ȵiᴇ^{21} zəŋ^{44}	跑江湖 bɔ^{21} kɒ̃^{44} u^{44}
08 崇德	磨子 moŋ^{21} tsɿ^{53}	年成 ȵiɪ^{21} zəŋ^{44}	跑江湖 bɔ^{21} tɕiã^{44} u^{44}
09 湖州	磨子 muo^{33} tsɿ^{35}	收成 ɕiʉ^{44} zən^{44}	跑码头 bɔ^{13} muo^{35} døʉ^{31} 跑江湖 bɔ^{22} kã^{44} əu^{44}
10 德清	磨子 məu^{33} tsɿ^{35}	收成 ɕiʉ^{44} zen^{44}	跑码头 bɔ^{11} muo^{35} døʉ^{0}
11 武康	磨子 mo^{33} tsɿ^{35}	收成 sø^{44} zen^{44}	跑码头 bɔ^{11} muo^{35} dø^{53}
12 安吉	磨子 mʊ^{21} tsɿ^{213}	年成 ȵi^{22} dzəŋ^{22}	走江湖 tsəɪ^{32} kɔ̃^{55} vu^{55}
13 孝丰	磨子 mʊ^{32} tsɿ^{213}	年成 ȵiɪ^{22} dzəŋ^{22}	走江湖 tsəɪ^{33} tɕiã^{44} vu^{44}
14 长兴	磨子 mu^{21} tsɿ^{24}	年成 ȵi^{12} dzəŋ^{33}	跑码头 bɔ^{12} mu^{45} dei^{21}
15 余杭	磨子 mu^{33} tsɿ^{35}	年岁 ȵiẽ^{31} sɛ^{35}	游四方 iʏ^{31} sɿ^{53} fɑ̃^{53}
16 临安	磨子 mo^{33} tsɿ^{35}	年收成 ȵie^{33} sə^{33} dzeŋ^{31}	跑码头 bɔ^{31} mo^{33} də^{31}
17 昌化	磨 mu^{243}	年成 ȵiĩ^{11} ʑiəŋ^{112}	跑码头 bɔ^{23} mu^{45} di^{53} 跑江湖 bɔ^{23} tɕiã^{33} u^{45}
18 於潜	磨 mu^{24}	年岁 ȵie^{22} ʑi^{24}	跑江湖 bɔ^{24} tɕiaŋ^{43} u^{24}
19 萧山	磨 mo^{242}	收成 ɕio^{33} dzəŋ^{33}	走江湖 tɕio^{33} kã^{33} u^{33}
20 富阳	磨子 mʊ^{335} tsɿ^{53}	年成 ȵiɛ̃^{13} dzən^{55}	跑外头 bɔ^{13} ŋa^{224} dei^{53}
21 新登	磨子 mu^{233} tsɿ^{45}	年成 ȵiɛ̃^{233} dʑiŋ^{233}	跑外头 bɔ^{233} ua^{21} dəu^{233}
22 桐庐	磨 mu^{24}	年成 nie^{21} dzəŋ^{35}	走江湖 tsei^{33} tɕiã^{55} u^{13}
23 分水	磨 mo^{13}	年岁 ȵiɛ̃^{21} sue^{24}	跑江湖 bɔ^{21} tɕiã^{44} u^{21}

续表

方言点	0682 磨名词	0683 年成	0684 走江湖统称
24 绍兴	磨 mo^{22}	年成 ȵiẽ^{22} dzəŋ^{231}	走江湖 tsɤ^{33} kɑŋ^{33} u^{231}
25 上虞	磨 mʊ^{31}	年成 ȵiẽ^{21} dzəŋ^{213}	跑码头 bɔ^{21} mo^{21} dɤ^{31}
26 嵊州	磨 mo^{24}	年间 ȵiẽ^{22} kɛ̃^{334}	吃四方米饭 tɕʰyoʔ^{3} sɿ^{33} fɔŋ^{33} mi^{33} uɛ̃^{231}
27 新昌	磨 mɤ^{13}	年成 ȵiɛ̃^{13} dzeŋ^{33}	跑江湖 bɔ^{22} kɔ̃^{45} u^{31}
28 诸暨	磨 mɤu^{33}	收成 sei^{42} dzɛn^{33}	跑码头 bɔ^{33} mo^{33} dei^{242}
29 慈溪	磨 məu^{13}	年岁 ȵiẽ^{13} se^{0} 年成 ȵiẽ^{11} dzəŋ^{13}	跑码头 bɔ^{11} mo^{13} dø^{53}
30 余姚	磨 mou^{13}	年成 ȵiẽ^{13} dzə̃^{13}	走江湖 tsø^{34} kɔŋ^{44} vu^{13}
31 宁波	磨 məu^{13}	年口 ȵi^{22} kʰœʏ^{44}	跑码头 bɔ^{22} mo^{13} dœʏ^{0}
32 镇海	磨 məu^{24}	收成 ɕiu^{33} dʑiŋ^{31}	跑码头 pʰɔ^{33} mo^{22} dei^{31}
33 奉化	磨 məu^{31}	年口 ȵi^{33} kʰæi^{53}	奔天下 pəŋ^{44} tʰi^{44} o^{31}
34 宁海	磨 mu^{24}	年成 ȵie^{21} dʑiŋ^{31} 收成 ɕiu^{33} dʑiŋ^{31}	卖膏药 ma^{22} kau^{33} iaʔ^{3}
35 象山	磨 məu^{13}	年口 ȵi^{31} kʰɤɯ^{35}	跑码头 pʰɔ^{44} mo^{31} dɤɯ^{31}
36 普陀	磨 məu^{13}	收成 ɕieu^{33} dʑiŋ^{53}	闯江湖 tsʰɔ̃^{55} kɔ̃^{55} u^{53} 走江湖 tseu^{55} kɔ̃^{55} u^{53}
37 定海	磨 mʌu^{13}	年成 ȵi^{33} dʑiŋ^{52} 老 收成 ɕiʏ^{33} dʑiŋ^{52} 新	寻头路 iŋ^{33} dɐi^{33} lu^{45}
38 岱山	磨 mʌu^{213}	年成 ȵi^{33} dʑiŋ^{52}	寻头路 iŋ^{33} dœʏ^{52} lu^{0}
39 嵊泗	磨 mʌu^{213}	年成 ȵi^{33} dʑiŋ^{53}	走江湖 tsœʏ^{33} kõ^{44} u^{53}
40 临海	磨 mo^{324}	年成 ȵi^{21} dʑiŋ^{353} 小	卖大膏药 ma^{33} do^{33} kɔ^{33} iaʔ^{23}
41 椒江	麦磨 maʔ^{2} mo^{24}	年成 ȵie^{22} ʑiŋ^{41}	卖大市膏药 ma^{22} dəu^{22} zɿ^{22} kɔ^{33} iəʔ^{2}
42 黄岩	磨 mu^{24}	年成 ȵie^{13} ʑin^{41}	卖骆驼膏药 ma^{13} loʔ^{2} dou^{22} kɔ^{33} ieʔ^{2}
43 温岭	磨 mu^{13}	年成 ȵie^{24} ʑin^{41}	吃四方饭 tɕʰyoʔ^{5} sɿ^{33} fɔ̃^{35} vɛ^{44}

续表

方言点	0682 磨名词	0683 年成	0684 走江湖统称
44 仙居	麦磨 maʔ^{23} mo^{24}	年成 ȵie^{353} ʑin^{0}	走江湖 tsəɯ^{31} kɑ̃^{53} u^{0}
45 天台	麦磨 maʔ^{2} mou^{35}	年成 ȵie^{224} dʑiŋ^{0}	走码头 tseu^{32} mo^{21} deu^{224}
46 三门	磨 mʊ^{243}	年成 ȵie^{13} ʑiŋ^{31}	跑码头 pʰɑu^{32} mo^{32} dɤɯ^{113}
47 玉环	麦磨 mɐʔ^{2} m^{22}	年成 ȵie^{22} ʑiŋ^{41}	卖柴锤膏药 ma^{22} za^{22} dʑy^{22} kɔ^{33} iɐʔ^{2}
48 金华	麦磨 məʔ^{21} mɤ^{14}	年成 ȵia^{31} ʑiŋ^{14}	走江湖 tɕiu^{55} kɑŋ^{33} u^{55}
49 汤溪	磨 mɤ^{341}	收成 ɕiəɯ^{24} dʑiã^{0}	走江湖 tsəɯ^{52} kɔ^{24} u^{0}
50 兰溪	磨 mɔ^{24}	年成 nia^{21} dʑiæ̃^{24}	趨江湖 bieʔ^{12} kɑŋ^{334} u^{45}
51 浦江	麦磨 mɑ^{11} mɯ^{24}	收成 ɕiɤ^{55} dziən^{334}	走江湖 tsɤ^{33} kõ^{55} u^{0}
52 义乌	麦磨 mɛ^{24} mɯɤ^{45}	年成 ȵia^{22} zən^{45}	走江湖 tsɐɯ^{42} tɕiɑn^{33} u^{45}
53 东阳	磨 mo^{24}	年成 ȵi^{22} zɐn^{53}	跑码头 pɐɯ^{22} mo^{22} dəɯ^{35}
54 永康	麦磨 mai^{33} muo^{241}	年成 ȵia^{31} ʑiŋ^{22}	食四方饭 səi^{33} ɕi^{33} fɑŋ^{55} fɑ^{52}
55 武义	麦磨 ma^{53} muo^{231}	年成 ȵie^{32} ʑin^{231}	跑江湖 pʰɑu^{53} kɑŋ^{32} u^{53}
56 磐安	麦磨 ma^{14} mo^{52}	年成 ȵie^{21} sɐn^{52}	出门 tɕʰyɛ^{33} mɐn^{213}
57 缙云	麦磨 ma^{51} mu^{213}	年成 ȵia^{21} zɛŋ^{453}	出门 tɕʰyɛ^{51} mɛŋ^{243}
58 衢州	磨 mu^{231}	年成 ȵiẽ^{21} ʒyən^{231}	走江湖 tse^{35} kɑ̃^{35} u^{21} 跑码头 bɔ^{21} mɑ^{53} de^{21}
59 衢江	磨 mou^{231}	收成 ɕy^{33} dʑiŋ^{212}	行江湖 gɛ^{22} tɕiɑ̃^{33} u^{212}
60 龙游	磨 m^{231}	年成 ȵie^{224} dzən^{231}	跑江湖 bɔ^{22} tɕiɑ̃^{35} u^{21}
61 江山	磨 miə^{31}	年成 ȵiɛ̃^{22} dʑĩ^{213}	走江湖 tsɯ^{44} kiaŋ^{24} uə^{51}
62 常山	磨 mie^{131}	年岁 ȵiɛ̃^{24} sue^{0}	走江湖 tɕiu^{43} tɕiɑ̃^{52} uə^{0}
63 开化	磨 miɛ^{213}	年岁 ȵiɛ̃^{21} sɛ^{53}	外底飘 ua^{21} tie^{53} pʰiəɯ^{44}
64 丽水	磨 m^{131}	年成 ȵiɛ^{21} ɕin^{52}	跑江湖 pʰə^{44} kɔŋ^{44} u^{52}
65 青田	磨 m^{22}	年成 ȵiɑ^{55} iŋ^{53}	走江湖 tsæi^{33} ko^{55} vu^{53}
66 云和	磨 m^{223}	年成 ȵiɛ^{223} ʑiŋ^{312}	走江湖 tsəɯ^{44} kɔ̃^{44} u^{312}

续表

方言点	0682 磨名词	0683 年成	0684 走江湖统称
67 松阳	磨 m^{13}	年成 ȵiɛ̃^{33} ʑin^{31}	走江湖 tsei^{33} koŋ^{33} uə^{31}
68 宣平	麦磨 maʔ^{42} mo^{231}	年成 ȵiɛ^{22} ʑin^{433}	走江湖 tsəɯ^{44} kɔ̃^{44} u^{433}
69 遂昌	磨 mu^{213}	年成 ȵiɛ̃^{22} ʑiŋ^{213}	走江湖 tsu^{53} kɔŋ^{33} uə^{221}
70 龙泉	磨 mou^{224}	年成 ȵiᴇ^{45} ʑin^{21}	走江湖 dʑiəu^{21} kɔŋ^{45} uɤɯ^{21}
71 景宁	磨 mo^{113}	收成 ɕiəɯ^{33} ʑiŋ^{41}	走江湖 tsəɯ^{55} kɔŋ^{33} u^{41}
72 庆元	磨 mo^{31}	年成 ȵiɑ̃^{52} ɕiəŋ^{52}	走江湖 tsɐɯ^{33} kɔ̃^{33} uɤ^{52}
73 泰顺	米磨 mi^{22} muɔ^{22}	年间 ȵiã^{21} kã^{213}	走江湖 tsəu^{22} kɔ̃^{22} uø^{53}
74 温州	磨 mø^{22}	年成 ȵi^{22} zəŋ^{223}	走江湖 tsau^{34} kuɔ^{33} vu^{223}
75 永嘉	麦磨 ma^{21} m^{22}	年成 ȵi^{22} ieŋ^{21}	走江湖 tsau^{45} kɔ^{33} vu^{21}
76 乐清	麦磨 me^{31} m^{22}	年成 ȵiᴇ^{22} zeŋ^{223}	走江湖 tɕiau^{34} kɔ^{44} vu^{223}
77 瑞安	磨 mʏ^{22}	田垟 di^{22} iɛ^{21} 年种 ȵi^{22} tɕyo^{35}	走江湖 tsau^{35} ko^{33} vɯ^{21}
78 平阳	磨 mu^{33}	收成 sɛu^{33} zeŋ^{35}	走江湖 tʃɛ^{45} ko^{33} vu^{35}
79 文成	磨 mo^{424}	年成 ȵie^{21} zeŋ^{33}	走江湖 tʃau^{33} kuo^{33} vu^{33}
80 苍南	磨 mo^{11}	收成 sɛu^{33} dzeŋ^{21}	走江湖 tsau^{3} ko^{33} u^{21}
81 建德徽	磨 m^{55}	年间 ȵie^{33} kɛ^{53}	走江湖 tsɤɯ^{21} ko^{53} u^{55} 闯江湖 tsʰo^{55} ko^{53} u^{55}
82 寿昌徽	磨 məɯ^{33}	年成 ȵi^{11} sen^{33}	行江湖 xæ̃^{33} kɑ̃^{11} u^{24}
83 淳安徽	磨 mu^{53}	年成 iã^{43} tsʰen^{24}	走江湖 tsɯ^{55} tɕiɑ̃^{24} u^{21}
84 遂安徽	磨 məɯ^{52}	年成 iɛ̃^{33} tɕʰin^{33}	跑江湖 pʰɔ^{33} tɕiɑ̃^{33} u^{33}
85 苍南闽	磨 bo^{21}	收成 ɕiu^{33} ɕin^{24}	跑江湖 pʰau^{33} kan^{33} ɔ^{24}
86 泰顺闽	磨 mou^{31}	收成 ɕiøu^{22} ɕiæŋ^{22}	枷方 kia^{21} to^{213}
87 洞头闽	磨仔 mõ^{212} a^{53}	年成 nĩ^{212} ɕĩ^{35}	走江湖 tsau^{33} kaŋ^{33} ɔ^{33}
88 景宁畲	石磨 ɕiaʔ^{2} mu^{51}	年时 nan^{22} ɕi^{22}	行江湖 xaŋ^{22} kɔŋ^{44} xu^{22}

方言点	0685 打工	0686 斧子	0687 钳子
01 杭州	打工 ta^{55}koŋ^{334}	斧头 fu^{55}dei^{0}	老虎钳 lɔ^{55}xu^{33}dʑiɛ^{0}
02 嘉兴	做生活 tsou^{33}sÃ^{33}uəʔ^{3}	斧头 fu^{42}dei^{42}	老虎钳 lɔ^{21}fu^{21}dʑie^{42}
03 嘉善	做长工 tsu^{35}zæ̃^{13}koŋ^{53}	斧头 fu^{44}də^{31}	钳子 dʑie^{13}tsɿ^{53}
04 平湖	做小工 tsu^{44}siɔ^{0}koŋ^{0}	斧头 fu^{44}dəɯ^{53}	老虎钳 lɔ^{21}fu^{44}dʑiɛ^{53}
05 海盐	做小工 tsu^{55}ɕiɔ^{55}koŋ^{53} 打工 tɛ̃^{53}koŋ^{53}	斧头 fu^{53}de^{53}	老虎钳 lɔ^{53}fu^{21}dʑiɛ^{31}
06 海宁	学生意 oʔ^{2}sɑ̃^{55}i^{55}	斧头 fu^{55}dəɯ^{55}	夹钳 gəʔ^{2}dʑie^{35}
07 桐乡	做小工 tsəu^{33}siɔ^{53}koŋ^{44}	斧头 fu^{53}dɤɯ^{44}	老虎钳 lɔ^{24}fu^{0}dʑiᴇ^{0}
08 崇德	做小工 tsu^{33}ɕiɔ^{55}koŋ^{0} 临时 做长年 tsu^{33}zɑ̃^{21}ȵiɪ^{44} 长工 打工 tɑ̃^{53}koŋ^{44}	斧头 fu^{55}dɤɯ^{0}	钳子 dʑiɪ^{21}tsɿ^{44} 统称 老虎钳 lɔ^{24}fu^{0}dʑiɪ^{0}
09 湖州	做生活 tsəu^{35}sã^{44}uɛ^{44}	斧头 fəu^{53}døʉ^{13}	钳子 dʑie^{33}tsɿ^{35}
10 德清	做生活 tsəu^{44}sã^{44}uɛ^{44}	斧头 xəu^{35}døʉ^{0}	老虎钳 lɔ^{35}xəu^{53}dʑie^{0}
11 武康	做生活 tsu^{53}sã^{44}o^{44}	斧头 fu^{55}dø^{53}	老虎钳 lɔ^{35}fu^{53}dʑiɪ^{31}
12 安吉	做生活 tsʊ^{32}sã^{55}uəʔ^{5}	斧头 fu^{52}dəɪ^{21}	钳子 dʑi^{22}tsɿ^{22}
13 孝丰	打工 tã^{52}koŋ^{44}	斧头 fu^{45}dəɪ^{21}	钳子 dʑiɪ^{22}tsɿ^{22}
14 长兴	做生活 tsəu^{32}sã^{44}uəʔ^{5}	斧头 fu^{45}dei^{21}	老虎钳 lɔ^{45}həu^{55}dʒi^{21}
15 余杭	做长年 tsu^{35}zɑ̃^{31}ȵiẽ^{31}	斧头 fu^{55}døʏ^{31}	夹儿 gəʔ^{2}n^{31}
16 临安	做生活 tso^{55}sã^{53}uo^{13}	斧头 fu^{33}də^{31}	夹钳 gɐʔ^{2}dʑie^{13}
17 昌化	打工 tã^{45}kəŋ^{334}	斧头 fu^{45}di^{53}	老虎钳 lɔ^{23}xu^{45}ʑiɪ̃^{112} 夹子 gaʔ^{2}tsɿ^{453}
18 於潜	做生活 tsu^{35}saŋ^{43}uɐʔ^{23}	斧头 fu^{53}diəu^{31}	钳子 dʑie^{22}tsɿ^{454}
19 萧山	打工 tã^{33}koŋ^{33}	斧头 fu^{13}dio^{21}	老虎钳 lɔ^{13}xu^{33}dʑie^{42}
20 富阳	趁钞票 tsʰən^{335}tsʰɔ^{55}pʰiɔ^{335}	斧头 fu^{423}dei^{55}	钳子 dʑiɛ̃^{13}tsɿ^{55}
21 新登	赚钞票 dzɛ^{13}tsʰɔ^{334}pʰiɔ^{45}	斧头 fu^{334}təu^{45}	钳子 dʑiɛ̃^{233}tsɿ^{334}
22 桐庐	打工 tã^{33}koŋ^{533}	斧头 fu^{33}dei^{33}	钳子 dʑie^{21}tsɿ^{35}

续表

方言点	0685 打工	0686 斧子	0687 钳子
23 分水	做工 tsuo^{24}koŋ^{44}	斧头 u^{44}dɵ^{21}	钳子 dʑiɛ̃^{21}tsɿ^{0}
24 绍兴	长工 dzaŋ^{22}koŋ^{53} 帮工 pɑŋ^{33}koŋ^{53} 小工 临时工 liŋ^{22}sɿ^{33}koŋ^{53}	斧头 fu^{44}dɤ^{31}	老虎钳 lɔ^{24}fu^{33}dʑiẽ^{31}
25 上虞	做生活 tsu^{55}sã^{33}uəʔ^{2}	斧头 fu^{33}dɤ^{31}	老虎钳 lɔ^{21}fu^{33}dʑiẽ^{31}
26 嵊州	做小工 tso^{33}ɕiɔ^{33}kuoŋ^{53}	斧头 fu^{33}dʏ^{231}	老虎钳 lɔ^{24}fu^{53}dʑiẽ^{31}
27 新昌	做生活 tsɤ^{33}saŋ^{33}uɤʔ^{2}	斧头 fu^{33}diɯ^{232}	老虎钳 lɔ^{22}fu^{45}dʑiɛ̃^{31}
28 诸暨	做小工 tsɤu^{33}ɕiɔ^{33}kom^{42}	斧头 fu^{33}dei^{42}	钳子 dʑie^{21}tsɿ^{42}
29 慈溪	车⁼长年 tsʰo^{33}dzã^{11}ȵiẽ^{13} 打短工 tã^{33}tø̃^{33}kuŋ^{53}	斧头 fu^{33}dø^{53}	钳子 dʑiẽ^{13}tsɿ^{0}
30 余姚	打工 taŋ^{34}kuŋ^{44}	斧头 fu^{34}dø^{0}	老虎钳 lɔ^{13}fu^{44}dʑiẽ^{13}
31 宁波	做生活 tsəu^{44}sa^{44}uoʔ^{2}	斧头 fu^{53}dœʏ^{0}	老虎钳 lɔ^{13}fu^{0}dʑi^{13}
32 镇海	学生意 oʔ^{2}sã^{33}i^{53}	斧头 fu^{33}dei^{31}	老虎钳 lɔ^{22}fu^{33}dʑi^{31}
33 奉化	做生活 tsəu^{44}sã^{44}uaʔ^{2}	斧头 fu^{44}dæi^{31}	老虎钳 lʌ^{33}fu^{0}dʑi^{33}
34 宁海	做工 tsəu^{33}koŋ^{34}	斧头 fu^{53}diu^{213}	钳 dʑie^{213}
35 象山	撮散工 tsʰaʔ^{5}sɛ^{44}koŋ^{44}	斧头 fu^{44}dɤɯ^{31}	老虎钳 lɔ^{13}fu^{44}dʑi^{31}
36 普陀	打工 tã^{33}koŋ^{53}	斧头 fu^{53}deu^{0}	老虎钳 lɔ^{23}fu^{55}dʑi^{55}
37 定海	做生活 tsʌu^{33}sã^{33}uo^{52}	斧头 fu^{52}dɐi^{0}	老虎钳 lɔ^{23}fu^{44}dʑi^{44}
38 岱山	做生活 tsʌu^{44}sã^{44}uo^{52}	斧头 fu^{52}dœʏ^{0}	老虎钳 lɔ^{23}fu^{33}dʑi^{44}
39 嵊泗	做生活 tsʌu^{33}sã^{44}uo^{53}	斧头 fu^{44}dœʏ^{0}	老虎钳 lɔ^{34}fu^{44}dʑi^{44}
40 临海	做生活 tso^{55}sã^{33}uəʔ^{23}	斧头 fu^{33}də^{21}	钳 dʑi^{353} 小
41 椒江	做散工 tsəu^{33}sɛ^{42}koŋ^{35} 小	斧头 fu^{53}dio^{31}	钳 dʑie^{24} 小
42 黄岩	做散工 tsou^{33}sɛ^{42}koŋ^{35} 小	斧头 fu^{55}dio^{41}	老虎钳 lɔ^{42}hu^{42}dʑie^{24} 小
43 温岭	做散工 tsu^{33}sɛ^{42}kuŋ^{15} 小	斧头 fu^{55}dɤ^{31}	老虎钳 lɔ^{42}hu^{42}dʑie^{24} 小
44 仙居	做小工 tso^{33}ɕiɐɯ^{31}koŋ^{53}	斧头 fu^{31}dəɯ^{213}	钳 dʑie^{353} 小

续表

方言点	0685 打工	0686 斧子	0687 钳子
45 天台	做慢工 tsou^{55} me^{21} kŋ^{33}	斧头 fu^{32} deu^{224}	钳 gie^{224}
46 三门	打工 tã^{32} koŋ^{334} 做工 tɕiʊ^{32} koŋ^{334}	斧头 hu^{32} dɤɯ^{113}	夹钳 kɐʔ^{3} dʑie^{252} 小
47 玉环	做散工 tsəu^{33} sɛ^{53} koŋ^{35} 小	斧头 fu^{55} diɤ^{41}	钳 dʑie^{24} 小
48 金华	打工 tɑŋ^{55} koŋ^{334}	斧头 fu^{55} diu^{313}	老虎钳儿 lɑo^{53} xu^{55} dʑiɛ̃^{313}
49 汤溪	打零工 na^{52} lɛ̃i^{11} kɑo^{52}	斧头 fu^{52} dəɯ^{11}	钳 dʑie^{11}
50 兰溪	做生活 tsuɤ^{334} sæ̃^{334} uɑʔ^{12}	斧头 fu^{45} dəɯ^{0}	钳 dʑie^{21}
51 浦江	打零工 nɛ̃^{33} liən^{33} kon^{53}	斧头 fu^{55} dɤ^{55}	老虎钳 lo^{24} xu^{55} dʑiẽ^{0}
52 义乌	打零工 nɛ^{45} loŋ^{22} koŋ^{45}	斧头 fu^{45} tɐɯ^{44}	钳 dʑie^{213}
53 东阳	做工 tsu^{33} kɔm^{35}	斧头 fu^{23} dəm^{53}	老虎钳 lɐɯ^{23} fu^{33} dʑi^{33}
54 永康	赚铜钿 dza^{31} doŋ^{31} die^{22}	斧头 vu^{31} ɗəu^{55}	铁钳 tʰia^{33} tɕie^{55}
55 武义	做生活 tsuo^{55} sa^{55} uɑ^{13}	斧头 fu^{55} dɑu^{324}	钳 dʑie^{324}
56 磐安	打零工 nɛ^{33} lɐn^{21} kɔom^{52}	斧头 fu^{55} dɐɯ^{0}	钳儿 dʑien^{213}
57 缙云	干 kuɛ^{453}	斧头 fu^{51} diuŋ^{243}	老虎钳 ləɤ^{51} fu^{51} dʑiɛ^{243}
58 衢州	帮人 pɑ̃^{35} ȵin^{21}	斧头 fu^{35} de^{21}	老虎钳 lɔ^{231} xu^{35} dʑiẽ^{21}
59 衢江	打工 nɛ^{33} kəŋ^{33}	斧头 fɤ^{33} ty^{53}	老虎钳 lɔ^{22} xuɤ^{33} dʑie^{212}
60 龙游	打工 dɛ^{22} koŋ^{334}	斧头 fu^{35} dəɯ^{21}	老虎钳 lɔ^{22} xu^{35} dʑie^{21}
61 江山	帮侬 piaŋ^{24} naŋ^{213}	斧头 pu^{44} du^{213}	钳 giɛ̃^{213}
62 常山	打零工 tĩ^{43} lĩ^{43} koŋ^{44}	斧头 fuə^{43} du^{341}	老虎钳 lɤ^{22} xuə^{43} dʑiɛ̃^{341}
63 开化	打工 tã^{44} kɤŋ^{44}	斧头 puo^{53} du^{231}	钳 dʑiɛ̃^{231}
64 丽水	打工 nã^{44} kəŋ^{224}	斧头 fu^{44} dəɯ^{22}	钳 dʑiɛ^{22}
65 青田	做工 tsoʔ^{4} koŋ^{445}	斧头 fu^{55} deu^{53}	老虎钳 lœ^{33} fu^{55} dʑiɛ^{21}
66 云和	打工 nɛ^{44} koŋ^{24}	斧头 fu^{44} dəɯ^{312}	钳 dʑiɛ^{312}
67 松阳	打工 nã^{33} kəŋ^{53}	斧头 fuə^{33} dei^{31}	夹钳儿 kɔʔ^{5} dʑiɛ̃^{21} n^{24}

续表

方言点	0685 打工	0686 斧子	0687 钳子
68 宣平	打零工 nɛ^{44}lin^{43}kən^{324}	斧头 fu^{44}dəɯ^{433}	钳 dʑiɛ^{433}
69 遂昌	打工 tiaŋ^{53}kəŋ^{45}	斧头 fuə^{33}du^{221}	老虎钳 lɐɯ^{13}xuə^{53}dʑiɛ̃^{221}
70 龙泉	做事 tso^{44}zɤɯ^{224}	斧头 bɤɯ^{21}diəu^{21}	钳 dʑiᴇ^{21}
71 景宁	做工 tso^{55}kəŋ^{324}	斧头 fu^{33}dəɯ^{41}	钳 dʑiɛ^{41}
72 庆元	打工 næ̃^{52}koŋ^{335}	斧头 ɓo^{33}tiɯ^{52}	老虎钳 lɒ^{22}xuɤ^{33}tɕiɛ̃^{52}
73 泰顺	打工 næi^{22}koŋ^{213}	斧头 fø^{22}təu^{53}	老虎钳 lɑɔ^{22}fø^{22}tɕiɛ^{53}
74 温州	做生活 tsɤu^{33}siɛ^{45}o^{212}	斧头 fu^{42}dɤu^{21}	老虎钳 lɜ^{31}fu^{33}dʑi^{21}
75 永嘉	代侬 de^{22}naŋ^{21}	斧头 fu^{53}dəu^{21}	钳儿 dʑi^{22}ŋ^{0}
76 乐清	做生活 tɕio^{3}sa^{35}va^{212}	斧头 fu^{44}diu^{31}	老虎钳 lɤ^{22}fu^{22}dʑiᴇ^{31}
77 瑞安	相伴□ ɕiɛ^{33}pø^{35}de^{212} 打工 ta^{53}koŋ^{44}	斧头 fɯ^{53}dou^{21}	铰钳儿 kɔ^{33}dʑi^{22}ŋ^{0}
78 平阳	打工 tᴀ^{45}koŋ^{13}	斧头 vu^{33}dɛu^{42}	钢丝钳 ko^{45}sɿ^{33}dʑie^{13}
79 文成	做工 tʃou^{42}koŋ^{33}	斧头 vu^{42}diou^{13}	钳 dʑie^{113}
80 苍南	打工 tia^{42}koŋ^{44}	斧头 fu^{53}dɛu^{31}	钢丝钳 ko^{33}sɿ^{33}dʑiɛ^{21}
81 建德徽	打工 tɛ^{21}koŋ^{53}	斧头 fu^{55}tɤɯ^{33}	钳 tɕie^{33} 老虎钳 lɔ^{55}hu^{21}tɕie^{33}
82 寿昌徽	打工 tæ̃^{33}kɔŋ^{112}	斧头 fu^{33}t^{h}əɯ^{52}	老虎钳 lɤ^{33}xu^{33}tɕ^{h}i^{52}
83 淳安徽	打工 tɑ̃^{55}kon^{24}	斧头 fa^{55}t^{h}ɯ^{21}	钳 tɕ^{h}iã^{435}
84 遂安徽	打工 ta^{24}kəŋ^{534}	斧头 fu^{21}t^{h}iu^{24}	老虎钳 lɔ^{33}fu^{33}tɕ^{h}iɛ̃^{33}
85 苍南闽	拍工 p^{h}a^{33}kan^{55}	斧头 pɔ^{33}t^{h}au^{24}	钳 kĩ^{24}
86 泰顺闽	拍工 pa^{34}kəŋ^{213}	斧头 pou^{344}t^{h}au^{22}	钳团 k^{h}i^{21}ki^{344}
87 洞头闽	拍工 p^{h}a^{33}kaŋ^{24}	斧头 pɔ^{212}t^{h}au^{33}	钳仔 kĩ^{212}la^{53}
88 景宁畲	打工 taŋ^{55}koŋ^{44}	斧头 pi^{55}t^{h}iəu^{22}	钳 k^{h}ien^{22}

方言点	0688 螺丝刀	0689 锤子	0690 钉子
01 杭州	旋凿 dʑiɛ^{13}zoʔ^{5}	榔头 laŋ^{22}dei^{45}	钉头儿 tiŋ^{33}dei^{45}əl^{53}
02 嘉兴	开刀 kʰᴇ^{42}tɔ^{42}	榔头 lᴀ̃^{21}dei^{24}	洋钉 iᴀ̃^{21}tiŋ^{33}
03 嘉善	开刀 kʰɛ^{35}tɔ^{53}	榔头 lã^{13}də^{31}	洋钉 iæ̃^{13}tin^{53}
04 平湖	开刀 kʰɛ^{44}tɔ^{53} 起子 tɕʰi^{21}tsɿ^{44}	榔头 lɑ̃^{24}dəɯ^{53}	洋钉 iã^{24}tin^{53}
05 海盐	开刀 kʰɛ^{55}tɔ^{53}	榔头 lɑ̃^{13}de^{21}	洋钉 iɛ̃^{24}tin^{53}
06 海宁	开刀 kʰɛ^{55}tɔ^{55}	榔头 lɑ̃^{33}dəɯ^{33}	洋钉 iã^{33}tiŋ^{55}
07 桐乡	开刀 kʰᴇ^{44}tɔ^{44}	榔头 lɒ̃^{21}dɤɯ^{44}	洋钉 iã^{21}tiŋ^{44}
08 崇德	开刀 kʰᴇ^{44}tɔ^{44}	榔头 lã^{21}dɤɯ^{44}	洋钉 iã^{21}tiŋ^{44}
09 湖州	起子 tɕʰi^{53}tsɿ^{13}	榔头 lã^{33}døʉ^{35}	洋钉 iã^{33}tin^{35}
10 德清	起子 tɕʰi^{35}tsɿ^{0}	榔头 lã^{11}døʉ^{13}	钉头 ten^{44}døʉ^{44}
11 武康	起子 tɕʰi^{35}tsɿ^{53}	榔头 lã^{11}dø^{13}	洋钉 iã^{11}tin^{35}
12 安吉	起子 tɕʰi^{52}tsɿ^{21}	榔头 lɔ̃^{22}dəɪ^{22}	钉头 tiŋ^{55}dəɪ^{55}
13 孝丰	起子 tɕʰi^{45}tsɿ^{21}	榔头 lɔ̃^{22}dəɪ^{22}	洋钉 iã^{22}tiŋ^{44}
14 长兴	起子 tʃʰʅ^{45}tsɿ^{21}	榔头 lɔ̃^{12}dei^{33}	洋钉 iã^{12}tiŋ^{33}
15 余杭	起子 tɕʰi^{35}tsɿ^{0}	榔头 lɑ̃^{31}døʏ^{13}	钉头儿 tiŋ^{55}døʏ^{33}n^{31}
16 临安	起子 tɕʰi^{55}tsɿ^{53}	榔头 lɑ̃^{33}də^{13}	洋钉 iã^{31}tieŋ^{13}
17 昌化	起子 tsʰɿ^{45}tsɿ^{53}	榔头 lɔ̃^{11}di^{112}	洋钉 iã^{11}diəŋ^{334}
18 於潜	起子 tɕʰi^{53}tsɿ^{31}	榔头 laŋ^{22}diəu^{24}	洋钉 iaŋ^{22}tiŋ^{433}
19 萧山	起子 tɕʰi^{33}tsɿ^{42}	榔头 lɔ̃^{13}dio^{33}	钉 tiŋ^{533}
20 富阳	起子 tɕʰi^{423}tsɿ^{335}	榔头 lɑ̃^{13}dei^{55}	洋钉 iɑ̃^{13}tin^{55}
21 新登	起子 tɕʰi^{334}tsɿ^{45}	榔头 lɑ̃^{233}dəu^{233}	洋钉 iɑ̃^{233}teiŋ^{334}
22 桐庐	起子 tɕʰi^{33}tsɿ^{35}	榔头 lã^{21}dei^{35}	洋钉 iã^{21}tiŋ^{35}
23 分水	起子 tɕʰi^{53}tsɿ^{0}	榔头 lã^{21}dɵ^{24}	洋钉 iã^{21}tin^{44}
24 绍兴	起钻 tɕʰi^{44}tsø̃^{31}	榔头 lɑŋ^{22}dɤ^{231} 豛锤 toʔ^{3}zɿ^{231}	钉子头 tiŋ^{33}tsɿ^{44}dɤ^{31}

续表

方言点	0688 螺丝刀	0689 锤子	0690 钉子
25 上虞	起子 tɕʰi^{33}tsɿ^{35}	榔头 lɔ̃^{21}dɤ^{213}	钉头 tiŋ^{33}dɤ^{213}
26 嵊州	起子 tɕʰi^{44}tsɿ^{31}	榔头 lɔŋ^{22}dʏ^{231}	洋钉 iaŋ^{22}tiŋ^{334}旧 钉头 tiŋ^{53}dʏ^{231}今
27 新昌	起子 tɕʰi^{45}tsɿ^{31}	榔头 lɔ̃^{13}diɯ^{33}	钉头 tiŋ^{45}diɯ^{33}
28 诸暨	起子 tʃʰʅ^{33}tsɿ^{42}	榔头 lɑ̃^{21}dei^{242}	钉头 tin^{21}dei^{242}
29 慈溪	旋凿 iẽ^{11}dzoʔ^{2}	榔星⁼ lɔ̃^{11}ɕiŋ^{35}	洋钉 iã^{11}tiŋ^{35}
30 余姚	旋凿 iẽ^{13}zoʔ^{2} 起子 tɕʰi^{34}tsɿ^{34}	榔兴⁼ lɔŋ^{13}ɕiə̃^{44} 榔头 lɔŋ^{13}dø^{13}	洋钉 iaŋ^{13}tə̃^{44}
31 宁波	旋凿 ʑiʏ^{13}dzoʔ^{2}	榔头 lɔ^{13}dœʏ^{0}	钉子 tiŋ^{44}tsɥ^{35}
32 镇海	旋凿 zø^{22}zoʔ^{2}	榔头 lɔ̃^{22}dei^{31}	钉子 tiŋ^{33}tsɥ^{53}
33 奉化	旋凿 zø^{33}zoʔ^{2}	榔头 lɔ̃^{33}dæi^{31}	钉子 tiŋ^{44}tsɥ^{53}
34 宁海	旋凿 ʑyø^{21}zɔʔ^{3}	夺⁼落槌 dɔʔ^{3}lɔʔ^{3}dzɥ^{31} 榔头 lɔ̃^{21}diu^{31}	钉子 tiŋ^{33}tsɥ^{53} 洋钉 iã^{21}tiŋ^{53}
35 象山	旋凿 zø^{31}zoʔ^{2}	榔头 lɔ̃^{31}dɤɯ^{13}	钉子 təŋ^{44}tsɥ^{35}
36 普陀	旋凿 zø^{11}zoʔ^{5}	榔头 lɔ̃^{33}deu^{53}	钉子 tiŋ^{33}tsɥ^{53}
37 定海	旋凿 zø^{11}zoʔ^{5}	铁榔头 tʰieʔ^{3}lõ^{44}dɐi^{44}	钉子 tiŋ^{33}tsɥ^{52}
38 岱山	旋凿 zø^{11}zoʔ^{5}	铁榔头 tʰieʔ^{3}lõ^{44}dœʏ^{44}	钉子 tiŋ^{33}tsɥ^{52}
39 嵊泗	旋凿 zʏ^{11}zoʔ^{5}	榔头 lõ^{33}dœʏ^{53}	钉子 tiŋ^{33}tsɥ^{45}
40 临海	螺丝开 lo^{33}sɿ^{55}kʰe^{31}	榔头 lɔ̃^{33}də^{353}小	钉 tiŋ^{31}
41 椒江	螺丝开 ləu^{22}sɿ^{55}kʰə^{42}	榔头 lɔ̃^{22}dio^{24}小	钉 tiŋ^{35}小
42 黄岩	旋凿 zø^{13}zoʔ^{2} 螺丝开 lou^{13}sɿ^{35}kʰie^{32}	榔头 lɔ̃^{13}dio^{41}	钉 tin^{35}小 洋钉 iã^{24}tin^{32}
43 温岭	螺丝开 lu^{13}sɿ^{33}kʰie^{15}小 旋凿 ʑyø^{13}zoʔ^{2}	榔头 lɔ̃^{13}dɤ^{24}小	钉 tin^{15}小
44 仙居	螺丝开 lo^{33}sɿ^{21}kʰæ^{53}	鞋⁼锤 a^{33}dʑy^{353}较小 洋锤 ia^{353}dʑy^{0}较大	洋钉 ia^{33}ɗin^{53}
45 天台	螺丝开 lou^{22}sɿ^{33}kʰei^{51}	铁锤 tʰieʔ^{1}dʑy^{51}小	洋钉 ʑia^{22}tiŋ^{51}

续表

方言点	0688 螺丝刀	0689 锤子	0690 钉子
46 三门	螺丝开 lʊ^{11}sɿ^{33}kʰe^{52}	榔头 lɔ^{13}dɤɯ^{31}	洋钉 iɑ̃^{11}tiŋ^{52}
47 玉环	螺丝开 ləu^{22}sɿ^{33}kʰie^{35}小 旋凿 ʑyø^{22}zoʔ^{2}	榔头 lɔ̃^{22}diɤ^{24}小	钉 tiŋ^{35}小
48 金华	起子 tɕʰi^{33}tsɿ^{535}	榔头 laŋ^{31}diu^{14}	洋钉 iaŋ^{31}tiŋ^{55}老 铁钉 tʰia^{55}tiŋ^{0}新
49 汤溪	起钻 tɕʰi^{33}tsɤ^{52}	铁锤 tʰia^{55}dʑy^{0}	铁钉 tʰia^{55}nɛ̃i^{0}
50 兰溪	起钻 tɕʰi^{55}tsɤ^{45}	榔头 laŋ^{21}dəɯ^{24}	洋钉 iaŋ^{21}tin^{45}
51 浦江	起子 tʃʰi^{33}tsɿ^{53}	铁锤儿 tʰia^{33}dʑyn^{243}	铁钉 tʰia^{55}tiən^{334}
52 义乌	起子 tɕʰie^{45}tsɿ^{31}	铁锤儿 tʰia^{45}dʑyn^{312}	铁钉 tʰia^{33}nən^{45}
53 东阳	螺丝刀 lo^{22}sɿ^{33}tɐɯ^{33}	铁锤儿 tʰiɛʔ^{45}dzɐn^{33}	钉 tɐn^{334}
54 永康	起钻 tɕʰi^{31}tsɤ^{52}	铁锤 tʰia^{33}tɕy^{55}	铁钉 tʰia^{33}niŋ^{55}
55 武义	起钻 tɕʰi^{55}tsɤ^{53}	铁锤 tʰia^{53}dʑy^{324}	铁钉 tʰia^{53}nin^{24}
56 磐安	螺丝刀儿 luɤ^{22}su^{33}ton^{445}	锤儿 dʑyn^{213}	钉 nɐn^{445}
57 缙云	起子 tɕʰi^{51}tsɿ^{51}	锤 dzɥ^{243}	钉 nɛŋ^{44}
58 衢州	起子 tɕʰi^{35}tsɿ^{21}	榔头 lɑ̃^{21}de^{231}	洋钉 iɑ̃^{21}tin^{32}
59 衢江	螺丝刀 lou^{33}ɕyø^{33}tɔ^{33}	铁锤 tʰiəʔ^{3}tɕy^{53}	洋钉 iɑ̃^{33}tiŋ^{33} 铁钉 tʰiəʔ^{5}tiŋ^{33}
60 龙游	起子 tɕʰi^{35}tsɿ^{21}	铁锤 tʰiəʔ^{4}dzuei^{21}	洋钉 iɑ̃^{33}tin^{334}
61 江山	起子 kʰi^{44}tsə^{241}	榔锤 lɒŋ^{22}dza^{213}	铁钉 tʰiᴇʔ^{5}tĩ^{44}
62 常山	螺丝刀 lɔ^{22}si^{44}tɤ^{44} 开刀 kʰe^{44}tɤ^{44}	铁锤 tʰiʌʔ^{4}dzɛ^{341}	铁钉 tʰiʌʔ^{4}tĩ^{44}
63 开化	起子 tɕʰi^{53}tsɿ^{0}	锤 dzua^{231}	钉 tin^{44}
64 丽水	螺丝刀 lu^{22}sɿ^{44}tə^{224}	锤 dzɥ^{22}	钉 tin^{224}
65 青田	螺丝刀 lu^{22}sɿ^{33}ɗœ^{445}	铁锤 tʰiæʔ^{4}dzɥ^{53}	铁钉 tʰiæʔ^{4}ɗeŋ^{445}
66 云和	螺丝刀 lu^{223}sɿ^{44}təɯ^{24}	锤 dzɥ^{312}	洋钉 iɑ̃^{223}tiŋ^{24}老 铁钉 tʰiɛʔ^{4}tiŋ^{24}新
67 松阳	螺丝刀 luə^{21}sɿə^{24}tʌ^{53}	锤 dʑy^{31}	钉 tin^{53}

续表

方言点	0688 螺丝刀	0689 锤子	0690 钉子
68 宣平	螺丝刀 lo^{22}sɿ^{44}təɯ^{324}	锤 dʑy^{433}	铁钉 tʰiəʔ^{4}tin^{324} 洋钉 iɑ̃^{43}tin^{324}
69 遂昌	螺丝刀 lu^{21}sɿ^{33}tɐɯ^{45}	铁锤儿 tʰiɛʔ^{5}dʑy^{22}ȵiɛ^{213}	铁钉 tʰiɛʔ^{3}tiŋ^{45}
70 龙泉	螺丝刀 lou^{21}sɿ^{44}tɑʌ^{434}	锤 dʑy^{21}	钉 tin^{434}
71 景宁	螺丝开 lo^{55}sɿ^{33}kʰai^{324}	锤 dʑy^{113}	钉 tiŋ^{324}
72 庆元	螺丝刀 lo^{52}sɿ^{33}ɗɐɯ^{55}小	锤 tɕy^{52}	洋钉 iɑ̃^{52}ɗiŋ^{55}小
73 泰顺	螺丝刀 lo^{21}sɿ^{22}tɑɔ^{213}	铁锤 tʰiɔʔ^{2}tɕy^{53}	铁钉 tʰiɔʔ^{2}tiŋ^{213}
74 温州	螺丝刀 lɤu^{23}sɿ^{33}tɜ^{33}	鞋锤儿 a^{23}dzɿ^{22}ŋ^{12}	钉 təŋ^{33}
75 永嘉	螺丝刀 lo^{13}sɿ^{33}tə^{44}	锤儿 dzɥ^{22}ŋ^{0}	钉 teŋ^{44}
76 乐清	螺丝刀 lo^{23}sɿ^{44}tɤ^{44}	铁锤 tʰiᴇ^{35}dʑy^{212}小	钉 teŋ^{44}
77 瑞安	螺丝刀 lou^{13}sɿ^{33}tɛ^{44}	□锤儿 ha^{35}dzəɯ^{22}ŋ^{0}	钉 təŋ^{44}
78 平阳	螺丝刀 lu^{45}sɿ^{33}tɛ^{55}	铁锤儿 tʰie^{45}dʑyŋ^{13}	钉 teŋ^{55}
79 文成	起子 tɕʰi^{33}tsɿ^{45}	锤 dʑy^{113}	钉 teŋ^{55}
80 苍南	螺丝刀 lu^{31}sɿ^{33}tɛ^{44}	铁锤儿 tʰiɛ^{3}dzu^{11}ŋ^{0}	钉 teŋ^{44}
81 建德徽	起子 tɕʰi^{33}tsɿ^{55}	铁锤 tʰie^{55}tɕye^{33}	洋钉 ȵiɛ^{33}tin^{53}旧 铁钉 tʰie^{55}tin^{53}今 钉 tin^{53}今
82 寿昌徽	开刀 kʰiɛ^{11}tɤ^{112}	铁锤 tʰiɛ^{55}tɕʰyei^{55}	洋钉 iɑ̃^{11}tien^{112}
83 淳安徽	起子 tɕʰi^{55}tsɿ^{21}	铁锤 tʰiɑʔ^{5}tɕʰya^{435}	钉 tin^{24}
84 遂安徽	螺丝刀 ləɯ^{33}sɿ^{33}tɔ^{534}	钉锤 tin^{55}tɕʰy^{24}	钉 tin^{534}
85 苍南闽	螺丝刀 lo^{21}ɕi^{33}to^{55}	锤 tʰui^{24}	钉 tan^{55}
86 泰顺闽	螺丝刀 lou^{22}ɕi^{22}tou^{213}	锤子 tʰy^{21}ki^{344}	钉囝 tieŋ^{21}ki^{344}
87 洞头闽	螺丝刀 lo^{212}ɕi^{33}to^{33}	锤仔 tʰui^{212}ia^{53}	钉 tan^{33}
88 景宁畲	螺丝刀 lu^{22}su^{44}tau^{445}小	铁锤 tʰat^{5}tɕʰy^{22}	铁钉 tʰat^{5}tiŋ^{44}

方言点	0691 绳子	0692 棍子	0693 做买卖
01 杭州	绳索儿 zəŋ^{22}soʔ^{5}əl^{53}	棒儿 baŋ^{13}əl^{53}	做生意 tsəu^{55}saŋ^{33}i^{45}
02 嘉兴	绳子 zəŋ^{13}tsɿ^{42}	棒头 bÃ^{21}dei^{42}	做生意 tsou^{33}sÃ^{42}i^{21}
03 嘉善	绳 zən^{132}	棒头 bã^{22}də^{31}	做生意 tsu^{35}sæ̃^{35}i^{53}
04 平湖	绳 zən^{31}	棒头 bɑ̃^{21}dəɯ^{53}	做生意 tsu^{44}sã^{0}i^{0}
05 海盐	绳 zən^{31} 绳索 zən^{24}sɔʔ^{21} 较粗	棍子 kuən^{55}tsɿ^{21}	做生意 tsu^{55}sɛ̃^{53}i^{21}
06 海宁	绳 zəŋ^{13}	棍子 kuəŋ^{55}tsɿ^{53}	做生意 tsəu^{55}sɑ̃^{55}i^{55}
07 桐乡	绳 zəŋ^{13} 索 sɔʔ^{5} 较粗	棍子 kuəŋ^{33}tsɿ^{53}	做生意 tsəu^{33}sã^{44}i^{44}
08 崇德	绳 zəŋ^{13} 索 sɔʔ^{5}	棍子 kuəŋ^{33}tsɿ^{53}	做生意 tsu^{33}sã^{44}i^{44}
09 湖州	绳子 zən^{33}tsɿ^{35}	棒条 boŋ^{35}diɔ^{13}	做生意 tsəu^{43}sã^{44}i^{44}
10 德清	绳子 zen^{11}tsɿ^{35}	棒头 boŋ^{35}døʉ^{0}	做生意 tsəu^{44}sã^{44}i^{44}
11 武康	绳子 zen^{11}tsɿ^{35}	棒头 boŋ^{13}dø^{31}	做生意 tsu^{53}sã^{44}i^{44}
12 安吉	绳子 zəŋ^{22}tsɿ^{22}	棍子 kuəŋ^{32}tsɿ^{213}	做生意 tsʊ^{32}sã^{55}i^{55}
13 孝丰	绳子 zəŋ^{22}tsɿ^{22}	棍子 kuəŋ^{32}tsɿ^{213}	做生意 tsu^{32}sã^{44}i^{44}
14 长兴	绳 zəŋ^{12}	棒头 bɔ̃^{24}dei^{21}	做生意 tsəu^{32}sã^{44}ɿ^{44}
15 余杭	索儿 soʔ^{5}n^{31}	棒 boŋ^{243}	做生意 tsu^{35}sɑ̃^{55}i^{55}
16 临安	绳子 zeŋ^{33}tsɿ^{35}	木棍 muɔʔ^{2}kueŋ^{35}	做生意 tso^{55}sɑ̃^{53}i^{31}
17 昌化	绳子 ʑiəŋ^{11}tsɿ^{453}	棒 bã^{243} 棍子 kuəŋ^{54}tsɿ^{453}	做生意 tsɯ^{54}sã^{33}i^{45}
18 於潜	绳子 zeŋ^{22}tsɿ^{454}	棍子 kueŋ^{43}tsɿ^{454}	做生意 tsu^{35}saŋ^{43}i^{24}
19 萧山	绳 zəŋ^{355}	棍 kuəŋ^{42}	做生意 tso^{33}sã^{33}i^{42}
20 富阳	绳子 ʑin^{13}tsɿ^{55}	棒 boŋ^{224}	做生意 tsʊ^{335}sã^{55}i^{31}
21 新登	绳子 zeiŋ^{233}tsɿ^{334}	棒 boŋ^{13}	做生意 tsu^{45}sɛ^{53}i^{334}
22 桐庐	绳子 zəŋ^{21}tsɿ^{35}	棍子 kuəŋ^{35}tsɿ^{21}	做生意 tsu^{33}sã^{55}i^{13}

续表

方言点	0691 绳子	0692 棍子	0693 做买卖
23 分水	绳子 zən^{21}tsɿ^{0}	棍 kuən^{24}	做生意 tso^{21}sən^{44}i^{24}
24 绍兴	绳 zəŋ^{231}	棍子 kuø̃^{44}tsɿ^{31}	做生意 tso^{33}saŋ^{33}i^{33}
25 上虞	绳 zəŋ^{213}	棒头 bɔ̃^{21}dɤ^{31}	做生意 tsu^{55}sã^{33}i^{33}
26 嵊州	绳 zeŋ^{213}	棒 baŋ^{24}	做生意 tso^{33}saŋ^{53}i^{334}
27 新昌	绳 ʑiŋ^{22}	棒 bɔ̃^{232}	做生意 tsɤ^{33}saŋ^{33}i^{335}
28 诸暨	绳 zɛn^{13}	木棍 moʔ^{21}kuɛn^{42}	做生意 tsɤu^{33}sã^{21}ʒʅ^{33}
29 慈溪	绳 zəŋ^{13}	棍 kuəŋ^{44}	做生意 tsəu^{44}sã^{35}i^{0}
30 余姚	绳 zə̃^{13}	光⁼棍 kuɔŋ^{44}kuə̃^{44}	做生意 tsou^{53}saŋ^{44}i^{34}
31 宁波	绳 ʑiŋ^{13}	棒头 bɔ^{22}dœʏ^{13}	做生意 tsəu^{44}sa^{44}i^{44}
32 镇海	麻绳 mo^{22}iŋ^{31}	棒头 bɔ̃^{24}dei^{22}	做生意 tsəu^{33}sã^{33}i^{53}
33 奉化	绳 ʑiŋ^{33}	棒头 bɔ̃^{33}dæi^{24}	做生意 tsəu^{44}sã^{44}i^{44}
34 宁海	绳 ʑiŋ^{213}	棒 bɔ̃^{31}	做生意 tsəu^{33}sã^{33}i^{35}
35 象山	绳 iŋ^{31}	棒头 bɔ̃^{13}dɤɯ^{13}	做生意 tsəu^{44}sã^{44}i^{44}
36 普陀	绳 iŋ^{24}	棍棒 kuɐŋ^{53}bɔ̃^{0}	做生意 tsəu^{33}sã^{33}i^{45}
37 定海	绳 iŋ^{23}	棒头 bõ^{23}dɐi^{44}	做生意 tsʌu^{33}sã^{33}i^{45}
38 岱山	绳 iŋ^{23}	棒头 bõ^{23}lɐi^{44}"头"音殊	做生意 tsʌu^{33}sã^{52}i^{0}
39 嵊泗	绳 iŋ^{243}	棒头 bõ^{24}lɐi^{44}"头"音殊	做生意 tsʌu^{33}sã^{44}i^{0}
40 临海	绳 ʑiŋ^{21}	棒 bɔ̃^{353}小	做生意 tso^{55}sã^{35}i^{55}
41 椒江	绳 ʑiŋ^{31}	棒 bɔ̃^{41}小	做生意 tsəu^{33}sã^{33}i^{55}
42 黄岩	绳 ʑin^{121}	棒 bɔ̃^{41}小	做生意 tsou^{33}sã^{33}i^{55}
43 温岭	绳 ʑin^{31}	棒 bɔ̃^{41}小，较小 棍 kuən^{55}较大	做生意 tsu^{33}sã^{35}i^{55}
44 仙居	绳 ʑin^{213} 索 sɑʔ^{5} 较粗	棍 kuen^{55}	做生意 tso^{33}sã^{55}i^{55}

续表

方言点	0691 绳子	0692 棍子	0693 做买卖
45 天台	绳 ʑiŋ^{224}	棒 bɔ^{214}	做生意 tsou^{55}sa^{33}i^{55}
46 三门	绳 ʑiŋ^{113}	棍 kuəŋ^{55}	做生意 tɕiʊ^{33}sɛ^{55}i^{55}
47 玉环	绳 ʑiŋ^{24} 小	棒 bɔ̃^{41} 小	做生意 tsəu^{33}sã^{33}i^{55}
48 金华	绳 ʑiŋ^{313} 索 soʔ^{4} 较粗	棍 kuəŋ^{535}	做生意 tsuɤ^{33}sɑŋ^{33}i^{55}
49 汤溪	绳 ʑiã^{11}	棍 kuã^{535}	做生意 tsuɤ^{33}sa^{24}i^{0}
50 兰溪	绳 ʑiæ̃^{21}	棍 kuæ̃^{55}	做生意 tsuɤ^{334}sæ̃^{334}i^{45}
51 浦江	绳 ziən^{113} 索 so^{423} 较粗	棍 kuən^{53}	做生意 tsɯ^{33}sɛ̃^{33}i^{55}
52 义乌	绳 zən^{213}	棍 kuən^{423}	做生意 tsuɤ^{33}sɛ^{33}i^{45}
53 东阳	绳 zɐn^{213}	棍 kuɐn^{44}	做生意 tsu^{33}sɛ^{33}i^{53}
54 永康	绳 ʑiŋ^{22}	棍 kuəŋ^{52} 小	做生意 tsuo^{33}sai^{33}i^{52}
55 武义	绳 ʑin^{324}	棍 kuen^{53}	做生意 tsuo^{55}sa^{32}i^{53}
56 磐安	绳 zɐn^{213}	棍 kuɐn^{52}	做生意 tsuɤ^{33}sɛ^{33}i^{52}
57 缙云	绳 zɛŋ^{243}	棍 kuaŋ^{51}	做生意 tsu^{44}sa^{44}i^{453}
58 衢州	索 səʔ^{5}	木棍 məʔ^{2}kuən^{35}	做生意 tsu^{53}ɕiã^{32}i^{53}
59 衢江	索 səʔ^{5}	棍子 kuɛ^{33}tsɿ^{53}	做生意 tsou^{33}ɕiɛ^{25}i^{31}
60 龙游	绳 zən^{21}	棍 kuei^{35}	做生意 tsu^{33}sɛ^{35}i^{21}
61 江山	索 sɒʔ^{5}	棍子 kuɛ̃^{44}tsə^{241}	做生意 tso^{44}saŋ^{24}ŋɵ^{51}
62 常山	索 sʌʔ^{5}	棍 kuɔ̃^{52}	做生意 tsɔ^{43}sĩ^{52}i^{0}
63 开化	索 sɔʔ^{5}	棍 kuɛn^{53}	做生意 tsɔ^{44}sã^{53}uei^{0}
64 丽水	绳 dʑin^{22}	棍 kuen^{52}	做生意 tsu^{44}sã^{224}i^{52}
65 青田	绳 iŋ^{21}	棍 kuaŋ^{33}	做生意 tsu^{33}sɛ^{55}i^{33}
66 云和	绳 dʑiŋ^{312}	棍 kuəŋ^{45}	做生意 tso^{44}sɛ^{24}i^{45}

续表

方言点	0691 绳子	0692 棍子	0693 做买卖
67 松阳	绳 dʑin^{31}	棍 kuɛ̃^{24}	做生意 tsu^{33}sã^{33}i^{24}
68 宣平	绳 dʑin^{433}	棍 kuən^{52}	做生意 tso^{44}sɛ^{32}i^{52}
69 遂昌	绳 dʑiŋ^{221}	棒 bɔŋ^{13}	做生意 tsu^{33}ɕiaŋ^{55}i^{334}
70 龙泉	绳 dʑin^{21}	棍 kuən^{45}	做生意 tso^{44}saŋ^{44}ɿ^{45}
71 景宁	绳 dʑiŋ^{41}	棍 kuaŋ^{35}	做生意 tso^{55}sɛ^{33}i^{35}
72 庆元	索 soʔ^{5}	棒 pɔ̃^{221}	做生意 tso^{11}sæ̃^{33}i^{11}
73 泰顺	索 soʔ^{5}	棒 pɔ̃^{21}	做生意 tso^{22}sã^{22}i^{35}
74 温州	绳 zəŋ^{31}	棍 kaŋ^{51}	做生意 tsɤu^{33}siɛ^{33}i^{14}
75 永嘉	绳 ieŋ^{31}	棒 buɔ^{13}	做生事⁼ tso^{43}sɛ^{33}zɿ^{21}
76 乐清	绳 zeŋ^{212}小	棍 kuaŋ^{41}	做生意 tɕio^{43}sa^{35}i^{21}
77 瑞安	绳 zəŋ^{31}	棍 kaŋ^{53}	做生意 tsou^{3}sa^{33}i^{35}
78 平阳	绳 zeŋ^{242}	棍 kaŋ^{53}	做生意 tʃu^{33}sᴀ^{33}i^{35}
79 文成	绳 zeŋ^{113}	棍 kuøn^{33}	做生意 tʃou^{21}sa^{33}i^{33}
80 苍南	绳 zeŋ^{31}	棍 kuaŋ^{42}	做生意 tsu^{3}ɕia^{33}i^{42}
81 建德徽	绳 sən^{33} 索 so^{55}较粗	棍子 kuen^{21}tsɿ^{55}	做生意 tsu^{33}sɛ^{53}i^{213}
82 寿昌徽	绳 sen^{52}	棍 kuen^{24}	做生意 tsu^{33}sæ̃^{11}i^{33}
83 淳安徽	绳 sen^{435}	棍子 kuen^{55}tsɿ^{21}	做生意 tsu^{24}sɑ̃^{24}i^{21}
84 遂安徽	绳 ɕin^{33}	棍子 kuəŋ^{42}tsɿ^{33}	做生意 tsə^{55}sã^{534}i^{52}
85 苍南闽	索 so^{43}	棍 kun^{21}	做买卖 tsue^{33}bue^{24}bue^{21}
86 泰顺闽	索团 sou^{21}ki^{344}	棍团 kuəŋ^{21}ki^{344}	做生意 tsou^{34}sæŋ^{21}i^{53}
87 洞头闽	索仔 so^{212}a^{53}	棍 kun^{21}	做生意 tsui^{212}ɕĩ^{33}i^{42}
88 景宁畲	绳 ɕin^{51}小	棍 kuən^{44}	做生意 tso^{44}saŋ^{44}i^{44}

方言点	0694 商店	0695 饭馆	0696 旅馆旧称
01 杭州	商店 suaŋ^{33}tiɛ^{45}	饭店 vɛ^{13}tiɛ^{53} 馆子店 kuo^{55}tsɿ^{0}tiɛ^{0}	客馆 kʰaʔ^{3}kuo^{45}
02 嘉兴	店家 tie^{33}kᴀ^{42}	饭店 vᴇ^{24}tie^{21}	旅馆 li^{21}kuə^{24} 客栈 kʰᴀʔ^{5}zᴇ^{21}
03 嘉善	店家 tiɪ^{55}ka^{0}	馆子店 kø^{35}tsɿ^{55}tiɪ^{0}	旅馆 ly^{22}kø^{35}
04 平湖	店 tiɛ^{334}	饭店 vɛ^{24}tiɛ^{0}	客栈 kʰaʔ^{23}zɛ^{334}
05 海盐	店 tiɛ^{334}	饭店 vɛ^{21}tiɛ^{334}	客栈 kʰaʔ^{23}zɛ^{213}
06 海宁	店家 tie^{55}ka^{53}	馆子店 kue^{55}tsɿ^{53}tie^{0}	客栈 kʰaʔ^{5}zei^{0}
07 桐乡	店 tiᴇ^{334}	饭店 vɛ^{21}tiᴇ^{334}	旅馆 li^{24}kuᴇ^{0}
08 崇德	店 tiɪ^{334}	饭店 vɛ^{21}tiɪ^{334}	旅馆 li^{55}kuᴇ^{0}
09 湖州	店 tie^{35}	饭店 vɛ^{33}tie^{35}	客栈 kʰaʔ^{5}zɛ^{35}
10 德清	店铺 tie^{33}pʰu^{35}	馆子店 kuɛ^{35}tsɿ^{53}tie^{0}	客栈 kʰaʔ^{5}zɛ^{31}
11 武康	店铺 tiɪ^{33}pʰu^{35}	馆子店 kø^{33}tsɿ^{53}tiɪ^{31}	客栈 kʰɜʔ^{5}dzɛ^{53}
12 安吉	店面 ti^{32}mi^{213}	馆店 kuᴇ^{52}ti^{21}	旅馆 li^{52}kuᴇ^{21}
13 孝丰	店 tiɪ^{324}	饭店 vɛ^{21}tiɪ^{24} 馆店 kue^{45}tiɪ^{21}	旅馆 li^{45}kue^{21}
14 长兴	店 ti^{324}	馆店 kuɯ^{45}ti^{21}	旅馆 lɿ^{45}kuɯ^{21}
15 余杭	店 tiẽ^{423}	饭店 vɛ^{33}tiẽ^{35}	客栈 kʰaʔ^{5}zɛ^{31}
16 临安	商店 sɑ̃^{53}tie^{35}	馆子店 kœ^{55}tsɿ^{55}tie^{53}	歇夜店 ɕiɐʔ^{5}ia^{33}tie^{53}
17 昌化	店 tiɪ̃^{544}	饭店 vã^{23}tiɪ̃^{544}	旅馆 li^{45}kuɔ̃^{53}
18 於潜	店里 tie^{35}li^{53}	馆子店 kuɛ^{53}tsɿ^{53}tie^{31}	歇夜店 ɕieʔ^{53}ia^{24}tie^{35}
19 萧山	小店 ɕiɔ^{33}die^{42}	饭店 vɛ^{13}die^{42}	旅馆 li^{13}kuə^{42}
20 富阳	店 tiɛ̃^{335}	饭店 vɛ̃^{224}tiɛ̃^{335}	旅馆 li^{224}kuɛ̃^{335}
21 新登	店 tiɛ̃^{45}	饭店 vɛ^{21}tiɛ̃^{45}	歇夜店 ɕiəʔ^{5}ia^{21}tiɛ̃^{45}
22 桐庐	店 tie^{35}	饭店 vã^{13}tie^{55}	旅馆 li^{33}kuã^{35}
23 分水	店 tiɛ̃^{24}	饭店 vã^{24}tiɛ̃^{24}	客栈 kʰəʔ^{5}dzã^{13}

续表

方言点	0694 商店	0695 饭馆	0696 旅馆旧称
24 绍兴	商店 saŋ^{33}tiẽ^{33}	饭店 vẽ^{24}tiẽ^{31}	宿夜店 soʔ^{3}ia^{24}tiẽ^{31}
25 上虞	商店 sɔ̃^{33}tiẽ^{35}	馆子店 kuø̃^{33}tsɿ^{33}tiẽ^{53}	栈房 dzɛ̃^{21}vɔ̃^{21}
26 嵊州	店 tiẽ^{334}	饭店 uɛ̃^{22}tiẽ^{334}	宿夜店 soʔ^{3}ia^{44}tiẽ^{31}
27 新昌	店 tiɛ̃^{335}	饭店 uɛ̃^{22}tiɛ̃^{335}	宿夜店 sɤʔ^{5}ia^{45}tiɛ̃^{31}
28 诸暨	商店 sɑ̃^{21}tie^{33}	饭店 vɛ^{13}tie^{33}	宿夜店 soʔ^{5}iᴀ^{33}tie^{21}
29 慈溪	店 tiẽ^{44}	饭店 vɛ̃^{11}tiẽ^{44}	旅社 li^{11}dzo^{44}
30 余姚	店 tiẽ^{53}	饭店 vã^{13}tiẽ^{44}	客栈 kʰaʔ^{5}dzã^{0}
31 宁波	商店 sɔ^{44}ti^{44}	饭馆 vɛ^{13}ti^{44}	客栈 kʰaʔ^{5}dzɛ^{33}
32 镇海	店 ti^{53}	饭店 vɛ^{22}ti^{53}	旅社 li^{22}dzo^{53}
33 奉化	店 te^{53}	饭店 vɛ^{33}te^{0}	旅社 li^{33}dzo^{33}
34 宁海	店 tie^{35}	酒馆店 tɕiu^{33}kuø^{33}tie^{35}	客栈 kʰaʔ^{3}dze^{24}
35 象山	商店 sɔ̃^{53}ti^{0}	饭店 vɛ^{31}ti^{0} 酒馆店 tɕiu^{44}kuɤɯ^{44}ti^{0}	旅社 li^{13}dzo^{13}
36 普陀	商店 sɔ̃^{33}ti^{45}	饭店 vɛ^{11}ti^{55}	客栈 kʰɐʔ^{5}dzɛ^{0} 旅社 ly^{23}zo^{0}
37 定海	店 ti^{44}	饭店 vɛ^{11}ti^{44}	客栈 kʰɐʔ^{5}dzɛ^{0}
38 岱山	店 ti^{44}	饭店 vɛ^{11}ti^{44}	旅馆 li^{31}kuø^{0}
39 嵊泗	店 ti^{53}	饭店 vɛ^{11}ti^{53}	旅馆 li^{34}kuʏ^{0}
40 临海	店 ti^{55}	馆店 kue^{42}ti^{55} 饭店 vɛ^{22}ti^{55}	旅社 ly^{42}zo^{353}小 旅馆 ly^{42}kue^{353}小
41 椒江	店 tie^{55}	馆店 kuə^{42}tie^{55} 饭店 vɛ^{22}tie^{55}	旅社 ly^{42}zo^{41}
42 黄岩	店 tie^{55}	饭店 vɛ^{13}tie^{55}	旅馆 ly^{42}kuø^{53}小 旅社 ly^{42}zo^{41}
43 温岭	店 tie^{55}	馆店 kue^{42}tie^{55} 饭店 vɛ^{13}tie^{55}	旅社 ly^{42}zo^{41}
44 仙居	店 ɗie^{55}	饭店 va^{24}ɗie^{55}	宿店 ɕyɔʔ^{3}ɗie^{55}

续表

方言点	0694 商店	0695 饭馆	0696 旅馆旧称
45 天台	店 tie^{55}	馆店 kuøʔ^{32}tie^{55}	旅馆 ly^{21}kuø^{325}
46 三门	商店 sɔ^{55}tie^{55}	饭店 vɛ^{23}tie^{55}	旅馆 ly^{11}kuø^{52}
47 玉环	商店 ɕia^{33}tie^{55}	饭店 vɛ^{22}tie^{55}	旅馆 li^{42}kue^{53}
48 金华	店 tia^{55}	饭店 vɑ^{31}tia^{55}	歇店 ɕie^{53}tia^{55}
49 汤溪	店 ȵie^{52}	饭店 vɤa^{11}ȵie^{52}	歇店 ɕie^{52}ȵie^{52}
50 兰溪	店 tia^{45}	饭店 fia^{55}tia^{45}	歇店 ɕieʔ^{34}tia^{45}
51 浦江	店 tiɑ̃^{55}	荤⁼店 xuən^{55}tiɑ̃^{334} 饭店 vɑ̃^{24}tiɑ̃^{0}	歇店 ɕi^{55}tiɑ̃^{55}
52 义乌	店 ȵia^{45}	饭店 bɔ^{22}ȵia^{45}	歇店 ɕie^{45}ȵia^{44}
53 东阳	商店 ɕiɔ^{33}ti^{53}	饭店 vɔ^{23}ti^{53}	宿夜店 sɐɯ^{44}ia^{33}ti^{53}
54 永康	店 ɗia^{52}	饭店 va^{31}ɗia^{52}	歇客店 ɕie^{33}kʰai^{33}ɗia^{52}
55 武义	店 nie^{53}	饭店 vuo^{32}nie^{53}	歇店 ɕie^{53}nie^{53}
56 磐安	店 nie^{52}	饭店 vɒ^{21}tie^{52}	旅馆 ly^{55}kɒ^{334}
57 缙云	店 tia^{453}	饭店 vɑ^{21}tia^{453}	歇店 ɕiɛ^{51}tia^{453}
58 衢州	店 tiẽ^{53}	饭店 vã^{231}tiẽ^{53}	客栈 kʰaʔ^{3}dzã^{231}
59 衢江	店 tie^{53}	饮食店 iŋ^{33}ʑyəʔ^{2}tie^{53}	旅馆 li^{33}kuã^{25}
60 龙游	店 tie^{51}	饭店 vã^{22}tie^{51}	旅馆 li^{22}kuã^{35}
61 江山	店 tiɛ̃^{51}	饭店 vaŋ^{22}tiɛ̃^{51} 馆子店 kuɛ̃^{44}tsə^{44}tiɛ̃^{51}	旅馆 lyə^{22}kuɛ̃^{241}
62 常山	商店 ɕiã^{52}tiɛ̃^{0}	饭店 vã^{24}tiɛ̃^{0}	客店 kʰaʔ^{5}tiɛ̃^{324} 旅馆 ly^{22}kuɔ̃^{52}
63 开化	店 tiɛ̃^{412}	饭店 vã^{21}tiɛ̃^{53}	歇店 ɕiaʔ^{5}tiɛ̃^{412} 旅馆 luei^{44}kuõ^{53}
64 丽水	店 tiɛ^{52}	饭店 vã^{21}tiɛ^{52}	旅馆 ly^{44}kuã^{544}
65 青田	小店 ɕiœ^{55}ɗiɑ^{33}	饭馆 vɑ^{22}kuɑ^{454}	旅馆 leu^{33}kuɑ^{454}
66 云和	店 tiɛ^{45}	饭店 vã^{223}tiɛ^{45}	客栈 kaʔ^{5}dzã^{223}

续表

方言点	0694 商店	0695 饭馆	0696 旅馆旧称
67 松阳	店 tiɛ̃^{24}	饭店 vɔ̃^{21}tiɛ̃^{24}	旅馆 lyɛ^{22}kuɔ̃^{212}
68 宣平	店 tiɛ^{52}	饭店 vɑ̃^{22}tiɛ^{52}	歇店 ɕiəʔ^{5}tiɛ^{0}
69 遂昌	商店 ɕiaŋ^{55}tiɛ̃^{334}	饭店 vaŋ^{22}tiɛ̃^{334}	旅馆 lyɛ^{13}kuɛ̃^{533}
70 龙泉	店 tiᴇ^{45}	饭店 vaŋ^{21}tiᴇ^{45}	客栈 kʰaʔ^{3}dzaŋ^{224}
71 景宁	店 tiɛ^{35}	饭店 vɔ^{33}tiɛ^{35}	旅馆 ly^{55}kuɔ^{33}
72 庆元	商店 ɕiɑ̃^{335}ɗiɑ̃^{11}	餐馆 tsʰɑ̃^{335}kuɑ̃^{33}	饭店 fɑ̃^{33}ɗiɑ̃^{11}
73 泰顺	店 tiã^{35}	饭店 uã^{21}tiã^{35}	旅馆 lø^{22}kuã^{55}
74 温州	店 ti^{51}	饭店 va^{31}ti^{21}	旅馆 lø^{31}kø^{25}
75 永嘉	店 tiɛ^{53}	饭店 va^{31}tiɛ^{43}	客栈 kʰa^{43}dza^{22}
76 乐清	店 tiᴇ^{41}	饭店 vᴇ^{31}tiᴇ^{21}	旅馆 ly^{31}kuɤ^{35}
77 瑞安	店 tiɛ^{53}	饭店 vɔ^{31}tiɛ^{42}	旅馆 ləɯ^{31}ky^{35} 依家栈 naŋ^{13}ko^{33}dzo^{13}
78 平阳	店 tye^{53}	饭店 vɔ^{33}tye^{21}	旅馆 lʉ^{33}kye^{45}
79 文成	店 tie^{33}	饭店 vɔ^{21}tie^{33}	客栈 kʰa^{33}dʒɔ^{21}
80 苍南	店儿 tia^{33}ŋ^{112}	饭店 ua^{11}tia^{42}	依家栈 naŋ^{31}ko^{44}za^{11}
81 建德徽	店 tie^{33}	饭店 fɛ^{55}tie^{33}	客栈 kʰɑ^{55}tsɛ^{213}
82 寿昌徽	小店 ɕiɑ^{33}tiɛ^{33}	饭店 fɤ^{33}ti^{33}	旅馆 luei^{55}kuæ^{55}
83 淳安徽	店 tiã^{24}	馆子店 kuɑ̃^{55}tsɿ^{21}tiã^{24}	旅馆 li^{55}kuɑ̃^{21}
84 遂安徽	店 tiɑ̃^{43}	饭店 fɑ̃^{55}tiɑ̃^{52}	歇店 ɕie^{21}tiɑ̃^{52}
85 苍南闽	店 tãĩ^{21}	饭店 pun^{21}tãĩ^{21} 糜店 mãĩ^{24}tãĩ^{21}	旅馆 lɯ^{33}kũã^{43}
86 泰顺闽	店囝 tei^{21}ki^{344}	饭店 pɔi^{22}tɛ^{53}	客店 kʰa^{21}tɛ^{53}
87 洞头闽	商店 ɕioŋ^{33}tãĩ^{21}	糜店 mãĩ^{33}tãĩ^{21}	旅馆 lɯ^{21}kũã^{53}
88 景宁畲	店 tian^{44}	饭店 pʰon^{51}tian^{44}	旅馆 ly^{51}kon^{325}

方言点	0697 贵	0698 便宜	0699 合算
01 杭州	贵 kuei^{45}	便宜 biɛ^{22} i^{45}	合算 kaʔ^{3} suo^{45} 犯着 vɛ^{13} zaʔ^{5}
02 嘉兴	贵 tɕy^{224}	贱 dʑie^{113}	合算 kəʔ^{5} suə^{21}
03 嘉善	贵 tɕy^{334}	贱 dʑiɪ^{113}	合算 kɜʔ^{5} sø^{0}
04 平湖	贵 tɕy^{334}	贱 ziɛ^{213} 便宜 biɛ^{24} ȵi^{53}	合算 kəʔ^{3} sø^{334}
05 海盐	贵 tɕy^{334}	贱 dʑiɛ^{213} 便宜 biɛ^{24} ȵi^{53}	合算 kəʔ^{5} sɤ^{334} 划得牢 o^{24} təʔ^{21} lɔ^{21}
06 海宁	贵 tɕi^{35}	贱 dʑie^{13}	合算 kəʔ^{5} sei^{0}
07 桐乡	贵 tɕi^{334}	贱 ziᴇ^{213}	合算 kəʔ^{3} sᴇ^{334} 值得 zəʔ^{23} təʔ^{5}
08 崇德	贵 tɕi^{334}	贱 ʑiɪ^{13}	合算 kəʔ^{3} sᴇ^{334}
09 湖州	贵 tɕi^{35}	便宜 bie^{33} ȵi^{35}	合算 kəʔ^{5} sɛ^{44}
10 德清	贵 tɕi^{334}	便宜 bie^{11} ȵi^{13}	合算 kəʔ^{5} søʉ^{35}
11 武康	贵 tɕi^{224}	便宜 biɪ^{11} ȵi^{13}	合算 kɜʔ^{5} sø^{35}
12 安吉	贵 kue^{324}	便宜 bi^{22} ȵi^{22}	合算 kəʔ^{5} sᴇ^{324}
13 孝丰	贵 kue^{324}	便宜 biɪ^{22} ȵi^{22}	合算 kəʔ^{5} se^{324}
14 长兴	贵 kuei^{324}	便宜 bi^{12} nʅ^{33}	合算 kəʔ^{5} sɯ^{324}
15 余杭	贵 kuɛ^{423}	贱 ziẽ^{213}	合算 kəʔ^{5} søʏ^{35}
16 临安	贵 tɕy^{55}	贱 ʑie^{33}	背⁼得着 pᴇ^{55} tɐʔ^{5} dzɐʔ^{2}
17 昌化	贵 kuei^{544}	便宜 biɪ̃^{11} i^{112}	合算 kəʔ^{5} sɛ̃^{544}
18 於潜	贵 kue^{35}	便宜 bie^{24} i^{223}	合算 kɐʔ^{53} suɛ^{35}
19 萧山	贵 tɕy^{42}	便宜 bie^{13} i^{33}	好背⁼ xɔ^{33} pe^{21}
20 富阳	贵 kuɛ^{335}	便宜 biɛ̃^{13} i^{55}	合算 kiɛ̃ʔ^{5} sɛ^{335}
21 新登	贵 kue^{45}	便宜 biɛ̃^{233} i^{334}	合算 kəʔ^{5} sɛ̃^{334}
22 桐庐	贵 kuᴇ^{35}	便宜 bie^{21} i^{13}	合算 kaʔ^{5} se^{35}
23 分水	贵 kue^{24}	便宜 biɛ̃^{21} i^{24}	合算 kəʔ^{5} suə̃^{24}
24 绍兴	贵 tɕy^{33}	便宜 biẽ^{22} i^{231}	好背⁼ hɔ^{44} pᴇ^{31} 合算 keʔ^{3} sø̃^{33}

续表

方言点	0697 贵	0698 便宜	0699 合算
25 上虞	贵 tɕy^{53}	便宜 biẽ^{21} i^{213}	合算 kəʔ^{5} sø̃^{53}
26 嵊州	贵 tɕy^{334}	贱 ʑiẽ^{24} 便宜 biẽ^{22} i^{53}	好背⁼ hɔ^{33} pᴇ^{53}
27 新昌	贵 tɕy^{335}	便宜 bi^{13} i^{33}	背⁼得着 pe^{45} tɤʔ^{3} dʑiaʔ^{2} 好背⁼ hɔ^{33} pe^{453}
28 诸暨	贵 tɕy^{544}	贱 ʑie^{33}	背 pe^{544} 背⁼算 pe^{21} sə^{33}
29 慈溪	贵 tɕy^{44}	贱 iẽ^{13} 便宜 biẽ^{13} i^{44}	合算 kəʔ^{5} sø̃^{0}
30 余姚	贵 tɕy^{53}	便宜 biẽ^{13} i^{13}	合算 kəʔ^{5} sø̃^{0} 上算 zɔŋ^{13} sø̃^{44}
31 宁波	贵 tɕy^{44}	便宜 bi^{13} ȵi^{44}	合算 kaʔ^{5} sø^{44} 上算 zɔ^{13} sø^{44}
32 镇海	贵 tɕy^{53}	贱 dʑi^{24}	上算 zɔ̃^{24} sø^{33}
33 奉化	贵 tɕy^{53}	贱 ʑi^{31}	合算 kaʔ^{5} sø^{44}
34 宁海	贵 ky^{35}	贱 ʑie^{24}	上算 zɔ̃^{22} sø^{35}
35 象山	贵 tɕy^{53}	便宜 bi^{31} i^{13}	划算 uoʔ^{2} sø^{0}
36 普陀	贵 tɕy^{55}	便宜 bi^{33} i^{53}	上算 zɔ̃^{23} sø^{0} 划算 uɐʔ^{2} sø^{55} 合算 kɐʔ^{5} sø^{0}
37 定海	贵 tɕy^{44}	贱 i^{13}	上算 zõ^{23} sø^{0} 合算 kɐʔ^{5} sø^{0}
38 岱山	贵 tɕy^{44}	便宜 bi^{33} ȵi^{52}	上算 zõ^{23} sø^{52}
39 嵊泗	贵 tɕy^{53}	贱 i^{213} 便宜 bi^{33} ȵi^{53}	上算 zõ^{24} ɕiʏ^{0} 合算 kɐʔ^{5} ɕiʏ^{0}
40 临海	贵 ky^{55}	□ tɕʰiɔ^{52}	合算 kəʔ^{3} sø^{55}
41 椒江	贵 ky^{55}	□ tɕʰiɔ^{42}	合算 kiəʔ^{3} sø^{55}
42 黄岩	贵 ky^{55}	□ tɕʰiɔ^{42}	合算 kieʔ^{3} sø^{55}
43 温岭	贵 ky^{55}	□ tɕʰiɔ^{42}	合算 kiəʔ^{3} sø^{55}

续表

方言点	0697 贵	0698 便宜	0699 合算
44 仙居	贵 cy^{55}	便宜 bie^{353}i^{0}	划算 o^{24}sø^{55} 合算 ciaʔ^{3}sø^{55}
45 天台	贵 ky^{55}	□ k^{h}ieu^{325}	合算 keʔ^{1}sø^{55}
46 三门	贵 ky^{55}	□ tɕ^{h}iɑu^{325} 便宜 bie^{13}ȵi^{31}	合算 kɐʔ^{3}sø^{55}
47 玉环	贵 ky^{55}	□ tɕ^{h}iɔ^{53}	合算 kɐʔ^{3}sø^{55}
48 金华	贵 kui^{55}	贱 ʑie^{14} 老 便宜 bie^{31}i^{14} 新	合着 kɤ^{55}tɕiəʔ^{0} 老 划算 uɑ^{31}sɤ^{55} 新 有划算 iu^{55}uɑ^{31}sɤ^{55} 新
49 汤溪	贵 tɕy^{52}	便宜 bie^{11}i^{52}	划算 uɑ^{11}sɤ^{52}
50 兰溪	贵 kui^{45}	便宜 bie^{21}i^{24}	有划算 iəɯ^{55}uɑ^{21}sɤ^{45}
51 浦江	贵 tɕy^{55}	贱 ziẽ^{24} 老 便宜 biẽ^{24}i^{334} 新	合算 kə^{55}sə̃^{0}
52 义乌	贵 tɕy^{45}	便宜 bi^{22}i^{45}	划算 ua^{22}sɿ^{45}
53 东阳	贵 tɕyu^{453}	便宜 bi^{22}i^{53}	合算 kaʔ^{4}sɯ^{33}
54 永康	贵 tɕy^{52}	便宜 biŋ^{31}ȵi^{22}	合算 kɤ^{33}sɤ^{52}
55 武义	贵 tɕy^{53}	便宜 bie^{32}ȵi^{231}	合着 kɤ^{53}dʑiɑu^{0}
56 磐安	贵 tɕy^{52}	便宜 bie^{21}i^{52}	合得 ka^{33}dɛ^{213}
57 缙云	贵 tɕy^{453}	贱 ziɛ^{213} 便宜 biɛ^{21}ȵi^{453}	合算 kɛ^{51}sɛ^{453}
58 衢州	贵 tʃy^{53}	便宜 biẽ^{21}i^{53}	合算 kəʔ^{3}sə̃^{53}
59 衢江	贵 tɕy^{53}	便宜 bie^{22}i^{53}	合算 kəʔ^{3}sɛ^{53}
60 龙游	贵 tɕy^{51}	便宜 bie^{224}i^{231}	划算 u^{22}suei^{51}
61 江山	贵 kuᴇ^{51}	便宜 biɛ̃^{22}ŋɵ^{213}	合算 kɒʔ^{5}sɒŋ^{51}
62 常山	贵 tɕy^{324}	便宜 biɛ̃^{24}i^{0}	合算 kuʌʔ^{5}sɔ̃^{0}
63 开化	贵 tɕy^{412}	便宜 biɛ̃^{21}uei^{53}	合算 kuaʔ^{5}sɔŋ^{412}
64 丽水	贵 tsʮ^{52}	便宜 biɛ^{21}i^{52}	合算 ɛʔ^{21}suɛ^{52}
65 青田	贵 tsʮ^{33}	便宜 biɛ^{55}n^{53}	合算 kaʔ^{4}suɐ^{33}

续表

方言点	0697 贵	0698 便宜	0699 合算
66 云和	贵 tsʮ^{45}	便宜 biɛ^{223} ȵi^{223}	合算 kɛʔ^{4} suɛ^{45}
67 松阳	贵 tɕy^{24}	便宜 biɛ̃^{21} i^{24}	合算 kɤʔ^{3} sæ̃^{24}
68 宣平	贵 tɕy^{52}	便宜 biɛ^{43} i^{324}	合算 əʔ^{2} sə^{52}
69 遂昌	贵 tɕy^{334}	便宜 biɛ̃^{22} i^{213}	合算 kɛʔ^{5} sɛ̃^{334} / ɛʔ^{23} sɛ̃^{334}
70 龙泉	贵 tɕy^{45}	便宜 piᴇ^{45} ȵi^{21}	合算 kɯəʔ^{3} sɯə^{45}
71 景宁	贵 tɕy^{35}	便宜 biɛ^{33} ȵi^{113}	合算 kœʔ^{3} sœ^{35}
72 庆元	贵 tɕy^{11}	便宜 piɛ̃^{52} ȵĩ^{52}	合算 kɤʔ^{5} sæ̃^{11}
73 泰顺	贵 tɕy^{35}	便宜 piɛ^{21} ȵi^{22}	合算 kɛʔ^{2} suɛ^{35}
74 温州	贵 tɕy^{51}	松 soŋ^{33}	合算 kø^{3} sø^{51}
75 永嘉	贵 tsʮ^{53}	便宜 bi^{22} zɿ^{21}	合算 ky^{43} sø^{53}
76 乐清	贵 tɕy^{41}	便宜 biᴇ^{22} i^{223}	合算 ke^{3} sø^{41}
77 瑞安	贵 tɕʏ^{53}	便宜 bi^{22} i^{21} 推扳 t^{h}ai^{33} pɔ^{44}	合算 ke^{3} sø^{53}
78 平阳	贵 tɕy^{53}	便宜 bi^{21} i^{13} “便”音殊	□算 kye^{33} sɵ^{42}
79 文成	贵 tɕy^{33}	便宜 bie^{21} i^{33}	合牢⁼ ke^{33} lɛ^{33}
80 苍南	贵 tɕy^{42}	便宜 bi^{11} i^{11}	合算 ky^{3} sø^{42}
81 建德徽	贵 kue^{33}	贱 ɕie^{55} 老 便宜 pie^{33} i^{33} 新	划算 o^{33} sɛ^{33} 有划算 iɤɯ^{21} o^{33} sɛ^{33}
82 寿昌徽	贵 kuei^{33}	便宜 p^{h}i^{11} i^{33}	合算 kiɛ^{55} ɕiæ^{33}
83 淳安徽	贵 kue^{24}	便宜 p^{h}iã^{43} i^{24}	合算 həʔ^{13} sã^{53}
84 遂安徽	贵 tɕy^{43}	便宜 p^{h}iɑ̃^{33} i^{33}	合算 xə^{21} sɑ̃^{43}
85 苍南闽	贵 kui^{21}	便宜 pian^{21} i^{24}	合算 hə^{21} sɯŋ^{21}
86 泰顺闽	贵 kuei^{53}	便宜 pieŋ^{21} ni^{22}	合适 xɛʔ^{3} ɕiɪʔ^{5}
87 洞头闽	贵 kui^{21}	俗⁼ ɕieu^{241}	有够算 u^{21} kau^{33} sɯŋ^{21}
88 景宁畲	贵 kuei^{44}	便宜 pien^{22} ȵi^{22}	合算 kɔt^{5} sɔn^{44}

方言点	0700 折扣	0701 亏本	0702 钱统称
01 杭州	折扣 tsaʔ^{3} kʰei^{45}	折本 zaʔ^{2} pəŋ^{53}	铜钿 doŋ^{22} diɛ^{45} 老 洋钿 aŋ^{22} diɛ^{45} 老 钞票 tsʰɔ^{55} pʰiɔ^{0} 新
02 嘉兴	折头 tsəʔ^{5} dei^{33}	折本 zəʔ^{1} pəŋ^{24}	铜钿 doŋ^{21} die^{33} 老 钞票 tsʰɔ^{21} pʰiɔ^{13} 新
03 嘉善	折头 tsøʔ^{5} də^{31}	折本 zøʔ^{2} pen^{35}	铜钿 doŋ^{13} diɪ^{31}
04 平湖	折头 tsəʔ^{5} dəɯ^{53}	折本 zəʔ^{23} pən^{334}	铜钿 doŋ^{24} diɛ^{53} 老 洋钿 iã^{24} diɛ^{53} 老 钞票 tsʰɔ^{21} pʰiɔ^{334} 新
05 海盐	折头 tsəʔ^{5} de^{53}	折本 zəʔ^{23} pən^{423}	铜钿 doŋ^{24} diɛ^{53} 老 洋钿 iɛ̃^{24} diɛ^{53} 老 钞票 tsʰɔ^{55} pʰiɔ^{21} 新
06 海宁	折头 tsəʔ^{5} dəɯ^{55}	折本 zəʔ^{2} pəŋ^{53}	铜钿 doŋ^{33} die^{35} 老 洋钿 iã^{33} die^{35} 老 钞票 tsʰɔ^{55} pʰiɔ^{0} 新
07 桐乡	折头 tsəʔ^{3} dɤɯ^{44}	折本 zəʔ^{23} pəŋ^{53}	铜钿 doŋ^{21} diᴇ^{44} 老 洋钿 iã^{21} diᴇ^{44} 老 钞票 tsʰɔ^{33} pʰiɔ^{334} 新
08 崇德	折头 tsəʔ^{3} dɤɯ^{44}	折本 zəʔ^{23} pəŋ^{53}	铜钿 doŋ^{21} diɪ^{44} 老 洋钿 iã^{21} diɪ^{44} 老 钞票 tsʰɔ^{33} pʰiɔ^{334} 新
09 湖州	折头 tsəʔ^{5} døʉ^{35}	折本 zəʔ^{2} pən^{53}	铜钿 doŋ^{33} di^{35}
10 德清	打折头 tã^{44} tsəʔ^{5} døʉ^{31}	折本 zəʔ^{2} pen^{53}	铜钿 doŋ^{11} die^{13}
11 武康	打折头 tã^{53} tsɜʔ^{5} dø^{53}	折本 zɜʔ^{2} pen^{53}	铜钿 doŋ^{11} diɪ^{13}
12 安吉	折头 tsəʔ^{5} dəɪ^{213}	折本 zəʔ^{2} pəŋ^{52}	钞票 tsʰɔ^{32} pʰiɔ^{213}
13 孝丰	折扣 tsəʔ^{5} kʰəɪ^{44} 折头 tsəʔ^{5} dəɪ^{44}	亏本 kʰue^{44} pəŋ^{52} 折本 zəʔ^{2} pəŋ^{52}	钞票 tsʰɔ^{44} pʰiɔ^{32}
14 长兴	折头 tsəʔ^{3} dei^{24}	折本 zəʔ^{2} pəŋ^{52}	铜钿 doŋ^{12} di^{24}
15 余杭	打折头 tɑ̃^{53} tsəʔ^{5} døʏ^{13}	折本 zoʔ^{2} piŋ^{53}	铜钿 doŋ^{31} diẽ^{13}
16 临安	折头 tsɐʔ^{5} də^{33}	折本 zɐʔ^{2} peŋ^{35}	铜钱 doŋ^{31} dʑie^{13}
17 昌化	折扣 tɕyɛʔ^{5} kʰi^{544}	折本 ʑyɛʔ^{2} pəŋ^{453} 亏本 kʰuei^{33} pəŋ^{453}	钞票 tsʰɔ^{33} pʰiɔ^{45}
18 於潜	打折 ta^{53} tsəʔ^{53}	折本 zæʔ^{2} peŋ^{53}	钞票 tsʰɔ^{433} pʰiɔ^{31}

续表

方言点	0700 折扣	0701 亏本	0702 钱统称
19 萧山	折头 tsəʔ^{5} dio^{33}	折本 zəʔ^{21} pəŋ^{33}	钞票 tsʰɔ^{33} pʰiɔ^{42}
20 富阳	折头 tsɛʔ^{5} dei^{224}	折本 ʑiɛʔ^{2} pən^{335}	钞票 tsʰɔ^{55} pʰiɔ^{335}
21 新登	折 tsəʔ^{5}	折本 ʑyəʔ^{2} peiŋ^{334}	钞票 tsʰɔ^{334} pʰiɔ^{45}
22 桐庐	打折 tã^{33} tsəʔ^{5}	折本 zəʔ^{21} pəŋ^{35}	钞票 tsʰɔ^{33} pʰiɔ^{33}
23 分水	打折 ta^{44} tsəʔ^{5}	折本 zəʔ^{12} pən^{53}	钞票 tsʰɔ^{44} pʰiɔ^{24}
24 绍兴	折扣 tseʔ^{3} kʰɤ^{33}	折本 zeʔ^{2} pẽ^{334}	钞票 tsʰɔ^{44} pʰiɔ^{31} 洋钿 iaŋ^{22} diẽ^{231}
25 上虞	折头 tsəʔ^{5} dɤ^{31}	折本 zəʔ^{2} pəŋ^{35}	钞票 tsʰɔ^{33} pʰiɔ^{53}
26 嵊州	折头 tsɛʔ^{3} dʏ^{231}	拆折 tsʰɛʔ^{5} zəʔ^{3}	钞票 tsʰɔ^{33} pʰiɔ^{53}
27 新昌	打折头 taŋ^{33} tsɤʔ^{5} diɯ^{31}	折本 zɤʔ^{2} peŋ^{453}	钞票 tsʰɔ^{53} piɔ^{335}
28 诸暨	折头 tsoʔ^{5} dei^{21}	折本 zoʔ^{21} pɛn^{42}	钞票 tsʰɔ^{42} pʰiɔ^{42}
29 慈溪	扣头 kʰø^{44} dø^{44}	拆折 tsʰaʔ^{5} zəʔ^{2} 折去 zəʔ^{2} kʰe^{44}	铜钿 duŋ^{11} ȵiẽ^{13} 钞票 tsʰɔ^{33} pʰiɔ^{53}
30 余姚	折头 tsəʔ^{5} dø^{0}	折本 zəʔ^{2} pə̃^{34}	钞票 tsʰɔ^{44} pʰiɔ^{53}
31 宁波	折头 tɕiəʔ^{5} dœʏ^{0}	折本 ʑiəʔ^{2} pəŋ^{35}	洋钿 ia^{13} di^{53} 铜钿 doŋ^{13} di^{53} 钞票 tsʰɔ^{53} pʰio^{44}
32 镇海	折头 tɕieʔ^{5} dei^{22}	折本 ʑieʔ^{2} pəŋ^{35}	钞票 tsʰɔ^{33} pʰio^{33} 铜钿 doŋ^{22} li^{31}
33 奉化	打折 tã^{44} tɕiɪʔ^{5}	折本 ʑiɪʔ^{2} pəŋ^{35}	铜钿 doŋ^{33} di^{31}
34 宁海	折扣 tɕiəʔ^{3} kʰiu^{35}	折本 ʑieʔ^{3} pəŋ^{53} 亏本 kʰui^{33} pəŋ^{53}	钞票 tsʰau^{33} pʰieu^{35} 钞票头 tsʰau^{33} pʰieu^{35} diu^{31}
35 象山	折扣 tsoʔ^{5} kʰɤɯ^{0}	折本 ieʔ^{2} pəŋ^{44} 拆折 tsʰaʔ^{5} ieʔ^{2}	钞票 tsʰɔ^{44} pʰio^{53} 铜钿 doŋ^{31} di^{13}
36 普陀	折扣 tsɐʔ^{5} kʰeu^{0}	折本 iɛʔ^{2} pɐŋ^{45}	钞票 tsʰɔ^{53} pʰiɔ^{0}
37 定海	折扣 tsɐʔ^{5} kʰɐi^{0}	折本 ieʔ^{2} pɐŋ^{45}	铜钿 doŋ^{23} di^{52} 老 钞票 tsʰɔ^{52} pʰio^{0} 新
38 岱山	折扣 tsoʔ^{5} kʰœʏ^{52}	折本 ieʔ^{2} pɐŋ^{45}	钞票 tsʰɔ^{52} pʰio^{0}
39 嵊泗	折 tsɐʔ^{5}	折本 iᴇʔ^{2} pɐŋ^{45}	钞票 tsʰɔ^{33} pʰio^{0}
40 临海	折扣 tɕieʔ^{3} kʰə^{55}	空 kʰoŋ^{55}	钞票 tsʰɔ^{42} pʰiɔ^{55}
41 椒江	打扣头 tã^{42} tɕʰio^{33} dio^{31}	空 kʰoŋ^{55}	钞票 tsʰɔ^{42} pʰiɔ^{55}

续表

方言点	0700 折扣	0701 亏本	0702 钱统称
42 黄岩	扣头 tɕʰio^{33}dio^{121}	空 kʰoŋ^{55}	钞票 tsʰɔ^{42}pʰiɔ^{55}
43 温岭	扣头 tɕʰiɤ^{33}dɤ^{31}	空 kʰuŋ^{55}	钞票 tsʰɔ^{42}pʰiɔ^{55}
44 仙居	折 tɕiaʔ^{5}	折本 ʑiaʔ^{23}ɓen^{324}老 亏本 kʰuæ^{33}ɓen^{324}新	钞票 tsʰɐɯ^{31}pʰiɐɯ^{55}
45 天台	折头 tɕieʔ^{1}deu^{51}	折本 ʑieʔ^{2}pəŋ^{325}	钞票 tsʰau^{33}pʰieu^{55}
46 三门	折扣 tɕieʔ^{3}kʰɤɯ^{55}	亏老本 kʰue^{33}lɑu^{32}pəŋ^{325}	钞票 tsʰɑu^{33}pʰiɑu^{55}
47 玉环	打折 tã^{53}tsɐʔ^{5}	空本 kʰoŋ^{33}pəŋ^{42}	钞票 tsʰɔ^{42}pʰiɔ^{55}
48 金华	折头 tɕyɤ^{55}tiu^{0}	折本 ɕyɤ^{55}pəŋ^{535}	洋钿 iaŋ^{31}die^{14}旧 钞票 tsʰɑo^{53}pʰiɑo^{55}今
49 汤溪	折头 tɕie^{55}dəɯ^{0}	折本 ʑie^{11}mã^{535}	铜钿 dɑo^{11}tie^{52} 钞票 tsʰɔ^{52}pʰie^{52}
50 兰溪	便宜点 bie^{21}i^{24}ti^{0}	折本 ʑieʔ^{12}pæ̃^{55}	钞票 tsʰɔ^{55}pʰiɔ^{45}
51 浦江	折头 tsi^{33}dɤ^{334}老 折扣 tsə^{55}kʰɤ^{55}新	折 zi^{232} 折本 zi^{11}pən^{53}	洋钿 yõ^{24}diẽ^{334}老 钞票 tsʰo^{55}pʰi^{334}新
52 义乌	折头 tɕye^{33}tɐɯ^{45}	折本 ye^{45}mən^{31}	钞票 tsʰo^{45}pʰie^{31}
53 东阳	打折扣 nɛ^{22}tɕiɛʔ^{34}dəɯ^{53}	亏本 kʰuei^{33}pɐn^{53}	洋钿 iɔ^{22}di^{53} 钞票 tsʰɐɯ^{44}pʰio^{33}
54 永康	打折头 nai^{31}tɕie^{33}ɗəu^{55}	折本 ɕie^{33}məŋ^{334}	铜钿 doŋ^{31}die^{22}
55 武义	便宜点 bie^{32}ȵi^{231}ti^{0}	折去 ʑie^{55}kʰɯ^{0}	钞票 tsʰɑu^{32}pʰie^{53}
56 磐安	折扣 tɕiɛ^{55}kʰɐɯ^{52}	亏本 kʰue^{33}pɐn^{334}	钞票 tsʰo^{55}pʰio^{0}
57 缙云	折头 tɕiɛ^{51}diuŋ^{243}	折本 ziɛ^{51}pɛŋ^{51}	钞票 tsʰɔ^{44}pʰəɤ^{453}
58 衢州	折头 tʃyəʔ^{3}te^{53}	折本 ʒyəʔ^{2}pən^{35}	钞票 tsʰɔ^{35}pʰiɔ^{21}
59 衢江	折头 tɕyəʔ^{3}ty^{53}	折本 ʑyəʔ^{2}pɛ^{25}	钞票 tsʰɔ^{33}pʰiɔ^{25}
60 龙游	折头 tsəʔ^{4}dəɯ^{21}	折本 zəʔ^{2}pən^{35}	钞票 tsʰɔ^{22}pʰiɔ^{35}
61 江山	折头 tɕiᴇʔ^{5}du^{213}	折本 ʑiᴇʔ^{2}pɛ̃^{241}	钞票 tsʰɐɯ^{44}pʰiɐɯ^{241} 铜钿 doŋ^{22}diɛ̃^{213}
62 常山	折头 tɕieʔ^{4}du^{341}	折本 ʑiʌʔ^{3}pɔ̃^{52}	钞票 tsʰɤ^{43}pʰiɤ^{52}
63 开化	折头 tɕiaʔ^{5}du^{231}	亏本 kʰuei^{44}pɛn^{53} 折本 ʑiaʔ^{2}pɛn^{53}	钞票 tsʰəɯ^{44}pʰiəɯ^{53}
64 丽水	折 tɕiɛʔ^{5} 折扣 tɕiɛʔ^{5}kʰɯ^{0}	亏本 kʰuei^{44}pɛ^{544}	老钿 lə^{21}tiɛ^{52}老 钞票 tsʰə^{224}pʰiə^{52}新
65 青田	折 tɕiæʔ^{42}	折本 iæʔ^{3}ɓaŋ^{454}	钞票 tsʰo^{33}pʰiœ^{55}

续表

方言点	0700 折扣	0701 亏本	0702 钱统称
66 云和	折扣 tɕiɛʔ^{4} kʰəɯ^{45}	亏本 kʰuei^{44} pɛ^{41}	钞票 tsʰɑɔ^{44} pʰiɑɔ^{45}
67 松阳	折扣 tɕiɛʔ^{3} kʰei^{24}	折本 ʑiɛʔ^{2} pæ̃^{212}	钞票 tsʰɔ^{33} pʰiɔ^{24}
68 宣平	折头 tɕiəʔ^{4} dəɯ^{433}	折 ʑiəʔ^{23}	钞票 tsʰɔ^{32} pʰiɔ^{52}
69 遂昌	折扣 tɕiɛʔ^{5} kʰu^{334}	折本 ʑiɛʔ^{23} pɛ̃^{533}	钞票 tsʰɐɯ^{55} pʰiɐɯ^{334}
70 龙泉	折扣 tɕiᴇʔ^{3} kʰiəu^{45}	折 ʑiᴇʔ^{24}	钿 diᴇ^{21} 钞票 tsʰɑʌ^{44} pʰiɑʌ^{45}
71 景宁	折扣 tɕiɛʔ^{3} kʰəɯ^{35}	亏本 kʰuai^{55} pœ^{33} 折 ʑiɛʔ^{23}	钿 diɛ^{41}
72 庆元	折扣 tsɤʔ^{5} kʰɐɯ^{11}	折本 ɕiᴇʔ^{34} ɓæ̃^{33}	钿 tiɛ̃^{52}
73 泰顺	打折 næi^{22} tɕiɛʔ^{5}	折本 ɕiɛʔ^{2} pəŋ^{55}	钿 tiɛ^{53}
74 温州	折扣 tɕi^{3} kʰau^{51}	折本 i^{2} paŋ^{25}	钞票 tsʰuɔ^{33} pʰiɛ^{25}
75 永嘉	折扣 tɕi^{43} kʰau^{53}	折本 i^{21} paŋ^{45}	钞票 tsʰɔ^{33} pʰyə^{45}
76 乐清	折扣 tɕiᴇ^{3} kʰau^{41}	折本 ziᴇ^{2} paŋ^{35}	钞票 tɕʰia^{35} pʰɤ^{41} 铜钿 doŋ^{22} diᴇ^{223}
77 瑞安	折扣 tɕi^{3} kʰau^{53}	折 i^{212}	钞币 tsʰɔ^{33} bi^{21} 铜钿 doŋ^{22} di^{21}
78 平阳	折扣 dʑie^{13} kʰau^{42}	折本 ie^{21} paŋ^{45}	钞票 tʃʰɔ^{33} pʰie^{45}
79 文成	折 tɕie^{34}	折 ʑie^{212}	钞票 tʃʰo^{33} pʰie^{33}
80 苍南	折扣 dʑiɛ^{11} kʰau^{42}	折本 dʑiɛ^{11} paŋ^{53}	钞票 tsʰa^{44} pʰyɛ^{42}
81 建德徽	折头 tsɿ^{55} tɤɯ^{33}	折本 sɿ^{21} pən^{213} 老 亏本 kʰue^{53} pən^{213} 新	洋钿 ȵiɛ^{33} tie^{33} 旧 钞票 tsʰɔ^{21} pʰiɔ^{55} 今
82 寿昌徽	折扣 tsəʔ^{3} kʰəɯ^{33}	折本 ɕi^{33} pen^{24}	钞票 tsʰɤ^{33} pʰiɤ^{33}
83 淳安徽	折扣 tsəʔ^{5} kʰɯ^{21}	折本 səʔ^{13} pen^{55} 亏本 kʰue^{21} pen^{55}	钞票 tsʰɤ^{55} pʰiɤ^{24}
84 遂安徽	削价 ɕiɑ^{52} kɑ^{43}	亏 kʰuəɯ^{534}	钞票 tsʰɔ^{52} pʰiɔ^{52}
85 苍南闽	削价 ɕia^{24} ke^{21}	折 ɕi^{24}	钞票 tsʰau^{24} pʰio^{21} 钱 tɕĩ^{24}
86 泰顺闽	拍折 pʰa^{21} tsɛʔ^{5}	折本 ɕiɪʔ^{3} puo^{344}	钱 tɕie^{22}
87 洞头闽	拍折 pʰa^{33} tɕiet^{5}	折本 ɕi^{21} pɯŋ^{53}	钱 tɕĩ^{113} 钞票 tsau^{24} pʰieu^{21}
88 景宁畲	打折扣 taŋ^{55} tɕiet^{5} kiəu^{44}	亏本 kʰuei^{44} puən^{325}	钱 tsʰan^{51} 小

方言点	0703 零钱	0704 硬币	0705 本钱
01 杭州	零碎钞票 liŋ^{22} suei^{45} tsʰɔ^{55} pʰiɔ^{0}	角子 koʔ^{5} tsɿ^{0}	本钿 pəŋ^{55} diɛ^{0}
02 嘉兴	零碎钞票 liŋ^{24} sei^{21} tsʰɔ^{21} pʰiɔ^{21} 零碎铜钿 liŋ^{24} sei^{21} doŋ^{21} die^{33}	硬角子 ŋÃ^{21} koʔ^{5} tsɿ^{21}	本钿 pəŋ^{33} die^{33}
03 嘉善	零碎钞票 lin^{13} sɛ^{55} tsʰɔ^{53} pʰiɔ^{31}	角子 kuoʔ^{5} tsɿ^{0}	本钿 pən^{44} diɪ^{31}
04 平湖	零散钞票 lin^{53} sɛ^{0} tsʰɔ^{0} pʰiɔ^{0}	角子 koʔ^{3} tsɿ^{44}	本钿 pən^{44} diɛ^{53}
05 海盐	零散钞票 lin^{24} sɛ^{55} tsʰɔ^{55} pʰiɔ^{334}	角子 kɔʔ^{5} tsɿ^{334}	本钿 pən^{53} diɛ^{31}
06 海宁	零钿 liŋ^{33} die^{35}	角子 koʔ^{5} tsɿ^{0}	本钿 pəŋ^{55} die^{55}
07 桐乡	零碎钞票 liŋ^{21} sE^{44} tsʰɔ^{33} pʰiɔ^{53}	铅角子 kʰɛ^{44} kɔʔ^{0} tsɿ^{0}	本钿 pəŋ^{53} diE^{44}
08 崇德	零碎钞票 liŋ^{21} sE^{44} tsʰɔ^{44} pʰiɔ^{44}	铅角子 kʰɛ^{44} kɔʔ^{4} tsɿ^{44}	本钿 pəŋ^{55} diɪ^{44}
09 湖州	零碎钞票 lin^{44} sɛ^{44} tsʰɔ^{44} piɔ^{44}	硬角子 ŋã^{33} kuoʔ^{4} tsɿ^{44}	本钿 pən^{53} die^{13}
10 德清	零碎铜钿 lin^{44} sɛ^{44} doŋ^{44} die^{44}	铅角子 kʰɛ^{44} kuoʔ^{5} tsɿ^{44}	本钿 pen^{35} die^{0}
11 武康	零碎铜钿 lin^{44} sɛ^{44} doŋ^{44} diɪ^{44}	铅角子 kʰɛ^{44} kuoʔ^{5} tsɿ^{44}	本钿 pen^{35} diɪ^{53}
12 安吉	零散钞票 liŋ^{55} sE^{55} tsʰɔ^{55} pʰiɔ^{55}	铅角子 kʰE^{55} koʔ^{5} tsɿ^{55}	本钿 pəŋ^{52} di^{21}
13 孝丰	零碎钞票 liŋ^{44} se^{44} tsʰɔ^{44} pʰiɔ^{44}	铅角子 kʰɛ^{44} kuoʔ^{5} tsɿ^{44}	本钿 pəŋ^{45} diɪ^{21}
14 长兴	零碎铜钿 liŋ^{44} sei^{44} doŋ^{44} di^{44}	铅角子 kʰE^{44} koʔ^{5} tsɿ^{44}	本钿 pəŋ^{45} di^{21}
15 余杭	零碎铜钿 liŋ^{31} sɛ^{55} doŋ^{31} diẽ^{31}	镴角子 laʔ^{2} koʔ^{5} tsɿ^{53}	底货 ti^{35} xu^{0}
16 临安	零碎钞票 leŋ^{53} sE^{55} tsʰɔ^{55} pʰiɔ^{55}	六角板 luɔʔ^{2} kuɔʔ^{5} pɛ^{55}	本钿 peŋ^{33} die^{31}
17 昌化	零散钞票 liəŋ^{11} sɔ̃^{45} tsʰɔ^{33} pʰiɔ^{45}	铅角子 kʰɔ̃^{33} kuəʔ^{5} tsɿ^{453}	本钱 pəŋ^{45} ʑiɪ̃^{53}
18 於潜	零碎钞票 liŋ^{22} se^{35} tsʰɔ^{433} pʰiɔ^{31}	铅壳子 kʰɛ^{43} kʰuəʔ^{53} tsɿ^{454}	老本 lɔ^{53} peŋ^{31}
19 萧山	零碎钞票 liŋ^{21} se^{33} tsʰɔ^{33} pʰiɔ^{42}	角子 kəʔ^{5} tsɿ^{33}	本钿 pəŋ^{33} die^{21}
20 富阳	零碎钞票 lin^{55} sɛ^{55} tsʰɔ^{55} pʰiɔ^{31}	镴板角子 laʔ^{2} pã^{53} koʔ^{5} tsɿ^{53}	本钱 pən^{423} dʑiɛ̃^{335}

续表

方言点	0703 零钱	0704 硬币	0705 本钱
21 新登	零碎钞票 leiŋ^{233}se^{334}tsʰɔ^{334} pʰiɔ^{45}	铅角子 kʰɛ^{53}kəʔ^{5}tsɿ^{45}	本钱 peiŋ^{334}dʑiɛ̃^{233}
22 桐庐	零碎钞票 liŋ^{21}sᴇ^{21}tsʰɔ^{21} pʰiɔ^{35}	铅壳子 kʰã^{55}kʰaʔ^{5}tsɿ^{13}	成本 dzəŋ^{21}pəŋ^{35}
23 分水	散票 sã^{44}pʰiɔ^{24}	钢角子 kã^{44}kəʔ^{5}tsɿ^{0}	本钱 pən^{44}dʑiɛ̃^{21}
24 绍兴	零碎 liŋ^{22}sᴇ^{33}	角子 koʔ^{3}tsɿ^{334}	本钿 pẽ^{44}diẽ^{31}
25 上虞	零碎钞票 liŋ^{21}se^{55}tsʰɔ^{33} pʰiɔ^{53}	角子 koʔ^{5}tsɿ^{53}	本钿 pəŋ^{33}diẽ^{31}
26 嵊州	零用钿 liŋ^{22}yoŋ^{44}diẽ^{31}	角子 koʔ^{5}tsɿ^{334}	本钿 peŋ^{33}diẽ^{231}
27 新昌	零碎钞票 liŋ^{22}se^{45}tsʰɔ^{33} pʰiɔ^{31}	镴皮角子 lɛʔ^{2}bi^{13}koʔ^{5}tsɿ^{31} 镴板 lɛʔ^{2}pɛ̃^{453}	本钿 peŋ^{33}diɛ̃^{232}
28 诸暨	零碎钞票 lin^{21}se^{33}tsʰɔ^{42} pʰiɔ^{21}	角子钞票 koʔ^{5}tsɿ^{21}tsʰɔ^{42} pʰiɔ^{21}	本钿 pɛn^{42}die^{242}
29 慈溪	零碎 liŋ^{13}se^{0}	钢中⁼ kɔ̃^{33}tsuŋ^{35}	本钿 pəŋ^{33}diẽ^{53}
30 余姚	零用钿 liə̃^{13}iuŋ^{13}diẽ^{13}	角子 koʔ^{5}tsɿ^{44}	本钿 pə̃^{53}diẽ^{13}
31 宁波	零用钿 liŋ^{22}yoŋ^{22}di^{13}	角子 koʔ^{5}tsɿ^{44}	本钿 pəŋ^{53}di^{0}
32 镇海	零散铜钿 liŋ^{22}sɛ^{33}doŋ^{22}di^{31}	角子 koʔ^{5}tsɿ^{33}	本钿 pəŋ^{35}di^{31}
33 奉化	零碎 liŋ^{33}sei^{44}	角子 koʔ^{5}tsɿ^{44}	本钿 pəŋ^{44}di^{31}
34 宁海	散钞票 se^{33}tsʰau^{33}pʰieu^{53}	角子 kɔʔ^{3}tsɿ^{53}	本钿 pəŋ^{53}die^{213}
35 象山	散钞票 sɛ^{44}tsʰɔ^{53}pʰio^{0} 零用铜钿 liŋ^{31}yoŋ^{31}doŋ^{31} di^{13}	角子 koʔ^{5}tsʔ^{35}	本钿 pəŋ^{44}di^{13}
36 普陀	零钱 liŋ^{33}dʑi^{53}	角子 koʔ^{5}tsɿ^{0}	本钿 pɐŋ^{53}di^{0}
37 定海	零碎铜钿 liŋ^{33}sɐi^{0}doŋ^{0} di^{0} 老 零碎钞票 liŋ^{33}sɐi^{44}tsʰɔ^{44} pʰio^{44} 新	角子 koʔ^{5}tsɿ^{0}	本钿 pɐŋ^{52}di^{0}
38 岱山	零碎钞票 liŋ^{44}sɐi^{0}tsʰɔ^{0}pʰio^{0}	角子 koʔ^{3}tsɿ^{44}	本钿 pɐŋ^{52}di^{0}
39 嵊泗	零碎铜钿 liŋ^{44}sɐi^{0}doŋ^{0}di^{0}	角子 koʔ^{3}tsɿ^{44}	本钿 pɐŋ^{44}di^{0}
40 临海	散钞票 sɛ^{42}tsʰɔ^{33}pʰiə^{55} 散铜钿 sɛ^{42}doŋ^{33}di^{353} 小	角子 kɔʔ^{3}tsɿ^{353} 小	本钿 pəŋ^{42}di^{21}

续表

方言点	0703 零钱	0704 硬币	0705 本钱
41 椒江	散钞票 sɛ^{42} tsʰɔ^{42} pʰiɔ^{51} 小	角子 koʔ^{3} tsɿ^{51} 小	本钿 pəŋ^{53} die^{31}
42 黄岩	散钞票 sɛ^{42} tsʰɔ^{42} pʰiɔ^{55}	角子 koʔ^{3} tsɿ^{51} 小	本钿 pən^{55} die^{41}
43 温岭	散钞票 sɛ^{42} tsʰɔ^{42} pʰiɔ^{51} 小	角子 koʔ^{3} tsɿ^{51} 小	本钿 pən^{55} die^{31}
44 仙居	散钞票 sa^{31} tsʰɐɯ^{21} pʰiɐɯ^{55}	铅角子 kʰa^{33} kɑʔ^{3} tsɿ^{53}	本钿 ɓen^{31} die^{213}
45 天台	散钞票 se^{32} tsʰau^{33} pʰieu^{55}	角子 kɔʔ^{5} tsɿ^{31}	本钿 pəŋʔ^{32} die^{224}
46 三门	散钞票 sɛ^{33} tsʰɑu^{33} pʰiɑu^{52}	角子 kɔʔ^{3} tsɿ^{52}	本钿 pəŋ^{32} die^{113}
47 玉环	散铜钿 sɛ^{53} doŋ^{22} die^{41}	角子 koʔ^{3} tsɿ^{53} 小	本钿 pəŋ^{55} die^{41}
48 金华	散票 sɑ^{53} pʰiɑo^{55} 零散钞票 liŋ^{33} sɑ^{535} tsʰɑo^{53} pʰiɑo^{55}	铅角子 kʰɑ^{33} koʔ^{3} tsɿ^{55}	本钿 pəŋ^{55} die^{313}
49 汤溪	散票 suɑ^{52} pʰie^{52}	铅锡 kʰa^{33} sei^{55}	本钿 mɑ̃^{52} die^{11}
50 兰溪	散票 suɑ^{55} pʰiɔ^{45}	铅角子 kʰæ̃^{334} kɔʔ^{34} tsɿ^{45}	本钿 pæ̃^{45} die^{0}
51 浦江	散钞票 sɑ̃^{33} tsʰo^{55} pʰi^{0}	角子 ko^{33} tsɿ^{53}	本钿 pən^{55} niẽ^{55} "钿"声殊
52 义乌	零散儿 lən^{22} sɔn^{45}	银角子儿 ȵiən^{22} kɔ^{33} tsɿn^{45}	本钿 mən^{45} tie^{44}
53 东阳	零散洋钿 lɐn^{33} sɔn^{33} iɔ^{22} di^{33}	角子儿 kɔʔ^{34} tsɿn^{33}	本钿 pɐn^{44} di^{53}
54 永康	散碎 sa^{31} səi^{241} 小	角子 kɑu^{33} tsɿ^{52}	本钿 məŋ^{31} ɗie^{55}
55 武义	散票 suo^{55} pʰie^{53}	角子 kɑu^{55} tsɿ^{53}	本钿 men^{55} die^{324}
56 磐安	零散儿 lɐn^{21} sɒn^{52}	角子儿 kuə^{33} tsɿn^{52}	本钿 mɐn^{55} die^{0} / pɐn^{55} die^{0}
57 缙云	散钞 sɑ^{51} tsʰɔ^{44}	角子 kɔ^{51} tsɿ^{51}	本钿 pɛ^{51} diɛ^{243}
58 衢州	散钞票 sɑ̃^{35} tsʰɔ^{35} pʰiɔ^{21}	铅板 kʰɑ̃^{32} pɑ̃^{35}	本钿 pən^{35} diẽ^{21}
59 衢江	散票 sɑ̃^{33} pʰiɔ^{25}	铅板 kʰɑ̃^{33} pɑ̃^{25}	本钿 pɛ^{33} tie^{53}
60 龙游	散钞票 zɑ̃^{22} tsʰɔ^{22} pʰiɔ^{35}	银角子 ȵin^{33} kəʔ^{4} tsɿ^{35}	本钿 pən^{35} die^{21}
61 江山	零钿 lĩ^{22} diɛ̃^{213}	铅子 kʰaŋ^{44} tsə^{241}	本钿 pɛ̃^{44} diɛ̃^{213}
62 常山	零散钞票 lĩ^{22} sɔ̃^{52} tsʰɤ^{43} pʰiɤ^{52}	洋铅子 iɑ̃^{22} kʰɑ̃^{43} tsɿ^{52}	本钿 pɔ̃^{43} diɛ̃^{341}
63 开化	零散钞票 lin^{21} sɔŋ^{44} tsʰəɯ^{44} pʰiəɯ^{53}	角子 kɔʔ^{4} tsɿə^{53}	本钿 pɛn^{53} diɛ̃^{231}
64 丽水	散老钿 sɑ̃^{44} lə^{21} tiɛ^{52} 老 散钞票 sɑ̃^{44} tsʰə^{224} pʰiə^{52} 新	铅板 kʰɑ̃^{44} pɑ̃^{544}	本钿 pɛ^{44} diɛ^{22}

续表

方言点	0703 零钱	0704 硬币	0705 本钱
65 青田	零碎钿 leŋ^{22} sæi^{33} diɛ^{53}	铅钿 kʰɑ^{33} diɛ^{55} 小	本钿 ɓaŋ^{55} diɛ^{21}
66 云和	散钞票 sã^{44} tsʰɑɔ^{44} pʰiɑɔ^{45}	铅角子 kʰã^{44} koʔ^{4} tsɿ^{41}	本钿 pɛ^{44} diɛ^{312}
67 松阳	散个钞票 sɔ̃^{33} kɛ^{0} tsʰɔ^{33} pʰiɔ^{24}	实钿 ʑiʔ^{2} diɛ̃^{31}	本钿 pæ^{33} diɛ̃^{31}
68 宣平	散碎 sɑ̃^{44} sei^{52}	铅币 kʰa^{44} bi^{231}	本钿 pə^{44} diə^{433}
69 遂昌	散钞票 saŋ^{53} tsʰɐɯ^{55} pʰiɐɯ^{334}	铅板 kʰaŋ^{33} paŋ^{533}	本钿 pɛ̃^{33} diɛ̃^{221}
70 龙泉	零钿 lin^{45} diᴇ^{21}	铅角子 kʰaŋ^{45} koʔ^{3} tsɤɯ^{51}	本钿 bɯə^{21} diᴇ^{21}
71 景宁	零钿 liŋ^{33} diɛ^{41}	铅角子 kʰɔ^{33} koʔ^{5} tsɿ^{33}	本钿 pœ^{33} diɛ^{41}
72 庆元	零钿 liŋ^{52} tiɛ̃^{52}	洋钿儿儿 iɑ̃^{52} tiɛ̃^{52} ȵiɛ̃^{55}	本钿 ɓæ̃^{33} tiɛ̃^{52}
73 泰顺	零碎钿 liŋ^{21} sæi^{35} tiɛ^{53}	角子捏⁼ koʔ^{2} tsɿ^{22} ȵiɛʔ^{5}	本钿 pəŋ^{22} tiɛ^{53}
74 温州	零碎 ləŋ^{22} sai^{25}	铅角子 kʰa^{33} ko^{42} tsɿ^{25}	本钿 paŋ^{42} di^{21}
75 永嘉	零碎 leŋ^{22} sai^{45}	铅角子 kʰa^{33} ko^{43} tsɿ^{45}	本钿 paŋ^{53} di^{21}
76 乐清	零碎钞票 leŋ^{24} sai^{41} tɕʰia^{35} pʰɤ^{41}	铅角子 kʰa^{33} ko^{42} tsɿ^{35}	本钿 paŋ^{44} diᴇ^{31}
77 瑞安	零碎 ləŋ^{22} sai^{35}	铅子 kʰa^{53} tsɿ^{35}	本钿 paŋ^{53} di^{21}
78 平阳	零碎 leŋ^{21} sai^{45}	铅角子 kʰᴀ^{45} ko^{21} tsɿ^{35}	本钿 peŋ^{42} die^{21}
79 文成	零碎 leŋ^{21} sai^{33}	铅角子 kʰa^{21} ko^{33} tsɿ^{45}	本钿 paŋ^{33} die^{13}
80 苍南	零碎 leŋ^{11} sai^{42}	角子 ko^{3} tsɿ^{53} 铅角 kʰɛ^{44} ko^{223}	本钿 paŋ^{42} diɛ^{31}
81 建德徽	散票 sɛ^{21} pʰiɔ^{33}	铅角子 kʰɛ^{53} ku^{55} tsɿ^{213}	本钿 pən^{55} tie^{33}
82 寿昌徽	零头 lien^{11} tʰəɯ^{33}	铅板 kʰæ̃^{33} pæ̃^{55}	本钿 pen^{33} tʰi^{52}
83 淳安徽	散钞票 sɑ̃^{55} tsʰɤ^{55} pʰiɤ^{21}	角子 koʔ^{5} tsɿ^{21}	本钱 pen^{55} ɕiã^{21}
84 遂安徽	散钞票 sɑ̃^{213} tsʰɔ^{55} pʰiɔ^{52}	角子 ko^{33} tsɿ^{55}	本钱 pəŋ^{21} ɕiɛ̃^{24}
85 苍南闽	零钱 lin^{21} tɕĩ^{24}	铅角 kʰian^{33} kɐ^{43}	本钱 pun^{33} tɕĩ^{24}
86 泰顺闽	碎钱 sɔi^{34} tɕie^{22}	龙角团 ləŋ^{21} kɒʔ^{5} ki^{344} 角团 kɒʔ^{5} ki^{344}	本 puo^{344}
87 洞头闽	散钱 suã^{33} tɕĩ^{24}	角子仔 kɐk^{5} tɕi^{212} ia^{53}	本钱 puŋ^{33} tɕĩ^{24}
88 景宁畲	零钱 lin^{22} tsʰan^{51} 小	铅角崽 kʰa^{44} koʔ^{5} tsoi^{325}	本钱 puən^{55} tsʰan^{51} 小

方言点	0706 工钱	0707 路费	0708 花~钱
01 杭州	工钱 koŋ^{33} dʑiɛ^{45}	盘钿 buo^{22} diɛ^{45}	用 ioŋ^{13}
02 嘉兴	工钿 koŋ^{33} die^{21}	盘缠钿 bə^{21} zᴇ^{42} tie^{42}	用 ioŋ^{113}
03 嘉善	工钿 koŋ^{35} diɪ^{53}	路费 lu^{22} fi^{35}	用 ioŋ^{334}
04 平湖	工钿 koŋ^{44} diɛ^{0}	盘缠 bø^{24} zø^{53} 路费 lu^{24} fi^{0}	用 ioŋ^{334}
05 海盐	工钿 koŋ^{55} diɛ^{21}	盘缠 bɤ^{24} zɤ^{53} 路费 lu^{13} fi^{21}	用 ioŋ^{334}
06 海宁	工钿 koŋ^{55} die^{55}	盘缠 bei^{33} zei^{35} 盘钿 bei^{33} die^{35}	用 ioŋ^{35}
07 桐乡	工钿 koŋ^{44} diᴇ^{44}	路费 ləu^{21} fi^{334}	用 ioŋ^{334}
08 崇德	工钿 koŋ^{44} diɪ^{44}	路费 lu^{21} fi^{334} 盘缠钿 bᴇ^{21} zᴇ^{44} diɪ^{44}	用 ioŋ^{334}
09 湖州	工钿 koŋ^{44} die^{44}	盘缠铜钿 bɛ^{22} zɛ^{22} doŋ^{13} die^{31}	用 ioŋ^{35}
10 德清	工钿 koŋ^{44} die^{44}	盘缠 bøʉ^{11} zøʉ^{13}	用 ioŋ^{334}
11 武康	工钿 koŋ^{44} diɪ^{44}	盘缠 bø^{11} dzø^{13}	用 ioŋ^{224}
12 安吉	工钿 koŋ^{55} di^{55}	盘缠 bᴇ^{22} dzᴇ^{22}	用 ioŋ^{213}
13 孝丰	工钿 koŋ^{44} diɪ^{44}	盘缠 be^{22} dzɛ^{22} 路费 lu^{32} fi^{213}	用 ioŋ^{324}
14 长兴	工钿 koŋ^{44} di^{44}	盘缠铜钿 bɯ^{12} dzɯ^{22} doŋ^{22} di^{33}	用 ioŋ^{324}
15 余杭	工钱 koŋ^{55} ziẽ^{33}	盘缠铜钿 bo^{33} zøʏ^{13} doŋ^{33} diẽ^{33}	用 ioŋ^{213}
16 临安	工钿 koŋ^{53} die^{33}	盘缠 bə^{31} zə^{13}	用 ioŋ^{33}
17 昌化	工钱 kəŋ^{33} ʑiɪ̃^{45}	路费 lu^{23} fei^{544}	用 yəŋ^{243}
18 於潜	工资 koŋ^{43} tsɿ^{433}	盘钱 bɛ^{22} dʑie^{24}	用 ioŋ^{24}
19 萧山	工钿 koŋ^{33} die^{33}	盘缠钿 bə^{13} dzə^{33} die^{33}	用 ioŋ^{242}
20 富阳	工钱 koŋ^{55} dʑiɛ̃^{55}	盘缠 bɛ̃^{13} yɛ̃^{55}	用 yoŋ^{335}
21 新登	工钱 koŋ^{53} dʑiɛ̃^{233}	盘缠 bɛ̃^{233} dʑiŋ^{233}	用 ioŋ^{13}
22 桐庐	工资 koŋ^{35} tsɿ^{13}	车旅费 tɕʰyo^{33} li^{21} fi^{13}	花 xuo^{533}
23 分水	工钱 koŋ^{44} dʑiɛ̃^{21}	盘缠 bo^{21} yɛ̃^{24}	用 ioŋ^{13}

续表

方言点	0706 工钱	0707 路费	0708 花~钱
24 绍兴	工钿 koŋ^{33}diẽ^{231}	路费 lu^{22}fi^{33} 盘缠钿 buø̃^{22}zø̃^{24}diẽ^{31}	用 ioŋ^{22}
25 上虞	工钿 koŋ^{33}diẽ^{213}	盘缠 bø̃^{21}dzø̃^{213}	拆折 ts^{h}aʔ^{5}zəʔ^{2}
26 嵊州	工钿 kuoŋ^{53}diẽ^{231}	盘缠 bœ̃^{22}zœ̃^{231}	用 yoŋ^{24}
27 新昌	工钿 koŋ^{45}diɛ̃^{33}	路费 lu^{22}fi^{335}	用 yoŋ^{13}
28 诸暨	工钿 kom^{21}die^{242}	盘缠 bə^{21}dzə^{242}	用 iom^{33}
29 慈溪	工钿 kuŋ^{33}diẽ^{13}	盘缠 bø̃^{11}dzẽ^{13}	用 iuŋ^{13}
30 余姚	工钿 kuŋ^{44}diẽ^{13}	盘缠钿 bø̃^{13}dzẽ^{13}diẽ^{13}	用 iuŋ^{13}
31 宁波	工钿 koŋ^{44}di^{53}	盘缠钿 bu^{22}ʑiʏ^{22}di^{13}	用 yoŋ^{13}
32 镇海	工钿 koŋ^{33}di^{31}	盘钿 bø^{22}di^{24} 盘钿费 bø^{22}di^{24}fi^{53}	用 yoŋ^{24}
33 奉化	工钿 koŋ^{44}di^{31}	盘缠钿 bø^{33}zø^{33}di^{33}	用 yoŋ^{31}
34 宁海	工钿 koŋ^{34}die^{31}	盘缠 bø^{21}dʑyø^{31} 盘缠钿 bø^{21}dʑyø^{31}die^{31}	用 ioŋ^{24}
35 象山	工钿 koŋ^{44}di^{13}	盘缠钿 bɤɯ^{31}dzɤɯ^{31}di^{13}	用 yoŋ^{13}
36 普陀	工钿 koŋ^{33}di^{53}	路费 lu^{11}fi^{55}	用 ioŋ^{13}
37 定海	工钿 koŋ^{33}di^{52}	盘缠钿 bø^{33}zø^{33}di^{52}	用 yoŋ^{13}
38 岱山	工钿 koŋ^{33}di^{52}	盘缠钿 bø^{23}zø^{0}di^{0}	用 yoŋ^{213}
39 嵊泗	工钿 koŋ^{33}di^{53}	盘缠钿 bʏ^{24}zʏ^{0}di^{0}	用 yoŋ^{213}
40 临海	工钿 koŋ^{33}di^{353}小 工夫钿 koŋ^{33}fu^{33}di^{353}小	盘缠 bø^{22}ʑyø^{353}小 盘缠钿 bø^{33}ʑyø^{33}di^{353}小	花 hua^{55}
41 椒江	工夫钿 koŋ^{33}fu^{35}die^{41}	盘缠钿 bø^{33}zø^{22}die^{41}	用 yoŋ^{24}
42 黄岩	工钿 koŋ^{35}die^{41}	路费 lou^{13}fi^{55} 盘缠钿 bø^{13}zø^{22}die^{41}	用 yoŋ^{24}
43 温岭	工夫钿 kuŋ^{33}fu^{35}die^{41}	盘缠钿 bø^{13}ʑyø^{24}die^{41}	花 hua^{55}
44 仙居	工夫钿 koŋ^{33}fu^{53}die^{0}	路费 lu^{24}fi^{55} 盘缠 bø^{353}dzø^{0}	用 ioŋ^{24}
45 天台	工夫钿 kuŋ^{33}fu^{33}die^{31}	盘缠 bø^{224}dʑie^{0} 盘缠钿 bø^{22}dʑie^{22}die^{31}	用 yuŋ^{35}

续表

方言点	0706 工钱	0707 路费	0708 花～钱
46 三门	工夫钿 koŋ^{33} fu^{55} die^{31}	盘缠 bø^{13} ʑie^{31}	用 ioŋ^{243}
47 玉环	工夫钿 koŋ^{33} fu^{33} die^{41}	盘费 bø^{22} fi^{55}	花 hua^{42}
48 金华	工夫钿 koŋ^{33} fu^{33} tie^{55}	盘缠 bɤ^{31} dʑyɤ^{14} 旧 路费 lu^{14} fi^{55} 今	用 ioŋ^{14}
49 汤溪	工钿 kɑo^{24} die^{0}	盘缠 bɤ^{11} tɕyɤ^{52}	用 iɑo^{341}
50 兰溪	工钿 koŋ^{334} tie^{45}	盘缠 bɤ^{21} dʑyɤ^{24}	用 ioŋ^{24}
51 浦江	工夫钿 kon^{33} fu^{33} diẽ^{334} 工钿 kon^{35} diẽ^{334}	盘缠 bə̃^{24} dʑyẽ^{334} 老 车费 tɕʰyɑ^{55} fi^{334} 新	用 yon^{24}
52 义乌	工钿 koŋ^{33} tie^{45} 工资 koŋ^{33} tsɿ^{45}	盘缠 bu^{22} tsən^{45}	用 ioŋ^{24}
53 东阳	工钿 kəm^{33} di^{53}	盘缠 bu^{22} dʑiʊ^{53}	花 hua^{334}
54 永康	工钿 koŋ^{33} die^{22}	盘缠 buo^{31} dʑye^{22}	用 ioŋ^{241}
55 武义	工钿 koŋ^{32} die^{53}	盘缠 buo^{32} dʑye^{231}	用 ioŋ^{231}
56 磐安	工钿 kɔom^{33} tie^{52}	盘缠 bu^{21} tɕye^{52} 路费 lu^{14} fi^{52}	用 iɔom^{14}
57 缙云	工钿 kɔ̃ũ^{44} diɛ^{453}	盘缠 bɛ^{21} dʑyɛ^{453}	用 iɔ̃ũ^{213}
58 衢州	工钿 koŋ^{32} tiẽ^{53}	盘缠 bə̃^{21} dʒyə̃^{231}	用 yoŋ^{231}
59 衢江	工钿 kəŋ^{25} die^{31}	路费 lɤ^{22} fi^{53}	用 yoŋ^{231}
60 龙游	工夫钿 koŋ^{33} fu^{35} die^{21}	路费 lu^{22} fi^{51}	用 ioŋ^{231}
61 江山	工夫钿 koŋ^{44} fə^{24} diɛ̃^{51}	路费 luə^{22} fi^{51}	使 ɕiɵ^{241}
62 常山	工钱 koŋ^{52} diɛ̃^{0}	盘缠 bɔ̃^{24} dʑyɔ̃^{0}	使 si^{52}
63 开化	工钿 kɤŋ^{53} diɛ̃^{0}	路钿 luo^{21} diɛ̃^{231}	使 suei^{53}
64 丽水	工钿 kəŋ^{224} tiɛ^{52}	路费 lu^{21} fi^{52}	用 iəŋ^{131}
65 青田	工钿 koŋ^{55} diɛ^{53}	路费 leu^{22} fi^{55}	用 io^{22}
66 云和	工钿 koŋ^{44} diɛ^{312}	路费 lu^{223} fi^{45}	用 iɔ̃^{223}
67 松阳	工钿 kəŋ^{33} diɛ̃^{31}	路费 luə^{21} pʰiɛ^{24}	用 ioŋ^{13}
68 宣平	工钿 kən^{44} diə^{433}	盘缠 bə^{22} dʑyə^{433} 路费 lu^{22} fi^{52}	用 iɔ̃^{231}

续表

方言点	0706 工钱	0707 路费	0708 花~钱
69 遂昌	工钿 kəŋ^{55} diɛ̃^{213}	路费 luə^{13} fi^{334}	用 iɔŋ^{213}
70 龙泉	工钿 kəŋ^{45} diᴇ^{21}	盘缠 pɯə^{45} ʑiᴇ^{21} 路费 lɤɯ^{21} fi^{45}	用 iɔŋ^{224}
71 景宁	工钿 kəŋ^{33} diɛ^{41}	路费 ly^{33} fi^{35}	用 iɔŋ^{113}
72 庆元	工钿 koŋ^{33} tiɛ̃^{52}	盘缠 pæ̃^{52} tɕyɛ̃^{52}	用 iɔ̃^{31} 花 xo^{11}
73 泰顺	工钿 koŋ^{22} tiɛ^{53}	盘缠 pɛ^{21} tɕyɛ^{53} 老 路费 lø^{21} fi^{35} 新	用 iɔ̃^{22}
74 温州	工钿 koŋ^{33} di^{223}	行纲 ɛ^{22} kuɔ^{33}	用 yɔ^{22}
75 永嘉	工钿 koŋ^{33} di^{21}	盘缠 bø^{22} dzy^{21} 路费 ləɯ^{31} fei^{43}	用 yɔ^{22}
76 乐清	工夫钿 koŋ^{34} fu^{44} diᴇ^{223}	路费 ly^{42} fi^{21}	用 iɔ^{22}
77 瑞安	工钿 koŋ^{22} di^{21}	路费 ləɯ^{31} fei^{42}	用 yo^{22}
78 平阳	工钿 koŋ^{33} die^{35}	路费 lʉ^{13} fi^{42}	用 yo^{33}
79 文成	工钿 koŋ^{33} die^{13}	路费 ləy^{21} fei^{33}	用 yo^{424}
80 苍南	工钿 koŋ^{33} diɛ^{21}	路费 ly^{31} fi^{42}	用 yɔ^{11}
81 建德徽	工钿 koŋ^{53} tie^{55}	盘缠 pɛ^{33} ɕye^{33} 旧 路费 lu^{55} fi^{33} 今	用 ioŋ^{55}
82 寿昌徽	工钿 kɔŋ^{11} tʰi^{55}	路费 lu^{33} fi^{33}	用 iɔŋ^{33}
83 淳安徽	工钱 kon^{24} ɕiã^{21}	盘缠 pʰã^{43} tsʰã^{24} 老 路费 la^{53} fi^{21} 新	用 ion^{53}
84 遂安徽	工夫钱 kəŋ^{55} fu^{33} ɕiɛ̃^{21}	路费 lu^{55} fe^{52}	花 fɑ^{534}
85 苍南闽	工钱 kan^{33} tɕĩ^{24}	路费 lɔ^{33} hui^{21}	用 in^{21}
86 泰顺闽	工夫钱 kəŋ^{22} xou^{22} tɕie^{22}	盘钱 piæ^{21} tɕie^{22}	花 fa^{213}
87 洞头闽	工钱 kaŋ^{33} tɕĩ^{24}	路费 lɔ^{21} hui^{21}	用 ieŋ^{21}
88 景宁畲	工钱 koŋ^{44} tsʰan^{51} 小	路费 lu^{51} fi^{44}	花 fɔ^{44}

方言点	0709 赚卖一斤能～一毛钱	0710 挣打工～了一千块钱	0711 欠～他十块钱
01 杭州	趁 tsʰəŋ^{45}	趁 tsʰəŋ^{45}	差 tsʰa^{45}
02 嘉兴	赚 zᴇ^{113}	寻 dʑiŋ^{242}	欠 tɕʰyə^{224} / tɕʰie^{224}
03 嘉善	赚 zɛ^{113}	赚 zɛ^{113}	缺 tɕʰiøʔ^{5}
04 平湖	赚 zɛ^{213}	赚 zɛ^{213}	欠 tɕʰiɛ^{213} 缺 tɕʰyoʔ^{23}
05 海盐	赚 zɛ^{423}	赚 zɛ^{423}	欠 tɕʰiɛ^{334}
06 海宁	赚 zɛ^{231}	寻 dʑiŋ^{13}	缺 tɕʰioʔ^{5} 欠 tɕʰie^{35}
07 桐乡	赚 zɛ^{242}	趁 tsʰəŋ^{334} 寻 ziŋ^{13}	欠 tɕʰiᴇ^{334}
08 崇德	赚 zɛ^{242}	趁 tsʰəŋ^{334}	欠 tɕʰiɪ^{334}
09 湖州	赚 dzɛ^{231}	寻 ʑin^{112}	欠 tɕʰie^{35}
10 德清	趁 tsʰen^{334}	赚 zɛ^{143}	欠 tɕʰie^{334}
11 武康	赚 dzɛ^{242}	赚 dzɛ^{242}	欠 tɕʰiɪ^{224}
12 安吉	赚 dzᴇ^{243}	赚 dzᴇ^{243}	欠 tɕʰi^{324}
13 孝丰	赚 dzɛ^{243}	赚 dzɛ^{243}	欠 tɕʰiɪ^{324}
14 长兴	赚 dzᴇ^{243}	寻 ʒiŋ^{12}	欠 tʃʰi^{324}
15 余杭	赚 zɛ^{213}	趁 tsʰiŋ^{423}	差 tsʰo^{44}
16 临安	趁 tsʰeŋ^{55}	趁 tsʰɑ̃^{55}	欠 tɕʰie^{55}
17 昌化	赚 zɔ̃^{243}	赚 zɔ̃^{243}	欠 tɕʰiɪ̃^{544}
18 於潜	赚 dzɛ^{24}	赚 dzɛ^{24}	欠 tɕʰie^{35}
19 萧山	趁 tsʰəŋ^{42}	趁 tsʰəŋ^{42}	欠 tɕʰie^{42}
20 富阳	趁 tsʰən^{335}	趁 tsʰən^{335}	欠 tɕʰiɛ̃^{335}
21 新登	赚 dzɛ^{13}	赚 dzɛ^{13}	欠 tɕʰiɛ̃^{45}
22 桐庐	趁 tsʰəŋ^{35}	趁 tsʰəŋ^{35}	欠 tɕʰie^{35}

续表

方言点	0709 赚卖一斤能～一毛钱	0710 挣打工～了一千块钱	0711 欠～他十块钱
23 分水	赚 dzã^{13}	挣 tsən^{24}	欠 tɕʰiɛ̃^{24}
24 绍兴	趁 tsʰẽ^{33}	趁 tsʰẽ^{33}	欠 tɕʰiẽ^{33}
25 上虞	趁 tsʰəŋ^{53} 赚 zɛ̃^{213}	赚 zɛ̃^{213}	差 tsʰo^{35} 欠 tɕʰiẽ^{53}
26 嵊州	赚 dzɛ̃^{24}	趁 tsʰaŋ^{334}	欠 tɕʰiẽ^{334}
27 新昌	趁 tsʰeŋ^{335}	趁 tsʰaŋ^{335}	欠 tɕʰiɛ̃^{335}
28 诸暨	趁 tsʰɛn^{544}	趁 tsʰɛn^{544}	欠 tɕʰie^{544}
29 慈溪	赚 dzɛ̃^{13}	赚 dzɛ̃^{13}	欠 tɕʰiẽ^{44}
30 余姚	赚 dzã^{13}	赚 dzã^{13}	欠 tɕʰiẽ^{44}
31 宁波	赚 dzɛ^{13}	赚 dzɛ^{13}	差 tsʰo^{53}
32 镇海	赚 dzɛ^{24}	赚 dzɛ^{24}	欠 tɕʰi^{53}
33 奉化	赚 dzɛ^{324}	赚 dzɛ^{324}	差 tsʰo^{44}
34 宁海	赚 dze^{31}	赚 dze^{31}	欠 tɕʰie^{35}
35 象山	赚 dzɛ^{31}	赚 dzɛ^{31}	欠 tɕʰi^{53}
36 普陀	赚 dzɛ^{23}	赚 dzɛ^{23}	欠 tɕʰi^{55}
37 定海	赚 dzɛ^{23}	赚 dzɛ^{23}	差 tsʰo^{52}
38 岱山	赚 dzɛ^{244}	赚 dzɛ^{244}	差 tsʰo^{52}
39 嵊泗	赚 dzɛ^{334}	赚 dzɛ^{334}	差 tsʰo^{53}
40 临海	赚 dzɛ^{31}	趁 tsʰã^{55}	欠 tɕʰi^{55}
41 椒江	赚 dzɛ^{31}	趁 tsʰã^{55}	欠 tɕʰie^{55}
42 黄岩	赚 dzɛ^{121}	趁 tsʰã^{55}	欠 tɕʰie^{55}
43 温岭	赚 dzɛ^{31}	趁 tsʰã^{55}	欠 tɕʰie^{55}
44 仙居	赚 dza^{213}	赚 dza^{213}	欠 tɕʰie^{55}
45 天台	赚 dze^{35}	趁 tsʰa^{55}	欠 kʰe^{55}

续表

方言点	0709 赚卖一斤能～一毛钱	0710 挣打工～了一千块钱	0711 欠～他十块钱
46 三门	赚 dzɛ^{213}	赚 dzɛ^{213}	欠 tɕʰie^{55}
47 玉环	赚 dzɛ^{41}	趁 tsʰã^{55}	欠 tɕʰie^{55}
48 金华	赚 sɑ^{535}	赚 sɑ^{535}	欠 tɕʰie^{55}
49 汤溪	赚 zuɑ^{113}	赚 zuɑ^{113}	欠 tɕʰie^{52}
50 兰溪	赚 suɑ^{55}	赚 suɑ^{55}	欠 tɕʰie^{45}
51 浦江	赚 dzɑ̃^{243}	赚 dzɑ̃^{243}	欠 tɕʰiẽ^{55}
52 义乌	赚 zɔ^{312}	赚 zɔ^{312}	欠 tɕʰie^{45}
53 东阳	赚 zɔ^{24}	赚 zɔ^{24}	欠 tɕʰi^{453}
54 永康	赚 dza^{113}	赚 dza^{113}	欠 tɕʰie^{52}
55 武义	赚 dzuo^{13}	赚 dzuo^{13}	欠 tɕʰie^{53}
56 磐安	赚 tsɒ^{334}	赚 tsɒ^{334}	欠 tɕʰie^{52}
57 缙云	赚 dzɑ^{31}	赚 dzɑ^{31}	欠 tɕʰiɛ^{453}
58 衢州	赚 dzã^{231}	赚 dzã^{231}	欠 tɕʰiẽ^{53}
59 衢江	赚 dzã^{212}	赚 dzã^{212}	欠 tɕʰie^{53}
60 龙游	赚 zã^{224}	赚 zã^{224}	欠 tɕʰie^{51}
61 江山	赚 dzaŋ^{22}	赚 dzaŋ^{22}	欠 kʰiɛ̃^{51}
62 常山	赚 dzã^{24}	赚 dzã^{24}	欠 tɕʰiɛ̃^{324}
63 开化	赚 dzã^{213}	赚 dzã^{213}	欠 tɕʰiɛ̃^{412}
64 丽水	赚 dzã^{22}	赚 dzã^{22}	欠 tɕʰiɛ^{52}
65 青田	赚 dʑiaŋ^{343}	赚 dʑiaŋ^{343}	欠 tɕʰiɛ^{33}
66 云和	赚 dzã^{231}	赚 dzã^{231}	欠 tɕʰiɛ^{45}
67 松阳	赚 dzɔ̃^{22}	赚 dzɔ̃^{22}	欠 tɕʰiɛ̃^{24}
68 宣平	赚 dzɑ̃^{223}	赚 dzɑ̃^{223}	欠 tɕʰiɛ^{52}

续表

方言点	0709 赚卖一斤能～一毛钱	0710 挣打工～了一千块钱	0711 欠～他十块钱
69 遂昌	赚 dzaŋ^{13}	赚 dzaŋ^{13}	欠 tɕ^{h}iɛ̃^{334}
70 龙泉	赚 tɕyo^{51}	赚 tɕyo^{51}	欠 tɕ^{h}iᴇ^{45}
71 景宁	赚 tsɔ^{33}	赚 tsɔ^{33}	欠 tɕ^{h}iɛ^{35}
72 庆元	赚 tɕyɛ̃^{221}	赚 tɕyɛ̃^{221}	欠 tɕ^{h}iɛ̃^{11}
73 泰顺	赚 tɕyɛ^{21} 挣 tsəŋ^{21}	赚 tɕyɛ^{21} 挣 tsəŋ^{21}	欠 tɕ^{h}iɛ^{35}
74 温州	近 dʑiaŋ^{14}	近 dʑiaŋ^{14}	欠 tɕ^{h}i^{51}
75 永嘉	近 dʑiaŋ^{13}	近 dʑiaŋ^{13}	欠 tɕ^{h}i^{53}
76 乐清	近 dʑiaŋ^{24}	近 dʑiaŋ^{24}	欠 tɕ^{h}iᴇ^{41}
77 瑞安	近 dʑiaŋ^{13}	近 dʑiaŋ^{13}	欠 tɕ^{h}i^{53}
78 平阳	赚 dʒaŋ^{23}	近 dʒaŋ^{23}	欠 tɕ^{h}ie^{53}
79 文成	赚 dʒaŋ^{424}	近 dʒaŋ^{424}	欠 tɕ^{h}ie^{33}
80 苍南	近 dʑiaŋ^{24}	近 dʑiaŋ^{24}	欠 tɕ^{h}iɛ^{42}
81 建德徽	趁 ts^{h}ən^{33}	趁 ts^{h}ən^{33}	欠 tɕ^{h}ie^{33}
82 寿昌徽	赚 tɕ^{h}yə^{534}	赚 tɕ^{h}yə^{534}	欠 tɕ^{h}i^{33}
83 淳安徽	赚 ts^{h}ɑ̃^{55}	赚 ts^{h}ɑ̃^{55}	欠 tɕ^{h}iɑ̃^{24}
84 遂安徽	赚 ts^{h}ɑ̃^{43}	赚 ts^{h}ɑ̃^{43}	欠 tɕ^{h}iɛ̃^{43}
85 苍南闽	趁 t^{h}an^{21}	趁 t^{h}an^{21}	欠 k^{h}ian^{21}
86 泰顺闽	趁 t^{h}ieŋ^{53}	趁 t^{h}ieŋ^{53}	欠 k^{h}iɛ^{53}
87 洞头闽	趁 t^{h}an^{21}	赚 t^{h}an^{21}	欠 k^{h}ian^{21}
88 景宁畲	赚 tɕyon^{51}	赚 tɕyon^{51}	欠 k^{h}ien^{44}

方言点	0712 算盘	0713 秤统称	0714 称用秆秤～
01 杭州	算盘 suo^{45} buo^{53}	秤 tsʰəŋ^{45}	称 tsʰəŋ^{334}
02 嘉兴	算盘 suə^{33} bə^{42}	秤 tsʰəŋ^{224}	称 tsʰəŋ^{42}
03 嘉善	算盘 sø^{55} bø^{0}	秤 tsʰəŋ^{334}	称 tsʰəŋ^{53}
04 平湖	算盘 sø^{44} bø^{0}	秤 tsʰən^{213}	称 tsʰən^{53}
05 海盐	算盘 sɤ^{55} bɤ^{21}	秤 tsʰən^{334}	称 tsʰən^{53}
06 海宁	算盘 sei^{55} bei^{53}	秤 tsʰəŋ^{35}	称 tsʰəŋ^{55}
07 桐乡	算盘 sᴇ^{33} bᴇ^{53}	秤 tsʰəŋ^{334}	称 tsʰəŋ^{44}
08 崇德	算盘 sᴇ^{33} bᴇ^{334}	秤 tsʰəŋ^{334}	称 tsʰəŋ^{44}
09 湖州	算盘 sɛ^{33} bɛ^{35}	秤 tsʰən^{35}	称 tsʰən^{44}
10 德清	算盘 sɛ^{33} bɛ^{35}	秤 tsʰen^{334}	称 tsʰen^{44}
11 武康	算盘 sø^{33} bø^{35}	秤 tsʰen^{224}	称 tsʰen^{44}
12 安吉	算盘 sᴇ^{32} bᴇ^{213}	秤 tsʰəŋ^{324}	称 tsʰəŋ^{55}
13 孝丰	算盘 se^{32} be^{213}	秤 tsʰəŋ^{324}	称 tsʰəŋ^{44}
14 长兴	算盘 sɯ^{32} bɯ^{24}	秤 tsʰəŋ^{324}	称 tsʰəŋ^{44}
15 余杭	算盘 søʏ^{53} buõ^{13}	秤 tsʰiŋ^{423}	称 tsʰiŋ^{44}
16 临安	盘盘 bə^{33} bə^{31}	木杆秤 muɔʔ^{2} kɛ^{33} tsʰeŋ^{55}	称 tsʰeŋ^{55}
17 昌化	算盘 sɛ̃^{54} bɛ̃^{112}	秤 tɕʰiəŋ^{544}	称 tɕʰiəŋ^{334}
18 於潜	算盘 suɛ^{35} bɛ^{53}	秤 tɕʰiŋ^{35}	称 tɕʰiŋ^{433}
19 萧山	算盘 sə^{33} bə^{33}	秤 tsʰəŋ^{42}	称 tsʰəŋ^{533}
20 富阳	算盘 sɛ̃^{335} bɛ̃^{53}	秤 tsʰən^{335}	称 tsʰən^{53}
21 新登	算盘 sɛ̃^{45} bɛ̃^{233}	秤 tɕʰiŋ^{45}	称 tɕʰiŋ^{53}
22 桐庐	算盘 se^{13} be^{21}	秤 tsʰəŋ^{35}	称 tsʰəŋ^{533}
23 分水	算盘 suə̃^{24} bã^{21}	秤 tsʰən^{24}	称 tsʰən^{44}

续表

方言点	0712 算盘	0713 秤统称	0714 称用秤秤～
24 绍兴	算盘 sø̃^{33} puø̃^{334}	秤 tsʰəŋ^{33}	称 tsʰəŋ^{53} 约 iaʔ^{5}
25 上虞	算盘 sø̃^{55} bø̃^{0}	秤 tsʰəŋ^{53}	称 tsʰəŋ^{35}
26 嵊州	算盘 sœ̃^{33} pœ̃^{334}	秤 tsʰeŋ^{334}	称 tsʰeŋ^{534}
27 新昌	算盘 sœ̃^{53} bœ̃^{33}	秤 tsʰeŋ^{335}	称 tsʰeŋ^{534}
28 诸暨	算盘 sə^{42} bə^{33}	秤 tsʰɛn^{544}	称 tsʰɛn^{544}
29 慈溪	算盘 sø̃^{44} bø̃^{44}	秤 tsʰəŋ^{44}	称 tsʰəŋ^{35}
30 余姚	算盘 sø̃^{53} bø̃^{0}	秤 tsʰə̃^{44}	称 tsʰə̃^{44}
31 宁波	算盘 ɕiʏ^{44} bu^{44} / sø^{44} bu^{44}	秤 tɕʰiŋ^{53}	称 tɕʰiŋ^{53}
32 镇海	算盘 sø^{33} bø^{22}	秤 tɕʰiŋ^{53}	称 tɕʰiŋ^{53}
33 奉化	算盘 sø^{44} bø^{31}	秤 tɕʰiŋ^{53}	称 tɕʰiŋ^{44}
34 宁海	算盘 sø^{33} bø^{213}	秤 tɕʰiŋ^{35}	称 tɕʰiŋ^{423}
35 象山	算盘 sɤɯ^{53} bɤɯ^{0}	秤 tɕʰiŋ^{53}	称 tɕʰiŋ^{44}
36 普陀	算盘 sø^{55} bø^{0}	秤 tɕʰiŋ^{55}	称 tɕʰiŋ^{53}
37 定海	算盘 sø^{44} bø^{0}	秤 tɕʰiŋ^{44}	称 tɕʰiŋ^{52}
38 岱山	算盘 sø^{44} bø^{52}	秤 tɕʰiŋ^{44}	称 tɕʰiŋ^{52}
39 嵊泗	算盘 ɕiʏ^{44} bʏ^{0}	秤 tɕʰiŋ^{53}	称 tɕʰiŋ^{53}
40 临海	算盘 sø^{33} bø^{21}	秤 tɕʰiŋ^{55}	称 tɕʰiŋ^{31}
41 椒江	算盘 sø^{33} bø^{31}	秤 tɕʰiŋ^{55}	称 tɕʰiŋ^{42}
42 黄岩	算盘 sø^{33} bø^{121}	秤 tɕʰin^{55}	称 tɕʰin^{32}
43 温岭	算盘 sø^{33} bø^{31}	秤 tɕʰin^{55}	称 tɕʰin^{33}
44 仙居	算盘 sø^{53} bø^{0}	秤 tɕʰin^{55}	称 tɕʰin^{334}
45 天台	算盘 sø^{33} bø^{224}	秤 tɕʰiŋ^{55}	称 tɕʰiŋ^{33}
46 三门	算盘 sø^{44} bø^{445}	秤 tɕʰiŋ^{55}	称 tɕʰiŋ^{334}

续表

方言点	0712 算盘	0713 秤统称	0714 称用秆秤～
47 玉环	算盘 sø^{33}bø^{31}	秤 tɕʰiŋ^{55}	称 tɕʰiŋ^{42}
48 金华	算盘 sɤ^{33}bɤ^{14}	秤 tɕʰiŋ^{55}	称 tɕʰiŋ^{334}
49 汤溪	算盘 sɤ^{24}bɤ^{0}	秤 tɕʰiã^{52}	称 tɕʰiã^{24}
50 兰溪	算盘 sɤ^{55}pɤ^{45}	秤 tɕʰiæ̃^{45}	称 tɕʰiæ̃^{334}
51 浦江	算盘 sə̃^{55}bə̃^{55}	秤 tsʰiən^{55}	称 tsʰiən^{534}
52 义乌	算盘 sɿ^{33}pɯ^{335}	秤 tsʰən^{45}	称 tsʰən^{335}
53 东阳	算盘 sɯ^{33}bɯ^{35}	秤 tsʰɐn^{453}	称 tsʰɐn^{24}
54 永康	算盘 sɤ^{33}ɓuo^{55}	秤 tɕʰiŋ^{52}	称 tɕʰiŋ^{55}
55 武义	算盘 sɤ^{55}buo^{324}	秤 tɕʰin^{53}	称 tɕʰin^{24}
56 磐安	算盘 sɯ^{33}pɯ^{445}	秤 tsʰɐn^{52}	称 tsʰɐn^{445}
57 缙云	算盘 sɛ^{44}bɛ^{243}	秤 tsʰɛŋ^{453}	称 tsʰɛŋ^{44} 令 = lɛŋ^{213}
58 衢州	算盘 sə̃^{53}bə̃^{21}	秤 tʃʰyən^{53}	称 tʃʰyən^{32}
59 衢江	算盘 sɛ^{33}pɛ^{53}	秤 tɕʰyoŋ^{53}	称 tɕʰyoŋ^{33}
60 龙游	算盘 suei^{35}bei^{21}	秤 tsʰən^{51}	称 tsʰən^{334}
61 江山	算盘 sɒŋ^{44}biɛ̃^{213}	秤 tɕʰɪ̃^{51}	称 tɕʰɪ̃^{44}
62 常山	算盘 sɔ̃^{45}bɔ̃^{0}	秤 tsʰɪ̃^{324}	称 tsʰɪ̃^{44}
63 开化	算盘 sɔŋ^{44}pɛn^{53}	秤 tɕʰin^{412}	称 tɕʰin^{44}
64 丽水	算盘 suɛ^{224}pɛ^{52}	秤 tɕʰin^{52}	称 tɕʰin^{224}
65 青田	算盘 suɐ^{33}buɐ^{53}	秤 tɕʰiŋ^{33}	称 tɕʰiŋ^{445}
66 云和	算盘 suɛ^{44}bɛ^{312}	秤 tɕʰiŋ^{45}	称 tɕʰiŋ^{24}
67 松阳	算盘 sæ̃^{33}bæ̃^{31}	秤 tɕʰin^{24}	称 tɕʰin^{53}
68 宣平	算盘 sə^{44}bə^{433}	秤 tɕʰin^{52}	称 tɕʰin^{324}
69 遂昌	算盘 sɛ̃^{33}bɛ̃^{221}	秤 tɕʰiŋ^{334}	称 tɕʰiŋ^{45}

续表

方言点	0712 算盘	0713 秤统称	0714 称用秆秤～
70 龙泉	算盘 zɯə^{21} bɯə^{21}	秤 tɕ^{h}in^{45}	称 tɕ^{h}in^{434}
71 景宁	算盘 sœ^{55} bœ^{41}	秤 tɕ^{h}iŋ^{35}	称 tɕ^{h}iŋ^{324}
72 庆元	算盘 sæ̃^{11} pæ̃^{52}	秤 tɕ^{h}iŋ^{11}	称 tɕ^{h}iŋ^{335}
73 泰顺	算盘 sœ^{22} pɛ^{53}	秤 tɕ^{h}iŋ^{35}	称 tɕ^{h}iŋ^{213}
74 温州	算盘 sø^{33} bø^{223}	秤 ts^{h}əŋ^{51}	称 ts^{h}əŋ^{33}
75 永嘉	算盘 sø^{33} bø^{21}	秤 tɕ^{h}ieŋ^{53}	称 tɕ^{h}ieŋ^{44}
76 乐清	算盘 sø^{44} bɯ^{223}	秤 tɕ^{h}ieŋ^{41}	称 tɕ^{h}ieŋ^{44}
77 瑞安	算盘 sø^{22} bø^{21}	秤 ts^{h}əŋ^{53}	称 ts^{h}əŋ^{44}
78 平阳	算盘 sɵ^{33} bɵ^{35}	秤 tʃ^{h}eŋ^{53}	称 tʃ^{h}eŋ^{55}
79 文成	算盘 sø^{42} bø^{13}	秤 tʃ^{h}eŋ^{33}	称 tʃ^{h}eŋ^{55}
80 苍南	算盘 sø^{33} bø^{21}	秤 ts^{h}eŋ^{42}	称 ts^{h}eŋ^{44}
81 建德徽	算盘 sɛ^{21} pɛ^{55}	秤 ts^{h}ən^{33}	称 ts^{h}ən^{53}
82 寿昌徽	算盘 ɕiæ^{33} p^{h}iæ^{52}	秤 ts^{h}en^{33}	称 ts^{h}en^{112}
83 淳安徽	算盘 sã^{21} p^{h}ã^{55}	秤 ts^{h}en^{24}	称 ts^{h}en^{24}
84 遂安徽	算盘 sɑ̃^{55} p^{h}ɑ̃^{33}	秤 tɕ^{h}in^{43}	称 tɕ^{h}in^{534}
85 苍南闽	算盘 sɯŋ^{33} pũã^{24}	秤 tɕ^{h}in^{21}	称 tɕ^{h}in^{55}
86 泰顺闽	算盘 so^{34} piæŋ^{22}	秤 ts^{h}ieŋ^{53}	称 ts^{h}ieŋ^{213}
87 洞头闽	算盘 sɯŋ^{33} pũã^{24}	秤仔 tɕ^{h}ĩ^{21} na^{53}	称 tɕ^{h}ĩ^{33}
88 景宁畲	算盘 sɔn^{44} p^{h}ɔn^{22}	秤 tɕ^{h}in^{44}	戥 tin^{325}

方言点	0715 赶集	0716 集市	0717 庙会
01 杭州	赶集 kε^{55}dʑiɛʔ^{2}	集市 dʑiɛʔ^{2}zɿ^{45}	庙会 miɔ^{13}uei^{53}
02 嘉兴	摆摊头 pᴀ^{33}tʰᴇ^{33}dei^{42}	摊头 tʰᴇ^{33}dei^{42}	庙会 miɔ^{24}uei^{21}
03 嘉善	赶集 kø^{44}dʑieʔ^{2}	集市 dʑiɪʔ^{2}zɿ^{13}	庙会 miɔ^{33}uε^{13}
04 平湖	（无）	（无）	（无）
05 海盐	（无）	（无）	（无）
06 海宁	出市 tsʰəʔ^{5}zɿ^{31}	市 zɿ^{231}	庙会 miɔ^{33}ue^{53}
07 桐乡	（无）	（无）	（无）
08 崇德	（无）	（无）	庙会 miɔ^{21}ui^{13}
09 湖州	赶集 kε^{33}dʑieʔ^{3}	市场 zɿ^{35}zã^{13}	庙会 miɔ^{33}uei^{35}
10 德清	赶市头 køʉ^{53}zɿ^{35}døʉ^{0}	市场 zɿ^{35}zã^{0}	庙会 miɔ^{33}uε^{35}
11 武康	赶市头 kø^{53}zɿ^{35}dø^{53}	市场 zɿ^{35}zã^{53}	庙会 miɔ^{33}uε^{35}
12 安吉	（无）	（无）	出会 tsʰəʔ^{5}ue^{213}
13 孝丰	（无）	（无）	庙会 miɔ^{32}ue^{213}
14 长兴	（无）	（无）	庙会 miɔ^{32}uei^{24}
15 余杭	上街 zɑ̃^{33}kɑ̃^{55}	街浪$^{=}$ kɑ̃^{55}lɑ̃^{33}	庙会 miɔ^{33}uε^{13}
16 临安	出市 tsʰɐʔ^{5}zɿ^{33}	集市 dʑiɐʔ^{2}zɿ^{33}	庙会 miɔ^{33}uᴇ^{31}
17 昌化	（无）	（无）	庙会 miɔ^{23}uei^{453} 交流会 tɕʰiɔ^{33}li^{33}uei^{45}
18 於潜	赶集 kε^{53}dʑiæʔ^{31}	集市 dʑiæʔ^{2}zɿ^{24}	庙会 miɔ^{24}ue^{53}
19 萧山	（无）	（无）	庙会 miɔ^{13}ue^{42}
20 富阳	（无）	（无）	（无）
21 新登	开交流会 kʰe^{53}tɕiɔ^{53}ləu^{233}ue^{13}	市场 zɿ^{21}dzɑ̃^{13}	（无）
22 桐庐	（无）	集市 dʑiəʔ^{21}zɿ^{13}	庙会 miɔ^{13}uᴇ^{55}
23 分水	赶集 kã^{53}dʑiəʔ^{12}	集市 dʑiəʔ^{12}zɿ^{13}	庙会 miɔ^{24}ue^{24}

续表

方言点	0715 赶集	0716 集市	0717 庙会
24 绍兴	赶市 kẽ^{33}zɿ^{223}	市场 zɿ^{24}dzaŋ^{31}	会市 uᴇ^{22}zɿ^{223} 庙会 miɔ^{22}uᴇ^{22}
25 上虞	赶市 kɛ̃^{33}zɿ^{213}	拢市 loŋ^{21}zɿ^{213}	庙会 miɔ^{21}ue^{31}
26 嵊州	赶交流 kœ̃^{33}tɕiɔ^{53}liʏ^{231}	市场 zɿ^{24}dzaŋ^{231}	庙会 miɔ^{22}uᴇ^{334}
27 新昌	赶交流 kœ̃^{53}tɕiɔ^{33}liɯ^{534}	交流 tɕiɔ^{45}liɯ^{33}	庙会 miɔ^{22}ue^{13}
28 诸暨	赶市 kə^{42}zɿ^{242}	市场 zɿ^{21}dzã^{42}	会场 ve^{33}dzã^{33}
29 慈溪	赶市头 ke^{33}zɿ^{11}dø^{53}	市头 zɿ^{11}dø^{53}	庙会 miɔ^{11}hue^{44}
30 余姚	赶市头 kẽ^{34}zɿ^{13}dø^{0}	市场 zɿ^{13}dzɔŋ^{13}	庙会 miɔ^{13}ue^{13}
31 宁波	赶市日 ki^{33}zɿ^{13}ȵiəʔ^{2}	市日 zɿ^{13}ȵiəʔ^{2}	庙会 mio^{13}uɐi^{13}
32 镇海	赶市日 ki^{33}zɿ^{24}ȵieʔ^{2}	市日 zɿ^{24}ȵieʔ^{2}	庙会 mio^{22}uei^{31}
33 奉化	赶市日 kɛ^{44}zɿ^{33}ȵiɪʔ^{2}	市日 zɿ^{33}ȵiɪʔ^{2}	庙会 miɔ^{33}uei^{31}
34 宁海	赶市 ke^{53}zɿ^{31}	市日 zɿ^{21}ȵiəʔ^{3}	庙会 mieu^{21}uei^{24}
35 象山	赶市 kɛ^{44}zɿ^{31}	市日 zɿ^{31}ȵieʔ^{2}	庙会 mio^{31}uei^{13}
36 普陀	赶市日 ki^{33}zɿ^{45}ȵiɛʔ^{0}	集贸市场 dʑiɛʔ^{2}mɔ^{55}zɿ^{55}dʑiã^{55}	庙会 miɔ^{11}uæi^{55}
37 定海	赶市日 ki^{33}zɿ^{44}ȵieʔ^{2}	市日 zɿ^{23}ȵieʔ^{0}	庙会 mio^{11}uɐi^{23}
38 岱山	赶市日 ki^{33}zɿ^{33}ȵieʔ^{51}	市日 zɿ^{23}ȵieʔ^{2}	庙会 mio^{11}uɐi^{45}
39 嵊泗	赶市日 ki^{33}zɿ^{33}ȵieʔ^{0}	市日 zɿ^{23}ȵieʔ^{0}	庙会 mio^{11}uɐi^{44}
40 临海	赶市 kø^{42}zɿ^{353} 落市 loʔ^{2}zɿ^{353}	市日 zɿ^{31}nieʔ^{23}	老爷寿日 lo^{42}ia^{33}ʑiu^{33}ȵiŋ^{353}小
41 椒江	赶市 tɕie^{42}zɿ^{41}小	市日 zɿ^{31}ȵieʔ^{2}	老爷寿日儿 lɔ^{42}ia^{22}ʑiu^{22}ȵiŋ^{41}
42 黄岩	赶市 tɕie^{42}zɿ^{41}小	市日 zɿ^{121}ȵieʔ^{2}	迎香会 ȵin^{13}ɕiã^{33}uø^{44}
43 温岭	落市 loʔ^{2}zɿ^{31} 赶市 tɕie^{42}zɿ^{41}小	市日 zɿ^{31}ȵiʔ^{2}	（无）
44 仙居	赶市 cie^{31}zɿ^{213}	市日 zɿ^{21}ȵiəʔ^{23}	（无）

续表

方言点	0715 赶集	0716 集市	0717 庙会
45 天台	赶市 ke^{32}zɿ^{214}	市日 zɿ^{21}niəʔ^{2}	迎会 ȵiŋ^{22}uei^{35}
46 三门	赶市 kɛ^{32}zɿ^{213}	市日 zɿ^{21}ȵieʔ^{23}	庙会 miɑu^{23}uei^{55}
47 玉环	赶市 tɕie^{42}zɿ^{41}小	市日 zɿ^{41}ȵiɐʔ^{2}	庙会 miɔ^{22}ue^{44}
48 金华	赶市日 kɤ^{53}sɿ^{55}ȵiəʔ^{212}	市日 sɿ^{55}ȵiəʔ^{212}	庙会 miɑo^{14}ui^{14}
49 汤溪	赶市日 kɤ^{52}zɿ^{11}ȵiei^{113}	市日 zɿ^{11}ȵiei^{113}	社会 ʑiɑ^{11}uɛ^{341}
50 兰溪	赶会场 kɤ^{55}ue^{55}dʑiɑŋ^{24}	会场 ue^{55}dʑiɑŋ^{24}	庙会 miɔ^{24}ue^{24}
51 浦江	趨市 bɛ^{11}zɿ^{243}	市日 zɿ^{11}ȵiə^{243}	（无）
52 义乌	赶市日 kɯ^{33}zɿ^{33}nai^{312}	市日 zɿ^{24}nai^{312}	正日 tsən^{33}nai^{312}
53 东阳	赶市 kɯ^{33}zɿ^{33}	赶会场 kɯ^{33}ue^{24}dʑiɔ^{44}	（无）
54 永康	赶市 gɤ^{31}zɿ^{113}	市日 sɿ^{33}ȵiə^{113}	庙会 miɑu^{31}uəi^{241}
55 武义	赶市 kɤ^{53}zɿ^{13}	市日 zɿ^{53}nə^{213}	庙会 miɑu^{53}ui^{231}
56 磐安	赶市日 kɯ^{33}sɿ^{33}nɛi^{213}	市日 sɿ^{33}nɛi^{213}	交流会 tɕio^{33}liɐɯ^{33}ue^{52}
57 缙云	过行 ku^{44}ɔ^{243} 赶行 kuɛ^{51}ɔ^{243}	行日 ɔ^{21}ȵiei^{45}	拜佛 pa^{44}vəɤ^{13}
58 衢州	赶墟 kə̃^{35}xə̃^{32}“墟”音殊	墟 xə̃^{32}“墟”音殊	庙会 miɔ^{231}ue^{231}
59 衢江	赶会 kuɛ^{33}uei^{231}	会 uei^{231}	老佛会 lɔ^{22}vəʔ^{2}uei^{231}
60 龙游	赶会 gie^{22}uei^{231}	会场 uei^{224}dzã^{231}	老佛会 lɔ^{22}vəʔ^{2}uei^{231}
61 江山	赶墟 kɒŋ^{44}xə^{44}	墟 xə^{44}	老佛生日 lɐɯ^{22}vəʔ^{2}saŋ^{44}nəʔ^{2} 迎老佛 ĩ^{22}lɐɯ^{22}vəʔ^{2}
62 常山	遣墟 tɕʰiɛ̃^{43}xɤ^{44}	墟 xɤ^{44}	庙会 miɤ^{24}ue^{0}
63 开化	赶交流 kã^{44}tɕiəɯ^{44}liʊ^{231}	（无）	老佛会 ləɯ^{21}vaʔ^{2}uɛ^{213}
64 丽水	过行 kuo^{224}ɔŋ^{22}	行日 ɔŋ^{21}nɛʔ^{23}	庙会 miə^{21}uei^{52}
65 青田	赶行 kuɐ^{55}o^{21}	行日 o^{22}nɛʔ^{31}	望佛殿 mo^{22}vaʔ^{3}diɑ^{22}
66 云和	赶行 kuɛ^{44}ɔ̃^{312}	行日 ɔ̃^{223}naʔ^{23}	（无）

续表

方言点	0715 赶集	0716 集市	0717 庙会
67 松阳	过行 ku^{22} oŋ^{31}	行日 oŋ^{33} nɛʔ^{2}	禅会 zɔ̃^{33} uei^{13}
68 宣平	赶行 kuə^{44}ɔ̃^{433} 赶市 kuə^{44} zɿ^{223}	行日 ɔ̃^{44} nəʔ^{23} 市日 zɿ^{43} nəʔ^{23}	(无)
69 遂昌	赶行 kuɛ̃^{53} ɔŋ^{221}	行日 ɔŋ^{21} nɛʔ^{23}	庙会 miɐɯ^{13} uei^{213}
70 龙泉	(无)	行日 ɔŋ^{45} nᴇʔ^{24}	(无)
71 景宁	赶行 kuœ^{33} ɔŋ^{41}	行日 ɔŋ^{55} nɛʔ^{23}	(无)
72 庆元	赶墟 kuæ̃^{33} ɕyᴇ^{335}	墟日 ɕyᴇ^{335} nɤʔ^{34}	佛像旗 fəɯʔ^{34} ɕiɑ̃^{22} tsɿ^{52}
73 泰顺	赶市 kuɛ^{22} sɿ^{21}	会市 uæi^{21} sɿ^{21}	会市 uæi^{21} sɿ^{21}
74 温州	(无)	会市 vai^{31} zɿ^{14}	(无)
75 永嘉	(无)	会市 vai^{31} zɿ^{13}	(无)
76 乐清	赶市日 kuɤ^{33} zɿ^{24} ne^{212}	市日 zɿ^{24} ne^{212}	(无)
77 瑞安	(无)	会市 vai^{31} zɿ^{13}	(无)
78 平阳	赶会市 kɵ^{45} vai^{33} zɿ^{13}	会市 vai^{33} zɿ^{13}	会市 vai^{33} zɿ^{13}
79 文成	赶市 kuø^{33} zɿ^{13}	会市 vai^{33} zɿ^{13}	会市 vai^{33} zɿ^{13}
80 苍南	(无)	会市 uai^{31} zɿ^{24}	(无)
81 建德$_{徽}$	(无)	(无)	(无)
82 寿昌$_{徽}$	赶三六九日 kiɛ^{24} suə^{11} lɔʔ^{31} tɕiəɯ^{24} ȵiəʔ^{31}	三六九日 suə^{11} lɔʔ^{31} tɕiəɯ^{24} ȵiəʔ^{31}	二月十 n^{33} ȵyei^{33} səʔ^{31}
83 淳安$_{徽}$	赶集 kã^{55} ɕiəʔ^{13}	集市 ɕiəʔ^{13} sɿ^{53}	庙会 miɤ^{53} ve^{53}
84 遂安$_{徽}$	赶集 kɑ̃^{21} tɕiɛ^{24}	集市 tɕiɛ^{24} sɿ^{52}	庙会 miɔ^{55} vəɯ^{52}
85 苍南$_{闽}$	赶集 kʰũã^{24} tɕʰi^{21}	集场 tɕʰi^{21} tĩũ^{24}	(无)
86 泰顺$_{闽}$	交流 kau^{22} liɐu^{22}	交流日 kau^{22} liɐu^{22} niɪʔ^{3}	(无)
87 洞头$_{闽}$	赶集 kuã^{21} tɕiet^{24}	集市 tɕiet^{24} tɕʰi^{21}	庙会 bieu^{21} hui^{21}
88 景宁$_{畲}$	(无)	(无)	(无)

方言点	0718 学校	0719 教室	0720 上学
01 杭州	学堂 iɛʔ^{2}daŋ^{45}老 学校 yɛʔ^{2}iɔ^{45}新	教室 tɕiɔ^{45}saʔ^{5}	读书 doʔ^{2}sʮ^{45}
02 嘉兴	学堂 oʔ^{5}dᴀ̃^{33}	教室 tɕiɔ^{33}səʔ^{5}	读书 doʔ^{1}sʮ^{33}
03 嘉善	学堂 uoʔ^{2}dã^{31}	教室 tɕiɔ^{44}sɜʔ^{5}	读书 duoʔ^{2}sʮ^{53}
04 平湖	学堂 oʔ^{23}dɑ̃^{31}	教室 tɕiɔ^{44}səʔ^{5}	读书 doʔ^{23}sʮ^{53}
05 海盐	学堂 ɔʔ^{23}dɑ̃^{53}	教室 tɕiɔ^{55}səʔ^{21}	读书 dɔʔ^{23}ɕy^{53}
06 海宁	学堂 oʔ^{2}da^{35}	课堂 kʰəu^{55}dɑ̃^{53}	读书 doʔ^{2}sɿ^{55}
07 桐乡	学堂 ɔʔ^{23}dɒ̃^{44}	教室 tɕiɔ^{33}səʔ^{5}	读书 dɔʔ^{23}sɿ^{44}
08 崇德	学堂 ɔʔ^{23}dã^{44}	教室 tɕiɔ^{33}səʔ^{5}	读书 dɔʔ^{23}sɿ^{44} 上学 zã^{242}ɔʔ^{23}
09 湖州	学堂 uoʔ^{2}dã^{35}	教室 tɕiɔ^{33}səʔ^{5}	读书 duoʔ^{2}sɿ^{44}
10 德清	学堂 uoʔ^{2}dã^{31}	教室 tɕiɔ^{33}səʔ^{5}	上学 zã^{33}uoʔ^{5}
11 武康	学堂 uoʔ^{2}dã^{31}	教室 tɕiɔ^{33}sɜ^{35}“室”舒化	读书 duoʔ^{2}sɿ^{44}
12 安吉	学堂 oʔ^{2}dɔ̃^{213}	教室 tɕiɔ^{32}səʔ^{23}	上学 zɔ̃^{22}oʔ^{23}
13 孝丰	学堂 oʔ^{2}dɔ̃^{24} 学校 yəʔ^{2}iɔ^{22}	教室 tɕiɔ^{32}səʔ^{23}	上学 zɔ̃^{22}oʔ^{23}/zɔ̃^{22}yəʔ^{23}
14 长兴	学堂 oʔ^{2}dɔ̃^{24}	教室 tʃiɔ^{32}səʔ^{2}	读书 doʔ^{2}sɿ^{44}
15 余杭	学堂 iaʔ^{2}dɑ̃^{13}	教室 tɕiɔ^{53}səʔ^{5}	读书 doʔ^{2}sɿ^{55}
16 临安	学堂 yɐʔ^{2}dɑ̃^{33}	课堂 kʰuo^{53}dɑ̃^{13}	读书 duɔʔ^{2}ɕy^{55}
17 昌化	学校 iɛʔ^{2}iɔ^{243}	教室 tɕiɔ^{54}ɕiɛʔ^{23}	上学 zɔ̃^{23}iaʔ^{23}
18 於潜	学堂 iæʔ^{2}daŋ^{24}	课堂 kʰu^{53}daŋ^{24}	读书 duɐʔ^{2}ɕy^{433}
19 萧山	学堂 əʔ^{21}dɔ̃^{33}	教室 tɕiɔ^{33}səʔ^{5}	上学 zã^{33}əʔ^{13}
20 富阳	学校 iaʔ^{2}iɔ^{13}	教室 tɕiɔ^{55}ɕiɛʔ^{5}	上学 zɑ̃^{13}iaʔ^{2}
21 新登	学堂 iaʔ^{2}dɑ̃^{13}	教室 tɕiɔ^{53}səʔ^{5}	上学堂 zɑ̃^{13}iaʔ^{2}dɑ̃^{13}
22 桐庐	学堂 aʔ^{5}dã^{13}	教室 tɕiɔ^{35}səʔ^{21}	上学 zã^{13}aʔ^{13}

续表

方言点	0718 学校	0719 教室	0720 上学
23 分水	学校 iəʔ^{12} iɔ^{13}	教室 tɕiɔ^{21} səʔ^{5}	上学 zã^{13} iəʔ^{12}
24 绍兴	学堂 oʔ^{2} dɑŋ^{231}	教室 tɕiɔ^{33} səʔ^{5}	读书 doʔ^{2} ɕy^{53}
25 上虞	学堂 oʔ^{2} dɔ̃^{31}	教室 tɕiɔ^{55} sɿ^{0}	上学 zɔ̃^{31} oʔ^{2}
26 嵊州	学堂 oʔ^{2} dɔŋ^{231}	教室 tɕiɔ^{33} səʔ^{5}	读书 doʔ^{2} sɿ^{534} 老 上学 zaŋ^{24} oʔ^{2} 新
27 新昌	学堂 oʔ^{2} dɔ̃^{232}	教室 tɕiɔ^{53} sɤʔ^{5}	读书 dɤʔ^{2} sɿ^{534}
28 诸暨	学堂 oʔ^{21} dɑ̃^{242}	教室 tɕiɔ^{42} soʔ^{33}	读书 doʔ^{21} ɕy^{544}
29 慈溪	学堂 oʔ^{2} dɔ̃^{53}	课堂 kʰəu^{44} dɔ̃^{44}	读书 doʔ^{2} sɥ^{35}
30 余姚	学堂 oʔ^{2} dɔŋ^{0}	教室 tɕiɔ^{44} səʔ^{2}	上学 zɔŋ^{13} oʔ^{2}
31 宁波	学堂 oʔ^{2} dɔ^{13}	课堂 kʰəu^{44} dɔ^{13}	上学 zɔ^{13} oʔ^{2}
32 镇海	学堂 oʔ^{2} dɔ̃^{24}	课堂 kʰəu^{33} dɔ̃^{31}	读书去 doʔ^{2} sɥ^{33} tɕʰi^{0}
33 奉化	学堂 oʔ^{2} dɔ̃^{24}	课堂 kʰəu^{44} dɔ̃^{31}	读书 doʔ^{2} sɥ^{44}
34 宁海	学堂 ɔʔ^{3} dɔ̃^{213}	教室 kau^{33} ɕiəʔ^{5}	读书 doʔ^{3} sɥ^{34}
35 象山	学堂 oʔ^{2} dɔ̃^{31}	课堂 kʰəu^{53} dɔ̃^{31}	上学 zɔ̃^{31} oʔ^{2}
36 普陀	学堂 oʔ^{2} dɔ̃^{45} 老 学校 oʔ^{2} iɔ^{45} 新	教室 tɕiɔ^{55} soʔ^{0}	读书 doʔ^{2} sɥ^{53}
37 定海	学堂 oʔ^{2} dõ^{45} 老 学校 oʔ^{2} io^{45} 新	课堂 kʌu^{44} dõ^{0} 老 教室 tɕio^{44} soʔ^{0} 新	读书 doʔ^{2} sɥ^{52}
38 岱山	学校 oʔ^{2} io^{44}	教室 tɕio^{44} soʔ^{0}	读书去 doʔ^{2} sɥ^{52} tɕʰi^{0}
39 嵊泗	学校 oʔ^{2} io^{45}	教室 tɕio^{44} soʔ^{0}	读书 doʔ^{2} sɥ^{53}
40 临海	学堂 ɔʔ^{2} dɔ̃^{21}	教室 kɔ^{33} ɕieʔ^{5}	读书去 doʔ^{2} ɕy^{33} kʰei^{31}
41 椒江	学堂 oʔ^{2} dɔ̃^{41}	教室 kɔ^{33} ɕieʔ^{5}	读书去 doʔ^{2} sɥ^{42} kʰə^{0}
42 黄岩	校 ɔ^{24} 学堂 oʔ^{2} dɔ̃^{41}	教室 kɔ^{33} ɕieʔ^{5}	读书去 doʔ^{2} sɥ^{33} kʰie^{55}
43 温岭	学堂 oʔ^{2} dɔ̃^{41}	教室 kɔ^{33} ɕiʔ^{5}	读书去 doʔ^{2} ɕy^{33} kʰie^{0}

续表

方言点	0718 学校	0719 教室	0720 上学
44 仙居	学堂 ɑʔ^{23}dɑ̃^{213}	教室 kɐɯ^{33}səʔ^{5}	读书 duəʔ^{23}ɕy^{334}
45 天台	学堂 ɔʔ^{2}dɔ^{224}	课堂 kʰou^{33}dɔ^{224}	学堂去 ɔʔ^{2}dɔ^{224}kʰei^{55}
46 三门	学堂 ɔʔ^{2}dɔ^{113}	教室 kɑu^{33}sɐʔ^{5}	读书去 doʔ^{2}sɥ^{33}tɕʰi^{52}
47 玉环	学堂 oʔ^{2}dɔ̃^{41}	教室 kɔ^{33}ɕiɐʔ^{5}	读书 doʔ^{2}ɕy^{42}
48 金华	学堂 oʔ^{21}dɑŋ^{14}	教室 tɕiɑo^{33}ɕiəʔ^{4}	上学堂 ɕiɑŋ^{53}oʔ^{21}dɑŋ^{14} 读书 doʔ^{21}ɕy^{334}
49 汤溪	学堂 ɔ^{11}tɔ^{52}	班 mɤa^{24}	读书 dou^{11}ɕy^{24}
50 兰溪	学堂 ɑʔ^{12}dɑŋ^{24}	教室 tɕiɔ^{55}ɕiəʔ^{34}	读书 dɔʔ^{12}ɕy^{334}
51 浦江	学堂 o^{24}dõ^{334}	教室 tɕiɑ^{33}sə^{423}	读书 dɯ^{24}ɕy^{334}
52 义乌	学堂 ɔ^{24}dŋ^{w213}	教室 ko^{33}sə^{324}	读书 dau^{24}ɕy^{335}
53 东阳	学堂 ɔ^{22}dɔ^{53}	教室 tɕiɐɯ^{33}ɕiɛʔ^{34}	上学 dʑiɔ^{23}ɔ^{33}
54 永康	学堂 ɑu^{33}ɗɑŋ^{55}	教室 kɑu^{33}sə^{334}	落学堂 lɑu^{33}ɑu^{33}ɗɑŋ^{55}
55 武义	学堂 ɑu^{53}dɑŋ^{324}	教室 kɑu^{55}səʔ^{5}	去读书 kʰɯ^{55}dəʔ^{5}ɕy^{24}
56 磐安	学堂 uə^{14}tɒ^{52}	教室 tɕio^{33}ɕiɛ^{334}	读书 tʌo^{55}ɕy^{445}
57 缙云	学堂 ɔ^{51}dɔ^{243}	课室 kʰu^{44}səɤ^{322}	上学 dʑiɑ^{51}ɔ^{13}
58 衢州	学堂 uəʔ^{2}dɑ̃^{21}	教室 tɕiɔ^{53}ʃyəʔ^{5}	上学 ʒyɑ̃^{231}uəʔ^{12}
59 衢江	学堂 uəʔ^{2}tɑ̃^{53}	教室 tɕiɔ^{33}ɕyəʔ^{5}	读书 dəʔ^{2}ɕyø^{33}
60 龙游	学堂 uɔʔ^{2}dɑ̃^{231}	教室 tɕiɔ^{33}səʔ^{4}	上学 dzɑ̃^{22}uɔʔ^{23}
61 江山	学堂 ɒʔ^{2}daŋ^{213}	教室 kiɐɯ^{44}ɕiᴇʔ^{5}	上学堂 dʑiaŋ^{22}ɒʔ^{2}daŋ^{213}
62 常山	学堂 ʌʔ^{3}dɑ̃^{341}	教室 tɕiɤ^{43}seʔ^{5}	上学堂 dʑiɑ̃^{22}ʌʔ^{3}dɑ̃^{341}
63 开化	学堂 ɔʔ^{2}dɔŋ^{231}	教室 tɕiəɯ^{44}ɕiɛʔ^{5}	上学堂 dʑiɑ̃^{21}ɔʔ^{2}dɔŋ^{231}
64 丽水	学堂 əʔ^{2}dɔŋ^{22}	教室 kə^{44}ɕiʔ^{5}	上学 dʑiɑ̃^{21}əʔ^{23}
65 青田	学堂 oʔ^{3}do^{53}	教室 ko^{33}saʔ^{42}	读书 duʔ^{3}sɥ^{445}
66 云和	学堂 oʔ^{23}dɔ̃^{312}	教室 kɑɔ^{44}seiʔ^{5}	读书 dəɯʔ^{23}sɥ^{24} 上学 dʑiɑ̃^{223}oʔ^{23}

续表

方言点	0718 学校	0719 教室	0720 上学
67 松阳	学堂 oʔ^{2}doŋ^{31}	教室 kɔ^{33}ɕiʔ^{5}	读书 dɤʔ^{2}ɕyɛ^{53}
68 宣平	学堂 əʔ^{2}dɔ̃^{433} 校 ɔ^{231}	教室 kɔ^{44}səʔ^{5}	读书 dəʔ^{42}ɕy^{324}
69 遂昌	学堂 ɔʔ^{23}dɔŋ^{221}	教室 kɐɯ^{33}ɕiʔ^{5}	读书 dəɯʔ^{2}ɕyɛ^{45}
70 龙泉	学堂 oʔ^{3}dɔŋ^{21}	教室 kɑʌ^{44}ɕieiʔ^{5}	上学 dʑiaŋ^{21}oʔ^{24}
71 景宁	学堂 oʔ^{23}dɔŋ^{41}	教室 kɑu^{55}səʔ^{5}	去学堂 kʰi^{33}oʔ^{23}dɔŋ^{41}
72 庆元	学堂 xoʔ^{34}tɔ̃^{52}	教室 kɒ^{11}ɕiəɯʔ^{5}	上学 tɕiɑ̃^{22}xoʔ^{34}
73 泰顺	学堂 oʔ^{2}tɔ̃^{53}	教室 kɑɔ^{22}səiʔ^{5}	去学堂 tsʰɿ^{22}oʔ^{2}tɔ̃^{53}
74 温州	学堂 o^{22}duɔ^{223}	教室 kuɔ^{45}sai^{323}	读书 dɤu^{2}sɿ^{33}
75 永嘉	学堂 o^{22}dɔ^{21}	教室 kɔ^{45}sai^{423}	走读书 tsau^{43}dəu^{22}sɥ^{44}
76 乐清	学堂 o^{22}dɔ^{223}	教室 ka^{35}sɤ^{323}	读书 dau^{2}sy^{44}
77 瑞安	学堂 o^{22}do^{21}	教室 kɔ^{35}sa^{323}	读书 dou^{2}səɯ^{44}
78 平阳	学堂 o^{21}do^{13}	教室 kɔ^{45}sᴀ^{21}	走学堂 tʃau^{45}o^{21}do^{13}
79 文成	学堂 o^{21}do^{33}	教室 kɔ^{42}sa^{13}	上学 ʑie^{42}o^{212}
80 苍南	学堂 o^{11}do^{112}	教室 ka^{33}sɛ^{223}	读书 du^{11}ɕy^{44}
81 建德徽	学堂 hu^{21}to^{33}	教室 tɕiɔ^{55}sɐʔ^{5}	上学 so^{21}hu^{213}
82 寿昌徽	学堂 xɔʔ^{3}tʰɑ̃^{52}	教室 tɕiɑ^{33}səʔ^{3}	读书 tʰɔʔ^{3}ɕy^{112} 上学 sɑ̃^{33}xɔʔ^{31}
83 淳安徽	学堂 hɑʔ^{13}tʰɑ̃^{24}	教室 tɕiɤ^{21}səʔ^{5}	归学堂 kue^{24}hɑʔ^{13}tʰɑ̃^{24}
84 遂安徽	学堂 xɔ^{21}tʰəŋ^{24}	教室 kɔ^{55}ɕiɛ^{33}	上学 ɕiɑ̃^{55}xɔ^{213}
85 苍南闽	学堂 o^{21}tɯŋ^{24}	教室 kau^{33}ɕie^{43}	上学堂 ɕiɑŋ^{32}o^{21}tɯŋ^{24}
86 泰顺闽	课堂 kʰou^{34}to^{22}	学馆 sɔi^{21}kuæŋ^{344}	坐馆 sæŋ^{21}kuæŋ^{344}
87 洞头闽	学堂 hɐk^{21}tɯŋ^{24}	教室 kau^{33}ɕiek^{5}	去学堂 kʰɯ^{33}hɐk^{21}tɯŋ^{24}
88 景宁畲	学堂 xoʔ^{2}tɔŋ^{22}	教室 kau^{44}ɕit^{5}	读书 tʰoʔ^{2}ɕy^{44}

方言点	0721 放学	0722 考试	0723 书包
01 杭州	放学 faŋ^{55} iɛʔ^{2}	考试 kʰɔ^{55} sɿ^{0}	书包 sʮ^{33} pɔ^{45}
02 嘉兴	放夜学 fᴀ̃^{33} iᴀ^{24} oʔ^{1}	考试 kʰɔ^{21} sɿ^{24}	书包 sʮ^{33} pɔ^{42}
03 嘉善	放点心 fã^{55} tiɪ^{55} ɕin^{53} 放夜学 fã^{55} ia^{55} uoʔ^{2}	考试 kʰɔ^{44} sɿ^{35}	书包 sʮ^{35} pɔ^{53}
04 平湖	放学 fɑ̃^{44} oʔ^{5}	考试 kʰɔ^{21} sɿ^{334}	书包 sʮ^{55} pɔ^{53}
05 海盐	放夜学 fɑ̃^{55} iɑ^{55} ɔʔ^{21}	考试 kʰɔ^{53} sɿ^{423}	书包 ɕy^{55} pɔ^{53}
06 海宁	放中饭 fɑ̃^{55} tsoŋ^{55} vɛ^{55} 放晚学 fɑ̃^{55} mɛ^{13} oʔ^{2}	考试 kʰɔ^{55} sɿ^{0}	书包 sɿ^{55} pɔ^{55}
07 桐乡	放夜学 fɒ̃^{33} ia^{33} ɔʔ^{5}	考试 kʰɔ^{53} sɿ^{334}	书包 sɿ^{44} pɔ^{44}
08 崇德	放夜学 fã^{33} ia^{33} ɔʔ^{23}	考试 kʰɔ^{55} sɿ^{0}	书包 sɿ^{44} pɔ^{44}
09 湖州	放学 fã^{33} uoʔ^{3}	考试 kʰɔ^{53} sɿ^{13}	书包 sɿ^{44} pɔ^{44}
10 德清	放学 fã^{33} uoʔ^{5}	考试 kʰɔ^{35} sɿ^{0}	书包 sɿ^{44} pɔ^{44}
11 武康	放学 fã^{33} uoʔ^{3}	考试 kʰɔ^{53} sɿ^{31}	书包 sɿ^{44} pɔ^{44}
12 安吉	放学 fɔ̃^{32} oʔ^{23}	考试 kʰɔ^{52} sɿ^{21}	书包 sɿ^{55} pɔ^{55}
13 孝丰	放学 fɔ̃^{32} oʔ^{23}	考试 kʰɔ^{45} sɿ^{21}	书包 sɿ^{44} pɔ^{44}
14 长兴	放学 fɔ̃^{32} oʔ^{2}	考试 kʰɔ^{45} sɿ^{21}	书包 sɿ^{44} pɔ^{44}
15 余杭	放管 fɑ̃^{35} kuõ^{53}	考试 kʰɔ^{35} sɿ^{0}	书包 sɿ^{55} pɔ^{55}
16 临安	放学 fɑ̃^{55} uɔʔ^{2}	考试 kʰɔ^{55} sɿ^{55}	书包 ɕy^{53} pɔ^{33}
17 昌化	放学 fɔ̃^{54} iaʔ^{23}	考试 kʰɔ^{45} sɿ^{53}	书包 ɕy^{33} pɔ^{45}
18 於潜	放学 faŋ^{53} iɐʔ^{31}	考试 kʰɔ^{53} sɿ^{31}	书包 ɕy^{43} pɔ^{433}
19 萧山	放学 fɔ̃^{33} əʔ^{13}	考试 kɔ^{33} sɿ^{21}	书包 sɿ^{33} pɔ^{33}
20 富阳	放学 fɑ̃^{335} iaʔ^{2}	考试 kʰɔ^{423} sɿ^{335}	书包 ɕy^{55} pɔ^{55}
21 新登	放学 fɑ̃^{45} iaʔ^{2}	考试 kʰɔ^{334} sɿ^{45}	书包袋 sʮ^{53} pɔ^{334} de^{13}
22 桐庐	放学 fã^{35} aʔ^{13}	考试 kʰɔ^{33} sɿ^{35}	书包 ɕy^{35} pɔ^{13}
23 分水	放学 fã^{24} iəʔ^{12}	考试 kʰɔ^{44} sɿ^{21}	书包 ɕy^{44} pɔ^{44}

续表

方言点	0721 放学	0722 考试	0723 书包
24 绍兴	放学 fɑŋ^{33} oʔ^{2}	考试 kʰɔ^{44} sɿ^{31}	书包 ɕy^{33} pɔ^{53}
25 上虞	放学 fɔ̃^{55} oʔ^{2}	考试 kʰɔ^{33} sɿ^{53}	书包 ɕy^{33} pɔ^{33}
26 嵊州	放学 fɔŋ^{33} oʔ^{2}	考试 kʰɔ^{33} sɿ^{53}	书包袋 sɿ^{53} pɔ^{33} dᴇ^{21}
27 新昌	放夜学 fɔ̃^{33} ia^{33} oʔ^{2}	考试 kʰɔ^{33} sɿ^{53}	书包 sɿ^{33} pɔ^{534}
28 诸暨	放学 fɑ̃^{42} ioʔ^{13}	考试 kʰɔ^{42} sɿ^{21}	书包 ɕy^{42} pɔ^{21}
29 慈溪	放学 fɔ̃^{44} oʔ^{2}	考试 kʰɔ^{33} sɿ^{53}	书包 sʮ^{33} pɔ^{35}
30 余姚	放学 fɔŋ^{53} oʔ^{2}	考试 kʰɔ^{34} sɿ^{53}	书包 sʮ^{44} pɔ^{44}
31 宁波	放学 fɔ^{44} oʔ^{2}	考试 kʰɔ^{53} sɿ^{0}	书包 sʮ^{44} pɔ^{53}
32 镇海	放学 fɔ̃^{33} oʔ^{2}	考试 kʰɔ^{35} sɿ^{0}	书包 sʮ^{33} pɔ^{53}
33 奉化	放学 fɔ̃^{44} oʔ^{2}	考试 kʰʌ^{44} sɿ^{53}	书包袋 sʮ^{44} pʌ^{44} de^{33}
34 宁海	放假 fɔ̃^{33} ko^{35}	考试 kʰau^{53} sɿ^{35}	书包 sʮ^{33} pau^{34} 书包袋 sʮ^{33} pau^{33} dei^{24}
35 象山	放学 fɔ̃^{53} oʔ^{2}	考试 kʰɔ^{44} sɿ^{44}	书包 sʮ^{44} pɔ^{35} 书包袋 sʮ^{44} pɔ^{44} dei^{13}
36 普陀	放学 fɔ̃^{33} oʔ^{23}	考试 kʰɔ^{53} sɿ^{0}	书包 sʮ^{33} pɔ^{53}
37 定海	放学 fõ^{33} oʔ^{5}	考试 kʰɔ^{52} sɿ^{0}	书包 sʮ^{33} pɔ^{52}
38 岱山	放学 fõ^{33} oʔ^{5}	考试 kʰɔ^{52} sɿ^{0}	书包 sʮ^{33} pɔ^{52}
39 嵊泗	放学 fõ^{33} oʔ^{5}	考试 kʰɔ^{44} sɿ^{0}	书包 sʮ^{33} pɔ^{53}
40 临海	放学 fɔ̃^{33} ɔ̃^{51}	考试 kʰɔ^{42} sɿ^{353}	书包 ɕy^{33} pɔ^{31}
41 椒江	放假 fɔ̃^{33} ko^{55}	考试 kʰɔ^{42} sɿ^{35}小	书包 sʮ^{35} pɔ^{42}
42 黄岩	放假 fɔ̃^{33} ko^{55}	考试 kʰɔ^{42} sɿ^{35}小	书包 sʮ^{35} pɔ^{32}
43 温岭	放假 fɔ̃^{35} ko^{55}	考试 kʰɔ^{42} sɿ^{15}小	书包 ɕy^{33} pɔ^{15}小
44 仙居	放学 fɑ̃^{33} ɑʔ^{23}	考试 kʰɐɯ^{31} sɿ^{55}	书袋 ɕy^{55} dæ^{55}
45 天台	放学堂 fɔ^{55} ɔʔ^{2} dɔ^{224}	考试 kau^{32} sɿ^{55}	书包袋 ɕy^{33} pau^{33} dei^{35}

续表

方言点	0721 放学	0722 考试	0723 书包
46 三门	放假 fɔ^{55} ko^{55}	考试 kʰɑu^{32} sɿ^{52}	书包 sɥ^{33} pɑu^{52}
47 玉环	放假 fɔ̃^{33} ko^{55}	考试 kʰɔ^{53} sɿ^{55}	书包 ɕy^{55} pɔ^{42}
48 金华	放夜学 fɑŋ^{33} ia^{55} oʔ^{212}	考试 kʰɑo^{53} sɿ^{55}	书包袋 ɕy^{33} pɑo^{33} dɛ^{14} 老 书包 ɕy^{33} pɑo^{55} 新
49 汤溪	放夜学 fɑo^{33} iɑ^{11} ɔ^{113}	考试 kʰɔ^{52} zɿ^{341}	书袋 ɕy^{24} dɛ^{0}
50 兰溪	放夜学 fɑŋ^{334} iɑ^{55} ɑʔ^{12}	考试 kʰɔ^{55} sɿ^{45}	书包袋 ɕy^{334} pɔ^{334} de^{24}
51 浦江	放夜学 fõ^{33} iɑ^{33} o^{243}	考试 kʰo^{55} ʃi^{55}	书包袋 ɕy^{33} po^{33} da^{24}
52 义乌	放学 fŋ^{w33} ɔ^{312}	考试 kʰo^{45} si^{31}	书包 ɕy^{33} pɯɤ^{45}
53 东阳	放学 fɔ^{33} o^{35}	考试 kʰaɯ^{45} sɿ^{53}	书包 sɿ^{33} pɐɯ^{53}
54 永康	放夜学 fɑŋ^{33} ia^{31} ɑu^{113} 放午饭 fɑŋ^{33} ŋ^{31} va^{241}	考试 kʰɑu^{31} ɕi^{52}	书包 ɕy^{33} ɓɑu^{55}
55 武义	放夜学 fɑŋ^{55} ie^{53} ɑu^{13}	考试 kʰɑu^{53} sɿ^{53}	书包 ɕy^{32} pɑu^{53}
56 磐安	放学 fɒ^{33} uə^{213}	考试 kʰo^{52} sɿ^{52}	书包 ɕy^{33} po^{52}
57 缙云	放学 fɔ^{44} ɔ^{13}	考试 kʰɤ^{51} sɿ^{453}	书包袋 sɥ^{44} pɔ^{44} dei^{453}
58 衢州	放学 fɑ̃^{53} uəʔ^{12}	考试 kʰɔ^{35} sɿ^{53}	书包 ʃy^{32} pɔ^{53}
59 衢江	放学 fɑ̃^{33} uəʔ^{2}	考试 kʰɔ^{33} sɿ^{53}	书包 ɕyø^{33} pɔ^{33}
60 龙游	放学 fã^{33} uəʔ^{23}	考试 kʰɔ^{22} sɿ^{51}	书包 ɕy^{33} pɔ^{334}
61 江山	放学 poŋ^{44} ɒʔ^{2}	考试 kʰɐɯ^{44} ɕi^{51}	书袋 ɕiə^{24} dᴇ^{51}
62 常山	放学 pɔ̃^{44} ʌʔ^{34}	考试 kʰɤ^{43} sɿ^{52}	书包 ɕie^{44} pɔ^{44}
63 开化	放学 pɤŋ^{44} ɔʔ^{13}	考试 kʰəɯ^{44} sɿ^{53}	书包 ɕiɛ^{44} pəɯ^{44}
64 丽水	放学 fɔŋ^{52} əʔ^{23}	考试 kʰə^{44} sɿ^{52}	书包 sɥ^{44} pə^{224}
65 青田	放学 fo^{33} oʔ^{31}	考试 kʰœ^{33} sɿ^{33}	书包 sɥ^{33} ɓo^{445}
66 云和	放学 fɔ̃^{44} oʔ^{23}	考试 kʰəɯ^{44} sɿ^{45}	书包 sɥ^{44} pɑɔ^{24}
67 松阳	放学 foŋ^{33} oʔ^{2}	考试 kʰʌ^{33} sɿ^{24}	书包 ɕyɛ^{24} pɔ^{53}

续表

方言点	0721 放学	0722 考试	0723 书包
68 宣平	放学 fɔ̃^{44} əʔ^{23}	考试 kʰɯ^{44} sɿ^{52}	书袋 ɕy^{32} dei^{231} 书包 ɕy^{44} pɔ^{324}
69 遂昌	放学 fɔŋ^{33} ɔʔ^{23}	考试 kʰɐɯ^{53} sɿ^{45}	书包 ɕyɛ^{33} pɐɯ^{45}
70 龙泉	放假 fɔŋ^{44} ko^{45}	考试 kʰɑʌ^{21} sɿʔ^{5} "试"音殊	书包 ɕy^{44} pɑʌ^{434}
71 景宁	放学 fɔŋ^{33} oʔ^{23}	考试 kʰəɯ^{33} sɿ^{45}	书包 ɕy^{33} pɑu^{324}
72 庆元	放学 fɔ̃^{11} xoʔ^{34}	考试 kʰɒ^{33} sɿ^{31}	书包 ɕyᴇ^{33} ɓɒ^{55} 小
73 泰顺	放学 xɔ̃^{22} oʔ^{2}	考试 kʰɑɔ^{22} sɿ^{35}	书袋 ɕy^{213} tɛ^{22}
74 温州	放学 huɔ^{45} o^{212}	考试 kʰɜ^{42} sɿ^{21}	书包 sɿ^{33} puɔ^{33}
75 永嘉	放学 huɔ^{45} o^{213}	考试 kʰə^{53} sɿ^{43}	书包 sʮ^{33} puɔ^{44}
76 乐清	放学 fɔ^{35} o^{212}	考试 kʰɤ^{42} sɿ^{21}	书包 sy^{44} pa^{44}
77 瑞安	放学 fɔ^{35} o^{21}	考试 kʰɛ^{53} sɿ^{42}	书包 səɯ^{33} pɔ^{44}
78 平阳	放学 fɔ^{45} o^{13}	考试 kʰɛ^{33} sɿ^{42}	书包 sʉ^{33} pɔ^{55}
79 文成	放学 fɔ^{42} o^{212}	考试 kʰɛ^{33} sɿ^{33}	书包 səy^{33} po^{33}
80 苍南	放学 huɔ^{33} o^{112}	考试 kʰɛ^{53} sɿ^{42}	书包 ɕy^{33} pa^{44}
81 建德徽	放学 fo^{33} hu^{213}	考试 kʰɔ^{21} sɿ^{55}	书包袋 ɕy^{53} pɔ^{21} tʰɛ^{55} 书包 ɕy^{53} pɔ^{213}
82 寿昌徽	放学 fɑ̃^{33} xɔʔ^{31}	考试 kʰɑ^{33} sɿ^{33}	书包袋 ɕy^{11} pəɯ^{11} tʰiæ^{55}
83 淳安徽	放学 fɑ̃^{24} hɑʔ^{13}	考试 kʰɤ^{55} sɿ^{21}	书包 ɕya^{21} pɤ^{55}
84 遂安徽	放学 fəŋ^{55} xɔ^{213}	考试 kʰɔ^{21} sɿ^{52}	书包 ɕy^{55} pɔ^{534}
85 苍南闽	放学 pɑŋ^{24} he^{21}	考试 kʰau^{24} ɕi^{21}	书包 tsɯ^{33} pau^{55}
86 泰顺闽	散馆 sæŋ^{21} kuæŋ^{344}	考 kʰau^{344}	书袋 ɕy^{22} təi^{31}
87 洞头闽	放学 paŋ^{33} hɐk^{21}	考试 kʰo^{24} ɕi^{21}	书包 tsɿ^{24} pau^{24}
88 景宁畲	放学 piɔŋ^{43} xoʔ^{2}	考试 kʰiəu^{55} ɕi^{44}	书包 ɕy^{44} pau^{445} 小

方言点	0724 本子	0725 铅笔	0726 钢笔
01 杭州	簿子 bu^{13}tsɿ^{53}	铅笔 tɕʰiɛ^{33}piɛʔ^{5}	钢笔 kaŋ^{33}piɛʔ^{5}
02 嘉兴	簿子 bu^{21}tsɿ^{24}	铅笔 kʰᴇ^{42}pieʔ^{5}	钢笔 kÃ^{33}pieʔ^{5}
03 嘉善	簿子 bu^{22}tsɿ^{35}	铅笔 kʰɛ^{55}pieʔ^{4}	钢笔 kã^{55}pieʔ^{5}
04 平湖	簿子 bu^{21}tsɿ^{44}	铅笔 kʰɛ^{44}piəʔ^{0}	钢笔 kɑ̃^{44}piəʔ^{0}
05 海盐	簿子 bu^{53}tsɿ^{213}	铅笔 kʰɛ^{55}piəʔ^{5}	钢笔 kuɑ̃^{55}piəʔ^{5}
06 海宁	簿子 bu^{13}tsɿ^{0}	铅笔 kʰɛ^{55}pieʔ^{5}	钢笔 kuɑ̃^{55}pieʔ^{5}
07 桐乡	簿子 bu^{24}tsɿ^{0}	铅笔 kʰɛ^{44}piəʔ^{0}	钢笔 kɒ̃^{44}piəʔ^{0}
08 崇德	簿子 bu^{24}tsɿ^{0}	铅笔 kʰɛ^{44}piəʔ^{4}	钢笔 kuã^{44}piəʔ^{4}
09 湖州	簿子 bəu^{35}tsɿ^{13}	铅笔 kʰɛ^{44}pieʔ^{4}	钢笔 kã^{44}pieʔ^{4}
10 德清	簿子 bu^{35}tsɿ^{0}	铅笔 kʰɛ^{44}pieʔ^{4}	自来水笔 zɿ^{33}lɛ^{33}sɿ^{33}pieʔ^{5}
11 武康	簿子 bu^{13}tsɿ^{53}	铅笔 kʰɛ^{44}pieʔ^{5}	自来水笔 zɿ^{33}lɛ^{33}sɛ^{33}pieʔ^{5}
12 安吉	书本 sɿ^{55}pəŋ^{55}	铅笔 kʰᴇ^{55}piᴇʔ^{5}	钢笔 kɔ̃^{55}piᴇʔ^{5}
13 孝丰	簿子 bu^{24}tsɿ^{52}	铅笔 kʰɛ^{44}pieʔ^{5}	钢笔 kɔ̃^{44}pieʔ^{5}
14 长兴	簿子 bu^{24}tsɿ^{21}	铅笔 kʰᴇ^{44}piᴇʔ^{5}	钢笔 kɔ̃^{44}piᴇʔ^{5}
15 余杭	簿子 bu^{33}tsɿ^{53}	洋笔 iɑ̃^{33}pieʔ^{5}	钢笔 kɑ̃^{55}pieʔ^{5}
16 临安	簿子 bu^{33}tsɿ^{53}	铅笔 kʰɛ^{53}piɐʔ^{5}	钢笔 kɑ̃^{53}piɐʔ^{5}
17 昌化	簿子 bu^{23}tsɿ^{453}	铅笔 tɕʰiĩ^{33}piɛʔ^{5}/kʰɔ̃^{33}piɛʔ^{5}	水笔 sei^{45}piɛʔ^{5} 钢笔 kɔ̃^{33}piɛʔ^{5}
18 於潜	簿子 bu^{24}tsɿ^{454}	铅笔 kʰɛ^{43}pieʔ^{53}	自来水笔 zɿ^{22}le^{223}sue^{53}pieʔ^{31}
19 萧山	簿子 bu^{13}tsɿ^{21}	铅笔 kʰɛ^{33}pieʔ^{5}	钢笔 kɔ̃^{33}pieʔ^{5}
20 富阳	簿子 bu^{224}tsɿ^{335}	铅笔 kʰã^{55}piɛʔ^{5}	钢笔 kɑ̃^{55}piɛʔ^{5}
21 新登	簿子 bu^{21}tsɿ^{45}	铅笔 kʰɛ̃^{53}piəʔ^{5}	钢笔 kɑ̃^{53}piəʔ^{5}
22 桐庐	簿子 bu^{13}tsɿ^{55}	铅笔 kʰã^{35}piəʔ^{13}	钢笔 kã^{35}piəʔ^{13}
23 分水	簿子 bo^{13}tsɿ^{0}	铅笔 tɕʰiɛ̃^{44}piəʔ^{5}	钢笔 kã^{44}piəʔ^{5}

续表

方言点	0724 本子	0725 铅笔	0726 钢笔
24 绍兴	簿子 bu^{24}tseʔ^{3}	铅笔 kʰɛ̃^{33}pieʔ^{5}	钢笔 kɑŋ^{33}pieʔ^{5}
25 上虞	簿子 bu^{21}tsɿ^{53}	铅笔 kʰɛ̃^{33}piəʔ^{5}	钢笔 kɔ̃^{33}piəʔ^{5}
26 嵊州	簿子 bu^{24}tsɿ^{53}	铅笔 kʰɛ̃^{53}pieʔ^{5}	钢笔 kɔŋ^{53}pieʔ^{5}
27 新昌	簿 bu^{232}	铅笔 kʰɛ̃^{53}piʔ^{5}	钢笔 kɔ̃^{53}piʔ^{5}
28 诸暨	簿子 bu^{13}tsɿ^{42}	铅笔 kʰe^{42}pieʔ^{5}	自来水笔 zɿ^{13}le^{33}sɿ^{33}pieʔ^{5}
29 慈溪	簿子 bu^{11}tsɿ^{53}	铅笔 kʰɛ̃^{33}piəʔ^{5}	钢笔 kɔ̃^{33}piəʔ^{5}
30 余姚	簿子 bu^{13}tsɿ^{53}	铅笔 kʰã^{44}piəʔ^{5}	钢笔 kɔŋ^{44}piəʔ^{5}
31 宁波	簿子 bu^{13}tsɿ^{44}	铅笔 kʰɛ^{44}piəʔ^{2}	钢笔 kɔ^{44}piəʔ^{2}
32 镇海	簿子 bu^{24}tsɿ^{0}	铅笔 kʰɛ^{33}pieʔ^{5}	钢笔 kɔ̃^{33}pieʔ^{5} 墨水笔 moʔ^{2}sɥ^{33}pieʔ^{5}
33 奉化	簿子 bu^{33}tsɿ^{44}	铅笔 kʰɛ^{44}piɪʔ^{5}	钢笔 kɔ̃^{44}piɪʔ^{5}
34 宁海	写字簿 ɕia^{53}dzɿ^{24}bu^{31} 作业簿 tsoʔ^{3}ȵieʔ^{3}bu^{31}	铅笔 kʰe^{33}piəʔ^{5}	钢笔 kɔ̃^{33}piəʔ^{5}
35 象山	簿子 bu^{31}tsɿ^{44}	铅笔 kʰɛ^{44}pieʔ^{5}	钢笔 kɔ̃^{44}pieʔ^{5} 自来水笔 zɿ^{31}lei^{31}sɥ^{44}pieʔ^{5}
36 普陀	簿子 bu^{23}tsɿ^{0}	铅笔 kʰɛ^{33}piɛʔ^{5}	钢笔 kɔ̃^{33}piɛʔ^{5}
37 定海	簿子 bu^{23}tsɿ^{0}	铅笔 kʰɛ^{33}pieʔ^{5}	钢笔 kõ^{33}pieʔ^{5}
38 岱山	簿子 bu^{23}tsɿ^{52}	铅笔 kʰɛ^{33}pieʔ^{5}	钢笔 kõ^{33}pieʔ^{5}
39 嵊泗	簿子 bu^{34}tsɿ^{0}	铅笔 kʰɛ^{33}piᴇʔ^{5}	钢笔 kõ^{33}piᴇʔ^{5}
40 临海	簿 bu^{353}小	铅笔 kʰɛ^{33}pieʔ^{5}	自来水笔 zɿ^{22}le^{33}ɕy^{42}pieʔ^{5} 钢笔 kɔ̃^{33}pieʔ^{5}
41 椒江	簿 bu^{41}小	铅笔 kʰiɛ^{33}pieʔ^{5}	洋蓝水笔 iã^{22}lɛ^{22}sɥ^{42}pieʔ^{5}
42 黄岩	簿 bu^{41}小	铅笔 kʰiɛ^{33}pieʔ^{5}	钢笔 kɔ̃^{33}pieʔ^{5}
43 温岭	簿 bu^{41}小	铅笔 kʰiɛ^{42}piʔ^{5}	自来水笔 zɿ^{13}le^{13}ɕy^{42}piʔ^{5}

续表

方言点	0724 本子	0725 铅笔	0726 钢笔
44 仙居	簿 bu^{353}小	铅笔 kʰa^{33}ɓiəʔ^{5}	钢笔 kɑ̃^{33}ɓiəʔ^{5}
45 天台	簿 bu^{31}小	铅笔 kʰe^{33}piəʔ^{5}	自来水笔 dzɿ^{21}le^{22}ɕy^{32}piəʔ^{5}
46 三门	簿 bu^{252}小	铅笔 kʰɛ^{33}pieʔ^{5}	钢笔 kɔ^{33}pieʔ^{5}
47 玉环	簿 bu^{41}小	铅笔 kʰiɛ^{42}piɐʔ^{5}	水笔 ɕy^{53}piɐʔ^{5}
48 金华	簿 pu^{535}	铅笔 kʰɑ^{33}piəʔ^{4}	钢笔 kɑŋ^{33}piəʔ^{4}
49 汤溪	簿 bu^{113}	铅笔 ie^{33}pei^{55}	钢笔 kɔ^{33}pei^{55}
50 兰溪	簿 pu^{55}	铅笔 kʰæ̃^{334}pieʔ^{34}	钢笔 kɑŋ^{334}pieʔ^{34}
51 浦江	簿 bu^{243}	铅笔 kʰɑ̃^{33}piə^{423}	钢笔 kõ^{33}piə^{423}
52 义乌	簿儿 bun^{24}	铅笔 kʰɔ^{33}pə^{324}	钢笔 kan^{33}pə^{324}
53 东阳	簿儿 bun^{24}	洋笔儿 iɔ^{22}piɐn^{53}	钢笔 kɔ^{33}piɛ^{35}
54 永康	簿 bu^{113}	铅笔 kʰa^{33}ɓə^{334}	钢笔 kɑŋ^{33}ɓə^{334}
55 武义	簿 bu^{13}	铅笔 kʰa^{55}pəʔ^{5}	钢笔 kɑŋ^{55}pəʔ^{5}
56 磐安	簿儿 bon^{14}	洋笔儿 iɒ^{21}piɛn^{52}	钢笔 kɒ^{33}piɛ^{334}
57 缙云	簿 bu^{31}	铅笔 kʰa^{44}piei^{322}	钢笔 kɔ^{44}piei^{322}
58 衢州	簿子 bu^{231}tsɿ^{35}	铅笔 kʰã^{32}piəʔ^{5}	钢笔 kɑ̃^{32}piəʔ^{5}
59 衢江	簿 bɤ^{212}	铅笔 kʰã^{33}piəʔ^{5}	钢笔 kã^{33}piəʔ^{5}
60 龙游	簿 bu^{224}	铅笔 tɕʰie^{33}piəʔ^{4}/kʰã^{33}piəʔ^{4}	钢笔 kã^{33}piəʔ^{4}
61 江山	簿 bə^{22}	铅笔 kʰaŋ^{24}pɐʔ^{5}	钢笔 kɒŋ^{24}pɐʔ^{5}
62 常山	簿 buə^{131}	铅笔 kʰã^{44}pɛʔ^{5}	钢笔 kɔ̃^{44}pɛʔ^{5}
63 开化	簿 buo^{213}	铅笔 kʰã^{44}piɛʔ^{5}/tɕʰiɛ̃^{44}piɛʔ^{5}	钢笔 kã^{44}piɛʔ^{5}
64 丽水	簿 bu^{22}	铅笔 kʰã^{44}piʔ^{5}	钢笔 kɔŋ^{44}piʔ^{5}
65 青田	簿 bø^{343}	铅笔 kʰɑ^{33}ɓiæʔ^{42}	钢笔 ko^{33}ɓiæʔ^{42}
66 云和	字簿 zɿ^{223}bu^{231}	铅笔 kʰã^{44}piʔ^{5}	钢笔 kɔ̃^{44}piʔ^{5}
67 松阳	簿 buə^{22}	铅笔 iɛ̃^{33}piʔ^{5}	钢笔 koŋ^{24}piʔ^{5}

续表

方言点	0724 本子	0725 铅笔	0726 钢笔
68 宣平	簿 bu^{223}	铅笔 kʰɑ̃^{44} piəʔ^{5}	钢笔 kɔ̃^{44} piəʔ^{5}
69 遂昌	作业簿 tsɔʔ^{5} ȵiɛʔ^{2} buə^{13}	铅笔 iɛ̃^{21} piʔ^{5}	钢笔 kɔŋ^{33} piʔ^{5}
70 龙泉	簿 pɤɯ^{51}	铅笔 kʰaŋ^{44} pieiʔ^{5}	钢笔 kɔŋ^{44} pieiʔ^{5}
71 景宁	字簿 zɿ^{113} bu^{33}	铅笔 tɕʰiɛ^{33} piəɯʔ^{5}	钢笔 kɔŋ^{55} piəɯʔ^{5}
72 庆元	簿 pɤ^{221}	铅笔 tɕʰiɛ̃^{335} ɓiəɯʔ^{5}	钢笔 kɔ̃^{11} ɓiəɯʔ^{5}
73 泰顺	本 pəŋ^{55}	铅笔 iɛ^{21} piʔ^{5}	钢笔 kɔ̃^{22} piʔ^{5}
74 温州	簿儿 bu^{31} ŋ^{1}	铅笔 kʰa^{45} pi^{323}	自来水笔 zɿ^{22} le^{22} sɿ^{45} pi^{323}
75 永嘉	簿儿 bu^{31} ŋ^{0}	铅笔 kʰa^{45} pi^{423}	水笔 sɥ^{45} pi^{423}
76 乐清	簿册 bu^{24} tɕʰie^{323}	铅笔 kʰᴇ^{35} pi^{323}	自来水笔 zɿ^{22} le^{22} sy^{35} pi^{323}
77 瑞安	簿 bu^{13}	洋笔 iɛ^{13} pi^{323} 铅笔 kʰa^{35} pi^{323}	钢笔 ko^{35} pi^{323}
78 平阳	簿 bu^{23}	铅笔 kʰᴀ^{45} pie^{13}	钢笔 ko^{45} pie^{13}
79 文成	本 paŋ^{45}	铅笔 kʰɔ^{33} pe^{212}	水笔 søy^{33} pe^{212}
80 苍南	簿 bu^{24}	洋笔 iɛ^{11} piɛ^{223}	水笔 ɕy^{33} piɛ^{223} 钢笔 ko^{33} piɛ^{223}
81 建德徽	簿子 pu^{21} tsɿ^{213}	铅笔 kʰɛ^{53} piɐʔ^{5}	钢笔 ko^{53} piɐʔ^{5}
82 寿昌徽	簿 pʰu^{534}	铅笔 tɕʰiɛ̃^{33} piəʔ^{3}	钢笔 kɔŋ^{11} piəʔ^{3}
83 淳安徽	簿子 pʰa^{55} tsɿ^{21}	铅笔 kʰɑ̃^{21} piʔ^{5}	钢笔 kɑ̃^{21} piʔ^{5}
84 遂安徽	簿子 pʰu^{55} tsɿ^{33}	铅笔 tɕʰiɑ̃^{53} pe^{24}	钢笔 kɑ̃^{53} pe^{24}
85 苍南闽	簿 pʰɔ^{32}	铅笔 ian^{21} pie^{43}	钢笔 kɯŋ^{33} pie^{43} 水笔 tsui^{33} pie^{43}
86 泰顺闽	簿册 pou^{21} tsʰa^{53} 字纸簿 tɕi^{22} tɕia^{21} pou^{31}	铅笔 ye^{21} piɪʔ^{5}	水笔 tɕy^{21} piɪʔ^{5}
87 洞头闽	簿 pʰɔ^{21}	铅笔 ian^{212} piek^{5}	水笔 tsui^{33} piek^{5}
88 景宁畲	书本 ɕy^{43} puən^{325}	洋笔 iɔŋ^{22} pit^{5}	钢笔 kɔŋ^{44} pit^{5}

方言点	0727 圆珠笔	0728 毛笔	0729 墨
01 杭州	圆珠笔 yo^{22}tsɥ^{33}piɛʔ^{5}	毛笔 mɔ^{22}piɛʔ^{5}	墨 moʔ^{2}
02 嘉兴	原珠笔 ȵyə^{24}tsɿ^{24}pieʔ^{1}	毛笔 mɔ^{21}pieʔ^{5}	墨 məʔ^{5}
03 嘉善	原子笔 ȵyø^{13}tsɿ^{55}pieʔ^{5}	毛笔 mɔ^{13}pieʔ^{5}	墨 mɜʔ^{2}
04 平湖	原珠笔 ȵyø^{21}tsɥ^{44}piəʔ^{0}	毛笔 mɔ^{24}piəʔ^{0}	墨 məʔ^{23}
05 海盐	原子笔 ȵyɤ^{24}tsɿ^{55}piəʔ^{21}	毛笔 mɔ^{24}piəʔ^{21}	墨 mɔʔ^{23}
06 海宁	原珠笔 ȵie^{33}tsɿ^{53}pieʔ^{5}	墨笔 məʔ^{2}pieʔ^{5} 老 毛笔 mɔ^{33}pieʔ^{5} 新	墨 məʔ^{2}
07 桐乡	原子笔 ȵiᴇ^{21}tsɿ^{44}piəʔ^{0}	毛笔 mɔ^{13}piəʔ^{0}	墨 məʔ^{23}
08 崇德	原子笔 ȵiɪ^{21}tsɿ^{44}piəʔ^{4}	毛笔 mɔ^{21}piəʔ^{4}	墨 məʔ^{23}
09 湖州	圆珠笔 ie^{33}tsɿ^{33}pieʔ^{4}	毛笔 mɔ^{33}pieʔ^{5}	墨 məʔ^{2}
10 德清	圆珠笔 ie^{11}tsɿ^{35}pieʔ^{5}	墨笔 məʔ^{2}pieʔ^{5}	墨 məʔ^{2}
11 武康	圆子笔 ie^{11}tsɿ^{53}pieʔ^{5}	毛笔 mɔ^{11}pieʔ^{5}	墨 mɜʔ^{2}
12 安吉	原珠笔 ȵi^{22}tsɿ^{22}piᴇʔ^{2}	毛笔 mɔ^{22}piᴇʔ^{5}	墨 moʔ^{23}
13 孝丰	原珠笔 ȵiɪ^{22}tsɿ^{22}pieʔ^{5}	墨笔 məʔ^{2}pieʔ^{5} 毛笔 mɔ^{22}pieʔ^{2}	墨 məʔ^{23}
14 长兴	原珠笔 ȵi^{12}tsɿ^{22}piᴇʔ^{5}	毛笔 mɔ^{12}piᴇʔ^{5}	墨 maʔ^{2}
15 余杭	原珠笔 ȵiẽ^{31}tsɿ^{53}pieʔ^{5}	墨笔 moʔ^{2}pieʔ^{5}	墨 moʔ^{2}
16 临安	原珠笔 ȵyœ^{33}tsu^{55}piɐʔ^{5}	墨笔 muɔʔ^{2}piɐʔ^{5}	墨 muɔʔ^{2}
17 昌化	圆珠笔 yɪ̃^{11}tɕy^{33}piɛʔ^{5}	毛笔 mɔ^{11}piɛʔ^{5}	墨 məʔ^{23}
18 於潜	圆子笔 yɛ^{22}tsɿ^{454}pieʔ^{53}	毛笔 mɔ^{22}pieʔ^{53}	墨 mɑʔ^{23}
19 萧山	圆珠笔 yə^{21}tsɿ^{35}pieʔ^{21}	毛笔 mɔ^{33}pieʔ^{5}	墨 məʔ^{13}
20 富阳	圆珠笔 yɛ̃^{13}tsɿ^{55}piɛʔ^{5}	毛笔 mɔ^{13}piɛʔ^{5}	墨汁 moʔ^{2}tsɛʔ^{5}
21 新登	圆子笔 yɛ̃^{233}tsɿ^{334}piəʔ^{5}	毛笔 mɔ^{233}piəʔ^{5}	墨水 mɔʔ^{2}ɕy^{334}
22 桐庐	圆子笔 yᴇ^{13}tsɿ^{21}piəʔ^{5}	毛笔 mɔ^{21}piəʔ^{5}	墨 məʔ^{13}
23 分水	圆珠笔 yɛ̃^{21}tɕy^{44}piəʔ^{5}	毛笔 mɔ^{21}piəʔ^{5}	墨 mɔ^{13}

续表

方言点	0727 圆珠笔	0728 毛笔	0729 墨
24 绍兴	原珠笔 ȵyø̃^{22}tsɿ^{44}pieʔ^{3}	毛笔 mɔ^{22}pieʔ^{5}	墨 moʔ^{2}
25 上虞	圆珠笔 yø̃^{21}tsɿ^{33}piəʔ^{5}	墨笔 moʔ^{2}piəʔ^{5}	墨 moʔ^{2}
26 嵊州	原珠笔 ȵyœ̃^{22}tsɿ^{33}pieʔ^{5}	毛笔 mɔ^{22}pieʔ^{5}	墨 moʔ^{2}
27 新昌	原珠笔 ȵyœ̃^{22}tsɿ^{45}piʔ^{3}	毛笔 mɔ^{22}piʔ^{5}	墨 mɤʔ^{2}
28 诸暨	原珠笔 niə^{13}tɕy^{42}pieʔ^{5}	毛笔 mɔ^{21}pieʔ^{5}	墨 moʔ^{13}
29 慈溪	原珠笔 ȵyø̃^{13}tsʮ^{0}piəʔ^{2}	墨笔 moʔ^{2}piəʔ^{5} 毛笔 mɔ^{11}piəʔ^{5}	墨 moʔ^{2}
30 余姚	原子笔 ȵyø̃^{13}tsɿ^{44}piəʔ^{5}	墨笔 moʔ^{2}piəʔ^{5}	墨 moʔ^{2}
31 宁波	原子笔 ȵy^{13}tsɿ^{0}piəʔ^{2}	墨笔 moʔ^{2}piəʔ^{2}	墨 moʔ^{2}
32 镇海	原子笔 ȵy^{24}tsɿ^{33}pieʔ^{5}	毛笔 mɔ^{22}pieʔ^{5}	墨 moʔ^{2}
33 奉化	原珠笔 ȵy^{33}tsʮ^{44}piɪʔ^{5}	墨笔 moʔ^{2}piɪʔ^{2}	墨 moʔ^{2}
34 宁海	原子笔 ȵyø^{21}tsɿ^{0}piəʔ^{5}	墨笔 moʔ^{3}piəʔ^{5}	墨 moʔ^{3}
35 象山	原珠笔 ȵy^{31}tsʮ^{44}pieʔ^{5}	墨笔 moʔ^{2}pieʔ^{5}	墨 moʔ^{2}
36 普陀	原珠笔 ȵy^{33}tsʮ^{55}piɛʔ^{0}	毛笔 mɔ^{33}piɛʔ^{5}	墨 moʔ^{23}
37 定海	原珠笔 ȵy^{33}tsʮ^{52}pieʔ^{0}	墨笔 moʔ^{2}pieʔ^{5} 老 毛笔 mɔ^{33}pieʔ^{5} 新	墨 moʔ^{2}
38 岱山	原珠笔 ȵy^{33}tsʮ^{44}pieʔ^{5}	毛笔 mɔ^{33}pieʔ^{5}	墨 moʔ^{2}
39 嵊泗	原珠笔 ȵy^{11}tsɿ^{44}piᴇʔ^{5}	毛笔 mɔ^{33}piᴇʔ^{5}	墨 moʔ^{2}
40 临海	原珠笔 ȵyø^{33}tɕy^{42}pieʔ^{5}	毛笔 mɔ^{33}pieʔ^{5}	墨 moʔ^{23}
41 椒江	原子笔 ȵyø^{22}tsɿ^{42}pieʔ^{5}	墨笔 moʔ^{2}pieʔ^{5}	墨 moʔ^{2}
42 黄岩	原子笔 ȵyø^{13}tsɿ^{42}pieʔ^{5}	大字笔 da^{13}zɿ^{22}pieʔ^{5}	墨 moʔ^{2}
43 温岭	原子笔 ȵyø^{13}tsɿ^{42}piʔ^{5}	墨笔 moʔ^{2}piʔ^{5}	墨 moʔ^{2}
44 仙居	原子笔 ȵyø^{21}tsɿ^{21}ɓiəʔ^{5}	大字笔 da^{24}zɿ^{24}ɓiəʔ^{5}	墨 miəʔ^{23}
45 天台	原子笔 ȵyø^{22}tsɿ^{32}piəʔ^{5}	毛笔 mau^{22}piəʔ^{5}	墨 məʔ^{2}

续表

方言点	0727 圆珠笔	0728 毛笔	0729 墨
46 三门	油笔 iu^{11}pieʔ^{5}	毛笔 mɑu^{11}pieʔ^{5}	墨 moʔ^{23}
47 玉环	原珠笔 ȵyø^{22}tɕy^{33}piɐʔ^{5}	毛笔 mɔ^{22}piɐʔ^{5}	墨 moʔ^{2}
48 金华	圆子笔 yɛ̃^{31}tsɿ^{55}piəʔ^{4}	墨笔 məʔ^{21}piəʔ^{4} 老 毛笔 mɑo^{33}piəʔ^{4} 新	墨 məʔ^{212}
49 汤溪	原子笔 ȵyɤ^{11}tsɿ^{33}pei^{55}	墨笔 mə^{11}pei^{55}	墨 mə^{113}
50 兰溪	言⁼子笔 nie^{21}tsɿ^{55}pieʔ^{34}	毛笔 mɔ^{21}pieʔ^{34}	墨汁 məʔ^{12}tɕieʔ^{34}
51 浦江	圆子笔 yẽ^{11}tsɿ^{33}piə^{53}	墨笔 mə^{11}piə^{53}	墨 mə^{232}
52 义乌	圆珠笔 yan^{22}tɕy^{45}pə^{324}	毛笔 mɯɤ^{22}pə^{324}	墨 mai^{312}
53 东阳	原珠笔 ȵyu^{23}tsɿ^{33}piɛ^{33}	毛笔 mɐɯ^{22}piɛ^{35}	墨 mei^{24}
54 永康	原珠笔 ȵye^{33}dzɿ^{31}ɓə^{334}	毛笔 mɑu^{33}ɓə^{334}	墨 mə^{113}
55 武义	原珠笔 ȵye^{55}tsɿ^{55}pəʔ^{5}	毛笔 muo^{55}pəʔ^{5}	墨汁 mə^{213}tsəʔ^{5}
56 磐安	原珠笔 ȵye^{21}tɕy^{55}piɛ^{334}	毛笔 mo^{22}piɛ^{334}	墨 mɛi^{213}
57 缙云	原珠笔 ȵiɛ^{44}tsɿ^{51}piei^{322}	毛笔 məɤ^{44}piei^{322}	墨汁 mɛ^{51}tsəɤ^{322}
58 衢州	圆子笔 yə̃^{21}tsɿ^{35}piəʔ^{5}	毛笔 mɔ^{21}piəʔ^{5} 墨笔 məʔ^{2}piəʔ^{5}	墨 məʔ^{12}
59 衢江	圆子笔 iɛ^{22}tsɿ^{33}piəʔ^{5}	墨笔 məʔ^{2}piəʔ^{5}	墨 məʔ^{2}
60 龙游	原机⁼笔 ȵye^{22}tɕi^{33}piəʔ^{4}	毛笔 mɔ^{22}piəʔ^{4}	墨 məʔ^{23}
61 江山	原子笔 ŋyɛ̃^{22}tsə^{44}pɞʔ^{5}	毛笔 mɐɯ^{22}pɞʔ^{5}	墨 moʔ^{2}
62 常山	原子笔 ȵyɔ̃^{22}tsɿ^{43}pɛʔ^{5}	毛笔 mɤ^{22}pɛʔ^{5}	墨 mɤʔ^{34}
63 开化	原珠笔 ȵyɛ̃^{21}tɕy^{44}piɛʔ^{5}	毛笔 məɯ^{21}piɛʔ^{5}	墨 məʔ^{13}
64 丽水	原珠笔 ȵyɛ^{22}tsɥ^{44}piʔ^{5}	毛笔 mə^{21}piʔ^{5}	墨 mɛʔ^{23}
65 青田	原子笔 ȵyɐ^{22}tsɿ^{33}ɓiæʔ^{42}	毛笔 mœ^{22}ɓiæʔ^{42}	墨 mɛʔ^{31}
66 云和	原子笔 ȵyɛ^{223}tsɿ^{44}piʔ^{5}	毛笔 mɑɔ^{223}piʔ^{5}	墨 maʔ^{23}
67 松阳	圆子笔 yɛ̃^{33}tsɿə^{33}piʔ^{5}	毛笔 mʌ^{33}piʔ^{5}	墨 meʔ^{2}

续表

方言点	0727 圆珠笔	0728 毛笔	0729 墨
68 宣平	原子笔 ȵyə^{22}tsɿ^{44}piəʔ^{5}	墨笔 məʔ^{2}piəʔ^{5}	墨 məʔ^{23}
69 遂昌	原珠笔 ȵyɛ̃^{22}tɕyɛ^{33}piʔ^{5}	毛笔 mɐɯ^{21}piʔ^{5}	墨 məʔ^{23}
70 龙泉	圆珠笔 yo^{44}tɕy^{44}pieiʔ^{5}	毛笔 mɑʌ^{44}pieiʔ^{5}	墨 mieiʔ^{24}
71 景宁	原子笔 ȵyœ^{33}tsɿ^{33}piəɯʔ^{5}	毛笔 mɑu^{33}piəɯʔ^{5}	墨 miɛʔ^{23}
72 庆元	原子笔 ȵyɛ̃^{52}tsɿ^{33}ɓiəɯʔ^{5}	毛笔 mɒ^{52}ɓiəɯʔ^{5}	墨 mɤʔ^{34}
73 泰顺	圆珠笔 yɛ^{21}tɕy^{22}piʔ^{5}	墨笔 mɛʔ^{2}piʔ^{5} 老 毛笔 mɑɔ^{21}piʔ^{5} 新	墨 mɛʔ^{2}
74 温州	原子笔 ȵy^{22}tsɿ^{45}pi^{323}	墨笔 mai^{24}pi^{323}	墨 mai^{212}
75 永嘉	原子笔 ȵy^{22}tsɿ^{45}pi^{423}	墨笔 mai^{21}pi^{423}	墨 mai^{213}
76 乐清	原子笔 ȵyᴇ^{2}tsɿ^{35}pi^{323}	毛笔 mɤ^{24}pi^{323}	墨 mɤ^{212}
77 瑞安	原子笔 ȵy^{22}tsɿ^{35}pi^{323}	墨笔 me^{2}pi^{323}	墨 me^{212}
78 平阳	原子笔 ȵye^{21}tsɿ^{45}pie^{13}	毛笔 mɛ^{35}pie^{13}	墨 mai^{12}
79 文成	原珠笔 ȵyø^{13}tsɿ^{33}pe^{212}	毛笔 mɛ^{35}pe^{212}	墨 me^{212}
80 苍南	原子笔 ȵyɛ^{31}tsɿ^{53}piɛ^{223}	毛笔 mɛ^{11}piɛ^{223}	墨 miɛ^{112}
81 建德徽	圆珠笔 yɛ̃^{21}tɕy^{33}piɐʔ^{5}	墨笔 mɐʔ^{12}piɐʔ^{5} 老 毛笔 mɔ^{33}piɐʔ^{5} 新	墨 mɐʔ^{12}
82 寿昌徽	圆珠笔 yɛ̃^{11}tɕy^{33}piəʔ^{3}	毛笔 mɑ^{11}piəʔ^{3}	墨 məʔ^{31}
83 淳安徽	圆珠笔 vã^{43}tɕy^{24}piʔ^{5}	毛笔 mɤ^{43}piʔ^{5}	墨 məʔ^{13}
84 遂安徽	圆子笔 yɛ̃^{33}tsɿ^{33}pe^{33}	毛笔 mɔ^{33}pe^{33}	墨 məɯ^{213}
85 苍南闽	原珠笔 guan^{21}tsɯ^{33}pie^{43}	毛笔 mãũ^{21}pie^{43}	墨 bə^{24}
86 泰顺闽	油珠笔 iøu^{22}tsøi^{213}piɪʔ^{5}	墨笔 mɛʔ^{3}piɪʔ^{5}	墨 mɛʔ^{3}
87 洞头闽	膏笔 ko^{24}piek^{5}	毛笔 mõ^{212}piek^{5}	墨 bɐk^{24}
88 景宁畲	原珠笔 ȵyn^{22}tɕy^{55}pit^{5}	毛笔 mau^{44}pit^{5}	墨 miʔ^{2}

方言点	0730 砚台	0731 信一封~	0732 连环画
01 杭州	砚瓦 iɛ^{45} ua^{53}	信 ɕiŋ^{45}	小书儿 ɕiɔ^{55} sɥ^{33} əl^{0}
02 嘉兴	砚台 ȵie^{21} dᴇ^{42}	信 ɕiŋ^{224}	小人书 ɕiɔ^{33} ȵiŋ^{33} sɥ^{21}
03 嘉善	砚子 ȵiɪ^{35} tsɿ^{0} 小	信 ɕin^{334}	小书 ɕiɔ^{44} sɥ^{53}
04 平湖	砚子 ȵiɛ^{24} tsɿ^{0}	信 sin^{334}	小人书 siɔ^{44} ȵin^{44} ɕy^{0}
05 海盐	砚瓦 ȵiɛ^{13} o^{21}	信 ɕin^{334}	小人书 ɕiɔ^{53} ȵin^{53} ɕy^{21}
06 海宁	砚瓦 ȵie^{33} o^{31}	信 ɕiŋ^{35}	花书 ho^{55} sɿ^{55}
07 桐乡	砚瓦 ȵiᴇ^{21} uəʔ^{23}	信 siŋ^{334}	小花书 siɔ^{53} ho^{44} sɿ^{44} 菩萨书 bu^{21} saʔ^{5} sɿ^{44}
08 崇德	砚瓦 ȵiɪ^{21} o^{53}	信 ɕiŋ^{334}	小人书 ɕiɔ^{55} ȵiŋ^{0} sɿ^{0}
09 湖州	砚子 ȵie^{33} tsɿ^{35}	信 ɕin^{35}	菩萨书 bəu^{33} saʔ^{3} sɿ^{44}
10 德清	砚瓦 ȵie^{33} uo^{35}	信 ɕin^{334}	小人书 ɕiɔ^{53} ȵin^{31} sɿ^{0}
11 武康	砚瓦 ȵiɪ^{53} o^{35}	信 ɕin^{224}	小人书 ɕiɔ^{53} ȵin^{53} sɿ^{53}
12 安吉	砚瓦 ȵi^{22} ŋʊ^{213}	信 ɕiŋ^{324}	小书 ɕiɔ^{52} sɿ^{21}
13 孝丰	墨盘 məʔ^{2} be^{24} 砚瓦 ȵiɪ^{32} ŋʊ^{213}	信 ɕiŋ^{324}	小书 ɕiɔ^{45} sɿ^{21} 小人书 ɕiɔ^{45} ȵiŋ^{21} sɿ^{21}
14 长兴	砚子 ȵi^{21} tsɿ^{24}	信 ʃiŋ^{324}	菩萨书 bu^{12} saʔ^{2} sɿ^{44}
15 余杭	砚瓦 ȵieʔ^{2} uo^{13} "砚"促化	信 siŋ^{423}	小书儿 siɔ^{55} sɿ^{55} n^{31}
16 临安	墨盘 muɔʔ^{2} bə^{13}	信 ɕieŋ^{55}	小人书 ɕiɔ^{55} ȵieŋ^{55} ɕy^{53}
17 昌化	砚 ŋɯ^{243}	信 ɕiəŋ^{544}	小书 ɕiɔ^{45} ɕy^{53} 小息$^{=}$书 ɕiɔ^{45} ɕiɛʔ^{5} ɕy^{53}
18 於潜	砚台 ie^{24} de^{53}	信 ɕiŋ^{35}	图画书 du^{22} ua^{24} ɕy^{53}
19 萧山	砚盒 ȵie^{13} ŋəʔ^{5}	信 ɕiŋ^{42}	连环画 lie^{13} uɛ^{33} uo^{42}
20 富阳	砚瓦 ȵiɛ̃^{335} ŋo^{53}	信 ɕin^{335}	小书 ɕiɔ^{423} ɕy^{55}
21 新登	砚瓦 miɛ̃^{21} ɑ^{13}	信 seiŋ^{45}	图画书 du^{233} uɑ^{13} sɥ^{53} 小人书 ɕiɔ^{334} neiŋ^{45} sɥ^{53}
22 桐庐	砚台 ie^{13} dᴇ^{55}	信 ɕiŋ^{35}	图画书 du^{21} uo^{21} ɕy^{55}

续表

方言点	0730 砚台	0731 信一封～	0732 连环画
23 分水	□ ma^{24}	信 ɕin^{13}	连环画 liɛ̃^{24}xuã^{21}xua^{24} 图画书 du^{21}ua^{24}ɕy^{44}
24 绍兴	砚盒 ȵiẽ^{22}oʔ^{2}	信 ɕiŋ^{33}	花头书 huo^{33}tɤ^{44}ɕy^{31}
25 上虞	砚鹤$^{=}$ ȵiẽ^{21}ŋoʔ^{2}	信 ɕiŋ^{53}	连环画 liẽ^{21}guɛ̃^{21}o^{31}
26 嵊州	墨盘 moʔ^{2}bœ̃^{231}	信 ɕiŋ^{334}	图书 du^{22}sɿ^{334}
27 新昌	墨盘 mɤʔ^{2}bœ̃^{232}	信 ɕiŋ^{335}	图书 du^{13}sɿ^{534}
28 诸暨	砚瓦盘 nie^{13}ŋo^{42}bə^{242}	信 ɕin^{544}	小人书 ɕiɔ^{33}nin^{33}ɕy^{21}
29 慈溪	砚瓦 ȵiẽ^{11}ŋo^{44}	信 ɕiŋ^{44}	小人书 ɕiɔ^{35}ȵiŋ^{0}sʮ^{35}
30 余姚	砚瓦 ȵiẽ^{13}ŋo^{0}	信 ɕiə̃^{53}	小书 ɕio^{34}sʮ^{44}
31 宁波	砚瓦爿 ȵi^{22}ŋoʔ^{2}bɛ^{13}	信 ɕiŋ^{44}	小书 ɕio^{44}sʮ^{35}
32 镇海	砚瓦爿 ȵi^{22}ŋo^{31}bɛ^{24}	信 ɕiŋ^{53}	小书 ɕio^{33}sʮ^{33}
33 奉化	泥砚头 ȵi^{33}ȵiɛ^{33}dæi^{31}	信 ɕiŋ^{53}	小书 ɕiɔ^{44}sʮ^{44}
34 宁海	砚瓦 mie^{21}ŋo^{31}	信 səŋ^{35} 书信 sʮ^{33}səŋ^{35}	小书 ɕieu^{33}sʮ^{53}
35 象山	砚瓦儿 ȵiŋ^{31}ɔ̃^{31}	信 ɕiŋ^{53} 信 səŋ^{53}	小书 ɕio^{44}sʮ^{44}
36 普陀	磨盘 moʔ^{2}bø^{55} 砚岳$^{=}$ ȵi^{33}ŋoʔ^{5}	信 ɕiŋ^{55}	小人书 ɕiɔ^{55}ȵiŋ^{55}sʮ^{0}
37 定海	砚岳$^{=}$ ȵi^{11}ŋoʔ^{5}	信 ɕiŋ^{44}	小书 ɕio^{44}sʮ^{44}
38 岱山	砚岳$^{=}$ ȵi^{11}ŋoʔ^{5}	信 ɕiŋ^{44}	小书 ɕio^{44}sʮ^{44}
39 嵊泗	砚岳$^{=}$ ȵi^{11}ŋoʔ^{2}	信 ɕiŋ^{53}	小书 ɕio^{44}sʮ^{44}
40 临海	明$^{=}$瓦 miŋ^{33}ŋo^{42}	信 ɕiŋ^{55}	小人书 ɕiə^{42}ȵiŋ^{33}ɕy^{353}小
41 椒江	明$^{=}$瓦 miŋ^{22}ŋo^{51}小	信 ɕiŋ^{55}	小人书 ɕiɔ^{42}ȵiŋ^{22}sʮ^{35}小
42 黄岩	明$^{=}$瓦槽 min^{13}ŋo^{42}zɔ^{24}小 明$^{=}$墨槽 min^{13}moʔ^{2}zɔ^{24}小	信 ɕin^{55}	小书 ɕiɔ^{42}sʮ^{35}小
43 温岭	面$^{=}$墨槽 mie^{13}moʔ^{2}zɔ^{24}小	信 ɕin^{55}	小人书 ɕiɔ^{42}ȵin^{13}ɕy^{15}小

续表

方言点	0730 砚台	0731 信一封~	0732 连环画
44 仙居	面⁼瓦 mie^{24} ŋo^{324}	信 sen^{55}	图书 du^{33} ɕy^{53}
45 天台	明⁼瓦 miŋ^{22} o^{214}	信 ɕiŋ^{55}	老孩书 lau^{21} ei^{22} ɕy^{51}
46 三门	墨碗 moʔ^{2} uø^{52}	信 səŋ^{55}	老人书 lɑu^{32} niŋ^{33} sɥ^{52}
47 玉环	墨盘 moʔ^{2} bø^{41}	信 ɕiŋ^{55}	人人书 n̠iŋ^{22} n̠iŋ^{22} ɕy^{35} 小
48 金华	砚瓦 n̠ie^{33} uɑ^{535}	信 ɕiŋ^{55}	小书 siɑo^{55} ɕy^{334}
49 汤溪	墨瓦 mə^{11} ɔ^{113}	信 sɛ̃i^{52}	老佛书 lɔ^{11} və^{11} ɕy^{24}
50 兰溪	墨瓦 məʔ^{12} uɑ^{55}	信 sin^{45}	图书 du^{21} ɕy^{45}
51 浦江	墨瓦儿 mə^{11} iɑ̃n^{243} "瓦"音殊	信 sən^{55}	花书 xuɑ^{55} ɕy^{334}
52 义乌	墨瓦 mai^{24} n^{312}	信 sən^{45}	图画书 du^{22} ua^{33} ɕy^{45}
53 东阳	墨瓦 mei^{23} ŋo^{33}	信 ɕiɐn^{453}	图书 du^{22} sɿ^{53}
54 永康	墨瓦 mie^{31} ŋuɑ^{113}	信 səŋ^{52}	小佛书 ʑiɑu^{31} fə^{33} ʑy^{241} 小
55 武义	砚瓦 n̠ye^{55} ŋuo^{13}	信 ɕin^{53}	图书 du^{32} ɕy^{53}
56 磐安	墨瓦 mɛi^{55} ŋuə^{334}	信 ɕiɐn^{52}	小书儿 ɕio^{55} ɕyn^{445}
57 缙云	墨瓦 miɛ^{21} u^{31}	信 saŋ^{453}	图书 du^{44} sɥ^{44}
58 衢州	面⁼瓦 miẽ^{231} ŋɑ^{21}	信 ɕin^{53}	老佛书 lɔ^{231} vəʔ^{2} ʃy^{32}
59 衢江	墨盘 məʔ^{2} pɛ^{53}	信 ɕiŋ^{53}	老佛书 lɔ^{22} vəʔ^{2} ɕyø^{33}
60 龙游	砚瓦 mie^{22} ŋuɑ^{224} "砚"声殊	信 ɕin^{51}	老佛书 lɔ^{22} vəʔ^{2} ɕy^{334}
61 江山	砚瓦 n̠iɛ̃^{22} ŋɒ^{22}	信 ɕɪ̃^{51}	图书 duə^{22} ɕiə^{44}
62 常山	磨瓦 miɛ̃^{22} uɑ^{52} 砚瓦 n̠iɛ̃^{22} uɑ^{52}	信 sɪ̃^{324}	传 dʑyɔ̃^{131}
63 开化	墨盘 məʔ^{2} bɛn^{231}	信 ɕin^{412}	老佛书 ləw^{21} vaʔ^{2} ɕiɛ^{44} 图画书 du^{21} xuɑ^{21} ɕiɛ^{44}
64 丽水	墨瓦 mɛʔ^{2} uo^{544}	信 sen^{52}	图书 du^{22} sɥ^{224}
65 青田	砚瓦 yɐ^{33} ŋø^{454}	信 saŋ^{33}	图书 deu^{21} sɥ^{445}
66 云和	砚瓦 n̠yɛ^{44} ŋo^{41}	信 səŋ^{45}	图书 du^{223} sɥ^{24}
67 松阳	墨台 meʔ^{2} dei^{31}	信 ɕin^{24}	小侬书 ɕiɔ^{33} nəŋ^{22} ɕyɛ^{53}

续表

方言点	0730 砚台	0731 信$_{\text{一封～}}$	0732 连环画
68 宣平	墨瓦 məʔ^{2} ŋo^{223} 砚瓦 ȵiɛ^{22} ŋo^{223}	信 sən^{52}	图书 du^{43} ɕy^{324}
69 遂昌	墨盘 mɔʔ^{23} bɛ̃^{221}	信 ɕiŋ^{334}	小侬书 ɕiɐɯ^{53} nəŋ^{22} ɕyɛ^{45} 老佛头书 lɐɯ^{21} vəɯʔ^{2} du^{22} ɕyɛ^{45}
70 龙泉	墨瓦 mieiʔ^{3} uo^{51}	信 ɕin^{45}	图书 tɤɯ^{44} ɕy^{434}
71 景宁	砚瓦 yœ^{55} ŋɔ^{33}	信 saŋ^{35}	图书 dy^{33} ɕy^{324}
72 庆元	墨盘 mɤʔ^{34} pæ̃^{52}	信 ɕiəŋ^{11}	侬$_{\text{儿}}$书 noŋ^{55} ɕyᴇ^{335}
73 泰顺	墨瓦 mɛʔ^{2} uɔ^{55}	信 səŋ^{35}	图书儿$_{\text{儿}}$ tø^{21} ɕy^{22} ȵiŋ^{33}
74 温州	圆瓦 y^{31} ŋo^{14}	信 saŋ^{51}	侬儿书 niɛ^{34} ŋ^{22} sɿ^{33}
75 永嘉	圆瓦 y^{53} ŋo^{13}	信 saŋ^{53}	侬儿书 nɛ^{22} ŋ^{0} sɥ^{44}
76 乐清	圆瓦 yᴇ^{31} ŋo^{24}	信 saŋ^{41}	侬侬书 naŋ^{23} naŋ^{212} sy^{44}
77 瑞安	圆瓦 y^{31} ŋo^{13}	信 saŋ^{53}	小书儿 ɕy^{35} səɯ^{33} ŋ^{0} 侬儿书 na^{33} ŋ^{0} səɯ^{44}
78 平阳	墨盘 mai^{21} bɵ^{13}	信 saŋ^{53}	连环画 lie^{13} vɔ^{21} uo^{35}
79 文成	砚瓦 ȵyø^{42} ŋo^{33}	信 saŋ^{33}	图画书 dɵy^{13} o^{21} sɵy^{33}
80 苍南	圆瓦 yɛ^{31} ŋo^{53} 墨瓦 miɛ^{11} ŋo^{53}	信 saŋ^{42}	妹儿书 maŋ^{33} ŋ^{112} ɕy^{44}
81 建德$_{\text{徽}}$	砚瓦 mie^{21} o^{55}	信 ɕin^{33}	菩萨书 pu^{33} so^{55} ɕy^{53}
82 寿昌$_{\text{徽}}$	砚盘 ŋuə^{33} pʰiæ^{52}	信 ɕien^{33}	细侬书 ɕiɛ^{33} nɔŋ^{55} ɕy^{112}
83 淳安$_{\text{徽}}$	砚瓦 iã^{53} o^{21}	信 ɕin^{24}	菩萨书 pʰa^{43} so^{24} ɕya^{24}
84 遂安$_{\text{徽}}$	砚瓦 iɛ̃^{55} ɔ^{21}	信 ɕin^{43}	菩萨书 pʰu^{33} sɑ^{33} ɕy^{52}
85 苍南$_{\text{闽}}$	墨砚 bə^{21} ĩ^{21}	信 ɕin^{21}	连画片 lian^{21} ue^{55} pʰian^{21}
86 泰顺$_{\text{闽}}$	砚盘瓦 ŋie^{344} ŋua^{22} piæŋ^{22}	信 sieŋ^{53}	侬团书 ŋəŋ^{21} ki^{344} ɕy^{213} 图书 tu^{21} ɕy^{213}
87 洞头$_{\text{闽}}$	墨砚 bɐk^{21} hĩ^{21}	信 ɕin^{21}	图书仔 tɔ^{212} tsɿ^{212} a^{53}
88 景宁$_{\text{畲}}$	墨盘 miʔ^{2} pʰɔn^{22}	信 ɕin^{44}	连环画 lian^{22} uan^{22} uɔ^{51} 小人书 ɕiau^{55} ȵin^{22} ɕy^{44}

方言点	0733 捉迷藏	0734 跳绳	0735 毽子
01 杭州	躲猫猫牯 təu^{55} mɔ^{22} mɔ^{45} ku^{53}	跳索儿 tʰiɔ^{45} soʔ^{5} əl^{0}	毽子 tɕiɛ^{45} tsɿ^{53}
02 嘉兴	盘⁼妈妈 bə^{21} mᴀ^{33} mᴀ^{42}	跳绳子 tʰiɔ^{21} zəŋ^{13} tsɿ^{42}	毽子 dʑie^{24} tsɿ^{21}
03 嘉善	盘⁼盘⁼猫 bø^{22} bø^{13} mɔ^{31}	跳绳 tʰiɔ^{35} zən^{0} 小	毽子 tɕiɪ^{35} tsɿ^{55} 小
04 平湖	盘⁼盘⁼头 bø^{21} bø^{24} dəɯ^{0}	跳绳 tʰiɔ^{44} zən^{0}	毽子 tɕiɛ^{44} tsɿ^{53}
05 海盐	盘⁼猫 bɤ^{13} mɔ^{53}	跳绳 tʰiɔ^{33} zən^{31}	毽子 tɕiɛ^{55} tsɿ^{21}
06 海宁	盘⁼猫 bɛ^{33} mɔ^{13}	跳绳 tʰiɔ^{55} zəŋ^{13}	毽子 tɕie^{55} tsɿ^{53}
07 桐乡	打盘⁼洞⁼ tã^{53} bᴇ^{21} doŋ^{213}	跳绳 tʰiɔ^{33} zəŋ^{13}	毽子 tɕiᴇ^{44} tsɿ^{0}
08 崇德	盘⁼盲 bᴇ^{13} mã^{13}	跳绳 tʰiɔ^{33} zəŋ^{13}	毽子 tɕiɪ^{44} tsɿ^{0}
09 湖州	揢盘⁼盲 kʰaʔ^{3} pɛ^{33} mã^{35}	跳绳 tʰiɔ^{53} zən^{13}	毽子 tɕie^{33} tsɿ^{35}
10 德清	盘⁼盲 bøʉ^{35} mã^{35}	跳绳 tʰiɔ^{33} zen^{13}	点⁼子 tie^{33} tsɿ^{35}
11 武康	寻地盘做野盘⁼ zen^{31} di^{33} bø^{35} tsu^{35} ia^{35} bø^{53}	跳绳 tʰiɔ^{53} zen^{35}	点⁼子 tiɪ^{33} tsɿ^{35}
12 安吉	盘⁼猫 bᴇ^{22} mɔ^{55}	跳绳 tʰiɔ^{324} zəŋ^{22}	毽子 tɕi^{32} tsɿ^{213}
13 孝丰	盘⁼猫 be^{21} mɔ^{44}	跳绳 tʰiɔ^{324} zəŋ^{22}	毽子 tɕiɪ^{32} tsɿ^{213}
14 长兴	打盘⁼洞 tã^{52} bɯ^{21} doŋ^{24}	跳绳 tʰiɔ^{324} zəŋ^{12}	店⁼子 ti^{32} tsɿ^{24}
15 余杭	罗唣儿 lu^{13} zɔ^{31} n^{31}	跳绳 tʰiɔ^{35} ziŋ^{33}	毽子 tɕiẽ^{53} tsɿ^{35}
16 临安	躲猫 tuo^{33} mɔ^{33}	跳绳 tʰiɔ^{33} zeŋ^{33}	点⁼子 tie^{55} tsɿ^{53}
17 昌化	缩⁼出来 suəʔ^{5} tsʰəʔ^{5} lɛ^{53}	跳绳 tʰiɔ^{54} ʑiəŋ^{112}	燕⁼子 iĩ^{54} tsɿ^{453}
18 於潜	躲猫 tu^{53} mɔ^{433}	跳绳 tʰiɔ^{35} zeŋ^{31}	毽子 tɕie^{35} tsɿ^{454}
19 萧山	躲人哥⁼哥⁼ to^{33} ȵiŋ^{13} ko^{33} ko^{33}	跳绳 tʰiɔ^{33} zəŋ^{355}	毽子 tɕie^{33} tsɿ^{21}
20 富阳	躲猫 to^{423} mɔ^{53}	跳绳 tʰiɔ^{335} ʑin^{13}	毽子 tɕiɛ̃^{335} tsɿ^{53}
21 新登	揢乌矇 kʰɑ^{45} u^{53} mɛ^{233}	跳绳 tʰiɔ^{45} zeiŋ^{233}	毽子 tɕiɛ̃^{45} dzɿ^{21}
22 桐庐	躲猫猫 tu^{33} mɔ^{55} mɔ^{13}	跳绳 tʰiɔ^{33} zəŋ^{13}	毽子 tɕie^{35} tsɿ^{33}
23 分水	躲猫 to^{44} mɔ^{33}	跳绳 tʰiɔ^{24} zən^{21}	毽子 tɕiɛ̃^{24} tsɿ^{0}

续表

方言点	0733 捉迷藏	0734 跳绳	0735 毽子
24 绍兴	躲寻窠盘=盘= to^{33} ʑiŋ^{24} kʰo^{33} buø̃^{22} buø̃^{231}	跳绳 tʰiɔ^{33} zəŋ^{231}	毽子 tɕiẽ^{44}tsɿ^{31}
25 上虞	幽盘=盘= iɤ^{33} bø̃^{21} bø̃^{213}	跳绳 tʰiɔ^{55} zəŋ^{213}	毽子 tɕiẽ^{55}tsɿ^{33}
26 嵊州	盘=猫猫 bœ̃^{24} mɔ^{22} mɔ^{231}	跳绳 tʰiɔ^{33} zeŋ^{213}	毽子 tɕiẽ^{33}tsɿ^{334}
27 新昌	搭猫猫老鼠 kʰo^{33} mɔ^{13} mɔ^{33} lɔ^{33} tsʰɿ^{53}	跳绳 tʰiɔ^{33} ɕiŋ^{335}	垫子 tiɛ̃^{53}tsɿ^{335}
28 诸暨	寻掖= ʑin^{21} ieʔ^{5}	跳绳 tʰiɔ^{42} zɛn^{13}	毽子 tɕie^{42}tsɿ^{21}
29 慈溪	盘猫= bø^{11} mɔ^{44}	跳绳 tʰiɔ^{44} dzəŋ^{13}	毽子 tɕiẽ^{44}tsɿ^{44}
30 余姚	盘猫 bø̃^{13} mɔ^{0}	跳绳 tʰiɔ^{44} zə̃^{13}	毽子 tɕiẽ^{44}tsɿ^{44}
31 宁波	寻幽猫 ʑiŋ^{13} iʏ^{44} mɛ^{35}	跳绳 dio^{13} ʑiŋ^{13}	燕=子 i^{44}tsɿ^{44}
32 镇海	寻幽猫 iŋ^{22} y^{33} mɛ^{22}	跳绳 tʰio^{33} iŋ^{24}	燕=子 i^{53}tsɿ^{33}
33 奉化	寻幽猫 ʑiŋ^{33} iʏ^{44} mɛ^{33}	跳绳 tʰiɔ^{44} ʑiŋ^{33}	燕子 i^{44}tsɿ^{44}
34 宁海	寻约=幽 ʑiŋ^{21} iaʔ^{3} iu^{53}	跳绳 tʰieu^{33} ʑiŋ^{31}	毽子 tɕie^{35}tsɿ^{0}
35 象山	幽羊猫 iu^{44} iã^{31} mɛ^{44}	跳绳 tʰio^{53} iŋ^{31}	毽 tɕi^{53}
36 普陀	幽幽盘= ȵieu^{55} ȵieu^{55} bɛ^{55}	跳绳 tʰiɔ^{33} iŋ^{45}	燕=子 i^{55}tsɿ^{55}
37 定海	摸暗洞 moʔ^{2} ɐi^{44} doŋ^{0} 寻幽猫 iŋ^{33} ȵiʏ^{44} bɛ^{44}	跳绳 tʰio^{33} iŋ^{44}	燕=子 i^{44}tsɿ^{44}
38 岱山	搭老猫 kʰo^{33} lɔ^{45} mɛ^{44}	跳绳 tʰio^{33} iŋ^{45}	燕=子 i^{44}tsɿ^{44}
39 嵊泗	幽老猫 iʏ^{33} lɔ^{34} mɛ^{44}	跳绳 tʰio^{33} iŋ^{243}	燕=子 i^{44}tsɿ^{45}
40 临海	张猫幽 tɕiã^{33} mɔ^{33} iu^{353}	跳绳 tʰiə^{33} ʑiŋ^{353}小	鸡钿 tɕi^{33} di^{21}
41 椒江	张猫幽 tɕiã^{33} mɔ^{33} iu^{35}小 幽猫幽 iu^{33} mɔ^{33} iu^{35}小	跳绳 tʰiɔ^{33} ʑiŋ^{24}小	毽子 tɕie^{55}tsɿ^{42}
42 黄岩	幽猫幽 iu^{33} mɔ^{22} iu^{35}小	跳绳 tʰiɔ^{33} ʑin^{24}小	垫子 die^{13}tsɿ^{51}小 毽 tɕie^{51}小
43 温岭	幽猫幽无 iu^{33} mɔ^{33} iu^{33} u^{24}小	拗绳 huəʔ^{3} ʑin^{24}小	毽子 dʑie^{13}tsɿ^{51}小
44 仙居	把=张幽 ɓo^{21} tɕia^{33} iəɯ^{53}	跳绳 tʰiɐɯ^{33} ʑin^{353}小	鸡=碟= tɕi^{33} diaʔ^{23}
45 天台	幽猫 iu^{33} mau^{51}	跳绳 tʰieu^{33} ʑiŋ^{51}	鸡筒 ki^{33} duŋ^{51}

续表

方言点	0733 捉迷藏	0734 跳绳	0735 毽子
46 三门	幽盲 iu^{33} mɛ^{252}	跳绳 tʰiɑu^{55} ʑiŋ^{252}	毽 tɕie^{55}
47 玉环	张猫幽 tɕia^{33} mɔ^{33} iu^{35} 小	跳绳 tʰiɔ^{33} ʑiŋ^{24}	点$^{=}$子 tie^{42} tsɿ^{53} 小
48 金华	虾兵□强盗 xuɑ^{33} piŋ^{55} ȵyɑ^{313} dʑiɑŋ^{31} dɑo^{14} 官兵搭强盗 kuɑ^{33} piŋ^{55} kʰuɑ^{55} dʑiɑŋ^{31} dɑo^{14}	跳绳 tʰiɑo^{33} ʑiŋ^{313}	毽 tɕie^{55} 老 毽子 tɕiɛ̃^{55} tsɿ^{0} 新
49 汤溪	州$^{=}$州$^{=}$猫儿 tɕiəɯ^{33} tɕiəɯ^{24} moŋ^{0}	跳绳 tʰɤ^{24} ʑiã^{0}	□子 tie^{52} tsɿ^{52}
50 兰溪	搭水鬼 kʰuɑ^{334} ɕy^{55} kue^{55}	跳绳 tʰiɔ^{334} ɕiæ̃^{45}	点$^{=}$子 tia^{55} tsɿ^{45}
51 浦江	幽窠麻$^{=}$沟$^{=}$ iɤ^{33} kʰɯ^{33} mia^{24} kɤ^{334}	跳绳 tʰia^{33} ziən^{334}	球儿 dʑiɤn^{232}
52 义乌	幽盲儿 iɐɯ^{33} mɛn^{335}	跳绳 tʰɯɤ^{33} zən^{213}	毽儿 dʑiɤn^{213}
53 东阳	摸盲儿 iəɯ^{33} mɐn^{35}	跳绳 tʰiɔ^{33} zɐn^{35}	（无）
54 永康	幽寻 iəu^{33} zəŋ^{241}	跳绳 tʰiɑu^{33} ʑiŋ^{241} 小	球 dʑiəu^{241} 小
55 武义	九$^{=}$乌盲 tɕiəu^{55} u^{32} mɑŋ^{53}	跳绳 tʰie^{55} ʑin^{324}	球 dʑiəu^{324}
56 磐安	幽盲儿 iɐɯ^{33} mɛn^{445}	跳绳 tʰio^{33} zɐn^{213}	毽 tɕiɐn^{52}
57 缙云	匽幽猫 iɛ^{51} iuŋ^{44} mɔ^{453}	跳绳 tʰiɔ^{44} zɛŋ^{243}	毽 tɕiɛ^{453}
58 衢州	搭盲迷 kʰɑ^{53} mã^{35} mi^{21}	跳绳 tʰiɔ^{53} ʒyən^{21}	垫$^{=}$子 diẽ^{231} tsɿ^{35}
59 衢江	躲鞋$^{=}$猫 tou^{33} a^{22} mɔ^{25}	跳索 tʰiɔ^{33} səʔ^{5}	点$^{=}$子 tie^{25} tsɿ^{31}
60 龙游	搭夜猫 kʰuɑ^{33} iɑ^{22} mɔ^{35} 匽夜猫 ie^{22} iɑ^{22} mɔ^{35}	跳绳 tʰiɔ^{35} zən^{21}	奖$^{=}$子 tɕiã^{35} dzɿ^{21}
61 江山	猫搭老鼠 mɐɯ^{22} kʰɒ^{44} lɐɯ^{22} tɕʰiə^{241}	跳绳 tʰiɐɯ^{44} ʑyɛ̃^{213}	毽 kiɛ̃^{51}
62 常山	拿瞑 nɑ^{24} mĩ^{341}	跳索 tʰiɤ^{43} sʌʔ^{5}	毽 tɕiɛ̃^{324}
63 开化	躲猫儿 tɔ^{44} məɯ^{21} ȵi^{53}	跳索 tʰiəɯ^{44} sɔʔ^{5}	毽 dʑiɛ̃^{213}
64 丽水	捉来捉 tɕioʔ^{4} li^{21} tɕioʔ^{5}	跳绳 tʰiə^{224} dʑin^{22}	毽 tɕiɛ^{52}
65 青田	狸匽寻 li^{22} iɛ^{55} zaŋ^{53}	跳绳 tʰiœ^{33} iŋ^{53}	鸡毛燥$^{=}$ tsɿ^{33} mœ^{55} sœ^{33}
66 云和	捉盲公 tɕioʔ^{4} mɛ^{223} koŋ^{24}	跳绳 tʰiɑɔ^{44} dʑiŋ^{312}	毽 tɕiɛ^{45}

续表

方言点	0733 捉迷藏	0734 跳绳	0735 毽子
67 松阳	捉躲猫儿 tɕioʔ^{3} tu^{24} mɔ^{21} n^{24}	跳绳 tʰiɔ^{33} dʑin^{31}	转$^{=}$子 tyɛ̃^{33} tsɿə^{212}
68 宣平	撮阄匽寻 tsʰəʔ^{4} tɕiɯ^{44} iɛ^{44} zən^{433}	跳绳 tʰiɔ^{44} dʑin^{433}	毽 tɕiɛ^{52}
69 遂昌	躲猫儿 tiu^{33} miɐɯ^{22} ȵiɛ^{213}	跳绳 tʰiɐɯ^{33} dʑiŋ^{221}	毽 tɕiɛ̃^{334}
70 龙泉	躲猫儿 tou^{44} mɑʌ^{45} ȵi^{55}	跳绳 tʰiɑʌ^{21} dʑin^{21}	毽 tɕiᴇ^{45}
71 景宁	捉盲盲公 tɕioʔ^{3} mɛ^{55} mɛ^{33} kəŋ^{324}	跳绳 tʰiɑu^{35} dʑiŋ^{41}	毽 tɕiɛ^{35}
72 庆元	捉猫老窠 tɕioʔ^{5} mɒ^{55} lɒ^{22} kʰo^{335}	跳索 tʰiɒ^{11} soʔ^{5}	毽 tɕiɛ̃^{11}
73 泰顺	匽寻 iɛ^{22} səŋ^{53}	跳绳 tʰiɑɔ^{22} tɕiŋ^{53}	毽子 tɕiɛ^{35} tsɿ^{55}
74 温州	瞒桩儿 mø^{23} tɕyɔ^{33} ŋ^{12}	跳绳 tʰiɛ^{3} zəŋ^{31}	毽子 tɕi^{42} tsɿ^{25}
75 永嘉	钻桩儿 tsø^{45} tɕyɔ^{33} ŋ^{0}	跳绳 tʰyə^{33} ieŋ^{31}	毽子 dʑi^{31} tsɿ^{45}
76 乐清	匽寻 iᴇ^{44} zaŋ^{223}	跳绳 tʰiɯʌ^{3} zeŋ^{31}	毽子 tɕiᴇ^{42} tsɿ^{35}
77 瑞安	埋寻身 ma^{2} zaŋ^{22} saŋ^{44}	跳绳 tʰuɔ^{3} zəŋ^{31}	子儿 tsɿ^{33} ŋ^{0}
78 平阳	□睫毛 mə^{33} dʑie^{21} mɛ^{13}	跳绳 tʰye^{33} zeŋ^{42}	踢踢子 tʰie^{45} tʰie^{21} tsɿ^{35}
79 文成	匽寻 ie^{33} zeŋ^{33}	跳绳 tʰuo^{33} zeŋ^{13}	鸡毛球 tɕi^{33} mɛ^{21} dʒau^{33}
80 苍南	缩寻 ɕyɔ^{33} zaŋ^{112}	跳绳 tʰyɔ^{42} zeŋ^{31}	毽子 tɕie^{42} tsɿ^{53}
81 建德徽	躲猫儿 tu^{21} mɔ^{53} n^{213}	跳绳 tʰiɔ^{33} sən^{33}	钿$^{=}$子 tie^{33} tsɿ^{55}
82 寿昌徽	躲相躲 tu^{24} ɕiɑ̃^{11} tu^{24}	跳绳 tʰiɤ^{33} sen^{52}	□子 tiɛ̃^{55} tsɿ^{55}
83 淳安徽	猫搭老鼠 mɤ^{24} kʰo^{24} lɤ^{55} tɕʰy^{21}	跳绳 tʰiɤ^{43} sen^{435}	吸$^{=}$毽 ɕiʔ^{5} tɕiɑ̃^{21}
84 遂安徽	躲了寻 təɯ^{21} lɑ^{33} ɕin^{33}	跳绳 tʰiɔ^{55} ɕin^{33}	毽子 tɕiɛ̃^{55} tsɿ^{33}
85 苍南闽	□猫□ tian^{33} ŋĩãũ^{24} tsʰə^{21}	跳索 tʰiau^{33} so^{43}	毽子 kian^{33} tɕi^{43}
86 泰顺闽	匽寻 ie^{22} syeŋ^{22}	跳绳 tʰiɐu^{34} tieŋ^{22}	（无）
87 洞头闽	迷迷掉 bi^{33} bi^{33} tsʰə^{21}	跳索仔 tʰiau^{33} so^{212} a^{53}	毽子 kian^{33} tsɿ^{53}
88 景宁畲	匽身 ien^{44} ɕin^{44}	跳绳 tʰau^{44} ɕin^{51}小	（无）

方言点	0736 风筝	0737 舞狮	0738 鞭炮统称
01 杭州	鹞儿 ȵiɔ^{13}əl^{53}	舞狮 u^{55}sɿ^{334}	炮仗 pʰɔ^{45}dzaŋ^{53}
02 嘉兴	鹞子 iɔ^{24}tsɿ^{21}	调狮子 diɔ^{21}sɿ^{42}tsɿ^{21}	炮仗 pʰɔ^{24}zᴀ̃^{21}
03 嘉善	鹞子 iɔ^{55}tsɿ^{0}	舞狮子 u^{13}sɿ^{35}tsɿ^{53}	百响 paʔ^{5}ɕiæ̃^{0}
04 平湖	鹞子 iɔ^{44}tsɿ^{0}	掉⁼狮子 diɔ^{21}sɿ^{44}tsɿ^{0}	报⁼仗 pɔ^{44}zã^{0}
05 海盐	鹞子 iɔ^{13}tsɿ^{21}	（无）	报⁼仗 pɔ^{55}zɑ̃^{21}
06 海宁	鹞子 iɔ^{33}tsɿ^{53}	狮子舞 sɿ^{55}tsɿ^{55}u^{55} 舞狮子 u^{33}sɿ^{55}tsɿ^{55}	百子 paʔ^{5}tsɿ^{0}
07 桐乡	鹞子 iɔ^{21}tsɿ^{53}	（无）	炮仗 pʰɔ^{33}zã^{242}
08 崇德	鹞子 iɔ^{21}tsɿ^{53}	舞狮子 vu^{21}sɿ^{44}tsɿ^{44}	炮仗 pʰɔ^{33}zã^{242}
09 湖州	鹞子 iɔ^{33}tsɿ^{35}	舞狮子 əu^{22}sɿ^{44}tsɿ^{44}	百子炮 paʔ^{5}tsɿ^{53}pɔ^{53}
10 德清	鹞子 iɔ^{33}tsɿ^{35}	调龙灯 diɔ^{13}loŋ^{31}ten^{35}统称	炮仗 pʰɔ^{33}zã^{35}
11 武康	鹞子 iɔ^{44}tsɿ^{44}	调狮子灯 diɔ^{31}sɿ^{44}tsɿ^{44}den^{44}	百子炮 pəʔ^{5}tsɿ^{35}pʰɔ^{53}
12 安吉	鹞子 iɔ^{21}tsɿ^{213}	调狮子 diɔ^{22}sɿ^{55}tsɿ^{55}	炮仗 pʰɔ^{32}dzã^{213}
13 孝丰	鹞子 iɔ^{22}tsɿ^{24}	调狮子 diɔ^{22}sɿ^{44}tsɿ^{44}	炮仗 pʰɔ^{32}dzã^{213}
14 长兴	鹞子 iɔ^{32}tsɿ^{24}	调狮子 diɔ^{12}sɿ^{44}tsɿ^{44}	鞭炮 pi^{44}pʰɔ^{44}
15 余杭	鹞鹰儿 iɔ^{33}iŋ^{33}n^{31}	跳狮子灯 tʰiɔ^{53}sɿ^{55}tsɿ^{55}tiŋ^{55}	百子炮儿 paʔ^{5}tsɿ^{55}pʰuo^{53}n^{31}
16 临安	鹞子 iɔ^{33}tsɿ^{53}	狮子舞 sɿ^{55}tsɿ^{55}u^{31}	百子炮 pɐʔ^{5}tsɿ^{55}pʰɔ^{55}
17 昌化	纸鹞 tsɿ^{45}iɔ^{544}	跳狮子灯 tʰiɔ^{54}sɿ^{33}tsɿ^{45}təŋ^{53}	炮仗 pʰɔ^{54}dzã^{453}
18 於潜	鹞子 iɔ^{22}tsɿ^{454}	跳狮子灯 tʰiɔ^{35}sɿ^{43}tsɿ^{454}teŋ^{433}	火炮 xu^{53}pʰɔ^{31}
19 萧山	鹞 iɔ^{242}	舞狮 u^{13}sɿ^{533}	炮仗 pʰɔ^{33}dzã^{242}
20 富阳	鹞子 iɔ^{335}tsɿ^{53}	跳狮子 tʰiɔ^{335}sɿ^{55}tsɿ^{31}	炮仗 pʰɔ^{335}tsã^{53}
21 新登	鹞子 iɔ^{21}tsɿ^{45}	跳狮子 tʰiɔ^{45}sɿ^{53}tsɿ^{334}	炮弹 pʰɔ^{45}dɛ^{21}
22 桐庐	风筝 foŋ^{35}tsəŋ^{13}	舞狮 u^{21}sɿ^{33}	鞭炮 pie^{35}pʰɔ^{13}
23 分水	风筝 fən^{44}tsən^{44}	跳狮子 tʰiɔ^{24}sɿ^{44}tsɿ^{0}	鞭炮 piɛ̃^{44}pʰɔ^{24}

续表

方言点	0736 风筝	0737 舞狮	0738 鞭炮统称
24 绍兴	鹞 iɔ^{22}	舞狮 u^{22}sɿ^{53}	炮仗 pʰɔ^{33}dzaŋ^{22}
25 上虞	鹞 iɔ^{53}	调⁼狮子 diɔ^{21}sɿ^{33}tsɿ^{0}	炮仗 pʰɔ^{55}dzã^{0}
26 嵊州	鹞 iɔ^{24}	舞狮子 u^{24}sɿ^{53}tsɿ^{334}	炮仗 pʰɔ^{33}tɕiaŋ^{334}
27 新昌	鹞 iɔ^{13}	调⁼狮子 diɔ^{22}sɿ^{53}tsɿ^{335}	炮仗 pʰɔ^{53}dʑiaŋ^{13}
28 诸暨	鹞子 iɔ^{33}tsɿ^{33}	舞龙灯 vu^{21}lom^{21}tən^{42}	炮仗 pʰɔ^{33}dzã^{21}
29 慈溪	鹞 iɔ^{13}	调⁼狮子灯 diɔ^{13}sɿ^{35}tsɿ^{0}təŋ^{0}	炮仗 pʰɔ^{44}dʑiã^{44}
30 余姚	鹞 iɔ^{13}	调⁼狮子 diɔ^{13}sɿ^{44}tsɿ^{34}	炮仗 pʰɔ^{44}dzɔŋ^{13}
31 宁波	鹞子 io^{13}tsɿ^{44}	舞狮 vu^{13}sɿ^{53}	炮仗 pʰɔ^{44}dʑia^{44}
32 镇海	鹞子 io^{24}tsɿ^{33}	舞狮 u^{33}sɿ^{53}	炮仗 pʰɔ^{33}dʑiã^{22}
33 奉化	鹞子 iɔ^{33}tsɿ^{0}	舞狮 u^{44}sɿ^{44}	炮仗 pʰʌ^{44}dʑiã^{31}
34 宁海	鹞 ieu^{213}	打狮子 tã^{53}sɿ^{33}tsɿ^{35}	炮仗 pʰau^{33}dʑiã^{24}
35 象山	鹞 io^{13}	狮舞 sɿ^{44}u^{44}	百子炮 paʔ^{5}tsɿ^{0}pʰɔ^{53}
36 普陀	鹞子 iɔ^{33}tsɿ^{55} 风筝 foŋ^{33}tɕiŋ^{53}	舞狮 u^{33}sɿ^{53}	炮仗 pʰɔ^{55}dʑiã^{55}
37 定海	鹞子 io^{11}tsɿ^{44}	舞狮子 u^{33}sɿ^{33}tsɿ^{45}	炮仗 pʰɔ^{44}dʑiã^{44}
38 岱山	鹞 io^{213}	（无）	炮仗 pʰɔ^{44}dʑiã^{52}
39 嵊泗	鹞 io^{213}	舞狮 u^{33}sɿ^{53}	炮仗 pʰɔ^{44}dʑiã^{0}
40 临海	纸鹞 tsɿ^{42}iə^{324}	跳狮子 tʰiə^{33}sɿ^{33}tsɿ^{55}	炮仗 pʰɔ^{33}dʑiã^{55}
41 椒江	纸鹞 tsɿ^{42}iɔ^{24}	滚狮子 kuəŋ^{42}sɿ^{33}tsɿ^{55}	炮仗 pʰɔ^{33}dʑiã^{24}小
42 黄岩	纸鹞 tsɿ^{42}iɔ^{24}	滚狮子 kuən^{42}sɿ^{33}tsɿ^{55}	炮仗 pʰɔ^{33}dʑiã^{24}小
43 温岭	纸鹞 tsɿ^{42}iɔ^{13}	滚狮子 kuən^{42}sɿ^{35}tsɿ^{55}	炮仗 pʰɔ^{35}dʑiã^{44}
44 仙居	纸鹞 tsɿ^{31}iɐɯ^{24}	跳狮子 tʰiɐɯ^{33}sɿ^{55}tsɿ^{55}	炮仗 pʰɐɯ^{55}tɕia^{55}
45 天台	纸鹞 tsɿ^{32}ieu^{35}	舞狮子 vu^{21}sɿ^{33}tsɿ^{325}	炮仗 pʰau^{33}ʑia^{214}
46 三门	纸鹞 tsɿ^{32}iɑu^{55}	打狮子 tɛ^{32}sɿ^{33}tsɿ^{33}	炮仗 pʰɑu^{55}dʑiɑ̃^{55}

续表

方言点	0736 风筝	0737 舞狮	0738 鞭炮统称
47 玉环	鹞 iɔ^{22}	滚狮子 kuəŋ^{53}sɿ^{33}tsɿ^{55}	炮仗 pʰɔ^{33}dʑia^{44}
48 金华	纸鹞 tsɿ^{55}iɑo^{14}	掉狮子 diɑo^{14}sɿ^{33}tsɿ^{55}	炮仗 pʰɑo^{33}tɕiɑŋ^{55}
49 汤溪	纸鹞 tsɿ^{52}iɔ^{341}	跌狮子 tia^{52}sɿ^{33}tsɿ^{52}	火炮 xuɤ^{33}pʰɔ^{52}
50 兰溪	纸鹞 tsɿ^{55}iɔ^{24}	跌狮子 tiəʔ^{34}sɿ^{55}tsɿ^{45}	火炮 xuɤ^{55}pʰɔ^{45}
51 浦江	纸鹞 tʃi^{55}i^{55}	（无）	火炮 xɯ^{55}pʰo^{55}
52 义乌	纸鹞 tsi^{45}ie^{44}	狮子滚球 sɿ^{33}tsɿ^{33}kuən^{45}dʑiɐɯ^{213}	火炮 huɤ^{45}pʰɯɤ^{44}
53 东阳	纸鹞 tsi^{44}iɔ^{33}	滚狮子 kuɐn^{44}sɿ^{44}tsɿ^{35}	火炮 hu^{44}pʰɐɯ^{33}
54 永康	纸鹞 tɕi^{31}iɑu^{241}	踈地狮子 ləi^{31}di^{31}sɿ^{33}tsɿ^{52} 跌狮子 dia^{31}sɿ^{33}tsɿ^{52}	火炮 xuo^{31}pʰɑu^{52}
55 武义	纸鹞 tɕi^{55}ie^{31}	跌狮子 lia^{55}sɿ^{55}tsɿ^{53}	火炮 xuo^{55}pʰɑu^{53}
56 磐安	纸鹞 tɕi^{55}io^{0}	挈狮子 tɕʰiɛ^{55}sɿ^{33}tsɿ^{52}	火炮 xuɤ^{55}pʰo^{0}
57 缙云	纸鹞 tsɿ^{51}iəɤ^{213}	跌狮子 tia^{51}sɿ^{44}tsɿ^{51}	炮仗 pʰɔ^{44}dʑiɑ^{213}
58 衢州	鹞儿 iɔ^{231}ȵi^{21}	戏狮子灯 sɿ^{53}sɿ^{32}tsɿ^{53}tən^{32}	炮掌⁼ pʰɔ^{53}tʃyã^{35}
59 衢江	鹞 iɔ^{231}	（无）	火炮 xuo^{33}pʰɔ^{53}
60 龙游	纸鹞 dzɿ^{22}iɔ^{231}	舞狮子 m^{22}sɿ^{33}tsɿ^{51}	火炮 xu^{22}pʰɔ^{51}
61 江山	鹞 iɐɯ^{51}	舞狮 mə^{22}ɕiɵ^{44}	炮仗 pʰɐɯ^{44}tɕiaŋ^{51}
62 常山	鹞 iɤ^{324}	（无）	炮仗 pʰɔ^{45}dʑiã^{0}
63 开化	鹞 iəɯ^{213}	跳狮 tʰiəɯ^{44}suei^{44}	火炮 xuei^{44}pʰəɯ^{412}
64 丽水	鹞 iə^{131} 老 风筝 fəŋ^{44}tsen^{224} 新	跳狮子 tʰiə^{44}sɿ^{44}tsɿ^{544}	炮向⁼ pʰə^{224}ɕiã^{52}
65 青田	纸鹞 tsɿ^{33}iœ^{22}	狮子滚球 sɿ^{33}tsɿ^{55}kuaŋ^{55}dʑieu^{21}	炮仗 pʰo^{33}i^{55} 小
66 云和	纸鹞 tsɿ^{44}iɑɔ^{223}	跳狮子 tʰiɑɔ^{44}sɿ^{44}tsɿ^{41}	火炮 xo^{44}pʰɑɔ^{45}
67 松阳	纸鹞 tsɿə^{33}iɔ^{24}	舞狮子 muə^{21}sɿə^{24}tsɿə^{212}	□尚⁼ pʰoŋ^{53}ʑiã^{13}

续表

方言点	0736 风筝	0737 舞狮	0738 鞭炮统称
68 宣平	纸鹞 tsɿ^{44}iɔ^{231}	跳狮子 tʰiɔ^{44}sɿ^{44}tsɿ^{52}	响炮 ɕiɑ̃^{44}pʰɔ^{52}
69 遂昌	纸鹞 tɕiɛ^{55}iɐɯ^{213}	舞狮子 muə^{13}ɕiu^{33}tsɤ^{533}	□尚= pʰɔŋ^{55}ʑiaŋ^{213}
70 龙泉	纸鹞 dʑi^{21}iɑʌ^{224}	舞狮子 mɤɯ^{21}sɤɯ^{45}tsɿ^{51}	铳 tɕʰiəŋ^{45}
71 景宁	纸鹞 tɕi^{33}iɑu^{113}	舞狮子 m^{33}sɿ^{55}tsɿ^{33}	胖=仗 pʰɔŋ^{33}ʑiɛ^{113}
72 庆元	纸鹞 tɕiᴇ^{33}iɒ^{31}	舞狮子 mɤ^{22}sɿ^{33}tsɿ^{33}	□尚= pʰɔ̃^{33}ɕiɑ̃^{31}
73 泰顺	纸鹞 tsɿ^{213}iɑɔ^{22}	舞狮 mø^{22}sa^{213}	响炮 ɕiã^{22}pʰɑɔ^{35}
74 温州	鹞 iɛ^{22}	滚狮子 kaŋ^{34}sai^{3}tsɿ^{25}	百子炮 pa^{3}tsɿ^{42}pʰuɔ^{21}
75 永嘉	鹞 yə^{22}	狮子舞 sai^{33}tsɿ^{53}u^{13}	夹子炮 ka^{53}tsɿ^{43}pʰuɔ^{53} 百子炮 pa^{53}tsɿ^{43}pʰuɔ^{53}
76 乐清	鹞 iɤ^{22}	（无）	炮仗 pʰa^{42}dʑiɯʌ^{21}
77 瑞安	纸鹞 tsei^{53}y^{22}	舞狮 vɯ^{31}sɿ^{44}	百子炮 pa^{3}tsɿ^{53}pʰɔ^{42}
78 平阳	鹞 ye^{33}	舞狮 vu^{35}sɿ^{13}	炮焰 pʰɔ^{53}ie^{13}
79 文成	风筝 foŋ^{33}tʃa^{33}	舞狮 vu^{33}sɿ^{33}	火炮 fu^{33}pʰo^{33}
80 苍南	纸料= tɕi^{42}lyɔ^{11}	（无）	百子炮 pa^{3}tsɿ^{53}pʰa^{42}
81 建德徽	纸鹞儿 tsɿ^{21}iɔ^{33}n^{55}	吊狮子 tiɔ^{33}sɿ^{53}tsɿ^{213} 线拉 舞狮子 u^{21}sɿ^{53}tsɿ^{213} 人舞	响炮 ɕie^{21}pʰɔ^{55}
82 寿昌徽	纸鹞 tsɿ^{55}iɑ^{33}	跌狮子灯 tiɛ^{55}sɿ^{11}tsɿ^{33}ten^{112}	火炮 xu^{33}pʰəɯ^{33}
83 淳安徽	纸羊= tsa^{55}iɑ̃^{21}	跳狮子 tʰiɤ^{43}sa^{24}tsɿ^{21}	火炮 hu^{55}pʰɤ^{21}
84 遂安徽	纸鸢 tsɿ^{213}iɑ^{52}	舞狮子 u^{213}sɿ^{55}tsɿ^{24}	火炮 fəɯ^{213}pʰɔ^{52}
85 苍南闽	纸鸢 tsua^{24}io^{21}	弄狮 lan^{21}sai^{55}	鞭炮 pan^{24}pʰau^{21}
86 泰顺闽	纸鹞 tɕia^{21}iɐu^{31}	舞狮 mou^{344}sai^{213}	连炮 lie^{21}pʰau^{53}
87 洞头闽	风吹 huaŋ^{24}tsʰə^{33}	弄狮 laŋ^{24}sai^{33}	炮仔 pʰau^{21}a^{53}
88 景宁畲	纸鹞 tɕi^{55}iəu^{325}	舞狮子 mu^{51}su^{44}tsu^{325}	火炮 fu^{55}pʰau^{445} 小

方言点	0739 唱歌	0740 演戏	0741 锣鼓统称
01 杭州	唱歌儿 tsʰaŋ^{55} kəu^{33} əl^{45}	演戏 iɛ^{55} ɕi^{45}	铜鼓 doŋ^{22} ku^{45}
02 嘉兴	唱歌 tsʰᴀ̃^{33} kou^{42}	唱戏 tsʰᴀ̃^{33} ɕi^{24} 唱戏文 tsʰᴀ̃^{33} ɕi^{33} vəŋ^{42}	锣鼓 lou^{13} kou^{42}
03 嘉善	唱歌 tsʰã^{55} ku^{0}	做戏 tsu^{44} ɕi^{35}	铜鼓家生 doŋ^{13} ku^{55} ka^{55} sæ̃^{0}
04 平湖	唱歌 tsʰɑ̃^{44} ku^{0}	做戏 tsu^{44} ɕi^{334}	锣鼓 lu^{24} ku^{53}
05 海盐	唱歌 tsʰɑ̃^{33} ku^{53}	做戏 tsu^{55} ɕi^{334}	锣鼓 lu^{24} ku^{53}
06 海宁	唱歌 tsʰɑ̃^{55} kəu^{55}	做戏 tsəu^{55} ɕi^{35}	锣鼓家生 ləu^{33} kəu^{55} kɑ̃^{55} sɑ̃^{55}
07 桐乡	唱歌 tsʰɒ̃^{33} kəu^{44}	做戏 tsəu^{33} ɕi^{334}	锣鼓 ləu^{21} kəu^{44}
08 崇德	唱歌 tsʰã^{33} ku^{44}	做戏文 tsu^{33} ɕi^{33} vəŋ^{13}	锣鼓 lu^{21} ku^{44} 锣鼓家生 lu^{21} ku^{44} kɑ^{44} sã^{44}
09 湖州	唱歌 tsʰã^{44} kəu^{44}	做戏 tsəu^{33} ɕi^{35}	锣鼓家生 ləu^{33} kəu^{33} ka^{44} sã^{44}
10 德清	唱歌 tsʰã^{33} kəu^{35}	做戏 tsəu^{33} ɕi^{35}	锣鼓 ləu^{11} kəu^{35}
11 武康	唱歌 tsʰã^{22} ku^{44}	做戏 tsu^{33} ɕi^{35}	锣鼓 lu^{11} ku^{35}
12 安吉	唱歌 tsʰɔ̃^{32} kʊ^{55}	做戏 tsʊ^{32} ɕi^{213}	锣鼓 lʊ^{22} ku^{52}
13 孝丰	唱歌 tsʰɔ̃^{32} ku^{44}	做戏 tsu^{32} ɕi^{213}	锣鼓家生 lu^{22} ku^{52} ka^{44} sã^{44}
14 长兴	唱歌 tsʰɔ̃^{32} kəu^{44}	做戏 tsəu^{32} ʃʅ^{24}	锣鼓更=生= ləu^{12} kəu^{22} kã^{44} sã^{44}
15 余杭	唱歌儿 tsʰɑ̃^{53} ku^{55} n^{31}	做戏文 tsu^{35} ɕi^{53} viŋ^{13}	锣鼓家生 lu^{31} ku^{53} ka^{53} sɑ̃^{53}
16 临安	唱歌 tsʰɑ̃^{55} kuo^{55}	做戏 tsuo^{55} ɕi^{55}	锣鼓 luo^{33} ku^{55}
17 昌化	唱歌 tsʰɔ̃^{54} kɯ^{334}	做戏 tsɯ^{54} sɿ^{544}	锣鼓 lɯ^{11} ku^{453}
18 於潜	唱歌 tsʰaŋ^{43} ku^{433}	做戏 tsu^{35} ɕi^{35}	锣鼓 lu^{22} ku^{53}
19 萧山	唱歌 tɕʰyɔ̃^{33} ko^{533}	演戏 ie^{13} ɕi^{42}	锣鼓 lo^{13} ku^{33}
20 富阳	唱歌 tsʰɑ̃^{335} kɯ^{53}	做戏文 tsʊ^{335} ɕi^{335} vən^{53}	锣鼓 lʊ^{13} ku^{55}

续表

方言点	0739 唱歌	0740 演戏	0741 锣鼓统称
21 新登	唱歌 ts^{h}ɑ̃^{53}ku^{53}	做戏 tsu^{334}ɕi^{45}	锣鼓 lu^{233}ku^{334}
22 桐庐	唱歌 ts^{h}ã^{33}ku^{533}	做戏 tsu^{33}ɕi^{35}	锣鼓 lu^{21}ku^{35}
23 分水	唱歌 ts^{h}ã^{24}ko^{44}	做戏 tso^{24}ɕi^{24}	锣鼓 lo^{21}ku^{55}
24 绍兴	唱歌 ts^{h}aŋ^{33}ko^{53}	做戏文 tso^{33}ɕi^{33}vẽ^{22}	锣鼓 lo^{22}ku^{334}
25 上虞	唱歌 ts^{h}ɔ̃^{55}kʊ^{35}	做戏文 tsu^{55}ɕi^{35}uəŋ^{31}	锣鼓 lʊ^{21}ku^{35}
26 嵊州	唱歌 ts^{h}aŋ^{33}ko^{534}	做戏文 tso^{33}ɕi^{33}uəŋ^{334}	铜锣家生 doŋ^{22}lo^{22}ko^{33}saŋ^{334}
27 新昌	唱歌 ts^{h}aŋ^{33}kɤ^{534}	调= 戏文 diɔ^{22}ɕi^{33}ueŋ^{335}	锣鼓 lɤ^{22}ku^{453}
28 诸暨	唱歌 ts^{h}ã^{21}kɤu^{33}	做戏文 tsɤu^{21}ʃʅ^{33}ven^{33}	锣鼓 lɤu^{21}ku^{42}
29 慈溪	唱歌 ts^{h}ɔ̃^{44}kəu^{35}	做戏 tsəu^{44}ɕi^{44}	响器 ɕiã^{33}tɕ^{h}i^{53}
30 余姚	唱歌 ts^{h}ɔŋ^{34}kou^{44}	做戏文 tsou^{44}ɕi^{44}və̃^{0}	响器 ɕiaŋ^{34}tɕ^{h}i^{53} 锣鼓家生 lou^{13}ku^{34}ko^{44}saŋ^{44}
31 宁波	唱歌 ts^{h}ɔ^{44}kəu^{53}	做戏文 tsəu^{44}ɕi^{44}vəŋ^{0}	响器 ɕia^{53}tɕ^{h}i^{0}
32 镇海	唱歌 ts^{h}ɔ̃^{33}kəu^{53}	做戏文 tsəu^{33}ɕi^{33}uəŋ^{22}	头场 dei^{22}dʑiã^{31}
33 奉化	唱歌 ts^{h}ɔ̃^{44}kəu^{44}	做戏文 tsəu^{44}ɕi^{44}vəŋ^{0}	铜鼓太= 锣 doŋ^{33}ku^{53}t^{h}a^{44}ləu^{33}
34 宁海	唱歌 ts^{h}ɔ̃^{33}ku^{34}	做戏 tsəu^{33}sʅ^{35}	铜锣鼓钹 doŋ^{21}ləu^{21}ku^{53}bɔʔ^{3}
35 象山	唱歌 ts^{h}ɔ̃^{53}ku^{44}	做戏文 tsəu^{53}ɕi^{44}vəŋ^{31}	锣鼓 ləu^{31}ku^{35}
36 普陀	唱歌 ts^{h}ɔ̃^{33}kəu^{53}	做戏文 tsəu^{33}ɕi^{55}vɐŋ^{0}	锣鼓 ləu^{33}ku^{45}
37 定海	唱歌 ts^{h}õ^{33}kʌu^{52}	做戏文 tsʌu^{33}ɕi^{44}vɐŋ^{0}	锣鼓 lʌu^{33}ku^{45}
38 岱山	唱歌 ts^{h}õ^{33}kʌu^{44}	做戏文 tsʌu^{33}ɕi^{44}vɐŋ^{52}	锣鼓 lʌu^{31}ku^{0}
39 嵊泗	唱歌 ts^{h}õ^{33}kʌu^{53}	做戏文 tsʌu^{33}ɕi^{44}vɐŋ^{0}	锣鼓 lʌu^{24}ku^{0}
40 临海	唱歌 ts^{h}ɔ̃^{33}ko^{31}	做戏 tso^{33}ɕi^{55}	锣鼓 lo^{33}ku^{353}小
41 椒江	唱歌 ts^{h}ɔ̃^{33}ko^{35}小	做戏 tsəu^{33}ɕi^{55}	锣鼓 ləu^{22}ku^{51}小

续表

方言点	0739 唱歌	0740 演戏	0741 锣鼓统称
42 黄岩	唱歌 tsʰɔ̃^{33} ko^{35}小	做戏 tsou^{33} ɕi^{55}	锣鼓 lou^{13} ku^{51}小
43 温岭	唱歌 tsʰɔ̃^{33} kɯ^{15}小	做戏 tsu^{35} ɕi^{55}	锣鼓 lu^{13} ku^{51}小
44 仙居	唱歌 tɕʰia^{33} ko^{334}	做戏 tso^{55} ɕi^{55}	锣鼓 lo^{33} ku^{53}
45 天台	唱山歌 tsʰɔ^{33} sɛ^{33} kou^{51}	做戏 tsou^{33} ɕi^{55}	锣鼓 lou^{22} ku^{31}小
46 三门	唱歌 tsʰɔ^{44} kʊ^{445}	做戏 tɕiʊ^{55} ɕi^{55}	铜锣 doŋ^{13} lʊ^{31}
47 玉环	唱歌 tsʰɔ̃^{33} ku^{35}小	做戏 tsəu^{33} ɕi^{55}	锣鼓 ləu^{22} ku^{53}小
48 金华	唱歌 tɕʰiɑŋ^{33} kuɤ^{334}	做戏 tsuɤ^{33} ɕi^{55}	锣鼓 luɤ^{33} ku^{535}
49 汤溪	唱歌 tɕʰiɔ^{33} kuɤ^{24}	做戏 tsuɤ^{33} ɕi^{52}	锣鼓 luɤ^{11} ku^{535}
50 兰溪	唱歌 tɕʰiɑŋ^{334} kuɤ^{334}	做戏 tsuɤ^{334} ɕi^{45}	铜鼓 doŋ^{21} ku^{55}
51 浦江	唱歌儿 tsʰyõ^{33} kɯn^{334}	做戏 tsɯ^{33} ʃi^{55}	锣鼓儿 lɯ^{11} kun^{55}
52 义乌	唱歌儿 tsʰɯa^{33} kuɤn^{335}	做戏 tsuɤ^{33} ɕi^{45}	锣鼓 luɤ^{22} ku^{423}
53 东阳	唱歌儿 tɕʰiɔ^{33} kʊn^{35}	做戏 tsu^{33} ɕi^{35}	锣鼓儿 lu^{22} kun^{53}
54 永康	唱歌 tɕʰiɑŋ^{33} kuo^{55}	做戏 tsuo^{33} ɕi^{52}	锣鼓 luo^{33} ku^{334}
55 武义	唱歌 tɕʰiɑŋ^{55} kuo^{24}	做戏 tsuo^{55} ɕi^{53}	锣鼓 luo^{55} ku^{445}
56 磐安	唱歌儿 tɕʰiɒ^{33} kuɤn^{445}	做戏 tsʰuɤ^{33} ɕi^{52}	锣鼓钹儿 luɤ^{22} ku^{33} bɛn^{14}
57 缙云	唱歌 tɕʰiɑ^{44} ku^{44}	做戏 tsu^{44} ɕi^{453}	锣鼓 lu^{44} ku^{51}
58 衢州	唱歌 tʃʰyã^{53} ku^{32}	做戏 tsu^{53} sɿ^{53}	锣鼓 lu^{21} ku^{35}
59 衢江	唱歌 tɕʰiã^{33} kou^{33}	做戏 tsou^{33} sɿ^{53}	锣鼓 lou^{33} kuɤ^{25}
60 龙游	唱歌 tsʰã^{33} ku^{334}	做戏 tsu^{33} ɕi^{51}	锣鼓 lu^{33} ku^{35}
61 江山	唱歌 tɕʰiaŋ^{44} ko^{44}	做戏 tso^{44} xi^{51}	锣鼓 lo^{22} kuə^{241}
62 常山	唱歌 tɕʰiã^{44} kɔ^{44}	做戏 tsɔ^{44} ɕi^{324}	锣鼓 lɔ^{22} kuə^{52}
63 开化	唱歌 tɕʰiã^{44} kɔ^{44}	做戏 tsɔ^{44} xuei^{412}	锣鼓 lɔ^{21} kuo^{53}
64 丽水	唱歌 tɕʰiã^{44} ku^{224}	做戏 tsu^{224} sɿ^{52}	锣鼓 lu^{22} ku^{544}
65 青田	唱歌 tɕʰi^{22} ku^{445}	做戏 tsu^{55} sɿ^{33}	锣鼓 lu^{22} kø^{454}

续表

方言点	0739 唱歌	0740 演戏	0741 锣鼓统称
66 云和	唱歌 tɕʰiɑ̃^{44} ku^{24}	做戏 tso^{44} sɿ^{45}	锣鼓 lu^{223} ku^{41}
67 松阳	唱歌 tɕʰiɑ̃^{33} ku^{53}	做戏 tsu^{33} sɿ^{24}	锣鼓 lu^{33} kuə^{212}
68 宣平	唱歌 tɕʰiɑ̃^{44} ko^{324}	做戏 tso^{44} sɿ^{52}	锣鼓 lo^{44} ku^{445}
69 遂昌	唱歌 tɕʰiaŋ^{33} ku^{45}	做表演 tsu^{33} piɐɯ^{55} iɛ̃^{13} 做戏 tsu^{55} sɿ^{334}	锣鼓 lu^{13} kuə^{533}
70 龙泉	唱歌 tɕʰiaŋ^{44} kou^{434}	做戏 tso^{44} sɿ^{45}	锣鼓 lou^{45} kuɤɯ^{51}
71 景宁	唱歌 tɕʰiɛ^{55} ko^{324}	做戏 tso^{33} ɕi^{324}	锣鼓 lo^{55} ku^{33}
72 庆元	唱歌 tɕʰiɑ̃^{11} ko^{335}	做戏 tso^{11} sɿ^{11}	锣鼓 lo^{52} kuɤ^{33}
73 泰顺	唱歌 tɕʰiã^{22} ko^{213}	做戏 tso^{22} sɿ^{35}	锣鼓 lo^{21} kø^{55}
74 温州	唱歌 tɕʰi^{3} ku^{33}	做戏 tsɤu^{3} sɿ^{51}	锣鼓 lɤu^{31} ku^{25}
75 永嘉	唱歌 tɕʰiɛ^{43} ku^{44}	做戏 tso^{43} sɿ^{53}	唱摆 tɕʰiɛ^{53} pa^{45}
76 乐清	唱歌 tɕʰiɯʌ^{42} ko^{44}	做戏 tɕio^{3} ɕi^{41}	锣鼓 lo^{31} ku^{35}
77 瑞安	唱歌 tɕʰiɛ^{53} kɯ^{44}	做戏 tsou^{3} ɕi^{53}	锣鼓 ləɯ^{31} kɯ^{35}
78 平阳	唱歌 tɕʰie^{53} ku^{33}	做戏 tʃu^{33} si^{53}	锣鼓 lu^{33} ku^{42}
79 文成	唱歌 tɕʰie^{42} ku^{33}	做戏 tʃou^{42} sei^{33}	锣 lou^{113}
80 苍南	唱歌 tɕʰiɛ^{42} ku^{44}	做戏 tsu^{3} ɕi^{42}	锣鼓 lu^{31} ku^{53}
81 建德徽	唱歌儿 tsʰo^{33} ku^{53} n^{213}	做戏 tsu^{33} ɕi^{33}	锣鼓 lu^{33} ku^{213}
82 寿昌徽	唱歌 tsʰɑ̃^{33} ku^{112}	做戏 tsu^{33} ɕi^{33}	锣鼓 lu^{11} ku^{24}
83 淳安徽	唱歌 tsʰɑ̃^{24} ku^{24}	做戏 tsu^{24} ɕi^{24}	锣鼓 lu^{43} ku^{55}
84 遂安徽	唱歌 tɕʰiɑ̃^{55} kuəɯ^{534}	做戏 tsə^{55} sɿ^{55}	锣鼓 ləɯ^{33} ku^{33}
85 苍南闽	唱歌 tɕʰiɯŋ^{33} kua^{55}	做戏 tsue^{43} hi^{21}	锣鼓 lo^{21} kɔ^{43}
86 泰顺闽	唱歌 tɕʰyo^{34} kou^{213}	做戏 tsou^{21} xei^{53}	锣鼓 lou^{21} ku^{344}
87 洞头闽	唱歌 tɕʰĩũ^{33} kua^{33}	搬戏 pũã^{33} hi^{21}	锣鼓 lo^{212} kɔ^{53}
88 景宁畲	唱歌 tɕʰiɔŋ^{44} ku^{51} 山歌 唱歌 tɕʰiɔŋ^{44} ku^{55}	做戏 tso^{44} xie^{51} 演戏 ien^{55} xie^{44}	锣鼓 lo^{22} ku^{325}

方言点	0742 二胡	0743 笛子	0744 划拳
01 杭州	胡琴 u^{22}dʑiŋ^{45}	笛儿 diɛʔ^{2}əl^{45}	豁拳 xuaʔ^{5}dʑyo^{213}
02 嘉兴	二胡 ȵi^{21}vu^{42}	竹笛 tsoʔ^{5}dieʔ^{5}	划拳 uᴀʔ^{5}dʑyə^{242}老 豁拳 huᴀʔ^{5}dʑyə^{242}新
03 嘉善	胡琴 u^{13}dʑin^{31}	笛 dieʔ^{2}	猜拳 tsʰɛ^{53}dʑyø^{31}
04 平湖	胡琴 u^{24}dʑin^{53}	笛子 diəʔ^{23}tsɿ^{334}	发拳 faʔ^{5}dʑyø^{53}
05 海盐	胡琴 u^{24}dʑin^{53}	箫 ɕiɔ^{53}	猜拳 tsʰɤ^{53}dʑyɤ^{31}
06 海宁	胡琴 u^{33}dʑiŋ^{55} 二胡 ȵi^{33}u^{31}	笛 dieʔ^{2} 笛子 dieʔ^{2}tsɿ^{0}	豁拳头 huaʔ^{5}dʑie^{33}dəɯ^{55}
07 桐乡	胡琴 u^{21}dʑiŋ^{44}	笛 diəʔ^{23}	划拳 uaʔ^{23}dʑiᴇ^{13}
08 崇德	胡琴 u^{21}dʑiŋ^{44}	笛 diəʔ^{23}	豁拳 huaʔ^{3}dʑiɪ^{13}
09 湖州	胡琴 əu^{33}dʑin^{35}	笛 dieʔ^{2}	豁拳 xuaʔ^{5}dʑie^{13}
10 德清	胡琴 əu^{11}dʑin^{113}	笛子 dieʔ^{2}tsɿ^{53}	划拳 uaʔ^{2}dʑie^{113}
11 武康	胡琴 u^{11}dʑin^{13}	箫 ɕiɔ^{44}	豁拳 xuaʔ^{5}dʑiɪ^{113}
12 安吉	胡琴 u^{22}dʑiŋ^{22}	箫 ɕiɔ^{55}	发拳 fɐʔ^{5}dʑi^{22}
13 孝丰	胡琴 u^{22}dʑiŋ^{22}	笛子 dieʔ^{2}tsɿ^{24}	豁拳 huaʔ^{5}dʑi^{22}
14 长兴	胡琴 u^{12}dʒiŋ^{24}	笛 diᴇʔ^{2}	割拳 huaʔ^{5}dʒi^{12}
15 余杭	二胡 ȵi^{13}u^{31}	箫 siɔ^{44}	豁拳 xuaʔ^{5}dʑiẽ^{33}
16 临安	胡琴 u^{33}dʑieŋ^{33}	箫 ɕiɔ^{55}	猜拳 tsʰᴇ^{55}dʑyœ^{33}
17 昌化	胡琴 u^{11}ʑiəŋ^{112}	笛子 diɛʔ^{2}tsɿ^{453}	划拳 uaʔ^{2}ʑyɪ̃^{112}
18 於潜	胡琴 u^{22}dʑiŋ^{24}	笛子 dieʔ^{2}tsɿ^{454}	猜拳 tsʰe^{43}dʑyɛ^{24}
19 萧山	胡琴 u^{13}dʑiŋ^{33}	箫 ɕiɔ^{533}	豁拳 xuaʔ^{21}dʑyə^{355}
20 富阳	胡琴 u^{13}dʑin^{55}	箫 ɕiɔ^{53}	豁拳 huaʔ^{5}dʑyɛ̃^{13}
21 新登	胡琴 u^{233}dʑiŋ^{233}	箫 ɕiɔ^{53}	豁拳 huaʔ^{5}dʑyɛ̃^{233}
22 桐庐	胡琴 u^{21}dʑiŋ^{35}	笛子 diəʔ^{21}tsɿ^{35}	猜拳 tsʰᴇ^{33}dʑyᴇ^{13}
23 分水	二胡 ɵ^{24}u^{21}	笛子 diəʔ^{12}tsɿ^{0}	发拳 faʔ^{5}dʑyɛ̃^{24}

续表

方言点	0742 二胡	0743 笛子	0744 划拳
24 绍兴	二胡 ȵi^{22} u^{22}	箫 ɕiɔ^{53}	发拳 fɛʔ^{3} dʑyø̃^{231}
25 上虞	皮胡 bi^{21} vu^{213}	箫 ɕiɔ^{35}	发拳 fɐʔ^{2} dʑyø̃^{213}
26 嵊州	胡琴 u^{22} dʑiŋ^{231}	箫 ɕiɔ^{534}	划拳 uaʔ^{2} dʑyœ̃^{213}
27 新昌	胡琴 u^{13} dʑiŋ^{33}	箫 ɕiɔ^{534}	发拳 fɛʔ^{5} dʑyœ̃^{22}
28 诸暨	胡琴 vu^{21} dʑin^{242}	箫 ɕiɔ^{544}	发拳 faʔ^{5} dʑiə^{13}
29 慈溪	皮胡 bi^{11} vu^{13}	箫 ɕiɔ^{35}	豁拳 huaʔ^{5} dʑyø̃^{13}
30 余姚	胡琴 vu^{13} dʑiə̃^{0}	箫 ɕio^{44}	豁拳 huaʔ^{5} dʑyø̃^{13}
31 宁波	卢$^{=}$琴 lu^{22} dʑiŋ^{53}	笛子 diəʔ^{2} tsɿ^{35}	豁拳 huaʔ^{5} dʑy^{33}
32 镇海	卢$^{=}$琴 lu^{22} dʑiŋ^{31}	箫 ɕio^{53}	豁拳 huaʔ^{2} dʑy^{24}
33 奉化	胡琴 vu^{33} dʑiŋ^{31}	笛 diɪʔ^{2}	豁拳 huaʔ^{5} dʑy^{33}
34 宁海	胡琴 vu^{21} dʑiŋ^{31}	箫 ɕieu^{53}	噢$^{=}$亏$^{=}$ au^{33} kʰuei^{53}
35 象山	胡琴 u^{31} dʑiŋ^{13}	箫 ɕio^{44}	豁拳 huaʔ^{5} dʑy^{31}
36 普陀	胡琴 u^{33} dʑiŋ^{53}	笛 diɛʔ^{23}	豁拳 xuɐʔ^{3} dʑy^{45}
37 定海	卢$^{=}$琴 lu^{33} dʑiŋ^{52}	横箫 uã^{33} ɕio^{52}	豁拳 xuɐʔ^{3} dʑy^{44}
38 岱山	胡琴 u^{33} dʑiŋ^{52}	笛子 dieʔ^{2} tsɿ^{44} 箫 ɕio^{52}	豁拳 xuɐʔ^{3} dʑy^{45}
39 嵊泗	胡琴 u^{33} dʑiŋ^{53}	箫 ɕio^{53}	豁拳 xuɐʔ^{3} dʑy^{243}
40 临海	胡琴 u^{33} dʑiŋ^{353} 小	箫 ɕiə^{31}	豁拳 huɛʔ^{5} gyø^{51}
41 椒江	胡琴 u^{22} dʑiŋ^{41}	箫 ɕiɔ^{35} 小	豁拳 huəʔ^{5} gyø^{41}
42 黄岩	胡琴 u^{13} dʑin^{41}	箫 ɕiɔ^{35} 小	豁拳 huoʔ^{5} gyø^{41}
43 温岭	胡琴 u^{24} dʑin^{41}	箫 ɕiɔ^{15} 小	豁拳 huəʔ^{5} gyø^{41}
44 仙居	胡琴 u^{53} dʑin^{0}	箫 ɕiɐɯ^{53} 小	发拳 fɑʔ^{3} ɟyø^{353} 发酒拳 fɑʔ^{3} tɕiəɯ^{31} ɟyø^{353} 划拳 uɑʔ^{23} ɟyø^{353} 划酒拳 uɑʔ^{23} tɕiəɯ^{31} ɟyø^{353}

续表

方言点	0742 二胡	0743 笛子	0744 划拳
45 天台	胡琴 vu^{224}giŋ^{0}	箫 ɕieu^{51}小	豁拳 hueʔ^{1}gyø^{51}
46 三门	胡琴 u^{13}dʑiŋ^{31}	箫 ɕiɑu^{52}小	划拳 uaʔ^{2}gyø^{252}
47 玉环	胡琴 u^{22}dʑiŋ^{41}	箫 ɕiɔ^{35}小	豁拳 fɐʔ^{5}gyø^{41}
48 金华	胡琴 u^{31}dʑiŋ^{14}	笛 di^{14}小	豁拳 xuɑ^{55}dʑyɤ^{313}
49 汤溪	胡琴 u^{11}tɕiɛ̃i^{52}	箫 sɤ^{24}	豁拳 xuɑ^{55}dʑyɤ^{0}
50 兰溪	胡琴 u^{21}dʑin^{24}	箫儿 siɔ^{334}nə^{45}	豁拳 xuəʔ^{34}dʑyɤ^{21}
51 浦江	胡琴 u^{24}dʑiən^{334}	笛儿 dɤn^{232}	豁拳 xuɑ^{33}dʑyẽ^{334}
52 义乌	胡琴 u^{22}tɕiən^{45}	箫儿 sɤn^{335}	发拳 fɯa^{42}dʑye^{213}
53 东阳	两弦儿 liɔ^{23}in^{33}	箫儿 ɕiɔn^{334}	豁拳儿 hua^{44}dʑiʊn^{33}
54 永康	胡琴 u^{31}dʑiŋ^{22}	箫 ɕiɑu^{55}	豁拳 xuɑ^{33}tɕye^{55}
55 武义	胡琴 u^{32}dʑin^{231}	箫儿 ɕin^{24}	豁拳 xuɑ^{53}dʑye^{324}
56 磐安	胡琴 u^{21}tɕiɐn^{52}	箫儿 ɕion^{445}	豁拳 xua^{33}dʑye^{213}
57 缙云	胡琴 u^{21}dʑiɛŋ^{453}	箫 ɕiɔ̃ũ^{44}	豁拳 xuɑ^{51}dʑyɛ^{243}
58 衢州	胡琴 u^{21}dʑin^{231}	笛 diəʔ^{12}	豁拳 xuaʔ^{5}dʒyə̃^{21}
59 衢江	胡琴 uɤ^{22}tɕiŋ^{53}	笛 diəʔ^{2}	吆三 iɔ^{33}sã^{33}
60 龙游	胡琴 u^{224}dʑin^{231}	箫 ɕiɔ^{334}	豁拳 xuɔʔ^{4}dzuei^{21}
61 江山	胡琴 uə^{22}gɪ̃^{213}	箫 ɕiɐɯ^{44}	吆三 iɐɯ^{44}saŋ^{44}
62 常山	胡琴 u^{52}gɪ̃^{0}	笛 dieʔ^{34}	吆拳 iɔ^{44}gɪ̃^{341}
63 开化	胡琴 uo^{21}tɕin^{53}	笛 diaʔ^{13}	豁拳 xuaʔ^{5}dʑyɛ̃^{231}
64 丽水	胡琴 u^{21}tɕin^{52}	笛 diʔ^{23}	猜拳 tsʰuɛ^{224}dʑyɛ^{22}
65 青田	琴 dʑiaŋ^{21}	箫 ɕio^{445}	划拳 uɛʔ^{3}dʑyɐ^{53}
66 云和	胡琴 u^{223}dʑiŋ^{312}	箫 ɕiɑɔ^{24}	猜拳 tsʰei^{44}dʑyɛ^{312}
67 松阳	胡琴 uə^{33}dʑin^{31}	箫 ɕiɔ^{53}	猜拳 tsʰɛ^{33}dʑyɛ̃^{31}
68 宣平	胡琴 u^{22}dʑin^{433}	箫 ɕiɔ^{324}	猜拳 tsʰei^{44}dʑyə^{433}

续表

方言点	0742 二胡	0743 笛子	0744 划拳
69 遂昌	胡琴 uə^{22}dʑiŋ^{213}	箫 ɕiɐɯ^{45}	豁拳 xuaʔ^{5}dʑyɛ̃^{221}
70 龙泉	胡琴 uɤɯ^{45}dʑin^{21}	箫 ɕiɑʌ^{434}	豁拳 xuoʔ^{3}dʑyo^{21}
71 景宁	胡琴 u^{33}dʑiaŋ^{41}	箫 ɕiɑu^{324}	划拳 uaʔ^{23}dʑyœ^{41}
72 庆元	胡琴 uɤ^{52}tɕiəŋ^{52}	箫 ɕiɒ^{335}	豁拳 xuɑʔ^{5}tɕyɛ̃^{52}老 猜拳 tsʰæi^{335}tɕyɛ̃^{52}新
73 泰顺	胡琴 uø^{21}tsəŋ^{53}	箫 ɕiɑɔ^{33}小	豁拳 fɔʔ^{2}tɕyɛ^{53}
74 温州	二胡 ŋ^{31}vu^{21}	笛 di^{212}	豁拳 fa^{33}dʑy^{223}
75 永嘉	琴 dʑiaŋ^{31}	箫 ɕyə^{44}	打拳 tɛ^{43}dʑy^{31}
76 乐清	胡琴 vu^{22}dʑiaŋ^{223}	笛 di^{212}	豁拳 fe^{44}dʑyᴇ^{223}
77 瑞安	嗯啊琴 ŋ^{2}a^{3}dʑiaŋ^{21}	箫 ɕiɔ^{44}	猜拳 tsʰe^{3}dʑy^{31}
78 平阳	二胡 ŋ^{33}vu^{42}	笛 di^{12}	猜拳 tʃʰe^{33}dʑye^{42}
79 文成	二胡 n^{42}vu^{33}	箫 ʃuo^{55}	猜拳 tʃʰe^{33}dʑyø^{35}
80 苍南	二胡 ŋ^{31}u^{31}	笛 di^{112}	猜拳 tsʰe^{44}dʑyɛ^{31}
81 建德徽	胡琴 u^{33}tɕin^{33}	箫 ɕiɔ^{53}	豁拳 huɑ^{55}tɕye^{33}
82 寿昌徽	胡琴 u^{11}tɕʰien^{33}	笛子 tiəʔ^{3}tsɿ^{55}	豁拳 xuə^{55}tɕʰyei^{52}
83 淳安徽	二胡 əl^{53}u^{21}	笛 tʰiəʔ^{13}	豁拳 fɑʔ^{5}tsʰuã^{435}
84 遂安徽	胡琴 vu^{33}tɕʰin^{33}	笛 tʰi^{213}	划拳 fɑ^{33}tɕʰyɑ̃^{33}
85 苍南闽	二弦 dʑi^{21}hian^{24}	箫 ɕiau^{55}	猜拳 tsʰai^{33}kun^{24}
86 泰顺闽	胡琴 fv^{21}kieŋ^{22}	箫团 ɕiɐu^{21}ki^{344}	划拳 fa^{21}kuəŋ^{22}
87 洞头闽	弦 hian^{113} 二胡 dʑi^{24}ɔ^{24}	箫 ɕiau^{33}	猜拳 tsʰai^{33}kun^{24}
88 景宁畲	琴 kʰin^{22}	箫 ɕiəu^{445}小	划拳 xuaʔ^{5}kʰuən^{22}

方言点	0745 下棋	0746 打扑克	0747 打麻将
01 杭州	走棋子 tsei^{55} dʑi^{22} tsɿ^{45}	打老 K ta^{55} lɔ^{13} kʰɛ^{53}	搓麻将 tsʰa^{55} ma^{22} tɕiaŋ^{45}
02 嘉兴	着棋 tsᴀʔ^{5} dʑi^{242}	掼沙哈 guᴇ^{21} so^{42} hᴀ^{21}	搓麻将 tsʰo^{42} mo^{13} tɕiᴀ̃^{42}
03 嘉善	着棋 dzɜʔ^{2} dʑi^{31}	打牌 tæ̃^{44} ba^{31}	搓麻将 tsʰo^{35} mo^{55} tɕiæ̃^{0}
04 平湖	走棋 tsəɯ^{44} dʑi^{31}	打牌 tã^{44} ba^{31}	搓麻将 tsʰo^{44} mo^{0} tsiã^{0}
05 海盐	走棋 tse^{53} dʑi^{31}	打牌 tɛ̃^{53} bɑ^{31}	搓麻将 tsʰo^{53} mo^{24} tɕiɛ̃^{53}
06 海宁	走棋 tsəɯ^{55} dʑi^{33}	打牌 tɑ̃^{55} bɑ^{33}	抄麻将 tsʰɔ^{53} mo^{33} tɕiã^{55}
07 桐乡	走棋 tsɤɯ^{53} dzi^{13}	打牌 tã^{53} ba^{13}	搓麻将 tsʰo^{44} mo^{13} tsiã^{53}
08 崇德	走棋 tsɤɯ^{53} dzi^{13}	打牌 tã^{53} ba^{13}	抄麻将 tsʰɔ^{44} mo^{21} tɕiã^{44}
09 湖州	着棋 tsaʔ^{5} dzi^{13}	打牌 ta^{53} ba^{13}	搓麻将 tsʰuo^{53} muo^{31} tɕiã^{35}
10 德清	着棋 tsaʔ^{5} dzi^{113}	打老 K tã^{53} lɔ^{35} kʰɛ^{0}	搓麻将 tsuo^{53} muo^{33} tɕiã^{35}
11 武康	着棋 tsɜʔ^{5} dʑi^{113}	打老 K tã^{53} lɔ^{35} kʰɛ^{53}	搓麻将 tsʰo^{53} mo^{33} tɕiã^{35}
12 安吉	走棋 tsəɪ^{52} dʑi^{22}	打老 K tã^{32} lɔ^{22} kʰᴇ^{52}	搓麻将 tsʰʊ^{55} mʊ^{22} tɕiã^{22}
13 孝丰	走棋 tsəɪ^{45} dʑi^{21}	打老 K tã^{32} lɔ^{32} kʰɛ^{44}	搓麻将 tsʰʊ^{44} mʊ^{22} tɕiã^{22}
14 长兴	走棋 tsei^{52} dʒʅ^{12}	打老 K tã^{32} lɔ^{45} kʰᴇ^{21}	搓麻将 tsʰəu^{44} mu^{12} tʃiã^{33}
15 余杭	走棋 tsøʏ^{53} dʑi^{33}	打老 K tɑ̃^{55} lɔ^{53} kʰɛ^{53}	搓麻将 tsʰuo^{55} muo^{33} tsiã^{35}
16 临安	走棋 tsə^{55} dʑi^{33}	打老 K tɑ̃^{55} lɔ^{33} kʰᴇ^{53}	搓麻将 tsʰuo^{55} muo^{31} tɕiã^{33}
17 昌化	走棋 tsei^{45} zɿ^{112}	打老 K tã^{45} lɔ^{23} kʰei^{53}	搓麻将 tsʰu^{33} mu^{11} tɕiã^{334}
18 於潜	走棋 tɕiəu^{53} dʑi^{24}	打老 K ta^{53} lɔ^{31} kʰe^{433}	搓麻将 tsʰa^{433} ma^{22} tɕiaŋ^{35}
19 萧山	走棋 tɕio^{33} dʑi^{33}	打老 K tã^{33} lɔ^{13} kʰe^{42}	搓麻将 tsʰo^{33} mo^{13} tɕiã^{42}
20 富阳	走棋 tsei^{423} dʑi^{55}	打老 K tã^{423} lɔ^{52} kʰɛ^{13}	搓麻将 tsʰo^{55} mo^{13} tɕiɑ̃^{55}
21 新登	走棋 tɕy^{334} dʑi^{233}	打老 K tɛ^{334} lɔ^{334} kʰe^{45}	抄麻将 tsʰɔ^{53} ma^{233} tɕiɑ̃^{45}
22 桐庐	走棋 tsei^{33} dzi^{13}	打老 K tã^{33} lɔ^{21} kʰᴇ^{35}	搓麻将 tɕʰyo^{33} mo^{21} tɕiã^{35}
23 分水	走棋 tsɵ^{44} dʑi^{21}	打老 K da^{44} lɔ^{33} kʰɛ^{44}	叉麻将 tsʰa^{44} ma^{21} tɕiã^{24}
24 绍兴	走棋 tsɤ^{33} dʑi^{231}	打老 K 牌 taŋ^{33} lɔ^{24} kʰᴇ^{33} ba^{31}	搓麻将 tsʰo^{33} mo^{22} tɕiaŋ^{33}

续表

方言点	0745 下棋	0746 打扑克	0747 打麻将
25 上虞	走棋 tsɤ^{33} dʑi^{213}	打牌 tã^{33} ba^{213}	搓麻将 tsʰʊ^{33} mo^{21} tɕiã^{53}
26 嵊州	走棋 tɕiʏ^{33} dʑi^{213}	打牌 taŋ^{53} ba^{213}	搓麻将 tsʰa^{33} mo^{22} tɕiaŋ^{334}
27 新昌	走棋 tɕiɯ^{33} dʑi^{22}	打老 K taŋ^{33} lɔ^{22} kʰe^{53}	搓麻将 tsʰo^{33} mo^{22} tɕiaŋ^{335}
28 诸暨	走棋 tsɤu^{42} dʒʅ^{13}	打牌 tã^{42} bᴀ^{13}	搓麻将 tsʰo^{42} mo^{21} tɕiã^{33}
29 慈溪	走棋子 tsəu^{35} dʑi^{13} tsɿ^{0}	打杜勒克 tã^{4} du^{13} laʔ^{2} kʰa^{0}	搓麻将 tsʰo^{3} mo^{13} tɕiã^{0}
30 余姚	走棋子 tsø^{34} dʑi^{13} tsɿ^{34}	打杜勒克牌 taŋ^{34} du^{13} ləʔ^{2} kʰəʔ^{2} ba^{13}	搓麻将 tsʰou^{44} mo^{13} tɕiaŋ^{34}
31 宁波	走象棋 tsœʏ^{44} ʑia^{13} dʑi^{13} 着棋子 tɕiəʔ^{5} dʑi^{13} tsɿ^{44}	打杜勒克 ta^{35} du^{13} laʔ^{2} kʰaʔ^{2} 打老 K ta^{35} lɔ^{13} kʰe^{44}	搓麻将 tsʰo^{44} mo^{13} tɕia^{35}
32 镇海	走棋子 tsei^{33} dʑi^{24} tsɿ^{33}	打派司 tã^{33} pʰa^{33} sɿ^{33}	搓麻将 tsʰo^{33} mo^{24} tɕiã^{33}
33 奉化	着棋 tɕiɪʔ^{5} dʑi^{33}	打老 K 牌 tã^{44} lʌ^{33} kʰiɛ^{44} bɛ^{33}	搓麻将 tsʰo^{44} mo^{33} tɕiã^{35}
34 宁海	着棋 tɕiaʔ^{3} dzɿ^{31}	打派司 tã^{33} pʰa^{33} sɿ^{0} 打杜鲁 tã^{33} du^{22} lu^{31}	搓麻将 tsʰo^{33} mau^{21} tɕiã^{53}
35 象山	着棋 tɕieʔ^{5} dʑi^{31}	打老 K tã^{44} lɔ^{31} kʰiɛ^{35}	搓麻将 tsʰo^{44} mɔ^{31} tɕiã^{35}
36 普陀	走棋子 tseu^{33} dʑi^{33} tsɿ^{45}	打牌 tã^{33} bɛ^{45}	搓麻将 tsʰo^{33} mo^{33} tɕiã^{45}
37 定海	走棋子 tsɐi^{33} dʑi^{33} tsɿ^{45}	打派司牌 tã^{33} pʰa^{44} sɿ^{44} bɛ^{44}	搓麻将 tsʰo^{33} mo^{33} tɕiã^{45}
38 岱山	走棋 tsœʏ^{33} dʑi^{45}	打派司牌 tã^{33} pʰa^{44} sɿ^{44} bɛ^{44}	搓麻将 tsʰo^{33} mo^{33} tɕiã^{44}
39 嵊泗	走棋子 tsœʏ^{33} dʑi^{24} tsɿ^{0}	打老 K tã^{33} lɔ^{33} kʰɛ^{45}	搓麻将 tsʰo^{33} mo^{33} tɕiã^{45}
40 临海	走棋 tsə^{42} dʑi^{21}	打老 K tã^{42} lɔ^{42} kʰe^{51}	搓麻将 tsʰo^{33} mo^{33} tɕiã^{353} 小
41 椒江	着棋 tsaʔ^{5} dʑi^{41}	打派司 tã^{42} pʰa^{55} sɿ^{42}	搓麻将 tsʰo^{33} mo^{22} tɕiã^{51} 小
42 黄岩	着棋 tɕieʔ^{5} dʑi^{41}	打派司 tã^{42} pʰa^{55} sɿ^{42}	搓麻将 tsʰo^{33} mo^{22} tɕiã^{51} 小
43 温岭	着棋 tɕiaʔ^{5} dʑi^{41}	打派司 tã^{42} pʰa^{55} sɿ^{31}	搓麻将 tsʰo^{33} mo^{13} tɕʰiã^{51} 小
44 仙居	走棋 tsəɯ^{31} dʑi^{353}	打老 K nã^{31} lɐɯ^{21} kʰæ^{53}	搓毛雀 tsʰo^{33} mɐɯ^{33} tɕyɑʔ^{53}
45 天台	着棋 tɕiaʔ^{1} gi^{51}	打老 K ta^{32} lau^{21} kʰei^{51}	搓麻将 tsʰo^{33} mau^{22} tɕia^{55}

续表

方言点	0745 下棋	0746 打扑克	0747 打麻将
46 三门	走棋 tsɤɯ^{32}dʑi^{252}	打老克 tɛ^{32}lɑu^{32}kʰɐʔ^{5}	搓毛$^{=}$将 tsʰo^{33}mɑu^{33}tɕiɑ̃^{52}
47 玉环	着棋 tɕiɐʔ^{5}dʑi^{41}	打老 K tã^{53}lɔ^{42}kʰie^{53}	搓麻将 tsʰo^{33}mo^{22}tɕia^{53} 小
48 金华	走棋 tɕiu^{55}dʑi^{313}	打老 K tɑŋ^{55}lɑo^{14}kʰɛ^{0}	搓麻将 tsʰuɑ^{55}mɤa^{31}tsiɑŋ^{55}
49 汤溪	走棋 tsəɯ^{52}dʑi^{11} 着棋 tɕiɔ^{55}dʑi^{0}	打老 K na^{52}lɔ^{11}kʰɛ^{55}	抄麻将 tsʰɔ^{33}mɤa^{11}tsɤa^{52}
50 兰溪	着棋 tɕiaʔ^{34}dʑi^{21}	打老 K tæ̃^{55}nɔ^{21}kʰe^{45}	抄麻将 tsʰɔ^{334}mɔ^{21}tsiɑŋ^{45}
51 浦江	走棋 tsɤ^{33}dʒi^{243}	打老 K nɛ̃^{33}lo^{24}kʰɛ^{0}	搓麻将 tsʰo^{33}mia^{33}tsyõ^{55}
52 义乌	走棋 tsɐɯ^{33}dʑi^{213}	打扑克 nɛ^{42}pʰau^{45}kʰə^{31}	搓麻雀 tsʰɔ^{33}mɯa^{33}tsɯa^{45}
53 东阳	走棋 tsəɯ^{44}dʑi^{33}	打扑克 nɛ^{44}pʰo^{44}kʰɐ^{33}	搓麻将 tsʰɐɯ^{33}mo^{24}tɕiɔ^{53}
54 永康	走棋 tsəu^{31}dʑi^{55}	打老 K nai^{31}lɑu^{31}kʰəi^{52}	搓麻将 tsʰuɑ^{33}muɑ^{33}dʑiɑŋ^{241}
55 武义	走棋 tsɑu^{53}dʑi^{324}	打扑克 na^{55}pʰɔʔ^{5}kʰəʔ^{5}	抄麻将 tsʰɑu^{55}muɑ^{32}tɕiɑŋ^{53}
56 磐安	走棋 tsɐɯ^{33}dʑi^{213}	打牌儿 nɛ^{33}ban^{213} 打扑克 nɛ^{33}pʰʌo^{55}kʰɛ^{0}	抄麻将 tsʰo^{33}mə^{33}tɕiɒ^{52}
57 缙云	着棋 tia^{51}dʑi^{243}	打老 K na^{51}ləɤ^{51}kʰɑ^{44}	搓麻将 tsʰou^{44}mu^{44}tɕiɑ^{453}
58 衢州	着棋 tʃyaʔ^{5}dzɿ^{21}	打老 K tã^{35}lɔ^{231}kʰɛ^{35}	抄麻将 tsʰɔ^{35}mɑ^{21}tɕiã^{53}
59 衢江	唣棋 zɔ^{22}dzɿ^{212} 着棋 tɕiaʔ^{5}dzɿ^{212}	打老 K nɛ^{33}lɔ^{22}kʰɛ^{53}	打麻将 nɛ^{33}muo^{22}tɕiã^{53}
60 龙游	行棋 gɛ^{224}dʑi^{21}	打老 K dɛ^{22}lɔ^{22}kʰɛ^{51}	叉麻将 tsʰɔ^{22}mɑ^{22}tɕiã^{51}
61 江山	动棋 doŋ^{22}gi^{213}	捶老 K dza^{22}lɐɯ^{22}kʰᴇ^{51}	和麻雀 uə^{22}maʔ^{2}tɕiaʔ^{5}
62 常山	走棋 tɕiu^{43}dʑi^{341}	捶扑克 dzɛ^{22}pʰʌ^{5}kʰʌʔ^{0}	搓麻将 tsʰɔ^{44}ma^{44}tɕiã^{44}
63 开化	走棋 tsɯ^{53}dʑi^{231}	捶扑克 dzua^{21}pʰaʔ^{4}kʰaʔ^{5}	捶麻将 dzua^{21}mɑ^{21}tɕiã^{53}
64 丽水	着棋 tiɛʔ^{4}dzɿ^{22}	打老黑$^{=}$ nã^{44}lə^{44}xɛʔ^{5}	抄麻将 tsʰə^{44}muo^{44}tɕiã^{52}
65 青田	着棋 ɗɛʔ^{4}dzɿ^{53}	打老 K nɛ^{33}lœ^{33}kʰɛ^{55} 小	抄麻将 tsʰo^{33}mu^{22}tɕi^{55} 小
66 云和	走棋 tsəɯ^{44}dzɿ^{312}	打老 K nɛ^{44}lɑɔ^{44}kʰa^{24}	抄麻将 tsʰɑɔ^{44}mo^{44}tɕiã^{45}

续表

方言点	0745 下棋	0746 打扑克	0747 打麻将
67 松阳	走棋 tsei^{33} dzɿ^{31}	来扑克 li^{33} p^{h}oʔ^{3} k^{h}ɛʔ^{5}	抄麻将 ts^{h}ɔ^{24} muə^{21} tɕiã^{24}
68 宣平	走棋 tsəɯ^{44} dzɿ^{433}	打老 K nɛ^{44} lɔ^{22} k^{h}ei^{52}	抄麻将 ts^{h}ɔ^{44} mo^{22} tɕiɑ̃^{52}
69 遂昌	着棋 iaʔ^{5} dzɿ^{221} 走棋 tsu^{53} dzɿ^{221}	打老 K tiaŋ^{53} lɐɯ^{22} k^{h}ei^{45}	抄麻将 ts^{h}ɐɯ^{53} mɒ^{22} tɕiaŋ^{334}
70 龙泉	走棋 dʑiəu^{21} dzɿ^{21}	打老 K daŋ^{21} lɑʌ^{21} k^{h}ᴇ^{51}	打麻将 daŋ^{21} mo^{21} tɕiaŋ^{434}
71 景宁	走棋 tsəɯ^{55} dʑi^{41}	打老 K nɛ^{33} lɑu^{55} k^{h}ɛʔ^{5}	抄麻将 ts^{h}ɑu^{55} mo^{33} tɕiɛ^{35}
72 庆元	着棋 iɑʔ^{5} tsɿ^{52} 老 走棋 tsɐɯ^{33} tsɿ^{52} 新	打老 K næ̃^{52} lɒ^{22} k^{h}æi^{55} 小	打麻将 næ̃^{52} mo^{33} tɕiɑ̃^{335}
73 泰顺	着棋 tiɔʔ^{2} tsɿ^{53}	打扑克 næi^{22} p^{h}ɔʔ^{2} k^{h}ɛʔ^{5}	抄麻将 ts^{h}ɑɔ^{22} muɔ^{22} tɕiã^{35}
74 温州	着棋 tɕia^{3} dzɿ^{31}	打扑克 tiɛ^{33} p^{h}uɔ^{45} k^{h}e^{323}	搓麻将 ts^{h}uɔ^{34} mo^{22} tɕi^{25}
75 永嘉	着棋 dʑia^{213} dzɿ^{21}	打扑克 tɛ^{33} p^{h}uɔ^{45} k^{h}e^{423}	打麻将 tɛ^{33} mo^{22} tɕi^{45} 搓麻将 ts^{h}ɔ^{33} mo^{22} tɕi^{45}
76 乐清	着棋 tɕiɯʌ^{44} dʑi^{223}	打扑克 ta^{33} p^{h}a^{35} k^{h}ɤ^{323}	搓麻将 tɕ^{h}ia^{43} mɯʌ^{24} tɕiɯʌ^{41}
77 瑞安	着棋 tɕiɔ^{3} dʑi^{31}	打抛$^{=}$合$^{=}$ ta^{3} p^{h}ɔ^{35} ke^{323}	搓麻将 ts^{h}a^{35} mo^{22} tɕi^{35}
78 平阳	着棋 dʒɔ^{21} dʑi^{21}	打扑克 tᴀ^{33} p^{h}o^{45} k^{h}e^{13}	猜麻将 tʃ^{h}e^{45} mo^{21} tɕie^{45}
79 文成	着棋 tɕie^{33} dʑi^{33}	打扑克 ta^{33} p^{h}o^{42} ke^{13}	搓麻将 tʃ^{h}a^{33} mo^{21} tɕie^{13}
80 苍南	走棋 tsau^{53} dʑi^{31}	打扑克 tia^{42} p^{h}a^{33} k^{h}e^{223} 打牌 tia^{53} bia^{31}	猜麻将 ts^{h}e^{33} mo^{11} tɕiɛ^{42}
81 建德徽	走棋 tsɤɯ^{21} tɕi^{33}	打老 K tɛ^{21} lɔ^{21} k^{h}e^{55}	搓麻雀 ts^{h}o^{53} mo^{33} tɕiɐʔ^{5}
82 寿昌徽	行棋 xæ̃^{11} tɕ^{h}i^{52}	打老 K tæ̃^{24} lɑ^{11} k^{h}ei^{52}	搓麻将 ts^{h}ɤ^{33} mɤ^{11} tsæ̃^{55}
83 淳安徽	走棋 tsɯ^{55} tɕ^{h}i^{435}	打扑克 tɑ̃^{55} p^{h}oʔ^{5} k^{h}ie^{21}	炒麻将 ts^{h}ɤ^{55} mo^{43} tɕiɑ̃^{53}
84 遂安徽	来象棋 ləɯ^{33} ɕiɑ̃^{55} ts^{h}ɿ^{33}	打扑克 tɑ^{21} p^{h}u^{33} k^{h}əɯ^{43}	搓麻将 ts^{h}əu^{21} mɑ^{33} tɕiɑ̃^{52}
85 苍南闽	□棋 tɕ^{h}iɯŋ^{21} ki^{24}	拍牌 p^{h}a^{33} pai^{24}	拍麻将儿 p^{h}a^{33} be^{24} tɕĩ^{21}
86 泰顺闽	著棋 tøi^{34} ki^{22}	拍扑克 p^{h}a^{21} p^{h}ɒʔ^{3} k^{h}ɛʔ^{5}	拍麻将 p^{h}a^{21} ma^{21} tɕyo^{53}
87 洞头闽	行棋 kĩã^{212} ki^{24}	拍扑计$^{=}$ p^{h}a^{53} p^{h}ok^{5} ke^{21}	抄麻将 ts^{h}o^{33} be^{24} tɕioŋ^{21}
88 景宁畲	下棋 xɔ^{41} k^{h}i^{22}	打老 K taŋ^{55} lau^{55} k^{h}i^{51}	（无）

方言点	0748 变魔术	0749 讲故事	0750 猜谜语
01 杭州	变魔术 piɛ^{55} məu^{22} zoʔ^{5}	讲故事 tɕiaŋ^{55} ku^{55} zɿ^{0}	猜谜语 ts^{h}ɛ^{55} mi^{13} y^{53}
02 嘉兴	变戏法 pie^{33} ɕi^{33} fᴀʔ^{5}	讲故事 kᴀ̃^{33} kou^{24} zɿ^{21}	猜密子 ts^{h}ᴇ^{33} mieʔ^{5} tsɿ^{21}
03 嘉善	变戏法 piɪ^{55} ɕi^{55} fɜʔ^{5}	讲故事 kã^{44} ku^{55} zɿ^{0}	猜谜谜子 ts^{h}ɛ^{53} mɛ^{13} mɛ^{33} tsɿ^{0}
04 平湖	变戏法 pie^{44} ɕi^{0} faʔ^{0}	讲故事 kɑ̃^{44} ku^{44} zɿ^{0}	猜谜谜子 ts^{h}ø^{53} me^{21} me^{44} tsɿ^{0}
05 海盐	变戏法 piɛ^{55} ɕi^{55} faʔ^{21}	讲故事 kuɑ̃^{53} ku^{55} zɿ^{21}	猜谜谜子 ts^{h}ɤ^{53} me^{21} me^{55} tsɿ^{21}
06 海宁	变戏法 pie^{55} ɕi^{55} faʔ^{5}	讲故事 kuɑ̃^{55} kəu^{55} zɿ^{31}	猜谜子 ts^{h}ei^{55} mei^{33} tsɿ^{53}
07 桐乡	变戏法 piᴇ^{33} ɕi^{33} faʔ^{5}	讲故事 kɒ̃^{53} kəu^{33} zɿ^{334}	猜末$^{=}$子 ts^{h}ᴇ^{44} məʔ^{23} tsɿ^{53}
08 崇德	变戏法 piɪ^{33} ɕi^{33} faʔ^{5}	讲故事 kuã^{53} ku^{33} zɿ^{13}	猜末$^{=}$子 ts^{h}ᴇ^{44} məʔ^{23} tsɿ^{53}
09 湖州	变戏法 pie^{35} ɕi^{44} faʔ^{5}	讲故事 kã^{33} kəu^{33} zɿ^{35}	猜末$^{=}$子 ts^{h}ei^{44} məʔ^{2} tsɿ^{35}
10 德清	变戏法 pie^{35} ɕi^{53} faʔ^{5}	讲故事 kã^{53} kəu^{33} zɿ^{35}	猜谜子 ts^{h}ɛ^{53} mi^{33} tsɿ^{35}
11 武康	变戏法 piɪ^{53} ɕi^{33} fa^{35} “法”舒化	讲故事 kã^{53} ku^{33} zɿ^{35}	猜皮$^{=}$子 ts^{h}ɛ^{53} bi^{33} tsɿ^{35}
12 安吉	变魔术 pi^{324} mʊ^{22} zəʔ^{2}	讲故事 kɔ̃^{52} ku^{32} zɿ^{213}	猜谜子 ts^{h}ᴇ^{55} me^{22} tsɿ^{22}
13 孝丰	变把戏 piɪ^{32} pa^{45} ɕi^{21}	讲故事 kɔ̃^{45} ku^{32} zɿ^{213}	猜谜子 ts^{h}e^{44} me^{22} tsɿ^{22}
14 长兴	变戏法 pi^{32} ʃʅ^{21} faʔ^{2}	讲故事 kɔ̃^{52} kəu^{21} zɿ^{24}	猜谜子 ts^{h}ɯ^{44} mʅ^{12} tsɿ^{33}
15 余杭	变戏法儿 piẽ^{35} ɕi^{53} faʔ^{5} n^{31}	讲故事 kɑ̃^{53} ku^{35} zɿ^{31}	猜梦$^{=}$子儿 ts^{h}ɛ^{55} moŋ^{33} tsɿ^{35} n^{31}
16 临安	变戏法 pie^{55} ɕi^{55} fɐʔ^{5}	讲故事 kɑ̃^{55} ku^{33} zɿ^{33}	猜谜 ts^{h}ᴇ^{55} mᴇ^{33}
17 昌化	变把戏 piɪ̃^{54} pa^{45} sɿ^{53}	谈故事 dɔ̃^{11} ku^{54} zɿ^{453}	猜义$^{=}$ ts^{h}ɛ^{33} ȵi^{453}
18 於潜	变把戏 pie^{35} pa^{53} ɕi^{35}	讲大话 tɕiaŋ^{53} da^{24} ua^{24}	猜谜子 ts^{h}e^{43} mi^{22} tsɿ^{454}
19 萧山	变戏法 pie^{33} ɕi^{35} faʔ^{21}	讲古事 kɔ̃^{33} ku^{33} zɿ^{42}	猜谜子 ts^{h}e^{33} me^{13} tsɿ^{33}
20 富阳	变戏法 piɛ̃^{335} ɕi^{53} faʔ^{5}	讲故事 kɑ̃^{423} ku^{335} zɿ^{13}	猜喻子 ts^{h}ɛ^{335} y^{13} tsɿ^{335}
21 新登	变把戏 piɛ̃^{53} pa^{334} ɕi^{45}	讲故事 kɑ̃^{334} ku^{45} zɿ^{13}	猜理$^{=}$子 ts^{h}e^{53} li^{334} tsɿ^{45}
22 桐庐	变把戏 pie^{33} po^{35} ɕi^{21}	讲古事 kã^{33} ku^{33} zɿ^{33}	猜谜语 ts^{h}ᴇ^{33} mi^{21} y^{35}

续表

方言点	0748 变魔术	0749 讲故事	0750 猜谜语
23 分水	变魔术 piɛ̃^{24} mo^{21} zaʔ^{12}	讲故事 tɕiã^{44} ku^{24} zɿ^{24}	吹谜 tsʰue^{44} mi^{21}
24 绍兴	变魔术 piẽ^{33} mo^{22} zeʔ^{2}	讲故事 kɑŋ^{33} ku^{33} zɿ^{22}	猜谜 tsʰᴇ^{33} mᴇ^{231}
25 上虞	变戏法 piẽ^{55} ɕi^{53} fɐʔ^{2}	讲朝事 kɔ̃^{33} dzɔ^{21} dzɿ^{213}	猜谜 tsʰe^{33} me^{213}
26 嵊州	变戏法 piẽ^{33} ɕi^{33} fɛʔ^{5}	讲故事 kɔŋ^{53} ku^{33} sɿ^{334}	猜讔 tsʰᴇ^{33} ȵiŋ^{24}
27 新昌	变戏法 piɛ̃^{53} ɕi^{53} fɛʔ^{5}	讲故事 kɔ̃^{33} ku^{53} zɿ^{13}	猜讔 tsʰe^{33} ȵiŋ^{13}
28 诸暨	变戏法 pie^{42} ʃʅ^{33} faʔ^{21}	讲故事 kɑ̃^{21} ku^{43} zɿ^{21}	猜谜 tsʰe^{33} mʅ^{33}
29 慈溪	变戏法 piẽ^{44} ɕi^{44} faʔ^{5}	讲故事 kɔ̃^{33} ku^{35} zɿ^{0}	猜苗$^{=}$子 tsʰe^{33} miɔ^{11} tsɿ^{35}
30 余姚	变戏法 piẽ^{44} ɕi^{44} faʔ^{5}	讲故事 kɔŋ^{34} ku^{34} sɿ^{0}	猜苗$^{=}$子 tsʰe^{44} miɔ^{13} tsɿ^{44}
31 宁波	变戏法 pi^{44} ɕi^{44} faʔ^{5}	讲聊天 kɔ^{44} lio^{22} tʰi^{53}	猜谜子 tsʰe^{44} mɐi^{13} tsɿ^{44}
32 镇海	变戏法 pi^{33} ɕi^{33} faʔ^{5}	讲故事 kɔ̃^{33} ku^{33} zɿ^{0}	猜谜子 tsʰe^{33} mei^{22} tsɿ^{53}
33 奉化	变戏法 pi^{44} ɕi^{44} faʔ^{2}	讲天话 kɔ̃^{44} tʰi^{44} uo^{33}	猜谜子 tsʰe^{44} me^{33} tsɿ^{44}
34 宁海	变戏法 pie^{33} sɿ^{33} faʔ^{5}	讲大话 kɔ̃^{53} dəu^{22} o^{24}	猜义$^{=}$ tsʰei^{33} ȵi^{24}
35 象山	变戏法 pi^{53} ɕi^{44} faʔ^{5}	讲故事 kɔ̃^{44} ku^{44} zɿ^{13}	猜谜 tsʰei^{44} mi^{13}
36 普陀	变魔术 pi^{55} məu^{33} zoʔ^{5}	讲故事 kɔ̃^{33} ku^{53} zɿ^{0}	猜谜语 tsʰɛ^{33} mi^{33} ȵy^{53}
37 定海	变戏法 pi^{33} ɕi^{44} fɐʔ^{0}	讲聊天 kõ^{33} lio^{33} tʰi^{52}	猜谜子 tsʰɛ^{33} mɐi^{33} tsɿ^{45}
38 岱山	变戏法 pi^{44} ɕi^{44} fɐʔ^{0}	讲聊天 kõ^{33} lio^{33} tʰi^{52}	猜谜子 tsʰe^{33} mɐi^{52} tsɿ^{0}
39 嵊泗	变戏法 pi^{33} ɕi^{44} fɐʔ^{0}	讲故事 kõ^{33} ku^{44} zɿ^{0}	猜谜子 tsʰe^{33} mɐi^{24} tsɿ^{0}
40 临海	变戏法 pi^{33} ɕi^{33} fɛ^{353}小	讲书 kɔ̃^{42} ɕy^{55} 讲故事 kɔ̃^{42} ku^{33} zɿ^{44}	做谜 tso^{33} ȵi^{44} 猜谜 tsʰe^{42} ȵi^{55}
41 椒江	变戏法 pie^{33} ɕi^{33} fɛ^{51}小	讲大话 kɔ̃^{42} dəu^{22} ua^{44}	猜义$^{=}$ tsʰə^{42} ȵi^{24}
42 黄岩	变戏法 pie^{33} ɕi^{33} fɛ^{51}小	讲故事 kɔ̃^{42} ku^{33} zɿ^{44}	猜谜 tsʰe^{42} ni^{24}
43 温岭	变戏法 pie^{33} ɕi^{33} fɛ^{51}小	讲故事 kɔ̃^{42} ku^{35} zɿ^{44}	猜谜 tsʰe^{42} mi^{13}
44 仙居	变戏法 ɓie^{33} ɕi^{33} fɑʔ^{53}	讲大话 kɑ̃^{31} do^{24} o^{55}	猜义$^{=}$ tsʰæ^{31} ȵi^{24}
45 天台	变戏法 pie^{55} ɕi^{55} feʔ^{5}	讲古 kɔʔ^{2} ku^{325}	猜义$^{=}$ tsʰei^{33} ȵi^{35}

续表

方言点	0748 变魔术	0749 讲故事	0750 猜谜语
46 三门	做戏法 tɕiʊ^{55} ɕi^{55} fɐʔ^{5}	讲故事 kɔ^{32} ku^{55} zɿ^{55}	猜义= tsʰe^{55} ȵi^{55}
47 玉环	变戏法 pie^{33} ɕi^{33} fɛ^{53} 小	讲故事 kɔ̃^{53} ku^{33} zɿ^{44}	猜谜 tsʰe^{42} mi^{22}
48 金华	变戏法儿 pie^{33} ɕi^{33} fɤã^{55}	讲大话 kɑŋ^{55} tuɤ^{53} uɑ^{14} 老 讲故事 kɑŋ^{55} ku^{55} zɿ^{14} 新	猜语 tsʰɛ^{33} ȵy^{14} 小
49 汤溪	变戏法 mie^{33} ɕi^{33} fɤa^{55}	讲古 kɔ^{52} ku^{535} 讲白话□ kɔ^{52} ba^{11} uɤ^{11} mã^{52}	淘语儿猜 dɔ^{11} ȵiəŋ^{341} tsʰɛ^{24}
50 兰溪	变把戏 pie^{334} pia^{45} ɕi^{0}	讲故典 kɑŋ^{55} ku^{55} tia^{55}	猜语儿 tsʰe^{334} ȵy^{24} nə^{0}
51 浦江	变戏法儿 piẽ^{33} ʃi^{33} fɑn^{334}	讲大话 kõ^{33} dɯ^{24} uɑ^{0}	猜语儿 tsʰa^{33} ȵyn^{24}
52 义乌	变戏法儿 pie^{33} ɕi^{33} fɯan^{324}	讲大话 kŋʷ^{33} duɤ^{22} ua^{45}	猜语儿 tsʰe^{33} ȵyn^{335}
53 东阳	变戏法儿 pi^{44} ɕi^{33} fɐn^{53}	讲大话 ko^{44} dʊ^{33} ua^{53}	猜义=儿 tsʰe^{33} ȵin^{35}
54 永康	变戏法 ɓie^{33} ɕi^{33} fuɑ^{52}	讲大话 kɑŋ^{31} duo^{31} uɑ^{241}	猜义= tsʰəi^{55} ȵi^{52}
55 武义	做马戏 tsuo^{53} muɑ^{53} ɕi^{53}	讲大话 kɑŋ^{53} duo^{32} uɑ^{231}	猜义= tsʰa^{55} ȵi^{231}
56 磐安	变戏法儿 pie^{33} ɕi^{33} fən^{52}	讲大话 kɒ^{33} duɤ^{21} ua^{52}	猜语儿 tsʰe^{33} ȵyn^{14}
57 缙云	做法术 tsu^{44} fɑ^{51} ʑyei^{13}	讲白话 kɔ^{51} ba^{51} u^{13}	猜义= tsʰei^{44} ȵi^{213}
58 衢州	变戏法 piẽ^{53} sɿ^{53} faʔ^{5}	谈传 dã^{21} dʒyə̃^{231} 讲大话 kɑ̃^{35} du^{231} uɑ^{21}	猜猜话 tsʰɛ^{35} tsʰɛ^{32} uɑ^{53}
59 衢江	变戏法 pie^{33} sɿ^{33} faʔ^{5} 变魔术 pie^{33} mou^{22} ʑiəʔ^{2}	讲故事 kɑ̃^{33} ku^{25} sɿ^{31}	猜谜 tsʰei^{33} mi^{212}
60 龙游	变戏法 pie^{33} ɕi^{33} fɔʔ^{4}	讲故事 gɑ̃^{22} ku^{51} zɿ^{231}	猜认= tsʰuei^{33} ȵin^{231}
61 江山	做把戏 tso^{44} pɒ^{24} xi^{51}	谈故事 daŋ^{22} kuə^{44} ʑiɵ^{51}	猜谜 tsʰa^{44} mi^{213}
62 常山	变戏法 piɛ̃^{43} ɕi^{43} faʔ^{5} 变魔术 piɛ̃^{43} mɔ^{22} ʑyʌʔ^{34}	谈传 dã^{24} dʑyɔ̃^{131} 谈故事 dã^{22} ku^{43} zɿ^{24}	猜谜儿 tsʰɛ^{44} mĩ^{131}
63 开化	变戏法 piɛ̃^{44} ɕi^{44} faʔ^{5}	谈传 dã^{21} dʑyɛ̃^{213}	猜猫儿 tsʰa^{44} məɯ^{21} ȵi^{53}
64 丽水	变魔术 piɛ^{44} muo^{44} ʑioʔ^{23}	讲故事 kɔŋ^{44} ku^{44} zɿ^{131}	猜义= tsʰuɛ^{224} ȵi^{131}
65 青田	做魔术 tsu^{33} mu^{22} yæʔ^{31}	讲古典 ko^{53} kø^{33} ɗiɑ^{454}	猜义= tsʰæi^{22} ȵi^{445}
66 云和	做把戏 tso^{44} po^{44} sɿ^{45}	讲古 kɔ̃^{44} ku^{41}	做义=儿猜 tso^{44} ȵiŋ^{223} tsʰei^{24}

续表

方言点	0748 变魔术	0749 讲故事	0750 猜谜语
67 松阳	做把戏 tsu^{33} puə^{33} sɿ^{24}	讲天话 koŋ^{33} tʰiɛ̃^{24} u^{13}	猜灯谜 tsʰɛ^{33} tæ̃^{24} mi^{13}
68 宣平	做把戏 tso^{44} pa^{44} sɿ^{52}	讲大话 kɔ̃^{44} do^{43} o^{231}	猜义⁼ tsʰei^{32} ȵi^{231}
69 遂昌	变戏法 piɛ̃^{33} sɿ^{33} faʔ^{5}	讲聊天 kɔŋ^{55} liɐɯ^{21} tʰiɛ̃^{45}	猜谜 tsʰei^{45} mi^{221}
70 龙泉	变把戏 piᴇ^{44} po^{44} sɿ^{45}	讲古 gɔŋ^{21} kuɤɯ^{51}	做义⁼猜 tso^{44} ȵi^{224} tsʰᴇ^{434}
71 景宁	变把戏 piɛ^{35} po^{33} ɕi^{45} 小	说古 ɕyœʔ^{5} ku^{33}	做义⁼儿猜 tso^{55} ȵiŋ^{33} tsʰai^{324}
72 庆元	变魔术 ɓiɛ̃^{11} mo^{52} ɕyᴇʔ^{34}	讲古董 kɔ̃^{33} kuɤ^{33} ɗoŋ^{33}	谈语 tɑ̃^{52} ȵyᴇ^{31}
73 泰顺	做把戏 tso^{22} puɔ^{22} sɿ^{35}	讲古典 kɔ̃^{22} kø^{22} tiã^{22} 讲古董 kɔ̃^{22} kø^{22} toŋ^{55}	猜义 tsʰæi^{213} ȵi^{22}
74 温州	变把戏 pi^{33} po^{42} sɿ^{21}	讲故事 kuɔ^{33} ku^{42} zɿ^{22}	猜愿⁼ tsʰe^{42} ȵy^{22}
75 永嘉	变把戏儿 pi^{53} po^{53} sɿ^{53} ŋ^{0}	讲故事 kɔ^{33} ku^{53} zɿ^{22} 短 讲书儿 kɔ^{33} sʮ^{33} ŋ^{0}	猜愿⁼ tsʰe^{43} ȵy^{22}
76 乐清	变把戏 piᴇ^{33} pa^{42} ɕi^{21}	讲故事 kɔ^{3} ku^{42} zɿ^{22}	猜愿⁼ tɕʰie^{35} ȵyᴇ^{31}
77 瑞安	做把戏儿 tsou^{3} pu^{35} ɕi^{33} ŋ^{0}	讲故事 ko^{33} kɯ^{53} zɿ^{22}	猜谜 tsʰe^{33} me^{35}
78 平阳	变把戏 pie^{45} po^{33} sɿ^{42}	讲故事 ko^{33} ku^{45} zɿ^{13}	猜谜语 tʃʰe^{33} mi^{33} ȵy^{35}
79 文成	变魔戏 pie^{33} mo^{35} sei^{33}	讲故事 kuo^{33} ku^{33} zɿ^{21}	猜谜 tsʰai^{33} ȵi^{42}
80 苍南	变把戏 piɛ^{3} pa^{53} ɕi^{42}	讲故事 ko^{33} ku^{42} zɿ^{11}	猜愿⁼ tsʰe^{44} ȵyɛ^{11}
81 建德徽	变把戏 pie^{33} po^{21} ɕi^{55}	讲故事 ko^{21} ku^{55} sɿ^{213}	猜□ tsʰɛ^{53} i^{55}
82 寿昌徽	做大把戏 tsu^{33} tɑ^{11} pɑ^{55} ɕi^{0}	讲故典 kɑ̃^{24} ku^{55} ti^{24}	打隐猜 tæ̃^{24} ien^{33} tɕʰiæ^{112}
83 淳安徽	变把戏 piã^{21} po^{55} ɕi^{21}	讲故事 kon^{55} ku^{24} sɿ^{21}	猜白话 tɕʰie^{24} pʰɑʔ^{13} u^{53}
84 遂安徽	变魔术 piɛ̃^{55} mo^{55} fe^{43}	谈白话 tʰɑ̃^{33} pʰɑ^{33} vɑ^{52}	猜白话 tsʰəɯ^{55} pʰɑ^{33} vɑ^{52}
85 苍南闽	变魔术 pian^{33} mõ^{21} suə^{24}	讲故事 kaŋ^{43} kɔ^{24} sɯ^{21}	猜梦⁼ tsʰai^{24} ban^{21}
86 泰顺闽	做百戏 tsou^{21} pa^{21} xei^{53}	讲古 ko^{21} ku^{344}	端⁼亏 to^{21} kʰɔi^{213}
87 洞头闽	变把戏 pian^{33} pa^{24} hi^{21}	讲故事 kaŋ^{33} kɔ^{24} sɿ^{21}	做猜 tsue^{33} tsʰai^{33}
88 景宁畲	变把戏 pien^{44} pɔ^{55} xie^{445} 小	讲古老 kɔŋ^{55} ku^{55} lau^{325}	猜谜 tsʰuei^{44} ȵi^{51}

方言点	0751 玩儿游玩：到城里~	0752 串门儿	0753 走亲戚
01 杭州	搞搞儿 kɔ^{55} kɔ^{33} əl^{0}	跄人家 tɕʰiaŋ^{55} zəŋ^{22} tɕia^{45}	走亲戚 tsei^{55} tɕʰiŋ^{33} tɕʰiɛʔ^{5}
02 嘉兴	别⁼相 bieʔ^{1} ɕiᴀ̃^{13}	串门堂 tsʰə^{33} məŋ^{21} dᴀ̃^{33}	跑人家 bɔ^{24} ȵiŋ^{21} kᴀ^{33}
03 嘉善	孛⁼相 bɜʔ^{2} ɕiæ̃^{35}	跑人家 bɔ^{13} ȵin^{55} ka^{53}	做客人 tsu^{55} kʰaʔ^{5} ȵin^{53}
04 平湖	孛⁼相 bəʔ^{23} siã^{334}	走人家 tsəɯ^{44} ȵin^{44} ka^{0}	做客人 tsu^{44} kʰaʔ^{5} ȵin^{0} 走亲眷 tsəɯ^{44} tsʰin^{44} tɕyø^{0}
05 海盐	孛⁼相 biəʔ^{21} ɕiɛ̃^{213}	孛⁼相 biəʔ^{21} ɕiɛ̃^{213}	做客人 tsu^{55} kʰaʔ^{23} ȵin^{53}
06 海宁	别⁼相 bieʔ^{2} ɕiã^{0}	跑人家 bɔ^{33} ȵiŋ^{33} ka^{55}	跑亲眷 bɔ^{33} tɕʰiŋ^{55} tɕie^{55}
07 桐乡	孛⁼相 bəʔ^{23} siã^{334}	走人家 tsɤɯ^{53} ȵiŋ^{21} ka^{44}	做客人 tsəu^{33} kʰaʔ^{3} ȵiŋ^{44}
08 崇德	孛⁼相 bəʔ^{23} ɕiã^{334}	馋⁼人家 zɛ^{13} ȵiŋ^{21} kɑ^{44}	做客人 tsu^{33} kʰaʔ^{3} ȵiŋ^{44}
09 湖州	孛⁼相 bəʔ^{2} ɕiã^{44}	跑人家 bɔ^{13} ȵin^{31} ka^{13}	走亲眷人家 tɕiʉ^{53} tɕʰin^{44} tɕie^{44} ȵin^{44} ka^{44}
10 德清	孛⁼相 bəʔ^{2} ɕiã^{35}	跑人家 bɔ^{31} ȵin^{33} ka^{35}	做客人 tsəu^{35} kʰaʔ^{5} ȵin^{0}
11 武康	白⁼相 bɜʔ^{2} ɕiã^{35}	跑人家 bɔ^{31} ȵin^{33} ka^{35}	做客人 tsu^{35} kʰɜʔ^{5} ȵin^{53}
12 安吉	嬉皮相 ɕi^{55} bi^{22} ɕiã^{55}	跄人家 tɕʰiã^{52} ȵiŋ^{0} ka^{21}	走亲眷 tsəɪ^{32} tɕʰiŋ^{55} tɕi^{55}
13 孝丰	嬉 ɕi^{44}	嬉人家 ɕi^{44} ȵiŋ^{22} ka^{22}	嬉人家 ɕi^{44} ȵiŋ^{22} ka^{22}
14 长兴	孛⁼相 bɿ^{24} ʃiã^{21}	跑人家 bɔ^{21} ȵiŋ^{21} ka^{24}	做客人 tsəu^{32} kʰəʔ^{3} ȵiŋ^{24}
15 余杭	孛⁼相 bəʔ^{2} siɑ̃^{35}	跑人家 bɔ^{33} ȵiŋ^{33} ka^{35}	做客人 tsu^{35} kʰaʔ^{5} ȵiŋ^{31}
16 临安	嬉 ɕi^{55}	跑人家 bɔ^{13} ȵieŋ^{31} kuo^{55}	做客人 tsuo^{55} kʰɐʔ^{5} ȵieŋ^{33}
17 昌化	嬉 sɿ^{334} 搞 kɔ^{453}	嬉 sɿ^{334}	嬉人家 sɿ^{33} nəŋ^{11} ku^{334} 跑人家 bɔ^{11} nəŋ^{11} ku^{334}
18 於潜	嬉 ɕi^{433}	嬉人家 ɕi^{433} ȵiŋ^{22} ɕia^{433}	嬉亲眷 ɕi^{433} tɕʰiŋ^{43} tɕyɛ^{24}
19 萧山	蛮 mɛ^{355}	跄人家 tɕʰiã^{33} ȵiŋ^{13} ko^{33}	走亲眷 tɕʰio^{33} tɕʰiŋ^{35} dʑyə^{42}
20 富阳	嬉 ɕi^{53} 搞 kɔ^{423}	嬉人家 ɕi^{55} nin^{13} ko^{55}	嬉亲眷人家 ɕi^{55} tɕʰin^{55} tɕyən^{55} nin^{55} ko^{31}
21 新登	嬉 ɕi^{53}	嬉 ɕi^{53}	嬉 ɕi^{53}
22 桐庐	嬉 ɕi^{533}	走隔壁邻舍 tsei^{33} kaʔ^{5} piəʔ^{5} liŋ^{33} ɕyo^{35}	走亲眷 tsei^{33} tɕʰiŋ^{55} tɕyᴇ^{33}
23 分水	嬉 ɕi^{44}	走门 tsɵ^{44} mən^{21}	做客人 tso^{21} kəʔ^{5} ȵin^{21}

续表

方言点	0751 玩儿游玩：到城里～	0752 串门儿	0753 走亲戚
24 绍兴	做嬉客 tso^{33} ɕi^{33} k^{h}aʔ^5	跄人家 tɕ^{h}iaŋ^{33} ȵiŋ^{22} ko^{53}	做人客 tso^{33} ȵiŋ^{22} k^{h}aʔ^5
25 上虞	搞搞 kɔ^{33} kɔ^{33}	跄人家 tɕ^{h}iã^{33} ȵiŋ^{21} ko^{35}	做人客 tsu^{55} ȵiŋ^{21} k^{h}aʔ^5
26 嵊州	搞 kɔ^{53}	跄侬家 tɕ^{h}iaŋ^{33} noŋ^{22} ko^{334}	跄亲眷家 tɕ^{h}iaŋ^{33} tɕ^{h}iŋ^{53} tɕyœ̃^{44} ko^{31}
27 新昌	搞 kɔ^{453}	跄侬家 tɕ^{h}iaŋ^{33} nɔ̃^{13} ko^{33}	跄亲眷 tɕ^{h}iaŋ^{33} tɕ^{h}iŋ^{53} tɕyœ̃^{335}
28 诸暨	搞业 kɔ^{42} nieʔ^{13}	跄人家 tɕ^{h}iã^{33} nin^{21} ko^{42}	跄亲眷 tɕ^{h}iã^{33} tɕ^{h}in^{21} tɕiə^{33}
29 慈溪	嬉 ɕi^{35}	□家 dʑiaʔ^2 ko^{35} 走隔壁邻舍 tsəu^{33} kaʔ^5 piəʔ^2 liŋ^{13} so^0	做人客 tsəu^{44} ȵiŋ^{11} k^{h}aʔ^5
30 余姚	嬉 ɕi^{44}	邻舍家来嬉 liə̃^{13} soʔ^5 ko^{44} le^{13} ɕi^{44}	走亲眷 tsø^{34} tɕ^{h}iə̃^{44} tɕyø̃^{34}
31 宁波	嬲和 na^{13} əu^0	走人家 tsœʏ^{44} ȵi^{13} ko^{53}	走亲眷 tsœʏ^{44} tɕ^{h}iŋ^{44} tɕy^{44}
32 镇海	嬲和 na^{22} uo^{31}	走人家 tsei^{33} ȵiŋ^{22} ko^{53}	走亲眷 tsei^{33} tɕ^{h}iŋ^{33} tɕy^{53}
33 奉化	嬲和 na^{33} əu^{33}	走人家 tsəu^{44} ȵiŋ^{33} ko^{53}	走亲眷 tsəu^{44} tɕ^{h}iŋ^{44} tɕy^{44}
34 宁海	嬉 sɿ^{35}	邻舍家躁$^=$躁$^=$ li^{21} so^{33} ko^{53} sau^{35} sau^{31}	躁$^=$亲眷 sau^{35} ts^{h}əŋ^{33} kyø^{35} 走亲眷 tseu^{35} ts^{h}əŋ^{33} kyø^{35}
35 象山	嬉 ɕi^{44}	坐街$^=$里 zəu^{13} ka^{44} li^0	做人客 tsɤɯ^{53} ȵiŋ^{31} k^{h}aʔ^{35}
36 普陀	嬲和 na^{33} uo^{53}	走人家 tseu^{55} ȵiŋ^{55} ko^{53}	走亲眷 tseu^{33} tɕ^{h}iŋ^{53} tɕy^0
37 定海	白$^=$相 bɐʔ^2 ɕiã^{44}	走人家 tsɐi^{33} ȵiŋ^{33} ko^{52}	走亲眷 tsɐi^{33} tɕ^{h}iŋ^{33} tɕy^{45}
38 岱山	嬲和 na^{31} uo^0	走人家 tsœʏ^{33} ȵiŋ^{33} ko^{52}	走人家 tsœʏ^{33} ȵiŋ^{33} ko^{52}
39 嵊泗	嬲和 na^{24} uo^0	走人家 tsœʏ^{33} ȵiŋ^{33} ko^{53}	走亲眷 tsœʏ^{33} tɕ^{h}iŋ^{44} tɕy^0
40 临海	嬉戏 ɕi^{33} ɕi^{51}	嬉 ɕi^{55}	走亲眷 tsə^{42} tɕ^{h}iŋ^{33} tɕyø^{55}
41 椒江	嬉戏 ɕi^{33} ɕi^{51}	走人家头 tɕio^{42} ȵiŋ^{22} ko^{33} dio^{41}	趒亲眷 dio^{31} tɕ^{h}iŋ^{33} kyø^{55}
42 黄岩	嬉戏 ɕi^{33} ɕi^{51}	赶人家 tɕie^{42} ȵin^{24} ko^{32}	走亲眷 tɕio^{42} tɕ^{h}in^{33} kyø^{55}
43 温岭	嬉戏 ɕi^{33} ɕi^{51}	赶人家头 tɕie^{42} ȵin^{13} ko^{35} dɤ^{41}	走亲眷 tsɤ^{42} tɕ^{h}in^{35} kyø^{55}

续表

方言点	0751 玩儿游玩：到城里～	0752 串门儿	0753 走亲戚
44 仙居	嬉 ɕi^{334}	绕⁼人家头 ȵiɐɯ^{21} ȵin^{33} ko^{53} dəɯ^{0}	走亲眷 tsəɯ^{31} tɕ^{h}in^{55} cyø^{55}
45 天台	嬉 ɕi^{55}	走人家 tseu^{32} ȵiŋ^{22} ko^{33}	走亲眷 tseu^{32} tɕ^{h}iŋ^{33} kyø^{55}
46 三门	嬉 ɕi^{334}	串门 tɕ^{h}yø^{55} məŋ^{31}	望亲眷 mɔ^{23} ts^{h}əŋ^{55} kyø^{55}
47 玉环	嬉戏 ɕi^{42} ɕi^{35} 小	走邻舍 tɕiɤ^{53} liŋ^{22} so^{55}	走亲眷 tɕiɤ^{53} tɕ^{h}iŋ^{33} kyø^{55}
48 金华	嬉 ɕi^{334}	嬉 ɕi^{334}	到亲戚窝⁼里去 tɑo^{55} tɕ^{h}iŋ^{33} tɕ^{h}iəʔ^{4} uɤ^{33} li^{55} k^{h}ɤ^{55}
49 汤溪	嬉 ɕi^{24}	嬉 ɕi^{24}	做客侬 tsuɤ^{33} k^{h}a^{55} nɑo^{0}
50 兰溪	嬉 ɕi^{334}	嬉 ɕi^{334}	嬉 ɕi^{334}
51 浦江	嬉 ʃi^{534} 嬉□ ʃi^{55} kon^{334}	刷⁼门⁼头 ɕyə^{33} mən^{33} dɤ^{243}	走亲戚 tsɤ^{33} ts^{h}ən^{33} ts^{h}ɛ^{423}
52 义乌	嬉 ɕi^{335}	嬉 ɕi^{335}	做客侬 tsuɤ^{45} k^{h}ɛ^{33} noŋ^{45}
53 东阳	嬉 ɕi^{334}	趒邻舍 dio^{22} liɐn^{22} ʑia^{33}	趒亲戚 dio^{22} tɕ^{h}iɐn^{33} tɕiʊ^{33}
54 永康	嬉 ɕi^{55}	嬉 ɕi^{55}	嬉 ɕi^{55}
55 武义	嬉 ɕi^{24}	嬉 ɕi^{24}	嬉 ɕi^{24}
56 磐安	嬉 ɕi^{445}	嬉 ɕi^{445}	做客 tsuɤ^{33} k^{h}a^{334}
57 缙云	嬉 ɕi^{44}	躐门头 liɛ^{51} mɛŋ^{21} diuŋ^{453}	落亲眷 lɔ^{51} ts^{h}ɛŋ^{44} tɕyɛ^{453}
58 衢州	嬉 sɿ^{32}	□人家 yaʔ^{2} ȵin^{21} kɑ^{32}	走亲眷 tse^{35} tɕ^{h}in^{32} tʃyə̃^{53}
59 衢江	嬉 sɿ^{33}	嬉 sɿ^{33}	行亲眷 gɛ^{22} tɕ^{h}iŋ^{25} tɕiɛ^{31}
60 龙游	嬉 ɕi^{334}	嬉 ɕi^{334}	行亲姓 gɛ^{22} tɕ^{h}in^{35} ɕin^{21}
61 江山	嬉 xi^{44}	赶侬家 kɒŋ^{44} naŋ^{22} kɒ^{44}	去侬家 k^{h}ə^{44} naŋ^{22} kɒ^{44}
62 常山	嬉 ɕi^{44}	走侬家 tɕiu^{43} nã^{22} kɑ^{44}	走亲姓 tɕiu^{43} ts^{h}ĩ^{52} sĩ^{0}
63 开化	嬉 ɕi^{44}	躐侬家 liaʔ^{2} nɤŋ^{21} kɑ^{44}	做侬客 tsɔ^{44} nɤŋ^{21} k^{h}aʔ^{5}
64 丽水	嬉 sɿ^{224}	嬉 sɿ^{224}	走亲眷 tsəɯ^{44} ts^{h}en^{224} tɕyɛ^{52}
65 青田	嬉 sɿ^{445}	别人屋里嬉 bɛʔ^{3} neŋ^{22} uʔ^{4} li^{0} sɿ^{445}	走亲眷 tsæi^{33} ts^{h}aŋ^{55} tɕyɐ^{33}
66 云和	嬉 sɿ^{24}	嬉 sɿ^{24}	走亲 tsəɯ^{44} ts^{h}əŋ^{24}
67 松阳	搞 kɔ^{212}	串门 tɕ^{h}yɛ̃^{33} men^{31}	到亲眷轭⁼埯去 tʌ^{33} tɕ^{h}in^{33} tɕyɛ̃^{24} aʔ^{0} taʔ^{0} k^{h}ɯə^{0}

续表

方言点	0751 玩儿游玩：到城里～	0752 串门儿	0753 走亲戚
68 宣平	嬉 sɿ^{324}	嬉 sɿ^{324}	走亲眷 tsəɯ^{44}tsʰən^{32} tɕyə^{52}
69 遂昌	嬉 sɿ^{45}	旋熟门 ʑyɛ̃^{21}ʑiuʔ^{23}məŋ^{221} 走熟门 tsu^{53}ʑiuʔ^{23}məŋ^{221}	走亲眷 tsu^{53}tɕʰiŋ^{55} tɕyɛ̃^{334}
70 龙泉	嬉 sɿ^{434}	走邻舍 dʑiəu^{21}lin^{44}ɕio^{45}	走亲眷 dʑiəu^{21}tɕʰin^{44} tɕyo^{45}
71 景宁	嬉 ɕi^{324}	嬉 ɕi^{324}	去亲戚埲 kʰi^{33}tsʰaŋ^{55} tsʰɿ^{33}tɛʔ^{5}
72 庆元	嬉 sɿ^{335}	直=家旋狭=家 tsɿʔ^{34}ko^{335} ɕyɛ̃^{31}xɑʔ^{34}ko^{335}	走亲眷 tsɐɯ^{33}tɕʰiəŋ^{33} tɕyɛ̃^{11}
73 泰顺	嬉 sɿ^{213}	去别人家 tsʰɿ^{35}pɛʔ^{2}nɛ^{53}kɔ^{213}	走亲眷 tsəu^{22}tsʰəŋ^{213} tɕyɛ^{35}
74 温州	嬉 sɿ^{33}	走别侬拉嬉 tsau^{34}bi^{2}naŋ^{31} la^{0}sɿ^{33}	走亲眷拉 tsau^{34}tsʰaŋ^{33} tɕy^{25}la^{0}
75 永嘉	嬉 sɿ^{44}	（无）	走亲眷宕 tsau^{43}tsʰaŋ^{33} tsɥ^{45}dɔ^{0}
76 乐清	嬉 ɕi^{44}	走别侬埲=嬉 tɕiau^{34}biᴇ^{2} naŋ^{31}tᴇ^{0}ɕi^{44}	走侬家 tɕiau^{34}naŋ^{22}ko^{44}
77 瑞安	嬉 ɕi^{44}	走隔壁 tsau^{3}ka^{35}pei^{323}	走亲眷 tsau^{3}tsʰaŋ^{33}tɕy^{35}
78 平阳	嬉 si^{55}	走□舍 tʃau^{33}xau^{45}si^{13}	走亲眷□ tʃau^{33}tʃʰeŋ^{21} tɕye^{45}xau^{45}
79 文成	戏 sei^{33}	走□宕戏 tʃau^{33}a^{21}do^{13}sei^{33}	走亲眷 tʃau^{33}tʃʰaŋ^{33} tɕyø^{33}
80 苍南	嬉 ɕi^{44}	走隔壁嬉 tsau^{53}kia^{3}piɛ^{223}ɕi^{44}	做侬客 tsu^{3}naŋ^{11}kʰia^{223}
81 建德徽	嬉 ɕi^{53}	嬉 ɕi^{53}	嬉 ɕi^{53}
82 寿昌徽	嬉 ɕi^{112}	串侬家 tɕʰyei^{33}nɔŋ^{33}kuə^{112}	行亲戚 xæ̃^{55}tɕʰien^{11}tɕʰiəʔ^{3}
83 淳安徽	嬉 ɕi^{24}	嬉 ɕi^{24}	做客人 tsu^{24}kʰɑʔ^{5}in^{21}
84 遂安徽	嬉 sɿ^{534}	嬉 sɿ^{534}	走客人 tsəɯ^{33}kʰɑ^{21}n^{33}
85 苍南闽	贴=桃=tʰie^{33}tʰo^{24}	走厝边 tsau^{33}tsʰu^{33}pĩ^{55}	做人客 tsue^{33}lan^{21}kʰe^{43}
86 泰顺闽	嬉 ɕi^{213}	过家 kou^{34}ka^{213}	□亲眷 lou^{53}tsieŋ^{21}kye^{53}
87 洞头闽	贴=桃 tʰie^{21}tʰo^{24}	走厝边 tsau^{212}tsʰu^{33}pin^{33}	做侬客 tsue^{42}laŋ^{212}kʰe^{53}
88 景宁畲	掌 tɕiɔŋ^{325}	过寮 ku^{44}lau^{22}	行亲戚 xaŋ^{22}tɕʰin^{44} tɕʰiʔ^{5}

方言点	0754 看～电视	0755 听用耳朵～	0756 闻嗅：用鼻子～
01 杭州	看 kʰɛ^{45}	听 tʰiŋ^{334}	闻 vəŋ^{213}
02 嘉兴	看 kʰə^{224}	听 tʰiŋ^{42}	嗅 ɕioŋ^{224}
03 嘉善	看 kʰø^{334}	听 tʰin^{53}	闻 mən^{132}
04 平湖	看 kʰø^{213}	听 tʰin^{53}	闻 mən^{31}
05 海盐	看 kʰɤ^{334}	听 tʰin^{53}	闻 vən^{31}
06 海宁	看 kʰe^{35}	听 tʰiŋ^{55}	闻 vəŋ^{13}
07 桐乡	看 kʰᴇ^{334}	听 tʰiŋ^{44}	闻 vəŋ^{13}
08 崇德	看 kʰᴇ^{334}	听 tʰiŋ^{44}	闻 vəŋ^{13}
09 湖州	看 kʰɛ^{35}	听 tʰin^{44}	闻 mən^{112}
10 德清	看 kʰøʉ^{334}	听 tʰin^{44}	闻 men^{113}
11 武康	看 kʰø^{224}	听 tʰin^{44}	闻 men^{113}
12 安吉	看 kʰᴇ^{324}	听 tʰiŋ^{55}	闻 məŋ^{22}
13 孝丰	看 kʰe^{324}	听 tʰiŋ^{44}	闻 məŋ^{22}
14 长兴	看 kʰɯ^{324}	听 tʰiŋ^{44}	闻 məŋ^{12}
15 余杭	看 kʰuõ^{423}	听 tʰiŋ^{44}	闻 miŋ^{22}
16 临安	看 kʰœ^{55}	听 tʰieŋ^{55}	闻 meŋ^{33}
17 昌化	看 kʰɛ̃^{544}	听 tʰiəŋ^{334}	棚= bəŋ^{112}
18 於潜	看 kʰɛ^{35}	听 tʰiŋ^{433}	闻 veŋ^{223}
19 萧山	看 kʰie^{42}	听 tʰiŋ^{42}	闻 vəŋ^{355}
20 富阳	看 kʰiɛ̃^{335}	听 tʰin^{53}	闻 mən^{13}
21 新登	看 kʰɛ̃^{45}	听 tʰeiŋ^{53}	闻 meiŋ^{233}
22 桐庐	望 moŋ^{24}	听 tʰiŋ^{533}	闻 vəŋ^{13}
23 分水	看 kʰã^{24}	听 tʰin^{24}	闻 vən^{22}
24 绍兴	看 kʰẽ^{33}	听 tʰiŋ^{33}	嗅 ɕioŋ^{33}

续表

方言点	0754 看～电视	0755 听用耳朵～	0756 闻嗅：用鼻子～
25 上虞	看 kʰɛ̃^{53}	听 tʰiŋ^{53}	嗅 ɕyoŋ^{53}
26 嵊州	看 kʰœ̃^{334}	听 tʰiŋ^{334}	嗅 ɕyoŋ^{334}
27 新昌	看 kʰœ̃^{335}	听 tʰiŋ^{335}	嗅 ɕyoŋ^{335}
28 诸暨	看 kʰə^{544}	听 tʰin^{544}	嗅 ɕiom^{544}
29 慈溪	望 muŋ^{13} 相 ɕiã^{44}	听 tʰiŋ^{44}	嗅 ɕiuŋ^{44}
30 余姚	望 muŋ^{13} 相 ɕiaŋ^{44}	听 tʰə̃^{44}	嗅 ɕiuŋ^{53}
31 宁波	望 mɔ^{13} 看 kʰi^{44}	听 tʰiŋ^{44}	嗅 ɕyoŋ^{44}
32 镇海	看 kʰi^{53}	听 tʰiŋ^{53}	嗅 ɕyoŋ^{53}
33 奉化	相 ɕiã^{53}	听 tʰiŋ^{53}	嗅 ɕyoŋ^{53}
34 宁海	相 ɕiã^{35}	听 tʰiŋ^{35}	嗅 ɕyəŋ^{35}
35 象山	看 kʰi^{53}	听 tʰiŋ^{53}	嗅 ɕyoŋ^{53}
36 普陀	看 kʰi^{55}	听 tʰiŋ^{55}	嗅 ɕioŋ^{55}
37 定海	看 kʰi^{44} 相 ɕiã^{44}	听 tʰiŋ^{44} 调殊	嗅 ɕyoŋ^{44}
38 岱山	看 kʰi^{44}	听 tʰiŋ^{44} 调殊	嗅 ɕyoŋ^{44}
39 嵊泗	看 kʰi^{53}	听 tʰiŋ^{53}	嗅 ɕyoŋ^{53}
40 临海	望 mɔ̃^{55}	听 tʰiŋ^{55}	嗅 ɕyŋ^{55}
41 椒江	望 mɔ̃^{24}	听 tʰiŋ^{55}	嗅 ɕyoŋ^{55}
42 黄岩	望 mɔ̃^{24}	听 tʰin^{55}	嗅 ɕyoŋ^{55}
43 温岭	望 mɔ̃^{13}	听 tʰin^{55}	听 tʰin^{55}
44 仙居	望 mɑ̃^{24}	听 tʰin^{55}	嗅 ɕyen^{55}
45 天台	相 ɕia^{55}	听 tʰiŋ^{33}	嗅 ɕyuŋ^{55}
46 三门	相 ɕiɑ̃^{55}	听 tʰiŋ^{55}	嗅 ɕyŋ^{55}

续表

方言点	0754 看～电视	0755 听用耳朵～	0756 闻嗅：用鼻子～
47 玉环	望 mɔ̃^{22}	听 tʰiŋ^{55}	嗅 hoŋ^{55}
48 金华	望 moŋ^{14}	听 tʰiŋ^{55}	闻 vəŋ^{313}
49 汤溪	望 mɑo^{341}	听 tʰɛ̃i^{52}	闻 vã^{11}
50 兰溪	望 moŋ^{24}	听 tʰin^{45}	闻 væ̃^{21}
51 浦江	望 mõ^{24}	听 tʰiən^{55}	喷$^{=}$ pʰən^{55}
52 义乌	望 mɯɤ^{24}	听 tʰən^{45}	喷$^{=}$ pʰoŋ^{335}
53 东阳	望 mʊ^{24}	听 tʰɐn^{453}	□ pʰɔm^{453}
54 永康	望 mɑŋ^{241}	听 tʰiŋ^{52}	喷$^{=}$ pʰəŋ^{55}
55 武义	望 mɑŋ^{231}	听 tʰin^{53}	□ pʰen^{24}
56 磐安	望 mo^{14}	听 tʰɐn^{52}	□ pʰɔom^{52}
57 缙云	□ ȵiɑ^{44} 望 mɔ^{213}	听 tʰɛŋ^{453}	□ pʰɔ̃ũ^{44}
58 衢州	看 kʰə̃^{53}	听 tʰin^{32}	闻 mən^{21}
59 衢江	促$^{=}$ tsʰəʔ^{5}	听 tʰiŋ^{53}	喷$^{=}$ pʰəŋ^{33}
60 龙游	瞥 tɕʰi^{51}	听 tʰin^{51}	闻 vən^{21}
61 江山	促$^{=}$ tsʰoʔ^{5}	听 tʰɪ̃^{44}	喷$^{=}$ pʰoŋ^{44}
62 常山	促$^{=}$ tsʰɤʔ^{5}	听 tʰɪ̃^{44}	喷$^{=}$ pʰoŋ^{44}
63 开化	促$^{=}$ tsʰəʔ^{5}	听 tʰin^{44}	喷$^{=}$ pʰɤŋ^{44}
64 丽水	望 mɔŋ^{131}	听 tʰin^{52}	闻 men^{22}
65 青田	相 ɕi^{33}	听 tʰeŋ^{445}	嗅 ɕioŋ^{445}
66 云和	相 ɕiã^{45}	听 tʰiŋ^{45}	喷$^{=}$ pʰəŋ^{24}
67 松阳	望 moŋ^{13}	听 tʰin^{24}	□ pʰəŋ^{53}
68 宣平	望 mɔ̃^{231}	听 tʰin^{52}	喷$^{=}$ pʰən^{324}
69 遂昌	望 mɔŋ^{213}	听 tʰiŋ^{334}	喷$^{=}$ pʰəŋ^{45}

续表

方言点	0754 看～电视	0755 听用耳朵～	0756 闻嗅：用鼻子～
70 龙泉	促= tɕʰiɤɯʔ^{5}	听 tʰin^{45}	喷= pʰəŋ^{434}
71 景宁	相 ɕiɛ^{35}	听 tʰiŋ^{35}	喷= pʰəŋ^{324}
72 庆元	略 lɒ^{335}	听 tʰiŋ^{335}	□ pʰəŋ^{335}
73 泰顺	望 mɔ̃^{22}	听 tʰiŋ^{213}	喷= pʰoŋ^{213}
74 温州	眙 tsʰɿ^{51}	听 tʰəŋ^{33}	嗅 hoŋ^{51}
75 永嘉	眙 tsʰɿ^{53}	听 tʰeŋ^{44}	嗅 hoŋ^{53}
76 乐清	眙 tsʰɿ^{41}	听 tʰeŋ^{44}	嗅 hoŋ^{41}
77 瑞安	眙 tsʰɿ^{53}	听 tʰəŋ^{44}	嗅 hoŋ^{53}
78 平阳	眙 tsʰɿ^{53}	听 tʰeŋ^{55}	□ tʰɵ^{45}
79 文成	眙 tsʰɿ^{33}	听 tʰeŋ^{55}	喷 pʰoŋ^{33}
80 苍南	眙 tsʰɿ^{42}	听 tʰeŋ^{44}	嗅 hoŋ^{42}
81 建德徽	看 kʰɛ^{33}	听 tʰin^{53}	闻 mən^{33}
82 寿昌徽	促= tsʰɔʔ^{3}	听 tʰien^{33}	棚= pʰɔŋ^{112}
83 淳安徽	促= tsʰoʔ^{5}	听 tʰin^{24}	喷= pʰen^{24}
84 遂安徽	瞅 tsʰu^{24}	听 tʰin^{33}	朋= pʰəŋ^{33}
85 苍南闽	看 kʰũã^{21}	听 tʰĩã^{55}	鼻 pʰi^{21}
86 泰顺闽	映 ŋo^{53}	听 tʰiæŋ^{213}	喷= pʰəŋ^{213}
87 洞头闽	看 kʰũã^{21}	听 tʰĩã^{33}	鼻 pʰi^{21}
88 景宁畲	睇 tʰai^{325}	听 tʰaŋ^{44}	□ pʰoŋ^{44}

方言点	0757 吸～气	0758 睁～眼	0759 闭～眼
01 杭州	吸 ɕiɛʔ^{5}	睁 tsaŋ^{334}	闭 pi^{45}
02 嘉兴	吸 ɕieʔ^{5}	睁 tsᴀ^{42}	闭 pi^{224}
03 嘉善	敨 tʰə^{334}	睁开 tsæ̃^{35} kʰɛ^{53}	闭拢 pi^{55} loŋ^{0}
04 平湖	呴 həɯ^{53}	张 tsã^{53}	闭 pi^{334}
05 海盐	敨 tʰe^{423}	张 tsɛ̃^{53}	眙 kaʔ^{5}
06 海宁	吸 ɕieʔ^{5}	张开 tsɑ̃^{55} kʰɛ^{55}	眙 kaʔ^{5}
07 桐乡	敨 tʰɤɯ^{53}	张 tsã^{44}	眙 kaʔ^{5}
08 崇德	吸 ɕiəʔ^{5}	张 tsã^{44}	眙结= kaʔ^{3} tɕiəʔ^{53} 眙瞒= kaʔ^{3} mᴇ^{44}
09 湖州	吸 ɕieʔ^{5}	睁 tsã^{44}	闭 pi^{35}
10 德清	嗍 suoʔ^{5}	睁 tsã^{44}	闭 pi^{334}
11 武康	嗍 suoʔ^{5}	睁 tsã^{44}	闭 pi^{224}
12 安吉	吸 ɕiᴇʔ^{5}	睁 tsã^{55}	闭 pi^{324}
13 孝丰	吸 ɕieʔ^{5}	睁 tsã^{44}	闭 pi^{324}
14 长兴	吸 ʃiᴇʔ^{5}	睁 tsã^{44}	闭 pɿ^{324}
15 余杭	敨 tʰøʏ^{53}	张开 tsɑ̃^{55} kʰɛ^{55}	闭煞 pi^{53} saʔ^{5}
16 临安	吸 ɕiɐʔ^{5}	睁 tsɑ̃^{55}	闭拢 pi^{55} loŋ^{31}
17 昌化	吸 ɕiɛʔ^{5}	睁 tsã^{334}	眙 kaʔ^{5}
18 於潜	吸 ɕieʔ^{53}	开 kʰe^{433}	合 kəʔ^{53}
19 萧山	吸 ɕieʔ^{5}	开 kʰe^{533}	闭 pi^{42}
20 富阳	吸 ɕiɛʔ^{5}	撑 tsʰɛ^{53}	闭 pi^{335}
21 新登	透 tʰəu^{45}	撑 tsʰɛ^{53}	闭 pi^{45}
22 桐庐	吸 ɕiəʔ^{5}	睁 tsəŋ^{533}	闭 pi^{35}
23 分水	吸 ɕiəʔ^{5}	睁 tsən^{44}	闭 pi^{24}

续表

方言点	0757 吸~气	0758 睁~眼	0759 闭~眼
24 绍兴	吸 ɕieʔ^{5}	睁 tsaŋ^{53}	闭 pi^{33}
25 上虞	嗍 soʔ^{5}	睁 tsã^{35}	闭 pi^{53}
26 嵊州	吸 ɕieʔ^{5}	瞠 tsʰaŋ^{534}	闭 pi^{334}
27 新昌	吸 ɕiʔ^{5}	开 kʰe^{534}	闭 pi^{335}
28 诸暨	吸 ɕieʔ^{5}	撑 tsʰã^{544}	闭 pɿ^{544}
29 慈溪	吸 ɕiəʔ^{5}	张 tsã^{35}	闭 pi^{44}
30 余姚	吸 ɕiəʔ^{5}	张 tsaŋ^{44}	闭 pi^{44}
31 宁波	吸 ɕiəʔ^{5}	睁 tsa^{53}	眯 mi^{44}
32 镇海	吸 ɕieʔ^{5}	张开 tɕiã^{33}kʰe^{53}	眯拢 mi^{22}loŋ^{22}
33 奉化	霍 hoʔ^{5}	张 tɕiã^{545}	闭 pi^{53}
34 宁海	鲎$^{=}$ həu^{423} 吸 ɕiəʔ^{5}	开 kʰe^{423}	闭 pi^{35}
35 象山	吸 ɕieʔ^{5}	睁 tsã^{44}	眯 mi^{44}
36 普陀	吸 ɕiɛʔ^{5}	瞠 dzã^{24}	眯 mi^{55}
37 定海	霍$^{=}$ xoʔ^{5} 老 吸 ɕieʔ^{5} 新	瞠 dzã^{13}	眯 mi^{44}
38 岱山	吸 ɕieʔ^{5}	瞠 dzã^{213}	眯 mi^{44}
39 嵊泗	吸 ɕiᴇʔ^{5}	瞠 dzã^{213}	眯 mi^{53}
40 临海	呼 hu^{55} 调殊	撑 tsʰã^{52}	眯 mi^{55}
41 椒江	吸 ɕieʔ^{5}	撑 tsʰã^{55}	眯 mi^{55}
42 黄岩	呼 hu^{55} 调殊	撑 tsʰã^{55}	眯 mi^{55}
43 温岭	吸 ɕiʔ^{5}	开 kʰie^{33}	眯 mi^{55}
44 仙居	吸 ɕiəʔ^{5}	撑 tsʰã^{334}	闭 ɓi^{55}
45 天台	吸 ɕiəʔ^{5}	撑 tsʰa^{33}	闭 pi^{55}

续表

方言点	0757 吸~气	0758 睁~眼	0759 闭~眼
46 三门	吸 ɕieʔ⁵	开 kʰe³³⁴	闭 pi⁵⁵
47 玉环	吸 ɕiɐʔ⁵	撑 tsʰa⁵⁵	眯 mi⁵⁵
48 金华	响 xiu³³⁴ 老 吸 ɕiəʔ⁴ 新	撑 tsʰɑŋ³³⁴	合 kɤ⁵⁵ 老 闭 pi⁵⁵ 新
49 汤溪	吸 ɕiei⁵⁵	撑 tsʰa²⁴	合 kɤ⁵⁵
50 兰溪	吸 ɕieʔ³⁴	撑 tsʰæ̃³³⁴	眙 kɤʔ³⁴
51 浦江	吸 ɕiə⁴²³	撑 tsʰɛ̃⁵³⁴	纠⁼ tɕiɤ⁵³⁴
52 义乌	呼 fu³³⁵	撑 tsʰɛ³³⁵	闭 pi⁴⁵
53 东阳	□ tsaʔ³⁴	撑 tsʰɛ³³⁴	合 kaʔ³⁴
54 永康	吸 ɕiə³³⁴	撑 tsʰai⁵⁵	眙 kɤ³³⁴
55 武义	吸 ɕiəʔ⁵	开 kʰa²⁴	眙 kɤ⁵³
56 磐安	吸 ɕiɛ³³⁴	开 kʰe⁴⁴⁵	合 kɛ³³⁴
57 缙云	吸 ɕiei³²²	撑 tsʰa⁴⁴	眙 kɛ³²²
58 衢州	敨 tʰe³⁵	开 kʰɛ³²	眙 kaʔ⁵
59 衢江	敨 tʰy²⁵ 吸 ɕiəʔ⁵	开 kʰei³³	眙 kaʔ⁵
60 龙游	吸 ɕiəʔ⁴	撑 tsʰɛ³³⁴	合 kəʔ⁴
61 江山	抽 tsʰɯ⁴⁴	开 kʰᴇ⁴⁴	眙 kaʔ⁵
62 常山	吸 seʔ⁵	开 kʰe⁴⁴	眙 kaʔ⁵
63 开化	吸 ɕiɛʔ⁵	开 kʰɛ⁴⁴	眙 kaʔ⁵
64 丽水	吸 ɕiʔ⁵	撑 tsʰã²²⁴	合 kɛʔ⁵
65 青田	吸 ɕiæʔ⁴²	开 kʰɛ⁴⁴⁵	合 kaʔ⁴²
66 云和	吸 ɕiʔ⁵	撑 tsʰɛ²⁴	闭 pi⁴⁵
67 松阳	吸 ɕiʔ⁵	开 kʰɛ⁵³	合 kɛʔ⁵

续表

方言点	0757 吸~气	0758 睁~眼	0759 闭~眼
68 宣平	抽 tɕ^{h}iɯ^{324}	撑 ts^{h}ɛ^{324}	合 kəʔ^{5}
69 遂昌	吸 ɕiʔ^{5} 抽 tɕ^{h}iɯ^{45}	绷 piaŋ^{45} 开 k^{h}ei^{45}	合 kɛʔ^{5}
70 龙泉	吸 ɕieiʔ^{5}	（无）	□ naiʔ^{24}
71 景宁	吸 ɕiəɯʔ^{5}	开 k^{h}ai^{324}	合 kœʔ^{5}
72 庆元	吸 ɕiəɯʔ^{5}	撑 ts^{h}æ̃^{11}	合 kəɯʔ^{5}
73 泰顺	吸 səiʔ^{5}	绷 mã^{213}	合 kɛʔ^{5}
74 温州	吸 ɕiai^{323}	绽开 da^{22}k^{h}e^{0}	合拢 kø^{33}loŋ^{223}
75 永嘉	吸 ɕiai^{423}	绽 da^{22}	合 kø^{423}
76 乐清	吸 ɕiɤ^{323}	绷 pa^{44}	眯 mi^{44}
77 瑞安	吸 ɕia^{323}	绷 pa^{44}	眯 mei^{44}
78 平阳	吸 sᴀ^{34}	掰 pᴀ^{55}	眯 mi^{55}
79 文成	吸 sa^{34}	擘 pa^{34}	闭 pei^{33}
80 苍南	吸 sɛ^{223}	绷 pia^{44}	合 ke^{223}
81 建德徽	吸 ɕiɐʔ^{5}	撑 ts^{h}ɛ^{53}	合 ki^{55}
82 寿昌徽	吸 ɕiəʔ^{3}	撑 ts^{h}æ̃^{112}	合 kiɛ^{55}
83 淳安徽	吸 ɕiʔ^{5}	开 k^{h}ie^{24}	眕 kɑʔ^{5} 闭 pi^{24}
84 遂安徽	吸 ɕiɛ^{24}	开 k^{h}əɯ^{534}	闭 pi^{43}
85 苍南闽	吞 t^{h}un^{55}	擘 pe^{43}	□ k^{h}ue^{43}
86 泰顺闽	□ tɕyɪʔ^{5}	擘 pa^{53}	合 kɛʔ^{5}
87 洞头闽	吸 kiek^{5}	睁 t^{h}ĩ^{33}	□ hũĩ^{53}
88 景宁畲	嘬 tsɔʔ^{5}	擘 paʔ^{5} 睁 tɕiŋ^{44}	闭 pi^{44}

方言点	0760 眨~眼	0761 张~嘴	0762 闭~嘴
01 杭州	眨 tsaʔ^{5}	张 tsaŋ^{334}	闭 pi^{45}
02 嘉兴	睒 kᴀʔ^{5}	张 tsᴀ̃^{42}	闭 pi^{224}
03 嘉善	睒 kɜʔ^{5}	张开 tsæ̃^{35} kʰɛ^{53}	闭拢 pi^{55} loŋ^{0}
04 平湖	睒 kaʔ^{5}	张 tsã^{53}	闭 pi^{334}
05 海盐	睒 kaʔ^{5}	张 tsɛ̃^{53}	闭拢 pi^{55} loŋ^{21}
06 海宁	睒 kaʔ^{5}	张开 tsɑ̃^{55} kʰɛ^{55}	闭拢 pi^{55} loŋ^{53}
07 桐乡	睒北$^{=}$ kaʔ^{5} pɔʔ^{0}	张 tsã^{44}	姆$^{=}$ m^{53}
08 崇德	睒 kaʔ^{5}	张 tsã^{44}	姆$^{=}$ m^{53}
09 湖州	碰 pã^{35} 眨 tsaʔ^{5}	张 tsã^{44}	闭 pi^{35}
10 德清	睒 kəʔ^{5}	张 tsã^{44}	闭 pi^{334}
11 武康	睒 kɜʔ^{5}	张 tsã^{44}	闭 pi^{224}
12 安吉	眨 tsəʔ^{5}	张 tsã^{55}	闭 pi^{324}
13 孝丰	眨 tsaʔ^{5}	张 tsã^{44}	闭 pi^{324}
14 长兴	眨 tsəʔ^{5}	张 tsã^{44}	闭 pɿ^{324}
15 余杭	眨 tsaʔ^{5}	张开 tsɑ̃^{55} kʰɛ^{55}	闭拢 pi^{35} loŋ^{31}
16 临安	睒 kɐʔ^{5}	张开 tsɑ̃^{53} kʰᴇ^{55}	闭拢 pi^{55} loŋ^{31}
17 昌化	睒 kaʔ^{5}	张 tsã^{334}	闭 pi^{544}
18 於潜	睒 kəʔ^{53}	开 kʰe^{433}	抿 meŋ^{24}
19 萧山	霎 saʔ^{5}	开 kʰe^{533}	闭 pi^{42}
20 富阳	眨 tsaʔ^{5}	撑 tsʰɛ^{53}	闭 pi^{335}
21 新登	眨 tsaʔ^{5}	撑 tsʰɛ^{53} 开 kʰe^{53}	闭 pi^{45}
22 桐庐	眨 tsaʔ^{5}	张 tsã^{533}	闭 pi^{35}
23 分水	睒 kaʔ^{5}	张 tsã^{44}	闭 pi^{24}

续表

方言点	0760 眨～眼	0761 张～嘴	0762 闭～嘴
24 绍兴	合 keʔ^{5}	张开 tsaŋ^{33} kʰᴇ^{53}	闭拢 pi^{33} loŋ^{22}
25 上虞	眨 sɐʔ^{5}	张 tsã^{35}	闭 pi^{53}
26 嵊州	合 kɛʔ^{5}	瞠 tsʰaŋ^{534}	闭 pi^{334}
27 新昌	合 kɛʔ^{5}	张 tsaŋ^{534}	闭 pi^{335}
28 诸暨	眨 tsaʔ^{5}	撑 tsʰã^{544}	闭 pɿ^{544}
29 慈溪	眨 tɕiaʔ^{5}	张 tsã^{35}	闭 pi^{44}
30 余姚	眨 tɕiaʔ^{5}	张 tsaŋ^{44}	闭 pi^{53}
31 宁波	眨 saʔ^{5}	张 tɕia^{44}	闭 pi^{44}
32 镇海	眨 saʔ^{5}	开 kʰe^{53}	闭拢 pi^{53} loŋ^{22} 眯拢 mi^{22} loŋ^{22}
33 奉化	眨 saʔ^{5}	开 kʰe^{44}	闭 pi^{53}
34 宁海	眣 keʔ^{5}	开 kʰe^{423}	闭 pi^{35}
35 象山	眣 kaʔ^{5}	张开 tɕiã^{44} kʰi^{44}	闭 pi^{53}
36 普陀	眨 sɐʔ^{5}	张 tɕiã^{53}	眯 mi^{55}
37 定海	眨 sɐʔ^{5}	开 kʰɛ^{52}	眯拢 mi^{44} loŋ^{0}
38 岱山	眨 sɐʔ^{5}	开 kʰɛ^{52}	眯 mi^{44}
39 嵊泗	眨 sɐʔ^{5}	开 kʰe^{53}	眯拢 mi^{44} loŋ^{0}
40 临海	眣 kɛʔ^{5}	张 tɕiã^{31} 㼎 pʰaʔ^{5}	眯 mi^{55}
41 椒江	眣 kiəʔ^{5}	张 tɕiã^{42}	眯 mi^{55}
42 黄岩	眣 kieʔ^{5}	绷 pã^{32}	闭 pi^{55}
43 温岭	眣 kiəʔ^{5}	绷 pã^{33}	眯 mi^{55}
44 仙居	眣 kɑʔ^{5}	开 kʰæ^{334}	姆$^{=}$ m^{324}
45 天台	眣 keʔ^{5}	张 tɕia^{33} 开 kʰei^{33}	闭 pi^{55}

续表

方言点	0760 眨～眼	0761 张～嘴	0762 闭～嘴
46 三门	睞 kɐʔ^{5}	开 k^{h}e^{334}	闭 pi^{55}
47 玉环	睞 kɐʔ^{5}	撑 ts^{h}a^{55}	眯 mi^{55}
48 金华	眨 tsia^{55}	开 k^{h}ɛ^{334}	闭 pi^{55}
49 汤溪	睞 tɕiɑ^{55}	豁 xuɑ^{55}	抿 mei^{113}
50 兰溪	眨 tsəʔ^{34}	撑 ts^{h}æ̃^{334}	合 əʔ^{12}
51 浦江	睞 tɕiɑ^{423}	开 k^{h}a^{534}	□ pon^{55}
52 义乌	眨 tɕia^{324}	开 k^{h}e^{335}	闭 pi^{45}
53 东阳	眨 tɕiaʔ^{34}	开 k^{h}e^{334}	闭 ba^{24}
54 永康	眨 tɕia^{334}	开 k^{h}əi^{55}	鼻$^{=}$ bə^{113}
55 武义	眨 tɕia^{53}	开 k^{h}a^{24}	闭 pi^{53}
56 磐安	眨 tɕia^{334}	开 k^{h}e^{445}	□ bɛ^{213}
57 缙云	眨 tɕia^{322}	撑 ts^{h}a^{44}	□ mɔ̃ũ^{44}
58 衢州	眨 kaʔ^{5}	开 k^{h}ɛ^{32}	闭 pi^{53}
59 衢江	眨 kaʔ^{5}	开 k^{h}ei^{33}	抿 məŋ^{212}
60 龙游	合 kəʔ^{4}	虾$^{=}$ xuɑ^{334}	抿 min^{224}
61 江山	及$^{=}$ giᴇʔ^{2}	开 k^{h}ᴇ^{44}	闭 pɵ^{51}
62 常山	眨 kaʔ^{5}	□ ŋɑ^{44}	闭 pi^{324}
63 开化	眨 kaʔ^{5}	版 p^{h}aʔ^{5} 开 k^{h}ɛ^{44}	夹$^{=}$ kaʔ^{5}
64 丽水	眨 kuɔʔ^{5}	绷 pã^{224}	闭 pi^{52}
65 青田	合 kaʔ^{42}	绷 ɓɛ^{445}	闭 ɓi^{33}
66 云和	合 kɛʔ^{5}	绷 pɛ^{24}	闭 pi^{45}
67 松阳	睞 kɔʔ^{5}	绷 pã^{53}	合 kɛʔ^{5}
68 宣平	眨 kɑʔ^{5}	绷 mɛ^{324}	□ gən^{433}

续表

方言点	0760 眨~眼	0761 张~嘴	0762 闭~嘴
69 遂昌	合 kɛʔ^{5}	绷 piaŋ^{45}	含 gəŋ^{13}
70 龙泉	□ naiʔ^{24}	搌 pʰaʔ^{5}	□ naiʔ^{24}
71 景宁	□ ŋiəɯʔ^{5}	绷 pɛ^{324}	闭 pi^{35}
72 庆元	□ ȵiʔ^{5}	开 kʰæi^{335}	合 kəɯʔ^{5}
73 泰顺	□ ȵiɛʔ^{5}	绷 mã^{213}	□ kəŋ^{53}
74 温州	眨 dʑia^{212}	绷 piɛ^{33}	眯 mei^{33}
75 永嘉	睫 ka^{423}	绷 pɛ^{44}	合 ø^{213}
76 乐清	睫 ka^{323}	绷 pa^{44}	眯 mi^{33}
77 瑞安	眨 dʑiɔ^{212}	绷 pa^{44}	眯 mei^{44}
78 平阳	眨 dʒɔ^{12}	掰 pᴀ^{55}	闭 pi^{53}
79 文成	眨 tʃa^{34}	擘 pa^{34}	闭 pei^{33}
80 苍南	□ ȵia^{24}	绷 pia^{44}	□ maŋ^{44}
81 建德徽	眨 tsɑ^{55}	搌 pʰɑ^{55}	门$^{=}$ mən^{213}
82 寿昌徽	跌$^{=}$ tiəʔ^{3}	□ xuɑ^{24}	米$^{=}$ mi^{534}
83 淳安徽	睫 kɑʔ^{5}	开 kʰie^{24}	□ men^{24}
84 遂安徽	睫 kɑ^{24}	拔 pəɯ^{24}	闭 pi^{43}
85 苍南闽	染$^{=}$ nĩ^{32}	张 tĩũ^{55}	□ kʰue^{43}
86 泰顺闽	□ nie^{344}	擘 pa^{53}	闭 pi^{31}
87 洞头闽	眯 mĩ^{53}	挣 tʰĩ^{33}	□ hũĩ^{53}
88 景宁畲	□ ɕiet^{5}	擘 paʔ^{5}	闭 pi^{44}

方言点	0763 咬狗～人	0764 嚼把肉～碎	0765 咽～下去
01 杭州	咬 iɔ^{53}	嚼 dʑiɛʔ^{2}	咽 iɛ^{45} 吞 tʰəŋ^{334}
02 嘉兴	咬 ɔ^{113}	嚼 dʑiᴀʔ^{13}	咽 ie^{224}
03 嘉善	咬 ŋɔ^{113}	嚼 dʑiaʔ^{2}	咽 iɪ^{334}
04 平湖	咬 ŋɔ^{213}	嚼 ziaʔ^{23}	吞 tʰən^{53} 咽 iɛ^{334}
05 海盐	咬 ɔ^{423}	嚼 dʑiaʔ^{23}	吞 tʰən^{53}
06 海宁	咬 ɔ^{231}	嚼 dʑiaʔ^{2}	咽 ie^{35} 吞 tʰəŋ^{55}
07 桐乡	咬 ɔ^{242}	嚼 ziaʔ^{23}	吞 tʰəŋ^{44}
08 崇德	咬 ɔ^{53}	嚼 ʑiɑʔ^{23}	吞 tʰəŋ^{44}
09 湖州	咬 ŋɔ^{231}	嚼 ʑiaʔ^{2}	吞 tʰən^{44}
10 德清	叫 ŋɔ^{52}	嚼 dʑiaʔ^{2}	吞 tʰen^{44}
11 武康	咬 ŋɔ^{242}	嚼 ʑieʔ^{2}	吞 tʰen^{44}
12 安吉	咬 ŋɔ^{52}	嚼 ʑiᴇʔ^{23}	咽 i^{324}
13 孝丰	咬 ŋɔ^{52}	嚼 ʑiaʔ^{23}	吞 tʰəŋ^{44}
14 长兴	咬 ŋɔ^{52}	咬咬洋$^{=}$ ŋɔ^{45} ŋɔ^{55} iã^{21}	吞 tʰəŋ^{44}
15 余杭	咬 ŋɔ^{53}	咬 ŋɔ^{53}	吞 tʰiŋ^{44}
16 临安	咬 ŋɔ^{33}	嚼 ʑiɐʔ^{2}	吞 tʰeŋ^{55}
17 昌化	咬 ŋɔ^{243}	嚼 ʑiɛʔ^{23}	吞 tʰɛ̃^{334}
18 於潜	咬 ŋɔ^{51}	嚼 ʑiæʔ^{23}	吞 tʰeŋ^{433}
19 萧山	咬 ŋɔ^{13}	嚼 ʑiaʔ^{13}	咽 ie^{42}
20 富阳	咬 ŋɔ^{224}	嚼 ʑiaʔ^{2}	吞 tʰən^{53}
21 新登	咬 ɔ^{334}	嚼 ʑiaʔ^{2}	吞 tʰeiŋ^{53}
22 桐庐	咬 ŋɔ^{33}	嚼 ʑiaʔ^{13}	吞 tʰəŋ^{533}

续表

方言点	0763 咬狗～人	0764 嚼把肉～碎	0765 咽～下去
23 分水	咬 $ŋɔ^{53}$	嚼 $dʑia^{22}$	吞 $t^hən^{44}$
24 绍兴	咬 $ŋɔ^{223}$	嚼 $ʑiaʔ^{2}$	咽 $i\tilde{e}^{33}$
25 上虞	咬 $ŋɔ^{213}$	嚼 $ʑiaʔ^{2}$	咽 $i\tilde{e}^{53}$
26 嵊州	咬 $ŋɔ^{22}$	嚼 $ʑiaʔ^{2}$	咽 $i\tilde{e}^{334}$
27 新昌	咬 $ŋɔ^{232}$	嚼 $ʑiaʔ^{2}$	咽 $i\tilde{ɛ}^{335}$
28 诸暨	咬 $ŋɔ^{242}$	嚼 $ʑiaʔ^{13}$	咽 ie^{544}
29 慈溪	咬 $ŋɔ^{13}$	嚼 $iaʔ^{2}$	咽 $i\tilde{e}^{44}$
30 余姚	咬 $ŋɔ^{13}$	嚼 $iaʔ^{2}$	咽 $i\tilde{ə}^{44}$
31 宁波	咬 $ŋɔ^{13}$	嚼 $ʑiəʔ^{2}$	咽 i^{44}
32 镇海	咬 $ŋɔ^{24}$	嚼 $ieʔ^{2}$	吞 $t^həŋ^{53}$
33 奉化	咬 $ŋʌ^{324}$	嚼 $ʑiaʔ^{2}$	咽 i^{53}
34 宁海	咬 $ŋau^{53}$	嚼 $ʑiaʔ^{3}$	咽 ie^{35}
35 象山	咬 $ŋɔ^{31}$	嚼 $ieʔ^{2}$	咽 i^{53}
36 普陀	咬 $ŋɔ^{23}$	嚼 $iɛʔ^{23}$	咽 i^{55}
37 定海	咬 $ŋɔ^{23}$	嚼 $ieʔ^{2}$	咽 $ȵi^{44}$
38 岱山	咬 $ŋɔ^{244}$	嚼 $ieʔ^{2}$	咽 $ȵi^{44}$
39 嵊泗	咬 $ŋɔ^{334}$	嚼 $iᴇʔ^{2}$	咽 i^{53}
40 临海	咬 $ŋɔ^{42}$	咬 $ŋɔ^{42}$	咽 i^{55}
41 椒江	咬 $ŋɔ^{42}$	咬 $ŋɔ^{42}$	咽 ie^{55}
42 黄岩	咬 $ŋɔ^{42}$	咬 $ŋɔ^{42}$	咽 ie^{55}
43 温岭	咬 $ŋɔ^{42}$	咬 $ŋɔ^{42}$	咽 ie^{55}
44 仙居	咬 $ŋɐɯ^{324}$	咬 $ŋɐɯ^{324}$	吞 t^hen^{334}
45 天台	咬 $ŋau^{214}$	咬 $ŋau^{214}$	咽 ie^{55}

续表

方言点	0763 咬狗～人	0764 嚼把肉～碎	0765 咽～下去
46 三门	咬 ŋɑu^{325}	嚼 ʑiaʔ^{23}	咽 ie^{55}
47 玉环	咬 ŋɔ^{53}	咬 ŋɔ^{53}	咽 ie^{55}
48 金华	啮 ɤ^{14}	借$^{=}$ tsia^{55}	吞 t^{h}əŋ^{334}
49 汤溪	□ lia^{11}	嚼 zɤa^{113}	吞 t^{h}ɤ^{24}
50 兰溪	啮 lia^{21}	嚼 zəʔ^{12}	吞 t^{h}ɤ^{334}
51 浦江	啮 ŋɯ^{232}	嚼 ʑyo^{232}	吞 t^{h}ə̃^{534}
52 义乌	啮 ɯ^{312}	嚼 zɯa^{312}	吞 t^{h}ɯ^{335}
53 东阳	啮 ŋɐ^{213}	嚼 ʑia^{213}	咽 i^{453}
54 永康	啮 ŋɤ^{113}	嚼 ʑiɑu^{113}	吞 t^{h}ɤ^{55}
55 武义	啮 ŋɤ^{13}	□ tɕia^{53}	吞 t^{h}ɤ^{24}
56 磐安	啮 ŋɛ^{213}	嚼 zuə^{213}	吞 t^{h}ɯ^{445}
57 缙云	啮 ŋɛ^{13}	嚼 ziɔ^{13}	吞 t^{h}ɛ^{44}
58 衢州	咬 ŋɔ^{231}	嚼 ʑiaʔ^{12}	吞 t^{h}ən^{32}
59 衢江	□ liɛ^{212}	嚼 ʑiaʔ^{2}	吞 t^{h}ɛ^{33}
60 龙游	□ liɑ^{21}	嚼 ʑiɔʔ^{23}	吞 t^{h}ei^{334}
61 江山	□ gɒ^{213}	嚼 ʑiaʔ^{2}	吞 t^{h}əŋ^{44}
62 常山	月$^{=}$ ŋɤʔ^{34}	嚼 ʑiaʔ^{34}	咽 ĩ^{324}
63 开化	咬 ŋɑ^{213}	嚼 ʑiaʔ^{13}	咽 ã^{412}
64 丽水	啮 ŋuɛ^{131}	嚼 ʑiɔʔ^{23}	吞 t^{h}uɛ^{224}
65 青田	咬 ŋo^{454}	嚼 iʔ^{31}	吞 t^{h}uɐ^{445}
66 云和	啮 ŋuɛʔ^{23}	嚼 ʑiɔʔ^{23}	吞 t^{h}uɛ^{24}
67 松阳	啮 ŋuɛʔ^{2}	嚼 ʑiaʔ^{2}	吞 t^{h}æ̃^{53}
68 宣平	啮 ŋəʔ^{23}	嚼 ʑiəʔ^{23}	吞 t^{h}ə^{324}

续表

方言点	0763 咬狗～人	0764 嚼把肉～碎	0765 咽～下去
69 遂昌	啮 ŋɛʔ^{23}	嚼 ʑiaʔ^{23}	吞 t^{h}ɛ̃^{45}
70 龙泉	□ ŋuoʔ^{24}	嚼 ʑiaʔ^{24}	吞 t^{h}ɯə^{434}
71 景宁	啮 ŋœʔ^{23}	峡= gɔʔ^{23}	吞 t^{h}œ^{324}
72 庆元	啮 ŋuɤʔ^{34}	嚼 ɕiɑʔ^{34}	吞 t^{h}æ̃^{335}
73 泰顺	啮 ŋuɛʔ^{2}	嚼 ɕiɔʔ^{2}	吞 t^{h}œ^{213}
74 温州	咬 ŋuɔ^{14}	嚼 ia^{212}	咽 i^{323}
75 永嘉	咬 ŋɔ^{13}	嚼 ia^{213}	咽 i^{423}
76 乐清	咬 ŋa^{24}	嚼 ziɯʌ^{212}	咽 iᴇ^{41}
77 瑞安	咬 ŋɔ^{13} 啃 k^{h}aŋ^{44}	嚼 iɔ^{212}	吞 t^{h}ø^{44}
78 平阳	□ k^{h}aŋ^{55}	嚼 zɔ^{12}	吞 t^{h}ɵ^{55}
79 文成	咬 ŋo^{224}	嚼 ʑie^{212}	吞 t^{h}ø^{55}
80 苍南	咬 ŋa^{53}	嚼 dʑia^{112}	吞 t^{h}ø^{44}
81 建德徽	咬 ŋɔ^{213}	咬 ŋɔ^{213}	吞 t^{h}ən^{53}
82 寿昌徽	□ liɛ^{52}	嚼 ɕiəʔ^{31}	吞 t^{h}iæ^{112}
83 淳安徽	□ iɑ^{24}	□ liɑ^{24}	吞 t^{h}ã^{24}
84 遂安徽	立= liɛ^{213}	立= liɛ^{213}	吞 t^{h}əŋ^{534}
85 苍南闽	咬 ga^{32}	哺 pɔ^{21}	吞 t^{h}un^{55}
86 泰顺闽	咬 ka^{31}	咬 ka^{31}	吞 t^{h}o^{213}
87 洞头闽	咬 ga^{21}	哺 pɔ^{21}	吞 t^{h}un^{33}
88 景宁畲	啮 ȵiat^{2}	噍 ts^{h}au^{51}	吞 t^{h}uən^{44}

方言点	0766 舔人用舌头～	0767 含～在嘴里	0768 亲嘴
01 杭州	舔 tʰiɛ^{53}	含 ɛ^{213}	闻香 məŋ^{22}ɕiaŋ^{45}
02 嘉兴	舔 tʰie^{113}	含 ə^{242}	亲嘴脯= tɕʰiŋ^{33}tsɿ^{42}bu^{42}
03 嘉善	舔 tʰiɪ^{334}	含 ø^{132}	香面孔 ɕiæ̃^{35}miɪ^{53}kʰoŋ^{31}
04 平湖	舔 tʰiɛ^{44}	含 ø^{31}	哄=香 hoŋ^{44}ɕiã^{53}
05 海盐	舔 tʰiɛ^{423}	含 ɤ^{31}	封=香 foŋ^{53}ɕiɛ̃^{53}
06 海宁	舔 tʰie^{53}	含 ɛ^{13}	香嘴脯= ɕiã^{53}tsɿ^{55}bu^{55} 香面孔 ɕiã^{53}mie^{33}kʰoŋ^{53}
07 桐乡	舔 tʰiᴇ^{53}	含 ᴇ^{13}	香面孔 ɕiã^{44}miᴇ^{21}kʰoŋ^{53}
08 崇德	舔 tʰiɪ^{53}	含 ɛ^{13}	闻香 vəŋ^{21}ɕiã^{44}
09 湖州	舔 tʰie^{523}	含 ɛ^{112}	闻香 mən^{33}ɕiã^{44}
10 德清	舔 tʰie^{52}	含 øʉ^{113}	闻香 men^{11}ɕiã^{44}
11 武康	舔 tʰiɪ^{53}	含 ø^{113}	闻香 me^{22}ɕiã^{44}
12 安吉	舔 tʰi^{52}	含 ᴇ^{22}	闻香 məŋ^{22}ɕiã^{55}
13 孝丰	舔 tʰiɪ^{52}	含 ɛ^{22}	闻香 məŋ^{22}ɕiã^{44}
14 长兴	舔 tʰi^{52}	含 ŋᴇ^{12}	闻香 məŋ^{12}ʃiã^{44}
15 余杭	舔 tʰiẽ^{53}	含 uõ^{22}	闻 miŋ^{22}
16 临安	舔 tʰie^{55}	含 ə^{33}	亲嘴脯= tɕʰieŋ^{55}tsᴇ^{55}bu^{55}
17 昌化	舔 tʰiɪ̃^{453}	含 ɛ̃^{112}	嗍嘴 suəʔ^{5}tsei^{453}
18 於潜	舔 tʰie^{51}	□ tɕyeʔ^{53}	亲口 tɕʰiŋ^{43}kʰiəu^{53}
19 萧山	舔 tʰie^{33}	含 ə^{355}	亲嘴 tɕʰiŋ^{33}tsɿ^{33}
20 富阳	舔 tʰiɛ̃^{423}	含 ɛ̃^{13}	亲嘴 tɕʰin^{55}tsɛ^{423}
21 新登	舔 tʰiɛ̃^{334}	含 ɛ̃^{233}	布=嘴 pu^{45}tse^{334}
22 桐庐	舔 tʰie^{33}	含 e^{13}	香嘴 ɕiã^{55}tsᴇ^{13}
23 分水	舔 tʰiɛ̃^{22}	含 ã^{22}	亲嘴 tɕʰin^{44}tsue^{55}

续表

方言点	0766 舔人用舌头～	0767 含～在嘴里	0768 亲嘴
24 绍兴	舔 tʰiẽ^{334}	吭 zẽ^{223}	嗅 ɕioŋ^{33}
25 上虞	舔 tʰiẽ^{35}	吭 zəŋ^{213}	嗅嘴巴 ɕyoŋ^{55}tsɿ^{33}po^{53}
26 嵊州	舔 tʰiẽ^{53}	含 œ̃^{213}	亲嘴 tɕʰiŋ^{33}tsɿ^{53}
27 新昌	舔 tʰiɛ̃^{453}	含 œ̃^{22}	亲嘴 tɕʰiŋ^{53}tsɿ^{453}
28 诸暨	舔 tʰie^{42}	含 ə^{13}	搏=嘴 poʔ^{21}tsɿ^{42}
29 慈溪	舔 tʰiẽ^{35}	含 ẽ^{13}	嗅嘴巴 ɕiuŋ^{44}tɕi^{33}po^{53}
30 余姚	舔 tʰiẽ^{34}	含 ẽ^{13}	嗅嘴 ɕiuŋ^{44}tɕi^{34}
31 宁波	舔 tʰi^{35}	含 ɐi^{13}	嗅嘴 ɕyoŋ^{44}tsɥ^{35}
32 镇海	舔 tʰi^{35}	含 ei^{24}	嗅嘴 ɕyoŋ^{33}tsɥ^{35}
33 奉化	舔 tʰi^{545}	含 e^{33}	剥=嘴 poʔ^{5}tsɥ^{35}
34 宁海	舔 tʰie^{53}	含 ei^{213}	卜=嘴 bɔʔ^{3}tsɥ^{53} 亲嘴 tsʰəŋ^{33}tsɥ^{53}
35 象山	舔 tʰi^{44}	含 ei^{31}	嗅嘴 ɕyoŋ^{53}tsɥ^{44}
36 普陀	舔 tʰi^{45}	含 æi^{24}	督=嘴 toʔ^{3}tsɥ^{45}
37 定海	舔 tʰi^{45}	含 ɐi^{23}	豛嘴 toʔ^{3}tsɥ^{45}老 嗅嘴 ɕyoŋ^{33}tsɥ^{45}新
38 岱山	舔 tʰi^{325}	含 ɐi^{23}	香嘴 ɕiã^{33}tsɥ^{45}
39 嵊泗	舔 tʰi^{445}	含 ɐi^{243}	香嘴 ɕiã^{33}tsɥ^{45}
40 临海	舔 tʰi^{42}	含 ø^{21}	亚=嘴 o^{33}tɕy^{353}
41 椒江	舔 tʰie^{42}	含 ie^{31}	呜=嘴 u^{33}tsɥ^{51}小
42 黄岩	舔 tʰie^{42}	含 ən^{121}	碰=嘴 bã^{13}tsɥ^{51}小 呜=嘴 u^{33}tsɥ^{51}小
43 温岭	舔 tʰie^{42}	含 ie^{31}	呜=嘴 u^{33}tɕy^{51}小
44 仙居	舔 tʰie^{324}	含 ø^{213}	香嘴 ɕia^{33}tɕy^{53}
45 天台	舔 tʰie^{325}	含 e^{224}	亲嘴 tɕʰiŋ^{33}tɕy^{325}

续表

方言点	0766 舔人用舌头～	0767 含～在嘴里	0768 亲嘴
46 三门	舔 tʰie^{325}	含 ɛ^{113}	阿⁼嘴 ʊ^{55}tsɥ^{52}
47 玉环	舔 tʰie^{53}	含 ɛ^{31}	拱嘴 koŋ^{42}tɕy^{53}小
48 金华	舔 tʰia^{535}	含 ɤ^{313}	通□ tʰoŋ^{33}poŋ^{55} 闻香 vəŋ^{31}ɕiɑŋ^{334}
49 汤溪	舔 tʰie^{535}	含 ɤ^{11}	欶 tɕyei^{55}
50 兰溪	舔 tʰia^{55}	额⁼ əʔ^{12}	通啵 tʰoŋ^{334}pəʔ^{34}
51 浦江	舔 tʰiɑ̃^{53}	含 ə̃^{113}	做□ tsɯ^{33}pon^{334}
52 义乌	舔 tʰia^{423}	含 ɯ^{213}	做波儿 tsuɤ^{33}pon^{335}
53 东阳	舔 tʰi^{44}	含 ɯ^{213}	香嘴儿 ɕiɔ^{44}tsɿn^{33}
54 永康	舔 tʰia^{334}	含 ɤ^{22}	□口嘴脯⁼ tɕyeŋ^{33} kʰəu^{31}dzei^{31}bu^{241}
55 武义	舔 tʰie^{445}	含 en^{324}	□ xɑu^{53}
56 磐安	舔 tʰiɛ^{334}	含 ɯ^{213}	唦嘴儿 suə^{33}tɕyn^{52} 亲嘴儿 tɕʰiən^{33}tɕyn^{52}
57 缙云	舔 tʰia^{51}	含 ɑŋ^{243}	削⁼嘴 ɕiɔ^{51}tsɥ^{51}
58 衢州	舔 tʰiẽ^{35}	含 gã^{21}	帮⁼嘴 pɑ̃^{32}tse^{35}
59 衢江	舔 tʰie^{25}	含 gã^{212}	削⁼口 ɕiaʔ^{3}kʰy^{25}
60 龙游	舔 tʰie^{35}	含 gã^{224}	叭嘴 pəʔ^{4}tsuei^{35}
61 江山	嗒 taʔ^{5}	含 gəŋ^{22}	叭喙 paʔ^{4}tɕʰy^{51}
62 常山	舔 tʰiɛ̃^{52}	含 goŋ^{24}	香喙 ɕiã^{43}tɕʰy^{52}
63 开化	舔 tʰiɛ̃^{412}	含 gã^{231}	香喙 ɕiã^{44}tɕʰy^{53}
64 丽水	舔 tʰiɛ^{544}	含 gã^{22}	绑⁼嘴 pɔŋ^{44}tsɥ^{544}
65 青田	□ liɑ^{454}	含 gaŋ^{21}	进⁼嘴 tsaŋ^{33}tsɥ^{454}
66 云和	舔 tʰiɛ^{41}	含 gã^{312}	□嘴 pəɯʔ^{4}tsɥ^{41}
67 松阳	脸⁼ liɛ̃^{22}	含 gɔ̃^{31}	嚼嘴 ʑiaʔ^{2}tsei^{212}

续表

方言点	0766 舔人用舌头～	0767 含～在嘴里	0768 亲嘴
68 宣平	舔 t^{h}iɛ^{445}	含 gɑ̃^{433}	军=嘴 tɕyən^{44}tɕy^{445}
69 遂昌	舔 t^{h}iɛ̃^{533}	含 gəŋ^{13}	香喙儿 ɕiaŋ^{55}tɕ^{h}y^{33}ȵiɛ^{221}
70 龙泉	舔 t^{h}iᴇ^{51}	含 gɛn^{21}	喷= p^{h}əŋ^{434}
71 景宁	敛 liɛ^{33}	含 gɔ^{41}	朴=嘴 p^{h}oʔ^{5}tɕy^{33}
72 庆元	添 t^{h}iɑ̃^{33}	含 kəŋ^{52}	□嘴 p^{h}oŋ^{335}tsæi^{33} 亲嘴 tɕ^{h}iəŋ^{33}tsæi^{33}
73 泰顺	舔 t^{h}iã^{35}	含 kã^{53}	缚=嘴 poʔ^{2}tɕy^{55}
74 温州	舔 t^{h}i^{25}	含 gaŋ^{31}	打绷 tiɛ^{3}poŋ^{33}
75 永嘉	□ ta^{45}	含 gaŋ^{31}	浸=嘴 tsaŋ^{53}tsɥ^{45}
76 乐清	舔 t^{h}iᴇ^{35}	含 aŋ^{31}	打绷 ta^{35}poŋ^{323}小
77 瑞安	舔 t^{h}iɛ^{35}	含 aŋ^{31}	打绷儿 ta^{53}poŋ^{33}ŋ^{0}
78 平阳	□ lye^{45}	含 gɔ^{242}	打□ tᴀ^{53}poŋ^{21}
79 文成	脸= lie^{224}	含 aŋ^{113}	拨嘴 po^{21}tɕy^{45}
80 苍南	冷= lia^{53}	含 aŋ^{31}	吮 zueŋ^{24} 打绷 tia^{42}poŋ^{44}
81 建德徽	舔 t^{h}ie^{213}	含 hɛ^{33}	北=嘴 pɐʔ^{5}tɕye^{213}
82 寿昌徽	舔 t^{h}i^{24}	含 xiɛ^{52}	剥=嘴 pɔʔ^{3}tɕyei^{24}
83 淳安徽	舔 t^{h}iã^{55}	含 hã^{435}	亲口 tɕ^{h}in^{21}k^{h}ɯ^{55}
84 遂安徽	捞 lɑ^{24}	含 xɑ̃^{33}	吸口 ɕiɛ^{33}k^{h}əɯ^{213}
85 苍南闽	舌 tɕi^{24}	含 kan^{24}	亲喙 tɕ^{h}in^{24}ts^{h}ui^{21}
86 泰顺闽	□ lɛ^{53}	含 kæŋ^{22}	噗喙 pɒʔ^{5}tɕ^{h}y^{53}
87 洞头闽	舐 tɕi^{21}	含 kan^{113}	斟喙 tɕin^{33}ts^{h}ui^{21}
88 景宁畲	舐 ɕiai^{44} 拦= lan^{44}	含 xɔn^{22}	欶嘴 tsɔʔ^{5}tɕyoi^{55}

方言点	0769 吮吸用嘴唇聚拢吸取液体，如吃奶时	0770 吐上声，把果核儿～掉	0771 吐去声，呕吐：喝酒喝～了
01 杭州	欶 tɕyɛʔ^{5}	吐 tʰu^{53}	吐 tʰu^{45} 冒 mɔ^{13}
02 嘉兴	嗍 soʔ^{5}	吐 tʰou^{113}	呕 ei^{544}
03 嘉善	嗍 suoʔ^{5}	吐 tʰu^{334}	呕 ə^{44}
04 平湖	嗍 soʔ^{5}	吐 tʰu^{334}	呕 əɯ^{44}
05 海盐	嗍 sɔʔ^{5}	吐 tʰu^{423}	吐 tʰu^{334}
06 海宁	嗍 soʔ^{5}	吐 tʰəu^{53}	吐 tʰəu^{35}
07 桐乡	嗍 sɔʔ^{5}	吐 tʰəu^{53}	吐 tʰəu^{334}
08 崇德	嗍 sɔʔ^{5}	吐 tʰu^{53}	吐 tʰu^{334}
09 湖州	嗍 suoʔ^{5}	吐 tʰəu^{523}	吐 tʰəu^{35}
10 德清	嗍 suoʔ^{5}	吐 tʰəu^{334}	吐 tʰəu^{334}
11 武康	嗍 suoʔ^{5}	吐 tʰu^{224}	吐 tʰu^{224}
12 安吉	嗍 soʔ^{5}	吐 tʰu^{324}	吐 tʰu^{324}
13 孝丰	嗍 suoʔ^{5} 吸 ɕieʔ^{5}	吐 tʰu^{324}	吐 tʰu^{324}
14 长兴	嗍 soʔ^{5}	吐 tʰəu^{52}	吐 tʰəu^{324}
15 余杭	嗍 soʔ^{5}～螺蛳 吮 ziŋ^{31}～奶奶	吐 tʰu^{53}	吐 tʰu^{53}
16 临安	嗍 suɔʔ^{5}	吐 tʰu^{55}	冒 mɔ^{33}
17 昌化	欶 tɕyɛʔ^{5} 嗍 suəʔ^{5}	吐 tʰu^{544}	吐 tʰu^{544}
18 於潜	欶 tɕyeʔ^{53}	吐 tʰu^{35}	吐 tʰu^{35}
19 萧山	嗍 ɕyoʔ^{5}	吐 tʰu^{42}	吐 tʰu^{42}
20 富阳	嗍 ɕyoʔ^{5}	吐 tʰʊ^{335}	吐 tʰʊ^{335}
21 新登	吮 ʑyiŋ^{13}	吐 tʰu^{45}	吐 tʰu^{45}

续表

方言点	0769 吮吸用嘴唇聚拢吸取液体，如吃奶时	0770 吐上声，把果核儿～掉	0771 吐去声，呕吐：喝酒喝～了
22 桐庐	哟 $ɕyəʔ^{5}$ 吸 $ɕiəʔ^{5}$	吐 $t^{h}u^{35}$	吐 $t^{h}u^{35}$
23 分水	吸 $ɕiəʔ^{5}$	吐 $t^{h}u^{53}$	吐 $t^{h}u^{53}$
24 绍兴	哟 $soʔ^{5}$	吐 $t^{h}u^{334}$	冒 $mɔ^{223}$
25 上虞	哟 $soʔ^{5}$	吐 $t^{h}u^{35}$	冒 $mɔ^{213}$
26 嵊州	哟 $soʔ^{5}$	吐 $t^{h}u^{53}$	冒 $mɔ^{22}$
27 新昌	角= $koʔ^{5}$	吐 $t^{h}u^{453}$	冒 $mɔ^{232}$
28 诸暨	哟 $soʔ^{5}$	吐 $t^{h}u^{42}$	冒 $mɔ^{242}$ 调殊
29 慈溪	欶 $tsəʔ^{5}$	吐 $t^{h}u^{44}$	冒 $mɔ^{13}$
30 余姚	欶 $tsəʔ^{5}$	吐 $t^{h}u^{44}$	冒 $mɔ^{13}$ 量多 哕 $ioʔ^{5}$ 量少
31 宁波	欶 $tsoʔ^{5}$	吐 $t^{h}u^{44}$	冒 $mɔ^{13}$
32 镇海	欶 $tsoʔ^{5}$	吐 $t^{h}u^{53}$	恶= $oʔ^{5}$
33 奉化	欶 $tsoʔ^{5}$	吐 $t^{h}u^{545}$	冒 $mʌ^{324}$
34 宁海	各= $kəʔ^{5}$	吐 $t^{h}u^{53}$	冒 mau^{53} 吐 $t^{h}u^{35}$
35 象山	欶 $tsoʔ^{5}$	吐 $t^{h}u^{44}$	吐 $t^{h}u^{44}$
36 普陀	欶 $tsoʔ^{5}$	吐 $t^{h}u^{45}$	吐 $t^{h}u^{55}$
37 定海	欶 $tsoʔ^{5}$	吐 $t^{h}u^{44}$	吐 $t^{h}u^{44}$
38 岱山	欶 $tsoʔ^{5}$	吐 $t^{h}u^{44}$	吐 $t^{h}u^{44}$
39 嵊泗	欶 $tsoʔ^{5}$	吐 $t^{h}u^{53}$	吐 $t^{h}u^{53}$
40 临海	呼 hu^{33}	吐 $t^{h}u^{42}$	吐 $t^{h}u^{55}$
41 椒江	吮 $zøŋ^{31}$ 呼 hu^{42}	吐 $t^{h}əu^{42}$	吐 $t^{h}əu^{55}$
42 黄岩	吮 $zøn^{121}$ 呼 hu^{32}	吐 $t^{h}ou^{42}$	吐 $t^{h}ou^{55}$

续表

方言点	0769 吮吸用嘴唇聚拢吸取液体，如吃奶时	0770 吐上声，把果核儿～掉	0771 吐去声，呕吐：喝酒喝～了
43 温岭	吮 ʑyn^{31} 求= dʑiu^{31}	吐 tʰu^{42}	吐 tʰu^{55}
44 仙居	欶 tɕyɔʔ^{5}	吐 tʰu^{55}	吐 tʰu^{55} 翻 fa^{334}
45 天台	呼 fu^{33}	吐 tʰu^{325}	吐 tʰu^{55}
46 三门	呼 hu^{334}	吐 tʰu^{325}	吐 tʰu^{55}
47 玉环	吮 ʑioŋ^{41}	吐 tʰəu^{53}	吐 tʰəu^{55}
48 金华	欶 tɕyəʔ^{4}	吐 tʰu^{535}	吐 tʰu^{55}
49 汤溪	州= tɕiəɯ^{24}	吐 tʰu^{535}	吐 tʰu^{52}
50 兰溪	周= tɕiəɯ^{334}	吐 tʰu^{55}	吐 tʰu^{45}
51 浦江	欶 tɕyə^{423}	吐 tʰu^{53}	吐 tʰu^{55}
52 义乌	呼 fu^{335}	吐 tʰu^{423}	痜 fɔ^{335}
53 东阳	欶 tsaʔ^{34}	吐 tʰʊ^{44}	吐 tʰʊ^{44}
54 永康	欶 tɕyə^{334}	吐 tʰu^{334}	翻 fa^{55}
55 武义	吸 ɕiəʔ^{5}	吐 tʰu^{445}	吐 tʰu^{53}
56 磐安	欶 tɕyɛ^{334}	吐 tʰu^{334}	呕 ɐɯ^{334}
57 缙云	欶 tɕyɛ^{322}	吐 tʰu^{51}	吐 tʰu^{453}
58 衢州	欶 tʃyəʔ^{5}	吐 tʰu^{53}	吐 tʰu^{53}
59 衢江	周= tɕy^{33}	吐 tʰɤ^{53}	吐 tʰɤ^{53}
60 龙游	周= tsəɯ^{334}	吐 tʰu^{51}	吐 tʰu^{51}
61 江山	嗍 soʔ^{5} 吮 ʑyɪ̃^{22}	吐 tʰu^{241}	翻 faŋ^{44}
62 常山	欶 tɕyeʔ^{5}	品= pʰi^{52}	呕 ye^{52}
63 开化	欶 tɕyɛʔ^{5}	譬= pʰi^{53}	吐 tʰuo^{53}
64 丽水	欶 tɕyʔ^{5}	吐 tʰu^{544}	吐 tʰu^{52}
65 青田	欶 tɕyæʔ^{42}	吐 tʰeu^{454}	吐 tʰeu^{33}

续表

方言点	0769 吮吸用嘴唇聚拢吸取液体，如吃奶时	0770 吐上声，把果核儿～掉	0771 吐去声，呕吐：喝酒喝～了
66 云和	欶 tɕyeiʔ^{5}	吐 t^{h}u^{41}	吐 t^{h}u^{45}
67 松阳	欶 tɕioʔ^{5}	吐 t^{h}uə^{212}	吐 t^{h}uə^{24}
68 宣平	欶 tɕyəʔ^{5}	吐 t^{h}u^{445}	吐 t^{h}u^{52}
69 遂昌	欶 tɕyʔ^{5}	吐 t^{h}uə^{533}	吐 t^{h}uə^{334}
70 龙泉	欶 tɕyʔ^{5}	吐 t^{h}ɤɯ^{45}	吐 t^{h}ɤɯ^{45}
71 景宁	欶 tɕiəɯʔ^{5}	吐 t^{h}y^{35}	吐 t^{h}y^{35}
72 庆元	欶 tɕyəɯʔ^{5}	啡 p^{h}æi^{335}	吐 t^{h}ɤ^{11}
73 泰顺	欶 tɕyɛʔ^{5}	啡 p^{h}æi^{35}	吐 t^{h}ø^{35}
74 温州	吮 ioŋ^{14}	吐 t^{h}ø^{25}	吐 t^{h}ø^{51}
75 永嘉	吮 ioŋ^{13}	吐 t^{h}əɯ^{45}	吐 t^{h}əɯ^{53}
76 乐清	吮 zoŋ^{24}	吐 t^{h}y^{35}	吐 t^{h}y^{41}
77 瑞安	欶 tɕy^{323}	吐 t^{h}əɯ^{35}	吐 t^{h}əɯ^{53}
78 平阳	吮 dʑyeŋ^{23}	吐 t^{h}ʉ^{45}	吐 t^{h}ʉ^{53}
79 文成	欶 tɕyø^{34}	吐 t^{h}ɵy^{45}	吐 t^{h}ɵy^{34}
80 苍南	吮 zueŋ^{24}	吐 t^{h}y^{53}	吐 t^{h}y^{42}
81 建德徽	欶 tɕyɐʔ^{5}	吐 t^{h}u^{213}	吐 t^{h}u^{33}
82 寿昌徽	州$^{=}$ tsəɯ^{112}	吐 t^{h}u^{24}	翻 fɤ^{112}
83 淳安徽	欶 tɕyʔ^{5}	被$^{=}$ p^{h}i^{55}	吐 t^{h}a^{24}
84 遂安徽	欶 kui^{24}	吐 t^{h}u^{43}	吐 t^{h}u^{43}
85 苍南闽	嗍 su^{43}	吠 p^{h}ui^{21}	吐 t^{h}ɔ^{21}
86 泰顺闽	欶 tɕyɪʔ^{5}	吐 t^{h}u^{53}	呕 eu^{344}
87 洞头闽	嗍 su^{53}	吠 p^{h}ui^{21}	吐 t^{h}ɔ^{21}
88 景宁畲	欶 tsɔʔ^{5}	□ p^{h}uei^{325}	呕 au^{325}

方言点	0772 打喷嚏	0773 拿用手把苹果～过来	0774 给他～我一个苹果
01 杭州	打嚏 ta^{55}tʰi^{45}	拿 nəu^{213} 驮 dəu^{213}	拨 paʔ^{5}
02 嘉兴	打嚏 tᴀ̃^{33}tʰi^{24}	拿 no^{42} □ nᴇ^{42}	本⁼ pəŋ^{544} 拨 pəʔ^{5}
03 嘉善	打嚏 tæ̃^{44}tʰi^{35}	拿 nɛ^{53}	拨 pɜʔ^{5}
04 平湖	打嚏 tã^{44}tʰi^{334}	担 nɛ^{53}	本⁼ pən^{44}
05 海盐	打嚏 tɛ̃^{53}tʰi^{334}	担 nɛ^{53}	本⁼ pən^{423}
06 海宁	打嚏 tɑ̃^{55}tʰi^{35}	拿 no^{55}	本⁼ pəŋ^{53} 拨 pəʔ^{5}
07 桐乡	打嚏 tã^{53}tʰi^{334}	拿 no^{44} 调殊 担 nɛ^{44}	半⁼ pᴇ^{53}
08 崇德	打嚏 tã^{53}tʰi^{334}	拿 no^{44} 担 tɛ^{44}	拨 pəʔ^{53}
09 湖州	打嚏 tã^{33}tʰieʔ^{5}	担 nɛ^{44}	拨 pəʔ^{5}
10 德清	打嚏 tã^{33}tʰi^{35}	担 nuo^{44}	拨 pəʔ^{5}
11 武康	打嚏 tã^{33}tʰi^{35}	拿 no^{44}	拨 pɜʔ^{5}
12 安吉	打嚏 tã^{52}tʰi^{324}	担 tᴇ^{55}	拨 pəʔ^{5}
13 孝丰	打嚏 tã^{52}tʰi^{324}	担 tɛ^{44}	拨 pəʔ^{5}
14 长兴	打嚏 tã^{32}tʰɿ^{324}	担 nᴇ^{44}	拨 pəʔ^{5}
15 余杭	打鼻嚏 tɑ̃^{53}bəʔ^{2}tʰi^{35}	担 tɛ^{44}	把 po^{53}
16 临安	打阿嚏 tɑ̃^{55}ɐʔ^{5}tʰi^{55}	驮 duo^{33}	拨 puɔʔ^{5}
17 昌化	打阿切⁼ tã^{45}aʔ^{5}tɕʰiɛʔ^{5}	驮 dɯ^{112}	碾⁼ ȵiɪ̃^{453}
18 於潜	打阿嚏 ta^{53}ɐʔ^{53}tʰi^{35}	拿 na^{223}	拨 pəʔ^{53}
19 萧山	打嚏 tã^{33}tʰi^{42}	拿 nɔ^{355}	扮⁼ pɛ^{42}
20 富阳	打嚏 tã^{423}tʰi^{335}	驮 dʊ^{13}	拨 pɛʔ^{5}
21 新登	打阿嚏 tɛ^{334}aʔ^{5}tʰiəʔ^{0}	担 tɛ^{53}	把 pɑ^{334}

续表

方言点	0772 打喷嚏	0773 拿用手把苹果～过来	0774 给他～我一个苹果
22 桐庐	打喷嚏 tã^{33}p^{h}əŋ^{55}t^{h}i^{13}	驮 du^{13}	拨 pəʔ^{5}
23 分水	打阿嚏 da^{44}a^{33}t^{h}i^{0}	拿 na^{22}	拨 pəʔ^{5}
24 绍兴	打嚏 taŋ^{33}t^{h}i^{33}	驮 do^{231}	拨 poʔ^{5}
25 上虞	打嚏 tã^{33}t^{h}i^{53}	驮 dʊ^{213}	拨 piəʔ^{5}
26 嵊州	打嚏 taŋ^{53}t^{h}i^{334}	驮 do^{213}	带$^{=}$ ta^{534}
27 新昌	打嚏 taŋ^{53}t^{h}i^{335}	驮 dɤ^{22}	搭 tɛʔ^{5}
28 诸暨	打嚏 tã^{42}t^{h}ɿ^{33}	驮 dɤu^{13}	拨 pəʔ^{5}
29 慈溪	打嚏 tã^{33}t^{h}i^{44}	驮 dəu^{13}	摘 tsaʔ^{5}
30 余姚	打嚏 taŋ^{34}t^{h}i^{44}	驮 dou^{13}	捉 tsoʔ^{5}
31 宁波	打喷嚏 ta^{35}p^{h}əŋ^{44}t^{h}i^{0}	驮 dəu^{13}	把 po^{35}
32 镇海	打喷嚏 tã^{33}p^{h}əŋ^{33}t^{h}i^{33}	捞 lɔ^{31} 驮 dəu^{24}	拨 paʔ^{5}
33 奉化	打喷嚏 tã^{44}p^{h}əŋ^{44}t^{h}i^{0}	驮 dəu^{33}	拨 poʔ^{5}
34 宁海	打嚏 tã^{53}t^{h}i^{35}	驮 dəu^{213}	□ tɕyəʔ^{5}
35 象山	打嚏 tã^{44}t^{h}i^{53}	驮 dəu^{31}	笃$^{=}$ toʔ^{5}
36 普陀	打喷嚏 tã^{33}p^{h}ɐŋ^{53}t^{h}i^{0}	驮 dəu^{24}	拨 poʔ^{5}
37 定海	打喷嚏 tã^{33}p^{h}ɐŋ^{44}t^{h}i^{0}	驮 dʌu^{23}	拨 pɐʔ^{5}
38 岱山	打喷嚏 tã^{33}p^{h}ɐŋ^{44}t^{h}i^{52}	驮 dʌu^{23}	拨 pɐʔ^{5}
39 嵊泗	打喷嚏 tã^{33}p^{h}ɐŋ^{44}t^{h}i^{0}	驮 dʌu^{243}	拨 pɐʔ^{5}
40 临海	打嚏 tã^{42}t^{h}i^{55}	驮 do^{21}	拨 poʔ^{23}
41 椒江	打嚏 tã^{42}t^{h}i^{55}	驮 dəu^{31}	拨 pəʔ^{2}
42 黄岩	打嚏 tã^{42}t^{h}i^{55}	驮 dou^{121}	拨 pəʔ^{2}
43 温岭	打嚏 tã^{42}t^{h}i^{55}	驮 du^{31}	拨 pəʔ^{2}
44 仙居	打嚏 nã^{31}t^{h}i^{55}	驮 do^{213}	拨 ɓəʔ^{5}

续表

方言点	0772 打喷嚏	0773 拿用手把苹果～过来	0774 给他～我一个苹果
45 天台	打嚏 ta^{32}t^{h}i^{55}	驮 do^{224}	拨 pəʔ^{5}
46 三门	打嚏 tã^{32}t^{h}i^{55}	驮 dʊ^{113}	拨 pɐʔ^{5}
47 玉环	打嚏 tã^{53}t^{h}i^{55}	摜 guɛ^{41}	拨 pɐʔ^{5}
48 金华	打嚏 tɑŋ^{53}t^{h}i^{55}	担 tɑ^{334} 驮 duɤ^{313}	分 fəŋ^{334} 担 tɑ^{334}
49 汤溪	打嚏 na^{52}t^{h}i^{52}	摭 iɔ^{55}	摭 iɔ^{55}
50 兰溪	打嚏 tæ̃^{55}t^{h}i^{45}	担 tɑ^{334}	担 tɑ^{334}
51 浦江	打嚏 nɛ̃^{55}t^{h}i^{0}	驮 dɯ^{113}	担 nɑ̃^{534}
52 义乌	打嚏 nɛ^{42}t^{h}i^{45}	驮 duɤ^{213}	驮 duɤ^{213}
53 东阳	打嚏 nɛ^{44}t^{h}i^{53}	驮 dʊ^{213}	摭 ia^{44}
54 永康	打嚏 nai^{31}t^{h}ie^{52}	驮 duo^{22}	担 na^{52}
55 武义	打欠 na^{53}tɕ^{h}ie^{53}	担 nuo^{24}	分 fen^{24}
56 磐安	打阿臭$^{=}$ nɛ^{33}a^{14}tɕ^{h}iɐɯ^{52}	驮 duɤ^{213}	摭 ia^{334}
57 缙云	打嚏 na^{51}ti^{453}	驮 du^{243}	摭 iɔ^{322}
58 衢州	打阿啐 tã^{35}aʔ^{3}ts^{h}e^{53}	担 tã^{32} 拿 nɑ^{21}	担 tã^{32}
59 衢江	打喷嚏 nɛ^{33}p^{h}əŋ^{33}t^{h}i^{53}	担 nã^{33}	担 nã^{33}
60 龙游	打嚏 dɛ^{22}t^{h}i^{51}	担 tã^{334}	担 tã^{334}
61 江山	打啐 taŋ^{44}ts^{h}ᴇ^{51}	畀 pᴇ^{44}	畀 pᴇ^{44}
62 常山	打啐 tĩ^{43}ts^{h}ɛ^{52}	痱$^{=}$ pue^{52}	痱$^{=}$ pue^{52}
63 开化	打啐 tã^{44}ts^{h}ɛ^{53}	担 nã^{44}	担 nã^{44}
64 丽水	打阿切$^{=}$ nã^{44}aʔ^{5}tɕ^{h}iɛʔ^{0}	拿 nuo^{22}	乞 k^{h}əʔ^{5}
65 青田	打阿嚏 nɛ^{33}aʔ^{3}t^{h}i^{53}	驮 du^{21}	乞 k^{h}ɑ^{33}
66 云和	打阿□ nɛ^{44}a^{44}tɕ^{h}i^{45}	摭 iɔʔ^{5}	乞 k^{h}a^{45}

续表

方言点	0772 打喷嚏	0773 拿用手把苹果～过来	0774 给他～我一个苹果
67 松阳	打阿嚏 nã^{22} aʔ^{2} tʰi^{53}	摭 iaʔ^{5}	乞 kʰaʔ^{5}
68 宣平	打阿催⁼ nɛ^{44} a^{44} tsʰei^{324}	驮 do^{433}	摭 iəʔ^{5}
69 遂昌	打阿切⁼ tiaŋ^{53} aʔ^{5} tɕʰiɛʔ^{0}	担 naŋ^{45}	乞 kʰaʔ^{5}
70 龙泉	打嚏 daŋ^{21} tʰi^{45}	驮 dou^{21}	乞 kʰa^{45}
71 景宁	打阿气⁼ nɛ^{33} a^{33} tɕʰi^{35}	摭 iaʔ^{5}	乞 kʰaʔ^{5}
72 庆元	打帝⁼ næ^{52} ɗiᴇ^{11}	驮 to^{52}	乞 kʰɤ^{11}
73 泰顺	打嚏 næi^{22} tʰi^{35}	摭 iɔʔ^{5}	乞 kʰo^{22} 调殊
74 温州	打阿嚏 tiɛ^{33} a^{3} tʰei^{51}	朵⁼ to^{25}	乞 ha^{51}
75 永嘉	打阿嚏 tɛ^{43} a^{43} tʰei^{53}	朵⁼ to^{45}	乞 kʰa^{53}
76 乐清	打嚏 ta^{3} tʰi^{41}	担 tɕio^{35}	乞 kʰa^{41}
77 瑞安	打嚏 ta^{53} tʰei^{42}	担 tso^{35}	乞 kʰɔ^{53}
78 平阳	打嚏 tᴀ^{33} tʰi^{53}	担 tʃo^{45}	乞 kʰai^{34}
79 文成	打嚏 ta^{33} tʰei^{33}	担 tʃo^{45}	乞 kʰa^{34}
80 苍南	打嚏 tia^{53} tʰi^{42}	担 tso^{53}	乞 kʰɛ^{42}
81 建德徽	打阿欠⁼ tɛ^{21} ɐʔ^{5} tɕʰie^{213}	担 tɛ^{53}	八⁼ po^{55}
82 寿昌徽	打阿欠⁼ tæ^{24} ɑ^{5} tɕʰi^{52}	拿 nuə^{112}	拿 nuə^{112}
83 淳安徽	打阿才⁼ tɑ̃^{55} ɑʔ^{5} tɕʰie^{21}	带⁼ tɑ^{24}	勒⁼ ləʔ^{5}
84 遂安徽	打喷七⁼ tɑ^{24} pʰəɯ^{21} tɕʰiɛ^{24}	担⁼ tɑ̃^{534}	担⁼ tɑ̃^{534}
85 苍南闽	拍阿市⁼ pʰa^{21} a^{24} tɕʰi^{21}	提 tʰe^{24}	与 ha^{24}
86 泰顺闽	拍嚏 pʰa^{21} tʰei^{53}	驮 tou^{22}	汉⁼ xæŋ^{53}
87 洞头闽	拍骹气 pʰa^{33} kʰa^{24} tɕʰi^{21}	揣 tʰue^{241}	与 ha^{53}
88 景宁畲	打阿嚏 taŋ^{55} aʔ^{5} tɕʰi^{44}	拿 naŋ^{44}	分 puən^{44}

方言点	0775 摸～头	0776 伸～手	0777 挠～痒痒
01 杭州	摸 moʔ^{5}	伸 səŋ^{334}	抓 tsɔ^{334}
02 嘉兴	摸 moʔ^{5}	伸 səŋ^{544}	爪 tsɔ^{544}
03 嘉善	撸 lu^{53}	伸 sən^{53}	抓 tsɔ^{53}
04 平湖	摸 moʔ^{23}	伸 sən^{53}	抓 tsɔ^{53}
05 海盐	摸 mɔʔ^{23}	伸 sən^{53}	抓 tsɔ^{53}
06 海宁	摸 moʔ^{2}	伸 səŋ^{55}	抓 tsɔ^{55}
07 桐乡	摸 mɔʔ^{23}	伸 səŋ^{44}	抓 tsɔ^{44}
08 崇德	摸 mɔʔ^{23}	伸 səŋ^{44}	抓 tsɔ^{44}
09 湖州	摸 muoʔ^{2}	伸 sən^{44}	抓 tsɔ^{44}
10 德清	摸 muoʔ^{2}	伸 sen^{44}	抓 tsɔ^{44}
11 武康	摸 muoʔ^{2}	伸 sen^{44}	抓 tsɔ^{44}
12 安吉	摸 moʔ^{23}	伸 səŋ^{55}	抓 tsɔ^{55}
13 孝丰	摸 muoʔ^{5}	伸 səŋ^{44}	抓 tsɔ^{44}
14 长兴	摸 moʔ^{2}	伸 səŋ^{44}	抓 tsɔ^{44}
15 余杭	摸 moʔ^{2}	伸 siŋ^{44}	抓 tsɔ^{44}
16 临安	摸 muɔʔ^{2}	伸 seŋ^{55}	抓 seŋ^{55}
17 昌化	摸 muəʔ^{5}	伸 ɕiəŋ^{334}	抓 tsɔ^{334}
18 於潜	摸 məʔ^{53}	伸 seŋ^{433}	抓 tsɔ^{433}
19 萧山	摸 moʔ^{5}	伸 seŋ^{533}	抓 tsɔ^{533}
20 富阳	摸 moʔ^{5}	伸 ɕin^{53}	抓 tsɔ^{53}
21 新登	摸 mɔʔ^{5}	伸 seiŋ^{53}	抓 tsɔ^{53}
22 桐庐	摸 məʔ^{5}	伸 səŋ^{533}	挠 nɔ^{33}
23 分水	摸 mo^{44}	伸 sən^{44}	抓 tsɔ^{44}
24 绍兴	摸 moʔ^{5}	伸 sẽ^{53}	抓 tsɔ^{53}

续表

方言点	0775 摸~头	0776 伸~手	0777 挠~痒痒
25 上虞	摸 $moʔ^{2}$	伸 $səŋ^{35}$	抓 $tsɔ^{35}$
26 嵊州	撸 lu^{534}	伸 $seŋ^{534}$	埭⁼ da^{24}
27 新昌	撸 lu^{534}	牵⁼ $tɕ^{h}i\tilde{ɛ}^{335}$	抓 $tsɔ^{534}$
28 诸暨	摸 $moʔ^{5}$	伸 $sɛn^{544}$	抓 $tsɔ^{544}$
29 慈溪	摅 $ləu^{13}$ 摸 $moʔ^{5}$	伸 $səŋ^{35}$	挖 $uaʔ^{5}$
30 余姚	摅 lou^{13}	伸 $s\tilde{ə}^{44}$	挖 $uaʔ^{5}$ 抓 $tsɔ^{44}$
31 宁波	摅 $ləu^{13}$	伸 $ɕiŋ^{53}$	抓 $tsɔ^{53}$ 埭⁼ da^{13}
32 镇海	摅 $ləu^{24}$	伸 $soŋ^{53}$/$ɕiŋ^{53}$	埭⁼ da^{24}
33 奉化	摅 $ləu^{324}$	伸 $ɕiŋ^{44}$	大⁼ da^{324}
34 宁海	摸 $mɔʔ^{3}$	伸 $səŋ^{423}$	抓 $tsau^{423}$
35 象山	摸 $moʔ^{2}$	伸 $səŋ^{44}$	抓 $tsɔ^{44}$
36 普陀	摸 $moʔ^{23}$	伸 $soŋ^{53}$	挠 $nɔ^{24}$
37 定海	摅 $lʌu^{23}$	伸 $soŋ^{52}$	大⁼ da^{23} 抓 $tsɔ^{52}$
38 岱山	摅 $lʌu^{23}$	伸 $soŋ^{52}$	大⁼ da^{244}
39 嵊泗	摅 $lʌu^{243}$	伸 $soŋ^{53}$	大⁼ da^{334}
40 临海	摸 $moʔ^{23}$	伸 $ɕiŋ^{31}$	抓 $tɕia^{31}$
41 椒江	掸 $tɛ^{42}$	□ $l\tilde{a}^{31}$	抓 $tsɔ^{42}$
42 黄岩	摸 $moʔ^{2}$	□ $l\tilde{a}^{121}$	挖 ua^{32}
43 温岭	摸 $moʔ^{2}$	龙⁼ $luŋ^{31}$	抓 $tsɔ^{33}$
44 仙居	摸 $mɑʔ^{23}$	强⁼ $dʑia^{213}$	柳⁼ $ləɯ^{334}$
45 天台	摸 $mɔʔ^{2}$	伸 $səŋ^{33}$	抓 $tsau^{33}$

续表

方言点	0775 摸～头	0776 伸～手	0777 挠～痒痒
46 三门	摸 mɔʔ^{23}	伸 səŋ^{334}	抓 tsɑu^{334}
47 玉环	摸 moʔ^{2}	驮 dəu^{31}	抓 tsɔ^{42}
48 金华	摸 moʔ^{4}	直 dʑiəʔ^{212} 老 伸 ɕiŋ^{334} 新	抓 tsɑo^{334}
49 汤溪	摸 mɤa^{55}	伸 ɕiã^{24}	抓 tsɔ^{24}
50 兰溪	摸 mɔʔ^{34}	伸 ɕiæ̃^{334}	抓 tsɔ^{334}
51 浦江	摸 mo^{232}	直 dzɛ^{232}	钯$^{=}$ bia^{113}
52 义乌	摸 mau^{312}	牵$^{=}$ tsʰie^{335}	遭$^{=}$ tso^{335}
53 东阳	摸 mou^{213}	牵$^{=}$ tsʰi^{334}	抓 tsaɯ^{334}
54 永康	摸 muo^{113}	牵$^{=}$ tɕʰie^{55}	抓 tsɑu^{55}
55 武义	摸 mɔ^{213}	□ dza^{231}	抓 tsɑu^{24}
56 磐安	摸 mʌo^{213}	牵$^{=}$ tɕʰiɛ^{334}	抓 tso^{334}
57 缙云	摸 mɔ^{13}	递 di^{213}	挖 uɑ^{322}
58 衢州	摸 mu^{32}	牵$^{=}$ tɕʰiẽ^{32}	抓 tsɑ^{32}
59 衢江	摸 mou^{33}	牵$^{=}$ tɕʰie^{33}	抓 tsɔ^{33}
60 龙游	摸 mɔʔ^{4}	牵$^{=}$ tɕʰie^{334}	抓 tsɔ^{334}
61 江山	摸 mo^{44}	牵$^{=}$ tɕʰiɛ̃^{44}	抓 tsɐɯ^{44}
62 常山	摸 mie^{44}	长$^{=}$ dɔ̃^{341}	抓 tsɔ^{44}
63 开化	摸 miɛ^{44}	迪$^{=}$ diɛʔ^{13}	爪 tsəɯ^{53}
64 丽水	摸 məʔ^{5}	春$^{=}$ tɕʰyn^{224}	抓 tsə^{224}
65 青田	摸 moʔ^{31}	递 di^{22}	□ tʰɛ^{454}
66 云和	摸 moʔ^{5}	春$^{=}$ tɕʰyŋ^{24}	抓 tsɑɔ^{24}
67 松阳	摸 moʔ^{5}	伸 ɕin^{53}	抓 tsɔ^{53}
68 宣平	摸 məʔ^{5}	撑 tsʰɛ^{324}	抓 tsɔ^{324}

续表

方言点	0775 摸～头	0776 伸～手	0777 挠～痒痒
69 遂昌	摸 məɯʔ^{5}	伸 ɕiŋ^{45}	抓 tsɐɯ^{45}
70 龙泉	摸 mouʔ^{5}	台$^{=}$ dᴇ^{21}	抓 tsɑʌ^{434}
71 景宁	摸 moʔ^{5}	穿$^{=}$ tɕʰyœ^{324}	抓 tsɑu^{324}
72 庆元	摸 moʔ^{5}	递 tɤ^{31}	抓 tso^{335}
73 泰顺	摸 mø^{213}	伸 səŋ^{213}	抓 tsɑɔ^{213}
74 温州	摸 mo^{212}	春$^{=}$ tɕʰioŋ^{33}	扒 bo^{31}
75 永嘉	摸 mo^{213}	春$^{=}$ tɕʰioŋ^{44}	扒 bo^{31}
76 乐清	摸 mo^{212}	春$^{=}$ tɕʰioŋ^{44}	扒 bɯʌ^{31}
77 瑞安	摸 mo^{212}	春$^{=}$ tsʰoŋ^{44}	抓 tsɔ^{44}
78 平阳	□ lai^{45}	春$^{=}$ tɕʰyəŋ^{55}	抓 tʃɔ^{55}
79 文成	摸 mo^{34}	伸 saŋ^{55}	抓 tʃo^{55}
80 苍南	摸 mo^{112}	春$^{=}$ tsʰueŋ^{44}	□ na^{44} 抓 tsa^{44}
81 建德徽	摸 m^{55}	伸 sən^{53}	抓 tsɔ^{53} □ nɔ^{53}
82 寿昌徽	摸 mɔʔ^{3}	牵$^{=}$ tɕʰi^{112}	抓 tsɤ^{112}
83 淳安徽	摸 moʔ^{5}	撑 tsʰɑ̃^{24}	抓 tsɤ^{24}
84 遂安徽	摸 mo^{24}	伸 ɕin^{534}	抓 tsɔ^{534}
85 苍南闽	摸 mõ^{55}	伸 tsʰɯŋ^{55}	挠 iau^{21}
86 泰顺闽	摸 mou^{213}	伸 tɕʰye^{213}	抓 tsau^{213}
87 洞头闽	摸 mõ^{33}	伸 tsʰɯŋ^{33}	爬 pe^{113}
88 景宁畲	摸 moʔ^{5}	穿$^{=}$ tɕʰyon^{325}	抓 tɕiau^{51}

方言点	0778 掐用拇指和食指的指甲～皮肉	0779 拧～螺丝	0780 拧～毛巾
01 杭州	杓 tiɛʔ^{5}	搣 miɛʔ^{5}	绞 tɕiɔ^{53}
02 嘉兴	掐 k^{h}ᴀʔ^{5}	旋 dʑie^{113}	绞 kɔ^{544}
03 嘉善	杓 tieʔ^{5}	搣 mieʔ^{2}	捩 lieʔ^{2}
04 平湖	杓 tiəʔ^{5}	席$^{=}$ ziəʔ^{23} 搣 miəʔ^{23}	捩 liəʔ^{23}
05 海盐	杓 tiəʔ^{5}	旋 dʑie^{213}	捩 liəʔ^{23}
06 海宁	杓 tieʔ^{5}	搣 mieʔ^{2} 老 旋 dʑie^{13} 新	捩 lieʔ^{2}
07 桐乡	掐 k^{h}aʔ^{5}	旋 ziᴇ^{213}	绞 kɔ^{53}
08 崇德	掐 k^{h}aʔ^{5}	旋 ʑiɪ^{13}	绞 kɔ^{53}
09 湖州	掐 k^{h}aʔ^{5}	旋 ʑie^{24}	□ tsuo^{523}
10 德清	掐 k^{h}əʔ^{5}	旋 dʑie^{113}	绞 kɔ^{52}
11 武康	掐 k^{h}ɜʔ^{5}	旋 ʑiɪ^{113}	绞 kɔ^{53}
12 安吉	掐 k^{h}əʔ^{5}	起 tɕ^{h}i^{52}	绞 kɔ^{52}
13 孝丰	掐 k^{h}aʔ^{5}	旋 ziɪ^{213}	绞 kɔ^{52}
14 长兴	粘$^{=}$ ȵi^{44}	旋 ʒi^{24}	榨$^{=}$ tsu^{324}
15 余杭	掐 k^{h}əʔ^{5}	捻 ȵiẽ^{44}	绞 kɔ^{53}
16 临安	掐 k^{h}ɐʔ^{5}	旋 ʑie^{33}	绞 kɔ^{55}
17 昌化	掐 k^{h}aʔ^{5} □ ȵi^{334}	旋 ʑyɪ̃^{243}	绞 kɔ^{453}
18 於潜	杓 dieʔ^{53}	搣 mieʔ^{53}	绞 kɔ^{51}
19 萧山	扭 ȵio^{33}	搣 mieʔ^{5}	绞 kɔ^{33}
20 富阳	掐 k^{h}aʔ^{5}	搣 miɛʔ^{5}	绞 kɔ^{423} 挤 tɕi^{423}
21 新登	扭 ȵy^{53}	□ ma^{53}	绞 kɔ^{334}
22 桐庐	掐 k^{h}aʔ^{5}	搣 miəʔ^{5}	绞 kɔ^{33}

续表

方言点	0778 掐用拇指和食指的指甲～皮肉	0779 拧～螺丝	0780 拧～毛巾
23 分水	掐 tiəʔ^{5}	捏 ȵiəʔ^{5}	绞 kɔ^{53}
24 绍兴	掐 kʰɛʔ^{5}	旋 ʑiẽ^{22} 搣 mieʔ^{5}	绞 kɔ^{334}
25 上虞	扭 ȵiɤ^{213}	搣 miəʔ^{2}	绞 kɔ^{35}
26 嵊州	扭 ȵiʏ^{534}	拈= ȵiẽ^{534}	绞 kɔ^{53}
27 新昌	掐 kʰɛʔ^{5}	拈= ȵiɛ̃^{22}	绞 kɔ^{453}
28 诸暨	掐 kʰaʔ^{5}	搣 mieʔ^{5}	绞 kɔ^{42}
29 慈溪	掐 kʰaʔ^{5}	搣 miəʔ^{2}	绞 kɔ^{35}
30 余姚	扚 tiəʔ^{5}	搣 miəʔ^{2}	绞 kɔ^{34}
31 宁波	扚 tiəʔ^{5}	旋 ʑiʏ^{13}	绞 kɔ^{35}
32 镇海	掐 kʰaʔ^{5}	旋 zø^{24}	绞 kɔ^{35}
33 奉化	扚 tiɪʔ^{5}	旋 zø^{31}	绞 gʌ^{324}
34 宁海	扚 tiəʔ^{5}	黏= ȵie^{213}	绞 kau^{53}
35 象山	德= taʔ^{5}	旋 zɤɯ^{13}	绞 kɔ^{44}
36 普陀	掐 kʰɐʔ^{5}	绞 kɔ^{45}	绞 kɔ^{45}
37 定海	扚 tieʔ^{5}	旋 zø^{13}	绞 kɔ^{45}
38 岱山	扚 tieʔ^{5}	旋 zø^{213}	绞 kɔ^{325}
39 嵊泗	扚 tiᴇʔ^{5}	旋 zʏ^{213}	绞 kɔ^{445}
40 临海	掐 kʰɛʔ^{5}	黏= ȵi^{31}	捸 lieʔ^{23}
41 椒江	叮 tiŋ^{55}	捻 ȵie^{42} 扭 ȵiu^{42}	捸 lieʔ^{2}
42 黄岩	掐 kʰieʔ^{5}	黏= ȵie^{32} 旋 zø^{24}	捸 lieʔ^{2}
43 温岭	掐 kʰiəʔ^{5}	旋 ʑyø^{13} 扭 ȵiu^{33}	捸 liʔ^{2}
44 仙居	掐 kʰɑʔ^{5}	黏= ȵie^{334}	捸 liaʔ^{23}

续表

方言点	0778 掐用拇指和食指的指甲～皮肉	0779 拧～螺丝	0780 拧～毛巾
45 天台	掐 kʰeʔ^{5}	黏⁼ ȵie^{33}	捩 lieʔ^{2}
46 三门	掐 kʰɐʔ^{5}	捻 ȵie^{325}	捏 ȵieʔ^{23}
47 玉环	掐 kʰɐʔ^{5}	旋 ʑyø^{22}	捩 liɐʔ^{2}
48 金华	扚 tiəʔ^{4} 㢆 kʰəʔ^{4}	旋 ʑie^{14}	绞 kɑo^{535}
49 汤溪	扚 tei^{55}	扭 ȵiəɯ^{535}	绞 kɔ^{535}
50 兰溪	扚 tiəʔ^{34}	搣 mieʔ^{34}	拗 ɔ^{55}
51 浦江	扚 tɛ^{423}	搣 mi^{232}	绞 ko^{53}
52 义乌	扚 tai^{324}	挈⁼ tɕʰiə^{324}	捲 kən^{423}
53 东阳	扚 tei^{334}	扭 ȵiəɯ^{213}	绞 kɐɯ^{44}
54 永康	掐 kʰə^{334}	旋 ʑye^{241}	绞 kɑu^{334}
55 武义	扭 ȵiəu^{24}	旋 ʑye^{231}	绞 kɑu^{445}
56 磐安	掐 kʰɛ^{334}	年⁼ ȵie^{213}	绞 ko^{334}
57 缙云	□ ȵiuŋ^{44}	□ ȵiɛ^{44}	绞 kɔ^{51}
58 衢州	捘 tsə̃^{53}	搣 miəʔ^{12}	拗 ɔ^{35}
59 衢江	扚 tiəʔ^{5}	搣 miəʔ^{2}	绞 kɔ^{25}
60 龙游	扚 tiəʔ^{4}	车 tsʰɑ^{334}	绞 kɔ^{35}
61 江山	饶⁼ ȵiɐɯ^{213}	搣 miɛʔ^{2}	拗 ɐɯ^{241}
62 常山	□ ȵiɔ^{341}	车 tɕʰie^{44}	拗 ŋɔ^{52}/ɔ^{52}
63 开化	捘 tsuõ^{412}	车 tɕʰiɛ^{44}	绞 kəɯ^{53}
64 丽水	掐 kʰuɔʔ^{5}	旋 ʑyɛʔ^{23}	捩 liɛʔ^{23}
65 青田	扚 ɗiʔ^{42}	搣 mi^{445}	捩 liæʔ^{31}
66 云和	掐 kʰɔʔ^{5}	决⁼ tɕyɛʔ^{5}	掿 ȵiɔʔ^{23}

续表

方言点	0778 掐用拇指和食指的指甲～皮肉	0779 拧～螺丝	0780 拧～毛巾
67 松阳	扚 tiʔ^{5}	旋 ʑyɛ̃^{13}	[扌聿] liɛʔ^{2}
68 宣平	掐 kʰɑʔ^{5}	旋 ʑyə^{231}	藕$^{=}$ ŋɔ^{223}
69 遂昌	扚 tiʔ^{5}	尺$^{=}$ tɕʰiʔ^{5}	尧$^{=}$ ȵiɐɯ^{221}
70 龙泉	□ naiʔ^{5}	旋 ʑyo^{224}	揉 ȵiəu^{21}
71 景宁	掐 kʰɔʔ^{5}	决$^{=}$ tɕyœʔ^{5}	[扌聿] liaʔ^{23}
72 庆元	掐 kʰɑʔ^{5}	紧 tɕiəŋ^{33}	捏$^{=}$ ȵiɑʔ^{34}
73 泰顺	掐 kʰɔʔ^{5}	旋 ɕyɛ^{22}	掿 ȵiɔʔ^{2}
74 温州	扚 tei^{323}	扭 ȵiau^{31}	[扌聿] li^{212}
75 永嘉	扚 tei^{423}	□ ma^{44}	[扌聿] li^{213}
76 乐清	扚 ti^{323}	甄 me^{44}	[扌聿] liᴇ^{212}
77 瑞安	扚 tei^{323}	扭 ȵiau^{44}/ȵiau^{31} 搣 mi^{212}	[扌聿] li^{212}
78 平阳	掐 kʰɔ^{34}	□ ȵye^{33}	[扌聿] lie^{12}
79 文成	掐 kʰɔ^{34}	扭 ȵiau^{224}	[扌聿] lie^{212}
80 苍南	掐 kʰa^{223}	扭 ȵiau^{31}	扭 ȵiau^{44}
81 建德徽	扚 tiɐʔ^{5}	旋 ɕye^{55}	绞 kɔ^{213}
82 寿昌徽	扚 tiəʔ^{3}	旋 ɕyəʔ^{3}	绞 kɤ^{24}
83 淳安徽	扚 tiʔ^{5}	搣 miəʔ^{5} 车 tsʰo^{24}	傲$^{=}$ ɤ^{53}
84 遂安徽	晕$^{=}$ vin^{534}	牵$^{=}$ tɕʰiɛ̃^{534}	握 o^{534}
85 苍南闽	□ tsun^{21}	趖 sə^{24}	撙 tsun^{21}
86 泰顺闽	扭 niøu^{213}	旋 ɕye^{31}	□ neu^{22}
87 洞头闽	练$^{=}$ lian^{21}	敛$^{=}$ lian^{53}	撙 tsun^{21}
88 景宁畲	□ tɔʔ^{2}	拧 tɕʰyon^{51}	□ tɔʔ^{2}

方言点	0781 捻用拇指和食指来回～碎	0782 掰把橘子～开，把馒头～开	0783 剥～花生
01 杭州	搣 miɛʔ^{5}	㼧 p^{h}aʔ^{5}	剥 poʔ^{5}
02 嘉兴	捻 ȵie^{42}	擘 pᴀʔ^{5} 扳 pᴇ^{42}	剥 poʔ^{5}
03 嘉善	捻 ȵiɪ^{53}	擘 paʔ^{5}	剥 puoʔ^{5}
04 平湖	捻 ȵiɛ^{213}	擘 paʔ^{5}	剥 poʔ^{5}
05 海盐	捻 ȵiɛ^{423}	擘 paʔ^{5}	剥 pɔʔ^{5}
06 海宁	捻 ȵie^{13}	擘 paʔ^{5}	剥 poʔ^{5}
07 桐乡	捻 ȵiᴇ^{242}	擘 paʔ^{5}	剥 pɔʔ^{5}
08 崇德	捻 ȵiɪ^{53}	擘 paʔ^{5}	剥 pɔʔ^{5}
09 湖州	捻 ȵie^{44}	擘 paʔ^{5}	剥 puoʔ^{5}
10 德清	捻 ȵie^{44}	擘 paʔ^{5}	剥 puoʔ^{5}
11 武康	捻 ȵiɪ^{44}	擘 pɜʔ^{5}	剥 puoʔ^{5}
12 安吉	搣 miᴇʔ^{23}	㼧 p^{h}əʔ^{5}	剥 poʔ^{5}
13 孝丰	搣 mieʔ^{5}	擘 paʔ^{5}	剥 puoʔ^{5}
14 长兴	捏 ȵiaʔ^{2}	擘 paʔ^{5}	剥 poʔ^{5}
15 余杭	捻 ȵiẽ^{44}	㼧 p^{h}aʔ^{5}	剥 poʔ^{5}
16 临安	搣 miɐʔ^{2}	㼧 p^{h}ɐʔ^{5}	剥 puɔʔ^{5}
17 昌化	免$^{=}$ miɪ̃^{453} 搓 ts^{h}u^{334}	㼧 p^{h}aʔ^{5}	剥 puəʔ^{5}
18 於潜	搣 mieʔ^{53}	㼧 p^{h}ɐʔ^{53}	剥 pəʔ^{53}
19 萧山	搣 mie^{533} 韵母舒化	㼧 p^{h}aʔ^{5}	剥 pəʔ^{5}
20 富阳	搣 miɛʔ^{5}	㼧 p^{h}aʔ^{5}	剥 poʔ^{5}
21 新登	捏 ȵiaʔ^{2}	㼧 p^{h}aʔ^{5}	剥 pɔʔ^{5}
22 桐庐	搣 miəʔ^{5}	㼧 p^{h}aʔ^{5}	剥 pəʔ^{5}
23 分水	搣 miəʔ^{5}	㼧 p^{h}aʔ^{5}	剥 pəʔ^{5}

续表

方言点	0781 捻用拇指和食指来回～碎	0782 掰把橘子～开，把馒头～开	0783 剥～花生
24 绍兴	搣 $mie?^{2}$	拗 $ɔ^{334}$	剥 $po?^{5}$
25 上虞	搣 $miə?^{2}$	拗 $ɔ^{35}$	剥 $po?^{5}$
26 嵊州	搣 $mie?^{2}$	㽘 $p^{h}ɛ?^{5}$	剥 $po?^{5}$
27 新昌	搣 $miɛ?^{2}$	㽘 $p^{h}a?^{5}$	剥 $pɤ?^{5}$
28 诸暨	捻 nie^{544}	㽘 $p^{h}a?^{5}$	剥 $po?^{5}$
29 慈溪	搣 $miə?^{2}$ 捏 $ȵia?^{2}$	㽘 $p^{h}a?^{5}$ 拗 $ɔ^{35}$	剥 $po?^{5}$
30 余姚	搣 $miə?^{2}$	㽘 $p^{h}a?^{5}$	剥 $po?^{5}$
31 宁波	捏 $ȵiə?^{2}$	挖= $ua?^{5}$	剥 $po?^{5}$
32 镇海	捏 $ȵie?^{2}$	掰 $pɛ^{53}$	剥 $po?^{5}$
33 奉化	搣 $miɪ?^{2}$	㽘 $p^{h}a?^{5}$	剥 $po?^{5}$
34 宁海	糜= mi^{213}	㽘 $p^{h}a?^{5}$	剥 $pɔ?^{5}$
35 象山	搣 $mie?^{2}$	㽘 $p^{h}a?^{5}$	剥 $po?^{5}$
36 普陀	搣 $miɛ?^{23}$	掰 $pɛ^{53}$	剥 $po?^{5}$
37 定海	搣 $mie?^{2}$	挖= $uɐ?^{5}$	剥 $po?^{5}$
38 岱山	搣 $mie?^{2}$	挖= $uɐ?^{5}$	剥 $po?^{5}$
39 嵊泗	搣 $miᴇ?^{2}$	挖= $uɐ?^{5}$ 拗 $ɔ^{445}$	剥 $po?^{5}$
40 临海	搣 $mie?^{5}$	㽘 $p^{h}a?^{5}$	剥 $pɔ?^{5}$
41 椒江	搣 $mie?^{5}$	㽘 $p^{h}a?^{5}$	剥 $po?^{5}$
42 黄岩	搣 $mie?^{5}$	㽘 $p^{h}ɐ?^{5}$	剥 $po?^{5}$
43 温岭	搣 $mi?^{5}$	㽘 $p^{h}ə?^{5}$	剥 $po?^{5}$
44 仙居	搣 $mia?^{23}$	㽘 $p^{h}a?^{5}$	剥 $ɓɑ?^{5}$
45 天台	搣 $mie?^{2}$	㽘 $p^{h}a?^{5}$	剥 $pɔ?^{5}$

续表

方言点	0781 捻用拇指和食指来回～碎	0782 掰把橘子～开，把馒头～开	0783 剥～花生
46 三门	搣 mieʔ^{23}	脈 p^{h}aʔ^{5}	剥 pɔʔ^{5}
47 玉环	搣 miɐʔ^{5}	掰 pɛ^{42}	剥 poʔ^{5}
48 金华	搣 mie^{55}	脈 p^{h}əʔ^{4}	剥 poʔ^{4}
49 汤溪	搣 mie^{55}	脈 p^{h}a^{55}	剥 pɤa^{55}
50 兰溪	搣 mieʔ^{34}	脈 p^{h}əʔ^{34}	剥 pɔʔ^{34}
51 浦江	搣 mi^{232}	脈 p^{h}ɑ^{423}	剥 po^{423}
52 义乌	搣 mie^{312}	脈 p^{h}ɛ^{324}	剥 pau^{324}
53 东阳	搣 miɛ^{213}	脈 p^{h}a^{334}	剥 pɐɯ^{334}
54 永康	搣 mie^{113}	脈 p^{h}ai^{334}	剥 ɓuo^{334}
55 武义	搣 mie^{13}	脈 p^{h}a^{53}	剥 pɔʔ^{5}
56 磐安	搣 miɛ^{213}	脈 p^{h}a^{334}	剥 pʌo^{334}
57 缙云	搣 miɛ^{13}	脈 p^{h}ɑ^{322}	剥 pɔ^{322}
58 衢州	搣 miəʔ^{12}	脈 p^{h}aʔ^{5}	剥 pəʔ^{5}
59 衢江	抹 maʔ^{2}	脈 p^{h}aʔ^{5}	剥 pəʔ^{5}
60 龙游	搣 miəʔ^{4}	脈 p^{h}əʔ^{4}	剥 pɔʔ^{4}
61 江山	搣 miᴇʔ^{2}	擘 paʔ^{5}	剥 piaʔ^{5}
62 常山	搣 miʌʔ^{34}	脈 p^{h}ɛʔ^{5}	剥 piaʔ^{5}
63 开化	搣 miaʔ^{5}	脈 p^{h}aʔ^{5}	剥 piaʔ^{5}
64 丽水	搣 miɛʔ^{5}	脈 p^{h}aʔ^{5}	剥 puoʔ^{5}
65 青田	搣 mi^{445}	脈 p^{h}ɛʔ^{42}	剥 ɓoʔ^{42}
66 云和	搣 miɛʔ^{5}	脈 p^{h}aʔ^{5}	剥 poʔ^{5}
67 松阳	搣 miɛ^{53} 捏 ȵiaʔ^{2}	脈 p^{h}aʔ^{5}	剥 poʔ^{5}

续表

方言点	0781 捻用拇指和食指来回～碎	0782 掰把橘子～开，把馒头～开	0783 剥～花生
68 宣平	搣 $mia?^{5}$	牉 $p^{h}a?^{5}$	剥 $pə?^{5}$
69 遂昌	搣 $mi?^{5}$	牉 $p^{h}ia?^{5}$	剥 $pɔ?^{5}$
70 龙泉	搣 $miᴇ?^{5}$	牉 $p^{h}a?^{5}$	剥 $pou?^{5}$
71 景宁	搣 mi^{113}	牉 $p^{h}a?^{5}$	剥 $po?^{5}$
72 庆元	□ $ȵi?^{5}$	牉 $p^{h}ɑ?^{5}$	剥 $ɓo?^{5}$
73 泰顺	□ $nœ^{213}$	牉 $p^{h}a?^{5}$	剥 $po?^{5}$
74 温州	搣 mi^{212}	牉 $p^{h}a^{323}$	剥 po^{323}
75 永嘉	搣 mei^{31}	牉 $p^{h}a^{423}$	剥 po^{423}
76 乐清	搣 mi^{44}	牉 $p^{h}e^{323}$	剥 po^{323}
77 瑞安	搣 mei^{31}	牉 $p^{h}a^{323}$	剥 pu^{323}
78 平阳	迷⁼ mi^{242}	牉 $p^{h}ᴀ^{34}$	剥 po^{34}
79 文成	搣 mie^{212}	牉 $p^{h}a^{34}$	剥 po^{34}
80 苍南	搣 mi^{31}	牉 $p^{h}ia^{223}$	剥 $puɔ^{223}$
81 建德徽	搣 mi^{213}	牉 $p^{h}ɑ^{55}$	剥 pu^{55}
82 寿昌徽	搣 mi^{24}	牉 $p^{h}ə?^{3}$	剥 $pɔ?^{3}$
83 淳安徽	免⁼ $mi\tilde{a}^{55}$	牉 $p^{h}ɑ?^{5}$	剥 $po?^{5}$
84 遂安徽	捻 $iɛ^{24}$	牉 $p^{h}ɑ^{24}$	剥 po^{24}
85 苍南闽	□ $dzə^{24}$	擘 pe^{43}	擘 pe^{43}
86 泰顺闽	搓 $ts^{h}ou^{213}$	擘 pa^{53}	剥 pou^{53}
87 洞头闽	□ $dzə^{113}$	擘 pe^{53}	擘 pe^{53}
88 景宁畲	捻 $ȵi^{325}$	擘 $pa?^{5}$	剥 $pɔ?^{5}$

方言点	0784 撕把纸～了	0785 折把树枝～断	0786 拔～萝卜
01 杭州	扯 tsʰa^{53}	拗 ɔ^{53}	拔 baʔ^{2}
02 嘉兴	扯 tsʰᴀ^{113}	拗 ɔ^{42}	拔 bᴀʔ^{13}
03 嘉善	扯 tsʰa^{334}	拗 ɔ^{53}	拔 bɜʔ^{2}
04 平湖	扯 tsʰa^{213}	额$^{=}$ ŋaʔ^{23} 拗 ɔ^{44}	拔 baʔ^{23}
05 海盐	扯 tsʰɑ^{423}	额$^{=}$ aʔ^{23}	拔 baʔ^{23}
06 海宁	扯 tsʰa^{53}	拗 ɔ^{53}	拔 baʔ^{2}
07 桐乡	扯 tsʰa^{53}	额$^{=}$ aʔ^{23}	拔 bɔʔ^{23}
08 崇德	扯 tsʰɑ^{53}	额$^{=}$ aʔ^{23}	拔 bɔʔ^{23}
09 湖州	拉 la^{44}	额$^{=}$ ŋaʔ^{2}	拔 baʔ^{2}
10 德清	扯 tsʰa^{52}	额$^{=}$ ŋəʔ^{2}	拔 bəʔ^{2}
11 武康	扯 tsʰa^{53}	额$^{=}$ ŋɜʔ^{2}	拔 bɜʔ^{2}
12 安吉	扯 tsʰa^{52}	拗 ɔ^{52}	拔 bɐʔ^{24}
13 孝丰	扯 tsʰa^{52}	拗 ɔ^{52}	拔 baʔ^{23}
14 长兴	拉 la^{44}	额$^{=}$ ŋaʔ^{2}	拔 baʔ^{2}
15 余杭	撕 sɿ^{44}	额$^{=}$ ŋəʔ^{2}	拔 bəʔ^{2}
16 临安	扯 tsʰa^{55}	拗 ɔ^{55}	拔 bɐʔ^{2}
17 昌化	扯 tɕʰye^{453}	棒$^{=}$ bɔ̃^{243} 扼 ŋaʔ^{5}	拔 baʔ^{23}
18 於潜	撕 tsɿ^{433}	拗 ŋɔ^{51}	拔 bæʔ^{23}
19 萧山	撕 sɿ^{533}	拗 ɔ^{33}	拔 baʔ^{13}
20 富阳	撕 sɿ^{53}	扼 aʔ^{5}	拔 baʔ^{2}
21 新登	撕 sɿ^{53}	扼 aʔ^{5}	拔 baʔ^{2}
22 桐庐	撕 tsʰɿ^{533}	扼 aʔ^{5}	拔 baʔ^{13}
23 分水	撕 tsʰɿ^{53}	拗 ɔ^{53}	拔 bəʔ^{12}

续表

方言点	0784 撕把纸~了	0785 折把树枝~断	0786 拔~萝卜
24 绍兴	扯 tsʰa^{334} 撕 sɿ^{53}	拗 ɔ^{334}	拔 bɛʔ^{2}
25 上虞	扚 te^{35}	拗 ɔ^{35}	拔 bɐʔ^{2}
26 嵊州	扯 tsʰa^{53}	拗 ɔ^{53}	拔 bɛʔ^{2}
27 新昌	扯 tsʰa^{453}	拗 ɔ^{453}	拔 bɛʔ^{2}
28 诸暨	剃$^{=}$ tʰʅ^{544}	拗 ɔ^{42}	拔 baʔ^{13}
29 慈溪	版 pʰaʔ^{5}	拗 ɔ^{35}	拔 baʔ^{2}
30 余姚	扚 te^{34}	拗 ɔ^{34}	拔 baʔ^{2}
31 宁波	扯 tsʰo^{35}	拗 ɔ^{35}	拔 baʔ^{2}
32 镇海	扯 tsʰo^{35}	拗 ɔ^{35}	拔 baʔ^{2}
33 奉化	扯 tsʰo^{545}	拗 ʌ^{545}	拔 baʔ^{2}
34 宁海	版 pʰaʔ^{5}	拗 au^{53} 扼 aʔ^{5}	拔 baʔ^{3}
35 象山	版 pʰaʔ^{5}	拗 ɔ^{44}	拔 baʔ^{2}
36 普陀	扯 tsʰo^{53}	拗 ɔ^{45}	拔 bɐʔ^{23}
37 定海	扯 tsʰo^{45}	拗 ɔ^{45}	拔 bɐʔ^{2}
38 岱山	扯 tsʰo^{325}	拗 ɔ^{325}	拔 bɐʔ^{2}
39 嵊泗	版 pʰɐʔ^{5}	拗 ɔ^{445}	拔 bɐʔ^{2}
40 临海	版 pʰaʔ^{5}	扼 ŋaʔ^{5}	拔 bɛʔ^{23}
41 椒江	扯 tsʰə^{42}	扼 ŋaʔ^{5}	拔 bəʔ^{2}
42 黄岩	扯 tsʰe^{42}	扼 ŋɐʔ^{5}	拔 bɐʔ^{2}
43 温岭	扯 tsʰe^{42}	扼 ŋaʔ^{5}	拔 bəʔ^{2}
44 仙居	扚 ɗæ^{324}	扼 ŋaʔ^{5}	扚 ɗæ^{324}
45 天台	版 pʰaʔ^{5}	扼 aʔ^{5}	拔 beʔ^{2}

续表

方言点	0784 撕把纸～了	0785 折把树枝～断	0786 拔～萝卜
46 三门	𠂢 pʰaʔ^{5}	额$^{=}$ ŋaʔ^{23}	拔 bɐʔ^{23}
47 玉环	扯 tsʰe^{53}	拗 ɔ^{53}	拔 bɐʔ^{2}
48 金华	擺 tɕʰi^{535}	□ ɛ^{535}	摒 mɑŋ^{55}
49 汤溪	撕 tsʰi^{24}	拗 ɔ^{535}	摒 ma^{52}
50 兰溪	撕 tsʰɿ^{334}	扼 əʔ^{34}	摒 pæ̃^{45}
51 浦江	擺 tʃʰi^{53} [illegible] ta^{53}	□ ŋɑ^{53}	拔 bia^{232}
52 义乌	擺 tsʰi^{423}	扼 e^{423}	[illegible] te^{423}
53 东阳	[illegible] te^{44}	拗 ŋɐɯ^{231}	[illegible] te^{44}
54 永康	擺 tɕʰi^{334}	额$^{=}$ ŋai^{113}	[illegible] ɗəi^{334}
55 武义	𠂢 pʰa^{53}	额$^{=}$ ŋa^{13}	摒 ma^{53}
56 磐安	[illegible] te^{334}	额$^{=}$ ŋa^{213}	[illegible] te^{334}
57 缙云	𠂢 pʰɑ^{322}	额$^{=}$ ŋɑ^{13}	摒 pa^{453}
58 衢州	撕 tsʰɿ^{32} 声殊	拗 ɔ^{35}	摒 piã^{53}
59 衢江	撕 tsʰɿ^{33} 声殊	拗 ɔ^{25}	摒 mɛ^{53}
60 龙游	撕 sɿ^{334}	□ ŋɛ^{35}	摒 mɛ^{51}
61 江山	撕 tsʰɯ^{44} 声殊	拗 iɐɯ^{241}	掣 tɕʰiɵ^{51} 拔 baʔ^{2}
62 常山	撕 tsʰɿ^{44} 声殊	拗 ŋɔ^{52}/ɔ^{52}	拔 baʔ^{34}
63 开化	撕 tsʰɿ^{44} 声殊	扼 ŋaʔ^{5} 拗 ŋəɯ^{53}	垂$^{=}$ dzuei^{231}
64 丽水	𠂢 pʰaʔ^{5}	额$^{=}$ ŋaʔ^{23}	拔 buɔʔ^{23}
65 青田	𠂢 pʰɛʔ^{42}	拗 o^{454}	拔 baʔ^{31}
66 云和	𠂢 pʰaʔ^{5}	额$^{=}$ ŋaʔ^{23}	拔 bɔʔ^{23}

续表

方言点	0784 撕把纸～了	0785 折把树枝～断	0786 拔～萝卜
67 松阳	䟽 p^{h}aʔ^{5}	额$^{=}$ ŋaʔ^{2}	摒 pã^{24}
68 宣平	䟽 p^{h}aʔ^{5}	额$^{=}$ ŋaʔ^{23}	摒 mɛ^{52}
69 遂昌	䟽 p^{h}iaʔ^{5}	拗 ɐɯ^{533}	摒 piaŋ^{334}
70 龙泉	䟽 p^{h}aʔ^{5}	扼 ŋaʔ^{5}	抽 dzɤɯ^{21}
71 景宁	䟽 p^{h}aʔ^{5}	额$^{=}$ ŋaʔ^{23}	拔 bɔʔ^{23}
72 庆元	䟽 p^{h}ɑʔ^{5}	扼 ŋɑʔ^{5}	治$^{=}$ tsɤ^{52}
73 泰顺	䟽 p^{h}aʔ^{5}	额$^{=}$ ŋaʔ^{2}	拔 pɔʔ^{2}
74 温州	擢 do^{212}	拗 uɔ^{25}	拔 bo^{212}
75 永嘉	擢 do^{213}	拗 ɔ^{423}	拔 bo^{213}
76 乐清	擢 do^{212}	拗 a^{35}	拔 bɯʌ^{212}
77 瑞安	擢 do^{212}	拗 ɔ^{35}	拔 bɔ^{212}
78 平阳	擢 do^{12}	拗 ŋɔ^{45}	拔 bɔ^{12}
79 文成	擢 do^{212}	拗 ŋo^{45}	拔 bo^{212}
80 苍南	擢 do^{112}	拗 ŋa^{53}	拔 buɔ^{112}
81 建德徽	撕 ts^{h}ɿ^{53}声殊	压$^{=}$ ŋɑ^{55}	摒 pɛ^{33}
82 寿昌徽	撕 ts^{h}ɿ^{112}声殊	拗 ŋɤ^{24}	摒 pæ̃^{33}
83 淳安徽	䟽 p^{h}ɑʔ^{5}	压$^{=}$ ɑʔ^{5}	摒 pɑ̃^{24}
84 遂安徽	扒 p^{h}ɑ^{24}	压$^{=}$ ɑ^{24}	拔 pɑ^{33}
85 苍南闽	扯 t^{h}ia^{43}	百$^{=}$ pa^{43}	拔 pue^{24}
86 泰顺闽	擘 pa^{31}	拗 a^{22}	拔 pɛʔ^{3}
87 洞头闽	扯 t^{h}ia^{53}	拗 o^{53}	抠 k^{h}au^{33}
88 景宁畲	擘 paʔ^{5}	拗 au^{325}	满$^{=}$ mɔn^{325}

方言点	0787 摘～花	0788 站站立：～起来	0789 倚斜靠：～在墙上
01 杭州	摘 tsaʔ^{5}	立 liɛʔ^{2}	隑 gɛ^{13}
02 嘉兴	采 tsʰᴇ^{113}	立 lieʔ^{5}	隑 gᴇ^{113}
03 嘉善	采 tsʰɛ^{334}	立 lieʔ^{2}	隑 gɛ^{113}
04 平湖	采 tsʰɛ^{213}	立 liəʔ^{23}	隑 gɛ^{213}
05 海盐	采 tsʰɛ^{423}	立 liəʔ^{23}	隑 gɛ^{213}
06 海宁	采 tsʰei^{53}	立 lieʔ^{2}	隑 gei^{13}
07 桐乡	采 tsʰᴇ^{53}	立 liəʔ^{23}	隑 gᴇ^{213}
08 崇德	采 tsʰᴇ^{53}	立 liəʔ^{23}	隑 gᴇ^{13}
09 湖州	擘 paʔ^{5}	立 lieʔ^{2}	隑 gei^{24}
10 德清	采 tsʰɛ^{52}	立 lieʔ^{2}	隑 gɛ^{143}
11 武康	摘 tsɜʔ^{5}	徛 gɛ^{242}	隑 gɛ^{242}
12 安吉	摘 tsəʔ^{5}	徛 gᴇ^{243}	靠 kʰɔ^{324}
13 孝丰	摘 tsaʔ^{5}	徛 ge^{243}	靠 kʰɔ^{324}
14 长兴	摘 tsaʔ^{5}	立 liᴇʔ^{2}	隑 gɯ^{24}
15 余杭	摘 tsəʔ^{5}	徛 gɛ^{213}	隑 gɛ^{213}
16 临安	摘 tsɐʔ^{5}	徛 gᴇ^{33}	靠 kʰɔ^{55}
17 昌化	摘 tsaʔ^{5}	徛 gɛ^{243}	靠 kʰɔ^{544}
18 於潜	摘 tsɐʔ^{53}	徛 ge^{223}	靠 kʰɔ^{35}
19 萧山	摘 tsaʔ^{5}	徛 ge^{13}	隑 ge^{242}
20 富阳	摘 tsaʔ^{5}	徛 gɛ^{224}	靠 kʰɔ^{335}
21 新登	摘 tsaʔ^{5}	徛 ge^{13}	靠 kʰɔ^{45}
22 桐庐	摘 tsaʔ^{5}	徛 gᴇ^{24}	靠 kʰɔ^{35}
23 分水	摘 tsəʔ^{5}	站 tsã^{24}	靠 kʰɔ^{24}
24 绍兴	摘 tsaʔ^{5}	立 lieʔ^{2}	徛 gᴇ^{22}

续表

方言点	0787 摘～花	0788 站站立：～起来	0789 倚斜靠：～在墙上
25 上虞	拗 ɔ^{35} 摘 tsaʔ^{5}	徛 ȵiẽ^{213}	隑 ge^{31}
26 嵊州	摘 tsaʔ^{5}	徛 gᴇ^{22}	靠 k^{h}ɔ^{334}
27 新昌	摘 tsɤʔ^{5}	徛 ge^{232}	隑 ŋe^{13}人靠/e^{13}物靠
28 诸暨	摘 tsaʔ^{5}	徛 gie^{242}	隑 e^{33}
29 慈溪	摘 tsaʔ^{5}	徛 ȵiẽ^{13}	隑 ge^{13}
30 余姚	摘 tsaʔ^{5}	徛 ȵie^{13}	隑 ge^{13}
31 宁波	摘 tsaʔ^{5}	立 liəʔ^{2}	隑 ge^{13}
32 镇海	盼$^{=}$ p^{h}ɛ^{53}	立 lieʔ^{2}	隑 ge^{24}
33 奉化	拗 ʌ^{545}	立 liɪʔ^{2}	隑 ge^{31}
34 宁海	摘 tsaʔ^{5} 拗 au^{53}	撑$^{=}$ ts^{h}ã^{423} 徛 dzɿ^{31}	隑 ge^{213}
35 象山	摘 tsaʔ^{5}	撑$^{=}$ ts^{h}ã^{53}	隑 gi^{13}
36 普陀	摘 tsɐʔ^{5}	立 liɛʔ^{23}	隑 gɛ^{13}
37 定海	摘 tsɐʔ^{5}	立 lieʔ^{2}	隑 gɛ^{13}
38 岱山	拗 ɔ^{325}	徛 ŋɛ^{23}	隑 gɛ^{213}
39 嵊泗	摘 tsɐʔ^{5}	徛 ŋɛ^{334}	隑 gɛ^{213}
40 临海	摘 tsəʔ^{5}	徛 dʑi^{31} □ nã^{324}起立	隑 ge^{324}
41 椒江	摘 tsaʔ^{5}	徛 dʑi^{31}	隑 gə^{24}
42 黄岩	摘 tsɐʔ^{5}	徛 dʑi^{121}	隑 gie^{24}
43 温岭	摘 tsəʔ^{5}	徛 dʑi^{31}	隑 gie^{13}
44 仙居	摘 tsaʔ^{5}	徛 dʑi^{213}	隑 gæ^{24}
45 天台	摘 tsaʔ^{5}	徛 gi^{214}	隑 gei^{35}
46 三门	摘 tsaʔ^{5}	徛 dʑi^{243}	隑 ge^{243}

续表

方言点	0787 摘～花	0788 站站立：～起来	0789 倚斜靠：～在墙上
47 玉环	摘 tsɐʔ^{5}	徛 dʑi^{41}	隑 gie^{22}
48 金华	摘 tsəʔ^{4}	徛 kɛ^{535}	隑 gɛ^{14}
49 汤溪	摘 tsa^{55}	徛 gɛ^{113}	隑 gɛ^{341}
50 兰溪	摘 tsəʔ^{34}	徛 ke^{55}	隑 ge^{24}
51 浦江	摘 tsɑ^{423}	徛 ga^{243}	□ a^{113}
52 义乌	摘 tsɛ^{324}	徛 ge^{312}	隑 ge^{24}
53 东阳	摘 tsaʔ^{34}	徛 ge^{231}	□ dʑi^{213}
54 永康	打 nai^{334}	徛 gəi^{113}	□ gɑu^{241}
55 武义	摘 la^{53}	徛 ga^{13}	隑 ga^{231}
56 磐安	摘 tsa^{334}	徛 ge^{334}	隑 ge^{14} 靠 kʰo^{52}
57 缙云	摘 ta^{322}	徛 gei^{31}	隑 gɤ^{213}
58 衢州	讨$^{=}$ tʰɔ^{35}	立 liəʔ^{12}	隑 gɛ^{231}
59 衢江	摘 taʔ^{5}	徛 gei^{212}	靠 kʰɔ^{53}
60 龙游	摘 təʔ^{4}	徛 gei^{224}	靠 kʰɔ^{51}
61 江山	摘 tsaʔ^{5} /tsəʔ^{5}	徛 gᴇ^{22}	靠 kʰɐɯ^{51}
62 常山	讨$^{=}$ tʰuə^{52}	徛 gɛ^{24}	靠 kʰɤ^{324}
63 开化	摘 tiɛʔ^{5}	徛 gɛ^{213}	靠 kʰəɯ^{412}
64 丽水	摘 taʔ^{5}	徛 gɛ^{22}	隑 gə^{131}
65 青田	摘 ɗɛʔ^{42}	徛 gɛ^{343}	靠 kʰœ^{33}
66 云和	讨$^{=}$ tʰɑɔ^{41}	徛 ga^{231}	靠 kʰəɯ^{45}
67 松阳	择 doʔ^{2}	徛 gɛ^{22}	靠 kʰʌ^{24}
68 宣平	摘 taʔ^{5}	徛 gei^{223}	□ gɯ^{231}

续表

方言点	0787 摘～花	0788 站站立：～起来	0789 徛斜靠：～在墙上
69 遂昌	择 dɔʔ^{23} 摘 tiʔ^{5}	徛 gei^{13}	□ gɔŋ^{213}
70 龙泉	土$^{=}$ tʰɤɯ^{51}	徛 kᴇ^{51}	控$^{=}$ kʰəŋ^{45}
71 景宁	摘 tsaʔ^{5}	徛 kai^{33}	靠 kʰəɯ^{35}
72 庆元	摘 ɗiʔ^{5}	徛 kæi^{221}	隑 kæi^{33}
73 泰顺	摘 tsaʔ^{5}	徛 kɛ^{21}	靠 kʰəu^{35}
74 温州	摘 tsa^{323}	徛 ge^{24}	隑 gɜ^{22}
75 永嘉	摘 tsa^{423}	徛 ge^{13}	靠 kʰə^{53}
76 乐清	摘 tɕie^{323}	徛 ge^{24}	隑 ge^{22}
77 瑞安	摘 tsa^{323}	徛 ge^{13}	靠 kʰɛ^{53} 隑 gɛ^{22} 只用于物
78 平阳	摘 tʃᴀ^{34}	徛 ge^{23}	靠 kʰɛ^{53}
79 文成	摘 tʃa^{34}	徛 ge^{224}	靠 kʰɛ^{33}
80 苍南	摘 tɕia^{223}	徛 ge^{24}	靠 kʰɛ^{42} 隑 ge^{22}
81 建德徽	摘 tsɑ^{55}	徛 kɛ^{213}	隑 kʰɛ^{55}
82 寿昌徽	摘 tsəʔ^{3}	徛 kʰiɛ^{534}	靠 kʰɤ^{33}
83 淳安徽	摘 tsɑʔ^{5}	徛 kʰie^{55}	靠 kʰɤ^{53}
84 遂安徽	摘 tsa^{24}	开$^{=}$ kʰəɯ^{534}	靠 kʰɔ^{43}
85 苍南闽	挽 ban^{32}	徛 kʰia^{32}	隑 kʰia^{21}
86 泰顺闽	摘 tia^{22}	徛 kʰia^{31}	靠 kʰou^{53}
87 洞头闽	挽 ban^{53} 摘 tia^{53}	徛 kʰia^{21}	靠 kʰo^{21}
88 景宁畲	□ tɕʰyn^{44}	徛 kʰi^{44}	靠 kʰiəu^{51}

方言点	0790 蹲～下	0791 坐～下	0792 跳青蛙～起来
01 杭州	伏 bu^{13}	坐 dzəu^{13}	跳 t^{h}iɔ^{45}
02 嘉兴	伏 bu^{113}	坐 zou^{113}	蹦 pəŋ^{224}
03 嘉善	伏 bu^{113}	坐 zu^{113}	蹦 poŋ^{334}
04 平湖	伏 bu^{213}	坐 zu^{213}	蹿 ts^{h}ø^{53}
05 海盐	伏 bu^{213}	坐 zu^{423}	蹿 ts^{h}ɤ^{53}
06 海宁	伏 bu^{13}	坐 zəu^{231}	蹦 poŋ^{35} 蹿 ts^{h}ei^{55}
07 桐乡	伏 bu^{213}	坐 zəu^{242}	蹿 ts^{h}ᴇ^{44}
08 崇德	伏 bu^{13}	坐 zo^{242}	跳 t^{h}iɔ^{334}
09 湖州	蹲 tən^{44}	坐 zəu^{231}	跳 t^{h}iɔ^{35}
10 德清	蹲 ten^{44}	坐 zəu^{143}	跳 t^{h}iɔ^{334}
11 武康	蹲 ten^{44}	坐 zu^{242}	蹦 pen^{224}
12 安吉	蹲 təŋ^{55}	坐 zʊ^{243}	跳 t^{h}iɔ^{324}
13 孝丰	蹲 təŋ^{44}	坐 zu^{243}	跳 t^{h}iɔ^{324} 蹦 poŋ^{324}
14 长兴	蹲 təŋ^{44}	坐 zəu^{243}	跳 t^{h}iɔ^{324}
15 余杭	蹲 tiŋ^{44}	坐 zu^{243}	跳 t^{h}iɔ^{423}
16 临安	蹲 teŋ^{55}	坐 zuo^{33}	蹦 poŋ^{55}
17 昌化	蹲 təŋ^{334}	坐 zɯ^{243}	跳 t^{h}iɔ^{544}
18 於潜	跍 gu^{24}	坐 dzu^{24}	蹦 poŋ^{35}
19 萧山	伏 bu^{242}	坐 zo^{13}	跳 t^{h}iɔ^{42}
20 富阳	伏 bu^{224}	坐 zu^{224}	纵 tsoŋ^{335}
21 新登	蹲 teiŋ^{53}	坐 zu^{13}	跳 t^{h}iɔ^{45}
22 桐庐	蹲 təŋ^{533}	坐 zu^{13}	跳 t^{h}iɔ^{35}
23 分水	跍 gu^{22}	坐 dzo^{13}	跳 t^{h}iɔ^{24}

续表

方言点	0790 蹲~下	0791 坐~下	0792 跳青蛙~起来
24 绍兴	蹲 $t\tilde{ø}^{53}$	坐 zo^{223}	跳 $t^hiɔ^{33}$
25 上虞	跍 gu^{213}	坐 $zʊ^{213}$	透$^=$ $t^hɤ^{53}$ 跳 $t^hiɔ^{53}$
26 嵊州	踡 $guəŋ^{213}$	坐 zo^{22}	跳 $t^hiɔ^{334}$
27 新昌	踡 $gueŋ^{22}$	坐 $zɤ^{232}$	趵 $pɔ^{335}$
28 诸暨	踡 $guɛn^{13}$	坐 $zɤu^{242}$	透$^=$ t^hei^{544}
29 慈溪	跍 gu^{13}	坐 $dzəu^{13}$	透$^=$ $t^hø^{44}$ 跳 $t^hiɔ^{44}$
30 余姚	跍 gu^{13}	坐 zou^{13}	跳 $t^hiɔ^{53}$
31 宁波	跍 gu^{13}	坐 $zəu^{13}$	跳 t^hio^{44}
32 镇海	跍 gu^{24}	坐 $zəu^{24}$	跳 t^hio^{53}
33 奉化	跍 gu^{33}	坐 $zəu^{324}$	趵 $pʌ^{53}$
34 宁海	□ giu^{213} 踡 $guəŋ^{213}$ 跍 gu^{213}	坐 $zəu^{31}$	纵 $tsoŋ^{35}$
35 象山	跍 gu^{31}	坐 $zəu^{31}$	跳 t^hio^{53}
36 普陀	跍 gu^{24}	坐 $zəu^{23}$	跳 $t^hiɔ^{55}$
37 定海	跍 gu^{23}	坐 $zʌu^{23}$	跳 t^hio^{44}
38 岱山	跍 gu^{23}	坐 $zʌu^{244}$	跳 t^hio^{44}
39 嵊泗	跍 gu^{334}	坐 $zʌu^{334}$	跳 t^hio^{53}
40 临海	踡 $guəŋ^{21}$	坐 zo^{21}	趵 $pɔ^{55}$
41 椒江	蜷 $guəŋ^{31}$	坐 zo^{31}	蹿 $ts^hø^{55}$
42 黄岩	蜷 $guən^{121}$	坐 zo^{121}	跳 $t^hiɔ^{55}$ 趵 $pɔ^{55}$
43 温岭	跍 $gɯ^{31}$	坐 zo^{31}	蹿 $ts^hø^{55}$
44 仙居	踡 $guen^{213}$	坐 zo^{213}	跳 $t^hiɐɯ^{55}$

续表

方言点	0790 蹲~下	0791 坐~下	0792 跳青蛙~起来
45 天台	跧 guəŋ^{224}	坐 zo^{214}	纵 tsuŋ^{55}
46 三门	跧 guəŋ^{113}	坐 ʑiʊ^{243}	跳 t^{h}iɑu^{55}
47 玉环	跍 gu^{41}	坐 zo^{41}	跳 t^{h}iɔ^{55}
48 金华	优= iu^{334}	坐 suɤ^{535}	跳 t^{h}iɑo^{55}
49 汤溪	抓= tɕyɑ^{24}	坐 zuɤ^{113}	□ kua^{55}
50 兰溪	遮= tsuɑ^{334}	坐 suɤ^{55}	趵 pɔ^{45}
51 浦江	勾= kɤ^{534}	坐 zɯ^{243}	□ ɕyo^{53}
52 义乌	痀 kɐɯ^{335}	坐 zuɤ^{312}	□ tsɔ^{324} 跳 t^{h}ɯɤ^{45}
53 东阳	渠= gəɯ^{213}	坐 dzu^{24}	跳 t^{h}əɯ^{453}
54 永康	跍 gu^{22}	坐 zuo^{113}	趵 ɓɑu^{52}
55 武义	跍 gu^{324}	坐 zuo^{13}	跳 t^{h}ie^{53}
56 磐安	跍 gu^{213}	坐 suɤ^{334}	跳 t^{h}io^{52}
57 缙云	跍 gu^{243}	坐 zu^{31}	跳 t^{h}iɔ^{453}
58 衢州	勾= kɯ^{32}	坐 zu^{231}	跳 t^{h}iɔ^{53}
59 衢江	勾= ky^{33}	坐 zou^{212}	跳 t^{h}iɔ^{53}
60 龙游	勾= kəɯ^{334} 楂= tsuɑ^{334}	坐 zu^{224}	跳 t^{h}iɔ^{51}
61 江山	□ ɯ^{51}	坐 ʑi^{22}	跳 t^{h}iɐɯ^{241}
62 常山	□ gi^{24}	坐 ʑi^{24}	跳 t^{h}iɤ^{52}
63 开化	跍 ku^{44}	坐 zuei^{213}	跳 t^{h}iəɯ^{53} 纵 tsəŋ^{53}
64 丽水	跍 ku^{224}	坐 zu^{22}	跳 t^{h}iə^{52}
65 青田	踞 dʑieu^{21}	坐 zu^{343}	跳 t^{h}iœ^{33}
66 云和	周= tɕiəɯ^{24}	坐 zu^{231}	跳 t^{h}iɑɔ^{45}

续表

方言点	0790 蹲~下	0791 坐~下	0792 跳青蛙~起来
67 松阳	踞 kei^{53}	坐 zu^{22}	跳 tʰiɔ^{24}
68 宣平	跍 ku^{324}	坐 zo^{223}	跳 tʰiɔ^{52}
69 遂昌	踞 tɕiɯ^{45}	坐 zu^{13}	栈= dzaŋ^{213}
70 龙泉	跍 gu^{21}	坐 sou^{51}	跳 tʰiɑʌ^{45}
71 景宁	周= tɕiəɯ^{324}	坐 zo^{33}	跳 tʰiɑu^{35}
72 庆元	舟= tɕiɯ^{335}	坐 so^{221}	橘= tɕyəɯʔ^{5} 跳 tʰiɒ^{11}
73 泰顺	舟= tɕiəu^{213}	坐 so^{21}	跳 tʰiɑɔ^{35}
74 温州	纠= tɕiau^{33}	坐 zuɔ^{24}	跳 tʰiɛ^{51}
75 永嘉	纠= tɕiau^{44}	坐 zo^{13}	跳 tʰyə^{53}
76 乐清	纠= tɕiau^{44}	坐 zo^{24}	跳 tʰiɯʌ^{41}
77 瑞安	□ vaŋ^{44} 蹲 taŋ^{44}	坐 zo^{13}	跳 tʰuɔ^{53}
78 平阳	□ vaŋ^{55}	坐 zo^{23}	跳 tʰye^{53}
79 文成	球= dʒau^{113}	坐 zou^{224}	跳 tʰuo^{33}
80 苍南	□ uaŋ^{44}	坐 zo^{24}	跳 tʰyɔ^{42}
81 建德徽	蹲 tən^{53}	坐 su^{213}	跳 tʰiɔ^{33}
82 寿昌徽	蹲 ten^{112}	坐 su^{534}	跳 tʰiɤ^{33}
83 淳安徽	搭= kʰo^{24}	坐 su^{55}	跳 tʰiɤ^{435}
84 遂安徽	卡= kʰɑ^{213}	坐 səɯ^{43}	跳 tʰiɔ^{43}
85 苍南闽	跍 ku^{55}	坐 tsə^{32}	跳 tʰiau^{21}
86 泰顺闽	蹴 kiøu^{213}	坐 sɔi^{31}	跞 liɪʔ^{5}
87 洞头闽	跍 kʰu^{113}	坐 tsə^{21}	跳 tʰiau^{21}
88 景宁畲	□ kʰiəu^{22}	坐 tsʰo^{51}	跳 tʰau^{22}

方言点	0793 迈跨过高物：从门槛上～过去	0794 踩脚～在牛粪上	0795 翘～腿
01 杭州	跨 k^{h}ua^{45}	闹$^{=}$ nɔ^{13}	翘 tɕ^{h}iɔ^{45}
02 嘉兴	跨 k^{h}o^{224}	踏 dᴀʔ^{13}	翘 tɕ^{h}iɔ^{224}
03 嘉善	跨 k^{h}o^{334}	踏 dɜʔ^{2}	搁 kuoʔ^{5}
04 平湖	跨 k^{h}o^{213}	踏 daʔ^{23}	翘 tɕ^{h}iɔ^{334}
05 海盐	跨 k^{h}o^{334}	踏 daʔ^{23}	翘 tɕ^{h}iɔ^{334}
06 海宁	跨 k^{h}o^{35}	踏 daʔ^{2}	翘 tɕ^{h}iɔ^{35}
07 桐乡	跨 k^{h}o^{334}	踏 daʔ^{23}	翘 tɕ^{h}iɔ^{334}
08 崇德	跨 k^{h}o^{334}	踏 daʔ^{23}	翘 tɕ^{h}iɔ^{334}
09 湖州	跨 k^{h}uo^{35}	踏 daʔ^{2}	架 ka^{35}
10 德清	跨 k^{h}uo^{334}	踏 dəʔ^{2}	搁 kuoʔ^{5}
11 武康	跨 k^{h}o^{224}	踏 dɜʔ^{2}	朗$^{=}$ lã^{224}
12 安吉	跨 k^{h}ʊ^{324}	踏 dɐʔ^{23}	翘 tɕ^{h}iɔ^{324}
13 孝丰	□ ga^{22}	踏 daʔ^{23}	翘 tɕ^{h}iɔ^{324}
14 长兴	跨 k^{h}u^{324}	踏 daʔ^{2}	翘 tʃ^{h}iɔ^{324}
15 余杭	跨 k^{h}uo^{423}	踏 dəʔ^{2}	搁 kuoʔ^{5}
16 临安	跨 k^{h}uo^{55}	踏 dɐʔ^{2}	搁 kuɔʔ^{5}
17 昌化	迈 maʔ^{5}	踏 daʔ^{23}	翘 tɕ^{h}iɔ^{544}
18 於潜	迈 məʔ^{53}	踏 dɑʔ^{23}	翘 tɕ^{h}iɔ^{35}
19 萧山	跨 k^{h}o^{42}	踏 daʔ^{13}	翘 tɕ^{h}iɔ^{42}
20 富阳	跨 k^{h}o^{335}	踏 daʔ^{2}	翘 tɕ^{h}iɔ^{335}
21 新登	化$^{=}$ huɑ^{45}	踏 daʔ^{2}	翘 tɕ^{h}iɔ^{45}
22 桐庐	跨 k^{h}uo^{35}	踏 daʔ^{13}	翘 tɕ^{h}iɔ^{35}
23 分水	跨 k^{h}ua^{44}	踩 ts^{h}ɛ^{53}	绞$^{=}$ gɔ^{13}
24 绍兴	跨 k^{h}o^{33}	踏 dɛʔ^{2}	翘 tɕ^{h}iɔ^{33}

续表

方言点	0793 迈跨过高物：从门槛上～过去	0794 踩脚～在牛粪上	0795 翘～腿
25 上虞	跨 kʰo^{35}	闹$^{=}$ nɔ^{31}	绞$^{=}$ gɔ^{31}
26 嵊州	趖 bɛ̃^{213}	闹$^{=}$ nɔ^{24}	翘 tɕʰiɔ^{334}
27 新昌	帮$^{=}$ paŋ^{534}	闹$^{=}$ nɔ^{13}	绞$^{=}$ gɔ^{232}
28 诸暨	跨 kʰo^{544}	闹$^{=}$ nɔ^{33}	翘 tɕʰiɔ^{544}
29 慈溪	□ go^{13} 跨 kʰo^{35}	闹$^{=}$ nɔ^{13}	搞$^{=}$ gɔ^{13}
30 余姚	跨 kʰo^{44}	踏 daʔ^{2}	翘 tɕʰiɔ^{44}
31 宁波	趖 bɛ^{13}	闹$^{=}$ nɔ^{13}	翘 tɕʰio^{44}
32 镇海	趖 bɛ^{24}	闹$^{=}$ nɔ^{24}	翘 tɕʰio^{53}
33 奉化	趖 bɛ^{33}	闹$^{=}$ nʌ^{31}	绞$^{=}$ gʌ^{31}
34 宁海	趖 be^{213}	闹$^{=}$ nau^{24}	挑$^{=}$ tʰieu^{423}
35 象山	趖 bɛ^{31}	闹$^{=}$ nɔ^{13}	翘 tɕʰio^{53}
36 普陀	趖 bɛ^{24}	闹$^{=}$ nɔ^{13}	翘 tɕʰiɔ^{55}
37 定海	趖 bɛ^{23}	闹$^{=}$ nɔ^{13}	翘 tɕʰio^{44}
38 岱山	趖 bɛ^{23}	闹$^{=}$ nɔ^{213}	翘 tɕʰio^{44}
39 嵊泗	趖 bɛ^{334}	闹$^{=}$ nɔ^{213}	翘 tɕʰio^{53}
40 临海	趖 bɛ^{21}	踏 dɛʔ^{23}	翘 tɕʰiə^{55}
41 椒江	趖 bɛ^{31}	踏 dɛʔ^{2}	绞 gɔ^{24}
42 黄岩	趖 bɛ^{121}	踏 dəʔ^{2} □ tsʰo^{42}	绞 gɔ^{121}
43 温岭	趖 bɛ^{31}	踏 dəʔ^{2}	翘 tɕʰiɔ^{55}
44 仙居	趖 ba^{213}	□ tsʰo^{324} 踏 dɑʔ^{23}	跷 tɕʰiɐɯ^{334}
45 天台	趖 be^{224}	踏 deʔ^{2}	□ gau^{35}
46 三门	趖 bɛ^{213}	踏 dɐʔ^{23}	翘 tɕʰiɑu^{55}

续表

方言点	0793 迈跨过高物：从门槛上～过去	0794 踩脚～在牛粪上	0795 翘～腿
47 玉环	趛 bɛ^{41}	踏 dɐʔ^{2}	跷 tɕ^{h}iɔ^{42}
48 金华	□ mɑŋ^{334}	踏 duɑ^{14}	□ gɑo^{14} 老 翘 tɕ^{h}iɑo^{55} 新
49 汤溪	趏 p^{h}a^{55}	□ lɛ^{24}	翘 tɕ^{h}iɔ^{52}
50 兰溪	趏 p^{h}əʔ^{34}	踏 duɑʔ^{12}	翘 tɕ^{h}iɔ^{45}
51 浦江	琴$^{=}$ dʑiən^{113}	踏 dʑyɑ^{232}	杠 gõ^{24}
52 义乌	琴$^{=}$ dʑiən^{213} 趏 p^{h}ɛ^{324}	踏 dɔ^{312}	翘 tɕ^{h}ie^{45}
53 东阳	趏 p^{h}a^{334}	踩 ts^{h}a^{44}	翘 tɕ^{h}iɔ^{453}
54 永康	□ ga^{22}	踏 duɑ^{113}	翘 tɕ^{h}iɑu^{52}
55 武义	盘$^{=}$ buo^{324}	踏 duɑ^{231}	翘 tɕ^{h}ie^{53}
56 磐安	趏 p^{h}a^{334}	踏 na^{213}	翘 tɕ^{h}io^{52}
57 缙云	趏 p^{h}ɑ^{51}	踏 dɑ^{13}	□ gɔ^{31}
58 衢州	□ gã^{231}	踏 daʔ^{12}	翘 tɕ^{h}iɔ^{53}
59 衢江	□ gã^{231}	踏 daʔ^{2}	翘 tɕ^{h}iɔ^{53}
60 龙游	□ gã^{231}	踖 ts^{h}uɑ^{35}	翘 tɕ^{h}iɔ^{51}
61 江山	□ gaŋ^{31}	踩 ts^{h}ɒ^{241}	翘 k^{h}iɐɯ^{51}
62 常山	□ gã^{131}	踖 ts^{h}ɑ^{52}	翘 tɕ^{h}iɤ^{324}
63 开化	□ gã^{213}	踏 daʔ^{13}	翘 tɕ^{h}iəɯ^{412} 架 kɑ^{412}
64 丽水	趛 bã^{22}	踏 dɔʔ^{23}	翘 tɕ^{h}iə^{52}
65 青田	趛 bɛ^{21}	踏 daʔ^{31}	交 ko^{445}
66 云和	趛 bã^{312}	踏 dɔʔ^{23}	翘 tɕ^{h}iɑɔ^{45}
67 松阳	趛 bɔ̃^{31}	踏 dɔʔ^{2}	翘 tɕ^{h}iɔ^{24}

续表

方言点	0793 迈跨过高物：从门槛上～过去	0794 踩脚～在牛粪上	0795 翘～腿
68 宣平	跘 bɑ̃^{433}	踏 dɑʔ^{23}	翘 tɕʰiɔ^{52}
69 遂昌	□ gaŋ^{221}	踏 daʔ^{23}	□ gɒ^{213}
70 龙泉	□ gaŋ^{224}	踏 doʔ^{24}	翘 tɕʰiɑʌ^{45}
71 景宁	跘 bɛ^{41}	踏 dɔʔ^{23}	交 kɑu^{324}
72 庆元	□ tɕia^{31}	踏 tɑʔ^{34}	□ kɔ̃^{31}
73 泰顺	□ mã^{213}	量⁼ liã^{22}	跷 tɕʰiɑɔ^{213}
74 温州	跘 ba^{31}	踏 da^{212}	翘 tɕʰiɛ^{51}
75 永嘉	跘 bɛ^{31}	踏 da^{213}	交 kɔ^{44}
76 乐清	跘 bᴇ^{31}	踏 da^{212}	跷 tɕʰiɤ^{44}
77 瑞安	跘 ba^{31}	踏 dɔ^{212} 踩 tsʰe^{35}	交 kɔ^{44} 挑 tʰuɔ^{44}
78 平阳	跘 bᴀ^{242}	踩 tʃʰe^{45}	挑 tʰye^{55}
79 文成	跘 ba^{113}	踏 dɔ^{212}	翘 tɕʰyø^{33}
80 苍南	跘 bia^{31}	踏 da^{112}	跷 tɕʰyɔ^{44}
81 建德徽	趄 pʰɑ^{55}	踩 tsʰɑ^{213}	搁 ku^{55}
82 寿昌徽	京⁼ tɕien^{112}	踩 tsʰɑ^{24}	翘 tɕʰiɤ^{33}
83 淳安徽	□ mɑʔ^{5}	□ tsʰo^{55}	搁 koʔ^{5} 翘 tɕʰiɤ^{24}
84 遂安徽	拉⁼ lɑ^{534}	踏 tʰɑ^{213}	翘 tɕʰiɔ^{43}
85 苍南闽	划⁼ hua^{24}	踏 ta^{24}	翘 kʰiau^{21}
86 泰顺闽	罚⁼ fɛʔ^{3}	□ tsʰei^{22}	跷 kʰiɐu^{213}
87 洞头闽	滑 hua^{241}	踏 ta^{241}	翘 kʰiau^{21}
88 景宁畲	趟 tʰɔn^{51}	□ lan^{51}	跷 tɕʰiau^{44}

方言点	0796 弯~腰	0797 挺~胸	0798 趴~着睡
01 杭州	弯 $u\varepsilon^{334}$	挺 $t^hi\eta^{53}$	覆 $p^ho ʔ^{5}$
02 嘉兴	弯 $uᴇ^{42}$	抬 $dᴇ^{242}$	覆 $p^ho ʔ^{5}$
03 嘉善	怄⁼ $ə^{334}$	挺 t^hin^{334}	覆 $p^huoʔ^{5}$
04 平湖	怄⁼ $əɯ^{334}$	挺 t^hin^{213}	覆 $p^hɔʔ^{23}$
05 海盐	弯 $u\varepsilon^{53}$	挺 t^hin^{423}	覆 $p^hɔʔ^{23}$
06 海宁	怄⁼ $əɯ^{35}$ 老 弯 $u\varepsilon^{55}$ 新	挺 $t^hi\eta^{53}$	覆 $p^hoʔ^{5}$
07 桐乡	弯 $u\varepsilon^{44}$	挺 $t^hi\eta^{53}$	覆 $p^hɔʔ^{5}$
08 崇德	弯 $u\varepsilon^{44}$	挺 $t^hi\eta^{53}$	覆 $p^hɔʔ^{5}$
09 湖州	弯 $u\varepsilon^{44}$	挺 t^hin^{534}	靠 $k^hɔ^{35}$
10 德清	弯 uo^{44}	挺 t^hin^{52}	趴 buo^{113}
11 武康	弯 $u\varepsilon^{44}$	挺 t^hin^{53}	趴 buo^{113}
12 安吉	弯 $uᴇ^{55}$	挺 $t^hi\eta^{52}$	覆 $p^hoʔ^{5}$
13 孝丰	弯 $u\varepsilon^{44}$	挺 $t^hi\eta^{52}$	匐 $buoʔ^{23}$
14 长兴	弯 $uᴇ^{44}$	挺 $t^hi\eta^{52}$	覆 $p^hoʔ^{5}$
15 余杭	弯 $u\varepsilon^{44}$	挺 $t^hi\eta^{53}$	覆 $p^hoʔ^{5}$
16 临安	弯 $uᴇ^{55}$	凸 $dɐʔ^{2}$	覆 $p^huɔʔ^{5}$
17 昌化	弯 $u\tilde{ɔ}^{334}$	挺 $t^hiə\eta^{453}$	覆 $p^huəʔ^{5}$
18 於潜	弯 $u\varepsilon^{433}$	凸 $dəʔ^{23}$	覆 $p^hɐʔ^{53}$
19 萧山	弯 $u\varepsilon^{533}$	挺 $t^hi\eta^{33}$	覆 $p^hoʔ^{5}$
20 富阳	躬 ho^{53}	挺 t^hin^{423}	覆 $p^hoʔ^{5}$
21 新登	弯 $u\varepsilon^{53}$	挺 $t^hei\eta^{334}$	覆 $p^hɔʔ^{5}$
22 桐庐	弯 $u\tilde{a}^{533}$	挺 $t^hi\eta^{33}$	覆 $p^həʔ^{5}$
23 分水	弯 $u\tilde{a}^{44}$	挺 t^hin^{22}	覆 p^ha^{22}

续表

方言点	0796 弯～腰	0797 挺～胸	0798 趴～着睡
24 绍兴	伛 iɤ^{33}	挺 tʰiŋ^{334}	匐 boʔ^{2}
25 上虞	伛 ɤ^{53}	凸 diəʔ^{2}	匐 boʔ^{2}
26 嵊州	弯 uɛ̃^{534}	挺 tʰiŋ^{53}	覆 pʰoʔ^{5}
27 新昌	环 guɛ̃^{22}	凸 dɛʔ^{2}	覆 pʰɤʔ^{5}
28 诸暨	弯 vɛ^{544}	挺 tʰin^{42}	匐 boʔ^{13}
29 慈溪	弯 ue^{35}	挺 tʰiŋ^{35} 凸 daʔ^{2}	匐 boʔ^{2}
30 余姚	弯 uã^{44}	挺 tʰə̃^{34}	匐 boʔ^{2}
31 宁波	弯 uɛ^{53}	挺 tʰiŋ^{35}	匐 boʔ^{2}
32 镇海	翁$^{=}$ oŋ^{53}	挺 tʰiŋ^{35}	匐 boʔ^{2}
33 奉化	怄$^{=}$ æi^{53}	凸 diɪʔ^{2}	覆 pʰoʔ^{5}
34 宁海	欧$^{=}$ eu^{423}	凸 dieʔ^{3}	覆 pʰoʔ^{5}
35 象山	怄$^{=}$ ɤɯ^{53}	挺 tʰiŋ^{44}	覆 pʰoʔ^{5}
36 普陀	弯 uɛ^{53}	挺 tʰiŋ^{45}	匐 boʔ^{23}
37 定海	弯 uɛ^{52}	挺 tʰiŋ^{45}	匐 boʔ^{2}
38 岱山	弯 uɛ^{52}	挺 tʰiŋ^{325}	匐 boʔ^{2}
39 嵊泗	弯 uɛ^{53}	挺 tʰiŋ^{53}	匐 boʔ^{2}
40 临海	弯 uɛ^{31}	□ nã^{324}	覆 pʰoʔ^{5}
41 椒江	弯 uɛ^{42}	□ lã^{24}	覆 pʰoʔ^{5}
42 黄岩	弯 uɛ^{32}	□ lã^{55}	覆 pʰoʔ^{5}
43 温岭	弯 uɛ^{33}	□ nã^{31}	覆 pʰoʔ^{5}
44 仙居	勾$^{=}$ kəɯ^{334}	挺 tʰin^{324}	覆 pʰəʔ^{5}
45 天台	欧$^{=}$ eu^{33}	（无）	覆 pʰuʔ^{5}
46 三门	躿 ho^{334}	挺 tʰiŋ^{55}	覆 pʰoʔ^{5}

续表

方言点	0796 弯～腰	0797 挺～胸	0798 趴～着睡
47 玉环	弯 uɛ^{42}	□ nã^{31}	覆 pʰoʔ^{5}
48 金华	覆 pʰoʔ^{4}	挺 tʰiŋ^{535}	覆 pʰoʔ^{4}
49 汤溪	弯 uɤ^{24}	挺 tʰɛ̃i^{535}	覆 pʰou^{55}
50 兰溪	弯 uɑ^{334}	挺 tʰin^{55}	覆 pʰɔʔ^{34}
51 浦江	屈 kʰuə^{423}	挺 tʰiən^{53}	覆 pʰɯ^{423}
52 义乌	弯 ua^{335}	挺 tʰən^{423}	覆 pʰau^{324}
53 东阳	弯儿 ɔn^{334}	挺 tʰɐn^{44}	覆 pʰou^{334}
54 永康	弯 ua^{55} 幅度大 □ guɑ^{22} 幅度小	挺 tʰiŋ^{334}	覆 pʰuo^{334}
55 武义	弯 ŋuo^{24}	挺 tʰin^{445}	覆 pʰɔʔ^{5}
56 磐安	弯 ɒ^{445}	硬 ŋɛ^{14}	覆 pʰʌo^{334}
57 缙云	弓 tɕiɔ̃ũ^{44}	□ gɛ^{13}	覆 pʰou^{322}
58 衢州	弯 uã^{32}	挺 tʰin^{35}	覆 pʰəʔ^{5}
59 衢江	跔 ky^{33}	挺 tʰiŋ^{25}	覆 pʰəʔ^{5}
60 龙游	覆 pʰɔʔ^{4}	挺 tʰin^{35}	覆 pʰɔʔ^{4}
61 江山	弯 uaŋ^{44}	挺 tʰĩ^{241}	覆 pʰoʔ^{5}
62 常山	弯 uã^{44}	挺 tʰĩ^{52}	覆 pʰɤʔ^{5}
63 开化	弯 uã^{44}	挺 tʰin^{53}	覆 pʰəʔ^{5}
64 丽水	弯 uã^{224}	挺 tʰin^{544}	覆 pʰəʔ^{5}
65 青田	弯 uɑ^{445}	挺 tʰeŋ^{454}	覆 pʰuʔ^{42}
66 云和	弯 uã^{24}	挺 tʰiŋ^{41}	覆 pʰəɯʔ^{5}
67 松阳	弯 uɔ̃^{53}	挺 tʰin^{212}	覆 pʰɤʔ^{5}
68 宣平	弯 uɑ̃^{324}	挺 tʰin^{445}	覆 pʰəʔ^{5}

续表

方言点	0796 弯～腰	0797 挺～胸	0798 趴～着睡
69 遂昌	弯 uaŋ^{45}	挺 t^{h}iŋ^{533}	匐 bəɯʔ^{23} 覆 p^{h}əɯʔ^{5}
70 龙泉	弯 uaŋ^{434}	挺 t^{h}in^{51}	覆 p^{h}ouʔ^{5}
71 景宁	屈 k^{h}uəɯʔ^{5}	挺 t^{h}iŋ^{33}	覆 p^{h}uʔ^{5}
72 庆元	□ ŋɑʔ^{5} 弯 uɑ̃^{335}	挺 t^{h}iŋ^{33}	覆 p^{h}uʔ^{5}
73 泰顺	屈 k^{h}uəiʔ^{5}	挺 t^{h}iŋ^{55}	覆 p^{h}uʔ^{5}
74 温州	佝 hau^{33}	挺 t^{h}əŋ^{25}	覆 p^{h}u^{323}
75 永嘉	磕 k^{h}ai^{423}	挺 t^{h}eŋ^{45}	覆 p^{h}u^{423}
76 乐清	佝 hau^{44}	挺 t^{h}eŋ^{35}	覆 p^{h}ɤ^{323}
77 瑞安	弯 uɔ^{44}	挺 t^{h}əŋ^{35}	覆 p^{h}ɯ^{323}
78 平阳	弯 vɔ^{55}	挺 t^{h}eŋ^{45}	覆 p^{h}u^{34}
79 文成	弯 øuɔ^{55}	挺 t^{h}eŋ^{45}	覆 p^{h}u^{34}
80 苍南	弯 ua^{44}	昂 nia^{31} 挺 t^{h}eŋ^{53}	覆 p^{h}u^{223}
81 建德徽	覆 p^{h}ɐʔ^{5}	挺 t^{h}in^{213}	覆 p^{h}ɐʔ^{5}
82 寿昌徽	弯 ŋuə^{112}	挺 t^{h}ien^{24}	覆 p^{h}ɔʔ^{3}
83 淳安徽	勾$^{=}$ kɯ^{24}	挺 t^{h}in^{55}	覆 p^{h}oʔ^{5}
84 遂安徽	弯 uɑ̃^{534}	挺 t^{h}in^{213}	匍 p^{h}u^{24}
85 苍南闽	佝 hau^{55}	直 tie^{24}	仆 p^{h}ɐ^{43}
86 泰顺闽	屈 k^{h}uøʔ^{5}	挺 t^{h}ieŋ^{344}	覆 p^{h}øʔ^{5}
87 洞头闽	弯 uan^{33}	挺 t^{h}ieŋ^{53}	□ p^{h}i^{53}
88 景宁畲	弯 uɔn^{44}	挺 t^{h}in^{325}	覆 p^{h}uʔ^{5}

方言点	0799 爬小孩在地上～	0800 走慢慢儿～	0801 跑慢慢儿走，别～
01 杭州	爬 ba^{213}	走 tsei^{53}	跑 bɔ^{213}
02 嘉兴	爬 bo^{242} 辵 bᴇ^{242}	走 tsei^{544}	跑 bɔ^{242}
03 嘉善	爬 bo^{132}	跑 bɔ^{132}	邪$^{=}$ dʑia^{132}
04 平湖	辵 bɛ^{31}	走 tsəɯ^{44}	跑 bɔ^{31}
05 海盐	辵 bɛ^{31}	走 tse^{423}	跑 bɔ^{31}
06 海宁	爬 bo^{13}	跑 bɔ^{13}	馋$^{=}$ zɛ^{13}
07 桐乡	爬 bo^{13}	走 tsɤɯ^{53}	逃 dɔ^{13}
08 崇德	爬 bo^{13}	趒 diɔ^{13}	馋$^{=}$ zɛ^{13}
09 湖州	爬 buo^{112}	走 tɕiʉ^{534}	馋$^{=}$ zɛ^{112}
10 德清	爬 buo^{113}	跑 bɔ^{113}	馋$^{=}$ zɛ^{113}
11 武康	爬 buo^{113}	跑 bɔ^{113}	馋$^{=}$ zɛ^{113}
12 安吉	爬 bʊ^{22}	趤 dã^{213}	逃 dɔ^{22}
13 孝丰	爬 bʊ^{22}	走 tsəɪ^{52} 趤 dã^{213}	逃 dɔ^{22}
14 长兴	辵 bᴇ^{12}	跑 bɔ^{12}	馋$^{=}$ zᴇ^{24}
15 余杭	爬 bo^{22}	走 tsøʏ^{53}	跑 bɔ^{22}
16 临安	爬 bo^{33}	走 tsə^{55}	跑 bɔ^{33}
17 昌化	爬 bu^{112}	跑 bɔ^{112}	疤$^{=}$ pu^{334}
18 於潜	爬 ba^{223}	走 tɕiəu^{51}	跑 bɔ^{223}
19 萧山	爬 bo^{355}	走 tɕio^{33}	跄 dʑiã^{13}
20 富阳	爬 bo^{13}	走 tsei^{423}	跑 bɔ^{13}
21 新登	爬 ba^{233}	走 tɕy^{334}	跑 bɔ^{233}
22 桐庐	爬 bo^{13}	走 tsei^{33}	跑 bɔ^{13}
23 分水	爬 ba^{22}	走 tsɵ^{44}	跑 bɔ^{22}

续表

方言点	0799 爬小孩在地上～	0800 走慢慢儿～	0801 跑慢慢儿走，别～
24 绍兴	爬 bo^{231}	走 tsɤ^{334}	跄 tɕʰiaŋ^{334}
25 上虞	爬 bo^{213}	走 tsɤ^{35}	跑 bɔ^{213}
26 嵊州	爬 bo^{213}	跄 tɕʰiaŋ^{53}	逃 dɔ^{213}
27 新昌	爬 bo^{22}	跄 tɕʰiaŋ^{453} 走 tɕiɯ^{453}	逃 dɔ^{22}
28 诸暨	爬 bo^{13}	走 tsei^{42}	跄 tɕʰiã^{42}
29 慈溪	爬 bo^{13}	走 tsø^{35}	跑 bɔ^{13}
30 余姚	爬 bo^{13}	走 tsø^{34}	跑 bɔ^{13}
31 宁波	爬 bo^{13}	走 tsœʏ^{35}	奔 pəŋ^{44}
32 镇海	爬 bo^{24}	趤 dã^{24} 走 tsei^{35}	奔 pəŋ^{53}
33 奉化	爬 bo^{33}	走 tsæi^{545}	奔 pəŋ^{53}
34 宁海	爬 bo^{213}	趤 dɔ̃^{24}	逃 dau^{213}
35 象山	爬 bo^{31}	走 tsɤɯ^{44}	越 dio^{31}
36 普陀	爬 bo^{24}	走 tseu^{45}	奔 pɐŋ^{55}
37 定海	爬 bo^{23}	走 tsɐi^{45}	奔 pɐŋ^{44}
38 岱山	爬 bo^{23}	走 tsœʏ^{325}	奔 pɐŋ^{44}
39 嵊泗	爬 bo^{243}	走 tsœʏ^{445}	奔 pɐŋ^{53}
40 临海	爬 bo^{21}	走 tsə^{42}	逃 dɔ^{21} 趬 bieʔ^{23}
41 椒江	爬 bo^{31}	越 diɔ^{31} 走 tsɤ^{42}	趬 bieʔ^{2}
42 黄岩	爬 bo^{121}	越 diɔ^{121} 走 tɕio^{42}	趬 bieʔ^{2}
43 温岭	爬 bo^{31}	越 diɔ^{31} 走 tsɤ^{42}	趬 biʔ^{2}
44 仙居	爬 bo^{213}	走 tsəɯ^{324}	跳 tʰiɐɯ^{55}

续表

方言点	0799 爬小孩在地上～	0800 走慢慢儿～	0801 跑慢慢儿走，别～
45 天台	爬 bo^{224}	趤 dɔ^{35} 蹚 tʰɔ^{33}	逃 dau^{224}
46 三门	爬 bo^{113}	走 tsɤɯ^{325}	逃 dɑu^{113}
47 玉环	爬 bo^{31}	走 tɕiɤ^{53}	趨 biɐʔ^{2}
48 金华	爬 bɤa^{313}	趨 biəʔ^{212} 老 走 tɕiu^{535} 新	逃 dɑo^{313}
49 汤溪	爬 bɤa^{11}	走 tsəɯ^{535} 趨 bei^{113}	逃 dɔ^{11}
50 兰溪	爬 bia^{21}	走 tsəɯ^{55}	趨 bieʔ^{12}
51 浦江	爬 bia^{113}	走 tsɤ^{53}	跳 tʰɯ^{55}
52 义乌	爬 bɯa^{213}	走 tsɐɯ^{423} 躐 lie^{312}	逃 do^{213}
53 东阳	爬 bo^{213}	趒 diɔ^{213}	趨 bei^{213}
54 永康	爬 buɑ^{22}	躐 lie^{113}	跳 tʰiɑu^{52}
55 武义	爬 buɑ^{324}	躐 lie^{13}	□ kua^{53}
56 磐安	爬 bə^{213}	躐 liɛ^{213}	逃 dio^{213}
57 缙云	爬 bu^{243}	躐 liɛ^{13}	赶 kuɛ^{51}
58 衢州	爬 bɑ^{21}	□ yaʔ^{12}	逃 dɔ^{21}
59 衢江	爬 buo^{212}	行 gɛ^{212}	逃 dɔ^{212} 赶 kuɛ^{25}
60 龙游	爬 bu^{21}	行 gɛ^{21}	跳 tʰiɔ^{51}
61 江山	爬 bo^{213}	走 tsɯ^{241}	逃 dɐɯ^{213}
62 常山	爬 bie^{341}	走 tɕiu^{52}	逃 dɤ^{341}
63 开化	爬 biɛ^{231}	走 tsɯ^{53}	跑 bəɯ^{231}
64 丽水	爬 buo^{22}	走 tsəɯ^{544}	跑 pʰə^{544}
65 青田	爬 bu^{21}	走 tsæi^{454}	跑 pʰo^{454}

续表

方言点	0799 爬小孩在地上～	0800 走慢慢儿～	0801 跑慢慢儿走，别～
66 云和	爬 bo^{312}	走 tsəɯ^{41}	逃 dɑɔ^{312}
67 松阳	爬 buə^{31}	走 tsei^{212}	赶 kuɛ̃^{212}
68 宣平	爬 bo^{433}	走 tsəɯ^{445}	□ kuaʔ^{5}
69 遂昌	爬 bɒ^{221}	走 tsu^{533}	跳 t^{h}iɐɯ^{334}
70 龙泉	爬 bou^{21}	走 tɕiəu^{51}	逽 noʔ^{24}
71 景宁	爬 bo^{41}	走 tsəɯ^{33}	躐 liɛʔ^{23}
72 庆元	爬 po^{52}	走 tsɐɯ^{33}	赶 kuæ̃^{33}
73 泰顺	爬 puɔ^{53}	走 tsəu^{55}	跳 t^{h}iɑɔ^{35}
74 温州	爬 bo^{31}	走 tsau^{25}	趆 zei^{212}
75 永嘉	爬 bo^{31}	走 tsau^{45}	□ sɔ^{53}
76 乐清	爬 bɯʌ^{31}	走 tɕiau^{35}	趜 bi^{212}
77 瑞安	爬 bu^{31}	走 tsau^{35}	趆 zei^{212}
78 平阳	爬 bo^{242}	走 tʃau^{45}	跑 p^{h}ɔ^{45}
79 文成	爬 bo^{113}	走 tʃau^{45}	跑 p^{h}o^{45}
80 苍南	爬 buɔ^{31}	走 tsau^{53}	趒 dyɔ^{31}
81 建德$_{徽}$	爬 po^{33}	走 tsɤɯ^{213}	趜 piɐʔ^{12}
82 寿昌$_{徽}$	爬 p^{h}ɤ^{52}	行 xæ̃^{52}	跳 t^{h}iɤ^{33}
83 淳安$_{徽}$	爬 p^{h}o^{435}	行 hɑ̃^{435}	跑 p^{h}ɤ^{435}
84 遂安$_{徽}$	爬 p^{h}ɑ^{33}	行 xɑ̃^{33}	跑 pəɯ^{213}
85 苍南$_{闽}$	爬 pe^{24}	走 tsau^{43}	跳 t^{h}iau^{21}
86 泰顺$_{闽}$	爬 pa^{22}	走 tsau^{344}	跳 t^{h}eu^{53}
87 洞头$_{闽}$	爬 pe^{113}	走 tsau^{53}	趒 tieu^{113}
88 景宁$_{畲}$	爬 p^{h}ɔ^{22}	行 xaŋ^{22}	走 tsau^{325}

方言点	0802 逃逃跑：小偷～走了	0803 追追赶：～小偷	0804 抓～小偷
01 杭州	逃 dɔ²¹³	追 tsuei³³⁴	揢 kʰəu⁴⁵
02 嘉兴	逃 dɔ²⁴²	追 tsuei⁴²	捉 tsoʔ⁵
03 嘉善	逃 dɔ¹³²	追 tsɛ⁵³	捉 tsuoʔ⁵
04 平湖	逃 dɔ³¹	追 tsue⁵³	捉 tsoʔ⁵
05 海盐	逃 dɔ³¹	追 tsue⁵³	捉 tsɔʔ⁵
06 海宁	逃 dɔ¹³	追 tse⁵⁵	捉 tsoʔ⁵
07 桐乡	逃 dɔ¹³	追 tsi⁴⁴	捉 tsɔʔ⁵
08 崇德	逃 dɔ¹³	追 tɕi⁴⁴	捉 tsɔʔ⁵
09 湖州	逃 dɔ¹¹²	追 tsei⁴⁴	揢 kʰa³⁵
10 德清	逃 dɔ¹¹³	追 tsɛ⁴⁴	揢 kʰuo³³⁴
11 武康	逃 dɔ¹¹³	追 tsɛ⁴⁴	揢 kʰo²²⁴
12 安吉	逃 dɔ²²	趪 biᴇʔ²³	揢 kʰa³²⁴
13 孝丰	逃 dɔ²²	趪 bieʔ²³	揢 kʰa³²⁴
14 长兴	逃 dɔ¹²	追 tsɯ⁴⁴	揢 kʰa³²⁴
15 余杭	逃 dɔ²²	追 tsɛ⁴⁴	揢 kʰuo⁴²³
16 临安	逃 dɔ³³	追 tsᴇ⁵⁵	揢 kʰo⁵⁵
17 昌化	逃 dɔ¹¹²	追 tsei³³⁴	揢 kʰu⁵⁴⁴
18 於潜	逃 dɔ²²³	追 tsue⁴³³	揢 kʰa³⁵
19 萧山	逃 dɔ³⁵⁵	追 tse⁵³³	揢 kʰo⁴²
20 富阳	逃 dɔ¹³	趪 biɛʔ²	揢 kʰo³³⁵
21 新登	逃 dɔ²³³	追 tse⁵³	揢 kʰɑ⁴⁵
22 桐庐	逃 dɔ¹³	趪 biəʔ¹³	揢 kʰuo³⁵
23 分水	逃 dɔ²²	追 tsue⁴⁴	揢 kʰua²⁴
24 绍兴	逃 dɔ²³¹	追 tsᴇ⁵³	揢 kʰo³³

续表

方言点	0802 逃逃跑:小偷~走了	0803 追追赶:~小偷	0804 抓~小偷
25 上虞	逃 dɔ^{213}	追 tse^{35}	搿 k^{h}o^{53}
26 嵊州	逃 dɔ^{213}	追 tsᴇ^{534}	搿 k^{h}o^{53}
27 新昌	逃 dɔ^{22}	追 tse^{534}	搿 k^{h}o^{453}
28 诸暨	逃 dɔ^{13}	趋 bieʔ^{13}	搿 k^{h}o^{544}
29 慈溪	跑 bɔ^{13}	趋 biəʔ^{2}	搿 k^{h}o^{44}
30 余姚	逃 dɔ^{13}	趋 biəʔ^{2}	搿 k^{h}o^{44}
31 宁波	逃 dɔ^{13}	趋 biəʔ^{2}	搿 k^{h}o^{44}
32 镇海	逃 dɔ^{24}	趋 bieʔ^{2}	搿 k^{h}o^{53}
33 奉化	逃 dʌ^{33}	趋 biɪʔ^{2}	搿 k^{h}o^{53}
34 宁海	逃 dau^{213}	趋 biəʔ^{3}	搿 k^{h}o^{423}
35 象山	逃 dɔ^{31}	追 tsei^{44}	搿 k^{h}o^{53}
36 普陀	逃 dɔ^{24}	趋 biɛʔ^{23}	搿 k^{h}o^{55}
37 定海	逃 dɔ^{23}	趋 bieʔ^{2}	搿 k^{h}o^{52}
38 岱山	逃 dɔ^{23}	趋 bieʔ^{2}	搿 k^{h}o^{52}
39 嵊泗	逃 dɔ^{243}	趋 biᴇʔ^{2}	搿 k^{h}uo^{53}
40 临海	逃 dɔ^{21}	追 tɕy^{31}	拔 bɛʔ^{23}
41 椒江	逃 dɔ^{31}	趋 bieʔ^{2}	拔 bəʔ^{2}
42 黄岩	逃 dɔ^{121}	追 tsʮ^{32}	拔 bəʔ^{2}
43 温岭	逃 dɔ^{31}	递$^{=}$ di^{13}	拔 bəʔ^{2} 捉 tɕyoʔ^{5}
44 仙居	逃 dɐɯ^{213}	追 tɕy^{334}	拖 t^{h}a^{334}
45 天台	逃 dau^{224}	追 tɕy^{33}	搿 k^{h}o^{55}
46 三门	逃 dɑu^{113}	追 tsʮ^{334}	搿 k^{h}o^{55}
47 玉环	逃 dɔ^{31}	追 tɕy^{42}	拔 bɐʔ^{2}

续表

方言点	0802 逃逃跑：小偷～走了	0803 追追赶：～小偷	0804 抓～小偷
48 金华	逃 dɑo^{313}	追 tsɛ^{334} 赶 kɤ^{535}	挌 k^{h}uɑ^{535}
49 汤溪	逃 dɔ^{11}	赶 kɤ^{535}	挌 k^{h}uɑ^{52}
50 兰溪	逃 dɔ^{21}	赶 kɤ^{55}	挌 k^{h}uɑ^{45}
51 浦江	逃 do^{113}	趧 bɛ^{232}	挌 tɕ^{h}iɑ^{55}
52 义乌	逃 do^{213}	追 tɕyai^{335}	抓 tɕyɛ^{335}
53 东阳	逃 dɐɯ^{213}	追 tsei^{334}	抓 tsa^{334}
54 永康	逃 dɑu^{22}	追 tsəi^{55}	挌 k^{h}uɑ^{52}
55 武义	□ liəu^{231}	追 tɕy^{24}	挌 k^{h}uɑ^{53}
56 磐安	逃 dio^{213}	趧 bɛi^{213}	抓 tsua^{445} 挌 k^{h}uə^{52}
57 缙云	逃 dəɤ^{243}	追 tsɥ^{44}	挌 k^{h}u^{453}
58 衢州	逃 dɔ^{21}	趧 biəʔ^{12}	挌 k^{h}ɑ^{53}
59 衢江	逃 dɔ^{212}	追 tsei^{33}	挌 k^{h}uo^{53}
60 龙游	逃 dɔ^{21}	赶 kie^{35}	挌 k^{h}uɑ^{51}
61 江山	逃 dɐɯ^{213}	追 tsuᴇ^{44}	挌 k^{h}ɒ^{44}
62 常山	逃 dɤ^{341}	追 tɕy^{44}	拿 nɑ^{341}
63 开化	逃 dəɯ^{231}	追 tsuei^{44} 遣 tɕ^{h}iɛ̃^{53}	抓 tsɑ^{44} 挌 k^{h}ɑ^{412}
64 丽水	逃 də^{22}	追 tsɥ^{224}	捉 tɕioʔ^{5}
65 青田	逃 dœ^{21}	赶 kuɐ^{454}	捉 tɕioʔ^{42}
66 云和	逃 dɑɔ^{312}	追 tsɥ^{24}	捉 tɕioʔ^{5}
67 松阳	逃 dʌ^{31}	赶 kuɛ̃^{212}	挌 k^{h}uə^{24}
68 宣平	逃 də^{433}	追 tsei^{324}	拖 t^{h}a^{324} 挌 k^{h}o^{52}

续表

方言点	0802 逃逃跑：小偷～走了	0803 追追赶：～小偷	0804 抓～小偷
69 遂昌	逃 dɐɯ^{221}	躐 liɛʔ^{23}	搭 kʰɒ^{334}
70 龙泉	逃 dɑʌ^{21}	追 tɕy^{434}	捉 tɕiouʔ^{5}
71 景宁	逃 dɑu^{41}	追 tɕy^{324}	捉 tɕioʔ^{5}
72 庆元	逃 tɒ^{52}	追 tɕy^{335}	捉 tɕioʔ^{5}
73 泰顺	逃 tɑɔ^{53}	躐 liɛʔ^{2}	捉 tɕioʔ^{5}
74 温州	逃 də^{31}	赶 kø^{25}	拔 bo^{212}
75 永嘉	逃 də^{31}	� bei^{213}	拔 bo^{213}
76 乐清	逃 dɤ^{31}	趒 bi^{212}	拔 bɯʌ^{212}
77 瑞安	逃 dɛ^{31}	趒 bi^{212} 追 tsəɯ^{44}	捉 tɕyo^{323}
78 平阳	逃 dɛ^{242}	追 tɕy^{55}	捉 tʃuo^{34}
79 文成	逃 dɛ^{113}	躐 lie^{212}	拔 bɔ^{212}
80 苍南	逃 dɛ^{31}	躐 lia^{112}	捉 tɕyɔ^{223}
81 建德徽	逃 tɔ^{33}	追 tɕye^{53}	搭 kʰo^{33}
82 寿昌徽	逃 tʰɤ^{52}	赶 kiɛ^{24}	搭 kʰuə^{33}
83 淳安徽	逃 tʰɤ^{435}	追 tɕye^{24}	搭 kʰo^{24}
84 遂安徽	走 tɕiu^{213}	追 kue^{534}	拿 lɑ^{33}
85 苍南闽	逃 to^{24}	追 tui^{55}	掠 lia^{24}
86 泰顺闽	跳 tʰeu^{53}	赶 kæŋ^{344} □ liɪʔ^{3}	搦 nia^{213}
87 洞头闽	逃 to^{113}	浙= tɕie^{53}	掠 lia^{241}
88 景宁畲	走 tsau^{325}	追 tɕy^{44}	捉 tsuʔ^{5}

方言点	0805 抱把小孩～在怀里	0806 背～孩子	0807 搀～老人
01 杭州	抱 bɔ^{13}	背 pei^{334}	扶 vu^{213}
02 嘉兴	怀 gᴀ^{242}	背 pei^{224}	搀 tsʰᴇ^{42}
03 嘉善	怀 ga^{132}	驮 du^{132}	携 ieʔ^{2}
04 平湖	怀 ga^{31}	背 pe^{334}	搀 tsʰɛ^{53}
05 海盐	怀 gɑ^{31}	背 pe^{334}	搀 tsʰɛ^{53} 扶 u^{31}
06 海宁	怀 ga^{13} 老 抱 bɔ^{231} 新	驮 dəu^{13} 老 背 pei^{35} 新	搀 tsʰɛ^{55} 扶 vu^{13}
07 桐乡	怀 ga^{13} 老 抱 bɔ^{242} 新	背 pi^{334}	扶 u^{13}
08 崇德	抱 bɔ^{242}	背 pi^{334}	拖 tʰɑ^{44}
09 湖州	抱 bɔ^{231}	背 pei^{35}	携 ieʔ^{2}
10 德清	抱 bɔ^{143}	背 pɛ^{44}	扶 vu^{113}
11 武康	抱 bɔ^{242}	背 pɛ^{44}	扶 u^{113}
12 安吉	抱 bɔ^{243}	背 pe^{55}	扶 vu^{22}
13 孝丰	抱 bɔ^{243}	背 pe^{44}	搀 tsʰɛ^{44}
14 长兴	抱 bɔ^{243}	背 pei^{324}	搀 tsʰᴇ^{44}
15 余杭	抱 bɔ^{213}	背 pɛ^{53}	拖 tʰa^{44}
16 临安	抱 bɔ^{33}	背 pᴇ^{55}	扶 vu^{33}
17 昌化	抱 bɔ^{243}	背 pɛ^{544}	搀 tsʰɔ̃^{334} 扶 vu^{112}
18 於潜	抱 bɔ^{24}	背 pe^{35}	扶 vu^{223}
19 萧山	抱 bɔ^{13}	背 pe^{42}	拺 tsʰaʔ^{5}
20 富阳	抱 bɔ^{224}	背 pɛ^{53}	搀 tsʰã^{53}
21 新登	抱 bɔ^{13}	背 pe^{45}	搀 tsʰɛ^{53}
22 桐庐	抱 bɔ^{13}	背 pᴇ^{35}	搀 tsʰã^{533}

续表

方言点	0805 抱把小孩～在怀里	0806 背～孩子	0807 搀～老人
23 分水	抱 bɔ^{13}	背 pe^{24}	搀 tsʰã^{44}
24 绍兴	抱 bɔ^{223}	背 pᴇ^{33}	扶 u^{231}
25 上虞	抱 bɔ^{213} 茄= dʑia^{213}	背 pe^{53}	拺 tsʰaʔ^{5}
26 嵊州	抱 bɔ^{22}	背 pᴇ^{334}	携 ieʔ^{2}
27 新昌	抱 bɔ^{232}	掼 guɛ̃^{232}	携 iɛʔ^{2}
28 诸暨	抱 bɔ^{242}	背 pe^{544}	将 tɕiã^{544}
29 慈溪	抱 bɔ^{13}	背 pe^{35}	搀 tsʰɛ̃^{35}
30 余姚	抱 bɔ^{13}	背 pe^{44}	张= tsaŋ^{53} 拺 tsʰaʔ^{5} 搀 tsʰã^{44}
31 宁波	捼 əu^{53}	背 pɐi^{44}	搀 tsʰɛ^{35}
32 镇海	抱 bɔ^{24}	背 pei^{53}	档= tɔ̃^{53}
33 奉化	窝= əu^{44}	背 pei^{53}	档= tɔ̃^{53}
34 宁海	脸= lie^{31}	掼 guɛ^{31}	航= hɔ̃^{213} 档= tɔ̃^{35}
35 象山	抱 bɔ^{31}	背 pei^{44}	档= tɔ̃^{53}
36 普陀	抱 bɔ^{23}	背 pæi^{53}	档= tɔ̃^{55}
37 定海	抱 bɔ^{23}	背 pɐi^{52}	腰= io^{52}
38 岱山	抱 bɔ^{244}	背 pɐi^{44}	腰= io^{52}
39 嵊泗	抱 bɔ^{334}	背 pɐi^{53}	腰= io^{53}
40 临海	挟 gɛʔ^{23}	掼 guɛ^{21}	牵 tɕʰi^{31}
41 椒江	挟 giəʔ^{2}	掼 guɛ^{31}	牵 tɕʰie^{42}
42 黄岩	挟 gieʔ^{2}	掼 guɛ^{121}	牵 tɕʰie^{32}
43 温岭	挟 giəʔ^{2} 抱 bɔ^{31}	掼 guɛ^{31}	牵 tɕʰie^{33}

续表

方言点	0805 抱把小孩～在怀里	0806 背～孩子	0807 搀～老人
44 仙居	挟 gɑʔ²³	背 ɓæ⁵⁵	牵 tɕʰie³³⁴
45 天台	挟 geʔ²	掼 gue²¹⁴	牵 kʰie³³
46 三门	挟 gɐʔ²³ 抱 bɑu²¹³	掼 guɛ²¹³	牵 tɕʰie³³⁴
47 玉环	挟 gɐʔ²	排⁼ ba³¹	牵 tɕʰie⁴²
48 金华	挟 guɑ¹⁴ 老 抱 pɑo⁵³⁵ 新	背 pɛ⁵⁵	□ iɑŋ⁵⁵
49 汤溪	□ dʑiɑ¹¹	背 pɛ⁵²	搀 tsʰuɑ²⁴
50 兰溪	□ dʑia²¹	背 pe⁴⁵	搀 tsʰuɑ³³⁴
51 浦江	抱 bu²³²	背 pa⁵⁵	搀 tsʰɑ̃⁵³⁴
52 义乌	抱 bu³¹²	背 pe⁴⁵	□ ȵiɔ⁴⁵
53 东阳	挟 go²¹³	背 pe³³⁴	□ iɔ⁴⁵³
54 永康	挟 guɑ¹¹³	背 ɓəi⁵²	□ iɑŋ⁵²
55 武义	□ dʑia³²⁴	背 pa⁵³	□ iɑŋ⁵³
56 磐安	挟 guə²¹³	背 pe⁵²	牵 tɕʰie⁴⁴⁵
57 缙云	挟 gɑ¹³	□ guɑ³¹ 老 背 pei⁴⁵³ 新	牵 tɕʰiɛ⁴⁴
58 衢州	抱 bɔ²³¹	背 pe⁵³	搀 tsʰã³²
59 衢江	抱 bɤ²¹²	背 pei⁵³	搀 tsʰã³³
60 龙游	抱 bu²²⁴ □ dʑiɑ²¹	背 pei⁵¹	搀 tsʰã³³⁴
61 江山	抱 bə²²	背 mᴇ⁵¹ 声殊	搀 tsʰaŋ⁴⁴
62 常山	抱 buə²⁴	□ bɑ²⁴	搀 tsʰã⁴⁴
63 开化	抱 buo²¹³	背 pɛ⁵³	搀 tsʰã⁴⁴
64 丽水	抱 bu²²	背 pei⁵²	牵 tɕʰiɛ²²⁴
65 青田	驮 du⁴⁴⁵ 调殊	背 ɓæi⁴⁴⁵	扶 vu²¹

续表

方言点	0805 抱把小孩～在怀里	0806 背～孩子	0807 搀～老人
66 云和	挟 dʑioʔ^{23}	背 pei^{45}	牵 tɕʰiɛ^{24}
67 松阳	抱 buə^{22}	背 pei^{24}	搀 tsʰɔ̃^{53}
68 宣平	□ dʑia^{433}	背 pei^{52}	□ iɑ̃^{52}
69 遂昌	抱 buə^{13}	背 pei^{45}	扶 vuə^{213} 搀 tsʰaŋ^{45}
70 龙泉	抱 pɤɯ^{51}	背 pᴇ^{45}	搀 tsʰaŋ^{434}
71 景宁	掇 tœʔ^{5}	背 pai^{35}	牵 tɕʰiɛ^{324}
72 庆元	驮 to^{52} 抱 pɤ^{221}	背 ɓæi^{335}	牵 tɕʰiɛ̃^{335}
73 泰顺	挟 tɕioʔ^{2}	背 pæi^{213}	扶 uø^{53}
74 温州	驮 dɤu^{31}	背 pai^{33}	档= tuɔ^{51}
75 永嘉	驮 dəu^{31}	□ ga^{13}	挽 va^{53}
76 乐清	搩 dʑia^{212}	□ ᴇ^{35}	档= tɔ^{41}
77 瑞安	驮 dou^{31}	背 pai^{44}	□ tsʰo^{35}
78 平阳	驮 du^{242}	背 pai^{55}	搀 tʃʰɔ^{55}
79 文成	驮 dou^{113}	背 pai^{33}	牵 tɕʰie^{55}
80 苍南	驮 du^{31}	背 pai^{44}	牵 tɕʰiɛ^{44}
81 建德徽	抱 pɔ^{213}	背 pe^{33}	搀 tsʰɛ^{53}
82 寿昌徽	驮 tʰu^{52}	背 piæ^{33}	搀 tɕʰyə^{112}
83 淳安徽	驮 tʰu^{435}	背 pie^{24}	搀 tsʰɑ̃^{24}
84 遂安徽	驮 tʰəɯ^{33}	背 pəɯ^{33}	搀 tsʰɑ̃^{534}
85 苍南闽	抱 pʰo^{32}	背 pə^{21}	扶 hɔ^{24}
86 泰顺闽	抱 pʰou^{31}	背 pei^{213}	扶 fv^{31}
87 洞头闽	捧 pʰaŋ^{53}	背 pə^{21}	插= tsʰa^{53}
88 景宁畲	□ tsʰɔn^{325}	背 pie^{51}	牵 xien^{51}

方言点	0808 推几个人一起～汽车	0809 摔跌：小孩～倒了	0810 撞人～到电线杆上
01 杭州	推 tʰuei^{334}	掼 guε^{13}	撞 dzuaŋ^{13}
02 嘉兴	推 tʰei^{42}	掼 guᴇ^{113}	撞 zoŋ^{113}
03 嘉善	推 tʰε^{53}	掼 guε^{113}	撞 zoŋ^{113}
04 平湖	推 tʰe^{53}	跌 tiəʔ^{5}	撞 zɑ̃^{213}
05 海盐	推 tʰe^{53}	掼 guε^{213}	撞 zɑ̃^{213}
06 海宁	搀= tsʰε^{55}	掼 guε^{13}	撞 zɑ̃^{231}
07 桐乡	推 tʰi^{44}	掼 guε^{213}	撞 zoŋ^{213}
08 崇德	推 tʰi^{44}	掼 guε^{13}	撞 zoŋ^{13}
09 湖州	推 tʰei^{44}	掼 guei^{24}	撞 dzã^{24}
10 德清	糖= dã^{113}	掼 guε^{113}	撞 zoŋ^{113}
11 武康	糖= dã^{113}	掼 guε^{113}	撞 dzoŋ^{113}
12 安吉	浪= lɔ̃^{55}	掼 guᴇ^{213}	撞 dzɔ̃^{213}
13 孝丰	浪= lɔ̃^{44} 推 tʰe^{44}	掼 guε^{213}	撞 dzɔ̃^{213}
14 长兴	扌送 ʃioŋ^{52}	掼 guᴇ^{24}	撞 dzɔ̃^{24}
15 余杭	掀= ɕiŋ^{53}	跌 tieʔ^{5}	撞 zɑ̃^{213}
16 临安	推 tʰᴇ^{55}	掼 guε^{33}	碰 bɑ̃^{33}
17 昌化	浪= lɔ^{243}	跌 tiεʔ^{5}	撞 zɔ̃^{243}
18 於潜	扌送 soŋ^{51}	掼 guε^{24}	撞 dzuaŋ^{24}
19 萧山	推 tʰe^{533}	跌 tieʔ^{5}	撞 dʑyɔ̃^{242}
20 富阳	推 tʰε^{53}	跌 tiεʔ^{5}	撞 zã^{224}
21 新登	郎= lɑ̃^{233}	跌 tiəʔ^{5}	撞 dzuɑ̃^{13}
22 桐庐	扌送 soŋ^{33}	跌 tiəʔ^{5}	撞 dʑyã^{24}
23 分水	推 tʰe^{44}	跌 tiəʔ^{5}	撞 dʑyã^{13}
24 绍兴	推 tʰᴇ^{53}	跌 tieʔ^{5}	撞 dzɑŋ^{22}

续表

方言点	0808 推几个人一起～汽车	0809 摔跌：小孩～倒了	0810 撞人～到电线杆上
25 上虞	推 tʰe^{35}	跌 tiəʔ^{5}	碰 bã^{31}
26 嵊州	兴$^{=}$ ɕiŋ^{53}	倒 tɔ^{53}	撞 dzɔŋ^{24}
27 新昌	饿$^{=}$ ŋɤ^{232}	倒 tɔ^{453}	撞 dzɔ̃^{13}
28 诸暨	竖$^{=}$ ʑy^{242}	跌 tieʔ^{5}	撞 dzɑ̃^{33}
29 慈溪	推 tʰe^{35}	掼 guɛ̃^{13}	撞 dzɔ̃^{13} 碰 bã^{13}
30 余姚	推 tʰe^{44}	磕 kʰəʔ^{5} 掼 guã^{13}	撞 dzɔŋ^{13}
31 宁波	推 tʰɐi^{53}	磕 kʰaʔ^{5} 掼 guɛ^{13}	撞 dzɔ^{13}
32 镇海	推 tʰei^{53}	磕 kʰaʔ^{5}	撞 dzɔ̃^{24}
33 奉化	岸$^{=}$ ŋe^{324}	跌 tiɪʔ^{5}	撞 dzɔ̃^{31}
34 宁海	撵 ȵie^{31} 闹$^{=}$ nau^{24}	踈 lei^{24}	撞 dʑyɔ̃^{24} 碰 boŋ^{24}
35 象山	老$^{=}$ lɔ^{13}	跌 tieʔ^{5}	撞 dʑyɔ̃^{13}
36 普陀	推 tʰæi^{53}	掼 guɛ^{13}	撞 dzɔ̃^{13}
37 定海	推 tʰɐi^{52}	磕 kɐʔ^{5} 掼 guɛ^{13}	撞 dzõ^{13}
38 岱山	推 tʰɐi^{52}	磕 kɐʔ^{5}	撞 dzõ^{213}
39 嵊泗	推 tʰɐi^{53}	磕 kɐʔ^{5}	撞 dzõ^{213}
40 临海	反$^{=}$ fɛ^{42}	踈 le^{324}	碰 pʰoŋ^{55}
41 椒江	反$^{=}$ fɛ^{42}	踈 lə^{24}	撞 dzɔ̃^{24}
42 黄岩	反$^{=}$ fɛ^{42}	踈 le^{24}	撞 dzɔ̃^{24}
43 温岭	反$^{=}$ fɛ^{42}	踈 le^{13}	撞 dʑiɔ̃^{13}
44 仙居	□ lɐɯ^{55}	踈 læ^{24}	撞 dʑyɑ̃^{24}
45 天台	闹$^{=}$ nau^{35}	踈 lei^{224}	碰 pʰuŋ^{55}
46 三门	反$^{=}$ fɛ^{325}	踈 le^{243}	碰 pʰoŋ^{55}

续表

方言点	0808 推几个人一起～汽车	0809 摔跌：小孩～倒了	0810 撞人～到电线杆上
47 玉环	逃= dɔ^{31}	趺 le^{22}	撞 dziɔ̃^{22}
48 金华	挨 ɑ^{334}	跌 tia^{55}	撞 dʑyɑŋ^{14}
49 汤溪	挨 ɑ^{55}	跌 tia^{55}	撞 dʑiɑo^{341}
50 兰溪	挨 ɑ^{334}	跌 tiəʔ^{34}	撞 dʑyɑŋ^{24}
51 浦江	勇= yon^{53}	跌 tia^{423}	撞 dʑyõ^{24} □ lia^{232}
52 义乌	□ tɕʰyɛ^{335}	跌 tia^{324}	撞 dzŋʷ^{24}
53 东阳	搀 tsʰa^{334}	掼 gɔ^{24}	撞 dʑiɔ^{24}
54 永康	闹= nɑu^{241} 幅度小 推 tʰəi^{55} 幅度大	跌 ɗia^{334}	撞 dʑyɑŋ^{241}
55 武义	挨 ia^{24}	跌 lia^{53}	撞 dʑyɑŋ^{231}
56 磐安	□ tɕʰya^{334}	跌 tia^{334}	撞 dʑiɒ^{14}
57 缙云	□ nəɤ^{213}	跌 tia^{322}	碰 pʰɔ̃ũ^{453}
58 衢州	搡 soŋ^{35}	蹶 tʃyaʔ^{5}	撞 dʒyɑ̃^{231}
59 衢江	颠= tie^{33}	蹶 tɕiaʔ^{5} 跌 tiəʔ^{5}	撞 dʑyɑ̃^{231}
60 龙游	捅 tʰoŋ^{35}	跌 tiəʔ^{4}	撞 dzuɑ̃^{231}
61 江山	薯= dʑiə^{213}	戽= xuə^{51}	撞 dʑiɒŋ^{22}
62 常山	统= tʰoŋ^{52}	跌 tieʔ^{5}	撞 dzɔ̃^{24}
63 开化	爹= tiɛ^{44} 推 tʰɛ^{44}	跌 tiaʔ^{5}	撞 dʑiɔŋ^{213}
64 丽水	抄= tsʰə^{224}	跌 tiɛʔ^{5}	撞 dʑiɔŋ^{131}
65 青田	抄= tsʰo^{445}	趺 læi^{22}	撞 dʑio^{22}
66 云和	抄= tsʰɑɔ^{24}	把= po^{41}	撞 dʑiɔ̃^{223}
67 松阳	捺 nɛʔ^{2}	掼 guɔ̃^{13} 靶= puə^{212}	撞 dʑioŋ^{13}

续表

方言点	0808 推几个人一起～汽车	0809 摔跌：小孩～倒了	0810 撞人～到电线杆上
68 宣平	抄⁼ $ts^hɔ^{324}$	跌 $tiəʔ^{5}$	撞 $dʑiɔ̃^{231}$
69 遂昌	纳⁼ $nɛʔ^{23}$	靶⁼ $pɒ^{533}$	撞 $dʑiɔŋ^{213}$
70 龙泉	搓 $ts^həŋ^{51}$ 抄⁼ $ts^hɑʌ^{434}$	把⁼ po^{51}	撞 $dʑiɔŋ^{224}$
71 景宁	抄⁼ $ts^hɑu^{324}$	把⁼ po^{33}	撞 $dʑiɔŋ^{113}$
72 庆元	推 $t^hæi^{335}$	靶⁼ $ɓo^{33}$	撞 $tɕiɔ̃^{31}$
73 泰顺	搓 $soŋ^{21}$	靶⁼ $puɔ^{55}$	撞 $tɕiɔ̃^{22}$
74 温州	掆 $dɜ^{31}$	趺 lai^{22}	撞 $dʑyɔ^{22}$
75 永嘉	掆 $də^{31}$	趺 lai^{22}	撞 $dʑyɔ^{22}$
76 乐清	掆 $dɤ^{31}$	趺 lai^{22}	撞 $dʑyɯʌ^{22}$
77 瑞安	□ za^{13} 推 t^hai^{44}	趺 lai^{22}	碰 $p^hoŋ^{53}$ 撞 $dʑyo^{22}$
78 平阳	推 t^hai^{55}	趺 lai^{21}	撞 $dʒuo^{33}$
79 文成	推 t^hai^{55}	把⁼ po^{45}	撞 $dʒuo^{424}$
80 苍南	掆 $dɛ^{31}$	趺 lai^{11}	碰 $p^hoŋ^{42}$
81 建德徽	缴⁼ $tɕiɔ^{213}$	核⁼ $hɐʔ^{12}$	撞 ts^ho^{55}
82 寿昌徽	捅 $t^hɔŋ^{24}$	跌 $tiɛ^{55}$	撞 $tɕ^hyɑ̃^{33}$
83 淳安徽	搓 son^{55}	搭⁼ $tɑʔ^{5}$	撞 ts^hon^{53}
84 遂安徽	掂 $tiɑ̃^{534}$	落 $ləɯ^{52}$	撞 $ts^hoŋ^{52}$
85 苍南闽	速⁼ $sɐ^{43}$	跋 pua^{24}	碰 $p^hɑŋ^{21}$
86 泰顺闽	搓 $səŋ^{344}$	跋 $piɛʔ^{3}$	撞 $tɕyo^{31}$
87 洞头闽	车⁼ $tɕ^hia^{33}$	跋 pua^{24}	□ $tɕ^hieŋ^{113}$
88 景宁畲	□ ts^hau^{44}	跌 $tiet^{5}$	撞 $tɕiɔŋ^{51}$

方言点	0811 挡你～住我了，我看不见	0812 躲躲藏：他～在床底下	0813 藏藏放，收藏：钱～在枕头下面
01 杭州	挡 taŋ^{53}	躲 təu^{53}	园 k^{h}aŋ^{45} □ gaŋ^{213}
02 嘉兴	遮 tso^{42}	拌 bə^{113}	园 k^{h}ᴀ̃^{224}
03 嘉善	遮 tso^{53}	伴$^{=}$ bø^{113}	园 k^{h}ã^{334}
04 平湖	擋 t^{h}ɑ̃^{53}	盘$^{=}$ bø^{213}	园 k^{h}ɑ̃^{213}
05 海盐	短$^{=}$ tɤ^{423}	盘$^{=}$ bɤ^{213}	园 k^{h}uɑ̃^{334}
06 海宁	兜$^{=}$ tei^{53}	伴$^{=}$ bɛ^{13}	园 k^{h}uɑ̃^{35}
07 桐乡	挡 tɒ̃^{53}	盘$^{=}$ bᴇ^{213}	园 k^{h}ɒ̃^{334}
08 崇德	短$^{=}$ tᴇ^{53}	盘$^{=}$ bᴇ^{13}	园 k^{h}ã^{334}
09 湖州	挡 tã^{523}	伴$^{=}$ bɛ^{24}	园 k^{h}ã^{35}
10 德清	遮 tsuo^{44}	伴$^{=}$ bøʉ^{113}	园 k^{h}ã^{334}
11 武康	遮 tso^{44}	躲 tu^{53}	园 k^{h}ã^{224}
12 安吉	挡 tɔ̃^{52}	陪$^{=}$ be^{22}	园 k^{h}ɔ̃^{324}
13 孝丰	挡 tɔ̃^{52}	躲 tʊ^{52} 备$^{=}$ be^{213}	园 k^{h}ɔ̃^{324}
14 长兴	挡 tɔ̃^{52}	叛$^{=}$ bɯ^{24}	园 k^{h}ɔ̃^{324}
15 余杭	拦 ləʔ^{2}	伴$^{=}$ buo^{213}	园 k^{h}ɑ̃^{53}
16 临安	查$^{=}$ za^{33}	躲 to^{55}	园 k^{h}ɑ̃^{55}
17 昌化	挡 tɔ̃^{453} 拦 lɔ̃^{112}	缩 suəʔ^{5}	园 k^{h}ɔ̃^{544}
18 於潜	挡 taŋ^{51}	躲 tu^{51}	园 k^{h}aŋ^{35}
19 萧山	挡 tɔ̃^{33}	躲 to^{33}	园 k^{h}ɔ̃^{42}
20 富阳	遮 tso^{53}	躲 tʊ^{423}	园 k^{h}ɑ̃^{335}
21 新登	□ dʑia^{13}	躲 tu^{334}	园 k^{h}ɑ̃^{45}
22 桐庐	拦 lã^{13}	躲 tu^{33}	园 k^{h}ã^{35}
23 分水	挡 tã^{53}	躲 tuo^{53}	园 k^{h}oŋ^{24}

续表

方言点	0811 挡你～住我了，我看不见	0812 躲躲藏：他～在床底下	0813 藏藏放，收藏：钱～在枕头下面
24 绍兴	遮 tso^{53}	躲 to^{334}	园 kʰɑŋ^{33}
25 上虞	遮 tso^{35}	幽 iɤ^{53}	园 kʰɔ̃^{53}
26 嵊州	寨$^{=}$ za^{24}	伴$^{=}$ bœ̃^{24}	园 kʰɔŋ^{334}
27 新昌	寨$^{=}$ za^{13}	掖 iɛʔ^{5}	园 kʰɔ̃^{335}
28 诸暨	寨$^{=}$ zᴀ^{33}	掖 ieʔ^{5}	园 kʰɑ̃^{544}
29 慈溪	挡 tɔ̃^{35} 遮 tso^{35}	盘$^{=}$ bø̃^{13}	园 kʰɔ̃^{44}
30 余姚	遮 tso^{44}	盘$^{=}$ bø̃^{13}	园 kʰɔŋ^{53}
31 宁波	遮 tsɔ^{53}	幽 iʏ^{44}	园 kʰɔ^{44}
32 镇海	遮 tso^{35}	幽 y^{53}	园 kʰɔ̃^{53}
33 奉化	遮 tso^{44}	幽 iʏ^{53}	园 kʰɔ̃^{53}
34 宁海	茄$^{=}$ dʑia^{24}	掖 ieʔ^{5} 幽 iu^{423}	园 kʰɔ̃^{35}
35 象山	茄$^{=}$ dʑia^{13}	幽 iu^{44}	园 kʰɔ̃^{53}
36 普陀	挡 tɔ̃^{45}	幽 ȵy^{55}	园 kʰɔ̃^{55}
37 定海	遮 tso^{52}	幽 ȵiʏ^{44}	园 kʰõ^{44}
38 岱山	遮 tso^{52}	幽 iʏ^{44}	园 kʰõ^{44}
39 嵊泗	遮 tso^{445}	幽 iʏ^{53}	园 kʰõ^{53}
40 临海	墩$^{=}$ təŋ^{31}	幽 iu^{31}	塞 səʔ^{5} 园 kʰɔ̃^{55}
41 椒江	吨$^{=}$ tøŋ^{42}	幼$^{=}$ iu^{55} □ maʔ^{5}	园 kʰɔ̃^{55} 塞 saʔ^{5}
42 黄岩	吨$^{=}$ tøn^{42}	幼$^{=}$ iu^{55}	园 kʰɔ̃^{55} 塞 səʔ^{5}
43 温岭	隐 in^{42} 吨$^{=}$ tøn^{42}	幽 iu^{33} 埋 ma^{31}	塞 soʔ^{5}
44 仙居	遮 tso^{334}	幽 iəɯ^{334}	园 kʰɑ̃^{55}

续表

方言点	0811 挡你～住我了，我看不见	0812 躲躲藏：他～在床底下	0813 藏藏放，收藏：钱～在枕头下面
45 天台	遮 tso^{33}	幽 iu^{33}	囥 $k^hɔ^{55}$
46 三门	遮 tso^{334}	幽 iu^{334} 躲 $tʊ^{325}$	囥 $k^hɔ^{55}$
47 玉环	等⁼ $təŋ^{53}$	□ $maʔ^{5}$	囥 $k^h\tilde{ɔ}^{55}$
48 金华	遮 $tsia^{334}$	幽 iu^{334} 躲 $tuɤ^{535}$	塞 $səʔ^{4}$
49 汤溪	拦 $luɑ^{11}$	州⁼ $tɕiəɯ^{24}$	囥 $k^hɔ^{52}$
50 兰溪	拦 $luɑ^{21}$	躲 $tuɤ^{55}$	囥 $k^hɑŋ^{45}$
51 浦江	闸⁼ $ʑyɑ^{24}$ 挡 $t\tilde{o}^{53}$	幽 $iɤ^{534}$	囥 $k^h\tilde{o}^{55}$
52 义乌	遮 $tsia^{335}$	幽 $iɐɯ^{335}$	塞 sai^{324}
53 东阳	挡 $tɔ^{44}$	幽 $iəɯ^{334}$	囥 $k^hɔ^{44}$
54 永康	遮 $tɕia^{55}$	幽 $iəu^{55}$	囥 $k^hɑŋ^{52}$
55 武义	遮 $tɕia^{24}$	□ $tɕiəu^{24}$	囥 $k^hɑŋ^{53}$
56 磐安	遮 $tɕia^{445}$	幽 $iɐɯ^{445}$	囥 $k^hɒ^{52}$
57 缙云	遮 $tɕia^{44}$	掩 $iɛ^{51}$ □ $iuŋ^{44}$	囥 $k^hɔ^{453}$
58 衢州	搪⁼ $d\tilde{ɑ}^{21}$	躲 tu^{35}	度 se^{32}
59 衢江	挡 $t\tilde{ɑ}^{25}$	躲 tou^{25}	囥 $k^h\tilde{ɑ}^{53}$ 塞 sei^{33}
60 龙游	搪⁼ $d\tilde{a}^{21}$	匽 ie^{35}	囥 $k^h\tilde{a}^{51}$
61 江山	遮 $tɕiə^{44}$	躲 to^{241}	囥 $k^hɒŋ^{51}$
62 常山	搪⁼ $d\tilde{a}^{341}$	躲 $tɔ^{52}$	藏 $z\tilde{ɔ}^{341}$ 囥 $k^h\tilde{ɔ}^{324}$
63 开化	挡 $tɔŋ^{53}$	躲 $tɔ^{53}$	藏 $zɔŋ^{231}$
64 丽水	遮 $tɕio^{224}$	烟⁼ $iɛ^{224}$	囥 $k^hɔŋ^{52}$
65 青田	挡 $ɗo^{454}$	烟⁼ $iɛ^{445}$	囥 k^ho^{33}

续表

方言点	0811 挡你～住我了，我看不见	0812 躲躲藏：他～在床底下	0813 藏藏放，收藏：钱～在枕头下面
66 云和	遮 tɕio²⁴	烟⁼ iɛ²⁴	囥 kʰɔ̃⁴⁵
67 松阳	遮 tɕyə⁵³	躲 tu⁵³	囥 kʰoŋ²⁴
68 宣平	遮 tɕia³²⁴	匽 iɛ⁴⁴⁵	囥 kʰɔ̃⁵²
69 遂昌	挡 tɔŋ⁵³³	躲 tiu⁴⁵	囥 kʰɔŋ³³⁴ 约 iaʔ⁵
70 龙泉	挡 tɔŋ⁴⁵	躲 tou⁴³⁴	囥 kʰɔŋ⁴⁵
71 景宁	遮 tɕio³²⁴	烟⁼ iɛ³²⁴	囥 kʰɔŋ³⁵
72 庆元	挡 ɗɔ̃³³	躲 ɗo³³⁵	囥 kʰɔ̃¹¹
73 泰顺	遮 tɕyɔ²¹³	烟⁼ iɛ²¹³	囥 kʰɔ̃³⁵
74 温州	闸⁼ za²¹²	缩 ɕio³²³	栫 dzø²²
75 永嘉	闸⁼ za²¹³	钻 tsø⁴⁴	囥 kʰɔ⁵³
76 乐清	闸⁼ za²¹²	匽 iᴇ⁴⁴	栫 dʑiø²²
77 瑞安	□ zɔ²²	埋 ma²¹²	囥 kʰo⁵³
78 平阳	勺⁼ zɔ¹²	麦⁼ mᴀ¹²	囥 kʰo⁵³
79 文成	体⁼ tʰi⁴⁵	烟⁼ ie⁵⁵	囥 kʰuo³³
80 苍南	闸⁼ za¹¹²	缩 ɕyɔ²²³	囥 kʰo⁴²
81 建德徽	拦 nɛ³³	躲 tu²¹³	囥 kʰo³³
82 寿昌徽	挡 tɑ̃²⁴	躲 tu²⁴	囥 kʰɑ̃³³
83 淳安徽	拦 lɑ̃⁴³⁵	躲 tu⁵⁵	囥 kʰon²⁴
84 遂安徽	拦 lɑ̃³³	躲 təɯ²¹³	放 fəŋ⁴³
85 苍南闽	□ tʰɐ⁴³	□ tian²¹	□ tian²¹ 囥 kʰɯŋ²¹
86 泰顺闽	遮 tɕia²¹³	匽 ie²¹³	□ tʰɛʔ⁵
87 洞头闽	遮 tɕia³³	米⁼ bi⁵³	囥 kʰɯŋ²¹
88 景宁畲	挡 tɔŋ³²⁵	匽 ien⁴³	藏 tsʰɔŋ²²

方言点	0814 放把碗～在桌子上	0815 摞把砖～起来	0816 埋～在地下
01 杭州	摆 pɛ53	叠 diɛʔ2	埋 mɛ213
02 嘉兴	摆 pᴀ544	叠 dieʔ13	埋 mᴀ42
03 嘉善	摆 pa44	叠 dieʔ2	埋 ma53
04 平湖	摆 pa44	叠 dəʔ23	埋 ma53
05 海盐	摆 pɑ423	叠 dəʔ23	埋 mɑ53
06 海宁	摆 pa53	叠 diaʔ2	埋 ma231
07 桐乡	摆 pa53	叠 dəʔ23	埋 ma13
08 崇德	摆 pɑ53	叠 dəʔ23	埋 mɑ13
09 湖州	摆 pa523	叠 dieʔ2	埋 ma112
10 德清	摆 pa52	叠 dieʔ2	埋 ma113
11 武康	摆 pa53	叠 dieʔ2	埋 ma113
12 安吉	摆 pa52	叠 diᴇʔ23	埋 ma22
13 孝丰	摆 pa52 放 fɔ̃324	码 mʊ52 摞 lu52	埋 ma22
14 长兴	摆 pa52	叠 dəʔ2	埋 ma12
15 余杭	摆 pa53	幢 zɑ̃213	埋 ma22
16 临安	摆 pa55	叠 diɐʔ2	乌＝ u55
17 昌化	摆 pa453	叠 diɛʔ23	葬 tsɔ̃544 埋 ma112
18 於潜	摆 pa51	叠 diæʔ23	葬 tsuaŋ35
19 萧山	安＝ ə533	□ dʑyɔ̃13	埋 ma242 调殊
20 富阳	放 fɑ̃335 摆 pa423	堆 tɛ53 叠 diɛʔ2	葬 tsɑ̃335
21 新登	放 fɑ̃45 摆 pa334	叠 diəʔ2	埋 ma233
22 桐庐	园 kʰã35	叠 diəʔ13	埋 mᴇ13 韵殊
23 分水	放 fã24	卷 dʑyɛ̃13	葬 tsã24
24 绍兴	摆 pa334	□ dzɑŋ223	藏 dzɑŋ22
25 上虞	摆 pa35	码 mo213	藏 dzɔ̃31

续表

方言点	0814 放把碗～在桌子上	0815 摞把砖～起来	0816 埋～在地下
26 嵊州	摆 pa^{53}	叠 dieʔ^{2}	藏 zɔŋ^{24}
27 新昌	摆 pa^{453}	码 mo^{232}	藏 zɔ̃^{13}
28 诸暨	摆 pᴀ^{42}	堆 te^{544}	乌= vu^{544}
29 慈溪	晏= ɛ̃^{35} 放 fɔ̃^{44}	叠 diaʔ^{2} 码 mo^{13}	葡= bu^{13}
30 余姚	摆 pa^{34}	码 mo^{13} 叠 diəʔ^{2}	葡= bu^{13}
31 宁波	安 ɐi^{53} 摆 pa^{35}	码 mo^{13} 叠 diəʔ^{2}	坞 u^{44}
32 镇海	摆 pa^{35}	叠 dieʔ^{2}	坞 u^{53}
33 奉化	安= e^{44}	码 mo^{324}	葬 tsɔ̃^{53}
34 宁海	揞 ei^{423} 摆 pa^{53}	叠 dieʔ^{3}	葬 tsɔ̃^{35}
35 象山	摆 pa^{44}	叠 dieʔ^{2}	坞 u^{53}
36 普陀	摆 pa^{45}	叠 diɛʔ^{23}	坞 u^{55}
37 定海	摆 pa^{45} 安 ɐi^{52}	幢= dzõ^{23}	坞 u^{44}
38 岱山	安 ɐi^{52}	叠 dieʔ^{2}	坞 u^{44}
39 嵊泗	安 ɐi^{53} 摆 pa^{445}	叠 diᴇʔ^{2}	部= bu^{213}
40 临海	放 fɔ̃^{55} 园 kʰɔ̃^{55}	叠 dieʔ^{23}	坞 u^{55}
41 椒江	设 ɕieʔ^{5}	码 mo^{42}	坞 u^{55}
42 黄岩	设 ɕieʔ^{5} 园 kʰɔ̃^{55}	幢 dzɔ̃^{24}	坞 u^{55}
43 温岭	园 kʰɔ̃^{55}	码 mo^{42}	坞 u^{55}
44 仙居	创= tɕʰia^{55}	叠 diaʔ^{23}	坞 u^{55}
45 天台	放 fɔ^{55}	□ dʑio^{214} 叠 dieʔ^{2}	葬 tsɔ^{55}

续表

方言点	0814 放把碗～在桌子上	0815 摞把砖～起来	0816 埋～在地下
46 三门	放 fɔ^{55} 摆 pɑ^{325}	叠 dieʔ^{23}	葬 tsɔ^{55}
47 玉环	园 kʰɔ̃^{55}	叠 diɐʔ^{2}	坞 u^{55}
48 金华	园 kʰɑŋ^{55} 摆 pɑ^{535}	叠 dia^{14}	恩⁼ əŋ^{334}
49 汤溪	摆 pɑ^{535}	叠 dia^{113}	恩⁼ ã^{24}
50 兰溪	摆 pɑ^{55}	叠 diəʔ^{12}	埋 mɑ^{21}
51 浦江	摆 pɑ^{53}	叠 dia^{232}	坞 u^{55}
52 义乌	摆 pa^{423}	叠 dia^{312}	恩⁼ ən^{335}
53 东阳	摆 pa^{44}	叠 dia^{213}	恩⁼ ɐn^{334}
54 永康	园 kʰɑŋ^{52}	叠 dia^{113}	恩⁼ əŋ^{55}
55 武义	园 kʰɑŋ^{53}	叠 dia^{13}	恩⁼ en^{24}
56 磐安	摆 pa^{334}	叠 dia^{213}	恩⁼ ɐn^{445}
57 缙云	摆 pɑ^{51}	叠 dia^{13}	□ aŋ^{44} 埋 mɛ^{243}
58 衢州	园 kʰɑ̃^{53} 放 fɑ̃^{53}	叠 diəʔ^{12}	藏 zɑ̃^{21} 埋 mɛ^{21}
59 衢江	园 kʰɑ̃^{53}	叠 diəʔ^{2}	塞 sei^{33}
60 龙游	园 kʰã^{51}	叠 diəʔ^{23}	埋 mɛ^{21}
61 江山	园 kʰɒŋ^{51}	叠 diᴇʔ^{2}	殡 pɪ̃^{51}
62 常山	□ gɑ^{24} □ kʰɑ^{24}	叠 diʌʔ^{34}	埋 mɛ^{341}
63 开化	园 kʰɔŋ^{412}	叠 diaʔ^{13}	殡 pin^{412}
64 丽水	园 kʰɔŋ^{52}	叠 diɛʔ^{23}	恩⁼ en^{224}老 埋 mɛ^{22}新
65 青田	园 kʰo^{33}	叠 diæʔ^{31}	□ vu^{22}
66 云和	园 kʰɔ̃^{45}	隆 loŋ^{312}	葬 tsɔ̃^{45}
67 松阳	园 kʰoŋ^{24}	叠 diɛʔ^{2}	□ mã^{53}

续表

方言点	0814 放把碗～在桌子上	0815 摞把砖～起来	0816 埋～在地下
68 宣平	园 kʰɔ̃⁵²	存 zə⁴³³ 叠 diəʔ²³	□ ən³²⁴ 涴⁼ u⁵²
69 遂昌	园 kʰɔŋ³³⁴ 放 fɔŋ³³⁴	叠 diɛʔ²³	葬 tsɔŋ³³⁴
70 龙泉	园 kʰɔŋ⁴⁵	叠 diᴇʔ²⁴	旧⁼ dʑiəu²²⁴
71 景宁	园 kʰɔŋ³⁵	叠 diaʔ²³	葬 zɔŋ¹¹³
72 庆元	园 kʰɔ̃¹¹	叠 tiɑʔ³⁴	埋 mæ̃⁵²
73 泰顺	园 kʰɔ̃³⁵	叠 tiɔʔ²	□ tso²²
74 温州	园 kʰuɔ⁵¹	重 dʑyɔ²²	墟 au⁵¹
75 永嘉	园 kʰɔ⁵³	叠 dyə²¹³	墟 au⁵³
76 乐清	园 kʰɔ⁴¹	重 dʑyɯʌ²²	墟 au⁴¹
77 瑞安	园 kʰo⁵³	叠 duɔ²¹² 拢 loŋ³¹	墟 au⁵³ 藏 tso⁵³ 只用于人 埋 ma²¹²
78 平阳	顿 taŋ⁵³ 园 kʰo⁵³	叠 dye¹²	麦⁼ mᴀ¹²
79 文成	园 kʰuo³³	叠 die²¹²	墟 au¹²
80 苍南	顿 taŋ⁴² 园 kʰo⁴²	叠 dia¹¹²	墟 au⁴² 植物 藏 tso⁴² 动物
81 建德徽	园 kʰo³³	叠 tiɐʔ¹²	埋 mɑ³³
82 寿昌徽	园 kʰɑ̃³³	□ tɕʰyɑ̃⁵³⁴ 叠 tʰiɛ²⁴	埋 mɑ⁵²
83 淳安徽	园 kʰon²⁴	叠 tʰiɑʔ¹³	暗⁼ ã²⁴
84 遂安徽	放 fəŋ⁴³	搭 tɑ²⁴	埋 ma³³
85 苍南闽	放 pan²¹	堆 tui⁵⁵	埋 bai²⁴
86 泰顺闽	放 pəŋ⁵³	叠 tʰɛʔ³	台⁼ tai²²
87 洞头闽	放 paŋ²¹	堆 tui³³	台⁼ tai¹¹³
88 景宁畲	放 pioŋ⁵¹	叠 tʰat²	埋 mai²²

方言点	0817 盖把茶杯～上	0818 压用石头～住	0819 揿用手指按：～图钉
01 杭州	盖 $kɛ^{45}$	压 $aʔ^{5}$	揿 $tɕ^{h}iŋ^{45}$
02 嘉兴	盖 $kᴇ^{224}$	压 $ᴀʔ^{5}$	揿 $tɕ^{h}iŋ^{224}$
03 嘉善	盖 $kɛ^{44}$	压 $ɜʔ^{5}$	揿 $tɕ^{h}in^{334}$
04 平湖	盖 $kɛ^{334}$	㾓 $k^{h}aʔ^{23}$ 压 $aʔ^{5}$	揿 $tɕ^{h}in^{213}$
05 海盐	盖 $kɛ^{334}$	压 $aʔ^{5}$	揿 $tɕ^{h}in^{334}$
06 海宁	盖 $kɛ^{35}$	压 $aʔ^{5}$	揿 $tɕ^{h}iŋ^{35}$
07 桐乡	盖 $kᴇ^{334}$	压 $aʔ^{5}$	揿 $tɕ^{h}iŋ^{334}$
08 崇德	盖 $kᴇ^{334}$	压 $aʔ^{5}$	揿 $tɕ^{h}iŋ^{334}$
09 湖州	盖 $kɛ^{35}$	压 $aʔ^{2}$	揿 $tɕ^{h}in^{35}$
10 德清	盖 $kɛ^{334}$	压 $aʔ^{5}$	揿 $tɕ^{h}in^{334}$
11 武康	盖 $kɛ^{224}$	压 $ɜʔ^{5}$	揿 $tɕ^{h}in^{224}$
12 安吉	盖 $kᴇ^{324}$	压 $ɐʔ^{5}$	揿 $k^{h}əŋ^{324}$
13 孝丰	盖 ke^{324}	压 $aʔ^{5}$	揿 $k^{h}əŋ^{324}$
14 长兴	盖 $kɯ^{324}$	压 $aʔ^{2}$	揿 $tʃ^{h}iŋ^{324}$
15 余杭	盖 $kɛ^{423}$	压 $aʔ^{5}$	揿 $tɕ^{h}iŋ^{423}$
16 临安	盖 $kᴇ^{55}$	压 $aʔ^{5}$	揿 $tɕ^{h}ieŋ^{55}$
17 昌化	盖 $kɛ^{544}$	㾓 $k^{h}aʔ^{5}$	揿 $tɕ^{h}iəŋ^{544}$
18 於潜	盖 ke^{35}	压 $ŋa^{51}$	揿 $tɕ^{h}iŋ^{35}$
19 萧山	盖 ke^{42}	压 $aʔ^{5}$	揿 $tɕ^{h}iŋ^{42}$
20 富阳	盖 $kɛ^{335}$	脚⁼ $tɕiaʔ^{5}$ 压 $aʔ^{5}$	揿 $tɕ^{h}in^{335}$
21 新登	盖 ke^{45}	压 $aʔ^{5}$	□ $tɕ^{h}iaʔ^{5}$
22 桐庐	盖 $kᴇ^{35}$	压 $aʔ^{5}$	欠⁼ $tɕ^{h}ie^{35}$ 揿 $tɕ^{h}iŋ^{35}$

续表

方言点	0817 盖把茶杯～上	0818 压用石头～住	0819 揿用手指按：～图钉
23 分水	盖 kɛ^{24}	压 aʔ^{5}	揿 tɕʰin^{24}
24 绍兴	盖 kᴇ^{33}	压 ɛʔ^{5}	揿 tɕʰiŋ^{33}
25 上虞	盖 ke^{53}	压 ɐʔ^{5}	揿 tɕʰiŋ^{53}
26 嵊州	盖 kᴇ^{334}	压 ɛʔ^{5}	揿 tɕʰiŋ^{334}
27 新昌	盖 ke^{335}	捺 nɛʔ^{2}	揿 tɕʰiŋ^{335}
28 诸暨	盖 ke^{544}	压 aʔ^{5}	揿 tɕʰin^{544}
29 慈溪	盖 ke^{44}	压 aʔ^{5}	揿 tɕʰiŋ^{44}
30 余姚	盖 ke^{44}	压 aʔ^{5}	揿 tɕʰiə̃^{53}
31 宁波	盖 ke^{44}	压 aʔ^{5}	揿 tɕʰiŋ^{44}
32 镇海	盖 ke^{53}	压 aʔ^{5}	揿 tɕʰiŋ^{53} 按 ei^{53}
33 奉化	闷 məŋ^{31}	压 aʔ^{5}	揿 tɕʰiŋ^{53}
34 宁海	盖 ke^{35}	捺 naʔ^{3}	捺 naʔ^{3}
35 象山	盖 ki^{53}	压 aʔ^{5}	捺 naʔ^{2}
36 普陀	盖 kɛ^{55}	压 ɐʔ^{5}	揿 tɕʰiŋ^{55}
37 定海	盖 kɛ^{44}	压 ɐʔ^{5}	揿 tɕʰiŋ^{44}
38 岱山	盖 ke^{44}	压 ɐʔ^{5}	揿 tɕʰiŋ^{44}
39 嵊泗	盖 ke^{53}	压 ɐʔ^{5}	揿 tɕʰiŋ^{53}
40 临海	㔶 kəŋ^{42}	捺 nɛʔ^{23}	捺 nɛʔ^{23}
41 椒江	盖 tɕie^{42}	捺 lɛʔ^{2}	捺 lɛʔ^{2}
42 黄岩	㔶 kən^{42}	捺 ləʔ^{2}	捺 ləʔ^{2}
43 温岭	盖 tɕie^{42}	捺 nəʔ^{2}	捺 nəʔ^{2}
44 仙居	㔶 cie^{324}	捺 nɑʔ^{23}	捺 nɑʔ^{23}
45 天台	㔶 kəŋ^{325}	捺 neʔ^{2}	捺 neʔ^{2}

续表

方言点	0817 盖把茶杯～上	0818 压用石头～住	0819 揿用手指按：～图钉
46 三门	𥓵 $kəŋ^{334}$	捺 $nɐʔ^{23}$ 压 $ɐʔ^{5}$	揿 $tɕ^{h}iŋ^{55}$
47 玉环	𥓵 $kəŋ^{53}$	捺 $nɐʔ^{2}$	捺 $nɐʔ^{2}$
48 金华	盖 $kɛ^{55}$	压 $əʔ^{4}$	揞 $əŋ^{55}$ 揿 $tɕ^{h}iŋ^{55}$
49 汤溪	盖 $kɛ^{52}$	㧟 $k^{h}uɑ^{55}$	揞 $\tilde{a}^{52}$
50 兰溪	盖 ke^{45}	㧟 $k^{h}uəʔ^{34}$	揞 $\tilde{æ}^{45}$
51 浦江	盖 ka^{55}	揿 $k^{h}ən^{55}$	揿 $k^{h}ən^{55}$
52 义乌	盖 ke^{45}	压 $ɛ^{45}$	揿 $k^{h}ən^{45}$
53 东阳	盖 $kɯ^{453}$	压 a^{334}	捺 no^{24}
54 永康	𥓵 $kəŋ^{334}$	压 ai^{334}	捺 $nuɑ^{113}$ 力小 揿 $k^{h}əŋ^{52}$ 力大
55 武义	盖 ka^{53}	压 a^{53}	揿 $k^{h}en^{53}$
56 磐安	𥓵 $kɯ^{445}$	压 $ɛ^{334}$	砑 $ŋuə^{213}$
57 缙云	𥓵 $kaŋ^{453}$	压 $ɛ^{322}$	捺 $nɑ^{13}$
58 衢州	盖 $kɛ^{53}$	㧟 $k^{h}aʔ^{5}$	揿 $tɕ^{h}in^{53}$
59 衢江	盖 kei^{53}	㧟 $k^{h}aʔ^{5}$	揿 $k^{h}ɛ^{53}$
60 龙游	盖 kei^{51}	壳= $k^{h}ɔʔ^{4}$	揿 $k^{h}ɛ^{51}$
61 江山	𥓵 $kəŋ^{241}$	㧟 $k^{h}aʔ^{5}$	揿 $k^{h}\tilde{ɘ}^{51}$
62 常山	𥓵 $koŋ^{52}$	㧟 $k^{h}aʔ^{5}$ 压 $aʔ^{5}$	揿 $k^{h}\tilde{ɪ}^{324}$
63 开化	𥓵 $kɤŋ^{53}$	㧟 $k^{h}aʔ^{5}$ 压 $aʔ^{5}$	揿 $k^{h}ɛn^{412}$
64 丽水	𥓵 ken^{224}	压 $uɔʔ^{5}$	捺 $nɔʔ^{23}$
65 青田	𥓵 $kaŋ^{445}$	㧟 $k^{h}aʔ^{42}$	捺 $naʔ^{31}$
66 云和	𥓵 $kəŋ^{24}$	压 $ɔʔ^{5}$	捺 $nɔʔ^{23}$

续表

方言点	0817 盖把茶杯～上	0818 压用石头～住	0819 摁用手指按：～图钉
67 松阳	匴 ken^{212}	积 tɕiʔ^{5}	捺 nɔʔ^{2}
68 宣平	匴 kən^{324}	压 aʔ^{5}	捺 nɑʔ^{23}
69 遂昌	匴 kəŋ^{533}	厣 k^{h}aʔ^{5}	捺 naʔ^{23}
70 龙泉	匴 kɛn^{51}	□ ɯəʔ^{5}	□ ɣɯ^{45}
71 景宁	匴 kaŋ^{324}	渴$^{=}$ k^{h}œʔ^{5}	捺 nɔʔ^{23}
72 庆元	匴 kəŋ^{33}	压 ɑʔ^{5}	□ ȵiʔ^{5}
73 泰顺	匴 kəŋ^{55}	□ tɔ^{35}	捺 nɔʔ^{2}
74 温州	匴 kaŋ^{25}	塸 au^{51}	捺 na^{212}
75 永嘉	匴 kaŋ^{45}	藏 tso^{53}	捺 na^{213}
76 乐清	匴 kaŋ^{35}	榨$^{=}$ tɕio^{41}	捺 na^{212}
77 瑞安	匴 kaŋ^{35}	压 ɔ^{323}	挼 ne^{31} 捺 nɔ^{212}
78 平阳	□ t^{h}e^{34}	压 ɔ^{34}	捺 nɔ^{12}
79 文成	匴 kaŋ^{45}	压 ɔ^{34}	捺 nɔ^{212}
80 苍南	□ t^{h}e^{223}	压 a^{223}	捺 na^{112}
81 建德徽	盖 kɛ^{33}	压 ŋɑ^{55}	揿 tɕ^{h}in^{33}
82 寿昌徽	匴 ken^{24}	厣 k^{h}uə^{55}	揿 tɕ^{h}ien^{33}
83 淳安徽	盖 kie^{24}	厣 k^{h}ɑʔ^{5}	揿 tɕ^{h}in^{24}
84 遂安徽	盖 kəɯ^{43}	压 k^{h}ɑ^{24}	揿 tɕ^{h}in^{33}
85 苍南闽	嵌$^{=}$ k^{h}an^{21}	□ te^{43}	揤 dʑi^{24}
86 泰顺闽	匴 kæŋ^{344}	□ ta^{53}	□ nai^{344}
87 洞头闽	嵌 k^{h}an^{21}	硩 te^{53}	揤 dʑi^{241}
88 景宁畲	□ k^{h}ɔn^{325}	压 ɔʔ^{5}	捺 nɔʔ^{2}

方言点	0820 捅用棍子～鸟窝	0821 插把香～到香炉里	0822 戳～个洞
01 杭州	捅 t^{h}oŋ^{53}	插 ts^{h}aʔ^{5}	豛 toʔ^{5}
02 嘉兴	凿 zoʔ^{13}	插 ts^{h}ᴀʔ^{5}	凿 zoʔ^{13}
03 嘉善	凿 zuoʔ^{2}	插 ts^{h}ɜʔ^{5}	戳 ts^{h}uoʔ^{5}
04 平湖	善$^{=}$ zø^{213}	插 ts^{h}aʔ^{23}	善$^{=}$ zø^{213}
05 海盐	戳 ts^{h}ɔʔ^{23}	插 ts^{h}aʔ^{23}	戳 ts^{h}ɔʔ^{23}
06 海宁	捅 t^{h}oŋ^{53}	插 ts^{h}aʔ^{5}	戳 ts^{h}oʔ^{5}
07 桐乡	凿 zɔʔ^{23}	插 ts^{h}aʔ^{5} 扦 ts^{h}iᴇ^{44}	戳 ts^{h}ɔʔ^{5}
08 崇德	凿 zɔʔ^{23}	插 ts^{h}aʔ^{5}	戳 ts^{h}ɔʔ^{5}
09 湖州	凿 dzuoʔ^{2}	插 ts^{h}aʔ^{5}	凿 dzuoʔ^{2}
10 德清	凿 zuoʔ^{2}	插 ts^{h}aʔ^{5}	凿 zuoʔ^{2}
11 武康	凿 dzuoʔ^{2}	插 ts^{h}ɜʔ^{5}	戳 ts^{h}uoʔ^{5}
12 安吉	捅 t^{h}oŋ^{55}	插 ts^{h}ɐʔ^{5}	凿 dzoʔ^{23}
13 孝丰	捅 t^{h}oŋ^{44}	插 ts^{h}aʔ^{5}	凿 dzuoʔ^{23}
14 长兴	捅 t^{h}oŋ^{52}	插 ts^{h}aʔ^{5}	凿 dzoʔ^{2}
15 余杭	戳 ts^{h}oʔ^{5}	插 ts^{h}aʔ^{5}	戳 ts^{h}oʔ^{5}
16 临安	捅 t^{h}oŋ^{55}	插 ts^{h}aʔ^{5}	戳 ts^{h}uɔʔ^{5}
17 昌化	戳 ts^{h}uəʔ^{5} 捅 t^{h}əŋ^{334}	插 ts^{h}aʔ^{5}	凿 zuəʔ^{23}
18 於潜	豛 tuəʔ^{53}	插 ts^{h}ɐʔ^{53}	豛 təʔ^{53}
19 萧山	凿 zoʔ^{13}	插 ts^{h}aʔ^{5}	戳 tɕ^{h}yoʔ^{5}
20 富阳	镯$^{=}$ dʑyoʔ^{2}	插 ts^{h}aʔ^{5}	豛 toʔ^{5}
21 新登	豛 tɔʔ^{5}	插 ts^{h}aʔ^{5}	豛 tɔʔ^{5}
22 桐庐	捅 t^{h}oŋ^{33}	插 ts^{h}aʔ^{5}	豛 təʔ^{5}
23 分水	捅 t^{h}oŋ^{53}	插 ts^{h}aʔ^{5}	豛 təʔ^{5}
24 绍兴	豛 toʔ^{5}	插 ts^{h}ɛʔ^{5}	戳 ts^{h}oʔ^{5}

续表

方言点	0820 捅用棍子～鸟窝	0821 插把香～到香炉里	0822 戳～个洞
25 上虞	捅 tʰoŋ^{35}	插 tsʰɐʔ^{5} 促$^{=}$tsʰoʔ^{5}	凿 zoʔ^{2}
26 嵊州	捅 tʰoŋ^{53}	插 tsʰɛʔ^{5}	豵 toʔ^{5}
27 新昌	捅 tʰoŋ^{453}	插 tsʰɛʔ^{5}	戳 tsʰɤʔ^{5}
28 诸暨	凿 dzoʔ^{13}	插 tsʰaʔ^{5}	戳 tsʰoʔ^{5}
29 慈溪	凿 dzoʔ^{2}	插 tsʰaʔ^{5}	戳 tsʰoʔ^{5}
30 余姚	抑 liø^{13} 抹$^{=}$ maʔ^{2} 凿 dzoʔ^{2}	插 tsʰaʔ^{5}	戳 tsʰoʔ^{5}
31 宁波	抑 liʏ^{13}	插 tsʰaʔ^{5}	豵 toʔ^{5}
32 镇海	豵 toʔ^{5} 抑 liu^{24}	插 tsʰaʔ^{5}	豵 toʔ^{5}
33 奉化	抑 liʏ^{324}	插 tsʰaʔ^{5}	豵 toʔ^{5}
34 宁海	豵 toʔ^{5}	插 tsʰaʔ^{5}	豵 toʔ^{5} 戳 tɕʰiɔʔ^{5}
35 象山	楼$^{=}$ lɤɯ^{31} 豵 toʔ^{5}	插 tsʰaʔ^{5}	豵 toʔ^{5}
36 普陀	捅 tʰoŋ^{53}	插 tsʰɐʔ^{5}	镯$^{=}$ dzoʔ^{23}
37 定海	抑 liʏ^{23}	插 tsʰɐʔ^{5}	豵 toʔ^{5}
38 岱山	抑 liʏ^{244}	插 tsʰa^{52}	豵 toʔ^{5}
39 嵊泗	捅 tʰoŋ^{53}	插 tsʰa^{53}	豵 toʔ^{5}
40 临海	戳 tɕʰyɔʔ^{5}	插 tsʰɛʔ^{5}	戳 tɕʰyɔʔ^{5}
41 椒江	捣 tɔ^{42}	插 tsʰɛʔ^{5}	戳 tsʰoʔ^{5}
42 黄岩	朗$^{=}$ lɔ̃^{42}	插 tsʰəʔ^{5}	戳 tsʰoʔ^{5}
43 温岭	捣 tɔ^{42}	扦 tsʰɛ^{33}	戳 tɕʰyoʔ^{5}
44 仙居	戳 tɕʰyɑʔ^{5}	插 tsʰɑʔ^{5}	戳 tɕʰyɑʔ^{5}
45 天台	戳 tɕʰyɔʔ^{5}	插 tsʰeʔ^{5}	戳 tɕʰyɔʔ^{5}
46 三门	戳 tɕʰiɔʔ^{5}	插 tsʰɐʔ^{5}	戳 tɕʰiɔʔ^{5}

续表

方言点	0820 捅用棍子～鸟窝	0821 插把香～到香炉里	0822 戳～个洞
47 玉环	捅 t^{h}oŋ^{53}	插 ts^{h}ɐʔ^{5}	戳 tɕ^{h}yoʔ^{5}
48 金华	豛 toʔ^{4}	扦 tɕ^{h}ie^{334} 插 ts^{h}uɑ^{55}	豛 toʔ^{4} 老 戳 tɕ^{h}ioʔ^{4} 新
49 汤溪	豛 tou^{55}	扦 ts^{h}ie^{24}	豛 tou^{55}
50 兰溪	豛 tuɑʔ^{34}	插 ts^{h}uɑʔ^{34}	豛 tuɑʔ^{34}
51 浦江	捅 t^{h}ən^{53}	插 tɕ^{h}yɑ^{423}	豛 tə^{423} 力大 戳 tɕ^{h}yo^{423} 力小
52 义乌	捅 t^{h}oŋ^{423}	插 ts^{h}ua^{324}	戳 ts^{h}au^{324}
53 东阳	捅 tou^{44}	插 ts^{h}o^{334}	戳 tɕ^{h}iou^{334}
54 永康	捅 t^{h}oŋ^{334}	插 ts^{h}uɑ^{334}	□ du^{113}
55 武义	捅 t^{h}oŋ^{445}	插 ts^{h}uɑ^{53}	戳 ts^{h}uo^{53}
56 磐安	捣 to^{334}	插 ts^{h}uə^{334}	戳 tɕ^{h}iʌo^{334}
57 缙云	捅 t^{h}ɔ̃ũ^{51}	嵌 tɕ^{h}iɛ^{453}	引$^{=}$ iɛŋ^{51} 老 戳 ts^{h}ɔ^{322} 新
58 衢州	戳 tʃ^{h}yəʔ^{5}	插 ts^{h}aʔ^{5}	戳 tʃ^{h}yəʔ^{5}
59 衢江	豛 təʔ^{5} 捅 t^{h}əŋ^{25}	扦 tɕ^{h}ie^{33}	豛 təʔ^{5} 戳 tɕ^{h}yəʔ^{5}
60 龙游	豛 təʔ^{4}	扦 tɕ^{h}ie^{334}	豛 təʔ^{4}
61 江山	揣 ʑyə^{213} 捅 t^{h}oŋ^{241}	插 ts^{h}aʔ^{5}	戳 tɕ^{h}iɞʔ^{5}
62 常山	如$^{=}$ zuə^{341}	插 ts^{h}aʔ^{5}	如$^{=}$ zuə^{341} 引$^{=}$ ɪ̃^{24}
63 开化	捅 t^{h}ɤŋ^{53}	插 ts^{h}aʔ^{5}	掘 dʑyɛʔ^{13}
64 丽水	捅 t^{h}əŋ^{544}	插 ts^{h}uɔʔ^{5}	戳 tɕ^{h}ioʔ^{5}
65 青田	戳 tɕ^{h}ioʔ^{42}	插 ts^{h}aʔ^{42}	戳 tɕ^{h}ioʔ^{42}
66 云和	捅 t^{h}oŋ^{41}	插 ts^{h}ɔʔ^{5}	戳 tɕ^{h}ioʔ^{5}
67 松阳	戳 tɕ^{h}ioʔ^{5}	插 ts^{h}ɔʔ^{5}	戳 tɕ^{h}ioʔ^{5}

续表

方言点	0820 捅用棍子～鸟窝	0821 插把香～到香炉里	0822 戳～个洞
68 宣平	捅 tʰən^{445}	插 tsʰɑʔ^{5}	戳 tɕʰyəʔ^{5}
69 遂昌	镯$^{=}$ dʑiɔʔ^{23}	插 tsʰaʔ^{5}	戳 tɕʰiɔʔ^{5}
70 龙泉	抄 tsʰɑʌ^{434}	插 tsʰoʔ^{5}	戳 tɕʰiouʔ^{5}
71 景宁	戳 tɕʰioʔ^{5}	插 tsʰɔʔ^{5}	戳 tɕʰioʔ^{5}
72 庆元	抄$^{=}$ tsʰɒ^{335} 戳 tɕʰioʔ^{5}	插 tsʰɑʔ^{5}	戳 tɕʰioʔ^{5}
73 泰顺	戳 tɕʰioʔ^{5}	插 tsʰɔʔ^{5}	戳 tɕʰioʔ^{5}
74 温州	戳 tɕʰio^{323}	插 tsʰa^{323}	戳 tɕʰio^{323}
75 永嘉	捣 tə^{45}	插 tsʰa^{423} 扦 tɕʰi^{44}	戳 tɕʰyo^{423}
76 乐清	戳 tɕʰio^{323}	插 tɕʰia^{323}	戳 tɕʰio^{323}
77 瑞安	戳 tɕʰyo^{323}	插 tsʰɔ^{323}	戳 tɕʰyo^{323}
78 平阳	戳 tʃʰuo^{34}	插 tʃʰɔ^{34}	戳 tʃʰuo^{34}
79 文成	捅 tʰoŋ^{45}	插 tʃʰɔ^{34}	戳 tʃʰo^{34}
80 苍南	戳 tɕʰyɔ^{223} □ ze^{24}	插 tsʰa^{223} 扦 tɕʰiɛ^{44}	戳 tɕʰyɔ^{223}
81 建德徽	捅 tʰoŋ^{213} 豛 tɐʔ^{5}	插 tsʰo^{55}	戳 tsʰu^{55} 豛 tɐʔ^{5}
82 寿昌徽	捅 tʰɔŋ^{24}	插 tɕʰyə^{55}	戳 tɕʰiɔʔ^{3}
83 淳安徽	豛 toʔ^{5}	豛 toʔ^{5}	豛 toʔ^{5}
84 遂安徽	戳 tsʰɔ^{24}	戳 tsʰɔ^{24}	戳 tsʰɔ^{24}
85 苍南闽	戳 tʰɐ^{43}	插 tsʰɐ^{43}	戳 tsʰɐ^{43}
86 泰顺闽	揬 tʰøʔ^{3}	插 tsʰɛʔ^{5}	揬 tʰøʔ^{3}
87 洞头闽	□ tɕʰieŋ^{113}	插 tsʰa^{53}	□ tsʰɐt^{24}
88 景宁畲	戳 tsʰuʔ^{5}	插 tsʰat^{5}	戳 tsʰuʔ^{5}

方言点	0823 砍～树	0824 剁把肉～碎做馅儿	0825 削～苹果
01 杭州	砍 k^{h}ɛ^{53}	斩 dzɛ^{13} 音殊	削 ɕiɛʔ^{5}
02 嘉兴	斫 tsoʔ^{5}	斩 tsᴇ^{42} 调殊	削 ɕiᴀʔ^{5}
03 嘉善	劈 p^{h}ieʔ^{5}	斩 tsɛ^{53} 调殊	削 ɕiaʔ^{5}
04 平湖	席$^{=}$ ziəʔ^{23}	斩 tsɛ^{53} 调殊	削 siaʔ^{5}
05 海盐	斩 tsɛ^{53} 调殊	斩 tsɛ^{53} 调殊	削 ɕiaʔ^{5}
06 海宁	劈 p^{h}ieʔ^{5}	斩 tsei^{55} 调殊	削 ɕiaʔ^{5}
07 桐乡	斩 tsɛ^{44} 调殊	斩 tsɛ^{44} 调殊	削 siaʔ^{5}
08 崇德	斩 tsɛ^{44} 调殊	斩 tsɛ^{44} 调殊	㓟 p^{h}i^{44}
09 湖州	斫 tsuoʔ^{5}	斩 tsɛ^{44} 调殊	削 ɕiaʔ^{5}
10 德清	砍 k^{h}ɛ^{44}	斩 tsɛ^{44} 调殊	削 ɕiaʔ^{5}
11 武康	斫 tsuoʔ^{5}	斩 tsɛ^{44} 调殊	削 ɕiɜʔ^{5}
12 安吉	斫 tsoʔ^{5}	□ dzɔ̃^{22}	削 ɕiᴇʔ^{5}
13 孝丰	砍 k^{h}ɛ^{52}	斩 tsɛ^{44} 调殊	削 ɕiaʔ^{5}
14 长兴	斫 tsoʔ^{5}	斩 tsᴇ^{44} 调殊	削 ʃiaʔ^{5}
15 余杭	斫 tsoʔ^{5}	斩 tsɛ^{44} 调殊	刨 bɔ^{213}
16 临安	斫 tsuɔʔ^{5}	斩 tsɛ^{55} 调殊	削 ɕiɐʔ^{5}
17 昌化	带$^{=}$ ta^{544}	斩 tsɔ̃^{334} 调殊 出$^{=}$ ts^{h}əʔ^{5}	削 ɕiaʔ^{5}
18 於潜	砍 k^{h}ɛ^{51}	斩 tsɛ^{433} 调殊	削 ɕieʔ^{53}
19 萧山	𠝹 tsɛ^{533}	□ dzɛ^{242}	削 ɕiaʔ^{5}
20 富阳	斫 tsoʔ^{5}	斩 tsã^{53} 调殊	削 ɕiaʔ^{5}
21 新登	斫 tsaʔ^{5}	斩 tsɛ^{53} 调殊	削 ɕiaʔ^{5}
22 桐庐	斫 tsaʔ^{5}	斩 tsã^{533} 调殊	削 ɕiaʔ^{5}
23 分水	砍 k^{h}ã^{53}	斩 tsã^{44} 调殊	剥 pəʔ^{5}
24 绍兴	斫 tsoʔ^{5}	㧻 toʔ^{5}	削 ɕiaʔ^{5}

续表

方言点	0823 砍～树	0824 剁把肉～碎做馅儿	0825 削～苹果
25 上虞	斫 tsoʔ^{5}	斩 tsɛ̃^{35}	刨 bɔ^{31}
26 嵊州	斫 tsoʔ^{5}	斩 tsɛ̃^{534} 调殊	削 ɕiaʔ^{5}
27 新昌	斫 tsoʔ^{5}	斩 tsɛ̃^{534} 调殊	削 ɕiaʔ^{5}
28 诸暨	斫 tsoʔ^{5}	斩 tsɛ^{544} 调殊	削 ɕiaʔ^{5}
29 慈溪	解 ka^{35}	斩 tsɛ̃^{35}	刜 pʰi^{35}
30 余姚	斫 tsoʔ^{5}	斩 tsã^{44} 调殊	刜 pʰi^{44}
31 宁波	斫 tsoʔ^{5}	斩 tsɛ^{53} 调殊	削 ɕiəʔ^{5}
32 镇海	砍 kʰɛ^{35} 斫 tsoʔ^{5}	斩 tsɛ^{53} 调殊	削 ɕieʔ^{5}
33 奉化	斫 tsoʔ^{5}	斩 tsɛ^{44} 调殊	刨 bʌ^{31}
34 宁海	斫 tsɔʔ^{5}	斩 tse^{423} 调殊	削 ɕiaʔ^{5} 刨 bau^{213}
35 象山	斫 tsoʔ^{5}	斩 tsɛ^{44}	削 ɕieʔ^{5}
36 普陀	斩 tsɛ^{53} 调殊	斩 tsɛ^{53} 调殊	削 ɕiɛʔ^{5}
37 定海	斫 tsoʔ^{5}	斩 tsɛ^{52} 调殊	刨 bɔ^{13}
38 岱山	斫 tsoʔ^{5}	斩 tsɛ^{52} 调殊	刨 bɔ^{23}
39 嵊泗	斩 tsɛ^{53} 调殊	斩 tsɛ^{53} 调殊	削 ɕiᴇʔ^{5}
40 临海	斫 tsoʔ^{5}	剁 to^{55}	削 ɕiaʔ^{5}
41 椒江	斫 tsoʔ^{5}	斫 tsoʔ^{5}	杀$^{=}$ saʔ^{5}
42 黄岩	斫 tsoʔ^{5}	斫 tsoʔ^{5}	削 ɕieʔ^{5}
43 温岭	斫 tsoʔ^{5}	斩 tsɛ^{42}	刜 pʰi^{33}
44 仙居	斫 tɕyɑʔ^{5}	剁 ɗo^{55}	刨 bɐɯ^{24}
45 天台	斫 tsɔʔ^{5}	剁 to^{55}	削 ɕieʔ^{5}
46 三门	斫 tsɔʔ^{5}	斫 tsɔʔ^{5}	削 ɕiaʔ^{5}

续表

方言点	0823 砍～树	0824 剁把肉～碎做馅儿	0825 削～苹果
47 玉环	斫 tsoʔ^{5}	斫 tsoʔ^{5}	削 ɕiɐʔ^{5}
48 金华	斫 tsoʔ^{4}	斩 tsɑ^{334} 调殊	刨 bɑo^{14} 用刨 削 ɕiəʔ^{4} 用刀
49 汤溪	得$^{=}$ tɛ^{55}	斩 tsuɑ^{24} 调殊	削 sɤa^{55}
50 兰溪	剢 təʔ^{34}	斩 tsuɑ^{334} 调殊	削 siəʔ^{34}
51 浦江	斫 tsyo^{423}	斩 tsɑ̃^{534} 调殊	削 ɕyo^{423}
52 义乌	剟 tə^{324}	斩 tsɔ^{335} 调殊	削 sɯa^{324}
53 东阳	剉 tsʰu^{453}	斩 tsɔ^{334} 调殊	削 ɕiaʔ^{34}
54 永康	剉 tsʰuo^{52}	斩 tsa^{55} 调殊 剢 ɗə^{334}	削 ɕiɑu^{334}
55 武义	□ den^{231}	斩 tsuo^{24} 调殊	刨 bɑu^{231}
56 磐安	剉 tsʰuɤ^{52}	斩 tsɒ^{445} 调殊	削 ɕya^{334}
57 缙云	斫 tɔ^{322}	剁 təɤ^{322}	刨 bɔ^{213}
58 衢州	剉 tsʰu^{53}	斩 tsã^{32} 调殊	削 ɕiaʔ^{5}
59 衢江	刺$^{=}$ tsʰɿ^{53}	斩 tsã^{33} 调殊	削 ɕiaʔ^{5}
60 龙游	剉 tsʰu^{51}	斩 tsã^{35}	削 ɕiɔʔ^{4}
61 江山	记$^{=}$ kɵ^{51}	斫 taʔ^{5}	削 ɕiaʔ^{5}
62 常山	盖$^{=}$ kuɛ^{324}	斩 tsã^{52}	削 ɕiʌʔ^{5}
63 开化	□ iɔʔ^{5}	斩 tsã^{44} 调殊	削 ɕiaʔ^{5}
64 丽水	剉$^{=}$ tsʰei^{52}	斩 tsã^{224} 调殊	削 ɕiɔʔ^{5}
65 青田	剉 tsʰæi^{33}	剁 ɗu^{33}	剫 pʰi^{445}
66 云和	剉 tsʰei^{45}	啄$^{=}$ teiʔ^{5} 剁 tu^{45}	削 ɕiɔʔ^{5}
67 松阳	斫 ioʔ^{5}	剁 tu^{24}	刨 bɔ^{31}
68 宣平	斫 yəʔ^{5}	斩 tsɑ̃^{324} 调殊	刨 bɔ^{231}

续表

方言点	0823 砍～树	0824 剁把肉～碎做馅儿	0825 削～苹果
69 遂昌	锲 tsʰɿ^{334}	剁 tu^{533} 笃= tɔʔ^{5}	削 ɕiaʔ^{5}
70 龙泉	契= tɕʰi^{45}	剁 tou^{45}	削 ɕiaʔ^{5}
71 景宁	刬 tsʰai^{35}	斫 təɯʔ^{5}	刨 bɑu^{113}
72 庆元	讨 tʰɤ^{33} 菜= tsʰæi^{11}	□ ɗəɯʔ^{5}	削 ɕiɑʔ^{5}
73 泰顺	刬 tsʰæi^{35}	□ təiʔ^{5}	劆 pʰi^{213}
74 温州	斫 tɕia^{323}	剁 tɤu^{51}	劆 pʰei^{33}
75 永嘉	斫 tɕia^{423}	剁 to^{53}	劆 pʰei^{44}
76 乐清	斫 tɕiɯʌ^{323}	剁 to^{41}	劆 pʰi^{44}
77 瑞安	斫 tɕiɔ^{323} 刬 tsʰai^{53}	剁 tou^{53}	劆 pʰei^{44} 削 ɕiɔ^{323}
78 平阳	□ tʃʰai^{53}	剁 tu^{53}	批 pʰi^{55}
79 文成	□ tʃʰai^{33}	达= da^{212}	批 pʰei^{55}
80 苍南	刬 tsʰai^{42}	剁 tu^{42}	劆 pʰi^{44}
81 建德徽	斫 tso^{55}	斩 tsɛ^{53} 调殊	刨 pʰɔ^{55} 用刨 削 ɕiɑ^{55} 用刀
82 寿昌徽	斫 tɔʔ^{3}	斩 tɕyə^{112} 调殊	削 ɕiəʔ^{3}
83 淳安徽	斫 tsoʔ^{5}	剁 tu^{24}	削 ɕiɑʔ^{5}
84 遂安徽	斫 tsɔ^{24}	剁 təɯ^{43}	削 ɕiɑ^{24}
85 苍南闽	刬 tsʰo^{21}	答= tɐ^{43}	削 ɕia^{43}
86 泰顺闽	刬 tsʰɔi^{53}	剁 ty^{53}	削 pʰei^{213}
87 洞头闽	刬 tsʰo^{21}	□ tãĩ^{53}	削 ɕia^{53}
88 景宁畲	斩 tsuən^{325} 斫 tɕioʔ^{5}	剁 tut^{5}	削 ɕiaʔ^{5}

方言点	0826 裂木板~开了	0827 皱皮~起来	0828 腐烂死鱼~了
01 杭州	豁 xuaʔ^{5}	皱 tsei^{45}	烂 lɛ^{13}
02 嘉兴	𠆧 kuÃ^{544}	皱 tsei^{224}	烂 lE^{113}
03 嘉善	𠆧 kuæ̃^{44}	皱 tsə^{334}	臭 tsʰə^{334}
04 平湖	𠆧 kuã^{44}	皱 tsəɯ^{334}	烂 lɛ^{213}
05 海盐	𠆧 kuɛ̃^{423}	皱 tse^{334}	烂 lɛ^{213}
06 海宁	豁 huaʔ^{5}	皱 tsəɯ^{35}	烂 lɛ^{13}
07 桐乡	□ fã^{53}	皱 tsɤɯ^{334}	烂 lɛ^{213}
08 崇德	豁 huaʔ^{5}	皱 tsɤm^{334}	烂 lɛ^{13}
09 湖州	迸 pã^{35}	皱 tɕiʉ^{35}	烂 lɛ^{35}
10 德清	迸 pã^{334}	皱 tɕiʉ^{334}	烂 lɛ^{334}
11 武康	迸 pã^{224}	皱 tɕiø^{224}	烂 lɛ^{224}
12 安吉	迸 pã^{324}	皱 tsəɪ^{324}	烂 lE^{22}
13 孝丰	迸 pã^{324}	皱 tsəɪ^{324}	烂 lɛ^{324}
14 长兴	迸 pã^{324}	皱 tsei^{324}	烂 lE^{324}
15 余杭	豁裂 xuəʔ^{5} lieʔ^{2}	皱 tsøʏ^{423}	烂 lɛ^{213}
16 临安	豁裂 kuɐʔ^{5} liɐʔ^{2}	皱 tsə^{55}	烂 lɛ^{33}
17 昌化	怪$^{=}$ kua^{544}	皱 tɕi^{544}	烂 lɔ̃^{243}
18 於潜	豁 kuəʔ^{53}	皱 tɕiəu^{35}	烂 lɛ^{24}
19 萧山	豁 kuaʔ^{5}	皱 tɕio^{42}	烂 lɛ^{242}
20 富阳	豁 huaʔ^{5}	皱 tsei^{335}	烂 lã^{335}
21 新登	豁 kuaʔ^{5} 裂 liəʔ^{2}	皱 tɕy^{45}	烂 lɛ^{13}
22 桐庐	豁 kuaʔ^{5}	皱 tsei^{35}	烂 lã^{24}
23 分水	裂 liəʔ^{12}	皱 tsɵ^{24}	霉烂 me^{21} lã^{24}
24 绍兴	豁 kuaʔ^{5}	皱 tsɤ^{33}	烂 lɛ̃^{22}

续表

方言点	0826 裂木板～开了	0827 皱皮～起来	0828 腐烂死鱼～了
25 上虞	敨 tɕʰiaʔ^{5}	打裥 tã^{33} kɛ̃^{35}	烂 lɛ̃^{31}
26 嵊州	坼 tsʰɛʔ^{5}	授$^{=}$ ʑiʏ^{24}	烂 lɛ̃^{24}
27 新昌	裂 liɛʔ^{2}	旧$^{=}$ dʑiɯ^{13}	烂 lɛ̃^{13}
28 诸暨	碱 kuaʔ^{5}	寿$^{=}$ zei^{33}	烂 lɛ^{33}
29 慈溪	花$^{=}$ huo^{35} 豁 huaʔ^{5}	皱 tsəu^{44}	烂 lɛ̃^{13}
30 余姚	豁 huaʔ^{5}	皱 tsø^{53}	烂 lã^{13}
31 宁波	豁 huaʔ^{5}	皱 tsœʏ^{44}	烂腐 lɛ^{13} vu^{44}
32 镇海	豁 huaʔ^{5}	打裥 tã^{33} kɛ^{35}	烂腐 lɛ^{22} vu^{31}
33 奉化	豁 huaʔ^{5}	皱 tsæi^{53}	发醭 faʔ^{2} pʰoʔ^{5}
34 宁海	柴$^{=}$ dza^{31}	皱 tɕiu^{53}	烂 le^{24}
35 象山	豁裂 huaʔ^{5} lieʔ^{2}	皱 tsɤɯ^{53}	脓$^{=}$ noŋ^{13}
36 普陀	豁开 xuɐʔ^{5} kʰɛ^{0}	皱 tseu^{55}	烂 lɛ^{13}
37 定海	豁 xuɐʔ^{5}	皱 tsɐi^{44}	烂 lɛ^{13}
38 岱山	豁 xuɐʔ^{5}	皱 tsœʏ^{44}	烂腐 lɛ^{11} vu^{44}
39 嵊泗	豁开 xuɐʔ^{5} kʰe^{0}	皱 tsœʏ^{53}	烂 lɛ^{213}
40 临海	碱 kuəʔ^{5}	打裥 tã^{42} kɛ^{52}	烂 lɛ^{324}
41 椒江	裂 lieʔ^{2}	作裥 tsoʔ^{3} kiɛ^{42} 打裥 tã^{42} kiɛ^{42}	烂 lɛ^{24}
42 黄岩	裂 lieʔ^{2} 碱 kuəʔ^{5}	作裥 tsoʔ^{3} kiɛ^{42} 打裥 tã^{42} kiɛ^{42}	烂 lɛ^{24}
43 温岭	裂 liʔ^{2}	作裥 tsoʔ^{3} kiɛ^{42}	烂 lɛ^{13}
44 仙居	裂 liaʔ^{23}	裥 ka^{324}	烂 la^{24}
45 天台	碱裂 kuaʔ^{1} lieʔ^{5}	皱 tseu^{55}	烂 le^{214}
46 三门	碱裂 kuaʔ^{3} lieʔ^{23}	打裥 tɛ^{32} kɛ^{325}	烂臭 lɛ^{55} tɕʰiu^{55}

续表

方言点	0826 裂木板～开了	0827 皱皮～起来	0828 腐烂死鱼～了
47 玉环	裂 liɐʔ^{2}	作裥 tsoʔ^{3} kiɛ^{53}	烂 lɛ^{22}
48 金华	硪坼 kuəʔ^{4} tsʰəʔ^{4} 硪 kuəʔ^{4}	纵$^{=}$ tsoŋ^{55} 老 皱 tɕiu^{55} 新	烂 lɑ^{14}
49 汤溪	硪 kua^{55}	皱 tɕiəɯ^{52}	烂 luɑ^{341}
50 兰溪	硪 kuɑʔ^{34}	皱 tɕiəɯ^{45}	烂 luɑ^{24}
51 浦江	硪 kuɑ^{423}	皱 tsiɤ^{55}	烂 lɑ̃^{24}
52 义乌	硪 kuɛ^{324}	皱 tsɐɯ^{45}	烂 lɔ^{24}
53 东阳	开坼 kʰe^{33} tsʰa^{33}	皱 tsəɯ^{453}	糜烂 mi^{22} lɔ^{53}
54 永康	硪 kuai^{334}	皱 tsəu^{52}	烂 la^{241}
55 武义	硪 kuɑ^{53}	皱 tsɑu^{53}	烂 nuo^{231}
56 磐安	开 kʰe^{445} 硪 kua^{334} 硪坼 kua^{55} tsʰa^{334}	皱 tsɐɯ^{52}	烂 lɒ^{14}
57 缙云	硪 kua^{322}	皱 ɕiuŋ^{453}	烂 lɑ^{213}
58 衢州	硪 kuaʔ^{5}	皱 tse^{32}	烂 lã^{231} 离骨 li^{21} kuəʔ^{5}
59 衢江	硪 kuaʔ^{5}	褶 tsəʔ^{5}	烂 lã^{231}
60 龙游	硪 kuəʔ^{4}	皱 tsəɯ^{51}	烂 lã^{231}
61 江山	硪 kuaʔ^{5}	皱 tɕiɵ^{44}	烂 lɒŋ^{31}
62 常山	硪 kuaʔ^{5}	蹙 tsʰɤʔ^{5}	烂 lɔ̃^{131}
63 开化	裂 liaʔ^{5} 坼 tsʰaʔ^{5}	皱 tsɯ^{412}	烂 lã^{213}
64 丽水	开坼 kʰɛ^{44} tsʰaʔ^{5}	皱 tsəɯ^{52}	烂 lã^{131}
65 青田	开缝 kʰɛ^{55} voŋ^{22}	皱 tsæi^{33}	烂 lɑ^{22}
66 云和	开坼 kʰei^{44} tsʰaʔ^{5}	皱 tsəɯ^{45}	烂 lã^{223}
67 松阳	坼 tʰaʔ^{5}	皱 tsei^{24}	烂 lɔ̃^{24}

续表

方言点	0826 裂木板～开了	0827 皱皮～起来	0828 腐烂死鱼～了
68 宣平	开坼 kʰei^{44}tsʰaʔ^{5}	周$^{=}$ tɕiɯ^{324}	烂 lɑ̃^{231}
69 遂昌	开坼 kʰei^{33}tʰiaʔ^{5} 裂 liɛʔ^{23}	皱 tsəɯʔ^{5}	烂 laŋ^{213}
70 龙泉	裂 liᴇʔ^{24}	皱 tsiəu^{45}	烂 laŋ^{224}
71 景宁	裂 liaʔ^{23} 开坼 kʰai^{55}tsʰaʔ^{5}	皱 tsəɯ^{35}	烂 lɔ^{113}
72 庆元	开坼 kʰæi^{33}tsʰaʔ^{5} 裂 liɑʔ^{34}	皱 tsɐɯ^{11}	烂 lɑ̃^{31}
73 泰顺	裂 liɔʔ^{2}	皱 tsəu^{35}	烂 lã^{22}
74 温州	裂 li^{212}	皱 tsau^{51}	齆 oŋ^{51}
75 永嘉	裂 li^{213}	皱 tsau^{53}	烂 la^{22}
76 乐清	裂 liᴇ^{212}	皱 tɕiau^{41}	齆 oŋ^{41}
77 瑞安	裂 li^{212}	皱 tsau^{53}	烂 lɔ^{22}
78 平阳	裂 lie^{34}	皱 tʃau^{53}	烂 lɔ^{33}
79 文成	裂 lie^{212}	皱 tʃau^{33}	烂 lɔ^{424}
80 苍南	裂 liɛ^{112}	皱 tsau^{42}	烂 la^{11}
81 建德徽	⿰石或 kuɑ^{55}	皱 tsɤɯ^{53}	烂 nɛ^{55}
82 寿昌徽	⿰石或 kuəʔ^{3}	皱 tsəɯ^{112}	烂 luə^{33}
83 淳安徽	裂 liɑʔ^{5} 调殊	皱 tsɯ^{24}	烂 lɑ̃^{53}
84 遂安徽	裂 liɛ^{24}	皱 tɕiu^{43}	烂 lɑ̃^{52}
85 苍南闽	坼 tʰia^{43}	皱 dʑiau^{24}	烂 nũã^{21}
86 泰顺闽	裂 liɪʔ^{3}	□ nia^{53}	烂 læŋ^{31}
87 洞头闽	裂 liet^{24}	皱 tɕiau^{33}	烂 nũã^{21}
88 景宁畲	裂 liaʔ^{2}	皱 tsu^{44}	烂 lɔn^{51}

方言点	0829 擦用毛巾～手	0830 倒把碗里的剩饭～掉	0831 扔丢弃：这个东西坏了，～了它
01 杭州	揩 kʰa³³⁴	倒 tɔ⁵³	掼 guɛ¹³
02 嘉兴	揩 kʰᴀ⁴²	倒 tɔ⁵⁴⁴	掼 guᴇ¹¹³
03 嘉善	揩 kʰa⁵³	划 uaʔ²	厾 tuoʔ⁵
04 平湖	揩 kʰa⁵³	倒 tɔ⁴⁴	掼 guɛ²¹³
05 海盐	揩 kʰɑ⁵³	搀⁼ tsʰɛ⁵³ 倒 tɔ⁴²³	掼 guɛ²¹³
06 海宁	揩 kʰa⁵⁵	划 uaʔ²	掼 gue¹³
07 桐乡	揩 kʰa⁴⁴	倒 tɔ⁵³	掼 guɛ²¹³
08 崇德	揩 kʰɑ⁴⁴	倒 tɔ⁵³	掼 guɛ¹³
09 湖州	揩 kʰa⁴⁴	倒 tɔ³⁵	挥⁼ xuei³⁵
10 德清	揩 kʰa⁴⁴	划 uaʔ²	掼 guɛ¹¹³
11 武康	揩 kʰa⁴⁴	倒 tɔ⁵³	厾 tuoʔ⁵
12 安吉	揩 kʰa⁵⁵	倒 tɔ³²⁴	掼 guᴇ²¹³
13 孝丰	揩 kʰa⁴⁴	倒 tɔ³²⁴	掼 guɛ²¹³
14 长兴	揩 kʰa⁴⁴	倒 tɔ³²⁴	□ huᴇ³²⁴
15 余杭	揩 kʰa⁴⁴	倒 tɔ⁵³	掼 guɛ²¹³
16 临安	揩 kʰa⁵⁵	倒 tɔ⁵⁵	掼 guɛ³³
17 昌化	揩 kʰa³³⁴	倒 tɔ⁵⁴⁴	掼 guɔ̃²⁴³
18 於潜	揩 kʰa⁴³³	倒 tɔ³⁵	掼 guɛ²⁴
19 萧山	揩 kʰa⁵³³	倒 tɔ⁴²	掼 guɛ²⁴²
20 富阳	揩 kʰa⁵³	倒 tɔ⁴²³	掼 guã²²⁴
21 新登	揩 kʰa⁵³	倒 tɔ³³⁴	掼 guɛ¹³
22 桐庐	揩 kʰᴀ⁵³³	倒 tɔ³⁵	掼 guã²⁴
23 分水	擦 tsʰaʔ⁵	倒 tɔ⁵³	摔 ɕyəʔ⁵
24 绍兴	揩 kʰa⁵³	瀓 dəŋ²³¹	掼 guɛ̃²²
25 上虞	揩 kʰa³⁵	□ tʰəŋ³⁵ 倒 tɔ⁵³	掼 guɛ̃³¹

续表

方言点	0829 擦用毛巾～手	0830 倒把碗里的剩饭～掉	0831 扔丢弃：这个东西坏了，～了它
26 嵊州	揩 k^{h}a^{534}	倒 tɔ^{334}	掼 guɛ̃^{24}
27 新昌	揩 k^{h}a^{534}	倒 tɔ^{335}	抛 p^{h}ɔ^{534}
28 诸暨	揩 k^{h}ᴀ^{544}	倒 tɔ^{42}	掼 guɛ^{33}
29 慈溪	揩 k^{h}a^{35}	倒 tɔ^{44}	掼 guɛ̃^{13}
30 余姚	揩 k^{h}a^{44}	倒 tɔ^{53} 泼 p^{h}oʔ^{5}	掼 guã^{13}
31 宁波	揩 k^{h}a^{53}	倒 tɔ^{44}	揞 a^{44} □ k^{h}a^{44}
32 镇海	揩 k^{h}a^{53}	倒 tɔ^{53}	揞 ã^{53} □ k^{h}ã^{53}
33 奉化	揩 k^{h}a^{44}	倒 tʌ^{53}	揞 ã^{53}
34 宁海	揩 k^{h}a^{423}	倒 tau^{35}	抛 p^{h}au^{423}
35 象山	揩 k^{h}a^{44}	倒 tɔ^{53}	□ k^{h}ã^{53}
36 普陀	揩 k^{h}a^{53} 擦 ts^{h}ɐʔ^{5}	倒 tɔ^{55}	□ k^{h}ã^{55}
37 定海	揩 k^{h}a^{52}	倒 tɔ^{44}	揞 ã^{44}
38 岱山	揩 k^{h}a^{52}	倒 tɔ^{44}	□ k^{h}ã^{44}
39 嵊泗	揩 k^{h}a^{53}	倒 tɔ^{53}	□ k^{h}ã^{53}
40 临海	揩 k^{h}a^{31}	倒 tɔ^{55}	断$^{=}$ tø^{55}
41 椒江	揩 k^{h}a^{42}	倒 tɔ^{55}	断$^{=}$ tø^{55}
42 黄岩	揩 k^{h}a^{32}	倒 tɔ^{55}	断$^{=}$ tø^{55}
43 温岭	揩 k^{h}a^{33}	倒 tɔ^{55}	□ bã^{31}
44 仙居	缴$^{=}$ tɕiɐɯ^{324}	倒 ɗɐɯ^{55}	□ ɗø^{55}
45 天台	揩 k^{h}a^{33}	辙$^{=}$ dʑieʔ^{2}	掼 gue^{35}
46 三门	揩 k^{h}a^{334}	倒 tɑu^{55}	断$^{=}$ tø^{55}
47 玉环	擦 ts^{h}ɐʔ^{5}	倒 tɔ^{55}	□ bã^{31}
48 金华	揩 k^{h}ɑ^{334}	□ tɕ^{h}yɑ^{535} 倒 tɑo^{535}	□ liu^{55} 掼 guɑ^{14} 捽 ɕyəʔ^{4}

续表

方言点	0829 擦用毛巾～手	0830 倒把碗里的剩饭～掉	0831 扔丢弃：这个东西坏了，～了它
49 汤溪	揩 kʰɑ^{24}	□ lei^{55}	□ ləɯ^{52}
50 兰溪	揩 kʰɑ^{334}	倒 tɔ^{55}	掼 guɑ^{24} □ xuɑʔ^{34}
51 浦江	揩 kʰɑ^{534}	权$^{=}$dʑyẽ^{113}	倒 to^{53}
52 义乌	缴$^{=}$tɕie^{423} 揩 kʰa^{335}	渡$^{=}$du^{24}	丢 tɐɯ^{335}
53 东阳	揩 kʰa^{44}	倒 təɯ^{453}	掼 gɔ^{24}
54 永康	缴$^{=}$tɕiɑu^{334}	□ ɗəu^{52}	丢 ɗiəu^{55} 掼 guɑ^{241}
55 武义	擦 tsʰuɑ^{53}	倒 lɑu^{445}	□ yə^{213} 丢 liəu^{24}
56 磐安	缴$^{=}$tɕio^{334}	倒 to^{52}	掼 gɒ^{14} 瓮$^{=}$ɔom^{52}
57 缙云	缴$^{=}$tɕiəɤ^{51}	□ dʑiɔ^{13} 倒 təɤ^{51}	威$^{=}$uei^{44}
58 衢州	揩 kʰɛ^{32}	倒 tɔ^{35}	掼 guã^{231}
59 衢江	揩 kʰa^{33}	倒 tɔ^{25}	丢 ty^{33}
60 龙游	揩 kʰɑ^{334}	倒 tɔ^{35}	掉 diɔ^{231}
61 江山	缴$^{=}$kiɐɯ^{241}	倒 tɐɯ^{51}	丢 tɯ^{44}
62 常山	缴$^{=}$tɕiɤ^{52}	倒 tɤ^{52}	丢 tiu^{44}
63 开化	缴$^{=}$tɕiəɯ^{53}	倒 təɯ^{53}	摔 ɕyɛʔ^{5}
64 丽水	缴$^{=}$tɕiə^{544} 老 擦 tsʰuɔʔ^{5} 新	倒 tə^{544}	摔 ɕyʔ^{5} 掼 guã^{131}
65 青田	缴$^{=}$tɕiœ^{454}	倒 dœ^{454}	□ liaŋ^{445}
66 云和	缴$^{=}$tɕiɑɔ^{41}	倒 təɯ^{45}	摔 ɕyeiʔ^{5}
67 松阳	缴$^{=}$tɕiɔ^{212}	倒 tʌ^{24}	摔 ɕioʔ^{5}
68 宣平	缴$^{=}$tɕiɔ^{445}	□ ʑiɔ̃^{231}	掼 guɑ̃^{231} 浴$^{=}$yəʔ^{23}
69 遂昌	缴$^{=}$tɕiɐɯ^{533}	倒 tɐɯ^{533}	摔 ɕyʔ^{5}

续表

方言点	0829 擦用毛巾~手	0830 倒把碗里的剩饭~掉	0831 扔丢弃：这个东西坏了，~了它
70 龙泉	缴= tɕiɑʌ^{51}	倒 tɑʌ^{45}	摔 ɕyeiʔ^{5} 掼 guaŋ^{224}
71 景宁	缴= tɕiɑu^{33}	□ dʑyɔʔ^{23} 倒 tɑu^{35}	摔 ɕiəɯʔ^{5}
72 庆元	缴= tɕiɒ^{33} 擦 tsʰɑʔ^{5}	倒 ɗɐɯ^{11}	堆= ɗæi^{335}
73 泰顺	缴= tɕiɑɔ^{55}	取= tɕʰy^{55}	摔 ɕyɛʔ^{5}
74 温州	缴= tɕiɛ^{25}	倒 tɜ^{51}	掼 ga^{22}
75 永嘉	缴= tɕyə^{45} 擦 tsʰa^{423}	倒 tə^{53}	抛 pʰuɔ^{44} 摔 ɕiai^{423} 掼 ga^{22}
76 乐清	缴= tɕiɤ^{35}	倒 tɤ^{41}	抛 pʰa^{44}
77 瑞安	缴= tɕy^{35} 擦 tsʰɔ^{323}	倒 tɛ^{53}	摔 ɕia^{323} 破= pʰa^{53}
78 平阳	缴= tɕye^{45}	倒 tɛ^{53}	订= teŋ^{53}
79 文成	擦 tʃʰɔ^{34}	倒 dɛ^{33}	丢 tiou^{55}
80 苍南	缴= tɕyɔ^{53} 擦 tsʰa^{223}	倒 tɛ^{42}	□ pʰia^{53}
81 建德徽	揩 kʰɑ^{53}	倒 tɔ^{213}	掼 kʰuɛ^{55}
82 寿昌徽	揩 kʰɑ^{112}	倒 tɤ^{24}	丢 təɯ^{112}
83 淳安徽	揩 kʰɑ^{24}	倒 tɤ^{55}	掼 kʰuɑ̃^{53} 追= tɕye^{55} 摔 ɕyʔ^{5}
84 遂安徽	揩 kʰa^{534}	倒 tɔ^{43}	□ ve^{213}
85 苍南闽	七= tɕʰie^{43} 擦 tsʰɐ^{43}	倒 to^{21}	□ ga^{24}
86 泰顺闽	□ kiɐu^{344}	□ tsʰɔi^{344}	□ føʔ^{5}
87 洞头闽	擦 tsʰɐt^{5} 策= tɕʰiek^{5}	倒 to^{21}	□ hiek^{5}
88 景宁畲	擦 tsʰɔt^{5}	倒 tau^{325}	□ xit^{5}

方言点	0832 扔投掷：比一比谁～得远	0833 掉掉落，坠落：树上～下一个梨	0834 滴水～下来
01 杭州	掼 guɛ^{13} 钉$^{=}$ tiŋ^{45}	跌 tiɛʔ^{5}	渧 ti^{45}
02 嘉兴	丢 toʔ^{5}	落 loʔ^{5}	渧 ti^{224}
03 嘉善	掼 guɛ^{113}	跌 tieʔ^{5}	渧 ti^{334}
04 平湖	掼 guɛ^{213} 丢 təɯ^{53}	看$^{=}$ kʰø^{213}	渧 ti^{334}
05 海盐	掼 guɛ^{213}	□ kʰɤ^{423}	渧 ti^{334}
06 海宁	丢 toʔ^{5}	开$^{=}$ kʰei^{53}	渧 ti^{35}
07 桐乡	丢 tɔʔ^{5}	凯$^{=}$ kʰᴇ^{53}	渧 ti^{334}
08 崇德	丢 tɔʔ^{5}	凯$^{=}$ kʰᴇ^{53}	渧 ti^{334}
09 湖州	丢 tuoʔ^{5}	落 luoʔ^{2}	渧 ti^{35}
10 德清	丢 tuoʔ^{5}	落 luoʔ^{2}	渧 ti^{334}
11 武康	丢 tuoʔ^{5}	落 luoʔ^{2}	渧 ti^{224}
12 安吉	丢 toʔ^{5}	落 loʔ^{23}	滴 tiᴇʔ^{5}
13 孝丰	掼 guɛ^{213}	落 luoʔ^{23}	滴 tieʔ^{5}
14 长兴	掼 guᴇ^{24}	落 loʔ^{2}	滴 tiᴇʔ^{5}
15 余杭	掼 guɛ^{213}	脱落 tʰoʔ^{5} loʔ^{2}	渧 ti^{423}
16 临安	掼 guɛ^{33}	跌 tieʔ^{5}	渧 ti^{55}
17 昌化	掼 guɔ̃^{243}	笃$^{=}$ tuəʔ^{5}	滴 tiɛʔ^{5}
18 於潜	掼 guɛ^{24}	脱 tʰəʔ^{53}	渧 ti^{35}
19 萧山	掼 guɛ^{243}	跌 tieʔ^{5}	滴 tieʔ^{5}
20 富阳	钉$^{=}$ tin^{335}	跌 tiɛʔ^{5}	渧 tia^{335}
21 新登	掼 guɛ^{13}	脱 tʰaʔ^{5}	淋 leiŋ^{233}
22 桐庐	掼 guã^{24}	蹋 tʰaʔ^{5} 跌 tiəʔ^{5}	滴 tiəʔ^{5}
23 分水	顿$^{=}$ tən^{24}	跌 tiəʔ^{5}	滴 tiəʔ^{5}
24 绍兴	掼 guɛ̃^{22}	跌 tieʔ^{5}	渧 ti^{33}
25 上虞	掼 guɛ̃^{31}	翻 fɛ̃^{35}	渧 ti^{53}

续表

方言点	0832 扔投掷:比一比谁～得远	0833 掉掉落,坠落:树上～下一个梨	0834 滴水～下来
26 嵊州	掼 guɛ̃^{24}	遁 deŋ^{24}	渧 ti^{334}
27 新昌	荡 daŋ^{13}	遁 deŋ^{13}	渧 ti^{335}
28 诸暨	□ dã^{33}	翻 fɛ^{544}	滴 tieʔ^{5}
29 慈溪	掼 guɛ̃^{13}	搭$^{=}$落 taʔ^{5} loʔ^{2}	渧 ti^{44}
30 余姚	掼 guã^{13} 搡 sɔŋ^{44}	跌 tiəʔ^{5}	渧 ti^{44}
31 宁波	□ kʰa^{44} 揞 a^{44}	跌 tiəʔ^{5}	渧 ti^{44}
32 镇海	□ kʰã^{53} 掼 guɛ^{24}	笃$^{=}$ toʔ^{5}	渧 ti^{53}
33 奉化	□ kʰã^{53}	笃$^{=}$ toʔ^{5}	离$^{=}$ li^{31}
34 宁海	掼 guɛ^{24} □ dã^{24}	倒 tau^{53}	滴 tieʔ^{5} 离$^{=}$ li^{24}
35 象山	□ əu^{44}	笃$^{=}$ toʔ^{5}	滴 tieʔ^{5}
36 普陀	□ kʰã^{55}	笃$^{=}$ toʔ^{5}	渧 ti^{55}
37 定海	揞 ã^{44}	笃$^{=}$ toʔ^{5}	渧 ti^{44}
38 岱山	□ kʰã^{44}	笃$^{=}$落 toʔ^{5} loʔ^{0}	渧 ti^{44}
39 嵊泗	眼$^{=}$ ŋɛ^{243}	笃$^{=}$ toʔ^{5}	渧 ti^{53}
40 临海	□ bã^{21}	脱 tʰøʔ^{5} 落 lɔʔ^{23}	渧 ti^{55}
41 椒江	掼 guɛ^{24}	脱 tʰøʔ^{5}	渧 ti^{55}
42 黄岩	□ bã^{121}	脱 tʰøʔ^{5}	渧 ti^{55}
43 温岭	□ bã^{31}	脱 tʰoʔ^{5}	渧 ti^{55}
44 仙居	□ ɗø^{55}	脱 tʰɑʔ^{5}	渧 ɗi^{55}
45 天台	淞$^{=}$ ɕyuŋ^{33}	脱 tʰəʔ^{5}	渧 ti^{55}
46 三门	掼 guɛ^{243}	倒 tɑu^{325} 落 lɔʔ^{23}	滴 tieʔ^{5}
47 玉环	□ bã^{31}	逿 dəŋ^{22} 脱 tʰoʔ^{5}	渧 ti^{55}

续表

方言点	0832 扔投掷：比一比谁～得远	0833 掉掉落，坠落：树上～下一个梨	0834 滴水～下来
48 金华	□ liu^{55} 掼 guɑ^{14}	脱 t^{h}əʔ^{4}	渧 tia^{55}
49 汤溪	□ ləɯ^{52}	脱 t^{h}ə^{55}	渧 ȵia^{52}
50 兰溪	掼 guɑ^{24} □ xuɑʔ^{34}	脱 t^{h}əʔ^{34}	渧 tia^{45}
51 浦江	掼 guã^{24}	跌 tia^{423}	漏 lɤ^{24}
52 义乌	革= kə^{324}	脱 t^{h}ə^{324}	渧 ti^{45}
53 东阳	掼 gɔ^{24}	脱 t^{h}a^{334}	渧 ti^{453}
54 永康	舂= ɕyɑŋ^{55}	脱 t^{h}ə^{334}	渧 ɗie^{52}
55 武义	□ yə^{213} 丢 liəu^{24}	脱 t^{h}əʔ^{5}	滴 lia^{53}
56 磐安	掼 gɒ^{14} 瓮= ɔom^{52}	脱 t^{h}ɛ^{334}	渧 ti^{52}
57 缙云	威= uei^{44} 墩= naŋ^{44} 双= sɔ^{44}	脱 t^{h}əɤ^{322}	滴 tei^{322}
58 衢州	摔 ʃyəʔ^{5} 掼 guã^{231}	跌 tiəʔ^{5}	滴 tiəʔ^{5}
59 衢江	蹶= tɕiaʔ^{5}	蹶= tɕiaʔ^{5} 脱 t^{h}aʔ^{5}	滴 tiəʔ^{5}
60 龙游	订= tin^{51}	跌 tiəʔ^{4}	渧 tiɑ^{51}
61 江山	丢 tɯ^{44}	断= dəŋ^{31}	滴 taʔ^{5}
62 常山	掼 guã^{131}	跌 tieʔ^{5}	滴 tieʔ^{5}
63 开化	摔 ɕyɛʔ^{5}	跌 tiaʔ^{5}	滴 tiɛʔ^{5}
64 丽水	摔 ɕyʔ^{5} 掼 guã^{131}	跦 lei^{131}	滴 tiʔ^{5}
65 青田	□ liaŋ^{445}	遁 daŋ^{22}	渧 ɗi^{33}
66 云和	掷 tseiʔ^{5}	跦 lei^{223}	滴 tiʔ^{5}
67 松阳	臻= tsen^{53}	靶= puə^{212}	渧 tiɛ^{24}

续表

方言点	0832 扔投掷：比一比谁～得远	0833 掉掉落，坠落：树上～下一个梨	0834 滴水～下来
68 宣平	摔 ɕyəʔ^{5}	跦 lei^{231}	渧 tia^{52}
69 遂昌	掼 guaŋ^{213} 摔 ɕyʔ^{5}	靶$^{=}$ pɒ^{533}	渧 tiɒ^{334}
70 龙泉	葬$^{=}$ tsɔŋ^{45} 掼 guaŋ^{224}	蹲$^{=}$ tɛn^{434}	滴 tieiʔ^{5}
71 景宁	杠$^{=}$ kɔŋ^{35}	跦 lai^{113}	渧 ti^{35}
72 庆元	□ k^{h}æ̃^{11}	跦 læi^{335} 厌$^{=}$ iɛ̃^{11}	滴 ɗiʔ^{5}
73 泰顺	摔 ɕyɛʔ^{5}	跦 læi^{22}	滴 tiʔ^{5}
74 温州	掼 ga^{22}	遁 daŋ^{22}	渧 tei^{51}
75 永嘉	掼 ga^{22}	遁 daŋ^{22}	渧 tei^{53}
76 乐清	掼 guᴇ^{22}	遁 daŋ^{22}	渧 ti^{41}
77 瑞安	摔 ɕia^{323}	遁 daŋ^{22}	渧 tei^{53}
78 平阳	订$^{=}$ teŋ^{53}	遁 daŋ^{33}	滴 ti^{34}
79 文成	丢 tiou^{55}	遁 daŋ^{424}	滴 tei^{34}
80 苍南	订$^{=}$ teŋ^{42}	遁 daŋ^{11}	滴 ti^{223}
81 建德徽	掼 k^{h}uɛ^{55}	脱 t^{h}ɐʔ^{5}	渧 tie^{33}
82 寿昌徽	丢 təɯ^{112}	脱 t^{h}əʔ^{3}	渧 tiɛ^{33}
83 淳安徽	掼 k^{h}uɑ̃^{53} 追$^{=}$ tɕye^{55}	搭$^{=}$ tɑʔ^{5}	滴 tiʔ^{5}
84 遂安徽	抛 p^{h}ɔ^{52}	跌 tiɛ^{24}	滴 tiɛ^{24}
85 苍南闽	定$^{=}$ tĩ^{21} 有目标 □ ga^{24} 无目标	落 lɐ^{43}	漏 lau^{21}
86 泰顺闽	控 k^{h}əŋ^{53}	□ lai^{344}	滴 tiɪʔ^{5}
87 洞头闽	□ hiek^{5}	落 lɐk^{5}	渧 ti^{21}
88 景宁畲	□ xit^{5}	掉落 tau^{51} loʔ^{2}	滴 tit^{5}

方言点	0835 丢丢失：钥匙～了	0836 找寻找：钥匙～到	0837 捡～到十块钱
01 杭州	没见 maʔ²tɕiɛ⁴⁵	寻 dʑiŋ²¹³	赚⁼ dzuo¹³
02 嘉兴	跌 tieʔ⁵	寻 dʑiŋ²⁴² □ kʰəŋ⁴² 在深处找	扼 əʔ⁵
03 嘉善	落塌⁼ luoʔ²tʰɜʔ⁵	见 tɕiɪ³³⁴	捏⁼ ȵiaʔ²
04 平湖	落脱 loʔ²³tʰəʔ⁵	寻 zin³¹	纳⁼ nəʔ²³
05 海盐	□脱 kʰɤ⁵³tʰə²ʔ⁵	寻 dʑin³¹	善⁼ zɤ⁴²³ 额⁼ əʔ²³
06 海宁	开⁼脱 kʰei⁵⁵tʰəʔ⁵	寻 dʑiŋ¹³	□ zei²³¹
07 桐乡	凯⁼ kʰᴇ⁵³	寻 ziŋ¹³	善⁼ zᴇ²⁴²
08 崇德	凯⁼ kʰᴇ⁵³	寻 ʑiŋ¹³	善⁼ zᴇ²⁴²
09 湖州	落脱 luoʔ²tʰəʔ⁵	寻 ʑin¹¹²	赚⁼ dzɛ³⁵
10 德清	落脱 luoʔ²tʰəʔ⁵	寻 ʑin¹¹³	善⁼ zøʉ¹⁴³
11 武康	落 luoʔ²	寻 ʑin¹¹³	善⁼ dʑiø²⁴²
12 安吉	落 loʔ²³	寻 ʑiŋ²²	赚⁼ dzᴇ²⁴³
13 孝丰	落 luoʔ²³	寻 ʑiŋ²²	赚⁼ dze²⁴³
14 长兴	落 loʔ²	寻 ʒiŋ¹²	粘⁼ ȵi⁴⁴
15 余杭	脱了 tʰoʔ⁵liɔ³³	寻着 ziŋ³³zəʔ²	善⁼ zøʏ²⁴³
16 临安	跌 tiɐʔ⁵	寻 ʑieŋ³³	寿⁼ dzə³³
17 昌化	笃⁼ tuəʔ⁵	寻 ʑiəŋ¹¹²	作⁼ tsuəʔ⁵
18 於潜	脱 tʰəʔ⁵³	寻 ʑiŋ²²³	掘 dʑyɛ²⁴
19 萧山	跌 tieʔ⁶	寻 ʑiŋ³⁵⁵	赚⁼ dzə¹³
20 富阳	跌 tiɛʔ⁵	寻 ʑin¹³	撰 dʑyɛ̃²²⁴
21 新登	脱 tʰaʔ⁵	寻 zeiŋ²³³	撰 dʑiŋ²³³
22 桐庐	脱 tʰaʔ⁵	寻 ʑiŋ¹³	掬 tɕyəʔ⁵
23 分水	丢 tiɵ⁴⁴	寻 ʑin²²	捡 tɕiɛ̃⁵³

续表

方言点	0835 丢丢失：钥匙～了	0836 找寻找：钥匙～到	0837 捡～到十块钱
24 绍兴	跌落 tieʔ^{3} loʔ^{5}	寻 ʑiŋ^{231}	□ dzẽ^{223}
25 上虞	翻落 fɛ̃^{33} loʔ^{2}	寻 ʑiŋ^{213}	缠$^{=}$ dzø̃^{213}
26 嵊州	遁 deŋ^{24}	寻 ʑiŋ^{213}	篆$^{=}$ dzœ̃^{22}
27 新昌	遁 deŋ^{13}	夯$^{=}$ haŋ^{335}	赚$^{=}$ dzœ̃^{232}
28 诸暨	翻落 fɛ^{42} loʔ^{13}	寻 ʑin^{13}	赚$^{=}$ dzə^{242}
29 慈溪	搭$^{=}$落 taʔ^{5} loʔ^{2}	寻 əŋ^{13}	缠$^{=}$ dzẽ^{13}
30 余姚	跌落 tiəʔ^{5} loʔ^{2}	寻 iə̃^{13}	缠$^{=}$ dzẽ^{13}
31 宁波	跌落 tiəʔ^{5} loʔ^{2}	寻 ʑiŋ^{13}	撮 tsʰaʔ^{5}
32 镇海	笃$^{=}$ toʔ^{5}	寻 iŋ^{24}	撮 tsʰaʔ^{5}
33 奉化	笃$^{=}$落 toʔ^{5} loʔ^{2} 无掉 m^{33} diɔ^{33}	寻 ʑiŋ^{33}	撮 tsʰaʔ^{5}
34 宁海	落 lɔʔ^{3}	寻 ʑiŋ^{213}	撮 tsʰaʔ^{5}
35 象山	乱$^{=}$ lɤɯ^{31}	寻 zoŋ^{31}	撮 tsʰaʔ^{5}
36 普陀	笃$^{=}$ toʔ^{5}	寻 iŋ^{24}	撮 tsʰɐʔ^{5}
37 定海	笃$^{=}$落 toʔ^{5} loʔ^{0}	寻 iŋ^{23}	撮 tsʰɐʔ^{5}
38 岱山	无呐$^{=}$ ŋ^{44} nɐʔ^{5}	寻 iŋ^{23}	撮 tsʰɐʔ^{5}
39 嵊泗	笃$^{=}$落 toʔ^{5} loʔ^{0}	寻 iŋ^{243}	撮 tsʰɐʔ^{5}
40 临海	落 lɔʔ^{23}	寻 ʑiŋ^{31}	捉 tɕyɔʔ^{5}
41 椒江	落 loʔ^{2}	寻 ʑiŋ^{31}	捉 tsoʔ^{5}
42 黄岩	落 loʔ^{2}	寻 ʑin^{121}	捉 tsoʔ^{5}
43 温岭	落 loʔ^{2}	寻 ʑin^{31}	捉 tɕyoʔ^{5}
44 仙居	落 lɑʔ^{23}	寻 zen^{213}	撮 tsʰəʔ^{5}
45 天台	落 lɔʔ^{2}	捕$^{=}$ bu^{35}	捉 tɕyɔʔ^{5}
46 三门	落 lɔʔ^{23}	寻 ʑiŋ^{113}	捉 tɕiɔʔ^{5}

续表

方言点	0835 丢丢失：钥匙～了	0836 找寻找：钥匙～到	0837 捡～到十块钱
47 玉环	遁 dəŋ^{22}	寻 ʑiŋ^{31}	捉 tɕyoʔ^{5}
48 金华	脱 tʰəʔ^{4} 坞⁼ u^{535}	寻 zəŋ^{313}	撮 tsʰəʔ^{4}
49 汤溪	脱 tʰə^{55} 落坞⁼ lɔ^{11} u^{535}	寻 zã^{11}	撮 tsʰə^{55}/tsʰɤa^{55}
50 兰溪	脱 tʰəʔ^{34} 坞⁼ u^{55}	寻 zin^{21}	撮 tsʰəʔ^{34}
51 浦江	跌 tia^{423}	寻 zən^{113}	摭 yo^{423}
52 义乌	打坞⁼ nɛ^{33} u^{335}	寻 zən^{213}	撮 tsʰə^{324}
53 东阳	丢 tiəɯ^{334}	寻 zɐn^{213}	撮 tsʰɐ^{334}
54 永康	打坞⁼ nai^{33} u^{55}	寻 zəŋ^{22}	撮 tsʰə^{334}
55 武义	坞⁼ u^{445} 溜 liəu^{24}	寻 zen^{324}	撮 tsʰəʔ^{5}
56 磐安	脱 tʰɛ^{334} 打坞⁼ nɛ^{33} u^{334}	寻 zɐn^{213}	撮 tsʰɛ^{334}
57 缙云	坞⁼ vu^{51} 脱 tʰəɤ^{322}	寻 zaŋ^{243}	撮 tsʰəɤ^{322}
58 衢州	坞⁼ u^{35}	寻 ʑin^{21}	摭 iaʔ^{5}
59 衢江	脱 tʰaʔ^{5}	寻 ʑiŋ^{212}	摭 iaʔ^{5}
60 龙游	跌 tiəʔ^{4}	寻 ʑin^{21}	撮 tsʰəʔ^{4}
61 江山	坞⁼ uə^{241}	攞 lo^{22}	摭 iaʔ^{5}
62 常山	跌 tieʔ^{5}	寻 zĩ^{341}	摭 iaʔ^{5}
63 开化	跌 tiaʔ^{5}	寻 ʑin^{231}	摭 iaʔ^{5}
64 丽水	跊 lei^{131}	寻 zen^{22}	撮 tsʰeʔ^{5}
65 青田	遁 daŋ^{22}	寻 zaŋ^{21}	捉 tɕioʔ^{42}
66 云和	跊 lei^{223}	寻 zəŋ^{312}	□ zɿ^{312}
67 松阳	靶⁼ puə^{212}	寻 ʑin^{31}	撮 tsʰeʔ^{5}

续表

方言点	0835 丢丢失：钥匙～了	0836 找寻找：钥匙～到	0837 捡～到十块钱
68 宣平	跊 lei^{231}	寻 zən^{433}	撮 tsʰəʔ^{5}
69 遂昌	靶$^{=}$ pɒ^{533}	寻 zəŋ^{221}	撮 tsʰəɯʔ^{5}
70 龙泉	跊 li^{224}	□ lou^{51}	□ ʑi^{21}
71 景宁	跊 lai^{113}	寻 zaŋ^{41}	捉 tɕioʔ^{5}
72 庆元	跊 læi^{335}	□ lo^{221} 寻 ɕiəŋ^{52}	算$^{=}$ sæ̃^{11}
73 泰顺	跊 læi^{22}	寻 səŋ^{53}	摭 iɔʔ^{5}
74 温州	遁 daŋ^{22}	寻 zaŋ^{31}	捉 tɕio^{323}
75 永嘉	遁 daŋ^{22}	寻 zaŋ^{31}	捉 tɕyo^{423}
76 乐清	遁 daŋ^{22}	寻 zaŋ^{31}	捉 tɕio^{323}
77 瑞安	遁 daŋ^{22}	寻 zaŋ^{31}	捉 tɕyo^{323}
78 平阳	遁 daŋ^{33}	寻 zaŋ^{242}	克$^{=}$ kʰe^{34}
79 文成	遁 daŋ^{424}	寻 zeŋ^{113}	摭 ia^{34}
80 苍南	遁 daŋ^{11}	寻 zaŋ^{31}	克$^{=}$ kʰe^{223}
81 建德徽	脱 tʰɐʔ^{5}	寻 ɕin^{33}	拾 ɕiɐʔ^{12}
82 寿昌徽	脱 tʰəʔ^{3}	寻 ɕien^{52}	撮 tsʰəʔ^{3}
83 淳安徽	□ liʔ^{5}	寻 ɕin^{435}	脚$^{=}$ tɕiɑʔ^{5}
84 遂安徽	跌 tiɛ^{24}	寻 ɕin^{33}	摭 iɑ^{24}
85 苍南闽	落 lɐ^{43}	□ tsʰə^{21}	□ kʰio^{43}
86 泰顺闽	□ lai^{344}	寻 syeŋ^{22}	刻$^{=}$ kʰɛʔ^{5}
87 洞头闽	落 lɐk^{5}	□ tsə^{21}	抾 kʰieu^{53}
88 景宁畲	掉落 tau^{44} loʔ^{2}	寻 ɕin^{22}	捡 kien^{325}

方言点	0838 提用手把篮子~起来	0839 挑~担	0840 扛 把锄头~在肩上
01 杭州	拎 liŋ³³⁴	挑 tʰiɔ³³⁴	扛 gaŋ²¹³
02 嘉兴	拎 liŋ⁴²	挑 tʰiɔ⁴²	扛 kÃ⁴²
03 嘉善	拎 lin⁵³	挑 tʰiɔ⁵³	掮 dʑiɪ¹³²
04 平湖	拎 lin⁵³	挑 tʰiɔ⁵³	掮 dʑiɛ³¹
05 海盐	拎 lin⁵³	挑 tʰiɔ⁵³	掮 dʑiɛ³¹
06 海宁	拎 liŋ⁵⁵	挑 tʰiɔ⁵⁵	掮 dʑiŋ¹³
07 桐乡	拎 liŋ⁴⁴	挑 tʰiɔ⁴⁴	掮 dʑiᴇ¹³
08 崇德	拎 liŋ⁴⁴	挑 tʰiɔ⁴⁴	掮 dʑiɪ¹³
09 湖州	拎 lin⁴⁴	挑 tʰiɔ⁴⁴	掮 dʑie¹¹²
10 德清	拎 lin⁴⁴	挑 tʰiɔ⁴⁴	扛 gã¹¹³
11 武康	拎 lin⁴⁴	挑 tʰiɔ⁴⁴	背 pɛ²²⁴
12 安吉	拎 liŋ⁵⁵	挑 tʰiɔ⁵⁵	背 pe⁵⁵
13 孝丰	拎 liŋ⁴⁴	挑 tʰiɔ⁴⁴	扛 gɔ̃²²
14 长兴	拎 liŋ⁴⁴	挑 tʰiɔ⁴⁴	掮 dʒi¹²
15 余杭	□ li⁴⁴	挑 tʰiɔ⁴⁴	背 pɛ⁴²³
16 临安	拎 lieŋ³³	挑 tʰiɔ⁵⁵	背 pᴇ⁵⁵
17 昌化	拎 liəŋ³³⁴	挑 tʰiɔ³³⁴	驮 dɯ¹¹²
18 於潜	拎 liŋ⁴³³	挑 tʰiɔ⁴³³	背 pe³⁵
19 萧山	拎 liŋ⁵³³	挑 tʰiɔ⁵³³	扛 kɔ̃⁵³³
20 富阳	拎 nin⁵³	挑 tʰiɔ⁵³	背 pɛ⁵³
21 新登	拎 leiŋ²³³	挑 tʰiɔ⁵³	背 pe⁴⁵
22 桐庐	拎 liŋ⁵³³	挑 tʰiɔ⁵³³	背 pᴇ³⁵
23 分水	拎 lin²²	挑 tʰiɔ⁴⁴	背 pe⁴⁴
24 绍兴	拎 liŋ⁵³ □ li⁵³	挑 tʰiɔ⁵³	扛 kaŋ⁵³

续表

方言点	0838 提用手把篮子～起来	0839 挑～担	0840 扛把锄头～在肩上
25 上虞	拎 liŋ^{35}	挑 tʰiɔ^{35}	背 pe^{53}
26 嵊州	拎 liŋ^{534}	挑 tʰiɔ^{534}	掼 guɛ̃^{24}
27 新昌	挈 tɕʰiɛʔ^{5}	担 ta^{534}	掼 guɛ̃^{232}
28 诸暨	拎 lin^{544}	挑 tʰiɔ^{544}	背 pe^{544}
29 慈溪	拎 liŋ^{35}	挑 tʰiɔ^{35}	扛 kɔ̃^{35}
30 余姚	拎 liə̃^{44}	挑 tʰiɔ^{44}	背 pe^{44}
31 宁波	拎 liŋ^{53} 挈 tɕʰiəʔ^{5}	挑 tʰio^{44}	背 pɐi^{44}
32 镇海	挈 tɕʰieʔ^{5}	挑 tʰio^{53}	背 pei^{53}
33 奉化	挈 tɕʰiɪʔ^{5}	挑 tʰiɔ^{44}	背 pei^{53}
34 宁海	挈 tɕʰieʔ^{5}	担 te^{423}	掼 guɛ^{31}
35 象山	挈 tɕʰieʔ^{5}	挑 tʰio^{44}	扛 gɔ̃^{13}
36 普陀	提 di^{24}	挑 tʰiɔ^{53}	扛 gɔ̃^{24}
37 定海	挈 tɕʰieʔ^{5}	挑 tʰio^{52}	扛 gõ^{23}
38 岱山	挈 tɕʰieʔ^{5}	挑 tʰio^{52}	扛 kõ^{52}
39 嵊泗	挈 tɕʰiᴇʔ^{5}	挑 tʰio^{53}	背 pɐi^{53}
40 临海	挈 tɕʰieʔ^{5}	担 tɛ^{31}	掼 guɛ^{21}
41 椒江	挈 tɕʰieʔ^{5}	担 tɛ^{42}	扛 kɔ̃^{42}
42 黄岩	挈 tɕʰieʔ^{5}	担 tɛ^{32}	掼 guɛ^{121}
43 温岭	挈 tɕʰiʔ^{5}	担 tɛ^{33}	掼 guɛ^{31}
44 仙居	抓 tɕyɑ^{324}	担 ɗa^{334}	背 ɓæ^{55}
45 天台	挈 kʰəʔ^{5}	担 ta^{33}	掼 gue^{214}
46 三门	挈 tɕʰieʔ^{5}	担 tɛ^{334}	掼 guɛ^{213}
47 玉环	挈 tɕʰiɐʔ^{5}	担 tɛ^{42}	掼 guɛ^{41}

续表

方言点	0838 提用手把篮子～起来	0839 挑～担	0840 扛把锄头～在肩上
48 金华	拎 liŋ^{334}	搿 gɤ^{14}	背 pɛ^{55}
49 汤溪	拎 nɛ̃i^{24}	搿 gɤ^{113}	背 pɛ^{52}
50 兰溪	拎 lin^{334}	搿 gɤʔ^{12}	背 pe^{45}
51 浦江	拎 liən^{534}	搿 gɯ^{232}	背 pa^{55}
52 义乌	抓 tɕyɛ^{423}	担 nɔ^{335}	背 pe^{45}
53 东阳	抓 tsuɐ^{453}	担 nɔ^{44}	扛 kɔ^{334}
54 永康	□ tɕya^{334}	担 na^{55}	背 ɓəi^{52}
55 武义	抓 tsuɑ^{445}	搿 gɤ^{13}	背 pa^{53}
56 磐安	抓 tsua^{445}	担 nɒ^{445}	背 pe^{52}
57 缙云	□ tɕyɑ^{51}	担 tɑ^{44}	背 pei^{453}
58 衢州	丁$^{=}$ tin^{32}	挑 tʰiɔ^{32}	背 pe^{53}
59 衢江	拎 liŋ^{33}	担 nã^{33}	背 pei^{53}
60 龙游	丁$^{=}$ tin^{334}	掌 tsʰɛ^{51}	背 pei^{51}
61 江山	金$^{=}$ kɵ̃^{44}	搿 gəʔ^{2}	驮 do^{213}
62 常山	金$^{=}$ kĩ^{44} 采$^{=}$ tsʰɛ^{52}	挑 tʰiɤ^{44}	驮 dɔ^{341}
63 开化	拎 lin^{44}	担 nã^{44}	背 pɛ^{53}
64 丽水	扚 tiə^{544}	担 tã^{224}	背 pei^{52}
65 青田	挈 tɕʰiæʔ^{42}	担 ɗɑ^{445}	园 kʰo^{33}
66 云和	掼 guã^{231}	担 tã^{24}	背 pei^{45}
67 松阳	掼 guɔ̃^{22}	担 tɔ̃^{53}	背 pei^{24}
68 宣平	掼 guɑ̃^{223} □ tɕya^{445}	担 tɑ̃^{324}	背 pei^{52}
69 遂昌	掼 guaŋ^{13}	搿 gɛʔ^{23}	背 pei^{45}

续表

方言点	0838 提用手把篮子～起来	0839 挑～担	0840 扛 把锄头～在肩上
70 龙泉	吊 tiɑʌ^{51}	担 taŋ^{434}	背 pᴇ^{45}
71 景宁	擐 kuɔ^{33}	担 tɔ^{324}	背 pai^{35}
72 庆元	驮 to^{52} 擐 kuɑ̃^{221}	担 ɗɑ̃^{335}	驮 to^{52}
73 泰顺	擐 kuã^{21}	担 tã^{213}	背 pæi^{213}
74 温州	挈 tɕʰi^{323}	担 ta^{33}	背 pai^{33}
75 永嘉	挈 tɕʰi^{423}	担 ta^{44}	背 pai^{44}
76 乐清	挈 tɕʰiᴇ^{323}	担 tᴇ^{44}	背 pai^{44}
77 瑞安	挈 tɕʰi^{323}	担 tɔ^{44}	背 pai^{44}
78 平阳	挈 tɕʰie^{34}	担 tɔ^{55}	背 pai^{55}
79 文成	契 tɕʰie^{34}	担 tɔ^{55}	背 pai^{33}
80 苍南	□ gua^{31} 挈 tɕʰiɛ^{223}	担 ta^{44}	背 pai^{44}
81 建德徽	拎 lin^{53}	挑 tʰiɔ^{53}	背 pe^{33}
82 寿昌徽	拎 lien^{112}	搁 kʰiɛ^{24}	背 piæ^{33}
83 淳安徽	拎 len^{24}	挑 tʰiɤ^{24}	背 pie^{24}
84 遂安徽	挈 ɕʰiɛ^{24}	担 tɑ̃^{534}	背 pəɯ^{43}
85 苍南闽	掼 kũã^{21}	担 tã^{55}	骑 kia^{24}
86 泰顺闽	掼 kuæŋ^{31}	担 tæŋ^{213}	驮 tou^{22}
87 洞头闽	掼 kũã^{21}	担 tã^{33}	扛 kɯŋ^{33}
88 景宁畲	擐 kʰɔn^{51}	担 tɔn^{44}	□ kʰia^{44}

方言点	0841 抬~轿	0842 举~旗子	0843 撑~伞
01 杭州	抬 dɛ^{213}	举 tɕy^{53}	常$^{=}$ dzaŋ^{213}
02 嘉兴	抬 dᴇ^{242}	举 tɕy^{544}	张 tsᴀ̃^{42} 撑 tsʰᴀ̃^{42}
03 嘉善	抬 dɛ^{132}	掮 dʑiɪ^{132}	撑 tsʰæ̃^{53}
04 平湖	抬 dɛ^{31}	掮 dʑiɛ^{31}	张 tsã^{53}
05 海盐	抬 dɛ^{31}	掮 dʑiɛ^{31}	张 tsɛ̃^{53}
06 海宁	抬 dei^{13}	举 tɕi^{53}	撑 tsʰɑ̃^{55}
07 桐乡	抬 dᴇ^{13}	掮 dʑiᴇ^{13}	张 tsã^{44}
08 崇德	抬 dᴇ^{13}	掮 dʑiɪ^{13}	张 tsã^{44}
09 湖州	抬 dei^{112}	举 tɕi^{523}	撑 tsʰã^{44}
10 德清	抬 dɛ^{113}	举 tɕi^{52}	撑 tsʰã^{44}
11 武康	抬 dɛ^{113}	举 tɕi^{53}	撑 tsʰã^{44}
12 安吉	抬 dᴇ^{22}	掮 dʑi^{22}	撑 tsʰã^{55}
13 孝丰	抬 de^{22}	举 tɕi^{52}	撑 tsʰã^{44}
14 长兴	抬 dɯ^{12}	举 tʃʅ^{52}	撑 tsʰã^{44}
15 余杭	抬 dɛ^{243}	举 tɕi^{53}	张 tsɑ̃^{44}
16 临安	抬 dᴇ^{33}	举 tɕy^{55}	撑 tsʰɑ̃^{55}
17 昌化	抬 dɛ^{112}	举 tɕy^{544}	撑 tsʰã^{334}
18 於潜	抬 de^{223}	举 tɕy^{35}	撑 tsʰaŋ^{433}
19 萧山	抬 de^{355}	举 tɕy^{33}	撑 tsʰã^{533}
20 富阳	抬 dɛ^{13}	举 tɕy^{423}	撑 tsʰã^{53}
21 新登	抬 de^{233}	举 tsɥ^{334}	撑 tsʰɛ^{53}
22 桐庐	抬 dᴇ^{13}	举 tɕy^{33}	撑 tsʰã^{533}
23 分水	抬 dɛ^{22}	举 tɕy^{213}	撑 tsʰã^{44}

续表

方言点	0841 抬～轿	0842 举～旗子	0843 撑～伞
24 绍兴	抬 dᴇ²³¹	擎 dʑiŋ²³¹ 竖 dzy²²³	撑 dzaŋ²³¹
25 上虞	抬 de²¹³	擎 dʑiŋ²¹³	撑 tsʰã³⁵
26 嵊州	抬 dᴇ²¹³	擎 dʑiŋ²¹³ 举 tɕy⁵³	撑 tsʰaŋ⁵³⁴
27 新昌	扛 kɔ̃⁵³⁴	举 tɕy⁴⁵³	撑 tsʰaŋ³³⁵
28 诸暨	扛 kɑ̃⁵⁴⁴	□ gɑ̃³³	撑 tsʰã⁵⁴⁴
29 慈溪	抬 de¹³	掮 dʑiẽ¹³ 车⁼ tsʰo³⁵	撑 tsʰã³⁵
30 余姚	抬 de¹³	掮 dʑiẽ¹³	撑 tsʰaŋ⁴⁴
31 宁波	抬 de¹³	举 tɕy³⁵	撑 tsʰa⁴⁴
32 镇海	抬 de²⁴	举 tɕy³⁵	撑 tsʰã⁵³
33 奉化	抬 de³³	驮 dəu³³	撑 tsʰã⁴⁴
34 宁海	扛 kɔ̃⁴²³	擎 dʑiŋ²¹³	撑 tsʰã⁴²³
35 象山	抬 dei³¹	举 tɕy⁴⁴	撑 tsʰã⁴⁴
36 普陀	抬 dɛ²⁴	举 tɕy⁴⁵	撑 tsʰã⁵⁵
37 定海	抬 dɛ²³	举 tɕy⁴⁵	撑 tsʰã⁴⁴
38 岱山	抬 de²³	举 tɕy³²⁵	撑 tsʰã⁴⁴
39 嵊泗	抬 de²⁴³	举 tɕy⁴⁴⁵	撑 tsʰã⁵³
40 临海	扛 kɔ̃³¹	擐 guɛ²¹	撑 tsʰã⁵⁵
41 椒江	扛 kɔ̃⁴²	举 ky⁴²	撑 tsʰã⁵⁵
42 黄岩	扛 kɔ̃³²	擐 guɛ¹²¹	撑 tsʰã⁵⁵
43 温岭	扛 kɔ̃³³	擐 guɛ³¹	撑 tsʰã³³
44 仙居	扛 kɑ̃³³⁴	迎⁼ ȵin²¹³ 前伸 背 ɓæ⁵⁵ 扛肩	掌 tsʰã⁵⁵

续表

方言点	0841 抬～轿	0842 举～旗子	0843 撑～伞
45 天台	扛 kɔ^{33}	掼 gue^{214}	撑 tsʰa^{33}
46 三门	扛 kɔ^{334}	举 ky^{325}	撑 tsʰɛ^{334}
47 玉环	抬 de^{31}	掼 guɛ^{41}	撑 tsʰa^{55}
48 金华	扛 kɑŋ^{334}	擎 dʑiŋ^{313}	照 tɕiɑo^{55}
49 汤溪	扛 kɔ^{24}	迎$^{=}$ ȵiɛ̃i^{11}	撑 tsʰa^{24}
50 兰溪	扛 kɑŋ^{334}	举 tɕy^{55}	撑 tsʰæ̃^{334}
51 浦江	扛 kõ^{534}	□ gɛ̃^{113}	撑 tsʰɛ̃^{534}
52 义乌	扛 kŋʷ^{335}	□ gɛ^{213}	撑 tsʰɛ^{335}
53 东阳	扛 kɔ^{334}	□ ŋɐn^{24}	撑 tsʰɛ^{334}
54 永康	扛 kɑŋ^{55}	迎$^{=}$ ȵiŋ^{22}	撑 tsʰai^{55}
55 武义	扛 kɑŋ^{24}	挈 tɕʰie^{53}	撑 tsʰa^{24}
56 磐安	扛 kɒ^{445}	迎$^{=}$ ȵiɐn^{213}	撑 tsʰɛ^{445}
57 缙云	扛 kɔ^{44}	擎 dʑiɛ^{243}	撑 tsʰa^{44}
58 衢州	扛 kɑ̃^{32}	驮 du^{21}	撑 tɕʰiã^{32}
59 衢江	扛 kɑ̃^{33}	驮 dou^{212}	驮 dou^{212}
60 龙游	扛 kã^{334}	举 tɕy^{51}	撑 tsʰɛ^{334}
61 江山	扛 kɒŋ^{44}	驮 do^{213}	撑 tsʰaŋ^{44}
62 常山	扛 kɔ̃^{44}	迎$^{=}$ lɪ̃^{341}	撑 tsʰuɪ̃^{44}/tsʰɪ̃^{44}
63 开化	扛 kɔŋ^{44}	举 tɕy^{53}	撑 tsʰã^{44}
64 丽水	抬 dɛ^{22}	举 tsʮ^{544}	撑 tsʰã^{224}
65 青田	抬 dɛ^{21}	举 tsʮ^{454}	撑 tsʰɛ^{445}
66 云和	抬 da^{312}	举 tsʮ^{41}	撑 tsʰɛ^{24}
67 松阳	扛 koŋ^{53}	举 tɕyɛ^{212}	撑 tsʰã^{53}

续表

方言点	0841 抬～轿	0842 举～旗子	0843 撑～伞
68 宣平	扛 kɔ̃^{324}	迎$^{=}$ ȵin^{433}	撑 tsʰɛ^{324}
69 遂昌	扛 kɔŋ^{45}	举 tɕyɛ^{533}	撑 tɕʰiaŋ^{45}
70 龙泉	扛 kɔŋ^{434}	迎$^{=}$ ȵin^{21}	撑 tsʰaŋ^{434}
71 景宁	抬 dai^{41}	举 tɕy^{33}	撑 tsʰɛ^{324}
72 庆元	扛 kɔ̃^{335}	举 tɕyᴇ^{33}	撑 tsʰæ̃^{11}
73 泰顺	抬 tɛ^{53}	举 tɕy^{55}	撑 tsʰã^{213}
74 温州	抬 de^{31}	背 pai^{33}	撑 tsʰiɛ^{33}
75 永嘉	抬 de^{31}	背 pai^{44}	撑 tsʰɛ^{44}
76 乐清	抬 de^{31}	擎 dʑiaŋ^{31}	撑 tɕʰia^{44}
77 瑞安	抬 de^{31}	背 pai^{44}	撑 tsʰa^{44}
78 平阳	抬 de^{242}	背 pai^{55}	撑 tʃʰᴀ^{55}
79 文成	抬 de^{113}	背 pai^{33}	撑 tʃʰa^{55}
80 苍南	抬 de^{31}	举 tɕy^{53} 背 pai^{44}	撑 tɕʰia^{44}
81 建德徽	抬 tɛ^{33}	迎$^{=}$ in^{33}	撑 tsʰɛ^{53}
82 寿昌徽	扛 kɔŋ^{112}	举 tɕy^{24}	撑 tsʰæ̃^{112}
83 淳安徽	抬 tʰie^{435}	举 tɕy^{24}	撑 tsʰɑ̃^{24}
84 遂安徽	扛 koŋ^{534}	举 tɕy^{213}	撑 tsʰã^{534}
85 苍南闽	扛 kɯŋ^{55}	骑$^{=}$ kia^{24}	□ tʰian^{43}
86 泰顺闽	扛 ko^{213}	驮 tou^{22}	撑 tʰæŋ^{213}
87 洞头闽	扛 kɯŋ^{33}	□ kia^{113}	欺$^{=}$ kʰi^{33}
88 景宁畲	扛 kɔŋ^{44}	举 tɕy^{325}	撑 tsʰaŋ^{44}

方言点	0844 撬把门～开	0845 挑挑选，选择：你自己～一个	0846 收拾～东西
01 杭州	挢① dʑiɔ^{13}	挑 t^{h}iɔ^{53}	收作 sei^{33}tsoʔ^{5}
02 嘉兴	挢 dʑiɔ^{113}	拣 kᴇ^{544}	收作 sei^{33}tsoʔ^{5}
03 嘉善	挢 dʑiɔ^{113}	拣 kɛ^{44}	收作 sə^{55}tsuoʔ^{4}
04 平湖	撬 tɕ^{h}iɔ^{53}	拣 kɛ^{44}	收作 səɯ^{44}tsoʔ^{0}
05 海盐	撬 tɕ^{h}iɔ^{53}	拣 kɛ^{423}	集 dʑiəʔ^{23} 理 li^{423}
06 海宁	挢 dʑiɔ^{231}	拣 kei^{53}	收作 səɯ^{55}tsoʔ^{5}
07 桐乡	挢 dʑiɔ^{242}	拣 kɛ^{53}	理 li^{242}
08 崇德	挢 dʑiɔ^{242}	拣 kɛ^{53}	理 li^{53}
09 湖州	挢 dʑiɔ^{231}	拣 kɛ^{523}	收作 ɕiʉ^{44}tsuoʔ^{4}
10 德清	挢 dʑiɔ^{143}	拣 kɛ^{52}	收作 ɕiʉ^{44}tsuoʔ^{5}
11 武康	挢 dʑiɔ^{242}	拣 kɛ^{53}	收作 sø^{44}tsuoʔ^{5}
12 安吉	挢 dʑiɔ^{243}	拣 kᴇ^{52}	理 li^{52}
13 孝丰	挢 dʑiɔ^{243}	拣 kɛ^{52}	理 li^{52}
14 长兴	挢 dʒiɔ^{243}	拣 kᴇ^{52}	理 lɿ^{52}
15 余杭	挢 dʑiɔ^{243}	拣 kɛ^{53}	收作 søʏ^{55}tsoʔ^{5}
16 临安	挢 dʑiɔ^{33}	拣 kɛ^{55}	收作 sə^{55}tsuɔʔ^{5}
17 昌化	挢 dʑiɔ^{243}	选 ɕiɪ̃^{453} 寻 ʑiəŋ^{112}	理 li^{453}
18 於潜	挢 dʑiɔ^{24}	挑 t^{h}iɔ^{51}	理 li^{51}
19 萧山	挢 dʑiɔ^{13}	拣 kɛ^{33}	理 li^{13}
20 富阳	挢 dʑiɔ^{224}	拣 kã^{423}	清 tɕ^{h}in^{53}
21 新登	挢 dʑiɔ^{13}	拣 kɛ^{334} 挑 t^{h}iɔ^{334}	收作 ɕy^{53}tsəʔ^{5}
22 桐庐	挢 dʑiɔ^{24}	挑 t^{h}iɔ^{533}	整理 tsəŋ^{33}li^{33}

① 挢，俗字，实为效摄群母上声字。余同。

续表

方言点	0844 撬把门～开	0845 挑挑选，选择：你自己～一个	0846 收拾～东西
23 分水	挢 tɕʰiɔ^{53}	挑 tʰiɔ^{44}	理 li^{53}
24 绍兴	挢 dʑiɔ^{223}	拣 kɛ̃^{334}	收作 sɤ^{33}tsoʔ^{5}
25 上虞	挢 dʑiɔ^{213}	拣 kɛ̃^{35}	理理 li^{21}li^{22}
26 嵊州	挢 dʑiɔ^{22}	拣 kɛ̃^{53}	整 tseŋ^{53}
27 新昌	挢 dʑiɔ^{22}	拣 kɛ̃^{453}	整 tɕiŋ^{453}
28 诸暨	挢 dʑiɔ^{242}	拣 kɛ^{42}	收作 sei^{42}tsoʔ^{5}
29 慈溪	挢 dʑiɔ^{13}	拣 kɛ̃^{35}	整 tsəŋ^{35}
30 余姚	挢 dʑiɔ^{13}	拣 kã^{34}	收作 sø^{44}tsoʔ^{5}
31 宁波	挢 dʑio^{13}	拣 kɛ^{35}	收作 ɕiʏ^{44}tsoʔ^{5}
32 镇海	挢 dʑio^{24}	拣 kɛ^{35}	整 tɕiŋ^{35}
33 奉化	挢 dʑiɔ^{324}	拣 kɛ^{545}	整 tɕiŋ^{545}
34 宁海	挢 dʑieu^{31}	拣 ke^{53}	整理 tɕiŋ^{33}li^{31} 整捉 tɕiŋ^{53}tɕiɔʔ^{2}
35 象山	挢 dʑio^{31}	拣 kɛ^{44}	收拾 ɕiu^{44}zoʔ^{2}
36 普陀	挢 dʑiɔ^{23}	拣 kɛ^{45}	整 tɕiŋ^{45}
37 定海	挢 dʑio^{23}	拣 kɛ^{45}	纠$^{=}$捉 tɕiʏ^{33}tsoʔ^{5}
38 岱山	挢 dʑio^{244}	拣 kɛ^{325}	纠$^{=}$捉 tɕiʏ^{44}tsoʔ^{5}
39 嵊泗	挢 dʑio^{243}	拣 kɛ^{445}	纠$^{=}$捉 tɕiʏ^{53}tsoʔ^{5} 老 整 tɕiŋ^{445} 新
40 临海	挢 giə^{31}	拣 kɛ^{42}	捉拾 tɕyɔʔ^{3}ʑieʔ^{23}
41 椒江	挢 dʑiɔ^{31}	拣 kiɛ^{42}	捉拾 tsoʔ^{3}ʑieʔ^{2}
42 黄岩	挢 dʑiɔ^{121}	拣 kiɛ^{42}	捉拾 tsoʔ^{3}ʑieʔ^{2}
43 温岭	挢 dʑiɔ^{31}	拣 kiɛ^{42}	捉拾 tɕyoʔ^{3}ʑiʔ^{2}
44 仙居	挢 dʑiɐɯ^{213}	拣 ka^{324}	捉拾 tɕyɑʔ^{3}zəʔ^{23}
45 天台	挢 gieu^{214}	拣 ke^{325}	捉 tɕyɔʔ^{5}

续表

方言点	0844 撬把门～开	0845 挑挑选，选择：你自己～一个	0846 收拾～东西
46 三门	挢 dʑiɑu^{213}	拣 kɛ^{325}	捉 tɕiɔʔ^{5}
47 玉环	挢 dʑiɔ^{41}	拣 kiɛ^{53}	捉拾 tɕyoʔ^{3} ʑiɐʔ^{2}
48 金华	撬 tɕʰiɑo^{535}	择 dzəʔ^{212}	集 ʑiəʔ^{212}
49 汤溪	丈$^{=}$ dʑiɔ^{113} 挢 tɕʰiɔ^{535}	择 dza^{113}	收拾 ɕiəɯ^{33} ɕiɛ^{24}
50 兰溪	挢 tɕʰiɔ^{55}	择 dzəʔ^{12}	收拾 ɕiəɯ^{334} ʑiəʔ^{12}
51 浦江	撬 tɕʰi^{53}	择 dzɑ^{232}	收摭 ɕiɤ^{33} yo^{334}
52 义乌	挢 tɕʰie^{423}	择 dzɛ^{312}	收拾 sɐɯ^{33} zə^{312}
53 东阳	挢 tɕʰiɔ^{44}	择 dza^{213}	收拾 ɕiɛ^{33} zaʔ^{23}
54 永康	挢 dʑiɑu^{113}	择 dzai^{113}	拾拾 zə^{31} zə^{241}
55 武义	挢 dʑie^{13}	择 dza^{13}	收拾 ɕiəu^{55} ze^{213} 整理 tɕin^{55} li^{223}
56 磐安	挢 tɕʰio^{445}	择 dza^{213}	野$^{=}$宿$^{=}$ ia^{55} sʌo^{334}
57 缙云	挢 dʑiəɤ^{31}	择 dɔ^{13}	叶$^{=}$ iɛ^{13}
58 衢州	挢 tɕʰiɔ^{35}	拣 kã^{35}	摭 iaʔ^{5}
59 衢江	挢 tɕʰiɔ^{25} □ gɔ^{212}	拣 kã^{25}	摭 iaʔ^{5}
60 龙游	挢 tɕʰiɔ^{35}	择 dzəʔ^{23}	拾 zəʔ^{23}
61 江山	挢 kʰiɐɯ^{241}	拣 kaŋ^{241}	摭 iaʔ^{5}
62 常山	挢 tɕʰiɔ^{52}	拣 kã^{52}	摭 iaʔ^{5}
63 开化	挢 dʑiɔ^{213}/tɕʰiɔ^{53}	择 dɔʔ^{13} 挑 tʰiəɯ^{53}	摭落$^{=}$ tɕiaʔ^{5} lɔʔ^{13}
64 丽水	挢 dʑiɔ^{22}	拣 kã^{544} 挑 tʰiɔ^{544}	□ kʰɛ^{52} 老 整理 tɕin^{44} li^{544} 新
65 青田	挢 dʑiœ^{343}	拣 kɑ^{454}	捉$^{=}$ tɕioʔ^{42}
66 云和	挢 dʑiɑɔ^{223}	拣 kã^{41}	整理 tɕiŋ^{44} li^{41}
67 松阳	挢 dʑiɔ^{22}	拣 kɔ̃^{212}	慨$^{=}$ kʰɛ^{24}

续表

方言点	0844 撬把门～开	0845 挑挑选，选择：你自己～一个	0846 收拾～东西
68 宣平	挢 dʑiɔ^{223}	拣 kɑ̃^{445}	料理 liɔ^{22} li^{223}
69 遂昌	挢 dʑiɐɯ^{13}	拣 kaŋ^{533}	摭落 iaʔ^{5} lɔʔ^{23}
70 龙泉	挢 tɕʰiɑʌ^{51}	挑 tʰiɑʌ^{51}	□ kʰᴇ^{45}
71 景宁	挢 tɕiɑu^{33}	拣 kɔ^{33}	收拾 ɕiəɯ^{55} zəɯʔ^{23}
72 庆元	挢 tɕiɒ^{221}	拣 kɑ̃^{33}	□ kʰæi^{11}
73 泰顺	挢 tɕʰiɑɔ^{21}	拣 kã^{55}	理 li^{55}
74 温州	挢 dʑiɛ^{14}	拣 ka^{25}	理 lei^{14}
75 永嘉	□ ȵyɔ^{31}	拣 ka^{45}	理 lei^{13}
76 乐清	挢 dʑiɯʌ^{24}	拣 kᴇ^{35}	收拾 siu^{35} zɤ^{212}
77 瑞安	□ lau^{44} □ ɔ^{53}	拣 kɔ^{35}	捡 tɕi^{35}
78 平阳	□ lau^{55}	拣 kɔ^{45}	整理 tʃeŋ^{53} li^{13}
79 文成	□ o^{33}	拣 kɔ^{45}	理 lei^{224}
80 苍南	□ a^{53} □ lau^{44}	挑 tʰyɔ^{44} 选 ɕyɛ^{53}	捡 tɕiɛ^{53}
81 建德徽	撬 tɕʰiɔ^{213}	择 tsɑ^{213} 老 挑 tʰiɔ^{213} 新	集 ɕiəʔ^{12} 收拾 sɤɯ^{53} sɐʔ^{5}
82 寿昌徽	挢 tɕʰiɤ^{24}	择 tsʰəʔ^{31}	理 li^{534}
83 淳安徽	撬 tɕʰiɤ^{55}	择 tsʰɑʔ^{13}	集 ɕiəʔ^{13}
84 遂安徽	挢 tɕʰiɔ^{213}	择 tsʰa^{24}	弄 lu^{24}
85 苍南闽	□ ui^{43}	拣 kũĩ^{43}	□ kʰio^{43}
86 泰顺闽	挢 kʰiɐu^{344}	挑 tʰiɐu^{344}	刻⁼ kʰɛʔ^{5}
87 洞头闽	挢 kʰiau^{21}	拣 kãĩ^{53}	收 ɕiu^{33}
88 景宁畲	挢 kʰiəu^{51}	选 ɕyon^{325}	收拾 ɕiəu^{44} ɕiet^{2}

方言点	0847 挽~袖子	0848 涮把杯子~~一下	0849 洗~衣服
01 杭州	绞 tɕiɔ53	荡 daŋ13	汏 da13
02 嘉兴	卷 tɕyə544 捞 lɔ42 撩 liɔ242	汏 dᴀ113	汏 dᴀ113
03 嘉善	缲 tɕʰiɔ53	汏 da113	净 dʑin113
04 平湖	卷 tɕyø44	杠⁼ kɑ̃334	汏 da213
05 海盐	卷 tɕyɤ423	荡 dɑ̃423	汏 dɑ213
06 海宁	卷 tɕie53	汏 da13	汏 da13
07 桐乡	卷 tɕiᴇ53	荡 dɒ̃242	汏 da213
08 崇德	卷 tɕiɪ53	荡 dã242	汏 da13
09 湖州	卷 tɕie523	汏 da24	汏 da24
10 德清	卷 tɕiʉ52	汏 da113	汏 da113
11 武康	卷 tɕiɪ53	汏 da113	汏 da113
12 安吉	卷 tɕi52	涮 səʔ5	汏 da213
13 孝丰	卷 tɕiɪ52	涮 saʔ5	洗 ɕi52
14 长兴	捋 laʔ2	汏 da24	汏 da24
15 余杭	卷 tɕiẽ53	汏 da213	汏 da213
16 临安	卷 tɕyœ55	汏 da33	汏 da33
17 昌化	捋 laʔ23	洗 sɿ453	洗 sɿ453
18 於潜	卷 tɕyɛ51	洗 ɕi51	洗 ɕi51
19 萧山	卷 tɕyə33	涮 səʔ5	戽 xu42 汏 da242
20 富阳	卷 tɕyɛ423	荡 dɑ̃224	洗 sɛ423
21 新登	翘⁼ tɕʰiɔ45	荡 dɑ̃13	洗 se334
22 桐庐	卷 tɕyᴇ33	涮 suaʔ5	洗 sᴇ33

续表

方言点	0847 挽～袖子	0848 涮把杯子～一下	0849 洗～衣服
23 分水	巧$^{=}$tɕ^{h}iɔ^{53}	荡 dã^{13}	洗 ɕi^{53}
24 绍兴	卷 tɕyø̃^{334}	荡 dɑŋ^{223}	戽 fu^{33}
25 上虞	卷 tɕyø̃^{35}	荡 dɔ̃^{213}	汏 da^{31}
26 嵊州	卷 tɕyœ̃^{53}	荡 dɔŋ^{22}	戽 fu^{334}
27 新昌	爪$^{=}$tsɔ^{453}	荡 dɔ̃^{232}	洗 ɕi^{453}
28 诸暨	卷 tɕiə^{42}	涮 soʔ^{5}	洗 ʃʅ^{42}
29 慈溪	卷 tɕyø̃^{35}	恨$^{=}$əŋ^{13} 荡 dɔ̃^{13}	恨$^{=}$əŋ^{13}
30 余姚	卷 tɕyø̃^{34}	荡 dɔŋ^{13}	汏 da^{13}
31 宁波	卷 tɕiʏ^{35}	荡 dɔ^{13}	净 dʑia^{13}
32 镇海	卷 tɕy^{35}	荡 dɔ̃^{24}	净 dʑiã^{24}
33 奉化	卷 tɕy^{545}	荡 dɔ̃^{324}	净 dʑiã^{324}
34 宁海	爪$^{=}$tsau^{53}	荡 dɔ̃^{31}	净 dʑiã^{31}
35 象山	爪$^{=}$tsɔ^{44}	荡 dɔ̃^{31}	净 dʑiã^{31}
36 普陀	卷 tɕy^{45}	荡 dɔ̃^{23}	净 dʑiã^{24}
37 定海	卷 tɕy^{45}	荡 dõ^{23}	净 dʑiã^{23}
38 岱山	卷 tɕy^{325}	荡 dõ^{23}	净 dʑiã^{244}
39 嵊泗	卷 tɕy^{445}	净 dʑiã^{243}	净 dʑiã^{243}
40 临海	爪$^{=}$tsɔ^{42}	涮 ɕyeʔ^{5}	洗 ɕi^{42}
41 椒江	爪$^{=}$tsɔ^{42}	荡 dɔ̃^{31}	洗 ɕi^{42}
42 黄岩	爪$^{=}$tsɔ^{42}	荡 dɔ̃^{121} 渌 loʔ^{5}	洗 ɕi^{42}
43 温岭	爪$^{=}$tsɔ^{42}	荡 dɔ̃^{31}	洗 ɕi^{42}
44 仙居	爪$^{=}$tsɐɯ^{324}	荡 dɑ̃^{213}	挼 no^{213}
45 天台	捋 ləʔ^{2} 爪$^{=}$tsau^{325} 手捋臂	荡 dɔ^{214}	洗 ɕi^{325}

续表

方言点	0847 挽～袖子	0848 涮把杯子～一下	0849 洗～衣服
46 三门	爪$^{=}$ tsɑu^{325}	荡 dɔ^{213}	洗 ɕi^{325}
47 玉环	爪$^{=}$ tsɔ^{53}	荡 dɔ̃^{31}	洗 ɕi^{53}
48 金华	滚$^{=}$ kuəŋ^{535}	荡 tɑŋ^{535}	洗 ɕie^{535}
49 汤溪	滚$^{=}$ kuã^{535}	荡 dɔ^{113}	洗 sie^{535}
50 兰溪	绲 kuæ̃^{55}	荡 tɑŋ^{55}	洗 sie^{55}
51 浦江	滚$^{=}$ kuən^{53}	荡 dõ^{243}	洗 ʃi^{53}
52 义乌	捲 kən^{423}	荡 dŋ^{w312}	洗 si^{423}
53 东阳	捲 kɐn^{334}	涮 sa^{334}	洗 si^{44}
54 永康	捋 lə^{113}直接挽 准$^{=}$ tɕyeŋ^{334}一层层挽	荡 dɑŋ^{113}	洗 ɕie^{334}
55 武义	捋 lə^{213}直接挽 卷 tɕyen^{445}一层层挽	荡 dɑŋ^{13}	洗 ɕie^{445}
56 磐安	经$^{=}$ kɐn^{445}	荡 tɒ^{334}	洗 ɕi^{334}
57 缙云	滚$^{=}$ kuaŋ^{51}	荡 dɔ^{31}	汏 dɑ^{213}老 洗 sɿ^{51}新
58 衢州	□ iɔ^{35}	荡 dɑ̃^{231}	洗 sɿ^{35}
59 衢江	巧$^{=}$ tɕʰiɔ^{25}	荡 dɑ̃^{212}	洗 ɕie^{25}
60 龙游	□ iɔ^{35}	荡 dã^{224}	洗 ɕi^{35}
61 江山	□ xuaŋ^{241}	荡 daŋ^{22}	洗 ɕi^{241}
62 常山	□ xuã^{52}	荡 dã^{24} 涤 dɛ^{24}	洗 ɕi^{52}
63 开化	□ iəɯ^{53}	荡 dɔŋ^{213}	洗 ɕi^{53}
64 丽水	卷 tɕyn^{544}	荡 dɔŋ^{22}	洗 sɿ^{544}
65 青田	扎 tsaʔ^{42}	荡 do^{343}	汏 dɑ^{22}
66 云和	扎 tsɔʔ^{5}	荡 dɔ̃^{231}	洗 sɿ^{41}

续表

方言点	0847 挽～袖子	0848 涮把杯子～一下	0849 洗～衣服
67 松阳	扎 tsɔʔ^{5}	荡 doŋ^{22}	洗 sɿə^{212}
68 宣平	扎 tsɑʔ^{5}	荡 dɔ̃^{223}	洗 sɿ^{445}
69 遂昌	爪⁼ tsɐɯ^{533}	荡 dɔŋ^{13}	洗 ɕiɛ^{533}
70 龙泉	搔 sɑʌ^{434}	荡 tɔŋ^{51}	洗 ɕi^{51}
71 景宁	扎 tsɔʔ^{5}	荡 dɔŋ^{113}	洗 ɕi^{33}
72 庆元	搔 sɒ^{335}	荡 tɔ̃^{33}	洗 ɕiᴇ^{33}
73 泰顺	扎 tsɔʔ^{5}	□ sɔ̃^{22}	洗 sɿ^{55}
74 温州	扎 tsa^{323}	荡 duɔ^{14}	洗 sei^{25}
75 永嘉	扎 tsa^{423}	程⁼ dʑieŋ^{31}	洗 sɿ^{45}
76 乐清	扎 tɕia^{323}	荡 dɔ^{24}	洗 si^{35}
77 瑞安	扎 tsɔ^{323}	荡 do^{13}	洗 sei^{35}
78 平阳	扎 tʃɔ^{34}	涮 sɵ^{34}	洗 si^{45}
79 文成	扎 tʃɔ^{34}	涮 sø^{34}	洗 sei^{45}
80 苍南	扎 tsa^{223}	荡 do^{24}	洗 ɕi^{53}
81 建德徽	卷 tɕye^{213}	荡 to^{213}	汏 t^{h}ɑ^{55}
82 寿昌徽	撸 lu^{534}	荡 t^{h}ɑ̃^{534}	洗 ɕi^{24}
83 淳安徽	晓⁼ ɕiɤ^{55}	荡 t^{h}ɑ̃^{55}	洗 ɕi^{55}
84 遂安徽	□ kuɛ̃^{213}	洗 ɕiɛ^{213}	洗 ɕiɛ^{213}
85 苍南闽	比⁼ pi^{43}	洗 sue^{43}	洗 sue^{43} □ lue^{21}
86 泰顺闽	□ ts^{h}eu^{344}	刷 sɒʔ^{5}	洗 sei^{344}
87 洞头闽	比⁼ pi^{53}	洗 sue^{53}	洗 sue^{53}
88 景宁畲	卷 kien^{325}	刷 sot^{5}	洗 sai^{325}

方言点	0850 捞～鱼	0851 拴～牛	0852 捆～起来
01 杭州	课= kʰəu^{45}	吊 tiɔ^{45}	捆 kʰuəŋ^{53} 缚 boʔ^{2}
02 嘉兴	捞 lɔ^{42}	拴 suə^{42}	捆 kʰuəŋ^{113}
03 嘉善	捞 liɔ^{53}	拦= lɛ^{113}	扎 tsɜʔ^{5}
04 平湖	捞 lɔ^{53}	系 tɕi^{334}	绑 pɑ̃^{44} 缚 boʔ^{23}
05 海盐	捞 lɔ^{53}	拴 sɤ^{53} 苏= su^{53}	苏= su^{53} 扎 tsaʔ^{5}
06 海宁	捞 lɔ^{55}	苏= səu^{55}	□ guəŋ^{231}
07 桐乡	捞 liɔ^{44}	苏= səu^{44}	□ guəŋ^{242} 扎 tsaʔ^{5}
08 崇德	捞 liɔ^{44}	□ guəŋ^{242}	□ guəŋ^{242}
09 湖州	捞 lɔ^{44}	缚 vuoʔ^{2}	□ guən^{231}
10 德清	捞 liɔ^{44}	拴 søʉ^{44}	□ guen^{143}
11 武康	捞 liɔ^{44}	□ guen^{242}	□ guen^{224}
12 安吉	捞 liɔ^{55}	吊 tiɔ^{324}	缚 voʔ^{23}
13 孝丰	揢 kʰa^{324}	吊 tiɔ^{324}	缚 vuoʔ^{23}
14 长兴	捞 liɔ^{55}	缚 voʔ^{2}	□ guəŋ^{243}
15 余杭	捞 lɔ^{44}	吊 tiɔ^{423}	□ gueŋ^{243}
16 临安	捞 liɔ^{55}	吊 tiɔ^{55}	缚 buɔʔ^{2}
17 昌化	揢 kʰu^{544}	吊 tiɔ^{544}	缚 bu^{243}
18 於潜	揢 kʰa^{35}	吊 diɔ^{24}	缚 bu^{24}
19 萧山	揢 ko^{42}	吊 tiɔ^{42}	缚 bəʔ^{13}
20 富阳	捞 liɔ^{53}	吊 tiɔ^{335}	□ guən^{224}
21 新登	捞 liɔ^{233}	吊 tiɔ^{45}	缚 bɔʔ^{2}
22 桐庐	揢 kʰuo^{35}	拴 ɕyᴇ^{533}	缚 vəʔ^{13}
23 分水	揢 kʰua^{24}	吊 tiɔ^{24}	捆 kʰuən^{53}

续表

方言点	0850 捞~鱼	0851 拴~牛	0852 捆~起来
24 绍兴	捞 liɔ^{231}	吊 tiɔ^{33}	缚 uoʔ^{2}
25 上虞	出$^{=}$ts^{h}əʔ^{5}	吊 tiɔ^{53}	缚 bʊ^{31}
26 嵊州	捞 liɔ^{213}	缚 bo^{24}	缚 bo^{24}
27 新昌	捞 liɔ^{22}	吊 tiɔ^{335}	缚 bɤʔ^{2}
28 诸暨	捞 liɔ^{544}	缚 boʔ^{13}	缚 boʔ^{13}
29 慈溪	搉 k^{h}o^{44} 出$^{=}$ts^{h}əʔ^{5}	缚 bu^{13}	缚 bu^{13}
30 余姚	搉 k^{h}ou^{44} 出$^{=}$ts^{h}əʔ^{5}	吊 tio^{53}	缚 bou^{13}
31 宁波	搉 k^{h}o^{44}	桩$^{=}$tsɔ^{44}	缚 bəu^{13}
32 镇海	捞 lio^{24}	桩$^{=}$tsɔ̃^{53} 缚 bəu^{24}	缚 bəu^{24}
33 奉化	捞 liɔ^{33}	桩 tsɔ̃^{44}	缚 bəu^{31}
34 宁海	捞 lieu^{213}	吊 tieu^{35}	缚 bu^{24}/vɔʔ^{3} 绑 pɔ̃^{53}
35 象山	捞 lio^{31}	桩$^{=}$tɕyɔ̃^{44}	缚 bəu^{13}
36 普陀	搉 k^{h}o^{55}	缚 bəu^{24}	缚 bəu^{24}
37 定海	搉 k^{h}o^{52}	桩$^{=}$tsõ^{52}	缚 bʌu^{13}
38 岱山	搉 k^{h}o^{44}	桩$^{=}$tsõ^{52}	缚 bʌu^{213}
39 嵊泗	搉 k^{h}uo^{53}	桩$^{=}$tsõ^{53}	缚 bʌu^{213}
40 临海	捞 liə^{21}	吊 tiə^{55}	绑 pɔ̃^{52}
41 椒江	捞 liɔ^{31}	吊 tiɔ^{55}	吊 tiɔ^{55}
42 黄岩	搉 k^{h}o^{55} 捞 liɔ^{121}	吊 tiɔ^{55} 系 tɕi^{55}	吊 tiɔ^{55} 捆 k^{h}uən^{42}
43 温岭	张$^{=}$tɕiã^{33}	吊 tiɔ^{55}	捆 k^{h}uən^{42}
44 仙居	把$^{=}$ɓo^{324}	吊 ɗiɐɯ^{55}	系 tɕi^{55} 无生命 吊 ɗiɐɯ^{55} 有生命

续表

方言点	0850 捞～鱼	0851 拴～牛	0852 捆～起来
45 天台	捞 lieu^{224}	吊 tieu^{55}	捆 k^{h}uəŋ^{325} 缚 bɔʔ^{2}
46 三门	捞 liɑu^{113}	系 tɕi^{55}	绑 pɔ^{325}
47 玉环	捞 liɔ^{31}	缚 boʔ^{2}	捆 k^{h}uəŋ^{53}
48 金华	捞 liɑo^{313}	吊 tiɑo^{55}	缚 boʔ^{212}
49 汤溪	挌 k^{h}uɑ^{52} 捞 lɤ^{11}	吊 tɤ^{52}	捆 k^{h}uã^{535} 曲$^{=}$ tɕ^{h}iou^{55}～柴
50 兰溪	捞 liɔ^{21}	吊 tiɔ^{45}	捆 k^{h}uæ̃^{55}
51 浦江	捞 lɯ^{113}	吊 tɯ^{55}	缚 bo^{232}
52 义乌	兜 tɐɯ^{335}	缚 bau^{312}	捆 k^{h}uən^{423}
53 东阳	捞 liɔ^{213}	吊 tiɔ^{453}	捆 k^{h}uɐn^{453}
54 永康	捞 liɑu^{22}	吊 ɗiɑu^{52}	捆 k^{h}uəŋ^{334} 绑 mɑŋ^{334}
55 武义	捞 lie^{324}	吊 lie^{53}	捆 k^{h}uen^{445}
56 磐安	捞 lio^{213}	吊 tio^{52}	缚 bʌo^{213}
57 缙云	捞 liɔ^{243}	吊 tiɔ^{453}	缚 bɔ^{13}老 绑 pɔ^{51}新
58 衢州	捞 lɔ^{32}	缚 vəʔ^{12}	扎 tsaʔ^{5} 缚 vəʔ^{12}
59 衢江	捞 lɔ^{33}	缚 bəʔ^{2}	缚 bəʔ^{2}
60 龙游	捞 lɔ^{334}	吊 tiɔ^{51}	缚 bɔʔ^{23}
61 江山	挌 k^{h}ɒ^{44}	缚 biaʔ^{2}	缚 biaʔ^{2}
62 常山	捞 lɤ^{341}	缚 biaʔ^{34}	缚 biaʔ^{34}
63 开化	捞 liəɯ^{231}	缚 biaʔ^{13}	缚 biaʔ^{13}
64 丽水	捞 lu^{544}	吊 tiə^{52}	捆 k^{h}uen^{544}
65 青田	捞 lo^{21}	缚 voʔ^{31}	缚 voʔ^{31}
66 云和	捞 lu^{41}	缚 boʔ^{23}	缚 boʔ^{23}

续表

方言点	0850 捞～鱼	0851 拴～牛	0852 捆～起来
67 松阳	捞 lɔ^{53}	吊 tiɔ^{24} 缚 boʔ^{2}	缚 boʔ^{2}
68 宣平	□ lo^{223}	吊 tiɔ^{52}	缚 bəʔ^{23}
69 遂昌	捞 liɐɯ^{221}	缚 bɔʔ^{23}	缚 bɔʔ^{23}
70 龙泉	捞 lɑʌ^{434}	吊 tiɑʌ^{45}	缚 bouʔ^{24}
71 景宁	捞 liɑu^{41}	缚 boʔ^{23}	缚 boʔ^{23}
72 庆元	虏= lɤ^{221}	缚 poʔ^{34}	缚 poʔ^{34}
73 泰顺	捞 lø^{53}	缚 poʔ^{2}	缚 poʔ^{2}
74 温州	捞 liɛ^{31}	缚 o^{212}	捆 kʰaŋ^{25}
75 永嘉	捞 lyə^{31}	吊 tyə^{53}	缚 o^{213}
76 乐清	捞 liɯʌ^{31}	吊 tiɯʌ^{41}	缚 vɤ^{212}
77 瑞安	捞 luɔ^{31}	缚 u^{212} 吊 tuɔ^{53}	缚 u^{212} 捆 kʰaŋ^{35}
78 平阳	捞 lye^{242}	缚 uɔ^{12}	捆 kʰaŋ^{45}
79 文成	捞 luo^{113}	缚 vo^{212}	缚 vo^{212}
80 苍南	捞 lyɔ^{31} □ tɕʰia^{53}	缚 uɔ^{112}	缚 uɔ^{112} 捆 kʰuaŋ^{53}
81 建德徽	捞 liɔ^{33}	吊 tiɔ^{33}	缚 fu^{213}
82 寿昌徽	捞 liɤ^{52}	吊 tiɤ^{33}	缚 pʰɔʔ^{31}
83 淳安徽	捞 lɤ^{55}	系 tɕi^{24}	捆 kʰuen^{55}
84 遂安徽	捞 lɔ^{33}	系 tɕi^{43}	捆 kʰuəŋ^{213}
85 苍南闽	掠 lia^{24}	□ ba^{24}	□ ba^{24}
86 泰顺闽	□ lu^{344}	缚 pou^{31}	捆 kʰuəŋ^{344}
87 洞头闽	豪= ho^{113}	缚 pɐt^{24}	捆 kʰun^{53}
88 景宁畲	捞 lau^{22}	缚 pʰuʔ^{2}	捆 kʰuən^{325}

方言点	0853 解～绳子	0854 挪～桌子	0855 端～碗
01 杭州	解 tɕiɛ⁵³	移 i²¹³	掇 toʔ⁵
02 嘉兴	解 gᴀ¹¹³	移 i²⁴²	掇 təʔ⁵ 老 端 tə⁴² 新
03 嘉善	解 ga¹¹³	搬 pø⁵³	拿 nɛ⁵³
04 平湖	解 ga²¹³	差⁼tsʰa⁵³	担 nɛ⁵³
05 海盐	解 gɑ⁴²³	搬 pɤ⁵³	担 nɛ⁵³
06 海宁	解 ga²³¹	挪 no⁵⁵	端 tei⁵⁵
07 桐乡	解 ga²⁴²	搬 pᴇ⁴⁴	端 tᴇ⁴⁴
08 崇德	解 gɑ²⁴²	搬 pᴇ⁴⁴	端 tᴇ⁴⁴
09 湖州	解 ga²³¹	搬 pɛ⁴⁴	担 tɛ⁴⁴
10 德清	解 ga¹⁴³	挪 nuo¹¹³	拿 nɛ⁴⁴
11 武康	解 ga²⁴²	移 i²²⁴	担 tɛ⁴⁴
12 安吉	解 ka⁵²	移 i²²	端 tᴇ⁵⁵
13 孝丰	解 ka⁵²	移 i²²	担 tɛ⁴⁴
14 长兴	解 ga²⁴³	迁 tʃʰi⁴⁴	掇 taʔ⁵
15 余杭	解 ga²⁴³	担 tɛ⁴⁴	担 tɛ⁴⁴
16 临安	解 ga³³	驮 do³³	捧 pʰoŋ⁵⁵
17 昌化	解 ka⁴⁵³	浪⁼lɔ̃²⁴³	驮 dɯ¹¹²
18 於潜	解 ka⁵¹	移 i²²³	捧 pʰoŋ⁵¹
19 萧山	解 ka³³	移 i³⁵⁵	掇 təʔ⁵
20 富阳	解 ka⁴²³	移 i¹³	掇 tɛʔ⁵
21 新登	解 ka³³⁴	移 i²³³	捧 pʰoŋ³³⁴
22 桐庐	解 kᴀ³³	挪 no¹³	捧 pʰoŋ³³
23 分水	解 kɛ⁵³	移 i²²	捧 pʰən⁵³

续表

方言点	0853 解～绳子	0854 挪～桌子	0855 端～碗
24 绍兴	解 ka^{334}	移 i^{231}	掇 toʔ^{5}
25 上虞	解 ka^{35}	移 i^{213}	滴$^{=}$ tiəʔ^{5}
26 嵊州	解 ka^{53}	埋$^{=}$ ma^{213}	捧 p^{h}oŋ^{53}
27 新昌	解 ka^{453}	埋$^{=}$ ma^{22}	掇 tɤʔ^{5}
28 诸暨	解 kᴀ^{42}	移 ʒʅ^{13}	捧 p^{h}om^{42}
29 慈溪	解 ka^{35}	移 i^{13}	冰$^{=}$ piŋ^{35} 搬 pø̃^{35}
30 余姚	解 ka^{34}	拖 t^{h}ou^{44} 移 i^{13}	奔 pə̃^{44}
31 宁波	解 ka^{35}	搭$^{=}$ taʔ^{5} 离地 拖 t^{h}əu^{53} 贴地	搬 pu^{53}
32 镇海	解 ka^{35}	搭$^{=}$ taʔ^{5}	捧 p^{h}əŋ^{35}
33 奉化	解 ka^{545}	移 i^{33}	捧 p^{h}əŋ^{545}
34 宁海	解 ka^{53}	移 i^{213}	捧 p^{h}oŋ^{53}
35 象山	解 ka^{44}	□ ma^{44}	捧 p^{h}əŋ^{44}
36 普陀	解 ka^{45}	□ ma^{53}	搬 pø^{53}
37 定海	解 ka^{45}	□ ma^{52}	搬 pø^{52}
38 岱山	解 ka^{52}	拖 t^{h}ʌu^{52}	搬 pø^{52}
39 嵊泗	解 ka^{445}	移 i^{243}	搬 pʏ^{53}
40 临海	解 ka^{42}	移 i^{21}	掇 tøʔ^{5} 捧 p^{h}oŋ^{52}
41 椒江	解 ka^{42}	移 i^{31}	掇 tøʔ^{5}
42 黄岩	解 ka^{42}	移 i^{121} 驮 dou^{121} 掇 tøʔ^{5}	掇 tøʔ^{5} 捧 p^{h}oŋ^{42}
43 温岭	解 ka^{42}	移 i^{31} 拔 bəʔ^{2}	掇 toʔ^{5}

续表

方言点	0853 解～绳子	0854 挪～桌子	0855 端～碗
44 仙居	解 ka^{324}	移 i^{213}	掇 ɗɑʔ^{5}
45 天台	解 ka^{325}	移 i^{224}	掇 təʔ^{5}
46 三门	解 ka^{325}	移 i^{113}	掇 təʔ^{5}
47 玉环	解 ka^{53}	移 i^{31}	掇 toʔ^{5}
48 金华	解 kɑ^{535}	移 i^{313}	捧 p^{h}oŋ^{535}
49 汤溪	解 kɑ^{535}	移 i^{11}	掇 tɤ^{55}
50 兰溪	解 kɑ^{55}	移 i^{21}	捧 p^{h}oŋ^{55}
51 浦江	解 kɑ^{53}	移 i^{113}	捧 p^{h}on^{53}
52 义乌	解 ka^{423}	移 i^{213}	捧 p^{h}oŋ^{423}
53 东阳	解 ka^{334}	拖 t^{h}a^{334}	端 ta^{334}
54 永康	解 tɕia^{334}	移 i^{22}	掇 ɗɤ^{334}
55 武义	解 tɕia^{445}	移 i^{324}	捧 p^{h}oŋ^{445}
56 磐安	解 ka^{334} 敨 t^{h}ɐɯ^{334}	移 i^{213}	掇 tɛ^{334}
57 缙云	解 kɑ^{51}	叶$^{=}$ iɛ^{13}	掇 tɛ^{322}
58 衢州	解 kɛ^{35}	移 i^{21}	驮 du^{21}
59 衢江	解 kuo^{25}	拖 t^{h}a^{33}	担 nã^{33}
60 龙游	解 kɑ^{35}	拖 t^{h}ɑ^{334}	掇 təʔ^{4}
61 江山	解 kɒ^{241}	移 i^{213}	驮 do^{213}
62 常山	解 kɑ^{52}	徙 sue^{52}	驮 dɔ^{341}
63 开化	解 kɑ^{53}	徙 suɛ^{53}	驮 dɔ^{231}
64 丽水	解 kuɔ^{544}	移 i^{22}	掇 təʔ^{5}
65 青田	解 kɑ^{454}	移 i^{21}	掇 ɗaʔ^{42}
66 云和	解 kɔ^{41}	移 i^{312}	掇 tuɛʔ^{5}

续表

方言点	0853 解～绳子	0854 挪～桌子	0855 端～碗
67 松阳	解 ka^{212}	移 iɛ^{31}	掇 tɛʔ^{5}
68 宣平	解 ka^{445} 敨 t^{h}əɯ^{445}	移 i^{433}	掇 təʔ^{5}
69 遂昌	□ xɒ^{533}	移 iɛ^{221}	掇 tɛʔ^{5}
70 龙泉	解 ka^{51}	移 i^{21}	抓 tso^{51} 挌 k^{h}o^{434}
71 景宁	解 ka^{33}	移 i^{41}	掇 tœʔ^{5}
72 庆元	解 kɑ^{33}	移 iᴇ^{52}	驮 to^{52}
73 泰顺	解 ka^{55}	移 i^{53}	掇 tœʔ^{5}
74 温州	解 ka^{25}	拔 bo^{212}	掇 tø^{323}
75 永嘉	解 ka^{45}	移 zɿ^{31}	掇 tø^{423}
76 乐清	解 ke^{35}	移 i^{31}	掇 tø^{323}
77 瑞安	解 ka^{35}	移 i^{31}	掇 tø^{323}
78 平阳	解 kᴀ^{45}	拔$^{=}$ bɔ^{12}	掇 tɵ^{34}
79 文成	解 kɔ^{45}	移 i^{113}	掇 tø^{34}
80 苍南	敨 t^{h}au^{53}	移 i^{31}	掇 tø^{223}
81 建德徽	解 kɑ^{213}	移 i^{33}	捧 p^{h}oŋ^{213}
82 寿昌徽	解 kɑ^{24}	移 i^{52}	拿 nuə^{112}
83 淳安徽	解 kɑ^{55}	移 i^{435}	捧 p^{h}on^{55}
84 遂安徽	解 ka^{213}	切$^{=}$ tɕ^{h}iɛ^{24}	揩 k^{h}ɑ^{534}
85 苍南闽	敨 t^{h}au^{43}	挪 nũã^{43}	□ lə^{43}
86 泰顺闽	解 kei^{344}	挪 nou^{213}	掇 tɒʔ^{5}
87 洞头闽	敨 t^{h}au^{53}	撨 ts^{h}au^{113}	帆$^{=}$ p^{h}aŋ^{113}
88 景宁畲	敨 t^{h}iəu^{325}	移 ie^{22}	掇 tot^{5}

方言点	0856 摔碗～碎了	0857 掺～水	0858 烧～柴
01 杭州	敲 kʰɔ^{334}	掺 tsʰɛ^{334}	烧 sɔ^{334}
02 嘉兴	掼 guᴇ^{113}	掺 tsʰᴇ^{42}	烧 sɔ^{42}
03 嘉善	敲 kʰɔ^{53}	相⁼ ɕiæ̃^{53}	烧 sɔ^{53}
04 平湖	敲 kʰɔ^{53}	掺 tsʰɛ^{53}	烧 sɔ^{53}
05 海盐	掼 guɛ^{213}	拼 pʰin^{53}	烧 sɔ^{53}
06 海宁	开⁼ kʰei^{55}	掺 tsʰɛ^{55}	烧 sɔ^{55}
07 桐乡	掼 guɛ^{213}	拼 pʰiŋ^{44}	烧 sɔ^{44}
08 崇德	掼 guɛ^{13}	拼 pʰiŋ^{44}	烧 sɔ^{44}
09 湖州	敲 kʰɔ^{44}	拼 pʰin^{44}	烧 sɔ^{44}
10 德清	掼 guɛ^{113}	掺 tsʰøʉ^{44}	烧 sɔ^{44}
11 武康	掼 guɛ^{113}	掺 tsʰø^{44}	烧 sɔ^{44}
12 安吉	敲 kʰɔ^{55}	掺 tsʰᴇ^{55}	烧 sɔ^{55}
13 孝丰	掼 guɛ^{213}	掺 tsʰɛ^{44}	烧 sɔ^{44}
14 长兴	掼 guᴇ^{24}	拼⁼ pʰiŋ^{44}	烧 sɔ^{44}
15 余杭	掼 guɛ^{213}	掺 tsʰuõ^{423}	烧 sɔ^{44}
16 临安	掼 guɛ^{33}	掺 tsʰɛ^{55}	烧 sɔ^{55}
17 昌化	掼 guɔ̃^{243}	掺 tsʰəŋ^{334}	烧 sɔ^{334}
18 於潜	敲 kʰɔ^{433}	加 tɕia^{433}	烧 sɔ^{433}
19 萧山	掼 guɛ^{242}	掺 tsʰə^{42}	烧 sɔ^{533}
20 富阳	跌 tiɛʔ^{5}	□ tɕʰyɛ̃^{335}	烧 sɔ^{53}
21 新登	脱 tʰaʔ^{5}	掺 tsʰɛ̃^{53}	烧 sɔ^{53}
22 桐庐	掼 guã^{13}	掺 tsʰã^{533}	烧 sɔ^{533}
23 分水	打 ta^{53}	掺 tsʰã^{44}	烧 sɔ^{44}
24 绍兴	掼 guɛ̃^{22}	掺 tsʰɛ̃^{53}	烧 sɔ^{53}

续表

方言点	0856 摔碗～碎了	0857 掺～水	0858 烧～柴
25 上虞	掼 guɛ̃^{31}	和 ʊ^{31}	烧 sɔ^{35}
26 嵊州	遁 deŋ^{24}	掺 tsʰɛ̃^{534}	烧 sɔ^{534}
27 新昌	倒 tɔ^{453}	掺 tsʰɛ̃^{335}	烧 sɔ^{534}
28 诸暨	□ dã^{33}	掺 tsʰɛ^{544}	烧 sɔ^{42}
29 慈溪	掼 guɛ̃^{13}	加 ko^{35}	烧 sɔ^{35}
30 余姚	掼 guã^{13}	掺 tsʰã^{44}	烧 sɔ^{44}
31 宁波	敲 kʰɔ^{53}	掺 tsʰɛ^{53}	烧 ɕio^{53}
32 镇海	敲 kʰɔ^{53}	掺 tsʰɛ^{53}	烧 ɕio^{53}
33 奉化	敲 kʰʌ^{44}	掺 tsʰɛ^{44}	每$^{=}$ mei^{31}
34 宁海	倒 tau^{53}	掺 tsʰa^{35} 脚$^{=}$ tɕiaʔ^{5}	烧 ɕieu^{423}
35 象山	敲 kʰɔ^{44}	和 əu^{13}	烧 ɕio^{44}
36 普陀	敲 kʰɔ^{53}	掺 tsʰɛ^{53}	烧 ɕiɔ^{53}
37 定海	敲 kʰɔ^{52}	和 ʌu^{13}	烧 ɕio^{52}
38 岱山	敲 kʰɔ^{52}	和 ʌu^{213}	烧 ɕio^{52}
39 嵊泗	眼$^{=}$ ŋɛ^{334}	掺 tsʰɛ^{53}	烧 ɕio^{53}
40 临海	敲 kʰɔ^{31}	掺 tsʰɛ^{31}	烧 ɕiə^{31}
41 椒江	掼 guɛ^{24} 打 tã^{42} 敲 kʰɔ^{42}	掺 tsʰɛ^{42}	烧 ɕiə^{42}
42 黄岩	彭$^{=}$ bã^{121} 敲 kʰɔ^{32} 打 tã^{42}	掺 tsʰɛ^{32}	烧 ɕiə^{32}
43 温岭	打 tã^{42}	掺 tsʰɛ^{33}	烧 ɕiə^{33}
44 仙居	敲 kʰɐɯ^{334}	掺 tsʰa^{334}	烧 ɕiɐɯ^{334}
45 天台	倒 tau^{325}	掺 tsʰe^{33}	烧 ɕieu^{33}

续表

方言点	0856 摔碗～碎了	0857 掺～水	0858 烧～柴
46 三门	敲 kʰɑu^{334}	掺 tsʰɛ^{334}	烧 ɕiɑu^{334}
47 玉环	掼 guɛ^{22}	掺 tsʰɛ^{42}	烧 ɕiɔ^{42}
48 金华	□ xuɛ^{334}	兑 tɛ^{55}	烧 ɕiɑo^{334}
49 汤溪	打 na^{535} 敲 kʰɔ^{24}	兑 tɛ^{52}	烧 ɕiɔ^{24}
50 兰溪	跌 tiəʔ^{34}	兑 te^{45}	烧 ɕiɔ^{334}
51 浦江	跌 tia^{423}	冲 tɕʰyon^{534} 和 ɯ^{24}	烧 sɯ^{534}
52 义乌	㧑 hue^{335}	掺 tsʰɔ^{335}	烧 sɯɤ^{335}
53 东阳	掼 gɔ^{24}	掺 tsʰɔ^{334}	烧 ɕiɔ^{334}
54 永康	舂$^{=}$ ɕyɑŋ^{55}	冲 tsʰoŋ^{55}	烧 ɕiɑu^{55}
55 武义	跌 lia^{53}	冲 tsʰoŋ^{24}	烧 ɕie^{24}
56 磐安	打 nɛ^{334} 敲 kʰo^{445}	冲 tsʰɔom^{445}	烧 ɕio^{445}
57 缙云	打 na^{51}	加 kɑ^{44} 掺 tsʰɑ^{44}	烧 ɕiəɤ^{44}
58 衢州	蹶 tʃyaʔ^{5}	掺 tsʰã^{32}	烧 ɕiɔ^{32}
59 衢江	蹶 tɕiaʔ^{5}	兑 dei^{231}	烧 ɕiɔ^{33}
60 龙游	敲 kʰɔ^{334}	冲 tsʰoŋ^{334}	烧 sɔ^{334}
61 江山	汁$^{=}$ tɕiɞʔ^{5}	和 uə^{213}	烧 ɕiɐɯ^{44}
62 常山	捶 dzɛ^{341} 跌 tieʔ^{5}	兑 due^{131} 冲 tsʰoŋ^{44}	烧 ɕiɤ^{44}
63 开化	捶 dzua^{231}	冲 tɕʰiɔŋ^{44} 兑 tɛ^{412}	烧 ɕiəɯ^{44}
64 丽水	敲 kʰə^{224}	掺 tsʰen^{224}	烧 ɕiə^{224}
65 青田	打 nɛ^{454}	掺 tsʰɑ^{445}	烧 ɕiœ^{445}
66 云和	敲 kʰɑɔ^{24}	掺 tsʰəŋ^{24}	烧 ɕiɑɔ^{24}

续表

方言点	0856 摔碗～碎了	0857 掺～水	0858 烧～柴
67 松阳	靶⁼ puə^{212}	掺 tsʰæ̃^{53}	烧 ɕiɔ^{53}
68 宣平	敲 kʰɔ^{324}	掺 tsʰɑ̃^{324}	烧 ɕiɔ^{324}
69 遂昌	刮⁼ kuaʔ^{5}	冲 tɕʰiɔŋ^{45}	烧 ɕiɐɯ^{45}
70 龙泉	打 taŋ^{51}	掺 tsʰɛn^{434}	烧 ɕiɑʌ^{434}
71 景宁	敲 kʰɑu^{324}	掺 tsʰaŋ^{324}	烧 ɕiɑu^{324}
72 庆元	搉 kʰoʔ^{5}	掺 tsʰɑ̃^{335}	烧 ɕiɒ^{335}
73 泰顺	打 næi^{55}	冲 tɕʰioŋ^{213}	烧 ɕiɑɔ^{213}
74 温州	掼 ga^{22}	掺 tsʰa^{33}	烧 ɕiɛ^{33}
75 永嘉	打 tɛ^{45}	掺 tsʰa^{44}	烧 ɕyə^{44}
76 乐清	呙 kuɯʌ^{35}	掺 tɕʰiɛ^{44}	烧 sɤ^{44}
77 瑞安	打 ta^{35} 倒 tɛ^{35}	掺 tsʰɔ^{44}	烧 ɕy^{44}
78 平阳	订⁼ teŋ^{53}	掺 tʃʰɔ^{55}	烧 ɕye^{55}
79 文成	摘⁼ tʃa^{34}	掺 tʃʰɔ^{55}	烧 ɕyø^{55}
80 苍南	打 tia^{53}	掺 tsʰa^{44}	烧 ɕyɔ^{44}
81 建德徽	敲 kʰɔ^{53}	冲 tsʰoŋ^{53}	烧 sɔ^{53}
82 寿昌徽	敲 kʰɤ^{112}	冲 tɕʰiɔŋ^{112}	烧 sɤ^{112}
83 淳安徽	搭⁼ tɑʔ^{5}	冲 tsʰon^{24}	烧 sɤ^{24}
84 遂安徽	打 ta^{24}	掺 tsʰəŋ^{534}	烧 ɕiɔ^{534}
85 苍南闽	□ ga^{24}	掺 tsʰan^{55}	烧 ɕiou^{55}
86 泰顺闽	拍 pʰa^{53}	掺 tsʰæŋ^{213}	烧 ɕiɐu^{213}
87 洞头闽	弄 loŋ^{21}	掺 tsʰan^{33}	烧 ɕieu^{55}
88 景宁畲	搉 kʰoʔ^{5}	掺 tsʰɔn^{44}	烧 ɕiəu^{44}

方言点	0859 拆~房子	0860 转~圈儿	0861 捶用拳头~
01 杭州	拆 tsʰaʔ^{5}	旋 dʑiɛ^{13}	敲 kʰɔ^{334}
02 嘉兴	拆 tsʰᴀʔ^{5}	转 tsə^{544}/tsuə^{544}	凿 zoʔ^{13}
03 嘉善	拆 tsʰaʔ^{5}	兜 tə^{53}	敲 kʰɔ^{53}
04 平湖	拆 tsʰaʔ^{23}	旋 ziɛ^{213}	敲 kʰɔ^{53}
05 海盐	拆 tsʰaʔ^{23}	旋 dʑiɛ^{213}	敲 kʰɔ^{53}
06 海宁	拆 tsʰaʔ^{5}	旋 dʑie^{13}	敲 kʰɔ^{55}
07 桐乡	拆 tsʰaʔ^{5}	旋 ziᴇ^{213}	敲 kʰɔ^{44}
08 崇德	拆 tsʰaʔ^{5}	旋 ʑiɪ^{13}	敲 kʰɔ^{44}
09 湖州	拆 tsʰaʔ^{5}	旋 ʑie^{24}	敲 kʰɔ^{44}
10 德清	拆 tsʰaʔ^{5}	旋 dʑie^{113}	敲 kʰɔ^{44}
11 武康	拆 tsʰɜʔ^{5}	荡 dã^{113}	敲 kʰɔ^{44}
12 安吉	拆 tsʰəʔ^{5}	趤 dã^{213}	敲 kʰɔ^{55}
13 孝丰	拆 tsʰaʔ^{5}	旋 ʑiɪ^{213} 趤 dã^{213}	搒 bã^{213}
14 长兴	拆 tsʰaʔ^{5}	旋 ʒi^{24}	敲 kʰɔ^{44}
15 余杭	拆 tsʰaʔ^{5}	旋 ziẽ^{213}	搡 sɑ̃^{44}
16 临安	拆 tsʰɐʔ^{5}	转 tsœ^{55}	敲 kʰɔ^{55}
17 昌化	拆 tsʰaʔ^{5}	旋 ʑyĩ^{243}	敲 kʰɔ^{334}
18 於潜	拆 tsʰɐʔ^{53}	旋 ʑyɛ^{223}	敲 kʰɔ^{433}
19 萧山	拆 tsʰaʔ^{5}	转 tsə^{42}	敲 kʰɔ^{533}
20 富阳	拆 tsʰaʔ^{5}	旋 ʑiɛ̃^{224}	敲 kʰɔ^{53} 舂 ɕyɑ̃^{53}
21 新登	拆 tsʰaʔ^{5}	旋 ʑiɛ̃^{13}	□ tɛ̃^{45}
22 桐庐	拆 tsʰaʔ^{5}	旋 ʑie^{13}	敲 kʰɔ^{533}
23 分水	拆 tsʰəʔ^{5}	转 tɕyɛ̃^{53}	捶 dzue^{22}
24 绍兴	拆 tsʰaʔ^{5}	转 tsø̃^{334}	搡 sɑŋ^{53}

续表

方言点	0859 拆～房子	0860 转～圈儿	0861 捶用拳头～
25 上虞	拆 tsʰaʔ^{5}	趤 dã^{31}	搡 sɔ̃^{35}
26 嵊州	拆 tsʰaʔ^{5}	荡 daŋ^{24}	敲 kʰɔ^{534}
27 新昌	拆 tsʰaʔ^{5}	旋 zœ̃^{22}	敲 kʰɔ^{534}
28 诸暨	拆 tsʰaʔ^{5}	转 tsə^{42}	揎 ɕiə^{544}
29 慈溪	拆 tsʰaʔ^{5}	趤 dã^{13}	抌 tsəŋ^{35}
30 余姚	拆 tsʰaʔ^{5}	趤 daŋ^{13}	敲 kʰɔ^{44} 抌 tsə̃^{44} 揾 iə̃^{44}
31 宁波	拆 tsʰaʔ^{5}	趤 da^{13}	敲 kʰɔ^{53}
32 镇海	拆 tsʰaʔ^{5}	打转 tã^{33}tsø^{35}	敲 kʰɔ^{53}
33 奉化	拆 tsʰaʔ^{5}	柴$^{=}$ za^{31}	敲 kʰʌ^{44}
34 宁海	拆 tsʰaʔ^{5}	旋 ʑyø^{213}	敲 kʰau^{423}
35 象山	拆 tsʰaʔ^{5}	洒$^{=}$ sa^{44}	敲 kʰɔ^{44}
36 普陀	拆 tsʰɐʔ^{5}	转 tsø^{45}	敲 kʰɔ^{53}
37 定海	拆 tsʰɐʔ^{5}	套 tʰɔ^{44}	敲 kʰɔ^{52}
38 岱山	拆 tsʰɐʔ^{5}	套 tʰɔ^{44}	敲 kʰɔ^{52}
39 嵊泗	拆 tsʰɐʔ^{5}	柴$^{=}$ za^{213}	敲 kʰɔ^{53}
40 临海	拆 tsʰaʔ^{5}	旋 ʑyø^{324}	敲 kʰɔ^{31}
41 椒江	拆 tsʰaʔ^{5}	旋 zø^{24}	仨$^{=}$ sa^{42}
42 黄岩	拆 tsʰɐʔ^{5}	旋 zø^{24}	拳 gyø^{121}
43 温岭	拆 tsʰəʔ^{5}	旋 ʑyø^{13}	敲 kʰɔ^{33} 仨$^{=}$ sa^{33}
44 仙居	拆 tsʰaʔ^{5}	旋 zø^{24}	搒 bã^{213}
45 天台	拆 tsʰaʔ^{5}	旋 ʑyø^{224}	敲 kʰau^{33}
46 三门	拆 tsʰaʔ^{5}	旋 ʑyø^{243}	敲 kʰɑu^{334}
47 玉环	拆 tsʰɐʔ^{5}	旋 ʑyø^{22}	敲 kʰɔ^{42}

续表

方言点	0859 拆～房子	0860 转～圈儿	0861 捶用拳头～
48 金华	拆 tsʰəʔ^{4}	□ loʔ^{4} 老 旋 ʑyɤ^{14} 新	敲 kʰɑo^{334}
49 汤溪	拆 tsʰa^{55}	踅 ɕyei^{55}	敲 kʰɔ^{24}
50 兰溪	拆 tsʰəʔ^{34}	踅 ɕyəʔ^{34}	敲 kʰɔ^{334}
51 浦江	拆 tsʰɑ^{423}	踅 ɕyə^{423}	敲 kʰo^{534}
52 义乌	拆 tsʰɛ^{324}	转 tɕye^{423}	敲 kʰo^{335}
53 东阳	拆 tsʰa^{334}	转 tɕiʊ^{453}	蹬 tɐn^{24}
54 永康	拆 tsʰai^{334}	旋 ʑye^{241}	舂 ɕyɑŋ^{55} 敲 kʰɑu^{55} 力大
55 武义	拆 tsʰa^{53}	旋 ʑye^{231}	敲 kʰɑu^{24}
56 磐安	拆 tsʰa^{334}	旋 ʑye^{14}	敲 kʰo^{445} 塞 sɛi^{334}
57 缙云	拆 tsʰa^{322}	旋 zyɛ^{213}	捶 dzʮ^{243}
58 衢州	拆 tsʰaʔ^{5}	旋 ʑyə̃^{231}	掔 tɕʰiã^{53}
59 衢江	拆 tɕʰiaʔ^{5}	转 tɕiɛ^{25}	捶 dʑy^{212}
60 龙游	拆 tsʰəʔ^{4}	旋 zuei^{21}	舂 ioŋ^{334}
61 江山	拆 tsʰaʔ^{5}	踅 xyᴇʔ^{5}	捶 dza^{213}
62 常山	拆 tsʰaʔ^{5}	转 tɕyɔ̃^{52} 踅 ɕyeʔ^{5}	舂 ioŋ^{44}
63 开化	拆 tsʰaʔ^{5}	转 tɕyɛ̃^{53}	捶 dzua^{231}
64 丽水	拆 tsʰaʔ^{5}	旋 ʑyɛ^{131}	捶 dzʮ^{22}
65 青田	拆 tsʰɛʔ^{42}	旋 yɐ^{22}	捶 dzʮ^{21}
66 云和	拆 tsʰaʔ^{5}	旋 ʑyɛ^{223}	捶 dzʮ^{312}
67 松阳	拆 tsʰaʔ^{5}	旋 ʑyɛ̃^{13}	捶 dʑy^{31}
68 宣平	拆 tsʰaʔ^{5}	旋 ʑyə^{231}	舂 yən^{324} □ mən^{324}
69 遂昌	拆 tʰiʔ^{5}	旋 ʑyɛ̃^{213}	舂 iɔŋ^{45}

续表

方言点	0859 拆~房子	0860 转~圈儿	0861 捶用拳头~
70 龙泉	拆 tsʰaʔ^{5}	旋 ʑyo^{224}	舂 iəŋ^{434} 蹲⁼ tɛn^{434}
71 景宁	拆 tsʰaʔ^{5}	旋 ʑyœ^{113}	捶 dʑy^{41}
72 庆元	拆 tsʰɑʔ^{5}	旋 ɕyɛ̃^{31}	搉 kʰoʔ^{5}
73 泰顺	拆 tsʰaʔ^{5}	旋 ɕyɛ^{22}	捶 tɕy^{53} 擂 læi^{53}
74 温州	拆 tsʰa^{323}	打 tiɛ^{25}	捶 dzɿ^{31}
75 永嘉	拆 tsʰa^{423}	□ lø^{44} 旋 y^{22}	捶 dzʮ^{31} □ tø^{53}
76 乐清	拆 tɕʰie^{323}	旋 zyᴇ^{22}	捶 dʑy^{31}
77 瑞安	拆 tsʰa^{323}	旋 y^{22}	□ ha^{53} 捶 dzəɯ^{31}
78 平阳	拆 tʃʰᴀ^{34}	转 tɕye^{45}	捶 dʑy^{242}
79 文成	拆 tʃʰa^{34}	旋 ʑyø^{424}	捶 dʑy^{113}
80 苍南	拆 tɕʰia^{223}	转 dʑyɛ^{11}	捶 dʑy^{31}
81 建德徽	拆 tsʰɑ^{55}	旋 ɕye^{55}	敲 kʰɔ^{53}
82 寿昌徽	拆 tsʰəʔ^{3}	趄 ɕyəʔ^{3}	敲 kʰɤ^{112}
83 淳安徽	拆 tsʰɑʔ^{5}	转 tsuã^{55}	敲 kʰɤ^{24}
84 遂安徽	拆 tsʰa^{24}	旋 ɕiɛ̃^{52}	敲 kʰɔ^{534}
85 苍南闽	拆 tʰia^{43}	趄 sə^{24}	捶 tui^{24}
86 泰顺闽	拆 tʰia^{53}	转 tye^{344}	舂 tsəŋ^{213}
87 洞头闽	拆 tʰia^{53}	趄 sə^{241}	搥 tui^{33}
88 景宁畲	拆 tsʰaʔ^{5}	圈 tɕʰyon^{51}	捶 tɕʰy^{22}

方言点	0862 打统称：他～了我一下	0863 打架动手：两个人在～	0864 休息
01 杭州	敲 kʰɔ^{334}	打架儿 ta^{55}tɕia^{45}əl^{53}	休息 ɕy^{33}ɕiɛʔ^{5}
02 嘉兴	敲 kʰɔ^{42}	打相打 tᴀ̃^{33}ɕiᴀ̃^{33}tᴀ̃^{21}	歇□ ɕieʔ^{5}ie^{33}
03 嘉善	敲 kʰɔ^{53}	打相打 tæ̃^{55}ɕiæ̃^{35}tæ̃^{53}	孛$^{=}$相 bɜʔ^{2}ɕiæ̃^{35}
04 平湖	敲 kʰɔ^{53}	打相打 tã^{44}siã^{55}tã^{0}	醒$^{=}$醒$^{=}$ sin^{44}sin^{0} 歇 ɕiɛʔ^{5}
05 海盐	敲 kʰɔ^{53}	打人 tɛ̃^{53}ȵin^{31}	醒$^{=}$醒$^{=}$ ɕin^{55}ɕin^{55}
06 海宁	敲 kʰɔ^{55}	打相打 tɑ̃^{55}ɕiã^{55}tɑ̃^{55}	醒$^{=}$醒$^{=}$ ɕiŋ^{55}ɕiŋ^{0} 醒$^{=}$醒$^{=}$力 ɕiŋ^{55}ɕiŋ^{55}lieʔ^{2}
07 桐乡	敲 kʰɔ^{44}	打相打 tã^{53}siã^{44}tã^{44}	醒$^{=}$ siŋ^{53}
08 崇德	敲 kʰɔ^{44}	打 tã^{53} 打相打 tã^{53}ɕiã^{44}tã^{44}	醒$^{=}$ ɕiŋ^{53}
09 湖州	敲 kʰɔ^{44}	打架 tã^{33}tɕia^{35}	孛$^{=}$相 bəʔ^{2}ɕiã^{44}
10 德清	敲 kʰɔ^{44}	打架 tã^{33}tɕia^{35}	歇歇 ɕieʔ^{4}ɕieʔ^{5}
11 武康	敲 kʰɔ^{44}	打起来 tã^{53}tɕi^{53}lɛ^{31}	歇歇力 ɕieʔ^{4}ɕieʔ^{5}lieʔ^{5}
12 安吉	打 tã^{52}	打交 tã^{32}kɔ^{55}	歇力 ɕiᴇʔ^{5}liᴇʔ^{23}
13 孝丰	敲 kʰɔ^{44} 打 tã^{52}	打交 tã^{32}kɔ^{44}	休息 ɕiu^{44}ɕieʔ^{5}
14 长兴	掼 guᴇ^{243}	打架 tã^{52}tʃia^{324}	歇力 ʃiᴇʔ^{5}liᴇʔ^{2}
15 余杭	打 tɑ̃^{53}	打架儿 tɑ̃^{53}ka^{53}n^{13}	孛$^{=}$相 bəʔ^{2}ɕiɑ̃^{35}
16 临安	敲 kʰɔ^{55}	打架 tɑ̃^{53}kɔ^{55}	嬉 ɕi^{55}
17 昌化	敲 kʰɔ^{334}	相打 ɕiã^{33}tã^{453}	歇力 ɕiɛʔ^{5}liɛʔ^{23}
18 於潜	敲 kʰɔ^{433}	打架 ta^{53}tɕia^{35}	歇力 ɕieʔ^{53}liæʔ^{23}
19 萧山	敲 kʰɔ^{533}	盘$^{=}$弄 bə^{21}loŋ^{33}	歇息 ɕieʔ^{5}ɕieʔ^{5}
20 富阳	敲 kʰɔ^{53}	打□交 tã^{423}kʰɛ^{335}tɕiɔ^{53}	嬉 ɕi^{53}
21 新登	敲 kʰɔ^{53}	打相骂 tɛ^{334}ɕiã^{53}mɑ^{334}	歇力 ɕiəʔ^{5}liəʔ^{2}
22 桐庐	敲 kʰɔ^{533}	打相骂 tã^{33}ɕiã^{55}mo^{13}	歇力 ɕiəʔ^{5}liəʔ^{13}
23 分水	敲 kʰɔ^{44}	打架 ta^{44}tɕia^{24}	歇 ɕiəʔ^{5}
24 绍兴	敲 kʰɔ^{53} 打 taŋ^{334}	打人阵 taŋ^{33}ȵiŋ^{33}zẽ^{22}	休息 ɕiɤ^{33}ɕieʔ^{5}

续表

方言点	0862 打统称：他～了我一下	0863 打架动手：两个人在～	0864 休息
25 上虞	打 tã^{35} 敲 kʰɔ^{35}	打人阵 tã^{33}ȵiŋ^{21}dzəŋ^{213}	休息 ɕiɤ^{33}ɕiəʔ^{5}
26 嵊州	敲 kʰɔ^{534}	打架 taŋ^{53}ko^{334}	休息 ɕiʏ^{53}ɕieʔ^{5}
27 新昌	敲 kʰɔ^{534}	打架 taŋ^{45}ko^{335}	歇 ɕiɛʔ^{5}
28 诸暨	敲 kʰɔ^{544}	打扛 tã^{21}kɑ̃^{544}	歇 ɕieʔ^{5}
29 慈溪	敲 kʰɔ^{35}	动打仗 duŋ^{11}tã^{33}dzã^{53}	庉 dəŋ^{13}
30 余姚	敲 kʰɔ^{44}	嬉打仗 ɕi^{44}taŋ^{34}dzɔŋ^{0} 动打仗 duŋ^{13}taŋ^{34}dzɔŋ^{0}	将息 tɕiaŋ^{44}ɕiəʔ^{5}
31 宁波	敲 kʰɔ^{53}	打相打 ta^{35}ɕia^{44}ta^{44}	将息 tɕia^{44}ɕiəʔ^{5}
32 镇海	敲 kʰɔ^{53}	打将⁼ tã^{33}tɕiã^{53}	将息 tɕiã^{33}ɕieʔ^{5}
33 奉化	打 tã^{545}	打相打 tã^{44}ɕiã^{44}tã^{53}	将息 tɕiã^{44}ɕiɪʔ^{5}
34 宁海	打 tã^{53}	打相打 tã^{53}ɕiã^{33}tã^{53}	休息 ɕiu^{33}ɕiəʔ^{5}
35 象山	打 tã^{44}	打相打 tã^{44}ɕiã^{44}tã^{44}	休息 ɕiu^{44}ɕieʔ^{5} 快活 kʰua^{53}uoʔ^{2}
36 普陀	打 tã^{45}	打 tã^{45}	休息 ɕieu^{33}ɕiɛʔ^{5}
37 定海	打 tã^{45}	打 tã^{45}	将息 tɕiã^{44}ɕieʔ^{5}
38 岱山	打 tã^{325}	打 tã^{325}	休息 ɕiʏ^{33}ɕieʔ^{5}
39 嵊泗	打 tã^{445}	搭跌 kʰuo^{33}tiᴇʔ^{5}	快活 kua^{44}uo^{0} 老，“活”音殊 休息 ɕiʏ^{33}ɕiᴇʔ^{5} 新
40 临海	打 tã^{52}	打相打 tã^{42}ɕiã^{33}tã^{353}	歇 ɕieʔ^{5}
41 椒江	打 tã^{42}	打相打 tã^{42}ɕiã^{55}tã^{42}	歇 ɕieʔ^{5}
42 黄岩	打 tã^{42}	打相打 tã^{42}ɕiã^{33}tã^{42}	歇 ɕieʔ^{5} 休息 ɕiu^{33}ɕieʔ^{5}
43 温岭	打 tã^{42}	打起 tã^{42}tɕʰi^{0}	歇 ɕieʔ^{3} 休息 ɕiu^{37}ɕieʔ^{5}
44 仙居	敲 kʰɐɯ^{334}	打相打 nã^{31}ɕiã^{33}nã^{53}	歇 ɕiaʔ^{5}
45 天台	打 ta^{325}	打架 ta^{32}ko^{55}	歇 ɕiəʔ^{5}
46 三门	打 tɛ^{325}/tã^{325}	打相打 tã^{32}ɕiɑ̃^{33}tɛ^{325}	嬉 ɕi^{334}

续表

方言点	0862 打统称：他～了我一下	0863 打架动手：两个人在～	0864 休息
47 玉环	打 tã^{53}	打相打 tã^{53} ɕia^{55} tã^{53}	歇 ɕiɐʔ^{5}
48 金华	敲 k^{h}ɑo^{334}	打相打 tɑŋ^{55} siɑŋ^{33} tɑŋ^{535}	歇力 ɕie^{55} liəʔ^{212}
49 汤溪	敲 k^{h}ɔ^{24}	打相打 na^{52} sɤa^{33} na^{535}	歇力 ɕie^{52} lei^{113}
50 兰溪	敲 k^{h}ɔ^{334}	打相打 tæ̃^{55} siɑŋ^{334} tæ̃^{55}	歇力 ɕieʔ^{34} lieʔ^{12}
51 浦江	打 nɛ̃^{53}	打相打 nɛ̃^{33} ɕyõ^{33} nɛ̃^{53}	歇力 ɕi^{33} lɛ^{243}
52 义乌	打 nɛ^{423}	打相打 nɛ^{42} sɯa^{33} nɛ^{423}	歇力 ɕie^{33} lai^{312}
53 东阳	打 nɛ^{44}	打相打 nɛ^{44} ɕiɔ^{33} nɛ^{33}	歇记儿 ɕiɛ^{33} tɕin^{53}
54 永康	打 nai^{334}	打相打 nai^{31} ɕiɑŋ^{33} nai^{334}	歇气 ɕie^{33} tɕ^{h}i^{52}
55 武义	打 na^{445}	打相打 na^{55} ɕiɑŋ^{55} na^{445}	歇力 ɕie^{53} lə^{213}
56 磐安	敲 k^{h}o^{445} 打 nɛ^{334}	打相打 nɛ^{55} ɕiɒ^{33} nɛ^{334}	歇 ɕiɛ^{334} 歇力 ɕiɛ^{33} lɛi^{213}
57 缙云	打 na^{51}	相打 ɕiɑ^{44} na^{51}	歇气 ɕiɛ^{51} tɕ^{h}i^{453}
58 衢州	敲 k^{h}ɔ^{32}	打相打 tã^{35} ɕiã^{32} tã^{35}	歇 ɕiəʔ^{5} 休息 ɕiu^{32} ɕiəʔ^{5}
59 衢江	捶 dʑy^{212}	打仗 nɛ^{33} tɕiã^{53}	歪$^{=}$力 ua^{33} liəʔ^{2}
60 龙游	敲 k^{h}ɔ^{334}	打架 dɛ^{22} kuɑ^{51}	歇 ɕiəʔ^{4}
61 江山	捶 dza^{213}	捶相打 dza^{22} ɕiaŋ^{44} taŋ^{241}	歇 xiᴇʔ^{5}
62 常山	捶 dzɛ^{341}	打相打 tĩ^{43} ɕiã^{44} tĩ^{52}	歇 ɕieʔ^{5} 歇力 ɕieʔ^{5} lieʔ^{34}
63 开化	捶 dzua^{231}	捶相打 dzua^{21} ɕiã^{44} tã^{53}	歇气 ɕiaʔ^{5} k^{h}uei^{412}
64 丽水	打 nã^{544}	相打 ɕiã^{44} nã^{544}	歇力 ɕiɛʔ^{4} liʔ^{23} 老 休息 ɕiəɯ^{44} ɕiʔ^{5} 新
65 青田	打 nɛ^{454}	相打 ɕi^{33} nɛ^{454}	歇力 ɕiæʔ^{4} liʔ^{31}
66 云和	打 nɛ^{41}	相打 ɕiã^{44} nɛ^{41}	歇力 ɕiɛʔ^{4} liʔ^{23}
67 松阳	打 nã^{212}	打架 nã^{33} kuə^{24}	歇 ɕiɛʔ^{5}
68 宣平	敲 k^{h}ɔ^{324} 打 nɛ^{445}	相打 ɕiɑ̃^{44} nɛ^{445}	歇力 ɕiəʔ^{4} liəʔ^{23}

续表

方言点	0862 打统称：他～了我一下	0863 打架动手：两个人在～	0864 休息
69 遂昌	捶 dʑy^{221}	打架 tiaŋ^{55} kɒ^{334}	歇力 ɕiɛʔ^{5} liʔ^{23}
70 龙泉	打 taŋ^{51}	打架 daŋ^{21} ko^{45}	歇 ɕiᴇʔ^{5}
71 景宁	打 nɛ^{33}	相打 ɕiɛ^{55} nɛ^{33}	歇力 ɕiɛʔ^{5} liʔ^{23}
72 庆元	打 næ̃^{52}	听相打 tʰiŋ^{33} ɕiɑ̃^{33} næ̃^{52} 打侬 næ̃^{52} noŋ^{52}	歇力 ɕiᴇʔ^{5} liʔ^{34}
73 泰顺	打 næi^{55}	相打 ɕiã^{22} næi^{55}	歇 ɕiɛʔ^{5}
74 温州	打 tiɛ^{25}	打起 tiɛ^{25} tsʰɿ^{0}	歇下儿 ɕi^{323} oŋ^{14}
75 永嘉	打 tɛ^{45}	相打 ɕiɛ^{53} tɛ^{45}	嬉 sɿ^{44}
76 乐清	打 ta^{35}	相打 siɯʌ^{42} ta^{35}	嬉下 ɕi^{44} o^{0}
77 瑞安	打 ta^{35}	相打 ɕiɛ^{53} ta^{35}	嬉 ɕi^{44}
78 平阳	打 tᴀ^{45}	相打 ɕie^{33} tᴀ^{35}	歇 ɕie^{34}
79 文成	打 ta^{45}	相打 ɕie^{33} ta^{45}	歇力 ɕie^{33} lei^{13}
80 苍南	打 tia^{53}	相打 ɕiɛ^{42} tia^{53}	歇力 ɕiɛ^{3} li^{112}
81 建德徽	敲 kʰɔ^{53}	打架 tɛ^{21} ko^{33}	歇力 ɕi^{55} liɐʔ^{12}
82 寿昌徽	敲 kʰɤ^{112}	打相打 tæ̃^{24} ɕiɑ̃^{11} tæ̃^{24}	歇力 ɕi^{55} liəʔ^{31}
83 淳安徽	敲 kʰɤ^{24} 打 tɑ̃^{55}	打架 tɑ̃^{55} ko^{24}	歇力 ɕiəʔ^{5} liʔ^{13}
84 遂安徽	敲 kʰɔ^{534}	打架 ta^{21} kɑ^{43}	歇力 ɕiɛ^{33} li^{24}
85 苍南闽	拍 pʰa^{43}	拍架 pʰa^{24} ka^{21}	歇 hio^{42}
86 泰顺闽	拍 pʰa^{53}	相拍 ɕyo^{22} pʰa^{53}	歇 ɕyɪʔ^{5}
87 洞头闽	拍 pʰa^{53}	散拍 sã^{212} pʰa^{53}	休睏 hiu^{33} kʰun^{21}
88 景宁畲	打 taŋ^{325}	双打 soŋ^{44} taŋ^{325}	歇力 ɕieʔ^{5} liʔ^{2}

方言点	0865 打哈欠	0866 打瞌睡	0867 睡他已经～了
01 杭州	打哈欠 ta^{55} xa^{33} tɕʰi^{45}	打瞌睆 ta^{55} kʰaʔ^{3} tsʰoŋ^{45}	睏 kʰuəŋ^{45}
02 嘉兴	打花⁼险⁼ tᴀ̃^{33} ho^{42} ɕie^{21}	打瞌睆 tᴀ̃^{24} kʰəʔ^{5} tsʰoŋ^{21}	睏 kʰuəŋ^{224}
03 嘉善	打花⁼险⁼ tæ̃^{55} xo^{35} ɕiɪ^{53}	打瞌睆 tæ̃^{55} kʰɜʔ^{5} tsʰoŋ^{0}	睏 kʰuən^{334}
04 平湖	打花⁼显⁼ tã^{44} ho^{55} ɕiɛ^{0}	打瞌睆 tã^{44} kʰəʔ^{5} tsʰoŋ^{0}	睏 kʰuən^{213}
05 海盐	打花⁼显⁼ tɛ̃^{55} xo^{53} ɕiɛ^{21}	打瞌睆 tɛ̃^{53} kʰəʔ^{23} tsʰoŋ^{213}	睏 kʰuən^{334}
06 海宁	打花⁼险⁼ tɑ̃^{55} ho^{55} ɕie^{55}	打瞌睆 tɑ̃^{55} kʰəʔ^{5} tsʰoŋ^{0}	睏 kʰuəŋ^{35}
07 桐乡	打花⁼显⁼ tã^{53} ho^{44} ɕiᴇ^{53}	打瞌睆 tã^{53} kʰəʔ^{3} tsʰoŋ^{334}	睏 kʰuəŋ^{334}
08 崇德	打花⁼显⁼ tã^{53} ho^{44} ɕiɪ^{44}	打瞌睆 tã^{53} kʰəʔ^{3} tsʰoŋ^{334}	睏 kʰuəŋ^{334}
09 湖州	打花⁼哈 tã^{44} xuo^{53} xa^{33}	打兀⁼睆 tã^{44} ŋəʔ^{2} tsʰoŋ^{44}	睏觉 kʰuən^{53} kɔ^{13}
10 德清	打花⁼险⁼ tã^{53} xuo^{44} ɕie^{44}	打瞌睆 tã^{53} kʰəʔ^{5} tsʰoŋ^{53}	睏 kʰuen^{334}
11 武康	打花⁼睏 tã^{53} xo^{44} kʰuen^{44}	打瞌睆 tã^{53} kʰɜʔ^{5} tsʰoŋ^{53}	睏 kuen^{224}
12 安吉	打花⁼哈 tã^{32} hʊ^{55} ha^{55}	打瞌睆 tã^{32} kʰəʔ^{5} tsʰoŋ^{55}	睏 kʰuəŋ^{324}
13 孝丰	打花⁼汉⁼ tã^{32} hʊ^{44} he^{44}	打瞌睆 tã^{32} kʰəʔ^{5} tsʰoŋ^{44}	睏 kʰuəŋ^{324}
14 长兴	打花⁼哈 tã^{52} hu^{44} ha^{44}	打轧⁼睆 tã^{52} ŋaʔ^{2} tsʰoŋ^{44}	睏 kʰuəŋ^{324}
15 余杭	打花歇⁼ tɑ̃^{53} xuo^{44} ɕieʔ^{5}	打瞌睆 zɛ^{13} kʰəʔ^{5} tsʰoŋ^{35}	睏 kʰuəŋ^{53}
16 临安	打呵鼾 tɑ̃^{55} hɔ^{53} hə^{55}	□瞌睆 dzᴇ^{33} kʰɐʔ^{2} tsʰoŋ^{33}	睏 kʰueŋ^{55}
17 昌化	麦⁼呼汉⁼ maʔ^{2} xu^{33} xɛ̃^{544}	打瞌睆 tã^{45} kʰəʔ^{5} tsʰəŋ^{45}	睏 kʰuəŋ^{544}
18 於潜	打呼鼾 ta^{53} xu^{43} xɛ^{35}	打瞌睆 ta^{53} kʰəʔ^{53} tsʰoŋ^{35}	睏 kʰueŋ^{35}
19 萧山	打呼鼾 tã^{33} xu^{35} xə^{42}	打瞌睆 tã^{33} kʰieʔ^{5} tɕʰyoŋ^{42}	睏 kʰuəŋ^{42}
20 富阳	打呼鼾 tã^{423} hu^{55} hɛ̃^{31}	生瞌睆 sã^{55} kʰiɛʔ^{5} tɕʰioŋ^{55}	睏 kʰuən^{335}
21 新登	打哈鼾 tɛ^{334} ha^{53} hɛ̃^{334}	生瞌睆 sɛ̃^{53} kʰəʔ^{5} tsʰoŋ^{334}	睏 kʰueŋ^{45}
22 桐庐	打呼蟹⁼ tã^{33} xu^{55} xᴀ^{33}	打瞌睆 tã^{21} kʰəʔ^{5} tsʰoŋ^{33}	睏 kʰuəŋ^{35}
23 分水	打哈哈 ta^{44} xa^{0} xa^{0}	打瞌睡 ta^{44} kʰəʔ^{5} sue^{24}	睏觉 kʰuən^{21} kɔ^{24}
24 绍兴	打呵鼾 taŋ^{33} ho^{33} hẽ^{33}	打瞌睆 taŋ^{33} kʰeʔ^{3} tsʰoŋ^{33}	睏 kʰuø̃^{33}

续表

方言点	0865 打哈欠	0866 打瞌睡	0867 睡他已经～了
25 上虞	打呵鼾 tã^{33} ho^{33} hẽ^{33}	打瞌𥆧 tã^{33} kʰəʔ^{5} tsʰoŋ^{53}	睏 kʰuəŋ^{53}
26 嵊州	打呵鼾 taŋ^{33} hɔ^{53} hœ̃^{334}	实⁼瞌𥆧 zəʔ^{2} kəʔ^{5} tsʰoŋ^{334}	睏 kʰuəŋ^{334}
27 新昌	打呵鼾 taŋ^{33} hɔ^{53} hœ̃^{335}	打瞌𥆧 taŋ^{33} kɤʔ^{5} tsʰoŋ^{335}	睏 kʰueŋ^{53}
28 诸暨	打呵鼾 tã^{33} ho^{21} hə^{33}	打瞌𥆧 tã kʰieʔ^{5} tsʰom^{21}	睏 kʰuɛn^{544}
29 慈溪	打呵鼾 tã^{33} ho^{44} hẽ^{0}	打瞌𥆧 tã^{33} kʰəʔ^{5} tsʰuŋ^{0}	睏 kʰuəŋ^{44}
30 余姚	打呵鼾 taŋ^{34} ho^{44} hẽ^{44}	打瞌𥆧 taŋ^{34} kʰəʔ^{5} tsʰuŋ^{0}	睏 kʰuə̃^{53}
31 宁波	打呵鼾 ta^{44} ho^{44} ɐi^{44}	打瞌𥆧 ta^{44} kʰaʔ^{5} tsʰoŋ^{44}	睏 kʰuəŋ^{44}
32 镇海	打呵鼾 tã^{33} ho^{33} hei^{53}	打瞌𥆧 tã^{33} kʰaʔ^{5} tsʰoŋ^{33}	睏 kʰuəŋ^{53}
33 奉化	打呵鼾 tã^{44} ho^{44} he^{44}	打瞌𥆧 tã^{44} kʰaʔ^{5} tsʰoŋ^{44}	睏 kʰuəŋ^{53}
34 宁海	打青⁼嫁⁼ tã^{53} tɕʰiŋ^{33} ko^{35}	打瞌𥆧 tã^{53} kʰeʔ^{2} tɕʰioŋ^{35}	睏 kʰuəŋ^{35}
35 象山	打呵鼾 tã^{44} ho^{53} hɛ^{0}	打瞌𥆧 tã^{44} kʰaʔ^{5} tɕʰyoŋ^{0}	睏 kʰuəŋ^{53}
36 普陀	打呵鼾 tã^{33} xo^{53} xɛ^{0}	打瞌𥆧 tã^{33} kʰɐʔ^{5} tsʰoŋ^{0}	睏觉 kʰuɐŋ^{33} kɔ^{55} 睏 kʰuɐŋ^{55}
37 定海	打呵鼾 tã^{33} xuo^{33} xɐi^{45}	打瞌𥆧 tã^{33} kʰɐʔ^{5} tsʰoŋ^{0}	睏 kʰuɐŋ^{44}
38 岱山	打呵鼾 tã^{33} xuo^{52} xɐi^{0}	打瞌𥆧 tã^{33} kʰɐʔ^{5} tsʰoŋ^{0}	睏 kʰuɐŋ^{44}
39 嵊泗	打呵鼾 tã^{33} xɔ^{44} xɐi^{0}	打瞌𥆧 tã^{33} kʰɐʔ^{5} tsʰoŋ^{0}	睏 kʰuɐŋ^{53}
40 临海	开大口 kʰe^{33} do^{33} kʰə^{353}	打瞌𥆧 tã^{42} kʰəʔ^{3} tɕʰyoŋ^{55}	睏 kʰuəŋ^{55}
41 椒江	打清架⁼ tã^{42} tɕʰiŋ^{33} ko^{55}	打瞌𥆧 tã^{42} kʰəʔ^{3} tsʰoŋ^{55}	睏 kʰuəŋ^{55}
42 黄岩	打清架⁼ tã^{42} tɕʰin^{33} ko^{55}	打瞌𥆧 tã^{42} kʰəʔ^{3} tsʰoŋ^{55}	睏 kʰuən^{55}
43 温岭	绷清架⁼ pã^{33} tɕʰin^{35} ko^{55}	打瞌𥆧 tã^{42} kʰəʔ^{3} tɕʰyuŋ^{55}	睏 kʰuən^{55}
44 仙居	开大口 kʰæ^{33} do^{24} kʰəɯ^{324}	打瞌𥆧 nã^{31} cʰiəʔ^{3} tɕʰioŋ^{55}	睏 kʰuen^{55}
45 天台	开大口 kʰei^{33} dou^{33} kʰeu^{325}	打瞌𥆧 ta^{32} keʔ^{1} tɕʰyuŋ^{33}	睏 kʰuəŋ^{55}
46 三门	开大口 kʰe^{33} dʊ^{23} kʰɤɯ^{325}	打瞌𥆧 tɛ^{32} kʰəʔ^{5} tɕʰioŋ^{334} 督⁼公⁼ toʔ^{3} koŋ^{334}	睏 kʰuəŋ^{55}

续表

方言点	0865 打哈欠	0866 打瞌睡	0867 睡他已经～了
47 玉环	打清架= tã^{53} tɕʰiŋ^{33} ko^{55}	打瞌睆 tã^{53} kʰɐʔ^{3} tɕʰioŋ^{55}	睏 kʰuəŋ^{55}
48 金华	打哈气 tɑŋ^{55} xɑ^{33} tɕʰi^{55}	打瞌睆 tɑŋ^{55} kʰəʔ^{3} tɕʰioŋ^{55}	睏 kʰuəŋ^{55}
49 汤溪	打睏□ na^{52} kʰuã^{33} xei^{52}	得=梦□ tə^{52} mɑo^{11} xei^{52}	睏 kʰuã^{52}
50 兰溪	欠嗨 tɕʰie^{334} xe^{55}	搭眼虚= təʔ^{34} uɑ^{55} ɕy^{45}	睏 kʰuæ̃^{45}
51 浦江	开大口 kʰa^{33} duɯ^{33} kʰɤ^{53}	打瞌睆 nɛ̃^{33} kʰə^{0} tɕʰyon^{0}	鼾 xə̃^{534}
52 义乌	开大口 kʰe^{33} tuɤ^{42} kʰɐɯ^{423}	作麻地 tsɔ^{33} mɯa^{33} ti^{45}	眠熟 mien^{22} zau^{312}
53 东阳	开大口 kʰe^{33} du^{23} kʰəɯ^{53}	□眠熟 tso^{33} miɐn^{33} zɐn^{53}	眠熟 miɐn^{22} zou^{35}
54 永康	打哇=睏 nai^{31} uɑ^{33} kʰuəŋ^{52}	打瞌睆 nai^{31} kʰə^{33} tsʰoŋ^{52}	睏熟 kʰuəŋ^{52} zu^{113}
55 武义	打响睏 na^{53} xɑu^{32} kʰuo^{53}	打瞌睆 na^{55} kʰəʔ^{5} tsʰoŋ^{53}	睏 kʰuo^{53}
56 磐安	开大口 kʰe^{33} tuɤ^{55} kʰɐɯ^{334}	装=眠熟 tsɒ^{33} miɐn^{33} sʌo^{445}	眠 miɐn^{213}
57 缙云	打睏气 na^{51} kʰuɛ^{44} tɕʰi^{453}	扎=去 tsɑ^{44} kʰɤ^{453}	睏 kʰuɛ^{453}
58 衢州	打呼嗨 tã^{35} xu^{32} xɛ^{53}	打瞌睆 tã^{35} kʰəʔ^{3} tʃʰyoŋ^{53}	睏 kʰuən^{53}
59 衢江	打哈欠 nɛ^{33} xaʔ^{5} tɕʰie^{21}	想睏 ɕiã^{33} kʰuɛ^{53}	睏 kʰuɛ^{53}
60 龙游	打哈秽= dɛ^{22} xɑ^{33} xuei^{51}	打瞌睆 dɛ^{22} kʰəʔ^{3} tsʰoŋ^{51}	睏 kʰuɛ^{51}
61 江山	打眼熏= taŋ^{44} ŋaŋ^{22} kʰəŋ^{51}	捶目瞒 dza^{22} moʔ^{2} xᴇ^{51}	睏 kʰuɛ̃^{51}
62 常山	打睏嗨 tĩ^{43} kʰuɔ̃^{45} xɛ^{0}	锄=目笃= zɑ^{22} mɤʔ^{3} tɤʔ^{5}	睏 kʰuɔ̃^{324}
63 开化	打哈嗨 tã^{44} xɑ^{44} xɛ^{53}	打目得= tã^{44} məʔ^{2} təʔ^{5}	睏 kʰuõ^{412}
64 丽水	打鼾鲎= nã^{44} xuɛ^{224} xəɯ^{52}	打瞌睆 nã^{44} kʰəʔ^{5} tɕʰiəŋ^{0}	睏 kʰuɛ^{52}
65 青田	打睏亏= nɛ^{33} kʰuɐ^{33} kʰuæi^{55} 小	（无）	睏 kʰuɐ^{33}
66 云和	拍花哼 pʰaʔ^{4} xo^{24} xəŋ^{45}	头啄去 dəɯ^{31} teiʔ^{5} kʰi^{0}	睏 kʰuɛ^{45}
67 松阳	打空睏 nã^{22} kʰəŋ^{33} kʰuɛ̃^{24}	啄去 teʔ^{5} kʰɯə^{0}	睏 kʰuɛ̃^{24}
68 宣平	打花睏 nɛ^{44} xo^{32} kʰuə^{52}	碓米 tei^{44} mi^{223}	睏 kʰuə^{52}
69 遂昌	打哈 tiaŋ^{53} xaʔ^{5}	啄去 təɯʔ^{5} kʰɤ^{0}	睏 kʰəŋ^{334}

续表

方言点	0865 打哈欠	0866 打瞌睡	0867 睡他已经~了
70 龙泉	打哈欠 dɑŋ^{21} xo^{44} xɛn^{45}	打瞌睆 dɑŋ^{21} kʰɯəʔ^{3} tɕʰiəŋ^{45}	睏 kʰuo^{45}
71 景宁	打花$^{=}$悔$^{=}$ nɛ^{33} xo^{32} xuai^{35}	乐睏 ŋɑu^{33} kʰuœ^{35}	睏 kʰuœ^{35}
72 庆元	反$^{=}$鼾 fɑ̃^{33} xuæ̃^{11}	辞$^{=}$辞$^{=}$去 sɿ^{52} sɿ^{52} kʰɤ^{11}	睏 kʰuæ̃^{11}
73 泰顺	乐睏意 ŋaɔ^{21} kʰuɛ^{22} i^{35}	掘$^{=}$芋$^{=}$ tɕyɛʔ^{2} y^{22}	睏 kʰuɛ^{35}
74 温州	打睏㖞 tiɛ^{34} kʰø^{42} kʰai^{21}	咄起 tai^{323} tsʰɿ^{0}	睏 kʰø^{51}
75 永嘉	打睏㖞 tɛ^{33} kʰø^{53} kʰai^{43}	咄起 tai^{53} tsʰɿ^{0}	睏 kʰø^{53}
76 乐清	打睏㖞 ta^{33} kʰuɤ^{42} kʰuai^{21}	打瞌睆 ta^{33} kʰɤ^{3} tɕʰioŋ^{41}	睏 kʰuɤ^{41}
77 瑞安	打呵会$^{=}$ ta^{35} hɔ^{33} vai^{21}	打睏睡 ta^{3} kʰy^{53} dzəɯ^{21}	睏 kʰy^{53}
78 平阳	打呵贝$^{=}$ tᴀ^{33} xɔ^{21} pai^{35}	打睏□ tᴀ^{21} kʰye^{45} tʃai^{13}	睏 kʰye^{53}
79 文成	打呵灰$^{=}$ ta^{33} xo^{33} fai^{35}	（无）	睏 kʰuø^{33}
80 苍南	打哈背$^{=}$ tia^{42} ha^{33} pai^{42}	打睏睡 tia^{33} kʰyɛ^{42} dʑy^{11}	睏 kʰyɛ^{42}
81 建德徽	打花$^{=}$鼾 tɛ^{21} ho^{53} hɛ^{213}	打瞌睆 tɛ^{21} kʰɐʔ^{3} tsʰoŋ^{55}	睏 kʰuen^{33}
82 寿昌徽	打哈欠 tæ̃^{24} xəʔ^{3} tɕʰi^{52}	啄腰$^{=}$害$^{=}$ təʔ^{3} iɤ^{11} xiɛ^{33}	睏 kʰuen^{33}
83 淳安徽	打花$^{=}$睏 tɑ̃^{55} ho^{24} kʰuen^{21}	滴$^{=}$摇$^{=}$睏 tiʔ^{5} iɤ^{43} kʰuen^{53}	睏 kʰuen^{24}
84 遂安徽	打哈欠 ta^{213} xə^{33} tɕʰie^{33}	打瞌睆 ta^{213} kʰə^{33} tsʰəŋ^{33}	睏觉 kʰuəŋ^{55} kɔ^{55}
85 苍南闽	拍气 pʰa^{24} tɕʰi^{21}	睏答 kun^{33} tɐ^{43}	睏 kʰun^{21}
86 泰顺闽	拍泻$^{=}$ pʰa^{34} ɕia^{53}	拍睶 pʰa^{21} tsʰyeŋ^{344}	睏 kʰuəŋ^{53}
87 洞头闽	哈气 ha^{33} kʰi^{21}	拍瞌睡 pʰa^{53} kʰa^{24} sui^{21}	睏 kʰun^{21}
88 景宁畲	打哈欠 taŋ^{44} a^{44} tɕʰi^{51}	好睏瘾 xau^{55} fuən^{44} iŋ^{44}	睏 fuən^{44}

方言点	0868 打呼噜	0869 做梦	0870 起床
01 杭州	打寐鼾 ta^{55} mei^{22} xɛ^{45}	做梦 tsəu^{55} moŋ^{13}	爬起 ba^{22} tɕʰi^{45}
02 嘉兴	打昏⁼图⁼ tᴀ̃^{33} huəŋ^{33} dou^{42}	做梦 tsou^{24} moŋ^{13}	赖⁼起 lᴀ^{21} tɕʰi^{24}
03 嘉善	打昏⁼图⁼ tæ̃^{55} fən^{35} du^{53}	做梦 tsu^{335} moŋ^{113}	碌⁼起来 luoʔ^{2} tɕʰi^{35} lɛ^{53}
04 平湖	打分⁼图⁼ tã^{44} fən^{53} du^{0}	做梦 tsu^{44} mɑ̃^{213}	拉起来 la^{44} tɕʰi^{55} lɛ^{0}
05 海盐	打图⁼ tɛ̃^{53} du^{31}	做梦 tsu^{55} moŋ^{213}	拉起 lɑ^{53} tɕʰi^{213}
06 海宁	打图⁼ tɑ̃^{55} dəu^{13} 打昏⁼图⁼ tɑ̃^{55} huəŋ^{55} dəu^{55}	做梦 tsəu^{55} moŋ^{13}	拉起 la^{55} tɕʰi^{55}
07 桐乡	打图⁼ tã^{53} dəu^{13}	做梦 tsəu^{33} moŋ^{213}	拉起 la^{24} tɕʰi^{0}
08 崇德	打图⁼ tã^{53} du^{13}	做梦 tsu^{33} moŋ^{13}	拉起 lɑ^{44} tɕʰi^{0}
09 湖州	打呼 tã^{33} xəu^{35}	做梦 tsəu^{33} moŋ^{35}	起来 tɕʰi^{53} lei^{13}
10 德清	打呼噜 tã^{53} xəu^{44} ləu^{44}	做梦 tsəu^{33} moŋ^{35}	拉起来 la^{35} tɕʰi^{53} lɛ^{0}
11 武康	打呼噜 tã^{53} xu^{4} lu^{44}	做梦 tsu^{33} moŋ^{35}	拉起来 la^{35} tɕʰi^{53} lɛ^{31}
12 安吉	打呼噜 tã^{32} fu^{55} lu^{55}	做夜梦 tsʊ^{32} ia^{21} moŋ^{213}	拉起来 la^{55} tɕʰi^{52} lᴇ^{21}
13 孝丰	打呼 tã^{32} hu^{44}	做梦 tsu^{32} moŋ^{213} 做夜梦 tsu^{32} ia^{21} moŋ^{213}	拉起来 la^{44} tɕʰi^{32} lɛ^{22}
14 长兴	打呼图⁼ tã^{52} hu^{44} dəu^{44}	做梦 tsəu^{32} məŋ^{24}	拉起来 la^{44} tʃʰʅ^{55} lɯ^{21}
15 余杭	打呼 tɑ̃^{53} hu^{44}	做梦 tsuo^{53} moŋ^{13}	走起来 tsøʏ^{53} tɕʰi^{55} lɛ^{31}
16 临安	打呼噜 tɑ̃^{55} fu^{53} lu^{31}	做夜梦 tso^{55} ia^{33} moŋ^{33}	爬出来 buo^{31} tsʰɐʔ^{5} lᴇ^{33}
17 昌化	打呼 tã^{45} xu^{334}	做乱梦 tsɯ^{54} lɛ̃^{23} məŋ^{453}	爬起来 bu^{11} tsʰʅ^{45} lɛ^{53}
18 於潜	打呼 ta^{53} xu^{433}	做梦 tsu^{35} meŋ^{24}	爬起来 ba^{223} tɕʰi^{53} le^{24}
19 萧山	打眠鼾 tã^{33} mie^{13} hɛ^{33}	做梦 tso^{33} moŋ^{242}	板⁼起 pɛ^{33} tɕʰi^{33}
20 富阳	打鼾 tã^{423} hɛ̃^{53}	睡梦 dzʅ^{224} moŋ^{13}	爬起来 bo^{13} tɕʰi^{423} lɛ^{0}
21 新登	打鼾 tɛ^{334} hɛ̃^{53}	做梦 tsu^{45} moŋ^{13}	爬起来 bɑ^{233} tɕʰi^{334} le^{21}
22 桐庐	打呼噜 tã^{33} xu^{33} lu^{33}	做梦 tsu^{33} məŋ^{13}	爬起 bo^{21} tɕʰi^{35}
23 分水	打呼呼 ta^{44} xu^{0} xu^{0}	做梦 tso^{24} mən^{24}	爬起来 ba^{21} tɕʰi^{44} lɛ^{21}

续表

方言点	0868 打呼噜	0869 做梦	0870 起床
24 绍兴	打寐哼 taŋ^{33} mᴇ^{22} həŋ^{33}	做梦 tso^{33} moŋ^{22}	趪起 bɛ̃^{22} tɕʰi^{334}
25 上虞	打眠鼾 tã^{33} miŋ^{21} hẽ^{35}	做夜梦 tsu^{55} ia^{31} mɔ̃^{31}	爬起 bo^{21} tɕʰi^{35}
26 嵊州	鼾住 hœ̃^{33} dzɿ^{24} 打眠鼾 taŋ^{53} miẽ^{22} hœ̃^{334}	做夜梦 tso^{33} ia^{22} mɔŋ^{334}	卧起 uo^{53} tɕʰi^{53}
27 新昌	打鼾住= taŋ^{33} hœ̃^{53} dzɿ^{13}	做梦见 tsɤ^{33} mɔ̃^{22} tɕiɛ̃^{335}	卧出来 uʔ^{5} tsʰeʔ^{3} le^{232}
28 诸暨	打眠呼 tã^{42} mie^{21} fu^{33}	做梦 tsɤu^{33} mom^{33}	爬起 bo^{21} tʃʰʅ^{42}
29 慈溪	打眠鼾 tã^{33} məŋ^{11} hẽ^{13}	做乱梦 tsəu^{44} lø^{11} muŋ^{44}	挖=起 uaʔ^{5} tɕʰi^{0}
30 余姚	眠鼾 mə̃^{13} hẽ^{44}	做乱梦 tsou^{44} lø̃^{13} muŋ^{13}	挖=起 uaʔ^{5} tɕʰi^{0} 爬起 bo^{13} tɕʰi^{34}
31 宁波	眠鼾 mi^{13} hɐi^{44}	做乱梦 tsəu^{44} lø^{22} mɔ^{13}	爬起 bo^{13} tɕʰi^{44}
32 镇海	打眠鼾 tã^{33} mi^{22} hei^{53}	做乱梦 tsəu^{33} lø^{22} mɔ̃^{24}	爬起 bo^{22} tɕʰi^{53}
33 奉化	打眠鼾 tã^{44} mi^{33} he^{44}	做乱梦 tsəu^{44} lø^{33} mɔ̃^{31}	挖=起 uaʔ^{5} tɕʰi^{0}
34 宁海	打鼾树= tã^{53} hei^{33} zɥ^{24}	做乱梦 tsəu^{33} lø^{22} moŋ^{24}	挖=起来 uaʔ^{5} tɕʰiəʔ^{2} lei^{0}
35 象山	打鼾柱= tã^{44} hɛ^{44} dzɥ^{31}	做梦 tsəu^{53} məŋ^{13}	卧=起 uoʔ^{2} tɕʰi^{44}
36 普陀	打呼噜 tã^{33} xu^{55} lu^{0}	做乱梦 tsəu^{55} lø^{11} mo^{55}	爬起 bo^{33} tɕʰi^{53}
37 定海	打眠鼾 tã^{33} nɐi^{11} xɐi^{44}	做乱梦 tsʌu^{33} lø^{11} mõ^{44}	爬起 bo^{33} tɕʰi^{52}
38 岱山	打眠鼾 tã^{33} miŋ^{33} xɐi^{52}	做乱梦 tsʌu^{33} liʏ^{11} mõ^{45}	爬起 bo^{33} tɕʰi^{52}
39 嵊泗	打眠鼾 tã^{33} mi^{33} xɐi^{53}	做乱梦 tsʌu^{33} liʏ^{11} mõ^{45}	爬起 bo^{33} tɕʰi^{53}
40 临海	打呵睡 tã^{42} hə^{33} ʑy^{44}	做梦 tso^{33} moŋ^{55}	囊起 nã^{33} tɕʰi^{52}
41 椒江	打仙睡 tã^{42} ɕie^{33} zɥ^{44}	做眠梦 tsəu^{33} mie^{22} moŋ^{44}	爬起 bo^{22} tɕʰi^{42}
42 黄岩	打仙住= tã^{42} ɕie^{33} dzɥ^{24}	做梦 tsou^{33} moŋ^{24}	爬起 bo^{13} tɕʰi^{42}
43 温岭	呼贼胭 hu^{33} zəʔ^{2} kʰuən^{55}	做眠梦 tsu^{33} mie^{13} muŋ^{44}	爬起 bo^{13} tɕʰi^{0}
44 仙居	鼾睡 hø^{55} ʑy^{55}	乱梦 lø^{24} moŋ^{55}	窝=起 o^{33} tɕʰi^{324}
45 天台	鼾垂= he^{33} ʑy^{224}	乱梦 lø^{33} muŋ^{35}	起来 kʰi^{32} le^{224}
46 三门	鼾树= hɛ^{55} zɥ^{55}	乱梦 lø^{23} moŋ^{55}	爬起 bo^{11} tɕʰi^{325}

续表

方言点	0868 打呼噜	0869 做梦	0870 起床
47 玉环	打呼噜 tã53 fu55 ləu31	做眠梦 tsəu33 mie22 moŋ44	爬起 bo31 tɕʰi0
48 金华	打鼾儿 taŋ55 xɛ̃334 打鼾 taŋ55 xɤ334 打呼 taŋ55 xu334	做梦 tsuɤ33 moŋ14	爬起来 bɤa31 tɕʰiəʔ3 lɛ55
49 汤溪	打鼾 na52 xɤ24	发梦 fɤa52 mɑo341	爬[起来]pɤa33 tɕʰiɛ55
50 兰溪	打呼 tæ̃55 xu334	发梦 fiaʔ34 moŋ24	爬[起来]bia21 tɕʰie0
51 浦江	牵牛鼾 tɕʰiẽ33 ȵiɤ33 xə̃334	得梦 tɛ55 mon0	爬起 bia11 tʃʰi53
52 义乌	打呼 nɛ42 hu335	夜梦 ia24 moŋ45	爬起 bɯa22 ɕi423
53 东阳	打呼 nɛ44 hɯ33	做梦 tso33 məm35	爬起来 bo33 tɕʰi33 le53
54 永康	打鼾 nai31 xɤ55	做梦 tsuo33 moŋ241	□来 uai52 lai55
55 武义	打鼾 na53 xɤ24	梦眠 mɑu13 min213	下=来 uɑ53 la0
56 磐安	打呼噜 nɛ33 xu33 lu52 打哼 nɛ33 xɐn445 鼾树= xɯ33 ʑy14	做梦 tsuɤ33 məom14 乱梦 lɯ21 məom52	爬起来 bə22 i22 le334/bə22 tɕʰi22 le334
57 缙云	打呼 na51 xu44	乱梦 lɛ21 mɔ̃ũ243	爬起 bu243 i0
58 衢州	打呼 tã35 xu21	做梦 tsu53 moŋ231	爬起 bɑ21 tsʰɿ35
59 衢江	打呼咙 nɛ33 xuəʔ3 ləŋ25	做梦 tsou33 məŋ231	挖=起 uo33 tsʰɿ25
60 龙游	打呼 dɛ22 xu334	做梦 tsu33 mən231	爬起来 bu22 tsʰəʔ4 lei21
61 江山	鼾 xo44 捶鼾 dza22 xo44	流=梦 lɯ22 moŋ51	爬起 bo22 kʰi241
62 常山	打鼾 tĩ43 xɔ44	做梦 tsɔ44 moŋ131	䟆起 bie341 tɕʰi0
63 开化	打呼 tã44 xu44	做梦 tsɔ44 mɤŋ213	爬起 biɛ231 tɕʰi0
64 丽水	打鼾 na44 xuɛ224	做梦 tsu224 mɔŋ52	挖=起 uɔʔ5 tɕʰi0
65 青田	睏鼾 kʰuɐ33 xuɐ445	做梦 tsu33 moŋ22	挖=起 uæʔ4 tsʰɿ454
66 云和	打鼾 nɛ44 xuɛ24	做梦 tso44 məŋ223	爬起 bo31 tsʰɿ0 挖=起 uaʔ5 tsʰɿ0

续表

方言点	0868 打呼噜	0869 做梦	0870 起床
67 松阳	打鼾 nã^{33}fæ^{53}	做梦 tsu^{33}məŋ^{13}	挖$^{=}$起 uoʔ^{5}tɕʰi^{0}
68 宣平	打鼾 nɛ^{44}xuə^{324}	做梦 tso^{44}mən^{231}	挖$^{=}$起 uɑʔ^{5}tɕʰiəʔ^{0}
69 遂昌	打鼾 tiaŋ^{53}xuɛ̃^{45}	做梦 tsu^{55}məŋ^{213}	挖$^{=}$起 uaʔ^{5}tɕʰiʔ^{0}
70 龙泉	打鼾 daŋ^{21}xuo^{434}	做梦 tso^{44}ŋ^{224}	爬到徛 bou^{21}tɑʌ^{45}kᴇ^{51}
71 景宁	打鼾 nɛ^{55}xuœ^{324}	做梦 tso^{33}məŋ^{113}	挖$^{=}$起 uɔʔ^{5}tɕʰi^{33}
72 庆元	打呼噜 næ^{52}xuɤ^{335}lɤ^{221}	做梦 tso^{11}moŋ^{31}	起徛 tɕʰi^{33}kæi^{221}
73 泰顺	打鼾 næi^{22}fɛ^{213}	做梦 tso^{22}moŋ^{22}	挖$^{=}$起 uɔʔ^{5}tsʰɿ^{0} 爬起 puɔ^{53}tsʰɿ^{55}
74 温州	睏鼾起 kʰø^{51}hø^{33}tsʰɿ^{0}	做梦 tsɤu^{42}moŋ^{22}	爬起 bo^{2}tsʰɿ^{25}
75 永嘉	鼾起 ɕy^{44}tsʰɿ^{0}	眠梦 mi^{22}moŋ^{13}	爬起 bo^{21}tsʰɿ^{45}
76 乐清	鼾起 hø^{44}tɕʰi^{0}	做梦 tɕio^{42}moŋ^{22}	爬起 buʌ^{2}tɕʰi^{35}
77 瑞安	睏鼾起 kʰy^{33}hø^{44}tɕʰi^{0}	睏寐梦 kʰy^{35}mei^{22}moŋ^{13}	爬起 bu^{3}tɕʰi^{35}
78 平阳	打呼噜 tᴀ^{35}fu^{33}lu^{45}	做梦 tʃu^{45}moŋ^{33}	爬起 bo^{21}tɕʰi^{35}
79 文成	打鼾 ta^{33}fuø^{33}	做梦 tʃou^{42}moŋ^{42}	挖$^{=}$起 vɔ^{21}tɕʰi^{45}
80 苍南	打鼾 tia^{42}hø^{44}	做梦 tsu^{3}moŋ^{11}	趒起 dyɔ^{11}tɕʰi^{53}
81 建德徽	打呼 tɛ^{21}hu^{53}	做梦 tsu^{33}moŋ^{55}	爬[起来] po^{33}tɕʰiɛ^{213}
82 寿昌徽	打呼 tæ̃^{24}xu^{112}	做梦 tsu^{33}məŋ^{33}	爬[起来] pʰɤ^{55}tɕʰiæ^{0}
83 淳安徽	打呼 tɑ̃^{55}hu^{24}	得梦 tiʔ^{5}mon^{53}	爬起来 pʰo^{43}tɕʰi^{55}lie^{435}
84 遂安徽	打呼 ta^{33}fu^{33}	得梦 tə^{24}məŋ^{52}	爬起来 pʰɑ^{33}tsʰɿ^{21}lɛ^{33}
85 苍南闽	睏鼾 kʰun^{33}hɔ̃^{24}	睏梦 kʰun^{33}ban^{21}	爬起来 pe^{43}kʰi^{0}lai^{0}
86 泰顺闽	拍鼾 pʰa^{34}xæŋ^{22}	做梦 tsou^{21}məŋ^{53}	爬起 pa^{21}kʰi^{344}
87 洞头闽	鼾 hũã^{33}	睏梦 kʰun^{33}ban^{21}	爬起来 pe^{53}kʰi^{21}lai^{0}
88 景宁畲	睏屁 fuən^{44}pʰi^{51}	做梦 tso^{44}moŋ^{51}	挖$^{=}$来 uɔʔ^{5}loi^{22}

方言点	0871 刷牙	0872 洗澡	0873 想思索：让我～一下
01 杭州	刷牙齿 suaʔ^{5} ia^{22} tsʰɿ^{45}	汏浴 da^{13} yɛʔ^{2}	想 ɕiaŋ^{53} □ mi^{13}
02 嘉兴	搓牙齿 tsʰou^{33} ŋA^{13} tsʰɥ^{42}	潮⁼浴 zɔ^{21} yeʔ^{5}	想 ɕiÃ^{544}
03 嘉善	搓牙子 tsʰu^{55} ŋa^{13} tsɿ^{53}	潮⁼浴 zɔ^{13} ioʔ^{2}	想 ɕiæ̃^{44}
04 平湖	搓牙子 tsʰu^{44} ŋa^{24} tsɿ^{53}	汏浴 da^{24} yoʔ^{5} 潮⁼浴 zɔ^{24} yoʔ^{0}	想 siã^{44}
05 海盐	搓牙齿 tsʰu^{55} ɑ^{24} tɕʰy^{53}	汏浴 da^{13} yɔʔ^{5}	想 ɕiɛ̃^{423}
06 海宁	搓牙齿 tsʰəu^{55} a^{33} tsʰɿ^{55}	潮⁼浴 zɔ^{33} ioʔ^{2} 汏浴 da^{33} ioʔ^{2}	想 ɕiã^{53}
07 桐乡	搓牙齿 tsʰəu^{33} a^{21} tsʰɿ^{44}	潮⁼浴 zɔ^{21} iɔʔ^{23}	想 siã^{53}
08 崇德	刷牙齿 səʔ^{3} ɑ^{21} tsʰɿ^{44}	汏浴 dɑ^{21} iɔʔ^{23}	想 ɕiã^{53}
09 湖州	搓牙子 tsʰɔ^{53} ŋa^{31} tsɿ^{35}	潮⁼浴 dzɔ^{33} ioʔ^{3}	想 ɕiã^{523}
10 德清	刷牙子 səʔ^{5} ŋa^{13} tsɿ^{35}	汏浴 da^{11} ioʔ^{2}	想 ɕiã^{52}
11 武康	汏牙子 da^{13} ŋa^{33} tsɿ^{35}	汏浴 da^{11} ioʔ^{2}	想 ɕiã^{53}
12 安吉	刷牙子 səʔ^{5} ŋa^{22} tsɿ^{22}	浴汤 ʏəʔ^{2} tʰɔ̃^{55}	想 ɕiã^{52}
13 孝丰	刷牙齿 saʔ^{5} ŋa^{22} tsʰɿ^{22}	浴汤浴 yəʔ^{2} tʰɔ̃^{44} ioʔ^{5}	想 ɕiã^{52}
14 长兴	刷牙子 səʔ^{5} ŋa^{12} tsɿ^{33}	浴汤 ioʔ^{2} tʰɔ̃^{44}	想 ʃiã^{52}
15 余杭	汏牙子 da^{33} ŋa^{31} tsɿ^{53}	汏浴 da^{33} ioʔ^{2}	想 siɑ̃^{53}
16 临安	刷牙齿 syɐʔ^{5} ŋo^{31} tsʰɿ^{33}	汏浴 da^{33} yɐʔ^{2}	想 ɕiã^{55}
17 昌化	刷牙齿 ɕyɛʔ^{5} ŋɯ^{11} tsʰɿ^{453}	洗浴 sɿ^{45} yɛʔ^{23}	想 ɕiã^{453}
18 於潜	洗牙齿 ɕi^{53} ŋa^{24} tsʰɿ^{454}	洗浴 ɕi^{53} yæʔ^{24}	想 ɕiaŋ^{51}
19 萧山	擦牙齿 tsʰaʔ^{5} ŋo^{13} tsʰɿ^{33}	戽浴 xu^{42} yoʔ^{13} 汏浴 da^{13} yoʔ^{13}	想 ɕiã^{33}
20 富阳	刷牙齿 ɕyoʔ^{5} ŋo^{13} tsɿ^{55}	洗浴 sɛ^{423} yoʔ^{2}	想 ɕiɑ̃^{423}
21 新登	洗牙齿 se^{334} ɑ^{233} tsɿ^{334}	洗浴 se^{334} iɔʔ^{2}	想 iɑ̃^{334}
22 桐庐	洗牙齿 sᴇ^{33} uo^{21} tsʰɿ^{35}	洗浴 sᴇ^{33} yəʔ^{13} 汏浴 dA^{13} yəʔ^{21}	想 ɕiã^{33}
23 分水	洗牙齿 sɿ^{53} ŋa^{21} tsɿ^{0}	洗澡 sɿ^{44} tsɔ^{53}	想 ɕiã^{53}
24 绍兴	擦牙齿 tsʰɛʔ^{3} ŋo^{22} tsʰɿ^{334}	戽浴 fu^{33} ioʔ^{2}	想 ɕiaŋ^{334}

续表

方言点	0871 刷牙	0872 洗澡	0873 想思索：让我～一下
25 上虞	刷牙齿 səʔ^{5} ŋo^{21} tsʰɿ^{35}	戽浴 fu^{33} ȵyoʔ^{2} 汏浴 da^{31} ȵyoʔ^{2}	想 ɕiã^{35} 记 tɕi^{53}
26 嵊州	刷牙齿 səʔ^{3} ŋo^{22} tsʰɿ^{53}	戽浴 fu^{33} yoʔ^{2} 戽侬 fu^{33} nəŋ^{213}	想 ɕiaŋ^{53}
27 新昌	擦牙齿 tsʰaʔ^{5} ŋo^{22} tsʰɿ^{53}	洗侬 ɕi^{33} nɔ̃^{335}	想 ɕiaŋ^{453}
28 诸暨	刷牙齿 soʔ^{5} ŋo^{21} tsʰɿ^{42}	戽浴 fu^{42} ioʔ^{13}	想 ɕiã^{42}
29 慈溪	刷牙齿 səʔ^{5} ŋo^{13} tsʰɿ^{0}	缴⁼身 tɕiɔ^{33} səŋ^{35}	忖 tsʰuəŋ^{35}
30 余姚	刷牙齿 səʔ^{5} ŋo^{13} tsʰɿ^{34}	汏人 da^{13} ȵiə̃^{13} 汏浴 da^{13} yoʔ^{2}	忖 tsʰə̃^{34}
31 宁波	擦牙齿 tsʰaʔ^{5} ŋo^{13} tsɿ^{44}	净人 dʑia^{13} ȵiŋ^{13}	忖 tsʰəŋ^{35}
32 镇海	荡牙子 dɔ̃^{22} ŋo^{22} tsɿ^{53}	净人 dʑiã^{22} ȵiŋ^{24}	忖 tsʰəŋ^{35}
33 奉化	荡牙子 dɔ̃^{33} ŋo^{33} tsɿ^{53}	净肉 dʑiã^{31} ȵyoʔ^{5} 净人 dʑiã^{31} ȵiŋ^{33}	忖 tsʰəŋ^{545}
34 宁海	刷牙齿 ɕyeʔ^{3} ŋo^{21} tsʰɿ^{53}	净人 dʑiã^{31} ȵiŋ^{213} 缴⁼骑身 tɕieu^{33} dzɿ^{21} səŋ^{34}	忖 tsʰəŋ^{53}
35 象山	擦牙齿 tsʰaʔ^{5} ŋo^{31} tsʰɿ^{35}	净人 dʑiã^{13} ȵiŋ^{31}	忖 tsʰəŋ^{44}
36 普陀	刷牙齿 soʔ^{3} ŋo^{33} tsʰɿ^{45}	净人 dʑiã^{33} ȵiŋ^{45}	忖 tsʰɐŋ^{45}
37 定海	刷牙齿 soʔ^{3} ŋo^{33} tsʰɿ^{45}	净人 dʑiã^{33} ȵiŋ^{45}	忖 tsʰɐŋ^{45}
38 岱山	刷牙齿 soʔ^{3} ŋo^{52} tsʰɿ^{0}	净人 dʑiã^{33} ȵiŋ^{45}	忖 tsʰɐŋ^{325}
39 嵊泗	刷牙齿 soʔ^{3} ŋo^{24} tsʰɿ^{0}	净人 dʑiã^{33} ȵiŋ^{243}	忖 tsʰɐŋ^{445}
40 临海	刷牙齿 ɕyʔ^{3} ŋo^{33} tsʰɿ^{52}	缴⁼骑身 tɕiə^{42} dʑi^{33} ɕin^{31} 洗浴 ɕi^{42} yoʔ^{23}	忖 tsʰəŋ^{42}
41 椒江	刷牙齿 søʔ^{3} ŋo^{22} tsʰɿ^{42}	洗骑身 ɕi^{42} dʑi^{22} ɕiŋ^{42} 缴⁼骑身 tɕiɔ^{42} dʑi^{22} ɕiŋ^{42}	忖 tsʰøŋ^{42}
42 黄岩	刷牙齿 søʔ^{3} ŋo^{22} tsʰɿ^{42}	缴⁼骑身 tɕiɔ^{42} dʑi^{121} ɕin^{32}	忖 tsʰøn^{42}
43 温岭	刷牙齿 ɕyʔ^{3} ŋo^{13} tsʰɿ^{42}	缴⁼骑身 tɕiɔ^{42} dʑi^{31} ɕin^{33}	忖 tsʰøn^{42}
44 仙居	洗牙齿 ɕi^{31} ŋo^{33} tsʰɿ^{324}	洗游⁼ ɕi^{31} iəɯ^{213}	忖 tsʰen^{324}
45 天台	刷牙 ɕyəʔ^{1} ŋo^{224}	洗骑身 ɕi^{32} gi^{21} ɕiŋ^{33}	忖 tsʰəŋ^{325}
46 三门	刷牙 ɕyəʔ^{3} ŋo^{113}	洗身家 ɕi^{32} səŋ^{33} ko^{334}	忖 tsʰəŋ^{325}

续表

方言点	0871 刷牙	0872 洗澡	0873 想思索：让我～一下
47 玉环	洗牙齿 ɕi^{53} ŋo^{22} tsʰɿ^{42}	洗骑身 ɕi^{53} dʑi^{41} ɕiŋ^{42}	忖 tsʰəŋ^{53}
48 金华	洗牙齿 ɕie^{55} uɑ^{33} tsʰɿ^{535}	洗浴 ɕie^{55} ioʔ^{212}	忖 tsʰəŋ^{535}
49 汤溪	洗牙齿 sie^{52} uɑ^{33} tsʰi^{535}	洗浴 sie^{52} iou^{113}	忖 tsʰã^{535}
50 兰溪	洗牙齿 sie^{55} uɑ^{21} tsʰɿ^{55}	洗浴 sie^{55} iɔʔ^{12}	忖 tsʰæ̃^{55}
51 浦江	洗牙齿 ʃi^{33} ȵiɑ^{33} tsɿ^{53} "齿"声殊	洗浴 ʃi^{33} yɯ^{243}	忖 tsʰə̃^{53}
52 义乌	洗牙齿 si^{33} ɔ^{33} tsʰɿ^{423}	洗浴 si^{33} au^{312}	忖 tsʰɿ^{423}
53 东阳	洗牙子 si^{44} ŋo^{53} tsɿ^{33}	洗浴 si^{44} iou^{33}	想 ɕiɔ^{44}
54 永康	洗牙齿 ʑie^{31} ŋuɑ^{33} tsʰɿ^{445}	洗浴 ʑie^{31} iu^{113}	想 ɕiɑŋ^{334}
55 武义	洗牙齿 ɕie^{55} ŋuɑ^{55} tsʰɿ^{445}	洗浴 ɕie^{53} iɑu^{213}	想 ɕiɑŋ^{445}
56 磐安	洗牙子 ɕi^{55} ŋuə^{22} tsɿ^{334} 刷牙子 ɕya^{55} ŋuə^{22} tsɿ^{334}	洗浴 ɕi^{55} iʌo^{213} 洗浴儿 ɕi^{55} ion^{14}	想 ɕiɒ^{334}
57 缙云	洗牙齿 sɿ^{51} ŋu^{44} tsʰɿ^{51} 汏牙齿 dɑ^{21} ŋu^{44} tsʰɿ^{51}	洗浴 sɿ^{51} iɔ^{13} 汏浴 dɑ^{21} iɔ^{13}	忖 tsʰɛ^{51}
58 衢州	洗牙齿 sɿ^{35} ŋɑ^{21} tsʰɿ^{35}	洗浴 sɿ^{35} yəʔ^{12}	忖 tsʰən^{35} 懂 toŋ^{35}
59 衢江	洗牙齿 ɕie^{33} ŋuo^{33} tɕʰyø^{25}	洗浴 ɕie^{33} yəʔ^{2}	想 ɕiã^{25} 忖 tsʰɛ^{25}
60 龙游	洗牙齿 ʑi^{22} ŋuɑ^{22} tsʰɿ^{35}	洗浴 ʑi^{22} iɔʔ^{23}	想 ɕiã^{35}
61 江山	刷牙齿 ɕiɐʔ^{5} ŋɒ^{22} tsʰə^{241}	洗浴 ɕi^{44} ioʔ^{2}	想 ɕiaŋ^{51} 忖 tsʰuɛ̃^{241}
62 常山	刷牙齿 sɛʔ^{5} ŋɑ^{22} tsʰɿ^{52}	洗浴 ɕi^{43} iʌʔ^{34}	忖 tsʰuɔ̃^{52}
63 开化	洗牙齿 ɕi^{44} ŋɑ^{21} tsʰɿə^{53}	洗浴 ɕi^{44} yoʔ^{13}	忖 tsʰuõ^{53}
64 丽水	刷牙齿 ɕyɛʔ^{4} ŋuo^{22} tsʰɿ^{544}	洗浴 sɿ^{44} ioʔ^{23}	想 ɕiã^{544}
65 青田	刷牙齿 saʔ^{4} ŋu^{22} tsʰɿ^{454}	汏浴 dɑ^{22} ioʔ^{31}	忖 tsʰuɐ^{454}
66 云和	刷牙 ɕyɛʔ^{4} ŋo^{312}	洗浴 sɿ^{44} ioʔ^{23}	想 ɕiã^{41}
67 松阳	洗牙齿 sɿə^{33} ŋuə^{33} tsʰɿə^{212}	洗浴 sɿə^{33} ioʔ^{2}	想 ɕiã^{212}
68 宣平	洗牙齿 sɿ^{44} ŋo^{44} tsɿ^{445}	洗浴 sɿ^{44} yəʔ^{23}	想 ɕiɑ̃^{445}

续表

方言点	0871 刷牙	0872 洗澡	0873 想思索:让我～一下
69 遂昌	刷牙齿 ɕiɛ^{53} ŋɒ^{13} tɕ^{h}iu^{533}	洗浴 ɕiɛ^{53} iuʔ^{23}	忖 ts^{h}ɛ̃^{533}
70 龙泉	洗牙齿 ɕi^{44} ŋo^{45} ts^{h}ɤɯ^{51}	洗浴 ʑi^{21} yoʔ^{24}	忖 ts^{h}ɯə^{51}
71 景宁	洗牙 ɕi^{33} ŋo^{41}	洗浴 ɕi^{55} oʔ^{23}	忖 ts^{h}œ^{33}
72 庆元	洗牙齿 ɕiᴇ^{33} ŋo^{52} ts^{h}ɤ^{33}	洗身 ɕiᴇ^{33} ɕiəŋ^{335} 洗浴 ɕiᴇ^{33} ioʔ^{34}	忖 ts^{h}æ̃^{33}
73 泰顺	洗牙齿 sɿ^{55} ŋɔ^{21} ts^{h}ɿ^{55}	洗浴 sɿ^{22} ioʔ^{2}	忖 ts^{h}œ^{55}
74 温州	刷牙 sø^{3} ŋo^{31}	洗浴 sei^{45} io^{212}	想 ɕi^{25}
75 永嘉	刷牙 sø^{43} ŋo^{31}	洗浴 sɿ^{45} yo^{213} 洗身体 sɿ^{33} saŋ^{53} t^{h}ei^{45}	想 ɕiɛ^{45}
76 乐清	刷牙 sø^{44} ŋo^{223}	洗身体 si^{33} saŋ^{42} t^{h}i^{35}	想 siɯʌ^{35}
77 瑞安	刷牙 sø^{3} ŋo^{31}	洗浴 sei^{35} yo^{212} 洗身体 sei^{33} saŋ^{53} t^{h}ei^{35}	想 ɕiɛ^{35}
78 平阳	刷牙 sɵ^{33} ŋo^{42}	洗身体 si^{33} seŋ^{33} t^{h}i^{35}	想 ɕie^{45}
79 文成	洗牙 sei^{33} ŋo^{33}	洗身体 sei^{33} seŋ^{42} t^{h}ei^{35}	想 ɕie^{45}
80 苍南	刷牙 sø^{3} ŋo^{53}	洗身体 ɕi^{33} saŋ^{42} t^{h}i^{53}	想 ɕiɛ^{53}
81 建德徽	汏牙齿 t^{h}ɑ^{55} ŋo^{33} ts^{h}ɿ^{213}	汏浴 t^{h}ɑ^{55} yɐʔ^{12}	忖 ts^{h}ən^{213}
82 寿昌徽	洗牙齿 ɕi^{33} ŋuə^{11} tsɿ^{24}	洗浴 ɕi^{33} iɔʔ^{31}	忖 ts^{h}en^{24}
83 淳安徽	刷牙子 suəʔ^{5} o^{43} tsɿ^{24}	洗浴 ɕi^{55} iɑʔ^{13}	忖 ts^{h}ã^{55}
84 遂安徽	洗牙齿 ɕiɛ^{33} ɑ^{33} tɜɿ^{33}	洗浴 ɕiɛ^{33} lu^{213}	忖 ts^{h}əŋ^{213}
85 苍南闽	洗喙 sue^{24} ts^{h}ui^{21}	洗身躯 sue^{33} ɕin^{33} ku^{55}	想 ɕiɯŋ^{43}
86 泰顺闽	洗牙齿 sei^{344} ŋa^{21} k^{h}i^{344}	洗身体 sei^{344} sieŋ^{21} t^{h}ei^{344}	忖 ts^{h}o^{344}
87 洞头闽	洗喙齿 sue^{212} ts^{h}ui^{53} k^{h}i^{53}	洗身躯 sue^{212} ɕin^{212} k^{h}u^{33}	想 ɕiɯŋ^{21}
88 景宁畲	刷牙 sot^{5} ŋɔ^{22}	洗浴 sai^{55} ioʔ^{2}	想 ɕiɔŋ^{51}

方言点	0874 想想念：我很～他	0875 打算我～开个店	0876 记得
01 杭州	记挂 tɕi^{45} kua^{53}	打算 ta^{55} suo^{0}	记得 tɕi^{45} taʔ^{5}
02 嘉兴	想 ɕiᴀ̃^{544}	打算 tᴀ̃^{33} suə^{33}	记得 tɕi^{33} təʔ^{5}
03 嘉善	想 ɕiæ̃^{44}	想 ɕiæ̃^{44}	记得 tɕi^{44} tɜʔ^{5}
04 平湖	想 siã^{44}	想 siã^{44}	记得 tɕi^{44} təʔ^{5}
05 海盐	梦$^{=}$ moŋ^{213}	想 ɕiɛ̃^{423}	记得 tɕi^{55} təʔ^{21}
06 海宁	想 ɕiã^{55}	预备 i^{33} bei^{31}	记得 tɕi^{55} təʔ^{5}
07 桐乡	想 siã^{53}	想 siã^{53}	记得 tɕi^{33} təʔ^{5}
08 崇德	想 ɕiã^{53}	想 ɕiã^{53}	记得 tɕi^{33} təʔ^{5}
09 湖州	想 ɕiã^{523}	打算 ta^{53} sɛ^{13}	记得 tɕi^{33} təʔ^{5}
10 德清	想 ɕiã^{52}	打算 ta^{35} sɛ^{0}	记得 tɕi^{33} dəʔ^{5}
11 武康	想 ɕiã^{53}	打算 tã^{35} sø^{53}	记得 tɕi^{33} dɜ^{35} “得”舒化
12 安吉	想 ɕiã^{52}	想 ɕiã^{52}	记得 tɕi^{32} təʔ^{23}
13 孝丰	想 ɕiã^{52}	想 ɕiã^{52}	记得 tɕi^{32} təʔ^{23}
14 长兴	想 ʃiã^{52}	想 ʃiã^{52}	记得 tʃʅ^{32} təʔ^{5}
15 余杭	记挂 tɕi^{53} kuo^{35}	打算 tɑ̃^{35} suõ^{0}	记得 tɕi^{53} təʔ^{5}
16 临安	想 ɕiã^{55}	打算 tɑ̃^{33} sœ^{33}	记得 tɕi^{55} tɐʔ^{5}
17 昌化	想 ɕiã^{453}	想 ɕiã^{453}	记着 tsɿ^{54} dzaʔ^{23}
18 於潜	想 ɕiaŋ^{51}	想 ɕiaŋ^{51}	记得 tɕi^{35} təʔ^{53}
19 萧山	想 ɕiã^{33}	打算 tã^{33} sə^{33}	记得 tɕi^{33} təʔ^{5}
20 富阳	想 ɕiɑ̃^{423}	想 ɕiɑ̃^{423}	记着 tɕi^{335} dzɛʔ^{5}
21 新登	想 iɑ̃^{334}	想 iɑ̃^{334}	记着 tɕi^{45} dzəʔ^{0}
22 桐庐	想 ɕiã^{33}	打算 tã^{33} se^{35}	记得 tɕi^{35} təʔ^{21}
23 分水	想 ɕiã^{53}	打算 ta^{44} suə̃^{24}	记得 tɕi^{21} təʔ^{5}
24 绍兴	记挂 tɕi^{33} kuo^{33}	想 ɕiaŋ^{334}	记得 tɕi^{33} təʔ^{5}
25 上虞	记挂 tɕi^{55} kuo^{0}	想 ɕiã^{35}	记得 tɕi^{55} tɐʔ^{2}

续表

方言点	0874 想想念：我很～他	0875 打算我～开个店	0876 记得
26 嵊州	想 ɕiaŋ^{53}	想 ɕiaŋ^{53}	记得 tɕi^{33}təʔ^{5}
27 新昌	想 ɕiaŋ^{453}	想 ɕiaŋ^{453}	记得 tɕi^{33}teʔ^{5}
28 诸暨	记得 tʃʅ^{42}təʔ^{21}	打算 tã^{42}sə^{21}	记得 tʃʅ^{42}təʔ^{21}
29 慈溪	记挂 tɕi^{44}kuo^{44}	打算 tã^{33}sø̃^{53}	记得 tɕi^{44}taʔ^{2}
30 余姚	记挂 tɕi^{44}kuo^{44}	想 ɕiaŋ^{34}	记得 tɕi^{44}təʔ^{2}
31 宁波	记挂 tɕi^{44}ko^{44}	想 ɕia^{35}	记得 tɕi^{44}taʔ^{5}
32 镇海	忖 tsʰəŋ^{35}	想 ɕiã^{35}	记牢 tɕi^{33}lɔ^{24}
33 奉化	忖 tsʰəŋ^{545}	心想 ɕiŋ^{44}ɕiã^{44}	记得 tɕi^{44}taʔ^{2}
34 宁海	记挂 tsɿ^{33}ko^{35}	心想 ɕiŋ^{33}ɕiã^{53} 准备 tɕyəŋ^{53}bei^{24}	记得 tsɿ^{33}diəʔ^{3}
35 象山	忖 tsʰəŋ^{44}	打算 tã^{44}sɤɯ^{0}	记得 tɕi^{53}teʔ^{2}
36 普陀	忖 tsʰɐŋ^{45}	打算 tã^{53}sø^{0}	记得 tɕi^{55}tɐʔ^{0}
37 定海	记得 tɕi^{44}tɐʔ^{0}	派 pʰa^{44}	记得 tɕi^{44}tɐʔ^{0}
38 岱山	记得 tɕi^{44}tɐʔ^{5}	打算 tã^{52}sø^{0}	记得 tɕi^{44}tɐʔ^{5}
39 嵊泗	记得 tɕi^{44}tɐʔ^{0}	忖 tsʰɐŋ^{445}	记得 tɕi^{44}tɐʔ^{0}
40 临海	忖 tsʰəŋ^{42}	划算 ua^{33}sø^{55}	记得 tɕi^{55}təʔ^{0}
41 椒江	忖 tsʰøŋ^{42}	划算 ua^{22}sø^{55}	记得 tɕi^{55}təʔ^{0}
42 黄岩	忖 tsʰøn^{42}	打算 tã^{42}sø^{55}	记得 tɕi^{55}təʔ^{0}
43 温岭	忖 tsʰøn^{42}	划算 o^{13}sø^{55}	记得 tɕi^{55}təʔ^{0}
44 仙居	忖 tsʰen^{324}	划算 o^{24}sø^{55}	记着 tɕi^{55}dʑyɑʔ^{0}
45 天台	忖 tsʰəŋ^{325}	划算 o^{22}sø^{55}	忖起 tsʰəŋ^{33}kʰi^{31} 忖起来 tsʰəŋ^{33}kʰi^{0}lei^{0}
46 三门	想 ɕiɑ̃^{325}	想 ɕiɑ̃^{325}	记牢 tɕi^{55}lɑu^{113}
47 玉环	忖 tsʰəŋ^{53}	准备 tɕioŋ^{53}bi^{22}	记得 tɕi^{55}tɐʔ^{0}

续表

方言点	0874 想想念：我很～他	0875 打算我～开个店	0876 记得
48 金华	想 siɑŋ^{535}	划算 uɑ^{31}sɤ^{55} 想 siɑŋ^{535}	记着 tɕi^{55}tɕiəʔ^{0}
49 汤溪	忖 tsʰã^{535}	打算 na^{52}sɤ^{52} 划算 ua^{11}sɤ^{52}	记着 tɕi^{52}tɕiɔ^{0}
50 兰溪	记挂 tɕie^{334}kuɑ^{45}	想 siɑŋ^{55}	记着 tɕi^{45}dʑiaʔ^{0}
51 浦江	忖 tsʰə̃^{53}	打算 nɛ̃^{55}sə̃^{55}	记得 tʃi^{55}tɛ^{55}
52 义乌	想 sɯa^{423}	想 sɯa^{423}	记着 tɕi^{45}dzɯa^{31}
53 东阳	想 ɕiɔ^{44}	打算 nɛ^{45}sɯ^{53}	记着 tɕi^{23}dʑiɔ^{33}
54 永康	记挂 tɕie^{33}kuɑ^{52}	想 ɕiɑŋ^{334}	记着 tɕi^{33}dʑiɑu^{113}
55 武义	想 ɕiɑŋ^{445}	想 ɕiɑŋ^{445}	记着 tɕi^{53}dʑiɑu^{0}
56 磐安	想 ɕiɒ^{334}	打算 nɛ^{52}sɯ^{52} 忖 tsʰɯ^{334} 想 ɕiɒ^{334}	记得 tɕi^{55}tɛi^{0} 记着 tɕi^{55}tsuə^{0}
57 缙云	忖 tsʰɛ^{51}	忖 tsʰɛ^{51} 划算 u^{44}sɛ^{453}	记着 tɕi^{413}dʑiɔ^{0}
58 衢州	想 ɕiã^{35}	划算 uɑ^{21}sə̃^{53}	记着 tsɿ^{53}dʒyaʔ^{12}
59 衢江	想 ɕiã^{25}	划算 uo^{22}sɛ^{53}	记着 tsɿ^{55}dʑiaʔ^{0}
60 龙游	想 ɕiã^{35}	划算 u^{22}suei^{51}	记着 tɕi^{51}dzɔʔ^{0}
61 江山	想 ɕiaŋ^{51}	划算 uɒ^{22}sɒŋ^{51} 打算 taŋ^{44}sɒŋ^{51}	记得 kɵ^{44}təʔ^{5}
62 常山	挂意 kɒ^{44}i^{51} 挂着 kuɑ^{45}de^{0}	划算 uɑ^{24}sɔ̃^{0}	记着 ki^{43}dʌʔ^{34}
63 开化	想 ɕiã^{53}	划算 uɑ^{21}sɔŋ^{53}	记着 kuei^{44}daʔ^{13}
64 丽水	忖 tsʰuɛ^{544}老 想 ɕiã^{544}新	打算 na^{44}suɛ^{52}	记着 tsɿ^{52}dʑiɔʔ^{0}
65 青田	忖 tsʰuɐ^{454}	划算 u^{55}suɐ^{33}	记牢 tsɿ^{55}lœ^{33}
66 云和	想 ɕiã^{41}	划算 o^{31}suɛ^{45}	记着 tsɿ^{45}dʑiɑɔ^{0}
67 松阳	想 ɕiã^{212}	打算 nã^{33}sæ̃^{24}	记到 tsɿ^{24}tʌ^{212}

续表

方言点	0874 想想念：我很～他	0875 打算我～开个店	0876 记得
68 宣平	想 ɕiɑ̃^{445}	想 ɕiɑ̃^{445}	记着 tsɿ^{55}tɕiəʔ^{0}
69 遂昌	忖 tsʰɛ̃^{533}	划算 uɒ^{22}sɛ̃^{334}	记着 tsɿ^{33}dɛʔ^{23}
70 龙泉	忖 tsʰɯə^{51}	划算 uo^{44}swə^{45}	记着 tsɿ^{45}dʑyoʔ^{0}
71 景宁	忖 tsʰœ^{33}	打算 nɛ^{33}sœ^{35}	记牢 tɕi^{35}lɑu^{41}
72 庆元	忖 tsʰæ̃^{33}	打算 næ̃^{52}sæ̃^{11}	记着 tsɿ^{11}tɕiɑʔ^{34}
73 泰顺	忖 tsʰœ^{55}	划算 uɔ^{53}sœ^{35}	记着 tsɿ^{35}tɕiɔʔ^{2}
74 温州	想 ɕi^{25}	打码 tiɛ^{3}mo^{14}	记牢 tsɿ^{51}lɜ^{0}
75 永嘉	想 ɕiɛ^{45}	打算 tɛ^{53}sø^{43}	记牢 tsɿ^{53}lə^{21}
76 乐清	想 siɯʌ^{35}	打码 ta^{3}mɯʌ^{24}	记牢 tɕi^{41}lɤ^{0}
77 瑞安	想 ɕiɛ^{35}	打算 ta^{53}sø^{42}	记牢 tɕi^{53}lɛ^{21}
78 平阳	想 ɕie^{45}	打算 tA^{33}sɵ^{21}	记牢 tɕi^{33}lɛ^{42}
79 文成	想 ɕie^{45}	打算 ta^{33}sø^{33}	记牢 tɕi^{42}lɛ^{33}
80 苍南	想 ɕiɛ^{53}	打算 tia^{53}sø^{42}	记牢 tɕi^{3}lɛ^{31}
81 建德徽	忖 tsʰən^{213} 想 ɕie^{213}	划算 o^{33}sɛ^{33} 想 ɕie^{213}	记着 tɕi^{33}tsɐ^{55}
82 寿昌徽	想 ɕiɑ̃^{24}	划算 uə^{11}ɕiæ^{33}	记着 tɕi^{33}tsʰɔʔ^{31}
83 淳安徽	想 ɕiɑ̃^{55}	打算 tɑ̃^{55}sɑ̃^{21}	记得 tɕi^{21}tiʔ^{5}
84 遂安徽	忖 tsʰəŋ^{213}	打算 tɑ^{213}sɑ̃^{52}	记着 tsɿ^{55}ti^{33}
85 苍南闽	想 ɕiɯŋ^{43}	拍算 pʰa^{24}sɯŋ^{21}	记着 ki^{21}tio^{0}
86 泰顺闽	忖 tsʰo^{344}	拍算 pʰa^{21}so^{53}	记得 ki^{21}tei^{0}
87 洞头闽	想 ɕiɯŋ^{21}	拍算 pʰa^{33}sɯŋ^{21}	记着 ki^{21}tieu^{21}
88 景宁畲	忖 tsʰuən^{22}	打算 taŋ^{55}sɔn^{44}	记得 ki^{44}tiet^{5}

方言点	0877 忘记	0878 怕害怕：你别～	0879 相信我～你
01 杭州	忘记 maŋ^{13}tɕi^{53}	慌 xuaŋ^{334}	相信 ɕiaŋ^{33}ɕiŋ^{45}
02 嘉兴	忘记 mᴀ̃^{24}tɕi^{21}	吓 hᴀʔ^{5}	相信 ɕiᴀ̃^{33}ɕiŋ^{21}
03 嘉善	忘记 moŋ^{22}tɕi^{35}	极$^{=}$ dʑieʔ^{2}	相信 ɕiæ̃^{35}ɕin^{53}
04 平湖	忘记 mɑ̃^{24}tɕi^{0}	怕 pʰo^{213}	相信 siã^{53}sin^{0}
05 海盐	忘记 mɑ̃^{13}tɕi^{21}	怕 pʰo^{334}	相信 ɕiɛ̃^{53}ɕin^{21}
06 海宁	忘记 mɑ̃^{33}tɕi^{53}	极$^{=}$ dʑieʔ^{2} 老 吓 haʔ^{5} 新	相信 ɕiã^{55}ɕiŋ^{55}
07 桐乡	忘记 mã^{21}tɕi^{334}	怕 pʰo^{334}	相信 siã^{33}siŋ^{53}
08 崇德	忘记 moŋ^{21}tɕi^{334}	怕 pʰo^{334}	相信 ɕiã^{44}ɕiŋ^{44}
09 湖州	忘记 mã^{33}tɕi^{35}	怕 pʰuo^{35}	相信 ɕiã^{44}ɕin^{44}
10 德清	忘记 moŋ^{33}tɕi^{35}	怕 pʰuo^{334}	相信 ɕiã^{44}ɕin^{44}
11 武康	忘记 moŋ^{33}tɕi^{35}	极$^{=}$ dʑieʔ^{2}	相信 ɕiã^{44}ɕin^{44}
12 安吉	忘记 mɔ̃^{21}tɕi^{213}	怕 pʰʊ^{324}	相信 ɕiã^{55}ɕiŋ^{55}
13 孝丰	忘记 mɔ̃^{32}tɕi^{213}	怕 pʰʊ^{324}	相信 ɕiã^{44}ɕiŋ^{44}
14 长兴	忘记 mɔ̃^{21}tʃʅ^{24}	怕 pʰu^{324}	相信 ʃiã^{44}ʃiŋ^{44}
15 余杭	忘记 moŋ^{31}tɕi^{35}	极$^{=}$ dʑieʔ^{2}	相信 siɑ̃^{55}siŋ^{55}
16 临安	忘记 mɑ̃^{33}tɕi^{53}	怕 pʰo^{55}	相信 ɕiã^{33}ɕieŋ^{33}
17 昌化	忘记 mɔ̃^{23}tsɿ^{544}	吓 xa^{544}	相信 ɕiã^{33}ɕiəŋ^{544}
18 於潜	忘记 maŋ^{24}tɕi^{35}	吓 xɐʔ^{53}	信 ɕiŋ^{35}
19 萧山	忘记 mɔ̃^{13}tɕi^{33}	慌 xuɔ̃^{533}	相信 ɕiã^{33}ɕiŋ^{42}
20 富阳	忘记 moŋ^{335}tɕi^{53}	怕 pʰo^{335}	相信 ɕiɑ̃^{55}ɕin^{31}
21 新登	忘记 moŋ^{21}tɕi^{45}	怕 pʰɑ^{45}	相信 ɕiɑ̃^{334}seiŋ^{45}
22 桐庐	忘记 mã^{13}tɕi^{55}	怕 pʰo^{35}	相信 ɕiã^{35}ɕiŋ^{33}
23 分水	忘记 mã^{24}tɕi^{24}	怕 pʰa^{24}	相信 ɕiã^{44}ɕin^{24}

续表

方言点	0877 忘记	0878 怕害怕：你别～	0879 相信我～你
24 绍兴	忘记 maŋ^{22}tɕi^{33}	怕 p^{h}o^{33}	相信 ɕiaŋ^{33}ɕiŋ^{33}
25 上虞	忘记 mɔ̃^{31}tɕi^{33}	吓 haʔ^{5}	相信 ɕiã^{55}ɕiŋ^{33} 放心 fɔ̃^{55}ɕiŋ^{33}
26 嵊州	忘记 mɔŋ^{24}tɕi^{334}	怕 p^{h}o^{334}	相信 ɕiaŋ^{53}ɕiŋ^{334}
27 新昌	忘记 mɔ̃^{22}tɕi^{335}	怕 p^{h}o^{335}	相信 ɕiaŋ^{53}ɕiŋ^{335}
28 诸暨	忘记 mɑ̃^{33}tʃʅ^{33}	怕 p^{h}o^{544}	相信 ɕiã^{21}ɕin^{33}
29 慈溪	忘记 muŋ^{11}tɕi^{44}	吓 haʔ^{5}	相信 ɕiã^{35}ɕiŋ^{0}
30 余姚	忘记 muŋ^{44}tɕi^{53}	吓 haʔ^{5}	相信 ɕiaŋ^{44}ɕiə̃^{53}
31 宁波	忘记 mɔ^{13}tɕi^{44}	吓 haʔ^{5}	相信 ɕia^{44}ɕiŋ^{44}
32 镇海	忘记 mɔ̃^{22}tɕi^{53}	吓 haʔ^{5}	相信 ɕiã^{33}ɕiŋ^{53}
33 奉化	忘记 mɔ̃^{33}tɕi^{0}	吓 haʔ^{5}	相信 ɕiã^{44}ɕiŋ^{44}
34 宁海	忘记 mɔ̃^{22}tsɿ^{35}	惟 huɔʔ^{5}	相信 ɕiã^{33}səŋ^{35}
35 象山	忘记 mɔ̃^{31}tɕi^{0}	惟 oʔ^{2}	相信 ɕiã^{53}ɕiŋ^{0}
36 普陀	忘记 mɔ̃^{11}tɕi^{55}	怕 p^{h}o^{55}	相信 ɕiã^{33}ɕiŋ^{53}
37 定海	忘记 mõ^{11}tɕi^{44}	吓 xɐʔ^{5}	相信 ɕiã^{33}ɕiŋ^{52}
38 岱山	忘记 mõ^{11}tɕi^{44}	吓 xɐʔ^{5}	相信 ɕiã^{33}ɕiŋ^{52}
39 嵊泗	忘记 mõ^{11}tɕi^{45}	吓 xɐʔ^{5}	相信 ɕiã^{33}ɕiŋ^{53}
40 临海	忘记 mɔ̃^{22}tɕi^{55}	惟 hɔʔ^{5}	相信 ɕiã^{33}ɕiŋ^{55}
41 椒江	忘记 mɔ̃^{22}tɕi^{55}	惟 huoʔ^{5}	相信 ɕiã^{33}ɕiŋ^{55}
42 黄岩	忘记 mɔ̃^{13}tɕi^{55}	惟 hoʔ^{5}	相信 ɕiã^{33}ɕin^{55}
43 温岭	忘记 mɔ̃^{13}tɕi^{55}	惟 huoʔ^{5}	相信 ɕiã^{35}ɕin^{55}
44 仙居	忘记 mɑ̃^{24}tɕi^{55}	惟 hɑʔ^{5}	相信 ɕia^{55}sen^{55}
45 天台	忘记 mɔ^{33}ki^{55}	惟 huɔʔ^{5}	相信 ɕia^{33}ɕiŋ^{55}
46 三门	忘记 mɔ^{23}tɕi^{55}	惟 hɔʔ^{5}	相信 ɕiɑ̃^{33}səŋ^{55}

续表

方言点	0877 忘记	0878 怕害怕：你别～	0879 相信我～你
47 玉环	忘记 mɔ^{22}tɕi^{55}	惟 huoʔ^{5}	相信 ɕia^{33}ɕiŋ^{55}
48 金华	忘记 mɑŋ^{53}tɕi^{55}	惊 kuɑŋ^{334}	相信 siɑŋ^{33}ɕiŋ^{55}
49 汤溪	忘记 mɔ^{11}tɕi^{52}	惊 kua^{24}	相信 sɤa^{24}sɛ̃i^{0}
50 兰溪	忘记 mɑŋ^{55}tɕi^{45}	惊 kuæ̃^{334}	相信 siɑŋ^{334}sin^{45}
51 浦江	忘头⁼ mə̃^{11}dɤ^{243}	惊 kuɛ̃^{534}	相信 ɕyõ^{33}siən^{44}
52 义乌	忘[记去] mɯɤ^{24}tɕiai^{423}	惊 kuɛ^{335}	相信 sɯa^{33}sən^{45}
53 东阳	忘记 mo^{22}tɕi^{53}	惊 kuɛ^{334}	相信 ɕiɔ^{33}ɕiɐn^{53}
54 永康	忘记 mɑŋ^{31}tɕi^{52}	惊 kuai^{55}	相信 ɕiɑŋ^{33}səŋ^{52}
55 武义	忘记 mɑŋ^{32}tɕi^{53}	惊 kua^{24}	相信 ɕiɑŋ^{55}ɕin^{53}
56 磐安	忘记 mo^{21}tɕi^{52}	惊 kuɛ^{445}	相信 ɕiɒ^{33}ɕiɐn^{52}
57 缙云	忘记 mɔ^{21}tɕi^{453}	惊 kua^{44}	相信 ɕiɑ^{44}saŋ^{453}
58 衢州	记弗着 tsɿ^{53}fəʔ^{5}dʒyaʔ^{12}	怕 pʰa^{53}	相信 ɕiã^{32}ɕin^{53}
59 衢江	记弗着 tsɿ^{55}fəʔ^{5}dʑiaʔ^{2}	惊 kuɛ^{33}	相信 ɕiã^{33}ɕiŋ^{53}
60 龙游	懵记 mən^{22}tɕi^{51}	惊 kuɛ^{334}	相信 ɕiã^{35}ɕin^{21}
61 江山	忘记 moŋ^{22}kɵ^{51}	惊 kuaŋ^{44}	相信 ɕiaŋ^{44}ɕĩ^{51}
62 常山	记弗着 ki^{43}fʌʔ^{4}dʌʔ^{34}	惊 kuĩ^{44}	相信 ɕiã^{52}sɔ̃^{324}
63 开化	记弗着 kuei^{44}fəʔ^{5}daʔ^{13}	惊 kuã^{44}	相信 ɕiã^{44}ɕin^{412} 信 ɕin^{412}
64 丽水	赖⁼记 lɔ^{21}tsɿ^{52}	吓 xaʔ^{5}	相信 ɕiã^{224}sen^{52}
65 青田	忘记 maŋ^{22}tsɿ^{55}	吓 xoʔ^{42}	相信 ɕi^{55}saŋ^{33}
66 云和	赖⁼记 lɔ^{223}tsɿ^{45}	吓 xaʔ^{5}	相信 ɕiã^{24}səŋ^{45}
67 松阳	忘记 men^{21}tsɿ^{24}	吓 xaʔ^{5} 惊 kuã^{53}	相信 ɕiã^{33}ɕin^{24}
68 宣平	懵记 mən^{22}tsɿ^{52}	惊 kuɛ^{324}	相信 ɕiɑ̃^{32}sən^{52}

续表

方言点	0877 忘记	0878 怕害怕：你别～	0879 相信我～你
69 遂昌	忘记 miŋ^{22}tɕiu^{334}	惊 kuaŋ^{45}	相信 ɕiaŋ^{55}ɕiŋ^{334}
70 龙泉	赖$^{=}$ la^{224} 赖$^{=}$记 la^{21}tsɿ^{45}	吓 xaʔ^{5}	相信 ɕiaŋ^{44}ɕin^{45}
71 景宁	赖$^{=}$记 la^{33}tɕi^{35}	吓 xaʔ^{5}	相信 ɕiɛ^{32}saŋ^{35}
72 庆元	赖$^{=}$ lɑ^{31}	吓 xɑʔ^{5}	相信 ɕiɑ̃^{33}ɕiəŋ^{11}
73 泰顺	赖$^{=}$记 la^{21}tsɿ^{35}	吓 xaʔ^{5}	相信 ɕiã^{213}səŋ^{35}
74 温州	忘记 maŋ^{31}tsɿ^{21}	吓 ho^{323}	信 saŋ^{51}
75 永嘉	忘记 maŋ^{31}tsɿ^{43}	吓 ho^{423}	相信 ɕiɛ^{33}saŋ^{45}
76 乐清	忘记 maŋ^{31}tɕi^{21}	吓 ho^{323}	信 saŋ^{41}
77 瑞安	忘记 maŋ^{31}tɕi^{42}	吓 ho^{323} 怕 pʰu^{53}	相信 ɕiɛ^{33}saŋ^{35}
78 平阳	忘记 maŋ^{21}tɕi^{45}	怕 pʰo^{53}	相信 ɕie^{33}saŋ^{45}
79 文成	忘记 maŋ^{21}tɕi^{33}	吓 xo^{34}	信 saŋ^{33}
80 苍南	忘记 maŋ^{53}tɕiɛ^{42}	吓 ho^{223} 怕 pʰuɔ^{42}	相信 ɕiɛ^{44}saŋ^{42}
81 建德徽	忘记 mo^{55}tɕi^{33}	怕 pʰo^{33}	相信 ɕie^{21}ɕin^{33}
82 寿昌徽	忘记 mɑ̃^{11}tɕi^{33}	惊 kuæ^{112}	相信 ɕiɑ̃^{11}ɕien^{33}
83 淳安徽	忘记 mã^{53}tɕi^{21}	怕 pʰo^{24}	相信 ɕiɑ̃^{55}ɕin^{24}
84 遂安徽	忘记 uɑ̃^{55}tsɿ^{33}	怕 pʰɑ^{43}	相信 ɕiɑ̃^{52}ɕin^{43}
85 苍南闽	𣍐记着 bue^{21}ki^{21}tio^{0}	惊 kĩã^{55}	信 ɕin^{21}
86 泰顺闽	□记 lai^{21}ki^{53}	惊 kiæŋ^{213}	相信 ɕyo^{21}sieŋ^{53}
87 洞头闽	无记着 bɔ^{33}ki^{21}tieu^{21}	惊 kĩã^{33}	相信 ɕioŋ^{33}ɕin^{21}
88 景宁畲	脱$^{=}$让$^{=}$ tʰot^{5}ȵiɔŋ^{51}	吓 xaʔ^{5}	相信 xin^{51}ɕin^{44}

方言点	0880 发愁	0881 小心过马路要～	0882 喜欢～看电视
01 杭州	发愁 faʔ^{5} dzei^{213}	当心 taŋ^{33} ɕiŋ^{45}	欢喜 xuo^{33} ɕi^{45}
02 嘉兴	发愁 fᴀʔ^{5} zei^{242}	当心 tᴀ̃^{33} ɕiŋ^{42}	相信 ɕiᴀ̃^{33} ɕiŋ^{21}
03 嘉善	担心事 tɛ^{35} ɕin^{53} zɿ^{0}	当心 tã^{35} ɕin^{53}	喜欢 ɕi^{44} xø^{53}
04 平湖	忧 iəɯ^{53} 担心事 tɛ^{44} sin^{53} zɿ^{0}	当心 tɑ̃^{44} sin^{53}	相信 siã^{53} sin^{0}
05 海盐	担心事 tɛ^{53} ɕin^{53} zɿ^{21}	当心 tɑ̃^{55} ɕin^{53}	喜欢 ɕi^{53} xuɤ^{53}
06 海宁	忧结 iəu^{55} tɕieʔ^{5}	当心 tɑ̃^{55} ɕiŋ^{55}	欢喜 huei^{55} ɕi^{55}
07 桐乡	担心事 tɛ^{44} siŋ^{44} zɿ^{44}	留心 lɤɯ^{21} siŋ^{44} 当心 tɒ̃^{44} siŋ^{44}	喜欢 ɕi^{44} huᴇ^{0}
08 崇德	带忧急 tɑ^{33} iɤɯ^{44} tɕiəʔ^{4}	留心 lɤɯ^{21} ɕiŋ^{44} 当心 tã^{44} ɕiŋ^{44}	喜欢 ɕi^{55} huᴇ^{0}
09 湖州	嗨⁼司⁼ xei^{44} sɿ^{44}	当心 tã^{44} ɕin^{44}	喜欢 ɕi^{53} xuɛ^{13}
10 德清	愁 dʑiʉ^{113}	当心 tã^{44} ɕin^{44}	喜欢 ɕi^{35} xuɛ^{0}
11 武康	愁 dʑiø^{113}	当心 taŋ^{44} ɕin^{44}	喜欢 ɕi^{53} fø^{53}
12 安吉	发愁 fɐʔ^{5} zəɪ^{22}	当心 tɔ̃^{55} ɕiŋ^{55}	喜欢 ɕi^{52} fᴇ^{21}
13 孝丰	发愁 faʔ^{5} zəɪ^{22}	小心 ɕiɔ^{45} ɕiŋ^{21} 当心 tɔ̃^{44} ɕiŋ^{44}	喜欢 ɕi^{45} hue^{21}
14 长兴	发愁 faʔ^{5} dzei^{12}	留心 lei^{12} ʃiŋ^{33}	相信 ʃiã^{44} ʃiŋ^{44}
15 余杭	忧愁 iʏ^{55} zøʏ^{33}	当心 tɑ̃^{55} siŋ^{55}	喜欢 ɕi^{35} xuõ^{0}
16 临安	愁 dzə^{33}	当心 tɑ̃^{33} ɕieŋ^{33}	欢喜 hœ^{53} ɕi^{33}
17 昌化	愁 ʑi^{112}	小心 ɕiɔ^{45} ɕiəŋ^{53}	欢喜 xuɔ̃^{33} sɿ^{453}
18 於潜	愁 dʑiəu^{22}	当心 taŋ^{43} ɕiŋ^{433}	欢喜 xuɛ^{43} ɕi^{35}
19 萧山	发愁 faʔ^{5} ʑio^{33}	当心 tɔ̃^{33} ɕiŋ^{33}	欢喜 xuə^{33} ɕi^{33}
20 富阳	愁 zei^{13}	当心 tɑ̃^{55} ɕin^{53}	欢喜 huɛ̃^{55} ɕi^{31}
21 新登	愁 ʑy^{233}	当心 tɑ̃^{53} seiŋ^{53}	欢喜 huɛ^{53} ɕi^{334}
22 桐庐	发愁 faʔ^{5} zei^{13}	当心 tã^{35} ɕiŋ^{33}	欢喜 xuã^{35} ɕi^{13}
23 分水	愁 dzɵ^{22}	当心 tã^{44} ɕin^{44}	欢喜 xuã^{44} ɕi^{44}

续表

方言点	0880 发愁	0881 小心过马路要～	0882 喜欢～看电视
24 绍兴	愁 zɤ^{231}	当心 taŋ^{33} ɕiŋ^{53}	欢喜 huø̃^{33} ɕi^{33}
25 上虞	忧 iɤ^{33}	当心 tɔ̃^{33} ɕiŋ^{33} 小心 ɕiɔ^{33} ɕiŋ^{53}	喜欢 ɕi^{33} fø̃^{33}
26 嵊州	愁 dʑiʏ^{213}	当心 tɔŋ^{53} ɕiŋ^{334}	喜欢 ɕi^{33} fœ̃^{53} 欢喜 fœ̃^{53} ɕi^{53}
27 新昌	担心事 tɛ̃^{33} ɕiŋ^{33} zɿ^{13}	当心 tɔ̃^{45} ɕiŋ^{534}	欢喜 fœ̃^{53} ɕi^{453}
28 诸暨	犯愁 vɛ^{33} dzei^{13}	当心 tɑ̃^{42} ɕin^{33}	喜欢 ʃʅ^{33} fə^{42}
29 慈溪	愁 zø^{13}	当心 tɔ̃^{33} ɕiŋ^{35} 小心 ɕiɔ^{33} ɕiŋ^{35}	欢喜 huø̃^{35} ɕi^{0}
30 余姚	担心事 tã^{44} ɕiə̃^{44} dzɿ^{13}	小心 ɕiɔ^{34} ɕiə̃^{44}	欢喜 huø̃^{44} ɕi^{34}
31 宁波	担心事 tɛ^{44} ɕiŋ^{44} dzɿ^{13}	当心 tɔ^{44} ɕiŋ^{53}	欢喜 hu^{44} ɕi^{44}
32 镇海	愁 zei^{22}	当心 tɔ̃^{33} ɕiŋ^{53}	欢喜 huø^{33} ɕi^{53}
33 奉化	忧 y^{33}	当心 tɔ̃^{44} ɕiŋ^{44}	欢喜 huø^{44} ɕi^{53}
34 宁海	心事 ɕiŋ^{33} zɿ^{24}	当心 tɔ̃^{33} ɕiŋ^{34}	中意 tɕioŋ^{33} i^{35}
35 象山	发愁 faʔ^{5} zɤɯ^{31} 担心事 tɛ^{44} ɕiŋ^{44} zɿ^{13}	当心 tɔ̃^{44} ɕiŋ^{44}	欢喜 huɤɯ^{44} ɕi^{44}
36 普陀	愁 zeu^{24}	当心 tɔ̃^{33} ɕiŋ^{53} 小心 ɕiɔ^{53} ɕiŋ^{0}	欢喜 xuɛ^{33} ɕi^{53}
37 定海	愁 zɐi^{23}	当心 tõ^{33} ɕiŋ^{52}	欢喜 xuø^{33} ɕi^{52}
38 岱山	愁 zœʏ^{31}	当心 tõ^{33} ɕiŋ^{52}	欢喜 xuø^{33} ɕi^{52}
39 嵊泗	愁 zœʏ^{243}	当心 tõ^{33} ɕiŋ^{53}	欢喜 xuʏ^{33} ɕi^{53}
40 临海	愁 zə^{21}	当心 tɔ̃^{55} ɕiŋ^{31}	中意 tɕyoŋ^{33} i^{55}
41 椒江	愁 ʑio^{31}	当心 tɔ̃^{55} ɕiŋ^{42}	欢喜 huə^{33} ɕi^{42}
42 黄岩	愁 ʑio^{121}	仔细 tsɿ^{42} ɕi^{55}	中意 tsoŋ^{33} i^{55} 贪 tʰɛ^{32}
43 温岭	愁 zɤ^{31}	仔细 tsɿ^{42} ɕi^{55}	贪 tʰɛ^{33}
44 仙居	愁 zəɯ^{213}	当心 ɗɑ̃^{33} sen^{334}	中意 tɕioŋ^{55} i^{55}

续表

方言点	0880 发愁	0881 小心过马路要～	0882 喜欢～看电视
45 天台	愁 zou^{224}	仔细 tsɿ^{32} ɕi^{55}	中意 tɕyuŋ^{33} i^{55}
46 三门	愁 zɤɯ^{113}	小心 ɕiɑu^{32} ɕiŋ^{334}	中意 tɕioŋ^{55} i^{55}
47 玉环	愁起 ʑiɤ^{31} tɕʰi^{0}	仔细 tsɿ^{53} ɕi^{55}	贪 tʰɛ^{42}
48 金华	愁 ʑiu^{313}	小心 siɑo^{55} ɕiŋ^{334}	欢喜 xuɛ̃^{33} ɕi^{535} 老 喜欢 ɕi^{55} xuɛ̃^{334} 新
49 汤溪	愁侬 ʑiəɯ^{11} nɑo^{52}	小心 sɤ^{52} sɛ̃i^{24}	欢喜 xua^{33} ɕi^{535}
50 兰溪	愁 zəɯ^{21}	当心 tɑŋ^{334} sin^{334}	欢喜 xuæ̃^{334} ɕi^{55}
51 浦江	愁 ʑiɤ^{113}	小心 sɯ^{33} sən^{53}	欢喜 xuɑ̃^{33} ʃi^{53}
52 义乌	愁侬 zɐɯ^{22} noŋ^{45}	小心 sɯɤ^{45} sən^{335}	喜欢 ɕi^{45} hua^{335}
53 东阳	愁 zəɯ^{213}	小心 ɕio^{44} ɕiɐn^{33}	喜欢 ɕi^{44} hɔ^{33}
54 永康	愁 zəu^{22}	当心 nɑŋ^{33} səŋ^{55}	中意 tsoŋ^{33} i^{52}
55 武义	愁 zɑu^{324}	小心 ɕie^{53} ɕin^{24}	中意 tsoŋ^{55} i^{53} 喜欢 ɕi^{53} xuo^{24}
56 磐安	愁 zɐɯ^{213}	小心 ɕio^{55} ɕiɐn^{445}	喜欢 ɕi^{55} xɒ^{445}
57 缙云	愁 ziuŋ^{243}	好好 xəɤ^{51} xəɤ^{51} 小心 ɕiəɤ^{51} səŋ^{44}	中意 nɔ̃ũ^{44} i^{453}
58 衢州	愁 ze^{21}	小心 ɕiɔ^{35} ɕin^{21} 觑好 tsʰɿ^{53} xɔ^{35}	欢喜 xuə̃^{32} sɿ^{35}
59 衢江	愁侬 zɿ^{22} nəŋ^{53}	小心 ɕiɔ^{33} ɕiŋ^{33}	欢喜 xuɛ^{33} sɿ^{25}
60 龙游	愁侬 zəɯ^{224} nən^{231}	小心 ʑiɔ^{22} ɕin^{334}	欢喜 xuɛ^{33} ɕi^{35}
61 江山	愁 zɯ^{213}	小心 ɕiɐɯ^{44} ɕĩ^{44} 抬神 dᴇ^{22} ʑiɘ̃^{213}	欢喜 xyɛ̃^{44} xi^{241}
62 常山	愁 ʑiɔ^{341} 愁侬 ʑiɔ^{24} nã^{341}	小心 ɕiɤ^{43} sĩ^{44}	欢喜 xɔ̃^{43} ɕi^{52}
63 开化	愁 dʑiʊ^{231}	小心 ɕiəɯ^{44} ɕin^{44}	欢喜 xuõ^{44} ɕi^{53} 贪 tʰã^{44}
64 丽水	愁 zəɯ^{22}	小心 ɕiə^{44} sen^{224}	喜欢 sɿ^{44} xuã^{224}
65 青田	愁 zæi^{21}	小心 ɕiœ^{33} saŋ^{445}	喜欢 sɿ^{22} xuɑ^{445}

续表

方言点	0880 发愁	0881 小心过马路要～	0882 喜欢～看电视
66 云和	愁 zəɯ^{312}	小心 ɕiɑɔ^{44} səŋ^{24}	喜欢 sɿ^{44} xuɑ̃^{24}
67 松阳	愁 zei^{31}	小心 ɕiɔ^{33} ɕin^{53}	喜欢 sɿ^{33} fɔ̃^{53}
68 宣平	愁 zəɯ^{433}	小心 ɕiɔ^{44} sən^{324}	喜欢 sɿ^{44} fɑ̃^{324}
69 遂昌	愁 ʑyɐɯ^{221}	小心 ɕiɐɯ^{53} ɕiŋ^{45}	喜欢 sɿ^{53} xuɛ̃^{45}
70 龙泉	愁 ziəu^{21}	小心 ʑiɑʌ^{21} ɕin^{434}	中意 təŋ^{44} ɿ^{45}
71 景宁	愁 zəɯ^{41}	小心 ɕiɑu^{55} saŋ^{324}	喜欢 ɕi^{55} xuɔ^{324}
72 庆元	愁侬 sɐɯ^{52} noŋ^{52} 发愁 fɑʔ^{5} sɐɯ^{52}	小心 ɕiɒ^{33} ɕiəŋ^{335} 注意 tɕyᴇ^{11} i^{11}	爱 æi^{11} 喜欢 ɕi^{33} xuɑ^{335}
73 泰顺	愁 səu^{53}	小心 ɕiɑɔ^{22} səŋ^{213}	中意 toŋ^{22} i^{35}
74 温州	愁 zau^{31}	留心 lɤu^{22} saŋ^{33}	喜欢 sɿ^{42} ɕy^{33}
75 永嘉	愁 zau^{31}	留心 ləu^{22} saŋ^{44} 小心 ɕyə^{53} saŋ^{44}	喜欢 sɿ^{53} ɕy^{44}
76 乐清	愁 zau^{31}	留心 liu^{22} saŋ^{44}	喜欢 ɕi^{42} fɤ^{44}
77 瑞安	愁 zau^{31}	留心 lou^{22} saŋ^{44}	喜欢 ɕi^{53} ɕy^{44}
78 平阳	愁 zau^{242}	留心 lɛu^{21} saŋ^{55}	喜欢 si^{45} ɕye^{13}
79 文成	愁 zau^{113}	小心 ɕyø^{33} seŋ^{33}	喜欢 sei^{33} fuø^{33}
80 苍南	愁 zau^{31}	留心 lɛu^{11} saŋ^{44}	喜欢 ɕi^{42} hyɛ^{44}
81 建德徽	愁 sɤɯ^{33}	小心 ɕiɔ^{55} ɕin^{53}	欢喜 huɛ^{53} ɕi^{213}
82 寿昌徽	愁 səɯ^{52}	当心 tɑ̃^{11} ɕien^{112}	欢喜 xuə^{11} ɕi^{24}
83 淳安徽	愁 tsʰɯ^{435}	当心 tɑ̃^{24} ɕin^{24}	欢喜 huɑ̃^{24} ɕi^{21}
84 遂安徽	发愁 fɑ^{55} tɕʰiu^{33}	当心 tɑ̃^{55} ɕin^{534}	欢喜 fɑ̃^{55} sɿ^{33}
85 苍南闽	作心 tso^{33} ɕin^{55}	留心 liu^{21} ɕin^{55}	喜欢 hi^{33} hũã^{55}
86 泰顺闽	愁 tsʰeu^{22}	小心 ɕiɐu^{344} sieŋ^{213}	喜欢 ɕi^{344} fæŋ^{213}
87 洞头闽	烦 huan^{113}	小心 ɕieu^{33} ɕin^{55}	喜欢 hi^{212} hũã^{33}
88 景宁畲	发愁 fɔt^{5} ɕiəu^{22}	小心 xiau^{55} ɕin^{44}	喜欢 xi^{55} xɔn^{325}

方言点	0883 讨厌~这个人	0884 舒服凉风吹来很~	0885 难受生理的
01 杭州	讨厌 tʰɔ^{55}iɛ^{0}	写意 ɕia^{45}i^{53}	难过 nɛ^{22}ku^{45}
02 嘉兴	惹厌 zA^{21}ie^{13}	写意 ɕiA^{33}i^{33} 适意 səʔ^{5}i^{21}	难过 nE^{13}kou^{33}
03 嘉善	惹厌 za^{22}iɪ^{35}	适意 sɜʔ^{5}i^{0}	难 nɛ^{132}
04 平湖	讨惹厌 tʰɔ^{44}za^{24}iɛ^{0}	适意 səʔ^{3}i^{334}	难过 nɛ^{24}ku^{0}
05 海盐	惹厌 zɑ^{53}iɛ^{213}	适意 səʔ^{5}i^{334} 写意 ɕiɑ^{53}i^{334}	难过 nɛ^{24}ku^{53} 勿适意 vəʔ^{5}səʔ^{5}i^{21}
06 海宁	惹厌 za^{13}ie^{0}	写意 ɕia^{35}i^{0} 适意 səʔ^{5}i^{0}	难过 nɛ^{33}kəu^{55}
07 桐乡	惹厌 za^{24}iE^{0}	好过 hɔ^{44}kəu^{0} 写意 sia^{44}i^{0}	难过 nɛ^{13}kəu^{53} 弗写意 fəʔ^{3}sia^{44}i^{0}
08 崇德	惹厌 zɑ^{24}iɪ^{0}	好过 hɔ^{55}ku^{0} 写意 ɕiɑ^{55}i^{0}	难过 nɛ^{21}ku^{44}
09 湖州	触气 tsʰuoʔ^{5}tɕʰi^{35}	写意 ɕia^{53}i^{13}	难过 nɛ^{33}kəu^{35}
10 德清	讨厌 tʰɔ^{35}ie^{0}	舒意 sɿ^{44}i^{44}	弗舒服 fəʔ^{5}sɿ^{44}vuoʔ^{2}
11 武康	讨厌 tʰɔ^{35}iɪ^{31}	舒服 sɿ^{44}uoʔ^{5}	难过 nɛ^{11}ku^{35}
12 安吉	讨厌 tʰɔ^{32}i^{213}	爽快 sɔ̃^{52}kʰua^{21}	难过 nE^{22}ku^{213}
13 孝丰	惹厌 dza^{22}iɪ^{324}	写意 ɕia^{45}i^{21} 舒服 sɿ^{44}vuoʔ^{5} 爽快 sɔ̃^{45}kʰua^{21}	难过 nɛ^{22}ku^{24}
14 长兴	讨厌 tʰɔ^{32}i^{24}	快活 kʰa^{21}uəʔ^{2} "快"韵殊	难过 nE^{12}kəu^{33}
15 余杭	看伊勿得 kʰuõ^{53}i^{33}vəʔ^{2}təʔ^{5}	得过 təʔ^{5}ku^{55}	难过 nɛ^{33}ku^{53}
16 临安	惹厌 dza^{33}ie^{53}	味道 bi^{33}dɔ^{33}	难过 nɛ^{33}ku^{33}
17 昌化	讨厌 tʰɔ^{45}iĩ^{544}	舒服 ɕy^{33}vəʔ^{23} 爽快 sɔ̃^{45}kʰua^{53}	难过 nɔ̃^{11}kɯ^{544}
18 於潜	烦 vɛ^{223}	味道 vi^{24}dɔ^{24}	难过 nɛ^{22}ku^{35}
19 萧山	[弗要]看 fiɔ^{35}kʰie^{21}	爽快 ɕyɔ̃^{33}kʰuai^{42}	难过 nɛ^{13}ku^{42}
20 富阳	讨厌 tʰɔ^{423}iɛ̃^{335}	舒服 ɕy^{55}voʔ^{2}	难过 nɛ̃^{13}ku^{55}
21 新登	烦厌 vɛ^{233}iɛ̃^{45}	舒服 sɥ^{53}vɔʔ^{2}	难过 nɛ̃^{233}ku^{45}
22 桐庐	烦厌 vã^{21}ie^{35}	写意 ɕiA^{33}i^{35}	难过 nã^{21}ku^{35}
23 分水	讨厌 tʰɔ^{21}iəʔ^{12}	好味道 xɔ^{53}vi^{24}dɔ^{24}	难受 nã^{21}zɵ^{24}

续表

方言点	0883 讨厌~这个人	0884 舒服凉风吹来很~	0885 难受生理的
24 绍兴	厌憎 iẽ^{33}tsəŋ^{53}	爽快 sɑŋ^{44}kʰua^{31}	难过 nɛ̃^{22}kuo^{33}
25 上虞	污数$^{=}$ u^{33}ɕy^{31}	爽快 sɔ̃^{33}kʰua^{53}	恶拉$^{=}$ oʔ^{2}la^{31}
26 嵊州	厌烦 iẽ^{33}uɛ̃^{334} 讨厌 tʰɔ^{33}iẽ^{53}	爽快 sɔŋ^{33}kʰua^{53}	难过 nɛ̃^{22}ko^{334}
27 新昌	厌憎 iɛ̃^{13}tseŋ^{33}	舒服 sɿ^{53}uɤʔ^{2}	难过 nɛ̃^{22}kɤ^{335}
28 诸暨	看弗过 kʰə^{42}fəʔ^{21}kɤu^{21}	写意 ɕiᴀ^{33}ʒʅ^{21}	难过 nɛ^{21}kɤu^{33}
29 慈溪	讨厌 tʰɔ^{33}iẽ^{53}	写意 ɕia^{33}i^{44} 乐惠 loʔ^{2}ue^{44}	难过 nɛ̃^{13}kəu^{0}
30 余姚	讨厌 tʰɔ^{34}iə̃^{53}	爽快 sɔŋ^{34}kʰua^{53} 乐惠 loʔ^{2}ue^{13}	难熬 nã^{13}ŋɔ^{13}
31 宁波	厌烦 i^{44}vɛ^{44}	爽快 sɔ^{53}kʰua^{0}	难过 nɛ^{13}kəu^{44}
32 镇海	难看 nɛ^{22}kʰi^{53}	写意 ɕia^{33}i^{53} 爽快 sɔ̃^{33}kʰua^{0}	难熬 nɛ^{22}ŋɔ^{31}
33 奉化	恨憎 əŋ^{53}tsoŋ^{0}	爽快 sɔ̃^{44}kʰua^{44}	莫爽快 maʔ^{2}sɔ̃^{44}kʰua^{44}
34 宁海	厌烦 ie^{35}ve^{0} 弗中意 faʔ^{3}tɕioŋ^{33}i^{0}	写意 ɕia^{33}i^{35}	难过 ne^{21}ku^{35}
35 象山	戳眼 tɕʰyoʔ^{5}ŋɛ^{31}	爽快 sɔ̃^{44}kʰua^{53}	难过 nɛ^{31}ku^{0}
36 普陀	讨厌 tʰɔ^{53}i^{0}	爽快 sɔ̃^{53}kʰua^{0}	难熬 nɛ^{33}ŋɔ^{53}
37 定海	恨憎 ɐŋ^{44}tsɐŋ^{0}	爽快 sõ^{52}kʰua^{0}	难熬 nɛ^{33}ŋɔ^{52}
38 岱山	难看 nɛ^{31}kʰi^{0}	爽快 sõ^{52}kʰua^{0}	难熬 nɛ^{33}ŋɔ^{52}
39 嵊泗	恨憎 ɐŋ^{44}tsɐŋ^{0}	爽快 sõ^{44}kʰua^{0}	难熬 nɛ^{33}ŋɔ^{53}
40 临海	烦厌 vɛ^{21}i^{55}	调泰 diə^{21}tʰa^{55}	难过 nɛ^{22}ku^{55} [弗好]过 fɔ^{51}ku^{33}
41 椒江	烦厌 vɛ^{22}ie^{55}	爽快 sɔ̃^{42}kʰua^{55}	[弗好]过 fɔ^{51}ku^{33} 难过 lɛ^{22}ku^{55}
42 黄岩	望着…难过 mɔ̃^{13}dʑieʔ^{2}…lɛ^{13}ku^{55}	舒服 ɕy^{33}voʔ^{2}	[弗好]过 fɔ^{51}ku^{33}
43 温岭	望着…难过 mɔ̃^{13}dʑiʔ^{2}…nɛ^{13}ku^{55}	爽快 sɔ̃^{42}kʰua^{55}	[弗好]过 fɔ^{51}ku^{33} 难过 nɛ^{13}ku^{55}
44 仙居	烦 va^{213}	好过 hɐɯ^{31}ku^{55}	[弗好]过 fɐɯ^{53}ku^{55} 难过 na^{24}ku^{55}
45 天台	相相难过 ɕia^{55}ɕia^{0}ne^{22}ku^{55}	舒服 ɕy^{33}vuʔ^{2}	[弗会]爽快 fei^{33}sɔ^{32}kʰua^{55} [弗会]舒服 fei^{33}ɕy^{33}vuʔ^{2}

续表

方言点	0883 讨厌～这个人	0884 舒服凉风吹来很～	0885 难受生理的
46 三门	弗中意 fəʔ^{5}tɕioŋ^{55}i^{55}	爽快 sɔ^{32}kʰua^{55}	难过 nɛ^{23}ku^{55}
47 玉环	烦 vɛ^{31}	味道 mi^{22}dɔ^{31}	难过 nɛ^{22}ku^{55}
48 金华	望弗来 moŋ^{14}fəʔ^{4}lɛ^{313}老 讨厌 tʰɑo^{53}ie^{55}新	好过 xɑo^{53}kuɤ^{55}老 舒服 ɕy^{33}voʔ^{212}新	难过 nɑ^{33}kuɤ^{55}
49 汤溪	讨厌 tʰɔ^{52}ie^{52}	舒服 ɕy^{33}fou^{24}	难过 nuɑ^{11}kuɤ^{52}
50 兰溪	嫌…得人 iɑ^{21}…təʔ^{34}nin^{45}	味道 fi^{55}tɔ^{55}	难盪 nuɑ^{21}tʰɑŋ^{334}
51 浦江	讨厌 tʰo^{55}iẽ^{0}	舒服 ɕy^{33}və^{334}	难过侬 nɑ̃^{11}kɯ^{33}lən^{334} 难过 nɑ̃^{11}kɯ^{55}
52 义乌	憎见 tsən^{33}tɕie^{45}	爽快 sŋʷ^{45}kʰua^{31}	难过侬 nɔ^{22}kuɤ^{33}noŋ^{335}
53 东阳	讨憎厌 tʰɐɯ^{44}tsɐn^{44}ȵi^{53}	□□ diʊ^{22}tʰəɯ^{53}	难过 nɔ^{22}kʊ^{53}
54 永康	讨厌 tʰɑu^{31}ie^{52}	清爽 tɕʰiŋ^{33}ɕyɑŋ^{334}	难过 na^{31}kuɑ^{52}
55 武义	讨厌 tʰɤ^{55}ȵie^{53}	有味 iəu^{53}vi^{231}	难过 nuo^{55}kuo^{53}
56 磐安	讨厌 tʰo^{52}ie^{52}	清爽 tsʰɐn^{33}sɒ^{334} 敨坦 tʰɐɯ^{55}tʰɒ^{334} 舒服 ɕy^{33}fʌo^{334}	难过 nɒ^{21}kuɤ^{52}
57 缙云	厌憎 iɛ^{44}tsɛŋ^{44}	清爽 tɕʰiɛŋ^{44}sɔ^{51}	难熬 nɑ^{21}ɔ^{453} 难吃 nɑ^{44}tɕʰiei^{322}
58 衢州	抓⁼人 tsɑ^{32}ȵin^{53}	味道 mi^{231}dɔ^{21}	难搪 nã^{35}dɑ̃^{21} 难过 nã^{21}ku^{53}
59 衢江	讨厌 tʰɔ^{33}ie^{53}	味道 mi^{22}dɔ^{212}	难搪 nã^{22}dɑ̃^{212}
60 龙游	讨厌 tʰɔ^{22}ie^{51}	舒服 ɕy^{33}vɔʔ^{23}	难搪 nã^{224}dã^{231}
61 江山	恼 nɐɯ^{22}	舒服 ɕyə^{44}voʔ^{2}	难搪 nɒŋ^{22}daŋ^{213}
62 常山	讨厌 tʰuə^{43}iɛ̃^{324}	舒服 ɕy^{44}vʌʔ^{34} 夏⁼侬 ɑ^{24}nã^{0}	难搪 nɔ̃^{24}dã^{341}
63 开化	讨厌 tʰuo^{44}iɛ̃^{412}	舒服 ɕy^{44}vəʔ^{13} 味道 mi^{21}dəɯ^{213}	难对 nəŋ^{21}tɛ^{53}
64 丽水	讨厌 tʰə^{44}iɛ^{52}	好过 xə^{44}kuo^{52}老 舒服 sʮ^{44}vəʔ^{23}新	弗好过 fəʔ^{4}xə^{44}kuo^{52}老 难过 nã^{21}kuo^{52}新
65 青田	得⁼得⁼憎 ɗɛʔ^{3}ɗɛʔ^{3}tɕiŋ^{445}	爽快 so^{33}kʰuɑ^{33}	难过 nɑ^{55}ku^{33}
66 云和	讨厌 tʰɑɔ^{44}iɛ^{45}	爽快 sɔ̃^{44}kʰua^{45}	□过 gɔ^{223}ko^{45}
67 松阳	讨厌 tʰʌ^{33}iɛ̃^{24}	舒服 ɕyɛ^{24}vɤʔ^{2}	难过 nɔ̃^{33}ku^{24}

续表

方言点	0883 讨厌～这个人	0884 舒服凉风吹来很～	0885 难受生理的
68 宣平	讨厌 t^{h}ɔ^{44}iɛ^{52}	清爽 tɕ^{h}in^{44}sɔ̃^{445}	难当 nɑ̃^{43}tɔ̃^{324}
69 遂昌	讨厌 t^{h}ɐɯ^{55}iɛ̃^{334}	舒服 ɕyɛ^{33}vəɯʔ^{23}	难过 naŋ^{22}ku^{334}
70 龙泉	伤心 saŋ^{44}ɕin^{434}	爽 sɔŋ^{51}	难捱 naŋ^{45}ŋa^{21}
71 景宁	讨厌 t^{h}ɑu^{33}iɛ^{35}	好过 xəɯ^{33}ko^{35} 舒服 ɕy^{55}vuʔ^{23}	□过 ka^{33}ko^{35}
72 庆元	讨厌 t^{h}ɒ^{33}iɛ̃^{11}	舒服 ɕyᴇ^{335}fuʔ^{34}	□过 kɑ^{22}kuɤ^{11} 难过 nɑ̃^{52}kuɤ^{11}
73 泰顺	讨厌 t^{h}ɑɔ^{22}iɛ^{35}	爽 sɔ̃^{55}	难承 nã^{53}ɕiŋ^{53}
74 温州	讨厌 t^{h}ɜ^{42}i^{21}	好过 hɜ^{25}ku^{51}	[否好]过 fɜ^{323}ku^{21}
75 永嘉	讨厌 t^{h}ə^{53}i^{43}	舒服 sʮ^{45}u^{213}	难过 na^{22}ku^{45}
76 乐清	讨厌 t^{h}ɤ^{42}iᴇ^{21}	好过 hɤ^{35}ku^{41}	[否好]过 fɤ^{35}ku^{41}
77 瑞安	讨厌 t^{h}ɛ^{53}i^{42}	好过 hɛ^{35}kɯ^{42}	难过 nɔ^{22}kɯ^{35}
78 平阳	眙着难过 ts^{h}ɿ^{53}dʒɔ^{21}nɔ^{21}ku^{35}	好过 xɛ^{45}ku^{21}	难过 nɔ^{21}ku^{35}
79 文成	眙着难过 ts^{h}ɿ^{33}dʑie^{21}nɔ^{21}ku^{33}	好过 xɛ^{33}ku^{21}	难过 nɔ^{21}ku^{33}
80 苍南	讨厌 t^{h}ɛ^{53}iɛ^{42}	好过 hɛ^{53}ku^{42}	难过 na^{11}ku^{42}
81 建德徽	讨厌 t^{h}ɔ^{55}ȵie^{33} 看弗来 k^{h}ɛ^{33}fɐʔ^{5}lɛ^{33}	舒服 ɕy^{53}fɐʔ^{5}	难过 nɛ^{33}ku^{33} 弗得过 fɐʔ^{5}tɐʔ^{5}ku^{33}
82 寿昌徽	讨厌 t^{h}ɤ^{33}i^{33}	味道 uei^{33}t^{h}ɤ^{534} 舒服 ɕy^{11}fɔʔ^{31}	难搪 nuə^{11}t^{h}ɑ̃^{52}
83 淳安徽	讨厌 t^{h}ɤ^{55}iã^{24}	味道 vi^{53}t^{h}ɤ^{21}	难过 lɑ̃^{53}ku^{24}
84 遂安徽	讨厌 t^{h}ɔ^{213}iɛ̃^{43}	味道 ve^{55}tɔ^{52}	难过 lɑ̃^{33}kuəɯ^{43}
85 苍南闽	可恶 k^{h}ɔ^{24}o^{21}	好过 ho^{24}kə^{21}	否过 p^{h}ai^{24}kə^{21}
86 泰顺闽	讨厌 t^{h}ou^{21}ie^{53}	舒服 ɕy^{21}føʔ^{3} 爽 so^{344}	难过 næŋ^{21}kou^{53}
87 洞头闽	讨厌 t^{h}o^{24}ian^{21}	好过 ho^{24}kə^{21}	否过 p^{h}ai^{24}kə^{21}
88 景宁畲	讨厌 t^{h}au^{55}ien^{44}	舒服 ɕy^{44}fuʔ^{2} 好过 xɔn^{55}ku^{44}	难受 nɔn^{22}ɕiəu^{51}

方言点	0886 难过心理的	0887 高兴	0888 生气
01 杭州	难过 nɛ^{22} ku^{45}	高兴 kɔ^{33} ɕiŋ^{45}	懊恼 ɔ^{33} nɔ^{45}
02 嘉兴	殟塞 uəʔ^{5} səʔ^{5}	开心 kʰᴇ^{33} ɕiŋ^{42}	发火 fᴀʔ^{5} fu^{33}
03 嘉善	殟塞 uoʔ^{5} sɜʔ^{4}	开心 kʰɛ^{35} ɕin^{53}	光火 kuæ̃^{35} u^{53}
04 平湖	难过 nɛ^{24} ku^{0}	开心 kʰɛ^{44} sin^{53}	懊糟⁼ ɔ^{44} tsɔ^{0}
05 海盐	难过 nɛ^{24} ku^{53}	开心 kʰɛ^{55} ɕin^{53}	发脾气 faʔ^{5} bi^{24} tɕʰi^{53} 勿开心 vəʔ^{5} kʰɛ^{55} ɕin^{53}
06 海宁	难过 nɛ^{33} kəu^{55}	揞心 əu^{55} ɕiŋ^{55}	弗开心 fəʔ^{5} kʰei^{55} ɕiŋ^{55} 火冒 fu^{55} mɔ^{55}
07 桐乡	难过 nɛ^{13} kəu^{53}	开心 kʰᴇ^{44} siŋ^{44}	翻面孔 fɛ^{44} miᴇ^{21} kʰoŋ^{53} 发脾气 faʔ^{5} bi^{21} tɕʰi^{53}
08 崇德	难过 nɛ^{21} ku^{44}	开心 kʰᴇ^{44} ɕiŋ^{44}	翻面孔 fɛ^{44} miɪ^{21} kʰoŋ^{53} 发脾气 faʔ^{3} bi^{21} tɕʰi^{44}
09 湖州	难过 nɛ^{33} kəu^{35}	快活 kʰa^{33} uɛ^{35} "快"韵殊	动气 doŋ^{33} tɕʰi^{35}
10 德清	难过 nɛ^{11} kəu^{35}	快活 kʰa^{33} əu^{13} "快"韵殊	生气 sã^{33} tɕʰi^{35}
11 武康	难过 nɛ^{11} ku^{35}	快活 kʰa^{33} u^{35} "快"韵殊	肚里气 du^{13} li^{31} tɕʰi^{35}
12 安吉	难过 nᴇ^{22} ku^{213}	高兴 kɔ^{55} ɕiŋ^{55}	气 tɕʰi^{324}
13 孝丰	难过 nɛ^{22} ku^{24}	快活 kʰa^{32} uəʔ^{23} "快"韵殊 高兴 kɔ^{44} ɕiŋ^{44}	生气 sã^{44} tɕʰi^{324}
14 长兴	难过 nᴇ^{12} kəu^{33}	快活 kʰa^{21} uəʔ^{2} "快"韵殊	弗快活 fəʔ^{5} kʰua^{55} uəʔ^{2}
15 余杭	难过 nɛ^{31} ku^{35}	开心 kʰɛ^{55} siŋ^{55}	肚里气 du^{33} li^{31} tɕʰi^{35}
16 临安	难过 nɛ^{33} ku^{33}	开心 kʰɛ^{33} ɕieŋ^{33}	生气 sɑ̃^{33} tɕʰi^{33}
17 昌化	难过 nɔ̃^{11} kɯ^{544}	高兴 kɔ^{33} ɕiəŋ^{45}	生气 sã^{33} tsʰɿ^{45}
18 於潜	难过 nɛ^{22} ku^{35}	开心 kʰe^{43} ɕiŋ^{43}	气 tɕʰi^{35}
19 萧山	难过 nɛ^{13} ku^{42}	高兴 kɔ^{33} ɕiŋ^{42}	气 tɕʰi^{33}
20 富阳	难过 nɛ̃^{13} ku^{55}	高兴 kɔ^{55} ɕin^{31}	气 tɕʰi^{335}
21 新登	难过 nɛ̃^{233} ku^{45}	开心 kʰe^{53} seiŋ^{53}	气 tɕʰi^{45}
22 桐庐	难过 nã^{21} ku^{35}	开心 kʰᴇ^{33} ɕiŋ^{533}	生气 sã^{33} tɕʰi^{35}
23 分水	难过 nã^{21} ko^{24}	开心 kʰɛ^{44} ɕin^{44}	生气 sən^{44} tɕʰi^{24}
24 绍兴	难过 nɛ̃^{22} kuo^{33}	高兴 kɔ^{33} ɕiŋ^{33}	气 tɕʰi^{33}

续表

方言点	0886 难过心理的	0887 高兴	0888 生气
25 上虞	难过 nε̃^{21}ku^{35}	高兴 kɔ^{33}ɕiŋ^{33}	淘$^{=}$气 dɔ^{21}tɕʰi^{53}
26 嵊州	难过 nε̃^{22}ko^{334}	高兴 kɔ^{53}ɕiŋ^{334} 开心 kʰᴇ^{53}ɕiŋ^{334}	漫$^{=}$醒$^{=}$气 mε̃^{24}ɕiŋ^{53}tɕʰi^{334}
27 新昌	难过 nε̃^{22}kɤ^{335}	高兴 kɔ^{53}ɕiŋ^{335}	气 tɕʰi^{335}
28 诸暨	难过 nε^{21}kɤu^{33}	高兴 kɔ^{42}ɕin^{33}	气 tʃʰɿ^{42}
29 慈溪	难熬 nε̃^{11}ŋɔ^{13}	欢喜 huø̃^{35}ɕi^{0}	生气 sã^{33}tɕʰi^{44} 戳气 tɕʰyoʔ^{5}tɕʰi^{44}
30 余姚	难过 nã^{13}kou^{34}	乐煞 loʔ^{2}saʔ^{5} 开心 kʰe^{44}ɕiə̃^{44}	气 tɕʰi^{44} 加气烦恼 ko^{44}tɕʰi^{44}vã^{13}nɔ^{0}
31 宁波	难熬 nε^{13}ŋɔ^{53}	开心 kʰe^{44}ɕiŋ^{53}	加气 ko^{44}tɕʰi^{53}
32 镇海	心烦肌躁 ɕiŋ^{33}vε^{22}tɕi^{33}tsɔ^{33}	有趣 iu^{24}tsʰɥ^{0}	气 tɕʰi^{33}
33 奉化	昂$^{=}$煞来 ɔ̃^{33}saʔ^{5}le^{33}	有趣 iʏ^{33}tɕʰɥ^{44}	加气 ko^{44}tɕʰi^{53}
34 宁海	难过 ne^{21}ku^{35} 饥$^{=}$糟$^{=}$ tsɿ^{33}tsau^{34}	高兴 kau^{33}ɕiŋ^{35}	加气 ko^{33}tsʰɿ^{35}
35 象山	难熬 nε^{31}ŋɔ^{13}	开心 kʰi^{44}ɕiŋ^{44}	生气 sã^{44}tɕʰi^{0}
36 普陀	难熬 nε^{33}ŋɔ^{53} 坏过 ua^{33}kəu^{53}	高兴 kɔ^{33}ɕiŋ^{53}	生气 sã^{33}tɕʰi^{55}
37 定海	难熬 nε^{33}ŋɔ^{52}	开心 kʰε^{33}ɕiŋ^{52}	气 tɕʰi^{44}
38 岱山	难熬 nε^{33}ŋɔ^{52}	笑煞 ɕio^{44}sɐʔ^{0}	气 tɕʰi^{44}
39 嵊泗	难熬 nε^{33}ŋɔ^{53}	高兴 kɔ^{33}ɕiŋ^{53} 乌$^{=}$兴 u^{44}ɕiŋ^{0}	气 tɕʰi^{44}
40 临海	难过 ne^{22}ku^{55} [弗好]过 fɔ^{51}ku^{33}	高兴 kɔ^{33}ɕiŋ^{55}	气 tɕʰi^{55}
41 椒江	[弗好]过 fɔ^{51}ku^{33} 难过 lε^{22}ku^{55}	开心 kʰə^{35}ɕiŋ^{42}	气 tɕʰi^{55}
42 黄岩	[弗好]过 fɔ^{51}ku^{33}	高兴 kɔ^{33}ɕin^{55}	饱胀 pɔ^{42}tɕiã^{55} 气 tɕʰi^{55}
43 温岭	[弗好]过 fɔ^{51}ku^{33} 难过 nε^{13}ku^{55}	高兴 kɔ^{35}ɕin^{55}	气 tɕʰi^{55}
44 仙居	[弗好]过 fɐɯ^{53}ku^{55} 难过 na^{24}ku^{55}	高兴 kɐɯ^{55}ɕin^{55}	生气 sã^{55}tɕʰi^{55} 气 tɕʰi^{55}

续表

方言点	0886 难过心理的	0887 高兴	0888 生气
45 天台	难过 ne^{22}ku^{55}	高兴 kau^{33}ɕiŋ^{55}	气 kʰi^{55}
46 三门	烦死 vɛ^{13}sɿ^{32}	高兴 kɑu^{55}ɕiŋ^{55}	气 tɕʰi^{55}
47 玉环	难过 nɛ^{22}ku^{55}	高兴 kɔ^{33}ɕiŋ^{55}	气 tɕʰi^{55}
48 金华	难过 nɑ^{33}kuɤ^{55}	有味 iu^{55}vi^{14}老 开心 kʰɛ^{33}ɕiŋ^{334}新	份=气 fəŋ^{53}tɕʰi^{55}老 生气 sɑŋ^{33}tɕʰi^{55}新
49 汤溪	难过 nuɑ^{11}kuɤ^{52}	味 vi^{341}	弗欢喜 fə^{52}xua^{33}ɕi^{535}
50 兰溪	难蹚 nuɑ^{21}tʰɑŋ^{334}	味道 fi^{55}tɔ^{55}	气 tɕʰi^{45}
51 浦江	难过侬 nɑ̃^{11}kɯ^{33}lən^{334} 难过 nɑ̃^{11}kɯ^{55}	高兴 ko^{55}ɕiən^{334}	气 tʃʰi^{55}
52 义乌	难过侬 nɔ^{22}kuɤ^{33}noŋ^{335}	快活 kʰua^{33}ua^{312}	气 tɕʰi^{45}
53 东阳	难过 nɔ^{22}kʊ^{53}	高兴 ka^{33}hɐn^{53}	生气 sɛ^{33}tɕʰi^{53}
54 永康	难过 na^{31}kuɑ^{52}	快活 kʰuɑ^{33}uɑ^{113}	气 tɕʰi^{52}
55 武义	难过 nuo^{55}kuo^{53}	高兴 kɤ^{32}ɕin^{53}	生气 sa^{55}tɕʰi^{53}
56 磐安	难过 nɒ^{21}kuɤ^{52}	高兴 ko^{33}xɐn^{52} 快活 kʰua^{33}ua^{334}	生气 sɛ^{33}tɕʰi^{52}
57 缙云	心痛 saŋ^{44}tʰɔ̃ũ^{453}	快活 kʰuɑ^{44}uɑ^{13}	来火 lei^{51}xu^{51}
58 衢州	难过 nã^{21}ku^{53}	高兴 kɔ^{32}ɕin^{53}	气 tsʰɿ^{53}
59 衢江	难过 nã^{22}kuo^{53}	高兴 kɔ^{25}ɕiŋ^{31}	气 tsʰɿ^{53}
60 龙游	难过 nã^{22}ku^{51}	高兴 kɔ^{35}ɕin^{21}	气 tɕʰi^{51}
61 江山	难过 nɒŋ^{22}kyə^{241}	高兴 kɐɯ^{24}xĩ^{51}	生气 saŋ^{24}kʰi^{51}
62 常山	难过 nɔ̃^{24}tɕye^{52}	高兴 kɤ^{52}xĩ^{324}	气 kʰi^{324}
63 开化	难过 nɔŋ^{21}tɕyɛ^{412}	高兴 kəɯ^{44}ɕin^{53}	躁侬 tsəɯ^{53}nɤŋ^{231} 气 kʰuei^{412}
64 丽水	弗好过 fəʔ^{4}xə^{44}kuo^{52}老 难过 nã^{21}kuo^{52}新	高兴 kə^{224}ɕin^{52}	生气 sã^{224}tsʰɿ^{52}
65 青田	难过 nɑ^{55}ku^{33}	快活 kʰuæʔ^{4}uæʔ^{31}	生气 sɛ^{55}tsʰɿ^{33}
66 云和	难过 nã^{31}ko^{45}	快活 kʰɑɔ^{44}uaʔ^{23}	生气 sɛ^{24}tsʰɿ^{45}
67 松阳	难过 nɔ̃^{33}ku^{24}	高兴 kʌ^{33}ɕin^{24}	躁 tsʌ^{24}
68 宣平	难过 nɑ̃^{43}ko^{52}	高兴 kɯ^{32}ɕin^{52}	摇屁股 iɔ^{22}pʰi^{44}ku^{445}

续表

方言点	0886 难过心理的	0887 高兴	0888 生气
69 遂昌	难过 naŋ^{22}ku^{334}	高兴 kɐɯ^{55}ɕiŋ^{334}	堵气 tu^{55}tsʰɿ^{334} 生气 ɕiaŋ^{55}tsʰɿ^{334}
70 龙泉	难过 naŋ^{44}kou^{45}	巧⁼宗⁼ kʰɑʌ^{21}tsəŋ^{434} 巧⁼活 kʰɑʌ^{21}uoʔ^{24}	躁 tsɑʌ^{45}
71 景宁	难过 nɔ^{41}ko^{35}	快活 kʰɑu^{55}uɔʔ^{23}	抖起 təɯ^{33}tɕʰi^{33} 生气 sɛ^{32}tɕʰi^{35}
72 庆元	□过 kɑ^{22}kuɤ^{11} 难过 nɑ̃^{52}kuɤ^{11}	高兴 kɒ^{33}ɕiŋ^{11}	生气 sæ̃^{335}tsʰɿ^{11}
73 泰顺	难承 nã^{53}ɕiŋ^{53}	快活 kʰəu^{22}uɔʔ^{2}	发脾气 fɔʔ^{2}pi^{21}tsʰɿ^{35}
74 温州	难过 na^{22}ku^{25}	快活 kʰa^{45}o^{212}	急起 tɕiai^{323}tsʰɿ^{0}
75 永嘉	难过 na^{22}ku^{45}	快活 kʰa^{45}o^{213}	难过 na^{22}ku^{45} 生气 sɛ^{33}tsʰɿ^{45}
76 乐清	难过 nᴇ^{24}ku^{41}	快活 kʰa^{35}va^{212}	生气 sa^{35}tɕʰi^{41}
77 瑞安	难过 nɔ^{22}kɯ^{35}	快活 kʰau^{35}uɔ^{212}	躁起 tsɛ^{53}tɕʰi^{0}
78 平阳	难过 nɔ^{21}ku^{35}	高兴 kɛ^{33}saŋ^{45} 快活 kʰᴀ^{35}vɔ^{21}	急 tʃᴀ^{34} 涌起 yo^{45}tɕʰi^{21}
79 文成	难过 nɔ^{21}ku^{33}	口活 kʰau^{33}vɔ^{212}	气 tɕʰi^{33}
80 苍南	难过 na^{11}ku^{42}	快活 kʰau^{33}ua^{112}	淘气 dɛ^{11}tɕʰi^{42}
81 建德徽	难过 nɛ^{33}ku^{33}	开心 kʰɛ^{53}ɕin^{53} 高兴 kɔ^{21}ɕin^{33}	生气 sɛ^{53}tɕʰi^{33}
82 寿昌徽	难过 nuə^{11}ku^{33}	高兴 kɤ^{11}ɕien^{33}	做气鼓 tsu^{33}tɕʰi^{33}ku^{24} 气侬 tɕʰi^{33}nɔŋ^{52}
83 淳安徽	难过 lɑ̃^{53}ku^{24}	高兴 kɤ^{24}ɕin^{24}	不高兴 pɑʔ^{5}kɤ^{24}ɕin^{24}
84 遂安徽	难过 lɑ̃^{33}kuəɯ^{43}	高兴 kɔ^{52}ɕin^{43}	生气 sɑ̃^{52}tsʰɿ^{43}
85 苍南闽	否过 pʰai^{24}kə^{21}	畅 tʰĩũ^{21}	罩⁼气 tau^{21}kʰi^{21}
86 泰顺闽	难过 næŋ^{21}kou^{53}	快活 kʰai^{21}uɛʔ^{3}	生气 sæŋ^{21}kʰi^{53}
87 洞头闽	否过 pʰai^{24}kə^{21}	欢喜 hũã^{212}hi^{53}	气 kʰi^{21}
88 景宁畲	难过 nɔn^{22}ku^{44}	高兴 kau^{44}xin^{44}	生气 saŋ^{44}kʰi^{44}

方言点	0889 责怪	0890 后悔	0891 忌妒
01 杭州	埋怨 mɔ^{22}yo^{45}	懊悔 ɔ^{45}xuei^{53}	妒忌 tu^{55}tɕi^{0}
02 嘉兴	埋怨 mᴀ^{21}yə^{33}	懊恼 ɔ^{24}nɔ^{21}	妒念 tou^{21}ȵie^{13}
03 嘉善	怪 kua^{334}	懊恅 ɔ^{55}lɔ^{0}	妒忌 tu^{55}dʑi^{0}
04 平湖	怪 kua^{334}	懊 ɔ^{334}	眼红 ŋɛ^{21}oŋ^{31} 妒忌 tu^{44}dʑi^{0}
05 海盐	埋怨 ma^{24}yɤ^{53}	懊悔 ɔ^{55}xue^{21}	眼红 ɛ^{53}oŋ^{31}
06 海宁	埋怨 ma^{33}ie^{55}	懊恅 ɔ^{55}lɔ^{53}老 懊悔 ɔ^{55}hue^{53}新	大热 dəu^{33}ȵieʔ^{2}
07 桐乡	埋怨 ma^{21}iᴇ^{44}	懊志$^{=}$ ɔ^{33}tsɿ^{334}	眼红 ɛ^{242}oŋ^{44}
08 崇德	埋怨 mɑ^{21}iɪ^{44}	懊志$^{=}$ ɔ^{33}tsɿ^{334}	眼红 ɛ^{55}oŋ^{0}
09 湖州	埋怨 ma^{33}ie^{35}	懊畅 ɔ^{33}tsʰã^{35}	妒忌 təu^{53}dʑi^{13}
10 德清	怪 kua^{334}	懊悔 ɔ^{33}xuɛ^{35}	妒忌 təu^{35}tɕi^{0}
11 武康	怪 kua^{224}	懊悔 ɔ^{33}xuɛ^{35}	眼热 ŋɛ^{35}ȵieʔ^{2}
12 安吉	怪 kua^{324}	懊悔 ɔ^{32}hue^{213}	眼痒 ŋᴇ^{52}iã^{21}
13 孝丰	怪 kua^{324}	懊悔 ɔ^{32}hue^{213}	眼痒 ŋe^{45}iã^{21}
14 长兴	怪 kua^{324}	懊恅 ɔ^{32}loʔ^{2}	妒忌 təu^{45}tʃʅ^{21}
15 余杭	怪 kua^{423}	活$^{=}$悔 uoʔ^{2}xuɛ^{35}	气勿过 tɕʰi^{53}vəʔ^{2}ku^{35}
16 临安	埋怨 ma^{31}yœ^{33}	懊悔 ɔ^{55}huᴇ^{55}	眼红 ŋɛ^{33}oŋ^{33}
17 昌化	怪 kua^{544}	后悔 ei^{23}xuɛ^{544}	眼红 ŋɔ̃^{23}əŋ^{112}
18 於潜	讲 tɕiaŋ^{51}	悔死 xue^{35}sɿ^{53}	眼热 ŋɛ^{53}ȵiæʔ^{31}
19 萧山	怪 kua^{42}	悔 xue^{33}	眼热 ŋɛ^{13}ȵieʔ^{21}
20 富阳	埋怨 ma^{13}yɛ̃^{55}	懊悔 ɔ^{335}huɛ^{53}	眼热 ŋã^{224}ȵiɛʔ^{2}
21 新登	埋怨 ma^{233}yɛ̃^{334} 怪 kua^{45}	懊悔 ɔ^{45}hue^{21}	眼热 ɛ^{334}ȵiəʔ^{2}
22 桐庐	怪 kuᴀ^{35}	后悔 ei^{13}xuᴇ^{55}	忌妒 tɕi^{35}tu^{21}
23 分水	骂 ma^{13}	后悔 xe^{24}xue^{24}	眼红 iɛ̃^{44}xoŋ^{21}
24 绍兴	怪 kua^{33}	懊悔 ɔ^{33}huᴇ^{33}	眼热 ŋɛ̃^{22}ȵieʔ^{3}
25 上虞	埋怨 mɔ^{21}yø̃^{35}	懊悔 ɔ^{33}fe^{31} 后悔 ɤ^{21}fe^{31}	妒忌 tu^{55}tɕi^{33}

续表

方言点	0889 责怪	0890 后悔	0891 忌妒
26 嵊州	怪 kua^{334} 埋怨 ma^{22} yœ̃^{334}	懊悔 ɔ^{33} huᴇ^{53}	妒忌 tu^{33} tɕi^{334}
27 新昌	怪 kua^{335}	悔 fe^{453}	眼红 ŋɛ̃^{13} oŋ^{33}
28 诸暨	怪 kuᴀ^{544}	懊悔 ɔ^{42} fe^{21}	眼热 ŋɛ^{13} nieʔ^{5}
29 慈溪	怪 kua^{44}	后悔 əu^{11} hue^{44}	出气弗过 tsʰəʔ^{5} tɕʰi^{0} faʔ^{5} kəu^{0}
30 余姚	怨 yø̃^{53}	悔煞 hue^{34} saʔ^{5}	眼痒 ȵiẽ^{13} iaŋ^{13}
31 宁波	埋怨 mɔ^{13} y^{44}	懊悔 ɔ^{44} huɐi^{44}	眼痒 ŋɛ^{13} ia^{44}
32 镇海	怪 kua^{53}	懊悔 ɔ^{33} huei^{33}	气弗过 tɕʰi^{33} faʔ^{5} kəu^{33} 眼孔浅 ŋɛ^{22} kʰoŋ^{33} tɕʰi^{33}
33 奉化	埋怨 mʌ^{33} y^{53}	懊煞来 ʌ^{53} saʔ^{2} le^{0}	气弗过 tɕʰi^{53} faʔ^{2} kəu^{0}
34 宁海	怨 yø^{35} 埋怨 me^{21} yø^{35}	后悔 eu^{33} huei^{53} 懊悔 au^{33} huei^{53}	心弗切= ɕiŋ^{33} faʔ^{3} tɕʰiəʔ^{5}
35 象山	埋怨 ma^{31} y^{13}	悔 huei^{44}	眼弗去 ŋɛ^{13} faʔ^{5} tɕʰiɛ^{53}
36 普陀	怪 kua^{55}	后悔 eu^{23} xuæi^{0}	妒忌 tu^{55} tɕi^{0}
37 定海	怪 kua^{44}	悔 xuɐi^{45}	气弗过 tɕʰi^{33} fɐʔ^{2} kʌu^{0}
38 岱山	怪 kua^{44}	悔 xuɐi^{325}	气勿过 tɕʰi^{44} vɐʔ^{2} kʌu^{0}
39 嵊泗	怪 kua^{53}	悔 xuɐi^{445}	气勿过 tɕʰi^{44} vɐʔ^{2} kʌu^{0}
40 临海	讲 kɔ̃^{52}	悔 hue^{55}	眼红 ȵiɛ^{42} oŋ^{21} 眼热 ŋe^{21} ȵiəʔ^{23}
41 椒江	怪 kua^{55}	悔 huə^{55}	眼红 ȵiɛ^{42} oŋ^{31}
42 黄岩	怪 kua^{55}	悔 huø^{55}	掐妒 kʰəʔ^{3} tu^{55}
43 温岭	怪 kua^{55}	悔 hue^{55}	眼红 ȵiɛ^{42} ŋ^{31}
44 仙居	怪 kua^{55}	悔 huæ^{55}	忌妒 tɕi^{55} du^{55} 程度重 眼热 ŋa^{24} ȵiaʔ^{0} 程度轻
45 天台	怪 kua^{55}	悔 huei^{55}	眼红 ŋe^{21} ŋ^{224} 眼热 ŋe^{21} ȵiəʔ^{2}
46 三门	怪 kua^{55}	悔死 hue^{55} sɿ^{32} 后悔 ɤu^{21} hue^{55}	眼红 ŋɛ^{325} oŋ^{113}
47 玉环	怨 yø^{55}	后悔 iɤ^{53} hue^{55}	眼红 ȵiɛ^{53} oŋ^{31}

续表

方言点	0889 责怪	0890 后悔	0891 忌妒
48 金华	怪 kuɑ^{55}	悔 xui^{55}	妒忌 tu^{55}dʑi^{14} 程度重 眼热 ɑ^{55}ȵie^{14} 程度轻
49 汤溪	怪 kuɑ^{52}	悔 xuɛ^{52}	眼睛红 uɑ^{11}tsɛ̃i^{24}ɑo^{11}
50 兰溪	怨 yɤ^{45} 怪 kuɑ^{45}	悔 xue^{45}	眼惹红 uɑ^{55}nia^{21}oŋ^{24}
51 浦江	责怪 tsɑ^{33}kuɑ^{334}	后悔 ɤ^{24}xua^{0}	妒忌 tu^{33}dʒi^{24}
52 义乌	怪责 kua^{33}tsɛ^{324}	悔 hue^{45}	眼孔热 ɔ^{31}kʰoŋ^{33}ȵie^{312}
53 东阳	怪 kua^{24}	后悔 əɯ^{23}hue^{53}	眼孔热 ŋa^{23}kʰɔm^{33}ȵiɛ^{33}
54 永康	责罚 tsai^{33}vuɑ^{113}	悔 xui^{52}	妒忌 ɗu^{33}dʑi^{241} 眼热 ŋa^{31}ȵie^{113} 程度轻
55 武义	做$^{=}$…着 tsuo^{53}…dʑiɑu^{0}	悔 xui^{53}	心火热 ɕin^{55}xuo^{53}ȵie^{13}
56 磐安	责怪 tsa^{52}kua^{52}	后悔 ɐɯ^{52}xue^{52}	嫉侬 dzɛ^{21}nɔom^{52} 眼孔热 ŋa^{33}kʰɔom^{33}ȵiɛ^{213}
57 缙云	埋怨 mɑ^{44}yɛ^{44}	悔 xuei^{51}	眼热 ŋɑ^{21}ȵiɛ^{13}
58 衢州	怪 kuɛ^{53}	悔 xue^{53}	妒忌 tu^{53}tsɿ^{53}
59 衢江	怪 kua^{53}	悔 xuei^{53}	眼热 ŋã^{22}ȵiəʔ^{2}
60 龙游	怪 kuɑ^{51}	悔 xuei^{51}	眼红 ŋã^{224}oŋ^{231} 妒才 tu^{35}dzɛ^{21}
61 江山	怪 kua^{51}	悔 xuᴇ^{51}	目热 moʔ^{2}ȵiᴇʔ^{2}
62 常山	怪 kuɛ^{324}	悔 xue^{324}	目热 mɤʔ^{3}ȵiʌʔ^{34}
63 开化	怪 kua^{412}	后悔 ɯ^{44}xuei^{412}	妒忌 tu^{44}dʑi^{213}
64 丽水	埋怨 mɔ^{22}yɛ^{224}	后悔 əɯ^{44}xuei^{52}	眼火热 ŋã^{44}xuo^{44}ȵiɛʔ^{23}
65 青田	怪 kuɑ^{33}	悔 xuæi^{33}	眼孔浅 ŋɑ^{33}kʰoŋ^{33}tɕʰiɛ^{454}
66 云和	埋怨 mɔ^{223}yɛ^{24}	后悔 əɯ^{44}xuei^{45}	眼火热 ŋã^{223}xo^{44}ȵiɛʔ^{23}
67 松阳	怪 kua^{24}	悔 fei^{24}	心火热 ɕin^{24}fu^{33}ȵiɛʔ^{2} 妒忌 tuə^{24}dzɿ^{212}
68 宣平	怪 kua^{52}	悔 xuei^{52}	心火热 sən^{44}xo^{44}ȵiəʔ^{23} 眼火热 ŋɑ̃^{22}xo^{44}ȵiəʔ^{23}
69 遂昌	怪 kua^{334} 责怪 tsɛʔ^{5}kua^{334}	悔 xuei^{334}	心火热 ɕiŋ^{33}xu^{53}ȵiɛʔ^{23} 老 妒忌 tuə^{55}dzɿ^{213} 新

续表

方言点	0889 责怪	0890 后悔	0891 忌妒
70 龙泉	怨 yo^{45}	悔 xuəi^{45}	眼红 ŋaŋ^{51}ŋ^{21}
71 景宁	怨 yœ^{35}	后悔 əɯ^{33}xuai^{35}	妒心 ty^{33}səŋ^{324} 眼火热 ŋɔ^{33}xo^{55}ȵiɛʔ^{23}
72 庆元	怪 kuɑ^{11}	后悔 u^{22}xuæi^{11} 悔 xuæi^{11}	咥醋 ɗiɑʔ^{5}ts^{h}ɤ^{11}
73 泰顺	怪 kua^{35}	悔 fæi^{35}	妒忌 tø^{22}tsɿ^{22}
74 温州	怪 ka^{51}	打悔心 tiɛ^{33}fai^{42}saŋ^{33}	妒忌 tø^{42}dzɿ^{22}
75 永嘉	怪 ka^{53}	后悔 au^{31}fai^{53}	眼黄 ŋa^{22}ɔ^{21}
76 乐清	怨 yᴇ^{41}	打悔心 ta^{33}fai^{42}saŋ^{44}	妒忌 ty^{42}dʑi^{22}
77 瑞安	怨 y^{53}	悔 fai^{53}	□灰 na^{31}fai^{44}
78 平阳	怪 kᴀ^{53}	后悔 au^{53}fai^{13}	妒忌 tʉ^{53}tɕi^{42}
79 文成	怪 kɔ^{33}	打悔心 ta^{33}fai^{33}seŋ^{33}	眼红 ŋɔ^{33}oŋ^{33}
80 苍南	怨 yɛ^{42}	后悔 au^{42}huai^{53}	妒忌 tu^{42}dʑi^{11}
81 建德徽	怪 kuɑ^{33}	悔 hue^{33}	眼热 ŋɛ^{21}i^{33}旧 眼睛红 ŋɛ^{55}tɕin^{53}oŋ^{33}今
82 寿昌徽	怪 kuɑ^{33}	悔 xuæ^{33}	眼睛鼻孔气 ŋuə^{33}tɕien^{11} p^{h}iəʔ^{3}k^{h}ɔŋ^{24}tɕ^{h}i^{33}
83 淳安徽	怪 kuɑ^{24}	悔 hue^{24}	眼睛红 ɑ̃^{21}tɕin^{55}on^{435}
84 遂安徽	怪 kua^{43}	悔 fəɯ^{43}	眼睛红 ɑ̃^{33}tɕin^{33}n^{33}
85 苍南闽	怪 kuai^{21}	想担$^{=}$ ɕiɯŋ^{21}tã^{21}	目周$^{=}$红 bɐ^{21}tɕiu^{55}an^{24}
86 泰顺闽	怨 uɔi^{53}	□□ ts^{h}ai^{21}ŋo^{53}	心肝烂 sieŋ^{22}kæŋ^{22}læŋ^{31}
87 洞头闽	怪 kuai^{21}	后悔 au^{212}hui^{53}	目周$^{=}$红 bɐk^{21}tɕiu^{55}aŋ^{21}
88 景宁畲	怨心 yon^{44}ɕin^{44}	后悔 xiɔu^{51}xuei^{325}	（无）

方言点	0892 害羞	0893 丢脸	0894 欺负
01 杭州	怕难为情 pʰa^{55}nɛ^{22}uei^{22}dʑiŋ^{45}	渧卤儿 ti^{33}lu^{55}əl^{0}	欺负 tɕʰi^{33}vu^{45}
02 嘉兴	丑丝丝 tsʰei^{13}sɿ^{42}sɿ^{21}	无面孔 m^{33}mie^{24}kʰoŋ^{21}	惹人 zᴀ^{13}ȵiŋ^{242}
03 嘉善	怕难为情 pʰo^{35}nɛ^{13}uɛ^{13}dʑin^{0}	傻面孔 ɕiɔ^{35}miɪ^{13}kʰoŋ^{0}	欺负 tɕʰi^{35}bu^{53}
04 平湖	怕丑 pʰo^{44}tsʰəɯ^{213} 难为情 nɛ^{21}ue^{44}zin^{0}	坍宠= tʰɛ^{53}tsʰoŋ^{334} 牵头皮 tɕʰiɛ^{44}dəɯ^{44}bi^{0}	欺负 tɕʰi^{53}u^{0}
05 海盐	怕丑 pʰo^{55}tsʰe^{423} 难为情 nɛ^{24}ue^{55}dʑin^{21}	坍宠= tʰɛ^{53}tsʰoŋ^{334}	欺负 tɕʰi^{53}u^{21}
06 海宁	怕难为情 pʰo^{55}nei^{33}ue^{13}dʑiŋ^{0}	坍台 tʰei^{55}dɛ^{13} 坍招势 tʰei^{53}tsɔ^{55}sɿ^{55}	欺负 tɕʰi^{55}vu^{55}
07 桐乡	怕丑 pʰo^{33}tsʰɤɯ^{53}	坍台 tʰɛ^{44}dᴇ^{13}	欺负 tɕʰi^{44}u^{44}
08 崇德	怕拉=人 pʰo^{33}lɑ^{44}ȵiŋ^{0}	坍台 tʰɛ^{44}dᴇ^{13}	欺负 tɕʰi^{44}vu^{44}
09 湖州	怕丑 pʰuo^{31}tɕʰiʉ^{53}	坍台 tʰɛ^{53}dɛ^{13}	惹 dza^{231}
10 德清	怕丑 pʰuo^{334}tɕʰiʉ^{52}	坍台 tʰɛ^{53}dɛ^{13}	欺负 tɕʰi^{44}vu^{44}
11 武康	怕丑 pʰo^{35}tɕʰiø^{53}	傻面孔 ɕiɔ^{53}miɪ^{33}kʰoŋ^{35}	欺负 tɕʰi^{44}u^{44}
12 安吉	怕羞 pʰʊ^{324}ɕiu^{22}	失面子 səʔ^{5}mi^{21}tsɿ^{213}	欺负 tɕʰi^{55}vu^{55}
13 孝丰	怕羞 pʰʊ^{324}ɕiu^{22}	无不面子 m^{22}pəʔ^{5}miɪ^{32}tsɿ^{213}	弄松= loŋ^{44}soŋ^{44}
14 长兴	怕丑 pʰu^{324}tsʰei^{52}	丢面孔 tei^{44}mi^{21}kʰoŋ^{24}	揩=蛇= kʰa^{44}zu^{12}
15 余杭	怕脸显= pʰuo^{55}liẽ^{53}ɕiẽ^{51}	倒台 tɔ^{53}dɛ^{13}	欺侮 tɕʰi^{55}vu^{33}
16 临安	怕难为情 pʰo^{53}nɛ^{33}uᴇ^{33}dʑieŋ^{33}	倒霉 tɔ^{55}mᴇ^{33}	欺负 tɕʰi^{33}vu^{33}
17 昌化	怕倒霉 pʰu^{54}tɔ^{45}mɛ^{112} 怕丑 pʰu^{54}tɕʰi^{453}	无面子 m^{11}mĩ^{23}tsɿ^{453}	欺负 tsʰɿ^{33}vu^{243} 弄怂 ləŋ^{23}səŋ^{453}
18 於潜	难为情 nɛ^{22}ue^{24}dʑiŋ^{223}	倒霉 tɔ^{53}me^{31}	弄怂 noŋ^{24}soŋ^{53}
19 萧山	难为情 nɛ^{33}ue^{33}dʑiŋ^{355}	[弗要]脸 fiɔ^{42}lie^{13}	欺负 tɕʰi^{33}vu^{33}
20 富阳	难为情 nã^{13}uɛ^{55}dʑin^{13}	倒霉 tɔ^{423}mɛ^{335}	弄怂 noŋ^{335}soŋ^{53}
21 新登	难为情 nɛ̃^{233}ue^{334}dʑiŋ^{233}	倒霉 tɔ^{45}me^{233}	弄怂 noŋ^{334}soŋ^{45}
22 桐庐	难为情 nã^{21}uᴇ^{55}dʑiŋ^{13}	倒霉 tɔ^{33}mᴇ^{13}	欺负 tɕʰi^{33}vu^{13}
23 分水	难为情 nã^{21}ue^{24}dʑin^{21}	丢脸 də^{21}liɛ̃^{44}	欺负 tɕʰi^{44}u^{0}

续表

方言点	0892 害羞	0893 丢脸	0894 欺负
24 绍兴	怕难为情 pʰo^{33} nɛ̃^{22} uᴇ^{24} dʑiŋ^{31}	剥糟 poʔ^{3} tsɔ^{53}	作弄 tso^{33} loŋ^{33}
25 上虞	难为情 nɛ̃^{21} ue^{21} dʑiŋ^{31}	坍台 tʰɛ̃^{33} de^{213}	调排 diɔ^{21} ba^{213}
26 嵊州	难为情 nɛ̃^{22} uᴇ^{24} dʑiŋ^{31}	坍台 tʰɛ̃^{53} dᴇ^{231}	调排 diɔ^{22} ba^{231} 装 tsɔŋ^{534}
27 新昌	难为情 nɛ̃^{13} ue^{33} dʑiŋ^{22}	倒牌子 tɔ^{53} ba^{22} tsɿ^{335}	欺负 tɕʰi^{53} u^{232}
28 诸暨	难为情 nɛ^{21} ve^{42} dʑin^{13}	跌面子 tieʔ^{5} mie^{33} tsɿ^{33}	欺待 tʃʰi^{21} de^{242}
29 慈溪	怕乌=素= pʰo^{44} u^{44} sʮ^{44}	倒霉 tɔ^{33} me^{13}	欺待 tɕʰi^{35} de^{0}
30 余姚	利=使= li^{13} sɿ^{44} 难为情 nã^{13} ue^{13} dʑiə̃^{13}	失面子 səʔ^{5} miẽ^{13} tsɿ^{44}	调排 diɔ^{13} ba^{13} 弄怂 nuŋ^{13} suŋ^{44}
31 宁波	难为情 nɛ^{13} uɐi^{22} dʑiŋ^{13}	失面子 soʔ^{5} mi^{22} tsɿ^{44}	弄怂 noŋ^{13} soŋ^{44}
32 镇海	难为情 nɛ^{22} uei^{22} dʑiŋ^{31}	坍台 tʰɛ^{33} de^{24}	弄怂 noŋ^{22} soŋ^{53}
33 奉化	惶恐 uɔ̃^{33} kʰoŋ^{53}	坍台 tʰe^{44} de^{33}	弄怂 noŋ^{33} soŋ^{0}
34 宁海	倒霉 tau^{53} mei^{213} 难相 ne^{21} ɕiã^{35}	坍台 tʰe^{33} dei^{213} 失面孔 ɕyəʔ^{3} mie^{22} kʰoŋ^{53}	装=扮 tsɔ̃^{33} pe^{35}
35 象山	惶恐 uɔ̃^{31} kʰoŋ^{35}	失面子 soʔ^{5} mi^{31} tsɿ^{44}	欺待 tɕʰi^{44} dei^{13}
36 普陀	难为情 nɛ^{33} uæi^{55} dʑiŋ^{0} 怕惶恐 pʰo^{33} uɔ̃^{45} kʰoŋ^{0}	坍台 tʰɛ^{33} dæi^{45} 触霉头 tsʰoʔ^{3} mæi^{33} deu^{53}	强= dʑiã^{24}
37 定海	难为情 nɛ^{33} uɐi^{44} dʑiŋ^{0}	失面子 soʔ^{3} mi^{11} tsɿ^{44}	茄= dʑia^{23}
38 岱山	挖=拉= uɐʔ^{5} la^{0}	坍台 tʰe^{33} de^{45}	茄= dʑia^{23}
39 嵊泗	挖=拉= uɐʔ^{5} la^{0}	坍台 tʰe^{33} de^{243}	茄= dʑia^{243}
40 临海	倒霉相 tɔ^{33} me^{315} ɕia^{55}	倒霉 tɔ^{33} me^{21}	装= tsɔ̃^{31}
41 椒江	下人相 o^{42} ȵiŋ^{22} ɕiã^{55}	倒牌子 tɔ^{42} ba^{22} tsɿ^{42}	装= tsɔ̃^{42}
42 黄岩	下人相 o^{42} ȵin^{22} ɕiã^{55}	倒牌子 tɔ^{42} ba^{22} tsɿ^{42}	装= tsɔ̃^{32}
43 温岭	屋=人相 uoʔ^{3} ȵin^{13} ɕiã^{55}	倒牌子 tɔ^{42} ba^{13} tsɿ^{42}	装= tsɔ̃^{33}
44 仙居	怕倒霉 pʰo^{55} ɗɐɯ^{31} mæ^{213}	倒霉 ɗɐɯ^{31} mæ^{213}	装= tsɑ̃^{334}
45 天台	倒霉相 tau^{32} mei^{224} ɕia^{55} 怕倒霉 pʰo^{55} tau^{32} mei^{224}	倒霉落角 tau^{32} mei^{22} lɔʔ^{2} kɔʔ^{5}	装=苦= tsɔ^{33} kʰu^{325}
46 三门	倒霉 tɑu^{32} me^{113}	没面子 mɐʔ^{23} mie^{23} tsɿ^{325}	装=其= tsɔ^{33} dʑi^{31}

续表

方言点	0892 害羞	0893 丢脸	0894 欺负
47 玉环	倒霉 tɔ^{55} me^{31}	脸失 lie^{53} ɕiɐʔ^{3}	欺负 tɕʰi^{33} vu^{31}
48 金华	惊倒霉 kuaŋ^{33} tao^{55} mɛ^{313}	倒霉 tao^{55} mɛ^{313} 老 失面子 ɕiəʔ^{4} mie^{53} tsɿ^{55} 新	对=搭= tɛ^{33} tua^{55}
49 汤溪	惊恶=形= kua^{33} ɔ^{55} iɛ̃i^{0} 惊倒霉 kua^{33} tɔ^{52} mɛ^{11}	倒霉 tɔ^{52} mɛ^{11}	欺 tɕʰi^{24}
50 兰溪	惊倒霉 kuæ̃^{334} tɔ^{45} me^{0}	失牌 ɕiəʔ^{34} ba^{21}	弄怂 noŋ^{334} soŋ^{45}
51 浦江	惊倒霉 kuɛ̃^{33} to^{33} ma^{243}	七=霉头 tsʰə^{33} ma^{33} dɤ^{243}	欺负 tʃʰi^{33} u^{243}
52 义乌	惊倒霉 kuɛ^{33} to^{45} mɛ^{31}	丢面切=孔 tɐɯ^{33} mie^{45} tsʰia^{33} kʰoŋ^{423}	欺算=儿 tɕʰi^{33} sɿn^{45}
53 东阳	倒霉 tɐɯ^{44} me^{33}	失面子 sɐʔ^{34} mi^{44} tsɿ^{33}	欺对= tɕʰi^{33} te^{35}
54 永康	倒厌= dau^{31} ie^{52}	□面切=皮 nəi^{52} mie^{31} tɕʰia^{33} ɓi^{55}	欺 tɕʰi^{55}
55 武义	惊老惊子 kua^{55} lɤ^{55} kua^{55} tsɿ^{53}	倒霉 lɤ^{53} ma^{324}	吃 tɕʰiəʔ^{5}
56 磐安	倒霉 to^{33} me^{213}	失面子 sɛ^{33} mie^{55} tsɿ^{334}	压 ia^{334}
57 缙云	惊难望 kua^{44} na^{44} mɔ^{453}	活=泪= ua^{51} li^{213}	欺 tɕʰi^{44}
58 衢州	赧好相 nã^{21} xɔ^{35} ɕiã^{53}	失面子 ʃyəʔ^{3} miẽ^{231} tsɿ^{35}	欺负 tsʰɿ^{32} fu^{53}
59 衢江	惊倒霉 kuɛ^{33} tɔ^{33} mei^{212}	面得=无 mie^{231} təʔ^{0} mɤ^{212}	欺负 tsʰɿ^{33} vɤ^{212}
60 龙游	弗好意思 fəʔ^{4} xɔ^{22} i^{33} sɿ^{51}	离=世 li^{22} sɿ^{51}	欺 tɕʰi^{334}
61 江山	惊赧好 kuaŋ^{44} nɒŋ^{22} xɐɯ^{241}	[弗会]见侬 fa^{44} iɛ̃^{44} naŋ^{213} 耻世 tɕʰiɵ^{44} ɕi^{51} 无面 mu^{44} miɛ̃^{31}	欺负 kʰi^{44} fə^{44} 钳= giɛ̃^{213}
62 常山	赧好= nã^{22} xʌ^{52}	丢面 tiu^{44} miɛ̃^{131}	欺负 kʰi^{43} uə^{52}
63 开化	赧好= nəŋ^{21} xəɯ^{53}	跌古= tiɛʔ^{4} kuo^{53} 无面子 muo^{44} miɛ̃^{21} tsɿ^{44} 失面子 ɕyaʔ^{5} miɛ̃^{21} tsɿ^{44}	欺 kʰuei^{44}
64 丽水	难为情 nã^{21} uei^{131} ʑin^{22}	倒霉 tə^{44} mei^{22}	欺负 tsʰɿ^{44} vu^{22}
65 青田	难为情 na^{21} vu^{55} iŋ^{53}	失面 saʔ^{4} miɛ^{22}	欺负 tsʰɿ^{33} vu^{454}
66 云和	难为情 nã^{223} uei^{44} ʑiŋ^{312}	倒霉 təɯ^{44} mei^{312}	欺负 tsʰɿ^{24} vu^{223}

续表

方言点	0892 害羞	0893 丢脸	0894 欺负
67 松阳	难为情 nɔ̃^{33} uei^{13} ʑin^{31}	无面 muə^{24} miɛ̃^{13}	欺负 tɕʰy^{24} vuə^{22}
68 宣平	惊倒霉 kuɛ^{44} təɯ^{44} mei^{433}	倒霉 təɯ^{44} mei^{433}	欺负 tsʰɿ^{44} vu^{223}
69 遂昌	惊倒霉 kuaŋ^{55} tɐɯ^{33} mei^{221}	无面子 muə^{22} miɛ̃^{13} tsɤ^{533}	欺负 tɕʰy^{55} vuə^{13}
70 龙泉	难为情 naŋ^{44} uəi^{45} ʑin^{21}	无面皮 mɤɯ^{45} miᴇ^{21} bi^{21}	欺负 tsʰɿ^{44} vɤɯ^{224}
71 景宁	吓倒霉 xaʔ^{3} tɑu^{33} mai^{41}	倒霉 tɑu^{33} mai^{41}	欺负 tɕʰi^{32} fu^{35}
72 庆元	难为情 nɑ̃^{52} y^{52} ɕiŋ^{52}	无面子 mɤ^{11} miɛ̃^{31} tsɿ^{33}	欺负 tsʰɿ^{33} fɤ^{221}
73 泰顺	难为情 nã^{53} y^{21} ɕiŋ^{53}	无面子 m^{35} miɛ^{21} tsɿ^{55}	欺负 tsʰɿ^{213} uø^{22}
74 温州	得侬憎 tei^{34} naŋ^{22} tsəŋ^{33}	詈世 lei^{31} sei^{21}	欺 tsʰɿ^{33}
75 永嘉	得侬憎 te^{43} naŋ^{31} tɕieŋ^{44}	倒霉 tə^{43} mai^{31}	欺负 tsʰɿ^{53} u^{13}
76 乐清	得侬憎 ti^{34} naŋ^{22} tɕieŋ^{44}	倒霉 tɤ^{3} mai^{31}	欺负 tɕʰi^{42} vu^{24}
77 瑞安	得侬憎 te^{35} naŋ^{22} tsəŋ^{44}	倒霉 tɛ^{53} me^{21}	欺负 tɕʰi^{53} y^{35}
78 平阳	头皮胀 dɛu^{13} bi^{21} tɕie^{35}	冇面子 nau^{13} mie^{42} tsɿ^{13}	欺负 tɕʰi^{33} vu^{13}
79 文成	弗好意思 fu^{33} xɛ^{21} i^{33} sɿ^{21}	丢脸 tiou^{33} lie^{13}	欺负 tɕʰi^{33} vu^{33}
80 苍南	□□ tsɿ^{42} ɕi^{42}	倒霉 tɛ^{53} mai^{31}	欺负 tɕʰi^{42} u^{24}
81 建德徽	怕倒霉 pʰo^{33} tɔ^{55} me^{33}	倒霉 tɔ^{55} me^{33} 弗有面子 fɐʔ^{5} iɤɯ^{21} mie^{55} tsɿ^{213}	欺负 tɕʰi^{53} fu^{213}
82 寿昌徽	惊倒霉 kuæ̃^{11} tɤ^{33} miæ^{52}	倒霉 tɤ^{33} miæ^{52}	欺负 tɕʰi^{11} fu^{33}
83 淳安徽	怕倒霉 pʰo^{24} tɤ^{55} mie^{435}	倒霉 tɤ^{55} mie^{435}	对$^{=}$搭$^{=}$ tie^{21} tɑʔ^{5} 欺负 tɕʰi^{24} fu^{21}
84 遂安徽	怕铁$^{=}$ pʰɑ^{55} tiɛ^{24}	跌股 tiɛ^{33} ku^{213}	欺负 tsʰɿ^{55} fu^{43}
85 苍南闽	否壮$^{=}$ pʰai^{24} tsɑŋ^{21}	无面子 bɔ^{21} bin^{21} tsɯ^{43}	□ kʰio^{21}
86 泰顺闽	惊□神 kiæŋ^{21} mai^{344} sieŋ^{22}	无面皮 mou^{21} mie^{34} pɔi^{22}	欺负 kʰi^{22} fv^{31}
87 洞头闽	见笑 kian^{53} ɕieu^{21}	无面子 bɔ^{21} bin^{21} tsɿ^{53}	欺负 kʰi^{35} hu^{21}
88 景宁畲	吓人 xaʔ^{5} ȵin^{22}	□面皮 mau^{44} mien^{44} pʰi^{22}	欺负 kʰi^{44} fu^{51}

方言点	0895 装～病	0896 疼～小孩儿	0897 要我～这个
01 杭州	装 tsuaŋ^{334}	宠 tsʰoŋ^{53}	要 iɔ^{13}
02 嘉兴	装 tsÃ^{42}	值钿 zəʔ^{1} die^{33}	要 iɔ^{224}
03 嘉善	假生病 ka^{55} sæ̃^{35} bin^{53}	值钿 zɜʔ^{2} die^{31}	要 iɔ^{334}
04 平湖	假 ka^{44}	宠 tsʰoŋ^{213}	要 iɔ^{334}
05 海盐	假扮点⁼ ka^{53} pɛ^{55} tiɛ^{21}	肉摸⁼ ȵyɔʔ^{23} mɔʔ^{5}	要 iɔ^{334}
06 海宁	假扮 ka^{55} pei^{55}	肉麻 ȵieʔ^{2} mo^{31}	要 iɔ^{35}
07 桐乡	装 tsɒ̃^{44}	热⁼摸⁼ ȵiəʔ^{23} mɔʔ^{5}	要 iɔ^{334}
08 崇德	装 tsã^{44}	热⁼麻⁼ ȵiəʔ^{23} mo^{44}	要 iɔ^{334}
09 湖州	装 tsã^{44}	值钿 dzəʔ^{2} die^{35}	要 iɔ^{35}
10 德清	装 tsã^{44}	值钿 zəʔ^{2} die^{31}	要 iɔ^{334}
11 武康	装 tsã^{44}	值钿 dzɜʔ^{2} diɪ^{31}	要 iɔ^{224}
12 安吉	装 tsɔ̃^{55}	肉痛 ȵʏəʔ^{2} tʰoŋ^{213}	要 iɔ^{324}
13 孝丰	装 tsɔ̃^{44}	肉痛 ȵioʔ^{2} tʰoŋ^{24}	要 iɔ^{324}
14 长兴	装 tsɔ̃^{44}	值钿 dzəʔ^{2} di^{24}	要 iɔ^{324}
15 余杭	装 tsɑ̃^{44}	宠 tsʰoŋ^{53}	要 iɔ^{213}
16 临安	装 tsɑ̃^{55}	肉痛 ȵyɔʔ^{2} tʰoŋ^{35}	要 iɔ^{55}
17 昌化	装 tsuɔ̃^{334}	肉疼 ȵyɛʔ^{2} tʰəŋ^{453}	要 iɔ^{544}
18 於潜	装 tsuaŋ^{433}	心痛 ɕiŋ^{43} tʰoŋ^{35}	要 iɔ^{35}
19 萧山	装 tsɔ̃^{533}	值钿 dzəʔ^{21} die^{33}	要 iɔ^{42}
20 富阳	装 tsɑ̃^{53}	肉痛 ȵyoʔ^{2} tʰoŋ^{335}	要 iɔ^{335}
21 新登	装 tɕyɑ̃^{53}	肉痛 ȵyəʔ^{2} tʰoŋ^{45}	要 iɔ^{45}
22 桐庐	装 tɕyã^{533}	痛 tʰoŋ^{35}	要 iɔ^{35}
23 分水	装 tsuã^{44}	心疼 ɕin^{44} tʰoŋ^{24}	要 iɔ^{24}
24 绍兴	装死 tsɑŋ^{33} ɕi^{334}	值钿 dzəʔ^{2} diẽ^{231}	要 iɔ^{33}

续表

方言点	0895 装~病	0896 疼~小孩儿	0897 要我~这个
25 上虞	装 tsɔ̃35	宠 tsʰoŋ35	要 iɔ53
26 嵊州	假个 ko33 ka53	宠 tsʰoŋ53	要 iɔ334
27 新昌	装 tsɔ̃534	值钿 dʑiʔ2 diɛ̃232	要 iɔ335
28 诸暨	装 tsɑ̃544	苦痛 kʰu42 tʰom21	要 iɔ544
29 慈溪	装 tsɔ̃35	肉痛 n̠yoʔ2 tʰuŋ44	要 iɔ44
30 余姚	装 tsɔŋ44	肉痛 n̠yoʔ2 tʰuŋ0	要 iɔ53
31 宁波	装 tsɔ44	值钿 dʑiəʔ2 di13	要 io44
32 镇海	装 tsɔ̃53	值钿 dʑieʔ2 di24	要 io53
33 奉化	装 tsɔ̃44	值钿 dʑiɪʔ2 di31	要 iɔ53
34 宁海	装 tsɔ̃423	值钿 dʑiəʔ3 die213	要 ieu35
35 象山	扮假 pɛ53 ko0	值钿 dʑieʔ2 di31	要 io31
36 普陀	装 tsɔ̃53	值钿 dʑiɛʔ2 di45	要 iɔ55
37 定海	装 tsõ52	值钿 dʑieʔ2 di44	要 io44
38 岱山	装 tsõ52	值钿 dʑieʔ2 di45	要 io44
39 嵊泗	装 tsõ53	值钿 dʑiᴇʔ2 di243	要 io53
40 临海	假夜=姨= ko42 ia33 i353	值钿 dʑieʔ2 di21	要 iɔ55
41 椒江	假装 ko42 tsɔ̃35小	值钿 dʑieʔ2 die41	要 iɔ55
42 黄岩	假专意 ko42 tsø33 i35小	值钿 dʑieʔ2 die41	要 iɔ55
43 温岭	假装 ko42 tsɔ̃15小	谨致 tɕin42 tsɿ55	要 iɔ55
44 仙居	假装 ko31 tsɑ̃53	值钿 dʑiəʔ23 die213	要 iɐɯ55
45 天台	假装 ko32 tsɔ33	值钿 dʑiəʔ2 die224	要 ieu55
46 三门	装 tsɔ334	值钿 dʑieʔ3 die113	要 iɑu55
47 玉环	装 tsɔ̃42	心痛 ɕiŋ33 tʰoŋ55	要 iɔ55

续表

方言点	0895 装~病	0896 疼~小孩儿	0897 要我~这个
48 金华	诈 tsuɑ^{55}	值钿 dʑiəʔ^{21} die^{313}	要 iɑo^{55}
49 汤溪	诈 tsuɑ^{52}	值钿 dʑiɛ^{11} tie^{52}	要 iɔ^{52}
50 兰溪	诈 tsuɑ^{45}	值钿 dʑiəʔ^{12} die^{24}	要 iɔ^{45}
51 浦江	装假 tɕyõ^{33} tɕiɑ^{53}	苦痛 kʰu^{55} tʰən^{55}	要 i^{55}
52 义乌	装 tsŋ^{w45}	苦痛 kʰu^{45} tʰoŋ^{44} 值钿 dzai^{24} die^{312}	要 ie^{45}
53 东阳	假汁$^{=}$阴$^{=}$ ko^{44} tsɐʔ^{34} iɐn^{33}	值钿 zei^{23} di^{33}	乐 ŋɐɯ^{24}
54 永康	假 kuɑ^{334}	值钿 tsəi^{33} ɗie^{55}	乐 ŋɑu^{241}
55 武义	装 tɕyɑŋ^{24}	值钿 dzəʔ^{5} die^{324}	乐 ŋɑu^{231}
56 磐安	装 tsuan^{445}	值钿 dzɛi^{14} tie^{52}	乐 ŋo^{14}
57 缙云	假装 ku^{51} tsɔ^{44}	值钿 dzei^{51} diɛ^{243}	乐 ŋɔ^{213}
58 衢州	扮 pã^{53}	容 yoŋ^{21}	要 iɔ^{53}
59 衢江	装 tɕyɑ̃^{33}	欢喜 xuɛ^{33} sɿ^{25}	乐 ŋɔ^{231}
60 龙游	诈 tsɑ^{51}	容 ioŋ^{21}	乐 ŋɔ^{231}
61 江山	做假 tso^{44} kɒ^{241}	欢喜 xyɛ̃^{44} xi^{241}	□ lɐɯ^{51}
62 常山	扮假 pã^{43} kɑ^{52}	宠 tsʰoŋ^{52}	罗$^{=}$ lɔ^{24}
63 开化	做假 tsuo^{44} kɑ^{53}	心痛 ɕin^{44} tʰɤŋ^{53}	助$^{=}$ zɑ^{213}
64 丽水	装 tsɔŋ^{224}	值钿 dʑiʔ^{2} diɛ^{22}	乐 ŋə^{131}
65 青田	故故特恁 ku^{33} ku^{33} dɛ^{21} neŋ^{55}	容 io^{21}	爱 ɛ^{33}
66 云和	装 tsɔ̃^{24}	值钿 dʑi^{223} diɛ^{312}	乐 ŋɑɔ^{223}
67 松阳	假做儿 kuə^{24} tsu^{33} n^{24}	值钿 dʑiʔ^{2} diɛ̃^{31} 容 ioŋ^{31}	乐 ŋɔ^{13}
68 宣平	装 tsɔ̃^{324}	值钿 dʑiəʔ^{2} diɛ^{433}	乐 ŋɔ^{231}
69 遂昌	装 tsɔŋ^{45}	轴$^{=}$钿 dʑiuʔ^{23} diɛ̃^{221}	乐 ŋɐɯ^{213}

续表

方言点	0895 装~病	0896 疼~小孩儿	0897 要我~这个
70 龙泉	做假 dzo^{21} ko^{51}	值钱 dzɿʔ^{3} diɛ^{21}	乐 ŋɑʌ^{224}
71 景宁	装 tsɔŋ^{324}	惜 ɕiaʔ^{5}	乐 ŋɑu^{113}
72 庆元	装 tsɔ̃^{335}	惜 ɕiɑʔ^{5}	乐 ŋɒ^{31}
73 泰顺	假 kɔ^{55}	值钿 tsɿʔ^{2} tiɛ^{53}	乐 ŋɑɔ^{22}
74 温州	假 ko^{25}	值钿 dzei^{22} di^{223}	爱 i^{51}
75 永嘉	假装 ko^{43} tɕyɔ^{44}	宠 tɕ^{h}ioŋ^{45}	爱 i^{53}
76 乐清	假 ko^{35}	值钿 dʑi^{22} diɛ^{223}	爱 i^{41}
77 瑞安	特特能 de^{2} de^{2} naŋ^{21}	宠 ts^{h}oŋ^{35}	爱 e^{53}
78 平阳	装 tʃo^{55}	对…好 tai^{33}…xɛ^{45}	要 ye^{53}
79 文成	装 tʃo^{55}	痛 t^{h}oŋ^{33}	乐 ŋo^{424}
80 苍南	假 ko^{53}	值钿 dʑi^{11} diɛ^{24}	爱 e^{42} 要 yɔ^{42}
81 建德徽	诈 tso^{53}	值钿 tsɐʔ^{12} tie^{33}	要 iɔ^{33}
82 寿昌徽	装 tɕyə^{112}	心痛 ɕien^{11} t^{h}ɔŋ^{33}	要 iɤ^{33}
83 淳安徽	装 tson^{24}	心痛 ɕin^{24} t^{h}on^{21}	要 iɤ^{24}
84 遂安徽	装 tsoŋ^{534}	心疼 ɕin^{55} t^{h}əŋ^{33}	要 iɔ^{43}
85 苍南闽	装 tsɯŋ^{55}	□ t^{h}ĩ ã^{21}	慕 bɔ^{43}
86 泰顺闽	假 ka^{344}	值钱 t^{h}iɪʔ^{3} tɕie^{22}	爱 ɔi^{53}
87 洞头闽	装 tsɯŋ^{33}	□ t^{h}ĩ ã^{21}	末$^{=}$ bə^{241}
88 景宁畲	装 tsɔŋ^{44}	值钱 tiʔ^{2} ts^{h}aŋ^{51}	要 oi^{44}

方言点	0898 有我～一个孩子	0899 没有他～孩子	0900 是我～老师
01 杭州	有 y^{53}	没有 maʔ^{2} y^{53}	是 zɿ^{13}
02 嘉兴	有 iu^{544}	无没 m^{33} məʔ^{5} 无不 m^{33} pəʔ^{5}	是 zɿ^{113}
03 嘉善	赅 kɛ^{53}	无不 m^{55} pɜʔ^{0}	是 zɿ^{113}
04 平湖	有 iəɯ^{213}	无没 m^{44} məʔ^{0}	是 zɿ^{213}
05 海盐	有 io^{423}	无没 m^{24} məʔ^{21}	是 zɿ^{423}
06 海宁	赅 kəɯ^{55}	无没 m^{33} məʔ^{2}	是 zɿ^{231}
07 桐乡	有 iɤɯ^{242}	无没 m^{44} məʔ^{0}	是 zɿ^{242}
08 崇德	有 iɤɯ^{53}	无不 m^{21} pəʔ^{53}	是 zɿ^{242}
09 湖州	有 iʉ^{523}	无不 m^{33} pə^{35}	是 zɿ^{231}
10 德清	有 iʉ^{52}	无不 m^{11} pəʔ^{5}	是 zɿ^{143}
11 武康	有 iø^{53}	无不 m^{11} pɜʔ^{5}	是 zɿ^{242}
12 安吉	有 iu^{52}	无不 m^{22} pəʔ^{5}	是 zɿ^{243}
13 孝丰	有 iu^{52}	无不 m^{22} pəʔ^{5}	是 zɿ^{243}
14 长兴	有 i^{52}	无不 m^{12} pəʔ^{5}	是 zɿ^{243}
15 余杭	有 iʏ^{53}	无不 m^{33} pəʔ^{5}	是 zɿ^{213}
16 临安	有 iə^{33}	无没 m^{33} mɐʔ^{2}	是 zɿ^{33}
17 昌化	有 i^{243}	无没 m^{11} məʔ^{23}	是 zɿ^{243}
18 於潜	有 iəu^{51}	没有 mɑʔ^{2} iəu^{53}	是 zɿ^{24}
19 萧山	有 io^{13}	无有 n^{35} io^{21}	是 zɿ^{242}
20 富阳	有 iʊ^{224}	□ mɛ^{53} 无不 ŋ^{55} pɛʔ^{5}	是 zɿ^{224}
21 新登	有 y^{334}	□ mi^{53}	是 zɿ^{13}
22 桐庐	有 iəu^{33}	无有 m^{21} iəu^{35}	是 zɿ^{24}
23 分水	有 iɵ^{53}	没有 məʔ^{12} iɵ^{53}	是 zɿ^{13}

续表

方言点	0898 有我～一个孩子	0899 没有他～孩子	0900 是我～老师
24 绍兴	有 iɤ^{223}	无有 n^{33} ȵiɤ^{33}	是 zeʔ^{2} 促化
25 上虞	有 iɤ^{213}	[无有] ȵiɤ^{35}	是 zəʔ^{2} 促化
26 嵊州	有 iʏ^{24}	无[无有]n^{22} ȵiʏ^{231}	是 zᴇ^{22}
27 新昌	有 iɯ^{232}	[无有] miɯ^{232}	是 zɿ^{232}
28 诸暨	有 iʉ^{242}	无没 m^{21} maʔ^{13}	是 zəʔ^{13} 促化
29 慈溪	有 iø^{13}	无得 m^{11} taʔ^{5}	是 zɿ^{13}
30 余姚	有 iø^{13}	无没 m^{13} miəʔ^{2}	是 zɿ^{13}
31 宁波	有 iʏ^{13}	[无没] miəʔ^{2}	是 zɿ^{13}
32 镇海	有 iu^{24}	没 maʔ^{2}	是 zɿ^{24}
33 奉化	有 iʏ^{324}	冇 mʌ^{33}	是 zɿ^{33}
34 宁海	有 iu^{31}	无伯$^{=}$ m^{21} paʔ^{5}	勒$^{=}$ laʔ^{3} 音殊
35 象山	有 iu^{31}	无白$^{=}$ m^{31} beʔ^{2}	是 dzɿ^{31}
36 普陀	有 ieu^{23}	无没 m^{55} mɐʔ^{0}	是 zɿ^{23}
37 定海	有 iʏ^{23}	无没 n^{44} nɐʔ^{0}	是 zɿ^{23}
38 岱山	有 iʏ^{244}	无没 n^{44} nɐʔ^{0}	是 zɿ^{23}
39 嵊泗	有 iʏ^{445}	无没 m^{53} mɐʔ^{0}	是 zɿ^{334}
40 临海	有 iu^{52}	无有 m^{33} iu^{55}	是 zɿ^{21}
41 椒江	有 iu^{42}	无 m^{41}	是 zəʔ^{2} 促化
42 黄岩	有 iu^{42}	无 m^{41}	是 zɿ^{121}
43 温岭	有 iu^{42}	无 m^{41}	是 zɿ^{31}
44 仙居	有 iəɯ^{324}	无 m^{213}	是 zəʔ^{23} 促化
45 天台	有 iu^{214}	冇 meu^{334}	是 zɿ^{214}
46 三门	有 iu^{325}	没 mɐʔ^{23}	是 zɿ^{213}

续表

方言点	0898 有我～一个孩子	0899 没有他～孩子	0900 是我～老师
47 玉环	有 iu^{53}	无 m^{24}	是 zɐʔ^{2} 促化
48 金华	有 iu^{535}	无没 m^{31} məʔ^{212}	是 sɿ^{535}
49 汤溪	有 iəɯ^{113}	无 m^{11} 无没 m^{11} mɑ^{0}	是 dzɿ^{113}
50 兰溪	有 iəɯ^{55}	没 məʔ^{12}	是 sɿ^{55}
51 浦江	有 iɤ^{243}	无没 m^{11} mə^{24} 无有 m^{11} iɤ^{24}	是 ʑi^{243}
52 义乌	有 iɐɯ^{312}	无[无得] m^{22} mai^{24}	是 dzi^{312}
53 东阳	有 iəɯ^{231}	无北$^{=}$ n^{22} pei^{35}	是 dzi^{24}
54 永康	有 iəu^{113}	□ nəi^{52}	是 dʑi^{113}
55 武义	有 iəu^{13}	□ nie^{53}	是 dʑi^{13}
56 磐安	有 iɐɯ^{334}	无□ m^{21} bɛi^{14}	是 tɕi^{334}
57 缙云	有 iuŋ^{51}	未□ mei^{44} nei^{31}	是 dzɿ^{31}
58 衢州	有 iu^{231}	无 m^{13}	是 zɿ^{231}
59 衢江	有 y^{212}	无 mɤ^{25}	是 dzɿ^{212}/dʑiəʔ^{2} 促化
60 龙游	有 iəɯ^{224}	无 mə^{21} 没 məʔ^{23}	是 dzəʔ^{23} 促化
61 江山	有 iɯ^{22}	无 mu^{213}	是 dʑi^{22}/lɛʔ^{5} 音殊
62 常山	有 iu^{24}	无 m^{52}	是 dʑi^{24}
63 开化	有 iʊ^{213}	无 muo^{53}	是 dʑiɛʔ^{13} 促化
64 丽水	有 iəɯ^{544}	没 mei^{52} 没有 mei^{44} iəɯ^{544}	是 dzɿ^{22}
65 青田	有 ieu^{454}	无有 m^{21} ieu^{454}	是 dzɿ^{343}
66 云和	有 iəɯ^{41}	无 m^{45}	是 dzɿ^{231}
67 松阳	有 uɤʔ^{2} 促化	无 muə^{31}	是 ʑiʔ^{2} 促化

续表

方言点	0898 有我～一个孩子	0899 没有他～孩子	0900 是我～老师
68 宣平	有 iɯ^{223}	没 mei^{52}	是 dzʅ^{223}
69 遂昌	有 uɔʔ^{23}促化	无 muə^{221}	是 ʑiʔ^{23}促化
70 龙泉	有 iəu^{51}	无 mɤɯ^{45}	是 sʅ^{51}
71 景宁	有 iəɯ^{33}	无 m^{35}	是 dzʅ^{33}
72 庆元	有 uɤ^{221}	无 mɤ^{11}	是 sʅ^{221}
73 泰顺	有 iəu^{55}	无 m^{35}	是 tsʅ^{21}
74 温州	有 iau^{14}	冇 nau^{25}	是 zʅ^{14}
75 永嘉	有 iau^{13}	冇 nau^{45}	是 zʅ^{13}
76 乐清	有 iau^{24}	冇 mau^{323}调殊	是 zʅ^{24}
77 瑞安	有 iau^{13}	冇 nau^{35}	是 zʅ^{13}
78 平阳	有 iau^{45}	冇 nau^{23}	是 zʅ^{23}
79 文成	有 iau^{224}	冇 nau^{45}	是 zʅ^{224}
80 苍南	有 iau^{53}	冇 mau^{24}	是 zʅ^{24}
81 建德徽	有 iɤɯ^{213}	弗有 fɐʔ^{5} iɤɯ^{213}	是 tsʅ^{213}
82 寿昌徽	有 iəɯ^{534}	无没 m^{55} mɑ^{0}	是 tsʅ^{534}
83 淳安徽	有 iɯ^{55}	没有 məʔ^{3} iɯ^{55}	是 ts^{h}a^{55}
84 遂安徽	有 iu^{43}	没 mɑ^{33}	是 sʅ^{43}
85 苍南闽	有 u^{32}	无 bɔ^{24}	是 ɕi^{32}
86 泰顺闽	有 u^{31}	冇 mou^{53}	是 ɕi^{31}
87 洞头闽	有 u^{21}	无 bɔ^{113}	是 ɕi^{21}
88 景宁畲	有 xo^{43}	没有 min^{325} xo^{43}	是 ɕi^{43}

中国语言资源保护工程

教育部语言文字信息管理司
浙　江　省　教　育　厅　指导

中国语言资源保护研究中心　统筹

中国语言资源集 浙江

词汇卷四

王洪钟　黄晓东
叶　晗　孙宜志　主编

ZHEJIANG UNIVERSITY PRESS
浙江大学出版社
·杭州·

方言点	0901 不是他～老师	0902 在他～家	0903 不在他～家
01 杭州	不是 paʔ^{3} zɿ^{45}	辣$^{=}$动$^{=}$ laʔ^{2} doŋ^{53} 来$^{=}$动$^{=}$ lɛ^{22} doŋ^{53}	不辣$^{=}$动$^{=}$ paʔ^{3} laʔ^{2} doŋ^{53}
02 嘉兴	勿是 vəʔ^{5} zɿ^{21}	勒$^{=}$ ləʔ^{5}	勿勒$^{=}$花$^{=}$ vəʔ^{5} ləʔ^{5} ho^{21}
03 嘉善	弗是 fɜʔ^{5} zɿ^{0}	有辣$^{=}$ iə^{22} laʔ^{3}	无不辣$^{=}$ m^{22} pɜʔ^{5} laʔ^{3}
04 平湖	勿是 vəʔ^{23} zɿ^{334}	辣$^{=}$ laʔ^{23}	勿辣$^{=}$ vəʔ^{23} laʔ^{5}
05 海盐	勿是 vəʔ^{5} zɿ^{334}	落$^{=}$霍$^{=}$ lɔʔ^{23} xɔʔ^{5} 后可不加处所 勒$^{=}$ ləʔ^{23} 后应加处所	勿落$^{=}$霍$^{=}$ vəʔ^{5} lɔʔ^{5} xɔʔ^{21}
06 海宁	弗是 fəʔ^{5} zɿ^{0}	有起霍$^{=}$ iəu^{35} tɕ^{h}i^{55} hoʔ^{5}	无不拉$^{=}$霍$^{=}$ m^{33} pəʔ^{5} la^{33} hoʔ^{5}
07 桐乡	弗是 fəʔ^{3} zɿ^{242}	有牢$^{=}$ iɤɯ^{242} lɔ^{0} 有勒$^{=}$ iɤɯ^{242} ləʔ^{0}	弗有牢$^{=}$ fəʔ^{5} iɤɯ^{0} lɔ^{0} 弗有勒$^{=}$ fəʔ^{5} iɤɯ^{0} ləʔ^{0}
08 崇德	弗是 fəʔ^{3} zɿ^{242}	有花$^{=}$ iɤɯ^{55} ho^{0} 有牢$^{=}$ iɤɯ^{55} lɔ^{0}	无不花$^{=}$ m^{21} pəʔ^{5} ho^{0} 无不牢$^{=}$ m^{21} pəʔ^{5} lɔ^{0}
09 湖州	弗是 fəʔ^{5} zɿ^{31}	辣$^{=}$ laʔ^{2}	无不霍$^{=}$ m^{22} pəʔ^{3} xuo^{35}
10 德清	弗是 fəʔ^{2} zɿ^{53}	有起 iʉ^{35} tɕ^{h}i^{0}	无不霍$^{=}$ m^{11} pəʔ^{5} xuoʔ^{5}
11 武康	勿是 vɜʔ^{2} zɿ^{31}	辣$^{=}$霍$^{=}$ lɜʔ^{2} xɔ^{53}	勿辣$^{=}$霍$^{=}$ vɜʔ^{2} lɜʔ^{2} xɔ^{53}
12 安吉	弗是 fəʔ^{3} zɿ^{243}	来$^{=}$铜$^{=}$ lᴇ^{52} doŋ^{21}	无不来$^{=}$铜$^{=}$ m^{22} pəʔ^{5} lᴇ^{52} doŋ^{21}
13 孝丰	弗是 fəʔ^{3} zɿ^{243}	落$^{=}$霍$^{=}$ luoʔ^{5} huoʔ^{2}	弗落$^{=}$霍$^{=}$ fəʔ^{5} luoʔ^{5} huoʔ^{2}
14 长兴	弗是 fəʔ^{3} zɿ^{24}	勒$^{=}$ ləʔ^{5}	弗勒$^{=}$ fəʔ^{3} ləʔ^{5}
15 余杭	弗是 fəʔ^{5} zɿ^{31}	来$^{=}$ lɛ^{22}	弗来$^{=}$ fəʔ^{5} lɛ^{31}
16 临安	弗是 fɐʔ^{5} zɿ^{33}	来$^{=}$东$^{=}$ lᴇ^{33} toŋ^{35}	弗来$^{=}$东$^{=}$ fɐʔ^{5} lᴇ^{33} toŋ^{33}
17 昌化	不是 pəʔ^{5} zɿ^{243}	来$^{=}$是$^{=}$ lɛ^{11} zɿ^{243} 来$^{=}$ lɛ^{112}	无没来$^{=}$是$^{=}$ m^{11} məʔ^{23} lɛ^{11} zɿ^{243}
18 於潜	不是 pəʔ^{2} zɿ^{24}	来 le^{223}	不来$^{=}$ pəʔ^{53} le^{31}
19 萧山	弗是 fəʔ^{5} zɿ^{33}	来$^{=}$□ le^{13} ta^{33}	弗来$^{=}$奋 fəʔ^{5} le^{35} ta^{21}
20 富阳	弗是 fɛʔ^{5} zɿ^{224}	来$^{=}$ lɛ^{13}	弗来$^{=}$ fɛʔ^{5} lɛ^{31}
21 新登	弗是 faʔ^{5} sɿ^{45}	勒哈$^{=}$ laʔ^{2} ha^{45}	弗勒哈$^{=}$ faʔ^{5} laʔ^{2} ha^{45}
22 桐庐	勿是 vəʔ^{21} zɿ^{13}	类$^{=}$ lᴇ^{24}	勿类$^{=}$ vəʔ^{21} lᴇ^{13}
23 分水	不是 pəʔ^{5} zɿ^{13}	在 dzɛ^{13}	不在 pəʔ^{5} dzɛ^{13}
24 绍兴	勿是 veʔ^{2} zᴇ^{22}	来$^{=}$亨$^{=}$ lᴇ^{22} haŋ^{33}	勿来$^{=}$亨$^{=}$ veʔ^{2} lᴇ^{24} haŋ^{31}

续表

方言点	0901 不是他～老师	0902 在他～家	0903 不在他～家
25 上虞	勿是 vəʔ^{2} zəʔ^{2} "是"促化	来$^{=}$亨$^{=}$ le^{21} hã^{35}	勿来$^{=}$亨$^{=}$ vəʔ^{2} le^{21} hã^{0}
26 嵊州	弗是 fəʔ^{3} zᴇ^{231}	来$^{=}$亨$^{=}$ lᴇ^{22} haŋ^{334}	弗来$^{=}$亨$^{=}$ fəʔ^{5} lᴇ^{22} haŋ^{334}
27 新昌	弗是 feʔ^{5} zɿ^{232}	来$^{=}$ le^{22}	无得来$^{=}$ ŋ^{22} teʔ^{5} le^{33}
28 诸暨	弗是 fəʔ^{5} zəʔ^{21} "是"促化	来$^{=}$客$^{=}$ le^{13} kʰaʔ^{21}	弗来$^{=}$客$^{=}$ fəʔ^{5} le^{13} kʰaʔ^{21}
29 慈溪	弗是 faʔ^{5} zɿ^{0}	来$^{=}$唧 le^{11} lɔ̃^{44}	无得唧 m^{11} taʔ^{5} lɔ̃^{44}
30 余姚	勿是 vəʔ^{2} dzɿ^{0}	来$^{=}$ le^{13}	无没来$^{=}$ m^{13} miəʔ^{2} le^{0}
31 宁波	勿是 vaʔ^{2} zɿ^{13}	来$^{=}$ le^{13}	没来$^{=}$ miəʔ^{2} le^{0}
32 镇海	弗是 faʔ^{5} zɿ^{24}	立的$^{=}$ lieʔ^{2} tieʔ^{5} 屋里～ 立 lieʔ^{2} ～屋里	没立的$^{=}$ maʔ^{2} lieʔ^{2} tieʔ^{5} 屋里～ 没立 maʔ^{2} lieʔ^{2} ～屋里
33 奉化	弗是 faʔ^{2} zɿ^{24}	来$^{=}$该 le^{33} ke^{53}	莫来$^{=}$该 maʔ^{2} le^{33} ke^{53}
34 宁海	弗是 faʔ^{3} zɿ^{31}	来$^{=}$ lei^{31} 勒$^{=}$ laʔ^{3}	无伯$^{=}$来$^{=}$ m^{21} paʔ^{5} lei^{0} 无伯$^{=}$勒$^{=}$ m^{21} paʔ^{5} laʔ^{3}
35 象山	勿是 vaʔ^{2} dzɿ^{13}	兰$^{=}$ lɛ^{31}	无白$^{=}$兰$^{=}$ m^{31} beʔ^{2} lɛ^{31}
36 普陀	弗是 fɐʔ^{3} zɿ^{45}	来$^{=}$ lɛ^{24}	弗来$^{=}$ fɐʔ^{3} lɛ^{45} 无没来$^{=}$ m^{55} mɐʔ^{0} lɛ^{0}
37 定海	弗是 fɐʔ^{3} zɿ^{45}	来$^{=}$ lɛ^{23}	无呐$^{=}$来$^{=}$跌$^{=}$ n^{44} nɐʔ^{2} lɛ^{0} tieʔ^{0}
38 岱山	勿是 vɐʔ^{3} zɿ^{45}	来$^{=}$ le^{23}	无呐$^{=}$来$^{=}$滴$^{=}$ n^{33} nɐʔ^{3} le^{0} ti^{0}
39 嵊泗	勿是 vɐʔ^{2} zɿ^{45}	来$^{=}$的$^{=}$ le^{24} ti^{0}	无呐$^{=}$来$^{=}$的$^{=}$ n^{33} nɐʔ^{3} le^{0} tiᴇʔ^{0}
40 临海	勿是 vəʔ^{23} zɿ^{21}	在 ze^{21}	覅在 vəŋ^{22} zei^{21}
41 椒江	勿是 vəʔ^{2} zɿ^{24}	在 zə^{31}	无在 m^{41} zə^{31}
42 黄岩	勿是 vəʔ^{2} zɿ^{121}	在 ze^{121}	无在 m^{41} ze^{121}
43 温岭	勿是 vəʔ^{2} zɿ^{41}	来$^{=}$ le^{31}	无来$^{=}$ m^{24} le^{31}
44 仙居	勿是 vəʔ^{23} zɿ^{213}	劳$^{=}$ lɐɯ^{213}	无劳$^{=}$ m^{353} lɐɯ^{213}
45 天台	勿是 vəʔ^{2} zɿ^{214}	在 zei^{214}	覅在 vəŋ^{224} zei^{31} 有在 meu^{334} zei^{31}
46 三门	弗是 fəʔ^{3} zɿ^{213}	来$^{=}$ le^{325}	矮$^{=}$覅来$^{=}$ a^{32} vəŋ^{23} le^{325}
47 玉环	弗是 fɐʔ^{3} zɿ^{41}	在 ze^{31} 来$^{=}$ le^{31}	弗在 fɐʔ^{5} ze^{41} 弗来$^{=}$ fɐʔ^{5} le^{41}

续表

方言点	0901 不是他～老师	0902 在他～家	0903 不在他～家
48 金华	弗是 fəʔ^{3} sɿ^{535}	来= lɛ^{313}	弗来= fəʔ^{4} lɛ^{313}
49 汤溪	弗是 fə^{52} dzɿ^{113}	抓= tɕyɑ^{24} 药= iɔ^{113}	弗在 fə^{52} zɛ^{341} / fə^{52} dzɛ^{341}
50 兰溪	弗是 fəʔ^{34} sɿ^{55}	遮= tsuɑ^{334} 来= le^{21}	弗遮= fəʔ^{34} tsuɑ^{334} 弗来= fəʔ^{34} le^{21}
51 浦江	弗是 fə^{33} ʑi^{243}	是呐= ʑi^{11} nɤ^{243}	无没是呐= m^{11} mə^{24} ʑi^{11} nɤ^{243}
52 义乌	勿是 bəʔ^{2} dzi^{42}	落= lɔ^{213} 来= 落= le^{22} lɔ^{24}	勿落= bəʔ^{2} lɔ^{312} 勿来= 落 bəʔ^{2} le^{22} lɔ^{31}
53 东阳	弗是 fɐ^{44} dzi^{33}	是农= dzi^{23} nɔm^{33}	弗是哝 fɐ^{33} dzi^{33} nɔm^{33}
54 永康	弗是 fə^{33} dʑi^{113}	徛 gəi^{113} 来= ləi^{22}	弗徛 fə^{33} gəi^{113} 弗来= fə^{33} ləi^{55}
55 武义	弗是 fəʔ^{5} dʑi^{13}	落= lɑu^{13}	弗落= fəʔ^{5} lɑu^{13}
56 磐安	弗是 fə^{55} tɕi^{334}	牢= 农= lo^{22} nɔom^{334} 幽农= iɐɯ^{33} nɔom^{52}	弗牢= 农= fə^{55} lʌo^{22} nɔom^{334} 弗幽农= fə^{55} iɐɯ^{33} nɔom^{52}
57 缙云	弗是 fɛ^{51} dzɿ^{31}	来= lei^{243}	弗来= fɛ^{44} lei^{51}
58 衢州	勿是 vəʔ^{2} zɿ^{231}	在 dzɛ^{231}	覅在 vən^{21} dzɛ^{231}
59 衢江	[弗会] fa^{25} 弗是 fəʔ^{5} dʑiəʔ^{2}"是"促化	去= kʰɤ^{53}	[弗会]去= fa^{25} kʰɤ^{53}
60 龙游	没是 məʔ^{4} dzəʔ^{23}"是"促化 弗是 fəʔ^{4} dzəʔ^{23}"是"促化	是 dzəʔ^{23} 促化	没是 məʔ^{4} dzəʔ^{23}"是"促化
61 江山	覅是 vɒŋ^{22} dʑi^{22}	徛 gᴇ^{22}	覅徛 vɒŋ^{22} gᴇ^{22}
62 常山	[弗曾]是 fã^{52} dʑi^{24}	徛 gɛ^{24}	[弗曾]徛 fã^{52} gɛ^{24}
63 开化	覅是 vɔŋ^{21} dʑiɛʔ^{13}"是"促化	徛 gɛ^{213}	弗徛 fəʔ^{5} gɛ^{213}
64 丽水	弗是 fəʔ^{5} dzɿ^{22}	牢= lə^{22} 徛 gɛ^{22}	弗牢= fəʔ^{5} lə^{22} 弗徛 fəʔ^{5} gɛ^{22}
65 青田	弗是 faʔ^{4} dzɿ^{343}	□ lœ^{445}	弗□ faʔ^{4} lœ^{445}
66 云和	弗是 fuʔ^{4} dzɿ^{231}	牢= lɑɔ^{312}	弗牢= fuʔ^{4} lɑɔ^{312}
67 松阳	弗是 fɤʔ^{5} ʑiʔ^{2}"是"促化	踞 kei^{53}	弗踞 fɤʔ^{3} kei^{53}

续表

方言点	0901 不是他～老师	0902 在他～家	0903 不在他～家
68 宣平	弗是 fəʔ^{5} dzɿ^{223}	徛 gei^{223}	弗徛 fəʔ^{5} gei^{223}
69 遂昌	弗是 fəɯʔ^{5} ʑiʔ^{23}“是”促化	躲 tiu^{45} 徛 gei^{13}	弗躲 fəɯʔ^{5} tiu^{45} 弗徛 fəɯʔ^{5} gei^{13}
70 龙泉	弗是 fɤɯʔ^{3} sɿ^{51}	是 sɿ^{51}	弗是 fɤɯʔ^{5} sɿ^{51}
71 景宁	[弗会]是 fai^{55} dzɿ^{33}	牢$^{=}$ lɑu^{41}	弗牢$^{=}$ fuʔ^{3} lɑu^{41}
72 庆元	[否会]是 fæi^{55} sɿ^{221}	坐 so^{221}	[否会]坐 fæi^{55} so^{221}
73 泰顺	否是 fu^{55} tsɿ^{21}	舟$^{=}$ tɕiəu^{213}	否舟$^{=}$ fu^{55} tɕiəu^{213}
74 温州	否是 fu^{25} zɿ^{0}	是 zɿ^{14}	否是 fu^{25} zɿ^{0}
75 永嘉	否是 fu^{45} zɿ^{13}	是 zɿ^{13}	否是 fu^{45} zɿ^{13} 冇是 nau^{45} zɿ^{13}
76 乐清	否是 fu^{3} zɿ^{24}	是 zɿ^{24}	否是 fu^{3} zɿ^{24}
77 瑞安	否是 fɯ^{35} zɿ^{13}	是 zɿ^{13}	冇是 nau^{35} zɿ^{13} 冇 nau^{35}
78 平阳	否是 fu^{45} zɿ^{23}	生$^{=}$ sᴀ^{55} 宿 ʃuo^{35}	冇生$^{=}$ nau^{35} sᴀ^{55} 冇宿 nau^{35} ʃuo^{21}
79 文成	否是 fu^{45} zɿ^{13}	生$^{=}$ sa^{55} 是 zɿ^{113}	冇生$^{=}$ nau^{45} sa^{55} 冇是 nau^{45} zɿ^{113}
80 苍南	否是 fu^{3} zɿ^{24}	是 zɿ^{24}	冇是 nau^{24} zɿ^{0}
81 建德徽	弗是 fɐʔ^{5} tsɿ^{213}	对$^{=}$ te^{213}	弗对$^{=}$ fɐʔ^{5} te^{213}
82 寿昌徽	勿是 uəʔ^{3} tsɿ^{55}	在 tɕʰiæ^{534}	勿在 uəʔ^{3} tɕʰiæ^{534}
83 淳安徽	不是 pəʔ^{5} tsʰa^{55}	是 tsʰa^{55}	不是 pəʔ^{5} tsʰa^{55}
84 遂安徽	不是 pəɯ^{24} sɿ^{43}	靠 kʰɑ^{52}	不靠 pəɯ^{33} kʰɑ^{52}
85 苍南闽	唔是 m^{21} ɕi^{32}	伫 tɯ^{21}	无伫 bɔ^{21} tɯ^{21} 无居$^{=}$ bɔ^{21} ku^{55}
86 泰顺闽	唔是 n^{21} ɕi^{31}	蹴 kiəu^{213}	唔蹴 n^{21} kiəu^{213}
87 洞头闽	唔是 m^{212} ɕi^{21}	着 tieu^{21} □ tɕie^{53}	无着 bɔ^{21} tieu^{21}
88 景宁畲	唔是 ŋ^{22} ɕi^{44}	在 tsɔi^{51}	唔在 ŋ^{22} tsɔi^{51}

方言点	0904 知道我～这件事	0905 不知道我～这件事	0906 懂我～英语
01 杭州	晓得 ɕiɔ^{55}taʔ^{0}	不晓得 paʔ^{3}ɕiɔ^{55}taʔ^{0}	会 uei^{13}
02 嘉兴	晓得 ɕiɔ^{24}təʔ^{5}	勿晓得 vəʔ^{5}ɕiɔ^{21}təʔ^{21}	懂 toŋ^{544}
03 嘉善	晓得 ɕiɔ^{44}tɜʔ^{5}	弗晓得 fɜʔ^{5}ɕiɔ^{44}tɜʔ^{5}	会得 uɛ^{44}dɜʔ^{3}
04 平湖	晓得 ɕiɔ^{44}təʔ^{5}	勿晓得 vəʔ^{23}ɕiɔ^{44}təʔ^{5}	懂 toŋ^{44}
05 海盐	晓得 ɕiɔ^{53}təʔ^{5}	勿晓得 vəʔ^{5}ɕiɔ^{55}təʔ^{21}	懂 toŋ^{423}
06 海宁	晓得 ɕiɔ^{55}təʔ^{5}	弗晓得 fəʔ^{5}ɕiɔ^{55}təʔ^{5}	懂 toŋ^{53}
07 桐乡	晓得 ɕiɔ^{53}təʔ^{0}	弗晓得 fəʔ^{5}ɕiɔ^{53}təʔ^{0}	晓得 ɕiɔ^{53}təʔ^{0}
08 崇德	晓得 ɕiɔ^{55}təʔ^{0}	弗晓得 fəʔ^{3}ɕiɔ^{55}təʔ^{0}	晓得 ɕiɔ^{55}təʔ^{0}
09 湖州	晓得 ɕiɔ^{53}təʔ^{2}	弗晓得 fəʔ^{5}ɕiɔ^{53}təʔ^{2}	晓得 ɕiɔ^{53}təʔ^{2}
10 德清	晓得 ɕiɔ^{35}təʔ^{0}	弗晓得 fəʔ^{5}ɕiɔ^{35}təʔ^{0}	懂 toŋ^{52}
11 武康	晓得 ɕiɔ^{35}tɜʔ^{5}	勿晓得 vɜʔ^{2}ɕiɔ^{35}tɜʔ^{5}	懂 toŋ^{53}
12 安吉	晓得 ɕiɔ^{52}təʔ^{2}	弗晓得 fəʔ^{3}ɕiɔ^{52}təʔ^{2}	懂 toŋ^{52}
13 孝丰	晓得 ɕiɔ^{45}təʔ^{2}	弗晓得 fəʔ^{3}ɕiɔ^{45}təʔ^{2}	懂 toŋ^{52}
14 长兴	晓得 ʃiɔ^{45}təʔ^{2}	弗晓得 fəʔ^{3}ʃiɔ^{45}təʔ^{21}	懂 toŋ^{52}
15 余杭	晓得 ɕiɔ^{53}təʔ^{5}	弗晓得 fəʔ^{5}ɕiɔ^{53}təʔ^{5}	懂 toŋ^{53}
16 临安	晓得 ɕiɔ^{55}tɐʔ^{5}	弗晓得 fɐʔ^{5}ɕiɔ^{55}tɐʔ^{5}	懂 toŋ^{55}
17 昌化	晓得 ɕiɔ^{45}tɛ^{53}"得"音殊	不晓得 pəʔ^{5}ɕiɔ^{45}tɛ^{243}"得"音殊	懂 təŋ^{453}
18 於潜	晓得 ɕiɔ^{53}təʔ^{31}	不晓得 pəʔ^{2}ɕiɔ^{53}təʔ^{53}	懂 toŋ^{51}
19 萧山	晓得 ɕiɔ^{33}təʔ^{21}	弗晓得 fəʔ^{5}ɕiɔ^{35}təʔ^{21}	懂 toŋ^{33}
20 富阳	晓得 ɕiɔ^{423}tɛʔ^{5}	弗晓得 fɛʔ^{5}ɕiɔ^{423}tɛʔ^{5}	懂 toŋ^{423}
21 新登	晓得 ɕiɔ^{334}taʔ^{5}	弗晓得 faʔ^{5}ɕiɔ^{334}taʔ^{5}	懂 toŋ^{334}
22 桐庐	晓得 ɕiɔ^{33}təʔ^{5}	勿晓得 vəʔ^{21}ɕiɔ^{35}təʔ^{21}	懂 toŋ^{33}
23 分水	晓得 ɕiɔ^{44}təʔ^{5}	不晓得 pəʔ^{5}ɕiɔ^{44}təʔ^{5}	懂 toŋ^{53}
24 绍兴	晓得 ɕiɔ^{44}təʔ^{3}	勿晓得 veʔ^{2}ɕiɔ^{44}təʔ^{3}	懂 toŋ^{334}

续表

方言点	0904 知道我～这件事	0905 不知道我～这件事	0906 懂我～英语
25 上虞	晓得 ɕiɔ^{33}tɐʔ^{5}	勿晓得 vəʔ^{2}ɕiɔ^{33}tɐʔ^{5}	懂 toŋ^{35}
26 嵊州	晓得 ɕiɔ^{33}təʔ^{5}	弗晓得 fəʔ^{3}ɕiɔ^{44}təʔ^{3}	会 uᴇ^{24} 懂 toŋ^{53}
27 新昌	晓得 ɕiɔ^{45}teʔ^{3}	弗晓得 feʔ^{5}ɕiɔ^{45}teʔ^{3}	懂 toŋ^{453}
28 诸暨	晓得 ɕiɔ^{42}təʔ^{21}	弗晓得 fəʔ^{5}ɕiɔ^{42}təʔ^{21}	懂 tom^{42}
29 慈溪	晓得 ɕiɔ^{33}taʔ^{5}	弗晓得 faʔ^{5}ɕiɔ^{33}taʔ^{5}	懂 tuŋ^{35}
30 余姚	晓得 ɕiɔ^{34}tiəʔ^{5}	勿晓得 vəʔ^{2}ɕiɔ^{34}tiəʔ^{5}	懂 tuŋ^{34}
31 宁波	晓得 ɕio^{44}taʔ^{5}	勿晓得 vaʔ^{2}ɕio^{44}taʔ^{5}	晓得 ɕio^{44}taʔ^{5}
32 镇海	晓得 ɕio^{33}taʔ^{5}	弗晓得 faʔ^{5}ɕio^{33}taʔ^{5}	懂 toŋ^{35}
33 奉化	得知 taʔ^{5}tsʮ^{0} 晓得 ɕiɔ^{44}taʔ^{5}	弗得知 faʔ^{2}taʔ^{5}tsʮ^{0} 弗晓得 faʔ^{2}ɕiɔ^{44}taʔ^{5}	会 uei^{31}
34 宁海	晓得 ɕieu^{53}tiəʔ^{2} 识得 ɕiəʔ^{3}tiəʔ^{5}	弗晓得 faʔ^{3}ɕieu^{53}tiəʔ^{2}	识 ɕiəʔ^{5}
35 象山	晓得 ɕio^{44}taʔ^{5}	弗晓得 faʔ^{5}ɕio^{44}taʔ^{5}	懂 toŋ^{44}
36 普陀	晓得 ɕiɔ^{53}tɐʔ^{0}	弗晓得 fɐʔ^{3}ɕiɔ^{33}tɐʔ^{5}	晓得 ɕiɔ^{53}tɐʔ^{0}
37 定海	晓得 ɕio^{52}tɐʔ^{0}	弗晓得 fɐʔ^{3}ɕio^{44}tɐʔ^{5}	晓得 ɕio^{52}tɐʔ^{0}
38 岱山	晓得 ɕio^{52}tɐʔ^{0}	勿晓得 vɐʔ^{3}ɕio^{44}tɐʔ^{5}	晓得 ɕio^{52}tɐʔ^{0}
39 嵊泗	晓得 ɕio^{44}tɐʔ^{0}	勿晓得 vɐʔ^{2}ɕio^{44}tɐʔ^{5}	晓得 ɕio^{44}tɐʔ^{0}
40 临海	晓得 ɕiə^{42}təʔ^{0}	弗晓得 fəʔ^{3}ɕiə^{42}təʔ^{5}	识得 ɕieʔ^{5}təʔ^{0}
41 椒江	晓得 ɕiɔ^{42}təʔ^{0}	弗晓得 fəʔ^{3}ɕiɔ^{42}təʔ^{5}	识得 ɕieʔ^{5}təʔ^{0}
42 黄岩	识得 ɕieʔ^{5}təʔ^{0}	弗识 fəʔ^{3}ɕieʔ^{5}	识得 ɕieʔ^{5}təʔ^{0}
43 温岭	晓得 ɕiɔ^{42}təʔ^{0}	弗晓得 fəʔ^{3}ɕiɔ^{42}təʔ^{5}	晓得 ɕiɔ^{42}təʔ^{0}
44 仙居	晓得 ɕiɐɯ^{324}ɗiəʔ^{0}	弗晓得 fəʔ^{3}ɕiɐɯ^{31}ɗiəʔ^{5}	晓得 ɕiɐɯ^{324}ɗiəʔ^{0}
45 天台	晓来$^{=}$ ɕieu^{32}le^{0}	覅对$^{=}$ vei^{33}tei^{55} 勿晓对$^{=}$ vəʔ^{2}ɕieu^{32}tei^{55}	晓来$^{=}$ ɕieu^{32}le^{31}

续表

方言点	0904 知道我～这件事	0905 不知道我～这件事	0906 懂我～英语
46 三门	识得 ɕieʔ^{5}təʔ^{0}	弗识得 fəʔ^{3}ɕieʔ^{3}təʔ^{5}	会 ue^{243}
47 玉环	晓得 ɕiɔ^{53}tɐʔ^{0}	晓弗得 ɕiɔ^{53}fɐʔ^{3}tɐʔ^{5}	懂 toŋ^{53}
48 金华	晓得 ɕiɑo^{53}təʔ^{4}	弗晓得 fəʔ^{3}ɕiɑo^{53}təʔ^{4}	懂 toŋ^{535}
49 汤溪	晓得 ɕiɔ^{52}tei^{55}	晓弗得 ɕiɔ^{52}fə^{52}tei^{55}	懂 nɑo^{535}
50 兰溪	晓得 ɕiɔ^{55}təʔ^{34}	弗晓得 fəʔ^{34}ɕiɔ^{55}təʔ^{34}	懂 toŋ^{55}
51 浦江	晓得 ɕi^{33}tɛ^{53}	弗晓得 fə^{33}ɕi^{33}tɛ^{53}	懂 tən^{53}
52 义乌	晓得 ɕie^{33}tai^{324}	勿晓得 bəʔ^{2}ɕie^{33}tai^{324}	懂 noŋ^{423}
53 东阳	晓得 ɕio^{44}te^{33}	弗晓得 fɐ^{44}ɕio^{44}te^{33}	懂 tɔm^{44}
54 永康	晓得 ɕiɑu^{33}ɗəi^{334}	弗晓得 fə^{33}ɕiɑu^{33}ɗəi^{334}	懂 noŋ^{334}
55 武义	知道 tsɿ^{32}dɑu^{53}	弗知道 fəʔ^{5}tsɿ^{32}dɑu^{53}	懂 noŋ^{445}
56 磐安	晓得 ɕio^{33}tɛi^{52}	弗晓得 fə^{55}ɕio^{33}tɛi^{52}	懂 nɔom^{334}/tɔom^{334}
57 缙云	得知 tei^{51}tsɿ^{44}	弗知得 fɛ^{51}tsɿ^{44}tei^{45}	懂 nɔ̃ũ^{51}
58 衢州	晓得 ɕiɔ^{35}təʔ^{5} 晓着 ɕiɔ^{35}dʒyaʔ^{12}	晓弗着 ɕiɔ^{35}fəʔ^{5}dʒyaʔ^{12}	懂 toŋ^{35}
59 衢江	晓着 ɕiɔ^{25}dʑiaʔ^{0}	晓弗着 ɕiɔ^{25}fəʔ^{5}dʑiaʔ^{2}	懂 təŋ^{25}
60 龙游	晓着 ɕiɔ^{35}dzɔʔ^{0}	晓弗着 ɕiɔ^{35}fəʔ^{4}dzɔʔ^{23}	懂 toŋ^{35}
61 江山	知得 tsə^{44}tiᴇʔ^{5}	弗知得 fəʔ^{5}tsə^{44}tiᴇʔ^{5}	懂 toŋ^{241}
62 常山	知得 tsɿə^{24}teʔ^{0}	弗知得 fʌʔ^{4}tsɿə^{43}teʔ^{5}	懂 toŋ^{52}
63 开化	识得 ɕiɛʔ^{5}tiɛʔ^{0}	弗识得 fəʔ^{4}ɕiɛʔ^{4}tiɛʔ^{5}	懂 tɤŋ^{53}
64 丽水	晓得 ɕiə^{544}tiʔ^{0}	晓弗得 ɕiə^{44}fəʔ^{4}tiʔ^{5}	懂 təŋ^{544}
65 青田	晓得 ɕio^{55}ɗɛʔ^{0}	弗晓得 faʔ^{4}ɕio^{55}ɗɛʔ^{0}	懂 ɗoŋ^{454}
66 云和	晓得 ɕiɑɔ^{44}tiʔ^{5}	晓弗得 ɕiɑɔ^{44}fuʔ^{4}tiʔ^{5}	懂 toŋ^{41}
67 松阳	猜到 tsʰɛ^{53}tʌ^{212}	猜弗到 tsʰɛ^{33}fɤʔ^{5}tʌ^{212}	懂 tiəŋ^{212}
68 宣平	晓得 ɕiɔ^{44}tiəʔ^{5}	弗晓得 fəʔ^{4}ɕiɔ^{44}tiəʔ^{5} 晓弗得 ɕiɔ^{44}fəʔ^{4}tiəʔ^{5}	懂 tən^{445}

续表

方言点	0904 知道我～这件事	0905 不知道我～这件事	0906 懂我～英语
69 遂昌	识着 tɕiʔ^{5} dɛʔ^{0}	弗识着 fəɯʔ^{5} tɕiʔ^{5} dɛʔ^{0}	懂 təŋ^{533}
70 龙泉	晓着 ɕiɑʌ^{51} dʑyoʔ^{0}	晓弗着 ɕiɑʌ^{51} fɤɯʔ^{5} dʑyoʔ^{0}	懂 təŋ^{51}
71 景宁	晓得 ɕiɑu^{33} tiʔ^{5} 晓知 ɕiɑu^{33} tsɿ^{55}	弗晓得 fuʔ^{5} ɕiɑu^{33} tiʔ^{5} 弗知 fuʔ^{5} tsɿ^{55}	懂 təŋ^{33}
72 庆元	晓得 ɕiɒ^{33} ɗiʔ^{5}	否晓得 fɤ^{33} ɕiɒ^{33} ɗiʔ^{5}	懂 ɗoŋ^{33}
73 泰顺	晓得 ɕiɑɔ^{55} tiʔ^{5}	否晓得 fu^{22} ɕiɑɔ^{22} tiʔ^{5}	懂 toŋ^{55}
74 温州	晓得 ɕia^{25} tei^{0}	[晓否]得 ɕiau^{25} tei^{0}	懂 toŋ^{25}
75 永嘉	晓得 ɕia^{45} de^{0}	[晓否]得 ɕiau^{45} tei^{423}	懂 toŋ^{45}
76 乐清	晓得 ɕia^{35} ti^{41}	[晓否]得 ɕiau^{35} ti^{323}	懂 toŋ^{35}
77 瑞安	晓得 ɕiɔ^{35} tei^{0}	否[晓否]得 fɯ^{3} ɕiau^{35} tei^{323}	懂 toŋ^{35}
78 平阳	晓得 sɔ^{35} ti^{21}	晓否得 sɔ^{33} u^{45} ti^{21}	懂 toŋ^{45}
79 文成	晓得 ʃuo^{33} te^{33}	晓否得 ʃuo^{45} fu^{45} te^{33} 否晓得 fu^{45} ʃuo^{33} te^{13}	懂 toŋ^{45}
80 苍南	晓得 ɕia^{53} li^{0}	[晓否]否得 ɕiau^{33} u^{0} te^{223}	懂 toŋ^{53}
81 建德徽	晓得 ɕiɔ^{21} tɐʔ^{5}	弗晓得 fɐʔ^{5} ɕiɔ^{21} tɐʔ^{5}	懂 toŋ^{213}
82 寿昌徽	晓着 ɕiɛ^{24} tsʰɔʔ^{31}	勿晓着 uəʔ^{3} ɕiɛ^{55} tsʰɔʔ^{31}	懂 tɔŋ^{24}
83 淳安徽	晓得 ɕiɤ^{55} tiʔ^{5}	不晓得 pəʔ^{5} ɕiɤ^{55} tiʔ^{5}	懂 ton^{55}
84 遂安徽	晓得 ɕiɛ^{33} ti^{33}	不晓 pəɯ^{33} ɕiɛ^{24}	懂 təŋ^{213}
85 苍南闽	晓得 hiau^{43} te^{0}	𣍐晓得 bue^{21} hiau^{43} te^{0}	晓得 hiau^{43} te^{0}
86 泰顺闽	晓得 ɕiøu^{344} tei^{0}	[唔解]晓得 mei^{22} ɕiøu^{344} tei^{0}	懂 təŋ^{344}
87 洞头闽	知仔 tsãĩ^{212} ia^{55}	唔知仔 m^{212} tsãĩ^{212} ia^{55}	懂 toŋ^{53}
88 景宁畲	晓得 xiəu^{55} taʔ^{5}	卯⁼得 mau^{55} taʔ^{5}	懂 toŋ^{325}

方言点	0907 不懂我～英语	0908 会我～开车	0909 不会我～开车
01 杭州	不会 $paʔ^{3}uei^{45}$	会 uei^{13}	不会 $paʔ^{3}uei^{45}$
02 嘉兴	勿懂 $vəʔ^{5}toŋ^{21}$	会 uei^{224}	勿会 $vəʔ^{5}uei^{21}$
03 嘉善	弗会得 $fɜʔ^{5}uɛ^{44}dɜʔ^{3}$	会得 $uɛ^{44}dɜʔ^{3}$	弗会得 $fɜʔ^{5}uɛ^{44}dəʔ^{3}$
04 平湖	勿懂 $vəʔ^{23}toŋ^{44}$	…得来 $…təʔ^{0}lɛ^{0}$	…勿来 $…vəʔ^{0}lɛ^{0}$
05 海盐	勿懂 $vəʔ^{5}toŋ^{423}$	…得来 $…təʔ^{21}lɛ^{21}$	…勿来 $…vəʔ^{21}lɛ^{21}$
06 海宁	弗懂 $fəʔ^{5}toŋ^{0}$	会得 $ue^{55}təʔ^{5}$	弗会得 $fəʔ^{5}ue^{55}təʔ^{5}$
07 桐乡	弗晓得 $fəʔ^{5}ɕiɔ^{53}təʔ^{0}$	…得来 $…təʔ^{3}lᴇ^{44}$	…弗来 $…fəʔ^{3}lᴇ^{44}$
08 崇德	弗晓得 $fəʔ^{3}ɕiɔ^{55}təʔ^{0}$	…得来 $…təʔ^{4}lᴇ^{44}$	…弗来 $…fəʔ^{3}lᴇ^{44}$
09 湖州	弗晓得 $fəʔ^{5}ɕiɔ^{53}təʔ^{2}$	会得 $uo^{33}təʔ^{5}$	弗会得 $fəʔ^{5}uo^{53}təʔ^{3}$
10 德清	弗懂 $fəʔ^{5}toŋ^{53}$	会得 $uɛ^{33}təʔ^{5}$	弗会得 $fəʔ^{5}uɛ^{33}təʔ^{5}$
11 武康	勿懂 $vɜʔ^{2}toŋ^{53}$	会得 $uɛ^{35}tɜʔ^{2}$	勿会得 $vɜʔ^{2}uɛ^{35}dɜʔ^{2}$
12 安吉	弗懂 $fəʔ^{3}toŋ^{52}$	会 ue^{213}	弗会 $fəʔ^{3}ue^{52}$
13 孝丰	弗懂 $fəʔ^{3}toŋ^{52}$	会 ue^{213}	弗会 $fəʔ^{5}ue^{213}$
14 长兴	弗懂 $fəʔ^{3}toŋ^{52}$	活⁼得 $uəʔ^{2}təʔ^{5}$	弗活⁼得 $fəʔ^{5}uəʔ^{5}təʔ^{2}$
15 余杭	弗懂 $fəʔ^{5}toŋ^{53}$	会得 $uɛ^{33}təʔ^{5}$	弗会得 $fəʔ^{5}uɛ^{13}təʔ^{5}$
16 临安	弗懂 $fɐʔ^{5}toŋ^{55}$	会得 $uᴇ^{55}tɐʔ^{5}$	弗会得 $fɐʔ^{5}uᴇ^{55}tɐʔ^{5}$
17 昌化	不懂 $pəʔ^{5}təŋ^{453}$	会 uei^{243}	不会 $pəʔ^{5}uei^{243}$
18 於潜	不懂 $pəʔ^{2}toŋ^{53}$	会 ue^{24}	不会 $pəʔ^{53}ue^{31}$
19 萧山	弗懂 $fəʔ^{5}toŋ^{33}$	会 ue^{242}	弗会 $fəʔ^{5}ue^{242}$
20 富阳	弗懂 $fɛʔ^{5}toŋ^{335}$	会 $uɛ^{224}$	[弗会] $fɛ^{335}$
21 新登	弗懂 $faʔ^{5}toŋ^{45}$	会 ue^{13}	弗会 $faʔ^{5}ue^{45}$
22 桐庐	勿懂 $vəʔ^{5}toŋ^{33}$	会 $uᴇ^{24}$	勿会 $vəʔ^{21}uᴇ^{35}$
23 分水	不懂 $pəʔ^{5}toŋ^{53}$	会 ue^{24}	不会 $pəʔ^{5}ue^{24}$
24 绍兴	勿懂 $veʔ^{2}toŋ^{334}$	会 $uᴇ^{22}$	[弗会] $fᴇ^{53}$

续表

方言点	0907 不懂我～英语	0908 会我～开车	0909 不会我～开车
25 上虞	勿懂 vəʔ^{2}toŋ^{35}	会 ue^{213}	覅 ue^{53}
26 嵊州	弗懂 fəʔ^{3}toŋ^{53}	会 uᴇ^{24}	[弗会] fᴇ^{334}
27 新昌	弗懂 feʔ^{3}toŋ^{453}	会 ue^{13}	[弗会] fe^{335}
28 诸暨	弗懂 fəʔ^{5}tom^{42}	会 ve^{33}	弗会 fəʔ^{5}ve^{33}
29 慈溪	弗懂 faʔ^{5}tuŋ^{0}	会 ue^{13}	弗会 faʔ^{5}ue^{0}
30 余姚	勿懂 vəʔ^{2}tuŋ^{0}	会 ue^{13}	覅 ue^{44}
31 宁波	勿晓得 vaʔ^{2}ɕio^{44}taʔ^{5}	会 uɐi^{13}	覅 vɐi^{13}
32 镇海	弗懂 faʔ^{5}toŋ^{35}	会 uei^{24}	覅 vei^{24} 弗会 faʔ^{5}uei^{24}
33 奉化	弗会 faʔ^{2}uei^{31}	会 uei^{31}	[弗会] fei^{53}
34 宁海	弗识 faʔ^{3}ɕiəʔ^{5}	会 uaʔ^{3} 音殊	[弗会] fei^{35}
35 象山	弗懂 faʔ^{5}toŋ^{44}	会 uei^{31}	覅 vei^{13}
36 普陀	弗晓得 fɐʔ^{3}ɕiɔ^{33}tɐʔ^{5}	会 uæi^{13}	覅 væi^{13} 弗会 fɐʔ^{3}uæi^{45}
37 定海	弗晓得 fɐʔ^{3}ɕio^{44}tɐʔ^{5}	会 uɐi^{13}	覅 vɐi^{23}
38 岱山	勿晓得 vɐʔ^{3}ɕio^{44}tɐʔ^{5}	会 uɐi^{213}	覅 vɐi^{23}
39 嵊泗	勿晓得 vɐʔ^{2}ɕio^{44}tɐʔ^{5}	会 uɐi^{213}	覅 vɐi^{243}
40 临海	弗识 fəʔ^{3}ɕieʔ^{5}	会 uəʔ^{5} 音殊	[弗会] fe^{55}
41 椒江	弗识 fəʔ^{3}ɕieʔ^{5}	有 iu^{42}	[弗会] fə^{55}
42 黄岩	弗识 fəʔ^{3}ɕieʔ^{5}	有 iu^{42} 要得得 iɔ^{33}təʔ^{3}təʔ^{5}	…弗来 …fəʔ^{5}le^{41} 要弗得 iɔ^{33}fəʔ^{3}təʔ^{5}
43 温岭	弗晓得 fəʔ^{3}ɕiɔ^{42}təʔ^{5}	要勒得 iɔ^{55}ləʔ^{0}təʔ^{0}	要弗得 iɔ^{33}fəʔ^{0}təʔ^{5}
44 仙居	弗晓得 fəʔ^{3}ɕiɐɯ^{31}ɗiəʔ^{5}	会 uəʔ^{5} 音殊	[弗会] fæ^{53}
45 天台	勿识 vəʔ^{2}ɕiəʔ^{5}	午$^{=}$ vu^{214}	[弗会] fei^{55}
46 三门	弗会 fəʔ^{5}ue^{243}	会 ue^{243}	弗会 fəʔ^{3}ue^{55}

续表

方言点	0907 不懂我～英语	0908 会我～开车	0909 不会我～开车
47 玉环	弗懂 fɐʔ^{3} toŋ^{53}	会 uɐʔ^{5} 音殊	弗会 fɐʔ^{3} ue^{22}
48 金华	弗懂 fəʔ^{3} toŋ^{535}	会 uɛ^{55}	[弗会] fɛ^{55} 弗会 fəʔ^{3} uɛ^{55}
49 汤溪	弗懂 fə^{52} nɑo^{535}	会 uɛ^{341}	弗会 fə^{33} uɛ^{113} [弗会] fuɛ^{52}
50 兰溪	弗懂 fəʔ^{34} toŋ^{55}	会 ue^{45}	[弗会] fe^{45}
51 浦江	弗懂 fə^{33} tən^{53}	会 ua^{24} …得来 …tə^{0} la^{0}	弗会 fə^{55} ua^{55} …弗来 …fə^{0} la^{0}
52 义乌	勿懂 bəʔ^{2} noŋ^{423}	会 ue^{24}	勿会 bəʔ^{2} ue^{24}
53 东阳	弗拎清 fɐ^{44} lɐn^{33} tsʰɐn^{33}	会 ue^{24}	弗会 fɐ^{44} ue^{33}
54 永康	弗懂 fə^{33} noŋ^{334}	会 uəi^{113}	[弗会] fəi^{52}
55 武义	弗懂 fəʔ^{5} noŋ^{445}	会 uɑ^{231}	[弗会] fa^{53}
56 磐安	弗懂 fə^{55} nɔom^{334} / fə^{55} tɔom^{334}	会 ue^{14}	弗会 fə^{55} ue^{14}
57 缙云	弗懂 fɛ^{51} nɔ̃ũ^{51}	会 uei^{51}	[弗会]会 fei^{51} uei^{213} [弗会] fei^{51}
58 衢州	弗懂 fəʔ^{3} toŋ^{35}	会 ue^{231}	[勿会] ve^{231}
59 衢江	弗懂 fəʔ^{3} təŋ^{25}	会 uei^{212}	[勿会] va^{212}
60 龙游	弗懂 fəʔ^{3} toŋ^{35}	会 uei^{224}	弗会 fɔʔ^{4} uei^{224} [勿会] vɛ^{224}
61 江山	弗懂 fəʔ^{5} toŋ^{241}	会 ua^{22}	[弗会] fa^{241}
62 常山	弗懂 fʌʔ^{4} toŋ^{52}	会 uɛ^{24}	[弗会] fɛ^{52}
63 开化	弗懂 fəʔ^{4} tɤŋ^{53}	会 ua^{213}	[弗会] fa^{53}
64 丽水	弗懂 fəʔ^{4} təŋ^{544}	会 uei^{131}	弗会 fəʔ^{5} uei^{131}
65 青田	弗懂 faʔ^{4} ɗoŋ^{454}	会 uæi^{22}	弗会 faʔ^{4} uæi^{22}
66 云和	弗懂 fuʔ^{4} toŋ^{41}	会 uei^{223}	[弗会]会 fei^{45} uei^{223}
67 松阳	弗懂 fɤʔ^{3} tiəŋ^{212}	会 uei^{13}	弗会 fɤʔ^{3} uei^{13}

续表

方言点	0907 不懂我～英语	0908 会我～开车	0909 不会我～开车
68 宣平	弗懂 fəʔ^{5}tən^{445}	会 uei^{223}	弗会 fəʔ^{5}uei^{223}
69 遂昌	弗懂 fəɯʔ^{3}təŋ^{533}	会 uei^{213}	[弗会] fei^{45}
70 龙泉	弗懂 fɤɯʔ^{3}təŋ^{51}	会 uəi^{51}	弗会 fɤɯʔ^{3}uəi^{51}
71 景宁	弗懂 fuʔ^{3}təŋ^{33}	会 uai^{113}	[弗会] fai^{113} 弗会 fuʔ^{3}uai^{113}
72 庆元	否懂 fɤ^{33}ɗoŋ^{33}	会 uæi^{31}	否会 fɤ^{33}uæi^{31}
73 泰顺	否懂 fu^{55}toŋ^{55}	会 uæi^{22}	否会 fu^{22}fæi^{35}
74 温州	否懂 fu^{3}toŋ^{25}	会 vai^{22}	否会 fu^{42}vai^{22}
75 永嘉	否懂 fu^{43}toŋ^{45}	会 vai^{22}	否会 fu^{43}vai^{22}
76 乐清	否懂 fu^{3}toŋ^{35}	会 vai^{22}	无奔$^{=}$ m^{22}paŋ^{41} 否会 fu^{42}vai^{22}
77 瑞安	否懂 fɯ^{3}toŋ^{35}	会 vai^{22}	[否会] fai^{323} 否会 fɯ^{3}vai^{22}
78 平阳	否懂 fu^{21}toŋ^{35}	会 vai^{33}	否会 fu^{45}vai^{21}
79 文成	否懂 fu^{21}toŋ^{45}	会 vai^{424}	否会 fu^{45}vai^{21}
80 苍南	否懂 fu^{3}toŋ^{53}	会 uai^{11}	[否会] huai^{223}
81 建德徽	弗懂 fɐʔ^{5}toŋ^{213}	会 ue^{55} …得来 …tɐʔ^{5}lɛ^{33}	[弗会] fe^{55} 弗会 fɐʔ^{3}ue^{55} …弗来 …fɐʔ^{5}lɛ^{33}
82 寿昌徽	勿懂 uəʔ^{3}toŋ^{24}	会 uæ^{33}	⿰勿会 uæ^{52}
83 淳安徽	不懂 pəʔ^{5}ton^{55}	会 ve^{53}	不会 pəʔ^{5}ve^{53}
84 遂安徽	不懂 pəɯ^{33}təŋ^{213}	晓得 ɕiɛ^{33}ti^{33}	不晓 pəɯ^{33}ɕiɛ^{24}
85 苍南闽	⿰勿会晓得 bue^{21}hiau^{43}te^{0}	会 hue^{21}	⿰勿会会 bue^{21}hue^{21}
86 泰顺闽	唔懂 n^{21}təŋ^{344}	会 uɔi^{31}	[唔解]会 mei^{344}uɔi^{31}
87 洞头闽	唔懂 m^{212}toŋ^{53}	会 ui^{21}	⿰勿会晓着 bue^{21}hieu^{53}tieu^{21}
88 景宁畲	唔懂 ŋ^{22}toŋ^{325}	解 xai^{44}	唔解 ŋ^{22}xai^{44}

方言点	0910 认识我～他	0911 不认识我～他	0912 行应答语
01 杭州	认识 zəŋ^{13} saʔ^{5} 认得 zəŋ^{13} taʔ^{5}	不认识 paʔ^{3} zəŋ^{45} saʔ^{5} 不认得 paʔ^{3} zəŋ^{45} taʔ^{5}	好的 xɔ^{55} ti^{0}
02 嘉兴	认得 ȵiŋ^{13} təʔ^{5}	勿认得 vəʔ^{5} ȵiŋ^{21} təʔ^{1}	好 hɔ^{544} 来 lᴇ^{242}
03 嘉善	认得 ȵin^{22} dɜʔ^{3}	弗认得 fɜʔ^{5} ȵin^{22} dɜʔ^{3}	来赛= lɛ^{13} sɛ^{53}
04 平湖	认得 ȵin^{21} təʔ^{5}	勿认得 vəʔ^{23} ȵin^{21} təʔ^{5}	好个 hɔ^{44} kəʔ^{0}
05 海盐	认得 ȵin^{21} təʔ^{5}	勿认得 vəʔ^{5} ȵin^{13} təʔ^{21}	好诶 xɔ^{55} e^{334}
06 海宁	认得 ȵiŋ^{33} təʔ^{5}	弗认得 fəʔ^{5} ȵiŋ^{33} təʔ^{5}	来赛= lɛ^{33} sɛ^{55} 来事 lɛ^{33} zɿ^{13}
07 桐乡	认得 ȵiŋ^{21} təʔ^{5}	弗认得 fəʔ^{5} ȵiŋ^{21} təʔ^{5}	好 hɔ^{53}
08 崇德	认得 ȵiŋ^{21} təʔ^{5}	弗认得 fəʔ^{3} ȵiŋ^{21} təʔ^{5}	来事 lᴇ^{21} zɿ^{44}
09 湖州	认得 ȵin^{33} təʔ^{5}	弗认得 fəʔ^{5} ȵin^{53} təʔ^{3}	来煞= lei^{33} saʔ^{5}
10 德清	认得 ȵin^{33} təʔ^{5}	弗认得 fəʔ^{5} ȵin^{33} təʔ^{5}	好个 xɔ^{35} əʔ^{2}
11 武康	认得 ȵin^{35} tɜʔ^{5}	勿认得 vɜʔ^{2} ȵin^{35} tɜʔ^{5}	来煞= lɛ^{11} sɜʔ^{5}
12 安吉	认得 ȵiŋ^{21} təʔ^{23}	弗认得 fəʔ^{5} ȵiŋ^{0} təʔ^{2}	好 hɔ^{52}
13 孝丰	认得 ȵiŋ^{21} təʔ^{23}	弗认得 fəʔ^{5} ȵiŋ^{21} təʔ^{2}	好个 hɔ^{45} kəʔ^{2}
14 长兴	认得 ȵiŋ^{21} təʔ^{5}	弗认得 fəʔ^{5} ȵiŋ^{55} təʔ^{2}	好 hɔ^{52}
15 余杭	认得 ȵiŋ^{33} təʔ^{5}	弗认得 fəʔ^{5} ȵiŋ^{33} təʔ^{5}	好个 xɔ^{35} uo^{0}
16 临安	认得 ȵieŋ^{33} tɐʔ^{5}	弗认得 fɐʔ^{5} ȵieŋ^{33} tɐʔ^{5}	好个 hɔ^{55} ko^{55}
17 昌化	认得 ȵiəŋ^{23} tɛ^{453} "得"音殊	不认得 pəʔ^{5} ȵiəŋ^{23} tɛ^{453} "得"音殊	好个 xɔ^{45} kəʔ^{5}
18 於潜	认到 ȵiŋ^{24} tɔ^{53}	不认到 pəʔ^{53} ȵiŋ^{24} tɔ^{53}	好 xɔ^{51}
19 萧山	认得 ȵiŋ^{13} təʔ^{5}	弗认得 fəʔ^{5} ȵiŋ^{13} təʔ^{5}	好 xɔ^{33} 哦 o^{42}
20 富阳	认着 nin^{224} dzaʔ^{0}	弗认着 fɛʔ^{5} nin^{224} dzaʔ^{0}	好 hɔ^{423}
21 新登	认着 neiŋ^{21} dzaʔ^{2}	弗认着 faʔ^{5} neiŋ^{45} dzaʔ^{2}	好 hɔ^{334}
22 桐庐	认到 niŋ^{13} tɔ^{55}	勿认到 vəʔ^{5} niŋ^{33} tɔ^{33}	好 xɔ^{33}
23 分水	认到 ȵin^{24} tɔ^{24}	认不到 ȵin^{24} pəʔ^{5} tɔ^{24} 不认到 pəʔ^{5} ȵin^{24} tɔ^{24}	好 xɔ^{53}

续表

方言点	0910 认识我～他	0911 不认识我～他	0912 行应答语
24 绍兴	认得 ȵiŋ^{22}təʔ^{5}	勿认得 veʔ^{2}ȵiŋ^{22}təʔ^{5}	好个 hɔ^{33}goʔ^{2}
25 上虞	认得 ȵiŋ^{21}tɐʔ^{2}	勿认得 vəʔ^{2}ȵiŋ^{21}tɐʔ^{2}	好个 hɔ^{33}kəʔ^{2}
26 嵊州	认得 ȵiŋ^{24}təʔ^{5}	弗认得 fəʔ^{5}ȵiŋ^{22}təʔ^{5}	好个 hɔ^{44}gə^{31}
27 新昌	认得 ȵiŋ^{22}teʔ^{5}	弗认得 feʔ^{5}ȵiŋ^{22}teʔ^{5}	得 teʔ^{5}
28 诸暨	认得 nin^{33}təʔ^{5}	弗认得 fəʔ^{5}nin^{33}təʔ^{21}	好 hɔ^{42}
29 慈溪	认得 ȵiŋ^{11}taʔ^{5}	弗认得 faʔ^{5}ȵiŋ^{11}taʔ^{2}	好 hɔ^{35}
30 余姚	认得 ȵiə̃^{13}tiəʔ^{2}	勿认得 vəʔ^{2}ȵiə̃^{13}tiəʔ^{2}	好 hɔ^{34}
31 宁波	认得 ȵiŋ^{13}taʔ^{5}	勿认得 vaʔ^{2}ȵiŋ^{13}taʔ^{2}	好 hɔ^{53}
32 镇海	认得 ȵiŋ^{22}taʔ^{5}	弗认得 faʔ^{5}ȵiŋ^{22}taʔ^{5}	好 hɔ^{35}
33 奉化	认得 ȵiŋ^{33}taʔ^{2}	弗认得 faʔ^{2}ŋiŋ^{33}taʔ^{2}	好 hʌ^{44}
34 宁海	认着 ȵiŋ^{22}dʑiaʔ^{3}	认弗着 ȵiŋ^{22}faʔ^{3}dʑiaʔ^{3}	欧$^{=}$ əu^{53} 咳$^{=}$ hei^{31} 好 hau^{53}
35 象山	认得 ȵiŋ^{31}taʔ^{5}	弗认得 faʔ^{5}ȵiŋ^{31}taʔ^{5}	好个 hɔ^{53}geʔ^{2}
36 普陀	认得 ȵiŋ^{11}tɐʔ^{5}	弗认得 fɐʔ^{3}ȵiŋ^{55}tɐʔ^{0}	好 xɔ^{45}
37 定海	认得 ȵiŋ^{11}tɐʔ^{5}	弗认得 fɐʔ^{3}ȵiŋ^{44}tɐʔ^{0}	好 xɔ^{52}
38 岱山	认得 ȵiŋ^{11}tɐʔ^{5}	勿认得 vɐʔ^{2}ȵiŋ^{31}tɐʔ^{0}	好 xɔ^{325}
39 嵊泗	认得 ȵiŋ^{11}tɐʔ^{5}	勿认得 vɐʔ^{2}ȵiŋ^{44}tɐʔ^{0}	好 xɔ^{53}
40 临海	识得 ɕieʔ^{5}təʔ^{0}	弗认得 fəʔ^{5}ȵiŋ^{35}təʔ^{0}	搭$^{=}$ teʔ^{5} 好用 hɔ^{42}yoŋ^{324} 无告 m^{21}kɔ^{55}
41 椒江	识得 ɕieʔ^{5}təʔ^{0}	弗识 fəʔ^{3}ɕieʔ^{5}	好用 hɔ^{42}yoŋ^{24}
42 黄岩	认得得 ȵin^{13}təʔ^{3}təʔ^{5} 识得 ɕiəʔ^{5}təʔ^{0}	认弗得 ȵin^{13}fəʔ^{3}təʔ^{5}	得 təʔ^{5} 好用 hɔ^{42}yoŋ^{24} 无告 m^{13}kɔ^{55}
43 温岭	认勒得 ȵin^{13}ləʔ^{0}təʔ^{0}	认弗得 ȵin^{13}fəʔ^{3}təʔ^{5}	好用 hɔ^{42}yuŋ^{13}
44 仙居	认着 ȵin^{353}dʑyɑʔ^{0}	认弗着 ȵin^{353}fəʔ^{0}dʑyɑʔ^{23}	好用 hɐɯ^{31}ioŋ^{24}

续表

方言点	0910 认识我～他	0911 不认识我～他	0912 行应答语
45 天台	识来⁼ ɕiəʔ^{5} le^{31}	勿识 vəʔ^{2} ɕiəʔ^{5}	搭⁼ teʔ^{5}
46 三门	熟悉 ʑioʔ^{2} ɕieʔ^{5}	弗熟悉 fəʔ^{5} ʑioʔ^{2} ɕieʔ^{5}	好 hɑu^{52}
47 玉环	识得 ɕiɐʔ^{5} tɐʔ^{0}	晓弗得 ɕiɔ^{53} fɐʔ^{3} tɐʔ^{5}	好用 hɔ^{53} ioŋ^{22}
48 金华	认着 ȵiŋ^{14} tɕiəʔ^{0}	认弗着 ȵiŋ^{14} fəʔ^{4} dʑiəʔ^{212}	好个 xɑo^{55} gəʔ^{0} 好 xɑo^{535}
49 汤溪	认着 ȵiɛ̃i^{341} tɕiɔ^{0}	认弗着 ȵiɛ̃i^{341} fə^{52} dʑiɔ^{113}	好个 xɔ^{52} kə^{24} 会来 uɛ^{11} lɛ^{11}
50 兰溪	认着 nin^{24} dʑiaʔ^{0}	认弗着 nin^{24} fəʔ^{34} dʑiaʔ^{12}	会来 ue^{55} le^{21}
51 浦江	认着 ȵiən^{11} yo^{24}	认弗着 ȵiən^{11} fə^{33} yo^{232}	好个 xo^{33} kə^{0}
52 义乌	认着 ȵiən^{24} tsɯa^{31}	认勿着 ȵiən^{24} pəʔ^{3} tsɯa^{31}	好 ho^{423}
53 东阳	认着 ŋɐn^{22} dʑiɔ^{53}	认弗着 ŋɐn^{22} fɐ^{44} dʑiɔ^{33}	好 hɐɯ^{453}
54 永康	识着 tsəi^{33} dʑiɑu^{22}	弗识着 fə^{33} tsəi^{33} dʑiɑu^{22}	好 xɑu^{334}
55 武义	识着 tsəʔ^{5} dʑiɑu^{0}	弗识着 fəʔ^{5} tsəʔ^{5} dʑiɑu^{0}	好个 xɤ^{55} kəʔ^{0}
56 磐安	认着 ȵiɐn^{14} dzuə^{0}	认弗着 ȵiɐn^{14} fə^{33} dzuə^{213}	好 xo^{334}
57 缙云	识 tsei^{322}	弗识 fɛ^{51} tsei^{322}	得 tei^{322}
58 衢州	认着 ȵin^{231} dʒyaʔ^{12}	认弗着 ȵin^{231} fəʔ^{5} dʒyaʔ^{12}	会着 ue^{231} dʒyaʔ^{12}
59 衢江	认着 ŋ^{231} dʑiaʔ^{0}	认弗着 ŋ^{231} fəʔ^{5} dʑiaʔ^{2}	会着 uei^{22} dʑiaʔ^{0}
60 龙游	认着 ȵin^{231} dzɔʔ^{0}	认弗着 ȵin^{231} fɔʔ^{3} dzɔʔ^{23}	会着 uei^{224} dzɔʔ^{23}
61 江山	识 ɕiᴇʔ^{5}	弗识 fəʔ^{4} ɕiᴇʔ^{5}	会着 ua^{22} dəʔ^{2}
62 常山	认着 lĩ^{22} dʌʔ^{34}	认弗着 lĩ^{22} fʌʔ^{4} dʌʔ^{34}	会着 uɛ^{24} dʌʔ^{0}
63 开化	认着 ȵi^{21} daʔ^{13}	认弗着 ȵi^{21} fəʔ^{5} daʔ^{13}	嗯 n^{53} 噢 əɯ^{231} 可以 kʰɔ^{53} i^{0}
64 丽水	认着 ȵin^{131} dʑiɔʔ^{0}	认弗着 ȵin^{13} fəʔ^{4} dʑiɔʔ^{23}	用着 iɔŋ^{131} dʑiɔʔ^{0}
65 青田	认识 ȵiŋ^{22} sɿʔ^{42}	弗认识 faʔ^{4} ȵiŋ^{22} sɿʔ^{42}	好个 xœ^{55} kɛ^{0}
66 云和	认着 ȵiŋ^{223} dʑiɔʔ^{23}	认弗着 ȵiŋ^{223} fuʔ^{4} dʑiɔʔ^{23}	得 tiʔ^{5}

续表

方言点	0910 认识我～他	0911 不认识我～他	0912 行应答语
67 松阳	认到 n^{13}tʌ^{212}	认弗到 n^{13}fɤʔ^{3}tʌ^{212}	好 xei^{212}
68 宣平	认着 ȵin^{231}dʑiəʔ^{0}	认弗着 ȵin^{231}fəʔ^{4}dʑiəʔ^{0}	用得 iɔ̃^{231}tiəʔ^{0}
69 遂昌	认着 ȵiŋ^{21}dɛʔ^{23}	认弗着 ȵiŋ^{21}fəɯʔ^{5}dɛʔ^{23}	用着 iɔŋ^{21}dɛʔ^{23}
70 龙泉	认着 ȵin^{224}dʑyoʔ^{0}	认弗着 ȵin^{224}fɤɯʔ^{3}dʑyoʔ^{0}	用着 iɔŋ^{224}dʑyoʔ^{0}
71 景宁	认着 ȵiŋ^{113}tɕiaʔ^{0}	认弗着 ȵiŋ^{113}fuʔ^{5}tɕiaʔ^{0}	得 tiʔ^{5}
72 庆元	认着 ȵiəŋ^{31}tɕiɑʔ^{34}	认否着 ȵiəŋ^{31}fɤ^{33}tɕiɑʔ^{34}	好 xɐɯ^{33}
73 泰顺	认着 ȵiŋ^{22}tɕiɔʔ^{2}	认否着 ȵiŋ^{22}fu^{22}tɕiɔʔ^{2}	用得 iɔ̃^{22}tiʔ^{5}
74 温州	识 sei^{323}	否识 fu^{45}sei^{323}	用着 yɔ^{22}dʑia^{223}
75 永嘉	识 sɿ^{423}	否识 fu^{43}sɿ^{423}	用着 yɔ^{21}dʑia^{213}/uɔ^{21} dʑia^{213}
76 乐清	识 si^{323}	否识 fu^{35}si^{323}	用着 ɔ^{22}dʑiɯʌ^{223}"用"韵殊
77 瑞安	识 sei^{323}	否识 fɯ^{3}sei^{323}	用着 yo^{2}dʑiɔ^{323}
78 平阳	识 si^{34}	否识 fu^{45}si^{21}	用着 ye^{35}dʒɔ^{13}
79 文成	识 sei^{34}	否识 fu^{21}sei^{34}	用着 ye^{42}dʑie^{13}
80 苍南	识 ɕi^{223}	否识 fu^{3}ɕi^{223}	□ ia^{11}
81 建德徽	认着 in^{55}tsɑ^{0}	认弗着 in^{55}fɐʔ^{5}tsɑ^{213}	好个 hɔ^{21}kɐʔ^{5}
82 寿昌徽	认着 ȵien^{33}ts^{h}ɔʔ^{31}	认勿着 ȵien^{33}uəʔ^{3}ts^{h}ɔʔ^{31}	好个 xɤ^{24}kəʔ^{0}
83 淳安徽	认得着 in^{53}tiʔ^{5}ts^{h}ɑʔ^{13}	认不着 in^{53}pəʔ^{5}ts^{h}ɑʔ^{13}	好个 hɤ^{55}kɑ^{21}
84 遂安徽	认着 vin^{55}tɕiɔ^{21}	认不着 vin^{55}pəɯ^{33}tɕiɔ^{21}	好 xɔ^{213}
85 苍南闽	北$^{=}$ pɐ^{43}	唔北$^{=}$ m^{21}pɐ^{43}	解使 e^{43}sai^{43}
86 泰顺闽	晓得 ɕiøu^{344}tei^{0}	无得 møʔ^{3}tei^{0}	行 ɛ^{22}
87 洞头闽	别$^{=}$ pɐt^{24}	唔别$^{=}$ m^{212}pɐt^{24}	解使着 e^{21}sɐt^{5}tieu^{21}
88 景宁畲	认着 ȵin^{51}tɕ^{h}ioʔ^{2}	𠍁认着 mai^{44}ȵin^{51}tɕ^{h}ioʔ^{2}	□ tit^{5} 肯 xieŋ^{325}

方言点	0913 不行应答语	0914 肯～来	0915 应该～去
01 杭州	不好的 paʔ^{3} xɔ^{55} ti^{0}	肯 kʰəŋ^{53}	应该 iŋ^{33} kɛ^{45}
02 嘉兴	勿来 vəʔ^{5} lᴇ^{33} 勿好 vəʔ^{5} hɔ^{21}	肯 kʰəŋ^{113}	应该 iŋ^{33} kᴇ^{42}
03 嘉善	弗来赛$^{=}$ fɜʔ^{5} lɛ^{13} sɛ^{53}	肯 kʰən^{334}	应该 in^{35} kɛ^{53}
04 平湖	勿来赛$^{=}$ vəʔ^{23} lɛ^{24} sɛ^{0}	肯 kʰən^{213}	应该 in^{44} kɛ^{53}
05 海盐	勿好 vəʔ^{5} xɔ^{334}	肯 kʰən^{423}	应该 in^{55} kɛ^{53}
06 海宁	弗来赛$^{=}$ fəʔ^{5} lɛ^{55} sɛ^{55} 弗来事 fəʔ^{5} lɛ^{55} zɿ^{55}	肯 kʰəŋ^{53} 高兴 kɔ^{55} ɕiŋ^{55}	该应 kei^{55} iŋ^{55}
07 桐乡	弗高兴 fəʔ^{3} kɔ^{44} ɕiŋ^{44}	肯 kʰəŋ^{53}	应该 iŋ^{44} kᴇ^{44}
08 崇德	弗来事 fəʔ^{3} lᴇ^{44} zɿ^{44}	肯 kʰəŋ^{53}	应该 iŋ^{44} kᴇ^{44}
09 湖州	弗来煞$^{=}$ fəʔ^{3} lei^{35} saʔ^{3}	肯 kʰən^{523}	应该 in^{44} kei^{44}
10 德清	弗好 fəʔ^{5} xɔ^{53}	肯 ken^{52}	该应界$^{=}$ kɛ^{44} in^{44} ka^{44}
11 武康	勿来煞$^{=}$ vɜʔ^{2} lɛ^{11} sɜʔ^{5}	肯 kʰen^{53}	该应界$^{=}$ kɛ^{44} in^{44} ka^{44}
12 安吉	弗好 fəʔ^{3} hɔ^{52}	肯 kʰəŋ^{52}	应该 iŋ^{55} kᴇ^{55}
13 孝丰	弗好个 fəʔ^{3} hɔ^{45} kəʔ^{2}	肯 kʰəŋ^{52}	应该 iŋ^{32} kɛ^{213}
14 长兴	弗好 fəʔ^{3} hɔ^{52}	高兴 kɔ^{44} ʃiŋ^{44}	应该 iŋ^{32} kɯ^{24}
15 余杭	弗好个 fəʔ^{5} xɔ^{53} uo^{0}	肯 kiŋ^{53}	应该 iŋ^{55} kɛ^{55}
16 临安	弗成功 fɐʔ^{5} dzeŋ^{31} koŋ^{0}	高兴 kɔ^{33} ɕieŋ^{33}	应该 ieŋ^{53} kᴇ^{33}
17 昌化	无搭$^{=}$个 m^{11} taʔ^{5} kəʔ^{5} 不好个 pəʔ^{5} xɔ^{45} kəʔ^{5}	肯 kʰəŋ^{453}	应该 iəŋ^{54} kɛ^{334}
18 於潜	不好 pəʔ^{2} xɔ^{53}	肯 kʰeŋ^{51}	应该 iŋ^{43} ke^{433}
19 萧山	无慢$^{=}$ m^{33} mɛ^{21}	肯 kʰiŋ^{33}	应当 iŋ^{33} tɔ̃^{33}
20 富阳	弗好 fɛʔ^{5} hɔ^{423}	肯 kʰin^{423}	应该 in^{55} kɛ^{55}
21 新登	弗好 faʔ^{5} hɔ^{45}	肯 kʰeiŋ^{334}	应该 eiŋ^{53} ke^{334}
22 桐庐	勿好 vəʔ^{21} xɔ^{35}	肯 kʰəŋ^{33}	应该 iŋ^{55} kᴇ^{33}
23 分水	不好 pəʔ^{5} xɔ^{53}	肯 kʰən^{53}	应当 in^{44} tã^{44}
24 绍兴	勿好 veʔ^{2} hɔ^{334}	肯 kʰəŋ^{334}	应该 iŋ^{33} kᴇ^{53}

续表

方言点	0913 不行应答语	0914 肯～来	0915 应该～去
25 上虞	勿好个 vəʔ^{2}ho^{33}kəʔ^{2}	限板 ɛ̃^{21}pɛ̃^{35}	财$^{=}$要 ze^{21}iɔ^{35}
26 嵊州	弗好 fəʔ^{3}hɔ^{334}	肯 kʰeŋ^{53}	应该 iŋ^{53}kᴇ^{334}
27 新昌	弗得 feʔ^{3}teʔ^{5}	肯 kʰeŋ^{453}	该 ke^{534}
28 诸暨	弗好 fəʔ^{5}hɔ^{42}	肯 kʰin^{42}	应该 in^{33}ke^{33}
29 慈溪	弗肯 faʔ^{5}kʰəŋ^{0}	肯 kʰəŋ^{35}	应当 iŋ^{35}tɔ̃^{0}
30 余姚	覅 ua^{44}	肯 kʰə̃^{34}	应该 iə̃^{44}ke^{44}
31 宁波	弄勿来 noŋ^{13}vaʔ^{2}le^{0} 勿可以 vaʔ^{2}kʰəu^{44}i^{0}	肯 kʰəŋ^{35}	应当 iŋ^{44}tɔ^{44}
32 镇海	[弗要] fei^{53}	肯 kʰəŋ^{35}	应该 iŋ^{33}ke^{53}
33 奉化	弗好 faʔ^{2}hʌ^{35}	肯 kʰəŋ^{44}	限板 e^{32}pɛ^{44}
34 宁海	无相干 m^{21}ɕiã^{33}ke^{34}	滑$^{=}$ uaʔ^{3}	照门$^{=}$门$^{=}$ tɕieu^{33}məŋ^{21}məŋ^{35} 门$^{=}$门$^{=}$帐$^{=}$ məŋ^{21}məŋ^{0}tɕiã^{35}
35 象山	装弗来 tsɔ̃^{44}faʔ^{5}lei^{31}	会 uei^{31}	应当 iŋ^{44}tɔ̃^{44}
36 普陀	弄弗来 loŋ^{11}fɐʔ^{5}lɛ^{0}	肯 kʰɐŋ^{45}	要 iɔ^{55}
37 定海	弄弗来 loŋ^{11}fɐʔ^{5}lɛ^{0}	肯 kʰɐŋ^{45}	要 io^{44}
38 岱山	弄勿来 loŋ^{11}vɐʔ^{5}le^{0}	肯 kʰɐŋ^{325}	要 io^{44}
39 嵊泗	弄勿来 loŋ^{11}vɐʔ^{2}le^{0}	肯 kʰɐŋ^{445}	应该 iŋ^{33}ke^{53}
40 临海	弗 fəʔ^{5} 弗好用 fəʔ^{3}hɔ^{42}yoŋ^{0} 弗无告 fəʔ^{5}m^{21}kɔ^{0}	会 uəʔ^{5} 音殊	要 iəʔ^{5}
41 椒江	无用 vu^{22}yoŋ^{44}	有 iu^{42}	便要 bəʔ^{2}iɔ^{0}
42 黄岩	无用 vu^{13}yoŋ^{44}	有 iu^{42}	便要 bəʔ^{2}iɔ^{33}
43 温岭	无用 vu^{13}yuŋ^{44}	会 uoʔ^{5} 音殊 肯 kʰəŋ^{42}	便要 be^{13}iʔ^{5}
44 仙居	[弗好]用 fɐɯ^{53}ioŋ^{0}	会 uəʔ^{5} 音殊	应该 in^{55}kæ^{0}

续表

方言点	0913 不行应答语	0914 肯~来	0915 应该~去
45 天台	[弗好]用 fau^{51} yuŋ^{35}	武$^{=}$ vu^{214}	应当 iŋ^{33} tɔ^{33} 要 ieu^{55}
46 三门	没空 mɐʔ^{23} kʰoŋ^{334}	肯 kʰəŋ^{334}	应当 iŋ^{23} tɔ^{52}
47 玉环	无用 vu^{22} ioŋ^{44}	肯 kʰəŋ^{53}	应该 iŋ^{55} kie^{42}
48 金华	弗好 fəʔ^{3} xɑo^{535} 弗好个 fəʔ^{3} xɑo^{55} gəʔ^{0}	肯 kʰəŋ^{535}	该 kɛ^{334}
49 汤溪	[弗会]来 fuɛ^{52} lɛ^{11}	肯 kʰã^{535}	应该 iɛ̃i^{52} kɛ^{24}
50 兰溪	[弗会]来 fe^{45} le^{21}	肯 kʰæ̃^{55}	好 xɔ^{55}
51 浦江	弗好 fə^{33} xo^{55}	肯 kʰən^{53}	应该 iən^{55} ka^{334} 该 ka^{534}
52 义乌	勿好 bəʔ^{2} ho^{423}	肯 kʰən^{423}	该 ke^{335}
53 东阳	弗好 fɐ^{44} hɐɯ^{33}	肯 kʰɐn^{453}	应该 ɐn^{44} ke^{33}
54 永康	弗行 fə^{33} ɕiŋ^{55}	肯 kʰəŋ^{334}	该 kəi^{55}
55 武义	弗好 fəʔ^{5} xɤ^{445}	肯 kʰen^{445}	乐 ŋɑu^{53}
56 磐安	弗行 fə^{33} ɕiɐn^{213}	肯 kʰɐn^{334}	应该 iɐn^{55} ke^{334}
57 缙云	弗得 fɛ^{51} tei^{322}	肯 tɕʰiɛŋ^{51}	门份 mɛŋ^{44} faŋ^{453}
58 衢州	覅着 ve^{231} dʒyaʔ^{12}	会 ue^{231}	该当 kɛ^{32} tɑ̃^{53}
59 衢江	覅着 va^{22} dʑiaʔ^{2}	肯 kʰəŋ^{25}	应该 iŋ^{33} kɛ^{33}
60 龙游	覅着 vɛ^{22} dzɔʔ^{23}	肯 kʰən^{35}	应当 in^{33} tã^{334}
61 江山	[弗会]着 fa^{44} dəʔ^{0}	肯 kʰəŋ^{241}	应该 ĩ^{24} kᴇ^{44}
62 常山	[弗会]着 fɛ^{43} dʌʔ^{34}	肯 kʰoŋ^{52}	应该 ĩ^{44} kɛ̃^{44}
63 开化	弗可以 fəʔ^{4} kʰɔ^{53} i^{0} [弗会]着 fa^{53} daʔ^{13} 母$^{=}$ m^{2141}	肯 kʰɤŋ^{53}	该 ka^{44} 应该 in^{44} ka^{44}
64 丽水	用弗着 iɔŋ^{131} fəʔ^{4} dʑiɔʔ^{23} 老 弗行 fəʔ^{5} ɕin^{224} 新	肯 kʰen^{544}	应该 in^{44} kɛ^{224}
65 青田	弗好个 faʔ^{4} xœ^{55} kɛ^{0}	肯 kʰeŋ^{454}	应该 iŋ^{22} kɛ^{445}

续表

方言点	0913 不行应答语	0914 肯～来	0915 应该～去
66 云和	弗得 fuʔ^{4}tiʔ^{5}	肯 kʰɛ^{41}	应该 iŋ^{45}ka^{24}
67 松阳	弗好 fɤʔ^{3}xe^{212}	肯 kʰæ̃^{212}	应该 in^{24}kɛ^{53}
68 宣平	没法 mei^{52}fɑʔ^{0} 弗行 fəʔ^{5}ɕin^{324}	肯 kʰən^{445}	应该 in^{44}kei^{324}
69 遂昌	用弗着 iɔŋ^{21}fəɯʔ^{5}dɛʔ^{23}	肯 kʰəŋ^{533}	应该 iŋ^{33}kei^{45}
70 龙泉	弗 fɤɯʔ^{5}	肯 kʰᴇ^{51}	该 kᴇ^{434}
71 景宁	弗 fuʔ^{5}	肯 kʰaŋ^{33}	应该 iŋ^{35}kai^{0}
72 庆元	否好 fɤ^{33}xɐɯ^{33}	肯 kʰæ̃^{33}	应该 iŋ^{11}kæi^{335}
73 泰顺	用否得 iɔ̃^{22}fu^{22}tiʔ^{5}	肯 kʰɛ^{55}	乐 ŋɑɔ^{22}
74 温州	用否着 yɔ^{22}fu^{45}dʑia^{212}	肯 kʰaŋ^{25}	着 dʑia^{22}
75 永嘉	用否着 yɔ^{13}u^{0}dʑia^{213}/uɔ^{13}u^{0}dʑia^{213}	肯 kʰaŋ^{45}	着 dʑia^{22}
76 乐清	用否着 ɔ^{22}fu^{35}dʑiɯʌ^{212} "用"韵殊	肯 kʰaŋ^{35}	着 dʑiɯʌ^{22}
77 瑞安	用否着 yo^{22}vɯ^{0}dʑiɔ^{212}	肯 kʰaŋ^{35}	应该 iaŋ^{33}ke^{44}
78 平阳	用否着 ye^{13}u^{35}dʒɔ^{13}	肯 kʰaŋ^{45}	应该 iaŋ^{33}ke^{55}
79 文成	用否着 io^{21}fu^{45}dʑie^{21}	肯 kʰeŋ^{45}	应该 iaŋ^{33}ke^{33}
80 苍南	用否着 yɔ^{11}u^{0}dʑia^{112}	肯 kʰaŋ^{53}	应该 iaŋ^{33}ke^{44}
81 建德徽	弗好 fɐʔ^{5}hɔ^{213}	肯 kʰən^{213}	应该 in^{55}kɛ^{53}
82 寿昌徽	勿好 uəʔ^{3}xɤ^{24}	肯 kʰen^{24}	应该 ien^{33}kiɛ^{112}
83 淳安徽	不好个 pəʔ^{5}hɤ^{55}kɑ^{21}	肯 kʰen^{55}	应该 in^{21}kie^{55}
84 遂安徽	不行 pəɯ^{24}ɕin^{52}	肯 kʰəŋ^{213}	应该 in^{55}kəɯ^{534}
85 苍南闽	𣍐使 bue^{21}sai^{43}	肯 kʰən^{43}	着 tio^{24}
86 泰顺闽	唔行 n^{21}ɛ^{22}	□ øʔ^{3}	应该 ieŋ^{34}kai^{213}
87 洞头闽	𣍐使着 bue^{21}sɐt^{5}tieu^{21}	肯 kʰian^{53}	应该 ieŋ^{33}kai^{33}
88 景宁畲	唔肯 ŋ^{22}xieŋ^{325}	肯 xieŋ^{325}	应该 in^{325}kai^{44}

方言点	0916 可以~去	0917 说~话	0918 话说~
01 杭州	好 xɔ^{53}	说 suaʔ^{5} 话 uo^{13}	话语 ua^{13} y^{53}
02 嘉兴	好 hɔ^{544}	讲 kᴀ̃^{544}	闲话 ᴇ^{13} o^{21}
03 嘉善	好 xɔ^{44}	讲 kã^{44}	闲话 ɛ^{13} o^{31}
04 平湖	好 hɔ^{44}	讲 kɑ̃^{44}	闲话 ɛ^{24} o^{0}
05 海盐	好 xɔ^{423}	讲 kuɑ̃^{423}	闲话 ɛ^{24} o^{53}
06 海宁	好 hɔ^{53}	讲 kuɑ̃^{53}	闲话 ɛ^{33} o^{55}
07 桐乡	好 hɔ^{53}	讲 kɒ̃^{53}	闲话 ɛ^{21} o^{53}
08 崇德	好 hɔ^{53}	讲 kuã^{53}	说话 soʔ^{3} o^{44}
09 湖州	可以 kʰuo^{53} i^{13}	讲 kuã^{523}	闲话 ɛ^{33} uo^{35}
10 德清	好 xɔ^{52}	讲 kã^{52}	闲话 ɛ^{11} uo^{13}
11 武康	好 xɔ^{53}	讲 kã^{53}	闲话 ɛ^{11} o^{13}
12 安吉	好 hɔ^{52}	讲 kɔ̃^{52}	话 ʊ^{213}
13 孝丰	可以 kʰu^{45} i^{21}	讲 kɔ̃^{52}	说话 suoʔ^{5} ʊ^{44}
14 长兴	可以 kʰəu^{45} ʅ^{21}	讲 kɔ̃^{52}	说话 soʔ^{5} u^{21}
15 余杭	好 xɔ^{423}	讲 kɑ̃^{53}	话 uõ^{213}
16 临安	好 hɔ^{55}	讲 kɑ̃^{55}	闲话 ɛ^{33} uo^{13}
17 昌化	移=搭= i^{11} taʔ^{5}	讲 kũ^{453}	话 ua^{243}
18 於潜	可以 ku^{53} i^{31}	讲 tɕiaŋ^{51}	话 ua^{24}
19 萧山	好 xɔ^{42}	话 uo^{242}	话 uo^{242}
20 富阳	好 hɔ^{423}	讲 kɑ̃^{423}	说话 ɕyoʔ^{5} uo^{335}
21 新登	好 hɔ^{334}	讲 kɑ̃^{334}	话 ua^{13}
22 桐庐	好 xɔ^{33}	讲 kã^{33}	说话 ɕyəʔ^{5} uo^{33}
23 分水	好 xɔ^{53}	讲 kã^{53}	话 ua^{24}
24 绍兴	好 hɔ^{334}	话 uo^{22}	说话 suoʔ^{3} uo^{231}

续表

方言点	0916 可以~去	0917 说~话	0918 话说~
25 上虞	财⁼好 ze^{21} hɔ^{35}	话 uo^{31}	话 uo^{31}
26 嵊州	好 hɔ^{53}	讲 kɔŋ^{53}	话 uo^{24}
27 新昌	好 hɔ^{453}	讲 kɔ̃^{453}	话 uo^{13}
28 诸暨	好 hɔ^{42}	讲 kɑ̃^{42}	话 o^{33}
29 慈溪	好 hɔ^{35}	话 uo^{13}	空话 kʰuŋ^{44} uo^{44}
30 余姚	可以 kʰou^{34} i^{0} 好 hɔ^{34}	讲 kɔŋ^{34}	闲话 ã^{13} uo^{13} 话头 uo^{13} dø^{0}
31 宁波	好 hɔ^{44}	讲 kɔ^{35}	闲话 ɛ^{13} uo^{44}
32 镇海	好 hɔ^{35}	讲 kɔ̃^{35}	闲话 ɛ^{22} uo^{31}
33 奉化	好以 hʌ^{44} i^{33}	讲 kɔ̃^{545}	闲话 e^{33} uo^{33}
34 宁海	好 hau^{53}	讲 kɔ̃^{53}	□ ʑio^{24}
35 象山	好 hɔ^{53}	讲 kɔ̃^{44}	话 uo^{13}
36 普陀	好 xɔ^{45}	讲 kɔ̃^{45}	话 uo^{13}
37 定海	好 xɔ^{52}	讲 kõ^{45}	说话 soʔ^{5} uo^{0}
38 岱山	好 xɔ^{52}	讲 kõ^{325}	闲话 ɛ^{33} uo^{45}
39 嵊泗	好 xɔ^{53}	讲 kõ^{445}	闲话 ɛ^{31} uo^{0}
40 临海	好 hɔ^{52}	讲 kɔ̃^{42}	话 ua^{324}
41 椒江	好 hɔ^{42}	讲 kɔ̃^{42}	话 ua^{24}
42 黄岩	好 hɔ^{42}	讲 kɔ̃^{42}	话 ua^{24}
43 温岭	好 hɔ^{42}	讲 kɔ̃^{42}	话 o^{13}
44 仙居	可以 kʰo^{55} i^{0} 好 hɐɯ^{324}	讲 kɑ̃^{324}	话 o^{24}
45 天台	好 hau^{325}	讲 kɔ^{325}	话 uo^{35}
46 三门	无告⁼ m^{23} kɑu^{55}	讲 kɔ^{325}	话 o^{243}

续表

方言点	0916 可以~去	0917 说~话	0918 话说~
47 玉环	可以 kʰo^{53}i^{42}	讲 kɔ̃^{53}	话 ua^{22}
48 金华	好 xɑo^{535}	讲 kɑŋ^{535}	说话 ɕy^{55}uɑ^{14} 话 uɑ^{14}
49 汤溪	可以 kʰuɤ^{52}i^{113}	讲 kɔ^{535}	说话经 ɕy^{52}uɤ^{11}tɕiɛ̃i^{52} 说话 ɕy^{52}uɤ^{341}
50 兰溪	好 xɔ^{55}	讲 kɑŋ^{55}	说话 ɕy^{55}uɑ^{24}
51 浦江	好 xo^{53} 可以 kʰɯ^{55}i^{0}	讲 kõ^{53}	话 uɑ^{24}
52 义乌	好 ho^{423}	讲 kŋʷ^{423}	话 ua^{24}
53 东阳	好 hɐɯ^{453}	讲 kɔ^{44}	话 ua^{24}
54 永康	好 xɑu^{334}	讲 kɑŋ^{334}	话 uɑ^{241}
55 武义	好 xɤ^{445} 可以 kʰuo^{55}i^{0}	讲 kɑŋ^{445}	话 uɑ^{231}
56 磐安	可以 kʰuɤ^{33}i^{334}	讲 kɒ^{334}	话 ua^{14}
57 缙云	好 xəɤ^{51}	讲 kɔ^{51}	话 u^{213}
58 衢州	有法 iu^{231}faʔ^{5}	讲 kɑ̃^{35}	舌话 ʒyəʔ^{2}uɑ^{53}
59 衢江	有法 y^{212}faʔ^{0}	讲 kɑ̃^{25}	舌话 ʑyəʔ^{2}uo^{231}
60 龙游	好 xɔ^{35} 可以 kʰu^{51}i^{21}	讲 kã^{35}	说话 sɔʔ^{4}u^{21}
61 江山	有法 iɯ^{22}faʔ^{5}	话 yə^{31}	话事 yə^{22}ʑiɐ^{51}
62 常山	有法 iu^{24}faʔ^{0}	讲 kɔ̃^{52}	话事 ye^{24}se^{0}
63 开化	可以 kʰɔ^{53}i^{0}	讲 kɔŋ^{53}	话 yɛ^{213}
64 丽水	可以 kʰu^{544}i^{22}	讲 kɔŋ^{544}	话 uo^{131}
65 青田	可以 kʰu^{55}i^{53}	讲 ko^{454}	说话 ɕiuʔ^{4}u^{22}
66 云和	可以 kʰu^{44}i^{41}	讲 kɔ̃^{41}	话 o^{223}
67 松阳	有涝$^{=}$ uɤʔ^{2}lʌ^{13} 可以 kʰu^{33}i^{22}	讲 koŋ^{212}	说话 ɕyɛʔ^{3}u^{13} 话 u^{13}

续表

方言点	0916 可以~去	0917 说~话	0918 话说~
68 宣平	可以 kʰo^{44} i^{223}	讲 kɔ̃^{445}	话 o^{231}
69 遂昌	可以 kʰu^{53} i^{334} 好 xɐɯ^{533}	讲 kɔŋ^{533}	说话 ɕiuʔ^{5} u^{213} 话 u^{213}
70 龙泉	好 xɑʌ^{51}	讲 kɔŋ^{51}	谰 laŋ^{224}
71 景宁	可以 kʰo^{33} i^{35}	讲 kɔŋ^{33}	话 o^{113}
72 庆元	好 xɐɯ^{33} 可以 kʰu^{33} i^{33}	讲 kɔ̃^{33}	话 o^{31}
73 泰顺	…得 …tiʔ^{5} 可以 kʰu^{55} i^{22}	讲 kɔ̃^{55}	话 uɔ^{22}
74 温州	可以 kʰo^{33} i^{14}	讲 kuɔ^{25}	说话 ɕy^{42} o^{22}
75 永嘉	可以 kʰo^{45} i^{0}	讲 kɔ^{45}	话 o^{22}
76 乐清	可以 kʰo^{35} i^{21}	讲 kɔ^{35}	话 vɯʌ^{22}
77 瑞安	可以 kʰɔ^{35} i^{0}	讲 ko^{35}	话 u^{22}
78 平阳	可以 kʰo^{35} i^{21}	讲 ko^{45}	话 uo^{33}
79 文成	可以 kʰo^{33} i^{45}	讲 kuo^{45}	话 o^{424}
80 苍南	可以 kʰo^{53} i^{0}	讲 ko^{53}	话 uɔ^{11}
81 建德徽	好 hɔ^{213}	讲 ko^{213}	白话 pɑ^{21} o^{55}
82 寿昌徽	可以 kʰu^{55} i^{33}	讲 kɑ̃^{24}	说话 ɕy^{55} u^{55}
83 淳安徽	可以 kʰu^{55} i^{21}	讲 kon^{55}	说话 suəʔ^{5} u^{21}
84 遂安徽	可以 kʰuəɯ^{213} i^{52}	讲 koŋ^{534}	话 uɑ^{52}
85 苍南闽	可以 kʰɔ^{24} i^{32}	讲 kɑŋ^{43}	话 ue^{21}
86 泰顺闽	可以 kʰou^{344} i^{22}	讲 ko^{344}	话 ua^{31}
87 洞头闽	下$^{=}$ e^{21}	讲 koŋ^{42}	话 ue^{21}
88 景宁畲	可以 kʰo^{55} i^{51}	说 ɕyot^{5} 讲 kɔŋ^{325}	话 uɔ^{51}

方言点	0919 聊天儿	0920 叫～他一声儿	0921 吆喝大声喊
01 杭州	谈天 dɛ^{22}tʰiɛ^{45}	叫 tɕiɔ^{45}	叫 tɕiɔ^{45}
02 嘉兴	扯夜白 tsʰA^{21}iA^{13}bAʔ^{5}	喊 hE^{544}	喊 hE^{544}
03 嘉善	讲章 kã^{44}tsæ^{53}	喊 xɛ^{334}	喊 xɛ^{334}
04 平湖	讲孛⁼相 kɑ̃^{44}bəʔ^{5}siã^{0}	叫 tɕiɔ^{334} 喊 hɛ^{44}	喊 hɛ^{44}
05 海盐	讲空头 kuɑ̃^{53}kʰoŋ^{55}de^{21}	叫 tɕiɔ^{334} 喊 xɛ^{334}	喊 xɛ^{334}
06 海宁	讲空头 kuɑ̃^{55}kʰoŋ^{55}dəɯ^{53} 讲别⁼相 kuɑ̃^{55}bieʔ^{2}ɕiã^{0}	喊 hei^{35}	叫 tɕiɔ^{35}
07 桐乡	讲空头 kɒ̃^{53}kʰoŋ^{44}dɤɯ^{53}	叫 tɕiɔ^{334} 喊 hɛ^{334}	喊 hɛ^{334}
08 崇德	扯白谈 tsʰɑ^{53}baʔ^{23}dɛ^{44}	叫 tɕiɔ^{334} 喊 hɛ^{334} 比"叫"大声	喊 hɛ^{334}
09 湖州	聊白谈 liɔ^{22}baʔ^{3}dɛ^{35}	叫 tɕiɔ^{35}	喊 xɛ^{35}
10 德清	讲孛⁼相 kã^{44}bieʔ^{2}ɕiã^{0}	喊 xɛ^{334}	喊 xɛ^{334}
11 武康	讲天话 ka^{53}tʰiɪ^{44}o^{44}	喊 xɛ^{224}	喊 xɛ^{224}
12 安吉	谈天 dE^{22}tʰi^{55}	叫 tɕiɔ^{324}	喊 hE^{324}
13 孝丰	聊天 liɔ^{22}tʰiɪ^{44} 谈天 dɛ^{22}tʰiɪ^{44}	叫 tɕiɔ^{324}	喊 hɛ^{324}
14 长兴	讲孛⁼相 kɔ̃^{45}bɿ^{55}ʃiã^{21}	喊 hE^{324}	喊 hE^{324}
15 余杭	讲孛⁼相 kɑ̃^{53}baʔ^{2}ziɑ̃^{31}	叫 tɕiɔ^{423}	喊 xɛ^{423}
16 临安	谈白天 dɛ^{33}bɐʔ^{2}tʰie^{33}	喊 hɛ^{55}	叫 tɕiɔ^{55}
17 昌化	谈天 dɔ̃^{11}tʰiɪ̃^{334}	叫 tɕiɔ^{544}	喊 xɛ̃^{453}
18 於潜	谈白天 dɛ^{24}bɐʔ^{2}tʰie^{433}	叫 tɕiɔ^{35}	喊叫 xɛ^{35}tɕiɔ^{31}
19 萧山	讲说话 kɔ̃^{33}ɕyəʔ^{5}uo^{242}	讴 io^{533}	喊 xɛ^{42}
20 富阳	谈天 dã^{13}tʰiɛ̃^{53}	叫 tɕiɔ^{335}	叫 tɕiɔ^{335}
21 新登	谈天 dɛ^{233}tʰiɛ̃^{334}	喊 hɛ^{45}	喊 hɛ^{45}
22 桐庐	谈天 dã^{21}tʰie^{533}	叫 tɕiɔ^{35}	叫 tɕiɔ^{35}
23 分水	聊天 liɔ^{22}tʰiɛ̃^{44}	喊 xã^{53}	喊 xã^{53}

续表

方言点	0919 聊天儿	0920 叫～他一声儿	0921 吆喝大声喊
24 绍兴	讲闲话 kaŋ^{33}ɛ̃^{22}uo^{22}	讴 ɤ^{53}	射射讴 dza^{22}dza^{22}ɤ^{53}
25 上虞	讲大头天话 kɔ̃^{33}dʊ^{21}dɤ^{21}tʰiẽ^{33}uo^{31}	讴 ɤ^{35}	起河⁼头 tɕʰi^{33}ʊ^{21}dɤ^{31}
26 嵊州	讲摊头 kɔŋ^{33}tʰɛ̃^{53}dʏ^{231}	喊 hɛ̃^{334}	喊 hɛ̃^{334}
27 新昌	讲摊头 kɔ̃^{33}tʰɛ̃^{45}diɯ^{33}	喊 hɛ̃^{335}	呀⁼ ia^{534}
28 诸暨	扯淡 tsʰᴀ^{21}dɛ^{242}	喊 hɛ^{544}	喊 hɛ^{544}
29 慈溪	讲空话 kɔ̃^{33}kʰuŋ^{44}uo^{44} 讲摊头 kɔ̃^{33}tʰɛ^{44}dø^{13}	讴 əu^{35}	喊 hɛ̃^{44}
30 余姚	讲空话 kɔŋ^{34}kʰuŋ^{44}uo^{0} 讲闲话 kɔŋ^{34}ẽ^{13}uo^{13}	讴 ø^{44}	喊 hẽ^{44}
31 宁波	讲大道 kɔ^{35}da^{13}dɔ^{44}	讴 əu^{53}	嘶 ɕi^{53}
32 镇海	讲大道 kɔ̃^{33}da^{22}dɔ^{31}	讴 ei^{53}	嘶 ɕi^{53}
33 奉化	讲闲白直⁼ kɔ̃^{44}e^{33}baʔ^{2}dʑiɪʔ^{2}	讴 æi^{44}	嘶 ɕi^{44}
34 宁海	讲白谈 kɔ̃^{33}baʔ^{3}de^{31}	讴 au^{423}	呀⁼ ia^{423}
35 象山	讲白搭 kɔ̃^{44}baʔ^{2}taʔ^{5} 讲白谈 kɔ̃^{44}baʔ^{2}dɛ^{31}	讴 ɤɯ^{44}	大⁼ da^{31}
36 普陀	讲聊天 kɔ̃^{33}liɔ^{33}tʰi^{53}	讴 æi^{53}	叫 tɕiɔ^{55}
37 定海	讲聊天 kõ^{33}lio^{33}tʰi^{52}	讴 ɐi^{52}	讴 ɐi^{52}
38 岱山	讲聊天 kõ^{33}lio^{33}tʰi^{52}	讴 œʏ^{52}	讴 œʏ^{52}
39 嵊泗	讲聊天 kõ^{33}lio^{33}tʰi^{53}	讴 œʏ^{53}	讴 œʏ^{53}
40 临海	讲白搭 kɔ̃^{42}baʔ^{2}tɛ^{353}小 讲散碎 kɔ̃^{42}sɛ^{42}se^{55}	讴 ɔ^{31}	呀⁼ ia^{31}
41 椒江	讲白搭 kɔ̃^{42}baʔ^{2}tɛ^{51}小 搭白搭 tɛʔ^{3}baʔ^{2}tɛ^{51}小	讴 ɔ^{42}	呀⁼ ia^{42}
42 黄岩	搭白搭 təʔ^{3}bɐʔ^{2}tɛ^{51}小 卖白搭 ma^{13}bɐʔ^{2}tɛ^{51}小	讴 ɔ^{32}	呀⁼ ia^{32}
43 温岭	讲白搭 kɔ̃^{42}bəʔ^{2}tɛ^{51}小	讴 ɔ^{33}	呀⁼ ia^{33}
44 仙居	念大天书 ȵie^{24}do^{33}tʰie^{33}ɕy^{334}	讴 ɐɯ^{334}	讴 ɐɯ^{334}

续表

方言点	0919 聊天儿	0920 叫～他一声儿	0921 吆喝大声喊
45 天台	讲散 kɔ^{32}se^{32} 讲散散 kɔ^{32}se^{32}se^{51}	讴 au^{33}	呀= ia^{33}
46 三门	讲百=担= kɔ^{32}paʔ^{3}tɛ^{52}	讴 ɑu^{325}	喊叫 hɛ^{32}tɕiɑu^{55}
47 玉环	讲白搭 kɔ̃^{53}bɐʔ^{2}tɛ^{53}小	叫 tɕiɔ^{55}	呀= ia^{42}
48 金华	谈天 dɑ^{31}tʰia^{334}	讴 iu^{334}韵殊	烟= ia^{334}
49 汤溪	讲白搭 kɔ^{52}ba^{11}tuɑ^{55}	讴 əɯ^{24}	吆 yɑ^{24}
50 兰溪	谈天 duɑ^{21}tʰia^{334}	讴 əɯ^{334}	哄 oŋ^{24}
51 浦江	谈天儿 dɑ̃^{11}tʰiɑ̃n^{334}	讴 ɤ^{534}	盗= dɑ^{243}
52 义乌	谈天儿 dɔ^{22}tʰian^{335}	讴 ɐɯ^{335}	□ da^{312}
53 东阳	谈天儿 dɔ^{22}tʰin^{35}	讴 əɯ^{334}	（无）
54 永康	讲闲谈 kɑŋ^{33}a^{31}da^{22}	讴 ɑu^{55}	委= uəi^{334}
55 武义	聊天话 liɑ^{53}tʰie^{32}uɑ^{53}	讴 ɑu^{24}	□ xɤ^{24}
56 磐安	讲长短 kɒ^{55}dʑiɒ^{21}tɒ^{52}	讴 ɐɯ^{445}	讴 ɐɯ^{445}
57 缙云	念天谈 ȵia^{44}tʰia^{44}dɑ^{453}	讴 ɔ^{44}	央=□ iɑ^{44}uei^{51}
58 衢州	谈空天 dã^{21}kʰoŋ^{53}tʰiẽ^{32}	叫 tɕiɔ^{53}	叫 tɕiɔ^{53}
59 衢江	谈天 dã^{22}tʰie^{33}	吆 iɔ^{33}	吆 iɔ^{33}
60 龙游	跷白天 tɕʰiɔ^{33}bəʔ^{2}tʰie^{334}	吆 ɔ^{334}	□ nuɑ^{21}
61 江山	诶天 tɕiaʔ^{5}tʰiɛ̃^{44}	□ gyaŋ^{213}	□ gyaŋ^{213}
62 常山	跷天 tɕʰiɔ^{44}tʰiɛ̃^{44}	吆 iɔ^{44}	危= ue^{341}
63 开化	谈天 dã^{21}tʰiɛ̃^{44}	讴 ɯ^{44} 喊 xã^{53}	喊 xã^{53}
64 丽水	念白勺= ȵiɛ^{21}baʔ^{21}ʑiɔʔ^{23} 念谈天 ȵiɛ^{22}dã^{22}tʰiɛ^{224} 聊天 liə^{22}tʰiɛ^{224}	喊 xã^{52}	喊 xã^{52}
65 青田	讲聊天 ko^{55}lio^{22}tʰiɑ^{445}	喊 xɑ^{33}	叫 tɕiœ^{33}
66 云和	念闲天 ȵiɛ^{223}ã^{223}tʰiɛ^{24}	喊 xã^{45}	喊 xã^{45}
67 松阳	聊天 liɔ^{33}tʰiɛ̃^{53}	喊 xɔ̃^{24}	茄= dʑyə^{31} 喊 xɔ̃^{24}

续表

方言点	0919 聊天儿	0920 叫～他一声儿	0921 吆喝大声喊
68 宣平	念天话 ȵiɛ^{43}tʰiɛ^{32}o^{231}	讴 ɔ^{324}	讴 ɔ^{324}
69 遂昌	聊天 liɐɯ^{21}tʰiɛ̃^{45}	讴 ɐɯ^{45}	忽$^{=}$ xuɛʔ^{5}
70 龙泉	说闲谈 ɕyoʔ^{3}aŋ^{45}daŋ^{21}	喊 xaŋ^{45}	茄$^{=}$ dʑio^{21}
71 景宁	聊天 liɑu^{33}tʰiɛ^{324}	喊 xɔ^{35}	喊 xɔ^{35}
72 庆元	聊天 liɒ^{52}tʰiɑ̃^{335}	喊 xɑ̃^{33}	□ tɕyɑ^{52} 喊 xɑ̃^{33}
73 泰顺	讲闲谈 kɔ̃^{22}ã^{21}tã^{213}	喊 xã^{35}	大声喊 to^{21}ɕiŋ^{213}xã^{35}
74 温州	讲闲谈 kuɔ^{34}a^{22}da^{223}	叫 tɕiɛ^{51}	叫 tɕiɛ^{51}
75 永嘉	讲闲谈 kɔ^{43}a^{22}da^{21}	叫 tɕyə^{53}	□ ha^{53}
76 乐清	讲闲谈 kɔ^{34}ᴇ^{22}dᴇ^{223}	叫 tɕiɤ^{41}	叫 tɕiɤ^{41}
77 瑞安	讲闲谈 ko^{35}ɔ^{22}dɔ^{21}	叫 tɕy^{53}	叫 tɕy^{53}
78 平阳	讲拉天 ko^{45}lɔ^{33}tʰie^{33}	叫 tɕye^{53}	喊 xɔ^{45}
79 文成	讲闲谈 kuo^{33}o^{21}dɔ^{33}	叫 tɕyø^{33}	叫 tɕyø^{33}
80 苍南	讲闲谈 ko^{3}a^{11}da^{11}	叫 tɕyɔ^{42}	喊 ha^{53}
81 建德徽	谈天 tɛ^{33}tʰie^{53}	讴 ɤɯ^{53}	□ yɑ^{53}
82 寿昌徽	谈天 tʰuə^{11}tʰi^{112}	□ yɑ^{52}	□ yɑ^{52}
83 淳安徽	谈天 tʰɑ̃^{43}tʰiɑ̃^{24}	讴 ɯ^{24}	□ iɑ^{24}
84 遂安徽	谈天 tʰɑ̃^{33}tʰiɛ̃^{534}	叫 tɕiɔ^{43}	喊 xɑ̃^{52}
85 苍南闽	讲笑谈 kɑŋ^{33}tɕʰio^{33}tan^{24}	叫 kio^{21}	哗 hua^{43}
86 泰顺闽	闲讲 ɛ^{21}ko^{344}	喊 xæŋ^{53}	大声雷战 ta^{21}ɕiæŋ^{213}lai^{22}tɕie^{53}
87 洞头闽	聊天 liau^{24}tʰĩ^{55}	叫 kieu^{21}	哗 hua^{53} 叫 kieu^{21}
88 景宁畲	聊天 liau^{22}tʰan^{44} 乱说 lɔn^{51}ɕyot^{5}	喽 uo^{325}	叫 tɕiɔ^{44}

方言点	0922 哭小孩～	0923 骂当面～人	0924 吵架 动嘴：两个人在～
01 杭州	哭 kʰoʔ^{5}	骂 ma^{13}	闹架儿 nɔ^{13}tɕia^{45}əl^{53}
02 嘉兴	哭 kʰoʔ^{5}	骂 mo^{113}	吵相骂 tsʰɔ^{21}ɕiÃ^{24}mo^{21}
03 嘉善	哭 kʰuoʔ^{5}	骂 mo^{113}	触离 tsʰuoʔ^{5}li^{31}
04 平湖	哭 kʰoʔ^{23}	骂 mo^{213}	称$^{=}$相骂 tsʰən^{44}siã^{53}mo^{0}
05 海盐	哭 kʰɔʔ^{23}	骂 mo^{213}	称$^{=}$相骂 tsʰən^{55}ɕiɛ̃^{53}mo^{21}
06 海宁	哭 kʰoʔ^{5}	骂 mo^{13}	吵相骂 tsʰɔ^{55}ɕiã^{55}mo^{55} 趁$^{=}$相骂 tsʰəŋ^{55}ɕiã^{55}mo^{55}
07 桐乡	哭 kʰɔʔ^{5}	骂 mo^{213}	吵相骂 tsʰɔ^{53}siã^{44}mo^{0}
08 崇德	哭 kʰɔʔ^{5}	骂 mo^{13}	吵相骂 tsʰɔ^{53}ɕiã^{44}mo^{44}
09 湖州	哭 kʰuoʔ^{5}	骂 muo^{35}	相骂 ɕiã^{44}muo^{44}
10 德清	哭 kʰuoʔ^{5}	骂 muo^{334}	吵相骂 tsʰɔ^{44}ɕiã^{44}muo^{44}
11 武康	哭 kʰuoʔ^{5}	骂 mu^{224}	吵相骂 tsʰɔ^{53}ɕiã^{44}mo^{44}
12 安吉	哭 kʰoʔ^{5}	骂 mʊ^{213}	讨相骂 tʰɔ^{32}ɕiã^{55}mʊ^{55}
13 孝丰	哭 kʰuoʔ^{5}	骂 mʊ^{324}	吵嘴 tsʰɔ^{32}tse^{52}
14 长兴	哭 kʰoʔ^{5}	謷 dzɔʔ^{24}	相骂 ʃiã^{44}mu^{44}
15 余杭	哭 kʰoʔ^{5}	骂 muo^{213}	相骂 siɑ̃^{55}muo^{33}
16 临安	闹 nɔ^{33}	骂 muo^{33}	讨相骂 tʰɔ^{33}ɕiã^{53}muo^{33}
17 昌化	哭 kʰuəʔ^{5}	骂 mu^{243}	相骂 ɕiã^{33}mu^{453}
18 於潜	哭 kʰuəʔ^{53}	骂 ma^{24}	争相骂 tsaŋ^{433}ɕiaŋ^{43}ma^{24}
19 萧山	哭 kʰuoʔ^{5}	骂 mo^{242}	吵孽 tsʰɔ^{42}ȵieʔ^{13}
20 富阳	哭 kʰuoʔ^{5}	骂 mo^{335}	吵相骂 tsʰɔ^{423}ɕiɑ̃^{55}mo^{31}
21 新登	哭 kʰɔʔ^{5}	骂 mɑ^{13}	争相骂 tsɛ^{535}ɕiɑ̃^{334}mɑ^{13}
22 桐庐	哭 kʰuəʔ^{5}	骂 mo^{24}	争口 tsã^{55}kʰei^{33} 争相骂 tsã^{33}ɕiã^{55}mo^{33}
23 分水	哭 kʰuəʔ^{5}	骂 ma^{13}	吵架 tsʰɔ^{44}tɕia^{24}
24 绍兴	喊 hɛ̃^{334}	骂 mo^{22}	讨相骂 tʰɔ^{33}ɕiaŋ^{33}mo^{33}
25 上虞	哭 kʰoʔ^{5} 叫 tɕiɔ^{53}	骂 mo^{31}	讨相骂 tʰɔ^{33}ɕiã^{33}mo^{33}

续表

方言点	0922 哭 小孩～	0923 骂 当面～人	0924 吵架 动嘴：两个人在～
26 嵊州	叫 tɕiɔ^{334}	骂 mo^{24}	讨相骂 tʰɔ^{33} ɕiaŋ^{53} mo^{24}
27 新昌	叫 tɕiɔ^{335}	譥 zoʔ^{2}	讨相□ tʰɔ^{33} ɕiaŋ^{53} zoʔ^{2}
28 诸暨	哭 kʰoʔ^{5}	骂 mo^{33}	讨相骂 tʰɔ^{42} ɕiã^{21} mo^{33}
29 慈溪	叫 tɕiɔ^{44}	骂 mo^{13}	寻相骂 həŋ^{11} ɕiã^{35} mo^{0}
30 余姚	哭 kʰoʔ^{5}	骂 mo^{13}	寻相骂 iə̃^{13} ɕiaŋ^{44} mo^{13}
31 宁波	哭 kʰoʔ^{5}	譥 zoʔ^{2}	造孽 zɔ^{13} ȵiəʔ^{2}
32 镇海	哭 kʰoʔ^{5}	譥 zoʔ^{2}	造孽 zɔ^{22} ȵieʔ^{2}
33 奉化	哭 kʰoʔ^{5}	譥 zoʔ^{2}	造孽 zʌ^{33} ȵiɪʔ^{2}
34 宁海	哭 kʰoʔ^{5}	骂 mo^{24} 掇= tɔʔ^{5}	薄=嘴 bɔʔ^{3} tsɥ^{53}
35 象山	哭 kʰoʔ^{5}	譥 zoʔ^{2}	薄=嘴 boʔ^{2} tsɥ^{44}
36 普陀	哭 kʰoʔ^{5}	譥 zoʔ^{23}	造孽 zɔ^{33} ȵiɛʔ^{5}
37 定海	哭 kʰoʔ^{5}	譥 zoʔ^{2}	造孽 zɔ^{33} ȵieʔ^{5}
38 岱山	哭 kʰoʔ^{5}	譥 zoʔ^{2}	造孽 zɔ^{33} ȵieʔ^{5}
39 嵊泗	哭 kʰoʔ^{5}	譥 zoʔ^{2}	造孽 zɔ^{33} ȵiᴇʔ^{2}
40 临海	哭 kʰoʔ^{5}	□ tøʔ^{5}	吵相骂 tsʰɔ^{42} ɕiã^{33} mo^{55}
41 椒江	哭 kʰoʔ^{5}	□ tøʔ^{5}	吵相骂 tsʰɔ^{42} ɕiã^{33} mo^{44}
42 黄岩	哭 kʰoʔ^{5}	□ tøʔ^{5}	吵杠 tsʰɔ^{42} kɔ̃^{35}小
43 温岭	□ da^{31}	□ tøʔ^{5}	争相骂 tsã^{33} ɕiã^{35} mo^{44}
44 仙居	叫 tɕiɐɯ^{55}	督= ɗuəʔ^{5}	相骂 ɕia^{55} mo^{55}
45 天台	拉叫 la^{33} kieu^{55}	答= təʔ^{5}	舫嘴 tei^{32} tɕy^{31}
46 三门	西= ɕi^{334} 赞= tsɛ^{55}	督= toʔ^{5}	拔=相骂 bɐʔ^{2} ɕiɑ̃^{55} mo^{55}
47 玉环	哭 kʰoʔ^{5}	譥 zoʔ^{2}	争相骂 tsa^{33} ɕia^{33} mo^{44}
48 金华	哭 kʰoʔ^{4}	骂 mɤa^{14}	吵相骂 tsʰɑo^{55} siɑŋ^{33} mɤa^{55} 争相骂 tsɑŋ^{33} siɑŋ^{33} mɤa^{55}

续表

方言点	0922 哭 小孩～	0923 骂 当面～人	0924 吵架 动嘴：两个人在～
49 汤溪	哭 kʰou^{55}	骂 mɤ^{341}	相争 sɤa^{33}tsa^{24}
50 兰溪	哭 kʰuəʔ^{34}	骂 mia^{24} 贱⁼ zie^{24}	相争 siɑŋ^{334}tsæ̃^{334}
51 浦江	哭 kʰɯ^{423}	骂 mia^{24}	讨相骂 tʰo^{33}ɕyõ^{55}mia^{0} 争相骂 tsɛ̃^{33}ɕyõ^{33}mia^{55}
52 义乌	哭 kʰau^{324}	骂 mɯa^{24}	相争 sɯa^{33}tsɛ^{45}
53 东阳	哭 kʰou^{334}	謽 zo^{24}	争相骂 tsɛ^{33}ɕiɔ^{33}mɐɯ^{33}
54 永康	叫 iɑu^{52}	骂 muɑ^{241}	相争 ɕiɑŋ^{33}tsai^{55}
55 武义	叫 ie^{53} 哭 kʰɔʔ^{5}	骂 muɑ^{231}	相争 ɕiɑŋ^{55}tsa^{24}
56 磐安	哭 kʰʌo^{334} 赖叫 la^{52}tɕio^{52}	謽 zuə^{213}	相争 ɕiɒ^{33}tsɛ^{445}
57 缙云	叫 iəɤ^{453}	倒⁼ təɤ^{51} 骂 mu^{213}	相争 ɕiɑ^{44}tsa^{44}
58 衢州	哭 kʰuəʔ^{5}	骂 mɑ^{231}	相争 ɕiã^{35}tɕiã^{32}
59 衢江	叫 iɔ^{53}	骂 muo^{231}	争 tɕiɛ^{33}
60 龙游	叫 iɔ^{51}	骂 m^{231}	相争 ɕiã^{33}tsɛ^{334}
61 江山	叫 iɐɯ^{51}	骂 mo^{31}	相争 ɕiaŋ^{44}tsaŋ^{44}
62 常山	啼 die^{341}	骂 mie^{131}	相争 ɕiã^{44}tsĩ^{44}
63 开化	叫 iəɯ^{412}	骂 miɛ^{213}	相骂 ɕiã^{44}miɛ^{213}
64 丽水	哭 kʰuʔ^{5}	骂 muo^{544}	相争 ɕiã^{44}tsa^{224}
65 青田	哭 kʰuʔ^{42}	周 zoʔ^{31}	相謽 ɕi^{33}zoʔ^{31}
66 云和	叫 iɑɔ^{45}	謽 zoʔ^{2}	相争 ɕiã^{44}tsɛ^{24}
67 松阳	叫 iɔ^{24}	謽 zoʔ^{23}	相争 ɕiã^{24}tsa^{53} 争起 tsã^{53}tɕʰi^{0}
68 宣平	叫 iɔ^{52} 赖叫 la^{22}iɔ^{52}	謽 zəʔ^{23}	相争 ɕiɑ̃^{44}tsɛ^{324}
69 遂昌	叫 iɐɯ^{334}	謽 zɔʔ^{23}	相争 ɕiaŋ^{33}tɕiaŋ^{45}

续表

方言点	0922 哭小孩～	0923 骂当面～人	0924 吵架 动嘴：两个人在～
70 龙泉	叫 iɑʌ^{45}	謷 zouʔ^{24}	相謷 ɕiaŋ^{45} zouʔ^{24}
71 景宁	叫 iɑu^{35}	謷 zoʔ^{23}	相謷 ɕiɛ^{55} zoʔ^{23}
72 庆元	叫 iɒ^{11}	謷 soʔ^{34}	相争 ɕiɑ̃^{33} tsæ̃^{335}
73 泰顺	叫 tɕiɑɔ^{35}	謷 soʔ^{2}	相謷 ɕiã^{22} soʔ^{2}
74 温州	哭 k^{h}u^{323}	謷 zo^{212}	乱起 lø^{22} ts^{h}ɿ^{0}
75 永嘉	哭 k^{h}u^{423}	謷 zo^{213} 忓 ts^{h}a^{53} 女性使用 讃 kaŋ^{53} 男性使用	相乱 ɕiɛ^{43} lø^{22}
76 乐清	哭 k^{h}u^{323}	謷 zo^{212}	相謷 siɯʌ^{35} zo^{212}
77 瑞安	哭 k^{h}ɯ^{323}	忓 ts^{h}ɔ^{53}	乱 lø^{22}
78 平阳	哭 k^{h}u^{34}	謷 zo^{12}	乱缠 lɵ^{33} dʑie^{42}
79 文成	哭 k^{h}u^{34}	讃 kuøn^{33} 謷 zo^{12}	拌嘴 bø^{21} tɕy^{45}
80 苍南	哭 k^{h}u^{223}	謷 zo^{112} 忓 ts^{h}a^{42} 女性使用 讃 kuaŋ^{42} 男性使用	造孽 zɛ^{11} ȵiɛ^{112} 乱场 lø^{31} dʑiɛ^{31}
81 建德徽	哭 k^{h}uɐʔ^{5}	骂 mo^{55}	争口 tsɛ^{53} k^{h}ɤɯ^{213}
82 寿昌徽	哭 k^{h}ɔʔ^{3}	謷 sɔʔ^{31}	争相争 tsæ̃^{11} ɕiɑ̃^{33} tsæ̃^{112}
83 淳安徽	哭 k^{h}oʔ^{5}	骂 mo^{53}	争口 tsɑ̃^{24} k^{h}ɯ^{55}
84 遂安徽	哭 k^{h}u^{24}	骂 mɑ^{52}	相争 ɕiɑ̃^{33} tsɑ̃^{534}
85 苍南闽	□ hau^{43}	骂 ma^{21}	冤$^{=}$架 ũã^{33} ke^{55}
86 泰顺闽	叫 kiɐu^{53}	鸟$^{=}$ teu^{344}	单$^{=}$喙 tæŋ^{21} tɕ^{h}y^{53}
87 洞头闽	扣$^{=}$ k^{h}au^{21}	骂 mã^{21}	三$^{=}$骂 sã^{33} mã^{21}
88 景宁畲	叫 kiəu^{44}	骂 mɔ^{44}	双骂 soŋ^{44} mɔ^{44}

方言点	0925 骗～人	0926 哄～小孩	0927 撒谎
01 杭州	骗 pʰiɛ^{45}	哄 xoŋ^{53}	说造话 soʔ^{5} dzɔ^{13} ua^{53}
02 嘉兴	骗 pʰie^{224}	骗 pʰie^{224}	造乱说 zɔ^{13} lə^{21} səʔ^{5}
03 嘉善	骗 pʰiɪ^{334}	漏= lə^{113}	造乱说 zɔ^{22} løʔ^{2} søʔ^{5}
04 平湖	骗 pʰie^{213}	拐 kua^{44}	瞎讲 haʔ^{3} kɑ̃^{44} 骗人 pʰiɛ^{44} ȵin^{0}
05 海盐	骗 pʰiɛ^{334}	拐 kuɑ^{423}	瞎念 xaʔ^{5} ȵiɛ^{334}
06 海宁	骗 pʰie^{35}	拐 kua^{53}	造出来 zɔ^{33} tsʰəʔ^{5} lei^{0}
07 桐乡	骗 pʰiᴇ^{334}	拐 kua^{53}	骗人 pʰiᴇ^{33} ȵiŋ^{13}
08 崇德	骗 pʰiɪ^{334}	拐 kuɑ^{53}	讲造话 kuã^{53} zɔ^{24} o^{0}
09 湖州	骗 pʰie^{35}	骗 pʰie^{35}	乱说 lɛ^{33} səʔ^{5}
10 德清	骗 pʰie^{334}	哄 xoŋ^{52}	讲造话 kã^{53} zɔ^{13} uo^{0}
11 武康	骗 pʰiɪ^{224}	哄 xoŋ^{53}	拆空 tsʰɜʔ^{5} kʰoŋ^{44}
12 安吉	骗 pʰi^{324}	骗 pʰi^{324}	讲造话 kɔ̃^{52} zɔ^{324} ʊ^{22}
13 孝丰	骗 pʰiɪ^{324}	哄 hoŋ^{52}	讲造话 kɔ̃^{52} zɔ^{243} ʊ^{22}
14 长兴	骗 pʰi^{324}	哄 hoŋ^{52}	乱闩= lɯ^{32} sɯ^{24}
15 余杭	骗 pʰiẽ^{423}	骗 pʰiẽ^{423}	拆空 tsʰəʔ^{5} kʰoŋ^{55}
16 临安	骗 pʰie^{55}	哄 hoŋ^{55}	讲造话 kɑ̃^{55} zɔ^{33} uo^{31}
17 昌化	骗 pʰiɪ̃^{544}	哄 xəŋ^{453}	讲造话 kũ^{45} zɔ^{23} u^{53} 骗人 piɪ̃^{54} nəŋ^{112}
18 於潜	骗 pʰie^{35}	哄 xoŋ^{51}	讲造话 tɕiaŋ^{53} zɔ^{24} ua^{24}
19 萧山	骗 pʰie^{42}	哄 xoŋ^{533}	讲造话 kɔ̃^{33} zɔ^{13} uo^{242}
20 富阳	骗 pʰiɛ̃^{335}	哄 hoŋ^{423}	讲鬼话 kɑ̃^{423} kuɛ^{423} uo^{335}
21 新登	骗 pʰiɛ̃^{45}	骗 pʰiɛ̃^{45}	讲鬼话 kɑ̃^{334} kue^{334} uɑ^{45}
22 桐庐	骗 pʰie^{35}	哄 xoŋ^{33}	骗人 pʰie^{35} niŋ^{13}
23 分水	骗 pʰiɛ̃^{24}	哄 xoŋ^{53}	讲谎话 kã^{53} xuã^{44} ua^{24}
24 绍兴	骗 pʰiẽ^{33}	哄 hoŋ^{334}	讲造话 kaŋ^{33} zɔ^{24} uo^{31}

续表

方言点	0925 骗～人	0926 哄～小孩	0927 撒谎
25 上虞	骗 pʰiẽ^{53}	抛$^{=}$ pʰɔ^{35}	造话 zɔ^{21} uo^{31}
26 嵊州	骗 pʰiẽ^{334}	哄 hoŋ^{53}	讲造话 kɔŋ^{53} zɔ^{24} uo^{231}
27 新昌	骗 pʰiɛ̃^{335}	哄 hoŋ^{453}	讲造话 kɔ̃^{33} zɔ^{22} uo^{232}
28 诸暨	骗 pʰie^{544}	骗 pʰie^{544}	造孽 zɔ^{33} nieʔ^{13}
29 慈溪	骗 pʰiẽ^{44}	骗 pʰiẽ^{44}	讲造话 kɔ̃^{33} dzɔ^{13} uo^{44}
30 余姚	骗 pʰiẽ^{44}	哄 huŋ^{34}	讲造话 kɔŋ^{34} dzɔ^{13} uo^{0}
31 宁波	骗 pʰi^{44} 哄 hoŋ^{35}	哄 hoŋ^{35}	拆乱话 tsʰaʔ^{5} lø^{13} uo^{44}
32 镇海	骗 pʰi^{53}	哄 hoŋ^{35}	拆乱话 tsʰaʔ^{5} lø^{22} uo^{31}
33 奉化	骗 pʰi^{53}	哄 hoŋ^{545}	拆乱话 tsʰaʔ^{5} lø^{33} uo^{31}
34 宁海	哄 hoŋ^{53} 骗 pʰie^{35}	哄 hoŋ^{53}	乱讲 lø^{22} kɔ̃^{53}
35 象山	骗 pʰi^{53}	哄 hoŋ^{44}	乱堆 lɤɯ^{31} tei^{44} 乱七八堆 lɤɯ^{31} tɕʰieʔ^{5} paʔ^{5} tei^{44}
36 普陀	骗 pʰi^{55}	哄 xoŋ^{45}	拆乱话 tsʰɐʔ^{3} lø^{11} uo^{55}
37 定海	骗 pʰi^{44}	哄 xoŋ^{45}	拆乱话 tsʰɐʔ^{3} lø^{11} uo^{44}
38 岱山	骗 pʰi^{44}	哄 xoŋ^{325}	拆乱话 tsʰɐʔ^{3} liʏ^{11} uo^{44}
39 嵊泗	骗 pʰi^{53}	哄 xoŋ^{445}	拆乱话 tsʰɐʔ^{3} liʏ^{11} uo^{45}
40 临海	哄 hoŋ^{42}	哄 hoŋ^{42}	乱讲 lø^{324} kɔ̃^{42}
41 椒江	旋 zø^{24}	哄 hoŋ^{42}	麻$^{=}$空讲 mo^{22} kʰoŋ^{33} kɔ̃^{42}
42 黄岩	旋 zø^{24}	哄 hoŋ^{42}	乱讲 lø^{13} kɔ̃^{42}
43 温岭	旋 ʑyø^{13}	哄 huŋ^{42}	讲酣$^{=}$话 kɔ̃^{42} hɛ^{35} ua^{44}
44 仙居	骗 pʰie^{55}	□ ɓæ^{324}	喝$^{=}$一$^{=}$ həʔ^{3} iəʔ^{5}
45 天台	甩 hueʔ^{5}	哄 hŋ^{325}	甩嘴 hueʔ^{1} tɕy^{325} 贼甩 zəʔ^{2} hueʔ^{5}
46 三门	拐 kua^{325}	哄 hoŋ^{325}	乱讲 lø^{23} kɔ^{325}

续表

方言点	0925 骗～人	0926 哄～小孩	0927 撒谎
47 玉环	旋 ʑyø^{22}	哄 hoŋ^{53}	乱讲 lø^{22} kɔ̃^{42}
48 金华	骗 pʰie^{55}	丈⁼ dʑiɑŋ^{14}	伯嚭 bəʔ^{21} pʰi^{535}
49 汤溪	骗 pʰie^{52}	哄 xɑo^{535} □ ɕiɔ^{55}	讲空话 kɔ^{52} kʰɑo^{24} uɤ^{0}
50 兰溪	骗 pʰie^{45}	哄 xoŋ^{55}	骗人 pʰie^{55} nin^{45} 人吃⁼ ʑiəʔ^{12} tɕʰieʔ^{34}
51 浦江	骗 pʰiẽ^{55}	□ iɑ̃^{24}	骗侬 pʰiẽ^{33} lən^{334}
52 义乌	骗 pʰie^{45}	惹 ȵia^{24}	老伯臆 lo^{33} pɛ^{33} i^{45} 乱滚念 lən^{33} kuən^{33} ȵia^{24}
53 东阳	骗 pʰi^{453}	□ ləɯ^{24}	讲空话 kɔ^{44} kʰɔm^{44} ua^{53}
54 永康	骗 pʰie^{52}	□ uɑŋ^{52}	讲假话 kɑŋ^{33} guɑ^{31} uɑ^{241}
55 武义	骗 pʰie^{53}	哄 xoŋ^{445}	白骗 ba^{55} pʰie^{53} 骗侬 pʰie^{55} noŋ^{324}
56 磐安	骗 pʰie^{52}	哄 xɔom^{334} 骗 pʰie^{52}	讲空话 kɒ^{55} kʰɔom^{33} ua^{52}
57 缙云	骗 pʰiɛ^{453}	哄 xɔ̃ũ^{51}	白念 ba^{51} ȵia^{243}
58 衢州	骗 pʰiẽ^{53}	骗 pʰiẽ^{53}	骗人 pʰiẽ^{53} ȵin^{21}
59 衢江	骗 pʰie^{53}	骗 pʰie^{53}	骗侬 pʰie^{33} nəŋ^{212}
60 龙游	骗 pʰie^{51}	哄 xoŋ^{35}	斑⁼ pɛ^{334} 讲鬼话 gã^{22} guei^{22} u^{231}
61 江山	骗 pʰiɛ̃^{51}	□ ɒ^{44}	骗侬 pʰiɛ̃^{44} naŋ^{213}
62 常山	骗 pʰiɛ̃^{324}	领⁼ lĩ^{24}	编喙 piɛ̃^{44} tɕʰy^{52}
63 开化	骗 pʰiɛ̃^{412}	哄 əŋ^{231}	乱讲 luõ^{21} kɔŋ^{53}
64 丽水	骗 pʰiɛ^{52}	哄 xɔŋ^{544}	造话 zə^{21} uɔ^{131}
65 青田	拐 kuɑ^{454}	□ iɑ^{22}	骗人 pʰiɛ^{33} neŋ^{53}
66 云和	骗 pʰiɛ^{45}	哄 xoŋ^{41}	瞎讲 xɔʔ^{4} kɔ̃^{41}
67 松阳	骗 pʰiɛ̃^{24}	哄 xəŋ^{212}	骗侬 pʰiɛ̃^{33} nəŋ^{31}

续表

方言点	0925 骗~人	0926 哄~小孩	0927 撒谎
68 宣平	骗 pʰiɛ^{52}	哄 xən^{445}	骗人 pʰiɛ^{44} nin^{433}
69 遂昌	骗 pʰiɛ̃^{334}	旋 ʑyɛ̃^{213}	骗侬儿 pʰiɛ̃^{33} nəŋ^{22} ȵiɛ^{213} 讲假话 kɔŋ^{53} kɒ^{55} u^{213}
70 龙泉	哄 ɔŋ^{21}	骗 pʰiᴇ^{45}	哄爽 ɔŋ^{45} sɔŋ^{51}
71 景宁	骗 pʰiɛ^{35}	惜 ɕiaʔ^{5}	骗人 pʰiɛ^{33} naŋ^{41}
72 庆元	骗 pʰiɛ̃^{11}	哄 xoŋ^{33}	骗侬 pʰiɛ̃^{11} noŋ^{52}
73 泰顺	骗 pʰiɛ^{35}	骗 pʰiɛ^{35}	讲瞎 kɔ̃^{22} xɔʔ^{5}
74 温州	骗 pʰi^{51}	哄 hoŋ^{25}	讲譀话 kuɔ^{33} ha^{42} o^{22}
75 永嘉	骗 pʰi^{53}	□ y^{13}	骗 pʰi^{53}
76 乐清	骗 pʰiᴇ^{41}	哄 hoŋ^{35}	讲谎话 kɔ^{34} hɔ^{42} vɯʌ^{22}
77 瑞安	骗 pʰi^{53}	哄 hoŋ^{35}	呷$^{=}$ hɔ^{323}
78 平阳	骗 pʰie^{53}	哄 xoŋ^{45}	讲谎话 ko^{33} xo^{33} uo^{13}
79 文成	骗 pʰie^{33}	哄 xoŋ^{35}	讲谎话 kuo^{33} xuo^{33} o^{33}
80 苍南	骗 pʰiɛ^{42}	哄 hoŋ^{53}	讲谎话 ko^{33} ha^{53} uɔ^{11}
81 建德徽	骗 pʰie^{33}	骗 pʰie^{33}	生鬼话 sɛ^{53} kue^{21} o^{55}
82 寿昌徽	骗 pʰi^{33}	哄 xɔŋ^{24}	赖$^{=}$天 lɑ^{33} tʰi^{112}
83 淳安徽	骗 pʰiã^{24}	哄 hon^{55}	骗侬 pʰiã^{24} lon^{435} 乱话七$^{=}$切$^{=}$ lã^{53} u^{21} tɕʰiʔ^{5} tɕʰiɑʔ^{21}
84 遂安徽	骗 pʰiɛ̃^{43}	哄 xoŋ^{213}	拉扯风 lɑ^{55} tsʰə^{21} fəŋ^{55}
85 苍南闽	骗 pʰian^{21}	皂$^{=}$ so^{21}	讲谎话 kɑŋ^{43} huan^{24} hue^{21}
86 泰顺闽	骗 pʰie^{53}	□ ɕiæŋ^{22}	骗侬 pie^{34} nəŋ^{22}
87 洞头闽	骗 pʰian^{21}	皂$^{=}$ so^{21}	讲□□话 koŋ^{33} hau^{33} ɕiau^{212} ue^{21}
88 景宁畲	骗 pʰien^{44}	骗 pʰien^{44}	造话 sau^{51} uɔ^{51}

方言点	0928 吹牛	0929 拍马屁	0930 开玩笑
01 杭州	吹腮儿 ts^{h}uei^{55} sɛ^{33} əl^{45}	搨马屁 t^{h}aʔ^{3} ma^{55} p^{h}i^{0}	寻开心 dʑiŋ^{22} k^{h}ɛ^{33} ɕiŋ^{45}
02 嘉兴	吹牛屄 ts^{h}ɿ^{33} ȵiu^{21} pi^{33}	拍马屁 p^{h}ᴀʔ^{5} mo^{21} p^{h}i^{24}	寻开心 dʑiŋ^{21} k^{h}ᴇ^{33} ɕiŋ^{33}
03 嘉善	吹牛屄 ts^{h}ɿ^{35} ȵiə^{55} pi^{0}	翘须 tɕ^{h}iɔ^{55} ɕy^{0}	道仙 dɔ^{13} ɕiɪ^{53}
04 平湖	吹牛屄 ts^{h}ɿ^{44} ȵiəɯ^{0} pi^{0}	拍马屁 p^{h}aʔ^{23} mo^{24} p^{h}i^{53}	寻开心 zin^{24} k^{h}ɛ^{44} sin^{53}
05 海盐	吹牛屄 ts^{h}ɿ^{55} ȵio^{24} pi^{53}	拍马屁 p^{h}aʔ^{23} mo^{53} p^{h}i^{213}	寻开心 dʑin^{31} k^{h}ɛ^{55} ɕin^{53}
06 海宁	吹牛屄 ts^{h}ɿ^{55} ȵiəu^{33} pi^{55}	翘须 tɕ^{h}iɔ^{55} ɕi^{55}	打朋⁼ tɑ̃^{55} bɑ̃^{33} 造别⁼相 zɔ^{33} bieʔ^{2} ɕiã^{0}
07 桐乡	吹牛屄 ts^{h}ɿ^{44} ȵiɤɯ^{21} pi^{44}	拍马屁 p^{h}aʔ^{3} mo^{24} p^{h}i^{0}	寻开心 ziŋ^{21} k^{h}ᴇ^{44} siŋ^{44}
08 崇德	吹牛屄 ts^{h}ɿ^{44} ȵiɤɯ^{21} pi^{44}	拍马屁 p^{h}aʔ^{3} mo^{55} p^{h}i^{0}	寻开心 ʑiŋ^{21} k^{h}ᴇ^{44} ɕiŋ^{44}
09 湖州	吹牛屄 ts^{h}ɿ^{53} ȵiʉ^{31} pi^{35}	拍马屁 p^{h}aʔ^{5} muo^{44} p^{h}i^{13}	淘嬉孛⁼相 dɔ^{22} ɕi^{33} bəʔ^{3} ɕiã^{33}
10 德清	吹牛屄 ts^{h}ɿ^{53} ȵiʉ^{33} pi^{35}	拍马屁 p^{h}aʔ^{5} muo^{44} p^{h}i^{0}	开玩笑 k^{h}ɛ^{53} øʉ^{33} ɕiɔ^{34}
11 武康	吹牛屄 ts^{h}ɿ^{53} ȵiø^{33} pi^{35}	搨马屁 t^{h}ɜʔ^{5} mo^{35} p^{h}i^{53}	讲笑话 kã^{53} ɕiɔ^{33} o^{53}
12 安吉	扯牛屄 ts^{h}a^{55} ȵiu^{22} pi^{55}	拍马屁 p^{h}a^{55} mʊ^{52} p^{h}i^{21}	搞淘嬉 kɔ^{52} dɔ^{22} ɕi^{22}
13 孝丰	吹牛屄 ts^{h}e^{44} ȵiu^{22} pi^{44}	拍马屁 p^{h}a^{44} mʊ^{45} p^{h}i^{21}	搞嬉 kɔ^{32} ɕi^{44} 搞淘嬉 kɔ^{45} dɔ^{21} ɕi^{21}
14 长兴	吹牛屄 ts^{h}ɿ^{44} ȵi^{12} pʅ^{44}	拍马屁 p^{h}a^{44} mu^{45} p^{h}ʅ^{21}	淘嬉 dɔ^{12} ʃʅ^{33}
15 余杭	扯牛屄 ts^{h}a^{55} ȵiʏ^{33} pi^{55}	拍马片⁼ p^{h}aʔ^{5} muo^{33} p^{h}iẽ^{53}	罗唣儿 lu^{13} zɔ^{31} n^{31}
16 临安	吹牛屄 ts^{h}ɿ^{55} ȵyœ^{53} pi^{33}	拍马屁 p^{h}ɐʔ^{5} muo^{33} p^{h}i^{53}	搞罗唣 kɔ^{55} lu^{33} zɔ^{33}
17 昌化	吹牛屄 ts^{h}ei^{33} ȵi^{11} pi^{334}	拍马屁 p^{h}a^{33} mu^{23} p^{h}i^{544}	搞搞嬉 kɔ^{45} kɔ^{45} sɿ^{334}
18 於潜	拉天 la^{43} tie^{433}	拍马屁 p^{h}ɐʔ^{53} ma^{53} p^{h}i^{31}	搞嬉 kɔ^{53} ɕi^{433}
19 萧山	吹牛屄 ts^{h}ɿ^{33} ȵio^{13} pi^{33}	搨麻油 t^{h}aʔ^{5} mo^{13} io^{355}	蛮蛮 mɛ^{33} mɛ^{42}
20 富阳	吹牛屄 ts^{h}ɛ^{55} ȵiʊ^{13} pi^{55}	搨马屁 t^{h}ɛʔ^{5} mo^{224} p^{h}i^{335}	讲笑话 kɑ̃^{423} ɕiɔ^{335} uo^{53}
21 新登	吹牛屄 ts^{h}ɥ^{53} ȵy^{233} pi^{334}	搨麻油 t^{h}əʔ^{5} ma^{233} y^{233}	讲笑话 kɑ̃^{344} ɕiɔ^{45} ua^{21}
22 桐庐	吹牛屄 tɕ^{h}yᴇ^{33} niəu^{21} pi^{35}	拍马屁 p^{h}ᴀʔ^{5} mo^{33} p^{h}i^{33}	搞嬉 kɔ^{33} ɕi^{533}
23 分水	吹牛 ts^{h}ue^{44} ȵiɵ^{21}	拍马屁 p^{h}əʔ^{5} ma^{44} p^{h}i^{21}	开玩笑 k^{h}ɛ^{44} uã^{22} ɕiɔ^{24}

续表

方言点	0928 吹牛	0929 拍马屁	0930 开玩笑
24 绍兴	吹牛屄 tsʰɿ^{33} ȵiɤ^{22} pi^{53}	拍马屁 pʰəʔ^{3} mo^{24} pʰi^{31}	作乐 tsoʔ^{3} loʔ^{2}
25 上虞	吹牛屄 tsʰɿ^{33} ȵiɤ^{21} pi^{35}	抛$^{=}$马屁 pʰɔ^{33} mo^{21} pʰi^{53}	开玩笑 kʰe^{33} uɛ̃^{21} ɕiɔ^{35} 取笑 tɕʰy^{33} ɕiɔ^{53}
26 嵊州	吹牛屄 tsʰɿ^{33} ȵiʏ^{22} pi^{334}	托马油 tʰəʔ^{3} mo^{22} iʏ^{231} 拍马屁 pʰaʔ^{3} mo^{24} pʰi^{53}	开玩笑 kʰE^{33} uɛ̃^{22} ɕiɔ^{334}
27 新昌	吹牛屄 tsʰɿ^{53} ȵiɯ^{13} pi^{33}	搨马屁 tʰɛʔ^{5} mo^{22} pʰi^{53}	调皮 diɔ^{22} bi^{22}
28 诸暨	吹牛屄 tsʰɿ^{33} niu^{21} pʅ^{42}	拍马屁 pʰaʔ^{21} mo^{33} pʰʅ^{33}	笑闲 ɕiɔ^{42} ɛ^{13}
29 慈溪	吹牛屄 tsʰɿ^{33} ŋiø^{13} pi^{35}	拍马屁 pʰaʔ^{5} mo^{13} pʰi^{44}	讲笑话 kɔ̃^{33} ɕiɔ^{44} uo^{44}
30 余姚	吹牛屄 tsʰɿ^{44} ȵiø^{13} pi^{44} 讲大话 kɔŋ^{34} dou^{13} uo^{0}	拍马屁 pʰaʔ^{5} mo^{13} pʰi^{53}	寻开心 iə̃^{13} kʰe^{44} ɕiə̃^{44}
31 宁波	讲大头天话 kɔ^{44} dəu^{13} dœʏ^{0} tʰi^{44} uo^{44}	拍马屁 pʰa^{53} mo^{13} pʰi^{0}	嬲和 na^{13} əu^{0}
32 镇海	旺$^{=}$兴$^{=}$ uɔ̃^{22} ɕiŋ^{53}	拍马屁 pʰa^{53} mo^{24} pʰi^{33}	解心焦 ka^{33} ɕiŋ^{53} tɕio^{33}
33 奉化	扯老蛋 tsʰo^{44} lʌ^{33} dɛ^{24}	拍马屁 pʰa^{53} mo^{33} pʰi^{44}	解心焦 ga^{22} ɕiŋ^{44} tɕiɔ^{53}
34 宁海	海$^{=}$ hei^{53} 海$^{=}$稻$^{=}$ hei^{33} dau^{31}	捧大腿 pʰoŋ^{53} dəu^{24} tʰei^{53} 拍马屁 pʰa^{53} mo^{31} pʰi^{35}	讲取笑 kɔ̃^{33} tsʰɥ^{33} ɕieu^{35}
35 象山	扯蛋 tsʰo^{44} dɛ^{13}	拍马屁 pʰa^{53} mo^{13} pʰi^{53}	开玩笑 kʰi^{44} uɛ^{13} ɕio^{44} 武$^{=}$ vu^{13}
36 普陀	发大兴$^{=}$ fɐʔ^{3} da^{11} ɕiŋ^{55}	拍马屁 pʰɐʔ^{3} mo^{45} pʰi^{0}	开玩笑 kʰɛ^{55} uɛ^{33} ɕiɔ^{55}
37 定海	扯淡 tsʰo^{33} dɛ^{13} 发大兴 fɐʔ^{3} da^{11} ɕiŋ^{44}	拍马屁 pʰɐʔ^{3} mo^{44} pʰi^{0}	抬城隍 dɛ^{33} dʑiŋ^{44} uõ^{52}
38 岱山	扯淡 tsʰo^{33} dɛ^{213}	拍马屁 pʰɔʔ^{3} mo^{45} pʰi^{52}	抬城隍 de^{33} dʑiŋ^{44} uõ^{52}
39 嵊泗	扯淡 tsʰo^{33} dɛ^{213}	拍马屁 pʰɐʔ^{3} mo^{45} pʰi^{0}	嬲和 na^{24} uo^{0}“和”韵殊
40 临海	讲大天书 kɔ̃^{42} do^{33} tʰi^{55} ɕy^{31} 话大乌龟 ua^{22} do^{22} u^{55} ky^{31} 吹牛 tɕʰy^{33} ŋə^{51}	拍马屁 pʰaʔ^{5} mo^{42} pʰi^{55}	讲谩笑 kɔ̃^{42} mɛ^{33} ɕiə^{55}
41 椒江	讲大话 kɔ̃^{42} dəu^{22} ua^{44}	吹朏臀 tsʰɥ^{33} kʰuəʔ^{5} døŋ^{41}	讲谩笑 kɔ̃^{42} mɛ^{22} ɕiə^{55}

续表

方言点	0928 吹牛	0929 拍马屁	0930 开玩笑
42 黄岩	王大虚 uɔ̃13 dou22 he35 小	吹朏臀 tsʰʮ33 kʰuəʔ5 døn41	讲谩 kɔ̃55 mɛ41 讲谩笑 kɔ̃42 mɛ22 ɕiɔ55
43 温岭	大喷 du13 pʰən55	吹朏臀 tɕʰy33 kʰuəʔ5 døn41	讲谩笑 kɔ̃42 mɛ13 ɕiɔ55
44 仙居	腿⁼卵⁼ tʰæ31 lø324	拍马屁 pʰaʔ3 mo21 pʰi55	讲好笑 kɑ̃31 hɐɯ21 ɕiɐɯ55
45 天台	拉天 la33 tʰie51 水甩天 ɕy32 hueʔ1 tʰie33	吹大卵 tɕʰy33 dou33 lø214	讲谩笑 kɔ32 me22 ɕieu55
46 三门	拉天 la33 tʰie52	吹大卵脬 tsʰʮ33 dʊ23 lø32 pʰɑu334	讲讲谩 kɔ32 kɔ32 mɛ252
47 玉环	吹牛皮 tɕʰy33 ȵiɤ44 bi31	拍马屁 pʰɐʔ3 mo53 pʰi35 小	讲谩笑 kɔ̃53 mɛ22 ɕiɔ55
48 金华	吹牛皮 tɕʰy33 ȵiu31 bi14	搨马屁 tʰəʔ4 mɤa53 pʰi55 老 拍马屁 pʰəʔ4 mɤa53 pʰi55 新	开玩笑 kʰɛ33 uɛ̃31 siɑo55
49 汤溪	拉天 lɤa11 tʰie24 吹牛皮 tɕʰy33 ȵiəɯ24 bi0	托马屁 tʰɔ52 mɤa11 pʰi52	讲好笑 kɔ52 xɔ52 sɤ52
50 兰溪	伯嚭 bəʔ12 pʰi45	讨好 tʰɔ55 xɔ55	讲笑 kɑŋ55 siɔ45
51 浦江	吹牛屄 tɕʰy33 ȵiɤ33 pi334	拍马屁 pʰo55 mia0 pʰi0	讲念笑 kõ33 ȵiɑ̃24 sɯ0
52 义乌	穿牛皮 tɕʰye33 ȵiɐɯ33 pi45	搨马屁 tʰau33 mɯa24 pʰi31	讲惹笑 kŋʷ33 ȵia22 sɯɤ45
53 东阳	大水话 dʊ22 sɿ44 ua33	拍马屁 pʰɐ44 mo33 pʰi53	讲笑话 kɔ44 tɕʰio33 ua33
54 永康	嚭作⁼ pʰi31 tsɑu334 伯嚭 ɓai33 pʰi334	捧脬 pʰoŋ31 pʰɑu241	惹取笑 ȵia31 tɕʰy31 ɕiɑu52
55 武义	屁罩⁼ pʰi55 tsɑu53	空脬 kʰoŋ53 pʰɑu24	开玩笑 kʰa55 ŋuo53 ɕie53
56 磐安	拉天 la33 tʰie445 吹牛 tɕʰy33 ȵiɐɯ213	拍马屁 pʰɛ33 mə14 pʰi52 捧大老八⁼ pʰɔom55 tu55 lo55 pə334	讲笑 kɒ52 tɕʰio52
57 缙云	伯嚭 pa51 pʰi51 老 拉天 la44 tʰia44 新	捧卵脬 pʰɔ̃ũ51 lai51 pʰɔ44	念玩 ȵia21 ma243
58 衢州	诶牛屄 tɕiaʔ5 ȵiu21 pi32	托马屁 tʰəʔ3 mɑ53 pʰi53	嬉罗喤 sɿ35 lu21 zɔ231
59 衢江	谈白天 dɑ̃22 baʔ2 tʰie33	托马屁 tʰəʔ3 muo22 pʰi53 托粪 tʰəʔ3 pɛ53	开玩笑 kʰei33 uɑ̃22 ɕiɔ53

续表

方言点	0928 吹牛	0929 拍马屁	0930 开玩笑
60 龙游	吹牛屄 tsʰuei^{33} ȵiəɯ^{33} pi^{334} 拉天 lɑ^{33} tʰie^{334}	拍马屁 pʰəʔ^{4} mɑ^{22} pʰi^{35}	寻开心 ʑin^{22} kʰei^{33} ɕin^{334}
61 江山	诶屄 tɕiaʔ^{2} pi^{44} 吹牛 tsʰuᴇ^{24} ŋɐɯ^{213}	托马屁 tʰaʔ^{5} mɒ^{22} pʰi^{51}	话笑话 yə^{22} tɕʰiɐɯ^{44} yə^{51}
62 常山	奖⁼拉⁼ tɕiã^{43} lɑ^{52} 吹牛 tsʰue^{44} ȵiu^{341}	拍马屁 pʰɛʔ^{4} mɑ^{22} pʰi^{324}	讲笑 kɔ̃^{43} tɕʰiɤ^{324}
63 开化	拉天 lɑ^{44} tʰiɛ̃^{44} 吹牛 tsʰuei^{44} ȵiʊ^{231} 讲大话 kɔŋ^{44} dɔ^{21} yɛ^{53}	托马屁 tʰɔʔ^{5} mɑ^{44} pʰi^{412}	讲笑 kɔŋ^{44} tɕʰiəɯ^{412}
64 丽水	吹牛屄 tsʰɥ^{44} ȵiəɯ^{22} pi^{224}	捧卵脬 pʰɔŋ^{44} luɛ^{44} pʰə^{224} 老 拍马屁 pʰaʔ^{4} muo^{44} pʰi^{52} 新	讲笑 kɔŋ^{44} tɕʰiə^{52} 老 开玩笑 kʰɛ^{44} uã^{21} ɕiə^{52} 新
65 青田	吹牛屄 tsʰɥ^{33} ŋæi^{22} ɓi^{445}	捧卵袋脬 pʰoŋ^{33} luɐ^{33} dɛ^{22} pʰo^{445}	讲笑 ko^{55} tɕʰiœ^{33}
66 云和	吹牛 tsʰɥ^{44} ȵiəɯ^{312}	捧卵脬 pʰəŋ^{44} luɛ^{44} pʰɑɔ^{24}	讲笑 kɔ̃^{44} tɕʰiɑɔ^{45}
67 松阳	吹牛皮 tɕʰy^{24} ŋei^{33} bi^{31}	捧卵脬 pʰəŋ^{33} lyɛ̃^{21} pʰɔ^{24}	开玩笑 kʰɛ^{24} uɔ̃^{21} tɕʰiɔ^{24}
68 宣平	拉天 la^{44} tʰiɛ^{324}	捧卵脬 pʰən^{44} lə^{43} pʰɔ^{324} 拍马屁 pʰaʔ^{4} mo^{22} pʰi^{52}	讲笑 kɔ̃^{44} tɕʰiɔ^{52}
69 遂昌	吹牛屄 tɕʰy^{55} ȵiɯ^{21} pi^{45}	托脬 tʰɔʔ^{3} pʰɐɯ^{45} 拍马屁 pʰɛʔ^{5} mɒ^{22} pʰi^{334}	开玩笑 kʰei^{55} uaŋ^{13} ɕiɐɯ^{334}
70 龙泉	沙⁼ so^{434}	捧 pʰəŋ^{51}	搞笑 ɡɑʌ^{21} tɕʰiɑʌ^{45}
71 景宁	吹牛 tɕʰy^{33} ȵiəɯ^{41}	拍马屁 pʰaʔ^{3} mo^{33} pʰi^{35} 捧卵脬 pʰəŋ^{33} lœ^{55} pʰɑu^{324}	讲笑 kɔŋ^{33} tɕʰiɑu^{35}
72 庆元	吹牛皮 tɕʰy^{33} ŋɐɯ^{52} pi^{52}	拍马屁 pʰɑʔ^{5} mo^{22} pʰi^{11}	开玩笑 kʰæi^{335} uɑ̃^{22} ɕiɒ^{11}
73 泰顺	吹牛屄 tɕʰy^{22} ȵiəu^{21} pi^{213}	拍马屁 pʰaʔ^{2} muə^{22} pʰi^{35}	开玩笑 kʰɛ^{22} uã^{21} ɕiɑɔ^{35}
74 温州	吹牛屄 tsʰɿ^{34} ŋau^{22} pei^{33}	拍马屁 pʰa^{3} mo^{24} pʰei^{323}	开玩笑 kʰe^{34} va^{22} ɕiɛ^{25}
75 永嘉	讲大话 kɔ^{33} dəu^{31} o^{22}	拍马匹⁼ pʰa^{43} mo^{13} pʰi^{423}	讲笑 kɔ^{53} ɕyə^{43}

续表

方言点	0928 吹牛	0929 拍马屁	0930 开玩笑
76 乐清	吹牛 tɕʰy^{44}ŋau^{223}	拍马屁 pʰa^{3}mɯʌ^{24}pʰi^{323}	开玩笑 kʰe^{43}vᴇ^{24}sɤ^{41}
77 瑞安	讲大话 ko^{33}dou^{31}yo^{22}	讨好 tʰɛ^{53}hɛ^{35}	开玩笑 kʰe^{35}ŋo^{22}ɕy^{35}
78 平阳	吹牛屄 tɕʰy^{33}ŋau^{21}pi^{33}	拍马屁 pʰᴀ^{33}mo^{45}pʰi^{13}	开玩笑 kʰe^{33}vɔ^{21}ɕye^{13}
79 文成	吹牛 tɕʰy^{33}ŋau^{33}	拍马屁 pʰa^{33}mo^{21}pʰei^{33}	讲笑 kuo^{33}ɕyø^{33}
80 苍南	讲大话 ko^{33}du^{31}uɔ^{11}	捧□ pʰoŋ^{42}pʰa^{44} 眙上否眙下 tsʰɿ^{42}dʑiɛ^{11}fu^{24} tsʰɿ^{42}o^{53}	讲笑 ko^{53}ɕyɔ^{42}
81 建德徽	吹牛皮 tɕʰye^{53}ȵiɤɯ^{33}pi^{33}	拍马屁 pʰɐʔ^{5}mo^{21}pʰi^{33} 托马屁 tʰo^{55}mo^{21}pʰi^{33}	搞嬉嬉 kɔ^{13}ɕi^{53}ɕi^{213}老 开玩笑 kʰɛ^{53}uɛ̃^{21}ɕiɔ^{55}新
82 寿昌徽	吹牛皮 tɕʰyei^{11}ȵiəɯ^{11}pʰi^{33}	托卵袋 tʰɔʔ^{3}len^{33}tʰiæ^{33}	讲讲笑 kɑ̃^{33}kɑ̃^{55}ɕiɤ^{33} 闹闹嬉嬉 lɤ^{55}lɤ^{33}ɕi^{11} ɕi^{112}
83 淳安徽	穿$^{=}$牛皮 tsʰuɑ̃^{24}iɯ^{43}pʰi^{24}	拍马屁 pʰɑʔ^{5}mo^{55}pʰi^{21}	开玩笑 kʰie^{24}uɑ̃^{55}ɕiɤ^{21}
84 遂安徽	吹牛皮 tsʰui^{33}iu^{33}pʰi^{33} 放天炮 fɑ̃^{55}tʰi^{55}pʰɔ^{55}	拍马屁 pʰo^{21}mɑ^{24}pʰi^{43}	开玩笑 kʰəɯ^{55}vɑ̃^{33}ɕiɔ^{52}
85 苍南闽	喷牛皮 pun^{21}gu^{21}pʰə^{24}	拍马屁 pʰə^{33}be^{24}pʰui^{21}	讲笑 kaŋ^{24}tɕʰio^{21}
86 泰顺闽	拉天 la^{22}tʰie^{213}	拍马屁 pai^{22}ma^{344}pʰi^{53}	讲作 ko^{21}tsoʔ^{5}
87 洞头闽	喷牛骹窗 pun^{33}gu^{212}kʰa^{33} tsʰɯŋ^{33}	拍马屁 pʰa^{33}be^{24}pʰui^{21}	开玩笑 kʰui^{33}uan^{24} tɕʰieu^{21}
88 景宁畲	吹牛 tɕʰyoi^{44}ŋau^{22}	（无）	搞笑 kau^{51}sau^{44}

方言点	0931 告诉～他	0932 谢谢致谢语	0933 对不起致歉语
01 杭州	告诉 kɔ^{45}sɥ^{53}	谢谢 dʑia^{13}dʑia^{53}	对不起 tei^{45}paʔ^{5}tɕ^{h}i^{0}
02 嘉兴	告诉 kɔ^{24}sou^{21}	谢谢 dʑiᴀ^{21}dʑiᴀ^{42}	对勿起 tei^{33}vəʔ^{5}tɕ^{h}i^{21}
03 嘉善	克$^{=}$…讲 k^{h}ɜʔ^{5}…kã^{44}	谢谢 dʑia^{13}dʑia^{31}	对勿住 tɛ^{35}vɜʔ^{2}zɥ^{0}
04 平湖	回头 ue^{24}dəɯ^{53}	谢谢 zia^{24}zia^{0}	对勿住 te^{44}vəʔ^{5}zɥ^{0}
05 海盐	同…讲声 doŋ^{31}…kuɑ̃^{55}sɛ̃^{21}	谢谢 dʑiɑ^{21}dʑiɑ^{31}	难为情 nɛ^{24}ue^{55}dʑin^{21} 对勿起 te^{55}vəʔ^{21}tɕ^{h}i^{21}
06 海宁	同…讲 doŋ^{33}…kuɑ̃^{53} 朝…话 zɔ^{33}…o^{35}	谢谢 dʑia^{33}dʑia^{31}	对弗住 tei^{55}fəʔ^{5}zɿ^{33}
07 桐乡	同…讲 doŋ^{21}…kɒ̃^{53}	谢谢 zia^{21}zia^{53}	难为情 nᴇ^{21}uei^{44}ziŋ^{44}
08 崇德	同…讲 doŋ^{21}…kuã^{53}	谢谢 ʑia^{21}ʑia^{13}	对勿住 ti^{33}vəʔ^{3}zɿ^{13}
09 湖州	告诉 kɔ^{33}səu^{35}	谢谢 ʑia^{33}ʑia^{35}	对勿住 tei^{33}vəʔ^{3}zɿ^{35}
10 德清	塔$^{=}$…讲 t^{h}aʔ^{5}…kã^{53}	全靠 dʑie^{11}k^{h}ɔ^{33}	弗好意思 fəʔ^{5}xɔ^{35}i^{53}sɿ^{0}
11 武康	塔$^{=}$…讲 t^{h}ɜʔ^{5}…kã^{53}	谢谢 ʑia^{11}ʑia^{13}	对勿住 tɛ^{33}vɜʔ^{2}zɿ^{13}
12 安吉	讲 kɔ̃^{52}	谢谢 ʑia^{21}ʑia^{213}	对勿起 te^{32}vəʔ^{0}tɕ^{h}i^{52}
13 孝丰	告诉 kɔ^{32}su^{213}	谢谢 ʑia^{21}ʑia^{243}	对勿起 te^{32}vəʔ^{0}tɕ^{h}i^{52}
14 长兴	告诉 kɔ^{32}səu^{24}	谢谢 ʒia^{21}ʒia^{24}	对勿起 tei^{32}vəʔ^{2}tʃ^{h}ʅ^{24}
15 余杭	同…话 doŋ^{31}…uo^{13}	得罪 təʔ^{5}zɛ^{33}	难为情 nɛ^{31}uɛ^{31}ziŋ^{31}
16 临安	陪$^{=}$…讲 bᴇ^{33}…kɑ̃^{33}	谢谢 ʑia^{33}ʑia^{31}	对勿起 tᴇ^{55}vɐʔ^{2}tɕ^{h}i^{33}
17 昌化	告诉 kɔ^{54}su^{544}	谢谢 ʑiɛ^{23}ʑiɛ^{243}	对不起 tɛ^{54}pəʔ^{0}ts^{h}ɿ^{435}
18 於潜	同…讲 doŋ^{22}…tɕiaŋ^{53}	谢谢 ʑia^{24}ʑia^{24}	不好意思 pəʔ^{2}xɔ^{53}i^{24}sɿ^{53}
19 萧山	话 uo^{242}	谢谢 ʑia^{13}ʑia^{21}	对弗起 te^{33}fəʔ^{5}tɕ^{h}i^{33}
20 富阳	告诉 kɔ^{335}su^{53}	谢谢 ʑia^{224}ʑia^{0}	对弗起 tɛ^{335}fɛʔ^{5}tɕ^{h}i^{0}
21 新登	搭…讲 təʔ^{5}…kɑ̃^{334}	谢谢 ʑia^{21}ʑia^{13}	对弗住 te^{45}faʔ^{5}dzɥ^{13}
22 桐庐	告诉 kɔ^{35}su^{21}	谢谢 ʑiᴀ^{13}ʑiᴀ^{33}	对勿起 tᴇ^{35}vəʔ^{5}tɕ^{h}i^{21}
23 分水	告诉 kɔ^{24}su^{21}	谢谢 ɕie^{21}ɕie^{0}	对不起 te^{21}pəʔ^{5}tɕ^{h}i^{53}
24 绍兴	话 uo^{22}	谢谢 ʑia^{22}ia^{22}	对勿住 tᴇ^{33}veʔ^{2}dʑy^{22}
25 上虞	则$^{=}$…话 tsəʔ^{5}…uo^{31}	谢谢 ʑia^{31}ʑia^{0}	对勿住 te^{33}vəʔ^{2}dʑy^{31}
26 嵊州	话 uo^{24}	谢谢 ʑia^{24}ʑia^{231}	对弗住 tᴇ^{33}fəʔ^{3}dzɿ^{24}

续表

方言点	0931 告诉~他	0932 谢谢致谢语	0933 对不起致歉语
27 新昌	拨…讲 peʔ^{5}…kɔ̃^{453}	谢谢 ʑia^{22} ʑia^{232}	对弗住 te^{33} fe^{33} dzʅ^{13}
28 诸暨	告诉 kɔ^{33} su^{33}	谢谢 ʑiA^{33} ʑiA^{33}	对弗起 te^{35} fəʔ^{5} tʃ^{h}ʅ^{21}
29 慈溪	则$^{=}$…话 tsaʔ^{5}…uo^{13}	谢谢 ia^{11} ia^{44}	交代勿过 kɔ^{35} de^{0} vaʔ^{2} kəu^{0}
30 余姚	话向…道 uo^{13} ɕiaŋ^{44}…dɔ^{0}	过谢 kou^{44} ʑia^{0} 谢谢 ia^{13} ia^{0}	对勿住 te^{53} vəʔ^{2} dzɥ^{13} 交代勿过 kɔ^{44} de^{0} vəʔ^{2} kou^{44}
31 宁波	话相…道 uo^{13} ɕia^{44}…dɔ^{0} 告拨…听 kɔ^{44} paʔ^{5}…t^{h}iŋ^{44}	罪过 zɐi^{13} kəu^{0}	交代勿过 kɔ^{44} de^{13} vaʔ^{2} kəu^{44}
32 镇海	讲拨…听 kɔ̃^{33} paʔ^{5}…t^{h}iŋ^{53}	谢谢 ia^{22} ia^{31}	交代勿过 kɔ^{33} de^{24} vaʔ^{2} kəu^{33}
33 奉化	讲拨…听 kɔ̃^{44} poʔ^{5}…t^{h}iŋ^{44}	罪过 zei^{33} kəu^{53}	交代弗过 kʌ^{44} de^{33} faʔ^{2} kəu^{44}
34 宁海	汉$^{=}$ hei^{35}	劳驾 lau^{21} ko^{35}	对弗住 tei^{33} faʔ^{3} dzɥ^{31}
35 象山	讲得…听 kɔ̃^{44} taʔ^{2}…t^{h}iŋ^{53}	多谢 təu^{44} ia^{13}	交待弗过 kɔ^{44} dei^{13} faʔ^{5} ku^{0}
36 普陀	话拨…听 uo^{11} pɐʔ^{5}…t^{h}iŋ^{55}	谢谢 ia^{11} ia^{53}	对勿起 tæi^{55} vɐʔ^{0} tɕ^{h}i^{0}
37 定海	话拨…听 uo^{11} pɐʔ^{3}…t^{h}iŋ^{44} 话向…道 uo^{11} ɕiã^{44}…dɔ^{45}	谢谢 ia^{11} ia^{52}	对弗起 tɐi^{44} fɐʔ^{0} tɕ^{h}i^{0}
38 岱山	话拨…听 uo^{11} pɐʔ^{3}…t^{h}iŋ^{44}	谢谢 ia^{33} ia^{52}	对勿起 tɐi^{44} vɐʔ^{0} tɕ^{h}i^{0}
39 嵊泗	话拨…听 uo^{11} pɐʔ^{3}…t^{h}iŋ^{53}	谢谢 ia^{11} ia^{53}	对勿起 tɐi^{44} vɐʔ^{0} tɕ^{h}i^{0}
40 临海	搭…讲 təʔ^{5}…kɔ̃^{52}	多谢 to^{33} ʑia^{44}	对弗住 te^{33} fəʔ^{0} dʑy^{324}
41 椒江	搭…讲 tɛʔ^{5}…kɔ̃^{42}	谢谢 ʑia^{22} ʑia^{41}	对弗住 tə^{33} fəʔ^{3} dzɥ^{24}
42 黄岩	搭…讲 təʔ^{5}…kɔ̃^{42}	谢谢 ʑia^{13} ʑia^{41}	对弗住 tə^{33} fəʔ^{3} dzɥ^{24}
43 温岭	搭…讲 təʔ^{5}…kɔ̃^{42}	谢谢 ʑia^{13} ʑia^{44}	对弗住 te^{33} fəʔ^{3} dʑy^{13}
44 仙居	搭…讲 ɗaʔ^{3}…kɑ̃^{324} 对…讲 ɗæ^{55}…kɑ̃^{324}	谢谢 ʑia^{24} ʑia^{0}	对弗住 ɗæ^{55} fəʔ^{3} dʑy^{24}
45 天台	讲 kɔ^{325}	多谢 tou^{33} ʑi^{35}	对勿住 tei^{55} vəʔ^{2} dʑy^{35}

续表

方言点	0931 告诉～他	0932 谢谢致谢语	0933 对不起致歉语
46 三门	汉$^{=}$…讲 hɛ^{55}…kɔ^{325}	谢谢 ʑia^{23}ʑia^{31}	对弗起 te^{55}fəʔ^{5}tɕ^{h}i^{32}
47 玉环	告诉 kɔ^{33}səu^{55}	谢谢 ʑia^{22}ʑia^{41}	对弗起 te^{33}fɐʔ^{3}tɕ^{h}i^{0}
48 金华	亨$^{=}$…讲 xəŋ^{334}…kɑŋ^{535} 跟…讲 kəŋ^{334}…kɑŋ^{535}	谢谢 zia^{14}zia^{0}	对弗住 tɛ^{55}fəʔ^{0}dʑy^{14}老 弗好意思 fəʔ^{3}xɑo^{55}i^{55}sɿ^{0}新 对弗起 tɛ^{55}fəʔ^{0}tɕ^{h}i^{0}新
49 汤溪	报 pɔ^{52}	谢谢 zia^{341}zia^{0}	对弗住 tɛ^{52}fə^{52}dʑy^{341}
50 兰溪	跟…讲 kæ̃^{334}…kɑŋ^{55}	谢谢 zia^{24}zia^{0}	对弗住 te^{45}fəʔ^{34}dʑy^{24}
51 浦江	木$^{=}$…讲 mɯ^{55}…kõ^{53}	谢谢 ʑia^{11}ʑia^{24}	对弗住 ta^{55}fə^{0}dʑy^{0}
52 义乌	和…讲 hɔ^{33}…kŋ^{w423}	谢谢 zia^{24}zia^{31}	对勿住 te^{45}pəʔ^{3}dʑy^{24}
53 东阳	告诉 kɐɯ^{33}su^{53}	谢谢 ʑia^{22}ʑia^{53}	对弗起 te^{33}fɐ^{33}tɕ^{h}i^{33}
54 永康	□…讲 xa^{52}…kɑŋ^{334}	谢谢 ʑia^{241}ʑia^{0}	对弗住 ɗəi^{52}fə^{33}dʑy^{241}
55 武义	□…讲 xuo^{53}…kɑŋ^{445}	谢谢 ʑia^{231}ʑia^{0}	对弗住 la^{53}fəʔ^{5}dʑy^{231}
56 磐安	贴$^{=}$…讲 t^{h}ia^{334}…kɒ^{334} □…讲 xa^{334}…kɒ^{334}	谢谢 ʑia^{14}ɕia^{52}	对弗起 te^{55}fə^{55}tɕ^{h}i^{334}
57 缙云	亨$^{=}$…讲 xɛŋ^{44}…kɔ^{51}	谢谢 zia^{21}zia^{453}	对弗住 tei^{44}a^{21}dzɥ^{213}
58 衢州	报 pɔ^{53}	多谢 tu^{32}ɕiɑ^{53} 谢谢 ʑiɑ^{231}ʑiɑ^{21}	对弗起 te^{53}fəʔ^{3}ts^{h}ɿ^{35}
59 衢江	报 pɔ^{53}	谢谢 ʑie^{231}ʑie^{0}	对弗起 tei^{53}fəʔ^{5}ts^{h}ɿ^{25}
60 龙游	报 pɔ^{51}	谢谢 ʑiɑ^{231}ʑiɑ^{21}	弗好意思 fəʔ^{4}xɔ^{22}i^{33}sɿ^{51}
61 江山	跟…话 kɛ̃^{44}…yə^{31}	多谢 to^{44}ʑiə^{51}	对弗起 tuᴇ^{44}fəʔ^{5}k^{h}i^{241}
62 常山	学声 ʌʔ^{34}sĩ^{0}	多谢 tɔ^{44}ie^{52}	对弗起 tue^{43}fʌʔ^{4}tɕ^{h}i^{52}
63 开化	告 kəɯ^{412}	谢谢 ʑiɛ^{2}ʑiɛ^{213}	对弗住 tɛ^{44}fəʔ^{5}dʑyo^{213}
64 丽水	对…讲 tei^{52}…kəŋ^{544} 报 pə^{52}	谢谢 ʑio^{131}ʑio^{0}	对弗起 tei^{52}fəʔ^{4}ts^{h}ɿ^{544}
65 青田	报 ɓœ^{33}	谢谢 iu^{22}iu^{22}	对弗起 ɗæi^{33}faʔ^{4}ts^{h}ɿ^{454}

续表

方言点	0931 告诉～他	0932 谢谢致谢语	0933 对不起致歉语
66 云和	对…讲 tei^{45}…kɔ̃^{41}	谢谢 ʑioʔ^{23} ʑioʔ^{23}	对弗起 tei^{45} fuʔ^{4} tsʰɿ^{41}
67 松阳	报 pʌ^{24}	谢谢 ʑyə^{13} ʑyə^{22}	弗好意思 fɤʔ^{5} xei^{33} i^{33} sɿə^{24}
68 宣平	对…讲 tei^{52}…kɔ̃^{445} 告 kɔ^{52}	谢谢 ʑia^{231} ʑia^{0}	对弗起 tei^{52} fəʔ^{4} tsʰɿ^{445}
69 遂昌	报 pɐɯ^{334}	谢谢 ʑiɒ^{21} ʑiɒ^{13}	对弗住 tei^{33} fəɯʔ^{5} dʑyɛ^{213}
70 龙泉	报 pou^{45}	大谢 dou^{21} ʑio^{224}	对弗起 tᴇ^{45} fɤɯʔ^{3} tsʰɿ^{51}
71 景宁	告 kɑu^{35}	谢谢 ʑio^{113} ʑio^{0}	对弗起 tai^{35} fuʔ^{5} tɕʰi^{33}
72 庆元	报 ɓɒ^{11}	谢谢 ɕiɑ^{31} ɕiɑ^{31}	对否起 ɗæi^{11} fɤ^{33} tsʰɿ^{33}
73 泰顺	话…讲 uɔʔ^{5}…kɔ̃^{55}	谢谢 ɕyɔ^{22} ɕyɔ^{22}	对否起 tæi^{35} fu^{22} tsʰɿ^{55}
74 温州	伉…讲 kʰuɔ^{51}…kuɔ^{25}	多谢 tɤu^{33} zei^{14}	对否起 tai^{51} vu^{0} tsʰɿ^{25}
75 永嘉	乞…讲 kʰa^{43}…kɔ^{45}	难为 na^{22} u^{22}	对否起 tai^{53} u^{0} tsʰɿ^{45}
76 乐清	搭…讲 ta^{42}…kɔ^{35}	多谢 to^{35} zi^{31}	对否起 tai^{42} vu^{0} tɕʰi^{35}
77 瑞安	逮…讲 de^{3}…ko^{35}	难为 nɔ^{22} y^{0}	对否起 tai^{53} vɯ^{0} tɕʰi^{35}
78 平阳	对…讲 tai^{53}…ko^{45}	谢谢 zi^{13} zi^{13}	对否起 tai^{53} u^{21} tɕʰi^{35}
79 文成	对…讲 tai^{21}…kuo^{45}	难为 nɔ^{21} vʉ^{33}	对否起 tai^{33} u^{21} tɕʰi^{45}
80 苍南	逮…讲 de^{11}…ko^{53}	难为 na^{11} y^{11}	对否起 tai^{42} u^{0} tɕʰi^{53}
81 建德$_{\text{徽}}$	对…讲 te^{33}…ko^{213}	谢谢 ɕie^{55} ɕie^{55}	对弗住 te^{33} fɐʔ^{3} tɕʰy^{55}
82 寿昌$_{\text{徽}}$	跟…讲 ken^{112}…kɔŋ^{24}	多谢 tu^{11} ɕiɛ^{55}	对勿住 tiæ^{33} uəʔ^{3} tɕʰy^{55}
83 淳安$_{\text{徽}}$	勒$^{=}$…讲 ləʔ^{5}…kon^{55}	谢谢 ɕiɑ^{53} ɕiɑ^{21}	对不起 tie^{21} pəʔ^{5} tɕʰi^{55}
84 遂安$_{\text{徽}}$	搭…讲 tɑ^{55}…kɔŋ^{213}	谢谢 ɕiɛ^{55} ɕiɛ^{21}	对不起 təɯ^{55} pəɯ^{33} tsʰɿ^{213}
85 苍南$_{\text{闽}}$	合…讲 ka^{21}…kɑŋ^{43}	谢谢 ɕia^{33} ɕia^{0}	对唔起 tui^{21} m^{0} kʰi^{43}
86 泰顺$_{\text{闽}}$	笔$^{=}$…讲 piɪʔ^{5}…ko^{344}	好得 xou^{22} tei^{0}	真□使得 tsieŋ^{21} mei^{53} sai^{344} tei^{0}
87 洞头$_{\text{闽}}$	合…讲 kɐk^{21}…kɔŋ^{53}	谢谢 ɕia^{33} ɕia^{21}	对唔起 tui^{33} m^{212} kʰi^{53}
88 景宁$_{\text{畲}}$	告 kau^{44}	谢谢 ɕia^{51} ɕia^{51}	对唔起 toi^{44} ŋ^{22} xi^{325}

方言点	0934 再见告别语	0935 大苹果～	0936 小苹果～
01 杭州	再会 tsɛ^{45} uei^{53}	大 dəu^{13}	小 ɕiɔ^{53}
02 嘉兴	再会 tsᴇ^{24} uei^{21}	大 dou^{113}	小 ɕiɔ^{544}
03 嘉善	碰着会 bæ̃^{22} zaʔ^{3} uɛ^{0}	大 du^{113}	小 ɕiɔ^{44}
04 平湖	再会 tsɛ^{44} ue^{0}	大 du^{213}	小 siɔ^{44}
05 海盐	再会 tsɛ^{55} ue^{21}	大 du^{213}	小 ɕiɔ^{423}
06 海宁	下埭会 o^{13} da^{33} ue^{33}老 碰着会 bɑ̃^{33} zəʔ^{2} ue^{33}老 再会 tsei^{55} ue^{33}新	大 dəu^{231}	小 ɕiɔ^{53}
07 桐乡	再会 tsᴇ^{44} uei^{0}	大 dəu^{213}	小 siɔ^{53}
08 崇德	再会 tsᴇ^{44} ui^{0}	大 du^{13}	小 ɕiɔ^{53}
09 湖州	再会 tsei^{33} uei^{35}	大 dəu^{24}	小 ɕiɔ^{523}
10 德清	再会 tsɛ^{35} uɛ^{0}	大 dəu^{113}	细 ɕi^{334}
11 武康	下卯会 o^{13} mɔ^{33} uɛ^{31}	大 du^{113}	小 ɕiɔ^{53}
12 安吉	再会 tse^{52} ue^{21}	大 dʊ^{213}	小 ɕiɔ^{52}
13 孝丰	再会 tsɛ^{32} ue^{21}	大 du^{213}	小 ɕiɔ^{52}
14 长兴	下趟见 u^{45} tʰoŋ^{21} tʃi^{324}	大 dəu^{24}	小 ʃiɔ^{52}
15 余杭	涯⁼歇会 ŋa^{13} ɕieʔ^{5} uɛ^{13}	大 du^{213}	小 siɔ^{53}
16 临安	再会 tsᴇ^{33} uᴇ^{31}	大 duo^{33}	小 ɕiɔ^{55}
17 昌化	再来 tsɛ^{54} lɛ^{112}	大 dɯ^{243}	小 ɕiɔ^{453}
18 於潜	再会 tse^{35} ue^{223}	大 da^{24}	小 ɕiɔ^{51}
19 萧山	再会 tse^{33} ue^{42}	大 do^{242}	小 ɕiɔ^{33}
20 富阳	再会 tsɛ^{335} uɛ^{335}	大 dʊ^{224}	小 ɕiɔ^{423}
21 新登	再会 tse^{45} ue^{13}	大 du^{13}	小 ɕiɔ^{334}
22 桐庐	再会 tsᴇ^{33} uᴇ^{13}	大 du^{24}	小 ɕiɔ^{33}
23 分水	再会 tsɛ^{24} ue^{24}	大 da^{13}	小 ɕiɔ^{53}

续表

方言点	0934 再见告别语	0935 大苹果～	0936 小苹果～
24 绍兴	再会 tsᴇ^{33} uᴇ^{22}	大 do^{22}	小 ɕiɔ^{334}
25 上虞	慢慢去 mɛ̃^{21} mɛ̃^{21} tɕʰi^{35}	大 dʊ^{31}	小 ɕiɔ^{35}
26 嵊州	再会 tsᴇ^{33} uᴇ^{24}	大 do^{24}	小 ɕiɔ^{53}
27 新昌	再会 tse^{33} ue^{13}	大 dɤ^{13}	小 ɕiɔ^{453}
28 诸暨	再会 tse^{33} ve^{21}	大 dɤu^{33}	小 ɕiɔ^{42}
29 慈溪	下回再来 o^{13} ue^{0} tse^{44} le^{13}	大 dəu^{13}	小 ɕiɔ^{35}
30 余姚	再会 tse^{44} uẽ^{13} 下日会 o^{13} ȵiəʔ^{2} uẽ^{13}	大 dou^{13}	小 ɕiɔ^{34}
31 宁波	再会 tse^{44} uɐi^{13}	大 dəu^{13}	小 ɕio^{35}
32 镇海	再会 tse^{53} uei^{31}	大 dəu^{24}	小 ɕio^{35}
33 奉化	慢走 mɛ^{33} tsæi^{44}	大 dəu^{31}	小 ɕiɔ^{545}
34 宁海	转日再来 tɕyø^{33} ȵiŋ^{31} tsei^{33} lei^{213}	大 dəu^{24}	小 ɕieu^{53}
35 象山	再会 tsɛ^{44} uei^{31} 去嘞河⁼ tɕʰiɛ^{53} laʔ^{2} əu^{0}	大 dəu^{13}	小 ɕio^{44}
36 普陀	再见 tsɛ^{55} tɕi^{0}	大 dəu^{13}	小 ɕiɔ^{45}
37 定海	再会 tsɛ^{44} uɐi^{0}	大 dʌu^{13}	小 ɕio^{45}
38 岱山	再会 tse^{44} uɐi^{52}	大 dʌu^{213}	小 ɕio^{325}
39 嵊泗	再会 tse^{44} uɐi^{0}	大 dʌu^{213}	小 ɕio^{445}
40 临海	再会 tse^{55} ue^{324}	大 do^{324}	细 ɕi^{55}
41 椒江	慢慢走去 mɛ^{22} mɛ^{24} tɕio^{42} kʰə^{0}	大 dəu^{24}	细 ɕi^{55}
42 黄岩	慢慢时⁼走去 mɛ^{13} mɛ^{22} zɿ^{41} tɕio^{42} kʰə^{0}	大 dou^{24}	细 ɕi^{55}
43 温岭	慢慢走去 mɛ^{22} mɛ^{14} tsɤ^{42} kʰə^{0}	大 du^{13}	细 ɕi^{55}
44 仙居	去起 kʰæ^{55} tɕʰi^{0}	大 do^{24}	细 ɕi^{55}

续表

方言点	0934 再见告别语	0935 大苹果～	0936 小苹果～
45 天台	转套见 tɕyø^{32}tʰau^{55}kie^{0}	大 dou^{35}	细 ɕi^{55}
46 三门	再会 tse^{55}ue^{31}	大 dʊ^{243}	小 ɕiɑu^{325}
47 玉环	再见 tse^{55}tɕie^{33}	大 dəu^{22}	细 ɕi^{55}
48 金华	宽慢 kʰuɑ^{33}mɑ^{55}	大 duɤ^{14}	小 siɑo^{535}
49 汤溪	再会 tsɛ^{52}uɛ^{341}	大 duɤ^{341}	细 sia^{52}
50 兰溪	宽慢 kʰuɑ^{334}mia^{45}	大 duɤ^{24}	细 sia^{45}
51 浦江	宽慢 kʰuɑ̃^{55}mɑ̃^{334}	大 dɯ^{24}	细 ɕia^{55}
52 义乌	再会 tse^{45}ue^{24}	大 duɤ^{24}	小 sɯɤ^{423}
53 东阳	再会 tse^{33}ue^{35}	大 dʊ^{24}	小 ɕio^{44}
54 永康	再会 tsəi^{33}uəi^{241}	大 duo^{241}	细 ɕie^{52}
55 武义	再会 tsa^{53}ui^{231}	大 duo^{231}	细 ɕia^{53}
56 磐安	再会 tse^{33}ue^{14}	大 duɤ^{14}	小 ɕio^{334}
57 缙云	宽慢□ kʰuɑ^{44}mɑ^{213}tsɿ^{453}	大 du^{213}	考⁼ kʰɔ^{51}
58 衢州	脱日会 tʰaʔ^{5}n̥iəʔ^{2}ue^{231}	大 du^{231}	细 ɕiɑ^{53}
59 衢江	再来嬉 tsei^{53}li^{22}sɿ^{33}	大 dou^{231}	细 ɕie^{53}
60 龙游	继⁼来嬉 tɕi^{33}lei^{22}ɕi^{334}	大 du^{231}	细 ɕiɑ^{51}
61 江山	慢慢走 maŋ^{22}maŋ^{22}tsɯ^{241} 再见 tsᴇ^{44}tɕiɛ̃^{31}	大 do^{31}	衰⁼ ɕiɘ^{44}
62 常山	再会 tsɛ^{52}ue^{131}	大 dɔ^{131}	细 ɕie^{324}
63 开化	再会 dzɛ^{231}uɛ^{213}	大 dɔ^{213}	细 sɛ^{412}
64 丽水	再见 tsɛ^{44}tɕiɛ^{52}	大 du^{131}	□ sei^{224} 老 细 sɿ^{52} 新
65 青田	再会 tsɛ^{33}uæi^{55}	大 du^{22}	碎 sæi^{33}
66 云和	再会 tsa^{45}uei^{223}	大 du^{223}	细 sɿ^{45}
67 松阳	再会 tsɛ^{24}uei^{13}	大 du^{13}	小 ɕiɔ^{212}

续表

方言点	0934 再见告别语	0935 大苹果～	0936 小苹果～
68 宣平	再会 tsei^{44} uei^{231}	大 do^{231}	细 ɕia^{52}
69 遂昌	再会 tsei^{55} uei^{213}	大 du^{213}	小 ɕiɐɯ^{533}
70 龙泉	再会 tsᴇ^{45} uᴇ^{224}	大 dou^{224}	细 ɕi^{45}
71 景宁	再见 tsai^{35} tɕiɛ^{35}	大 do^{113}	细 ɕi^{45} 小
72 庆元	再见 tsæi^{11} tɕiɛ̃^{11}	大 to^{31}	细 ɕiᴇ^{11}
73 泰顺	再会 tsæi^{35} uæi^{22} 再见 tsæi^{35} tɕiɛ^{35}	大 to^{22}	细 sɿ^{35}
74 温州	再会 tsei^{42} vai^{22}	大 dɤu^{22}	琐 sai^{25}
75 永嘉	走好 tsau^{43} hə^{45}	大 dəu^{22}	琐 sai^{45}
76 乐清	再会 tɕie^{42} vai^{22}	大 du^{22}	琐 sai^{35}
77 瑞安	走好 tsau^{3} hɛ^{35}	大 dou^{22}	琐 sai^{35}
78 平阳	再见 tʃe^{42} tɕie^{21}	大 du^{33}	琐 sai^{45}
79 文成	走好 tʃau^{33} xɛ^{45} 慢走 mɔ^{42} tʃau^{45}	大 dou^{424}	琐 sai^{45}
80 苍南	走先 tsau^{42} ɕiɛ^{44} 客用 走好 tsau^{42} hɛ^{53} 主用	大 du^{11}	琐 sai^{53}
81 建德徽	再会 tsɛ^{33} ue^{55}	大 tʰu^{55}	细 ɕie^{33}
82 寿昌徽	再会 tɕiæ^{24} uæ^{33}	大 tʰu^{33}	细 ɕiɛ^{33}
83 淳安徽	再会 tɕie^{53} ve^{53}	大 tʰu^{53}	细 ɕiɑ^{24}
84 遂安徽	再见 tsɑ^{55} tɕiɛ̃^{52}	大 tʰəɯ^{52}	细 ɕiɛ^{43}
85 苍南闽	再见 tsai^{43} kĩ^{21}	大 tua^{21}	细 sue^{21}
86 泰顺闽	再见 tsai^{21} kie^{53}	大 a^{31}	细 sei^{53}
87 洞头闽	再见 tsai^{33} kian^{21}	大 tua^{21}	细 sue^{21}
88 景宁畲	再见 tsai^{44} kian^{44}	大 tʰɔi^{51}	细 sai^{44}

方言点	0937 粗绳子～	0938 细绳子～	0939 长线～
01 杭州	粗 ts^{h}ʮ^{334}	细 ɕi^{45}	长 dzaŋ^{213}
02 嘉兴	粗 ts^{h}ou^{42}	细 ɕi^{224}	长 zᴀ̃^{242}
03 嘉善	粗 ts^{h}u^{53}	细 ɕi^{334}	长 zæ̃^{132}
04 平湖	粗 ts^{h}u^{53}	细 si^{334}	长 zã^{31}
05 海盐	粗 ts^{h}u^{53}	细 ɕi^{334}	长 zɛ̃^{31}
06 海宁	粗 ts^{h}əu^{55}	细 ɕi^{35}	长 zɑ̃^{13}
07 桐乡	粗 ts^{h}əu^{44}	细 si^{334}	长 zã^{13}
08 崇德	粗 ts^{h}u^{44}	细 ɕi^{334}	长 zã^{14}
09 湖州	粗 ts^{h}əu^{44}	细 ɕi^{35}	长 dzã^{112}
10 德清	粗 ts^{h}əu^{44}	细 ɕi^{334}	长 dzã^{113}
11 武康	粗 ts^{h}u^{44}	细 ɕi^{224}	长 dzã^{113}
12 安吉	粗 ts^{h}u^{55}	细 ɕi^{324}	长 dzã^{22}
13 孝丰	粗 ts^{h}u^{44}	细 ɕi^{324}	长 dzã^{22}
14 长兴	粗 ts^{h}əu^{44}	细 ʃʅ^{324}	长 dzã^{12}
15 余杭	大 du^{213}	小 siɔ^{53}	长 zɑ̃^{243}
16 临安	粗 ts^{h}u^{55}	细 ɕi^{55}	长 dzɑ̃^{33}
17 昌化	粗 ts^{h}u^{334}	细 sɿ^{544}	长 zã^{112}
18 於潜	粗 ts^{h}u^{433}	细 ɕi^{35}	长 dzaŋ^{223}
19 萧山	粗 ts^{h}u^{533}	细 ɕi^{42}	长 dzã^{355}
20 富阳	粗 ts^{h}ʊ^{53}	细 ɕi^{335}	长 dzã^{13}
21 新登	粗 ts^{h}u^{53}	细 ɕi^{45}	长 dzɑ̃^{233}
22 桐庐	粗 ts^{h}u^{533}	细 sᴇ^{35}	长 dzã^{13}
23 分水	粗 ts^{h}u^{44}	细 ɕi^{24}	长 dzã^{22}
24 绍兴	粗 ts^{h}u^{53}	细 ɕi^{33}	长 dzaŋ^{231}

续表

方言点	0937 粗绳子～	0938 细绳子～	0939 长线～
25 上虞	粗 tɕ^{h}y^{35}	细 ɕi^{53}	长 dzã^{213}
26 嵊州	粗 ts^{h}u^{534}	细 ɕi^{334}	长 dzaŋ^{213}
27 新昌	粗 ts^{h}u^{534}	细 ɕi^{335}	长 dzaŋ^{22}
28 诸暨	粗 ts^{h}u^{544}	细 ʃʅ^{544}	长 dzã^{13}
29 慈溪	粗 ts^{h}ɥ^{35}	细 ɕi^{44}	长 dzã^{13}
30 余姚	粗 ts^{h}ɥ^{44}	细 ɕi^{44}	长 dzaŋ^{13}
31 宁波	粗 ts^{h}u^{53}	细 ɕi^{44}	长 dʑia^{13}
32 镇海	粗 ts^{h}u^{53}	细 ɕi^{53}	长 dʑiã^{24}
33 奉化	粗 ts^{h}u^{44}	细 ɕi^{53}	长 dʑiã^{33}
34 宁海	粗 ts^{h}u^{423}	细 sɿ^{35}	长 dʑiã^{213}
35 象山	粗 ts^{h}u^{44}	细 ɕi^{53}	长 dʑiã^{31}
36 普陀	粗 ts^{h}u^{53}	细 ɕi^{55}	长 dʑiã^{24}
37 定海	粗 ts^{h}u^{52}	细 ɕi^{44}	长 dʑiã^{23}
38 岱山	粗 ts^{h}u^{52}	细 ɕi^{44}	长 dʑiã^{23}
39 嵊泗	粗 tɕ^{h}y^{53} 老 粗 ts^{h}u^{53} 新	细 ɕi^{53}	长 dʑiã^{243}
40 临海	粗 ts^{h}u^{31}	细 ɕi^{55}	长 dʑiã^{21}
41 椒江	粗 ts^{h}əu^{42}	细 ɕi^{55}	长 dʑiã^{31}
42 黄岩	粗 ts^{h}ou^{32}	细 ɕi^{55}	长 dʑiã^{121}
43 温岭	粗 ts^{h}u^{33}	细 ɕi^{55}	长 dʑiã^{31}
44 仙居	大 do^{24}	细 ɕi^{55}	长 dʑia^{213}
45 天台	粗 ts^{h}u^{33}	细 ɕi^{33}	长 dʑia^{224}
46 三门	粗 ts^{h}u^{334}	细 ɕi^{55}	长 dʑiɑ̃^{113}
47 玉环	粗 ts^{h}əu^{42}	细 ɕi^{55}	长 dʑia^{31}

续表

方言点	0937 粗绳子～	0938 细绳子～	0939 长线～
48 金华	粗 tsʰu^{334}	细 ɕie^{55}	长 dʑiɑŋ^{313}
49 汤溪	粗 tsʰu^{24}	细 sie^{52}	长 dʑiɔ^{11}
50 兰溪	粗 tsʰu^{334}	细 sie^{45}	长 dʑiɑŋ^{21}
51 浦江	粗 tsʰu^{534}	细 ʃi^{55}	长 dzyõ^{113}
52 义乌	粗 tsʰu^{335}	细 si^{45}	长 dzɯa^{213}
53 东阳	粗 tsʰu^{334}	细 si^{453}	长 dʑiɔ^{213}
54 永康	粗 tsʰu^{55}	细 ɕie^{52}	长 dʑiɑŋ^{22}
55 武义	粗 tsʰu^{24}	细 ɕie^{53}	长 dʑiɑŋ^{324}
56 磐安	粗 tsʰu^{445}	细 ɕi^{52}	长 dʑiɒ^{213}
57 缙云	粗 tsʰu^{44}	细 sɿ^{453}	长 dʑiɑ^{243}
58 衢州	粗 tsʰu^{32}	细 sɿ^{53}	长 dʒyã^{21}
59 衢江	粗 tsʰɤ^{33}	细 sɿ^{53}	长 dʑiã^{212}
60 龙游	粗 tsʰu^{334}	细 ɕi^{51}	长 dzã^{21}
61 江山	粗 tsʰuə^{44}	细 ɕi^{51}	长 dɛ̃^{213}
62 常山	粗 tsʰuə^{44}	细 se^{324}	长 dɔ̃^{341}
63 开化	粗 tsʰuo^{44}	细 sɛ^{53}	长 dɛn^{231}
64 丽水	粗 tsʰu^{224}	□ sei^{224} 老 细 sɿ^{52} 新	长 den^{22}
65 青田	粗 tsʰeu^{445}	细 sɿ^{33}	长 dʑi^{21}
66 云和	大根 du^{223} kɛ^{24} 老 粗 tsʰu^{24} 新	细根 sɿ^{44} kɛ^{24} □ sei^{24}	长 dɛ^{312}
67 松阳	粗 tsʰɿə^{53}	细 sɿə^{24}	长 dæ̃^{31}
68 宣平	粗 tsʰu^{324}	细 sɿ^{52}	长 dʑiɑ̃^{433}
69 遂昌	粗 tsʰuə^{45}	细 ɕiɛ^{334}	长 dɛ̃^{221}

续表

方言点	0937 粗绳子～	0938 细绳子～	0939 长线～
70 龙泉	粗 tsʰɤɯ^{434}	细 ɕi^{45}	长 dᴇ^{21}
71 景宁	大 do^{113}	细 ɕi^{45}小	长 daŋ^{41}
72 庆元	粗 tsʰɤ^{335}	细 ɕiᴇ^{11}	长 tæ̃^{52}
73 泰顺	粗 tsʰœ^{213}	嫩 nœ^{22}	长 tɕiã^{53}
74 温州	粗 tsʰø^{33}	细 sei^{51}	长 dʑi^{31}
75 永嘉	粗 tsʰʮ^{44}	细 sɿ^{53}	长 dʑiɛ^{31}
76 乐清	粗 tɕʰy^{44}	细 si^{41}	长 dʑiɯʌ^{31}
77 瑞安	粗 tsʰəɯ^{44}	细 sei^{53}	长 dʑiɛ^{31}
78 平阳	粗 tʃʰu^{55}	细 si^{53}	长 dʑie^{242}
79 文成	粗 tɕʰy^{55}	细 sei^{33}	长 dʑie^{113}
80 苍南	粗 tɕʰy^{44}	细 ɕi^{42}	长 dʑiɛ^{31}
81 建德徽	粗 tsʰu^{53}	细 ɕi^{33}	长 tsɛ^{33}
82 寿昌徽	粗 tsʰu^{112}	细 ɕi^{33}	长 tsʰɑ̃^{52}
83 淳安徽	粗 tɕʰya^{24}	细 ɕi^{24}	长 tsʰɑ̃^{435}
84 遂安徽	粗 tsʰu^{534}	细 ɕiɛ^{43}	长 tɕʰiɑ̃^{33}
85 苍南闽	大躯 to^{21} kʰɔ^{55}	细 sue^{21}	长 tɯŋ^{24}
86 泰顺闽	粗 tsʰɿ^{213}	细 sei^{53}	长 to^{22}
87 洞头闽	粗 tsʰɔ^{33}	幼 iu^{21}	长 tɯŋ^{113}
88 景宁畲	粗 tsʰu^{44}	细 sai^{44}	长 tɕʰiɔŋ^{22}

方言点	0940 短线~	0941 长时间~	0942 短时间~
01 杭州	短 tuo^{53}	长 dzaŋ^{213}	短 tuo^{53}
02 嘉兴	短 tə^{544}	长 zᴀ̃^{242}	短 tə^{544}
03 嘉善	短 tø^{44}	长 zæ̃^{132}	短 tø^{44}
04 平湖	短 tø^{44}	长 zã^{31}	短 tø^{44}
05 海盐	短 tɤ^{423}	长 zɛ̃^{31}	短 tɤ^{423}
06 海宁	短 tei^{53}	长 zɑ̃^{13}	短 tei^{53}
07 桐乡	短 tᴇ^{53}	长 zã^{13}	短 tᴇ^{53}
08 崇德	短 tᴇ^{53}	长 zã^{13}	短 tᴇ^{53}
09 湖州	短 tei^{523}	长 dzã^{112}	短 tei^{523}
10 德清	短 tøʉ^{52}	长 dzã^{113}	短 tøʉ^{52}
11 武康	短 tø^{53}	长 dzã^{113}	短 tø^{53}
12 安吉	短 tᴇ^{52}	长 dzã^{22}	短 tᴇ^{52}
13 孝丰	短 te^{52}	长 dzã^{22}	短 te^{52}
14 长兴	短 tɯ^{52}	长 dzã^{12}	短 tɯ^{52}
15 余杭	短 tøʏ^{53}	长 zɑ̃^{243}	短 tøʏ^{53}
16 临安	短 tœ^{55}	长 dzɑ̃^{33}	短 tœ^{55}
17 昌化	短 tɛ̃^{453}	长 zã^{112}	短 tɛ̃^{453}
18 於潜	短 tɛ^{51}	长 dzaŋ^{223}	短 tɛ^{51}
19 萧山	短 tə^{33}	长 dzã^{355}	短 tə^{33}
20 富阳	短 tɛ̃^{423}	长 dzã^{13}	短 tɛ̃^{423}
21 新登	短 tɛ̃^{334}	长 dzɑ̃^{233}	短 tɛ̃^{334}
22 桐庐	短 te^{33}	长 dzã^{13}	短 te^{33}
23 分水	短 tuə̃^{53}	长 dzã^{22}	短 tuə̃^{53}
24 绍兴	短 tø̃^{334}	长 dzaŋ^{231}	短 tø̃^{334}

续表

方言点	0940 短线～	0941 长时间～	0942 短时间～
25 上虞	短 tø̃^{35}	多 tʊ^{35}	少 sɔ^{35}
26 嵊州	短 tœ̃^{53}	长 dzaŋ^{213}	短 tœ̃^{53}
27 新昌	短 tœ̃^{453}	长 dzaŋ^{22}	短 tœ̃^{453}
28 诸暨	短 tə^{42}	长 dzã^{13}	短 tə^{42}
29 慈溪	短 tø̃^{35}	长 dzã^{13}	短 tø̃^{35}
30 余姚	短 tø̃^{34}	长 dzaŋ^{13}	短 tø̃^{34}
31 宁波	短 tø^{35}	长 dʑia^{13}	短 tø^{35}
32 镇海	短 tø^{35}	长 dʑiã^{24}	短 tø^{35}
33 奉化	短 tø^{545}	长 dʑiã^{33}	短 tø^{545}
34 宁海	短 tø^{53}	长 dʑiã^{213}	短 tø^{53}
35 象山	短 tɤɯ^{44}	长 dʑiã^{31}	短 tɤɯ^{44}
36 普陀	短 tø^{45}	长 dʑiã^{24}	短 tø^{45}
37 定海	短 tø^{45}	长 dʑiã^{23}	短 tø^{45}
38 岱山	短 tø^{325}	长 dʑiã^{23}	短 tø^{325}
39 嵊泗	短 tʏ^{445}	长 dʑiã^{243}	短 tʏ^{445}
40 临海	短 tø^{52}	长久 dʑiã^{22}tɕiu^{52}	短 tø^{52}
41 椒江	短 tø^{42}	长久 dʑiã^{22}tɕiu^{42}	短 tø^{42}
42 黄岩	短 tø^{42}	长 dʑiã^{121} 长久 dʑiã^{13}tɕiu^{42}	短 tø^{42}
43 温岭	短 tø^{42}	长 dʑia^{31}	短 tø^{42}
44 仙居	短 ɗø^{324}	长 dʑia^{213}	短 ɗø^{324}
45 天台	短 tø^{325}	长 dʑia^{224}	短 tø^{325}
46 三门	短 tø^{325}	长 dʑiɑ̃^{113}	短 tø^{325}
47 玉环	短 tø^{53}	长 dʑia^{31}	短 tø^{53}

续表

方言点	0940 短线~	0941 长时间~	0942 短时间~
48 金华	短 tɤ^{535}	长 dʑiɑŋ^{313}	短 tɤ^{535}
49 汤溪	短 nɤ^{535}	长 dʑiɔ^{11}	短 nɤ^{535}
50 兰溪	短 tɤ^{55}	长 dʑiɑŋ^{21}	短 tɤ^{55}
51 浦江	短 tə̃^{53}	长 dzyõ^{113}	短 tə̃^{53}
52 义乌	短 tɯ^{423}	长 dzɯa^{213}	短 tɯ^{423}
53 东阳	短 tɯ^{44}	长 dʑiɔ^{213}	短 tɯ^{44}
54 永康	短 ɗɤ^{334}	长 dʑiɑŋ^{22} 长久 dʑiɑŋ^{22}tɕiəu^{334}	短 ɗɤ^{334}
55 武义	短 nɤ^{445}	长 dʑiɑŋ^{324}	短 nɤ^{445}
56 磐安	短 tɯ^{334}	长 dʑiɒ^{213}	短 tɯ^{334}
57 缙云	短 tɛ^{51}	长远 dʑiɑ^{44}yɛ^{31}	短 tɛ^{51}
58 衢州	短 tə̃^{35}	长 dʒyã^{21}	短 tə̃^{35}
59 衢江	短 tɛ^{25}	长 dʑiã^{212}	短 tɛ^{25}
60 龙游	短 tei^{35}	长 dzã^{21}	短 tei^{35}
61 江山	短 ti^{44}	长 dɛ̃^{213}	短 ti^{44}
62 常山	短 ti^{44}	长 dɔ̃^{341}	短 ti^{44}
63 开化	短 tuei^{53}	长 dɛn^{231}	短 tuei^{53}
64 丽水	短 tuɛ^{544}	长 den^{22}	短 tuɛ^{544}
65 青田	短 ɗuɐ^{454}	长 dʑi^{21}	短 ɗuɐ^{454}
66 云和	短 tuɛ^{41}	长 dɛ^{312}	短 tuɛ^{41}
67 松阳	短 tei^{212}	长 dæ^{31}	短 tei^{212}
68 宣平	短 tə^{445}	长 dʑiɑ̃^{433}	短 tə^{445}
69 遂昌	短 tɛ̃^{533}	长 dɛ̃^{221}	短 tɛ̃^{533}
70 龙泉	短 ti^{51}	长 dᴇ^{21}	短 ti^{51}

续表

方言点	0940 短线～	0941 长时间～	0942 短时间～
71 景宁	短 tœ^{33}	长 daŋ^{41}	短 tœ^{33}
72 庆元	短 ɗæi^{33}	长 tæ̃^{52}	短 ɗæi^{33}
73 泰顺	短 tœ^{55}	长 tɕiã^{53}	短 tœ^{55}
74 温州	短 tø^{25}	长 dʑi^{31}	短 tø^{25}
75 永嘉	短 tø^{45}	长 dʑiɛ^{31}	短 tø^{45}
76 乐清	短 tø^{35}	长 dʑiɯʌ^{31}	短 tø^{35}
77 瑞安	短 tø^{35}	长 dʑiɛ^{31}	短 tø^{35}
78 平阳	短 tɵ^{45}	长 dʑie^{242}	短 tɵ^{45}
79 文成	短 tø^{45}	长 dʑie^{113}	短 tø^{45}
80 苍南	短 tø^{53}	长 dʑiɛ^{31}	短 tø^{53}
81 建德徽	短 tɛ^{213}	长 tsɛ^{33}	短 tɛ^{213}
82 寿昌徽	短 tiæ^{24}	长 tsʰɑ̃^{52}	短 tiæ^{24}
83 淳安徽	短 tã^{55}	长 tsʰɑ̃^{435}	短 tã^{55}
84 遂安徽	短 tɑ̃^{213}	长 tɕʰiɑ̃^{33}	短 tɑ̃^{213}
85 苍南闽	短 tə^{43}	长 tɯŋ^{24}	短 tə^{43}
86 泰顺闽	短 tɔi^{344}	长 to^{22}	短 tɔi^{344}
87 洞头闽	短 tə^{53}	长 tɯŋ^{113}	短 tə^{53}
88 景宁畲	短 tɔn^{325}	长 tɕʰiɔŋ^{22}	短 tɔn^{325}

方言点	0943 宽路～	0944 宽敞房子～	0945 窄路～
01 杭州	阔 k^{h}uaʔ^{5}	宽敞 k^{h}uo^{33}ts^{h}aŋ^{45}	狭 iɛʔ^{2}
02 嘉兴	阔 k^{h}uəʔ^{5}	宽阔 k^{h}uə^{33}k^{h}uəʔ^{5} 阔舒 k^{h}uəʔ^{5}sʮ^{21}	狭 ᴀʔ^{5}
03 嘉善	阔 k^{h}uoʔ^{5}	宽势 k^{h}ø^{35}sɿ^{53}	狭窄 ɜʔ^{2}tsaʔ^{5}
04 平湖	阔 k^{h}uəʔ^{23}	宽舒 k^{h}ø^{44}sʮ^{0}	狭 aʔ^{23}
05 海盐	阔 k^{h}uəʔ^{23}	宽舒 k^{h}uɤ^{53}sɿ^{21}	狭 aʔ^{23}
06 海宁	阔 k^{h}uəʔ^{5}	大 dəu^{13}	狭窄 əʔ^{2}tsaʔ^{5}
07 桐乡	阔 k^{h}uəʔ^{5}	宽舒 k^{h}uᴇ^{44}sɿ^{44}	狭 aʔ^{23}
08 崇德	阔 k^{h}uəʔ^{5}	宽舒 k^{h}uᴇ^{44}sɿ^{44}	狭 ɑʔ^{23}
09 湖州	宽舒 k^{h}uɛ^{44}sɿ^{44}	宽舒 k^{h}uɛ^{44}sɿ^{44}	狭窄 aʔ^{2}tsaʔ^{5}
10 德清	阔 k^{h}uoʔ^{5}	宽舒 k^{h}uɛ^{44}sɿ^{44}	狭 aʔ^{2}
11 武康	阔 k^{h}uoʔ^{5}	宽舒 k^{h}uɛ^{44}sɿ^{44}	狭 ɜʔ^{2}
12 安吉	阔 kuəʔ^{5}	宽舒 k^{h}uᴇ^{55}sɿ^{55}	狭 ɐʔ^{23}
13 孝丰	宽 k^{h}ue^{44} 阔 k^{h}uoʔ^{5}	宽舒 k^{h}ue^{44}sɿ^{44}	狭 aʔ^{23}
14 长兴	阔 k^{h}uaʔ^{5}	宽舒 k^{h}uɯ^{44}sɿ^{44}	狭 aʔ^{2}
15 余杭	阔 k^{h}oʔ^{5}	宽敞 k^{h}øʏ^{55}ts^{h}ɑ̃^{55}	狭 aʔ^{2}
16 临安	阔 k^{h}uɐʔ^{5}	敞阳 ts^{h}ɑ̃^{55}iɑ̃^{55}	狭窄 ɐʔ^{2}zɐʔ^{2}
17 昌化	宽 k^{h}uɔ̃^{334}	宽敞 k^{h}uɔ̃^{33}ts^{h}ã^{453}	狭 aʔ^{23}
18 於潜	阔 k^{h}uəʔ^{53}	大 da^{24}	狭 ɑʔ^{23}
19 萧山	阔 k^{h}uoʔ^{5}	阔敞 k^{h}uoʔ^{5}ts^{h}ã^{42}	狭 aʔ^{13}
20 富阳	阔 k^{h}uaʔ^{5}	大 dʊ^{224}	狭 aʔ^{2}
21 新登	阔 k^{h}uaʔ^{5}	大 du^{13}	狭 aʔ^{2}
22 桐庐	阔 k^{h}uaʔ^{5}	大 du^{24}	狭 aʔ^{13}
23 分水	阔 k^{h}uəʔ^{5}	宽敞 k^{h}uã^{44}ts^{h}ã^{53}	狭 aʔ^{12}

续表

方言点	0943 宽路～	0944 宽敞房子～	0945 窄路～
24 绍兴	阔 kʰuoʔ^{5}	开阔 kʰᴇ^{33}kʰuoʔ^{5}	狭 ɛʔ^{2}
25 上虞	阔 kʰuəʔ^{5}	大 dʊ^{31}	狭 ɐʔ^{2}
26 嵊州	阔 kʰuɛʔ^{5}	宽敞 kʰuɛ̃^{53}tsʰaŋ^{334}	狭 ɛʔ^{2}
27 新昌	阔 kʰuɤʔ^{5}	大 dɤ^{13}	狭 ɛʔ^{2}
28 诸暨	阔 kʰoʔ^{5}	宽敞 kʰuə^{42}tsʰã^{33}	狭 aʔ^{13}
29 慈溪	阔 kʰuəʔ^{5} 宽 kʰuø̃^{35}	空生$^{=}$ kʰuŋ^{44}sã^{244}	狭 aʔ^{2}
30 余姚	阔 kʰuoʔ^{5} 大 dou^{13}	大 dou^{13}	狭 aʔ^{2}
31 宁波	阔 kʰuaʔ^{5}	宽裕 kʰu^{44}y^{44}	狭 aʔ^{2}
32 镇海	阔 kʰuaʔ^{5}	大 dəu^{24}	狭 aʔ^{2}
33 奉化	阔 kʰuaʔ^{5}	大道$^{=}$ dəu^{33}dʌ^{31}	狭 aʔ^{2}
34 宁海	阔 kʰuɔʔ^{5}	大 dəu^{24}	狭 aʔ^{3}
35 象山	阔 kʰuaʔ^{5}	宽舒 kʰuɤɯ^{53}sɥ^{0}	狭 aʔ^{2}
36 普陀	阔 kʰuɐʔ^{5}	阔 kʰuɐʔ^{5}	狭 ɐʔ^{23}
37 定海	阔 kʰuɐʔ^{5}	大道$^{=}$ dʌu^{11}dɔ^{44}	狭 ɐʔ^{2}
38 岱山	阔 kʰuɐʔ^{5}	大 dʌu^{213}	狭 ɐʔ^{2}
39 嵊泗	阔 kʰuɐʔ^{5}	大道$^{=}$ dʌu^{11}dɔ^{45}	狭 ɐʔ^{2}
40 临海	阔 kʰuəʔ^{5}	大 do^{324}	狭 ɛʔ^{23}
41 椒江	阔 kʰuɛʔ^{5}	长阔 dʑiã^{22}kʰuɛʔ^{5}	狭 ɛʔ^{2}
42 黄岩	阔 kʰuəʔ^{5}	长阔 dʑiã^{13}kʰuəʔ^{5}	狭 əʔ^{2}
43 温岭	阔 kʰuəʔ^{5}	长阔 dʑiã^{13}kʰuəʔ^{5}	狭 əʔ^{2}
44 仙居	阔 kʰuɑʔ^{5}	大 do^{24}	狭 ɑʔ^{23}
45 天台	阔 kʰuəʔ^{5}	空 kʰŋ^{33}	狭 eʔ^{2}

续表

方言点	0943 宽路～	0944 宽敞房子～	0945 窄路～
46 三门	宽 kʰuø^{334}	阔 kʰuɐʔ^{5}	狭 ɐʔ^{23}
47 玉环	阔 kʰuɐʔ^{5}	长阔 dʑia^{22} kʰuɐʔ^{5}	狭 ɐʔ^{2}
48 金华	阔 kʰuɑ^{55}	厅⁼宽 tʰiŋ^{55} kʰuɑ^{334} 大 duɤ^{14}	狭 uɑ^{14}
49 汤溪	阔 kʰuɑ^{55}	阔 kʰuɑ^{55}	狭 uɑ^{113}
50 兰溪	阔 kʰuɑʔ^{34}	敨气 tʰəɯ^{55} tɕʰi^{45}	狭 uɑʔ^{12}
51 浦江	阔 kʰuɑ^{423}	空 kʰon^{55} 宽空 kʰuɑ̃^{55} kʰon^{334}	狭 iɑ^{232}
52 义乌	阔 kʰua^{324}	开阔 kʰe^{33} kʰua^{324}	狭 ɔ^{312}
53 东阳	阔 kʰua^{334}	阔 kʰua^{334}	狭 dʑiɛ^{213}
54 永康	阔 kʰuɑ^{334}	宽瀁 kʰuɑ^{33} tʰɑŋ^{52}	狭 uɑ^{113}
55 武义	阔 kʰuɑ^{53}	敨气 tʰɑu^{55} tɕʰi^{53}	狭 uɑ^{13}
56 磐安	阔 kʰua^{334}	阔 kʰua^{334}	狭 uə^{213}
57 缙云	阔 kʰuɑ^{322}	阔 kʰuɑ^{322}	狭 ɑ^{13}
58 衢州	阔 kʰuəʔ^{5}	阔良 kʰuəʔ^{3} lɑ̃^{53}	狭 aʔ^{12}
59 衢江	阔 kʰuaʔ^{5}	大 dou^{231} 敞亮 tɕʰiɑ̃^{25} liɑ̃^{231}	狭 aʔ^{2}
60 龙游	阔 kʰuəʔ^{4}	大 du^{231}	狭 uɔʔ^{23}
61 江山	阔 kʰyᴇʔ^{5}	阔淌⁼ kʰyᴇʔ^{5} tʰaŋ^{241}	狭 aʔ^{2}
62 常山	阔 kʰuʌʔ^{5}	阔堂 kʰuʌʔ^{5} dɑ̃^{24}	狭 aʔ^{34}
63 开化	阔 kʰuaʔ^{5}	大 dɔ^{213} 大样 dɔ^{21} iɑ̃^{53}	狭 aʔ^{13}
64 丽水	阔 kʰuɔʔ^{5}	阔 kʰuɔʔ^{5}	狭 uɔʔ^{23}
65 青田	阔 kʰuæʔ^{42}	阔 kʰuæʔ^{42}	狭 aʔ^{31}
66 云和	阔 kʰuaʔ^{5}	阔 kʰuaʔ^{5}	狭 ɔʔ^{23}

续表

方言点	0943 宽路～	0944 宽敞房子～	0945 窄路～
67 松阳	阔 k^{h}uɔʔ^{5}	阔 k^{h}uɔʔ^{5}	狭 ɔʔ^{2}
68 宣平	阔 k^{h}uaʔ^{5}	阔 k^{h}uaʔ^{5}	狭 ɑʔ^{23}
69 遂昌	阔 k^{h}uɛʔ^{5}	阔 k^{h}uɛʔ^{5}	狭 aʔ^{23}
70 龙泉	阔 k^{h}uoʔ^{5}	阔 k^{h}uoʔ^{5}	窄 tsaʔ^{5}
71 景宁	阔 k^{h}uɔʔ^{5}	阔 k^{h}uɔʔ^{5}	狭 ɔʔ^{23}
72 庆元	阔 k^{h}uɑʔ^{5}	阔 k^{h}uɑʔ^{5}	狭 xɑʔ^{34}
73 泰顺	阔 k^{h}uɔʔ^{5}	大 to^{22}	狭 ɔʔ^{2}
74 温州	阔 k^{h}o^{323}	长阔 dʑi^{24} k^{h}o^{323}	狭 a^{212}
75 永嘉	阔 k^{h}o^{423}	阔 k^{h}o^{423}	狭 a^{213}
76 乐清	阔 k^{h}ua^{323}	长阔 dʑiɯʌ^{24} k^{h}ua^{323}	狭 a^{212}
77 瑞安	阔 k^{h}uɔ^{323}	大 dou^{22}	狭 ɔ^{212}
78 平阳	阔 k^{h}ɔ^{55}	大 du^{33}	狭 ɔ^{12}
79 文成	阔 k^{h}ɔ^{34}	阔 k^{h}ɔ^{34}	狭 ɔ^{212}
80 苍南	阔 k^{h}ua^{223}	开阔 k^{h}e^{33} k^{h}ua^{223}	狭 a^{112}
81 建德徽	阔 k^{h}o^{55}	宽空 k^{h}uɛ^{53} k^{h}oŋ^{213}	狭 ho^{213}
82 寿昌徽	阔 k^{h}uə^{55}	开阔 k^{h}iɛ^{11} k^{h}uə^{55}	狭 xuə^{24}
83 淳安徽	阔 k^{h}uɑʔ^{5}	空宽 k^{h}on^{24} k^{h}uɑ̃^{53}	狭 hɑʔ^{13}
84 遂安徽	阔 k^{h}uɑ^{24}	阔 k^{h}uɑ^{24}	狭 xɑ^{213}
85 苍南闽	阔 k^{h}ua^{43}	阔 k^{h}ua^{43}	狭 ue^{24}
86 泰顺闽	阔 k^{h}uɛʔ^{5}	阔 k^{h}uɛʔ^{5}	狭 ɛʔ^{3}
87 洞头闽	阔 k^{h}ua^{53}	开阔 k^{h}ui^{212} k^{h}ua^{53}	狭 ue^{241}
88 景宁畲	阔 fot^{5}	阔 fot^{5}	狭 at^{2}

方言点	0946 高飞机飞得～	0947 低鸟飞得～	0948 高他比我～
01 杭州	高 kɔ^{334}	低 ti^{334}	长 dzaŋ^{213}
02 嘉兴	高 kɔ^{42}	低 ti^{42}	长 zᴀ̃^{242}
03 嘉善	高 kɔ^{53}	低 ti^{53}	长 zæ̃^{132}
04 平湖	高 kɔ^{53}	低 ti^{53}	长 zã^{31}
05 海盐	高 kɔ^{53}	低 ti^{53}	长 zɛ̃^{31}
06 海宁	高 kɔ^{55}	低 ti^{55}	长 zɑ̃^{13}
07 桐乡	高 kɔ^{44}	低 ti^{44}	长 zã^{13}
08 崇德	高 kɔ^{44}	低 ti^{44}	长 zã^{13}
09 湖州	高 kɔ^{44}	低 ti^{44}	长 dzã^{112}
10 德清	高 kɔ^{44}	低 ti^{44}	长 dzã^{113}
11 武康	高 kɔ^{44}	低 ti^{44}	长 dzã^{113}
12 安吉	高 kɔ^{55}	低 ti^{55}	长 dzã^{22} 高 kɔ^{55}
13 孝丰	高 kɔ^{44}	低 ti^{44}	长 dzã^{22} 高 kɔ^{44}
14 长兴	高 kɔ^{44}	低 tɿ^{44}	长 dzã^{12}
15 余杭	高 kɔ^{44}	低 ti^{44}	长 zɑ̃^{243}
16 临安	高 kɔ^{55}	低 ti^{55}	长 dzɑ̃^{33}
17 昌化	高 kɔ^{334}	低 ti^{334}	高 kɔ^{334} 长 zã^{112}
18 於潜	高 kɔ^{433}	低 ti^{433}	长 dzaŋ^{223}
19 萧山	高 kɔ^{533}	低 ti^{533}	长 dzã^{355}
20 富阳	高 kɔ^{53}	低 ti^{53}	长 dzã^{13}
21 新登	高 kɔ^{53}	低 ti^{53}	长 dzɑ̃^{233}
22 桐庐	高 kɔ^{533}	低 ti^{533}	高 kɔ^{533}
23 分水	高 kɔ^{44}	低 ti^{44}	长 dzã^{22}

续表

方言点	0946 高飞机飞得～	0947 低鸟飞得～	0948 高他比我～
24 绍兴	高 kɔ^{53}	低 ti^{53}	长 dzaŋ^{231}
25 上虞	高 kɔ^{35}	低 ti^{35}	长 dzã^{213}
26 嵊州	高 kɔ^{534}	矮 a^{53}	长 dzaŋ^{213}
27 新昌	高 kɔ^{534}	矮 a^{453}	长 dzaŋ^{22}
28 诸暨	高 kɔ^{544}	低 tɿ^{544}	长 dzã^{13}
29 慈溪	高 kɔ^{35}	低 ti^{35}	长 dzã^{13} 高 kɔ^{35}
30 余姚	高 kɔ^{44}	低 ti^{44}	长 dzɔŋ^{13}
31 宁波	高 kɔ^{53}	低 ti^{53}	长 dʑia^{13}
32 镇海	高 kɔ^{53}	低 ti^{53}	长 dʑiã^{24}
33 奉化	高 kʌ^{44}	低 ti^{44}	长 dʑiã^{33}
34 宁海	高 kau^{423}	矮 a^{53} 低 ti^{423}	长 dʑiã^{213}
35 象山	高 kɔ^{44}	矮 a^{44}	长 dʑiã^{31}
36 普陀	高 kɔ^{53}	低 ti^{53}	高 kɔ^{53}
37 定海	高 kɔ^{52}	低 ti^{52}	长 dʑiã^{23}
38 岱山	高 kɔ^{52}	低 ti^{52}	长 dʑiã^{23}
39 嵊泗	高 kɔ^{53}	低 ti^{53}	长 dʑiã^{243}
40 临海	高 kɔ^{31}	矮 a^{52}	长 dʑiã^{21}
41 椒江	高 kɔ^{42}	蛋$^{=}$ dɛ^{24}	长 dʑiã^{31}
42 黄岩	高 kɔ^{32}	钝$^{=}$ dən^{24}	长 dʑiã^{121}
43 温岭	高 kɔ^{33}	钝$^{=}$ døn^{13}	长 dʑiã^{31}
44 仙居	高 kɐɯ^{334}	矮 a^{324}	长 dʑia^{213}
45 天台	高 kau^{33}	矮 a^{325}	长 dʑia^{224}
46 三门	高 kɑu^{334}	低 ti^{334}	长 dʑiɑ̃^{113}

续表

方言点	0946 高飞机飞得～	0947 低鸟飞得～	0948 高他比我～
47 玉环	高 kɔ^{42}	低 ti^{42}	长 dʑia^{31}
48 金华	高 kɑo^{334}	低 tie^{334}	长 dʑiɑŋ^{313}
49 汤溪	高 kɔ^{24}	低 tie^{24}	长 dʑiɔ^{11}
50 兰溪	高 kɔ^{334}	低 tie^{334}	长 dʑiɑŋ^{21}
51 浦江	高 ko^{534}	低 ti^{534}	长 dzyõ^{113}
52 义乌	高 ko^{335}	低 ti^{335}	长 dzɯa^{213}
53 东阳	高 kɐɯ^{334}	低 ti^{334}	高 kɐɯ^{334}
54 永康	高 kɑu^{55}	低 ɗie^{55}	长 dʑiɑŋ^{22}
55 武义	高 kɤ^{24}	低 lie^{24}	长 dʑiɑŋ^{324}
56 磐安	高 ko^{445}	矮 a^{334} 低 ti^{445}	长 dʑiɒ^{213} 高 ko^{445}
57 缙云	高 kɤ^{44}	矮 ɑ^{51}	长 dʑiɑ^{243}
58 衢州	高 kɔ^{32}	矮 ɛ^{35}	长 dʒyã^{21}
59 衢江	高 kɔ^{33}	矮 a^{25}	长 dʑiã^{212}
60 龙游	高 kɔ^{334}	矮 ɑ^{35}	长 dzã^{21}
61 江山	高 kɐɯ^{44}	低 ti^{44}	长 dɛ̃^{213}
62 常山	高 kɤ^{44}	低 te^{44}	高 kɤ^{44} 长 dɔ̃^{341}
63 开化	高 kəɯ^{44}	低 tɛ^{44}	长 dɛn^{231}
64 丽水	高 kə^{224}	矮 uɔ^{544} 老 低 ti^{224} 新	长 den^{22} 老 高 kə^{224} 新
65 青田	高 kœ^{445}	低 ɗi^{445}	长 dʑi^{21}
66 云和	高 kəɯ^{24}	矮 ɔ^{41}	高 kəɯ^{24}
67 松阳	高 kʌ^{53}	低 tiɛ^{53}	长 dæ̃^{31}
68 宣平	高 kɯ^{324}	矮 a^{445}	长 dʑiɑ̃^{433}

续表

方言点	0946 高飞机飞得～	0947 低鸟飞得～	0948 高他比我～
69 遂昌	高 kɐɯ^{45}	矮 a^{533}	长 dɛ̃^{221} 高 kɐɯ^{45}
70 龙泉	高 ku^{434}	矮 a^{51}	长 dᴇ^{21}
71 景宁	高 kəɯ^{324}	矮 a^{33}	长 daŋ^{41} 高 kəɯ^{324}
72 庆元	高 kɐɯ^{335}	低 ɗiᴇ^{335} 矮 ɑ^{33}	长 tæ̃^{52}
73 泰顺	高 kəu^{213}	矮 a^{55}	高 kəu^{213}
74 温州	高 kɜ^{33}	矮 a^{25}	长 dʑi^{31}
75 永嘉	高 kə^{44}	矮 a^{45}	长 dʑiɛ^{31}
76 乐清	高 kɤ^{44}	矮 e^{35}	长 dʑiɯʌ^{31}
77 瑞安	高 kɛ^{44}	矮 a^{35}	长 dʑiɛ^{31} 高 kɛ^{44}
78 平阳	高 kɛ^{55}	矮 ᴀ^{45}	长 dʑie^{242}
79 文成	高 kɛ^{55}	低 tei^{55}	长 dʑie^{113}
80 苍南	高 kɛ^{44}	矮 ia^{53}	高 kɛ^{44}
81 建德徽	高 kɔ^{53}	低 ti^{53}	长 tsɛ^{33} 老 高 kɔ^{53} 新
82 寿昌徽	高 kɤ^{112}	低 ti^{112}	高 kɤ^{112}
83 淳安徽	高 kɤ^{24}	低 ti^{24}	长 tsʰɑ̃^{435}
84 遂安徽	高 kɔ^{534}	低 te^{534}	长 tɕʰiɑ̃^{33}
85 苍南闽	悬 kũĩ^{24}	矮 ue^{43}	悬 kũĩ^{24}
86 泰顺闽	悬 kɛ^{22}	矮 ei^{344}	悬 kɛ^{22}
87 洞头闽	悬 kuãĩ^{113}	㛠= ke^{21}	悬 kũãĩ
88 景宁畲	高 kau^{44}	矮 ai^{325}	高 kau^{44}

方言点	0949 矮他比我～	0950 远路～	0951 近路～
01 杭州	矮 a^{53}	远 yo^{53}	近 dʑiŋ^{13}
02 嘉兴	短 tə^{544} 老 矮 ᴀ^{544} 新	远 yə^{113}	近 dʑiŋ^{113}
03 嘉善	矮 a^{44}	远 yø^{113}	近 dʑin^{113}
04 平湖	矮 a^{44}	远 yø^{213}	近 dʑin^{213}
05 海盐	短 tɤ^{423} 矮 ɑ^{423}	远 yɤ^{423}	近 dʑin^{423}
06 海宁	矮 a^{53}	远 ie^{53}	近 dʑiŋ^{231}
07 桐乡	短 tᴇ^{53} 矮 a^{53}	远 iᴇ^{242}	近 dʑiŋ^{242}
08 崇德	短 tᴇ^{53} 矮 ɑ^{53}	远 iɪ^{53}	近 dʑiŋ^{242}
09 湖州	矮 a^{523}	远 ie^{523}	近 dʑin^{231}
10 德清	矮 a^{52}	远 ie^{52}	近 dʑin^{143}
11 武康	矮 a^{53}	远 iɪ^{242}	近 dʑin^{242}
12 安吉	矮 a^{52}	远 i^{52}	近 dʑiŋ^{243}
13 孝丰	矮 a^{52}	远 iɪ^{52}	近 dʑiŋ^{243}
14 长兴	矮 a^{52}	远 i^{52}	近 dʒiŋ^{243}
15 余杭	矮 a^{53}	远 iẽ^{53}	近 dʑiŋ^{243}
16 临安	矮 a^{33}	远 yœ^{33}	近 dʑiŋ^{33}
17 昌化	矮 ŋa^{453}	远 yɪ̃^{243}	近 ʑiəŋ^{243}
18 於潜	矮 ŋa^{51}	远 yɛ^{51}	近 dʑiŋ^{24}
19 萧山	矮 a^{33}	远 yə^{13}	近 dʑiŋ^{13}
20 富阳	矮 a^{423}	远 yɛ̃^{423}	近 dʑin^{224}
21 新登	矮 a^{334}	远 yɛ̃^{334}	近 dʑiŋ^{13}
22 桐庐	矮 ᴀ^{33}	远 yᴇ^{33}	近 dʑiŋ^{24}

续表

方言点	0949 矮他比我～	0950 远路～	0951 近路～
23 分水	矮 ɛ^{53}	远 yɛ̃^{53}	近 dʑin^{13}
24 绍兴	矮 a^{334}	远 yø̃^{223}	近 dʑiŋ^{223}
25 上虞	矮 a^{35}	远 yø̃^{213}	近 dʑiŋ^{213}
26 嵊州	矮 a^{53}	远 yœ̃^{22}	近 dʑiŋ^{22}
27 新昌	矮 a^{453}	远 yœ̃^{232}	近 dʑiŋ^{232}
28 诸暨	矮 ᴀ^{42}	远 iə^{242}	近 dʑin^{242}
29 慈溪	矮 a^{35}	远 yø̃^{35}	近 dʑiŋ^{13}
30 余姚	矮 a^{34}	远 yø̃^{13}	近 dʑiə̃^{13}
31 宁波	矮 a^{35}	远 y^{13}	近 dʑiŋ^{13}
32 镇海	矮 a^{35}	远 y^{31}	近 dʑiŋ^{24}
33 奉化	矮 a^{545}	远 y^{324}	近 dʑiŋ^{324}
34 宁海	矮 a^{53}	远 yø^{53}	近 dʑiŋ^{31}
35 象山	矮 a^{44}	远 y^{31}	近 dʑiŋ^{31}
36 普陀	矮 a^{45}	远 y^{23}	近 dʑiŋ^{23}
37 定海	矮 a^{45}	远 y^{23}	近 dʑiŋ^{23}
38 岱山	矮 a^{325}	远 y^{244}	近 dʑiŋ^{244}
39 嵊泗	矮 a^{445}	远 y^{445}	近 dʑiŋ^{334}
40 临海	矮 a^{52}	远 yø^{52}	近 giŋ^{21}
41 椒江	矮 a^{42}	远 yø^{42}	近 dʑiŋ^{31}
42 黄岩	矮 a^{42}	远 yø^{42}	近 dʑin^{121}
43 温岭	矮 a^{42}	远 yø^{42}	近 dʑin^{31}
44 仙居	短 ɗø^{324}	远 yø^{324}	近 dʑin^{213}
45 天台	短 tø^{325}	远 yø^{214}	近 giŋ^{214}
46 三门	短 tø^{325}	远 yø^{325}	近 dʑiŋ^{243}

续表

方言点	0949 矮他比我～	0950 远路～	0951 近路～
47 玉环	矮 a^{53}	远 yø^{53}	近 dʑiŋ^{41}
48 金华	短 tɤ^{535} 老 矮 ɑ^{55} 新	远 yɤ^{535}	近 tɕiŋ^{535}
49 汤溪	短 nɤ^{535}	远 yɤ^{113}	近 dʑiɛ̃i^{113}
50 兰溪	矮 ɑ^{55}	远 yɤ^{55}	近 tɕin^{55}
51 浦江	短 tə̃^{53}	远 yẽ^{243}	近 dʑiən^{243}
52 义乌	短 tɯ^{423}	远 ye^{312}	近 dʑiən^{312}
53 东阳	矮 a^{44}	远 yu^{231}	近 dʑiɐn^{24}
54 永康	短 ɗɤ^{334}	远 ye^{113}	近 dʑiŋ^{113}
55 武义	矮 ia^{445}	远 ȵye^{13}	近 dʑin^{13}
56 磐安	短 tɯ^{334} 矮 a^{334}	远 ye^{334}	近 tɕiɐn^{334}
57 缙云	短 tɛ^{51}	远 yɛ^{31}	近 gɛ^{31}
58 衢州	矮 ɛ^{35}	远 yə̃^{231}	近 dʑin^{231}
59 衢江	矮 a^{25}	远 iɛ^{212}	近 gɛ^{212}
60 龙游	矮 ɑ^{35}	远 ye^{224}	近 dʑin^{224}
61 江山	短 ti^{44}	远 xoŋ^{241}	近 gɛ̃^{22}
62 常山	矮 ɛ^{52}	远 xoŋ^{52}	近 gɔ̃^{24}
63 开化	短 tuei^{53} 矮 a^{53}	远 xɤŋ^{53}	近 gɤŋ^{213}
64 丽水	矮 uɔ^{544}	远 yɛ^{544}	近 gɛ^{22}
65 青田	矮 ɑ^{454}	远 yɐ^{454}	近 dʑiaŋ^{343}
66 云和	矮 ɔ^{41}	远 yɛ^{41}	近 dʑiŋ^{231}
67 松阳	短 tei^{212}	远 fen^{212}	近 gæ̃^{22}
68 宣平	矮 a^{445}	远 yə^{223}	近 gə^{223}

续表

方言点	0949 矮他比我～	0950 远路～	0951 近路～
69 遂昌	矮 a^{533}	远 yɛ̃^{13}	近 gɛ̃^{13}
70 龙泉	短 ti^{51}	远 xuən^{51}	近 kɯə^{51}
71 景宁	短 tœ^{33} 矮 a^{33}	远 yœ^{33}	近 tɕiaŋ^{33}
72 庆元	短 ɗæi^{33}	远 xuəŋ^{33}	近 kæ̃^{221}
73 泰顺	矮 a^{55}	远 yɛ^{55}	近 tsəŋ^{21}
74 温州	矮 a^{25}	远 y^{14}	近 dʑiaŋ^{14}
75 永嘉	矮 a^{45} 短 tø^{45}	远 y^{13}	近 dʑiaŋ^{13}
76 乐清	矮 e^{35}	远 yᴇ^{24}	近 dʑiaŋ^{24}
77 瑞安	矮 a^{35} 短 tø^{35}	远 y^{13}	近 dʑiaŋ^{13}
78 平阳	矮 ᴀ^{45}	远 ye^{45}	近 dʒaŋ^{23}
79 文成	矮 ɔ^{45}	远 yø^{224}	近 dʒaŋ^{224}
80 苍南	矮 ia^{53}	远 yɛ^{53}	近 dʑiaŋ^{24}
81 建德徽	短 tɛ^{213}老 矮 ŋɑ^{213}新	远 ȵye^{213}	近 tɕin^{213}
82 寿昌徽	矮 ɑ^{24}	远 yei^{534}	近 tɕʰien^{534}
83 淳安徽	矮 ɑ^{55}	远 vã^{55}	近 tɕʰin^{55}
84 遂安徽	短 tɑ̃^{213}	远 yɛ̃^{43}	近 tɕʰin^{43}
85 苍南闽	矮 ue^{43}	远 hɯŋ^{32}	近 kən^{32}
86 泰顺闽	矮 ei^{344}	远 fo^{31}	近 kyeŋ^{31}
87 洞头闽	矮 ue^{53}	远 hɯŋ^{21}	近 kun^{21}
88 景宁畲	矮 ai^{325}	远 yon^{325}	近 kʰyon^{44}

方言点	0952 深水～	0953 浅水～	0954 清水～
01 杭州	深 səŋ^{334}	浅 tɕʰiɛ^{53}	清 tɕʰiŋ^{334}
02 嘉兴	深 səŋ^{42}	浅 tɕʰie^{113}	清 tɕʰiŋ^{42}
03 嘉善	深 sən^{53}	浅 tɕʰiɪ^{334}	清 tɕʰin^{53}
04 平湖	深 sən^{53}	浅 tsʰie^{213}	清 tsʰin^{53}
05 海盐	深 sən^{53}	浅 tɕʰiɛ^{423}	清 tɕʰin^{53}
06 海宁	深 səŋ^{55}	浅 tɕʰie^{53}	清 tɕʰiŋ^{55}
07 桐乡	深 səŋ^{44}	浅 tsʰiᴇ^{53}	清 tsʰiŋ^{44}
08 崇德	深 səŋ^{44}	浅 tɕʰiɪ^{53}	清 tɕʰiŋ^{44}
09 湖州	深 sən^{44}	浅 tɕʰie^{523}	清爽 tɕʰin^{44} sã^{44}
10 德清	深 sen^{44}	浅 tɕʰie^{52}	清 tɕʰin^{44}
11 武康	深 sen^{44}	浅 tɕʰiɪ^{53}	清 tɕʰin^{44}
12 安吉	深 səŋ^{55}	浅 tɕʰi^{52}	清 tɕʰiŋ^{55}
13 孝丰	深 səŋ^{44}	浅 tɕʰiɪ^{52}	清 tɕʰiŋ^{44}
14 长兴	深 səŋ^{44}	浅 tʃʰi^{52}	清 tʃʰiŋ^{44}
15 余杭	深 siŋ^{44}	浅 tsʰiẽ^{53}	清 tsʰiŋ^{44}
16 临安	深 seŋ^{55}	浅 tɕʰie^{55}	清 tɕʰieŋ^{55}
17 昌化	深 ɕiəŋ^{334}	浅 tɕʰiɪ̃^{453}	清 tɕʰiəŋ^{334}
18 於潜	深 seŋ^{433}	浅 tɕʰie^{51}	清 tɕʰiŋ^{433}
19 萧山	深 səŋ^{533}	浅 tɕʰie^{33}	清 tɕʰiŋ^{533}
20 富阳	深 ɕin^{53}	浅 tɕʰiɛ̃^{423}	清 tɕʰin^{53}
21 新登	深 seiŋ^{53}	浅 tɕʰiɛ̃^{334}	清 tɕʰiŋ^{53}
22 桐庐	深 səŋ^{533}	浅 tɕʰie^{33}	清 tɕʰiŋ^{533}
23 分水	深 sən^{44}	浅 tɕʰiɛ̃^{53}	清 tɕʰin^{44}
24 绍兴	深 sẽ^{53}	浅 tɕʰiẽ^{334}	清 tɕʰiŋ^{53}

续表

方言点	0952 深水~	0953 浅水~	0954 清水~
25 上虞	深 səŋ^{35}	浅 tɕʰiẽ^{35}	清 tɕʰiŋ^{35}
26 嵊州	深 seŋ^{534}	浅 tɕʰiẽ^{53}	清爽 tɕʰiŋ^{53}sɔŋ^{53}
27 新昌	深 seŋ^{534}	浅 tɕʰiɛ̃^{453}	清 tɕʰiŋ^{534}
28 诸暨	深 sɛn^{544}	浅 tɕʰie^{42}	清 tɕʰin^{544}
29 慈溪	深 səŋ^{35}	浅 tɕʰiẽ^{35}	清 tɕʰiŋ^{35}
30 余姚	深 sə̃^{44}	浅 tɕʰiẽ^{34}	清爽 tɕʰiə̃^{44}sɔŋ^{34}
31 宁波	深 ɕiŋ^{53}	浅 tɕʰi^{35}	清 tɕʰiŋ^{53}
32 镇海	深 ɕiŋ^{53}	浅 tɕʰi^{35}	清 tɕʰiŋ^{33}
33 奉化	深 ɕiŋ^{44}	浅 tɕʰi^{545}	清 tɕʰiŋ^{44}
34 宁海	深 ɕiŋ^{423}	浅 tɕʰie^{53}	清 tɕʰiŋ^{423}
35 象山	深 soŋ^{44}	浅 tɕʰi^{44}	清 tɕʰiŋ^{44}
36 普陀	深 ɕiŋ^{53}	浅 tɕʰi^{45}	清 tɕʰiŋ^{53}
37 定海	深 ɕiŋ^{52}	浅 tɕʰi^{45}	清 tɕʰiŋ^{52}
38 岱山	深 ɕiŋ^{52}	浅 tɕʰi^{325}	清 tɕʰiŋ^{52}
39 嵊泗	深 ɕiŋ^{53}	浅 tɕʰi^{445}	清 tɕʰiŋ^{53}
40 临海	深 ɕiŋ^{31}	浅 tɕʰi^{52}	清 tɕʰin^{31}
41 椒江	深 ɕiŋ^{42}	浅 tɕʰie^{42}	清 tɕʰiŋ^{42}
42 黄岩	深 ɕin^{32}	浅 tɕʰie^{42}	清 tɕʰin^{32}
43 温岭	深 ɕin^{33}	浅 tɕʰie^{42}	清 tɕʰin^{33}
44 仙居	深 sen^{334}	浅 tɕʰie^{324}	清 tɕʰin^{334}
45 天台	深 ɕiŋ^{33}	浅 tɕʰie^{325}	清 tɕʰiŋ^{33}
46 三门	深 ɕiŋ^{334}	浅 tɕʰie^{325}	清 tɕʰiŋ^{334}
47 玉环	深 ɕiŋ^{42}	浅 tɕʰie^{53}	清 tɕʰiŋ^{42}

续表

方言点	0952 深水～	0953 浅水～	0954 清水～
48 金华	深 ɕiŋ^{334}	浅 tɕʰie^{535}	清 tɕʰiŋ^{334}
49 汤溪	深 ɕiã^{24}	浅 tsʰie^{535}	清 tsʰɛ̃i^{24}
50 兰溪	深 ɕiæ̃^{334}	浅 tɕʰie^{55}	清 tɕʰin^{334}
51 浦江	深 sən^{534}	浅 tsʰiẽ^{53}	清 tsʰiən^{534}
52 义乌	深 sən^{335}	浅 tsʰie^{423}	清 tsʰən^{335}
53 东阳	深 sɐn^{334}	浅 tsʰi^{44}	清 tsʰɐn^{334}
54 永康	深 səŋ^{55}	浅 tɕʰie^{334}	清 tɕʰiŋ^{55}
55 武义	深 sen^{24}	浅 tɕʰie^{445}	清 tɕʰin^{24}
56 磐安	深 sɐn^{445}	浅 tɕʰie^{334}	清 tsʰɐn^{445}
57 缙云	深 saŋ^{44}	浅 tɕʰiɛ^{51}	清 tsʰɛŋ^{44}
58 衢州	深 ʃyən^{32}	浅 tɕʰiẽ^{35}	清 tɕʰin^{32}
59 衢江	深 ɕyoŋ^{33}	浅 tɕʰie^{25}	清 tɕʰiŋ^{33}
60 龙游	深 sən^{334}	浅 tɕʰie^{35}	清 tɕʰin^{334}
61 江山	深 tɕʰiɘ̃^{44}	浅 tɕʰiɛ̃^{241}	清 tɕʰĩ^{44}
62 常山	深 tɕʰyɔ̃^{44}	浅 tɕʰiɛ̃^{52}	清 tsʰĩ^{44}
63 开化	深 tɕʰyɛ̃^{44}	浅 tɕʰiɛ̃^{53}	清 tɕʰin^{44}
64 丽水	深 sen^{224}	浅 tɕʰiɛ^{544}	清 tɕʰin^{224}
65 青田	深 saŋ^{445}	浅 tɕʰiɛ^{454}	清 tɕʰiŋ^{445}
66 云和	深 tsʰəŋ^{24}	浅 tɕʰiɛ^{41}	清 tɕʰiŋ^{24}
67 松阳	深 tɕʰiɛ̃^{53}	坦 tʰɔ̃^{212}	清 tɕʰin^{53}
68 宣平	深 sən^{324}	浅 tɕʰiɛ^{445}	清 tɕʰin^{324}
69 遂昌	深 tɕʰyɛ̃^{45}	浅 tɕʰiɛ̃^{533}	清 tɕʰiŋ^{45}
70 龙泉	深 tɕʰiᴇ^{434}	浅 tɕʰiᴇ^{51}	清 tɕʰin^{434}

续表

方言点	0952 深水~	0953 浅水~	0954 清水~
71 景宁	深 tsʰaŋ^{324}	浅 tɕʰiɛ^{33}	清 tɕʰiŋ^{324}
72 庆元	深 tsʰæ̃^{335}	浅 tɕʰiɛ̃^{33}	清 tɕʰiŋ^{335}
73 泰顺	深 tsʰəŋ^{213}	浅 tɕʰiɛ^{55}	清 tɕʰiŋ^{213}
74 温州	深 saŋ^{33}	浅 tɕʰi^{25}	清 tsʰəŋ^{33}
75 永嘉	深 saŋ^{44}	浅 tɕʰi^{45}	清 tɕʰieŋ^{44}
76 乐清	深 saŋ^{44}	浅 tɕʰiᴇ^{35}	清 tɕʰieŋ^{44}
77 瑞安	深 saŋ^{44}	浅 tɕʰi^{35}	清 tsʰəŋ^{44}
78 平阳	深 saŋ^{55}	浅 tɕʰie^{45}	清 tʃʰie^{55}
79 文成	深 seŋ^{55}	浅 tɕʰie^{45}	清 tʃʰeŋ^{55}
80 苍南	深 saŋ^{44}	浅 tɕʰiɛ^{53}	清 tsʰeŋ^{44}
81 建德徽	深 sən^{53}	浅 tɕʰie^{213}	清 tɕʰin^{53}
82 寿昌徽	深 sen^{112}	浅 tɕʰi^{24}	清 tɕʰien^{112}
83 淳安徽	深 sen^{24}	浅 tɕʰiã^{55}	清 tɕʰin^{24}
84 遂安徽	深 ɕin^{534}	浅 tɕʰiɑ̃^{213}	清 tɕʰin^{534}
85 苍南闽	深 tɕʰin^{55}	浅 tɕʰian^{43}	清 tɕʰin^{55}
86 泰顺闽	深 tsieŋ^{213}	浅 tɕʰie^{344}	清 tsʰieŋ^{213}
87 洞头闽	深 tɕʰin^{33}	浅 tɕʰian^{53}	清 tɕʰieŋ^{33}
88 景宁畲	深 ɕin^{44}	浅 tsʰan^{325}	清 tɕʰiŋ^{44}

方言点	0955 浑水~	0956 圆	0957 扁
01 杭州	浑 uəŋ^{213}	圆 yo^{213}	扁 piɛ^{53}
02 嘉兴	浑 uəŋ^{113}	圆 yə^{242}	扁 pie^{544}
03 嘉善	浑 uən^{132}	圆 yø^{132}	扁 piɪ^{44}
04 平湖	浑 vən^{31}	圆 yø^{31}	扁 piɛ^{44}
05 海盐	浑 uən^{31}	圆 yɤ^{31}	扁 piɛ^{423}
06 海宁	浑 uəŋ^{13}	圆 ie^{13}	扁 pie^{53}
07 桐乡	浑 uəŋ^{13}	圆 iᴇ^{13}	扁 piᴇ^{53}
08 崇德	浑 uəŋ^{13}	圆 iɪ^{13}	扁 piɪ^{53}
09 湖州	龌龊 uoʔ^{4} tsʰuoʔ^{5}	圆 ie^{35}	扁 pie^{523}
10 德清	浑 uen^{113}	圆 ie^{113}	扁 pie^{52}
11 武康	浑 uen^{113}	圆 iɪ^{113}	扁 piɪ^{53}
12 安吉	浑 vəŋ^{22}	圆 i^{22}	扁 pi^{52}
13 孝丰	浑 uəŋ^{22}	圆 iɪ^{22}	扁 piɪ^{52}
14 长兴	浑 uəŋ^{12}	圆 i^{12}	扁 pi^{52}
15 余杭	浑 uiŋ^{22}	圆 iẽ^{22}	扁 piẽ^{53}
16 临安	浑 ueŋ^{33}	圆 yœ^{33}	扁 pie^{55}
17 昌化	浑 uəŋ^{112}	圆 yɪ̃^{112}	扁 piɪ̃^{453}
18 於潜	浑 ueŋ^{223}	圆 yɛ^{223}	扁 pie^{51}
19 萧山	浑 uəŋ^{355}	圆 yə^{355}	扁 pie^{33}
20 富阳	浑 uən^{13}	圆 yɛ̃^{13}	扁 piɛ̃^{423}
21 新登	浑 ueŋ^{233}	圆 yɛ^{233}	扁 piɛ̃^{334}
22 桐庐	浑 uəŋ^{13}	圆 yᴇ^{13}	扁 pie^{33}
23 分水	浑 uən^{22}	圆 yɛ̃^{22}	扁 piɛ̃^{53}
24 绍兴	浑 uø̃^{231}	圆 yø̃^{231}	扁 piẽ^{334}

续表

方言点	0955 浑水~	0956 圆	0957 扁
25 上虞	浑 uəŋ^{213}	圆 yø̃^{213}	扁 piẽ^{35}
26 嵊州	浑 uəŋ^{213}	团 dœ̃^{213}	扁 piẽ^{53}
27 新昌	浑 ueŋ^{22}	团 dœ̃^{22}	扁 piɛ̃^{453}
28 诸暨	浑 vɛn^{13}	圆 iə^{13}	扁 pie^{42}
29 慈溪	浑 uəŋ^{13} 浑浊 uəŋ^{11} dzoʔ^{2}	圆 yø̃^{13}	扁 piẽ^{35}
30 余姚	浑 uə̃^{13}	圆 yø̃^{13}	扁 piẽ^{34}
31 宁波	浑 uəŋ^{13}	圆 y^{13}	扁 pi^{53}
32 镇海	浑 uəŋ^{24}	圆 y^{24}	扁 pi^{35}
33 奉化	浑 uəŋ^{33}	圆 y^{33}	扁 pi^{545}
34 宁海	浑 uəŋ^{31}	圆 yø^{213}	扁 pie^{53}
35 象山	浑 uəŋ^{31}	圆 y^{31}	扁 pi^{44}
36 普陀	浑 uɐŋ^{24}	圆 y^{24}	扁 pi^{53}
37 定海	浑 uɐŋ^{23}	圆 y^{23}	扁 pi^{45}
38 岱山	浑 uɐŋ^{23}	圆 y^{23}	扁 pi^{52}
39 嵊泗	浑 uɐŋ^{243}	圆 y^{243}	扁 pi^{53}
40 临海	浑 uəŋ^{52}	圆 yø^{21}	扁 pi^{52}
41 椒江	浑 uəŋ^{42}	圆 yø^{31}	扁 pie^{42}
42 黄岩	浑 uən^{42}	圆 yø^{121}	扁 pie^{42}
43 温岭	浑 uən^{42}	圆 yø^{31}	扁 pie^{42}
44 仙居	浑 uen^{324}	圆 yø^{213}	扁 ɓie^{324}
45 天台	浑 uəŋ^{224}	□栾$^{=}$ guɔʔ^{2} lø^{224}	扁 pie^{325}
46 三门	浑 uəŋ^{325}	圆 yø^{113}	扁 pie^{325}
47 玉环	浑 uəŋ^{53}	圆 yø^{31}	扁 pie^{53}

续表

方言点	0955 浑水～	0956 圆	0957 扁
48 金华	浑 uəŋ^{313}	圆 yɤ^{313}	扁 pie^{535}
49 汤溪	浑 uã^{11}	圆 yɤ^{11}	扁 mie^{535}
50 兰溪	浑 uæ̃^{21}	圆 yɤ^{21}	扁 pie^{55}
51 浦江	浑 uən^{113}	掘⁼轮 guə^{24} lən^{334}	扁 piẽ^{53}
52 义乌	浑 uən^{213}	圆 ye^{213}	扁 pie^{423}
53 东阳	浑 uɐn^{213}	圆 iʊ^{213}	扁 pi^{453}
54 永康	浑 uəŋ^{22}	圆 ye^{22}	扁 ɓie^{334}
55 武义	浑 uen^{324}	骨⁼轮 kuəʔ^{5} len^{324}	扁 mie^{445}
56 磐安	浑 uɐn^{213}	骨⁼轮 kuɛ^{55} lɐn^{213} 圆 ye^{213}	扁 pie^{334}
57 缙云	浑 uaŋ^{243}	轮 laŋ^{243}	扁 piɛ^{51}
58 衢州	浑 uən^{21}	圆 yə̃^{21}	扁 piẽ^{35}
59 衢江	浑 uɛ^{212}	圆 iɛ^{212}	扁 pie^{25}
60 龙游	浑 uei^{21}	圆 ye^{21}	扁 pie^{35}
61 江山	滑 xuɛ̃^{51}	圆 yɛ̃^{213}	扁 piɛ̃^{241}
62 常山	浑 xuɔ̃^{324}	圆 yɔ̃^{341}	扁 piɛ̃^{52}
63 开化	浑 xuɛn^{213}	圆 yɛ̃^{231}	扁 piɛ̃^{53}
64 丽水	浑 uen^{22}	轮 len^{22}	扁 piɛ^{544}
65 青田	浑 uaŋ^{22}	圆 yɐ^{21}	扁 ɓiɑ^{454}
66 云和	浑 uəŋ^{312}	轮 ləŋ^{312}	扁 piɛ^{41}
67 松阳	浑 uen^{31}	轮 len^{31}	扁 piɛ̃^{212}
68 宣平	浑 uən^{433}	轮 lən^{433}	扁 piɛ^{445}
69 遂昌	浑 uɛ̃^{221}	圆 yɛ̃^{221}	扁 piɛ̃^{533}
70 龙泉	浑 uo^{21}	轮 lɛn^{21}	扁 piᴇ^{51}

续表

方言点	0955 浑水～	0956 圆	0957 扁
71 景宁	浑 uaŋ^{41}	轮 laŋ^{41}	扁 piɛ^{33}
72 庆元	浑 uæ̃^{52}	轮 ləŋ^{52}	扁 ɓiɑ̃^{33}
73 泰顺	浊 tɕioʔ^{2}	圆 yɛ^{53}	扁 piã^{55}
74 温州	浑 vaŋ^{22}	圆 y^{31}	扁 pi^{25}
75 永嘉	糊 u^{22}	圆 y^{31}	扁 pi^{45}
76 乐清	糊 vu^{22}	圆 yᴇ^{31}	扁 piᴇ^{35}
77 瑞安	糊 vɯ^{22} 浊 dʑyo^{212} 浑 vaŋ^{22}	圆 y^{31}	扁 pi^{35}
78 平阳	浑 vaŋ^{33}	圆 ye^{242}	扁 pie^{45}
79 文成	浊 dʒo^{212}	圆 ye^{113}	扁 pie^{45}
80 苍南	浊 dʑyɔ^{112}	圆 yɛ^{31}	扁 piɛ^{53}
81 建德徽	浑 uen^{33}	圆 ȵye^{33}	扁 pie^{213}
82 寿昌徽	浑 uen^{52}	圆 yei^{52}	扁 pi^{24}
83 淳安徽	浑 ven^{435}	圆 vã^{435}	扁 piã^{55}
84 遂安徽	浑 vəŋ^{33}	圆 vɑ̃^{33}	扁 piɑ̃^{213}
85 苍南闽	锣$^{=}$ lo^{24}	圆 ɪ̃^{24}	扁 pɪ̃^{43}
86 泰顺闽	浊 tøʔ^{3}	圆 ye^{22}	扁 pie^{344}
87 洞头闽	牢$^{=}$ lo^{113}	圆 ɪ̃^{113}	扁 pɪ̃^{53}
88 景宁畲	浑 xuən^{22}	轮 luən^{22}	扁 pan^{325}

方言点	0958 方	0959 尖	0960 平
01 杭州	方 faŋ^{334}	尖 tɕiɛ^{334}	平 biŋ^{213}
02 嘉兴	方 fÃ^{42}	尖 tɕie^{42}	平 biŋ^{242}
03 嘉善	方 fã^{53}	尖 tɕiɪ^{53}	平 bin^{132}
04 平湖	方 fɑ̃^{53}	尖 tsiɛ^{53}	平 bin^{31}
05 海盐	方 fɑ̃^{53}	尖 tɕiɛ^{53}	平 bin^{31}
06 海宁	方 fɑ̃^{55}	尖 tɕie^{55}	平 biŋ^{13}
07 桐乡	方 fɒ̃^{44}	尖 tsiᴇ^{44}	平 biŋ^{13}
08 崇德	方 fã^{44}	尖 tɕiɪ^{44}	平 biŋ^{13}
09 湖州	方 fã^{44}	尖 tɕie^{44}	平 bin^{112}
10 德清	方 fã^{44}	尖 tɕie^{44}	平 bin^{113}
11 武康	方 fã^{44}	尖 tɕiɪ^{44}	平 bin^{113}
12 安吉	方 fɔ̃^{55}	尖 tɕi^{55}	平 biŋ^{22}
13 孝丰	方 fɔ̃^{44}	尖 tɕiɪ^{44}	平 biŋ^{22}
14 长兴	方 fɔ̃^{44}	尖 tʃi^{44}	平 biŋ^{12}
15 余杭	方 fɑ̃^{44}	尖 tsiẽ^{44}	平 biŋ^{22}
16 临安	方 fɑ̃^{55}	尖 tɕie^{55}	平 bieŋ^{33}
17 昌化	方 fɔ̃^{334}	尖 tɕiɪ̃^{334}	平 biəŋ^{112}
18 於潜	方 faŋ^{433}	尖 tɕie^{433}	平 biŋ^{223}
19 萧山	方 fɔ̃^{533}	尖 tɕie^{533}	平 biŋ^{355}
20 富阳	方 fɑ̃^{53}	尖 tɕiɛ̃^{53}	平 bin^{13}
21 新登	方 fɑ̃^{53}	尖 tɕiɛ̃^{53}	平 beiŋ^{233}
22 桐庐	方 fã^{533}	尖 tɕie^{533}	平 biŋ^{13}
23 分水	方 fã^{44}	尖 tɕiɛ̃^{44}	平 bin^{22}
24 绍兴	方 fɑŋ^{53}	尖 tɕiẽ^{53}	平 biŋ^{231}

续表

方言点	0958 方	0959 尖	0960 平
25 上虞	方 fɔ̃^{35}	尖 tɕiẽ^{35}	平 biŋ^{213}
26 嵊州	方 fɔŋ^{534}	尖 tɕiẽ^{534}	平 biŋ^{213}
27 新昌	方 fɔ̃^{534}	尖 tɕiɛ̃^{534}	平 biŋ^{22}
28 诸暨	方 fɑ^{544}	尖 tɕie^{544}	平 bin^{13}
29 慈溪	方 fɔ̃^{35}	尖 tɕiẽ^{35}	平 biŋ^{13}
30 余姚	方 fɔŋ^{44}	尖 tɕiẽ^{44}	平 bə̃^{13}
31 宁波	方 fɔ^{53}	尖 tɕi^{53}	平 biŋ^{13}
32 镇海	方 fɔ̃^{53}	尖 tɕi^{53}	平 biŋ^{24}
33 奉化	方 fɔ̃^{44}	尖 tɕi^{44}	平 biŋ^{33}
34 宁海	方 fɔ̃^{423}	尖 tɕie^{423}	平 biŋ^{213}
35 象山	方 fɔ̃^{44}	尖 tɕi^{44}	平 biŋ^{31}
36 普陀	方 fɔ̃^{53}	尖 tɕi^{53}	平 biŋ^{24}
37 定海	方 fõ^{52}	尖 tɕi^{52}	平 biŋ^{23}
38 岱山	方 fõ^{52}	尖 tɕi^{52}	平 biŋ^{23}
39 嵊泗	方 fõ^{53}	尖 tɕi^{53}	平 biŋ^{243}
40 临海	方 fɔ^{31}	尖 tɕie^{31}	平 bin^{21}
41 椒江	方 fɔ̃^{42}	尖 tɕie^{42}	平 biŋ^{31}
42 黄岩	方 fɔ̃^{32}	尖 tɕie^{32}	平 bin^{121}
43 温岭	方 fɔ̃^{33}	尖 tɕie^{33}	平 bin^{31}
44 仙居	四方 sɿ^{33} fɑ̃^{334}	尖 tɕie^{334}	平 bin^{213}
45 天台	四方 sɿ^{33} fɔ^{33}	尖 tɕie^{33}	测$^{=}$平 tsʰəʔ^{5} biŋ^{224}
46 三门	方 fɔ^{334}	尖 tɕie^{334}	平 biŋ^{113}
47 玉环	方 fɔ̃^{42}	尖 tɕie^{42}	平 biŋ^{31}

续表

方言点	0958 方	0959 尖	0960 平
48 金华	方 fɑŋ^{334} 四方 ɕi^{33} fɑŋ^{55}	尖 tɕie^{334}	平 biŋ^{313}
49 汤溪	四方 sɿ^{33} fɑo^{52}	尖 tsie^{24}	平 bɛ̃i^{11}
50 兰溪	方 fɑŋ^{334}	尖 tɕie^{334}	平 bin^{21}
51 浦江	跌$^{=}$方 tia^{33} fõ^{334}	尖 tsiẽ^{534}	平 biən^{113}
52 义乌	方 fŋ$^{w\,335}$	尖 tsie^{335}	平 bən^{213}
53 东阳	方 fɔ^{334}	尖 tsi^{334}	平 bɐn^{213}
54 永康	四方 ɕi^{33} fɑŋ^{55}	尖 tɕie^{55}	平 biŋ^{22}
55 武义	四方 ɕi^{55} fɑŋ^{24}	尖 tɕie^{24}	平 bin^{324}
56 磐安	方 fɒ^{445}	尖 tɕie^{445}	平 bɐn^{213}
57 缙云	方 fɔ^{44}	尖 tɕiɛ^{44}	平 bɛŋ^{243}
58 衢州	方 fɑ̃^{32}	尖 tɕiẽ^{32}	平 bin^{21}
59 衢江	方 fɑ̃^{33}	尖 tɕie^{33}	平 biŋ^{212}
60 龙游	方 fã^{334}	尖 tɕie^{334}	平 bin^{21}
61 江山	方 fɒŋ^{44}	尖 tɕiɛ̃^{44}	平 bĩ^{213}
62 常山	方 fiã^{44}	尖 tɕiɛ̃^{44}	平 bĩ^{341}
63 开化	方 fiã^{44}	尖 tɕiɛ̃^{44}	平 bin^{231}
64 丽水	方 fɔŋ^{224}	尖 tɕiɛ^{224}	平 bin^{22}
65 青田	方 fo^{445}	尖 tɕiɛ^{445}	平 beŋ^{21}
66 云和	方 fɔ̃^{24}	尖 tɕiɛ^{24}	平 biŋ^{312}
67 松阳	方 foŋ^{53}	尖 tɕiɛ̃^{53}	平 bin^{31}
68 宣平	方 fɔ̃^{324}	尖 tɕiɛ^{324}	平 bin^{433}
69 遂昌	方 fɔŋ^{45}	尖 tɕiɛ̃^{45}	平 biŋ^{221}
70 龙泉	方 fɔŋ^{434}	尖 tɕiᴇ^{434}	平 bin^{21}

续表

方言点	0958 方	0959 尖	0960 平
71 景宁	方 fɔŋ^{324}	尖 tɕiɛ^{324}	平 biŋ^{41}
72 庆元	方 fɔ̃^{335}	尖 tɕiɛ̃^{335}	平 piŋ^{52}
73 泰顺	方 xɔ̃^{213}	尖 tɕiɛ^{213}	平 piŋ^{53}
74 温州	方 huɔ^{33}	尖 tɕi^{33}	平 bəŋ^{31}
75 永嘉	方 huɔ^{44}	尖 tɕi^{44}	平 beŋ^{31}
76 乐清	方 fɔ^{44}	尖 tɕiᴇ^{44}	平 beŋ^{31}
77 瑞安	方 fɔ^{44}	尖 tɕi^{44}	平 bəŋ^{31}
78 平阳	方 fɔ^{55}	尖 tɕie^{55}	平 beŋ^{242}
79 文成	方 fo^{55}	尖 tɕie^{55}	平 beŋ^{113}
80 苍南	方 huɔ^{44}	尖 tɕiɛ^{44}	平 beŋ^{31}
81 建德徽	方 fo^{53}	尖 tɕie^{53}	平 pin^{33}
82 寿昌徽	方 fɑ̃^{112}	尖 tɕi^{112}	平 pʰien^{52}
83 淳安徽	方 fɑ̃^{24}	尖 tɕiã^{24}	平 pʰin^{435}
84 遂安徽	方 xoŋ^{534}	尖 tɕiɑ̃^{534}	平 pʰin^{33}
85 苍南闽	四方 ɕi^{24} hɑŋ^{55}	尖 tɕian^{55}	平 pĩ^{24}
86 泰顺闽	方 fo^{213}	尖 tɕie^{213}	平 pæŋ^{22}
87 洞头闽	四角形 ɕi^{33} kɐk^{5} hieŋ^{24}	尖 tɕian^{33}	平 pĩ^{113}
88 景宁畲	方 fɔŋ^{44}	尖 tɕian^{44}	平 pʰiaŋ^{22}

方言点	0961 肥~肉	0962 瘦~肉	0963 肥形容猪等动物
01 杭州	肥 vei^{213}	精 tɕiŋ^{334}	壮 tsuaŋ^{45}
02 嘉兴	油 iu^{242}	精 tɕiŋ^{42}	壮 tsÃ^{224}
03 嘉善	油 iə^{132}	精 tɕin^{53}	壮 tsã^{334}
04 平湖	油 iəɯ^{31}	精 tsin^{53}	壮 tsɑ̃^{334}
05 海盐	油 io^{31}	精 tɕin^{53}	壮 tsɑ̃^{334}
06 海宁	油 iəu^{13}	精 tɕiŋ^{55}	壮 tsɑ̃^{35}
07 桐乡	油 iɤɯ^{13}	精 tsiŋ^{44}	壮 tsɒ̃^{334}
08 崇德	油 iɤɯ^{13}	精 tɕiŋ^{44}	壮 tsã^{334}
09 湖州	肥 vi^{112}	精 tɕin^{44}	壮 tsã^{35}
10 德清	油 iʉ^{113}	精 tɕin^{44}	壮 tsã^{334}
11 武康	肥 vi^{113}	精 tɕin^{44}	壮 tsã^{224}
12 安吉	油 iu^{22}	精 tɕiŋ^{55}	壮 tsɔ̃^{324}
13 孝丰	油 iu^{22}	精 tɕiŋ^{44}	壮 tsɔ̃^{324}
14 长兴	肥 vʅ^{12}	精 tʃiŋ^{44}	壮 tsɔ̃^{324}
15 余杭	肥 vi^{22}	精 tsiŋ^{44}	壮 tsɑ̃^{423}
16 临安	油 yœ^{33}	精 tɕieŋ^{55}	壮 tsuɑ̃^{55}
17 昌化	肥 vei^{112} 油 i^{112}	精 tɕiəŋ^{334}	壮 tsuɔ̃^{544}
18 於潜	油 iəu^{223}	精 tɕiŋ^{433}	壮 tsuaŋ^{35}
19 萧山	肥 bi^{355}	精 tɕiŋ^{533}	壮 tɕyɔ̃^{42}
20 富阳	油 iʊ^{13}	精 tɕin^{53}	壮 tsɑ̃^{335}
21 新登	肥 vi^{233}	精 tɕiŋ^{53}	壮 tɕyɑ̃^{45}
22 桐庐	肥 vi^{13}	瘦 sei^{35}	肥 vi^{13}
23 分水	肥 vi^{22}	瘦 sɵ^{24}	壮 tɕyã^{24}

续表

方言点	0961 肥～肉	0962 瘦～肉	0963 肥形容猪等动物
24 绍兴	肥 bi^{231}	精 tɕiŋ^{53}	壮 tsɑŋ^{33}
25 上虞	油 iɤ^{213}	精 tɕiŋ^{35}	壮 tsɔ̃^{53}
26 嵊州	油 iʏ^{213}	精 tɕiŋ^{534}	壮 tsɔŋ^{334}
27 新昌	油 iɯ^{22}	精 tɕiŋ^{534}	壮 tsɔ̃^{335}
28 诸暨	肥 bʅ^{13}	精 tɕin^{544}	壮 tsɑ̃^{544}
29 慈溪	油 iø^{13}	精 tɕiŋ^{35}	壮 tsɔ̃^{44}
30 余姚	油 iø^{13}	精 tɕiə̃^{44}	壮 tsɔŋ^{53}
31 宁波	油 iʏ^{13}	精 tɕiŋ^{53}	壮 tsɔ^{44}
32 镇海	油 iu^{24}	精 tɕiŋ^{53}	壮 tsɔ̃^{53}
33 奉化	瞟 p^{h}iɔ^{44}	赤$^{=}$ tɕ^{h}iɪʔ^{5}	壮 tsɔ̃^{53}
34 宁海	油 iu^{213}	赤$^{=}$ tɕ^{h}ieʔ^{5}	壮 tɕyɔ̃^{35}
35 象山	油 iu^{31}	赤$^{=}$ tɕ^{h}ieʔ^{5}	壮 tɕyɔ̃^{53}
36 普陀	油 ieu^{24}	精 tɕiŋ^{53}	壮 tsɔ̃^{55}
37 定海	油 iʏ^{23}	精 tɕiŋ^{52}	壮 tsõ^{44}
38 岱山	油 iʏ^{23}	精 tɕiŋ^{52}	壮 tsõ^{44}
39 嵊泗	油 iʏ^{243}	精 tɕiŋ^{53}	壮 tsõ^{53}
40 临海	肥 bi^{21}	赤$^{=}$ tɕ^{h}ieʔ^{5}	壮 tɕyɔ̃^{55}
41 椒江	肥 bi^{31}	赤$^{=}$ tɕ^{h}ieʔ^{5}	壮 tsɔ̃^{55}
42 黄岩	肥 bi^{121}	赤$^{=}$ tɕ^{h}ieʔ^{5}	壮 tsɔ̃^{55}
43 温岭	肥 bi^{31}	赤$^{=}$ tɕ^{h}iʔ^{5}	壮 tɕiɔ̃^{55}
44 仙居	肥 bi^{213}	赤$^{=}$ tɕ^{h}iəʔ^{5}	壮 tɕyɑ̃^{55}
45 天台	肥 bi^{224}	赤$^{=}$ tɕ^{h}iəʔ^{5}	壮 tɕyɔ^{55}
46 三门	肥 bi^{113}	赤$^{=}$ tɕ^{h}ieʔ^{5}	壮 tɕiɔ^{55}

续表

方言点	0961 肥～肉	0962 瘦～肉	0963 肥形容猪等动物
47 玉环	肥 bi^{31}	赤＝tɕʰiɐʔ^{5}	壮 tɕiɔ̃^{55}
48 金华	肥 vi^{313}	精 tɕiŋ^{334}	壮 tɕyɑŋ^{55}
49 汤溪	肥 vi^{11}	精 tsɛ̃i^{24}	壮 tɕiɑo^{52}
50 兰溪	肥 vi^{21}	精 tɕin^{334}	壮 tɕyɑŋ^{45}
51 浦江	肥 vi^{113}	精 tsiən^{534}	壮 tɕyõ^{55}
52 义乌	肥 vi^{213}	精 tsən^{335}	壮 tsŋʷ^{45}
53 东阳	肥 bi^{213}	精 tsɐn^{334}	壮 tɕiɔ^{453}
54 永康	肥 vi^{22}	精 tɕiŋ^{55}	壮 tɕyɑŋ^{52}
55 武义	肥 vi^{324}	精 tɕin^{24}	壮 tɕyɑŋ^{53}
56 磐安	肥 bi^{213}	精 tsɐn^{445}	壮 tɕiɒ^{52}
57 缙云	肥 bi^{243}	精 tsɛŋ^{44}	壮 tsɔ^{453}
58 衢州	肥 vi^{21}	精 tɕin^{32}	壮 tʃyɑ̃^{53}
59 衢江	肥 vi^{212}	精 tɕiŋ^{33}	壮 tɕyɑ̃^{53}
60 龙游	肥 vi^{21}	精 tɕin^{334}	壮 tsuɑ̃^{51}
61 江山	肥 bi^{213}	精 tɕĩ^{44}	壮 tɕiɒŋ^{51}
62 常山	肥 bi^{341}	精 tsĩ^{44}	壮 tsɔ̃^{324}
63 开化	肥 vi^{231} 壮 tɕiɔŋ^{412}	赤＝tɕʰiɛʔ^{5}	壮 tɕiɔŋ^{412}
64 丽水	肥 bi^{22} 壮 tɕiɔŋ^{52}	精 tɕin^{224}	壮 tɕiɔŋ^{52}
65 青田	肥 bi^{21}	精 tɕiŋ^{445}	壮 tɕio^{33}
66 云和	壮 tɕiɔ̃^{45}	精 tɕiŋ^{24}	壮 tɕiɔ̃^{45}
67 松阳	壮 tɕioŋ^{24}	瘦 sʌ^{24}	壮 tɕioŋ^{24}
68 宣平	肥 bi^{433} 壮 tɕiɔ̃^{52}	尖＝tɕiɛ^{324}	壮 tɕiɔ̃^{52}

续表

方言点	0961 肥~肉	0962 瘦~肉	0963 肥形容猪等动物
69 遂昌	壮 tɕiɔŋ^{334}	瘦 ɕyɐɯ^{334}	壮 tɕiɔŋ^{334}
70 龙泉	壮 tɕiɔŋ^{45}	瘦 siəu^{45}	壮 tɕiɔŋ^{45}
71 景宁	壮 tɕiɔŋ^{35}	精 tɕiŋ^{324}	壮 tɕiɔŋ^{35}
72 庆元	壮 tɕiɔ̃^{11}	瘦 sɐɯ^{11}	壮 tɕiɔ̃^{11}
73 泰顺	壮 tɕiɔ̃^{35}	□ ts^{h}ɿʔ^{5} 非活物 精 tɕiŋ^{213}	壮 tɕiɔ̃^{35}
74 温州	肥 bei^{31}	精 tsəŋ^{33}	壮 tɕyɔ^{51}
75 永嘉	肥 bei^{31}	精 tɕieŋ^{44}	壮 tɕyɔ^{53}
76 乐清	肥 bi^{31}	精 tɕieŋ^{44}	壮 tɕyɯʌ^{41}
77 瑞安	肥 bei^{31}	精 tsəŋ^{44}	壮 tɕyo^{53}
78 平阳	肥 bi^{242}	精 tʃeŋ^{55}	壮 tʃo^{53}
79 文成	肥 bi^{113}	七$^{=}$tɕ^{h}i^{34}	壮 tʃuo^{33}
80 苍南	肥 bi^{31}	精 tseŋ^{44}	壮 tɕyɔ^{42}
81 建德徽	肥 fi^{33}	精 tɕin^{53}	壮 tso^{33}
82 寿昌徽	肥 fi^{52}	精 tɕien^{112}	壮 tɕyɑ̃^{33}
83 淳安徽	肥 fi^{435}	精 tɕin^{24}	壮 tsɑ̃^{24}
84 遂安徽	肥 fi^{33}	瘦 ɕiu^{43}	壮 tsoŋ^{43}
85 苍南闽	肥 pui^{24}	精 tɕĩã^{55}	肥 pui^{24}
86 泰顺闽	肥 pai^{22}	衰 sɔi^{213}	肥 pai^{22}
87 洞头闽	肥 pui^{113}	精 tɕĩã^{33}	肥 pui^{113}
88 景宁畲	壮 tsɔŋ^{44}	瘦 sau^{51}	壮 tsɔŋ^{44}

方言点	0964 胖形容人	0965 瘦形容人、动物	0966 黑黑板的颜色
01 杭州	壮 tsuaŋ^{45}	瘦 sei^{45}	黑 xaʔ^{5}
02 嘉兴	胖 pʰÃ^{224}	瘦 sei^{224}	黑 həʔ^{5}
03 嘉善	壮 tsã^{334}	瘦 sə^{334}	黑 xɜʔ^{5}
04 平湖	壮 tsɑ̃^{334} 胖 pʰɑ̃^{334}	瘦 səɯ^{334}	黑 həʔ^{5}
05 海盐	壮 tsɑ̃^{334}	瘦 se^{334}	黑 xəʔ^{5}
06 海宁	壮 tsɑ̃^{35}	瘦 səɯ^{35}	黑 həʔ^{5}
07 桐乡	壮 tsɒ̃^{334}	瘦 sɤɯ^{334}	黑 həʔ^{5}
08 崇德	壮 tsã^{334}	瘦 sɤɯ^{334}	黑 həʔ^{5}
09 湖州	壮 tsã^{35}	瘦 ɕiʉ^{35}	黑 xəʔ^{5}
10 德清	壮 tsã^{334}	瘦 ɕiʉ^{334}	乌 əu^{44}
11 武康	壮 tsã^{224}	瘦 ɕø^{224}	乌 u^{44}
12 安吉	壮 tsɔ̃^{324}	瘦 səɪ^{324}	黑 həʔ^{5}
13 孝丰	胖 pʰɔ̃^{324}	瘦 səɪ^{324}	黑 həʔ^{5}
14 长兴	胖 pʰɔ̃^{324}	瘦 sei^{324}	黑 həʔ^{5}
15 余杭	壮 tsɑ̃^{423}	瘦 søʏ^{423}	黑 xəʔ^{5}
16 临安	壮 tsuɑ̃^{55}	瘦 sə^{55}	乌 u^{55}
17 昌化	胖 pʰɔ̃^{544}	瘦 ɕi^{544}	黑 xəʔ^{5}
18 於潜	壮 tsuaŋ^{35}	瘦 ɕiəu^{35}	黑 xəʔ^{53}
19 萧山	壮 tɕyɔ̃^{42}	瘦 ɕio^{42}	黑 xəʔ^{5}
20 富阳	壮 tsɑ̃^{335}	瘦 sei^{335}	黑 hɛʔ^{5}
21 新登	壮 tɕyɑ̃^{45}	瘦 ɕy^{45}	黑 həʔ^{5}
22 桐庐	胖 pʰã^{35}	瘦 sei^{35}	黑 xəʔ^{5}
23 分水	壮 tɕyã^{24}	瘦 sɵ^{24}	黑 xaʔ^{5}

续表

方言点	0964 胖形容人	0965 瘦形容人、动物	0966 黑黑板的颜色
24 绍兴	壮 tsɑŋ^{33}	瘦 sɤ^{33}	黑 həʔ^{5}
25 上虞	壮 tsɔ̃^{53}	瘦 sɤ^{53}	乌 u^{35}
26 嵊州	壮 tsɔŋ^{334}	歪$^{=}$ ua^{534}	乌 u^{534}
27 新昌	壮 tsɔ̃^{335}	歪$^{=}$ ua^{534}	乌 u^{534}
28 诸暨	壮 tsɑ̃^{544}	瘦 sei^{544}	黑 həʔ^{5}
29 慈溪	壮 tsɔ̃^{44} 胖 pʰɔ̃^{44}	瘦 sø^{44}	乌 u^{35} 黑 haʔ^{5}
30 余姚	壮 tsɔŋ^{53}	瘦 sø^{53}	黑 həʔ^{5}
31 宁波	壮 tsɔ^{44}	瘦 sœʏ^{44}	黑 haʔ^{5} 玄 y^{13}
32 镇海	壮 tsɔ̃^{53}	瘦 sei^{53}	黑 haʔ^{5}
33 奉化	壮 tsɔ̃^{53} 胖 pʰɔ̃^{53}	瘦 sæi^{53}	黑 haʔ^{5}
34 宁海	壮 tɕyɔ̃^{35}	瘵 za^{213}	黑 hiəʔ^{5}
35 象山	壮 tɕyɔ̃^{53}	瘦 sɤɯ^{53}	黑 haʔ^{5}
36 普陀	壮 tsɔ̃^{55}	瘦 seu^{55}	黑 xɐʔ^{5}
37 定海	壮 tsõ^{44}	瘦 sɐi^{44}	黑 xɐʔ^{5}
38 岱山	壮 tsõ^{44}	瘦 sœʏ^{44}	黑 xɐʔ^{5}
39 嵊泗	壮 tsõ^{53}	瘦 sœʏ^{53}	黑 xɐʔ^{5}
40 临海	壮 tɕyɔ̃^{55}	瘵 za^{324}	黑 həʔ^{5}
41 椒江	壮 tsɔ̃^{55}	瘵 za^{24}	黑 haʔ^{5}
42 黄岩	壮 tsɔ̃^{55}	瘵 za^{24}	黑 həʔ^{5}
43 温岭	壮 tɕiɔ̃^{55}	瘵 za^{13}	黑 hɤʔ^{5}
44 仙居	壮 tɕyɑ̃^{55}	瘦 ɕiəɯ^{55}	黑 ɕiəʔ^{5}
45 天台	壮 tɕyɔ^{55}	瘵 za^{35}	黑 heʔ^{5}

续表

方言点	0964 胖形容人	0965 瘦形容人、动物	0966 黑黑板的颜色
46 三门	壮 tɕiɔ^{55}	瘵 za^{243}	黑 hɐʔ^{5}
47 玉环	壮 tɕiɔ̃^{55}	瘵 za^{22}	黑 hɐʔ^{5}
48 金华	壮 tɕyɑŋ^{55}	瘦 ɕiu^{55}	黑 xəʔ^{4}
49 汤溪	壮 tɕiɑo^{52}	瘦 ɕiəɯ^{52}	乌 u^{24} 黑 xɛ^{55}
50 兰溪	壮 tɕyɑŋ^{45}	瘦 ɕiəɯ^{45}	黑 xəʔ^{34}
51 浦江	壮 tɕyõ^{55}	瘦 ɕiɤ^{55}	黑 xə^{423}
52 义乌	壮 tsŋ^{w45}	瘦 sɐɯ^{45}	黑 hai^{324}
53 东阳	壮 tɕiɔ^{453}	瘦 sɐɯ^{453}	黑 hei^{334}
54 永康	壮 tɕyɑŋ^{52}	瘦 ɕiəu^{52}	乌 u^{55}
55 武义	壮 tɕyɑŋ^{53}	瘦 ɕiəu^{53}	黑 xəʔ^{5}
56 磐安	壮 tɕiɒ^{52}	瘦 so^{52}	黑 xɛi^{334}
57 缙云	壮 tsɔ^{453}	瘦 ɕiuŋ^{453}	乌 vu^{44}
58 衢州	壮 tʃyɑ̃^{53}	瘦 se^{53}	黑 xəʔ^{5}
59 衢江	壮 tɕyɑ̃^{53}	瘦 ɕiɔ^{53}	乌 uɤ^{33}
60 龙游	壮 tsuɑ̃^{51}	瘦 səɯ^{51}	乌 u^{334}
61 江山	壮 tɕiɒŋ^{51}	瘦 ɕiɐɯ^{51}	乌 uə^{44}
62 常山	壮 tsɔ̃^{324}	瘦 ɕiɔ^{324}	乌 uə^{44}
63 开化	壮 tɕiɔŋ^{412} 胖 p^{h}ã^{53}	瘦 ɕiɔ^{412}	乌 uo^{44}
64 丽水	壮 tɕiɔŋ^{52}	瘦 səɯ^{52}	黑 xeʔ^{5} 乌 u^{224}
65 青田	壮 tɕio^{33}	瘦 sæi^{33}	乌 vu^{445}
66 云和	壮 tɕiɔ̃^{45}	瘦 səɯ^{45}	乌 u^{24}
67 松阳	壮 tɕioŋ^{24}	瘦 sʌ^{24}	乌 uə^{53}

续表

方言点	0964 胖形容人	0965 瘦形容人、动物	0966 黑黑板的颜色
68 宣平	壮 tɕiɔ̃^{52}	瘦 ɕiɯ^{52}	乌 u^{324}
69 遂昌	壮 tɕiɔŋ^{334}	瘦 ɕyɐɯ^{334}	乌 uə^{45}
70 龙泉	壮 tɕiɔŋ^{45}	瘦 siəu^{45}	乌 uɤɯ^{434}
71 景宁	壮 tɕiɔŋ^{35}	瘦 səɯ^{35}	乌 u^{324} 黑 xɛʔ^{5}
72 庆元	壮 tɕiɔ̃^{11}	瘦 sɐɯ^{11}	乌 uɤ^{335}
73 泰顺	壮 tɕiɔ̃^{35}	瘵 sæi^{213}	乌 uø^{213}
74 温州	壮 tɕyɔ^{51}	瘵 za^{22}	黑 he^{323}
75 永嘉	壮 tɕyɔ^{53}	瘵 za^{22}	黑 he^{423} 青 tɕʰieŋ^{44}用于衣服、布料等
76 乐清	壮 tɕyɯʌ^{41}	瘵 ze^{22}	黑 hɤ^{323}
77 瑞安	壮 tɕyo^{53}	瘵 za^{22}	黑 he^{323}
78 平阳	壮 tʃo^{53}	瘵 zᴀ^{33}	黑 xe^{34}
79 文成	壮 tʃuo^{33}	瘵 zɔ^{424}	黑 xe^{34}
80 苍南	壮 tɕyɔ^{42}	瘵 dʑia^{11}	乌 u^{44}
81 建德徽	壮 tso^{33}	瘦 sɤɯ^{33}	黑 hɐʔ^{5}
82 寿昌徽	壮 tɕyɑ̃^{33}	瘦 səɯ^{33}	黑 xəʔ^{3}
83 淳安徽	胖 pʰon^{24}	瘦 sɯ^{24}	黑 hiʔ^{5}
84 遂安徽	壮 tsoŋ^{43}	瘦 ɕiu^{43}	黑 xəɯ^{24}
85 苍南闽	大箍 to^{24} kʰɔ^{55}	瘖 san^{43}	乌 ɔ^{55}
86 泰顺闽	肥 pai^{22}	衰 sɔi^{213}	乌 ou^{213}
87 洞头闽	肥 pui^{113}	瘖 san^{53}	黑 hiek^{5}
88 景宁畲	壮 tsɔŋ^{51}	瘦 sau^{51}	乌 u^{44} 黑 xeʔ^{5}

方言点	0967 白雪的颜色	0968 红国旗的主颜色，统称	0969 黄国旗上五星的颜色
01 杭州	白 $baʔ^{2}$	红 $oŋ^{213}$	黄 $uaŋ^{213}$
02 嘉兴	白 $bᴀʔ^{13}$	红 $oŋ^{242}$	黄 $uᴀ̃^{242}$
03 嘉善	白 $bɜʔ^{2}$	红 $oŋ^{132}$	黄 $uã^{132}$
04 平湖	白 $baʔ^{23}$	红 $oŋ^{31}$	黄 $uɑ̃^{31}$
05 海盐	白 $baʔ^{23}$	红 $oŋ^{31}$	黄 $uɑ̃^{31}$
06 海宁	白 $baʔ^{2}$	红 $oŋ^{13}$	黄 $uɑ̃^{13}$
07 桐乡	白 $baʔ^{23}$	红 $oŋ^{13}$	黄 $ɒ̃^{13}$
08 崇德	白 $baʔ^{23}$	红 $oŋ^{13}$	黄 $uã^{13}$
09 湖州	白 $baʔ^{2}$	红 $oŋ^{112}$	黄 $uã^{112}$
10 德清	白 $baʔ^{2}$	红 $oŋ^{113}$	黄 $uã^{113}$
11 武康	白 $bɜʔ^{2}$	红 $oŋ^{113}$	黄 $uã^{113}$
12 安吉	白 $bɐʔ^{23}$	红 $oŋ^{22}$	黄 $uɔ̃^{22}$
13 孝丰	白 $baʔ^{23}$	红 $oŋ^{22}$	黄 $uɔ̃^{22}$
14 长兴	白 $baʔ^{2}$	红 $oŋ^{12}$	黄 $ɔ̃^{12}$
15 余杭	白 $baʔ^{2}$	红 $oŋ^{22}$	黄 $uɑ̃^{22}$
16 临安	白 $bɐʔ^{2}$	红 $oŋ^{33}$	黄 $uɑ̃^{33}$
17 昌化	白 $baʔ^{23}$	红 $əŋ^{112}$	黄 $uɔ̃^{112}$
18 於潜	白 $bɑʔ^{23}$	红 $oŋ^{223}$	黄 $uaŋ^{223}$
19 萧山	白 $baʔ^{13}$	红 $oŋ^{355}$	黄 $uɔ̃^{355}$
20 富阳	白 $baʔ^{2}$	红 $oŋ^{13}$	黄 $uɑ̃^{13}$
21 新登	白 $baʔ^{2}$	红 $oŋ^{233}$	黄 $uɑ̃^{233}$
22 桐庐	白 $baʔ^{13}$	红 $oŋ^{13}$	黄 $uã^{13}$
23 分水	白 $bəʔ^{12}$	红 $xoŋ^{22}$	黄 $uã^{22}$
24 绍兴	白 $baʔ^{2}$	红 $oŋ^{231}$	黄 $uɑŋ^{231}$

续表

方言点	0967 白雪的颜色	0968 红国旗的主颜色，统称	0969 黄国旗上五星的颜色
25 上虞	白 baʔ^{2}	红 oŋ^{213}	黄 uɔ̃^{213}
26 嵊州	白 baʔ^{2}	红 oŋ^{213}	黄 uɔŋ^{213}
27 新昌	白 baʔ^{2}	红 oŋ^{22}	黄 uɔ̃^{22}
28 诸暨	白 baʔ^{13}	红 oŋ^{13}	黄 vɑ̃^{13}
29 慈溪	白 baʔ^{2}	红 uŋ^{13}	黄 uɔ̃^{13}
30 余姚	白 baʔ^{2}	红 uŋ^{13}	黄 uɔŋ^{13}
31 宁波	白 baʔ^{2}	红 oŋ^{13}	黄 uɔ^{13}
32 镇海	白 baʔ^{2}	红 oŋ^{24}	黄 uɔ̃^{24}
33 奉化	白 baʔ^{2}	红 oŋ^{33}	黄 uɔ̃^{33}
34 宁海	白 baʔ^{3}	红 oŋ^{213}	黄 uɔ̃^{213}
35 象山	白 baʔ^{2}	红 oŋ^{31}	黄 uɔ̃^{31}
36 普陀	白 bɐʔ^{23}	红 oŋ^{24}	黄 uɔ̃^{24}
37 定海	白 bɐʔ^{2}	红 oŋ^{23}	黄 uõ^{23}
38 岱山	白 bɐʔ^{2}	红 oŋ^{23}	黄 uõ^{23}
39 嵊泗	白 bɐʔ^{2}	红 oŋ^{243}	黄 uõ^{243}
40 临海	白 baʔ^{23}	红 oŋ^{21}	黄 ɔ̃^{21}
41 椒江	白 baʔ^{2}	红 oŋ^{31}	黄 uɔ̃^{31}
42 黄岩	白 bɐʔ^{2}	红 oŋ^{121}	黄 uɔ̃^{121}
43 温岭	白 bəʔ^{2}	红 ŋ^{31}	黄 uɔ̃^{31}
44 仙居	白 baʔ^{23}	红 oŋ^{213}	黄 uɑ̃^{213}
45 天台	白 baʔ^{2}	红 ŋ^{224}	黄 uɔ^{224}
46 三门	白 baʔ^{23}	红 oŋ^{113}	黄 uɔ^{113}
47 玉环	白 bɐʔ^{2}	红 oŋ^{31}	黄 ɔ̃^{31}

续表

方言点	0967 白雪的颜色	0968 红国旗的主颜色,统称	0969 黄国旗上五星的颜色
48 金华	白 bəʔ^{212}	红 oŋ^{313}	黄 uɑŋ^{313}
49 汤溪	白 ba^{11}	红 ɑo^{11}	黄 ɑo^{11}/uã^{11}
50 兰溪	白 bəʔ^{12}	红 oŋ^{21}	黄 uɑŋ^{21}
51 浦江	白 bɑ^{232}	红 on^{113}	黄 õ^{113}
52 义乌	白 bɛ^{312}	红 oŋ^{213}	黄 n^{213}
53 东阳	白 ba^{213}	红 ɔm^{213}	黄 ɔ^{213}
54 永康	白 bai^{113}	红 oŋ^{22}	黄 uɑŋ^{22}
55 武义	白 ba^{13}	红 oŋ^{324}	黄 uɑŋ^{324}
56 磐安	白 ba^{213}	红 ɔom^{213}	黄 ɒ^{213}
57 缙云	白 ba^{13}	红 ɔ̃ũ^{243}	黄 ɔ^{243}
58 衢州	白 baʔ^{12}	红 oŋ^{21}	黄 uɑ̃^{21}
59 衢江	白 baʔ^{2}	红 əŋ^{212}	黄 ɑ̃^{212}
60 龙游	白 bəʔ^{23}	红 oŋ^{21}	黄 uã^{21}
61 江山	白 baʔ^{2}	红 oŋ^{213}	黄 yaŋ^{213}
62 常山	白 bɛʔ^{34}	红 oŋ^{341}	黄 iɔ̃^{341}
63 开化	白 baʔ^{13}	红 ɤŋ^{231}	黄 yã^{231}
64 丽水	白 baʔ^{23}	红 ŋ^{22}	黄 ɔŋ^{22}
65 青田	白 bɛʔ^{31}	红 oŋ^{21}	黄 o^{21}
66 云和	白 baʔ^{23}	红 oŋ^{312}	黄 ɔ̃^{312}
67 松阳	白 baʔ^{2}	红 ŋ^{31}	黄 oŋ^{31}
68 宣平	白 baʔ^{23}	红 ən^{433}	黄 ɔ̃^{433}
69 遂昌	白 biaʔ^{23}	红 əŋ^{221}	黄 ɔŋ^{221}
70 龙泉	白 baʔ^{24}	红 ŋ^{21}	黄 ɔŋ^{21}

续表

方言点	0967 白雪的颜色	0968 红国旗的主颜色,统称	0969 黄国旗上五星的颜色
71 景宁	白 $baʔ^{23}$	红 $ŋ^{41}$	黄 $ɔŋ^{41}$
72 庆元	白 $pɑʔ^{34}$	红 $ŋ^{52}$	黄 $ɔ̃^{52}$
73 泰顺	白 $paʔ^{2}$	红 $uoŋ^{53}$	黄 $ɔ̃^{53}$
74 温州	白 ba^{212}	红 $oŋ^{31}$	黄 $uɔ^{31}$
75 永嘉	白 ba^{213}	红 $oŋ^{31}$	黄 $ɔ^{31}$
76 乐清	白 be^{212}	红 $oŋ^{31}$	黄 $ɔ^{31}$
77 瑞安	白 ba^{212}	红 $oŋ^{31}$	黄 o^{31}
78 平阳	白 bA^{12}	红 $oŋ^{242}$	黄 o^{242}
79 文成	白 ba^{212}	红 $oŋ^{113}$	黄 o^{113}
80 苍南	白 bia^{112}	红 $oŋ^{31}$	黄 o^{31}
81 建德徽	白 $pɑ^{213}$	红 $oŋ^{33}$	黄 $ŋo^{33}$
82 寿昌徽	白 $p^{h}əʔ^{31}$	红 $ɔŋ^{52}$	黄 $uɑ̃^{52}$
83 淳安徽	白 $p^{h}ɑʔ^{13}$	红 on^{435}	黄 $uɑ̃^{435}$
84 遂安徽	白 $p^{h}ɑ^{213}$	红 $xoŋ^{24}$	黄 $oŋ^{33}$
85 苍南闽	白 pe^{24}	红 an^{24}	黄 $ɯŋ^{24}$
86 泰顺闽	白 pa^{31}	红 $uəŋ^{22}$	黄 uo^{22}
87 洞头闽	白 pe^{241}	红 $aŋ^{113}$	黄 $ɯŋ^{113}$
88 景宁畲	白 $p^{h}aʔ^{2}$	红 $foŋ^{22}$	黄 $uɔŋ^{22}$

方言点	0970 蓝蓝天的颜色	0971 绿绿叶的颜色	0972 紫紫药水的颜色
01 杭州	蓝 lɛ^{213}	绿 loʔ^{2}	紫 tsɿ^{53}
02 嘉兴	蓝 lᴇ^{242}	绿 loʔ^{5}	紫 tsɿ^{544}
03 嘉善	蓝 lɛ^{132}	绿 luoʔ^{2}	紫 tsɿ^{44}
04 平湖	蓝 lɛ^{31}	绿 loʔ^{23}	紫 tsɿ^{44}
05 海盐	蓝 lɛ^{31}	绿 lɔʔ^{23}	紫 tsɿ^{423}
06 海宁	蓝 lɛ^{13}	绿 loʔ^{2}	紫 tsɿ^{53}
07 桐乡	蓝 lɛ^{13}	绿 lɔʔ^{23}	紫 tsɿ^{53}
08 崇德	蓝 lɛ^{13}	绿 lɔʔ^{23}	紫 tsɿ^{53}
09 湖州	蓝 lɛ^{112}	绿 luoʔ^{2}	紫 tsɿ^{523}
10 德清	蓝 lɛ^{113}	绿 luoʔ^{2}	紫 tsɿ^{52}
11 武康	蓝 lɛ^{113}	绿 luoʔ^{2}	紫 tsɿ^{53}
12 安吉	蓝 lᴇ^{22}	绿 loʔ^{23}	紫 tsɿ^{52}
13 孝丰	蓝 lɛ^{22}	绿 luoʔ^{23}	紫 tsɿ^{52}
14 长兴	蓝 lᴇ^{12}	绿 loʔ^{2}	紫 tsɿ^{52}
15 余杭	蓝 lɛ^{22}	绿 loʔ^{2}	紫 tsɿ^{53}
16 临安	蓝 lɛ^{33}	绿 luɔʔ^{2}	紫 tsɿ^{55}
17 昌化	蓝 lɔ̃^{112}	绿 luəʔ^{23}	紫 tsɿ^{453}
18 於潜	蓝 lɛ^{223}	绿 læʔ^{23}	紫 tsɿ^{51}
19 萧山	蓝 lɛ^{355}	绿 loʔ^{13}	紫 tsɿ^{33}
20 富阳	蓝 lã^{13}	绿 loʔ^{2}	紫 tsɿ^{423}
21 新登	蓝 lɛ^{233}	绿 lɔʔ^{2}	紫 tsɿ^{334}
22 桐庐	蓝 lã^{13}	绿 ləʔ^{13}	紫 tsɿ^{33}
23 分水	蓝 lã^{22}	绿 ləʔ^{12}	紫 tsɿ^{53}
24 绍兴	蓝 lɛ̃^{231}	绿 loʔ^{2}	紫 tsɿ^{334}

续表

方言点	0970 蓝蓝天的颜色	0971 绿绿叶的颜色	0972 紫紫药水的颜色
25 上虞	蓝 lɛ̃^{213}	绿 loʔ^{2}	蓝 lɛ̃^{213}～药水 茄青色 dʑia^{21}tɕ^{h}iŋ^{33}sɐʔ^{5}
26 嵊州	蓝 lɛ̃^{213}	绿 loʔ^{2}	茄皮色 dʑia^{22}bi^{22}səʔ^{5}
27 新昌	蓝 lɛ̃^{22}	绿 lɤʔ^{2}	茄皮色 dʑia^{13}bi^{22}seʔ^{5}
28 诸暨	蓝 lɛ^{13}	绿 loʔ^{13}	茄花色 dʑiᴀ^{21}ho^{42}səʔ^{5}
29 慈溪	蓝 lɛ̃^{13}	绿 loʔ^{2}	紫 tsɿ^{35}
30 余姚	蓝 lã^{13}	绿 loʔ^{2}	紫 tsɿ^{34}
31 宁波	蓝 lɛ^{13}	绿 loʔ^{2}	紫 tsɿ^{53}
32 镇海	蓝 lɛ^{24}	绿 loʔ^{2}	紫 tsɿ^{53}
33 奉化	蓝 lɛ^{33}	绿 loʔ^{2}	紫 tsɿ^{545}
34 宁海	蓝 le^{213}	绿 loʔ^{3}	紫 tsɿ^{53}
35 象山	蓝 lɛ^{31}	绿 loʔ^{2}	紫 tsɿ^{44}
36 普陀	蓝 lɛ^{24}	绿 loʔ^{23}	紫 tsɿ^{45}
37 定海	蓝 lɛ^{23}	绿 loʔ^{2}	紫 tsɿ^{45}
38 岱山	蓝 lɛ^{23}	绿 loʔ^{2}	紫 tsɿ^{325}
39 嵊泗	蓝 lɛ^{243}	绿 loʔ^{2}	紫 tsɿ^{53}
40 临海	蓝 lɛ^{21}	绿 loʔ^{23}	紫 tsɿ^{52}
41 椒江	蓝 lɛ^{31}	绿 loʔ^{2}	紫 tsɿ^{42}
42 黄岩	蓝 lɛ^{121}	绿 loʔ^{2}	紫 tsɿ^{42} 茄色 dʑia^{13}səʔ^{5} 茄花色 dʑia^{13}hua^{33}səʔ^{5}
43 温岭	蓝 lɛ^{31}	绿 loʔ^{2}	紫 tsɿ^{42}
44 仙居	蓝 la^{213}	绿 luəʔ^{23}	紫 tsɿ^{324}
45 天台	蓝 le^{224}	绿 luʔ^{2}	紫 tsɿ^{325}
46 三门	蓝 lɛ^{113}	绿 loʔ^{23}	紫 tsɿ^{325}

续表

方言点	0970 蓝蓝天的颜色	0971 绿绿叶的颜色	0972 紫紫药水的颜色
47 玉环	蓝 lɛ^{31}	绿 loʔ^{2}	紫 tsɿ^{42}
48 金华	蓝 lɑ^{313}	绿 loʔ^{212}	紫 tsɿ^{535}
49 汤溪	蓝 luɑ^{11}	绿 lou^{113}	紫 tsɿ^{535}
50 兰溪	蓝 luɑ^{21}	青 tɕʰin^{334}	紫 tsɿ^{55}
51 浦江	蓝 lɑ̃^{113}	绿 lɯ^{232}	紫 tsɿ^{53}
52 义乌	蓝 lɔ^{213}	绿 lau^{312}	紫 tsɿ^{423}
53 东阳	蓝 lɔ^{213}	绿 lou^{213}	紫 tsɿ^{44}
54 永康	蓝 la^{22}	绿 lu^{113}	紫 tsɿ^{334}
55 武义	蓝 nuo^{324}	绿 lɔ^{213}	紫 tsɿ^{24}
56 磐安	蓝 lɒ^{213}	绿 lʌo^{213}	紫 tsɿ^{334}
57 缙云	蓝 lɑ^{243} 青 tsʰɛ^{44}	绿 lɔ^{13} 青 tsʰɛ^{44}	紫 tsɿ^{51}
58 衢州	蓝 lã^{21}	绿 ləʔ^{12}	紫 tsɿ^{35}
59 衢江	蓝 lã^{212}	绿 ləʔ^{2}	紫 tsɤ^{25}
60 龙游	蓝 lã^{21}	绿 lɔʔ^{23}	紫 tsɿ^{35}
61 江山	蓝 laŋ^{213}	绿 lɵʔ^{2}	紫 tsə^{241}
62 常山	蓝 lã^{341}	绿 liʌʔ^{34}	紫 tsɿ^{52}
63 开化	蓝 lã^{231}	绿 liɔʔ^{13}	紫 tsɿ^{53}
64 丽水	蓝 lã^{22}	绿 lioʔ^{23}	紫 tsɿ^{544}
65 青田	蓝 lɑ^{21}	绿 lioʔ^{31}	紫 tsɿ^{454}
66 云和	蓝 lã^{312}	绿 lioʔ^{23}	紫 tsɿ^{41}
67 松阳	蓝 lɔ̃^{31}	绿 lioʔ^{2}	紫 tsɿə^{212}
68 宣平	蓝 lɑ̃^{433}	绿 lyəʔ^{23}	紫 tsɿ^{445}
69 遂昌	蓝 laŋ^{221}	绿 liɔʔ^{23}	紫 tsɤ^{533}

续表

方言点	0970 蓝蓝天的颜色	0971 绿绿叶的颜色	0972 紫紫药水的颜色
70 龙泉	蓝 laŋ^{21}	绿 liouʔ^{24}	紫 tsɿ^{51}
71 景宁	蓝 lɔ^{41}	绿 lioʔ^{23}	紫 tsɿ^{33}
72 庆元	蓝 lɑ̃^{52}	绿 lioʔ^{34}	紫 tsɿ^{33}
73 泰顺	蓝 lã^{53}	绿 lioʔ^{2}	紫 tsɿ^{55}
74 温州	蓝 la^{31}	绿 lo^{212}	紫 tsɿ^{25}
75 永嘉	蓝 la^{31}	绿 lo^{213}	紫 tsɿ^{45}
76 乐清	蓝 lᴇ^{31}	绿 lo^{212}	紫 tsɿ^{35}
77 瑞安	蓝 lɔ^{31}	绿 lu^{212}	紫 tsɿ^{35}
78 平阳	蓝 lɔ^{242}	绿 luo^{12}	紫 tsɿ^{45}
79 文成	蓝 lɔ^{113}	绿 luo^{212}	紫 tsɿ^{45}
80 苍南	蓝 la^{31} 青 tsʰeŋ^{44} 色深	绿 lyɔ^{112}	紫 tsɿ^{53}
81 建德徽	蓝 nɛ^{33}	绿 lɐʔ^{12}	紫 tsɿ^{213}
82 寿昌徽	蓝 luə^{52}	绿 lɔʔ^{31}	紫 tsɿ^{24}
83 淳安徽	蓝 lɑ̃^{435}	绿 lɑʔ^{13}	紫 tsa^{55}
84 遂安徽	蓝 lɑ̃^{33}	绿 lu^{213}	紫 tsɿ^{213}
85 苍南闽	蓝 lan^{24}	绿 lie^{24}	紫 tɕi^{43}
86 泰顺闽	蓝 læŋ^{22}	绿 løi^{31}	紫 tsei^{344}
87 洞头闽	蓝 lan^{113}	绿 lie^{241}	紫 tɕi^{53}
88 景宁畲	蓝 lɔn^{22}	绿 lioʔ^{2}	紫 tsɿ^{325}

方言点	0973 灰草木灰的颜色	0974 多东西~	0975 少东西~
01 杭州	灰 xuei^{334}	多 təu^{334}	少 sɔ^{53}
02 嘉兴	灰 huei^{42}	多 tou^{42}	少 sɔ^{544}
03 嘉善	灰 fɛ^{53}	多 tu^{53}	少 sɔ^{44}
04 平湖	灰 hue^{53}	多 tu^{53}	少 sɔ^{44}
05 海盐	灰 xue^{53}	多 tu^{53}	少 sɔ^{423}
06 海宁	灰 hue^{55}	多 təu^{55}	少 sɔ^{53}
07 桐乡	灰 fi^{44}	多 təu^{44}	少 sɔ^{53}
08 崇德	灰 hui^{44}	多 tu^{44}	少 sɔ^{53}
09 湖州	灰 xuei^{44}	多 təu^{44}	少 sɔ^{523}
10 德清	灰 xuɛ^{44}	多 təu^{44}	少 sɔ^{52}
11 武康	灰 xuɛ^{44}	多 tu^{44}	少 sɔ^{53}
12 安吉	灰 hue^{55}	多 tʊ^{55}	少 sɔ^{52}
13 孝丰	灰 hue^{44}	多 tu^{44}	少 sɔ^{52}
14 长兴	灰 huei^{44}	多 təu^{44}	少 sɔ^{52}
15 余杭	灰 xuɛ^{44}	多 tu^{44}	少 sɔ^{53}
16 临安	灰 huᴇ^{55}	多 tuo^{55}	少 sɔ^{55}
17 昌化	灰 xuɛ^{334}	多 tɯ^{334}	少 sɔ^{453}
18 於潜	灰 xue^{433}	多 tu^{433}	少 sɔ^{51}
19 萧山	灰 xue^{533}	多 to^{533}	少 sɔ^{33}
20 富阳	灰 huɛ^{53}	多 tʊ^{53}	少 sɔ^{423}
21 新登	灰 hue^{53}	多 tu^{53}	少 sɔ^{334}
22 桐庐	灰 xuᴇ^{533}	多 tu^{533}	少 sɔ^{33}
23 分水	灰 xue^{44}	多 tuo^{44}	少 sɔ^{53}
24 绍兴	灰 huᴇ^{53}	多 to^{53}	少 sɔ^{334}

续表

方言点	0973 灰草木灰的颜色	0974 多东西～	0975 少东西～
25 上虞	灰 fe^{35}	多 tʊ^{35}	少 sɔ^{35}
26 嵊州	灰 huᴇ^{534}	多 to^{534}	少 sɔ^{53}
27 新昌	灰 fe^{534}	多 tɤ^{534}	少 sɔ^{453}
28 诸暨	灰 ve^{544}	多 tɤu^{544}	少 sɔ^{42}
29 慈溪	灰 hue^{35}	多 təu^{35}	少 sɔ^{35}
30 余姚	灰 hue^{44}	多 tou^{44}	少 sɔ^{34}
31 宁波	灰 huɐi^{53}	多 təu^{53}	缺 tɕ^{h}yəʔ^{5}
32 镇海	灰 huei^{53}	多 təu^{53}	少 ɕio^{35}
33 奉化	灰 huei^{44}	多 təu^{44} 交关 tɕiɔ^{44} kuɛ^{53}	省 sã^{545}
34 宁海	灰 huei^{423}	介多 ka^{35} təu^{0} 多 təu^{423}	介点 ka^{33} ti^{53} 搿$^{=}$点 geʔ^{3} ti^{53}
35 象山	灰 huei^{44}	多 təu^{44}	少 ɕio^{44}
36 普陀	灰 xuæi^{53}	多 təu^{53}	缺 tɕ^{h}yoʔ^{5}
37 定海	灰 xuɐi^{52}	多 tʌu^{52}	缺 tɕ^{h}yoʔ^{5}
38 岱山	灰 xuɐi^{52}	多 tʌu^{52}	少 ɕio^{325}
39 嵊泗	灰 xuɐi^{53}	多 tʌu^{53}	少 ɕio^{445}
40 临海	灰 hue^{31}	无数 vu^{33} su^{55}	少 ɕiə^{52}
41 椒江	灰 huə^{42}	多 təu^{42}	少 ɕiɔ
42 黄岩	灰 huø^{32}	无数 u^{13} sou^{55} 无计数 u^{13} tɕi^{33} sou^{55}	少可 ɕiɔ^{42} k^{h}o^{51} 小
43 温岭	灰 hue^{33}	无数 vu^{13} su^{55}	少可 ɕiɔ^{42} k^{h}o^{51} 小
44 仙居	灰 huæ^{334}	多 ɗo^{334}	少 ɕiɐɯ^{324}
45 天台	灰 huei^{33}	多 tou^{33}	少 ɕieu^{325}
46 三门	灰 hue^{334}	多 tʊ^{334}	少 ɕiɑu^{325}

续表

方言点	0973 灰草木灰的颜色	0974 多东西~	0975 少东西~
47 玉环	灰 hue^{42}	多 təu^{42}	少 ɕiɔ^{53}
48 金华	灰 xui^{334}	多 tuɤ^{334}	少 ɕiɑo^{535}
49 汤溪	灰 xuɛ^{24}	多 tuɤ^{24}	少 ɕiɔ^{535}
50 兰溪	灰 xui^{334}	多 tuɤ^{334}	少 ɕiɔ^{55}
51 浦江	灰 xua^{534}	多 tɯ^{534}	少 sɯ^{53}
52 义乌	灰 hue^{335}	多 tuɤ^{335}	少 sɯɤ^{423}
53 东阳	灰 hue^{334}	多 tʊ^{334}	少 ɕio^{44}
54 永康	灰 uəi^{55}	多 ɗuo^{55}	少 ɕiɑu^{334}
55 武义	灰 xui^{24}	多 luo^{24}	少 ɕie^{445}
56 磐安	灰 xue^{445}	多 tuɤ^{445}	少 ɕio^{334}
57 缙云	灰 xuei^{44}	多 tu^{44}	少 ɕiəɤ^{51}
58 衢州	灰 xue^{32}	多 tu^{32}	少 ɕiɔ^{35}
59 衢江	灰 xuei^{33}	多 tou^{33}	少 ɕiɔ^{25}
60 龙游	灰 xuei^{334}	多 tu^{334}	少 sɔ^{35}
61 江山	灰 xuᴇ^{44}	多 to^{44}	少 ɕiɐɯ^{241}
62 常山	灰 xue^{44}	多 tɔ^{44}	少 ɕiɤ^{52}
63 开化	灰 xuɛ^{44}	多 tɔ^{44}	少 ɕiəɯ^{53}
64 丽水	灰 xuei^{224}	多 tu^{224}	少 ɕiə^{544}
65 青田	灰 xuæi^{445}	多 ɗu^{445}	少 ɕiœ^{454}
66 云和	灰 xuei^{24}	多 tu^{24}	小 ɕiɑɔ^{41}
67 松阳	灰 fei^{53}	夥 ua^{22}	少 ɕiɔ^{212}
68 宣平	灰 xuei^{324}	多 to^{324}	少 ɕiɔ^{445}
69 遂昌	灰 xuei^{45}	多 tu^{45}	少 tɕiɐɯ^{533}

续表

方言点	0973 灰草木灰的颜色	0974 多东西～	0975 少东西～
70 龙泉	灰 xuəi^{434}	夥 ua^{51}	少 ɕiɑʌ^{51}
71 景宁	灰 xuai^{324}	多 to^{324}	小 ɕiɑu^{33}
72 庆元	灰 xuæi^{335}	夥 uɑ^{221}	少 ɕiɒ^{33}
73 泰顺	灰 fæi^{213}	多 to^{213}	少 ɕiɑɔ^{55}
74 温州	灰 fai^{33}	多 tɤu^{33}	少 ɕiɛ^{25}
75 永嘉	灰 fai^{44}	多 təu^{44}	少 ɕyə^{45}
76 乐清	灰 fai^{44}	多 to^{44}	少 sɤ^{35}
77 瑞安	灰 fai^{44}	多 tou^{44}	少 ɕy^{35}
78 平阳	灰 fai^{55}	多 tu^{55}	少 ɕye^{45}
79 文成	灰 fai^{55}	多 tou^{55}	少 ɕyø^{45}
80 苍南	灰 huai^{44}	多 tu^{44}	少 ɕyɔ^{53}
81 建德徽	灰 hue^{53}	多 tu^{53} 木佬佬 mɐʔ^{12} lɔ^{55} lɔ^{0}	少 sɔ^{213}
82 寿昌徽	灰 xuæ^{112}	多 tu^{112}	少 sɤ^{24}
83 淳安徽	灰 fie^{24}	多 tu^{24}	少 sɤ^{55}
84 遂安徽	灰 fəɯ^{534}	多 təɯ^{534}	少 ɕiɑ^{213}
85 苍南闽	灰 hə^{55}	加 ke^{55}	少 tɕio^{43}
86 泰顺闽	灰 fɔi^{213}	穧 sei^{31}	少 tɕiɐu^{344}
87 洞头闽	灰 hui^{33}	加 ke^{33}	少 tɕieu^{53}
88 景宁畲	灰 xuei^{44}	多 to^{44}	少 ɕiəu^{325}

方言点	0976 重担子～	0977 轻担子～	0978 直线～
01 杭州	重 dzoŋ^{13}	轻 tɕʰiŋ^{334}	直 dzaʔ^{2}
02 嘉兴	重 zoŋ^{113}	轻 tɕʰiŋ^{42}	直 zəʔ^{13}
03 嘉善	重 zoŋ^{113}	轻 tɕʰin^{53}	直 zɜʔ^{2}
04 平湖	重 zoŋ^{213}	轻 tɕʰin^{53}	直 zəʔ^{23}
05 海盐	重 zoŋ^{423}	轻 tɕʰin^{53}	直 zəʔ^{23}
06 海宁	重 zoŋ^{231}	轻 tɕʰiŋ^{55}	直 zəʔ^{2}
07 桐乡	重 zoŋ^{242}	轻 tɕʰiŋ^{44}	直 zəʔ^{23}
08 崇德	重 zoŋ^{242}	轻 tɕʰiŋ^{44}	直 zəʔ^{23}
09 湖州	重 dzoŋ^{231}	轻 tɕʰin^{44}	直 dzəʔ^{2}
10 德清	重 zoŋ^{143}	轻 tɕʰin^{44}	直 zəʔ^{2}
11 武康	重 dzoŋ^{53}	轻 tɕʰin^{44}	直 dzɜʔ^{2}
12 安吉	重 dzoŋ^{243}	轻 tɕʰiŋ^{55}	直 dzəʔ^{23}
13 孝丰	重 dzoŋ^{243}	轻 tɕʰiŋ^{44}	直 dzəʔ^{23}
14 长兴	重 dzoŋ^{243}	轻 tʃʰiŋ^{55}	直 dzəʔ^{2}
15 余杭	重 zoŋ^{53}	轻 tɕʰiŋ^{44}	直 zəʔ^{2}
16 临安	重 dzoŋ^{33}	轻 tɕʰieŋ^{55}	直 dzɐʔ^{2}
17 昌化	重 zəŋ^{243}	轻 tɕʰiəŋ^{334}	直 ʑiɛʔ^{23}
18 於潜	重 dzoŋ^{24}	轻 tɕʰiŋ^{433}	直 dzæʔ^{23}
19 萧山	重 dʑyoŋ^{13}	轻 tɕʰiŋ^{533}	直 dzəʔ^{13}
20 富阳	重 dʑyoŋ^{224}	轻 tɕʰin^{53}	直 dzɛʔ^{2}
21 新登	重 dzoŋ^{13}	轻 tɕʰiŋ^{53}	直 dzəʔ^{2}
22 桐庐	重 dʑioŋ^{24}	轻 tɕʰiŋ^{533}	直 dzəʔ^{13}
23 分水	重 dzoŋ^{13}	轻 tɕʰin^{44}	直 dzəʔ^{12}
24 绍兴	重 dzoŋ^{223}	轻 tɕʰiŋ^{53}	直 dzəʔ^{2}

续表

方言点	0976 重担子～	0977 轻担子～	0978 直线～
25 上虞	重 dzoŋ^{213}	轻 tɕʰiŋ^{35}	直 dzɐʔ^{2}
26 嵊州	重 dzoŋ^{22}	轻 tɕʰiŋ^{534}	直 dzəʔ^{2}
27 新昌	重 dzoŋ^{232}	轻 tɕʰiŋ^{534}	直 dʑiʔ^{2}
28 诸暨	重 dzom^{242}	轻 tɕʰin^{544}	直 dzəʔ^{13}
29 慈溪	重 dzoŋ^{13}	轻 tɕʰiŋ^{35}	直 dzaʔ^{2}
30 余姚	重 dzuŋ^{13}	轻 tɕʰiə̃^{44}	直 zəʔ^{2}
31 宁波	重 dzoŋ^{13}	轻 tɕʰiŋ^{53}	直 dʑiəʔ^{2}
32 镇海	重 dzoŋ^{24}	轻 tɕʰiŋ^{53}	直 dʑieʔ^{2}
33 奉化	重 dzoŋ^{324}	轻 tɕʰiŋ^{44}	直 dʑiɪʔ^{2}
34 宁海	重 dʑioŋ^{31}	轻 tɕʰiŋ^{423}	直 dʑiəʔ^{3}
35 象山	重 dʑyoŋ^{31}	轻 tɕʰiŋ^{44}	直 dʑieʔ^{2}
36 普陀	重 dzoŋ^{23}	轻 tɕʰiŋ^{53}	直 dʑiɛʔ^{23}
37 定海	重 dzoŋ^{23}	轻 tɕʰiŋ^{52}	直 dʑieʔ^{2}
38 岱山	重 dzoŋ^{244}	轻 tɕʰiŋ^{52}	直 dʑieʔ^{2}
39 嵊泗	重 dzoŋ^{334}	轻 tɕʰiŋ^{53}	直 dʑiᴇʔ^{2}
40 临海	重 dʑyoŋ^{21}	轻 tɕʰiŋ^{31}	直 dʑieʔ^{23}
41 椒江	重 dzoŋ^{31}	轻 tɕʰiŋ^{42}	直 dʑieʔ^{2}
42 黄岩	重 dzoŋ^{121}	轻 tɕʰin^{32}	直 dʑieʔ^{2}
43 温岭	重 dʑyuŋ^{31}	轻 tɕʰin^{33}	直 dʑiʔ^{2}
44 仙居	重 dʑioŋ^{213}	轻 tɕʰin^{334}	直 dʑiəʔ^{23}
45 天台	重 dʑyuŋ^{35}	轻 kʰiŋ^{33}	直 dʑiəʔ^{2}
46 三门	重 dʑioŋ^{243}	轻 tɕʰiəŋ^{334}	直 dʑieʔ^{23}
47 玉环	重 dʑioŋ^{41}	轻 tɕʰiŋ^{42}	直 dʑiɐʔ^{2}

续表

方言点	0976 重担子~	0977 轻担子~	0978 直线~
48 金华	重 tɕioŋ^{535}	轻 tɕʰiŋ^{334}	直 dʑiəʔ^{212}
49 汤溪	重 dʑiɑo^{113}	轻 tɕʰiɛ̃i^{24}	直 dʑiɛ^{113}
50 兰溪	重 tɕioŋ^{55}	轻 tɕʰin^{334}	直 dʑiəʔ^{12}
51 浦江	重 dʑyon^{243}	轻 tɕʰiən^{534}	直 dzɛ^{232}
52 义乌	重 dzoŋ^{312}	轻 tɕʰiən^{335}	直 dzai^{312}
53 东阳	重 dʑiɔm^{231}	轻 kʰɐn^{334}	直 dzei^{213}
54 永康	重 dzoŋ^{113}	轻 tɕʰiŋ^{55}	直 dzəi^{113}
55 武义	重 dzoŋ^{13}	轻 tɕʰin^{24}	直 dzə^{213}
56 磐安	重 tsɔom^{334}	轻 kʰɐn^{445}	直 dzɛi^{213}
57 缙云	重 dzɔ̃ũ^{31}	轻 tɕʰiɛŋ^{44}	直 dzai^{13}
58 衢州	重 dʒyoŋ^{231}	轻 tɕʰin^{32}	直 dʒyəʔ^{12}
59 衢江	重 dʑyoŋ^{212}	轻 tɕʰiŋ^{33}	直 dʑyəʔ^{2}
60 龙游	重 dzoŋ^{224}	轻 tɕʰin^{334}	直 dzəʔ^{23}
61 江山	重 dʑioŋ^{22}	轻 kʰɪ̃^{44}	直 diᴇʔ^{2}
62 常山	重 dzoŋ^{24}	轻 kʰɪ̃^{44}	直 dieʔ^{34}
63 开化	重 dʑiɔŋ^{213}	轻 tɕʰin^{44}	直 diɛʔ^{13}
64 丽水	重 dʑiɔŋ^{22}	轻 tɕʰin^{224}	直 dʑiʔ^{23}
65 青田	重 dʑio^{343}	轻 tɕʰiŋ^{445}	直 dzʅʔ^{31}
66 云和	重 dʑioŋ^{231}	轻 tɕʰiŋ^{24}	直 dʑiʔ^{23}
67 松阳	重 dʑiəŋ^{22}	轻 tɕʰin^{53}	直 dʑiʔ^{2}
68 宣平	生重 sɛ^{44}dʑyən^{223} 重 dʑyən^{223}	轻 tɕʰin^{324}	直 dʑiəʔ^{23}
69 遂昌	重 dʑiɔŋ^{13}	轻 tɕʰiŋ^{45}	直 dʑiʔ^{23}
70 龙泉	重 tɕiəŋ^{51}	轻 tɕʰin^{434}	直 dzʅʔ^{24}

续表

方言点	0976 重担子～	0977 轻担子～	0978 直线～
71 景宁	重 tɕyŋ^{33}	轻 tɕʰiŋ^{324}	直 dzʅʔ^{23}
72 庆元	重 tɕioŋ^{221}	轻 tɕʰiŋ^{335}	直 tsʅʔ^{34}
73 泰顺	重 tɕioŋ^{21}	轻 tɕʰiŋ^{213}	直 tsʅʔ^{2}
74 温州	重 dʑyɔ^{14}	轻 tɕʰiaŋ^{33}	直 dzei^{212}
75 永嘉	重 dʑyɔ^{13}	轻 tɕiaŋ^{44}	直 dzʅ^{213}
76 乐清	重 dʑyɯʌ^{24}	轻 tɕʰiaŋ^{44}	直 dʑi^{212}
77 瑞安	重 dʑyo^{13}	轻 tɕʰiaŋ^{44}	直 dzei^{212}
78 平阳	重 dʒuo^{23}	轻 tʃʰaŋ^{55}	直 dʑi^{12}
79 文成	重 dʒuo^{224}	轻 tʃʰaŋ^{55}	直 dʑi^{212}
80 苍南	重 dʑyɔ^{24}	轻 tɕʰiaŋ^{44}	直 dʑi^{112}
81 建德徽	重 tsoŋ^{213}	轻 tɕʰin^{53}	直 tsɐʔ^{12}
82 寿昌徽	重 tɕʰiɔŋ^{534}	轻 tɕʰien^{112}	直 tsʰəʔ^{31}
83 淳安徽	重 tsʰon^{55}	轻 tɕʰin^{55}	直 tsʰəʔ^{13}
84 遂安徽	重 tsʰəŋ^{43}	轻 tɕʰin^{534}	直 tɕʰiɛ^{213}
85 苍南闽	重 tan^{21}	轻 kʰin^{55}	直 tie^{24}
86 泰顺闽	重 təŋ^{31}	轻 kʰieŋ^{213}	直 tiɪʔ^{3}
87 洞头闽	重 taŋ^{21}	轻 kʰieŋ^{33}	直 tie^{241}
88 景宁畲	重 tɕʰyŋ^{51}	轻 kʰiaŋ^{44}	直 tɕʰiʔ^{2}

方言点	0979 陡坡～,楼梯～	0980 弯弯曲:这条路是～的	0981 歪帽子戴～了
01 杭州	笃$^{=}$ toʔ^{5}	弯 uɛ^{334}	歪 uɛ^{334}
02 嘉兴	笃$^{=}$ toʔ^{5}	弯 uᴇ^{42}	歪 huᴀ^{42}
03 嘉善	笃$^{=}$ tuoʔ^{5}	弯 uɛ^{53}	歪 xua^{53}
04 平湖	笃$^{=}$ toʔ^{5}	弯 vɛ^{53}	歪 hua^{53}
05 海盐	笃$^{=}$ tɔʔ^{5}	弯 uɛ^{53}	歪 xuɑ^{53}
06 海宁	笃$^{=}$ toʔ^{5}	弯 ue^{55}	歪 hua^{55}
07 桐乡	笃$^{=}$ tɔʔ^{5}	弯 uɛ^{44}	歪 hua^{44}
08 崇德	笃$^{=}$ tɔʔ^{5}	弯 uɛ^{44}	歪 huɑ^{44}
09 湖州	笃$^{=}$ tuoʔ^{5}	弯 uɛ^{44}	歪 xua^{44}
10 德清	笃$^{=}$ tuoʔ^{5}	弯 uɛ^{44}	歪 xua^{44}
11 武康	笃$^{=}$ tuoʔ^{5}	弯 uɛ^{44}	歪 xua^{44}
12 安吉	笃$^{=}$ toʔ^{5}	弯 uᴇ^{55}	歪 ua^{55}
13 孝丰	笃$^{=}$ tuoʔ^{5}	弯 uɛ^{44}	歪 huã^{44}
14 长兴	巉 dzᴇ^{243}	弯 uᴇ^{44}	歪 huã^{44}
15 余杭	笃$^{=}$ toʔ^{5}	弯 uɛ^{44}	歪 ua^{44}
16 临安	笃$^{=}$ tuɔʔ^{5}	歪 ua^{55}	歪 ua^{55}
17 昌化	笃$^{=}$ tuəʔ^{5}	弯 uɔ̃^{334}	歪 ua^{334}
18 於潜	笃$^{=}$ tuəʔ^{53}	弯 uɛ^{433}	歪 ua^{433}
19 萧山	笃$^{=}$ təʔ^{5}	弯 uɛ^{533}	歪 ua^{533}
20 富阳	巉 dzɛʔ^{2}	歪 ua^{53}	歪 ua^{53}
21 新登	笃$^{=}$ tɔʔ^{5}	弯 uɛ^{53}	歪 ua^{53}
22 桐庐	笃$^{=}$ təʔ^{5}	弯 uã^{533}	歪 uᴀ^{533}
23 分水	险 ɕiɛ̃^{53}	弯 uã^{44}	歪 uɛ^{44}
24 绍兴	笃$^{=}$ toʔ^{5}	弯 uɛ̃^{53}	歪 ua^{53}

续表

方言点	0979 陡坡～，楼梯～	0980 弯弯曲：这条路是～的	0981 歪帽子戴～了
25 上虞	笃 toʔ^{5}	弯 uɛ̃^{35}	歪 ua^{35}
26 嵊州	□ teŋ^{334}	弯 uɛ̃^{534}	横 uaŋ^{534} 调殊
27 新昌	峻 seŋ^{335}	环 guɛ̃^{22}	歪 ua^{534}
28 诸暨	笪 tɕʰiA^{544}	弯 vɛ^{544}	歪 uA^{544}
29 慈溪	笃= toʔ^{5}	弯 uɛ̃^{35}	歪 ua^{35}
30 余姚	壁笃= piəʔ^{5}toʔ^{5}	弯 uã^{44}	歪 ua^{44}
31 宁波	笃= toʔ^{5}	弯 uɛ^{53}	笪 tɕʰia^{53}
32 镇海	笃= toʔ^{5}	弯 uɛ^{53}	笪 tɕʰia^{35}
33 奉化	笃= toʔ^{5}	弯 uɛ^{545}	歪 hua^{545}
34 宁海	峻 ɕyiŋ^{35}	弯 uɛ^{423}	□ dʑie^{31}
35 象山	笃= toʔ^{5}	弯 uɛ^{44}	奇= dʑi^{31}
36 普陀	笃= toʔ^{5}	弯 uɛ^{53}	歪 xua^{53}
37 定海	峻 soŋ^{44}	弯 uɛ^{52}	歪笪 xua^{33}tɕʰia^{52}
38 岱山	笃= toʔ^{5}	弯 uɛ^{52}	歪 xua^{52}
39 嵊泗	笃= toʔ^{5} 峻 soŋ^{445}	弯 uɛ^{53}	歪 xua^{53}
40 临海	峻 ɕyŋ^{55}	弯 uɛ^{31}	□ ȵi^{52}
41 椒江	峻 søŋ^{55}	弯 uɛ^{42}	□ ȵie^{42}
42 黄岩	峻 søn^{55}	弯 uɛ^{32}	黏= ȵie^{32}
43 温岭	峻 ɕyn^{55}	弯 uɛ^{33}	歪 ua^{33}
44 仙居	峻 ɕyen^{55}	弯 uɑ^{334}	歪 uɑ^{334}
45 天台	峻 ɕyŋ^{55}	弯 ue^{33}	严= ȵie^{33} 笪 tɕʰia^{325} 侧角 tɕiəʔ^{5} kɔʔ^{5}
46 三门	斜 ʑia^{113}	弯 uɛ^{334}	弯 uɛ^{334}

续表

方言点	0979 陡坡～，楼梯～	0980 弯弯曲：这条路是～的	0981 歪帽子戴～了
47 玉环	峻 ɕioŋ^{55}	弯 uɛ^{42}	歪 ua^{42}
48 金华	笡 tsʰia^{55} 峻 ɕiŋ^{55}	弯 uɑ^{334}	笡 tsʰia^{55} 老 歪 uɑ^{334} 新
49 汤溪	信⁼ sɛ̃i^{52} 竖 ʑy^{113}	弯 uɤ^{24}	歪 xua^{535}
50 兰溪	峻 sin^{45}	弯 uɑ^{334}	歪 uɑ^{334}
51 浦江	峻 sən^{55}	屈 kʰuə^{423}	件⁼ dʑiẽ^{243}
52 义乌	峻 sən^{45}	屈 kʰuə^{324} 弯 ua^{335}	舌⁼ dʑie^{312} 歪 uɛ^{335}
53 东阳	陡 təɯ^{44}	弯 ɔ^{334}	歪 uɛ^{334}
54 永康	竖 ʑy^{113}	屈 kʰuə^{334}	歪 ŋuai^{55}
55 武义	峻 ɕin^{53}	弯 ŋuo^{24}	□ xua^{445}
56 磐安	峻 ɕyɐn^{52}	弯 ɒ^{445}	歪 uɛ^{445}
57 缙云	峻 ɕyɛŋ^{453}	屈 kʰuɛ^{322} 老 弯 uɑ^{44} 新	□ xua^{51}
58 衢州	竖 ʒy^{231}	弯 uã^{32}	歪 uɛ^{32}
59 衢江	峻 ɕyoŋ^{53}	弯 uã^{33}	歪 ua^{33}
60 龙游	竖 ʑy^{224}	弯 uã^{334}	歪 uɛ^{334}
61 江山	竖 ʑyə^{22}	曲 kʰɐʔ^{5}	歪 ɐ^{44}
62 常山	巉 zã^{24}	弯 uã^{44}	歪 uɛ^{44}/i^{44} 笡 tɕie^{52}
63 开化	巉 zã^{213} 竖 ʑyo^{213}	弯 uã^{44}	歪 ua^{44}
64 丽水	峻 ɕyn^{52}	弯 uã^{224}	斜 ʑio^{22}
65 青田	峻 ɕyaŋ^{33}	弯 uɑ^{445}	歪 uɑ^{445}
66 云和	隑 ga^{223}	弯 uã^{24}	歪 ua^{24}
67 松阳	竖 ʑyɛ^{22}	弯 uɔ̃^{53}	笡 tɕʰyə^{24} 歪 ua^{53}

续表

方言点	0979 陡坡～,楼梯～	0980 弯弯曲:这条路是～的	0981 歪帽子戴～了
68 宣平	竖 ʑy^{223}	弯 uɑ̃^{324}	歪 xuɛ^{445}
69 遂昌	竖 ʑyɛ^{13}	弯 uaŋ^{45}	歪 ua^{45}
70 龙泉	隑 gᴇ^{224}	弯 uaŋ^{434}	歪 ua^{434}
71 景宁	隑 gai^{113}	弯 uɔ^{324}	歪 uɔ^{324}
72 庆元	隑 kæi^{31}	弯 uɑ̃^{335}	斜 ɕiɑ^{52}
73 泰顺	峻 ɕioŋ^{35}	屈 k^{h}uəiʔ^{5}	歪 ua^{213}
74 温州	峻 ɕioŋ^{51}	弯 va^{33}	笪 ts^{h}ei^{33}
75 永嘉	峻 ɕioŋ^{53}	弯 va^{44}	歪 va^{44}
76 乐清	峻 soŋ^{41}	弯 uᴇ^{44}	笪 tɕ^{h}i^{44} 歪 ue^{44}
77 瑞安	峻 soŋ^{53}	弯 uɔ^{44}	歪 va^{44}
78 平阳	陡 tau^{45}	弯 vɔ^{55}	歪 vᴀ^{55}
79 文成	陡 tau^{45}	弯 uɔ^{55}	歪 uɔ^{55}
80 苍南	峻 sueŋ^{42}	弯 ua^{44}	歪 ya^{44}
81 建德徽	竖 ɕy^{213}	弯 uɛ^{53}	歪 uɑ^{53}
82 寿昌徽	信= ɕien^{33}	弯 ŋuə^{112}	□ xuæ̃^{24}
83 淳安徽	竖 ɕya^{55} 陡 tɯ^{55}	屈 k^{h}ueʔ^{5}	川= ts^{h}uã^{55}
84 遂安徽	险 ɕiɛ^{43}	弯 uɑ̃^{534}	歪 vɑ^{534}
85 苍南闽	徛 kia^{32}	弯 ũã^{55}	欺= k^{h}i^{55}
86 泰顺闽	徛 k^{h}ia^{53}	弯 uæŋ^{213}	歪 uai^{213}
87 洞头闽	徛 kia^{21}	弯 uan^{33}	歪 uai^{33}
88 景宁畲	□ ki^{44}	弯 uɔn^{44}	□ ŋau^{325}

方言点	0982 厚木板～	0983 薄木板～	0984 稠稀饭～
01 杭州	厚 ei¹³	薄 boʔ²	厚 ei¹³
02 嘉兴	厚 ei¹¹³	薄 boʔ¹³	厚 ei¹¹³
03 嘉善	厚 ə¹¹³	薄 buoʔ²	厚 ə¹¹³
04 平湖	厚 əɯ²¹³	薄 boʔ²³	厚 əɯ²¹³
05 海盐	厚 e⁴²³	薄 bɔʔ²³	厚 e⁴²³
06 海宁	厚 əɯ²³¹	薄 boʔ²	厚 əɯ²³¹
07 桐乡	厚 ɤɯ²⁴²	薄 bɔʔ²³	厚 ɤɯ²⁴²
08 崇德	厚 ɤɯ⁵³	薄 bɔʔ²³	厚 ɤɯ⁵³
09 湖州	厚 øʉ⁵²³	薄 buoʔ²	厚 øʉ⁵²³
10 德清	厚 øʉ⁵²	薄 buoʔ²	厚 øʉ⁵²
11 武康	厚 ø²⁴²	薄 buoʔ²	厚 ø²⁴²
12 安吉	厚 əɪ⁵²	薄 boʔ²³	厚 əɪ⁵²
13 孝丰	厚 gəɪ²⁴³ 厚 əɪ⁵²	薄 buoʔ²³	厚 gəɪ²⁴³
14 长兴	厚 gei²⁴³	薄 boʔ²	厚 gei²⁴³
15 余杭	厚 øʏ⁵³	薄 boʔ²	厚 øʏ⁵³
16 临安	厚 gə³³	薄 buɔʔ²	厚 gə³³
17 昌化	厚 gi²⁴³/ei²⁴³	薄 buəʔ²³	厚 gi²⁴³
18 於潜	厚 giəu²⁴	薄 bæʔ²³	厚 giəu²⁴
19 萧山	厚 io¹³	薄 bəʔ¹³	厚 io¹³
20 富阳	厚 ei²²⁴	薄 boʔ²	干 kiɛ̃⁵³
21 新登	厚 gəu¹³	薄 bɔʔ²	干 kɛ̃⁵³
22 桐庐	厚 gei²⁴	薄 bəʔ¹³	厚 gei²⁴
23 分水	厚 gɵ¹³	薄 bəʔ¹²	厚 gɵ¹³

续表

方言点	0982 厚木板～	0983 薄木板～	0984 稠稀饭～
24 绍兴	厚 ɤ^{223}	薄 boʔ^{2}	燥 sɔ^{33}
25 上虞	厚 ɤ^{213}	薄 boʔ^{2}	稠 dzɤ^{213}
26 嵊州	厚 gʏ^{22}	薄 boʔ^{2}	厚 gʏ^{22}
27 新昌	厚 dʑiɯ^{232}	薄 bɤʔ^{2}	厚 dʑiɯ^{232}
28 诸暨	厚 giʉ^{242}	薄 boʔ^{13}	干 kə^{544}
29 慈溪	厚 ø^{13}	薄 boʔ^{2}	厚 ø^{13}
30 余姚	厚 ø^{13}	薄 boʔ^{2}	厚 ø^{13}
31 宁波	厚 əu^{13}	薄 boʔ^{2}	厚 əu^{13}
32 镇海	厚 ei^{24}	薄 boʔ^{2}	浓 ȵyoŋ^{24}
33 奉化	厚 æi^{324} 厚实 æi^{32} zoʔ^{2}	薄 boʔ^{2}	稠 dʑiʏ^{33} 稠里= dʑiʏ^{33} li^{33}
34 宁海	厚 eu^{31} 厚作= eu^{33} tsɔʔ^{5}	薄 bɔʔ^{3}	燥 sau^{35}
35 象山	厚 ɤɯ^{31}	薄 boʔ^{2}	凝= ȵiŋ^{13}
36 普陀	厚 eu^{23}	薄 boʔ^{23}	浓 ȵioŋ^{24}
37 定海	厚 ɐi^{23}	薄 boʔ^{2}	溓= li^{13}
38 岱山	厚 œʏ^{244}	薄 boʔ^{2}	厚 œʏ^{244}
39 嵊泗	厚 œʏ^{445}	薄 boʔ^{2}	浓 ȵyo^{243}
40 临海	厚 ə^{52}	薄 bɔʔ^{23}	干 kø^{31}
41 椒江	厚 dʑio^{31}	薄 boʔ^{2}	干 tɕie^{42}
42 黄岩	厚 dʑio^{121}	薄 boʔ^{2}	干 tɕie^{32}
43 温岭	厚 dʑiɤ^{31}	薄 boʔ^{2}	干 tɕie^{33}
44 仙居	厚 gəɯ^{213}	薄 bɑʔ^{23}	干 cie^{334}
45 天台	厚 eu^{214}	薄 bɔʔ^{2}	干 ke^{33}

续表

方言点	0982 厚木板～	0983 薄木板～	0984 稠稀饭～
46 三门	厚 ɤɯ²¹³	薄 bɔʔ²³	雾⁼ u²⁴³
47 玉环	厚 giɤ⁴¹	薄 boʔ²	干 tɕie⁴²
48 金华	厚 kiu⁵³⁵	薄 boʔ²¹²	厚 kiu⁵³⁵ 较干 稠 dʑiu³¹³ 较烂
49 汤溪	厚 gɯ¹¹³	薄 bɤa¹¹³	稠 dʑiəɯ¹¹
50 兰溪	厚 kəɯ⁵⁵	薄 bɔʔ¹²	厚 kəɯ⁵⁵
51 浦江	厚 gɤ²⁴³	薄 bo²³²	厚 gɤ²⁴³
52 义乌	厚 gɐɯ³¹²	薄 bau³¹²	厚 gɐɯ³¹²
53 东阳	厚 gəɯ²³¹	薄 bou²¹³	厚 gəɯ²³¹
54 永康	厚 gəu¹¹³	薄 buo¹¹³	厚 gəu¹¹³
55 武义	厚 gɑu¹³	薄 bɔ¹³	厚 gɑu¹³
56 磐安	厚 kɐɯ³³⁴	薄 bʌo²¹³	厚 kɐɯ³³⁴
57 缙云	厚 gɤ³¹	薄 bɔ¹³	厚 gɤ³¹
58 衢州	厚 ɯ²³¹	薄 bəʔ¹²	□ gəʔ¹²
59 衢江	厚 gu²¹²	薄 bəʔ²	厚 gu²¹²
60 龙游	厚 gəɯ²²⁴	薄 bɔʔ²³	稠 dzəɯ²¹
61 江山	厚 gu²²	薄 biaʔ²	搹⁼ gəʔ²
62 常山	厚 gu²⁴	薄 biaʔ³⁴	糊 guə¹³¹
63 开化	厚 gu²¹³	薄 biaʔ¹³	稠 dʑiʊ²³¹ 浓 ȵiɔŋ²³¹
64 丽水	厚 gɯ²²	薄 buoʔ²³	厚 gɯ²²
65 青田	厚 gæi³⁴³	薄 boʔ³¹	饘 tɕiɛ⁴⁴⁵
66 云和	厚 gəɯ²³¹	薄 boʔ²³	厚 gəɯ²³¹
67 松阳	厚 gu²²	薄 boʔ²	厚 gu²²

续表

方言点	0982 厚木板～	0983 薄木板～	0984 稠稀饭～
68 宣平	厚 gɯ^{223}	薄 bəʔ^{23}	厚 gɯ^{223}
69 遂昌	厚 gu^{13}	薄 bɔʔ^{23}	厚 gu^{13}
70 龙泉	厚 ku^{51}	薄 bouʔ^{24}	□ gɯəʔ^{24}
71 景宁	厚 kəɯ^{33}	薄 boʔ^{23}	厚 kəɯ^{33}
72 庆元	厚 ku^{221}	薄 poʔ^{34}	浓 ȵiɔ̃^{52}
73 泰顺	厚 kəu^{21}	薄 poʔ^{2}	浓 ȵiɔ̃^{53}
74 温州	厚 gau^{14}	薄 bo^{212}	饘 tɕi^{33}
75 永嘉	厚 gau^{13}	薄 bo^{213}	饘 tɕi^{44}
76 乐清	厚 gau^{24}	薄 bo^{212}	饘 tɕiᴇ^{44}
77 瑞安	厚 gau^{13}	薄 bu^{212}	干 kø^{44}
78 平阳	厚 gau^{23}	薄 bo^{12}	干 kɵ^{55}
79 文成	厚 gau^{224}	薄 bo^{212}	干 kuø^{55}
80 苍南	厚 gau^{24}	薄 buɔ^{112}	饘 tɕiɛ^{44}
81 建德徽	厚 hɤɯ^{213}	薄 pu^{213}	厚 hɤɯ^{213}
82 寿昌徽	厚 k^{h}əɯ^{534}	薄 p^{h}ɔʔ^{31}	糊 u^{112} 厚 k^{h}əɯ^{534}
83 淳安徽	厚 k^{h}ɯ^{55}	薄 p^{h}ɑʔ^{13}	厚 k^{h}ɯ^{55}
84 遂安徽	厚 xəɯ^{43}	薄 p^{h}o^{213}	硬 ã^{52}
85 苍南闽	厚 kau^{32}	薄 po^{24}	浑 kun^{24}
86 泰顺闽	厚 kau^{31}	薄 pou^{22}	决$^{=}$ kyɪʔ^{3}
87 洞头闽	厚 kau^{21}	薄 po^{241}	可$^{=}$ k^{h}o^{53}
88 景宁畲	厚 kau^{51}	薄 p^{h}oʔ^{2}	□ ȵi^{51}

方言点	0985 稀稀饭～	0986 密菜种得～	0987 稀稀疏：菜种得～
01 杭州	薄 boʔ^{2}	密 miɛʔ^{2}	稀 ɕi^{334}
02 嘉兴	薄 boʔ^{13}	猛$^{=}$ mᴀ̃^{113}	□ lᴀ̃^{113}
03 嘉善	薄 buoʔ^{2}	猛$^{=}$ mæ̃^{113}	㝗 lã^{113}
04 平湖	薄 boʔ^{23}	猛$^{=}$ mã^{213}	㝗 lɑ̃^{213}
05 海盐	薄 bɔʔ^{23}	猛$^{=}$ mɛ̃^{423}	㝗 lɑ̃^{423}
06 海宁	薄 boʔ^{2}	猛$^{=}$ mɑ̃^{231}	稀 ɕi^{55}
07 桐乡	薄 bɔʔ^{23}	猛$^{=}$ mã^{242}	稀 ɕi^{44}
08 崇德	薄 bɔʔ^{23}	猛$^{=}$ mã^{53}	稀 ɕi^{44}
09 湖州	薄 buoʔ^{2}	猛$^{=}$ mã^{523}	稀 ɕi^{44}
10 德清	薄 buoʔ^{2}	猛$^{=}$ mã^{52}	稀 ɕi^{44}
11 武康	薄 buoʔ^{2}	猛$^{=}$ mã^{242}	稀 ɕi^{44}
12 安吉	薄 boʔ^{23}	猛$^{=}$ mã^{52}	㝗 lɔ̃^{52}
13 孝丰	薄 buoʔ^{23}	猛$^{=}$ mã^{52}	㝗 lɔ̃^{52}
14 长兴	薄 boʔ^{2}	猛$^{=}$ mã^{52}	稀 ʃɿ^{44}
15 余杭	薄 boʔ^{2}	猛$^{=}$ mɑ̃^{53}	稀 ɕi^{44}
16 临安	薄 buɔʔ^{2}	猛$^{=}$ mɑ̃^{33}	㝗 lɑ̃^{33}
17 昌化	薄 buəʔ^{23}	猛$^{=}$ mã^{243}	稀 sɿ^{334}
18 於潜	薄 bæʔ^{23}	猛$^{=}$ maŋ^{51}	开 ke^{433}
19 萧山	薄 bəʔ^{13}	密 mieʔ^{13}	稀 ɕi^{533}
20 富阳	薄 boʔ^{2}	密 miɛʔ^{2}	稀 ɕi^{53}
21 新登	薄 bɔʔ^{2}	密 miəʔ^{2}	稀 ɕi^{53}
22 桐庐	薄 bəʔ^{13}	密 miəʔ^{13}	稀 ɕi^{533}
23 分水	薄 bəʔ^{12}	密 miəʔ^{12}	稀 ɕi^{44}
24 绍兴	烂 lɛ̃^{22}	狭 gɛʔ^{2}	疏 sɿ^{53}

续表

方言点	0985 稀稀饭～	0986 密菜种得～	0987 稀稀疏：菜种得～
25 上虞	薄 boʔ^{2}	紧 tɕiŋ^{35}	疏 sɿ^{35}
26 嵊州	薄 boʔ^{2}	隘 a^{334} 密 mieʔ^{2}	宧 lɔŋ^{22}
27 新昌	薄 bɤʔ^{2}	密 miʔ^{2}	宧 lɔ̃^{232}
28 诸暨	薄 boʔ^{13}	密 mieʔ^{13}	宧 lɑ̃^{242}
29 慈溪	薄 boʔ^{2}	紧 tɕiŋ^{13}	宧 lɔ̃^{13}
30 余姚	薄 boʔ^{2}	轧$^{=}$gaʔ^{2}	宧 lɔŋ^{13}
31 宁波	薄 boʔ^{2}	挨 a^{53} 紧 tɕiŋ^{35}	宧 lɔ^{13}
32 镇海	薄 boʔ^{2}	紧 tɕiŋ^{35}	宧 lɔ̃^{24}
33 奉化	汤$^{=}$t^{h}ɔ̃^{545} 薄 boʔ^{2}	紧 tɕiŋ^{545}	宧 lɔ̃^{44}
34 宁海	薄 bɔʔ^{3}	密 miəʔ^{3}	宧 lɔ̃^{31}
35 象山	昂$^{=}$ɔ̃^{44}	密 mieʔ^{2}	宧 lɔ̃^{31}
36 普陀	薄 boʔ^{23}	密 miɛʔ^{23}	宧 lɔ̃^{23}
37 定海	薄 boʔ^{2}	紧 tɕiŋ^{45}	宧 lõ^{23}
38 岱山	薄 boʔ^{2}	紧 tɕiŋ^{325}	宧 lõ^{23}
39 嵊泗	薄 boʔ^{2}	紧 tɕiŋ^{445}	宧 lõ^{213}
40 临海	薄 bɔʔ^{23}	密 mieʔ^{23}	宧 lɔ̃^{52}
41 椒江	薄 boʔ^{2}	密 mieʔ^{2}	宧 lɔ̃^{42}
42 黄岩	薄 boʔ^{2}	密 mieʔ^{2}	宧 lɔ̃^{42}
43 温岭	薄 boʔ^{2}	密 miʔ^{2}	宧 lɔ̃^{42}
44 仙居	薄 bɑʔ^{23}	密 miəʔ^{23}	宧 lɑ̃^{324}
45 天台	薄 bɔʔ^{2}	密 miəʔ^{2}	宧 lɔ^{214}
46 三门	薄 bɔʔ^{23}	密 mieʔ^{23}	宧 lɔ^{325}

续表

方言点	0985 稀 稀饭～	0986 密 菜种得～	0987 稀 稀疏：菜种得～
47 玉环	薄 boʔ^{2}	密 miɐʔ^{2}	㝗 lɔ̃^{53}
48 金华	薄 boʔ^{212}	密 miəʔ^{212}	稀 ɕi^{334}
49 汤溪	薄 bɤa^{113}	密 mei^{113}	阔 kʰuɑ^{55}
50 兰溪	薄 bɔʔ^{12}	密 mieʔ^{12}	散 suɑ^{55}
51 浦江	薄 bo^{232}	密 miə^{232}	稀 ʃi^{534}
52 义乌	薄 bau^{312}	密 mə^{312}	疏 sua^{324}
53 东阳	薄 bou^{213}	密 miɛ^{24}	疏 so^{334}
54 永康	薄 buo^{113}	密 mə^{113}	疏 suɑ^{55}
55 武义	薄 bɔ^{13}	密 mə^{213}	疏 suɑ^{24}
56 磐安	薄 bʌo^{213}	密 miɛ^{213}	疏 suə^{445}
57 缙云	薄 bɔ^{13}	密 miei^{13}	疏 su^{44}
58 衢州	稀 sɿ^{32}	密 miəʔ^{12}	疏 sɑ^{32} 韵殊
59 衢江	涝$^{=}$ lɔ^{231}	暗$^{=}$ ã^{53}	疏 suo^{33}
60 龙游	薄 bɔʔ^{23}	密 miəʔ^{23}	疏 suɑ^{334}
61 江山	涝$^{=}$ lɐɯ^{31}	密 maʔ^{2}	㝗 laŋ^{22}
62 常山	涝$^{=}$ lɤ^{131}	密 mɛʔ^{34}	疏 sɑ^{44} 韵殊
63 开化	清$^{=}$ tɕʰin^{44}	密 maʔ^{13}	疏 sɑ^{44} 韵殊
64 丽水	薄 buoʔ^{23}	密 miʔ^{23}	疏 suo^{224}
65 青田	项$^{=}$ o^{454}	密 miæʔ^{31}	㝗 lo^{454}
66 云和	薄 boʔ^{23}	密 miʔ^{23}	疏 so^{24}
67 松阳	薄 boʔ^{2}	密 miʔ^{2}	疏 suə^{53}
68 宣平	薄 bəʔ^{23}	密 miə^{23}	疏 so^{324}
69 遂昌	薄 bɔʔ^{23}	密 miʔ^{23} 浓 ȵiɔŋ^{221}	疏 sɒ^{45}

续表

方言点	0985 稀稀饭～	0986 密菜种得～	0987 稀稀疏:菜种得～
70 龙泉	□ lɔŋ²²⁴	密 mieiʔ²⁴	疏 so⁴³⁴
71 景宁	□ lɔŋ³³	密 miʔ²³	疏 so³²⁴
72 庆元	薄 poʔ³⁴	密 miʔ³⁴	疏 so³³⁵
73 泰顺	清 tɕʰiŋ²¹³	密 miʔ²	疏 sɔ²¹³
74 温州	薄 bo²¹²	密 mei²¹²	㝗 luɔ¹⁴
75 永嘉	薄 bo²¹³	密 mei²¹³	㝗 lo¹³
76 乐清	薄 bo²¹²	密 mi²¹²	㝗 lɔ²⁴
77 瑞安	薄 bu²¹²	密 mi²¹²	㝗 lo¹³
78 平阳	薄 bo¹²	密 mie³⁴	㝗 lo⁴⁵
79 文成	薄 bo²¹²	密 me²¹²	㝗 lo³³
80 苍南	薄 buɔ¹¹²	密 miɛ¹¹²	㝗 lo⁵³
81 建德徽	薄 pu²¹³	密 miɐʔ¹²	稀 ɕi⁵³
82 寿昌徽	涝⁼ lɤ³³ 薄 pʰɔʔ³¹	密 miəʔ³¹	疏 ɕyə¹¹²
83 淳安徽	薄 pʰɑʔ¹³	密 miəʔ¹³	稀 ɕi²⁴
84 遂安徽	薄 pʰo²¹³	密 miɛ²¹³	空 kʰəŋ⁴³
85 苍南闽	薄 bə²⁴	实 tsɐ²⁴	疏 sue⁵⁵
86 泰顺闽	清 tsieŋ²¹³	密 mɛʔ³	疏 sa²¹³
87 洞头闽	教⁼ ka²¹	密 bɐt²⁴	稀 sue³³
88 景宁畲	鲜 ɕian⁴⁴	密 mie²	疏 ɕio⁴⁴

方言点	0988 亮 指光线，明亮	0989 黑 指光线，完全看不见	0990 热 天气～
01 杭州	亮 liaŋ^{13}	黑 xaʔ^{5}	热 zuaʔ^{2}
02 嘉兴	亮 liÃ^{113}	黑 həʔ^{5}	热 ȵieʔ^{5}
03 嘉善	亮 liæ̃^{113}	暗 ø^{334}	热 ȵieʔ^{2}
04 平湖	亮 liã^{213}	暗 ø^{334}	热 ȵiəʔ^{23}
05 海盐	亮 liɛ̃^{213}	暗 ɤ^{334}	热 ȵiəʔ^{23}
06 海宁	亮 liã^{13}	暗 ɛ^{35}	热 ȵieʔ^{2}
07 桐乡	亮 liã^{213}	暗 ᴇ^{334}	热 ȵiəʔ^{23}
08 崇德	亮 liã^{13}	暗 ᴇ^{334}	热 ȵiəʔ^{23}
09 湖州	亮 liã^{35}	暗 ɛ^{35}	热 ȵieʔ^{2}
10 德清	亮 liã^{334}	暗 øʉ^{334}	热 ȵieʔ^{2}
11 武康	亮 liã^{224}	黑 xɜʔ^{5}	热 ȵieʔ^{2}
12 安吉	亮 liã^{213}	黑 həʔ^{5}	热 ȵiᴇʔ^{23}
13 孝丰	亮 liã^{324}	黑 həʔ^{5}	热 ȵieʔ^{23}
14 长兴	亮 liã^{324}	黑 həʔ^{5}	热 ȵiᴇʔ^{2}
15 余杭	亮 liɑ̃^{213}	黑 xəʔ^{5}	热 ȵieʔ^{2}
16 临安	亮 liã^{33}	暗 ə^{55}	热 ȵiɐʔ^{2}
17 昌化	亮 liã^{243}	黑 xəʔ^{5}	热 ȵiɛʔ^{23}
18 於潜	白 bɑʔ^{23}	黑 xəʔ^{53}	热 ȵiæʔ^{23}
19 萧山	亮 liã^{242}	暗 ə^{42}	热 ȵieʔ^{13}
20 富阳	亮 liɑ̃^{335}	暗 ɛ̃^{335}	热 ȵiɛʔ^{2}
21 新登	亮 liɑ̃^{13}	黑 həʔ^{5}	热 ȵiəʔ^{2}
22 桐庐	亮 liã^{24}	黑 xəʔ^{5}	热 niəʔ^{13}
23 分水	亮 liã^{13}	黑 xaʔ^{5}	热 ȵiəʔ^{12}
24 绍兴	亮 liaŋ^{22}	暗 ẽ^{33}	热 ȵieʔ^{2}

续表

方言点	0988 亮指光线，明亮	0989 黑指光线，完全看不见	0990 热天气～
25 上虞	亮 iã^{31}	暗 ɐ^{53}	热 ȵiəʔ^{2}
26 嵊州	亮 liaŋ^{24}	荫 iŋ^{334}	暖 neŋ^{22} 热 ȵieʔ^{2}
27 新昌	亮 liaŋ^{13}	荫 eŋ^{335}	热 ȵiɛʔ^{2}
28 诸暨	亮 liã^{33}	黑 həʔ^{5}	热 nieʔ^{13}
29 慈溪	亮 liã^{13}	暗 ẽ^{44}	热 ȵiəʔ^{2}
30 余姚	亮 liaŋ^{13}	暗 iẽ^{53}	热 ȵiəʔ^{2}
31 宁波	亮 lia^{13}	暗 ɐi^{44}	热 ȵiəʔ^{2}
32 镇海	亮 liã^{24}	黑 haʔ^{5}	热 ȵieʔ^{2}
33 奉化	亮 liã^{31}	暗 e^{53}	热 ȵiɪʔ^{2}
34 宁海	亮 liã^{24}	黑 hiəʔ^{5}	热 ȵiəʔ^{3}
35 象山	亮 liã^{13}	黑 haʔ^{5}	热 ȵieʔ^{2}
36 普陀	亮 liã^{13}	暗 æi^{55}	热 ȵiɛʔ^{23}
37 定海	亮 liã^{13}	暗 ɐi^{44}	热 ȵieʔ^{2}
38 岱山	亮 liã^{213}	暗 ɐi^{44}	热 ȵieʔ^{2}
39 嵊泗	亮 liã^{213}	黑 xɐʔ^{5}	热 ȵiᴇʔ^{2}
40 临海	亮 liã^{324}	黑 həʔ^{5}	暖 ȵəŋ^{52}
41 椒江	亮 liã^{24}	暗 ie^{55}	暖 løŋ^{42}
42 黄岩	亮 liã^{24}	黑 həʔ^{5} 暗 ie^{55}	暖 løn^{42}
43 温岭	亮 liã^{13}	黑 hɤʔ^{5}	暖 nøn^{42}
44 仙居	亮 lia^{24}	黑 çiəʔ^{5}	暖 nen^{324}
45 天台	亮 lia^{35}	暗 e^{55} 黑 heʔ^{5}	热 ȵiəʔ^{2}
46 三门	亮 liɑ̃^{33}	黑 hɐʔ^{5}	热 ȵieʔ^{23}

续表

方言点	0988 亮指光线，明亮	0989 黑指光线，完全看不见	0990 热天气～
47 玉环	亮 lia^{22}	黑 hɐʔ^{5}	暖 nəŋ^{53}
48 金华	亮 liɑŋ^{14}	黑 xəʔ^{4}	暖 nɤ^{535} 热 ȵie^{14}
49 汤溪	亮 lɤa^{341}	乌 u^{24}	暖 nã^{113} 暖和 nã^{11}uɤ^{52}
50 兰溪	亮 liɑŋ^{24}	黑 xəʔ^{34}	热 ȵieʔ^{12}
51 浦江	亮 lyõ^{24}	黑 xə^{423}	暖 lən^{243}
52 义乌	亮 lɯa^{24}	黑 hai^{312} 乌 u^{335}	暖 nən^{312}
53 东阳	亮 liɔ^{24}	乌荫 u^{33}iɐn^{53}	热 ȵiɛ^{213}
54 永康	亮 liɑŋ^{241}	乌 u^{55}	热 ȵie^{113}
55 武义	亮 liɑŋ^{231}	黑 xəʔ^{5}	热 ȵie^{13}
56 磐安	亮 liɒ^{14}	黑 xɛi^{334}	热 ȵiɛ^{213}
57 缙云	亮 liɑ^{213}	乌 vu^{44}	热 ȵiɛ^{13}
58 衢州	亮 liã^{231}	暗 ə̃^{53}	暖 nə̃^{231}
59 衢江	亮 liã^{231}	乌 uɤ^{33}	暖 nɛ^{212}
60 龙游	亮 liã^{231}	乌 u^{334}	暖 nei^{224}
61 江山	光 kyaŋ^{44}	乌荫 uə^{24}ĩ^{51}	□ oŋ^{31}
62 常山	光 tɕiɔ̃^{44}	乌 uə^{44}	热 ȵiʌʔ^{34}
63 开化	光 tɕyã^{44}	乌 uo^{44} 乌荫 uo^{53}in^{0}	热 ȵiaʔ^{13}
64 丽水	亮 liã^{131}	黑 xeʔ^{5} 乌 u^{224}	热 ȵiɛʔ^{23}
65 青田	光 ko^{445}	乌 vu^{445}	热 ȵiæʔ^{31}
66 云和	光 kɔ̃^{24}	乌 u^{24}	热 ȵiɛʔ^{23}
67 松阳	光 koŋ^{53}	荫 in^{24}	热 ȵiɛʔ^{2}

续表

方言点	0988 亮指光线，明亮	0989 黑指光线，完全看不见	0990 热天气～
68 宣平	亮 liɑ̃^{231}	乌 u^{324}	热 ȵiəʔ^{23}
69 遂昌	光 kɔŋ^{45}	乌 uə^{45}	热 ȵiɛʔ^{23}
70 龙泉	光 kɔŋ^{434}	荫 in^{45}	热 ȵiᴇʔ^{24}
71 景宁	光 kɔŋ^{324}	暗 aŋ^{35}	热 ȵiɛʔ^{23}
72 庆元	光 kɔ̃^{335}	荫 iəŋ^{11}	热 ȵiᴇʔ^{34}
73 泰顺	光 kɔ̃^{213}	暗 əŋ^{35}	热 ȵiɛʔ^{2}
74 温州	光 kuɔ^{33}	暗 ø^{51}	热 ȵi^{212}
75 永嘉	光 kɔ^{44}	暗 ø^{53}	热 ȵi^{213}
76 乐清	光 kɔ^{44}	黑 hɤ^{41}	热 ȵiᴇ^{212}
77 瑞安	光 ko^{44}	暗 e^{53}	热 ȵi^{212}
78 平阳	光 ko^{55}	黑 xe^{34}	热 ȵie^{12}
79 文成	光 kuo^{55}	黑 xe^{34}	热 ȵie^{212}
80 苍南	光 ko^{44}	暗 e^{42}	热 ȵiɛ^{112}
81 建德徽	亮 nie^{55}	黑 hɐʔ^{5}	热 ȵi^{213}
82 寿昌徽	亮 liɑ̃^{33}	黑 xəʔ^{3}	热 ȵi^{24}
83 淳安徽	亮 liɑ̃^{53}	黑 hiʔ^{5}	热 iəʔ^{13}
84 遂安徽	亮 liɑ̃^{52}	黑 xəɯ^{24}	热 iɛ^{213}
85 苍南闽	光 kɯŋ^{55}	暗 an^{21}	热 dzua^{24}
86 泰顺闽	光 kuo^{213}	暗 æŋ^{53}	热 niɛʔ^{3}
87 洞头闽	光 kɯŋ^{33}	暗 an^{21}	热 dzua^{241}
88 景宁畲	亮 liaŋ^{51}	黑 xeʔ^{5}	热 ȵiet^{2}

方言点	0991 暖和天气~	0992 凉天气~	0993 冷天气~
01 杭州	暖 nuo^{53}	风凉 foŋ^{33} liaŋ^{45}	冷 ləŋ^{53}
02 嘉兴	暖热 nə^{13} ȵieʔ^{5}	风凉 fəŋ^{33} liᴀ̃^{21}	冷 lᴀ̃^{113}
03 嘉善	暖热 nø^{22} ȵieʔ^{2}	风凉 xoŋ^{35} liæ̃^{53}	冷 læ̃^{113}
04 平湖	暖热 nø^{21} ȵiəʔ^{5}	凉 liã^{31}	冷 lã^{213}
05 海盐	暖 nɤ^{423}	风凉 foŋ^{55} liɛ̃^{21}	冷 lɛ̃^{423}
06 海宁	暖热 nei^{13} ȵieʔ^{2}	风凉 foŋ^{55} liã^{55}	冷 lɑ̃^{231}
07 桐乡	热 ȵiəʔ^{23}	风凉 foŋ^{44} liã^{44}	冷 lã^{242}
08 崇德	暖热 nᴇ^{55} ȵiəʔ^{0}	风凉 foŋ^{44} liã^{44}	冷 lã^{53}
09 湖州	暖热 nɛ^{53} ȵieʔ^{2}	凉快 liã^{33} kʰua^{35}	冷 lã^{523}
10 德清	暖热 nøʉ^{35} ȵieʔ^{2}	凉 liã^{113}	冷 lã^{52}
11 武康	暖热 nø^{13} ȵieʔ^{2}	凉 liã^{113}	冷 lã^{242}
12 安吉	和然 ʊ^{22} zᴇ^{22}	凉 liã^{22}	冷 lã^{52}
13 孝丰	暖热 ne^{45} ȵieʔ^{2}	凉 liã^{22}	冷 lã^{52}
14 长兴	暖然 nɯ^{45} ȵi^{21}	凉 liã^{12}	冷 lã^{52}
15 余杭	热和 ȵieʔ^{2} u^{13}	凉快 liɑ̃^{33} kʰua^{35}	冷 lɑ̃^{53}
16 临安	暖热 nɛ^{33} ȵiɐʔ^{2}	冷 lɑ̃^{33}	冷 lɑ̃^{33}
17 昌化	暖和 nɛ̃^{23} u^{453}	凉 liã^{112}	冷 lã^{243}
18 於潜	暖 nɛ^{51}	冷 laŋ^{51}	冷 laŋ^{51}
19 萧山	暖 nə^{13}	冷 lã^{13}	冷 lã^{13}
20 富阳	暖热 nɛ̃^{224} ȵiɛʔ^{2}	凉快 niɑ̃^{13} kʰua^{55}	冷 lã^{224}
21 新登	暖 nɛ̃^{334}	凉 liɑ̃^{233}	冷 lɛ^{334}
22 桐庐	暖和 ne^{33} u^{35}	凉 liã^{13}	冷 lã^{33}
23 分水	暖和 nuã^{44} u^{0}	冷 lən^{53}	冷 lən^{53}
24 绍兴	和暖 o^{22} ȵyø̃^{33}	荫凉 iŋ^{33} liaŋ^{22}	冷 laŋ^{223}

续表

方言点	0991 暖和天气～	0992 凉天气～	0993 冷天气～
25 上虞	和暖 ʋ^{21} nø̃^{213}	荫凉 iŋ^{33} iã^{31}	冷 lã^{213}
26 嵊州	和暖 o^{22} neŋ^{231}	凉 liaŋ^{213}	冷 laŋ^{22}
27 新昌	暖 neŋ^{232}	凉 liaŋ^{22}	冷 laŋ^{232}
28 诸暨	热 nieʔ^{13}	冷 lã^{242}	冷 lã^{242}
29 慈溪	和暖 əu^{44} nø̃^{0}	荫凉 iŋ^{44} liã^{44}	冷 lã^{13}
30 余姚	旺暖 uɔŋ^{44} nø̃^{0}	荫凉 iə̃^{44} liaŋ^{0}	冷 laŋ^{13}
31 宁波	和暖 əu^{44} nø^{13}	荫凉 iŋ^{44} lia^{44}	冷 la^{13}
32 镇海	和暖 əu^{33} nø^{31}	荫凉 iŋ^{33} liã^{22}	冷 lã^{24}
33 奉化	和暖 əu^{44} nø^{31}	阴煞 iŋ^{44} saʔ^{2}	冷 lã^{33}
34 宁海	暖 nəŋ^{31}	风凉 foŋ^{33} liã^{31}	冷 lã^{31}
35 象山	暖 nəŋ^{31}	风凉 fəŋ^{44} liã^{13}	冷 lã^{31}
36 普陀	和暖 əu^{33} nø^{53}	荫凉 iŋ^{55} liã^{0}	冷 lã^{23}
37 定海	和暖 ʌu^{33} nø^{52}	荫凉 iŋ^{44} liã^{0} 荫湿 iŋ^{44} sɐʔ^{0}	冷 lã^{23}
38 岱山	和暖 ʌu^{33} nø^{52}	荫凉 iŋ^{44} liã^{0}	冷 lã^{224}
39 嵊泗	和暖 ʌu^{33} nʏ^{53}	荫凉 iŋ^{44} liã^{0}	冷 lã^{445}
40 临海	暖 ȵəŋ^{52}	凉 liã^{21}	冷 lã^{52}
41 椒江	暖 løŋ^{42}	凉 liã^{31}	冷 lã^{42}
42 黄岩	暖 løn^{42}	凉 liã^{121}	冷 lã^{42}
43 温岭	暖 nøn^{42}	凉 liã^{31}	冷 lã^{42}
44 仙居	暖 nen^{324}	冷 lã^{324}	冷 lã^{324}
45 天台	和 ou^{224}	凉 lia^{224}	冷 la^{214}
46 三门	暖 nəŋ^{325}	凉 liɑ̃^{113}	冷 lɛ^{325}
47 玉环	暖 nəŋ^{53}	凉 lia^{31}	冷 lã^{53}

续表

方言点	0991 暖和天气～	0992 凉天气～	0993 冷天气～
48 金华	暖 nɤ^{535}	冷 lɑŋ^{535}	冷 lɑŋ^{535}
49 汤溪	暖 nã^{113}	凉快 lɤa^{11} kʰuɑ^{52} 凉 lɤa^{11}	冷 la^{113}
50 兰溪	暖 nɤ^{55}	凉 liɑŋ^{21}	冷 læ^{55}
51 浦江	暖 lən^{243}	凉 lyõ^{113}	冷 nɛ̃^{243}
52 义乌	暖 nən^{312}	凉 lɯa^{213}	冷 lɛ^{312}
53 东阳	暖 nɐn^{231}	凉 liɔ^{213}	冷 lɛ^{231}
54 永康	暖 nəŋ^{113}	凉 liɑŋ^{22}	冷 lai^{113}
55 武义	暖 nen^{13}	凉 liɑŋ^{324}	冷 na^{13}
56 磐安	暖 nɐn^{334}	凉 liɒ^{213}	冷 lɛ^{334}
57 缙云	暖 naŋ^{31}	凉 liɑ^{243}	冷 la^{31}
58 衢州	暖和 nə̃^{231} u^{21}	凉快 liã^{21} kʰuɛ^{53}	凉 liã^{21}
59 衢江	暖 nɛ^{212}	凉快 liã^{22} kʰua^{53}	浸 tsʰɛ^{53}
60 龙游	暖 nei^{224}	凉 liã^{21}	冷 lɛ^{224}
61 江山	断$^{=}$ dəŋ^{22}	凉 liaŋ^{213}	浸 tsʰəŋ^{51}
62 常山	动$^{=}$ doŋ^{24}	凉 liã^{341}	浸 tsʰɔ̃^{324}
63 开化	动$^{=}$ dɤŋ^{213}	浸 tsʰɛn^{412}	寒 gɔŋ^{231}
64 丽水	暖 nen^{544}	凉 liã^{22}	冷 lã^{544}
65 青田	暖 naŋ^{454}	凉 lɛ^{21}	浸 tsʰaŋ^{33}
66 云和	暖 nəŋ^{41}	凉 liã^{312}	浸 tsʰəŋ^{45}
67 松阳	暖 nen^{22}	凉 liã^{31}	浸 tsʰen^{24}
68 宣平	暖 nən^{223}	凉 liɑ̃^{433}	冷 lɛ^{223}
69 遂昌	暖 nəŋ^{13}	凉 liaŋ^{221}	浸 tsʰəŋ^{334}
70 龙泉	暖 nɛn^{51}	凉 liaŋ^{21}	浸 tsʰɛn^{45}

续表

方言点	0991 暖和天气～	0992 凉天气～	0993 冷天气～
71 景宁	暖 nəŋ^{33}	凉 liɛ^{41}	浸 tsʰəŋ^{35}
72 庆元	暖 nəŋ^{221}	凉 liɑ̃^{52}	浸 tsʰəŋ^{11} 寒 kuæ̃^{52} 更冷
73 泰顺	暖 nəŋ^{55}	凉 liã^{53}	浸 tsʰəŋ^{35} 寒 uɛ^{53} 更冷
74 温州	暖 naŋ^{14}	凉 li^{31}	冷 liɛ^{14}
75 永嘉	暖 naŋ^{13}	凉 liɛ^{31}	冷 lɛ^{13}
76 乐清	暖 naŋ^{24}	凉 liɯʌ^{31}	冷 la^{24}
77 瑞安	暖 naŋ^{13}	凉 liɛ^{31}	冷 la^{13}
78 平阳	暖 naŋ^{45}	凉 lie^{242}	冷 lᴀ^{45}
79 文成	暖 naŋ^{212}	凉 lie^{113}	浸 tʃʰaŋ^{33}
80 苍南	暖 naŋ^{53}	凉 liɛ^{31}	冷 lia^{53}
81 建德徽	暖和 nɛ^{21} u^{55}	凉快 nie^{33} kʰuɑ^{33}	冷 nɛ^{213}
82 寿昌徽	暖和 niæ^{33} u^{112}	凉 liɑ̃^{52}	冷 læ̃^{534}
83 淳安徽	暖和 len^{55} u^{21}	凉 liɑ̃^{435}	冷 lɑ̃^{55}
84 遂安徽	暖 ləŋ^{43}	凉 liɑ̃^{33}	冷 lɑ̃^{43}
85 苍南闽	烧 ɕio^{55}	清 tɕʰin^{21}	寒 kũã^{24}
86 泰顺闽	暖 no^{344}	清 tsʰieŋ^{53}	寒 kæŋ^{22}
87 洞头闽	烧落$^{=}$ ɕieu^{33} lo^{21}	凉 lioŋ^{113}	寒 kuã^{113} 冷 lieŋ^{53}
88 景宁畲	暖 nɔn^{44}	凉 liɔŋ^{22}	冷 laŋ^{44}

方言点	0994 热水～	0995 凉水～	0996 干干燥：衣服晒～了
01 杭州	热 zuaʔ^{2}	冷 ləŋ^{53}	燥 sɔ^{45}
02 嘉兴	热 ȵieʔ^{5}	冷 lᴀ̃^{113}	干 kə^{42}
03 嘉善	烫 tã^{334}	冷 læ̃^{113}	干 kø^{53}
04 平湖	热 ȵiəʔ^{23}	冷 lã^{213}	干 kø^{53}
05 海盐	热 ȵiəʔ^{23}	冷 lɛ̃^{423}	干 kɤ^{53}
06 海宁	烫 tʰɑ̃^{35}	冷 lɑ̃^{231}	干 kei^{55}
07 桐乡	热 ȵiəʔ^{23}	冷 lã^{242}	干 kᴇ^{44}
08 崇德	热 ȵiəʔ^{23}	冷 lã^{53} 凉 liã^{13}	干 kᴇ^{44}
09 湖州	热 ȵieʔ^{2}	冷 lã^{523}	干 kɛ^{44}
10 德清	热 ȵieʔ^{2}	冷 lã^{52}	燥 sɔ^{334}
11 武康	热 ȵieʔ^{2}	冷 lã^{53}	燥 sɔ^{224}
12 安吉	热 ȵiᴇʔ^{23}	冷 lã^{52}	燥 sɔ^{324}
13 孝丰	热 ȵieʔ^{23}	冷 lã^{52} 凉 liã^{22}	燥 sɔ^{324}
14 长兴	热 ȵiᴇʔ^{2}	冷 lã^{52}	干 kɯ^{44}
15 余杭	热 ȵieʔ^{2}	凉 liɑ̃^{22}	燥 sɔ^{423}
16 临安	烫 tʰɑ̃^{55}	冷 lɑ̃^{33}	燥 sɔ^{55}
17 昌化	热 ȵiɛʔ^{23}	冷 lã^{243}	燥 sɔ^{544}
18 於潜	热 ȵiæʔ^{23}	冷 laŋ^{51}	燥 sɔ^{35}
19 萧山	热 ȵieʔ^{13}	冷 lã^{13}	燥 sɔ^{42}
20 富阳	热 ȵiɛʔ^{2}	冷 lã^{224}	燥 sɔ^{335}
21 新登	热 ȵiəʔ^{2}	冷 lɛ^{334}	燥 sɔ^{45}
22 桐庐	热 niəʔ^{13}	冷 lã^{33}	燥 sɔ^{35}
23 分水	热 ȵiəʔ^{12}	冷 lən^{53}	干 kã^{44}

续表

方言点	0994 热水～	0995 凉水～	0996 干干燥：衣服晒～了
24 绍兴	热 ȵieʔ^{2}	冷 laŋ^{223}	燥 sɔ^{33}
25 上虞	热 ȵiəʔ^{2}	冷 lã^{213}	燥 sɔ^{53}
26 嵊州	热 ȵieʔ^{2}	冷 laŋ^{22}	燥 sɔ^{334}
27 新昌	热 ȵiɛʔ^{2}	冷 laŋ^{232}	燥 sɔ^{335}
28 诸暨	热 nieʔ^{13}	冷 lã^{242}	燥 sɔ^{544}
29 慈溪	热 ȵiəʔ^{2}	冷 lã^{13}	燥 sɔ^{44}
30 余姚	热 ȵiəʔ^{2}	冷 laŋ^{13}	燥 sɔ^{44}
31 宁波	热 ȵiəʔ^{2} 烫 tʰɔ^{44}	冷 la^{13}	燥 sɔ^{44}
32 镇海	热 ȵieʔ^{2}	冷 lã^{24}	燥 sɔ^{53}
33 奉化	热 ȵiɪʔ^{2}	冷 lã^{324}	燥 sʌ^{53}
34 宁海	暖 nəŋ^{31}	冷 lã^{31}	燥 sau^{35}
35 象山	热 ȵieʔ^{2}	冷 lã^{31}	燥 sɔ^{53}
36 普陀	热 ȵiɛʔ^{23}	荫凉 iŋ^{55} liã^{0}	燥 sɔ^{55}
37 定海	热 ȵieʔ^{2}	冷 lã^{23}	燥 sɔ^{44}
38 岱山	热 ȵieʔ^{2}	冷 lã^{244}	燥 sɔ^{44}
39 嵊泗	热 ȵiᴇʔ^{2}	冷 lã^{445}	燥 sɔ^{53}
40 临海	烫 tʰɔ̃^{55}	冷 lã^{52}	燥 sɔ^{55}
41 椒江	烫 tʰɔ̃^{55}	冷 lã^{42}	燥 sɔ^{55}
42 黄岩	烫 tʰɔ̃^{55}	冷 lã^{42}	燥 sɔ^{55}
43 温岭	烫 tʰɔ̃^{55}	冷 lã^{42}	燥 sɔ^{55}
44 仙居	烫 tʰɑ̃^{55}	冷 lã^{324}	燥 sɐɯ^{55}
45 天台	热 ȵiəʔ^{2}	冷 la^{214}	燥 sau^{55}
46 三门	热 ȵieʔ^{23}	凉 liɑ̃^{113}	燥 sɑu^{55}

续表

方言点	0994 热水～	0995 凉水～	0996 干干燥：衣服晒～了
47 玉环	烫 tʰɔ̃^{55}	冷 lã^{53}	燥 sɔ^{55}
48 金华	热 ȵie^{14}	冷 lɑŋ^{535}	燥 sɑo^{55}
49 汤溪	烫侬 tʰɔ^{24} nɑo^{0}	冰侬 mɛ̃i^{24} nɑo^{0}	燥 sɔ^{52}
50 兰溪	热 ȵieʔ^{12}	冷 læ̃^{55}	燥 sɔ^{45}
51 浦江	热 ȵi^{232}	冷 lɛ̃^{243}	燥 so^{55}
52 义乌	暖 nən^{312}	冷 lɛ^{312}	燥 so^{45}
53 东阳	热 ȵiɛ^{213}	凉 liɔ^{213}	燥 sɐɯ^{453}
54 永康	热 ȵie^{113}	冷 lai^{113}	燥 sɑu^{52}
55 武义	热 ȵie^{13}	冷 na^{13}	燥 sɤ^{53}
56 磐安	烫侬 tʰɒ^{33} nɔom^{445}	凉 liɒ^{213}	燥 so^{52}
57 缙云	热 ȵiɛ^{13}	冷 la^{31}	燥 ɕiəɤ^{453}
58 衢州	热 ȵiəʔ^{12}	凉 liã^{21}	燥 sɔ^{53}
59 衢江	烫侬 tʰɑ̃^{33} nəŋ^{53}	浸 tsʰɛ^{53}	燥 sɔ^{53}
60 龙游	热 ȵiəʔ^{23}	凉 liã^{21}	燥 sɔ^{51}
61 江山	滚 kuɛ̃^{241}	凉 liaŋ^{213}	燥 sɐɯ^{241}
62 常山	热 ȵiʌʔ^{34}	浸 tsʰɔ̃^{324}	燥 sɤ^{52}
63 开化	滚 kuõ^{53}	浸 tsʰɛn^{412}	燥 səɯ^{53}
64 丽水	热 ȵiɛʔ^{23}	凉 liã^{22}	燥 sə^{52}
65 青田	暖 naŋ^{454}	浸 tsʰaŋ^{33}	燥 sœ^{33}
66 云和	烫 tʰɔ̃^{45}	浸 tsʰəŋ^{45} 老 凉 liã^{312} 新	燥 sɑɔ^{45}
67 松阳	烫 tʰoŋ^{24} 热 ȵiɛʔ^{2}	浸 tsʰen^{24} 凉 liã^{31}	燥 sʌ^{24}
68 宣平	烫 tʰɔ̃^{52}	冷 lɛ^{223}	燥 sɔ^{52}

续表

方言点	0994 热水～	0995 凉水～	0996 干干燥:衣服晒～了
69 遂昌	暖 nəŋ^{13} 热 ȵiɛʔ^{23}	浸 tsʰəŋ^{334} 凉 liaŋ^{221}	燥 sɐɯ^{334}
70 龙泉	暖 nɛn^{51} 烫 tʰɔŋ^{45}	浸 tsʰɛn^{45}	燥 sɑʌ^{45}
71 景宁	烫 tʰɔŋ^{35}	浸 tsʰəŋ^{35}	燥 sɑu^{35}
72 庆元	热 ȵiᴇʔ^{34}	浸 tsʰəŋ^{11}	糟= tsɒ^{335}
73 泰顺	暖 nəŋ^{55}	浸 tsʰəŋ^{35}	干 kuɛ^{213}
74 温州	烫 tʰuɔ^{51}	冷 liɛ^{14}	燥 sɜ^{51}
75 永嘉	暖 naŋ^{13}	冷 lɛ^{13}	燥 sə^{53}
76 乐清	烫 tʰɔ^{41}	冷 la^{24}	燥 sɤ^{41}
77 瑞安	暖 naŋ^{13}	冷 la^{13}	燥 sɛ^{53}
78 平阳	热 ȵie^{12}	冷 lᴀ^{45}	燥 sɛ^{53}
79 文成	热 ȵie^{212}	凉 lie^{113}	燥 sɛ^{33}
80 苍南	烫 tʰo^{42}	冷 lia^{53}	燥 sɛ^{42}
81 建德徽	热 ȵi^{213}	凉 nie^{33}	燥 sɔ^{33}
82 寿昌徽	热 ȵi^{24}	凉 liɑ̃^{52}	燥 sɤ^{33}
83 淳安徽	热 iəʔ^{13}	冷 lɑ̃^{55}	燥 sɤ^{24}
84 遂安徽	热 iɛ^{213}	冷 lã^{43}	燥 sɔ^{43}
85 苍南闽	热 dʑie^{24}	清 tɕʰin^{21}	焦 ta^{55}
86 泰顺闽	热 niɛʔ^{3}	清 tsʰieŋ^{53}	干 kæŋ^{213}
87 洞头闽	烧 ɕieu^{33}	寒 kãĩ^{113}	焦 ta^{33}
88 景宁畲	热 ȵiet^{2}	冷 laŋ^{44}	焦 tsau^{51}

方言点	0997 湿潮湿：衣服淋～了	0998 干净衣服～	0999 脏肮脏，不干净，统称：衣服～
01 杭州	湿 saʔ^{5}	清爽 tɕʰiŋ^{33}suaŋ^{45}	□ foŋ^{45}
02 嘉兴	湿 səʔ^{5}	清爽 tɕʰiŋ^{33}sᴀ̃^{21}	垃圾 lᴀ^{24}ɕi^{21} 龌龊 oʔ^{5}tsʰoʔ^{5} 邋遢 lᴀʔ^{5}tᴀʔ^{5}“遢”声殊
03 嘉善	湿 sɜʔ^{5}	清爽 tɕʰin^{35}sã^{53}	赖$^{=}$ la^{113}
04 平湖	湿 səʔ^{5}	清爽 tsʰin^{44}sɑ̃^{0} 干净 kø^{53}zin^{0}	邋遢 laʔ^{3}taʔ^{5}“遢”声殊
05 海盐	湿 səʔ^{5}	清爽 tɕʰin^{53}sɑ̃^{21}	垃圾 lɑ^{13}ɕi^{21}
06 海宁	湿 səʔ^{5}	清爽 tɕʰiŋ^{55}sɑ̃^{55}	邋杂 laʔ^{2}zaʔ^{2}
07 桐乡	湿 səʔ^{5}	清爽 tsʰiŋ^{44}sɒ̃^{44}	邋遢 laʔ^{23}tʰaʔ^{5}
08 崇德	湿 səʔ^{5}	清爽 tɕʰiŋ^{44}sã^{44}	垃圾 lɑ^{21}ɕi^{334} 邋遢 laʔ^{23}tʰaʔ^{5}
09 湖州	湿 səʔ^{5}	清爽 tɕʰin^{44}sã^{44}	龌龊 uoʔ^{4}tsʰuoʔ^{5}
10 德清	湿 səʔ^{5}	清爽 tɕʰin^{44}sã^{44}	邋遢 ləʔ^{2}tʰəʔ^{5}
11 武康	湿 sɜʔ^{5}	清爽 tɕʰin^{44}sã^{44}	邋遢 lɜʔ^{2}tʰɜʔ^{5}
12 安吉	湿 səʔ^{5}	清爽 tɕʰiŋ^{55}sɔ̃^{55}	邋遢 lɐʔ^{2}tʰɐʔ^{5}
13 孝丰	湿 səʔ^{5}	清爽 tɕʰiŋ^{44}sɔ̃^{44}	邋遢 laʔ^{2}tʰaʔ^{5}
14 长兴	湿 səʔ^{5}	清爽 tʃʰiŋ^{44}sɔ̃^{44}	龌龊 oʔ^{3}tsʰoʔ^{5}
15 余杭	湿 səʔ^{5}	清爽 tsʰiŋ^{55}sɑ̃^{55}	垃圾 la^{33}tsʰi^{55}
16 临安	湿 sɐʔ^{5}	清爽 tɕʰieŋ^{53}suɑ̃^{55}	□ foŋ^{55}
17 昌化	潮 zɔ^{112}	干净 kɛ̃^{33}iəŋ^{453} 清爽 tɕʰiəŋ^{33}sɔ̃^{453}	邋遢 laʔ^{2}tʰaʔ^{5}
18 於潜	潮 dzɔ^{223}	干净 kɛ^{43}ziŋ^{223}	邋遢 læʔ^{2}tʰɐʔ^{53}
19 萧山	湿 səʔ^{5}	干净 kie^{33}ȵiŋ^{42}“净”声殊	□ foŋ^{42}
20 富阳	湿 ɕiɛʔ^{5}	干净 kiɛ̃^{55}nin^{31}“净”声殊	□ foŋ^{335}
21 新登	湿 səʔ^{5}	干净 kɛ̃^{53}zeiŋ^{13}	邋遢 ləʔ^{2}tʰəʔ^{5}
22 桐庐	测$^{=}$ tsʰəʔ^{5}	干净 ke^{55}iŋ^{13}	邋遢 laʔ^{21}tʰaʔ^{5}
23 分水	测$^{=}$ tsʰəʔ^{5}	干净 kã^{44}tɕin^{24}	邋遢 ləʔ^{12}tʰaʔ^{5}

续表

方言点	0997 湿潮湿：衣服淋～了	0998 干净衣服～	0999 脏肮脏，不干净，统称：衣服～
24 绍兴	湿 seʔ^{5}	清爽 tɕ^{h}iŋ^{33}sɑŋ^{33}	风$^{=}$ foŋ^{33}
25 上虞	湿 səʔ^{5}	清爽 tɕ^{h}iŋ^{33}sɔ̃^{35}	邋杂$^{=}$ lɐʔ^{2}dzɐʔ^{2}
26 嵊州	湿 sɛʔ^{5}	清爽 tɕ^{h}iŋ^{53}sɔŋ^{53} 干净 kœ̃^{53}ʑiŋ^{24}	□ foŋ^{334}
27 新昌	湿 ɕiʔ^{5}	干净 kœ̃^{53}ʑiŋ^{13}	龌龊 ɤʔ^{3}ts^{h}ɤʔ^{5}
28 诸暨	湿 səʔ^{5}	清爽 tɕ^{h}in^{21}sɑ̃^{42}	癞$^{=}$杂$^{=}$ lᴀ^{21}zaʔ^{5}
29 慈溪	湿 səʔ^{5}	清爽 tɕ^{h}iŋ^{35}sɔ̃^{0}	哄$^{=}$ huŋ^{44}
30 余姚	湿 səʔ^{5}	清爽 tɕ^{h}iə̃^{44}sɔŋ^{34}	疯$^{=}$ fuŋ^{44}
31 宁波	湿 ɕiəʔ^{5}	清爽 tɕ^{h}iŋ^{44}sɔ^{53}	腻腥 ȵi^{13}ɕiŋ^{53}
32 镇海	湿 ɕieʔ^{5}	清爽 tɕ^{h}iŋ^{33}sɔ̃^{53}	腻腥 ȵi^{22}ɕiŋ^{53}
33 奉化	湿 ɕiɪʔ^{5}	清爽 tɕ^{h}iŋ^{44}sɔ̃^{53}	腻腥 ȵi^{33}ɕiŋ^{53}
34 宁海	滥 le^{24}	清爽 tɕ^{h}iŋ^{33}sɔ̃^{53}	烟$^{=}$糟 ie^{33}tsau^{34}
35 象山	滥 lɛ^{13}	干净 ki^{44}iŋ^{13} 清爽 tɕ^{h}iŋ^{44}sɔ̃^{44}	芋$^{=}$糟 n^{31}tsɔ^{35} 邋遢 laʔ^{2}t^{h}aʔ^{5}
36 普陀	湿 ɕiɛʔ^{5}	清爽 tɕ^{h}iŋ^{33}sɔ̃^{53}	腻腥 ȵi^{33}ɕiŋ^{53}
37 定海	湿 ɕieʔ^{5}	清爽 tɕ^{h}iŋ^{33}sõ^{52}	腻腥 ȵi^{33}ɕiŋ^{52} 邋遢 lɐʔ^{2}tɐʔ^{5}
38 岱山	湿 ɕieʔ^{5}	清爽 tɕ^{h}iŋ^{33}sõ^{52}	邋遢 lɐʔ^{2}tɐʔ^{5} 腻腥 ȵi^{33}ɕiŋ^{52}
39 嵊泗	湿 ɕiᴇʔ^{5}	清爽 tɕ^{h}iŋ^{33}sõ^{53}	邋遢 lɐʔ^{2}tɐʔ^{5}
40 临海	滥 lɛ^{324}	清爽 tɕ^{h}iŋ^{33}sɔ̃^{52} 清确 tɕ^{h}iŋ^{33}k^{h}ɔʔ^{5}	邋遢 lɛʔ^{2}tɛʔ^{5} 龌龊 ɔʔ^{3}tɕ^{h}yɔʔ^{5}
41 椒江	滥 lɛ^{24}	清爽 tɕ^{h}iŋ^{33}sɔ̃^{42}	邋遢 lɛʔ^{2}tɛʔ^{5} 龌龊 uəʔ^{2}ts^{h}oʔ^{5}
42 黄岩	滥 lɛ^{24}	清爽 tɕ^{h}in^{33}sɔ̃^{42} 清确 tɕ^{h}in^{33}k^{h}oʔ^{5}	邋遢 ləʔ^{2}təʔ^{5} 龌龊 oʔ^{3}ts^{h}oʔ^{5}
43 温岭	滥 lɛ^{13}	清爽 tɕ^{h}in^{33}sɔ̃^{42} 干净 tɕie^{35}ʑin^{44}	邋遢 ləʔ^{2}təʔ^{5} 龌龊 uoʔ^{3}tɕ^{h}yoʔ^{5} 疙瘩 kiəʔ^{3}təʔ^{5}

续表

方言点	0997 湿潮湿：衣服淋～了	0998 干净衣服～	0999 脏肮脏，不干净，统称：衣服～
44 仙居	胀= tɕia^{55}	干净 cie^{55} ʑin^{55}	龌龊 uɑʔ^{3} tɕʰyɑʔ^{5}
45 天台	滥 le^{35}	清爽 tɕʰiŋ^{33} sɔ^{325}	歪=拉= ua^{33} la^{33}
46 三门	滥 lɛ^{243}	清爽 tɕʰiŋ^{33} sɔ^{325}	哇=拉= ua^{55} la^{55}
47 玉环	滥 lɛ^{22}	了=忌= liɔ^{33} dʑi^{44}	破赖 pʰa^{33} la^{44}
48 金华	却= tɕʰiəʔ^{4}	干净 kɤ^{33} ɕiŋ^{55}	□糟 ɑo^{33} tsɑo^{55}
49 汤溪	却= tɕʰiɔ^{55}	进=林= tsɛ̃i^{55} lɛ̃i^{0}	腌臜 ɤ^{52} tsɤ^{52}
50 兰溪	缺= tɕʰyɤʔ^{34}	清爽 tɕʰin^{334} ɕyɑŋ^{55}	鏖糟 ɔ^{334} tsɔ^{45}
51 浦江	鹊= tsʰyo^{423}	净洁 ziən^{11} tʃi^{53}	鏖糟 o^{55} tso^{334}
52 义乌	□ tsʰɯa^{324}	净洁 zən^{24} tɕie^{324}	鏖糟 o^{33} tso^{45}
53 东阳	缺= tɕʰio^{334}	净洁 zɐn^{23} tɕiɛʔ^{34}	□糟 a^{33} tsɐɯ^{53}
54 永康	鹊= tɕʰiɑu^{334}	义=凳= ni^{31} niŋ^{52}	□相 ya^{33} ɕiɑŋ^{52} 鏖糟 ɑu^{33} tsɑu^{55}
55 武义	鹊= tɕʰiɑu^{53}	义=义= ni^{32} ni^{231}	□相= ya^{32} ɕiɑŋ^{53}
56 磐安	□ tsʰuə^{334}	净洁 sɐn^{55} tɕiɛ^{334}	鏖糟 o^{33} tso^{445}
57 缙云	鹊= tɕʰiɔ^{322}	干净 kɛ^{44} sɛŋ^{453}	□ uɑ^{44}
58 衢州	绰= tʃʰyaʔ^{5}	干净 kə̃^{32} ɕin^{53}	龌龊 uəʔ^{2} tʃʰyəʔ^{5} 邋遢 laʔ^{2} tʰaʔ^{5}
59 衢江	溅 dɛ^{212}	干净 kɛ^{25} ɕiŋ^{31}	鸭=足= aʔ^{3} tsəʔ^{5}
60 龙游	触= tsʰɔʔ^{4}	干净 kie^{35} ʑin^{21}	阿=汁= əʔ^{3} tsəʔ^{4}
61 江山	鹊= tɕʰiaʔ^{5}	清爽 tɕʰɪ̃^{44} ɕiɒŋ^{241}	乌龊 uə^{44} tɕʰiɒʔ^{5}
62 常山	溅 duɔ̃^{341}	清爽 tsʰɪ̃^{43} sɔ̃^{52}	邋遢 laʔ^{3} tʰaʔ^{5}
63 开化	溅 duõ^{231}	清爽 tɕʰin^{44} ɕiɔŋ^{53} 清板 tɕʰin^{44} pã^{53} 爽利 ɕiɔŋ^{44} li^{213}	邋遢 laʔ^{2} tʰaʔ^{5}
64 丽水	绰= tɕʰiɔʔ^{5}	干净 kuɛ^{224} ɕin^{52}	龌龊 əʔ^{21} tɕʰioʔ^{5}
65 青田	溅 duɐ^{21}	光生 ko^{22} sɛ^{445}	鏖糟 œ^{22} tsœ^{445}
66 云和	溅 duɛ^{312}	干净 kuɛ^{24} ʑiŋ^{223}	龌龊 oʔ^{23} tɕʰioʔ^{5}

续表

方言点	0997 湿潮湿：衣服淋～了	0998 干净衣服～	0999 脏肮脏，不干净，统称：衣服～
67 松阳	□ tɕ^{h}iaʔ^{5}	净洁 ʑin^{21} tɕiɛʔ^{5}	邋遢 lɔʔ^{2} t^{h}ɔʔ^{5}
68 宣平	鹊$^{=}$ tɕ^{h}iəʔ^{5}	干净 kuə^{32} ɕin^{52}	龌龊 o^{44} tɕ^{h}yəʔ^{5}
69 遂昌	鹊$^{=}$ tɕ^{h}iaʔ^{5}	爽利 ɕiɔŋ^{55} li^{213}	邋遢 laʔ^{2} t^{h}aʔ^{5}
70 龙泉	湿 saiʔ^{5} 任$^{=}$ ȵin^{224} 潮而无水	爽利 ɕiɔŋ^{44} li^{224}	垃圾 loʔ^{3} zoʔ^{24}
71 景宁	㴴 dœ^{41}	清爽 tɕ^{h}iŋ^{55} sɔŋ^{33}	龌龊 oʔ^{23} tɕ^{h}ioʔ^{5}
72 庆元	七$^{=}$ tɕ^{h}iəɯʔ^{5}	净洁 ɕiəŋ^{22} tɕiᴇʔ^{34}	龌龊 oʔ^{5} tɕ^{h}ioʔ^{5}
73 泰顺	㴴 tɛ^{53}	净爽 ɕiŋ^{22} sɔ̃^{55}	污龊 u^{213} tɕ^{h}ioʔ^{5}
74 温州	滥 la^{22}	了$^{=}$ 滞$^{=}$ liɛ^{33} dzei^{14}	鏖糟 ɜ^{33} tsɜ^{33}
75 永嘉	滥 la^{22}	光生 kɔ^{33} sɛ^{44}	鏖糟 ə^{33} tsə^{44}
76 乐清	湿 sɤ^{323}	了$^{=}$ 滞$^{=}$ liɯʌ^{42} dʑi^{21}	龌䙚 o^{35} ȵia^{212}
77 瑞安	滥 lɔ^{22}	□纸$^{=}$ luɔ^{33} tsei^{35}	□糟 lo^{33} tsɛ^{44}
78 平阳	滥 lɔ^{33}	撩$^{=}$ 纸$^{=}$ lye^{33} tɕi^{45}	□糟 ɔ^{33} tʃɛ^{45}
79 文成	㴴 de^{113}	光生 kuo^{33} sa^{33}	坳$^{=}$ 糟 ɔ^{33} tʃɛ^{33}
80 苍南	滥 la^{11}	光生 ko^{33} ɕia^{44}	肮糟 o^{33} tsɛ^{44}
81 建德徽	湿 sɐʔ^{5}	干净 kɛ^{53} ɕin^{213}	龌龊 u^{55} ts^{h}u^{33}
82 寿昌徽	畜$^{=}$ tɕ^{h}iɔʔ^{3}	干净 kiɛ^{11} ɕien^{55}	龌龊 ɔʔ^{3} tɕ^{h}iɔʔ^{3}
83 淳安徽	鹊$^{=}$ tɕ^{h}iɑʔ^{5}	干净 kã^{24} ɕin^{21}	歪$^{=}$ 糟 uɑ^{21} tsɤ^{55}
84 遂安徽	潮 tɕ^{h}iɔ^{24}	干净 kɑ̃^{534} ɕin^{52}	龌龊 ɔ^{33} ts^{h}ɔ^{43}
85 苍南闽	㴴 tan^{24}	清气 tɕ^{h}in^{24} k^{h}i^{21}	肮脏 an^{33} tsan^{55} 败$^{=}$ 赖$^{=}$ p^{h}ai^{24} lai^{21}
86 泰顺闽	㴴 tæŋ^{22}	新爽 sieŋ^{21} so^{344}	□□ p^{h}a^{21} lai^{31}
87 洞头闽	㴴 tan^{113}	清气 tɕ^{h}ieŋ^{33} k^{h}i^{21}	凶$^{=}$ hioŋ^{33}
88 景宁畲	湿 ɕiʔ^{5}	清气 tɕ^{h}iŋ^{44} k^{h}i^{44}	龌龊 oʔ^{5} tɕ^{h}ioʔ^{5}

方言点	1000 快锋利：刀子～	1001 钝刀～	1002 快坐车比走路～
01 杭州	快 kʰuɛ^{45}	钝 dəŋ^{13}	快 kʰuɛ^{45}
02 嘉兴	快 kʰuᴀ^{224}	钝 dəŋ^{113}	快 kʰuᴀ^{224}
03 嘉善	快 kʰua^{334}	钝 dən^{113}	快 kʰua^{334}
04 平湖	快 kʰua^{213}	钝 dən^{213}	快 kʰua^{213}
05 海盐	快 kʰuɑ^{334}	钝 dən^{213}	快 kʰuɑ^{334}
06 海宁	快 kʰua^{35}	钝 dəŋ^{13}	快 kʰua^{35}
07 桐乡	快 kʰua^{334}	钝 dəŋ^{213}	快 kʰua^{334}
08 崇德	快 kʰuɑ^{334}	钝 dəŋ^{13}	快 kʰuɑ^{334}
09 湖州	快 kʰua^{35}	钝 dən^{24}	快 kʰua^{35}
10 德清	快 kʰua^{334}	钝 den^{113}	快 kʰua^{334}
11 武康	快 kʰua^{224}	钝 den^{113}	快 kʰua^{224}
12 安吉	快 kʰua^{324}	钝 dəŋ^{213}	快 kʰua^{324}
13 孝丰	快 kʰua^{324}	弗快 fəʔ^{5} kʰua^{324}	快 kʰua^{324}
14 长兴	快 kʰua^{324}	钝 dəŋ^{24}	快 kʰua^{324}
15 余杭	快 kʰua^{423}	钝 diŋ^{213}	快 kʰua^{53}
16 临安	快 kʰua^{55}	钝 deŋ^{33}	快 kʰua^{55}
17 昌化	快 kʰua^{544}	不快 pəʔ^{5} kʰua^{544}	快 kʰua^{544}
18 於潜	快 kʰua^{35}	钝 deŋ^{24}	快 kʰua^{35}
19 萧山	快 kʰua^{42}	钝 dəŋ^{242}	快 kʰua^{42}
20 富阳	快 kʰua^{335}	支= tsɿ^{53}	快 kʰua^{335}
21 新登	快 kʰua^{45}	钝 deiŋ^{13}	快 kʰua^{45}
22 桐庐	快 kʰuᴀ^{35}	钝 dəŋ^{24}	快 kʰuᴀ^{35}
23 分水	快 kʰuɛ^{24}	钝 tən^{53}	快 kʰuɛ^{24}
24 绍兴	快 kʰua^{33}	钝 dø̃^{22}	快 kʰua^{33}

续表

方言点	1000 快锋利:刀子～	1001 钝刀～	1002 快坐车比走路～
25 上虞	快 k^{h}ua^{53}	钝 diŋ^{31}	快 k^{h}ua^{53}
26 嵊州	快 k^{h}ua^{334}	钝 deŋ^{24}	快 k^{h}ua^{334}
27 新昌	快 k^{h}ua^{335}	钝 deŋ^{13}	快 k^{h}ua^{335}
28 诸暨	快 k^{h}uᴀ^{544}	钝 dɛn^{33}	快 k^{h}uᴀ^{544}
29 慈溪	快 k^{h}ua^{44}	钝 dəŋ^{13}	快 k^{h}ua^{44}
30 余姚	快 k^{h}ua^{53}	钝 də̃^{13}	快 k^{h}ua^{53}
31 宁波	快 k^{h}ua^{44}	钝 dəŋ^{13}	快 k^{h}ua^{44}
32 镇海	锋快 fəŋ^{33} k^{h}ua^{33}	钝 dəŋ^{24}	快 k^{h}ua^{53}
33 奉化	快 k^{h}ua^{53}	钝 dəŋ^{31}	快 k^{h}ua^{53}
34 宁海	快 k^{h}ua^{35} 锋快 foŋ^{33} k^{h}ua^{35}	钝 dəŋ^{24}	快 k^{h}ua^{35}
35 象山	锋利 fəŋ^{53} li^{44}	钝 dəŋ^{13}	快 k^{h}ua^{53}
36 普陀	快 k^{h}ua^{55}	钝 dɐŋ^{13}	快 k^{h}ua^{55}
37 定海	快 k^{h}ua^{44}	钝 dɐŋ^{13}	快 k^{h}ua^{44}
38 岱山	快 k^{h}ua^{44}	钝 dɐŋ^{213}	快 k^{h}ua^{44}
39 嵊泗	快 k^{h}ua^{53}	钝 dɐŋ^{213}	快 k^{h}ua^{53}
40 临海	快 k^{h}ua^{55}	钝 dəŋ^{324}	快 k^{h}ua^{55}
41 椒江	快 k^{h}ua^{55}	钝 døŋ^{24}	快 k^{h}ua^{55}
42 黄岩	快 k^{h}ua^{55} 锋快 foŋ^{33} k^{h}ua^{55}	钝 dən^{24}	快 k^{h}ua^{55}
43 温岭	快 k^{h}ua^{55}	钝 døn^{13}	快 k^{h}ua^{55}
44 仙居	快 k^{h}ua^{55}	除$^{=}$ dʑy^{213}	快 k^{h}ua^{55}
45 天台	快 k^{h}ua^{55}	钝 dəŋ^{35}	快 k^{h}ua^{55}
46 三门	锋快 foŋ^{55} k^{h}ua^{55}	钝 dəŋ^{243}	快 k^{h}ua^{55}

续表

方言点	1000 快锋利：刀子～	1001 钝刀～	1002 快坐车比走路～
47 玉环	快 k^hua^{55}	弗快 $fɐʔ^5k^hua^{33}$	快 k^hua^{55}
48 金华	快 $k^huɑ^{55}$	钝 $dəŋ^{14}$	快 $k^huɑ^{55}$
49 汤溪	快 $k^huɑ^{52}$	钝 $d\tilde{a}^{341}$	快 $k^huɑ^{52}$
50 兰溪	快 $k^huɑ^{45}$	钝 $d\tilde{æ}^{24}$	快 $k^huɑ^{45}$
51 浦江	快 $k^huɑ^{55}$	朱⁼ $tɕy^{534}$	快 $k^huɑ^{55}$
52 义乌	快 k^hua^{45}	瘸⁼ $dʑyɛ^{213}$	快 k^hua^{45}
53 东阳	快 k^hua^{44}	木 mou^{213}	快 k^hua^{44}
54 永康	快 $tɕ^hya^{52}$声殊	钝 $dɤ^{241}$	快 $tɕ^hya^{52}$声殊
55 武义	快 $ts^huɑ^{53}$声殊	钝 $dɤ^{231}$	快 $ts^huɑ^{53}$声殊
56 磐安	快 k^hua^{52}	钝 $dɯ^{14}$	快 k^hua^{52}
57 缙云	快 $k^huɑ^{453}$	钝 $dɛ^{213}$	快 $k^huɑ^{453}$
58 衢州	快 $k^huɛ^{53}$	钝 $dən^{231}$	快 $k^huɛ^{53}$
59 衢江	快 k^hua^{53}	勿快 $va^{22}k^hua^{53}$	快 k^hua^{53}
60 龙游	快 $k^huɑ^{51}$	钝 $dən^{231}$	快 $k^huɑ^{51}$
61 江山	快 k^hua^{51}	胝⁼ $tɵ^{44}$	快 k^hua^{51}
62 常山	快 $k^huɛ^{324}$	预⁼ y^{24}	快 $k^huɛ^{324}$
63 开化	快 k^hua^{412}	□ tua^{44}	快 k^hua^{412}
64 丽水	快 $k^huɔ^{52}$	钝 $duɛ^{131}$	快 $k^huɔ^{52}$
65 青田	快 $k^huɑ^{33}$	钝 $duɐ^{22}$	快 $k^huɑ^{33}$
66 云和	快 k^hua^{45}	钝 $duɛ^{223}$	快 k^hua^{45}
67 松阳	快 k^hua^{24}	钝 $d\tilde{æ}^{13}$	快 k^hua^{24}
68 宣平	快 k^hua^{52}	钝 $də^{231}$	快 k^hua^{52}
69 遂昌	快 k^hua^{334}	钝 $d\tilde{ɛ}^{213}$	快 k^hua^{334}

续表

方言点	1000 快锋利:刀子～	1001 钝刀～	1002 快坐车比走路～
70 龙泉	快 k^{h}ua^{45}	钝 dɛn^{224}	快 k^{h}ua^{45}
71 景宁	快 k^{h}uɔ^{35}	钝 dai^{113}	快 k^{h}uɔ^{35}
72 庆元	快 k^{h}uɑ^{11}	钝 tæ̃^{31}	快 k^{h}uɑ^{11}
73 泰顺	利 li^{22}	否利 fu^{55}li^{22}	快 k^{h}ua^{35}
74 温州	快 k^{h}a^{51}	钝 dø^{22}	快 k^{h}a^{51}
75 永嘉	快 k^{h}a^{53}	钝 dø^{22}	快 k^{h}a^{53}
76 乐清	快 k^{h}ue^{41}	钝 dø^{22}	快 k^{h}ue^{41}
77 瑞安	快 k^{h}a^{53}	钝 dø^{22}	快 k^{h}a^{53}
78 平阳	快 k^{h}ᴀ^{53}	钝 dɵ^{33}	快 k^{h}ᴀ^{53}
79 文成	快 k^{h}ɔ^{33}	堆$^{=}$ tai^{55}	快 k^{h}ɔ^{33}
80 苍南	快 k^{h}ia^{42}	钝 dø^{11}	快 k^{h}ia^{42}
81 建德徽	快 k^{h}uɑ^{33}	钝 t^{h}ən^{55}	快 k^{h}uɑ^{33}
82 寿昌徽	快 k^{h}uɑ^{33}	□ tɕyɑ^{112}	快 k^{h}uɑ^{33}
83 淳安徽	快 kuɑ^{24}	木 mɑʔ^{13}	快 k^{h}uɑ^{24}
84 遂安徽	快 k^{h}ua^{43}	钝 təŋ^{52}	快 k^{h}ua^{43}
85 苍南闽	利 lai^{21}	无利 bɔ^{21}lai^{21}	紧 kin^{43}
86 泰顺闽	利 li^{31}	球$^{=}$ kiøu^{22}	快 k^{h}ai^{53}
87 洞头闽	紧 kin^{53}	钝 tun^{33}	紧 kin^{53}
88 景宁畲	快 xiai^{44}	钝 t^{h}uən^{51}	快 xiai^{44}

方言点	1003 慢走路比坐车～	1004 早来得～	1005 晚来～了
01 杭州	慢 $m\varepsilon^{13}$	早 $ts\text{ɔ}^{53}$	迟 dzɿ^{213}
02 嘉兴	慢 mᴇ^{113}	早 tsɔ^{544}	晏 ᴇ^{224}
03 嘉善	慢 mɛ^{113}	早 tsɔ^{44}	晏 ɛ^{113}
04 平湖	慢 mɛ^{213}	早 tsɔ^{44}	晏 ɛ^{334}
05 海盐	慢 mɛ^{213}	早 tsɔ^{423}	晏 ɛ^{334}
06 海宁	慢 mei^{13}	早 tsɔ^{53}	晏 ɛ^{35}
07 桐乡	慢 mɛ^{213}	早 tsɔ^{53}	晏 ɛ^{334}
08 崇德	慢 mɛ^{13}	早 tsɔ^{53}	晏 ɛ^{334}
09 湖州	慢 mɛ^{35}	早 tsɔ^{523}	晏 ɛ^{35}
10 德清	慢 mɛ^{334}	早 tsɔ^{52}	晏 ɛ^{334}
11 武康	慢 mɛ^{224}	早 tsɔ^{53}	晏 ɛ^{224}
12 安吉	慢 mᴇ^{213}	早 tsɔ^{52}	迟 dzɿ^{22}
13 孝丰	慢 mɛ^{324}	早 tsɔ^{52}	迟 dzɿ^{22}
14 长兴	慢 mᴇ^{324}	早 tsɔ^{52}	晏 ᴇ^{324}
15 余杭	慢 mɛ^{213}	早 tsɔ^{53}	晏 ɛ^{213}
16 临安	慢 mɛ^{33}	早 tsɔ^{55}	迟 dzɿ^{33}
17 昌化	慢 mɔ̃^{243}	早 tsɔ^{453}	迟 zɿ^{112}
18 於潜	慢 mɛ^{24}	早 tsɔ^{51}	迟 dzɿ^{223}
19 萧山	慢 mɛ^{242}	早 tsɔ^{33}	迟 dzɿ^{355}
20 富阳	慢 mã^{335}	早 tsɔ^{423}	迟 dzɿ^{13}
21 新登	慢 mɛ^{13}	早 tsɔ^{334}	迟 dzɿ^{233}
22 桐庐	慢 mã^{24}	早 tsɔ^{33}	迟 dzɿ^{13}
23 分水	慢 mã^{13}	早 tsɔ^{53}	迟 dzɿ^{22}
24 绍兴	慢 mɛ̃^{22}	早 tsɔ^{334}	迟 dzɿ^{231}

续表

方言点	1003 慢走路比坐车～	1004 早来得～	1005 晚来～了
25 上虞	慢 mɛ̃^{31}	早 tsɔ^{35}	迟 dzɿ^{213}
26 嵊州	慢 mɛ̃^{24}	早 tsɔ^{53}	迟 dzɿ^{213}
27 新昌	慢 mɛ̃^{13}	早 tsɔ^{453}	迟 dzɿ^{22}
28 诸暨	慢 mɛ^{33}	早 tsɔ^{42}	迟 dzɿ^{13}
29 慈溪	慢 mɛ̃^{13}	早 tsɔ^{35}	迟 dzɿ^{13} 晏 ɛ̃^{44}
30 余姚	慢 mã^{13}	早 tsɔ^{34}	晏 ã^{44}
31 宁波	慢 mɛ^{13}	早 tsɔ^{35}	晏 ɛ^{44}
32 镇海	慢 mɛ^{24}	早 tsɔ^{35}	晏 ɛ^{53}
33 奉化	慢 mɛ^{31}	巴$^{=}$结$^{=}$ po^{44}tɕiɪʔ^{5}	晏 ɛ^{53}
34 宁海	慢 me^{24}	早 tsau^{53}	晏 ɛ^{35}
35 象山	慢 mɛ^{13}	早 tsɔ^{44}	迟 dzɿ^{31}
36 普陀	慢 mɛ^{13}	早 tsɔ^{45}	晏 ɛ^{55}
37 定海	慢 mɛ^{13}	早 tsɔ^{45}	晏 ɛ^{44}
38 岱山	慢 mɛ^{213}	早 tsɔ^{325}	晏 ɛ^{44}
39 嵊泗	慢 mɛ^{213}	早 tsɔ^{445}	晏 ɛ^{53}
40 临海	慢 mɛ^{324}	早 tsɔ^{52}	迟 dzɿ^{21}
41 椒江	慢 mɛ^{24}	早 tsɔ^{42}	迟 dzɿ^{31}
42 黄岩	慢 mɛ^{24}	早 tsɔ^{42}	迟 dzɿ^{121}
43 温岭	慢 mɛ^{13}	早 tsɔ^{42}	迟 dzɿ^{31}
44 仙居	慢 ma^{24} 摸$^{=}$ mɑʔ^{23}	早 tsɐɯ^{324}	晏 a^{55}
45 天台	慢 me^{35}	早 tsau^{325}	晏 e^{55} 迟 dzɿ^{224}
46 三门	慢 mɛ^{243}	早 tsɑu^{325}	迟 dzɿ^{113}

续表

方言点	1003 慢走路比坐车～	1004 早来得～	1005 晚来～了
47 玉环	慢 mɛ^{22}	早 tsɔ^{53}	迟 dzɿ^{31}
48 金华	孱$^{=}$ ie^{535}老 慢 mɑ^{14}新	早 tsɑo^{535}	迟 dzɿ^{313}
49 汤溪	慢 mɤa^{55}	早 tsɔ^{535}	迟 dzɿ^{11}
50 兰溪	慢 mia^{24}	早 tsɔ^{55}	迟 dzɿ^{21}
51 浦江	懈 gɑ^{243}	早 tso^{53}	晏 ɑ̃^{55}
52 义乌	木 mau^{312}	早 tso^{423}	迟 dzɿ^{213}
53 东阳	懈 ka^{24}	早 tsɐɯ^{44}	迟 dʑi^{213}
54 永康	懈 dʑia^{113} 慢 ma^{241}	早 tsɑu^{334}	慢 ma^{241}
55 武义	松宽 soŋ^{55} kʰuo^{24}	早 tsɤ^{445}	迟 dʑi^{324}
56 磐安	懈 ka^{334}	早 tso^{334}	慢 mɒ^{14}
57 缙云	晏 iɛ^{51}	早 tɕiɤ^{51}	晚 mɑ^{213}
58 衢州	慢 mã^{231}	早 tsɔ^{35}	晏 ã^{53}
59 衢江	慢 mã^{231}	早 tsɔ^{25}	晚 uɛ^{53}
60 龙游	慢 mã^{231}	早 tsɔ^{35}	晏 ei^{51}
61 江山	慢 maŋ^{31}	早 tɕiɐɯ^{241}	迟 dᴇ^{213}
62 常山	慢 mã^{131}	早 tɕiɤ^{52}	晏 ɔ̃^{324}
63 开化	慢 mã^{213}	早 tɕiəɯ^{53}	晏 ɔŋ^{412} 迟 dzuei^{231}
64 丽水	慢 mã^{131}	早 tsə^{544}	迟 dzɿ^{22}
65 青田	慢 mɑ^{22}	早 tsœ^{454}	迟 dzɿ^{21}
66 云和	慢 mã^{223}	早 tsɑɔ^{41}	迟 dzɿ^{312}
67 松阳	慢 mɔ̃^{13}	早 tsʌ^{212}	晏 uɛ̃^{24}
68 宣平	慢 mɑ̃^{231}	早 tsɔ^{445}	慢 mɑ̃^{231}

续表

方言点	1003 慢走路比坐车～	1004 早来得～	1005 晚来～了
69 遂昌	慢 $maŋ^{213}$	早 $tsɐɯ^{533}$	迟 $dzɿ^{221}$
70 龙泉	慢 $maŋ^{224}$	早 $tsɑʌ^{51}$	迟 $dzɿ^{21}$
71 景宁	慢 $mɔ^{113}$	早 $tsɑu^{33}$	迟 $dzɿ^{41}$
72 庆元	慢 $mɑ̃^{31}$	早 $tsɒ^{33}$	晏 $uæ̃^{11}$
73 泰顺	慢 $mã^{22}$	早 $tsɑɔ^{55}$	迟 $tsɿ^{53}$
74 温州	慢 ma^{22}	早 $tsɜ^{25}$	迟 $dzɿ^{31}$
75 永嘉	慢 ma^{22}	早 $tsə^{45}$	迟 $dzɿ^{31}$
76 乐清	慢 $mᴇ^{22}$	早 $tɕiɤ^{35}$	迟 $dzɿ^{31}$
77 瑞安	慢 $mɔ^{22}$	早 $tsɛ^{35}$	迟 $dzɿ^{31}$
78 平阳	慢 $mɔ^{33}$	早 $tʃɛ^{45}$	迟 $dzɿ^{242}$
79 文成	慢 $mɔ^{424}$	早 $tʃɛ^{45}$	迟 $dzɿ^{113}$
80 苍南	慢 ma^{11}	早 $tsɛ^{53}$	迟 $dzɿ^{31}$
81 建德徽	慢 $mɛ^{55}$	早 $tsɔ^{213}$	迟 $tsɿ^{33}$
82 寿昌徽	慢 $mɤ^{33}$	早 $tsɤ^{24}$	迟 $ts^hɿ^{52}$
83 淳安徽	慢 $mɑ̃^{53}$	早 $tsɤ^{55}$	晏 $ɑ̃^{24}$
84 遂安徽	慢 $mɑ̃^{52}$	早 $tsɔ^{213}$	晏 $ɑ̃^{213}$
85 苍南闽	慢 ban^{21}	早 tsa^{43}	晏 $ũã^{21}$
86 泰顺闽	慢 $mɛ^{31}$	早 tsa^{344}	迟 ti^{22}
87 洞头闽	慢 ban^{21}	早 tsa^{53}	晏 $ũã^{21}$
88 景宁畲	慢 $mɔn^{51}$	早 $tsau^{325}$	晏 $ɔn^{44}$

方言点	1006 晚天色~	1007 松捆得~	1008 紧捆得~
01 杭州	晏 ɛ^{45}	松 soŋ^{334}	紧 tɕiŋ^{53}
02 嘉兴	夜 iᴀ^{224}	松 soŋ^{42}	紧 tɕiŋ^{544}
03 嘉善	夜 ia^{334}	松 soŋ^{53}	紧 tɕin^{44}
04 平湖	夜 ia^{334}	松 soŋ^{53} 宽 kʰø^{53}	紧 tɕin^{44}
05 海盐	夜 iɑ^{334}	松 soŋ^{53}	紧 tɕin^{423}
06 海宁	晏 ɛ^{35}	松 soŋ^{55}	紧 tɕiŋ^{53}
07 桐乡	夜 ia^{334}	松 soŋ^{44}	紧 tɕiŋ^{53}
08 崇德	夜 iɑ^{334}	松 soŋ^{44}	紧 tɕiŋ^{53}
09 湖州	晏 ɛ^{35}	松 soŋ^{44}	紧 tɕiŋ^{523}
10 德清	晏 ɛ^{334}	松 soŋ^{44}	牢 lɔ^{113}
11 武康	暗 ø^{224}	松 soŋ^{44}	紧 tɕin^{53}
12 安吉	夜 ia^{213}	松 soŋ^{55}	紧 tɕiŋ^{52}
13 孝丰	夜 ia^{324}	松 soŋ^{44}	紧 tɕiŋ^{52}
14 长兴	晏 ᴇ^{324}	松 soŋ^{44}	紧 tʃiŋ^{52}
15 余杭	夜 ia^{213}	宽 kʰuõ^{44}	紧 tɕiŋ^{53}
16 临安	夜 ia^{33}	松 soŋ^{55}	牢 lɔ^{33}
17 昌化	迟 zɿ^{112} 夜 ie^{243}	松 səŋ^{334}	紧 tɕiəŋ^{453}
18 於潜	夜 ia^{24}	宽 kuɛ^{433}	牢 lɔ^{223}
19 萧山	晏 ɛ^{42}	松 soŋ^{533}	结 tɕieʔ^{5}
20 富阳	迟 dzɿ^{13}	松 soŋ^{53}	紧 tɕin^{423}
21 新登	夜 ia^{13}	松 soŋ^{53}	紧 tɕiŋ^{334}
22 桐庐	夜 iᴀ^{24}	松 soŋ^{533}	紧 tɕiŋ^{33}
23 分水	夜 ie^{13}	宽 kʰuã^{44}	紧 tɕin^{53}

续表

方言点	1006 晚天色～	1007 松捆得～	1008 紧捆得～
24 绍兴	暗 ẽ^{33}	宽 kʰuø̃^{53}	实 zeʔ^{2}
25 上虞	晏 ɛ̃^{53}	宽 kʰuø̃^{35}	实 zəʔ^{2}
26 嵊州	荫 iŋ^{334}	懈 ga^{22} 松 soŋ^{534}	紧 tɕiŋ^{53}
27 新昌	荫 eŋ^{335}	懈 ga^{232}	紧 tɕiŋ^{453}
28 诸暨	暗 ə^{544}	宽 kʰuə^{544}	紧 tɕin^{42}
29 慈溪	晏 ɛ̃^{44}	松 suŋ^{35}	紧 tɕiŋ^{35} 牢 lɔ^{13}
30 余姚	夜快 ia^{13} kʰua^{44}	松 suŋ^{44}	结实 tɕiəʔ^{5} zəʔ^{2}
31 宁波	暗 ɐi^{44}	松 soŋ^{53}	结实 tɕiəʔ^{5} zoʔ^{2}
32 镇海	暗 ei^{53}	松 soŋ^{53}	牢 lɔ^{24}
33 奉化	夜 ia^{31}	宽 kʰuø^{44}	紧 tɕiŋ^{545}
34 宁海	夜 ia^{24}	宽 kʰuø^{423}	紧 tɕiŋ^{53}
35 象山	晏 ei^{53}	宽 kʰuɤɯ^{44}	紧 tɕiŋ^{44}
36 普陀	晏 ɛ^{55}	松 soŋ^{53}	紧 tɕiŋ^{45}
37 定海	晏 ɛ^{44}	松 soŋ^{52}	牢 lɔ^{23}
38 岱山	晏 ɛ^{44}	宽 kʰuø^{52}	紧 tɕiŋ^{325}
39 嵊泗	晏 ɛ^{53}	松 soŋ^{53}	紧 tɕiŋ^{445}
40 临海	晏 ɛ^{55}	松 soŋ^{31}	紧 tɕiŋ^{52}
41 椒江	晏 ɛ^{55}	松 soŋ^{42}	紧 tɕiŋ^{42}
42 黄岩	晏 ɛ^{55}	宽 kʰuø^{32} 松 soŋ^{32}	紧 tɕin^{42}
43 温岭	晏 ɛ^{55}	松 suŋ^{33}	紧 tɕin^{42}
44 仙居	晏 a^{55}	宽 kʰua^{334}	紧 tɕin^{324}
45 天台	暗 e^{55}	□ hei^{55} 宽 kʰuø^{33}	实 ʑiəʔ^{2}

续表

方言点	1006 晚天色～	1007 松捆得～	1008 紧捆得～
46 三门	暗 ɛ^{55}	宽 kʰuø^{334}	实 zɐʔ^{23}
47 玉环	晏 ɛ^{55}	松 soŋ^{42}	紧 tɕiŋ^{53}
48 金华	迟 dzɿ^{313}	松 soŋ^{334}	紧 tɕiŋ^{535}
49 汤溪	夜 iɑ^{341}	宽 kʰuɑ^{24}	紧 tɕiɛ̃i^{535}
50 兰溪	夜 iɑ^{24}	宽 kʰuɑ^{334}	紧 tɕin^{55}
51 浦江	晏 ɑ̃^{55}	宽 kʰuɑ̃^{534}	紧 tɕiən^{53}
52 义乌	夜 ia^{24}	宽 kʰua^{335}	紧 tɕiən^{423}
53 东阳	夜 ia^{24}	宽 kʰɔ^{334}	紧 tɕiɐn^{44}
54 永康	慢 ma^{241}	宽 kʰuɑ^{55}	紧 tɕiŋ^{334}
55 武义	夜 ia^{231}	松 soŋ^{24}	紧 tɕin^{445}
56 磐安	慢 mɒ^{14}	宽 kʰɒ^{445}	紧 tɕiɐn^{334}
57 缙云	晚 mɑ^{213}	宽 kʰuɑ^{44}	紧 tɕiɛŋ^{51}
58 衢州	晏 ã^{53}	松 soŋ^{32}	紧 tɕin^{35}
59 衢江	晚 uɛ^{53}	松 səŋ^{33}	紧 tɕiŋ^{25}
60 龙游	夜 iɑ^{231}	松 soŋ^{334}	紧 tɕin^{35}
61 江山	荫 ɪ̃^{51}	宽 kʰyɛ̃^{44}	紧 kɪ̃^{241}
62 常山	晏 ɔ̃^{324}	宽 kʰuɔ̃^{44}	紧 kɪ̃^{52}
63 开化	晏 ɔŋ^{412}	宽 kʰuõ^{44} 松 sɤŋ^{44}	紧 tɕin^{53}
64 丽水	迟 dzɿ^{22}	松 səŋ^{224}	紧 tɕin^{544}
65 青田	乌 vu^{445}	松 soŋ^{445}	紧 tɕiaŋ^{454}
66 云和	迟 dzɿ^{312}	宽 kʰuã^{24}	紧 tɕiŋ^{41}
67 松阳	荫 in^{24}	松 səŋ^{53}	紧 tɕin^{212}
68 宣平	晚 mɑ̃^{231}	宽 kʰuɑ̃^{324}	紧 tɕin^{445}

续表

方言点	1006 晚天色～	1007 松捆得～	1008 紧捆得～
69 遂昌	晏 ɛ̃334	宽 kʰuɛ̃45 松 səŋ45	坚 tɕiɛ̃45 紧 tɕiŋ533
70 龙泉	迟 dzɿ21	松 səŋ434	紧 tɕin51
71 景宁	暗 aŋ35	宽 kʰuɔ324	紧 tɕiaŋ33
72 庆元	晏 uæ̃11	松 soŋ335	紧 tɕiəŋ33
73 泰顺	晏 əŋ35	松 soŋ213	实 səiʔ2 老 紧 tsəŋ55 新
74 温州	迟 dzɿ31	宽 kʰa33	紧 tɕiaŋ25
75 永嘉	迟 dzɿ31	宽 kʰa44	紧 tɕiaŋ45
76 乐清	迟 dzɿ31	松 soŋ44	紧 tɕiaŋ35
77 瑞安	迟 dzɿ31	松 soŋ44	紧 tɕiaŋ35
78 平阳	迟 dzɿ242	松 soŋ55	紧 tʃaŋ45
79 文成	暗 e33	松 soŋ55	紧 tʃaŋ45
80 苍南	迟 dzɿ31	塌 tʰa223 松 soŋ44	饘 tɕiɛ44 紧 tɕiaŋ53
81 建德徽	迟 tsɿ33	松 soŋ53	紧 tɕin213
82 寿昌徽	快夜 kʰuɑ33 iɑ33	宽 kʰuə112	紧 tɕien24
83 淳安徽	夜 iɑ53	宽 kʰuɑ̃24	紧 tɕin55
84 遂安徽	晚 ɑ̃213	松 səŋ534	紧 tɕin213
85 苍南闽	暗 an21	松 san55	紧 kin43 安= an24
86 泰顺闽	迟 ti22	松 səŋ213	紧 kieŋ344
87 洞头闽	晚 ũã53	松 saŋ33	安= an33
88 景宁畲	晏 ɔn44	松 soŋ44	紧 kin325

方言点	1009 容易这道题～	1010 难这道题～	1011 新衣服～
01 杭州	简单 tɕiɛ^{55}tɛ^{0}	难 nɛ^{213}	新 ɕiŋ^{334}
02 嘉兴	省力 sᴀ̃^{33}lieʔ^{5}	难 nᴇ^{242}	新 ɕiŋ^{42}
03 嘉善	省力 sæ̃^{44}lieʔ^{2}	难 nɛ^{132}	新 ɕin^{53}
04 平湖	省力 sã^{44}liəʔ^{5}	难 nɛ^{31}	新 sin^{53}
05 海盐	省力 sɛ̃^{53}liəʔ^{5}	难 nɛ^{31}	新 ɕin^{53}
06 海宁	省力 sɑ̃^{55}lieʔ^{2}	难 nɛ^{13}	新 ɕiŋ^{55}
07 桐乡	省力 sã^{53}liəʔ^{0}	难 nɛ^{13}	新 siŋ^{44}
08 崇德	省力 sã^{55}liəʔ^{0}	难 nɛ^{13}	新 ɕiŋ^{44}
09 湖州	省力 sã^{523}lieʔ^{2}	济⁼糟⁼ tɕi^{44}tsɔ^{44}	新 ɕin^{44}
10 德清	省力 sã^{53}lieʔ^{2}	难 nɛ^{113}	新 ɕin^{44}
11 武康	省力 sã^{53}lieʔ^{2}	难 nɛ^{113}	新 ɕin^{44}
12 安吉	简单 tɕi^{52}tᴇ^{21}	难 nᴇ^{22}	新 ɕiŋ^{55}
13 孝丰	容易 ioŋ^{22}i^{22}	难 nɛ^{22}	新 ɕiŋ^{44}
14 长兴	容经⁼ ioŋ^{12}tʃiŋ^{33}	难 nᴇ^{33}	新 ʃiŋ^{44}
15 余杭	省快 sɑ̃^{55}kʰua^{53}	难 nɛ^{44}	新 siŋ^{44}
16 临安	省力 sɑ̃^{55}liɐʔ^{2}	难 nɛ^{33}	新 ɕieŋ^{55}
17 昌化	容易 yəŋ^{11}i^{453} 简单 tɕiɪ̃^{45}tɔ̃^{53}	难 nɔ̃^{112}	新 ɕiəŋ^{334}
18 於潜	省力 saŋ^{53}liæʔ^{23}	难 nɛ^{223}	新 ɕiŋ^{433}
19 萧山	简单 tɕie^{33}tɛ^{21}	难 nɛ^{355}	新 ɕin^{533}
20 富阳	容易 yoŋ^{13}i^{55}	难 nã^{13}	新 ɕin^{53}
21 新登	容易 ioŋ^{233}i^{334}	难 nɛ^{233}	新 seiŋ^{53}
22 桐庐	省力 sã^{35}liəʔ^{13}	难 nã^{13}	新 ɕiŋ^{533}
23 分水	简单 tɕiɛ̃^{44}tã^{33}	难 nã^{22}	新 ɕin^{44}
24 绍兴	简单 tɕiẽ^{44}tɛ̃^{31}	难 nɛ̃^{231}	新 ɕiŋ^{53}

续表

方言点	1009 容易这道题～	1010 难这道题～	1011 新衣服～
25 上虞	好做 hɔ^{33}tsu^{53}	奥绞$^{=}$ ɔ^{33}gɔ^{31} 难 nɛ̃^{213}	新 ɕiŋ^{35}
26 嵊州	简单 tɕiẽ^{33}tɛ̃^{53} 容易 yoŋ^{22}i^{334}	难 nɛ̃^{213}	新 ɕiŋ^{534}
27 新昌	好做 hɔ^{33}tsɤ^{453}	难 nɛ̃^{22}	新 ɕiŋ^{534}
28 诸暨	省力 sã^{33}lieʔ^{5}	难 nɛ^{13}	新 ɕin^{544}
29 慈溪	便当 biẽ^{11}tɔ̃^{44} 好做 hɔ^{33}tsəu^{53}	难 nɛ̃^{13}	新 ɕiŋ^{35}
30 余姚	简单 tɕiẽ^{34}tã^{53}	复杂 foʔ^{5}zəʔ^{2}	新 ɕiə̃^{44}
31 宁波	简单 tɕi^{44}tɛ^{44}	复杂 foʔ^{5}dzaʔ^{2}	新 ɕiŋ^{53}
32 镇海	省力 sã^{33}lieʔ^{2}	难 nɛ^{24} 疙瘩 kaʔ^{5}taʔ^{2}	新 ɕiŋ^{53}
33 奉化	省力 sã^{44}liɪʔ^{2}	犯关 vɛ^{33}kuɛ^{44}	新 ɕiŋ^{44}
34 宁海	省力 sã^{53}liəʔ^{3} 浅 tɕʰie^{53}	深 ɕiŋ^{423}	新 səŋ^{423}
35 象山	随$^{=}$水$^{=}$ zei^{13}sɥ^{35} 便当 bi^{14}tɔ̃^{44}	难 nɛ^{31}	新 səŋ^{53}
36 普陀	省力 sã^{53}liɛʔ^{0}	难 nɛ^{24}	新 ɕiŋ^{53}
37 定海	省力 sã^{52}lieʔ^{0}	难 nɛ^{23}	新 ɕiŋ^{52}
38 岱山	省力 sã^{52}lieʔ^{0}	难 nɛ^{23}	新 ɕiŋ^{52}
39 嵊泗	省力 sã^{44}liᴇʔ^{0}	难 nɛ^{243}	新 ɕiŋ^{53}
40 临海	省力 sã^{42}lieʔ^{23}	难 nɛ^{21}	新 ɕiŋ^{31}
41 椒江	省力 sã^{42}lieʔ^{2}	[弗好]做 fɔ^{51}tsəu^{33}	新 ɕiŋ^{42}
42 黄岩	省力 sã^{42}lieʔ^{2}	啰嗦 lou^{35}sou^{42}	新 ɕin^{32}
43 温岭	省力 sã^{42}liʔ^{2}	难 nɛ^{31}	新 ɕin^{33}
44 仙居	简单 ka^{31}ɗa^{334}	难 na^{213}	新 sen^{334}
45 天台	豪骚$^{=}$ au^{22}sau^{33}	难 ne^{224}	新 ɕiŋ^{33}

续表

方言点	1009 容易这道题～	1010 难这道题～	1011 新衣服～
46 三门	省力 sɛ^{32} lieʔ^{23}	难 nɛ^{113}	新 səŋ^{334}
47 玉环	省力 sã^{53} liɐʔ^{2}	难 nɛ^{31}	新 ɕiŋ^{42}
48 金华	容易 ioŋ^{31} i^{14} 简单 tɕiɛ̃^{55} tɛ̃^{334}	难 nɑ^{313}	新 ɕiŋ^{334}
49 汤溪	容易 iɑo^{11} i^{52}	难 nuɑ^{11}	新 sɛ̃i^{24}
50 兰溪	容易 ioŋ^{21} i^{45}	难 nuɑ^{21}	新 sin^{334}
51 浦江	省力 sɛ̃^{33} lɛ^{243}	吃力 tɕʰiə^{33} lɛ^{243}	新 sən^{534}
52 义乌	容易 ioŋ^{22} i^{45}	难 nɔ^{213}	新 sən^{335}
53 东阳	容易 iɔm^{33} i^{53}	难 nɔ^{213}	新 ɕiɐn^{334}
54 永康	省力 za^{31} ləi^{113}	难 na^{22}	新 səŋ^{55}
55 武义	容易 ioŋ^{32} ie^{231}	难 nuo^{324}	新 ɕin^{24}
56 磐安	好做 xo^{52} tsuɤ^{52} 容易 iɔom^{21} i^{52}	难 nɒ^{213}	新 ɕiɐn^{445}
57 缙云	省力 sa^{51} lai^{13}	难 nɑ^{243}	新 saŋ^{44}
58 衢州	省力 ɕiã^{35} liəʔ^{12}	难 nã^{21}	新 ɕin^{32}
59 衢江	容易 yoŋ^{22} i^{53}	难 nã^{212}	新 ɕiŋ^{33}
60 龙游	好做 xɔ^{22} tsu^{51}	难 nã^{21}	新 ɕin^{334}
61 江山	自如 zə^{22} ʑyə^{213}	难 nɒŋ^{213}	新 sɛ̃^{44}
62 常山	省力 sĩ^{43} lieʔ^{34}	难 nɔ̃^{341}	新 sɔ̃^{44}
63 开化	容易 iɔŋ^{21} i^{53}	难 nɔŋ^{231}	新 ɕin^{44}
64 丽水	容易 iɔŋ^{21} i^{52}	难 nã^{22}	新 sen^{224}
65 青田	简单 kɑ^{22} ɗɑ^{445}	难 nɑ^{21}	新 saŋ^{445}
66 云和	容易 iɔ̃^{31} y^{223}	难 nã^{312}	新 səŋ^{24}
67 松阳	容易 ioŋ^{33} iɛ^{13}	难 nɔ̃^{31}	新 ɕin^{53}

续表

方言点	1009 容易这道题～	1010 难这道题～	1011 新衣服～
68 宣平	好做 xəɯ^{44}tso^{52} 简单 kɑ̃^{44}tɑ̃^{324} 容易 iɔ̃^{43}i^{52}	难 nɑ̃^{433}	新 sən^{324}
69 遂昌	容易 iəŋ^{22}iɛ^{213}	难 naŋ^{221}	新 ɕiŋ^{45}
70 龙泉	容易 iəŋ^{44}i^{224}	难 naŋ^{21}	新 ɕin^{434}
71 景宁	容易 iəŋ^{41}i^{113}	难 nɔ^{41}	新 saŋ^{324}
72 庆元	容易 iɔ̃^{52}iᴇ^{31}	难 nɑ̃^{52}	新 ɕiəŋ^{335}
73 泰顺	好做 xəu^{55}tso^{35} 容易 iɔ̃^{53}i^{22}	难做 nã^{53}tso^{35} 难 nã^{53}	新 səŋ^{213}
74 温州	便当 bi^{31}tuɔ^{33}	难 na^{31}	新 saŋ^{33}
75 永嘉	好妆⁼ hə^{45}tɕyɔ^{44} 简单 ka^{53}ta^{44}	难 na^{31}	新 saŋ^{44}
76 乐清	便式 biᴇ^{24}si^{323}	难 nᴇ^{31}	新 saŋ^{44}
77 瑞安	简单 kɔ^{53}tɔ^{44}	难 nɔ^{31}	新 saŋ^{44}
78 平阳	方便 fɔ^{33}bie^{45}	难 nɔ^{242}	新 saŋ^{55}
79 文成	容易 ioŋ^{21}i^{13}	难 nɔ^{113}	新 saŋ^{55}
80 苍南	简单 ka^{42}ta^{44}	难 na^{31}	新 saŋ^{44}
81 建德徽	容易 ioŋ^{33}i^{55} 简单 tɕie^{55}tɛ^{53}	难 nɛ^{33}	新 ɕin^{53}
82 寿昌徽	容易 iəŋ^{11}i^{33}	难 nuə^{52}	新 ɕien^{112}
83 淳安徽	容易 ion^{43}i^{53}	难 lɑ̃^{435}	新 ɕin^{24}
84 遂安徽	容易 ləŋ^{33}i^{43}	难 lɑ̃^{33}	新 ɕin^{534}
85 苍南闽	方便 hɑŋ^{24}pian^{21}	难 lan^{24}	新 ɕin^{55}
86 泰顺闽	简单 kæŋ^{344}tæŋ^{213}	难 næŋ^{22}	新 sieŋ^{213}
87 洞头闽	容易 ioŋ^{33}i^{21}	难 lan^{113}	新 ɕin^{33}
88 景宁畲	容易 iəŋ^{22}i^{44}	难 nən^{22}	新 ɕin^{44}

方言点	1012 旧衣服～	1013 老人～	1014 年轻人～
01 杭州	旧 dʑy^{13}	老 lɔ^{53}	后生 ei^{13}səŋ^{53}
02 嘉兴	旧 dʑiu^{113}	老 lɔ^{113}	年轻 ȵie^{21}tɕʰiŋ^{33}
03 嘉善	旧 dʑiə^{113}	老 lɔ^{113}	后生 ə^{22}sæ̃^{53}
04 平湖	旧 dʑiəɯ^{213}	老 lɔ^{213}	后生 əɯ^{21}sã^{53}
05 海盐	旧 dʑio^{213}	老 lɔ^{423}	年纪轻 ȵiɛ^{24}tɕi^{53}tɕʰin^{53}
06 海宁	旧 dʑiəu^{13}	老 lɔ^{231}	后生 əɯ^{13}sɑ̃^{55} 清健 tɕʰiŋ^{55}dʑie^{55}
07 桐乡	旧 dʑiɤɯ^{213}	老 lɔ^{242}	年纪轻 ȵiᴇ^{21}tɕi^{53}tɕʰiŋ^{44}
08 崇德	旧 dʑiɤɯ^{13}	老 lɔ^{53}	后生 ɤɯ^{53}sã^{44} 年纪轻 ȵiɪ^{21}tɕi^{334}tɕʰiŋ^{44}
09 湖州	旧 dʑiʉ^{24}	年纪大 ȵie^{22}tɕi^{31}dəu^{13}	年纪轻 ȵie^{31}tɕi^{31}tɕʰin^{44}
10 德清	旧 dʑiʉ^{113}	老 lɔ^{52}	后生 øʉ^{35}sã^{0}
11 武康	旧 dʑiø^{113}	老 lɔ^{242}	后生 ø^{35}sã^{53}
12 安吉	旧 dʑiu^{213}	老 lɔ^{52}	年轻 ȵi^{22}tɕʰiŋ^{55}
13 孝丰	旧 dʑiu^{213}	老 lɔ^{52}	年轻 ȵiɪ^{22}tɕʰiŋ^{44}
14 长兴	旧 dʒiʏ^{24}	老 lɔ^{52}	年纪轻 ȵi^{12}tʃʅ^{22}tʃʰiŋ^{44}
15 余杭	旧 dʑiʏ^{13}	年纪大 ȵiẽ^{31}tɕi^{55}du^{13}	年纪轻 ȵiẽ^{31}tɕi^{55}tɕʰiŋ^{55}
16 临安	旧 dʑyœ^{33}	老 lɔ^{33}	后生 ə^{33}sɑ̃^{33}
17 昌化	旧 ʑi^{243}	老 lɔ^{243}	年轻 ȵiĩ^{11}tɕʰiəŋ^{334}
18 於潜	旧 dʑiəu^{24}	老 lɔ^{51}	年轻 nie^{22}tɕʰiŋ^{433}
19 萧山	旧 dʑio^{242}	老 lɔ^{13}	后生 io^{13}sã^{21}
20 富阳	旧 dʑiʊ^{224}	老 lɔ^{224}	轻 tɕʰin^{53}
21 新登	旧 dʑy^{13}	老 lɔ^{334}	轻 tɕʰiŋ^{53}
22 桐庐	旧 dʑiəu^{24}	老 lɔ^{33}	年轻 nie^{21}tɕʰiŋ^{533}
23 分水	旧 dʑiɵ^{13}	老 lɔ^{53}	年纪轻 ȵiɛ̃^{22}tɕi^{24}tɕʰin^{44}

续表

方言点	1012 旧衣服~	1013 老人~	1014 年轻人~
24 绍兴	旧 dʑiɤ^{22}	老 lɔ^{223}	后生 ɤ^{24} saŋ^{31}
25 上虞	旧 dʑiɤ^{31}	老 lɔ^{213}	后生 ɤ^{21} sã^{53}
26 嵊州	旧 dʑiʏ^{24}	老 lɔ^{22}	后生 ʏ^{24} saŋ^{53} 年轻 ȵiẽ^{22} tɕʰiŋ^{334}
27 新昌	旧 dʑiɯ^{13}	老 lɔ^{232}	后生 iɯ^{22} saŋ^{53}
28 诸暨	旧 dʑiʉ^{33}	老 lɔ^{242}	后生 iu^{13} sã^{42}
29 慈溪	旧 dʑiø^{13}	老 lɔ^{13}	后生 ø^{11} sã^{53}
30 余姚	旧 dʑiø^{13}	老相 lɔ^{13} ɕiaŋ^{44}	后生 ø^{13} saŋ^{53}
31 宁波	旧 dʑiʏ^{13}	老 lɔ^{13}	后生 əu^{13} sa^{35}
32 镇海	旧 dʑiu^{24}	老 lɔ^{24}	后生 ei^{24} sã^{33}
33 奉化	旧 dʑiʏ^{31}	老 lʌ^{324}	后生 æi^{33} sã^{44}
34 宁海	旧 dʑiu^{24}	老 lau^{31}	嫩 nəŋ^{24}
35 象山	旧 dʑiu^{13}	老 lɔ^{31}	嫩漂= nəŋ^{31} pʰio^{44}
36 普陀	旧 dʑieu^{13}	老 lɔ^{23}	年纪轻 ȵi^{33} tɕi^{45} tɕʰiŋ^{53}
37 定海	旧 dʑiʏ^{13}	老 lɔ^{23}	后生 ɐi^{23} sã^{0}
38 岱山	旧 dʑiʏ^{213}	老 lɔ^{244}	年轻 ȵi^{33} tɕʰiŋ^{52}
39 嵊泗	旧 dʑiʏ^{213}	老 lɔ^{445}	后生 œʏ^{34} sã^{0}
40 临海	旧 dʑiu^{324}	老 lɔ^{52}	后生 ə^{42} sã^{33}
41 椒江	旧 dʑiu^{24}	老 lɔ^{42}	后生 io^{42} sã^{35}小
42 黄岩	旧 dʑiu^{24}	老 lɔ^{42}	后生 io^{42} sã^{35}小
43 温岭	旧 dʑiu^{13}	老 lɔ^{42}	后生 iɤ^{42} sã^{15}小
44 仙居	旧 dʑiəɯ^{24}	年纪大 ȵie^{33} tɕi^{31} do^{24}	年纪小 ȵie^{33} tɕi^{31} ɕiɐɯ^{324}
45 天台	旧 giu^{35}	老 lau^{214}	岁岁轻 ɕy^{33} ɕy^{55} kʰiŋ^{33} 后生 eu^{21} sa^{51}
46 三门	旧 dʑiu^{243}	老 lɑu^{325}	嫩 nəŋ^{243}

续表

方言点	1012 旧衣服～	1013 老人～	1014 年轻人～
47 玉环	旧 dʑiu^{22}	老 lɔ^{53}	后生 iɤ^{53}sã^{35}小
48 金华	旧 dʑiu^{14}	老 lɑo^{535}	年纪轻 ȵia^{31}tɕi^{55}tɕ^{h}iŋ^{334}
49 汤溪	旧 dʑiəɯ^{341}	老 lɔ^{113}	嫩 nã^{341}
50 兰溪	旧 dʑiəɯ^{24}	老 lɔ^{55}	轻 tɕ^{h}in^{334}
51 浦江	旧 dʑiɤ^{24}	老 lo^{243}	年纪轻 ȵiɑ̃^{24}tʃi^{33}tɕ^{h}iən^{534}
52 义乌	旧 dʑiɐɯ^{24}	老 lo^{312}	后生儿 ɐɯ^{24}sɛn^{335}
53 东阳	旧 dʑiəɯ^{24}	老 lɐɯ^{231}	年轻 ȵi^{22}k^{h}ɐn^{35}
54 永康	旧 dʑiəu^{241}	老 lɑu^{113}	年轻 ȵia^{31}tɕ^{h}iŋ^{55}
55 武义	旧 dʑiəu^{231}	老 lɤ^{13}	年轻 ȵie^{53}tɕ^{h}in^{24}
56 磐安	旧 dʑiɐɯ^{14}	老 lo^{334}	后生 ɐɯ^{55}sɛ^{445} 年轻 ȵie^{21}k^{h}ɐn^{445}
57 缙云	旧 dʑiuŋ^{213}	老 ləɤ^{31}	轻 tɕ^{h}iɛŋ^{44}
58 衢州	旧 dʑiu^{231}	老 lɔ^{231}	年纪轻 ȵiẽ^{21}tsɿ^{35}tɕ^{h}in^{32}
59 衢江	旧 gy^{231}	老 lɔ^{212}	年纪轻 ȵie^{33}tsɿ^{33}tɕ^{h}iŋ^{33}
60 龙游	旧 dʑiəɯ^{231}	老 lɔ^{224}	年纪轻 ȵie^{231}tɕi^{21}tɕ^{h}in^{334}
61 江山	旧 gɯ^{31}	老 lɐɯ^{22}	年纪轻 ȵiɛ̃^{22}ki^{24}k^{h}ĩ^{44}
62 常山	旧 dʑiu^{131}	老 lɤ^{24}	年轻 ȵiɛ̃^{24}k^{h}ĩ^{44}
63 开化	旧 dʑiʊ^{213}	老 ləɯ^{213}	年轻 ȵiɛ̃^{21}tɕ^{h}in^{44}
64 丽水	旧 dʑiəɯ^{131}	老 lə^{544}	年轻 ȵiɛ^{22}tɕ^{h}in^{224}
65 青田	旧 dʑieu^{22}	老 lœ^{454}	年轻 ȵiɑ^{21}tɕ^{h}iŋ^{445}
66 云和	旧 dʑiəɯ^{223}	老 lɑɔ^{41}	后生 u^{44}sɛ^{24} 年轻 ȵiɛ^{31}tɕ^{h}iŋ^{24}
67 松阳	旧 gei^{13}	老 lʌ^{22}	年轻 ȵiɛ̃^{33}tɕ^{h}in^{53}
68 宣平	旧 dʑiɯ^{231}	老 lɔ^{445}	后生 əɯ^{43}sɛ^{324} 年轻 ȵiɛ^{43}tɕ^{h}in^{324}

续表

方言点	1012 旧衣服～	1013 老人～	1014 年轻人～
69 遂昌	旧 dʑiɯ^{213}	老 lɐɯ^{13}	年纪轻 ȵiɛ̃^{13} tsɿ^{53} tɕʰiŋ^{45}
70 龙泉	现$^{=}$ iᴇ^{224}	老 lɑʌ^{51}	年轻 ȵiᴇ^{21} tɕʰin^{434}
71 景宁	旧 dʑiəɯ^{113}	老 lɑu^{33}	年轻 ȵiɛ^{33} tɕʰiŋ^{324}
72 庆元	旧 tɕiɯ^{31}	老 lɒ^{221}	年轻 ȵiɑ̃^{52} tɕʰiŋ^{335}
73 泰顺	旧 tɕiəu^{22}	老 lɑɔ^{55}	嫩 nœ^{22}
74 温州	旧 dʑiau^{22}	岁大 sɿ^{42} dɤu^{22}	后生 au^{31} siɛ^{33}
75 永嘉	旧 dʑiau^{22}	老 lə^{13} 岁大 sɥ^{53} dəu^{22}	岁小 sɥ^{53} ɕyə^{45} 年轻 ȵi^{22} tɕʰiaŋ^{44}
76 乐清	旧 dʑiau^{22}	岁大 sy^{42} du^{22}	后生 au^{24} sa^{323} 小
77 瑞安	旧 dʑiau^{22}	岁大 səɯ^{53} dou^{22} 老 lɛ^{13}	岁小 səɯ^{53} ɕy^{35} 年轻 ȵi^{22} tɕʰiaŋ^{44}
78 平阳	旧 dʒau^{33}	老 lɛ^{45}	年轻 ȵie^{21} tʃʰaŋ^{13}
79 文成	旧 dʒau^{424}	老 lɛ^{224}	年轻 ȵie^{21} tʃʰaŋ^{33}
80 苍南	旧 dʑiau^{11}	岁大 ɕy^{42} du^{11}	岁小 ɕy^{42} ɕyɔ^{53} 较小 后生 au^{42} ɕia^{44} 较大
81 建德徽	旧 tɕʰiɤɯ^{55}	老 lɔ^{213} 年纪大 ȵie^{33} tɕi^{33} tʰu^{55}	年纪轻 ȵie^{33} tɕi^{33} tɕʰin^{53}
82 寿昌徽	旧 tɕʰiəɯ^{33}	老 lɤ^{534}	年纪轻 ȵi^{11} tɕi^{33} tɕʰien^{112}
83 淳安徽	旧 tɕʰiɯ^{53}	老 lɤ^{55}	年纪轻 iã^{43} tɕi^{55} tɕʰin^{24}
84 遂安徽	旧 tɕʰiu^{52}	老 lɔ^{43}	年纪轻 iɑ̃^{33} tsɿ^{55} tɕʰin^{534}
85 苍南闽	旧 ku^{21}	老 lau^{43}	后生 hau^{32} ɕĩ^{55} 年轻 nĩ^{21} kʰin^{55}
86 泰顺闽	旧 ku^{31}	老 lau^{31}	后生 xau^{22} sæŋ^{213}
87 洞头闽	旧 ku^{21}	老 lau^{21}	年轻 nĩ^{21} kʰieŋ^{33}
88 景宁畲	旧 kʰiəu^{51}	老 lau^{325}	年轻 nan^{22} kʰiaŋ^{44}

方言点	1015 软糖～	1016 硬骨头～	1017 烂肉煮得～
01 杭州	软 ȵyo^{53}	硬 ŋaŋ^{13}	酥 sʮ^{334}
02 嘉兴	软 ȵyə^{113}	硬 ŋᴀ̃^{113}	酥 sou^{42}
03 嘉善	软 ȵyø^{113}	硬 ŋɛ^{113}	酥 su^{53}
04 平湖	软 ȵyø^{213}	硬 ŋã^{213}	酥 su^{53}
05 海盐	软 ȵyɤ^{423}	硬 ɛ̃^{213}	酥 su^{53}
06 海宁	软 ȵie^{231}	硬 ɑ̃^{13}	酥 səu^{55}
07 桐乡	软 ȵiᴇ^{242}	硬 ã^{213}	烂 lɛ^{213}
08 崇德	软 ȵiɪ^{53}	硬 ã^{13}	烂 lɛ^{13}
09 湖州	软 ȵie^{523}	硬 ŋã^{35}	酥 səu^{44}
10 德清	软 ȵie^{52}	硬 ŋaŋ^{334}	酥 səu^{44}
11 武康	软 ȵiɪ^{242}	硬 ã^{224}	烂 lɛ^{224}
12 安吉	软 ȵi^{52}	硬 ŋa^{213}	酥 su^{55}
13 孝丰	软 ȵiɪ^{52}	硬 ŋa^{324}	烂 lɛ^{324} 酥 su^{44}
14 长兴	软 ȵi^{52}	硬 ŋã^{324}	酥 səu^{44}
15 余杭	软 ȵiẽ^{53}	硬 ŋɑ̃^{213}	烂 lɛ^{213}
16 临安	软 ȵyœ^{33}	硬 ŋã^{33}	酥 su^{55}
17 昌化	软 ȵyɪ̃^{243}	硬 ŋa^{243}	烂 lɔ̃^{243}
18 於潜	软 ȵyɛ^{51}	硬 ŋaŋ^{24}	炀 iaŋ^{433}
19 萧山	软 ȵyə^{13}	硬 ŋã^{13}	酥 su^{533}
20 富阳	软 ȵyɛ̃^{224}	硬 ŋã^{335}	霉 mɛ^{13}
21 新登	软 ȵyɛ̃^{334}	硬 ŋɛ^{13}	炀 iɑ̃^{233} 熟 zɔʔ^{2}
22 桐庐	软 nyᴇ^{33}	硬 ŋã^{24}	烂 lã^{24}
23 分水	软 ȵyɛ̃^{53}	硬 ŋən^{13}	□ suə̃^{24}

续表

方言点	1015 软糖～	1016 硬骨头～	1017 烂肉煮得～
24 绍兴	软 ȵyø̃^{223}	硬 ŋaŋ^{22}	酥 su^{53}
25 上虞	软 nø̃^{31}	硬 ŋã^{31}	软 nø̃^{31}
26 嵊州	软 nœ̃^{24}	硬 ŋaŋ^{24}	软 nœ̃^{24}
27 新昌	软 nœ̃^{13}	硬 ŋaŋ^{13}	软 nœ̃^{13}
28 诸暨	软 niə^{242}	硬 ŋã^{33}	梅$^{=}$ me^{13}
29 慈溪	软 ȵyø̃^{13}	硬 ŋã^{13}	汪$^{=}$ uɔ̃^{35}
30 余姚	软 ȵyø̃^{13}	硬 ŋaŋ^{13}	汪$^{=}$ uɔŋ^{34}
31 宁波	软 ȵy^{13} 内$^{=}$ nɐi^{13}	硬 ŋa^{13}	内$^{=}$ nɐi^{13}
32 镇海	软 ȵy^{24}	硬 ŋã^{24}	腐 vu^{24}
33 奉化	软 ȵy^{324} 内$^{=}$ nei^{31}	硬 ŋã^{31}	内$^{=}$ nei^{33}
34 宁海	㬉 nø^{24}	硬 ŋã^{24}	㬉 nø^{24}
35 象山	内$^{=}$ nei^{13}	硬 ŋã^{13}	内$^{=}$ nei^{13}
36 普陀	软 ȵy^{23}	硬 ŋã^{13}	烂 lɛ^{13}
37 定海	软 ȵy^{23}	硬 ŋã^{13}	汪$^{=}$ uõ^{52}
38 岱山	软 ȵy^{244}	硬 ŋã^{213}	汪$^{=}$ uõ^{325}
39 嵊泗	软 ȵy^{445}	硬 ŋã^{213}	汪$^{=}$ uõ^{53}
40 临海	嫩 nø^{324}	硬 ŋã^{324}	念$^{=}$ ȵie^{224}
41 椒江	嫩 løŋ^{24}	硬 ŋã^{24}	嫩 løŋ^{24}
42 黄岩	嫩 løn^{24}	硬 ŋã^{24}	嫩 løn^{24}
43 温岭	软 ȵyø^{42}	硬 ŋã^{13}	嫩 nøn^{13}
44 仙居	㬉 nø^{24}	硬 ŋã^{24}	流$^{=}$ ləɯ^{213}
45 天台	软 ȵie^{35}	硬 ŋa^{35}	念$^{=}$ ȵie^{35}

续表

方言点	1015 软糖～	1016 硬骨头～	1017 烂肉煮得～
46 三门	软 ȵyø^{325}	硬 ŋɛ^{243}	雾= u^{243}
47 玉环	软 ȵyø^{53}	硬 ŋã^{22}	烂 lɛ^{22}
48 金华	软相 ȵyɤ^{53} siɑŋ^{55}	硬 ɑŋ^{14}	花= xuɑ^{334}
49 汤溪	软 ȵyɤ^{113}	硬 ã^{341}	花= xuɑ^{24}
50 兰溪	软 ȵyɤ^{55}	硬 æ̃^{24}	炀 iɑŋ^{21}
51 浦江	软 ȵyẽ^{243} 软相 ȵyẽ^{11} ɕyõ^{55}	硬 ŋɛ̃^{24}	霉 ma^{113}
52 义乌	软 ȵye^{312}	硬 ɛ^{24}	□ ɕyɛ^{335}
53 东阳	软 ȵiʊ^{231}	硬 ŋɛ^{24}	稠 ʑiəɯ^{213}
54 永康	软 ȵye^{113}	硬 ŋai^{241}	□ ɕya^{55}
55 武义	软 ȵye^{13}	硬 ŋa^{231}	疏 suɑ^{24}
56 磐安	软 ȵye^{334}	硬 ŋɛ^{14}	烂 lɒ^{14}
57 缙云	软 ȵyɛ^{31}	硬 ŋa^{213}	□ xuɑ^{44}
58 衢州	软 ȵyə̃^{231}	硬 ȵiã^{231}	炀 iã^{21}
59 衢江	软 ȵiɛ^{212}	硬 ŋɛ^{231}	涕= tʰi^{53}
60 龙游	软 ȵye^{224}	硬 ŋɛ^{231}	烂 lã^{231}
61 江山	软 ŋyɛ̃^{22}	硬 ŋaŋ^{31}	烂 lɒŋ^{31}
62 常山	软 ȵyɔ̃^{24}	硬 ŋĩ^{131}	却= tɕʰiaʔ^{5}
63 开化	软 ȵyɛ̃^{213}	硬 ŋã^{213}	烂 lã^{213} 雀= tɕʰiaʔ^{5}
64 丽水	软 ȵyɛ^{544}	硬 ŋã^{131}	□ xuɔ^{224}
65 青田	软 ȵyɐ^{454}	硬 ŋɛ^{22}	□ xuɑ^{445}
66 云和	糯儿 noŋ^{45} 软 ȵye^{41}	硬 ŋɛ^{223}	□ xua^{24}
67 松阳	软 ȵyɛ̃^{22}	硬 ŋã^{13}	烂 lɔ̃^{13}

续表

方言点	1015 软糖～	1016 硬骨头～	1017 烂肉煮得～
68 宣平	软 ȵyə²²³	硬 ŋɛ²³¹	□ xua³²⁴
69 遂昌	软 ȵyɛ̃¹³	硬 ȵiaŋ²¹³	烂 laŋ²¹³
70 龙泉	软 nɯə²²⁴	硬 ŋaŋ²²⁴	烂 laŋ²²⁴
71 景宁	软 ȵyœ³³	硬 ŋɛ¹¹³	□ xua³²⁴
72 庆元	软 ȵyɛ̃²²¹	硬 ŋæ̃³¹	烂 lɑ̃³¹
73 泰顺	软 noŋ³⁵	硬 ŋã²²	烂 lã²²
74 温州	软 ȵy¹⁴	硬 ŋiɛ²²	翻⁼ fa³³
75 永嘉	软 ȵy¹³ 懦 noŋ²²	硬 ŋɛ²²	翻⁼ fa⁴⁴
76 乐清	软 ȵyᴇ²⁴	硬 ŋa²²	□ fe⁴⁴
77 瑞安	懦 noŋ⁵³ 软 ȵy¹³	硬 ŋa²²	□ fa⁴⁴
78 平阳	软 ȵye⁴⁵	硬 ŋᴀ³³	□ fᴀ⁵⁵
79 文成	软 ȵyø²²⁴	硬 ŋa⁴²⁴	翻⁼ fɔ⁵⁵
80 苍南	懦 loŋ³¹	硬 ȵia¹¹	□ hya⁴⁴
81 建德徽	软 ȵye²¹³	硬 ŋɛ⁵⁵	霉⁼ me³³
82 寿昌徽	软 ȵyei⁵³⁴	硬 ŋæ̃³³	炀 iɑ̃⁵²
83 淳安徽	软 vã⁵⁵	硬 ã⁵³	炀 iɑ̃⁴³⁵
84 遂安徽	软 vɑ̃⁴³	硬 ã⁵²	烂 lɑ̃⁵²
85 苍南闽	软 nɯŋ³²	店⁼ tãĩ²¹ 硬 nĩ²¹	烂 nũã²¹
86 泰顺闽	□软 nəŋ⁵³ nye³⁴⁴	硬 ŋæŋ³¹	烂 læŋ³¹
87 洞头闽	软 nɯŋ⁵³	店⁼ tãĩ²¹	烂 nũã²¹
88 景宁畲	软 ȵyon⁴⁴	硬 ŋaŋ⁵¹	烂 lɔn⁵¹

方言点	1018 糊饭烧～了	1019 结实家具～	1020 破衣服～
01 杭州	焦 tɕiɔ^{334}	结实 tɕiɛʔ^{3} zaʔ^{5}	破 p^{h}a^{45}
02 嘉兴	焦 tɕiɔ^{42}	板扎 pᴇ^{24} tsᴀʔ^{5}	坍$^{=}$ t^{h}ᴇ^{42}
03 嘉善	焦 tɕiɔ^{53}	□ dʑia^{132}	坍$^{=}$ t^{h}ɛ^{53}
04 平湖	焦 tsiɔ^{53}	□ dʑia^{31}	坍$^{=}$ t^{h}ɛ^{53}
05 海盐	焦 tɕiɔ^{53}	板扎 pɛ^{53} tsaʔ^{5}	坍$^{=}$ t^{h}ɛ^{53}
06 海宁	焦 tɕiɔ^{55}	牢实 lɔ^{33} zəʔ^{2}	坍$^{=}$ t^{h}ɛ^{55}
07 桐乡	焦 tsiɔ^{44}	板扎 pɛ^{53} tsaʔ^{0} 扎登$^{=}$ tsaʔ^{3} təŋ^{334}	坍$^{=}$ t^{h}ɛ^{44} 破 p^{h}u^{334}
08 崇德	焦 tɕiɔ^{44}	板扎 pɛ^{55} tsaʔ^{0}	破 p^{h}u^{334}
09 湖州	焦 tɕiɔ^{44}	牢 lɔ^{112}	破 p^{h}əu^{35}
10 德清	焦 tɕiɔ^{44}	板扎 pɛ^{35} tsaʔ^{5}	破 p^{h}u^{334}
11 武康	焦 tɕiɔ^{44}	板扎 pɛ^{35} tsɜʔ^{5}	破 p^{h}u^{224}
12 安吉	焦 tɕiɔ^{55}	牢 lɔ^{22}	破 p^{h}a^{324}
13 孝丰	焦 tɕiɔ^{44}	牢 lɔ^{22}	破 p^{h}a^{324}
14 长兴	焦 tʃiɔ^{44}	牢 lɔ^{12}	破 p^{h}u^{324}
15 余杭	焦 tsiɔ^{44}	牢固 lɔ^{33} ku^{53}	破 p^{h}u^{423}
16 临安	焦 tɕiɔ^{55}	扎实 tsɐʔ^{5} zɐʔ^{2}	破 p^{h}a^{55}
17 昌化	焦 tɕiɔ^{334}	牢靠 lɔ^{11} k^{h}ɔ^{453}	破 p^{h}a^{544}
18 於潜	焦 tɕiɔ^{433}	扎实 tsəʔ^{53} dzɿ^{53}	破 p^{h}a^{35}
19 萧山	焦 tɕiɔ^{533}	扎实 tsaʔ^{5} zəʔ^{5}	破 p^{h}a^{42}
20 富阳	焦 tɕiɔ^{53}	扎制$^{=}$ tsaʔ^{5} tsɿ^{335}	破 p^{h}a^{335}
21 新登	焦 tɕiɔ^{53}	扎制$^{=}$ tsaʔ^{5} tsɿ^{334}	破 p^{h}a^{45}
22 桐庐	焦 tɕiɔ^{533}	扎制$^{=}$ tsaʔ^{5} tsɿ^{35}	破 p^{h}ᴀ^{35}
23 分水	焦 tɕiɔ^{44}	扎制$^{=}$ tsəʔ^{5} tsɿ^{0}	破 p^{h}o^{24}
24 绍兴	焦 tɕiɔ^{53}	扎实 tsɛʔ^{5} zeʔ^{2}	破 p^{h}a^{33}

续表

方言点	1018 糊饭烧~了	1019 结实家具~	1020 破衣服~
25 上虞	焦 tɕiɔ^{35}	扎制$^{=}$ tsaʔ^{5} tsɿ^{53}	破 pʰa^{53}
26 嵊州	焦 tɕiɔ^{534}	扎制$^{=}$ tsaʔ^{5} tsɿ^{334}	破 pʰa^{334}
27 新昌	焦 tɕiɔ^{534}	扎实 tsɛʔ^{5} zeʔ^{2}	破 pʰa^{335}
28 诸暨	焦 tɕiɔ^{544}	扎制$^{=}$ tsaʔ^{5} tsɿ^{42}	破 pʰᴀ^{544}
29 慈溪	焦 tɕiɔ^{35}	结实 tɕiəʔ^{5} zəʔ^{2}	破 pʰa^{44}
30 余姚	焦 tɕiɔ^{44}	结实 tɕiəʔ^{5} dzəʔ^{2}	破 pʰa^{53}
31 宁波	焦 tɕio^{53}	扎主$^{=}$ tsaʔ^{5} tsʮ^{44}	破 pʰəu^{44}
32 镇海	焦 tɕio^{53}	扎主$^{=}$ tsaʔ^{5} tsʮ^{44}	破 pʰəu^{53}
33 奉化	主$^{=}$底 tsʮ^{44} ti^{35}	站$^{=}$柱$^{=}$ dzɛ^{33} dzʮ^{324}	破 pʰa^{53}
34 宁海	焦 tɕieu^{423}	扎主$^{=}$ tsaʔ^{3} tsʮ^{35}	破 pʰa^{53}
35 象山	焦 tɕio^{44}	扎主$^{=}$ tsaʔ^{5} tsʮ^{0}	破 pʰəu^{53}
36 普陀	焦 tɕiɔ^{53}	牢靠 lɔ^{24} kʰɔ^{0}	破 pʰəu^{55}
37 定海	焦 tɕio^{52}	扎主$^{=}$ tsɐʔ^{5} tsʮ^{0}	破 pʰʌu^{44}
38 岱山	焦 tɕio^{52}	扎主$^{=}$ tsɐʔ^{5} tsʮ^{52}	破 pʰʌu^{44}
39 嵊泗	焦 tɕio^{53}	扎主$^{=}$ tsɐʔ^{5} tsʮ^{0}	破 pʰʌu^{53}
40 临海	焦 tɕiɔ^{31} 着 dʑiaʔ^{23}	板扎 pɛ^{42} tsɛʔ^{5}	碎 se^{55}
41 椒江	着 dʑɛʔ^{2}	板扎 pɛ^{42} tsɛʔ^{5} 门$^{=}$市$^{=}$ məŋ^{22} zɿ^{31}	碎 sə^{55}
42 黄岩	焦 tɕiɔ^{32} 着 dʑiəʔ^{2}	板扎 pɛ^{42} tsəʔ^{5}	碎 se^{55}
43 温岭	着 dʑiaʔ^{2}	门$^{=}$市$^{=}$ mən^{13} zɿ^{31} 牢 lɔ^{31}	破 pʰu^{55} 碎 se^{55}
44 仙居	焦 tɕiɐɯ^{334}	板扎 ɓa^{31} tsɑʔ^{5}	碎 sæ^{55}
45 天台	着 dʑiaʔ^{2}	板扎 pe^{32} tseʔ^{5}	碎 sei^{55}
46 三门	焦 tɕiɑu^{334}	扎注$^{=}$ tsɐʔ^{3} tsʮ^{55}	碎 se^{55}

续表

方言点	1018 糊饭烧～了	1019 结实家具～	1020 破衣服～
47 玉环	着 dʑiɐʔ^{2}	门=市= məŋ^{22}zɿ^{31}	破 pʰa^{55}
48 金华	焦 tsiɑo^{334}	扎实 tsuɑ^{55}ʑiəʔ^{212}	破 pʰɑ^{55}
49 汤溪	焦 tsɤ^{24}	扎制= tsuɑ^{52}tsɿ^{52}	破 pʰɑ^{52}
50 兰溪	焦 tsiɔ^{334}	扎制= tsuɑ^{55}tsɿ^{45} 硬撑 æ̃^{55}tsʰæ̃^{45} 牢 lɔ^{21}	破 pʰɑ^{45}
51 浦江	焦 tsɯ^{534}	结实 tɕiə^{33}zə^{243}	破 pʰɑ^{55}
52 义乌	焦 tsɯɤ^{335}	牢 lo^{213}	破 pʰa^{45}
53 东阳	焦 tɕiɔ^{334}	虎=试= fu^{33}sɿ^{53}	破 pʰa^{44}
54 永康	焦 tɕiɑu^{55}	扎实 tsuɑ^{33}zə^{113}	破 pʰia^{52}
55 武义	焦 tɕie^{24}	扎实 tsuɑ^{53}zə^{213}	破 pʰia^{53}
56 磐安	焦 tɕio^{445}	牢 lo^{213} 扎实 tsuə^{33}zɛ^{213}	破 pʰa^{52}
57 缙云	焦 tɕiəɤ^{44}	扎实 tsɑ^{51}zəɤ^{13}	碎 sei^{44}
58 衢州	焦 tɕiɔ^{32}	扎实 tsaʔ^{5}ʒyəʔ^{12}	破 pʰɛ^{53}
59 衢江	焦 tɕiɔ^{33}	扎实 tsaʔ^{5}ʑyəʔ^{2}	破 pʰa^{53}
60 龙游	焦 tɕiɔ^{334}	结实 tɕiəʔ^{4}zəʔ^{23}	破 pʰɑ^{51}
61 江山	乌焦 uə^{44}tɕiɐɯ^{44}	扎实 tsaʔ^{5}ʑiɵʔ^{2}	破 pʰa^{241}
62 常山	焦 tɕiɤ^{44}	扎实 tsaʔ^{4}zɛʔ^{34}	破 pʰɛ^{324}
63 开化	焦 tsəɯ^{44}	扎实 tsaʔ^{5}ʑyaʔ^{13}	破 pʰa^{412}
64 丽水	焦 tɕiə^{224}	牢 lə^{22}	破 pʰuɔ^{52}
65 青田	焦 tɕiœ^{445}	牢 lœ^{21}	破 pʰɑ^{33}
66 云和	焦 tɕiɑɔ^{24}	扎实 tsɔʔ^{4}zeiʔ^{23}	破 pʰɔ^{45}
67 松阳	焦 tɕiɔ^{53}	牢 lʌ^{31}	破 pʰa^{24}
68 宣平	焦 tɕiɔ^{324}	牢 lɔ^{433} 扎实 tsɔʔ^{4}zəʔ^{23}	破 pʰa^{52}

续表

方言点	1018 糊饭烧～了	1019 结实家具～	1020 破衣服～
69 遂昌	焦 tɕiɐɯ^{45}	扎实 tsaʔ^{5}ʑiʔ^{23}	破 p^{h}a^{334}
70 龙泉	焦 tɕiɑʌ^{434}	结实 tɕiaʔ^{3}zaiʔ^{24}	破 p^{h}a^{45}
71 景宁	焦 tɕiɑu^{324}	扎实 tsɔʔ^{5}zəɯʔ^{23}	破 p^{h}a^{35}
72 庆元	焦 tɕiɒ^{335}	扎实 tsɑʔ^{5}ɕiəɯʔ^{34}	碎 sæi^{33}
73 泰顺	焦 tɕiɑɔ^{213}	牢 lɑɔ^{53}	破 p^{h}a^{35}
74 温州	乌焦 u^{33}tɕiɛ^{33}	牢 lɜ^{31}	破 p^{h}a^{51}
75 永嘉	乌焦 u^{33}tɕyə^{44}	扎实 tsa^{45}zai^{213} 牢 lə^{31}	破 p^{h}a^{53}
76 乐清	乌焦 u^{44}tɕiɤ^{44}	牢 lɤ^{31}	破 p^{h}e^{41}
77 瑞安	乌焦 ɯ^{33}tɕy^{44}	牢 lɛ^{31}	破 p^{h}a^{53}
78 平阳	焦 tɕye^{55}	牢 lɛ^{242}	破 p^{h}A^{53}
79 文成	焦 tɕyø^{33}	牢 lɛ^{113}	破 p^{h}ɔ^{33}
80 苍南	乌焦 u^{33}tɕyɔ^{44}	牢 lɛ^{31} 牢固 lɛ^{11}ku^{42}	破 p^{h}ia^{42}
81 建德徽	焦 tɕiɔ^{53}	扎制$^{=}$ tso^{55}tsɿ^{55} 牢 lo^{33}	破 p^{h}ɑ^{33}
82 寿昌徽	焦 tɕiɤ^{112}	扎至$^{=}$ tɕyə^{55}tsɿ^{33}	破 p^{h}ɑ^{33}
83 淳安徽	焦 tɕiɤ^{24}	扎实 tsɑʔ^{5}səʔ^{13}	破 p^{h}ɑ^{24}
84 遂安徽	焦 tɕiɔ^{534}	扎实 tsɑ^{55}ɕiɛ^{213}	破 p^{h}ɑ^{43}
85 苍南闽	燥$^{=}$答$^{=}$ ts^{h}au^{33}t^{h}ɐ^{55}	牢 lo^{24}	破 p^{h}ai^{21}
86 泰顺闽	糊 ku^{22}	扎实 tsøʔ^{3}ɕiɛʔ^{3}	卖$^{=}$ mai^{31}
87 洞头闽	糊 ɔ^{113}	结实 kie^{33}ɕiek^{24}	破 p^{h}ua^{21}
88 景宁畲	糊 u^{22}	结实 kiet^{5}ɕiet^{2}	烂 lɔn^{51}

方言点	1021 富他家很～	1022 穷他家很～	1023 忙最近很～
01 杭州	富 fu^{45}	穷 dʑioŋ^{213}	忙 maŋ^{213}
02 嘉兴	赅铜钿 kei^{42} doŋ^{33} die^{21} 老 有钞票 iu^{24} tsʰɔ^{21} pʰiɔ^{13} 新	穷 dʑioŋ^{242}	忙 mᴀ̃^{242}
03 嘉善	赅钞票 kɛ^{35} tsʰɔ^{53} pʰiɔ^{31}	苦 kʰu^{334}	忙 moŋ^{132}
04 平湖	有铜钿 iəɯ^{21} doŋ^{24} diɛ^{0}	苦 kʰu^{213}	忙 mɑ̃^{31}
05 海盐	兴头 ɕin^{55} de^{21}	苦 kʰu^{423}	忙 mɑ̃^{31}
06 海宁	兴 ɕiŋ^{35}	穷 dʑioŋ^{13}	忙 moŋ^{13}
07 桐乡	有铜钿 iɤɯ^{242} doŋ^{21} diᴇ^{44} 有钞票 iɤɯ^{242} tsʰɔ^{33} pʰiɔ^{334}	苦 kʰəu^{53}	忙 moŋ^{13}
08 崇德	有铜钿 iɤɯ^{53} doŋ^{21} diɪ^{44} 有钞票 iɤɯ^{53} tsʰɔ^{33} pʰiɔ^{334}	穷 dʑioŋ^{13} 苦 kʰu^{53} 程度深	忙 moŋ^{13}
09 湖州	泰 tʰɛ^{35}	苦 kʰəu^{523}	忙 mã^{112}
10 德清	赅 kɛ^{44}	苦 kʰəu^{52}	忙 moŋ^{113}
11 武康	有铜钿 ɕiø^{53} doŋ^{11} diɪ^{13}	苦 kʰu^{53}	忙 mã^{113}
12 安吉	有 iu^{52}	穷 dʑioŋ^{22}	忙 mɔ̃^{22}
13 孝丰	富 fu^{324} 有 iu^{52}	穷 dʑioŋ^{22} 苦 kʰu^{52}	忙 mɔ̃^{22}
14 长兴	有铜钿 i^{52} doŋ^{12} di^{24}	穷 dʒioŋ^{12}	忙 mɔ̃^{12}
15 余杭	富裕 fu^{55} i^{13}	穷 dʑioŋ^{243}	忙 moŋ^{22}
16 临安	有 yœ^{33}	穷 dʑioŋ^{33}	忙 mɑ̃^{33}
17 昌化	富 fu^{544}	穷 ʑyəŋ^{112}	忙 mɔ̃^{112}
18 於潜	有 iəu^{51}	苦 kʰu^{51}	忙 maŋ^{223}
19 萧山	有 io^{13}	苦 kʰu^{33}	忙 mɔ̃^{355}
20 富阳	有 iʊ^{224}	穷 dʑyoŋ^{13}	忙 mɑ̃^{13}
21 新登	有 y^{334}	穷 dzoŋ^{233}	忙 mɑ̃^{233}
22 桐庐	富 fu^{35}	穷 dʑioŋ^{13}	忙 mã^{13}
23 分水	富 fu^{24}	穷 dʑioŋ^{22}	忙 mã^{22}
24 绍兴	富 fu^{33}	穷 dʑioŋ^{231}	忙 maŋ^{231}

续表

方言点	1021 富他家很～	1022 穷他家很～	1023 忙最近很～
25 上虞	有 iɤ^{213}	苦 kʰu^{35} 穷 dʑyoŋ^{213}	忙 mɔ̃^{213}
26 嵊州	富 fu^{334} 有 iʏ^{22}	穷 dʑyoŋ^{213}	忙 mɔŋ^{213}
27 新昌	有佬= iɯ^{22} lɔ^{232}	穷 dʑyoŋ^{22}	忙 mɔ̃^{22}
28 诸暨	有 iʉ^{242}	穷 dʑiom^{13}	忙 mɑ̃^{13}
29 慈溪	有 iø^{13}	穷 dʑiuŋ^{13}	忙 mɔ̃^{13}
30 余姚	有钿 iø^{13} diẽ^{0}	无铜钿 m^{13} duŋ^{13} ȵiẽ^{0} 穷 dʑiuŋ^{13}	忙 mɔŋ^{13}
31 宁波	有铜钿 iʏ^{13} doŋ^{0} di^{13}	无铜钿 m^{13} doŋ^{0} di^{13}	忙 mɔ^{13}
32 镇海	有佬= iu^{22} lɔ^{31}	没铜钿 maʔ^{2} doŋ^{22} di^{31} 沙锅脱底 so^{33} kəu^{33} tʰaʔ^{5} ti^{35}	忙 mɔ̃^{24}
33 奉化	有佬= iʏ^{33} laʌ^{33}	穷 dʑyoŋ^{33}	忙 mɔ̃^{33}
34 宁海	有佬= iu^{21} lau^{31}	穷 gioŋ^{213}	忙 mɔ̃^{213}
35 象山	有佬= iu^{13} lɔ^{31} 写意 ɕia^{53} i^{0}	苦 kʰu^{44} 穷 dʑyoŋ^{31}	忙 mɔ̃^{31}
36 普陀	富 fu^{55}	穷 dʑioŋ^{24}	忙 mɔ̃^{24}
37 定海	富 fu^{44}	穷 dʑyoŋ^{23}	忙 mõ^{23}
38 岱山	富 fu^{44}	穷 dʑyoŋ^{23}	忙 mõ^{23}
39 嵊泗	富 fu^{53}	穷 dʑyoŋ^{243}	忙 mõ^{243}
40 临海	好趁 hɔ^{42} tsʰã^{55}	穷 dʑyoŋ^{31}	忙 mɔ̃^{21}
41 椒江	好趁 hɔ^{42} tsʰã^{55}	欺 kʰiɛ^{42}	忙 mɔ̃^{31}
42 黄岩	好趁 hɔ^{42} tsʰã^{55}	[弗好]趁 fɔ^{51} tsʰã^{33} 穷 dʑyoŋ^{121}	忙 mɔ̃^{121}
43 温岭	好趁 hɔ^{42} tsʰã^{55}	欺 kʰiɛ^{42}	忙 mɔ̃^{31}
44 仙居	好趁 hɐɯ^{31} tsʰã^{55}	空胀= kʰoŋ^{55} tɕia^{55}	忙 mɑ̃^{213}
45 天台	有 iu^{214}	穷 gyuŋ^{224}	忙 mɔ^{224}
46 三门	有 iu^{325}	穷 dʑioŋ^{113}	忙 mɔ^{113}
47 玉环	好趁 hɔ^{53} tsʰã^{55}	穷 dʑioŋ^{41}	忙 mɔ̃^{31}

续表

方言点	1021 富 他家很～	1022 穷 他家很～	1023 忙 最近很～
48 金华	发财 fɤa^{55} zε^{313} 有铜钿 iu^{53} doŋ^{31} die^{14} 有钞票 iu^{53} ts^{h}ɑo^{53} p^{h}iɑo^{55}	跌=股= tia^{53} ku^{535} 老 穷 dʑioŋ^{313} 新	忙 mɑŋ^{313}
49 汤溪	老财 lɔ^{11} zε^{11}	跌=股= tia^{52} ku^{535}	忙 mɑo^{11}
50 兰溪	财主 ze^{21} tɕy^{55}	跌=股= tiəʔ^{34} ku^{55}	忙 mɑŋ^{21}
51 浦江	财主 za^{11} tɕy^{53}	跌=股= tia^{33} ku^{53} 穷 dʑyon^{113}	忙 mõ^{113}
52 义乌	有劲 iɐɯ^{33} dʑiən^{24}	穷 dʑioŋ^{213}	忙 mɯɤ^{213}
53 东阳	财主 ze^{23} tsɿ^{35}	穷 dziɔm^{213}	忙 mɔ^{213}
54 永康	爽= ɕyɑŋ^{334}	□ nəi^{52} 跌=股= ɗia^{33} ku^{334}	忙 mɑŋ^{22}
55 武义	掇财 lɤ^{53} zɑ^{324}	穷 dʑioŋ^{324}	忙 mɑŋ^{324}
56 磐安	财主 ze^{22} tɕy^{334} 有 iɐɯ^{334}	穷 dʑiɔom^{213}	忙 mo^{213}
57 缙云	财主 zei^{44} tsɥ^{51}	跌=股= tia^{51} ku^{51}	忙 mɔ^{243}
58 衢州	有 iu^{231}	罪过 zε^{231} ku^{53}	忙 mɑ̃^{21}
59 衢江	有 y^{212}	苦 k^{h}uɤ^{25} 罪过 zei^{22} kuɤ^{53}	忙 mɑ̃^{212}
60 龙游	富 fu^{51}	穷 dʑioŋ^{21}	忙 mã^{21}
61 江山	有 iɯ^{22}	可怜 k^{h}o^{44} liɛ̃^{213}	忙 miaŋ^{213}
62 常山	富 fuə^{324} 有 iu^{24}	穷 dʑioŋ^{341} 无 m^{52}	忙 miã^{341}
63 开化	有 iʊ^{213} 富 fuo^{412}	苦 k^{h}uo^{53} 穷 dʑiɔŋ^{231}	忙 miã^{231}
64 丽水	富 fu^{52}	穷 dʑiɔŋ^{22}	忙 mɔŋ^{22}
65 青田	有 ieu^{454}	无有 m^{21} ieu^{454}	忙 mo^{21}
66 云和	富 fu^{45}	穷 dʑiɔŋ^{312}	忙 mɔ̃^{312}
67 松阳	富 fuə^{24}	罪过 zε^{21} ku^{24} 穷 dʑiəŋ^{31}	慌 xoŋ^{24}
68 宣平	富 fu^{52}	穷 dʑyən^{433}	忙 mɔ̃^{433}

续表

方言点	1021 富他家很～	1022 穷他家很～	1023 忙最近很～
69 遂昌	富 fuə^{334}	苦 kʰuə^{533}	忙 mɔŋ^{221}
70 龙泉	富 fɤɯ^{45}	穷 dʑiəŋ^{21}	忙 mɔŋ^{21}
71 景宁	富 fu^{35}	穷 dʑyŋ^{41}	忙 mɔŋ^{41}
72 庆元	富 fɤ^{11}	穷 tɕioŋ^{52}	忙 mɔ̃^{52}
73 泰顺	富 fø^{35}	苦 kʰø^{55}	忙 mɔ̃^{53}
74 温州	有 iau^{14}	极 dʑiai^{212}	忙 muɔ^{31}
75 永嘉	大□ da^{13}va^{213} 有 iau^{13} 好妆$^{=}$ hə^{45}tɕyɔ^{44}	困难 kʰaŋ^{33}na^{21} 穷 dʑioŋ^{31}	忙 muɔ^{31}
76 乐清	爽 sɔ^{35} 有 iau^{24}	穷 dʑioŋ^{31}	忙 mɔ^{31}
77 瑞安	发财 fɔ^{3}ze^{31} 富 fʏ^{53}	穷 dʑioŋ^{31}	忙 mo^{31}
78 平阳	富 fu^{53}	穷 dʑioŋ^{242}	忙 mo^{242}
79 文成	有 iau^{224}	冇 nau^{224}	忙 mo^{113}
80 苍南	有 iau^{53} 发财 hua^{3}ze^{31}	冇 nau^{24} 穷 dʑioŋ^{31}	忙 mo^{31}
81 建德徽	有 iɤɯ^{213}	穷 tsoŋ^{33}	忙 mo^{33}
82 寿昌徽	富 fu^{33}	穷 tɕʰiɔŋ^{52}	忙 mɑ̃^{52}
83 淳安徽	有 iɯ^{55}	苦 kʰua^{55}	忙 mon^{435}
84 遂安徽	快活 kʰua^{55}vo^{33}	穷 tɕʰioŋ^{33}	忙 meŋ^{33}
85 苍南闽	有 u^{32}	无 bɔ^{24} 穷 kin^{24}	忙 mɑŋ^{24}
86 泰顺闽	富 fv^{53}	穷 kiəŋ^{22}	忙 mo^{22}
87 洞头闽	富 hu^{21}	穷 kieŋ^{113}	忙 boŋ^{113}
88 景宁畲	富 fu^{44}	穷 kʰyŋ^{22}	忙 mɔŋ^{22}

方言点	1024 闲最近比较～	1025 累走路走得很～	1026 疼摔～了
01 杭州	空 kʰoŋ^{45}	吃力 tɕʰiɛʔ^{3} liɛʔ^{5}	痛 tʰoŋ^{45}
02 嘉兴	空 kʰoŋ^{224}	吃力 tɕʰieʔ^{5} lieʔ^{5}	痛 tʰoŋ^{224}
03 嘉善	空 kʰoŋ^{334}	吃力 tɕʰiɜʔ^{5} lieʔ^{2}	痛 tʰoŋ^{334}
04 平湖	空 kʰoŋ^{213}	吃力 tɕʰiəʔ^{23} liəʔ^{5}	痛 tʰoŋ^{213}
05 海盐	空 kʰoŋ^{334}	吃力 tɕʰiəʔ^{3} liəʔ^{5}	痛 tʰoŋ^{334}
06 海宁	空 kʰoŋ^{35}	吃力 tɕʰieʔ^{5} lieʔ^{2}	痛 tʰoŋ^{35}
07 桐乡	空 kʰoŋ^{334}	吃力 tɕʰiəʔ^{3} liəʔ^{5}	痛 tʰoŋ^{334}
08 崇德	空 kʰoŋ^{334}	吃力 tɕʰiəʔ^{3} liəʔ^{53}	痛 tʰoŋ^{334}
09 湖州	空 kʰoŋ^{35}	吃力 tɕʰieʔ^{5} lieʔ^{5}	痛 tʰoŋ^{35}
10 德清	空 kʰoŋ^{334}	吃力 tɕʰioʔ^{5} lieʔ^{2}	痛 tʰoŋ^{334}
11 武康	空 kʰoŋ^{224}	吃力 tɕʰiɜʔ^{4} lieʔ^{5}	痛 tʰoŋ^{224}
12 安吉	闲 ᴇ^{22}	吃力 tɕʰiᴇʔ^{5} liᴇʔ^{23}	痛 tʰoŋ^{324}
13 孝丰	闲空 ɛ^{22} kʰoŋ^{22}	吃力 tɕʰieʔ^{5} lieʔ^{23}	痛 tʰoŋ^{324}
14 长兴	空 kʰoŋ^{324}	吃力 tʃʰiᴇʔ^{5} liᴇʔ^{2}	痛 tʰoŋ^{324}
15 余杭	空 kʰoŋ^{423}	吃力 tɕʰieʔ^{5} li^{31}“力”舒化	痛 tʰoŋ^{423}
16 临安	空 kʰoŋ^{55}	吃力 tɕʰiɐʔ^{5} liɐʔ^{2}	痛 tʰoŋ^{55}
17 昌化	闲空 ɔ̃^{11} kʰəŋ^{453}	吃力 tɕʰiɛʔ^{5} liɛʔ^{23}	痛 tʰəŋ^{544}
18 於潜	空 kʰoŋ^{35}	吃力 tɕʰieʔ^{53} liæʔ^{23}	痛 tʰoŋ^{35}
19 萧山	空 kʰoŋ^{42}	吃力 tɕʰieʔ^{5} lieʔ^{5}	痛 tʰoŋ^{42}
20 富阳	空 kʰoŋ^{335}	吃力 tɕʰiɛʔ^{5} liɛʔ^{2}	痛 tʰoŋ^{335}
21 新登	空 kʰoŋ^{45}	吃力 tsʰəʔ^{5} liəʔ^{2}	痛 tʰoŋ^{45}
22 桐庐	空 kʰoŋ^{35}	吃力 tɕʰiəʔ^{5} liəʔ^{13}	痛 tʰoŋ^{35}
23 分水	空 kʰoŋ^{24}	吃力 tɕʰiəʔ^{5} liəʔ^{12}	痛 tʰoŋ^{24}
24 绍兴	空 kʰoŋ^{33}	吃力 tɕʰieʔ^{3} lieʔ^{2}	痛 tʰoŋ^{33}

续表

方言点	1024 闲最近比较～	1025 累走路走得很～	1026 疼摔～了
25 上虞	空 k^{h}oŋ^{53}	着力 dzaʔ^{2} liəʔ^{2}	痛 t^{h}oŋ^{53}
26 嵊州	空闲 k^{h}oŋ^{33} ŋɛ̃^{334}	吃力 tɕ^{h}ieʔ^{5} lieʔ^{3}	痛 t^{h}oŋ^{334}
27 新昌	空 k^{h}oŋ^{335}	着力 dʑiaʔ^{2} li^{2}	痛 t^{h}oŋ^{335}
28 诸暨	坦 t^{h}ɛ^{42}	吃力 tɕ^{h}ieʔ^{21} lieʔ^{13}	痛 t^{h}om^{544}
29 慈溪	空 k^{h}uŋ^{44}	着力 dzaʔ^{2} liəʔ^{2}	痛 t^{h}uŋ^{44}
30 余姚	空 k^{h}uŋ^{44}	着力 dzaʔ^{2} liəʔ^{2}	痛 t^{h}uŋ^{44}
31 宁波	空 k^{h}oŋ^{44}	吃力 tɕ^{h}iəʔ^{5} liəʔ^{2} 着力 dʑiəʔ^{2} liəʔ^{2}	痛 t^{h}oŋ^{44}
32 镇海	空 k^{h}oŋ^{53}	吃力 tɕ^{h}ieʔ^{5} lieʔ^{2}	痛 t^{h}oŋ^{53}
33 奉化	调大 diɔ^{33} da^{33}	着力 dʑiɪʔ^{2} liɪʔ^{2}	痛 t^{h}oŋ^{53}
34 宁海	空 k^{h}oŋ^{35}	着力 dʑiaʔ^{3} liəʔ^{3}	痛 t^{h}oŋ^{35}
35 象山	调大 dio^{31} da^{13}	着力 dʑieʔ^{2} laʔ^{2}	痛 t^{h}oŋ^{53}
36 普陀	空 k^{h}oŋ^{55}	着力 dʑiɛʔ^{2} liɛʔ^{5}	痛 t^{h}oŋ^{55}
37 定海	空省 k^{h}oŋ^{44} sã^{0}	着力 dʑieʔ^{2} lieʔ^{5}	痛 t^{h}oŋ^{44}
38 岱山	空省 k^{h}oŋ^{44} sã^{0}	着力 dʑieʔ^{2} lieʔ^{5}	痛 t^{h}oŋ^{44}
39 嵊泗	快活 k^{h}ua^{44} uo^{0} "活"音殊	着力 dʑiᴇʔ^{2} liᴇʔ^{5}	痛 t^{h}oŋ^{53}
40 临海	闲 ɛ^{21}	吃力 tɕ^{h}yoʔ^{3} lieʔ^{23}	痛 t^{h}oŋ^{55}
41 椒江	闲 ɛ^{31}	吃力 tɕ^{h}ieʔ^{3} lieʔ^{2}	痛 t^{h}oŋ^{55}
42 黄岩	越$^{=}$泰 diɔ^{121} t^{h}a^{55}	吃力 tɕ^{h}ieʔ^{3} lieʔ^{2}	痛 t^{h}oŋ^{55}
43 温岭	越$^{=}$泰 diɔ^{31} t^{h}a^{55}	吃力 tɕ^{h}iʔ^{3} liʔ^{2}	痛 t^{h}uŋ^{55}
44 仙居	闲 a^{213}	吃力 tɕ^{h}yɔʔ^{3} liəʔ^{23}	痛 t^{h}oŋ^{55}
45 天台	空 k^{h}ŋ^{33}	吃力 tɕ^{h}yuʔ^{1} liəʔ^{2}	痛 t^{h}uŋ^{55}
46 三门	空 k^{h}oŋ^{55}	吃力 tɕ^{h}ioʔ^{3} lieʔ^{5} 着力 dʑiaʔ^{2} lieʔ^{23}	痛 t^{h}oŋ^{55}

续表

方言点	1024 闲最近比较～	1025 累走路走得很～	1026 疼摔～了
47 玉环	闲 ε^{31}	吃力 tɕʰiɐʔ^{3} liɐʔ^{2}	痛 tʰoŋ^{55}
48 金华	空 kʰoŋ^{55}	吃力 tɕʰiəʔ^{4} liəʔ^{212} 程度轻 着力 dʑiəʔ^{21} liəʔ^{212} 程度重	痛 tʰoŋ^{55}
49 汤溪	空 kʰɑo^{52}	着力 dʑiɔ^{11} lei^{113} 吃力 tɕʰiei^{52} lei^{113}	痛 tʰɑo^{52}
50 兰溪	空 kʰoŋ^{45}	吃力 tɕʰieʔ^{34} lieʔ^{12}	痛 tʰoŋ^{45}
51 浦江	空 kʰon^{55}	着力 dzyo^{11} lε^{243} 旧 吃力 tɕʰiə^{33} lε^{243} 今	痛 tʰən^{55}
52 义乌	空 kʰoŋ^{45}	吃力 tɕʰəʔ^{3} lai^{312}	痛 tʰoŋ^{45}
53 东阳	空 kʰɔm^{453}	吃力 tɕʰiaʔ^{4} lei^{33}	痛 tʰɔm^{453}
54 永康	空 kʰoŋ^{52}	着力 tɕiɑu^{33} ləi^{113}	痛 tʰoŋ^{52}
55 武义	空 kʰoŋ^{53}	着力 dʑiɑu^{53} lə^{213}	痛 tʰoŋ^{53}
56 磐安	空 kʰɔom^{52}	吃力 tɕʰiε^{33} lεi^{213} 该力 ke^{33} lεi^{334}	痛 tʰɔom^{52}
57 缙云	空 kʰɔ̃ũ^{453}	着力 dʑiɔ^{51} lai^{13}	痛 tʰɔ̃ũ^{453}
58 衢州	空 kʰoŋ^{53}	着力 dʒyaʔ^{2} liəʔ^{12}	痛 tʰoŋ^{53}
59 衢江	空 kʰəŋ^{53}	着力 dʑiaʔ^{2} liəʔ^{2}	痛 tʰəŋ^{53}
60 龙游	空 kʰoŋ^{51}	吃力 tɕʰiəʔ^{4} liəʔ^{23} 着力 tsɔʔ^{4} liəʔ^{23}	痛 tʰoŋ^{51}
61 江山	空 kʰoŋ^{51}	着力 dəʔ^{2} liɛʔ^{2}	痛 tʰoŋ^{51}
62 常山	空 kʰoŋ^{324}	着力 dʌʔ^{3} lieʔ^{34}	痛 tʰoŋ^{324}
63 开化	空 kʰɤŋ^{412}	食力 iaʔ^{2} liεʔ^{13}	痛 tʰɤŋ^{412}
64 丽水	空 kʰɔŋ^{52}	着力 dʑiɔʔ^{21} liʔ^{23}	痛 tʰɔŋ^{52}
65 青田	空 kʰoŋ^{445}	用力 io^{22} liʔ^{31}	痛 tʰoŋ^{33}
66 云和	闲 ã^{312} 空 kʰoŋ^{45}	着力 dʑiɔʔ^{23} liʔ^{23}	痛 tʰoŋ^{45}
67 松阳	空 kʰəŋ^{24}	着力 dʑiaʔ^{2} liʔ^{2}	痛 tʰəŋ^{24}

续表

方言点	1024 闲最近比较～	1025 累走路走得很～	1026 疼摔～了
68 宣平	空 kʰən^{324}	吃力 tɕʰiəʔ^{4} liəʔ^{23}	痛 tʰən^{52}
69 遂昌	清闲 tɕʰiŋ^{55} aŋ^{213}	着力 dʑiaʔ^{2} liʔ^{23}	痛 tʰəŋ^{334}
70 龙泉	空 kʰəŋ^{45}	着力 dʑiaʔ^{3} lieiʔ^{24}	痛 tʰəŋ^{45}
71 景宁	闲 ɔ^{41} 空 kʰəŋ^{324}	着力 dʑiaʔ^{23} liʔ^{23}	痛 tʰəŋ^{35}
72 庆元	空 kʰoŋ^{11}	着力 tɕiɑʔ^{34} liʔ^{34}	痛 tʰoŋ^{11}
73 泰顺	闲 ã^{53}	着力 tɕiɔʔ^{2} liʔ^{2}	痛 tʰoŋ^{35}
74 温州	闲 a^{31}	惍 vai^{51}	痛 tʰoŋ^{51}
75 永嘉	闲 a^{31}	惍 vai^{53}	痛 tʰoŋ^{53}
76 乐清	闲 ᴇ^{31}	惍 uai^{41}	痛 tʰoŋ^{41}
77 瑞安	闲 ɔ^{31}	吃力 tɕʰi^{3} lei^{212}	痛 tʰoŋ^{53}
78 平阳	闲 ɔ^{242}	着力 dʒɔ^{13} li^{21}	痛 tʰoŋ^{53}
79 文成	闲 ɔ^{113}	着力 tɕie^{33} lei^{13}	痛 tʰoŋ^{33}
80 苍南	闲 a^{31}	着力 dʑia^{11} li^{112}	痛 tʰoŋ^{42}
81 建德徽	空 kʰoŋ^{33}	吃力 tɕʰiɐʔ^{5} liɐʔ^{12}	痛 tʰoŋ^{33}
82 寿昌徽	空 kʰɔŋ^{33}	吃力 tɕʰiəʔ^{3} liəʔ^{31}	痛 tʰɔŋ^{33}
83 淳安徽	空 kʰon^{24}	吃力 tɕʰiʔ^{5} liʔ^{13}	痛 tʰon^{24}
84 遂安徽	空 kʰəŋ^{43}	吃力 tsʰɿ^{21} li^{24}	痛 tʰəŋ^{33}
85 苍南闽	闲 ãɪ̃^{24}	着力 tio^{21} lɐ^{24}	痛 tʰiã^{21}
86 泰顺闽	闲 ɛ^{22}	着力 tɕia^{22} liɪʔ^{3}	疾 ɕiɪʔ^{3}
87 洞头闽	闲 ãɪ̃^{113}	□ ia^{21} 着力 tieu^{21} lɐk^{24}	痛 tʰɪ̃ã^{21}
88 景宁畲	闲 xan^{22}	着力 tɕʰioʔ^{5} liʔ^{2}	痛 tʰoŋ^{51}

方言点	1027 痒皮肤～	1028 热闹看戏的地方很～	1029 熟悉这个地方我很～
01 杭州	痒 iaŋ^{53}	闹猛 nɔ^{13} maŋ^{53}	熟 zoʔ^{2}
02 嘉兴	鲜$^{=}$ ɕie^{42} 老 痒 iÃ^{113} 新	闹猛 nɔ^{24} mÃ^{21}	熟 zoʔ^{13}
03 嘉善	鲜$^{=}$ ɕiɪ^{53}	闹猛 nɔ^{13} mæ̃^{31}	熟 zuoʔ^{2}
04 平湖	痒 iã^{213}	闹猛 nɔ^{24} mã^{0}	熟 zoʔ^{23}
05 海盐	痒 iɛ̃^{423}	闹猛 nɔ^{13} mɛ̃^{21}	熟 zɔʔ^{23}
06 海宁	鲜$^{=}$ ɕie^{55}	闹猛 nɔ^{33} mɑ̃^{53}	熟 zoʔ^{2}
07 桐乡	轩$^{=}$ ɕiᴇ^{44}	闹猛 nɔ^{21} mã^{242}	熟 zɔʔ^{23}
08 崇德	轩$^{=}$ ɕiɪ^{44}	闹猛 nɔ^{21} mã^{53}	熟 zɔʔ^{23}
09 湖州	鲜$^{=}$ ɕie^{44}	闹猛 nɔ^{33} mã^{35}	熟悉 zuoʔ^{2} ɕieʔ^{5}
10 德清	鲜$^{=}$ ɕie^{44}	闹猛 nɔ^{33} maŋ^{35}	老认得 lɔ^{34} ȵin^{53} təʔ^{5}
11 武康	鲜$^{=}$ ɕiɪ^{44}	闹猛 nɔ^{33} mã^{35}	蛮认得 mɛ^{33} ȵin^{35} təʔ^{5}
12 安吉	痒 iã^{52}	热闹 ȵiᴇʔ^{2} nɔ^{213}	熟 zoʔ^{23}
13 孝丰	痒 iã^{52}	闹热 nɔ^{32} ȵieʔ^{23}	熟悉 zuoʔ^{2} ɕieʔ^{5} 熟 zuoʔ^{23}
14 长兴	鲜$^{=}$ ʃi^{44}	闹猛 nɔ^{32} mã^{24}	熟悉 zoʔ^{2} ʃiᴇʔ^{5}
15 余杭	鲜$^{=}$ ɕie^{44}	闹热儿 nɔ^{13} ȵiŋ^{13}	熟悉 zoʔ^{2} sieʔ^{5}
16 临安	痒 iã^{33}	闹热 nɔ^{33} nɐʔ^{2}	认得 ȵieŋ^{55} tɐʔ^{5}
17 昌化	叮 tiəŋ^{334} 痒 iã^{243}	闹热 nɔ^{23} ȵiɛʔ^{23}	熟悉 zuəʔ^{2} ɕiɛʔ^{5}
18 於潜	痒 iaŋ^{51}	闹热 nɔ^{24} ȵiæʔ^{53}	熟 zuɐʔ^{23}
19 萧山	□鸡$^{=}$ kua^{33} tɕi^{33}	闹热 nɔ^{13} ȵieʔ^{5}	熟悉 ʑyoʔ^{21} ɕieʔ^{5}
20 富阳	痒 iɑ̃^{423}	闹热 nɔ^{335} ȵiɛʔ^{2}	熟悉 ʑyoʔ^{2} ɕiɛʔ^{5}
21 新登	痒 iɑ̃^{334}	闹热 nɔ^{21} ȵiəʔ^{2}	熟识 zɔʔ^{2} zɿ^{13}
22 桐庐	痒 iã^{33}	闹热 nɔ^{13} niəʔ^{5}	熟悉 ʑyəʔ^{21} ɕiəʔ^{13}
23 分水	痒 iã^{53}	闹热 nɔ^{24} ȵiəʔ^{12}	熟悉 zuəʔ^{12} ɕiəʔ^{5}

续表

方言点	1027 痒皮肤～	1028 热闹看戏的地方很～	1029 熟悉这个地方我很～
24 绍兴	瘌迹 kua^{33}tɕieʔ^{5}	闹热 nɔ^{22}ȵieʔ^{2}	熟 zoʔ^{2}
25 上虞	瘌儿= kua^{33}tɕi^{35} 痒 iã^{213}	闹热 nɔ^{21}ȵiəʔ^{2}	熟 zoʔ^{2}
26 嵊州	痒 iaŋ^{22}	闹热 nɔ^{22}ȵieʔ^{2}	熟悉 zoʔ^{2}ɕieʔ^{5}
27 新昌	痒 iaŋ^{232}	闹热 nɔ^{22}ȵiɛʔ^{2}	熟 zɤʔ^{2}
28 诸暨	瘌迹 kuA^{21}tɕieʔ^{5}	闹热 nɔ^{33}nieʔ^{5}	熟 zoʔ^{13}
29 慈溪	痒 iã^{13}	闹热 nɔ^{11}ȵiəʔ^{2}	熟 zoʔ^{2}
30 余姚	痒 iaŋ^{13}	闹热 nɔ^{13}ȵiəʔ^{2}	认得 ȵiə̃^{13}tiəʔ^{5} 熟 zoʔ^{2}
31 宁波	痒 ia^{13}	闹热 nɔ^{13}ȵiəʔ^{2}	熟 zoʔ^{2} 熟头 zoʔ^{2}dœʏ^{13}
32 镇海	痒 iã^{24}	闹热 nɔ^{22}ȵieʔ^{2}	认得 ȵiŋ^{22}taʔ^{5}
33 奉化	痒 iã^{324}	闹热 nʌ^{33}ȵiɪʔ^{2}	熟悉 zoʔ^{2}ɕiɪʔ^{5}
34 宁海	痒 iã^{31}	闹热 nau^{22}ȵieʔ^{3}	熟 ʑioʔ^{3}
35 象山	痒 iã^{31}	闹热 nɔ^{31}ȵieʔ^{2}	晓得 ɕio^{441}taʔ^{2}
36 普陀	痒 iã^{23}	闹热 nɔ^{11}ȵiɛʔ^{5}	熟悉 zoʔ^{2}ɕiɛʔ^{5}
37 定海	痒 iã^{23}	闹热 nɔ^{11}ȵieʔ^{5}	熟悉 zoʔ^{2}ɕieʔ^{5}
38 岱山	痒 iã^{244}	闹热 nɔ^{11}ȵieʔ^{5}	认得 ȵiŋ^{11}tɐʔ^{5}
39 嵊泗	痒 iã^{445}	闹热 nɔ^{11}ȵiEʔ^{5}	熟悉 zoʔ^{2}ɕiEʔ^{5}
40 临海	痒 iã^{52}	兴 ɕiŋ^{55} 闹热 nɔ^{33}nieʔ^{23}	熟 ʑyoʔ^{23}
41 椒江	痒 iã^{42}	旺荡 uɔ̃^{22}dɔ̃^{31}	熟 zoʔ^{2}
42 黄岩	痒 iã^{42}	闹热 lɔ^{13}ȵieʔ^{2} 闹暖 lɔ^{13}løn^{42} 旺荡 uɔ̃^{13}dɔ̃^{44}	熟 zoʔ^{2}
43 温岭	痒 iã^{42}	闹暖 nɔ^{13}nøn^{42}	熟 ʑyoʔ^{2}
44 仙居	痒 ia^{324}	兴 ɕin^{55}	熟 ʑyɔʔ^{23}

续表

方言点	1027 痒皮肤～	1028 热闹看戏的地方很～	1029 熟悉这个地方我很～
45 天台	痒 ia^{214}	闹热 nau^{33} nieʔ^{2}	熟 ʑyuʔ^{2}
46 三门	痒 iɑ̃^{325}	闹热 nɑu^{23} ȵieʔ^{23}	熟 ʑioʔ^{23}
47 玉环	痒 ia^{53}	闹暖 nɔ^{22} nəŋ^{53}	熟悉 ʑyoʔ^{2} ɕiɐʔ^{5}
48 金华	痒 iɑŋ^{535}	兴 ɕiŋ^{55} 闹 nɑo^{14} 热闹 ȵiəʔ^{21} nɑo^{14}	熟 ʑioʔ^{212}
49 汤溪	痒 iɔ^{113}	兴 ɕiɛ̃i^{52}	熟 ʑiou^{113}
50 兰溪	痒 iɑŋ^{55}	兴 ɕin^{45}	熟 ʑyɤʔ^{12}
51 浦江	痒 yõ^{243}	闹热 lo^{11} ȵi^{243}	熟 ʑyɯ^{232}
52 义乌	痒 iɔ^{312}	闹暖 nŋʷ^{24} nən^{312}	熟悉 zau^{24} sai^{423}
53 东阳	痒 iɔ^{231}	险兴 ɕiɐn^{23} hɐn^{53}	熟悉 zou^{23} ɕiɛ^{33}
54 永康	痒 iɑŋ^{113}	热闹 ȵie^{33} nɑu^{241}	熟 zu^{113}
55 武义	痒 iɑŋ^{13}	有伴 iəu^{53} buo^{13}	熟 zɔ^{213}
56 磐安	痒 iɒ^{334}	兴 xɐn^{52}	熟 zʌo^{213}
57 缙云	痒 iɑ^{51}	兴旺 ɕiɛ^{44} ɔ^{453} 闹热 nɔ^{21} ȵiɛ^{13}	熟 zəɤ^{13}
58 衢州	痒 iɑ̃^{231}	闹热 nɔ^{231} ȵiəʔ^{12}	熟套 ʒyəʔ^{2} tʰɔ^{53}
59 衢江	痒侬 ʑyɑ̃^{22} nəŋ^{53} 痒 ʑyɑ̃^{212}	闹热 lɔ^{22} ȵiəʔ^{2}	熟套 ʑyəʔ^{2} tʰɔ^{53}
60 龙游	痒 iɑ̃^{224}	兴 ɕin^{51}	熟 zɔʔ^{23}
61 江山	痒 ʑiɒŋ^{22}	闹热 naŋ^{22} ȵiᴇʔ^{2} "闹"韵殊	熟悉 ʑioʔ^{2} ɕiᴇʔ^{5}
62 常山	痒 zɔ̃^{24}	闹热 nɑ̃^{22} ȵiʌʔ^{34} "闹"韵殊	熟 zɤʔ^{34}
63 开化	痒 ʑiɔŋ^{213}	闹热 nɔŋ^{21} ȵiaʔ^{13} "闹"韵殊	熟 ʑyoʔ^{13}
64 丽水	痒 iɑ̃^{544}	闹热 nə^{21} ȵiɛʔ^{23} 老 热闹 ȵiɛʔ^{21} nə^{131} 新	熟 ʑiuʔ^{23}
65 青田	痒 i^{454}	闹热 no^{22} niæʔ^{31}	熟 iuʔ^{31}
66 云和	痒 iɑ̃^{41}	闹热 nɑɔ^{223} ȵiɛʔ^{23}	熟悉 ʑiəɯʔ^{23} ɕiʔ^{5}

续表

方言点	1027 痒皮肤～	1028 热闹看戏的地方很～	1029 熟悉这个地方我很～
67 松阳	痒 ʑioŋ^{22}	闹热 nɔ^{22} ȵiɛʔ^{2}	熟悉 ʑioʔ^{2} ɕiʔ^{5}
68 宣平	痒 iɑ̃^{223}	热闹 ȵiəʔ^{42} nɔ^{231}	熟 ʑyəʔ^{23}
69 遂昌	痒 ʑiɔŋ^{13}	闹暖 nɐɯ^{22} nəŋ^{13}	熟 ʑiuʔ^{23}
70 龙泉	痒 ɕiɔŋ^{51}	闹暖 nɑʌ^{21} nɛn^{51}	熟 ʑiouʔ^{24}
71 景宁	痒 iɛ^{33}	闹热 nɑu^{55} ȵiɛʔ^{23} 热闹 ȵiɛʔ^{23} nɑu^{113}	熟 ʑiuʔ^{23}
72 庆元	痒 ɕiɔ̃^{221}	闹 nɒ^{31} 闹热 nɒ^{22} ȵiᴇʔ^{34}	熟悉 ɕiɯʔ^{34} ɕiʔ^{5}
73 泰顺	痒 iã^{55}	闹暖 nɑɔ^{21} nəŋ^{55}	熟 ɕiəuʔ^{2}
74 温州	痒 i^{14}	闹热 nuɔ^{24} ȵi^{212}	熟 iɤu^{212}
75 永嘉	痒 iɛ^{13}	闹热 nɔ^{13} ȵi^{213}	晓得 ɕia^{45} de^{0} 熟 iəu^{213}
76 乐清	痒 ia^{24}	闹热 na^{24} ȵiᴇ^{212}	熟 zu^{212}
77 瑞安	痒 iɛ^{13}	闹热 nɔ^{13} ȵi^{212}	熟 zou^{212}
78 平阳	痒 ie^{45}	闹热 nɔ^{35} ȵie^{13}	熟 zɛu^{13}
79 文成	痒 ie^{224}	闹热 no^{42} ȵie^{212}	熟 zou^{212}
80 苍南	痒 iɛ^{53}	闹热 na^{11} ȵiɛ^{112}	熟 zu^{112} 熟悉 zu^{11} ɕi^{223}
81 建德徽	痒 ȵiɛ^{213}	闹热 nɔ^{33} ȵi^{55}	熟 ɕyɐʔ^{12}
82 寿昌徽	痒 iɑ̃^{534}	闹热 nɤ^{33} ȵi^{24}	熟 ɕiɔʔ^{31}
83 淳安徽	叮侬 tin^{21} lon^{55}	闹热 lɤ^{53} iəʔ^{13} 老 热闹 iəʔ^{13} lɤ^{53} 新	熟 sɑʔ^{13}
84 遂安徽	叮 tin^{534}	闹热 loŋ^{43} iɛ^{21}	熟 su^{213}
85 苍南闽	痒 tɕĩũ^{32}	闹热 lau^{21} dʑie^{24}	熟 ɕie^{24}
86 泰顺闽	痒 ɕyo^{31}	闹热 nau^{21} niɛʔ^{3}	熟悉 søʔ^{3} ɕiɪʔ^{5}
87 洞头闽	痒 tɕĩũ^{21}	闹热 nãũ^{21} dʑiet^{24}	熟悉 ɕiɔk^{21} ɕiek^{5}
88 景宁畲	痒 iɔŋ^{44}	热闹 ȵiet^{2} nau^{51}	熟悉 ɕyʔ^{2} ɕiʔ^{5}

方言点	1030 陌生这个地方我很～	1031 味道尝尝～	1032 气味闻闻～
01 杭州	陌生 maʔ^{2}saŋ^{45}	味道 bi^{13}dɔ^{53}	气息 tɕʰi^{45}ɕiɛʔ^{5}
02 嘉兴	勿熟悉 vəʔ^{5}zoʔ^{5}ɕieʔ^{5}	滋味 tsɿ^{33}vi^{21}	气味 tɕʰi^{224}vi^{21}
03 嘉善	生 sæ̃^{53}	滋味 tsɿ^{35}mi^{53}	气子 tɕʰi^{55}tsɿ^{0}
04 平湖	陌生 maʔ^{23}sã^{53}	味道 mi^{24}dɔ^{0}	味道 mi^{24}dɔ^{0}
05 海盐	勿熟 vəʔ^{5}zɔʔ^{5}	味道 mi^{13}dɔ^{21}	味道 mi^{13}dɔ^{21}
06 海宁	陌生 maʔ^{2}sɑ̃^{55}	滋味 tsɿ^{55}mi^{55}	气子 tɕʰi^{55}tsɿ^{53}
07 桐乡	陌生 maʔ^{23}sã^{44}	滋味 tsɿ^{44}mi^{44}	味道 vi^{21}dɔ^{242}
08 崇德	陌生 maʔ^{23}sã^{44}	滋味 tsɿ^{44}mi^{44}	气息 tɕʰi^{33}ɕiəʔ^{334}
09 湖州	陌生 maʔ^{2}sã^{44}	味道 mi^{33}dɔ^{35}	气子 tɕʰi^{33}tsɿ^{35}
10 德清	弗认得 fəʔ^{3}ȵin^{33}təʔ^{5}	味道 vi^{11}dɔ^{13}	气子 tɕʰi^{33}tsɿ^{35}
11 武康	勿认得 vəʔ^{2}ȵin^{35}tɜʔ^{5}	味道 vi^{11}dɔ^{13}	气子 tɕʰi^{33}tsɿ^{35}
12 安吉	陌生 məʔ^{2}sã^{213}	味道 mi^{21}dɔ^{213}	气子 tɕʰi^{32}tsɿ^{213}
13 孝丰	陌生 maʔ^{2}sã^{24}	味道 mi^{32}dɔ^{213}	气子 tɕʰi^{32}tsɿ^{213}
14 长兴	陌生 məʔ^{2}sã^{44}	味道 vʅ^{21}dɔ^{24}	气子 tʃʰʅ^{32}tsɿ^{24}
15 余杭	陌生 maʔ^{2}sɑ̃^{35}	味道 vi^{33}dɔ^{13}	气味 tɕʰi^{53}vi^{13}
16 临安	陌生 mɐʔ^{2}sɐ^{55}	味道 vi^{33}dɔ^{33}	气子 tɕʰi^{55}tsɿ^{53}
17 昌化	陌生 maʔ^{2}sã^{334}	味道 vei^{23}dɔ^{453}	气色 tsʰɿ^{54}səʔ^{23}
18 於潜	不熟 pəʔ^{53}zuɐʔ^{31}	味道 vi^{24}dɔ^{24}	气子 tɕʰi^{35}tsɿ^{454}
19 萧山	陌生 maʔ^{21}saʔ^{33}	味道 mi^{13}dɔ^{33}	气息 tɕʰi^{33}ɕieʔ^{5}
20 富阳	陌生 moʔ^{2}sã^{224}	味道 bi^{31}dɔ^{13}	气子 tɕʰi^{335}tsɿ^{53}
21 新登	陌生 maʔ^{2}sɛ^{45}	味道 vi^{21}dɔ^{13}	气子 tɕʰi^{45}tsɿ^{21}
22 桐庐	陌生 maʔ^{21}sã^{13}	味道 vi^{13}dɔ^{55}	气味 tɕʰi^{35}vi^{21}
23 分水	陌生 maʔ^{12}sən^{44}	味道 vi^{24}dɔ^{24}	气子 tɕʰi^{21}tsɿ^{0}
24 绍兴	陌生 maʔ^{2}saŋ^{53}	味道 bi^{22}dɔ^{231}	气息 tɕʰi^{33}ɕieʔ^{5}

续表

方言点	1030 陌生这个地方我很～	1031 味道尝尝～	1032 气味闻闻～
25 上虞	陌生 maʔ^{2} sã^{53}	味道 bi^{31} dɔ^{213}	气 tɕʰi^{53}
26 嵊州	陌生 maʔ^{2} saŋ^{334}	味道 bi^{24} tɔ^{334}	气 tɕʰi^{334}
27 新昌	陌生 maʔ^{2} saŋ^{534}	味道 mi^{22} dɔ^{22}	味道 mi^{22} dɔ^{22}
28 诸暨	陌生 maʔ^{21} saʔ^{42}	味道 mɿ^{21} dɔ^{242}	气息 tʃʰɿ^{33} ɕieʔ^{5}
29 慈溪	生疏 sã^{33} sʮ^{35} 暴生 bɔ^{11} sã^{44}	味道 mi^{11} dɔ^{44}	气子 tɕʰi^{44} tsɿ^{44}
30 余姚	陌生 maʔ^{2} saŋ^{44}	味道 mi^{13} dɔ^{13}	气味 tɕʰi^{44} mi^{13}
31 宁波	生头 sa^{44} dœʏ^{13}	味道 mi^{13} dɔ^{0}	气味 tɕʰi^{44} mi^{44}
32 镇海	生头 sã^{33} dei^{31}	味道 mi^{22} dɔ^{24}	气味 tɕʰi^{33} mi^{22}
33 奉化	生头 sã^{44} dæi^{33}	味道 mi^{33} dʌ^{31}	气味 tɕʰi^{44} mi^{31}
34 宁海	打生 tã^{53} sã^{33}	味道 mi^{22} dau^{31}	气味 tsʰɿ^{33} mi^{24}
35 象山	生头 sã^{44} dɤɯ^{13}	味道 mi^{31} dɔ^{31}	气色 tɕʰi^{53} saʔ^{5}
36 普陀	生疏 sã^{33} su^{53}	味道 mi^{11} dɔ^{55}	气味 tɕʰi^{55} mi^{0}
37 定海	生头 sã^{33} dɐi^{45}	味道 mi^{11} dɔ^{44}	气子 tɕʰi^{44} tsɿ^{0} 老 气味 tɕʰi^{44} mi^{0} 新
38 岱山	生头 sã^{52} dœʏ^{0}	味道 mi^{11} dɔ^{45}	气味 tɕʰi^{44} mi^{0}
39 嵊泗	生头 sã^{44} dœʏ^{0}	味道 mi^{11} dɔ^{45}	气味 tɕʰi^{44} mi^{0}
40 临海	打生 tã^{42} sã^{33}	味道 mi^{22} dɔ^{31}	气道 tɕʰi^{33} dɔ^{31}
41 椒江	打生 tã^{42} sã^{42}	味道 mi^{22} dɔ^{31}	气道 tɕʰi^{33} dɔ^{31}
42 黄岩	打生 tã^{42} sã^{32}	味道 mi^{13} dɔ^{121}	气道 tɕʰi^{33} dɔ^{121}
43 温岭	打生 tã^{42} sã^{33}	味道 mi^{13} dɔ^{31}	气道 tɕʰi^{33} dɔ^{31}
44 仙居	打生 nã^{31} sã^{334}	味道 mi^{24} dɐɯ^{213}	气味 tɕʰi^{55} mi^{55}
45 天台	打生 ta^{32} sa^{33}	味道 mi^{33} dau^{214}	气道 kʰi^{55} dau^{214}
46 三门	打生 tɛ^{32} sɛ^{334}	味道 mi^{23} dɑu^{213}	气道 tɕʰi^{44} dɑu^{325}

续表

方言点	1030 陌生这个地方我很～	1031 味道尝尝～	1032 气味闻闻～
47 玉环	打生 tã^{53}sã^{42}	味道 mi^{22}dɔ^{31}	气道 tɕʰi^{33}dɔ^{31}
48 金华	生疏 sɑŋ^{33}su^{55}	味道 fi^{33}tɑo^{535}	气息 tɕʰi^{33}ɕiəʔ^{4}
49 汤溪	生疏 sa^{24}su^{0}	味道 vi^{11}dɔ^{113}	气色 tɕʰi^{52}sə^{55}
50 兰溪	生疏 sæ̃^{334}sɿ^{45}	味道 fi^{55}tɔ^{55}	气色 tɕʰi^{334}səʔ^{34}
51 浦江	陌生 mo^{24}sɛ̃^{334}	味道 vi^{11}do^{243}	气色 tʃʰi^{33}sə^{423}
52 义乌	陌生 mɛ^{24}sɛ^{335} 生疏 sɛ^{33}su^{45}	味道 vi^{24}do^{312}	气色 tɕʰi^{33}sai^{423}
53 东阳	陌生 ma^{23}sɛ^{33}	味道 vi^{23}dɐɯ^{33}	气味 tɕʰi^{33}vi^{53}
54 永康	生疏 sai^{33}su^{55}	味道 vi^{31}dɑu^{113}	气味 tɕʰi^{33}vi^{241}
55 武义	生疏 sa^{32}su^{53}	味道 vi^{53}dɤ^{13}	气味 tɕʰi^{55}vi^{231}
56 磐安	陌生 ma^{55}sɛ^{445}	味道 pi^{55}to^{334}	气色 tɕʰi^{33}sɛi^{334}
57 缙云	生疏 sa^{44}su^{44}	味道 mi^{21}dəɤ^{31}	气 tɕʰi^{453}
58 衢州	生疏 ɕiã^{32}su^{53}	味道 mi^{231}dɔ^{21}	气色 tsʰɿ^{53}səʔ^{5}
59 衢江	生疏 ɕiɛ^{33}ɕyø^{33}	味道 mi^{22}dɔ^{212}	气色 tsʰɿ^{33}səʔ^{5}
60 龙游	生疏 sɛ^{33}su^{334}	味道 vi^{22}dɔ^{224}	气色 tɕʰi^{33}səʔ^{4}
61 江山	生疏 saŋ^{44}sua^{44}	味道 mi^{22}dɐɯ^{22}	气息 kʰɵ^{44}ɕiɛʔ^{5}
62 常山	疏疏 si^{5}si^{44}	味道 mi^{22}dɤ^{24}	气息 kʰi^{43}seʔ^{5}
63 开化	生疏 sã^{44}suei^{44}	味道 min^{21}dəɯ^{213}	气息 kʰuei^{44}ɕiɛʔ^{5}
64 丽水	生疏 sã^{44}su^{224}	味道 mi^{22}də^{22}	气色 tsʰɿ^{44}seʔ^{5}
65 青田	生份 sɛ^{55}vaŋ^{22}	味道 mi^{22}dœ^{343}	气道 tsʰɿ^{33}dœ^{343}
66 云和	生疏 sɛ^{44}su^{24}	味道 mi^{223}dɑɔ^{231}	气味 tsʰɿ^{45}mi^{223}
67 松阳	生档= sã^{33}toŋ^{24}	味道 mi^{33}dʌ^{22}	气味 tsʰɿ^{24}mi^{13}
68 宣平	生疏 sɛ^{44}su^{324}	味道 mi^{22}dɔ^{223}	气色 tsʰɿ^{44}səʔ^{5}
69 遂昌	生疏 ɕiaŋ^{33}ɕiu^{45}	味道 mi^{22}dɐɯ^{13}	气味 tsʰɿ^{55}mi^{213}

续表

方言点	1030 陌生这个地方我很～	1031 味道尝尝～	1032 气味闻闻～
70 龙泉	生份 saŋ^{44} vɛn^{224}	味道 mi^{21} tɑʌ^{51}	气味 tsʰɿ^{44} mi^{224}
71 景宁	生疏 sɛ^{33} səɯ^{324}	味道 mi^{55} dɑu^{33}	气味 tɕʰi^{35} mi^{113}
72 庆元	否熟 fɤ^{33} ɕiɯʔ^{34}	味道 mĩ^{22} tɒ^{221}	气味 tsʰɿ^{11} mĩ^{31}
73 泰顺	生份 sã^{213} uoŋ^{22}	味道 mi^{21} tɑɔ^{21}	气味 tsʰɿ^{22} mi^{22}
74 温州	打生 tiɛ^{42} siɛ^{33}	味道 mei^{31} də^{14}	味道 mei^{31} də^{14}
75 永嘉	打生 tɛ^{45} sɛ^{44}	味道 mei^{31} də^{13}	气道 tsʰɿ^{53} də^{13}
76 乐清	打生 ta^{42} sa^{44}	味道 mi^{31} dɤ^{24}	气道 tɕʰi^{42} dɤ^{24}
77 瑞安	生份 sa^{33} vaŋ^{21}	味道 mei^{31} dɛ^{13}	气道 tɕʰi^{53} dɛ^{13}
78 平阳	生份 sᴀ^{33} vaŋ^{45}	味道 mi^{33} dɛ^{13}	气道 tɕʰi^{33} dɛ^{13}
79 文成	生份 sa^{33} vaŋ^{21}	味道 mei^{42} dɛ^{33}	气道 tɕʰi^{42} dɛ^{13}
80 苍南	否熟 fu^{3} zu^{112} 生份 ɕia^{33} uaŋ^{21} 指人	味道 mi^{31} dɛ^{24}	气道 tɕʰi^{42} dɛ^{24} 气脉 tɕʰi^{33} mia^{112}
81 建德徽	陌生 mɑ^{21} sɛ^{53}	味道 fi^{21} tɔ^{55}	气息 tɕʰi^{33} ɕiɐʔ^{5}
82 寿昌徽	生疏 sæ̃^{11} ɕy^{112}	味道 uei^{33} tʰɤ^{534}	气息 tɕʰi^{33} ɕiəʔ^{3}
83 淳安徽	生疏 sɑ̃^{21} soʔ^{5} "疏"音殊	味道 vi^{53} tʰɤ^{21}	味道 vi^{53} tʰɤ^{21}
84 遂安徽	生懂 sã^{55} toŋ^{21}	味道 vi^{55} tʰɔ^{52}	味道 vi^{55} tʰɔ^{52}
85 苍南闽	勿熟 bue^{21} ɕie^{24}	味道 bi^{21} to^{32}	气味 kʰi^{43} bi^{21}
86 泰顺闽	生份 sæŋ^{21} fəŋ^{31}	味道 mi^{21} tou^{31}	气味 kʰi^{21} mi^{31}
87 洞头闽	生份 ɕĩ^{33} hun^{21}	味数⁼ bi^{33} sɔ^{21}	气味 kʰi^{33} bi^{21}
88 景宁畲	生份 saŋ^{44} pʰuən^{51}	味道 mi^{51} tau^{51}	气味 kʰi^{44} mi^{51}

方言点	1033 咸菜～	1034 淡菜～	1035 酸
01 杭州	咸 ɛ^{213}	淡 dɛ^{13}	酸 suo^{334}
02 嘉兴	咸 ᴇ^{242}	淡 dᴇ^{113}	酸 suə^{42}
03 嘉善	咸 ɛ^{132}	淡 dɛ^{113}	酸 sø^{53}
04 平湖	咸 ɛ^{31}	淡 dɛ^{213}	酸 sø^{53}
05 海盐	咸 ɛ^{31}	淡 dɛ^{423}	酸 sɤ^{53}
06 海宁	咸 ɛ^{13}	淡 dɛ^{231}	酸 sei^{55}
07 桐乡	咸 ɛ^{13}	淡 dɛ^{242}	酸 sᴇ^{44}
08 崇德	咸 ɛ^{13}	淡 dɛ^{242}	酸 sᴇ^{44}
09 湖州	咸 ɛ^{112}	淡 dɛ^{231}	酸 sɛ^{44}
10 德清	咸 ɛ^{113}	淡 dɛ^{143}	酸 søʉ^{44}
11 武康	咸 ɛ^{113}	淡 dɛ^{242}	酸 sø^{44}
12 安吉	咸 ᴇ^{22}	淡 dᴇ^{243}	酸 sᴇ^{55}
13 孝丰	咸 ɛ^{22}	淡 dɛ^{243}	酸 se^{44}
14 长兴	咸 ᴇ^{12}	淡 dᴇ^{243}	酸 sɯ^{44}
15 余杭	咸 ɛ^{22}	淡 dɛ^{213}	酸 søʏ^{44}
16 临安	咸 ɛ^{33}	淡 dɛ^{33}	酸 sœ^{55}
17 昌化	咸 ɔ̃^{112}	淡 dɔ̃^{243}	酸 sɛ̃^{334}
18 於潜	咸 ɛ^{223}	淡 dɛ^{24}	酸 suɛ^{433}
19 萧山	咸 ɛ^{355}	淡 dɛ^{13}	酸 sə^{533}
20 富阳	咸 ã^{13}	淡 dã^{224}	酸 sɛ̃^{53}
21 新登	咸 ɛ^{233}	淡 dɛ^{13}	酸 sɛ̃^{53}
22 桐庐	咸 ã^{13}	淡 dã^{24}	酸 se^{533}
23 分水	咸 ã^{22}	淡 dã^{13}	酸 suə̃^{44}
24 绍兴	咸 ɛ̃^{231}	淡 dɛ̃^{223}	酸 sø̃^{53}

续表

方言点	1033 咸菜～	1034 淡菜～	1035 酸
25 上虞	咸 ɛ̃^{213}	淡 dɛ̃^{213}	酸 sø̃^{35}
26 嵊州	咸 ɛ̃^{213}	淡 dɛ̃^{22}	酸 sœ̃^{534}
27 新昌	咸 ɛ̃^{22}	淡 dɛ̃^{232}	酸 sœ̃^{534}
28 诸暨	咸 ɛ^{13}	淡 dɛ^{242}	酸 sə^{544}
29 慈溪	咸 ɛ̃^{13}	淡 dɛ̃^{13}	酸 sø̃^{35}
30 余姚	咸 ã^{13}	淡 dã^{13}	酸 sø̃^{44}
31 宁波	咸 ɛ^{13}	淡 dɛ^{13}	酸 ɕy^{53}/sø^{53}
32 镇海	咸 ɛ^{24}	淡 dɛ^{24}	酸 sø^{53}
33 奉化	咸 ɛ^{324}	淡 dɛ^{324}	酸 sø^{44}
34 宁海	咸 e^{213}	淡 de^{31}	酸 sø^{423}
35 象山	咸 ɛ^{31}	淡 dɛ^{31}	酸 sɤɯ^{44}
36 普陀	咸 ɛ^{24}	淡 dɛ^{23}	酸 sø^{53}
37 定海	咸 ɛ^{23}	淡 dɛ^{23}	酸 sø^{52}
38 岱山	咸 ɛ^{23}	淡 dɛ^{244}	酸 sø^{52}
39 嵊泗	咸 ɛ^{243}	淡 dɛ^{334}	酸 sʏ^{53}
40 临海	咸 ɛ^{21}	淡 dɛ^{21}	酸 sø^{33}
41 椒江	咸 ɛ^{31}	淡 dɛ^{31}	酸 sø^{42}
42 黄岩	咸 ɛ^{121}	淡 dɛ^{121}	酸 sø^{32}
43 温岭	咸 ɛ^{31}	淡 dɛ^{31}	酸 sø^{33}
44 仙居	咸 a^{213}	淡 da^{213}	酸 sø^{334}
45 天台	咸 e^{224}	淡 de^{214}	酸 sø^{33}
46 三门	咸 ɛ^{113}	淡 dɛ^{213}	酸 sø^{334}
47 玉环	咸 ɛ^{31}	淡 dɛ^{41}	酸 sø^{42}

续表

方言点	1033 咸菜~	1034 淡菜~	1035 酸
48 金华	咸 ɑ³¹³	淡 tɑ⁵³⁵	酸 sɤ³³⁴
49 汤溪	咸 uɑ¹¹	淡 duɑ¹¹³	酸 sɤ²⁴
50 兰溪	咸 uɑ²¹	淡 tuɑ⁵⁵	酸 sɤ³³⁴
51 浦江	咸 ɑ̃¹¹³	淡 dɑ̃²⁴³	酸 sə̃⁵³⁴
52 义乌	咸酸 ɔ²²sɿ⁴⁵	淡 dɔ³¹²	酸 sɿ³³⁵
53 东阳	滋味 tsɿ³³mi⁵³	淡 dɔ²⁴	酸 sɯ³³⁴
54 永康	咸 a²²	淡 da¹¹³	酸 sɤ⁵⁵
55 武义	咸 ŋuo³²⁴	淡 duo¹³	酸 sɤ²⁴
56 磐安	滋味 tsɿ³³mi⁵²	淡 tɒ³³⁴	酸 sɯ⁴⁴⁵
57 缙云	咸 ɑ²⁴³	淡 dɑ³¹	酸 sɛ⁴⁴
58 衢州	咸 ã²¹	淡 dã²³¹	酸 sə̃³²
59 衢江	咸 ã²¹²	淡 dã²¹²	酸 sɛ³³
60 龙游	咸 ã²¹	淡 dã²²⁴	酸 suei³³⁴
61 江山	咸 aŋ²¹³	淡 daŋ²²	醯 ɕi⁴⁴
62 常山	咸 ã³⁴¹	淡 dã²⁴	醯 ɕi⁴⁴
63 开化	咸 ã²³¹	淡 dã²¹³	酸 suei⁴⁴
64 丽水	咸 ã²²	淡 dã²²	酸 suɛ²²⁴
65 青田	咸 ɑ²¹	淡 dɑ³⁴³	酸 suɐ⁴⁴⁵
66 云和	咸 ã³¹²	淡 dã²³¹	酸 suɛ²⁴
67 松阳	咸 ɔ̃³¹	淡 dɔ̃²²	酸 sei⁵³
68 宣平	咸 ɑ̃⁴³³	淡 dɑ̃²²³	酸 sə³²⁴
69 遂昌	咸 aŋ²²¹	淡 daŋ¹³	酸 sɿ⁴⁵
70 龙泉	咸 aŋ²¹	淡 taŋ⁵¹	酸 si⁴³⁴

续表

方言点	1033 咸菜～	1034 淡菜～	1035 酸
71 景宁	咸 ɔ^{41}	淡 dɔ^{33}	酸 sœ^{324}
72 庆元	咸 xɑ̃^{52}	淡 tɑ̃^{221}	酸 sæi^{335}
73 泰顺	咸 ã^{53}	淡 tã^{21}	酸 sœ^{213}
74 温州	咸 a^{31}	淡 da^{14}	酸 sø^{33}
75 永嘉	咸 a^{31}	淡 da^{13}	酸 sø^{44}
76 乐清	咸 ᴇ^{31}	淡 dᴇ^{24}	酸 sø^{44}
77 瑞安	咸 ɔ^{31}	淡 dɔ^{13}	酸 sø^{44}
78 平阳	咸 ɔ^{242}	淡 dɔ^{23}	酸 sɵ^{55}
79 文成	咸 ɔ^{113}	淡 dɔ^{224}	酸 sø^{55}
80 苍南	咸 a^{31}	淡 da^{24}	酸 sø^{44}
81 建德徽	咸 hɛ^{33}	淡 tɛ^{213}	酸 suɛ^{53}
82 寿昌徽	咸 xuə^{52}	淡 tʰuə^{534}	酸 ɕiæ^{112}
83 淳安徽	咸 hɑ̃^{435}	淡 tʰɑ̃^{55}	酸 sã^{24}
84 遂安徽	咸 xɑ̃^{33}	淡 tʰɑ̃^{43}	酸 səŋ^{534}
85 苍南闽	咸 kian^{24}	聻 tɕĩã^{43}	酸 sɯŋ^{55}
86 泰顺闽	咸 kɛ^{22}	聻 tɕiæŋ^{344}	酸 so^{213}
87 洞头闽	咸 kian^{113}	聻 tɕĩã^{53}	酸 sɯŋ^{33}
88 景宁畲	咸 xan^{22}	淡 tʰɔn^{44}	酸 sɔn^{44}

方言点	1036 甜	1037 苦	1038 辣
01 杭州	甜 diɛ^{213}	苦 k^{h}u^{53}	辣 laʔ^{2}
02 嘉兴	甜 die^{242}	苦 k^{h}ou^{113}	辣 lᴀʔ^{5}
03 嘉善	甜 diɪ^{132}	苦 k^{h}u^{334}	辣 lɜʔ^{2}
04 平湖	甜 diɛ^{31}	苦 k^{h}u^{213}	辣 laʔ^{23}
05 海盐	甜 diɛ^{31}	苦 k^{h}u^{423}	辣 laʔ^{23}
06 海宁	甜 die^{13}	苦 k^{h}əu^{53}	辣 laʔ^{2}
07 桐乡	甜 diᴇ^{13}	苦 k^{h}əu^{53}	辣 laʔ^{23}
08 崇德	甜 diɪ^{13}	苦 k^{h}u^{53}	辣 laʔ^{23}
09 湖州	甜 die^{112}	苦 k^{h}əu^{523}	辣 laʔ^{2}
10 德清	甜 die^{113}	苦 k^{h}əu^{52}	辣 laʔ^{2}
11 武康	甜 diɪ^{113}	苦 k^{h}u^{53}	辣 lɜʔ^{2}
12 安吉	甜 di^{22}	苦 k^{h}u^{52}	辣 lɐʔ^{23}
13 孝丰	甜 diɪ^{22}	苦 k^{h}u^{52}	辣 laʔ^{23}
14 长兴	甜 di^{12}	苦 k^{h}əu^{52}	辣 laʔ^{2}
15 余杭	甜 diẽ^{22}	苦 k^{h}u^{53}	辣 laʔ^{2}
16 临安	甜 die^{33}	苦 k^{h}u^{55}	辣 lɐʔ^{2}
17 昌化	甜 diɪ̃^{112}	苦 k^{h}u^{453}	辣 laʔ^{23}
18 於潜	甜 die^{223}	苦 k^{h}u^{51}	辣 lɑʔ^{23}
19 萧山	甜 die^{355}	苦 k^{h}u^{33}	辣 laʔ^{13}
20 富阳	甜 diɛ̃^{13}	苦 k^{h}u^{423}	辣 laʔ^{2}
21 新登	甜 diɛ̃^{233}	苦 k^{h}u^{334}	辣 laʔ^{2}
22 桐庐	甜 die^{13}	苦 k^{h}u^{33}	辣 laʔ^{13}
23 分水	甜 diɛ̃^{22}	苦 k^{h}u^{53}	辣 laʔ^{12}
24 绍兴	甜 diẽ^{231}	苦 k^{h}u^{334}	辣 lɛʔ^{2}

续表

方言点	1036 甜	1037 苦	1038 辣
25 上虞	甜 diẽ^{213}	苦 k^{h}u^{35}	辣 lɐʔ^{2}
26 嵊州	甜 diẽ^{213}	苦 k^{h}u^{53}	辣 lɛʔ^{2}
27 新昌	甜 diɛ̃^{22}	苦 k^{h}u^{453}	辣 lɛʔ^{2}
28 诸暨	甜 die^{13}	苦 k^{h}u^{42}	辣 laʔ^{13}
29 慈溪	甜 diẽ^{13}	苦 k^{h}u^{35}	辣 laʔ^{2}
30 余姚	甜 diẽ^{13}	苦 k^{h}u^{34}	辣 laʔ^{2}
31 宁波	甜 di^{13}	苦 k^{h}u^{35}	辣 laʔ^{2}
32 镇海	甜 di^{24}	苦 k^{h}u^{35}	辣 laʔ^{2}
33 奉化	甜 de^{33}	苦 k^{h}u^{545}	辣 laʔ^{2}
34 宁海	甜 die^{213}	苦 k^{h}u^{53}	辣 laʔ^{3}
35 象山	甜 di^{31}	苦 k^{h}u^{44}	辣 laʔ^{2}
36 普陀	甜 di^{24}	苦 k^{h}u^{45}	辣 lɐʔ^{23}
37 定海	甜 di^{23}	苦 k^{h}u^{45}	辣 lɐʔ^{2}
38 岱山	甜 di^{23}	苦 k^{h}u^{52} 调殊	辣 lɐʔ^{2}
39 嵊泗	甜 di^{243}	苦 k^{h}u^{53}	辣 lɐʔ^{2}
40 临海	甜 die^{21}	苦 k^{h}u^{52}	辣 ləʔ^{23}
41 椒江	甜 die^{31}	苦 k^{h}u^{42}	辣 lɛʔ^{2}
42 黄岩	甜 die^{121}	苦 k^{h}u^{42}	辣 ləʔ^{2}
43 温岭	甜 die^{31}	苦 k^{h}u^{42}	辣 ləʔ^{2}
44 仙居	甜 die^{213}	苦 k^{h}u^{324}	辣 lɑʔ^{23}
45 天台	甜 die^{224}	苦 k^{h}u^{325}	辣 leʔ^{2}
46 三门	甜 die^{113}	苦 k^{h}u^{325}	辣 lɐʔ^{23}
47 玉环	甜 die^{31}	苦 k^{h}u^{53}	辣 lɐʔ^{2}

续表

方言点	1036 甜	1037 苦	1038 辣
48 金华	甜 dia^{313}	苦 kʰu^{535}	辣 luɑ^{14}
49 汤溪	甜 die^{11}	苦 kʰu^{535}	辣侬 luɑ^{11} nɑo^{52}
50 兰溪	甜 dia^{21}	苦 kʰu^{55}	辣人 luɑʔ^{12} nin^{24}
51 浦江	甜 diɑ̃^{113}	苦 kʰu^{53}	辣 luɑ^{232}
52 义乌	甜 dia^{213}	苦 kʰu^{423}	辣侬 lɔ^{24} noŋ^{312}
53 东阳	甜 di^{213}	苦 kʰu^{453}	辣 lɐʔ^{23}
54 永康	甜 dia^{22}	苦 kʰu^{334}	辣 luɑ^{113}
55 武义	甜 die^{324}	苦 kʰu^{445}	辣 luɑ^{213}
56 磐安	甜 die^{213}	苦 kʰu^{334}	辣 lɛ^{213}
57 缙云	甜 dia^{243}	苦 kʰu^{51}	辣 lɑ^{13}
58 衢州	甜 diẽ^{21}	苦 kʰu^{35}	辣 laʔ^{12}
59 衢江	甜 die^{212}	苦 kʰuɤ^{25}	辣 laʔ^{2}
60 龙游	甜 die^{21}	苦 kʰu^{35}	辣 lɔʔ^{23}
61 江山	甜 diɛ̃^{213}	苦 kʰuə^{241}	辣 lɒʔ^{2}
62 常山	甜 diɛ̃^{341}	苦 kʰuə^{52}	辣 laʔ^{34}
63 开化	甜 diɛ̃^{231}	苦 kʰuo^{53}	辣 laʔ^{13}
64 丽水	甜 diɛ^{22}	苦 kʰu^{544}	辣 lɔʔ^{23}
65 青田	甜 diɑ^{21}	苦 kʰø^{454}	辣 laʔ^{31}
66 云和	甜 diɛ^{312}	苦 kʰu^{41}	辣 lɔʔ^{23}
67 松阳	甜 diɛ̃^{31}	苦 kʰuə^{212}	辣 lɔʔ^{2}
68 宣平	甜 diɛ^{433}	苦 kʰu^{445}	辣 lɑʔ^{23}
69 遂昌	甜 diɛ̃^{221}	苦 kʰuə^{533}	辣 laʔ^{23}
70 龙泉	甜 diᴇ^{21}	苦 kʰuɤɯ^{51}	辣 loʔ^{24}

续表

方言点	1036 甜	1037 苦	1038 辣
71 景宁	甜 diɛ^{41}	苦 kʰu^{33}	辣 lɔʔ^{23}
72 庆元	甜 tiɑ̃^{52}	苦 kʰuɤ^{33}	辣 lɑʔ^{34}
73 泰顺	甜 tiã^{53}	苦 kʰø^{55}	辣 lɔʔ^{2}
74 温州	甜 di^{31}	苦 kʰu^{25}	辣 la^{212}
75 永嘉	甜 diɛ^{31}	苦 ku^{45}	辣 la^{213}
76 乐清	甜 diᴇ^{31}	苦 kʰu^{35}	辣 la^{212}
77 瑞安	甜 diɛ^{31}	苦 kʰɯ^{35}	辣 lɔ^{212}
78 平阳	甜 dye^{242}	苦 kʰu^{45}	辣 lɔ^{12}
79 文成	甜 die^{113}	苦 kʰu^{45}	辣 lɔ^{212}
80 苍南	甜 dia^{31}	苦 kʰu^{53}	辣 la^{112}
81 建德徽	甜 tie^{33}	苦 kʰu^{213}	辣 lo^{213}
82 寿昌徽	甜 tʰi^{52}	苦 kʰu^{24}	辣 luə^{24}
83 淳安徽	甜 tʰiɑ̃^{435}	苦 kʰua^{55}	辣 lɑʔ^{13}
84 遂安徽	甜 tʰiɑ̃^{33}	苦 kʰu^{213}	辣 lɑ^{213}
85 苍南闽	甜 tĩ^{55}	苦 kʰɔ^{43}	辣 lua^{24}
86 泰顺闽	甜 tɛ^{22}	苦 kʰu^{344}	辣 lɛʔ^{3}
87 洞头闽	甜 tĩ^{33}	苦 kʰɔ^{53}	辣 lua^{241}
88 景宁畲	甜 tʰan^{22}	苦 fu^{325}/kʰu^{325}	辣 lɔʔ^{2}

方言点	1039 鲜鱼汤～	1040 香	1041 臭
01 杭州	鲜 ɕiɛ^{334}	香 ɕiaŋ^{334}	臭 tsʰei^{45}
02 嘉兴	鲜 ɕie^{42}	香 ɕiᴀ̃^{42}	臭 tsʰei^{224}
03 嘉善	鲜 ɕiɪ^{53}	香 ɕiæ̃^{53}	臭 tsʰə^{334}
04 平湖	鲜 siɛ^{53}	香 ɕiã^{53}	臭 tsʰəɯ^{213}
05 海盐	鲜 ɕiɛ^{53}	香 ɕiɛ̃^{53}	臭 tsʰe^{334}
06 海宁	鲜 ɕie^{55}	香 ɕiã^{55}	臭 tsʰəɯ^{35}
07 桐乡	鲜 siᴇ^{44}	香 ɕiã^{44}	臭 tsʰəu^{334}
08 崇德	鲜 ɕiɪ^{44}	香 ɕiã^{44}	臭 tsʰɤɯ^{334}
09 湖州	鲜 ɕie^{44}	香 ɕiã^{44}	臭 tɕʰiʉ^{35}
10 德清	鲜 ɕie^{44}	香 ɕiã^{44}	臭 tɕʰiʉ^{334}
11 武康	鲜 ɕiɪ^{44}	香 ɕiã^{44}	臭 tɕʰiø^{224}
12 安吉	鲜 ɕi^{55}	香 ɕiã^{55}	臭 tsʰəɪ^{324}
13 孝丰	鲜洁 ɕiɪ^{44}tɕieʔ^{5}	香 ɕiã^{44}	臭 tsʰəɪ^{324}
14 长兴	鲜洁 ʃi^{44}tʃiᴇʔ^{5}	香 ʃiã^{44}	臭 tsʰei^{324}
15 余杭	鲜 siẽ^{44}	香 ɕiɑ̃^{44}	臭 tsʰøʏ^{423}
16 临安	味道好 vi^{33}dɔ^{33}hɔ^{33}	香 ɕiã^{55}	臭 tsʰə^{55}
17 昌化	鲜 ɕiɪ̃^{334}	香 ɕiã^{334}	臭 tɕʰi^{544}
18 於潜	味道好 vi^{24}dɔ^{24}xɔ^{53}	香 ɕiaŋ^{433}	臭 tɕʰiəu^{35}
19 萧山	鲜 ɕie^{533}	香 ɕiã^{533}	臭 tɕʰio^{42}
20 富阳	鲜 ɕiɛ̃^{53}	香 ɕiɑ̃^{53}	臭 tsʰei^{335}
21 新登	鲜 ɕiɛ̃^{53}	香 ɕiɑ̃^{53}	臭 tɕʰy^{45}
22 桐庐	鲜 ɕie^{533}	香 ɕiã^{533}	臭 tsʰei^{35}
23 分水	鲜 ɕiɛ̃^{44}	香 ɕiã^{44}	臭 tsʰɵ^{24}
24 绍兴	鲜 ɕiẽ^{53}	香 ɕiaŋ^{53}	臭 tsʰɤ^{33}

续表

方言点	1039 鲜鱼汤～	1040 香	1041 臭
25 上虞	鲜 ɕiẽ^{35}	香 ɕiã^{35}	臭 tsʰɤ^{53}
26 嵊州	鲜 ɕiẽ^{534}	香 ɕiaŋ^{534}	臭 tɕʰiʏ^{334}
27 新昌	鲜 ɕiɛ̃^{534}	香 ɕiaŋ^{534}	臭 tɕʰiɯ^{335}
28 诸暨	鲜 ɕie^{544}	香 ɕiã^{544}	臭 tsʰei^{544}
29 慈溪	鲜 ɕiẽ^{35}	香 ɕiã^{35}	臭 tsʰø^{44}
30 余姚	鲜 ɕiẽ^{44}	香 ɕiaŋ^{44}	臭 tsʰø^{44}
31 宁波	鲜 ɕi^{53}	香 ɕia^{53}	臭 tɕʰiʏ^{44}
32 镇海	鲜 ɕi^{53}	香 ɕiã^{53}	臭 tɕʰiu^{53}
33 奉化	鲜 ɕi^{44}	香 ɕiã^{44}	臭 tɕʰiʏ^{53}
34 宁海	鲜 ɕie^{423}	香 ɕiã^{423}	臭 tɕʰiu^{35}
35 象山	鲜 ɕi^{44}	香 ɕiã^{44}	臭 tɕʰiu^{53}
36 普陀	鲜 ɕi^{53}	香 ɕiã^{53}	臭 tɕʰieu^{55}
37 定海	鲜 ɕi^{52}	香 ɕiã^{52}	臭 tɕʰiʏ^{44}
38 岱山	鲜 ɕi^{52}	香 ɕiã^{52}	臭 tɕʰiʏ^{44}
39 嵊泗	鲜 ɕi^{53}	香 ɕiã^{53}	臭 tɕʰiʏ^{53}
40 临海	鲜 ɕie^{33}	香 ɕiã^{33}	臭 tɕʰiu^{55}
41 椒江	鲜甜 ɕie^{33} die^{41}	香 ɕiã^{42}	臭 tɕʰiu^{55}
42 黄岩	鲜甜 ɕie^{35} die^{41}	香 ɕiã^{32}	臭 tɕʰiu^{55}
43 温岭	鲜 ɕie^{33} 鲜甜 ɕie^{35} die^{41}	香 ɕiã^{33}	臭 tɕʰiu^{55}
44 仙居	鲜 ɕie^{334} 鲜味 ɕie^{55} mi^{55}	香 ɕia^{334}	臭 tɕʰiəɯ^{55}
45 天台	鲜 ɕie^{33}	香 ɕia^{33}	臭 tɕʰiu^{55}
46 三门	鲜 ɕie^{334}	香 ɕiɑ̃^{334}	臭 tɕʰiu^{55}

续表

方言点	1039 鲜鱼汤～	1040 香	1041 臭
47 玉环	鲜 ɕie^{42}	香 ɕia^{42}	臭 tɕʰiu^{55}
48 金华	鲜味 ɕie^{33} fi^{55} 老 鲜 ɕie^{334} 新	香 ɕiɑŋ^{334}	臭 tɕʰiu^{55}
49 汤溪	鲜 sie^{24}	香 ɕiɔ^{24}	臭 tɕʰiəɯ^{52}
50 兰溪	鲜味 sie^{334} fi^{45}	香 ɕiɑŋ^{334}	臭 tɕʰiəɯ^{45}
51 浦江	鲜味 siẽ^{55} vi^{334}	香 ɕyõ^{534}	臭 tsʰiɤ^{55}
52 义乌	鲜 sie^{335}	香 ɕiɔ^{335}	臭 tsʰɐɯ^{45}
53 东阳	鲜 si^{334}	香 ɕiɔ^{334}	臭 tɕʰiɐɯ^{453}
54 永康	鲜 ɕie^{55}	香 ɕiɑŋ^{55}	臭 tɕʰiəu^{52}
55 武义	鲜 ɕie^{24}	香 ɕiɑŋ^{24}	臭 tɕʰiəu^{53}
56 磐安	味道 pi^{55} to^{334}	香 ɕiɒ^{445}	臭 tɕʰiɐɯ^{52}
57 缙云	新鲜 sɛ^{44} ɕie^{44}	香 ɕiɑ^{44}	臭 tɕʰiuŋ^{453}
58 衢州	鲜 ɕiẽ^{32} 鲜味 ɕiẽ^{32} mi^{53}	香 ɕiã^{32}	臭 tɕʰiu^{53}
59 衢江	鲜 ɕie^{33}	香 ɕiã^{33}	臭 tɕʰy^{53}
60 龙游	鲜 ɕie^{334}	香 ɕiã^{334}	臭 tsʰəɯ^{51}
61 江山	鲜 ɕiɛ̃^{44}	香 xiaŋ^{44}	臭 tsʰɐɯ^{51}
62 常山	鲜 ɕiɛ̃^{44}	香 ɕiã^{44}	臭 tsʰɤ^{324}
63 开化	鲜 ɕiɛ̃^{44}	香 ɕiã^{44}	臭 tɕʰiʊ^{412}
64 丽水	鲜 ɕiɛ^{224}	香 ɕiã^{224}	臭 tɕʰiəɯ^{52}
65 青田	鲜 ɕiɛ^{445}	香 ɕi^{445}	臭 tɕʰieu^{33}
66 云和	鲜 ɕiɛ^{24}	香 ɕiã^{24}	臭 tɕʰiəɯ^{45}
67 松阳	鲜 ɕiɛ̃^{53}	香 ɕiã^{53}	臭 tɕʰiɯ^{24}
68 宣平	味道 mi^{22} dɔ^{223}	香 ɕiɑ̃^{324}	臭 tɕʰiɯ^{52}

续表

方言点	1039 鲜鱼汤～	1040 香	1041 臭
69 遂昌	鲜 ɕiɛ̃^{45}	香 ɕiaŋ^{45}	臭 tɕʰiɯ^{334}
70 龙泉	甜渗$^{=}$ tiᴇ^{44}sɛn^{45}	香 ɕiaŋ^{434}	臭 tɕʰiəu^{45}
71 景宁	鲜 ɕiɛ^{324}	香 ɕiɛ^{324}	臭 tɕʰiəɯ^{35}
72 庆元	鲜 ɕiɛ̃^{335}	香 ɕiɑ̃^{335}	臭 tsʰɐɯ^{11}
73 泰顺	鲜 ɕiɛ^{213}	香 ɕiã^{213}	臭 tɕʰiəu^{35}
74 温州	鲜 ɕi^{33}	香 ɕi^{33}	臭 tɕʰiɤu^{51}
75 永嘉	鲜 ɕi^{44}	香 ɕiɛ^{44}	臭 tɕʰiəu^{53}
76 乐清	鲜 siᴇ^{44}	香 ɕia^{44}	臭 tɕʰiu^{41}
77 瑞安	鲜 ɕi^{44}	香 ɕiɛ^{44}	臭 tsʰou^{53}
78 平阳	鲜 ɕie^{55}	香 ɕie^{55}	臭 tʃʰɛu^{53}
79 文成	鲜 ɕie^{55}	香 ɕie^{55}	臭 tɕʰiou^{53}
80 苍南	鲜 ɕiɛ^{44}	香 ɕiɛ^{44}	臭 tsʰɛu^{42}
81 建德徽	鲜味 ɕie^{53}fi^{55}	香 ɕie^{53}	臭 tsʰɤɯ^{33}
82 寿昌徽	鲜 ɕi^{112}	香 ɕiɑ̃^{112}	臭 tsʰəɯ^{33}
83 淳安徽	鲜 ɕiã^{24}	香 ɕiɑ̃^{24}	臭 tsʰɯ^{24}
84 遂安徽	鲜 ɕiɑ̃^{534}	香 ɕiɑ̃^{534}	臭 tɕʰiu^{43}
85 苍南闽	鲜 ɕian^{55}	芳 pʰan^{55}	臭 tsʰau^{21}
86 泰顺闽	鲜 tɕʰie^{213}	香 ɕyo^{213}	臭 tsʰau^{53}
87 洞头闽	鲜 ɕian^{33}	芳 pʰaŋ^{33}	臭 tsʰau^{21}
88 景宁畲	甜心 tʰan^{44}ɕin^{44}	香 xiɔŋ^{44}	臭 tɕʰiəu^{44}

方言点	1042 馊饭~	1043 腥鱼~	1044 好人~
01 杭州	馊 sei^{334}	腥 ɕiŋ^{334}	好 xɔ^{53}
02 嘉兴	馊 sei^{42}	腥气 ɕiŋ^{33}tɕʰi^{21}	好 hɔ^{544}
03 嘉善	馊 sə^{53}	腥气 ɕin^{35}tɕʰi^{0}	好 xɔ^{44}
04 平湖	馊 səɯ^{53}	腥气 sin^{53}tɕʰi^{0}	好 hɔ^{44}
05 海盐	馊 se^{53}	腥气 ɕin^{53}tɕʰi^{21}	好 xɔ^{423}
06 海宁	馊 səɯ^{55}	腥气 ɕiŋ^{55}tɕʰi^{55}	好 hɔ^{53}
07 桐乡	馊 sɤɯ^{44}	腥气 siŋ^{44}tɕʰi^{53}	好 hɔ^{53}
08 崇德	馊 sɤɯ^{44}	腥气 ɕiŋ^{44}tɕʰi^{44}	好 hɔ^{53}
09 湖州	馊 ɕiʉ^{44}	腥气 ɕin^{44}tɕʰi^{44}	好 xɔ^{523}
10 德清	馊 ɕiʉ^{44}	腥气 ɕin^{44}tɕʰi^{44}	好 xɔ^{52}
11 武康	馊 sø^{44}	腥气 sin^{44}tɕʰi^{44}	好 xɔ^{53}
12 安吉	馊 səɪ^{55}	腥 ɕiŋ^{55}	好 hɔ^{52}
13 孝丰	馊 səɪ^{44}	腥气 ɕiŋ^{44}tɕʰi^{44}	好 hɔ^{52}
14 长兴	馊 sei^{44}	腥气 ʃiŋ^{44}tʃʰʅ^{44}	好 hɔ^{52}
15 余杭	馊 søʏ^{44}	腥气 siŋ^{55}tɕʰi^{55}	好 xɔ^{53}
16 临安	馊 sə^{55}	腥气 ɕieŋ^{53}tɕʰi^{55}	好 hɔ^{55}
17 昌化	馊 ɕi^{334}	腥气 ɕiəŋ^{33}tsʰɿ^{453} 腥 ɕiəŋ^{334}	好 xɔ^{453}
18 於潜	馊臭 ɕiəu^{43}tɕʰiəu^{35}	腥气 ɕiŋ^{43}tɕʰi^{35}	好 xɔ^{51}
19 萧山	馊 ɕio^{533}	腥气 ɕiŋ^{33}tɕʰi^{42}	好 xɔ^{33}
20 富阳	馊 sei^{53}	腥气 ɕin^{55}tɕʰi^{31}	好 hɔ^{423}
21 新登	馊 ɕy^{53}	腥气 seiŋ^{53}tɕʰi^{334}	好 hɔ^{334}
22 桐庐	馊 sei^{533}	腥 ɕiŋ^{533}	好 xɔ^{33}
23 分水	馊 sɵ^{44}	腥 ɕin^{44}	好 xɔ^{53}

续表

方言点	1042 馊饭～	1043 腥鱼～	1044 好人～
24 绍兴	馊 sɤ^{53}	腥气 ɕiŋ^{33}tɕʰi^{33}	好 hɔ^{334}
25 上虞	馊 sɤ^{35}	腥 ɕiŋ^{35}	好 hɔ^{35}
26 嵊州	馊气 ɕiʏ^{53}tɕʰi^{334}	腥气 ɕiŋ^{53}tɕʰi^{334}	好 hɔ^{53}
27 新昌	馊气 ɕiɯ^{53}tɕʰi^{335}	腥气 ɕiŋ^{53}tɕʰi^{335}	好 hɔ^{453}
28 诸暨	馊 sei^{544}	腥 ɕin^{544}	好 hɔ^{42}
29 慈溪	酸胖透气 sø̃^{35}pʰɔ̃^{0}tʰø^{44}tɕʰi^{0}	腥 ɕiŋ^{35}	好 hɔ^{35}
30 余姚	馊臭 sø^{44}tsʰø^{34}	腥气 ɕiə̃^{44}tɕʰi^{34}	好 hɔ^{34}
31 宁波	馊气 sœʏ^{44}tɕʰi^{44}	腥气 ɕiŋ^{44}tɕʰi^{44}	好 hɔ^{35}
32 镇海	馊气 sei^{33}tɕʰi^{33}	腥气 ɕiŋ^{33}tɕʰi^{53}	好 hɔ^{35}
33 奉化	馊气 sæi^{44}tɕʰi^{44}	腥气 ɕiŋ^{44}tɕʰi^{44}	好 hʌ^{545}
34 宁海	酸 sø^{423}	腥气 ɕiŋ^{33}tsʰɿ^{35} 腥年$^{=}$气 ɕiŋ^{33}ȵie^{21}tsʰɿ^{35}	好 hau^{53}
35 象山	馊气 sɤɯ^{53}tɕʰi^{0}	腥气 ɕiŋ^{53}tɕʰi^{0}	好 hɔ^{53}
36 普陀	蔫 i^{53}	腥气 ɕiŋ^{53}tɕʰi^{0}	好 xɔ^{45}
37 定海	馊气 sɐi^{44}tɕʰi^{0}	腥气 ɕiŋ^{33}tɕʰi^{45}	好 xɔ^{45}
38 岱山	馊气 søʏ^{44}tɕʰi^{0}	腥气 ɕiŋ^{52}tɕʰi^{0}	好 xɔ^{325}
39 嵊泗	馊气 sœʏ^{44}tɕʰi^{0}	腥气 ɕiŋ^{44}tɕʰi^{0}	好 xɔ^{445}
40 临海	蔫 i^{31}	腥气 ɕiŋ^{33}tɕʰi^{55}	好 hɔ^{52}
41 椒江	蔫 ie^{42}	腥臭 ɕiŋ^{33}tɕʰiu^{55}	好 hɔ^{42}
42 黄岩	蔫 ie^{32}	腥臭 ɕin^{33}tɕʰiu^{55}	好 hɔ^{42}
43 温岭	蔫 ie^{33}	腥臭 ɕin^{35}tɕʰiu^{55}	好 hɔ^{42}
44 仙居	蔫 ie^{334}	腥气 ɕin^{55}tɕʰi^{55}	好 hɐɯ^{324}
45 天台	作$^{=}$ tsɔʔ^{5}	腥气 ɕiŋ^{33}kʰi^{55}	好 hau^{325}
46 三门	酸 sø^{334}	腥岩$^{=}$气 ɕiŋ^{33}ŋɛ^{55}tɕʰi^{55}	好 hɑu^{325}

续表

方言点	1042 馊饭～	1043 腥鱼～	1044 好人～
47 玉环	蔫 ie^{42}	腥臭 ɕiŋ^{33}tɕʰiu^{55}	好 hɔ^{53}
48 金华	馊气 ɕiu^{33}tɕʰi^{55}	腥气 ɕiŋ^{33}tɕʰi^{55}	好 xɑo^{535}
49 汤溪	馊气 ɕiəɯ^{24}tɕʰi^{0}	腥气 sɛ̃i^{24}tɕʰi^{0}	好 xɔ^{535}
50 兰溪	馊气 ɕiəɯ^{334}tɕʰi^{45}	腥气 sin^{334}tɕʰi^{45}	好 xɔ^{55}
51 浦江	馊气 ɕiɤ^{55}tʃʰi^{334}	腥气 siən^{55}tʃʰi^{334}	好 xo^{53}
52 义乌	馊臭 sɐɯ^{33}tsʰɐɯ^{45}	腥气 sən^{33}tɕʰi^{45}	好 ho^{423}
53 东阳	馊臭 sɐɯ^{33}tɕʰiəɯ^{53}	腥臭 sɐn^{33}tɕʰiəɯ^{53}	好 hɐɯ^{44}
54 永康	馊臭 sɤ^{33}tɕʰiəu^{52}	腥气 ɕiŋ^{33}tɕʰi^{52}	好 xɑu^{334}
55 武义	馊臭 ɕiəu^{32}tɕʰiəu^{53}	腥气 ɕin^{32}tɕʰi^{53}	好 xɤ^{445}
56 磐安	馊臭 so^{33}tɕʰiɐɯ^{52}	腥气 sɐn^{33}tɕʰi^{52}	好 xo^{334}
57 缙云	馊臭 sɿ^{44}tɕʰiuŋ^{453}	腥气 sɛ^{44}tɕʰi^{453}	好 xəɤ^{51}
58 衢州	馊 se^{32}	腥气 ɕin^{53}tsʰɿ^{21}	好 xɔ^{35}
59 衢江	消= ɕiɔ^{33}	腥气 ɕiŋ^{25}tsʰɿ^{31}	好 xɔ^{25}
60 龙游	馊 səɯ^{334}	腥气 ɕin^{35}tɕʰi^{21}	好 xɔ^{35}
61 江山	馊 ɕiɐɯ^{44}	腥 ɕĩ^{44}	好 xɐɯ^{241}
62 常山	消= ɕiɔ^{44}	腥 zĩ^{324}	好 xɤ^{52}
63 开化	消= ɕiɔ^{44}	腥 ɕin^{412}	好 xəɯ^{53}
64 丽水	蔫 iɛ^{224}	腥气 ɕin^{224}tsʰɿ^{52}	好 xə^{544}
65 青田	蔫 iɛ^{445}	腥臭 ɕiŋ^{55}tɕʰieu^{33}	好 xœ^{454}
66 云和	蔫 iɛ^{24}	膻臭 ɕiɛ^{24}tɕʰiəɯ^{45}	好 xəɯ^{41}
67 松阳	蔫 iɛ̃^{53}	腥臭 ɕin^{33}tɕʰiɯ^{24}	好 xei^{212}
68 宣平	馊臭 ɕiɯ^{32}tɕʰiɯ^{52}	腥气 ɕin^{32}tsʰɿ^{52}	好 xəɯ^{445}
69 遂昌	馊 ɕyɐɯ^{45}	腥臭 ɕiŋ^{55}tɕʰiɯ^{334}	好 xɐɯ^{533}

续表

方言点	1042 馊饭~	1043 腥鱼~	1044 好人~
70 龙泉	馊 siəu^{434}	膻 ɕiᴇ^{434}	好 xɑʌ^{51}
71 景宁	蔫 iɛ^{324}	膻臭 ɕiɛ^{32}tɕʰiəɯ^{35}	好 xəɯ^{33}
72 庆元	馊 sɐɯ^{335}	臭膻 tsʰɐɯ^{11}ɕiɛ̃^{335}	好 xɐɯ^{33}
73 泰顺	馊 səu^{213}	膻臭 ɕiɛ^{213}tɕʰiəu^{35}	好 xəu^{55}
74 温州	蔫 i^{33}	腥气 səŋ^{33}tsʰɿ^{25}	好 hɜ^{25}
75 永嘉	蔫 i^{44}	腥臭 ɕieŋ^{33}tɕʰiəu^{45}	好 hə^{45}
76 乐清	蔫 iᴇ^{44}	腥气 seŋ^{35}tɕʰi^{41}	好 hɤ^{35}
77 瑞安	蔫 i^{44}	腥臭 səŋ^{33}tsʰou^{35}	好 hɛ^{35}
78 平阳	蔫 ie^{55}	腥臭 seŋ^{33}tʃʰɛu^{45}	好 xɛ^{45}
79 文成	蔫 ie^{55}	腥臭 seŋ^{33}tɕʰiou^{33}	好 xɛ^{45}
80 苍南	蔫 iɛ^{44}	腥气 seŋ^{44}tɕʰi^{42}	好 hɛ^{53}
81 建德徽	馊气 sɤɯ^{53}tɕʰi^{55}	腥气 ɕin^{53}tɕʰi^{55}	好 hɔ^{213}
82 寿昌徽	馊 səɯ^{112}	腥气 ɕien^{11}tɕʰi^{33}	好 xɤ^{24}
83 淳安徽	馊 sɯ^{24}	腥 ɕin^{24}	好 hɤ^{55}
84 遂安徽	馊 ɕiu^{534}	腥 ɕin^{33}	好 xɔ^{213}
85 苍南闽	臭酸 tsʰau^{33}sɯŋ^{55}	臭□ tsʰau^{33}tsʰo^{55}	好 ho^{43}
86 泰顺闽	馊 tʰeu^{213}	臭膻 tsʰau^{34}ɕie^{213}	好 xou^{344}
87 洞头闽	臭酸 tsʰau^{33}sɯŋ^{33}	臭操= tsʰau^{33}tsʰo^{33}	好 ho^{53}
88 景宁畲	臭酸 tɕʰiəu^{44}sɔn^{44}	臭腥 tɕʰiəu^{44}saŋ^{44}	好 xau^{325}

方言点	1045 坏人～	1046 差东西质量～	1047 对账算～了
01 杭州	坏 uɛ^{13}	差 tsʰa^{334}	对 tei^{45}
02 嘉兴	坏 uA^{113}	蹩脚 bieʔ^{1}tɕiAʔ^{5}	对 tei^{224}
03 嘉善	怺 tɕʰiə^{53}	蹩脚 bieʔ^{2}tɕiaʔ^{5}	对 tɛ^{334}
04 平湖	怺 tɕʰiəɯ^{53}	蹩脚 biəʔ^{23}tɕiaʔ^{5} 推扳 tʰe^{44}pɛ^{0}	对 te^{334}
05 海盐	怺 tɕʰio^{53}	蹩脚 biəʔ^{23}tɕiaʔ^{5}	对 te^{334}
06 海宁	怺 tɕʰiəu^{55}	蹩脚 bieʔ^{2}tɕiaʔ^{5} 推扳 tʰei^{55}pɛ^{55}	对 tei^{35}
07 桐乡	怺 tɕʰiɤɯ^{44} 坏 ua^{334}	蹩脚 biəʔ^{23}tɕiaʔ^{5}	对 ti^{334}
08 崇德	怺 tɕʰiɤɯ^{44}	蹩脚 biəʔ^{23}tɕiaʔ^{53} 推扳 tʰi^{44}pɛ^{44}	对 ti^{334}
09 湖州	推扳 tʰei^{44}pɛ^{44}	蹩脚 bieʔ^{2}tɕiaʔ^{5}	碰拢 pʰã^{33}loŋ^{35}
10 德清	蹩脚 bieʔ^{2}tɕiaʔ^{5}	蹩脚 bieʔ^{2}tɕiaʔ^{5}	对 tɛ^{334}
11 武康	推为 tʰɛ^{44}uɛ^{44}	推为 tʰɛ^{44}uɛ^{44}	对 tɛ^{224}
12 安吉	坏 ua^{213}	蹩脚 biEʔ^{2}tɕiEʔ^{5}	对 te^{324}
13 孝丰	坏 ua^{213}	蹩脚 bieʔ^{2}tɕiaʔ^{5}	对 te^{324}
14 长兴	坏 ua^{324}	蹩脚 biEʔ^{2}tʃiaʔ^{5}	对 tei^{324}
15 余杭	弗好 fəʔ^{5}xɔ^{55}	弗好 fəʔ^{5}xɔ^{55}	对 tɛ^{53}
16 临安	坏 ua^{33}	蹩脚 biɐʔ^{2}tɕiɐʔ^{5}	对 tɛ^{55}
17 昌化	坏 ua^{243}	蹩脚 biɛʔ^{2}tɕiaʔ^{5}	对 tɛ^{544}
18 於潜	坏 ua^{24}	不好 pəʔ^{2}xɔ^{53}	对 te^{35}
19 萧山	坏 ua^{242}	疲 ɕieʔ^{5} 推扳 tʰe^{33}pɛ^{33}	对 te^{42}
20 富阳	坏 ua^{335}	疲 ɕiɛʔ^{5}	对 tɛ^{335}
21 新登	坏 ua^{13}	疲 saʔ^{5} 蹩脚 biəʔ^{2}tɕiaʔ^{5}	对 te^{45}
22 桐庐	坏 uA^{24}	差 tsʰA^{533}	对 tE^{35}
23 分水	坏 uɛ^{13}	差 tsʰa^{44}	对 te^{24}
24 绍兴	疲 ɕieʔ^{5}	疲 ɕieʔ^{5}	对 tE^{33}

续表

方言点	1045 坏人～	1046 差东西质量～	1047 对账算～了
25 上虞	坏 ua^{53}	瘀 ɕiəʔ^{5}	对 te^{53}
26 嵊州	瘀 ɕieʔ^{5}	瘀 ɕieʔ^{5}	对 tᴇ^{334}
27 新昌	瘀 ɕiʔ^{5}	瘀 ɕiʔ^{5}	对 te^{335}
28 诸暨	瘀 ɕieʔ^{5}	瘀 ɕieʔ^{5}	对 de^{544}
29 慈溪	瘀 ɕiəʔ^{5}	瘀 ɕiəʔ^{5}	对 te^{44}
30 余姚	瘀 ɕiəʔ^{5}	推扳 t^{h}e^{44} pã^{0}	对 te^{44}
31 宁波	坏 ua^{53}	推扳 t^{h}ɐi^{44} pɛ^{44}	对 tɐi^{44}
32 镇海	坏 ua^{53}	推扳 t^{h}ei^{33} pɛ^{53}	对 tei^{53} 勚错 vei^{24} ts^{h}əu^{33}
33 奉化	坏 ua^{545}	推扳 t^{h}e^{44} pɛ^{53}	对 tei^{53}
34 宁海	坏 ua^{423}	坏 ua^{423} 无伯$^{=}$好 m^{21} paʔ^{5} hau^{53}	对 tei^{35}
35 象山	坏 ua^{44}	推扳 t^{h}ei^{44} pɛ^{35}	对 tei^{53}
36 普陀	推扳 t^{h}æi^{33} pɛ^{53} 坏 ua^{13}	推扳 t^{h}æi^{33} pɛ^{53}	对 tæi^{55}
37 定海	歪 ua^{52}	推扳 t^{h}ɐi^{33} pɛ^{52}	对 tɐi^{44}
38 岱山	歪 ua^{52}	推扳 t^{h}ɐi^{33} pɛ^{52}	对 tɐi^{44}
39 嵊泗	歪 ua^{53}	推扳 t^{h}ɐi^{33} pɛ^{53}	对 tɐi^{53}
40 临海	吞$^{=}$ t^{h}əŋ^{31}	吞$^{=}$ t^{h}əŋ^{31}	对 te^{55}
41 椒江	吞$^{=}$ t^{h}əŋ^{42}	推扳 t^{h}ə^{33} pɛ^{42}	对 tə^{55}
42 黄岩	[弗会]好 fe^{55} hɔ^{42}	吞$^{=}$ t^{h}ən^{32}	对 te^{55}
43 温岭	吞$^{=}$ t^{h}əŋ^{33}	吞$^{=}$ t^{h}əŋ^{33}	对 te^{55}
44 仙居	[弗会]好 fæ^{53} hɐɯ^{0}	[弗会]好 fæ^{53} hɐɯ^{0} 厅$^{=}$ t^{h}in^{334}	对 ɗæ^{55}
45 天台	瘀 ɕiəʔ^{5}	瘀 ɕiəʔ^{5}	对 tei^{55}
46 三门	坏 ua^{243}	差 ts^{h}o^{334} 推扳 t^{h}e^{33} pɛ^{52}	对 te^{55}
47 玉环	吞$^{=}$ t^{h}əŋ^{42}	吞$^{=}$ t^{h}əŋ^{42}	对 te^{55}

续表

方言点	1045 坏人～	1046 差东西质量～	1047 对账算～了
48 金华	疲 ɕiəʔ^{4}	疲 ɕiəʔ^{4}	对 tɛ^{55}
49 汤溪	恶 ɔ^{55}	疲 ɕiei^{55}	对 tɛ^{52}
50 兰溪	疲 ɕieʔ^{34}	疲 ɕieʔ^{34}	对 te^{45}
51 浦江	疲 ɕiə^{423}	疲 ɕiə^{423}	对 ta^{55}
52 义乌	疲 ɕiə^{324}	疲 ɕiə^{324}	对 te^{45}
53 东阳	坏 ua^{24}	推扳 tʰe^{33}pɔ^{53}	对 te^{453}
54 永康	疲 ɕiə^{334} 坏 uai^{241}	疲 ɕiə^{334}	是 dʑi^{113}
55 武义	疲 ɕiəʔ^{5}	疲 ɕiəʔ^{5}	对 la^{53}
56 磐安	疲 ɕiɛ^{334} 坏 ua^{14}	疲 ɕiɛ^{334}	对 te^{52}
57 缙云	恶 ɔ^{322}	疲 ɕiei^{322}	对 tei^{453}
58 衢州	乔 dʑiɔ^{21}	赖 lɛ^{53}	对 te^{53}
59 衢江	乔 dʑiɔ^{212} 坏 ua^{231}	乔 dʑiɔ^{212}	对 tei^{53}
60 龙游	乔 dʑiɔ^{21} 坏 uɑ^{231}	推扳 tʰei^{33}pɑ̃^{334}	对 tuei^{51}
61 江山	乔 giɐɯ^{213}	乔 giɐɯ^{213}	对 tuᴇ^{51}
62 常山	乔 dʑiɤ^{341}	赖 lɛ^{52} 差 tsʰɑ^{44}	对 tue^{324}
63 开化	崩$^{=}$ pɔŋ^{44}	赖 la^{53} 差 tsʰɔ^{412}	对 tɛ^{412}
64 丽水	差 tsʰuo^{224} 推扳 tʰei^{44}pɑ̃^{224}	差 tsʰuo^{224}	对 tei^{52}
65 青田	坏 uɑ^{22}	蠢 mœ^{21}	对 ɗæi^{33}
66 云和	差 tsʰo^{24}	差 tsʰo^{24}	对 tei^{45}
67 松阳	坏 ua^{13}	弗道地 fɤʔ^{5}dʌ^{22}di^{13} 蹩脚 biɛʔ^{2}tɕiaʔ^{5} 差 tsʰuə^{53}	对 tei^{24}
68 宣平	疲 ɕiəʔ^{5} 推扳 tʰei^{44}pɑ̃^{445}	疲 ɕiəʔ^{5}	对 tei^{52}

续表

方言点	1045 坏人～	1046 差东西质量～	1047 对账算～了
69 遂昌	坏 ua^{213}	差 tsʰɒ^{45}	对 tei^{334}
70 龙泉	懈 ka^{51}	懈 ka^{51}	对 tᴇ^{45}
71 景宁	懈 ka^{33}	差 tsʰo^{324}	对 tai^{35}
72 庆元	懈 kɑ^{221}	懈 kɑ^{221}	对 ɗæi^{11}
73 泰顺	懈 ka^{21} 孬 mɑɔ^{53}	孬 mɑɔ^{53} 差 tsʰɔ^{213}	对 tæi^{35}
74 温州	孬 mɜ^{31}	孬 mɜ^{31}	对 tai^{51}
75 永嘉	孬 mə^{31}	孬 mə^{31} 差 tsʰa^{44}	是 zɿ^{13} 对 tai^{53}
76 乐清	呑$^{=}$ tʰaŋ^{44}	呑$^{=}$ tʰaŋ^{44}	对 tai^{41}
77 瑞安	孬 mɛ^{31}	孬 mɛ^{31}	是 zɿ^{13} 对 tai^{53}
78 平阳	孬 mɛ^{242}	差 tʃʰᴀ^{55}	对 tai^{53}
79 文成	孬 mɛ^{113}	孬 mɛ^{113}	对 tai^{33}
80 苍南	孬 mɛ^{31}	孬 mɛ^{31} 差 tsʰa^{44}	对 tai^{42} 是 zɿ^{24} 着 dʑia^{112}
81 建德徽	坏 uɑ^{55}	差 tsʰo^{53} 疲 ɕiɐʔ^{5} 蹩脚 piɐʔ^{12}tɕiɐʔ^{12}	对 te^{33}
82 寿昌徽	坏 uɑ^{112}	推扳 tʰiæ^{11} pɑ̃^{112}	对 tiæ^{33}
83 淳安徽	推扳 tʰie^{21} pɑ̃^{55}	差扳 tsʰo^{21} pɑ̃^{55}	对 tie^{24}
84 遂安徽	坏 pʰe^{52}	差 tsʰɑ^{534}	对 təɯ^{43}
85 苍南闽	否 pʰai^{43}	否 pʰai^{43}	着 tio^{24}
86 泰顺闽	坏 fai^{31}	差 tsʰa^{213}	对 tɔi^{52}
87 洞头闽	否 pʰai^{53}	否 pʰai^{53} 差 tsʰa^{33}	着 tieu^{241}
88 景宁畲	□ kai^{51}	差 tsʰɔ^{44}	对 toi^{44}

方言点	1048 错账算～了	1049 漂亮形容年轻女性的长相：她很～	1050 丑形容人的长相：猪八戒很～
01 杭州	错 tsʰəu^{45}	漂亮 pʰiɔ^{55}liaŋ^{0} 好看 xɔ^{55}kʰɛ^{0}	难看 nɛ^{22}kʰɛ^{45}
02 嘉兴	差 tsʰo^{42}	漂亮 pʰiɔ^{21}liᴀ̃^{13} 齐整 dʑi^{13}tsəŋ^{42}	难看 nᴇ^{13}kʰə^{42}
03 嘉善	差 tsʰo^{53}	齐整 dʑi^{13}tsən^{53}	难看 nɛ^{13}kʰø^{53}
04 平湖	差 tsʰo^{53}	趣$^{=}$ tɕʰy^{213}	难看 nɛ^{24}kʰø^{0}
05 海盐	差 tsʰo^{53}	齐整 dʑi^{24}tsən^{53} 趣$^{=}$ tɕʰy^{334} 好看 xɔ^{53}kʰɤ^{334}	难看 nɛ^{24}kʰɤ^{53}
06 海宁	差 tsʰo^{55}	齐整 dʑi^{33}tsəŋ^{55}	难看 nɛ^{33}kʰei^{55}
07 桐乡	差 tsʰo^{44}	齐整 zi^{21}tsəŋ^{44} 登$^{=}$样 təŋ^{44}iã^{0} 好看 hɔ^{44}kʰᴇ^{0}	难看 nɛ^{13}kʰᴇ^{53}
08 崇德	差 tsʰo^{44}	齐整 ʑi^{21}tsəŋ^{44} 好看 hɔ^{55}kʰᴇ^{0}	难看 nɛ^{21}kʰᴇ^{44}
09 湖州	碰勿拢 pʰã^{33}vəʔ^{2}loŋ^{35}	齐整 ʑi^{33}tsən^{35}	无样子 m^{33}iã^{33}tsɿ^{35}
10 德清	弗对 fəʔ^{5}tɛ^{35}	齐整 dʑi^{11}tsen^{35}	难看 nɛ^{11}kʰɛ^{35}
11 武康	错 tsʰu^{224}	齐整 ʑi^{11}tsen^{35}	难看 nɛ^{11}kʰø^{35}
12 安吉	错 tsʰʊ^{324}	齐整 ʑi^{22}tsəŋ^{22}	难看 nᴇ^{22}kʰᴇ^{213}
13 孝丰	错 tsʰu^{324}	齐整 ʑi^{22}tsəŋ^{22}	丑 tsʰəɪ^{52} 难看 nɛ^{22}kʰe^{324}
14 长兴	错 tsʰəu^{324}	齐整 ʒʅ^{12}tsəŋ^{324}	难看 nᴇ^{12}kʰɯ^{33}
15 余杭	弗对 fəʔ^{5}tɛ^{55}	有相儿 iʏ^{53}siɑ̃^{55}n^{31}	无相儿 m^{33}siɑ̃^{53}n^{31}
16 临安	错 tsʰo^{55}	好看 hɔ^{55}kʰœ^{55}	难看 nɛ^{33}kʰœ^{55}
17 昌化	错 tsʰu^{544}	标致 piɔ^{33}tsɿ^{453} 好看 xɔ^{45}kʰɛ̃^{544}	难看 nɔ̃^{11}kʰɛ̃^{544} 丑 tɕʰi^{453}
18 於潜	错 tsʰu^{35}	好看 xɔ^{53}kʰɛ^{35}	难看 nɛ^{22}kʰɛ^{35}

续表

方言点	1048 错账算～了	1049 漂亮形容年轻女性的长相：她很～	1050 丑形容人的长相：猪八戒很～
19 萧山	错 tsʰo^{42}	漂亮 pʰiɔ^{33} liã^{42} 好看 xɔ^{33} kʰie^{42}	难看 nɛ^{21} kʰie^{42}
20 富阳	错 tsʰʊ^{335}	齐整 ʑi^{13} tsən^{55}	难看 nã^{13} kʰĩɛ̃^{55}
21 新登	错 tsʰu^{45}	齐整 ʑi^{21} tɕiŋ^{334}	难看 nɛ̃^{233} kʰɛ̃^{334}
22 桐庐	错 tsʰu^{35}	漂亮 pʰiɔ^{33} liã^{33}	难望 nã^{21} moŋ^{35}
23 分水	错 tsʰuo^{24}	标致 piɔ^{44} tsɿ^{0}	难看 nã^{21} kʰã^{24}
24 绍兴	错 tsʰo^{33}	好看 hɔ^{44} kʰẽ^{31} 滋$^{=}$迷$^{=}$ tsɿ^{33} mi^{33}	难看 nɛ̃^{22} kʰẽ^{33}
25 上虞	错 tsʰo^{53}	好看 hɔ^{33} kʰɛ̃^{53}	难看 nɛ̃^{21} kʰɛ̃^{35}
26 嵊州	错 tsʰo^{334}	好看 hɔ^{33} kʰœ̃^{53} 漂亮 pʰiɔ^{33} liaŋ^{231}	难看 nɛ̃^{22} kʰœ̃^{334}
27 新昌	赚 dzɛ̃^{13} 错 tsʰɤ^{335}	好看 hɔ^{33} kʰœ̃^{53}	难看 nɛ̃^{22} kʰœ̃^{335}
28 诸暨	错 tsʰɤu^{544}	齐整 dʒʅ^{21} tsɛn^{42} 老 好看 hɔ^{33} kʰə^{33} 新	难看 nɛ^{21} kʰə^{33}
29 慈溪	错 tsʰəu^{44}	齐整 i^{13} tsəŋ^{0}	难看 nɛ̃^{13} kʰẽ^{0}
30 余姚	错 tsʰou^{44}	好看 hɔ^{34} kʰẽ^{53}	难看 nã^{13} kʰẽ^{34}
31 宁波	赚 dzɛ^{13}	好看 hɔ^{53} kʰi^{0}	难看 nɛ^{13} kʰi^{44}
32 镇海	错 tsʰəu^{53}	好看 hɔ^{35} kʰi^{33}	难看 nɛ^{22} kʰi^{53}
33 奉化	赚 dzɛ^{31}	好相 hʌ^{44} ɕiã^{44}	难相 nɛ^{33} ɕiã^{44}
34 宁海	赚 dze^{24}	好相 hau^{53} ɕiã^{35}	难相 ne^{21} ɕiã^{35} 歪相 ua^{33} ɕiã^{35}
35 象山	赚 dzɛ^{13}	好看 hɔ^{44} kʰi^{53}	难看 nɛ^{31} kʰi^{0}
36 普陀	错 tsʰəu^{55}	貌相好 ma^{11} ɕiã^{55} xɔ^{45}	难看 nɛ^{24} kʰi^{0}
37 定海	赚 dzɛ^{23}	□ tsɛ^{44} 好看 xɔ^{52} kʰi^{0}	难看 nɛ^{33} kʰi^{52}

续表

方言点	1048 错账算～了	1049 漂亮形容年轻女性的长相：她很～	1050 丑形容人的长相：猪八戒很～
38 岱山	赚 dzε^{23}	好看 xɔ^{52}kʰi^{0}	难看 nε^{31}kʰi^{0}
39 嵊泗	赚 dzε^{334} 错 tsʰʌu^{53}	好看 xɔ^{44}kʰi^{0}	难看 nε^{33}kʰi^{53}
40 临海	赚 dzε^{324}	好看 hɔ^{42}kʰie^{55}	弗好望 fəʔ^{5}hɔ^{42}mɔ̃^{21} [弗会]好望 fe^{55}hɔ^{42}mɔ̃^{21} 难望 nε^{22}mɔ̃^{44}
41 椒江	赚 dzε^{24}	好看 hɔ^{42}tɕʰie^{55}	[弗好]看 fɔ^{51}tɕʰie^{33}
42 黄岩	赚 dzε^{24}	好看 hɔ^{42}tɕʰie^{55}	[弗好]看 fɔ^{53}tɕʰie^{33}
43 温岭	赚 dzε^{13}	好看 hɔ^{42}tɕʰie^{55}	[弗好]看 fɔ^{51}tɕʰie^{33}
44 仙居	错 tsʰo^{55}	好相 hɐɯ^{31}ɕia^{55} 好望 hɐɯ^{31}mɑ̃^{24} 标致 ɓiɐɯ^{55}tsɿ^{55}	难相 na^{24}ɕia^{55} 难望 na^{24}mɑ̃^{55}
45 天台	赚 dze^{35}	标致 pieu^{33}tsɿ^{55}	难相 ne^{22}ɕia^{55}
46 三门	错 tsʰo^{55}	好相 hɑu^{32}ɕiɑ̃^{55} 标致 piɑu^{55}tsɿ^{55}	难相 nε^{13}ɕiɑ̃^{55}
47 玉环	错 tsʰo^{55}	好看 hɔ^{53}tɕʰie^{55}	[弗好]看 fɔ^{53}tɕʰie^{33}
48 金华	赚 dzɑ^{14}	俏 tsʰiɑo^{55}老 好望 xɑo^{55}moŋ^{14}新 漂亮 pʰiɑo^{55}liɑŋ^{14}新	难望 nɑ^{33}moŋ^{14}
49 汤溪	错 tsʰuɤ^{52}	俏 tsʰɤ^{52}	难望 nuɑ^{11}mɑo^{52}
50 兰溪	赚 dzuɑ^{24}	俏 tsʰiɔ^{45}	难望 nuɑ^{21}moŋ^{24}
51 浦江	赚 dzɑ̃^{24}	精$^{=}$记$^{=}$tsiən^{55}tʃi^{334}	难望 nɑ̃^{11}mõ^{24}
52 义乌	赚 dzɔ^{24}	齐整 zi^{22}tsən^{423}	难望相 nɔ^{22}mɯɤ^{33}sɯa^{45}
53 东阳	赚 dzɔ^{24}	像样 ʑiɔ^{22}iɔ^{53}	显□ ɕiɐn^{23}zɔm^{53}
54 永康	赚 dza^{241}	黄$^{=}$户$^{=}$uɑŋ^{33}u^{113}	腻心 ȵi^{33}səŋ^{55}
55 武义	赚 dzuo^{231}	光生 kuɑŋ^{32}sa^{53}	难望 nuo^{32}mɑŋ^{231}

续表

方言点	1048 错账算～了	1049 漂亮形容年轻女性的长相：她很～	1050 丑形容人的长相：猪八戒很～
56 磐安	赚 dzɒ^{14}	像样 ʑiɒ^{21} iɒ^{52} 清壳$^{=}$ ts^{h}ɐn^{33} k^{h}uə^{334}	难望 nɒ^{21} mo^{14} 丑 tɕ^{h}iɐɯ^{334}
57 缙云	赚 dzɑ^{213}	汪$^{=}$妇$^{=}$ ɔ^{44} vu^{31}	难望 nɑ^{44} mɔ^{453}
58 衢州	错 ts^{h}u^{53}	齐整 zɿ^{21} tʃyən^{35}	难看 nã^{21} k^{h}ə̃^{53}
59 衢江	错 ts^{h}ou^{53}	俏 tɕ^{h}iɔ^{53} 好促$^{=}$ xɔ^{33} ts^{h}əʔ^{5}	难促$^{=}$ nã^{22} ts^{h}əʔ^{5}
60 龙游	错 ts^{h}u^{51}	俏 tɕ^{h}iɔ^{51} 好瞥 xɔ^{22} tɕ^{h}i^{51} 漂亮 p^{h}iɔ^{22} liã^{231}	难瞥 nã^{22} tɕ^{h}i^{51}
61 江山	错 ts^{h}o^{51}	老赟 lɐɯ^{22} yĩ^{44}	死相 sə^{44} ɕiaŋ^{51}
62 常山	错 ts^{h}ɔ^{324}	子$^{=}$待$^{=}$ tsɿə^{43} dɛ^{24}	难促$^{=}$ nɔ̃^{22} ts^{h}ɤʔ^{5}
63 开化	错 ts^{h}uo^{412}	标致 piəɯ^{53} tɕi^{0}	□ sua^{44} 难促$^{=}$ nɔŋ^{21} ts^{h}əʔ^{5}
64 丽水	赚 dã^{131} 老 错 ts^{h}u^{52} 新	生好 sã^{224} xə^{544} 老 漂亮 p^{h}iə^{224} liã^{52} 新	难望 nã^{21} mɔŋ^{131}
65 青田	赚 dzɑ^{22}	生好 sɛ^{33} xœ^{454}	难相 nɑ^{55} ɕi^{33}
66 云和	错 ts^{h}u^{45}	生好 sɛ^{24} xəɯ^{45}	难相 nã^{31} ɕiã^{45}
67 松阳	错 ts^{h}u^{24}	道地 dʌ^{22} di^{13}	难望 nɔ̃^{33} moŋ^{13}
68 宣平	赚 dzɑ̃^{231}	生好 sɛ^{32} xəɯ^{445} 漂亮 p^{h}iɔ^{32} liɑ̃^{231}	碜 ts^{h}ɑ̃^{52}
69 遂昌	错 ts^{h}u^{334}	光烫$^{=}$ kɔŋ^{55} t^{h}ɔŋ^{334} 好望 xɐɯ^{55} mɔŋ^{213} 漂亮 p^{h}iɐɯ^{55} liaŋ^{213}	难望 naŋ^{22} mɔŋ^{213}
70 龙泉	错 ts^{h}ou^{45}	生好 saŋ^{45} xɑʌ^{51} 爽利 ɕiɔŋ^{44} li^{224}	难促$^{=}$ naŋ^{44} tɕ^{h}iɤɯʔ^{5}
71 景宁	错 ts^{h}oʔ^{5} 音殊	生好 sɛ^{32} xəɯ^{33}	难相 nɔ^{41} ɕiɛ^{35}
72 庆元	错 ts^{h}o^{11}	光生 kɔ̃^{33} sæ̃^{335}	懈略 kɑ^{22} lɒ^{335}

续表

方言点	1048 错账算～了	1049 漂亮形容年轻女性的长相：她很～	1050 丑形容人的长相：猪八戒很～
73 泰顺	错 tsʰoʔ^{5} 促化 赚 tsã^{22}	生好 sã^{213} xəu^{55} 好削⁼ xəu^{55} ɕiɔʔ^{5}	□望 ma^{213} mɔ̃^{22}
74 温州	赚 dza^{22}	生好 siɛ^{3} hɜ^{25}	难眙 na^{22} tsʰɿ^{25}
75 永嘉	赚 dza^{22}	生好 sɛ^{33} hə^{45} 干⁼切⁼ kø^{45} tɕʰi^{423}	难眙 na^{22} tsʰɿ^{45}
76 乐清	赚 dʑiɛ^{22}	像范 ziɯʌ^{31} vᴇ^{24} 生好 sa^{3} hɤ^{35}	难眙 nᴇ^{24} tsʰɿ^{41}
77 瑞安	赚 dzɔ^{22}	生好 sa^{3} hɛ^{35}	生䗬 sa^{3} mɛ^{31}
78 平阳	赚 dʒɔ^{33}	生好 sᴀ^{33} xɛ^{45}	生䗬 sᴀ^{33} mɛ^{42}
79 文成	赚 dʒɔ^{424}	生好 sa^{33} xɛ^{45} 好眙 xɛ^{45} tsʰɿ^{33}	难眙 nɔ^{21} tsʰɿ^{33}
80 苍南	赚 za^{11}	生好 ɕia^{44} hɛ^{53}	生䗬 ɕia^{44} mɛ^{31}
81 建德徽	错 tsʰu^{33}	齐整 ɕi^{33} tsən^{213} 旧 漂亮 pʰiɔ^{21} nie^{55} 今 好看 hɔ^{55} kʰɛ^{33} 今	难看 nɛ^{33} kʰɛ^{33}
82 寿昌徽	错 tsʰu^{33}	客气 kʰəʔ^{3} tɕʰi^{33}	㞞 sɔŋ^{52}
83 淳安徽	错 tsʰu^{24}	客气 kʰɑʔ^{5} tɕʰi^{21}	难促⁼ lɑ̃^{43} tsʰoʔ^{5}
84 遂安徽	错 tsʰəɯ^{43}	客气 kʰa^{33} tsʰɿ^{33}	难促⁼ lɑ̃^{33} tɜʰu^{33}
85 苍南闽	赚 tã^{21}	水 sui^{43} 好看 ho^{24} kʰuãĩ^{21}	否看 pʰai^{24} kʰũã^{21}
86 泰顺闽	错 tsʰou^{53}	生好 sæŋ^{21} xou^{344}	生穤 sæŋ^{21} mai^{53}
87 洞头闽	赚 tã^{21}	水 sui^{53} 好看 ho^{24} kʰũã^{21}	否看 pʰai^{24} kʰũã^{21} 丑 tʰiu^{53}
88 景宁畲	错 tsʰoʔ^{5}	生好 saŋ^{44} xau^{55}	□睇 mau^{55} tʰai^{55}

方言点	1051 勤快	1052 懒	1053 乖
01 杭州	巴结 pa^{33}tɕiɛʔ^{5}	懒 lɛ^{53}	乖 kuɛ^{334}
02 嘉兴	勤今$^{=}$ dʑiŋ^{13}tɕiŋ^{42}	懒惰 lᴇ^{21}dou^{13}	乖 kuᴀ^{42}
03 嘉善	勤今$^{=}$ dʑin^{13}tɕin^{53}	懒惰 lɛ^{22}du^{13}	泻$^{=}$抓$^{=}$ ɕia^{35}tsa^{53}
04 平湖	勤今$^{=}$ dʑin^{24}tɕin^{53}	懒 lɛ^{213}	乖 kua^{53}
05 海盐	勤今$^{=}$ dʑin^{24}tɕin^{53}	懒 lɛ^{423}	乖 kuɑ^{53}
06 海宁	勤今$^{=}$ dʑiŋ^{33}tɕiŋ^{55}	懒惰 lɛ^{13}dəu^{0}	乖 kua^{55}
07 桐乡	勤今$^{=}$ dʑiŋ^{21}tɕiŋ^{44}	懒 lɛ^{242}	乖 kua^{44}
08 崇德	勤今$^{=}$ dʑiŋ^{21}tɕiŋ^{44}	懒 lɛ^{53}	乖 kuɑ^{44}
09 湖州	勤今$^{=}$ dʑin^{33}tɕin^{35}	懒惰 lɛ^{53}dəu^{13}	还债 uɛ^{33}tsa^{35}
10 德清	勤快 dʑi^{11}kʰ^{35}	懒惰 lɛ^{35}dəu^{0}	儇 xuɛ^{44}
11 武康	勤练 dʑin^{11}liɪ^{35}	懒惰 lɛ^{13}du^{31}	儇 xuɛ^{44}
12 安吉	勤力 dʑiŋ^{22}liᴇʔ^{2}	懒 lᴇ^{52}	乖 kua^{55}
13 孝丰	勤快 dʑiŋ^{22}kʰua^{22} 勤力 dʑiŋ^{22}lieʔ^{2}	懒 lɛ^{52}	乖 kua^{44}
14 长兴	勤利 dʒiŋ^{12}lʅ^{33}	懒 lᴇ^{52}	乖 kua^{44}
15 余杭	巴结 puo^{55}tɕieʔ^{5}	懒 lɛ^{243}	儇 xuɛ^{44}
16 临安	勤劳 dʑieŋ^{33}lɔ^{33}	懒惰 lɛ^{33}do^{33}	听话 tʰieŋ^{55}o^{13}
17 昌化	勤快 ʑiəŋ^{11}kʰua^{453}	懒 lɔ̃^{243}	乖 kua^{334}
18 於潜	会做 ue^{24}tsu^{35}	懒 lɛ^{51}	听话 tiŋ^{43}ua^{24}
19 萧山	劳碌 lɔ^{33}ləʔ^{5} 俭勤 dʑie^{33}dʑiŋ^{355}	懒 lɛ^{13}	儇 xuɛ^{533}
20 富阳	勤道 dʑin^{224}dɔ^{13}	懒惰 lã^{224}dʊ^{13}	将$^{=}$精 tɕiɑ̃^{53}tɕin^{55}
21 新登	勤健 dʑiŋ^{233}dʑiɛ̃^{13}	懒惰 lɛ^{334}tu^{45}	将$^{=}$精 tɕiɑ̃^{334}tɕiŋ^{45}
22 桐庐	勤劳 dʑiŋ^{21}lɔ^{13}	懒 lã^{33}	乖 kuᴀ^{533}
23 分水	勤快 dʑin^{21}kʰuɛ^{24}	懒 lã^{53}	乖 kuɛ^{44}
24 绍兴	勤快 dʑiŋ^{22}kʰua^{33}	懒惰 lɛ̃^{24}do^{31}	儇 fɛ̃^{53}

续表

方言点	1051 勤快	1052 懒	1053 乖
25 上虞	检$^{=}$进$^{=}$ tɕiẽ^{33} tɕiŋ^{35}	懒 lɛ̃^{213} 懒惰 lɛ̃^{21} do^{31}	儇 fɛ̃^{35}
26 嵊州	勤力 dʑiŋ^{22} lieʔ^{3}	懒惰 lɛ̃^{24} do^{231}	儇 fɛ̃^{534}
27 新昌	勤力 dʑiŋ^{22} liʔ^{2}	懒 lɛ̃^{232}	听话 tʰiŋ^{33} uo^{335}
28 诸暨	健$^{=}$紧$^{=}$ dʑie^{21} tɕin^{42}	懒 lɛ^{242}	填债 die^{21} tsᴀ^{33}
29 慈溪	勤力 dʑiŋ^{11} liəʔ^{2}	懒 lɛ̃^{13}	儇 huɛ̃^{35}
30 余姚	勤力 dʑiə̃^{13} liəʔ^{2}	懒惰 lã^{13} tou^{0}	儇 huã^{44}
31 宁波	勤力 dʑiŋ^{13} liəʔ^{2}	懒 lɛ^{13} 懒惰 lɛ^{13} dəu^{0}	儇 huɛ^{53}
32 镇海	巴结 po^{33} tɕieʔ^{5}	懒 lɛ^{24}	儇 huɛ^{53}
33 奉化	勤力 dʑiŋ^{33} liɪʔ^{2}	懒 lɛ^{324}	儇 huɛ^{44}
34 宁海	勤力 dʑiŋ^{21} liəʔ^{3}	懒 le^{31}	儇 huɛ^{423} 听讲 tʰiŋ^{33} kɔ̃^{53}
35 象山	勤力 dʑiŋ^{13} laʔ^{2}	懒 lɛ^{31}	儇 huɛ^{44}
36 普陀	勤力 dʑiŋ^{33} liɛʔ^{5}	懒 lɛ^{23}	儇 xuɛ^{53}
37 定海	勤力 dʑiŋ^{33} lieʔ^{5}	懒 lɛ^{23}	儇 xuɛ^{52}
38 岱山	勤力 dʑiŋ^{33} lieʔ^{5}	懒惰 lɛ^{33} dʌu^{52}	儇 xuɛ^{52}
39 嵊泗	勤力 dʑiŋ^{33} liᴇʔ^{5}	懒 lɛ^{445}	儇 xuɛ^{53}
40 临海	巴结 po^{33} tɕieʔ^{5}	懒 lɛ^{52}	儇 huɛ^{33}
41 椒江	巴结 po^{33} tɕieʔ^{5}	懒惰 lɛ^{42} dəu^{31}	儇 huɛ^{42}
42 黄岩	有做 iu^{42} tsou^{55} 会 uø^{24} 勤力 dʑin^{13} liəʔ^{2}	懒 lɛ^{42}	儇 huɛ^{32}
43 温岭	巴结 po^{33} tɕiʔ^{5} 会 ue^{13}	懒 lɛ^{42}	儇 huɛ^{33}
44 仙居	勤力 dʑin^{33} liəʔ^{23}	懒 la^{324}	慧 uæ^{24}
45 天台	勤力 giŋ^{22} liəʔ^{2}	懒惰 le^{21} du^{214} "惰"韵殊	儇 hue^{33}

续表

方言点	1051 勤快	1052 懒	1053 乖
46 三门	勤力 dʑiŋ^{11} lieʔ^{23}	懒 lɛ^{325}	儇 huɛ^{334}
47 玉环	勤力 dʑiŋ^{31} liɐʔ^{2}	懒 lɛ^{53}	听讲 tʰiŋ^{33} kɔ̃^{42}
48 金华	健⁼棋⁼ dʑie^{31} dʑi^{14} 会做 uɛ^{53} tsuɤ^{55}	懒 lɑ^{535} 程度轻 赖 lɑ^{14} 程度重	慧 uɛ^{14} 听话 tʰiŋ^{33} uɑ^{14}
49 汤溪	健⁼记 dʑie^{11} tɕi^{52}	懒病 luɑ^{11} bɛ̃i^{113}	作乖 tsɔ^{52} kuɑ^{52}
50 兰溪	健⁼记 dʑie^{21} tɕi^{45}	懒病 luɑ^{55} bin^{24}	听讲 tʰin^{334} kɑŋ^{55}
51 浦江	勤力 dʑiən^{24} lɛ^{334}	懒 lɑ̃^{243}	慧 ua^{24}
52 义乌	勤家 dʑiən^{22} kɔ^{45}	懒 lɔ^{24}	慧 ue^{24}
53 东阳	勤干 dʑiɐn^{33} kɔ^{53}	懒 lɔ^{231}	慧 ue^{24}
54 永康	勤力 tɕiŋ^{33} ləi^{113}	懒 la^{241}	听话 tʰiŋ^{33} uɑ^{241}
55 武义	勤 dʑin^{324}	懒 nuo^{13}	辈□ pa^{53} lie^{324}
56 磐安	勤力 dʑiɐn^{22} lɛi^{213}	懒 lɒ^{14}	慧 ue^{14}
57 缙云	勤力 dʑiɛŋ^{44} lei^{45}	懒 lɑ^{31}	本事 pɛ^{51} zɿ^{213}
58 衢州	勤力 dʑin^{21} liəʔ^{12}	懒 lã^{231}	搭⁼把⁼ kʰɑ^{32} pɑ^{35}
59 衢江	勤力 tɕiŋ^{33} liəʔ^{2} 发狠 faʔ^{5} xəŋ^{25}	懒 lã^{212}	搭⁼把⁼ kʰuo^{33} puo^{25}
60 龙游	勤力 tɕin^{33} liəʔ^{23}	懒病 lã^{22} bin^{231}	听讲 tʰin^{33} kã^{35}
61 江山	勤力 gɞ̃^{22} liɛʔ^{2}	懒 lɒŋ^{22}	听话 tʰĩ^{24} yə^{51}
62 常山	勤力 gĩ^{22} lieʔ^{34}	懒 lã^{24}	儇 xuã^{44} 听讲 tʰĩ^{44} kɔ̃^{52}
63 开化	勤力 gɛn^{21} lieʔ^{13} 力目⁼ lieʔ^{2} məʔ^{13}	懒 lã^{53} 贱⁼ dʑiɛ̃^{213}	定挡⁼ din^{21} tɔŋ^{53} 听讲 tʰin^{44} kɔŋ^{53} 惯 xuã^{44}
64 丽水	勤力 dʑin^{21} liʔ^{23}	懒 lã^{544}	慧 uei^{131}
65 青田	勤力 dʑiaŋ^{22} liʔ^{31}	懒 lɑ^{454}	慧 uæi^{22}
66 云和	勤力 dʑiŋ^{223} liʔ^{23}	懒 lã^{41}	嫱 zɑɔ^{312}
67 松阳	煞心 sɔʔ^{3} ɕin^{53}	懒 lɔ̃^{22}	听讲 tʰin^{33} koŋ^{212} 慧 uei^{13}

续表

方言点	1051 勤快	1052 懒	1053 乖
68 宣平	勤力 tɕin^{44} liəʔ^{23}	懒 lɑ̃^{223}	听话 tʰin^{44} oʔ^{23} 慧 uei^{231}
69 遂昌	勤时 dʑiŋ^{22} ʑiu^{213}	俭⁼ dʑiɛ̃^{13} 懒 laŋ^{13}	百高 piaʔ^{3} kɐɯ^{45} 听讲 tʰiŋ^{33} kɔŋ^{533}
70 龙泉	勤 gɛn^{21}	懒 laŋ^{51}	嫱 zɑʌ^{21}
71 景宁	勤俭 dʑiaŋ^{55} tɕiɛ^{33}	懒 lɔ^{33}	听讲 tʰiŋ^{55} kɔŋ^{33} 嫱 zɑu^{41}
72 庆元	勤俭 tɕiəŋ^{52} tɕiɛ̃^{11}	懒 lɑ̃^{221}	嫱 sɒ^{52} □ oʔ^{5}
73 泰顺	勤力 tsəŋ^{21} liʔ^{2}	懒 lã^{55}	慧 uæi^{22} 听讲 tʰiŋ^{22} kɔ̃^{55}
74 温州	勤力 dʑiaŋ^{24} lei^{212}	懒 la^{14}	香侬 ɕi^{33} naŋ^{223}
75 永嘉	勤力 dʑiaŋ^{13} lei^{213}	懒 la^{13}	香侬 ɕiɛ^{33} naŋ^{21}
76 乐清	勤力 dʑiaŋ^{24} li^{212}	懒 lᴇ^{24}	香侬 ɕia^{44} naŋ^{223}
77 瑞安	勤力 dʑiaŋ^{13} lei^{212}	懒 lɔ^{13}	香侬 ɕiɛ^{33} naŋ^{21}
78 平阳	勤力 dʒaŋ^{13} li^{21}	懒 lɔ^{45}	香侬 ɕie^{33} naŋ^{35}
79 文成	勤力 dʒaŋ^{13} lei^{113}	懒 lɔ^{224}	听讲 tʰeŋ^{33} kuo^{45}
80 苍南	勤力 dʑiaŋ^{11} li^{112}	懒 la^{53}	香侬 ɕiɛ^{33} naŋ^{21}
81 建德徽	勤力 tɕin^{33} liɐʔ^{12}	懒病 nɛ^{21} pʰin^{55}	听白话 tʰin^{53} pɑ^{21} o^{55}
82 寿昌徽	勤力 tɕʰien^{11} liəʔ^{31}	懒病 luə^{33} pʰien^{33}	通⁼ tʰɔŋ^{112}
83 淳安徽	勤快 tɕʰin^{43} kʰuɑ^{53}	懒 lɑ̃^{55}	远⁼人 vã^{55} in^{21}
84 遂安徽	勤 tɕʰin^{33}	懒 lɑ̃^{43}	乖 kua^{534}
85 苍南闽	决⁼力 kuə^{21} lɐ^{24}	段⁼ tũã^{21}	听讲 tʰĩã^{33} kaŋ^{43}
86 泰顺闽	狠 xɛ^{344}	懒 læŋ^{344}	乖 kuai^{53}
87 洞头闽	骨力 kuət^{21} lɐt^{24}	弹⁼ tuã^{21}	乖 kuai^{33}
88 景宁畲	勤 kʰin^{22}	懒 lɔn^{44}	嫱 sau^{51}

方言点	1054 顽皮	1055 老实	1056 傻痴呆
01 杭州	调皮 diɔ^{22}bi^{45} 皮 bi^{213}	老实 lɔ^{55}zaʔ^{0}	呆 ŋɛ^{213}
02 嘉兴	调皮 diɔ^{21}bi^{33}	老实 lɔ^{21}zəʔ^{5}	傻 sᴀ^{544}
03 嘉善	赖皮 la^{35}bi^{0}	老实 lɔ^{35}zɜʔ^{2}	毒⁼ duoʔ^{2}
04 平湖	牛皮 ȵiəɯ^{24}bi^{53}	老实 lɔ^{24}zəʔ^{0}	鹅⁼ ŋu^{31}
05 海盐	蛮 mɛ^{31} 皮 bi^{31}	老实 lɔ^{53}zəʔ^{5}	笨 bən^{213}
06 海宁	皮 bi^{13}	老实 lɔ^{33}zəʔ^{2}	呆 ɛ^{13}
07 桐乡	吵 ts^{h}ɔ^{53}	老实 lɔ^{242}zəʔ^{0}	傻 sa^{53}
08 崇德	吵 ts^{h}ɔ^{53}	老实 lɔ^{55}zəʔ^{0}	狂⁼ guã^{242}
09 湖州	厌 ie^{35}	老实 lɔ^{53}zəʔ^{2}	呆 ŋɛ^{112}
10 德清	厌 ie^{334}	本分 pen^{35}ven^{0}	傻 sa^{52}
11 武康	厌 iɪ^{224}	本分 pen^{35}ven^{53}	木 muoʔ^{2}
12 安吉	顽皮 ŋᴇ^{22}bi^{22}	老实 lɔ^{52}zəʔ^{2}	呆 ŋᴇ^{22}
13 孝丰	调皮 diɔ^{24}bi^{22} 顽皮 ŋɛ^{22}bi^{22}	老实 lɔ^{45}zəʔ^{2}	木 muoʔ^{23} 呆 ŋe^{22}
14 长兴	调皮 diɔ^{12}bʅ^{12}	老实 lɔ^{45}zəʔ^{2}	呆 ŋɯ^{12}
15 余杭	话勿采 uo^{33}vəʔ^{2}ts^{h}ɛ^{53}	笨 biŋ^{213}	呆 ŋɛ^{22}
16 临安	调皮 diɔ^{33}bi^{35}	老实 lɔ^{33}zɐʔ^{2}	毒⁼ duɔʔ^{2}
17 昌化	调皮 diɔ^{23}bi^{112}	老实 lɔ^{23}ʑiɛʔ^{23} 憨厚 xɛ̃^{33}ei^{453}	呆 ŋɛ^{112}
18 於潜	调皮 diɔ^{24}bi^{24}	老实 lɔ^{53}zæʔ^{31}	傻 sa^{433}
19 萧山	调皮 diɔ^{21}bi^{355}	老实 lɔ^{13}zəʔ^{21}	毒⁼ dəʔ^{13}
20 富阳	老脸皮 lɔ^{224}ȵiɛ^{224}bi^{53}	实在 ʑiɛʔ^{2}tsɛ^{335}	乌 u^{53}
21 新登	皮 bi^{233}	老实 lɔ^{334}zəʔ^{2}	倭 nɔ^{45}
22 桐庐	调皮 diɔ^{13}bi^{13}	老实 lɔ^{33}zəʔ^{5}	傻 sᴀ^{21}
23 分水	顽皮 uã^{24}bi^{21}	老实 lɔ^{53}zəʔ^{12}	痴 ts^{h}ɿ^{44}
24 绍兴	皮 bi^{231}	老实 lɔ^{24}zeʔ^{3}	呆 ŋᴇ^{231}
25 上虞	皮厚 bi^{21}ɤ^{213} 调皮 diɔ^{21}bi^{213}	老实 lɔ^{21}zəʔ^{2}	呆 ȵiẽ^{213}

续表

方言点	1054 顽皮	1055 老实	1056 傻痴呆
26 嵊州	木皮 moʔ^{2}bi^{231}	老实 lɔ^{24}zəʔ^{3}	呆 ŋᴇ^{22}
27 新昌	皮 bi^{22}	老实 lɔ^{22}zeʔ^{2}	射= dza^{232}
28 诸暨	调皮 diɔ^{33}bɿ^{13}	老实 lɔ^{13}zəʔ^{5}	□ dã^{33}
29 慈溪	调皮 diɔ^{11}bi^{13}	老实 lɔ^{11}zəʔ^{2}	寿 zəu^{13}
30 余姚	会吵 ue^{13}tsʰɔ^{53}	老实 lɔ^{13}dzəʔ^{2}	木 moʔ^{2} 呆 ȵie^{13}
31 宁波	皮 bi^{13} 洋皮皮 ia^{13}bi^{22}bi^{0}	老实 lɔ^{13}dzoʔ^{2}	呆 ŋɛ^{13}
32 镇海	敌=薄= dieʔ^{2}boʔ^{2}	老实 lɔ^{24}dzoʔ^{2}	呆大 ŋei^{22}dəu^{31}
33 奉化	调皮 diɔ^{33}bi^{33}	老实 lʌ^{33}zoʔ^{2}	呆大 ŋiɛ^{33}dəu^{33}
34 宁海	皮 bi^{213}	老实 lau^{213}zaʔ^{3} 忠厚 tɕioŋ^{33}həu^{31}	俅 dʑia^{31} 呆 ȵie^{213}
35 象山	皮 bi^{31} 调皮 dio^{31}bi^{0}	老实 lɔ^{31}zoʔ^{2} 老实头气 lɔ^{31}zoʔ^{2}dɤɯ^{31}tɕʰi^{0}	茶=卵 dzo^{31}lɤɯ^{31}
36 普陀	皮 bi^{24}	老实 lɔ^{23}zoʔ^{0}	呆 ŋɛ^{24}
37 定海	敌=薄= dieʔ^{2}boʔ^{5}	老实 lɔ^{23}zoʔ^{0}	呆 ŋɛ^{23}
38 岱山	敌=薄= dieʔ^{2}boʔ^{5}	老实 lɔ^{23}zoʔ^{5}	呆 ŋe^{23}
39 嵊泗	敌=薄= diᴇʔ^{2}boʔ^{5}	老实 lɔ^{34}zoʔ^{2}	呆 ŋe^{243}
40 临海	调皮 diə^{22}bi^{21} 滑外皮 uəʔ^{2}ŋa^{22}bi^{21}	忠厚 tɕyoŋ^{33}ə^{52}	呆 ŋe^{21} 呆 ŋe^{324}
41 椒江	习=外皮 ʑieʔ^{2}ŋa^{22}bi^{31}	老实 lɔ^{42}ʑieʔ^{2} 忠厚 tsoŋ^{33}io^{42}	呆大 ŋə^{22}dəu^{44}
42 黄岩	调皮 diɔ^{13}bi^{121}	忠厚 tsoŋ^{33}io^{42}	呆大 ȵie^{13}dou^{44}
43 温岭	滑皮 uəʔ^{2}bi^{41} 劳碌 lɔ^{13}loʔ^{2} 滑外皮 uəʔ^{2}ŋa^{13}bi^{31}	忠厚 tɕyuŋ^{33}iɤ^{42}	呆大 ŋie^{13}du^{44}
44 仙居	调皮 diɐɯ^{353}bi^{0}	老实 lɐɯ^{31}zəʔ^{23}	木郎= məʔ^{23}lɑ̃^{213}
45 天台	皮 bi^{224}	忠厚 tɕyuŋ^{33}eu^{214}	大痴 dou^{33}tɕʰy^{33}
46 三门	调皮 diɑu^{21}bi^{113}	忠厚 tɕioŋ^{33}ɤɯ^{45}	呆 ŋe^{113}
47 玉环	调皮 diɔ^{22}bi^{31}	忠厚 tɕioŋ^{33}iɤ^{42}	呆大 ȵie^{22}dəu^{24}小

续表

方言点	1054 顽皮	1055 老实	1056 傻痴呆
48 金华	蛮 mɑ^{313} 皮 bi^{313}	老实 lɑo^{55} ʑiəʔ^{212}	倒$^{=}$傻 tɑo^{55} sɑ^{334} 妈$^{=}$驳$^{=}$ mɑ^{33} poʔ^{4}
49 汤溪	脱□ t^{h}ə^{52} luɑ^{113} 木面 mou^{11} mie^{341}	老实 lɔ^{11} ʑiɛ^{113}	傻 sɑ^{24}
50 兰溪	皮面 bi^{21} mie^{24}	老实 lɔ^{55} ʑiəʔ^{12}	傻 sɑ^{334}
51 浦江	蛮 mɑ̃^{113} 皮 bi^{113}	老实 lo^{11} zə^{243}	痴呆 tʃ^{h}i^{55} ŋa^{334}
52 义乌	皮面 bi^{22} mie^{45}	老实 lo^{24} zə^{312}	麻剥$^{=}$ ma^{33} pau^{324}
53 东阳	险□ ɕiɐn^{23} ts^{h}ɐɯ^{33}	老实 lɐɯ^{23} zɐ^{53}	呆 ŋɛ^{213}
54 永康	调皮 diɑu^{31} ɓi^{55}	老实 lɑu^{31} zə^{113}	呆 ŋəi^{55}
55 武义	糙$^{=}$强 ts^{h}ɑu^{53} dʑiɑŋ^{324}	本分 men^{53} ven^{24}	木大 mɔ^{32} du^{231}
56 磐安	调皮 tio^{33} bi^{213}	老实 lo^{33} zɛ^{213}	呆 ŋe^{213}
57 缙云	得人憎 tei^{51} nɛŋ^{44} tsɛŋ^{44} 惹人憎 mɑ^{51} nɛŋ^{44} tsɛŋ^{44}	老实 ləɤ^{51} zəɤ^{13}	呆 ŋɛ^{243}
58 衢州	顽皮 uã^{13} bi^{21} 调皮 diɔ^{231} bi^{21}	忠厚 tʃyoŋ^{32} ɯ^{53}	傻 sɑ^{32}
59 衢江	作 tsəʔ^{5}	老实 lɔ^{22} ʑyəʔ^{2}	傻 suo^{33} 呆 ŋei^{212}
60 龙游	皮厚 bi^{22} gəɯ^{224} 蛮 mã^{21}	老实 lɔ^{22} zəʔ^{23}	傻 sɑ^{35}
61 江山	顽皮 uaŋ^{22} bi^{213} 调皮 diɐɯ^{22} bi^{213}	老实 lɐɯ^{22} ʑiɵʔ^{2}	傻 sɒ^{44}
62 常山	翻皮 fã^{44} bi^{341} 皮厚 bi^{341} gu^{24}	老实 lɤ^{22} zɛʔ^{34} 本分 pɔ̃^{43} vã^{131}	呆 ŋɛ^{341}
63 开化	调皮 diəɯ^{231} bi^{231} 皮厚 bi^{21} gu^{213}	老实 ləɯ^{21} ʑyaʔ^{13} 本分 pɛn^{44} vɛn^{213}	傻 sɑ^{44}
64 丽水	皮 bi^{22} 蛮 mã^{22}	老实 lə^{52} zeʔ^{23}	憨 xɛ^{224}
65 青田	调皮 diœ^{22} bi^{53}	老实 lœ^{33} zaʔ^{31}	懵懂 moŋ^{22} koŋ^{454}
66 云和	调皮 diɑɔ^{223} bi^{312}	老实 lɑɔ^{44} zeiʔ^{23}	憨 xɛ^{24}
67 松阳	调皮 diɔ^{33} bi^{31}	老实 lʌ^{22} ʑiʔ^{2}	脱壳 t^{h}ɤʔ^{3} k^{h}oʔ^{5}
68 宣平	调皮 diɔ^{22} bi^{433}	老实 lɔ^{43} zəʔ^{23}	半憨 pə^{44} xə^{324}

续表

方言点	1054 顽皮	1055 老实	1056 傻痴呆
69 遂昌	调皮 diɐɯ^{13}bi^{221}	老实 lɐɯ^{22}ʑiʔ^{23}	傻 sɒ^{45} 痴 tsʰɿ^{45}
70 龙泉	炭⁼ tʰaŋ^{45}	老实 lɑʌ^{21}zaiʔ^{24}	呆 ŋᴇ^{21}
71 景宁	调皮 diɑu^{33}bi^{41}	老实 lɑu^{55}zəɯʔ^{23}	憨 xœ^{324}
72 庆元	调皮 tiɒ^{22}pi^{52}	老实 lɒ^{22}ɕiəɯʔ^{34}	屣 soŋ^{52}
73 泰顺	蛮 mã^{53}老 调皮 tiɑɔ^{21}pi^{53}新	老实 lɑɔ^{22}səiʔ^{2}	□ ŋɔ̃^{21}
74 温州	皮 bei^{31}	老实 lɜ^{24}zai^{212}	呆 ŋe^{31}
75 永嘉	蛮 ma^{31} 调皮 dyə^{31}bei^{21}	老实 lə^{13}zai^{213}	呆 ŋe^{31}
76 乐清	皮 bi^{31}	老实 lɤ^{24}zɤ^{212}	呆 ŋe^{31}
77 瑞安	皮痴⁼ bei^{31}tsʰɿ^{44} 调皮 duɔ^{31}bei^{21}	老实 lɛ^{13}za^{212}	憨 hø^{44}
78 平阳	调皮 dye^{33}bi^{42}	老实 lɛ^{33}zᴀ^{21}	呆大 ŋe^{21}do^{13}
79 文成	调皮 duo^{21}bei^{33}	老实 lɛ^{33}za^{212}	呆 ŋe^{113}
80 苍南	调皮 dyɔ^{31}bi^{31} 天钓⁼ tʰiɛ^{44}tyɔ^{42}	老实 lɛ^{33}zɛ^{112}	呆 ŋe^{31}
81 建德徽	顽皮 uɛ^{33}pi^{33} 蛮 mɛ^{33}	老实 lɔ^{21}sɐʔ^{12}	呆 ŋɛ^{33}
82 寿昌徽	调皮 tʰiɤ^{33}pʰi^{52}	老实 lɤ^{33}səʔ^{31}	呆 ŋiɛ^{52}
83 淳安徽	蛮 mɑ̃^{435} 皮 pʰi^{435}	老实 lɤ^{55}səʔ^{13} 忠厚 tson^{24}hɯ^{21}	痴 tsʰa^{24}
84 遂安徽	调皮 tʰiɔ^{33}pʰi^{33}	老实 lɔ^{33}ɕiɛ^{24}	痴 tsʰɿ^{534}
85 苍南闽	调尊 tiau^{33}tsun^{55} 调皮 tiau^{33}pʰə^{24}	调直 tiau^{21}tie^{24}	□ gɑŋ^{21}
86 泰顺闽	调皮 tiɐu^{22}pi^{22}	老实 lau^{21}ɕiɛʔ^{3}	呆 ŋai^{22}
87 洞头闽	调皮 tiau^{212}pʰə^{24}	老实 lau^{21}ɕiek^{24}	道⁼ to^{21}
88 景宁畲	皮厚 pʰi^{22}kau^{51}	老实 lau^{55}ɕiet^{2}	呆陀 ŋuai^{22}to^{22}

方言点	1057 笨蠢	1058 大方不吝啬	1059 小气吝啬
01 杭州	木 moʔ^{2}	大方 da^{13}faŋ^{53}	精巴 tɕiŋ^{33}pa^{45}
02 嘉兴	木 moʔ^{5}	出手大 tsʰəʔ^{5}sei^{42}dou^{13} 气脉大 tɕʰi^{33}mᴀʔ^{5}dou^{13}	狗屄 kei^{33}pi^{42}
03 嘉善	弗乖 fɜʔ^{5}kua^{53}	气妈⁼大 tɕʰi^{44}ma^{53}du^{13}	小气 ɕiɔ^{55}tɕʰi^{0}
04 平湖	笨 bən^{213}	气量大 tɕʰi^{44}liã^{0}du^{213}	麻鬼 mo^{24}tɕy^{53}
05 海盐	笨 bən^{213} 木 mɔʔ^{23}	大落⁼落⁼ du^{13}lɔʔ^{5}lɔʔ^{21}	门槛精 mən^{24}kʰɛ^{53}tɕin^{53}
06 海宁	木 moʔ^{2}	派头大 pʰa^{55}dəɯ^{53}dəu^{13}	狗屄 kəɯ^{55}pi^{55}
07 桐乡	呆 ᴇ^{13} 木 mɔʔ^{23} 笨 bəŋ^{213}	上路 zɒ̃^{242}ləu^{213} 落慨⁼ lɔʔ^{23}kʰᴇ^{53}	精 tsiŋ^{44}
08 崇德	呆 ᴇ^{13} 木 mɔʔ^{23}	落慨⁼ lɔʔ^{23}kʰᴇ^{53}	精 tɕiŋ^{44}
09 湖州	笨 bən^{24}	派头大 pʰa^{22}døʉ^{13}dəu^{13}	精 tɕin^{44}
10 德清	笨 ben^{113}	大气 dəu^{11}tɕʰi^{35}	小气 ɕiɔ^{35}tɕʰi^{0}
11 武康	笨 ben^{113}	大气 du^{11}tɕʰi^{35}	小气 ɕiɔ^{35}tɕʰi^{0}
12 安吉	木大 moʔ^{2}dʊ^{213}	大方 da^{21}fɔ̃^{213}	小气 ɕiɔ^{52}tɕʰi^{21}
13 孝丰	笨 bəŋ^{213} 木大 muoʔ^{2}du^{24}	出手大 tsʰəʔ^{54}səɪ^{45}du^{213}	小气 ɕiɔ^{45}tɕʰi^{21}
14 长兴	笨 bəŋ^{24}	大方 da^{21}fɔ̃^{24}	小气 ʃiɔ^{45}tʃʰʅ^{21}
15 余杭	笨 biŋ^{213}	大方 da^{33}fɑ̃^{35}	小气 siɔ^{35}tɕʰi^{0}
16 临安	呆 ŋᴇ^{33}	大方 da^{33}fɑ̃^{33}	狗屁 kə^{55}pʰi^{55}
17 昌化	木大 muəʔ^{2}du^{243}	大方 da^{23}fɔ̃^{453}	小气 ɕiɔ^{45}tsʰʅ^{544}
18 於潜	木 mɑʔ^{23}	大方 da^{24}faŋ^{433}	小气 ɕiɔ^{53}tɕʰi^{31}
19 萧山	呆 ŋɛ^{355}	大方 da^{13}fɔ̃^{21}	狗屄 kio^{33}pi^{21}
20 富阳	木 moʔ^{2}	大派 dʊ^{224}pʰa^{335}	狗屄 kiʊ^{423}pi^{55}
21 新登	木 mɔʔ^{2}	大气 du^{21}tɕʰi^{45}	小气 ɕiɔ^{3334}tɕʰi^{45}
22 桐庐	呆大大 ŋᴇ^{21}du^{21}du^{13}	大气 du^{13}tɕʰi^{55}	小气 ɕiɔ^{33}tɕʰi^{35}
23 分水	笨 bən^{13}	大方 da^{24}fã^{44}	精 tɕin^{53}
24 绍兴	呆 ŋᴇ^{231}	派头大 pʰa^{33}dɤ^{33}do^{22} 局大 dʑioʔ^{2}do^{22}	狗屄 kɤ^{44}pi^{31}

续表

方言点	1057 笨蠢	1058 大方不吝啬	1059 小气吝啬
25 上虞	木 moʔ^{2}	局大 dʑyoʔ^{2} dʊ^{31}	狗屄 kɤ^{33} pi^{53}
26 嵊州	笨 beŋ^{24}	款式大 kʰuœ̃^{33} səʔ^{5} do^{24}	狗屄倒灶 kʏ^{33} pi^{44} lɔ^{33} tsɔ^{31}
27 新昌	笨 beŋ^{13}	阔气 kʰuɤʔ^{5} tɕʰi^{335}	牛屄 ȵiɯ^{13} pi^{33}
28 诸暨	木 moʔ^{13} 笨 bɛn^{33}	淘气 dɔ^{13} tʃʰʅ^{21}	狗屄介紧 kiʉ^{42} pʰieʔ^{33} kᴀ^{33} tɕin^{42}
29 慈溪	木 moʔ^{2}	大方 da^{11} fɔ̃^{44}	小气 ɕiɔ^{33} tɕʰi^{53}
30 余姚	戆 gɔŋ^{13}	气派大 tɕʰi^{44} pʰa^{0} dou^{13}	小气 ɕiɔ^{34} tɕʰi^{53}
31 宁波	木 moʔ^{2}	派头大 pʰa^{44} dœʏ^{0} dəu^{13}	精明 tɕiŋ^{44} miŋ^{13}
32 镇海	笨 bəŋ^{24}	大气 dəu^{24} tɕʰi^{53}	小气 ɕio^{35} tɕʰi^{0}
33 奉化	无做 m^{33} tsəu^{44}	大方 da^{33} fɔ̃^{0}	小气 ɕiɔ^{44} tɕʰi^{44}
34 宁海	戆 tɕʰyəŋ^{53}	腿⁼气 tʰei^{53} tsʰʅ^{35}	小气 ɕieu^{53} tsʰʅ^{35}
35 象山	无做 m^{31} tsəu^{44} 无用 m^{31} ȵyoŋ^{13}	大气 da^{31} tɕʰi^{0}	小气 ɕio^{44} tɕʰi^{53}
36 普陀	笨 bɐŋ^{13}	大方 da^{11} fɔ̃^{55}	小气 ɕiɔ^{53} tɕʰi^{0}
37 定海	笨 bɐŋ^{13}	大气 dʌu^{11} tɕʰi^{44}	小气 ɕio^{52} tɕʰi^{0}
38 岱山	笨 bɐŋ^{213}	大气 dʌu^{11} tɕʰi^{44}	小气 ɕio^{52} tɕʰi^{0}
39 嵊泗	笨 bɐŋ^{213}	大气 dʌu^{11} tɕʰi^{53}	小气 ɕio^{53} tɕʰi^{0}
40 临海	笨 bən^{324}	大度 da^{22} do^{44}	小气 ɕiə^{42} tɕʰi^{55}
41 椒江	笨 bəŋ^{24}	大方 da^{22} fɔ̃^{42}	小气 ɕiɔ^{42} tɕʰi^{55}
42 黄岩	笨 bən^{24}	爽气 sɔ̃^{42} tɕʰi^{55}	小气 ɕiɔ^{42} tɕʰi^{55}
43 温岭	笨 bən^{13}	舍得 so^{42} təʔ^{0} 开阔 kʰie^{33} kʰuəʔ^{5}	弗舍得 fəʔ^{3} so^{42} təʔ^{5} 小气 ɕiɔ^{42} tɕʰi^{55}
44 仙居	木 məʔ^{23} 笨 ben^{24}	气量大 tɕʰi^{55} lia^{55} do^{24}	小气 ɕiɐɯ^{31} tɕʰi^{55}
45 天台	木 muʔ^{2}	大出手 dou^{33} tɕʰyʔ^{2} ɕiu^{325}	小气 ɕieu^{32} kʰi^{55}
46 三门	树头卵 zʮ^{23} dɤɯ^{11} lø^{52}	大手 dʊ^{23} ɕiu^{325}	小气 ɕiɑu^{32} tɕʰi^{55}
47 玉环	笨 bəŋ^{22}	大方 da^{22} fɔ̃^{42}	小气 ɕiɔ^{53} tɕʰi^{55}
48 金华	木 moʔ^{212}	气量大 tɕʰi^{55} liɑŋ^{14} duɤ^{14} 气魄大 tɕʰi^{33} pʰəʔ^{4} duɤ^{14}	小气 siɑo^{53} tɕʰi^{55} 小毛 siɑo^{55} mɑo^{313}

续表

方言点	1057 笨蠢	1058 大方不吝啬	1059 小气吝啬
49 汤溪	木 mou^{113}	大气 duɤ^{11}tɕʰi^{52}	小气 sɤ^{52}tɕʰi^{52}
50 兰溪	木 mɔʔ^{12} 呆 e^{21}	大气 tuɤ^{55}tɕʰi^{45}	毛涴 mɔ^{21}uɤ^{45}
51 浦江	笨 bən^{24} 迟钝 dʒi^{24}dən^{24}	大气 dɯ^{24}tʃʰi^{334}	小气 sɯ^{55}tʃʰi^{55}
52 义乌	麻剥⁼ ma^{33}pau^{324}	大家气 duɤ^{24}kɔ^{33}tɕʰi^{45}	小家气 sɯɤ^{45}kɔ^{33}tɕʰi^{45}
53 东阳	笨 ban^{24}	大气 dʊ^{22}tɕʰi^{53}	悭啬鬼 kʰɐ^{44}sɐ^{44}tɕyu^{33}
54 永康	木 mu^{113}	大量 duo^{31}liɑŋ^{241}	吝啬 kʰə^{33}sə^{334} 小气 ʑiɑu^{31}tɕʰi^{52}
55 武义	木大 mɔ^{32}du^{231}	大家 duo^{32}kuɑ^{53}	勤⁼豆⁼ dʑin^{32}dɑu^{231} 小气 ɕie^{53}tɕʰi^{53}
56 磐安	笨 bɐn^{14}	气量大 tɕʰi^{33}liɒ^{55}duɤ^{14}	剋 kʰɛi^{334}
57 缙云	木 mɔ̃ũ^{13}	阔气 kʰuɑ^{51}tɕʰi^{453}	绵毛狗鼠 miɛ^{44}məɤ^{44}kɤ^{51}tsʰɿ^{51}
58 衢州	木相 məʔ^{2}ɕiã^{53}	大派 du^{231}pʰɛ^{53}	夹席 gaʔ^{2}ʑiəʔ^{12}
59 衢江	木 məʔ^{2}	量气大 liã^{22}tsʰɿ^{33}dou^{231}	小气 ɕiɔ^{33}tsʰɿ^{53}
60 龙游	笨 bən^{231}	量气大 liã^{22}tɕʰi^{51}du^{231}	小气 ʑiɔ^{22}tɕʰi^{51}
61 江山	笨 boŋ^{22} 木 moʔ^{2}	可舍 kʰɒʔ^{5}ɕiə^{241}	扎狗⁼ tsaʔ^{5}ku^{241}
62 常山	笨 bɔ̃^{131}	可舍 kʰʌʔ^{4}ɕie^{52}	小气 ɕiɔ^{45}kʰi^{52}
63 开化	痴 tsʰuei^{44} 笨 bɤŋ^{213}	量气大 liã^{21}tɕʰi^{53}dɔ^{0} 大方 dɑ^{21}fã^{44}	蝨⁼ məɯ^{231} 小气 ɕiəɯ^{44}tɕʰi^{53}
64 丽水	笨 ben^{131}	量气大 lã^{21}tsʰɿ^{52}du^{131}老 大方 du^{22}fɔŋ^{224}新	悭 kʰã^{224}老 小气 ɕiə^{44}tsʰɿ^{52}新
65 青田	呆 ŋɛ^{21}	大量气 du^{22}lɛ^{22}tsʰɿ^{55}	屄相 ɓi^{55}ɕi^{33}
66 云和	笨 bəŋ^{223}	量大 liã^{223}du^{223}	精 tɕiŋ^{24} 小气 ɕiɑɔ^{44}tsʰɿ^{45}
67 松阳	笨 ben^{13}	大方 du^{21}foŋ^{53}	小气 ɕiɔ^{33}tsʰɿ^{24}
68 宣平	笨 bən^{231}	量气大 liɑ̃^{22}tsʰɿ^{52}do^{231}	小气 ɕiɔ^{44}tsʰɿ^{52}
69 遂昌	木夹 məɯʔ^{2}gaʔ^{23} 木 məɯʔ^{23} 笨 bəŋ^{213}	量气大 liaŋ^{22}tsʰɿ^{33}du^{213}	小气 ɕiɐɯ^{53}tsʰɿ^{334}

续表

方言点	1057 笨蠢	1058 大方不吝啬	1059 小气吝啬
70 龙泉	木 ŋʔ24	大量 dou21 liaŋ224	小气 ʑiɑʌ21 tsʰɿ45 悭 kʰaŋ434
71 景宁	笨 baŋ113	大量 do33 liε113	小□ ɕiɑu55 ʑiəɯʔ23 小气 ɕiɑu33 tɕʰi35
72 庆元	笨 pæ̃31	大方 tɑ31 fɔ̃334	小气 ɕiɒ33 tsʰɿ11
73 泰顺	笨 pəŋ22	大量 to21 liã22	小气 ɕiɑɔ22 tsʰɿ35
74 温州	笨 baŋ22	大局 dɤu24 dʑio212	猫屄 muɔ33 pei33
75 永嘉	憨 hø44	大派 dəu31 pʰa43 大方 da31 huɔ44	猫屄 muɔ33 pei44 猫 muɔ44
76 乐清	笨 baŋ22	大局 du24 dʑio212	细 si41
77 瑞安	呆 ŋe31	大局 dou13 dʑyo212 豪□ ε22 sε35	小气 ɕy53 tɕʰi42 小局 ɕy35 dʑyo212 滞卤 tei53 ləɯ13
78 平阳	呆 ŋe242	舍骨 si45 kye34	否舍骨 fu45 si45 kye42
79 文成	笨 baŋ424	舍割 ɕie33 kuø34	小气 ɕyø33 tɕʰi33
80 苍南	笨 baŋ11	大气 da31 kʰi42 缺=烫=tɕʰyε3 tʰo42 惜=骨 ɕi3 kyε223	小气 ɕyɔ53 tɕʰi42 小局 ɕyɔ33 dʑyɔ112 俊=屄 tsueŋ42 pi44
81 建德徽	木 mɐʔ12	大气 tʰu55 tɕʰi33	小气 ɕiɔ21 tɕʰi55 小毛 ɕiɔ55 mɔ33
82 寿昌徽	笨 pʰen534	量气大 liɑ̃33 tɕʰi33 tʰu33	小气 ɕiɤ24 tɕʰi55
83 淳安徽	木 mɑʔ13	量气大 liɑ̃53 tɕʰi21 tʰu53	量气细 liɑ̃53 tɕʰi21 ɕiɑ24
84 遂安徽	痴 tsʰɿ534	大方 tʰəɯ55 xoŋ534	小气 ɕiɑ213 tsʰɿ43
85 苍南闽	愚 gu24	割舍 kua21 ɕia43	团鬼 kã33 kui43 小气 ɕio24 kʰi21
86 泰顺闽	笨 pəŋ31	大方 ta22 fo213	小气 ɕiɐu21 kʰi53
87 洞头闽	笨 pun21	大方 tai212 hoŋ24	小气 ɕieu24 kʰi21
88 景宁畲	笨 puən51	大方 tʰɔi51 fɔŋ44	小气 ɕiəu55 kʰi44

方言点	1060 直爽性格～	1061 犟脾气～	1062 一～二三四五……，下同
01 杭州	爽气 suaŋ^{55}tɕʰi^{0}	藤＝dəŋ^{213}	一 iɛʔ^{5}
02 嘉兴	直 zəʔ^{13}	犟 gᴀ̃^{113}	一 ieʔ^{5}
03 嘉善	爽 sã^{44}	犟 dʑiæ̃^{113}	一 ieʔ^{5}
04 平湖	爽 sɑ̃^{44}	羹＝kã^{53}	一 iəʔ^{5}
05 海盐	爽 sɑ̃^{423}	羹＝kɛ̃^{53}	一 iəʔ^{5}
06 海宁	爽 sɑ̃^{53}	犟 dʑiã^{231}	一 ieʔ^{5}
07 桐乡	爽快 sɒ̃^{44}kʰua^{0}	犟 dʑiã^{242}	一 iəʔ^{5}
08 崇德	爽快 sã^{55}kʰua^{0} 爽气 sã^{55}tɕʰi^{0}	犟 dʑiã^{242}	一 iəʔ^{5}
09 湖州	直 dzəʔ^{2}	犟 dʑiã^{231}	一 ieʔ^{5}
10 德清	爽快 saŋ^{35}kʰua^{0}	戇 gaŋ^{143}	一 ieʔ^{5}
11 武康	爽快 sã^{35}kʰua^{53}	犟 dʑiã^{113}	一 ieʔ^{5}
12 安吉	直爽 dzəʔ^{2}sɔ̃^{213}	犟 dʑiã^{243}	一 iᴇʔ^{5}
13 孝丰	直爽 dzəʔ^{2}sɔ̃^{52}	犟 dʑiã^{243}	一 ieʔ^{5}
14 长兴	直爽 dzəʔ^{2}sɔ̃^{52}	戇 gɔ̃^{243}	一 iᴇʔ^{2}
15 余杭	爽快 sɑ̃^{35}kʰua^{0}	犟 dʑiɑ̃^{213}	一 ieʔ^{5}
16 临安	直卜＝拢＝通＝dzɐʔ^{2}buɔʔ^{2} loŋ^{33}tʰoŋ^{55}	犟 dʑiã^{33}	一 iɐʔ^{5}
17 昌化	直爽 ʑiɛʔ^{2}sɔ̃^{453}	犟 ʑiã^{243}	一 iɛʔ^{5}
18 於潜	直骨笼统 dzæʔ^{2}kuəʔ^{53} loŋ^{22}toŋ^{31}	犟 dʑiaŋ^{24}	一 ieʔ^{53}
19 萧山	爽气 ɕyɔ̃^{33}tɕʰi^{42}	硬 ŋã^{242}	一 ieʔ^{5}
20 富阳	直爽 dzɛʔ^{2}sɑ̃^{335}	牛 ȵiʊ^{13}	一 iɛʔ^{5}
21 新登	直爽 dzəʔ^{2}ɕyɑ̃^{45}	戇 gɑ̃^{13}	一 iəʔ^{5}
22 桐庐	直 dzəʔ^{13}	犟 dʑiã^{24}	一 iəʔ^{5}
23 分水	直爽 dzəʔ^{12}ɕyã^{53}	犟 dʑiã^{13}	一 iəʔ^{5}
24 绍兴	爽快 sɑŋ^{44}kʰua^{31}	戇 gɑŋ^{223}	一 ieʔ^{5}

续表

方言点	1060 直爽性格～	1061 犟脾气～	1062 一～二三四五……，下同
25 上虞	爽直 sɔ̃^{33}dʑiəʔ^{2}	横 uã^{213}	一 iəʔ^{5}
26 嵊州	直爽 dzəʔ^{2}sɔŋ^{53}	□ aŋ^{534}	一 ieʔ^{5}
27 新昌	爽气 sɔ̃^{33}tɕʰi^{53}	韧 ȵiŋ^{13}	一 iʔ^{5}
28 诸暨	直 dzəʔ^{13}	犟 gɑ̃^{33}	一 ieʔ^{5}
29 慈溪	爽气 sɔ̃^{33}tɕʰi^{44}	犟头倔脑 dʑiã^{13}dø^{0}dʑyoʔ^{2}nɔ^{44}	一 iəʔ^{5}
30 余姚	爽气 sɔŋ^{44}tsʰi^{53}	犟 dʑiaŋ^{13}	一 iəʔ^{5}
31 宁波	爽气 sɔ^{53}tɕʰi^{0}	犟 dʑia^{13}	一 iəʔ^{5}
32 镇海	爽气 sɔ̃^{35}tɕʰi^{0}	齐⁼ dʑi^{24}	一 ieʔ^{5}
33 奉化	直爽 dʑiɪʔ^{2}sɔ̃^{44}	牛 ŋæi^{33}	一 iɪʔ^{5}
34 宁海	条直 dieu^{21}dʑiəʔ^{3} 爽 sɔ̃^{53}	樱⁼ã^{35}	一 iəʔ^{5}
35 象山	爽气 sɔ̃^{44}tɕʰi^{53}	拗 ɔ^{53}	一 ieʔ^{5}
36 普陀	直爽 dʑiɛʔ^{2}sɔ̃^{55}	牛角力气 ŋeu^{24}koʔ^{0}li^{0}tɕi^{0}	一 iɛʔ^{5}
37 定海	爽气 sõ^{52}tɕʰi^{0}	犟 dʑiã^{23}	一 ieʔ^{5}
38 岱山	爽 sõ^{325}	犟 dʑiã^{244}	一 ieʔ^{5}
39 嵊泗	爽气 sõ^{44}tɕʰi^{0}	犟 dʑiã^{334}	一 iᴇʔ^{5}
40 临海	爽直 sɔ̃^{42}ʑieʔ^{23} 豪爽 ɔ^{22}sɔ̃^{55}	笃头 toʔ^{3}də^{21}	一 ieʔ^{5}
41 椒江	爽快 sɔ̃^{42}kʰua^{55}	硬死劲 ŋã^{22}sɿ^{42}tɕiŋ^{55}	一 ieʔ^{5}
42 黄岩	直爽 dʑieʔ^{2}sɔ̃^{42}	硬头颈 ŋã^{13}dio^{22}tɕin^{42}	一 ieʔ^{5}
43 温岭	爽直 sɔ̃^{42}dʑiʔ^{2}	逼⁼ piʔ^{5}	一 iʔ^{5}
44 仙居	直爽 dʑiəʔ^{23}sɑ̃^{324}	夹⁼板 kɑʔ^{3}ɓa^{324} 独头 duəʔ^{23}dəɯ^{213}	一 iəʔ^{5}
45 天台	直爽 dʑiəʔ^{2}sɔ^{325}	钉 tiŋ^{33}	一 iəʔ^{5}
46 三门	直 dʑieʔ^{23}	订⁼tiŋ^{55}	一 ieʔ^{5}

续表

方言点	1060 直爽性格~	1061 犟脾气~	1062 一~二三四五……，下同
47 玉环	豪爽 ɔ22sɔ̃42	逼= piɐʔ5	一 iɐʔ5
48 金华	直爽 dʑiəʔ21ɕyɑŋ535	汪= uɑŋ334 樱= ɑŋ334	一 iəʔ4
49 汤溪	直燥= dʑie11sɔ52	扭筋 ȵiəɯ52tɕiɛ̃i24	一 iei55
50 兰溪	直爽 dʑiəʔ12ɕyɑŋ55	傲 ɑu45	一 ieʔ34
51 浦江	直爽 dzɛ11ɕyõ55	硬头颈 ŋɛ̃11dɤ11tɕiən53	一 iən423
52 义乌	直爽 dzai24suan31	硬争头大 ɛ33tsɛ33dɐɯ22duɤ24	一 iə324
53 东阳	直气 dze22tɕhi53	歪颈 uɛ22tɕiɐn53	一 iɛʔ34
54 永康	直爽 tsəi33ɕyɑŋ334	□ ŋai55	一 iə334
55 武义	直 dzə213	硬磨 ŋa55muo324	一 iəʔ5
56 磐安	直 dzɛi213	硬 ŋɛ14	一 iɛ334
57 缙云	爽快 sɔ51khuɑ453	背=古= pei44ku51	一 iei322
58 衢州	爽快 ʃyɑ̃35khuɛ53	硬气 ȵiɑ̃231tshɿ53	一 iəʔ5
59 衢江	直 dʑyəʔ2	犟 dʑiɑ̃231	一 iəʔ5
60 龙游	直爽 dzəʔ2suɑ̃35	硬 ŋɛ231	一 iəʔ4
61 江山	直 diɛʔ2	拗 ɐɯ51	一 iɛʔ5
62 常山	直爽 dieʔ3sɔ̃52	从= zoŋ341	一 ieʔ5/eʔ5
63 开化	直 diɛʔ13 直头 diɛʔ2du231	拗 ŋəɯ412	一 iɛʔ5
64 丽水	直爽 dʑiʔ2sɔŋ544	犟 tɕiɑ̃52	一 iʔ5
65 青田	干脆 kuɐ55tshæi33	牛□ ŋæi55tɕhioŋ33	一 iæʔ42
66 云和	直爽 dʑiʔ23sɔ̃41	倔 tɕyɛʔ5	一 iʔ5
67 松阳	直爽 dʑiʔ2soŋ212	倔 tɕyɛʔ5	一 iʔ5
68 宣平	直爽 dʑiəʔ2sɔ̃445	□ ŋɛ324	一 iəʔ5
69 遂昌	直 dʑiʔ23	倔 dʑyɛʔ23	一 iʔ5

续表

方言点	1060 直爽性格～	1061 犟脾气～	1062 一～二三四五……，下同
70 龙泉	直 dzɿʔ^{24}	倔 dʑyoʔ^{24}	一 ieiʔ^{5}
71 景宁	直爽 dzɿʔ^{23} sɔŋ^{33}	死板 sɿ^{55} pɔ^{33}	一 iəɯʔ^{5}
72 庆元	条直 tiɒ^{52} tsɿʔ^{34} 爽快 sɔ̃^{33} kʰuɑ^{11}	硬头犁 ŋæ̃^{31} tiɯ^{52} li^{52}	一 iəɯʔ^{5}
73 泰顺	条直 tiɑɔ^{21} tsɿʔ^{2}	犟 tɕiɑ̃^{21}	一 iɛʔ^{5}
74 温州	条直 diɛ^{24} dzei^{212}	犟 dʑi^{14}	一 iai^{323}
75 永嘉	条直 dyə^{13} dzɿ^{213}	犟 dʑiɛ^{13}	一 iai^{423}
76 乐清	条直 diɯʌ^{24} dʑi^{212}	犟 dʑia^{24}	一 iɤ^{323}
77 瑞安	畅快 tɕʰiɛ^{53} kʰa^{42} 干脆 kø^{53} tsʰai^{35}	犟 dʑiɛ^{13}	一 ia^{323}
78 平阳	直爽 dʑi^{21} so^{45}	犟 dʑie^{23}	一 iA^{34}
79 文成	直 dʑi^{212}	倔 tɕyø^{34}	一 ia^{34}
80 苍南	直爽 dʑi^{11} so^{53} 干脆 kyɛ^{44} tsʰai^{42}	犟 dʑiɛ^{24}	一 iɛ^{223}
81 建德徽	直爽 tsɐʔ^{12} so^{213} 爽快 so^{21} kʰuɑ^{55}	犟 tɕie^{213}	一 iɐʔ^{5}
82 寿昌徽	直爽 tsəʔ^{3} suɑ̃^{55}	拗头拗脑 ŋɤ^{33} tʰəɯ^{33} ŋɤ^{22} nɤ^{534}	一 iəʔ^{3}
83 淳安徽	直爽 tsʰəʔ^{13} sɑ̃^{55} 爽快 sɑ̃^{55} kʰuɑ^{21}	犟 tɕiɑ̃^{24}	一 iʔ^{5}
84 遂安徽	直 tɕʰiɛ^{213}	傲 ɔ^{52}	一 i^{24}
85 苍南闽	直爽 tie^{21} sɑŋ^{43}	倔 kʰuə^{43}	一 ie^{43}
86 泰顺闽	直爽 tiɪʔ^{3} so^{344}	傲 ŋeu^{31}	一 iɪʔ^{5}
87 洞头闽	直爽 tie^{21} soŋ^{53}	犟 kiɯŋ^{21}	一 iek^{5}
88 景宁畲	直爽 tɕʰiʔ^{2} sɔŋ^{51}	犟 kiaŋ^{51}	一 it^{5}

方言点	1063 二	1064 三	1065 四
01 杭州	二 əl^{45} 调殊	三 sɛ^{334}	四 sɿ^{45}
02 嘉兴	两 liᴀ̃^{113}	三 sᴇ^{42}	四 sɿ^{224}
03 嘉善	二 ȵi^{113}	三 sɛ^{53}	四 sɿ^{334}
04 平湖	二 ȵi^{213}	三 sɛ^{53}	四 sɿ^{334}
05 海盐	二 ȵi^{213}	三 sɛ^{53}	四 sɿ^{334}
06 海宁	二 ȵi^{13}	三 sɛ^{55}	四 sɿ^{35}
07 桐乡	二 ȵi^{213} 两 liã^{242}	三 sɛ^{44}	四 sɿ^{334}
08 崇德	二 ȵi^{13} 两 liã^{242}	三 sɛ^{44}	四 sɿ^{334}
09 湖州	二 ȵi^{35}	三 sɛ^{44}	四 sɿ^{35}
10 德清	二 n^{113}	三 sɛ^{44}	四 sɿ^{334}
11 武康	两 liã^{242}	三 sɛ^{44}	四 sɿ^{224}
12 安吉	二 ȵi^{213} 两 liã^{52}	三 sᴇ^{55}	四 sɿ^{324}
13 孝丰	二 ȵi^{324} 两 liã^{52}	三 sɛ^{44}	四 sɿ^{324}
14 长兴	二 n^{324} 二 əl^{324}	三 sᴇ^{44}	四 sɿ^{324}
15 余杭	两 ȵiɑ̃^{53}	三 sɛ^{44}	四 sɿ^{423}
16 临安	二 ȵi^{33}	三 sɛ^{55}	四 sɿ^{55}
17 昌化	两 liã^{243} 二 əl^{243}	三 sɔ̃^{334}	四 sɿ^{544}
18 於潜	二 ɚ^{24}	三 sɛ^{433}	四 sɿ^{35}
19 萧山	两 liã^{13}	三 sɛ^{533}	四 sɿ^{42}
20 富阳	两 liɑ̃^{224}	三 sã^{53}	四 sɿ^{335}
21 新登	二 ȵi^{13}	三 sɛ^{53}	四 sɿ^{45}
22 桐庐	两 liã^{33}	三 sã^{533}	四 sɿ^{35}

续表

方言点	1063 二	1064 三	1065 四
23 分水	二 ɵ^{13}	三 sã^{44}	四 sɿ^{24}
24 绍兴	二 ȵi^{22}	三 sɛ̃^{53}	四 sɿ^{33}
25 上虞	二 ȵi^{31}	三 sɛ̃^{35}	四 sɿ^{53}
26 嵊州	二 ȵi^{24}	三 sɛ̃^{534}	四 sɿ^{334}
27 新昌	两 liaŋ^{232}	三 sɛ̃^{534}	四 sɿ^{335}
28 诸暨	二 nɿ^{33} 两 liã^{242}	三 sɛ^{544}	四 sɿ^{544}
29 慈溪	二 ȵi^{13}	三 sɛ̃^{35}	四 sɿ^{44}
30 余姚	二 ȵi^{13}	三 sã^{44}	四 sɿ^{53}
31 宁波	二 ȵi^{13}	三 sɛ^{53}	四 sɿ^{44}
32 镇海	两 liã^{24}	三 sɛ^{53}	四 sɿ^{53}
33 奉化	二 ȵi^{31} 两 liã^{324}	三 sɛ^{44}	四 sɿ^{53}
34 宁海	二 ȵi^{213}	三 se^{423}	四 sɿ^{35}
35 象山	二 ȵi^{13}	三 sɛ^{44}	四 sɿ^{53}
36 普陀	二 ȵi^{13} 两 liã^{23}	三 sɛ^{53}	四 sɿ^{55}
37 定海	二 ȵi^{13} 两 liã^{23}	三 sɛ^{52}	四 sɿ^{44}
38 岱山	二 ȵi^{213} 两 liã^{23}	三 sɛ^{52}	四 sɿ^{44}
39 嵊泗	二 ȵi^{213} 两 liã^{243}	三 sɛ^{53}	四 sɿ^{53}
40 临海	二 ȵ^{324}	三 se^{33}	四 sɿ^{55}
41 椒江	二 n^{24}	三 sɛ^{42}	四 sɿ^{55}
42 黄岩	二 n^{24}/ni^{24} 两 liã^{42}	三 sɛ^{32}	四 sɿ^{55}
43 温岭	二 n^{13}	三 sɛ^{33}	四 sɿ^{55}

续表

方言点	1063 二	1064 三	1065 四
44 仙居	二 ȵi^{24}	三 sa^{334}	四 sɿ^{55}
45 天台	二 ȵi^{35}	三 se^{33}	四 sɿ^{55}
46 三门	二 ȵi^{243} 两 liɑ̃^{325}	三 sɛ^{334}	四 sɿ^{55}
47 玉环	二 n^{22}	三 sɛ^{42}	四 sɿ^{55}
48 金华	两 liɑŋ^{535}	三 sɑ^{334}	四 ɕi^{55}
49 汤溪	两 lɤa^{113}	三 suɑ^{24}	四 si^{52}
50 兰溪	两 liɑŋ^{55}	三 suɑ^{334}	四 si^{45}
51 浦江	两 lyõ^{243}	三 sɑ̃^{534}	四 ʃi^{55}
52 义乌	两 lɯa^{312}	三 sɔ^{335}	四 si^{45}
53 东阳	两 liɔ^{24}	三 sɔ^{334}	四 si^{453}
54 永康	两 liɑŋ^{113}	三 sa^{55}	四 ɕi^{52}
55 武义	两 liɑŋ^{13}	三 suo^{24}	四 ɕi^{53}
56 磐安	两 liɒ^{334}	三 sɒ^{445}	四 ɕi^{52}
57 缙云	二 ȵi^{213} 两 liɑ^{31}	三 sɑ^{44}	四 sɿ^{453}
58 衢州	两 liã^{231} 二 ȵi^{231}	三 sã^{32}	四 sɿ^{53}
59 衢江	两 liã^{212}	三 sã^{33}	四 sɿ^{53}
60 龙游	两 liã^{224}	三 sã^{334}	四 ɕi^{51}
61 江山	两 nɛ̃^{22}	三 saŋ^{44}	四 ɕi^{51}
62 常山	两 lɔ̃^{24}	三 sã^{44}	四 ɕi^{324}
63 开化	两 lã^{213} 二 ȵi^{213}	三 sã^{44}	四 ɕi^{412}
64 丽水	二 ŋ^{131}	三 sã^{224}	四 sɿ^{52}
65 青田	二 n^{22}	三 sɑ^{445}	四 sɿ^{33}

续表

方言点	1063 二	1064 三	1065 四
66 云和	二 ȵi^{223}	三 sã^{24}	四 sɿ^{45}
67 松阳	二 n^{13}	三 sɔ̃^{53}	四 sɿ^{24}
68 宣平	二 ȵi^{231}	三 sɑ̃^{324}	四 sɿ^{52}
69 遂昌	二 ȵi^{213}	三 saŋ^{45}	四 sɿ^{334}
70 龙泉	二 ȵi^{224}	三 saŋ^{434}	四 sɿ^{45}
71 景宁	二 ȵi^{113}	三 sɔ^{324}	四 sɿ^{35}
72 庆元	二 ȵi^{31}	三 sɑ̃^{335}	四 sɿ^{11}
73 泰顺	二 ȵi^{22}	三 sã^{213}	四 sɿ^{35}
74 温州	两 liɛ^{14}	三 sa^{33}	四 sɿ^{51}
75 永嘉	二 ŋ^{22} 两 lɛ^{13}	三 sa^{44}	四 sɿ^{53}
76 乐清	两 la^{24} 二 ŋ^{22}	三 sᴇ^{44}	四 sɿ^{41}
77 瑞安	二 ŋ^{22}	三 sɔ^{44}	四 sɿ^{53}
78 平阳	二 ŋ^{33}	三 sɔ^{55}	四 sɿ^{53}
79 文成	二 ŋ^{424}	三 sɔ^{55}	四 sɿ^{33}
80 苍南	二 ŋ^{11} 两 lia^{53}	三 sa^{44}	四 sɿ^{42}
81 建德徽	两 nie^{213}	三 sɛ^{53}	四 ɕi^{33}
82 寿昌徽	两 liɑ̃^{534}	三 suə^{112}	四 sɿ^{33}
83 淳安徽	二 la^{53}	三 sɑ̃^{24}	四 sa^{24}
84 遂安徽	二 əɯ^{52}	三 sɑ̃^{534}	四 sɿ^{43}
85 苍南闽	二 dʑi^{21}	三 sã^{55}	四 ɕi^{21}
86 泰顺闽	二 ni^{31}	三 sæŋ^{213}	四 ɕi^{53}
87 洞头闽	二 dʑi^{21}	三 sã^{33}	四 ɕi^{21}
88 景宁畲	二 ȵi^{51}	三 sɔn^{44}	四 ɕi^{44}

方言点	1066 五	1067 六	1068 七
01 杭州	五 u^{53}	六 loʔ^{2}	七 tɕʰiɛʔ^{5}
02 嘉兴	五 ŋ^{113}	六 loʔ^{5}	七 tɕʰieʔ^{5}
03 嘉善	五 ŋ^{113}	六 luoʔ^{2}	七 tɕʰieʔ^{5}
04 平湖	五 ŋ^{213}	六 loʔ^{23}	七 tsʰiəʔ^{23}
05 海盐	五 n^{423}	六 lɔʔ^{23}	七 tɕiəʔ^{23}
06 海宁	五 ŋ^{231}	六 loʔ^{2}	七 tɕʰieʔ^{5}
07 桐乡	五 ŋ^{242}	六 lɔʔ^{23}	七 tsʰiəʔ^{5}
08 崇德	五 ŋ^{53}	六 lɔʔ^{23}	七 tɕʰiəʔ^{5}
09 湖州	五 ŋ^{523}	六 luoʔ^{2}	七 tɕʰieʔ^{5}
10 德清	五 ŋ^{52}	六 luoʔ^{2}	七 tɕʰieʔ^{5}
11 武康	五 ŋ^{242}	六 luoʔ^{2}	七 tɕʰieʔ^{5}
12 安吉	五 ŋ^{52}	六 loʔ^{23}	七 tɕʰiᴇʔ^{5}
13 孝丰	五 ŋ^{52}	六 luoʔ^{23}	七 tɕʰieʔ^{5}
14 长兴	五 ŋ^{52}	六 loʔ^{2}	七 tʃʰiᴇʔ^{5}
15 余杭	五 ŋ^{53}	六 loʔ^{2}	七 tsʰieʔ^{5}
16 临安	五 ŋ^{33}	六 luɔʔ^{2}	七 tɕʰiɐʔ^{5}
17 昌化	五 ŋ^{243}	六 luəʔ^{23}	七 tɕʰiɛʔ^{5}
18 於潜	五 u^{51}	六 læʔ^{23}	七 tɕʰieʔ^{53}
19 萧山	五 ŋ^{13}	六 ləʔ^{13}	七 tɕʰieʔ^{5}
20 富阳	五 ŋ^{224}	六 loʔ^{2}	七 tɕʰiɛʔ^{5}
21 新登	五 u^{53}	六 lɔʔ^{2}	七 tɕʰiəʔ^{5}
22 桐庐	五 ŋ^{33}	六 ləʔ^{13}	七 tɕʰiəʔ^{5}
23 分水	五 u^{53}	六 ləʔ^{12}	七 tɕʰiəʔ^{5}
24 绍兴	五 ŋ^{223}	六 loʔ^{2}	七 tɕʰieʔ^{5}

续表

方言点	1066 五	1067 六	1068 七
25 上虞	五 $ŋ^{213}$	六 $loʔ^{2}$	七 $tɕ^{h}iəʔ^{5}$
26 嵊州	五 $ŋ^{24}$	六 $loʔ^{2}$	七 $tɕ^{h}ieʔ^{5}$
27 新昌	五 $ŋ^{232}$	六 $lɤʔ^{2}$	七 $tɕ^{h}iʔ^{5}$
28 诸暨	五 $ŋ^{242}$	六 $loʔ^{13}$	七 $tɕ^{h}ieʔ^{5}$
29 慈溪	五 $ŋ^{13}$	六 $loʔ^{2}$	七 $tɕ^{h}iəʔ^{5}$
30 余姚	五 $ŋ^{13}$	六 $loʔ^{2}$	七 $tɕ^{h}iəʔ^{5}$
31 宁波	五 $ŋ^{13}$	六 $loʔ^{2}$	七 $tɕ^{h}iəʔ^{5}$
32 镇海	五 $ŋ^{24}$	六 $loʔ^{2}$	七 $tɕ^{h}ieʔ^{5}$
33 奉化	五 $ŋ^{324}$	六 $loʔ^{2}$	七 $tɕ^{h}iɪʔ^{5}$
34 宁海	五 $ŋ^{31}$	六 $loʔ^{3}$	七 $ts^{h}aʔ^{5}$
35 象山	五 $ŋ^{31}$	六 $loʔ^{2}$	七 $tɕ^{h}ieʔ^{5}$
36 普陀	五 $ŋ^{23}$	六 $loʔ^{23}$	七 $tɕ^{h}iɛʔ^{5}$
37 定海	五 $ŋ^{23}$	六 $loʔ^{2}$	七 $tɕ^{h}ieʔ^{5}$
38 岱山	五 $ŋ^{244}$	六 $loʔ^{2}$	七 $tɕ^{h}ieʔ^{5}$
39 嵊泗	五 $ŋ^{445}$	六 $loʔ^{2}$	七 $tɕ^{h}iᴇʔ^{5}$
40 临海	五 $ŋ^{52}$	六 $loʔ^{23}$	七 $tɕ^{h}ieʔ^{5}$
41 椒江	五 $ŋ^{42}$	六 $loʔ^{2}$	七 $tɕ^{h}ieʔ^{5}$
42 黄岩	五 $ŋ^{42}$	六 $loʔ^{2}$	七 $tɕ^{h}ieʔ^{5}$
43 温岭	五 $ŋ^{42}$	六 $loʔ^{2}$	七 $tɕ^{h}iʔ^{5}$
44 仙居	五 $ŋ^{324}$	六 $luəʔ^{23}$	七 $ts^{h}əʔ^{5}$
45 天台	五 $ŋ^{214}$	六 $luʔ^{2}$	七 $tɕ^{h}iəʔ^{5}$
46 三门	五 $ŋ^{325}$	六 $loʔ^{23}$	七 $ts^{h}ɐʔ^{5}$
47 玉环	五 $ŋ^{53}$	六 $loʔ^{2}$	七 $tɕ^{h}iɐʔ^{5}$

续表

方言点	1066 五	1067 六	1068 七
48 金华	五 ŋ^{535}	六 loʔ^{212}	七 tɕ^{h}iəʔ^{4}
49 汤溪	五 ŋ^{113}	六 lou^{113}	七 ts^{h}ei^{55}
50 兰溪	五 n^{55}	六 lɔʔ^{12}	七 tɕ^{h}ieʔ^{34}
51 浦江	五 n^{232}	六 lɯ^{232}	七 ts^{h}ə^{423}
52 义乌	五 n^{312}	六 lau^{312}	七 tɕ^{h}ə^{324}
53 东阳	五 n^{213}	六 lou^{24}	七 tɕ^{h}iɛʔ^{34}
54 永康	五 ŋ^{113}	六 lu^{113}	七 ts^{h}ə^{334}
55 武义	五 n^{13}	六 lɔ^{213}	七 ts^{h}əʔ^{5}
56 磐安	五 n^{213}	六 lʌo^{213}	七 tɕ^{h}iɛ^{334}
57 缙云	五 ŋɤ^{31}	六 lɑu^{13}	七 ts^{h}əɤ^{322}
58 衢州	五 ŋ^{231}	六 ləʔ^{12}	七 tɕ^{h}iəʔ^{5}
59 衢江	五 ŋuɤ^{212}	六 ləʔ^{2}	七 tɕ^{h}iəʔ^{5}
60 龙游	五 n^{224}	六 lɔʔ^{23}	七 tɕ^{h}iəʔ^{4}
61 江山	五 ŋuə^{22}	六 laʔ^{2}	七 ts^{h}əʔ^{5}
62 常山	五 ŋuʌ^{24}	六 laʔ^{34}	七 ts^{h}ʌʔ^{5}
63 开化	五 ŋuo^{213}	六 liɔʔ^{13}	七 tɕ^{h}iɛʔ^{5}
64 丽水	五 ŋ^{544}	六 liuʔ^{23}	七 ts^{h}eʔ^{5}
65 青田	五 ŋø^{454}	六 leuʔ^{31}	七 ts^{h}aʔ^{42}
66 云和	五 ŋ^{41}	六 ləɯʔ^{23}	七 ts^{h}eiʔ^{5}
67 松阳	五 ŋuə^{22}	六 lɤʔ^{2}	七 tɕ^{h}iʔ^{5}
68 宣平	五 n^{223}	六 ləʔ^{23}	七 ts^{h}əʔ^{5}
69 遂昌	五 ŋuə^{13}	六 ləɯʔ^{23}	七 tɕ^{h}iʔ^{5}
70 龙泉	五 ŋou^{51}	六 lɤɯʔ^{24}	七 tɕ^{h}ieiʔ^{5}

续表

方言点	1066 五	1067 六	1068 七
71 景宁	五 ŋ^{33}	六 liuʔ^{23}	七 tsʰəɯʔ^{5}
72 庆元	五 ŋuɤ^{221}	六 liɯʔ^{34}	七 tɕʰiəɯʔ^{5}
73 泰顺	五 ŋø^{55}	六 ləuʔ^{2}	七 tsʰəiʔ^{5}
74 温州	五 ŋ^{14}	六 lɤu^{212}	七 tsʰai^{323}
75 永嘉	五 ŋ^{13}	六 ləu^{213}	七 tsʰai^{423}
76 乐清	五 ŋ^{24}	六 lu^{212}	七 tɕʰiɤ^{323}
77 瑞安	五 ŋ^{13}	六 lou^{212}	七 tsʰa^{323}
78 平阳	五 ŋ^{45}	六 lɛu^{12}	七 tʃʰᴀ^{34}
79 文成	五 ŋou^{224}	六 lou^{212}	七 tʃʰa^{34}
80 苍南	五 ŋu^{53}	六 lɛu^{112}	七 tsʰɛ^{223}
81 建德徽	五 n^{213}	六 lɐʔ^{12}	七 tɕʰiɐʔ^{5}
82 寿昌徽	五 n^{534}	六 lɔʔ^{31}	七 tɕʰiəʔ^{3}
83 淳安徽	五 ia^{55}	六 lɑʔ^{13}	七 tɕʰiʔ^{5}
84 遂安徽	五 n^{43}	六 lu^{213}	七 tɕʰiɛ^{24}
85 苍南闽	五 gɔ^{43}	六 lɐ^{24}	七 tɕʰie^{43}
86 泰顺闽	五 n^{31}	六 løʔ^{3}	七 tɕʰiɪʔ^{5}
87 洞头闽	五 gɔ^{21}	六 lɐk^{24}	七 tɕʰie^{53}
88 景宁畲	五 ŋ^{325}	六 lyʔ^{5}	七 tɕʰit^{5}

方言点	1069 八	1070 九	1071 十
01 杭州	八 paʔ^{5}	九 tɕy^{53}	十 zaʔ^{2}
02 嘉兴	八 poʔ^{5}	九 tɕiu^{544}	十 zəʔ^{13}
03 嘉善	八 puoʔ^{5}	九 tɕiə^{44}	十 zɜʔ^{2}
04 平湖	八 paʔ^{5}	九 tɕiəɯ^{44}	十 zəʔ^{23}
05 海盐	八 paʔ^{5}	九 tɕio^{423}	十 zəʔ^{23}
06 海宁	八 poʔ^{5}	九 tɕiəu^{53}	十 zəʔ^{2}
07 桐乡	八 pɔʔ^{5}	九 tɕiɤɯ^{53}	十 zəʔ^{23}
08 崇德	八 pɔʔ^{5}	九 tɕʰiɤɯʔ^{5}	十 zəʔ^{23}
09 湖州	八 puoʔ^{5}	九 tɕiʉ^{523}	十 zəʔ^{2}
10 德清	八 puoʔ^{5}	九 tɕiʉ^{52}	十 zəʔ^{2}
11 武康	八 puoʔ^{5}	九 tɕiø^{53}	十 zɜʔ^{2}
12 安吉	八 poʔ^{5}	九 tɕiu^{52}	十 zəʔ^{23}
13 孝丰	八 puoʔ^{5}	九 tɕiu^{52}	十 zəʔ^{23}
14 长兴	八 poʔ^{5}	九 tʃiʏ^{52}	十 zəʔ^{2}
15 余杭	八 poʔ^{5}	九 tɕiʏ^{53}	十 zəʔ^{2}
16 临安	八 pɐʔ^{5}	九 tɕyœ^{55}	十 zɐʔ^{2}
17 昌化	八 paʔ^{5}	九 tɕi^{453}	十 ʑiɛʔ^{23}
18 於潜	八 pɐʔ^{53}	九 tɕiəu^{51}	十 zæʔ^{23}
19 萧山	八 paʔ^{5}	九 tɕio^{33}	十 zəʔ^{13}
20 富阳	八 poʔ^{5}	九 tɕiʊ^{423}	十 ʑiɛʔ^{2}
21 新登	八 paʔ^{5}	九 tɕy^{334}	十 zəʔ^{2}
22 桐庐	八 paʔ^{5}	九 tɕiəu^{33}	十 zəʔ^{13}
23 分水	八 paʔ^{5}	九 tɕiɵ^{53}	十 zəʔ^{12}
24 绍兴	八 pɛʔ^{5}	九 tɕiɤ^{334}	十 zeʔ^{2}

续表

方言点	1069 八	1070 九	1071 十
25 上虞	八 pɛʔ⁵	九 tɕiɤ³⁵	十 zəʔ²
26 嵊州	八 pɛʔ⁵	九 tɕiʏ⁵³	十 zəʔ²
27 新昌	八 pɛʔ⁵	九 tɕiɯ⁴⁵³	十 zeʔ²
28 诸暨	八 paʔ⁵	九 tɕiʉ⁴²	十 zəʔ¹³
29 慈溪	八 poʔ⁵	九 tɕiø³⁵	十 zəʔ²
30 余姚	八 poʔ⁵	九 tɕiø³⁴	十 zəʔ²
31 宁波	八 paʔ⁵	九 tɕiʏ³⁵	十 zoʔ²
32 镇海	八 paʔ⁵	九 tɕiu³⁵	十 zoʔ²
33 奉化	八 paʔ⁵	九 tɕiʏ⁵⁴⁵	十 zoʔ²
34 宁海	八 paʔ⁵	九 tɕiu⁵³	十 ʑyəʔ³
35 象山	八 paʔ⁵	九 tɕiu⁴⁴	十 zoʔ²
36 普陀	八 pɐʔ⁵	九 tɕieu⁴⁵	十 zoʔ²³
37 定海	八 pɐʔ⁵	九 tɕiʏ⁴⁵	十 zoʔ²
38 岱山	八 pɐʔ⁵	九 tɕiʏ³²⁵	十 zoʔ²
39 嵊泗	八 pɐʔ⁵	九 tɕiʏ⁴⁴⁵	十 zoʔ²
40 临海	八 pɛʔ⁵	九 tɕiu⁵²	十 ʑieʔ²³
41 椒江	八 pɛʔ⁵	九 tɕiu⁴²	十 ʑieʔ²
42 黄岩	八 pəʔ⁵	九 tɕiu⁴²	十 ʑieʔ²
43 温岭	八 pəʔ⁵	九 tɕiu⁴²	十 ʑiʔ²
44 仙居	八 ɓɑʔ⁵	九 tɕiəɯ³²⁴	十 zəʔ²³
45 天台	八 peʔ⁵	九 kiu³²⁵	十 ʑiəʔ²
46 三门	八 pɐʔ⁵	九 tɕiu³²⁵	十 ʑieʔ²³
47 玉环	八 pɐʔ⁵	九 tɕiu⁵³	十 ʑiɐʔ²

续表

方言点	1069 八	1070 九	1071 十
48 金华	八 pɤa^{55}	九 tɕiu^{535}	十 ʑiəʔ^{212}
49 汤溪	八 pɤa^{55}	九 tɕiəɯ^{535}	十 ʑiɛ^{113}
50 兰溪	八 piaʔ^{34}	九 tɕiəɯ^{55}	十 ʑiəʔ^{12}
51 浦江	八 pia^{423}	九 tɕiɤ^{53}	十 zə^{232}
52 义乌	八 pɯa^{324}	九 tɕiɐɯ^{423}	十 zə^{312}
53 东阳	八 po^{334}	九 tɕiɐɯ^{453}	十 zɐʔ^{23}
54 永康	八 ɓuɑ^{334}	九 tɕiəu^{334}	十 zə^{113}
55 武义	八 puɑ^{53}	九 tɕiəu^{445}	十 zə^{213}
56 磐安	八 pə^{334}	九 tɕiɐɯ^{334}	十 zɛ^{213}
57 缙云	八 pɑ^{322}	九 tɕiuŋ^{51}	十 zəɤ^{13}
58 衢州	八 paʔ^{5}	九 tɕiu^{35}	十 ʒyəʔ^{12}
59 衢江	八 paʔ^{5}	九 ky^{25}	十 ʑiaʔ^{2}
60 龙游	八 pɔʔ^{4}	九 tɕiəɯ^{35}	十 zəʔ^{23}
61 江山	八 paʔ^{5}	九 kɯ^{241}	十 ʑiɞʔ^{2}
62 常山	八 paʔ^{5}	九 tɕiu^{52}	十 zɛʔ^{34}
63 开化	八 pʌʔ^{5}	九 tɕiʊ^{53}	十 ʑyaʔ^{13}
64 丽水	八 puɔʔ^{5}	九 tɕiəɯ^{544}	十 ʑyɛʔ^{23}
65 青田	八 ɓaʔ^{42}	九 tɕieu^{454}	十 zaʔ^{31}
66 云和	八 pɔʔ^{5}	九 tɕiəɯ^{41}	十 ʑyeiʔ^{23}
67 松阳	八 pɔʔ^{5}	九 kei^{212}	十 ʑyɛʔ^{2}
68 宣平	八 pɑʔ^{5}	九 tɕiɯ^{445}	十 zəʔ^{23}
69 遂昌	八 paʔ^{5}	九 tɕiɯ^{533}	十 ʑyɛʔ^{23}
70 龙泉	八 poʔ^{5}	九 tɕiəu^{51}	十 zaiʔ^{24}

续表

方言点	1069 八	1070 九	1071 十
71 景宁	八 pɔʔ^{5}	九 tɕiəɯ^{33}	十 zəɯʔ^{23}
72 庆元	八 ɓoʔ^{5}	九 tɕiɯ^{33}	十 səɯʔ^{34}
73 泰顺	八 pɔʔ^{5}	九 tɕiəu^{55}	十 səiʔ^{2}
74 温州	八 po^{323}	九 tɕiau^{25}	十 zai^{212}
75 永嘉	八 po^{423}	九 tɕiau^{45}	十 zai^{213}
76 乐清	八 pɯʌ^{323}	九 tɕiau^{35}	十 zɤ^{212}
77 瑞安	八 pu^{323}	九 tɕiau^{35}	十 za^{212}
78 平阳	八 po^{34}	九 tʃau^{45}	十 zA^{12}
79 文成	八 po^{34}	九 tʃau^{45}	十 za^{212}
80 苍南	八 puɔ^{223}	九 tɕiau^{53}	十 zɛ^{112}
81 建德徽	八 po^{55}	九 tɕiɤɯ^{213}	十 sɐʔ^{12}
82 寿昌徽	八 pɤ^{55}	九 tɕiəɯ^{24}	十 səʔ^{31}
83 淳安徽	八 pɑʔ^{5}	九 tɕiɯ^{55}	十 səʔ^{13}
84 遂安徽	八 pɑ^{24}	九 tɕʰiu^{24}	十 ɕiɛ^{213}
85 苍南闽	八 pue^{43}	九 kau^{43}	十 tsɐ^{24}
86 泰顺闽	八 pɛʔ^{5}	九 kau^{344}	十 sɛʔ^{3}
87 洞头闽	八 pue^{53}	九 kau^{53}	十 tsɐt^{24}
88 景宁畲	八 pat^{5}	九 kiəu^{325}	十 ɕit^{2}

方言点	1072 二十有无合音	1073 三十有无合音	1074 一百
01 杭州	廿 ȵiɛ^{13}	三十 sɛ^{33} zaʔ^{5}	一百 iɛʔ^{5} paʔ^{5}
02 嘉兴	廿 ȵie^{113}	三十 sᴇ^{33} səʔ^{5}“十”音殊	一百 ieʔ^{3} pᴀʔ^{5}
03 嘉善	廿 ȵiɪ^{113}	三十 sɛ^{55} sɜʔ^{4}“十”音殊	一百 ieʔ^{5} paʔ^{4}
04 平湖	廿 ȵiɛ^{213}	三十 sɛ^{44} səʔ^{0}“十”音殊	一百 iəʔ^{5} paʔ^{5}
05 海盐	廿 ȵiɛ^{213}	三十 sɛ^{55} səʔ^{5}“十”音殊	一百 iəʔ^{5} paʔ^{5}
06 海宁	廿 ȵiɛ^{13}	三十 sɛ^{55} səʔ^{5}“十”音殊	一百 ieʔ^{5} paʔ^{5}
07 桐乡	廿 ȵiɛ^{213}	三十 sɛ^{44} səʔ^{0}“十”音殊	一百 iəʔ^{3} paʔ^{5}
08 崇德	廿 ȵiɛ^{13}	三十 sɛ^{44} səʔ^{4}“十”音殊	一百 iəʔ^{3} paʔ^{53}
09 湖州	廿 ȵie^{35}	三十 sɛ^{44} səʔ^{4}“十”音殊	一百 ieʔ^{4} paʔ^{5}
10 德清	廿 ȵie^{334}	三十 sɛ^{44} səʔ^{4}“十”音殊	一百 ieʔ^{4} paʔ^{5}
11 武康	二十 n^{33} sɜ^{35}“十”舒化	三十 sɛ^{44} sɜʔ^{5}“十”音殊	一百 ieʔ^{4} paʔ^{5}
12 安吉	二十 ȵi^{21} zəʔ^{23}/əl^{21} zəʔ^{23}	三十 sᴇ^{55} zəʔ^{5}	一百 iᴇʔ^{3} pɐʔ^{5}
13 孝丰	廿 ȵiɪ^{324} 二十 əl^{32} zəʔ^{23}	三十 sɛ^{44} zəʔ^{5}	一百 ieʔ^{3} paʔ^{5}
14 长兴	二十 n^{32} zəʔ^{2}	三十 sᴇ^{44} səʔ^{5}“十”音殊	一百 iᴇʔ^{2} paʔ^{5}
15 余杭	二十 ȵi^{33} zəʔ^{2}	三十 sɛ^{55} zəʔ^{2}	一百 ieʔ^{4} paʔ^{5}
16 临安	二十 ȵi^{33} zɐʔ^{2}	三十 sɛ^{53} zɐʔ^{2}	一百 ieʔ^{5} pɐʔ^{5}
17 昌化	二十 əl^{23} ʑiɛʔ^{5}	三十 sɔ̃^{33} ʑiɛʔ^{5}	一百 iɛʔ^{5} paʔ^{5}
18 於潜	廿 ȵie^{223}	三十 sɛ^{43} zæʔ^{23}	一百 ieʔ^{53} pɐʔ^{53}
19 萧山	廿 ȵie^{242}	三十 sɛ^{33} zəʔ^{5}	一百 ieʔ^{5} paʔ^{5}
20 富阳	廿 ȵi^{335}	三十 sã^{55} ʑiɛʔ^{2}	一百 iɛʔ^{5} paʔ^{5}
21 新登	廿 ȵiɛ̃^{13}	三十 sɛ^{53} zəʔ^{2}	一百 iəʔ^{5} paʔ^{5}
22 桐庐	廿 nie^{24}	三十 sã^{55} zəʔ^{13}	一百 iəʔ^{5} paʔ^{13}
23 分水	廿 ȵiɛ̃^{13} 二十 ɵ^{24} zəʔ^{12}	三十 sã^{44} zəʔ^{12}	一百 iəʔ^{5} pəʔ^{5}

续表

方言点	1072 二十有无合音	1073 三十有无合音	1074 一百
24 绍兴	廿 ȵiɛ̃^{22}	三十 sɛ̃^{33} zeʔ^{2}	一百 ieʔ^{3} paʔ^{5}
25 上虞	廿 ȵiẽ^{31}	三十 sɛ̃^{33} zəʔ^{2}	一百 iəʔ^{2} paʔ^{5}
26 嵊州	廿 ȵiẽ^{24}	三十 sɛ̃^{53} zəʔ^{3}	一百 ieʔ^{3} paʔ^{5}
27 新昌	廿 ȵiɛ̃^{13}	三十 sɛ̃^{45} zeʔ^{3}	一百 iʔ^{3} paʔ^{5}
28 诸暨	廿 nie^{33}	三十 sɛ^{42} zəʔ^{5}	一百 ieʔ^{5} paʔ^{5}
29 慈溪	廿 ȵiẽ^{13}	三十 sɛ̃^{33} zəʔ^{2}	一百 iəʔ^{2} paʔ^{5}
30 余姚	廿 ȵiẽ^{13}	三十 sã^{44} zəʔ^{2}	一百 iəʔ^{5} paʔ^{5}
31 宁波	廿 nɛ^{13}	三十 sɛ^{44} zoʔ^{2}	一百 iəʔ^{2} paʔ^{5}
32 镇海	廿 nɛ^{24}	三十 sɛ^{33} zoʔ^{2}	一百 ieʔ^{5} paʔ^{5}
33 奉化	廿 ȵiɛ^{31}	三十 sɛ^{44} zoʔ^{2}	一百 iɪʔ^{2} paʔ^{5}
34 宁海	廿 ȵie^{24}	三十 se^{33} ʐyəʔ^{3}	一百 iəʔ^{3} paʔ^{5}
35 象山	廿 ȵiɛ^{13}	三十 sɛ^{44} zoʔ^{2}	一百 ieʔ^{5} paʔ^{5}
36 普陀	廿 ȵiɛ^{13}	三十 sɛ^{33} zoʔ^{5}	一百 iɛʔ^{3} pɐʔ^{5}
37 定海	廿 ȵiɛ^{13}	三十 sɛ^{33} zoʔ^{5}	一百 ieʔ^{3} pɐʔ^{5}
38 岱山	廿 ȵiɛ^{213}	三十 sɛ^{33} zoʔ^{5}	一百 ieʔ^{3} pɐʔ^{5}
39 嵊泗	廿 ȵiɛ^{213}	三十 sɛ^{33} zoʔ^{5}	一百 iᴇʔ^{3} pɐʔ^{5}
40 临海	二十 ȵi^{22} ʑiəʔ^{23}	三十 sɛ^{33} ʑiʔ^{23}	一百 ieʔ^{3} paʔ^{5}
41 椒江	廿 ȵie^{24}	三十 sɛ^{42} ʑieʔ^{2}	一百 ieʔ^{3} paʔ^{5}
42 黄岩	廿 ȵie^{24}	三十 sɛ^{32} ʑieʔ^{2}	一百 ieʔ^{3} pɐʔ^{5}
43 温岭	廿 ȵie^{13}	三十 sɛ^{33} ʑiʔ^{2}	一百 iʔ^{3} paʔ^{5}
44 仙居	一廿 iəʔ^{3} ȵie^{24}	三十 sa^{33} zəʔ^{23}	一百 iəʔ^{3} ɓaʔ^{5}
45 天台	廿 ne^{35} 二十 ȵi^{35} ʑiəʔ^{2}	三十 se^{33} ʑiəʔ^{2}	一百 iəʔ^{1} paʔ^{5}
46 三门	二十 ȵi^{23} ʑieʔ^{2} 廿 ȵie^{243}	三十 sɛ^{33} ʑieʔ^{2}	一百 ieʔ^{3} paʔ^{5}
47 玉环	二十 n^{22} ʑiɐʔ^{2} 廿 ȵie^{22}	三十 sɛ^{42} ʑiɐʔ^{2}	一百 iɐʔ^{3} pɐʔ^{5}

续表

方言点	1072 二十有无合音	1073 三十有无合音	1074 一百
48 金华	廿 ȵia^{14}	三十 sɑ^{33} ɕiəʔ^{4} “十”音殊	一百 iəʔ^{3} pəʔ^{4}
49 汤溪	廿 ȵie^{341}	三十 suɑ^{24} ʑiɛ^{0}	一百 iei^{52} pa^{52}
50 兰溪	廿 nia^{24}	三十 suɑ^{334} ʑiəʔ^{0}	一百 ieʔ^{34} pəʔ^{34}
51 浦江	廿 ȵiɑ̃^{24}	三十 sɑ̃^{55} zə^{334}	一百 iə^{33} pɑ^{55}
52 义乌	廿 ȵia^{24}	三十 sɔ^{33} zə^{45}	一百 iəʔ^{3} pɛ^{45}
53 东阳	廿 ȵi^{24}	三十 sɔ^{33} zɐ^{53}	一百 iɛʔ^{3} paʔ^{33}
54 永康	廿 ŋia^{241}	三十 sa^{33} sə^{52} “十”音殊	一百 iə^{33} ɓai^{52}
55 武义	廿 ȵie^{231}	三十 suo^{32} zəʔ^{5}	一百 iəʔ^{5} pa^{53}
56 磐安	廿 ȵie^{213}	三十 sɒ^{33} sɛ^{52} “十”音殊	一百 iɛ^{33} pa^{52}
57 缙云	廿 ȵia^{213}	三十 sɑ^{44} zəɤ^{45}	一百 iei^{51} pa^{45}
58 衢州	廿 ȵiẽ^{231}	三十 sã^{35} ʒyəʔ^{12}	一百 iəʔ^{3} paʔ^{5} / iəʔ^{3} piaʔ^{5}
59 衢江	廿 ȵie^{231}	三十 sã^{33} ʑiaʔ^{0}	一百 iəʔ^{3} paʔ^{5}
60 龙游	廿 ȵie^{231}	三十 sã^{35} səʔ^{4} “十”音殊	一百 iəʔ^{3} pəʔ^{4}
61 江山	廿 ȵiɛ̃^{31}	三十 saŋ^{24} ʑiɐʔ^{2}	个百 a^{44} paʔ^{5}
62 常山	廿 ȵiɛ̃^{131}	三十 sã^{45} zɛʔ^{0}	一百 ieʔ^{4} pɛʔ^{5} / eʔ^{4} pɛʔ^{5}
63 开化	廿 ȵiɛ̃^{213} 二十 əl^{13} ʑyaʔ^{13}	三十 sã^{44} ɕyaʔ^{5} “十”音殊	一百 iɛʔ^{4} paʔ^{5}
64 丽水	廿 ȵiɛ^{131}	三十 sã^{22} ɕyɛʔ^{5} “十”音殊	一百 iʔ^{4} paʔ^{5}
65 青田	廿 ȵiɑ^{22}	三十 sɑ^{33} zaʔ^{31}	一百 iæʔ^{4} ɓɛʔ^{42}
66 云和	廿 ȵiɛ^{223}	三十 sã^{24} ʑyeiʔ^{23}	一百 iʔ^{4} paʔ^{5}
67 松阳	廿 ȵiɛ̃^{13}	三十 sɔ̃^{53} ʑyɛʔ^{2}	一百 iʔ^{3} paʔ^{5}
68 宣平	廿 ȵiɛ^{231}	三十 sɑ̃^{32} zəʔ^{23}	一百 iəʔ^{4} paʔ^{5}
69 遂昌	廿 ȵiɛ̃^{213}	三十 saŋ^{45} ʑyɛʔ^{0}	一百 iʔ^{3} piaʔ^{5}
70 龙泉	廿 ȵiᴇ^{224} 二十 ȵi^{224} zaiʔ^{0}	三十 saŋ^{45} zaiʔ^{0}	一百 ieiʔ^{3} paʔ^{5}
71 景宁	廿 ȵie^{113}	三十 sɔ^{32} zəɯʔ^{23}	一百 iʔ^{3} paʔ^{5}

续表

方言点	1072 二十有无合音	1073 三十有无合音	1074 一百
72 庆元	廿 ȵiɑ̃^{31}	三十 sɑ̃^{335} səɯʔ^{34}	一百 iəɯʔ^{5} ɓɑʔ^{5}
73 泰顺	廿 ȵiã^{22}	三十 sã^{213} səiʔ^{2}	一百 iʔ^{2} paʔ^{5}
74 温州	廿 ȵi^{22}	三十 sa^{33} zai^{22}	一百 i^{3} pa^{323}
75 永嘉	廿 ȵiɛ^{22} 二十 ŋ^{13} zai^{213}	三十 sa^{33} zai^{21}	一百 i^{43} pa^{423}
76 乐清	廿 ȵiᴇ^{22}	三十 sᴇ^{44} zɤ^{31}	一百 i^{3} pe^{323}
77 瑞安	廿 ȵiɛ^{22} 二十 ŋ^{13} za^{212}	三十 sɔ^{33} za^{21}	一百 e^{3} pa^{323}
78 平阳	廿 ȵie^{33}	三十 sɔ^{33} zᴀ^{55}	一百 i^{45} pᴀ^{13}
79 文成	廿 ȵie^{424}	三十 sɔ^{33} za^{21}	一百 i^{21} pa^{13}
80 苍南	廿 ȵia^{11} 二十 ŋ^{11} zɛ^{112}	三日$^{=}$ sa^{33} ȵiɛ^{112}	一百 e^{3} pa^{223}
81 建德徽	二十 n^{55} sɐʔ^{0}	三十 sɛ^{53} sɐʔ^{5}"十"调殊	一百 iɐʔ^{3} pɑ^{55}
82 寿昌徽	二十 əɯ^{24} səʔ^{31}	三十 suə^{11} səʔ^{31}	一百 iəʔ^{3} pəʔ^{3}
83 淳安徽	廿 iã^{53}	三十 sɑ̃^{24} səʔ^{21}	一百 iʔ^{5} pɑʔ^{5}
84 遂安徽	二十 əɯ^{55} ɕiɛ^{21} 廿 iɛ̃^{33}	三十 sɑ̃^{534} ɕiɛ^{21}	一百 i^{33} pa^{24}
85 苍南闽	二十 dʑi^{21} tsɐ^{24}	三十 sã^{33} tsɐ^{24}	蜀百 tɕie^{21} pa^{43}
86 泰顺闽	二十 ni^{21} sɛʔ^{3}	三十 sæŋ^{21} sɛʔ^{3}	蜀百 ɕiɪʔ^{3} pa^{53}
87 洞头闽	二十 dʑi^{212} tsɐt^{24}	三十 sã^{212} tsɐt^{24}	蜀百 tɕiek^{21} pa^{53}
88 景宁畲	二十 ȵi^{51} ɕit^{2}	三十 sɔn^{44} ɕit^{2}	一百 it^{5} paʔ^{5}

方言点	1075 一千	1076 一万	1077 一百零五
01 杭州	一千 iɛʔ^{5}tɕʰiɛ^{334}	一万 iɛʔ^{5}vɛ^{13}	一百零五 iɛʔ^{3}paʔ^{5}liŋ^{22}u^{53}
02 嘉兴	一千 ieʔ^{3}tɕʰie^{33}	一万 ieʔ^{5}vᴇ^{21}	一百零五 ieʔ^{5}pᴀʔ^{5}liŋ^{24}ŋ^{13}
03 嘉善	一千 ieʔ^{5}tɕʰiɪ^{53}	一万 ieʔ^{5}vɛ^{0}	一百零五 ieʔ^{5}paʔ^{4}lin^{13}ŋ^{31}
04 平湖	一千 iəʔ^{5}tsʰiɛ^{53}	一万 iəʔ^{3}vɛ^{213}	一百零五 iəʔ^{3}paʔ^{5}lin^{21}ŋ^{53}
05 海盐	一千 iəʔ^{5}tɕʰiɛ^{53}	一万 iəʔ^{5}vɛ^{334}	一百零五 iəʔ^{5}paʔ^{5}lin^{24}n^{423}
06 海宁	一千 ieʔ^{5}tɕʰie^{55}	一万 ieʔ^{5}vɛ^{0}	一百零五 ieʔ^{5}paʔ^{5}liŋ^{33}ŋ^{31}
07 桐乡	一千 iəʔ^{3}tsʰiᴇ^{44}	一万 iəʔ^{3}vɛ^{213}	一百零五 iəʔ^{3}paʔ^{5}liŋ^{21}ŋ^{242}
08 崇德	一千 iəʔ^{3}tɕʰiɪ^{44}	一万 iəʔ^{3}vᴇ^{13}	一百零五 iəʔ^{3}paʔ^{5}liŋ^{21}ŋ^{53}
09 湖州	一千 ieʔ^{5}tɕʰie^{44}	一万 ieʔ^{5}vɛ^{13}	一百零五 ieʔ^{4}paʔ^{5}lin^{31}ŋ^{31}
10 德清	一千 ieʔ^{5}tɕʰie^{35}	一万 ieʔ^{5}vɛ^{13}	一百零五 ieʔ^{4}paʔ^{5}lin^{31}ŋ^{53}
11 武康	一千 ieʔ^{5}tɕʰiɪ^{44}	一万 ieʔ^{5}vɛ^{13}	一百零五 ieʔ^{4}paʔ^{5}lin^{11}ŋ^{53}
12 安吉	一千 iᴇʔ^{3}tɕʰi^{55}	一万 iᴇʔ^{5}vᴇ^{213}	一百零五 iᴇʔ^{3}pɐʔ^{5}liŋ^{22}ŋ^{52}
13 孝丰	一千 ieʔ^{3}tɕʰiɪ^{44}	一万 ieʔ^{5}vɛ^{213}	一百零五 ieʔ^{3}paʔ^{5}liŋ^{22}ŋ^{52}
14 长兴	一千 iᴇʔ^{2}tʃʰi^{44}	一万 iᴇʔ^{2}vᴇ^{24}	一百零五 iᴇʔ^{2}paʔ^{5}liŋ^{12}ŋ^{52}
15 余杭	一千 ieʔ^{5}tsʰiẽ^{35}	一万 ieʔ^{5}vɛ^{13}	一百零五 ieʔ^{5}paʔ^{5}liŋ^{33}ŋ^{53}
16 临安	一千 ieʔ^{5}tɕʰie^{55}	一万 ieʔ^{5}vɛ^{33}	一百零五 ieʔ^{5}pɐʔ^{5}lieŋ^{31}ŋ^{33}
17 昌化	一千 iɛʔ^{5}tɕʰiĩ^{334}	一万 iɛʔ^{5}vã^{243}	一百零五 iɛʔ^{5}paʔ^{5}liəŋ^{11}ŋ^{243}
18 於潜	一千 ieʔ^{53}tɕʰie^{433}	一万 ieʔ^{53}vɛ^{24}	一百零五 ieʔ^{53}pɐʔ^{53}liŋ^{24}u^{53}
19 萧山	一千 ieʔ^{5}tɕʰie^{42}	一万 ieʔ^{5}vɛ^{242}	一百零五 ieʔ^{5}paʔ^{5}liŋ^{33}ŋ^{13}
20 富阳	一千 iɛʔ^{5}tɕʰiɛ̃^{53}	一万 iɛʔ^{5}vã^{335}	一百零五 iɛʔ^{5}paʔ^{5}lin^{55}ŋ^{224}
21 新登	一千 iəʔ^{5}tɕʰiɛ̃^{53}	一万 iəʔ^{5}vɛ^{13}	一百零五 iəʔ^{5}paʔ^{5}leiŋ^{233}u^{334}
22 桐庐	一千 iəʔ^{21}tɕʰie^{533}	一万 iəʔ^{5}vã^{13}	一百零五 iəʔ^{5}paʔ^{5}liŋ^{35}ŋ^{13}
23 分水	一千 iəʔ^{5}tɕʰiɛ̃^{44}	一万 iəʔ^{5}vã^{13}	一百零五 iəʔ^{5}pəʔ^{5}lin^{21}u^{53}
24 绍兴	一千 ieʔ^{3}tɕʰiẽ^{33}	一万 ieʔ^{3}vɛ̃^{22}	一百零五 ieʔ^{3}paʔ^{3}liŋ^{33}ŋ^{223}

续表

方言点	1075 一千	1076 一万	1077 一百零五
25 上虞	一千 iəʔ^{2}tɕʰiẽ^{53}	一万 iəʔ^{2}uɛ̃^{31}	一百零五 iəʔ^{2}paʔ^{5}liŋ^{21}ŋ^{213}
26 嵊州	一千 ieʔ^{3}tɕʰiẽ^{534}	一万 ieʔ^{3}uɛ̃^{24}	一百零五 ieʔ^{3}paʔ^{5}liŋ^{33}ŋ^{24}
27 新昌	一千 iʔ^{3}tɕʰiɛ̃^{534}	一万 iʔ^{3}uɛ̃^{13}	一百零五 iʔ^{3}paʔ^{5}liŋ^{22}ŋ^{232}
28 诸暨	一千 ieʔ^{5}tɕʰie^{33}	一万 ieʔ^{5}vɛ^{33}	一百零五 ieʔ^{5}paʔ^{5}lin^{33}ŋ^{13}
29 慈溪	一千 iəʔ^{2}tɕʰiẽ^{35}	一万 iəʔ^{2}uɛ̃^{13}	一百零五 iəʔ^{2}paʔ^{5}liŋ^{11}ŋ^{13}
30 余姚	一千 iəʔ^{5}tɕʰiẽ^{44}	一万 iəʔ^{5}vã^{13}	一百零五 iəʔ^{5}paʔ^{5}liə̃^{13}ŋ^{13}
31 宁波	一千 iəʔ^{2}tɕʰi^{35}	一万 iəʔ^{2}vɛ^{13}	一百零五 iəʔ^{2}paʔ^{5}liŋ^{22}ŋ^{13}
32 镇海	一千 ieʔ^{5}tɕʰi^{35}	一万 ieʔ^{5}vɛ^{24}	一百零五 ieʔ^{5}paʔ^{5}liŋ^{22}ŋ^{24}
33 奉化	一千 iɪʔ^{2}tɕʰi^{35}	一万 iɪʔ^{2}uɛ^{31}	一百零五 iɪʔ^{2}paʔ^{5}liŋ^{33}ŋ^{24}
34 宁海	一千 iəʔ^{3}tɕʰie^{34}	一万 iəʔ^{3}ve^{24}	一百零五 iəʔ^{3}paʔ^{5}liŋ^{21}ŋ^{31}
35 象山	一千 ieʔ^{5}tɕʰi^{44}	一万 ieʔ^{5}uɛ^{13}	一百零五 ieʔ^{5}paʔ^{5}liŋ^{31}ŋ^{31}
36 普陀	一千 iɛʔ^{3}tɕʰi^{45}	一万 iɛʔ^{3}vɛ^{13}	一百零五 iɛʔ^{3}pɐʔ^{5}liŋ^{33}ŋ^{23}
37 定海	一千 ieʔ^{3}tɕʰi^{45}	一万 ieʔ^{3}vɛ^{13}	一百零五 ieʔ^{3}pɐʔ^{3}liŋ^{33}ŋ^{45}
38 岱山	一千 ieʔ^{3}tɕʰi^{325}	一万 ieʔ^{3}vɛ^{213}	一百零五 ieʔ^{3}pɐʔ^{5}liŋ^{0}ŋ^{325}
39 嵊泗	一千 iᴇʔ^{3}tɕʰi^{445}	一万 iᴇʔ^{3}vɛ^{213}	一百零五 iᴇʔ^{3}pɐʔ^{5}liŋ^{0}ŋ^{445}
40 临海	一千 ieʔ^{3}tɕʰi^{31}	一万 ieʔ^{3}vɛ^{324}	一百零五 ieʔ^{3}paʔ^{5}lin^{33}ŋ^{52}
41 椒江	一千 ieʔ^{3}tɕʰie^{42}	一万 ieʔ^{3}vɛ^{24}	一百零五 ieʔ^{3}paʔ^{5}liŋ^{22}ŋ^{42}
42 黄岩	一千 ieʔ^{3}tɕʰie^{32}	一万 ieʔ^{3}vɛ^{24}	一百零五 ieʔ^{3}pɐʔ^{5}lin^{22}ŋ^{42}
43 温岭	一千 iʔ^{3}tɕʰie^{33}	一万 iʔ^{3}vɛ^{13}	一百零五 iʔ^{3}paʔ^{5}lin^{13}ŋ^{42}
44 仙居	一千 iəʔ^{3}tɕʰie^{334}	一万 iəʔ^{3}va^{24}	一百零五 iəʔ^{3}ɓaʔ^{5}lin^{33}ŋ^{324}
45 天台	一千 iəʔ^{1}tɕʰie^{33}	一万 iəʔ^{5}ve^{35}	一百零五 iəʔ^{1}paʔ^{5}liŋ^{22}ŋ^{214}
46 三门	一千 ieʔ^{3}tɕʰie^{334}	一万 ieʔ^{3}vɛ^{243}	一百零五 ieʔ^{3}paʔ^{5}liŋ^{11}ŋ^{325}
47 玉环	一千 iɐʔ^{3}tɕʰie^{42}	一万 iɐʔ^{3}vɛ^{22}	一百零五 iɐʔ^{3}pɐʔ^{5}liŋ^{22}ŋ^{53}

续表

方言点	1075 一千	1076 一万	1077 一百零五
48 金华	一千 iəʔ^{3} tsʰia^{55}	一万 iəʔ^{4} vɑ^{14}	一百零五 iəʔ^{3} pəʔ^{4} liŋ^{31} ŋ^{535}
49 汤溪	一千 iei^{52} tsʰie^{52}	一万 iei^{52} vɤa^{341}	一百零五 iei^{52} pa^{52} lɛ̃i^{33} ŋ^{113}
50 兰溪	一千 ieʔ^{34} tsʰia^{334}	一万 ieʔ^{34} via^{24}	一百零五 ieʔ^{34} pəʔ^{34} lin^{21} n^{55}
51 浦江	一千 iə^{33} tsʰiɑ̃^{334}	一万 iə^{33} vɑ̃^{24}	一百零五 iə^{33} pɑ^{55} liən^{11} n^{232}
52 义乌	一千 iəʔ^{3} tsʰia^{335}	一万 iəʔ^{3} vɔ^{24}	一百零五 iəʔ^{3} pɛ^{45} lən^{22} n^{312}
53 东阳	一千 iɛʔ^{3} tsʰi^{35}	一万 iɛʔ^{3} vɔ^{35}	一百零五 iɛ^{33} paʔ^{4} lɐn^{22} n^{35}
54 永康	一千 iə^{33} tɕʰia^{55}	一万 iə^{33} va^{241}	一百零五 iə^{33} ɓai^{52} liŋ^{33} ŋ^{113}
55 武义	一千 iəʔ^{5} tɕʰie^{53}	一万 iəʔ^{5} vuo^{231}	一百零五 iəʔ^{5} pa^{53} lin^{55} n^{13}
56 磐安	一千 iɛ^{33} tɕʰie^{445}	一万 iɛ^{33} vɒ^{14}	一百零五 iɛ^{33} pa^{55} lɐn^{22} n^{213}
57 缙云	一千 iei^{51} tɕʰia^{44}	一万 iei^{51} vɑ^{213} / iei^{51} mɑ^{213}	一百零五 iei^{51} pa^{51} lɛŋ^{44} ŋɤ^{31}
58 衢州	一千 iəʔ^{5} tɕʰiẽ^{32}	一万 iəʔ^{3} mã^{231}	一百零五 iəʔ^{3} paʔ^{5} lin^{21} ŋ^{231}
59 衢江	一千 iəʔ^{5} tɕʰie^{33}	一万 iəʔ^{5} mã^{231}	一百零五 iəʔ^{3} paʔ^{5} liŋ^{33} ŋuɤ^{212}
60 龙游	一千 iəʔ^{3} tɕʰie^{51}	一万 iəʔ^{4} vã^{231}	一百零五 iəʔ^{3} pəʔ^{4} lin^{22} n^{224}
61 江山	个千 a^{44} tɕʰiɛ̃^{44}	个万 a^{44} maŋ^{31}	个百零五 a^{44} paʔ^{5} lĩ^{22} ŋuə^{22}
62 常山	一千 ieʔ^{4} tɕʰiɛ̃^{44} / eʔ^{4} tɕʰiɛ̃^{44}	一万 ieʔ^{4} mã^{131} / eʔ^{4} mã^{131}	一百零五 ieʔ^{4} pɛʔ^{5} lĩ^{22} ŋuʌʔ^{24}
63 开化	一千 iɛʔ^{5} tɕʰiɛ̃^{44}	一万 iɛʔ^{5} mã^{213}	一百零五 iɛʔ^{4} paʔ^{5} lin^{21} ŋuo^{213}
64 丽水	一千 iʔ^{4} tɕʰie^{224}	一万 iʔ^{4} mã^{131}	一百零五 iʔ^{4} paʔ^{5} lin^{22} ŋ^{544}
65 青田	一千 iæʔ^{4} tɕʰiɑ^{445}	一万 iæʔ^{4} mɑ^{22}	一百零五 iæʔ^{4} ɓɛʔ^{4} leŋ^{22} ŋø^{454}
66 云和	一千 iʔ^{4} tɕʰie^{24}	一万 iʔ^{4} mã^{223}	一百零五 iʔ^{4} paʔ^{5} liŋ^{31} ŋ^{41}
67 松阳	一千 iʔ^{5} tɕʰiɛ̃^{24}	一万 iʔ^{3} mɔ̃^{13}	一百零五 iʔ^{3} paʔ^{5} lin^{33} ŋuə^{22}
68 宣平	一千 iəʔ^{4} tɕʰiɛ^{52}	一万 iəʔ^{4} mɑ̃^{231}	一百零五 iəʔ^{4} paʔ^{5} lin^{44} n^{223}
69 遂昌	一千 iʔ^{5} tɕʰiɛ̃^{334}	一万 iʔ^{5} maŋ^{213}	一百零五 iʔ^{3} piaʔ^{5} liŋ^{22} ŋuə^{13}
70 龙泉	一千 ieiʔ^{3} tɕʰiᴇ^{434}	一万 ieiʔ^{3} maŋ^{224}	一百零五 ieiʔ^{3} paʔ^{3} lin^{45} ŋou^{51}

续表

方言点	1075 一千	1076 一万	1077 一百零五
71 景宁	一千 iʔ^{3}tɕʰiɛ^{324}	一万 iʔ^{3}mɔ^{113}	一百零五 iʔ^{3}paʔ^{5}liŋ^{55}ŋ^{33}
72 庆元	一千 iəɯʔ^{5}tɕʰiɑ̃^{335}	一万 iəɯʔ^{5}mɑ̃^{31}	一百零五 iəɯʔ^{5}ɓɑʔ^{5}liŋ^{52}ŋuɤ^{221}
73 泰顺	一千 iʔ^{5}tɕʰiã^{213}	一万 iʔ^{2}mã^{22}	一百零五 iʔ^{2}paʔ^{5}liŋ^{21}ŋø^{55}
74 温州	一千 i^{3}tɕʰi^{33}	一万 i^{42}ma^{22}	一百零五 i^{3}pa^{32}ləŋ^{22}ŋ^{14}
75 永嘉	一千 i^{43}tɕʰi^{44}	一万 i^{43}ma^{22}	一百零五 i^{43}pa^{43}leŋ^{31}ŋ^{13}
76 乐清	一千 i^{3}tɕʰiᴇ^{44}	一万 i^{42}mᴇ^{22}	一百零五 i^{3}pe^{3}leŋ^{22}ŋ^{24}
77 瑞安	一千 e^{3}tɕʰi^{44}	一万 e^{3}mɔ^{22}	一百零五 e^{3}pa^{323}ləŋ^{22}ŋ^{13} 百零五 pa^{3}ləŋ^{22}ŋ^{13}
78 平阳	一千 i^{21}tɕʰie^{35}	一万 i^{45}mɔ^{33}	一百零五 i^{45}pᴀ^{35}leŋ^{21}ŋ^{35}
79 文成	一千 i^{33}tɕʰie^{33}	一万 i^{33}mɔ^{13}	一百零五 i^{21}pa^{13}leŋ^{35}ŋou^{224}
80 苍南	一千 e^{3}tɕʰiɛ^{44}	一万 e^{3}ma^{11}	一百零五 e^{3}pa^{3}leŋ^{11}ŋu^{53} 百零五 pa^{3}leŋ^{11}ŋu^{53}
81 建德徽	一千 iɐʔ^{5}tɕʰie^{53}	一万 iɐʔ^{3}uɛ^{55}	一百零五 iɐʔ^{3}pɑ^{55}lin^{33}n^{213}
82 寿昌徽	一千 iəʔ^{3}tɕʰi^{112}	一万 iəʔ^{3}uə^{33}	一百零五 iəʔ^{3}pəʔ^{3}lien^{55}n^{534}
83 淳安徽	一千 iʔ^{5}tɕʰiã^{24}	一万 iʔ^{5}uɑ̃^{53}	一百零五 iʔ^{5}pɑʔ^{5}lin^{43}ia^{55}
84 遂安徽	一千 i^{33}tɕʰiɑ̃^{534}	一万 i^{33}uɑ̃^{52}	一百零五 i^{33}pa^{33}lin^{33}n^{43}
85 苍南闽	蜀千 tɕie^{21}tsʰũĩ^{55}	蜀万 tɕie^{21}ban^{21}	蜀百零五 tɕie^{21}pa^{43}lin^{21}gɔ^{21}
86 泰顺闽	蜀千 ɕiɪʔ^{3}tsʰɛ^{213}	蜀万 ɕiɪʔ^{3}uæŋ^{31}	蜀百零五 ɕiɪʔ^{3}pa^{53}lieŋ^{22}n^{31}
87 洞头闽	蜀千 tɕiek^{21}tsʰãĩ^{33}	蜀万 tɕiek^{21}bãĩ^{21}	蜀百零五 tɕiek^{21}pa^{53}lieŋ^{21}gɔ^{21}
88 景宁畲	一千 it^{5}tɕʰian^{44}	一万 it^{5}mɔn^{51}	一百零五 it^{5}paʔ^{5}liŋ^{22}ŋ^{325}

方言点	1078 一百五十	1079 第一～,第二	1080 二两重量
01 杭州	一百五 iɛʔ^{3} paʔ^{5} u^{53} 一百五十 iɛʔ^{3} paʔ^{5} u^{55} zaʔ^{0}	第一 di^{22} iɛʔ^{5}	二两 əl^{45} liaŋ^{53}
02 嘉兴	一百五十 ieʔ^{5} pᴀʔ^{5} ŋ^{21} zəʔ^{5}	第一 di^{13} ieʔ^{5}	二两 ȵi^{21} liᴀ̃^{33}
03 嘉善	一百五十 ieʔ^{5} paʔ^{4} ŋ^{22} sɜʔ^{5}	头一 də^{22} ieʔ^{5}	二两 ȵi^{35} liæ̃^{55}小
04 平湖	一百五十 iəʔ^{3} paʔ^{5} ŋ^{21} səʔ^{5} 一百五 iəʔ^{3} paʔ^{5} ŋ^{213}	第一 di^{21} iəʔ^{5}	二两 ȵi^{24} liã^{0}
05 海盐	一百五十 iəʔ^{5} paʔ^{5} n^{53} səʔ^{5}	第一 di^{21} iəʔ^{5}	二两 ȵi^{13} liɛ̃^{21}
06 海宁	一百五十 ieʔ^{5} paʔ^{5} ŋ^{33} səʔ^{5}	头一 dəɯ^{33} ieʔ^{5} 第一 di^{33} ieʔ^{5}	二两 ȵi^{33} liã^{31}
07 桐乡	一百五 iəʔ^{3} paʔ^{3} ŋ^{242}	头一 dɤɯ^{21} iəʔ^{5}	二两 ȵi^{21} liã^{242}
08 崇德	一百五 iəʔ^{3} paʔ^{5} ŋ^{53} 一百五十 iəʔ^{3} paʔ^{3} ŋ^{55} səʔ^{0}	头一 dɤɯ^{21} iəʔ^{5}	二两 ȵi^{21} liã^{53}
09 湖州	一百五十 ieʔ^{4} paʔ^{5} ŋ^{44} səʔ^{4}	第一 di^{33} ieʔ^{5}	二两 ȵi^{33} liã^{35}
10 德清	一百五十 ieʔ^{4} paʔ^{5} ŋ^{44} səʔ^{5}	头一 døʉ^{11} ieʔ^{5}	二两 n^{33} liã^{13}
11 武康	一百五十 ieʔ^{4} paʔ^{535} ŋ^{44} sɜʔ^{5}	头一 dø^{11} ieʔ^{5}	二两 n^{33} liã^{13}
12 安吉	一百五十 iᴇʔ^{3} pɐʔ^{5} ŋ^{52} zəʔ^{2}	第一 di^{21} iᴇʔ^{5}	二两 ȵi^{22} liã^{213}
13 孝丰	一百五十 ieʔ^{3} paʔ^{5} ŋ^{45} zəʔ^{2}	第一 di^{24} ieʔ^{5}	二两 ȵi^{32} liã^{213}
14 长兴	一百五十 iᴇʔ^{2} paʔ^{5} ŋ^{45} zəʔ^{2}	第一 dʅ^{21} iᴇʔ^{2}	二两 n^{32} liã^{24}
15 余杭	一百五十 ieʔ^{5} paʔ^{5} ŋ^{53} zəʔ^{2}	第一 di^{33} ieʔ^{5}	两两 ȵiɑ̃^{35} liɑ̃^{0}
16 临安	一百五十 ieʔ^{5} pɐʔ^{5} ŋ^{33} zɐʔ^{2}	头一 də^{33} ieʔ^{5}	二两 ȵi^{33} liɑ̃^{31}
17 昌化	一百五十 iɛʔ^{5} paʔ^{5} ŋ^{23} ʑiɛʔ^{23}	第一 di^{23} iɛʔ^{5}	二两 əl^{23} liã^{453}
18 於潜	一百五十 ieʔ^{53} pɐʔ^{53} u^{53} zæʔ^{23}	第一 di^{24} ieʔ^{53}	二两 ɚ^{24} liaŋ^{53}
19 萧山	一百五十 ieʔ^{5} paʔ^{5} ŋ^{13} zəʔ^{5}	第一 di^{13} ieʔ^{5}	二两 ȵi^{13} liã^{21}
20 富阳	一百五 iɛʔ^{5} paʔ^{5} ŋ^{224}	第一 di^{224} iɛʔ^{5}	二两 ȵi^{335} liɑ̃^{53}
21 新登	一百五十 iəʔ^{5} paʔ^{5} u^{45} zəʔ^{2}	第一 di^{13} iəʔ^{5}	二两 ȵi^{21} liɑ̃^{45}
22 桐庐	一百五十 iəʔ^{5} paʔ^{5} ŋ^{33} zəʔ^{13}	第一 di^{13} iəʔ^{5}	二两 ni^{13} liã^{55}
23 分水	一百五十 iəʔ^{5} pəʔ^{5} u^{53} zəʔ^{12}	第一 di^{21} iəʔ^{5}	二两 ɵ^{21} liã^{53}

续表

方言点	1078 一百五十	1079 第一～,第二	1080 二两重量
24 绍兴	一百五十 ieʔ^{3} paʔ^{3} ŋ^{22} zeʔ^{2}	第一 di^{22} ieʔ^{5}	二两 ȵi^{22} liaŋ^{22}
25 上虞	一百五 iəʔ^{2} paʔ^{5} ŋ^{213}	头一 dɤ^{21} iəʔ^{5}	二两 ȵi^{31} liã^{31}
26 嵊州	一百五十 ieʔ^{3} paʔ^{5} ŋ^{24} zəʔ^{3}	第一 di^{24} ieʔ^{5}	二两 ȵi^{24} liaŋ^{231}
27 新昌	一百五 iʔ^{3} paʔ^{5} ŋ^{232}	第一 di^{22} iʔ^{5}	二两 ȵi^{22} liaŋ^{232}
28 诸暨	一百五十 ieʔ^{5} paʔ^{5} ŋ^{33} zəʔ^{5}	第一 dʅ^{13} ieʔ^{5}	二两 nʅ^{33} liã^{21}
29 慈溪	一百五十 iəʔ^{2} paʔ^{5} ŋ^{11} zəʔ^{2}	第一 di^{11} iəʔ^{2}	二两 ȵi^{11} liã^{44}
30 余姚	一百五十 iəʔ^{5} paʔ^{5} ŋ^{13} zəʔ^{2}	第一 di^{13} iəʔ^{5}	二两 ȵi^{13} liaŋ^{0}
31 宁波	一百五十 iəʔ^{2} paʔ^{5} ŋ^{13} zoʔ^{2}	第一 di^{22} iəʔ^{5}	二两 ȵi^{22} lia^{53}
32 镇海	一百五十 ieʔ^{5} paʔ^{5} ŋ^{24} zoʔ^{2}	第一 di^{22} ieʔ^{5}	二两 ȵi^{22} liã^{31}
33 奉化	一百五十 iɪʔ^{2} paʔ^{5} ŋ^{24} zoʔ^{2}	第一 di^{31} iɪʔ^{5}	二两 ȵi^{33} liã^{31}
34 宁海	一百五十 iəʔ^{3} paʔ^{5} ŋ^{31} ʑyəʔ^{3}	第一 di^{22} iəʔ^{5}	二两 ȵi^{22} liã^{31}
35 象山	一百五十 ieʔ^{5} paʔ^{5} ŋ^{31} zoʔ^{2}	第一 di^{31} ieʔ^{5}	二两 ȵi^{31} liã^{31}
36 普陀	一百五 iɛʔ^{3} pɐʔ^{5} ŋ^{23} 一百五十 iɛʔ^{3} pɐʔ^{5} ŋ^{23} zoʔ^{0}	第一 di^{11} iɛʔ^{5}	二两 ȵi^{11} liã^{53}
37 定海	一百五十 ieʔ^{3} pɐʔ^{5} ŋ^{23} zoʔ^{0}	第一 di^{11} ieʔ^{5}	二两 ȵi^{11} liã^{52}
38 岱山	一百五十 ieʔ^{3} pɐʔ^{5} ŋ^{45} zoʔ^{0}	第一 di^{11} ieʔ^{5}	二两 ȵi^{11} liã^{52}
39 嵊泗	一百五十 iᴇʔ^{3} pɐʔ^{5} ŋ^{45} zoʔ^{0}	第一 di^{11} iᴇʔ^{5}	二两 ȵi^{11} liã^{53}
40 临海	一百五十 paʔ^{3} ŋ^{52}	第一 di^{22} ieʔ^{5}	二两 n^{22} ʔliã^{51} 小
41 椒江	百五 paʔ^{3} ŋ^{42}	第一 di^{22} ieʔ^{5}	二两 n^{22} liã^{51} 小
42 黄岩	百五 pɐʔ^{3} ŋ^{42}	头一 dio^{13} ieʔ^{5} 第一 di^{13} ieʔ^{5}	二两 n^{13} liã^{53} 小
43 温岭	百五 paʔ^{3} ŋ^{42}	第一 di^{13} iʔ^{5}	二两 n^{13} liã^{51}
44 仙居	一百五十 iəʔ^{5} ɓaʔ^{3} ŋ^{24} zəʔ^{0} 一百五 iəʔ^{5} ɓaʔ^{3} ŋ^{324}	第一 di^{33} iəʔ^{5}	二两 ȵi^{24} lia^{0}
45 天台	一百五十 iəʔ^{1} paʔ^{5} ŋ^{21} ʑiəʔ^{2}	第一 di^{33} iəʔ^{5}	二两 ȵi^{35} lia^{31}
46 三门	一百五十 ieʔ^{3} paʔ^{5} ŋ^{52} ʑieʔ^{23}	第一 di^{23} ieʔ^{5}	二两 ȵi^{24} liɑ̃^{31}

续表

方言点	1078 一百五十	1079 第一～,第二	1080 二两重量
47 玉环	百五 pɐʔ5 ŋ53	第一 di22 iɐʔ5	二两 n22 lia53 小 两两 lia53 lia42
48 金华	一百五十 iəʔ3 pəʔ4 ŋ55 ʑiəʔ212 一百五 iəʔ3 pəʔ4 ŋ535	第一 tie53 iəʔ4	二两 əl14 liɑŋ0
49 汤溪	一百五十 iei52 pa52 ŋ11 ʑiɛ113	第一 die11 iei55	二两 ŋ341 lɤa0
50 兰溪	一百五十 ieʔ34 pəʔ34 n55 ʑiəʔ12	头一 dəɯ21 ieʔ34	二两 əɯ24 liɑŋ0
51 浦江	一百五十 iə33 pɑ33 n24 zə0 一百五 iə33 pɑ33 n243	第一 di11 iə53	两两 lyõ24 lyõ0
52 义乌	一百五 iəʔ3 pɛ45 n312	第一 di24 iə324	二两 n24 lɯa31
53 东阳	一百五十 iɛ33 paʔ4 n22 zɐ35	头个 dəɯ22 ka33	两两 liɔ22 liɔ35
54 永康	一百五十 ia33 ɓai55 ŋ31 zə241	第一 die31 iə334	二两 ŋ241 liɑŋ0
55 武义	一百五十 iəʔ5 pa53 n32 zə213	第一 die53 iəʔ5	两两 liɑŋ32 liɑŋ231
56 磐安	百五 pa33 n213	第一 ti55 iɛ334	二两 n14 liɒ52 两两 liɒ52 liɒ14
57 缙云	百五 pa51 ŋ453	第一 di21 iei322	二两 ȵi21 liɑ453 两两 liɑ51 liɑ213
58 衢州	一百五 iəʔ3 paʔ5 ŋ231	第一 di231 iəʔ5	二两 ȵi231 liã53
59 衢江	一百五 iəʔ3 paʔ5 ŋuɤ212	第一 di22 iəʔ5	二两 ŋ231 liã0
60 龙游	一百五 iəʔ3 pəʔ4 n224	第一 di22 iəʔ4	二两 ȵi231 liã21
61 江山	个百五 a44 paʔ5 ŋuə22	第一 di22 iᴇʔ5	两两 nɛ̃24 liaŋ51
62 常山	一百五十 ieʔ4 pɛʔ5 ŋuʌ24 zɛʔ0	第一 dɛ22 ieʔ5	两两 lɔ̃24 liã24
63 开化	一百五十 iɛʔ4 paʔ5 ŋuo21 ɕyaʔ5	第一 dɛ21 iɛʔ5	两两 lã213 liã0
64 丽水	一百五十 iʔ4 paʔ5 ŋ52 ʑyɛʔ0	第一 di21 iʔ5	两两 lã52 liã0
65 青田	一百五 iæʔ4 ɓɛʔ4 ŋø454 一百五十 iæʔ4 ɓɛʔ4 ŋø55 zaʔ31	第一 di22 iæʔ42	两两 lɛ55 lɛ22
66 云和	一百五十 iʔ4 paʔ5 ŋ44 ʑyeiʔ23	第一 di223 iʔ5	两两 la41 liã41

续表

方言点	1078 一百五十	1079 第一～,第二	1080 二两重量
67 松阳	一百五十 iʔ^{3} paʔ^{5} ŋuə^{22} ʑyɛʔ^{2}	第一 diɛ^{21} iʔ^{5}	两两 næ̃^{22} liã^{13}
68 宣平	一百五十 iəʔ^{4} paʔ^{5} n^{43} zəʔ^{23}	第一 di^{22} iəʔ^{5}	两两 lɛ^{43} liɑ̃^{231}
69 遂昌	百五 piaʔ^{5} ŋuə^{13}	第一 diɛ^{22} iʔ^{5}	两两 lɛ̃^{13} liaŋ^{213}
70 龙泉	一百五十 ieiʔ^{3} paʔ^{3} ŋou^{51} zaiʔ^{24}	第一 di^{21} ieiʔ^{5}	两两 laŋ^{51} liaŋ^{51}
71 景宁	百五 paʔ^{5} ŋ^{33}	第一 di^{33} iəɯʔ^{5}	两两 lɛ^{33} liɛ^{33}
72 庆元	百五 ɓɑʔ^{5} ŋuɤ^{221}	第一 tiᴇ^{31} iəɯʔ^{5}	两两 læ̃^{22} liɑ̃^{221}
73 泰顺	百五 paʔ^{2} ŋø^{55}	第一 ti^{21} iɛʔ^{5}	两两 lɛ^{55} liã^{55}
74 温州	百五 pa^{3} ŋ^{14}	第一 dei^{24} iai^{323}	两两 liɛ^{14} li^{0}
75 永嘉	百五 pa^{43} ŋ^{13} 一百五十 i^{43} pa^{43} ŋ^{13} zai^{213}	第一 dei^{21} iai^{423}	两两 lɛ^{13} liɛ^{13}
76 乐清	百五 pe^{3} ŋ^{24}	第一 di^{24} iɤ^{323}	两两 la^{24} liɯʌ^{24}
77 瑞安	一百五十 e^{3} pa^{323} ŋ^{13} za^{21} 百五 pa^{3} ŋ^{13}	第一 dei^{2} ia^{323}	两两 la^{13} liɛ^{13}
78 平阳	百五 pᴀ^{21} ŋ^{35}	第一 di^{13} iᴀ^{13}	两两 lᴀ^{45} lie^{42}
79 文成	一百五十 i^{21} pa^{13} ŋou^{35} za^{21}	第一 dei^{42} ia^{13}	两两 la^{33} lie^{33}
80 苍南	百五 pa^{3} ŋu^{53}	第一 di^{11} iɛ^{223}	两两 lia^{42} liɛ^{53}
81 建德徽	一百五十 iɐʔ^{3} pɑ^{55} n^{21} sɐʔ^{12}	第一 tʰi^{55} iɐʔ^{5}	二两 n^{55} nie^{0}
82 寿昌徽	一百五 iəʔ^{3} pəʔ^{3} n^{534} 一百五十 iəʔ^{3} pəʔ^{3} n^{55} səʔ^{31}	第一 tʰi^{33} iəʔ^{3}	二两 əɯ^{55} liɑ̃^{24}
83 淳安徽	一百五十 iʔ^{5} pɑʔ^{5} ia^{55} səʔ^{21} 一百五 iʔ^{5} pɑʔ^{5} ia^{55}	第一 tʰi^{53} iʔ^{5}	二两 la^{53} liɑ̃^{55}
84 遂安徽	一百五 i^{33} pa^{33} n^{43}	第一 tʰi^{55} i^{33}	二两 əɯ^{55} liɑ̃^{21}
85 苍南闽	百五 pa^{24} gɔ^{32}	第一 te^{21} ie^{55}	两两 nɯŋ^{32} liɯŋ^{21}
86 泰顺闽	百五 pa^{34} n^{344}	第一 tei^{21} iɪʔ^{5}	两两 lo^{21} lio^{344}
87 洞头闽	百五 pa^{53} gɔ^{21}	第一 te^{21} iek^{5}	两两 nɯŋ^{21} niũ^{53}
88 景宁畲	一百五十 it^{5} paʔ^{5} ŋ^{325} ɕit^{2}	第一 ti^{51} it^{5}	两两 iɔŋ^{325} liɔŋ^{51}

方言点	1081 几个你有～孩子？	1082 俩你们～	1083 仨你们～
01 杭州	几个 tɕi^{55} koʔ^{0}	两个 liaŋ^{55} koʔ^{0}	三个 sɛ^{33} koʔ^{5}
02 嘉兴	几个 tɕi^{33} kᴇ^{33}	两个 liÃ^{113} kᴇ^{33}	三个 sᴇ^{33} kᴇ^{21}
03 嘉善	几个 tɕi^{44} kəʔ^{5}	两个班$^{=}$ niæ̃^{22} kɜʔ^{5} pɛ^{0}	三家头 sɛ^{35} ka^{53} də^{0}
04 平湖	几个 tɕi^{44} kəʔ^{0}	两家头 liã^{21} ka^{44} dəɯ^{0}	三家头 sɛ^{44} ka^{44} dəɯ^{0}
05 海盐	几个 tɕi^{53} kəʔ^{5}	两家头 liɛ̃^{53} kɑ^{53} de^{21}	三家头 sɛ^{55} kɑ^{55} de^{21}
06 海宁	几个 tɕi^{55} kəʔ^{5}	两个 liã^{33} kəɯ^{55}	三个 sɛ^{55} kəɯ^{55}
07 桐乡	几个 tɕi^{44} kɤɯ^{0}	两家头 liã^{242} ka^{44} dɤɯ^{44}	三家头 sɛ^{44} ka^{44} dɤɯ^{44}
08 崇德	几个 tɕi^{55} kəʔ^{0}	两家头 liã^{55} kɑ^{0} dɤɯ^{0}	三家头 sɛ^{44} kɑ^{44} dɤɯ^{44}
09 湖州	几个 tɕi^{53} kei^{13}	两个 liã^{53} kei^{13}	三个 sɛ^{44} kei^{44}
10 德清	几个 tɕi^{35} kəʔ^{5}	两个 liã^{35} kəʔ^{5}	三个 sɛ^{44} kəʔ^{4}
11 武康	几个 tɕi^{35} kɜʔ^{5}	两个 liã^{13} kɜʔ^{5}	三个 sɛ^{44} kɜʔ^{5}
12 安吉	几个 tɕi^{52} kəʔ^{2}	两个 liã^{52} kəʔ^{2}	三个 sᴇ^{55} kəʔ^{5}
13 孝丰	几个 tɕi^{45} kəʔ^{2}	两个 liã^{45} kəʔ^{2}	三个 sɛ^{44} kəʔ^{5}
14 长兴	几个 tʃʅ^{52} kei^{324}	两个 liã^{45} kei^{21}	三个 sᴇ^{44} kei^{44}
15 余杭	几个 tɕi^{35} kəʔ^{5}	两个 ȵiɑ̃^{33} koʔ^{5}	三个 sɛ^{55} koʔ^{5}
16 临安	几个 tɕi^{55} kɐʔ^{5}	两个 liã^{33} kɐʔ^{5}	三个 sɛ^{55} kɐʔ^{5}
17 昌化	几个 tsɿ^{45} kəʔ^{23}	两个 liã^{23} kəʔ^{5}	三个 sɔ̃^{33} kəʔ^{5}
18 於潜	几个 tɕi^{53} kəʔ^{31}	两个 liaŋ^{53} kəʔ^{31}	三个 sɛ^{43} kəʔ^{53}
19 萧山	几个 tɕi^{33} kəʔ^{5}	两个 liã^{13} kəʔ^{5}	三个 sɛ^{42} kəʔ^{5}
20 富阳	几个 tɕi^{423} ko^{335}	两个 liɑ̃^{224} koʔ^{0}	三个 sã^{55} koʔ^{0}
21 新登	几个 tɕi^{334} kəʔ^{5}	两个 liɛ^{334} kəʔ^{5}	三个 sɛ^{53} kəʔ^{5}
22 桐庐	几个 tɕi^{33} kəʔ^{5}	两个 liã^{33} kəʔ^{35}	三个 sã^{35} kəʔ^{13}
23 分水	几个 tɕi^{44} ko^{24}	两个 liã^{44} ko^{24}	三个 sã^{44} ko^{24}
24 绍兴	几个 tɕi^{33} goʔ^{2}	两个 liaŋ^{22} goʔ^{2}	三个 sɛ̃^{53} goʔ^{2}

续表

方言点	1081 几个你有～孩子？	1082 俩你们～	1083 仨你们～
25 上虞	几个 tɕi^{33}kəʔ^{2}	两个 iã^{21}kəʔ^{2}	三个 sɛ̃^{33}kəʔ^{2}
26 嵊州	几个 tɕi^{44}ka^{31}	两个 liaŋ^{24}ka^{53}	三个 sɛ̃^{53}ka^{53}
27 新昌	几个 tɕi^{45}ka^{33}	两个 liaŋ^{13}ka^{33}	三个 sɛ̃^{53}ka^{335}
28 诸暨	几个 tʃʅ^{42}kᴀ^{21}	两个 liã^{13}kᴀ^{21}	三个 sɛ^{42}kᴀ^{42}
29 慈溪	几个 tɕi^{33}kəu^{53}	两个 liã^{13}kəu^{44}	三个 sɛ̃^{35}kəu^{0}
30 余姚	几个 tɕi^{34}kou^{0}	两个 liaŋ^{13}kou^{44}	三个 sã^{44}kou^{34}
31 宁波	几个 tɕi^{35}oʔ^{2}	两个 lia^{13}oʔ^{2}	三个 sɛ^{44}oʔ^{2}
32 镇海	几个 tɕi^{33}goʔ^{2}	两个 liã^{24}goʔ^{2}	三个 sɛ^{33}goʔ^{2}
33 奉化	几个 tɕi^{44}kəu^{44}	两个 liãkəu^{44}	三个 sã^{44}kəu^{44}
34 宁海	几个 tsʅ^{53}geʔ^{2}	两个 liã^{31}geʔ^{3}	三个 se^{33}geʔ^{3}
35 象山	几个 tɕi^{44}geʔ^{2}	两个 liã^{31}geʔ^{2}	三个 sɛ^{44}geʔ^{2}
36 普陀	几个 tɕi^{33}koʔ^{5}	两个 liã^{23}koʔ^{0}	三个 sɛ^{33}koʔ^{5}
37 定海	几个 tɕi^{33}goʔ^{5}	两个 liã^{23}goʔ^{2}	三个 sɛ^{33}goʔ^{5}
38 岱山	几个 tɕi^{33}goʔ^{5}	两个 liã^{23}goʔ^{5}	三个 sɛ^{33}goʔ^{5}
39 嵊泗	几个 tɕi^{33}goʔ^{5}	两个 liã^{24}goʔ^{0}	三个 sɛ^{33}goʔ^{5}
40 临海	几个 tɕi^{42}ke^{55}	两个 liã^{51}ke^{31}	三个 sɛ^{42}ke^{31}
41 椒江	几个 tɕi^{42}kə^{0}	两个 liã^{51}kə^{0}	三个 sɛ^{42}kə^{0}
42 黄岩	几个 tɕi^{42}kie^{0}	两个 liã^{53}kie^{0}	三个 sɛ^{32}kie^{0}
43 温岭	几个 tɕi^{42}kie^{33}	两个 ȵiã^{51}kie^{33}	三个 sɛ^{33}kie^{33}
44 仙居	几个 tɕi^{33}ko^{0}	两个 lia^{24}ko^{0}	三个 sa^{33}ko^{0}
45 天台	几个 ki^{32}kou^{55}	两个 lia^{21}kou^{55}	三个 se^{33}kou^{55}
46 三门	几记⁼ tɕi^{55}tɕi^{55}	两记⁼ liɑ̃^{325}tɕi^{55}	三记⁼ sɛ^{334}tɕi^{55}
47 玉环	几个 tɕi^{53}kie^{0}	两个 lia^{53}kie^{0}	三个 sɛ^{42}kie^{0}

续表

方言点	1081 几个你有～孩子？	1082 俩你们～	1083 仨你们～
48 金华	几个 tɕi^{53} kəʔ^{4}	两个 liɑŋ^{53} kəʔ^{4}	三个 sɑ^{33} kəʔ^{4}
49 汤溪	几个 kɛ^{52} kɑ^{52}	两个 lɤa^{11} kɑ^{52}	三个 suɑ^{24} kɑ^{0}
50 兰溪	几个 tɕi^{55} kɑ^{45}	两个 liɑŋ^{55} gɑ^{24}	三个 suɑ^{334} kɑ^{45}
51 浦江	几个 tʃi^{55} kɑ^{0}	两个 lyõ^{24} kɑ^{0}	三个 sɑ̃^{55} kɑ^{334}
52 义乌	几个 tɕi^{33} kə^{45}	两个 lɯa^{42} kə^{45}	三个 sɔ^{33} kə^{45}
53 东阳	几个 tɕi^{44} ka^{53}	两个 liɔ^{22} ka^{33}	三个 sɔ^{33} ka^{53}
54 永康	几个 tɕi^{33} kuo^{52}	两个 liɑŋ^{31} kuo^{52}	三个 sa^{33} kuo^{52}
55 武义	几个 ka^{55} tɕia^{53}	两个 liɑŋ^{32} tɕia^{53}	三个 suo^{32} tɕia^{53}
56 磐安	几个 tɕi^{33} ka^{52}	两个 liɒ^{52} ka^{52}	三个 sɒ^{33} ka^{52}
57 缙云	几个 kei^{51} ku^{31}	两个 liɑ^{51} ku^{31}	三个 sɑ^{44} ku^{453}
58 衢州	几个 tsɿ^{35} ku^{0}	两个 liã^{231} gəʔ^{0}	三个 sã^{32} gəʔ^{0}
59 衢江	几个 kei^{25} kəʔ^{5}	两个 liã^{22} kəʔ^{5}	三个 sã^{33} kəʔ^{5}
60 龙游	几个 ki^{35} kɑ^{21}	两个 liã^{22} kɑ^{51}	三个 sã^{33} kɑ^{51}
61 江山	几个 ki^{24} ka^{51}	两个 nɛ̃^{22} ka^{51}	三个 saŋ^{44} ka^{51}
62 常山	几个 ke^{43} kɛ^{324}	两个 lɔ̃^{24} kɛ^{0}	三个 sã^{45} kɛ^{0}
63 开化	几个 kɛ^{53} ka^{0}	两个 lã^{21} ka^{53}	三个 sã^{44} ka^{53}
64 丽水	几个 kɛ^{52} kuɔ^{0}	两个 lã^{52} kuɔ^{0}	三个 sã^{224} kuɔ^{52}
65 青田	几个 kɛ^{55} kaʔ^{42}	两个 lɛ^{55} kaʔ^{42}	三个 sɑ^{33} kaʔ^{42}
66 云和	几个 ki^{44} kei^{45}	两个 la^{44} kei^{45}	三个 sã^{24} kei^{45}
67 松阳	几个 ki^{21} ki^{33}	两个 næ̃^{22} ki^{33}	三个 sɔ̃^{53} ki^{24}
68 宣平	几个 kei^{44} ka^{52}	两个 lɛ^{22} ka^{52}	三个 sɑ̃^{32} ka^{52}
69 遂昌	几个 kei^{53} kei^{334}	两个 lɛ̃^{13} kei^{533}	三个 saŋ^{45} kei^{0}
70 龙泉	几个 kᴇ^{51} ki^{45}	两个 laŋ^{51} ki^{45}	三个 saŋ^{44} ki^{45}

续表

方言点	1081 几个你有～孩子？	1082 俩你们～	1083 仨你们～
71 景宁	几个 kai^{33} ki^{35}	两个 lɛ^{33} ki^{35}	三个 sɔ^{32} ki^{35}
72 庆元	几个 kæi^{33} kæi^{11}	两个 læ̃^{22} kæi^{11}	三个 sɑ̃^{335} kæi^{11}
73 泰顺	几个 kɛ^{55} ki^{35}	两个 lɛ^{55} ki^{35}	三个 sã^{213} ki^{35}
74 温州	几个 ke^{25} kai^{51}	两个 liɛ^{14} kai^{51}	三个 sa^{33} kai^{51}
75 永嘉	几个 ke^{45} kai^{53}	两个 lɛ^{13} kai^{53}	三个 sa^{33} kai^{53}
76 乐清	几个 ke^{35} kai^{41}	两个 la^{24} kai^{41}	三个 sᴇ^{44} kai^{41}
77 瑞安	几个 ke^{35} kai^{53}	两个 la^{13} kai^{53}	三个 sɔ^{33} kai^{53}
78 平阳	几个 ke^{45} kai^{42}	两个 lᴀ^{45} kai^{42}	三个 sɔ^{33} kai^{42}
79 文成	几个 ke^{33} kai^{21}	两个 lᴀ^{42} kai^{33}	三个 sɔ^{33} kai^{33}
80 苍南	几个 ke^{53} kai^{42}	两个 lia^{53} kai^{42}	三个 sa^{44} kai^{42}
81 建德徽	几个 tɕi^{13} kɑ^{33}	两个 nie^{21} kɑ^{33}	三个 sɛ^{53} kɑ^{55}
82 寿昌徽	几个 tɕi^{11} kɑ^{55}	两个 liɑ̃^{52} kəʔ^{0}	三个 suə^{11} kəʔ^{0}
83 淳安徽	几个 tɕi^{55} kɑ^{24}	两个 liɑ̃^{55} kɑ^{21}	三个 sɑ̃^{24} kɑ^{21}
84 遂安徽	几个 tsɿ^{213} kɑ^{52}	两个 liɑ̃^{213} kɑ^{52}	三个 sɑ̃^{52} kɑ^{52}
85 苍南闽	几个 kui^{33} ke^{24}	两个 nɯŋ^{32} ke^{24}	三个 sã^{33} ke^{24}
86 泰顺闽	几个 ky^{344} kɒʔ^{5}	两个 lo^{21} kɒʔ^{5}	三 sæŋ^{213}
87 洞头闽	几个 kui^{33} ge^{24}	两个 nɯŋ^{33} ge^{24}	三个 sã^{33} ge^{33}
88 景宁畲	几个 ki^{55} kɔi^{44}	两个 liɔŋ^{51} kɔi^{44}	三个 sɔn^{44} kɔi^{44}

方言点	1084 个把	1085 个一～人	1086 匹一～马
01 杭州	个把 kəu^{45} pa^{53}	个 koʔ^{5}	匹 p^{h}iɛʔ^{5}
02 嘉兴	个把 kᴇ^{24} po^{21}	个 kᴀ^{224}	只 tsᴀʔ^{5}
03 嘉善	个把 kə^{55} po^{0}	个 kəʔ^{5}	只 tsɜʔ^{5}
04 平湖	个把 kəɯ^{44} po^{0}	个 kəʔ^{5}	只 tsaʔ^{5}
05 海盐	个把 ke^{55} po^{21}	个 kəʔ^{5}	只 tsaʔ^{5}
06 海宁	个把 kəɯ^{55} po^{53}	个 kəʔ^{5}	只 tsaʔ^{5}
07 桐乡	个把 kɤɯ^{33} po^{53}	个 kɤɯ^{334}	只 tsaʔ^{5}
08 崇德	个把 kɤɯ^{33} po^{53}	个 kəʔ^{5}	只 tsaʔ^{5}
09 湖州	个把 kei^{33} puo^{35}	个 kei^{35}	只 tsaʔ^{5}
10 德清	个把 kəu^{33} puo^{35}	个 kəʔ^{5}	只 tsaʔ^{5}
11 武康	个把 kɜʔ^{5} po^{53}	个 kɜʔ^{5}	只 tsɜʔ^{5}
12 安吉	个把 kəʔ^{3} pʊ^{213}	个 kəʔ^{5}	只 tsəʔ^{5}
13 孝丰	个把 kəʔ^{5} pʊ^{324}	个 kəʔ^{5}	匹 p^{h}ieʔ^{5}
14 长兴	个把 kei^{32} pu^{24}	个 kei^{324}	匹 p^{h}iᴇʔ^{5}
15 余杭	个把儿 kəʔ^{5} puo^{35} n^{31}	个 kəʔ^{5}	只 tsaʔ^{5}
16 临安	个把 ko^{55} po^{53}	个 kɐʔ^{5}	只 tsɐʔ^{5}
17 昌化	个把 kɛ^{54} pu^{453}	个 kəʔ^{5}	匹 p^{h}iɛʔ^{5}
18 於潜	个把 ko^{43} pa^{53}	个 kəʔ^{53}	只 tsɐʔ^{53}
19 萧山	个把 ko^{33} po^{21}	个 kəʔ^{5}	匹 p^{h}ieʔ^{5}
20 富阳	个把 kɯ^{335} po^{53}	个 koʔ^{5}	只 tsɛʔ^{5}
21 新登	个把 ku^{45} ba^{21}	个 kəʔ^{5}	只 tsaʔ^{5}
22 桐庐	个把 kᴀ^{13} po^{21}	个 kəʔ^{5}	匹 p^{h}iəʔ^{5}
23 分水	个把 ko^{21} pa^{44}	个 ko^{24}	只 tsəʔ^{5}
24 绍兴	个把 ko^{33} po^{33}	个 goʔ^{2}	只 tsəʔ^{5}

续表

方言点	1084 个把	1085 个一~人	1086 匹一~马
25 上虞	个把 kəʔ^{5} po^{53}	个 kəʔ^{5}	只 tsaʔ^{5}
26 嵊州	个把 ka^{33} po^{53}	个 ka^{334}	头 dʏ^{213}
27 新昌	个把 ka^{53} po^{53}	个 ka^{335}	只 tsaʔ^{5}
28 诸暨	个把 kᴀ^{42} po^{21}	个 kᴀ^{544}	匹 p^{h}ieʔ^{5}
29 慈溪	个把 kəu^{44} po^{44}	个 kəu^{44}	匹 p^{h}iəʔ^{5}
30 余姚	个把 kou^{53} po^{44}	个 kou^{44}	匹 p^{h}iəʔ^{5}
31 宁波	个把 kəu^{53} po^{0}	个 oʔ^{2}	匹 p^{h}iəʔ^{5}
32 镇海	一两个 ieʔ^{5} liã^{24} goʔ^{2}	个 goʔ^{2}	匹 p^{h}ieʔ^{5}
33 奉化	个把个 kəu^{44} po^{44} kəu^{0}	个 kəu^{53}	头 dæi^{33}
34 宁海	个把 kɯ^{33} po^{53} 一个把 iəʔ^{3} kɯ^{33} po^{53}	个 kɯ^{35}	只 tsaʔ^{5}
35 象山	个把 kəu^{44} po^{35}	个 geʔ^{2}	匹 p^{h}ieʔ^{5}
36 普陀	个把 kəu^{55} pəu^{0}	个 koʔ^{5}	匹 p^{h}iɛʔ^{5}
37 定海	个把 kʌu^{44} po^{0}	个 goʔ^{2}	匹 p^{h}ieʔ^{5}
38 岱山	个把 kʌu^{44} po^{52}	个 goʔ^{2}	匹 p^{h}ieʔ^{5}
39 嵊泗	个把 kʌu^{44} po^{0}	个 goʔ^{2}	匹 p^{h}iᴇʔ^{5}
40 临海	个把 ke^{33} po^{353}小	个 ke^{55}	只 tsəʔ^{5}
41 椒江	个把 kə^{33} po^{51}小	个 kəʔ^{5}	条 diɔ^{31}
42 黄岩	个把 kie^{33} po^{53}小	个 kəʔ^{5}	只 tsəʔ^{5} 条 diɔ^{121}
43 温岭	个把 kie^{33} po^{51}小	个 kəʔ^{5}	条 diɔ^{31}
44 仙居	个把 ko^{33} ɓo^{53}	个 ko^{55}	只 tsaʔ^{5}
45 天台	个把 kou^{55} po^{31}	个 kou^{55}	只 tsaʔ^{5}
46 三门	几把 tɕi^{33} po^{52}	记$^{=}$ tɕi^{55}	只 tsaʔ^{5}

续表

方言点	1084 个把	1085 个一～人	1086 匹一～马
47 玉环	个把 kie^{33} po^{53}小	个 kie^{55}	匹 p^{h}iɐʔ^{5}
48 金华	个把 kɑ^{55} pɤa^{0}	个 kəʔ^{4}	匹 p^{h}ie^{55}
49 汤溪	个把 kɑ^{52} pɤ^{0}	个 kɑ^{52}	匹 p^{h}ie^{52}
50 兰溪	个把 kɑ^{45} pia^{0}	个 kɑ^{45}	匹 p^{h}ieʔ^{34}
51 浦江	个把儿 kɑ^{55} pian^{55}	个 kɑ^{55}	啰 lɯ^{55}
52 义乌	个把 ka^{45} pɯa^{31}	个 kə^{45}	匹 p^{h}i^{324}
53 东阳	个把儿 kɐ^{33} pʊn^{53}	个 kɐ^{453}	只 tsei^{453}
54 永康	个把 kuo^{52} ɓuɑ^{0}	个 kuo^{52}	匹 p^{h}ie^{52}
55 武义	个把 tɕia^{53} puɑ^{0}	个 tɕia^{53}	匹 p^{h}ie^{53}
56 磐安	个把儿 ka^{55} pən^{0}	个 ka^{52}	匹 p^{h}ɛi^{52}
57 缙云	个把 ku^{44} pu^{31}	个 ku^{453}	只 tsei^{45}
58 衢州	个把 ku^{53} pɑ^{35}	个 ku^{53} 个 kəʔ^{5}	匹 p^{h}iəʔ^{5}
59 衢江	个把 ka^{33} puo^{25}	个 kəʔ^{5}	匹 p^{h}iəʔ^{5}
60 龙游	个把 kɑ^{51} pu^{21}	个 kɑ^{51}	片$^{=}$ p^{h}ie^{51}
61 江山	个把 ka^{44} po^{241}	个 ka^{51}	头 du^{213}
62 常山	个把 kɛ̃^{43} pie^{52}	个 kɛ^{324}	匹 p^{h}ieʔ^{5}
63 开化	个把 ka^{44} piɛ^{53}	个 ka^{53}	头 tu^{53}
64 丽水	个把 kuɔ^{52} puo^{0}	个 kuɔ^{52}	匹 p^{h}iʔ^{5}
65 青田	个把 kɑ^{33} ɓu^{33}	个 kɑ^{33}	匹 p^{h}iʔ^{42}
66 云和	个把 kei^{45} po^{0}	个 kei^{45}	匹 p^{h}iʔ^{5}
67 松阳	个把 ki^{24} pu^{0}	个 kɤʔ^{0}	匹 p^{h}iɛʔ^{5}
68 宣平	个把 ka^{55} po^{0}	个 ka^{52}	匹 p^{h}iəʔ^{5}
69 遂昌	个把 kei^{33} pu^{45}	个 kei^{334}	匹 p^{h}i^{334}音殊

续表

方言点	1084 个把	1085 个一～人	1086 匹一～马
70 龙泉	个把 ki^{45}pou^{51} 个把儿 ki^{45}bou^{21}ȵi^{21}	个 ki^{45}	匹 p^{h}ieiʔ^{5}
71 景宁	个把 ki^{35}po^{0}	个 ki^{35}	匹 p^{h}iʔ^{5}
72 庆元	个把 kæi^{11}ɓo^{33}	个 kæi^{11}	匹 p^{h}iʔ^{5}
73 泰顺	个把 ki^{35}puɔ^{55}	个 ki^{35}	匹 p^{h}iʔ^{5}
74 温州	个把 kai^{51}po^{0}	个 kai^{51}	头 dɤu^{31}
75 永嘉	几个 ke^{43}kai^{53} 两个 lɛ^{21}kai^{53}	个 kai^{53}	头 dəu^{31}
76 乐清	个把 kai^{41}pɯʌ^{0}	个 kai^{41}	头 diu^{31}
77 瑞安	两个儿 la^{22}kɛ^{33}ŋ^{0}	个 kai^{53}	头 dou^{31}
78 平阳	个把 kai^{42}po^{21}	个 kai^{53}	匹 p^{h}ie^{34}
79 文成	个把 kai^{33}po^{45}	个 kai^{33}	匹 p^{h}ie^{34}
80 苍南	个别 kai^{33}biɛ^{112}	个 kai^{42}	头 dɛu^{31}
81 建德徽	个把 kɑ^{33}po^{55}	个 kɐʔ^{5}	匹 p^{h}iɐʔ^{5}
82 寿昌徽	个把 kɑ^{33}pəɯ^{52}	个 kɑ^{33}	匹 p^{h}iəʔ^{3}
83 淳安徽	个把 kɑ^{24}pu^{21}	个 kɑ^{24}	只 tsɑʔ^{5}
84 遂安徽	个把 ke^{55}pɑ^{33}	个 ke^{43}	只 tsɑ^{24}
85 苍南闽	蜀两个 tɕie^{21}nɯŋ^{21}ke^{24}	个 ke^{21}	只 tɕia^{43}
86 泰顺闽	个把 kɔi^{21}pa^{344}	个 kɔi^{53}	匹 p^{h}iɪʔ^{5}
87 洞头闽	蜀两个 tɕiek^{21}nɯŋ^{33}ge^{24}	个 ge^{113}	匹 p^{h}iek^{5}
88 景宁畲	个把 kɔi^{44}pɔ^{44}	个 kɔi^{44}	匹 p^{h}i^{44}

方言点	1087 头一～牛	1088 头一～猪	1089 只一～狗
01 杭州	头 dei^{213}	头 dei^{213}	条 diɔ^{213}
02 嘉兴	只 tsᴀʔ^{5}	只 tsᴀʔ^{5}	只 tsᴀʔ^{5}
03 嘉善	只 tsɜʔ^{5}	只 tsɜʔ^{5}	只 tsɜʔ^{5}
04 平湖	只 tsaʔ^{5}	只 tsaʔ^{5}	只 tsaʔ^{5}
05 海盐	只 tsaʔ^{5}	只 tsaʔ^{5}	只 tsaʔ^{5}
06 海宁	只 tsaʔ^{5}	只 tsaʔ^{5}	只 tsaʔ^{5}
07 桐乡	只 tsaʔ^{5}	只 tsaʔ^{5}	只 tsaʔ^{5}
08 崇德	只 tsaʔ^{5}	只 tsaʔ^{5}	只 tsaʔ^{5}
09 湖州	只 tsaʔ^{5}	只 tsaʔ^{5}	只 tsaʔ^{5}
10 德清	只 tsaʔ^{5}	只 tsaʔ^{5}	只 tsaʔ^{5}
11 武康	只 tsɜʔ^{5}	只 tsɜʔ^{5}	只 tsɜʔ^{5}
12 安吉	只 tsəʔ^{5}	只 tsəʔ^{5}	只 tsəʔ^{5}
13 孝丰	只 tsaʔ^{5}	只 tsaʔ^{5}	只 tsaʔ^{5}
14 长兴	头 dei^{12}	只 tsəʔ^{5}	只 tsəʔ^{5}
15 余杭	只 tsaʔ^{5}	只 tsaʔ^{5}	只 tsaʔ^{5}
16 临安	只 tsɐʔ^{5}	只 tsɐʔ^{5}	只 tsɐʔ^{5}
17 昌化	头 di^{112}	头 di^{112}	州$^{=}$tɕi^{334}
18 於潜	只 tsɐʔ^{53}	只 tsɐʔ^{53}	只 tsɐʔ^{53}
19 萧山	头 dio^{355}	只 tsəʔ^{5}	只 tsəʔ^{5}
20 富阳	只 tsɛʔ^{5}	只 tsɛʔ^{5}	只 tsɛʔ^{5}
21 新登	只 tsaʔ^{5}	只 tsaʔ^{5}	只 tsaʔ^{5}
22 桐庐	头 dei^{13}	只 tsaʔ^{5}	只 tsaʔ^{5}
23 分水	只 tsəʔ^{5}	只 tsəʔ^{5}	只 tsəʔ^{5}
24 绍兴	只 tsəʔ^{5}	只 tsəʔ^{5}	只 tsəʔ^{5}

续表

方言点	1087 头一～牛	1088 头一～猪	1089 只一～狗
25 上虞	只 tsaʔ^{5}	只 tsaʔ^{5}	只 tsaʔ^{5}
26 嵊州	头 dʏ^{213} 只 tsaʔ^{5}	只 tsaʔ^{5}	只 tsaʔ^{5}
27 新昌	只 tsaʔ^{5}	只 tsaʔ^{5}	只 tsaʔ^{5}
28 诸暨	头 dei^{13}	头 dei^{13}	只 tsəʔ^{5}
29 慈溪	只 tsaʔ^{5}	只 tsaʔ^{5}	只 tsaʔ^{5}
30 余姚	头 dø^{13}	只 tsaʔ^{5}	只 tsaʔ^{5}
31 宁波	头 dœʏ^{13}	只 tsaʔ^{5}	只 tsaʔ^{5}
32 镇海	头 dei^{24}	头 dei^{24}	只 tsaʔ^{5}
33 奉化	头 dæi^{33}	只 tsaʔ^{5}	只 tsaʔ^{5}
34 宁海	只 tsaʔ^{5}	只 tsaʔ^{5}	只 tsaʔ^{5}
35 象山	头 dɤɯ^{31}	头 dɤɯ^{31}	只 tsaʔ^{5}
36 普陀	头 deu^{24}	只 tsɐʔ^{5} 头 deu^{24}	只 tsɐʔ^{5}
37 定海	头 dɐi^{23}	只 tsɐʔ^{5}	只 tsɐʔ^{5}
38 岱山	头 dœʏ^{23}	只 tsɐʔ^{5}	只 tsɐʔ^{5}
39 嵊泗	头 dœʏ^{243}	只 tsɐʔ^{5}	只 tsɐʔ^{5}
40 临海	只 tsəʔ^{5}	只 tsəʔ^{5}	只 tsəʔ^{5}
41 椒江	条 diɔ^{31}	只 tsəʔ^{5}	条 diɔ^{31}
42 黄岩	只 tsəʔ^{5} 条 diɔ^{121}	只 tsəʔ^{5}	只 tsəʔ^{5}
43 温岭	条 diɔ^{31}	只 tɕiʔ^{5}	条 diɔ^{31}
44 仙居	只 tsaʔ^{5}	只 tsaʔ^{5}	只 tsaʔ^{5}
45 天台	只 tsaʔ^{5}	只 tsaʔ^{5}	只 tsaʔ^{5}
46 三门	只 tsaʔ^{5}	只 tsaʔ^{5}	只 tsaʔ^{5}

续表

方言点	1087 头一～牛	1088 头一～猪	1089 只一～狗
47 玉环	条 diɔ^{31}	条 diɔ^{31}	只 tɕiɐʔ^{5}
48 金华	只 tsəʔ^{4}	只 tsəʔ^{4}	只 tsəʔ^{4}
49 汤溪	头 təɯ^{52}	个 kɑ^{52}	只 tɕiɛ^{52}
50 兰溪	只 tsəʔ^{34}	只 tsəʔ^{34}	只 tsəʔ^{34}
51 浦江	啰= lɯ^{55}	个 kɑ^{55}	只 tsɛ^{55}
52 义乌	头 dɐɯ^{24}	只 tsai^{45}	只 tsai^{45}
53 东阳	只 tsei^{453}	只 tsei^{453}	只 tsei^{453}
54 永康	头 dəu^{22}	个 kuo^{52}	只 tsəi^{52}
55 武义	头 dɑu^{324}	只 tsa^{53}	只 tsa^{53}
56 磐安	只 tsɛi^{52} 头 dɐɯ^{213}	只 tsɛi^{52} 头 dɐɯ^{213}	只 tsɛi^{52}
57 缙云	只 tsei^{45}	个 ku^{453}	只 tsei^{45}
58 衢州	条 diɔ^{21}	只 tʃyəʔ^{5}	只 tʃyəʔ^{5}
59 衢江	头 dy^{212}	头 dy^{212}	头 dy^{212}
60 龙游	头 təɯ^{51}	头 təɯ^{51}	头 təɯ^{51}
61 江山	头 du^{213}	头 du^{213}	头 du^{213}
62 常山	秃= t^{h}ɤʔ^{5}	秃= t^{h}ɤʔ^{5}	秃= t^{h}ɤʔ^{5}
63 开化	头 tu^{53}	个 ka^{53}	头 tu^{53}
64 丽水	头 dəɯ^{22}	只 tsaʔ^{5} 头 dəɯ^{22}	只 tsaʔ^{5} 个 kuɔ^{52}
65 青田	头 deu^{21}	头 deu^{21}	个 kɑ^{33}
66 云和	头 dəɯ^{312}	个 kei^{45}	个 kei^{45}
67 松阳	个 kɤʔ^{0}	个 kɤʔ^{0}	个 kɤʔ^{0}
68 宣平	头 dəɯ^{231}	个 kəʔ^{5} 只 tsaʔ^{5}	只 tsaʔ^{5}

续表

方言点	1087 头一～牛	1088 头一～猪	1089 只一～狗
69 遂昌	头 du²²¹	口 kʰu⁵³³	只 tɕiʔ⁵
70 龙泉	条 diɑʌ²¹	条 diɑʌ²¹	条 diɑʌ²¹
71 景宁	头 dəɯ⁴¹	头 dəɯ⁴¹	只 tsəɯʔ⁵
72 庆元	头 tiɯ⁵²	个 kæi¹¹ 头 tiɯ⁵² 条 tiɒ⁵²	条 tiɒ⁵²
73 泰顺	头 təu⁵³	头 təu⁵³	头 təu⁵³
74 温州	头 dɤu³¹	头 dɤu³¹	头 dɤu³¹
75 永嘉	头 dəu³¹	头 dəu³¹	头 dəu³¹
76 乐清	头 diu³¹	头 diu³¹	头 diu³¹
77 瑞安	头 dou³¹	头 dou³¹	头 dou³¹
78 平阳	头 dɛu²⁴²	头 dɛu²⁴²	头 dɛu²⁴²
79 文成	头 diou¹¹³	头 diou¹¹³	头 diou¹¹³
80 苍南	头 dɛu³¹	头 dɛu³¹	头 dɛu³¹
81 建德徽	只 tsɑ⁵⁵	只 tsɑ⁵⁵	只 tsɑ⁵⁵
82 寿昌徽	只 tsəʔ³	只 tsəʔ³	只 tsəʔ³
83 淳安徽	只 tsɑʔ⁵	只 tsɑʔ⁵	只 tsɑʔ⁵
84 遂安徽	只 tsɑ²⁴	只 tsɑ²⁴	只 tsɑ²⁴
85 苍南闽	只 tɕia⁴³	只 tɕia⁴³	只 tɕia⁴³
86 泰顺闽	头 tʰau²²	头 tʰau²²	头 tʰau²²
87 洞头闽	只 tɕia⁵³	只 tɕia⁵³	只 tɕia⁵³
88 景宁畲	头 tʰiəu²²	头 tʰiəu²²	个 kɔi⁴⁴

方言点	1090 只一~鸡	1091 只一~蚊子	1092 条一~鱼
01 杭州	只 tsaʔ⁵	只 tsaʔ⁵	条 diɔ²¹³
02 嘉兴	只 tsᴀʔ⁵	只 tsᴀʔ⁵	条 diɔ²⁴² 梗 kᴀ̃⁴²
03 嘉善	只 tsɜʔ⁵	只 tsɜʔ⁵	梗 kæ̃⁵³
04 平湖	只 tsaʔ⁵	只 tsaʔ⁵	条 diɔ³¹
05 海盐	只 tsaʔ⁵	只 tsaʔ⁵	羹⁼ kɛ̃⁵³
06 海宁	只 tsaʔ⁵	只 tsaʔ⁵	梗 kɑ̃⁵⁵
07 桐乡	只 tsaʔ⁵	只 tsaʔ⁵	条 diɔ¹³
08 崇德	只 tsaʔ⁵	只 tsaʔ⁵	条 diɔ¹³
09 湖州	只 tsaʔ⁵	只 tsaʔ⁵	条 diɔ¹¹²
10 德清	只 tsaʔ⁵	只 tsaʔ⁵	条 diɔ¹¹³
11 武康	只 tsɜʔ⁵	只 tsɜʔ⁵	梗 kuã⁴⁴
12 安吉	只 tsəʔ⁵	只 tsəʔ⁵	梗 kuã⁵⁵
13 孝丰	只 tsaʔ⁵	只 tsaʔ⁵	梗 kuã⁴⁴ 条 diɔ²²
14 长兴	只 tsəʔ⁵	只 tsəʔ⁵	条 diɔ¹²
15 余杭	只 tsaʔ⁵	个 kəʔ⁵	个 kəʔ⁵
16 临安	只 tsɐʔ⁵	颗 kʰo⁵⁵	梗 kuɑ̃⁵⁵
17 昌化	州⁼ tɕi³³⁴	州⁼ tɕi³³⁴	梗 kuɔ̃⁴⁵³
18 於潜	只 tsɐʔ⁵³	只 tsɐʔ⁵³	梗 kuaŋ⁴³³
19 萧山	只 tsəʔ⁵	只 tsəʔ⁵	梗 kuã³³
20 富阳	只 tsɛʔ⁵	只 tsɛʔ⁵	梗 kuã⁵³
21 新登	只 tsaʔ⁵	只 tsaʔ⁵	梗 kuɛ³³⁴
22 桐庐	只 tsaʔ⁵	只 tsaʔ⁵	梗 kuã³³
23 分水	只 tsəʔ⁵	口 kʰɵ⁵³	梗 kuã⁵³
24 绍兴	只 tsəʔ⁵	只 tsəʔ⁵	梗 kuaŋ³³⁴

续表

方言点	1090 只一～鸡	1091 只一～蚊子	1092 条一～鱼
25 上虞	只 tsaʔ^{5}	课$^{=}$ k^{h}ʊ^{53}	梗 kuã^{35}
26 嵊州	只 tsaʔ^{5}	颗 k^{h}o^{53}	梗 kuaŋ^{53}
27 新昌	只 tsaʔ^{5}	颗 k^{h}ɤ^{534}	梗 kuaŋ^{534}
28 诸暨	只 tsəʔ^{5}	个 kəʔ^{5}	棵 k^{h}ɤu^{544} 梗 kuã^{544}
29 慈溪	只 tsaʔ^{5}	个 kəu^{44} 只 tsaʔ^{5}	梗 kuã^{35}
30 余姚	只 tsaʔ^{5}	只 tsaʔ^{5}	梗 kuaŋ^{34}
31 宁波	只 tsaʔ^{5}	只 tsaʔ^{5}	梗 ka^{35}/kua^{35}
32 镇海	只 tsaʔ^{5}	只 tsaʔ^{5}	梗 kã^{35}
33 奉化	只 tsaʔ^{5}	只 tsaʔ^{5}	梗 kuã^{545}
34 宁海	只 tsaʔ^{5}	只 tsaʔ^{5}	梗 kuã^{35}
35 象山	只 tsaʔ^{5}	只 tsaʔ^{5}	梗 kuã^{53}
36 普陀	只 tsɐʔ^{5}	只 tsɐʔ^{5}	梗 kuã^{53}/kã^{53}
37 定海	只 tsɐʔ^{5}	只 tsɐʔ^{5}	梗 kuã^{45}
38 岱山	只 tsɐʔ^{5}	只 tsɐʔ^{5}	梗 kuã^{325}
39 嵊泗	只 tsɐʔ^{5}	只 tsɐʔ^{5}	梗 kã^{445}
40 临海	只 tsəʔ^{5}	只 tsəʔ^{5}	梗 kuã^{31}
41 椒江	只 tɕieʔ^{5}	只 tsəʔ^{5}	梗 kuã^{42}
42 黄岩	只 tsəʔ^{5}	只 tsəʔ^{5}	梗 kuã^{42}
43 温岭	只 tɕiʔ^{5}	只 tɕiʔ^{5}	梗 kuã^{33}
44 仙居	只 tsaʔ^{5}	只 tsaʔ^{5}	条 diɐɯ^{213}
45 天台	只 tsaʔ^{5}	只 tsaʔ^{5}	梗 kua^{325} 只 tsaʔ^{5} 株 tɕy^{33}
46 三门	只 tsaʔ^{5}	只 tsaʔ^{5}	梗 kuɛ^{325} 根 kəŋ^{334}

续表

方言点	1090 只一~鸡	1091 只一~蚊子	1092 条一~鱼
47 玉环	只 tɕiɐʔ^{5}	只 tɕiɐʔ^{5}	条 diɔ^{31}
48 金华	只 tsəʔ^{4}	个 kəʔ^{4}	梗 kuɑŋ^{55} 老 个 kəʔ^{4} 新
49 汤溪	只 tɕiɛ^{52}	个 kɑ^{52}	个 kɑ^{52}
50 兰溪	只 tsəʔ^{34}	只 tsəʔ^{34}	只 tsəʔ^{34}
51 浦江	只 tsɛ^{55}	个 kɑ^{55}	个 kɑ^{55}
52 义乌	只 tsai^{45}	个 kə^{45}	个 kə^{45}
53 东阳	只 tsei^{453}	只 tsei^{453}	个 kɐ^{453}
54 永康	只 tsəi^{52}	粒 lɤ^{241}	个 kuo^{52}
55 武义	只 tsa^{53}	只 tsa^{53}	梗 kua^{53}
56 磐安	只 tsɛi^{52}	个 ka^{52}	个 ka^{52}
57 缙云	只 tsei^{45}	个 ku^{453}	介$^{=}$ kɑ^{45}
58 衢州	只 tʃyəʔ^{5}	个 kəʔ^{5}	片 pʰiẽ^{53}
59 衢江	个 kəʔ^{5}	个 kəʔ^{5}	个 kəʔ^{5}
60 龙游	个 kɑ^{51}	个 kɑ^{51}	蔸 təɯ^{51}
61 江山	个 ka^{51} 只 tɕiᴇʔ^{5}	个 ka^{51}	个 ka^{51} 条 diɐɯ^{213}
62 常山	只 tseʔ^{5}	只 tseʔ^{5}	只 tseʔ^{5} 个 kɛ^{324} 蔸 tiu^{44}
63 开化	个 ka^{53}	个 ka^{53}	蔸 tiʊ^{44} 个 ka^{53}
64 丽水	只 tsaʔ^{5}	只 tsaʔ^{5} 个 kuɔ^{52}	根 ken^{224} 条 diə^{22} 枚 mei^{22}
65 青田	只 tsaʔ^{42}	根 kɛ^{445}	条 diœ^{21}
66 云和	个 kei^{45}	粒 lɛʔ^{5}	枚 mei^{312}
67 松阳	个 kɤʔ^{0}	粒 lɛʔ^{5}	粒 lɛʔ^{5}

续表

方言点	1090 只一～鸡	1091 只一～蚊子	1092 条一～鱼
68 宣平	只 tsaʔ^{5}	个 kəʔ^{5}	根 kə^{52}
69 遂昌	只 tɕiʔ^{5}	粒 lɛʔ^{5} 个 kei^{334}	枚 mei^{213}
70 龙泉	个 ki^{45}	粒 lɯəʔ^{24}	枚 mi^{21}
71 景宁	只 tsəɯʔ^{5}	枚 mai^{41}	枚 mai^{41}
72 庆元	只 tsɤʔ^{5}	粒 lɤʔ^{34}	枚 mæi^{52}
73 泰顺	个 ki^{35}	个 ki^{35}	枚 mæi^{53}
74 温州	头 dɤu^{31}	个 kai^{51}	条 diɛ^{31}
75 永嘉	个 kai^{53}	个 kai^{53}	条 dyə^{31}
76 乐清	只 tɕi^{44}	个 kai^{41}	条 diɯʌ^{31}
77 瑞安	个 kai^{53}	个 kai^{53}	根 kø^{44}
78 平阳	头 dɛu^{242}	头 dɛu^{242}	尾 mai^{45}
79 文成	只 tʃa^{34}	只 tʃa^{34}	尾 mai^{224}
80 苍南	个 kai^{42}	个 kai^{42}	尾 mai^{53}
81 建德徽	只 tsɑ^{55}	个 kɐʔ^{5}	个 kɐʔ^{5}
82 寿昌徽	只 tsəʔ^{3}	个 kɑ^{33}	只 tsəʔ^{3}
83 淳安徽	只 tsɑʔ^{5}	只 tsɑʔ^{5}	只 tsɑʔ^{5}
84 遂安徽	只 tsɑ^{24}	只 tsɑ^{24}	只 tsɑ^{24}
85 苍南闽	个 ke^{21}	个 ke^{21}	尾 bə^{32}
86 泰顺闽	头 tʰau^{22}	头 tʰau^{22}	尾 mɔi^{344}
87 洞头闽	只 tɕia^{53}	只 tɕia^{53}	尾 bə^{53}
88 景宁畲	个 kɔi^{44}	个 kɔi^{44}	尾 moi^{22}

方言点	1093 条—～蛇	1094 张—～嘴	1095 张—～桌子
01 杭州	条 diɔ^{213}	张 tsaŋ^{334}	张 tsaŋ^{334}
02 嘉兴	条 diɔ^{242}	只 tsᴀ̃^{42}	只 tsᴀʔ^{5}
03 嘉善	条 diɔ^{132}	只 tsɜʔ^{5}	只 tsɜʔ^{5}
04 平湖	条 diɔ^{31}	只 tsaʔ^{5}	只 tsaʔ^{5}
05 海盐	羹= kɛ̃^{53}	只 tsaʔ^{5}	只 tsaʔ^{5}
06 海宁	梗 kɑ̃^{55}	只 tsaʔ^{5}	只 tsaʔ^{5}
07 桐乡	条 diɔ^{13}	只 tsaʔ^{5}	只 tsaʔ^{5}
08 崇德	条 diɔ^{13}	只 tsaʔ^{5}	只 tsaʔ^{5}
09 湖州	条 diɔ^{112}	只 tsaʔ^{5}	只 tsaʔ^{5}
10 德清	条 diɔ^{113}	只 tsaʔ^{5}	只 tsaʔ^{5}
11 武康	条 diɔ^{113}	只 tsɜʔ^{5}	只 tsɜʔ^{5}
12 安吉	梗 kuã^{55}	只 tsəʔ^{5}	只 tsəʔ^{5}
13 孝丰	条 diɔ^{22}	只 tsaʔ^{5}	只 tsaʔ^{5}
14 长兴	条 diɔ^{12}	张 tsã^{44}	张 tsã^{44}
15 余杭	条 diɔ^{22}	只 tsaʔ^{5}	张 tsɑ̃^{44}
16 临安	梗 kuɑ̃^{55}	张 tsɑ̃^{55}	张 tsɑ̃^{55}
17 昌化	梗 kuɔ̃^{453}	张 tsã^{334}	张 tsã^{334}
18 於潜	梗 kuaŋ^{433}	只 tsɐʔ^{53}	张 tsaŋ^{433}
19 萧山	支 tsɿ^{533}	张 tsã^{533}	张 tsã^{534}
20 富阳	支 tsɿ^{53}	张 tsã^{53}	张 tsã^{53}
21 新登	梗 kuɛ^{334}	只 tsaʔ^{5}	张 tsɑ̃^{53}
22 桐庐	条 diɔ^{13}	只 tsaʔ^{5}	张 tsã^{533}
23 分水	根 kən^{44}	张 tsã^{44}	张 tsã^{44}
24 绍兴	支 tsɿ^{33}	丈= dzaŋ^{231}	顶 tiŋ^{334}

续表

方言点	1093 条一～蛇	1094 张一～嘴	1095 张一～桌子
25 上虞	支 tsɿ^{35}	张 tsã^{35}	顶 tiŋ^{35}
26 嵊州	支 tsɿ^{534}	张 tsaŋ^{534}	张 tsaŋ^{534}
27 新昌	支 tsɿ^{534}	张 tɕiaŋ^{534}	张 tɕiaŋ^{534}
28 诸暨	支 tsɿ^{544}	张 tsã^{544}	张 tsã^{544}
29 慈溪	梗 kuã^{35}	张 tsã^{35}	张 tsã^{35}
30 余姚	梗 kuaŋ^{44}	张 tsaŋ^{34}	张 tsaŋ^{34}
31 宁波	梗 ka^{35}/kua^{35}	张 tɕia^{53}	张 tɕia^{53}
32 镇海	梗 kã^{35} 根 kəŋ^{53}	张 dʑiã^{24} 音殊	张 dʑiã^{24}
33 奉化	梗 kuã^{545}	张 tɕiã^{545}	张 tɕiã^{545}
34 宁海	梗 kuã^{35}	张 tɕiã^{423}	张 dʑiã^{213}
35 象山	梗 kuã^{53}	张 tɕiã^{53}	张 tɕiã^{53}
36 普陀	梗 kuã^{53}/kã^{53}	场$^{=}$ dʑiã^{24}	场$^{=}$ dʑiã^{24}
37 定海	梗 kuã^{45}	张 dʑiã^{23} 音殊 只 tsɐʔ^{5}	张 dʑiã^{23} 音殊 只 tsɐʔ^{5}
38 岱山	根 kɐŋ^{325}	张 dʑiã^{23} 音殊 只 tsɐʔ^{5}	张 dʑiã^{23} 音殊 只 tsɐʔ^{5}
39 嵊泗	梗 kã^{445}	张 dʑiã^{243} 音殊	张 dʑiã^{243} 音殊
40 临海	梗 kuã^{31}	张 tɕiã^{31}	张 tɕiã^{31}
41 椒江	梗 kuã^{42}	张 tɕiã^{42}	张 tɕiã^{42}
42 黄岩	梗 kuã^{42}	张 tɕiã^{32}	张 tɕiã^{32}
43 温岭	梗 kuã^{33}	张 tɕiã^{33}	张 tɕiã^{33}
44 仙居	条 diɐɯ^{213}	张 tɕia^{334}	张 tɕia^{334}
45 天台	株 tɕy^{33} 只 tsaʔ^{5}	张 tɕia^{33}	张 tɕia^{33}

续表

方言点	1093 条—~蛇	1094 张—~嘴	1095 张—~桌子
46 三门	梗 kuɛ^{325} 根 kəŋ^{334}	张 tɕiɑ̃^{334}	张 tɕiɑ̃^{334}
47 玉环	条 diɔ^{31}	张 tɕia^{42}	张 tɕia^{42}
48 金华	根 kəŋ^{334}	张 tɕiɑŋ^{334}	张 tɕiɑŋ^{334}
49 汤溪	头 təɯ^{52}	双 ɕiɑo^{52}	桌 tsuɑ^{52}
50 兰溪	株 tɕy^{334}	张 tɕiɑŋ^{334}	张 tɕiɑŋ^{334}
51 浦江	根 kən^{534}	夫= fu^{534}	张 tsyõ^{534}
52 义乌	株 tɕy^{335}	个 kə^{45}	张 tsɯa^{335}
53 东阳	支 tsɿ^{334}	张 tɕiɔ^{334}	张 tɕiɔ^{334}
54 永康	根 kəŋ^{55}	张 tɕiɑŋ^{55}	张 tɕiɑŋ^{55}
55 武义	根 ken^{53}	副 fu^{53}	支 tɕi^{53}
56 磐安	株 tɕy^{445}	张 tɕiɒ^{445}	张 tɕiɒ^{445}
57 缙云	根 kɛ^{45}	张 tɕiɑ^{44}	支 tsɿ^{44}
58 衢州	根 kən^{32} 条 diɔ^{21}	张 tʃyã^{32}	张 tʃyã^{32}
59 衢江	莌 ty^{33}	张 tɕiã^{33}	张 tɕiã^{33}
60 龙游	莌 təɯ^{51}	张 tsã^{51}	张 tsã^{51}
61 江山	莌 tɯ^{44}	张 tiaŋ^{44}	莌 tɯ^{44}
62 常山	莌 tiu^{44}	张 tiã^{44}	张 tiã^{44}
63 开化	莌 tiʊ^{44}	张 tiã^{44}	张 tiã^{44}
64 丽水	根 ken^{224}	张 tiã^{224}	张 tiã^{224}
65 青田	条 diœ^{21}	张 ɗɛ^{445}	张 ɗɛ^{445}
66 云和	根 kɛ^{24}	张 tiã^{24}	张 tiã^{24}
67 松阳	根 kæ̃^{24}	张 tiã^{24}	张 tiã^{24}

续表

方言点	1093 条 —～蛇	1094 张 —～嘴	1095 张 —～桌子
68 宣平	根 kə^{52}	张 tiɑ̃^{52}	支 tsɿ^{52}
69 遂昌	根 kɛ̃^{334}	张 tiaŋ^{334}	箸= dʑiɛ^{213}
70 龙泉	支 tɕi^{434}	张 tiaŋ^{434}	条 diɑʌ^{21}
71 景宁	支 tɕi^{324}	张 tiɛ^{324}	支 tɕi^{324}
72 庆元	支 tɕiᴇ^{335}	张 ɗiɑ̃^{335}	条 tiɒ^{52}
73 泰顺	枚 mæi^{53}	个 ki^{35}	支 tsɿ^{213}
74 温州	条 diɛ^{31}	张 tɕi^{33}	张 tɕi^{33}
75 永嘉	条 dyə^{31}	张 tɕiɛ^{44}	张 tɕiɛ^{44}
76 乐清	条 diɯʌ^{31}	张 tɕiɯʌ^{44}	张 tɕiɯʌ^{44}
77 瑞安	根 kø^{44}	张 tɕiɛ^{44}	张 tɕiɛ^{44}
78 平阳	头 dɛu^{242}	张 tɕie^{55}	张 tɕie^{55}
79 文成	条 duo^{113}	张 tɕie^{55}	张 tɕie^{55}
80 苍南	尾 mai^{53}	个 kai^{42}	张 tɕiɛ^{44}
81 建德徽	根 kən^{53}	张 tsɛ^{53}	张 tsɛ^{53}
82 寿昌徽	根 ken^{112}	张 tsɑ̃^{112}	张 tsɑ̃^{112}
83 淳安徽	根 ken^{24}	张 tsɑ̃^{24}	只 tsɑʔ^{5}
84 遂安徽	只 tsɑ^{24}	张 tɕiɑ̃^{534}	张 tɕiɑ̃^{534}
85 苍南闽	尾 bə^{32}	个 ke^{21}	张 tĩũ^{55}
86 泰顺闽	尾 mɔi^{344}	双 səŋ^{213}	铺 pʰou^{213}
87 洞头闽	尾 bə^{53}	个 ge^{113}	袋= tə^{21}
88 景宁畲	尾 moi^{22}	边 pan^{44}	张 tɕiɔŋ^{44}

方言点	1096 床一~被子	1097 领一~席子	1098 双一~鞋
01 杭州	床 dzaŋ^{213} 条 diɔ^{213}	床 dzaŋ^{213}	双 suaŋ^{334}
02 嘉兴	床 zᴀ̃^{242}	条 diɔ^{242}	双 sᴀ̃^{42}
03 嘉善	条 diɔ^{132}	条 diɔ^{132}	双 sã^{53}
04 平湖	床 zɑ̃^{31}	条 diɔ^{31}	双 sɑ̃^{53}
05 海盐	条 diɔ^{31}	条 diɔ^{31}	双 sɑ̃^{53}
06 海宁	条 diɔ^{13}	条 diɔ^{13}	双 sɑ̃^{55}
07 桐乡	条 diɔ^{13}	条 diɔ^{13}	双 sɒ̃^{44}
08 崇德	床 zã^{13}	条 diɔ^{13}	双 sã^{44}
09 湖州	只 tsaʔ^{5}	条 diɔ^{112}	双 sã^{44}
10 德清	只 tsaʔ^{5}	条 diɔ^{113}	双 sã^{44}
11 武康	条 diɔ^{113}	条 diɔ^{113}	双 sã^{44}
12 安吉	条 diɔ^{22}	条 diɔ^{22}	双 sɔ̃^{55}
13 孝丰	床 zɔ̃^{22}	条 diɔ^{22}	双 sɔ̃^{44}
14 长兴	条 diɔ^{12}	条 diɔ^{12}	双 sɔ̃^{44}
15 余杭	条 diɔ^{22}	条 diɔ^{22}	双 sɑ̃^{44}
16 临安	张 tsɑ̃^{55}	张 tsɑ̃^{55}	双 sɑ̃^{55}
17 昌化	床 zɔ̃^{112}	条 diɔ^{112}	双 suɔ̃^{334}
18 於潜	床 zuaŋ^{223}	张 tsaŋ^{433}	双 suaŋ^{433}
19 萧山	床 zɔ̃^{355}	张 tsã^{533}	双 ɕyɔ̃^{533}
20 富阳	床 zɑ̃^{13}	张 tsã^{53}	双 ɕyɑ̃^{53}
21 新登	床 zɑ̃^{233}	张 tsɑ̃^{53}	双 ɕyɑ̃^{53}
22 桐庐	床 ʑyã^{13}	张 tsã^{533}	双 ɕyã^{533}
23 分水	床 dzuã^{22}	张 tsã^{44}	双 ɕyã^{44}

续表

方言点	1096 床一～被子	1097 领一～席子	1098 双一～鞋
24 绍兴	床 zɑŋ^{223}	张 tsaŋ^{53}	双 sɑŋ^{53}
25 上虞	床 zɔ̃^{213}	床 zɔ̃^{213}	双 sɔ̃^{35}
26 嵊州	床 zɔŋ^{213}	领 liŋ^{24}	双 sɔŋ^{534}
27 新昌	床 zɔ̃^{22}	领 liŋ^{22}	双 sɔ̃^{534}
28 诸暨	床 dzɑ̃^{13}	领 lin^{242}	双 sɑ̃^{544}
29 慈溪	梗 kuã^{35}	领 liŋ^{13}	双 sɔ̃^{35}
30 余姚	梗 kuaŋ^{34}	领 liə̃^{13}	双 sɔŋ^{34}
31 宁波	梗 ka^{35}	张 tɕia^{35}	双 sɔ^{53}
32 镇海	梗 kã^{35}	领 liŋ^{24}	双 sɔ̃^{53}
33 奉化	梗 kuã^{44}	条 diɔ^{33}	双 sɔ̃^{545}
34 宁海	条 dieu^{213} 床 zɔ̃^{213}	领 liŋ^{23}	双 ɕyɔ̃^{423}
35 象山	床 zɔ̃^{31}	领 ləŋ^{31}	双 ɕyɔ̃^{53}
36 普陀	梗 kã^{53}	场= dʑiã^{24}	双 sɔ̃^{53}
37 定海	梗 kuã^{45}	梗 kuã^{45}	双 sõ^{52}
38 岱山	梗 kuã^{325}	领 liŋ^{244}	双 sõ^{325}调殊
39 嵊泗	床 zõ^{243}	领 liŋ^{445}	双 sõ^{445}调殊
40 临海	条 diə^{21} 床 zɔ̃^{21}	床 zɔ̃^{21}	双 ɕyɔ̃^{31}
41 椒江	床 zɔ̃^{31}	领 liŋ^{42}	双 sɔ̃^{42}
42 黄岩	条 diɔ^{121}	领 lin^{42}	双 sɔ̃^{32}
43 温岭	条 diɔ^{31}	张 tɕiã^{33}	双 ɕiɔ̃^{33}
44 仙居	条 diɐɯ^{213}	领 lin^{324}	双 ɕyɑ̃^{334}
45 天台	床 zɔ^{224}	床 zɔ^{224}	双 ɕyɔ^{33}

续表

方言点	1096 床一～被子	1097 领一～席子	1098 双一～鞋
46 三门	条 diau^{113}	领 liŋ^{325}	双 ɕiɔ^{334}
47 玉环	条 diɔ^{31}	领 liŋ^{53}	双 ɕiɔ̃^{42}
48 金华	床 ʑyaŋ^{313}	领 liŋ^{535} 张 tɕiaŋ^{334}	双 ɕyaŋ^{334}
49 汤溪	床 ɕiao^{52}	领 lɛ̃i^{341}	双 ɕiao^{52}
50 兰溪	株 tɕy^{334}	领 lin^{45}	双 ɕyaŋ^{334}
51 浦江	床 ʑyõ^{113}	根 kən^{534} 定= diən^{24}	双 ɕyõ^{534}
52 义乌	床 zŋ^{w213}	领 lən^{24}	双 sŋ^{w335}
53 东阳	床 ʑiɔ^{213}	领 lɐn^{231}	双 ɕiɔ^{334}
54 永康	床 ʑyaŋ^{22}	领 liŋ^{241}	双 ɕyaŋ^{55}
55 武义	床 ʑyaŋ^{324}	领 lin^{231}	双 ɕyaŋ^{53}
56 磐安	床 ʑiɒ^{213}	领 lɐn^{14}	双 ɕiɒ^{445}
57 缙云	床 zɔ^{243}	领 lɛŋ^{213}	双 sɔ^{44}
58 衢州	条 diɔ^{21}	领 lin^{231}	双 ʃyɑ̃^{32}
59 衢江	蔸 ty^{33}	领 liŋ^{212}	双 ɕyɑ̃^{33}
60 龙游	床 zuɑ̃^{21}	领 lin^{51}	双 suɑ̃^{334}
61 江山	蔸 tɯ^{44}	领 lĩ^{22}	双 ɕiɒŋ^{44}
62 常山	床 zɔ̃^{341} 蔸 tiu^{44}	领 lĩ^{24}	双 sɔ̃^{44}
63 开化	床 zɛn^{213}	领 lin^{213} 床 zɛn^{213}	双 ɕiɔŋ^{44}
64 丽水	床 ʑiɔŋ^{22}	领 lin^{544}	双 ɕiɔŋ^{224}
65 青田	床 io^{21}	领 leŋ^{454}	双 ɕio^{445}
66 云和	床 ʑiɔ̃^{312}	领 liŋ^{223}	双 ɕiɔ̃^{24}
67 松阳	床 ʑioŋ^{31}	领 lin^{13}	双 ɕioŋ^{24}

续表

方言点	1096 床一～被子	1097 领一～席子	1098 双一～鞋
68 宣平	床 ʑiɔ̃^{231}	领 lin^{231}	双 ɕiɔ̃^{52}
69 遂昌	条 diɐɯ^{221}	领 liŋ^{213}	双 ɕiɔŋ^{45}
70 龙泉	床 ʑiɔŋ^{21}	领 lin^{224}	双 ɕiɔŋ^{434}
71 景宁	床 ʑiɔŋ^{41}	床 ʑiɔŋ^{41}	双 ɕiɔŋ^{324}
72 庆元	床 ɕiɔ̃^{52}	领 liŋ^{221}	双 ɕiɔ̃^{335}
73 泰顺	床 ɕiɔ̃^{53}	张 tiã^{213}	双 ɕiɔ̃^{213}
74 温州	条 diɛ^{31}	张 tɕi^{33}	双 ɕyɔ^{33}
75 永嘉	床 yɔ^{31} 条 dyə^{31}	领 leŋ^{13}	双 ɕyɔ^{44}
76 乐清	条 diɯʌ^{31}	领 leŋ^{24}	双 suɯʌ^{44}
77 瑞安	床 yo^{31}	领 ləŋ^{13}	双 ɕyo^{44}
78 平阳	床 yo^{242}	领 leŋ^{45}	双 ʃuo^{55}
79 文成	床 ʒuo^{113}	张 tɕie^{55}	双 ʃuo^{55}
80 苍南	领 leŋ^{53}	领 leŋ^{53}	双 ɕyɔ^{44}
81 建德徽	条 tiɔ^{33}	领 lin^{213}	双 so^{53}
82 寿昌徽	领 lien^{534}	领 lien^{534}	双 ɕyɑ̃^{112}
83 淳安徽	双 son^{24}	根 ken^{24}	双 son^{24}
84 遂安徽	张 tɕiɑ̃^{534}	张 tɕiɑ̃^{534}	双 soŋ^{534}
85 苍南闽	床 tsʰɯŋ^{24}	领 nĩã^{32}	双 san^{55}
86 泰顺闽	床 tsʰo^{22}	床 tsʰo^{22}	双 səŋ^{213}
87 洞头闽	领 nĩã^{53}	领 nĩã^{53}	双 saŋ^{33}
88 景宁畲	床 tsʰɔŋ^{22}	床 tsʰɔŋ^{22}	双 soŋ^{44}

方言点	1099 把—～刀	1100 把—～锁	1101 根—～绳子
01 杭州	把 pa^{53}	管 kuo^{53}老 把 pa^{53}新	梗 kuaŋ^{334}
02 嘉兴	把 po^{544}	把 po^{544} □ dʑy^{242}	梗 kᴀ̃^{544}调殊
03 嘉善	□ bo^{113}	局$^{=}$ dʑyoʔ^{2}	梗 kæ̃^{53}
04 平湖	把 po^{44}	把 po^{44}	根 kən^{53}
05 海盐	把 po^{423}	把 po^{423}	羹$^{=}$ kɛ̃^{53}
06 海宁	把 po^{53}	管 kue^{53}	梗 kɑ̃^{55}
07 桐乡	把 po^{53}	把 po^{53}	根 kəŋ^{44}
08 崇德	把 po^{53}	管 kuᴇ^{53}	根 kəŋ^{44}
09 湖州	把 puo^{523}	管 kuɛ^{523}	条 diɔ^{112}
10 德清	把 puo^{52}	把 puo^{52}	条 diɔ^{113}
11 武康	把 puo^{53}	把 puo^{53}	梗 kuã^{44}
12 安吉	把 pʊ^{52}	把 pʊ^{52}	梗 kuã^{55}
13 孝丰	把 pʊ^{52}	把 pʊ^{52}	梗 kuã^{44}
14 长兴	把 pu^{52}	把 pu^{52}	根 kəŋ^{44}
15 余杭	把 puo^{53}	把 puo^{53}	根 kiŋ^{44}
16 临安	把 po^{33}	把 po^{55}	梗 kɑ̃^{55}
17 昌化	把 pu^{453}	把 pu^{453}	梗 kuɔ̃^{453}
18 於潜	把 pa^{51}	把 pa^{51}	根 keŋ^{433}
19 萧山	把 po^{33}	支 tsɿ^{533}	梗 kuã^{33}
20 富阳	把 po^{423}	把 po^{423}	梗 kuã^{53}
21 新登	把 pɑ^{334}	把 pɑ^{334}	梗 kuɛ^{334}
22 桐庐	把 po^{33}	把 po^{33}	根 kəŋ^{533}
23 分水	把 pa^{53}	把 pa^{53}	根 kən^{44}

续表

方言点	1099 把一～刀	1100 把一～锁	1101 根一～绳子
24 绍兴	把 po^{334}	柱 dʑy^{22}	梗 kuaŋ^{334}
25 上虞	把 po^{35}	部 bu^{31}	梗 kuã^{35}
26 嵊州	把 po^{53}	部 bu^{24}	梗 kuaŋ^{534}
27 新昌	把 po^{335}	把 po^{335}	梗 kuaŋ^{534}
28 诸暨	把 po^{42}	管$^{=}$ kuə^{42}	根 kin^{544}
29 慈溪	把 po^{35}	把 po^{35}	梗 kuã^{35}
30 余姚	把 po^{34}	管 kuø̃^{34}	梗 kuaŋ^{34}
31 宁波	把 po^{53}	管 ku^{53}	梗 ka^{35}/kua^{35} 根 kəŋ^{53}
32 镇海	把 po^{53}	把 po^{35}	根 kəŋ^{35} 梗 kuã^{35}
33 奉化	把 po^{545}	把 po^{545}	梗 kuã^{545}
34 宁海	把 po^{35}	把 po^{35}	梗 kuã^{35}
35 象山	把 po^{53}	把 po^{53}	梗 kuã^{53}
36 普陀	把 po^{45}	把 po^{45}	梗 kã^{53}
37 定海	把 po^{45}	把 po^{45}	梗 kuã^{45}
38 岱山	把 po^{325}	把 po^{325}	梗 kuã^{325}
39 嵊泗	把 po^{53}	把 po^{53}	根 kã^{445}
40 临海	把 po^{52}	管 kuɛ^{52}	梗 kuã^{31} 根 kəŋ^{33}
41 椒江	把 po^{42}	管 kuɛ^{42}	梗 kuã^{42}
42 黄岩	把 po^{42}	管 kuɛ^{42}	梗 kuã^{42}
43 温岭	把 po^{42}	管 kuɛ^{42}	梗 kuã^{33}
44 仙居	把 ɓo^{324}	只 tsaʔ^{5}	梗 kuã^{324}
45 天台	把 po^{325}	把 po^{325}	梗 kua^{325} 根 kəŋ^{33}

续表

方言点	1099 把一～刀	1100 把一～锁	1101 根一～绳子
46 三门	把 po^{325}	把 po^{325}	梗 kuɛ^{325}
47 玉环	把 po^{53}	管 kuɛ^{53}	根 kəŋ^{42}
48 金华	把 pɤa^{535}	把 pɤa^{535}	根 kəŋ^{334}
49 汤溪	把 pɤ^{52}	管 kuɑ^{52}	头 təɯ^{52}
50 兰溪	把 pia^{55}	把 pia^{55}	株 tɕy^{334}
51 浦江	把 pia^{55}	把 pia^{55} 管 kuɑ̃^{55}	根 kən^{534}
52 义乌	把 pɯa^{45}	把 pɯa^{45}	股 ku^{45}
53 东阳	把 po^{453}	把 po^{453}	支 tsɿ^{334}
54 永康	把 ɓuɑ^{52}	管 guɑ^{241}	根 kəŋ^{55}
55 武义	把 puɑ^{53}	把 puɑ^{53}	根 ken^{53}
56 磐安	把 pə^{52}	枚 me^{213}	株 tɕy^{445}
57 缙云	把 pu^{453}	管 kua^{45}	根 kɛ^{45}
58 衢州	把 pɑ^{35}	管 kuə̃^{35} 旧 把 pɑ^{35} 今	根 kən^{32}
59 衢江	把 puo^{25}	管 kuã^{25} 把 puo^{25}	莚 ty^{33}
60 龙游	把 pu^{51}	管 kuã^{35}	头 təɯ^{51}
61 江山	把 po^{241}	管 koŋ^{241}	根 kɛ̃^{44}
62 常山	把 pie^{52}	管 koŋ^{52} 把 pie^{52}	莚 tiu^{44}
63 开化	把 piɛ^{53}	把 piɛ^{53}	莚 tiʊ^{44}
64 丽水	把 puo^{544}	管 kuã^{544} 把 puo^{544}	根 ken^{224}
65 青田	把 ɓu^{454}	管 kuɑ^{454}	根 kɛ^{445}
66 云和	把 po^{41}	管 kuã^{41}	根 kɛ^{24}

续表

方言点	1099 把一～刀	1100 把一～锁	1101 根一～绳子
67 松阳	把 pu^{24}	把 pu^{24}	根 kæ̃^{24}
68 宣平	把 po^{52}	管 kuɑ̃^{52}	根 kə^{52}
69 遂昌	把 pu^{533}	管 kuɛ̃^{533} 把 pu^{533}	根 kɛ̃^{334} 条 diɐɯ^{221}
70 龙泉	把 pou^{51}	管 kuaŋ^{51}	支 tɕi^{434}
71 景宁	把 po^{33}	管 kuɔ^{33} 把 po^{33}	支 tɕi^{324}
72 庆元	把 ɓo^{33}	管 kuɑ̃^{33}	条 tiɒ^{52}
73 泰顺	把 puɔ^{55}	把 puɔ^{55}	莁 tiəu^{213}
74 温州	把 po^{25}	把 po^{25}	条 diɛ^{31}
75 永嘉	把 po^{45}	把 po^{45}	条 dyə^{31}
76 乐清	把 pɯʌ^{35}	把 pɯʌ^{35}	条 diɯʌ^{31}
77 瑞安	把 pu^{35}	把 pu^{35}	根 kø^{44}
78 平阳	把 po^{45}	把 po^{45}	根 kɵ^{55}
79 文成	把 po^{45}	把 po^{45}	根 kuø^{55}
80 苍南	把 puɔ^{53}	把 puɔ^{53}	条 dyɔ^{31}
81 建德徽	把 po^{213}	把 po^{213}	根 kən^{53}
82 寿昌徽	把 pəɯ^{24}	把 pəɯ^{24}	根 ken^{112}
83 淳安徽	把 po^{55}	把 po^{55}	根 ken^{24}
84 遂安徽	把 pɑ^{213}	把 pɑ^{213}	根 kɑŋ^{534}
85 苍南闽	把 pe^{43}	把 pe^{43}	条 tiau^{24}
86 泰顺闽	把 pa^{344}	把 pa^{344}	条 teu^{22}
87 洞头闽	支 ki^{33}	门 mɯŋ^{113}	条 tiau^{113}
88 景宁畲	把 pɔ^{325}	颗 kʰiʔ^{5}	行 xaŋ^{22}

方言点	1102 支—～毛笔	1103 副—～眼镜	1104 面—～镜子
01 杭州	支 tsɿ[334]	副 fu[45]	面 miɛ[13]
02 嘉兴	株 tsɥ[42]	副 fu[224]	面 mie[113]
03 嘉善	株 tsɥ[53]	副 fu[44]	面 miɪ[113]
04 平湖	株 tsɥ[53]	副 fu[334]	块 kʰue[213]
05 海盐	支 tsɿ[53]	副 fu[334]	面 miɛ[213]
06 海宁	支 tsɿ[55]	副 fu[35]	面 mie[13]
07 桐乡	支 tsɿ[44]	副 fu[334]	面 miᴇ[213]
08 崇德	支 tsɿ[44]	副 fu[334]	面 miɪ[13]
09 湖州	支 tsɿ[44]	副 fəu[35]	面 mie[35]
10 德清	支 tsɿ[44]	副 fu[334]	爿 bɛ[113]
11 武康	支 tsɿ[44]	副 fu[224]	爿 bɛ[113]
12 安吉	支 tsɿ[55]	副 fu[324]	面 mi[213]
13 孝丰	支 tsɿ[44]	副 fu[324]	面 miɪ[324]
14 长兴	支 tsɿ[52]	副 fu[324]	面 mi[324]
15 余杭	支 tsɿ[44]	副 fu[423]	面 miẽ[213]
16 临安	支 tsɿ[55]	副 fu[55]	面 mie[33]
17 昌化	支 tɕi[334]	副 fu[544]	面 miɪ̃[243]
18 於潜	梗 kuaŋ[433]	副 fu[35]	面 mie[24]
19 萧山	支 tsɿ[533]	副 fu[42]	面 mie[242]
20 富阳	支 tsɿ[53]	副 fu[335]	面 miɛ̃[335]
21 新登	支 tsɿ[53]	副 fu[45]	面 miɛ̃[13]
22 桐庐	支 tsɿ[533]	副 fu[35]	面 mie[24]
23 分水	支 tsɿ[44]	副 fu[24]	面 miɛ̃[13]
24 绍兴	支 tsɿ[53]	副 fu[33]	面 miẽ[22]

续表

方言点	1102 支 —～毛笔	1103 副 —～眼镜	1104 面 —～镜子
25 上虞	支 tsɿ^{35}	副 fu^{53}	面 miẽ^{31}
26 嵊州	支 tsɿ^{534}	副 fu^{334}	面 miẽ^{24}
27 新昌	支 tsɿ^{534}	副 fu^{335}	面 miɛ̃^{13}
28 诸暨	支 tsɿ^{544}	副 fu^{544}	面 mie^{33}
29 慈溪	支 tsɿ^{35}	副 fu^{44}	面 miẽ^{13}
30 余姚	株 tsʮ^{34}	副 fu^{34}	面 miẽ^{13}
31 宁波	株 tsʮ^{53}	副 fu^{53}	面 mi^{13}
32 镇海	支 tsʮ^{35}	副 fu^{53}	面 mi^{24}
33 奉化	支 tsɿ^{44}	副 fu^{53}	面 mi^{31}
34 宁海	株 tsʮ^{423}	副 fu^{35}	面 mie^{24}
35 象山	支 tsɿ^{53}	副 fu^{53}	枚 mei^{31}
36 普陀	支 tsɿ^{53}	副 fu^{55}	面 mi^{13}
37 定海	支 tsɿ^{45}	副 fu^{44}	面 mi^{13}
38 岱山	支 tsʮ^{52}	副 fu^{44}	面 mi^{213}
39 嵊泗	支 tsɿ^{53}	副 fu^{53}	面 mi^{213}
40 临海	支 tsɿ^{31}	副 fu^{55}	枚 mɛ^{52}
41 椒江	支 tsɿ^{42}	副 fu^{55}	枚 mɛ^{42}
42 黄岩	支 tsɿ^{32}	副 fu^{55}	枚 me^{42}
43 温岭	支 tsɿ^{33}	副 fu^{55}	枚 mɛ^{42}
44 仙居	支 tsɿ^{334}	副 fu^{55}	面 mie^{24}
45 天台	支 tsɿ^{33}	副 fu^{55}	面 mie^{35}
46 三门	支 tsɿ^{334}	副 fu^{55}	面 mie^{213}
47 玉环	支 tsɿ^{42}	副 fu^{42}	枚 mɛ^{53}

续表

方言点	1102 支—～毛笔	1103 副—～眼镜	1104 面—～镜子
48 金华	支 tsɿ^{334}	副 fu^{55}	面 mie^{14}
49 汤溪	支 tsɿ^{52}	副 fu^{52}	柄 mã^{52}
50 兰溪	支 tsɿ^{334}	副 fu^{45}	面 mie^{45}
51 浦江	支 tsɿ^{55}	副 fu^{55}	面 mɛ̃^{55}
52 义乌	支 tsɿ^{45}	副 fu^{45}	面 mie^{24}
53 东阳	支 tsɿ^{334}	副 fu^{453}	面 mi^{24}
54 永康	支 tɕi^{55}	副 fu^{52}	面 mie^{241}
55 武义	支 tɕi^{53}	副 fu^{53}	面 mie^{231}
56 磐安	株 tɕy^{445}	副 fu^{52}	面 me^{14}
57 缙云	根 kɛ^{45}	副 fu^{453}	面 miɛ^{213}
58 衢州	管 kuə̃^{35} 支 tsɿ^{32}	副 fu^{53}	面 miẽ^{231}
59 衢江	管 kuã^{25}	副 fɤ^{53}	块 kʰuei^{53}
60 龙游	支 tsɿ^{51}	副 fu^{51}	面 mie^{231}
61 江山	莨 tɯ^{44}	副 fə^{51}	面 miɛ̃^{31} 爿 baŋ^{213}
62 常山	莨 tiu^{44} 支 tsɿ^{44}	副 fuə^{52}	爿 bã^{341}
63 开化	支 tsɿ^{44}	副 fuo^{412}	面 miɛ^{213} 块 kʰua^{53}
64 丽水	管 kuã^{544} 支 tsɿ^{224}	副 fu^{52}	面 miɛ^{131}
65 青田	支 tsɿ^{445}	副 fu^{33}	面 miɛ^{22}
66 云和	管 kuã^{41} 支 tsɿ^{24}	副 fu^{45}	面 miɛ^{223}
67 松阳	支 tsɿə^{24}	副 fuə^{24}	面 miɛ̃^{13}
68 宣平	支 tsɿ^{52}	副 fu^{52}	面 miɛ^{231}

续表

方言点	1102 支—~毛笔	1103 副—~眼镜	1104 面—~镜子
69 遂昌	箸⁼ dʑiɛ^{213}	副 fuə^{334}	面 miɛ̃^{213}
70 龙泉	支 tɕi^{434}	副 fɤɯ^{45}	面 miᴇ^{224}
71 景宁	支 tɕi^{324}	副 fu^{35}	面 miɛ^{113}
72 庆元	支 tɕiᴇ^{335}	副 fɤ^{11}	面 miɛ̃^{31}
73 泰顺	支 tsɿ^{213}	副 fø^{35}	面 miɛ^{22}
74 温州	支 tsei^{33}	双 ɕyɔ^{33}	面 mai^{22}
75 永嘉	支 tsɿ^{44}	双 ɕyɔ^{44}	枚 mai^{31}
76 乐清	支 tɕi^{44}	双 suɯʌ^{44}	面 mai^{22}
77 瑞安	支 tsei^{44}	副 fʏ^{53}	爿 bɔ^{31}
78 平阳	支 tɕi^{55}	副 fu^{53}	面 mie^{33}
79 文成	支 tɕi^{55}	副 fu^{33}	面 mie^{424}
80 苍南	拐⁼ kia^{53} 支 tɕi^{44}	副 hu^{42}	面 miɛ^{11}
81 建德徽	支 tsɿ^{53}	副 fu^{33}	面 mie^{55}
82 寿昌徽	支 tsɿ^{112}	副 fu^{33}	枚 miæ^{33}
83 淳安徽	支 tsɿ^{24}	副 fa^{24}	面 miã^{53}
84 遂安徽	支 tsɿ^{24}	副 fu^{43}	面 miɛ̃^{52}
85 苍南闽	支 ki^{55}	副 hu^{21}	个 ke^{21}
86 泰顺闽	支 ki^{213}	副 fv^{53}	面 mieŋ^{53}
87 洞头闽	支 ki^{33}	副 hu^{21}	面 bin^{21}
88 景宁畲	行 xaŋ^{22}	副 fu^{44}	面 mien^{44}

方言点	1105 块一～香皂	1106 辆一～车	1107 座一～房子
01 杭州	块 kʰuei^{45}	部 bu^{13}	幢 dzuaŋ^{13}
02 嘉兴	块 kʰuei^{224}	部 bu^{113}	幢 zoŋ^{113}
03 嘉善	块 kʰuɛ^{334}	□ bo^{113}	扇 sø^{334}
04 平湖	块 kʰue^{213} 坺 baʔ^{23}	薄⁼ boʔ^{23}	幢 zɑ̃^{213}
05 海盐	坺 bɑʔ^{213}	部 bu^{423}	埭 dɑ^{213}
06 海宁	孛⁼ bəʔ^{2}	部 bu^{231}	间 kɛ^{55}
07 桐乡	块 kʰuei^{334}	部 bu^{242}	埭 da^{213}
08 崇德	块 kʰui^{334}	部 bu^{242}	埭 dɑ^{13}
09 湖州	块 kʰuei^{35}	部 bəu^{231}	扇 sɛ^{35}
10 德清	块 kʰuɛ^{334}	部 bu^{113}	幢 zoŋ^{113}
11 武康	块 kʰuɛ^{224}	□ bo^{242}	埭 da^{242}
12 安吉	块 kʰuᴇ^{324}	部 bu^{213}	埭 da^{213}
13 孝丰	块 kʰue^{324}	部 bu^{243}	埭 da^{213}
14 长兴	块 kʰuɯ^{324}	部 bu^{243}	幢 dzoŋ^{24}
15 余杭	块 kʰuɛ^{423}	部 bu^{243}	埭 da^{213}
16 临安	块 kʰuᴇ^{55}	把 buo^{33}	舔⁼ tʰie^{55}
17 昌化	块 kʰuɛ^{544}	部 bu^{243}	堂 dɔ̃^{112}
18 於潜	块 kʰue^{35}	部 bu^{24}	堂 daŋ^{223}
19 萧山	块 kʰue^{42}	部 bu^{242}	幢 doŋ^{242}
20 富阳	块 kʰuɛ^{335}	部 bu^{224}	间 kã^{53}
21 新登	块 kʰue^{45}	部 bu^{13}	挺⁼ tʰeiŋ^{334}
22 桐庐	块 kʰuᴇ^{35}	部 bu^{24}	退 tʰᴇ^{35}
23 分水	块 kʰuɛ^{24}	部 bu^{13}	堂 dã^{22}
24 绍兴	块 kʰuᴇ^{33}	部 bu^{22}	幢 dzoŋ^{231}

续表

方言点	1105 块一～香皂	1106 辆一～车	1107 座一～房子
25 上虞	块 kʰue^{53}	部 bu^{31}	透$^{=}$ tʰɤ^{53}
26 嵊州	块 kʰuᴇ^{334}	部 bu^{24}	幢 dzoŋ^{24}
27 新昌	几$^{=}$ tɕi^{335}	部 bu^{13}	透$^{=}$ tʰiɯ^{335}
28 诸暨	块 kʰue^{544}	部 bu^{242}	退 tʰe^{544}
29 慈溪	块 kʰue^{44}	部 bu^{13}	偷$^{=}$ tʰø^{35}
30 余姚	块 kʰue^{34}	部 bu^{13}	偷$^{=}$ tʰø^{44} 幢 dzɔŋ^{13}
31 宁波	块 kʰuɐi^{35} 加$^{=}$ ko^{35}	部 bu^{13}	幢 dzɔ^{13}
32 镇海	瓜$^{=}$ ko^{35}	部 bu^{24}	幢 dzɔ̃^{24}
33 奉化	块 kʰuei^{53}	部 bu^{33}	幢 dzɔ̃^{324}
34 宁海	块 kʰuei^{35}	部 bu^{24}	幢 dʑyɔ̃^{24}
35 象山	块 kʰuei^{53}	部 bu^{31}	座 zəu^{31} 平房 幢 dʑyɔ̃^{31} 楼房
36 普陀	块 kʰuæi^{55}	部 bu^{23}	幢 dzɔ̃^{23}
37 定海	瓜$^{=}$ kuo^{52}	部 bu^{13}	退 tʰɐi^{52}
38 岱山	瓜$^{=}$ kuo^{325}	部 bu^{23}	进 tɕiŋ^{325}
39 嵊泗	瓜$^{=}$ ko^{53}	部 bu^{213}	退 tʰœʏ^{53}
40 临海	块 kʰue^{55}	部 bu^{324}	幢 dʑyɔ̃ŋ^{324}
41 椒江	块 kʰuə^{55}	部 bu^{31}	栋 toŋ^{55}
42 黄岩	块 kʰuø^{55}	部 bu^{121}	幢 dzɔ̃^{24}
43 温岭	块 kʰue^{55}	部 bu^{31}	幢 dʑiɔ̃^{13}
44 仙居	块 kʰuæ^{55}	部 bu^{24} 调殊	座 zo^{213} 调殊
45 天台	块 kʰuei^{55}	部 bu^{35}	退 tʰei^{55}
46 三门	块 kʰue^{55}	部 bu^{243}	间 kɛ^{334}

续表

方言点	1105 块一~香皂	1106 辆一~车	1107 座一~房子
47 玉环	块 kʰue^{55}	部 bu^{22}	退 tʰe^{55}
48 金华	块 kʰuɛ^{55}	部 bu^{14}	退 tʰɛ^{55}
49 汤溪	块 kʰuɛ^{52}	张 tɕiɔ^{52} 部 bu^{341}	退 tʰɛ^{52}
50 兰溪	块 kʰue^{45}	部 bu^{24}	退 tʰe^{45}
51 浦江	块 kʰua^{55}	夫= fu^{534}	胎= tʰa^{534}
52 义乌	见= tɕie^{45}	部 bu^{24}	退 tʰe^{335}
53 东阳	块 kʰue^{453}	部 bu^{24}	退 tʰe^{453}
54 永康	块 kʰuəi^{52}	部 bu^{241}	退 tʰəi^{52}
55 武义	块 kʰua^{53}	辆 liɑŋ^{53} 部 bu^{231}	退 tʰa^{53}
56 磐安	块 kʰue^{52}	部 bu^{14}	退 tʰe^{52}
57 缙云	块 kʰuei^{453}	部 bu^{213}	退 tʰei^{453}
58 衢州	块 kʰue^{53}	把 pɑ^{35}	堂 dɑ̃^{21}
59 衢江	块 kʰuei^{53}	把 puo^{25}	堂 dɑ̃^{212}
60 龙游	块 kʰuei^{51}	部 pu^{51}	退 tʰei^{51}
61 江山	块 kʰɵ^{241}	张 tiaŋ^{44}	座 zo^{31}
62 常山	块 kʰuɛ^{52}	把 pie^{52}	座 zɔ^{341}
63 开化	块 kʰua^{53}	把 piɛ^{53}	堂 dɔŋ^{231}
64 丽水	块 kʰuei^{52}	辆 liã^{544} 部 bu^{22}	幢 dɔŋ^{22}
65 青田	粒 laʔ^{31}	把 ɓu^{454}	埭 dɑ^{22}
66 云和	块 kʰuei^{45}	辆 liã^{41} 部 bu^{223}	幢 dɔ̃^{312}
67 松阳	块 kʰuei^{24}	张 tiã^{24}	幢 doŋ^{31}

续表

方言点	1105 块一～香皂	1106 辆一～车	1107 座一～房子
68 宣平	块 kʰuei^{52}	部 pu^{52}	退 tʰei^{52}
69 遂昌	块 kʰuei^{334}	部 pu^{334} 音殊 辆 liaŋ^{213}	座 zu^{213} 幢 dəŋ^{213}
70 龙泉	块 kʰuᴇ^{45}	部 pou^{51}	堂 dɔŋ^{21}
71 景宁	粒 lœʔ^{5}	把 po^{33}	幢 dɔŋ^{41}
72 庆元	色⁼sɤʔ^{5}	辆 liɑ̃^{31}	座 so^{221}
73 泰顺	粒 lɛʔ^{2}	部 po^{21}	座 so^{22}
74 温州	粒 lø^{212}	部 bu^{14}	座 dzo^{22}
75 永嘉	粒 lø^{213}	把 po^{45}	座 dzo^{22}
76 乐清	粒 lø^{212}	部 bu^{24}	座 zo^{24}
77 瑞安	粒 lø^{212}	把 pu^{35}	幢 doŋ^{31}
78 平阳	粒 lɵ^{34}	把 po^{45}	间 kɔ^{55}
79 文成	粒 lø^{212}	部 bu^{424}	幢 toŋ^{33}
80 苍南	粒 lø^{112}	部 bu^{24}	间 ka^{44}
81 建德徽	块 kʰue^{33}	部 pu^{213}	退 tʰe^{33}
82 寿昌徽	块 kʰuæ^{33}	把 pəɯ^{24}	堂 tʰɑ̃^{55}
83 淳安徽	块 kʰue^{24}	只 tsɑʔ^{5}	堂 tʰɑ̃^{435}
84 遂安徽	块 kʰuəɯ^{43}	部 pʰu^{52}	幢 tʰoŋ^{43}
85 苍南闽	袋⁼tə^{21}	部 pʰɔ^{21}	袋⁼tə^{21}
86 泰顺闽	粒 lɛʔ^{3}	部 pou^{31}	座 tsou^{31}
87 洞头闽	袋⁼tə^{21}	只 tɕia^{53}	幢 toŋ^{21}
88 景宁畲	粒 liʔ^{5}	辆 liɔŋ^{22}	幢 tɔŋ^{22}

方言点	1108 座一～桥	1109 条一～河	1110 条一～路
01 杭州	顶 tiŋ^{53}	条 diɔ^{213}	条 diɔ^{213}
02 嘉兴	爿 bᴇ^{242}	条 diɔ^{242}	条 diɔ^{242}
03 嘉善	顶 tin^{44}	条 diɔ^{132}	条 diɔ^{132}
04 平湖	顶 tin^{44}	条 diɔ^{31}	条 diɔ^{31}
05 海盐	爿 bɛ^{31}	条 diɔ^{31}	条 diɔ^{31}
06 海宁	爿 bei^{13}	条 diɔ^{13}	条 diɔ^{13}
07 桐乡	爿 bɛ^{13}	条 diɔ^{13}	条 diɔ^{13}
08 崇德	爿 bɛ^{13}	埭 dɑ^{13}	条 diɔ^{13}
09 湖州	爿 bɛ^{112}	条 diɔ^{112}	条 diɔ^{112}
10 德清	爿 bɛ^{113}	条 diɔ^{113}	条 diɔ^{113}
11 武康	爿 bɛ^{113}	条 diɔ^{113}	条 diɔ^{113}
12 安吉	顶 tiŋ^{52}	条 diɔ^{22}	条 diɔ^{22}
13 孝丰	顶 tiŋ^{52}	条 diɔ^{22}	条 diɔ^{22}
14 长兴	爿 bᴇ^{24}	条 diɔ^{12}	条 diɔ^{12}
15 余杭	爿 bɛ^{22}	条 diɔ^{22}	埭 da^{213}
16 临安	添$^{=}$tʰie^{55}	条 diɔ^{33}	条 diɔ^{33}
17 昌化	等$^{=}$təŋ^{453}	条 diɔ^{112}	条 diɔ^{112}
18 於潜	顶 tiŋ^{51}	条 diɔ^{223}	条 diɔ^{223}
19 萧山	顶 tiŋ^{33}	埭 da^{242}	埭 da^{242}
20 富阳	梗 kuã^{53}	埭 da^{224}	埭 da^{224}
21 新登	挺$^{=}$tʰeiŋ^{334}	埭 da^{13}	埭 da^{13}
22 桐庐	座 zu^{24}	条 diɔ^{13}	条 diɔ^{13}
23 分水	墩 tən^{44}	条 diɔ^{22}	条 diɔ^{22}
24 绍兴	乘 dzəŋ^{231}	埭 da^{231}	埭 da^{231}

续表

方言点	1108 座一～桥	1109 条一～河	1110 条一～路
25 上虞	顶 tiŋ^{35}	埭 da^{31}	埭 da^{31}
26 嵊州	幢 doŋ^{24}	埭 da^{24}	埭 da^{24}
27 新昌	幢 doŋ^{22}	埭 da^{13}	埭 da^{13}
28 诸暨	座 zɤu^{33}	条 diɔ^{13}	埭 dA^{33}
29 慈溪	梗 kuã^{35}	埭 da^{13}	埭 da^{13}
30 余姚	梗 kuaŋ^{34}	梗 kuaŋ^{34}	埭 da^{13}
31 宁波	梗 ka^{35}/kua^{35}	埭 da^{13}	埭 da^{13}
32 镇海	梗 kuã^{53}	条 dio^{24} 梗 kuã^{35}	条 dio^{24} 埭 da^{24}
33 奉化	梗 kuã^{44}	埭 da^{33}	埭 da^{33}
34 宁海	洞$^{=}$ doŋ^{24}	梗 kuã^{35}	梗 kuã^{35}
35 象山	座 zəu^{31}	埭 da^{13}	埭 da^{13}
36 普陀	座 zəu^{13}	条 diɔ^{24}	条 diɔ^{24}
37 定海	梗 kuã^{45}	埭 da^{23} 老 条 dio^{23} 新	埭 da^{23} 老 条 dio^{23} 新
38 岱山	梗 kuã^{325}	埭 da^{23}	埭 da^{23}
39 嵊泗	根 kã^{445}	埭 da^{243}	埭 da^{243}
40 临海	堵 tu^{52}	条 diə^{21}	支 tsɿ^{31} 埭 da^{423}
41 椒江	堵 təu^{42}	条 diɔ^{31}	支 tsɿ^{42}
42 黄岩	幢 toŋ^{55}	条 diɔ^{121}	埭 da^{24}
43 温岭	堵 tu^{42}	条 diɔ^{31}	埭 da^{13} 条 diɔ^{31}
44 仙居	幢 doŋ^{213}	条 diɐɯ^{213}	条 diɐɯ^{213}
45 天台	董$^{=}$ tuŋ^{325}	条 dieu^{224}	埭 da^{35}
46 三门	杜$^{=}$ du^{243}	条 diɑu^{113}	埭 da^{243}

续表

方言点	1108 座一～桥	1109 条一～河	1110 条一～路
47 玉环	座 zo^{41}	条 diɔ^{31}	条 diɔ^{31}
48 金华	兴$^{=}$ ɕiŋ^{55}	埭 dɑ^{14}老 条 diɑo^{313}新	埭 dɑ^{14}
49 汤溪	莨 təɯ^{52}	莨 təɯ^{52}	莨 təɯ^{52}
50 兰溪	株 tɕy^{334}	埭 tɑ^{45}	埭 tɑ^{45}
51 浦江	夫$^{=}$ fu^{534}	埭 lɑ^{24}	埭 lɑ^{24}
52 义乌	株 tɕy^{335}	埭 da^{24}	埭 da^{24}
53 东阳	支 tsɿ^{334}	条 diɔ^{24}	条 diɔ^{24}
54 永康	根 kəŋ^{55}	根 kəŋ^{55}	埭 dia^{241}
55 武义	根 ken^{53}	根 ken^{53}	根 ken^{53}
56 磐安	株 tɕy^{445}	埭 da^{14}	埭 da^{14}
57 缙云	□ dɔ̃ũ^{213} 埭 dɑ^{213} 步$^{=}$ bu^{213}	埭 dɑ^{213}	埭 dɑ^{213}
58 衢州	根 kən^{32}	条 diɔ^{21}	条 diɔ^{21}
59 衢江	莨 ty^{33}	莨 ty^{33}	莨 ty^{33}
60 龙游	莨 təɯ^{51}	莨 təɯ^{51}	莨 təɯ^{51}
61 江山	座 zo^{31}	莨 tɯ^{44}	莨 tɯ^{44}
62 常山	座 zɔ^{341}	莨 tiu^{44}	莨 tiu^{44}
63 开化	莨 tiʊ^{44}	莨 tiʊ^{44}	莨 tiʊ^{44}
64 丽水	根 ken^{224}	条 diə^{22}	条 diə^{22} 根 ken^{224}
65 青田	座 zu^{343}	条 diœ^{21}	条 diœ^{21}
66 云和	根 kɛ^{24}	条 diɑɔ^{312}	条 diɑɔ^{312}
67 松阳	座 zu^{22}	根 kæ̃^{24} 条 diɔ^{31}	根 kæ̃^{24} 条 diɔ^{31}

续表

方言点	1108 座一~桥	1109 条一~河	1110 条一~路
68 宣平	张 tiɑ̃^{52}	根 kə^{52}	根 kə^{52}
69 遂昌	座 zu^{213}	根 kɛ̃^{334}	根 kɛ̃^{334}
70 龙泉	支 tɕi^{434}	支 tɕi^{434}	支 tɕi^{434}
71 景宁	支 tɕi^{324}	支 tɕi^{324}	支 tɕi^{324}
72 庆元	座 so^{221}	条 tiɒ^{52}	条 tiɒ^{52}
73 泰顺	座 so^{22}	蔸 tiəu^{213}	蔸 tiəu^{213}
74 温州	爿 ba^{31}	条 diɛ^{31}	条 diɛ^{31}
75 永嘉	条 dyə^{31}	条 dyə^{31}	条 dyə^{31}
76 乐清	条 diɯʌ^{31}	条 diɯʌ^{31}	条 diɯʌ^{31}
77 瑞安	根 kø^{44} 条 duɔ^{31}	埭 da^{22} 条 duɔ^{31}	埭 da^{22} 条 duɔ^{31}
78 平阳	座 zo^{33}	条 dye^{242}	条 dye^{242}
79 文成	座 zou^{424}	条 duo^{113}	条 duo^{113}
80 苍南	条 dyɔ^{31}	条 dyɔ^{31}	条 dyɔ^{31}
81 建德徽	座 su^{213} 条 tiɔ^{33}	条 tiɔ^{33}	条 tiɔ^{33}
82 寿昌徽	根 ken^{112}	条 tʰiɤ^{52}	根 ken^{112}
83 淳安徽	根 ken^{24}	条 tʰiɤ^{435}	条 tʰiɤ^{435} 根 ken^{24}
84 遂安徽	个 kɑ^{43}	条 tʰiɔ^{33}	条 tʰiɔ^{33}
85 苍南闽	座 tso^{21}	条 tiau^{24}	条 tiau^{24}
86 泰顺闽	条 teu^{22}	条 teu^{22}	条 teu^{22}
87 洞头闽	条 tiau^{113}	条 tiau^{113}	条 tiau^{113}
88 景宁畲	行 xaŋ^{22}	条 tʰau^{22}	条 tʰau^{22}

方言点	1111 棵一～树	1112 朵一～花	1113 颗一～珠子
01 杭州	棵 kʰəu^{334}	朵 təu^{53}	颗 kʰəu^{334}
02 嘉兴	株 tsʮ^{42}	朵 tou^{544}	粒 lieʔ^{5}
03 嘉善	株 tsʮ^{53}	朵 to^{44}	粒 lieʔ^{2}
04 平湖	棵 kʰu^{53}	朵 to^{44}	粒 liəʔ^{23}
05 海盐	棵 kʰu^{53}	朵 to^{423}	粒 liəʔ^{23}
06 海宁	株 tsɿ^{55}	朵 to^{53}	粒 ləʔ^{2}
07 桐乡	棵 kʰəu^{44}	朵 to^{53}	粒 ləʔ^{23}
08 崇德	株 tsɿ^{44}	朵 to^{53}	粒 ləʔ^{23}
09 湖州	棵 kʰəu^{44}	朵 tuo^{523}	粒 ləʔ^{2}
10 德清	株 tsɿ^{44}	朵 tuo^{53}	粒 løʉ^{52}
11 武康	株 tsɿ^{44}	朵 to^{53}	粒 lɜʔ^{2}
12 安吉	棵 kʰʊ^{55}	朵 tʊ^{52}	颗 kʰʊ^{55}
13 孝丰	棵 kʰʊ^{44}	朵 tʊ^{52}	颗 kʰʊ^{44}
14 长兴	棵 kʰəu^{44}	朵 tu^{52}	粒 laʔ^{2}
15 余杭	株 tsɿ^{44}	朵 tu^{53}	粒 løʏ^{53}
16 临安	株 tsɿ^{55}	朵 to^{55}	颗 kʰo^{55}
17 昌化	棵 kʰɯ^{334}	朵 tu^{453}	颗 kʰɯ^{334}
18 於潜	棵 kʰu^{433}	支 tsɿ^{433}	颗 kʰu^{433}
19 萧山	株 tsɿ^{533}	朵 to^{33}	颗 kʰo^{533}
20 富阳	株 tɕy^{53}	朵 to^{423}	颗 kʰɯ^{53}
21 新登	株 tsɿ^{53}	朵 tu^{334}	颗 kʰu^{53}
22 桐庐	棵 kʰu^{533}	朵 tu^{33}	颗 kʰu^{533}
23 分水	根 kən^{44}	朵 to^{53}	个 ko^{24}
24 绍兴	株 tɕy^{53}	朵 to^{53}	颗 kʰo^{53}

续表

方言点	1111 棵一~树	1112 朵一~花	1113 颗一~珠子
25 上虞	株 $tsɿ^{35}$	朵 to^{35}	颗 $k^hʊ^{35}$
26 嵊州	株 $tsɿ^{534}$	朵 to^{53}	颗 k^ho^{334}
27 新昌	株 $tsɿ^{534}$	朵 $tɤ^{453}$	颗 $k^hɤ^{534}$
28 诸暨	株 $tɕy^{544}$	朵 $tɤu^{42}$	颗 $k^hɤu^{544}$
29 慈溪	株 $tsɿ^{35}$	朵 to^{35}	粒 $liəʔ^{2}$
30 余姚	株 $tsʮ^{34}$	朵 to^{34}	粒 $liəʔ^{2}$
31 宁波	株 $tsʮ^{53}$	朵 to^{53}	粒 $liəʔ^{2}$
32 镇海	株 $tsʮ^{35}$	朵 to^{35}	粒 $lieʔ^{2}$
33 奉化	株 $tsʮ^{545}$	朵 to^{545}	粒 $liɪʔ^{2}$
34 宁海	株 $tsʮ^{423}$	朵 $təu^{35}$	粒 $liəʔ^{3}$
35 象山	株 $tsʮ^{53}$	朵 to^{53}	粒 $laʔ^{2}$
36 普陀	棵 $k^həu^{53}$	朵 to^{45}	粒 $liɛʔ^{23}$
37 定海	株 $tsʮ^{52}$	朵 tio^{45} 老 朵 to^{45} 新	粒 $lieʔ^{2}$
38 岱山	株 $tsʮ^{325}$	朵 to^{325}	粒 $lieʔ^{2}$
39 嵊泗	株 $tsʮ^{53}$	朵 to^{53}	粒 $liᴇʔ^{2}$
40 临海	株 $tɕy^{31}$	朵 to^{52}	粒 $ləʔ^{5}$
41 椒江	株 $tsʮ^{42}$	朵 $təu^{42}$	粒 $løʔ^{5}$
42 黄岩	株 $tsʮ^{32}$	朵 tou^{42}	粒 $løʔ^{5}$
43 温岭	株 $tɕy^{33}$	朵 tu^{42}	粒 $nøʔ^{5}$
44 仙居	株 $tɕy^{334}$	朵 $ɗo^{324}$	粒 $luəʔ^{5}$ 调殊
45 天台	株 $tɕy^{33}$	朵 to^{325}	粒 $ləʔ^{2}$
46 三门	株 $tsʮ^{334}$	朵 to^{325}	粒 $ləʔ^{5}$
47 玉环	株 $tɕy^{42}$	朵 $təu^{53}$	粒 $loʔ^{5}$

续表

方言点	1111 棵一～树	1112 朵一～花	1113 颗一～珠子
48 金华	根 $kəŋ^{334}$	朵 $tuɤ^{535}$	粒 $lɤ^{14}$
49 汤溪	蔸 $təɯ^{52}$	朵 $tuɤ^{52}$	粒 $lɤ^{341}$
50 兰溪	株 $tɕy^{334}$	朵 $tuɤ^{55}$	粒 $lɤʔ^{12}$
51 浦江	周⁼ $tsiɤ^{534}$	朵 $tɯ^{55}$①	粒 $lɯ^{55}$
52 义乌	株 $tɕy^{335}$	朵 $tuɤ^{423}$	粒 $lɯ^{24}$
53 东阳	株 $tsɿ^{334}$	朵 $dʊ^{231}$	粒 $lɐ^{213}$
54 永康	根 $kəŋ^{55}$	朵 $ɗuo^{52}$	粒 $lɤ^{241}$
55 武义	根 ken^{53}	焙⁼ ba^{231}	粒 $lɤ^{231}$
56 磐安	株 $tɕy^{445}$	朵 $tuɤ^{52}$	粒 $lɛ^{14}$
57 缙云	墩⁼ $naŋ^{44}$	婆⁼ bu^{243}	粒 $lɛ^{45}$
58 衢州	根 $kən^{32}$	朵 tu^{35}	粒 $ləʔ^{12}$
59 衢江	蔸 ty^{33}	朵 tou^{25}	粒 $ləʔ^{2}$
60 龙游	蔸 $təɯ^{51}$	朵 tu^{51}	屡⁼ $ləɯ^{51}$ 卵⁼ lei^{51}
61 江山	蔸 $tɯ^{44}$	朵 to^{241}	粒 $lɒʔ^{2}$
62 常山	蔸 tiu^{44}	朵 $tɔ^{52}$	粒 $luʌʔ^{34}$
63 开化	蔸 $tiʊ^{44}$	朵 $tɔ^{53}$	个 ka^{53}
64 丽水	根 ken^{224} 墩⁼ ten^{224}	朵 tu^{544}	粒 $ləʔ^{5}$
65 青田	蔸 $ɗeu^{445}$	朵 $ɗu^{454}$	粒 $laʔ^{31}$
66 云和	墩⁼ $təŋ^{24}$	柎 bu^{312}	粒 $lɛʔ^{5}$
67 松阳	墩⁼ ten^{24}	支 $tsɿə^{24}$	粒 $lɛʔ^{5}$
68 宣平	墩⁼ $tən^{52}$	柎 bu^{231}	粒 $ləʔ^{23}$
69 遂昌	蓬⁼ $bəŋ^{213}$	支 $tsɤ^{334}$	粒 $lɛʔ^{5}$

① 此为量词变调，在吴语婺州方言中比较普遍。下文不再一一注明。

续表

方言点	1111 棵一～树	1112 朵一～花	1113 颗一～珠子
70 龙泉	支 tɕi^{434}	树 bou^{21}	粒 lɯəʔ^{24}
71 景宁	墩= taŋ^{324}	树 bu^{41}	粒 lœʔ^{5}
72 庆元	蓬= poŋ^{31} 支 tɕiᴇ^{335}	朵 ɗo^{33}	粒 ləɯʔ^{34}
73 泰顺	蓬= poŋ^{22}	朵 to^{55}	粒 lɛʔ^{2}
74 温州	株 tsɿ^{33}	朵 to^{25}	粒 lø^{212}
75 永嘉	株 tsʮ^{44}	朵 to^{45}	粒 lø^{213}
76 乐清	株 tɕy^{44}	朵 to^{35}	粒 lø^{212}
77 瑞安	株 tsəɯ^{44}	朵 to^{35}	粒 lø^{212}
78 平阳	株 tɕy^{55}	朵 to^{45}	粒 lɵ^{34}
79 文成	支 tɕi^{55}	朵 to^{45}	粒 lø^{212}
80 苍南	株 tɕy^{44}	朵 to^{53}	粒 lø^{112}
81 建德徽	根 kən^{53}	朵 tu^{33}	颗 kʰu^{53}
82 寿昌徽	根 ken^{112}	朵 tu^{24}	粒 liæ^{24}
83 淳安徽	根 ken^{24}	朵 tu^{55}	粒 ləʔ^{13}
84 遂安徽	根 kəŋ^{534}	捧 pʰəɯ^{52}	粒 ləɯ^{213}
85 苍南闽	丛 tsan^{24}	蕾 lui^{43}	丛 tsan^{24}
86 泰顺闽	□ pəŋ^{31}	树 pou^{22}	粒 lɛʔ^{3}
87 洞头闽	丛 tsaŋ^{113}	李= li^{53}	粒 liek^{24}
88 景宁畲	丢= tiəu^{43}	树 pu^{22}	粒 liʔ^{5}

方言点	1114 粒一～米	1115 顿一～饭	1116 剂一～中药
01 杭州	颗 kʰəu^{334}	顿 təŋ^{45}	帖 tʰiɛʔ^{5}
02 嘉兴	粒 lieʔ^{5}	顿 təŋ^{224}	副 fu^{224}
03 嘉善	粒 lieʔ^{2}	顿 tən^{44}	帖 tʰiɪʔ^{5}
04 平湖	粒 liəʔ^{23}	顿 tən^{334}	帖 tʰiəʔ^{23}
05 海盐	粒 liəʔ^{23}	顿 tən^{334}	帖 tʰiaʔ^{23}
06 海宁	粒 ləʔ^{2}	顿 təŋ^{53}	帖 tʰiaʔ^{5}
07 桐乡	粒 ləʔ^{23}	顿 təŋ^{334}	帖 tʰiaʔ^{5}
08 崇德	粒 ləʔ^{23}	使= sɿ^{53}	帖 tʰiaʔ^{5}
09 湖州	粒 ləʔ^{2}	顿 dən^{24} 餐 tsʰɛ^{44}	帖 tʰieʔ^{5}
10 德清	粒 løʉ^{52}	顿 ten^{334}	帖 tʰieʔ^{5}
11 武康	粒 lɜʔ^{2}	顿 ten^{44}	帖 tʰieʔ^{5}
12 安吉	颗 kʰʊ^{55}	餐 tsʰᴇ^{55}	帖 tʰiᴇʔ^{5}
13 孝丰	粒 ləʔ^{23} 颗 kʰʊ^{44}	餐 tsʰɛ^{44}	帖 tʰieʔ^{5}
14 长兴	粒 laʔ^{2}	餐 tsʰᴇ^{44}	帖 tʰiᴇʔ^{5}
15 余杭	粒 løʏ^{53}	顿 tiŋ^{423}	服 voʔ^{2}
16 临安	颗 kʰo^{55}	顿 teŋ^{55}	帖 tʰiɐʔ^{5}
17 昌化	粒 ləʔ^{5}	餐 tsʰɔ̃^{334}	帖 tʰiɛʔ^{5}
18 於潜	颗 kʰu^{433}	餐 tsʰɛ^{433}	帖 tʰieʔ^{53}
19 萧山	颗 kʰo^{533}	餐 tsʰɛ^{533}	帖 tʰieʔ^{5}
20 富阳	粒 lɛʔ^{2}	顿 tən^{335}	帖 tʰiɛʔ^{5}
21 新登	颗 kʰu^{53}	顿 teiŋ^{45}	帖 tʰiəʔ^{5}
22 桐庐	颗 kʰu^{533}	餐 tsʰã^{533}	剂 tɕi^{35}
23 分水	粒 liaʔ^{12}	餐 tsʰã^{44}	帖 tʰiəʔ^{5}

续表

方言点	1114 粒一～米	1115 顿一～饭	1116 剂一～中药
24 绍兴	颗 kʰo^{53}	餐 tsʰɛ̃^{53}	帖 tʰieʔ^{5}
25 上虞	颗 kʰʊ^{35}	餐 tsʰɛ̃^{35}	帖 tʰəʔ^{5}
26 嵊州	颗 kʰo^{334}	餐 tsʰɛ̃^{334}	帖 tʰieʔ^{5}
27 新昌	颗 kʰɤ^{534}	餐 tsʰɛ̃^{335}	帖 tʰiɛʔ^{5}
28 诸暨	颗 kʰɤu^{544}	餐 tsʰɛ^{544}	帖 tʰieʔ^{5}
29 慈溪	粒 liəʔ^{2}	餐 tsʰɛ̃^{44}	帖 tʰiaʔ^{5}
30 余姚	粒 liəʔ^{2}	餐 tsʰã^{44}	帖 tʰiaʔ^{5}
31 宁波	粒 liəʔ^{2}	餐 tsʰɛ^{53}	帖 tʰiəʔ^{5}
32 镇海	粒 lieʔ^{2}	餐 tsʰɛ^{53}	帖 tʰieʔ^{5}
33 奉化	粒 liɪʔ^{2}	餐 tsʰɛ^{53}	帖 tʰiɪʔ^{5}
34 宁海	粒 liəʔ^{3}	餐 tsʰe^{423}	帖 tʰieʔ^{5}
35 象山	粒 laʔ^{2}	餐 tsʰɛ^{53}	帖 tʰieʔ^{5}
36 普陀	粒 liɛʔ^{23}	顿 tɐŋ^{55}	帖 tʰiɛʔ^{5}
37 定海	粒 lieʔ^{2}	顿 tɐŋ^{52} 老 餐 tsʰɛ^{52} 新	帖 tʰieʔ^{5}
38 岱山	粒 lieʔ^{2}	餐 tsʰɛ^{325}	帖 tʰieʔ^{5}
39 嵊泗	粒 liᴇʔ^{2}	餐 tsʰɛ^{53}	帖 tʰiᴇʔ^{5}
40 临海	粒 ləʔ^{5}	厨 dʑy^{21}	帖 tʰieʔ^{5}
41 椒江	粒 løʔ^{5}	厨 dzɥ^{31}	帖 tʰieʔ^{5}
42 黄岩	粒 løʔ^{5}	厨 dzɥ^{121}	帖 tʰieʔ^{5}
43 温岭	粒 nøʔ^{5}	厨 dʑy^{31}	帖 tʰiʔ^{5}
44 仙居	粒 luəʔ^{5}	厨 dʑy^{213}	帖 tʰiaʔ^{5}
45 天台	粒 ləʔ^{2}	厨 dʑy^{224}	帖 tʰieʔ^{5}
46 三门	粒 ləʔ^{5}	餐 tsʰɛ^{334}	帖 tʰieʔ^{5}

续表

方言点	1114 粒一～米	1115 顿一～饭	1116 剂一～中药
47 玉环	粒 loʔ^{5}	厨 dzy^{31}	帖 t^{h}iɐʔ^{5}
48 金华	粒 lɤ^{14}	餐 ts^{h}ɑ^{334}	帖 t^{h}ia^{55}
49 汤溪	粒 lɤ^{341}	厨 dʑy^{11}	帖 t^{h}ia^{52}
50 兰溪	粒 lɤʔ^{12}	顿 tɤ^{45}	帖 t^{h}iəʔ^{34}
51 浦江	粒 lɯ^{55}	餐 ts^{h}ɑ̃^{55}	帖 t^{h}ia^{55}
52 义乌	粒 lɯ^{24}	餐 ts^{h}ɔ^{45}	帖 t^{h}ia^{45}
53 东阳	粒 lɐ^{213}	餐 ts^{h}ɔ^{334}	帖 t^{h}ia^{334}
54 永康	粒 lɤ^{241}	餐 ts^{h}a^{55}	帖 t^{h}ia^{52}
55 武义	粒 lɤ^{231}	厨 dʑy^{324}	帖 t^{h}ia^{53}
56 磐安	粒 lɛ^{14}	餐 ts^{h}ɒ^{445}	帖 t^{h}ia^{334}
57 缙云	粒 lɛ^{45}	厨 dzɥ^{243}	帖 t^{h}ia^{45}
58 衢州	粒 ləʔ^{12}	顿 tən^{53}	帖 t^{h}iəʔ^{5}
59 衢江	粒 ləʔ^{2}	顿 tɛ^{53}	服 vəʔ^{2}
60 龙游	卵$^{=}$ lei^{51}	顿 tei^{51}	帖 t^{h}iəʔ^{4}
61 江山	粒 lɒʔ^{2}	顿 tuɛ̃^{51}	帖 t^{h}iᴇʔ^{5}
62 常山	粒 luʌʔ^{34}	餐 ts^{h}ã^{44} 顿 tuɔ̃^{324}	副 fuə^{52} 帖 t^{h}iʌʔ^{5}
63 开化	个 ka^{53} 粒 ləʔ^{13}	餐 ts^{h}ã^{44}	帖 t^{h}iaʔ^{5}
64 丽水	粒 ləʔ^{5}	厨 dzɥ^{22}	帖 t^{h}iɛʔ^{5} 副 fu^{52}
65 青田	粒 laʔ^{31}	厨 dzɥ^{21}	帖 t^{h}iæʔ^{42}
66 云和	粒 lɛʔ^{5}	厨 dzɥ^{312}	帖 t^{h}iɛʔ^{5}
67 松阳	粒 lɛʔ^{5}	厨 dʑyɛ^{31}	帖 t^{h}iɛʔ^{5}
68 宣平	粒 ləʔ^{23}	厨 dʑy^{231}	帖 t^{h}iəʔ^{5}

续表

方言点	1114 粒一～米	1115 顿一～饭	1116 剂一～中药
69 遂昌	粒 lɛʔ^{5}	厨 dʑyɛ^{221}	帖 t^{h}iɛʔ^{5}
70 龙泉	粒 lɯəʔ^{24}	厨 dʑy^{21}	帖 t^{h}iᴇʔ^{5}
71 景宁	粒 lœʔ^{5}	厨 dʑy^{41}	帖 t^{h}iaʔ^{5}
72 庆元	粒 ləɯʔ^{34}	顿 ɗæ̃^{11} 餐 ts^{h}ɑ̃^{335}	帖 t^{h}iɑʔ^{5}
73 泰顺	粒 lɛʔ^{2}	厨 tɕy^{53}	帖 t^{h}iɔʔ^{5} 副 fø^{35}
74 温州	粒 lø^{212}	厨 dzɿ^{31}	帖 t^{h}i^{323}
75 永嘉	粒 lø^{213}	厨 dzʮ^{31}	帖 t^{h}yə^{423}
76 乐清	粒 lø^{212}	厨 dʑy^{31}	帖 t^{h}iɯʌ^{323}
77 瑞安	粒 lø^{212}	厨 dzəɯ^{31}	服 vɯ^{212} 帖 t^{h}uɔ^{323}
78 平阳	粒 lɵ^{34}	厨 dʑy^{242}	帖 t^{h}ye^{34}
79 文成	粒 lø^{212}	厨 dʑy^{113}	帖 t^{h}ie^{34}
80 苍南	粒 lø^{112}	厨 dʑy^{31}	服 u^{112}
81 建德徽	颗 k^{h}u^{53}	餐 ts^{h}ɛ^{53}	帖 t^{h}ie^{55}
82 寿昌徽	粒 liæ^{24}	顿 tiæ^{33}	帖 t^{h}iɛ^{55}
83 淳安徽	粒 ləʔ^{13}	餐 ts^{h}ɑ̃^{24}	帖 t^{h}iɑʔ^{5}
84 遂安徽	粒 ləɯ^{213}	餐 ts^{h}ɑ̃^{534}	帖 t^{h}iɛ^{24}
85 苍南闽	粒 lie^{24}	顿 tɯŋ^{21}	盒 ha^{24}
86 泰顺闽	粒 lɛʔ^{3}	顿 to^{53}	帖 t^{h}ɛʔ^{5}
87 洞头闽	粒 liek^{24}	顿 tɯŋ^{21}	帖 t^{h}iek^{5} 副 hu^{21}
88 景宁畲	粒 liʔ^{5}	顿 tuən^{43}	帖 t^{h}aʔ^{5}

方言点	1117 股一～香味	1118 行一～字	1119 块一～钱
01 杭州	股 ku^{53}	行 $aŋ^{213}$	块 $k^{h}uei^{45}$
02 嘉兴	股 kou^{544}	埭 $dᴀ^{113}$	块 $k^{h}uei^{224}$
03 嘉善	股 ku^{44}	埭 da^{113}	块 $k^{h}uɛ^{334}$
04 平湖	股 ku^{44}	埭 da^{213}	块 $k^{h}ue^{213}$
05 海盐	股 ku^{423}	埭 $dɑ^{213}$	块 $k^{h}ue^{334}$
06 海宁	股 $kəu^{53}$	埭 da^{13}	块 $k^{h}ue^{35}$
07 桐乡	股 $kəu^{53}$	埭 da^{213}	块 $k^{h}uei^{334}$
08 崇德	股 ku^{44}	埭 $dɑ^{13}$	块 $k^{h}ui^{334}$
09 湖州	股 $kəu^{35}$	埭 da^{24}	块 $k^{h}uei^{35}$
10 德清	股 $kəu^{52}$	排 ba^{113}	块 $k^{h}uɛ^{334}$
11 武康	股 ku^{44}	埭 da^{113}	块 $k^{h}uɛ^{224}$
12 安吉	股 ku^{52}	埭 da^{213}	块 $k^{h}uᴇ^{324}$
13 孝丰	股 ku^{52}	排 ba^{22} 埭 da^{213}	块 $k^{h}ue^{324}$
14 长兴	股 $kəu^{52}$	埭 da^{24}	块 $k^{h}uɯ^{324}$
15 余杭	股 ku^{53}	埭 da^{213}	块 $k^{h}uɛ^{423}$
16 临安	股 ko^{55}	埭 da^{33}	块 $k^{h}uᴇ^{55}$
17 昌化	股 ku^{453}	行 $\tilde{ɔ}^{112}$ 排 ba^{112}	块 $k^{h}uɛ^{544}$
18 於潜	蓬⁼ $boŋ^{223}$	埭 da^{24}	块 $k^{h}ue^{35}$
19 萧山	股 ku^{33}	排 ba^{355}	块 $k^{h}ue^{42}$
20 富阳	股 ku^{423}	埭 da^{224}	块 $k^{h}uɛ^{335}$
21 新登	股 ku^{334}	埭 da^{13}	块 $k^{h}ue^{45}$
22 桐庐	股 ku^{33}	行 $\tilde{a}^{13}$	块 $k^{h}uᴇ^{35}$
23 分水	股 ku^{53}	行 $xən^{22}$	块 $k^{h}uɛ^{24}$

续表

方言点	1117 股一~香味	1118 行一~字	1119 块一~钱
24 绍兴	股 ku^{334}	排 ba^{231}	块 kʰuᴇ^{33}
25 上虞	蓬$^{=}$ boŋ^{213}	排 ba^{213}	块 kʰue^{53}
26 嵊州	股 ku^{53}	排 ba^{213}	块 kʰuᴇ^{334}
27 新昌	股 ku^{453}	埭 da^{13}	块 kʰue^{335}
28 诸暨	股 ku^{42}	埭 dᴀ^{33}	块 kʰue^{544}
29 慈溪	股 ku^{35}	埭 da^{13}	块 kʰue^{35}
30 余姚	股 ku^{34}	排 ba^{13}	块 kʰue^{53}
31 宁波	股 ku^{53}	排 ba^{13}	块 kʰuɐi^{35}
32 镇海	股 ku^{35}	埭 da^{24}	块 kʰuei^{35}
33 奉化	蓬$^{=}$ bəŋ^{33}	埭 da^{31}	块 kʰuei^{44}
34 宁海	股 ku^{35}	排 ba^{213}	块 kʰuei^{35}
35 象山	股 ku^{53}	排 ba^{31}	块 kʰuei^{44}
36 普陀	股 ku^{45}	埭 da^{13} 行 ɔ̃^{24}	块 kʰuæi^{55}
37 定海	股 ku^{45}	埭 da^{23}	块 kʰuɐi^{44}
38 岱山	股 ku^{325}	埭 da^{23}	块 kʰuɐi^{44}
39 嵊泗	股 ku^{445}	埭 da^{243}	块 kʰuɐi^{53}
40 临海	蓬$^{=}$ boŋ^{324}	行 ɔ̃^{21}	块 kʰue^{55}
41 椒江	蓬$^{=}$ boŋ^{24}	排 ba^{31}	块 kʰuə^{55}
42 黄岩	蓬$^{=}$ boŋ^{24} 阵 dʑin^{24}	排 ba^{121}	块 kʰuø^{55}
43 温岭	股 ku^{42}	行 ɔ̃^{31}	块 kʰue^{55}
44 仙居	蓬$^{=}$ boŋ^{24}	埭 da^{24}	块 kʰuæ^{55}
45 天台	蓬$^{=}$ buŋ^{35}	行 ɔ^{224}	块 kʰuei^{55}
46 三门	蓬$^{=}$ boŋ^{243}	□ gɔ^{213}	块 kʰue^{55}

续表

方言点	1117 股一～香味	1118 行一～字	1119 块一～钱
47 玉环	股 ku^{53}	埭 da^{22}	块 k^{h}ue^{55}
48 金华	股 ku^{53}	埭 dɑ^{14} 排 bɑ^{313}	块 k^{h}uɛ^{55}
49 汤溪	股 ku^{52}	排 bɑ^{11}	块 k^{h}uɛ^{52}
50 兰溪	股 ku^{55}	行 ɑŋ^{21}	块 k^{h}ue^{45}
51 浦江	股 ku^{55}	横 uɛ̃^{113}	块 k^{h}ua^{55}
52 义乌	股 ku^{45}	埭 da^{24}	块 k^{h}ue^{45}
53 东阳	股 ku^{453}	埭 dɐ^{213}	块 k^{h}ue^{453}
54 永康	股 ku^{52}	行 ɑŋ^{22}	块 k^{h}uəi^{52}
55 武义	股 ku^{53}	横 ŋua^{231}	块 k^{h}ua^{53}
56 磐安	蓬$^{=}$ bɔom^{14} 股 ku^{334}	埭 da^{14} 行 ɒ^{213}	块 k^{h}ue^{52}
57 缙云	蓬$^{=}$ bɔ̃ũ^{213}	埭 dɑ^{213}	块 k^{h}uei^{453}
58 衢州	蓬$^{=}$ boŋ^{21}	行 ɑ̃^{21}	块 k^{h}ue^{53}
59 衢江	鼻 bəʔ^{2} 喷 p^{h}əŋ^{33}	行 ɑ̃^{212} 埭 da^{231}	块 k^{h}uei^{53}
60 龙游	股 ku^{51}	横 uɛ^{21} 埭 dɑ^{231}	块 k^{h}uei^{51}
61 江山	股 kuə^{241}	行 ɒŋ^{213}	块 k^{h}ɵ^{241}
62 常山	齐$^{=}$ zɛ^{341}	行 ɔ̃^{341}	块 k^{h}uɛ^{52}
63 开化	罪$^{=}$ zɛ^{213}	行 ɔŋ^{231}	块 k^{h}ua^{53}
64 丽水	股 ku^{544} 喷$^{=}$ p^{h}en^{224}	埭 duɔ^{131}	块 k^{h}uei^{52}
65 青田	阵 dzaŋ^{22}	埭 dɑ^{22}	块 k^{h}uæi^{33}
66 云和	股 ku^{41}	埭 dɔ^{223}	块 k^{h}uei^{45}
67 松阳	蓬$^{=}$ bəŋ^{13}	埭 da^{13} 横 uã^{31}	块 k^{h}uei^{24}

续表

方言点	1117 股一～香味	1118 行一～字	1119 块一～钱
68 宣平	蓬$^{=}$ bən^{231}	埭 da^{231}	块 kʰuei^{52}
69 遂昌	蓬$^{=}$ bəŋ^{213}	埭 da^{213}	块 kʰuei^{334}
70 龙泉	□ ʑi^{224}	行 əŋ^{21} 埭 da^{224}	块 kʰuəi^{45}
71 景宁	股 ku^{33}	埭 da^{113}	块 kʰuai^{35}
72 庆元	誓$^{=}$ ɕiᴇ^{31}	埭 tɑ^{31} 行 xɔ̃^{52}	块 kʰuæi^{11}
73 泰顺	婆$^{=}$ po^{53}	埭 ta^{22}	块 kʰuæi^{35}
74 温州	条 diɛ^{31}	埭 da^{22}	个 kai^{51}
75 永嘉	条 dyə^{31}	横 vɛ^{31}	个 kai^{53}
76 乐清	条 diɯʌ^{31}	埭 de^{22}	个 kai^{51}
77 瑞安	股 kɯ^{35}	埭 da^{22}	个 kai^{53}
78 平阳	股 ku^{45}	排 bᴀ^{242}	块 kai^{53}
79 文成	股 ku^{45}	行 a^{113}	个 kai^{33}
80 苍南	股 ku^{53}	埭 dia^{11}	个 kai^{42}
81 建德徽	股 ku^{33}	埭 tʰɑ^{55}	块 kʰue^{33}
82 寿昌徽	股 ku^{24}	行 xɑ̃^{52} 埭 tʰɑ^{33}	块 kʰuæ^{33}
83 淳安徽	股 ku^{55}	行 hɑ̃^{435}	块 kʰue^{24}
84 遂安徽	股 ku^{213}	行 xoŋ^{33}	块 kʰuəɯ^{43}
85 苍南闽	股 kɔ^{43}	□ tsua^{21}	袋$^{=}$ tə^{21}
86 泰顺闽	阵 tsei^{31}	行 o^{22}	兑$^{=}$ tɔi^{31}
87 洞头闽	股 kɔ^{42}	□ un^{113}	个 ge^{113}
88 景宁畲	股 ku^{325}	行 xaŋ^{22}	块 kʰuei^{44}

方言点	1120 毛角：一～钱	1121 件一～事情	1122 点儿一～东西
01 杭州	角 tɕiɛʔ^{5}	样 iaŋ^{13}	眼眼 ŋɛ^{55}ŋɛ^{0}
02 嘉兴	角 koʔ^{5}	桩 tsÃ^{42}	点点 tie^{33}tie^{33}
03 嘉善	角 kuoʔ^{5}	桩 tsã^{53}	纳⁼纳⁼ nɜʔ^{2}nɜʔ^{2}
04 平湖	角 koʔ^{5}	桩 tsɑ̃^{53}	眼眼 ŋɛ^{44}ŋɛ^{0} 难⁼难⁼ nɛ^{44}nɛ^{0}
05 海盐	角 koʔ^{5}	样 iɛ̃^{334}	点点 tiɛ^{53}tiɛ^{334}
06 海宁	角 koʔ^{5}	桩 tsɑ̃^{55}	滴 tieʔ^{5}
07 桐乡	角 kɔʔ^{5}	样 iã^{334}	点 tiᴇ^{53} 点点 tiᴇ^{53}tiᴇ^{0} 更少
08 崇德	角 kɔʔ^{5}	样 iã^{334}	点 tiɪ^{53} 点点 tiɪ^{55}tiɪ^{55} 更少
09 湖州	角 kuoʔ^{5}	桩 tsã^{44}	点点 tei^{33}tei^{35}
10 德清	角 kuoʔ^{5}	样 iã^{334}	眼 ŋɛ^{334}
11 武康	角 kuoʔ^{5}	样 iã^{224}	点点 tiɪ^{44}tiɪ^{44}
12 安吉	角 koʔ^{5}	桩 tsɔ̃^{55}	点 ti^{52}
13 孝丰	角 kuoʔ^{5}	件 dʑiɪ^{243}	点点 tiɪ^{44}tiɪ^{44}
14 长兴	角 koʔ^{5}	件 dʒi^{243}	点点 ti^{44}ti^{44}
15 余杭	角 tɕiaʔ^{5}	样 iɑ̃^{213}	点点儿 tiẽ^{55}tiẽ^{55}n^{31}
16 临安	角 kuɔʔ^{5}	件 dʑie^{33}	点 tie^{55}
17 昌化	角 kuəʔ^{5}	样 iã^{243}	点点 tiɪ̃^{45}tiɪ̃^{53}
18 於潜	角 kuəʔ^{53}	样 iaŋ^{24}	点 tie^{51}
19 萧山	角 tɕiaʔ^{5}	样 iã^{242}	滴 tieʔ^{5}
20 富阳	角 koʔ^{5}	件 dʑiɛ^{224}	丢丢 tiʊ^{55}tiʊ^{55}
21 新登	角 kaʔ^{5}	件 dʑiɛ̃^{13}	丢丢 təu^{53}təu^{334}
22 桐庐	角 kaʔ^{5}	件 dʑie^{24}	点点 tie^{55}tie^{55}
23 分水	角 kuəʔ^{5}	样 iã^{13}	点 tiɛ̃^{53}
24 绍兴	角 koʔ^{5}	桩 tsɑŋ^{33}	索索 soʔ^{3}soʔ^{3}

续表

方言点	1120 毛角：一～钱	1121 件一～事情	1122 点儿一～东西
25 上虞	角 koʔ^{5}	桩 tsɔ̃^{35}	蟀$^{=}$蟀$^{=}$ səʔ^{5} səʔ^{2}
26 嵊州	角 koʔ^{5}	样 iaŋ^{24} 件 dʑiẽ^{24}	点末 tiẽ^{44} məʔ^{3}
27 新昌	角 koʔ^{5}	样 iaŋ^{13}	滴冒$^{=}$ tiʔ^{5} mɔ^{33}
28 诸暨	角 koʔ^{5}	件 dʑie^{242}	滴 tieʔ^{5}
29 慈溪	角 koʔ^{5}	样 iã^{13} 笔 piəʔ^{5}	眼眼 ȵiẽ^{11} ȵiẽ^{35}
30 余姚	角 koʔ^{5}	笔 piəʔ^{5}	眼眼 ȵiẽ^{13} ȵiẽ^{0}
31 宁波	角 koʔ^{5}	样 ia^{13} 笔 piəʔ^{5}	眼眼 ŋɛ^{13} ŋɛ^{44}
32 镇海	角 koʔ^{5}	样 iã^{24}	眼 ŋɛ^{24}
33 奉化	角 koʔ^{5}	样 iã^{31}	眼眼 ŋɛ^{33} ŋɛ^{31}
34 宁海	角 kɔʔ^{5}	样 iã^{24}	点 ti^{53}
35 象山	角 koʔ^{5}	样 iã^{13}	眼 ŋɛ^{31}
36 普陀	角 koʔ^{5}	样 iã^{13}	眼眼 ŋɛ^{55} ŋɛ^{55}
37 定海	角 koʔ^{5}	样 iã^{13}	眼 ŋɛ^{23}
38 岱山	角 koʔ^{5}	样 iã^{213}	眼眼 ŋɛ^{44} ŋɛ^{44}
39 嵊泗	角 koʔ^{5}	样 iã^{213}	眼眼 ŋɛ^{44} ŋɛ^{44}
40 临海	角 kɔʔ^{5}	样 iã^{324}	□ tiŋ^{353}小
41 椒江	角 koʔ^{5}	样 iã^{24}	丁 tiŋ^{42}
42 黄岩	角 koʔ^{5}	样 iã^{24}	顶 tin^{51}小
43 温岭	角 koʔ^{5}	样 iã^{13}	眼 ȵiɛ^{42}
44 仙居	角 kɑʔ^{5}	件 dʑie^{213}	丢$^{=}$ ɗiəɯ^{53}
45 天台	角 kɔʔ^{5}	笔 piəʔ^{5}	渧$^{=}$ ti^{51}小
46 三门	角 kɔʔ^{5}	样 iɑ̃^{243}	点 tie^{52}小
47 玉环	角 koʔ^{5}	件 dʑie^{41}	眼眼 ȵiɛ^{53} ȵiɛ^{35}小

续表

方言点	1120 毛角：一～钱	1121 件一～事情	1122 点儿一～东西
48 金华	角 koʔ^{4}	起 tɕʰi^{535} 样 iɑŋ^{14} 件 dʑie^{14}	帝$^{=}$儿 tiŋ^{55} 帝$^{=}$ ti^{55}
49 汤溪	角 kɔ^{52}	件 dʑie^{341}	点儿 ȵiã^{52}
50 兰溪	角 kɔʔ^{34}	件 tɕie^{45}	点 ti^{334}
51 浦江	角 ko^{55}	宽$^{=}$ kʰuɑ̃^{55}	末$^{=}$儿 mɯn^{55}
52 义乌	角 kɔ^{45}	件 dʑie^{24}	点儿 nin^{335}
53 东阳	角 kɔ^{44}	件 dʑiɛ^{213}	点儿 tin^{44}
54 永康	角 kɑu^{52}	件 dʑie^{241}	点儿 ȵia^{52}
55 武义	角 kɑu^{53}	件 dʑie^{231}	点 ti^{53}
56 磐安	角 kuə^{52}	件 dʑie^{14}	帝$^{=}$儿 tin^{445}
57 缙云	角 kɔ^{45}	件 dʑiɛ^{213}	点点 tia^{44}tia^{0}
58 衢州	钿 diẽ^{21}	样 iã^{231}	点儿 tiẽ^{35}ȵi^{21}
59 衢江	钿 die^{212}	样 iã^{231}	点儿 tie^{25}ŋ^{31} 点点儿 tie^{33}tie^{25}ŋ^{31}
60 龙游	角 kɔʔ^{4}	样 iã^{231}	点儿 tiɑ^{35}ȵi^{21} 点点儿 tiɑ^{33}tiɑ^{35}ȵi^{21}
61 江山	钿 diɛ̃^{213}	件 giɛ̃^{22}	末 moʔ^{5}
62 常山	钿 diɛ̃^{341}	样 iã^{131}	点儿 ȵiɛ̃^{24}n^{0}
63 开化	钿 diɛ̃^{231}	样 iã^{213} 件 dʑiɛ̃^{213}	滴 tiɛʔ^{5} 滴滴 tiɛʔ^{4}tiɛʔ^{5} 滴滴些儿 tiɛʔ^{4}tiɛʔ^{5}sɛ^{44}ȵi^{0}
64 丽水	角 kəʔ^{5}	样 iã^{131}	滴 tiʔ^{5}
65 青田	角 koʔ^{42}	样 i^{22}	两 lɛ^{55}小
66 云和	角 koʔ^{5}	样 iã^{223}	滴儿 tiŋ^{45}
67 松阳	角 koʔ^{5}	样 iã^{13}	滴甲儿 tiʔ^{5}kɔʔ^{0}n^{0}
68 宣平	角 kəʔ^{5}	样 iɑ̃^{231}	得$^{=}$ tiəʔ^{5}

续表

方言点	1120 毛角：一～钱	1121 件一～事情	1122 点儿一～东西
69 遂昌	角 kɔʔ^{5}	样 iaŋ^{213}	滴滴儿 tiʔ^{3} tiʔ^{5} ȵiɛ^{0}
70 龙泉	角 kouʔ^{5}	样 iaŋ^{224}	滴滴儿 ti^{44} ti^{51} ȵi^{55} / ni^{44} ni^{51} ȵi^{55}
71 景宁	角 koʔ^{5}	件 tɕiɛ^{33}	粒 lœʔ^{5}
72 庆元	角 koʔ^{5}	样 iɑ̃^{31}	□□ ȵiəŋ^{33} ȵiəŋ^{33} 小
73 泰顺	角 koʔ^{5}	样 iã^{22} 件 tɕiɛ^{21}	两两 lɛʔ^{5} lɛ^{22}
74 温州	角 ko^{323}	起 ts^{h}ɿ^{25}	厘儿 niŋ^{25}
75 永嘉	角 ko^{423}	起 ts^{h}ɿ^{45}	□儿 ȵiɛ^{13} ŋ^{0}
76 乐清	角 ko^{323}	起 tɕ^{h}i^{35}	□ ŋe^{35} 小
77 瑞安	角 ko^{323}	起 tɕ^{h}i^{35}	厘儿 liŋ^{35} 点儿 tiŋ^{35} 点儿 tiɛ^{33} ŋ^{0}
78 平阳	角 ko^{34}	起 tɕ^{h}i^{45} 件 dʑie^{23}	□□ neŋ^{33} neŋ^{55}
79 文成	角 ko^{34}	起 tɕ^{h}i^{45}	□□ neŋ^{45} neŋ^{33}
80 苍南	角 ko^{223}	起 tɕ^{h}i^{53} 件 dʑiɛ^{24}	点儿 tia^{53} ŋ^{112}
81 建德徽	角 ku^{55}	样 ȵiɛ^{55}	点点儿 tie^{33} tie^{55} n^{0}
82 寿昌徽	角 kɔʔ^{3}	样 iɑ̃^{33}	点儿 tien^{52}
83 淳安徽	角 koʔ^{5}	件 tɕ^{h}iã^{55}	滴滴 tiʔ^{5} tiʔ^{5}
84 遂安徽	角 ko^{24}	件 tɕ^{h}iɛ̃^{43}	滴 ti^{24}
85 苍南闽	角 kɐ^{43}	件 kĩã^{32}	点 tian^{43}
86 泰顺闽	角 kɒʔ^{5}	件 kye^{31}	粒团 lɛʔ^{3} ki^{344}
87 洞头闽	角 kɐk^{5}	件 kĩã^{21}	滴仔 ti^{21} ia^{55}
88 景宁畲	角 koʔ^{5}	件 kien^{51}	□ tiəʔ^{5}

方言点	1123 些一~东西	1124 下打一~，动量，不是时量	1125 会儿坐了一~
01 杭州	些 ɕiɛʔ^{5}	记 tɕi^{45}	歇 ɕiɛʔ^{0}
02 嘉兴	点 tie^{544}	记 tɕi^{224}	歇 ɕieʔ^{5}
03 嘉善	纳$^{=}$ nɜʔ^{2}	记 tɕi^{44}	歇 ɕieʔ^{5}
04 平湖	点 tiɛ^{53}	记 tɕi^{334}	歇 ɕiəʔ^{5}
05 海盐	些 ɕiəʔ^{5}	记 tɕi^{334}	歇 ɕiəʔ^{5}
06 海宁	些 ɕie^{35}	记 tɕi^{35}	歇 ɕieʔ^{5}
07 桐乡	点 tiᴇ^{53}	记 tɕi^{334}	歇 ɕiəʔ^{5}
08 崇德	点 tiɪ^{53}	记 tɕi^{334}	歇 ɕiəʔ^{5}
09 湖州	点 tei^{44}	记 tɕi^{44}	歇 ɕieʔ^{5}
10 德清	点 tie^{334}	记 tɕi^{334}	歇 ɕieʔ^{5}
11 武康	点点 tiɪ^{44}tiɪ^{44}	记 tɕi^{224}	歇 ɕieʔ^{5}
12 安吉	些 ɕiᴇʔ^{5}	记 tɕi^{324}	歇 ɕiᴇʔ^{5}
13 孝丰	点 tiɪ^{52}	记 tɕi^{324}	记 tɕi^{324}
14 长兴	刮$^{=}$ kuaʔ^{5}	记 tʃɿ^{324}	□ gɔ̃^{243}
15 余杭	点儿 tiẽ^{55}n^{31}	记 tɕi^{423}	点点儿 tiẽ^{55}tiẽ^{55}n^{31}
16 临安	些 ɕieʔ^{5}	记 tɕi^{55}	歇 ɕieʔ^{5}
17 昌化	些 səʔ^{5}	记 tsɿ^{544}	记 tsɿ^{544}
18 於潜	些 ɕieʔ^{53}	记 tɕi^{35}	记 tɕi^{35}
19 萧山	些 seʔ^{5}	记 tɕi^{42}	歇 ɕieʔ^{5}
20 富阳	丢 tiʊ^{53}	记 tɕi^{335}	霎 saʔ^{5}
21 新登	些 səʔ^{5}	记 tɕi^{45}	落 laʔ^{2} 记 tɕi^{45}
22 桐庐	些 ɕiəʔ^{5}	记 tɕi^{35}	记 tɕi^{35}
23 分水	撒 saʔ^{5}	记 tɕi^{53}	下 ɕia^{13}

续表

方言点	1123 些一～东西	1124 下打一～，动量，不是时量	1125 会儿坐了一～
24 绍兴	索 soʔ^{5}	记 tɕi^{33}	歇 ɕieʔ^{5}
25 上虞	些 ɕiəʔ^{5}	记 tɕi^{53}	阵阵 dzəŋ^{31} dzəŋ^{0}
26 嵊州	式$^{=}$ səʔ^{5}	记 tɕi^{334}	蛮$^{=}$ 星$^{=}$ mɛ̃^{44} ɕiŋ^{31}
27 新昌	顶$^{=}$ tiŋ^{453}	记 tɕi^{335}	记 tɕi^{335}
28 诸暨	滴 tieʔ^{5}	记 tʃʅ^{544}	歇 ɕieʔ^{5}
29 慈溪	眼眼 ȵiẽ^{11} ȵiẽ^{35}	记 tɕi^{44}	顷 tɕʰiã^{35}
30 余姚	眼 ȵiẽ^{13}	记 tɕi^{34}	顷 tɕʰiaŋ^{34}
31 宁波	眼 ŋɛ^{13}	记 tɕi^{53}	晌 zɔ^{13}
32 镇海	眼 ŋɛ^{24}	记 tɕi^{53}	晌 zɔ̃^{24}
33 奉化	眼 ŋɛ^{324}	记 tɕi^{53}	晌 zɔ̃^{324}
34 宁海	些 saʔ^{5}	记 tsɿ^{35}	顷 tɕʰiã^{53}
35 象山	眼 ŋɛ^{31}	记 tɕi^{53}	街$^{=}$ ka^{53}
36 普陀	眼 ŋɛ^{23}	记 tɕi^{55}	晌 zɔ̃^{23}
37 定海	眼 ŋɛ^{23}	记 tɕi^{52}	晌 zõ^{23}
38 岱山	眼 ŋɛ^{45}	记 tɕi^{52}	晌 zõ^{244}
39 嵊泗	眼 ŋɛ^{445}	记 tɕi^{53}	[辰光] zõ^{334}
40 临海	滴$^{=}$ ɕieʔ^{5}	记 tɕi^{55}	昶 tɕʰiã^{353}小 记 tɕi^{55}
41 椒江	叠 dieʔ^{2}	记 tɕi^{55}	记 tɕi^{51}小 顷 tɕʰiã^{51}小
42 黄岩	滴 tieʔ^{2}	记 tɕi^{55}	记 tɕi^{51}小 顷 tɕʰiã^{51}小
43 温岭	眼 ȵiɛ^{42}	记 tɕi^{55}	记 tɕi^{15}小 顷 tɕʰiã^{51}小
44 仙居	些 səʔ^{5}/ɕiəʔ^{5}	记 tɕi^{55}	记 tɕi^{55}

续表

方言点	1123 些一～东西	1124 下打一～，动量，不是时量	1125 会儿坐了一～
45 天台	些 ɕieʔ^{5}	记 ki^{51}	记 ki^{51}
46 三门	各$^{=}$落 kɔʔ^{5} lɔʔ^{23}	记 tɕi^{55}	记 tɕi^{55}
47 玉环	了$^{=}$ lɐʔ^{5}	记 tɕi^{53}	记 tɕi^{53}
48 金华	些 səʔ^{4}	记 tɕie^{55}	记 tɕie^{55}
49 汤溪	些 sɤ^{52}	记 tɕie^{52}	记 tɕie^{52}
50 兰溪	些 səʔ^{34}	记 tɕie^{45}	记 tɕie^{45}
51 浦江	些 sɯ^{55}	记 tʃi^{55}	记儿 tʃin^{55}
52 义乌	些 sɿ^{45}	记 tɕi^{45}	记儿 tɕin^{45}
53 东阳	些 sɐ^{453}	记 tɕi^{453}	记儿 tɕin^{53}
54 永康	粒 lɤ^{241}	记 tɕie^{52}	记 tɕie^{52}
55 武义	些 sɤ^{53}	记 tɕi^{53}	记 tɕi^{53}
56 磐安	些 sɛ^{52}	记 tɕi^{52}	记 tɕi^{52}
57 缙云	有点 iuŋ^{51} tia^{0}	记 tɕi^{453}	记 tɕi^{453}
58 衢州	星$^{=}$ ɕin^{32}	记 tsɿ^{53}	记 tsɿ^{53}
59 衢江	星$^{=}$ ɕiŋ^{33}	记 tɕiəʔ^{5}	记 tɕiəʔ^{5}
60 龙游	些 səʔ^{4}	记 tɕi^{51}	记 tɕi^{51}
61 江山	些儿 ɕĩ^{44}	记 ki^{51}	记 ki^{51}
62 常山	星$^{=}$ sĩ^{52}	记 tɕie^{324}	记 tɕie^{324}
63 开化	星$^{=}$ ɕin^{44}	下 ɔ^{213}	下 ɔ^{213} 下儿 ɔ^{231} ȵi^{0}
64 丽水	粒$^{=}$ ləʔ^{5}	记 tsɿ^{52}	记 tsɿ^{52}
65 青田	两 lɛ^{22}	记 tsɿ^{33}	记 tsɿ^{33}
66 云和	□ lɛʔ^{23}	记 tsɿ^{45}	记 tsɿ^{45}
67 松阳	些 sɛʔ^{5}	次 tsʰɿə^{24}	下 uə^{13}

续表

方言点	1123 些一～东西	1124 下打一～，动量，不是时量	1125 会儿坐了一～
68 宣平	□ lə^{52}	记 tsɿ^{52}	记 tsɿ^{52}
69 遂昌	些 sɛʔ^{0}	记 tsɿ^{334}	记 tsɿ^{334}
70 龙泉	些 sᴇʔ^{5} 拉 la^{434}	记 tsɿ^{45}	记儿 tsɿ^{45}ȵi^{55}
71 景宁	粒$^{=}$ lœʔ^{5}	记 tɕi^{35}	记 tɕi^{35}
72 庆元	□ ȵiəŋ^{55}小	记 tsɿ^{11}	记儿 tɕiŋ^{55}
73 泰顺	两 lɛʔ^{5}	记 tsɿ^{35}	记 tsɿ^{35}
74 温州	俫儿 liŋ^{14}	下 o^{51}	下儿 oŋ^{25}
75 永嘉	俫 lei^{213}	下 o^{53}	下 o^{53} 下儿 o^{45}ŋ^{0}
76 乐清	□ ŋe^{35}小	下 o^{35}小	下 o^{35}小
77 瑞安	俫 lei^{212}	下 o^{53}	下儿 o^{53}ŋ^{0}
78 平阳	□ neŋ^{35}	下 o^{42}	下 o^{42} 下儿 oŋ^{35}
79 文成	□ neŋ^{45}	下 o^{424}	下 o^{424}
80 苍南	俫 le^{11}	下 o^{53}	下 o^{53}
81 建德徽	些 sɐʔ^{5}	下 ho^{55}	下儿 ho^{55}n^{0}
82 寿昌徽	些 ɕiɛ^{55}	记 tɕiəʔ^{3}	记 tɕiəʔ^{3}
83 淳安徽	些 səʔ^{5}	下 ho^{0}	下 ho^{0}
84 遂安徽	些 ɕiɛ^{24}	下 xɑ^{52}	下 xɑ^{52}
85 苍南闽	点 tian^{43}	下 e^{21}	个团 ke^{21}kã^{43}
86 泰顺闽	些 ɕia^{213}	下 xa^{31}	下团 xa^{31}ki^{344}
87 洞头闽	盖$^{=}$ kua^{21}	下 e^{21}	下仔 e^{21}ia^{55}
88 景宁畲	乃$^{=}$ nai^{44}	下 xɔ^{51}	下子 xɔ^{51}tsuei^{55}

方言点	1126 顿打—～	1127 阵下了—～雨	1128 趟去了—～
01 杭州	顿 təŋ^{45}	场 dzaŋ^{213}	趤 daŋ^{13} 埭 dɛ^{13}
02 嘉兴	顿 təŋ^{224}	场 zᴀ̃^{242}	趟 t^{h}ᴀ̃^{224}
03 嘉善	顿 tən^{44}	场 zæ̃^{132}	埭 da^{113}
04 平湖	顿 tən^{334}	阵 zən^{213}	埭 da^{213} 排 ba^{31}
05 海盐	顿 tən^{334}	阵 zən^{31}	埭 dɑ^{213}
06 海宁	顿 təŋ^{53}	阵 zəŋ^{13}	埭 da^{13}
07 桐乡	顿 təŋ^{334}	阵 zəŋ^{13}	埭 da^{213}
08 崇德	顿 təŋ^{334}	阵 zəŋ^{13}	埭 dɑ^{13}
09 湖州	顿 tən^{35}	场 zã^{231}	埭 da^{24}
10 德清	顿 ten^{44}	阵 zen^{113}	趟 t^{h}ã^{334}
11 武康	顿 ten^{44}	阵 dzen^{113}	趟 tã^{224}
12 安吉	顿 təŋ^{52}	阵 dzəŋ^{213}	埭 da^{213}
13 孝丰	顿 təŋ^{324}	阵 dzəŋ^{213}	埭 da^{213}
14 长兴	顿 təŋ^{324}	阵 dzəŋ^{24}	通 t^{h}oŋ^{44}
15 余杭	顿 tiŋ^{44}	起$^{=}$儿 tɕ^{h}i^{53} n^{31}	埭 da^{213}
16 临安	顿 teŋ^{55}	阵 dzeŋ^{33}	埭 da^{33}
17 昌化	短$^{=}$ tɛ̃^{453}	阵 ʑiəŋ^{243}	埭 da^{243}
18 於潜	顿 deŋ^{24}	阵 dzeŋ^{24}	回 ue^{223}
19 萧山	顿 təŋ^{42}	阵 dzəŋ^{242}	埭 da^{242}
20 富阳	顿 tən^{335}	告$^{=}$ kɔ^{335}	埭 da^{224}
21 新登	顿 teiŋ^{45}	□ ze^{13}	趟 t^{h}ɛ̃^{45}
22 桐庐	次 ts^{h}ɿ^{35}	阵 dzəŋ^{24}	埭 dᴀ^{13}
23 分水	顿 tən^{53}	阵 dzən^{13}	趟 t^{h}ã^{53}
24 绍兴	顿 tø̃^{33}	阵 dzẽ^{223}	埭 da^{22}

续表

方言点	1126 顿打一~	1127 阵下了一~雨	1128 趟去了一~
25 上虞	顿 tiŋ^{53}	场 dzã^{213}	埭 da^{31}
26 嵊州	顿 teŋ^{334}	阵 dzeŋ^{24}	埭 da^{24}
27 新昌	顿 teŋ^{335}	蓬⁼ boŋ^{13}	埭 da^{13}
28 诸暨	顿 tɛn^{544}	场 dzã^{13}	趤 dɑ̃^{33}
29 慈溪	顿 təŋ^{35}	阵 dzəŋ^{13} 场 dzã^{13}	埭 da^{13}
30 余姚	顿 tə̃^{34}	顷 tɕʰiaŋ^{34}	埭 da^{13}
31 宁波	顿 təŋ^{53}	潮 dʑio^{13}	埭 da^{13}
32 镇海	顿 təŋ^{53}	场 dʑiã^{24}	埭 da^{24}
33 奉化	顿 təŋ^{53}	晌 zɔ̃^{324}	埭 da^{31}
34 宁海	顿 təŋ^{35}	交⁼ kau^{35} 蓬⁼ boŋ^{213}	埭 da^{24} 回 uei^{213}
35 象山	顿 təŋ^{53}	盆⁼ bəŋ^{31}	埭 da^{13}
36 普陀	顿 tɐŋ^{55}	阵 dʑiŋ^{23}	埭 da^{13}
37 定海	顿 tɐŋ^{44}	晌 zõ^{23}	埭 da^{23}
38 岱山	顿 tɐŋ^{325}	晌 zõ^{244}	埭 da^{23}
39 嵊泗	顿 tɐŋ^{53}	[辰光] zõ^{334}	埭 da^{243}
40 临海	套⁼ tʰɔ^{51}	蓬⁼ boŋ^{324}	埭 da^{324}
41 椒江	套⁼ tʰɔ^{55}	蓬⁼ boŋ^{24}	埭 da^{24}
42 黄岩	肚⁼ dou^{121}	蓬⁼ boŋ^{121}	套 tʰɔ^{55}
43 温岭	捆 kʰuən^{42}	□ dʑia^{13}	埭 da^{13}
44 仙居	顿 ɗen^{55}	蓬⁼ boŋ^{24}	套⁼ tʰɐɯ^{55} 埭 da^{24}
45 天台	套⁼ tʰau^{51}	蓬⁼ buŋ^{35}	埭 da^{35}
46 三门	顿 təŋ^{55}	阵 dzəŋ^{243}	埭 da^{243}
47 玉环	记 tɕi^{55}	阵 dʑiŋ^{22}	埭 da^{22}

续表

方言点	1126 顿打一～	1127 阵下了一～雨	1128 趟去了一～
48 金华	糙$^{=}$ tsʰɑo^{55}	在$^{=}$ zɛ^{14}	埭 dɑ^{14}老 趟 tʰɑŋ^{55}新
49 汤溪	糙$^{=}$ tsʰɔ^{52}	□ zɛ^{341}	埭 dɑ^{341}
50 兰溪	糙$^{=}$ tsʰɔ^{45}	社$^{=}$ ze^{24}	埭 dɑ^{24}
51 浦江	糙$^{=}$ tsʰo^{55}	阵 dzən^{24}	埭 dɑ^{24}
52 义乌	糙$^{=}$ tsʰo^{45}	帖 tʰia^{45}	埭 da^{24}
53 东阳	顿 tɯ^{453}	蓬$^{=}$ bəm^{24}	埭 dɐ^{24}
54 永康	糙$^{=}$ tsʰɑu^{55}	阵 dzəŋ^{241}	埭 dia^{241}
55 武义	糙$^{=}$ tsʰɑu^{53}	阵 za^{231}	埭 dia^{231}
56 磐安	套$^{=}$ tʰo^{52}	蓬$^{=}$ bɔom^{14} 阵 dzɐn^{14}	埭 da^{14} 趟 tʰo^{52}
57 缙云	□ tɕʰiəɤ^{44}	阵 dzaŋ^{213}	埭 dɑ^{213}
58 衢州	顿 tən^{53}	阵 dʒyən^{231}	趟 tʰɑ̃^{53}
59 衢江	顿 tɛ^{53}	阵 dʑiɛ^{231}	遍 pie^{53}
60 龙游	顿 tei^{51}	阵 dzən^{231}	埭 dɑ^{231}
61 江山	顿 tuɛ̃^{51}	阵 dʑiɵ̃^{31}	遍 piɛ̃^{51}
62 常山	哨$^{=}$ sɔ^{324} 顿 tuɔ̃^{324}	齐$^{=}$ zɛ^{341}	遍 piɛ̃^{324}
63 开化	顿 tuõ^{412}	才$^{=}$ zɛ^{213}	巡 ʑyn^{213}
64 丽水	稍$^{=}$ sə^{224}	阵 dzen^{131}	直 dʑiʔ^{23}
65 青田	顿 ɗaŋ^{33}	阵 dzaŋ^{22}	埭 dɑ^{22}
66 云和	通 tʰoŋ^{24}	字$^{=}$ zɿ^{223}	直 dʑiʔ^{23} 埭 dɔ^{223}
67 松阳	下 uə^{13}	下 uə^{13}	埭 da^{13} 直 dʑiʔ^{2}
68 宣平	糙$^{=}$ tsʰɔ^{52}	随$^{=}$ zei^{231}	埭 da^{231}
69 遂昌	伙$^{=}$ xu^{533}	寨$^{=}$ za^{213}	埭 da^{213} 直 dʑiʔ^{23}

续表

方言点	1126 顿打一～	1127 阵下了一～雨	1128 趟去了一～
70 龙泉	火⁼ xuəi^{51}	阵 dzɛn^{224}	回 uᴇ^{224} 次 tsʰɿ^{45}
71 景宁	记 tɕi^{35}	阵 dzaŋ^{113}	埭 da^{113}
72 庆元	顿 ɗæ̃^{11}	晢⁼ ɕiᴇ^{31}	转 tɕyɛ̃^{33} 埭 tɑ^{31}
73 泰顺	顿 tœ^{35}	市⁼ sɿ^{21}	□ tiɑɔ^{21}
74 温州	套 tʰɜ^{51}	阵 dzaŋ^{22}	埭 da^{22}
75 永嘉	（无）	阵 dzaŋ^{22}	埭 da^{22}
76 乐清	顿 taŋ^{41}	阵 dʑiaŋ^{22}	埭 de^{22}
77 瑞安	遍 pi^{53}	阵 dzaŋ^{22}	埭 da^{22}
78 平阳	下儿 oŋ^{35}	阵 dʒaŋ^{33}	埭 dᴀ^{33}
79 文成	顿 taŋ^{33}	阵 dʒaŋ^{424}	埭 dɔ^{424}
80 苍南	（无）	阵 zaŋ^{11}	埭 dia^{11}
81 建德徽	操⁼ tsʰɔ^{53} 顿 tən^{33}	阵 tsʰən^{55}	趟 tʰo^{33} 回 ue^{33}
82 寿昌徽	顿 tiæ^{33}	阵 tsʰen^{33}	趟 tʰɑ̃^{33}
83 淳安徽	场子 tsʰɑ̃^{21}tsɿ^{53} 测⁼子 tsʰəʔ^{5}tsɿ^{21}	阵 tsʰen^{53}	埭 tʰɑ^{53}
84 遂安徽	场 tsʰɑ̃^{213}	阵 tɕʰin^{52}	趟 tʰɑ̃^{52}
85 苍南闽	顿 tɯŋ^{21}	阵 tin^{21}	□ tsua^{21}
86 泰顺闽	□ tiøu^{31}	阵 tsei^{31}	趟 tʰo^{344}
87 洞头闽	阵 tsun^{21}	阵 tsun^{21}	□ tsua^{21}
88 景宁畲	套⁼ tʰau^{55}	趟 tʰaŋ^{43}	回 foi^{22}

方言点	1129 我～姓王	1130 你～也姓王	1131 您尊称
01 杭州	我 ŋəu^{53}	你 ȵi^{53}	（无）
02 嘉兴	我 ŋ^{113} 我侬 ŋ^{21}ŋou^{13}	倷 nei^{113} 倷侬 nei^{21}nou^{13}	（无）
03 嘉善	我 ŋ^{113} 我奴 ŋ^{22}nu^{13} 阿奴 aʔ^{2}nu^{13}	倷 nə^{113} 倷奴 nə^{22}nu^{13}	（无）
04 平湖	阿奴 aʔ^{3}nu^{44} 我 ŋ^{213}	倷 nəɯ^{213}	（无）
05 海盐	我诺$^{=}$ ɔʔ^{23}nɔʔ^{23}	倷 ne^{423}	（无）
06 海宁	我 u^{53} 我侬 oʔ^{5}noŋ^{0}	倷 nəɯ^{53}	（无）
07 桐乡	我倷 uəʔ^{23}nɤɯ^{213} 我 u^{53}	倷 nɤɯ^{242}	（无）
08 崇德	我 o^{53} 让$^{=}$我 ȵiã^{21}o^{53}主格	倷 nɤɯ^{53} 让$^{=}$倷 ȵiã^{21}nɤɯ^{53}主格	（无）
09 湖州	我 ŋ^{24} 是我 zaʔ^{2}ŋ^{35}	尔 n^{24} 是尔 zaʔ^{2}n^{35}	（无）
10 德清	我 ŋ^{52} 是我 zəʔ^{2}ŋ^{53}	尔 n^{52} 是尔 zəʔ^{2}n^{53}	（无）
11 武康	我 ŋo^{242} 是我 zɜʔ^{2}ŋ^{242}	尔 n^{242} 是尔 zɜʔ^{2}n^{242}	（无）
12 安吉	我 ŋɔ^{213}	倷 nəʔ^{23}	（无）
13 孝丰	我 ŋuoʔ^{23}	倷 nəʔ^{23}	（无）
14 长兴	是我 zəʔ^{2}ŋ^{52} 我 ŋ^{52}	是尔 zəʔ^{2}n^{52} 尔 n^{52}	（无）
15 余杭	我 ŋ^{53}/ŋ^{243} 是我 zoʔ^{2}ŋ^{53}/zoʔ^{2}ŋ^{31}	尔 n^{53}/n^{243} 是尔 zəʔ^{2}n^{53}/zəʔ^{2}n^{31}	（无）
16 临安	我 ŋo^{33} 是我 zɐʔ^{2}ŋo^{33}	侬 noŋ^{33} 是侬 zɐʔ^{2}noŋ^{33}	（无）
17 昌化	我 a^{243} 我侬 a^{23}nəŋ^{453}	尔 ŋ^{243} 尔侬 ŋ^{23}nəŋ^{453}	（无）
18 於潜	我 ŋu^{51}	你 ni^{51}	（无）
19 萧山	我 ŋo^{13}	尔 ŋ^{13}	（无）
20 富阳	我 ŋo^{224} 是我 zɛʔ^{2}ŋo^{224}	尔 ŋ^{224} 是尔 zɛʔ^{2}ŋ^{224}	（无）

续表

方言点	1129 我～姓王	1130 你～也姓王	1131 您尊称
21 新登	我 u^{334} 是我 zəʔ^{2} u^{13}	尔 ŋ^{334} 是尔 zəʔ^{2} ŋ^{13}	（无）
22 桐庐	我 ŋo^{33}	你 ni^{33}	（无）
23 分水	我 ŋo^{53}	你 ȵi^{53}	（无）
24 绍兴	我 ŋo^{223}	偌 noʔ^{2}	（无）
25 上虞	我 ŋʊ^{213}	侬 noŋ^{213}	（无）
26 嵊州	我 ŋo^{22}	侬 noŋ^{24}	（无）
27 新昌	我 ŋɤ^{232}	尔 ŋ^{232}	（无）
28 诸暨	我 ŋɤu^{242}	尔 n^{242}	（无）
29 慈溪	我 ŋo^{13}	侬 nuŋ^{13}	（无）
30 余姚	我 ŋo^{13}	侬 nuŋ^{13}	（无）
31 宁波	我 ŋo^{13} 我侬 ŋo^{2} nəu^{13}	侬 nəu^{13} 尔 ŋ^{13} 尔侬 ŋ^{22} nəu^{13}	（无）
32 镇海	我 ŋo^{24}	侬 nəu^{24}	（无）
33 奉化	我 ŋəu^{324}	侬 nəu^{31}	（无）
34 宁海	我 ŋo^{31} 我侬 ŋo^{31} noŋ^{213}	尔 ŋ^{31} 尔侬 ŋ^{31} noŋ^{213}	（无）
35 象山	我 ŋəu^{31}	尔 n^{31}	（无）
36 普陀	我 ŋo^{23}	侬 noŋ^{24}	（无）
37 定海	我 ŋo^{23}	侬 noŋ^{23}	（无）
38 岱山	我 ŋo^{244}	侬 noŋ^{23}	（无）
39 嵊泗	我 ŋo^{445}	侬 noŋ^{243}	（无）
40 临海	我 ŋe^{52}	尔 ŋ^{52}	（无）
41 椒江	我 ŋo^{42}	尔 n^{42}	（无）
42 黄岩	我 ŋo^{42}	尔 ŋ^{42}	（无）
43 温岭	我 ŋo^{42}	尔 n^{42}	（无）
44 仙居	我 ŋo^{324}	尔 ŋ^{324}	（无）

续表

方言点	1129 我～姓王	1130 你～也姓王	1131 您尊称
45 天台	我 ɔ^{214}	尔 ŋ^{214}	（无）
46 三门	我 ʊ^{325}	尔 ŋ^{325}	（无）
47 玉环	我 ŋo^{53}	尔 n^{53}	（无）
48 金华	我 ɑ^{535} 我侬 ɑ^{33}noŋ^{535}	侬 noŋ^{535}	（无）
49 汤溪	我 ɑ^{113}	尔 ŋ^{113}	（无）
50 兰溪	我 uɤ^{55} 我侬 uɤ^{55}noŋ^{55}	侬 noŋ^{55}	（无）
51 浦江	我 ɑ^{53}	尔 n^{53}	（无）
52 义乌	我 a^{312}	侬 noŋ^{423}	（无）
53 东阳	我 ŋʊ^{231}	尔 n^{231}	（无）
54 永康	我 ŋuo^{113}	尔 ŋ^{113}	（无）
55 武义	我 a^{13} 我偌 a^{13}nɔ^{13}	偌 nɔ^{13}	（无）
56 磐安	我 ŋuɤ^{334} / uɤ^{334}	尔 n^{334}	（无）
57 缙云	我 ŋu^{31} 同$^{=}$我 dɔ̃ũ^{44}ŋu^{31}	你 ȵi^{31} □你 tɛ^{44}ȵi^{31}	（无）
58 衢州	我 ŋu^{53}	你 ȵi^{53}	（无）
59 衢江	我 ŋaʔ^{2} 我侬 ŋaʔ^{2}nəŋ^{212}	你 ȵiəʔ^{2} 你侬 ȵiəʔ^{2}nəŋ^{212}	（无）
60 龙游	奴 nu^{224} 奴侬 nu^{22}nən^{224}	尔 n^{224} 尔侬 n^{22}nən^{224}	（无）
61 江山	我 ŋɒ^{22} 我侬 ŋɒ^{22}naŋ^{51}	你 ȵi^{22} 你侬 ȵi^{22}naŋ^{51}	（无）
62 常山	我 ŋɑ^{24} 我侬 ŋɑ^{24}nã^{0}	尔 n^{24} 尔侬 n^{24}nã^{0}	（无）
63 开化	我 ŋɑ^{213} 我侬 ŋɑ^{21}nɤŋ^{231}	你 ȵi^{213} 你侬 ȵi^{21}nɤŋ^{231} 尔 n^{213}	（无）
64 丽水	我 ŋuo^{544}	你 ȵi^{544}	（无）
65 青田	我 ŋu^{454}	你 ȵi^{454}	（无）

续表

方言点	1129 我～姓王	1130 你～也姓王	1131 您尊称
66 云和	我 ŋo^{41}	你 ȵi^{41}	（无）
67 松阳	是我 ʑiʔ^{2} ŋ^{31} 我 ŋ^{31}	是你 ʑiʔ^{2} ni^{22} 尔 n^{22}	（无）
68 宣平	我 o^{223}	尔 n^{223}	（无）
69 遂昌	我 ŋɒ^{13}	你 ȵiɛ^{13}	（无）
70 龙泉	我 ŋo^{51}	你 ȵi^{51}	（无）
71 景宁	我 ŋo^{33}	你 ȵi^{33}	（无）
72 庆元	我 ŋo^{221}	你 ȵiᴇ^{221}	（无）
73 泰顺	我 ŋɔ^{55}	你 ȵi^{55}	（无）
74 温州	我 ŋ^{14}	你 ȵi^{14}	（无）
75 永嘉	我 ŋ^{13}	你 ȵi^{13}	（无）
76 乐清	我 ŋ^{24}	你 ȵi^{24}	（无）
77 瑞安	我 ŋ^{13}	你 ȵi^{13}	（无）
78 平阳	我 ŋ^{45}	你 ȵi^{45}	（无）
79 文成	我 ŋ^{224}	你 ȵi^{224}	（无）
80 苍南	我 ŋ^{53}	你 ȵi^{53}	（无）
81 建德徽	印 ɑŋ^{213}	尔 n^{213}	（无）
82 寿昌徽	我侬 ɑ^{33} nɔŋ^{112} 咱 tsɑ^{52} 我 ɑ^{534}	尔侬 n^{33} nɔŋ^{112} 谮 tsen^{52}	（无）
83 淳安徽	我 u^{55} 我侬 u^{55} lon^{55}	尔 n^{55} 尔侬 n^{55} lon^{55}	（无）
84 遂安徽	我 kɔ^{52}	你 i^{52}	（无）
85 苍南闽	我 gua^{32}	汝 lɯ^{32}	（无）
86 泰顺闽	我 ŋa^{344}	你 n^{344}	（无）
87 洞头闽	我 gua^{53}	汝 lɯ^{53}	（无）
88 景宁畲	我 ŋɔi^{44}	你 ȵi^{44}	（无）

方言点	1132 他～姓张	1133 我们不包括听话人：你们别去，～去	1134 咱们包括听话人：他们不去，～去吧
01 杭州	他 tʰa^{334}	我们 ŋəu^{55} məŋ^{0}	我们 ŋəu^{55} məŋ^{0}
02 嘉兴	伊 i^{42} 伊侬 i^{42} nou^{21}	我拉 ŋ^{21} ŋᴀ^{13}	我拉 ŋ^{21} ŋᴀ^{13}
03 嘉善	伊 i^{53} 伊奴 i^{35} nu^{0}	我拉 ŋ^{22} ŋa^{13}	我卡$^{=}$ ŋ^{22} kʰa^{53}
04 平湖	伊 i^{44} 伊倷 i^{44} nəɯ^{0}	我拉 ŋ^{21} ŋa^{0} 伲 ŋa^{213}	我拉 ŋ^{21} ŋa^{0} 伲 ŋa^{213}
05 海盐	伊倷 e^{21} neʔ^{23}	我拉 ɔʔ^{23} lɑ^{213}	我拉 ɔʔ^{23} lɑ^{213}
06 海宁	伊 i^{53} 伊倷 ieʔ^{2} nəɯ^{0}	我拉 u^{53} la^{0}	我拉 u^{53} la^{0}
07 桐乡	伊倷 iəʔ^{23} nɤɯ^{213} 伊 i^{53}	我拉 uəʔ^{23} la^{213}	我拉 uəʔ^{23} la^{213}
08 崇德	伊 i^{13} 让$^{=}$伊 ȵiã^{21} i^{53} 主格	阿拉 aʔ^{23} laʔ^{23}	阿拉 aʔ^{23} laʔ^{23}
09 湖州	渠 dʑi^{24} 是渠 zaʔ^{5} dʑi^{13}	伲 ŋa^{24} 是伲 zaʔ^{2} ŋa^{35}	伲 ŋa^{24} 是伲 zaʔ^{2} ŋa^{35}
10 德清	伊 i^{334} 是伊 zəʔ^{2} i^{13}	伲 ŋa^{52} 是伲 zəʔ^{2} ŋa^{53}	伲 ŋa^{52} 是伲 zəʔ^{2} ŋa^{53}
11 武康	伊 i^{113} 是伊 zɜʔ^{2} i^{113}	伲 ŋa^{242} 是伲 zɜʔ^{2} ŋa^{242}	伲 ŋa^{242} 是伲 zɜʔ^{2} ŋa^{242}
12 安吉	渠 dʑi^{213} 伊 i^{213}	伲 ŋa^{213} 是伲 zəʔ^{2} ŋa^{213}	伲 ŋa^{213} 是伲 zəʔ^{2} ŋa^{213}
13 孝丰	渠 dʑi^{22}	伲 ŋa^{324}	伲 ŋa^{324}
14 长兴	是伊 zəʔ^{2} ɿ^{24} 伊 ɿ^{12}	是伲 zəʔ^{2} ŋa^{52}	伲大家 ŋa^{52} da^{21} ka^{24}
15 余杭	伊 i^{53}/^{243} 是伊 zəʔ^{2} i^{53}/^{31}	伲 ŋa^{53}/ŋa^{243} 是伲 zəʔ^{2} ŋa^{53}/zəʔ^{2} ŋa^{31}	伲 ŋa^{53}/ŋa^{243} 是伲 zəʔ^{2} ŋa^{53}/zəʔ^{2} ŋa^{31}
16 临安	伊 i^{33} 是伊 zɐʔ^{2} i^{13}	伲 ŋa^{33} 是伲 zɐʔ^{2} ŋa^{33}	伲 ŋa^{33} 是伲 zɐʔ^{2} ŋa^{33}

续表

方言点	1132 他～姓张	1133 我们不包括听话人：你们别去，～去	1134 咱们包括听话人：他们不去，～去吧
17 昌化	渠 gɯ^{112} 渠侬 gɯ^{11} nəŋ^{112}	我拉 a^{23} la^{53}	我拉 a^{23} la^{53}
18 於潜	他 tʰa^{433}	我们 ŋu^{53} meŋ^{31}	我们大家 ŋu^{53} meŋ^{31} da^{24} tɕia^{433}
19 萧山	伊 i^{242}	俉 ŋa^{13}	俉 ŋa^{13}
20 富阳	伊 i^{224} 是伊 zɛʔ^{2} i^{224}	阿拉 aʔ^{5} la^{224}	阿拉 aʔ^{5} la^{224}
21 新登	伊 i^{334} 是伊 zəʔ^{2} i^{13}	我拉 u^{334} ləʔ^{0} 是我拉 zəʔ^{2} u^{334} ləʔ^{0}	我拉 u^{334} ləʔ^{0} 是我拉 zəʔ^{2} u^{334} ləʔ^{0}
22 桐庐	伊 i^{13}	俉得$^{=}$ ŋA^{33} təʔ^{5}	俉得$^{=}$ ŋA^{33} təʔ^{5}
23 分水	他 tʰa^{44}	我们 ŋo^{44} mən^{21}	我们 ŋo^{44} mən^{21}
24 绍兴	伊 i^{223} 伊落 i^{22} loʔ^{3}	俉 ŋa^{223} 俉落 ŋa^{22} loʔ^{3}	俉 ŋa^{223} 俉落 ŋa^{22} loʔ^{3}
25 上虞	伊 i^{213}	俉 ŋa^{213}	俉大家 ŋa^{21} da^{31} ko^{35}
26 嵊州	伊 i^{24}	俉 ŋa^{22}	是俉 zəʔ^{2} ŋa^{22}
27 新昌	渠 dʑi^{22}	我拉 ŋɤʔ^{2} la^{232} 俉 ŋa^{232}	俉拨倷 ŋa^{13} pɤʔ^{5} na^{232}
28 诸暨	渠 dʒʅ^{242}	俉 ŋA^{242}	俉 ŋA^{242}
29 慈溪	渠 ge^{13}	鞋$^{=}$搭 a^{13} taʔ^{2}	鞋$^{=}$搭 a^{13} taʔ^{2}
30 余姚	渠 ge^{13}	阿拉 aʔ^{2} laʔ^{5}	阿拉 aʔ^{2} laʔ^{5}
31 宁波	渠 dʑi^{13} 渠侬 dʑi^{22} nəu^{13}	阿拉 aʔ^{2} laʔ^{5}	阿拉 aʔ^{2} laʔ^{5}
32 镇海	渠 dʑi^{24}	阿拉 aʔ^{2} laʔ^{5}	阿拉 aʔ^{2} laʔ^{5}
33 奉化	渠 dʑi^{33}	阿拉 aʔ^{2} laʔ^{5}	阿拉 aʔ^{2} laʔ^{5}
34 宁海	渠 dzʅ^{31} 渠侬 dzʅ^{31} noŋ^{213}	我嵌$^{=}$ ŋo^{33} kʰe^{34}	鞋$^{=}$等 a^{21} təŋ^{53} 我等 ŋo^{33} təŋ^{53}

续表

方言点	1132 他～姓张	1133 我们不包括听话人：你们别去，～去	1134 咱们包括听话人：他们不去，～去吧
35 象山	渠 dʑi^{31}	阿拉 aʔ^{2} laʔ^{2}	阿拉 aʔ^{2} laʔ^{2}
36 普陀	渠 dʑi^{24}	阿拉 ɐʔ^{3} lɐʔ^{5}	阿拉 ɐʔ^{3} lɐʔ^{5}
37 定海	渠 dʑi^{23}	阿拉 ɐʔ^{3} lɐʔ^{5}	阿拉 ɐʔ^{3} lɐʔ^{5}
38 岱山	渠 dʑi^{23}	阿拉 ɐʔ^{3} lɐʔ^{5}	阿拉 ɐʔ^{3} lɐʔ^{5}
39 嵊泗	渠 dʑi^{243}	阿拉 ɐʔ^{3} lɐʔ^{5}	阿拉 ɐʔ^{3} lɐʔ^{5}
40 临海	渠 ge^{21}	我呐⁼ ŋe^{51} na^{0}	我呐⁼班人 ŋe^{51} na^{0} pɛ^{55} ȵiŋ^{21}
41 椒江	渠 gə^{31}	我态⁼ ŋo^{42} tʰə^{51} 小	我搭尔 ŋo^{42} təʔ^{3} n^{42}
42 黄岩	渠 gie^{121}	我态⁼ ŋo^{42} tʰe^{53} 小	我[搭尔] ŋo^{42} tən^{0}
43 温岭	渠 gie^{31}	我许 ŋo^{42} he^{0}	我等 ŋo^{42} təŋ^{51} 小
44 仙居	渠 gæ^{213}	我家人 ŋo^{24} ko^{0} ȵin^{0}	我呐⁼尔 ŋo^{24} naʔ^{0} ŋ^{0}
45 天台	渠 gei^{224}	我两个 ɔ^{21} lia^{21} kou^{55} 我等 ɔ^{21} təŋ^{31}	大家 da^{33} ko^{33}
46 三门	渠 dʑi^{113}	我落⁼人 ʊ^{325} ləʔ^{5} niŋ^{31}	我等 ʊ^{325} təŋ^{31}
47 玉环	渠 gie^{31}	我俫 ŋo^{53} le^{0}	我俫 ŋo^{53} le^{0}
48 金华	渠 gəʔ^{212}	我浪⁼ ɑ^{55} lɑŋ^{14}	自浪⁼ ʑi^{14} lɑŋ^{0} 自当⁼ ʑi^{14} tɑŋ^{0}
49 汤溪	渠 gɯ^{11}	我□ ɑ^{11} ta^{52}	[我尔] ɑŋ^{52}
50 兰溪	渠 gi^{21} 渠侬 gi^{21} noŋ^{55}	我拉 uɤ^{55} ləʔ^{12}	我对 uɤ^{55} te^{0} 我拉 uɤ^{55} ləʔ^{12}
51 浦江	渠 ʑi^{232}	我嘚 ɑ^{55} tɛ^{0}	[我尔]嘚 ɑn^{55} tɛ^{0}
52 义乌	渠 ai^{213} 渠 gai^{213}	我拉 əʔ^{42} la^{213}	自拉 zi^{24} la^{45} 自侬 zi^{24} noŋ^{45} 我和[尔侬] a^{53} hɔ^{33} noŋ^{45}
53 东阳	渠 gəɯ^{213}	我拉 ŋʊ^{23} la^{33}	□拉 uan^{23} la^{33}

续表

方言点	1132 他～姓张	1133 我们不包括听话人：你们别去，～去	1134 咱们包括听话人：他们不去，～去吧
54 永康	渠 gɯ^{22}	我两个 ŋuo^{31} liɑŋ^{33} kuo^{52}	我尚=尔两个 ŋuo^{31} ʑiɑŋ^{241} ŋ^{31} liɑŋ^{33} kuo^{52}
55 武义	渠 gɯ^{13} 渠偌 gɯ^{13} nɔ^{13}	我两个 a^{55} liɑŋ^{32} tɕia^{53}	我[火=偌]两个 a^{55} xuen^{53} liɑŋ^{32} tɕia^{53}
56 磐安	渠 gɐɯ^{213}	我拉 ŋuɤ^{55} la^{334} / uɤ^{55} la^{334}	[我尔]拉 uɤn^{55} la^{334}
57 缙云	渠 gɤ^{243}	[我些人] ŋuai^{213} [我些人]人 ŋuai^{21} nɛŋ^{51}	亨=你 xɛŋ^{44} ȵi^{31}
58 衢州	渠 gi^{21}	我拉 ŋu^{53} laʔ^{12}	我拉 ŋu^{53} laʔ^{12}
59 衢江	渠 gəʔ^{2} 渠侬 gəʔ^{2} nəŋ^{212}	俺 ã^{25} 俺拉 ã^{25} laʔ^{0} 我拉 ŋaʔ^{2} la^{212}	俺 ã^{25} 俺拉 ã^{25} laʔ^{0} 我拉 ŋaʔ^{2} la^{212}
60 龙游	渠 gəɯ^{224} 渠侬 gəɯ^{22} nən^{224}	奴拉 nu^{22} lɑ^{224}	阿侬 əʔ^{4} nən^{21}
61 江山	渠 ŋə^{22} 渠侬 ŋə^{22} naŋ^{51}	我些侬 ŋɒ^{22} ɕiᴇʔ^{5} naŋ^{0}	俺些侬 aŋ^{24} ɕiᴇʔ^{5} naŋ^{0}
62 常山	渠 ŋɤ^{44} 渠侬 ŋɤ^{45} nã^{0}	我星=侬 ŋɑ^{24} sĩ^{52} nã^{0}	俺星=侬 ã^{52} sĩ^{43} nã^{0}
63 开化	渠 giɛ^{213} 渠侬 giɛ^{21} nɤŋ^{231}	我倈 ŋɑ^{21} lɛ^{231} 我倈 ɑ^{53} lɛ^{0}	我倈大家 ŋɑ^{21} lɛ^{231} dɑ^{21} kɑ^{44}
64 丽水	渠 gɯ^{22}	我粒=人 ŋuo^{544} ləʔ^{4} nen^{22}	我粒=人 ŋuo^{544} ləʔ^{4} nen^{22}
65 青田	渠 gi^{21}	我两人 ŋu^{55} lɛ^{0} neŋ^{0}	我两人 ŋu^{55} lɛ^{0} neŋ^{0}
66 云和	渠 gi^{312}	我人 ŋo^{44} nɛ^{312}	我你 ŋo^{44} ȵi^{41}
67 松阳	是渠 ʑiʔ^{2} gɛʔ^{2} 渠 gɛʔ^{2}	是我些侬 ʑiʔ^{2} ŋ^{31} sɤʔ^{0} nəŋ^{0}	是我些侬 ʑiʔ^{2} ŋ^{31} sɤʔ^{0} nəŋ^{0}
68 宣平	渠 gɯ^{223}	我两个 o^{22} lɛ^{55} ka^{0} 我[两个] o^{22} la^{55}	化=人 xo^{55} nin^{0}
69 遂昌	渠 gɤ^{221}	我些侬 ŋɒ^{13} sɛʔ^{5} nəŋ^{0}	印 aŋ^{45} 印些侬 aŋ^{45} sɛʔ^{0} nəŋ^{0}

续表

方言点	1132 他～姓张	1133 我们不包括听话人：你们别去，～去	1134 咱们包括听话人：他们不去，～去吧
70 龙泉	渠 gɤɯ^{21}	我拉 ŋo^{51} la^{0}	倨拉 ŋa^{434} la^{0}
71 景宁	渠 ki^{33}	我拉 ŋo^{33} la^{41}	自拉 zɿ^{113} la^{41}
72 庆元	渠 kɤ^{221}	我侬 ŋo^{22} noŋ^{33}	我□ ŋo^{22} ȵĩ^{55} 小
73 泰顺	渠 tsɿ^{21}	我人 ŋɔ^{55} nɛ^{0}	倷你人 na^{22} ȵi^{35} nɛ^{0}
74 温州	渠 gei^{31}	我倈 ŋ^{14} lei^{0}	[我伉]你 ŋuɔ^{22} ȵi^{14}
75 永嘉	渠 gei^{31}	我倈 ŋ^{13} lei^{0}	[我伉]你 ɔ^{13} ȵi^{0} [我伉]倈 ɔ^{13} lei^{0}
76 乐清	渠 dʑi^{31}	我倈 ŋ^{24} li^{0}	自娘= zɿ^{22} ȵiɯʌ^{31}
77 瑞安	渠 gi^{31}	我倈 ŋ^{13} lei^{0}	自倈 zɿ^{22} lei^{0}
78 平阳	渠 gi^{242}	我倈 ŋ^{45} lɛ^{33}	我搭尔 ŋ^{45} tɔ^{21} ȵi^{45}
79 文成	渠 gei^{113}	我倈 ŋ^{13} lɛ^{33}	自倈 zɿ^{11} le^{33} 大=自倈 da^{21} zɿ^{21} le^{33}
80 苍南	渠 gi^{31}	我倈 ŋ^{53} le^{0}	自倈 zɿ^{11} le^{0}
81 建德徽	渠 ki^{33}	我拉 ɑ^{21} lɑ^{55}	尔下= n^{21} ho^{55}
82 寿昌徽	渠侬 kəɯ^{55} nɔŋ^{112} 渠 kəɯ^{52}	我拉 ɑ^{55} lɑ^{112}	我拉 ɑ^{55} lɑ^{112}
83 淳安徽	渠 kʰɯ^{435} 渠侬 kʰɯ^{43} lon^{24}	歪=拉 uɑ^{21} lɑʔ^{5} 歪= uɑ^{24}	歪=拉 uɑ^{21} lɑʔ^{5} 歪= uɑ^{24}
84 遂安徽	渠 kʰəɯ^{33}	嘎拉 kɑ^{33} lɑ^{33}	嘎拉 kɑ^{33} lɑ^{33}
85 苍南闽	伊 i^{55}	□ lan^{32} 老 我们 gua^{32} bun^{24} 新	□ lan^{32} 老 我们 gua^{32} bun^{24} 新
86 泰顺闽	伊 i^{344}	我侬 ŋa^{344} nəŋ^{22}	我侬 ŋa^{344} nəŋ^{22}
87 洞头闽	伊 i^{33}	滚= gun^{53}	[亻自] lan^{53}
88 景宁畲	渠 ki^{43}	我侬 ŋɔi^{44} nan^{22}	我侬 ŋɔi^{44} nan^{22}

方言点	1135 你们～去	1136 他们～去	1137 大家～一起干
01 杭州	你们 ȵi^{55} məŋ^{0}	他们 tʰa^{33} məŋ^{45}	大家 da^{13} tɕia^{53}
02 嘉兴	倷拉 nei^{21} lᴀ^{13}	伊拉 i^{42} lᴀ^{21}	大家 dᴀ^{21} kᴀ^{42}
03 嘉善	倷拉 nə^{22} la^{13}	伊拉 i^{35} la^{0}	大家 da^{22} ka^{35}
04 平湖	尔拉 ŋ^{44} na^{0} 倻 na^{213}	伊拉 i^{44} la^{0} 倻 ia^{53}	大家 da^{24} ka^{0}
05 海盐	倻 nɑ^{423}	伊拉 e^{21} lɑ^{213}	大家 dɑ^{21} kɑ^{334}
06 海宁	倻 na^{53}	伊拉 i^{53} la^{0}	柴=家 zɑ̃^{33} ka^{53}
07 桐乡	尔拉 ŋ^{44} na^{0}	伊拉 iəʔ^{23} la^{213}	侪家 zᴇ^{21} ka^{44}
08 崇德	倻 nɑ^{53}	渠拉 gəʔ^{23} laʔ^{23}	侪家 zᴇ^{21} kɑ^{44}
09 湖州	倻 na^{24} 是倻 zaʔ^{2} na^{35}	伽 dʑia^{24} 是伽 zaʔ^{2} dʑia^{13}	侪家 zei^{33} ka^{35}
10 德清	倻 na^{52} 是倻 zəʔ^{2} na^{53}	倻 ia^{113} 是倻 zəʔ^{2} ia^{13} 是拉 zəʔ^{2} la^{13}	大家 da^{11} ka^{35}
11 武康	倻 na^{242} 是倻 zɜʔ^{2} na^{242}	拉 la^{242} 是拉 zɜʔ^{2} la^{242}	大家 du^{11} ka^{35}
12 安吉	倻 na^{213} 是倻 zəʔ^{2} na^{213}	是伽 zəʔ^{2} dʑia^{213} 是倻 zəʔ^{2} ia^{213}	大家 da^{21} ka^{55}
13 孝丰	倻 na^{324}	伽 dʑia^{22}	大家 da^{21} ka^{24}
14 长兴	是倻 zəʔ^{2} na^{52}	那=乖= na^{12} kua^{33}	是家 zəʔ^{2} ka^{44}
15 余杭	倻 na^{53}/na^{243} 是倻 zəʔ^{2} na^{53}/zəʔ^{2} na^{31}	倻 ia^{213} 是倻 zəʔ^{2} ia^{13}	大家 du^{13} ka^{35}
16 临安	倻 na^{33} 是倻 zɐʔ^{2} na^{33}	倻 ia^{33} 是倻 zɐʔ^{2} ia^{33}	大家 da^{33} ka^{53}
17 昌化	尔拉 ŋ^{23} la^{53}	渠拉 gɯ^{11} la^{334}	大家 da^{23} ku^{453}
18 於潜	你们 ni^{53} meŋ^{31}	他们 tʰa^{43} meŋ^{223}	大家 da^{24} tɕia^{53}
19 萧山	尔拉 n^{13} na^{21}	伊拉 i^{13} la^{21}	大家 do^{33} ko^{33}
20 富阳	倻 na^{224} 是倻 zɛʔ^{2} na^{224}	倻 ia^{224} 是倻 zɛʔ^{2} ia^{224}	大家 dʊ^{224} ko^{13}

续表

方言点	1135 你们～去	1136 他们～去	1137 大家～一起干
21 新登	尔拉 ŋ^{334} ləʔ^{0} 是尔拉 zəʔ^{2} ŋ^{334} ləʔ^{0}	伊拉 i^{334} ləʔ^{0} 是伊拉 zəʔ^{2} i^{334} ləʔ^{0}	大家 da^{21} ka^{45}
22 桐庐	尔得$^{=}$ n^{33} təʔ^{5}	伊得$^{=}$ i^{13} təʔ^{5}	大家 dᴀ^{13} kuo^{55}
23 分水	你们 ȵi^{44} mən^{21}	他们 tʰa^{44} mən^{22}	大家 da^{21} tɕia^{44}
24 绍兴	㑚 na^{223} 㑚落 na^{22} loʔ^{3}	倻 ia^{223} 倻落 ia^{22} loʔ^{3}	大家 do^{22} ko^{334}
25 上虞	㑚 na^{213}	伊拉 i^{21} la^{31}	大家 da^{31} ko^{35}
26 嵊州	㑚 na^{24} 是㑚 zəʔ^{2} na^{22}	倻 ia^{24} 是倻 zəʔ^{2} ia^{24}	大家 do^{22} ko^{334}
27 新昌	㑚 na^{232}	渠拉 dʑiʔ^{2} la^{22} 伽 dʑia^{22}	大家 dɤ^{22} ko^{335}
28 诸暨	[你拉] niᴀ^{242}	伽 dʑiᴀ^{242}	大家 dᴀ^{33} ko^{33}
29 慈溪	尔搭 n^{11} taʔ^{2} 侬搭 nuŋ^{11} taʔ^{2}	渠搭 ge^{11} taʔ^{2}	大家 do^{13} ko^{44}
30 余姚	㑚 naʔ^{2}	渠拉 gaʔ^{2} laʔ^{5}	大家 dou^{13} ko^{44}
31 宁波	尔拉 ŋ^{22} naʔ^{2}	渠拉 dʑiəʔ^{2} laʔ^{2}	大家 dio^{13} ko^{44}
32 镇海	㑚拉 na^{22} laʔ^{5}	渠拉 dʑieʔ^{2} laʔ^{5}	大家 dəu^{22} ko^{53}
33 奉化	㑚 na^{31}	渠拉 dʑiaʔ^{2} laʔ^{5}	大家 dəu^{31} ko^{44}
34 宁海	尔鞋$^{=}$ ŋ^{31} a^{213} 尔些人 ŋ^{33} saʔ^{5} ȵiŋ^{0} 尔嵌$^{=}$ ŋ^{33} kʰe^{34}	渠鞋$^{=}$ dzɿ^{31} a^{213} 渠些人 dzɿ^{33} saʔ^{5} ȵiŋ^{0} 渠嵌$^{=}$ dzɿ^{33} kʰe^{34}	大家人 da^{22} ko^{53} ȵiŋ^{31} 大家 da^{22} ko^{53}
35 象山	尔拉 n^{31} laʔ^{2}	渠拉 dʑieʔ^{2} laʔ^{2}	大家 da^{31} ko^{44}
36 普陀	尔拉 n^{33} nɐʔ^{5}	渠拉 dʑiɛʔ^{2} lɐʔ^{5}	大家 doʔ^{2} ko^{55}
37 定海	㑚 nɐʔ^{2}	渠拉 dʑieʔ^{2} lɐʔ^{5} "渠"促化	大家 doʔ^{2} ko^{44} "大"促化
38 岱山	尔拉 ŋ^{44} nɐʔ^{5}	渠拉 dʑieʔ^{2} lɐʔ^{5} "渠"促化	大家 dʌu^{11} ko^{44}
39 嵊泗	㑚 nɐʔ^{2}	渠拉 dʑiᴇʔ^{2} lɐʔ^{5} "渠"促化	大家 doʔ^{2} ko^{44}
40 临海	尔拉 ŋ^{52} na^{0}	渠班人 ge^{21} pɛ^{55} ȵiŋ^{21}	我呐班人 ŋe^{51} na^{0} pɛ^{55} ȵiŋ^{21} 我班人 ŋe^{51} pɛ^{55} ȵiŋ^{21}

续表

方言点	1135 你们～去	1136 他们～去	1137 大家～一起干
41 椒江	尔态= n^{42}tʰə^{51}小	渠态= gə^{31}tʰə^{51}小	大家人 da^{22}ko^{33}ȵiŋ^{41}
42 黄岩	尔态= ŋ^{42}tʰe^{53}小	渠态= ge^{121}tʰe^{53}小	大江人 da^{13}kɔ̃^{35}ȵin^{41}
43 温岭	尔许 n^{15}he^{0}	渠许 gie^{31}he^{0}	大江人 da^{13}kɔ̃^{35}ȵin^{41}
44 仙居	尔家人 ŋ^{24}ko^{0}ȵin^{0}	渠家人 gæ^{21}ko^{53}ȵin^{0}	家人 ko^{31}ȵin^{213}
45 天台	尔两个 ŋ^{21}lia^{214}kou^{0}	渠两个 gei^{22}lia^{214}kou^{0}	大家人 da^{33}ko^{33}ȵiŋ^{51}
46 三门	尔落=人 ŋ^{325}lɔʔ^{5}niŋ^{31}	渠落=人 dʑi^{13}lɔʔ^{5}niŋ^{31}	大家 da^{23}ko^{52}
47 玉环	尔俫 n^{53}le^{0}	渠俫 gie^{31}le^{0}	大江人 da^{22}kɔ̃^{33}ȵiŋ^{41}
48 金华	尔浪= ŋ^{55}lɑŋ^{14}/ŋ^{55}nɑŋ^{14} 侬浪= noŋ^{55}lɑŋ^{14}	渠浪= gəʔ^{21}lɑŋ^{14}	大家 tɑ^{55}kuɑ^{334}
49 汤溪	尔□ ŋ^{11}ta^{52}	渠□ gɯ^{11}ta^{52}	大家 dɑ^{11}kɑ^{52}
50 兰溪	侬拉 noŋ^{55}ləʔ^{12}	渠拉 gi^{21}ləʔ^{12}	大家 tɑ^{55}kuɑ^{334}
51 浦江	尔嘚 n^{55}tɛ^{0}	渠嘚 ʑi^{24}tɛ^{334}	大家 dɑ^{11}kɑ^{53}
52 义乌	尔拉 n^{42}na^{213}	渠拉 əʔ^{2}la^{213}	大家儿 da^{24}kan^{335}
53 东阳	尔拉 n^{23}na^{33}	渠拉 gəɯ^{22}la^{35}	大家儿 da^{22}kan^{53}
54 永康	尔两个 ŋ^{31}liɑŋ^{33}kuo^{52} 尔粒=侬 ŋ^{31}lɤ^{0}noŋ^{55}	渠两个 kɯ^{33}liɑŋ^{33}kuo^{52} 渠粒=侬 kɯ^{33}lɤ^{0}noŋ^{55}	大家 dia^{31}kɑu^{55}
55 武义	偌两个 nɔ^{13}liɑŋ^{32}tɕia^{53}	渠两个 gɯ^{13}liɑŋ^{32}tɕia^{53}	大家 dia^{24}kuɑ^{0}
56 磐安	尔拉 n^{55}na^{334}/n^{55}la^{334}	渠拉 gɐɯ^{22}la^{334}	大家 da^{21}ka^{52}
57 缙云	你些人 ȵi^{21}lɛ^{213}nɛŋ^{51}	渠些人 gɤ^{21}lɛ^{213}nɛŋ^{51}	大家 dɑ^{21}kɔ^{453}
58 衢州	你拉 ȵi^{53}laʔ^{12} 你达= ȵi^{53}daʔ^{12}	渠拉 gi^{21}laʔ^{12}	大家 dɛ^{231}kɑ^{32}
59 衢江	你拉 ȵiəʔ^{2}la^{212}	渠拉 gəʔ^{2}la^{212}	大家 da^{22}kuo^{33}
60 龙游	你拉 ȵi^{22}lɑ^{224}	渠拉 gəɯ^{22}lɑ^{224}	大世= dɑ^{22}sɿ^{51}
61 江山	你些侬 ȵi^{22}ɕiᴇʔ^{5}naŋ^{0}	渠些侬 ŋə^{22}ɕiᴇʔ^{5}naŋ^{0}	大家 da^{22}kɒ^{44}
62 常山	你星=侬 n^{24}sĩ^{52}nã^{0}	渠星=侬 ŋɤ^{45}sĩ^{43}nã^{0}	大家 dɑ^{22}kɑ^{44} 大锡=侬 dɑ^{22}seʔ^{4}nã^{52}
63 开化	你俫 ȵi^{21}lɛ^{231}	渠俫 gə^{2}lɛ^{231}	大家 dɑ^{21}kɑ^{44}
64 丽水	你粒=人 ȵi^{544}ləʔ^{4}nen^{22}	渠粒=人 gɯ^{22}ləʔ^{4}nen^{22}	大齐=人 duɔ^{22}zɿ^{22}nen^{22}

续表

方言点	1135 你们～去	1136 他们～去	1137 大家～一起干
65 青田	你两人 ȵi⁵⁵ lɛ⁰ neŋ⁰	渠两人 gi²¹ lɛ⁰ neŋ⁰	大齐⁼ da²² zɿ⁵³
66 云和	你人 ȵi⁴⁴ nɛ³¹²	渠人 gi²²³ nɛ³¹²	大势⁼人 dɔ²²³ sɿ²⁴ nɛ³¹²
67 松阳	是尔些依 ʑiʔ² n²² sɤʔ⁰ nəŋ⁰	是渠些依 ʑiʔ² gɛʔ² sɤʔ⁰ nəŋ⁰	大势⁼ da²¹ sɿə²⁴
68 宣平	尔两个 n²² lɛ⁵⁵ ka⁰ 尔[两个] n²² la⁵⁵	渠两个 gɯ²² lɛ⁵⁵ ka⁰ 渠[两个] gɯ²² la⁵⁵	大齐⁼ da²² zɿ⁴³³
69 遂昌	你些依 ȵiɛ¹³ sɛʔ⁵ nəŋ⁰	渠些依 gɤ²² sɛʔ⁵ nəŋ⁰	大势⁼ da²² ɕiɛ³³⁴
70 龙泉	你拉 ȵi⁵¹ la⁰	渠拉 gɤɯ²¹ la⁰	大细依 da²¹ ɕi⁴⁵ nəŋ²¹
71 景宁	你拉 ȵi³³ la⁴¹	渠拉 ki³³ la⁴¹	大齐⁼ da¹¹³ ʑi⁴¹
72 庆元	你依 ȵiᴇ²² noŋ³³	渠依 kɤ²² noŋ³³	大家 tɑ³¹ ko³³⁵
73 泰顺	你人 ȵi⁵⁵ nɛ⁰	渠人 tsɿ²¹ nɛ⁰	大家齐⁼ to²¹ kuɔ²² sɿ⁵³
74 温州	你俫 ȵi¹⁴ lei⁰	渠俫 gei³¹ lei⁰	大家依 da²³ ko³³ naŋ²²³
75 永嘉	你俫 ȵi¹³ lei⁰	渠俫 gei³¹ lei⁰	大家依 da¹³ ko³³ naŋ²¹
76 乐清	你俫 ȵi²⁴ li⁰	渠俫 dʑi³¹ li⁰	大家依 da²³ ko⁴⁴ naŋ²²³
77 瑞安	你俫 ȵi¹³ lei⁰	渠俫 gi³¹ lei⁰	大家依 da¹³ ko³³ naŋ²¹
78 平阳	你俫 ȵie⁴⁵ lɛ³³	渠俫 gie³⁵ lɛ²¹	大家 dᴀ²¹ ko³³
79 文成	你俫 ȵi³³ le³³	渠俫 gei²¹ le³³	大家依 da³³ ko³³ naŋ³³
80 苍南	你俫 ȵi⁵³ le⁰	渠俫 gi³¹ le⁰	大家 da¹¹ ko⁴⁴
81 建德徽	尔拉 n²¹ nɑ²¹³	渠拉 ki³³ lɑ⁵³	大家 tʰɑ⁵⁵ ko⁵³
82 寿昌徽	尔拉 n⁵⁵ nɑ¹¹²	渠拉 kəɯ⁵⁵ lɑ¹¹²	大家 tʰɑ³³ kuə¹¹²
83 淳安徽	南⁼拉 lã²¹ lɑʔ⁵ 南⁼ lã²⁴	卡⁼拉 kʰɑ⁴³ lɑʔ⁵ 卡⁼ kʰɑ⁴³⁵	大家 tʰɑ⁵³ ko⁵⁵
84 遂安徽	你拉 i³³ lɑ³³	渠拉 kʰə³³ lɑ³³	大家 tʰɑ⁵⁵ kɑ⁵³⁴
85 苍南闽	恁 lin³² 恁们 lin³² bun²⁴	伊绿⁼ i³³ lie⁵⁵ 伊们 i⁴³ bun²⁴	大家 tua²¹ ke⁵⁵
86 泰顺闽	你侬 n³⁴⁴ nəŋ²²	伊侬 i³⁴⁴ nəŋ²²	全大营 tɕye²¹ ta³⁴ iæŋ²²
87 洞头闽	恁 lin⁵³	尹 in⁵³	大家 ta²¹ ke²⁴
88 景宁畲	你依 ȵi⁴⁴ nan²²	渠依 ki⁴⁴ nan²²	大泪⁼ tʰɔi⁵¹ li⁵¹

方言点	1138 自己我～做的	1139 别人这是～的	1140 我爸～今年八十岁
01 杭州	自家 dzɿ^{13}tɕia^{53}	人家 zəŋ^{22}tɕia^{45}	我爸爸 ŋəu^{55}pa^{33}pa^{45}
02 嘉兴	自家 zɿ^{21}kA^{42}	别人 bieʔ^{1}ȵiŋ^{33}	𠊎爷 ŋA^{24}iA^{242}
03 嘉善	自家 zɿ^{13}ka^{53}	孛⁼人家 bɜʔ^{2}ȵin^{13}ka^{53}	我𠊎爷 ŋ^{22}ŋa^{13}ia^{31}
04 平湖	自家 zɿ^{24}ka^{0}	别人家 biəʔ^{23}ȵin^{44}ka^{0}	我爷 ŋ^{21}ia^{31}
05 海盐	自家 zɿ^{21}kɑ^{334}	别人家 biəʔ^{23}ȵin^{24}kɑ^{53}	我拉爷 ɔʔ^{23}lɑ^{13}iɑ^{31}
06 海宁	自家 zɿ^{33}ka^{53}	别人家 bieʔ^{2}ȵiŋ^{35}ka^{0}	我拉爷 u^{53}la^{33}ia^{13}
07 桐乡	自家 zɿ^{21}ka^{53}	孛⁼人家 bəʔ^{23}ȵiŋ^{44}ka^{44}	我拉爸爸 uəʔ^{23}la^{213}pa^{44}pa^{44}
08 崇德	自家 zɿ^{21}kɑ^{53}	孛⁼人家 bəʔ^{23}ȵiŋ^{44}kɑ^{44} "家"韵殊	阿拉爸爸 aʔ^{23}laʔ^{23}pɑ^{44}pɑ^{44}
09 湖州	自家 zɿ^{33}ka^{35}	人家 ȵin^{33}ka^{35} 孛⁼人家 bəʔ^{2}ȵin^{35}ka^{53}	𠊎老头子 na^{31}lɔ^{13}døʉ^{31}tsɿ^{13}
10 德清	自家 zɿ^{11}ka^{35}	别人家 bieʔ^{2}ȵin^{35}ka^{0}	𠊎爷 ŋa^{33}ia^{13}
11 武康	自家 zɿ^{11}ka^{35}	孛⁼人家 bɜʔ^{2}ȵin^{35}ka^{53}	𠊎爷 ŋa^{13}ia^{13}
12 安吉	自家 zɿ^{21}ka^{213}	孛⁼人家 bəʔ^{2}ȵiŋ^{22}ka^{213}	𠊎阿爹 ŋa^{213}ɐʔ^{0}tia^{55}
13 孝丰	自家 zɿ^{21}ka^{24}	人家 ȵiŋ^{22}ka^{22} 别人家 bieʔ^{2}ȵiŋ^{22}ka^{24}	𠊎阿爹 ŋa^{324}aʔ^{3}tia^{44}
14 长兴	自家 zɿ^{21}ka^{24}	别人家 biEʔ^{2}ȵiŋ^{44}ka^{44}	是𠊎阿伯 zəʔ^{2}ŋa^{52}aʔ^{3}paʔ^{5}
15 余杭	自家 zɿ^{33}ka^{35}	别人家 bieʔ^{2}ȵiŋ^{33}ka^{55}	𠊎阿伯 ŋa^{53}aʔ^{5}paʔ^{5}
16 临安	自家 zɿ^{33}ka^{55}	别人家 bieʔ^{2}ȵieŋ^{31}ka^{55}	𠊎爹 ŋa^{33}tia^{53}
17 昌化	坐⁼家 zɯ^{23}ku^{453}	侬家 nəŋ^{11}ku^{334}	我拉爹 a^{23}la^{33}tia^{334}
18 於潜	自己 zi^{24}tɕi^{53}	人家 ȵiŋ^{22}tɕia^{433}	我阿伯 ŋu^{53}ɐʔ^{53}pɐʔ^{31}
19 萧山	自 ʑi^{242}	人家 ȵiŋ^{33}ko^{33}	我拉爹 ŋa^{13}tia^{533}
20 富阳	自家 zɿ^{224}ko^{53}	[别人]家 bən^{13}ko^{55} [别人]个拉 bən^{13}kɛʔ^{5}la^{55}	阿拉爸爸 aʔ^{5}la^{55}pa^{55}pa^{53}
21 新登	自家 zɿ^{21}ka^{45}	[别人]家 beiŋ^{21}ka^{45} 人家 neiŋ^{233}ka^{334}	我拉爷 u^{334}ləʔ^{0}ia^{233}
22 桐庐	自家 ʑi^{21}kuo^{55}	人家 niŋ^{21}kuo^{13}	我阿爸 ŋA^{33}aʔ^{5}paʔ^{3}

续表

方言点	1138 自己我～做的	1139 别人这是～的	1140 我爸～今年八十岁
23 分水	自家 dzɿ^{24}tɕia^{44}	别人 biəʔ^{12}zən^{24}	我老子 ŋo^{53}lɔ^{44}tsɿ^{0}
24 绍兴	自 ʑi^{22}	别人家 bieʔ^{2}ȵiŋ^{24}ko^{31}	伲爹 ŋa^{22}tia^{53}
25 上虞	自 ʑi^{31}	别人家 biəʔ^{2}ȵiŋ^{21}ko^{53}	我爹 ŋʊ^{21}tia^{35}
26 嵊州	自 ʑi^{24}	别侬家 bəʔ^{2}nɔŋ^{22}ko^{334}	伲爹 ŋa^{24}tia^{534}
27 新昌	自 zɿ^{13}	别侬 biɛʔ^{2}nɔ̃^{45}	伲爹 ŋa^{13}tia^{534}
28 诸暨	自 ʒʅ^{33}	别人家 bieʔ^{21}nin^{33}ko^{42}	伲爹 ŋA^{35}tiA^{21}
29 慈溪	自家 i^{11}ko^{44}	别人 biəʔ^{2}ȵiŋ^{13}	鞋⁼搭爹 a^{13}taʔ^{2}tia^{35}
30 余姚	自家 i^{13}ko^{44}	人家 ȵiə̃^{13}ko^{44}	阿拉老爹 aʔ^{5}laʔ^{5}lɔ^{13}tia^{44}
31 宁波	自家 ʑi^{13}ko^{44}	人家 ȵiŋ^{13}ko^{53}	阿拉阿伯 ʔ^{2}laʔ^{2}aʔ^{2}paʔ^{5}
32 镇海	自家 ʑi^{22}ko^{53}	人家 ȵiŋ^{22}ko^{53}	阿爹 aʔ^{2}tia^{44}
33 奉化	自家 zɿ^{31}ko^{33}	人家 ȵiŋ^{33}ko^{53}	我爹 ŋəu^{32}tia^{44}
34 宁海	自家 zɿ^{22}ko^{53}	人家 ȵiŋ^{21}ko^{34}	我鞋⁼爸 ŋo^{31}a^{21}paʔ^{5}
35 象山	实⁼家 zoʔ^{2}ko^{53}	人家 ȵiŋ^{31}ko^{35}	阿拉爹 aʔ^{2}laʔ^{2}tia^{44}
36 普陀	自家 i^{11}ko^{55}	别人 biɛʔ^{23}ȵiŋ^{0}	我爸爸 ŋo^{23}pa^{55}pa^{0}
37 定海	自家 i^{11}ko^{44}	人家 ȵiŋ^{33}ko^{52}	阿拉阿爹 ɐʔ^{3}lɐʔ^{3}ɐʔ^{5}tia^{0}
38 岱山	自家 i^{11}ko^{44}	人家 ȵiŋ^{33}ko^{52}	阿拉阿爹 ɐʔ^{3}lɐʔ^{3}ɐʔ^{0}tia^{52}
39 嵊泗	自家 iʏ^{11}ko^{445}	人家 ȵiŋ^{33}ko^{53}	阿拉阿爹 ɐʔ^{3}lɐʔ^{3}a^{44}tiɛ^{0}
40 临海	自己 zɿ^{22}tɕi^{52}	别个人 bieʔ^{2}ke^{33}ȵiŋ^{353}小	我伯儿 ŋe^{42}pã^{51}
41 椒江	自己 zɿ^{22}tɕi^{42}	渠态⁼gə^{31}tʰə^{51}	我伯儿 ŋo^{33}pã^{51}
42 黄岩	自己 zɿ^{13}tɕi^{42}	渠态⁼ge^{121}tʰe^{53} 别个 bieʔ^{2}kie^{55}	我伯儿 ŋo^{42}pã^{53}
43 温岭	自 zɿ^{13} 自己 zɿ^{13}tɕi^{42}	人家 ȵin^{24}ko^{31}	我伯儿 ŋo^{42}pã^{51}
44 仙居	自己 zɿ^{31}tɕi^{324}	别个人 biəʔ^{23}ko^{55}ȵin^{0}	我伯 ŋo^{24}ɓaʔ^{53}
45 天台	自己 zɿ^{33}ki^{325}	别个人 biəʔ^{2}kou^{55}ȵiŋ^{51}	我伯 ɔ^{21}pa^{55}
46 三门	自家 zɿ^{23}ko^{52}	别人 bieʔ^{2}niŋ^{252}	我伯 ʊ^{325}pɛ^{52}小

续表

方言点	1138 自己我～做的	1139 别人这是～的	1140 我爸～今年八十岁
47 玉环	自己 zɿ^{22} tɕi^{53}	别人 biɐʔ^{2} ȵiŋ^{41}	我伯儿 ŋo^{42} pã^{53}
48 金华	自 ʑi^{14}	别人 bie^{14} ȵiŋ^{0} 别个 bie^{14} kəʔ^{0}	我浪⁼爷 ɑ^{55} lɑŋ^{14} ia^{313}
49 汤溪	自 zi^{341}	别侬 bie^{11} nɑo^{52}	我个伯 ɑ^{11} kə^{33} pa^{55} 我个爷 ɑ^{11} kə^{33} iɑ^{11}
50 兰溪	自 ʑi^{24}	别个 bieʔ^{12} gɑ^{24}	我爷 uɤ^{55} iɑ^{21}
51 浦江	自 ʑi^{24}	别个 biə^{24} kɑ^{334}	我㖞爷 ɑ^{55} tɛ^{0} iɑ^{113}
52 义乌	自 zi^{24}	别侬 bie^{24} noŋ^{312}	我拉伯 əʔ^{5} la^{22} pɛ^{45}
53 东阳	自 zi^{24}	别个儿 biɛʔ^{2} kɐn^{35}	我阿爸 ŋʊ^{23} a^{44} pa^{33}
54 永康	自 ʑi^{241}	别侬 ɓə^{33} noŋ^{241}	我个爷 ŋuo^{31} ə^{0} ia^{55}
55 武义	自 ʑi^{231}	够⁼个 kɑu^{55} tɕia^{53}	我爷 a^{55} ia^{324}
56 磐安	自 ʑi^{14}	别个 piɛ^{52} ka^{52}	我爷 ŋuɤ^{55} ia^{213} / uɤ^{55} ia^{213}
57 缙云	自 zɿ^{213}	别人 biɛ^{51} nɛŋ^{243}	我爸 ŋu^{21} pa^{45}
58 衢州	自家 zɿ^{231} kɑ^{32} 自家 səʔ^{5} kɑ^{32}	别个 biəʔ^{2} ku^{53}	我老子 ŋu^{53} lɔ^{231} tsɿ^{35} 我伯伯 ŋu^{53} paʔ^{3} paʔ^{5}
59 衢江	自家 ʑiəʔ^{2} kuo^{33}	别侬 biəʔ^{2} nəŋ^{0}	我老子 ŋaʔ^{2} lɔ^{33} tsɿ^{53}
60 龙游	自家 ʑi^{22} kuɑ^{334}	别侬 biəʔ^{2} nən^{224}	奴爹 nu^{22} tiɑ^{334}
61 江山	自家 dʑiɒʔ^{2} gɒ^{22}	别侬 biɛʔ^{2} naŋ^{213}	我爸 ŋɒ^{22} pɒ^{44}
62 常山	自家 dʑieʔ^{3} kɑ^{44}	别侬 bɤʔ^{3} nã^{52}	我爸 ŋɑ^{24} pɑ^{52}
63 开化	自家 ʑieʔ^{2} kɑ^{44}	别侬 baʔ^{2} nɤŋ^{231} / biɛʔ^{2} nɤŋ^{231}	我爷 ŋɑ^{21} yo^{231} 我伯伯 ŋɑ^{2} paʔ^{4} paʔ^{5}
64 丽水	自 zɿ^{131}	别人 bɛʔ^{2} nen^{22}	我爹 ŋuo^{44} tio^{224} 我伯 ŋuo^{44} paʔ^{5}
65 青田	自 zɿ^{22}	别人 bɛʔ^{3} neŋ^{53}	我爹 ŋu^{33} ɗɑ^{445}
66 云和	特⁼自 daʔ^{23} zɿ^{223}	别人 biɛʔ^{23} nɛ^{312}	我伯 ŋo^{44} paʔ^{5}
67 松阳	自 zɿ^{13}	别侬 biɛʔ^{2} nəŋ^{31}	是我伯伯 ʑiʔ^{2} ŋ^{31} paʔ^{3} paʔ^{5}
68 宣平	自 zɿ^{231}	别人 biəʔ^{2} nin^{433}	我个爹 o^{22} kə^{0} tia^{324}

续表

方言点	1138 自己我～做的	1139 别人这是～的	1140 我爸～今年八十岁
69 遂昌	自家 ʑyʔ^{2}kɒ^{334}/zɿ^{22}kɒ^{334}	别个侬 biɛʔ^{2}kei^{45}nəŋ^{0}	我爹 ŋɒ^{22}ta^{45}
70 龙泉	独自 dɯəʔ^{3}zɿ^{224}	别侬 biᴇʔ^{3}nəŋ^{21}	我大 ŋo^{21}da^{224}
71 景宁	自 zɿ^{113}	别人 baʔ^{23}naŋ^{41}	我伯 ŋo^{33}paʔ^{5}
72 庆元	自 zɿ^{31}	别侬 piᴇʔ^{34}noŋ^{52}	我伯 ŋo^{22}ɓɑʔ^{5}
73 泰顺	独自 təuʔ^{2}sɿ^{22}	别人 pɛʔ^{2}nɛ^{53}	我爸 ŋɔʔ^{2}puɔ^{35}
74 温州	我自 ŋ^{31}zɿ^{22}	别侬 bi^{22}naŋ^{223}	我拉阿爸 ŋ^{14}la^{0}a^{3}pa^{33}
75 永嘉	我自 ŋ^{31}zɿ^{22}	别侬 bi^{213}naŋ^{21}	我阿伯 ŋ^{13}a^{0}pa^{423}
76 乐清	我自 ŋ^{31}zɿ^{22}	别侬 biᴇ^{22}naŋ^{223}	我大 ŋ^{24}de^{22}
77 瑞安	我自 ŋ^{22}zɿ^{22}	别侬 bi^{2}naŋ^{21}	我阿大 ŋ^{13}a^{0}da^{22}
78 平阳	自个 zɿ^{21}kai^{53}	别侬 bie^{21}naŋ^{13}	伲爸 ŋᴀ^{45}pᴀ^{21}
79 文成	达⁼自 da^{21}zɿ^{21}	别侬 bie^{21}naŋ^{33}	我伯 ŋ^{21}pa^{13}
80 苍南	自个 zɿ^{11}kai^{42} 我自 ŋ^{53}zɿ^{11}	别侬 biɛ^{11}naŋ^{112}	我阿伯 ŋ^{53}a^{0}pa^{223}
81 建德徽	自盖⁼ ɕi^{55}kɛ^{33}	别个 pi^{21}kɑ^{33}	印伯伯 ɑŋ^{13}pɑ^{21}pɑ^{55}
82 寿昌徽	自家 sɿ^{33}kɑ^{33}	侬家 nɔŋ^{11}kuə^{112} 别侬 pʰiəʔ^{3}nɔŋ^{112}	我拉爸 ɑ^{55}lɑ^{11}pɑ^{55}
83 淳安徽	自家 sa^{53}ko^{55}	别侬 pʰiəʔ^{13}lon^{24}	歪⁼老子 uɑ^{21}lɤ^{55}tsɿ^{21}
84 遂安徽	自家 sɿ^{55}kɑ^{534}	别人 pʰiɛ^{21}ləŋ^{24}	家爸 kɑ^{55}pɑ^{33}
85 苍南闽	甲⁼己 ka^{21}ki^{21}	别侬 pɐ^{21}lan^{24}	我伯 gua^{32}pe^{21}
86 泰顺闽	独自 tɛʔ^{3}tɕi^{31}	别侬 pəʔ^{3}nəŋ^{22}	我爸 ŋa^{21}pa^{34}
87 洞头闽	阿己 a^{33}ki^{21}	别侬 pɐt^{21}laŋ^{24}	滚⁼爸 gun^{212}pa^{24}
88 景宁畲	□家 tɔ^{51}kɔ^{51}	别人 pʰieʔ^{2}ȵin^{22}	我爹 ŋɔi^{44}tia^{445}

方言点	1141 你爸~在家吗？	1142 他爸~去世了	1143 这个我要~，不要那个
01 杭州	你爸爸 ȵi^{55} pa^{33} pa^{45}	他爸爸 tʰa^{55} pa^{33} pa^{45}	即个 tɕiɛʔ^{3} koʔ^{5}
02 嘉兴	你拉爷 nei^{21} lᴀ^{24} iᴀ^{242} 㑚爷 nᴀ^{24} iᴀ^{242}	伊拉爷 i^{42} lᴀ^{21} iᴀ^{21}	葛只 kəʔ^{5} tsᴀʔ^{5}
03 嘉善	倷拉爷 nə^{22} la^{13} ia^{31}	伊拉爷 i^{55} la^{0} ia^{31}	葛个 kəʔ^{4} kəʔ^{5}
04 平湖	尔拉爷 ŋ^{44} na^{0} ia^{31}	伊拉爷 i^{44} la^{0} ia^{31}	葛档$^{=}$ kəʔ^{5} tɑ̃^{44}
05 海盐	㑚爷 nɑ^{53} iɑ^{31}	伊拉爷 e^{21} lɑ^{13} iɑ^{31}	搿$^{=}$个 gəʔ^{21} kɤ^{213}
06 海宁	㑚爷 na^{53} ia^{13}	伊拉爷 ieʔ^{5} la^{33} ia^{13}	格个 kəʔ^{5} kəʔ^{5}
07 桐乡	尔拉爸爸 ŋ^{44} na^{0} pa^{44} pa^{44}	伊拉爸爸 iəʔ^{23} la^{213} pa^{44} pa^{44}	即个 tɕiəʔ^{3} kɤɯ^{334}
08 崇德	㑚爸爸 nɑ^{53} pɑ^{44} pɑ^{44}	渠拉爸爸 gəʔ^{23} laʔ^{23} pɑ^{44} pɑ^{44}	即个 tɕiəʔ^{3} kəʔ^{53} 葛个 kəʔ^{3} kəʔ^{53}
09 湖州	㑚老头子 na^{13} lɔ^{31} døʉ^{31} tsɿ^{13}	伽老头子 dʑia^{13} lɔ^{35} døʉ^{31} tsɿ^{13}	即个 tɕieʔ^{4} keʔ^{5}
10 德清	㑚阿伯 na^{53} aʔ^{4} paʔ^{5}	是拉阿伯 zəʔ^{2} la^{53} aʔ^{4} paʔ^{5}	葛个 kəʔ^{4} kəʔ^{5}
11 武康	㑚爷 na^{13} ia^{13}	拉爷 la^{13} ia^{13}	葛个 kɜʔ^{4} kɜʔ^{5}
12 安吉	㑚阿爹 na^{213} ɐʔ^{0} tia^{55}	伽阿爹 dʑia^{213} ɐʔ^{0} tia^{55}	格个 kəʔ^{3} kəʔ^{5}
13 孝丰	㑚阿爹 na^{324} aʔ^{3} tia^{44}	伽阿爹 dʑia^{22} aʔ^{3} tia^{44}	葛个 kəʔ^{3} kəʔ^{5}
14 长兴	是尔阿伯 zəʔ^{2} n^{52} aʔ^{3} paʔ^{5}	是伊阿伯 zəʔ^{2} ʅ^{12} aʔ^{3} paʔ^{5}	格个 kəʔ^{3} kei^{44}
15 余杭	是㑚阿伯 zəʔ^{2} na^{53} aʔ^{5} paʔ^{5}	是倻阿伯 zəʔ^{2} ia^{53} aʔ^{5} paʔ^{5}	即个 tɕieʔ^{5} kəʔ^{5}
16 临安	㑚爹 na^{33} tia^{53}	倻爹 ia^{33} tia^{53}	葛个 kɐʔ^{5} kɐʔ^{5}
17 昌化	尔拉爹 ŋ^{23} la^{33} tia^{334}	渠拉爹 gɯ^{11} la^{11} tia^{334}	葛个 kəʔ^{5} kəʔ^{5}
18 於潜	你阿伯 ni^{53} ɐʔ^{53} pɐʔ^{31}	他们阿伯 tʰa^{43} meŋ^{24} ɐʔ^{53} pɐʔ^{31}	格个 kəʔ^{53} kəʔ^{53}
19 萧山	尔拉爹 n^{13} na^{35} tia^{21}	伊拉爹 l^{13} la^{35} tia^{21}	即个 tɕieʔ^{5} kəʔ^{5}
20 富阳	㑚爸爸 na^{13} pa^{55} pa^{0}	倻爸爸 ia^{13} pa^{55} pa^{0}	格个 kiɛʔ^{5} ko^{335}
21 新登	尔拉爷 ŋ^{334} ləʔ^{0} ia^{233}	伊拉爷 i^{334} ləʔ^{0} ia^{233}	格个 kəʔ^{5} kəʔ^{0}
22 桐庐	尔阿爸 ni^{33} aʔ^{5} paʔ^{3}	伊阿爸 i^{13} aʔ^{3} paʔ^{21}	葛个 gəʔ^{21} kəʔ^{5}
23 分水	你老子 ȵi^{53} lɔ^{44} tsɿ^{0}	他老子 tʰa^{44} lɔ^{44} tsɿ^{0}	即个 tɕiəʔ^{5} kəʔ^{5}
24 绍兴	㑚爹 na^{22} tia^{53}	倻爹 ia^{22} tia^{53}	葛个 keʔ^{3} goʔ^{3}

续表

方言点	1141 你爸～在家吗?	1142 他爸～去世了	1143 这个我要～,不要那个
25 上虞	㑚爹 na^{21} tia^{35}	伊拉个爹 i^{21} la^{31} kəʔ^{2} tia^{35}	乙个 iəʔ^{2} kəʔ^{2}
26 嵊州	㑚爹 na^{24} tia^{534}	倻爹 ia^{24} tia^{534}	个个 ka^{33} kəʔ^{5}
27 新昌	㑚爹 na^{13} tia^{534}	伽爹 dʑia^{22} tia^{534}	格个 kɤʔ^{5} ka^{335}
28 诸暨	[你拉]爹 niᴀ^{35} tiᴀ^{21}	伽爹 dʑiᴀ^{35} tiᴀ^{21}	葛介 kəʔ^{5} kᴀ^{33}
29 慈溪	尔搭爹 n^{11} taʔ^{2} tia^{35} 依搭爹 nuŋ^{11} taʔ^{2} tia^{35}	渠搭爹 ge^{11} taʔ^{2} tia^{35}	乙个 iəʔ^{5} kəu^{44}
30 余姚	㑚爹 naʔ^{2} tia^{44}	渠拉爹 gaʔ^{2} laʔ^{5} tia^{44}	乙个 iəʔ^{5} kəʔ^{2}
31 宁波	尔倷阿伯 ŋ^{13} naʔ^{2} aʔ^{2} paʔ^{5} 㑚阿伯 naʔ^{2} aʔ^{2} paʔ^{5}	渠拉阿伯 dʑiəʔ^{2} laʔ^{2} aʔ^{2} paʔ^{5}	该个 kiəʔ^{5} oʔ^{2} 荡⁼个 dɔ^{13} oʔ^{2}
32 镇海	依阿爹 nəu^{24} aʔ^{2} tia^{44} 依阿伯 nəu^{24} aʔ^{2} paʔ^{5}	渠阿爹 dʑi^{24} aʔ^{2} tia^{44} 渠阿伯 dʑi^{24} aʔ^{2} paʔ^{5}	该个 keʔ^{5} goʔ^{2}
33 奉化	㑚爹 na^{31} tia^{44}	渠拉爹 dʑiaʔ^{2} laʔ^{5} tia^{44}	堂⁼个 dɔ̃^{33} kəu^{44}
34 宁海	尔鞋⁼伯 ŋ^{31} a^{21} paʔ^{5}	渠鞋⁼伯 dzɿ^{31} a^{21} paʔ^{5}	掰⁼个 geʔ^{3} keʔ^{5}
35 象山	尔拉爹 n^{31} naʔ^{2} tia^{44}	渠拉爹 dʑieʔ^{2} laʔ^{2} tia^{44}	掰⁼个 geʔ^{2} geʔ^{2}
36 普陀	依爸爸 noŋ^{24} pa^{55} pa^{0}	渠爸爸 dʑi^{24} pa^{55} pa^{0}	道⁼个 dɔ^{13} koʔ^{0}
37 定海	㑚阿爹 nɐʔ^{2} ɐʔ^{5} tia^{0}	渠拉阿爹 dʑieʔ^{2} lɐʔ^{2} ɐʔ^{5} tia^{0}	道⁼个 dɔ^{23} goʔ^{0}
38 岱山	尔拉阿爹 ŋ^{23} nɐʔ^{2} ɐʔ^{3} tiɛ^{52}	渠拉阿爹 dʑieʔ^{2} lɐʔ^{5} ɐʔ^{3} tia^{52} "渠"促化	道⁼个 dɔ^{23} goʔ^{5}
39 嵊泗	㑚阿爹 nɐʔ^{2} a^{44} tiɛ^{0}	渠拉阿爹 dʑiᴇʔ^{2} lɐʔ^{5} a^{44} tiɛ^{0} "渠"促化	道⁼个 dɔ^{24} goʔ^{5}
40 临海	尔伯儿 ŋ^{51} pã^{51}	渠伯儿 ge^{22} pã^{51}	葛个 kəʔ^{3} ke^{353}
41 椒江	尔伯儿 n^{33} pã^{51}	渠伯儿 gə^{31} pã^{51}	葛个 kəʔ^{3} kə^{51}
42 黄岩	尔伯儿 ŋ^{42} pã^{53}	渠伯儿 gie^{121} pã^{53}	葛个 kəʔ^{3} kie^{53} 小
43 温岭	尔伯儿 n^{42} pã^{51}	渠伯儿 gie^{31} pã^{51}	葛个 kəʔ^{3} kie^{55}
44 仙居	尔伯 ŋ^{24} ɓaʔ^{53}	渠伯 gæ^{21} ɓaʔ^{53}	葛个 kəʔ^{5} ko^{0}
45 天台	尔拉爸 ŋ^{21} na^{21} pa^{51}	渠拉爸 gei^{22} na^{21} pa^{51}	谷⁼个 kuʔ^{5} kou^{0}
46 三门	尔伯 ŋ^{325} pɛ^{52} 小	渠伯 dʑi^{13} pɛ^{52} 小	则⁼记⁼ tsɐʔ^{5} tɕi^{55}

续表

方言点	1141 你爸～在家吗？	1142 他爸～去世了	1143 这个我要～，不要那个
47 玉环	尔伯儿 n^{42} pã^{53}	渠伯儿 gie^{31} pã^{53}	[葛一]个 kiɐʔ^{3} kie^{55}
48 金华	尔浪⁼爷 ŋ^{55} nɑŋ^{14} ia^{313}	渠浪⁼爷 gəʔ^{21} lɑŋ^{14} ia^{313}	葛个 kəʔ^{3} kəʔ^{4}
49 汤溪	尔个伯 ŋ^{11} kə^{33} pa^{55}	渠个伯 gɯ^{11} kə^{33} pa^{55}	犿⁼个 gə^{11} kɑ^{52}
50 兰溪	侬爷 noŋ^{55} iɑ^{21}	渠爷 gi^{21} iɑ^{21}	格个 kiəʔ^{34} kɑ^{45}
51 浦江	尔嘚爷 n^{55} tɛ^{0} iɑ^{113}	渠嘚爷 ʑi^{24} tɛ^{0} iɑ^{113}	吉⁼个 tɕiə^{33} kɑ^{55}
52 义乌	尔拉伯 n^{42} na^{22} pɛ^{45}	渠拉伯 ai^{22} la^{33} pɛ^{45}	尔⁼个 n^{33} kə^{45}
53 东阳	尔阿爸 n^{23} a^{44} pa^{33}	渠阿爸 gəɯ^{23} a^{44} pa^{33}	亨⁼个 hɛ^{33} kɐ^{53}
54 永康	尔个爷 ŋ^{31} ə^{0} ia^{55}	渠个爷 kɯ^{33} ə^{0} ia^{55}	够⁼个 kɯ^{33} kuo^{52}
55 武义	偌爷 nɔ^{55} ia^{324}	渠爷 gɯ^{55} ia^{324}	阿⁼个 əʔ^{5} kə^{0} /əʔ^{5} tɕia^{0}
56 磐安	尔爷 n^{55} ia^{213}	渠爷 gɐɯ^{14} ia^{213}	格个 ka^{33} ka^{52} 古⁼个 ku^{33} ka^{52}
57 缙云	你爸 ȵi^{21} pa^{45}	渠爸 gɤ^{243} pa^{45}	以⁼个 i^{21} ku^{453} 个 ku^{453}
58 衢州	你老子 ȵi^{53} lɔ^{231} tsɿ^{35} 你伯伯 ȵi^{53} paʔ^{3} paʔ^{5}	渠老子 gi^{21} lɔ^{231} tsɿ^{35} 渠伯伯 gi^{21} paʔ^{3} paʔ^{5}	格个 kəʔ^{5} gəʔ^{0} 锯⁼个 ki^{53} ku^{0}
59 衢江	你老子 ȵiəʔ^{2} lɔ^{33} tsɿ^{53}	渠老子 gəʔ^{2} lɔ^{33} tsɿ^{53}	阿⁼个 aʔ^{5} gəʔ^{0} 瞎⁼个 xaʔ^{5} gəʔ^{0}
60 龙游	尔个爹 n^{22} gəʔ^{0} tiɑ^{334}	渠个爹 gəɯ^{22} gəʔ^{0} tiɑ^{334}	阿⁼个 əʔ^{4} gəʔ^{0}
61 江山	你爸 ȵi^{22} pɒ^{44}	渠爸 ŋə^{22} pɒ^{44}	乙个 iᴇʔ^{5} gəʔ^{0}
62 常山	尔爸 n^{24} pɑ^{52}	渠爸 ŋɤ^{45} pɑ^{52}	乙个 ieʔ^{5} kɤʔ^{0} 乙个 eʔ^{5} kɤʔ^{0}
63 开化	你爷 ȵi^{231} yo^{231} 你伯伯 ȵi^{2} paʔ^{4} paʔ^{5}	渠爷 giɛ^{13} yo^{231} 渠伯伯 giɛ^{2} paʔ^{4} paʔ^{5}	乙个 iɛʔ^{5} ka^{0}
64 丽水	你爹 ȵi^{52} tio^{224} 你伯 ȵi^{52} paʔ^{5}	渠爹 gɯ^{22} tio^{224} 渠伯 gɯ^{22} paʔ^{5}	乙个 iʔ^{5} kuɔ^{0}
65 青田	你爹 ȵi^{33} ɗɑ^{445}	渠爹 gi^{21} ɗɑ^{445}	伊⁼个 i^{55} kaʔ^{0}
66 云和	你伯 ȵi^{44} paʔ^{5}	渠伯 gi^{31} paʔ^{5}	乙个 iʔ^{4} kei^{45} /iʔ^{4} ki^{45}
67 松阳	是尔伯伯 ʑiʔ^{2} n^{22} paʔ^{3} paʔ^{5}	是渠伯伯 ʑiʔ^{2} gɛʔ^{2} paʔ^{3} paʔ^{5}	乙个 iʔ^{5} ki^{0}

续表

方言点	1141 你爸～在家吗？	1142 他爸～去世了	1143 这个我要～，不要那个
68 宣平	尔个爹 n^{22} kə^{0} tia^{324}	渠个爹 gɯ^{22} kə^{0} tia^{324}	爱$^{=}$个 ei^{55} ka^{0}
69 遂昌	你爹 ȵiɛ^{13} ta^{45}	渠爹 gɤ^{22} ta^{45}	乙个 iʔ^{5} kei^{0}
70 龙泉	你大 ȵi^{21} da^{224}	渠大 gɤɯ^{21} da^{224}	搭$^{=}$个 toʔ^{5} ki^{45} 叶$^{=}$个 iᴇʔ^{24} ki^{45}
71 景宁	你伯 ȵi^{33} paʔ^{5}	渠伯 ki^{33} paʔ^{5}	埯个 tɛʔ^{5} ki^{35}
72 庆元	你伯 ȵiᴇ^{22} ɓɑʔ^{5}	渠伯 kɤ^{22} ɓɑʔ^{5}	直$^{=}$个 tsɿʔ^{34} kæi^{11} 搭$^{=}$个 ɗɑʔ^{5} kæi^{11}
73 泰顺	你爸 ȵi^{22} puɔ^{35}	渠爸 tsɿ^{21} puɔ^{35}	□个 k^{h}i^{35} ki^{35}
74 温州	你拉阿爸 ȵi^{14} la^{0} a^{3} pa^{33}	渠拉阿爸 gei^{31} la^{0} a^{3} pa^{33}	该个 ke^{323} kai^{0}
75 永嘉	你阿伯 ȵi^{13} a^{0} pa^{423}	渠阿伯 gei^{31} a^{0} pa^{423}	个个 kai^{43} kai^{423}
76 乐清	你大 ȵi^{24} de^{22}	渠大 dʑi^{31} de^{22}	个个 kai^{35} kai^{323}
77 瑞安	你阿大 ȵi^{13} a^{0} da^{22}	渠阿大 gi^{31} a^{0} da^{22}	个个 kai^{3} kai^{323}
78 平阳	你阿爸 ȵi^{45} iᴀ^{45} pᴀ^{21}	渠阿爸 gi^{13} iᴀ^{45} pᴀ^{21}	个个 kai^{21} kai^{35}
79 文成	你伯 ȵi^{21} pa^{13}	渠伯 gei^{21} pa^{13}	该个 ke^{21} kai^{13}
80 苍南	你阿伯 ȵi^{53} a^{0} pa^{223}	渠阿伯 gi^{31} a^{0} pa^{223}	该个 ke^{3} kai^{42}
81 建德徽	尔伯伯 n^{13} pɑ^{21} pɑ^{55}	渠伯伯 ki^{33} pɑ^{21} pɑ^{55}	葛个 kɐʔ^{3} kɑ^{55}
82 寿昌徽	尔拉爸 n^{33} lɑ^{11} pɑ^{55}	渠拉爸 kəɯ^{55} lɑ^{11} pɑ^{55}	格个 kəʔ^{3} kɑ^{24}
83 淳安徽	南$^{=}$老子 lã^{21} lɤ^{55} tsɿ^{21}	卡$^{=}$老子 k^{h}ɑ^{43} lɤ^{55} tsɿ^{21}	乙个 iʔ^{5} kɑ^{0} 式$^{=}$个 səʔ^{5} kɑ^{0} 乙式$^{=}$个 iʔ^{5} səʔ^{5} kɑ^{0}
84 遂安徽	你爸 i^{33} pɑ^{33}	渠爸 k^{h}əɯ^{55} pɑ^{52}	阿$^{=}$个 ɑ^{33} ke^{52}
85 苍南闽	汝伯 lɯ^{32} pe^{21}	伊伯 i^{33} pe^{21}	蜀个 tɕie^{43} ke^{24}
86 泰顺闽	你阿爸 n^{344} a^{0} pa^{34}	伊阿爸 i^{344} a^{0} pa^{34}	这个 tɕy^{22} køʔ^{3}
87 洞头闽	恁爸 lin^{212} pa^{24}	尹爸 in^{212} pa^{24}	蜀个 tɕiek^{21} ge^{24}
88 景宁畲	你爹 ȵi^{44} tia^{445}	渠爹 ki^{44} tia^{445}	个个 kɔi^{51} kɔi^{55}

方言点	1144 那个我要这个，不要～	1145 哪个你要～杯子？	1146 谁你找～？
01 杭州	那个 la^{45} koʔ^{5}	哪个 na^{55} koʔ^{0}	哪个 la^{55} koʔ^{0}
02 嘉兴	还只 ᴇ^{42} tsᴀʔ^{1}	何里葛只 ᴀ^{13} li^{42} gəʔ^{1} tsᴀʔ^{1}	啥人 zᴀ^{33} ȵiŋ^{42}
03 嘉善	几=个 tɕi^{44} kəʔ^{5} 较远 还个 ɛ^{44} kəʔ^{5} 更远	哈=里个 xa^{44} li^{44} kəʔ^{5}	哈人 xa^{44} ȵin^{31}
04 平湖	记=葛档= tɕi^{44} kəʔ^{5} tɑ̃^{0} 还有葛档= ɛ^{53} iəɯ^{0} kəʔ^{0} tɑ̃^{0}	鞋=里葛档= a^{21} li^{44} kəʔ^{0} tɑ̃^{0}	啥人 sa^{44} ȵin^{31}
05 海盐	葛个 kəʔ^{5} kəʔ^{21} 还一个 ɛ^{53} iəʔ^{21} kəʔ^{21}	鞋=里个 ɑ^{24} li^{53} kəʔ^{21}	啥人 sɑ^{5} ȵin^{21}
06 海宁	黑=里个 həʔ^{5} li^{33} kəʔ^{5}	鞋=里个 a^{33} li^{33} kəʔ^{5}	啥人 sa^{55} ȵiŋ^{55}
07 桐乡	忽=里即个 huəʔ^{3} li^{33} tɕiəʔ^{5} kɤɯ^{0}	鞋=里即个 a^{21} li^{44} tɕiəʔ^{5} kɤɯ^{0}	啥人 sa^{33} ȵiŋ^{53}
08 崇德	吓=里即个 haʔ^{3} li^{55} tɕiəʔ^{0} kəʔ^{0} 较远 葛头即个 kəʔ^{3} dɤɯ^{55} tɕiəʔ^{0} kəʔ^{0} 更远	哽=算=即个 gã^{21} sᴇ^{55} tɕiəʔ^{0} kəʔ^{0}	轧=人 gəʔ^{23} ȵiŋ^{44}
09 湖州	即个 tɕieʔ^{4} keʔ^{5}	何里个 əu^{53} li^{31} kei^{13}	环=人 guɛ^{13} ȵin^{312}
10 德清	黑=里个 xəʔ^{4} li^{44} kəʔ^{5}	鞋=里个 a^{11} li^{44} kəʔ^{5}	鞋=人 a^{11} ȵin^{35}
11 武康	黑=里个 xɜʔ^{5} li^{44} kɜʔ^{5}	鞋=里个 a^{11} li^{13} kɜʔ^{5}	鞋=人 a^{11} n^{242}
12 安吉	亨=个 hã^{55} kəʔ^{5}	还有个 a^{22} iu^{52} kəʔ^{2}	□人 guəʔ^{2} ȵiŋ^{52}
13 孝丰	还有个 a^{22} iu^{45} kəʔ^{2}	□里个 guəʔ^{2} li^{45} kəʔ^{2}	□人 guəʔ^{2} ȵiŋ^{52}
14 长兴	格头个 kəʔ^{3} dei^{44} kei^{44}	□里个 gəu^{24} lɿ^{45} kei^{21}	□人 gəu^{24} ȵiŋ^{21}
15 余杭	黑=里即个 xəʔ^{5} li^{33} tɕieʔ^{5} kəʔ^{5}	黑=里即个 xəʔ^{5} li^{33} tɕieʔ^{5} kəʔ^{5}	坏=人 ua^{33} n^{31} "人"音殊
16 临安	亨=个 hɑ̃^{55} kɐʔ^{5}	鞋=里个 a^{33} li^{33} kɐʔ^{5}	鞋=人家 a^{33} ȵieŋ^{33} ko^{55}
17 昌化	□个 nɔ̃^{45} kəʔ^{23}	大=里=个 da^{23} li^{45} kəʔ^{5}	大=个 da^{23} kəʔ^{5} 大=侬 da^{23} nəŋ^{45}
18 於潜	那个 na^{24} kəʔ^{53}	哪个 na^{53} kəʔ^{31}	哪个 na^{53} kəʔ^{31}
19 萧山	亨=个 xã^{33} kəʔ^{21}	何里个 a^{33} li^{33} kəʔ^{5}	虾=个 xo^{33} ko^{33}
20 富阳	唔带个 ŋ^{13} ta^{53} ko^{335}	何里个 a^{13} li^{13} ko^{53}	何侬 gã^{224} ŋ^{335}
21 新登	那个 na^{45} kəʔ^{0}	哪一个 la^{334} iəʔ^{5} kəʔ^{0}	待=人 da^{21} neiŋ^{45} 待=尔 da^{21} ŋ^{45}

续表

方言点	1144 那个我要这个,不要～	1145 哪个你要～杯子?	1146 谁你找～?
22 桐庐	得=个 təʔ^{5} kəʔ^{5}	达=个 dᴀʔ^{13} kəʔ^{5}	达=人 daʔ^{13} niŋ^{55}
23 分水	那个 na^{21} kəʔ^{5}	哪个 na^{21} ko^{24}	谁 ze^{22}
24 绍兴	亨=个 haŋ^{44} goʔ^{3}	何里个 a^{22} li^{33} goʔ^{2}	何谁 a^{22} zɿ^{231}
25 上虞	亨=个 hã^{53} kəʔ^{2}	鞋=乙个 a^{21} iəʔ^{2} kəʔ^{2}	鞋=氏= a^{21} dzɿ^{213}
26 嵊州	亨=个 haŋ^{33} kəʔ^{5}	哪个 na^{22} kəʔ^{5}	哪侬 na^{22} noŋ^{213} 哪谁 na^{22} zɿ^{213}
27 新昌	蒙=个 moŋ^{22} ka^{335}	哪个 na^{22} ka^{335}	哪侬 na^{22} nɔ̃^{13}
28 诸暨	妹=个 me^{33} kᴀ^{33}	何勒=介 ᴀ^{13} ləʔ^{5} kᴀ^{42}	鞋=盖= ᴀ^{21} kie^{21}
29 慈溪	□个 gã^{13} kəu^{44}	鞋=里个 a^{13} li^{0} kəu^{44}	啥人 saʔ^{5} ȵiŋ^{13}
30 余姚	乙头个 iəʔ^{5} dø^{0} kəʔ^{2}	何里只 a^{13} li^{0} tsaʔ^{5} 何头只 a^{13} dø^{0} tsaʔ^{5}	啥人 saŋ^{44} ȵiə̃^{13}
31 宁波	该边个 kiəʔ^{5} pi^{44} oʔ^{2}	阿=里个 aʔ^{2} li^{13} oʔ^{2}	谁侬 zʮ^{13} nəu^{44} 啥人 zoʔ^{2} ȵiŋ^{0}
32 镇海	该个 keʔ^{5} goʔ^{2}	阿=里个 aʔ^{2} li^{24} goʔ^{2}	啥人 səu^{33} ȵiŋ^{22}
33 奉化	阿=岸=个 aʔ^{2} ŋe^{33} kəu^{44}	后=个 æi^{33} kəu^{44}	孰 zʮ^{324}
34 宁海	解=个 ka^{53} geʔ^{3}	鞋=只 a^{21} tsaʔ^{5} 鞋=一只 a^{21} iəʔ^{3} tsaʔ^{5}	敢=五= ke^{53} ŋ^{24} 谁人 ze^{21} ȵiŋ^{213}
35 象山	搿=个 geʔ^{2} geʔ^{2}	合=来个 aʔ^{2} lei^{31} geʔ^{2}	合=孰 aʔ^{2} zʮ^{31}
36 普陀	跌=个 tiɛʔ^{5} koʔ^{0}	阿=里个 ɐʔ^{3} li^{55} koʔ^{0}	啥人 səu^{55} ȵiŋ^{0}
37 定海	该个 kieʔ^{5} goʔ^{0}	阿=里个 ɐʔ^{3} li^{44} goʔ^{5}	啥人 sʌu^{44} ȵiŋ^{0}
38 岱山	该个 kieʔ^{5} goʔ^{5}	阿=里只 ɐʔ^{5} li^{0} tsɐʔ^{0}	啥人 sʌu^{44} ȵiŋ^{44}
39 嵊泗	该个 kiᴇʔ^{5} goʔ^{0}	阿=里个 ɐʔ^{5} li^{0} goʔ^{0}	啥人 sʌu^{44} ȵiŋ^{0}
40 临海	减=个 kɛ^{42} ke^{51}	哪个 nø^{42} ke^{31}	何人 ka^{35} ȵiŋ^{21}
41 椒江	解=个 ka^{42} kə^{51} 小	哪个 lo^{42} kəʔ^{0}	减=儿= kiɛ^{42} n^{0}
42 黄岩	解=个 ka^{42} kie^{35} 小	哪个 lio^{42} kie^{0}	减=儿= kiɛ^{42} n^{0}
43 温岭	解=个 ka^{42} kie^{51} 小 何个 a^{13} kie^{55}	哪个 lo^{42} kie^{33}	减=儿= kiɛ^{42} n^{41} 小 咸=儿= ɛ^{13} n^{44}
44 仙居	蓬=个 boŋ^{24} ko^{0} 较远 尽蓬=个 zen^{21} boŋ^{24} ko^{0} 更远	哪个 no^{24} ko^{0}	矮=日= a^{31} ȵiəʔ^{23}
45 天台	解=个 ka^{325} kou^{0}	哪个 no^{21} kou^{55}	陆=谷= luʔ^{2} kuʔ^{5}

续表

方言点	1144 那个我要这个，不要～	1145 哪个你要～杯子？	1146 谁你找～？
46 三门	那记= nʊ^{23}tɕi^{55}	解= 记= ka^{325}tɕi^{55}	干= 人 kɛ^{334}niŋ^{31}
47 玉环	解= 个 ka^{53}kie^{55}	哪个 lo^{53}kie^{33}	减= 儿= kiɛ^{53}ŋ^{0}
48 金华	末个 məʔ^{21}gəʔ^{212}	哪个 lɑ^{53}kəʔ^{4}	哪个 lɑ^{55}gəʔ^{212}
49 汤溪	□个 ɑ^{11}kɑ^{52}	哪个 la^{11}kɑ^{52}	哪侬 la^{11}nɑo^{52}
50 兰溪	共= 个 goŋ^{21}gɑ^{24}	哪个 lɑ^{55}kɑ^{0}	哪个 lɑ^{55}kɑ^{0}
51 浦江	墨= 个 mə^{11}kɑ^{53} 同= 个 dən^{11}kɑ^{334} 大= 个 dɑ^{24}kɑ^{334}	哪个儿 lɑ^{11}kɑn^{53} 哪个 lɑ^{24}kɑ^{0}	哪个儿 lɑ^{11}kɑn^{53} 哪个 lɑ^{24}kɑ^{0}
52 义乌	面个 mie^{53}kə^{45} 同= 个 doŋ^{22}kə^{45} 带= 个 ta^{33}kə^{45}	[哪里]个 nai^{24}kə^{45}	[是哪]儿 dzian^{24}
53 东阳	哝个 nɔm^{22}kɐ^{53}	□个 mɐn^{23}kɐ^{33}	迦个儿 dʑiɛ^{23}kan^{53}
54 永康	勾= 个 kɯ^{55}kuo^{52}	觑= 个 tɕ^{h}i^{52}kuo^{52}	迦侬 dʑia^{31}noŋ^{52}
55 武义	的= 个 təʔ^{5}tɕia^{53}	阿= 个 a^{324}tɕia^{53}	豆= 个 dɑu^{231}tɕia^{0}
56 磐安	农= 个 nɔom^{52}ka^{52}	末= 儿个 mɛn^{21}ka^{52}	迦个 tɕia^{52}ka^{52}
57 缙云	阿= 个 ɑ^{21}ku^{31}	塞= 个 ts^{h}ei^{45}ku^{31}	塞= 个 ts^{h}ei^{45}ku^{31}
58 衢州	背= 个 pe^{53}ku^{0} 博= 个 pəʔ^{5}gəʔ^{0}	哪个 nɑ^{53}ku^{0} 哪个 nɑ^{53}kəʔ^{0}	哪个 nɑ^{53}ku^{0}
59 衢江	艺= 个 ŋ^{55}gəʔ^{0} 蓬= 个 bəŋ^{212}gəʔ^{0}	出= 个 tɕ^{h}iaʔ^{5}gəʔ^{0}	含= 侬 gã^{22}nəŋ^{212}
60 龙游	亿= 个 i^{51}gəʔ^{0}	策= 个 ts^{h}əʔ^{4}gəʔ^{0}	策= 侬 ts^{h}əʔ^{4}nən^{21}
61 江山	喝= 个 xaʔ^{5}gəʔ^{0}	嚓= 个 ts^{h}aʔ^{5}gəʔ^{0}	倒= 侬 tɐɯ^{44}naŋ^{51}
62 常山	末= 个 mɤʔ^{34}kɤʔ^{0}	七= 个 ts^{h}ʌʔ^{4}kɛ^{324}	鸭= 侬 aʔ^{4}nã^{52} 倒侬 tɔ^{43}nã^{52}
63 开化	哎= 个 ɛ^{21}ka^{53}	何个 gɑ^{21}ka^{53}	何侬 gɑ^{21}nɤŋ^{213}
64 丽水	阿= 个 aʔ^{5}kuɔ^{0}	吃= 个 tɕ^{h}iʔ^{5}kuɔ^{0}	迦人 tɕiaʔ^{5}nen^{22}
65 青田	限= 个 ɑ^{55}kaʔ^{0}	气= 个 ts^{h}ɿ^{33}kaʔ^{0}	从= 人 io^{22}neŋ^{53}
66 云和	阿= 个 aʔ^{4}kei^{45}/aʔ^{4}ki^{45}	撤= 个 tɕ^{h}iɛʔ^{4}kei^{45}/tɕ^{h}iɛʔ^{4}ki^{45}	责= 人 tsaʔ^{5}nɛ^{312} 迦人 tɕiaʔ^{5}nɛ^{312} 撤= 人 tɕ^{h}iɛʔ^{5}nɛ^{312}

续表

方言点	1144 那个我要这个,不要～	1145 哪个你要～杯子?	1146 谁你找～?
67 松阳	轭$^{=}$个 aʔ^{5}ki^{0}	策$^{=}$个 ts^{h}aʔ^{5}ki^{0}	哪侬 na^{21}nəŋ^{24}
68 宣平	夺$^{=}$个 dəʔ^{2}ka^{0} 特$^{=}$个 diəʔ^{2}ka^{0}	直$^{=}$个 dʑiəʔ^{23}ka^{0}	直$^{=}$人 dʑiəʔ^{23}nin^{0}
69 遂昌	许个 xaʔ^{5}kei^{0}	哪个 la^{13}kei^{533}	哪侬 na^{13}nəŋ^{221} 哪个 la^{13}kei^{334}
70 龙泉	许个 xoʔ^{24}ki^{45} 学$^{=}$个 oʔ^{24}ki^{45}	契$^{=}$个 tɕ^{h}i^{45}ki^{0}	契$^{=}$个 tɕ^{h}i^{45}ki^{45} 且$^{=}$侬 tɕ^{h}ia^{44}nəŋ^{51}
71 景宁	阿$^{=}$个 a^{33}ki^{35}	七$^{=}$个 ts^{h}əɯʔ^{5}ki^{35}	七$^{=}$个 ts^{h}əɯʔ^{5}ki^{35}
72 庆元	狭$^{=}$个 xɑʔ^{34}kæi^{11}	启$^{=}$个 tɕ^{h}iᴇ^{33}kæi^{11}	启$^{=}$个 tɕ^{h}iᴇ^{33}kæi^{11} 启$^{=}$侬 tɕ^{h}iᴇ^{33}noŋ^{33}
73 泰顺	阿□个 aʔ^{2}k^{h}i^{35}ki^{35}远指 旁个 pɔ̃^{53}ki^{35}中指	测$^{=}$个 ts^{h}ɛʔ^{5}ki^{35}	何人 ka^{22}nɛ^{53} 测$^{=}$个 ts^{h}ɛʔ^{5}ki^{35}
74 温州	许个 hei^{14}kai^{0}	狃$^{=}$个 ȵiau^{22}kai^{0}	何[物样]侬 a^{22}ȵi^{31}naŋ^{31}
75 永嘉	许个 hai^{45}kai^{43}	狃$^{=}$个 ȵiau^{213}kai^{43}	何[物样]侬 ga^{21}ȵiɛ^{31}naŋ^{31}/a^{21}ȵiɛ^{31}naŋ^{31}
76 乐清	许个 he^{35}kai^{41}	若个 ȵia^{22}kai^{41}	何侬 ga^{22}naŋ^{31}
77 瑞安	许个 he^{35}kai^{35}	狃$^{=}$个 ȵiau^{21}kai^{323}	[物样]侬 ȵiɛ^{31}naŋ^{21} □ ȵiŋ^{31}
78 平阳	许个 xai^{45}kai^{42}	狃$^{=}$个 ȵiau^{33}kai^{45}	年$^{=}$侬 ȵie^{42}naŋ^{21}
79 文成	阿$^{=}$个 a^{21}kai^{13}	狃$^{=}$个 ȵiau^{42}kai^{33}	念$^{=}$侬 ȵia^{42}naŋ^{21}
80 苍南	许个 hɛ^{3}kai^{42}	狃$^{=}$个 ȵiau^{11}kai^{42}	阿$^{=}$如$^{=}$ a^{3}dzy^{31}
81 建德徽	末个 mɐʔ^{12}kɑ^{55}	哪个 lɑ^{55}kɑ^{33}	哪个 lɑ^{55}kɑ^{33}
82 寿昌徽	末个 məʔ^{3}kɑ^{24}	□个 ts^{h}æ^{33}kɑ^{24}	从$^{=}$ ts^{h}ɔŋ^{52}
83 淳安徽	拎$^{=}$个 len^{24}kɑ^{0}	哪个 lɑ^{43}kɑ^{24}	哪个 lɑ^{43}kɑ^{24}
84 遂安徽	伊个 i^{33}ke^{52}	哪个 lɑ^{33}ke^{52}	哪个 lɑ^{33}ke^{33}
85 苍南闽	喜$^{=}$个 hi^{43}ke^{24}	代$^{=}$个 tai^{43}ke^{24} 桃$^{=}$个 to^{21}ke^{24}	填$^{=}$ tian^{24}
86 泰顺闽	许个 ɕy^{22}køʔ^{3}	特$^{=}$个 tɛʔ^{3}køʔ^{3}	何侬 køʔ^{3}nəŋ^{22}
87 洞头闽	许个 hi^{53}ge^{24}	到$^{=}$□蜀个 to^{21}ɐk^{5}tɕiek^{21}ge^{24}	□ ɕiaŋ^{113}
88 景宁畲	尔个 ȵi^{51}kɔi^{44}	哪个 na^{55}kɔi^{44}	哪个 na^{55}kɔi^{44}

方言点	1147 这里在～，不在那里	1148 那里在这里，不在～	1149 哪里你到～去？
01 杭州	格首 kaʔ^{3}sei^{53} 格里 kaʔ^{3}li^{53} 格埲 kaʔ^{3}taʔ^{5}	那首 la^{45}sei^{53} 那里 la^{45}li^{53}	哪里 na^{55}li^{0}
02 嘉兴	葛塔= kəʔ^{5}tʰAʔ^{5}	还塔 E^{33}tʰAʔ^{5}	何里 A^{13}li^{42}
03 嘉善	葛浪= kəʔ^{5}lã^{31}	几=浪= tɕi^{55}lã^{0}	哈=里 xa^{44}li^{31}
04 平湖	葛浪= kəʔ^{3}lɑ̃^{213} 葛塔= kəʔ^{3}tʰaʔ^{5}	记=葛浪= tɕi^{44}kəʔ^{5}lɑ̃^{0} 还有葛浪= ɛ^{53}iəɯ^{0}kəʔ^{0}lɑ̃^{0} 记=葛塔= tɕi^{44}kəʔ^{5}tʰaʔ^{0}	鞋=里 a^{24}li^{0}
05 海盐	搿=里 gəʔ^{21}li^{213} 搿=浪= gəʔ^{21}lɑ̃^{213} 浪=塔= lɑ̃^{21}tʰaʔ^{5}	葛里 kəʔ^{5}li^{21} 葛塔= kəʔ^{5}tʰaʔ^{21} 葛浪= kəʔ^{5}lɑ̃^{21}	鞋=里 ɑ^{24}li^{53}
06 海宁	格塔= kəʔ^{5}tʰaʔ^{5}	黑=里塔= həʔ^{5}li^{33}tʰaʔ^{5}	鞋=里塔= a^{33}li^{33}tʰaʔ^{5}
07 桐乡	葛塔= kəʔ^{3}tʰaʔ^{5}	忽=里 huəʔ^{3}li^{334} 葛头 kəʔ^{3}dɤɯ^{44}	活=里 uəʔ^{23}li^{213} 鞋=里 a^{21}li^{44}
08 崇德	葛塔= kəʔ^{3}tʰaʔ^{53}	吓=里 haʔ^{3}li^{53} 较远 葛头 kəʔ^{3}dɤɯ^{53} 更远	哽=算= gã^{21}sE^{53}
09 湖州	黑=牢= xəʔ^{5}lɔ^{13}	个头 kəʔ^{5}døʉ^{13}	何里 əu^{53}li^{13}
10 德清	葛里 kəʔ^{5}li^{53}	黑=里 xəʔ^{5}li^{13}	鞋=里 a^{11}li^{35}
11 武康	葛里 kɜʔ^{5}li^{53}	黑=里 xɜʔ^{5}li^{35}	鞋=里 a^{11}li^{242}
12 安吉	格里 kəʔ^{3}li^{213}	亨=头 hã^{55}dəɪ^{55}	鞋=里 a^{22}li^{52}
13 孝丰	葛里 kəʔ^{3}li^{52}	霍=里 huoʔ^{5}li^{44}	□里 guəʔ^{2}li^{52} 鞋=里 a^{22}li^{52}
14 长兴	霍=脑= hoʔ^{3}nɔ^{324}	格头 kəʔ^{3}dei^{24}	□里 gəu^{24}lʅ^{21}
15 余杭	即塔= tɕieʔ^{5}tʰaʔ^{5}	黑=里 xəʔ^{5}li^{33}	黑=里 xəʔ^{5}li^{33}
16 临安	葛里 kɐʔ^{5}li^{55}	亨=里 hɑ̃^{55}li^{53}	鞋=里 a^{33}li^{13}
17 昌化	葛里 kəʔ^{5}li^{45}	□里 nɔ̃^{45}li^{243}	大=里 da^{23}li^{45}
18 於潜	格里 kəʔ^{53}li^{31}	那里 na^{24}li^{53}	哪里 na^{53}li^{31}
19 萧山	葛里 kəʔ^{5}li^{42}	亨=里 xã^{33}li^{42}	鞋=里 a^{13}li^{42}

续表

方言点	1147 这里在～,不在那里	1148 那里在这里,不在～	1149 哪里你到～去?
20 富阳	格里 kɛʔ^{5}li^{53} 勒$^{=}$带 lɛʔ^{2}ta^{335}	唔带 ŋ^{335}ta^{53}	何里 a^{224}li^{335}
21 新登	格里 kəʔ^{5}li^{45} 格埲 kəʔ^{5}taʔ^{5} 格边 kəʔ^{5}pĩɛ^{45}	那里 na^{45}li^{0} 那埲 na^{45}taʔ^{5} 那边 na^{45}pĩɛ^{45}	哪里 la^{21}li^{13}
22 桐庐	葛里 gəʔ^{21}li^{13}	得$^{=}$里 təʔ^{5}li^{13}	达$^{=}$里 daʔ^{13}li^{55}
23 分水	格里 kəʔ^{5}li^{53}	那里 na^{21}li^{53}	哪里 na^{44}li^{53}
24 绍兴	葛里 keʔ^{5}li^{31}	亨$^{=}$头 haŋ^{44}dɤ^{31}	何里 a^{22}li^{334}
25 上虞	鸭$^{=}$头 ɐʔ^{5}dɤ^{213}	亨$^{=}$头 ã^{33}dɤ^{213}	何头 a^{21}dɤ^{213}
26 嵊州	个块 ka^{33}k^{h}uᴇ^{53}	亨$^{=}$个 haŋ^{33}ka^{53}	哪块 na^{22}k^{h}uᴇ^{53}
27 新昌	赛$^{=}$se^{534}	蒙$^{=}$赛$^{=}$moŋ^{22}se^{335}	哪赛$^{=}$na^{22}se^{335}
28 诸暨	葛埲 kəʔ^{5}do^{33}	妹$^{=}$埲 me^{33}do^{33}	鞋$^{=}$埲 ᴀ^{21}do^{242}
29 慈溪	乙头 iəʔ^{5}dø^{44}	□头 gã^{13}dø^{44}	何里 a^{13}li^{0} 何头 a^{13}dø^{44}
30 余姚	□里 uaŋ^{44}li^{0}	乙头 iəʔ^{5}dø^{0} □头 gẽ^{13}dø^{0}	何头 a^{13}dø^{0} 何里头 a^{13}li^{0}dø^{13}
31 宁波	荡$^{=}$头 dɔ̃^{22}dœʏ^{13} 该底 kiəʔ^{5}ti^{35}	该边 kiə^{35}pi^{44}	阿$^{=}$里 aʔ^{2}li^{13}
32 镇海	该里 keʔ^{5}li^{22}	荡$^{=}$头 dɔ̃^{24}dei^{22}	阿$^{=}$里 aʔ^{2}li^{24}
33 奉化	堂$^{=}$岸$^{=}$dɔ̃^{33}ŋe^{33}	阿$^{=}$岸$^{=}$aʔ^{2}ŋe^{33}	后$^{=}$岸$^{=}$æi^{21}ŋe^{33}
34 宁海	搿$^{=}$旦$^{=}$geʔ^{3}te^{53} 旦$^{=}$te^{53}	解$^{=}$旦$^{=}$ka^{33}te^{53}	何旦$^{=}$a^{21}te^{53}
35 象山	囊$^{=}$塔$^{=}$nɔ̃^{31}t^{h}aʔ^{5}	轧$^{=}$塔$^{=}$gaʔ^{2}t^{h}aʔ^{5}	合$^{=}$来 aʔ^{2}lei^{31}
36 普陀	道$^{=}$眼 dɔ^{11}ŋɛ^{55} 道$^{=}$边 dɔ^{13}pi^{0}	跌$^{=}$眼 tiɛʔ^{5}ŋɛ^{55} 跌$^{=}$边 tiɛʔ^{5}pi^{0}	阿$^{=}$里眼 ɐʔ^{3}li^{55}ŋɛ^{55} 阿$^{=}$里边 ɐʔ^{3}li^{55}pi^{0}
37 定海	道$^{=}$眼 dɔ^{23}ŋɛ^{44}	该眼 kieʔ^{5}ŋɛ^{44}	阿$^{=}$里眼 ɐʔ^{3}li^{33}ŋɛ^{44}
38 岱山	道$^{=}$边 dɔ^{23}pi^{52}	该边 ge^{23}pi^{52}	阿$^{=}$里眼 ɐʔ^{3}li^{33}ŋɛ^{44}

续表

方言点	1147 这里在～，不在那里	1148 那里在这里，不在～	1149 哪里你到～去？
39 嵊泗	道=头 dɔ^{34} lɐi^{44} "头"音殊	[个一]头 kiɛʔ^{3} lɐi^{445} "头"音殊	阿=里 ɐʔ^{3} li^{445}
40 临海	葛头 kəʔ^{3} də^{51}	减=头 kɛ^{42} də^{51}	何以= ka^{35} i^{0}
41 椒江	葛底 kəʔ^{3} ti^{51} 小 葛埭 kəʔ^{3} da^{41} 小	解=底 ka^{42} ti^{51} 小 解=埭 ka^{42} da^{24} 小	解=路 ka^{51} ləu^{0}
42 黄岩	葛底 kəʔ^{3} ti^{53} 小	解=底 ka^{42} ti^{35} 小	解=胡= ka^{53} u^{0}
43 温岭	葛底 kəʔ^{3} ti^{51} 小 葛埲 kəʔ^{3} tɛ^{51} 小	解=底 ka^{42} ti^{51} 小 解=埲 ka^{42} tɛ^{51} 小 何底 a^{13} ti^{51} 小	咸=横= ɛ^{13} uã^{41} 小 咸=宜= ɛ^{13} i^{13}
44 仙居	葛块 kəʔ^{5} kʰuæ^{0}	蓬=块 boŋ^{24} kʰuæ^{0} 较远 尽蓬=块 zen^{21} boŋ^{24} kʰuæ^{0} 更远	矮=液= a^{31} iəʔ^{23}
45 天台	谷=埲 kuʔ^{5} te^{0}	解=埲 ka^{325} te^{0}	哪开= no^{21} kʰei^{33}
46 三门	甲=埲 kɐʔ^{5} təʔ^{0}	解=埲 ka^{325} təʔ^{0}	哪=埲 nʊ^{32} təʔ^{0}
47 玉环	葛埲 kɐʔ^{3} tɛ^{53} 小	解=埲 ka^{53} tɛ^{35} 小	咸=以= ɛ^{22} i^{0}
48 金华	葛里 kəʔ^{3} li^{535}	末里 məʔ^{21} li^{14}	哪里 lɑ^{55} li^{313}
49 汤溪	犭哥=里 gə^{11} li^{52} 犭哥=埭 gə^{11} da^{113}	狂=埭 kɑo^{33} da^{113} 狂=里 gɑo^{11} li^{0}	哪里 la^{11} li^{113}
50 兰溪	格里 kiəʔ^{34} li^{45}	共=里 goŋ^{21} li^{55}	哪里 lɑ^{55} li^{0}
51 浦江	吉=里 tɕiə^{33} li^{334}	墨=里 mə^{24} li^{0} 同=里 dən^{11} li^{334} 大=里 dɑ^{24} li^{334}	哪里 lɑ^{24} li^{0}
52 义乌	尔=脚=儿 n^{33} tɕiɔn^{45}	面脚=儿 mie^{42} tɕiɔn^{45} 同脚=儿 doŋ^{22} tɕiɔn^{45} 带脚=儿 ta^{33} tɕiɔ^{45}	[哪里]脚=儿 nai^{42} tɕiɔn^{45}
53 东阳	格脚儿 kɐ^{33} tɕiʊn^{33}	啄脚儿 nɔm^{22} tɕiʊn^{33}	□脚儿 mɐn^{23} tɕiʊn^{33}
54 永康	够=拉 kɯ^{33} la^{241}	够=拉 kɯ^{33} la^{52}	觑=拉 tɕʰi^{52} la^{0} [觑=拉] tɕʰia^{52}
55 武义	阿=里 əʔ^{5} li^{0} 阿=落 əʔ^{5} lɑu^{0}	的=里 təʔ^{5} li^{13} 的=落 təʔ^{5} lɑu^{53}	阿=里 əʔ^{5} li^{24}

续表

方言点	1147 这里在～，不在那里	1148 那里在这里，不在～	1149 哪里你到～去？
56 磐安	格块儿 ka^{33}k^{h}uen^{52} 古=块儿 ku^{33}k^{h}uen^{52} 古=带=儿 ku^{33}dan^{14}	农=块儿 nɔom^{52}k^{h}uen^{52} 农=带=儿 nɔom^{52}dan^{14}	末=儿块儿 mɛn^{21}k^{h}uen^{52} 末=儿带=儿 mɛn^{21}dan^{14}
57 缙云	以=开= i^{21}k^{h}ei^{453} 开= k^{h}ei^{44}	阿=开= ɑ^{21}k^{h}ei^{453}	塞=开= ts^{h}ei^{45}k^{h}ei^{453}
58 衢州	格里 kəʔ^{5}li^{0}	旁里 bɑ̃^{21}li^{231} 博=里 pəʔ^{3}li^{35}	哪里 nɑ^{53}li^{0}
59 衢江	瞎=埄 xaʔ^{5}təʔ^{0} 瞎=囊= xaʔ^{3}nã^{53} 阿=埄 aʔ^{5}təʔ^{0} 阿=囊= aʔ^{3}nã^{53}	艺=埄 ŋ^{55}təʔ^{0} 艺=囊= ŋ^{33}nã^{53} 蓬=埄 bəŋ^{212}təʔ^{0} 蓬=囊= bəŋ^{22}nã^{53}	出=埄 tɕ^{h}iaʔ^{5}təʔ^{0} 出=囊= tɕ^{h}iaʔ^{5}nã^{0}
60 龙游	阿=里 əʔ^{3}li^{51}	亿=里 i^{51}li^{21}	策=里 ts^{h}əʔ^{4}li^{21}
61 江山	乙里 iᴇʔ^{5}ləʔ^{0}	喝=里 xaʔ^{5}ləʔ^{0}	嚓=里 ts^{h}aʔ^{5}ləʔ^{0}
62 常山	乙里 ieʔ^{41}ɤʔ^{4} 乙里 eʔ^{41}ɤʔ^{4}	末=里 mɤʔ^{3}lɤʔ^{5} 末=里 mɤʔ^{3}lɤ^{24}	七=里 ts^{h}ʌʔ^{4}lɤʔ^{4}
63 开化	乙场 iɛʔ^{5}dʑiɔŋ^{213}	哎=场 ɛ^{21}dʑiɔŋ^{213}	何场 gɑ^{21}dʑiɔŋ^{213}
64 丽水	乙埄 iʔ^{5}tə^{0}	阿=埄 aʔ^{5}tə^{0}	撮=里 ts^{h}eʔ^{5}lɛ^{544}
65 青田	伊=埭 i^{55}dɑ^{22}	限=埭 ɑ^{55}dɑ^{22}	气=埭 ts^{h}ɿ^{33}dɑ^{22}
66 云和	乙埄 iʔ^{5}təʔ^{0}	阿=埄 aʔ^{5}təʔ^{0}	擦=拉= tɕ^{h}ɔʔ^{5}lɔ^{0} 撤=埄 tɕ^{h}iɛʔ^{5}təʔ^{5}
67 松阳	乙埄 iʔ^{3}taʔ^{5}	轭=埄 aʔ^{3}taʔ^{5}	策=儿 ts^{h}aʔ^{3}n^{24}
68 宣平	爱=埄 ei^{55}tɑʔ^{0} 阿=埄 ɑʔ^{4}tɑʔ^{0}	夺=埄 dəʔ^{2}tɑʔ^{0} 特=埄 diəʔ^{2}tɑʔ^{0}	直=埄 dʑiəʔ^{23}tɑʔ^{0}
69 遂昌	乙荡= iʔ^{5}dɔŋ^{13}	许荡= xaʔ^{5}dɔŋ^{13}	哪荡= laʔ^{2}lɔŋ^{13}
70 龙泉	埄 toʔ^{5} 叶=埄 iᴇʔ^{3}toʔ^{5}	学=埄 oʔ^{3}toʔ^{5}	契=埄 tɕ^{h}i^{45}toʔ^{5}
71 景宁	埄 tɛʔ^{5}	阿=埄 a^{33}tɛʔ^{5}	七=埄 ts^{h}əɯʔ^{5}tɛʔ^{5}
72 庆元	直=埄 tsɿʔ^{34}ɗɑʔ^{5}	狭=埄 xɑʔ^{34}ɗɑʔ^{5}	启=埄 tɕ^{h}iᴇ^{33}ɗɑʔ^{5}

续表

方言点	1147 这里在～，不在那里	1148 那里在这里，不在～	1149 哪里你到～去？
73 泰顺	□堆$^{=}$ k^{h}i^{35}tæi^{22}	旁堆$^{=}$ pɔ̃^{53}tæi^{22} 较远 阿$^{=}$□堆$^{=}$ aʔ^{2}k^{h}i^{35}tæi^{22} 更远	测$^{=}$堆$^{=}$ ts^{h}ɛʔ^{5}tæi^{213}
74 温州	该里 ke^{45}lei^{212}	旁面 buɔ^{22}mai^{14}	狃$^{=}$宕 ȵiau^{22}duɔ^{14}
75 永嘉	个宕 kai^{43}dɔ^{13} 个里 kai^{43}le^{213}	许宕 hai^{45}dɔ^{21}	狃$^{=}$宕 ȵiau^{21}dɔ^{13}
76 乐清	个埭 kai^{35}tᴇ^{323}	许柢 he^{35}ti^{41} 旁硌$^{=}$ ba^{22}go^{223}	唔$^{=}$宕 n^{2}dɔ^{24}
77 瑞安	彀$^{=}$ kau^{323}	犼$^{=}$ hau^{35}	狃$^{=}$ ȵiau^{212}
78 平阳	彀$^{=}$宕 kau^{21}do^{23}	犼$^{=}$宕 xau^{45}do^{21}	狃$^{=}$ ȵiau^{33}
79 文成	彀$^{=}$ gau^{224}	□宕 a^{21}do^{13}	狃$^{=}$ ȵiau^{424} 狃$^{=}$宕 ȵiau^{21}do^{13}
80 苍南	彀$^{=}$ kau^{223}	犼$^{=}$ hau^{24}	狃$^{=}$ ȵiau^{112}
81 建德徽	葛里 kɐʔ^{3}li^{55}	末里 mɐʔ^{12}li^{55}	哪里 lɑ^{55}li^{0}
82 寿昌徽	格里 kəʔ^{3}li^{534}	末里 məʔ^{3}li^{534}	□里 ts^{h}æ^{33}li^{534}
83 淳安徽	里埭 li^{21}tɑʔ^{5} 里里 li^{21}li^{55}	拎$^{=}$埭 len^{21}tɑʔ^{5} 拎$^{=}$里 len^{21}li^{55}	哪埭 lɑ^{43}tɑʔ^{5} 哪里 lɑ^{43}li^{55}
84 遂安徽	阿$^{=}$里 ɑ^{33}li^{33}	伊里 i^{33}li^{33}	哪里 lɑ^{33}li^{33}
85 苍南闽	蜀尾$^{=}$ tɕie^{21}bə^{43} 际$^{=}$ tse^{21}	福$^{=}$尾$^{=}$ hɐ^{21}bə^{43}	桃$^{=}$袋$^{=}$ to^{24}tə^{21}
86 泰顺闽	这团 tɕi^{22}ki^{22}	许团 ɕy^{22}ki^{22}	特团 tɛʔ^{3}ki^{22}
87 洞头闽	蜀在 tɕiek^{5}tsai^{24}	许头 hi^{24}tau^{53}	到$^{=}$□ to^{21}ɐk^{5}
88 景宁畲	个 kɔi^{325}	尔 ȵi^{325}	哪咋 na^{55}tsa^{55}

方言点	1150 这样事情是～的，不是那样的	1151 那样事情是这样的，不是～的	1152 怎样什么样：你要～的？
01 杭州	实$^{=}$个套 zaʔ^{2} kaʔ^{3} tʰɔ^{45}	那个套 naʔ^{2} kaʔ^{3} tʰɔ^{45}	节$^{=}$个套 tɕiɛʔ^{5} kaʔ^{0} tʰɔ^{0}
02 嘉兴	葛样 kəʔ^{5} iᴀ̃^{21}	还样 ᴇ^{42} iᴀ̃^{21}	何里样 ᴀ^{13} li^{42} iᴀ̃^{21}
03 嘉善	直$^{=}$介 zɜʔ^{2} ka^{35}	几$^{=}$介 tɕi^{55} ka^{0} 还介 ɛ^{55} ka^{0}	纳$^{=}$介 naʔ^{2} ka^{35}
04 平湖	实$^{=}$介 zaʔ^{23} ga^{213}	还实$^{=}$介 ɛ^{53} zaʔ^{23} ga^{213} 还有实$^{=}$介 ɛ^{53} iʔ^{5} zaʔ^{23} ga^{213}	哪蟹$^{=}$ naʔ^{23} ha^{44}
05 海盐	(犭+哥)$^{=}$样 gəʔ^{21} iɛ̃^{213}	葛样 kəʔ^{5} iɛ̃^{21}	哪瞎$^{=}$ nɑʔ^{23} xaʔ^{5}
06 海宁	直$^{=}$介 zəʔ^{2} ka^{55}	该$^{=}$介 kei^{55} ka^{0}	纳$^{=}$哈$^{=}$ naʔ^{2} ha^{0}
07 桐乡	实$^{=}$介 zəʔ^{23} ga^{213}	改$^{=}$介 kᴇ^{44} ga^{0}	哪介 nəʔ^{23} ga^{0}
08 崇德	实$^{=}$隑$^{=}$ zəʔ^{23} gᴇ^{13}	改$^{=}$介 kᴇ^{55} kaʔ^{0}	哪隑$^{=}$ nᴇ^{55} gᴇ^{0}
09 湖州	介 ka^{35}	介 ka^{35}	纳$^{=}$哈$^{=}$ na^{53} xa^{13}
10 德清	葛介 kəʔ^{5} ka^{35}	葛介 kəʔ^{5} ka^{35}	纳$^{=}$介 naʔ^{2} ka^{53}
11 武康	葛介 kɜʔ^{5} ka^{35}	葛介 kɜʔ^{5} ka^{35}	奈$^{=}$介 nɜʔ^{2} ka^{53}
12 安吉	格样 kəʔ^{2} iã^{213}	亨$^{=}$样 hã^{55} iã^{55}	那哈$^{=}$ na^{52} ha^{21}
13 孝丰	介个 ka^{324} kəʔ^{5}	介国$^{=}$ ka^{32} guoʔ^{23}	那蟹$^{=}$样 na^{32} ha^{45} iã^{21}
14 长兴	介个 ka^{32} kei^{24}	那介 na^{45} ka^{21}	那乖$^{=}$ na^{45} kua^{21}
15 余杭	即样 tɕieʔ^{5} iɑ̃^{13}	黑$^{=}$里即样 xəʔ^{5} li^{33} tɕieʔ^{5} iɑ̃^{33}	纳$^{=}$介 nəʔ^{2} gəʔ^{2}
16 临安	介 ka^{55}	介 ka^{55}	纳$^{=}$个套 nɐʔ^{2} gɐʔ^{2} tʰɔ^{55}
17 昌化	介个 ka^{33} kəʔ^{5}	□个 mã^{33} kəʔ^{5}	吓$^{=}$年$^{=}$样子 xa^{54} n̠ĩ^{55} iã^{23} tsɿ^{53}
18 於潜	格样 kəʔ^{53} iaŋ^{24}	那样 na^{24} iaŋ^{53}	啥样子 sa^{53} iaŋ^{24} tsɿ^{454}
19 萧山	介葛样子 kaʔ^{5} kəʔ^{5} iã^{21} tsɿ^{21}	亨$^{=}$葛样子 xã^{33} kəʔ^{5} iã^{21} tsɿ^{21}	捺$^{=}$格$^{=}$样子 naʔ^{5} kəʔ^{5} iã^{21} tsɿ^{21}
20 富阳	介 ka^{335}	阶$^{=}$ ka^{53}	哪个 na^{224} ka^{13}
21 新登	介 ka^{45} □ za^{13}	阶$^{=}$ ka^{53} □ za^{21}	[指$^{=}$堂$^{=}$] tsɑ̃^{334} 指$^{=}$堂$^{=}$ tsɿ^{334} tɑ̃^{45}
22 桐庐	葛样 gəʔ^{21} iã^{35}	得$^{=}$样 təʔ^{5} iã^{33}	几酱 tɕi^{33} tɕiã^{55}
23 分水	介样 tɕie^{24} iã^{24}	那样 na^{24} iã^{24}	怎样 tsən^{44} iã^{24}
24 绍兴	是介 zeʔ^{2} ga^{22}	（无）	奈介 nəʔ^{2} ga^{22}

续表

方言点	1150 这样事情是～的，不是那样的	1151 那样事情是这样的，不是～的	1152 怎样什么样：你要～的？
25 上虞	实=个=掏= zəʔ^{2} kəʔ^{2} t^{h}ɔ^{33}	亨=掏= hã^{33} t^{h}ɔ^{0}	倷=个=掏= na^{21} kəʔ^{2} t^{h}ɔ^{33}
26 嵊州	介个 ka^{33} go^{231}	还有个 uɛ̃^{22} iʏ^{22} ka^{53}	哪个 na^{22} kəʔ^{5}
27 新昌	□ ŋã^{534}	蒙=□ moŋ^{22} ŋã^{53}	哪□ na^{22} ŋã^{53}
28 诸暨	介个 kᴀ^{21} gəʔ^{5}	妹=介=个 me^{13} kᴀ^{33} gəʔ^{21}	鞋=只介= ᴀ^{21} tsəʔ^{21} kᴀ^{42}
29 慈溪	介一记 ka^{44} iəʔ^{2} tɕi^{44}	□一记 gã^{13} iəʔ^{2} tɕi^{44}	咋一记 dzaʔ^{2} iəʔ^{2} tɕi^{0}
30 余姚	格貌 kaʔ^{5} mɔ^{0}	格相貌 kaʔ^{5} ɕiaŋ^{44} mɔ^{0}	咋相貌 dza^{13} ɕiaŋ^{34} mɔ^{0}
31 宁波	格貌 koʔ^{5} mɔ^{44}	该样子 kiəʔ^{5} ia^{44} tsɿ^{44}	咋貌 dzaʔ^{2} mɔ^{44}
32 镇海	谷=麦=介 koʔ^{5} maʔ^{2} ka^{0}	谷=麦=介 koʔ^{5} maʔ^{2} ka^{0}	咋弄 dza^{24} noŋ^{31}
33 奉化	格貌介 kaʔ^{5} mʌ^{33} ka^{44}	相齐介 ɕiã^{44} dʑi^{33} ka^{44}	咋貌介 dza^{33} mʌ^{33} ka^{44}
34 宁海	个窗= geʔ^{3} tɕ^{h}yɔ̃^{53} 窗= tɕ^{h}yɔ̃^{53}	解窗= ka^{33} tɕ^{h}yɔ̃^{53}	槽=样醒= zau^{21} iã^{31} ɕiŋ^{53}
35 象山	介貌 ka^{44} mɔ^{31}	介貌 ka^{44} mɔ^{31}	好=貌 hɔ^{44} mɔ^{31}
36 普陀	葛么 koʔ^{5} moʔ^{0}	葛么 koʔ^{5} moʔ^{0}	咋么 dzɐʔ^{2} mɐʔ^{5}
37 定海	格么介 kɐʔ^{5} moʔ^{0} ka^{0}	个套=介 kɐʔ^{3} t^{h}ɔ^{44} ka^{44}	咋么介 dzɐʔ^{2} moʔ^{2} ka^{52}
38 岱山	高=介 kɔ^{52} ka^{0}	介=介 ka^{52} ka^{0}	咋介 dza^{31} ka^{0}
39 嵊泗	高=介 kɔ^{53} ka^{0}	高=介 kɔ^{53} ka^{0}	咋么介 dza^{24} mɐʔ^{0} ka^{0}
40 临海	葛挺= kəʔ^{3} t^{h}iŋ^{52} / kəʔ^{5} t^{h}iŋ^{0}	葛挺= kəʔ^{3} t^{h}iŋ^{52} 减=挺= kɛ^{42} t^{h}iŋ^{52}	咋生 tsəʔ^{3} səŋ^{55}
41 椒江	替= t^{h}i^{51}小	解=替= ka^{42} t^{h}i^{51}小	咋儿 tsɛ^{33} n^{44}
42 黄岩	替= t^{h}i^{53}小	解=替= ka^{42} t^{h}i^{35}小	怎儿 tsəʔ^{3} n^{0}
43 温岭	替=日= t^{h}i^{55} ȵiʔ^{0} 体=娘= t^{h}i^{42} ȵiã^{24}小	醒=娘= ɕin^{42} ȵiã^{24}小	咋儿 tsɛ^{42} n^{0}
44 仙居	葛两=子 kəʔ^{3} lia^{0} tsɿ^{0} 葛咋 kəʔ^{3} tsəʔ^{5}	蓬=两=子 boŋ^{24} lia^{0} tsɿ^{0}	哪两=子 no^{24} lia^{0} tsɿ^{0}
45 天台	格子 kaʔ^{5} tsɿ^{0}	解=子 ka^{325} tsɿ^{0}	哪样 no^{21} ia^{35} 蛇=谷=样 zo^{22} kuʔ^{5} ia^{35}
46 三门	甲=祖= kɐʔ^{5} tsɥ^{0}	解=祖= ka^{325} tsɥ^{0}	哪=祖= nʊ^{32} tsɥ^{0}
47 玉环	葛样 kɐʔ^{3} ia^{41}小	解=样 ka^{53} ia^{24}小	咋儿 tsɛ^{55} n^{0}

续表

方言点	1150 这样事情是～的，不是那样的	1151 那样事情是这样的，不是～的	1152 怎样什么样：你要～的？
48 金华	葛亨= kəʔ^{4} xɑŋ^{334}	末亨= məʔ^{21} xɑŋ^{334}	哪亨= lɑ^{55} xɑŋ^{334}
49 汤溪	犭冉=□ gə^{11} ma^{113}	狂=么 kɑo^{33} mɤ^{52}	哈么 xa^{24} mɤ^{0}
50 兰溪	[格样]子 kɑŋ^{45} tsɿ^{0}	共=样子 goŋ^{21} iɑŋ^{24} tsɿ^{0}	生样子 sæ̃^{334} iɑŋ^{45} tsɿ^{0}
51 浦江	袋=儿 dan^{24} 吉=生 tɕiə^{33} sɛ̃^{334}	墨=生 mə^{24} sɛ̃^{0}	相=信= ɕyõ^{55} sən^{55}
52 义乌	[尔=生] nɛ^{335} 尔=生 n^{33} sɛ^{335}	面=生 mie^{45} sɛ^{335}	[哪里]生 nai^{45} sɛ^{335}
53 东阳	格亨= kɐ^{33} hɛ^{35}	哝亨= nəm^{33} hɛ^{35}	□亨= mɐn^{23} hɛ^{35}
54 永康	亨=样子 xa^{33} iɑŋ^{31} tsɿ^{52}	更=样子 kai^{33} iɑŋ^{31} tsɿ^{52}	生样子 sai^{33} iɑŋ^{31} tsɿ^{52}
55 武义	亨=相 xa^{32} ɕiɑŋ^{53}	的=样 təʔ^{5} iɑŋ^{231}	生相 sa^{53} ɕiɑŋ^{0}
56 磐安	格亨= ka^{55} xɛ^{334}	农=亨= nɔom^{55} xɛ^{334}	末=儿亨= mɛn^{21} xɛ^{334}
57 缙云	那= na^{322}	阿=那= ɑ^{21} na^{31}	争=那= tsa^{44} na^{31}
58 衢州	格棱= kəʔ^{3} lən^{35} 格凉=子 kəʔ^{3} liã^{35} tsɿ^{21}	博=棱= pəʔ^{3} lən^{35} 博=凉=子 pəʔ^{3} liã^{35} tsɿ^{21}	赫=棱= xəʔ^{3} lən^{35} 赫=凉=子 xəʔ^{3} liã^{35} tsɿ^{21}
59 衢江	瞎=仰= xaʔ^{3} ȵiã^{25} 仰=子 ȵiã^{25} tsɿ^{0} 仰= ȵiã^{25}	艺=仰= ŋ^{33} ȵiã^{25} 蓬=仰= bəŋ^{22} niã^{25}	瞎=娘= xaʔ^{5} ȵiã^{33}
60 龙游	央= iã^{334} 央=被= iã^{33} bi^{21}	亿=样 i^{51} iã^{21}	喊=陪= xã^{35} bei^{21}
61 江山	[乙=样] iaŋ^{241}	[喝=样] xaŋ^{241}	喃=样子 naŋ^{24} iaŋ^{22} tsə^{0}
62 常山	乙样 eʔ^{5} iã^{0}	末=样 mɤʔ^{34} iã^{0}	怎样 dzɪ̃^{24} iã^{0}
63 开化	样 iã^{53} 样子 iã^{53} tsɿ^{0}	哎=样 ɛ^{21} iã^{53} 哎=样子 ɛ^{21} iã^{53} tsɿ^{0}	曩=样 nã^{213} iã^{0} 曩=样子 nã^{213} iã^{21} tsɿ^{53}
64 丽水	乙色= iʔ^{5} səʔ^{0}	阿=色= aʔ^{5} səʔ^{0}	闹=杂= nə^{21} zɛʔ^{23}
65 青田	恁 neŋ^{454}	恁 neŋ^{454}	哪恁 nɑ^{22} neŋ^{22}
66 云和	乙色= iʔ^{5} saʔ^{0}	阿=色= aʔ^{5} saʔ^{0}	哪生= nɛ^{223} sɛ^{24}
67 松阳	乙□ iʔ^{5} xã^{24}	□ xã^{24}	哪□样子 na^{21} nəŋ^{24} iã^{33} tsɿə^{212}

续表

方言点	1150 这样事情是～的，不是那样的	1151 那样事情是这样的，不是～的	1152 怎样什么样：你要～的？
68 宣平	爱= □ ei^{52} zə^{223} 阿= □ ɑʔ^{4} zə^{223} □ zə^{223}	夺= □ dəʔ^{2} zə^{223} 特= □ diəʔ^{2} zə^{223}	哪□ nə^{22} zə^{223} / ȵiɛ^{22} zə^{223}
69 遂昌	乙亨= iʔ^{3} xaŋ^{533}	许相 xaʔ^{5} ɕiaŋ^{334}	争儿 tɕiaŋ^{33} ȵiɛ^{221}
70 龙泉	蟹= 儿 xa^{51} ȵi^{21}	学= 样 oʔ^{3} iaŋ^{224}	艺= 样 ȵi^{224} iaŋ^{224} 帽= 装= ŋ^{224} tsɔŋ^{434}
71 景宁	埲样 tɛʔ^{5} iɛ^{113}	阿= 样 a^{33} iɛ^{113}	七= 样 tsʰəɯʔ^{5} iɛ^{113}
72 庆元	直= 式 tsɿʔ^{34} sɿʔ^{5}	号= 式 xɒ^{31} sɿʔ^{5}	启= 号= 式 tɕʰiᴇ^{33} xɒ^{31} sɿʔ^{5}
73 泰顺	许样 xã^{55} ȵiã^{22}	旁样 pɔ̃^{53} iã^{22}	尼= 样 ȵi^{21} ȵiã^{22}
74 温州	能 naŋ^{323}	许能 hei^{25} naŋ^{33}	訾那 tsɿ^{33} na^{223}
75 永嘉	个能 kai^{43} naŋ^{213}	许能 hai^{45} naŋ^{21}	訾那能 tsɿ^{43} na^{213} naŋ^{21}
76 乐清	能 naŋ^{323}	许能 he^{35} naŋ^{41}	訾那 tsɿ^{3} na^{24}
77 瑞安	能个 naŋ^{35} kai^{0}	许能个 he^{35} naŋ^{22} kai^{42}	怎能个 tsa^{323} naŋ^{22} kai^{42}
78 平阳	能个 naŋ^{45} kai^{42}	许恁个 xai^{45} naŋ^{35} kai^{42}	訾那个 tsɿ^{33} nᴀ^{33} kai^{42}
79 文成	该能 ke^{21} naŋ^{33}	□能 a^{21} naŋ^{33}	訾能 tsɿ^{33} naŋ^{33}
80 苍南	□能个 ga^{11} naŋ^{112} kai^{42}	□能个 ha^{3} naŋ^{112} kai^{42}	訾那个 tɕi^{33} na^{112} kai^{42}
81 建德徽	葛吤 kɐʔ^{3} tɕiɛ^{213}	末吤 mɐʔ^{12} tɕiɛ^{213}	核= 吤样子 hɐʔ^{12} tɕiɛ^{21} ȵiɛ^{55} tsɿ^{213} 啥哩样子 so^{55} li^{0} ȵiɛ^{55} tsɿ^{213}
82 寿昌徽	格样 kəʔ^{3} iɑ̃^{24}	末样 məʔ^{3} iɑ̃^{24}	□样 tsʰæ^{33} iɑ̃^{24}
83 淳安徽	乙式样 iʔ^{5} səʔ^{5} iɑ̃^{21}	拎= 式样 len^{21} səʔ^{5} iɑ̃^{21}	吓= 乙 hɑʔ^{5} iʔ^{5} 吓= 乙样 hɑʔ^{5} iʔ^{5} iɑ̃^{21}
84 遂安徽	阿= 样 ɑ^{33} iɑ̃^{33}	伊样 i^{33} iɑ̃^{33}	咸= 儿 xɑ̃^{33} n^{33}
85 苍南闽	□□ ai^{33} ĩ^{43}	□□ ai^{33} ĩ^{43}	样 tɕĩũ^{21}
86 泰顺闽	这样 tɕi^{22} yo^{31}	许样 ɕy^{22} yo^{31}	山= 样 sæŋ^{22} yo^{31}
87 洞头闽	爱= 年= ai^{33} nĩ^{33}	爱= 年= ai^{33} nĩ^{33}	什样 tsɐt^{24} ĩũ^{21}
88 景宁畲	个系= kɔi^{325} ɕi^{22}	那系= ȵi^{51} ɕi^{22}	租= 族= tsu^{22} tsu^{55}

方言点	1153 这么～贵啊	1154 怎么这个字～写？	1155 什么这个是～字？
01 杭州	介 ka^{45}	节$^{=}$个 tɕiɛʔ^{5} kaʔ^{0}	啥个 saʔ^{5} kaʔ^{0}
02 嘉兴	实$^{=}$介 zəʔ^{1} kᴀ^{24}	哪何 nᴀ^{21} ᴀ^{24}	啥 zᴀ^{242}
03 嘉善	直$^{=}$介 zaʔ^{2} ka^{35} 能$^{=}$介 nən^{13} ka^{31} 程度更深	纳$^{=}$介 naʔ^{2} ka^{35}	哈$^{=}$个 xa^{53} əʔ^{2}
04 平湖	实$^{=}$介 zaʔ^{23} ga^{213}	哪蟹$^{=}$ naʔ^{23} ha^{44}	啥 sɑ^{334}
05 海盐	介 kɑ^{334}	哪瞎$^{=}$ nɑʔ^{23} xaʔ^{5}	啥 sɑ^{334}
06 海宁	介拉$^{=}$ ka^{55} laʔ^{2}	纳$^{=}$哈 naʔ^{2} ha^{0}	啥个 sa^{55} kəʔ^{5}
07 桐乡	介 ka^{334}	哪介 nəʔ^{23} ga^{0}	啥 sa^{334}
08 崇德	介 kɑ^{53}	哪隑$^{=}$ nᴇ^{55} gᴇ^{0}	哽$^{=}$ gã^{13}
09 湖州	介 ka^{35}	纳$^{=}$哈$^{=}$ na^{53} xa^{13}	啥 suoʔ^{5}
10 德清	葛介 kəʔ^{5} ka^{35}	纳$^{=}$界$^{=}$ naʔ^{2} ka^{53}	鞋$^{=}$事 a^{11} zɿ^{35}
11 武康	葛介 kɜʔ^{5} ka^{53}	纳$^{=}$介 nɜʔ^{2} ka^{53}	鞋$^{=}$事 a^{11} zɿ^{242}
12 安吉	介 ka^{52}	那啥$^{=}$ na^{52} ha^{21}	啥个 sʊ^{52} kəʔ^{2}
13 孝丰	介 ka^{324}	那蟹$^{=}$ na^{32} ha^{52}	啥个 sʊ^{45} kəʔ^{2}
14 长兴	介 ka^{324}	那介 na^{45} ka^{21}	□ gəu^{243}
15 余杭	那$^{=}$介 na^{53} ka^{35}	纳$^{=}$掰$^{=}$ nəʔ^{2} gəʔ^{2}	坏$^{=}$事 ua^{13} zɿ^{31}
16 临安	介 ka^{55}	纳$^{=}$掰$^{=}$ nɐʔ^{2} gɐʔ^{5}	啥掰$^{=}$ suo^{55} gɐʔ^{5}
17 昌化	街$^{=}$ ka^{334} 街$^{=}$人$^{=}$ ka^{33} nəŋ^{45}	吓$^{=}$年$^{=}$ xa^{54} ȵiɪ̃^{453}	大$^{=}$只$^{=}$ da^{23} tsəʔ^{5}
18 於潜	介 ka^{35}	做啥 tsu^{35} sa^{53}	啥个 sa^{53} kəʔ^{31}
19 萧山	格 kaʔ^{5} 格格 kaʔ^{5} kaʔ^{5}	哪格$^{=}$ naʔ^{21} kaʔ^{5}	何个 xo^{33} kəʔ^{5}
20 富阳	介 ka^{335}	哪个 na^{224} ka^{13}	何事 go^{55} ɿ^{335}
21 新登	介 ka^{45} □ za^{13}	[指$^{=}$堂$^{=}$] tsɑ̃^{334} 指$^{=}$堂$^{=}$ tsɿ^{334} tɑ̃^{45}	待$^{=}$拉 da^{21} la^{13}
22 桐庐	介 kᴀ^{55}	几酱 tɕi^{33} tɕiã^{55}	达$^{=}$得$^{=}$ daʔ^{13} təʔ^{5}
23 分水	介样 tɕie^{24} iã^{24}	怎样 tsən^{44} iã^{24}	什么 zəʔ^{12} ma^{44}
24 绍兴	介 ka^{334}	奈个 nəʔ^{2} gəʔ^{3}	啥个 so^{44} goʔ^{3}
25 上虞	介 ka^{53}	倷$^{=}$个$^{=}$ na^{21} kəʔ^{2}	啥个 soʔ^{5} kəʔ^{2}

续表

方言点	1153 这么～贵啊	1154 怎么这个字～写？	1155 什么这个是～字？
26 嵊州	介 ka^{334}	哪个 na^{22} kəʔ^{5}	亳⁼个 ɔ^{22} kəʔ^{5}
27 新昌	介 ka^{45}	哪□ na^{22} ŋã^{53}	及⁼个 dʑiʔ^{2} ga^{13}
28 诸暨	介 kA^{544}	鞋⁼只介⁼ A^{21} tsəʔ^{21} kA^{42}	何只⁼ A^{13} tsəʔ^{5}
29 慈溪	介 ka^{44}	咋 dza^{13}	啥个 saʔ^{5} kəʔ^{2}
30 余姚	介 ka^{44}	咋 dza^{13}	啥个 soʔ^{5} kəʔ^{2}
31 宁波	介 ka^{44}	咋 dza^{13}	啥 so^{44}
32 镇海	介 ka^{53}	咋 dza^{24}	啥 səu^{53}
33 奉化	介 ka^{53}	咋 dza^{33}	啥 səu^{53}
34 宁海	介 ka^{35}	斩⁼五⁼ tse^{33} ŋ^{35}	搞⁼物 kau^{53} m^{213} 槽⁼物 zau^{21} m^{213}
35 象山	介 ka^{44}	咋貌 dza^{31} mɔ^{31}	槽⁼ zɔ^{31}
36 普陀	介 ka^{53}	咋 dza^{24}	啥 səu^{55}
37 定海	介 ka^{44}	咋 dza^{23}	啥 sʌu^{44}
38 岱山	介 ka^{52}	咋 dza^{23}	啥 sʌu^{44}
39 嵊泗	介 ka^{53}	咋 dza^{243}	啥 sʌu^{53}
40 临海	咋生 tsəʔ^{3} səŋ^{55}	咋生 tsəʔ^{3} səŋ^{55}	何物 kã^{35} m^{0}
41 椒江	铁⁼ tʰieʔ^{5}	咋儿 tsɛ^{33} n^{44}	何物 kã^{51} m^{0}
42 黄岩	铁⁼ tʰieʔ^{5}	怎儿 tsəʔ^{5} n^{0}	何物 kã^{51} m^{0}
43 温岭	替⁼日⁼ tʰi^{55} ȵiʔ^{0} 姓⁼日⁼ ɕin^{55} ȵiʔ^{2}	咋儿 tsɛ^{42} n^{0}	何物 kã^{42} m^{0}
44 仙居	介 kaʔ^{5}	咋 tsəʔ^{5}	矮⁼吸⁼ a^{31} ɕiəʔ^{5}
45 天台	格⁼ kaʔ^{5}	咋 tsa^{33}	蛇⁼谷⁼ zo^{22} kuʔ^{5}
46 三门	介 ka^{55}	咋主⁼ tsa^{33} tsʮ^{334}	何物 ka^{33} m^{252}
47 玉环	葛恁 kɐʔ^{3} nəŋ^{55}	咋儿 tsɛ^{55} n^{0}	何物 ka^{53} m^{0}
48 金华	亨⁼ xaŋ^{334} 葛亨⁼ kəʔ^{4} xaŋ^{334} [葛亨⁼] kaŋ^{55}	哪亨⁼ la^{55} xaŋ^{334}	淡⁼ ta^{535} 淡⁼实⁼ ta^{55} ʑiəʔ^{212}
49 汤溪	舜⁼么 gə^{11} mɤ^{113}	哈么 xa^{24} mɤ^{0}	迦 dʑia^{11}

续表

方言点	1153 这么～贵啊	1154 怎么这个字～写?	1155 什么这个是～字?
50 兰溪	[格样] kɑŋ^{45}	生样子 sæ^{334} iɑŋ^{45} tsɿ^{0}	带$^{=}$ tɑ^{55}
51 浦江	袋$^{=}$ da^{24}	相$^{=}$信$^{=}$ ɕyõ^{55} sən^{55}	咯$^{=}$力$^{=}$ gə^{11} lɛ^{243}
52 义乌	[尔$^{=}$生] nɛ^{335}	[哪里]生 nai^{45} sɛ^{335}	迦拉 dzia^{24} la^{31}
53 东阳	亨$^{=}$ hɛ^{334}	生儿 sɛn^{44}	迦 dʑiaʔ^{23}
54 永康	亨$^{=}$ xai^{55}	生 sai^{55}	迦个 dʑia^{241} uə^{0}
55 武义	生亨$^{=}$ sa^{53} xa^{445}	生相 sa^{53} ɕiɑŋ^{0}	待$^{=}$拉 da^{13} la^{13}
56 磐安	亨$^{=}$ xɛ^{334}	省$^{=}$记儿 sɛ^{55} tɕin^{0} 省$^{=}$生$^{=}$儿 sɛ^{55} sɛn^{0} 省$^{=}$生$^{=}$儿记儿 sɛ^{55} sɛn^{21} tɕin^{0}	迦 tɕia^{334}
57 缙云	那$^{=}$ na^{31} 那$^{=}$是 na^{21} dzɿ^{51}	争$^{=}$那$^{=}$ tsa^{44} na^{31}	哪样 da^{21} ȵiɑ^{51} 哪 da^{31}
58 衢州	格棱$^{=}$ kəʔ^{3} lən^{35}	赫$^{=}$棱$^{=}$ xəʔ^{3} lən^{35}	啥里 sɑ^{53} li^{0}
59 衢江	仰$^{=}$ ȵiã^{25}	瞎$^{=}$娘$^{=}$ xaʔ^{5} ȵiã^{33}	何 guo^{212}
60 龙游	央$^{=}$ iã^{334} 央$^{=}$被$^{=}$ iã^{33} bi^{21}	喊$^{=}$陪$^{=}$ xã^{35} bei^{21} 赫$^{=}$掌$^{=}$ xəʔ^{4} tsã^{334}	曹$^{=}$ dzɔ^{21}
61 江山	[乙样] iaŋ^{241}	喃$^{=}$ naŋ^{213}	倒$^{=}$ tɐɯ^{241}
62 常山	样 iã^{52}	怎 dzĩ^{24}	倒$^{=}$ tɔ^{324} 倒$^{=}$西$^{=}$ tɔ^{43} se^{44}
63 开化	样 iã^{231}	囊$^{=}$ nã^{213} 囊$^{=}$样 nã^{213} iã^{0} 囊$^{=}$样子 nã^{213} iã^{21} tsɿ^{53}	何 gɑ^{213}
64 丽水	乙色$^{=}$ iʔ^{5} səʔ^{0}	闹$^{=}$杂$^{=}$ nə^{21} zɛʔ^{23}	迦个 tɕiaʔ^{5} kə^{0}
65 青田	恁 neŋ^{454}	哪恁 nɑ^{22} neŋ^{22}	从$^{=}$恁 io^{22} neŋ^{22}
66 云和	乙色$^{=}$ iʔ^{5} saʔ^{0}	哪生$^{=}$ nɛ^{223} sɛ^{24}	责$^{=}$ tsaʔ^{5} 迦 tɕiaʔ^{5}
67 松阳	□ xã^{24}	怎 tsã^{212}	哪□ na^{21} nəŋ^{24}
68 宣平	爱$^{=}$□ ei^{52} zə^{223} 阿$^{=}$□ ɑʔ^{4} zə^{223} □ zə^{223}	哪□ nə^{22} zə^{223} / ȵiɛ^{22} zə^{223}	直$^{=}$□ dʑiəʔ^{2} lə^{52} 特$^{=}$□ diəʔ^{2} lə^{52}
69 遂昌	亨$^{=}$ xaŋ^{45}	争儿 tɕiaŋ^{33} ȵiɛ^{221}	哪□ na^{21} nəŋ^{45}

续表

方言点	1153 这么～贵啊	1154 怎么这个字～写？	1155 什么这个是～字？
70 龙泉	蟹= xa^{51}	艺=儿 ȵi^{224} ȵi^{55}	且= tɕʰia^{45} 且=右= tɕʰia^{45} iəu^{51}
71 景宁	七=样 tsʰəɯʔ^{5} iɛ^{113} 样 iɛ^{113}	七=样 tsʰəɯʔ^{5} iɛ^{113}	何□ ga^{113} ȵia^{33}
72 庆元	行= xæ̃^{52}	□□ tɕio^{33} uæi^{33}	广=仰= tɕʰiɑ̃^{33} ȵiɑ̃^{221}
73 泰顺	许 xaʔ^{5}	尼=样 ȵi^{21} ȵiɑ̃^{22}	何尼= kaʔ^{2} ȵi^{22}
74 温州	能 naŋ^{323}	訾那 tsɿ^{33} na^{223}	何[物样] a^{2} ȵi^{31}
75 永嘉	能 naŋ^{213}	訾哪能 tsɿ^{43} na^{213} naŋ^{21}	何[物样] ga^{21} ȵiɛ^{31} /a^{2} ȵiɛ^{31}
76 乐清	能 naŋ^{323}	訾那 tsɿ^{3} na^{24}	何物 ga^{22} m^{31}
77 瑞安	能 naŋ^{323}	訾那能 tsɿ^{33} na^{22} naŋ^{21} 怎能 tsa^{323} naŋ^{0}	[物样] ȵiɛ^{31}
78 平阳	个能 kai^{21} naŋ^{35}	訾那 tsɿ^{33} nᴀ^{13}	个年= kai^{21} ȵie^{42}
79 文成	该能 ke^{21} naŋ^{33}	訾能 tsɿ^{33} naŋ^{33}	念= ȵia^{242}
80 苍南	□能 ga^{11} naŋ^{112}	訾那 tɕi^{33} na^{112}	何[物样] a^{11} ȵiɛ^{31}
81 建德(徽)	葛吤 kɐʔ^{3} tɕiɛ^{213}	核=吤 hɐʔ^{12} tɕiɛ^{213}	啥哩 so^{55} li^{0}
82 寿昌(徽)	讲= kɑ̃^{24}	□□ xæ̃^{11} li^{112} □□ xæ̃^{11} læ^{112}	奇 tɕʰi^{52}
83 淳安(徽)	乙式 iʔ^{5} səʔ^{5}	吓=乙 hɑʔ^{5} iʔ^{5}	大=咪 tʰɑ^{53} lie^{55} 大= tʰɑ^{55}
84 遂安(徽)	阿=样 ɑ^{33} iɑ̃^{33}	咸=儿 xɑ̃^{33} n^{33}	大=拉 tʰɑ^{33} lɑ^{33}
85 苍南(闽)	蜀 tɕie^{43}	样 tɕĩũ^{21}	什面= ɕie^{21} mĩ^{43}
86 泰顺(闽)	状= tɕyo^{31}	山=样 sæŋ^{22} yo^{53}	何物 kɛʔ^{3} məʔ^{3}
87 洞头(闽)	爱=年= a^{33} nĩ^{33}	什样 tsɐt^{35} ĩũ^{21}	习=咪= ɕiek^{21} mĩ^{53}
88 景宁(畲)	个 kɔi^{51}	咋做= tso^{22} tso^{44}	奚个 ɕi^{44} kɔi^{44}

方言点	1156 什么你找～?	1157 为什么你～不去?	1158 干什么你在～?
01 杭州	啥西 saʔ^{5} ɕi^{0}	为啥 uei^{13} sa^{53}	做啥 tsaʔ^{3} sa^{45} 做啥西 tsəu^{45} saʔ^{5} ɕi^{0}
02 嘉兴	啥 zᴀ^{242}	为啥 uei^{33} zᴀ^{24}	做啥 tsou^{33} zᴀ^{21}
03 嘉善	哈= xa^{53}	为哈= uɛ^{113} xa^{53}	差= tsʰa^{53} 老 做哈= tsu^{44} xa^{53} 新
04 平湖	啥物事 sa^{44} məʔ^{5} zɿ^{0}	为啥 ue^{24} sa^{334} 做啥 tsu^{44} sa^{334}	做啥 tsu^{44} sa^{334}
05 海盐	啥 sɑ^{334}	为啥 ue^{13} sɑ^{334}	做啥 tsu^{55} sɑ^{334}
06 海宁	啥 sa^{35}	为啥 ue^{13} sa^{35}	做啥 tsəu^{55} sa^{35}
07 桐乡	啥 sa^{334}	为啥 uei^{21} sa^{334}	做啥 tsəu^{33} sa^{334}
08 崇德	哽= gã^{13}	尚= 六= zã^{21} lɔʔ^{5}	做哽= tsu^{33} gã^{13}
09 湖州	啥 suoʔ^{5}	作啥 tsuoʔ^{4} suoʔ^{5}	作啥 tsuoʔ^{4} suoʔ^{5}
10 德清	鞋= 事 a^{11} zɿ^{35}	为啥 uɛ^{33} sa^{53}	做啥 tsu^{33} sa^{53}
11 武康	鞋= 事 a^{11} zɿ^{242}	则= 事 tsɜʔ^{5} zɿ^{242}	做鞋= 事 tsu^{53} a^{31} zɿ^{242}
12 安吉	啥西 sʊ^{52} ɕi^{21}	啥事体 sʊ^{52} zɿ^{0} tʰi^{21}	做啥 tsʊ^{32} sʊ^{52}
13 孝丰	啥西 sʊ^{45} ɕi^{21}	做啥 tsu^{32} sʊ^{52}	做啥 tsu^{32} sʊ^{52} 做啥事体 tsu^{32} sʊ^{52} zɿ^{21} tʰi^{24}
14 长兴	□ gəu^{243}	为点□ uei^{21} ti^{52} gəu^{243}	勒= 着□ ləʔ^{5} dzəʔ^{2} gəu^{243}
15 余杭	坏= 事 ua^{13} zɿ^{31}	为坏= 事 uɛ^{33} ua^{13} zɿ^{31}	做坏= 事 tsuo^{35} ua^{13} zɿ^{31}
16 临安	啥西 suo^{55} ɕi^{55}	为何事 uᴇ^{13} guo^{33} zɿ^{13}	做啥 tsuo^{55} sa^{55}
17 昌化	大= 只= da^{23} tsəʔ^{5}	吓= 年= xa^{54} ȵiɪ̃^{453} 为大= 只= uei^{111} da^{23} tsəʔ^{5}	做大= 只= tsɯ^{54} da^{23} tsəʔ^{5}
18 於潜	啥西 sa^{53} ɕi^{31}	为啥 ue^{22} sa^{53}	做啥西 tsu^{35} sa^{53} ɕi^{31}
19 萧山	何西 xo^{33} ɕi^{33}	出= 何 tsʰəʔ^{5} xo^{33}	做何 tso^{42} xo^{21}
20 富阳	何事 go^{55} l^{335}	为何事 uɛ^{335} go^{55} l^{335}	做何事 tsʊ^{335} go^{55} l^{335}
21 新登	哪拉 da^{21} la^{13}	为哪拉 ue^{13} da^{21} la^{13}	咋= 拉 tsa^{53} la^{13} 做哪拉 tsu^{45} da^{21} la^{13}
22 桐庐	达= 得= daʔ^{13} təʔ^{5}	为达= 得= uᴇ^{13} daʔ^{13} təʔ^{5}	做达= 得= tsu^{35} daʔ^{13} təʔ^{5}
23 分水	什么 zəʔ^{12} ma^{44}	为什么 ue^{24} zəʔ^{12} ma^{44}	做什么 tsuo^{24} zəʔ^{12} ma^{44}
24 绍兴	啥西 so^{33} ɕi^{53}	为啥 uᴇ^{22} so^{33}	撚= 啥西 ȵiẽ^{22} so^{33} ɕi^{53}

续表

方言点	1156 什么你找～?	1157 为什么你～不去?	1158 干什么你在～?
25 上虞	啥西 so^{33}ɕi^{35}	为啥 ue^{31}so^{35}	做啥西 tsu^{55}so^{33}ɕi^{35}
26 嵊州	毫=个 ɔ^{22}kəʔ^{5}	哪个 na^{22}kəʔ^{5}	找=东西 tsɔ^{53}toŋ^{33}ɕi^{334}
27 新昌	及=个 dʑiʔ^{2}ga^{13}	瞎=意= hɛʔ^{5}i^{335} 为及=个 ue^{22}dʑiʔ^{2}ga^{13}	做及=个 tsɤ^{33}dʑiʔ^{2}ga^{13}
28 诸暨	何只 ᴀ^{13}tsəʔ^{5}	为鞋=只 ve^{13}ᴀ^{21}tsəʔ^{5}	做何只 tsɤu^{42}ᴀ^{21}tsəʔ^{5}
29 慈溪	首=西 sø^{33}ɕi^{53}	咋一记 dzaʔ^{2}iəʔ^{2}tɕi^{0}	弄首=西 nuŋ^{11}sø^{34}ɕi^{53}
30 余姚	首=西 sø^{34}ɕi^{53}	咋记 dza^{13}tɕi^{34} 咋一记 dza^{13}iəʔ^{2}tɕi^{44}	弄首=西 nuŋ^{13}sø^{34}ɕi^{53}
31 宁波	啥西 so^{53}ɕi^{0}	阿啥 aʔ^{2}so^{53}	阿啥 aʔ^{2}so^{53}
32 镇海	啥西 səu^{53}ɕi^{0}	结=啥 tɕieʔ^{5}səu^{53}	结=啥 tɕieʔ^{5}səu^{53}
33 奉化	啥货 səu^{53}həu^{0}	咋为 dza^{33}uei^{33}	吉=啥 tɕiɪʔ^{5}səu^{53}
34 宁海	搞=物 kau^{53}m^{213} 槽=物 zau^{21}m^{213}	为搞=物 ui^{22}kau^{53}m^{213} 为槽=物 ui^{22}zau^{21}m^{213}	装搞=物 tsɔ̃^{33}kau^{53}m^{213} 装槽=物 tsɔ̃^{33}zau^{21}m^{213}
35 象山	毫=吸=ɔ^{31}ɕieʔ^{5}	曹=核=dzɔ^{31}uoʔ^{2}	装吸=tsɔ̃^{44}ɕieʔ^{5}
36 普陀	啥西 səu^{55}ɕi^{0}	为啥道理 uæi^{11}səu^{55}dɔ^{23}li^{0} 为啥 uæi^{11}səu^{55}	做啥 tsɐʔ^{3}səu^{55}
37 定海	啥 sʌu^{44}	为啥 uɐi^{33}sʌu^{44}	做啥 tsoʔ^{3}sʌu^{44}"做"促化
38 岱山	啥 sʌu^{44}	结=啥 tɕieʔ^{3}so^{44}	结=啥 tɕieʔ^{3}so^{44}
39 嵊泗	啥 sʌu^{53}	咋 dza^{243}	结=啥 tɕiᴇʔ^{3}so^{53}
40 临海	何物 kã^{35}m^{0}	为何物 y^{22}kã^{35}m^{0}	装何物 tsɔ̃^{33}kã^{35}m^{0}
41 椒江	何物 kã^{51}m^{0}	为何物 y^{22}kã^{51}m^{0}	装何物 tsɔ̃^{33}kã^{42}m^{0}
42 黄岩	何物 kã^{53}m^{0}	为何物 y^{13}kã^{53}m^{0}	做何物 tsou^{33}kã^{53}m^{0}
43 温岭	何物 kã^{42}m^{0}	为何物 y^{13}kã^{42}m^{0}	装何物 tsɔ̃^{33}kã^{42}m^{0}
44 仙居	矮=吸=a^{31}ɕiəʔ^{5}	为矮=吸=y^{24}a^{31}ɕiəʔ^{5}	做矮=吸=tso^{33}a^{31}ɕiəʔ^{5}
45 天台	蛇=谷=zoʔ^{2}kuʔ^{5}	为蛇=谷=y^{33}zoʔ^{22}kuʔ^{5}	做蛇=谷=tsou^{55}zoʔ^{2}kuʔ^{5}
46 三门	何物 ka^{33}m^{252}	为何物 ue^{23}ka^{33}m^{252}	做何物 tɕiʊ^{55}ka^{33}m^{252}
47 玉环	何物 kã^{53}m^{0}	为何物 y^{22}kã^{53}m^{0}	装何物 tsɔ̃^{33}kã^{53}m^{0}
48 金华	淡=东西 tɑ^{55}doŋ^{31}ɕie^{55} 淡=实=tɑ^{55}ʑiəʔ^{212}	为淡=干 ui^{14}tɑ^{53}kɤ^{55} 为淡=事干 ui^{14}tɑ^{55}zɿ^{31}kɤ^{55} 为淡=实=ui^{14}tɑ^{55}ʑiəʔ^{212}	做淡=实=tsuɤ^{33}tɑ^{55}ʑiəʔ^{212} 做淡=事干 tsuɤ^{33}tɑ^{55}zɿ^{31}kɤ^{55} 淡=干 tɑ^{53}kɤ^{55}

续表

方言点	1156 什么你找～?	1157 为什么你～不去?	1158 干什么你在～?
49 汤溪	迦西 dʑia^{11}sie^{52}	哈么 xa^{24}mɤ^{0}	哈中= xa^{33}tɕiɑo^{24}
50 兰溪	带=西 tɑ^{55}ɕie^{0}	为带=干 ue^{24}tɑ^{55}kɤ^{0}	带=干 tɑ^{55}kɤ^{0}
51 浦江	咯=力= gə^{11}lɛ^{243}	为咯=力= uɛ^{11}gə^{11}lɛ^{243}	姜=爱= tɕyõ^{55}a^{0}
52 义乌	迦西 tsia^{42}si^{45}	为迦西 uai^{24}tsia^{42}si^{45}	做迦西 tsuɤ^{33}tsia^{33}si^{45} 迦西 tsa^{45}si^{31}
53 东阳	迦西 dʑiaʔ^{23}si^{53}	为迦西 ue^{33}dʑiaʔ^{23}si^{53}	迦干 dʑiaʔ^{23}kɯ^{53}
54 永康	迦西 dʑia^{31}ɕie^{55}	为迦干 uəi^{241}dʑia^{31}kɤ^{55} 迦干 dʑia^{31}kɤ^{55}	迦干 dʑia^{31}kɤ^{55} 做迦西 tsuo^{33}dʑia^{31}ɕie^{55}
55 武义	待=兴= da^{13}ɕin^{53}	为待=干 ui^{55}da^{32}kɤ^{53}	待=事干 da^{32}zɿ^{32}kɤ^{53}
56 磐安	迦西 tɕia^{52}ɕi^{52}	为迦干 ue^{14}tɕia^{52}kɯ^{52} 为迦西 ue^{14}tɕia^{52}ɕi^{52}	做迦西 tsuɤ^{33}tɕia^{52}ɕi^{52}
57 缙云	哪件 da^{21}dʑiɛ^{453}	哪干 da^{21}kɛ^{453}	哪干 da^{21}kɛ^{453}
58 衢州	啥里 sɑ^{53}li^{0}	啥体 sɑ^{53}tʰi^{35} 做啥体 tsu^{32}sɑ^{53}tʰi^{35}	做啥体 tsu^{32}sɑ^{53}tʰi^{35} 做啥 tsu^{32}sɑ^{53} 啥体 sɑ^{53}tʰi^{35}
59 衢江	何西 guo^{22}sei^{53}	做何西 tsəʔ^{5}guo^{22}sei^{53}	做何西 tsəʔ^{5}guo^{22}sei^{53}
60 龙游	曹=西 dzɔ^{22}ɕi^{334}	曹=事干 dzɔ^{22}sɿ^{33}kie^{51}	做曹=西 tsu^{33}dzɔ^{22}ɕi^{334}
61 江山	倒=西 tɐɯ^{24}ɕi^{44}	做倒=西 tso^{44}tɐɯ^{24}ɕi^{44} 督=岁= toʔ^{4}xuᴇ^{51}	做督=岁= tso^{44}toʔ^{4}xuᴇ^{51} 做倒=西 tso^{44}tɐɯ^{24}ɕi^{44}
62 常山	倒=西= tɔ^{43}se^{44}	为倒=西= ue^{22}tɔ^{43}se^{44}	做倒=西= tsɔ^{52}tɔ^{43}se^{44}
63 开化	何西 gɑ^{21}sɛ^{44}	为得何 uei^{21}təʔ^{5}gɑ^{213} 得何 təʔ^{5}gɑ^{213} 为何 uei^{21}gɑ^{213}	做何西 tsɔ^{44}gɑ^{21}sɛ^{44} 得何 təʔ^{5}gɑ^{213}
64 丽水	迦东西 tɕiaʔ^{5}tɔŋ^{44}sɿ^{224}	迦事干 tɕiaʔ^{5}zɿ^{21}kuɛ^{52}	做迦道路 tsu^{44}tɕiaʔ^{5}də^{21}lu^{131}
65 青田	从=物件 io^{22}maʔ^{3}tɕiɛ^{55}小	为从=事干 vu^{22}io^{22}zɿ^{22}kuɐ^{55}	做从=物件 tsu^{33}io^{22}maʔ^{3}tɕiɛ^{55}小
66 云和	责=事 tsaʔ^{5}zɿ^{223} 迦事 tɕiaʔ^{5}zɿ^{223}	哪生= nɛ^{223}sɛ^{24} 责=事干 tsaʔ^{5}zɿ^{223}kuɛ^{45} 迦事干 tɕiaʔ^{5}zɿ^{223}kuɛ^{45}	做责=事 tso^{44}tsaʔ^{5}zɿ^{223} 做迦事 tso^{44}tɕiaʔ^{5}zɿ^{223}
67 松阳	哪儿 na^{13}n^{22}	道路 dɤʔ^{2}luə^{13}	做哪儿 tsu^{33}na^{13}n^{22}

续表

方言点	1156 什么你找～？	1157 为什么你～不去？	1158 干什么你在～？
68 宣平	直=式 dʑiəʔ^{2} ɕiəʔ^{5} 特=式 diəʔ^{2} ɕiəʔ^{5}	争=意 tsɛ^{32} i^{52}	做直=式 tso^{44} dʑiəʔ^{2} ɕiəʔ^{5} /tso^{44} diəʔ^{2} ɕiəʔ^{5}
69 遂昌	哪西 naʔ^{23} ɕiɛ^{334}	拨=哪西 pɛʔ^{5} naʔ^{23} ɕiɛ^{334}	做哪西 tsu^{33} naʔ^{23} ɕiɛ^{334}
70 龙泉	且=右= tɕʰia^{45} iəu^{51}	为且=事 uəi^{21} tɕʰia^{45} zɤɯ^{224}	做且=事 tso^{44} tɕʰia^{45} zɤɯ^{224}
71 景宁	何喜= ga^{113} ɕi^{33}	为指=何 uai^{55} tsɿ^{33} ga^{113}	做何喜= tso^{55} ka^{33} ɕi^{33}
72 庆元	广=仰= tɕʰiɑ̃^{33} ȵiɑ̃^{221}	且=事 tɕʰiɑ^{33} sɤ^{31}	做且=事 tso^{11} tɕʰiɑ^{33} sɤ^{31}
73 泰顺	何西 kaʔ^{2} sɿ^{213}	笛=搞= tiʔ^{2} kɑɔ^{55}	做何西 tso^{35} kaʔ^{2} sɿ^{213}
74 温州	何[物样] a^{2} ȵi^{31}	妆=[物样] tɕio^{42} ȵi^{21}	妆=[物样] tɕio^{42} ȵi^{21}
75 永嘉	何[物样] ga^{21} ȵiɛ^{31} 何[物样] a^{21} ȵiɛ^{31}	妆=[物样] tɕyo^{53} ȵiɛ^{31}	妆=[物样] tɕyo^{53} ȵiɛ^{31}
76 乐清	何物 ga^{22} m^{31}	妆=何物 tɕyɯʌ^{43} ga^{22} m^{31}	妆=何物 tɕyɯʌ^{43} ga^{22} m^{31}
77 瑞安	[物样] ȵiɛ^{31}	转=[物样]色 tɕy^{35} ȵiɛ^{21} sei^{0}	转=[物样]色 tɕy^{35} ȵiɛ^{21} sei^{0}
78 平阳	个年= kai^{21} ȵie^{42}	为个年= vʉ^{13} kai^{33} ȵie^{42}	做个年= tʃu^{45} kai^{33} ȵie^{42}
79 文成	念= ȵia^{242}	为念= vʉ^{13} ȵia^{42}	做年= tʃou^{33} ȵia^{42}
80 苍南	何[物样] a^{11} ȵiɛ^{31}	为何[物样] y^{11} a^{11} ȵiɛ^{31}	訾[物样] tɕi^{53} ȵiɛ^{31}
81 建德徽	啥哩 so^{55} li^{0} 啥哩东西 so^{55} li^{0} toŋ^{53} ɕi^{213}	为啥哩 ue^{33} so^{55} li^{0}	做啥哩 tsu^{33} so^{55} li^{0}
82 寿昌徽	奇 tɕʰi^{52}	做奇 tsu^{33} tɕʰi^{52} 为奇 uei^{33} tɕʰi^{52}	做奇 tsu^{33} tɕʰi^{52}
83 淳安徽	大=咪 tʰɑ^{53} lie^{55}	吓=乙 hɑʔ^{5} iʔ^{5} 为大=咪 ve^{53} tʰɑ^{53} lie^{55}	做大=咪 tsu^{24} tʰɑ^{53} lie^{55}
84 遂安徽	大=拉 tʰɑ^{33} lɑ^{33}	为大=拉 vəɯ^{55} tʰɑ^{33} lɑ^{33}	做大=拉 tsəɯ^{55} tʰɑ^{33} lɑ^{33}
85 苍南闽	什麺 ɕie^{21} mĩ^{43} 啥儿 ɕĩã^{43}	为什麺 ui^{21} ɕie^{21} mĩ^{43} 为啥儿 ui^{21} ɕĩã^{43}	做啥儿 tsue^{33} ɕĩã^{43}
86 泰顺闽	何事 kɛʔ^{3} sai^{213}	积=[何乇] tɕiɪʔ^{3} kau^{22}	做何乇 tsou^{22} kəʔ^{3} nau^{22}
87 洞头闽	习=咪= ɕiek^{21} mĩ^{53}	为习=咪= ui^{21} ɕiek^{21} mĩ^{53}	□习=咪= tsʰoŋ^{33} ɕiek^{21} mĩ^{53}
88 景宁畲	奚乇 ɕi^{44} nɔʔ^{5}	为奚乇 uei^{44} ɕi^{44} nɔʔ^{5}	做奚乇 tso^{44} ɕi^{44} nɔʔ^{5}

方言点	1159 多少这个村有～人?	1160 很今天～热	1161 非常比上条程度深:今天～热
01 杭州	多少 təu^{33} sɔ^{45}	冒⁼ mɔ^{13}	尽赶 dʑiŋ^{13} kɛ^{53}
02 嘉兴	几许 tɕi^{42} ho^{33}	蛮 mᴇ^{242}	穷 dʑioŋ^{242}
03 嘉善	几许 tɕi^{55} xo^{0}	蛮 mɛ^{53}	能介 nən^{13} ka^{53}
04 平湖	几许 tɕi^{44} ho^{0}	蛮 mɛ^{53}	…来海⁼饭⁼ …lɛ^{0} hɛ^{44} vɛ^{213}
05 海盐	几许 tɕi^{53} xo^{334}	蛮 mɛ^{53}	…到鸽⁼来 …təʔ^{5} kəʔ^{5} lɛ^{334}
06 海宁	几许 tɕi^{55} ho^{0}	蛮 mɛ^{33}	来得介 lɛ^{33} təʔ^{5} ka^{53}
07 桐乡	几许 tɕi^{44} ho^{0}	蛮 mɛ^{44}	…得来 …təʔ^{0} lᴇ^{0}
08 崇德	几许 tɕi^{55} ho^{0}	蛮 mɛ^{13}	…得来 …təʔ^{4} lᴇ^{44} 交关 tɕiɔ^{44} kuɛ^{53}
09 湖州	几许 tɕi^{53} uo^{13}	烂 lɛ^{35}	正刚 tsən^{33} kã^{35}
10 德清	几许 tɕi^{35} xuo^{0}	真 tsen^{44}	嗨⁼回⁼ xɛ^{35} uɛ^{0}
11 武康	多少 tu^{53} sɔ^{31}	还算 ɛ^{11} sø^{35}	嗨⁼回⁼ xɛ^{35} uɛ^{53}
12 安吉	多少 tʊ^{55} sɔ^{22}	蛮 mᴇ^{52}	介 ka^{52}
13 孝丰	多少 tu^{44} sɔ^{52}	蛮 mɛ^{52} 介 ka^{324}	蛮 mɛ^{52}
14 长兴	几许 tʃʅ^{52} u^{24}	蛮 mᴇ^{52}	镇⁼光⁼ tsəŋ^{32} kɔ̃^{24}
15 余杭	多少 tu^{55} sɔ^{55}	蛮 mɛ^{22}	介 ka^{423}
16 临安	多少 to^{55} sɔ^{35}	蛮 mɛ^{33}	木佬佬 muɔʔ^{2} lɔ^{55} lɔ^{55}
17 昌化	多少 tɯ^{33} sɔ^{453}	街⁼ ka^{334}	蛮 mɔ̃^{112}
18 於潜	多少 tu^{43} sɔ^{53}	蛮 mɛ^{51}	木佬佬 mɑʔ^{2} lɔ^{24} lɔ^{53}
19 萧山	多少 to^{33} sɔ^{21}	蛮 mɛ^{355}	蛮…蛮 mɛ^{33}…mɛ^{33}
20 富阳	多少 tʊ^{55} sɔ^{31}	蛮 mã^{53} 呆⁼ ŋɛ^{13}	木佬佬 moʔ^{2} lɔ^{224} lɔ^{335}
21 新登	多少 tu^{53} sɔ^{334}	蛮 mɛ^{233} 冒⁼ mɔ^{13}	木佬 mɔʔ^{2} lɔ^{13}

续表

方言点	1159 多少这个村有～人？	1160 很今天～热	1161 非常比上条程度深：今天～热
22 桐庐	多少 tu^{55}sɔ^{33}	蛮 mã^{13} 木佬佬 məʔ^{21}lɔ^{35}lɔ^{13}	交关 tɕiɔ^{35}kuã^{13}
23 分水	多少 tuo^{44}sɔ^{55}	蛮 mɔ^{13}	好 xɔ^{53}
24 绍兴	多少 to^{33}sɔ^{33}	蛮 mɛ̃^{44}	蛮蛮 mɛ̃^{33}mɛ̃^{44}
25 上虞	几个 tɕi^{33}kəʔ^{2}	呆⁼ ȵie^{213}	呆⁼呆⁼ ȵie^{21}ȵie^{31}
26 嵊州	多少 to^{53}sɔ^{334}	蛮 mɛ̃^{534}	（无）
27 新昌	多少 tɤ^{53}sɔ^{335}	呆⁼ ŋe^{22} 热猛 ȵiɛʔ^{2}maŋ^{232}	拢总 loŋ^{22}tsoŋ^{53}
28 诸暨	多少 dɤu^{42}sɔ^{21}	介 kᴀ^{544}	真 tsɛn^{544}
29 慈溪	多少 təu^{35}sɔ^{0}	交关 tɕiɔ^{44}kuɛ̃^{35} 呆⁼ ȵiɛ̃^{13}	呆⁼格 ȵiɛ̃^{13}kəʔ^{2} 交关交关 tɕiɔ^{33}kuɛ̃^{35}tɕiɔ^{33}kuɛ̃^{35}
30 余姚	多少 tou^{44}sɔ^{0}	老 lɔ^{13} 交关 tɕiɔ^{34}kuã^{44}	老老 lɔ^{13}lɔ^{0} 木佬佬 moʔ^{5}lɔ^{13}lɔ^{0} 交关交关 tɕiɔ^{34}kuã^{44}tɕiɔ^{34}kuã^{44}
31 宁波	咋个 dza^{13}kəu^{35} 咋管 dza^{13}ku^{35}	交关 tɕio^{44}kuɛ^{53}	犯关 vɛ^{13}kuɛ^{44} 交关交关 tɕio^{44}kuɛ^{53}tɕio^{44}kuɛ^{53}
32 镇海	几 tɕi^{35}	交关 tɕio^{33}kuɛ^{53}	交关交关 tɕio^{33}kuɛ^{53}tɕio^{33}kuɛ^{53}
33 奉化	咋官⁼ dza^{33}kuø^{44}	交关 tɕiɔ^{44}kuɛ^{53}	犯关 vɛ^{33}kuɛ^{44}
34 宁海	槽⁼底 zau^{21}ti^{53}	蛮 me^{423}	特别 diəʔ^{3}bieʔ^{3}
35 象山	多少 təu^{44}ɕio^{35}	蛮 mɛ^{31}	介 ka^{53}
36 普陀	多少 təu^{33}ɕiɔ^{53}	蛮 mɛ^{53}	交关 tɕyoʔ^{3}kuɐʔ^{5}
37 定海	咋管⁼ dza^{33}kuø^{45} 老 多少 tʌu^{33}ɕio^{52} 新	交关 tɕio^{33}kuɛ^{52}	多少 tʌu^{33}ɕio^{52}

续表

方言点	1159 多少这个村有～人？	1160 很今天～热	1161 非常比上条程度深：今天～热
38 岱山	多少 tʌu^{33} ɕio^{52}	介 ka^{52}	□好 vɐi^{31} xɔ^{0}
39 嵊泗	多少 tʌu^{33} ɕio^{53} 咋管⁼ dza^{33} kuɤ^{45}	看⁼ kʰi^{53}	看⁼…看⁼ kʰi^{53}…kʰi^{53}
40 临海	多少 to^{33} ɕiə^{52}	齁 iə^{324}	蛮 mɛ^{33}
41 椒江	多少儿 təu^{33} ɕiɔ^{51}	齁 io^{24}	…猛 …mã^{42} …险 …ɕie^{42} …猛险 …mã^{42} ɕie^{42}
42 黄岩	多少儿 tou^{33} ɕiɔ^{53}	齁 io^{24}	…得猛 …təʔ^{3} mã^{42} …猛 …mã^{42} …猛险 …mã^{42} ɕie^{42}
43 温岭	多少 tu^{33} ɕiɔ^{42}	齁 iɤ^{13}	…猛 …mã^{42} …险 …ɕie^{42} …猛险 …mã^{42} ɕie^{42}
44 仙居	多少 ɗo^{33} ɕiɐɯ^{0}	有⁼ iəɯ^{324}	死人 sɿ^{31} ȵin^{213}
45 天台	多少 tou^{33} ɕieu^{325}	蛮 me^{33}	格⁼ kaʔ^{5}
46 三门	几记⁼ tɕi^{55} tɕi^{55}	蛮 mɛ^{113}	介 ka^{55}
47 玉环	多少 təu^{42} ɕiɔ^{53}	齁 iɤ^{22}	…险 …ɕie^{42}
48 金华	几许儿 tɕi^{53} xəŋ^{55} 老 多少 tuɤ^{33} ɕiɑo^{535} 新	尽 ɕiŋ^{55} …猛 …mɑŋ^{535}	危险 ui^{33} ɕie^{535}
49 汤溪	几许 kɛ^{52} xa^{52}	吓侬 xa^{55} nɑo^{0}	危险 uei^{33} ɕie^{535}
50 兰溪	多少 tuɤ^{334} ɕiɔ^{55}	吓人 xəʔ^{34} nin^{45} [格样] kɑŋ^{45}	危险 ui^{21} ɕie^{55}
51 浦江	多少 tɯ^{33} sɯ^{53}	门⁼ mən^{55}	弗齐⁼高⁼ fə^{33} ʑi^{33} ko^{53} 危险 uɛ^{11} ɕiẽ^{53}
52 义乌	几许儿 tɕi^{33} hɯn^{45}	危险 uai^{22} ɕie^{423}	危险危险 uai^{22} ɕie^{45} uai^{33} ɕie^{423}
53 东阳	几许儿 tɕi^{33} hɯn^{33}	尽 ʑiɐn^{24}	危险 ue^{33} ɕi^{44}

续表

方言点	1159 多少这个村有～人?	1160 很今天～热	1161 非常比上条程度深:今天～热
54 永康	几许 tɕi^{33} xɤ^{52} 小	交 gɑu^{241} 小	险火= ʑie^{31} xuo^{334}
55 武义	几许 ka^{55} xɤ^{53}	吵= tsʰɑu^{445}	弗吵= fəʔ^{5} tsʰɑu^{445}
56 磐安	几许 tɕi^{33} xɯ^{52}	新= ɕiɐn^{445}	猛 mɛ^{334}
57 缙云	几[许儿] kei^{51} xaŋ^{31}	…猛 …ma^{51}	特别 dɛ^{51} biɛ^{13}
58 衢州	多少 tu^{32} ɕiɔ^{35}	蛮 mã^{21} …得紧 …təʔ^{3} tɕin^{35}	交关 tɕiɔ^{32} kuã^{53} 危险 oe^{21} ɕiẽ^{35}
59 衢江	多少 tou^{33} ɕiɔ^{25}	惊侬 kuɛ^{25} nəŋ^{31} 交关 tɕiɔ^{33} kuã^{53} 危险 uei^{22} ɕie^{25}	惊侬惊侬 kuɛ^{25} nəŋ^{31} kuɛ^{25} nəŋ^{31} 交关交关 tɕiɔ^{33} kuã^{53} tɕiɔ^{33} kuã^{53} 危险危险 uei^{22} ɕie^{25} uei^{22} ɕie^{25}
60 龙游	几少 ki^{33} sɔ^{35}	吓侬 xəʔ^{4} nən^{21}	危险 uei^{33} ɕie^{35}
61 江山	几许 ki^{24} xə^{241}	…得来 …daʔ^{2} lᴇ^{0}	…得…得来 …daʔ^{2}…daʔ^{2} lᴇ^{0}
62 常山	几多 ke^{52} tɔ^{0}	交关 tɕyeʔ^{4} kuã^{44}	危险 ue^{22} ɕiɛ̃^{52}
63 开化	几多 kɛ^{53} tɔ^{0}	交关 tɕiɔ^{44} kuã^{44}	危险 uei^{21} ɕiɛ̃^{53}
64 丽水	几粒= kɛ^{52} ləʔ^{0}	很 xuen^{22}	险 ɕiɛ^{544}
65 青田	几粒= kɛ^{55} laʔ^{0}	…险 …ɕiɛ^{454}	…倒 …ɗœ^{454} …死 …sɿ^{454}
66 云和	几□ ki^{44} lɛʔ^{23}	…险 …ɕiɛ^{41}	特别 daʔ^{23} biɛʔ^{23}
67 松阳	几 ki^{212}	…险 …ɕiɛ̃^{212}	掌=真 tɕiã^{21} tɕin^{53}
68 宣平	几何 kei^{44} xə^{52}	…猛 …mɛ^{445} …险 …ɕiɛ^{445}	真 tsən^{324}
69 遂昌	几多 kei^{53} tu^{45}	…险 …ɕiɛ̃^{533}	无界 muə^{13} ka^{533} 十分 ʑyɛʔ^{2} fəŋ^{45}
70 龙泉	几拉= kᴇ^{51} la^{0}	老 lɑʌ^{224}	特别 dᴇʔ^{3} biᴇʔ^{24}

续表

方言点	1159 多少这个村有～人？	1160 很今天～热	1161 非常比上条程度深：今天～热
71 景宁	几粒⁼ kai^{33} lœʔ^{5}	…险 …ɕiɛ^{33}	…煞 …sɔʔ^{5}
72 庆元	几多 kæi^{33} ɗæi^{335}	蛮 mɑ̃^{52}	真事 tɕiəŋ^{335} sɤ^{31} 无数 mɤ^{11} sɤ^{11}
73 泰顺	几两 kɛ^{55} lɛʔ^{5}	蛮 mã^{53} …险 …ɕiɛ^{55}	…险… …ɕiɛ^{55}…
74 温州	几倈 ke^{25} lei^{0}	…险 …ɕi^{25}	…险… …ɕi^{25}…
75 永嘉	几倈 ke^{45} lei^{0}	…险 …ɕi^{45}	…险… …ɕi^{45}…
76 乐清	几倈 ke^{35} li^{0}	…险 …ɕiᴇ^{35}	…险… …ɕiᴇ^{35}…
77 瑞安	几倈 ke^{35} lei^{0}	险 ɕi^{35} 真 tsaŋ^{44}	特别 de^{2} bi^{212} 突出 dø^{2} tɕʰy^{323}
78 平阳	几倈 ke^{45} lɛ^{42}	蛮 mɔ^{242}	…险… …ɕie^{45}…
79 文成	几倈 ke^{45} le^{21}	很 xaŋ^{45}	…险… …ɕie^{45}…
80 苍南	几倈 ke^{53} le^{0}	真 tsaŋ^{44}	…险… …ɕie^{53}…
81 建德徽	多少 tu^{53} sɔ^{213}	有点 iɤɯ^{21} tie^{55}	交关 tɕiɔ^{21} kuɛ^{55}
82 寿昌徽	多少 tu^{11} sɤ^{24}	吓侬 xəʔ^{3} noŋ^{55}	危险 uei^{33} ɕiɛ̃^{55}
83 淳安徽	多少 tu^{21} sɤ^{55}	好 hɤ^{55}	雌⁼考⁼ tsʰa^{21} kʰɤ^{55}
84 遂安徽	多少 təɯ^{52} ɕiɔ^{213}	好 xɔ^{213}	特别 tʰəɯ^{33} pʰiɛ^{213}
85 苍南闽	□个 dzuai^{21} ke^{55} 加少 ke^{33} tɕio^{43}	很 hən^{43}	险 hian^{43}
86 泰顺闽	业⁼化⁼ niɪʔ^{3} fa^{53}	□ lai^{344}	尽 tsieŋ^{31}
87 洞头闽	□ dzua^{21}	尽 tɕin^{21}	险 hian^{21}
88 景宁畲	几多 ki^{55} to^{43}	喇⁼ la^{325}	冒⁼那⁼ mau^{43} ŋa^{51}

方言点	1162 更今天比昨天～热	1163 太这个东西～贵，买不起	1164 最弟兄三个中他～高
01 杭州	还要 uaʔ^{2} iɔ^{45}	太 tʰɛ^{45}	顶 tiŋ^{53}
02 嘉兴	还要 ᴇ^{42} iɔ^{33}	忒 tʰəʔ^{5}	顶 tiŋ^{544}
03 嘉善	还要 ɛ^{55} iɔ^{0} 小	忒 tʰɜʔ^{5}	顶 tin^{44}
04 平湖	还要 ɛ^{44} iɔ^{334} 越加 iəʔ^{5} ka^{0}	忒 tʰəʔ^{23}	顶 tin^{44}
05 海盐	还要 ɛ^{21} iɔ^{55}	忒 tʰə^{423}	顶 tin^{423}
06 海宁	还要 ɛ^{33} iɔ^{35}	忒加 tʰəʔ^{5} ka^{0}	顶 tiŋ^{53}
07 桐乡	还要 ua^{21} iɔ^{334} 越加 iəʔ^{23} kaʔ^{5} “加”音殊	忒 tʰaʔ^{5}	顶 tiŋ^{53}
08 崇德	越隔 iəʔ^{23} kaʔ^{53} 还要 ua^{21} iɔ^{44}	忒加 tʰaʔ^{3} kaʔ^{53} “加”音殊	顶 tiŋ^{53}
09 湖州	还要 a^{33} iɔ^{35}	忒加 tʰəʔ^{4} ka^{35}	顶 tin^{523}
10 德清	越加 ieʔ^{2} kaʔ^{5}	忒加 tʰəʔ^{4} kaʔ^{5}	顶 tin^{52}
11 武康	越加 ieʔ^{2} ka^{53}	忒加 tʰɜʔ^{4} ka^{53}	顶 tin^{53}
12 安吉	越加 iᴇʔ^{2} ka^{213}	太 tʰa^{324}	顶 tiŋ^{52}
13 孝丰	越加 ieʔ^{2} ka^{24}	太 tʰa^{324}	顶 tiŋ^{52}
14 长兴	越发 iᴇʔ^{2} faʔ^{5}	介$^{=}$ ka^{324}	顶 tiŋ^{52}
15 余杭	还要 aʔ^{2} iɔ^{35}	忒介 təʔ^{5} ka^{423}	顶 tiŋ^{423}
16 临安	还要 uɐʔ^{2} iɔ^{35}	忒 tʰɐʔ^{5}	顶 tieŋ^{55}
17 昌化	越发 yɛʔ^{2} faʔ^{5}	蛮 mɔ̃^{112} 街$^{=}$ ka^{334}	顶 tiəŋ^{453}
18 於潜	还要 ua^{22} iɔ^{35}	忒 tʰɛ^{35}	顶 tiŋ^{51}
19 萧山	还 uaʔ^{13}	忒 tʰaʔ^{5}	顶 tiŋ^{33}
20 富阳	还要 uaʔ^{2} iɔ^{335}	忒 tʰɛʔ^{5}	顶 tin^{423}
21 新登	还要 ua^{21} iɔ^{45}	忒 tʰaʔ^{5}	顶 teiŋ^{334}
22 桐庐	还要 ᴀ^{21} iɔ^{35}	太 tʰᴀ^{35}	顶 tiŋ^{33}
23 分水	还要 ã^{22} iɔ^{24}	太 tʰɛ^{213}	顶 tin^{53}
24 绍兴	越加 ioʔ^{2} ko^{44}	忒个 tʰəʔ^{5} kəʔ^{3}	顶 tiŋ^{334}

续表

方言点	1162 更今天比昨天～热	1163 太这个东西～贵，买不起	1164 最弟兄三个中他～高
25 上虞	还要 uɛ̃^{21}iɔ^{35}	忒 tʰiəʔ^{5}	顶杆⁼ tiŋ^{33}kɛ̃^{33}
26 嵊州	还要 uɛ̃^{22}iɔ^{53}	忒个 tʰəʔ^{3}kəʔ^{5}	顶 tiŋ^{53}
27 新昌	还要 uɛ̃^{22}iɔ^{335}	忒 tʰiɛʔ^{5}	顶 tiŋ^{453}
28 诸暨	还要 ve^{24}iɔ^{33}老 更 kin^{544}新	忒 tʰoʔ^{5}	顶 tin^{42}
29 慈溪	还 ua^{13} 越加 yəʔ^{2}ko^{0}	药⁼格 iaʔ^{2}kaʔ^{2} 忒 tʰaʔ^{5}	顶 tiŋ^{35}
30 余姚	越加 ioʔ^{2}ko^{44} 还要 uaʔ^{2}io^{44}	忒 tʰiəʔ^{5}	顶 tə̃^{34}
31 宁波	还要 ua^{13}io^{44} 越加 ioʔ^{2}ko^{44}	忒 tʰaʔ^{5}	顶 tiŋ^{35}
32 镇海	还要 uaʔ^{2}io^{53}	介 ka^{53}	顶 tiŋ^{35}
33 奉化	还要 uaʔ^{2}iɔ^{53}	介 ka^{53}	顶 tiŋ^{53}
34 宁海	还□ uaʔ^{3}ia^{53}	忒 tʰəu^{35}	顶 tiŋ^{53}
35 象山	还要 ua^{31}io^{13}	忒 tʰaʔ^{5}	顶 tiŋ^{44}
36 普陀	越加 yoʔ^{2}kuɐʔ^{5}	忒 tʰɐʔ^{5}	顶 tiŋ^{53}
37 定海	还要 uɐʔ^{2}io^{44}	忒 tʰɐʔ^{5}	顶 tiŋ^{52}
38 岱山	出格⁼ tsʰoʔ^{5}kɐʔ^{5} 越格⁼ yoʔ^{2}kɐʔ^{5}	忒 tʰɐʔ^{5}	顶 tiŋ^{52}
39 嵊泗	还要 uɐʔ^{2}io^{53}	忒 tʰɐʔ^{5}	顶 tiŋ^{53}
40 临海	还要 uɛ^{55}iɔ^{52}	老实 lɔ^{42}ʑieʔ^{23}	顶 tiŋ^{52}
41 椒江	还 ua^{24}	实在 ʑieʔ^{2}zə^{31}	顶 tiŋ^{42}
42 黄岩	还要 ua^{24}ieʔ^{5}	实在 zieʔ^{2}ze^{121}	顶 tin^{42}
43 温岭	还要 a^{13}iʔ^{5}	忒 tʰəʔ^{5}	顶 tin^{42}
44 仙居	还 uɑʔ^{23}	太 tʰa^{55}	尽 zen^{213}
45 天台	还要 ua^{224}ieu^{0}	忒 tʰəʔ^{5}	顶 tiŋ^{325}
46 三门	还 uɛ^{113}	介 ka^{55}	顶 tiŋ^{325}
47 玉环	还 va^{24}	忒 tʰoʔ^{5}	最 tse^{42}

续表

方言点	1162 更今天比昨天～热	1163 太这个东西～贵，买不起	1164 最弟兄三个中他～高
48 金华	还要 uɑ^{31} iɑo^{55}	太 t^{h}ɛ^{55}	顶 tiŋ^{535}
49 汤溪	越发 yɤ^{11} fɤa^{55}	忒 t^{h}ə^{55}	顶 nɛ̃i^{55}
50 兰溪	还要 uɑ^{21} iɔ^{45}	忒 t^{h}əʔ^{34}	顶 tin^{55}
51 浦江	严=家 ȵiẽ^{11} kɑ^{55}	忒 t^{h}ə^{423}	顶 tiən^{53}
52 义乌	失=发 səʔ^{5} hua^{324}	忒 t^{h}ai^{45}	顶 nən^{423}
53 东阳	越过 io^{23} ku^{53}	忒 t^{h}ei^{334}	顶 tɐn^{453}
54 永康	更记 kai^{52} tɕie^{0}	忒 t^{h}əi^{334}	尽 zəŋ^{113}
55 武义	还 ŋuo^{13}	忒 t^{h}əʔ^{5}	顶 nin^{445}
56 磐安	还 ɒ^{213}	忒 t^{h}ɛi^{334}	顶 nɐn^{334}
57 缙云	还 uɑ^{243}	忒 t^{h}ei^{322}	尽 zaŋ^{31}
58 衢州	还要 aʔ^{2} iɔ^{53}	太 t^{h}ɛ^{53}	顶 tin^{35}
59 衢江	还 uaʔ^{2}	忒 t^{h}aʔ^{5}	顶 tiŋ^{25}
60 龙游	还…些 uã^{35} …səʔ^{4}	忒 t^{h}əʔ^{4}	顶 tin^{35}
61 江山	蛤=□ gəʔ^{2} lɐɯ^{51} 亦屑= iᴇʔ^{2} səʔ^{5}	忒 t^{h}ɒʔ^{5}	顶 tɪ̃^{241}
62 常山	格=乐= gɤʔ^{3} lɔʔ^{4} 更加 kɪ̃^{43} kɑ^{44} 更发 kɪ̃^{43} faʔ^{5}	忒 t^{h}ʌʔ^{5}	顶 tɪ̃^{52} 最 tsui^{52}
63 开化	更 kɤŋ^{53} 更加 kɤŋ^{44} kɑ^{44} □助= gəʔ^{2} zɑ^{213}	忒 t^{h}ɔʔ^{5}	顶 tin^{53}
64 丽水	更 kã^{52}	忒 t^{h}əʔ^{5}	顶 tin^{544}
65 青田	更 kɛ^{33}	忒 t^{h}aʔ^{42}	最 tsɛ^{33}
66 云和	更 ka^{45}	忒 t^{h}aʔ^{5}	顶 tiŋ^{41} 最 tsei^{45}
67 松阳	更 kã^{24}	忒 t^{h}ɛʔ^{5}	最 tsei^{24}
68 宣平	更 kɛ^{52}	忒 t^{h}iəʔ^{5}	顶 tin^{445}
69 遂昌	还乐 aʔ^{2} ŋɐɯ^{213} 更 kɛ̃^{45}	忒 t^{h}ɛʔ^{5}	顶 tiŋ^{533}

续表

方言点	1162 更今天比昨天～热	1163 太这个东西～贵，买不起	1164 最弟兄三个中他～高
70 龙泉	更 kaŋ^{45} 固…些 ku^{45}…sɯəʔ^{5}	太 t^{h}a^{45}	顶 tin^{51}
71 景宁	更 kε^{35}	忒 t^{h}ai^{35}	最 tsai^{35}
72 庆元	更 kæ̃^{11}	忒 t^{h}əɯʔ^{5}	顶 ɗiŋ^{33}
73 泰顺	更 kε^{35}	忒 t^{h}əiʔ^{5}	顶 tiŋ^{55}
74 温州	还 va^{31}	忒 t^{h}ɤu^{323}	最 tsei^{51}
75 永嘉	还 va^{31}	忒 t^{h}o^{423}	最 tse^{53}
76 乐清	还 ve^{31}	忒 t^{h}o^{323}	最 tɕie^{41}
77 瑞安	还 uɔ^{31}	忒 t^{h}ou^{323}	最 tse^{53}
78 平阳	还 vɔ^{242}	忒$^{=}$ t^{h}u^{34} 太 t^{h}ᴀ^{53}	最 tʃe^{53}
79 文成	还 vɔ^{113}	太 t^{h}ɔ^{33}	最 tʃe^{33}
80 苍南	还 ua^{31}	太 t^{h}a^{42}	□ te^{42} 最 tse^{42}
81 建德徽	还要 uɑ^{33} iɔ^{55}	忒 t^{h}ɐʔ^{5} 老 太 t^{h}ε^{55} 新	顶 tin^{213}
82 寿昌徽	更发 ken^{33} fɤ^{55}	忒 t^{h}əʔ^{3}	顶 tien^{24}
83 淳安徽	还要 ɑʔ^{13} iɤ^{24}	忒 t^{h}ɑʔ^{5}	顶 tin^{55}
84 遂安徽	还 uɑ^{24}	太 t^{h}əɯ^{24}	顶 tin^{213}
85 苍南闽	□壳 ɐ^{43} k^{h}ɐ^{21} 要壳$^{=}$ iau^{43} k^{h}ɐ^{21}	太 t^{h}ai^{21}	顶 tin^{43}
86 泰顺闽	更 kε^{31}	太 t^{h}ai^{53}	顶 tieŋ^{344}
87 洞头闽	更加 kieŋ^{33} ka^{33}	太 t^{h}ai^{21}	顶 tieŋ^{53}
88 景宁畲	更 kaŋ^{325}	忒 t^{h}aʔ^{5}	最 tsai^{325}

方言点	1165 都大家～来了	1166 一共～多少钱？	1167 一起我和你～去
01 杭州	都 təu^{334}	拢共 loŋ^{13} koŋ^{53}	一道 iɛʔ^{5} dɔ^{13}
02 嘉兴	侪 zᴇ^{242}	一埸刮子 iʔ^{5} tʰ ᴀʔ^{5} kuᴀʔ^{5} tsɿ^{21}	一道 iʔ^{3} dɔ^{33}
03 嘉善	侪 zɛ^{132}	一埸刮子 ieʔ^{5} tʰ ɜʔ^{4} kuɜʔ^{5} tsɿ^{0}	一道 ieʔ^{5} dɔ^{31}
04 平湖	侪 zɛ^{31}	一埸刮子 iəʔ^{3} tʰ aʔ^{5} kuaʔ^{0} tsɿ^{0}	一道 iəʔ^{3} dɔ^{53}
05 海盐	侪 zɛ^{31}	亨⁼白⁼郎当 xɛ̃^{55} baʔ^{5} lɑ̃^{24} tɛ̃^{53}	一道 iəʔ^{5} dɔ^{53}
06 海宁	侪 zɛ^{13}	共总 goŋ^{33} tsoŋ^{53} 一埸刮子 ieʔ^{5} tʰ aʔ^{5} kuəʔ^{5} tsɿ^{0}	一道 ieʔ^{5} dɔ^{55}
07 桐乡	都 təu^{44} 侪 zᴇ^{13}	亨⁼百⁼郎当 hã^{44} paʔ^{4} lã^{44} tã^{44}	一道 iəʔ^{3} dɔ^{44}
08 崇德	侪 zᴇ^{13}	亨⁼白⁼郎当 hã^{44} baʔ^{4} lã^{44} tã^{44} 打⁼总 tã^{55} tsoŋ^{0}	一道 iəʔ^{3} dɔ^{44}
09 湖州	侪 zei^{112}	亨⁼彭⁼冷⁼打⁼ xã^{44} bã^{44} lã^{44} tã^{44}	一道 ieʔ^{5} dɔ^{35}
10 德清	侪 zɛ^{113}	当总 ta^{33} tsoŋ^{53}	同界⁼ doŋ^{11} ka^{35}
11 武康	侪 zɛ^{113}	一埸刮子 ieʔ^{4} tʰ ɜʔ^{5} kuɜʔ^{5} tsɿ^{0}	同界⁼ doŋ^{11} ka^{35}
12 安吉	都 tʊ^{55}	一共 iᴇʔ^{5} goŋ^{243}	同界⁼ doŋ^{22} ka^{22}
13 孝丰	都 tu^{44}	一共 ieʔ^{3} goŋ^{243}	一起 ieʔ^{3} tɕʰ i^{52}
14 长兴	侪 zɯ^{12}	一搭⁼刮子 iᴇʔ^{2} taʔ^{5} kuaʔ^{5} tsɿ^{44}	桃⁼阿⁼ dɔ^{12} aʔ^{5}
15 余杭	都 tu^{44}	一埸刮子 ieʔ^{5} tʰ əʔ^{5} kuə^{5} tsɿ^{53}	一道 ieʔ^{5} dɔ^{33}
16 临安	都 to^{55}	亨⁼棚⁼冷⁼打⁼ hɑ̃^{55} bɑ̃^{55} lɑ̃^{55} tɑ̃^{55}	一道 ieʔ^{5} dɔ^{55}
17 昌化	都 tɯ^{334}	一共 iɛʔ^{5} gəŋ^{243} 总共 tsəŋ^{45} gəŋ^{243}	一道 iɛʔ^{5} dɔ^{243}
18 於潜	都 tu^{433}	一埸刮子 ieʔ^{53} tʰ ɐʔ^{53} kuəʔ^{53} tsɿ^{454}	一道 ieʔ^{53} dɔ^{31}

续表

方言点	1165 都大家～来了	1166 一共～多少钱？	1167 一起我和你～去
19 萧山	都 tu^{533}	都来东⁼ tu^{33} le^{33} toŋ^{21}	一道 ieʔ^{5} dɔ^{33}
20 富阳	都 tʊ^{55}	一总生 iɛʔ^{5} tsoŋ^{423} sã^{55}	一道生 iɛʔ^{5} dɔ^{224} sã^{55}
21 新登	都 tu^{53}	一共 iəʔ^{5} goŋ^{13}	一道生 iəʔ^{5} dɔ^{13} sɛ^{334}
22 桐庐	都 tu^{533}	一塌刮子 iəʔ^{5} tʰaʔ^{5} kuaʔ^{5} tsɿ^{21}	一道 iəʔ^{5} dɔ^{13}
23 分水	都 tu^{53}	一起 iəʔ^{5} tɕʰi^{53}	一道 iəʔ^{5} dɔ^{13}
24 绍兴	都 tu^{334}	一共 ieʔ^{3} goŋ^{231}	一堆生 ieʔ^{3} tᴇ^{33} saŋ^{33}
25 上虞	都 tu^{35}	总共 tsoŋ^{33} goŋ^{31}	一道 iəʔ^{2} dɔ^{31}
26 嵊州	含⁼松⁼ œ̃^{22} soŋ^{334}	总共 tsoŋ^{33} goŋ^{231}	堆生 tᴇ^{53} saŋ^{334}
27 新昌	全部 dzœ̃^{22} bu^{232}	总个 tsoŋ^{53} ka^{53}	一起生 iʔ^{5} tɕʰi^{33} saŋ^{33}
28 诸暨	统 tʰom^{42}	总共 tsom^{42} gom^{42}	凑队 tsʰei^{42} de^{33}
29 慈溪	和税 əu^{13} se^{44}	共总 guŋ^{13} tsuŋ^{44}	做队 tsəu^{33} de^{13}
30 余姚	和总 ou^{13} tsuŋ^{44} 和税 ou^{13} se^{44}	一共 iəʔ^{5} guŋ^{0}	大家 dou^{13} ko^{44} 做队 tsou^{44} de^{0}
31 宁波	和总 əu^{13} tsoŋ^{44}	和总 əu^{13} tsoŋ^{44}	聚队 zɥ^{2} dɐi^{13} 做队 tsəu^{44} tɐi^{44}
32 镇海	和总 əu^{22} tsoŋ^{33} 统 tʰoŋ^{53}	一塌刮子 ieʔ^{2} tʰaʔ^{5} kuaʔ^{5} tsɿ^{44}	从⁼队 dzoŋ^{24} dei^{22}
33 奉化	和通 əu^{33} tʰoŋ^{44}	通计 tʰoŋ^{44} tɕi^{44}	聚队 zɥ^{33} dei^{31}
34 宁海	都 tu^{33}	拢总 loŋ^{22} tsoŋ^{53}	同班 doŋ^{21} pe^{34}
35 象山	统 tʰoŋ^{44}	和总 əu^{31} tsoŋ^{44}	聚队 zɥ^{31} dei^{13}
36 普陀	统 tʰoŋ^{53}	和总 əu^{24} tsoŋ^{0}	同头 doŋ^{33} deu^{55}
37 定海	统 toŋ^{52}	一共 ieʔ^{2} goŋ^{13}	聚队 zɥ^{11} dɐi^{44} 老 一道 ieʔ^{2} dɔ^{45} 新
38 岱山	统 toŋ^{52}	总总 tsoŋ^{52} tsoŋ^{0}	做队 tsʌu^{44} dɐi^{52}
39 嵊泗	统 toŋ^{53}	等⁼主⁼ tɐŋ^{53} tsɥ^{0}	重⁼头 dzoŋ^{11} dœʏ^{45}

续表

方言点	1165 都大家～来了	1166 一共～多少钱?	1167 一起我和你～去
40 临海	都 tu^{55}	拢共 loŋ^{42} ɡoŋ^{324}	组队 tsu^{42} de^{324}
41 椒江	都 təʔ^{5}	总共 tsoŋ^{42} ɡoŋ^{24}	主$^{=}$队 tsɥ^{42} də^{24}
42 黄岩	都 toʔ^{5}	总共 tsoŋ^{42} dʑyoŋ^{24}	组队 tsou^{42} de^{24}
43 温岭	都 tu^{55}	拢共 luŋ^{42} dʑyuŋ^{13}	绝$^{=}$队 ʑyoʔ^{2} de^{13} 组队 tsu^{42} de^{13}
44 仙居	都 ɗəʔ^{5}	并嘚 ɓin^{55} ɗiəʔ^{5}	聚队 ʑy^{33} dæ^{353}小 聚伴 ʑy^{33} bø^{353}小
45 天台	笃$^{=}$ tuʔ^{5}	和击$^{=}$ ou^{224} kiəʔ^{5}	同队 duŋ^{22} dei^{35} 和队 ou^{22} dei^{35} 大队 da^{33} dei^{35}
46 三门	督$^{=}$ toʔ^{5}	总共 tsoŋ^{32} ɡoŋ^{243}	和队 ʊ^{13} de^{55}
47 玉环	都 təu^{53}	一共 iɐʔ^{3} dʑioŋ^{22}	绝$^{=}$队 ʑyoʔ^{2} de^{22}
48 金华	统 tʰoŋ^{535}老 都 tu^{334}新	共拢 ɡoŋ^{14} loŋ^{0} 一共拢 iəʔ^{4} ɡoŋ^{14} loŋ^{0} 总共 tsoŋ^{55} ɡoŋ^{14}	一起生 iəʔ^{3} tɕʰi^{55} saŋ^{0} 做堆 tsuɤ^{55} tɛ^{334}
49 汤溪	秃$^{=}$ tʰou^{55}	总共 tsɑo^{52} ɡɑo^{341}	一起 iei^{52} tɕʰi^{52}
50 兰溪	都 tu^{45}	一共 ieʔ^{34} ɡoŋ^{24}	一起 ieʔ^{34} tɕʰi^{45}
51 浦江	都 tɯ^{534}	统起 tʰən^{55} tʃʰi^{0}	同徐$^{=}$ dən^{24} ʑi^{334}
52 义乌	都 tu^{335}	统个 tʰoŋ^{33} ka^{45}	齐实 zi^{22} zə^{312} 一起 iəʔ^{3} tɕʰi^{45}
53 东阳	都 tu^{334}	统个 tʰɔm^{33} ka^{33}	做堆 tsu^{33} te^{35}
54 永康	都 ɗu^{55}	统统 tʰoŋ^{31} tʰoŋ^{334}	一起 iə^{33} tɕʰi^{52}
55 武义	都 lu^{24}	统统 tʰoŋ^{55} tʰoŋ^{445}	一起 iəʔ^{5} tɕʰi^{53}
56 磐安	都 tu^{445}	统个 tʰɔom^{52} ka^{52}	后$^{=}$□儿 ɐɯ^{52} kɤn^{445}
57 缙云	都 tu^{44}	和□ u^{243} i^{0} 一共 iei^{51} dʑiɔ^{213}	作块 tsɔ^{44} kʰuei^{453}

续表

方言点	1165 都大家～来了	1166 一共～多少钱?	1167 一起我和你～去
58 衢州	统 t^{h}oŋ^{35}	一统 iəʔ^{3}t^{h}oŋ^{35}	一齐 iəʔ^{5}zɿ^{21} 一起 iəʔ^{3}ts^{h}ɿ^{35}
59 衢江	统 t^{h}əŋ^{25}	一统 iəʔ^{3}t^{h}əŋ^{25}	一起 iəʔ^{3}ts^{h}ɿ^{25}
60 龙游	统 t^{h}oŋ^{35} 都 tu^{334}	一统 iəʔ^{3}t^{h}oŋ^{35}	一起 iəʔ^{4}tɕ^{h}i^{51}
61 江山	得⁼ təʔ^{5} 统 t^{h}oŋ^{241}	个厢是⁼ a^{44}ɕiaŋ^{44}dʑi^{22} 统并记 t^{h}oŋ^{44}pĩ^{24}ki^{51}	个时⁼ a^{44}ʑiɵ^{213} 个起 a^{44}k^{h}i^{241}
62 常山	统 t^{h}oŋ^{52} 得⁼ tɤʔ^{5}	一侪 eʔ^{4}zɛ^{341}	一侪 eʔ^{4}zɛ^{341}
63 开化	统 t^{h}ɤŋ^{53}	一起 iɛʔ^{4}k^{h}uei^{53}	一起 iɛʔ^{4}k^{h}uei^{53}
64 丽水	都 tu^{224}	拢总 ləŋ^{22}tsəŋ^{544} 老 一共 iʔ^{4}gəŋ^{131} 新	做记 tsu^{44}tsɿ^{52}
65 青田	都 ɗu^{445}	总共 tsoŋ^{33}dʑio^{22}	做阵 tsoʔ^{4}dzaŋ^{22}
66 云和	都 tu^{24}	做记 tso^{44}tsɿ^{45}	做记 tso^{44}tsɿ^{45}
67 松阳	都 tu^{24}	总共 tsəŋ^{33}gəŋ^{13}	一起 iʔ^{5}ts^{h}ɿ^{24}
68 宣平	都 to^{324}	共总 gən^{231}tsən^{0}	做一记 tso^{44}iəʔ^{4}tsɿ^{52} 做堆 tso^{44}tei^{324}
69 遂昌	都 təɯʔ^{5} 音殊	总共 tsəŋ^{55}dʑiəŋ^{213}	一齐 iʔ^{5}ʑiɛ^{221} 一起 iʔ^{3}ts^{h}ɿ^{533}
70 龙泉	都 tɤɯ^{45}	共拢 gəŋ^{224}ləŋ^{51}	共阵 dʑiəŋ^{21}dzɛn^{224} 做阵 tsoʔ^{3}dzɛn^{224}
71 景宁	都 to^{324}	总共 tsəŋ^{33}gəŋ^{113}	做阵 tso^{33}dzəŋ^{113}
72 庆元	都 ɗɤ^{335}	一共 iəɯʔ^{5}tɕiɔ̃^{31}	一齐 iəɯʔ^{5}ɕiᴇ^{52}
73 泰顺	都 to^{213}	做记 tso^{22}tsɿ^{35}	做堆 tso^{22}tæi^{213}
74 温州	沃⁼ o^{323}	沓拢 dø^{22}loŋ^{223}	组队 tsɤu^{42}dai^{22}
75 永嘉	沃⁼ o^{423}	统统 t^{h}oŋ^{43}t^{h}oŋ^{45}	做队 tso^{43}dai^{22} 相□ ɕiɛ^{45}kai^{423}

续表

方言点	1165 都大家～来了	1166 一共～多少钱？	1167 一起我和你～去
76 乐清	沃$^{=}$ o^{35}	统共 tʰoŋ^{42} dʑiɔ^{22}	组队 tɕio^{42} dai^{22}
77 瑞安	沃$^{=}$ o^{323}	统统 tʰoŋ^{33} tʰoŋ^{35}	相伴□ ɕiɛ^{33} pø^{35} dei^{212}
78 平阳	下 o^{45}	统统 tʰoŋ^{21} tʰoŋ^{35}	组份 tʃu^{33} vaŋ^{13}
79 文成	下 o^{424}	总共 tʰoŋ^{33} dʒuo^{21}	一起 i^{21} tɕʰi^{45}
80 苍南	统 tʰoŋ^{53} 沃$^{=}$ o^{223}	□拢 de^{11} loŋ^{53} 总共 tsoŋ^{42} dʑyɔ^{11}	做阵 tsu^{42} zaŋ^{11} 一起 e^{3} tɕʰi^{53}
81 建德徽	统 tʰoŋ^{55} 都 tu^{55}	一共 iɐʔ^{5} koŋ^{213}	一起 iɐʔ^{5} tɕʰi^{213}
82 寿昌徽	都 tu^{112}	一起 iəʔ^{3} tɕʰi^{24} 总共 tsɔŋ^{33} kɔŋ^{24} 一共 iəʔ^{3} kɔŋ^{24}	一起 iəʔ^{3} tɕʰi^{24}
83 淳安徽	都 tu^{24}	一角$^{=}$拢统 iʔ^{3} koʔ^{5} lon^{21} tʰon^{21} 总共 tson^{55} kʰon^{21}	做堆 tsu^{24} tie^{24}
84 遂安徽	都 tu^{534}	一共 i^{24} kʰəŋ^{52}	一齐 i^{33} ɕiɛ^{33}
85 苍南闽	统 tʰɑŋ^{43}	一共 ie^{24} kiɑŋ^{21}	做阵 tsue^{24} tin^{21}
86 泰顺闽	都 tu^{344}	做下 tsou^{21} xa^{53}	做阵 tsou^{21} tieŋ^{31}
87 洞头闽	统 tʰoŋ^{53}	总共 tsoŋ^{24} koŋ^{21} 一共 iek^{5} kioŋ^{21}	做阵 tsue^{53} tin^{21}
88 景宁畲	都 tu^{43}	一共 iʔ^{5} koŋ^{41}	做好 tso^{44} xɔ^{325} 做阵 tso^{44} tiŋ^{44}

方言点	1168 只我～去过一趟	1169 刚这双鞋我穿着～好	1170 刚我～到
01 杭州	只 tsaʔ^{5}	刚刚 kaŋ^{33} kaŋ^{45}	刚刚 kaŋ^{33} kaŋ^{45}
02 嘉兴	便 bie^{113}	正 tsəŋ^{224}	刚刚 kᴀ̃^{33} kᴀ̃^{42}
03 嘉善	只有 tsɜʔ^{5} iə^{53}	正 tsən^{44}	刚刚 kã^{35} kã^{53}
04 平湖	便 biɛ^{31}	正 tsən^{334}	隔= 手= kaʔ^{3} səɯ^{44}
05 海盐	便得 biɛ^{21} təʔ^{5}	正 tsən^{334}	一面 iəʔ^{5} miɛ^{334}
06 海宁	便得 bie^{33} təʔ^{5} 只有 tsəʔ^{5} iou^{33}	正 tsəŋ^{35}	鞋= 暴 a^{33} bɔ^{33}
07 桐乡	盘= 得 bᴇ^{242} təʔ^{0}	正 tsəŋ^{334}	暴 bɔ^{213}
08 崇德	便得 biɪ^{21} təʔ^{53}	正 tsəŋ^{334}	刚 kuã^{44}
09 湖州	孛= 特= bəʔ^{2} dəʔ^{3}	正 tsən^{35}	勉强 mie^{53} tɕʰiã^{13}
10 德清	孛= 特= bəʔ^{2} dəʔ^{3}	正 tsen^{334}	刚刚 kã^{44} kã^{44}
11 武康	孛= 特= bɜʔ^{2} dɜʔ^{3}	正 tsen^{224}	刚刚 kã^{44} kã^{44}
12 安吉	只 tsəʔ^{5}	刚 kɔ̃^{55}	刚 kɔ̃^{55}
13 孝丰	只 tsəʔ^{5}	将将 tɕiã^{44} tɕiã^{44}	刚刚 kɔ̃^{44} kɔ̃^{44}
14 长兴	只 tsəʔ^{5}	正 tsəŋ^{324}	将爱= tʃiã^{44} ŋei^{44}
15 余杭	只有 tsəʔ^{5} iʏ^{53}	刚刚 kɑ̃^{55} kɑ̃^{55}	刚刚 kɑ̃^{55} kɑ̃^{55}
16 临安	只 tsɐʔ^{5}	刚刚 kɑ̃^{53} kɑ̃^{55}	刚刚 kɑ̃^{53} kɑ̃^{55}
17 昌化	记 tɕi^{544}	正 tɕiəŋ^{544}	将指= tɕiã^{33} tsʅ^{453}
18 於潜	就 dʑiəu^{24}	刚刚 kaŋ^{43} kaŋ^{35}	刚 kaŋ^{433}
19 萧山	只 tɕieʔ^{5}	肮= 刚 ɔ̃^{33} kɔ̃^{33}	肮= 刚 ɔ̃^{33} kɔ̃^{33}
20 富阳	只 tsɛʔ^{5}	将刚 tɕiɑ̃^{55} kɑ̃^{55}	将刚 tɕiɑ̃^{55} kɑ̃^{55}
21 新登	只 tsaʔ^{5}	刚刚 kɑ̃^{334} kɑ̃^{45}	刚刚 kɑ̃^{334} kɑ̃^{45}
22 桐庐	只 tsəʔ^{5}	刚 kã^{533}	刚 kã^{533}
23 分水	只 tsəʔ^{5}	刚刚 kã^{44} kã^{44}	刚 kã^{44}
24 绍兴	就 tɕiɤ^{334}	刚刚 kɑŋ^{33} kɑŋ^{44}	新 ɕiŋ^{53} 刚 kɑŋ^{53}
25 上虞	就 tɕiɤ^{53} 音殊	刚刚 kɔ̃^{33} kɔ̃^{33}	刚 kɔ̃^{35}

续表

方言点	1168 只我～去过一趟	1169 刚这双鞋我穿着～好	1170 刚我～到
26 嵊州	只有 tsɿ^{33}iʏ^{231}	刚刚 kɔŋ^{53}kɔŋ^{334}	刚刚 kɔŋ^{53}kɔŋ^{334}
27 新昌	货$^{=}$ hɤ^{335}	刚刚 kɔ̃^{45}kɔ̃^{33}	刚刚 kɔ̃^{45}kɔ̃^{33}
28 诸暨	只 tɕieʔ^{5}	刚 kɑ̃^{544}	刚 kɑ̃^{544}
29 慈溪	久$^{=}$搭 tɕiø^{33}taʔ^{2}	正 tsəŋ^{44}	随身 ze^{13}səŋ^{0}
30 余姚	时只 zɿ^{13}tɕyoʔ^{5}	刚刚 kɔŋ^{44}kɔŋ^{44}	刚刚 kɔŋ^{44}kɔŋ^{44}
31 宁波	只 tɕiəʔ^{5}	候扣$^{=}$ œʏ^{13}kʰœʏ^{44} 扣$^{=}$扣$^{=}$ kʰœʏ^{44}kʰœʏ^{44}	候扣$^{=}$ œʏ^{13}kʰœʏ^{44} 扣$^{=}$扣$^{=}$ kʰœʏ^{44}kʰœʏ^{44}
32 镇海	只 tɕieʔ^{5}	正 tɕiŋ^{53}	还只 uaʔ^{2}tɕieʔ^{5}
33 奉化	是$^{=}$即$^{=}$ zɿ^{33}tɕiɪʔ^{5}	扣$^{=}$ kʰæi^{53}	还即 uaʔ^{2}tɕiɪʔ^{5}
34 宁海	□ beʔ^{3}	扣$^{=}$ kʰiu^{35}	对刚 te^{33}kɔ̃^{53} 顷$^{=}$ tɕʰiɑ̃^{53}
35 象山	还只 uaʔ^{2}tɕieʔ^{5}	刚刚 kɔ̃^{44}kɔ̃^{35}	刚刚 kɔ̃^{44}kɔ̃^{35}
36 普陀	只 tɕiɛʔ^{5}	刚刚 kɔ̃^{33}kɔ̃^{53}	刚刚 kɔ̃^{33}kɔ̃^{53}
37 定海	只只 tɕieʔ^{5}tɕieʔ^{0}	扣$^{=}$扣$^{=}$ kʰɐi^{44}kʰɐi^{0} 候$^{=}$扣$^{=}$ uɐi^{11}kʰɐi^{44}	还即 uɐʔ^{2}tɕieʔ^{5}
38 岱山	只只 tɕieʔ^{5}tɕieʔ^{5}	刚刚 kõ^{33}kõ^{53}	还即 uɐʔ^{2}tɕieʔ^{5}
39 嵊泗	是只 zɿ^{34}tɕiᴇʔ^{5}	扣$^{=}$ kʰœʏ^{53}	还即 uɐʔ^{2}tɕiᴇʔ^{5}
40 临海	菊$^{=}$ tɕyʔ^{5}	扣$^{=}$ kʰə^{55}	扣$^{=}$ kʰə^{353}
41 椒江	只 tɕieʔ^{5}	扣$^{=}$ tɕʰio^{55} 扣$^{=}$扣$^{=}$ tɕʰio^{33}tɕʰio^{35}	扣$^{=}$ tɕʰio^{55}
42 黄岩	只 tɕieʔ^{5}	扣$^{=}$ tɕʰio^{55} 扣$^{=}$扣$^{=}$ tɕʰio^{33}tɕʰio^{35} 小	扣$^{=}$ tɕʰio^{55}
43 温岭	只 tsɿ^{55} 便只 be^{13}tsɿ^{51} 小	扣$^{=}$ tɕʰiɤ^{55} 扣$^{=}$扣$^{=}$ tɕʰiɤ^{33}tɕʰiɤ^{15} 小	扣$^{=}$ tɕʰiɤ^{55}
44 仙居	便 baʔ^{23} 和$^{=}$计 o^{24}tɕi^{55}	扣$^{=}$扣$^{=}$ kʰəɯ^{55}kəɯ^{55} 扣$^{=}$ kʰəɯ^{55}	扣$^{=}$ kʰəɯ^{55} 新 sen^{334}
45 天台	只 tɕiəʔ^{5}	扣$^{=}$ kʰeu^{55}	扣$^{=}$ kʰeu^{55} 扣$^{=}$扣$^{=}$ kʰeu^{35}kʰeu^{51}
46 三门	就 dʑiu^{243}	扣$^{=}$ kʰɤɯ^{55}	扣$^{=}$ kʰɤɯ^{55}

续表

方言点	1168 只我～去过一趟	1169 刚这双鞋我穿着～好	1170 刚我～到
47 玉环	只 tsɐʔ^{5}	扣= kʰiɤ^{35}小	扣= kʰiɤ^{35}小
48 金华	便 bie^{14} 就 ʑiu^{14} 只 tɕiəʔ^{4}	正好 tɕiŋ^{33}xɑo^{55}	还正 uɑ^{31}tɕiŋ^{55}
49 汤溪	竹= tɕiou^{55}	□□ kʰəɯ^{52}kʰəɯ^{52}	正 tɕiã^{52}
50 兰溪	就 ʑiəɯ^{24}	正 tɕiæ̃^{45} 轻=刚 tɕʰin^{334}kɑŋ^{334}	还正 uɑ^{21}tɕiæ̃^{45}
51 浦江	只 tsɛ^{55}	扣=末=儿 kʰɤ^{33}mɯn^{55}	还只= uɑ̃^{11}tsɛ^{55}
52 义乌	只 tsai^{45}	确确儿 kʰɔ^{33}kʰɔn^{335}	还正 ua^{22}tsən^{45} 窝=记儿 uɤ^{45}tɕin^{31}
53 东阳	只 tsei^{453}	堪=数儿 kʰɯ^{33}sɿn^{53}	还正 ɔ^{22}tsɐn^{53}
54 永康	只 tsəi^{52}	□ dʑiɑŋ^{241}	正 tɕiŋ^{52}
55 武义	只 tsəʔ^{5}	将 tɕiɑŋ^{24}	将 tɕiɑŋ^{24}
56 磐安	只 tsɛi^{52}	扣=困= kʰɐɯ^{33}kʰuɐn^{52} 正 tsɐn^{52}	正 tsɐn^{52}
57 缙云	便只 biɛ^{21}tsɿ^{453}	将将 tɕia^{44}tɕia^{44}	正 tsɛŋ^{453}
58 衢州	隔=么 kaʔ^{3}məʔ^{5} 隔=本= kaʔ^{3}pən^{35}	坎坎 kʰã^{32}kʰã^{35}	坎坎 kʰã^{32}kʰã^{35}
59 衢江	得= təʔ^{5}	坎坎 kʰã^{33}kʰã^{25} 咸=坎 ã^{22}kʰã^{25}	咸=坎 ã^{22}kʰã^{25}
60 龙游	就是 ʑiəɯ^{22}dzəʔ^{23}	坎坎 kʰã^{33}kʰã^{35}	坎正 kʰã^{33}tɕin^{35}
61 江山	只 tsəʔ^{5}	腔= kʰiaŋ^{44}	腔= kʰiaŋ^{44}
62 常山	就得 iu^{52}tɤʔ^{5}/dʑieʔ^{3}tɤʔ^{5}	堪=堪= kʰã^{5}kʰã^{44}	磕=目= kʰɤʔ^{4}mɤʔ^{5}
63 开化	只 tsɿ^{53} 得= taʔ^{5}	堪= kʰã^{44} 堪=堪= kʰã^{44}kʰã^{44}	堪= kʰã^{44} 堪=堪= kʰã^{44}kʰã^{44}
64 丽水	只 tsəʔ^{5}	正 tɕin^{52}	才 zɛ^{22}
65 青田	新 saŋ^{445}	刚刚 ko^{22}ko^{445}	新 saŋ^{445}
66 云和	最= tsei^{45}	正 tɕiŋ^{45}	正 tɕiŋ^{45}

续表

方言点	1168 只我～去过一趟	1169 刚这双鞋我穿着～好	1170 刚我～到
67 松阳	乙 iʔ^{5}	正正 tɕin^{33}tɕin^{24}	曾$^{=}$□ zæ̃^{21} oŋ^{24}
68 宣平	便 bəʔ^{23} 总 tsən^{445}	浆$^{=}$ tɕiɑ̃^{324}	还寻$^{=}$ uɑʔ^{2} zən^{433}
69 遂昌	总 tsəŋ^{533}	正刊$^{=}$ tɕiŋ^{33} kʰaŋ^{45} 刊$^{=}$刊$^{=}$ kʰaŋ^{33} kʰaŋ^{45}	拥$^{=}$ iɔŋ^{45}
70 龙泉	便 bᴇ^{224} 韵殊	正 tɕin^{45} 正正 tɕin^{44}tɕin^{45}	正 tɕin^{45} 正正 tɕin^{44}tɕin^{45}
71 景宁	便 bɛ^{113}	正 tɕiŋ^{35}	信$^{=}$ saŋ^{35}
72 庆元	益$^{=}$ iəɯʔ^{5} 只 tsɤʔ^{5}	正正 tɕiŋ^{11}tɕiŋ^{55} 小	省$^{=}$正 sæ̃^{33}tɕiŋ^{55} 小
73 泰顺	忆$^{=}$ i^{35}	正 tɕiŋ^{35}	阿声$^{=}$ aʔ^{2} ɕiŋ^{213} 正 tɕiŋ^{35}
74 温州	只 tsɿ^{323}	正 tsəŋ^{51}	新 saŋ^{33}
75 永嘉	只 tsɿ^{423}	正阿 tɕieŋ^{45} a^{0} 正 tɕieŋ^{53}	新 saŋ^{44}
76 乐清	只 tsɿ^{35}	正 tɕieŋ^{41}	新 saŋ^{44}
77 瑞安	只 tsɿ^{323}	正 tsəŋ^{53}	新 saŋ^{44}
78 平阳	总 tʃoŋ^{45}	正 tʃeŋ^{53}	正 tʃeŋ^{53}
79 文成	只 tsɿ^{45}	正 tʃeŋ^{33}	正 tʃeŋ^{33}
80 苍南	只 tsɿ^{53}	正 tseŋ^{42}	正 tseŋ^{42}
81 建德徽	就 ɕiɤɯ^{55}	刚刚好 kɛ^{53} kɛ^{13} hɔ^{213}	还置$^{=}$ uɑ^{33} tsɿ^{55} 旧 刚刚 kɛ^{53} kɛ^{213} 今
82 寿昌徽	只 tsɿ^{33}	糠$^{=}$糠$^{=}$ kʰɑ̃^{11} kʰɑ̃^{55}	糠$^{=}$糠$^{=}$ kʰɑ̃^{11} kʰɑ̃^{55}
83 淳安徽	滴$^{=}$ tiʔ^{5}	康$^{=}$康$^{=}$ kʰɑ̃^{21} kʰɑ̃^{55}	康$^{=}$康$^{=}$ kʰɑ̃^{21} kʰɑ̃^{55}
84 遂安徽	滴$^{=}$ ti^{24}	恰恰 kʰɑ^{55} kʰɑ^{55}	恰恰 kʰɑ^{55} kʰɑ^{55}
85 苍南闽	总 tsɑŋ^{43}	正 tɕĩã^{21}	正 tɕĩã^{21}
86 泰顺闽	粥$^{=}$□ tsøʔ^{3} na^{53}	正正 tɕiæŋ^{22} tɕiæŋ^{213}	正 tɕiæŋ^{53}
87 洞头闽	只 tsɿ^{53}	□□ tu^{33} tu^{53}	□□ tu^{33} tu^{53}
88 景宁畲	哪$^{=}$ na^{51}	正 tɕiaŋ^{44}	正 tɕiaŋ^{44}

方言点	1171 才你怎么～来啊？	1172 就我吃了饭～去	1173 经常我～去
01 杭州	才子 dzɛ^{22}tsɿ^{45}	就 dʑy^{13}	专门 tsuo^{33}məŋ^{45}
02 嘉兴	便 bie^{113}	就 dʑiu^{113}	则= 架= tsəʔ^{5}kᴀ^{21}
03 嘉善	葛将= kəʔ^{5}tɕiæ̃^{53}	就 dʑiə^{113}	只介 tsaʔ^{5}ka^{0}
04 平湖	哪= 得= na^{24}təʔ^{0}	就 ziəɯ^{31}	专门 tsø^{44}mən^{0}
05 海盐	哪= 要= nɑ^{24}iɔ^{53}	愁= ze^{31}	专没= tsɤ^{55}məʔ^{5}
06 海宁	（无）	就介 dʑiou^{55}ka^{55}	专门 tsei^{55}məŋ^{55}
07 桐乡	暴 bɔ^{213}	愁= zɤɯ^{13}	盘= bᴇ^{242} 盘= 隔= bᴇ^{242}kaʔ^{0}
08 崇德	（无）	愁= 隔= zɤɯ^{21}kaʔ^{53}	便= 隔= biɪ^{24}kaʔ^{0}
09 湖州	到介歇 tɔ^{44}ka^{44}ɕie^{35}	就介 ʑiʉ^{13}ka^{22}	专门 tsɛ^{44}mən^{44}
10 德清	才介 zɛ^{11}ka^{35}	就介 dʑiʉ^{11}ka^{35}	常介 dzã^{11}ka^{35}
11 武康	才介 zɛ^{11}ka^{35}	就介 dʑiø^{11}ka^{35}	常介 dzã^{11}ka^{35}
12 安吉	（无）	就介 ʑiu^{21}ka^{213}	只= 刚 tsəʔ^{3}kɔ̃^{55}
13 孝丰	才 dzɛ^{213}	就 ʑiu^{213} 就介 ʑiu^{21}ka^{24}	经常 tɕiŋ^{44}dzã^{44}
14 长兴	难= nᴇ^{12}	席= 介 ʒiᴇʔ^{2}ka^{44}	长介 dzã^{12}ka^{24}
15 余杭	才至 zɛ^{31}tsɿ^{35}	叶= 马= 浪= ieʔ^{2}muo^{31}lɑ̃^{31}	总啊= zoŋ^{35}a^{0}
16 临安	刚刚 kɑ̃^{53}kɑ̃^{55}	就 dʑiə^{33}	只顾 tsɐʔ^{5}ku^{55}
17 昌化	才 zɛ^{112}	就 ʑi^{243}	只管 tsəʔ^{5}kuɔ̃^{453}
18 於潜	刚刚 kaŋ^{43}kaŋ^{35}	就 dʑiəu^{24}	经惯 tɕiŋ^{43}kuɛ^{35}
19 萧山	肮= 刚 ɔ̃^{33}kɔ̃^{42}	就 ʑio^{242}	经惯 tɕiŋ^{33}kuə^{42}
20 富阳	才刚 zɛ̃^{13}kɑ̃^{55}	就 ʑiʊ^{224}	专门 tɕyɛ̃^{55}mən^{55}
21 新登	才发= ze^{233}faʔ^{5}	就 ʑy^{13}	专门 tɕyɛ̃^{53}meiŋ^{233}
22 桐庐	才刚 dzᴇ^{21}kã^{35}	就 ʑiəu^{24}	专门 tɕyᴇ^{33}məŋ^{13} 表经常，也表特意
23 分水	才 dzɛ^{22}	就 dʑiɵ^{13}	尽管 tɕin^{44}kuã^{53}
24 绍兴	勿就 veʔ^{2}tɕiɤ^{33}	就 dʑiɤ^{22}	只管 tseʔ^{3}kuø̃^{334}

续表

方言点	1171 才你怎么～来啊?	1172 就我吃了饭～去	1173 经常我～去
25 上虞	刚 kɔ̃^{35}	就 ʑiɤ^{31}	通常 tʰoŋ^{33}dzɔ̃^{31}
26 嵊州	星=架= ɕiŋ^{33}ko^{334}	当=忙= tɔŋ^{33}mɔŋ^{334}	专门 tsœ̃^{53}meŋ^{334}
27 新昌	兴= ɕiŋ^{335}	就 ʑiɯ^{13}	抢=抢= tɕʰiaŋ^{53}tɕʰiaŋ^{335} 专门 tsœ̃^{45}meŋ^{33}
28 诸暨	才 ze^{13}	就 dʑiʉ^{33}	专门 tsə^{21}mən^{13}
29 慈溪	随身 ze^{13}səŋ^{0}	到毛= tɔ^{44}mɔ^{44}	常 dzã^{13} 菊=管= tɕyoʔ^{5}kuø̃^{0}
30 余姚	才刚 ze^{13}kɔŋ^{44} 刚刚 kɔŋ^{44}kɔŋ^{44}	马上 mo^{13}dzɔŋ^{0}	原=无= ȵyø̃^{13}m^{0} 脚=管= tɕiaʔ^{5}kuø̃^{0}
31 宁波	还只 ua^{13}tɕiəʔ^{5}	就 ʑiʏ^{13} 马上 mo^{13}zɔ^{0}	老老 lɔ^{13}lɔ^{44}
32 镇海	还只 uaʔ^{2}tɕieʔ^{5}	就 dʑiu^{24}	老老 lɔ^{24}lɔ^{22}
33 奉化	合=即 aʔ^{2}tɕiɪʔ^{5}	就 ʑiʏ^{31}	时介 zɿ^{33}ka^{44}
34 宁海	答=顷 taʔ^{3}tɕʰiã^{53}	□ beʔ^{3}	长日 dʑiã^{21}ȵiəʔ^{3}
35 象山	还只 uaʔ^{2}tɕieʔ^{5}	当=忙= tɔ̃^{44}mɔ̃^{13}	时格 zɿ^{31}keʔ^{5}
36 普陀	还即 uɐʔ^{2}tɕiɛʔ^{5}	就 dʑieu^{23}	老老 lɔ^{23}lɔ^{0}
37 定海	还即 uɐʔ^{2}tɕieʔ^{5}	随手 zɐi^{33}ɕy^{52}	老老 lɔ^{23}lɔ^{0}
38 岱山	还即 uɐʔ^{2}tɕieʔ^{5}	马上 mo^{23}zõ^{52}	时介 zɿ^{23}ka^{52}
39 嵊泗	还即 uɐʔ^{2}tɕiᴇʔ^{5}	当即 tõ^{33}tɕiᴇʔ^{5}	随路 zɐi^{24}lu^{0}
40 临海	扣= kʰə^{353}	便 bɛʔ^{3}	长长 dʑiã^{21}dʑiã^{51}
41 椒江	对= tə^{55}	便 bəʔ^{2}	道道 dɔ^{31}dɔ^{41}小
42 黄岩	扣= tɕʰio^{55} 堆= te^{32}	便 bəʔ^{2}	道道尔 dɔ^{121}dɔ^{22}zɿ^{41}小
43 温岭	对=止 te^{55}tsɿ^{42}	便 be^{13}	道道 dɔ^{31}dɔ^{41}小
44 仙居	（无）	便 baʔ^{23}	经常 tɕin^{53}ʑia^{0} 价=花= ka^{33}ho^{53}
45 天台	对= tei^{55}	便 beʔ^{2}	长= dʑia^{224}
46 三门	对= te^{55}	便 bɐʔ^{23}	常常 dʑiɑ̃^{11}dʑiɑ̃^{252}

续表

方言点	1171 才你怎么～来啊？	1172 就我吃了饭～去	1173 经常我～去
47 玉环	堆= te^{42}	便 be^{24}小	经常 tɕiŋ^{33} zɔ̃^{41}
48 金华	还正 uɑ^{31} tɕiŋ^{55}	便 bie^{14}	专门 tɕyɤ^{33} məŋ^{55} 只讲 tɕiəʔ^{3} kɑŋ^{55}
49 汤溪	还正 uɑ^{11} tɕiã^{52}	便 bie^{113}	记便 tɕie^{52} bie^{11}
50 兰溪	还正 uɑ^{21} tɕiæ̃^{45}	就 ʑiəɯ^{24}	专门 tɕieʔ^{34} mæ̃^{45}
51 浦江	还只 uɑ̃^{11} tsɛ^{55}	就 ʑiɤ^{24}	三=不=常 sɑ̃^{33} pə^{33} ʑyõ^{334}
52 义乌	还正 ua^{22} tsən^{45}	便 bie^{24}	专门 tɕye^{33} mən^{45}
53 东阳	还正 ɔ^{22} tsɐn^{53}	便 bi^{24}	老□ lɐɯ^{22} sin^{35}
54 永康	还正 uɑ^{33} tɕiŋ^{52}	便 bie^{241}	专工= tɕyə^{33} koŋ^{55}
55 武义	还□ ŋuo^{32} tɕiɑu^{53}	便 bie^{231}	常常 dʑiɑŋ^{32} dʑiɑŋ^{231}
56 磐安	还正 ɒ^{21} tsɐn^{52}	便 bie^{14}	老系=儿 lo^{21} ɕin^{52}
57 缙云	□ gɑ^{31}	便 biɛ^{213}	定长 dɛ^{21} dʑiɑ^{243}老 记=记= tɕi^{44} tɕi^{453}新
58 衢州	才 zɛ^{21}	就 ʑiu^{231}	常管 dʒyã^{21} kuə̃^{35}
59 衢江	还失= uaʔ^{2} ɕyəʔ^{5} 还落= uaʔ^{2} ləʔ^{2}	就 ʑiəʔ^{2}	经常 tɕiŋ^{33} dʑiã^{212}
60 龙游	还只 uɑ^{35} tsəʔ^{4}	就 ʑiəɯ^{224}	陈=管 dzən^{22} kuã^{35}
61 江山	腔=好 kʰiaŋ^{44} xɐɯ^{241}	就 dʑiᴇʔ^{2}	成日 ʑɪ̃^{22} nəʔ^{2}
62 常山	磕=目= kʰɤʔ^{4} mɤʔ^{5}	就 dʑieʔ^{34}	熟=谷= zɤʔ^{3} kɤʔ^{5}
63 开化	才 dzɛ^{231}	就 dʑiʊ^{213}	时常 zɿ^{231} dʑiã^{231} 尽管 ʑin^{21} kuõ^{53}
64 丽水	才 zɛ^{22}	便 bɛʔ^{23}	老是 lə^{52} dzɿ^{22} 经常 tɕin^{224} dʑiã^{22}
65 青田	新 saŋ^{445}	就 ieu^{22}	亲=江= tɕʰiŋ^{33} ko^{445}
66 云和	正 tɕiŋ^{45}	便 biɛ^{223}	时刻 zɿ^{223} kʰaʔ^{5} 经常 tɕiŋ^{24} dʑiã^{312}
67 松阳	曾=□ zæ^{21} oŋ^{24}	便 bɤʔ^{2}	老老儿 lʌ^{24} lʌ^{21} n^{24}

续表

方言点	1171 才你怎么～来啊？	1172 就我吃了饭～去	1173 经常我～去
68 宣平	还寻$^{=}$ uɑʔ^{2} zən^{433}	便 bəʔ^{23} 便 biəʔ^{23}	老老 lɔ^{44} lɔ^{324}
69 遂昌	拥$^{=}$ iɔŋ^{45}	就 ʑiɯ^{213}	时常 zɿ^{22} dʑiaŋ^{213}
70 龙泉	正 tɕin^{45} 正正 tɕin^{44} tɕin^{45}	便 bᴇ^{224} 韵殊	老老 lɑʌ^{45} lɑʌ^{21}
71 景宁	信$^{=}$ saŋ^{35}	便 bɛ^{113}	经常 tɕiŋ^{33} dʑiɛ^{41}
72 庆元	省$^{=}$ 正 sæ̃^{33} tɕiŋ^{55}	便 ɓæ̃^{31}	经常 tɕiŋ^{335} ɕiɑ̃^{52}
73 泰顺	届$^{=}$ 正 ka^{35} tɕiŋ^{35}	就 tɕiəu^{22}	蚀$^{=}$ 日 ɕiɛʔ^{2} nɛʔ^{2}
74 温州	新 saŋ^{33}	就 iɤu^{212}	清$^{=}$ 清$^{=}$ tsʰəŋ^{3} tsʰəŋ^{33}
75 永嘉	新 saŋ^{44}	就 iəu^{213}	常常 dʑiɛ^{22} dʑiɛ^{21}
76 乐清	新 saŋ^{44}	就 ziu^{212}	请$^{=}$ 请$^{=}$ tɕʰieŋ^{3} tɕʰieŋ^{35}
77 瑞安	□ ga^{212}	就 zou^{212}	清$^{=}$ 阿 tsʰəŋ^{44} a^{0} 长期 tɕiɛ^{22} dʑi^{21}
78 平阳	新 saŋ^{55}	就 zɛu^{13}	密密 mie^{45} mie^{13}
79 文成	神$^{=}$ zeŋ^{113}	就 ʑiou^{424}	经常 tʃaŋ^{33} ʑie^{33}
80 苍南	正 tseŋ^{42}	就 dzɛu^{11}	经常 tɕiaŋ^{33} dʑiɛ^{21}
81 建德徽	还置$^{=}$ uɑ^{33} tsɿ^{55}	就 ɕiɤɯ^{55}	专门 tɕye^{53} mən^{55}
82 寿昌徽	才 tɕʰiæ^{112}	就 tɕʰiəɯ^{24}	经加 tɕien^{11} kuə^{55} 积加 tɕiəʔ^{3} kuə^{55}
83 淳安徽	才 tɕʰie^{435}	就 ɕiɯ^{53}	滴$^{=}$ 家 tiʔ^{5} ko^{55}
84 遂安徽	才 tsəɯ^{24}	就 ɕiu^{43}	常日 tɕʰiɑ̃^{33} i^{24}
85 苍南闽	正 tɕĩã^{21}	就 tɕiu^{21}	频头 pin^{21} tʰau^{24}
86 泰顺闽	正 tɕiæŋ^{213}	就 tɕiøu^{31}	全工 tɕyɛ^{22} kəŋ^{213}
87 洞头闽	汁$^{=}$ tsɐt^{5}	就 tɕiu^{21}	经常 kieŋ^{21} ɕioŋ^{24}
88 景宁畲	正 tɕiaŋ^{44}	就 tɕiəu^{51}	经常 tɕiŋ^{44} tɕʰiɔŋ^{44}

方言点	1174 又他～来了	1175 还他～没回家	1176 再你明天～来
01 杭州	又 i^{53}	还 uaʔ^{2}	再 tsɛ^{45}
02 嘉兴	又 i^{224}	还 ᴇ^{42}	再 tsᴇ^{224}
03 嘉善	又 i^{113}	还 ɛ^{44}	还 ɛ^{44}
04 平湖	以$^{=}$ i^{213}	还 ɛ^{53}	再 tsɛ^{53}
05 海盐	异$^{=}$ i^{213}	还 ɛ^{53}	再 tsɛ^{334}
06 海宁	又 i^{35}	还 ɛ^{13}	再 tsei^{55}
07 桐乡	以$^{=}$ i^{53}	还 ua^{13}	再 tsᴇ^{334}
08 崇德	以$^{=}$ i^{53}	还 uɑ^{13}	再 tsᴇ^{334}
09 湖州	又 iʉ^{35}	还 a^{112}	再 tsɛ^{35}
10 德清	又 i^{334}	还 ɛ^{113}	再界$^{=}$ tsɛ^{33} ka^{35}
11 武康	又 i^{224}	还 ɛ^{113}	再界$^{=}$ tsɛ^{53} ka^{35}
12 安吉	又 i^{243}	还 a^{22}	再 tse^{324}
13 孝丰	又 iu^{324}	还 a^{22}	再 dzɛ^{243}
14 长兴	又 iʏ^{52}	还 a^{12}	再 tsᴇ^{324}
15 余杭	又 i^{423}	还 ɛ^{213}	再 tsɛ^{423}
16 临安	又 i^{33}	还 uᴇ^{33}	再 tsᴇ^{55}
17 昌化	又 i^{243}	还 a^{112} 还是 a^{11} zɿ^{453}	再 tsɛ^{544}
18 於潜	又 i^{24}	还 ua^{223}	再 tse^{35}
19 萧山	意$^{=}$ i^{42}	还 ua^{355}	再 tse^{42}
20 富阳	□ i^{335}	还 aʔ^{2}	再 tsɛ^{53}
21 新登	意$^{=}$ i^{45}	还 aʔ^{2}	再 tse^{45}
22 桐庐	又 iəu^{24}	还 ᴀ^{13}	再 tsᴇ^{35}
23 分水	又 iɵ^{13}	还 uã^{22}	再 tsɛ^{24}
24 绍兴	意$^{=}$ i^{33}	还 vɛʔ^{2}	再 tsᴇ^{33}

续表

方言点	1174 又他～来了	1175 还他～没回家	1176 再你明天～来
25 上虞	夷$^{=}$ i^{53}	还 uɛ̃^{213}	再 tse^{53}
26 嵊州	易$^{=}$ i^{24}	还 uɛ̃^{213}	再 tsᴇ^{334}
27 新昌	移$^{=}$ i^{22}	还 uɛ̃^{22}	再 tse^{335}
28 诸暨	衣$^{=}$ ʒʅ^{544}	还 vɛ^{13}	再 tse^{544}
29 慈溪	夷$^{=}$ i^{13}	还 uaʔ^{5}	再 tse^{44}
30 余姚	依$^{=}$ i^{44}	还 uaʔ^{2}	再 tse^{44}
31 宁波	夷$^{=}$ i^{13}	还 ua^{13}	再 tsɛ^{53}
32 镇海	夷$^{=}$ i^{24}	还 uaʔ^{2}	再 tse^{53}
33 奉化	夷$^{=}$ i^{31}	还 aʔ^{2} 还 uaʔ^{2}	再 tse^{53}
34 宁海	亦$^{=}$ iəʔ^{3}	还 uaʔ^{3}	亦$^{=}$ iəʔ^{3}
35 象山	亦$^{=}$ ieʔ^{2}	还 uaʔ^{2}	再 tsei^{53}
36 普陀	又 i^{23}	还 uɐʔ^{23}	再 tsɛ^{55}
37 定海	夷$^{=}$ i^{13}	还 uɐʔ^{2}	再 tsɛ^{44}
38 岱山	夷$^{=}$ i^{213}	还 uɐʔ^{2}	再 tse^{44}
39 嵊泗	夷$^{=}$ i^{213}	还 uɐʔ^{2}	再 tse^{53}
40 临海	又 ieʔ^{2}	还 uɛʔ^{2}	再 tse^{55}
41 椒江	亦$^{=}$ ieʔ^{2}	还 ua^{24}	再 tsə^{55} …凑 …tɕio^{55}
42 黄岩	亦$^{=}$ ieʔ^{2}	还 ua^{24}	…凑 …tɕio^{55} 再 tse^{55}
43 温岭	又 i^{13}	还 a^{13}	再 tse^{55}
44 仙居	液$^{=}$ iəʔ^{23}	还 uɑʔ^{23}	再 tsæ^{55}
45 天台	亦$^{=}$ iəʔ^{2}	还 ua^{224}	转 tɕyø^{325}
46 三门	亦$^{=}$ ieʔ^{23}	还 uɛ^{113}	还 uɛ^{113}

续表

方言点	1174 又他～来了	1175 还他～没回家	1176 再你明天～来
47 玉环	又 i^{24}	还 ua^{24}	再 tse^{55}
48 金华	异= i^{14}	还 $uɑ^{313}$	再 $tsɛ^{55}$
49 汤溪	以= i^{113}	还 $uɑ^{24}$	再 $tsɛ^{52}$
50 兰溪	意= i^{45}	还 $uɑ^{21}$	再 tse^{45}
51 浦江	意= i^{55}	还 $uɑ̃^{113}$	再 tsa^{55}
52 义乌	要= ie^{45}	还 ua^{213}	再 $tsai^{45}$ 韵殊
53 东阳	依= i^{453}	还 $ɔ^{213}$	还 $ɔ^{213}$
54 永康	□ i^{241}	还 $uɑ^{22}$	再 $tsəi^{52}$
55 武义	□ i^{231}	还 $ŋuo^{13}$	再 tsa^{53}
56 磐安	咦= i^{445}	还 $ɒ^{213}$	再 tse^{52}
57 缙云	以= i^{213}	还 $uɑ^{243}$	再 $tsei^{453}$
58 衢州	又 iu^{35}	还 $aʔ^{12}$	再 $tsɛ^{53}$
59 衢江	亦 $iəʔ^{2}$	还 $uaʔ^{2}$	再 $tsei^{53}$
60 龙游	又 $iəɯ^{224}$	还 $uã^{35}$	再 $tsei^{51}$
61 江山	亦 $iᴇʔ^{2}$	蛤= $gəʔ^{2}$	再 $tsᴇ^{44}$
62 常山	亦 $ieʔ^{34}$	蛤= $gɤʔ^{34}$	再 tse^{324}
63 开化	又 $iʊ^{213}$	□ $gəʔ^{13}$	在= $dzɛ^{213}$
64 丽水	亦 $iʔ^{23}$	还 $ã^{22}$	再 $tsɛ^{52}$
65 青田	又 i^{21}	还 $uɑ^{21}$	再 $tsɛ^{33}$
66 云和	亦 $iʔ^{23}$	还 a^{312}	再 tsa^{45}
67 松阳	又 $iɯ^{13}$	还 $uɔ̃^{31}$	再 $tsɛ^{24}$
68 宣平	亦 $iəʔ^{23}$	还 $uɑʔ^{23}$	再 $tsei^{52}$
69 遂昌	又 $iɯ^{13}$	还 $aŋ^{221}$	再 $tsei^{45}$

续表

方言点	1174 又他～来了	1175 还他～没回家	1176 再你明天～来
70 龙泉	又 i^{224}	固 ku^{45}	再 tsᴇ^{45}
71 景宁	亦 iʔ^{23}	固 ku^{35} 还 uɔ^{41}	再 tsai^{35}
72 庆元	□ i^{221}	估$^{=}$ ku^{335}	再 tsæi^{11}
73 泰顺	□ i^{22}	固 ku^{35}	再 tsæi^{35}
74 温州	亦 i^{212}	还 va^{31}	再 tse^{51}
75 永嘉	□ zɿ^{13}	还 va^{31}	再 tse^{53}
76 乐清	亦 i^{212}	还 ve^{31}	再 tɕie^{41}
77 瑞安	亦 i^{212} □ zɿ^{212}	还 uɔ^{31}	再 tse^{53}
78 平阳	又 i^{12}	还 vɔ^{242}	再 tʃe^{53}
79 文成	又 i^{33}	还 vɔ^{113}	再 tʃe^{33}
80 苍南	亦 i^{112} 又 iau^{11}	还 ua^{31}	再 tse^{42}
81 建德徽	又 iɤɯ^{55}	还 ɐʔ^{5}	再 tsɛ^{33}
82 寿昌徽	又 iəɯ^{24}	还 uə^{52}	再 tɕiæ^{24}
83 淳安徽	一 iʔ^{5}	还 ɑʔ^{13}	再 tɕie^{24}
84 遂安徽	又 iu^{43}	还 uɑ^{24}	再 tsəɯ^{24}
85 苍南闽	又 iu^{21}	恶$^{=}$ ɐ^{43}	哥$^{=}$ ko^{33}
86 泰顺闽	又 iøu^{31}	故 ku^{53}	再 tsai^{53}
87 洞头闽	又 iu^{21}	阿$^{=}$高$^{=}$ a^{21} ko^{33}	骨$^{=}$ kuət^{5}
88 景宁畲	又 iəu^{51}	估$^{=}$ ku^{44}	再 tsai^{44}

方言点	1177 也我～去；我～是老师	1178 反正不用急，～还来得及	1179 没有昨天我～去
01 杭州	也 a^{13}	横正 uaŋ^{22}tsəŋ^{45}	没 mei^{213}
02 嘉兴	也 ᴀ^{224}	反正 fᴇ^{33}tsəŋ^{33}	无没 m^{33}məʔ^{5}
03 嘉善	也 a^{113}	还板 ɛ^{22}pɛ^{35}	没曾 mɜʔ^{2}zən^{31}
04 平湖	也 a^{213}	反正 fɛ^{44}tsən^{0}	勿 vəʔ^{23}
05 海盐	也 ɑ^{423}	反正 fɛ^{53}tsən^{334}	勿 vəʔ^{5}
06 海宁	也 a^{53}	反正 fɛ^{55}tsəŋ^{0}	无不 m^{33}pəʔ^{5} 无没 m^{33}məʔ^{5}
07 桐乡	也 ia^{53}	反正 fɛ^{44}tsəŋ^{0}	无没 m^{44}məʔ^{0}
08 崇德	也 iɑ^{53}	反正 fɛ^{55}tsəŋ^{0}	无不 m^{21}pəʔ^{53}
09 湖州	也 a^{231}	横 uã^{112}	无不 m^{33}pəʔ^{5}
10 德清	也 ia^{52}	横总 uã^{11}tsoŋ^{53} 总界$^{=}$ toŋ^{35}ka^{0}	无没 m^{11}məʔ^{2}
11 武康	也 a^{113}	总归 tsoŋ^{35}kuɛ^{53}	无不 m^{11}pɜʔ^{5}
12 安吉	也 ia^{213}	横纵 uã^{22}tsoŋ^{52}	无不 m^{22}pəʔ^{5}
13 孝丰	也 ia^{324}	横竖 uã^{22}zɿ^{243} 横纵 uã^{22}tsoŋ^{52}	无不 m^{22}pəʔ^{5}
14 长兴	也 ia^{52}	反正 fᴇ^{45}tsəŋ^{21}	无不 m^{12}pəʔ^{5}
15 余杭	也 a^{53}	反正 fɛ^{35}tsiŋ^{0}	无不 m^{31}pəʔ^{5}
16 临安	也 ia^{33}	反正 fɛ^{33}tseŋ^{33}	无没 m^{33}mɐʔ^{2}
17 昌化	也 ie^{243}	反正 fɔ̃^{45}tɕiəŋ^{53}	无没 m^{11}məʔ^{5}
18 於潜	也 iæʔ^{23}	反正 fɛ^{53}tseŋ^{31}	没有 mɑʔ^{2}iəu^{53}
19 萧山	也 ia^{13}	横直 uã^{33}ləʔ^{5}	无有 n^{33}nio^{21}
20 富阳	也 iɛ^{224}	反正 fã^{423}tsən^{335}	□ mei^{423} 无不 ŋ^{13}pɛʔ^{5}
21 新登	也 ia^{334}	反正 fɛ^{334}tɕiŋ^{45}	□ mi^{45}
22 桐庐	亦 iəʔ^{5}	反正 fã^{33}tsəŋ^{55}	无有 ŋ^{21}niəu^{13}
23 分水	也 ie^{13}	反正 fã^{44}tsən^{24}	没有 məʔ^{12}iɵ^{53}

续表

方言点	1177 也我～去；我～是老师	1178 反正不用急，～还来得及	1179 没有昨天我～去
24 绍兴	也 a^{223}	反正 fɛ̃^{44}tsəŋ^{31}	无有 n^{33}ȵiɤ^{33}
25 上虞	也 a^{213}	横直 uɛ̃^{21}zəʔ^{2}	[无有] ȵiɤ^{35}
26 嵊州	也 ia^{24}	反正 fɛ̃^{33}tseŋ^{53}	无有 n^{22}ȵiʏ^{231}
27 新昌	也 ia^{232}	反正 fɛ̃^{53}tseŋ^{53}	无得 ŋ^{22}teʔ^{5}
28 诸暨	也 ᴀ^{13}	横直 vã^{21}zəʔ^{5}	无没 m^{21}maʔ^{5}
29 慈溪	也 a^{13}	横直 uã^{13}dzaʔ^{2}	无得 m^{13}taʔ^{2}
30 余姚	也 a^{13}	横直 uaŋ^{13}dzəʔ^{2}	无没 m^{13}miəʔ^{2}
31 宁波	也 a^{13}	横竖 ua^{13}zɥ^{0}	无没 m^{22}miəʔ^{2} 没 miəʔ^{2}
32 镇海	也 a^{24}	横直 uã^{24}dʑieʔ^{2}	没 maʔ^{2}
33 奉化	也 a^{33}	横竖 uã^{33}zɥ^{33}	没 maʔ^{2}
34 宁海	也 ia^{31} 也 aʔ^{3}	反正 fe^{53}tɕiŋ^{35}	无伯$^{=}$ m^{21}paʔ^{5} 朆 viŋ^{213}
35 象山	亦 ieʔ^{2}	横直 uã^{31}dʑieʔ^{2}	无白$^{=}$ m^{31}beʔ^{2}
36 普陀	也 ia^{23}	横直 uã^{24}dʑieʔ^{23} 反正 fɛ^{53}tɕiŋ^{0}	无没 m^{55}mɐʔ^{0}
37 定海	也 ia^{23}	反正 fɛ^{52}tɕiŋ^{0}	无呐$^{=}$ n^{44}nɐʔ^{5}
38 岱山	也 ia^{23}	反正 fɛ^{52}tɕiŋ^{0}	无呐$^{=}$ n^{33}nɐʔ^{5}
39 嵊泗	也 ia^{445}	反正 fɛ^{53}tɕiŋ^{0}	无呐$^{=}$ n^{33}nɐʔ^{5}
40 临海	也 aʔ^{5}	横直 uã^{33}dʑieʔ^{5}	无有 m^{33}ȵiu^{55}
41 椒江	也 aʔ^{5}	横直 uã^{22}dʑieʔ^{2}	无 m^{41}
42 黄岩	也 aʔ^{5}	横直 uã^{13}dʑieʔ^{2}	无 m^{41}
43 温岭	也 aʔ^{5}	横直 uã^{13}dʑiʔ^{2}	无 m^{24}
44 仙居	也 aʔ^{5}	反正 fa^{31}tɕin^{55} 横直 uã^{33}dʑiəʔ^{23}	朆 ven^{213}
45 天台	也 e^{214}	横直 ua^{22}dʑiəʔ^{2}	朆 vəŋ^{224} 冇 meu^{334} 墨$^{=}$ məʔ^{2}

续表

方言点	1177 也我～去；我～是老师	1178 反正不用急，～还来得及	1179 没有昨天我～去
46 三门	也 ia^{325}	反正 fɛ^{32}tɕiŋ^{55}	矮$^{=}$ 覅 a^{32}vəŋ^{243}
47 玉环	也 ɐʔ^{5}	反正 fɛ^{53}tɕiŋ^{55}	无 m^{24}
48 金华	也 ia^{535}	横直 uɑŋ^{31}dʑiəʔ^{212} 老 反正 fɛ̃^{53}tɕiŋ^{55} 新	未 mi^{14}
49 汤溪	也 ia^{113}	横直 ua^{11}tɕiɛ^{55}	未 mi^{341}
50 兰溪	也 iɑ^{55}	反正 fæ̃^{45}tɕiæ̃^{0}	未 mi^{24}
51 浦江	也 ia^{24}	横直 uɛ̃^{11}dzɛ^{24} 老 反正 fɑ̃^{55}tsiən^{0} 新	无没 m^{11}mə^{24}
52 义乌	要$^{=}$ ie^{45}	横直 ua^{22}dzai^{312}	[无得] mai^{24} 未 mi^{24}
53 东阳	也 ia^{24}	横竖 uɛ^{23}zɿ^{53}	无北$^{=}$ n^{22}pei^{35}
54 永康	也 ia^{241}	反正 vɑ^{31}tɕiŋ^{52}	未 mi^{241}
55 武义	也 ia^{13}	反正 fuo^{55}tɕin^{53}	未 mi^{231}
56 磐安	也 ia^{334}	横直 uɛ^{21}dzɛi^{14} 横竖 uɛ^{21}ʑy^{14} 反正 fɒ^{55}tsɐn^{0}	无□ m^{21}bɛi^{14} [弗曾] fɐn^{52}
57 缙云	也 ia^{213}	直横 dziei^{51}ua^{243}	未 mei^{45}
58 衢州	也 aʔ^{5}	直横 dʒyəʔ^{2}ua^{21} 直盲$^{=}$ dʒyəʔ^{2}mã^{13}	覅 vən^{21}
59 衢江	亦 iəʔ^{2}	反正 fã^{33}tɕiŋ^{53}	未 mɛ^{212}
60 龙游	也 iɑ^{224}	横直 uɛ^{33}dzəʔ^{23}	未 mi^{51}
61 江山	都 to^{44} 亦 iᴇʔ^{2}	反正 faŋ^{44}tɕĩ^{51} 直横 diᴇʔ^{2}uaŋ^{213}	覅 vɒŋ^{213}
62 常山	亦 ie^{34}	直横 dieʔ^{3}uĩ^{341}	[弗曾] fã^{52}
63 开化	亦 iɛʔ^{13}	直横 diɛʔ^{2}uã^{231} 反正 fã^{53}tɕin^{0}	覅 vɔŋ^{213}
64 丽水	也 a^{22}	反正 fã^{44}tɕin^{52}	没 mei^{52}
65 青田	也 ɑ^{454}	横直 uɛ^{22}dzɿʔ^{31}	无 m^{21}
66 云和	也 a^{312}	反正 fã^{44}tɕiŋ^{45}	无有 m^{45}iəɯ^{41}

续表

方言点	1177 也我～去；我～是老师	1178 反正不用急，～还来得及	1179 没有昨天我～去
67 松阳	亦 iaʔ^{2}	反正 fɔ̃^{21} tɕin^{24}	还[弗曾] uɔ̃^{33} xæ̃^{53}
68 宣平	也 ia^{231}	横直 uɛ^{43} dʑiəʔ^{23} 反正 fɑ̃^{44} tɕin^{52}	没 mei^{52}
69 遂昌	亦 iaʔ^{23}	反正 faŋ^{53} tɕiŋ^{45}	朆 vɛ̃^{221}
70 龙泉	也 io^{224}	横直 uaŋ^{45} dzʅʔ^{24}	未 mi^{224}
71 景宁	也 a^{113}	横直 uɛ^{55} dzʅ^{33} 反正 fɔ^{33} tɕiŋ^{35}	未 mi^{113}
72 庆元	也 iɑ^{31}	反正 fɑ̃^{33} tɕiŋ^{11}	[否会] fæi^{55}
73 泰顺	也 yɔ^{22}	横直 uã^{53} tsʅʔ^{2} 反正 fã^{55} tɕiŋ^{35}	未 mi^{22}
74 温州	也 a^{25}	到老 tɜ^{3} lɜ^{14}	冇 nau^{25}
75 永嘉	也 a^{423}	反正 fa^{45} tɕieŋ^{53}	冇 nau^{45}
76 乐清	也 a^{35}	到老 tɤ^{3} lɤ^{24}	冇 mau^{323}
77 瑞安	也 a^{212}	反正 fɔ^{35} tsəŋ^{21}	冇 nau^{35}
78 平阳	也 ᴀ^{12}	反正 fɔ^{45} tʃeŋ^{21}	冇 nau^{23}
79 文成	也 a^{45}	反正 fɔ^{45} tʃeŋ^{33}	冇 nau^{35}
80 苍南	也 a^{53}	反正 hua^{53} tseŋ^{42}	冇 nau^{24}
81 建德徽	也 iɛ^{55}	反正 fɛ̃^{55} tsən^{55}	还未 ɐʔ^{3} mi^{55}
82 寿昌徽	亦 iæ^{24}	横直 uæ̃^{11} tsʰəʔ^{31}	勿曾 uəʔ^{3} sen^{52}
83 淳安徽	也 ɑʔ^{5}	反正 fɑ̃^{55} tsen^{21}	不洪⁼ pəʔ^{5} hon^{435} 没有 məʔ^{3} iɯ^{55}
84 遂安徽	也 iɛ^{43}	反正 fɑ̃^{21} tɕin^{24}	没 mɑ^{33}
85 苍南闽	恶⁼ ɐ^{43}	反正 huan^{24} tɕĩã^{21}	无 bɔ^{24}
86 泰顺闽	也 ia^{31}	前后 sɛ^{22} au^{31}	未 mɔi^{31}
87 洞头闽	阿⁼ a^{21} 也 ia^{21}	反正 huan^{35} tɕiã^{21}	无 bɔ^{113}
88 景宁畲	也 iaʔ^{2}	反正 fɔn^{55} tɕiaŋ^{44}	没 min^{51}

方言点	1180 不明天我～去	1181 别你～去	1182 甭不用，不必：你～客气
01 杭州	不 paʔ^{5}	嫑 piɔ^{45}	嫑 piɔ^{45}
02 嘉兴	勿 vəʔ^{5}	婹 vᴇ^{33}	婹 vᴇ^{33}
03 嘉善	弗 fɜʔ^{5}	[弗要] fiɔ^{334}	□ ɕiɔ^{334}
04 平湖	勿 vəʔ^{23}	婹 va^{213}	婹 va^{213}
05 海盐	勿 vəʔ^{5}	婹 vɛ^{334}	婹 vɛ^{334}
06 海宁	弗 fəʔ^{5}	[弗要] fiɔ^{55}	[弗要] fiɔ^{55}
07 桐乡	弗 fəʔ^{5}	[弗要] fiɔ^{44} 偠 siɔ^{44}	[弗要] fiɔ^{44} 偠 siɔ^{44}
08 崇德	弗 fəʔ^{5}	[弗要] fiɔ^{334} 偠 ɕiɔ^{334}	[弗要] fiɔ^{334} 偠 ɕiɔ^{334}
09 湖州	弗 fəʔ^{5}	[弗要] fiɔ^{523}	[弗要] fiɔ^{523}
10 德清	勿 vəʔ^{2}	弗要 fəʔ^{5} iɔ^{35}	弗要 fəʔ^{5} iɔ^{35}
11 武康	勿 vɜʔ^{2}	偠 ɕiɔ^{44}	偠 ɕiɔ^{44}
12 安吉	弗 fəʔ^{5}	弗要 fəʔ^{5} iɔ^{324}	弗要 fəʔ^{5} iɔ^{324}
13 孝丰	弗 fəʔ^{5}	弗要 fəʔ^{5} iɔ^{324}	[弗要] fiɔ^{324}
14 长兴	弗 fəʔ^{5}	弗要 fəʔ^{5} iɔ^{21}	弗要 fəʔ^{5} iɔ^{21}
15 余杭	弗 fəʔ^{5}	弗要 fəʔ^{5} iɔ^{55}	偠得 ɕiɔ^{55} təʔ^{5}
16 临安	弗 fɐʔ^{5}	[弗要] fiɔ^{55}	[弗要] fiɔ^{55}
17 昌化	不 pəʔ^{5}	嫑 piɔ^{453}	嫑滴 piɔ^{45} tiɛʔ^{5}
18 於潜	不 pəʔ^{53}	嫑 piɔ^{35}	嫑 piɔ^{35}
19 萧山	弗 fəʔ^{5}	[弗用] foŋ^{42}	[弗用] foŋ^{42}
20 富阳	弗 fɛʔ^{5}	[弗要] fiɔ^{335}	[弗用] foŋ^{335} [弗要] fiɔ^{335}
21 新登	弗 faʔ^{5}	[弗要] fiɔ^{45}	[弗要] fiɔ^{45}
22 桐庐	勿 vəʔ^{13}	勿要 vəʔ^{21} iɔ^{35}	勿用 vəʔ^{21} ioŋ^{24}
23 分水	不 pəʔ^{5}	不要 pəʔ^{5} iɔ^{24}	不要 pəʔ^{5} iɔ^{24}

续表

方言点	1180 不明天我～去	1181 别你～去	1182 甭不用，不必：你～客气
24 绍兴	勿 veʔ^{2}	[弗要] fiɔ^{334}	[弗要] fiɔ^{334} [弗用]foŋ^{53}
25 上虞	勿 vəʔ^{2}	拥$^{=}$ yoŋ^{53}	拥$^{=}$ yoŋ^{53}
26 嵊州	弗 fəʔ^{5}	[弗要] fia^{53}	[弗要] fia^{53}
27 新昌	弗 feʔ^{5}	偠 ɕiɔ^{453}	偠 ɕiɔ^{453}
28 诸暨	弗 fəʔ^{5}	弗要 fəʔ^{5} iɔ^{33}	[弗用] fom^{544} 弗要 fəʔ^{5} iɔ^{33}
29 慈溪	弗 faʔ^{5}	弗格 faʔ^{5} kəʔ^{2}	弗用 faʔ^{5} yuŋ^{0}
30 余姚	勿 vəʔ^{2}	[勿要] ua^{44}	好甮 hɔ^{34} uŋ^{44} [勿要] ua^{44}
31 宁波	勿 vaʔ^{2}	莫 mɔ^{13}	好甮 hɔ^{33} vəŋ^{44}
32 镇海	勿 vaʔ^{2}	莫 mɔ^{31}	莫 mɔ^{31}
33 奉化	弗 faʔ^{5}	冒 mʌ^{31}	鞋$^{=}$[弗用] a^{33} fəŋ^{53}
34 宁海	弗 faʔ^{5}	甮 vəŋ^{24} 难$^{=}$ ne^{213}	甮 vəŋ^{24}
35 象山	弗 faʔ^{5}	冇 mɔ^{31}	甮 vəŋ^{13}
36 普陀	弗 fɐʔ^{5}	莫 ma^{53}	莫 ma^{53}
37 定海	弗 fɐʔ^{5}	莫 ma^{52}	甮 vɐŋ^{23}
38 岱山	勿 vɐʔ^{2}	莫 ma^{52}	甮 vɐŋ^{23}
39 嵊泗	勿 vɐʔ^{2}	那$^{=}$ na^{53} 莫 ma^{53}	甮 vɐŋ^{243} 好甭 xɔ^{44} vɐŋ^{53}
40 临海	弗 fəʔ^{5}	偠 ɕiə^{55}	弗用 fəʔ^{3} yoŋ^{324}
41 椒江	弗 fəʔ^{5}	偠 ɕiɔ^{55}	弗用 fəʔ^{3} yoŋ^{24} 偠 ɕiɔ^{55}
42 黄岩	弗 fəʔ^{5}	偠 ɕiɔ^{51}	弗用 fəʔ^{3} yoŋ^{24} 偠 ɕiɔ^{51}
43 温岭	弗 fəʔ^{5}	偠 ɕiɔ^{55}	甮 vuŋ^{41}
44 仙居	弗 fəʔ^{5}	偠 ɕiɐɯ^{53}	偠 ɕiɐɯ^{53} 弗用 fəʔ^{3} ioŋ^{24} 甮 voŋ^{24}

续表

方言点	1180 不明天我～去	1181 别你～去	1182 甭不用，不必：你～客气
45 天台	弗 fuʔ^{5}	[弗用] fyuŋ^{224} 南$^{=}$ ne^{224}	[弗用] fyuŋ^{224} 南$^{=}$ ne^{224}
46 三门	弗 fəʔ^{5}	覅 voŋ^{243}	𠎷 ɕiau^{55}
47 玉环	弗 fɐʔ^{5}	𠎷 ɕiɔ^{55}	弗用 fɐʔ^{5} ioŋ^{44}
48 金华	弗 fəʔ^{4}	弗要 fəʔ^{4} iɑo^{55}	弗要 fəʔ^{4} iɑo^{55} 弗用 fəʔ^{4} ioŋ^{55}
49 汤溪	弗 fa^{55}	[弗要] fi^{52}	[弗要] fi^{52}
50 兰溪	弗 fəʔ^{34}	[弗要] fiɔ^{45}	[弗要] fiɔ^{45}
51 浦江	弗 fə^{423}	[弗要] fɛ^{55}	[弗要] fɛ^{55}
52 义乌	勿 bə^{213}	覅 bie^{24}	覅 bie^{24}
53 东阳	弗 fɐ^{453}	弗用 fɐ^{33} iɔm^{33}	弗用 fɐ^{33} iɔm^{33}
54 永康	弗 fə^{334}	弗乐 fə^{33} ŋɑu^{52} 乐 ŋɑu^{52}	弗乐 fə^{33} ŋɑu^{52} 乐 ŋɑu^{52}
55 武义	弗 fəʔ^{5}	[弗乐] fɑu^{53}	[弗乐] fɑu^{53}
56 磐安	弗 fə^{334}	弗乐 fə^{55} ŋo^{52}	弗 fə^{55} 弗用 fə^{55} iɔom^{52}
57 缙云	弗 fɛ^{322}	莫 mɔ^{13}	莫 mɔ^{13}
58 衢州	弗 fəʔ^{5}	[弗要] fɛ^{53}	[弗要] fɛ^{53}
59 衢江	弗 fəʔ^{5}	[勿乐] vɔ^{212}	[勿乐] vɔ^{212}
60 龙游	弗 fəʔ^{4}	弗乐 fəʔ^{4} ŋɔ^{21}	弗消 fəʔ^{4} ɕiɔ^{334}
61 江山	弗 fəʔ^{5}	莫 moʔ^{2}	弗□ fəʔ^{4} lɐɯ^{51}
62 常山	弗 fɤʔ^{5}	弗罗$^{=}$ fɤʔ^{4} lɔ^{24}	莫 mɤʔ^{34}
63 开化	弗 fəʔ^{5}	莫 məʔ^{13} 莫□ məʔ^{2} gəʔ^{13}	莫 məʔ^{13} 弗用 fəʔ^{5} ioŋ^{0}
64 丽水	弗 fəʔ^{5}	[弗乐] ŋə^{52}	[弗乐] ŋə^{52}
65 青田	弗 faʔ^{42}	弗爱 faʔ^{4} ɛ^{33}	弗爱 faʔ^{4} ɛ^{33}
66 云和	弗 fuʔ^{5}	弗乐 fuʔ^{4} ŋɑɔ^{45} 乐 ŋɑɔ^{45}	弗乐 fuʔ^{4} ŋɑɔ^{45} 乐 ŋɑɔ^{45}

续表

方言点	1180 不明天我～去	1181 别你～去	1182 甭不用，不必：你～客气
67 松阳	弗 fɤʔ^{5}	[毋乐] ŋaʔ^{5}	[毋乐] ŋaʔ^{5}
68 宣平	弗 fəʔ^{5}	[弗乐] faʔ^{5}	[弗乐] faʔ^{5}
69 遂昌	弗 fəɯʔ^{5}	弗乐 fəɯʔ^{5} ŋɐɯ^{213} [弗乐] fɐɯ^{45}	弗乐 fəɯʔ^{5} ŋɐɯ^{213} [弗乐] fɐɯ^{45}
70 龙泉	弗 fɤɯʔ^{5}	弗乐 fɤɯʔ^{3} ŋɑʌ^{224}	[弗乐] vɑʌ^{224} 弗乐 fɤɯʔ^{3} ŋɑʌ^{224}
71 景宁	弗 fuʔ^{5}	莫 moʔ^{23}	莫 moʔ^{23}
72 庆元	否 fɤ^{33}	[否乐] fɑ^{33}	[否乐] fɑ^{33}
73 泰顺	否 fu^{55}	莫 moʔ^{2}	莫 moʔ^{2}
74 温州	否 fu^{25}	[否爱] fai^{33}	[否爱] fai^{33}
75 永嘉	否 fu^{45}	[否爱] fai^{44}	否用 fu^{43} yɔ^{22}
76 乐清	否 fu^{35}	[否爱] fai^{35}	[否爱] fai^{35}
77 瑞安	否 fɯ^{35}	[否爱] fe^{44}	否用 fu^{3} yo^{22}
78 平阳	否 fu^{34}	[否爱] fai^{33}	[否会] fai^{33}
79 文成	否 fu^{34}	[否会] fai^{33}	[否会] fai^{33}
80 苍南	否 fu^{53}	[否爱] huai^{44}	[否爱] huai^{44}
81 建德徽	弗 fɐʔ^{5}	弗要 fɐʔ^{3} iɔ^{55}	弗用 fɐʔ^{3} ioŋ^{55} 弗要 fɐʔ^{3} iɔ^{55}
82 寿昌徽	勿 uəʔ^{3}	勿要 uəʔ^{3} iɤ^{55}	勿要 uəʔ^{3} iɤ^{55}
83 淳安徽	不 pəʔ^{5}	不要 pəʔ^{5} iɤ^{24}	不要 pəʔ^{5} iɤ^{24}
84 遂安徽	不 pəɯ^{24}	不 pəɯ^{24}	不 pəɯ^{24}
85 苍南闽	唔 m^{21}	唔能 m^{21} lan^{24}	唔能 m^{21} lan^{24}
86 泰顺闽	唔 n^{31}	莫 mɒʔ^{3}	唔□ n^{22} ma^{53}
87 洞头闽	唔 m^{21}	唔唐= m^{212} tʰaŋ^{33}	唔面= m^{212} mian^{53}
88 景宁畲	唔 ŋ^{22}	莫 moʔ^{2}	莫 moʔ^{2}

方言点	1183 快天～亮了	1184 差点儿～摔倒了	1185 宁可～买贵的
01 杭州	马上 ma^{55}zaŋ^{0}	险了险 ɕiε^{55}lə^{0}ɕiε^{0}	情愿 dʑiŋ^{22}yo^{45}
02 嘉兴	就要 dʑiu^{13}iɔ^{33}	推扳一点点 tʰei^{33}pᴇ^{42}ieʔ^{5} tie^{33}tie^{24} 差扳一点点 tsʰo^{42}pᴇ^{42}iʔ^{5} tie^{42}tie^{42}	宁可 ȵiŋ^{13}kʰo^{42}
03 嘉善	就要 dʑiə^{22}iɔ^{35}	险呀⁼胡⁼ ɕiɪ^{35}ia^{55}u^{0}	偏 pʰiɪ^{53}
04 平湖	就要 ziəɯ^{24}iɔ^{0}	推扳一难⁼难⁼ tʰε^{44}pε^{0} iəʔ^{3}nε^{44}nε^{0} 推扳一眼眼 tʰε^{44}pε^{0}iəʔ^{3}ŋε^{44} ŋε^{0}	情愿 zin^{24}ȵyø^{0}
05 海盐	马上 mɑ^{53}zɛ̃^{213}	推扳一点点 tʰe^{55}pε^{53}iəʔ^{5} tiε^{33}tiε^{334}	情愿 dʑin^{24}ȵyɤ^{53}
06 海宁	那⁼要 na^{33}iɔ^{55}	险把险 ɕie^{35}po^{55}ɕie^{0} 推扳 tʰε^{55}pε^{55}	宁得 ȵiŋ^{13}təʔ^{5}
07 桐乡	实⁼爪 zəʔ^{23}ka^{0} 奶⁼要 na^{21}iɔ^{334}	差扳一点点 tsʰo^{44}pε^{44}iəʔ^{3} tiᴇ^{53}tiᴇ^{0}	情愿 ziŋ^{21}ȵiᴇ^{44}
08 崇德	愁⁼隔⁼ zɤɯ^{21}kaʔ^{53} 奶⁼要 nɑ^{21}iɔ^{44}	差扳格⁼点点 tsʰo^{44} pε^{44} kaʔ^{3}tiɪ^{55}tiɪ^{55}	情愿 ʑiŋ^{21}ȵiɪ^{13}
09 湖州	就要 ʑiu^{13}iɔ^{31}	险爪险 ɕie^{53}ka^{33}ɕie^{35}	情愿 ʑin^{33}ȵie^{35}
10 德清	就要 dʑiʉ^{11}iɔ^{13}	差一点 tsʰuo^{44}ieʔ^{5}tie^{44}	情愿 dʑin^{11}ȵie^{13}
11 武康	就要 dʑiø^{11}iɔ^{35}	差一点点 tsʰo^{35}ieʔ^{5}tiɪ^{44} tiɪ^{44}	情愿 dʑin^{11}ȵiɪ^{35}
12 安吉	就介 ʑiu^{21}ka^{213}	差点点 tsʰʊ^{32}ti^{55}ti^{55}	情愿 ʑiŋ^{22}ȵi^{213}
13 孝丰	就介 ʑiu^{21}ka^{24} 快 kʰua^{324}	差点点 tsʰʊ^{44}tiɪ^{44}tiɪ^{44}	宁可 niŋ^{22}kʰu^{52} 情愿 ʑiŋ^{22}ȵiɪ^{24}
14 长兴	就要 ʒiʏ^{24}iɔ^{21}	差点点 tsʰəu^{32}ti^{44}ti^{44}	情愿 ʒiŋ^{24}ȵi^{21}
15 余杭	就要 zøʏ^{33}iɔ^{35}	差一点点 tsʰuo^{55}ieʔ^{5}tieʔ^{5} tieʔ^{5}	宁死 ȵiŋ^{35}sɿ^{0}
16 临安	快 kʰua^{55}	差一点 tsʰo^{53}ieʔ^{5}tie^{35}	宁可 ȵieŋ^{33}kʰo^{33}

续表

方言点	1183 快天～亮了	1184 差点儿～摔倒了	1185 宁可～买贵的
17 昌化	就要 ʑi^{23} iɔ^{243}	差一点 tsʰu^{33} iɛʔ^{5} tiɪ̃^{453}	情愿 ʑiəŋ^{11} ȵyɪ̃^{243} 宁可 ȵiəŋ^{11} kʰɯ^{453}
18 於潜	要 iɔ^{35}	差点点 tsʰa^{43} tie^{43} tie^{35}	宁愿 niŋ^{22} yɛ^{24}
19 萧山	快 kʰua^{42}	一歇歇 ieʔ^{5} ɕieʔ^{5} ɕieʔ^{5}	情愿 dʑiŋ^{13} yə^{21}
20 富阳	马浪⁼ mo^{224} lɑ̃^{335}	差丢丢 tsʰo^{55} tiʊ^{55} tiʊ^{0}	情可 dʑin^{13} kʰɯ^{55} 情愿 dʑin^{13} ȵyɛ̃^{335}
21 新登	快 kʰua^{45}	差丢丢 tsʰa^{45} təu^{334} təu^{334}	情可 zeiŋ^{233} kʰu^{334}
22 桐庐	快 kʰuᴀ^{35}	推扳滴点 tʰᴇ^{33} pã^{33} tiəʔ^{5} tie^{13}	宁可 niŋ^{21} kʰu^{35}
23 分水	就要 dʑiɵ^{24} iɔ^{24}	推扳一点 tʰe^{44} pã^{55} iəʔ^{5} tiɛ̃^{53}	情愿 dʑin^{21} yɛ̃^{24}
24 绍兴	要 iɔ^{33}	一星星 ieʔ^{3} ɕiŋ^{33} ɕiŋ^{33}	情愿 dʑiŋ^{22} ȵyø̃^{22}
25 上虞	要 iɔ^{53}	差些 tsʰo^{35} ɕiəʔ^{2}	情愿 ʑiŋ^{21} ȵyø̃^{31}
26 嵊州	快 kʰua^{334}	差点 tsʰa^{53} tiẽ^{33}	宁可 ȵiŋ^{44} kʰo^{31}
27 新昌	马上 mo^{22} zaŋ^{232}	张⁼点农⁼ tsaŋ^{53} tiɛ̃^{33} nɔ̃^{335}	宁可 ȵiŋ^{22} kʰɤ^{53}
28 诸暨	快 kʰuᴀ^{544}	差点 tsʰo^{42} tie^{21}	宁可 nin^{13} kʰɤu^{33}
29 慈溪	快 kʰua^{44}	差一眼 tsʰo^{44} iəʔ^{5} ȵiẽ^{0} 差眼眼 tsʰo^{44} ȵiẽ^{11} ȵiẽ^{35}	宁愿 ȵiŋ^{13} ȵyø̃^{0}
30 余姚	快 kʰua^{53}	差眼眼 tsʰo^{44} ȵiẽ^{13} ȵiẽ^{0}	情愿 iə̃^{13} ȵyø̃^{13}
31 宁波	快 kʰua^{44} 要 io^{44}	差眼眼 tsʰo^{44} ŋɛ^{22} ŋɛ^{13}	宁可 nəŋ^{13} kʰəu^{0}
32 镇海	要 io^{53}	只差一眼 tɕieʔ^{5} tsʰo^{33} ieʔ^{5} ŋɛ^{22} 差眼眼 tsʰo^{33} ŋɛ^{22} ŋɛ^{22}	宁使 nəŋ^{24} sɿ^{0}
33 奉化	就要 dʑiʏ^{33} iɔ^{44}	差眼眼 tsʰo^{44} ŋɛ^{33} ŋɛ^{24}	情愿 dʑiŋ^{33} ȵyø^{33}
34 宁海	便 beʔ^{3}	差点 tsʰo^{33} ti^{53}	宁口⁼ nəŋ^{21} kʰiu^{53}
35 象山	当⁼忙⁼ tɔ̃^{44} mɔ̃^{13}	差眼 tsʰo^{44} ŋɛ^{31}	宁愿 ȵiŋ^{31} ȵy^{13}

续表

方言点	1183 快天～亮了	1184 差点儿～摔倒了	1185 宁可～买贵的
36 普陀	快 kʰua^{55}	再⁼上⁼眼 tsɛ^{55} zɔ̃^{55} ŋɛ^{55}	宁可 ȵiŋ^{23} kʰəu^{0}
37 定海	快 kʰua^{44}	差眼眼 tsʰo^{33} ŋɛ^{44} ŋɛ^{44}	宁使 nɐŋ^{23} sɿ^{0}
38 岱山	快 kʰua^{44}	差眼眼 tsʰo^{33} ŋɛ^{44} ŋɛ^{44}	宁使 nɐŋ^{31} sɿ^{0}
39 嵊泗	快 kʰua^{53}	差眼 tsʰo^{44} ŋɛ^{44}	宁使 nɐŋ^{24} sɿ^{0}
40 临海	便要 bɛʔ^{2} iə^{52}	差顶⁼ tsʰo^{33} ʔtiŋ^{353}	宁可 ȵiŋ^{33} kʰo^{52}
41 椒江	便 bəʔ^{2}	差顶⁼ tsʰo^{33} tiŋ^{51} 小	宁可 liŋ^{22} kʰo^{55}
42 黄岩	快 kʰua^{55}	差顶⁼ tsʰo^{33} tin^{51} 小	恁可 løn^{121} kʰo^{55}
43 温岭	快 kʰua^{55}	差眼 tsʰo^{33} ȵiɛ^{42} 差眼眼 tsʰo^{33} ȵiɛ^{33} ȵiɛ^{15} 小	恁可 nøn^{31} kʰo^{55}
44 仙居	快 kʰua^{55}	差丢⁼ tsʰo^{33} ɗiəɯ^{53}	宁愿 ȵin^{24} ȵyø^{55}
45 天台	快 kʰua^{55} 要 ieu^{55}	差渧⁼ tsʰo^{33} ti^{51} 差眼泥⁼ tsʰo^{33} ŋe^{21} ȵi^{51}	情愿 ʑiŋ^{22} ȵyø^{35}
46 三门	快要 kʰua^{55} iɑu^{55}	差点 tsʰo^{55} tie^{52}	心愿 ɕiŋ^{55} ȵyø^{55}
47 玉环	快 kʰua^{55}	差眼 tsʰo^{42} ȵiɛ^{53}	宁可 ȵiŋ^{22} kʰo^{53}
48 金华	快 kʰuɑ^{55}	推扳一帝⁼儿 tʰɛ^{33} pɑ^{55} iəʔ^{3} tiŋ^{55}	情愿 ʑiŋ^{31} ȵyɤ^{14}
49 汤溪	快 kʰuɑ^{52}	推扳点儿 tʰə^{33} mə^{33} ȵiã^{55}	宁可 nã^{33} kʰuɤ^{52}
50 兰溪	就要 ʑiəɯ^{24} iɔ^{0}	推扳点 tʰe^{334} pia^{55} ti^{45}	情愿 zin^{21} ȵyɤ^{24}
51 浦江	□ tɕʰiã^{55}	推扳袋⁼一末⁼儿 tʰa^{33} pɑ̃^{53} da^{24} iə^{33} mɯn^{55}	情扣⁼ ziən^{11} kʰɤ^{55}
52 义乌	便 bie^{24} 便要 bie^{24} ie^{31}	推扳点儿 tʰe^{33} ma^{33} nin^{335}	仍愿 zən^{24} ye^{45}
53 东阳	便 bi^{231}	一记儿添 iɛ^{33} tɕin^{44} tʰi^{33}	宁愿 ȵi^{22} ȵiʊ^{53}
54 永康	快 tɕʰya^{52}	推扳点点 tʰəi^{33} ma^{55} ȵia^{52} ȵia^{0} 推扳点 tʰəi^{33} ma^{55} ȵia^{52}	宁快 niŋ^{31} tɕʰya^{52} 宁愿 niŋ^{31} ȵye^{241}

续表

方言点	1183 快天～亮了	1184 差点儿～摔倒了	1185 宁可～买贵的
55 武义	快 tsʰuɑ^{53}	一记添 iəʔ^{5}tɕi^{53}tʰie^{0} 推扳点点 tʰɑŋ^{55}muo^{445}ti^{53}ti^{0}	情快$^{=}$ ʑin^{32}tsʰuɑ^{53}
56 磐安	快乐 kʰua^{55}ŋo^{52} 快 kʰua^{52}	差点儿 tsʰuɤ^{33}nien^{52}	宁愿 ȵiɐn^{14}ȵyə^{52}
57 缙云	便 biɛ^{213}	差点 tsa^{44}tia^{51}	宁可 nɛŋ^{21}kʰu^{51}
58 衢州	快 kʰuɛ^{53}	推扳点 tʰe^{32}pã^{35}tiẽ^{0}	情愿 ʑin^{21}ȵyə̃^{231}
59 衢江	快 kʰua^{53}	推扳点儿 tʰei^{33}pã^{25}tie^{25}ŋ^{31}	情愿 ʑiŋ^{22}ȵiɛ^{53}
60 龙游	快 kʰuɑ^{51}	推扳点儿 tʰei^{33}pã^{33}ti^{35}n^{21}	情愿 ʑin^{224}ȵye^{231}
61 江山	快 kʰua^{51}	差个末 tsʰɒ^{24}a^{44}moʔ^{5}	情愿 dʑĩ^{22}yɛ̃^{51}
62 常山	快 kʰuɛ^{324} 罗$^{=}$ lɔ^{131}	差点儿 tsʰɑ^{44}ȵiɛ̃^{24}n^{0}	但愿 dã^{24}ȵyɔ̃^{0}
63 开化	快 kʰua^{412}	差滴滴 tsʰɑ^{44}tiɛʔ^{4}tiɛʔ^{5} 差滴滴些儿 tsʰɑ^{44}tiɛʔ^{4}tiɛʔ^{5}sɛ^{44}ȵi^{0}	情愿 dʑin^{21}ȵyɛ̃^{213} 宁可 naʔ^{2}kʰɔʔ^{5}
64 丽水	快 kʰuɔ^{52}	差滴 tsʰuo^{22}tiʔ^{5}	宁可 ȵin^{22}kʰu^{544}
65 青田	快 kʰuɑ^{33}	差两 tsʰɑ^{33}lɛ^{55}	宁可 neŋ^{22}kʰu^{454}
66 云和	快 kʰua^{45}	差滴儿 tsʰo^{24}tiʔ^{4}ȵi^{45} 差滴儿 tsʰo^{24}tiŋ^{45}	心愿 səŋ^{24}ȵyɛ^{223}
67 松阳	快 kʰua^{24}	推扳滴甲儿 tʰɛ^{33}pɔ̃^{53}tiʔ^{5}kɔʔ^{0}n^{0}	宁愿 n^{33}ȵyɛ̃^{13}
68 宣平	快 kʰua^{52} 便 bəʔ^{23}/biəʔ^{23}	差得$^{=}$ tsʰa^{32}tiəʔ^{5}	情愿 ʑin^{43}ȵyə^{231}
69 遂昌	快 kʰua^{334} 就 ʑiɯ^{213}	差稍儿 tsʰɒ^{33}ɕiɐɯ^{45}ȵiɛ^{0} 差滴滴儿 tsʰɒ^{33}tiʔ^{3}tiʔ^{5}ȵiɛ^{0}	情愿 ʑiŋ^{13}ȵyɛ̃^{213}
70 龙泉	快 kʰua^{45}	差滴滴 tsʰo^{44}tieiʔ^{3}tieiʔ^{5} 差滴滴儿 tsʰo^{44}tieiʔ^{3}tieiʔ^{5}ȵi^{55}	情愿 ʑin^{21}ȵyo^{224}
71 景宁	快 kʰuɔ^{35}	差粒$^{=}$ tsʰa^{32}lœʔ^{5}	宁可 ȵiaŋ^{32}kʰo^{35}

续表

方言点	1183 快天~亮了	1184 差点儿~摔倒了	1185 宁可~买贵的
72 庆元	快 kʰuɑ^{11}	钻⁼□□ tsæ̃^{11} ȵiəŋ^{55} ȵiəŋ^{55} 小 钻⁼□ tsæ̃^{11} ȵiəŋ^{55} 小	情愿 ɕiŋ^{52} ȵyɛ̃^{31}
73 泰顺	乐 ŋɑɔ^{22} 老 快 kʰua^{35} 新	差两两 tsʰɔ^{213} lɛʔ^{5} lɛ^{22}	宁可 nɛʔ^{2} kʰoʔ^{5}
74 温州	迫近 pa^{3} dʑiaŋ^{14}	争厘儿 tsɛ^{33} niŋ^{25}	任讲 zaŋ^{14} kuɔ^{51}
75 永嘉	迫近 pə^{43} dʑiaŋ^{13}	争厘儿添 tsɛ^{33} lei^{13} ŋ^{0} tʰiɛ^{44} 争眼⁼儿添 tsɛ^{33} ŋa^{13} ŋ^{0} tʰiɛ^{44}	愿可 ȵy^{22} kʰo^{0} 任可 zaŋ^{22} kʰo^{0}
76 乐清	就爱 ziu^{212} i^{41}	差□ tɕʰia^{3} ŋe^{35}	宁可 ȵiaŋ^{2} kʰo^{35}
77 瑞安	快 kʰa^{53} 马上 mo^{13} iɛ^{0}	争厘儿俫 tsa^{33} liŋ^{35} lei^{31}	愿讲 ȵy^{22} ko^{0}
78 平阳	就要 zɛu^{21} ye^{45} 就 zɛu^{13}	争厘儿厘儿 tʃʌ^{33} neŋ^{33} neŋ^{55}	能光⁼ naŋ^{21} ko^{45}
79 文成	快 kʰɔ^{33}	争厘儿 tʃa^{33} neŋ^{45}	宁可 ȵiaŋ^{33} kʰo^{45}
80 苍南	快 kʰia^{42}	差点儿 tsʰa^{33} tia^{53} ŋ^{112}	□□ naŋ^{11} tsɿ^{44}
81 建德徽	快 kʰuɑ^{33}	推扳一点 tʰe^{53} pɛ^{21} iɐʔ^{3} tie^{55}	情愿 ɕin^{33} ȵye^{55}
82 寿昌徽	快 kʰuɑ^{33}	推扳点点 tʰiæ^{11} pɑ̃^{11} ti^{33} ti^{52}	情愿 ɕien^{11} yei^{55}
83 淳安徽	快要 kʰuɑ^{24} iɤ^{24}	推扳滴⁼滴⁼ tʰie^{21} pɑ̃^{55} tiʔ^{5} tiʔ^{5} 差剥⁼滴⁼滴⁼ tsʰo^{21} poʔ^{5} tiʔ^{5} tiʔ^{5}	宁愿 lin^{43} vã^{53}
84 遂安徽	快 kʰua^{43}	差不多 tsʰɑ^{33} pəɯ^{33} təɯ^{534}	宁愿 lin^{33} vɑ̃^{52}
85 苍南闽	紧 kin^{43} 就 tɕiu^{21}	差点团 tsʰa^{43} tian^{21} kã^{43}	情愿 tɕin^{21} guan^{21}
86 泰顺闽	快 kʰai^{53}	差粒团 tsʰa^{21} lɛʔ^{3} ki^{344}	□□ kʰæŋ^{213} tei^{53}
87 洞头闽	差咪多 tsʰa^{33} bi^{33} to^{33}	差蜀鼻⁼仔 tsʰa^{33} tɕiek^{21} pʰi^{21} ia^{53}	宁愿 nieŋ^{21} guan^{21}
88 景宁畲	快 xiai^{44}	差点心⁼ tsʰa^{44} tieʔ^{5} ɕin^{55}	宁可 ȵin^{44} kʰo^{325}

方言点	1186 故意～打破的	1187 随便～弄一下	1188 白～跑一趟
01 杭州	特为 diɛʔ^{2} uei^{45}	随便 dzuei^{22} biɛ^{45}	白 baʔ^{2}
02 嘉兴	敌⁼为 diəʔ^{1} uei^{24}	随便 zuei^{13} bie^{42}	白 bᴀʔ^{13}
03 嘉善	有意 iə^{22} i^{13}	随便 zɛ^{13} biɪ^{31}	白 bɜʔ^{2}
04 平湖	特为 de^{21} ue^{44}	随便 zue^{24} biɛ^{0}	白 baʔ^{23}
05 海盐	特为 de^{21} ue^{334}	随便 zue^{24} biɛ^{53}	白 baʔ^{23}
06 海宁	敌⁼为介 dieʔ^{2} ue^{33} ka^{0} 特为介 dəʔ^{2} ue^{33} ka^{0}	约摸着 iaʔ^{5} moʔ^{2} zəʔ^{2}	白 baʔ^{2}
07 桐乡	地⁼反⁼ di^{21} fɛ^{53}	约摸着 iaʔ^{3} mɔʔ^{5} zaʔ^{5}	白 baʔ^{23}
08 崇德	特为 di^{21} ui^{44}	随便哪隑⁼ zui^{21} biɪ^{44} nᴇ^{44} gᴇ^{44}	白 baʔ^{23}
09 湖州	敌⁼为介 dieʔ^{2} uei^{33} ka^{0}	随便纳⁼介 zei^{22} bie^{22} na^{33} ka^{33}	白白来 baʔ^{2} baʔ^{3} lei^{31}
10 德清	特为之介 dəʔ^{2} uɛ^{35} tsɿ^{44} ka^{0}	就是介 dʑiʉ^{11} zɿ^{13} ka^{53}	空 kʰoŋ^{44}
11 武康	特为事介 dɜʔ^{2} uɛ^{13} zɿ^{33} ka^{53}	随便 zɛ^{11} biɪ^{13}	白 bɜʔ^{2}
12 安吉	特为 diᴇʔ^{2} ue^{213}	了便 liɔ^{22} bi^{213}	白 bɐʔ^{23}
13 孝丰	特为 dieʔ^{2} ue^{213}	随便 ze^{22} biɪ^{24} 料⁼便 liɔ^{32} biɪ^{24}	白 baʔ^{23}
14 长兴	逗⁼弯⁼ dei^{24} uᴇ^{21}	随便 zei^{12} bi^{24}	白白里 baʔ^{2} baʔ^{2} lɿ^{44}
15 余杭	定为 diŋ^{33} uɛ^{13}	随你 zɛ^{33} n^{53}	白 baʔ^{2}
16 临安	敌⁼为 dieʔ^{2} uᴇ^{13}	随便 zᴇ^{33} bie^{13}	白 bɐʔ^{2}
17 昌化	敌⁼为 diɛʔ^{2} uei^{243}	随便 zei^{11} biɪ̃^{243}	白 baʔ^{23}
18 於潜	特为 dəʔ^{24} ue^{24}	稍微 sɔ^{43} ue^{24}	白 bɑʔ^{23}
19 萧山	特为 dəʔ^{21} ue^{42}	随便 ze^{13} bie^{42}	白 baʔ^{13}
20 富阳	特为 dɛʔ^{2} uɛ^{335}	随便 zɛ^{13} biɛ̃^{224}	白 baʔ^{2}
21 新登	特为子 dəʔ^{2} ue^{21} tsɿ^{45}	随便 ze^{233} piɛ̃^{334}	白 baʔ^{2}
22 桐庐	故意 ku^{35} i^{21}	随便 zᴇ^{21} bie^{13}	白 baʔ^{13}
23 分水	有意 iɵ^{44} i^{21}	随便 zue^{21} biɛ̃^{24}	冤枉 yɛ̃^{44} uã^{55}
24 绍兴	特为 dieʔ^{2} uᴇ^{22}	随便 dzᴇ^{22} biẽ^{22}	白 baʔ^{2}

续表

方言点	1186 故意～打破的	1187 随便～弄一下	1188 白～跑一趟
25 上虞	特为 diəʔ^{2} ue^{31}	随便 ze^{21} biẽ^{213}	白 baʔ^{2}
26 嵊州	特为 dəʔ^{2} uE^{24}	随便 zE^{22} biẽ^{24}	白 baʔ^{2}
27 新昌	特为 diʔ^{2} ue^{232}	随便 ze^{22} biɛ̃^{13}	白 baʔ^{2}
28 诸暨	特为 dəʔ^{21} ve^{33}	大样 dA^{33} iã^{33}	白 baʔ^{13}
29 慈溪	特为 dəʔ^{2} ue^{44}	随意 ze^{13} i^{0}	白 baʔ^{2}
30 余姚	有意 iø^{13} i^{44} 特为 diəʔ^{2} ue^{13}	随便 ze^{13} biẽ^{13}	白 baʔ^{2}
31 宁波	特特意 daʔ^{2} daʔ^{2} i^{44}	随水 zɐi^{13} sɥ^{53}	白 baʔ^{2}
32 镇海	特意 deʔ^{2} i^{53}	嬲和 na^{22} uo^{31}	空头 kʰoŋ^{33} dei^{22}
33 奉化	特意 daʔ^{2} i^{44}	随便咋 zei^{33} bi^{31} dza^{33}	空 kʰoŋ^{44}
34 宁海	特意 daʔ^{3} i^{53}	稍微 sau^{33} uei^{31}	空 kʰoŋ^{423} 白 baʔ^{3}
35 象山	特意 doʔ^{2} i^{53} 特特意 doʔ^{2} doʔ^{2} i^{53}	随势 zei^{13} sɥ^{35}	空 kʰoŋ^{44}
36 普陀	特特意 dɐʔ^{2} dɐʔ^{5} i^{0}	随便 zæi^{33} bi^{45}	白白 bɐʔ^{2} bɐʔ^{5} 空头 kʰoŋ^{55} deu^{0}
37 定海	特意 dɐʔ^{2} i^{44}	故意咋 ku^{52} i^{0} dza^{0} 老 随便 zɐi^{33} bi^{52} 新	白白 bɐʔ^{2} bɐʔ^{5}
38 岱山	特特意 dɐʔ^{2} dɐʔ^{4} i^{0}	随势 zɐi^{33} sɥ^{52}	白 bɐʔ^{2}
39 嵊泗	特特意 dɐʔ^{2} dɐʔ^{3} i^{44}	随便 zɐi^{33} bi^{53}	白白 bɐʔ^{2} bɐʔ^{5}
40 临海	地$^{=}$地$^{=}$尔 di^{22} di^{22} zɿ^{51}	随便 ʑy^{22} bi^{44}	白落 baʔ^{2} lɔʔ^{2}
41 椒江	弟$^{=}$地$^{=}$ di^{31} di^{24} 小	管咋儿 kuə^{35} tsɛ^{42} n^{0}	白落 baʔ^{2} loʔ^{2}
42 黄岩	地地是 di^{13} di^{22} zɿ^{41} 小 特地 dəʔ^{2} di^{24} 小	弗管怎儿 fəʔ^{3} kuø^{35} tsəʔ^{3} n^{0}	白落 bɐʔ^{2} loʔ^{2}
43 温岭	弟$^{=}$地$^{=}$ di^{31} di^{13}	管咋儿 kue^{15} tsɛ^{42} n^{0}	白落 bəʔ^{2} loʔ^{2}
44 仙居	特地 diəʔ^{23} di^{24}	随便 ʑy^{24} bie^{55}	白 baʔ^{23}
45 天台	敌$^{=}$敌$^{=}$ diəʔ^{2} diəʔ^{2}	随文$^{=}$将 ʑy^{22} vəŋ^{22} tɕia^{31}	白 baʔ^{2} 空 kʰŋ^{33}

续表

方言点	1186 故意～打破的	1187 随便～弄一下	1188 白～跑一趟
46 三门	敌$^{=}$敌$^{=}$意 dieʔ^{2}dieʔ^{2}i^{52}	随便 zʮ^{13}bie^{55}	白 baʔ^{23}
47 玉环	趒$^{=}$地 diɔ^{31}di^{22}	随便 ʑy^{22}bie^{44}	白 bɐʔ^{2}
48 金华	择意 dzəʔ^{21}i^{14}	随便 ʑie^{31}bie^{14} /zui^{31}bie^{14}	白白 bəʔ^{21}bəʔ^{212} 白 bəʔ^{212}
49 汤溪	特意 dei^{11}i^{24}	随便 zei^{11}pie^{52}	白 ba^{113} 空 k^{h}ɑo^{24}
50 兰溪	特意 dəʔ^{12}i^{24}	随便 zui^{21}bie^{24}	白 bəʔ^{12}
51 浦江	特镜$^{=}$ də^{11}tɕiən^{55}	随便 zɛ^{11}biẽ^{24}	白白里 bɑ^{24}bɑ^{0}li^{24}
52 义乌	特为时 tai^{42}uai^{22}zɿ^{45}	随便 zai^{22}bie^{24}	白 bɛ^{312}
53 东阳	特意 də^{22}i^{33}	随便儿 zei^{22}biɐn^{35}	白 ba^{213}
54 永康	特特意 dəi^{31}dəi^{31}i^{52}	随便 zəi^{31}ɓie^{52}	白 bai^{113}
55 武义	特意 dəʔ^{5}i^{53}	随便 ʑy^{32}bie^{231}	白 ba^{13}
56 磐安	执意 dzɛ^{14}i^{52} 假执意 kuə^{33}dzɛ^{14}i^{52}	随便 ʑye^{21}bie^{14}	白 ba^{213}
57 缙云	故争$^{=}$意 kɔ^{44}tsa^{44}i^{453}	胡乱 vu^{21}lɛ^{453}	白 ba^{13}
58 衢州	特意 dəʔ^{2}i^{53}	随便 ze^{21}biẽ^{231}	白 baʔ^{12}
59 衢江	特意 dəʔ^{2}i^{53}	随便 zei^{22}bie^{231}	白 baʔ^{2}
60 龙游	特特意 dəʔ^{2}dəʔ^{2}i^{51}	胡烂$^{=}$ u^{33}lã^{334}	白 bəʔ^{23}
61 江山	精工 tɕĩ^{44}koŋ^{44}	随便 zuᴇ^{22}biɛ̃^{51}	白 baʔ^{2}
62 常山	直个直 dieʔ^{3}kɤʔ^{0}dieʔ^{34}	随便 zue^{22}biɛ̃^{24}	白 bɛʔ^{34}
63 开化	专意 tɕyɛ̃^{44}uei^{53}	漫$^{=}$管 mã^{21}kuõ^{53} 随便 zuei^{21}biɛ̃^{213}	白 baʔ^{13} 白白 baʔ^{2}baʔ^{13}
64 丽水	假大意 kuo^{44}dã^{21}i^{52} 故意 ku^{224}i^{52}	随便 zʮ^{21}piɛ^{52}	白 baʔ^{23}
65 青田	故着$^{=}$ ku^{33}dɛ^{343}	随便 ʮ^{55}biɛ^{22}	白 bɛʔ^{31}
66 云和	故大意 ku^{44}da^{223}i^{45}	随便 zʮ^{31}biɛ^{223}	白 baʔ^{23}
67 松阳	着$^{=}$特 dʑiaʔ^{2}dɛʔ^{2}	随便 ʑy^{33}biɛ̃^{13}	白白 baʔ^{2}baʔ^{2} 白 baʔ^{2}

续表

方言点	1186 故意～打破的	1187 随便～弄一下	1188 白～跑一趟
68 宣平	作⁼特 tsəʔ^{4} diəʔ^{23}	随便 ʑy^{43} biɛ^{231}	白 baʔ^{23}
69 遂昌	成心 zɛ̃^{22} ɕiŋ^{45} 特地 dɛʔ^{23} di^{213}	随便 ʑy^{22} biɛ̃^{213}	白白 biaʔ^{2} biaʔ^{23} 白 biaʔ^{23}
70 龙泉	特地 dᴇʔ^{3} di^{224}	随便 ɕy^{44} biᴇ^{224}	空 kʰəŋ^{434}
71 景宁	择⁼得⁼ dzaʔ^{23} tiʔ^{5}	随便 ʑy^{41} biɛ^{113}	白 baʔ^{23}
72 庆元	故特□ kuɤ^{11} tɑʔ^{34} tæ̃^{55} 小 故□ kuɤ^{11} tæ̃^{55} 小	随便 ɕy^{52} piɛ̃^{31}	铁⁼白 tʰiɑʔ^{5} pɑʔ^{34}
73 泰顺	特特 tɛʔ^{2} tɛʔ^{2}	随便 ɕy^{53} piɛ^{22}	白白 paʔ^{2} paʔ^{2}
74 温州	特特能 de^{23} de^{22} naŋ^{223}	靠造化 kʰɜ^{23} zɜ^{31} ho^{21}	白白 ba^{2} ba^{212}
75 永嘉	特特能 de^{13} de^{21} naŋ^{21}	随便 zɥ^{13} bi^{21} 靠造化 kʰə^{43} zə^{31} ho^{43}	白白 ba^{13} ba^{213}
76 乐清	独地能 dau^{31} di^{21} naŋ^{0}	随便 zy^{24} biᴇ^{31}	白白 be^{2} be^{212}
77 瑞安	特特能 de^{2} de^{2} naŋ^{21}	猛能 moŋ^{35} naŋ^{0} 随便 zəɯ^{22} bi^{13} 简单 kɔ^{53} tɔ^{53}	白白 ba^{2} ba^{212}
78 平阳	假大⁼底 ko^{21} dᴀ^{33} ti^{13}	随便 zʉ^{21} bie^{45}	白白 bᴀ^{13} bᴀ^{13}
79 文成	假特特能 ko^{45} de^{21} de^{2} naŋ^{33}	随便 zʉ^{21} bie^{21}	白 ba^{212}
80 苍南	条⁼地⁼能 dyɔ^{31} di^{11} naŋ^{21}	随便 dʑy^{11} biɛ^{31} 高低 kɛ^{33} ti^{44}	白白 bia^{11} bia^{112}
81 建德徽	特意 tɐʔ^{12} i^{55}	随便 ɕye^{33} pʰie^{55} / ye^{33} pʰie^{55}	白 pɑ^{213}
82 寿昌徽	作假儿 tsɔʔ^{3} kuə^{11} n̠i^{55} 只⁼只⁼儿 tsəʔ^{3} tsəʔ^{3} n̠i^{55}	随丹⁼便 i^{11} tæ̃^{33} pʰi^{33}	白白里 pʰəʔ^{3} pʰəʔ^{0} li^{24}
83 淳安徽	特为 tʰiəʔ^{13} ve^{24}	随便 ɕie^{43} pʰiã^{53}	白 pʰɑʔ^{13}
84 遂安徽	特为 tʰəɯ^{21} vəɯ^{52}	随便 səɯ^{33} pʰiɑ̃^{43}	白 pʰa^{213}
85 苍南闽	挑池⁼ tʰiau^{33} ti^{24}	统下事 tʰɑŋ^{24} e^{32} sai^{21}	白 pe^{24}
86 泰顺闽	特故意 tɛʔ^{3} ku^{34} i^{53}	随便 ɕy^{22} pie^{31}	白白 pa^{34} pa^{31}
87 洞头闽	添年⁼讲 tʰĩ^{33} nĩ^{33} koŋ^{33} 故意 kɔ^{35} i^{21}	随便 sui^{21} pian^{21}	白白 pe^{21} pe^{24}
88 景宁畲	故意 ku^{55} i^{44}	随便 suei^{44} pien^{51}	白 pʰaʔ^{2}

方言点	1189 肯定～是他干的	1190 可能～是他干的	1191 一边～走，～说
01 杭州	肯定 kʰəŋ^{55} diŋ^{0}	可能 kʰəu^{55} nəŋ^{0}	对 tei^{45} 老 一边 iɛʔ^{5} piɛ^{334} 新
02 嘉兴	肯定 kʰəŋ^{21} diŋ^{13}	可能 kʰo^{13} nəŋ^{42}	边 pie^{42}
03 嘉善	板 pɛ^{44}	僄 ɕiɔ^{334}	一面 ieʔ^{5} miɪ^{31}
04 平湖	肯定 kʰən^{21} din^{334} 一定 iəʔ^{3} din^{334}	作兴 tsoʔ^{5} ɕin^{53} 话勿出 o^{44} vəʔ^{5} tsʰəʔ^{0}	一头 iəʔ^{5} dəɯ^{53} 一面 iəʔ^{3} miɛ^{334}
05 海盐	咸⁼板 ɛ^{24} pɛ^{53}	作兴得 tsɔʔ^{5} ɕin^{55} təʔ^{5}	一面 iəʔ^{5} miɛ^{334}
06 海宁	还⁼板 ɛ^{33} pɛ^{55}	作兴 tsoʔ^{5} ɕiŋ^{55}	一面 ieʔ^{5} mie^{0}
07 桐乡	咸⁼板 ɛ^{21} pɛ^{44}	恐忙⁼ kʰoŋ^{53} mɒ̃^{44}	一面 iəʔ^{3} miᴇ^{213}
08 崇德	咸⁼板 ɛ^{21} pɛ^{44}	恐怕 kʰoŋ^{55} pʰo^{0}	一路 iəʔ^{3} lu^{13} 一面 iəʔ^{3} miɪ^{13}
09 湖州	呆板 ŋɛ^{33} pɛ^{53}	要么 iɔ^{33} məʔ^{3}	一边 ieʔ^{5} pie^{35}
10 德清	还⁼板 ɛ^{11} pɛ^{53}	要么 iɔ^{33} məʔ^{3}	一面 ieʔ^{5} mie^{35}
11 武康	还⁼板 ɛ^{11} pɛ^{53}	话勿出 o^{33} vɜʔ^{2} tsʰɜʔ^{5}	一面 ieʔ^{5} miɪ^{35}
12 安吉	肯定 kʰəŋ^{52} diŋ^{21}	可能 kʰʊ^{52} nəŋ^{21}	一边 iᴇʔ^{3} pi^{55}
13 孝丰	肯定 kʰəŋ^{45} diŋ^{21}	可能 kʰu^{45} nəŋ^{21}	一边 ieʔ^{5} piɪ^{44}
14 长兴	肯定 kʰəŋ^{45} diŋ^{21}	象得 ʒiã^{24} təʔ^{2}	一边 iᴇʔ^{2} pi^{44}
15 余杭	一定 ieʔ^{5} diŋ^{13}	弗一定 fəʔ^{5} ieʔ^{5} diŋ^{31}	一头 ieʔ^{5} døʏ^{33}
16 临安	还⁼板 ɛ^{53} pɛ^{55}	可能 kʰo^{55} neŋ^{55}	一路 ieʔ^{5} lu^{55}
17 昌化	肯定 kʰəŋ^{45} diəŋ^{243}	可能 kʰɯ^{45} nəŋ^{112} 作息⁼ tsuəʔ^{5} ɕiɛʔ^{5}	一边 iɛʔ^{5} piɪ̃^{334}
18 於潜	呆板 ŋe^{22} pɛ^{53}	算算 suɛ^{35} suɛ^{53}	边 pie^{433}
19 萧山	一定 ieʔ^{5} diŋ^{42}	讲弗来 kɔ̃^{33} fəʔ^{5} le^{21}	边 pie^{533}
20 富阳	肯定 kʰin^{423} din^{224}	讲弗来 kɑ̃^{423} fɛʔ^{5} lɛ^{53}	边 piɛ̃^{53}
21 新登	肯定 kʰeiŋ^{334} teiŋ^{45}	讲弗来 kɑ̃^{334} faʔ^{5} le^{233} 可能 kʰu^{334} neiŋ^{45}	边 piɛ̃^{53}
22 桐庐	肯定 kʰəŋ^{33} diŋ^{35}	可能 kʰu^{33} nəŋ^{55}	一边 iəʔ^{21} pie^{533}
23 分水	一定 iəʔ^{5} din^{13}	可能 kʰo^{44} lən^{21}	一边 iəʔ^{5} piɛ̃^{44} 边 piɛ̃^{44}
24 绍兴	铅板 kʰɛ̃^{33} pɛ̃^{33} 呆板 ŋᴇ^{22} pɛ̃^{33}	有可能 iɤ^{24} kʰo^{33} nəŋ^{31}	对 tᴇ^{33}

续表

方言点	1189 肯定～是他干的	1190 可能～是他干的	1191 一边～走，～说
25 上虞	财⁼实⁼ ze^{21} zəʔ^{2}	倘有 tʰɔ̃^{33} iɤ^{31}	对 te^{35}
26 嵊州	肯定 kʰeŋ^{33} diŋ^{231}	可能 kʰo^{33} neŋ^{231}	一边 ieʔ^{3} piẽ^{534}
27 新昌	坐⁼宝⁼ zɤ^{22} pɔ^{53}	[无有]数 miɯ^{13} su^{335}	一面 iʔ^{3} miɛ̃^{335}
28 诸暨	一定 ieʔ^{5} din^{33}	可能 kʰɤu^{33} lɛn^{42}	边 pie^{544}
29 慈溪	限板 ɛ̃^{13} pɛ̃^{0}	难话 nɛ̃^{13} uo^{0}	边 piẽ^{35}
30 余姚	限板 ẽ^{13} pã^{0} 犯板 vã^{13} pã^{0}	直⁼脚⁼里 dzəʔ^{2} tɕiaʔ^{5} li^{0}	一边 iəʔ^{5} piẽ^{34} 一头 iəʔ^{5} dø^{13}
31 宁波	限板 ɛ^{13} pɛ^{44}	可能 kʰəu^{44} nəŋ^{13}	一边 iəʔ^{2} pi^{44}
32 镇海	好坏 hɔ^{35} ua^{0}	派勿来 pʰa^{33} vaʔ^{2} le^{22} 讲勿定归⁼ kɔ^{35} vaʔ^{2} diŋ^{22} kuei^{33}	边 pi^{53}
33 奉化	限板 e^{32} pɛ^{44}	恐怕 kʰoŋ^{44} pʰo^{44}	一边 iɪʔ^{2} pi^{53}
34 宁海	□ beʔ^{3} 限板 e^{31} pe^{53}	恐怕 kʰoŋ^{53} po^{35}	对 tei^{35}
35 象山	限板 ɛ^{31} pɛ^{35}	派弗定 pʰa^{53} faʔ^{5} diŋ^{13}	边 pi^{53}
36 普陀	肯定 kʰɐŋ^{53} diŋ^{0}	大概 da^{11} kɛ^{55} 有可能 ieu^{45} kʰəu^{33} nɐŋ^{45}	边 pi^{53}
37 定海	生好 sã^{33} xɔ^{52}	无数 m^{33} su^{52}	对边 dɐi^{33} pi^{52}
38 岱山	生好 sã^{33} xɔ^{52}	派勿来 pʰa^{44} vɐʔ^{4} le^{44}	边 pi^{52}
39 嵊泗	好坏 xɔ^{44} ua^{0}	派勿来 pʰa^{44} vɐʔ^{3} le^{44}	对边 tɐi^{33} pi^{53}
40 临海	便 bɛʔ^{2}	可明⁼ kʰo^{33} miŋ^{21}	边 pi^{31}
41 椒江	保证 pɔ^{42} tɕiŋ^{55}	…无数… m^{22} səu^{55}	葛边 kəʔ^{5} pie^{33} 一边 ieʔ^{3} pie^{33}
42 黄岩	保证 pɔ^{42} tɕin^{55}	可能 kʰo^{55} nən^{121}	葛面 kəʔ^{3} mie^{41} 小
43 温岭	便 be^{13}	库⁼库⁼ kʰu^{33} kʰu^{51} 小	边 pie^{33}
44 仙居	肯定 cʰin^{31} din^{24}	无数账 m^{33} su^{55} tɕia^{55} 无数 m^{24} su^{55}	边 ɓie^{334} 一边 iəʔ^{3} ɓie^{334}
45 天台	拔⁼ beʔ^{2}	劣⁼鹊⁼ lieʔ^{2} tɕʰiaʔ^{5}	搭 teʔ^{5}
46 三门	拔⁼ bɐʔ^{23}	大概 da^{23} ke^{52}	一头 ieʔ^{3} dɤɯ^{113}
47 玉环	便 be^{24} 小	大概 da^{22} kie^{53} 小	一边 iɐʔ^{3} pie^{35} 小

续表

方言点	1189 肯定～是他干的	1190 可能～是他干的	1191 一边～走,～说
48 金华	定住 diŋ^{14} dʑy^{0} 笃定 toʔ^{4} diŋ^{14} 肯定 kʰəŋ^{55} diŋ^{14}	倘把= tʰɑŋ^{55} pɤa^{0}	边 pie^{334} 一边 iəʔ^{3} pie^{55}
49 汤溪	肯定 kʰã^{52} dei^{341}	可能 kʰuɤ^{52} nã^{11}	一面 iei^{52} mie^{341}
50 兰溪	绝对 dʑiəʔ^{12} te^{45} 肯定 kʰæ̃^{55} din^{24}	没数 məʔ^{12} su^{45}	一面 ieʔ^{34} mie^{45}
51 浦江	笃定 tə^{33} diən^{24} 呆板 ŋa^{11} pɑ̃^{53}	一=佛=拉=讲 iə^{33} və^{33} lɑ^{33} kõ^{55}	（无）
52 义乌	肯定 kʰən^{45} dən^{24}	［无没］定 mai^{24} dən^{24}	边儿 mien^{335}
53 东阳	定板 dɐn^{23} pɔ^{33}	无数 n^{33} su^{53}	一面 iɛ^{33} mi^{35}
54 永康	肯定 kʰəŋ^{31} diŋ^{241}	可能 kʰuo^{31} niŋ^{55}	一面 iə^{33} mie^{241}
55 武义	肯定 kʰen^{53} din^{231}	可能 kʰuo^{53} nen^{324}	一面 iəʔ^{5} mie^{231}
56 磐安	肯定 kʰɐn^{33} dɐn^{14}	可能 kʰuɤ^{33} nɐn^{213}	一面 iɛ^{33} mie^{14}
57 缙云	肯定 kʰaŋ^{51} diɛŋ^{213}	讲弗来 kua^{51} a^{0} lei^{243}	一面 iei^{51} miɛ^{243}
58 衢州	肯定 kʰən^{53} din^{231}	作兴 tsəʔ^{5} ɕin^{32}	一面 iəʔ^{5} miẽ^{231}
59 衢江	肯定 kʰɛ^{33} diŋ^{231}	可能 kʰou^{55} nəŋ^{21}	边 pie^{33}
60 龙游	肯定 kʰən^{51} din^{231}	有可能 iəɯ^{22} kʰu^{51} nən^{21}	边 pie^{334}
61 江山	肯定 kʰəŋ^{24} dĩ^{31}	祝=法 tɕioʔ^{4} faʔ^{5} 话弗来 yə^{44} fəʔ^{5} li^{213}	边 piɛ̃^{44}
62 常山	□定滚= zɔ^{22} dĩ^{22} kuɔ̃^{52}	娘=讲 ȵiã^{22} kɔ̃^{52} 娘=谈 ȵiã^{22} dã^{34}	边 piɛ̃^{44}
63 开化	肯定 kʰɤŋ^{44} din^{213} 笃定 təʔ^{5} din^{213}	可能 kʰɔ^{44} nɛn^{0}	边 piɛ̃^{44}
64 丽水	肯定 kʰen^{52} din^{131}	可能 kʰu^{52} nen^{22}	一边 iʔ^{4} piɛ^{224}
65 青田	肯定 kʰeŋ^{33} deŋ^{22}	可能 kʰu^{55} neŋ^{53}	对 ɗæi^{445} 边 ɓiɑ^{445}
66 云和	肯定 kʰɛ^{44} diŋ^{223}	可能 kʰu^{44} nɛ^{31}	一边 iʔ^{4} piɛ^{24}
67 松阳	肯定 kʰæ̃^{24} din^{13}	可能 kʰu^{33} næ̃^{31}	对 tei^{24} 边 piɛ̃^{53}
68 宣平	肯定 kʰən^{44} din^{231}	大概 da^{22} kʰei^{52}	一面 iəʔ^{4} miɛ^{231}
69 遂昌	肯定 kʰɛ̃^{55} diŋ^{213}	可能 kʰu^{53} nɛ̃^{221}	随 ʑy^{221} 对 tei^{334} 边 piɛ̃^{334}

续表

方言点	1189 肯定～是他干的	1190 可能～是他干的	1191 一边～走,～说
70 龙泉	保证 bɑʌ^{21}tɕin^{45}	大概 da^{21}kᴇ^{45}	边 piᴇ^{434}
71 景宁	肯定 kʰaŋ^{33}diŋ^{113}	可能 kʰo^{33}naŋ^{41}	一八$^{=}$ iʔ^{3}pɔʔ^{5} 一边 iʔ^{3}piɛ^{324}
72 庆元	肯定 kʰæ̃^{33}tiŋ^{31}	可能 kʰo^{33}næ̃^{52}	堆$^{=}$ ɗæi^{335} 边 ɓiɑ̃^{335}
73 泰顺	肯定 kʰɛ^{55}tiŋ^{22}	可能 kʰo^{22}nɛ^{53}	堆$^{=}$ tæi^{213} 边 piã^{213}
74 温州	一定 i^{3}dəŋ^{22}	算否牢 sø^{42}vu^{22}lɜ^{21}	边 pi^{33}
75 永嘉	一定 i^{43}deŋ^{22} 肯定 kʰaŋ^{53}deŋ^{22}	可能 kʰo^{43}naŋ^{31}	边 pi^{44}
76 乐清	一定 i^{42}deŋ^{22}	算否牢 sø^{42}vu^{0}lɤ^{31} 算否定 sø^{42}vu^{0}deŋ^{22}	堆$^{=}$ tai^{44}
77 瑞安	一定 e^{3}dəŋ^{22}	可能 kʰo^{3}naŋ^{31}	一边 e^{3}pi^{44}
78 平阳	肯定 kʰaŋ^{45}deŋ^{13}	讲否出 ko^{33}u^{45}tɕʰye^{13} 可能 kʰo^{33}naŋ^{42}	边 pie^{55}
79 文成	肯定 kʰaŋ^{33}deŋ^{21}	讲否出 kuo^{45}fu^{45}tʃʰø^{13} 算否来 sø^{21}fu^{33}le^{13}	边 pie^{55}
80 苍南	肯定 kʰaŋ^{42}deŋ^{11}	大概 da^{31}kʰe^{42} 可能 kʰo^{33}naŋ^{31}	边 piɛ^{44}
81 建德徽	一定 iɐʔ^{3}tʰin^{55}	可能 kʰo^{55}lən^{0}	边 pie^{53} 一边 iɐʔ^{5}pie^{53}
82 寿昌徽	笃定 tɔʔ^{3}tʰien^{55} 肯定 kʰen^{55}tien^{24}	可能 kʰu^{33}len^{112}	一边 iəʔ^{3}pi^{112} 边 pi^{112}
83 淳安徽	肯定 kʰen^{55}tʰin^{21}	衔$^{=}$慢$^{=}$ kʰɑ̃^{43}mɑ̃^{55} 可能 kʰu^{55}len^{21}	一边 iʔ^{5}piã^{24} 边 piã^{24}
84 遂安徽	肯定 kʰəŋ^{21}tʰin^{52}	可能 kʰuəɯ^{213}ləŋ^{33}	边 piɛ̃^{534}
85 苍南闽	肯定 kʰən^{24}tĩã^{21}	可能 kʰɔ^{33}lin^{24}	蜀边 tɕie^{21}pin^{55}
86 泰顺闽	就 tɕiøu^{31}	大概 ta^{34}kʰai^{53}	边 pie^{213}
87 洞头闽	肯定 kʰan^{24}tĩã^{21}	可能 kʰo^{33}lieŋ^{24}	□ na^{33}
88 景宁畲	肯定 kʰan^{55}tʰaŋ^{51}	可能 kʰu^{55}nəŋ^{22}	一边 iʔ^{5}pan^{44}

方言点	1192 和我～他都姓王	1193 和我昨天～他去城里了	1194 对他～我很好
01 杭州	同 doŋ^{213}	同 doŋ^{213}	对 tei^{45}
02 嘉兴	同 doŋ^{242}	同 doŋ^{242}	对 tei^{224}
03 嘉善	同 doŋ^{132}	同 doŋ^{132}	待 dɛ^{113}
04 平湖	同 doŋ^{31}	同 doŋ^{31}	待 dɛ^{213}
05 海盐	同 doŋ^{31}	同 doŋ^{31}	待 dɛ^{423}
06 海宁	同 doŋ^{13}	同 doŋ^{13}	待 dɛ^{231}
07 桐乡	同 doŋ^{13}	同 doŋ^{13}	待 dᴇ^{242}
08 崇德	同 doŋ^{13}	同 doŋ^{13}	待 dᴇ^{242}
09 湖州	搭 taʔ^{5}	搭 taʔ^{5}	待 dɛ^{231}
10 德清	同 doŋ^{113}	同 doŋ^{113}	搭 təʔ^{5}
11 武康	同 doŋ^{113}	同 doŋ^{113}	搭 tɜʔ^{5}
12 安吉	搭 tɐʔ^{5}	搭 tɐʔ^{5}	对 te^{324}
13 孝丰	得$^{=}$ təʔ^{5}	得$^{=}$ təʔ^{5}	得$^{=}$ təʔ^{5} 对 te^{324}
14 长兴	搭 taʔ^{5}	搭 taʔ^{5}	搭 taʔ^{5}
15 余杭	同 doŋ^{22}	同 doŋ^{22}	待 dɛ^{243}
16 临安	陪$^{=}$ bᴇ^{33}	陪$^{=}$ bᴇ^{33}	待 dᴇ^{33}
17 昌化	指$^{=}$ 道$^{=}$ tsɿ^{45} dɔ^{243}	指$^{=}$ 道$^{=}$ tsɿ^{45} dɔ^{243}	待 dɛ^{243}
18 於潜	同 doŋ^{223}	同 doŋ^{223}	同 doŋ^{223}
19 萧山	则$^{=}$ tsəʔ^{5}	则$^{=}$ tsəʔ^{5}	则$^{=}$ tsəʔ^{5}
20 富阳	则$^{=}$ tsɛʔ^{5}	则$^{=}$ tsɛʔ^{5}	对 tɛ^{335}
21 新登	搭 taʔ^{5} 道$^{=}$ tɔ^{45}	搭 taʔ^{5} 道$^{=}$ tɔ^{45}	对 te^{45}
22 桐庐	对 tᴇ^{35}	对 tᴇ^{35}	对 tᴇ^{35}
23 分水	跟 kən^{44}	跟 kən^{44}	对 te^{24}

续表

方言点	1192 和我～他都姓王	1193 和我昨天～他去城里了	1194 对他～我很好
24 绍兴	则$^{=}$ tseʔ^{5}	则$^{=}$ tseʔ^{5}	则$^{=}$ tseʔ^{5}
25 上虞	则$^{=}$ tsəʔ^{5}	则$^{=}$ tsəʔ^{5}	待 de^{213}
26 嵊州	拨 pəʔ^{5}	拨 pəʔ^{5}	拨 pəʔ^{5}
27 新昌	拨 peʔ^{5}	拨 peʔ^{5}	看见 k^{h}œ̃^{53}tɕiɛ̃^{335}
28 诸暨	拨 pəʔ^{5}	拨 pəʔ^{5}	拨 pəʔ^{5}
29 慈溪	摘$^{=}$ tsaʔ^{5}	摘$^{=}$ tsaʔ^{5}	对 te^{44}
30 余姚	则$^{=}$ tsəʔ^{5}	则$^{=}$ tsəʔ^{5}	待 de^{13}
31 宁波	搭 taʔ^{5}	搭 taʔ^{5}	搭 to^{35}
32 镇海	搭 taʔ^{5}	搭 taʔ^{5}	笃$^{=}$ toʔ^{5}
33 奉化	搭 taʔ^{5}	搭 taʔ^{5}	搭 taʔ^{5}
34 宁海	含搭 ei^{22}taʔ^{5}	含搭 ei^{22}taʔ^{5}	含搭 ei^{22}taʔ^{5}
35 象山	同 doŋ^{31} 达$^{=}$ daʔ^{2}	同 doŋ^{31} 达$^{=}$ daʔ^{2}	到$^{=}$ tɔ^{53}
36 普陀	搭 tɐʔ^{5}	搭 tɐʔ^{5}	督$^{=}$ toʔ^{5}
37 定海	搭 tɐʔ^{5}	搭 tɐʔ^{5}	搭 tɐʔ^{5}
38 岱山	跌$^{=}$ tieʔ^{5} 搭 tɐʔ^{3}	跌$^{=}$ tieʔ^{5}	笃$^{=}$ toʔ^{5}
39 嵊泗	搭 tɐʔ^{5}	搭 tɐʔ^{5}	搭 tɐʔ^{5}
40 临海	搭 təʔ^{5}	搭 təʔ^{5}	搭 təʔ^{5}
41 椒江	搭 tɛʔ^{5}	搭 tɛʔ^{5}	搭 tɛʔ^{5}
42 黄岩	搭 təʔ^{5}	搭 təʔ^{5}	搭 təʔ^{5}
43 温岭	搭 təʔ^{5}	搭 təʔ^{5}	搭 təʔ^{5}
44 仙居	搭 ɗɑʔ^{5}/ɗəʔ^{5}	搭 ɗɑʔ^{5}	搭 ɗɑʔ^{5}
45 天台	搭 teʔ^{5}	搭 teʔ^{5} 同队 duŋ^{22}tei^{35}	搭 teʔ^{5}

续表

方言点	1192 和我～他都姓王	1193 和我昨天～他去城里了	1194 对他～我很好
46 三门	搭 tɐʔ^{5}	搭 tɐʔ^{5}	待 de^{213}
47 玉环	搭 tɐʔ^{5}	搭 tɐʔ^{5}	对 te^{55}
48 金华	哼$^{=}$ xəŋ^{334} 老 跟 kəŋ^{334} 新	哼$^{=}$ xəŋ^{334} 老 跟 kəŋ^{334} 新	对 tɛ^{55}
49 汤溪	孝$^{=}$ xɔ^{52}	孝$^{=}$ xɔ^{52}	对 tɛ^{52}
50 兰溪	跟 kæ̃^{334}	跟 kæ̃^{334}	对 te^{45}
51 浦江	木$^{=}$ mɯ^{55} 慌$^{=}$ xõ^{55}	木$^{=}$ mɯ^{55} 慌$^{=}$ xõ^{55}	对 ta^{55}
52 义乌	和 hɔ^{423}	和 hɔ^{423}	对 te^{45}
53 东阳	和 ha^{24}	和 ha^{24}	对 te^{453}
54 永康	□ xa^{52}	□ xa^{52}	对 ɗəi^{52}
55 武义	火$^{=}$ xuo^{445}	火$^{=}$ xuo^{445}	对 la^{53}
56 磐安	□ xa^{334} 贴$^{=}$ tʰia^{334}	□ xa^{334} 贴$^{=}$ tʰia^{334}	对 te^{52}
57 缙云	亨$^{=}$ xɛŋ^{44}	亨$^{=}$ xɛŋ^{44}	对 tei^{453}
58 衢州	同 doŋ^{21}	同 doŋ^{21}	对 te^{53}
59 衢江	跟 kəŋ^{33}	跟 kəŋ^{33}	对 tei^{53}
60 龙游	跟 kən^{334}	跟 kən^{334}	对 tei^{51}
61 江山	跟 kɛ̃^{44}	跟 kɛ̃^{44}	对 tuᴇ^{51}
62 常山	跟 kɔ̃^{44}	跟 kɔ̃^{44}	待 dɛ^{24}
63 开化	跟 kɤŋ^{44}	跟 kɤŋ^{44}	对 tɛ^{412}
64 丽水	掇$^{=}$ təʔ^{5} 跟 ken^{224}	掇$^{=}$ təʔ^{5} 跟 ken^{224}	对 tei^{52}
65 青田	杂$^{=}$ zaʔ^{31}	杂$^{=}$ zaʔ^{31}	对 ɗæi^{33}
66 云和	对 tei^{45}	对 tei^{45}	对 tei^{45}
67 松阳	对 tɛʔ^{5}	对 tɛʔ^{5}	对 tɛʔ^{5}

续表

方言点	1192 和我～他都姓王	1193 和我昨天～他去城里了	1194 对他～我很好
68 宣平	和 xo^{445}	和 xo^{445}	对 tei^{52}
69 遂昌	对 tei^{334} 跟 kɛ̃^{45}	对 tei^{334} 跟 kɛ̃^{45}	对 tei^{334} 跟 kɛ̃^{45}
70 龙泉	杂⁼ zɯəʔ^{24} 对⁼ dᴇ^{21} 调殊	杂⁼ zɯəʔ^{24} 对 dᴇ^{21} 调殊	对 tᴇ^{45}
71 景宁	对 tai^{35}	对 tai^{35}	对 tai^{35}
72 庆元	听⁼ t^{h}iŋ^{335}	听⁼ t^{h}iŋ^{335}	对 ɗæi^{11}
73 泰顺	搭 tɔʔ^{5}	搭 tɔʔ^{5}	搭 tɔʔ^{5}
74 温州	伉 k^{h}uɔ^{51}	伉 k^{h}uɔ^{51}	伉 k^{h}uɔ^{51}
75 永嘉	伉 k^{h}ɔ^{53}	伉 k^{h}ɔ^{53}	对 tai^{53}
76 乐清	搭 ta^{41}	搭 ta^{41}	搭 ta^{41}
77 瑞安	搭 to^{323}	搭 to^{323}	逮 de^{22} 对 tai^{53}
78 平阳	搭 to^{34}	搭 to^{34}	待 de^{23}
79 文成	搭 te^{34}	搭 te^{34}	搭 te^{34}
80 苍南	跟 kaŋ^{44}	跟 kaŋ^{44}	对 tai^{42}
81 建德徽	对 te^{33}	对 te^{33}	对 te^{33}
82 寿昌徽	跟 ken^{112}	跟 ken^{112}	对 tiæ^{33}
83 淳安徽	勒⁼ ləʔ^{5}	勒⁼ ləʔ^{5}	对 tie^{24}
84 遂安徽	搭 tɑ^{24}	搭 tɑ^{24}	对 təɯ^{43}
85 苍南闽	合 k^{h}a^{21} 跟 kən^{55}	合 k^{h}a^{21} 跟 kən^{55}	合 k^{h}a^{21} 对 tui^{21}
86 泰顺闽	□ kie^{22}	□ kie^{22}	搭 tɛʔ^{5}
87 洞头闽	合 kɐk^{5}	合 kɐk^{5}	对 tui^{21}
88 景宁畲	俗⁼ sɔʔ^{2}	俗⁼ sɔʔ^{2}	对 toi^{44}

方言点	1195 往~东走	1196 向~他借一本书	1197 按~他的要求做
01 杭州	望 maŋ^{13}	问 vəŋ^{13}	照 tsɔ^{45}
02 嘉兴	望 moŋ^{113}	同 doŋ^{242}	照 tsɔ^{224}
03 嘉善	朝 zɔ^{132}	同 doŋ^{132}	照 tsɔ^{334}
04 平湖	朝 zɔ^{31} 望 mɑ̃^{213}	问 mən^{213} 队⁼ de^{213}	照 tsɔ^{334}
05 海盐	望 mɑ̃^{213}	同 doŋ^{31}	照 tsɔ^{334}
06 海宁	望 mã^{13}	同 doŋ^{13}	照 tsɔ^{35}
07 桐乡	望 mɒ̃^{213}	同 doŋ^{13}	照 tsɔ^{334}
08 崇德	望 mã^{13}	同 doŋ^{13}	照 tsɔ^{334}
09 湖州	望 mã^{35}	搭 taʔ^{5}	按 ɛ^{44}
10 德清	望 mã^{334}	同 doŋ^{113}	照 tsɔ^{334}
11 武康	望 mã^{224}	搭 təʔ^{5}	按 ø^{44}
12 安吉	望 mɔ̃^{55}	问 məŋ^{213}	依 i^{324}
13 孝丰	望 mɔ̃^{324}	问 məŋ^{324}	照 tsɔ^{324}
14 长兴	望 mɔ̃^{324}	搭 taʔ^{5}	照 tsɔ^{324}
15 余杭	望 mɑ̃^{213}	问 miŋ^{213}	按照 ɛ̃^{55}tsɔ^{55}
16 临安	望 mɑ̃^{33}	向 ɕiɑ̃^{55}	按 ə^{55}
17 昌化	望 mɔ̃^{243}	问 mɛ̃^{243}	依 i^{334} 照 tsɔ^{544}
18 於潜	向 ɕiaŋ^{35}	问 veŋ^{24}	按 ɛ^{433}
19 萧山	猛⁼ ma^{13}	问 məŋ^{242}	按 ə^{42} 照 tsɔ^{42}
20 富阳	望 moŋ^{335}	问 mən^{335}	按 ɛ̃^{53}
21 新登	望 moŋ^{13}	问 meiŋ^{13}	按 ɛ̃^{45}
22 桐庐	朝 dzɔ^{13}	问 məŋ^{24}	按 a^{35}
23 分水	朝 dzɔ^{22}	问 uən^{13}	跟 kən^{44}
24 绍兴	望 maŋ^{22}	问 mẽ^{22}	按照 ẽ^{33}tsɔ^{33}

续表

方言点	1195 往～东走	1196 向～他借一本书	1197 按～他的要求做
25 上虞	望 mɔ̃^{31}	问 məŋ^{31}	照 tsɔ^{35}
26 嵊州	望 mɔŋ^{24}	向 ɕiaŋ^{334}	按 œ̃^{334}
27 新昌	望 mɔ̃^{13}	问 meŋ^{13}	照 tsɔ^{335}
28 诸暨	朝 dzɔ^{13}	朝 dzɔ^{13}	朝 dzɔ^{13}
29 慈溪	朝 dzɔ^{13}	问 məŋ^{13}	照 tsɔ^{44}
30 余姚	望 mɔŋ^{13}	问 mə̃^{13}	照 tsɔ^{44}
31 宁波	望 mɔ^{13}	问 məŋ^{13}	照 tɕio^{44}
32 镇海	朝 dʑio^{24}	问 məŋ^{24}	照 tɕio^{53}
33 奉化	朝 dʑiɔ^{33}	问 məŋ^{33}	照 tɕiɔ^{53}
34 宁海	朝 dʑieu^{213}	问 məŋ^{24}	照 tɕieu^{35}
35 象山	望 mɔ̃^{31}	问 məŋ^{13}	照 tɕio^{53}
36 普陀	向 ɕiã^{53}	问 mɐŋ^{13}	照 tɕio^{55}
37 定海	朝 dʑio^{23}	问 mɐŋ^{13}	照 tɕio^{44}
38 岱山	朝 dʑio^{23}	问 mɐŋ^{213}	照 tɕio^{44}
39 嵊泗	朝 dʑio^{243}	问 mɐŋ^{213}	照 tɕio^{53}
40 临海	朝 dʑiə^{21}	问 mən^{324}	照 tɕiə^{55}
41 椒江	朝 dʑiɔ^{31}	问 məŋ^{24}	照 tɕiɔ^{55}
42 黄岩	朝 dʑiɔ^{121}	问 mən^{24}	照 tɕiɔ^{55}
43 温岭	朝 dʑiɔ^{13}	问 mən^{13}	照 tɕiɔ^{55}
44 仙居	向 ɕia^{55}	问 men^{24}	照 tɕiɐɯ^{55}
45 天台	朝 dʑieu^{224}	问 məŋ^{214}	照 tɕieu^{55}
46 三门	望 mɔ^{243}	问 məŋ^{243}	照 tɕiɑu^{55}
47 玉环	望 mɔ̃^{22}	问 məŋ^{22}	按 ɛ^{42}
48 金华	朝 dʑiɑo^{313}	问 məŋ^{14}	根据 kəŋ^{33}tɕy^{55} 跟 kəŋ^{334}

续表

方言点	1195 往～东走	1196 向～他借一本书	1197 按～他的要求做
49 汤溪	向 ɕiɔ^{52}	问 mã^{341}	依 i^{24}
50 兰溪	朝 dʑiɔ^{21}	问 mæ̃^{24}	按牢 æ̃^{334} lɔ^{45}
51 浦江	木$^{=}$ mɯ^{55}	木$^{=}$ mɯ^{55}	依 i^{55} 照 tsɯ^{55}
52 义乌	向 ɕiɔ^{45} 朝 dzɯɤ^{213}	向 ɕiɔ^{45}	照 tsɯɤ^{45}
53 东阳	朝 dʑiɔ^{213}	向 ɕiɔ^{453}	照 tɕiɔ^{453}
54 永康	朝 dʑiɑu^{22}	问 muo^{241}	照 tɕiɑu^{52}
55 武义	朝 dʑie^{324}	问 muo^{231}	照 tɕie^{53}
56 磐安	向 ɕiɒ^{52} 朝 dʑio^{213}	向 ɕiɒ^{52} 问 mɐn^{14}	照 tɕio^{52}
57 缙云	望 mɔ^{213}	问 maŋ^{213}	按 ɛ^{44}
58 衢州	望 mɑ̃^{231}	问 mən^{231}	依 i^{32}
59 衢江	望 məŋ^{212}	问 mɛ^{231}	照 tɕiɔ^{53}
60 龙游	望 mã^{231}	问 mei^{231}	照 tsɔ^{51}
61 江山	往 uaŋ^{51}	问 mɛ̃^{22}	按 ɒŋ^{44}
62 常山	朝 dʑiɤ^{131} 往 uã^{52}	跟 kɔ̃^{44} 问 mɔ̃^{131}	照 tɕiɤ^{324}
63 开化	往 uã^{412} 向 ɕiã^{53}	问 mɛn^{213}	按 ã^{412} 照 tɕiəɯ^{412}
64 丽水	望 mɔŋ^{131}	问 men^{131}	按 uɛ^{224}
65 青田	望 mo^{22}	问 maŋ^{22}	照 tɕiœ^{33}
66 云和	望 mɔ̃^{223}	问 məŋ^{223} 向 ɕiã^{45}	按 uɛ^{24}
67 松阳	望 moŋ^{13}	问 men^{13} 向 ɕiã^{24}	按 æ̃^{53} 照 tɕiɔ^{24}
68 宣平	望 mɔ̃^{231}	问 mən^{231}	照 tɕiɔ^{52}
69 遂昌	望 mɔŋ^{213} 朝 dʑiɐɯ^{221}	问 məŋ^{213}	依 i^{45} 按 ɛ̃^{45}

续表

方言点	1195 往～东走	1196 向～他借一本书	1197 按～他的要求做
70 龙泉	向 ɕiaŋ^{45} 朝 dʑiɑʌ^{21}	向 ɕiaŋ^{45}	照 tɕiɑʌ^{45}
71 景宁	望 məŋ^{113}	向 ɕiɛ^{35}	照 tɕiɑu^{35}
72 庆元	向 ɕiɑ̃^{11}	听$^{=}$ t^{h}iŋ^{335} 向 ɕiɑ̃^{11}	按照 uæ̃^{11}tɕiɒ^{11}
73 泰顺	望 mɔ̃^{22}	问 məŋ^{22}	照 tɕiɑɔ^{35}
74 温州	望 muɔ^{22}	向 ɕi^{51}	照 tɕiɛ^{51}
75 永嘉	望 muɔ^{22}	问 maŋ^{22}	□ i^{53}
76 乐清	望 mɔ^{22}	向 ɕia^{41}	照 tɕiɤ^{41}
77 瑞安	望 mo^{22}	问 maŋ^{22}	照 tɕy^{53}
78 平阳	望 mo^{33}	问 maŋ^{33}	就 zɛu^{33}
79 文成	望 mo^{224}	搭 te^{34}	按 ø^{33} 照 tɕyø^{33}
80 苍南	望 mo^{11}	跟 kaŋ^{44} 向 ɕiɛ^{42}	按 ø^{42}
81 建德徽	毛$^{=}$ mɔ^{33}	问 mən^{55}	根据 kən^{53}tɕy^{55}
82 寿昌徽	望 mɑ̃^{33}	问 miæ^{33}	照 tsɤ^{33} 按 æ̃^{33}
83 淳安徽	朝 ts^{h}ɤ^{24}	问 men^{53}	按 ã^{24}
84 遂安徽	朝 tɕ^{h}iɔ^{33}	问 məŋ^{52}	按ɑ̃^{52}
85 苍南闽	望 mɔ̃^{21}	合 k^{h}a^{21} 跟 kən^{55}	照 tɕio^{21}
86 泰顺闽	映 ŋo^{53}	向 ɕyo^{31}	照 tɕiɐu^{53}
87 洞头闽	漫$^{=}$ mõ^{21}	合 kɐk^{24} 向 hioŋ^{21}	按 an^{21} 照 tɕiau^{21}
88 景宁畲	望 moŋ^{51}	向 ɕiaŋ^{44}	按 ɔn^{44}

方言点	1198 替～他写信	1199 如果～忙你就别来了	1200 不管～怎么劝他都不听
01 杭州	替 tʰi^{45}	要是 iɔ^{45} zɿ^{53}	不管 paʔ^{3} kuo^{53}
02 嘉兴	代 dᴇ^{113}	如果 zɿ^{13} kou^{42}	勿管 vəʔ^{5} kuə^{21}
03 嘉善	代 dɛ^{113}	倘使 tʰã^{35} sɿ^{0}	弗关 fɜʔ^{5} kuɛ^{53}
04 平湖	帮 pɑ̃^{53}	倘然 tʰɑ̃^{44} zø^{53}	随便 zue^{24} biɛ^{0}
05 海盐	相拨 ɕiɛ̃^{55} pɔʔ^{5}	倘得⁼ tʰɑ̃^{21} təʔ^{5}	随便 zue^{24} biɛ^{53}
06 海宁	代 dɛ^{13}	假使 tɕia^{55} sɿ^{0}	随便 zei^{33} bie^{33}
07 桐乡	相把⁼ siã^{44} po^{44}	倘比⁼ tʰɒ̃^{44} pi^{0}	随便 zi^{21} biᴇ^{53} 弗管 fəʔ^{3} kuᴇ^{53}
08 崇德	相把⁼ ɕiã^{44} po^{44}	倘使 tʰã^{55} sɿ^{0}	弗管 fəʔ^{3} kuᴇ^{53}
09 湖州	相把⁼ ɕiã^{44} puo^{44}	假使讲 tɕia^{53} sɿ^{31} kã^{13}	弗管 fəʔ^{5} kuɛ^{53}
10 德清	帮 pã^{44}	假使 tɕia^{35} zɿ^{0}	弗管 fəʔ^{5} køʉ^{53}
11 武康	帮 pã^{44}	如果 zu^{13} ku^{53}	勿管 vɜʔ^{2} kø^{53}
12 安吉	帮 pɔ̃^{55}	假使 tɕia^{52} sɿ^{21}	弗管 fəʔ^{3} kuᴇ^{52}
13 孝丰	帮 pɔ̃^{44}	假使 tɕia^{45} sɿ^{21}	弗管 fəʔ^{3} kue^{52}
14 长兴	代 dɯ^{24}	假使 tʃia^{45} sɿ^{21}	弗管 fəʔ^{3} kuɯ^{52}
15 余杭	同 doŋ^{22}	如果 zɿ^{33} ku^{53}	弗管 fəʔ^{5} kuõ^{53}
16 临安	代 dᴇ^{33}	如果 zɿ^{33} ku^{55}	弗管 fɐʔ^{5} kœ^{55}
17 昌化	帮 pɔ̃^{334}	如果 ʑy^{11} kɯ^{453}	随 zei^{112} 不管 pəʔ^{5} kuɔ̃^{453}
18 於潜	代 de^{24}	要是 iɔ^{35} zɿ^{53}	随 zue^{223}
19 萧山	则⁼ tsəʔ^{5}	讲弗来 kɔ̃^{33} fəʔ^{5} le^{21}	弗管 fəʔ^{5} kuə^{33}
20 富阳	代 dɛ^{224}	如果 ʑy^{13} ku^{55}	弗管 fɛʔ^{5} kuɛ̃^{335}
21 新登	代 de^{13}	如果 ʑy^{233} ku^{334}	弗管 faʔ^{5} kuɛ^{45}
22 桐庐	拨 pəʔ^{5}	如果 zu^{21} ku^{35}	勿管 vəʔ^{21} kuã^{35}
23 分水	帮 pã^{44}	如果 lu^{21} ko^{53}	不管 pəʔ^{5} kuã^{53}
24 绍兴	拨 peʔ^{5}	是话 zᴇ^{24} uo^{31} 倘有 tʰɑŋ^{44} iɤ^{31}	勿管 veʔ^{2} kuø̃^{33}
25 上虞	笔⁼ piəʔ^{5}	随⁼话 ze^{21} uo^{213}	随便 ze^{21} biẽ^{213}

续表

方言点	1198 替～他写信	1199 如果～忙你就别来了	1200 不管～怎么劝他都不听
26 嵊州	代 dᴇ^{24}	是话 zᴇ^{24} uo^{231}	弗管 fəʔ^{3} kuœ̃^{53}
27 新昌	代 de^{13}	假设 tɕia^{53} sɤʔ^{5}	弗管 feʔ^{3} kuœ̃^{453}
28 诸暨	拨 pəʔ^{5}	如果 lu^{21} kɤu^{544}	弗管 fəʔ^{5} kuə^{42}
29 慈溪	代 de^{13}	是话 zɿ^{13} uo^{44}	弗管 faʔ^{5} kuø̃^{0}
30 余姚	帮 pɔŋ^{44} 代 de^{13}	是话 zɿ^{13} uo^{44}	勿管 vəʔ^{2} kuø̃^{0}
31 宁波	搭 taʔ^{5}	是话 zɿ^{13} uo^{44} 假使 tɕia^{44} sɿ^{44}	随便 zɐi^{22} bi^{13} 勿管 vaʔ^{2} ku^{35}
32 镇海	搭 taʔ^{5}	如话 zɥ^{24} uo^{22}	随便 zei^{22} bi^{31}
33 奉化	代 de^{33}	是讲 zɿ^{33} kɔ̃^{44}	弗管 faʔ^{2} kuø^{35}
34 宁海	代 dei^{24}	恐怕 kʰoŋ^{33} po^{53}	随便 zei^{21} bie^{24} 弗管 faʔ^{3} kuø^{53}
35 象山	代 dei^{13}	倘然 tʰɔ̃^{44} zɤɯ^{13}	随便 zei^{31} bi^{13}
36 普陀	搭 tɐʔ^{5}	铁= 耙= tʰiɛʔ^{5} bo^{0}	随便 zæi^{24} bi^{0}
37 定海	搭 tɐʔ^{5}	如话 zɿ^{23} uo^{0} 铁= 薄= tʰieʔ^{5} boʔ^{0}	随便 zɐi^{33} bi^{52}
38 岱山	跌= tieʔ^{5}	铁= 薄= tʰieʔ^{5} boʔ^{5}	随便 zɐi^{33} bi^{52}
39 嵊泗	搭 tɐʔ^{5}	铁= 薄= tʰiᴇʔ^{5} boʔ^{2}	但= 白= dɛ^{24} bɐʔ^{2}
40 临海	代 de^{324}	确= 必= kʰoʔ^{5} pieʔ^{5}	弗管 fəʔ^{5} kue^{52}
41 椒江	代 də^{24}	确= 别= kʰoʔ^{5} bieʔ^{2}	弗管 fəʔ^{5} kuə^{35} 小
42 黄岩	代 de^{24}	可= 皮= kʰo^{55} bi^{121}	弗管 fəʔ^{5} kuø^{42}
43 温岭	代 de^{13}	恐步= kʰuŋ^{42} bu^{41}	弗管 fəʔ^{5} kue^{42}
44 仙居	代 dæ^{24}	要 iɐɯ^{55}	弗管 fəʔ^{5} kua^{0}
45 天台	代 dei^{35}	着 tɕiaʔ^{5}	弗管 fuʔ^{5} kuø^{31}
46 三门	代 de^{243}	要是 iɑu^{55} zɿ^{21}	管 kuø^{325}
47 玉环	代 de^{22}	如果 ʑy^{22} ku^{42}	弗管 fɐʔ^{3} kue^{53}
48 金华	帮 pɑŋ^{334} 分 fəŋ^{334}	倘把= tʰɑŋ^{55} pɤa^{0} 老 如果 ʑy^{31} kuɤ^{55} 新	随便 ʑie^{31} bie^{14}/zui^{31} bie^{14}

续表

方言点	1198 替～他写信	1199 如果～忙你就别来了	1200 不管～怎么劝他都不听
49 汤溪	替 t^{h}ɛ^{52}	迦讲 dʑia^{11} kɔ^{535}	弗管 fə^{52} kuã^{535}
50 兰溪	代 de^{24} 帮 pɑŋ^{334}	如果 ʑy^{21} kuɤ^{45}	由侬 iəɯ^{21} noŋ^{55} 弗管侬 fəʔ^{34} kuɑ^{55} noŋ^{55}
51 浦江	木⁼ mɯ^{55}	若讲 za^{11} kõ^{55}	弗管 fə^{33} kuɑ̃^{53} 随便 zɛ^{11} biẽ^{24}
52 义乌	听 t^{h}ən^{45}	要是 ie^{45} tsi^{44}	勿管 bəʔ^{2} kua^{423}
53 东阳	替 t^{h}ia^{334}	□得⁼ zeʔ^{23} tei^{33}	弗管 fɐ^{44} kɔ^{33}
54 永康	替 t^{h}əi^{52} 代 dəi^{241}	尔借⁼ ŋ^{33} tɕia^{52}	弗管 fə^{53} kuɑ^{334}
55 武义	听⁼ t^{h}in^{53}	若讲 ʑiɑu^{32} kɑŋ^{445}	随便 ʑy^{32} bie^{231}
56 磐安	相帮 ɕiɒ^{33} mɒ^{445} 贴⁼ t^{h}ia^{334}	倘子⁼儿 t^{h}ɒ^{33} tsɿn^{52} 倘若儿 t^{h}ɒ^{33} tɕian^{52} 倘若讲 t^{h}ɒ^{33} tɕia^{52} kɒ^{334}	弗管 fə^{55} kɒ^{334} 弗论 fə^{55} lɐn^{14}
57 缙云	亨⁼ xɛŋ^{44}	若是 dʑiɔ^{51} dzɿ^{44} 若 dʑiɔ^{45}	凭渠 bɛŋ^{243} gɤ^{31}
58 衢州	担 tã^{32}	假若 tɕiɑ^{53} ʒyəʔ^{12}	弗管 fəʔ^{3} kuə̃^{35}
59 衢江	帮 pɑ̃^{33}	是讲 dzɿ^{22} kɑ̃^{33}	弗管 fəʔ^{3} kuã^{25}
60 龙游	帮 pã^{334}	是讲 dzəʔ^{2} kã^{35} 假使 tɕiɑ^{51} sɿ^{21}	弗管 fəʔ^{4} kuã^{35}
61 江山	代 dᴇ^{31} 替 t^{h}ᴇ^{51}	若是 ʑiaʔ^{2} lᴇʔ^{5}	弗管 fəʔ^{5} kyɛ̃^{241} 随便 zuᴇ^{22} biɛ̃^{51}
62 常山	替 t^{h}ɛ^{324}	会是 uɛ^{22} dʑi^{24}	管你 kuɔ̃^{52} n^{0}
63 开化	替 t^{h}ɛ^{412}	如果 ʑy^{21} kɔ^{53}	弗管 fəʔ^{4} kuõ^{53}
64 丽水	拨 pɛʔ^{5} 帮 pɔŋ^{224} 替 t^{h}iʔ^{5}	如果 zɥ^{22} kuo^{544}	弗管 fəʔ^{4} kuã^{544}
65 青田	代 dɛ^{22}	假使 ku^{33} sɿ^{454}	弗管 faʔ^{4} kuɑ^{454}
66 云和	帮 pɔ̃^{24}	如果 ȵy^{24} ko^{41}	弗管 fuʔ^{4} kuã^{41}
67 松阳	帮 poŋ^{53}	如果 ȵyɛ^{33} ku^{212}	弗管 fɤʔ^{3} kuɔ̃^{212}
68 宣平	帮 pɔ̃^{324} 替 t^{h}iəʔ^{5}	若讲 zəʔ^{2} kɔ̃^{445}	弗管 fəʔ^{4} kuɑ̃^{445}

续表

方言点	1198 替～他写信	1199 如果～忙你就别来了	1200 不管～怎么劝他都不听
69 遂昌	代 dei^{213}	如果 ȵyɛ^{22} ku^{533}	由随 iɯ^{22} zei^{213} 弗管 fəɯʔ^{3} kuɛ̃^{533}
70 龙泉	帮 pɔŋ^{434}	若是 ȵiaʔ^{3} zɿ^{21}	无论 mɤɯ^{44} lɯə^{224}
71 景宁	帮 pɔŋ^{324}	如果 ʑy^{55} ko^{33}	弗管 fuʔ^{3} kuɔ^{33}
72 庆元	代 tæi^{31} 帮 ɓɔ̃^{335}	如果 ȵyɛ^{11} ko^{33}	否管 fɤ^{33} kuɑ̃^{33}
73 泰顺	代 tɛ^{22}	乐是 ŋɑɔ^{22} tsɿ^{21}	否管 fu^{55} kuã^{55}
74 温州	代 de^{22}	若是 dʑia^{22} zɿ^{22}	随便 zɿ^{22} bi^{14}
75 永嘉	代 de^{22}	若 dʑia^{213} 如果 zʮ^{31} ku^{53}	[随便] ze^{13} 否管 fu^{43} ky^{45}
76 乐清	代 de^{22}	若是 dʑiɯʌ^{22} zɿ^{31}	随便 zy^{24} biɛ^{31}
77 瑞安	代 de^{22}	假使 ko^{35} sɿ^{42}	否管 fɯ^{3} ky^{35}
78 平阳	代 de^{23}	假使 ko^{45} sɿ^{42}	随 zʉ^{13}
79 文成	代 de^{424}	若是 dʑie^{21} zɿ^{33}	[否会]管 fai^{21} kuo^{45} 否管 fu^{45} kuø^{45}
80 苍南	代 de^{11}	如果 dʑy^{11} ku^{53} 假使 ko^{53} sɿ^{42}	否管 fu^{3} kyɛ^{53}
81 建德徽	帮衬 pɛ^{53} tsʰən^{213} 帮 pɛ^{53}	如果 y^{33} ku^{33}	弗管 fɐʔ^{5} kuɛ^{213}
82 寿昌徽	帮 pɑ̃^{112}	倘果 tʰəʔ^{3} ku^{33}	随便 i^{11} pʰi^{55} 勿管 uəʔ^{3} kuə^{24}
83 淳安徽	代 tʰie^{53}	要是 iɤ^{24} sɿ^{53}	不管 pəʔ^{5} kuɑ̃^{55}
84 遂安徽	替 tʰəɯ^{52}	恐怕 kʰoŋ^{21} pʰɑ^{24}	不管 pəɯ^{33} kuɑ̃^{213}
85 苍南闽	合 kʰa^{21} 代 tai^{21}	□是 nã^{21} ɕi^{21} 如果 dzɯ^{21} kɔ^{43}	唔管 m^{21} kuã^{43}
86 泰顺闽	帮 po^{213}	假如 ka^{344} ɕy^{22}	唔管 n^{21} kuæŋ^{344}
87 洞头闽	合 kɐk^{24} 替 tʰue^{21}	若是 na^{21} ɕi^{21} 如果 dzu^{21} ko^{53}	唔管 m^{21} kuã^{53}
88 景宁畲	□ ti^{55}	哪系 na^{55} ɕi^{22}	唔管 ŋ^{22} kon^{325}

参考文献

鲍士杰　1998　《杭州方言词典》,江苏教育出版社。

北京大学中国语言文学系语言学教研室　1995　《汉语方言词汇》(第二版),语文出版社。

曹志耘　1990　金华汤溪方言帮母端母的读音,《方言》第1期。

曹志耘　1993　金华汤溪方言词汇(一),《方言》第1期。

曹志耘　1993　金华汤溪方言词汇(二),《方言》第2期。

曹志耘　1996　《金华方言词典》,江苏教育出版社。

曹志耘　2001　南部吴语的小称,《语言研究》第3期。

曹志耘　2002　《南部吴语语音研究》,商务印书馆。

曹志耘　2006　浙江省的汉语方言,《方言》第3期。

曹志耘　2011　吴语汤溪方言合变式小称调的功能,《中国语文》第4期。

曹志耘　2014　《汤溪方言民俗图典》,语文出版社。

曹志耘　2017　《徽语严州方言研究》,北京语言大学出版社。

曹志耘、秋谷裕幸、太田斋、赵日新　2000　《吴语处衢方言研究》,(日本)好文出版。

曹志耘等　2016　《吴语婺州方言研究》,商务印书馆。

戴昭铭　2006　《天台方言研究》,中华书局。

方松熹　1993　《舟山方言研究》,社会科学文献出版社。

傅国通　2010　《方言丛稿》,中华书局。

傅国通、方松熹、傅佐之　1992　《浙江方言词》,浙江省语言学会。

傅国通、郑张尚芳　2015　《浙江省语言志》,浙江人民出版社。

傅国通等　1986　吴语的分区(稿),《方言》第 1 期。

黄晓东　2004　《浙江安吉县官话方言岛研究》,北京语言大学博士学位论文。

李　荣　1966　温岭方言语音分析,《中国语文》第 1 期。

李　荣　1978　温岭方言的变音,《中国语文》第 2 期。

李　荣　1979　温岭方言的连读变调,《方言》第 1 期。

李　荣　1992　温岭方言的轻声,《方言》第 1 期。

秋谷裕幸　2001　《吴语江山广丰方言研究》,(日本)爱媛大学法文学部综合政策学科。

阮咏梅　2013　《温岭方言研究》,中国社会科学出版社。

盛益民、李旭平　2018　《富阳方言研究》,复旦大学出版社

汤珍珠、陈忠敏、吴新贤　1997　《宁波方言词典》,江苏教育出版社。

王福堂　2015　《绍兴方言研究》,语文出版社。

王文胜　2008　《处州方言的地理语言学研究》,中国社会科学出版社。

王文胜　2012　《吴语处州方言的地理比较》,浙江大学出版社。

王文胜　2015　《吴语处州方言的历史比较》,中国社会科学出版社。

温端政　1991　《苍南方言志》,语文出版社。

吴式求　2010　《庆元方言研究》,浙江大学出版社。

肖　萍　2011　《余姚方言志》,浙江大学出版社。

肖　萍　郑晓芳　2014　《鄞州方言研究》,浙江大学出版社。

夏　吟　2012　《黄岩方言汇编》,中国文联出版社。

徐　越　2015　《钱塘江方言》,杭州出版社。

徐　越　2007　《浙北杭嘉湖方言语音研究》,中国社会科学出版社。

徐　越　2016　《浙江吴音研究》,浙江大学出版社。

颜逸明　2000　《浙南瓯语》,华东师范大学出版社。

游汝杰、杨乾明　1998　《温州方言词典》,江苏教育出版社。

赵普义　2013　《江山方言》,中国文史出版社。

赵元任　1956　《现代吴语的研究》,科学出版社。

郑张尚芳　2008　《温州方言志》,中华书局。

周志锋　2012　《周志锋解说宁波话》,语文出版社。

附录一　调查点及发音人信息一览表

序	调查点	姓名	性别	出生年月	文化程度	职业
01	杭州	周杰人	男	1957 年 8 月	初中	保安
02	嘉兴	黄永春	男	1951 年 10 月	初中	职工
03	嘉善	郎国帆	男	1964 年 9 月	初中	职工
04	平湖	龚国铭	男	1951 年 12 月	大专	教师
05	海盐	王国翼	男	1952 年 1 月	大学	教师
06	海宁	徐伟平	男	1953 年 7 月	初中	职工
07	桐乡	姚文洲	男	1955 年 10 月	高中	文艺工作者
08	崇德	杜秋熊	男	1950 年 9 月	初中	职工
09	湖州	冯伟民	男	1955 年 12 月	高中	职工
10	德清	余敏强	男	1961 年 10 月	高中	职工
11	武康	凌志国	男	1958 年 7 月	高中	职工
12	安吉	章云天	男	1948 年 4 月	小学	农民
13	孝丰	刘勤	男	1951 年 9 月	大专	教师
14	长兴	乔纪良	男	1950 年 3 月	大专	职工
15	余杭	叶天法	男	1952 年 8 月	小学	职工
16	临安	王炳南	男	1958 年 9 月	高中	职工
17	昌化	张南云	男	1961 年 3 月	高中	基层干部
18	於潜	潘敏	男	1956 年 7 月	初中	职工
19	萧山	吴怀德	男	1960 年 4 月	初中	职工

续表

序	调查点	姓名	性别	出生年月	文化程度	职业
20	富阳	唐正元	男	1959 年 4 月	小学	自由职业者
21	新登	吴新人	男	1955 年 10 月	高中	基层干部
22	桐庐	林胜华	男	1956 年 12 月	高中	职工
23	分水	邱水明	男	1954 年 6 月	高中	职工
24	绍兴	杨永祥	男	1952 年 7 月	初中	营业员
25	上虞	俞夫根	男	1956 年 4 月	高中	基层干部
26	嵊州	钱樟明	男	1958 年 6 月	初中	自由职业者
27	新昌	俞魁忠	男	1955 年 9 月	初中	职工
28	诸暨	朱雷	男	1952 年 6 月	初中	职工
29	慈溪	叶爱银	男	1946 年 8 月	初中	基层干部
30	余姚	周凤朝	男	1955 年 10 月	大专	基层干部
31	宁波	方芝萍	男	1954 年 3 月	大专	职工
32	镇海	竺联民	男	1957 年 6 月	高中	工商业者
33	奉化	陈撷平	男	1955 年 3 月	初中	职工
34	宁海	丁良荣	男	1952 年 11 月	初中	职工
35	象山	蒋明杨	男	1963 年 10 月	大专	基层干部
36	普陀	周海儿	男	1958 年 11 月	高中	保安
37	定海	刘汉龙	男	1956 年 10 月	初中	职工
38	岱山	徐国平	男	1956 年 8 月	中专	教师
39	嵊泗	邵金坤	男	1950 年 9 月	中专	基层干部
40	临海	沈建中	男	1956 年 7 月	中专	基层干部
41	椒江	张鸣	男	1955 年 1 月	大专	基层干部
42	黄岩	董济忠	男	1955 年 7 月	初中	职工
43	温岭	王根土	男	1946 年 10 月	初中	记者
44	仙居	张真弟	男	1956 年 9 月	初中	农民
45	天台	袁相爱	男	1951 年 12 月	初中	驾驶员

续表

序	调查点	姓名	性别	出生年月	文化程度	职业
46	三门	郑志青	男	1960 年 1 月	高中	职工
47	玉环	张崇利	男	1953 年 10 月	高中	建筑工程管理
48	金华	汪新潮	男	1949 年 5 月	高中	工商业者
49	汤溪	魏雪清	男	1954 年 12 月	小学	工商业者
50	兰溪	王文荣	男	1952 年 12 月	初中	职工
51	浦江	应　平	男	1955 年 10 月	小学	农民
52	义乌	陈雄文	男	1962 年 8 月	高中	自由职业者
53	东阳	蒋文星	男	1953 年 8 月	初中	农民
54	永康	胡仲继	男	1954 年 4 月	小学	自由职业者
55	武义	项　琳	男	1959 年 10 月	初中	财会人员
56	磐安	陈德品	男	1956 年 9 月	中师	教师
57	缙云	黄国盛	男	1954 年 10 月	初中	自由职业者
58	衢州	郑文奎	男	1952 年 6 月	初中	职工
59	衢江	程明洪	男	1963 年 1 月	初中	农民
60	龙游	陈玉柱	男	1953 年 9 月	初中	财会人员
61	江山	蔡秉洪	男	1954 年 1 月	高小	职工
62	常山	王生根	男	1952 年 9 月	初中	职工
63	开化	凌润初	男	1960 年 3 月	初中	营业员
64	丽水	何卫军	男	1956 年 3 月	中专	教师
65	青田	姚观遇	男	1961 年 11 月	高中	农民
66	云和	邱裕森	男	1952 年 9 月	初中	农民
67	松阳	刘志宏	男	1963 年 9 月	大专	工商业者
68	宣平	何新海	男	1956 年 9 月	初中	农民
69	遂昌	郭雄飞	男	1961 年 5 月	大专	教师
70	龙泉	沈光寅	男	1949 年 4 月	小学	职工
71	景宁	洪卫东	男	1958 年 10 月	初中	农民

续表

序	调查点	姓名	性别	出生年月	文化程度	职业
72	庆元	李成山	男	1951 年 12 月	小学	农民
73	泰顺	卢亦挺	男	1948 年 12 月	本科	教师
74	温州	潘亮	男	1947 年 1 月	中专	基层干部
75	永嘉	杜培飞	男	1953 年 12 月	小学	手工业者
76	乐清	周滇生	男	1949 年 9 月	大专	教师
77	瑞安	徐金川	男	1959 年 5 月	小学	农民
78	平阳	刘昌馀	男	1962 年 5 月	初中	职工
79	文成	周安定	男	1953 年 11 月	小学	职工
80	苍南	陈舜远	男	1958 年 9 月	大专	教师
81	建德徽	胡尚武	男	1942 年 12 月	小学	职工
82	寿昌徽	邓双林	男	1951 年 5 月	小学	职工
83	淳安徽	应陶明	男	1950 年 3 月	初中	基层干部
84	遂安徽	毛立忠	男	1962 年 2 月	高中	职工
85	苍南闽	宋显炸	男	1960 年 10 月	小学	农民
86	泰顺闽	董直善	男	1963 年 12 月	高中	基层干部
87	洞头闽	林忠营	男	1958 年 8 月	高中	基层干部
88	景宁畲	雷松林	男	1950 年 9 月	中专	教师

附录二　方言点及撰稿人信息一览表

序号	方言点	地级市	方言区	方言片	方言小片	撰稿人	单位
01	杭州	杭州	吴语	太湖	杭州	王文胜	浙江师范大学
02	嘉兴	嘉兴	吴语	太湖	苏嘉湖	孙宜志	杭州师范大学
03	嘉善	嘉兴	吴语	太湖	苏嘉湖	徐越	杭州师范大学
04	平湖	嘉兴	吴语	太湖	苏嘉湖	张薇	杭州师范大学
05	海盐	嘉兴	吴语	太湖	苏嘉湖	张薇	杭州师范大学
06	海宁	嘉兴	吴语	太湖	苏嘉湖	徐越	杭州师范大学
07	桐乡	嘉兴	吴语	太湖	苏嘉湖	张薇	杭州师范大学
08	崇德	嘉兴	吴语	太湖	苏嘉湖	张薇	杭州师范大学
09	湖州	湖州	吴语	太湖	苏嘉湖	徐越	杭州师范大学
10	德清	湖州	吴语	太湖	苏嘉湖	徐越	杭州师范大学
11	武康	湖州	吴语	太湖	苏嘉湖	徐越	杭州师范大学
12	安吉	湖州	吴语	太湖	苏嘉湖	赵翠阳 叶晗	浙江科技学院
13	孝丰	湖州	吴语	太湖	苏嘉湖	叶晗 赵翠阳	浙江科技学院
14	长兴	湖州	吴语	太湖	苏嘉湖	叶晗 赵翠阳	浙江科技学院
15	余杭	杭州	吴语	太湖	苏嘉湖	徐越	杭州师范大学
16	临安	杭州	吴语	太湖	临绍	徐越	杭州师范大学
17	昌化	杭州	吴语	太湖	临绍	赵翠阳	浙江科技学院

续表

序号	方言点	地级市	方言区	方言片	方言小片	撰稿人	单位
18	於潜	杭州	吴语	太湖	临绍	胡云晚 程永艳	浙江科技学院
19	萧山	杭州	吴语	太湖	临绍	孙宜志	杭州师范大学
20	富阳	杭州	吴语	太湖	临绍	吴众	浙江科技学院
21	新登	杭州	吴语	太湖	临绍	吴众	浙江科技学院
22	桐庐	杭州	吴语	太湖	临绍	孙宜志	杭州师范大学
23	分水	杭州	吴语	太湖	临绍	许巧枝	湖州师范学院
24	绍兴	绍兴	吴语	太湖	临绍	施俊	绍兴文理学院
25	上虞	绍兴	吴语	太湖	临绍	肖萍	宁波大学
26	嵊州	绍兴	吴语	太湖	临绍	施俊	绍兴文理学院
27	新昌	绍兴	吴语	太湖	临绍	施俊	绍兴文理学院
28	诸暨	绍兴	吴语	太湖	临绍	孙宜志	杭州师范大学
29	慈溪	宁波	吴语	太湖	临绍	肖萍	宁波大学
30	余姚	宁波	吴语	太湖	临绍	肖萍	宁波大学
31	宁波	宁波	吴语	太湖	甬江	肖萍	宁波大学
32	镇海	宁波	吴语	太湖	甬江	肖萍	宁波大学
33	奉化	宁波	吴语	太湖	甬江	肖萍	宁波大学
34	宁海	宁波	吴语	太湖	甬江	肖萍	宁波大学
35	象山	宁波	吴语	太湖	甬江	肖萍	宁波大学
36	普陀	舟山	吴语	太湖	甬江	王文胜	浙江师范大学
37	定海	舟山	吴语	太湖	甬江	徐波	浙江海洋大学
38	岱山	舟山	吴语	太湖	甬江	徐波	浙江海洋大学
39	嵊泗	舟山	吴语	太湖	甬江	陈筱姁	舟山市普陀区 商务局
40	临海	台州	吴语	台州		丁薇 卢笑予	宁波大学 北京师范大学

续表

序号	方言点	地级市	方言区	方言片	方言小片	撰稿人	单位
41	椒江	台州	吴语	台州		阮咏梅	宁波大学
42	黄岩	台州	吴语	台州		阮咏梅	宁波大学
43	温岭	台州	吴语	台州		阮咏梅	宁波大学
44	仙居	台州	吴语	台州		黄晓东	北京语言大学
45	天台	台州	吴语	台州		肖萍 丁薇	宁波大学
46	三门	台州	吴语	台州		赵翠阳 叶晗	浙江科技学院
47	玉环	台州	吴语	台州		阮咏梅	宁波大学
48	金华	金华	吴语	金衢		黄晓东	北京语言大学
49	汤溪	金华	吴语	金衢		宋六旬	嘉兴学院
50	兰溪	金华	吴语	金衢		吴众	浙江科技学院
51	浦江	金华	吴语	金衢		黄晓东	北京语言大学
52	义乌	金华	吴语	金衢		施俊	绍兴文理学院
53	东阳	金华	吴语	金衢		刘力坚	浙江师范大学
54	永康	金华	吴语	金衢		吴众 程永艳	浙江科技学院
55	武义	金华	吴语	金衢		吴众 叶晗	浙江科技学院
56	磐安	金华	吴语	金衢		雷艳萍	丽水学院
57	缙云	丽水	吴语	金衢		吴众 程永艳	浙江科技学院
58	衢州	衢州	吴语	金衢		王洪钟	浙江师范大学
59	衢江	衢州	吴语	金衢		王洪钟	浙江师范大学
60	龙游	衢州	吴语	金衢		王洪钟	浙江师范大学
61	江山	衢州	吴语	上丽	上山	王洪钟	浙江师范大学
62	常山	衢州	吴语	上丽	上山	黄沚青	浙江师范大学
63	开化	衢州	吴语	上丽	上山	王洪钟	浙江师范大学

续表

序号	方言点	地级市	方言区	方言片	方言小片	撰稿人	单位
64	丽水	丽水	吴语	上丽	丽水	雷艳萍	丽水学院
65	青田	丽水	吴语	上丽	丽水	王文胜	浙江师范大学
66	云和	丽水	吴语	上丽	丽水	雷艳萍	丽水学院
67	松阳	丽水	吴语	上丽	丽水	王文胜	浙江师范大学
68	宣平	金华	吴语	上丽	丽水	雷艳萍	丽水学院
69	遂昌	丽水	吴语	上丽	丽水	王文胜	浙江师范大学
70	龙泉	丽水	吴语	上丽	丽水	王洪钟	浙江师范大学
71	景宁	丽水	吴语	上丽	丽水	雷艳萍 蒋婷婷	丽水学院
72	庆元	丽水	吴语	上丽	丽水	王文胜	浙江师范大学
73	泰顺	丽水	吴语	上丽	丽水	王文胜	浙江师范大学
74	温州	温州	吴语	瓯江		蔡嵘	温州大学
75	永嘉	温州	吴语	瓯江		徐丽丽	温州大学
76	乐清	温州	吴语	瓯江		蔡嵘	温州大学
77	瑞安	温州	吴语	瓯江		徐丽丽	温州大学
78	平阳	温州	吴语	瓯江		孙宜志	杭州师范大学
79	文成	温州	吴语	瓯江		孙宜志	杭州师范大学
80	苍南	温州	吴语	瓯江		徐丽丽	温州大学
81	建德徽	杭州	徽语	严州		黄晓东	北京语言大学
82	寿昌徽	杭州	徽语	严州		程朝	浙江师范大学
83	淳安徽	杭州	徽语	严州		黄晓东	北京语言大学
84	遂安徽	杭州	徽语	严州		许巧枝	湖州师范学院
85	苍南闽	温州	闽语	闽南		孙宜志	杭州师范大学
86	泰顺闽	温州	闽语	闽东		李建校	曲阜师范大学
87	洞头闽	温州	闽语	闽南		孙宜志	杭州师范大学
88	景宁畲	丽水	畲话			刘力坚	浙江师范大学

后　记

浙江省从 2015 年年初开始试点实施中国语言资源保护工程项目，前后历时 5 年，完成了全省 88 个汉语方言点的调查任务，其中国家规划的方言点 77 个，浙江省自筹经费增加的旧县方言点 11 个，由此积累了非常丰富而宝贵的方言语料。关于方言资源的开发和利用，省语委和省教育厅于 2016 年开始谋划，先后组织高校方言专家及出版编辑人员进行专题研讨，于 2018 年年底正式推出了“浙江方言资源典藏”丛书首批 16 部，开启了阅读并聆听浙江乡音的崭新模式。

根据教育部办公厅的统一部署，随着语保工程一期的陆续收官，从 2019 年起，作为语保工程标志性成果的“中国语言资源集・浙江”的编纂成为浙江语保团队的工作重点。2020 年 2 月，浙江省语委办下发《关于启动〈中国语言资源集・浙江卷〉编写工作的通知》，明确了组织架构，设立了编写课题，省语委办朱鸿飞同志任编委会主任，王洪钟、黄晓东、叶晗、孙宜志任主编，各调查点的负责专家任编委。随后，主编团队根据《中国语言资源集(分省)编写出版规范》开列了需交材料与文稿清单，初步拟定了体例规范及编写样例。2020 年 6 月初，“中国语言资源集・浙江(样稿)”通过了中期验收。

2020 年 12 月，在汇齐全部语料的基础上，根据中期检收反馈意见，主编团队编成“中国语言资源集・浙江(初稿)”9 册，在浙江义乌接受了项目预验收，曹志耘、顾黔、陶寰、汪国胜、严修鸿 5 位专家分头进行了严谨细致的审阅，指出存在的主要问题是：缺少卷首总体概述，体例用字不一致，内容详略不均衡。同时，专家组也提出了修改指导建议：准确性应优先于一致性，根据浙江方言的具体情况进行必要的体例创新。

2021 年 3 月，在预验收意见的基础上，王洪钟起草了语音、词汇、语法各卷的校对意见，重点规范字词注释的体例、词汇语法的用字、音标与符号的格式等；黄晓东拟定了方音样本及口头文化样本，重点规范章节构成、资料来源及体例格式等。校对意见和样本经主编团队讨论修订后，由编委们开展新一轮修改。2021 年 8 月，在各点修改稿的基础上，王洪钟与黄晓东重新编纂形成了“中国语言资源集·浙江（修订稿）”各卷，初步解决了用字不统一、体例不规范、内容有缺漏等问题。

为进一步提高书稿质量，尽可能减少差错与分歧，主编团队酝酿召开若干场编委定稿会，按方言片区的不同，编委分批参与，就同一套纸质书稿从头通读到尾，通过前后左右的相互比照，检视彼此尚存的差错与分歧，以现场讨论的方式解决问题并记录在册，最后由主编集中定稿，由于疫情，这个设想始终没能等到合适的时机来实现。2021 年 11 月，主编团队决定放弃会议形式的定稿过程，改为先由编委各自校对修订稿电子版，再由主编汇总校对意见后讨论定稿的形式。定稿阶段主编们进一步明确了分工：王洪钟负责语音卷（字音对照）及词汇卷，执笔撰写全书后记；黄晓东负责语音卷（各地方音）及口头文化卷；叶晗负责沟通国家语保中心和省语委办，对接出版社；孙宜志负责语法卷，执笔撰写全书序，落实调查点分布图。当然，这只是大致的分工，实际上编纂过程中团队经常进行互校和讨论。另外，王文胜、雷艳萍、肖萍、阮咏梅、张薇等老师也参与了部分审校工作。

2022 年 3 月底，语音卷、词汇卷定稿交付出版社；5 月底，语法卷、口头文化卷定稿交付出版社。浙江大学出版社极其重视资源集的出版，早在浙江语保工程启动的次年，出版社的专家就加入了浙江语保团队，提前参与筹划浙江语保成果的编辑出版。收到定稿后，出版社迅即组织精兵强将，精心分解编校任务，详细制定进度日程。进入 8 月，出版社编辑与编写团队之间开始了更为频繁的互动，通过线上线下的统稿会及微信、邮件等方式进行密集交流，解决书稿中一字一符的准确性、规范性、一致性问题。

在书稿即将付梓的时刻，蓦然回首，我辈学人居然已在浙江语保的旗下时聚时散、不离不弃地一路同行了七八个寒暑！多少青丝染上了霜雪，几多

“语宝”已呱呱而生。如今即将修成正果，我们的心中不由涌起万千感慨。这一刻，我们首先要感谢省语委、省教育厅对浙江语保工程的高度重视和大力支持，尤其要真诚地感谢浙江资源集编写项目负责人朱鸿飞同志，他不仅对前期的科学编纂进行了周密部署，而且为后期的顺利出版付出了大量心血。同时，我们也很想跟此前主事的李斌同志分享我们的喜悦，传递我们的感念，感谢他主事期间为浙江语保所创设的良好开端与长远规划。我们还要感谢各地教育局语委系统为语保工程的宣传发动、发音人的征召遴选、摄录场地的挑选落实等工作所付出的努力，感谢省内各高校的通力合作，感谢志愿协助调查与摄录的各高校师生，感谢各地发音人不畏酷暑、不厌其烦地接受调查与咨询，感谢浙江科技学院语保团队在会务组织、对外宣传、出版联络等方面做出的诸多贡献。尤其需要感谢浙江科技学院房纪东老师，他为整个浙江语保团队做了大量后勤保障工作，是浙江语保的幕后英雄。

本书的调查研究得到了中国语言资源保护工程专项资金的资助，成果出版得到了浙江省财政的资助，谨此致谢。同时，感谢教育部语信司和中国语言资源保护研究中心的诸位专家、历次检查验收的众位省外方家所给予的指导和帮助，感谢顾黔教授在担任浙江语保首席专家期间对我们团队的悉心指教与热情鼓励，尤其感谢曹志耘教授在浙江语保的各个关键节点所给予的特别关注与倾力指引，感谢浙江大学出版社，特别是包灵灵老师、陆雅娟老师等编辑的鼎力支持与紧密合作。她们的专业水准和敬业精神令人感佩！

浙江方言的多样性与差异性超乎想象，本书编写者的学术背景与研究风格又各不相同，各方言点之间的材料就难免参差不齐。我们虽时时想做统一的“格式化”处理，但每每喟叹自身学养与水平太过有限，率尔操觚的结果必然是牵一发而动全身，以致最后顾此失彼甚或挂一漏万。因此，我们仅在尊重调查者原稿及发音人原始录音的前提下做了有限的修改与补正，书中有待商榷及错谬缺漏之处定然不少，敬请各位读者不吝指教。

身处时空距离缩小、边界模糊或消失的信息时代，各地方言的存亡去留格外令人揪心。浙江境内的方言丰富而复杂，每一种方言都是一条自古至今流淌不息的溪流，每一滴溪水里都蕴含着特定时空里的历史文化信息。在这样一个全球化的时空节点，我们以统一的规格，掬起一瓢瓢浙江大地上的方言之水善加保存，或许它们只是终将逝去的几滴乡愁之泪，但就我们这一代方言学人而言，这何尝不是一种致敬母语的深情回馈？

是为记。

本书主编

2022 年 10 月 12 日